重庆市志

主　修　黄奇帆

主　审　吴　刚　王余果

总编辑　周焕强

重庆市志

交通志

（1986~2005）

（上）

重庆市交通委员会　编纂

西南师范大学出版社

图书在版编目（CIP）数据

重庆市志·交通志：1986～2005：全2册 / 重庆市交通委员会编纂. -- 重庆 : 西南师范大学出版社, 2013.11
ISBN 978-7-5621-6467-8

Ⅰ. ①重… Ⅱ. ①重… Ⅲ. ①重庆市－地方志②交通运输业－概况－重庆市 Ⅳ. ①K297.19②F512.771.9

中国版本图书馆CIP数据核字(2013)第241554号

责任编辑 段小佳 叶晓丽 张嘉 陈静 李强 高勇
文字编辑 张小焕 张丹丹 王叶 余群
封面设计 张小卉 殷智

重庆市志·交通志
CHONGQINGSHI ZHI JIAOTONG ZHI
（1986～2005）
重庆市交通委员会 编纂

西南师范大学出版社出版、发行
重 庆 巴 南 彩 印 厂 印 刷
开本：889mm×1194mm 1/16 印张：114.5 插页：41 字数：3263千字
2014年7月第1版 2014年7月第1次印刷
印数：001～800册
ISBN 978-7-5621-6467-8
定价：600.00元

《重庆市志·交通志（1986～2005）》
编纂委员会

《重庆市志·交通志（1986~2005）》
编辑工作人员

主　编　滕宏伟

副主编　余昌平　禹培文

编　辑　禹培文　罗立翔　阎　勇　陈真友　张　泓　陈春来　罗　超
秦瑜廷　林永盛　段永刚　张　秦　杨德武　陈福国　王元霞
李怀明　李筱玲　陈　南　李建伟　戴国柱　颜铁汉　曾汝力
罗泽仙　杜枝渝　窦运生　何　飞　孙茂荣　李君彦　田茂奎
魏元珍　袁汝堂　徐　定　尹先杰　朱厚澂　李瑞芳　蒋启平
汤乾忠　苏　蓉　徐仁杰　程良建　黄　明　蒋　艳　陈　兵
龚　静　明　伟　余　乐　杨震宇

《重庆市志·交通志（1986～2005）》
审查验收机构人员

初　审

重庆市交通委员会

陶铜仕　胡振业　古正涛　黄同科　罗德馨　殷昭源　蒙进礼　张世玖

明正义　朱世奇　孟素英　程永宽　程永富　曾升元

复　审

重庆市地方志办公室

周焕强　黄家琦　杨再伦　戴克春　夏小平　殷　智　熊蜀黔　陈　伟

赵锐涛　洪　霞　郭永彬　胡　建　杨祖静　司逸澈

1997年重庆市行政区划图
四
川
省
贵
潼南
铜梁
大足
合川市
北碚区
渝北区
江北区
沙坪坝区
重庆市
(渝中区)
九龙坡区
大渡口区
南岸区
巴南区
双桥区
荣昌
永川市
江津市
綦江
万盛区
南川市
长寿
李渡区
涪陵
垫江
璧山
嘉
陵
江
长
江
玉溪镇
龙形镇
燕窝镇
双江镇
隆兴镇
龙市镇
太和镇
太安镇
小沔镇
三汇镇
柳荫镇
兴隆镇
洪湖镇
石堰镇
沈家镇
澄溪镇
葛兰镇
珍溪镇
云集镇
水土镇
两路镇
石船镇
洛碛镇
蔺市镇
新妙镇
马武镇
木洞镇
龙潭镇
鸭江镇
白沙镇
白马镇
鸣玉镇
水江镇
兴隆镇
大有镇
合溪镇
青年镇
石角镇
郭扶镇
东溪镇
赶水镇
石壕镇
中峰镇
傅家镇
柏林镇
四面山镇
蔡家镇
水新镇
隆盛镇
一品镇
接龙镇
南彭镇
界石镇
姜家镇
五布镇
先锋镇
李市镇
贾嗣镇
白沙镇
石蟆镇
朱沱镇
仙龙镇
何埂镇
宝峰镇
双河镇
油溪镇
临江镇
来凤镇
大兴镇
华兴镇
石竹镇
双石镇
板桥镇
龙水镇
荣隆镇
盘龙镇
吴家镇
铁山镇
三驱镇
石马镇
仁义镇
中敖镇
宝顶镇
平滩镇
卧佛镇
小渡镇
水口镇
安居镇
虎峰镇
青木关镇
土主镇
大足石刻
龙水湖风景区
巴岳山风景区
缙云山风景区
北温泉
双龙湖风景区
钓鱼城
金佛山森林公园
万盛石林
古剑山风景区
南温泉
长寿湖风景区
白云山

陕
西
省
湖
北
省
湖
南
省
省
城口
庙坝镇
修齐镇
高观镇
明通镇
厚坪
徐家镇
下堡镇
宁厂镇
大进镇
尖山镇
文锋镇
巫溪
城厢镇
官阳镇
温泉镇
正坝镇
竹园镇
龙溪镇
大昌镇
江口镇
桑坪镇
大树镇
螺坪镇
开县
中和镇
汾河镇
双龙镇
平皋镇
临江镇
赵家镇
巫山
云安镇
红狮镇
朱衣镇
奉节
草堂镇
大溪镇
神女峰
云阳
官渡镇
岳溪镇
天城区
凤鸣镇
长
江
新民镇
高梁镇
万县市
张飞庙
庙宇镇
龙宝区
龙角镇
分水镇
五桥区
长滩镇
凉风镇
新田镇
吐祥镇
兴隆镇
龙驹镇
白土镇
汝溪镇
石宝镇
西沱镇
石宝寨
忠县
东溪镇
黄水镇
江
石柱土家族自治县
沙子
六塘
龙河镇
马武坝
黄溪
普子
石会
小南海
黔江土家族
苗族自治县
郁山镇
高谷
保家
冯家坝镇
彭水苗族
土家族自治县
桑柘
濯水镇
江口镇
石家
兴隆
两河镇
黄家坝
鹿角
大溪
苍岭
西酬
龚滩镇
麻旺
酉阳土家族
苗族自治县
丁市
龙潭镇
江
龙池
李溪
溶溪
涌洞
秀山土家族
苗族自治县
武陵烟厂
中和
梅江
图例
省级行政中心
原地级行政中心
县级行政中心
已建成高速公路
重庆市地图编制中心 编制

2000年重庆市地貌与水域图

竹山县
房县
神农架林区
巫溪县
兴山县
巫山县
奉节县
巴东县
开县
云阳县
秭归县
万州区
建始县
利川市
恩施市
五峰土家族自治县
石柱土家族自治县
宣恩县
鹤峰县
咸丰县
黔江区
来凤县
龙山县
桑植县
武陵源区
彭水苗族土家族自治县
张家界市
永顺县
酉阳土家族苗族自治县
保靖县
花垣县
古丈县
秀山土家族苗族自治县
吉首市
德江县
松桃苗族自治县
陕西省
湖北省
图例
重庆市 省级行政中心
南充市 恩施市 地级行政中心
璧山县 县级行政中心
省级界
河流、湖泊
等高线
805 高程点及高程
高度表
2000米
1500米
1000米
500米
200米
重庆市勘测院、重庆市地图编制中心 编制

2003～2020年重

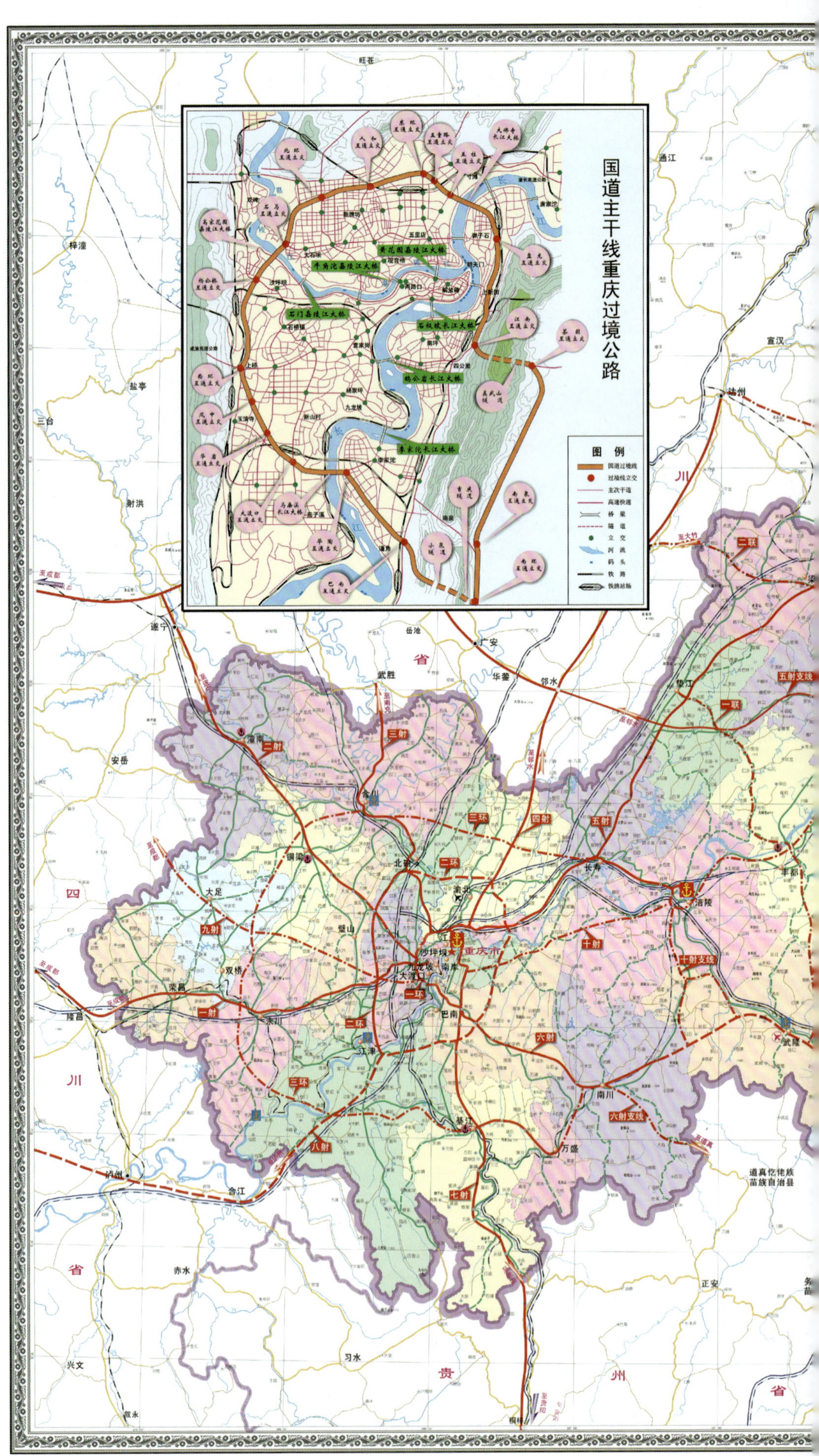

国道主干线重庆过境公路
图例
国道过境线
过境线立交
主次干道
高速快速
桥梁
隧道
立交
河流
码头
铁路
铁路站场
黄花园嘉陵江大桥
牛角沱嘉陵江大桥
石门嘉陵江大桥
石板坡长江大桥
鹅公岩长江大桥
李家沱长江大桥
旺苍
通江
梓潼
宣汉
达州
盐亭
三台
射洪
遂宁
岳池
广安
武胜
华蓥
邻水
安岳
潼南
合川
铜梁
北碚
渝北
大足
璧山
长寿
涪陵
丰都
垫江
双桥
荣昌
永川
隆昌
沙坪坝
九龙坡
大渡口
南岸
重庆市
巴南
江津
綦江
南川
万盛
武隆
泸州
合江
赤水
习水
兴文
叙永
正安
道真仡佬族
苗族自治县
四
川
省
贵
州
省
一射
二射
三射
四射
五射
六射
七射
八射
九射
十射
一环
二环
三环
一联
二联
五射支线
十射支线
六射支线

市综合交通规划图

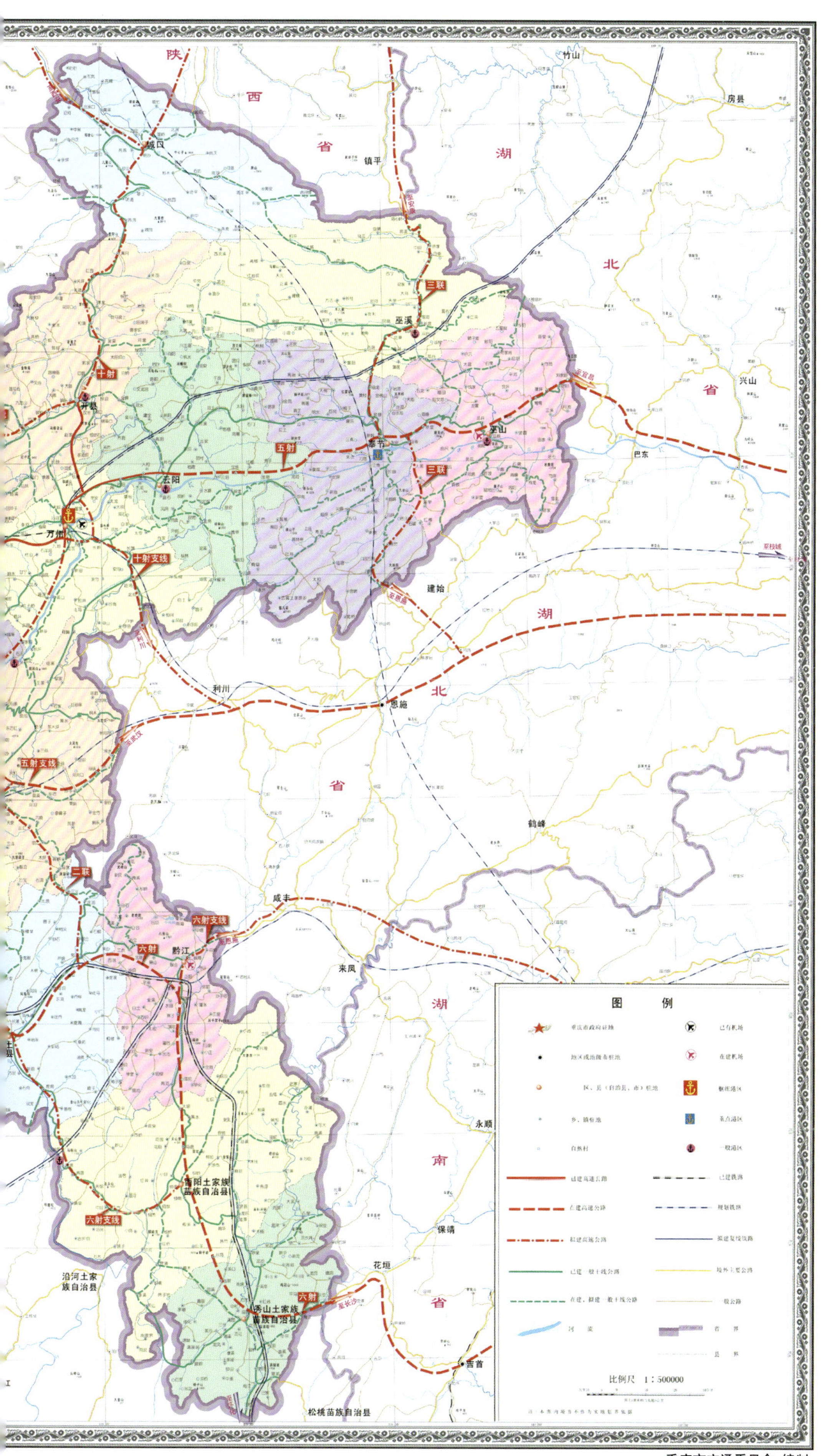

重庆市交通委员会 编制

1997年重庆市公路分布状况图

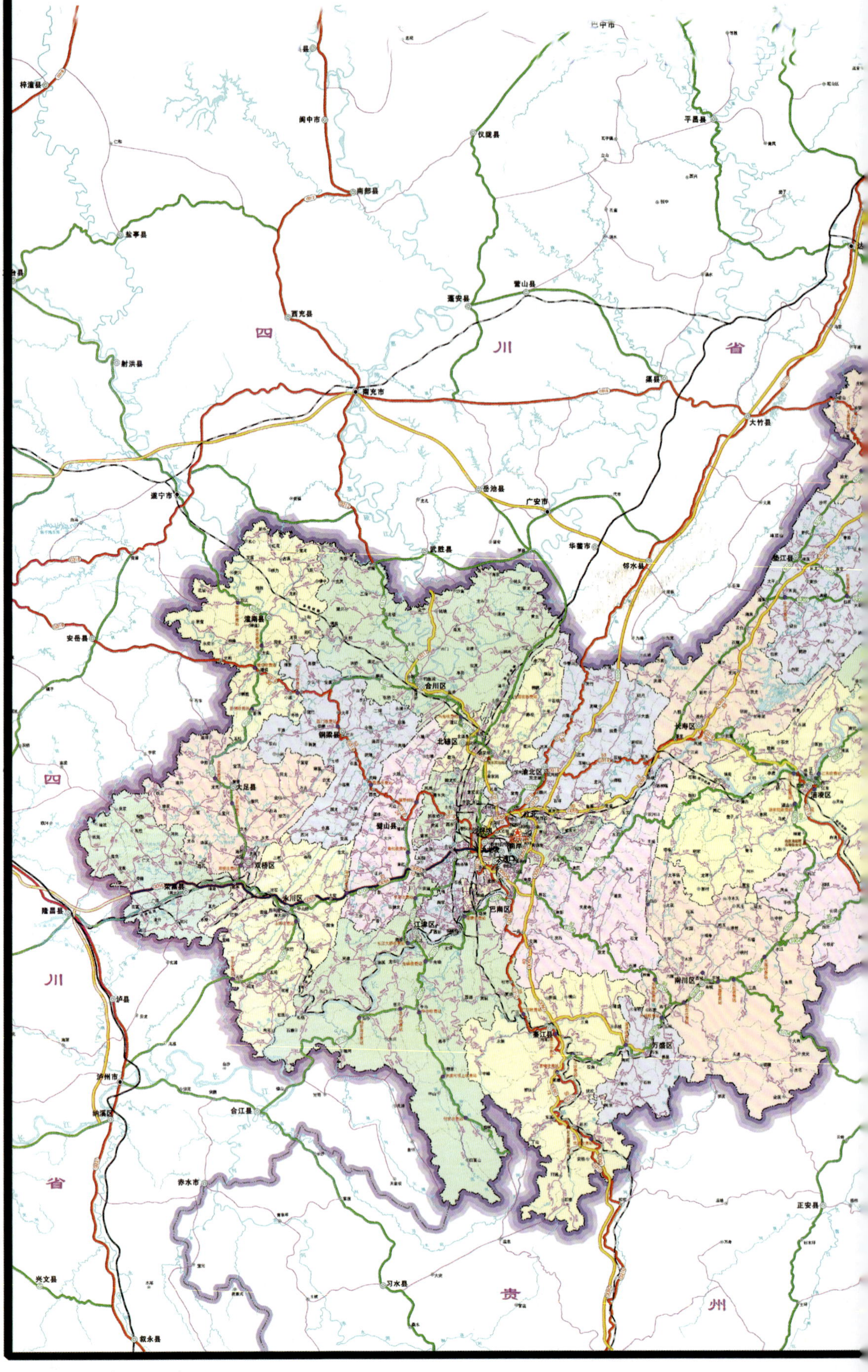

四 川 省

四
川
省

贵 州

巴中市
梓潼县
阆中市
仪陇县
平昌县
南部县
盐亭县
营山县
蓬安县
西充县
射洪县
南充市
渠县
大竹县
遂宁市
岳池县
广安市
武胜县
华蓥市
邻水县
垫江县
安岳县
潼南县
合川区
铜梁县
北碚区
大足县
璧山县
双桥区
荣昌县
永川区
隆昌县
江津区
巴南区
长寿区
涪陵区
南川区
泸县
綦江县
万盛区
泸州市
纳溪区
合江县
赤水市
正安县
习水县
兴文县
叙永县

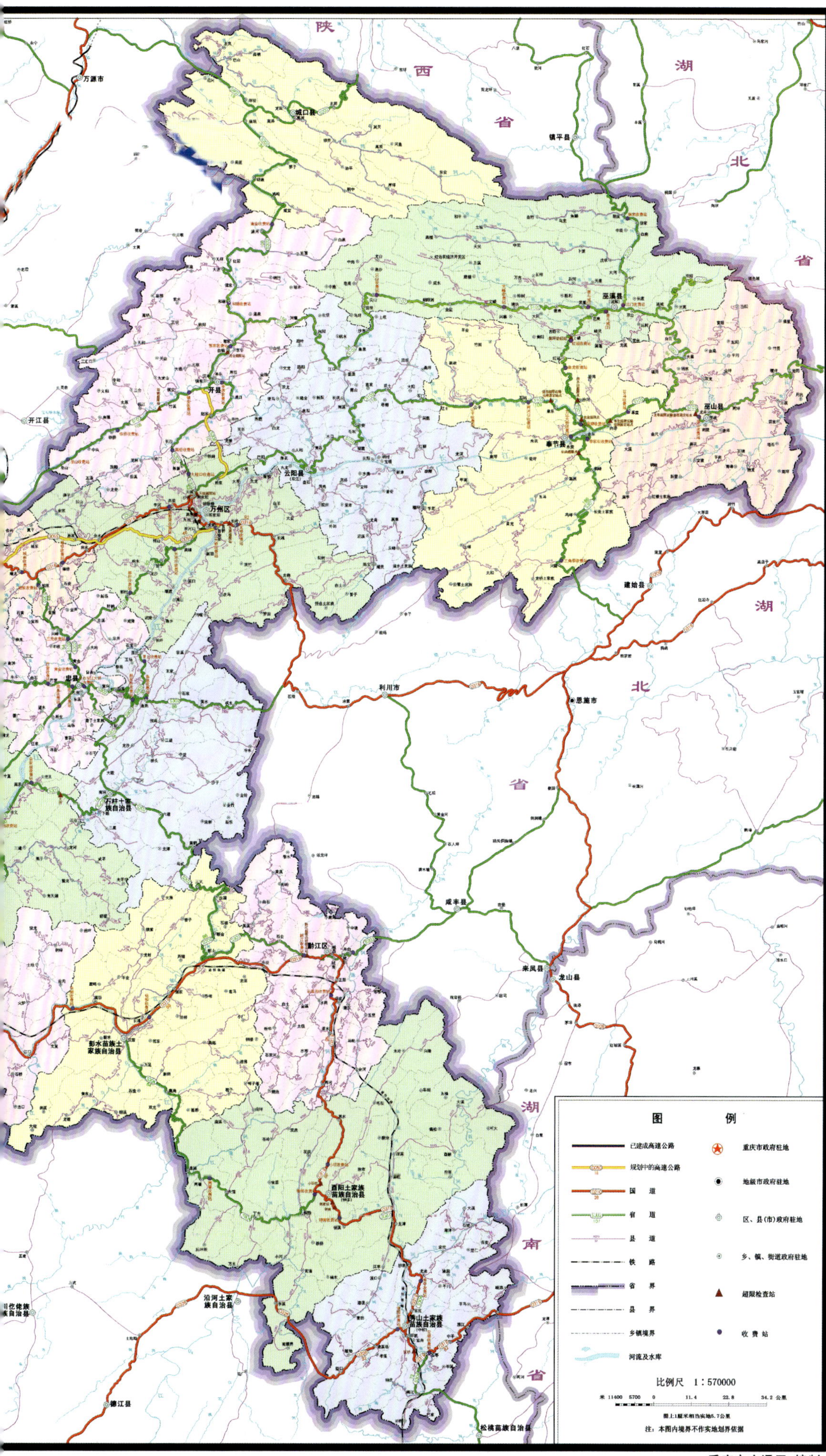

重庆市交通局 编制

1997年重庆市航道、港口状况图

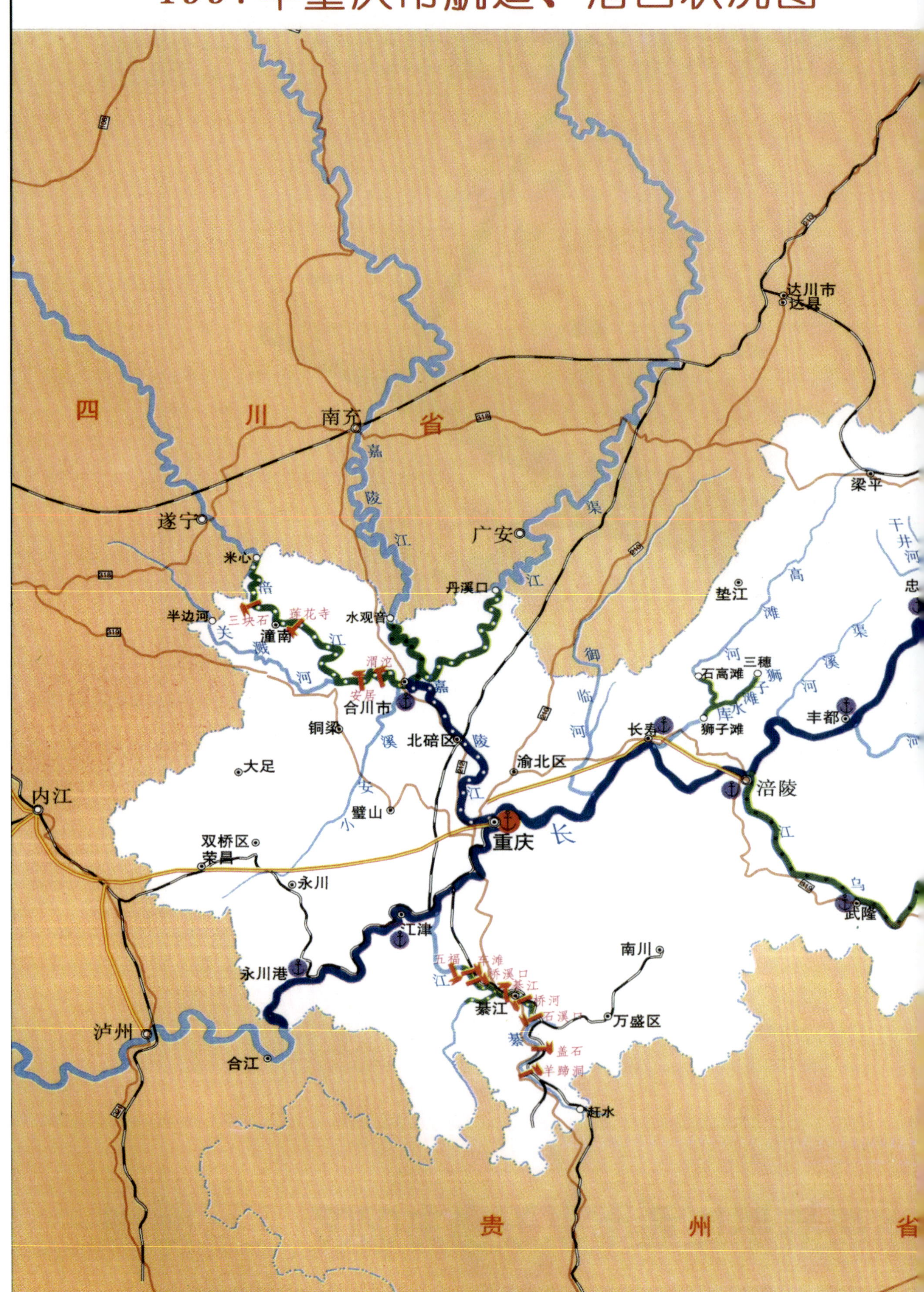

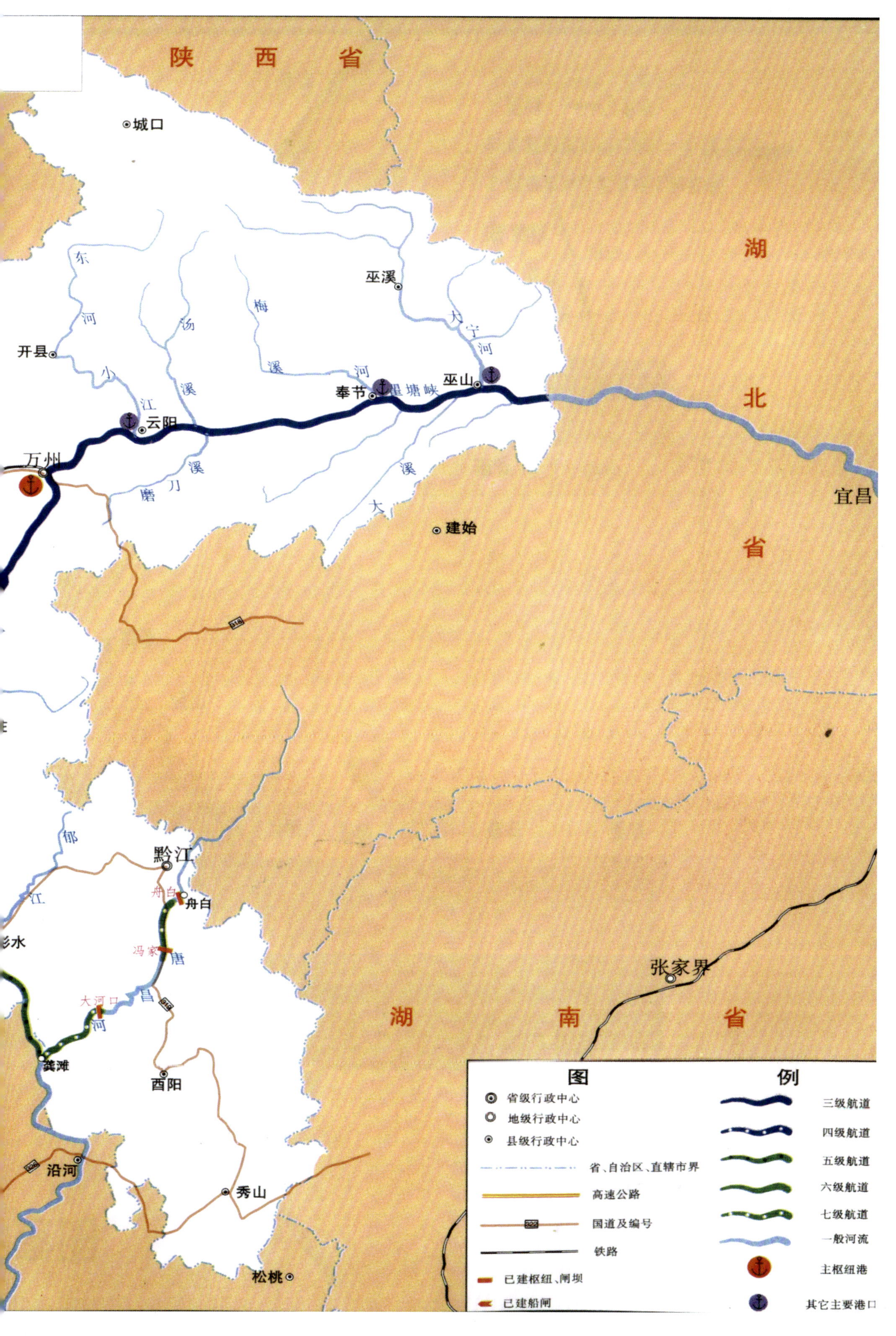

陕西省
城口
湖北省
巫溪
东河
汤溪
梅溪河
大宁河
开县
小江
巫山
奉节
瞿塘峡
云阳
万州
磨刀溪
大溪
宜昌
建始
郁江
黔江
舟白
冯家
唐
大河口
昌河
彭水
张家界
湖南省
龚滩
酉阳
沿河
秀山
松桃
图例
省级行政中心
地级行政中心
县级行政中心
省、自治区、直辖市界
高速公路
国道及编号
铁路
已建枢纽、闸坝
已建船闸
三级航道
四级航道
五级航道
六级航道
七级航道
一般河流
主枢纽港
其它主要港口

重庆市骨架公路网建设规划图（1997~2020年

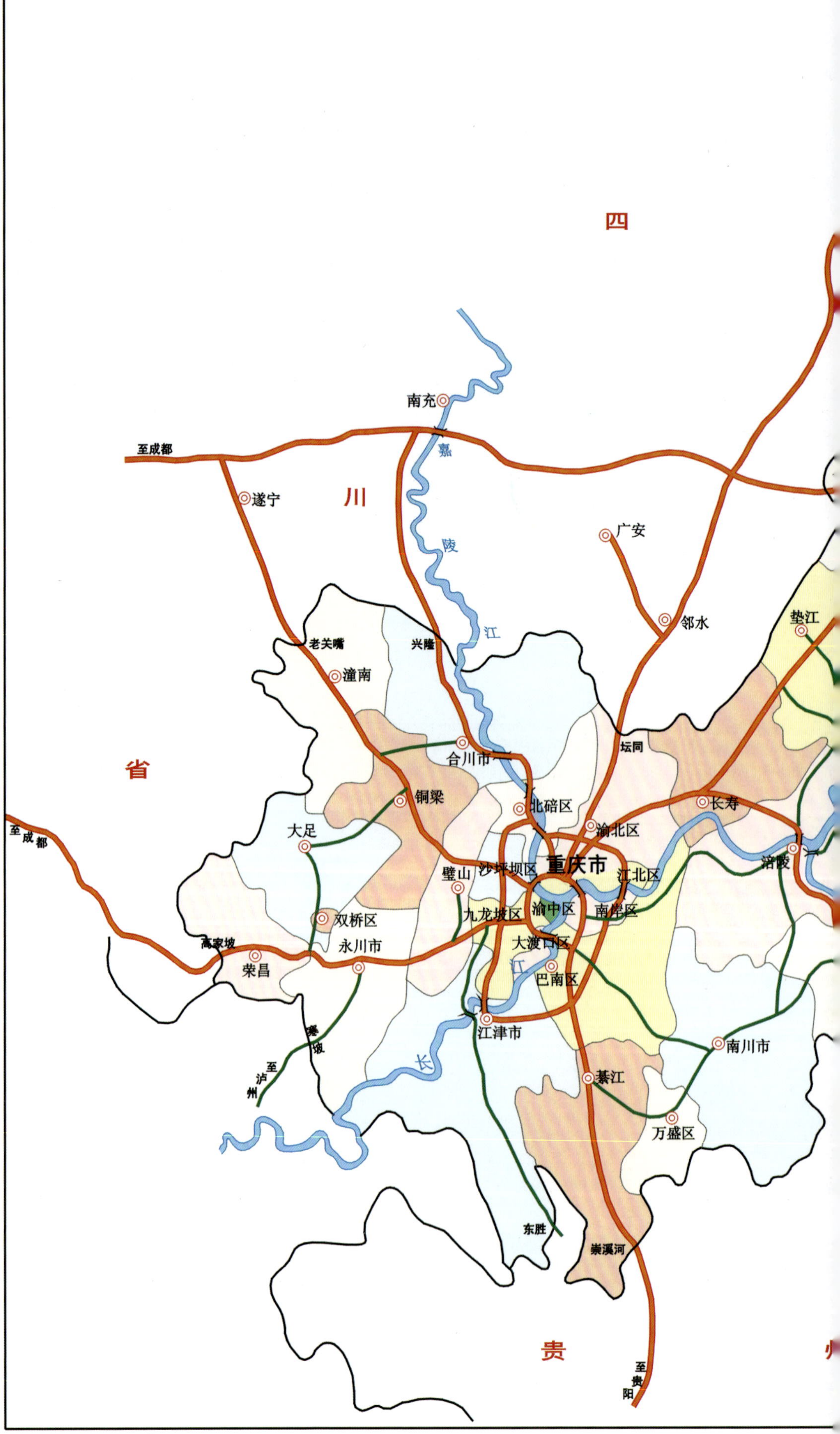

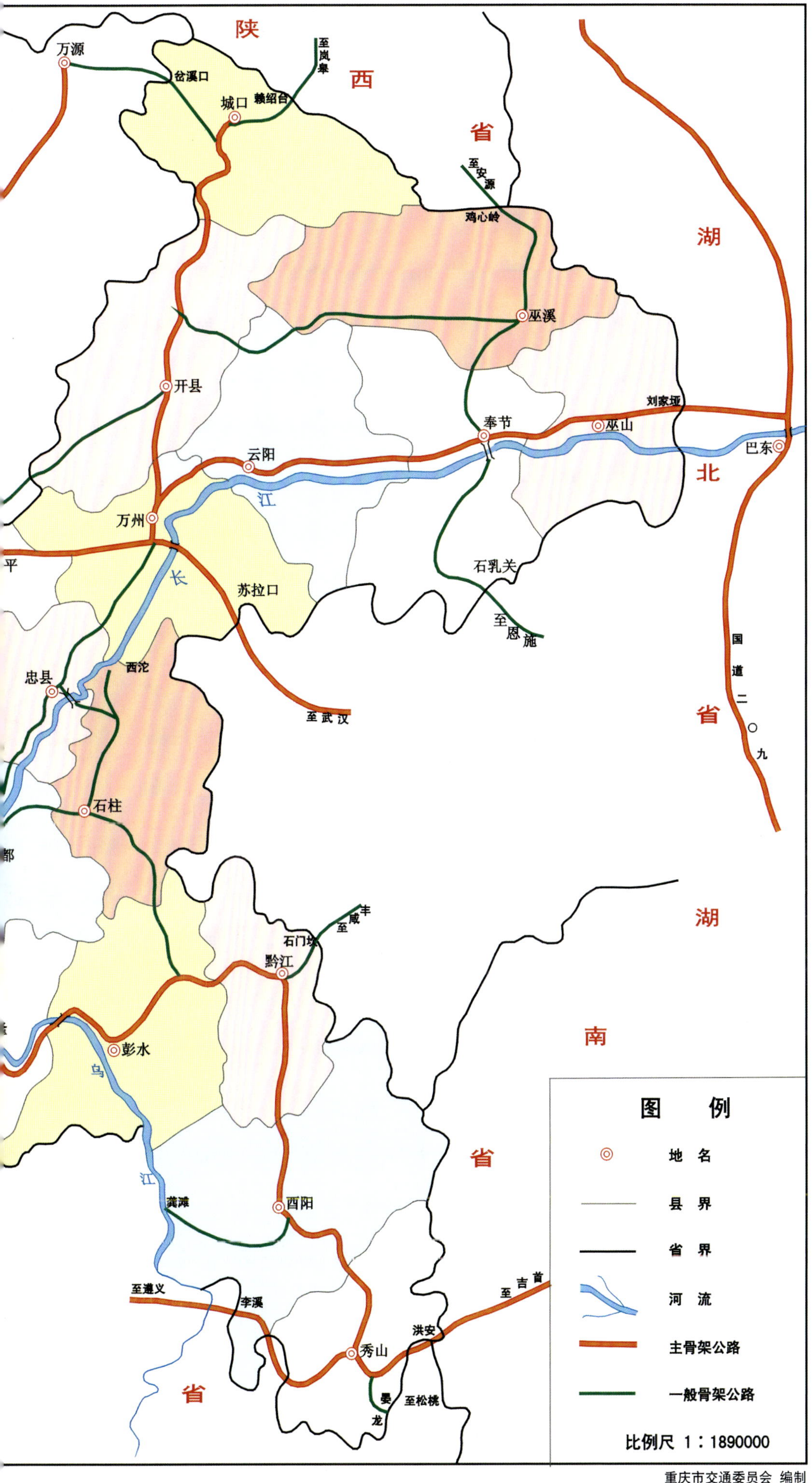

陕
西
省
湖
北
省
湖
南
省
省
万源
岔溪口
城口
赣绍台
至岚皋
至安源
鸡心岭
巫溪
开县
刘家垭
奉节
巫山
巴东
云阳
江
万州
长
苏拉口
石乳关
至恩施
西沱
忠县
至武汉
国道二〇九
石柱
丰
咸
至
石门坎
黔江
彭水
乌
江
龚滩
酉阳
至遵义
李溪
至吉首
洪安
秀山
晏
龙
至松桃
图 例
地 名
县 界
省 界
河 流
主骨架公路
一般骨架公路
比例尺 1：1890000

重庆市交通委员会 编制

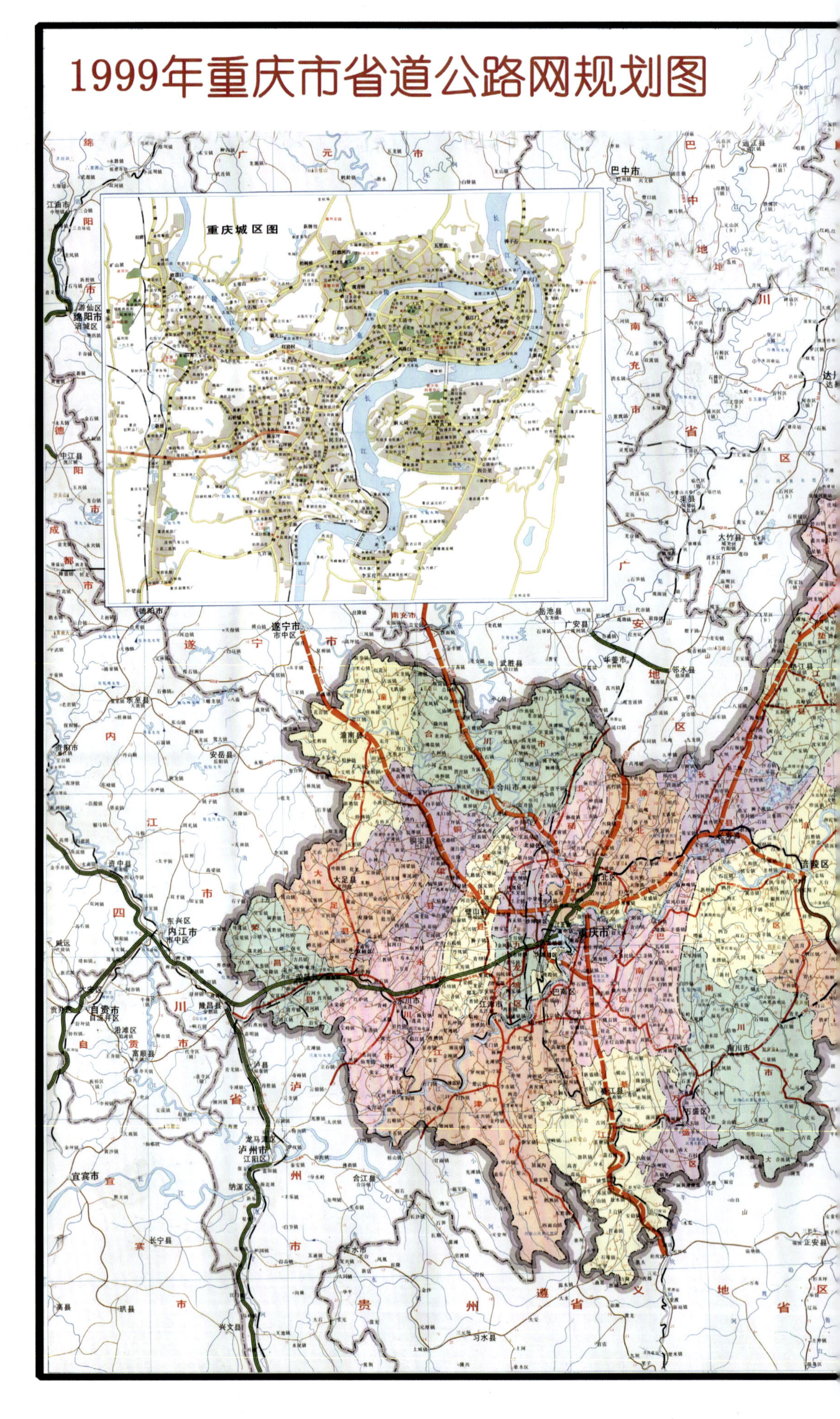
1999年重庆市省道公路网规划图
重庆城区图
巴中市
江油市
绵阳市
中江县
遂宁市
南充市
广安县
华蓥市
大竹县
邻水县
岳池县
武胜县
潼南县
合川市
铜梁县
大足县
璧山县
重庆市
涪陵区
长寿县
永川市
江津市
綦江县
南川市
万盛区
资中县
内江市
隆昌县
荣昌县
自贡市
富顺县
宜宾市
泸州市
泸县
合江县
长宁县
珙县
兴文县
纳溪区
习水县
正安县
乐至县
安岳县
资阳市

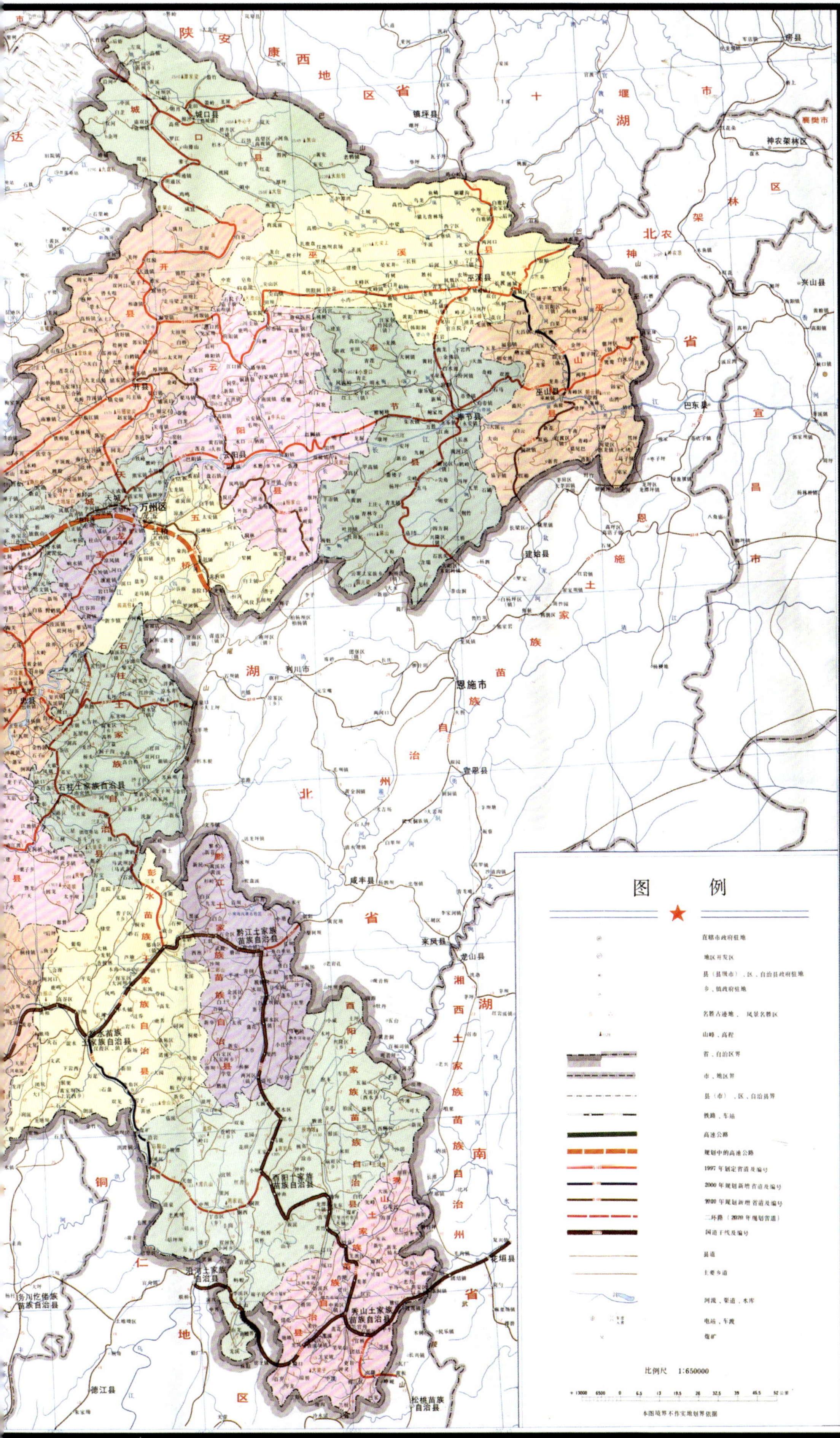

重庆市交通局 编制

2005~2010年重庆市“二环八射”高速公路规

陕
西
省
四
川
湖
北
省
湖
北
省
湖
南
省
州
省
城口
川陕革命根据地
城口苏维埃政权纪念碑
雪宝山
红池坝
夏冰洞
尖山
仙女洞
双溪溶洞
巫溪
神农架林区
白果林森林公园
奉溪高速
大昌古镇
大宁河小三峡
小三峡
东岳庙
开县
刘伯承故居
铁峰山
万开高速
白帝城
巫山
渝宜高速
至宜昌
奉节
大溪
巫山12峰
大溪文化遗址
长江三峡
云阳
张飞庙
巫山古猿人遗址
梁平
万州
天坑地缝
青龙湖
青龙瀑布
龙缸
东山
龙泉洞
石宝寨
西沱云梯街
忠县
垫恩高速
黄水
至利川、恩施
万寿寨
垫恩高速公路
石柱
石刻
汇南汉墓群
丰都
回龙洞
小南海
黔江
双洞
仙女山
武陵山
武隆
彭水
芙蓉洞
芙蓉江
渝湘高速公路
大酉洞桃花源
酉阳
渝湘高速
至长沙
七星点斗
边城风光
南腰界
秀山
零公里
速公路
图例
高速公路
市、区、县地名
餐饮服务区
停车区
旅游景点
高速公路地名

重庆市交通委员会 编制

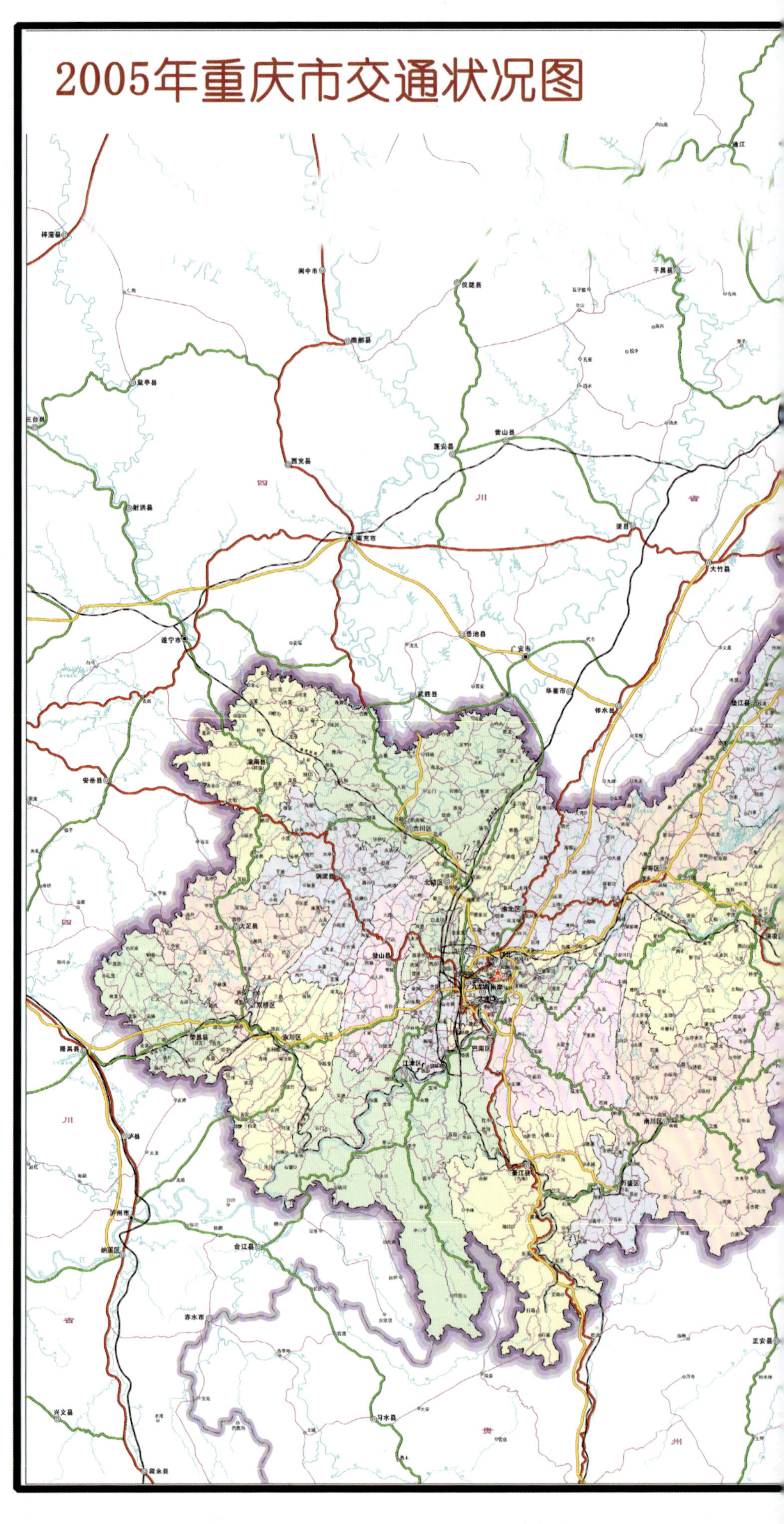
2005年重庆市交通状况图
阆中市
南部县
仪陇县
平昌县
盐亭县
西充县
蓬安县
营山县
射洪县
南充市
渠县
大竹县
遂宁市
岳池县
广安市
武胜县
华蓥市
邻水县
安岳县
合川区
潼南县
铜梁县
北碚区
渝北区
大足县
璧山县
双桥区
荣昌县
永川区
江津区
巴南区
隆昌县
泸县
泸州市
合江县
赤水市
綦江县
万盛区
南川区
习水县
正安县
兴文县
叙永县
四
川
省
贵
州

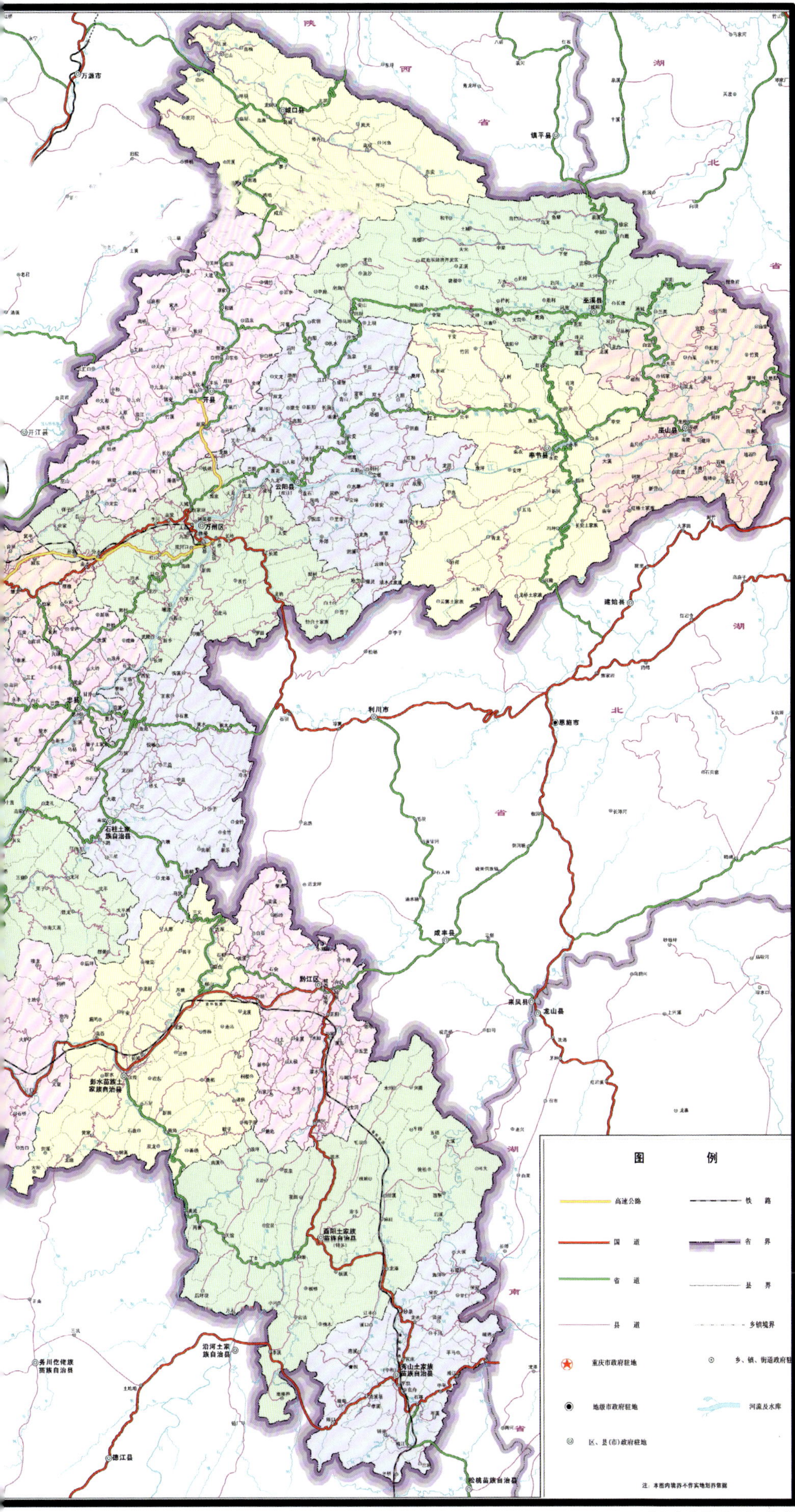

陕
西
省
湖
北
省
湖
北
省
湖
南
省
万源市
城口县
镇平县
开江县
巫溪县
开县
云阳县
奉节县
巫山县
万州区
忠县
石柱土家族自治县
建始县
利川市
恩施市
咸丰县
来凤县
龙山县
黔江区
彭水苗族土家族自治县
酉阳土家族苗族自治县
秀山土家族苗族自治县
沿河土家族自治县
务川仡佬族苗族自治县
德江县
松桃苗族自治县
图例
高速公路
铁路
国道
省界
省道
县界
县道
乡镇境界
重庆市政府驻地
乡、镇、街道政府驻
地级市政府驻地
河流及水库
区、县(市)政府驻地
注：本图内境界不作实地划界依据

重庆市交通委员会 编制

2005年重庆航运建设项目示意图

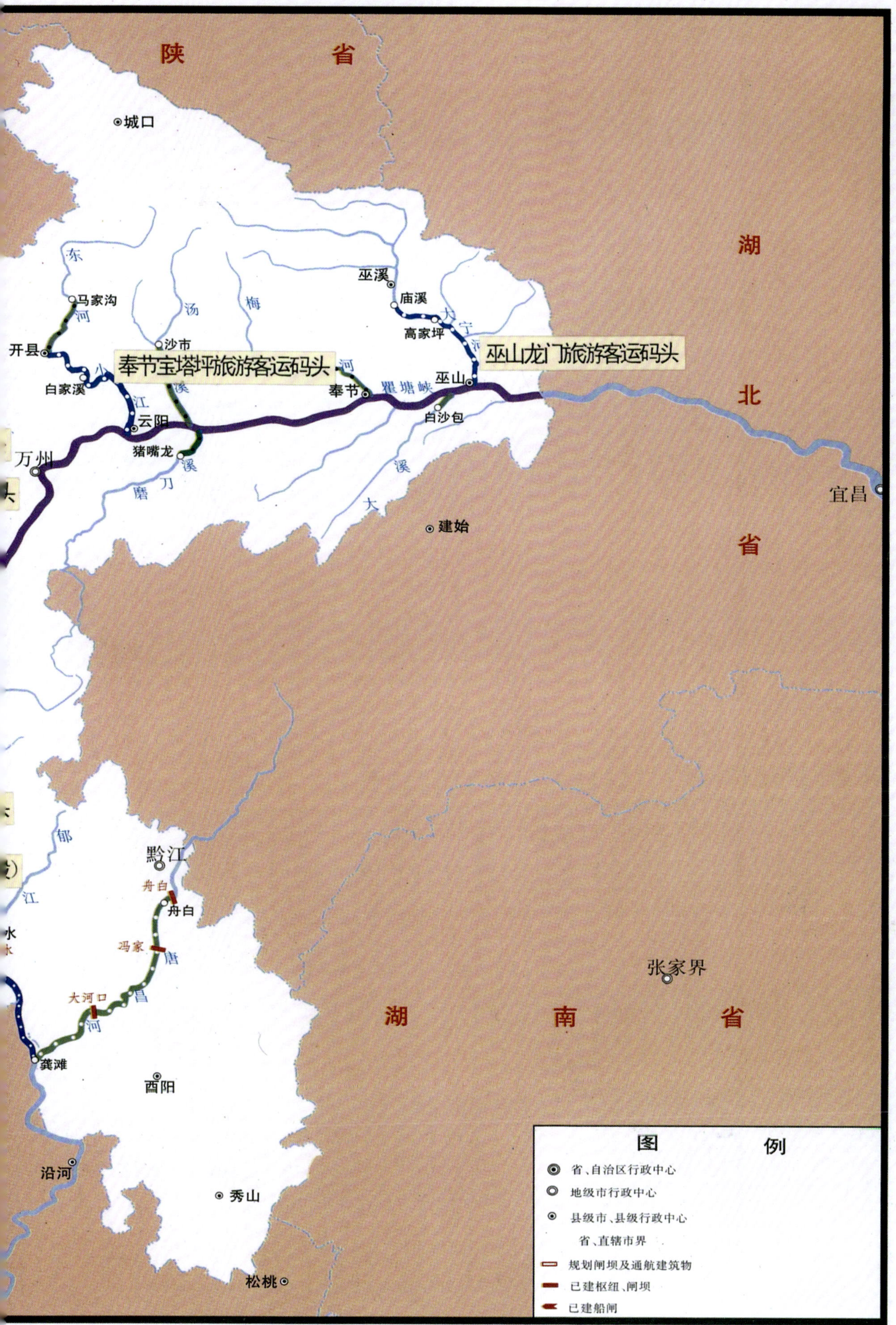

重庆市交通委员会 编制

嘉陵江涪江梯级开发规划示意图
西充河
蓬溪
青居枢纽
过军渡枢纽
唐家渡枢纽
遂宁
东西关枢纽
涪
双江枢纽
玉溪
白禅寺枢纽
乐至
三块石枢纽
潼南
江
富金坝航运枢纽
渠化VI级航道里程: 30千米
装机容量: 6万千瓦
多年平均发电量: 2.54亿度
最大工作水头: 12.39米
有效船闸尺度: 100×12×2.5(米)
建设期: 2003-2006年
安居枢纽
渭沱枢纽
大足
草街航电枢纽
渠化航道里程:
其中:
嘉陵江III级航道:
渠江IV级航道:
涪江VI级航道:
装机容量:
多年平均发电量:
最大工作水头:
有效船闸尺度: 180×23
建设期: 2003-
图例
省会、直辖市
地区、市
省、直辖市界
公路
铁路
已建枢纽
在建枢纽
未建枢纽
船闸
第一层次港口
第二层次港口
三级航道
四级航道
五级航道
六级航道
七级航道

四川省交通厅内河设计院 编制

2005年重庆市主城区公交线网图

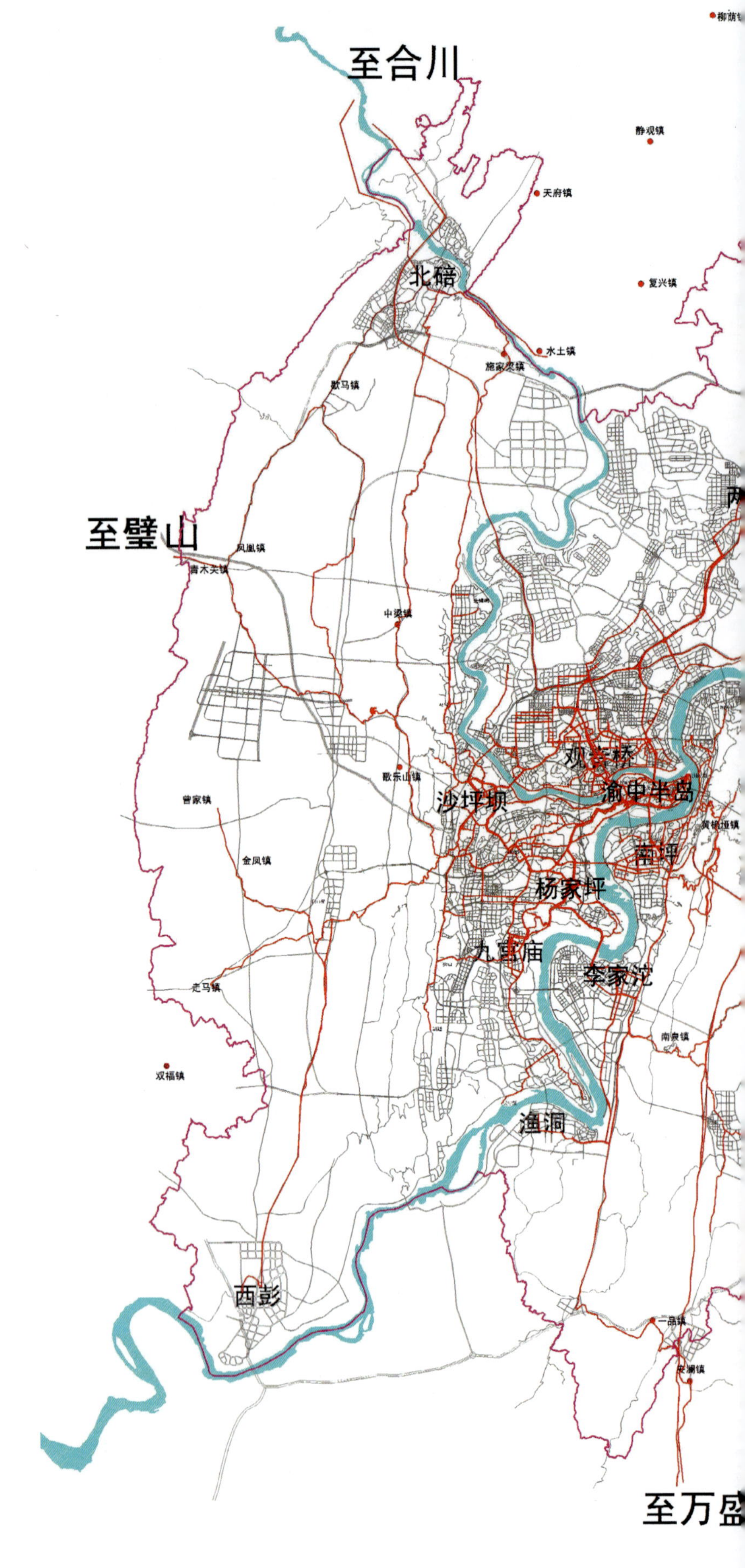

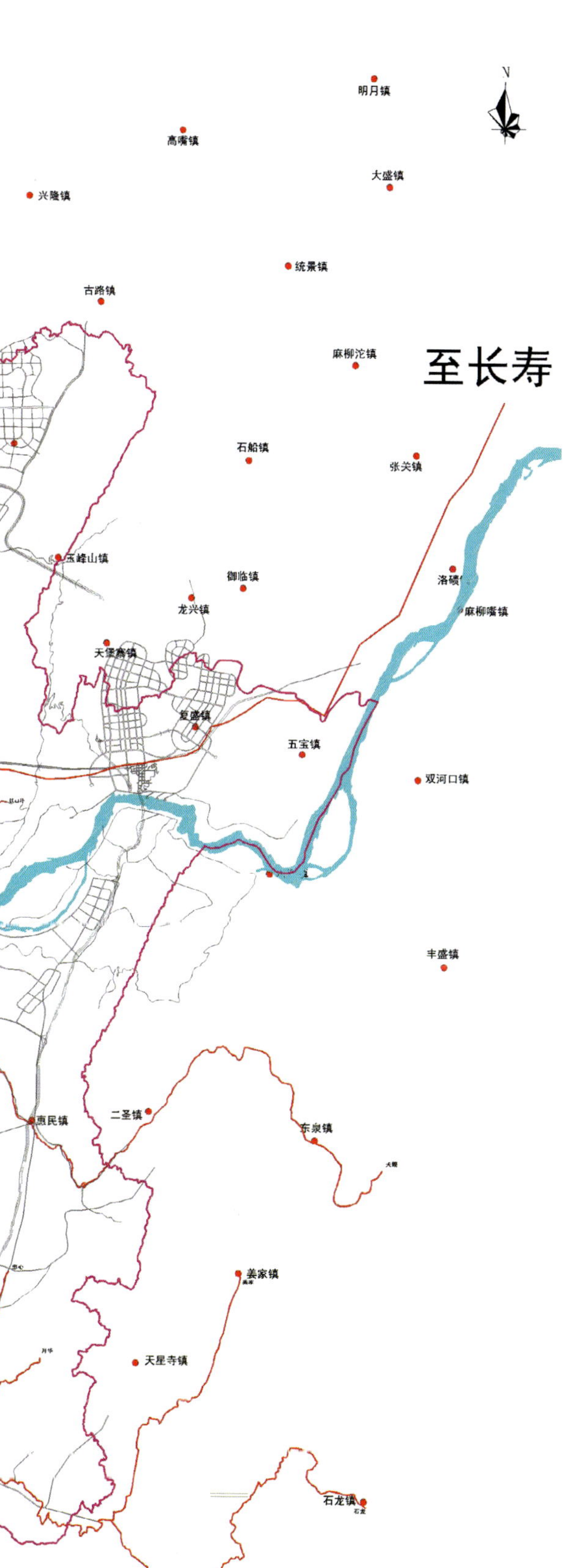

图　例

2616平方公里范围界

石滩镇

重庆市公共交通（集团）有限公司 编制

2005年重庆市都市区高速公路客运
与城市公共交通换乘枢纽规划示意图
N
0 2 5 10km
至武胜
渝武高速公路
至邻水
渝邻高速公路
北碚换乘枢纽
两路换乘枢纽
渝遂高速公路
至遂宁
至武汉、上海
渝宜高速公路
鱼嘴换乘枢纽

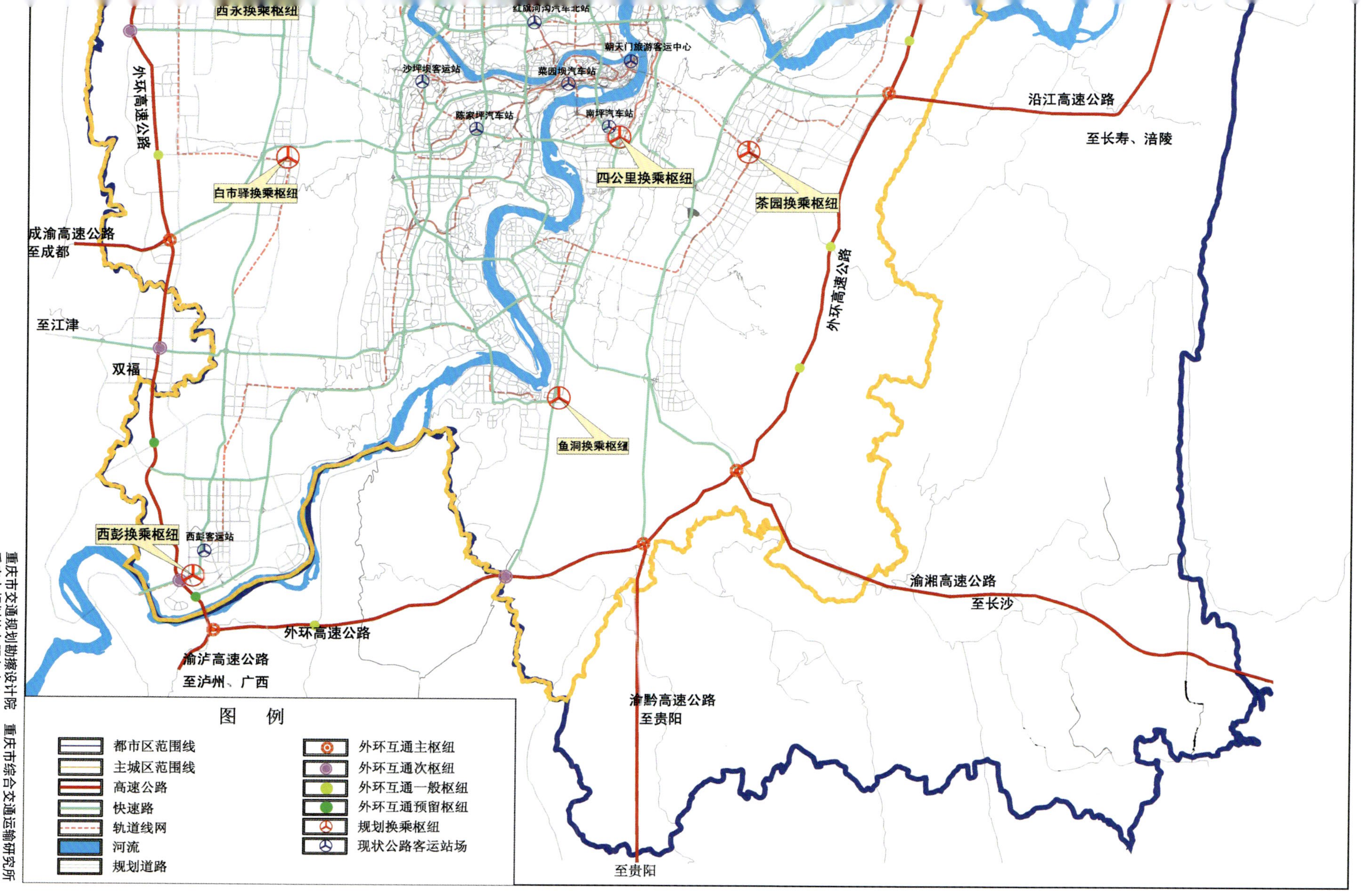

重庆市交通规划勘擦设计院　重庆市综合交通运输研究所
重庆市规划信息服务中心　重庆市城市交通规划研究所

2005年重庆市城市快速轨道交通线网规划图
N
至合川、南充
北碚
嘉陵江
歇马
缙
歌
至遂宁、成都
回龙坝
蔡家
⑥
青木关
土主
陈家桥
虎溪镇
大学城
①
西永
双碑
大竹林
礼嘉
冉家坝
松树桥
鸳鸯
两路
空港开发区
江北机场
③
江北
客站
江客东站
黄泥磅
五里店
唐家沱
④
鱼嘴
铜
至邻水
至长寿、武汉
长江

重庆市轨道交通（集团）有限公司 编制

2002年5月21日下午，中共中央总书记、国家主席、中央军委主席江泽民（前排右二）在中共重庆市委书记贺国强（前排右一），市委副书记、市长包叙定（后排右三）陪同下，在大佛寺长江大桥上听取副市长黄奇帆（前排左一）汇报重庆综合交通建设规划

2002年11月，中共中央总书记、国家副主席、中央军委副主席胡锦涛（左）亲切接见中共十六大代表重庆公交优秀乘务员汪霞（右）

1993年9月，原中共中央政治局委员、国家主席、中央军委第一副主席杨尚昆（中）视察重庆港

2002年2月11日，中共中央政治局常委、国务院总理朱镕基（左四）在中共重庆市委书记贺国强（右三），市委副书记、市长包叙定（左二）陪同下，在渝北区童家院子立交桥上听取重庆市交通委员会主任胡振业（右二）汇报

2003年10月6日，原中共中央政治局常委、全国人大常委会委员长李鹏（前排左二）及夫人朱琳（前排左三）一行，在中共重庆市委书记、市人大常委会主任黄镇东（前排左一），市委副书记、市长王鸿举（前排左四）陪同下乘坐“朝天宫”两江游轮，听取重庆交通建设汇报

2005年5月，中共中央政治局常委、国务院副总理李岚清（左一）在中共重庆市委书记、市人大常委会主任黄镇东（左二）和副市长黄奇帆（右一）陪同下视察重庆港

2006年4月21日，中共中央政治局常委、国务院总理温家宝（第三排右四）视察重庆高速公路发展有限公司时和民工及业主监理代表合影

1996年12月17日，中共中央政治局委员、国务院副总理吴邦国（前排右二）在中共重庆市委书记张德邻（前排右三），市委副书记、市长蒲海清（前排左一）陪同下视察重庆渝长高速公路高家花园嘉陵江大桥

2002年“五一”劳动节前夕，中共中央政治局委员、国务院副总理钱其琛（左一）在中共重庆市委副书记、市长包叙定（左二）及副市长黄奇帆（右二）陪同下视察重庆环线高速公路

2002年2月15日，中共中央政治局候补委员、中央书记处书记、中央组织部部长曾庆红（左三）在渝北区童家院子立交桥上听取重庆市交通委员会主任胡振业（右四）汇报重庆高速公路建设情况

2002年10月18日，全国人大常委会副委员长、民进中央主席许嘉璐（左一）在大佛寺长江大桥上听取重庆市交通委员会副主任丁纯（左二）汇报重庆市综合交通规划情况

2001年11月20日，国务委员司马义·艾买提（中）视察重庆市高速公路建设，听取重庆市交通委员会主任胡振业（右一）汇报重庆高速公路建设情况

2005年5月16日，交通部部长张春贤（前左三）在重庆市人民政府副市长赵公卿（左一）、重庆市交通委员会主任丁纯（左二）、副主任彭建康（右三）陪同下，在武隆县考察调研农村公路建设情况

1997年，中共重庆市委书记张德邻（左），中共重庆市委副书记、市长蒲海清（右）审查重庆市骨架公路网规划图

2002年7月，中共重庆市委书记贺国强（前排左三）、重庆市人民政府副市长童小平（前排左四），在重庆市交通委员会主任胡振业（前排左五）、副主任李健（前排左二）陪同下考察“八小时重庆”工程

2003年7月21日，中共重庆市委书记、市人大常委会主任黄镇东（中），市委副书记姜异康（右一），副市长赵公卿（左一），在重庆市交通委员会副主任唐伯明（左二）陪同下考察“八小时重庆”控制工程——通渝隧道

2006年全国人大会议期间，中共重庆市委书记、重庆市人大常委会主任汪洋（左二），市委副书记、市长王鸿举（左一），与全国人大内务司法委员会副主任黄镇东（右一）、交通部部长李盛霖（右二）商讨重庆交通发展大计

2001年9月21日，中共重庆市委副书记、市长包叙定（中），副市长甘宇平（右二）在重庆市运管局考察

2003年4月1日，重庆市人民政府副市长赵公卿（右二）到重庆市运管局考察

2003年6月12日，中共重庆市委常委、重庆市人民政府常务副市长黄奇帆在重庆高等级公路建设投资有限公司与国家开发银行重庆市分行的借款合同、财务顾问协议签字仪式上讲话

2005年7月14日，重庆市人民政府副市长余远牧（右三）考察重庆公交集团公司IC卡运行情况

1998年9月19日，重庆市地方交通系统第一个行业管理局——重庆市公路局正式成立挂牌运行

1998年9月28日，合川市40万民众集资3200万元、国家补助300万元修建的合川嘉陵江云门大桥建成正式通车并经批准设立收费站

1999年9月1日，重庆市人民政府发布《关于进一步整治主城区非法营运车辆规范出租客运市场秩序的通告》。图为1999年9月20日重庆市公安、客运管理执法人员实施整治客运市场检查

2000年8月1日，经中共重庆市委、重庆市人民政府批准，重庆市交通委员会正式挂牌运行

2000年8月，重庆市道路运输管理局成立，扩大了管理范围。图为重庆经济技术开发区道路运输管理所服务大厅一角

2000年8月，重庆市港航管理局组建。图为重庆港航交通行政执法人员实施嘉陵江航道整治检查

2000年，重庆市交通行政执法人员军训培训汇报表演暨表彰总结大会在江北区铁山坪举行

2004年4月30日，交通部等八部委出台全国集中开展汽车超限超载治理方案。图为重庆市交通系统设立在涪陵的超限运输检测站

1998年8月13日，重庆市交通征费稽查机构更名为重庆市交通征费稽查局。2004年7月，重庆市交通征费稽查局迁至渝北区黄泥塝。图为迁址后新的征费大厅

2005年6月29日，重庆市交通行政执法总队成立大会暨授牌仪式在重庆市人民政府礼堂举行

2005年6月29日，交通部副部长黄先耀（左二）、重庆市人大常委会副主任金烈（右二）为重庆市交通行政执法总队授牌

2005年10月，重庆交通稽征执法人员上路执法

2006年3月，重庆长万（长寿至万州）高速路垫江段收费员列队进入收费岗位

2006年，中共重庆市交通委员会中心学习组学习贯彻中共中央总书记胡锦涛重要讲话

1986年9月23日，国道210线重庆红双段（江北区红旗河沟至江北县双凤桥）一级公路改建工程开工，1989年11月10日建成通车。图为开工仪式现场

1986年9月26日，川黔公路四大段（南岸区四公里至巴县大山村）二级公路改建工程竣工通车，全长12.3公里

1990年6月和1991年5月成渝高速公路重庆段先后开工。1995年5月1日，成渝高速公路重庆段荣昌桑家坡段20公里贯通，实现重庆段114.2公里全线初通试运行。图为陈家坪至荣昌段初通剪彩仪式现场

1996年1月，渝长（重庆主城至长寿）高速公路开工，2000年4月28日竣工通车。图为渝长高速公路人和立交桥

1997年4月8日，渝黔高速公路一期项目亚行贷款协议在马尼拉亚行总部正式签约。图为中国人民银行转贷重庆市人民政府1.5亿美元贷款协议在重庆渝通宾馆举行签字仪式

1998年1月1日，渝黔高速公路一期工程开工，2001年12月建成通车。图为渝黔高速公路綦江长下坡段

1998年1月1日，长涪（重庆长寿至涪陵）高速公路开工，2001年12月31日竣工通车。图为长涪高速公路斜阳溪大桥

1998年3月5日，重庆市人民政府副市长吴家农（右三）与日本海外经济协力基金驻北京办事处次席代表内田勤（左三）进行会谈，双方就重庆市1998年的头号建设项目梁万（梁平至万县）高速公路200亿日元贷款事宜交换意见

1999年6月，渝武（重庆至四川武胜）高速公路渝合（重庆主城区至合川）段开工，2005年12月31日渝武高速公路全线竣工通车。图为渝武高速公路合川嘉陵江段

1999年10月，綦万（重庆綦江至万盛）高速公路开工，2004年9月15日建成通车，总投资10.4亿元。图为綦万高等级公路有限公司与中国光大银行重庆分行贷款6亿元签字仪式

1999年9月，经交通部批准，重庆高速公路发展有限公司与上海中信基建投资有限公司共同经营成渝高速公路重庆段。图为在重庆渝通宾馆举行合同签字仪式

2000年2月，长万（长寿至万州）高速公路万梁（万州至梁平）段开工，2001年4月长梁（长寿至梁平）段开工，2003年12月两段同时建成通车。图为长万高速公路万州收费站

2001年4月，长万（重庆长寿至万州）高速公路长梁段日本国际协力银行贷款240亿日元（人民币约16亿元）转贷签字仪式在重庆举行

2001年4月，重庆高速公路发展有限公司与中铁五局（集团）有限公司在重庆渝通宾馆签订渝邻（重庆至四川邻水）高速公路建设经营合作协议

2001年11月1日，渝邻（重庆至四川邻水）高速公路开工，2004年7月15日竣工通车。图为渝邻高速公路重庆与四川邻水交界段

2001年12月26日，重庆大佛寺长江大桥竣工。图为大佛寺长江大桥

2001年12月26日，重庆马桑溪长江大桥竣工。图为马桑溪长江大桥

2004年12月，渝黔高速公路二期工程竣工通车，西南出海通道渝湛（重庆至广东湛江）高速公路全线贯通。图为西南出海通道重庆段全线通车仪式

2003年1月，被誉为“生命工程”的重庆市国省道危险路段安装防撞护栏工程正式启动。图为安装好的波形梁防护栏

2004年12月，“八小时重庆”工程开县段竣工通车

2004年12月，“八小时重庆”工程国道319线武隆段建成通车

2005年8月，重庆涪陵区山窝乡农村公路建成，实现农民走上致富路的愿望。图为山窝乡农村公路一段

2005年，武隆县农村公路鸭江段建成，客运班车始进山村

2005年11月18日，中共重庆市委书记、市人大常委会主任黄镇东（中）、市委副书记姜异康（右）、市委常委、常务副市长黄奇帆（左）在江津参加“二环八射”高速公路开工仪式

1980年12月15日，位于重庆市市中区沧白路横跨嘉陵江到江北区金沙街的嘉陵江客运索道破土动工。1982年1月1日建成投入运营

1983年2月，重庆市市中区朝天门北侧缆车站开工，1984年10月1日竣工通车运行

1985年1月，重庆市市中区凯旋路客运电梯工程开工，1986年3月30日竣工投入运营

北站位于重庆市市中区新华路长安寺、南站位于南岸龙门浩上新街的长江索道工程1986年3月15日动工兴建，1987年10月24日竣工并投入运营

1990年5月，位于重庆江北区红旗河沟的重庆汽车北站一期工程竣工，同年11月15日正式运营

菜园坝重庆汽车站于1992年1月7日破土动工，1994年11月25日竣工，1995年1月7日正式投入运营

重庆陈家坪汽车站于1995年开工，1998年12月25日竣工并投入运营

1996年2月8日，重庆市渝中区两路口自动扶梯正式投入运营。扶梯长112米，提升高度52.7米，运载能力1.3万人次小时，当时是亚洲最长的自动扶梯

1999年12月26日，中国西部第一条城市轻轨交通2号线——较新线（渝中区较场口至大渡口新山村）正式开工建设。2005年6月18日，较场口至杨家坪段开通运营

2004年的重庆万州汽车客运站

20世纪80年代重庆水上运输场景

20世纪80年代綦江河江津段航运工人放船

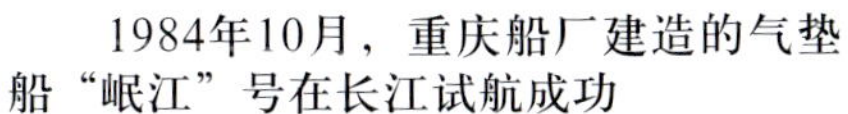

1984年10月，重庆船厂建造的气垫船“岷江”号在长江试航成功

20世纪80年代停泊在万县码头的重庆长航客船

1988年5月21日，重庆市第一座航电结合的船闸——潼南县涪江三块石船闸建成放水试航

20世纪80年代长江旅游客船

20世纪90年代，专业化的商品汽车滚装船正式进入长江航运市场

1993年10月5日，民生轮船有限公司"民货853"货船装载40个集装箱从重庆港九龙坡港埠公司二码头驶出，首开渝—沪线集装箱班轮运输

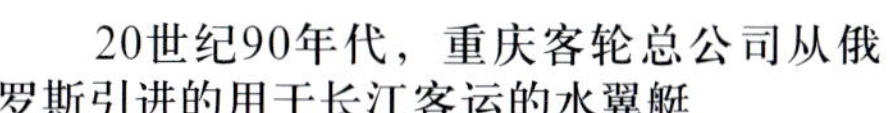

20世纪90年代，重庆客轮总公司从俄罗斯引进的用于长江客运的水翼艇

20世纪90年代末的重庆港全貌

20世纪八九十年代运行在长江的主要客运船舶。图为“江渝109号”客轮

1997年1月11日，重庆市客轮总公司建造的中国第一艘水翼艇“歌乐山号”试航成功

2000年，重庆长江轮船公司对13艘普通客轮升档改造成为“江山系列”国内旅游船，航行于三峡库区。图为“江山7号”客轮

2002年，重庆长江轮船公司相继建造设施一流、服务一流的“朝天门”“朝天宫”两江旅游客轮。图为“朝天宫”客轮

2002年，新世纪游轮有限公司建造的“世纪天子”豪华旅游客轮

2003年6月10日，三峡工程蓄水至135米，川江航道水位提升，江面拓宽

2003年11月，重庆涪江富金坝航电枢纽开工建设，2006年6月30日，1号机组并网成功。图为大坝一角

2004年的重庆集装箱运输

2005年的重庆港朝天门作业区

2005年的长江重庆航道整治工程

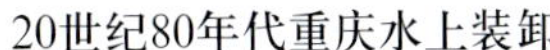

20世纪80年代重庆水上装卸

20世纪80年代重庆轮渡客船

重庆东风船厂设计建造的中国内河第一艘专用旅游客轮“神女”号及其姊妹船“三峡”号，分别于1981年9月和1982年5月投入营运，航行于渝汉（重庆至武汉）客运线。图为“神女”号客轮

20世纪90年代，重庆市水路液体类危险品运输从运输石油和食用油开始，发展至2005年年底，可以承运各类液货危险品。图为“远洋2号”货轮

2003年12月28日，重庆寸滩港作业区一期工程正式开工，2005年年底竣工。图为作业区一角

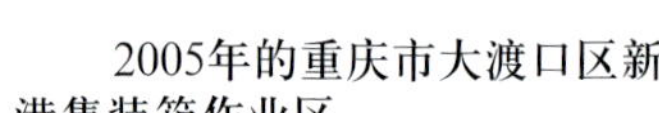

2005年的重庆市大渡口区新港集装箱作业区

2005年的重庆市九龙港集装箱码头

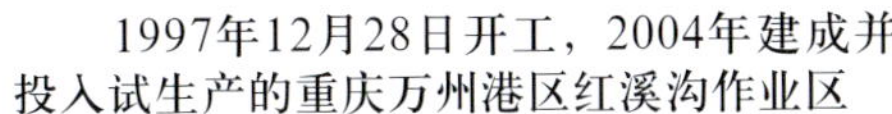

1997年12月28日开工，2004年建成并投入试生产的重庆万州港区红溪沟作业区

2001年10月28日，万州港区鞍子坝淹没复建工程开工建设，至2005年底完工98%

1993年，成渝高速公路重庆段桑家坡至青杠路段85公里“二改一”成果获得重庆市科技进步特等奖、合理化建议特等奖

1993年，成渝高速公路重庆段中梁山隧道、缙云山隧道半横向式通风变更为纵向通风方案研究项目获得重庆市科技进步特等奖、合理化建议特等奖

1995年，重庆市渝通公路工程总公司主研的高等级公路（沥青混凝土路面）机械化施工组织及作业定额研究项目获得交通部科技进步二等奖、1995年重庆市科技进步一等奖和1995年重庆交通科技进步一等奖

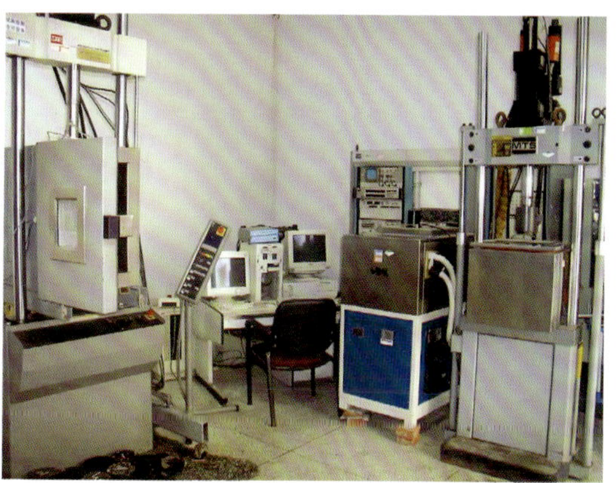

2003年，重庆高速公路发展有限公司、成都曙光光纤网络有限责任公司主研的重庆市高等级公路（高速公路）联网收费系统项目获得重庆市科技进步二等奖，被评为2003年国家倍增计划优秀项目

2003年，重庆交通学院、重庆高速公路发展有限公司主研的大跨径斜拉桥稳定性研究项目获得中国公路学会科学技术二等奖

2004年，重庆市港航管理局开发水上交通管理监控系统，建立36个区县及企业监控调度分中心，在全市102艘船舶上安装了船载GPS终端

2004年，重庆市渝通公路工程总公司完成的重庆马桑溪长江大桥获国家工程建设质量最高奖——“鲁班奖”

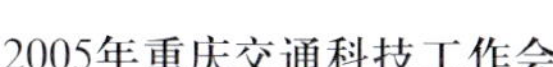
2005年重庆交通科技工作会

2005年交通科技工作会颁奖

1990年4月全国总工会授予张家滩道班“五一劳动奖状”

1995年9月，重庆市出租汽车行业“创建卫生城市争当文明司乘员知识竞赛”活动

1996年5月1日，重庆交通体育代表团参加重庆市第八届城市运动会

1996年9月，重庆市公用局举行“共建出租汽车精神文明风景线示范车”授标仪式

1997年9月，重庆交通系统举行“欢庆中共十五大暨交通建设年”文艺表演活动

重庆交通系统举行“1997年交通建设知识竞赛”活动

1998年、2000年、2007年重庆市交通系统印发的精神文明建设文件

1999年4月23日，重庆市交通系统“创建出租汽车文明行业工作会”在永川召开

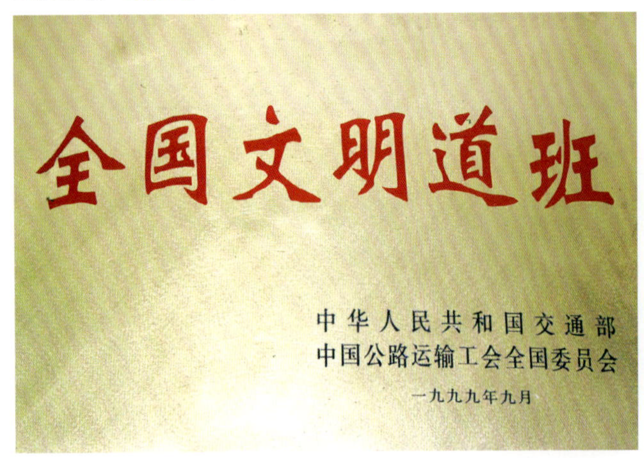

1999年9月交通部全国公路运输工会授予张家滩道班“全国文明道班”奖牌

2000年9月，重庆市道路运输管理系统开展“展行业新风塑行业形象”演讲活动

2000年11月，重庆市运管局在重庆市人民大礼堂召开创建重庆市道路运输文明行业活动誓师大会

2000年，重庆市交通局表彰“巾帼文明岗”

2001年，重庆市道路运输行业开展“文明建设成果暨行评复查征集意见”活动。图为征集意见活动现场

2005年10月，重庆市公路局荣获“全国文明单位”称号

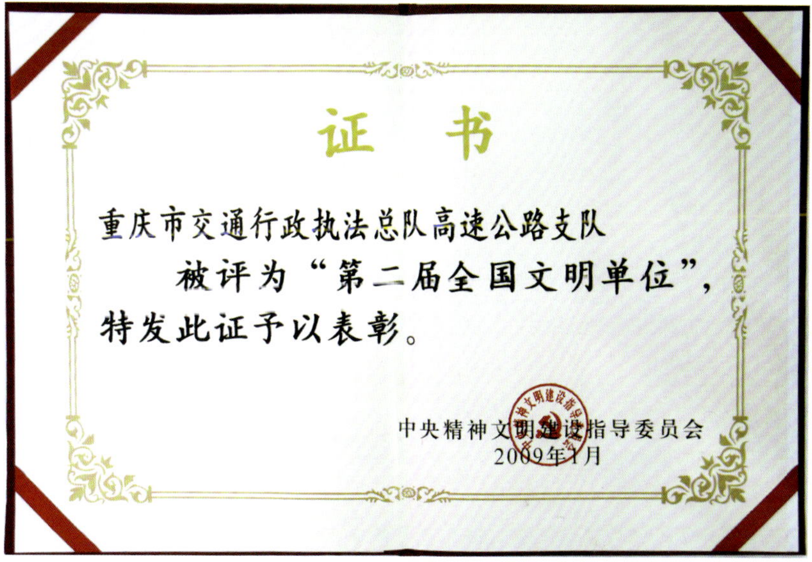

2009年重庆市交通行政执法总队高速公路支队获得“第二届全国文明单位”称号

序 言

1986～2005年，短短20载，在人类历史中仅是弹指一挥间。但在重庆交通史上，这段历程却令人难以忘怀。20年间，改革开放让重庆发生了翻天覆地的变化，也让重庆交通发生了翻天覆地的变化。20年间，重庆交通从“起飞”发展、快速发展到全面提速，进入有史以来前所未有的大建设、大发展时期，交通运输对重庆经济发展的“瓶颈”制约得到明显缓解，为重庆市经济增长、社会和谐发展提供了有力的基础保障，重庆交通的历史谱写了一页又一页辉煌的篇章。

《重庆市志·交通志（1986～2005）》是继《重庆交通大事记》《重庆公路运输志》和《重庆内河航运志》之后续修的第二轮重庆交通志，是重庆市志的重要组成部分，记述了改革开放中重庆交通发展的历程。1986～1996年，重庆进入计划单列的综合体制改革时期，1997～2005年，重庆进入中央直辖的重要发展阶段。在中共中央、国务院的领导和关怀下，在历届中共重庆市委、重庆市人民政府和交通部的领导和支持下，重庆经济的起飞推动了交通的发展，重庆交通彻底走出了“漫步”阶段，开始快速发展。成渝高速公路重庆段的建成，带来交通建设第一个高潮。随着连续三年进行“交通建设年”活动，实施“五年变样、八年变畅”的目标，又连续三年实施“八小时重庆”工程，随着规划2020年实施的“二环八射”2000公里高速公路全部提前到2010年前实施，重庆交通从规划与建设骨架公路网起步，高速公路、县际公路、农村公路三大建设同步推进。同时推动长江黄金水道建设，加快建设长江上游航运中心，推动涪江、嘉陵江航电枢纽建设，重庆交通进入了全面协调、快速推进蓬勃发展的黄金时期。20年的交通史，给我们彰显了一个真理：只有改革开放，才有重庆交通的快速发展；只有坚持践行科学发展观，才有重庆交通发展的辉煌今天和宏伟未来。

《重庆市志·交通志（1986～2005）》是一部全面、系统、真实地记述20年重庆市交通发展的历史进程的资料性文献，突显的是20年间重庆交通改革发展的主要脉络和重要史实。这是重庆交通业广大干部职工20年为交通发展奋斗实践的宝贵结晶，是重庆交通20年间积累的最可贵的精神财富。这部志书的编纂出版，一是为人们了解交通、研究交通提供翔实资料，成为社会公众了解重庆交通史的最佳范本；二是有助于启迪人们去探究交通发展的客观规律和特点，成为交通行业管理和交通建设发展的宝贵借鉴；三是为政府机构规划建设交通提供预测决策的科学依据。

《重庆市志·交通志（1986～2005）》既是20年来重庆交通文化建设的一个重大收获，又是20年来重庆交通发展的一个重要成果的史料载体。在我们进入“十二五”规划期，为推动“十二五”交通科学发展，加快建成长江上游地区综合交通枢纽而努力奋战之际，展望重庆交通的美好前景，任重而道远，尚需我们不懈努力。希望这部志书能够让读者从中汲取丰富的精神营养，从中了解重庆交通的过去和现在，深刻认识交通发展的重要性和客观规律性，而且从中获得实现重庆交通规划的坚定信心和强大力量，进一步为实现重庆交通再次跨越式的大发展，去创造和谱写重庆交通未来的辉煌篇章。

重庆市交通委员会 主任
中共重庆市交通委员会 书记 滕宏伟

二〇一四年七月

凡　例

一、指导思想　《重庆市志·交通志（1986～2005）》（以下简称本志）以马克思列宁主义、毛泽东思想、邓小平理论、“三个代表”重要思想和科学发展观为指导，客观记述重庆交通发展的历史进程，力求思想性、科学性和资料性的统一。

二、断限　本志上限为1986年，下限为2005年。部分内容适当上溯或下延，以保持事物发展过程的连续性和完整性。其中，上轮修志完全未涉及、本轮修志又必须记载的，一般上溯至1949年中华人民共和国成立时，本轮修志后不再存在的机构等，延后至其终止之时。

三、范围　坚持属地原则，按2005年重庆直辖市管辖范围，对原四川省重庆市、万县市、涪陵市、黔江地区以及重庆直辖市的交通管理机构、公路水路运输、公共交通、交通科技、交通规费、交通文明建设及中央在渝交通单位进行记述，但铁路、民航、管道运输系统不包括在内。

四、体例　本志运用述、记、志、传、图、表、录等多种体裁，以志为主，横排门类，纵述史实，述而不论。按篇、章、节、目记述，共计14篇87章，分上下册印行。

五、文体　用现代汉语规范语体文记述。除引文、特稿、原始文献、特殊情况外，统一用第三人称记述，一律使用简化字。标点符号的使用执行国家技术监督局发布的《标点符号用法》。

六、纪年　统一使用公元纪年，使用历史年号纪年须括注公元纪年。年月日一律用阿拉伯数字以全位数表示。志书中“××年代”特指20世纪某个年代。表示特定含义的历史时期，首次使用冠以时间全称，以后使用的是无时间段的简称。

七、称谓　在同一篇中，单位称谓首次用全称，后用标准简称，即规范性称谓或习惯性称谓。人物直书姓名，职务冠于姓名之前。历史地名使用当时名称并括注今地名称。国道称谓统一按交通部规定，以“G+阿拉伯数字”的形式标号并括注起止地名；省道（县道）称谓统一按照四川省或重庆市规定，以“S+阿拉伯数字”的形式标号并括注起止地名。高速公路首次出现以起止地名全称表示，但须括注起止地名简称。简化的缩略名词首次使用时加括注予以说明。

八、计量　统一使用国家法定计量单位。但道路、航道长度均用“公里”表示，运输产量中货运量用“吨”表示，货运周转量用“吨公里”表示，客运量用“人”表示，客运周转量用“人公里”表示。人民币和外币以“元”或“万元”为单位。数字使用执行国家标准的《出版物上数字用法的规定》。

目 录

第一篇 管理机构

第二篇 公路建设与管理

第三篇　公路养护与管理

第四篇 道路运输管理

第五篇　道路运输业

第六篇　城市公共交通

综　述

重庆市位于中国的西南部，地处中国西部与中部地区的结合地带，东邻湖北、湖南，南连贵州，西接四川省泸州市、内江市和遂宁市，北衔陕西省与四川省广安市和达州市。重庆市是中国西部唯一的中央直辖市，幅员辽阔，山川纵横，交通发展历史悠久。

重庆地处四川盆地的东部，具有丘陵、山岭、台地和平坝等多种地形地貌，道路大部分分布在丘陵、山岭与江河之间。重庆市地处长江上游，其中有举世闻名的长江三峡。长江、嘉陵江、乌江及其支流贯穿重庆全境，形成沟通东西南北的天然水路航道，构成中国西部最大的内河网。重庆地区属中亚热带季风湿润气候，分布有亚热带的常绿阔叶林、针叶林、针阔混交林等森林植被，主要分布在大巴山等山脉两侧，使重庆市的公路水路通道具有天然的生态屏障。

重庆市的地理优势，尤其是水路交通优势，使重庆历来居于西部地区的交通枢纽地位。从古至今，重庆市都是重要的水上运输枢纽。古代巴人依山傍水而居，善操舟楫。在相当长历史时期，木船运输发达。至近现代，重庆轮船运输业兴起，尤其是爱国实业家卢作孚开辟发展了嘉陵江和长江的航运事业。但重庆市陆路交通较为落后。自5000多年前新石器时期至清代末期，重庆仅形成2丈宽的“官路”和2~5尺宽的“民路”，即5条石板路面的驿道民路。1927~1949年，重庆境内先后修筑了重庆至成都、绵阳至璧山、重庆至贵州、重庆至湖南、陕西至重庆等公路干线及其他公路。1949年底，刚解放的重庆，公路总长836.5公里，而且多是标准很低的泥石路。重庆解放后，人民政府一直把交通发展作为政府工作的一件大事，各种交通运输方式获得长足发展，重庆市逐步发展为中国西部地区唯一汇集水、陆、空综合交通资源的特大型城市。

从1949年底至2005年，重庆交通发展经历了三个历史时期。1949年12月至1977年，是重庆交通发展较为缓慢的时期，重庆交通有适当发展，交通面貌有所改善，但至1978年改革开放前，重庆交通基础设施薄弱，运输设施落后，广大地区处于十分闭塞落后的状态。1978~1997年，重庆交通进入起步快速发展的时期，重庆交通摆脱缓慢发展的格局，进入一个打基础、筑平台、求发展的“起飞”时期，初步形成了公路、水路、铁路、民航同步发展的新格局，但落后面貌仍未得到根本改变。1997~2005年，重庆交通步入了协调推进大发展的时期。中共重庆市委、重庆市人民政府十分重视交通建设，1998~2001年，重庆交通启动了“五年变样、八年变畅”和“八小时重庆”工程建设。2002~2005年，将原规划2020年建成的“二环八射”2000公里高速公路，全部提前到2010年前实施并实现全面开工，高速公路、县际公路、农村公路三大建设同步推进，同时推动长江黄金水道建设，推动涪江、嘉陵江航电枢纽建设，加快建设长江上游航运中心，重庆交通进入协调推进的大发展时期。

一、重庆交通体制的演变

重庆交通体制的演变包括交通行政管理体制、交通行业管理体制和交通运输企业改革等三方面的演变过程。

（一）交通行政机构演变

1950~2005年，在不同时期的重庆行政体制变革推动下，重庆交通行政管理体制发生了建立、变化、发展、改革等演变，其外延和内涵不断深化，从管计划、管企业到管行业、管建设，再到管社会公共事务，重庆交通行政管理机构逐步发展为具备现代公共管理特征的政府行政部门和交通行业主管部门。

1950～2005年，重庆市交通行政管理体制经历了从综合管理到专门管理、从多部门分治到统一行政管理的历史发展过程。

1952～1963年是第一个统一的交通行政管理时期。1950年至1954年6月，重庆市处于西南大行政区时期，又是中央直辖市，辖18个市辖区，交通行政纳入了综合管理部门，主要是军事管制委员会、城建管理部门或者企业管理部门，无独立、专门的交通行政管理机构，但实行统一的交通行政管理。1952年8月，重庆交通行政体制设专门建置，从综合管理机构中分化出独立的交通行政专门管理机构，是重庆市交通行政管理体制的初始形态，也是统一的交通行政管理。1954年，重庆市辖6个区。1954年3月，重庆市公用局改名为重庆市交通运输管理局，将非交通运输事业划归给建设局，重庆市公用局仍旧对公共汽车、电车及修理和缆车、轮渡、渡口、渡船等进行统一管理。1954年7月，重庆市处在四川省辖市时期，分设重庆市交通运输管理局和重庆市公用事业管理局，分管地方交通和城市公共交通。1958年9月，重庆市交通运输管理局与重庆市公用事业管理局合并，成立了重庆市交通公用事业管理局，统一管理交通行业，延续至1963年。

1963～2000年，重庆市交通行政管理体制逐渐形成了以地方交通运输与城市公共交通专门化分工管理为标志的“两局分治”的稳定格局。1963年3月，重庆市交通公用事业管理局被撤销，组建了重庆市交通运输管理局和重庆市公用事业管理局。1966～1976年“文化大革命”时期，交通行政机构瘫痪，至1978年方得以恢复建置。至1982年，重庆市辖9区4县，地方交通和城市公共交通的管理范围也随之扩大。1983年2月至1997年2月，重庆进入综合体制改革试点时期，重庆是中央计划单列市又同时是四川省的省辖市。1983年3月，永川地区8县划归重庆市，四川省属在渝交通企业事业单位划归重庆市交通局，重庆市的区县交通行政部门增加到21个（9个区12个县），地方交通和城市公共交通的管理范围随之扩大。1997年3月，重庆再次成为中央直辖市，管辖原四川省重庆市、万县市、涪陵市和黔江地区，行政范围增加到13个区27个县（市），地方交通和城市公共交通的管理范围再次扩大。永川地区交通局与重庆市交通运输管理局合并形成的重庆市交通局，和重庆市公用事业局仍然是“两局分治”，是在较长时期内重庆市交通行政管理体制的主体形态。重庆市各区县也建立了地市级和区县级行政区域内自己专门的交通管理机构。

2000～2005年是第二个统一的交通行政管理时期。重庆经济发展目标与交通落后、效率低下的矛盾日益突出。2000年6月，中共重庆市委批准在原重庆市交通局、重庆市公用事业局、重庆港口管理局、重庆市经委交通处、重庆市发展计划委员会交通战备机构等交通部门的基础上，组建重庆市交通委员会，统一主管重庆市城乡公共客运交通及公路、水路交通行业。万州、涪陵、黔江地区的交通行政管理机构，在行业上也归属于重庆市交通委员会。新的交通行政管理体制的核心是，除中央直管的长江航运、民航、铁路以外，重庆市交通运输归重庆市交通委员会统一管理，使政出多门、职能交叉的弊病得以化解。2000年8月，重庆市人民政府批准《重庆市交通委员会职能配置、内设机构和人员编制规定》，确定重庆市交通委员会是主管重庆市城乡公共客运交通及公路、水路交通行政管理和行业管理的政府组成部门，新的重庆市交通行政部门正式运行。至此，重庆市交通“两局分治”的管理体制结束，形成了统一的交通行政管理体制。

（二）交通行业机构演变

随着交通行政管理体制的演变，重庆市交通行业管理体制经历了从行政与行业管理合一到交通行业管理专门化分治再到统一行业管理的历史发展过程。

1949年底至1983年，重庆市国省道公路养护、航道养护和公路水路主干线运输，均由四川省交通部门直接管理。1954年7月至1983年1月，重庆交通行业管理与交通行政管理合二为一，即在重庆市交通运输管理局外，没有独立的交通行业管理机构。1984 年，重庆市成为中央计划单列市，重庆市交通行政机构对公路、航道以及交通运输的管理权力增加，公路水路行业管理业务范围扩大和延伸。1984 年 11 月，重庆市交通局组建成立重庆市航运管理处，这是重庆交通行业管理的开端。

1986～1997 年，重庆交通、公用系统的行业管理机构进一步发展，逐步建立起囊括公路养护管理、公路建设管理、道路运输管理、社会客运管理、征费稽查管理、港口航道管理、行政执法、质量监管、后勤服务等较为完整的交通行业管理体系。1988 年，四川省交通厅将四川省直管的公路养护总段、公路运输管理处、航运管理处成建制下放到万县、涪陵、黔江地区。1997～2005 年，随着重庆市交通行政管理体制的统一，重庆市交通行业管理也重新建立起统一的管理机构。重庆市交通委员会下设重庆市公路局、重庆市道路运输管理局、重庆市交通稽查征费局、重庆市港航管理局和重庆市交通行政执法总队等直属事业管理机构，并直接主管重庆高速公路、高等级公路建设和重庆航运建设。交通行政管理与交通行业管理的统一运行，使重庆市的交通管理机构既具备了集中决策的能力，又提升了全面协调的能力。

1. 道路管理机构

一是建立重庆市公路局。1992 年 1 月，重庆市交通局将重庆公路养护总段和永川公路养护总段合并为重庆市公路养护总段。1998 年 9 月，重庆市交通局撤销重庆市公路养护总段，重庆市公路局正式挂牌成立。1988～1993 年，万县市、涪陵地区、黔江地区的公路养护总段改建为公路局。1997 年后，原万县市、涪陵市、黔江地区公路局归属重庆市公路局管理。

二是建立公路建设管理机构。1987～2005 年，重庆市交通局、重庆市交通委员会先后组建了重庆市高等级公路建设指挥部、重庆市高速公路行政执法总队、重庆高速公路发展有限公司、重庆高等级公路投资建设有限公司四大公路建设和管理单位，作为高等级公路建设的管理机构，承担起重庆市高速公路和高等级公路的建设、运营、执法和养护管理职能。1990～2005 年，在高速公路建设过程中，重庆市交通局、重庆市交通委员会直接负责重庆市高速公路建设的中长期规划编制、项目可行性论证、工程初步设计、项目投资计划、建设管理以及筹集资本金的工作。重庆高速公路发展有限公司、重庆高等级公路建设投资有限公司则为公路建设的业主单位，主要负责工程前期征地拆迁、施工设计、施工招标合同、施工质量监督、建设营运资金管理、建成后运营管理以及收费还贷等事项。

三是建立交通征稽管理机构。1987 年 6 月，重庆市交通局将重庆交通监理站改为重庆市交通稽查征费一处，将永川交通监理站改为重庆市交通稽查征费二处，承担重庆市养路费稽查征收管理工作。1988 年 4 月，重庆市交通局车辆购置附加费征收管理办公室更名为重庆市车辆购置附加费征收管理办公室。1988 年，重庆市交通局又将重庆、永川两个稽征处和局内安全稽征处精简合并为重庆市交通稽查征费处，对重庆市养路费进行统一征收和管理。1998 年 8 月，重庆市交通局再次对重庆市交通稽查征费机构做出调整，重庆市交通稽查征费处更名为重庆市交通征费稽查局，万州、涪陵、黔江交通征费稽查归属于重庆市交通征费稽查局管理。2005 年 6 月，重庆市交通征费稽查局纳入重庆市交通行政执法总队体制，更名为重庆市交通征费局。

四是建立道路运输管理机构。1987 年，重庆市交通局组建了市、区、县的汽车维修行业管理办公室。1988 年，重庆市交通局将重庆交管站、永川交管站、局内运管处合并，改设为重庆市公路运输管理处。1986～1999 年，重庆市公用事业局成立了重庆市社会客运管理处。2000 年 8 月，重庆市交通委员会将原重庆市公路运输管理处、重庆市社会客运管理处及重庆市公用局公交管理处等职能部门合并组建为重庆市道路运输管理局，同时挂“重庆市汽车维修行业管理办公室”和“重庆市交通运政稽查总队”牌子，是重庆市交通委员会对重庆市道路运输的行业管理机构。

2. 港航管理机构

一是建立重庆市港航管理局。2000 年 8 月，重庆市交通委员会将原重庆市航运管理处、港航监督处、船舶检验处和港口局的港政处、码头管理处的职能部门合并组建为重庆市港航管理局。2002 年 4 月，重庆市港航管理局再增加重庆市地方海事局的牌子。二是建立重庆航运建设管理机构。2002 年 12 月至 2003 年 4 月，重庆市交通委员会组建了国有独资的重庆航运建设发展有限公司，统一承担重庆市嘉陵江、乌江、涪江、渠江等江河梯级渠化和骨干港区等航运基础设施的建设和经营任务。在港航建设过程中，重庆市交通委员会直接负责重庆市港航建设的中长期规划编制、项目可行性论证、工程初步设计、项目投资计划、建设管理以及筹集资本金的工作。重庆航运建设发展有限公司则为交通建设的业主单位，主要负责工程前期征地拆迁、施工设计、施工招标合同、施工质量监督、建设营运资金管理、建成后运营管理以及收费还贷等事项。

3. 交通行政监管

一是首创了“统一管理、综合执法”的高速公路管理的新管理模式。1994 年 4 月，重庆市人民政府批准成立重庆市成渝高速公路行政执法大队。1998 年 3 月，重庆市人民政府第十八次常务会议审议并通过了高速公路综合执法方案，重庆市第一届人民代表大会常务委员会第八次会议，做出“继续实行‘统一管理、综合执法’的管理模式，切实加强高等级公路管理”的规定，在全国率先以地方立法的形式确立了高速公路“统一管理，综合执法”的新管理模式。1998 年 12 月，重庆市高等级公路行政执法大队挂牌成立。2002 年 7 月，重庆市高等级公路行政执法大队独立设置为重庆市高速公路行政执法总队。2005 年 6 月，重庆市人民政府决定在重庆市交通领域实行综合行政执法试点工作，重庆市交通委员会组建成立了重庆市交通行政执法总队。二是从公路工程质量检测入手，发展为交通基本建设工程质量监督机构。1988 年 7 月，重庆市交通局成立重庆市公路工程质量监督站。1994 年 1 月，重庆市公路工程质量监督站和重庆市公路工程质量监督检测中心合署办公。2001 年 9 月，重庆市公路工程质量检测中心（挂“重庆市公路工程质量监督站”牌子）更名为重庆市交通委员会基本建设工程质量监督站（挂“重庆市公路工程质量检测中心”牌子）。2003 年 7 月，增挂重庆市交通工程造价管理站牌子。

交通部在渝交通事业单位。交通部在重庆设立的长江航运、航务、船检等交通事业单位，是重庆交通行业管理的重要组成部分。1949 年年底至 2005 年，交通部在重庆的长江海事管理、长江航道管理与船舶检验等机构，一直归属于中央管理，港口行政管理和港口生产经营逐步分离并演变成为重庆市交通体制的一部分。在新中国成立初期，长江航运及其沿江港口即收归中央和四川省管理，并实施政企合一体制。1983 年，交通部实施长江航运体制改革，对重庆港口管理局实行交通部、重庆市双重领导，以交通部为主的管理体制。1988 年 12 月，交通部重庆港口管理局成建制下放重庆市，实行以重庆市人民政府为主的部市双重领导管理体制。至 2000 年 8 月，对重庆港口管理局实施政企分离，港口行政管理职能归并于重庆市交通委员会，港口生产经营部分组建为企业集团，归属于重庆市国资委，重庆市交通委员会实施行业管理。

（三）交通运输企业改革

1986～1990 年，随着经济体制改革，重庆交通行业遵循“国营、集体、个体一起上”的方针，实行“有路大家走车、有河大家走船”的“放宽搞活”政策，打破了地区、行业界限，开放了运输市场。1984 年，民生轮船公司作为集体所有制企业重建，公路、水路、个体运输户的运力和运量日益增长。1989 年 2 月，重庆市装卸运输公司首批 26 辆山花牌中型客车投入运营，开创了货运为主、客货并举的新格局。随后，重庆市装卸运输公司更名为重庆市公路运输总公司，业务从人力装卸为主跨越到汽车运输为主。1989 年 4 月，重庆市公路运输总公司开辟了从重庆直达深圳的货运业务。1990 年 1 月，重庆轮船总公司兼并了重庆市水运公司，扩展了内河航运的领域。1990 年 11 月，重庆汽车运输总公司所属重庆汽车北站实行对外开放经营，成为重庆市第一个开放型客运站。1991 年 6 月，重庆汽车运输总公司第一次开通重庆至广州的汽车超长跨省客运班车线路。

重庆市国有交通运输企业加快改革步伐，逐步融入市场经济，推动了公路与水路运输的发展。1986～1994 年，重庆国有交通运输企业经历了厂长经理责任制、承包经营责任制等改革阶段，跨出了融入市场经济的第一步。1984～1986 年，重庆汽车运输公司、四川省重庆轮船公司等 5 户市级企业实行了厂长（经理）负责制。1986 年 9 月，中共重庆市交通运输委员会贯彻《全民所有制工业企业厂长工作条例》《中国共产党全民所有制企业基层工作条例》和《全民所有制工业企业职工代表大会条例》，至 1987 年年底，重庆市交通局所属交通运输企业全部实行厂长（经理）负责制。重庆市交通局与重庆市经委签订 8 项经济技术指标任务承包协议书后，各交通运输企业推行企业内部经济责任制改革，以承包经营责任制或资产经营责任制形式层层落实分解承包指标。

1994～2000 年，重庆国有交通运输企业开始向现代企业制度迈进，走出了完全融入市场经济的关键一步。1994 年 1 月，四川省永川汽车运输总公司被列为重庆市现代企业制度试点单位，率先改制为国有独资股份制企业。1997 年 5 月，四川省永川汽车运输总公司实施改制，更名为重庆长途汽车运输有限责任公司。1997 年，在重庆公路运输企业中，普遍推行公司制改革试点，实施法人资产代理经营责任制，设立董事会和监事会，聘任总经理和领导班子，改制为国有独资的有限公司和有限责任公司。1998 年 2 月，重庆汽车站、重庆交通物业开发公司、重庆市交通投资公司共同组建重庆交通运业有限责任公司。1998 年 6 月，重庆市汽车运输总公司与南川汽车运输总公司、涪陵汽车运输公司垫江分公司、黔江地区汽车运输公司黔江分公司共同出资，组建重庆市汽车运输（集团）有限责任公司。1998 年 9 月，重庆市汽车运输（集团）公司与重庆市公路运输总公司、重庆市长途汽车运输有限责任公司、万县市汽车运输总公司、重庆联运总公司五方共同投资，组建成立了重庆市高等级公路客运有限责任公司，成为重庆市第一个专门从事高速公路客运的企业。1999 年 6 月，重庆公路运输总公司进行产权制度改革，改组为有限责任公司。

1998～2005 年，重庆国有交通运输企业逐步进行大规模的资本扩张与资产重组，在运输市场中发展壮大起来。2001 年 7 月底，重庆长途汽车运输有限责任公司更名为重庆长途汽车运输（集团）有限公司。2002 年 3 月，重庆市公路运输总公司更名为重庆市公路运输（集团）公司。2002 年 6 月，重庆市公共交通控股（集团）有限公司挂牌成立，是由重庆市 11 户市级公共交通企业组成的国有独资企业。2004 年 12 月，重庆市交通运输（集团）有限责任公司组建成立，是由重庆市公路运输（集团）公司、重庆市汽车运输（集团）有限责任公司、重庆市长途汽车运输（集团）有限公司、重庆市交通运业有限责任公司、重庆轮船总公司、重庆市客轮总公司和重庆联运物流总公司等集团公司组成的特大型国有独资企业。

二、交通建设规划与资金

1986～2005 年，重庆交通行政管理部门始终围绕经济建设中心，重点在交通建设规划与资金上着力，推进重庆现代交通事业的持续发展。

（一）编制交通建设规划

一是公路建设规划。1990 年 7 月，重庆市交通局两次向重庆市人大常务委员会、重庆市人民政府呈报《重庆市公路、水运地方交通建设初步规划》，重庆市人大常委会审议并同意以公路主干线为主的出口公路建设规划草案。1995 年年底，重庆市交通局初步制定了重庆市干线公路网规划和县乡公路网规划。1996 年 9 月至 12 月，在重庆市代管万县、涪陵、黔江两市一地期间，重庆市交通局再次提出了在 2020 年前形成重庆市骨架公路网的规划调整设想，结合原重庆市、万县市、涪陵市、黔江地区公路网规划，编制出《重庆市公路骨架网规划（1997～2020 年）》和重庆市公路主枢纽总体布局规划。目标是：形成以重庆为轴心，西接成渝路及四川遂宁高等级公路，东出万县苏拉口接上海高速公路，南下川黔路打通西南出海大通道及长涪高等级公路经 319 线国道达黔江至湖南，北上双邻路连通四川广安接川北公路、国道 212 线沙坪坝区至四川武胜公路与四川省高等级公路交汇，辅之以库区公路网和各区（市）县之间的等级路，使之更适应重庆直辖市的发展。这是重庆直辖市交通建设规划的新开端。2002年12月，中共重庆市委、重庆市人民政府按照中共十六大报告中西部大开发基础设施建设“争取十年内取得突破性进展”的战略目标，做出了“在2010年前构筑长江上游交通枢纽”的战略部署，重新调整重庆交通建设规划。按照中共重庆市委、重庆市人民政府的决策，2003年4月，重庆市交通委员会做了重庆市交通公路和水路建设全面提速的部署，在原来制定的1997~2020年重庆综合交通规划的基础上，重新修订和完善2003~2010年公路、水路交通建设规划，将原来规划到2020年实施的“二环八射”2000公里高速公路规划提前实施，总投资增至944亿元，到2010年，重庆高速公路总里程将达到2000公里。2004~2005年，重庆市交通委员会结合国家高速公路网在重庆市的布局和全面建设小康社会的需要，委托设计单位编制完成了《重庆市高速公路网规划（2003~2020年）》。整个规划布局由3条环线、10条放射线和3条联线组成，总投资1993亿元（其中新增投资1730亿元），简称“三环、十射、三联”规划，总里程达到3600公里，将在2020年前全部建成，重庆主城至各区（市）县由8小时缩减至4小时。规划获得重庆市人民政府的批准，是重庆市2020年前高速公路建设的重要蓝图，实施后将极大地促进重庆市经济社会快速发展，为全面建设小康社会和建成长江上游的交通枢纽奠定坚实的基础。

二是港航建设规划。2000~2005年，在快速推进公路建设的同时，重庆市加大了水路建设规划的编制力度，分别完成了指导重庆水运发展的《重庆市内河航运发展规划（2001~2020）》《重庆航运中心发展规划（2001~2010）》《重庆市港口布局规划》《重庆市港口岸线利用规划》的编制报批工作。2002年，《重庆市内河航运发展规划（2001~2020）》确立了2010年前的水路建设总目标，即以长江、嘉陵江、乌江水运主航道和渠江、小江、大宁河干线航道等“三主三干”为骨架，以重庆主城、万州两大港区为中心，结构调整为主线，重点推进一批港口航道重大项目的建设，到2010年，港口新增4800万吨，水运集装箱120万标箱吞吐能力，将重庆市建设成为长江上游航运中心。为适应三峡成库后新形势，重庆市又先后及时编制了《长江上游航运中心建设规划》，组织编制了《重庆市港口总体规划》《重庆市航道体系规范》及其他相关规划，既储备了水运建设项目，也为政府宏观调控与决策提供了科学依据。

（二）筹措交通建设资金

1986~2005年，交通规费的征收管理使用，经历了自收自支、预算外资金、收支两条线等过程，最终全面进入预算管理体制。在重庆交通发展过程中，以公路养路费、公路客货附加费、车辆购置附加费、车辆通行费为主体的交通规费始终是国家资本金的主要来源，又是多元化筹集交通建设资金的基础。重庆交通规费的筹资地位和作用，主要体现在直接安排资本金、间接引入资本金、担保举债贷款三个方面。

直接安排建设项目的资本金。1988~1996年，在成渝公路重庆段前期工作和建设中，利用世界银行贷款在国内配套资金，重庆市安排公路养路费、公路客货附加费、车辆购置附加费分成、车辆通行费5.66亿元作为资本金投入项目，交通部安排返拨款4.6亿元全部车辆购置附加费作为资本金投入项目，两项共占总投资的42.63%。此后，1995~2005年，“一环两射”的高速公路主骨架建设共有11个高速公路项目陆续开建，每年用公路养路费、公路客货附加费、车辆购置附加费等安排高速公路建设资金达到80.73亿元。

运用收费经营权引入资本金。运用交通规费筹集资金的另一个方面是转让高速公路收费经营权，间接或直接引入资本金。1992~2005年，重庆市交通局、重庆市交通委员会先后运用重庆高速公路开发总公司、重庆高速公路发展有限公司的投资融资平台，向国际国内资本市场融资，筹集高速公路建设资本金。1996年9月，重庆高速公路发展有限公司首次与亿钜国际（香港）有限公司合作组成中外合作企业，成功转让国道210线机场高速公路收费经营权51%，引入资本金2.6

亿元。1997～2005年，重庆高速公路发展有限公司先后与香港、上海、重庆、北京等地的大企业集团实现共同建设经营高速公路的合资合作，引入资本金达62.4亿元。其中，2003年9月，重庆高速公路发展有限公司成功转让渝涪高速公路收费经营权70%，由重庆国际信托投资有限公司出资18.55亿元，是最大的一笔引入资本金，缓解了高速公路建设资本金短缺问题。

以规费资金为担保举债融资。1986年至1990年8月，利用世界银行对中国农村道路贷款，国道319线塘坝至龙台段修建竣工开通。重庆市交通局承担了世界银行首批农村公路贷款3642万元的还本付息责任，即每年用养路费安排还债。这是重庆交通建设史上首次运用交通规费直接举债。1990～1996年，成渝高速公路重庆段使用了世界银行贷款4.144亿元。在财政直接担保后重庆市交通局用公路养路费做了反担保承诺；同时，1991年，重庆市交通局向国家开发银行和重庆建设银行筹借成渝高速公路贷款债券1.89亿元，全部由交通规费做出担保承诺并偿还。渝黔高速公路的亚洲开发银行贷款22.38亿元和长万高速公路的日本协力银行贷款29.1亿元，重庆市交通委员会均用公路养路费做出反担保承诺。2003年，重庆市交通委员会与重庆的开发银行、建设银行、工商银行达成“二环八射”新建高速公路项目570亿元的战略融资协议，做出了担保承诺。对县际联网公路建设所借重庆建设银行40亿元贷款，也做出了担保承诺。同时，重庆市交通委员会向国家开发银行直接举借75亿元软贷款，用于“二环八射”新建高速公路项目的资本金融资，是数额最大的一笔资本金借款。

三、公路建设与运输发展

1978～1985年，在改革开放大潮推动下，重庆干线公路建设有所发展。至1985年年底，公路总里程达到7634公里，其中干线公路867公里，但无一级路，更无高速公路，贯穿重庆的3条国道主干线与8条省道公路初步形成重庆的公路网络。公路运力与站场有了一定规模，有41307辆民用汽车和36个汽车客运货运站场。

（一）公路建设快速发展

1986～2005年，重庆公路建设的发展经历了较快发展、提速发展和协调发展三个历史阶段。

1986年“七五”计划期末，重庆公路建设开始起步发展。1986年至1989年11月，通往江北机场的红旗河沟至双凤桥22.8公里一级汽车专用公路竣工通车，1992～1995年又完成了全封闭、全立交改造工程和路灯安装工程，成为重庆市技术标准最高的机场高速公路，被誉为“渝州第一路”。这是重庆高等级公路建设的开端。1990～1995年，成渝高速公路重庆段的建设开始了重庆公路建设的第一个高潮，标志着重庆公路建设进入了以高速公路为主攻目标的第一个发展阶段。由四川省人民政府立项的国家重点建设项目成渝高速公路重庆段，从荣昌县桑家坡至沙坪坝区陈家坪共114公里，1990年9月25日正式开工。1992年12月，国家计委批准成渝公路二级路段变更设计为一级公路标准，重庆市交通局及重庆市重点公路建设指挥部组织建设。1995年5月1日，重庆段全线竣工通车，成为重庆交通史上的第一条一次按技术标准建成的全立交、互通式、全封闭的高速公路，被誉为“西南第一路”，时任国务院总理李鹏为成渝高速公路题词“巴蜀坦途”。

随后，重庆高速公路建设快速推进。1996～2000年，渝长（重庆至长寿）高速公路建成通车。1998～2000年，长涪（长寿至涪陵）高速公路建成通车。1998～2001年，渝黔（重庆至贵阳）高速公路一期建成通车。1999～2001年，内环高速公路的上桥至界石段建成通车。1999～2002年，渝合（重庆至合川）高速公路建成通车。2000～2003年，梁万（梁平至万州）高速公路建成通车。2001～2003年，长梁（长寿至梁平）高速公路建成通车。2001～2004年，渝邻（重庆至邻水）高速公路、綦万（綦江至万盛）高速公路先后建成通车。2002～2004年，渝黔二期（重庆至贵阳）高速公路建成通车。2003～2005年，合武（合川至武胜）高速公路建成通车。从1990年到2005年16年间，总投资约261亿元，共完成了12个高速公路建设项目，建成高速公路742公里，成为“一环五射”高速公路主骨架的重要组成部分。在公路建设中，各种大跨度的现代化桥梁逐步代替了旧式的石拱桥，在长江、嘉陵江等河流上建成通车。1997 年，重庆一年内就有涪陵长江大桥、万县长江大桥、丰都长江大桥、江津长江大桥、重庆李家沱长江大桥 5 座长江大桥相继建成通车。1998 年，嘉陵江高家花园大桥建成通车。至 2006 年年底，先后建成了长江大佛寺大桥、鹅公岩大桥、马桑溪大桥、忠县大桥、巫山大桥，嘉陵江黄花园大桥、马鞍石大桥、北碚大桥、合川大桥、石门大桥、高家花园大桥等。

在重庆公路建设第一个阶段正处于高潮时，又兴起了县际联网公路建设的高潮，重庆公路建设发展进入了第二个阶段，即高速公路与县际联网公路同时推进的发展阶段。2000 年 8 月，中共重庆市委书记贺国强首次提出了“八小时重庆”系统工程，将重庆市交通“五年变样，八年变畅”的建设要求量化为“八小时重庆”这一新的具体目标，并正式纳入了重庆市“十五”计划纲要。“八小时重庆”交通工程建设，是指以重庆主城为轴心，构建一个以高速公路为主骨架，辅之以高等级的一、二级公路和三级公路，横贯东西、纵跨南北的大字形放射状快速通道网，使人们从重庆市辖区内任何一个区县（市）的政府所在地都能在 8 个小时内乘车到达重庆主城区。“八小时重庆”依托渝长（重庆至长寿）、长涪（长寿至涪陵）高速公路和长万（长寿至万州）高速公路，重点建设国道 319 涪陵至秀山、省道 103 万州至巫山以及省道 202 万州至城口的公路，长 922 公里，总投资 115 亿元。2002 年，在交通部统一规划之下，重庆市开始实施通县公路建设。以“八小时重庆”交通工程形成的国有资本为基础，2003～2005 年，又启动了重庆市 36 条县际联网公路建设，要求在 2007 年完成全部建设项目。

重庆公路建设发展的第三个阶段，是以高速公路规划目标大提前大发展和农村公路建设大开展为显著标志，使重庆交通建设向公路主干网、支干网和毛细血管网三大布局相互结合的方向协调发展。2002 年，中共重庆市委书记黄镇东提出了提前十年实现重庆交通建设目标，即重庆市 2020 年交通建设规划的 2000 公里高速公路要提前十年实施。2004 年，“十一五”规划开始编制，至 2005 年年底基本确定，首次提出重庆交通建设 2010 年提前建成“二环八射”2000 公里高速公路，建设遍及 42 个区县的农村公路网，新增项目总投资 1000 亿元。至 2005 年年底，所有“二环八射”的 2000 公里高速公路项目全部实现开工，共有 18 个在建的高速公路项目，年总投资突破 100 亿元大关，36 条县际公路项目也全部开工进展良好。“十一五”规划启动农村公路通达工程和通畅工程 46000 公里，确定乡镇公路通畅率 100%、行政村公路通达率 100% 的农村公路建设的“双百”目标。2003～2005 年，新建、改建了农村公路 31000 公里，620 个乡镇和 2292 个村建成通畅油路或水泥路，1928 个村可通达公路，是新中国成立以来重庆市最大规模的农村公路建设，公路建设由以高速公路建设为主，转变为高速公路、县际公路和农村公路全面协调发展。

1996 年年底，包括万县市、涪陵市和黔江地区，重庆幅员 82400 平方公里，人口 3023 万人，公路总里程 26892 公里，每百平方公里拥有公路 33 公里，每万人拥有公路 8.9 公里。等级公路 16675 公里，占 62%，其余为等级外公路。铺装高级、次高级路面的公路 3423 公里，占 12.9%，其余为中低级路面的公路。按列养里程计算，好路率为 63.9%。重庆公路虽有所变化，但重庆市的出口通道仍然不畅，县际干线公路等级低、路况差，落后面貌仍未得到根本改变，成为重庆经济社会发展的重大制约。

1997～2000 年，重庆公路有了重大变化。至 2000 年年底，重庆市幅员未变，人口增至 3091 万人，公路总里程 29252 公里，比 1999 年增加 1166 公里，增长 4.15%；每百平方公里拥有公路为 35.5 公里，每万人占有公路为 9.46 公里，均略有上升。等级公路 21743 公里，占 74.33%，比 1996 年增加了 12.33 个百分点。在公路等级上，成渝高速公路（成都至重庆）重庆段、渝长高速公路（重庆至长寿）和一级公路比重突破 1%；二级公路 2951 公里，占 10.09%，百分比突破两位数。按列养里程计算，公路好路率为 72.6%，其中，国省干线为 83.35%。重庆初步形成了以国道高速公路为主骨架、省道公路为干线，县乡公路为支线的城乡公路网。

2001～2005年，重庆公路进一步发展。至2005年年底，重庆市幅员未变，人口增至3169万人，公路总里程达到37096公里，比2004年增加4573公里，增长14.7%；每百平方公里拥有公路为45公里，比2000年上升27%；每万人拥有公路11.71公里，比2000年上升23.78%。等级公路有27962公里，占75.38%，比2000年增加了1.05个百分点。在等级路中，高速公路和一级公路比重占2.91%，二级公路4705公里，占12.68%。按列养里程计算，普通公路好路率为80.26%，高速公路为98.9%。以“八小时重庆”工程的完成和“一环五射”高速公路主骨架建成为标志，重庆公路实现了“五年变样”的目标。

（二）公路运输同步发展

1986～2005年，重庆公路建设快速发展，重庆市公路运输市场化改革逐步深化，刺激公路运输设施投资增长，公路客货站场规模扩大，运输装备数量大幅提升，公路运输企业规模化、集约化水平提高，公路运输与公路建设得到同步发展。

公路客货站场规模加快发展。1986～1996年，重庆公路客货站场建设有了较快发展。1986年11月，重庆大足汽车站建成运营。1987年2月，重庆南坪汽车站开业运营。1989年12月至1990年11月，重庆江北长途客运站（后改名为重庆汽车北站）建成运营。1992年1月至1995年1月，一级汽车站——重庆菜园坝汽车站建成运营。1996年3月至12月，菜园坝长途汽车站建成运营。1995年，陈家坪汽车站开始建设。至1996年年底，重庆市公路客货运输汽车站共有365个，其中客运站260个、货运站93个、客货兼营站12个。在客运站中，一级站2个，二级站20个，三级和四级站109个，其余为简易站。1997～2005年，重庆公路客货站场建设继续发展。1998年12月，一级汽车站——陈家坪汽车站开业运营。1998年至1999年12月，一级汽车站——朝天门汽车总站建成并开业运营。2000年6月至2002年12月，万州汽车客运中心站竣工，建成渝东北地区唯一的一级汽车站。至2000年年底，重庆市公路客运汽车站共有等级站176个，其中一级站6个、二级站25个。重庆市公路货运汽车站共有等级站57个，其中一级站2个、二级站2个。至2005年，重庆市有等级的公路客运汽车站增加到233个，其中一级站12个、二级站45个。重庆市有等级的公路货运汽车站总数减少到50个，但是一级站增加到11个，二级站增加到12个。

公路运输能力快速提升。1986～1996年，重庆公路客货运输能力有较大幅度增长。至1990年年底，重庆民用汽车59773辆，比1986年底的44351辆，增加15422辆，增长34.77%，其中42908辆载货汽车、15325辆载客汽车。除国营交通企业的运力外，私人有5859辆，比1986年的2410辆增加3449辆，增长43.11%。1996年年底，因代管万县、涪陵、黔江三地市，重庆民用汽车达到93007辆，其中载货汽车57589辆、载客汽车15274辆，除国营交通企业的运力外，个体户有24266辆。1997～2005年，重庆公路客货运输能力继续发展。2000年年底，在重庆民用汽车中，载货汽车78754辆，比1996年增加21165辆，增长36.75%；载客汽车35863辆，比1996年增加20589辆，增长134.8%，即增长1倍多。至2005年年底，公路运输工具共有504500辆，其中载货汽车152310辆，载客汽车32527辆。与2000年比，载客汽车有所减少，载货汽车则增加73556辆，增长93.45%，增长近1倍。

超长客运班车线路出现和发展。随着数以百万计的内地农民到广东等沿海地区做工，在高速公路不断建成的基础上，跨地区、跨省市公路客运得以发展。1991年6月，重庆汽车运输总公司开通重庆至广州客运班车，全程1848公里，是当时全国最长的跨省超长途公路客运班车。永川汽车运输总公司相继开通了重庆合川至深圳龙岗、大足至昆明、永川至西藏等多条跨省班车客运线路。超长客运班线多以夜班车和卧铺车的形式开行，实行一票到底，旅客乘车难的问题得到缓解。

汽车联运业向综合物流运输发展。1988年，重庆市专营或兼营联运的单位有270多家。至2005年年底，重庆市上百家联运企业有近千个联运网点，近2万名职工，固定资产10多亿元，为重庆市近200多户运输企业提供联运服务，同时还同全国100余个联运企业签订了集装箱及货物对口联运协议，形成了覆盖全国主要城市的联运业务网络。其中，成立于1980年的重庆联运物流总公司，为道路运输二级企业，1989～2005年发展为综合型物流运输企业，拥有仓库总面积16690平方米，货场面积39900平方米，有40英尺（1英尺≈0.3米）、20英尺集装箱拖挂车等各型货车106辆，配有50吨、20吨吊车及各型叉车等吊装机具20多台（套），成为重庆交通运输控股（集团）有限公司的骨干物流企业。

公路集装箱运输发展迅猛。1986年，重庆道路普通货物运输仅限于国内零担和整批货物运输，除极有特色的大件运输外，道路集装箱运输量很少，总体发展缓慢。1987年4月至1988年5月，重庆联运物流总公司成立了第一集装箱分公司和第二集装箱分公司。至2003年，重庆集装箱运输业务与国际接轨，按国际标准英尺箱（英文 Twenty Equiva Lent Unit 的缩写，又称20英尺换算单位，是计算集装箱箱数的换算单位，下文简称“标箱［TEU］”）计算。至2005年年底，重庆市集装箱运输业户增至1387个，有50多个集装箱中转站和集散站，集装箱车180辆，1853.3吨位，281.5标箱（TEU）。年运输集装箱达11.3万箱，货运量185.7万吨。

公路运输方式的发展，基本适应公路运输需求。1986～1996年，重庆公路运输产量发生了重大变化。1990年，重庆公路客运量完成9959万人次，按同口径环比下降5.1%，旅客周转量完成262474万人公里；货运量完成874万吨，环比下降10%，货运周转量完成28177万吨公里，环比下降11.8%。1996年，包括万县、涪陵、黔江三地市，重庆公路客运量完成19268万人次，按同口径环比增加3128万人次，增长19.37%，旅客周转量完成706346万人公里，环比增加116809万人公里，增长19.81%；货运量完成1802万吨，环比增加426万吨，增长30.96%，货运周转量完成41559万吨公里，环比增加5019万吨公里，增长13.74%。1997～2005年，重庆公路运输又有更大规模的发展。2000年，重庆公路客运量完成51170万人次，旅客周转量完成1696848万人公里；公路货运量完成16312万吨，货运周转量完成541000万吨公里。至2005年年底，重庆公路客运量完成60588万人次，旅客周转量完成2272160万人公里，比1996年增长62%和100%；公路货运量完成33378万吨，货运周转量完成1490627万吨公里，比1996年增长65%和150%。

四、城市公共交通的发展

（一）传统型公共交通逐步完善

1986年前，重庆市城市公共交通以公共汽车、无轨电车为主。1986年，第一家专业出租汽车公司——重庆市出租汽车公司成立，至1986年年底，专业的出租汽车发展到99辆。重庆道路建设的发展，加快了城市公共交通的发展速度，刺激城市公共交通站场投资增长，公交站场车辆和轮渡数量增加，公交运力加快升级换代，重庆传统型城市公共交通方式得到同步发展。

城市公交站场规模快速发展。1987～1999年，重庆市公用局规划建设在江北区、南岸区、九龙坡区的三大公交枢纽车站竣工投产。1987～1990年，位于重庆市江北区红旗河沟江北停车保养场开工建设并竣工。1988年，位于南坪交通转盘附近的南坪公交枢纽站调整了建设规划，扩建增加了配套设施，功能更为完善。1992年，江北红旗河沟枢纽车站完工，作为始发站，共建有7条发车港。1993～1997年，位于九龙坡区石桥镇歇台子村陈家坪的公共交通枢纽站建设并竣工投产，占地面积约为18000平方米，场内分上、下两处停车场，配套服务设施齐全。1997年，南坪公交枢纽站再次进行改建，站场面积为13870平方米，停车容量为150辆。2000～2005年，重庆市交通委员会规划建设的三大公共交通换乘枢纽客运站陆续开始前期准备工作。一是位于渝北龙头寺火车站站前广场的龙头寺公交站场，毗邻龙头寺长途汽车站和轻轨3号线，是接驳火车站、长途汽车站和轻轨客流的大型公交枢纽换乘中心。2001年7月，龙头寺公交枢纽站批准立项，2005年12月完成施工图设计，并开展了招标工作。二是巴南区外河坪公交枢纽站场。位于巴南区李家沱组团，北西两面靠长江，东靠花溪河，南接巴南新城，紧邻李家沱长江大桥和外环高速，2003年工程项目正式立项，设大型换乘中心、大型停车场、保养厂、加油加气站、洗车场等，能满足16条线路

425 辆车在此运行和停放。2005 年，巴南区外河坪公交枢纽站场前期工作完成。三是空港工业园区公交站场建设项目，2005 年 4 月，空港工业园区公交站场正式立项，并着手开展前期准备工作。

公交车辆装备增长迅速。从 1986 年至 1996 年年底，重庆主城区国营公交汽车电车发展到 1898 辆，其中大公共汽车 1299 辆、小公共汽车 455 辆、无轨电车 144 辆，另有主城区社会客运车辆（含出租汽车）5430 辆。至 1999 年年底，重庆市全社会拥有公共汽车 4255 辆，其中大公共汽车 2063 辆、小公共汽车 1491 辆、无轨电车 161 辆。重庆市国营公共交通企业的车辆是城市公交运力的主要部分，公交车辆共有 3158 辆，其中大公共汽车 2371 辆、小公共汽车 626 辆、无轨电车 161 辆。至 2000 年年底，重庆市全社会拥有公共汽车 4383 辆，其中大公共汽车 2739 辆、小公共汽车 671 辆、无轨电车 161 辆。重庆市国营公共交通企业公共汽车共有 3181 辆，其中大公共汽车 2347 辆、小公共汽车 673 辆、无轨电车 161 辆。至 2005 年年底，重庆市全社会拥有公共汽车 6366 辆，其中大公共汽车 5636 辆、迷你巴士 67 辆。重庆市国营公共交通企业公交车辆共有 5753 辆，其中大公共汽车 5580 辆、小公共汽车 173 辆，无轨电车取消。

出租汽车增强了城市公共交通运输能力。1986 ~ 2005 年，除城市公共汽车、电车、轮渡以外，城市出租汽车得到长足发展。1986 ~ 1989 年，主城区出租汽车发展到 1828 辆。至 1999 年年底，社会客运车辆管理处共管理出租汽车 8242 辆。2003 ~ 2004 年，按照重庆市人民政府主城区中型客运车辆退出主城区运营的要求，采取 3 辆中客车置换 1 辆出租汽车或 2 辆大客车置换 1 辆出租汽车的方式，两年中主城区共置换增加出租汽车 653 辆。至 2005 年年底，主城区出租汽车达到 6434 辆，

城市公交轮渡运能升级换代。1987 年，重庆市轮渡公司最后 1 艘木质船轮渡 209 轮（航速为 15 公里/小时）报废。1989 年，新建了 1 艘铝质气垫船"渝翔号"。1993 年，重庆市轮渡公司更名为重庆市客轮总公司。1997 年，新增了 4 艘高速船：歌乐山号水翼船（航速为 68 公里/小时），玻璃钢的金光、希望、旭日号客船（航速为 40 公里/小时）。1998 年，新增 2 艘钢质的气垫船：蓝天号和白云号（航速为 50 公里/小时）。1999 ~ 2005 年，重庆市客轮总公司先后新建造 9 艘客船和快艇：即 601 轮、602 轮（航速为 30 公里/小时）、冠中 3 号、冠中 4 号（航速为 30 公里/小时），"两江游"客船"江上明月号"与 4 艘玻璃钢快艇。

重庆城市公共交通传统运能，由公共汽车、无轨电车、出租汽车和轮渡客轮构成，1986 ~ 2005 年，得到逐步发展，基本满足日益增长的城乡群众出行的需要。重庆全社会公共汽车完成客运量，1999 年为 71393 万人次；2000 年为 73273 万人次；2003 年为 87000 万人次；2005 年突破 10 亿人次大关，达到 104789 万人次。

（二）立体化公共交通初步形成

1978 ~ 1986 年，重庆市除第一条缆车客运线——望龙门缆车客运线外，陆续新建了两路口客运缆车、龙门浩客货两用缆车、长寿西岩关客运缆车和朝天门南北侧客运缆车，公共汽车、无轨电车和客运缆车构成了具有重庆山城特色的公共交通系统雏形。1986 ~ 2005 年，重庆市结合山城、江城地理特点，着力加强立体公共交通建设，取得明显成效。

嘉陵江、长江客运索道建设。嘉陵江客运索道的兴建，揭开了重庆市立体化城市公共交通发展序幕。嘉陵江客运索道 1980 年 12 月破土动工，1982 年 1 月 1 日开始试运行。1987 年 10 月，长江索道工程竣工并投入试运行，经 12 个月调试运行后正式运营。1987 年，重庆市人民政府又决定新建南岸上新街——南山公园旅游索道，1992 年开工，至 1993 年 5 月竣工投产。1997 年，缙云山旅游索道竣工运行。

客运电梯和自动扶梯建设。重庆市市中区凯旋路隧道处有长约 100 米、高差约 35 米的 186 级石梯道，是重庆市市中区上下半城之间一个较短距离的重要通道。1985 年 1 月，重庆市人民政府决定修建凯旋路客运电梯。1986 年 3 月，凯旋路客运电梯竣工投入营运。1991 年，重庆市客运索道公司与重庆嘉陵企业公司和香港日日通投资有限公司共同投资 1.5 亿元修建两路口自动扶梯，

1992年2月开工，1996年2月正式运营。

城市轨道交通的规划和建设。1990年，重庆市轨道交通建设领导小组成立。随后，重庆市轨道交通线网规划完成。1992年4月，重庆市轨道交通总公司成立，负责城市轨道交通的建设、运营和沿线资源开发工作。1995年，包括3号线在内的5条轨道交通线路共117公里的《重庆轨道交通线网规划》列入《重庆市城市总体规划（1996～2020年）》，并获得国务院批准。2002年，重庆市进行《重庆市主城区综合交通规划》修编工作，对原117公里的《重庆轨道交通线网规划》进行优化调整，确定了包括3号线在内的"六线一环"354公里的《重庆市城市快速轨道交通线网规划》，2007年又调整为"九线一环"规划。2000年12月，重庆轨道交通2号线一期工程全面开工，2004年12月竣工并开始试运行。2005年6月18日，重庆轨道交通2号线一期工程开通运营，二期工程正在加紧建设。

1986～2005年，重庆城市公共交通经过20年建设，使重庆市主城区形成了江上有船，坡上有缆车和电梯扶梯，地面有汽车、电车、轻轨和出租车，空中有过江索道的多形式、多层次的立体化城市公共交通体系。

五、航道港口与水运发展

新中国成立至1985年年底，重庆航运业得到一定发展。在航道整治上，交通部多次实施川江航道整治工程。涪江三块石船闸竣工。在港口码头上，交通部在长江沿线先后新建扩建了朝天门、九龙坡、蓝家沱、猫儿沱、万州、涪陵等机械化码头泊位。在轮船运输上，四川省重庆市各区县、永川、万县、涪陵、黔江等各地区水运企业全部实现了机动船化。民生轮船公司复建，国营的重庆长江轮船公司、四川省重庆轮船公司、重庆市水上运输公司、重庆市轮渡公司陆续建立。至1985年年底，重庆市共有水上运输企业36户，拥有拖轮307艘，18.98万马力；驳船2181艘，54.27万吨；木帆船1366艘，1.3万吨。

（一）航道港口持续稳定发展

重庆航道的发展。1986～2005年，重庆航道整治和建设成效明显。一是投资1600万元对大宁河、梅溪河、小江、嘉陵江等长江主要支流的碍航滩段进行治理，布设了助导航设施，对长江主要支流嘉陵江河口——磁器口按高等级数字航道标准布设了航标遥测遥控及信号自动化指示系统。二是创建嘉陵江文明样板航道，朝天门河口至磁器口示范段通过验收，发光航道由大竹林延伸至北碚。三是建成和开始建设涪江、嘉陵江、乌江流域的航电枢纽项目。1987年5月，潼南莲花寺航电枢纽建成。1987年年底，交通部于1984年投资1100万元的三块石船闸恢复通航工程竣工。2001年12月，交通部投资1175万元的莲花寺船闸修复工程竣工恢复通航。2003年11月至2005年，涪江富金坝航电枢纽工程开工并顺利推进，嘉陵江草街和利泽航电枢纽、乌江银盘航电枢纽建设项目的前期工作进展顺利。

重庆港口的发展。1986～1999年，交通部先后投资3亿多元对重庆九龙坡、蓝家沱、猫儿沱等重点作业区进行技术改造。1994年9月，朝天门客运大楼和客运码头竣工运营。1991～1994年，交通部和四川省交通厅继续投资港航设施建设，拨款6000多万元修建了万县牌楼、青草背、柑子园、红花地等客货运码头；拨款8000多万元修建了涪陵荔枝园、大东门、龙王沱、白涛等码头；拨款250万元修建了丰都客货码头；拨款2000万元修建了奉节关庙沱、忠县下渡口栈桥、烟泡滩煤码头、云阳小南门客运码头。1986～1999年，采用以工代赈的方式，修建了巫山、奉节、云阳、万州、忠县、石柱、涪陵、彭水等区县的一批小型客货码头。同时，一些工矿企业也自筹资金对专用码头进行了设备更新和技术改造。1986～1999年，通过港口码头的新建和改造，装卸工艺的改善，先进设备的采用，提高了装卸流程技术水平，扩大了重庆港口通过能力。至1997年年底，长江干支流水系码头总长达到63570米，931个泊位；港口吞吐能力达到货运1903.4万吨，客运3093.8万人，但无集装箱通过能力。至1999年底，长江干支流水系码头总长达到95313.7米，

1323 个泊位，港口吞吐能力达到货运 5222.56 万吨、客运 5704.81 万人，滚装汽车 10 万辆，新增集装箱 5.5 万标箱（TEU）。

2000～2005 年，重庆港口基础设施进入三峡库区淹没复建阶段。2000～2003 年，25 个重点项目（含 72 个泊位和 64 个集镇码头）相继开工建设。2001 年 6 月，经过交通部逐项核查，重新确定了在 2003 年 6 月三峡库区一期 139 米高程蓄水前，重庆市重点在巫山、奉节、云阳、万州、忠县、石柱、丰都、涪陵 8 个区县复建项目 28 个，泊位 78 个，其中客运泊位 40 个、货运泊位 38 个，达到年设计通过能力客运 2669 万人次、货运 995 万吨，总投资 162024 万元。至 2003 年年底，长江干支流水系港口吞吐能力达到货运 3243.76 万吨，集装箱 9.9 万标箱（TEU），客运 1949.12 万人，汽车滚装 30 万辆。2003 年 12 月至 2005 年 12 月，西南地区最大的重庆寸滩国际集装箱码头作业区一期工程竣工并开港试运行，涪陵黄旗、万州江南国际集装箱码头一期工程等 10 个重点项目顺利推进。至 2005 年年底，长江干支流水系码头总长达到 98014 米，1392 个泊位；港口吞吐能力达到货运 7042 万吨，集装箱 25 万标箱（TEU），客运 7123 万人，滚装汽车 33 万辆。重庆成为西南地区最大的水陆运输枢纽。

（二）水路运输有所突破

1986～2005 年，重庆水路运输有所突破，轮船吨位和客货运量均有较大发展。

船舶运力规模化发展。1990 年底，重庆水路运输船舶 1235 艘，其中，拖轮 310 艘，总功率 147461 千瓦；驳船 2014 艘，总吨位 619685 吨。1996 年，重庆开始代管万县、涪陵、黔江三地市，重庆水路运输船舶达到 6069 艘，总吨位 674884 吨，总客位 130095 个，总功率 329348 千瓦。1997～2000 年，重庆水路运输船舶有较大幅度增长。至 2000 年年底，包括重庆长江轮船公司在内，重庆水路运输船舶 4872 艘，总吨位 901579 吨，总客位 159018 个，总功率 488957 千瓦。与 1996 年相比，虽然船舶总量减少，但总吨位增加 226695 吨，增长 33.59%；总客位增加 28923 个，增长 22.23%；总功率增加 159609 千瓦，增长 48.46%；并增加了集装箱总标箱 1053（TEU）。2000～2005 年，重庆水路运输船舶继续大幅度增长。至 2005 年年底，重庆水路运输船舶 4052 艘，总吨位 2398582 吨，总客位 116376 个，总功率 834029 千瓦。与 2000 年同口径相比，虽然船舶总量继续减少，总客位也减少，但总吨位增加 1497003 吨，增长 66.04%；总功率增加 345072 千瓦，增长 70.57%。

内河高速船客运迅速发展。长期以来，重庆地方水路客运都用普通客船运送旅客。1984 年 10 月，四川省重庆船厂建造的侧壁式气垫船“岷江”号在长江试航成功，同年 12 月，正式投入重庆至泸州、宜宾航线运营，这是长江高速客船正式运营的开端。1993 年年底，重庆至宜昌航线高速客船发展到 7 艘，至 1994 年年底发展到 20 余艘。1997 年年底，重庆市有高速客船 40 艘，4783 客座。自长江沿线高速公路相继建成后，重庆高速船客运逐步萎缩，至 2005 年年底全部停航。

三峡库区移民运输任务圆满完成。2000～2005 年，巫山县通过水路运输移民 4.5 万人次。忠县海内观光游轮公司移民用船 35 艘次，运送移民 2.8 万人次。2000 年 4 月至 2005 年，重庆长江轮船公司承运三峡移民，共投入移民运输专船 90 艘次，安全运送移民近 5 万人，目的港遍及长江沿线省市港口 20 多个，实现了国务院、重庆市政府提出的确保移民运输“不伤、不掉、不亡、安全事故为零”的运送目标，安全完成了三峡移民运输任务。

水路集装箱运输快速发展。1993 年 10 月，民生轮船有限公司的“民货 853”装载 40 个集装箱，从重庆港九龙坡二码头驶出，首开到上海的集装箱班轮运输。1997 年 5 月，重庆太平洋国际货物运输代理有限公司开通重庆至上海长江内支线集装箱运输航线，成为重庆第二家集装箱班轮公司。1998 年 5 月至 2000 年 7 月，重庆及西南地区第一座专用集装箱码头——重庆港九龙坡港区专用集装箱码头修建投产。1999 年 10 月，重庆长江轮船公司首开内贸集装箱班轮运输。2002 年 4 月和 7 月，中国海运（集团）总公司所属中海集装箱运输股份有限公司和中外运重庆公司相继开辟了重庆至上海的长江集装箱内支线运输。2004～2005年，民生轮船有限公司先后建造12条载箱量为144标箱（TEU）的集装箱船和6条载箱量为204标箱（TEU）的集装箱船，推进重庆第三代集装箱船舶渐成规模，总载箱量达到1.5万标箱（TEU），集装箱运输大幅度增长。

水路滚装运输兴起与发展。川江滚装运输首开的是载重汽车滚装运输。2000年4月，云阳籍船民向建民首开先河，从7车位船做起滚装运输，年内发展到22艘船舶900车位，航线统一为万州至宜昌。2001年，重庆市开通了郭家沱滚装专用码头。至2005年年底，从事川江滚装运输的航运企业共21家，其中重庆市13家、湖北省8家。在线营运船舶共92艘，其中重庆市48艘2895车位、湖北省44艘1775车位。其次是川江上的商品汽车滚装运输。1989～1995年，民生轮船有限公司利用甲板驳，采取"吊装吊卸""煤加车"等操作方式，承运了重庆长安厂各种类型的商品车到南京、上海等地。1999年，民生轮船有限公司先后改建成6艘商品车专用滚装驳。1999年9月30日，民生轮船有限公司拖轮拖带第一艘滚装驳"民甲846"驶离重庆，开启了长江上游商品车滚装运输的新纪元。

1986～1996年，重庆水路运输经历了先下滑后回升的过程。1990年年底，重庆水路客运量完成595万人次，按同口径环比下降29.1%，旅客周转量完成12825万人公里，环比下降23.1%；货运量完成430万吨，环比下降8%，货运周转量完成245434万吨公里，环比下降10%。至1996年，包括万县、涪陵、黔江三地市，重庆水路客运量完成2206万人次，无增长，旅客周转量完成306854万人公里，环比增加4670万人公里，增长1.55%；货运量完成517万吨，环比增加24万吨，增长4.88%，货运周转量完成568813万吨公里，环比增加37163万吨公里，增长6.99%。1997～2005年，重庆水路运输有了较大规模的发展。2000年年底，重庆水路客运量完成2240万人次，旅客周转量完成311401万人公里；重庆水路货运量完成1392万吨，货运周转量完成1057375万吨公里。至2005年年底，重庆水路客运量完成1388万人次，旅客周转量完成117497万人公里；重庆水路货运量完成3896万吨，货运周转量完成4004640万吨公里。

六、重庆交通发展的科技动力

（一）交通科技管理

1986～2005年，重庆交通科技管理主要有三大方面：

一是建设科技队伍。1986～2005年，重庆交通科技队伍不断发展，科技人员素质不断提升，在普及和提高两方面均有一批优秀的科技人才。重庆交通科技队伍涵盖面广，超出了行政隶属关系，除重庆交通各级管理部门机构外，还包括交通大中专院校、交通科技事业单位与交通科研机构。其中，重庆交通学院是交通部直属院校，不仅培养了大批高等专业人才，也积极参与、推动了重庆交通科技的发展。重庆交通学校是隶属于交通部的中等技工学校，重庆市交通运输技工学校是隶属于重庆市交通局的中等技工学校，后并入重庆交通学院。重庆市公用局的技工学校发展为重庆市公共交通客车驾驶学校。重庆交通科研设计院、重庆市交通规划勘察设计院和各交通单位在交通建设和交通运输实践中成长起来的交通工程技术人员、高职称高技能人员、科技专家和管理专家人才队伍，是重庆交通科技的中坚力量。尤其是一批有突出贡献的中青年科学、技术、管理专家，享受国务院特殊津贴待遇的专家，交通部新世纪"十百千人才工程"第一层次人选，学科带头人等优秀科技人才，为重庆交通的发展做出了突出的贡献。

二是转变科技管理方式。1986～2005年，重庆交通科技管理内容和方式均发生了重大变革。

交通科技行政管理。1986年，重庆市公用局设置了科学技术处。1989年，重庆市交通局工业技术处改设为科学技术处。2000年8月，重庆市交通委员会继续设立科学技术处的内部机构。重庆交通行政部门陆续设立健全了所属的科技开发事业单位，重庆市交通局信息通讯总站、重庆市交通规划勘察设计院、重庆市公路工程质量检测中心、重庆市公用事业设计研究所等单位陆续建立，交通科技管理范围、管理对象和管理职能发生了重大变化，逐步面向整个交通行业，以科学技术为第一生产力，服务于交通科技进步，以科技进步推动重庆交通发展。

交通科技规划编制。1986～2005年，重庆市公路水路交通进入加快发展时期，重庆交通主管部门制定了一系列交通科技发展规划，推动交通发展。在交通行业方面，2002～2003年，以重庆市公路、内河航运等发展规划为指导，重庆市交通委员会编制了重庆交通科技中期规划和长期发展规划。2004年，组织编制了第一个重庆交通科技中期规划即《2005～2010年重庆交通科技发展规划》。2005年，组织编制了第一个交通科技长期发展规划即《重庆公路水路交通中长期科技发展规划（2006～2020年）》。在交通信息化方面，1997年，重庆市交通局组织编制了第一个交通信息化规划即《1996～2000年重庆市公路水运交通信息化"九五"规划和2010年远景目标（纲要）》。2000～2001年，重庆市交通委员会完成了第二个交通信息化规划即《重庆市信息港建设规划之交通分规划》。2005～2006年，以重庆交通科技中期规划和长期发展规划为指导，重庆市交通委员会又组织编制了《重庆市公路水路交通信息化发展规划（2006～2020年）》，这是重庆直辖后第三个交通信息化规划，是重庆市交通行业信息化网络的长远发展规划。

交通科技项目管理。1986～2005年，重庆交通科技项目管理经历了转型变革。管理内容上，1986～1988年底，侧重于交通企业技术改造和产品开发项目的管理。1989～2005年，开始进入科技项目综合计划管理，面向重庆交通行业扩展到更广泛的范围，重庆交通科技项目扩展到以交通重点工程建设为依托的关键技术攻关项目、交通行业管理决策软科学项目、重大科技成果推广项目、新产品新工艺新技术开发项目和计算机信息系统开发等等项目，由重庆市自主决定的科技项目扩展到交通部招标的西部交通科技项目和交通部管理的行业联合科技攻关项目。管理方式上，重庆交通科技项目管理从纯计划形式扩展到激励与资源配置机制上。1986～1999年，重庆市交通局实施《重庆市交通科学技术进步奖励办法》，由重庆交通主管部门对取得科技成果的项目进行奖励，2000～2005年改为向重庆市人民政府统一申报和评奖。1989～2004年，重庆交通系统安排科技项目尚有计划补助的特色。2004～2005年，实施《重庆市交通科技项目管理办法（试行）》，重庆市交通委员会补助经费的项目列入指令性科技计划，交通企业事业单位使用自筹资金开展的项目列入指导性科技计划，列入交通部、重庆市科学技术委员会科技计划的项目，按照其相应的科技项目管理办法执行，更科学、更合理地配置重庆市交通科技资源。

质量与环保节能管理。交通质量监督管理方面，1990～1991年，重庆市交通局成立全面质量管理委员会。制定了《重庆市交通系统"八五"期间推行全面质量管理规划》，贯彻《质量管理和质量保证》国家标准和完善质量保证管理体系，并开展全面质量管理教育与达标评审等活动。还发出了《关于加强交通工业产品质量管理的通知》，又先后单独制订出台或与重庆市技术监督局联合制订了面向交通行业的运输质量管理的一系列制度规定。1993年，重庆市交通局开展了公路工程的全面质量管理工作。2001年，重庆市交通委员会制订《重庆市公路工程质量监督实施细则（试行）》。交通环境保护管理方面，2000～2005年，重庆市交通委员会年年接受重庆市党政"一把手"环保实绩考核。建立了公路、港航建设环境影响评价分析和水土保持措施评价分析制度，施行公路绿色通道工程建设，汽车节能改装并大规模推广应用天然气汽车，取得了显著成效。2000年8月至2005年12月，在长期的港航防治污染管理基础上，重庆市交通委员会及重庆市港航管理局制定了三峡库区船舶污染防治规划，主要任务是全面治理船舶流动污染。重点完成了船舶废弃物接收工程、船舶生活污水集污治理工程和化学危险品船舶洗舱基地工程等三大任务的前期论证和编制实施方案。

群众性科技活动。重庆交通科技管理建立在群众性科技活动的基础之上，广泛开展交通职工的合理化建议活动和全面质量管理小组活动。

（1）合理化建议活动。1986～2000年，重庆市交通职工合理化建议和技术改进活动蓬勃兴起，提出合理化建议的职工比例由原来的3%增加到30%左右。1991～1995年，在开展职工合理化建议活动中，重庆交通职工提出合理化建议10000余条，采纳实施的占12.2%，有13项获市、局级奖。其中，重大合理化建议30项，节约30万元以上的19项，有5项获重庆市合理化建议重大奖励，充分展现和发挥了职工的聪明才智。1996～2000年，围绕渝长路、渝黔路、长涪路等高速公路建设重大工程项目，交通职工合理化建议活动，提出合理化建议434项，被采纳实施的合理化建议238项，实施的重大合理化建议有64项，节约工程投资3.6亿元。其中节约价值在500万元以上的项目有19项，获得重庆市人民政府特等奖。

(2) 全面质量管理小组活动。1986～2005年，重庆市交通主管部门直接管理或间接指导群众性的全面质量管理小组（QC小组）活动，质量监督和质量管理工作稳步开展，取得可喜成果。"八五"计划期间（1991～1995年），重庆市交通系统获国家级优秀QC质量管理小组称号2个，获部、省、市级优秀QC质量管理小组称号65个，局级98个。"九五"计划期间（1996～2000年），重庆市交通系统5年来共获得部、市级优秀QC质量管理小组48个。"十五"计划期(2001～2005年)，重庆市交通系统获交通行业、市级优秀质量管理小组3个，发表成果获市级、委级一等和二等奖各一项。

(二) 交通科技应用

重庆交通科技应用开发成果丰硕，成功地支撑了交通的快速发展。1986～1990年，完成新产品开发项目38项与新技术研究项目10项，其中6项获得重庆市新产品开发百花奖，5项分别获得重庆市科学进步二等奖和三等奖，4项获得重庆市优质产品称号。1991～1995年，重庆交通科技项目取得了一批科技成果，共有71个项目获得交通部、四川省、重庆市交通科技进步奖。1996～2000年，交通科技项目重点安排了科技项目151项，共有40项获得重庆市科技进步奖，其中一等奖4项、二等奖12项、三等奖24项。2001～2005年，安排科研项目201项，年累计投入科研经费近8000万元，取得了一批重大科研成果，其中4项成果获得国家级和部级奖励，3项成果分别获得重庆市科技进步二等奖和三等奖。

信息科技与交通行业管理。以计算机及其网络为基础的信息化开发，是重庆交通科技应用开发的一个重点方面。1986～2005年，重庆市交通局、重庆市公用局、重庆市交通委员会及其所属交通行政事业企业单位重视信息化开发，经历了个人电脑应用、单个管理系统开发、网络管理系统开发的过程。1987年1月，交通部正式确定重庆市为"公路运输管理信息系统试点工作安排"7个试点省市之一，是重庆交通行政管理信息系统与行业管理信息系统开发的开端。1987～1997年，重庆交通管理部门主要应用以个人计算机为主的公路、运输、计划、统计、征收、财会等单个管理信息系统。1998年，重庆市交通局启动重庆交通办公网络系统开发，开始开发基于局域网络的内网系统。2001年，重庆市交通委员会机关实现无纸化办公，与中共重庆市委、重庆市人民政府实现了文件及信息的网络传递，又开始扩大内网开发，形成了以重庆市交通委员会为中心，联结各所属单位、各区县交通部门的星形网络结构。2003年，"重庆交通"政府网站正式向全社会开通，重庆交通行业管理进入信息网络系统的外网建设阶段。与此同时，高速公路信息管理系统、道路运输管理信息系统、内河航运管理信息系统、征费稽查管理信息系统和公共交通管理信息系统等各个交通行业管理信息系统也相继开发成功。"重庆交通"政府网站与这些系统相互联结，又开发出整个重庆交通行业的广域网络，建成了重庆交通行政管理信息系统与因特网上各个交通行业管理信息系统互联的重庆交通行业管理信息网络系统，建立起了囊括公路建设、公路运输、港航运输、交通征稽、城市公共交通等各行业的管理信息系统，直至开发完成了既覆盖重庆市交通行业又上联交通部和重庆市人民政府的互联网络大系统。

软科学项目与交通建设。软科学项目是重庆交通科技项目管理变革后增加的新内容。1986～2005年，重庆交通软科技项目完成了27个重大项目，全部通过了专家鉴定，其中获得交通部、重庆市、重庆市交通委员会科技进步奖的有4项。这些软科技项目对公路建设、公路管理、公路运输、公共交通、航运港口的预测决策和对策研究，起到了重大的参考借鉴作用，有的项目成果直接成为交通发展的重大决策依据。1995 年，重庆市公路学会、重庆市交通局公路处、重庆市高等级公路建设指挥部主研的《公路交通重庆主结点——采用双环线过境的综合实施研究》项目获得 1997 年度重庆市科技进步一等奖，为重庆规划环城高速公路提供了决策依据，并在重庆公路建设中付诸实施。1995 年，重庆市交通局与重庆市人民政府研究室、重庆市人民政府法制局合作完成的《成渝高速公路重庆段管理体制研究》，获重庆市科技进步二等奖，为重庆市高速公路综合执法提供了决策依据，并在重庆高速公路管理中付诸实施。

重大技术项目与工程建设。在重庆地方交通系统中，依托重点公路建设项目的重大技术项目是重庆公路科技项目管理的核心部分。1986 ~ 2005 年，重庆公路建设中完成了 75 个重大技术项目，全部通过了专家鉴定，其中 19 项获得交通部、重庆市科技进步奖。1994 年 3 月，成渝公路荣昌至来凤段二级公路改为一级公路和三星沟大桥改为软基高填方路堤科研成果，分别获得重庆市科技进步特等奖和一等奖。其中，成渝公路荣昌至来凤段二级公路改为一级公路变更设计的实施，节省投资 2.45 亿元，减少占地 2500 亩。重庆交通学院、重庆高速公路发展有限公司主研的《大跨径斜拉桥稳定性研究》项目，1999 年 1 月启动至 2001 年 12 月完成，获得 2003 年中国公路学会科学技术二等奖，项目成果对大佛寺大桥的设计和施工起到了重要参考与指导作用。2003 年 3 月，重庆高速公路发展有限公司、成都曙光光纤网络有限责任公司主研的《重庆市高等级公路（高速公路）联网收费系统》项目获得 2003 年重庆市科技进步二等奖，被评为 2003 年国家倍增计划优秀项目。2004 年 10 月，重庆市公路局、重庆交通学院主研的《通渝深埋特长隧道高地应力与围岩稳定性研究》项目获得 2005 年中国公路学会科学技术三等奖，项目成果结合“八小时重庆”建设攻坚工程——通渝深埋特长隧道的施工实践，将工程地质研究与岩石力学研究结合，提出了岩爆类型、岩爆烈度的划分新方案及其相对应的防治工程措施。2005 年 5 月，重庆市公路局、重庆数字城市科技有限公司主研的《重庆市公路地理信息系统》项目获得重庆市科技进步三等奖。

在重庆地方交通系统中，依托重点水路建设项目的重大技术项目是重庆交通科技项目管理的另一核心部分。1986 ~ 2005 年，重庆水路建设完成了 11 个重大技术项目，全部通过了专家鉴定，其中 2 项获得国际金奖和重庆市科技进步奖。

七、重庆交通发展的精神动力

1986 ~ 2005 年，中共重庆市交通运输委员会、中共重庆市交通委员会党组和中共重庆市交通委员会始终围绕交通发展的中心任务，把交通行业精神文明建设作为交通发展的重要动力，广泛开展文明细胞、文明单位和文明行业创建活动，为重庆交通事业持续快速发展提供了强有力的精神动力和智力支持。

（一）文明建设规划

1998 年 3 月至 2005 年，重庆市交通系统成立精神文明建设委员会，重庆市交通文明行业建设进入一个新的历史阶段。1998 年，为使交通文明行业建设有计划、有组织、有步骤地开展，重庆市交通局制订了第一个交通精神文明建设十年规划（1998 ~ 2010 年）。规划要求按照中共重庆市委和交通部创建文明行业的奋斗目标，1998 ~ 2000 年，重在为创建文明交通行业奠定基础，即要通过建立分类指导、分级负责的工作责任体系；抓好示范窗口建设，培植先进典型，完善管理措施，突出重点部位和重点环节，切实解决人民群众普遍关心的问题；并区分市、局与区县不同层次，按照标准条件，落实创建任务，由点（线）及面发展，在 2010 年前，把重庆市交通系统建成文明行业。

2000 年 11 月，重庆市交通委员会重新修订《重庆市交通系统精神文明建设 2001 ~ 2010 年规划》，仍旧保持上一个规划的总体要求和目标，在 2010 年前把重庆市交通系统建成文明行业。随后，重庆市交通委员会制定了《重庆市交通行业精神文明建设十五规划》，进一步明确了精神文明建设阶段性的奋斗目标；印发了《重庆市交通系统精神文明建设工作文件汇编》，用以指导交通行业精神文明建设工作的开展。2000～2005年，在重庆市交通文明行业创建活动中，涌现出了一大批文明行业窗口、文明单位、文明行业及其创建文明活动的先进集体和先进个人。其中，国家级文明单位1个，市级文明单位标兵15个，市级文明单位69个，委级文明单位81个，部级文明行业3个，委级文明行业5个。行业中有18个单位被交通部评为9个类别的"全国道路运输系统文明单位"称号。

（二）创建文明单位与文明行业

1983～1986年，重庆市地方交通系统、公共交通行业的精神文明建设，从开展"讲文明、讲礼貌、讲卫生、讲秩序、讲道德""语言美、心灵美、行为美、环境美"和"热爱祖国、热爱社会主义、热爱党"为主要内容的"五讲""四美""三热爱"文明礼貌活动起步，广泛开展"学雷锋、树新风、爱交通、作奉献"活动，提倡交通行业的优质服务，进而推动创建文明单位、创建文明行业活动蓬勃开展。

1986～1997年，重庆交通系统精神文明建设活动富有自身特点。一是以社会服务"窗口"和行政执法管理单位为重点开展创建文明单位活动，二是贯彻"精神文明重在建设"的方针，公路运输管理、航运管理、公路建设养护管理等行业的各单位积极努力培养树立自己的文明行业精神和形象。1997～1999年，重庆市以及万县市、涪陵市和黔江地区的地方交通精神文明建设获得成果，创建了一批省市级的交通文明单位。1995～1999年，在创建文明交通行业活动中，各级工会、共青团组织发挥了积极的作用，首创了一批国家级、省市级的"青年文明号""巾帼文明示范岗"等的重庆交通行业的文明窗口单位。

（三）精神文明建设促进交通发展

交通行政、交通行业的管理单位实行文明执法，为交通事业创造出了良好的发展环境。1995年，重庆市第三公交公司306路队成为重庆公共交通客运系统第一个获得国家级"青年文明号"的车组。1997年，重庆市成渝高速公路管理处重庆收费站成为重庆地方交通系统第一个获得全国"青年文明号"称号的基层岗组。1998年，重庆交通运业有限责任公司重庆汽车站服务总台成为重庆交通系统第一个获得全国"巾帼文明示范岗"称号的妇女岗组。2003年，重庆市交通征费稽查局成为重庆交通系统第一个获得"全国交通系统文明行业"的单位。2005年，重庆市高速公路行政执法总队获得交通部"全国交通系统文明行业"命名表彰。2005年，重庆市公路局（机关）获得全国文明单位称号，这是重庆交通系统第一个获得国家级文明单位称号的单位。1997～2005年，万州区交通委员会创建为重庆市文明单位、重庆市文明单位五十佳和全国交通文明行业先进单位，重庆市交通委员会创建为重庆市文明单位和文明单位标兵。

创建文明样板公路。文明样板公路的创建活动，直接推动了公路的建设、管理和养护事业。1986～2005年，重庆有两次大的文明样板路的创建活动。第一次是1984～1999年国道319线文明样板路的创建。1984～1996年，国道319线重庆长寿—璧山—铜梁—潼南段，重庆市进行了分段改造工程，创建为文明样板公路。1997～1999年，国道319线黔江—涪陵—长寿—璧山—铜梁—潼南段，继续进行分段改造工程，创建为文明样板公路。第二次是2000～2004年国道210线文明样板路的创建。2001年12月至2002年8月，重庆市交通委员会开展了国道210线创建文明样板路的工作，由重庆市人民政府给沿线各区县人民政府统一部署任务，重庆市交通委员会牵头组织沿线交通部门开展整治改造。在自行检查巩固的基础上通过交通部专家组验收，创建为重庆市第二条文明样板公路。

创建文明样板航道。文明样板航道的创建活动，推动了航道的建设、管理和养护事业。2002年，重庆文明样板航道的创建起步。创建文明样板航道活动范围设为重庆市境内市管干线航道，即嘉陵江、乌江、大宁河航道。重庆市交通委员会制订了创建办法和实施方案，将嘉陵江利泽至河口段创建为国家级文明样板航道，即在2010年前结合嘉陵江草街航电枢纽建设、草街以下68公里航道治理和利泽航电枢纽建设，做好嘉陵江河口至利泽154公里全国文明样板航道创建前期准备工作，力争在“十二五”期间实施和完成国家级文明样板航道创建。根据创建河段的实际情况，2005～2006年，完成了嘉陵江磁器口至两江河口16公里文明样板航道示范段创建，重庆市交通委员会授予嘉陵江河口至磁器口段“重庆市文明样板航道示范段”称号。

2006～2007年，重庆市“十一五”交通建设规划顺利推进。中共重庆市委、重庆市人民政府提出了“一圈两翼”的发展战略，继续加大对交通的支持力度，出台《进一步发挥黄金水道优势，加快建设长江上游航运中心的决定》，对加快长江黄金水道建设起到了极大推动作用。2007年3月8日，中共中央总书记、国家主席、中央军委主席胡锦涛为重庆做出“314”总体部署，即努力把重庆加快建设成为西部地区的重要增长极、长江上游地区的经济中心、城乡统筹发展的直辖市，为重庆市经济社会发展导航定向。2007年6月，中央决定将重庆作为统筹城乡综合配套改革试验区，重庆交通被赋予新的历史使命。中共重庆市委、重庆市人民政府提出，重庆要建设长江上游经济中心，必须形成长江上游综合交通运输枢纽，中共重庆市委三届三次全会通过的《关于进一步扩大开放的决定》，把“建设大西南综合交通运输枢纽”作为加快发展、扩大开放的首要任务，勾画出新的交通发展蓝图，为重庆交通建设与发展迎来新的机遇。

2006～2010年，重庆的综合交通运输枢纽建设取得突出成就。重庆“二环八射”2000公里高速公路骨架网全面建成，高速公路建设提速十年的目标顺利实现。新建改建县际联网公路2580公里，所有区县之间、省际全部实现高等级公路连通。新建改建农村公路50000公里，乡镇公路通畅率、行政村公路通达率提高到100%。至此，“四小时重庆”“八小时周边”初步实现。长江上游航运中心建设强力推进，系统开展长江、嘉陵江、乌江、大宁河等航道建设，涪江富金坝航电枢纽建成蓄水发电，嘉陵江草街航电枢纽实现船闸通航，主城寸滩等一批5000吨级大型机械化港口陆续建成，大大提高了港口通过能力。

重庆交通发展任重道远，有着宏伟的远景。随着“十二五”规划的实施，到2015年重庆要基本建成长江上游地区综合交通枢纽，即基本建成国家公路运输枢纽，高速公路再建成1000公里，通车里程达到3000公里以上，基本形成“三环十射三联线”骨架公路网，普通国省道覆盖所有区县和80%以上的乡镇；基本建成长江上游航运中心，高等级航道达标率达到90%以上，四级以上航道达到1600公里，港口货物和集装箱通过能力分别达到1.8亿吨和700万标箱（TEU）。到那时，铁路、轻轨、民航将有更大发展，重庆必将在中国西部内陆地带成为名副其实的综合交通枢纽。

大事记

1986 年

1月1日　中共重庆市委书记廖伯康主持召开“马路现场办公会”，决定以主城市中区、沙坪坝区、江北区、南岸区、九龙坡区、大渡口区、北碚区内外区域为界，对自备客车和出租汽车行业，重庆市交通局负责7个区外的管理，重庆市公用事业局负责7个区内的管理。

1月9日　重庆市机构编制委员会（以下简称重庆市编委）批准重庆市公用事业局成立社会自备客车管理处（以下简称重庆市社客处），负责对近郊7区内各单位投入自备客车和各种出租汽车的统一管理。

1月10日　重庆市交通局批准四川省汽车运输公司重庆公司更名为四川省重庆汽车运输公司（以下简称重庆汽运公司）。

1月13日　根据中共重庆市委、重庆市人民政府决定，重庆市交通局领导班子调整并重新分工：沈盛辉任中共重庆市交通运输委员会书记，龚继震任副书记；胡振业任重庆市交通局局长，高鸿斌、古正涛、郑道访任副局长；张铭钟、葛玉堂、邓誉久、程立仁任局级调研员；安瑞希任顾问。

1月16日　重庆首次利用世界银行贷款修建的国道319线彭塘段公路（安岳县彭家垭口至潼南县塘坝镇）开工，总里程14.636公里，总投资902万元。

1月21日　重庆市经济委员会（以下简称重庆市经委）批复重庆市汽车修造总厂技术改造项目列为重庆市属25个重点项目之一，总投资850万元，项目投产后可形成年装轻便车3000辆的能力，要求在1987年二季度正式投产。

1月27日　重庆市计划委员会（以下简称重庆市计委）批准江北长途汽车站改扩建为二级汽车站，建筑面积1.2万平方米，停车场面积6100平方米。

2月5日　中共重庆市交通运输委员会决定成立重庆市交通运输职工思想政治工作研究会（简称重庆交通政研会）筹备组。

2月28日　重庆交通政研会第一次会员代表大会选举产生第一届理事会和常务理事会，共有38名理事、15名常务理事，名誉会长由安瑞希担任，会长由沈盛辉担任。

3月14日　中共重庆市交通运输委员会同意设立重庆市汉渝公路江北段改建工程处，具体负责对国道210线重庆江北区红旗河沟至江北县双凤桥路段进行改建。

3月15日　重庆长江客运索道动工兴建。

3月30日　重庆市第一条室外公共交通客运电梯在重庆市市中区凯旋路竣工并投入试运行，这也是中国首次用于室外城市公共交通的直流高速客运电梯。

3月　重庆市汽车修造总厂生产的渝州YZ－122双排座客货两用轻型汽车，驶往海南岛汽车试验站进行性能综合试验，历时84天，行程2.5万公里，顺利完成全部试验项目。

4月4日　重庆市物价局修订出租汽车收费标准，对出租汽车临时用车的基数公里、临时用车等候费、临时用车空驶费、深夜用车租价收费标准作了明确规定。

4月21日　经重庆市人民政府批准，重庆市计委、重庆市经委、重庆市财政局、工商银行重庆市分行、农业银行重庆市分行、重庆市交通局发布《重庆市公路客运附加费征收管理使用办法》，决定从1986年5月1日起，在重庆市范围内开征公路客运附加费。

5月5日　交通部公路局批复同意四川省重庆交通机械厂（以下简称重庆交机厂）在确保质量的前提下，市场有需要，可以继续生产JT661A型公路客车底盘。

5月6日　中共重庆市交通运输委员会决定成立重庆市交通局企业管理处，重庆市交通局运输处与交通管理处合并成立重庆市交通局公路运输管理处。

5月15日　经重庆市物价局、重庆市公用事业局批准，重庆市公共交通公司对31条线路的票制进行改革，将多级票制简化为5分级票制，市中区环行线路实行0.10元一票制。

5月23日　重庆市财政局、重庆市交通局发布《重庆市公路客运附加费征收管理使用办法实施细则》。重庆市各级交通主管部门负责公路客运附加费征收管理，由经营公路的企业、单位、个体户和联户代征，收取后划转重庆市交通局汇缴财政专户。

5月　重庆汽车检测站在沙坪坝区天星桥建成。这是重庆市第一家利用电脑自动化检测汽车的联合企业，日检测能力为80~100辆汽车。

6月2日　中共重庆市交通运输委员会决定重庆市交通局设立审计处并即开展工作。

6月5日　中共重庆市交通运输委员会、重庆市交通局要求实行了厂长（经理）负责制的四川省重庆汽车运输公司、四川省重庆轮船公司、四川省重庆交通机械厂、重庆市汽车修造总厂、四川省重庆船厂实行厂长（经理）任期目标责任制。

重庆市公用事业局系统全面推行领导体制改革。在所属企业中实行厂长（经理）负责制、中层以上干部责任目标制、管理干部聘任制，推行合同制用工制度。

6月18日　重庆市第一个城市公用洗车场在沙坪坝童家桥通过验收。

7月1日　重庆市经委批复重庆市交通局，同意重庆市汽车修造总厂所属小龙坎汽车修理厂从日本丰田公司引进汽车维修、检测设备及管理软件。

重庆市最大的城市道路隧道——“八一隧道”举行通车典礼，隧道名由杨尚昆题写。“八一隧道”通车，标志着牛角沱立交道综合改造工程提前完成。

7月5日　重庆市人民政府颁布《重庆市港口管理暂行规定》，这是全国第一部内河港口行政管理方面的地方行政规章。

7月7日　重庆翻胎厂采用技术输出方式，与四川省眉山县交通局航运公司建材厂联合组建重庆翻胎厂眉山分厂，年产能力为翻胎2500条。

7月14日　重庆市人民政府决定将重庆市公共交通公司分为第一、第二、第三公共交通公司和公共电车公司4个县团级法人公司。同时，重庆市公用局实施配套改革，增设安全监察处；将公交公司科研所、研究室、设计室和公用事业研究所合并，更名为重庆市公用事业设计研究所；将公交公司驾驶学校转为筹建中的重庆市公用事业中等专业学校的分校。

重庆市人民政府印发《重庆市出租汽车管理暂行规定》，确定重庆市社客处主要对主城7个区内注册经营车辆实施管理，重庆市运管处主要对主城7区外的出租汽车及其他经营车辆实施管理，从1986年8月1日起施行。

7月19日　重庆市汽车修造总厂所属小龙坎汽车修理厂与日本丰田汽车公司合作开办的重庆丰田汽车维修中心成立。

7月　经交通部、公安部、中汽公司批准，重庆市汽车修造总厂被列为全国改装汽车定点生产厂之一。

《重庆交通信息》创刊，其由重庆市交通企业管理协会、重庆市交通局调查研究室联合主办。

8月11日　重庆市人民政府办公厅批复同意重庆市汽车维修行业由重庆市交通局归口管理。重庆市主城7个区以内客车（含公共汽车、出租汽车）为主的维修厂点，由重庆市公用局核发汽车维修许可证。

9月1日　经重庆市交通局批准，重庆千厮门汽车客运站成立并开业。

9月16日　中共重庆市交通运输委员会提出贯彻《全民所有制工业企业厂长工作条例》《中国共产党全民所有制企业基层工作条例》和《全民所有制工业企业职工代表大会条例》，全面推行厂长（经理）负责制的意见。

9月23日　国道210线重庆红双段（江北区红旗河沟至江北县双凤桥）一级公路改建工程动工，设计路长22.8公里。

9月26日　川黔公路四大段（南岸区四公里至九龙坡区大山村）改建工程竣工通车，这是重庆市第一条二级公路，全长12.3公里，结束了重庆市无高等级公路的历史。

在永川至泸州公路和成渝铁路的交汇处新建的单孔公铁立交桥竣工通车。

9月30日　重庆市交通局向交通部标准局报送重庆市"六五"优良船型及"七五"船型规划。

10月1日　民生轮船公司第一艘8000吨海轮"乌江"号从天津首航日本。

10月4日　重庆合川沙沱村农民蒋明德驾驶私自改装的3吨机动木船，于12时5分航行至米口子滩处，由于严重超载，客货混装，装载不平衡，驾驶操作不当，造成沉船死亡21人（其中船工1人）的特大恶性事故。

10月9日　重庆市交通局下发《关于贯彻增收节支确保财政收支平衡的措施意见》，布置交通企业事业增收节支的具体措施。

10月29日　重庆市长寿县、巴县、江津县、铜梁县等县县长、分管副县长荣获"四川省公路建设先进工作者"称号。

10月30日　重庆市人民政府办公厅颁布《重庆市港辖区河流沙石资源管理暂行办法》。

10月　民生轮船公司第二艘散杂货海轮"沱江"号从上海首航日本。

10月　《重庆市公路学会会刊》改名为《重庆交通科技》，刊名由四川省交通厅厅长赵理题书，是重庆市公路学会的不定期内部会刊。

11月15日　重庆市交通局组团前往美国密歇根州考察沥青生产设备，并进口了整套沥青混凝土拌和设备、沥青摊铺机及其配套测试仪器。

11月25日　重庆市标准局下发《汽车维修企业开业条件》，从1986年12月1日起施行。

11月27日　民生轮船公司"沱江"号轮从日本起航，历时19天抵达重庆，创造了中国航运史上从日本至重庆最短航行时间纪录，被交通部列入大事记，被评为重庆市1986年经济工作10件大事之一。

11月　大足汽车客运站竣工运营，车站建筑面积5029平方米，车场面积8000平方米，投资总额420万元。

12月1日　中共重庆市交通运输委员会决定将重庆市交通局政治学校更名为重庆市交通干部学校。

12月23日　重庆市物价局决定将出租汽车定线客运深夜票价执行时间调整为夜间22点到次日早晨5点30分。

12月24日　重庆港口管理局轮驳公司通过重庆市劳动安全达标验收，成为重庆市水上运输行业第一家安全达标企业。

12月25日　重庆市编委批复同意建立重庆市公用事业设计研究所，为重庆市公用事业局所属事业单位。

12月28日　重庆港九龙坡港埠公司、朝天门客运站被交通部评为1986年优质运输先进集体。

12月　重庆客车总厂生产的“重庆”牌CQ644P游览大客车在全国城市建设成就展览会上荣获新产品“金杯奖”和建设部“优秀产品奖”。

12月　《江津县交通志（近代~1985年）》获四川省地方志办公室和四川省地方志协会颁发的社会科学研究一等奖。

同年　交通部部长钱永昌到重庆考察川黔公路重庆段。

铜梁县公路养护段、铜梁县分别被中共四川省委、四川省人民政府命名为“文明单位”和“民工建勤加宽公路先进县”。

重庆市交通局对市中区菜园坝、较场口、朝天门等几个公路长途客运市场实行线路、班次、时间、地点、票价“五统一”管理，改变了以往运输秩序混乱局面。

长江航道局第一航道工程处提前两个多月完成长江上游航道鸡扒子滑坡整治工程，炸礁清渣4.39万立方米，消除了因滑坡阻塞航道而形成的险滩。该项工程被评为优良，并获国家科委科学技术进步三等奖。

璧山县来凤运输公司成功改装2辆以天然气为燃料的“气包车”（时因天然气压缩技术尚未过关，即在汽车顶用橡胶气囊贮存天然气），每月节约燃料费500多元。至1988年，璧山县已有28辆“气包车”。

在重庆市进行的青年业务技术明星大赛的驾驶员比赛中，重庆市交通系统6名参赛选手夺得2个标兵和1个技术能手称号。

四川省重庆船厂在四川省青川县首次建成的两艘300HS采金船，获得重庆市科技进步三等奖。

重庆港客运总站荣获交通部授予的“优质运输先进单位”称号，并保持“文明站”光荣称号。

重庆市公共交通公司二总站第23路队被建设部命名为“优质服务先进集体”，路队售票员代玲（女）被评为“重庆市劳动模范”。

1987年

1月1日　重庆市人民政府批准重庆市交通局所属重庆市装卸运输公司、四川省永川汽车运输公司、重庆市水上运输公司、永川汽车配件公司4家企业实行厂长（经理）责任制。

1月12日　交通部正式确定重庆市为“公路运输管理信息系统试点工作安排”7个试点省市之一。重庆市交通局成立公路运输管理信息系统试点工作领导小组。

1月20日　重庆市交通局、重庆市公安局、重庆市物价局、重庆市工商行政管理局和重庆市税务局联合发出《关于坚决取缔汽车驾售人员以运谋取非法收入的通告》。

重庆市经委批复重庆市交通局，同意将重庆汽车运输贸易公司并入四川省永川汽车运输公司，从1987年1月1日开始统一经营。

1月26日　由交通部统一引进和分配的一套网络明星NESTAR公司的PLAN-5000局部网络电脑及首批5个工作站微机，在重庆市交通局信息办公室新建成的微机室内一次安装调试成功，首先投入公路运输管理信息系统开发工作。

1月　装机容量14400千瓦、航电结合的潼南县三块石水电站全部建成并网发电。

2月17日　重庆最大的多功能汽车站——重庆汽运公司南坪汽车站正式营业。南坪汽车站于1986年12月竣工，车站建筑面积8659平方米，车场面积8000平方米。

3月6日　四川省人民政府对道路交通管理体制改革中的移交工作作出部署，确定人员的29%

继续留用为养路费征收人员，71%为移交公安部门的交通监理人员，划拨公安的养路费比例为1.67%。重庆市确定每年从养路费总收入中以1.6%按月划拨给公安部门，其中1.3%为移交公安的养路费，0.3%为补充交通标志标线等安全设施费用。

3月25日　重庆市公用事业局发布《关于乘坐公共汽（电）车的规定》，从1987年5月1日起执行。

3月　重庆市交通局批准重庆联运服务公司更名为重庆联运公司。

4月1日至10日　重庆港口管理局与重庆市规划局联合组织有关专业人员50余人，首次完成了长江、嘉陵江的水域与岸线踏勘，搜集了沿江651个泊位的现状资料。

4月27日　重庆市公用事业局举行305路队租赁招标答辩会，原队长李书文等4人中标，交纳保证金3000元，合伙租赁经营。

4月30日　重庆市编委批复重庆市交通局，同意建立重庆公路建设工程管理处，为重庆市交通局所属处级事业单位，主要职责是履行建设单位职能，负责重庆市交通系统公路建设工程管理。

4月　重庆市公路养护总段工程队（大集体）改建为重庆市公路工程公司，为重庆市第一个集体所有制性质的公路施工企业。

5月7日　重庆港口管理局在九龙坡港区修建的长江第一座面积1240平方米、一次进车11辆、年堆存能力29万吨的全天候火车作业的外贸仓库正式验收。

5月21日　重庆市交通局命名渝南路合川至兴隆段和白市驿至帽盒山段为文明公路；授予重庆公路养护总段三分段和永川公路养护总段合川段为“先进段”；授予张家滩、旧县、大石等40个道班为“文明道班”；授予谢合田、周成鹏、罗品伦、任仁芳、李永祥5人为“公路养护标兵”。

6月1日　重庆市实施交通监理体制改革，重庆市人民政府批准重庆交通监理站和永川交通监理站分别更名为重庆市交通稽查征费一处和重庆市交通稽查征费二处，分别管理原重庆各区县和永川地区8个县的养路费稽查征收。

重庆市公用事业局批准组建重庆市公共交通月票站。

6月6日　重庆市交通局监理处更名为重庆市交通局安全稽征处。

6月中旬　嘉陵江大桥北引道改造工程竣工通车，改善了江北区观音桥地区的交通梗阻状况。

6月23日　重庆市公用事业局批准公交驾校更名为重庆市公共交通客车驾驶学校。

6月27日　重庆市人民政府授予铜梁县为“文明公路达标县”，奖励小汽车1辆。

6月30日　重庆市物价局、重庆市交通局联合发出《关于执行〈重庆市汽车维修收费标准（试行）〉的通知》，从1987年9月1日起执行。

6月30日　重庆长江大桥南引道改造工程竣工通车。引道全长3.798公里，道路宽24～30米，达到城市一级主干道标准。

6月　四川省重庆市汽车运输公司青年服务员钟渝在重庆市第二届青年明星大赛中获得“服务明星”称号。

7月1日　重庆市物价局、重庆市公用事业局规定出租汽车深夜载客每位乘客加收0.2元。

7月7日　重庆港口管理局全面推行经理负责制。

7月10日　重庆市人民政府决定从即日起征收长江大桥、嘉陵江大桥机动车辆过桥费，用作城市道路桥梁建设基金。

7月23日　重庆轮渡公司退休船工陈邦贵（时年71岁）、四川省重庆轮船公司船工蔡德元（时年57岁）及重庆市歌舞剧团演员程昌福组成“中国长江代表队”，应法国“阿维尼翁民间艺术节”组委会邀请，出席法国阿维尼翁市大河音乐会演唱“川江号子”，7月27日，法国《世界报》头版头条刊载《江河音乐：三人同舟》专访报道。7月28日和7月30日又应邀加演两场，法国电视台和国家广播电台进行了现场转播。

9月14日　《中国交通报》驻重庆记者分站成立。

9月　重庆市人民政府决定对市中区3.3公里的地下人防通道排危抢险工程按通行轨道交通标准设计施工。

重庆市汽车修造总厂生产的渝州牌YZ－213和改型YZ－122双排座客货两用轻型汽车获重庆市新产品百花奖三等奖。重庆市汽车修造总厂从1970年到1987年，相继研制开发渝州牌汽车系列有YZ－122型双排座客货两用轻型汽车，YZ－122、123双排座长轴距客货两用汽车，YZ－130、131A型单排座长轴距轻型载货汽车，YZ－213型轻型越野客货汽车，YZ－110型客货两用汽车，累计生产汽车4586辆。

重庆交通代表团50名运动员在重庆市第六届运动会上参加了田径、游泳、篮球、乒乓、棋类、举重6项比赛，其中重庆交通机械厂青年职工骆雪崎获110公斤级举重3枚金牌，奖牌总数列第19位。

10月24日　长江上第一条空中走廊——重庆长江客运索道竣工并投入试运行。

10月　四川省重庆轮船公司退休职工、轮机长黄永泉发明的“可调式转轴密封装置”，在比利时布鲁塞尔第三十六届尤里卡国际博览会上获得金牌。

重庆轨道交通1号线的线路规划、预可行性研究、工程可行性研究以及各项专题研究等前期工作完成。

11月5日　全国第一次城市桥梁学术会议在重庆市召开，会议认为重庆石门嘉陵江大桥斜拉技术和质量达到了国际先进水平。

11月17日　重庆市人民政府召开紧急会议，决定“整顿出租汽车客运市场，强化出租汽车行业管理”，重庆市出租汽车客运市场整顿工作启动，到1989年春节结束。

11月　四川省永川公路养护总段历时3年、投资591.65万元整治和管养的145.04公里老成渝公路，有68.86公里达到山岭重丘二级路标准，行车时速由20～30公里提高到50公里。

重庆市公路养护总段代表队在成都市参加四川省公路局举行的公路养护技术操作比赛，获油路养护第一名，夺得“金杯奖”。参赛队员王远贵、吴秀龙、张道伟、秦桂珠（女）荣获“油路路面养护技术能手”称号，谢金钟荣获“泥结碎石路面养护操作能手”称号。

12月3日　重庆市公路建设工程管理处成立，隶属重庆市交通局领导。

12月9日　经国务院批准，国家计划委员会印发《关于成渝公路设计任务书的批复》，正式同意修建成渝公路。成渝公路重庆段陈家坪至来凤30.5公里设计为一级路，来凤至桑家坡83.7公里设计为二级路。

12月23日　成渝铁路电气化改造工程竣工。

12月27日　重庆巴县鱼洞至江津珞璜公路建成通车，全长14公里，是重点建设项目珞璜电厂的配套工程。

12月29日　国道319线彭塘段（安岳彭家垭口至潼南塘坝）14公里竣工通车。这是全国第一批利用世界银行贷款修筑的公路之一，也是重庆市第一条利用世界银行贷款建成的公路。

12月　重庆江北长途汽车站扩建工程开工建设。

重庆市人民政府批准重庆联运公司、重庆翻胎厂实行厂长（经理）责任制。至此，重庆市交通局所属11户全民所有制企业全部实行厂长（经理）责任制。

重庆市公路民工建勤加宽改造公路累计投入民勤8569万工日。经过加宽后的国、省道路基宽12米、路面宽9米，主要县道路基宽8.5米、路面宽7米，一般县道和乡道路基宽6.5米。由于路面和线型改善，行车时速平均达30～60公里。1984～1987年，重庆市连续4年被四川省评为加宽改造公路先进市，有10个区县被四川省评为加宽改造公路先进区县。

同年　重庆市交通局拟报了有关公路路政、公路客运、航运管理、汽车维修管理等方面的6个法规，其中经重庆市人民政府批准，发布了《重庆市汽车维修企业开业条件》《重庆汽车维修收费标准（试行）》。

四川省永川县三义河、青峰、临江、太平、柏林，江津县中渡、德感坝，荣昌县安富、沙河子，南桐矿区蒲河等10个公路与铁路交叉处建成公铁立交桥。

重庆市公路养护总段被四川省公路局评为公路建管养优胜单位。

重庆市交通局公路运输管理处对朝天门、较场口、观音桥、南坪等窗口地区的客运车辆实行归站统一发班管理。

重庆市船舶检验处第一次统筹组成重庆市船舶焊工考试委员会，制订考试实施细则，编写教学大纲，购置国际标准的电焊机等考试工具，举办10期培训班，364人参加操作技能考试，287人全科或单科合格，合格率为78.63%。

1988年

1月1日　重庆市康福来出租汽车公司首次从英国购进5辆“珍宝”牌双层客车，投入解放碑至北碚、南泉、杨家坪、沙坪坝、观音桥5条线路运营。

1月2日　重庆市人民政府办公会议决定实行错时上下班和货车定时放行、加快旧车淘汰和加强路政管理等措施。

1月18日　22时17分，中国西南航空公司1架从北京飞往重庆的伊尔18型222号客机因机械故障在白市驿机场以北5.7公里处的巴县金凤乡坠毁，机上98名乘客、10名机组人员全部遇难。

1月　重庆港客运站被交通部评为“优质运输先进集体”。

交通部组织的全国十省市公路养路费征收计算机管理系统研讨会在重庆市召开。交通部委托重庆市交通局和交通部重庆公路科学研究所共同开发“公路养路费征收计算机管理系统”，由交通部组织评审后向全国交通系统推广应用。

重庆市公路养护总段璧山段与璧山县交通部门、公路沿线各区乡镇签订工农共建文明路规划，计划在1988年至1992年之内，将渝隆路（重庆至隆昌）璧山县境内福利树关口至马坊官井坝48公里路段建成文明公路。

2月12日　重庆市交通局公路运输管理处由市中区中华路174号重庆市交通局内迁到南岸区南坪路2号重庆市汽车运输公司所属的南坪汽车站三、四楼办公。

2月23日　交通部向重庆市85名驾驶员颁发“公路汽车安全行车百万公里驾驶员”荣誉证书和奖章。

2月29日　国家船检局批准《重庆市小型机动船舶检验暂行规定》，自1988年4月1日起生效施行。这是重庆市船舶检验处首例自行编写并得到批准执行的规范。

3月25日　重庆市交通局公路运输管理处、重庆市交通运输管理站和永川交通运输管理站撤销，合并成立重庆市公路运输管理处（以下简称重庆市运管处）。同时挂“重庆市汽车维修行业管理办公室”牌子，重庆市运管处主要负责主城7个区外道路运输和汽车维修行业管理。

重庆市交通局撤销重庆市交通稽查征费一处和重庆市交通稽查征费二处，合并成立重庆市交通稽查征费处（以下简称重庆市稽征处）。

4月1日　重庆市交通局车辆购置附加费征收管理办公室更名为重庆市车辆购置附加费征收管理办公室（以下简称重庆市车购办），办公地点在市中区大坪支路20号永川八县驻渝办事处合川县招待所内。

4月5日　为了便于生产（组装）厂和海关履行代征职责，重庆市车购办印发《办理车辆购置附加费有关手续须知和程序》和《重庆市车辆购置附加费稽（代）征员守则》。

4月6日　重庆市人民政府副市长李长春实地考察了即将开工的国家重点项目成渝公路重庆段的重点路段，对工程前期准备工作进行现场办公。

4月7日　重庆市车购办与重庆市公安局协商确定，车辆上户必须凭重庆市车购办出具的车购费缴讫证明和入籍（异动）联系通知单，方能办理上户手续。

4月14日　重庆市人民政府办公厅决定成立重庆市重点公路建设领导小组，负责重庆高等级公路建设施工的组织领导。

4月18日至22日　财政部组织世界银行贷款谈判，并与四川省交通厅和重庆市交通局草签向世界银行贷款1.25亿美元修建成渝公路的项目协定。

4月25日　《重庆公路报》创刊，由重庆、永川两个公路养护总段和重庆市交通局合办，在重庆市公路系统发行。

5月1日　重庆市交通局、重庆市标准局、重庆市计量局印发《重庆市汽车维修质量管理暂行规定》，从1988年5月1日起施行。

四川省永川汽车运输公司永川车站驾驶员、重庆市和四川省劳动模范李泽华，四川省万县公路养护管理总段同乐道班班长邹洪毅，获全国“五一劳动奖章”，到北京出席全国劳模大会。

重庆市沙坪坝区第二运输公司经理谷从周被评为“重庆市劳动模范”。

四川省重庆轮船公司老船工、水手长蔡德元应邀参加在武汉举行的长江水系首届歌手比赛，演唱《川江号子》获得特别奖。

5月3日　重庆市人民政府印发《汽车客运管理有关问题的通知》，明确规定重庆市主城7区以内的出租汽车由重庆市公用局管理，7区以外的出租汽车由重庆市交通局管理，区县出租汽车由所属区县交通局管理。

5月18日　重庆市公用局、重庆市计量局印发《重庆市出租汽车里程计价表管理办法的规定》，从1988年7月1日起施行。

5月21日　重庆第一座航电结合的船闸——潼南县涪江三块石船闸建成并放水试航。工程总投资1150万元，其中交通部补助690万元。

5月26日　根据重庆市重点公路建设领导小组第一次（扩大）会议决定，重庆市人民政府批准成立重庆市重点公路建设指挥部，由重庆市交通局副局长郑道访任指挥长，与重庆市公路建设工程管理处实行“一套班子，两块牌子”合并办公，受重庆市交通局领导，并对重庆市重点公路建设领导小组负责。

长江沿岸重庆、武汉、南京、上海4个中心城市地方水运协调会在重庆召开，研讨利用长江黄金水道发展流域经济等问题。

6月8日　中国第一条汽车试验专用道在川黔公路九龙坡区路段建成通车并交付交通部重庆公路科研所使用。

6月17日　《重庆日报》第二版以“公路建设的一项长期稳定的资金来源”为题，刊登重庆市交通局局长胡振业就车辆购置附加费征收管理工作答记者问，宣讲征收车购费的重要意义，讲解征收车购费的具体法规和加强车购费征收管理的措施。

6月24日　重庆市汽车维修行业协会成立。

6月　交通部布点设置的重庆市渝州汽车总厂大坪汽车综合检测站投入试运行。

7月1日　重庆市人民政府批准成立成渝公路工程招标办公室，负责成渝公路重庆段工程国内国际招标工作和对外采购工作。

7月2日　重庆市客车总厂开发的“重庆”牌CQ445型和“重庆”牌CQ465型两种豪华旅游

客车通过部级鉴定，投入批量生产。

7月13日　重庆市人民政府批准成立重庆市公路工程定额站。

7月21日　四川省重庆轮船公司川运24号客轮在四川乐山犍为县新民乡境内翻沉，造成168人遇难，直接经济损失183万元的严重海损事故。

8月8日　重庆市物价局调整出租汽车租价与临时用车的基数公里：小轿车5公里，微型汽车、机动三轮车6公里，31座及其以下的中型客车8公里，32座及其以上的大型客车10公里。从1988年9月1日起执行。

9月1日　重庆市交通局决定将由重庆市交通局财务处办理的公路客运附加费及公路运输管理费移交给重庆市公路运输管理处征收管理。

重庆市人民政府决定调整公交票价，从即日起，市区职工月票由3.50元/张调为5元/张，郊区职工月票由8元/张调为10元/张，专线职工月票由5元/张调为7元/张。中、小学学生月票保持不变。

9月2日　四川省重点公路建设领导小组通知成立成渝公路招标领导小组，四川省人民政府副省长蒲海清任招标领导小组组长，重庆市人民政府副市长秦昌典任副组长。

9月3日　重庆市交通局向重庆市人民政府呈报自1985年开征车购费至1988年的专题报告。重庆市人民政府发布《关于加强车辆购置附加费征收管理工作的通知》。

9月8日　重庆市车辆购置附加费征收管理知识讲座在重庆人民广播电台《山城法制》节目中开播，播放重庆市交通局局长胡振业就车辆购置附加费征收管理问题接受电台记者采访的录音讲话。讲座连续播放11讲。

10月5日　重庆市人民政府颁发《重庆市联运行业管理暂行办法》，从1988年10月5日起施行。

10月30日　重庆市交通局承办的长江水系职工第二届"长江杯"乒乓球赛结束。重庆市交通局获得男子团体冠军，四川省交通厅获得女子团体冠军。

10月31日　重庆市交通局组织编写的《重庆交通大事记》成书付印。《重庆交通大事记》时间跨度从西周至1988年，记述重庆交通大事2101条，20万字。

11月1日　重庆市参加北京—广州—北京"万里行"第二届国产轻型汽车测试赛的渝城牌CG120B双排座轻型客货两用车获得"特邀金奖"，渝州牌YZ-213轻型越野客货车和渝州牌YZ-122双排座轻型客货两用车获得"综合质量银奖"。

11月10日　重庆市交通局与重庆市电业局共同签发《关于建设白市驿110千伏公用变电站会议纪要》，就成渝高速公路中梁山隧道和缙云山隧道的施工用电、永久性营运用电达成一致意见。

11月30日　交通部批复王国光任重庆港口管理局局长。

12月19日　被群众称为"长颠路"的川汉路长寿晏家至垫江澄溪段公路改建工程竣工通车。该路段全长67公里，按山岭重丘二级公路标准设计施工。

12月22日　交通部与重庆市人民政府签署《关于改变重庆港管理体制交接协议书》，重庆港口管理权下放，实行交通部、重庆市双重领导，以重庆市为主的管理体制。

12月28日　重庆石门嘉陵江大桥建成正式通车。该桥为单柱斜拉桥，由上海市政设计院设计，于1985年12月25日动工，总投资1亿元。

12月　重庆市水路客运市场交易中心正式挂牌成立。

重庆市汽车维修行业管理办公室在全市建立汽车维修总检验员制度，在546家汽车维修企业中共设总检验员794名。开展"四车三机"改造工作，到年底改造2100辆，完成改造任务。

交通部确定的"公路养路费征收计算机管理系统"项目由重庆市交通局信息办公室承担并主持开发，在重庆市交通稽查征费处进行开发试点，至年底完成开发任务，通过交通部组织的项目评审鉴定。

同年　重庆市人民政府宣布将建设城市轻轨交通2号线项目（市中区较场口至大渡口新山村）。

四川省在渝的14个交通企事业管理单位全部下放重庆市管理。

重庆市公用事业局和重庆市财政局与4个公交公司、重庆轮渡公司、重庆自来水公司6家企业分别签订承包经营合同，开始第一轮经济承包经营。

重庆市公路运输管理处会同重庆市物价局、重庆市税务局印发《重庆市摩托车维修收费标准》《联运中转换装环节包干运杂费含量计算办法》等公路运输行业管理文件。

重庆市交通局“专用通讯信道”工程开工建设。

共青团重庆市交通局委员会在重庆市交通系统青年中开展“忆英烈、建丰碑”为主题的教育活动，交通系统青年积极募捐、集资，以“交通青年”名义承建歌乐山烈士陵园张露萍烈士雕像。

1989年

1月26日　重庆市交通局工业技术处更名为科学技术处，直至2000年7月底。

1月28日　重庆市人民政府颁布《关于加强车辆购置附加费征收管理的通告》，在《重庆日报》《重庆晚报》和重庆广播电台上连续数日刊发，并翻印15000份分发至重庆市各区县和有关单位。

1月　重庆市轮渡公司305号轮水手、优秀共青团员何伟因抢救落水儿童不幸牺牲，年仅25岁，被四川省人民政府批准为革命烈士。

2月2日　重庆市装卸运输公司客运分公司成立，开始涉足客运领域，开创了货运为主、客货并举的新格局。首批26辆“山花”牌中型客车在春节前投入运营。

2月20日　重庆轮船总公司“岷江号”气垫船、“金沙江号”气垫船投入重庆至涪陵快速航线客运。

经重庆市交通局同意，重庆市工商局核准登记，重庆市装卸运输公司更名为重庆市公路运输总公司（以下简称重庆公运总公司），实现从人力装卸为主到汽车运输为主的跨越。

2月24日　重庆市人民政府市长孙同川在听取重庆市4个公交公司的汇报后，在《关于公交客运交通问题的会议纪要》中做出对公交进行扶持的决定，即从1989年起，重庆市人民政府每年安排至少700万元，更新改造100辆公共汽（电）车。

2月28日　重庆市物价局、重庆市交通局决定整顿和统一重庆市地方搬运装卸运价及铁路装卸费率。

2月　重庆市交通局批准重庆联运公司更名为重庆市联运总公司（以下简称重庆联运总公司）。重庆联运总公司荒沟集装箱中转站技术改造项目完成，总投资129万元，征地面积6670平方米，总建筑面积3060平方米，经重庆市交通局验收合格。

3月1日　重庆市物价局对大中型定线旅游出租汽车收费标准做出调整：定线短途客运票价，豪华类大型车和豪华类、普及类中型车出租起程票价由原收费0.2元提高到0.4元，普及类大型车出租起程票价由原收费0.1元提高到0.2元，其余票价不变。

3月4日　重庆港口管理局撤销客运总站和江北港埠公司，新组建朝天门港埠公司。

3月22日　重庆市人民政府批转《重庆市经委、重庆市体改委、重庆市交通局关于进一步治理整顿运输市场加强运输行业管理意见》，对治理整顿道路运输市场秩序做出全面部署和安排，并对联运服务、客运、货运、汽车维修、搬运装卸市场提出清理整顿要求。

3月　四川省重庆汽车运输公司更名为四川省重庆汽车运输总公司（以下简称重庆汽运总公司）。

4月5日　重庆市物价局对重庆市公交二公司、重庆市公交三公司在三级公路上运行的客车每人公里票价调升0.5分。同时参照四川省物价局、四川省交通厅《关于提高公路汽车客运票价的通知》执行。

4月6日　重庆市人民政府调整重庆市重点公路建设领导小组成员，由重庆市人民政府副市长秦昌典任组长，重庆市计委副主任陈之惠、重庆市经委副主任吴连帆、重庆市交通局局长胡振业任副组长，负责重庆高等级公路建设的组织领导。

4月10日　重庆市运管处制订并公布重庆市公路汽车客运票价表。

4月20日　重庆公运公司深圳分公司成立，满载货物的5辆货车从重庆发出直达深圳。

5月　重庆市北碚区航运公司（现北碚区航塑总公司）敬老院管理员朱荣华先后被评为"四川省劳动模范"和"全国劳动模范"，出席中华人民共和国成立40周年庆典。

重庆市公交五公司77号车驾驶员、重庆市劳动模范袁桂海被评为"四川省劳动模范"。

重庆市交通局正式下达平头涡尾节能拖轮课题研制任务，承担单位是四川省重庆轮船公司和华中理工学院。

重庆市社客处出台出租汽车共用站管理规则。

重庆市交通局开始清理整顿公司工作，对局属独立核算的13户全民企业重新登记换照。后经重庆市经济委员会批复，同意保留10户，合并1户，撤销2户。

6月3日　交通部部长钱永昌签批同意朝天门客运设施工程立项。

7月1日　重庆市公用事业局决定将原属于重庆市轮渡公司的嘉陵索道和凯旋路电梯成建制划出，组建重庆市客运索道公司，固定资产1800万元，为全民所有制公共交通企业，隶属重庆市公用事业局。

8月1日　交通部批准重庆航政分局更名为交通部重庆长江港航监督局，是交通部设在重庆的长江港航监督管理局的直属正处级事业单位。

8月27日　9时40分，合川县渭溪区个体船主魏大明无证驾驶渭溪6号小机船，核定载客65人，实载112人，并超越核定航区，由渭溪下行至马鞍石触礁翻沉，全船人员落水，死亡32人，失踪1人。

8月30日　重庆市城市出租车协会成立。

8月　四川省永川汽车运输公司更名为四川省永川汽车运输总公司（以下简称永川汽运总公司）。永川汽运总公司兼并铜梁县运销服务公司，与永川汽运总公司铜梁汽车站合并管理。

9月10日　经重庆市物价局批准，重庆市轮渡公司长江顺江航线客运票价参照长航票价执行：长江横江客运票价每张由0.15元调升为0.3元，朝天门至弹子石斜江客运票价由0.25调升为0.4元，嘉陵江横江客运票价每张由0.1元调升为0.2元。

10月10日　重庆市运管处批复同意重庆公运总公司设立第一条城市客运线路，即中型客车投入江北区观音桥至江北县两路的运营线路。

10月　历时3年的重庆渝州汽车总厂轻型车改装技术改造项目投产，总投资1299万元，新增产能3000辆，产值5400万元。重庆交机厂铸造车间改造完工投产，总投资3550万元，利用外汇200万美元，新增柴油机缸体6018吨，产值841万元。

11月10日　重庆市第一条一级公路——国道210线红双段（江北区红旗河沟至江北县双凤桥路段）建成通车。红双段全程22.83公里，其中连接市区的9.5公里为6车道，路基宽30米，路面宽22.5米；其余路段为4车道，路基宽23米，路面宽15米；设有宽2米的中央分隔带，车辆单向行驶，设计时速为80～100公里，昼夜车辆通过能力为2.5万辆。

12月2日　重庆市人民政府批转《重庆市经委、重庆市体改委、重庆市交通局关于改革理顺重庆市航运管理体制的意见》，同意设立荣昌县航运管理站，同时增挂港航监督站、船舶检验站牌子。

12月5日　重庆市交通局、重庆市物价局、重庆市财政局联合发布通告，从1989年12月13日起，国道210线重庆市红双段开始收取通行费，由红双段管理站负责收取与管理。

12月10日　重庆市人民政府常务会同意重庆市公交二公司、重庆市公交三公司经营的与公路交通同线的84条线路客票价调升20%～25%。

12月25日　重庆市沙坪坝区学府路即沙坪坝转盘至磁器口路段改造工程竣工通车。

12月30日　重庆市交通局在国道210线汉渝公路江北段改建工程处和重庆市公路养护总段机修厂的基础上成立重庆市公路工程处，并划归重庆市公路建设工程管理处领导。主要负责新建高等级公路的建设、现有公路的改造和翻修工程的机械化施工任务，并负责对外承接公路建设工程。

12月　重庆汽运总公司江北长途汽车站扩建工程竣工投入运营。

同年　重庆市人民政府做出“控制出租汽车增长，从现在起两年不得新增私营出租汽车”的决定。

通过交通部鉴定后，由重庆市交通局信息通讯总站承担并主持开发的“养路费征收计算机管理系统”向其他省市交通稽征机构推广运用。

重庆港口管理局渝港拖1001轮自修QC小组首次被评为交通部优秀QC小组。

重庆市公路中心试验室成立，由重庆市交通局投资200万元，购置试验检测设备，主要有长度、热力学、力学、土工、化学、路面、桥涵等各种实验仪器321台（件）。

重庆市公路养护总段二分段张家滩道班被四川省交通厅评为先进集体。

1990年

1月1日　重庆长江港航监督局实施《川江控制河段安全管理规定》，建立了港航、航道、通讯三方联系工作和每月碰头会议制度。

1月5日至6日　重庆汽运总公司通过《货车承包经济责任制试行办法》《货车、保养场、车站、分公司各自的承包经营制试行办法》，在公司推行内部承包经营。

1月13日　重庆市公用事业局批复同意将305客运队更名为重庆市江北公共交通客运站，仍隶属于重庆电车公司。

1月20日　重庆市公用事业局印发《公共汽电车票务违章的处理规定（试行）》，加强公共汽电车客运票务工作的督查管理。

1月22日　重庆江北国际机场正式通航。全国人大常委会副委员长廖汉生、国家民航局局长胡逸洲及四川省、重庆市党政领导出席开航仪式。国务院副总理田纪云为开航题词。重庆江北国际机场为一级机场，1985年动工建设，总投资3.03亿元，占地4500亩，跑道长2800米、宽60米。

2月9日　重庆市人民政府批准成立重庆市城市轨道交通筹备工作小组，重庆市建设委员会副主任顾庭勇任组长，重庆市公用事业局局长王根芳任副组长。工作小组成立后，着手城市轨道交通筹建，并组织研究制定了发展战略规划。

2月20日　成渝高速公路重庆段一期工程即重庆境内29.2公里一级路段的4个国际招标段在重庆渝州宾馆开标定标并举行签约仪式。

3月4日　重庆市运管处组织拍摄的反映运政工作的故事片《车流》在重庆电视台播出。

3月8日　重庆港朝天门客运设施工程初步设计获得国家交通投资公司的批准。

3 月 12 日　四川省计经委授予重庆市运管处“四车三机”节能改造先进集体奖旗。

3 月 24 日　重庆市汽车维修行业工人技术评定委员会成立。

3 月 30 日　重庆市交通局、重庆市物价局、重庆市财政局联合发布《国道 319 线塘坝至龙台段收取车辆通行费暂行办法》。经四川省人民政府批准、重庆市人民政府同意，国道 319 线塘坝至龙台段收取车辆通行费，用于偿还世界银行贷款和该段公路及公路构造物养护、收费机构、路政管理、交通设施等正常开支。

4 月 12 日　交通部副部长王展意在重庆市交通局领导陪同下考察重庆市公运公司。

4 月 21 日　重庆市交通局批准重庆汽运总公司所属江北长途汽车站改名为重庆汽车北站。

5 月 10 日　重庆市第一个公用性多功能汽车站——重庆汽车北站一期工程即车站主体工程建成并投入使用。该站占地 25 亩，总建筑面积 10720 平方米，分上下两层停车场，可停 200 多辆大型客车，启用后日发班车 300 辆，平均客运量 1 万人次。

5 月 16 日　位于重庆市南坪的四川省内河航运技工学校正式更名为重庆市交通运输技工学校。

5 月 23 日　重庆市规划局批准重庆公运总公司江、海、陆国际集装箱码头工程项目选址在市中区菜园坝。

5 月　重庆市公路养护总段张家滩道班荣获中华全国总工会颁发的“五一劳动奖状”，获得交通部工程司、中国交通报社、中国公路运输工会等联合颁发的“优秀养路道班”称号。张家滩道班地处巴南区接龙山区，距重庆主城 60 公里，始建于 1959 年。

四川省重庆轮船公司和华中理工学院担负的平头涡尾节能拖轮课题研制任务，经过方案设计、船模试验、技术设计、施工设计，在四川省重庆轮船公司天兴船厂开工建造。

6 月 1 日　重庆市人民政府发布《重庆市汽车货物运输管理暂行办法》，从 1990 年 8 月 1 日起施行。

6 月 5 日　在完成“三通一平”的基础上，成渝高速公路重庆段一期工程开工，成渝高速公路重庆段正式开工建设。成渝高速公路重庆段全长 114 公里，总投资 15.8 亿元。

6 月 9 日　重庆市经委批复重庆市交通局，同意重庆市渝州汽车总厂公路管理专用车第二期技术改造项目立项。该项目预计年产公路管理专用车（渝州牌 JT5021 × LZ 型公路路政巡查车、JT5021 × ZF 型公路征费稽查车、JT5021 × YG 型公路运管监察车）12000 辆。技术改造为“三车”冲压、焊装、油漆、总装生产线及工装改造并购置关键设备 32 台（套），估算总投资 2950 万元。

7 月 6 日和 7 月 20 日　重庆市人大常委会主任于汉卿分别主持重庆市人大常委会第三十九次和四十次主任会议。两次主任会议专门听取和审议重庆市交通局局长胡振业关于《重庆市公路、水运地方交通建设初步规划（草案）》的汇报。会议认为这个交通规划符合重庆市实际，同意《重庆市公路、水运地方交通建设初步规划（草案）》，建议重庆市交通局向交通部汇报，争取交通部列入“八五”规划。

7 月 30 日　重庆市人民政府发布《重庆市社会客运汽车违章收费处理暂行办法》，从 1990 年 8 月 1 日起施行。

7 月　重庆交通学院防滑研究所在国内外第一次创造出“预应力锚索拒滑桩”新技术。该技术受力合理，安全可靠，可节约钢材 80%、水泥 70% 和投资 50%，用于重庆国道 210 线机场公路等 10 多处重点工程，为国家节约资金 1000 多万元。

8 月 1 日　经国家物价局批准，重庆市人民政府同意调整重庆市公共交通汽（电）车票价，即实行 1 角进制，全程价按每人公里 4 分计算，一票制线路起价 2 角。近郊各线 1 角起价，分段进制。市区月票由 5 元/张调为 8 元/张；郊区月票由 10 元/张调为 17 元/张。新设无记名通用月票，市区 13 元/张，郊区 27 元/张，学生月票仍保持原价不变。

8 月 3 日　重庆市长寿县朱家镇周家沱长江车渡工程通过重庆市交通局组织的验收，在一次试渡成功后随即通渡。该工程由码头和接线公路两部分组成，于1989年2月动工，民工投劳23.25万个，投资236万元。

8月10日　重庆市交通局转发四川省交通厅公路局印发的《关于颁发“GBM”工程验收和奖励办法的通知》，这是贯彻实施以及参加四川省交通厅公路局“GBM”工程质量检查评比的重要规范。

8月　四川省重庆轮船总公司开展全面质量管理活动的QC小组已经达到54个，其中以提高货运质量为题的有19个，以改善和提高服务质量为题的有25个，以节能降耗、增收节支、安全管理等为题的有10个。

9月24日　四川省重庆轮船总公司“庆荣”号海轮装载重庆市首批6241吨天青石和钢材，首次江海全程联运安全抵达日本大阪港。

9月　重庆港口管理局出版《重庆港史》。

10月3日　重庆市编委批准成立重庆市交通稽查大队，与重庆市公路运输管理处实行“一套班子，两块牌子”合并办公，有1个直属中队。重庆市各区县交通局也相应成立交通稽查中队，有21个区县稽查中队，共有稽查人员140人。其业务由重庆市交通稽查大队领导，并在区县的公路干线上设立9个交通检查站，业务上归重庆市交通稽查大队指导。

重庆市体改委、重庆市建委、重庆市经委、重庆市公安局、重庆市城管办联合发布《关于整顿观音桥地区客运秩序及重庆汽车北站实行开放试点的通知》，重庆市交通局制订《重庆汽车北站客运管理暂行办法》，由重庆市公路运输管理处组织实施。

11月5日　重庆市确定“八五”计划交通重点项目，即投资20亿元建设成渝、渝长高速公路，开发綦江河，建设两座涪江大桥，兴建国际集装箱码头及一批汽车客运站。

11月上旬　重庆市运管处、重庆市社客处和重庆市公安交警支队联合行动，撤销了江北区观音桥转盘以北路边站点，将51个经营单位的350辆长途客车、出租汽车移入重庆汽车北站经营。

11月7日　重庆市人民政府办公厅印发有重庆市交通局、重庆市公安局、重庆市计委、重庆市经委等部门参加的会议纪要，定于1990年11月15日，重庆汽车北站正式实行对外开放经营，成为重庆市第一个开放型汽车客运站。

11月19日　重庆市公路勘察设计所更名为重庆市公路勘察设计研究所。

11月21日　从美国威斯康星州密尔沃基工厂启运的集装箱货物抵达重庆港，第一次实现重庆国际集装箱“门对门运输”。

12月2日　由重庆市交通局与北碚区共同投资修建的国道212线北碚文星湾大桥竣工通车并收取车辆通行费。该桥为钢筋砼箱板拱桥，桥长363米，主桥跨径组合为60米×2+40米×5，桥面宽14米+2.75米×2。

12月12日　重庆市科学技术委员会通过了重庆市公共电车公司研制开发出的新型集电器，结束了数十年无轨电车集电杆脱线导致损坏电车架空线网和容易打伤行人的历史，属国内首创。

12月31日　重庆市人民政府第六十八次常务会议审议通过《重庆市地方船舶修造管理暂行规定》，并于1991年3月1日开始施行。

12月　根据重庆市无线电委员会统一组网要求，重庆市交通局信息通讯总站开始建设重庆市地方交通专用通讯网一期工程，即在南岸区南山、北碚区缙云山、永川县西山建立3个差转台，覆盖原永川8个县、市内6个区及北碚区和长寿县，开通2个信道。

同年　重庆市公用事业局、重庆市财政局与重庆公交一公司、重庆公交二公司、重庆公交三公司、重庆电车公司、重庆市轮渡公司、重庆市客运索道公司、重庆市客车总厂、重庆康福来公司分别签订第二轮承包经营合同。

重庆市出租汽车总公司在全国率先推行出租汽车单车承包经营模式。该公司对原来的指标、租价以及承包基数、风险抵押金等重新审定，使出租汽车经营管理同市场全方位接轨，真正把企业推向市场。

重庆港猫儿沱港埠公司、客运总站被交通部评为“优质运输先进集体”。

重庆海内观光游轮有限公司被四川省授予“省级先进企业”称号。

重庆市新闻出版局批准成立《中国交通报》驻重庆记者站。

1991 年

1 月 1 日　永川县城开通公共汽车，结束了重庆市县城无公共汽车的历史。

1 月 8 日至 10 日　国家交通投资公司在重庆完成重庆港朝天门客运设施工程初步设计的审查。3 月 8 日，国家交通投资公司正式批准重庆港朝天门客运设施工程的初步设计。

1 月 23 日　重庆市人民政府副市长秦昌典率有关市级部门负责人到重庆轮船总公司召开现场办公会，决定由重庆轮船总公司兼并重庆市水上运输公司，给予重庆轮船总公司相应的政策扶持。

1 月 29 日　重庆市交通局、重庆市技术监督局印发《重庆市汽车货物运输企业开业技术业务条件》。

1 月　在成渝高速公路重庆段建设开始时，重庆市交通局和重庆市重点公路建设指挥部最早提出高速公路建设方面的合理化建议。其中 3 项涉及工程设计的重大合理化建议：一是成渝高速公路重庆段荣昌桑家坡至璧山青杠 85 公里原设计二级路变更为一级路，二是成渝高速公路重庆段中梁山隧道缙云山隧道半横向式通风变更为纵向通风方式，三是成渝高速公路重庆段三星沟原大桥设计变更为高路堤。

2 月 1 日　重庆市第一条跨省长途汽车客运线——重庆至贵阳班车开通。

2 月 21 日　中共重庆市委任命高鸿斌为重庆港口管理局党委书记。

3 月 26 日　重庆市城市出租汽车行业协会印发《重庆市客运出租汽车行业行规行约》。

3 月　重庆市人民政府授予重庆市运管处“重庆市文明单位”称号。

重庆市长寿县交通局局长汪满堂被四川省交通厅授予“两个文明建设先进生产（工作）者”称号。

4 月 1 日　重庆河运学校与涪陵港务局达成为期 3 年的联合经营涪陵港船舶修造厂的协议，实行厂长负责制，引进先进技术，扩大对外业务，同时船厂将作为涪陵港待业培训基地和重庆河运校实习基地。

4 月 18 日　国务委员陈俊生到重庆港口考察。

重庆市客运索道公司、重庆嘉陵企业公司与香港日日通投资有限公司一致同意投资改造两路口缆车并草签合同。5 月 11 日，双方举行合作实施两路口缆车改造工程合同签字仪式，成立重庆皇冠企业有限公司，共同投资 1.5 亿元，在缆车原址新建电动扶梯。

4 月 25 日　重庆汽运总公司制订《劳动合同制工人管理办法》，实施企业劳动用工制度改革。

4 月 29 日　重庆市最大的公路铁路立交桥在南桐矿区建成通车，桥长 584 米，桥面宽 12 米，总投资 383 万元。

5 月 1 日　重庆市公交公司綦江路队客车驾驶员张绍益荣获重庆市人民政府授予的“重庆市劳动模范”称号。

5 月 8 日　能源部副部长史大祯一行 30 余人就有关三峡工程对重庆港的影响，在九龙坡、朝天门两港埠公司调研。

5 月 10 日　重庆市交通局批准重庆汽车北站二期工程立项，计划修建停车场 8000 平方米，总投资320万元。12月，该工程正式开工建设。

5月16日 重庆市人民政府领导及其有关部门负责人到重庆公运总公司召开第二轮承包经营现场办公会，确定第二轮承包的主要内容和相应的扶持政策。

5月25日 西南地区产量最大的DM－55型闭路强制循环导热油和热油加热沥青系统通过重庆市交通局组织的技术鉴定。该系统由重庆市公路工程处设计制造，与从美国引进的DM－55型沥青混凝土拌和设备配套，在全国同行业中具有独创性，达到国内领先水平。这套设备安装在巴县含谷场，为新建成渝高速公路重庆段铺筑沥青混凝土路面提供原材料。

5月27日 交通部部长黄镇东在重庆港口管理局考察并听取工作汇报。

5月29日 国务院副总理邹家华、交通部部长黄镇东、水电部部长杨振环、副部长张春国、农业部部长刘中一、建设部部长侯捷、国务院副秘书长刘中永、国家计委副主任刘江、财政部副部长迟海滨、四川省副省长马林、中共重庆市委书记肖秧、重庆市人民政府市长孙同川、长航局局长唐国英等领导和专家50余人，考察重庆港九龙坡、朝天门港埠公司及长寿中心港务站，听取重庆港口管理局关于三峡工程对重庆港的影响的汇报。

5月 重庆市公运总公司大件分公司驾驶员王伯益被授予“重庆市劳动模范”称号。

6月1日 重庆汽车运输总公司2辆大客车第一次满载94名乘客从菜园坝长途汽车站驶向广州。由此，全国最长的跨省超长途公路客运班车开通，全程1919公里，票价108元，运行时间约50小时。

重庆市交通局发布《重庆市地方船舶修造企业开业技术业务条件（试行）》。

6月3日 中共重庆市委工交政治部同意重庆港口管理局实行局长负责制。

重庆市交通局和重庆市技术监督局联合发布《重庆市地方船舶设计管理实施细则（试行）》。

6月8日 重庆市人民政府市长孙同川主持召开重庆市整顿出租汽车领导小组第一次会议。会议决定从1991年6月起集中对出租汽车运营混乱等问题进行综合整顿，要求加强宏观调控，3年内不再新增个体出租汽车，报废汽车一律自行淘汰。

重庆市交通局在中共重庆市委小礼堂举行庆祝中国共产党建党70周年演讲会，来自重庆市交通系统的1200名职工代表听取了特邀代表、重庆大学教授顾恒岳和交通职工朱志国、秦薇、饶思云、朝霞等人演讲。

6月25日 重庆市整顿出租汽车领导小组办公室印发《重庆市市属七区整顿出租汽车工作方案》。整顿第一阶段从1991年6月24日至9月30日，第二阶段从1991年10月到1992年1月。

6月 《重庆公路运输志》历时9年编纂成书，共24万字，由科学技术文献出版社出版发行，以16开本印行3000册。

7月4日 交通部正式公布重庆港口管理局为国家二级节能企业。

8月8日 用对拉式挡土墙作为铁路专线路堤设计的成果，获得1991年度重庆市公路养护总段QC小组一等奖，并推荐出席四川省公路局QC小组成果发布会。该成果由重庆市公路养护总段工程设计室与重庆重点公路建设指挥部联合组成的成渝高速公路重庆段沥青油库总平面建筑图攻关QC小组取得。

8月11日 12时15分，重庆市荣昌县联升乡杜家坝村九组郗荣久无证驾驶个体小机客船“联升2号”在濑溪河梨子园码头载客后，上行经过永胜桥时碰触桥墩，船舶沉没，造成死亡23人、失踪1人的重特大沉船事故。

8月 重庆市联运总公司上桥集装箱中转站开工建设，总投资320万元。

9月1日 重庆市物价局印发《关于调整出租汽车租价的通知》，对出租汽车租价进行调整。其中出租汽车车公里租价分3个档次：第一档次车每车公里租价1.8元，第二档次车每车公里租价1.6元，第三档次车每车公里租价1.4元。通知还对中大型车租价、使用空调、起租费（小轿车每次用车收取3元的起租费)、等候费、夜间等候费、合乘费、电话要车租车费、夜间行驶费、过桥费等做出明确规定。自1991年9月1日起执行。

9月2日　重庆市人大常委会主任于汉卿考察重庆港主要港区。

重庆市编委批准组建重庆市公路工程监理处，与成渝高速公路重庆监理部东段代表处实行“一套班子，两块牌子”合并办公，实施监理工作。

9月3日　交通部批准重庆公运总公司与新西兰道路控股有限公司合资经营城市客运项目立项，这是重庆市交通系统第一个获准立项的对外合资项目。

9月5日　重庆市公用事业局批准成立顺达小公共汽车公司，隶属重庆公交一公司，实行单车承包、风险抵押制，标志着重庆公交小公共汽车的诞生并投入运营。

9月10日　重庆市人民政府发布《关于对出租小轿车不按规定使用计价器从严处罚的通告》，从发布之日起执行。

9月13日　中共中央政治局常委李瑞环视察重庆港。

9月19日　重庆市人民政府批准《重庆市社会客运出租汽车车容卫生管理暂行办法》，从1991年9月30日起施行。

9月　重庆公运总公司大件运输站开工建设，总投资480万元。

10月10日　重庆市整顿社会客运出租汽车领导小组办公室印发《关于在社会客运出租汽车行业开展“优质服务”竞赛活动的通知》。百日竞赛活动从1991年10月20日起，至1992年1月31日止。竞赛活动主要内容为安全生产、车容卫生、遵章守纪、治安防范、优质服务。

10月18日至20日　中共重庆市委决定选择35家国营大中型工业交通企业（下文简称“工交企业”）试行生产经营、产品定价、内部分配、劳动用工、技术改造五方面享有自主权（简称“五自主”）。重庆汽运总公司是重庆市交通系统被列为“五自主”试点的交通企业。

10月22日　全国政协副主席王光英率全国政协考察团就三峡工程对重庆港的影响问题考察重庆港。

10月　重庆汽运总公司职工周英福被授予“重庆市特等劳动模范”称号。

重点推广的国家科技成果《废旧合成橡胶高压脱硫新工艺》项目由重庆翻胎厂承担。

11月12日　由国家计委副主任甘子玉、水利部部长杨振环、能源部副部长陆佑楣、交通部副部长刘松金为领队，率全国各省市、计划单列市领导，在重庆市人民政府副市长刘志忠、长航局局长唐国英陪同下考察重庆港九龙坡、朝天门等港区，了解三峡工程与重庆港的关系等有关问题。

11月14日　全国人大常委会副委员长陈慕华率全国人大三峡工程考察团，考察重庆港九龙坡、朝天门港区。

11月19日　重庆市第三公共交通公司綦江路队3180号客车行驶至国道210线1938公里猪滩桥上，发现对方驶来一辆解放141型卡车产生侧滑，驾驶员喻衡生临危处置不当，点刹方向稍靠右，车擦倒桥墩后翻于13.6米的桥下，死亡13人。

11月20日　重庆朝天门客运站设施码头工程正式开工建设。

11月30日　重庆市出租汽车公司川03/05639东风牌大客车行驶至南岸区六公里半二塘村村口对面的重庆交通学院大门附近时，重庆市九龙坡区花溪乡花溪村驾驶员王光德驾驶重庆江南洗涤剂厂一辆长安牌小货车，在此原地调头侵占行驶路线，致使大客车驶出右边可行路外，撞倒行道树，冲垮石栏杆，翻于10多米高的干水塘下，死亡18人。

11月　重庆市交通局直属的重庆交通机械厂正式移交给重庆市机械局。

由重庆市南岸区建设委员会牵头，在黄桷垭涂山湖宾馆会议室召开专题会议，对修建南山旅游索道项目进行论证，确定索道从上新街起，经黄桷垭真武山涂山寺到南山公园。

12月12日　重庆市交通局决定，重庆市第一条汽车专用路——国道210线红双段（红旗河沟至双凤桥），实施全封闭工程，新建人行天桥和地下通道、互通式立交桥、隔离栅栏等设施，总投资4993万元。

12月25日　重庆市人民政府发布《关于加强摩托车管理的通告》，从1992年1月15日起施行。

12月30日　重庆市交通稽查大队正式成立，重庆市人民政府副市长秦昌典到会讲话并向交通稽查大队授牌。

12月　重庆轮船总公司和华中理工学院共同研制的平头涡尾节能拖轮竣工出厂，投入试运营。

来自全国各地的轨道交通技术专家通过了《重庆市轨道交通2号线预可行性研究报告》，重庆市公用事业局正式上报工程项目建议书。

重庆市交通局直属的集体企业江南船厂并入重庆市渝州汽车修造总厂，更名为重庆渝州汽车总厂车船附件厂。

同年　重庆市公路养护总段綦江段拌和场QC小组荣获"交通部优秀质量管理小组"称号。

重庆市交通系统首次举行QC成果发表会。在开展群众性QC小组活动的基础上，重庆轮船总公司首次参加重庆市交通系统举行的QC成果发表会。重庆轮船总公司发表的5项QC小组成果全部获奖。

经人事部批准，交通部重庆公路科学研究所所长余叔藩荣获"1991年度国家有突出贡献的中青年科学、技术、管理专家"称号。

1992年

1月1日　重庆市人民政府市长孙同川在考察重庆鹅公岩长江大桥后，到重庆市公路养护总段车渡管理所李九渡口（李家沱至九龙坡）慰问车渡工人。

四川省永川公路养护总段撤销，其所辖的永川段、璧山段、合川段、机运站等4个单位成建制划入重庆市公路养护总段，永川公路养护总段公路工程处和招待所成建制划入重庆市公路建设工程管理处。

1月7日　重庆菜园坝汽车站工程破土动工。车站占地面积7889.3平方米，建筑总面积31805.46平方米，投资总额约1.04亿元。

1月15日　重庆交通政研会召开1991年年会，总结1991年换届后的工作，安排1992年工作。12名论文作者宣读论文，分获一、二、三等奖。重庆市交通运输党委书记、重庆交通政研会会长王机总结讲话。

1月16日　重庆市交通局在北碚养路段召开"重庆市公路养护罐储罐运导热油加热沥青新工艺技术鉴定会"，11名专家组成专家鉴定委员会作出鉴定评价：导热油加热沥青新工艺改变了长期以来公路养护沥青生产管理的落后状态，实现了沥青生产工厂化的文明生产。

1月21日　国务委员兼财政部部长王丙乾率三峡工程考察团考察重庆港。

2月1日　交通部批准重庆猫儿沱港区改扩建工程项目建议书。

2月9日　中共中央政治局委员、国务委员、国家教委主任李铁映率三峡工程考察团考察重庆港。

经重庆市人民政府同意，重庆市计划委员会、重庆市经济委员会、重庆市财政局、重庆市物价局、重庆市交通局印发《关于开征公路货运车辆附加费建设成渝高等级公路的通知》，决定在重庆市开征货运车辆附加费，资金主要用于重点公路建设。

2月10日　重庆市交通局在永川的重庆交通干部学校举行首批成渝高速公路管理人员培训班

开学典礼。培训班为期40天，主要学习“高等级公路管理基础知识”和有关技术内容，重庆市交通局派出高级工程师、工程师授课。

2月15日　重庆市长寿县被评为“1991年四川省公路民工建勤先进县”。

2月20日　重庆市1992年地方交通工作会议在重庆渝通宾馆召开。会上，重庆市交通局局长胡振业做工作报告强调：1992年是国家“八五”计划的第二年，重庆市地方交通的基础设施建设进入了一个新的发展时期，首先要抓好重庆市“八五”重点建设工程、全国公路主骨架网络之一的成渝高等级公路工程，力争加快进度，一级路段的路基和路面工程要完成，二级路段的路基工程要大部完成，为1994年全线通车创造条件。

2月25日　重庆市运管处与四川省交通厅公路运输管理局签订1992年行业管理目标责任书，对1992年度的工作任务目标做出量化规定。

2月28日　重庆公运总公司首班长途班线大客车从重庆发往南充，实现了两代“公运”人发展客运的愿望。

2月　根据重庆市人民政府关于创建卫生城市的决定，主城区出租汽车开展以车容车貌整洁、驾售人员遵章守纪文明服务的“创卫”活动，延续至9月。

重庆公运总公司成立银河出租汽车公司，首批50辆夏利出租车投入运营。

重庆市市中区两路口自动扶梯工程开工建设。

3月1日　中共中央政治局委员、国务院副总理田纪云率三峡工程考察团考察重庆港。

3月3日至4日　重庆市1992年公路工作会在重庆市沙坪坝区空军招待所召开。会议提出重庆市在“八五”计划期公路建设总体规划和目标，按照交通部“三主一支持”（即主通道、主航道、主枢纽和信息通讯支持系统）总规划，重庆市将建设以母城为核心、放射状加环状的四通八达的公路网络，重点是建设成渝、渝兰、渝长和川黔贯穿东西南北的4条高等级公路，形成公路主骨架。

3月10日　重庆市公路养护总段、重庆交通学院共同研究的《特细砂薄层钢纤维混凝土制作薄层新型路面方法》课题通过技术鉴定，造价比普通混凝土路面节约18%，比沥青混凝土路面节约50%，达到国际先进水平。

3月12日　重庆市运管处制发《重庆市洗车场（点）管理暂行规定》，先后将56户洗车场（点）纳入服务管理。

3月19日　重庆市机关行政事业单位车辆定点维修动员大会在重庆市团委礼堂召开，重庆市运管处选定了技术力量较强、设备完善的47个厂作为定点维修单位，从1992年4月1日起全面施行。

3月25日　成渝高速公路重点工程、西南最大的互通式公路立交桥——重庆上桥立交桥主体贯通。该立交桥总长2077米，建有193个桥墩、1座主桥、8条匝道，连通4条国道，总投资2300万元，是重庆外环高速公路的枢纽。

3月　重庆市交通稽查大队从年初开始进行“百日查处以运谋私堵漏增收三百万”活动，至3月底，共查处各种违章违纪行为8173件，补交各种交通规费和税金55万元，没收非法收入和罚款10余万元，为企业增加营运收入300多万元。

4月10日　重庆市人民政府批准重庆市公用事业局组建成立重庆市轨道交通总公司，属全民所有制企业。

4月11日　重庆市交通局撤销永川公路养护总段，其养护职能和人员全部并入重庆市公路养护总段。

4月22日　重庆市公路养护总段召开科技工作会和QC小组成果发布会，10个养路段的18个QC小组发布成果，3个QC小组获一等奖，6个QC小组获二等奖，9个QC小组获三等奖。

4月23日　经重庆市人民政府同意，重庆市交通局、重庆市公安局在铜梁县召开重庆市远郊8县摩托车管理片区工作会议。

4月28日　重庆市运管处制发《重庆市停车场（点）管理暂行规定》，先后将217户停车场（点）纳入服务管理。

4月　重庆汽运总公司周英福荣获“全国优秀驾驶员”称号和“五一劳动奖章”。

经过中日两国政府谈判，正式同意将“重庆市快速轨道交通计划调查项目”列入中日合作计划。

5月6日　重庆市交通局所属重庆翻胎厂承担的推广应用科技项目“废旧合成橡胶高压脱硫新工艺”，列入重庆市科学技术委员会第四批科技项目计划，总投资140万元，建议贷款额100万元。

5月7日　四川省交通厅在四川省成都市举办田径运动会，重庆市交通局组成9人代表队参加比赛，获得团体第三名。

5月24日　15时31分，重庆市第二公交公司222路队2216号车女驾驶员单光佳驾车从石桥铺载客驶向中梁山。因劝阻一女青年钻进驾驶室脚踩刚清洗过的引擎盖的行为，被与该女青年同行的男青年用自制火药枪击中头部，经全力抢救无效死亡。这是重庆解放以来公交线路上罕见的公然枪杀驾驶员的严重事件。事后，单光佳被重庆市妇联追认为市“三八红旗手”，被重庆市公用局追认为优秀共产党员，被四川省人民政府批准为革命烈士。

5月26日　全国联运对口业务联席会在重庆市联运大厦召开，全国29家联运公司经理、业务处长和中转站站长等60余人应邀参加会议。

5月29日　由重庆市公路工程处设计制造、与自美国引进的DM—55型沥青混凝土拌和设备配套、西南地区产量最大的DM—55型闭路强制循环导热油和热油加热沥青系统，获得重庆市科技成果奖二等奖。

5月　重庆荣昌汽车站工程开工建设，总投资275万元。

6月9日至11日　在重庆市交通系统举行的1992年度QC成果发表会和重庆市交通企业管理协会质量管理专业会上，重庆轮船总公司发表《尿素运输》和《天青石运输》2项QC小组成果。两项成果在分别获得了四川省航运系统二等奖、三等奖后，又分别获得重庆市交通系统一等奖和二等奖。

重庆市公路养护总段工程设计室与重庆重点公路建设指挥部联合组成的成渝高速公路重庆段沥青油库总平面建筑图攻关QC小组对拉式挡土墙作为铁路专线路堤设计的成果，分别获得四川省交通系统公路行业第五次QC成果二等奖和重庆市地方交通系统1992年度QC成果发布会一等奖。

6月中旬至7月　重庆市交通局部分领导分别就《城区道路管理目标责任书》的内容，对重庆市公路养护总段工作进行检查。重庆市公路养护总段以整治近郊城区道路为主，带动全长1800公里的公路整治，综合好路率达到79.1%，其中国道干线好路率达到85.5%。

6月30日　重庆汽运总公司驾驶员王远寿驾驶四川03/24127西海牌大客车从江北县大胜乡包车到四面山旅游。在返回途中，行至头道河附近翻下50米高崖，造成14人死亡，24人受伤。

6月　永川汽运总公司出台《营运客车经济责任全额承包的原则规定》。至此，营运客车全额承包经营全面推开，稽查队伍解散。

重庆市交通局组织实施的全国卫生检查评比“创卫”工程完成。重庆市交通局投资510万元，共安排15个“创卫”工程项目，其中重庆市公路养护总段重点对近郊部分公路进行了整治。

7月1日　重庆港口管理局主办的《重庆港口报》正式创刊。

重庆市运管处与重庆电视台联合摄制、以查处以运谋私为主线、正面讴歌运管人员的电视剧《情系天涯路》在中央电视台播出。7月25日在重庆电视台播出。

7月4日　重庆市交通局路政管理处更名为重庆市公路路政管理处；重庆市交通局公路路政管

理大队更名为重庆市公路路政管理大队；重庆市交通局高等级公路路政管理大队更名为重庆市高等级公路路政管理大队。

7月22日　重庆市重点公路建设指挥部举行成渝公路新闻发布会，重庆市交通局局长胡振业介绍：一期、二期工程进展顺利，质量良好；在实施全封闭施工后，拟设立10处收费站、4个服务区；在建设竣工通车后，将设立专门管理机构，保障高速公路交通秩序和正常运行。

7月　重庆市公路勘察设计所从1991年3月起成立开发计算机辅助设计领导小组，开始开发计算机辅助设计软件，陆续投入20万元购买计算机设备。经过1年多的攻关研究，成功地将公路横断面、纵断面，用地图、各种表格在计算机上绘成施工设计图。

8月11日　重庆市交通职工中等专业学校被授予“全国成人中等专业教育先进学校”称号。

8月31日　重庆上桥互通式立交桥全线贯通。这是连接成渝高速公路和凤鸣山至中梁山等城区道路的重要交通枢纽，为西南地区最大的互通式立交桥。

8月　重庆轨道交通1号线项目建议书获得国家批准。

重庆市永川县、合川县、江津县撤县设市，永川县、合川县、江津县交通局相应更名为永川市交通局、合川市交通局、江津市交通局。

重庆市运管处部署全面开展的营运车辆技术状况检查工作结束。重庆市共检查15818个汽车运输经营单位的车辆技术状况，检查面为总户数的80.9%；检查38938辆各种营运汽车的技术状况，检查面为车辆总数的90%。

9月5日　《重庆日报》头版在“市长公开电话”栏，以“重庆市出租汽车行业创卫工作收效明显”为题作报道。同日，中央检查团团长王钟琦、成员车念国等微服私访出租汽车后表示，重庆出租汽车卫生洁净，收费合理，驾驶员还主动介绍山城特色，值得全国其他城市同行学习。

9月8日　重庆市交通局正式成立信息通讯总站。

9月10日　重庆市人民政府第一百一十三次常务会议决定，对重庆市出租汽车发展实行总量控制，发展指标一年一定，经营权实行有偿使用。同时决定年内新增出租汽车400辆，限于国营和集体企业。新增出租汽车指标实行拍卖，每辆出租汽车指标起价4万元。出租汽车经营权不准转让。主城市中区、沙坪坝区、江北区、南岸区、九龙坡区、大渡口区、北碚区7个区内出租汽车由重庆市公用事业局负责，主城7区外出租汽车由重庆市交通局负责。

9月28日　重庆市运管处在永川市组织出租汽车营运证拍卖大会。拍卖采取“限量限价、暗标竞投”的方式进行。永川市通达运输总公司等5家企业中标，共卖出营运证13个，成交总额23.4万元。

9月至10月　交通部工程管理司组织开展全国公路工程质量监督抽查活动。检查组先后抽查了交通部“八五”期间重点工程计划的5个项目，其中有成都至重庆高速公路项目。重庆市交通局、重庆市重点公路建设指挥部接受了检查。

10月5日　《重庆市人民政府关于建设中的成渝公路重庆段管理的通知》发布，从1992年10月20日起施行。主要内容是公路路产受国家法律保护，对公路两侧的控制范围以及禁止事项作出规定。

10月8日　重庆市人民政府办公厅召开有重庆市社客处、重庆市运管处、重庆市公安局交警支队、重庆市公安局出租汽车治安管理办公室参加的联席会议，专题研究贯彻落实重庆市人民政府第一百一十三次常务会议关于出租汽车发展的决定，并形成会议纪要。要求对1992年5月18日前，重庆市运管处审批的375辆和重庆市社客处审批而未办理手续的136辆出租汽车尽快完善手续。近郊7区包括江北县和巴县的出租汽车实行总量控制，控制权属重庆市人民政府。

10月12日　成渝高速公路缙云山隧道左线贯通。

10月19日　重庆市公用事业局批复同意重庆康福来客运有限公司更名为重庆康福来实业总公

司。

10月27日　国家计委在重庆市主持召开西南华南部分省区区域交通规划座谈会，重庆市铁路、航空、公路、港航11项重点建设项目被列入国家计划。

10月《重庆内河航运志》历时10年编纂成书，共58万字，由科学技术文献出版社出版发行，以16开本印行1500册。

永川汽运总公司在重庆主城区成立中庆出租汽车公司。

针对瓦斯、溶洞、断层、煤层、涌水等复杂地质情况，重庆市重点公路建设指挥部决定对成渝高速公路中梁山隧道采用地质雷达遥测新技术并获得成功。

11月2日　重庆市主城区新增出租汽车指标有偿使用招标后，重庆市社客处对200辆出租汽车运营指标实行招标方式投放。

11月3日　重庆港口管理局与四川省重庆船厂签订加工定做112客位旅游船合同，这是重庆港口管理局自筹资金建造的第一艘豪华型旅游船——"迎宾"轮。

11月6日　重庆市交通局批复同意重庆市运管处实施《重庆市出租汽车和中型客车驾售人员"服务证"管理办法》。

11月12日　重庆市交通局批准成立重庆金达莱出租汽车公司。

11月15日　重庆港口管理局与哈尔滨港合资购置53座俄罗斯"波列希耶"型水翼船，命名为"重阳号"。

11月16日　重庆市公用事业局与香港的以深华、安好为主的外商投资集团签署外商独资建设并经营45年重庆地下轻轨和城市公交企业股份制改造的两项协议。公交企业以中方62%、外资38%的比例改造为股份制，用2年时间完成重庆公共交通线网场站的技术改造。

11月21日　重庆市人民政府批复同意重庆港口总体布局规划。

11月24日　重庆市交通企业协会汽车货物运输配载专业委员会成立。

11月28日　中国质量协会授予重庆港客运站检票QC小组"1992年国家级优质质量管理小组"称号。

11月28日　重庆市第一条轨道交通——朝天门至沙坪坝线地铁的朝天门至小什字区段和小什字地下车站开始施工，标志着重庆市轨道交通建设由前期筹建正式转入工程建设阶段。该线全长16.56公里，沿途设车站13个，总投资30亿元人民币，由香港深华发展有限公司和香港安好投资有限公司独资修建和经营，建设与经营期为45年。

11月　经重庆市经济委员会、重庆市技术监督局、重庆市总工会、重庆市科技协会、共青团重庆市委、重庆市质量协会审查批准，授予重庆市公路养护总段"1992年度重庆市QC小组活动先进集体"称号，并命名重庆市重点公路建设指挥部沥青油库筹建处和重庆市公路养护总段工程设计室联合攻关小组、重庆市公路养护总段北碚攻关小组为"1992年度重庆市优秀QC小组"。重庆市公路养护总段和这两个优秀QC小组代表出席了重庆市第十二次QC小组代表大会。

重庆市公路养护总段主研的乳化沥青稀浆封层技术，分别在永川、璧山、南岸等国省干道泥结碎石路段和旧沥青表处龟裂路段进行阳离子和阴离子乳化沥青稀浆封层技术的示范推广，铺筑15000平方米试验路段，经过专家鉴定后获得成功。

12月8日　重庆市公路养护总段总结3年来开展创建"张家滩式道班"活动情况，将精神文明建设颇具特色、自力更生创造产值人均达600元以上的35个道班命名为"张家滩式道班"。

12月10日　中午13时10分，四川省人民政府副省长蒲海清到成渝高等级公路缙云山隧道工地考察，要求争取早日提前完工，并要注意安全生产。

12月12日　重庆市人民政府经济协作办同意四川省重庆汽车运输总公司在广州市设立经营部。

12 月 25 日　重庆市公用事业局、重庆市物价局决定从 1993 年 1 月 1 日起，对重庆市公共汽（电）车的普通票价按每人公里 0.06 元计算，一票制线路票价为每人次 0.3 元。市区月票价为每张调整为 15 元，郊区月票价调整为每张 28 元，学生月票价分别按同类成人票价减半发售。公交远郊线路的票价与公路客运票价靠齐。长江客运索道票价为每张 1 元。小公共汽车票价为每人公里 0.08 元，社会出租中车票价为每人公里 0.09 元。

12 月 22 日至 24 日　由重庆市科学技术委员会组织有关院校、工程设计单位的专家，一致评审通过重庆市重点公路建设指挥部的 3 项科技项目，分别是《成渝公路荣昌来凤段变更为一级公路的设计方案研究》《成渝公路中梁山缙云山隧道变更通风方式的方案研究》《成渝公路三星沟大桥变更为高路堤的设计方案研究》。

12 月 28 日　重庆市内河航运技工学校被四川省劳动厅评定为四川省重点技工学校。

12 月　交通部客运质量检查组一行 7 人赴渝对重庆汽车北站进行现场检查，对重庆汽车北站推行交通部提出的“服务质量标准化、服务管理规范化、服务过程程序化”管理给予较高评价并提出改进建议。重庆汽车北站在客运服务质量和精神文明建设上取得显著成效，荣获交通部授予的“文明车站”称号。

同年　重庆市运管处全面放开公路旅客运输、公路货物运输、搬运装卸、汽车维修和运输服务市场。凡申请从事上述各业的经营者只要符合开业条件，适合市场需要，均可获准经营。

重庆市轨道交通 2 号线（较场口至新山村）项目可行性研究报告通过评审。

重庆市南岸区南山旅游客运索道动工建设。

重庆高速公路发展有限公司高级工程师肖开国，重庆市公路养护总段高级工程师、高级监理师丁良开和重庆轮船总公司高级工程师、科技所所长黄宗振第一批获得“享受国务院特殊津贴专家”称号。

重庆市稽征处实现处机关及 21 个稽征所全部建成文明单位的目标，有力地促进了稽征工作，征费以 5.4% 的速度逐年递增。

重庆市国道 210 线红双段（红旗河沟至双凤桥）被重庆市交通局评为“文明公路”。该段管理站荣获重庆市人民政府授予的“文明单位”称号。

1993 年

1 月 8 日　经重庆市交通局组织检查验收，老成渝公路璧山县境路段好路率从 56% 提高到 87%，被命名为重庆市第四条文明公路。

1 月 15 日　合川渭沱电站发电通航。该电站是重庆市“七五”计划期重点能源项目，也是第一个利用外资建设的发电站，投资逾 2 亿元，年均发电量可达 1.63 亿千瓦时。

1 月 19 日　重庆市交通局组建重庆市高等级公路管理处（以下简称重庆市高管处），下设重庆市成渝高等级公路管理处（以下简称重庆成渝高管处），管理上桥、青杠、永川 3 个科级所。

1 月 20 日　重庆市交通局完成《三峡工程重庆市库区公路网规划报告》编制。重庆市交通局组织对受三峡工程淹没影响的重庆市部分区县公路、桥梁、车渡，按水位 175 米与 185 米两种情况进行调查统计，并结合重庆市三峡库区移民规划及国民经济“八五”“九五”发展计划，对库区原公路网规划进行局部调整。

1 月　《重庆公路报》更名为《重庆交通报》，由重庆市交通局主办，发行范围扩大到重庆市交通系统，每半月发行 1 次。

重庆公运总公司面向社会承租人推行车辆租赁经营。

2月9日至11日　重庆市1993年地方交通工作会议在重庆渝通宾馆召开，150多人参加会议，重庆市人民政府副市长秦昌典出席会议。会议主题为："认真贯彻落实十四大精神，促进地方交通工作上新的台阶"。交通工作总的指导思想是："以十四大精神为指针，紧紧围绕经济建设这个中心，解放思想，实事求是，团结奋进，真抓实干，加快重庆市地方交通改革和发展步伐，为重庆市经济上新台阶提供交通保障"。

2月17日　重庆市交通局在重庆公路养护工作会议上提出，在1993年将对重庆公路养护总段实行经费切块包干、超支不补、节约归段的办法，这是深化改革、逐步由计划经济转换为市场经济的需要。

2月19日　在四川省开征公路建设附加费之后，重庆市人民政府批准同意，从1993年3月1日起，向非农业和城市基础设施建设征占用开征公路基础设施附加费，由重庆市财政局、重庆市交通局共同安排使用，安排给交通部分用于重庆市公路建设。

2月　四川省永川汽运总公司出台《营运货车转让经营暂行办法》，向社会公开转让货车经营，并将货车的余值作价转让给经营者个人。

3月5日　重庆市公路养护总段永川段安富道班荣获"重庆市'文明友爱在山城，山城处处有雷锋'活动先进单位"称号。安富道班职工12人，管养11.82公里油路，好路率常年在90%以上，学雷锋、做好事是安富道班多年的好传统。

3月13日　四川省人民政府副省长甘宇平考察成渝公路重庆段，对重庆段一期工程的4个合同段进行了进度检查，对工程进展顺利表示满意。

3月16日　重庆市客车总厂主体生产部分租赁给泰国新感觉集团有限公司20年，泰国商人投资1亿美元开办的泰龙客车制造有限公司正式开工生产。

3月19日　重庆市人民政府第一百二十九次常务会决定在主城9个区发展出租汽车800辆，新增出租汽车指标采取面向社会公开拍卖，每辆底价4万元，上不封顶。其余区县的出租汽车发展由当地政府决定，但不能进入主城区驻地经营。

在四川省开征交通建设附加费之后，重庆市人民政府同意，从1993年3月1日起，向缴纳流转环节税（即产品税、增值税、营业税）的单位和个人开征交通重点建设附加费，征收率为5%，随产品税、增值税、营业税同时缴纳。此项资金主要用于重庆交通和城市基础设施等重点建设工程。

3月22日　重庆市有史以来第一批交通行业志书《重庆内河航运志》《重庆公路运输志》和《重庆交通大事记》出版首发式在重庆渝通宾馆举行。这批志书是1984年重庆市交通局成立修志办后组织编纂的，历时十载。

3月23日至24日　重庆市1993年公路工作会议在重庆渝通宾馆召开。重庆市人大常委会副主任赵维清、重庆市计委副主任李义、四川省交通厅公路局副局长李克浪出席会议并讲话。大会表彰奖励了在1992年公路工作中成绩突出的先进单位、先进班组和先进个人，对连续5年获得公路建设先进单位的4个区县领导给予表彰奖励。

3月31日至4月2日　重庆市交通局、重庆市法制局与重庆市公路养护总段联合组织公路路政执法检查，并清查国道主干线公路沿线违章建筑。

3月29日　成渝高速公路重庆段建设中的两项科研成果（即二级公路改为一级公路和三星沟大桥改为软基高填方路堤）分别获得重庆市科技进步特等奖和一等奖。特等奖为中华人民共和国成立以来重庆市首次评出的奖项。

3月　重庆汽车运输总公司客车驾驶员、重庆市特等劳动模范周英福在北京钓鱼台国宾馆中国首届保护消费者基金会召开的授奖大会上，获得"保护消费者杯"奖励。周英福是全国汽车运输行业中唯一获得首届"保护消费者杯"的人。

重庆市公路养护总段、重庆交通学院共研的《特细砂薄层钢纤维混凝土（SFPC）新型路面结构及应用研究》项目获得四川省科技进步奖三等奖。

经四川省、重庆市绿化委员会及相关部门考核验收，大足县实现公路绿化达标，成为重庆市第一个公路绿化达标县。

四川省永川汽运总公司在永川成立迅捷出租汽车公司。

4月1日　重庆市物价局批准凯旋路电梯上行票价为每人次0.3元，下行票价为每人次0.2元。

4月12日　重庆市人大、重庆市人民政府、重庆市政协以及重庆市计委、重庆市经委负责人一行实地检查成渝高速公路重庆段10个合同标段工地。

4月15日　重庆市交通局、重庆市工商行政管理局、重庆市税务局联合颁布《关于加强对经营机动车提送服务业管理的规定》。

4月22日　重庆东风造船厂建造的豪华游轮——“长江公主”号首航。该游轮为双尾流线型船体，可载客164人。

4月27日　重庆市公用事业局批复重庆市轨道交通公司更名为重庆市轨道交通总公司。

四川省公路局召开四川省公路养护“双十佳”表彰大会，重庆市公路养护总段张家滩道班班长周成鹏荣获“十佳养路工”称号。

4月28日　经重庆市人民政府批准，重庆交通投资公司在重庆渝通宾馆挂牌成立。重庆交通投资公司隶属于重庆市交通局，成立之初已确定两个投资项目，一是投资入股建设合川涪江大桥，二是投资新建陈家坪重庆汽车西站。

重庆市科学技术委员会组织重庆大学等有关单位计算机专家对重庆公路勘察设计所开发的公路计算机设计绘图系统RCAD进行鉴定，认为该系统达到了国内同类软件先进水平。

4月30日　在四川省交通厅主办、重庆市交通局承办的四川省交通系统第二届老同志“交通杯”门球赛上，重庆市交通代表队二队获得冠军。

4月　重庆市人民政府办公厅印发《关于出租汽车管理有关问题的通知》，对出租汽车证照、培训、无线电通信问题做出明确规定。

中共重庆市委研究室、重庆市人民政府研究室、重庆市交通局、重庆市法制局、重庆市经济委员会、交通部重庆公路科研所共同组成“成渝高速公路重庆段管理体制”课题研究组。

重庆市交通局副局长、重庆市重点公路建设指挥部指挥长郑道访获得全国“五一劳动奖章”。

5月1日　重庆市公路养护总段张家滩道班工区长兼班长、“重庆市劳动模范”周成鹏荣获“全国交通系统劳动模范”称号。

5月3日　长寿县交通局被中共重庆市委、重庆市人民政府命名为“文明单位”。

5月6日　重庆市交通局召开重庆市总工会“八五”立功奖状和“八五”立功奖章获得者座谈会，中共重庆市交通运输委员会书记王机向获奖者颁发奖状、奖章、奖金和奖品。

5月10日　重庆市交通局在重庆渝通宾馆召开“多区制多信道共用专用通信网”工程项目验收会。重庆市交通局专用通信网工程1988年开始建设，在完成一期工程基础上，二期工程采用“多区制多信道共用系统”，实现一、二期工程全兼容，扩大用户范围，实现了重庆市交通专用通讯统一组网，获得与会专家高度评价。

5月11日　重庆市交通局赴日本研修生培训站在重庆市公路养护总段职工学校成立。该培训站主要任务是为重庆市从事汽车、筑路机械维修的职工赴日本研修培训日语，并从中择优选送男职工赴日本广岛学习研修汽车修理理论与技术，研修时间为1年。

5月12日　重庆市稽征处举办为期一周的养路费征收管理微机操作培训班。培训工作由重庆市交通局信息通讯总站承担。从5月起，在1988年一次开发基础上，由重庆市交通局信息通讯总站完成“养路费征收计算机管理系统”二次开发，在沙坪坝区、市中区、九龙坡区等稽征所陆续投入使用，一次运行成功。

5月14日　重庆市人民政府办公厅印发《关于对最近发展从事营运的微型货车有关问题的通知》，严禁包括厢式微型货车在内的车辆从事客运。

5月15日　重庆市交通局决定重庆市公路养护总段实行段长负责制，养护经费包干和目标责任制进一步完善。

5月18日　重庆市交通局团委在重庆渝通宾馆举办“献身交通、青春无悔”演讲比赛，重庆市交通局所属企业事业单位的21名共青团员、青年参加比赛并获得成功。

5月20日　重庆市交通局决定成立交通投资管理委员会。5月27日经重庆市交通局交通投资管理委员会第一次会议通过，重庆市交通局印发《交通投资有偿使用试行管理办法》。

5月30日　重庆市交通局举办支持北京申办奥运会签名活动，重庆市交通局机关及通讯信息总站110余人参加签名活动，并将签名的红旗送往北京。

重庆市建委、重庆市计委分别批准重庆市公用事业局上报的高架轻轨交通较场口至新山村线路2号线项目建议书，并确定由重庆市轨道交通总公司作为业主，负责开展各项工作。

老成渝公路永川市隆济至127岔路口23公里路段开始由重庆市公路养护总段和永川市人民政府共建文明路。永川市人民政府组建工农共建文明路领导小组，公路沿线各乡镇均与永川市人民政府签订《工农共建文明路责任书》。

重庆联运总公司、重庆市车购办、重庆汽运总公司、永川汽运总公司铜梁汽车站、重庆轮船总公司川运16号轮和四川810号轮、重庆市公路养护总段綦江段和南桐段等8个单位荣获中共重庆市委、重庆市人民政府授予的“文明单位”称号。

6月2日　西南最长的旅游架空索道——重庆南岸区南山旅游客运索道全线通车，全长2360米。

6月18日　重庆长发船务公司高速水翼船首航丰都县。

6月22日　重庆市公路养护总段璧山分段路面小组的“应用TQC理论提高路面掩护质量”、319线油路翻修小组的“应用TQC理论提高施工质量降低工程造价”两项QC成果分别获得四川省交通厅公路局QC成果发表会一等奖和二等奖。

6月28日至30日　重庆经济协作区首届交通局长联席会议在重庆渝通宾馆举行。重庆市与四川、贵州、云南、湖北、陕西5个省19个地市州的交通局长探讨重庆经济协作区交通基础设施建设、陆上水上交通运政、交通稽查等合作问题，并达成共识，签订意向性协议。

6月29日　重庆市科学技术委员会、重庆交通学院、重庆市交通局的专家教授等30余人对国道212线施家梁段滑坡治理新技术（带悬臂桩—锚抗滑体）进行了技术鉴定，认为这种滑坡治理新技术具有较高的工程应用价值和推广前景，达到国内领先水平。

7月1日　经重庆市工商行政管理局批准，重庆市出租汽车公司更名为重庆市出租汽车总公司。

7月15日　由重庆交通学院与重庆市公路养护总段合作进行加固课题研究的国道319线渝长公路K65+500米处的梅溪大桥通过市级鉴定。重庆市科技情报中心检索查证，以复合材料施工实际应用于此类桥梁在世界上为首例。

7月　重庆市人民政府印发《关于加强城区道路交通管理工作的通知》，明确规定重庆市21个区（市）县的出租汽车由重庆市人民政府实行总量控制，任何单位和个人无权审批。

8月1日　重庆市运管处放开重庆至合川客运线路，规定只要符合经营条件，经申请批准均可在此线路上经营。

8月26日　重庆市物价局、重庆市交通局批复重庆市汽车维修行业管理办公室印发《重庆市汽车维修工时定额及收费结算办法》。各类汽车维修企业的工时参考单价分别为：一类维修企业4元/小时，二类维修企业3.8元/小时，三类维修企业3.5元/小时。工时单价由承、托修双方根据市场情况协商议定。

8月　重庆港口管理局党委书记高鸿斌免职调任重庆市政协常委。

9月24日　重庆市公路工程中心试验室更名为重庆市公路工程质量监督检测中心。

9月　重庆翻胎厂承担的“废旧合成橡胶高压脱硫新工艺”项目通过重庆市科学技术委员会组织的验收鉴定。该项目投资140万元，建成年产2000吨再生胶生产线，全过程采用计算机监控自动计量，生产的再生胶各项指标均达到或优于国标优级品，经重庆市轮胎总厂等单位试用，均获得好评。

根据重庆市人民政府统一安排，重庆市交通局对1992年以前命名的20个市级文明单位的复查工作结束，其中重庆船厂等18个单位继续保持“市级文明单位”称号。

10月1日　即日起，重庆市稽征处陆续在所属10个稽征所使用新开发的养路费微机征收管理系统，办理一个征费手续所需时间由一个多小时缩短到10分钟。

10月3日　重庆市高等级公路管理处更名为重庆市成渝高速公路管理处，成为重庆市交通局直属的事业单位。

10月5日　民生轮船公司开辟重庆至上海长江集装箱班轮运输。

10月　重庆市公运总公司首次开行重庆至四川大竹的夜宿班车，该线路全长210公里，运行时间6小时。

因重庆市市中区滨江路建设需要，望龙门客运缆车全部停止运营。

重庆市交通局召开重庆市交通通信工作会议，传达全国交通通信工作会议精神，总结重庆市交通信息通讯总站建立以来对地方交通专用通讯网建设情况，安排交通部在重庆市的卫星端站建设事宜，向从事交通通信工作30年以上有突出贡献人员颁发荣誉证书。

11月下旬　重庆汽运总公司总经理孙万发被评为“四川省优秀企业领导干部”。孙万发作为重庆市交通系统唯一的代表出席四川省国有企业党建工作座谈会暨“四好”领导班子表彰会。

11月30日　重庆市交通局、重庆市规划局共同邀请重庆市人大法制工作室和重庆市人民政府法制办公室，对潼南县双江、塘坝、梓桐3个镇的开发区规划实施及路政执法进行检查。检查组要求按照有关法规进行在建工程清理，坚决制止公路沿路建设开发区破坏公路的违法行为。

12月2日至4日　重庆市交通局召开重庆市地方交通科技工作会。经专家评审，评出1993年重庆市地方交通科技进步奖15项、重庆市交通局计算机开发成果推广应用奖16项，合理化建议奖12项和全面质量管理奖7项。会上，重庆市交通局拨出专款36600元，奖励获奖单位和个人。

12月4日　成渝高速公路缙云山隧道右线路面铺通。至此，缙云山隧道双向开通，全长5006米，总造价近1亿元。

12月14日　利用交通部重庆公路科研所和重庆市重点公路建设指挥部共同承担的“山区高填方路堤实用稳定技术的研究”课题成果，成功修筑了高36.16米、长200米的世界第一高填方公路堤，比修桥节约了工程费用35%以上。该课题研究成果通过专家鉴定，填补了中国在该领域的空白。

12月17日　重庆市人民政府第十一次常务会决定，对出租汽车发展实行总量控制；对现有出租汽车进行清理整顿；将大、中、小出租汽车分类推入有偿使用、公平竞争的轨道。

12月18日　重庆市运管处在大足县组织拍卖出租汽车营运牌证，每辆1.42万元，共成交出租汽车营运牌证29.82万元。

12月25日　全国最长的公路隧道——成渝高速公路中梁山隧道贯通。主隧道总长6268米，其中右洞长3101米、左洞长3165米，总造价1.4亿元。

重庆市交通局机关举行隆重纪念毛泽东100周年诞辰歌咏大会，100多名离休、退休干部和机关职工参加演唱。

12月30日　重庆市人民政府发布《关于修改加强摩托车管理的通告的决定》，从1994年1月15日起施行。

12月　重庆市公路养护总段主研的《桥梁工程诊断机理及承载力测试研究》项目，获得重庆市科技进步二等奖。

重庆公运总公司首次开行重庆至广州跨省超长客运班车，线路全长1848公里，运行时间36小时。

重庆汽运总公司南坪汽车站被授予“重庆市文明单位”称号。

重庆市合川汽车站由经营者直接租赁窗口与场地自主经营、平等竞争的改革得到交通部肯定，作为客运站“重庆模式”向全国推广。

重庆市轨道办和重庆市人防办共同协调重庆轻轨2号线较场口至临江门线的地下车站和地下商业街的综合开发筹备工作，并完成综合开发初步规划方案，得到重庆市有关部门的同意。

重庆市公路养护总段职工杨德武在重庆市第四届职工艺术节上演唱《涛声依旧》，获得表演二等奖，是重庆交通系统在艺术节上唯一被组委会评为优秀的节目，并在重庆市总工会第十次代表大会汇报演出中获得最佳演出奖。

同年　为扩大经营范围和开拓业务，重庆市公用事业局批准同意重庆市轮渡公司更名为重庆市客轮总公司。

重庆市公路养护总段引进并推广桥梁管理系统（CBMS）。该系统是交通部“八五”期间重点推广的三大系统工程之一。

重庆市航运管理处被评为重庆市“双文明单位”。

重庆公交一公司调整线网结构，正式起用江北中心枢纽站，原江北5条主要线路全部进入中心枢纽站，实现江北地区公交统一管理、集中指挥。

重庆市物价局批准调整大、中型出租汽车专线车票价。

1994年

1月1日　交通部、财政部联合发出《关于做好改变车辆购置附加费征收环节统一征费标准过渡衔接工作的通知》，明确从1994年1月1日起，车购费开始由原车辆生产（组装）厂和海关代征改为由车辆落籍地交通征管部门直接向义务缴费人征收。

1月4日　重庆市人民政府副市长唐情林主持召开出租汽车管理工作会，传达1993年12月17日重庆市人民政府常务会议关于加强出租汽车管理的3项决定，确定成立重庆市出租汽车管理领导小组，重庆市人民政府副秘书长于学信任组长。下设重庆市出租汽车联合管理办公室，重庆市运管处、重庆市社客处、重庆市出租治安管理办公室等有关单位为成员。

1月5日　因“微型厢式货车”车主把原行车执照上核定的2个座位改为8个座位，变成“面的”（即面包车）违章载客运营。在公安交警查处这些“微型厢式货车”时，引发3家公司的27辆“面的”车到重庆市人民政府上访。

1月7日　重庆市出租汽车联合管理办公室在4家管理部门联合核查的基础上，召开第二次办公会议，确定落实重庆市人民政府办公厅文件精神，同意“微型厢式货车”投放数量为189辆。

1月19日　重庆市出租汽车联合管理办公室召开第三次办公会议，决定从1月24日开始，重庆市运管处、重庆市社客处、重庆市出租汽车管理办公室各派10人、2辆车进行联合执法。

1月20日　重庆市1994年地方交通工作会议在重庆渝通宾馆召开。会议主题为：抓住机遇，深化改革，保持稳定，不断发展，夺取重庆市地方交通事业的新胜利。会议的主要任务是：总结工作，研究部署地方交通工作如何贯彻落实中共中央《关于建立社会主义市场经济机制若干问题的决定》，紧紧抓住经济发展的有利时机，加快重庆市地方交通发展进程，实现交通基础设施建设上新台阶，建立适应社会主义市场经济要求的交通行业管理和运输市场，为实现重庆市“一年一个样，五年大变样”的社会经济发展目标，提供有力的交通保障。

1月25日　7家单位34辆“面的”车因被“联合执法”查处，到市人民大礼堂路口实施罢运。后经管理部门三天两夜疏导，于1月27日下午全部开走。

1月26日至27日　重庆市人民政府市长刘志忠等市领导连续两日考察成渝高速公路重庆段114.2公里全线。

1月29日　重庆市人民政府法制局召开会议，研究四川省高级人民法院受理的重庆渝都大酒店有限公司等10家企业状告重庆市人民政府1993年出租汽车指标拍卖纠纷一案。经各管理部门努力协调，原告企业撤诉。

1月　永川汽运总公司被列为重庆市现代企业制度试点单位，改制为国有独资股份制企业。

重庆市公路养护总段主研的《桥梁工程诊断机理及承载力测试研究》项目，获得四川省科技进步三等奖。

2月18日　重庆交通运输技工学校被交通部批准为“全国交通系统规范化技工学校”。

2月28日　重庆江津市与马来西亚（香港）满景国际有限公司在南坪扬子江假日饭店签订合资修建江津长江公路大桥合同，成立“津发”长江公路大桥建设有限公司，概算投资3亿元人民币，外方按合同投资80%的资金。这是全国县级行政机构利用外资在长江上进行建设的第一座公路桥梁。

2月　重庆市交通局信息通讯总站承担《重庆菜园坝汽车站综合管理信息系统开发》项目，包括计算机管理系统、电子屏幕显示系统、监控系统、车站内部管理系统、客运管理系统、旅客服务查询终端系统等内容。

重庆市运管处由南坪汽车站搬迁到江北红旗河沟新地址办公。

3月31日　根据建设部《市政公用行业服务性关键岗位服务规范》精神，重庆市社会客运管理处印发《重庆市社会客运出租汽车驾售人员服务规范》。

重庆市第三次社会客运出租汽车优质服务月活动动员大会在重庆雾都宾馆召开。重庆市人民政府副市长唐情林、重庆市公用局局长王根芳等出席大会。

4月5日　国家交通投资公司在重庆港口管理局主持召开重庆港猫儿沱港区改扩建工程初步设计审查会。

4月13日　四川省财政厅、四川省物价局、四川省交通厅决定调整公路养路费征收标准，决定从1994年5月1日起，四川省开始执行新的养路费征收标准。

4月16日　西南地区最大货运港口——重庆港九龙坡港区一期总体技改工程竣工，产能由181万吨/年提高到265万吨/年，通过了交通部主持的竣工验收，工程质量评为优良。

4月23日　根据重庆市编委重编〔1994〕35号文批复，重庆市交通局批准重庆市成渝高速公路行政执法大队成立，对成渝高速公路重庆段实行交通安全、公路路政、道路治安“统一管理、综合执法”。

重庆市交通局批准重庆市运管处承担重庆市公路运输管理信息系统项目。该管理信息系统包括公路客运管理、公路货运管理、搬运联运管理、汽车维修管理、运营车辆技术、交通稽查、财务管理、统计信息等子系统。

4月26日晚　重庆市人民政府副市长陈元虎和重庆市人大常委会副主任陈之惠在重庆市人民

政府办公厅召集市有关部门负责人，研究和协调成渝高速公路陈家坪至上桥段通车试运行中有关“统一管理、综合执法”问题。在征求四川省有关部门认可并由专家论证以后，要求各部门密切配合，坚决贯彻重庆市人民政府重办函〔1994〕32号批复文件精神，即成渝高速公路重庆陈家坪至上桥段全线未开通前分段试运行通车阶段由重庆市交通局实施“交通安全、公路路政、道路治安统一管理”试点。

4月28日　成渝高速公路陈家坪至上桥段初通试运行剪彩仪式举行。国务委员李贵鲜、四川省人民政府副省长蒲海清、中共重庆市委书记孙同川、重庆市人民政府市长刘志忠出席初通仪式。同时，重庆市成渝高速公路行政执法大队成立，成渝高速公路重庆段实行“统一管理，综合执法”模式，由成渝高速公路执法大队综合行使原由4支行政执法队伍分别履行的公路路政、公路运政、交通征稽、交通安全4项行政执法权。

4月　重庆市公路养护总段在永川分段建设的日产1吨的阳离子乳化剂生产车间正式落成，其产品质量经市有关部门检验达到国家标准。阳离子乳化剂试生产获得成功，解决了长期依靠从外地购买乳化剂、影响乳化沥青及稀浆封层的推广应用的问题。

经重庆市物价局、重庆市公用事业局批准，轮渡票价调整。嘉陵江横江0.5元/张，长江横江0.6元/张，朝天门至弹子石0.8元/张，朝天门至窍角沱1元/张。嘉陵江横江月票15元/张，长江横江月票19元/张，斜江月票23元/张，朝天门至窍角沱月票27元/张。

5月1日　重庆市交通局筹备成立永川车购办，与永川稽征所为“一套班子，两块牌子”，负责原永川地区8县车购费落籍征收管理。

5月3日　重庆潼南三块石电站下船闸外墙倒塌，涪江上游至中下游航运自此中断。

5月13日　重庆市人民政府办公厅会议纪要〔1994〕第23号文件肯定成渝高速公路重庆段试行“统一管理，综合执法”的体制。

5月10日　重庆汽运公司制订《客货车租赁办法》和《客货车国有民营管理办法》。决定从5月20日起，对公司客货车全面推行租赁经营。

5月16日　中共中央政治局常委、中央军委副主席刘华清视察重庆港。

5月20日　中共中央政治局委员、国务院副总理钱其琛视察重庆港。

6月7日　根据交通部科技司要求，重庆市航运处向重庆市交通局报送重庆市“八五”计划期《重庆市简优船型》和《重庆市简优船型总图》资料。

《重庆汽车站综合管理信息系统》总体设计方案通过评审。该项目由重庆市交通局信息通讯总站承担，是当时在国内长途客运站中属规模最大、功能最全的计算机信息管理系统。

6月29日　重庆市交通油库成立，为重庆市交通局所属副处级事业单位，主要职责是保证重庆市高等级公路建设、现有公路养护、城市道路维护、工业生产所用沥青的储存供应；承担公路建设、运输生产、公路养护所需部分汽柴油的储存供应任务。

6月　重庆市编委重编〔1994〕56号文件批复同意成立重庆市成渝高速公路行政执法大队。

全国最大的一座高水位落差机械化斜坡式客运码头——朝天门客运码头建成，有两组与趸船链接的客运缆车，3个千吨级客轮泊位。

7月20日　成渝高速公路重庆白市驿至青杠段15公里初通试运行。

8月1日　重庆市首家市级行政巡回法庭——重庆市中级人民法院交通行政巡回法庭成立。该庭办公地点设在重庆市公路养护总段。

8月12日　中外合资的江津长江公路大桥动工建设。

8月23日　重庆高速公路开发总公司（以下简称重庆高开司）成立，与重庆高等级公路建设指挥部和重庆公路建设管理处实行“一套班子，三块牌子”合署办公。

8月27日　重庆市公路学会第五届会员代表大会在重庆大坪红楼宾馆召开，汽车专委会由挂靠重庆市渝州总厂改为挂靠重庆市运管处。

9月10日　重庆市经济委员会召集有关单位对四川省重庆轮船总公司和华中理工学院联合成功研制的《大径深比平头涡尾拖轮节能新船》项目进行鉴定。该艘平头涡尾拖轮在近3年营运实践后，经交通部武汉内河船舶质量监督检验测试中心检测和专家评定：节能新船产品的主要经济技术指标达到国内先进水平，一致建议推广使用。重庆市推荐该产品参加全国第三次内河优秀船型评选。

9月12日　重庆市人民政府市长刘志忠主持会议，专题研究公共交通企业的经济政策，并在《重庆市人民政府办公厅关于专题研究公共交通企业有关政策问题的会议纪要》中明确规定对公交企业的经济政策。

9月20日　重庆市交通运输技工学校获四川省交通系统“先进教育单位”称号，龚继震、张良淑、田仕茂、陈忠富、方永伦、李灿辉6人被评为“优秀教师”或“优秀工作者”。

9月22日　重庆市公路勘察设计研究所更名为重庆市公路勘察设计院。

9月24日　重庆市高等级公路建设领导小组成立，重庆市人民政府副市长秦昌典任组长，重庆市交通局局长胡振业、重庆市计委副主任李义任副组长，办公室设在重庆市交通局，由重庆市交通局副局长滕西全任办公室主任。

国家“八五”计划期以工代赈扶贫建设项目、重庆市重点建设工程——潼南涪江大桥建成通车。桥型为等截面悬链线混凝土上承式箱形拱桥，桥长573.87米，主跨2孔，均跨120米，桥面宽9米+2.5米×2。1992年9月15日动工，比计划提前20天竣工。原国家主席杨尚昆、中共中央政治局委员杨白冰，以及交通部计划司和第二勘察设计院致电祝贺。

9月　在四川省公路局召开的公路行业第七次质量管理小组工作会上，重庆市公路养护总段获得一项QC小组成果一等奖、2项QC小组成果三等奖和1个“质量信得过班组”称号，重庆市公路养护总段全面质量管理办公室获得表扬。

10月6日　重庆市长寿县被评为四川省1993年年度公路民工建勤先进县。

10月14日　11时25分，中共中央总书记、国家主席、中央军委主席江泽民，在中央书记处书记温家宝、交通部部长黄镇东、四川省人民政府省长肖秧、成都军区司令员李九龙上将等领导陪同下，乘坐“巴山”号旅游船视察长江三峡。

10月18日　成渝高速公路重庆陈家坪至荣昌段94.2公里实现初通试运行。

10月31日　18时许，中共中央政治局常委、国务院副总理朱镕基，在交通部副部长刘松金等7部委领导和四川省人民政府省长肖秧、中共重庆市委书记孙同川陪同下考察重庆港。

11月18日　重庆市人民政府办公厅印发《关于加强出租汽车管理有关问题的会议纪要》，明确规定对出租汽车要统一管理、强化协调，宏观调控、计划发展，新旧接轨、有偿使用。

11月25日　菜园坝重庆汽车站主体工程竣工。

11月29日　重庆市公路养护总段生产可用于生产乳化沥青的CNOT阳离子乳化剂，开始投入批量生产。经检验测试和专家评审通过鉴定，产品各项指标达到国内同类产品的先进水平，填补了西南地区阳离子乳化剂生产空白。

12月2日　重庆市人民政府办公厅批复重庆市交通局和重庆市运管处，同意7区2县（江北县、巴县）以外远郊区市县新增出租汽车指标400辆（其中长安微型箱式货车100辆）。

12月8日　根据重庆市人民政府于11月9日、22日召开的出租汽车管理工作会和城管工作会议精神，重庆市社客处在主城区开展出租汽车“遵章守纪、干净整洁，优质服务迎春节”活动。活动历时两个多月，共查车1.63万辆，查处各类违章车852车次。

重庆市公用事业局、北碚区人民政府同意重庆市客运索道公司出资60%、重庆市北碚区旅游开发公司出资40%组建缙云山索道有限公司，实行董事会领导下的经理责任制，行业管理归属重庆市客运索道公司。

重庆市第一条6车道（预留8车道）高等级城市主干道陈家坪至大公馆段全面竣工通车，与成渝高速公路相连接，全长2公里，路幅宽44米，总投资近亿元。

12月10日　重庆市首座中外合资在长江上建设的大桥——江津长江公路大桥主体工程奠基。

12月14日　三峡水利工程正式开工建设。

国家交通投资公司投资4500万元的重庆港猫儿沱港区改扩建工程正式开工建设。

12月21日　中日政府签署总投资5800亿日元的贷款项目承诺书，其中包括重庆市轨道交通2号线一期工程项目。

12月　重庆市交通局直属的集体企业江北修造船厂更名为重庆市迅达交通工程设施厂，并移交给江北区人民政府。

重庆联运物流总公司上桥集装箱中转站扩建项目全部竣工。该项目征地40亩，总建筑面积10021平方米，投资总额970万元。

重庆市公路养护总段主研的《带悬臂桩—锚抗滑体系在滑坡治理中的应用》和《复合材料加固煤溪桥试验研究》项目，获得重庆市科技进步二等奖。

四川省重庆轮船总公司和武汉水运工程学院联合承担的软科学项目“油杂货两用驳可行性研究”（油驳在A地用胶囊装油运往B地，到达后卸下胶囊后再装载杂货返回A地，避免了空返，提高重载率），获重庆市科技进步奖二等奖。

重庆市稽征处被中共四川省委、四川省人民政府命名为文明单位，这是重庆市交通事业单位的第一个省级文明单位。直属21个征稽所全部被命名为重庆市文明单位。

同年　重庆轨道交通2号线项目建议书通过国家评估，重庆轻轨项目被国家列入日本政府贷款计划和重庆市重点工程项目。

重庆市公用事业局印发《小公共汽车管理暂行办法》。同时，重庆市公用事业局成立公共客运交通稽查队，对小公共汽车运营行为进行监督。

重庆市公路建设工程管理处被评为全国交通系统先进集体。

重庆市公路养护总段璧山段获“交通部优秀质量管理小组”“四川省优秀质量管理小组”和“四川省优秀质量信得过班组”称号。

重庆市公路养护总段北碚段荣获四川省政府授予的“1985～1994年以工代赈先进集体”称号。

交通部重庆公路科学研究所开发研究客车JT－BUSCAD系统，该系统是在小型计算机和486微型计算机上运行的软件系统，达到80年代后期国际先进水平，获得交通部1994年度科技进步奖。

重庆联运公司第二集装箱分公司QC小组荣获“国家级优秀QC质量管理小组”称号，重庆市交通局工业技术科负责人程永富荣获国家级“QC质量管理小组活动卓越领导者”称号。

交通部重庆公路科学研究所高路堤设计QC小组成果“山区高填方路堤实用稳定技术”，成功运用于成渝高速公路三星沟桥改路堤工程，获得四川省建委、四川省工程质量协会授予的1994年度优秀QC成果一等奖。

重庆公交公司冠忠（新城）公司601线6014号车组荣获“重庆市青年文明号”表彰命名。这是重庆公共交通客运系统第一个获得重庆市青年文明号表彰的车组。

重庆市交通局局长、“八五”期四川省交通工作先进个人胡振业，巫山港航监督所所长、四川省交通系统“在岗位尽责，为事业奉献”标兵李茂东荣获人事部、交通部授予的“全国交通系统先进工作者”称号。

1995 年

1 月 7 日　晨 7 时，由重庆市交通局信息通讯总站开发的菜园坝重庆汽车站计算机管理网络经过通宵安装，投入正常使用。重庆汽车站投入试运营，采用站运分离模式，对外向社会车辆招标，实行开放经营管理，对内实行微机服务管理。

1 月 9 日　重庆猫儿沱港埠公司码头改扩建工程——磷矿码头临时装船作业线提前 6 天改扩建成功，正式投入使用。

1 月 12 日　国家计委委托中国国际咨询公司组织专家在重庆市对《川黔高等级公路可行性研究报告》进行评审，并做出评估意见。

1 月 16 日　重庆港口管理局建造的“迎宾”号旅游船举行交接仪式。

1 月 19 日　老成渝公路永川市隆济至 127 岔路口 23 公里路段被重庆市交通局命名为“工农共建文明公路”。至此，老成渝路重庆段已有 76 公里路段获得“文明公路”称号。

1 月 29 日　重庆市交通局给予参建成渝高速公路重庆段的有功之臣杨清源等 9 人奖励。按照规定奖励业主、施工和监理三方的代表各 3000 元，其余每人奖励 1500 元。

2 月 7 日至 9 日　重庆市 1995 年地方交通工作会议在重庆市渝通宾馆召开。重庆市人民政府市长刘志忠、市长助理张复出席会议并做了重要讲话。会议主题为：抓住机遇，深化改革，保持稳定，不断发展，夺取我市地方交通事业的新胜利。1995 年的交通工作任务是：努力培育和发展统一、开放、竞争、有序的交通运输市场；加大企业改革力度，积极稳妥地推进现代企业制度试点；突出重点，坚持发展，推进地方交通基础设施建设；在“八五”计划期的最后一年，在确保实现“八五”目标的同时，积极着手规划和编制“九五”计划期的重庆市交通发展计划。

2 月 8 日　重庆港口管理局建造的“迎宾”号旅游船首航，2 月 20 日正式投入运营。

2 月 18 日　重庆港朝天门港埠公司客运站行李员张天全荣获“全国交通系统劳动模范”称号。

2 月 23 日　重庆市交通局与重庆市人民政府研究室、重庆市人民政府法制局合作完成的《成渝高速公路重庆段管理体制研究》，获重庆市科技进步奖二等奖。

2 月 26 日　国道 210 线重庆綦江沱湾大桥建成通车，桥宽 18 米，投资 2000 多万元。

2 月 27 日　重庆市交通局批复同意成立重庆市交通会计学会。

3 月 6 日　重庆市人民政府批准重庆市交通局编制上报的《重庆市县公路网规划（1994～2020 年）》，同意以此作为确定全市中长期县公路建设序列和编制五年计划的依据。

3 月 17 日　重庆市城市出租汽车行业协会第三次会员代表大会在重庆华渝宾馆举行。这次大会审议通过了关于在天津、上海、广州、武汉、西安、成都、长春、重庆 8 个城市出租汽车行业中开展“规范化服务、争当文明司乘员”活动的倡议，选举王根芳等 30 人为协会第三届理事会成员。

3 月 28 日　重庆市运管处举办的两期微机培训班结束。该处已经开发出运用于稽查、运输、财务管理的信息管理系统，两期微机培训班共培训管理人员 90 多人，使重庆市 21 个区县（市）运管所至少有 1 人会操作微机。

3 月　重庆市监察局牵头，与重庆市交通局、重庆市公安局、重庆市财政局、重庆市物价局、重庆市林业局、重庆市政府法制局组成联合检查组，对重庆市境内国、省道，县（区）公路设置站卡的情况进行专项检查，拉开重庆市治理在公路上乱设站卡、乱罚款、乱收费（简称公路“三乱”）的序幕。

重庆市人民政府授权重庆市交通局与亚洲开发银行签订技术援助协定，由亚洲开发银行无偿提供35万美元对重庆至湛江高速公路童家院子至雷神店段进行技术改造。

4月6日　重庆市社客处、重庆市运管处、重庆市公安局车辆管理所、重庆市公安局出租汽车治安管理办公室联合印发《关于进一步加强出租汽车管理工作有关问题的通知》，就出租汽车报废更新条件、报废更新手续程序、有偿使用、有偿使用年限做出明确规定，从1995年4月15日起实施。

重庆市1995年公路工作会在重庆巴县鱼洞召开。四川省交通厅、重庆市经委等领导出席大会。会议主题为：面向市场，深化改革，促进重庆市公路事业的发展。大会表彰奖励了公路建设、养护、管理先进集体和先进个人。

4月8日　重庆市物价局、重庆市交通局印发《关于调整和整顿我市地方搬运装卸运价的通知》，从1995年5月1日起执行。

4月13日　重庆城市轻轨2号线项目（较场口至新山村）被列入国家利用第四批日元贷款计划，国家计划安排1.4亿美元贷款。

由沙坪坝区交通局编纂的《重庆市沙坪坝区交通志》，获得重庆市人民政府颁发的“重庆市社会科学科研成果优秀奖”。

4月17日　经交通部批准，重庆市公路工程监理处获得承担高等级公路、大型桥梁和隧道及交通工程的施工监理资格证书。

4月21日　重庆市社客处印发《创建卫生城市推行标准化建设工作标准》，对车容车貌、站务运行秩序、服务质量做出明确规定。

4月27日　重庆市劳模大会在重庆市人民大礼堂召开。重庆市交通系统有10名先进个人出席：四川省先进工作者杨清源，四川省劳动模范周英福、陈祖明，重庆市先进工作者秦贵珠，重庆市劳动模范程德宏、彭国华、石克亮、何宗海、李登榜、卢祥清。

4月30日　晚10时30分，中国交通部通信中心与重庆市交通局信息通信总站工程技术人员经过两天苦战组建的交通部卫星通信专用网重庆端站一次性开通成功并网试运行。

4月　重庆市第三公交公司306路队荣获共青团中央、建设部“全国青年文明号”表彰命名。这是重庆公共交通客运系统第一个获得国家级“青年文明号”表彰的车组。

5月1日　重庆长江旅游公司船长王嘉玲荣获国务院授予的“全国劳动模范”称号。

重庆冠忠（第三）公共交通有限公司四路队队长、重庆市优秀共产党员王刚荣获“建设部劳动模范”称号。

重庆市公交五公司北碚—牛角沱路队乘务员、重庆市劳动模范陈瑜良荣获“四川省劳动模范”称号。

重庆渝通公路工程总公司桥梁分公司经理程德宏，重庆市电车公司副总工程师、职工称誉的“万能技师”张天志，荣获重庆市人民政府授予的“重庆市劳动模范”称号。

成渝高速公路重庆段荣昌桑家坡段20公里贯通，实现成渝高速公路重庆段114.2公里全线初通试运行，成为重庆市符合技术标准的第一条高速公路。

5月3日　重庆市公路养护总段召开1994年度职工QC成果发布会，共有17项成果发布。

5月5日　重庆市交通局召开1995年清产核资工作动员会。这次清产核资是在改革开放中进行的第五次清产核资，1995年度确定重庆汽运公司、重庆公运公司、重庆轮船总公司等10户企业实施清产核资。

5月9日　重庆市交通局系统“青年文明号”示范岗组竞赛活动揭幕仪式举行，重庆市交通系统创建“青年文明号”活动全面展开。

5月10日　在中共重庆市委礼堂举行的重庆思想政治工作会议暨政研会成立10周年纪念会上，永川汽运总公司荣获“重庆市1992～1994年度思想政治工作优秀企业”称号，是重庆交通系统中唯一获此奖励的企业。

5 月 11 日　重庆市人大常委会召开新闻发布会，颁布重庆市第一个水上交通安全管理地方法规《重庆市水上交通安全管理条例》，从 1995 年 5 月 12 日起施行。

5 月 17 日至 18 日　交通部部长黄镇东一行 4 人到重庆考察成渝、渝黔高速公路建设和管理情况，重庆市人民政府市长助理张复、重庆市交通局局长胡振业陪同。途中，黄镇东到偏远的渝黔边界山区观音桥道班看望公路养护职工，了解道班工人的生产生活情况，亲切慰问重庆市先进工作者秦贵珠。

5 月 19 日　继新春之际重庆市交通局向荣昌县远觉镇捐助教育扶贫款 5 万元之后，重庆市交通局再次组织局属有关单位前往荣昌县远觉镇进行教育扶贫活动，重庆市交通局决定拨付教育扶贫款 50 万元，专项用于修建远觉镇乡镇公路。

5 月 24 日　四川省人民政府批复四川省交通厅和重庆市人民政府，确定成渝高速公路全线初通后，重庆至桑家坡段仍按重庆市“统一管理、综合执法”的形式实施管理。

5 月 26 日　交通部部委号〔1995〕交发五字 23 号明传电报致四川人民省政府，指出：“重庆市人民政府在重庆段高速公路开通时，就该段管理体制做出的决定，自运作以来，从其运行情况看是卓有成效的”，“是符合建立社会主义市场经济体制的”。

5 月 29 日至 6 月 2 日　西南五省七方公路管理工作会议在重庆渝通宾馆举行。重庆市交通局介绍了重庆地区公路发展未来 10 年的规划设想，特别是建立和完善高速公路的路政、安全、治安执法“三位一体”的管理新模式，博得了与会各方的肯定和赞赏。

5 月 30 日　重庆九龙坡港埠公司获“重庆市质量效益型先进企业”称号。

5 月 31 日　重庆市交通局代表队参加由中共四川省委宣传部、四川省经委、四川省总工会和四川电视台联合在成都市举办的四川省百万职工安全生产知识竞赛活动，荣获一等奖。

5 月　重庆公运总公司首次开行重庆至泸州高速公路客运班车，线路全长 210 公里，运行 2.5 小时，主要车型有金龙、安凯、北方、亚星、宇通等。

重庆市公路养护总段主研的《CNOT 阳离子乳化剂》项目获重庆市环境保护局环保科技二等奖。

重庆市人民政府批准，在重点公路建设指挥部的基础上组建重庆高等级公路建设指挥部，由重庆市交通局副局长滕西全担任指挥长。

6 月 9 日　重庆市城市出租汽车行业协会印发《重庆市社会客运出租汽车见义勇为奖励办法》。

6 月　重庆市公路养护总段主研的《CNOT 阳离子乳化剂》项目获重庆市 1994 年度新产品百花奖二等奖。

重庆市渝通宾馆、重庆市联运总公司四分公司、重庆市公路养护总段二分段、重庆市公路运输总公司汽车修理厂、永川汽车运输总公司大足汽车站、重庆市稽征处长寿所和市中区所，获中共重庆市委、重庆市人民政府授予的“文明单位”称号。

7 月 1 日　成渝高速公路全线贯通试通车，9 月 15 日，全线双向通车。重庆市的成渝高速客运开始运行，单程约 4 小时，日发班稳定在 200 班左右，开行“凯斯鲍尔”高档豪华大客车，并进行空姐式服务，使公路客运技术和服务跃升到全国一流水平。

7 月 12 日　重庆市交通局代交通部向重庆市车购办颁发“全国车辆附加费征收管理先进单位”奖状和“1994 年度全国车辆附加费征收管理先进个人”证书。

7 月 26 日　襄渝铁路上的重庆磨心坡公铁立交桥改建工程完工。工程由重庆市交通局出资 205 万元、成铁重庆分局出资 40 万元共同改建。此前，这座 1966 年建成的立交桥由于设计不合理，常发生翻车事故，被称为“魔鬼桥”。

8 月 1 日　重庆市公路客运附加费从重庆市公路运输管理部门移交给重庆市交通稽查征费部门

征收管理。

8月6日　重庆交通油库建成运营，总投资3300万元。

8月31日　为庆祝新中国成立46周年和纪念抗日战争胜利50周年，由重庆市交通局、重庆市交通工会、重庆交通报社联合举办的重庆市交通职工摄影书法绘画作品展览在重庆市交通局机关开幕。经过专家们评选，共评出一等奖3个、二等奖6个、三等奖9个，从中选出20幅作品参加四川省交通职工摄影书法绘画作品展览。

重庆市交通局机关处室、重庆市成渝高速公路管理处、重庆市重点公路建设指挥部等捐款单位代表到荣昌远觉镇，送上交通职工1万多元捐款，资助95名失学儿童重新走进课堂和3名生活特困儿童生活补助金。

8月　重庆市培育和发展道路运输市场工作会议在重庆市公路运输管理处召开。会议传达了交通部在杭州召开的“培育和发展道路运输市场”会议精神，提出《关于加快培育和发展我市道路运输市场的规划》。

设立于重庆市车购办的交通部西南车价信息中心在云南省召开第二次车辆价格信息工作会议，研究贯彻交通部西南车价信息中心首次工作会议精神和片区车辆价格信息工作深入开展事宜。

9月2日　重庆市渝通公路工程总公司主研的《高等级公路（沥青混凝土路面）机械化施工组织及作业定额研究》项目获1995年交通部科技进步奖二等奖、1995年重庆市科技进步奖一等奖和1995年重庆交通科技进步奖一等奖。

9月12日　中国交通会计学会西南片区第九次财会工作及学术交流会在重庆渝通宾馆召开。重庆市会计学会秘书长付思福到会祝贺并讲话。来自西南地区各省（自治区、计划单列市）交通系统代表针对财会改革中财会工作和各种问题展开广泛探讨交流。

9月22日　重庆港朝天门客运设施工程正式通过交通部验收，工程总评为优良。

9月25日　国家“七五”至“八五”计划期重点建设项目——成渝高速公路全部竣工，公路全长340.2公里，横贯成渝两地14个县（市）区。全封闭、全立交、双向4车道，立交桥20座，穿越3座大隧道，时速80~100公里，总投资43亿元，建设工期历时5年（60个月）。

重庆至宜昌长江航线上第一艘中国游轮——维多利亚“中驿号”豪华涉外游轮首航。

9月30日　国道210线重庆红双段路灯工程提前完工。

9月　重庆市公路养护总段永川段购置乳化沥青稀浆封层机，在重庆市公路养护总段乳化剂稀浆封层现场推广会上，对道路进行现场摊铺，效果显著。重庆市滨江路改建指挥部决定南纪门一段3公里采用乳化沥青稀浆封层工艺进行路面封层，并与总段签订承建合同。

10月2日　重庆汽车站青年职工蹇伟参加“国际奥委会主席杯”全国百城自行车比赛，获得“国际奥委会主席杯”自行车赛重庆赛区男子冠军，赢得萨马兰奇主席颁发的赛车1辆，并代表重庆参加在武汉举行的110座城市的冠军总决赛。

10月6日至8日　第六届计划单列市车购费征管工作研讨会在重庆市召开，11个单列市和8个特邀省市的64名代表参加会议。会议通过研讨会章程和会议纪要，选举产生联络小组成员，增补重庆市车购办副主任谭渝生为秘书长。

10月14日　重庆市科学技术评审委员会发布《1995年度重庆市科学技术进步奖评审公告》，其中重庆市交通系统有1个项目获得一等奖，3个项目获得二等奖，6个项目获得三等奖。

10月23日　交通部批准同意筹建四川省海运有限责任公司，由重庆轮船总公司、重庆金川航运物资供应公司和四川省九光实业公司合资组建。

10月25日　渝长高速公路控制工程嘉陵江高家花园大桥和上桥至童家院子段正式开工建设。

10月　重庆公运总公司被中共重庆市委、重庆市人民政府列入重点扶持和培植的重庆市100户重点骨干企业之一。

11 月 1 日　通过组建股份公司修建的重庆大足至邮亭公路改建工程动工建设，全长 30.398 公里，按一级公路标准设计，超二级公路标准施工，总投资约 2.1 亿元。工程分两期：一期为邮亭至龙水，1997 年底前建成投入使用；二期为龙水至大足县，计划工期 3 年。

11 月 3 日　国家国有资产管理局国资产函发〔1995〕245 号文批复同意重庆渝州汽车总厂并入中国嘉陵工业集团。重庆市渝州汽车总厂和中国嘉陵集团经双方自愿，重庆市交通局同意，国家国有资产管理局、重庆市人民政府、中国兵器工业总公司批准，重庆市交通局实施跨行业的企业改组，将重庆市渝州汽车总厂以无偿划转国有资产、转让国有产权形式并入中国嘉陵集团。

11 月 7 日至 8 日　重庆市交通会计学会成立暨第一届会员代表大会在重庆渝通宾馆召开。共有 156 名会员代表参加，选举理事 38 名和常务理事 14 名，产生了第一届理事会和常务理事会。特聘重庆市交通局局长胡振业为名誉会长，重庆市交通局财务处处长禹培文任会长，聘请李忠寿、蔡奇驹为顾问。

11 月 8 日　重庆市人民政府副市长鲁善昭出席重庆市公路运输总公司投资建设的菜园坝农副产品批发市场开业典礼。该市场作为政府的“菜篮子”工程，占地 1 万多平方米，是渝中区最大的农副产品批发市场。

四川省第三届交通职工运动会在成都市开幕，重庆市交通工会按照四川省交通厅部署，选拔组成桥牌、象棋、围棋、羽毛球、田径、武术、游泳、门球、乒乓球 9 个代表队，代表重庆市 10 万交通职工参赛。在 11 月 8 日至 11 月 12 日比赛中，重庆交通代表团桥牌运动队以 168 分的总成绩获得第三名。

11 月 10 日　重庆市科学技术委员会召开公路桥梁管理系统（CBSM）的推广验收会。CBSM 系统被列为交通部“八五”科技发展通达计划和国家科委“八五”重点推广项目。重庆市公路养护总段通过两年多的应用研究，实现了 358 座公路桥梁的计算机管理，顺利通过验收。

11 月 11 日至 16 日　重庆九龙坡港二期、佛耳岩新港区滚装码头一期工程预可行性研究在交通部水运规划设计院代部审查中获得通过。

11 月 18 日　重庆市公路学会、重庆市交通局公路处、重庆市高等级公路建设指挥部主研的《公路交通重庆主结点——采用双环线过境的综合实施研究》获得鉴定通过。

11 月 24 日　民生实业有限公司成为获得海关放权的西南首家运输企业。

11 月　重庆市交通局在治理公路“三乱”工作中撤销在国道和省道上非法设置的收费、检查站卡 8 个。

12 月 1 日　晚 8 时，中共中央政治局委员、国务院副总理邹家华为成渝高速公路题词纪念碑揭幕仪式并成渝高速公路全线通车暨重庆段提前通车一周年活动在成渝高速公路中梁山隧道口举行。邹家华的题词是：“昔日蜀道难如上青天，今朝穿隧立交高速行”。题词纪念碑高 4.8 米，宽 6 米，题词镌刻在天然的旺昌红花岗岩石上。

12 月 14 日　经四川省交通厅同意，重庆市交通局开始实施交通行政执法“五统一”管理，即统一交通行政执法服装、统一执法服装标志、统一执法上岗证、统一执法标志灯和统一执法车颜色。

12 月 18 日　重庆港客运大楼客运站竣工开业。

12 月 26 日　重庆市人民政府第五十四次常务会议通过由重庆市交通局提交的《重庆市高等级公路管线条例（草案）》，并提请重庆市人大常委会审议。

12 月　国道 210 线红双段封闭工程完成。从此，国道 210 线红双段亦称重庆机场高速公路。

省道 313 线巫山段一期工程龙门至三合铺动工修建。该路为山岭重丘二级公路，一期工程全长 23 公里，为混凝土路面。总投资 500 万元，路面宽 8.5 米，预计 8 月底竣工通车。

全长 33 公里的长涪（重庆长寿至涪陵）高速公路开工建设。

在四川省交通职工书画摄影作品展上，重庆市交通局送展的20幅作品全部入选，位居获奖名次第二位，其中一等奖2件、二等奖2件、三等奖8件，其余2件获得入选奖。

同年　5条放射型轨道交通线总长约117公里的《重庆市轨道交通线网规划》列入新一轮《重庆市城市总体规划（1996~2020）》并通过国务院批准。

重庆汽车北站售票组荣获重庆市“青年文明号”称号，这是重庆交通系统第一个获得重庆市“青年文明号”称号的基层岗组。

重庆公交二公司开始实施车辆燃用压缩天然气课题研究，并在重庆城市客车上率先使用压缩天然气。

重庆北碚缙云山索道正式动工建设。

经重庆市、四川省人民政府审定，国务院批准，重庆港口管理局局长王国光从1995年起享受政府特殊津贴。

1996年

1月25日　重庆市渝达桥梁公司成立，年内改名为重庆市渝达公路桥梁总公司（以下简称重庆渝达公司）。

1月　渝长（重庆上桥至长寿）高速公路一期工程20公里动工建设。

2月1日　经重庆市人民政府同意、重庆市物价局批准，国道210线机场高速公路封闭工程竣工后，原通行费标准从零时起调整为：2.5吨以下的小车收费由原5元/车调为10元/车，2.5吨至7吨的车辆调为15元/车。

2月8日　重庆市旧城改造重点建设项目——渝中区两路口自动扶梯正式运营。扶梯长112米，提升高度52.7米，运载能力1.3万人次/小时，是当时亚洲最长的自动扶梯。

2月8日至10日　重庆市1996年交通工作会议在重庆渝通宾馆召开。中共重庆市委书记张德邻、重庆市人民政府市长助理张复出席会议并讲话。会议回顾总结了“八五”计划期重庆市交通工作，提出交通发展要与经济发展相适应，重庆“九五”计划期的交通发展规划和2010年远景目标要尽快修改完善，并要建成渝长、渝黔两条高速公路，形成以重庆为中心，各区市县为结点、高速公路国家主干道为主骨架、标准化省市公路为支架的，辐射城乡，四通八达的公路网。1996年工作的总体要求是：坚持有中国特色社会主义理论和党的基本路线，牢牢把握“二十字”工作大局，以推进“两个转变”为主线，大力加强基础设施建设，培育和发展交通运输市场，加强和改善宏观调控，抓好企业深化改革，提高对外开放水平，促进重庆市交通事业持续、快速、健康发展。

2月11日　国道212线北碚段水泥路改建工程提前28天竣工。该工程于1995年12月17日正式动工。

2月19日　为提高公共汽（电）车服务质量，重庆市公用事业局、重庆市公安局联合发布《关于公共汽（电）车施行无人售票的通告》。

3月4日　重庆市公路质量监督检测中心更名为重庆市公路质量检测中心，同时挂重庆市公路工程质量监督站牌子，行使公路工程质量监督职能。

3月6日　由四川省重庆轮船总公司与中国气垫技术开发公司共同研制的国家“八五”科技重点攻关项目——300客位钢质气垫船，经过1500公里试航行后，在国家认定的内河船舶质量监督检测中心进行全面测试，经专家鉴定获得通过，命名为“康平”号，是国内首研的最大的钢质高速气垫船。

3 月 18 日　重庆市确定 1996～2000 年（“九五”计划期）公路发展规划：重庆市公路通车里程达到 1 万公里，其中二级以上高等级公路 500 公里以上，高级、次高级路面比例超过 30%，好路率 66% 以上。

重庆市 1996 年公路工作会议在重庆渝通宾馆召开，各单位代表 260 人参加会议。会议主题是：深化改革、面向市场，努力做好“九五”计划期公路工作，为重庆市经济发展提供良好的公路交通条件。

重庆市交通出租汽车协会成立。

3 月 20 日　重庆市公共汽车电车实行单一票制、分段票制和计程票制。

3 月 28 日　重庆市第十二届人民代表大会常务委员会第十九次会议通过《重庆市高等级公路管线工程建设管理条例》。这是重庆市第一个高等级公路管线工程建设管理的地方性法规。

重庆市成渝高速公路管理处重庆收费站获得共青团重庆市委、中共重庆市委宣传部、中共重庆市委工交政治部、中共重庆市委城乡建设政治部、中共重庆市委财贸政治部、中共重庆市委精神文明办公室联合授予的“重庆市十佳青年文明号”称号。

3 月　重庆市公路运输管理系统坚持开展创建文明单位活动，重庆市运管处和下属 9 个运管所获得市级文明单位称号，12 个区县运管所获得区县级文明单位称号，实现了重庆市公路运输管理系统文明单位“满堂红”。

重庆轮船总公司海运有限责任公司第一艘海船“金满江”号建成投产。

4 月 4 日至 5 日　重庆市交通科技大会在重庆渝通宾馆召开，会议确定 1996 年为交通科技年。交通部副部长洪善祥到会讲话。会议主题是：突出“两个转变”，实施“科技兴交”战略，进一步推进交通科技工作上新台阶。大会对获得 1995 年度重庆市交通科技进步奖和重庆市交通局职工合理化建议奖的单位进行表彰，对“八五”计划期重庆市交通系统科技先进单位、支持科技工作的单位领导及 1994 年、1995 年度全国、交通部优秀质量管理小组进行表彰。

4 月 16 日　重庆市成渝高速公路管理处 5 个团支部 100 余名执法队员、收费员举行誓师大会，掀起“争创青年文明号争当青年岗位能手”高潮。

4 月 22 日　重庆市公路勘察设计院开发的《成渝高速公路重庆段数据库系统》经专家验收通过。该系统是规划在建的重庆市公路数据库的子库之一，重庆市公路勘察设计院投入 20 余人参加数据采集、分析研究、程序编写工作，历时一年多。

4 月 25 日至 26 日　重庆市交通局召集所属各企业党政工负责人在璧山县举行经济管理工作会，部署推进现代企业制度试点工作。会议要求到 2000 年，重庆交通企业要初步建立起现代企业制度。

4 月 30 日　重庆长涪（长寿至涪陵）高速公路黄草山隧道西段工程开工典礼举行。

5 月 1 日至 7 日　重庆市交通体育代表团参加重庆市第八届城市运动会，共有运动员 80 名参赛，获奖牌 129 枚，其中金杯 1 座、金牌 3 枚、银牌 4 枚、铜牌 23 枚，总积分 34 分，获本届城运会团体第八名，并获入场式表演一等奖。

5 月 8 日　重庆电车公司自行研制的电车辅助动力系统通过重庆市建设委员会的专家鉴定。该系统能使无轨电车停电后继续行驶 20 公里以上，处于国内领先水平。

5 月 16 日　国家计委主任陈锦华考察重庆港。

5 月 20 日　重庆市江北区鱼嘴至五宝公路通过验收。至此，江北区实现了乡乡通公路。

5 月 29 日　重庆市交通局在菜园坝重庆汽车站举行“文明单位授牌暨经验交流会”。中共重庆市委、重庆市人民政府授予重庆市公路养护总段等 5 个单位市级文明单位称号。至此，重庆市交通局共有省级文明单位 1 个、市级文明单位 51 个，居重庆市工业交通系统之首。

6 月 3 日　重庆轮船总公司泸州船厂首次建造的千吨级甲板驳船川甲 1001 号投入营运。

6月4日至7日　重庆市交通局举办《行政处罚法》学习培训班，重庆市交通系统运政、路政、航政、稽征、高管处、车购办科长以上干部以及各区（市）县分管法制的区（市）县领导和交通局局长率先参加学习培训。

6月5日　重庆市公路工程监理处获交通部授予的"全国交通系统先进监理单位"称号。

6月7日　交通部副部长刘松金一行在长江航务局、长航集团领导的陪同下考察重庆港。

6月11日　重庆市交通局召开重庆市交通系统1996年度QC成果评审会，评出重庆市成渝公路高管处执法二中队QC小组等4个一等奖，并推荐参加交通部评比。另外6个均是重庆市公路养护总段所属QC小组成果，获得二等奖和三等奖各3个。评委会决定授予10个QC小组"1996年度局级优秀质量管理小组"称号。

6月14日　重庆市公用事业设计研究所更名为重庆市公用事业设计研究院。

6月20日　重庆汽运总公司通过《劳动合同制实施方案》，全面推行劳动合同制。

6月25日　重庆市人大常委会、重庆市人民政府宣传贯彻《四川省道路运输管理条例》。该条例于1996年7月1日起正式施行。

6月　重庆市交通局贯彻中共重庆市委书记张德邻指示精神，在全市交通出租汽车行业开展"弘扬红岩精神，争做文明使者，光大重庆形象"文明服务活动。

7月1日　重庆市成渝高速公路管理处开始推行"青年文明号服务卡"，向驾乘人员郑重承诺"文明用语、热情服务、收费准确、秉公执法、排忧解难、高速高效"，接受社会公众监督。

7月10日　重庆市人大常委会主任于汉卿，重庆市人民政府市长刘志忠、副市长秦昌典，到渝长高速公路B、C、D、E、F等合同段施工现场考察，并针对建设中的具体问题现场办公，要求各部门确保实现5年通车目标。

7月15日　经重庆市人民政府第六十一次常务会议通过，以第83号政府令颁布《重庆市电车电杆安全管理办法》，自1996年8月1日起实施。这是中国第一部规范城市电车电杆使用行为的政府规章。

7月16日　重庆市首次采用股份合作制修建、重庆市"八五"期重点交通建设项目——合川涪江二桥建成通车。该桥连接国道212线，桥型为钢筋混凝土箱形拱桥，全长2270.5米，其中主桥长544.5米，桥宽24.5米，总投资8516万元，是四川省最大的山区公路桥。

7月17日　重庆市人民政府授权重庆市交通局在菲律宾马尼拉与亚洲开发银行签订了国道主干线重庆童家院子至綦江雷神店高速公路项目的贷款协定草本。

7月18日　重庆渝宏公路工程总公司（以下简称重庆渝宏公司）组建成立。

7月23日《重庆市高等级公路管线工程建设管理条例》获四川省第八届人大常委会第二十一次会议正式批准。

7月28日　重庆市公用事业局所属企业事业单位在重庆市率先推行社会服务承诺，分别聘请乘客监督员进行服务质量监督。

7月　重庆市人民政府授予张家滩公路道班"重庆市交通系统创建文明行业示范窗口"称号。

8月24日　中共重庆市委书记张德邻给重庆市公用局、重庆市交通局、重庆市公安局领导写信，要求把重庆出租汽车行业建设成为流动的精神文明风景线。

8月30日　重庆市交通局召开所属"窗口行业"单位领导干部会，学习贯彻中共重庆市委书记张德邻的指示精神，部署安排交通行业"讲道德、树正气、立新风"活动。

8月　《重庆市总体规划》确定在长江、嘉陵江上建设16座大桥，正在建设中的有李家沱长江大桥和高家花园嘉陵江大桥。

9月13日　重庆市公用局制订《共建出租汽车行业精神文明风景线规划纲要》，提出语言文明等九大文明工程，并将出租汽车行业精神文明风景线建设分为近期、中期、远期3个阶段。

9月15日　根据中共中央、国务院批复，重庆市受四川省委托，正式代管万县市、涪陵市和黔江地区。随后，重庆市交通局对万县市、涪陵市、黔江地区的交通系统实行代管。

9月18日　重庆市公用局召开有100余家出租汽车经营单位负责人、私车组代表共170余人参加的“共建出租汽车精神文明风景线”誓师大会。

9月19日至21日　中共中央政治局常委、书记处书记胡锦涛在四川省、重庆市主要领导陪同下，乘坐朝天门三码头缆车，乘坐重庆轮船总公司新建造的钢铝质高速气垫船“康平”号视察三峡库区。在船上，胡锦涛欣然提笔为重庆轮船总公司签名留念。在长江上接待党和国家领导人的航行，是这艘高速气垫船仅有的一次航行。胡锦涛还在涪陵冒雨视察了三峡库区淹没水位线和涪陵长江大桥建设工地。

9月20日　重庆港口管理局与长寿县人民政府在重庆港大厦礼堂举行重庆港兼并长寿县第一搬运公司的签字仪式，成立重庆港长寿港埠公司。

9月22日　由重庆市重点公路建设指挥部、西南交通大学承担的国家“八五”科研攻关项目《公路长隧道纵向通风研究》通过国家计委组织的鉴定验收，填补了中国对公路长隧道纵向通风研究的空白。

9月26日　重庆市运管处决定在交通出租汽车行业中评选“十佳出租汽车文明驾驶员”，同时通报表彰首批10名“十佳”出租汽车文明驾驶员。

9月　重庆市企业改革指导委员会批准永川汽运总公司《现代企业制度试点实施方案》。

四川省川东轮船公司“大庆”号旅游轮青年船长向用智（时年34岁）获中国海员工会授予的“优秀船长”称号，荣获全国第五届“金锚奖”。

10月1日　经重庆市人民政府批准，重庆市交通局将国道210线重庆市红双段51%经营权转让给香港亿钜国际有限公司，港方出资人民币23460万元，以美元现汇到位。重庆高速公路开发总公司（以下简称“重庆高开司”）以余下经营权作价占49%股份，与港方共同组建重庆机场高速公路实业有限公司，这是重庆市交通系统第一家引进港资的合作经营企业。即日正式开业，收费经营期为24年。

10月8日　由重庆市财政局、重庆市交通局确定扶持的1996年“扭亏有望企业”技改项目之一，重庆翻胎厂再生胶高压脱硫煤加热项目，在第一罐试产合格后，正式投入生产。再生胶高压脱硫煤加热项目可使月产量提高15~20吨，全年可增产180吨再生胶。

10月14日　重庆市人民政府颁发《重庆市高等级公路建设征用土地分级责任暂行办法》。

中共中央政治局委员、国务院副总理邹家华带领中国三峡工程建设移民及对口支援工作会的代表团前往丰都考察。代表团乘坐万县川东轮船公司“大为”号客轮时，邹家华题写“安全航行，优质服务”字幅赠勉。10月15日下午，邹家华考察建设中的丰都长江大桥，并题写“丰都长江大桥”桥名。

10月18日　中共中央政治局常委、国务院总理李鹏视察涪陵长江大桥建设工地，并题写“涪陵长江大桥”桥名。

10月28日　由中国船舶科学院研究中心702所设计，重庆客轮总公司船厂制造的中国第一艘全国产化，用于内河客运的高速水翼艇“歌乐山”号建成下水试运行，结束了俄罗斯水翼艇在川江航运上一统天下的局面。

10月　重庆交通学院以优异成绩通过全国高等院校“校园文明建设”检查验收，并获得四川省教委颁发的“校园文明建设优秀单位”称号，成为交通部部属院校中第一个通过此项文明创建验收的院校。

11月4日　交通部交公路发〔1996〕21号文件同意重庆上桥至长寿64公里设计标准由一级公路调整为高速公路，至此，渝长路全线85公里均为高速公路。

11月7日 交通部在重庆市举办国家科委“九五”科技成果重点推广项目推广交流会，重庆交通学院、重庆市交通局、重庆市渝通公路工程总公司共同承担完成并获得多项奖励的《高等级公路机械化施工与机械化综合作业定额技术》项目得以在全国推广应用。

11月22日至27日、12月3日至6日 国家计委分别派员考察川黔路童家院子至雷神店段，确定：川黔路不利用国家开发银行贷款，可节省建设期贷款利息3.35亿元；工程建设年限由6年调整为5年，建设期物价涨价预备费可节约1.27亿元；童家院子至界石段采用预留工车道路面，首期先铺设4车道路面，可节省路面工程费0.38亿元；本项目投资由38亿元调整为33亿元。

11月27日 重庆市交通系统“红岩颂”诗歌散文朗诵赛在重庆渝通宾馆举行。重庆船厂、成渝高速公路管理处获得比赛组织一等奖，永川汽运公司、重庆汽运公司、重庆公运公司、公路监理处、渝通宾馆获得二等奖，其余8个参赛单位均获三等奖。

11月 重庆市成渝高速公路行政执法二中队QC小组、重庆翻胎厂综合QC小组、重庆市公路工程总公司国道108线广北合同段QC小组、重庆市公路养护总段璧山段双碾道班QC小组获“1996年交通部优秀质量管理小组”称号。

12月11日 重庆市公用事业局下发《关于颁发小公共汽车暂行管理办法的通知》，该办法于1997年1月1日实施。

12月12日 重庆港口管理局被交通部授予“全国交通系统学习青岛港标兵”称号。

12月14日 交通部部长黄镇东、交通部计划司司长刘鹏到重庆市交通局，专门听取重庆市“九五”计划期交通发展与建设汇报。黄镇东表示，交通部大力支持重庆市加快建设“两纵两横三条线”在重庆的路段，“九五”计划期没有完成的项目全部列入“十五”计划。次日，黄镇东考察了重庆港九龙坡港埠公司、客运站和佛耳岩、寸滩新港区等。

12月17日 中共中央政治局委员、国务院副总理吴邦国在重庆渝长高速公路高家花园嘉陵江大桥考察，交通部部长黄镇东、国家计委主任陈锦华、中共重庆市委书记张德邻、重庆市人民政府代市长蒲海清陪同。在高家花园嘉陵江大桥工地现场，吴邦国听取了重庆市交通局局长胡振业对高速公路建设规划实施的汇报，对施工管理表示满意，并称赞“质量好、技术硬是交通部施工队伍的本色”。

12月19日 由重庆市公用局、重庆市公安局组成的主城区中型客车整顿联合执法队正式上岗检查执法，由此拉开了整顿主城区中型客车的序幕。

12月20日至21日 交通部部长黄镇东在重庆市和涪陵市领导陪同下，考察即将合拢的涪陵长江大桥和建设中的万县长江大桥。

12月30日 重庆港猫儿沱港区技改工程通过验收，新增吞吐能力76万吨。

12月 重庆公运总公司大件分公司驾驶员刘南丰被评为1996年度“四川省交通厅先进职工”。

重庆交通学院、重庆高等级公路建设指挥部、重庆市公路工程监理处、重庆市渝通公路工程总公司主研的《横张预应力砼梁工艺及性能实验研究》项目获得鉴定通过。

重庆船厂新的领导班子实施水陆并进战略，组织开发的“高速公路防撞护栏”新产品项目，获专家论证通过。

重庆市运管处为使“流动的精神文明风景线”常留山城，出台《出租汽车清洁座套使用管理规定》和《评选十佳出租汽车文明驾驶员实施办法》。

同年 重庆市运管部门制定培育和发展重庆道路运输市场的规划，在重庆市3级以上客运站派驻运管人员。

交通部将原重庆港航监督局代管的万县长江港航监督局明确为直属局。管辖范围是上自忠县叉溪口下至巴东庙河之间的长江航段，全长389公里。

秀山县境内的国道319线洪安至雅江9.8公里路段建成通车，为山岭重丘三级公路，沥青路面。至此，秀山县境内的国道319线82公里全部实现路面硬化。

重庆港口管理局被评为1995年度“长航全线双文明建设先进单位”。经重庆市技术监督局、重庆市经委、重庆市质量管理协会评定，重庆港口管理局被评为“质量效益型企业”。重庆港口管理局还被交通部评为全国交通系统“‘八五’期节能先进企业”。

重庆电车公司开行486路，运行渝北区人和镇至渝中区两路口，是该镇第一条公共客运专线。应江北区人大、政协委员要求，开行430路环线小公共汽车，运行江北区嘉陵化工厂至渝州大学，结束了董家溪地区不通公交线路的历史。

重庆轨道交通2号线项目可行性研究报告、环境评价报告完成。

重庆市70岁以上离休老干部凭国务院颁发的离休荣誉证和革命伤残军人凭革命伤残军人证，可以免费乘坐市内公共汽（电）车月票线路。

1997年

1月1日　重庆港客运站投资400多万元的客运微机信息系统正式开通，为规范重庆市水上客运市场管理创造了条件。

1月11日　重庆客轮总公司研制的第一艘国产快速客轮——“歌乐山”号水翼船试航成功。

1月12日　重庆李家沱长江大桥建成通车，大桥总长10.24公里，其中跨江大桥全长1350.11米，主桥为双塔双索面预应力混凝土梁斜拉桥，双向4车道。1991年开工修建。

1月17日　中共重庆市委常委会充分肯定了重庆市交通局制订的《1997~2020年重庆市“大”字形骨架公路网建设规划》。

1月20日　丰都长江大桥建成正式通车。该桥是中国第一座单跨浅加劲式钢桁梁大跨度悬索桥，全长620米，跨径450米。

1月20日　四川省精神文明建设办公室命名万县市交通局为1995~1996年度的“最佳文明单位”。

1月27日　重庆市物价局调整出租小汽车基本公里和起租费。基本公里由5公里调整为3公里；起租费由每车次3元调整为第一档次车（桑塔纳类）2.2元，第二档次车（夏利类）1.8元下浮为1.4元，第三档次车（奥拓类）1.4元。

1月28日　重庆市交通局与合川市、长寿县县（市）长签订协议，正式将其辖区内市级公路养护管理队伍成建制下放，将303.06公里市管公路下放移交，由当地政府统一养护、建设和管理。

1月30日　中共重庆市委书记张德邻致函渝江出租汽车公司刘富碧等10位共产党员出租车驾驶员，指出“出租汽车行业，是一个关系着千家万户切身利益的特殊行业，它是城市形象的重要窗口和城市文明程度的重要尺度”。

1月　原四川省属在渝事业单位划转重庆市对口的各部门管理，其中四川省交通厅嘉陵江航道处、合川航道段、重庆航道段、广安航道处在合川航道的管理及人员划转重庆市航运管理处。同时重庆市航运管理处对涪陵航务、港监处，万县航务、港监处，黔江航务管理处行使行业管理。

2月5日　重庆市人民政府重府发〔1997〕27号文件印发《关于加强我市出租汽车新增发展管理工作的通知》，重申新增出租汽车必须坚持重庆市人民政府宏观总量控制、计划发展、有偿限期使用的原则，凡未经重庆市人民政府批准，任何地区、部门、单位都无权审批。重庆市新增出租汽车，要按规定实行公开招标。

2月6日　中共重庆市委书记张德邻到渝江出租汽车公司参加“弘扬红岩精神，塑当代重庆人，共建社会主义精神文明风景线”座谈会。

2月17日　重庆市1997年交通工作会议在重庆渝通宾馆召开。中共重庆市委、重庆市人民政府将1997年确定为“交通建设年”，重庆交通要实现“一年起步打基础，十年渝州变通途”，优先建设国家主干道“两纵两横三条线”在重庆境内的主骨架公路。发展思路是：围绕移民与脱贫、开发，统筹规划，适度超前，因地制宜，内联外接，形成网络。通过若干年的奋斗，形成以重庆为轴心，西接成渝路及四川遂宁高等级公路，东出万县苏拉口接上海高速公路，南下川黔路打通西南出海大通道及长涪高等级公路经319线国道达黔江至湖南，北上渝邻路连通四川广安接川北公路，国道212线沙坪坝区至四川武胜同四川省高等级公路交汇，辅之以库区公路网和各区（市）县之间的等级路；形成港口、码头功能较为齐备的长江干支流航运繁荣的景象。

2月　忠县县城至与梁平交界处的33.5公里公路改造竣工。该路段属省道203线广元至彭水公路，改建后，其中8.14公里为平原微丘二级路。

重庆市公路养护总段主研的《重庆市公路桥梁管理系统（CBMS）应用研究》和《EPS复合改性沥青研究》项目获重庆市科学技术进步奖二等奖。

3月13日　由于在“八五”计划期间合理化建议工作成绩突出，重庆市总工会授予重庆市高等级公路建设指挥部“重庆市合理化建议技术改进活动模范单位”称号。

3月14日　第八届全国人民代表大会第五次会议通过设立重庆直辖市的决议，重庆直辖市管辖原四川省重庆市、万县市、涪陵市、黔江地区所辖区域。

重庆市交通局与綦江县、铜梁县、渝北区、潼南县、永川市、荣昌县、双桥区、大足县等8个区县（市）人民政府签署协议，正式将这8个区县（市）辖区内市级公路养护管理队伍成建制下放，将境内835.5公里市管公路全部下放移交，由区县（市）人民政府统一养护、建设和管理。

3月18日　重庆市梁平县境内省道城口至黔江公路新店子至陶关段改造工程竣工并投入运营。该路段长23.2公里，为山岭重丘二级路，水泥砼路面。

3月20日　重庆成渝高速公路管理处收费员程奉康被重庆市总工会授予“重庆市十佳文明职工”称号。

3月25日　重庆市1997年“交通建设年”现场会暨公路工作会在黔江地区举行。重庆市人民政府副市长李德水出席大会并讲话。会议主题为：抓住机遇、扎实苦干，为实现重庆公路“一年起步打基础、十年渝州变通途”的目标而努力奋斗。

3月28日　重庆市运管处设置“一站式”办公。

4月3日　原党和国家领导人杨尚昆、杨白冰、廖汉生一行由潼南县返回重庆市区途中，在成渝高速公路大足邮亭收费站停留休息。杨尚昆等观看了《向重庆市十佳文明职工永川收费站收费班长程奉康同志学习》的黑板报，并在黑板报前拍照留念。

4月5日　重庆市交通局在渝中区解放碑举办“重庆交通系统交通建设年”宣传咨询日活动。从上午8时起，市民陆续来到展板处参观咨询。上午10时，重庆市人大常委会副主任章必果到宣传咨询日现场参加活动。

4月7日　因重庆直辖，行政区划调整，重庆市工商局、重庆交通局批准四川省重庆汽车运输总公司更名为重庆市汽车运输总公司。

4月8日　渝黔高速公路一期项目（重庆童家院子至雷神店）亚行贷款协议在马尼拉亚行总部正式签约。亚行将向该项目提供1.5亿美元贷款，期限20年。

4月10日　重庆市交通局与重庆市公路养护总段等5个二级责任单位签订1997年城市管理目标责任书。

4月16日　重庆市社客处召开首场共建出租汽车行业精神文明风景线先进事迹报告会。

4月25日　交通部副部长刘锷在重庆市交通局领导陪同下考察涪陵港口码头情况。

中共重庆市交通运输委员会、重庆市交通局、重庆市交通工会在重庆渝通宾馆召开1997年

“五一”劳动模范座谈会，与会20名劳模代表一致通过给重庆市交通系统职工的倡议书。

4月30日　在重庆市出租汽车行业精神文明建设现场会上，重庆市运管处决定投入6万元，首批推出21辆配置语音服务器和自动打票机的出租车，为出租车文明服务增添设施。

4月　交通部将直辖后的重庆市列为国家经贸委立项的“公路、水路运输全行业统计信息系统”推广示范单位。

5月1日　重庆石柱土家族自治县公路养护管理段油草河道班班长、四川省劳动模范冉茂强获得全国“五一劳动奖章”。

5月4日　成渝高速公路管理处重庆收费站荣获交通部、共青团中央联合命名的1995～1996年“全国青年文明号”称号，这是重庆地方交通系统第一个获得“全国青年文明号”称号的基层岗组。成渝高速公路西段管理处永川站、重庆汽车站微机售票组、永川汽车南站以及重庆市第一公交公司共青团118路队1120号荣获共青团重庆市委等单位联合命名的“重庆市青年文明号”称号。

5月7日　重庆市人民政府代市长蒲海清考察渝长高速公路（重庆主城至长寿县）上桥至童家院子20公里城市外环段6个合同段的施工现场。

5月15日　菜园坝地区交通秩序整治拉开序幕。重庆市交通局决定此次整治重点是汽车站内的站务秩序和客运车辆的运输秩序。

5月20日　交通部副部长洪善祥率领交通部的“反三违活动月”安全检查组到重庆市检查长江航运特别是高速船安全生产工作。洪善祥指示，高速船进港停靠半小时即又出航，无法保证检查维修时间，对此安全隐患应引起重视。

重庆公交一公司103路队、中共重庆市委警卫连首条军民共建公交精神文明线正式挂牌，是中共渝中区区委、渝中区人民政府“十个一”双拥工作示范工程之一。

重庆市黔江地区太升轮船公司二期技改工程建成的第一艘豪华旅游客轮——“太升6号”轮接受重庆市“文明窗口示范单位”和黔江地区“文明船舶”命名授牌仪式在重庆朝天门三峡宾馆举行。

5月21日　蒲海清在重庆市人民政府市长办公室接受新闻记者采访表示，重庆市的高速公路建设，勘测设计第一难，施工建设第二难，拆迁征地难上难。他呼吁父老乡亲放远眼光，支持修路，为新重庆发展做出努力。

5月23日　四川省永川汽车运输总公司改制，更名为重庆长途汽车运输有限责任公司（以下简称重庆长运有限公司），将原汽车站变更为分公司。

5月28日　重庆市运管处印发《成渝线文明客车标准》和《成渝线文明客运站标准》。

6月4日　重庆市交通局所属37个女职工窗口岗位在菜园坝重庆汽车站接受“巾帼文明岗”授牌，重庆市妇联、重庆市文明办联合进行命名表彰，为重庆市交通系统创建“巾帼文明岗”活动拉开序幕。

6月6日　重庆机场高速公路实业有限公司在重庆渝通宾馆举行“庆直辖迎回归”歌咏比赛，高歌改革开放，庆祝重庆直辖，喜盼香港回归。

6月12日　重庆轮船总公司海运分公司万吨级集装箱多用途货船“金满渝”号海轮完工出厂，标准箱位672个，功率6300千瓦。

6月26日　由中共重庆市交通运输委员会主办的重庆市交通局系统机关“庆直辖，迎回归”七一歌咏大会在重庆实验剧场举行。来自交通战线21个企业事业单位的基层职工870余人先后演唱《春天的故事》《歌唱祖国》《长江之歌》《中国，中国，鲜红的太阳永不落》等爱国主义歌曲，表达交通职工对重庆直辖的喜悦心情和对香港回归祖国怀抱的由衷祝福。

万县交通稽查征费处获得中共四川省委、四川省人民政府授予的最佳省级“文明单位”称号。

重庆市交通局与巴南区政府签署协议，正式将巴南区辖区内市级公路养护管理队伍成建制下放，将境内市管公路全部下放移交给当地政府，由当地政府统一养护、建设和管理。至此，除近郊6个区外，重庆市在15个区（市）县的市级公路养护管理队伍和市管公路全部成建制下放移交给各区县（市）政府。

6月28日　万县长江公路大桥建成通车。该桥为上承式钢管劲性骨架钢筋混凝土箱形拱桥，桥长856.12米，桥面宽24米，主拱净跨420米，可通行万吨级轮船，是世界同类型桥梁单跨径最大的拱桥，是交通部规划的国道主干线重要组成部分，三峡库区移民的重要交通枢纽，总投资3.25亿元，由国务院总理李鹏题写桥名。

6月30日　渝长（重庆至长寿）高速公路二期工程65公里动工建设。

缙云山旅游索道正式开通运营。索道下站设于北温泉镇团山堡，上站设于缙云山风景区大门，总长1974.63米，单面运行时间27分钟。

7月25日　重庆开县境内城口至黔江公路高桥至兼善12.22公里路段改建成二级水泥砼路。

7月29日　重庆市交通局印发《重庆市交通科学技术进步奖励办法》，自1998年8月1日起施行。

7月30日　重庆市交通局信息化工作领导小组成立，组长由重庆市交通局局长胡振业担任，副组长由蒙进礼、程永富担任。成员有局机关各处室、有关局属事业单位负责人。办公室设在重庆市交通局信息通讯总站，由程永富担任主任。

7月30日　重庆市人民政府任命王国光为重庆港口局局长。

7月　重庆市交通战备办公室成立，作为省级交通战备办公室，设置在重庆市计划委员会能源交通处，由孙力达担任主任，有兼职工作人员一名。

《重庆市公路养路费征收管理条例》开始立法起草工作。

8月12日　重庆市交通局表彰奖励获得重庆市交通科学技术进步奖的项目单位和个人。重庆市交通局科学技术进步奖评委会评选出重庆市交通科学技术进步奖项目16个，其中一等奖4个、二等奖7个、三等奖5个。

8月15日　重庆市交通局在重庆汽车站会议大厅召开“讲文明树新风”活动动员大会，重庆市交通窗口行业有关负责人及市内多家新闻单位参加大会。重庆市交通局精神文明领导小组对开展“讲文明树新风”活动做出具体布置。

8月18日　国道210线石双段（重庆市渝北区石鞋至双桥段）改造工程破土动工。石双段全长21公里，技术等级采用山岭重丘二级公路标准，路基宽8.5米，路面宽7米，路面结构为水泥砼，总投资3800万元，计划1998年底前建成通车。

8月20日　重庆市公用局及社客处召开重庆市主城区出租汽车行业共建出租汽车行业精神文明风景线表彰暨深入开展讲文明树新风活动大会，重庆市交通局召开畅谈中共重庆市委书记张德邻关于出租车流动的精神文明风景线公开信发表一周年座谈会，进一步促进重庆出租汽车行业精神文明建设。

重庆汽运总公司与万县汽运公司研究商定，两个运输公司共同开展创建重庆至开县“文明运输线”的优质服务竞赛活动。

8月25日　重庆市交通局印发《重庆市道路危险货物运输管理实施细则（试行）》，从发布之日起施行。

8月29日至9月6日　重庆市交通局检查指导龙宝、天城、五桥、开县、云阳、奉节、巫山、巫溪等区县交通工作，充分肯定巫溪县自力更生、大办交通取得的成绩，同意加大对巫溪县公路建设的资金投入和政策倾斜。

9月11日　以俄罗斯运输部航道局局长、内河总局副局长舍尔什涅夫为团长的俄罗斯运输部内河航道团一行6人从北京飞抵重庆，进行为期7天的重庆至武汉长江航道考察。这是自苏联解体以来俄罗斯对中国内河航道的首次访问考察。

9月17日　“高速公路防撞护栏”生产线在江北区青草坝重庆船厂投产开工。该生产线是重庆市交通局扶持重庆船厂调整产品结构、开发陆上产品、摆脱亏损局面建成的。

9月21日至9月26日　重庆市交通局对黔江地区重点公路建设、通乡公路建设、公路养护管理进行检查。

9月22日至24日　重庆市交通局对渝长高速公路全线进行为期3天的季度检查，进行现场办公，要求各施工单位在确保质量前提下确保城市外环段年底通车。

9月24日　交通部批准重庆汽车站、重庆汽车北站、重庆南坪汽车站、重庆涪陵汽车站、重庆大足汽车站为一级车站。

重庆市交通局制订《交通运输企业实施再就业工程方案》。

9月30日　中共重庆市委书记张德邻、重庆市人民政府市长蒲海清在重庆渝州宾馆会见在渝考察并洽谈交通合作项目的香港中信泰富有限公司董事会主席荣智健。

9月　在重庆市《行政处罚法》电视知识竞赛中，重庆市交通代表队与西南政法大学代表队获得并列第二名。

重庆市成渝高速公路管理处永川收费站荣获重庆市“青年文明号”称号。

10月6日　重庆市物价局印发《重庆市物价局重庆市公用事业管理局关于调整嘉陵江、长江索道票价的通知》，嘉陵江索道普通票价由0.8元调整为1.2元，优惠票仍为0.6元；长江索道普通票价由1.2元调整为1.5元，优惠票仍为1元；凯旋路电梯上、下票价调整为0.5元，学生月票仍为15元。

重庆市丰都航道处工会副主席张公度反映山村乡民庆祝香港回归的摄影作品《喜讯传山村》，入选“普天同庆迎回归”摄影比赛。张公度是四川省和重庆市摄影家协会会员，摄影作品曾获得国家级“国光杯”西南片区摄影艺术比赛三等奖。

10月7日　交通部交函体〔1997〕378号文件复函重庆市交通局指出：公路养路费采取征收燃油附加费的办法是《公路法》确定的改革方向，在燃油附加费征收之前，交通部门要继续做好养路费的征收工作，稳定征稽队伍，并制定完善相应的法规规章。根据这一指示精神，《重庆市公路养路费征收管理条例》从7月开始起草，到10月完成起草上报工作，并经重庆市人民政府市长常务会议通过。

10月9日　重庆市交通局、民航重庆市管理局、渝北区人民政府在重庆江北机场会议厅共同举行“共建北大门地区出租汽车文明风景线”动员大会。

经过经营单位推荐，活动领导小组考查评定，重庆市运管处、重庆市出租汽车协会命名表彰在“庆直辖迎回归 我为重庆添光彩”活动中涌现出的“十佳”文明驾驶员。

10月8日至11日　第八届全国计划单列市车购费征管工作研究会在西安市召开。重庆市、大连市等10个单位在会上先后发言交流工作经验。会议继续推举重庆市为下届全国计划单列市车购费征管工作研讨会会长和秘书长。

10月16日　重庆市交通局下发《关于1997年优秀质量管理小组的通知》。经各单位推荐，评选出一等奖2个、二等奖4个、三等奖3个。

10月17日　重庆市人大常委审议通过《重庆市公路养路费征收管理条例》，以重庆市第一届人民代表大会常务委员会第10号公告公布，自1997年11月1日起施行。同日，重庆市交通局召开贯彻实施《重庆市公路养路费征收管理条例》新闻发布会。

10月20日　重庆市交通局荣获“1997年重庆市优秀QC小组”称号；程永富荣获“1997年重庆市质量管理小组活动优秀推进者”称号；重庆汽车站现场QC小组荣获“1997年国家级优秀

QC质量管理小组”称号。

10月22日　重庆市交通局在重庆渝通宾馆举办的重庆交通系统《公路法》培训班正式开课。

10月24日至26日　重庆市港航监督处举办重庆直辖后第一次技术船员职称考试。重庆市有2200多名考生参加了笔试和实作考试。

10月25日　重庆市第一条公共汽、电车专用车道在沙坪坝区实施。该车道全长约1.8公里，陈家湾经沙坪坝三角碑转盘至小龙坎、小龙坎至石小路口、双巷子至三角碑转盘三条单循环道上允许公共汽、电车逆向行驶，并划出专用车道线。

10月26日　交通部全国干线公路检查团结束对重庆市国省干线公路检查，历时4天，行程1000多公里，对重庆市境内952公里的国道210线、319线、318线和99公里的省道205线、108线、203线等共计13条干线公路实施检查。

10月28日　重庆市交通局召开交通科技进步奖颁奖大会，重庆市交通局、重庆市科学技术委员会、重庆市技术监督局等单位领导为获得“重庆市科技进步奖”“优秀质量管理小组”的单位和个人颁奖。

10月30日　在深入调查10月8日、20日长江水域连续发生的两起海损事故后，交通部在重庆市召开三峡库区船舶安全和防治污染工作紧急座谈会。10月8日，赣抚州油0005轮在长江小庙水域触礁破损，149吨纯苯泄漏入长江。10月20日，四川省南溪2号在长江涪陵水域触礁，270吨四氯化碳沉没。江泽民和胡锦涛相继做出重要批示，要求查出隐患，防患于未然。国务院高度重视，交通部紧急派员与重庆市人民政府组成联合调查组开展调查。

10月　重庆汽运公司二分公司驾驶员周英福荣获“重庆市十大杰出技术能手”称号。

11月7日　重庆市交通局在重庆渝通宾馆召开企业改革工作会，传达重庆市中小企业改革工作会议精神。会上，重庆公运总公司、重庆长运有限公司、合川市汽车运输有限公司等单位介绍了经验。

11月10日　重庆大邮高等级公路有限公司（渝港合作企业）在渝通宾馆举行成立暨开业典礼，重庆市人民政府市长蒲海清出席。

11月11日　香港西普机械有限公司与重庆市交通局物资处、重庆交通物资供应站联合举办1997年西普工程机械技术交流会。德国威克公司、捷克斯特公司与参会代表进行技术交流。

11月12日　重庆李家沱长江大桥经营权出让给香港中信泰富有限公司，出让费16.6亿元，出让期限20年。

重庆市高等级公路建设领导小组在重庆渝通宾馆举行渝黔高速公路项目建设合同签字仪式暨开工动员大会。为在“交通建设年”加大交通发展，重庆市高等级公路建设领导小组人员做出调整：重庆市人民政府市长蒲海清任组长，副市长李德水、吴家农任副组长。担任成员的市政府各委局负责人也相应作了调整。

11月20日　渝黔高速公路一期工程重庆童家院子至綦江雷神店89公里路段实现预开工。

11月24日　重庆市万县五桥民用机场经国家批准立项建设。

11月26日　中共重庆市委办公厅、重庆市人民政府办公厅对重庆市公路学会、重庆市高等级公路建设指挥部承担的“国道主干线公路——渝长公路优化设计”课题给予重庆市“金桥工程”优秀项目表彰奖励。

11月27日　重庆市人民政府副市长许忠民授权重庆市交通局局长胡振业与大邮高等级公路有限公司签订《建设及经营大邮高等级公路特许权协议》。

重庆市人民政府下发《关于出租汽车管理有关问题的通知》。重庆市出租汽车的发展，由重庆市人民政府实行总量控制。万县区、涪陵区、黔江区的出租汽车，由当地政府根据本地情况自行批准有偿投放。将万县区、涪陵区、黔江区的道路运输管理机构纳入重庆市交通局，并对出租汽车进行统一管理。

11月28日 重庆汽运总公司、重庆汽车站、四川省广元市汽车运输总公司苍溪公司共建的重庆至苍溪文明运输线在重庆市沙坪坝汽车站开通。

11月 历时两年时间，《黔江地区航运志》正式出版。这是黔江地区第一部比较全面的航运志，上限追溯至明、清以至更久远年代，下限至1995年，记载了黔江地区航运、港监历史。

由李先彬、任林作词、作曲家刘青谱曲的《车购费之歌》经过交通部财务司审查，进入后期制作阶段，即由重庆市车购办承办制作成录音带和CD光盘，在全国车购费征管行业发行，作为全国车购费征管系统的行业歌曲。

12月1日 重庆市公用事业局批准成立重庆市公用事业管理局IC卡发行站，由重庆市公用事业局财务处和设计研究院共同负责IC卡的编码注册和发行监管工作。

12月8日 重庆市公用事业局批复同意将原属重庆公交二公司的北碚站从母公司分离，组建国有独资的重庆市第五公共交通有限公司，隶属重庆市公用事业局。

12月16日 重庆市交通局召开“讲文明，树新风”动员会，重庆市交通局局长胡振业对“讲文明，树新风”第二阶段做出具体部署。

12月18日 重庆汽车站按照交通部1996年颁布的新标准开展创建文明活动，获得交通部文明车站称号，成为重庆市直辖后第一家部级文明车站。

民用航空万县梁平至广州航线开通。

12月19日 重庆市人民政府办公厅印发《关于规范主城区客运称序的通知》。

12月20日 由聂荣臻元帅题写桥名的江津长江公路大桥建成通车。该桥为预应力砼连续钢构桥，桥长1360米，最大跨径为240米。桥面宽21.5米，其中车行道15米、分隔带1.5米、人行道2×2米。

12月23日 万县港红溪沟货运港区一期工程开工兴建。

12月24日 成渝高速公路重庆段通过国家验收，被评为优良工程。

12月27日 上午，重庆市公用事业局在重庆市委小礼堂主持出租汽车指标拍卖活动，共拍卖700台出租汽车指标，指标经营权期限为8年，单车指标最高买受价为27万元，共拍卖价款1.6亿多元，全部上缴重庆市财政。

12月28日 国道319线涪陵至秀山段改建工程实现全线通车。

12月31日 重庆汽车站现场QC小组荣获“1997年交通部优秀质量管理小组”称号。

重庆市交通局、重庆交通学院主研的《重庆市公路主枢纽总体布局规划研究》项目获得鉴定通过。

12月 重庆市稽征处在重庆市范围内推出征费期社会承诺服务制，即在征费期间的双休日、节假日不休息，一律照常办公，并向社会公布实施社会承诺服务的公开电话，接受上级部门与车主的检查和监督。

重庆市公路养护总段主研的《重庆地区公路水毁机理及防御系统研究（山洪对公路桥梁的破坏机理及计算模式研究）》项目获得交通部科学技术进步奖三等奖。

1956年创办的省部级重点中等专业学校——重庆河运学校，经过教学专业结构调整，经交通部批准，正式更名为重庆交通学校。

同年 重庆市交通局对高速公路开发总公司进行重组，日常业务由重庆市交通局外经外事处归口管理。

重庆市公路运输管理处研发的《重庆市汽车维修行业管理信息系统》获重庆市交通科学技术进步二等奖。

重庆公交五公司成立北碚至解放碑的502空调大巴路队，在公交行业中首创导游、航空式服务，成为高速公路上的一道精神文明流动风景线。

经重庆市公用事业局批准，重庆市康福来总公司先后将所属车辆167辆（中型车84辆、小型车74辆、大客车4辆、公务车5辆）交重庆市出租汽车总公司转贷380万元，安置职工100人，其余300名职工由重庆公交一、二、三、电车公司无偿安置，并处理了钦州购置土地所欠债务。

经重庆市公用事业局、渝中区沿江综合整治工程指挥部、重庆市客轮总公司三方协商，重庆市公用事业局同意望龙门缆车的善后纳入当年滨江路的续建计划统筹安排。至此，望龙门缆车结束了53年的客运服务历史。

重庆市开县境内重庆至巫山公路巫山坎至临江37.27公里路段，改建成二级水泥砼路。

重庆市黔江区境内国道319线改建工程历时8年后全面竣工。改建后的国道319线路面全部硬化，达到平原微丘三级标准；打通3个隧道，放弃4段旧线，境内里程由原130公里缩短为98公里，行车速度提高到每小时50公里。

重庆市忠县境内的省道304线石柱至遂宁公路忠石界至忠垫界全长90公里的改扩建工程竣工，将原四级泥石路改建为山岭重丘二级公路57公里和三级水泥砼路33公里。

重庆市成渝高速公路行政执法二中队QC小组、重庆翻胎厂综合QC小组、重庆市公路工程总公司国道108线广北合同段QC小组、重庆市公路养护总段璧山段双碾道班QC小组荣获“1996年交通部优秀质量管理小组”称号。

重庆长江三峡轮船公司涉外游轮“长江金龙”号荣获交通部授予的“全国文明客船”称号。

重庆市交通征费稽查局研发的《规费征收管理信息系统》项目获重庆市科技进步奖二等奖。

1998年

1月1日　重庆长寿至涪陵高速公路工程全线开工建设。

1月7日至9日　交通部副部长刘松金率春运安全检查组到重庆市检查长江沿线春运安全工作。

1月5日至7日　重庆市1998年交通工作会议在重庆渝通宾馆召开。中共重庆市委书记张德邻、重庆市人民政府市长蒲海清等领导出席会议并讲话。会议主题为：以中共十五大精神为动力，促进重庆交通大发展。会议要求按照交通发展“九五”后3年主要目标任务，初步形成以高速公路为主骨架、二级路为支线的四通八达的公路交通网，进一步激发交通战线全体职工振奋精神，拼搏进取，真抓实干，全面完成1998年交通工作各项任务。

1月12日　重庆渝通公路工程总公司自行组织制造的JQ160型专用公路架桥机，每小时能架设1片50米长、150吨重的桥梁大梁，在渝长高速公路C合同段施工现场一次吊装成功。

1月13日　重庆市物价局、重庆市交通局印发《重庆市汽车客运运价实施细则》，从1月25日起施行。

1月22日　重庆市交通局批准重庆联运总公司进行企业产权制度改革。

1月23日　重庆港质量体系认证颁证大会在港口大厦礼堂召开。重庆市技术监督局代中国质协质量保证中心向重庆港口管理局颁发“内河港口客、货运输服务质量体系认证”证书。

1月　荣昌县施济新大桥建成。该桥跨濑溪河，在重庆至隆昌公路（老成渝路）上。桥型为等截面悬链线钢筋混凝土箱形拱桥，长302.84米。

重庆市铜梁县境内国道319线西泉至白土坝15.85公里路段改建工程竣工。改建后路基宽度20米，路面宽度18.5米，双向4车道，为平原微丘二级公路，水泥砼路面。

重庆市物价局批准重庆轮渡横江、斜江实行一票制，票价为1元/张，月票均为25元/张。

2月10日　1998年重庆市运管工作会在重庆渝通宾馆召开。重庆市政协副主席王式惠参加大会并讲话。大会向重庆市运政工作先进单位颁奖。

2月11日　重庆市交通局批准由重庆汽车站、重庆交通物业开发公司、重庆市交通投资公司共同组建重庆交通运业有限责任公司（以下简称重庆运业公司）。

2月18日　重庆市交通局对渝长高速公路上桥至童家院子20公里城市外环段工地逐一进行检查，要求在3月底前，必须完成路面基层作业。

2月20日　重庆市交通局批准成立重庆现代交通物资有限责任公司（以下简称重庆交通物资公司），为隶属于重庆市交通局的国有独资企业。

2月25日至27日　重庆市1998年公路工作会在万县区召开。重庆市人民政府副市长吴家农出席会议并讲话。会议总结1997年公路建设工作，提出了1998～2000年公路发展近期目标。

2月27日　重庆市交通局成立“重庆市整治厢式微型车客运办公室”，负责整顿治理近郊6区的1831辆长安厢式微型客车，取缔黑车非法经营，规范客运市场。

3月2日　重庆市交通局批准重庆汽运公司与万县市汽车运输总公司共同组建重庆渝万快速客运有限责任公司。

3月3日　重庆港客运总站客运服务部荣获“全国交通系统‘巾帼建功’先进集体”称号。

3月5日　重庆市人民政府副市长吴家农代表重庆市人民政府，与日本海外经济协力基金驻北京办事处次席代表内田勤进行会谈，双方就重庆市1998年的头号建设项目梁（梁平）万（万县）高速公路200亿日元贷款事宜交换意见。

3月8日　重庆市公用事业局和重庆市经济体制改革委员会批复同意重庆市江北公共交通客运站由集体所有制改建为职工持股的重庆市新城公共交通有限责任公司，隶属重庆市公用事业局。

3月13日　重庆市交通局编制的《重庆交通信息化1995～2010年远景目标规划》通过评审。交通部信息化工作领导小组办公室主任、总工程师张树辉赴重庆，专门主持对重庆市公路水路交通信息化规划的评审工作。

3月16日　重庆市交通局下发通知，撤销重庆市交通局精神文明建设领导小组，成立重庆市交通局精神文明建设委员会，由重庆市交通局局长胡振业任主任，中共重庆交通运输委员会书记王机任第一副主任，有6位副主任，13位委员。委员会下设精神文明办公室，与局宣传处合署办公。

3月18日　重庆市汽车客运站务工作会召开，重庆市交通局决定以精神文明建设带动站务管理工作，实现公路运输站务管理一年起步，两年重庆市客运站点变样，在3年内建成4个部级文明站，重庆市所有二级汽车站建成市级文明站，所有三级汽车站建成区县级文明站。

3月18日至19日　重庆市人大常委会副主任秦昌典、陈之惠，重庆市人民政府副市长吴家农及重庆市部分人大常委会委员，考察了在建的渝长、渝黔高速公路建设工地和成渝高速公路运营管理情况。

3月23日　重庆市交通局印发《重庆市交通系统精神文明建设1998～2010年规划》和《重庆市交通系统创建文明行业考核评分标准》。这是重庆市第一个交通精神文明建设的10年规划和第一套创建文明交通行业的考核评分标准，是创建文明交通行业的分类考评依据，同时，还制订公布了《交通行业文明公约》。

3月28日　重庆市人大第一届人民代表人会常务委员会第八次会议通过《重庆市公路路政管理条例》《重庆市水上交通安全管理条例》《重庆市高速公路管线工程建设管理条例》《关于加快高等级公路建设和加强高等级公路管理的决议》。《决议》要求继续实行“统一管理、综合执法”的管理模式，做好即将建成的高速公路和其他有封闭设施的高等级公路的管理。

重庆公运总公司投资建设的菜园坝皮革市场开业，重庆市人民政府常务副市长王鸿举出席开业仪式。皮革市场占地15000平方米，建筑面积26000平方米，入场经营户共650户。

3月31日　重庆市公路系统创建文明行业工作会议召开，重庆市交通局副局长李健等出席会议。大会总结了全市公路系统创建文明活动成果。

3月　重庆交通运业有限责任公司重庆汽车站服务总台荣获全国妇联“全国巾帼文明示范岗”命名表彰，这是重庆地方交通系统第一个“全国巾帼文明示范岗”。

经重庆市交通局、重庆市运管处复查，交通部审批，涪陵汽车客运站正式被命名为全国“部级文明汽车站”。

4月1日　即日起，重庆市交通局建立再就业服务中心，负责交通系统企业下岗职工的托管和再就业工作。

4月5日　因重庆直辖，行政区划调整，四川省万县市汽车运输总公司更名为重庆市万州汽车运输总公司（以下简称万州汽运总公司）。

重庆市交通局举行重庆交通行政执法人员换证考试，5100名交通行政执法人员参加考试，在重庆市43个区县市70多个考场进行。

4月7日　重庆市交通局批准重庆汽运总公司重庆汽车北站改造工程立项。按国家二级车站标准建设，总建筑面积3040平方米，增加停车场11238平方米。

4月8日　重庆市人民政府市长蒲海清考察正在建设中的渝长、渝黔高速公路。蒲海清特别强调，任何人、任何单位都不得阻挠高速公路建设，一旦出现阻工，要立即处理。

4月14日　重庆市交通行业一批水运单位获得交通部1996～1997年度全国水路客运文明单位命名表彰：二级文明客船有涪陵“长江金龙”轮、长江“天府”轮、丰都“海河”轮、长江邮政“鸿飞一号”轮等8艘文明客船，三级文明客船有“东方王子”轮等4艘文明客船；一级文明客运站是重庆港客运站，二级文明客运站是涪陵港客运站。

4月20日　重庆市人民政府正式批复，批准重庆市交通局职能配置、内设机构和人员编制的“三定”方案。领导班子成员由胡振业任局长，王机任中共重庆市交通运输委员会书记，滕西全、黄同科、李健、彭建康任副局长，蒙进礼任总工程师，明正义任纪委书记。

重庆市交通局批准将重庆汽车站和重庆交通物业开发公司全部资产和人员并入重庆交通运业有限责任公司。

4月21日　重庆市交通系统精神文明建设工作会议召开，交通部体改司政工处处长谷秀英、中共重庆市委宣传部副部长黄绍辉等出席会议并讲话。会议提出到2010年，重庆市交通系统将整体建成文明行业。

4月23日　公共交通江北客运站（大集体）改制为由国家股、企业法人股、职工个人股组成的新城公共交通有限公司挂牌成立，是重庆市首家资本结构多元化的城市公交企业。

重庆市人民政府办公厅批准重庆市公用事业管理局职能配置、内设机构和人员编制“三定”方案，推进机构改革。确定重庆市公用局内设13个职能处（室）和机关党委，实行国家公务员制度。重庆市公用事业管理局局长、党委书记由武秀峰担任。副局长和党委成员有张桂华、田伯勋、丁纯、汤志明，纪委书记由胡仁君担任，助理巡视员先后有程永宽和陈火生。

4月28日　重庆市出租汽车精神文明建设大会在璧山县召开，中共重庆市委副书记刘志忠出席会议并讲话。重庆市交通局决定建设三峡景区出租车优质服务一条线和出租汽车客运文明示范区工程。

4月　重庆运业公司重庆汽车站被交通部评为全国汽车站服务质量第一名。

重庆市计委批准重庆联运总公司朝天门客货运输枢纽中心（交通广场B区）扩建项目破土动工。工程总建筑面积28000平方米，4层全框架结构，屋面为大型公交站场枢纽站。

5月1日　三峡水利枢纽工程临时船闸通航。

5月5日　重庆市交通局首届公路规费征稽人员培训班在重庆交通技校开学，5月20日结束。

这是重庆直辖后公路征稽部门脱产学习时间最长、参训人员最多的一次在职培训。

5月8日　重庆高速公路开发总公司改制为重庆市交通局出资的重庆高速公路发展有限公司（以下简称重庆高发司），正式改组成为规范的国有独资公司，公司人员与局内的外经外事处合署办公，专门负责高速公路建设融资筹资工作。

5月13日　重庆汽车站女班长王军、重庆公路工程总公司熊中武、重庆长运公司大足分公司旷明、重庆高等级公路建设指挥部韩锦华获重庆市"九五"立功奖章。

5月18日　重庆忠县长江大桥开工建设。大桥为悬索吊桥，主跨全长560米，桥面净宽18米，引桥561米，总投资21500万元，建设工期3年。

5月19日至21日　1998年重庆交通系统老年门球赛在重庆市大足县举行，取得本届门球赛第一名的是大足一队，由享受副省级待遇、82岁的艾云楷参加比赛。

5月21日　重庆市人民政府副秘书长马正其召集重庆市财政局、重庆市地税局、重庆市公用事业局等部门，对公交企业制定一定三年的经济扶持政策。

5月25日至6月1日　重庆市新闻单位组团参访国道319线文明样板路，行程2200公里，途经渝北、秀山等10余个区县，采访报道重庆交通职工奋战边远山区、建设文明样板路的事迹。

5月26日　重庆江北机场高速公路上的新牌坊立交桥竣工，中心半径40米，4个匝道总长300米，两座跨线桥长700米、宽18米，总投资1300万元，是重庆北部新城的重要出口。

5月30日　重庆长寿沙溪至垫江澄江段公路改建工程竣工。该路段属渝巫路（重庆至巫山），全长60公里，按二级公路标准改建。

5月　受重庆市代管的万县市正式改名为重庆市万州区，万县移民开发区改名为重庆市万州移民开发区。

6月2日　重庆市民政局批复同意成立重庆市道路运输协会。

交通部、建设部、国家环保总局联合举办的"发展长江航运，保护长江环境"宣传活动开幕式在重庆市举行，交通部副部长洪善祥、国家环保总局副局长祝光耀以及沿江6省2市的有关领导出席开幕式。

6月4日　重庆公交IC卡首次在长江索道、嘉陵江索道、凯旋路电梯和重庆电车公司413路空调车路队试用。

6月6日　重庆市人民政府副市长、重庆高等级公路建设领导小组副组长李德水一行对渝长、渝黔高速公路进行调研。

6月8日　重庆市忠县三元至万州羊马场公路改扩建工程竣工。该路段属省道渝巴路（重庆至巴东），全长23.781公里，由原四级泥石路改建为山岭重丘二级水泥砼标美路。

6月9日　重庆市交通局批准重庆市汽车运输总公司与南川汽车运输总公司、四川涪陵汽车运输公司垫江分公司、四川黔江地区汽车运输公司黔江分公司共同出资，组建重庆市汽车运输（集团）有限责任公司（以下简称重庆汽运公司）。

重庆市交通局批准重庆汽运公司北碚汽车站新建工程立项，按国家二级车站标准建设，总建筑面积10000平方米，总投资5960万元。

6月16日至17日　重庆市交通局在南川市召开安全管理新机制工作会议，重庆市交通局向南川市汽车运输总公司、南川市公路运输总公司颁发"安全管理三级符合企业"资格证牌。

6月18日　四川省黔江地区交通局更名为重庆市黔江区交通局、黔江开发区交通局。

重庆市交通局召开外环高速公路上桥至界石段建设动员会，重庆市人民政府市长蒲海清到会讲话，要求积极努力作好各方面准备，争取年底开工，3年初通，4年建成。

重庆市交通局、重庆市物价局印发《重庆市汽车租赁业管理办法（试行）》，从发布之日起施行。

6月19日　重庆市物价局、重庆市交通局印发《重庆市汽车维修工时定额及收费结算办法》(1998年修订本)，对重庆市汽车维修工时定额及收费重新进行了调整。一类汽车维修企业8元/小时，二类汽车维修企业6元/小时，三类汽车维修业户4元/小时。

6月23日　国家开发银行贷款评审委员会正式通过决议，向重庆建设中的渝长、长涪高速公路发放20亿元人民币长期基本建设贷款（其中渝长高速公路12亿元、长涪高速公路8亿元）。贷款期限14年，年利率10.35%。

6月　交通部、建设部、国家环保总局派出两个检查组，从重庆至武汉、从武汉至南京检查沿江各港口、船舶及主管机关的宣传活动和三部局《防治船舶垃圾和沿岸固体废物污染长江水域管理规定》贯彻情况。

重庆市运管处经与四川省运管局协商，从6月起对成渝高速公路直达的C、D型客车，实行依次排队，按时发班，滚动发车。

7月1日　重庆市交通局与交通部科教司签订《加快我国西部地区交通建设的对策研究——重庆市境区域研究报告》分课题合同，重庆市交通局、重庆市公路学会、重庆市公路勘察设计研究院、重庆高等级公路建设指挥部等单位组成课题研究小组开展研究。这是交通部科教司“九五”期重点科技项目。

7月2日　重庆市人民政府市长蒲海清、中共重庆市委常委邢元敏、重庆市政协主席张文彬、重庆市政协副主席陈之惠、重庆市人大常委会副主席金烈一行，赴上界高速公路项目沿线进行实地查看，蒲海清定下“1998年10月开工、2001年底通车”的目标。

7月11日　重庆汽运公司职工周英福被评为重庆市“十大杰出技术能手”。

7月12日　凌晨5时至13日凌晨2时，重庆市交通局、重庆市统计局联合在城区主要道路客运线路开展客流量专项调查。在22小时摸底调查中，重庆市2000多名运政人员在主城区4个检查点和其他区县检查点坚持昼夜工作。这样大规模的客运市场普查在全国尚属首次。

7月14日　中共万州区委员会决定万县市交通局改为万州移民开发区交通局和万州区交通局。

7月24日　经国务院批准，大西南出海快速通道——渝黔（重庆至贵州）高速公路正式开工。这是重庆市第一条用亚洲银行贷款修建的高速公路。中共重庆市委书记张德邻、重庆市人大常委会主任王云龙、重庆市人民政府市长蒲海清、重庆市政协主席张文彬、中共重庆市委副书记刘志忠出席开工典礼。

7月28日　重庆市交通局、重庆警备区在重庆渝通宾馆联合举行成渝高速公路重庆段文明示范路启动仪式。在仪式上，重庆市成渝高速公路管理处与重庆警备区签订开展军民共建文明路的规划和公约。

7月29日　重庆市人民政府同意重庆市公用事业管理局对城区客运出租汽车车型规格划分，即小型出租汽车为4座（含4座）至5座（含5座）的小轿车，中型出租汽车为12座（含12座）至25座（含25座）的中型客车，大型出租汽车为26座（含26座）以上大型客车。除此以外的车型，不允许从事城市出租汽车客运业务。

重庆市妇女联合会、重庆市精神文明办公室表彰1997年度重庆市首批巾帼文明示范岗，其中重庆市交通局有6个交通企业岗组，重庆市公用局有2个公共交通企业岗组。

8月7日　重庆市交通局撤销重庆市公路养护总段，新组建重庆市公路局，同时挂“重庆市公路路政总队”牌子。

8月13日　左吉祥任中共万州移民开发区、万州区交通局临时党委书记。8月19日，左吉祥任万州移民开发区、万州区交通局局长。

8月13日　重庆市编委批准、重庆市交通局同意重庆市交通稽查征费处更名为重庆市交通征费稽查局（以下简称重庆市征稽局），其机构规格维持现状。

重庆市公用事业局决定从1998年9月1日起，在主城区主干道增开公交学生专线车，解决学生上学乘车拥挤问题。采用标有“学生专车”字样和车身两侧标有学生上学图案的黄色客车。

8月17日　重庆市经委批准重庆汽运公司长寿汽车站工程立项。车站按国家二级车站标准建设，新增建筑面积10000平方米，投资3000万元。

8月18日　重庆市经委批准重庆公运总公司菜园坝客货码头技术改造项目立项，总投资4380万元。项目完成后，可形成年通过货物30万吨、旅客25万人次的能力。

8月20日　中共重庆市委召开常委专题会议，听取重庆市交通局关于《抓住机遇迎难而上切实加快我市高等级公路建设》汇报并作重要指示。重庆市交通局提出按照“五年变样、八年变畅”目标，到2005年实现重庆市骨架公路高速化、区县干线公路等级化、现有公路养护标美化，得到中共重庆市委常委会肯定。

8月21日　由重庆市公路勘察设计院承担的《重庆市三峡库区沿江移民公路网规划》获重庆市计委、重庆市移民局、重庆市交通局审查通过。根据国务院、三峡工程建设委员会和国家领导人的批示，重庆市人民政府决定修建库区沿江移民公路。

8月24日　重庆市交通局批准重庆长运有限公司永川汽车站工程立项。按国家二级车站标准建设，总建筑面积4032平方米，投资220万元。

8月28日　重庆成渝高速公路管理处桑家坡收费站获得“重庆市青年文明号”称号。至此，重庆成渝高速公路管理处已经有1个国家级、2个市级、1个局级、3个处级“青年文明号”岗组，形成“青年文明号”网络。

8月　省道303线石雷路（石柱至雷神店）南川境内水江镇至南坪镇池井湾界碑段57.744公里由三级公路改建成山岭重丘二级公路（水泥砼路面）竣工通车。

重庆市开始投放公交空调车，票价按开空调以起价1.5元收费，不开空调以起价1元收费。后改为天气温度达到36℃下起票价为1元，36℃及以上起价为1.5元收费。

在国内特大洪灾发生后，重庆交通系统单位和职工纷纷捐款赈灾。第一批捐款918826元，是重庆市交通局、重庆市公路运输总公司等19个单位和个人所捐。第二批捐款294754元，是重庆市高等级公路建设指挥部、重庆机场高速公路实业有限公司等11个单位和个人所捐。两批捐款共计1213580元，其中个人捐款349605元。

9月1日　重庆市人民政府第二十七次常务会决定，将渝北区、巴南区纳入主城区范围，“主城区”界定为9个区，即渝中区、沙坪坝区、江北区、南岸区、九龙坡区、大渡口区、北碚区、渝北区、巴南区。

重庆港口管理局登记注册的“重庆港国际集装箱有限公司”正式挂牌运行。

9月2日　重庆市交通局同意重庆市运管处处长徐海荣兼任重庆市道路运输协会会长。该协会由重庆市首批153家从事道路运输经营单位和个人及相关行业部门自愿结成，属民间组织形式的行业性社会团体。

9月9日　中共重庆市委副书记、重庆市人大常委会主任王云龙考察加紧施工的渝长高速公路上桥至童家院子城市外环段。王云龙要求建设者抓住最后几个月时间抓紧施工，实现确保年底通车目标。

9月16日　重庆汽运公司与重庆公运总公司、重庆长运有限公司、万州汽运总公司、重庆市联运总公司共同投资，组建成立重庆市高等级公路客运有限责任公司（简称重庆市高客司）。

9月17日至18日　重庆市加快公路建设工作会议在重庆渝通宾馆召开。重庆市人民政府市长蒲海清、副市长吴家农出席会议并讲话。会议中心议题是：认清形势、振奋精神、真抓实干，加快实现“五年变样、八年变畅”奋斗目标的步伐。

9月19日　重庆市地方交通系统第一个行业管理局——重庆市公路局正式挂牌成立。

9月28日　重庆合川40万民众集资3200万元、国家补助300万元修建的合川嘉陵江云门大桥建成正式通车。该桥为钢筋砼箱形拱桥，全长540米，桥面宽12米，其中车行道9米，两边人行道各1.5米。

9月　仪北公路重庆北碚段改造工程启动。该路段全长21.3公里，按要求改造成二级水泥混凝土路面，时速为每小时40公里。工程日期为10个月，预计1999年7月完工。

10月9日　重庆市交通局召开"巾帼文明示范岗"总结表彰会，获全国"巾帼文明示范岗"称号的重庆汽车站服务总台组长、共青团第十四届全国代表大会代表王军在会上交流经验。

10月13日至14日　重庆市交通局与共青团重庆市委联合召开交通系统"青年文明号"创建工作会议，号召广泛组织重庆交通系统青年职工积极投入"跨世纪青年文明号工程"。

10月27日　由交通企业联合投资建设的上界高速公路控制工程马桑溪长江大桥开工，工期3年。上界高速公路长22.7公里，是重庆外环高速公路重要部分和连接成渝、渝长、渝黔高速公路的纽带。马桑溪长江大桥开工，标志着重庆外环70公里高速公路正式进入封闭施工阶段。

10月28日　渝合（重庆至合川）高速公路开工典礼在北碚举行。渝合高速公路长57公里，全线有5座隧道、3座大桥跨越嘉陵江，概算31亿元，计划2002年建成。

重庆璧山县城至青杠公路改建竣工通车。璧青公路长15.174公里，改建后路基宽26米，路面宽24米，路面中央设置2米宽的绿化分隔带，为一级公路，水泥砼路面，设计行车速度为每小时80公里。

10月　重庆市交通局、共青团重庆市委联合在渝长高速公路铁山坪隧道工地开展"重庆市重点公路建设青年突击队竞赛活动"，举行青年突击队授旗仪式，重庆市交通局局长胡振业等领导向7支来自重点公路工程的青年突击队授旗。

《重庆市1997~2020年省道公路网的规划》完成。

11月6日　民生公司开辟上海至台湾的集装箱班轮航线，在海内外引起巨大反响。

11月12日　由重庆市交通局捐赠80万元人民币修建，重庆市人民政府副市长王鸿举题写校名的"重庆交通酉阳希望小学"竣工剪彩仪式在酉阳板溪乡举行。该校原为板溪乡中心校，在1998年4月的特大风雹灾害中被夷为平地。新建后可设置15个教学班、招收800名学生。

11月13日至19日　重庆市交通局国道319线文明样板路检查组对重庆市国道319线沿线9个区县文明样板路创建工作进行初步检查。检查组要求进一步把创建工作做细做实，力争1999年顺利通过交通部检查验收。

11月18日　重庆市第三公共交通公司与香港冠忠巴士集团有限公司下属子公司——香港冠忠（重庆）投资有限公司签订合同，合资组建重庆冠忠公共交通发展有限公司，是重庆市第一家渝港合资公交企业，也是中国中西部地区第一家中外合资经营的公交企业。

11月19日　重庆市人民政府发布《关于加强渝长高速公路管理的通告》。

11月20日　重庆市经委批准重庆公运总公司朝天门汽车站工程可研报告，按国家一级汽车站标准建设，总建筑面积14084平方米，总投资4930万元。

11月25日　中日两国签署贷款协议，日本海外协力基金（OECF）向万梁（万州至梁平）高速公路项目贷款200亿日元。

11月26日　重庆梁平县境内国道318线县城至新店子段公路改建工程竣工。该路段为山岭重丘二级公路，水泥砼路面，全长21.8公里。

11月28日　重庆市公路学会召开1997年年会，向被评为"中国公路学会百名优秀工程师"的重庆市交通系统的张太雄、程德宏、李祖伟、李玉书等4人颁发奖牌，表彰被评为"重庆市公路学会十佳优秀工程师"的10位工程技术人员。

11月　重庆市交通局撤销信息通讯总站建制，但通讯室仍保留在高速公路联网收费结算中心，以继续维持交通部卫星通信网重庆端站及重庆市交通局专用通讯网的运行。

12 月 8 日　经重庆市人民政府批准，重庆市公路建设工程管理处改制组建为重庆高速公路建设有限责任公司（以下简称重庆高建司）。改组后的重庆高速公路建设有限责任公司仍旧是隶属于重庆市交通局的国有独资企业，以总承包形式承担重庆高速公路发展有限公司委托的高速公路建设任务，以合资参股方式参与高等级公路经营管理。

12 月 9 日　中共重庆市委副书记、重庆市人大常委会主任王云龙率重庆市的全国人大代表视察组对在建的渝长、渝黔高速公路进行视察，铁道部副部长孙永福参加视察。

12 月 11 日　重庆市公用事业局、重庆市对外贸易经济委员会批复同意重庆市第三公共交通公司与香港冠忠巴士集团有限公司共同出资 9000 万元人民币，组建西南地区首家从事城市公共交通的合资企业——重庆冠忠公共交通发展有限公司。

12 月 14 日　重庆市交通局发布《重庆市公路水运工程监理单位资质管理实施细则（暂行）》和《重庆市公路水运工程专业监理工程师资质管理暂行办法》。

12 月 15 日　根据重庆市编委渝编〔1998〕75 号文件精神，重庆市成渝高速公路行政执法大队更名为重庆市高等级公路行政执法大队。

重庆市经委批准重庆联运总公司重庆公路集装箱货运中心枢纽站项目可研报告。该项目总投资 2900 万元，建成后可达到年转运货物 100 万吨的能力。

12 月 16 日　重庆市交通局举行重庆市高等级公路行政执法大队暨第五中队挂牌仪式，随后，重庆市高等级公路行政执法大队第五中队对渝长高速公路上桥至童家院子段实施执法管理。

12 月 21 日　渝长高速公路上桥至童家院子 20 公里路段建成通车，中共重庆市委书记张德邻、重庆市人民政府市长蒲海清、重庆市政协主席张文彬等重庆市领导出席通车典礼并为通车剪彩。

12 月 25 日　重庆港口管理局 1998 年 5 月 12 日开工建设的朝天门广场交通广场 C 区 1000 平方米工程封顶。

12 月 26 日　23 时 5 分，重庆云阳县巴阳镇境内永安大桥施工中，因云万公路指挥部修改设计不当和施工质量差发生垮塌，造成 7 名民工死亡的重大工程事故。

12 月 28 日　渝合（重庆至合川）高速公路的 3 座嘉陵江大桥——马鞍石嘉陵江大桥、北碚嘉陵江大桥、沙溪庙嘉陵江大桥同时开工。渝合高速公路开始建设。

12 月 29 日　重庆运业公司新建成的陈家坪汽车站正式开业。

重庆市人民政府渝府〔1998〕218 号文件批复，同意在重庆市城市公共交通行业兴办的中外合资企业可与国有公交企业同等享受城市公共交通行业优惠政策。

12 月 28 日至 29 日　重庆市交通局连续发出《关于加强交通建设工程质量安全工作的紧急通知》，严肃通报了重庆市一些地区在交通建设工程施工中出现的严重质量问题，再次重申加强工程质量安全管理的 8 项措施。

12 月　重庆市交通局批准重庆市航务工程处成立，重庆直辖后原四川省交通厅第一航道工程处的隶属关系划转工作圆满完成。

重庆市公用事业局批准重庆公用事业投资开发公司与重庆公用事业物业发展公司共同出资组建重庆市公共交通站场有限公司（以下简称重庆公交站场公司），属独立核算的国有独资有限公司，隶属重庆市公用事业局管理。

同年　重庆市人民政府决定成立重庆市天然气汽车推广应用领导小组及其办公室和专家组。

重庆铜梁县境内国道 319 线西泉至白土坝 15.85 公里路段改建工程竣工。改建后路基宽 20 米，路面宽 18.5 米，双向 4 车道，为平原微丘二级公路，水泥砼路面。

国道 319 线重庆彭武段改造工程竣工通车。该工程起于彭水县汉葭镇，途经下塘、高谷、共和等地，在木棕河与武隆交界，全长 28.4 公里，按三级公路技术标准的上限建设。

川江滚装运输由重庆云阳籍船民向建民首开先河，从7车位船做起，引发新一轮水运发展浪潮。

重庆高速公路开发总公司与渝通公路工程总公司合作成立上界高速公路有限公司，以公司化体制启动上界高速公路建设。

重庆南川境内石柱至雷神店公路中的水江镇下乐村至南坪镇池井湾界牌路段，全长57.774公里，由三级柏油路改扩建为山岭重丘二级水泥砼路竣工通车。

重庆长江南岸综合整治工程动工后，龙门浩码头客货两用缆车被拆除。

因重庆朝天门观景广场的修建，朝天门客运缆车作为重要的配套工程改装为观光缆车，既解决市民爬坡上坎的困难，又使缆车上站层面成为观景的屋顶花园。

重庆市公用事业局同意康福来总公司按《企业破产法》和国家有关政策规定的程序申请破产。

重庆高建司、重庆高等级公路建设指挥部提出节约价值1000万元以上的合理化建议项目8个，节约工程费用总价值25776万元。

重庆市公路学会、重庆市交通局公路处、重庆市高等级公路建设指挥部主研的《公路交通重庆主结点——采用双环线过境的综合实施研究》项目获得1997年度重庆市科技进步奖一等奖。

重庆成渝高速公路有限公司桑家坡收费站、重庆市第一公交公司148线1490号车组、重庆市第一公交公司共青团118路队、南坪汽车站江南宾馆总服务台、重庆交通运业有限公司菜园坝汽车站服务总台（国家级）、渝通宾馆总服务台、梁平县公路管理段福禄道班被评为“重庆市青年文明号”。

重庆长运有限公司大足公司客运科售票组、重庆市汽车运输总公司江南宾馆总服务台、重庆交通运业有限责任公司重庆汽车站售票岗组、重庆市成渝高速公路公司永川站收费三班、重庆市渝通宾馆客房部会务组、重庆市公路运输总公司南岸站医务所等6个集体岗组，重庆市公用局有重庆市冠忠新城公交公司601路6014号车组和重庆市第一公共交通公司1120号车组，获重庆市“巾帼文明示范岗”称号。这是重庆交通系统列入重庆市首批“巾帼文明示范岗”表彰命名的岗组。

1999年

1月4日　重庆綦江县彩虹桥垮塌，死亡40人。后有关责任人受到严厉查处。

1月9日　重庆市冠忠（第三）公共交通发展有限公司正式挂牌成立。实行董事会决策，总经理负责制，隶属重庆市公用事业局。

1月13日　重庆市1999年交通工作会议、党委工作会议在重庆渝通宾馆召开。重庆市人民政府市长蒲海清、副市长吴家农等市领导出席会议并讲话。会议主题是抓住机遇，扎实工作，加快交通发展，以新的成绩迎接新世纪。交通工作总体思路是以为民办实事为宗旨，以“五年变样，八年变畅”为目标，走多元化筹措建设资金的道路，严格建设管理和资金使用管理，加快交通基础设施建设步伐，加快培育与发展交通运输市场，在抓好企业扭亏和交通科技、教育、事业单位改革中促进交通的发展，以新的成绩、新的姿态迎接新世纪的到来。

1月11日　重庆交通运业有限责任公司重庆汽车站被评为重庆市文明汽车客运站。

1月17日　青含公路（重庆沙坪坝区青木关至九龙坡区含谷镇）改造工程开工。该路全程32公里，是重庆西部物资集散、客货运输的主要通道。总投资8500万元，按山岭重丘二级公路标准进行拓宽改造。

1月18日　重庆铜梁县境内国道319线西门收费站至中和乡潼南县界24.37公里路段改建工程竣工。改建后为山岭重丘二级水泥砼路，并收取车辆通行费。

1月26日　重庆市成渝高速公路管理处等10个交通企业事业单位被中共重庆市委、重庆市人民政府新命名为1998年度市级文明单位。

重庆高等级公路建设指挥部组织专家对重庆高等级公路联网收费软件开发需求分析报告进行评审，通过了需求分析报告。高等级公路联网收费软件分为收费、清分中心、网络和通信系统三大部分。

重庆市高等级公路建设指挥部副指挥长徐谋、重庆长运有限公司董事长兼总经理温永仲荣获中国公路运输工会全国委员会授予的1998年度“金桥奖”。

1月　重庆市航运管理处领导班子组成，何爱平任处长兼党委书记。

2月5日　重庆市治理公路“三乱”领导小组成立。重庆市交通局为牵头部门，成员单位有重庆市人民政府办公厅、重庆市物价局等有关市级部门。同时，重庆市治理公路“三乱”办公室设在重庆市公路局，负责日常工作。

2月12日　重庆公交二公司225路队2438号驾驶员田伟驾驶载有47名乘客的重庆牌新五型大客车翻于3.5米的高坎下，车内汽油外溢引起燃烧，造成29名乘客死亡、轻重伤乘客20名、车辆报废的特大交通事故。事故发生后，重庆市公用事业局做出决定，暂时停止CNG汽车生产和改装工作。

2月15日　即日是农历大年三十，重庆市人民政府市长蒲海清、中共重庆市委常委滕久明、重庆市政协副主席韦思琪等领导视察在建的马桑溪长江大桥工地，慰问节日坚持施工的职工。

1~2月　重庆市航运管理处组织文明客船、文明客运站创建工作检查，对自查得分900分以上（总分1000分）的8艘客船或客运站进行复查和评审，其中东方皇苑号轮、武隆客运站等22个客船或客运站荣获重庆市交通局1997年至1998年文明船（站）称号。

3月1日　万州区交通局被中共重庆市委、重庆市人民政府命名为重庆市“五十佳”文明单位。

3月8日　重庆市成渝高速公路管理处荣获中共重庆市委工交工作委员会、重庆市经济委员会授予的“1998年度最佳服务窗口”荣誉称号。

3月15日　重庆市1999年公路工作会在重庆市铜梁县召开。重庆市人民政府副市长吴家农出席会议并讲话。会议主题为加快建设步伐，提高管养水平，为实现重庆公路“五年变样、八年变畅”的跨世纪目标而奋斗。重庆市交通局局长胡振业与各区县签订1999年交通建设目标责任书。

3月17日　重庆境内黔彭公路（黔江至彭水）三级路改建为二级路（即“三改二”）工程方案确定。“三改二”公路改建工程严格实行招投标管理办法，成立工程指挥部和质量施工监督领导小组。

3月19日　中共重庆市委常委会审定重庆市交通局就成渝高速公路重庆段经营权有偿转让所呈请示，同意进行经营权有偿转让。

3月22日　重庆市交通局在渝中区菜园坝重庆汽车站为10个创建“巾帼文明示范岗”岗组授牌，至此，重庆市交通系统创建“巾帼文明示范岗”岗组达到46个，获得各级授牌的17个。

3月23日　在重庆交通企业管理协会第六次会员代表大会上，选举产生重庆交通企业管理协会第五届理事会，黄同科当选为协会第五届理事会会长。

3月24日　重庆长寿白沙湾港区改扩建工程被列入交通部“十五”内河航运重点建设项目。

3月30日　重庆市水上交通安全工作会与航运工作会合并召开，重庆市人民政府秘书长吴连帆出席大会并讲话。会议对水上交通安全工作以客渡船、乡镇船、快速船为重点，以目标责任制为中心，全面落实安全责任制。要求加强水运基础设施建设和库区港口码头复建。

3月　根据交通部规定，重庆市人民政府组织成立市收费公路清理整顿工作小组，设立于重庆市公路局内。

4月6日 重庆市交通局在重庆交通干部学校举办首期区县交通局长培训班，历时18天，开课20门，有41名交通局局长参加培训。

4月12日 重庆市交通局批准重庆高建司为负责渝长、渝黔、渝合、长涪4条高速公路的项目业主。

4月13日 长寿县交通局在重庆市范围内率先进行公路养护体制改革。撤销原长寿县公路养护一、二段，新组建长寿县公路养护段和长寿县公路管理所，公路养护与公路管理正式分离。

重庆市交通局、重庆市人民政府纠正行业不正之风办公室印发《关于〈在全市开展清理整顿汽车维修市场工作实施办法〉的通知》。

重庆市航运管理处研究开发的《重庆市水上运输客票微机售票管理与联网》项目获得鉴定通过。

4月14日 涪陵客车厂与重庆交通现代物资公司共同开发的高速公路护栏清洗车获得成功。该产品填补了国内无高速公路护栏清洗车的空白，与国外同类产品相比，每辆可节约60万元。

重庆交通职工中等专业学校更名为重庆交通科技学校。

4月23日至24日 重庆市创建出租汽车文明行业会议在重庆永川市召开，中共重庆市委常委、宣传部部长滕久明等领导出席会议。会议要求在重庆市再掀出租汽车行业精神文明建设热潮，创建交通文明长廊。会上，永川市等25个先进区县（市）与先进企业荣获“出租汽车文明示范区县（市）”称号，付志明等117人荣获“先进驾驶员”称号。永川市推荐的20辆出租汽车被命名为“文明示范车”。

4月30日 重庆高建司董事长、总经理、市高等级公路建设指挥部副指挥长徐谋荣获“1998年度国家有突出贡献的中青年科学技术、管理专家”称号。

4月 重庆市交通局建立起重庆市30个区县（市）（含万州、黔江开发区）营运车辆数据库。

重庆市交通局副主任李健向记者介绍，经过清理规范，已拆除319线石船收费站、江津西湖大桥收费站、合川云门大桥收费站、渝北区复兴收费站等4个收费站点。对长寿县骑鞍桥未达标准收费问题，要求整改为4家收费经营者合并设置收费站。而酉阳至秀山公路虽然符合收费条件，但车流量过小，收不抵支，必须立即拆除。

5月1日 重庆市成渝高速公路管理处永川管理所班长、“全国交通系统劳动模范”程奉康荣获全国总工会授予的“五一劳动奖章”。

5月4日 秀山国道326线凉亭道班清溪场镇包养组女工谢小荣获得共青团重庆市委、重庆市青联授予的“重庆市青年五四奖章”。

5月7日 重庆高建司北方公司董事长兼总经理李祖伟，重庆渝宏公司总经理刘作智，重庆渝通公司总经理郭嘉银被批准享受国务院特殊津贴。

5月11日 重庆市交通系统思想政治工作研究会在重庆渝通宾馆召开。会上进行了论文交流发言，对优秀论文进行表彰，并对重庆市政研会交通分会进行换届选举。

5月13日 重庆市交通局印发《重庆市交通养建资金拨款管理办法》。

5月14日 重庆市公用事业管理局、重庆市财政局印发《关于调整中型社会客运出租汽车报废更新有关规定的通知》，对车辆的报废、有偿使用费的缴纳、经营期限等作出规定。

5月18日 重庆市交通局举行交通稽查整训大会。经重庆市人民政府批准，重庆市交通局在綦江县、荣昌县、长寿县、铜梁县、永川市、合川市、渝北区、九龙坡区、沙坪坝区等9个区（市）县公路干线上设立交通稽查站。

5月25日 重庆市交通局印发《交通国有资产国有资金出资、投放、使用、收益及评估等问题的管理规定》。

5月27日 奉节（重庆）至恩施（湖北）公路奉节段改建工程竣工。该路段按山岭重丘二级水泥混凝土路面建设，原为110公里泥结碎石路，改建后里程缩短为92公里。

5月28日　重庆运业公司重庆汽车站服务总台荣获1998年度“全国青年文明号”称号。

5月　重庆长江水运股份有限公司设计建造的全玻璃钢水翼艇“渝飞号”在川江航线上投入运营。这艘水翼艇采用鸭式负荷分布水翼系统，属国内首创，有60个客位，最高航速可达85公里/小时。

6月8日至10日　由重庆市车购办主办的第9届全国中心城市车购费征管工作研讨会在南京市召开。重庆市和哈尔滨等11个中心城市（原计划单列市）交通及车购办负责人参加会议，北京、天津、上海、长春市和海南、湖南省代表参加会议，交通部“费改税”课题组全体成员列席会议。

6月12日　在重庆市公路勘察设计院建院15周年之际，重庆市公路勘察设计院在重庆渝通宾馆举行甲级设计院授牌仪式。

重庆市公用事业局进一步规范公交运营车辆入籍管理，对运营车辆的新增、改型、报废、入籍均作出规定，以便有效协调和控制公交运营车辆的发展。

6月14日　重庆市交通局批准重庆联运总公司上桥集装箱综合楼迁建工程立项。该项目总建筑面积3744平方米，投资1000万元。

6月16日至18日　全国公路工作会议在重庆渝通宾馆召开。交通部副部长李居昌作题为《加强公路行业管理推进管理体制改革全面完成1999年公路工作任务》的报告。中共重庆市委书记贺国强、重庆市人民政府代市长包叙定到会祝贺。会议期间，交通部副部长李居昌、公路管理司司长张之强在重庆市交通局局长胡振业和副局长滕西全、彭建康陪同下考察在建的马桑溪长江大桥。

6月21日　重庆市交通局批准重庆公运总公司进行产权制度改革，改组为国有独资的有限责任公司。

6月30日　渝合（重庆至合川）高速公路全线开工建设。

6月　渝道（重庆至贵州道真）公路南川境内神童镇小河桥至半河乡杨柳嘴路段竣工通车。该路段属省道，全长56.98公里，改扩建为山岭重丘二级公路。

7月1日　大足至邮亭一级公路竣工通车。

重庆市公用局组织开展“迎接建国50周年、迎接澳门回归、迎接新世纪，评选文明号车、文明示范车”竞赛活动。

7月5日　重庆市交通局印发《重庆市交通建设前期工作费财务管理办法》。

重庆市科学技术委员会决定由重庆港口管理局承担重庆市信息港水路客运运输信息系统建设。

7月14日　重庆市万州区人民政府决定，撤销原万县市交通重点建设指挥部，成立万州区交通重点建设协调领导小组。

7月19日至23日　交通部公路管理司副司长李彦武率专家检查验收组，对“九五”期文明样板路建设规划中的实施项目即国道319线重庆段文明样板路创建进行检查验收，专家验收组认为重庆市319线文明样板路基本达到部颁文明样板路验收标准和GBM工程建设标准。国道319线重庆段全长958公里，横贯重庆东西12个区县（市），经过两年半创建工作，重庆市拥有了第一条部级文明样板路。

7月20日　重庆市汽车运输总公司更名为重庆市汽车运输（集团）有限责任公司（以下简称重庆汽运公司）。

7月28日　重庆市出租汽车行业“迎国庆、迎回归优质文明服务竞赛活动”在朝天门召开动员大会，并推出主城9个区100辆“文明示范车”。

8月5日　重庆市公路学会作为搭桥单位、重庆市高等级公路建设指挥部采用的“国道主干线公路——渝长公路优化设计”，获得中国科学技术协会1997～1998年“金桥工程”优秀项目一等奖。

8月　在经过长达半年的考察分析后，经国家部委及市级相关专家组鉴定，城市客车使用压缩天然气技术可行及安全可靠。重庆市公用事业局做出决定，恢复公交客车使用压缩天然气。

9月1日　重庆市人民政府令第64号发布《关于进一步整治主城区非法营运车辆规范出租客运市场秩序的通告》，从1999年9月20日起施行。

9月9日　重庆市1999年首批建成的27个公交停车港正式投入使用。

9月16日　重庆港客运总站荣获“全国精神文明建设先进单位”称号。

9月28日　重庆市人民政府副市长李德水率重庆市计委副主任童小平一行，在重庆市交通局局长胡振业、中共重庆交通运输委员会书记王机陪同下，查看渝长高速公路二期工程，要求确保1999年底初通目标实现。

9月29日　交通部批复同意成渝高速公路重庆段收费经营权经营期限有偿转让，受让方为上海中信基建投资有限公司，转让费为132045.51万元，即收费权的49%，转让期限25年。

重庆涪陵港成功开辟国内集装箱装卸运输，首批装载瓷砖产品的国内集装箱由涪陵港发往武汉。

9月30日　新中国第一路——成渝铁路建成通车（1952年）及成渝高速公路重庆段、重庆长江大桥、两江滨江路分别被列入“建国50周年重庆十件大事、十大建筑”。

民生公司“生渝”轮拖带第一艘滚装驳“民甲846”离开重庆，开启了长江上游商品车滚装运输的新纪元。

9月　成渝公路高管处职工张道华撰写的《加强绿化养护 提高道路绿化率》一文，获得交通部优秀质量管理QC成果二等奖。

《中国交通成就与展望·重庆卷》大型画册出版发行。这部画册是交通部为迎接国庆50周年组织编写的大型系列画册中的一卷，共采用图片325幅，中英文合计15万字，全面介绍了重庆地方交通的发展、现状及前景。

重庆市文明办、重庆市交通局文明办对重庆交通技校创建1999年重庆市文明单位的工作进行考评验收，一致认为重庆交通技校基本符合文明单位条件。

10月1日　为发展重庆市旅游业，落实重庆市人民政府为民办实事工程，重庆公交将朝天门公交车站作为旅游专线起点，开行302路（朝天门至南湖景区）、502路（朝天门至北碚缙云山风景区）、612路（朝天门至统景风景区）、327路（朝天门至万盛石林风景区）4条旅游专线。

10月8日　重庆市重点建设项目綦江至万盛高等级公路开工。该公路全长33.8公里，按全封闭、全立交、双向4车道高等级公路标准修建，概算10亿元。

10月9日　重庆市交通局同意重庆市涪陵区汽车客运西站工程立项。该车站按国家二级客运站标准建设，总建筑面积14600平方米，总投资3166万元。

重庆市交通局对国道319线文明样板路验收合格区县予以表彰奖励，其中铜梁县和黔江开发区获得一等奖，潼南县、璧山县、武隆县、重庆市公路局、沙坪坝区获得二等奖，涪陵区和长寿县获得三等奖，渝北区获得鼓励奖。

10月10日　重庆市交通局召开重庆市公路质量工作会，有8个单位交流介绍了加强工程质量管理的经验，重庆市交通局局长胡振业强调要在公路工程质量上狠下功夫。

10月11日至13日　重庆市交通系统首届职工男子篮球比赛在重庆医科大学体育馆举行，共有8个交通系统基层单位职工篮球队参赛。经过3天比赛，重庆市公路运输管理处、重庆市渝通公路工程总公司、重庆市交通运业有限公司分获第一、第二、第三名。

10月28日　重庆公运总公司投资6500万元、按一级站标准建设的朝天门汽车站开业。车站占地8000余平方米，建筑面积20000余平方米，设计日发班能力500班。

10月　重庆市交通局发布《重庆市公路养路费包干缴纳办法》。

重庆轮船总公司泸州分公司退休职工、园艺爱好者罗存修培育出工业丝瓜长1.35米，直径0.16米，单重16.5公斤，在1999年昆明世界园艺博览会上被其世博会瓜果蔬菜馆评为“丝瓜王”。

11月4日　重庆市交通局召开企业座谈会，传达中共重庆市委一届六次全委（扩大）会精神，要求逐步建立现代企业制度。局属各企业负责人参加会议并提出现代企业制度改革的初步设想。

11月18日　重庆万州长江公路大桥“特大跨‘420米’钢筋砼施工技术研究”荣获交通部科技进步奖一等奖。

11月19日　经过一年多充分酝酿准备，重庆市高速公路发展有限公司和上海中信基建投资有限公司关于成渝高速公路重庆段合作经营协议签字仪式在重庆渝通宾馆举行。按照合作经营协议，上海中信基建投资有限公司出资13.2亿元人民币，拥有成渝高速公路重庆段49%的经营权，重庆市交通局将所得资金投入重庆市其他高速公路建设。

11月24日　重庆市库区乡镇移民公路建设现场会在忠县召开。中共重庆市委副书记、副市长甘宇平到会讲话。

11月25日　重庆市人民政府代市长包叙定到重庆市交通局检查工作。包叙定要求，万县到梁平高速公路在1999年一定要开工，长寿到梁平高速公路在2000年一定要想办法开工。西部地区基础设施建设特别是公路建设应当提前。

11月26日　中共重庆市委书记贺国强、重庆市人民政府副市长李德水一行，冒雨考察在建的上界高速公路马桑溪长江大桥和渝长高速公路童家院子互通式立交桥工地及重庆港。贺国强强调，重庆交通建设面临难得的发展机遇，交通建设要科学规划，起点要高，建设一批代表重庆直辖市形象的精品工程，力争2005年前在重庆市基本建成适应社会经济发展的综合立体交通网络。

11月30日　交通部西部地区公路建设前期工作会议在重庆渝通宾馆召开。

12月1日　重庆市政协主席张文彬带领重庆市政协提案委员会考察团，驱车沿红线视察渝长高速公路二期工程。

12月15日　重庆港口管理局荣获“重庆市优秀质量管理企业”称号，重庆港口管理局局长王国光获“重庆市卓越质量管理领导者”称号。

12月23日　重庆市船舶检验处研制开发的船舶焊工考试、考务管理系统软件通过重庆市交通局组织的专家鉴定。

12月24日　重庆市人民政府第69号令《关于加强水路客运市场管理的通告》发布执行。

12月25日　重庆高速公路发展有限公司与上海中信基建投资有限公司合作组成的重庆成渝高速公路有限公司挂牌仪式在重庆万豪大酒店举行。新成立的公司未举行开业庆典而节省的10万元现金在现场捐赠给重庆市慈善总会“烛光工程”，以支持重庆市农村和贫困地区发展教育事业。

重庆市人民政府召开全市整顿水陆客运市场动员大会。重庆市人民政府副市长王鸿举要求由重庆市交通局牵头，其他政府部门和有关区政府各司其职，从2000年1月5日起，用一年时间整顿好朝天门水路客运市场秩序。重庆市交通局制定了重庆市人民政府第69号令的实施意见，从即日起，开始实施4个治理整顿配套管理办法。

12月26日　重庆第一条城市轻轨交通2号线即较新线（渝中区较场口至大渡口新山村）正式开工建设，全长17.41公里，总投资计划33.7亿元。

黄花园嘉陵江大桥竣工通车。

12月30日　重庆陈家坪汽车站投入运行。该站总建筑面积3.7万平方米，总投资1.68亿元，是重庆市功能最全、设施最完善的客货运输及信息中心。

三峡库区公路大动脉——万州至梁平高速公路开工仪式在万州区青杠塝举行。

12月31日　长寿至涪陵高速公路一期工程黄草山至涪陵李渡11公里路段竣工初通，使重庆主城区与涪陵的距离缩短13公里。

12月　北碚区国道212线文星湾大桥停止收取车辆通行费，是重庆市首个自动终止收费项目。

北碚境内省道204线（仪陇至北碚）朝阳桥至狮子桥20公里改造完工，改造为水泥砼路面，基本达到二级公路标准。

重庆市交通局成立重庆市公路、水运西部大开发领导小组，办公室设在市交通局计划处。

中共重庆市委书记贺国强在看到山东公路建设经验材料后，当即批示："我市要学习山东的做法，一方面加快公路的建设，更重要的是严把质量关。高速公路投资大，要求高，也体现重庆市的形象，高速公路都应该建成精品工程，尤其要下决心解决接缝跳车及重要桥梁、隧道质量，搞好绿地美化，建好配套服务设施等关键问题。"

重庆朝天门客货运输枢纽中心（交通广场B区）扩建项目全面建成向市民开放。

自国庆节前重庆市交通局"庆祝建国50周年重庆交通成就摄影图片展"举办以来，展览汇集120幅新旧照片，展示了重庆市50年来交通建设成就。重庆市人民政府代市长包叙定在观看后给予了积极评价。经组织评选，刘凡、段永刚、朱小涛、卢定国等10余位作者的30余幅摄影作品分获一、二、三等奖。

同年　为加快重庆市交通基础设施建设，重庆市人民政府决定1999年为第三个"交通建设年"，后定为"交通建设质量年"。

重庆市人民政府渝府发〔1999〕92号文件发布《关于加强渝涪高速公路管理的通告》，要求继续实行"统一管理、综合执法"的管理模式，切实加强高等级公路的管理。

民生轮船公司率先在长江上开展商品车滚装运输。

重庆冠忠（新城）公司开行608路，运行两路城南至朝天门公交站场，渝北区两路、江北机场至渝中区路段结束了没有公交线路的历史。

重庆轨道交通2号线项目建议书获得国家批准。

重庆市交通局、重庆交通学院主研的《重庆市公路主枢纽总体布局规划研究》项目获得鉴定通过后，获1998年度重庆市科技进步奖三等奖。

中国道路工程学科第一位博士后唐伯明教授和姚祖康合著的《水泥混凝土路面结构设计》由安徽科技出版社出版，被列为当代科技重要著作之一。

2000年

1月6日　重庆市人民政府副市长吴家农一行考察重庆市外环高速公路建设进展情况，强调一定要抓好工程质量。

1月12日　重庆市交通局召开国家实施西部大开发对重庆市公路水路交通发展战略研讨会，讨论重庆市交通局提出的《国家实施西部大开发对重庆市公路水路交通发展战略》（征求意见稿）。

1月26日　重庆市交通局在重庆成渝高速公路有限公司召开交通行业管理单位文明建设座谈会。中共重庆市交通运输委员会书记王机提出继续抓创建、上台阶，早日实现交通文明行业目标。

1月29日　中共重庆市委副书记、重庆市人大常委会主任王云龙和重庆市人民政府副市长吴家农到重庆轮船总公司调研，慰问公司特困职工杨玉忠和困难职工彭良怀，给他们送去慰问品和慰问金。

1月　重庆市交通局下达的软科学研究项目《重庆市道路客运运力结构调控措施》获得鉴定通过。

2月1日　中共中央党校常务副校长郑必坚在中共重庆市委副书记李学举陪同下考察重庆港信

息中心。

2 月 6 日　重庆市政协主席张文彬，副主席李兵、窦瑞华和在渝全国政协委员考察渝长高速公路。

2 月 13 日　重庆市人民政府市长包叙定一行检查在建的渝长高速公路二期工程。包叙定要求力争 2000 年“五一”节实现初通，并要求渝长、渝黔、渝合、渝邻、万梁、长梁 6 条高速公路必须在 2003 年前建成通车，形成东出、西进、南下、北上的主骨架公路网络，把重庆与周边地区紧紧联系起来，彻底改变重庆交通落后的面貌。

2 月 16 日　万州至梁平高速公路正式开工建设。

重庆市 2000 年交通工作会议在重庆渝通宾馆召开。中共重庆市委书记贺国强、重庆市人民政府市长包叙定、副市长吴家农等领导出席会议并讲话。会议主题为：以西部大开发为契机，开创交通建设与发展的新局面。交通工作的总体要求是：坚持以邓小平理论为指导，深入贯彻中共十五大和十五届三中、四中全会以及中央经济工作会议和重庆经济工作会议精神，紧紧围绕西部大开发战略，抓住关键，大胆突破，加大以公路为中心以高速公路为重点的交通基础设施建设，大力培育和发展统一竞争、开放有序的交通运输市场，打好国有交通企业改革和发展攻坚战，巩固水上安全成果，坚持改革，扩大开放，走“科技兴交”的发展道路，深入持久地开展精神文明活动，全面推进交通事业的快速发展。为世纪之初的重庆交通写下新的篇章。

2 月 28 日　重庆市计划委员会批复同意重庆市公共电车公司与香港冠忠（重庆）投资有限公司合资组建重庆冠忠（新城）公共交通有限公司（简称重庆冠忠新城公司），注册资金 6267 万元，香港冠忠公司出资 4803 万元，占 76. 64%；重庆市公共电车公司出资 1464 万元，占 23. 36%。实行董事会领导下的总经理负责制。

3 月 2 日　交通部核准重庆陈家坪汽车站为一级汽车客运站。

3 月 3 日　国道 319 线重庆境内青木关至金刚坡段改造工程竣工。该路段长 22 公里，原为老成渝公路沙坪坝区路段，经投资 4000 多万元改造后，为山岭重丘二级公路。

3 月 7 日　重庆市交通系统的公路运输总公司菜园坝加油站等 15 个集体岗组，获得重庆市城镇妇女“巾帼建功”活动领导小组、重庆市妇联、重庆市精神文明建设委员会 1999 年度“巾帼文明示范岗”表彰命名。这是重庆交通系统第二批市级巾帼文明示范岗表彰命名。同时，重庆市第一公共交通公司女职工委员会被评为“巾帼建功先进单位”。

3 月上旬 重庆市交通安全工作会、水上交通安全工作会陆续召开。1999 年交通安全取得近 5 年来最佳管理效果，水上交通安全事故 3 项下降率完成市政府下达控制指标，公路运输 3 项下降率较好完成交通部控制目标。会议要求 2000 年安全目标要控制在 1999 年水平内，杜绝重特大事故。

3 月 13 日　重庆市交通局发布施行《重庆市高速公路旅客运输管理实施细则（试行）》。

3 月 15 日　重庆市交通局命名江津市公路养护段等 3 个单位为文明养路段，合川市公路养护段大石道班等 5 个单位为文明养路班。

重庆市 2000 年公路工作会在重庆市垫江县召开。大会表彰奖励了各区县完成 1999 年交通建设年目标、公路养护管理和综合管理责任目标的先进单位。重庆市交通局与各区县签订 2000 年交通建设、公路养护与管理目标责任书。

3 月 24 日　万州长江公路大桥“复合式缆索吊装机”获国家知识产权局“实用新型专利”专利权。

3 月 27 日　重庆轮船总公司水上客运业务因经营困难而终止。

3 月 30 日　开县境内城口至黔江公路温泉至大进 24. 7 公里路段按山岭重丘二级水泥砼路标准改建的工程竣工，并验收合格交付使用。

3 月 31 日　云阳境内重庆至巴东公路双江至卡梁（云阳与万州分界处）24 公里路段按山岭重

丘二级标准新建的水泥砼路竣工，并验收合格交付使用。

重庆市高等级公路建设领导小组第一次会议召开，重庆市人民政府批准恢复重庆市高等级公路建设指挥部，其行政业务受重庆市交通局领导，同时对重庆市高等级公路建设领导小组负责。

3月　重庆运业公司重庆汽车站服务总台王军被评为全国交通系统“巾帼建功标兵”。

重庆运业公司重庆汽车站服务总台王军被评为“重庆市‘三八’红旗手”，重庆市公运总公司南岸站医务所、重庆运业公司重庆汽车站服务总台被评为“重庆市‘三八’红旗集体”。

重庆市成渝高速公路管理处永川站收费三班岗组，获得全国妇联全国城镇妇女“巾帼建功”活动领导小组1999年度全国“巾帼文明示范岗”命名表彰。同时，重庆市交通局被评选为全国“巾帼建功”活动先进单位。

4月2日　重庆市人民政府第73号令发布《关于加强菜园坝地区综合整治的通告》，从2000年4月10日起施行。4月上旬，重庆市交通局召开动员大会部署整治工作，重庆市运管处制订整治工作实施方案，菜园坝地区3个汽车客运站积极开展整治工作。

4月7日　重庆市云阳县人民法院对永安桥垮塌案公开审判。该院一审以玩忽职守、滥用职权罪判处吴开杰有期徒刑3年；以玩忽职守罪判处伍玉鼎有期徒刑3年；以工程重大事故罪判处任波有期徒刑8年，并处罚金10万元；以重大事故罪判处龚仲宣有期徒刑1年，缓刑1年，并处罚金1万元。吴开杰同时开除党籍、开除公职。

4月9日　重庆市交通系统重点公路工程“青年突击队”竞赛活动授旗表彰大会在江北区嘉陵江复线大桥处举行。在渝长高速公路铁山坪隧道施工的铁五局五处在2000年初实现主体工程完工，获得“重庆市重点公路工程青年突击队竞赛优胜集体”称号，荣登重点公路工程7支青年突击队榜首。

4月11日　重庆市交通局批准重庆汽运公司进行产权制度改革。

4月13日　重庆市交通局报请重庆市人民政府同意后，批复重庆高建司对其申报的14项重大合理化建议项目，按其节约价值的2‰奖励渝长、长涪、渝黔高速公路建设重大合理化建议突出贡献者。

4月18日　中共重庆市委、重庆市人民政府新命名为1999年度“市级文明单位”的有彭水县交通局等10个交通行政事业企业单位，新命名为“文明单位五十佳”的有重庆市交通运业公司重庆汽车站，万州区交通局。

4月19日　中共重庆市委书记贺国强、副书记刘志忠视察渝长高速公路。

4月26日　上午，重庆市人民政府市长包叙定、副市长陈际瓦对朝天门各码头、趸船、售票厅、商场、广场和菜园坝地区的重庆汽车站、长途汽车站、火车站等处进行考察调研。

重庆市交通局、重庆市人民政府纠正部门不正之风办公室印发《关于进一步整顿规范汽车维修市场的工作意见》，对汽车维修行业整顿工作进行了部署。

4月28日　上午10时，渝长高速公路全线通车。渝长高速公路起自重庆上桥，止于长寿桃花街，全长85.5公里，总投资36.07亿元。这是重庆直辖后投资最多、施工难度最大、技术标准最高、链接主城区与三峡库区的第一条高速公路。

4月　重庆交通系统的王军、熊彩霞、徐谋、刘进、王小磊、万银泉、朱玉龙荣获重庆市人民政府授予的“重庆市劳动模范”称号。

重庆长江轮船公司开始承运第一批三峡移民。

5月1日　重庆交通系统的周庆忠、李祖伟获国务院授予的“全国劳动模范”称号。

5月18日　全国政协副主席陈锦华视察渝长高速公路。

5月17日至19日　重庆市交通局与中国环境与发展国际合作委员会、重庆市环保局联合举办“城市间交通与环境研讨会”，德国、瑞士以及中国11个省市的40多名专家参会，就城市间交通与环境问题展开研讨。重庆市交通局向与会专家介绍重庆在发展交通的同时对生态环境所做的环保与绿化工作情况，即实施以三峡库区为主的青山绿水工程，在5条公路国道、3条铁路、4条江河上实施绿色通道工程，绿化面积达300万亩。

5月31日 重庆市对外贸易经济委员会批准重庆皇冠企业有限公司提前终止合资合同，两路口自动扶梯设施作为国有资产纳入重庆客运索道公司。

5月 中共重庆市委、重庆市人民政府渝委发〔2000〕18号文件实施政府机构改革，确定政府机构设置工作部门45个，部门管理机构9个，其中不再保留重庆市交通局；重庆市交通局、重庆市经委、港口管理局、公用管理事业局的交通行政管理职能划入新组建的重庆市交通委员会；重庆市交通委员会除行使原重庆市交通局职能外，还担负指导和协调铁路、民航等运输市场管理工作。5月15日，经重庆市第一届人民代表大会常务委员会第二十四次会议审议通过，任命胡振业为重庆市交通委员会主任。5月13日市人民政府第五十八次常务会议和5月18日市人民政府第五十九次常务会议任命王机为重庆市交通委员会巡视员。5月27日，重庆市人民政府第六十次常务会议任命滕西全、李健、张世玖、丁纯、彭建康为重庆市交通委员会副主任；任命黄同科为重庆市交通委员会巡视员；任命蒙进礼、孟素英、程永富为重庆市交通委员会助理巡视员。

6月2日 重庆市对外贸易经济委员会批复同意重庆冠忠公共交通发展有限公司更名为重庆冠忠（第三）公共交通有限公司〔以下简称重庆冠忠（第三）公司〕。

重庆市人民政府印发重点整治一批窗口地区（行业）的通告。重点整治的范围：朝天门客运港、重庆火车站、江北机场及上清寺售票厅，菜园坝地区汽车站、陈家坪汽车站、江北长途汽车站、南坪长途汽车站、沙坪坝长途汽车站，城区出租车行业、解放碑购物广场。

重庆市人民政府发布《关于取消一批行政事业性收费项目的决定》，其中涉及交通收费项目有成渝高速公路线路调节费、以工代赈修建公路及其维护费、成渝高速公路“一次性往返使用运输证”工本费、养路费自动征费系统读写卡工本费、车辆入户转籍过户变更报废登记费、水上危险货物监督管理费、清除污染管理费共7项收费。

重庆市交通局组织质量管理诊断师及有关领导评选本年度的QC小组成果，评选出一等奖2名、二等奖3名、三等奖5名。

6月3日 重庆市交通局组织承担的《加快我国西部地区交通建设的对策研究——重庆市境区域研究报告》完成研究任务，获得交通部专家组评审通过。

6月6日 交通部全国公路、水路交通建设“十五”计划第三片区座谈会在重庆市召开。交通部副部长胡希捷考察渝长、渝黔高速公路。

6月12日 上午，重庆市交通局召开局直属单位干部大会，传达中共重庆市委一届七次全委会精神与中共重庆市委书记贺国强的重要讲话。在会上，重庆市交通委员会党组书记、重庆市交通委员会主任胡振业首次向各单位介绍新组建的重庆市交通委员会领导班子成员，宣布重庆市交通局作为过渡工作机构，行使重庆市交通委员会职能。

6月14日 重庆市交通局以“精简、统一、效能”的原则，对重庆市交通委员会的职能配置、内设机构和人员编制“三定”提出详尽的方案请示报告。

6月16日 渝巫公路云阳段改建工程动工，改建为山岭重丘二级公路。省道101渝巫公路（重庆至巫溪）江口至沙沱段起于云阳江口镇，止于巫溪交界处（田坝），长23公里，是巫溪通往云阳，连接万州，到达重庆的重要陆上通道。

6月18日 全国政协副主席王文元考察重庆九龙坡港区。

6月21日 重庆市公路养护与管理体制改革工作会议召开。会上确定的改革措施有，一是管养分离，即强化管理机构职能，将公路养护生产逐步分离出来，实行企业化管理或成立养护公司。二是机构精简减员增效，2001年达到交通部精简30%的分流目标。

6月23日　重庆市交通委员会主任胡振业、副主任彭建康对在建的渝黔高速公路全线各个工地进行全面检查。

6月25日　国务院国函〔2000〕88号文件批准撤销万州移民开发区，原万州移民开发区代管的忠县、开县、云阳、巫山、巫溪5个县由重庆市直接管理；撤销黔江开发区，原黔江开发区代管的石柱、酉阳、秀山、黔江、彭水5个县由重庆市直接管理。

6月26日　重庆市物价局、重庆市财政局渝价〔2000〕386号文件公布重庆市交通部门行政事业性收费标准及管理办法。

6月27日　为迎接《中华人民共和国会计法》于2000年7月1日正式施行，重庆市交通局举行全国会计知识大赛预赛，重庆交通系统企业事业单位9支代表队参赛。

6月28日　重庆市人民政府渝府发〔2000〕51号文件印发《重庆市公路养路费征收管理办法》，从2000年7月1日起施行。结束了重庆直辖后公路养路费征稽机构处于无操作细则的局面。

重庆市交通局同意綦万（綦江至万盛）一级公路提升为高速公路的申请。

经重庆市人民政府同意，重庆市运管处、重庆市社客处印发《重庆市主城区出租汽车有偿有期限使用有关问题的通知》，自2000年7月1日起施行。

6月　万州长江公路大桥工程荣获1999年度四川省建设工程“天府杯”金奖。

7月1日　根据重庆市人民政府第83号令《关于取消一批行政事业性收费项目的决定》，成渝高速公路客运线路调节费即日起停止收费。

7月6日　重庆市交通局同意重庆汽运公司重庆汽车北站停车场扩建工程立项。项目总建筑面积5137平方米，停车场面积8830平方米，总投资930万元。

7月13日至15日　交通部部长黄镇东率交通部检查组在重庆检查水上交通安全工作。

7月13日　为贯彻落实重庆市人民政府“十个一批”整治举措，重庆市交通委员会对外宣布取消9个交通收费项目，废止76个文件，对菜园坝、朝天门等6个窗口地区的客运汽车站秩序进行整治，加强出租车行业管理。

7月14日　重庆市交通委员会副主任李健一行10人赴忠县长江大桥建设工地检查施工质量。

经中国证监会批准，重庆港九股票上网发行。7月17日、19日港九股票二级市场配售、A股上网发行中签摇号仪式先后在上海证券交易所大厅举行。7月31日，重庆港九股票在上海证券交易所上市。

7月17日　上午，重庆市交通委员会召开机关机构改革“定机构、定职能、定编制”（即“三定”）工作动员大会，重庆市人民政府副市长吴家农出席大会。在重庆市人民政府批准全市第一批45个市级部门的机构“三定”工作中，重庆市交通委员会率先实施。大会要求在各处室处长、副处长任命之后，7月28日完成各处室人员双向选择工作，继而全部完成机关“三定”工作。

7月26日　重庆汽运公司外滩汽车站并入重庆运业公司，同时重庆运业公司租用重庆公运总公司菜园坝长途汽车站，连同重庆汽车站一起，实现菜园坝地区“三站合一”，统一由重庆运业公司经营管理。

8月1日　上午9时，经中共重庆市委、重庆市人民政府批准，重庆市交通委员会正式挂牌运行，设立于重庆市渝北区龙溪镇红锦大道20号。通过“三定”工作，重庆市交通委员会机关人员编制由原重庆市交通局164人（不含重庆港口管理局划入人员编制）减少到114人，精减人员30%；行政管理处室从原来的26个减少到14个，精简机构46%；处级领导职数由原来的38名减少到30名，精简20%。

重庆市交通委员会将原重庆市公路运输管理处、重庆市社会客运管理处及重庆市公用局公交管理处等职能部门合并，新组建重庆市道路运输管理局（以下简称重庆市运管局），同时挂“重庆市汽车维修行业管理办公室”和“重庆市交通运政稽查总队”牌子，是重庆市交通委员会对重庆市道路运输的行业管理机构。

8月4日　经重庆市编委同意，重庆市交通委员会决定不再保留重庆市航运管理处、港航监督处、船舶检验处、码头管理处，将原重庆市航运管理处、港航监督处、船舶检验处和港口局的行政管理职能合并，组建重庆市港航管理局（以下简称重庆市港航局）。

中共重庆市委书记贺国强、重庆市人民政府副市长吴家农专程到重庆市交通委员会看望交通职工。贺国强希望重庆市交通委员会管好大交通，让全社会办交通，但规划必须统一来做。要打好交通建设攻坚战，经过3~5年的努力，建立起综合的、立体的交通网络，变滞后型为基本适应型。要求外环高速公路2001年必须通车，在建的6条高速公路在2003年前也要通车。

8月9日　重庆市人民政府办公厅印发《关于印发重庆市交通委员会职能配置、内设机构和人员编制规定的通知》，重庆市交通委员会“三定”方案正式获得批准。在首任领导班子中，明正义任纪检组长，邵道杰任主任助理（挂职2年），罗德馨任机关党委专职书记（副局级）。

8月15日至16日　重庆市交通委员会评审通过万州长江二桥工程可行性研究报告。

8月16日　重庆市运管局正式挂牌运行。重庆市道路运输行业实行统一管理、统一协调、精干高效的一体化陆上交通管理体制，结束了多年来政出多门、职责不清的局面。

8月17日　重庆市人民政府市长包叙定考察重庆港。

8月22日　重庆市公路局与上海同济大学在重庆渝通宾馆签订联办交通运输规划与管理研究生班的协议，举行交通运输规划与管理研究生班开学典礼。

8月23日　重庆市交通委员会将重庆市码头管理处行政管理职能和人、财、物成建制划入重庆市港航局。

8月24日　根据重庆市人民政府规定，重庆市交通委员会决定撤销重庆交通报社，保留《中国交通报》重庆记者站，并挂靠在重庆市公路局。

8月25日　由重庆市总工会、重庆市基建工会、重庆市交通委员会机关党委组成的“全国模范职工小家”验收组对重庆市公交电车公司412路队创建“全国模范职工小家”进行审查验收，获得一致好评。

8月28日　重庆市人民政府渝府发〔2000〕74号文件批准重庆市公路勘察设计院由原事业单位改制为自主经营、自负盈亏的具有独立法人资格的企业。原挂靠重庆市公路勘察设计院的重庆市公路工程定额站成建制地划出，与重庆市公路工程质量监督站、重庆市公路工程质量检测中心实行“一套班子，三块牌子”合署办公体制。

8月　根据重庆市人民政府《关于加强菜园坝地区综合整治的通告》，重庆市运管局制定菜园坝地区客运秩序综合整治方案，开展了4个方面的工作，即集中整治、实施“三站合一”、分线定站发班、建立常年稽查队伍。

重庆市运管局开发计算机管理和决策支持系统，运用现代化电子政务手段，改革行政审批模式，实行公文审批网络化，加强许可过程监督。

重庆市人民政府将重庆市交通战备办公室改设在重庆市交通委员会，与综合计划处合署办公，由彭建康担任主任，滕宏伟担任副主任，有专职工作人员一名。

9月4日　重庆市交通委员会召开重庆市半年交通工作会，总结上半年交通工作，部署重庆市交通委员会成立后新的工作任务。重庆市交通委员会提出综合交通发展战略目标，重点做好重庆特色的运输通道的战略布局，重庆综合交通网应形成全方位的立体交通体系，要打好交通建设攻坚战，经过3~5年的艰苦努力，使重庆交通在新的起点上，由目前的滞后型变为基本适应型。

原重庆市交通局管理的重庆市交通幼儿园成建制地划归重庆市公路局管理。

9月5日　重庆市交通委员会将原重庆市社客处行政管理职能和人、财、物成建制划入重庆市运管局。

涪陵第一艘航务水运稽查艇首航成功并开始稽查工作。

9月7日　中共重庆市交通委员会党组决定成立重庆市交通委员会精神文明建设委员会，重庆市交通委员会党组书记、主任胡振业任主任委员，滕西全、李健、张世玖、丁纯、彭建康、明正义任副主任委员，各处处长和委属企业事业单位负责人共20人任委员，委员会下设委文明办，与委法规处合署办公。

重庆市交通委员会印发《重庆市交通建设工程施工分包管理暂行规定》和《重庆市公路建设变更管理暂行办法》。

重庆市公路局、重庆市公路学会联合邀请日本道路专家在渝讲学。讲学的日本道路专家是松野三郎（日本佐藤道路株式会社代表取缔役社长、工学博士）、山下弘美（日本佐藤道路株式会社前社长、技术顾问），曾经留学日本的重庆市公路局副局长唐伯明担任翻译。

9月19日　渝合高速公路长4045米的尖山子隧道右线提前1年贯通（左线长4035米），为重庆最长的隧道。

9月28日　国道319线沙坪坝区青木关至凤鸣山段改造工程竣工，全长36.744公里，路宽为9~12米，弯道减少，坡度降低，等级提高。

9月　重庆市公路局建设管理QC小组评为2000年度全国优秀质量管理小组。

万州长江公路大桥建设中采用的“复合式缆索吊机”技术，在首届香港中华专利技术博览会上荣获“金奖”。

重庆市公路工程监理处副处长周欣被批准享受国务院特殊津贴。

重庆交通职工中等专业学校更名为重庆交通科技学校。

重庆铜梁县白龙大道和白龙大桥建成。白龙大道为国道319线穿越城区的路段，为双向6车道水泥砼路，一级公路。白龙大桥连接白龙大道，跨淮远河，为空腹式悬链线石拱桥，桥长120米，桥两侧栏柱上雕有龙凤呈祥和双龙戏珠，两端桥头的4个雕塑为麒麟、鱼龙、走龙、飞龙。

10月1日　国务院做出国家科研体制改革总体部署，交通部重庆公路科研所作为第二批转制的科研事业单位转为企业，进入招商局集团，更名为重庆交通科研设计院。

10月19日至22日　重庆市交通委员会接受国防交通专业保障队伍整组工作检查并获通过。经过队伍整组后，重庆市国防交通专业保障队伍有4个专业的3个大队和1个独立中队，编制人员1485人，编制装备644台（辆）。成都军区交通战备办公室向重庆市港口应急装卸大队、应急汽车运输大队、应急公路工程抢修大队等7支队伍授旗。

10月19日至23日　交通部全国干线公路养护与管理检查组在渝检查，行程1000多公里，对重庆市公路建设、养护管理做出全方位评价，对制约重庆市公路发展的因素作了概括分析，提出了公路建设的建议和希望。

10月22日　国务院公布《中华人民共和国车辆购置税暂行条例》，自2001年1月1日起施行。

10月22日至24日　国家税务总局、交通部在重庆市富丽大酒店联合召开“全国部署车辆购置附加费费改税工作会议”。重庆市人民政府副市长吴家农出席会议并讲话，表示将确保车辆购置税在2001年1月1日顺利开征。

10月23日　重庆市交通委员会印发《重庆市公路养路费使用管理暂行办法的通知》。

10月25日　万州长江港监局云阳站QC小组“提高监督50号蓄电池使用效率”课题，在全国第二十二次QC小组成果发布会上获一等奖。

10月　重庆市公路工程监理处撤销，人、财、物划入重庆渝信路桥发展有限公司。

重庆市设立黔江区后，中共黔江区委将黔江开发区交通局更名为黔江区交通局。

重庆运业公司长途汽车站职工曾祥莉被评为重庆市第二届职工职业道德建设“十佳标兵”。

11 月 3 日　重庆市交通委员会决定撤销重庆高建司，将由外经外事处归口管理的重庆高发司，与重庆高建司整合为新的重庆高速公路发展有限公司（仍简称重庆高发司），负责重庆市高速公路筹融资、建设、营运、收费还贷工作，下设 10 个子分公司。

重庆市交通委员会在重庆电车公司召集 6 家公交企业进行调查研究，就重庆公交今后发展方向提出了加快改革步伐、实施体制创新的要求。

重庆市交通委员会批复撤销原四川省嘉陵江航道管理处合川航道段、原四川省渠江合川航道段和重庆涪江航道段，组建重庆市港航管理局合川航道管理段；撤销原四川省嘉陵江航道管理处重庆航道段，组建重庆市港航管理局嘉陵江航道管理段；撤销小安溪船闸管理站，组建重庆市港航管理局船闸管理所。

11 月 13 日　重庆市交通委员会印发《重庆市交通系统创建文明行业实施意见的通知》，再次明确 10 年之内把重庆市交通系统建成文明交通行业的目标。

重庆市交通委员会印发《关于交通财务资金内部控制试行办法交通资金拨款财务管理办法的通知》。

11 月 16 日　重庆市交通委员会印发《重庆市交通系统精神文明建设 2001－2010 年规划》，这是自重庆市交通委员会成立后第一个交通系统精神文明建设十年规划，同时印发《重庆市交通系统委级文明单位创建与管理办法》，明确了委级文明单位由中共重庆交通委员会党组和重庆市交通委员会命名。

11 月 17 日　重庆市交通委员会批准重庆汽运公司进行属地化改制，将各子公司资产划归当地国资局管理。

11 月 20 日　岔溪口至南家坪（均在四川万源市境内）27 公里山岭重丘二级路基改建和路面硬化工程竣工。该路段是重庆城口县为打通至万源的出境通道投资 5400 多万元无偿援建。

重庆市交通委员会在云阳县交通局现场办公，要求加快交通建设步伐，早日实现各区县八小时内到达重庆主城区的目标，力争把渝巴路云阳段建成“示范路段”。

11 月 21 日至 22 日　重庆市交通委员会在巫山县、奉节县交通局现场办公，检查现场查看渝巴路奉节段、巫山段建设情况，对奉节县四大班子“同唱交通一台戏”、发动全县人民以民兵营形式突击公路大会战取得的成绩予以充分肯定，希望重点加快渝巴路奉节段进度，争取在 2001 年通车，提前实现“边远区县八小时到达市区”的目标。

11 月 29 日　中共重庆市交通委员会直属机关党委成立重庆市交通委员会巾帼文明示范岗指导小组，由重庆市交通委员会副主任、直属机关党委书记李健任组长，委机关党委专职书记罗德馨任顾问，委直属机关党委副书记万勇、政策法规处处长曾升元任副组长，委属有关单位的部分负责人为成员，并确定由委机关党委具体负责此项工作。

11 月　重庆巫溪县境内的省道渝巫路、巫恩路共 210 公里路段改建工程竣工并交付使用。

12 月 1 日　重庆市交通技工学校成立 20 周年暨晋升国家重点技校庆祝会举行，重庆市交通委员会领导到会祝贺并宣布变更重庆市交通技工学校、重庆交通科技学校隶属关系的决定。根据重庆市编制委员会、重庆市交通委员会通知精神，即日起，重庆市交通技工学校、重庆交通科技学校在校学生 700 多人、教职工 125 人、总资产 3000 万元，全部成建制划归重庆交通学院管理。

12 月 2 日　中午，重庆铜梁县中河乡一非法营运的私人自用船非法载客 23 人，在潼南县小渡镇境内小渡口处与安居镇枇杷村一沙石船相撞，造成自用船沉没、13 人死亡的重大沉船事故。

12 月 11 日　重庆市交通委员会印发《关于重庆市交通建设前期工作费财务管理办法的通知》。

12 月 12 日　重庆境内黔江至石柱公路全长 971 米的连湖隧道贯通，全长 971 米。

12 月 16 日　重庆市重点工程——重庆江北国际机场飞行区扩建工程竣工投产。

渝怀铁路建设总指挥部在重庆市挂牌成立，被列为西部大开发 2 号特大工程的渝怀铁路开工建设，国务院总理朱镕基致电祝贺。

12月17日　重庆长运有限公司黔江分公司一辆牌照为渝H00481的中型客车，在彭水开往黔江途中，因路滑驾驶员临危处置不当，翻于国道319线岩坪村路段处73.2米的悬崖下，造成死亡12人、重伤5人、轻伤1人的特大交通事故。

12月18日　重庆綦江县新彩虹桥建成开通。

重庆市交通委员会印发《关于黔江开发区行政体制调整后部分交通规费有关分成问题的通知》。

重庆市交通委员决定将重庆市交通委员会机关后勤服务保障职能从机关剥离，组建成立重庆市交通委员会机关后勤服务中心，同时挂“重庆市重点公路建设接待站”牌子，为重庆市交通委员会直属处级事业单位，人员编制95名。

12月19日　重庆市第一届人大第二十九次会议通过了《重庆市道路运输管理条例》，从2001年2月1日起施行。这是重庆直辖市第一部道路运输地方性法规。

重庆市运管局印发《关于进一步加强和改进道路运输行业管理有关问题的通知》，明确了重庆市两级道路行业管理部门的职责和权限，规范了管理运转程序。

重庆市运管局加强营运线路牌管理，对重庆市营运客车线路牌进行全面的清理核对。按照“一车一牌、色度管理”的原则，重新制作核发重庆市1905条线路、7250辆客运车辆的营运线路牌，注销了不符合年审要求的客运线路牌2265块。

12月22日　国道212线重庆境内合川至合隆二级公路改建工程合阳至古楼段工程通过初步验收。

12月26日　重庆长寿至梁平114公里高速公路和重庆至邻水53公里高速公路举行开工仪式。

12月27日　长寿至涪陵高速公路全线提前1年竣工通车。长涪高速公路起于长寿桃花街互通式立交，穿黄草山隧道，接涪陵长江大桥，止于天子殿立交桥，全长33.37公里，总投资12.55亿元。

12月28日　重庆鹅公岩长江大桥建成通车。

12月29日　重庆市交通委员会印发《关于万州移民开发区行政体制调整后部分交通规费有关分成问题的通知》。

12月29日　是重庆市车辆购置附加费征收的截止日，下午4点30分，重庆市征收了15年的车辆购置附加费完成最后一笔征费业务，全年车辆购置附加费征收总额超额完成年度计划。

12月30日　《重庆日报》刊登重庆市车购办主任李先彬答记者问《车购税将开征：有关人士释义》，宣传车购税政策。在人员未考试移交前，重庆市车购办暂时代征车购税。

12月　中共重庆市纪委驻重庆市交通委员会纪检组、监察室被中共重庆市纪律检查委员会评为2000年“十佳”先进集体。

重庆轨道交通2号线一期工程（较场口至大堰村）全线正式开工。该工程被列为国家西部开发十大重点工程、国债项目和市长1号工程。

重庆市交通委员会印发精神文明建设文件汇编，重新公布创建文明交通行业的考核评分标准。其中新增文明公共客车标准和文明汽车驾驶员培训学校评比标准两项，使考核评分标准达到21项。

同年　国道326线秀山县境内白沙至红岩坎段公路改造工程经过历时3年建设竣工通车。至此，秀山县全面完成境内国道、省道改造升级任务。

重庆市运管局在客运驾驶员中推行准驾证、职业资格证书“一训双证”制度，同时举办汽车维修技工和驾驶服务从业人员等各类培训班1367期，培训人员69422人次，提高道路运输从业人员素质。

重庆公交三公司完善向重庆公用投资开发公司转购重庆公交站场公司股权工作，由重庆公交三公司经理出任重庆公交站场公司董事长，实现“一套班子，两块牌子”的管理。

经重庆市公用事业局批准同意，撤销所属中北出租汽车公司法人资格，将其资产和人员并入重庆市出租汽车总公司。

重庆交通学院、重庆高等级公路建设指挥部、重庆市公路工程监理处、重庆市渝通公路工程总公司主研的《横张预应力砼梁工艺及性能实验研究》项目获得1999年度重庆市科技进步奖一等奖。

重庆高等级公路建设指挥部、交通部重庆交通科学研究所主研的《高大轻型桥台设计和施工方法的研究》项目获得1999年度重庆市科技进步奖三等奖。

重庆高等级公路建设指挥部、重庆交通学院主研的《山区高等级公路加筋高路堤陡边坡研究》项目获得1999年度重庆市科技进步奖三等奖。

重庆高速公路发展有限公司副董事长徐谋、重庆公交一公司售票员汪霞获“振兴重庆争光贡献提名奖”。

2001 年

1月1日　国务院颁布《中华人民共和国车辆购置税暂行条例》，车辆购置附加费改为车辆购置税，仍由交通系统的车辆购置附加费征收管理机构代征收。

重庆市交通委员会在重庆市交通基础设施建设中全面推行“双合同制”，实行在签订“工程合同”的同时签订“廉政合同”。

1月3日　重庆交通学院主研的《万州长江公路大桥特跨（420米）钢筋混凝土拱桥设计施工技术研究》，获得国家科学技术进步奖一等奖。

1月4日　重庆市人民政府重新确定道路运输客运运力审批程序，规定主城区内新增道路客运运力的审批程序仍按原程序办理，由重庆市交通委员会汇总后报重庆市人民政府审批；主城区外新增道路客运运力由重庆市交通委员会根据各区县（自治县、市）上报的新增运力计划进行审批，报重庆市人民政府备案。

1月11日　重庆市2001年交通法制工作会议在重庆渝通宾馆召开，会议主题是转变观念，加强管理，开创交通法制工作新局面。会上表彰了2000年度交通法制工作先进单位。

1月17日　中共重庆市交通委员会直属机关党委印发了《创建“巾帼文明示范岗”的暂行意见》。

1月19日　重庆市人民政府副市长吴家农到重庆汽运公司汽车北站、旅游客运总站检查指导春运工作。

中共重庆市委宣传部、重庆市文明办、重庆市交通委员会、重庆市运管局在人民大礼堂广场联合举行创建文明道路运输行业誓师大会。市各相关部门和道路运输行业1000余人参加大会。130台整洁的柠檬黄色出租车整齐地停放在大会现场。中共重庆市委常委、宣传部部长邢元敏作重要讲话。

1月29日　合川涪江江面有浓雾。约8时3分，“渝合川客00110号”客船在后退过程中右舷尾底部触礁碰在靠航道左侧的暗礁顶锅石上，船首外张，船身并向右倾斜，右舷进水。乘客见状慌忙挤向船的左舷，致使船舶重心立即向左偏移，船迅即向左舷倾斜，船身横向，随后船首倒下向下游翻沉，全船人员全部落水，其中生还38人，死亡46人。

1月30日　重庆市人大常委会副主任唐情林与重庆市交通委员会主任胡振业一行，在渝中区解放碑街头参加宣传《重庆市道路运输管理条例》。《重庆市道路运输管理条例》从2001年2月1

日起实施。

2月2日　重庆市2001年交通工作会议在重庆富丽大酒店召开。这是重庆市在21世纪召开的第一次交通工作会，也是重庆市交通委员会成立后召开的第一次交通工作会。重庆市人民政府市长包叙定给会议发来贺信。重庆市人民政府副市长吴家农及副秘书长吴连帆等出席会议并讲话。会议主题为：抓住历史机遇，加快交通发展，为建立现代化综合交通体系而努力奋斗。会议提出"十五"期交通发展的总体目标是：要为建立一个适应重庆经济发展战略的、满足重庆经济社会发展需要的、具有一定规模的、交通结构与运输资源配置合理的、四通八达的现代化综合交通运输网络打下基础，力争使交通滞后型转变为基本适应型，为建立重庆市现代化综合交通体系而努力奋斗。

2月7日　重庆市交通委员会批复同意将渝通宾馆成建制地改制为自主经营、自负盈亏，具有独立法人资格的企业。

2月13日　重庆市交通委员会向重庆市人民政府上报《关于加快公交企业改革促进公交行业发展的报告》，汇报城市公交概况，分析了城市公交存在的主要困难和问题，提出了解决公交问题的总体思路及目标。

2月16日　重庆市交通委员会批复同意重庆高发司组建联网收费结算中心。

2月21日　重庆市交通委员会和共青团重庆市委联合印发《重庆市交通系统"青年文明号"管理办法（试行）》。

2月26日　重庆市交通委员会和共青团重庆市委联合成立重庆市交通系统"青年文明号"活动领导小组，重庆市交通委员会副主任李健、共青团重庆市委副书记徐强任组长，成员有4人。办公室设在重庆市交通委员会团委。

2月27日　重庆市人民政府第七十七次常务会议审议通过了《重庆市船舶修造业管理办法》，该办法是全国第一部关于船舶修造业管理规范的省级行政规章。

3月1日　重庆市物价局和重庆市交通委员会联合调整城市公共交通票价，将重庆市内公交汽（电）车客运起步价格凡是5角的调整为1元，1元以上的不变动，从此全市主城区客运起步价统一为1元。随着公交票价的调整，市区月票调整为25元/张，郊区月票调整为35元/张，市区学生月票为10元/张，市郊区学生月票为15元/张。

3月2日　即日是重庆市交通委员会第一个"委主任接待日"，重庆市交通委员会主任胡振业，副主任李健、丁纯以及重庆市公路局、重庆市道路运输管理局、重庆市港航管理局、重庆市征稽局、重庆市高发司、委有关处室等单位负责人接待来访市民。重庆市交通委员会决定从3月起设立"委主任接待日"，每月第一周星期五上午9时至中午12时，由重庆市交通委员会领导轮流值班接待来访群众。

3月3日　重庆高速公路联网收费结算中心正式成立，重庆市高速公路联网收费工作进入正式实施阶段。

3月6日　重庆运业公司重庆汽车站售票班组、重庆市第一公共交通公司103/104路队1120车组和重庆公运公司南岸站医务所，获得全国妇联全国城镇妇女"巾帼建功"活动领导小组表彰，被命名为全国"巾帼文明示范岗"。

重庆市交通委员会与重庆市财政局共同印发《关于进一步规范公路水运等交通规费预算管理有关问题的通知》。

3月8日　中共重庆市交通委员会直属机关委员会及工会在重庆陈家坪富丽大酒店举行庆祝"三八"妇女节暨"巾帼文明示范岗"表彰大会，对获得"全国先进女职工"称号的重庆交通运业公司工会副主席单小平（女）以及一大批妇女先进集体和个人进行表彰，向获得全国"巾帼文明示范岗"、委级"巾帼文明示范岗"的岗组授牌。

3月10日　重庆至巫溪公路开县境内温泉至河堰21.74公里二级水泥混凝土公路改建工程完

成。

3月13日　重庆市交通委员会命名表彰荣昌县公路养护段等6个单位为文明养路段，江津市公路路政管理所等12个单位为文明执法队（所），万州区分水收费站等13个收费站为文明收费站，重庆成渝高速公路有限公司重庆收费站彭红等10人为“十佳收费员”。

3月20日　重庆市交通系统有10个单位获中共重庆市委、重庆市人民政府2000年度市级文明单位称号。

3月20日至21日　重庆市2001年公路工作会在重庆江津市召开。重庆市人民政府副市长吴家农及副秘书长吴连帆等出席会议并讲话。会议确定“八小时重庆”公路建设工程是“十五”计划期首要目标，要在2003年确保“八小时重庆”公路建设工程完成。重庆市交通委员会主任胡振业与各区县签订2001年交通建设、公路养护与管理目标责任书。

3月25日　重庆高发司与中铁五局签署合作合同，双方共同投资修建渝邻高速公路，其中重庆高发司51%，中铁五局49%。

3月28日　重庆市交通委员会向重庆市编委上报《关于独立成立重庆市高等级公路行政执法总队的请示》，拟将重庆市高等级公路行政执法大队从重庆市成渝高速公路管理处剥离出来，并更名为重庆市高等级公路行政执法总队，独立行使高等级公路的行政执法管理工作。

3月　由重庆高发司主办的内部刊物《重庆高速》正式创刊。

重庆酉阳县赵庄大桥建成，为空腹式悬链线石拱桥，全长60米，桥面宽8.5米。该桥位于龙潭镇，跨龙潭河，通往革命烈士赵世炎的故乡赵庄。

重庆市编办渝编办〔2001〕14号文件同意重庆市港航管理局增挂重庆市水路客运市场管理处牌子，批准设立重庆市港航管理局客运管理处。

4月10日　重庆公路监理机构正式下达长寿至梁平高速公路开工令。

4月13日　由重庆市交通委员会组织、重庆高速公路发展有限公司承办的“渝湛高速公路千里行”记者采访活动启程。采访团历经渝、黔、桂、粤四省区市，行程1300公里，历时15天。

4月15日　重庆市科学技术委员会和重庆市信息产业领导小组组织专家对重庆市交通委员会提交的《重庆市交通信息化规划（重庆市信息港建设规划之交通分规划）》进行了验收审查。

4月16日　上午10时，重庆市交通委员会在重庆市渝北区龙湖花园城市广场举行“重庆市公交、高速公路客运创建青年文明号专线推进会”。按照优中选优原则，重庆市交通委员会、共青团重庆市委选出10条公交、高速公路客运线为创建青年文明号专线。

4月17日　重庆市人民政府副市长吴家农主持召开“八小时重庆”目标责任书签订仪式，签订2003年年底通车目标责任书。

重庆市交通委员会举行国道主干线上海至成都高速公路重庆上桥至长寿段交工验收会，交工验收会一致评定渝长高速公路为优良工程。

4月21日　重庆市交通委员会同意重庆市港航局加挂重庆市水路客运市场管理处牌子，重庆市港航局人员编制由370名增加至382名。

4月23日　重庆市人民政府办公厅转发《重庆市交通委员会、重庆市公安局、重庆市财政局、重庆市物价局关于重庆市道路运输市场秩序清理整顿工作实施方案》。

重庆高发司与中铁五局共同出资组建的重庆渝邻高速公路有限公司成立。

4月26日　重庆成渝高速公路有限公司重庆收费站收费员杨光旭（女）荣获交通部、共青团中央授予的1999～2000年度“全国交通系统青年岗位能手”称号；重庆市第二公共交通公司共青团215空调路队荣获交通部、共青团中央授予的1999～2000年度“全国青年文明号”称号。

涪陵区重庆第二交通技工校被交通部评为“全国交通执法人员培训先进单位”。

梁平县压缩天然气两用燃料汽车技改项目通过重庆市专家组评审检验，梁平县利用普通燃油出租车改装的5辆压缩天然气两用燃料出租车成功行驶运营，是重庆市第一个推广环保型汽车的区县城市。

4月30日　重庆第二交通技工校被重庆市人民政府授予“重庆市级重点技校”称号。

4月　重庆涪陵港糠壳湾货运港区复建工程正式开工建设。

万州港务管理局杨永春被共青团中央和全国志愿者协会授予“优秀志愿者”称号。

5月1日　重庆交通系统的汪霞、刘正忠获全国“五一劳动奖章”。

5月14日至17日　重庆市交通委员会和重庆市公路局组织专家赴开县，对“八小时重庆”城（城口)黔（黔江）公路开县至城口段及其控制性工程——通渝隧道进行现场调研。

5月15日　重庆市人民政府发布《重庆市人民政府关于加强高速公路管理的通告》。

5月21日　根据交通部全国道路化学危险货物运输专项整治实施方案，重庆市运管局成立整治领导小组。

5月28日　重庆云阳港务站客货运港区淹没复建工程开工建设。

5月29日　重庆市交通委员会、重庆高速公路发展有限公司开展“重庆市高速公路优质文明服务月”活动，并举行重庆市高速公路收费点钞、收费员文明服务演讲比赛，举办重庆高速公路文明服务图片展及文明服务论文交流等10项活动等。

5月　重庆汽运公司与四川达州汽车运输（集团）有限公司共同出资500万元组建达渝高速公路客运有限责任公司。

按国家计委、交通部文件精神，重庆市放开水运客货运输价格，实行市场调节价。

6月1日　重庆市交通委员会发布《重庆市道路客运线路运力招投标和听证管理办法》，并从发布之日起执行。

6月7日、17日　重庆市交通委员会分别在武隆县和巫山县召开“八小时重庆”公路建设现场会，号召各区县学习武隆人民“不等不靠、敢想敢做、苦干快干”的精神，以“向上争、银行贷、自己筹、政策让、山外引、群众投”等多种办法筹集公路建设巨额资金，加快“八小时重庆”工程建设步伐。

6月12日　重庆市交通委员会组织质量管理诊断师及有关领导参加的评审会评选出本年度QC小组成果优秀质量管理小组，重庆成渝高速公路有限公司东段管理处“改造窨井盖确保隧道行车安全”QC小组获一等奖。重庆市公路局大件公路工程建设指挥部QC小组获二等奖，重庆成渝高速公路有限公司机电管理处“消防救援”QC小组，重庆市交通工程监理咨询有限责任公司渝合高速公路项目监理部GHI监理组QC小组获三等奖。

6月15日　“八小时重庆”通渝隧道通过项目工程可行性报告评审。

重庆市交通委员会下发通知，明确重庆市公安局公交分局管辖范围为重庆市交通委员会直属管理的企事业单位内部的生产、工作、经营、服务保障场所和主城区客运交通枢纽车站的治安保卫工作及高速公路的案件查处。重庆市公安局公交分局受重庆市交通委员会和重庆市公安局的双重领导。

6月20日　重庆汽运公司旅游客运总站正式开通重庆至九寨沟往返自助旅游专线客运班车。

中共重庆市委企业工委有关领导到重庆港口管理局宣布组建重庆港务（集团）有限责任公司党委和董事会。

6月21日　重庆市物价局、重庆市财政局、重庆市交通委员会联合发布《统一规范我市公路渡口车辆过渡费标准》，从2001年8月10日起执行。

6月26日　万州汽运总公司文艺演出队表演的舞蹈《三峡我的家乡》，参加重庆市总工会“工人阶级心向党”庆祝建党80周年暨重庆市第二届职工艺术节获演出一等奖。

6月27日　重庆市交通委员会在重庆市劳动人民文化宫举行庆祝中国共产党成立80周年大型

歌咏比赛，18 支合唱队参赛，重庆市交通委员会领导全部参加比赛，主任胡振业担任委机关合唱队指挥。

6 月 29 日　重庆市交通委员会在重庆富丽大酒店举行庆祝中国共产党成立 80 周年暨“创先争优”表彰大会，对在重庆交通系统“创先争优”活动中成绩突出的 4 个先进党委、25 个先进基层党组织、53 名优秀共产党员、30 名优秀党务工作者予以表彰。

重庆市人民政府决定由重庆高发司接管綦江至万盛高速公路的建设、管理和经营还贷。

7 月 1 日　重庆南坪地区发往綦江、万盛、打通等地的长途客运班车正式在南坪车站归站发班，实行同线、同站、同价、同规费的“四同”管理，结束了南坪地区长途客运班车多站发车的历史。

7 月 2 日至 3 日　中共重庆市委书记贺国强、重庆市人民政府副市长甘宇平、副市长吴家农等赴万州区调研万州红溪沟港区一期工程建设情况。“八小时重庆”座谈会 7 月 2 日在万州区召开。

7 月 16 日　万州区公交公司从万州区建委整体划归万州区交通部门管理。

根据交通部《汽车运输业车辆技术管理规定》《汽车技术等级评定标准》JT/T198－1995，重庆市交通委员会修订《重庆市汽车技术等级评定办法》。

重庆市交通委员会决定撤销重庆市黔江交通征费稽查处，将其并入黔江交通征稽所，黔江、石柱、彭水、酉阳、秀山 5 个征稽所机构人员，委托黔江、石柱、彭水、酉阳、秀山 5 个区或县交通局代管。

7 月 18 日　重庆市人民政府发布《关于整顿主城九区范围内非法从事道路客运的通告》，对“面的”的经营和打击非法营运车做出明确的规定。

7 月 31 日和 8 月 2 日　重庆市交通委员会检查正在最后冲刺的渝合、渝黔高速公路在建工程，要求渝合高速公路力争在 2002 年内提前竣工通车、渝黔高速公路在 2001 年底实现一期工程初通目标。

7 月　“八小时重庆”通渝隧道开始进行外业详勘、地质勘查及内业设计，直至 11 月。通渝隧道长度为 4.3 公里、地质钻探孔深达 900 米，创重庆市公路建设之最。

重庆长途汽车运输有限责任公司更名为重庆长途汽车运输（集团）有限公司（以下简称重庆长运公司）。

重庆市道路化学危险货物运输专项整治工作完成。

重庆市交通委员会、重庆高发司联合举行“重庆市高速公路优质文明服务月”活动总结表彰会，表彰在优质文明服务 10 项活动中的先进集体和先进个人。

8 月 1 日　重庆市运管局对主城区公共客运车辆实行定线管理，规定主城区中巴车实行“一车一牌”，定线经营，发放中巴车线路牌 1527 块。整改公交车“一号多线”，并将公交车跨出主城区的营运客车纳入“一车一牌”管理。对朝天门地区的 7 个汽车站进行重组，实现了经营主体一元化。

8 月 5 日　重庆至巫溪公路开县境内巫山坎至新胜（四川开江境内）30 公里路段改建成二级水泥砼路。该路段为开县打通出口而投资修建。

8 月 6 日　重庆市交通委员会印发《重庆市水路交通规费资金管理暂行办法》。

长江上第一艘汽车滚装船在重庆造船厂下水。

8 月 9 日　重庆市公路养护管理工作会在重庆富丽大酒店召开。会议主题为：以养护保畅通，以管理促效益，为全面提高重庆市路网服务水平而努力奋斗。对“九五”计划期公路建设养护管理工作给予评价总结，明确提出到 2005 年公路建设养护管理工作的奋斗目标和任务。

8 月 17 日　重庆市人民政府下发《关于加强收费公路审批管理的通知》。

8 月 23 日　重庆市交通委员会在重庆轮船总公司召开调研会，研究内河水运企业如何走出困难低谷问题，要求公司进一步树立信心，推行现代企业管理制度，做好稳定工作，处理好改革、发展、稳定三者关系。

8月28日　重庆高速公路联网收费启动暨结算中心揭牌运营。

重庆运业公司重庆汽车站等18个单位荣获交通部“2000~2001年度全国道路运输系统文明单位”称号。

8月31日　下午，中共重庆市委书记贺国强考察渝黔高速公路一期工程（童家院子至雷神店）。晚7时，贺国强在视察大佛寺长江大桥时指出：“整个工程的设计、建设、组织、施工、进度、资金预算、整个线路绿化美化都是好的。高速公路应是一个精品，行驶在高速公路上，是赏心悦目的，满目都是景观，亮在眼底，所以建设一定要高质量。”

8月　重庆公运总公司通过交通部首批客运企业资质评审，取得国家二级客运企业资质。

9月5日　中共万州区委批复撤销万州区交通局，组建万州区交通委员会。

国道318线万州至苏拉口段改建工程竣工并通过验收。该路段全长49.3公里，改建后为山岭重丘二级公路。

9月10日　重庆忠县长江大桥建成通车。该桥为钢管空间桁架悬索桥，全长1193.73米，桥面宽18米（车行道15米，两边人行道各1.5米），总投资2.46亿元。

9月12日　重庆市交通委员会批复将原重庆高速公路发展有限公司所属子公司重庆市交通投资公司成建制地划归重庆市公路局管理，其性质和工作职能不变。

9月14日　重庆市交通委员会批复明确市级和区县（自治县、市）各类道路运输客运运力的审批程序，加强道路运输客运运力管理。

左吉祥任万州区交通委员会主任。李玉堂、韩云、余建华、雷兴有、李毅任副主任。9月30日，左吉祥任中共万州区交通委员会临时委员会书记。李玉堂任副书记、柴慈镛任副书记兼纪委书记。

9月18日　忠县港务站货运港区淹没复建工程开工建设。

9月20日　重庆市扩大公交免乘优待的范围，凡年满70岁的老年人可以凭老年证免费乘坐公交月票车。

9月21日　重庆市人民政府市长包叙定、副市长甘宇平考察菜园坝火车站、陈家坪汽车站等“窗口”地区。

成渝高速公路有限公司东段处QC小组获得重庆市质监局、重庆市科协、共青团重庆市委、重庆市质量管理协会表彰的“2001年度重庆市优秀质量管理小组二等奖”。

9月23日　重庆市运管局在重庆的成都空军汽修厂承办举行重庆市“修车王杯”汽车维修行业职业技能竞赛决赛，共有49支代表队参加决赛。根据有关政策规定，这次竞赛各组前三名被破格评为技师，各组第一名授予“重庆市技术能手”称号。

9月26日　奉节港务站货运港区淹没复建工程开工建设。

重庆高发司副总经理任超、重庆交通科研设计院陈谦应和重庆交通学院周志祥获得交通部授予的“2001~2002年度交通青年科技英才”称号。

9月27日　重庆市渝达公路桥梁总公司完成产权制度改革，国有资产整体转让给职工，由国有性质企业变为非国有性质企业。

9月29日　重庆市渝通公路工程总公司总经理程德宏、重庆市交通规划勘察设计院副总工程师谭国荣获得交通部授予的“全国交通系统优秀科技工作者”称号，重庆市交通技工学校夏辉友获交通部“全国交通系统优秀教育工作者”称号。重庆运业公司重庆汽车站被交通部命名为“全国交通系统文明示窗口”，是重庆市交通系统第一个获得部级文明行业窗口称号的单位。

9月　重庆市公路局大件公路工程建设指挥部QC小组荣获“2001年度交通行业优秀质量管理

小组”称号。

10 月 1 日　西南出海大通道——渝黔高速公路一期工程（童家院子至綦江雷神店）竣工通车，重庆市交通委员会决定不举行通车仪式典礼，各类车辆当天均免费通行。渝黔高速公路一期工程全长 86.9 公里，总投资 38.22 亿元。

10 月 8 日　根据重庆市机构编制委员会批复，重庆市交通委员会通知将重庆市公路工程质量监督站更名为重庆市交通委员会基本建设工程质量监督站，同时挂重庆市公路工程质量检测中心的牌子。

人事部、交通部发文表彰全国交通系统劳动模范，重庆市交通系统陈禄方、李英、杨大明榜上有名。忠县交通局、重庆市公共交通五公司 502 班组、渝通公路工程总公司 3 个单位荣获全国交通系统“先进集体”称号。孙万发、左吉祥、何大坤获全国交通系统“先进工作者”称号。

10 月 15 日　由重庆市交通委员会编撰的《重庆桥谱》图册，内部出版发行。

10 月 16 日　涪陵长江大桥通过交通部验收。

10 月 22 日　交通部首次组织的全国高速公路养护管理检查组对成渝、渝长、长涪和机场高速公路进行检查，重庆市高速公路综合执法管理体制获得好评。

10 月 30 日　重庆市第二次全国公路普查数据上报。普查结果为：重庆市通车里程 30354 公里，其中国道 1565 公里、省道 3838 公里、县道 10006 公里、乡道 14000 公里、专用公路 945 公里，58720 公里通村公路未纳入统计。

10 月　重庆市人民政府渝府〔2001〕230 号文件批复同意实施《重庆市综合交通建设公路水路“十五”计划》和《重庆市公路次级枢纽总体布局规划》。

重庆联运总公司将联运综合大楼转让给重庆金谷（集团）有限公司。

11 月 1 日　重庆市十大民心工程、外环高速公路控制工程——马桑溪长江大桥合龙。该桥全长 1066 米，采用世界上最先进的平等钢绞线斜拉体系，总造价 1.6 亿元。

11 月 5 日　首届中国西部城市公交发展论坛在重庆市举行。

11 月 10 日　上午，重庆市人民政府副市长黄奇帆前往渝黔高速公路和上界高速公路考察。

11 月 14 日　共青团重庆市委、重庆市交通委员会、重庆市建设委员会在重庆市渝北区洛碛镇渝怀铁路工地联合举行“建设西部快车道青年突击队立功竞赛现场推进会暨慰问演出”。会上表彰了 18 支建设西部快车道青年突击队和 8 项青年文明工程。

11 月 16 日　重庆市 7 条通县公路建设全面启动，总里程 767.6 公里，涉及 10 多个区县（自治县、市）。

11 月 19 日至 12 月 5 日　重庆市交通委员会举办重庆市区县（自治县、市）交通行政领导干部培训班。这是重庆市交通委员会应对中国加入“WTO”（世界贸易组织）采取的紧急措施之一。

11 月 19 日　“半小时主城”通达建设计划在中共重庆市委常委会上获得通过，决定 2005 年前实施 32 个城市交通建设项目。

11 月 20 日　国务委员司马义·艾买提考察重庆市高速公路建设。

重庆汽运公司开通重庆至昆明超长客运直达班车。

11 月 25 日　重庆渝宏公路工程总公司完成产权制度改革，国有资产整体转让给职工，由国有企业变为股份制企业。

11 月 27 日　重庆市人民政府市长包叙定、常务副市长王鸿举签署意见同意重庆市交通委员会提出的主城区 152 条次支道路线路和安排部分“面的”（即微型面包车）经营的意见。

重庆公运总公司与公司职工共同出资组建成立重庆民吉实业有限公司。民吉公司注册资本 1 亿元。其中，公运公司国有出资 4000 万元，占 40%；职工出资 6000 万元，占 60%。

11 月 29 日　重庆汽运公司斥资 600 万元投放的 10 辆“凯斯鲍尔”客车正式上路重庆至万盛

线路，结束了该线路无高档客车的历史。

11 月 30 日　重庆市人民政府决定将重庆市机动车驾驶员培训机构划归重庆市交通委员会统一管理。

11 月　成渝高速公路公司东段处 QC 小组被评为交通部优秀质量管理小组。

12 月 6 日　重庆上桥至界石高速公路全线贯通。12 月 30 日，公路全线通车。上界高速公路是重庆市内环高速公路一段，又是西南大通道渝湛高速公路的连接线。上界高速公路起于上桥西环互通立交，穿马桑溪长江大桥，止于界石南环互通立交，全长 22.7 公里，总投资 16.36 亿元。

12 月 9 日　重庆市交通行业"文明交通，礼仪重庆"活动誓师大会及启动仪式在重庆市人民大礼堂人民广场举行，以迎接 2002 年在重庆市召开的 AAPP 会议。会上，286 辆出租汽车和 785 名驾驶员作为星级车、星级驾驶员受到表彰。中共重庆市委常委、宣传部部长邢元敏和重庆市人民政府副市长黄奇帆出席大会并讲话。

12 月 13 日　涪陵港江北客货码头复建工程正式开工建设。

重庆市交通委员会下发《关于 G210 线开展创建文明样板路工作安排的通知》，组建国道 210 线文明样板路创建领导小组。组长是重庆市交通委员会副主任李健，副组长是重庆市公路局局长艾吉人和重庆市交通委员会公路建管处处长张太雄，成员有 15 人。创建领导小组办公室设于重庆市公路局。

12 月中旬　重庆汽运公司首批获得交通部"道路旅客运输一级经营资质"。

12 月 16 日　重庆汽运公司斥资 500 万元投放的 15 辆豪华金龙大客车正式开通渝北区两路至渝中区朝天门客运线路。

12 月 20 日　开县境内郭家至正坝 25.26 公里路段，改建成二级水泥砼路。

12 月 22 日　重庆江北国际机场航站区扩建工程动工建设。

12 月 24 日　中共中央总书记、国家主席、中央军委主席江泽民为重庆大佛寺和马桑溪两座长江大桥题写桥名。

重庆市交通委员会提出主城区客运运力结构调整方案，确定了中巴车提前退出主城区主干道营运方案。

12 月 26 日　重庆市环线高速公路暨大佛寺长江大桥和马桑溪长江大桥竣工通车与渝黔高速公路二期工程雷神店至崇溪河段开工庆典同时举行。全国政协副主席杨汝岱、中共重庆市委书记贺国强、重庆市人大常委会主任王云龙、重庆市人民政府市长包叙定、重庆市政协主席张文彬等领导出席。

成渝高速公路陈家坪至上桥段的二郎立交桥竣工，为三层半定向互通式立交，与重庆主城外环高速公路交汇。

12 月 28 日　重庆长江西沱港务站客运港区淹没复建工程开工兴建。

重庆市运管局印发《关于改进和加强道路运输车辆技术管理的通知》。对车辆技术管理、维护、安全运行作了较为详细的规定。

12 月 29 日　重庆市交通工作会议在重庆渝通宾馆召开。重庆市人民政府副市长黄奇帆出席会议并讲话。会议主题为努力实践"三个代表"重要思想，与时俱进把重庆交通推向一个新阶段。会议的主要任务是学习贯彻全国经济工作会、全国交通工作会、重庆市经济工作会精神，回顾总结 2001 年的工作，研究部署 2002 年交通工作。

重庆市人民政府市长包叙定、副市长黄奇帆到朝天门、菜园坝"窗口"地区考察运输秩序整治，这是包叙定两年内第八次考察"窗口"地区。

12 月 30 日　涪陵港务局丰都港务站复建工程正式开工建设。

12 月 31 日　"八小时重庆"工程——通渝隧道初步设计通过审查。

重庆汽运公司质量管理（ISO 9001:2000）贯标工作正式启动。

由重庆第一公共交通公司等7家公交公司共同出资组建的重庆渝城交通一卡通有限责任公司正式挂牌，从事重庆市城市智能IC卡自动收费系统的建设及相关业务。

12月　重庆市拆除公路收费站3个，其中，长寿县“骑鞍桥”收费站是重庆市首个终止收取车辆通行费的路桥项目。

重庆市港航局成立主城区港航管理总站。并根据重庆市机构编制委员会关于理顺乌江航道管理体制的批复，将原黔江开发区航务管理处、彭水航道段、涪陵区航务管理处和乌江航道段合并，成建制划转组建重庆市港航管理局乌江航道管理段。

同年　重庆市北碚区碚青路（北碚至青木关）14.57公里改造工程竣工。该路段于1998年3月由重庆申渝公司投资7500万元，改造成为一级公路，水泥砼路面。

重庆市合川至大足公路铜梁县境内县城西门至旧市坝狮岭坳大足界13公里路段改建工程竣工，为平原微丘二级公路，水泥砼路面。

重庆市巫溪县在国家仅投入财政资金1800万元的情况下，实施“百村千公里”工程，依靠群众集资2487万元，投劳8353万个（折资约1.25亿元），新建村级公路3540公里，使85%的行政村通了公路。

重庆万州至湖北苏拉口段（国道318线过境段）公路改建工程竣工并通过验收，路段长49.3公里，改造后为山岭重丘二级路。

重庆轨道交通2号线项目271亿日元贷款签约。重庆轨道交通2号线二期工程（大堰村至新山村）工程获得国家批准。

重庆市人民政府成立以常务副市长王鸿举任组长，副市长吴家农为副组长，重庆市人民政府办公厅、市级有关部门、主城9区政府领导参加的出租车行业整顿领导小组，整顿领导小组办公室设在重庆市运管局。

重庆市运管局完成道路运输企业结构调整工作，评出重庆汽运公司1家一级客运企业，8家二级客运企业，30家三级客运企业，34家四级客运企业，258家五级客运企业。

重庆市运管局做出主城9区65条城市公交客运主干道和总里程为1032公里的152条支（次）道路客运线网规划。

重庆冠忠新城公司出资700万元收购了重庆同聚福集团汽车运输队及其营运线路（朝天门至张关），开创城市公交企业兼并民营企业的先河。

重庆高等级公路建设指挥部、重庆市交通工程监理咨询有限责任公司主研的《桥梁大体积混凝土基础结构施工问题的研究》项目获得2000年度重庆市科技进步三等奖。

重庆市公共电车公司石桥铺变电站获“交通部巾帼建功先进集体”称号，重庆市交通运业有限责任公司工会主席单小平获“交通部巾帼建功标兵”称号。

重庆万州天子客运出租汽车有限公司获“交通部2000～2001年度全国交通系统先进企业”称号。万州东方轮船公司“东方之星”客轮被交通部命名为“文明船”。

2001年是车辆购置税代征收的第一年，车辆购置税征收完成3.7亿元，同比增长32%，位列全国增幅的前4名。

2002年

1月1日　长江水运股份有限公司在重庆港九码头隆重举行长江观光专线游首航仪式，标志着长江三峡旅游由顺道游转变为专线游。

1月6日　重庆江津珞璜长江大桥破土动工。

1月10日　重庆市兴渝公路有限责任公司成立，负责通渝隧道的投资、建设与管理。

1月11日　重庆市港航管理工作会召开，重庆市交通委员会副主任张世玖出席会议并讲话。会上，重庆市港航管理局与所属单位签订2002年工作目标责任书。

重庆市公路局、重庆交通学院联合承担主研的《重庆市公路路面典型结构研究》获得鉴定通过，并获得2002年中国公路学会科学技术三等奖。

重庆市“半小时主城”关键性工程——嘉陵江复线桥（重庆渝澳大桥）建成通车。

1月　重庆汽运公司开通重庆至宁波的豪华卧铺直达客运班车。

重庆汽运公司斥资600万元率先在重庆至南川投放10辆“凯斯鲍尔”客车自营，结束了南川市无高档次客车的历史。

重庆汽车北站检票组荣获“全国汽车客运道路运输系统优秀班组”称号。

渝万快速客运有限责任公司荣获交通部“全国道路运输系统文明客运汽车队”称号。

2月1日　重庆市交通委员会公布三、四级道路旅客运输企业经营资质评审结果，重庆互邦实业发展有限公司等28户企业被评为三级客运企业，重庆市云川实业总公司等30户企业被评为四级客运企业。

2月4日　交通部副部长洪善祥一行到重庆检查公路、水路春运工作。

2月6日　重庆汽运公司三分公司开通重庆至桂林的直达卧铺客运班车。

重庆市交通委员会主持召开“八小时重庆”工程——通渝隧道监理、施工开标会，参加投标的监理及施工单位共有20家。

2月9日　财政部在《关于进一步明确秦皇岛港及双重领导港口下放后有关财政财务问题的通知》中明确重庆港的资产管理权下放给重庆市人民政府管理。

2月11日　中共中央政治局常委、国务院总理朱镕基到重庆视察。专机抵达重庆后，朱镕基立即视察重庆环线高速公路。在渝北区童家院子立交桥上，在中共重庆市委书记贺国强、重庆市人民政府市长包叙定陪同下，朱镕基亲切会见重庆市交通委员会主任胡振业，听取胡振业的工作汇报。当胡振业汇报到重庆高速公路实行“统一管理、综合执法”时，得到朱镕基的肯定。随后，朱镕基视察了江泽民题写桥名的大佛寺长江公路大桥。

2月15日　中共中央政治局候补委员、书记处书记、中央组织部部长曾庆红在重庆考察期间视察了重庆环线高速公路。在渝北区童家院子立交桥上，重庆市交通委员会主任胡振业向曾庆红汇报重庆直辖5年的高速公路建设情况，当胡振业特别提到建设渝邻（重庆至邻水）高速公路是纪念邓小平诞生100周年的工程时，曾庆红表示满意。重庆高速公路实行“统一管理、综合执法”体制，也得到曾庆红的肯定。

2月20日　重庆市人民政府副市长黄奇帆到重庆港口集团公司调研。

2月28日　为加快公交控股（集团）有限公司的组建工作，中共重庆市交通委员会党组宣布正式成立重庆市公交控股（集团）有限公司筹备组，组长杨茂超，副组长雷军，重庆市交通委员会4人、公交企业9人为成员，立即投入了紧张的改革方案筹备工作。

3月1日　下午，重庆市人民政府第一百〇四次常务会议审议通过了重庆市交通委员会上报的《重庆市国有公交企业综合改革方案（送审稿）》，做出组建重庆市国有公交控股（集团）有限公司的决定。

3月4日　交通部批复涪陵港务局集装箱运输获得从事重庆至上海班轮内支线营运的资格，填补了涪陵水运业无集装箱船舶运输的空白。

3月5日　重庆市交通委员会批准重庆市道路运输协会和重庆市机动车驾驶员协会联合组建重庆市西南机动车驾驶员培训中心。

3 月 6 日　重庆市交通委员会批复同意重庆市运管局和重庆市公安局、重庆市出租汽车治安管理办公室联合组建重庆市道路机动车驾驶员培训中心。

3 月 11 日　重庆市交通委员会批准重庆公运总公司与香港忠诚贸易公司合作成立重庆中力运输有限公司。

中共重庆市交通委员会直属机关委员会对重庆市妇联、重庆市精神文明办命名的 11 个“巾帼文明示范岗”暨“巾帼建功”活动进行通报表彰。其中重庆交通运业有限责任公司重庆汽车站售票班组获全国妇联“三八”红旗集体命名。

3 月 12 日　重庆市交通委员会批准重庆市公路运输总公司更名为重庆市公路运输（集团）公司（以下简称重庆公运公司）。

3 月 14 日　重庆市交通委员会与重庆市市政委员会签订环线内公路移交协议。重庆市交通委员会将重庆市内环高速公路以内的 22 条 111.33 公里公路移交给市市政委管理，含桥梁 23 座，隧道 1 道，涵洞 136 道。

3 月 18 日　重庆市交通委员会决定将《中国交通报》重庆记者站挂靠在重庆市交通委员会机关后勤服务中心，该记者站的人、财、物成建制划归机关后勤服务中心管理。

3 月 19 日　“八小时重庆”工程——通渝隧道引道开工建设。

3 月 20 日　重庆市 2002 年公路工作会在万州区召开。重庆市人民政府副市长黄奇帆出席会议并讲话。会议主题为统一思想，坚定信心、与时俱进，努力实现重庆公路交通持续健康发展。重庆市交通委员会主任胡振业与各区县签订 2002 年交通建设、公路养护与管理目标责任书。

3 月 24 日　重庆市交通委员会向重庆市人民政府上报《重庆市公共交通控股（集团）有限公司组建方案及章程》。

3 月 25 日　梁平县交通局荣获 2001 年度重庆市委、市政府授予的“最佳文明单位”称号。

3 月 27 日　重庆市人民政府渝府〔2002〕29 号文件批复同意组建重庆市公共交通控股（集团）有限公司。

3 月 28 日　重庆市人民政府副市长黄奇帆参加公交改革动员大会并讲话，明确了“三个授权”“三个职责”“三个兜底”“三不变”。“三个授权”即是账面资产的授权、无形资产的授权经营、许可范围内的公交运营线路、运力、站场的调配权及使用的土地资源整合权。“三个职责”即是确保资产保值增值的职责、人事管理的职责、重大规划和重大决策的职责。“三个兜底”即是社保费缴纳兜底、人员分流兜底、稳定工作兜底。“三不变”即不调整票价、不取消月票、不取消免票。

重庆市交通委员会、共青团重庆市委命名表彰 105 路观光专线等 6 条“青年文明号”专线和重庆市道路运输管理局运务处等 8 个“青年文明号”集体。

3 月　交通部副部长洪善祥到万州红溪沟港区检查滚装码头的安全及运营情况。

调整后的重庆市港航局领导班子由梁雄耀任局长兼党委书记，张小勇、张孟川、杨大伦、刘大川任副局长，窦运生任党委副书记兼纪委书记。

重庆渝信路桥发展有限公司王亚伟荣获重庆市“十大杰出技术能手”称号。

重庆市公共电车公司石桥铺变电站获交通部“巾帼建功”先进集体称号，重庆市交通运业有限责任公司单小平、重庆市第一公交公司易华，获交通部“巾帼建功”标兵先进个人称号。

重庆市交通委员会、重庆市财政局联合发布《关于加强公路养路费等交通规费征收的通告》，通告规定，凡在规定期限以前，车辆所有者主动完清应缴欠费额的，可免交欠费的滞纳金和罚款。

4 月 1 日　根据水监体制改革的要求，长江境内的地方海事部门划转到长江海事部门，其中长江上 6 个原地方设置的港监部门（涪陵、丰都、忠县、万州、云阳、奉节）成建制划转，其他 10 个地方港监部门部分划转。

重庆市交通委员会发布《重庆市营业性道路运输驾驶员职业培训管理暂行办法》。

4月2日　重庆市交通委员会决定授予重庆市公路局精神文明办公室等24个单位“全市交通系统精神文明建设工作先进集体”称号，授予田正芬等39人“全市交通系统精神文明建设工作先进个人”称号。

4月3日　上午，中共重庆市委书记贺国强、重庆市人民政府副市长黄奇帆率市有关部委负责人在重庆市交通委员会主任胡振业陪同下，考察渝合高速公路建设工地。贺国强指出，对渝合高速公路这样一条城市道路，绿化美化很有必要，符合江泽民总书记建设秀美山川的要求。高速公路应该做到有草、有树、有花，并对花木品种合理选配，力争做到四季有花，达到行驶在高速公路感到赏心悦目的效果。渝合高速公路在通车前必须建成精品工程，要比以往的高速公路上一个台阶。

4月9日　重庆长涪高速公路通过交工验收，工程质量等级评为优良。

4月12日　重庆市交通委员会举办的“重庆市公路建设工程项目评标专家培训班”在重庆交通干部学校结束。重庆市交通委员会向参与培训的74名专家颁发“公路建设项目评标专家资格证书”，首批进入重庆市公路建设项目评标专家人才库，标志着重庆市公路建设工程项目评标工作人才库正式建立。

4月16日　重庆市交通委员会申报的重庆市第一公共交通公司112路队等8个创建单位全部获得“2001年度重庆市文明单位”称号。区县（自治县、市）申报的綦江县公路交通运输管理所等6个交通企业事业单位获得为“市级文明单位”称号。

4月19日　重庆北碚境内国道212线石朝门至碳坝42.71公里二级水泥砼路面公路改造完工。

4月24日　重庆石柱土家族自治县交通局筹资新建石柱县城南汽车站工程立项。该车站按国家二级客运站标准建设，建筑总面积3950平方米，总投资800万元。

4月25日　重庆公运总公司大件分公司承担、历时18个月的三峡大坝船闸闸门吊装任务完成。参加作业的职工受到正在视察三峡工程的国务院总理李鹏、副总理李岚清的看望和慰问。

重庆市交通委员会印发《重庆市交通行业精神文明建设“十五”规划》。

4月27日　重庆市公路局副局长唐伯明博士荣获重庆市第六届青年五四奖章，中共重庆市委书记贺国强为唐伯明授挂奖章。

4月29日　重庆市人民政府办公厅批复同意重庆市交通委员会报送的《重庆市国有公交企业综合改革方案》。

4月30日　重庆汽运公司长寿汽车总站扩建工程立项。该车站按国家二级客运站标准建设，总建筑面积6000平方米，总投资1500万元。

4月　重庆市征稽局获得重庆市交通委员会授予的“文明示范窗口”称号。

俗称“黑匣子”的“车辆行驶记录系统”，首次安装在重庆汽运公司的部分长途客车上。

中共中央政治局委员、国务院副总理钱其琛在重庆市人民政府市长包叙定、副市长黄奇帆陪同下，视察重庆环线高速公路。在江泽民题写桥名的大佛寺长江大桥上，钱其琛对重庆市公路建设取得的成绩给予高度评价。

5月1日　重庆市公共电车公司412路队队长徐孟同，璧山县交通局党委书记、局长刘正忠获得全国“五一劳动奖章”。

5月13日　重庆市人民政府市长包叙定、常务副市长王鸿举、副市长许忠民等考察即将通车的渝合高速公路。

重庆市交通委员会举行迎接AAPP会议总结表彰会，对开展文明新风活动表现突出的14个先进单位、11个先进集体和154名先进个人予以表彰奖励。

5月14日　重庆市交通委员会批准重庆汽运公司与重庆高发司共同出资组建重庆保时通出入境货运有限公司。

5月21日　下午，中共中央总书记、国家主席、中央军委主席江泽民在中共重庆市委书记贺国强、重庆市人民政府市长包叙定陪同下视察重庆环线高速公路，中共中央组织部部长曾庆红、财政部部长项怀诚、国家计委主任曾培炎随同视察。江泽民一行下飞机后，便驱车前往环线高速公路视察。车队到大佛寺长江大桥，江泽民总书记下车，与在此等候的重庆市人大常委会主任王云龙、副市长黄奇帆以及重庆市交通委员会主任胡振业亲切会见握手。在大桥上，江泽民听取黄奇帆副市长汇报重庆综合交通建设规划，对重庆市高速公路建设取得的巨大成就予以首肯。在亲笔题写桥名的大佛寺长江大桥上，江泽民步行200多米，并与中共重庆市委、重庆市人民政府领导、重庆市交通部门负责人合影留念。

5月22日　万州长江公路大桥被中国科学发展基金会授予第二届詹天佑土木工程科学技术奖（工程大奖）。6月20日，《万州长江公路大桥设计》被四川省建设厅评为四川省优秀设计一等奖。

重庆市交通委员会批准，将重庆市交通投资公司1998年投给重庆运业公司的672万元股权无偿转让给重庆鹏翔交通实业有限责任公司。

5月28日　“八小时重庆”工程——通渝隧道B合同段即开县至洞口段开工。

5月　重庆市交通委员会开发完成交通统计历史资料微机信息查询系统。

6月3日至4日　在重庆市“我心中的魅力重庆‘电信杯’职工演讲比赛”中，重庆交通系统推荐的重庆市第二公交公司熊彩霞、重庆冠忠新城公交公司黄忠获二等奖。

6月7日　重庆市编委渝编〔2002〕52号文件批复同意撤销重庆市成渝高速公路管理处，独立设置重庆市高速公路行政执法总队。

6月11日　重庆公交控股（集团）有限公司（以下简称重庆公交集团）正式挂牌成立。中共重庆市委副书记、重庆市人民政府常务副市长王鸿举、重庆市人大常委会副主任肖祖修、重庆市人民政府副市长黄奇帆等出席揭牌仪式。重庆公交集团是重庆市人民政府出资组建的国有独资企业，注册资金6.59亿元，隶属于重庆市交通委员会。

6月12日　长江干线水监体制改革，撤销万州区航务管理处、万州区港口管理处、万州区航务直属所、万州区港口直属所、万州区港航监督直属所，组建万州区港口航务管理局、万州区地方海事局、万州区船舶检验局，实行“一套班子，三块牌子”合署办公体制。

6月17日　重庆市交通委员会批准重庆联运总公司更名为重庆联运物流总公司。

6月18日　重庆市人民政府第一百一十四次常务会议审议通过《重庆市主城区路桥通行费征收管理办法》，并以135号政府令发布，于2002年7月1日起施行，标志着重庆市路桥收费年票制改革的开始。

6月19日　为全面推动重庆市国道210线文明样板路创建活动，重庆市交通委员会制订《重庆市创建国道210线文明样板路考核奖惩办法》，

6月20日　重庆公交五公司开行重庆公交首条高速公路运营线路508路（合川至菜园坝高速公路）班车，开拓了重庆公交新的经营手段，实现渝合高速公路营运。

6月28日　10时18分，渝合高速公路竣工通车庆典在合川城上什字举行，中共重庆市委书记贺国强等领导出席庆典。该路为重庆北部经济走廊的主要通道，起于重庆市余家湾，止于合川涪江二桥，全长58.72公里，总投资30.48亿元。

6月30日　下午，重庆市人民政府副市长黄奇帆在重庆市交通委员会副主任李健、重庆高速公路发展有限公司总经理刘贵忠陪同下检查渝涪高速公路的联网收费实施情况。

6月　重庆市交通委员会完成《重庆市县际公路规划》和《重庆市农村公路发展规划(2000～2020年)》编制并上报交通部。

7月1日　零时，开发近5年的高速公路联网收费系统分别在成渝高速公路和渝涪高速公路单路段上启动试运行，两条高速公路上25个收费站同时启用“进口发卡、出口收卡缴费”联网收费模式。经过24小时的试运行，联网收费系统运行总体正常。

重庆市人民政府对重庆主城区路桥收费实行改革，主城渝中、江北、南岸、沙坪坝、九龙坡、大渡口、渝北、巴南8个区全部拆除收费站点，车辆通过主城“七桥一隧”和8个区除高速公路以外的13条收费公路时，实行路桥年票制，在车辆年审时，一次性购买年票，8个区以外的车辆实行次票制或年票制。

重庆市人民政府对重庆主城区实行路桥年票制后，重庆市交通委员会决定由重庆方回购外资方股份，把重庆机场高速路纳入主城区路桥收费改革范围，不再单独设站收费。

7月5日　重庆市交通委员会新增交通执法人员首次培训结束，重庆市交通委员会副主任李健出席培训汇报表演暨总结表彰大会。

7月11日至12日　由中国道路工程学会与重庆市公路局共同组织的全国乳化沥青稀浆封层学术研讨会在永川市召开，来自全国各地交通战线的100多位代表参加会议。中国道路界著名权威专家沈金安到会并作《我国沥青路面结构与设计》的专题报告。

7月12日　重庆市交通委员会决定将重庆市高等级公路行政执法大队独立设置，并更名为重庆市高速公路行政执法总队，为重庆市交通委员会直属处级事业单位，核定自收自支事业编制300名。

7月18日　重庆市编委渝编〔2002〕56号文件印发《关于市道路运输管理局、市港航管理局机构规格为副局级的批复》，将重庆市道路运输管理局、重庆市港航管理局规格均由正处级升格为副局级，隶属于重庆市交通委员会。

7月26日　中共重庆市委书记贺国强、重庆市人民政府副市长黄奇帆率市有关部门负责人到重庆市交通委员会，调研督战“八小时重庆”工程。贺国强指出，“八小时重庆”工程的提出，得到广大市民拥护，其影响也已经扩大到全国，是重庆最大的民心工程，各相关部门要形成合力打好这场攻坚战。

7月27日　重庆市公路局副局长唐伯明，重庆高速公路发展有限公司常务副董事长、重庆市高等级公路建设指挥部常务副指挥长徐谋获“重庆市首批学术技术带头人人选”称号；重庆北方高速公路有限公司董事长、总经理李祖伟，重庆市公路勘察设计研究院总工程师钟明全获“重庆市首批学术技术带头人后备人选”称号。

7月28日　“八小时重庆”工程——通渝隧道A合同段（城口段洞口）开工。

7月　重庆公交集团决定将所属重庆公交一公司、重庆公交二公司、重庆电车公司的小公共汽车优良资产进行整体剥离、资产重组，筹建重庆市公共交通巴士公司。

重庆市交通行政执法人员统一换发新款交通行政执法服装，佩戴统一的交通执法标志，并严格限制着装范围。

8月6日　零时起，原成渝高速公路主线收费站移至二郎新站，同时，成渝高速公路和渝涪高速公路的单路段联网收费系统正式“接轨”，一举实现3条高速公路相互贯通的联网收费，渝长高速公路也纳入了联网收费系统。

8月19日　重庆彭水县城北客运车站建设工程立项。该车站按国家二级客运站标准建设，总建筑面积6600平方米，总投资600万元。

重庆汽运公司万盛汽车客运中心建设工程立项。该车站按国家二级客运站标准建设，总建筑面积8000平方米，总投资2500万元。

8月18日至20日　交通部部长黄镇东一行考察重庆通县公路、长梁、渝合以及环线高速公路建设，并就重庆立体综合交通体系的规划和建设，与重庆市人民政府市长包叙定、副市长黄奇帆交换意见。

8月19日　重庆巫山港务站客货运港区淹没复建工程开工建设。

8月22日　重庆港务集团、宜昌港、民生轮船公司、重庆长江轮船公司、重庆太平洋国际货运公司等6家港航企业签订联合投资修建集装箱、商品车翻坝码头的协议。

8月23日　重庆市交通委员会开展道路客货运输企业所属的道路客货运输分公司、子公司和合资道路客货运输企业经营资质认定工作。

8月26日　中共重庆市委同意撤销重庆市交通委员会党组和纪检组，成立中共重庆市交通委员会和中共重庆市交通纪律检查委员会。胡振业任交通党委书记，余昌平任交通党委副书记，滕西全、李健、张世玖、丁纯、彭建康为委员。明正义为委员并任纪委书记。

重庆市交通委员会召开委所属单位主要负责人工作会议，分析高速公路建设形势，提出2003年年底实现长寿至梁平至万州高速公路初通，2004年实现渝邻高速公路、綦万高速公路通车，2005年实现渝黔高速公路二期工程建设竣工通车，2006年完成合川为起点的渝武高速公路建设，2007年完成渝遂高速公路建设，2008年力争完成西南大通道重庆至长沙公路的武隆段建设，2009年完成绕城高速公路（即二环高速公路），2010年实现江津至合江高速公路建设。

8月28日　涪陵区人民政府组建重庆市涪陵区港航管理局，同时挂“重庆市涪陵区地方海事局”“重庆市涪陵船舶检验局”牌子，实行“一套班子，三块牌子”的管理体制。

8月29日　重庆市交通委员会发布《重庆市机动车驾驶员培训行业管理暂行办法》。

8月30日　国道210线文明样板路创建领导小组成员调整，由重庆市人民政府副秘书长雷尊宇担任组长，其余成员和办公地点不变。

8月31日　上午10时50分，重庆市万州区首次成功实施三峡水库工程移民拆迁定向爆破清库，位于汤家街口的万州港客运大楼被爆破拆除。

8月　重庆公运公司通过交通部首批货运企业资质评审，成为西南五省区中唯一的国家一级货运企业。

重庆长运公司开展ISO 9001质量认证贯标工作并取得合格证书。

9月7日　共青团中央、交通部、国家环保总局在重庆朝天门码头举行全国第一艘“保卫母亲河号”轮船的命名、揭牌和首航仪式。共青团中央书记处书记赵勇、交通部副部长翁孟勇、国家环保总局副局长王狱庆、中共重庆市委副书记邢元敏等向在“争做母亲河卫士”活动中的杰出代表——重庆长江轮船公司的“江山4号”轮授予全国第一块“保卫母亲河号”铜铭牌。随即，“江山4号”轮拉响汽笛正式起航，拉开了全国内河航运系统开展“保卫母亲河号”创建活动序幕。

9月9日　涪陵汽车客运中心扩建工程立项。该车站按国家一级客运站标准建设，总建筑面积7980平方米，总投资5200万元。

9月10日　重庆市人民政府副市长黄奇帆到重庆市交通委员会调研，着重听取重庆市港航管理与建设工作汇报。黄奇帆指出，长江上游的航运中心要先于金融中心和商业中心建成，港航局应努力为长江上游的航运中心做出贡献，寸滩集装箱港必须在2003年6月动工。

9月13日　重庆市人民政府副市长黄奇帆在开县听取重庆市交通委员会副主任李健关于通渝隧道工程建设的专题汇报。

9月16日　重庆市交通委员会向重庆市人民政府请示组建重庆高等级公路建设投资有限公司。

9月20日　为准备车辆购置税费改革人员划转分流考试与安置工作，重庆市交通委员会主任胡振业、交通纪委书记明正义专程到重庆市车购办进行工作动员。

9月23日　重庆市交通委员会印发《开展水陆旅游客运市场整顿工作通知》，切实解决重庆市水陆旅游客运市场存在的突出问题。

9月24日　中共重庆市交通委员会和重庆市交通委员会第一次调整“重庆市交通委员会精神文明建设委员会”部分成员：胡振业任主任委员，增加余昌平为常务副主任委员，滕西全、李健、张世玖、丁纯、彭建康、明正义任副主任委员，另由各处处长和委属企业事业单位负责人等共21人任委员。委员会下设委文明办，与委宣传处合署办公。

9月25日　重庆市交通委员会印发《重庆市机动车驾驶员培训业户资质评审办法》。

交通部在重庆渝通宾馆召开高速公路管理座谈会，交通部副部长胡希捷主持会议，专题研讨高速公路管理模式问题。

9月27日　重庆市物价局、重庆市交通委员会下发通知，按国家建设部城镇建设行业标准实施中级车车辆评定，对车辆票价实行分档次定价，中级车起价1.5元，超过8公里按0.5元分段计票。

9月30日　重庆市编委批复同意重庆市运管局挂重庆市汽车维修行业管理办公室、重庆市交通运政稽查总队牌子，重庆市运管局为重庆市交通委员会直属副局级事业单位，同时核定重庆市道路运输管理局事业编制127名，其中单位领导职数5名（局长1名，党委书记1名，副局长3名），处级领导职数25名。

9月　重庆市编委批复重庆市港航管理局不再挂重庆市水路客运市场管理处牌子，独立设置重庆市水路客运市场管理处，为重庆市港航管理局直属处级事业单位。

重庆市运管局拟定《重庆市汽车维修市场整顿工作方案》，启动汽车维修市场整顿工作。

国家三峡建设委员会办公室副主任蒲海清、中共重庆市委副书记甘宇平考察万州红溪沟港口铁路专用线建设。

西南机动车驾驶员培训中心成立，重庆市运管局、重庆市公安交通管理局、出租汽车治安管理办公室派驻人员到西南机动车驾驶员培训中心参与培训工作，实现培训内容、发证、收费、管理的统一，建立“三证合一”驾驶员培训新机制。

10月3日至7日　中共中央政治局常委、中央书记处书记、中华人民共和国副主席胡锦涛在中共重庆市委书记贺国强、重庆市人民政府市长包叙定陪同下在重庆市视察。10月3日，胡锦涛一行视察重庆环线高速公路，并走上大佛寺长江大桥，听取重庆市人民政府领导和重庆市交通委员会主任胡振业对重庆交通建设的情况汇报。胡锦涛对重庆交通建设取得的长足发展感到高兴，希望重庆保持良好的发展势头，抓住国家加大西部地区基础设施建设投入的有利时机，进一步搞好基础设施建设。

10月7日　万州汽运总公司质量管理体系获得ISO 9001:2000国际质量认证证书。

10月8日　万州港务管理局职工欧阳玉澄创作的《此情须问天》获首届（1997～2000年）“重庆小说奖”。

10月9日　全国政协副主席胡启立在中共重庆市委书记贺国强、重庆市政协主席张文彬陪同下视察重庆环线高速公路，并走上大佛寺长江大桥听取重庆市交通委员会主任胡振业的汇报，赞赏重庆市引资筹资要“借得巧、用得好、还得起”的举措。

10月13日　重庆市公路勘察设计研究院获得全国勘察设计单位公路、特大桥梁、特大隧道、勘察“四甲”资质。

10月18日　全国人大常委会副委员长许嘉璐视察重庆环线高速公路，并走上大佛寺长江大桥，对重庆交通建设取得的显著成绩给予高度评价，指出重庆规划的“二环八射”要提前，这不是“跃进”，而是现实。

原重庆长江港航监督局、万州长江港航监督局和重庆市港航管理局部分安全监督机构合并组建的中华人民共和国重庆海事局正式挂牌成立。

10月19日　重庆市交通委员会和重庆市公路局到通渝隧道工程施工现场进行检查和指导，中央电视台西部频道“交通在线”对这次检查工作做了详细报道。

重庆市人民政府与铁道部签署建设重庆万州至宜昌、四川遂宁至重庆两条铁路的有关协议。

10月21日　重庆市物价局、重庆交通委员会发布新制订的《重庆市汽车客运站收费规则实施细则》，从2003年1月1日起施行。

10 月 23 日　达万（达州至万州）铁路全线通车，这是通往三峡库区的第一条铁路，总长 157.9 公里，总投资 28.7 亿元，由铁道部、重庆市和四川省共同投资修建。

10 月 25 日　重庆高发司召开联网收费总结表彰会。会上，重庆市交通委员会主任胡振业对下一步联网收费做出工作安排和部署，提出明确的奋斗目标，即要抓紧实施上界、渝黔一期、渝合高速公路的联网收费，2003 年 6 月务必实现联网。

10 月 29 日　晚上，刚到重庆赴任的中共重庆市委书记黄镇东在重庆市交通委员会主任胡振业和副主任滕西全、彭建康陪同下到重庆渝通宾馆会见在渝参加“全国交通计划处长业务培训会”的交通部计划司全体人员。

中央在重庆的科研事业单位转制改革后所设立的第一个博士后科研工作站——重庆交通科研设计院博士后工作站挂牌。

10 月 30 日　中共重庆市交通委员会对重庆市交通委员会“巾帼文明示范岗”指导小组成员做了调整：余昌平任组长，孟素英、万勇任副组长，成员有吕彭泽、单小平、童思慧、陈红、何建兰、程淑明、雍永和等。

10 月 31 日　重庆市人民政府正式批准重庆港口管理局为重庆港务（集团）有限责任公司（以下简称重庆港务集团）。

11 月 5 日　重庆市人大常委会副主任肖祖修到通渝隧道检查工作。

11 月 8 日　重庆汽运公司与长安民生物流有限公司签下 800 台重型拖挂车的运输业务，成为长安民生物流公司第八家合作伙伴。

11 月 11 日　眼界巴士广告公司在公交 413、402、465、261、108、118、181 等 7 条主要线路 110 辆空调车上安装多媒体液晶显示系统，重庆市成为继北京市、成都市之后在公交车上推广车载电视的城市。

11 月 12 日　交通部下达的科技联合攻关项目——《大跨径斜拉桥抗风、抗震及稳定性研究》通过交通部组织的专家鉴定。

重庆市交通委员会印发《重庆市道路客运线路运力招标评分办法（试行）的通知》。

11 月 18 日　贯穿重庆北部新区南北的金开大道建成通车，全长 12 公里。

11 月 22 日　渝长高速公路通过国家环保总局组织的专项验收。

亚洲银行代表团检查渝黔高速公路二期工程，并为渝黔高速公路二期工程提供 1.2 亿美元贷款。

重庆公交集团将南坪公交枢纽站、梨树湾修理厂、柴油车保养厂、五里店公交枢纽站（共计约 11000 平方米）从其所属的重庆公交三公司、重庆公交二公司、重庆公交一公司剥离，增加对重庆公交站场公司的国有资本投资，使其资产规模达到 1.84 亿元。

11 月 24 日　重庆市人民政府渝府〔2002〕195 号文件批复同意由政府出资组建重庆高等级公路建设投资有限公司。

11 月 25 日　中共重庆市交通委员会、重庆市交通委员会授予万州区交通委员会等 10 个单位“2002 年度精神文明建设工作先进单位”称号，授予张云芝等 28 人“2002 年度精神文明建设工作先进个人”称号。

中共重庆市交通委员会下发通知，在重庆市交通行业中开展“文明交通礼仪重庆”活动，即在出租汽车、公交客运、长途客运车（站）、公交行业、港航、高速公路六大子行业、子系统开展精神文明创建活动。

11 月　重庆市交通委员会主任胡振业、重庆市公共交通一公司 103 路队售票员汪霞当选为重庆市中共十六大代表，出席中国共产党第十六次全国代表大会。

重庆市交通委员会被交通部、国家统计局评为全国第二次公路普查先进单位。

重庆市公共交通巴士公司开始经营管理从重庆公交一公司、重庆公交二公司、重庆电车公司3家公司整体剥离的小公共汽车线路和车辆。

重庆市公路局公路建设管理QC小组被评为中国交通企业协会交通行业优秀质量管理小组、重庆市优秀质量管理小组，《水泥砼修补技术研究》成果获重庆市优秀QC小组成果二等奖、获2002年度重庆市交通委员会优秀QC小组成果一等奖。

重庆云阳长江大桥开工建设。

12月初 重庆汽运公司投资100万元在汽车南站和北站两个站添置多能量X射线安全检查设备，结束了人工检查“三危品”的历史。

12月2日 重庆公交集团将原属重庆市第三公共交通公司二级单位的重庆市公共交通站场有限公司划归重庆公交集团公司并作为其全资子公司进行管理。

中共重庆市交通委员会、重庆市交通委员会印发《关于规范行政审批和行政事业收费行为的暂行规定》。

12月3日 万宜（万州至宜昌）铁路重点工程——万州长江大桥开工建设。

12月5日 中共重庆市交通委员会、重庆市交通委员召开首次重庆市交通系统创建文明行业暨党建思想工作研究会成立大会。

12月8日 中共重庆市委副书记聂卫国考察通渝隧道施工现场。

12月10日 巫山县货运站建设工程立项。建站规模为货运二级，总建筑面积11808平方米，总投资2300万元。

12月12日 重庆高等级公路建设投资有限公司（以下简称重庆高投司）正式挂牌成立。

12月18日 重庆汽运公司开通重庆到武汉的直达客运班车。

12月18日 重庆市人民政府常务会议确定建设寸滩集装箱新港区，并确定重庆港务集团为该项目的业主单位。

12月19日 重庆市人民政府市长王鸿举提出“在2003年7月1日内环高速公路实行年票制”的目标。

12月20日 重庆市交通委员会直属机关工会确认重庆市公路勘察设计研究院等10个单位为“合格职工之家”。

12月22日 “八小时重庆”工程第一路——渝巴公路段（重庆主城至巫山与湖北巴东交界）276公里初通。

12月24日 重庆市交通委员会举行重庆市高速公路行政执法总队授牌仪式，重庆市人大常委会副主任税正宽和重庆市交通委员会主任胡振业、副主任李健授牌。

12月25日 重庆市交通委员会同意重庆汽运公司垫江汽车南站扩建项目立项。该车站建筑总面积7757平方米，扩建规模为二级客运站，总投资1400万元。

重庆市运管局主城区2002年新增客运线路与运力招标大会在重庆富苑宾馆召开，涉及主城区内20条省际客运线路、4条市内客运线路及65台新增运力经营权。重庆汽运公司中标11条线路，成为中标线路最多的单位。

12月28日 重庆市交通委员会在重庆武隆县举行重庆市“八小时重庆”交通建设工作会。“八小时重庆”工程武隆段被评为国道319线“八小时重庆”示范段工程，重庆市交通委员会要求以武隆的建设质量和进展为榜样，全力推进涪陵至秀山段的建设。

12月29日 重庆运业公司以1500万元的价格购买重庆联运物流总公司在重庆顺康物流公司中所持有的全部股份。重庆顺康物流公司成为重庆交通运业有限责任公司的控股公司。

重庆市交通委员会批准万州汽车客运总站建设工程立项。该车站总建筑面积12420平方米，总投资估算为4800万元。

经过 3 个月的安装调试，渝黔高速公路 10 个收费站实现单路段联网收费。

12 月 30 日　重庆市人民政府“重庆机场高速公路收费体制改革”新闻发布会举行。从 2003 年 1 月 1 日起，机场路由重庆市市政委管理，不再收取通行费。

万开（万州至开县）高速公路开工建设。

12 月 31 日　重庆市交通委员会、重庆市财政局联合发布《重庆市高速公路行政执法经费管理办法》。

12 月　重庆市交通委员会将 1 台由美国进口、价值 550 万元人民币的碎石机无偿调拨给黔江区交通局，以加快重庆市少数民族地区公路建设和“八小时重庆”工程进度。

重庆长运公司、重庆汽运公司、重庆联运物流总公司被交通部评定为二级道路货物运输企业。

重庆运业公司重庆汽车站职工王军荣获“重庆市 2001 ~2002 年度技术能手”称号。

重庆船厂并入长江天府轮船公司。

重庆市交通委员会首次承担制定的交通部行业规范《公路隧道养护技术规范》历经 4 年调研、测试、编制、修改、审核后，通过交通部规定的审查程序。

重庆市拆除收费公路收费站点 52 个，其中各区县拆站 10 个、高速公路联网收费拆站 5 个、主城区路桥改革后拆站 37 个。

重庆市交通委员会荣获重庆市精神文明建设委员会授予的“2002 年精神文明建设工作先进单位”称号。

重庆市交通委员会再次印发精神文明建设文件汇编，将创建文明交通行业的考核评分标准调整增加到 26 项。

同年　秀山县境内国道 319 线平凯镇武营村至红砖厂 4. 56 公里路段（县城过境路）改扩建成一级公路工程竣工通车。

重庆市运管局在重庆市范围内逐步建立“运管通”电子政务系统，有 16 个区县建立了“运管通”。

重庆市汽车维修行业中开展“汽车维修企业五十强”评选活动。此次评选活动提高了 AAA 汽车维修企业评选条件。2002 年全市有 134 家被评为 AAA 汽车维修企业。

重庆市开展出租汽车企业组织结构调整工作，主城区出租汽车企业通过组织结构调整和企业法人清理，出租汽车企业由 2001 年末的 127 户减少为 74 户。

重庆轨道交通 2 号线延伸段（大堰村至新山村）工程获国家批准。

重庆高等级公路建设指挥部、铁道部大桥工程局重庆工程指挥部主研的《长涪高等级公路龙溪河特大桥深水基础处治方案及施工工艺研究》，获 2001 年重庆市科技进步奖三等奖。

万州汽车运输总公司职工韩晓刚获中国文化发展促进会、首都艺术家协会授予的“第九届推新人大赛美声唱法十佳银奖”。

2003 年

1 月 1 日　即日起，重庆机场高速公路纳入年票制范围，不再收取通行费。由重庆市城市投资公司出资，重庆高发司回购重庆机场高速公路实业有限公司 51% 的港方权益后，将机场高速公路移交给重庆城投公司，由重庆市市政委统一实施封闭管理。

1 月 7 日　渝长高速公路完成竣工验收，被评为优良工程。

1 月 8 日　重庆市人民政府常务副市长黄奇帆召开专题会议，确定由重庆公交集团、重庆市财政局、长江路改建工程单位、重庆市交通委员会共同解决拆除无轨电车共 10805. 28 万元资金。

1月10日　重庆市人民政府办公厅转发《市交委关于整顿和规范主城区出租汽车市场秩序工作方案》。

1月15日　重庆市交通委员会批准民生实业（集团）有限公司成立民生物流有限公司。

1月17日　重庆市交通委员会批准在货运行业管理方面将民生轮船公司按委直属企业对待。

1月19日　中共中央政治局常委、国务院副总理吴邦国经重庆港江北港区乘船考察三峡库区。

1月21日　重庆市交通委员会同意重庆市出租汽车总公司整体划归重庆公交集团，成为其下属的全资子公司。

1月22日　交通部副部长洪善祥到重庆检查公路水路春运工作。

1月24日　重庆公交集团、重庆公运公司、重庆汽运公司、重庆高发司、重庆交通运业公司、南京市国际信托投资公司召开第一次发起人会议，决定雷军为重庆巴士公司董事长，周继春为副董事长，唐炽为总经理。审议通过《重庆巴士股份有限公司章程（草案）》。

1月27日　重庆市物价局组织交通IC卡自动收费系统价格听证会。

1月28日　重庆市公路局副局长、中国道路工程学科第一位博士后、“重庆青年五四奖章”获得者唐伯明荣获2002年度重庆市“振兴重庆争光贡献奖”。

1月29日　国道212线合川至武胜高速公路正式开工建设。

1月31日　重庆市交通委员会与重庆市市政管理委员会签订《重庆机场路交接协议》。机场路起于渝北区红旗河沟立交，止于渝北区双凤桥，全长22.83公里。

1月　重庆市被誉为“生命工程”的国省道危险路段安装防撞护栏工程正式启动。

2月8日　重庆市人民政府渝府〔2003〕29号文件批复同意由重庆市交通委员会出资组建重庆航运建设发展有限公司（以下简称重庆航发司）。

2月10日　中共重庆市委书记黄镇东、重庆市人民政府常务副市长黄奇帆、副市长赵公卿带领市委、市政府有关部委负责人检查寸滩港区工程。

2月12日　重庆市交通运业公司单小平获得全国总工会“先进女职工”命名表彰。重庆市冠忠（第三）公交公司的七路队管委会和重庆市交通运业公司陈家坪汽车站服务总台获得全国妇联“巾帼文明示范岗”命名表彰。重庆市第一公交公司114路队易华获得全国“巾帼建功”标兵称号。

2月15日　上午9时，上界、渝黔一期高速公路实施联网收费并网，并入成渝、渝涪路联网收费网络。至此，重庆市75公里内环线高速公路实现全线联网收费一卡通行。

2月16日　重庆城市快速干道——五童路（江北五里店至童家院子）竣工通车，全长3.3公里，与外环高速公路相连接。

2月18日　重庆汽车北站开通直达上海的长途客运班车，线路全程为2200公里。

2月20日　重庆市2003年交通建设工作会议在重庆市富丽大酒店召开。中共重庆市委书记黄镇东和重庆市人民政府常务副市长黄奇帆、副市长赵公卿出席大会并讲话。会议主题为：深入贯彻中共十六大精神，为打造重庆交通枢纽而努力奋斗。围绕“富民兴渝，把重庆建设成为长江上游的经济中心”的奋斗目标，会议首次明确提出交通发展的奋斗目标是：投资1500亿元，十年基本建成重庆交通枢纽。要实现这一总目标，一是基本形成以“二环八射”高速公路为主骨架的高等级公路国省干线网和四通八达的农村公路网；二是铁路形成“一环八射”铁路枢纽中心；三是民航“一大二小”格局形成，重庆成为航空枢纽中心；四是重庆成为长江上游航运中心；五是重庆市客货运信息网络形成，交通管理智能化；六是建成重庆市交通物流中心；会议号召开拓进取，扎实工作，为在2010年建成重庆交通枢纽奠定坚实基础，使重庆成为西部交通强市。

2月21日　重庆市交通委员会印发《陈家坪汽车站等51个汽车客运站收费等级（试行）》。

2月24日　中共重庆市委渝委〔2003〕189号文件批准李健任重庆高投司党委书记。

2 月 25 日　中国西部第一条快捷铁路通道——遂渝铁路（四川遂宁至重庆）开工建设。

2 月 28 日至 3 月 2 日　重庆市交通委员会在彭水县和酉阳县，分别召开“八小时重庆”工程公路建设专题会，签订《“八小时重庆”工程国道 319 线彭水段和酉阳段项目移交合同协议书》将项目移交重庆高投司投资、建设和管理。这是重庆高投司自 2002 年底成立以来接管的第一批“八小时重庆”工程建设项目。

2 月　重庆市交通委员会完成的《重庆市骨架公路建设规划（2003 ~ 2010 年）》，在中共重庆市委常委会、重庆市政府常务会上获得通过，并受到交通部充分肯定。

重庆市交通委员会发布《重庆市交通国有资产处置（暂行）办法》和《重庆市交通规费实行“收支两条线”管理（试行）办法》。

3 月 1 日　重庆市交通委员会、重庆市物价局发布实施《重庆市汽车客运站质量信誉考核管理办法》和《重庆市汽车客运站质量信誉考核标准》。

3 月 4 日　由重庆高发司、万州区政府、开县政府三方共同出资组建的万开高速公路公司正式注册。

中共万州区委决定韩云任中共万州区交委临时委员会书记。

3 月 5 日　万州区人民政府决定韩云任万州区交通委员会主任。

3 月 6 日　重庆市交通委员会命名永川市省道 205 线潼泸路永川至师专段等 17 条路为文明路，彭水县公路养护管理段等 5 个养路段为文明养路段，万州区公路路政管理大队等 4 个路政队为文明路政执法队，江津市享堂收费站等 8 个收费站为文明收费站，南川市蟹塘道班等 10 个道班为十佳养路班，丰都县养路队李兴池等 10 人为十佳养路工。

3 月 7 日　重庆市人民政府副市长童小平带领市有关部门负责人到万州至开县高速公路南山隧道施工现场调研。

3 月 9 至 11 日　重庆市 2003 年公路工作会在重庆富丽大酒店举行。重庆市人民政府副市长赵公卿出席大会并讲话。会议主题为：全面建设小康社会，开创建设长江上游交通枢纽新局面。重庆市交通委员会主任胡振业与各区县签订 2003 年交通建设、公路养护与管理目标责任书。

3 月 11 日　重庆市人民政府《关于拆除部分电车线路有关问题的专题会议纪要》明确拆除电车资金数额和资金来源渠道及前期所需资金的解决方式，同意电车驾驶员增驾 A 照。

3 月 12 日　石柱至万州二级公路开工建设，重庆市县际公路建设全面启动。

3 月 24 日　重庆市人民政府任命李健任重庆高等级公路建设投资有限公司董事长（法定代表人），滕西全任重庆高速公路发展有限公司董事长（法定代表人）。

3 月 26 日　重庆汽运公司朝天门汽车总站被交通部批准为一级汽车客运站。

3 月 29 日　重庆高发司、成都曙光光纤网络有限责任公司主研的《重庆市高等级公路（高速公路）联网收费系统》项目获 2003 年重庆市科技进步奖二等奖，评为 2003 年国家倍增计划优秀项目。

重庆高投司与重庆市检察院签订共建协议，重庆市检察院、重庆市交通委员会和重庆高投司联合在重庆市高等级公路建设中开展争创“优质工程、优秀干部”活动。

3 月 31 日　重庆市交通委员会印发《重庆市出租汽车管理暂行办法》，从发布之日起执行。

重庆市人民政府渝府〔2003〕65 号文件批复同意设立重庆巴士股份有限公司，由重庆公交集团控股，注册资金 8000 万元，隶属重庆公交集团。

3 月　重庆公交一公司率先采用“融资租赁”方式向上海新世纪融资租赁公司融资租赁 60 辆中级车、32 辆普车投入营运，融资金额达 2067 万元。

4 月 3 日　重庆市交通委员会、共青团重庆市委决定开展“青年文明号”示范路创建工作，首批命名重庆南方高速公路有限公司、重庆冠忠（第三）公交公司、重庆市汽车运输（集团）有限责任公司渝万（盛）客运专线、重庆市高等级公路行政执法总队第三大队等4个单位为渝黔“青年文明号”示范路创建单位。

重庆市交通委员会、共青团重庆市委员会命名表彰重庆南方高速公路有限公司南坪收费站等29个青年文明号集体。

4月4日　重庆市人民政府第五次常务会议决定按重庆市交通委员会的实施方案拆除无轨电车。

重庆市交通委员会、重庆高发司与国家开发银行重庆分行签订《金融合作协议》《项目融资协议》。根据协议意向，为完成中共重庆市委、重庆市人民政府确定的2010年前建成2000公里高速公路的规划目标，国家开发银行将向重庆高速公路建设提供300亿元人民币贷款，投入重庆高速公路建设，助推重庆交通建设提速。重庆市人民政府常务副市长黄奇帆出席签字仪式并讲话。

4月11日　三峡工程临时船闸停止通航运行，长江三峡水域拟实行为期67天的断航，至6月16日恢复通航。与此同时，翻坝转运工作全面启动。

重庆港务集团联合6家港航企业自筹资金修建的集装箱商品车翻坝码头正式投入使用。

4月中旬　重庆汽车北站开通至江苏盐城的客运班车。线路全程2130公里。

4月14日　重庆市运管局开展以打击非法营运和大型物件运输、集装箱运输、货运代理点、维修市场为重点的专项整治。检查各类车辆和经营业户225.6万台次（户），查处违章行为9.2万件次，得到交通部检查小组的充分肯定。

4月15日　重庆市交通委员会、重庆市工商行政管理局批准重庆市公路勘察设计研究院更名为重庆市交通规划勘察设计院（以下简称重庆交通勘设院）。

4月19日　重庆市人民政府副市长谢小军带领市“防治非典型性肺炎”工作领导小组成员检查重庆市汽车北站的防治“非典”工作。

4月23日　重庆市人民政府市长王鸿举考察正在建设中的渝邻高速公路。

4月24日　民建重庆市委名誉副主席、重庆市政协原副主席、原重庆市交通运输管理局局长王文彬因病逝世，享年97岁。

4月28日至29日　重庆市交通委员会在开县召开“八小时重庆”公路建设专题会，签订《“八小时重庆”工程开县段和通渝隧道项目移交合同协议书》，将项目移交重庆高投司投资、建设和管理。

4月28日　重庆市交通委员会申报的2002年度重庆市第一公共交通公司103路队等8户创建单位全部获“市级文明单位”称号。重庆市涪陵汽车客运站等11户区县（市）申报的交通企业事业单位也被命名为“市级文明单位”。

4月　重庆航运建设发展有限公司（以下简称重庆航发司）挂牌成立。

重庆市公路局主持的科技项目《重庆典型路面结构研究》《土锚钉加固路堑高边坡应用研究》获2002年度中国公路学会科技进步奖三等奖。

5月1日　重庆市梁平县公路管理段七桥道班班长曾大和荣获全国“五一劳动奖章”。

5月8日　重庆市交通委员会组织召开由质量管理诊断师及有关领导参加的评审会，评选2003年度QC小组成果优秀质量管理小组，其中重庆成渝高速公路有限公司营运管理部联网收费系统现场技术维护“优化软件系统维护手段，缩短车道现场检修时间”QC小组获一等奖，重庆渝帆汽车技术发展有限公司“提高工艺质量，降低‘冰堵’发生率”QC小组获二等奖，重庆市兴渝公路有限责任公司通渝隧道建设管理“有效加强通渝隧道建设管理”QC小组三等奖。5月21日，重庆市交通委员会正式表彰2003年度优秀QC小组。

5月13日　重庆市交通委员会制订《重庆市防“非典”期间紧急物资道路水路运输保障应急预案》。

5 月 15 日　在接到国务院减轻企业负担部际联席会议和财政部两个内部明电后，重庆市交通委员会向重庆市人民政府呈报《关于贯彻国务院减负办对受“非典”影响较大的行业实行减免行政事业性收费政策的建议》。

5 月 14 日至 17 日　中共中央政治局常委、国务院副总理黄菊在中共重庆市委书记黄镇东、重庆市人民政府市长王鸿举陪同下视察重庆环线高速公路、机场、港口码头以及交通运输部门防治“非典”工作。

5 月 16 日　重庆市人民政府渝府发〔2003〕27 号文件决定对受“非典”疫情影响较大的部分行业实行税费减免政策，其中包括免收旅游业客运车辆的公路养路费和公路运输管理费，其他客运车辆的公路养路费和公路运输管理费减收 20%，减半收取餐饮、旅店、旅游、商业、娱乐、民航、公路客运、水路客运和出租汽车等行业的水路客运附加费和公路客运附加费。

5 月 21 日　国务院长江三峡二期工程验收委员会枢纽工程验收组正式宣布，三峡二期工程达到蓄水 135 米水位和船舶试通航要求。同意三峡工程 6 月 1 日下闸蓄水，并可以在 2003 年 6 月实施永久船闸试通航。

重庆市交通委员会总结表彰 2002 年度道路运输行业文明汽车客运站、公交文明线路创建工作，文明汽车客运站有重庆长运公司黔江西山客运站等 19 个单位，公交文明线路有重庆市第一公共交通公司 112 路队 112 线、渝万快速客运线等 14 条客运线路。并表彰一批文明出租车。

5 月 27 日　重庆汽运公司与重庆冠忠（第三）公司正式签订万盛客运中心联建协议。客运中心总投资近 4000 万元，投入使用后，两家公司的车站将实现三站合一。

5 月 25 日至 27 日　交通部部长张春贤一行对重庆市交通建设发展情况进行调研，实地考察重庆市国道主干线、西部大通道、农村县乡公路及内河航运建设；考察了朝天门港口码头、菜园坝汽车站，检查防治“非典”工作；与中共重庆市委书记黄镇东、重庆市人民政府常务副市长黄奇帆、副市长赵公卿等市领导交换意见。张春贤表示，交通部在“十五”计划调整过程中，专门对重庆市提出的问题和要求进行认真研究，决定加大对重庆市交通的支持力度，将符合国道主干线、西部开发省际通道、国家重点公路建设规划的 10 多个项目全部增列入“十五”计划，对农村公路建设、港口与航电枢纽建设也给予支持，使重庆市交通基础设施建设再上一个新台阶。

5 月 28 日　重庆市交通委员会授予重庆港九股份有限公司客运总站、重庆轮船总公司郭家沱滚装码头“文明港站”称号，授予“长江王子号”等 20 艘客轮“文明客船”称号，授予重庆市港航管理局稽查大队“文明执法队伍”称号，并颁发荣誉证书。

5 月 29 日　重庆市万州五桥机场正式通航。

5 月　重庆运业公司荣获重庆市“劳动创新奖”。重庆运业公司工会主席单小平、重庆汽运公司汽修总厂二班班长吴畏荣获重庆市总工会、重庆市群众经济技术创新工程领导小组联合授予的重庆市“劳动创新奖章”。

重庆市交通委员会决定康福来实业总公司由重庆市出租汽车总公司代管，因康福来实业总公司已无在册职工和实际资产，仍欠债本息约 3300 万元。

6 月 3 日　重庆高发司东渝营运管理分公司正式挂牌成立。该分公司负责长万高速公路运营管理。

重庆市交通委员会印发《重庆交通征稽征管业务权限管理办法》，首次明确重庆市征稽局对公路养路费、公路客运附加费、公路货运附加费等 3 项规费的减免征权限。

6 月 6 日　在重庆市确定的“2001～2005 年 15 个重点信息化建设项目”中，“重庆高速公路联网收费系统”项目第一个通过由重庆市信息产业局组织的专家验收。

6 月 7 日　交通部副部长翁孟勇考察成渝高速公路桑家坡收费站。

6 月 10 日　重庆九龙坡港区集装箱扩能技改工程正式开工。

6月11日　万州港区国际集装箱码头投入试运行。

6月12日　中共重庆市委书记黄镇东，重庆市人民政府市长王鸿举，常务副市长黄奇帆、副市长余远牧等考察万州红溪沟货运港区工程。

重庆市交通委员会规范公路运输管理费分配使用管理，明确规定公路运输管理费作为重庆市级预算外资金实行“收支两条线”管理。

6月16日　世界最大船闸——三峡大坝永久船闸正式通航。重庆长江轮船公司“江渝15号”客轮和重庆民生轮船公司“民风”号集装箱船成为首航三峡船闸的重庆船只。

6月19日　7时57分，重庆三峡轮船股份有限公司所属的涪州10号客货轮与涪陵江龙船务有限公司（私营企业）所属的江龙806号货轮在重庆市涪陵区长江上游搬针沱水域发生碰撞，造成涪州10号轮沉没、27人死亡、25人失踪的特大水上交通事故。

6月24日　中共重庆市委任命丁纯为中共重庆市交通委员会书记（正厅局级），免去胡振业的书记职务。重庆市人民政府任命唐伯明、滕宏伟为重庆市交通委员会副主任（试用期1年），免去滕西全、李健的副主任职务。

6月25日　根据2003年重庆市人民政府第二次常务会议的有关决定，重庆市交通委员会、重庆市财政局决定自2003年1月起，由重庆市财政局根据重庆市交通委员会所属的重庆高发司、重庆高投司、重庆航发司及其控股子公司负责建设、运营的公路水路项目的施工营业税及附加、收费营业税及附加的入库情况，安排支出拨付重庆市交通委员会，作为公路水路建设资本金投入，专项用于支持重庆市公路水路建设发展。

6月27日　长江上游航运中心的标志性工程——重庆港寸滩新港区一期工程正式开工。

重庆市运管局举行2003年度新增客运线路运力招投标大会，对重庆至巫山等13条线路（其中省际客运线路4条）、40台客运运力实行公开招标。此次招标为服务质量公开招投标，不实施有偿使用。

6月28日　渝合高速公路正式并入重庆高速公路联网收费网络。至此，重庆已建成的“一环四射”约400公里高速公路全部实现联网收费。

6月30日　重庆市交通委员会发出紧急通知，为深刻吸取涪陵“6·19”特大水上交通事故教训，要求对水上交通运输安全、道路交通安全、交通建设安全和企业生产安全立即展开安全生产大检查。

6月　重庆运业公司职工刘莉被评为全国交通系统“青年岗位能手”。

重庆市公共交通控股（集团）有限公司制订《公共交通的小康目标》。

7月1日　重庆内环高速公路改革收费方式，实施“年票制”，即市政部门采用租赁形式统一买断年票车辆在环线高速公路的通行权。

7月2日　重庆市人民政府将“八小时重庆”区县干线公路、万梁高速公路、梁长高速公路等项目纳入2003年105项重点建设工程项目。

7月7日　中共重庆市委组织部批准彭建康兼任重庆市公路学会理事长。

7月16日　每辆购价200万元的大“凯斯鲍尔”豪华客车从重庆汽车北站发往奉节，结束了三峡库区线无高档客车运力的历史。

7月20日　按照营业收入、企业资产、从业人数三大指标排定全国交通企业百强，重庆汽运公司名列第46位。

7月20日“八小时重庆”重点项目之一——国道319线涪武路（涪陵至武隆）三级改建二级路工程竣工通车，该路全长28.5公里。

7月21日　中共重庆市委书记黄镇东、市委副书记姜异康、重庆市人民政府副市长赵公卿在重庆市交通委员会副主任唐伯明陪同下到城口调研“八小时重庆”控制工程——通渝隧道工程建设。

7月22日　中共重庆市委企业工作委员会决定向重庆高发司派出监事会。

7月25日　交通部副部长翁孟勇到重庆调研并参加川江及三峡库区船型标准化工作会。

7月26日　黔江征稽所执法人员在黔彭公路杉木垭路段路检时初步认定，车牌号为“渝B16197号”大货车实际装载质量与标记装载质量不符。经送黔江区质量技术监督部门进行技术鉴定并上报重庆市征稽局核定，“渝B16197号”大货车“大吨小标”偷逃缴费吨位10吨。这是重庆交通征稽部门首次引入质量技术监督部门鉴定车辆吨位。

7月28日　重庆市境内的渝怀铁路、高架轻轨2号线一期工程（较场口至新山村）等重大项目被列入2003年国家发改委下发的国家重点建设项目名单。

重庆市交通委员会提出对交通部收费公路车辆通行费车型分类行业标准的贯彻意见。

7月30日　全国专家汇集重庆研究长江三峡库区大水头差码头关键技术问题。

7月　重庆高投司出资1.981亿元人民币回购潼南县国道319线、省道205线两条还贷性收费公路项目。

重庆市交通委员会分别按渝东、渝西、渝东南3个片区，在奉节、江津、武隆召开交通工作座谈会。

重庆市部分交通行政事业性收费和罚没收入被纳入“非税收入”收缴改革管理范围。

8月4日　重庆交通学院、重庆交通科研设计院等单位的隧道专家到通渝隧道察看隧道涌水情况，初步分析了涌水原因，拟采用地质雷达探明地下水分布情况。

8月6日　重庆高等级公路建设指挥部、中铁集团二局五处重庆工程指挥部主研的《长涪高等级公路斜阳溪大桥吊装技术研究》获2002年度中国公路学会科学技术三等奖。

8月10日　西部交通建设科技项目《公路水毁防治技术的研究》大纲通过评审。

8月13日，中共重庆市交通委员会书记、重庆市交通委员会副主任丁纯到重庆公交集团部署IC卡具体实施工作。重庆市IC卡工程进入具体实施阶段。

8月15日　经过2003年8月1日至8月15日的试运行，重庆市交通委员会正式开通“重庆交通”政府网站。这是重庆市交通委员会在互联网上建立的总门户，是重庆市交通系统在互联网上发布服务信息的总平台。

8月18日　重庆成渝高速公路有限公司营运管理部联网收费系统现场技术维护QC小组被中国交通企业管理协会评为全国交通行业2003年度优秀质量管理小组，《优化软件系统维护手段缩短车辆现场检修时间》评为优秀成果。

8月19日　国务院国有资产管理委员会国有产权函〔2003〕137号文件批复同意重庆港务（集团）公司持有重庆港九股份有限公司国有法人股中的2000万股转让给重庆市城市建设投资公司。

8月28日　合川至武胜高速公路全线动工建设。

8月29日　重庆市国资委向重庆港务集团派驻第二届监事会。同日，重庆市财政局批复重庆港务集团核销部分不良资产。

8月　大坪石房子处电车触线网断开，重庆电车供电线网开始拆除。

重庆市高等级公路行政执法总队邀请国家公证人员对查处超速行驶的执法过程进行公证，在国内首开行政证据收集新途径。

9月2日　重庆市交通委员会召开交通系统再就业工作会，部署再就业工作。

9月5日　重庆市人民政府批准重庆高发司和重庆信托投资有限公司各按30%、70%的比例组建合资公司，共同管理经营渝涪高速公路，重庆国际信托投资有限公司出资185500万元作为重庆高发司的高速公路建设资本金。

9月6日　中共重庆市委批准乔墩任中共重庆市公路局党委委员、书记，谭卫任中共重庆市港航管理局党委委员、书记。

9月14日　中共重庆市委书记黄镇东、副书记聂卫国、重庆市人民政府副市长赵公卿等领导考察在建的长万高速公路。

9月15日　重庆市交通委员会批准重庆汽运公司上桥汽车站扩建项目立项，按一级汽车货运站标准建设，车站总建筑面积12154平方米，总投资5000万元。

9月17日　中国道路运输协会第三理事会换届改选，重庆汽运公司董事长胡国武当选为副会长。

9月22日　中共重庆市委、重庆市人民政府决定艾吉人任重庆市公路局局长，梁雄耀任重庆市港航管理局局长。

9月23日　重庆市交通委员会公布第一批重庆市公路建设项目评标专家库名单231人，明确规定专家的权利义务和对专家的动态管理要求。

9月27日　重庆市第二届人民代表大会常务委员会发布第14号公告：《重庆市公路养路费征收管理条例（修订）》于2003年9月26日经重庆市第二届人民代表大会常务委员会第五次会议通过，自2003年12月1日起施行。

9月28日至10月11日　重庆市公路局组织专家评审通过《通渝隧道涌水治理方案》。

9月30日　重庆"半小时主城"重点交通工程之——南岸区四公里立交桥正式通车，与外环高速公路相连接。

9月　按照重庆市人民政府批复，重庆市交通委员会完成重庆高发司与重庆国际信托投资公司共同设立合资公司经营渝涪高速公路的经济事项，并将转让渝涪高速公路70%经营权所获现金收入（除负债外）18.5亿元专项用于弥补高速公路建设资金。

10月8日　重庆市运管局正式启动"1个工作日办结"制度，即对规定的72个运政业务办理项目必须在1个工作日内对申请人予以答复。

10月10日至12日　京、津、沪、渝4个直辖市和四川、贵州、西藏、陕西、甘肃、广东、内蒙古、吉林、黑龙江等17个省、自治区以及《交通稽征》杂志社在重庆渝州宾馆共同举办征稽工作研讨会。

10月13日　共青团重庆市交通委员会授予马奎、王汉、龙虎、许仁安、吴畏、张伟杰、张鹏飞、黄忠、蒙华、潘震宇10人为第一届重庆市交委系统"十大杰出青年"称号。

10月20日　经过重庆市交通委员会、重庆市运管局、重庆公交集团可行性论证和前期准备工作，重庆渝城交通一卡通有限责任公司正式对社会发行"渝城一卡通智能IC卡"（简称渝城一卡通）。

10月22日　重庆市交通委员会转发重庆市人民政府领导批示，同意重庆公交集团按国家建设部电车标台折算系数1.4计算，将原有175台无轨电车增补为245标台天然气汽车，以保证充足的客运汽车运力。

重庆市交通委员会发布《重庆市城市公共交通车船乘坐规则》，自2003年11月1日实施。

10月27日　重庆市人民政府副市长赵公卿考察重庆高投司工作，对重庆高投司规范管理、快速运作和取得的成绩予以了肯定，重点就"八小时重庆"建设、公路回购与管理工进行调查研究。

10月29日　重庆市农村公路建设现场会在重庆涪陵区召开，会议主题为：加快农村公路建设，推进城镇化进程，为全面建设小康社会营造交通条件。自此，重庆市全面启动农村公路建设。

10月30日至11月4日　全国交通系统车购费改税课题研究组组长、重庆市车购办主任李先彬一行到万州征稽处、城口县、梁平县、忠县等征稽所调研车购费代征工作。

10月　重庆汽运公司保利保险公司顺利通过中国保监会的严格审查，正式对外营业。

11 月 1 日　重庆市城市公共交通正式实行 IC 卡。在“三不变”（即不调整票价、不取消月票、不取消免票）的前提下，逐步在公共汽车上使用非接触式射频 IC 卡，重庆市智能交通 IC 卡收费结算系统正式开始启用，使用数十年的重庆公共交通纸质月票同时废止。

11 月 4 日　秀山县境内国道 326 线县城至隘口镇坝芒村 31.81 公里路段硬化改造竣工通车。其中清溪镇至隘口镇坝芒村 19.81 公里路段为山岭重丘二级公路。至此，秀山县境内的国道 326 线全部实现硬化和升级改造。

11 月 6 日　重庆高发司组织实施的“重庆高等级公路（高速公路）联网收费系统”项目，经行业地方主管部门推荐和专家评审，成为全国电子信息系统推广办公室国家“倍增计划”优秀应用项目并获得表彰。

11 月 10 日　重庆市政协主席刘志忠在通渝隧道施工现场检查工作。

11 月 11 日　重庆市交委质监站站长、研究生、高级工程师彭兴国，重庆交通学院博士教授何兆益，重庆交通科研设计院硕士研究员王福敏，获得交通部“2002 ~ 2003 年度交通青年科技英才”称号。

11 月 20 日　重庆高发司中渝运营分公司正式成立，具体负责渝黔一期、渝合、上界 3 条高速公路的运营管理工作。

11 月 24 日　重庆市交通委员会批复同意将重庆市出租汽车总公司所属的 701、702、703 路队客运车辆及线路经营权转让给重庆巴士公司，以扩大其营运范围。

“八小时重庆”工程量最大的控制工程——通渝隧道提前贯通。通渝隧道长 4279 米，总投资逾 2 亿元，时为重庆市最长的单孔双向隧道。

11 月 25 日　位于武隆县境内的全长 410 米、主跨 168 米的渝怀铁路黄草乌江大桥合龙，创“中国铁路桥梁第一跨”。

11 月 26 日　重庆江北国际机场正式移交给重庆市管理，重庆机场（集团）有限公司成立。

11 月 27 日　重庆市人民政府批转《重庆市交通委员会关于主城区出租汽车经营权产权管理制度改革实施工作方案》，决定在主城区范围内，取消出租汽车经营权有偿使用年费征收制度，实行出租汽车经营权证有偿投放、长期使用（25 年）的经营权产权管理制度。

重庆市人民政府印发《批转市交委关于主城区中巴车退出客运市场实施工作方案的通知》，对主城区中巴车退出客运市场做出明确规定。

11 月 28 日　重庆市交通委员会举行重庆涪江富金坝航电枢纽开工仪式，重庆市人民政府副市长赵公卿、重庆市交通委员会主任胡振业、重庆航发司董事长张世玖等出席仪式并为工程铲土奠基。

11 月 29 日　《重庆市水路运输管理条例》经重庆市第二届人民代表大会常务委员会第六次会议通过，自 2004 年 3 月 1 日起施行。

11 月　重庆汽运公司綦江二级汽车站正式投入运营。

重庆市道路运输管理信息系统（简称“运管通”）在重庆市范围内全面运行。

重庆市交通委员会首次召开由各区县交通局和委属单位参加的宣传和精神文明建设工作座谈会。

重庆市交通委员会批转《重庆市交通征费稽查局查征补漏奖励（暂行）办法》。

12 月 1 日　万宜铁路（重庆万州至湖北宜昌）正式开工建设。

12 月 4 日　重庆市运管局开通了道路运输行业投诉服务热线电话“89083201”，实现投诉处理工作正规化，可满足全年 365 天、全天 24 小时自动受理。

12 月 5 日　重庆市交通委员会举行水上交通安全工作会，启动“冬春百日安全检查”活动。

12 月 9 日　重庆至四川遂宁高速公路重庆段开工。渝遂高速公路重庆段起于沙坪坝区高滩岩，止于川渝交界的丁沟村，全长约111.84公里，投资概算为47.47亿元。

12月17日　重庆市交通委员会批准万州区红花地汽车客运站工程可研报告。该车站按二级客运站建设，总建筑面积9326平方米，总投资1795万元。

重庆市交通委员会批准万盛汽车客运中心工程可研报告。该车站按二级客运站建设，建筑总面积23288平方米，总投资4074万元。

12月26日　重庆万州至长寿高速公路通车暨国道主干线上海至成都公路全线贯通典礼举行。交通部发来贺电。重庆市人民政府常务副市长黄奇帆、副市长赵公卿出席仪式并讲话。万州至长寿高速公路竣工通车标志着国道主干线上海至成都公路全线贯通，是重庆市区通往三峡库区的第一条陆上大通道。上海至成都国道主干线万州至长寿段高速公路总长约181公里，总投资近60亿元。其中，万梁高速公路全长67.2公里，起于万州区青杠磅，止于梁平县白衣寺，总投资29.61亿元。梁长高速公路全长113.54公里，起于梁平县白衣寺，止于长寿桃花街立交，总投资30.39亿元。

涪陵至秀山、万州至巫山、万州至城口3条公路的改扩建工程完成初通，“八小时重庆”工程全面通车。“八小时重庆”工程通车典礼在涪陵白涛举行，重庆市政协主席刘志忠、重庆市人民政府常务副市长黄奇帆，副市长赵公卿、童小平等领导参加典礼。黄奇帆讲话。

西部大通道重庆至长沙高速公路重庆界石至水江段南川互通立交项目在南川先期动工。界水高速公路起于重庆市巴南区界石镇，止于南川市水江镇，全长84.6公里，总投资46.71亿元。

12月28日　南川境内涪陵至南川公路碾子沟至骑堰医院路段全长35.533公里，由泥结石路面改扩建为山岭重丘二级水泥砼路竣工通车

12月29日　零时起，长万高速公路联网收费系统顺利并入重庆市高速公路联网收费路网大系统，长万高速公路是国内第一条实现土建与机电工程同步建设、同步完工并同步使用的高速公路项目。

重庆市人民政府印发《重庆市人民政府关于贯彻实施〈重庆市公路养路费征收管理条例〉有关问题的通知》。

12月31日　重庆市改装CNG汽车达到10400辆，超额完成年计划的48.6%，被列为重庆市十大科技新闻。

36条2000多公里的重庆县际联网公路全面开工建设。

重庆市征稽局荣获交通部授予的“全国交通系统文明行业”称号，成为重庆市交通系统第一个获得“全国交通系统文明行业”称号的单位。

12月　重庆市公路局、重庆数字城市科技有限公司联合开发的《重庆市公路地理信息系统》较好地应用了GIS技术与MIS技术的融合、地理编码空间数据与管理数据关联等先进技术，系统构架先进、合理。通过一年多的试用通过专家鉴定。

交通部西部交通建设科技项目《新老路基结合部处治技术》由同济大学、长沙理工大学（原长沙交通学院）承担，与重庆市公路局、陕西省铜川市交通局、陕西省安康市交通局等单位合作共同完成。

重庆市交通委员会发布《重庆市交通委员会关于对主城区五人座以下小型出租汽车征收交通规费的通知》。

同年　重庆市拆除收费公路收费站点37个，其中各区县拆站29个、主城区路桥改革后北碚拆站8个，在国家治理公路“三乱”检查中获得通过。

重庆高发司南方建设分公司和北方建设分公司成立。

重庆渝涪高速公路有限公司总经理龙虎荣获“重庆市十大杰出青年企业家”称号。

重庆市运管局在主城区评定公交中级客车594辆（29条线路），并全部换发了公交中级客车新标识，方便了乘客对等级车辆的识别，解决了每年夏季因空调收费引发的矛盾。

重庆市开展驾校重新登记及资质评审工作，共有124户驾校重新登记、复审，其中取消6户驾校，18户驾校分支机构被取消培训资格。

重庆市运管局在全市建立了统一协调、保障有力的防“非典”工作机制和工作方案。重庆市运管局设立卫生检查站46个，检查长途客运车辆34万台次，长途旅客227.5万人次，坚持对营运车辆每日或按趟次进行消毒，有效防止了“非典”疫情通过道路运输工具在全市蔓延和传播。

涪陵港务局成功与世界五百强之一的上海远东国际租赁有限公司合作，引进战略发展资金2000万元。

民生轮船公司第一个开辟重庆至上海长江集装箱快班航线。

重庆市南岸区组成索道资产清理小组，对索道资产进行全面清点后宣布：南山旅游客运索道停止运行，南山旅游客运索道公司解体。

重庆高发司渝东公司总经理章勇武荣获“第七届重庆青年五四奖章”。

重庆高发司东渝分公司行政部黎珂（女）被聘为重庆文学院首席创作员。

2004年

1月2日　海关总署批复同意在重庆港九龙坡港区设立公共型保税仓库。

1月4日　重庆市公路工程股份有限公司党委书记、董事长魏璐荣获“重庆市首届优秀中国特色社会主义事业建设者”称号。

1月6日　重庆市人民政府印发《关于出租汽车经营权证管理暂行办法的通知》。

1月14日　交通部副部长洪善祥到万州港客运码头考察。

重庆黔江舟白机场破土动工，舟白机场为3C级民用支线机场。

1月15日　重庆市交通委员会贯彻实施《重庆市公路养路费征收管理条例》，明确规定原由各区县（自治县、市）交通行政主管部门征管的2吨（含2吨）以下农用车养路费改由市征稽局负责征管，由市征稽局制订具体实施方案。

《重庆交通报》改版为《重庆交通》，为内部月刊，刊号沿用。

1月16日　交通部副部长洪善祥率交通部水运司人员到重庆检查春运工作。

重庆市国有资产监督委员会批复同意将凯旋路客运电梯、重庆市两路口皇冠大扶梯作为优良资产正式并入重庆公交集团。

1月20日　重庆市江北区刘家台至渝中区大溪沟的天然气过江隧道竣工。该隧道全长650米，是嘉陵江首条过江的天然气隧道。

1月21日　中共重庆市交通委员会、重庆市交通委员会通报2003年度交通系统宣传和精神文明建设目标考核情况，评出2003年宣传和精神文明建设目标考核一等奖9个、二等奖14个、三等奖11个，表彰2002~2003年度重庆市交通系统十佳文明集体和文明个人。

1月31日至2月2日　重庆市2004年交通工作会议、交通党委工作会、重庆市交通安全工作会同时在重庆渝通宾馆召开。重庆市人民政府市长王鸿举、副市长赵公卿出席大会并讲话。会议期间，中共重庆市委书记黄镇东、重庆市人民政府常务副市长黄奇帆与重庆市交通委员会、各区县（自治县、市）交通局和交通企业事业单位的负责人举行座谈会并讲话。会议主题为开拓创新，扎实工作，全力推进交通事业新的跨越式发展。会议提出2004年交通工作总体要求：积极实施调整后的“十五”计划，重点抓好以高速公路建设为主的交通基础设施的建设；继续坚持“能快则快尽量快”的原则，加大构筑综合交通运输体系力度，尽快形成完备、快捷、畅达、高效的综合交通网络；进一步完善交通市场，努力提高交通公共服务能力和市场监管能力，加快深化国有交通企业股份制改革步伐，加大运力结构调整力度，继续实施科教兴交和人才强交战略，加强精神文明和政治文明建设，促进交通事业持续快速健康发展，切实推进重庆交通工作迈上新的台阶。

1月　重庆公交集团副总经理刘莉、重庆公交集团一公司114路队1490号车组售票员、全国妇联“巾帼建功标兵”、重庆市“五一”劳动创新奖章获得者易华荣获人事部、建设部授予的“建设部劳动模范”称号。

2月3日　重庆市交通委员会召开全市交通系统防治禽流感重大动物疫病工作会，部署全市交通系统防治禽流感等疫病工作。2月16日，重庆市交通委员会印发《重庆市交通系统防控禽流感工作应急预案》，要求交通系统预防和控制高致病性禽流感疫情在重庆市的传播扩散。2月19日，重庆市交通委员会下发《关于禽流感防疫车辆免缴车辆通行费的通知》，免费通行时间到2004年6月30日为止。

2月4日　重庆市大足县龙水货运站工程可研报告获重庆市交通委员会批准。该车站按二级客运站标准建设，建筑面积6000平方米，总投资1500万元。

2月8日至13日　交通部副部长胡希捷一行到重庆，就高速公路建设、“八小时重庆”工程、“生命工程”建设、农村公路建设、通县公路建设、码头建设及航电枢纽规划方案等进行调研。

2月9日　重庆市公路局印发《关于创建国道210线文明样板路规范收费站点管理的通知》。

2月11日　中共重庆市交通委员会和中共重庆市国有资产监督管理委员会联合发文，明确重庆公交集团由重庆市交通委员会和重庆市国有资产监督管理委员会共同管理。

2月12日　重庆市交通委员会印发《重庆市交通科技项目管理办法（试行）》。

2月13日　重庆电车公司404路无轨电车被拆除，用50辆汽车替换了该线路的电车。

2月17日　渝通公路工程总公司承建的重庆马桑溪长江大桥，荣获中国工程建设质量最高奖项“鲁班奖”。

2月20日　万宜铁路（重庆万州至湖北宜昌）开始施工。万宜铁路是中国铁路建设史上桥隧比重最高、施工难度最大、投资造价最高的长江东西向铁路大动脉，设计时速160公里以上。建成后重庆至上海比襄渝线缩短70多公里，时效上快10倍。

重庆市妇联、重庆市精神文明办授予重庆市交通委员会所属的重庆交通运业有限责任公司富丽大酒店前厅组等16个集体“重庆市巾帼文明示范岗”称号。

2月21日至22日　交通部由重庆市公路局、同济大学、新疆公路科研院、长安大学联合承担的西部交通建设科研项目《公路水毁防治技术的研究》交流会在重庆市召开，与会人员一致通过《公路水毁防治技术的研究详细方案》。

2月22日　上午8时40分，在通渝隧道中心处突然发生强大的涌水流，淹没100米左右的隧道，致使3人死亡、1人重伤、2人失踪。

2月23日至24日　重庆市交通征稽工作会、交通征稽纪检检察工作会、农用车和摩托车养路费征管工作会召开，会议确定了重庆市交通征稽系统2004年10亿元的征收目标。

2月28日　重庆市公路学会第二届会员代表大会在重庆渝通宾馆召开，与会代表选举产生由92人组成的第二届理事会，彭建康任理事长、李祖伟任秘书长、富健全任常务副秘书长。

2月　根据重庆市人民政府市长王鸿举批示，中共重庆市委办公厅召开农村公路建设协调会。会议确定成立重庆市农村公路建设领导小组，中共重庆市委副书记聂卫国任组长，分管交通和扶贫的副市长任副组长，相应的市级部门为成员单位，办公室设在重庆市交通委员会。

3月1日　重庆市2004年公路工作会在重庆合川市召开。重庆市人民政府副市长赵公卿出席大会并讲话。会议主题为：树立新的发展观，全力推进重庆公路持续快速协调健康发展。

《重庆市水路运输管理条例》开始正式实施。这是继《重庆市水上交通安全管理条例》之后的第二部水上交通的地方性法规。

3 月 3 日　中共重庆市交通委员会对“巾帼文明示范岗”暨“巾帼建功”活动进行通报表彰，重庆市妇联、重庆市精神文明办表彰命名的“巾帼文明示范岗”已达 33 个。

3 月 8 日　重庆市交通委员会批准重庆长途汽车运输（集团）有限公司进行产权制度改革。

3 月 11 日　重庆市交通委员会批准重庆联运物流总公司进行产权制度改革。

3 月 15 日至 17 日　交通部副部长胡希捷到重庆考察国道主干线、农村公路及港口码头建设。

3 月 16 日　重庆高发司中渝营运分公司雷神店收费三班、北方建设分公司副总经理敬世红分别荣获全国妇女巾帼建功活动领导小组命名的“巾帼文明岗”和“巾帼建功”标兵称号。

3 月 20 日　重庆交通科研设计院荣获中宣部等 6 家单位联合授予的第八届“全国职工职业道德建设十佳单位”称号，同时荣获全国“五一劳动奖状”。

3 月 21 日　长江上最大、最豪华的五星级游船——“维多利亚凯蒂”号载 250 多名美国游客从重庆港起航，首航“新三峡环湖游”。

3 月 26 日　重庆市交通法制工作会在重庆渝通宾馆召开，会议主题为：转变观念，开拓创新，努力提高交通依法行政工作水平。

3 月 30 日　交通行政管理体制改革与综合执法研讨会在重庆渝通宾馆举行。国家行政学院“中国交通管理体制改革研究课题组”组长、博士生导师王伟教授，中国致公党中央委员、全国政协委员、西南交通大学博士生导师罗霞教授，国家发改委综合运输研究所所长董焰研究员、国务院发展研究中心副部长林家彬出席研讨会并讲话。

3 月 31 日　中共重庆市委书记黄镇东、重庆市人民政府常务副市长黄奇帆考察重庆港江津港区。重庆市人民政府市长王鸿举考察渝邻高速公路全线建设情况，重点查看了已经划好分道线的路面工程。

3 月　大足县交通局联合重庆交通学院和大足红蝶锶厂研究的科研项目《利用锶矿废渣修建公路》，获得重庆市专家组鉴定通过，与会专家一致认为锶渣废料在农村公路建设中有着极其广阔的应用前景。

在重庆市公路局、重庆交通学院专家、教授指导和帮助下，荣昌县交通局完成了《西部低造价县乡公路建设研究》的科研项目。

中共重庆市交通委员会通报表彰舍己救人的优秀青年李先觉。

4 月 1 日　经重庆市交通委员会、重庆市老龄工作委员会办公室和重庆市残疾人联合会向重庆市人民政府请示后，批准重庆市主城区的离退休干部、革命残疾军人和重庆市行政区域内 70 岁以上老人持免费卡，可以乘坐贴有红色 IC 卡标识的公交线路。

4 月 2 日　重庆汽运公司被评为中国道路运输百强企业之一，位列第三十九位。

4 月 12 日　共青团重庆市委、重庆市交通委员会授予重庆成渝高速公路有限公司重庆收费站等 8 个青年集体“创建青年文明号 10 周年优秀成果奖”。

4 月 13 日　重庆市交通委员会、共青团重庆市委命名重庆渝涪高速公路有限公司杨公桥收费站等 26 个集体为 2003 年度青年文明号。

4 月 14 日　重庆市交通委员会申报的 2003 年度 4 家创建“百佳”文明单位中有 3 家被命名为重庆市“百佳”文明单位，即重庆市第二公共交通公司、重庆市第二公共交通公司 261 路队和重庆市冠忠（第三）公共交通公司 7 路队；12 家创建单位被命名为市级文明单位。另有区县（市）申报的万州汽车客运中心站等 10 家交通企业事业单位被命名为市级文明单位。

4 月 19 日　在“4·16”天原化工厂氯气泄漏事件抢险中，重庆公交集团 3 天义务疏送群众 15.3 万人次。

重庆市交通委员会机关党委制订《重庆市交通委员会机关创建市级文明单位规划》，重庆市交通委员会机关创建市级文明单位工作正式启动。

4月20日　重庆轮船总公司在重庆郭家沱作业区改建和新建3000吨级载货汽车滚装泊位各1个，设计通过能力35万辆/年。

4月28日　重庆市交通委员会在重庆市道路运输管理局召开现场办公会，对重庆市道路运输行业管理提出新的要求：统一思想、转变观念，树立管理就是服务观念；抓紧现行审批项目的办法、程序的清理，行业管理以人为本；积极引导、扶持大企业发展；加强安全管理工作力度。

4月29日　重庆市交通委员会召开公路养路费征收协作工作会。会议充分肯定了各级征稽机构与重庆市公安局等单位的协作机制的建立及发挥的作用，要求进一步形成合力，征收好公路养路费等交通规费，以利于完成交通建设目标。

4月　重庆市人民政府常务会议审议同意重庆市交通委员会和重庆市物价局上报的《高速公路收费标准下浮方案》，从2004年6月1日起正式实施。

重庆市2004年8大重点民心工程和“半小时主城”重点建设项目之一的五桂路竣工通车。该路起自黄花园的五里店立交，止于渝长高速公路桂花湾立交，全长18公里，双向6车道，总投资7.76亿元，建设工期18个月。

重庆汽运公司控股的渝万快客公司在重庆至万州线上投放16辆欧洲之星和赛特拉，这是重庆市首批高三级客车投入运营。

5月8日　重庆市人民政府召开新闻发布会，重庆市交通委员会副主任、政府新闻发言人滕宏伟宣布：从2004年6月1日起，重庆市高速公路通行费标准由现有的平均0.88元/公里下浮为0.65元/公里，降幅达到26.7%。这是重庆市继环线高速公路改为年票制后的又一重大举措。

5月8日　12时，重庆大邮高等级公路有限公司所持45%国有股份无偿转让给重庆高投司。重庆高投司决定撤除大邮公路（大足至邮亭）龙水收费站，停止收取车辆通行费。

5月9日至10日　重庆市交通委员会组织质量管理诊断师及有关领导评审2004年度QC小组成果，表彰奖励10个优秀质量管理QC小组，其中一等奖3个、二等奖3个、三等奖4个。

5月11日　交通部等七部委联合召开全国治理车辆超限超载工作电视电话会议。随即，重庆市人民政府召开第三十二次常务会议，成立由分管副市长任组长、市级有关部门负责人任副组长的重庆市治理车辆超限超载工作领导小组，负责领导、组织和指导重庆市车辆超限超载治理工作。重庆市交通委员会组成治理超限超载领导小组，并组建1600人的专门执法队伍。5月14日重庆市运管局在荣昌县召开重庆市农村客运工作会，对边远地区和农村客运的运力投放、线网布局、客运设施和资金筹措进行部署和安排。重庆市已有1135个乡镇、11424个行政村开通客运班车，通车率分别达到99.2%和82.6%。

5月15日　重庆市交通委员会在与重庆市人民政府签订《2003年至2005年城镇市容环境卫生长效管理工作目标责任书》基础上，又与重庆市公路局、重庆市道路运输管理局、重庆市港航局、重庆高发司和公交集团负责人签订了《城镇市容环境卫生长效管理目标责任分解书》。

5月17日至21日　重庆市交通委员会在重庆市交通干部学校组织两期《行政许可法》培训班，对重庆交通委员会机关、重庆市运管局具有行政审批职能的132人进行资格培训，考试合格后由重庆市人民政府颁发重庆市统一的行政许可工作资格证。

5月20日　重庆市人民政府副市长童小平率市发改委、市国资委、市财政局、市国土局、市规划局、市建委等部门主要负责人到重庆市交通委员会召开座谈会，对交通重点项目建设进行调研。

重庆高投司与中国建设银行重庆分行银企合作协议签字仪式举行，签订40亿元贷款的银企合作协议，用于重庆县际联网公路建设。

重庆汽运公司渝北工贸车站三圣、柳荫、白云片区的36辆车分流进渝北总站经营后，渝北总站一举成为渝北地区发班量、客流量最大的二级车站。

5 月 23 日　14 时，重庆市最后一辆自编号为 4144 的 405 路无轨电车离岗，标志着伴随市民近半个世纪的无轨电车正式“退役”。

5 月 28 日　交通部副部长冯正霖一行到渝黔高速公路二期工程现场进行考察。

5 月 31 日　为建设“绿色通道”，重庆市交通委员会、重庆市市政委、重庆市物价局、重庆市财政局联合下发通知，决定在重庆市范围内对整车运输农产品的车辆免收高速公路通行费和路桥费。

5 月　重庆市交通委员会主任胡振业免职，由中共重庆市交通委员会书记丁纯接任重庆市交通委员会主任。

重庆汽运公司总经理曾勇被授予“重庆市劳动模范”称号。

重庆市交通委员会正式出版并启用 2004 年版《重庆市交通营运里程图》。

6 月 1 日　《高速公路收费标准下浮方案》开始施行。每年因通行费下降直接给用户带来的效益超过 2 亿元。

重庆市人民政府决定：从即日起至 2006 年 5 月 31 日，开通“绿色通道”，对运输整车农产品的车辆免收一切过路费、过桥费。

6 月 2 日　重庆成渝高速公路有限公司东段处、通力分公司 2 个 QC 小组分别获得重庆市交通委员会授予的优秀质量管理 QC 小组称号。

6 月 6 日至 10 日　重庆港首次成功装载 6000 吨级船舶，标志着重庆港码头靠泊作业能力迈上新台阶。

6 月 11 日　重庆市治理超限超载领导小组召开联席会议，重庆市交通委员会、重庆市公安局、重庆市发改委、重庆市质监局、重庆市工商局、重庆市人民政府法制办、重庆市安监局共同制订《重庆市治理车辆超限超载运输工作实施意见》。

6 月 12 日　中共重庆市委决定，胡振业出任重庆高速公路发展有限公司董事长。

6 月 18 日　重庆市召开治理超限超载电视电话会议，重庆市大型运输企业、汽车生产厂家等单位有关负责人参加会议，40 个区县（自治县、市）设立了分会场。

6 月 20 日　重庆市治理超限超载车辆行动誓师大会召开。随即，交通执法队伍上路执法，重庆市治理超限超载车辆行动正式实施。

6 月 23 日　首次由货主单位投资建设的大型集装箱码头——重庆新港 1 号、2 号码头在大渡口区正式投产。

6 月 28 日　商务部批准重庆联运物流总公司具有国际货运代理资格。

6 月 29 日　重庆市交通运输协会第一届会员代表大会在重庆渝通宾馆召开。大会选举出第一届理事会，由重庆市人民政府副市长赵公卿任名誉会长，胡振业任会长，何智亚、丁纯任名誉副会长。

6 月　重庆市直辖后的第一个交通科技发展规划——《重庆交通科技发展规划（2005 ~ 2010)》完成初稿。

7 月 1 日　重庆市人民政府副秘书长何智亚受副市长赵公卿委托，主持召开重庆市治理超限超载领导小组第二次联席会议，对治理超限超载工作中的具体问题进行研究。

7 月 2 日　同济大学、长沙理工大学、重庆市公路局主研的《新老路基结合部处治技术》项目通过鉴定。

7 月 7 日　重庆市征稽局机关从九龙坡区歇台子渝州路 88 号迁至渝北区黄泥塝红黄路 186 号 5 栋新大楼办公。同时，重庆市征稽局征费中心已联网的计算机数据库正式投入使用。

中共重庆市交通委员会和重庆市交通委员会决定再次调整重庆市交通委员会精神文明建设委员会部分成员，丁纯任主任委员，何升平、彭建康、余昌平（常务）、滕宏伟、唐伯明、明正义、梁培军任副主任委员，由各处处长和委属企业事业单位负责人等24人担任委员，下设委文明办公室，与委宣传处合署办公。

重庆市交通委员会对《2000年重庆市交通系统委级文明单位创建与管理办法》进行修订，并重新印发。

7月8日　国务院三峡船闸通航验收委员会宣布：三峡船闸具备了在13米至130米水位下正式通航条件，可由试通航转为正式通航。

7月9日　由于交通部已关闭长途卫星通信网，重庆市交通委员会批复同意撤销交通部卫星通信网重庆端站及重庆市交通局专用通讯网。

最后一段电车馈线网在七星岗至解放碑转盘落地，无轨电车全部拆除，重庆电车运营历史使命终结。

7月15日　重庆市第一条采用BOT方式建设的国道210线渝邻高速公路提前4个多月正式通车，重庆市交通委员会举行国道210线渝邻高速公路通车典礼，交通部发来贺电。渝邻高速公路起于重庆市江北区黑石子，止于川渝交界处的邻水邱家河，全长53.108公里，总投资17.28亿元。

7月20日　重庆高发司与中国铁路建筑总公司共同出资组建重庆铁发渝遂高速公路有限公司，合作建设渝遂高速公路。

重庆航发司以12亿元收购重庆民生电力公司67.2%的股份，获得渭沱水电站全部资产。由此，重庆市第一个嘉陵江梯级航电枢纽——嘉陵江草街电站项目建设启动。

7月28日　重庆成渝高速公路有限公司东段处、通力分公司2个QC小组分别获得全国交通行业优秀质量管理小组成果奖。

共青团重庆市交通委员会获10年全国青年文明号活动优秀组织奖的集体奖，交委团委书记何正清获10年全国青年文明号活动优秀组织奖的个人奖。

7月30日　重庆市交通委员会印发《运输工作组织预案》。要求交通系统各单位结合自身特点制订工作方案，以适应春节、“五一”劳动节、“十一”国庆节等客运高峰，紧急事件和重大活动群众疏散，重要和紧急物资运输，以及市政府要求进行的其他运输组织工作。

8月2日　重庆市交通委员会批复同意重庆市5家交通施工企业组建重庆市交通建设集团。

8月3日 经重庆市交通委员会批复同意组建重庆交通物资有限责任公司。

重庆市交通委员会批准万州汽运总公司奉节汽车客运总站工程可研报告，该站按二级客运站规模建设，建筑总面积5662平方米，总投资3100万元。

8月6日　界石（重庆巴南区）至水江（重庆南川市）高速公路土建工程17个合同段动工，界水高速公路全线开工建设。

8月9日　上午，重庆市人民政府副市长周慕冰一行前往重庆市港航局视察水上交通管理监控系统。重庆市港航局开发应用水上交通管理监控系统具备船舶航行预警功能、快速搜救定位功能、船舶动态监控功能、事故调查取证功能、船舶助航功能。

HCS网络信息管理系统正式进入万开高速公路（万州至开县）土建招标工作，业主可运用网络系统进行招标清单编制、招标发盘、报价工作，并投送于万开高速公路项目中。

8月17日　重庆市交通委员会分别召集重庆市港航局、重庆港务集团、万州港务集团和长寿县、江津市等交通局负责人，落实中共重庆市委书记黄镇东和重庆市人民政府常务副市长黄奇帆、副市长赵公卿两次听取重庆市交通委员会关于港口建设规划和水上交通工作汇报后的重要指示，提出具体要求，做了工作部署。

重庆高发司对重庆市高速公路进行航拍，空中飞行时间累计35小时。

8月20日　第二次全国治理车辆超限超载电视电话会议召开。随即，重庆市交通委员会主持召开治理车辆超限超载专题会议，研究治理车辆超限超载具体问题。至8月25日，交通、公安共设置固定检查点站71个，流动检查点162个，累计上路执法人员达45558人次，查处超限超载车辆达49321辆次，卸载18453辆次。

8月22日　由重庆腾辉地维集团建造的江津长江公路大桥竣工通车。

8月23日　重庆高发司与中国通达电子网络有限公司共同出资组建的重庆垫忠高速公路有限公司在重庆万豪酒店举行揭牌仪式。

8月26日　重庆港荣获“2004年度全国质量管理小组活动优秀企业”称号。

8月31日　重庆市交通委员会下发《关于进一步加强收费公路行业管理的通知》。

8月　重庆市交通委员会召开交通信息工作暨交通网站建设工作会，对交通信息工作做出部署。

9月1日　中共重庆市委书记黄镇东、重庆市人民政府市长王鸿举等领导考察寸滩作业区二期工程。

9月3日　2004年重庆市人大代表建议、政协提案办理工作会召开，重庆市交通委员会被中共重庆市委办公厅、重庆市人大常委会办公厅、重庆市人民政府办公厅、重庆市政协办公厅联合评为2004年建议提案办理工作先进单位，并在大会上作经验交流发言。

9月4日至5日　重庆开县遭受中华人民共和国成立以来最大一次洪灾，昼夜降雨量达到320.8毫米，河水猛涨至172米最高水位，造成省、县道公路120多处滑坡、坍方，坍方量达45万余立方米，全县交通、通讯中断。灾情发生后，重庆市交通委员会和重庆市公路局领导率队赴开县查看灾情，组织抗灾抢险，确保交通畅通。

9月7日　重庆市征稽局业务服务中心及江北征费中心正式投入运行。重庆市主城渝中、沙坪坝、江北、南岸、九龙坡、大渡口6个区实现养路费微机联网征收，车辆正常缴费和预缴费，均可选择就近征稽所或征费中心办理手续。同时，还对拥有100台车以上的车主缴费实行大客户服务。

9月8日　2004年全国高速公路联网收费技术研讨会在渝召开。与会人员围绕联网收费的建设与管理、联网收费数据管理与资源管理、联网收费系统安全管理等十几个问题进行深入交流和讨论。9日，与会代表参观重庆市高速公路联网收费智能化管理系统。

9月10日　重庆市交通委员会取消公路收费人员着装标志。

9月11日　台湾工商界50余名知名人士在台湾工业总会副理事长、台湾工信集团总裁潘俊荣的率领下抵万州港考察。

9月15日　重庆綦江至万盛高速公路竣工通车典礼仪式举行。綦万高速公路起于綦江县母家湾立交，终点为万盛区关井湾，全长32.31公里，与渝黔高速公路相连，总投资10.96亿元。

9月20日　万州至云阳、忠县至垫江高速公路开工建设。万云高速公路起于万州以南青杠坝，止于云阳三溪口，全长78.26公里，投资概算62.49亿元。忠垫高速公路起自重庆忠县，止于川渝交界的明月山，与四川境内的邻水至垫江高速公路相接，全长75.19公里，投资概算43.06亿元。

9月21日　重庆港集装箱吞吐量首次突破10万标箱大关。

9月24日　重庆市交通委员会主任丁纯向新聘为重庆市交通委员会常年法律顾问的谭宗泽颁发证书。谭宗泽为西南政法大学行政法教研室主任、副教授、硕士博士研究生导师、中国法学会常务理事、重庆市行政法专业委员会常务理事。

9月25日　重庆石柱县汽车运输公司川江牌9座小客车渝AX1086严重超载，冒险通过龙河漫水桥时被洪水冲翻，酿成学生和乘客49人遇难，财产损失数百万元的特大安全事故。

9月28日　重庆市人民政府副市长赵公卿到重庆市交通委员会进行交通专题调研。赵公卿对2004年交通工作予以充分肯定，要求进一步抓好全年交通工作。

万州长江二桥竣工通车。该桥位于万州主城区聚鱼沱，北接天城移民开发区康家坡，南连江南新区南山寺，为钢桁梁悬索桥，桥长1153米，桥面宽20.5米，总投资2.74亿元。

重庆市交通委员会发出《关于印发全市水运行业有关文明细胞评选标准的通知》，并将通知纳入《重庆市交通系统精神文明建设工作文件汇编》。

9月29日　重庆高发司庆祝国庆55周年青工技能竞赛在高发司中渝营运分公司礼堂举行。中渝公司肖肖、文静获文明用语及礼仪一等奖，渝涪公司罗义斌获点钞一等奖，渝东公司江仁利获计算机一等奖。中渝公司和成渝公司分获文明用语及礼仪集体项目一、二名，渝涪公司获团体二等奖，中渝公司获团体一等奖。

9月　重庆市综合交通运输研究所挂牌成立，与重庆市交通规划勘察设计院实行"一套班子，两块牌子"体制。

10月1日　重庆市公路工程股份有限公司党委书记魏璐荣获"重庆市首届十佳知识型职工"称号及重庆市"劳动创新奖章"。

四川与重庆两地高速公路开通免费通行的鲜活农产品"绿色通道"。

10月12日　重庆汽运公司被评为重庆市百强企业之一，位列第九十七位。

10月18日　重庆高投司投入22亿元回购公路1590公里，用10亿元解决历年来区县拖欠民工工资问题。

10月19日　重庆市万州、湖北省宜昌和恩施、陕西省安康、四川省达州的征稽机构在重庆市万州区召开渝鄂川陕四省（市）五地征稽工作协作会。会议达成征稽边区协作协议，一致规定严格按照车籍征费，不跨地争抢，发生征费的矛盾纠纷，应加强协调，互谅互让，协商处理。

10月21日　下午，为纪念中华人民共和国成立55周年，中共重庆市交通委员会、重庆市交通委员会在市劳动人民文化宫剧场举行重庆市交通系统"爱我中华，奉献交通"职工文艺会演，客轮总公司的《川江号子》等5个节目获一等奖，重庆高速公路发展有限公司的《高速鼓舞》等8个节目获二等奖，重庆市航运发展有限公司的《红旗飘飘》等10个节目获三等奖，公交集团的大合唱及委机关的诗朗诵获特别奖。

10月22日　交通部国道210线文明样板路建设检查验收组到达四川省与重庆市交界处，听取重庆市交通委员会汇报创建情况。随后，交通部检查验收组分两组对国道210线重庆段的路面和规范化管理分别进行检查，一致认为国道210线重庆段基本达到交通部文明样板路创建标准。

重庆市公路局、重庆交通学院主研的《通渝深埋特长隧道高地应力与围岩稳定性研究》项目通过鉴定。

10月23日　交通部副部长徐远祖会同国家安全生产监督管理局考察九龙坡港区。

10月27日　凌晨2时30分，城黔路城口段发生特大山体滑坡，损毁路基250米、桥梁2座55延米，坍方11.1万立方米，造成城口至万州、开县至重庆市主城区交通中断，河床严重阻塞，直接经济损失达450万元。

10月28日至29日　法国交通部部长吉尔·德罗比安一行50人到重庆访问，考察重庆市经济发展和城市建设情况，出席重庆市与法国交通部联合举办的"中法交通日——公路及城市交通研讨会"。

10月　为迎接亚太市长峰会，重庆市交通系统全面实施余家湾立交工程、南山立交工程、渝邻高速公路、渝黔高速公路二期工程、环线高速公路整治工程、成渝高速公路陈家坪至二郎段灯饰工程、公交站场环境景观整治工程、公交CNG车改装、公交电车线网拆除、19座中巴车退出主城等10个项目。

重庆市公路局组织资金在重庆市国省道、部分县道和旅游公路安装防撞护栏1600多公里，被市民称为"生命工程"。

重庆高发司工会被重庆市总工会授予"市级模范职工之家"称号。

重庆汽运公司被中国交通运输协会评为中国物流百强企业之一。

11 月 1 日　重庆高速公路开始贯彻执行《收费公路管理条例》。

重庆高发司渝东分公司邀请 HCS 建设管理系统专家在重庆市万州区对云万路 24 个合同段的项目经理和计量工作人员进行系统培训，强化对云万路项目各方面的管理，从工程开始就全面推行 HCS 建设管理系统。

11 月 4 日　交通部财务司司长许如清在重庆市交通委员会副主任彭建康陪同下前往江津考察江津交通建设情况。中共江津市委副书记、交通部下派干部付绪银向考察组汇报江津市加快交通基础设施建设战略与目标及经验做法。许如清对江津市交通建设显著成绩高度赞赏。许如清一行还参观了聂荣臻元帅陈列馆。

11 月 5 日　重庆市交通委员会批准重庆汽运公司北碚客运站工程可研报告，该站按一级客运站规模建设，建筑总面积 15172 平方米，总投资 5637 万元。

重庆市交通委员会批准重庆汽车站扩建工程可研报告，同意增加停车场面积 2573 平方米，发车位由原 24 个增加为 37 个，总投资 1200 万元。

重庆市交通委员会批准巫溪客运总站新建（迁建）工程可研报告，按二级客运站规模建设，总建筑面积 6271 平方米，总投资 1409 万元。

11 月 6 日　重庆轨道交通 2 号线一期工程完成，开始观光运行。

11 月 13 日　全国水上交通安全会在重庆渝通宾馆召开。

11 月 14 日　交通部部长张春贤在重庆市交通委员会主任丁纯、副主任滕宏伟陪同下前往长万高速公路，考察重庆高速公路执法总队第十五中队。

11 月 15 日　重庆市质监局、市国资委、市经委、市科协、市总工会、团市委联合表彰成渝公司东段处《总结查漏补缺经验确保通行费应收不漏》QC 小组成果为“重庆市优秀 QC 小组三等奖”。

重庆市人民政府召开第三次治理超限超载车辆领导小组会议。会议针对前一阶段存在问题，提出按照渐进渐紧原则继续在年底前稳步推进。至 11 月中旬，重庆市交通、公安设置固定检查点 39 个，其中交通 26 个；流动检查点 82 个，其中交通 54 个；累计上路执法人员 107423 人次，检查车辆 629154 辆次，查处超限超载车 72411 辆次，卸载货物 96720.529 吨。

11 月 18 日　重庆市建设委员会、重庆市国有资产监督管理委员会同意将重庆客运索道公司成建制划入重庆公交集团，使其成为享有独立地位的全民所有制公共交通企业。

11 月 22 日　重庆港联装卸有限公司正式在当地工商部门注册登记，重庆港务集团与私营企业联合经营的新模式初步形成。

重庆市人民政府第四十二次常务会议审议通过《关于重庆交通运输控股（集团）有限公司组建方案》。

11 月 23 日　重庆市政协委员视察团一行 50 余人在重庆市政协副主席夏培度、重庆市政协城环委主任胡振业带领下前往綦江和万盛，视察了新近建成通车的綦万高速公路。

11 月 29 日　重庆市交通委员会要求各有关部门和运输企业做好安装 GPS 卫星定位系统终端的宣传和推广工作，加快车船 GPS 终端安装，建立重庆市统一的交通管理监控平台。

11 月 30 日　重庆市交通委员会批准合川汽车客运中心工程可行性研究报告，按一级客运站规模建设，总建筑面积 7900 平方米，总投资 3950 万元。

11 月　忠垫高速公路（重庆忠县至垫江）开工建设。路线起自重庆忠县，接石柱至忠县高速公路，止于川渝交界的明月山，与四川境内的邻水至垫江高速公路相接，全长 75.19 公里，概算投资 43.06 亿元。

12 月 1 日至 2 日　重庆市运管局分别与各区县和企业签订《2004 年 GPS 安装责任书》，规定在 12 月 31 日前，必须完成规定数量的车辆 GPS 安装工作。

12月6日　19座及以下的中巴车全部退出主城区客运市场，共计1446辆。重庆主城区公共交通实现“一大一小”（公交、出租汽车）为主的地面公共交通，即以大运量快速公交为骨干、公共汽车为主体、出租的士为补充。

12月8日　中国民航总局和重庆市“十五”重点建设项目——重庆江北国际机场扩建工程竣工启用。扩建落成的跑道达3200米，可双向起降，停机坪38万平方米，停机位45个，航站楼10万平方米，年旅客吞吐量1500万人次，具备直飞欧洲、澳洲等中远程航线的保障能力。

12月10日　重庆市交通委员会、重庆市公安局、重庆市财政局、重庆市监察局印发《关于主城区客运市场综合整治的通知》，对中巴车退出主城区客运市场后回潮现象、车容车貌、车辆运行和从业手续、服务质量等问题进行综合整治。整治工作从2004年12月15日起至2005年10月亚太城市市长峰会结束。

12月10日　重庆市交通委员会批准建设重庆市陆上货运交易中心。

12月15日　重庆电车公司投入“都市巡洋舰”到465路运营。“都市巡洋舰”外形豪华时尚，内部设计人性化，填补了重庆市无高等级公交车的空白。

12月16日　四川省交通厅、重庆市交通委员会印发《完善川渝道路运输发展框架，促进集装箱运输发展协议》，从2005年1月1日起实施。12月21日，重庆市交通委员会按照印发协议的通知精神，规范集装箱专用车认证，统一制发集装箱专用车标志。

中共重庆市委组织部、重庆市人事局、重庆市科学技术协会授予重庆高发司总经理、教授级高级工程师李祖伟“第三届重庆青年科技奖”。

12月20日　重庆市交通委员会贯彻实施交通部《汽车客运站级别划分和建设要求》（JT/T200—2004），规定从2005年1月1日起，在重庆市范围内，新建和扩建汽车客运站的规划、设计、建设和站级验收必须符合交通部标准，原有建设审批程序不变。

重庆至宜昌航线最后一班高速水翼船由重庆港发出后停开。

12月22日　交通部发布《关于210国道文明样板路建设检查验收情况的通报》，经检查组验收评定，210国道达到验收标准，重庆市综合评分为86.49分。

重庆市交通委员会上报的6艘客船和1个客运站全部被评选为交通部文明客船和文明客运站，即重庆市东江实业有限公司“长江王子”轮为一级文明客船；重庆长江水运股份有限公司“长江观光2号”轮、重庆市东江实业有限公司“中驿”轮、重庆东方轮船公司“东方之珠”轮为二级文明客船；重庆长江水运股份有限公司“长江观光3号”轮、重庆金宏祥船务有限公司“金涛”轮为三级文明客船；重庆港九客运总站为“一级文明客运站”。

12月23日　重庆市交通委员会同意成立重庆市交通系统思想政治工作研究会。

西部大通道重庆至长沙高速公路水江至武隆段、武隆至彭水段开工建设。水江至武隆段起于南川区水江镇，与界水高速公路衔接，止于武隆县苏家河，全长54.98公里，投资概算50.23亿元。武隆至彭水段起于武隆县城肖家院子，止于彭水县保家镇，全长64.5公里，投资概算为60.5亿元。

12月27日　重庆市人民政府渝府〔2004〕308号文件同意组建重庆交通运输控股（集团）有限公司（以下简称重庆交运集团），重庆市客轮总公司划入重庆交运集团，成为重庆交运集团直属的子公司之一。

12月28日　重庆市轻轨交通2号线开始试运行。试运行期间实行分段票价，全程12元/人次，区间6元/人次。

中共重庆市委书记黄镇东在重庆市交通委员会、重庆高发司负责人陪同下，前往万州、开县，考察正在建设中的万开高速公路。

12月29日　重庆交运集团正式挂牌成立。该集团由重庆公运公司、重庆汽运公司、重庆长运公司、重庆运业公司、重庆轮船总公司、重庆市客轮总公司和重庆联运物流总公司等国有企业组成，为国有独资企业，由重庆市国资委和重庆市交通委员会共同监管。

重庆港务集团与民生轮船公司、川威集团共同出资组建重庆金象货物运输有限公司。

重庆主城3座跨江大桥——朝天门长江大桥、嘉华嘉陵江大桥、鱼洞长江大桥同时开工建设。

12月30日　西南出海大通道渝黔高速公路二期工程（綦江雷神店至渝黔交界的崇溪河）竣工通车典礼举行。渝黔高速公路起于綦江雷神店，止于与贵州交界的崇溪河，全长47公里，总投资24.97亿元。渝黔高速公路全线通车，西南出海大通道——渝湛高速公路重庆段全线贯通。

重庆绕城高速公路西南段、渝遂高速公路开工典礼同时举行。绕城高速公路西南段由西段和南段组成，西段起于北碚区附近朱家坪，止于九龙坡区巴福乡的滴水岩附近，全长约51.06公里，投资概算34.02亿元；南段起于滴水岩，止于南彭，长50.2公里，投资概算为45.95亿元。渝遂高速公路起于沙坪坝区高滩岩，止于川渝交界的丁沟村，全长约111.84公里，投资概算为47.47万元

12月31日　重庆高速公路发展有限公司工会委员会、重庆渝信路桥发展有限公司工会委员会、重庆市渝通公路工程总公司工会委员会、重庆市第五公共交通有限公司工会委员会荣获重庆市模范“职工之家”称号。

12月　重庆市拆除收费公路收费站点13个，暂停收费公路项目3个（黔江S202、永川X429），限期整改收费公路项目2个（开县S102、S202）。

重庆市发展与改革委员会、重庆市交通委员会、重庆市扶贫开发办公室、重庆市民族宗教事务委员会、重庆市公路局共同编制的《重庆市农村公路建设规划（总报告）》完成。

同年　重庆市运管局成立重庆市道路运输智能交通监督管理控制中心（ITS）工作领导小组以及重庆市道路运政管理信息系统升级工作领导小组。重庆市道路运输管理局开发建立重庆市道路运输智能交通监督管理控制中心（ITS）“两客一危”（超长客运、高速客运、危险货运）GPS监控平台。

重庆市开展车型结构调整工作。班车客运中，中、高级客车达5997辆，其中高级车1982辆、中级车4015辆，分别比2003年增加591辆和1909辆。主城区公交客运中级车1156辆、高级车20辆，线路52条，高级车实现零的突破。主城区调整延伸线路28条，并增大发班密度，日增加班次4500班；新开行居民小区线路22条（含夜班车4条）。

重庆冠忠（新城）公司开行633路小公共汽车线路，运行上横街至大石坝。该线路为江北区定线班车，是公交车首次运营江北区北滨路。重庆冠忠（新城）公司先后开行681路两路环城线、682路两路环城线，683路两路环城线，结束了渝北城区无规范环城公交车的历史。

重庆市人民政府印发《关于我市快速轨道交通线网规划的批复》，确认主城区轨道交通线网规划。

重庆市交通委员会基本建设工程质量监督站主研的《改进沥青蜡含量试验检测方法提高试验检测准确性和科学性》荣获中国交通企业管理协会、交通行业优秀企业管理成果评审委员会2004年交通行业优秀质量管理小组称号。

重庆交通学院、重庆高发司主研的《大跨径斜拉桥稳定性研究》项目获2003年度中国公路学会科学技术二等奖和2003年度重庆市科技进步奖三等奖。

重庆高发司东渝分公司行政部黎珂创作的中篇童话《睡美人》被编收进《2003中国奇幻文学精品》丛书。

经过10年坚持不懈的努力，重庆市治理公路“三乱”工作取得明显成效，2004年，重庆市实现所有公路基本无“三乱”的目标。

重庆市交通征稽局实现“三年三大步”目标，公路养路费、公路货运附加费、公路客运附加费收入突破10.5亿元，同比增长16.54%，连续3年保持年均递增1亿元。

2005 年

1月1日　经过国家公务员考试考核录用后，重庆市车购办除已经退休的职工和两人留在交通系统外，其余107名征管人员划转移交重庆市国家税务局管理，重庆市车购办撤销。重庆市车购办自成立以来16年累计征收近百亿元车辆购置附加费。

经重庆市国有资产监督管理委员会批准，重庆公共交通客车驾驶学校划入重庆公交集团，成为其直属单位。

1月6日　重庆市人民政府常务会议审议通过“三环十射三连线”为主要内容的《重庆市高速公路网规划（2003~2020年）》，确定在2020年实现“四小时重庆”目标。

1月8日　重庆巫山长江大桥竣工通车，中共中央政治局常委、全国人大常委会委员长吴邦国题写桥名。该桥为世界第一大跨径中承式钢管混凝土拱桥，全长612.2米，桥宽19米，总投资1.96亿元，其缆索吊装系统路径、吊重量、起吊高度、泵送混凝土难度均为世界之最。

1月12日　在重庆市人大二届三次会议上，有18个高速公路建设项目列入重庆市2005年基础设施的100项重点建设项目。

1月14日　由交通部水运科学研究所与重庆港务集团共同承担的“西部内河港务物流系统开发”项目通过交通部评审。

1月17日　中共重庆市交通委员会、重庆市交通委员会授予重庆市公路局政工处等40个部门“2003~2004年度精神文明建设工作先进单位”称号，授予余其明等51人“2003~2004年度精神文明建设先进个人”称号。

1月18日至19日　重庆市2005年交通工作会议、交通党委工作会在重庆渝通宾馆同时召开。会议期间，中共重庆市委书记黄镇东召集部分区县交通局长及重庆市交通委员会所属单位负责人举行交通工作座谈会并作重要讲话，对重庆交通工作提出新的要求。重庆市人民政府市长王鸿举致以贺信。会议主题为树立和落实科学发展观，不断推进交通全面协调可持续发展。会议提出重庆市交通的发展思路是：按照中央加强执政能力建设的要求，以科学发展观统领交通各项工作，调整工作重点，创新发展理念，加强运输能力建设，在抓好交通基础设施建设的同时，抓好运输行业管理，构建便捷、高效的现代化交通运输体系。会议还做出全面开展收费公路年审工作、清理收费站点的部署。

1月19日　按交通部、国家计委《汽车运价规则》规定的加成幅度，重庆市交通委员会、重庆市物价局拟定道路运输调价方案。调整后的基本运价（普通大客车）为每人公里0.11元，上调幅度为50.7%，对其他车型加成后，平均上调幅度为19.07%。

1月21日　重庆高发司“高速春韵2005”职工迎春文艺会演在重庆市文化宫影剧院成功举行。舞蹈《生命如歌》和音诗话《高速情怀》荣获一等奖，舞蹈《高速员工闹新春》、音乐剧《希望之路》、音诗话《英雄颂》、音乐剧《相约未来》、舞蹈《通向小平故里》分获二等奖。

1月23日　长梁高速公路获重庆市绿化委员会评选的“最佳绿色通道”命名，这是重庆市高速公路建设首次获得此项荣誉。

1月26日　重庆市人民政府副市长赵公卿率到重庆港检查春运工作。

1月31日　重庆市交通委员会批准，在客运线路类别中增加“区县公共交通”类别，以规范在有关区县境内历史形成并已成事实的公交客运。“区县公共交通”的界定是在本区县城市道路范围内，定线路、定车辆、定站点、定时间、定票价的旅客运输。

1月　重庆高速公路行政执法机构率先在同行中推出微机联网处理（罚）系统，即在重庆市已经通车的714公里的8条高速公路上，有一般违法行为的司机，可以到最近的执法中队接受处罚。

2月3日　重庆市人民政府副市长吴家农率市外经委、口岸办等部门视察了九龙坡港区原煤码头改造后的新集装箱堆场和公共保税仓库。

2月7日　重庆市人民政府副市长周慕冰率重庆市交委、海事、港航等部门负责人到重庆港检查水上安全工作。

重庆巴士股份有限公司推出首批“世纪星”服务品牌巴士，并按国家商标登记的有关要求取得工商局注册。这是重庆市首个以公交服务产品注册的商标品牌。

2月9日　中国内河上最先进、最豪华的游轮“世纪天子”号在重庆第一次航行。游轮长126.8米、宽17.2米，可载客300多人，完全按照欧洲的豪华舒适标准建造。

2月23日　重庆市交通委员会质检站召开2005年质量监督工作会。会议要求全体质量监督人员以保持共产党员先进性活动为契机，以科技进步推动质量监督工作水平提高，并把提高党的执政能力融入质量监督工作中去。

2月24日　重庆市征稽局举行“党员先锋队”“青年突击队”授旗仪式，拉开“大战一百天”集中追缴欠费活动的序幕。

2月25日至26日　重庆市征稽局举行2005年重庆市交通征稽工作会。重庆市征稽局和所属基层处所签订了年度征费目标责任书、安全责任书和党风廉政建设责任书。

2月25日　中共重庆市交通委员会、重庆市交通委员会表彰命名大安路（大足至安岳）等7条路为文明路，秀山县县道养路段等6个养路段为文明养路段，奉节县公路路政管理大队等9个路政大队为文明路政执法大队，潼南县刘家坝收费站等11个收费站为文明收费站。

2月　为顺利推进重庆市全国文明样板航道创建工作，重庆市交通委员会重新调整重庆市嘉陵江（利泽至河口段）创建国家级“文明样板航道”领导小组，组长由重庆市交通委员会副主任何升平担任，成员有8人。领导小组下设办公室，具体负责创建活动的日常工作。

重庆市征稽局实行“一次性缴费优惠”新政策，凡是在2005年1月31日前一次性缴清全年养路费的，按10个月全费额计征，享受少缴2个月养路费的优惠。据统计，全市有100267辆车一次性缴清全年养路费，总缴费额15110万元，享受少缴2个月养路费3022万元。

3月1日　为迎接2005年亚太城市市长峰会，加强出租车行业精神文明建设，提升城市形象，重庆市道路运输管理局开展的主城区出租汽车白座套日洗日换工作正式启动。主城区每辆出租汽车将配套7副印有星期一至星期日标识的白座套，出租汽车经营人员必须对白座套日洗日换，循环使用。

重庆市公交集团第二公共交通公司217路队210线2448号车组、重庆高发司中渝营运分公司雷神店收费三班、重庆运业公司陈家坪汽车站售票班组被评为全国妇女“巾帼文明岗”。重庆高发司北方建设分公司副总经理敬世红、重庆市公交集团冠忠（第三）公司二路队乘务员张光莉被评为全国妇女“巾帼建功”标兵。

3月2日　重庆市2005年公路工作会在九龙坡区召开。重庆市人民政府副市长赵公卿、副秘书长何智亚等出席大会并讲话。会议主题为：夯实基础，更新理念，着力提升重庆市公路行业管理能力。大会对2004年公路工作责任目标完成的先进单位及文明创建先进单位进行表彰奖励。

3月5日　渝湘黔边区交通征稽工作协作会在重庆市秀山县召开。会议总结1年来边区交通征稽协作情况：三地交通征稽机构组织两次大规模联合稽查行动，协查车辆5526辆，扣车463台，扣证331本，补征规费270余万元，罚款27.6万元，有效遏制渝湘黔边区偷逃抗缴交通规费行为。

3月7日　重庆市人民政府印发《关于进一步清理整顿出租汽车客运市场的实施意见》。

3月9日　重庆市道路运输管理局设置重庆市出租汽车经营权产权交易中心，相关工作职责并入局出租汽车管理处，实行“一套班子，两块牌子”体制。

3月17日　重庆市人民政府印发《关于进一步清理整顿出租汽车客运市场的实施意见》。

3月24日　重庆市交通委员会批准江津客运中心晋升为一级汽车客运站。

重庆交通运业有限责任公司陈家坪汽车站、重庆市冠忠（第三）公共交通有限公司南城路队和重庆万州海事处被评为重庆市2004年度“百佳”文明单位；重庆市高速公路发展有限公司等12个单位、重庆市交通委员会机关、重庆市交通征费稽查局黔江所等6户区县（市）交通企业事业单位被评为重庆市文明单位。

3月25日　重庆市道路运输协会机动车维修专委会成立，原重庆市汽车维修行业协会解散。

3月29日　重庆市人民政府渝府发〔2005〕28号文件印发重庆市公路养路费和客货运附加费征收管理办法，这是根据《重庆市公路养路费征收管理条例》制定的可操作的实施细则。

重庆市人民政府副市长赵公卿前往渝黔高速公路，考察亚太市长峰会项目南山立交的建设情况。

重庆第一家地方航空公司——三峡通用航空有限公司授证仪式在成都双流机场举行，该公司获得乙、丙类通用航空企业许可证。

3月31日　新加坡交通部长姚照东一行17人考察重庆九龙坡集装箱码头分公司。

3月　重庆汽运公司入选中国旅客运输和货物运输一百强企业名单，分列第三十三位和第四十五位。

重庆长运公司、重庆汽运公司、重庆公运公司、重庆市客轮总公司、重庆轮船总公司共同出资组建成立重庆罗诺船务有限公司。

重庆市交通科技工作会在重庆渝通宾馆召开。自“九五”以来，重庆交通系统的科研项目立项300多项，获重庆市科技进步奖40项，其中一等奖4项、二等奖12项、三等奖24项。会议确定在今后15年内，重庆将基本解决交通建设、管理、养护中存在的突出技术问题，加大对交通技术创新的投入力度，形成社会多渠道投入的机制，企业将成为科技投入的主体。

为迎接亚太城市市长峰会，重庆高发司启动志愿环保示范活动，近百名志愿者植绿护绿，对环线高速公路进行美化。

重庆市交通委员会规定将重庆市客车公路养路费征收标准统一为190元/月吨，从2005年4月1日起实施。经营性中巴车公路养路费征收标准从以前的320元/月吨调低到190元/月吨，重庆市每年将减少公路养路费征收额1588万元。

4月2日　重庆市人民政府与铁道部签署《关于加快重庆铁路建设会谈纪要》，确定在2010年前，重庆将开工建设6个铁路项目，总里程达到850公里，总投资310亿元。

重庆交通系统“做文明交通职工、迎亚太市长峰会”启动暨誓师动员大会在重庆人民广场举行。来自重庆交通系统的城市公交和出租车司机、运管执法人员、高速公路收费人员和执法人员等500余人参加启动仪式。

4月4日　重庆市交通委员会命名重庆市公路路政总队直属一大队青年突击队等23支青年突击队为“优秀青年突击队”，重庆公路路政管理总队刘幸等26人为“治理车辆超限超载优秀青年突击手”。

4月6日　国家实施西部大开发的标志性工程之一的渝怀铁路（重庆至湖南怀化）全线铺通，为电气化铁路，全长624.52公里。

重庆市交通委员会核定荣昌县汽车总站为二级汽车客运站。

4月13日　中共重庆市委宣布重庆港务集团新领导班子成员，梁从友任党委书记董事长，孙万发任党委副书记、副总经理（主持工作），徐平任副总经理。

4月20日　重庆市征稽局在“百日大战”中补征养路费1500万元，提前50天实现“百日大战”补征目标。

4 月 23 日　中国西部第一条快捷铁路通道——遂渝铁路在重庆北碚东阳镇磨心坡与襄渝铁路接轨。

4 月 25 日　重庆港务集团成立寸滩港区工程建设领导小组，调整充实寸滩港区工程建设指挥部。

重庆高发司中渝营运分公司南坪收费站、重庆市渝中区交通局交管所业务科荣获交通部、共青团中央新命名的全国“青年文明号”称号。重庆市成渝高速公路公司重庆收费站等 8 个岗组继续认定为全国“青年文明号”。重庆市丰都海事局高镇执法中队队长刘明华、重庆巴士股份有限公司乘务员廖平（女）荣获“全国交通系统青年岗位能手”称号。

4 月 26 日　万州港红溪沟四码头取得危险品货物码头作业许可。至此，万州结束了无危险品作业码头的历史。

重庆市物价局召开听证会，对轻轨 2 号线客运票价进行现场听证。

4 月 29 日　亚太市长峰会工程——北环（原余家湾）互通式立交连接线建成通车，与渝长、渝武高速公路相连接。

武合（四川武胜至重庆合川）高速公路控制工程涪江大桥实现全桥合拢。

4 月 30 日　重庆交通系统的李健、杨茂超、翁桂英和渝北区大盛镇大盛村农民养路工靳克胜获国务院授予的“全国劳动模范”称号。重庆交通系统的杜国平、王祖瑞、张东明、彭兴国、喻洪、刘媛、陈孝东、袁锡明获重庆市人民政府授予的“重庆市劳动模范”称号。

5 月 9 日　重庆市人民政府常务会审议通过了《关于规范全市高速公路交通标志的建议》，统一高速公路标牌称谓。

重庆市交通委员会、共青团重庆市委决定，重庆市高速公路行政执法总队第一大队第一中队等 14 个集体获“2004 年度重庆市青年文明号”称号。

5 月 12 日　重庆市交通委员会对重庆市交通委员会信息化工作领导小组及其人员组成进行调整。组长由重庆市交通委员会主任丁纯担任，副组长由重庆市交通委员会副主任何升平、彭建康、滕宏伟、梁培军和中共重庆市交通委员会党委副书记余昌平、重庆市交通委员会纪委书记明正义以及重庆市交通委员会总工程师张太雄担任。成员由委机关各处室负责人组成。办公室设在重庆市交委科技处，办公室主任由总工程师张太雄兼任。

5 月 16 日　交通部部长张春贤一行在重庆市人民政府副市长赵公卿、重庆市交通委员会主任丁纯、副主任彭建康陪同下前往渝东南地区，考察调研武隆县农村公路建设。

重庆市交通委员会、共青团重庆市交通委员会主办的庆祝“五四青年节”表彰大会和“迎亚太市长峰会，展交通青年风采”形象大赛在重庆陈家坪富丽大酒店举行。

5 月 23 日至 6 月 12 日　重庆市交通系统举办“健康身心强素质、和谐交通迎峰会”职工运动会。

5 月 24 日　经重庆市物价局同意，重庆市交通委员会发布新的汽车客运站收费规则实施细则。

5 月 25 日　为纪念中华全国总工会成立 80 周年暨反法西斯战争胜利 60 周年，由重庆市总工会主办、重庆高投司协办举行重庆市“高投杯”职工合唱大赛。

5 月 30 日　云阳县东城汽车站（客运站）工程可研报告获市交委批准。该站按二级客运站规模建设，总建筑面积 8500 平方米，总投资 1920 万元。

由重庆市运管局、重庆市道路运输协会、重庆市出租汽车暨汽车租赁协会共同创办的《重庆道路运输》正式创刊。

5 月 31 日　重庆市物价局、重庆市交通委员会印发《关于发布重庆市汽车客运运价实施细则的通知》，从 2005 年 5 月 31 日起执行。

重庆汽运公司的 443 辆客车全部安装 GPS 卫星监控系统。

5月　重庆市公路局、重庆数字城市科技有限公司联合开发的《重庆市公路地理信息系统》项目获2004年度重庆市科技进步奖三等奖。

重庆汽运公司三分公司安全科荣获国家安监总局、共青团中央联合授予的“全国青年安全生产示范岗”称号。

重庆运业公司被评为“全国模范职工之家”。

重庆公交集团开始推行GPS车辆监控管理系统，首批在重庆巴士公司820线、181线、815线、871线共152辆公交车上安装GPS车载设备进行试点。

6月8日　重庆市人民政府常务会议决定，从2005年6月18日轻轨2号线正式通车之日起实施分段票制。即：1~5站2元，6~9站3元，10~14站4元，15~18站5元。

6月11日　重庆市交通委员会决定修编重庆市交通科技中长期发展规划，并开展交通科技发展规划编制前调研工作。

6月12日　中国首座大跨度钢桁拱重载铁路桥——万宜铁路万州铁路大桥合龙。

6月18日　中国西部第一条城市轻轨——重庆轻轨2号线（渝中区较场口至杨家坪）开通运营，投入运营车辆21列84辆，除日本原装2列样车外，其余19列都由长春客车股份有限公司制造。

6月21日　重庆市人民政府渝府发〔2005〕61号文件决定在重庆市交通领域实行综合行政执法试点工作，重庆市交通委员会组建成立重庆市交通行政执法总队，机构规格为副局级，执法人员参照公务员管理，原重庆市高速公路行政执法总队成建制转为重庆市交通行政执法总队高速公路支队。

6月23日　重庆市人民政府常务副市长黄奇帆率重庆市人民政府办公厅、重庆市国资委、重庆市交通委员会等部门领导到重庆港务集团调研。

6月29日　重庆市人民政府批准设立重庆市交通行政执法总队，规格为副局级。重庆市征稽局成建制划入重庆市交通行政执法总队，其稽查执法职能交由重庆市交通行政执法总队直属支队承担后，改设为重庆市交通行政执法总队所属重庆市交通征费局。同日，重庆市交通行政执法总队成立大会暨授牌仪式在重庆市人民政府礼堂举行。交通部副部长黄先耀、重庆市人大常委会副主任金烈为重庆市交通行政执法总队授牌。在授牌仪式上，重庆市交通行政执法总队队员进行执法宣誓。同时，全国交通综合行政执法座谈会在重庆召开。

6月　重庆高发司北方建设分公司钟宁、渝东分公司杜国平荣获中国公路学会授予的“第三届中国公路百名优秀工程师”称号。

共青团中央授予重庆高发司中渝营运分公司南坪收费站“全国青年文明号”称号。

重庆高发司总经理李祖伟荣获重庆青年科技奖和中国科协颁发的“西部开发突出贡献奖”。

7月6日　第一艘中国自行设计制造的3000吨级不锈钢化学品船在重庆涪陵川东造船厂下水。

7月12日　重庆市公交集团电车公司4741号车组荣获中共重庆市委宣传部等六部委授予的“2004年度重庆市杰出青年文明号集体”称号。重庆巴士股份有限公司181线、重庆高速公路发展有限公司中渝营运分公司綦江收费站荣获“2004年度重庆市优秀青年文明号集体”称号。

7月15日　西南地区最大散装沥青油库建成投产仪式在涪陵龙桥举行。同日，根据中共重庆市委、重庆市人民政府关于推广散装沥青指示精神和重庆市交委企业发展规划，重庆交通物资（集团）有限公司组建成立，重庆市人民政府副市长赵公卿为重庆交通物资（集团）有限公司揭牌。

“重庆市汽车维修救援服务网”正式启动，首期入网维修企业共118户。

7月18日　重庆寸滩港区一期一标段集装箱码头主体工程完工。

7月19日　为配合重庆市“迎市长峰会，展重庆风采”微笑大使选拔赛，重庆市出租汽车行业微笑大使评选活动启幕。

7 月 21 日　重庆市陆上货运交易信息网（http：//www.cq56.net）开通试运行，与中心联网运营的陆上货运交易市场将在车流、物流相对集中的南岸、寸滩、陈家坪等地建成。

7 月　重庆市交通行政执法总队高速公路支队工会组织召开职工群众科技发明和实用技术应用成果展示现场会，主持评审通过各大队报送的职工合理化建议应用成果。

重庆高发司研制开发的移动收费系统经过 2 个多月试用，第一批 20 台称之为高速公路“移动收费亭”的应急移动收费系统正式启用。移动收费系统仅重 5 千克，在突遇停电、断电和车辆拥堵时，能独立完成读卡、打票、图像抓拍等收费业务。

7 月至 8 月　重庆市交通征费局开始在各区县征稽所使用微机联网的“征收业务网上申办”系统，将养路费等征管业务申请、审核、办理，由传统的人工或邮寄方式改为在网上进行，通过各区县征稽所端站微机申请并附上相关资料，在各区县征稽所签署意见后上传至重庆市征稽局审批，申请人在当地就能得知审批结果。

8 月 1 日　即日起，革命残废军人可持中华人民共和国残疾军人证免费乘坐公交各种营运车辆，包括中高级车、皇冠电梯、长江索道、嘉陵江索道和凯旋路电梯。

8 月 4 日　重庆市交通委员会召开重庆市交通建设工程质量工作会，重庆市交通委员会与建设业主单位签订工程建设年度质量目标责任书。

8 月 9 日　重庆市交通委员会批准巫山翠屏长途汽车客运站工程可研报告。该站按二级客运站规模建设，总建筑面积 6913 平方米，总投资 1400 万元。

8 月 13 日　重庆市交通委员会批准彭水县城北汽车客运站工程可研报告。该站按二级客运站规模建设，总建筑面积 17023 平方米，总投资 1786 万元。

8 月 16 日　重庆市交通委员会、重庆市发改委召开重庆市“十一五”交通规划座谈会。调研交通发展“十一五”规划。按照中共重庆市委书记黄镇东对重庆市十一五交通规划编制的指示，要求“二环八射”必须在 2008 年原则上建成，努力在“十一五”末构建起综合交通运输体系框架，基本建成长江上游交通枢纽中心。

重庆市交通运输协会召开第一届第二次常务理事会，会长胡振业提出交通运输协会的工作思路：“一个服务宗旨”即为政府、为企业、为行业、为社会服务；“两个基本任务”即巩固和发展传统综合运输领域优势、开拓和推动现代物流领域建设；“三个始终注意”即始终注意摆正位置、不断开拓创新和互通信息发挥整体优势；“四个工作领域”即研究咨询、人才培训、内外交流和信息传播。重庆市交通委员会巡视员张世玖、重庆市自考办公室主任李化德出席会议并讲话。

8 月 17 日　重庆市交通委员会批准万州汽车客运中心站晋升为一级汽车客运站。

8 月 24 日　重庆市人民政府市长王鸿举、副市长吴家农考察渝南大道 B 段施工现场，赞誉渝南大道工程建设进展顺利。

8 月 25 日　在重庆电视台举行的重庆市出租汽车行业微笑大使评选活动复赛中，6 号选手李涛最终夺冠，9 号选手涂建军获得最佳人气奖。

8 月 26 日　重庆市交通委员会批准重庆联运物流总公司上桥集装箱中转站工程可研报告，同意在原集装箱中转站新建仓库等设施 7150 平方米，总投资 1080 万元。

重庆市交通委员会批准北碚汽车客运站工程可研报告，该站按一级客运站规模建设，总投资 5637 万元。

8 月 30 日　中午 12 时，亚太城市市长峰会项目之一的南山互通式立交桥竣工通车，总投资 1.7 亿元。

8 月　重庆南坪汽车站因地制宜加大硬件设施改造和完善，修建旅客通行天桥、发车站台、旅客专用出口通道，实现了人车分流，车站站级由一级 B 升为一级 A。

重庆市编委进一步明确水上交通安全监管职责分工有关问题，将船舶建造质量监管交由重庆市经委负责。

9月1日　重庆渝城一卡通公司正式面向社会发行“城市一卡通”。应用范围将逐步扩大到重庆市各个小额消费领域，按信息产业部国家金卡办的规划，最终实现全国城际互通。

9月5日　重庆市人民政府发布《重庆市出租汽车顶灯和计价器使用暂行规定》，从2005年10月1日起施行。

9月5日　万州至开县高速公路头号控制工程铁峰山2号隧道贯通。隧道左洞长6010米，右洞长6020米，是西南地区最长的高速公路隧道。

9月13日　重庆寸滩港区前沿码头的两台长69米、高28米、自重600余吨的岸边集装箱起头重机安装完毕。

9月16日　国务院西部开发办副主任、国家发展改革委副主任王金祥一行到重庆寸滩港区和九龙坡港区考察。

重庆三峡通用航空有限公司总经理唐继龙获得民航西南管理局授予的“运行合格证”，结束了重庆无地方航空公司的历史。

9月17日　中共重庆市委常委、重庆市人民政府常务副市长黄奇帆向重庆高投司颁发重庆市国资委授予的2004年度一等奖。

9月18日　重庆公路零公里起点标志在朝天门广场安装启用。该标志是一个标有重庆地图的铜盘，中央镶嵌着一个直径1.5厘米的点。

9月19日　重庆高投司在大足县举办收费员“航空式”服务比赛，来自14个收费所的100名收费员参加比赛，展示了收费过程中优质、文明、礼貌的服务形象。

9月20日　国务院三峡办调研组负责人周宪政一行到重庆市交通委员会，调研重庆市航运与三峡通航有关事宜。周宪政表示，重庆在三峡工程建设中贡献很大，其中碍航断航给水运企业、重工矿企业造成困难，将积极反映解决有关补偿问题。

9月21日　万州港鞍子坝客运港区2台客运缆车通过国家质检总局“索检中心”验收合格，成为长江上第一台通过国家“索检中心”验收合格的地面缆车。

9月23日　重庆寸滩港区工程建设指挥部召开“奋战100天，确保年底投产”动员誓师大会。

9月28日　重庆长寿长江大桥开工建设，计划投资3.8亿元。

长江上唯一的子母塔斜拉桥——重庆云阳长江大桥竣工通车。桥长1278.6米，宽18.5米。

重庆江北机场新国际航站楼正式启用，总面积1.8万平方米。

9月29日　亚太城市市长峰会项目——渝南大道正式通车。重庆市人民政府副市长赵公卿为渝南大道通车剪彩。

9月30日　600多辆20座以上社会中巴客运车辆置换出租汽车工作完成，社会中巴客运车全部退出主城区。

中共重庆市委书记、市人大常委会主任黄镇东到重庆港口检查迎接亚太城市市长峰会准备工作情况。

中共重庆市交通委员会决定对巾帼文明示范岗指导小组成员进行再次调整，仍由余昌平任组长，副组长改由张世玖、万雅芬担任。

9月　重庆市交通征费局规范客货两用车征费吨位标准，即根据交通部、国家计委联合审定的《公路汽车征费标准计量手册》，统一按照额定载质量加上额定载客人数的折合吨位进行综合核定。载客人数的折合吨位按每人折合100公斤计算。

重庆市交通征费局研制开发的机动车辆征费吨位核定软件在渝中区等六个征费点开始试运行，其软件数据库容纳了交通部、国家计委联合审定的《公路汽车征费标准计量手册》、国家发改委治理超载超限所发布各种厂牌车型《公告》和《更改表》等文件中机动车征费吨位核定标准数据，即车主只要报出每种车的厂牌车型，就可以用这套软件系统准确地核定出征费吨位。

10月2日　中共重庆市委书记、市人大常委会主任黄镇东来到重庆市交通委员会，进一步调研重庆市交通“十一五”规划编制工作。

10月11日　在2005年亚太城市市长峰会期间，重庆市运管局组织180辆峰会专用出租汽车，在峰会嘉宾下榻各大酒店及会场落实了出租汽车调度、停车位，配备CPS调度台、翻译人员，安排专门的工作人员24小时值班，满足嘉宾出行需求。

10月12日　中共中央政治局常委、国务院副总理黄菊及第五届亚太城市市长峰会代表800余人，顺利通过重庆港三码头，乘坐客运缆车，游览两江，观看焰火晚会。

10月13日　重庆市客轮总公司“川江号子”演唱队参加在重庆市人民大礼堂举行的第五届亚太城市市长峰会《共同家园》大型综合文艺晚会，9名船工演唱“川江号子”，亚太城市市长和全场观众和声同唱，将晚会气氛推向高潮。（领唱“川江号子”的是第三代传承人曹光裕。1991年，时为重庆市轮渡公司水手的他按照传统规矩和程式，正式向“川江号子”的第一代传承人陈帮贵拜师，成为“川江号子”传承人。到2005年，经过14年的口口相传，曹光裕学唱“川江号子”的各种词牌得到师傅认可，领唱“川江号子”）。

10月16日至26日　交通部全国干线公路检查组在重庆片区实施检查，安徽省交通厅为组长单位，北京市路政局为参检单位，交通部公路检测中心为监督单位，历时10天，管理规范组行程1400公里，路况组行程3000公里，圆满结束检查任务。

10月20日　重庆市交通委员会向重庆市新闻出版局报送《关于同意重庆市公路学会出版内部资料〈重庆交通科技〉的报告》，将《重庆交通科技》定位为非经营性刊物，半年期，8开版，62页，获得内部资料准印号渝内字（2006）—2（35）号。

10月21日　重庆市高速公路行政执法总队荣获中央文明委授予的“全国精神文明建设工作先进单位”称号。

10月24日　重庆市运管局新办公楼正式启用。办公楼地址位于重庆市渝北区龙溪新南路183号。

国家发改委综合运输研究所处长贾进、三峡总公司枢纽部副主任杨恩芳一行到重庆市交通委员会，就三峡船闸2006年10月至2007年9月一年的改建期内单线运行对重庆市水运行业影响及如何补偿问题进行专题调研。

中国最权威的桥梁委员会——茅以升桥梁委员会认定重庆市是中国唯一的、真正的“桥都”。

10月26日至27日　川渝云贵四省（市）交通规费征收管理第二次联系会在贵州省遵义市召开，就如何规范各省市货运车辆吨位核定和调驻车辆征费等具体问题达成共识，并决定西藏征稽局正式列入联系会理事单位，确定2006年川藏渝云贵五省（市）交通规费征收管理联系会在重庆市召开。

10月30日　三峡库区暗礁“第一爆”在涪陵区白拱镇剪刀峡顺利实施，标志着三峡库区175米蓄水后万吨级船队航行清障项目启动。

10月31日至11月1日　上海国际港务（集团）股份有限公司总裁陈戌源率队到重庆港考察。中共重庆市委书记黄镇东、重庆市人民政府常务副市长黄奇帆会见了陈戌源一行。

10月　重庆交通运业公司设备科职工潘光荣被评为重庆市第五届职工职业道德建设先进个人。

刘治军任重庆市港航管理局党委书记。

11月1日　下午，乌克兰切尔卡塞市市长阿纳托利·沃罗申一行抵达万州港考察。

11月2日　重庆市交通委员会发出通知，任何单位和个人不得利用租赁汽车从事营业性道路运输；各区县（自治县、市）不得发展租赁汽车从事营业性道路运输；各级运管机构不得给租赁汽车发放道路运输营运证件。

11月4日　国家发展改革委员会原则同意《重庆市城市快速轨道交通建设规划》。《规划》确定，在2005~2012年，重庆将建设总长82公里的轨道交通1号、3号和6号线，匡算总投资245亿元。

交通部人事劳动司公布2004~2005年度交通青年科技英才45人评审结果基本情况。同时公布2004~2005年度交通青年科技英才103名有效候选人情况，其中有重庆市交委周欣、钟宁，重庆交通学院赵明阶和吴国雄，重庆交通科研设计院邓卫东和黄伦海。

11月8日至9日　重庆市交通委员会副主任梁培军一行赴成都铁路局和四川省交通厅，进行工作衔接与交流。与成都铁路局就三峡船闸改建期因碍航断航重庆市三峡过闸重点物资需铁路分流问题达成共识。与四川省交通厅副厅长约定，双方建立领导层及部门之间互访交流机制，促进川渝两地交通运输发展。

11月10日　重庆市交通委员会贯彻实施交通部2005年第6号和第9号部令，加强道路货物运输及站场管理和道路危险货物运输管理。

重庆市交通委员会顺利完成所属行业协会的脱钩改革工作，7个行业协会全部与党政机关脱钩。

重庆市交通委员会对改进道路运输车辆技术等级及评定作了相关的规定。

第二届中国西部道路运输新概念论坛在重庆市举行。重庆、四川、贵州、云南、陕西、甘肃、宁夏、新疆、青海、广西、内蒙古达成《中国西部十二省（自治区、直辖市）道路运输一体化合作发展协议》。

11月18日　重庆市"二环八射"高速公路全面开工仪式在江津、巫山、酉阳举行。西部大通道渝湘高速公路（重庆至长沙）、渝宜高速公路（重庆至宜昌）、主城外环高速公路东北段、江津至合江等8个项目同时开工建设，这是"二环八射"高速公路网中的最后一批项目，计划到2010年全部完成，重庆高速公路2000余公里将全部贯通，"二环八射"主骨架网络将建成，比原规划提前10年。

11月20日　重庆嘉陵江草街航电枢纽工程一期围堰合龙，主体工程进入施工阶段。

11月22日　中共重庆市委书记黄镇东、副书记姜异康，中共重庆市委常委、重庆市人民政府常务副市长黄奇帆、副市长童小平，中共重庆市委常委范照兵考察寸滩新港区。

11月25日　重庆市交通委员会印发《关于加强道路运输车辆管理的通知》，对运输车辆技术、二级维护、营运客车类型等级评定及其他有关规定做出明确要求。

11月25日　中共重庆市交通委员会、重庆市交通委员会表彰完成亚太市长峰会工作任务的9个先进集体和158名先进个人。

11月27日　重庆港务集团副总经理孙万发与上海国际港务集团副总裁黄新小签订《沪渝日常工作4战略合作框架协议》。

11月30日　重庆港九股份有限公司成为重庆市顺利完成股改的第四家上市公司。

11月　按照重庆市主城区综合交通规划的发展目标，重庆市交通委员会主持编制《重庆市都市区公交发展规划（2004-2020）》。

重庆汽运公司、重庆长运公司、重庆公运公司共同出资组建成立重庆市高速公路客运有限公司，并参与贵阳、遵义的直达客运班线经营权竞标，取得重庆至贵阳30辆车、遵义20辆车开通渝黔高速公路客运班线的全部经营权。

重庆交运集团整合资源，将重庆联运物流总公司整体并入重庆运业公司。

重庆市交通征费局决定从2005年11月到2006年年底，在重庆市范围内开展为期一年零两个月的清理车辆入籍交纳养路费活动（简称"清车清费"活动）。同时，在重庆市范围内开展为期两个月的打逃费追欠费活动，代号为"秋风行动"。

12月5日　重庆市政协副主席尹明善率市政协经济委员会考察重庆港物流发展情况。

12月6日　重庆龙头寺火车站主体工程完工。

重庆市交通委员会批准重庆主城江北区新开行12条农村客运线路；重庆工商大学主校区至新校区开行10辆内环线定线小客车（车辆座位数为13+1）。

12月7日　海南航空集团与重庆地产集团正式签署组建重庆航空有限公司框架协议。

重庆公交集团818线路86003号车组、长寿区交通局妇委会被评为重庆市“巾帼建功”先进集体。重庆高等级公路建设投资有限公司永川收费所蔡明联被评为重庆市“巾帼建功”标兵。重庆高速公路发展有限公司程淑明被评为重庆市“巾帼建功”先进工作者。

12月15日　交通部印发《关于表彰全国交通行业文明创建工作先进集体和个人的决定》，重庆市高速公路行政执法总队（支队）和重庆市公路局被评为“全国交通系统文明行业”，重庆市万州区交通委员会被评为“创建全国交通文明行业先进单位”，重庆港九股份有限公司客运总站等8个单位被评为“全国交通行业文明示范窗口”，重庆运业公司陈家坪汽车站被评为“全国交通行业十佳文明示范站”，重庆市高速公路行政执法总队李望斌被评为“全国交通行业十佳文明执法标兵”。

共青团重庆市交通委员会授予谭毅、瞿利等22人2005年度“青年岗位能手”称号。

12月26日　渝湛高速公路遵崇段（遵义至崇溪河）竣工通车，经过重庆的西南出海大通道全线贯通，重庆渝黔线高速客运班线开通。

重庆轻轨2号线（渝中区较场口至新山村）实现全线贯通，全长19.15公里，共设18座车站。

北碚蔡家组团控制性工程——城市中环快速干道蔡家段开工建设，重庆北部城区拓展跨过嘉陵江。

12月28日　重庆铁路集装箱中心站在沙坪坝区土主镇奠基，该站是铁道部规划的全国18个货运节点之一，将填补中国西部无现代化铁路物流枢纽的空白。

12月31日　合武高速公路竣工通车。合武高速公路起于合川上什字互通立交，止于川渝交界处的四川武胜县街子镇，全长33.75公里，决算投资13.61亿元。

12月　重庆运业公司被评为“全国第九届职工职业道德先进单位”，重庆运业公司陈家坪汽车站被评为全国交通行业“十佳文明示范车站”，重庆运业公司工会主席单小平被评为重庆市“厂务公开工作先进个人”。

重庆市拆除收费公路收费站7个；暂停收费公路项目2个（彭水G319、万盛S303）；到期终止收费桥梁项目1个（荣昌X811公铁立交）；限期整改收费公路项目4个（大足X359、长寿X195、南川S303、万盛S303）。

同年　重庆市运管局对老“运管通”进行全面升级，重构重庆市道路运政管理信息系统，建立了道路运输规划管理信息系统、GIS公交线网规划系统、统计工作信息化系统、新办公自动化办公系统。重庆市运管部门实现内部联网办公、移动办公。运政投诉服务咨询电话89083201成功缩位为96096。

重庆市运管局与四川省运管局联合签发《关于成渝高速公路车辆更新及运力总量控制的通知》《关于川渝旅游车辆无障碍运输的协议》，与贵州省协商渝黔两省客运班线的发展方案。

重庆市运管局完成《重庆市2006～2010年乡村客运线路规划》。

中共重庆市委、重庆市人民政府授予重庆市运管局“2005年亚太城市市长峰会先进集体”和“2005年亚太城市市长峰会主城区城市环境整治和建设单位”称号。

民生公司承运汇维仕进口原料，创造了从韩国光阳至四川自贡10天的江海陆联运的最快纪录。

重庆市公路局与同济大学、长沙理工大学共同主研的《新老路基结合部处治技术》项目2004年获得鉴定通过后，荣获“2005年中国公路学会科学技术一等奖”。

重庆市公路局、重庆交通学院主研的《通渝深埋特长隧道高地应力与围岩稳定性研究》项目

2004 年鉴定通过后，荣获“2005 年中国公路学会科学技术三等奖”。

交通部西部交通建设科技项目《新老路基结合部处治技术》由同济大学、长沙理工大学（原长沙交通学院）承担，与重庆市公路局、陕西省铜川市交通局、陕西省安康市交通局等单位合作共同完成，荣获“2005 年中国公路学会科技进步一等奖”。

重庆市高新区交通运输管理所所长、重庆市“五一劳动创新奖”获得者凌红荣获人事部、交通部“全国交通系统先进工作者”称号。

第一篇 管理机构

在社会主义初级阶段的进程中，随着社会主义革命和建设的发展，随着改革开放的发展，随着从社会主义计划经济体制走向社会主义市场经济体制，尤其是随着政府机构体制改革的步伐，重庆市地方交通行政管理体制及其交通行业管理机构也随之不断变革和改革。1950～2005年，重庆市交通行政管理经过4个历史时期：新中国成立初的西南大区时期、四川省人民政府省辖市时期、中央计划单列市（同时是四川省人民政府省辖市）时期和中央直辖市时期。以下简要记述各个历史时期重庆市交通行政管理体制的发展沿革。

1950年1月至1954年6月，重庆市行政体制处在新中国成立初的西南大区时期。在中共中央西南局和西南大行政区领导之下，重庆成为全国12个中央直辖市之一。在这一时期，重庆市交通行政管理经历了军事管制和从军事管制向行政管理过渡的历史阶段。在中央直辖市和西南大行政区体制之下，在交通方面，重庆市还没有一个专门的政府交通部门，交通行政职能是包含在综合性的管理部门之内的。随着军事管制结束，交通行政管理逐步从综合性管理体制之中分立出来，逐步形成重庆市人民政府专门的交通行政管理部门。

在军事管制阶段，主要由重庆市军事管制委员会直接履行交通行政管理职能。军事管制完成政权接管后，按照已经接管的部门转向行政管理的原则，中共重庆市委先设有建设交通部、工业部，后为工交政治部，统一领导重庆市交通行业。重庆市人民政府先成立重庆市建设局，其中一项职能就是管理重庆市内的交通公用事业，即为重庆市内的公共汽车、轮渡、缆车以及码头车站的搬运装卸。随后，交通公用事业又划归重庆市企业局管理。

1952年7月，重庆市人民政府公用局成立，职责是管理公共交通和各项公用事业，重庆市交通行政管理逐步从综合性管理部门中分离出来。1954年3月，重庆市人民政府公用局被改名为重庆市交通运输管理局，将非交通运输事业划归重庆市建设局，其管理范围是公共汽车、电车及修理和缆车、轮渡、渡口、渡船等。至此，作为相对独立的政府部门，重庆市交通行政管理部门基本确立。

1954年7月至1983年1月，重庆市行政体制处在四川省辖市时期。在这一时期，重庆市交通行政管理经历了社会主义改造与建设阶段、“文化大革命”（以下简称“文革”）阶段和改革开放初期阶段等3个历史阶段。中共重庆市委工交政治部仍旧是交通行业的领导机构，并在“文革”后从中分立出重庆市经济委员会，专设交通处统一协调大交通行业，而地方交通行政管理体制进一步随交通运输与城市公共交通的专门化分工而变化，并逐步趋于稳定的格局。

一是在社会主义改造与建设阶段，重庆市交通行政管理体制随着国家政治经济发展几经变化。1955年2月，重庆市交通运输管理局更名为重庆市公用事业管理局，除原管辖范围外，还接管了重庆市建设局管理的公园、市政养路、路灯、自来水、广告等行业。在重庆市运输公司撤销后，从重庆市人民政府分管交通的第六办公室和原重庆市运输公司抽调人员，1957年3月，组建成立重庆市交通运输管理局，重庆市运输公司所属搬运站均先后划归各区管理。同时，各区也相继成立交通管理机构，重庆市公安局管理的车辆监理所划归重庆市交通运输管理局管理。此时，重庆市交通运输管理局管理范围主要为市内码头、车站的装卸和保证城镇居民以及经济建设物资的市内短途水、陆货物运输。1958 年 9 月，重庆市交通运输管理局与重庆市公用事业管理局再度合并，成立重庆市交通公用事业管理局，1962 年 12 月，重庆市交通公用事业管理局被撤销，又分设重庆市交通运输管理局和重庆市公用事业管理局。至此，随着地方交通运输与城市公共交通分工的形成，交通行政管理体制的交通运输与城市公共交通分治的格局也基本确立。

二是 1966 ~ 1976 年“文革”时期，重庆市交通行政管理体制被彻底否定，交通、公用党政组织彻底瘫痪，取而代之的是革命造反组织及后来的革命领导小组和革命委员会。在“文革”前夕，重庆市委工作组进驻重庆市交通运输管理局，组长代行党委书记职权，副组长代行局长职权。“文革”时期，重庆市交通运输管理局、重庆市公用事业管理局分别成立革命委员会，由军代表任革命委员会主任、党的核心小组组长。

三是改革开放初期阶段，重庆市交通行政管理体制逐渐恢复原有正常建制，重新形成以公用、交通分治为主的多元化的交通行政管理体制格局。首先是中共重庆市委决定恢复重庆市公用局专局建制，由此重庆市公用局行政组织、党的组织逐渐恢复健全，其行政管理范围仍旧为市内公共汽车、电车、轮渡、缆车、客运索道、出租汽车、客车生产、近郊七区社会汽车客运以及自来水供应等。其次是重庆市交通运输管理局革命委员会撤销，恢复重庆市交通运输管理局建制。直到 1983 年重庆市计划单列前，重庆市交通运输管理局直接管理 6 个市属国有企业，管理范围主要为市内码头车站装卸、市内短途水陆货物计划运输，以及汽车修理、木船修造等；并代管重庆公路养护总段、重庆市交通监理站和重庆市中心航管站 3 个四川省属事业单位的党的组织关系；指导各区县的交通运输管理以及县、乡道公路养护。

1983 年 2 月至 1997 年 2 月，重庆市行政体制处在计划单列市（同时为省辖市）时期。在这一时期，重庆市交通行政体制继续循着公用、交通分治的轨道发展，管辖地域逐步扩大，管理职能逐步提升，但公用、交通分治的弊端显现。1983 年 2 月，国家在经济体制改革中，重庆市实行经济体制综合改革试点，永川地区并入重庆市，重庆市成为全国第一个被赋予省级经济管理权限的计划单列市。在这种新的行政体制下，重庆市交通运输管理局与永川地区交通局合并，组建成立了重庆市交通局。与此同时，四川省人民政府下放在渝省属企业与权利，并赋予重庆市在路政、航政、监理、船检等方面拥有省级管理权。在此时期，随着国务院交通监理体制改革推行，交通监理中的车辆监理单位与人员，成建制地移交给了重庆市公安局管理。重庆直辖前夕，为做好过渡工作，经中央批准，原重庆市代管万县市、涪陵市和黔江地区。由此，重庆市交通局对万县市、涪陵市、黔江地区的交通系统实行代管。在计划单列第一年，随重庆市级党政机构调整，重庆市公用事业管理局改名为重庆市公用事业局，其管理范围是市内公共汽车、电车、轮渡、缆车、客运索道、出租汽车、客车制造、近郊七区社会自备客车以及自来水供应等。其中，重庆市人民政府批准重庆市公用局成立社会自备客车管理处（后改为重庆市社会客运管理处），在全市近郊七区内外区域，加强各单位投入客运的自备客车和各种出租汽车的管理。自此，按照主城内外区域，对出租车行业，划分了重庆市交通局和重庆市公用事业局各自的管理范围。

1997 年 3 月至 2005 年，重庆市行政体制处在中央直辖市时期。在这一时期前一阶段（1997 年 3 月至 2000 年 8 月），重庆市交通行政管理体制虽仍处于公用、交通分治阶段，但交通管理部门的范围和职能日益扩大。这一阶段，在国家行政体制改革的进程中，重庆市交通局、重庆市公用事业管理局均遵照重庆市人民政府行政机构改革要求，实施转变职能、理顺政企关系的“三定”方案。重庆市交通局作为重庆市的交通行业主管部门，其管理范围和管理职能随行政区域变化和交通事业发展而日益扩大。随着万县市、涪陵市、黔江地区行政体制进一步调整，重庆市由管辖万县市、涪陵市、黔江地区 3 个地区的行政体制进入市直管县的体制。由此，重庆市交通局对 40 个区县（市）和 2 个开发区范围内交通行业实施交通行政管理。重庆市公用事业局对城市公共客运交通的行政管理范围为全市公共汽电车、小公共汽车、主城区内出租汽车、社会客运、城市客车维修、轮渡、缆车、客运索道、公共客运电梯、电扶梯、客车修造、轨道交通筹建等方面。其中，公共客运交通中的出租汽车管理，按重庆市政府划定的范围，由重庆市公用局、重庆市交通局两局共同管理。但是，长期以来“一制两局”体制弊端仍旧存在，亟须解决。这一时期后一阶段（2000 年 8 月至 2005 年 12 月 31 日），重庆市交通委员会成立后，建立起了一个统一的交通行政管理体制，来统率重庆市交通行业，在政府的交通行政管理上，较好地解决了职能交叉、政出多门的问题。

重庆市地方交通行政管理体制与交通行业管理机构的另一方面，是区（市）县交通行政管理部门及其交通行业管理机构的发展变化。在其管理职能上，是相对稳定的，变化不大。主要变化特点是：一是管理部门数量随重庆市政府行政体制变化而不断增加，二是重庆市级交通行政管理及其交通行业管理范围也随重庆市政府行政权力逐步升级而不断扩展。1983 年计划单列时，重庆市区（市）县交通行政管理部门及其交通行业管理机构由 9 区 4 县增加到 9 区 12 县，重庆市级交通行政管理及其交通行业管理享有省一级计划管理权限。1997 年直辖时，由 9 区 12 县增加到 13 区（市）28 县，另有 2 个经济开发区，重庆市级交通行政管理及其交通行业管理享有完全的省级管理权限。2001 年，行政体制再次调整，重庆市级交通行政管理及其交通行业管理享有直接管理至各区（市）县的权力。

重庆市级的交通社团组织是重庆市交通行政管理部门的辅助机构，起着重庆市级交通行政管理部门与广大交通企业、事业单位之间的纽带桥梁作用，也是重庆交通行政管理的重要组成部分。本篇第五章着重简述了重庆市交通主管部门所属的交通社团组织成立及其主要发展历程，主要有重庆市交通系统党建思想政治工作研究会、重庆市公路学会、重庆市交通企业管理协会、重庆市交通运输协会与重庆市交通会计学会。

第一章　交通行政机构

重庆市交通局、重庆市公用局是随重庆市行政体制长期演变而逐步建立、发展起来的。从计划经济时代到改革开放时代，走过了从综合性管理到专门化分工管理又到统一管理体制的历程。

1949 年 12 月至 1954 年 6 月，重庆市行政体制处在新中国成立初的西南大区时期，重庆市人民政府体制在从军事管制过渡到正常政府体制的过程中，在中央直辖市和西南大行政区体制之下，在交通方面，重庆市还没有一个专门的政府交通部门，交通行政职能是包含在综合性的管理部门之内的。

1954 年 7 月至 1983 年 1 月，重庆市行政体制处在四川省辖市时期。1954 年，随着西南大行政区体制结束，重庆市人民政府体制进入较长的四川省辖市时期，交通行政管理逐步从综合性管理体制之中分立出来，逐步确立了专门的重庆市的公共交通与地方交通的行政管理部门。在 1954 ~ 1983 年里，重庆市交通局、重庆市公用局经历了分立、合并、再分立的多次变化，重庆市级交通行政管理逐渐走向比较稳定的两局分工管理的格局。

1983 年 2 月至 1997 年 2 月，重庆市行政体制处在计划单列市、同时又为四川省辖市的时期。在这一时期，四川省人民政府下放在渝省属交通企事业单位。1983 年 4 月，重庆市交通运输管理局与永川地区交通局合并，组建成立了重庆市交通局。随重庆市级党政机构调整，重庆市公用事业管理局改名为重庆市公用事业局，其管理范围有所变化。在重庆分属四川省辖市、计划单列市和中央直辖市的不同时期，重庆市所属区县交通部门则随行政管辖区域的增加而增加。

同时，1983~2000年，重庆港口管理局的体制由“交通部、重庆市双重领导、以交通部为主”向“交通部、重庆市双重领导、以重庆市为主”过渡，最终成建制下放给重庆市。重庆市经济委员会设立内部的交通处，归口协调中央、地方等交通各方面工作，重庆市计划委员会设立交通战备办公室。直至2000年，中共重庆市委、重庆市人民政府决定组建统一的交通行政管理部门，重庆市交通委员会成立。

1954~1996年，万县（市）地区、涪陵（市）地区、黔江地区的交通部门是随四川省行政体制长期演变而逐步建立和发展起来的，在这一时期里，万县（市）地区、涪陵（市）地区、黔江地区的交通部门和重庆市的交通部门同属于四川省人民政府的交通部门管理。1997~2005年，万县地区、涪陵地区、黔江地区划归中央设立的重庆直辖市，万县（市）地区、涪陵（市）地区、黔江地区的交通部门又先后归属于重庆市交通局、重庆市交通委员会管理。

第一节　四川省重庆市交通行政机构

一、重庆市人民政府公用局初创建置（1952~1954年）

（一）建置沿革

1949年11月30日，中国人民解放军第二野战军进入重庆市区，重庆获得解放。1949年12月3日，重庆市军事管制委员会成立（以下简称“重庆市军管会”），以张际春为主任、陈锡联和张霖之为副主任。重庆市军管会发布了第一号布告，全面开始对国民党旧政权机构的军事接管工作。1950年1月23日，重庆市第一届各界人民代表会议召开，标志着重庆市军事接管阶段结束。其间，重庆市军管会完成了对公用、交通系统的接管工作。在军事管制期间，重庆市军管会在接管过程中实际履行了人民政府的交通行政管理职能。

随着新生的人民民主政权的建立和完善，1950年12月至1954年6月，重庆实行大行政区体制，在中共中央西南局和西南军政委员会领导之下，重庆成为全国12个中央直辖市之一，重庆市交通行政管理逐步纳入重庆市人民政府的行政体制，先归属于综合性的行政管理部门。在重庆市军管会所接管运输机构及其企业、事业单位中，公路及公路运输交由西南军政委员会交通部公路局管理，长江航运及省市内河运输分别交由中央交通部和西南军政委员会交通部内河局管理，重庆市管理的范围为市内短途的公共汽车、轮渡、缆车以及码头车站的搬运装卸。在1950年12月至1954年3月这一时期，重庆市交通行政管理先置于企业局、建设局和公用局等综合性城市管理部门中，并未独立设置专门的交通管理部门。

1952年7月7日，重庆市人民政府决定，新设重庆市人民政府公用局，以改变公用、交通事业分属企业局、建设局等不同行政管理部门的现状，统管重庆市的公用、交通事业。1952年7月25日，重庆市人民政府委员会协商委员会联席会议决定，将企业局分为工业局与公用局。徐崇林任重庆市人民政府公用局局长，程占彪、王铁任重庆市人民政府公用局副局长。

1952年8月14日，重庆市人民政府公用事业管理局成立，管理公共交通和各项城市公用事业，徐崇林任局长，冀文广、王铁任副局长，局址设在重庆市市中区中山四路135号企业局原址。1953年2月15日，重庆市人民政府党组同意组成重庆市人民政府公用事业管理局分党组，由程占彪、苟松亭、周晴辉、陶铜仕、张继登、郭少奇、刘彤霞等8人组成，程占彪任党组书记。

1952～1954 年，重庆市人民政府公用局设立 8 科 1 室：即办公室（党政合一）、人事科、保卫科、会计科、基本建设科、计划科、业务科、劳保工资科和监察科。1953 年，重庆市人民政府公用局职工 2957 人。

（二）管理职能

1952 年，重庆市人民政府公用局成立，除对供水、路灯、标准钟、广告、水电安装等实行管理外，主要是对重庆市内交通行业行使行政管理职能。其中包括公共汽车、无轨电车筹建、轮渡、缆车、渡口、汽车修理等方面，也包括对人力车、滑竿、驿站运输、木船渡运、兽力驮运等水陆搬运装卸行业制订管理法规并加以业务督导。

（三）管理范围

1952～1954 年，重庆市人民政府公用局管辖的公营、公私合营企业和事业单位共有 16 个，除重庆自来水公司、重庆市路灯管理所等公用事业单位外，主要是重庆轮渡股份有限公司、重庆市公共汽车公司、重庆市运输公司、重庆缆车公司、重庆市电车公司筹备处、中胜汽车公司、马车管理站、民营汽车二十二联营社、重庆市航运管理站、重庆市木船运输站、重庆市渡船管理站、重庆市渡口管理所等单位。

二、重庆市公用事业管理局三次恢复建置（1955～1978 年）

（一）建置沿革

1. 第一次恢复建置（1955～1963 年）

1954 年 3 月 21 日，重庆市人民政府撤销重庆市公用局专局建置，改制为重庆市交通运输管理局，所属自来水公司、李家沱给水公司、北碚水厂、路灯管理所、标准钟等非交通运输单位划归公用事业和重庆市建设局分管。1955 年 2 月 14 日，重庆市人民政府又决定恢复重庆市公用局建置。1955 年 2 月 28 日，重庆市交通运输管理局更名为重庆市公用事业管理局，先由王铁任局分党组书记兼副局长，王铁调离后，由冀文广接任局分党组书记兼副局长，徐崇林任局长，王铁、陶铜仕任副局长。局分党组成员还有陶铜仕、周晴辉、高石清、张恒访、黄平中等人。局址设在重庆市市中区中华路 174 号。

1958 年 3 月，在"大跃进"形势下，中共重庆市委调整机构，重庆市人民政府压缩精简机构，撤销重庆市公用事业管理局。1958 年 9 月，中共重庆市委决定重庆市交通运输管理局与重庆市公用事业管理局再度合并，成立重庆市交通公用事业管理局，王子典任局分党组书记兼副局长，王文彬任局长，梁延檀任副局长，办公地点设在重庆市市中区中华路 174 号。1960 年 2 月，黄怀甫任重庆市交通公用事业管理局分党组书记兼副局长。

1955～1958 年，重庆市公用事业管理局设立有办公室（党政合一）、监察室、人事科、技术安全科、交通运输科、财务科、计划科、公用科和园林科。1956 年，重庆市公用事业管理局职工 20902 人。其中，1956 年，技术安全科改为技术基建科，1957 年，公用科和交通运输科合并为业务科。

2. 第二次恢复建置（1963～1978 年）

1962 年 12 月，中共重庆市委决定撤销重庆市交通公用事业管理局、分设重庆市公用局和重庆市交通局。1963 年 3 月 16 日，根据中共重庆市委这一决定，重庆市公用事业管理局再次恢复建制，中共重庆市委任命王铁为局分党组副书记兼副局长，任命刘海旺、陶铜仕为副局长。局址设在重庆市市中区人和街 33 号。

1963 年，重庆市公用事业管理局内部机构设立有行政办公室、财务科、计划科、人事科、物资科、技术基建科和业务科。1965 年，设立保卫股。1965 年 2 月 10 日，重庆市公用事业管理局迁入重庆市市中区金汤街领事巷办公。

1964 年 1 月 27 日，重庆市公用事业管理局党委成立，由齐金安、王铁、陶铜仕、汪波、韩素英、项辉志、李青山、张恒访等8人组成，中共重庆市委任命齐金安、陶铜仕为党委副书记，指定齐金安负责党委工作。1966年1月17日，齐金安被任命为专职党委副书记。

在"文革"时期中，重庆市行政管理体制被彻底否定，重庆市公用事业管理局党政组织彻底瘫痪。1968年12月19日，重庆市公用事业管理局革命委员会成立，军代表刘经溥任革命委员会主任，齐金安、许友志（科员）、王永珍（工人）任副主任。1968年12月，重庆市公用事业管理局革命委员会设立党政"一元化"领导机构，即政工组、办事组和生产指挥组；政工组下设"斗批改"小组和组织保卫干部小组。

3. 第三次恢复建置（1978～1983年）

1978年7月27日，根据第三次全国城市工作会议精神，为加快城市公用事业发展步伐，中共重庆市委决定恢复重庆市公用局专局建置，设立重庆市公用事业管理局党组。陶铜仕任重庆市公用局党组书记、局长，田中原、齐金安任副书记，江雨晴为党组成员。副局长有田中原、齐金安、李荣辉、江雨晴、孙叔德等，苟松亭为顾问。1978年9月1日，重庆市公用事业管理局正式设立，局址在重庆市市中区人和街104号。1980年8月15日，重庆市公用事业管理局党组又改设为党委，由陶铜仕任党委书记，齐金安任党委副书记，党委委员有：田中原、李荣辉、江雨晴、孙叔德等。1981年9月至1983年2月，陶铜仕免去局长一职，田中原接任局长，直至退休。李荣辉、江雨晴、孙叔德等人继任副局长。

1978年，重庆市公用事业管理局恢复建制时，局机关设办公室、计划劳工科、财务科、安全业务科、机务技术科和物资供应科。1981年6月，增设教育科、人事科。

（二）管理职能

1. 第一次恢复建置（1955～1963年）

1954年3月，重庆市人民政府组建重庆市交通运输管理局。1955年2月28日，重庆市交通运输管理局被调整改名为重庆市公用事业管理局，既接管重庆市建设局、重庆市市政局原管公园、绿化、市政养路、路灯、自来水、广告及公用房屋等市政事业，又对原重庆市交通运输管理局所管交通运输业实施行政管理。1957年，重庆市人民政府重新组建重庆市交通运输管理局，重庆市公用事业管理局的一部分交通运输管理职能又划归重庆市交通运输管理局。除自来水、路灯、标准钟、广告等事业外，仍旧对城市内公共汽车、无轨电车、轮渡、缆车、木船渡运等城市公共交通行使行政管理职能。

1958年9月至1963年3月，在重庆市交通公用事业管理局期间，重庆市交通运输管理局和重庆市公用事业管理局两局职能做了调整，原重庆市交通公用事业管理局对自来水的管理职能划入重庆市建设局，路灯管理职能划入重庆市电业局，两局合并后保留了全部交通运输、城市公共交通管理职能。

2. 第二次恢复建置（1963～1978年）

1963～1978年，除自来水的管理职能、路灯管理职能重新划入重庆市公用事业管理局管理职能范围外，仍旧恢复对城市公共汽车、无轨电车、轮渡、缆车、木船渡运、人力车、滑竿等城市公共交通行使行政管理职能，并增加对长途汽车客运、内河客轮修造的行政管理职能，增加对城市规划、地铁工程、市政养护、城市道路桥梁、危岩堡坎维护等行政管理职能。

3. 第三次恢复建置（1978～1983年）

1978年9月至1983年7月，从改革初期过渡到重庆计划单列市，客运索道、出租汽车等新的城市公共交通工具出现。与此同时，重庆市公用事业管理局对城市公共交通管理职能范围又有所扩大，除对传统的公共汽车、无轨电车、轮渡、缆车等行使管理外，还增加了对客运索道、出租汽车、客车生产以及重庆市辖近郊七区的社会自备车客运，行使城市公共交通行政管理职能。

（三）管理范围

1. 第一次恢复建置（1955～1963 年）

1955～1958 年，重庆市公用事业管理局管辖企业和事业单位共有 20 个，除重庆自来水公司、重庆市路灯管理所等公用事业外，主要是重庆轮渡公司、重庆市公共汽车公司、重庆市运输公司、重庆缆车公司、重庆市电车公司筹备处、中胜汽车公司、民营汽车二十二联营社、道路养护大队、短航木船运输站等单位。及至 1958 年，重庆市运输公司划归重庆市交通运输管理局，重庆缆车公司、重庆市电车公司筹备处、中胜汽车公司、民营汽车二十二联营社等划入重庆市公共汽车公司。

2. 第二次恢复建置（1963～1978 年）

1963 年，重庆市公用事业管理局管辖企业和事业单位共有 7 个，除重庆自来水公司、重庆市路灯管理所等公用事业单位外，主要是重庆市公共汽车公司、重庆轮渡公司。1965 年 3 月 27 日，重庆市城市建设委员会撤销，重庆市公用事业管理局接管市政工程公司。1966 年 6 月，重庆市公用事业管理局又接管了重庆市中区交通局管理的地铁工程处。

3. 第三次恢复建置（1978～1983 年）

1978 年，重庆市公用事业管理局管理直属企业和事业单位共有 8 个，即重庆市公交公司、重庆市供水公司和重庆市轮渡公司、重庆市城建职工医院和重庆市公用事业研究所。1979 年 7 月 1 日，重庆市公交公司所属修理厂、装修厂、翻胎厂、制配厂组建为重庆市客车总厂。1979 年 9 月 28 日，重庆市公交公司的出租业务分离出来，组建重庆市出租汽车公司。

三、重庆市公用事业局再次恢复建置（1983～1997 年）

（一）建置沿革

1983 年 7 月 15 日，根据重庆市编委关于市级机关党政机构设置的通知，重庆市公用事业管理局更名为重庆市公用事业局，原公用事业管理局党委更名为重庆市公用事业局党委，陶铜仕任党委书记，尚杰任党委副书记，党委委员有张桂华、王根芳、孙叔德。1985 年 7 月 15 日，重庆市公用事业局党委班子调整，尚杰任党委书记，党委委员有张桂华、王根芳、孙叔德。其间，1983 年 6 月至 1985 年 7 月，陶铜仕任局长，张桂华、王根芳、孙叔德任副局长，荀松亭、齐金安、李荣辉、江雨晴任顾问。1985 年 7 月至 1987 年 10 月，林君宴任局长，张桂华、王根芳、孙叔德续任副局长，李荣辉、江雨晴任顾问。1988 年 9 月至 1997 年，王根芳任局长，武秀峰、张桂华、田伯勋、丁纯任副局长。

1983 年，重庆市公用事业管理局的内设行政机构为办公室、科技处、教育科、劳工科、财务科、计划科、物资科、公共交通管理科和供水管理科。1984 年 6 月 27 日，重庆市公用事业管理局的内设机构由“科”改为“处”，即分别为办公室、科技处、教育处、劳工处、财务处、计划处、物资处、供水公交管理处等 13 个处室。1986 年 1 月 9 日，重庆市机构编制委员会（简称“重庆市编委”）重编〔86〕12 号文件给中共重庆市公用局委员会批复，批准重庆市公用局设立调查研究室，“为市公用局机关的内设处级机构，编制不另增加，人员在局机关内调剂，主要承担对公用事业的调查研究和体制改革等方面的工作”。

（二）管理职能

1986 年元旦，为了解决重庆市城市客运交通问题，建立健全出租汽车行业管理体制，在重庆市近郊七区内外区域，加强各单位投入客运的自备客车和各种出租汽车的统一管理，中共重庆市委召开了一次“马路现场办公会”。会后，中共重庆市委办公厅做出了《元旦“马路办公会”对城市交通等问题做出的十六项决定》。“十六项决定”之一是：“市公用局成立社会自备客车管理处，加强近郊七区各单位投入的自备客车和各种出租汽车统一管理。”自此，按照主城内外区域，对出租车行业，划分了重庆市交通局和重庆市公用局各自的管理范围。

1986 年 1 月 9 日，根据中共重庆市委办公厅做出的《元旦“马路办公会”对城市交通等问题做出的十六项决定》，重庆市编制委员会回复重庆市公用局《关于成立“重庆市社会客运管理处”的报告》，批准同意在社会自备客车管理处基础上成立重庆市社会客运管理处，“为事业性质的处级单位，归重庆市公用局领导。人员编制暂定15人，工作人员在重庆市公用局系统内抽调。经费根据有关规定在收取的管理费中解决。”

1986年1月21日，重庆市公用局向重庆市城乡建委上报了关于加强对社会自备客车和出租汽车经营城市公共客运管理的报告，要求批转执行《重庆市社会客车营运管理暂行规定》和《重庆市出租汽车管理暂行规定》，标志着重庆市社会客运管理处已经有了交通行政执法依据。

（三）管理范围

1983年，重庆市计划单列后，重庆市公用事业管理局直接管理6个企业、2个事业单位，即重庆市公交公司、重庆市自来水公司、重庆市轮渡公司、重庆市客车总厂、重庆市出租汽车公司、康福来出租汽车有限公司、重庆市城建职工医院、重庆市公用事业研究所。

1986年，重庆市公用事业局管理直属企业、事业单位8个，公用系统有职工14872人。这些企业、事业单位分别是：重庆市公共交通公司、重庆市自来水公司、重庆市轮渡公司、重庆市客车总厂、重庆市出租汽车公司、康福来出租汽车有限公司、重庆市城建职工医院、重庆市公用事业研究所。1986年2月28日，重庆市编委批准重庆市公用事业局成立重庆市公用事业基建工程处，“为市公用局的下属事业单位，定编制20人，人员在市公用局系统内调整”。

表1－1　　1978年至2000年7月重庆市公用事业（管理）局领导成员名录

姓名	性别	职务	任职时间	备注
陶铜仕	男	党组书记、局长	1978年7月至1985年12月	
田中原	男	副局长、局长	1978年9月至1983年2月	病故
齐金安	男	副局长、顾问	1978年9月至1983年12月	病故
江雨晴	男	副局长、顾问	1978年7月至1990年8月	
尚杰	男	党委书记	1985年7月至1987年5月	
王根芳	男	党委书记、局长	1987年6月至1998年4月	
林君宴	男	局长、党委副书记	1985年7月至1988年10月	免职
武秀峰	男	副局长、党委副书记	1992年10月至1998年4月	
		党委书记、局长	1997年7月至2000年7月	
孙叔德	男	副局长	1980年8月至1994年5月	
张桂华	男	副局长	1983年6月至2000年7月	
田伯勋	男	副局长	1990年9月至2000年7月	
丁纯	男	副局长	1995年3月至2000年7月	
汤志明	男	副局长	1998年4月至2000年7月	
胡仁君	男	纪委书记	1998年5月至2000年7月	

表1－2　　1986年至2000年7月重庆市公用事业（管理）局非领导职务名录

姓名	性别	级别	任职时间	备注
陶铜仕	男	正厅级	1985年12月至2000年7月	
汪波	女	副厅级	1986年4月至2000年7月	病故

续前表

姓名	性别	级别	任职时间	备注
陈高延	男	助理巡视员	1989 年 1 月至 2000 年 7 月	
江雨晴	男	正厅级	1990 年 8 月至 2000 年 7 月	
王清佑	男	副厅级	1992 年 9 月至 2000 年 7 月	
孙叔德	男	巡视员	1994 年 5 月至 2000 年 7 月	
程永宽	男	助理巡视员	1994 年 11 月至 2000 年 7 月	
陈火生	男	助理巡视员	2000 年 3 月至 2000 年 7 月	

四、重庆市交通运输管理局初创建置（1954～1983 年）

（一）建置沿革

1. 初创建置（1954～1963 年）

1954 年 3 月 21 日，重庆市公用局被调整改名为重庆市交通运输管理局，一是将非交通运输事业划归建设局，二是仍旧对公共汽车、电车及修理和缆车、轮渡、渡口、渡船等进行管理。王铁任局分党组书记兼副局长，徐崇林任局长，冀文广任副局长，办公地点设在重庆市中区青年路45 号。至此，徐崇林成为新的重庆市人民政府之中第一位专门负责交通行政管理部门的首长，而作为独立的政府行政部门，重庆市交通行政管理部门基本确立。

1956 年，重庆市与中央政务院对口成立“重庆市人民委员会第六办公室”，是重庆市最早的专门管理交通的政府职能部门。1957 年 3 月 14 日，重庆市运输公司撤销，从重庆市人民政府第六办公室和原重庆市运输公司抽调人员，组建成立重庆市交通运输管理局，王子典任局党组书记兼副局长，王铁、梁延檀、马岳林任副局长，办公地点设在重庆市中区朝天门节约街 5 号。重庆市交通运输管理局内设机构为办公室、人事科、计划科、财务科、业务科、安全科等 6 个部门，30 余人。同时，重庆市各区也相继成立交通行政管理部门与机构。

1958 年 3 月，在“大跃进”形势下，中共重庆市委调整机构，重庆市人民政府压缩精简机构，撤销重庆市公用事业管理局和重庆市交通运输管理局。1958 年 9 月，中共重庆市委调整机构，重庆市交通运输管理局与重庆市公用事业管理局合并，成立重庆市交通公用事业管理局，王子典任局党组书记兼副局长，王文彬任局长，梁延檀任副局长，办公地点设在市中区中华路 174 号。1960 年 2 月，黄怀甫任重庆市交通公用事业管理局党组书记兼副局长。

2. 第一次恢复建置（1963～1978 年）

1963 年 3 月 16 日，重庆市交通公用事业管理局被撤销，又分别组建重庆市交通运输管理局和重庆市公用事业管理局。王子典任重庆市交通运输管理局党委书记兼副局长，王文彬任局长，艾云楷、何纯尧、梁延檀、马岳林任副局长，杨建任监委书记，重庆市交通运输管理局设政治部，段建新任主任，张铭钟任副主任。1964 年，中共重庆市委工作组进驻重庆市交通运输管理局，组长周文彬代行党委书记职权，副组长徐梦忠代行局长职权。

在“文革”期间，重庆市行政管理体制被彻底否定，重庆市交通运输管理局党政组织彻底瘫痪。1968 年 11 月 28 日，重庆市交通运输管理局革命委员会成立，军代表周贵来任革命委员会主任、党的核心小组组长。周文彬、何纯尧、艾云楷先后任革命委员会副主任、党的核心小组副组长。段建新、张铭钟、杨建、魏兆鸿、安瑞希分别任革命委员会副主任、党的核心小组成员。

1957～1983 年，重庆市交通运输管理局的内设机构先后为 16 个：行政办公室、党委办公室、宣传科、组织科、纪律检查组、团委、公路科、监理科、计划科、财务科、工业技术科、劳工科、教育科、研究室、运输科、群众运输管理科。

3. 第二次恢复建置（1978～1983年）

1978年，重庆市交通行政管理体制逐渐恢复原有正常建制。1978年3月22日，中共重庆市交通运输委员会下发《关于改变行政领导职称给所属各单位的通知》，决定取消重庆市公路养护总段，重庆中心航运管理站，重庆市码头管理站以及各单位基层站、队、厂、段、车间的革命委员会主任、副主任职称，恢复原有领导职称。紧接着，重庆市交通运输管理局革命委员会撤销，恢复重庆市交通运输管理局建制。1978年8月23日，经中共重庆市委常委会议研究，同意艾云楷任重庆市交通运输管理局局长。同时，何纯尧、杨建、段建新、张铭钟任副局长。1978年9月9日，中共重庆市委工业交通工作部批准重庆市交通运输管理局10个内部科室的科长任职。1978年12月4日，经中共重庆市委常委会1978年12月1日研究，同意艾云楷任重庆市交通运输管理局党组书记，魏兆鸿、何纯尧任副书记，梁延檀、杨健、段建新、张铭钟、安瑞希、姚瑞勇等6人任重庆市交通运输管理局党组成员。

1979年8月，安瑞希任重庆市交通运输管理局副局长。1979年，老红军岳仁和、余忠德任重庆市交通运输管理局顾问。1980年5月，沈盛辉任重庆市交通运输管理局副局长。1980年8月15日，沈盛辉任重庆市交通运输管理局党组书记兼局长，安瑞希任党组副书记。1981年9月14日，高鸿斌任重庆市交通运输管理局党组副书记兼副局长。

（二）管理职能

1. 初创建置（1954～1963年）

1954年3月21日，重庆市公用局调整改名时，重庆市交通运输管理局将非交通运输事业管理职能划归重庆市建设局，重庆市交通运输管理局管理职能主要限于城市公共交通、重庆市内短途运输及装卸搬运行业的行政管理。

1957年3月14日，重庆市人民政府组建成立重庆市交通运输管理局，此时，因公路、水路长途运输均已经移交中央交通部和四川省交通部门，重庆市交通运输管理局主要是对重庆市内码头、车站的装卸运输和短途水陆货物运输行使行政管理职能，以保证城镇居民以及城市经济建设物资运输需求。

1958～1963年，中共重庆市委调整机构，重庆市交通运输管理局与重庆市公用事业管理局再度合并，成立重庆市交通公用事业管理局，对重庆市交通运输管理局和重庆市公用事业管理局两局职能做出调整，原重庆市交通公用事业管理局对自来水的管理职能划入重庆市建设局，路灯管理职能划入重庆市电业局，重庆市交通公用事业管理局合并保留了全部对市内短途交通运输、码头搬运装卸和城市公共交通的行政管理职能。

2. 第一次恢复建置（1963～1978年）

1963年3月16日，重庆市交通公用事业管理局被撤销，重庆市人民政府分别成立重庆市交通运输管理局和重庆市公用事业管理局。1963～1978年，重庆市交通运输管理局基本上仅仅对重庆市内短途公路、水路交通运输、码头搬运装卸实施行政管理，同时，因重庆市内的国、省级公路由四川省交通厅所派出机构进行管理养护，重庆市交通运输管理局仅对重庆市县乡公路管理养护进行交通行政管理。

3. 第二次恢复建置（1978～1983年）

1978年8月23日，重庆市交通运输管理局革命委员会撤销，恢复重庆市交通运输管理局建制。1978～1983年，重庆市交通运输管理局仍旧对重庆市内短途公路、水路交通运输、码头搬运装卸实施行政管理，同时，因重庆市内的国、省级公路由四川省交通厅所派出机构进行管理养护，重庆市交通运输管理局还是仅对重庆市县乡公路管理养护进行交通行政管理。

（三）管理范围

1. 初创建置（1954～1963 年）

1954 年 3 月 21 日，重庆市公用局调整改名时，重庆市交通运输管理局除了对非交通运输事业不再管理外，重庆市交通运输管理局的管理范围是公共汽车、缆车、轮渡、渡口、木船渡运、水陆搬装运输、电车筹建及汽车修理等，所属公营或公私合营企业主要有重庆轮渡股份有限公司、重庆市公共汽车公司、重庆市运输公司、重庆市缆车公司、重庆市电车公司筹备处、中胜汽车公司、马车管理站、民营汽车 22 联营社、重庆中心航运管理站、綦江航运闸坝管理站、重庆市木船运输站、重庆市渡船管理站、重庆市渡口管理所等单位，与重庆市公用局原来的管理范围一致。

1957 年 3 月 14 日，重庆市运输公司撤销，从重庆市人民政府分管交通的第六办公室和原重庆市运输公司抽调人员，独立的重庆市交通运输管理局组建成立，与重庆市公用局分管市内短途运输、装卸搬运行业与城市公共交通行业。重庆市交通运输管理局管理范围主要为重庆市内码头、车站的装卸和保证城镇居民以及经济建设物资的重庆市内短途水、陆货物运输，重庆市公安局所属的车辆监理所也划归重庆市交通运输管理局管理。重庆市运输公司所属搬运站均先后划归重庆市所属各区管理。

1957 年 4 月 1 日，重庆市运输公司分解为重庆市汽车运输公司与重庆市拖驳运输公司，隶属于重庆市交通运输管理局管理。1958 年 7 月 8 日，重庆市拖驳运输公司与重庆市轮渡公司合并，成立重庆市水上交通运输公司。1959 年 8 月 13 日，重庆市搬运装卸公司设立，下属菜园坝、二钢厂、九龙坡和茄子溪 4 个装卸队，后发展至兼营短途汽车运输。重庆市水上交通运输公司和重庆市搬运装卸公司也归属于重庆市交通运输管理局管理。1961 年 1 月，在重庆市货物联运总站基础之上，组成重庆市货运服务公司，隶属于重庆市交通运输管理局管理。

2. 第一次恢复建置（1963～1978 年）

1963 年 4 月 1 日，重庆市水上交通运输公司撤销，分设重庆市水上运输公司和重庆市轮渡公司，重庆市水上运输公司隶属于重庆市交通运输管理局管理。1965 年 6 月 8 日，原为公私合营的大坪汽车修理厂批准改为重庆市汽车修理总厂，隶属于重庆市交通运输管理局管理。1966 年，重庆市搬运装卸公司更名为重庆市装卸运输公司。1971 年 6 月，重庆市交通运输管理局成立直属汽车战备营，1975 年 10 月，直属汽车战备营分别移交给重庆市装卸运输公司和重庆市公共交通公司。

3. 第二次恢复建置（1978～1983 年）

1980 年 1 月，重庆市交通运输管理局又在重庆市装卸运输公司货运科基础上，成立了重庆市联运服务公司，隶属于重庆市交通运输管理局管理。至 1983 年 2 月，重庆市交通运输管理局对 9 区 4 县交通行业行使行政管理，即市中区、江北区、沙坪坝区、九龙坡区、南岸区、北碚区、南桐矿区、大渡口区、双桥区、巴县、綦江县、长寿县、江北县。重庆市交通运输管理局所属企业事业单位主要有：重庆市装卸运输公司、重庆市联运服务公司、重庆市水上运输公司、重庆市汽车修理总厂、重庆市江北修造船厂、重庆市码头管理站等 6 个单位。

五、重庆市交通局（1983～1997 年）

（一）建置沿革

1983 年 2 月，在经济体制改革中，重庆市实行经济体制综合改革试点，虽仍旧是四川省辖市，但增加了省级经济管理权限，成为全国第一个计划单列市，即中央对重庆市实行全面计划单列，其中，在中央交通运输各项计划中，重庆市单立计划户头。

1983 年 3 月，四川省人民政府将省属在渝 14 个交通企业、事业单位划归重庆市交通运输管理局领导。1983 年 4 月 1 日，永川地区并入重庆市，永川地区所辖的 8 个县，加上重庆市原有 9 区 4 县，使重庆市成为管辖 9 区 12 县的计划单列市。在这种新的行政体制下，1983 年 4 月 23 日，永川地区交通局与重庆市交通运输管理局也相应合并，重庆市人民政府决定，重庆市交通运输管理局改名为重庆市交通局，沈盛辉任局长。1983 年 6 月，胡振业任重庆市交通局副局长。

1985 年 8 月 28 日，中共重庆市委同意成立中共重庆市交通运输委员会。委员由古正涛、沈盛辉、孟素英（女）、胡振业、高鸿斌、龚继震、彭定康 7 人组成，设书记、副书记各 1 人。沈盛辉任党委书记，龚继震任党委副书记。同时，中共重庆市委工交政治部根据中共重庆市委通知和重庆市人民政府通知，对重庆市交通局领导班子做出调整，胡振业任重庆市交通局局长，高鸿斌、古正涛、郑道访任副局长，安瑞希任顾问。

1986 年 1 月 13 日，中共重庆市交通运输委员会向局属各单位及其党委、总支、支部、各区县交通局及其党委（党组）转发中共重庆市委关于同意成立中共重庆市交通运输委员会的通知和下发关于重庆市交通局领导干部任职名单的通知，重庆市交通局新的领导班子组成是：沈盛辉任中共重庆市交通运输委员会书记，胡振业任重庆市交通局局长，龚继震任副书记，高鸿斌、古正涛、郑道访任副局长，张铭钟、葛玉堂、邓誉久、程立仁任局级调研员，安瑞希任顾问。

1988 年 7 月，沈盛辉调任重庆市监察局局长。1989 年 1 月 20 日，古正涛免副局长同时被任命为正局级巡视员，是重庆市交通局第一位正局级巡视员。1989 年，陈庆礽任重庆市交通局副局长。1990 年 12 月，王机调任中共重庆市交通运输委员会党委书记，同时，高鸿斌调任重庆市港口局党委书记，龚继震免副书记。1991 年 9 月，黄同科调任重庆市交通局副局长。1992 年 10 月，滕西全调任重庆市交通局副局长。1992 年 11 月 27 日，殷昭源被任命为副局级专职机关党委副书记。1993 年 9 月，陈庆礽调任四川省交通厅运输管理局局长，1994 年 11 月，又调四川省交通厅任副厅长。1994 年 2 月，郑道访调任四川省交通厅任副厅长。1995 年 10 月，蒙进礼升任为重庆市交通局总工程师，直至 2001 年 11 月。1995 年 7 月，罗德馨被任命为副局级专职机关党委书记。

到 1983 年重庆市计划单列前，重庆市交通运输管理局的内设机构为 16 个：行政办公室、党委办公室、宣传科、组织科、纪律检查组、团委、公路科、监理科、计划科、财务科、工业技术科、劳工科、教育科、研究室、运输科、群众运输管理科。在 1983 年内设机构基础上，1984 年 1 月，重庆市交通局科室由科改处。1986 年 5 月 6 日，重庆市交通局新设企业管理处，将群众运输管理处与交通管理处（运输处）合并成立公路运输管理处。1986 年 6 月 2 日，随着交通基础设施建设起步导致资金使用增加，又设置了审计处。1987 年 6 月 6 日，监理处更名为安全稽查处。

1989 年 1 月 26 日，调查研究室更名为体改法规研究室，赋予其研究、参与地方交通法规制定和立法的职能；将工业技术处更名为科学技术处；并设置安全办公室，以加强对企业生产安全的管理与监督。1989 年 6 月 6 日，重庆市交通局设置外事办公室，与局办公室合署办公，以加强对外联系。1992 年 1 月，组织处更名为组织干部处，加强党对干部的管理。1992 年 9 月，重庆市交通局正式成立重庆市交通信息通讯总站，加速办公计算机信息化、自动化工作。1992 年 11 月 16 日，经重庆市编委批准，重庆市交通局正式成立外经协作办公室，与局计划处“一套班子，两块牌子”合署办公。行政办公室与党委办公室二合一办公。

在由计划经济向社会主义市场经济的转变过程中，重庆市交通局的内设机构随着经济体制变化而时有增减。从 1983 年 4 月至 1997 年，重庆市交通局设置过的处室先后有：行政办公室、党委办公室、外事办公室、宣传处、组织干部处、纪律检查组、团委、体改法规研究室、计划处、外经协作办公室、财务处、科学技术处、劳工处、公路处、教育处、企业管理处、物资处、公路运输管理处、路政管理处、安全办公室、审计处、监理处、安全稽查处、群众运输管理处、交通管理处（运输处）、老干部处等等。

（二）管理职能

1983 年，国家决定对重庆市实行计划单列，重庆市具有了省级经济管理权利。随后，重庆市交通局接收了四川省重庆交通监理站和重庆公路养护总段，具有了征收交通规费和重庆市辖范围内的国道省道公路养护以及公路运政的行政管理职能。1983 年 7 月 28 日，四川省建设银行、四川省财政厅、四川省交通厅联合发出了《关于下放在渝省属交通企事业基建单位有关财务问题的通知》，规定从1984年起，重庆市收取的养路费上缴四川省30%，重庆市留存70%，重庆市交通局拥有了稳定的资金来源和安排使用的自主权，对改善和加快重庆市交通基础设施起到了至关重要的作用。重庆市计划单列后，重庆市交通局具有了规划重庆市交通基础设施建设的行政管理职能，直接向交通部申请交通建设投资计划及其补助，由交通部实行计划单列，补助建设资金。

在接收四川省重庆港航监督站、重庆中心航运管理站、合川中心航运管理站后，重庆市交通局又拥有了管理重庆辖区内18条通航河流的航道、船闸，管理省属和省属以下各类船舶的运输业务、规费征收、安全监督和船舶检验等行政管理职能，后经交通部批准，重庆市船舶检验处享有省一级船检权利。根据四川省建设银行、四川省财政厅、四川省交通厅联合发出的《关于下放在渝省属交通企事业基建单位有关财务问题的通知》规定，从1984年起，重庆市收取的养河费上缴四川省73%，重庆市留存27%。

（三）管理范围

1. 重庆市交通运输管理局

1983年，重庆市计划单列初，重庆市交通运输管理局直接管理6户企业：重庆市装卸运输公司、重庆市水上运输公司、重庆市汽车修理总厂、重庆市码头管理站、重庆市联运公司和重庆江北修造船厂。这6户企业的业务经营范围主要为市内码头、车站的装卸和保证城镇居民以及经济建设物资的市内短途水、陆货物计划运输，以及大坪汽车修理厂的汽车修理和江北修造船厂的木船修造。其间，重庆市交通运输管理局受四川省交通厅的委托，代管重庆公路养护总段、重庆市交通监理站和重庆市中心航管站3个四川省属事业单位和四川省重庆船厂党组织工作。同时，重庆市交通运输管理局受交通部委托，还一直代管交通部交通科学研究院重庆分院的党组织关系。

重庆市交通运输管理局与各区县交通主管部门的关系是：指导重庆各区县的交通运输管理以及县乡道公路养护管理。在国家实行计划经济的条件下，重庆市征收的交通规费实行全额上缴，没有自主资金和自主建设的权利，所有建设项目实行向四川省交通厅报告审批后的执行制度，交通基础设施建设严重滞后。

2. 重庆市交通局

1983年2月，重庆市实行经济体制综合改革试点，成为全国第一个赋予省级经济管理权限的计划单列市。1983年3月，四川省人民政府将省属在渝14个交通企业、事业单位划归重庆市交通局领导。1983年4月1日，永川地区并入重庆市，永川地区所辖的8个县，加上重庆市原有的9个区、4个县，使重庆市成为管辖9区12县的拥有省级经济管理权限的计划单列市。9区12县即市中区、江北区、南岸区、沙坪坝区、九龙坡区、北碚区、南桐区、大渡口区、双桥区、巴县、长寿县、江北县、綦江县、荣昌县、大足县、铜梁县、潼南县、璧山县、江津县、永川县、合川县等，重庆市交通局的行政管理范围也随之扩展。

1996年9月5日，为做好直辖前的过渡工作，中共中央、国务院批准由重庆市代管万县市、涪陵市和黔江地区，即代管"两市一地"。1996年9月13日，中共四川省委发出〔1996〕31号文，正式委托重庆市代管万县市、涪陵市和黔江地区。1996年9月15日，根据中央的批复，重庆市受四川省委托，正式代管三峡库区的万县市、涪陵市和黔江地区。随此，重庆市交通局按照中共重庆市委、重庆市人民政府"思想领先，平稳过渡"的要求，结合交通系统行业管理、建设项目、规费征收、资金交接的实际情况，本着工作不断不乱、方便留给"两市一地"的原则，重庆市交通局制订了代管衔接方案，并两度与四川省交通厅协商达成交接纪要，采取部门与部门对口交接的办法，积极稳妥地开展了交接工作。同时，积极向交通部汇报情况，落实1997年投资计划安排。按照时间进度，顺利实现了万县市、涪陵市和黔江地区交通系统的代管工作。

随着重庆市计划单列，一批原四川省属国有交通企业下放重庆市，重庆市交通局所属国有企业增多。一方面，四川省汽车运输公司重庆分公司、四川省汽车运输公司永川分公司、四川省重庆轮船公司、四川省重庆船厂下放隶属于重庆市交通局后，重庆市交通局管理的交通运输行业范围，由重庆市内的水陆短途货物运输扩展到跨省市的水陆客货运输及内河中小型船舶的修造。1984 年 10 月 1 日，民生轮船公司重新筹建，性质为民办集体航运企业。1985 年 11 月 10 日，民生轮船公司开辟了第一条海运航线，使重庆市航运行业范围随后拓展到海洋运输。另一方面，为了进一步实施政企脱钩，转变政府部门管理职能，搞活国有交通企业，重庆市交通局对所属企业进行了较大规模的重组调整。1991 年 11 月，重庆市交通局直属的重庆交通机械厂移交给重庆市机械局。1991 年 12 月，重庆市交通局直属的集体企业江南船厂并入重庆市渝州汽车修造总厂，更名为重庆渝州汽车总厂车船附件厂。1992 年 1 月 1 日，在重庆市人民政府调整市属国营水运企业组织结构时，重庆市水上运输总公司被并入四川省重庆轮船总公司。1994 年 12 月，重庆市交通局直属的集体企业江北修造船厂更名为重庆市迅达交通工程设施厂并移交给江北区人民政府。1995 年 11 月，重庆市交通局直属的重庆市渝州汽车修造总厂并入嘉陵集团。1996 年 10 月，原隶属于重庆市交通局的永川汽车配件公司并入永川汽车运输公司。

表 1－3　　1980 年至 2000 年 7 月重庆市交通局领导成员名录

姓名	性别	职务	任职时间	备注
沈盛辉	男	副局长、党委书记	1980 年 5 月至 1988 年 1 月	
胡振业	男	副局长	1983 年 6 月至 1985 年 8 月	
		局长	1985 年 8 月至 2000 年 5 月	
高鸿斌	男	党委副书记	1981 年至 1991 年	
		副局长	1991 年 2 月至 1997 年 1 月	
古正涛	男	副局长	1983 年 1 月至 1989 年 1 月	
彭建康	男	副局长	1998 年 2 月至 2000 年 7 月	
龚继震	男	党委副书记	1985 年 8 月至 1991 年 2 月	病故
		副局长	1991 年 2 月至 1997 年 1 月	
郑道访	男	副局长	1985 年 1 月至 1994 年 2 月	
陈庆礽	男	副局长	1989 年至 1993 年 9 月	
黄同科	男	副局长	1991 年 9 月至 2000 年 7 月	
王机	男	党委书记	1990 年 12 月至 2000 年 7 月	
滕西全	男	副局长	1995 年至 2000 年 7 月	
蒙进礼	男	总工程师	1995 年 10 月至 2000 年 7 月	
明正义	男	纪委书记	1998 年 5 月至 2000 年 7 月	
李健	男	副局长	1997 年 7 月至 2000 年 7 月	
殷昭源	男	机关党委书记（副局级）	1992 年 12 月至 1995 年 1 月	
罗德馨	女	机关党委书记（副局级）	1995 年 7 月至 2000 年 7 月	

表 1－4　　1979 年至 2000 年 7 月重庆市交通局非领导职务名录

姓名	性别	职务	任职时间	备注
岳仁和	男	顾问	1979 年至 1987 年	病故

续前表

姓名	性别	职务	任职时间	备注
余忠德	男	顾问	1979 年至 1983 年 9 月	病故
安瑞希	男	顾问	1986 年 1 月至 2000 年 5 月	离休
邓誉久	男	局级调研员	1986 年 1 月至 1986 年	退休
葛玉堂	男	局级调研员	1986 年 1 月至 1988 年	退休
张铭钟	男	局级调研员	1986 年 1 月至 1988 年	退休
古正涛	男	巡视员	1989 年 1 月至 1991 年 10 月	退休
朱世奇	男	副巡视员	1994 年 3 月至 1996 年 11 月	退休
殷昭源	男	副局级	1992 年 12 月至 1995 年 1 月	退休

六、重庆港口管理局（1983～2000 年）

（一）建置沿革

重庆港口管理局前身为长江航运管理局所属的重庆港务局。1983 年 3 月 25 日，交通部向国务院上报《交通部关于长江航运体制改革方案》。1983 年 5 月，国务院下发《国务院批准交通部关于长江航运体制改革方案的通知》（国发 50 号文），对重庆港实行“一城一港一政”的管理体制。1983 年 8 月 3 日，交通部决定对重庆港务局实行交通部、重庆市双重领导，以交通部为主的管理体制。1983 年 9 月 1 日，交通部在体制改革中实行“港航分离、政企分开、专业管理”的新模式，重庆市的港口管理从长江航运管理局中划出，成立了交通部重庆港口管理局，实行以交通部为主、重庆市为辅的双重领导体制。根据上述原则，1984 年 2 月 1 日，重庆港务管理体制进一步改革，重庆市交通局将重庆市码头管理站及其所管辖地方码头成建制移交重庆港口管理局管理。

1988 年 12 月 22 日，交通部和重庆市人民政府举行签字仪式，交通部重庆港口管理局成建制下放重庆市，仍实行部、市双重领导体制，但以重庆市人民政府为主，更名为“重庆港口管理局”，投资及财务体制不变，资产所有权仍归属交通部。

2000 年，重庆市人民政府根据国务院批准的机构编制，组建重庆市交通委员会，重庆市港口管理局政企分开。2000 年 8 月 1 日，重庆市交通委员会成立，重庆港口管理局的行政管理职能并入重庆市交通委员会，将重庆市码头管理处的行政管理职能和人、财、物成建制地划入重庆市交通委员会新成立的重庆市港航管理局，原港口生产经营部分改制为企业，至此，重庆港口管理局建制撤销。

（二）管理职能和范围

1986 年 7 月 5 日，在重庆市港口管理实行双重领导体制改革之后，重庆市人民政府颁发《重庆市港口管理暂行规定》，明确重庆市只设一个港口管理机构，对所辖港口实行统一政令、统一规划、统一管理；明确规定重庆港口的行政管理机构为重庆港口管理局，受交通部和重庆市人民政府双重领导，既是交通部管理重庆港口的派出机构，又是重庆市人民政府管理港口的职能部门。其主要职责是：贯彻监督实施国家有关港口的方针、政策、法令；制订港口建设规划；管理港口资源开发和港区内岸线、水域的使用；管理港口运输市场，对港埠企业进行行业管理；统一指挥与监督到港船舶、车辆及其他交通工具的停泊与作业；监督港口环境保护；组织港区内救助打捞；维护港口秩序。

七、重庆市经济委员会交通处（1978～2005 年）

（一）建置沿革

重庆市经济委员会的前身是中共重庆市委工交政治部。20 世纪 50 年代，中共重庆市委工业部和中共重庆市委建设交通部组成中共重庆市委工交政治部，行使对包括交通在内的经济工作的领导。

1978 年，中共十一届三中全会之前，撤销了重庆市革命委员会，恢复重庆市人民政府建制，从中共重庆市委工交政治部中抽调一部分干部，组建了重庆市经济委员会，由于在重庆市经济委员会主要职责中，有“组织协调全市工交生产经营”和“组织工交系统的改革联合”的职责，故从那时起即设置了重庆市经济委员会交通处，第一任负责人有：胡志永任处长，陈兴国任副处长。

1983 年，随着重庆市计划单列，四川省重庆汽车运输公司下放给重庆市，为加强重庆汽车运输公司领导班子，陈兴国调任四川省重庆汽车运输公司总经理，张玉书任重庆市经济委员会交通处副处长。后来，胡志永任巡视员，张玉书任处长，黄祖和任副处长。在张玉书调重庆港口管理局工作后，黄祖和任重庆市经济委员会交通处处长。

2000 年 8 月 1 日，成立重庆市交通委员会，重庆市经济委员会交通处与重庆市交通局、重庆市公用局、重庆市港口管理局行政部分合并为重庆交通委员会。至此，重庆市经济委员会交通处撤销，其行政管理职能移交重庆市交通委员会。

（二）管理职责与范围

1986~2005 年 20 年间，重庆市经济委员会交通处主要职责是负责各种运输方式的协调以及联运服务管理。管理范围涉及民航、铁路、公路、水路、邮电等交通邮电“大口”系统。

八、重庆市交通战备办公室（1997~2006 年）

（一）建置沿革

1997 年 7 月，重庆市交通战备办公室作为省级交通战备办公室成立，设置在原重庆市计划委员会能源交通处，由孙力达担任主任，有兼职工作人员 1 名。

2000 年 8 月，重庆市人民政府机关机构改革时，根据有关划转职能规定，将重庆市交通战备办公室改设在重庆市交通委员会，与综合计划处合署办公。彭建康任主任，滕宏伟任副主任，有专职工作人员 1 名。

2006 年 9 月，根据军事斗争需要和上级有关规定，将重庆市交通战备办公室在重庆市交通委员会内独立设置。彭建康任主任，侯广清任专职副主任，有专职工作人员 1 名。

（二）管理职责与范围

重庆市交通战备办公室的基本任务是：组织实施国防交通建设，组织实施国防交通动员，组织实施国防交通保障。工作的基本原则是：统一领导、分级负责、全面规划、平战结合。工作职责是：

1. 贯彻执行国家国防交通工作的方针、政策和法律法规，落实战区和市国防动员委员会的有关要求。

2. 拟制国防交通工作的政策、法规、制度和建设规划、计划。

3. 编制修订交通保障计划和重点交通目标保障方案。

4. 规划国防交通网络布局；对重庆市内交通建设提出有关国防要求的建议，监督检查和协助组织国防要求的贯彻落实。

5. 负责重庆市民用运力调查、动员和征用。

6. 受理、审核、汇总上报有关单位提出的国防要求。

7. 参加国防交通工程设施的勘察、设计、鉴定和验收。

8. 负责所属交通战备干部的培训和专业保障队伍建设、训练与管理。

9. 开展交通战备工作科技创新和学术理论研究。

10. 组织相关部门为重大军事行动和其他应急任务进行交通保障。

11. 负责交通战备经费管理和战备物资储备，收集、管理交通战备工作资料。

12. 负责指导、检查、监督国防交通战备工作，协调处理有关问题。

13. 完成上级和本部门赋予的其他任务。

第二节　四川省万县市、涪陵市、黔江地区交通行政机构

一、万县市交通局

（一）建置沿革

1954年8月，万县专员公署成立交通科。1956年9月，万县专员公署交通科改为万县专区交通局。1968年，万县专区改称万县地区，万县专区交通局改称万县地区交通局。1970～1973年，万县地区交通局曾与万县地区邮电局合并，同年，万县地区交通局又与万县地区邮电局分开。1987年，万县地区交通局办公地址迁至万县市白岩支路1号。1992年12月21日，国务院国函〔1992〕194号文件批准，万县地区撤地设市，实行地级市管县体制。1993年4月，万县地区交通局更名为万县市交通局。

1996年，党中央、国务院决定设立重庆直辖市。1997年3月14日，全国人大通过决议复设重庆直辖市，管辖原四川省重庆市、万县市、涪陵市与黔江地区，其中，撤销万县市及所辖龙宝、天城、五桥3个区，设立重庆市万县区，同时设立重庆市万县移民开发区，代管忠县、开县、云阳县、奉节县、巫山县、巫溪县，而梁平县、城口县由重庆市直管。为便于工作，暂未改变“四川省万县市交通局”名称，过渡至1998年7月14日。

万县地区交通行政管理内设机构的变化。万县地区交通局时期：局机关设行政办公室、党委办公室、政工科、监察审计科、计划财务科、公路管理科、运输科、科技安全科、纪检组、勘察设计队（含测量队）、交通战备办公室。万县市交通局时期：局机关沿用万县地区交通局科室。1994年8月撤销勘察设计队，组建万县市交通设计院，为所属独立法人事业单位。1996年1月，撤销公路管理科和计划财务科，新设立计划基建科和财务科。1997年3月，增设政策法规科。

（二）管理职能与范围

万县地区交通局、万县市交通局属于地市级交通行政机构，具备交通发展、交通建设、交通行业管理、交通科技与文明建设、体制改革与国有资产管理等5个方面的管理职能。万县地区交通局、万县市交通局在其所属县地域综合进行交通行业管理，监督、指导城市公共交通、客运、港口、航运的公安工作，负责管理万州民航局、万州铁路办（公司）、万州港务局（公司），归口协调长江港航监督局、万州航道处、万州导航处、江万船厂、长燃万州分公司等项管理职能。具体的管理范围因不同历史时期而有所增减。

万县地区交通局时期（1968～1993年）。对万县市（县级市）、万县、梁平县、开县、忠县、云阳县、奉节县、巫山县、巫溪县、城口县等9县1市行使交通行政管理和交通行业管理。万县市交通局时期（1993～1997年）。对龙宝区、天城区、五桥区、开县、梁平县、忠县、云阳县、奉节县、巫山县、巫溪县、城口县等3区8县行使交通行政管理与交通行业管理。上述两个时期的上级主管业务机构是四川省交通厅，行政关系归属于万县地区、万县市人民政府管理。

表1－5　1991～1998年万县市交通局领导成员名录

单位名称	姓名	职　务	任职时间
万县地区交通局	左吉祥	局长	1991年8月至1993年6月
	刘民盛	副局长	1991年8月至1992年3月
	龙正国	副局长	1991年8月至1993年6月
	屈国才	副局长	1990年12月至1993年6月
	柴慈镛	副局长	1992年4月至1993年6月
万县市交通局	左吉祥	局长	1993年6月至1998年8月
	龙正国	副局长	1993年5月至1995年1月
	屈国才	副局长	1993年5月至1997年10月
	柴慈镛	副局长	1993年6月至1994年2月
			1995年4月至1998年8月
	欧长庚	副局长	1993年11月至1998年8月
	余建华	副局长	1996年6月至1998年8月
	付天邦	总工程师	1993年5月至1996年10月

二、涪陵市交通委员会

（一）建置沿革

1956年8月，涪陵专区交通局成立。1967年11月，交通工作纳入涪陵专区计委、工业、交通局抓革命促生产指挥组统一管理。1968年至1972年10月，涪陵专区改称涪陵地区，涪陵地区革命委员会撤销了地属各局“革命领导小组”，分行业归口成立了四川省涪陵地区交通局。

1988年5月，国务院决定将酉阳、秀山、黔江、彭水、石柱5县从涪陵地区划出单独设立黔江地区，1988年8月11日，涪陵地区交通局和黔江地区交通局举行业务划归与交接问题协议签字仪式，交接完毕后，涪陵地区交通局与黔江地区所辖5县交通局正式脱离管理关系。1990年12月，中共涪陵地区地委、涪陵地区行署决定，并经四川省编委同意撤销四川省涪陵地区交通局，设立四川省涪陵地区交通委员会。1991年1月21日，涪陵地区交通委员会领导班子组建完毕，正式挂牌办公。1995年11月，国务院批准撤销涪陵地区和县级涪陵市，设立地级涪陵市。1996年3月，涪陵地区交通委员会更名为涪陵市交通委员会。

涪陵市交通委员会时期。1996年7月，涪陵市政府办公室批准市交委内设机构：办公室、综合计划科、财务审计科、建设管理科、运输管理科（挂安全保卫科牌子）、法规监察科。同年12月，交委政治部内设组织干部科、宣传教育科。

内设机构的演变

涪陵地区交通局时期。1985年底，局内设机构有政治处、秘书科、生产技术科、公路科、计财科、安全保卫科、工业材料科。1988年12月，撤销政治处、秘书科，设置办公室、人事科、监察科。1989年7月，为了贯彻党的十三届三中全会精神和治理整顿、深化改革的方针，根据地委要求，地区交通局进行机构改革，局级和内部机构的领导由历来的任命制改为聘任制。内设机构调整为政治处、办公室、生产技术科、工程科、安全保卫科、工业材料科、财务审计科、计划统计科。机关编制30人，其中局级领导职数9名。1990年3月，局内设路政管理科，领导职数1名。

涪陵地区交通委员会时期。1991年4月，涪陵地区交通委员会设立内部机构：办公室、计划统计科、财务审计科（1993年1月财务科、审计科分设）、生产技术科（与交通战备办两块牌子，一套机构)、企业管理科、安全保卫科、工程科、路政管理科、物资科、组织干部科、宣传教育科以及交委纪委、工会。

（二）管理职能与范围

四川省涪陵地区交通局、涪陵地区交通委员会和涪陵市交通委员会属于地市级交通行政机构，具备交通发展、交通建设、交通行业管理、交通科技与文明建设、体制改革与国有资产管理等5个方面的管理职能，在涪陵地区及其所属县市综合进行交通行业管理，综合平衡交通运力，负责涪陵地区道路、铁路、航道、码头、港口、车站等各项基础设施的建设及其维护，管理和指导城市公共客运的安全工作，协调联系交通邮电等工作。具体的管理范围分不同历史时期而有所增减。

1. 涪陵地区交通局时期

1986～1993年，涪陵地区交通局所属单位有：地区公路养护管理总段、地区航务管理处、地区港航监督处、地区公路运输管理处、涪陵交通稽查征费处（前身为涪陵地区交通监理处）、地区交通技工学校、地区公路勘察设计所、地区轮船公司、地区汽车运输公司。

1986～1988年，涪陵地区交通行政管理与行业管理范围为涪陵市、南川市、垫江县、丰都县、武隆县、石柱县、彭水县、黔江县、酉阳县、秀山县等9县1市。1989～1993年，因设立黔江地区，涪陵地区石柱、彭水、黔江、酉阳、秀山5县划归黔江地区，涪陵地区交通行政管理与行业管理范围为涪陵市、南川市、垫江县、丰都县、武隆县。行业管理单位有：涪陵市（县级）交通局、枳城区交通局、李渡区交通局、南川市交通局、垫江县交通局、丰都县交通局、武隆县交通局、石柱县交通局、彭水县交通局、黔江县交通局、酉阳县交通局、秀山县交通局。

2. 涪陵市交通委员会时期

1993～1996年，涪陵市交通委员会所属单位有：公路养护管理总段、地区公路运输管理处、地区航务管理处、地区港航监督处、涪陵交通稽查征费处、地区交通技工学校、地区公路勘察设计所、涪陵轮船公司（后组建股份制企业——长江天府旅游轮船股份有限公司）、地区汽车运输公司、涪陵客车厂。

1993～1996年，涪陵地区交通行政管理与行业管理范围为涪陵市、南川市、垫江县、丰都县、武隆县。行业协调单位有：涪陵地区邮电局、涪陵长线局等通讯单位。行业管理单位有：涪陵市（县级）交通局、枳城区交通局、李渡区交通局、南川市交通局、垫江县交通局、丰都县交通局、武隆县交通局。

3. 涪陵市交通局（县级）时期

1977年8月，涪陵县交通工作从县工业交通局分出，设立涪陵县交通局。1983年9月，国务院批准撤销涪陵县，设置涪陵市（县级）。同年10月，涪陵县交通局改称涪陵市交通局。1995年11月，涪陵地区撤销，设立地级涪陵市，县级涪陵市撤销，在原地域上分别设立涪陵市枳城区和李渡区（县级）。1996年3月，涪陵市交通局正式撤销，在原机构人员的基础上分别组建枳城区交通局、李渡区交通局。

表 1－6　　1984～1996 年涪陵市交通委员会领导成员名录

单位名称	姓名	职　务	任职时间
涪陵地区交通局	唐志荣	局长	1984 年 11 月至 1990 年 12 月
	代朝忠	副局长	1984 年 11 月至 1989 年 6 月
	姜宗源	副局长	1985 年 3 月至 1989 年 6 月
	唐坤才	副局长	1986 年 4 月 1988 年 4 月
	朱玉林	副局长	1988 年 2 月 1989 年 6 月
	林孝齐	副局长	1989 年 7 月 1990 年 12 月
	贺清国	副局长	1990 年 1 月至 1990 年 12 月
	刘树荣	副局长	1990 年 6 月至 1990 年 12 月
	柳恩梅	副局长	1990 年 6 月至 1990 年 12 月
	周杰	副局长	1990 年 8 月至 1990 年 12 月
	洪仁翥	副局长	1990 年 2 月至 1990 年 12 月
涪陵地区交通委员会	朱华平	主任	1991 年 1 月至 1993 年 1 月
	吴启华	副主任	1991 年 1 月至 1993 年 1 月
		主任	1993 年 2 月至 1994 年 12 月
	朱玉林	副主任	1992 年 10 月至 1994 年 12 月
		主任	1995 年 1 月至 1996 年 4 月
涪陵市交通委员会	唐志荣	副主任	1995 年 1 月至 1996 年 4 月
	周德刚	副主任	1995 年 1 月至 1996 年 4 月
	贺清国	副主任	1995 年 1 月至 1996 年 4 月
	叶正金	副主任	1991 年 1 月至 1993 年 5 月
	陆同善	副主任	1991 年 1 月至 1993 年 5 月
	姚小松	副主任	1995 年 1 月至 1996 年 4 月
	刘树荣	委员	1991 年 1 月至 1994 年 12 月
		副主任	1995 年 1 月至 1996 年 4 月
	周杰	委员	1991 年 1 月至 1996 年 4 月
	何宗安	委员	1994 年 11 月至 1996 年 4 月
	洪仁翥	委员	1991 年 2 月至 1991 年 6 月

三、黔江地区交通局

（一）建置沿革

1988 年 11 月，黔江地区编制委员会以《关于地区交通局内部机构设置的批复》批准同意组建四川省黔江地区交通局，黔江地区交通局是隶属黔江地区行署领导的正县级行政单位，编制 12 人，下设三科一室，即办公室、工程管理科、计划财务科，生产安全科。随着交通事业的不断发展，内部机构也有一定变化，至 1997 年底，有办公室、政治处、法制科、安保科、工程计划科、财务科、审计科、生产技术科、工会办公室。

1997 年 3 月 14 日，全国人大决定设立重庆直辖市，管辖原四川省重庆市、万县市、涪陵市和黔江地区。其中，撤销黔江地区，设立重庆市黔江开发区，代管石柱、秀山、酉阳、黔江和彭水 5

个县。为便于工作，暂未改变“四川省黔江地区交通局”的名称，过渡至1998年6月。

（二）管理职能与范围

黔江地区交通局分别是黔江地区行署、黔江开发区管委会、黔江区人民政府主管辖区内公路和水路交通行业的职能部门，具备交通发展、交通建设、交通行业管理、交通科技与文明建设、体制改革与国有资产管理等5个方面的管理职能，具体的管理范围分不同历史时期而有所增减。1989～1996年，因设立黔江地区，涪陵地区石柱、彭水、黔江、酉阳、秀山5个县划归黔江地区。黔江地区交通局对石柱、彭水、黔江、酉阳、秀山5个县的交通行业进行直接行政管理。黔江地区交通局时期，国省道公路管理部门归涪陵市交通部门管理。黔江地区交通局管理的下属部门有：黔江地区公路局（处、总段）、黔江地区公路路政大队、黔江地区公路运输管理处、黔江地区航务管理处、港航监督处、港口管理处、黔江地区交通稽查管理费处。黔江地区交通局直属事业单位有：黔江地区交通勘察设计院、黔江地区公路工程质量监督站、黔江地区公路工程定额站。

表1－7　　1988～2000年黔江地区、黔江开发区交通局领导成员名录

单位名称	姓　名	职　务	任职时间
黔江地区时期	黄绪良	局长、党组书记	1988年7月至1997年1月
	黄家夫	副局长	1988年10月至1992年10月
	刘复	副局长、党组成员	1991年8月至1997年1月
	郭熙涛	副局长、党组成员	1992年5月至1998年7月
	鲁荣康	副局长、党组成员	1993年3月至1998年6月
	丁歧楼	副局长、党组成员	1993年3月至1998年6月
	王邦权	副局长、党组成员	1997年1月至1998年6月
	刘复	局长、党组书记	1997年1月至1998年6月
		局长、党组书记	1998年7月至2000年10月
黔江开发区时期	郭熙涛	副局长、党组成员	1998年7月至2000年10月
	丁歧楼	副局长、党组成员	1998年7月至2000年10月
	鲁荣康	副局长、党组副书记	1998年7月至2000年10月
	王邦权	副局长、党组成员	1998年7月至2000年10月
	肖永平	副局长、党组成员	1998年7月至2000年10月

第三节　重庆市交通行政机构

一、重庆市交通行政机构改革

（一）重庆市公用事业局机构改革

1998年，根据中共中央、国务院中委〔1997〕93号文件批准的《重庆市党政机构设置方案》和中共重庆市委、重庆市人民政府渝委发〔1997〕34号文件批准的《关于重庆市党政机构设置方案的实施意见》，重庆市人民政府下发《重庆市人民政府办公厅关于印发市公用事业管理局职能配置、内设机构和人员编制方案的通知》（渝办发〔1998〕76号），本着转变职能、理顺关系、精兵简政、提高效率的指导思想和“精简、统一、效能”的原则，批准了重庆市公用事业管理局职能

配置、内设机构和人员编制方案即“三定方案”。重庆市公用事业局在实行国家公务员制度的同时，按照“三定”方案推进行政机构改革。

管理职能

1998 年，重庆市人民政府批准的“三定”方案明确规定了公用事业的主要职能。重庆市公用事业局对城市公共客运交通的行政管理职能范围为全市公共汽电车、小公共汽车、主城区内出租汽车、社会客运、城市客车维修、轮渡、缆车、客运索道、公共客运电梯、电扶梯、客车修造、轨道交通筹建。其中，公共客运交通中的出租汽车管理，按重庆市人民政府划定的范围，由重庆市公用局、重庆市交通局两局共同管理。重庆市公用事业局有以下 13 个方面的主要管理职责：

1. 依据重庆市国民经济和社会发展规划及城市的总体规划，提出重庆市公用事业发展战略，编制公用事业规划和中长期计划，控制总量平衡，调整产业布局，协调行业规划布点，经重庆市人民政府批准后组织实施。

2. 贯彻执行国家、重庆市有关公用事业发展的方针、政策和法律法规，根据重庆市公用事业的实际情况，研究制定重庆市发展公用事业的具体政策、措施；起草有关的地方性公用事业法规和规章；颁发公用事业的规范性管理文件；行政执法与行政执法监督；承担行政复议和诉讼。

3. 根据公用事业规划、中长期计划和重庆市情，负责汇编公用事业的年度服务供应计划，编制重点项目与一般维护项目建设计划、重点技术改造计划、重大科技发展和新产品开发计划，并负责计划实施的协调、监督。组织审核、调整和汇编各项固定资产投资计划，组织预审或审批固定资产投资的项目建议书、可行性研究、初步设计和竣工验收。

4. 会同有关部门制定与公用事业有关的经济政策，研究制定或协调制定重庆公用事业的价格、税收、补贴、信贷、投资等各种经济调节措施，并协调组织实施。

5. 依法加强对重庆市公用事业的行业管理，负责对供水、供气、供热、公共客运交通从业单位与经营者的资质审查、执法监督和重庆市公用事业服务供应的平衡、协调；会同有关部门培育和完善统一的公用事业市场体系；委托、指导、监督重庆远郊区市县建设行政主管部门管理属地公用事业；指导、协调公用行业中介组织的工作。

6. 负责审批和协调重庆市城市开发建设中公用设施配套计划；负责重要公用设施建设管理。

7. 负责公共客运交通的客流调查、制式选配、运力分配与投放、线网调整、开线设站和城市客车维修、公共交通客车驾驶员培训的管理；负责计划用水、节约用水、二次供水管理。

8. 加强对公用事业服务供应工作的综合管理，制定和组织实施公用系统各行业的技术规范和服务标准；负责对公用事业产品质量和服务质量进行检查、监督与考核；负责对城市公用事业生产运营的监控；会同有关部门及时处置突发事件、重大灾害和重大服务供应事故；负责全市公用系统信息管理，并向市政府、有关部门和从业单位提供信息服务。

9. 根据重庆市人民政府授权，负责所属国有公用企事业单位的国有资产管理，对国家投资、补贴进行监督管理。

10. 制订重庆市公用事业科技进步规划，组织重大科技项目和新产品、新技术、新设备、新工艺、新材料的研究、开发与应用，促进对外经济技术交流工作；负责公用事业中外合资、合作和技术引进、设备引进项目的论证和初审工作；依法管理公用事业三资企业，加强对第三产业开发的指导。

11. 制订重庆市公用事业教育规划，负责管理公用事业职工中专校等教育机构，组织和指导全员培训；负责各专业技术岗位人员评审、考核和发放技术等级证书。

12. 按照规定的人事管理权限和审批程序，负责局管干部的任免与管理，党建工作和精神文明建设。

13. 承办中共重庆市委、重庆市人民政府交办的其他事项。

内设机构

1998年4月，根据重庆市人民政府办公厅渝办发〔1998〕76号文件《重庆市人民政府办公厅关于印发市公用事业管理局职能配置、内设机构和人员编制方案的通知》，确定重庆市公用局内设13个职能处（室）和机关党委，即办公室、组织人事处（挂离退休人员工作处牌子）、宣传处、政策法规处、计划处（挂燃气热力处牌子）、财务处、公交客运处、安全服务监察处、劳动工资处（挂教育处牌子）、科技处、综合处、外经处，设机关党委，并推行国家公务员制度。将原物资处职责转移改名为企业处。重庆市纪委与重庆市监察局派驻监察室，与审计处合署办公。1998年，重庆市公用事业管理局机关行政编制90名，其中局长1名、副局长3名、总工程师1名，纪委书记和机关党委书记按市委有关规定配备。正副处级领导职数23名（含机关党委专职副书记1名），机关后勤服务人员事业编制9名。

1. 办公室。负责组织协调制定机关各项规章制度，并负责贯彻落实，负责调查研究；负责文电、秘书、保密、信访、档案工作；负责局机关计划生育、爱国卫生、房改工作；承办信访、议案、提案工作；负责机关日常事务管理；负责组织汇编年报、大事记、修志编史工作。

2. 组织人事处（挂离退休人员工作处牌子）。组织处与人事处合署办公，改名为组织人事处（挂老干部处牌子），负责党的基层组织建设和党务工作；负责局属单位领导班子的思想作风、组织建设；负责全局后备干部队伍建设；负责全局处级干部选拔培养、任免及管理工作；负责离退休人员的安置、管理和思想政治工作；抓好党的统战（侨务）工作及因公出国出境的政审工作；负责全局人事和事业单位工资管理及知识分子和专业技术职称的日常管理工作。

3. 宣传处。负责党的路线、方针、政策的宣传教育；负责全局思想政治工作，拟定普法规划及组织实施，拟定精神文明建设规划，总结推广宣传典型经验；负责宣传报道工作，指导思想政治研究工作。

4. 政策法规处。1990年初成立政策法规处，负责编制上报立法规划和年度计划；拟定或修改重庆市有关公用事业方面的法规、规章草案，制定公用事业管理的规范性文件，承办行政复议和行政诉讼；负责公用事业行业发展方向的综合性重大决策和重大政策性问题的研究工作。

5. 计划处（挂燃气热力处牌子）。负责编制重庆市城市供水、燃气、公共客运交通行业发展规划，并监督实施；拟定公用行业改革与发展的相关政策；负责重庆市供水、燃气、公共客运交通重要的生产、营运等指标的监督检查；组织推动所属企业的转制、调整、改造工作；负责所属企业建设项目的审查、协调工作；负责综合统计分析工作与统计法规的检查；贯彻执行国家管理燃气、供热的方针、政策、法律、法规，制定重庆市燃气、供热法规和政策，事业发展的总体规划，统一协调燃气、供热行业的工艺流程、新技术推广办法和标准、服务规范。

6. 财务处。督促重庆市公用局所属各单位贯彻落实国家财政政策、法令和财经纪律，并对有关情况进行检查；负责日常财务工作；筹措公用事业建设资金；会同有关部门研究制定与公用事业有关的经济政策和调整措施；审定上报有关公用事业产品的价格；审批所属单位的服务收费标准。

7. 公交客运处。原客运管理处改名为公交客运处。贯彻执行国家关于城市公交客运的政策、法规、规章、规定，并对执行情况进行监督、检查；会同有关部门制定重庆市公共交通中、长期发展规划；参与重庆市公交运行线网发展、调整、停车场站的规划和定点工作；协调轮渡开线设站；负责公交月票管理，审核客运票级、票价；负责重庆市公用系统创卫工作和城市供水协调工作；负责突发事件和市级重大活动、体育比赛活动中的人员疏散、客运服务、车辆调配等统一协调工作；协调重庆市公交各客运单位之间的关系，维护、监督重庆市公交客运秩序。

8. 安全服务监察处。原安全监察处改名为安全服务监察处。负责监督检查国家有关安全生产、安全行车、劳动保护的法规、操作规程的落实情况；指导重庆市公用行业安全管理和特殊工种的培训管理；指导公用行业职业病防护工作，负责公用行业大型锅炉、压力容器设备的监督管理；负责重大事故的调查处理和伤亡事故的统计分析工作；负责重庆市公用行业行政执法的协调、监督检查；负责制定公用行业服务规范标准，负责承办局长公开电话和重庆市人民政府办公厅转来的市长公开电话的有关事项；负责处理公用系统服务承诺和市民的来信来访事项，负责每日24小时的值班。

9. 劳动工资处（挂教育处牌子）。原劳工处与教育处合并，改名为劳工处（教育处）。负责贯彻有关劳动工资方面的法律、法规、规章和政策并进行检查监督；负责劳动工资方面的日常事务；劳动争议和协调工作；负责再就业工作；负责编制职工的文化教育及年度计划并组织实施。

10. 科技处。负责编制重庆市公用行业科技教育发展规划和年度计划，指导检查实施；组织重大科研项目和新产品、新技术、新工艺、新材料的研究、开发与应用；负责审查重大科技项目的立项、贷款、拨款、成果鉴定，审批科技项目进步奖和建议奖；审核报批需国家、重庆市审批的自然科学、社会科学奖材料；负责节能管理，组织重大节能攻关；负责环保、计量、标准化、产品质量和科技档案等基础管理工作；负责计算机网络和培训工作；负责科协、技协工作。

11. 综合处。负责贯彻国家有关集体经济、多种经营的政策法规，指导检查实施情况；拟订发展规划、年度计划，并组织实施；负责指导从事多种经营企业各类专业技术人员的培训工作；负责直属企业的管理工作现代化及局对其考核的综合汇总工作；承办未列入其他处室职责的工作任务及局长交办的其他工作。

12. 外经处。负责公用事业发展的外资引进、洽谈、谈判、协议、合同的签订工作；参与引进资金、项目的可行性研究、论证及报批材料；管理公用系统的“三资企业”；负责汇编引进、出口劳务输出项目计划、办理有关手续。

13. 纪委监察审计处。纪委和重庆市监察局派驻监察室及审计处实行合署办公，负责贯彻执行中央和市的法律、法规、政策和规章，对局所属单位的财政、财务收支及经济效益、经济活动、经济责任和建设项目预（概）、决算等进行审计；对所属单位领导干部进行离任审计。

14. 机关党委。负责局机关的党务工作和机关人员的思想政治宣传教育工作；领导机关工、青、妇等群团组织的工作。

领导班子

1997年，郭宝荣任局长，武秀峰、张桂华、田伯勋、丁纯任副局长。1997年7月16日，重庆市第一届人大常委会第二次会议决定任命武秀峰为重庆市公用事业管理局局长。1997年8月4日，重庆市人民政府第四次常务会议决定田伯勋、丁纯为重庆市公用事业管理局副局长。1997年11月，郭宝荣调检察院。1998年2月19日，重庆市人民政府第十六次常务会议决定汤志明任重庆市公用事业管理局副局长。1998年4月，重庆市公用事业管理局实行国家公务员制度，推行“定职能、定内设机构、定人员编制和领导职数”的“三定”方案，重庆市公用事业管理局局长、党委书记由武秀峰担任，副局长和党委成员有张桂华、田伯勋、丁纯、汤志明，纪委书记由胡仁君担任，助理巡视员先后有程永宽和陈火生。这一领导班子至2000年8月1日结束。

管理范围

1997年6月至2000年8月，重庆市公用事业局管理的企业和事业单位共有30多个，其中，除重庆市自来水公司、重庆市供水管理处、重庆市水厂建设办公室外，主要企业有重庆市第一公共交通公司、重庆市第二公共交通公司、重庆市第三公共交通公司、重庆市公共电车公司、重庆市第五公共交通公司、冠忠（第三）公共交通公司、冠忠（新城）公共交通公司、重庆市客轮总公司、重庆市客车总厂、重庆市出租汽车公司、康福来出租汽车有限公司、重庆市轨道交通总公司、重庆市客运索道公司、重庆市公用事业工程承包公司、重庆市公用事业投资开发公司、重庆市公共交通物资公司、重庆市公用站台设施投资开发有限公司、重庆市公用事业物业公司等公交企业。主要事业单位还有重庆市社会客运管理处、重庆市公用事业设计研究所、重庆市城市客车维修行业管理办公室、重庆市计划用水节约用水办公室、重庆市轨道交通建设办公室、重庆市公用事业基建工程处、重庆市公用事业职工中等专业学校、重庆市公共交通技工学校、重庆市公共交通客车驾驶学校、重庆市公用事业局党校、重庆市新华医院和重庆市公安局公用事业分局。

（二）重庆市交通局机构改革

1998 年，根据中共重庆市委、重庆市人民政府下发的《关于重庆市党政机构设置方案的实施意见》精神，重庆市交通局参照党中央、国务院批转的交通部机构改革中的“三定”方案，以转变职能、理顺关系和政企、政事分开为原则，拟报了《重庆市交通局职能配置、内设机构和人员编制方案》。1998 年 4 月 20 日，重庆市人民政府办公厅渝办发〔1998〕75 号文件批复同意重庆市交通局职能配置、内设机构和人员编制方案，在重庆市直辖后首次明确设置重庆市交通局，并批准了重庆市交通局职能配置、内设机构和人员编制“三定”方案。

管理职能

重庆市人民政府要求重庆市交通局加强交通基础设施建设与管理，加强交通运输宏观调控及行业管理，加强交通发展战略研究和交通布局规划，加强引资融资力度和资金投向的宏观调控，加强交通行业政策研究和法制建设，加强交通运输安全管理，加强高速公路范围内综合执法工作和管理，加强全市港口码头规划建设养护等行业管理。同时，要弱化微观管理和具体审批职能，坚持政企分开和简政放权，简化下放局属企业的计划、财务、设备、价格、人事、劳动工资等管理职权，不直接干预企业的生产经营活动，实现从直接管理到间接管理，从部门管理到行业管理的职能转变。重庆市交通局是重庆市人民政府主管重庆市公路和水路交通行业的职能部门，主要职责有 13 个方面：

1. 贯彻执行国家方针、政策和法律法规，根据重庆市国民经济和社会发展需要，制定重庆市公路和水路交通行业发展政策，并监督实施。

2. 根据国家的总体布局以及交通部的发展规划，组织编制重庆市公路和水路交通行业发展规划，制订重庆市公路和水路交通行业固定资产投资、运输生产、交通工业、交通基础设施管理、养护、建设、科技发展、技术改造、人才开发、职工教育等中、长期规划和年度计划，并组织监督实施。

3. 负责公路、水路交通的行业管理和运输组织管理，对关系国计民生的重点物资运输、紧急物资运输进行必要的调控，组织重点交通工程的实施。

4. 负责交通水陆运输市场及交通基础设施建设市场的培育和管理，建立完善的信息服务体系，引导交通运输行业优化结构，协调发展。

5. 负责重庆市公路及其设施的规划、设计、招投标、建设、工程监理、质量监督、工程定额、养护管理、路政运政管理、公路建设市场管理和规费征收管理；负责重庆市公路、桥梁、隧道收取通行费及站卡设置的归口管理；负责重庆市高速公路范围内的路政、运政、交通安全、交通秩序的综合执法和管理。

6. 负责重庆市道路运输的行业管理，即：负责旅客运输和道路货物运输的行业管理；对重庆市道路客货运输线路、运输站（场、点）及运输交易市场的设置负责规划、协调和审批，根据市场需求管理重庆市营业性运输车辆的投放工作；负责搬运装卸（含各类物资集散地及仓储地的机械、人力搬运装卸）行业管理；负责运输服务的行业管理；负责汽车维修市场、车辆技术（含车辆综合性能检测及检测站）的行业管理；负责机动车驾驶员培训及驾驶学校的行业管理；负责全市道路运输市场的监督检查。

7. 负责重庆市地方航运的行政管理；负责地方港航监督管理、运政管理和规费征收管理；负责全市地方港口、码头、航道的规划、建设、养护、维修和管理工作；负责重庆市地方水上交通安全监督管理；负责地方船舶修造业的开业条件审查、资质认证和行业的监督管理；负责地方船舶检验、进出港签证和技术船员的培训、考核、发证管理工作；负责全市地方船舶的运输管理，综合平衡全市地方水运运力。

8. 指导、协调交通行业的体制改革，推进交通运输企业加快建立现代企业制度进程；负责监督局属企、事业单位国有资产的保值增值；管理重庆市属水陆干线交通基础设施国有资产的使用；负责重庆市交通局属“三资”企业的管理；指导有条件的事业单位实行企业化管理的改革。

9. 指导交通行业的精神文明建设、党风廉政建设和职工队伍建设；负责组织、指导交通行业人才接受、交流、预测、教育、培训和劳动工资工作；按干部管理权限管理局系统干部；负责局属事业单位的人事、机构编制工作。

10. 归口管理交通行业外事外经工作；负责向国内外融资引资工作，开展国际和省际的经济技术合作与交流工作；负责交通行业“三资”企业上报、审批的有关工作。

11. 贯彻执行国家有关交通科技方针、政策；指导、实施计量、质量、技术标准和规范工作，制定重庆市交通科技政策，组织科技开发，推广应用交通科技成果，推动交通行业科技进步；负责交通工程建设的质量监督和技术监督及其社会监督工作。

12. 会同有关部门制定、执行交通行业的投资、价格、税费、信贷、劳动工资、外汇和其他的经济政策。

13. 承办中共重庆市委、重庆市人民政府和交通部交办的其他事项。

内设机构

1997年3月7日，重庆市交通局提出在设立重庆市公路局的同时，在重庆市交通局新设置建设管理处。1998年4月，根据新赋予的行政管理职能，重庆市交通局内设机构设立为15个职能处室，包括局机关党委。即有办公室、体改法规处、综合计划处、财务处、科技处、外经外事处、建设管理处、企业处（挂安全办公室牌子）、运输管理处、人事教育处、组织处、宣传处、离退休人员工作处，中共重庆市交通局纪委与重庆市监察局派驻监察室合署办公。其中，新成立人事教育处、外经外事处，公路处更名为建设管理处，组织干部处更名为组织处，老干部处更名为离退休人员工作处，撤销物资处，内部审计统一由重庆市审计局驻交通局审计处承担。重庆市交通局内设15个职能处室和机关党委的具体职责是：

1. 办公室。组织协调局机关工作，负责有关重要会议的组织工作，起草局的重要报告、综合性文件；负责文秘、收发、政务信息、机要保密、信访档案、目标管理，督办人大、政协提案议案；负责办公现代化网络的管理工作；负责机关后勤服务工作。

2. 体改法规处。指导交通行业法制建设，负责组织协调行业立法工作，归口管理、指导交通行业的执法监督和执法队伍建设；负责交通行政复议及交通行政诉讼的应诉工作，指导交通行业体制改革和政策研究工作。

3. 综合计划处。负责交通行业发展战略研究和规划、计划、统计工作；组织制定和综合平衡公路、水路交通行业中长期计划、年度计划和固定资产投资计划；负责交通大中型和重点项目建设的可行性研究和审查立项工作；负责编制三峡工程交通淹没复建规划；归口管理交通行业统计预测和信息引导工作；负责交通扶贫和交通以工代赈的管理工作；负责交通行业统计报表的统一管理、修订和审批；负责重庆市公路、桥梁、隧道收取通行费和站卡项目的立项、报批工作；负责参与交通战备工作，编报战备保障计划并组织实施；负责编制利用外资和设备引进的计划、立项、报批等管理工作。

4. 财务处。组织贯彻和制定交通行业的财务会计规章制度；负责筹集交通建设资金，管理交通规费、交通建设资金、专项资金、外汇、税收、物价以及利用外资的有关财务管理工作；负责局属企事业单位国有资产的管理和保值增值工作；负责监督管理市属水陆干线基础设施国有资产的使用；负责审批财务计划决算，审编各类会计月报、年报，审批局属各单位的年度会计决算。

5. 科技处。管理和指导交通科技工作，制定行业科技政策、中长期科技发展规划和年度科技项目计划；组织实施交通重大科技项目、科技合作项目和科技交流，组织科技成果鉴定；负责科技成果推广工作；培育交通行业科技市场；负责局属单位重要机具、设备的更新改造和管理工作；负责局系统通信网络的规划建设管理工作；归口管理交通标准、计量、QC 全面质量和环保工作；负责智力引进工作。

6. 外经外事处。归口管理交通行业外经外事工作，负责向国内外融资、引进外资工作，开展国际和省际经济技术合作与交流；负责交通行业“三资”企业上报、审批和管理工作。

7. 建设管理处。归口重庆市公路、水路工程项目的建设管理工作，指导管理重点工程项目的招标、投标、定额和质量监督工作；参与制订公路、水路交通行业规划、中长期计划、年度计划和重点建设项目前期工作；培育管理公路、水路建设市场；负责大中型和重点工程项目设计文件审查并监督协调项目实施；指导重庆市公路、水路工程定额、质量监督业务工作；负责交通重点建设工程后评估工作和归口管理公路、航道养护和公路路政工作。

8. 企业处（挂安全办公室牌子）。负责指导局属企业贯彻实施《企业法》，全面实现转机建制，进一步深化改革；指导局属企业的生产经营和扭亏增盈工作，部署下达年度扭亏增盈目标，为企业经营提供指导、信息、协调和服务，帮助企业解决生产经营中的有关问题；指导协调局属企事业单位的安全管理工作。

9. 运输管理处。负责重庆市水陆交通运输的行政和行业管理，负责多种运输方式的衔接和协调工作；负责培育管理全市道路、水路运输市场，组织制定相关的行业政策、行政法规、规章制度、操作规范并监督实施；负责综合平衡重庆市水陆运力投放和宏观管理；负责指导重庆市地方水上安全行业管理。

10. 人事教育处。负责局属企事业单位的人事教育管理工作；归口管理专业技术干部、人才交流、人员调配、大中专学生和技校学生的接收安置，以及军队复转军人、内调干部的安置工作；指导局属单位劳动工资、劳动保险、养老保险和医疗保险工作；负责交通行业教育发展规划、人才需求预测；管理局属学校成人教育和职工技术教育；负责交通行业工人技术等级的培训考核工作；负责知识分子及专业技术人员继续教育工作。

11. 组织处。负责局机关人事和局属单位领导班子、后备干部培养教育管理工作；负责党的组织建设、发展党员和党员教育工作；负责统战及侨务工作；负责局机关干部和局属单位领导干部的任免、调整、培训工作；负责局机关和局属事业单位的机构编制管理工作；负责出国人员审查工作；负责局机关干部和局属企事业单位领导干部的档案管理工作。

12. 宣传处。宣传党的路线、方针、政策，指导交通系统的思想政治工作；负责局属企事业单位领导干部的中心组理论学习和指导局属企事业单位干部、党员的理论学习教育；负责局系统和指导交通行业的精神文明建设；负责交通行业的宣传报道工作。

13. 离退休人员工作处。负责局机关离退休人员和局属企事业单位离休人员及其副处级以上退休人员的管理服务工作；指导所属各单位离退休人员的管理服务工作。

14. 中共重庆市交通局纪委与市监察局派驻监察室合署办公。负责局机关及局属单位的纪检、监察工作；指导和协助有关部门做好交通系统的行风和党风廉政建设工作，查处党员、领导干部的违纪案件。重庆市交通局系统内部审计职责，统一由重庆市审计局驻重庆市交通局审计处承担。

15. 机关党委。负责重庆市交通局机关党的思想、组织、作风建设；领导机关工、青、妇工作。

重庆市人民政府核定重庆市交通局的机关行政编制 111 名，其中，局长 1 名，副局长 4 名，总工程师 1 名，纪委书记和机关党委专职书记按重庆市委规定配备，正、副处长职数 30 名，包括机关党委专职副书记 1 名，不含派驻审计处长职数。机关后勤服务人员事业编制 11 名。

领导班子

1997年3月14日，重庆成为直辖市。1997年7月16日，重庆市第一届人大常委会第二次会议决定任命胡振业为重庆市交通局局长。1997年8月4日，重庆市人民政府第四次常务会议决定任命黄同科、滕西全、李健为重庆市交通局副局长，蒙进礼为重庆市交通局总工程师。

1998年2月19日，重庆市人民政府第十六次常务会议决定任命彭建康为重庆市交通局副局长。1998年，重庆市交通局领导成员有：胡振业任局长，王机任中共重庆市交通运输委员会书记，黄同科、滕西全、李健、彭建康任副局长，蒙进礼任总工程师，明正义任纪委书记。

管理范围

1997年3月14日，第八届全国人大第五次会议审议通过《关于批准设立重庆直辖市的决定》。1997年6月18日，重庆直辖市正式挂牌，重庆市交通局正式对万县市、涪陵市和黔江地区实施交通行政管理。1998年2月20日，根据中共中央办公厅、国务院办公厅厅字〔1997〕34号文件《关于万县市、涪陵市、黔江地区行政体制调整的批复》，中共重庆市委、重庆市人民政府《贯彻中共中央办公厅、国务院办公厅关于万县市、涪陵市、黔江地区行政体制调整批复的实施意见》（渝委发〔1998〕4号），对万县市、涪陵市、黔江地区行政体制进一步调整，重庆市由管辖万县市、涪陵市、黔江地区3个地区的行政体制进入市直管县的体制。由此，随着重庆行政体制变化，在渝中区、大渡口、江北、沙坪坝、九龙坡、南岸、北碚、万盛、渝北、巴南、长寿、双桥、江津、合川、永川、綦江、潼南、铜梁、大足、荣昌、璧山、梁平、城口、南川、丰都、垫江、武隆、忠县、开县、云阳、奉节、巫山、巫溪、石柱、秀山、酉阳、彭水等40个区县（自治县、市）和重庆经济技术开发区、重庆高新技术开发区，重庆市交通局在其扩大的行政范围内对交通行业实施交通行政管理。重庆市收取的养路费和养河费已不再上缴四川省，但对黔江地区5个县仍旧实行“养路费全留、就地划转”的管理办法，对万县地区、涪陵地区原所辖县市仍旧实行养路费“统收统支、按比例分成”管理办法，并且再次提高其分成比例。

1998年3月，重庆翻胎厂移交给南岸区政府。1998年4月5日，撤销重庆市公路工程处（1989年12月30日成立）。至2000年5月，即重庆市交通委员会成立之前，重庆市交通局的直属企事业共有37个。其中，重庆市交通局直属事业单位18个，即：重庆市公路局、重庆市航运管理处、重庆市港航监督处、重庆市船舶检验处、重庆市公路运输管理处、重庆市交通稽查征费局、重庆市车辆购置附加费征收管理办公室、重庆市成渝高速公路管理处、重庆市高等级公路执法大队、重庆市交通规划勘测设计院、重庆市公路工程定额站、重庆市公路工程质量监督站、重庆市公路工程质量检测中心、重庆市交通科技学校、重庆市交通技工学校、重庆市交通干部学校、重庆渝通宾馆、重庆市交通局幼儿园。重庆市交通局直属企业单位19个，即：重庆高速公路发展有限公司、重庆市高速公路建设有限责任公司、重庆市交通建设投资公司、重庆现代交通物资有限责任公司、重庆市渝通公路工程总公司、重庆渝宏公路工程总公司、重庆市渝达公路桥梁总公司、重庆市渝航交通工程有限公司、重庆成渝高速公路有限公司、重庆渝东高速公路有限公司、重庆上界高速公路有限公司、重庆机场高速公路实业有限公司、重庆汽车运输（集团）有限责任公司、重庆市公路运输总公司、重庆长途汽车运输有限责任公司、重庆轮船总公司、重庆联运总公司、重庆交通运业有限责任公司、重庆船厂。

二、重庆市交通委员会的组建

（一）调研酝酿

在1986年元旦“马路现场办公会”后，中共重庆市委、重庆市人民政府要求重庆市交通局、重庆市公用局和重庆港口管理局从取得最大社会效益出发，而不能从部门利益出发，各自提出交通体制改革方案上报重庆市人民政府。

1986年1月15日至1994年5月4日，重庆市交通局向重庆市人民政府3次上报对改革重庆市交通管理体制的意见报告，赞同重庆市交通管理体制“撤局建委”的改革方案。重庆市公用局、重庆港口管理局也提出了改革重庆市交通管理体制的意见。1998年，重庆市机构编制委员会牵头组织重庆市交通局、重庆市公用局、重庆港口管理局等单位进行“撤局建委”“客货分治”和“水陆分治”各改革方案的可行性论证研讨。

重庆市交通委员会成立前，重庆市地方交通行政管理职能分别由重庆市交通局、重庆市公用事业局、重庆市计划委员会内设交通战备办公室、重庆市经济委员会内设交通处和重庆港口管理局承担。其中，重庆市交通局负责重庆市公路、水路运输行业管理和交通基础设施建设；重庆市公用事业局负责重庆主城7个区城市公共客运管理和出租汽车的管理；重庆港口管理局负责长江航务管理局在渝的主要港口和重庆主城区内18个码头的经营管理；重庆市计划委员会负责交通战备工作；重庆市经济委员会负责民航、铁路、公路、水路等各种运输方式的协调以及联运服务管理。这种计划经济体制下的传统管理体制，导致交通行政管理职能交叉，人为分割运输市场，明显存在各种弊端，交通行政管理体制改革势在必行。

（二）筹备组建

1998年，重庆市交通局、重庆市公用局实施国家公务员制度改革，为重庆市交通行政机构体制改革奠定了基础，中共重庆市委、重庆市人民政府决定组建重庆市交通委员会。2000年5月15日，重庆市第一届人民代表大会常务委员会第二十四次会议审议通过，任命胡振业为重庆市交通委员会主任。2000年5月27日，重庆市人民政府第六十次常务会议决定任命滕西全、李健、张世玖、丁纯、彭建康为重庆市交通委员会副主任。2000年6月1日，重庆市人民政府下发了胡振业的任职通知。2000年6月12日，重庆市交通局、重庆市公用局分别召开干部大会，宣布重庆市交通委员会领导班子已经批准组建。原重庆市交通局作为过渡工作机构，行使重庆市交通委员会的职能。在重庆市交通局干部大会上，重庆市交通委员会主任胡振业向各单位介绍了重庆市交通委员会领导班子成员，有滕西全、李健、张世玖、丁纯、彭建康等5位副主任。

2000年6月14日，根据党中央、国务院批准的《重庆市党政机构改革方案的通知》和中共重庆市委、重庆市人民政府下发的《关于重庆市党政机构改革方案的实施意见》中“不再保留重庆市交通局和重庆市公用局，组建重庆市交通委员会”的要求，重庆市交通局提出了重庆市交通委员会职能配置、内设机构和人员编制“三定”方案。

2000年7月17日，重庆市交通委员会召开机关机构改革“定职能、定机构、定编制”（以下简称“三定”）工作动员大会，重庆市人民政府副市长吴家农出席大会，重庆市交通委员会主任胡振业作动员报告。按照大会要求，2000年7月25日，完成对重庆市交通委员会各处室处长、副处长的任命工作。2000年7月28日，重庆市交通委员会各处室人员双向选择工作完成，标志着重庆市交通委员会机关的“三定”工作全部完成。

通过“三定”工作后，重庆市交通委员会机关人员编制由原来的164人（不含港口管理局划入人员编制）减少到114人，精减人员30%。行政管理处室从原来的24个减少到15个，精简机构37%。处级领导职数由原来的38名减少到30名，精简20%。经中共重庆市委、重庆市人民政府批准，2000年8月1日上午，重庆市交通委员会（简称“重庆市交委”）正式挂牌办公。重庆市交通委员会位于重庆市渝北区龙溪红锦大道20号。

三、重庆市交通委员会职能、机构和编制

2000年8月9日，重庆市人民政府办公厅下发《关于印发重庆市交通委员会职能配置、内设机构和人员编制规定的通知》，正式批准重庆市交通委员会的“三定”方案。

（一）管理职能

1. 调整职能。重庆市交通委员会是主管重庆市城乡公共客运交通及公路、水路交通行政管理和行业管理的重庆市人民政府组成部门。新组建的重庆市交通委员会除行使原重庆市交通局的职能外，还担负着调整交通行政管理职能的历史使命。一是按照社会主义市场经济的要求，将重庆市交通行业由多部门管理的体制转变为统一的综合交通运输管理格局，促进重庆市公共交通、公路、水路、铁路、民航等运输方式的协调发展，建立多种运输方式共同发展的立体网络。二是按“政企分开、政事分开”的原则，简政放权。弱化微观管理职能，实现从微观管理到宏观管理、从部门管理到行业管理的转变。管理职能的调整主要有划入职能和转变职能。

2. 划入职能。原重庆市公用事业局承担的城市公共客运管理职能，包括出租汽车、轻轨、地铁、轮渡、索道、缆车等的交通行业管理，地方民航、铁路的行业管理职能；原重庆市经济委员会交通处承担的指导和协调铁路、民航等运输市场管理职能；原重庆市港口局承担的港政管理、码头管理的行政职能；原重庆市计划委员会交通战备办公室承担的交通战备职能。

3. 转变职能。交通部、重庆市交通委员会不补助资金的交通基础设施项目由重庆市各区县（自治县、市）自定，重庆市交通委员会不再审查和报批；企业年度会计报表和人员培训等事务性工作，委托给社会中介机构代行处理。

4. 主要职责。根据管理职能的调整、划入和转变要求，重庆市交通委员会的主要职责是：

（1）贯彻执行国家有关交通行业的方针政策和法律法规，拟定重庆市交通行业发展战略和政策、法规、规章，并监督执行。

（2）根据国家的总体布局及发展规划，拟定重庆市交通行业发展规划、中长期计划、年度计划、交通主枢纽发展规划，并监督实施；负责交通行业统计和信息引导。

（3）负责重庆市交通运输行业管理，培育和管理交通运输市场；综合平衡重庆市交通运力；负责城市交通、公路、水运、铁路、民航等各种运输方式的衔接协调工作；对重点物资和紧急客货运输进行调控，负责交通战备工作。

（4）贯彻执行国家城市交通、公路、水路、港口等交通基础设施和管理的决策；拟定交通基础建设规范和技术标准；负责全市城市交通、公路、水港、地方民航、铁路的交通基础设施建设和建设市场的管理；负责收费公路的管理；负责公路养护、航道养护和维护。

（5）负责重庆市客货运输行业管理，城市客运、出租汽车、搬运装卸、运输服务、联运服务、集装箱运输、旅游汽车、汽车维修、车辆技术检测、机动车驾驶员培训及驾驶学校的行业管理；负责公路及客货运输规费征稽；负责公路路政、运政和高速公路的管理。

（6）负责重庆市水运行业管理及规费征稽；负责航运运政、水上交通安全监督、船舶检验、救助打捞、港口及港航设施建设使用岸线布局的行业管理。

（7）指导交通行业的体制改革和结构调整，负责交通企业的行业管理；负责委属单位国有资产的监督管理。

（8）贯彻执行国家有关交通科技方针、政策；制定重庆市交通行业科技政策，组织科技开发，推动交通行业科技进步；指导交通行业职业技能、技术教育和成人继续教育工作。

（9）利用外资和开展国际交流合作；负责人事管理工作和交通行业精神文明建设工作。

（10）管理和指导城市公共客运的公安工作。

（11）承办重庆市人民政府交办的其他事项。

（二）内设机构

根据重庆市交通委员的主要职责界定，内部设置13个职能处室：

1. 办公室。组织协调机关工作，负责重要会议的组织和重要报告的起草；负责文秘、值班、政务信息、办公自动化、机要、保密、信访、目标管理、督办提案工作；归口管理接待工作和机关后勤服务工作。

2. 政策法规处。负责交通系统地方性法规、行政规章的拟定、组织、协调和行政复议工作；管理、指导交通行业的执法监督和执法队伍建设及政策调研工作。

3. 综合计划处（挂交通战备办公室牌子）。拟定重庆市交通行业产业政策和交通运输发展规划；组织制订和综合平衡交通行业中长期计划、年度计划和投资计划；负责交通重点建设项目的前期工作、审查立项和后期评估工作；负责交通扶贫工作；负责融资和利用外资，开展国际和省际经济技术合作与交流工作；负责港口和港航设施建设使用岸线的布局规划及审批；负责交通行业统计、预测、信息引导和交通战备工作。

4. 财务处。指导重庆市交通行业财务管理和会计核算工作；负责编制交通行业预决算；负责交通建设资金、管理养护经费计划及安排全市交通行业拨款；管理外汇、信贷以及与税收、利用外资的有关财务工作；负责国有资产的监督与交通规费征收管理。

5. 公路建设管理处。负责拟定重庆市公路建设管理政策、规章和技术标准，培育管理公路建设市场；负责重庆市公路和地方民航、铁路工程建设项目行业管理，陆上交通基础设施大中型和重点工程项目初步设计文件审查并监督项目实施，管理公路工程项目的招标、投标、定额和质量监督工作；负责收费公路和高速公路的管理；负责路政管理；指导公路养护管理。

6. 港航建设管理处。负责拟定重庆市水上基础设施建设管理政策、规章和技术标准；负责重庆市水港基础设施建设工程项目的管理；管理水港工程项目的招标、投标、工程定额和质量监督工作；负责指导水运设施的维护和航道养护工作。

7. 综合运输管理处。负责重庆市综合运输的行业管理；贯彻执行国家运输政策和规定；综合平衡重庆市交通运力；组织指导和协调全市公共客运、公路、水运、铁路、民航等运输方式的衔接；组织重点物资、紧急客货运输调控和春运工作；负责汽车出入境运输管理和运价工作。

8. 科学技术处。负责制定交通行业科技政策，组织实施重庆市交通行政重大科技项目、科技合作和科技交流，组织科技成果鉴定和推广工作；负责设备管理、标准、计量、全面质量和环境保护工作。

9. 安全监督处。负责直属单位的安全监督管理工作，协助有关部门处理直属单位交通重大事故的调查和伤亡事故的统计分析；协调交通行业的水陆安全工作。

10. 企业指导处。组织制订和实施交通企业改革方案，指导交通行业企业结构调整，推进现代企业制度，指导协助企业解决生产经营中的重大问题。

11. 审计处。指导交通系统内审工作，拟定内审制度；组织实施离任经济责任审计、委属单位的资产经营责任制审计、交通专项资金审计、委投资交通建设项目审计的内审工作；负责交通审计统计工作。

12. 人事教育处。负责委机关和直属单位人事、劳动工资、机构编制工作；负责委直属单位知识分子和专业技术人员的管理工作；负责出国人员政审、智力引进、对外劳务合作工作；负责交通行业教育工作。

13. 离退休人员工作处。负责委机关离退休人员的服务管理；指导委直属单位离退休人员的服务管理工作。

另外，党团组织有中共重庆市纪委、重庆市监察局派驻纪检组和监察室。负责委机关和直属单位的纪检、监察工作；指导交通系统的党风廉政建设；配合有关部门纠正行业不正之风；查处党员、干部的违纪案件。重庆市交通委员会机关党委：负责委机关和直属单位党的思想、组织、作风建设，领导机关工、青、妇工作。宣传处：是经中共重庆市委批准，由中共重庆市交通委员会领导的工作部门，负责交通行业的精神文明创建领导和宣传、新闻报道工作。团委负责委机关和直属单位共青团的思想、组织、作风建设，领导机关共青团工作。

（三）人员编制

重庆市交通委员会核定的行政编制为110名（含纪检组监察单列编制4名），离退休工作人员专项编制4名。领导职数一正四副，纪检组长和机关党委书记按市委规定配备，正副处长职数30

名（含机关党委专职副书记1名）。

四、重庆市交通委员会管理范围

（一）行政方面

1. 交通行业管理。2000年8月至2000年12月，重庆市交通委员会被赋予代表重庆市人民政府统一行使交通行政管理职责，以统一事权的优势着力于交通行业管理，向社会公共服务转变。

2000～2005年，在实施依法治市依法行政方面，重庆市交通委员会进行法制建设，不断完善交通法规框架体系。在重庆市人大、重庆市人民政府的支持下，重庆市交通委员会先后颁布了《重庆市水上交通安全管理条例》（2001年5月）、《重庆市公路路政管理条例》（2002年3月）、《重庆市公路养路费征收管理条例》（2003年9月修订）、《重庆市水路运输管理条例》（2003年11月）等地方性法规；并先后发布了《重庆市港口管理办法》（2000年6月）、《重庆市乡镇船舶安全管理办法》（2002年1月）、《重庆市农村公路建设管理办法》（2003年12月）、《重庆市出租汽车经营权证管理暂行办法》（2004年1月）、《重庆市公路养路费和客货运附加费征收管理办法》（2005年3月）等政府规章或规范性文件。同时，组织学习宣传贯彻实施《行政许可法》，废止规范性文件24个，取消行政审批项目9项。执法监督力度加大，执法行为明显规范，行政诉讼无任何败诉案件。

2000年9月7日，重庆市交通委员会决定将原重庆市社会客运管理处的行政管理职能和人、财、物成建制地划入重庆市道路运输管理局。新组建的重庆市道路运输管理局首先从宏观调控体制上加快运力结构调整步伐，稳妥推进出租汽车经营权产权制度改革。2003年至2004年10月，1446辆19座以下中巴车、615辆20座以上社会客运车辆全部退出主城。

2000年10月19日至10月22日，重庆市交通委员会接受国防交通战备专业保障队伍整组工作检查，通过上级检查验收。经过队伍整组后，重庆市国防交通战备专业保障队伍有地方一级4个专业的3个大队和1个独立中队，总编制人员1485人，总编制装备644台（辆）。成都军区交通战备办公室给重庆市港口应急装卸大队、应急汽车运输大队、应急公路工程抢修大队等7支队伍授旗。

2004年12月至2005年8月，重庆市交通委员会联合重庆市公安局、重庆市财政局以及重庆市监察局开展了对主城区客运市场的综合整治，“一大一小”的城市交通格局基本形成。客运车辆日益高档化、舒适化、环保化，中、高级客车成为公路主干线运输主力。陆上箱式运输、快件运输和水上集装箱、汽车滚装、化危品、大宗散货等新型运输方式成为亮点，并呈逐年快速增长之势，水上客运实现了从普通客运向旅游客运的结构性调整。

2. 综合运输协调。2000年至2005年年底，重庆市初步实现了地方交通运输职权统一，综合运输协调管理体系进入了初步建设阶段，即开始对各种运输方式进行宏观调控和整体协调，扩大了重庆交通行政管理范围。综合运输协调管理从最初遇到相关交通的问题进行协调逐步发展为常态化的工作机制。

2001年3月和11月，重庆市交通委员会两度对首家地方通用航空企业即重庆三峡通用航空有限公司的筹建情况，向重庆市人民政府报告，提出了扶持地方通用航空发展的具体建议。2001年9月，兰州—成都—重庆输油管道工程因建设需要，重庆市交通委员会复函同意在成渝高速公路三处穿越埋设输油管道。2002年1月8日，重庆市交通委员会再次同意调整兰成渝输油管道穿越成渝高速公路方案。同时，还对重庆联运总公司的集装箱运输问题，与铁路部门进行沟通协调。

2002年11月至2003年6月，长江航运川江段因三峡工程截流蓄水将先后进入碍航期和断航期，重庆市物资的水上运输方式需要做相应调整。2002年10月8日，重庆市交通委员会向国家经贸委员会呈报了关于三峡水利枢纽工程蓄水断航期集装箱和商品汽车运输实施翻坝转运的请示，力呈组织集装箱和商品汽车翻坝转运的必要性和可行性，并恳请将集装箱和商品汽车的翻坝转运纳入三峡工程蓄水断航期货物运输方案，要求中国长江三峡工程开发总公司开放护坝公路，宜昌市加强陆路运输的交通管制。

重庆市交通委员会在与民航、铁路、长江航运、管道运输等部门单位的多次沟通协调中，逐步使综合运输协调管理工作常态化，建立起日常的综合运输协调例会制度。尤其在每年的“春运”“五一”或“十一”黄金周等高峰客运时段，重庆市交通委员会牵头统一组织协调民航、铁路、公路、水路、公交等多种运输方式，有效地发挥了综合运输组织协调的作用。

2004 年 3 月 11 日，重庆市交通委员会渝交委文〔2004〕92 号文件向重庆市人民政府提出了加强综合运输协调工作的 10 条意见。报告建议：一是成立重庆市人民政府“综合运输协调工作领导小组”和重庆市人民政府“综合运输办公室”；二是建立定期的联席会议制度，每季度召开一次综合运输办公室例会，讨论综合运输相关事宜，协调各种运输方式之间的关系，领导小组每半年召开一次例会，决定综合运输重大事宜；三是建立各种运输方式的生产统计快报制度，依托重庆市交通运输协会，创办《综合运输动态》简报，在重庆交通委员会网站发布，实现综合运输信息共享；四是开展区域运输合作；五是开展重点物资、紧急物资运输组织协调工作；六是逐步发挥综合运输协会作用；七是逐步建立综合运输市场；八是扶持综合运输企业；九是探索综合运输协调管理方法；十是单列综合运输协调工作经费。报告建议重庆市人民政府明确对今后中央下放重庆市的各类交通行业和新建的各种交通方式均交由重庆市交通委员会进行行业管理，纳入重庆市综合运输管理体系和重庆市交通运输协会。

3. 物流发展规划。2001 年，重庆市交通委员会开展了重庆市发展现代物流业的调研工作，分别完成了《重庆市道路货运系统建设与物流发展趋势研究》《中国加入 WTO 对重庆市道路运输业的影响与对策研究》和《重庆市水运行业结构调整研究》等科研课题，为制定重庆市现代物流发展规划奠定了坚实的基础。2001 年 8 月，重庆市交通委员会开始组建专门科研班子，着手编制《重庆市现代物流发展规划》，至 2001 年 9 月中旬，完成了《重庆市现代物流发展规划》大纲及前期调研工作。

2001 年 9 月 30 日，重庆市人民政府副市长许忠民就重庆市人民政府研究室渝府研发〔2001〕21 号文件《关于尽快开展重庆市军民两用物流体系建设研究的请示》做出重要批示后，重庆市交通委员会向市政府研究室汇报了编制《重庆市现代物流发展规划》进展情况。重庆市人民政府研究室决定将《重庆市军民两用物流体系建设研究》和《重庆市现代物流发展规划》合二为一，由重庆市人民政府研究室和重庆市交通委员会共同牵头，会同重庆市计委、重庆市商委、重庆市经委、重庆市外经贸委、重庆市规划局、重庆市信息产业局等职能部门编制《重庆市现代物流发展规划》。

2001 年 11 月 2 日，重庆市政协委员张公振在市政协委员接待日活动中，提出了积极加快重庆市现代物流业发展的建议。按照重庆市领导要求，2002 年 1 月 28 日，重庆市交通委员会提出了加快重庆市现代物流业发展的意见。首先，报告分析了阻碍重庆市发展现代物流业的主要问题，提出了发展重庆市现代物流业的远期工作思路和发展重庆市现代物流业的近期工作建议。随后，按照重庆市航运中心发展规划和重庆市内河航运发展规划，重庆市交通委员会对定位为西南地区综合枢纽港区和现代物流中心的寸滩港区进行了建设前期规划工作。

2002 年 5 月 16 日，按照使港区布局和功能满足现代物流中心的要求，重庆市交通委员会根据交通部颁发的《港口总体布局规划编制办法》，完成了《重庆市寸滩港区规划报告》的编制工作，并报请重庆市人民政府审查。2002 年 9 月 28 日，按照“一次规划、分两期实施”的原则，重庆市发展计划委员会对重庆港寸滩作业区建设一期工程可行性研究报告做了立项批复。2002 年 12 月 30 日，重庆市人民政府正式批复了重庆港寸滩作业区规划方案。2003 年 12 月 28 日，重庆港寸滩作业区一期工程正式开工。2006 年 1 月 7 日，重庆港寸滩作业区一期工程集装箱码头开港试运行，总投资 6.8 亿元。

（二）公路方面

2000～2005 年，重庆市交通委员会下设直属公路事业管理单位及委托行政执法机构来实施交通行政管理和交通行业管理，并设立直属的公路建设业主公司，从事高等级公路建设。

1. 公路运输管理。2000 年 8 月 1 日，重庆市交通委员会下发了组建重庆市道路运输管理局的通知，即由原重庆市公路运输管理处、重庆市社会客运管理处及重庆市公用局公交管理处等职能部门合并，新组建重庆市道路运输管理局（简称“重庆市运管局”），同时挂“重庆市汽车维修行业管理办公室”和“重庆市交通运政稽查总队”牌子，是重庆市交通委员会对重庆市道路运输的行业管理机构。对原重庆市公用局移交的重庆市公安局公交分局，作为重庆市交通委员会和重庆市公安局共同管理的一支公安队伍，赋予了在重庆市交通委员会直属企事业单位内部的新的职责，即为道路运输生产经营提供保障的职能，主要负责重庆市主城区客运交通枢纽车站的治安保卫工作及高速公路的案件查处工作。

2. 公路养护管理。2000 年 8 月 21 日，重庆市交通委员会下发了关于重庆市公路局的职能配备、内设机构和人员编制的通知，重新明确规定重庆市公路局职能配备、内设机构和人员编制，再次确认，重庆市公路局是受重庆市交通委员会委托对重庆市公路实施行业管理的机构，负责重庆市除高速公路、专用公路以外所有公路养护管理工作，即负责重庆市国、省、县、乡道路的路政、养护管理以及公路水毁抢险工程等行业管理工作。

3. 公路建设管理。一是重庆市交通委员会重新调整高速公路建设与管理的格局。2000 年 10 月至 11 月 3 日，重庆市交通委员会撤销了重庆高速公路建设有限责任公司，充实完善了原由外经外事处归口管理的重庆高速公路发展有限公司，将两者重新整合为新的重庆高速公路发展有限公司（简称“重庆高发司”），负责统一协调重庆市高速公路筹融资、建设、营运、还贷工作。这样，重庆市交通委员会直接负责重庆市高速公路的规划、前期论证、初步设计、投资计划、建设管理及其前期阶段的招商引资等工作。重庆高发司具体负责高速公路施工设计、拆迁、招标施工、建设组织、收费运营还贷及其建成后的招商引资转让等工作。二是为了全面完成已经开工“八小时重庆”工程，并顺利实施县际干线联网公路建设规划，2002 年 9 月 16 日，重庆市交通委员向重庆市人民政府请示组建新的高等级公路建业主公司，申请组建国有独资的重庆高等级公路建设投资有限公司（简称“重庆高投司”），筹集“八小时重庆”建设缺口资金，并作为业主承担重庆市区县间干线联网公路的建设、经营和还贷任务。2002 年 11 月 24 日，重庆市人民政府批复同意由重庆市人民政府出资组建重庆高投司，2002 年 12 月 3 日，重庆市交通委员会要求筹备组按照公司组建方案和公司章程完善相关法律手续，使重庆高投司尽快运作起来。2002 年 12 月 12 日，重庆高投司挂牌成立。

4. 交通综合行政执法。为巩固加强高速公路的路政、运政、交通稽查、交通安全，四位一体的“统一管理、综合执法”的体制，在成渝高速公路有限公司组建成立后，2002 年 6 月 7 日，重庆市交通委员会撤销重庆市成渝高速公路管理处，独立设立重庆市高等级公路行政执法大队。2002 年 7 月 12 日，重庆市交通委员会根据重庆市编委批复精神，又将重庆市高等级公路行政执法大队更名为重庆市高速公路行政执法总队。2005 年 6 月 21 日，重庆市人民政府下发了《重庆市人民政府关于在全市交通领域实行综合行政执法试点工作的意见》，同时，重庆市交通委员会向重庆市编办呈报了《重庆市交通行政执法总队职能配置与内设机构和人员编制方案》。据此，2005 年 6 月 29 日，重庆市交通委员会组建了重庆市交通行政执法总队，机构规格为副局级，下设直属支队和高速公路支队。

至 2005 年年底，重庆市交通委员会形成了通过重庆市运管局、重庆市公路局、重庆高发司、重庆高投司、重庆市交通行政执法总队来施行公路交通行政管理的新格局。

（三）水路方面

2000 年 8 月 4 日，重庆市交通委员会开始组建重庆市港航管理局，决定将原重庆市航运管理处、港航监督处、船舶检验处和港口局的港政处、码头管理处的职能合并，组建为重庆市港航管理局（简称“重庆市港航局”）。重庆市港航局是重庆市交通委员会对重庆市水上交通运输的行业管理机构，负责重庆市航运运政、港航监督、船舶检验、救助打捞、港口码头等行业管理。

2002 年 12 月 30 日，在实施国家西部大开发十大项目之一的嘉陵江草街航电枢纽工程和涪江富金坝航电枢纽工程过程中，为加快建设长江上游航运中心的步伐，重庆市交通委员会又向重庆市人民政府请求组建重庆航运建设发展有限公司，请求重庆市人民政府授权重庆市交通委员会组建国有独资的重庆航运建设发展有限公司（简称“重庆航发司”），作为业主承担重庆市嘉陵江、乌江、涪江、渠江等江河梯级渠化和骨干港区等航运基础设施的建设和经营任务。2003 年 2 月 8 日，重庆市人民政府批复同意由重庆市交通委员会出资组建重庆航发司。2003 年 4 月，重庆航发司挂牌成立。

（四）企业方面

2000 ~ 2005 年，在交通企业方面，重庆市交通委员会整合国有资产资源，除打造新的融资平台外，对其余的国有交通企业实施了一系列重组措施。

1. 重庆市公交控股（集团）公司的组建。2002 年 3 月 25 日，重庆市交通委员会报重庆市人民政府请求批准重庆市公共交通控股（集团）有限公司组建方案及公司章程。2002 年 3 月 27 日，重庆市人民政府同意出资组建重庆市公共交通控股（集团）有限公司。2002 年 4 月 29 日，重庆市人民政府第 104 次常务会议审议并通过了重庆市交通委员会报送的《重庆市国有公交企业综合改革方案》，要求各区县（自治县、市）人民政府、重庆市人民政府有关部门贯彻执行。2002 年 6 月 11 日，重庆市公共交通控股（集团）有限公司挂牌成立（简称“重庆公交集团”），由重庆市第一公共交通公司、重庆市第二公共交通公司、重庆市第三公共交通公司、重庆市公共电车公司、重庆市第五公共交通有限公司、重庆市公共交通物资公司、重庆市公共交通站场公司、重庆市客车总厂、重庆冠忠（第三）公共交通有限公司、重庆冠忠（新城）公共交通有限公司和重庆市公共交通巴士公司等单位组成，属于国有独资企业，重庆公交集团隶属重庆市交通委员会管理。

2. 重庆交通运输控股集团公司的组建。2004 年 4 月 16 日，中共重庆市交通委员会决定成立重庆交通运输（集团）有限责任公司筹备组。2004 年 12 月 27 日，经重庆市人民政府批准同意，重庆市交通运输（集团）有限责任公司（简称重庆交运集团）开始组建，主要由重庆市公路运输（集团）公司、重庆市汽车运输（集团）有限责任公司、重庆市长途汽车运输（集团）有限公司、重庆市交通运业有限责任公司、重庆轮船总公司、重庆市客轮总公司和重庆联运物流总公司等国有企业组成，为国有独资企业，列为市属重点企业，由重庆市国资委履行出资人职责，由重庆市国资委和重庆市交通委员会共同监管。

3. 重庆交通建设（集团）公司的组建。2004 年 4 月 22 日，中共重庆市交通委员会决定成立重庆交通建设（集团）有限责任公司筹备组。2004 年 7 月 28 日，中共重庆市交通委员会研究决定由姚小松、程德宏等 8 人为重庆交通建设（集团）有限责任公司董事会董事，姚小松任董事长。2004 年 8 月 2 日，重庆市交通委员会批复同意组建重庆交通建设（集团）有限责任公司（简称重庆交建集团）。2004 年 8 月 5 日，重庆交建集团公司获准登记，取得企业法人营业执照。重庆交建集团主要由重庆市渝通公路工程总公司、重庆市渝航交通工程有限公司、重庆市渝达公路桥梁有限责任公司、重庆市公路工程股份有限公司、重庆市实力公路开发有限公司等 5 户企业组建而成。

4. 重庆交通物资（集团）公司的组建。2004 年 4 月 22 日，中共重庆市交通委员会决定成立重庆交通物资有限责任公司筹备组。2004 年 8 月 9 日，重庆市交通委员会批复同意组建重庆交通物资集团公司。根据中共重庆市委、重庆市人民政府关于推广散装沥青指示精神和重庆市交通委员会企业发展规划，2005 年 7 月 15 日，在涪陵区龙桥，重庆交通物资（集团）有限公司揭牌成立（简称“重庆交通物资集团”），主要承担重庆市辖区内高速公路、高等级公路、市政公路及桥梁建设工程的道路散装沥青、路面沥青加工，承担钢材、水泥及道路辅助材料组织和供应接卸、仓储、加工、配送、运输的全过程服务。

至2005年年底，重庆市交通委员会直属的事业单位有：重庆市公路局、重庆市道路运输管理局、重庆市港航管理局、重庆市交通征费稽查局、重庆市交通行政执法总队、重庆市交通委员会基本建设工程质量监督站、重庆市公路工程质量检测中心、重庆市公路工程造价管理站、重庆市交通干部学校、重庆市公共交通客车驾驶学校、重庆市新华医院、重庆市公安局公交分局、重庆市交通委员会后勤服务中心。

2002年12月，重庆船厂并入了长江天府轮船公司。至2005年年底，重庆市交通委员会直属的企业有：重庆航运建设发展有限公司、重庆交通建设投资公司、重庆市交通规划勘察设计院（重庆市综合交通运输研究所）、重庆交通建设（集团）有限责任公司、重庆交通物资（集团）有限公司。由重庆市国有资产管理监督委员会和重庆市交通委员会共同监管的企业有：重庆高速公路发展有限公司、重庆高等级公路建设投资有限公司、重庆交通运输控股（集团）有限责任公司、重庆市公共交通控股（集团）有限公司。

五、重庆市交通委员会领导班子变化

2000年6月，重庆市交通委员会领导成员有：胡振业任重庆市交通委员会党组书记、主任，滕西全、李健、张世玖、丁纯、彭建康为重庆市交通委员会党组成员、任重庆市交通委员会副主任。明正义任纪检组长。罗德馨任机关党委专职书记，王机、黄同科任巡视员，蒙进礼、孟素英、程永富任副巡视员。邵道杰任主任助理（挂职2年）。2000年7月24日，重庆市交通委员会党组会议决定了委领导工作分工：主任胡振业主持全面工作，并主管人事教育处，指导委机关党委工作，其余副主任协助委主任分管各方面工作。

2002年4月9日，经中共重庆市交通委员会党组研究，并经中共重庆市委组织部批准同意，中共重庆市交通委员会党组渝交委党〔2002〕47号文件向重庆市机构编制委员会上报了《关于中共重庆市交通委员会机构设置和人员编制的请示》，请示撤销重庆市交通委员会党组，建立中共重庆市交通委员会。

2002年8月23日，中共重庆市交通委员会渝交党〔2002〕1号文件转发中共重庆市委《关于市委设立市交通党委、纪委和胡振业等八名同志任职的通知》，周知各委属单位党组织：经中共重庆市委常委会议讨论同意，撤销重庆市交通委员会党组和纪检组，设立中共重庆市交通委员会和中共重庆市交通纪律检查委员会。胡振业任中共重庆市交通委员会委员、书记，余昌平任中共重庆市交通委员会委员、副书记（试用期一年），滕西全、李健、张世玖、丁纯、彭建康等任中共重庆市交通委员会委员，明正义任中共重庆市交通委员会委员、纪委书记。

2003年5月13日，经重庆市人民政府第四次常务会议研究决定，任命滕西全为重庆高速公路发展有限公司董事长，任命李健为重庆高等级公路建设投资有限公司董事长。2003年6月24日，免去胡振业的中共重庆市交通委员会书记职务，丁纯接任中共重庆市交通委员会书记。2003年6月24日，免去滕西全、李健的重庆市交通委员会副主任职务，滕宏伟任中共重庆市交通委员会委员、重庆市交通委员会副主任，唐伯明任中共重庆市交通委员会委员、重庆市交通委员会副主任。2003年10月22日，梁培军任中共重庆市交通委员会委员、重庆市交通委员会主任助理。2003年11月18日，何升平任中共重庆市交通委员会委员、重庆市交通委员会副主任。

2004年5月21日，中共重庆市委组织部渝组干〔2004〕245号文件下发《关于滕西全、李健同志免职的通知》，免去滕西全、李健的中共重庆市交通委员会委员职务。2004年5月30日，经重庆市第二届人民代表大会常务委员会第九次会议审议通过，任命丁纯为重庆市交通委员会主任，免去胡振业的重庆市交通委员会主任职务。2004年6月12日，胡振业调任重庆高速公路发展有限公司董事长。2004年9月15日，唐伯明副主任调离，出任重庆交通学院院长。2004年10月9日，张太雄任中共重庆市交通委员会委员、重庆市交通委员会总工程师。2004年11月，梁培军任中共重庆市交通委员会委员、重庆市交通委员会副主任。

另外，2003年10月14日，任命张世玖为重庆市交通委员会巡视员，免去张世玖的重庆市交通委员会副主任职务。2004年12月15日，禹培文任助理巡视员。

表1-8　　2000~2005年重庆市交通委员会领导成员名录

姓名	性别	职务	任职时间	备注
胡振业	男	党组书记	2000年5月至2002年7月	
		党委书记	2002年7月至2003年6月	
		主任	2000年5月至2004年5月	
丁纯	男	副主任	2000年5月至2004年5月	
		党委书记	2003年6月至2005年12月	
		主任	2004年5月至2005年12月	
滕西全	男	党委委员、副主任	2000年5月至2003年6月	
李健	男	党委委员、副主任	2000年5月至2003年6月	
张世玖	男	党委委员、副主任	2000年5月至2003年9月	
彭建康	男	党委委员、副主任	2000年5月至2005年12月	
余昌平	女	党委副书记	2002年7月至2005年12月	
明正义	男	纪检组长	2000年9月至2002年6月	
		纪委书记	2002年7月至2005年12月	
邵道杰	男	党委委员、主任助理	2001年10月至2003年10月	挂职
何升平	男	党委委员、副主任	2003年11月至2005年12月	
滕宏伟	男	党委委员、副主任	2003年6月至2005年12月	
唐伯明	男	党委委员、副主任	2003年6月至2004年9月	
张太雄	男	总工程师	2004年10月至2005年	
梁培军	男	党委委员、主任助理	2003年9月至2004年11月	
		党委委员、副主任	2004年11月至2005年12月	

表1-9　　2000~2005年重庆市交通委员会非领导职务名录

姓名	性别	职务	任职时间	备注
王机	男	巡视员	2000年8月至2003年1月	
黄同科	男	巡视员	2000年8月至2003年2月	
蒙进礼	男	副巡视员	2001年11月至2003年2月	
孟素英	女	副巡视员	2000年4月至2005年11月	
程永富	男	副巡视员	2000年7月至2001年2月	
罗德馨	女	副巡视员	2001年2月至2002年3月	
张世玖	男	巡视员	2003年9月至2005年12月	
禹培文	男	副巡视员	2004年12月至2005年12月	

第四节　区（市）县交通行政机构

一、建置沿革

重庆市区县交通行政管理机构建置是随着重庆市行政管辖范围变化而变化的。

1949 年 11 月 30 日，重庆市解放，并被定为中央直辖市，辖 18 个市辖区，重庆市尚无独立的市级交通行政部门，也无独立的区县交通行政部门。

1954 年 6 月，重庆市划归为四川省辖市，时辖 6 个区。至 1983 年 2 月底，重庆市辖 9 个区、4 个县（市中区、江北区、沙坪坝区、九龙坡区、南岸区、北碚区、南桐矿区、大渡口区、双桥区、巴县、綦江县、长寿县、江北县）。在这一时期，随市级交通行政部门建置发展，9 区 4 县的交通行政部门建置相应也建立和发展起来。1983 年 3 月，在经济体制改革中，重庆市成为全国第一个计划单列市。1983 年 3 月，原四川永川地区所属永川、江津、合川、璧山、荣昌、大足、铜梁、潼南 8 个县划归重庆市，随之增加 8 个县交通行政部门建置，重庆市的区县交通行政部门增加到 9 区 12 县的范围。

1997 年 3 月 14 日，第八届全国人大第五次会议审议通过《关于批准设立重庆直辖市的决定》，重庆直辖市管辖原四川省的重庆市、万县市、涪陵市和黔江地区及所属区县。至 2001 年 12 月，重庆市行政管辖范围为 13 个区（市）27 个县，除四川省重庆市原管辖的 9 个区 12 个县外，还有万州区、涪陵区、黔江区、南川市、丰都县、垫江县、武隆县、城口县、梁平县、开县、巫溪县、巫山县、奉节县、云阳县、忠县、石柱县、酉阳县、秀山县、彭水县。另有重庆经济技术开发区、重庆高新技术开发区 2 个。重庆市的区（市）县交通行政机构增加到 13 个区（市）27 个县。

（一）区（市）交通行政机构

1. 万州区交通委员会。1998 年 5 月，万县区改名为万州区，万县移民开发区改名为万州移民开发区。1998 年 7 月 14 日，中共万州区委万委办〔1998〕1 号文件决定，万县市交通局更名为万州区交通局、万州移民开发区交通局，实行“一套班子，两块牌子”体制。2000 年 6 月 25 日，国务院国函〔2000〕88 号文件批复，撤销万州移民开发区。随后，万州区移民开发区交通局相应撤销。2001 年 9 月 5 日，中共万州区委万委发〔2001〕25 号文件批复，撤销万州区交通局，组建万州区交通委员会。

万州区交通局、万州移民开发区交通局机关设行政办公室、党委办公室、人事教育科、纪检监察室计划统计科、财务审计科、政策法规科、建设管理科、运输科、安全科、离退休干部管理科、交通战备办公室。万州区交通委员会机关设行政办公室、党委办公室、人事教育科、监察室、综合计划科、财务审计科、政策法规科、运输管理科、安全监督科、建设管理科、离退休干部管理科、交通战备办公室。离退休干部管理科与人事教育科，交通战备办公室与运输管理科分别合署办公。至 2002 年底，万州区交通委员会机关在职职工 30 人。其中：大专以上文化 23 人，中专（高中）文化 5 人，初中文化 2 人。至 2005 年年底，万州区交通委员会位于万州区天子路 1035 号，办公楼建筑面积 1771 平方米，固定资产总值 113 万元。

万州区交通委员会的管理职能具备交通发展、交通建设、交通行业管理、交通科技与文明建设、体制改革与国有资产管理等 5 个方面的管理职能。除此以外，由于管辖市县或区县交通部门，万州区交通局、万州区交通委员会还有一般区县交通部门没有的职能范围，即监督、指导城市交通、客运、港口、航运的公安工作，负责管理万州民航局、万州铁路办（公司）、万州港务局（公司），归口协调长江港航监督局、万州航道处、万州导航处、江万船厂、长燃万州分公司等项管理职能。具体的管理范围分不同历史时期而有所增减。万州区交通局、万州移民开发区时期主管龙宝移民开发区、天城移民开发区、五桥移民开发区，代管开县、忠县、云阳县、奉节县、巫山县、巫溪县等6县交通行政管理工作。万州区交通委员会时期。主管龙宝移民开发区、天城移民开发区、五桥移民开发区等3个移民开发区交通行政管理工作。

上述两个时期的上级主管业务机构是原重庆市交通局和重庆市交通委员会，行政关系归万州区人民政府、万州移民开发区管理。管理单位有：万州区公路管理局、万州区民航管理局、万州区港口航务管理局、万州区地方海事局、万州区船舶检验局、万州区港航监督处、万州区长江大桥管理处、万州区交通设计院、万州港务管理局、万州汽车运输总公司、万州交通建设开发有限责任公司、重庆东方轮船公司、万州轮船总公司、万州区公共交通公司、万州区雅高公交巴士有限公司、万州汽车配件公司、万州五桥机场有限责任公司、万县长江海事处、万州航道处、万县通信导航处、重庆长江轮船公司江万船厂、长江燃料供应总站万州站、中石化长江燃料有限公司万州分公司、万州交通稽征处。

表1-10　　**1998~2005年万州区交通委员会领导成员名录**

单位名称	姓　名	职　务	任职时间
万州移民开发区	左吉祥	局长	1998年8月至2001年9月
万州区交通局	柴慈镛	副局长	1998年8月至2001年9月
	余建华	副局长	1998年8月至2001年9月
	雷兴有	副局长	1998年8月至2001年9月
万州区交通委员会	左吉祥	主任	2001年9月至2003年2月
	李玉堂	副主任	2001年9月至2005年
	韩云	副主任	2001年9月至2003年2月
	余建华	副主任	2001年9月至2005年
	雷兴有	副主任	2001年9月至2005年
	李毅	副主任	2001年9月至2005年
	韩云	主任	2003年3月至2005年

2. 涪陵区交通委员会。1997年3月14日，全国人大决定设立重庆直辖市，管辖原四川省重庆市、万县市、涪陵市和黔江地区。撤销地级涪陵市及其所辖的枳城区、李渡区，设立重庆市涪陵区，原涪陵市管辖的南川、丰都、垫江、武隆4个县市由重庆市直管。1998年4月，涪陵市交通委员会和重庆市交通局完成了南川、垫江、丰都、武隆4县（市）交通管理工作的移交，正式结束对县（市）交通的管理与指导职责。1998年6月，涪陵市交通委员会、枳城区、李渡区交通局三机构合并，成立重庆市涪陵区交通委员会。

1998年11月，涪陵区编委在“三定”方案中确定涪陵区交通委员会内设办公室、计划统计科、财务审计科、工程科、养护管理科、法规监察科、运输管理科（挂安全保卫科牌子）；政治部内设组织人事科、宣传教育科。2001年12月，对部分内设科室进行了调整：撤销工程科、养护管理科，设立交通建设管理科；政治部撤销组织人事科、宣传教育科，设立组织人事教育科和离退休人员管理科（一直未设置）；设立区交委后勤服务中心（委直属正科级事业单位）。涪陵区交通委员会机关行政编制37名，离退休工作人员专项编制2名，事业编制6人（2005年6月，经区编委批准，后勤服务中心调整为9人）。领导职数：主任1名，副主任4名；政治部专职副主任1名；纪委书记、工会主任各1名；科室领导12名（含后勤服务中心1名）。2003年12月，安全工作从运输管理科分出，设立安全管理科。至2005年年底，涪陵区交通委员会位于涪陵区太极大道47号。

2001年12月，涪陵区人民政府办公室正式确定涪陵区交通委员会的职能配置、内设机构和人员编制。明确涪陵区交通委员会是主管涪陵区城乡公共客运交通及公路、水陆交通行政管理和行业管理的区政府工作部门，并在原涪陵市交委职能职责的基础上，对涪陵区交通委员会职能职责进行了调整。其中，划入职能有：原涪陵区建委承担的城市公共客运交通管理职能划归涪陵区交通委员会，原涪陵区建委所属公交公司成建制划归涪陵区交通委员会管理。转变职能有：按照建立社会主义市场经济体制的要求，深化改革、转变职能、提高效率；强化交通运输的宏观调控及行业管理，优化交通运输产业结构，加快运输市场的培育；坚持政企分开、简政放权，下放对委属单位的计划、价格和人事劳资等管理职能，不直接干预企业生产经营活动，实现从直接管理到间接管理，从部门管理到行业管理的职能转变。

涪陵区交通委员会具备交通发展、交通建设、交通行业管理、交通科技与文明建设、体制改革与国有资产管理等5个方面的管理职能，除此而外，还具备一般区县交通部门没有的职能范围：综合平衡全区交通运力，负责全区道路、铁路、航道、码头、港口、车站等各项基础设施的建设及其维护，管理和指导城市公共客运的安全工作，协调联系交通邮电等工作。中共重庆市涪陵区交通委员会政治部的主要职责按区委有关规定履行。

涪陵区交通委员会直接管理单位有：公路局、港航局（和地方海事局、船舶检验局“一套班子，三块牌子”)、运管处、路桥收费处、公路勘察设计院、区交委质监站、路政管理大队、渡口管理所。下属单位有：涪陵港务局、长江水运股份有限公司、三峡轮船股份有限公司、汽车运输总公司、瑞琪客车有限公司、重庆祥瑞交通运输产业有限公司、涪陵汽车运输（集团）有限公司、公共交通公司、汽车客运站、联星快速客运有限责任公司、拓源汽车运输有限责任公司、吉祥装卸运输公司、昌荣交通设施有限公司、泓益港口建设公司、中龙交通建设有限公司、重庆市交驰机动车辆技术检测站、交运机动车驾驶员驾培中心、重庆市第二交通技校。协调单位有：涪陵海事处、涪陵交通征费稽查处、重庆市乌江航道段、长江涪陵通信管理处、涪陵传输局、区邮政局、电信涪陵分公司、涪陵通信建设有限公司、移动涪陵分公司、联通涪陵分公司、网通涪陵分公司、铁通涪陵分公司。

表1-11　　1998~2005年涪陵区交通委员会领导成员名录

单位名称	姓　名	职　务	任职时间
涪陵区交通委员会	朱玉林	主任	1998年6月至1999年6月
	刘树荣	副主任	1998年6月至1999年6月
		主任	1999年7月至2005年12月
	陶友峰	副主任	1998年6月至2005年6月
	周杰	副主任	1998年6月至1999年6月
	程继荣	副主任	1998年6月至2005年6月
	李林	副主任	1998年6月至1998年11月
	夏祖伦	副主任	1999年10月至2005年12月
	喻伟华	副主任	2003年12月至2005年12月
	张松林	委员	1998年6月至2002年3月
	夏光文	委员	1998年10月至1998年11月

3. 黔江区交通局。1998 年 6 月，四川省黔江地区交通局更名为重庆市黔江开发区交通局，代管石柱县、秀山县、酉阳县、黔江县、彭水县交通行业。1998 年 12 月，重庆市黔江开发区管理委员会办公室下发《关于印发重庆市黔江开发区交通局职能配置、内设机构和人员编制方案的通知》，明确按“精简、统一、效能”的原则，完善职能职责，配置内设机构和人员编制。黔江开发区交通局设 7 个职能科室：办公室、政治处、体改法规科、工程计划科、综合运输科、财务科、纪检监察室。黔江开发区交通局机关行政编制 18 名，其中局长 1 名、副局长 3 名、总工程师 1 名，正副科长职数 7 名。机关后勤服务人员事业编制 2 名。纪检组长按党工委有关规定配备。至 1998 年年底，职工总人数达 39 人，其中，局机关行政编制 18 人，实有 20 人。

2000 年 6 月，国务院批准撤销黔江开发区和黔江县，设立黔江区。2000 年 10 月，黔江区委以《关于重庆市黔江区党政机构设置方案的实施意见》（黔委发〔2000〕3 号）将黔江开发区交通局更名为黔江区交通局，不再代管石柱县、秀山县、酉阳县、彭水县交通行业。2000 年 10 月 10 日，黔江开发区交通局与黔江县交通局正式归并组建黔江区交通局，内设 7 科 1 室（至 2005 年年底为 7 科 2 室）即：建设管理科、计划科、养护科、财务科、审计科、运输安全管理科、法制科、人事教育科、办公室、纪检监察室。局机关编制 40 人，其中领导职数 7 名（含总工、纪检），工勤人员 4 人。至 2005 年年底，黔江区交通局位于黔江区城西七路 112 号。

黔江区交通局是黔江区人民政府主管辖区内公路和水路交通行业的职能部门，具备交通发展、交通建设、交通行业管理、交通科技与文明建设、体制改革与国有资产管理等 5 个方面的管理职能，具体的管理范围因不同历史时期而有所增减。黔江区交通局负责黔江区公路运输运政、海事、公路建设、公路养护、公路路政、工程质量监督与定额拖养费征收与稽查、公路车辆通行费的征收与管理等，其下属单位有：黔江区运管所，黔江区海事局，黔江区公路养护一段、二段，黔江区公路路政管理大队，黔江区工程质量监理与定额管理站，黔江区拖养费稽查收费站，黔江区车辆通行费征收管理所（2004 年重庆市高等级公路开发有限公司收购黔江区内收费公路后撤销），同时代管黔江区公路养路费稽征所。

表 1－12　　1998～2005 年黔江区交通局领导成员名录

单位	姓名	性别	职务	任职时间
黔江开发区交通局	刘复	男	局长、党组书记	1998 年 7 月至 2000 年 10 月
	郭熙涛	男	副局长、党组成员	1998 年 7 月至 2000 年 10 月
	丁岐楼	男	副局长、党组成员	1998 年 7 月至 2000 年 10 月
	鲁荣康	男	副局长、党组副书记	1998 年 7 月至 2000 年 10 月
	王邦权	男	副局长、党组成员	1998 年 7 月至 2000 年 10 月
	肖永平	男	副局长、党组成员	1998 年 7 月至 2000 年 10 月
黔江区交通局	刘复	男	局长、党组书记	2000 年 10 月至 2004 年 1 月
	李安禄	男	局长、党组书记	2004 年 2 月至 2005 年 12 月
	鲁荣康	男	副局长、党组成员	2000 年 10 月至 2005 年 12 月
	肖永平	男	副局长、党组成员	2000 年 10 月至 2004 年 4 月
	郭熙涛	男	总工程师、党组成员	2000 年 10 月至 2002 年 3 月
	王邦权	男	副局长、党组成员	2000 年 10 月至 2001 年 7 月
	田兴文	男	副局长、党组成员	2000 年 11 月至 2001 年 8 月
	周必馗	男	纪检组长、党组成员	2000 年 10 月至 2005 年 12 月

续前表

单位	姓　名	性别	职务	任职时间
黔江区交通局	张光平	男	副局长	2001 年 8 月至 2005 年 12 月
	谢良	男	副局长、党组成员	2002 年 2 月至 2005 年 12 月
	谭国荣	男	总工程师	2002 年 4 月至 2003 年 10 月
	朱英群	男	副局长、党组成员	2003 年 3 月至 2003 年 10 月
	何福元	男	副局长、党组成员	2004 年 6 月至 2005 年 12 月
	周信国	男	总工程师、党组成员	2004 年 6 月至 2005 年 12 月

4. 渝中区交通局。1958 年 10 月，在原市中区钢铁办公室的基础上成立了重庆市市中区运输指挥部，后改为重庆市市中区人委交通科。1960 年，更名为市中区交通运输管理局。2001 年 9 月，重庆市市中区交通运输管理局更名为重庆市渝中区交通局。至 2005 年年底，渝中区交通局行政编制 17 名，机关事业编制 2 名，实有 16 人，内设党工委办公室、行政办公室、政策法规科、交通运输安全监督管理科（挂交通战备办公室牌子）和企业指导科。至 2005 年年底，渝中区交通局位于渝中区华一路 17 号 9 楼。

5. 大渡口区交通局。1965 年 11 月，大渡口工业区人委成立，设置工交科。1983 年 12 月，大渡口区撤销区城建交通局，交通运输管理职能移交大渡口区计划经济委员会。1989 年 2 月，大渡口区人民政府成立大渡口区交通局，与大渡口区交管所合署办公。至 2005 年年底，大渡口区交通局位于大渡口区松青路 1001 号。

6. 江北区交通局。1959 年 9 月，重庆市江北区交通运输管理局成立。1984 年 9 月，重庆市江北区交通运输管理局更名为重庆市江北区交通局。至 2005 年年底，江北区交通局设有党政办公室、人事劳资科、建设管理科、安全监督科、法制与运输管理科、计划财务科。江北区交通局位于江北区建新东路 54 号白云大厦 13 楼。

7. 沙坪坝区交通委员会。1959 年 10 月 10 日，重庆市沙坪坝区交通运输管理局成立。1984 年 9 月，沙坪坝区交通运输管理局更名为沙坪坝区交通局。2001 年 10 月，沙坪坝区交通局更名为沙坪坝区交通委员会。至 2005 年年底，沙坪坝区交通委员会内设党委办公室、行政办公室、公路建设管理科、综合运输管理科（挂交通战备办公室牌子）、政策法规科、财务审计科。沙坪坝区交通委员会位于沙坪坝区天陈路 58 号。

8. 九龙坡区交通局。1989 年，重庆市九龙坡区交通运输管理局更名为重庆市九龙坡区交通局。至 2005 年年底，九龙坡区交通局行政编制 18 名，内设党委办公室、行政办公室、安全监督科、法制科、公路科。九龙坡区交通局位于九龙坡区直港大道 17 号。

9. 南岸区交通局。1959 年 9 月 8 日，重庆市南岸区交通运输管理局成立。1990 年，更名为南岸区交通局。至 2005 年年底，南岸区交通局行政编制 20 名，内设行政办公室、党委办公室、人事科、财务科、企业科、航管科、公路科。南岸区交通局位于南岸区南坪南城大道 25 号交通大厦内。

10. 北碚区交通局。1953 年 4 月，川东行署撤销，北碚区划归重庆市，交通运输归北碚区人民政府建设科管理。1957 年 5 月，北碚区人民委员会内设交通科，与交通运输管理站合署办公。1959 年 9 月 2 日，北碚区人民委员会内设北碚区交通运输管理局。1984 年 3 月，北碚区交通运输管理局更名为重庆市北碚区交通局。至 2005 年年底，北碚区交通局在编职工 20 人，内设党政办公室、计划财务科、法制运输科、安全监督科、建设管理科。北碚区交通局位于北碚区碚峡西路 3 号。

11. 万盛区交通局。1955 年，重庆市南桐矿区成立，交通运输归南桐矿区人委农水科兼管。

1959 年，南桐矿区单独设立南桐矿区交通局。1962 年，南桐矿区工业局、交通局、农机局、城建科合并，建立“南桐矿区工业交通局”。1990 年 4 月 16 日，成立重庆市南桐矿区交通局。1993 年 4 月 8 日，随重庆南桐矿区更名为重庆市万盛区，交通局随之更名为重庆市万盛区交通局。至 2005 年年底，万盛区交通局位于万盛区勤俭路 83 号。

12. 渝北区交通局。1978 年 9 月，江北县交通局革命委员会更名为江北县交通局。1995 年 3 月 1 日，撤销江北县行政建制，建立重庆市渝北区，1995 年 3 月，江北县交通局更名为重庆市渝北区交通局。至 2005 年年底，渝北区交通局位于渝北区工业园区兴科大道 1 号转盘创业中心大楼。

13. 巴南区交通局。1958 年 10 月 13 日，巴县交通局成立。1959 年 10 月 30 日，巴县交通局更名为巴县交通运输管理局。1963 年 11 月 17 日，更名为巴县工业交通局。1968 年 5 月，巴县工业交通局与巴县手工业管理局合并为巴县工业交通局。1983 年 12 月，巴县交通局成立。1995 年 1 月，撤县建区时，巴县交通局更名为重庆市巴南区交通局。至 2005 年年底，巴南区交通局行政编制 17 名，工人编制 4 名，实有管理人员 18 名，工人 5 名。巴南区交通局位于巴南区鱼洞镇工农坡 1 号。

14. 长寿区交通局。1959 年 12 月，中共四川省委、省人民委员会将巴县、綦江、长寿三县划归重庆市管辖。2002 年 4 月 9 日，长寿撤县设区，重庆市长寿区成立。长寿县交通局撤销，长寿区交通局成立。至 2005 年年底，长寿区交通局机关内设办公室、财务科、法制科（挂交通战备办公室牌子）、建设管理科。交通局机关职工 14 人，其中工人 1 人。至 2005 年年底，长寿区交通局位于长寿区长寿路 76 号。

15. 双桥区交通局。1979 年，双桥区人民政府成立。1981 年，设置双桥区工交办公室，主管二轻工业和交通运输。1990 年 4 月 17 日，双桥区交通局正式成立。至 2005 年年底，双桥区交通局位于双桥区双北路 231 号。

16. 江津市交通局。1951 年 2 月 1 日，江津县人民政府设立交通科。1958 年 9 月 12 日，江津县交通运输局成立。1978 年 5 月 11 日，江津县交通局恢复建制。1992 年，随撤县设市，江津县交通局更名为江津市交通局。至 2005 年年底，内设办公室、政工科、财务审计科、安全生产科、工程科、法制科，行政编制 25 名，事业编制 3 名，在编人员 27 名。至 2005 年年底，江津市交通局位于江津市几江街道东门路 61 号。

17. 合川市交通局。1958 年 11 月，合川县人委交通科撤销，合川县交通运输局成立。1978 年 6 月，合川县交通局恢复建制。1992 年 10 月，合川撤县设市，合川县交通局更名为合川市交通局。至 2005 年年底，内设办公室、人事教育科、综合运输科、安全法制科、建设管理科、财务稽征科和重点项目建设办公室，在编人员 29 人。合川市交通局位于合川市瑞山路 80 号。

18. 永川市交通局。1954 年 12 月，永川县人民委员会增设交通科。1958 年 12 月，永川县交通运输局成立。1977 年，永川县交通局恢复建制。1992 年永川撤县建市，永川县交通局更名为永川市交通局。至 2005 年年底，永川市交通局行政编制 22 人，事业编制 4 人。永川市交通局位于永川市客运中心主体大楼。

19. 南川市交通局。1954 年 6 月，南川县人民政府设置交通科，1958 年 8 月，又改为南川县交通建设局。1970 年，组建南川县革命委员会交通局。1973 年 10 月，南川县革命委员会交通局更名为南川县交通局。1994 年，南川撤县设市后，南川县交通局改为南川市交通局。至 2005 年年底，南川市交通局内设办公室、财审科、运交科、工程科、法规科，在册职工 30 人。南川市交通局位于南川市火车站大道 1 号。

（二）县交通行政机构

1. 綦江县交通局。1958 年 3 月，綦江县交通科、航运站、群管站、搬运公司合并成立綦江县交通运输联合办公室。1959 年 10 月 15 日，綦江县交通运输联合办公室更名为綦江县交通运输管理局。1962 年 7 月，綦江县交通运输局与綦江县工业局合并成立綦江县工业交通局。1979 年 6 月 7 日，綦江县交通局成立。至 2005 年年底，綦江县交通局内设办公室、政工科、建设管理科、安全业务科、财务科，职工 21 人。綦江县交通局位于綦江县古南镇城东路 34 号。

2. 潼南县交通局。1986 年，潼南县交通局内设办公室、生产计划股、技术安全股。至 2005 年，潼南县交通局内设办公室、财务科、建设管理科、人事教育科、安全法制科、征稽科。潼南县交通局位于潼南县大同街 20 号。

3. 铜梁县交通局。1954 年 10 月，铜梁县人民政府设置交通科，1958 年 10 月 20 日，撤销交通科，成立铜梁县交通运输局。1960 年 3 月 17 日，铜梁县交通运输局改名为铜梁县交通局。1978 年 5 月 6 日，铜梁县交通局恢复建制。至 2005 年年底，铜梁县交通局内设办公室，综合科、工程科、法制安全科，在册职工 19 人。铜梁县交通局位于铜梁县巴川镇中兴路 82 号。

4. 大足县交通局。1959 年 3 月 1 日，大足县人民委员会撤销交通科，大足县交通运输局成立。1965 年 4 月 1 日，大足县交通运输局更名为大足县交通局。1979 年 5 月 1 日，大足县交通局恢复建制。至 2005 年年底，大足县交通局内设办公室、财务科、公路建设管理科、运输管理科、安全管理科，行政编制 13 名，事业编制 2 名。大足县交通局位于大足县棠香街龙中路 226 号。

5. 荣昌县交通局。1954 年 9 月，荣昌县人民政府设置交通科，1958 年 7 月，撤销交通科，荣昌县交通局成立。1958 年 9 月 25 日，荣昌县交通局更名为荣昌县交通运输局。1960 年 6 月 1 日，荣昌交通运输局与交通运输公司分开办公，更名为荣昌县交通局。1979 年 6 月 1 日，荣昌县交通局恢复建制。至 2005 年年底，荣昌县交通局内设办公室、建管科（交通战备办公室）、计划财务科、法制安全科。荣昌县交通局位于荣昌县昌元镇昌州中段 278 号。

6. 璧山县交通局。1951 年 8 月，璧山县人民政府交通科建立，1959 年 7 月，改为璧山县交通局。1978 年 5 月，璧山县交通局恢复建制。2005 年 12 月，璧山县交通局内设办公室，收费财务科、法制安全航务科、运输管理科、公路建设管理科，时有干部 22 人。至 2005 年年底，璧山县交通局位于璧山县璧城街道向阳街 242 号。

7. 梁平县交通局。1998 年，梁平县交通局机关设政工秘书股、公路股、计划财务股、运输安全股，在职职工 22 人。至 2005 年年底，梁平县交通局位于梁平县梁山镇机场路 437 号。

8. 城口县交通局。1955 年 1 月，城口县人民委员会交通科成立。1959 年 12 月 10 日，城口县交通科、城口县群众运输管理站、城口县内河航运管理站合并为城口县交通局。1972 年 7 月 6 日，城口县工业交通局成立。1979 年 11 月 25 日，单独设立城口县交通局。至 2005 年年底，城口县交通局内设办公室、运输安全科、计财科、工程科，在职职工 15 人。城口县交通局位于城口县葛城镇南大街 28 号。

9. 丰都县交通委员会。1959 年 5 月，丰都县人民政府交通科改为丰都县交通局。1996 年 11 月，丰都县交通局撤销，成立丰都县交通委员会。至 2005 年年底，丰都县交通委员会内设办公室、工程建设管理科、法规监督科、企业指导安全监督科、计划财务科、交通战备办公室。在册职工 18 人。丰都县交通委员会位于丰都县三合镇平都大道东段 267 号。

10. 垫江县交通局。1954 年 11 月 6 日，垫江县人民政府建设科分为农业、交通两个科，1959 年 4 月 10 日，改为垫江县交通局。1977 年 11 月 8 日，从垫江县革命委员会工交局中分出垫江县革命委员会交通局，1980 年 4 月 15 日，又改为垫江县交通局。至 2005 年年底，垫江县交通局内设秘书科、政工科、安全科、公路科、财务室，在册职工 23 人。垫江县交通局位于垫江县桂溪镇人民路 15 号。

11. 武隆县交通委员会。1994 年 12 月，武隆县交通局撤销，武隆县交通委员会成立。至 2005 年年底，武隆县交通委员会内设秘书股、财会股、政工股、工程股、安全保卫股，在册职工 22 人。至 2005 年年底，武隆县交通委员会位于武隆县巷口镇芙蓉路 2 号。

12. 忠县交通委员会。1954 年 8 月 18 日，忠县人民政府设立交通科。1959 年 11 月 11 日，撤销“忠县人委工业交通科”，单独设立忠县交通局。1962 年 9 月 17 日，忠县工业局和交通局缩编为忠县人民委员会工业交通科。1972 年 12 月 25 日，撤销四川省忠县工业交通局革命领导小组，成立四川省忠县交通局。2001 年 9 月 30 日，忠县交通局更名为忠县交通委员会。至 2005 年年底，忠县交通委员会内设人秘科、建设管理科（挂忠县交通工程招投标管理办公室牌子）、运输安全科（挂忠县交通战备办公室牌子）、法规科、财务科，在职职工 10 人。忠县交通局位于忠县忠川镇果园路 22 号。

13. 开县交通局。1954 年，开县人民政府成立交通科，1960 年，改制为开县交通局。1962 年底，开县交通局与开县工业局合并为开县工业交通局。1979 年 12 月，开县交通局革命领导小组撤销，开县交通局恢复建制。至 2005 年年底，开县交通局内设办公室、运输管理科、交通建设养护管理科和安全法规科，行政编制 12 名，在职职工 32 人。开县交通局位于开县汉丰镇人民路 223 号。

14. 云阳县交通局。1955 年 2 月 3 日，云阳县人民委员会组建交通科，1959 年 9 月 25 日，改交通科为云阳县交通局。1963 年 12 月 10 日，又改云阳县交通局为交通科。1972 年 5 月 16 日，云阳县革命委员会工交局革命领导小组成立。1973 年 4 月 4 日，撤销云阳县革命委员会工交局革命领导小组，更名为云阳县交通局。2000 年 4 月 1 日，云阳县交通局搬迁到新县城。至 2005 年年底，云阳县交通局内设办公室、建设管理科、运输安全管理科、政策法规科、计划财务科，行政编制 17 人，事业编制 2 人。云阳县交通局位于云阳县望江大道 697 号。

15. 奉节县交通局。2000 年，奉节县交通局内设党政办公室、计财科、建管科、运安科、法制科、企改办。2000 年，机关在职职工 20 人。因三峡工程二期水位淹没整个县城，交通局机关搬迁至新县城，至 2005 年年底，奉节县交通局位于奉节县县政路 1 号。

16. 巫山县交通局。2000 年，巫山县交通局内设办公室、运输管理股、财务股、安全股、公路工程股、政策法规股，机关在职职工 20 人。至 2005 年年底，巫山县交通局位于巫山县巫峡镇净坛路 74 号。

17. 巫溪县交通局。巫溪县交通局机关设办公室、建设管理科、安全法制科、运输科、财务科，在职职工 12 人。至 2005 年年底，巫溪县交通局位于巫溪县城厢镇环城路 4 号。

18. 石柱县交通局。1984 年 11 月，石柱县交通局更名为石柱土家族自治县交通局（以下简称石柱县交通局）。至 2005 年年底，石柱县交通局内设行政办公室、计划运管科、财务审计科和法规安全科，编制人员 18 名。石柱县交通局位于石柱县南宾镇南宾路 8 号。

19. 秀山县交通局。1977 年 12 月，秀山县革命委员会决定，改组工业交通局，单独成立秀山县交通局。1992 年 7 月，成立“秀山土家族苗族自治县交通总公司”。交通总公司与秀山县交通局实行局司合一，“一套班子，两块牌子”。2001 年 8 月，设置秀山土家族苗族自治县交通局（以下简称秀山县交通局）。至 2005 年年底，秀山县交通局内设办公室、计财科、公路科、法制安伞科、征费所和渡管所，职工 24 人。秀山县交通局位于秀山县中和镇凤栖北路 100 号。

20. 酉阳县交通局。1954 年 7 月，酉阳县人民政府设立工交科，1959 年，酉阳县人民委员会成立酉阳县交通局。1963 年，酉阳县人委撤销交通局和工业局，合并成立工业交通科。1971 年，组建酉阳县工业交通局。1978 年，酉阳县工业交通局进行改组，组建为酉阳县交通局。至 2005 年年底，酉阳县交通局内设秘书科、计财科、安全运输科、公路科、工会、纪检室，在册职工 26 人。酉阳县交通局位于酉阳县钟多镇桃花源街 18 号。

21. 彭水县交通局。1955 年 5 月 6 日，彭水县人民政府成立交通科，1955 年 10 月，改称彭水县人民委员会交通科。1959 年 7 月 7 日，彭水县人民委员会交通科更名为彭水县交通局，1962 年复名交通科。1970 年，成立彭水县工业交通局。1978 年 3 月，成立彭水县交通局。1985 年更名为彭水苗族土家族自治县交通局。至2005年年底，彭水县交通局内设秘书科、安全运输科、公路科、人事保卫科、计财科，在册职工24人。彭水县交通局位于彭水县汉葭镇鼓楼街27号。

二、区（市）县交通行政管理职能

1986～1996年，重庆市作为计划单列市，辖区内21个区县（市）的交通行政管理机构是区县（市）交通局，行政关系归属于各区县（市）人民政府管理，交通行业管理业务归重庆市交通局领导。万县市、涪陵市、黔江地区交通行政管理部门分别管理其辖区内各区县交通局，各区县交通局行政关系归所属四川省相关市（地区）人民政府管理，交通行业管理业务归四川省交通厅领导。

1997年3月14日至2005年12月，重庆直辖后，重庆市对原万县市、涪陵市、黔江地区从代管到直管，并将公路等原重庆市直管的部分行业下放给区（市）县直接管理。随着万州区、涪陵区、黔江区先后成立区人民政府体制，其下辖的县行政关系直接由重庆市管理，各区县（市）交通局（委）行政关系归所属区县（市）管理，业务关系归重庆市交通局、重庆市交通委员会管理。

各区县（市）交通局（委）是各区县（市）人民政府的一个专门实施交通行政管理的职能部门，同时受重庆市交通局、重庆市交通委员会的行业管理领导。根据各区县（市）交通局（委）制定的职能范围，各区县（市）交通局（委）的主要管理职能可以归纳为交通发展、交通建设、交通行业管理、交通科技与文明建设、体制改革与国有资产管理等5个方面的管理职能。

一是交通发展方面。贯彻执行国家及其各级交通主管部门有关公路、水路交通行业的方针政策和法律法规，根据国家和重庆市交通总体布局及发展规划，制定本辖区交通行业发展战略、政策、法规、规章并监督执行。负责编制并实施所属辖区交通行业长远发展规划、中长期发展规划和年度发展计划。

二是交通建设方面。贯彻执行国家及其各级交通主管部门和四川省、重庆市有关公路、水路、港口等建设和管理的规划要求，负责所属辖区内省道、县道公路管养和县道建设，指导乡村公路建设和管理养护。

三是交通行业管理方面。组织实施所属辖区道路运输管理、水路运输管理，培育管理交通运输市场，对重点物资和紧急客货运输进行调控。负责交通战备工作。对驾驶学校和驾驶员短期培训实施管理。负责所属辖区内车辆通行费、客货运输规费征收稽查管理，负责所属辖区水上运输，协助公安部门搞好陆上运输安全；依法行使公路运政、公路路政、内河航政、内河港监的综合执法管理职责。实施客运（含出租）、货运、搬运装卸、汽车维修、汽车服务业等运输市场管理。

四是交通科技、文明建设方面。贯彻执行国家有关交通科技方针、政策，组织事实科技开发、推动交通行业科技进步。负责交通行业精神文明建设工作，负责直属事业单位人事管理和机构编制工作，负责交通行业党风廉政建设和职工队伍建设，指导交通行业职业技能、技术教育和成人继续教育工作。

五是体制改革、国有资产方面。指导交通行业的体制改革和结构调整，负责交通运输企业的行业管理，负责直属企业、事业单位国有资产的监督管理。

此外，承办四川省、重庆市交通主管部门以及中共各区县（市）委员会、各区县（市）人民政府交办的其他工作事项。

第二章　道路管理机构

1986～2005年，随着重庆市交通行政管理体制变迁发展，重庆市交通系统形成了一个由道路管理机构、港航管理机构和后勤管理机构组成的交通行业管理机构群。2005年年底，重庆市交通行政部门委托所属的具有行政管理职能的交通行业管理机构，分别对重庆市辖区内公路建设与养护、道路运输、港口航道建设、水上运输、交通行政执法、交通规费征收、后勤服务等方面实施交通行业管理或辅助交通行政管理。

道路管理方面

1. 公路养护建设管理。一是重庆市公路局的成立。从1983年4月至1998年9月，经过重庆市公路养护总段、永川地区公路养护总段下放重庆市交通局管理。1998年9月19日，重庆市交通局撤销了重庆市公路养护总段，成立了重庆市公路局。二是高速公路建设运营管理机构的建立和发展。1987～2005年，重庆市交通局、重庆市交通委员会先后组建了重庆市高等级公路建设指挥部、重庆市高速公路行政执法总队和重庆高速公路发展有限公司三大管理机构，形成了“高速公路建设指挥部”+“高速公路公司”+“高速公路综合执法”的管理格局。

2. 道路运输管理。1986～2000年，对城市公共客运交通及其出租汽车按重庆市人民政府划定的重庆主城7个区内外范围，由重庆市公用局所属重庆市社会客运管理处和重庆市交通局所属重庆市公路运输管理处共同管理。2000年8月，重庆市交通委员会先后撤销了重庆市公路运输管理处、重庆市社会客运管理处，成立了重庆市道路运输管理局，至2005年年底，形成较为完整统一的道路运输行业管理机构。

3. 征稽管理机构的建立和发展。1987年6月至1997年6月，重庆市交通局先后建立又撤销了重庆市交通局稽征安全处、重庆交通稽征一处和永川交通稽征二处，成立了重庆市交通稽查征费处，直至撤销了重庆市交通稽查征费处，又成立了重庆市交通征费稽查局，形成对交通规费征收实施统一管理的行业管理机构。

车辆购置附加费征收管理机构的建立和发展。1985年，重庆市的车辆购置附加费征收工作由重庆市交通局负责。1988年4月至2000年12月，按照交通部要求，重庆市交通局单独设立重庆市车辆购置附加费征收管理办公室。自2001年1月1日起，国务院决定开征车辆购置税。为保证国家税收，重庆市车辆购置附加费征收管理办公室暂时保留建制，隶属于重庆市交通委员会管理，代征车辆购置税。至2005年1月1日，撤销重庆市车辆购置附加费征收管理办公室建制，成建制划转移交重庆市国家税务局管理。

1954～1996年，万县市、涪陵市、黔江地区的道路管理机构是随四川省交通行政体制的演变而逐步建立和发展起来的，在这一时期里，万县市、涪陵市、黔江地区的道路管理机构和重庆市的道路管理机构同属于四川省交通行政部门管理。1983～1996年，四川省下放了重庆市的道路管理机构。1997～2005年，万县市、涪陵市、黔江地区划归中央设立的重庆直辖市，（万县市、涪陵市和黔江地区分别改为重庆市万州区、重庆市涪陵区和重庆市黔江区）万州、涪陵、黔江区的道路管理机构又先后归属于重庆市交通局、重庆市交通委员会管理。

第一节　公路管理机构

一、重庆市公路局

（一）建置沿革

重庆市公路养护总段

1983~1991年，重庆市实行计划单列体制改革，四川省交通厅公路局将四川省重庆公路养护总段和四川省永川公路养护总段下放给重庆市，行政上归属重庆市交通局管理。但两个总段的业务关系仍旧归属于四川省交通厅公路局，接受四川省交通厅的行业管理。

1992年1月，征得重庆市经委和重庆市编委的同意，重庆市交通局将永川公路养护总段二级机构永川段、璧山段、合川段和机运站等4个单位成建制地移交给重庆市公路养护总段管理；将其所属的永川公路工程处和机关招待所成建制地移交给重庆市公路建设工程管理处，从事公路工程工作。1992年4月11日，经重庆市人民政府同意，重庆市交通局正式撤销了永川公路养护总段，其养护职能和人员全部并入重庆公路养护总段，仍旧称为重庆市公路养护总段。1992年7月4日，重庆市交通局路政管理处更名为重庆市公路路政管理处；重庆市交通路政管理大队更名为重庆市公路路政管理大队。

1997年3月10日，重庆市交通局向重庆市机构编制委员会提出：撤销重庆市公路养护总段，新组建重庆市公路局，为重庆市交通局所属的副局级事业单位，赋予一定的行政管理职能。同时，将重庆市交通局内处的公路养护管理和路政管理职能移交重庆市公路局，1998年8月7日，重庆市编委批复同意重庆市交通局组建重庆市公路局，撤销重庆公路养护总段。1998年9月19日，重庆市公路局正式挂牌，同时，挂重庆市公路路政总队、重庆市治理公路“三乱”办公室、重庆市农村公路建设办公室3块牌子。

1998年8月7日，重庆市公路局被批准为正处级事业单位，编制965名（含3个二级单位）。重庆市公路局机关编制45名，其中局长1名，副局长3名。中层领导职数23名，内设办公室、计划财务处、养护管理处、建设管理处、路政法规处（挂安全办公室牌子）、收费管理处、人事教育处、政治工作处（挂监察室牌子）等7处1室。1998~2002年，重庆市编委先后下发《关于重庆市公路局机构规格的通知》《关于重庆市公路局机构编制的批复》和《关于同意市公路局增加领导职数的批复》，批准同意重庆市公路局机构升格为重庆市交通委员会的直属副局级事业单位，核定领导职数为5名（副局级2名、正处级3名）。至2005年年底，这一体制未变。

（二）管理职能

1986~1998年，重庆市公路养护总段同时挂重庆市公路路政管理大队牌子，负有收取路政规费的职责。另外，重庆市车渡管理站负有收取车辆过渡费的职责。1998~2005年，重庆市公路局的直属机构，一是重庆市公路养护管理段，主要负责重庆市近郊6区国省干道公路的养护建设和管理，不负有收费的职责。二是重庆市车渡管理站，主要负责重庆市各个战备渡口的具体管理和汽车渡运工作，继续负有收取车辆过渡费的职责。1998年8月8日，重庆市交通局渝交局〔1998〕672号文件对重庆市公路局主要职责有明确规定，即负责所管公路路政安全管理，统一征收和管理路政规费，按分级管理原则办理公路占用挖掘、超限、超重车辆的通行审批；负责重庆市内现有车渡的管理工作，在重庆市交通局领导下，会同财政、物价等有关部门对贷款、集资修建的公路、桥梁、隧道等收取车辆通行费进行审核和管理。2000年8月21日，重庆市交通委员会对重庆市公路局主要职责也有明确规定，即负责公路路政管理，按分级管理原则办理占用、挖掘公路和超限、超重车辆通行公路的审批；负责收费公路、桥梁、站点的管理工作；监督检查公路收费活动；按照重庆市交通委员会部署，开展治理公路“三乱”工作；负责战备渡口的具体管理和汽车渡运工作。

重庆市公路路政大队管理职能（1986～1997年）。1988年，重庆市的公路路政管理工作贯彻《中华人民共和国路政管理条例》及其《实施细则》和《四川省公路路政管理条例》，建立健全公路路政管理机构，使路政管理走上了依法治路的轨道，保护了公路路产路权不受侵占和损坏。

根据重庆市人民政府批转的关于“各区县建立健全路政管理机构”的指示，重庆市担负有公路管理任务的19个区县中，已经由区、县人民政府及其编委批准成立了路政管理所的有江津、巴县、荣昌等9个区县；成立路政管理办公室的有江北、永川、合川3个县；已经写出申请待批的有璧山、綦江、长寿、大足4个区县；其余3个区县也正在酝酿准备设置路政管理机构。各区县路政管理所（办公室）隶属区县交通局领导，由区县交通局、养路段、养路队现有着装路政人员组成，对外一块牌子，内部分工合作，任务是依法对区县辖区内的国、省、县、乡公路实行统一的路政管理。各区、县路政管理所的成立，解决了一个区、县内公路路政工作多头管理的现象。

重庆市公路路政总队管理职能（1998～2005年）。2001年4月，重庆市交通委员会《关于加强公路路政管理有关问题的通知》，对公路路政管理工作作了规定：

1. 重庆市交通委员会是重庆市公路路政管理工作的主管机关。各区县（自治县、市）交通局（委）是其行政区域内公路路政管理工作的主管机关。重庆市公路路政管理总队（与重庆市公路局合署办公，“一套班子，两块牌子”）受重庆市交通委员会的委托，负责重庆市除高速公路、汽车专用公路以外的公路路政管理工作。重庆市高等级公路行政执法大队，受重庆市交通委员会的委托，负责重庆市高速公路的公路路政管理。

2. 公路路政管理工作按照“统一领导、分级管理”的原则组织实施。各级公路路政管理机构必须按照法律法规的规定，认真履行法定职责，保护公路路产路权不受侵害。

3. 对修建铁路、机场、电站、通信设施、水利工程和进行其他建设工程需要占用（利用）、挖掘、穿（跨）越公路，架设、埋设管线等设施，设置各种非路用的标牌、广告牌的，有关建设单位或者个人必须按照法定程序办理相应的审批手续。高速公路的挖掘、穿（跨）越公路，架设、埋设管线等设施，设置各种非路用的标牌、广告牌的路政管理事宜，必须经重庆市高等级公路行政执法大队审定后报重庆市交通委员会批准。

4. 各级公路路政管理机构必须以依法治国、依法行政为原则，严格按照国家的法律、法规行使职责，加强公路的现场巡查，按照规定程序及时发现、制止和查处侵害公路路产路权的案件。

5. 各区县（自治县、市）交通局（委）、重庆市公路路政管理总队和重庆市高等级公路行政执法大队应加强对路政管理队伍的指导，广泛宣传路政管理的法律法规，增强执法力度，提高执法队伍的整体素质。

重庆市车渡管理站管理职能（1986～2005年）。车渡管理站管理职能主要有：负责重庆市公路渡口的管理、建设、维护，科学合理安排运力，确保连接国道断头公路“活桥梁”的安全畅通；保障市战备渡口在紧急状态下对交通运输应急应变的需要。在日常工作中，加强码头和车渡船舶的安全管理，落实安全监管措施，确保车渡船舶的航行安全。

禁止车辆在码头区域内乱停乱放；禁止未取得合法有效通行证件的车辆及超载、超限的车辆过渡。

禁止行人上船过渡及车辆乘客在渡运途中跨越栏杆及翻越船驳。

禁止过渡车辆不按规定购票过渡（除执行紧急任务的特种车辆和有免票证件车辆外）。

禁止在长江、嘉陵江车渡南北两岸码头公路两旁搭棚摆摊设点、违章占道等。

禁止在长江、嘉陵江车渡南北两岸码头河边排放污水，倾倒垃圾（渣土）以及撒漏其他固体、流动物体。

1986～1998年，重庆市车渡管理站隶属于重庆市公路养护总段。1986年，重庆市管养汽车渡口5处，分别是储海渡（储奇门至海棠溪）、中石渡（中渡口至石门）、李九渡（李家沱至九龙坡）、水土渡（水土至三圣）、鱼吊渡（鱼洞至吊二嘴）。5个渡口拥有汽车渡船24艘，其中机动渡船11艘。相关区县管理的汽车渡口有：石塔坡渡、瓢儿埝渡、盐井渡、云门渡、渠江官渡、江津长江渡、笋河渡、綦江渡。1986年，重庆市汽车渡运90多万辆次，日渡运量2500辆次。1998~2005年，在重庆市直辖时期，虽然桥梁建设各公路渡口已经逐渐减少而萎缩，重庆市车渡管理站仍隶属重庆市公路局管辖。

重庆市公路局是对重庆市公路实施行业管理的机构。重庆市公路局受原重庆市交通局、重庆市交通委员会的委托，负责对重庆市除高速公路、专用公路以外的所有国、省、县、乡道路的路政、养护等实施行业管理。其主要职责是：

1. 贯彻执行公路法律、法规、规章和上级部门的政策、规范性文件和行政管理。

2. 负责近郊6区国省干道的养护；指导协调其他区县的公路养护工作；组织实施公路工程建设、养护新技术、新工艺新材料的推广，提供科技信息服务。

3. 负责对所管公路的养护和全市公路养护的行业管理，组织实施原重庆市交通局、重庆市交通委员会批准的以奖代补、交通扶贫和以工代赈工程；组织抢修特大自然灾害造成的公路损毁。

4. 负责所管公路养护经费支付的计划编制，并按公路养护、建设项目的程序，以公路建设进度、养护质量等核拨经费，确保经费专款专用。

5. 负责公路路政管理，按分级管理原则办理占用、挖掘公路和超限、超重车辆通行公路的审批。

6. 负责收费公路、桥梁、站点的管理工作；监督检查公路收费活动；按照重庆市交通委员会的部署，开展治理公路“三乱”工作。

7. 负责战备渡口的具体管理和汽车渡运工作。

8. 负责局机关和所属单位的人事工作，提高公路管养人员素质。

9. 完成重庆市交通委员会交办的其他事项。

（三）管理范围

1986~1991年，永川公路养护总段负责管理永川地区内永川、璧山、合川三个分段和永川公路养护总段机运站、永川公路养护总段公路工程处，即对其所辖国省干线公路及部分重要县道公路的改造、大中修工程以及日常养护生产进行管理。

1986~1991年，重庆市公路养护总段负责管理重庆市辖区内7区4县即江北区、沙坪坝区、九龙坡区、南岸区、北碚区、南桐矿区、大渡口区、双桥区、巴县、綦江县、长寿县、江北县的国省干线公路及部分重要县道公路的改造、大中修工程以及日常养护生产。1986~1991年，重庆市公路养护总段有14个直属单位：綦江段（一分段）、二分段、三分段、长寿段（四分段）、北碚段（五分段）、江北段（六分段）、万盛段（七分段）、车渡管理站、沥青油库、缙云山职工疗养所、公路养护机具修理厂、职工学校、210工程处（后为重庆市渝通公路建设总公司）、公路工程公司（知青回城后组建的大集体性质的公司，后发展为重庆市公路工程集团公司）。

1992~1997年，随着重庆市公路养护总段和永川公路养护总段的合并，重庆市公路养护总段负责管理重庆市内8区12县（市中区无养路段）国省干线公路及部分重要县道公路的改造、大中修工程以及日常养护，即管理的范围为：綦江段（一分段）、二分段、三分段、长寿段（四分段）、北碚段（五分段）、江北段（六分段）、万盛段（七分段）、永川段、璧山段、合川段、车渡管理站、沥青油库、缙云山职工疗养所、公路养护机具修理厂、职工学校、210工程处、公路工程公司、永川机运站、永川公路工程队（后发展为重庆市渝达公路工程总公司）。

重庆市公路局直接管理的范围：通过重庆市公路养护管理段对主城6个区的国、省道公路实施管理；通过重庆市车渡管理站对主城8个区长江、嘉陵江上的汽车渡口（含战备渡口）进行管理；

通过重庆市公路职工培训中心对重庆市公路职工进行技能培训管理。

1998 年 9 月至 2005 年，由于重庆市直辖，重庆市公路局对重庆市公路实施行业管理的范围扩展到除渝中区之外的 39 个区（市）县的范围，即：万州区、涪陵区、黔江区、大渡口区、江北区、沙坪坝区、九龙坡区、南岸区、北碚区、万盛区、渝北区、巴南区、长寿区、双桥区、江津市、合川市、永川市、南川市、綦江县、潼南县、铜梁县、大足县、荣昌县、璧山县、梁平县、城口县、丰都县、垫江县、武隆县、忠县、开县、云阳县、奉节县、巫山县、巫溪县、石柱县、秀山县、酉阳县、彭水县。另有重庆经济技术开发区、重庆高新技术开发区。

表 1－13　　1984～2005 年重庆市公路局历届领导成员名录

单位	姓名	性别	职务	任职时间
永川公路养护总段	彭成矩	男	副总段长、工程师	1986 年至 1991 年
	王光明	男	书记、工程师	1987 年至 1987 年
	何光辉	男	总段长、工程师	1987 年至 1991 年
	袁廉仲	男	副总段长	1987 年至 1991 年
	蒲培成	男	副总段长、工程师	1987 年至 1991 年
	林庆德	男	党委副书记	1988 年至 1991 年
	刘家林	男	党委纪委书记	1988 年至 1991 年
重庆市公路养护总段	郑道仿	男	总段长	1984 年至 1985 年
	何朝礼	男	副总段长	1986 年至 1994 年
	陈勇	男	党委书记	1986 年至 1996 年
	富健全	男	副总段长	1986 年至 1992 年
	唐忠贵	男	党委副书记	1986 年至 1993 年
	邓国安	男	副总段长	1988 年至 1993 年
	张启佑	男	总段长	1990 年至 1997 年
	李永祥	男	副总段长	1991 年至 1995 年
	何光辉	男	副总段长	1991 年至 1996 年
	林庆德	男	党委副书记	1992 年至 1993 年
	杨秀龙	男	副总段长	1994 年至 1998 年
	刘作智	男	副总段长	1995 年至 1996 年
	周志荣	男	副总段长	1996 年至 1998 年
	刘治军	男	总段长	1997 年至 1998 年
	张云芝	女	党委副书记	1996 年至 1998 年
	艾吉人	男	局 长	1998 年至 2005 年
	刘治军	男	副局长	1998 年至 2005 年

续前表

单位	姓名	性别	职务	任职时间
重庆市公路局	张云芝	女	党委副书记	1998 年至 2005 年
	杨秀龙	男	副局长	1998 年至 1999 年
	周志荣	男	工会主席	1998 年至 1999 年
	唐伯明	男	副局长	1999 年至 2003 年
	钟芸	男	副局长	2001 年至 2005 年
	贾元亭	男	副局长	2001 年至 2005 年
	许仁安	男	副局长	2003 年至 2004 年
	乔墩	男	党委书记、副局长	2003 年至 2005 年
	朱顺芳	男	局长助理	2004 年至 2005 年

二、万县市公路管理局

（一）建置沿革

1986~1988 年，万县公路养护总段是隶属四川省交通厅公路局直接管理的正县级事业单位。1988 年 9 月 7 日，四川省人民政府川府发〔1988〕163 号文件决定改革公路养护管理体制，成建制下放 18 个养路总段及其国省道养护管理。由此，四川省交通厅将万县公路养路总段成建制地下放万县地区交通局领导和管理，机构与级别不变，负责万县地区 9 个县 1 个市国、省道公路养护管理。1989 年 7 月，万县养路总段更名为万县公路养护管理总段，为正县级事业单位。

1992 年 12 月，万县撤地设市，1993 年 10 月，万县市人民政府万府函〔1993〕124 号文件批准，撤销万县公路养护管理总段，组建万县市公路管理局，原正县级级别不变，隶属万县市交通局领导。

1997 年 3 月 14 日，万县市划归重庆直辖市。1998 年 7 月，万县市公路管理局更名为万州移民开发区公路管理局、万州区公路管理局，隶属关系、级别、人员编制、经费渠道一律不变，实行“一套班子，两块牌子”。2000 年 6 月，行政区划再次调整，撤销万州移民开发区公路管理局，保留万州区公路管理局。1998~2005 年，万州区公路管理局办公地址在万州区太白路 26 号，业务上接受重庆市公路局的行业管理。

（二）管理职能与范围

主要管理职能：负责辖区内国省县乡公路养护管理、路政管理和收费公路管理。

1986 年至 1993 年 10 月，万县公路养路总段对万县地区 9 个县 1 个市实施公路养护行业管理，即万县市（县级市）、万县、梁平县、开县、忠县、云阳县、奉节县、巫山县、巫溪县、城口县。

1993 年 10 月至 1998 年 7 月，万县市公路管理局对万县市龙宝区、天城区、五桥区、开县、梁平县、忠县、云阳县、奉节县、巫山县、巫溪县、城口县等 3 个区 8 个县实施公路养护行业管理。

1998 年 7 月至 2000 年 6 月，除管辖万县市原龙宝、天城、五桥 3 个区外，还代管忠县、开县、云阳县、奉节县、巫山县、巫溪县的公路养护、路桥收费、路政执法等公路业务工作。2000 年 6 月至 2005 年，万州区公路管理局，只对万县市原龙宝、天城、五桥 3 个区内国、省道实施公路养护直接管理。

三、涪陵市公路局

（一）建置沿革

1986 年至 1988 年 6 月，涪陵公路养护总段行政与业务关系均由四川省交通厅公路局直接领导，是正处级事业单位。

1988 年 7 月，涪陵行政区划调整，1988 年 9 月，四川省人民政府决定改革公路养护管理体制，成建制下放国省道养护管理及其 18 个养路总段。1988 年 12 月，涪陵、黔江两地区交通局和总段达成协议，办清交接手续，石柱、彭水、黔江、酉阳、秀山 5 个县养路段成建制划归黔江地区。1989 年 1 月 1 日起，四川省涪陵公路养护总段成建制下放到涪陵地区管理，更名为四川省涪陵公路养护管理总段，归口涪陵地区交通局领导。

1993 年 5 月，根据四川省政府关于进一步改革公路管理体制的精神，涪陵行署为了加强公路养护管理工作，实施行业管理，涪陵行署决定撤销涪陵公路养护管理总段，设立涪陵地区公路局。1993 年 8 月 1 日，涪陵地区公路局正式挂牌成立。1996 年 4 月 1 日，因涪陵撤地设市，涪陵地区公路局更名为涪陵市公路局。

1997 年 5 月，涪陵市人民政府决定对公路养护管理体制进一步改革，将涪陵市公路局设在各区县（市）的公路养护机构成建制下放（局直属水江职工医院下放给南川市），接受当地交通局（委）的领导和管理。1997 年 7 月 18 日，移交工作完毕。1997 年 12 月，地级涪陵市撤销。1998 年 7 月，涪陵养路段、枳城区养路队、李渡养路段和涪陵市公路局合并，更名为重庆市涪陵区公路局。1998 年 8 月，更名为涪陵区公路养护管理处，原规格、级别不变。

2005 年 12 月，涪陵区公路养护管理处又更名为涪陵区公路局。至 2005 年年底，涪陵区公路局共有在职职工 422 人，其中机关 45 人，直属单位 128 人，道工 246 人；离退休职工 688 人。1998 ~ 2005 年，涪陵区公路局在业务上接受重庆市公路局的行业管理。

（二）管理职能与范围

主要管理职能：负责辖区内国省县乡公路养护管理、路政管理和收费公路管理。

1986 ~ 1988 年，涪陵公路养护总段对涪陵市、南川市、垫江县、丰都县、武隆县、石柱县、彭水县、黔江县、酉阳县、秀山县等 9 县 1 市实施公路养护行业管理。

1988 年 7 月至 1997 年 5 月，因石柱县、彭水县、黔江县、酉阳县、秀山县 1988 年底从涪陵地区划出设立黔江地区，涪陵公路养护管理总段、涪陵地区公路局、涪陵市公路局先后对涪陵市、南川市、垫江县、丰都县、武隆县实施公路养护行业管理。

1997 年 5 月至 1998 年 7 月，涪陵区公路局下放南川市、垫江县、丰都县、武隆县公路养护机构后，只保留对原涪陵市养路段、枳城区养路队和李渡区养路段的直接管理。至 2005 年年底，涪陵区公路局管理范围未变。

四、黔江地区公路局

（一）建置沿革

1988 年 7 月，四川省设立黔江地区。1989 年 9 月，四川省黔江公路养护管理总段组建，为正县级事业单位，隶属于黔江地区交通局领导，下辖秀山、酉阳、黔江、彭水、石柱 5 个分段。1993 年 3 月，四川省交通厅进一步实施公路养护管理体制改革时，黔江公路养护管理总段更名为副县级的黔江地区公路养护管理处。1989 ~ 1997 年，受黔江地区交通局领导并接受四川省公路局的行业管理。1997 年，按照四川省统一部署，黔江地区公路养护管理处又改名升级为黔江地区公路局，属正县级事业单位。

重庆直辖后，1998 年，黔江地区公路局先更名为重庆市黔江开发区公路局，代管秀山、酉阳、黔江、彭水、石柱 5 个公路养护分段。2000 年 6 月，因黔江开发区、黔江县撤销，再更名为黔江区公路局，定编 41 人，实有 37 人。不再代管秀山、酉阳、黔江、彭水、石柱 5 个分段。2001 年 11 月，撤销黔江区公路局。1998 ~ 2001 年，黔江区公路局业务上接受重庆市公路局的行业管理。

（二）管理职能与范围

主要管理职能：负责辖区内国省县乡公路养护管理、路政管理和收费公路管理。

1989 年 9 月至 1997 年，四川省黔江公路养护管理总段、黔江地区公路养护管理处、黔江地区公路局先后对石柱县、秀山县、酉阳县、黔江县、彭水县实施公路养护行业管理。

1998 年至 2000 年 6 月，黔江开发区公路局对代管的石柱县、秀山县、酉阳县、黔江县、彭水县实施公路养护行业管理。2000 年 6 月至 2001 年 11 月，黔江区公路局仅对黔江区内公路进行直接管理。

五、重庆市高速公路管理机构

（一）建置沿革

在高速公路建设与管理行业上，重庆市采用“政府领导小组”+“建设指挥部”+“高速公路公司”的模式，在重庆高等级公路建设领导小组的领导下，重庆市交通局、重庆市交通委员会先后组建了重庆市高等级公路建设指挥部、重庆市高速公路行政执法总队和重庆高速公路发展有限公司三大管理机构。以下着重记述重庆市高等级公路建设指挥部和重庆高速公路发展有限公司。

1987 年 4 月 30 日，重庆市编委批复同意成立重庆公路建设工程管理处。据此，1987 年 12 月 3 日，重庆市交通局组建成立重庆市公路建设工程管理处，为重庆市交通局所属的正处级事业单位，郭嘉银和杨清源分别任副处长。人员编制为 50 名，实行企业化管理，独立经营，自负盈亏。1988 年 5 月 26 日，重庆市人民政府办公厅重办发〔1988〕59 号文件决定成立重庆市重点公路建设指挥部，与重庆市公路建设工程管理处合署办公，行政业务归属于重庆市交通局领导，并对重庆市重点公路建设领导小组负责。高速公路项目的投融资主体仍旧是重庆市交通局。

1994 年，重庆市交通局组建了直属的重庆高速公路开发总公司（以下简称“重庆高开司”），与重庆重点公路建设指挥部、重庆市公路建设管理处合署办公。1995 年 5 月 5 日，经重庆市人民政府重办函〔1995〕57 号文件批准，在重庆市重点公路建设指挥部的基础上，组建了重庆市高等级公路建设指挥部。1997 年 2 月 28 日，重庆市交通局向重庆市机构编制委员会请求将局内外经协作办公室从计划处内分离出来，同时划入外事工作职能，成立外事外经处，主要负责重庆市交通系统的外事接待、外经协作、引进资金、引进先进技术和设备的工作。随后，重庆市交通局对重庆高速公路开发总公司进行重组，日常业务由重庆市交通局外经外事处归口管理。

1997 年 11 月 24 日，重庆市交通局向重庆市人民政府请示组建重庆高速公路发展有限公司。1998 年 3 月 17 日，重庆市交通局再次向重庆市人民政府请示有关重庆高速公路发展有限公司职能及国有资产管理问题。1998 年 4 月 30 日，经重庆市人民政府同意，重庆市交通局将重庆高开司改组为重庆高速公路发展有限公司。随后，重庆高开司改制为重庆高速公路发展有限公司（以下简称“重庆高发司”），并经重庆市国资局授权，重庆市交通局代行重庆高发司出资人的职权，重庆高发司人员与重庆市交通局外经外事处合署办公。

1998 年，重庆市交通局向重庆市人民政府申请成立重庆高速公路建设有限责任公司。1998 年 10 月，重庆市交通局在原重庆市公路建设管理处的基础上，筹备改组重庆市交通局独资的重庆高速公路建设有限责任公司（以下简称“重庆高建司”），重庆市高等级公路建设指挥部保留。1998 年 12 月 8 日，重庆市人民政府办公厅渝办〔1998〕202 号文件同意成立重庆高速公路建设有限责任公司，同意将重庆市公路建设工程管理处改制为重庆高建司，为重庆市交通局直属的国有独资企业。

2000～2005 年，重庆市高速公路进入快速发展阶段。2000 年 11 月，重庆市交通委员会决定完善高速公路建设运营管理机构，对原组建的三个高速公路企业法人进行资产重组，合并为一个企业法人，仍旧称为重庆高速公路发展有限公司，重庆市高等级公路建设指挥部机构仍旧保留。

随着成渝高速公路重庆段建成通车，1993 年 1 月 19 日，重庆市交通局组建了重庆市高等级公路管理处。1993 年 4 月 22 日，重庆市交通局又成立了重庆市成渝高速公路行政执法大队，挂靠在重庆市高等级公路管理处。1993 年 10 月 3 日，重庆市高等级公路管理处更名为重庆市成渝高速公路管理处，是重庆市交通局直属的事业单位。1998 年 12 月 9 日，根据重庆市编委渝编〔1998〕75

号文批复精神，重庆市交通局将“重庆市成渝高速公路行政执法大队”更名为“重庆市高等级公路行政执法大队”，2002 年 7 月 12 日，重庆市交通委员会又将重庆市高等级公路行政执法大队更名为重庆市高速公路行政执法总队。2005 年 6 月 29 日，重庆市交通委员会组建成立了重庆市交通行政执法总队，为重庆市交通委员会直属副局级事业单位，参照公务员管理。下设直属支队、高速公路支队和征费局。至 2005 年年底，重庆市高速公路管理体制未变。

（二）管理职能

随着新建成渝公路项目的确定，重庆市交通局的管理职能和范围向高速公路的建设和运营的管理发展。1987～2005 年，自成渝高速公路重庆段项目开工以来，为适应公路建设投融资体制的根本变化，重庆市交通局新组建了直属的高速公路管理机构，受重庆市交通局直接领导，担负着重庆市人民政府及其交通部门对高速公路建设与经营的两方面管理职能。

一方面，1987～1998 年，在高速公路建设上，重庆市交通系统由国家统一安排计划投资，即由重庆市交通局以国家资本金为主去投资，主要负责修建国省道公路，尤其是新建高速公路。重庆市各区县交通局负责本区域国省道养护管理与县道以下公路的修建。

1989～1994 年，成渝高速公路重庆段开工建设。重庆市人民政府及其重庆市交通局组建的重庆高等级公路建设指挥部的主要职责是：承担重庆市交通系统新建、改建高速公路工程的征地拆迁工作和投标、招标工作；负责组织公路工程单位的施工和工程质量监理，检查工程进度；负责公路工程的资金、物资等组织与平衡使用；承担路面工程施工组织管理。

1994～1998 年，重庆市交通局先后组建的重庆高开司、重庆高发司和重庆高建司，担负着重庆市人民政府所委托的高速公路筹资与建设管理的职能。重庆高开司、重庆高发司专门负责高速公路建设融资筹资工作，最大一宗筹资就是转让成渝高速路 49% 的收费经营权，为重庆市人民政府共筹集了 13.2 亿元的资本金。重庆高建司以总承包的形式承担重庆市交通局、重庆市交通委员会委托的高速公路建设任务；还以合资参股的方式参与建成的高速公路的经营管理。2000～2005 年，重庆高建司和重庆高发司合并而成的重庆高发司，担负高速公路筹资、投资、建设、经营、还贷一体化的管理职能，重庆高等级公路建设指挥部仅仅保留征地拆迁和各方面协调的工作。

另一方面，在建成的成渝高速公路重庆段，重庆市交通局组建了重庆市高速公路统一执法管理机构。1993～1998 年，重庆市成渝高等级公路行政执法大队和重庆市成渝高速公路管理处直接隶属于重庆市交通局管理，专门负责行使综合执法和收费营运管理。重庆市交通局与重庆市财政局共同对综合执法和收费营运实行收支两条线的管理，成渝高速公路重庆段贷款还本付息由重庆市交通局全部承担。

六、重庆高等级公路管理机构

2002 年 11 月，重庆市交通委员会组建重庆高等级公路投资建设有限公司（以下简称重庆高投司），承担起重庆市高等级公路的建设和养护的管理职能。首先是承担重庆市 36 条县际公路的建设，在 2003～2005 年期间，先后新建和回购收费公路 54 条（段）。随后，通过对收费公路站点拆并，减少了公路收费站点，促进了重庆的经济发展。随后，重庆市取消二级公路收费。至 2009 年 5 月 1 日，重庆高投司所经营的收费公路全部停止了收费。

（一）建置沿革

1997 年以前，重庆市高等级公路主要由重庆市公路养护总段管理。1997 年 7 月以后，重庆市实施公路养护和管理体制改革，将国道、省道全部下放到各区、市、县交通局建设、养护和管理。县际公路的建设，除国家有限补助外，主要依靠贷款修路。各相邻区、市、县间的公路，由各区、市、县分别筹措资金建设。2002 年，重庆市正在进行“八小时重庆”工程建设，沿途区（市）县多为国家级或省级贫困县，区（市）县应承担的 1/3 资金，因财政困难，地区贫穷，银行贷款困难，导致缺口达 9 亿多元。为此，重庆市人民政府及其交通部门组建成立了重庆高投司，以解决收费站点过多和县际联网公路投融资困难问题。

2002 年 6 月，重庆市交通委员会编制完成《重庆市相邻区县（市）间干线连接公路建设规划》（即《重庆市县际公路建设规划》）。该规划涉及公路 36 条，计 1838 公里，预计建设投资 92 亿元。鉴于在推进西部大开发中，交通部先提出建设通县公路，后提出建设县际联网公路，并以补助资金和国债资金支持西部地方干线公路建设，2002 年 9 月 16 日，重庆市交通委员会向重庆市人民政府请示提出“组建国有独资的重庆高等级公路建设投资有限公司，由该公司作为业主承担重庆市区县间连接路和出境路的建设和经营任务”。

2002 年 11 月 11 日，中共重庆市委常委、重庆市人民政府常务副市长黄奇帆召集国家开发银行重庆分行等 6 家重庆市银行开座谈会，向重庆市银行界介绍通报组建新的重庆高投司的情况。2002 年 11 月 13 日，重庆市交通委员会副主任、拟任董事长李健和拟任总经理刘贵忠，向重庆市常务副市长黄奇帆汇报重庆高投司组建工作，黄奇帆副市长对公司组建、资本筹措、政府扶持政策等做了重要指示。2002 年 11 月 20 日，重庆市交通委员会渝交委〔2002〕422 号文件又向重庆市人民政府上报重庆高投司的组建方案和公司章程。2002 年 11 月 24 日，重庆市人民政府渝府〔2002〕195 号文件批准组建重庆高投司。重庆市人民政府“授权高投司对我市除高速公路以外的高等级公路实施投资（含回购）、组织建设、经营和资产管理”，“高投司为市政府出资组建的国有独资公司”，注册资本金为 13.7 亿元。

2002 年 12 月 12 日，在中共重庆市委、重庆市人民政府主要领导亲自决策和推动之下，在中共重庆市委二会议室举行重庆高投司揭牌暨银行融资授信协议签字仪式。国家开发银行、建设银行、工商银行、招商银行、光大银行、民生银行等 6 家银行的重庆分行与重庆高投公司签订 118 亿元联合授信协议。这样，重庆市有了实际意义上的高等级公路投资融资管理机构。

（二）管理职能

重庆高等级公路管理职能是由投资决策系统、建设管理系统、筹资融资系统所形成的机制来承担的。一是重庆市人民政府及其交通部门是负责高等级公路投资决策的系统。重庆市人民政府“授权高投公司对重庆市除高速公路以外的高等级公路实施投资（含回购）、组织建设、经营和资产管理”，“高投公司为市政府出资组建的国有独资公司”。在中共重庆市委、重庆市人民政府统一部署及统一规划之下，重庆高投公司在授权范围内运作。第一，主攻“八小时重庆”公路工程建设，确保在 2003 年年底“八小时重庆”全面实现通车。第二，2003 年内，全面启动县际公路建设规划，开工建设 15 条县际联网公路 1000 公里。至 2003 年年底，规划的 36 条县际联网公路项目全部开工建设，预计至 2007 年年底，规划的 36 条县际联网公路项目全部竣工通车。二是高等级公路建设管理系统，按照一级法人制的特点设立和运作。在 2002 ~ 2003 年成立初期，重庆高投公司不设子分公司，全公司设置 7 个职能部门，有正式职工 65 人，实行垂直管理体制，即扁平组织结构。每个公路项目设立项目管理部。每个项目部 5 ~ 8 人，公司委派 1 ~ 3 人，其余借聘当地工程技术人员。2003 年共设立 10 个项目部，公司派出 27 人，改变了过去区县公路建设设立上百个指挥部的传统模式。三是高等级公路筹资融资管理系统，以国有资本集中为基础，向银行借款融资。重庆高投公司成立以后，充分运用拨款改列资本、回购已经建成公路、储备土地等措施，不断提升国有资本占有比例，以此为后盾，统一向银行举债，支撑 36 条县际联网公路项目的全部投资需求。

重庆高投司管理机构设置。按照“精简、高效”的原则，成立之初设立了办公室、财务部、人力资源部、总工办、土地开发部、工程部、营运部等 7 个内设机构。随着经营范围的不断扩大，重庆高投司对机构进行了逐步健全完善，使公司内部设置机构增加为 12 个，分别为行政办公室、党委办公室、财务部、投资业务部、人力资源部、工程管理部、土地开发部、法律事务部、稽核部、纪检监察室、车队、旅游开发部。

1. 行政办公室。2002 年 11 月 24 日成立，主要负责文秘、信息、收发文、办公网络、宣传、会务接待、督办、安全稳定、固定资产管理工作；负责精神文明及企业文化建设工作；负责董事会、经理办公会的准备工作；负责公司党委、工会、团委、纪委、妇联等的日常工作；负责车辆管理相关工作。

2003 年 9 月 22 日，成立了后勤服务中心，接管了办公室部分职能。负责公司机关办公服务（办公设备的维护，微机、通讯和各种电器的维护管理，办公用房的维护管理）；公司后勤服务（包括生活后勤保障、机关安全及治安管理、环境卫生管理、物业管理等）；公司车辆管理及使用安排（包括领导用车、部门用车、交通车）、车辆维修管理等；承办公司会议及接待工作，承办公司机关部室委托承办的各种会议、外来客人的接待等。

2. 党委办公室。2007 年 12 月 21 日成立，负责企业自身党委建设、支部的组建，党委的换届、选举，民主生活；党员的发展和管理、党费的收缴和使用等日常工作；负责集团工会、团委、妇联日常工作。

3. 财务部。2002 年 11 月 24 日成立，按照有关财务规章制度对集团经济活动进行控制和监督；制定内部财务管理办法和实施细则；全面负责集团的财务管理和会计核算工作；积极参与各类经济项目、技术改造项目、购销合同、对外投资项目和其他经营项目的评估、概预算审查、招标、评标、经济合同的拟定，以及项目竣工验收、编制决算等全过程的管理和集团经营决策；负责集团的融资工作，统筹、统贷、统还、统管集团所需资金；及时准确地编报年、季、月及各类内部管理报表，全面收集、定期按实际情况开展经营活动及资金运行的分析工作、强化会计监督职能，为集团正确决策提供财务信息和资料，充分发挥财务管理在经营管理全过程中的作用；协调与审计的关系，切实配合各级各类审计机关做好项目审计工作；完成董事会和领导交办的其他财务工作。

4. 投资业务部。2004 年 3 月 15 日成立，接管财务部职责中的公司投资业务（包括资本运作），投资业务部和财务部合署办公。

5. 人力资源部。2002 年 11 月 24 日成立，认真贯彻执行国家和地方政府有关劳动人事方面的方针政策、法令法规，结合公司实际情况，建立健全适应现代企业制度的用人机制；积极探索和制定适应公司特点的人事劳动管理办法；负责公司干部管理工作，按任免权限承办有关干部任免、奖惩的具体工作；负责公司机构设置、人员编制及劳动工资的管理工作；负责公司职工教育培训工作，不断提高职工的政治思想素质和工作业务技能。负责各类专业技术职务职称的评审报批工作，以及专业技术人员的管理工作；负责建立健全全员劳动合同化工作，负责公司员工的考核、考察、奖惩的具体工作；负责公司员工的招用、调动、定级核资及干部信息管理工作；负责公司人事档案管理、社会保险事宜；负责公司工资方案的制订及月工资、津贴等的计算制表工作；负责公司党建工作，包括领导班子建设，领导班子的考核、任免和培训，后备干部库的建设和管理；企业自身党委建设、支部的组建，党委的换届、选举，民主生活；党员的发展和管理、党费的收缴和使用；负责公司员工的考勤工作；负责公司的出国管理工作。

6. 工程管理部。2002 年 11 月 24 日成立总工办，负责公司所有工程建设项目的前期设计；项目招投标工作；负责公司工程项目的前期工作和招投标管理。同日，成立了工程部，负责项目建设过程中现场质量、进度控制及建设资金管理；按照合同，对工程项目进行计量支付；负责项目交竣工验收工作；指导并协调各项目部做好外部协调工作；负责已建成项目的管理、监控和维修保养。2005 年 2 月 23 日，撤销工程部和总工办，成立工程管理部。其职责是负责公司工程项目前期工作、招投标管理、项目建设、合同管理及各工程项目经理部的日常业务管理。

7. 公路养护管理部。随着回购公路的增加及“八小时重庆”工程的完成，高投司一方面进行高等级公路的建设，另一方面要承担高等级公路的养护管理任务。由此，2004 年高投司公路养护管理部成立。其职责是负责公司下辖高等级公路的营运、日常养护管理，大中修，危桥、危隧的整治工作。

8. 土地开发部。2002年11月24日成立，其职能是认真贯彻国家及重庆市土地储备、整治的相关法律、法规；收集、整理土地管理的有关信息，掌握土地市场动态；草拟集团近期、中期、远期土地储备、整治计划；负责实施集团土地储备、整治计划；集团土地储备、整治台账的建立；负责集团土地储备、整治资质年审；负责土地项目招拍挂及市场动作。

9. 法律事务部。2004年11月10日成立，负责正确执行国家法律、法规，对企业重大经营决策提出法律意见；起草或者参与起草、审核企业重要规章制度；管理、审核企业合同，参加重大合同的谈判和起草工作；参与企业的分立、合并、破产、解散、投融资、担保、租赁、产权转让、招投标及改制、重组、公司上市等重大经济活动，处理有关法律事务；办理企业工商登记以及商标、专利、商业秘密保护、公证、鉴证等有关法律事务，做好企业商标、专利、商业秘密等知识产权保护工作；负责或者配合企业有关部门对职工进行法制宣传教育；提供与企业生产经营有关的法律咨询；受企业法定代表人的委托，参加企业的诉讼、仲裁、行政复议和听证等活动；负责选聘律师，并对其工作进行监督和评价；加强与企业财务、审计和监察等部门的协调和配合，建立健全企业内部各项监督机制；办理企业负责人交办的其他法律事务。

10. 稽核部。2006年8月25日成立，其职责是按照国家审计法规和审计制度，组织实施本公司的审计监督工作；负责编制本单位年度审计项目计划，组织实施年度项目审计；对公司及其子公司财务收支及其有关的经济活动的真实性、合法性和效益、资产、负债损益情况，经济效益、国家财经法规和部门、单位规章制度的执行、重要经济合同、契约的签订及执行情况进行审计监督。

（三）管理范围

至2005年年底，重庆高投司拥有子（分）公司7个、项目部13个、收费管理单位20个。

1. 7个子（分）公司：高投司营运分公司、高投司大郎高等级公路有限公司、高投司交通机械设备分公司、高投司畅渝交通机械工程有限责任公司、高投司地产发展有限公司、高投司大足旅游开发实业有限公司、重庆高投司石柱大酒店。

2. 13个公路建设项目部：酉阳项目部、开县项目部、城口项目部、巫山巫溪项目部、云阳项目部、彭水项目部、江津项目部、万州项目部、石柱项目部、大足项目部、合川项目部、奉节项目部、黔江项目部等，负责各条县际联网公路的建设管理工作。

3. 20个收费所：璧山收费所、铜梁收费所、潼南收费所、大足收费所、荣昌收费所、永川收费所、綦江收费所、南川收费所、武隆收费所、彭水收费所、黔江收费所、酉阳收费所、秀山收费所、垫江收费所、忠县收费所、丰都收费所、石柱收费所、云阳收费所、奉节收费所、巫山收费所等，具体负责已经竣工通车的县际联网公路的收费运营管理。

表1-14　　2002~2005年重庆高等级公路建设投资有限公司领导成员名录

姓名	性别	职务	任职期限
李健	男	总经理	2003年4月至2005年5月
		党委书记	2003年6月至2005年5月
		董事长	2002年11月至2005年12月
刘贵忠	男	总经理、董事	2002年11月至2003年4月
宋旭光	女	党委书记、副总经理、董事	2002年11月至2003年4月
唐伯明	男	副总经理、董事	2002年11月至2003年4月
艾吉人	男	副总经理、董事	2002年11月至2005年12月
滕宏伟	男	董事	2002年11月至2003年4月
禹培文	男	董事	2002年11月至2003年4月

续前表

姓名	性别	职务	任职期限
刘崇伟	男	党委委员	2003 年 6 月至 2004 年 9 月
		董事	2005 年 5 月至 2005 年 12 月
		党委副书记	2004 年 8 月至 2005 年 5 月
		党委书记	2005 年 5 月至 2005 年 12 月
许仁安	男	副总经理	2003 年 12 月至 2005 年 5 月
		党委委员	2004 年 2 月至 2005 年 12 月
		董事	2005 年 5 月至 2005 年 12 月
		总经理	2005 年 5 月至 2005 年 12 月
卢后盾	男	常务副总经理	2003 年 2 月至 2005 年 4 月
		党委副书记	2003 年 4 月至 2004 年 9 月
		党委委员	2003 年 6 月至 2004 年 9 月
		董事	2003 年 4 月至 2005 年 4 月
马勇里	男	独立董事	2003 年 4 月至 2005 年 4 月
		党委副书记	2003 年 4 月至 2005 年 12 月
		党委委员	2005 年 7 月至 2005 年 12 月
苑晓波	男	独立董事	2003 年 4 月至 2005 年 4 月
覃伟	男	独立董事	2003 年 4 月至 2005 年 4 月
朋薇	女	独立董事	2003 年 4 月至 2005 年 4 月
王剑	男	独立董事	2003 年 4 月至 2005 年 4 月
顾安邦	男	独立董事	2003 年 4 月至 2005 年 4 月
杨静	女	职工董事	2003 年 4 月至 2005 年 4 月
慕长春	男	副总经理	2003 年 2 月至 2005 年 12 月
		党委委员	2005 年 7 月至 2005 年 12 月
杨君	男	副总经理	2003 年 1 月至 2005 年 12 月
		党委委员	2005 年 7 月至 2005 年 12 月
司厚春	男	党委委员	2005 年 7 月至 2005 年 12 月
熊应林	男	党委委员	2005 年 7 月至 2005 年 12 月
杜再文	男	监事会主席	2005 年 7 月至 2005 年 12 月
叶绍瑜	男	专职监事	2005 年 7 月至 2005 年 12 月
丁韧	男	专职监事	2005 年 7 月至 2005 年 12 月
杨荣光	男	兼职监事	2005 年 7 月至 2005 年 12 月
于泳泉	男	职工监事	2005 年 7 月至 2005 年 12 月

第二节 道路运输管理机构

一、重庆市道路运输管理局

（一）建置沿革

1986年1月9日，根据中共重庆市委办公厅《元旦“马路办公会”对城市交通等问题做出的十六项决定》，重庆市编委同意成立重庆市社会客运管理处（以下简称“重庆市社客处”），性质为处级事业单位，隶属于重庆市公用事业管理局，人员编制暂定15人。1988年8月30日，重庆市编委批准同意重庆市社客处增加编制10人，人员编制达到25人。1992年8月31日，重庆市编委批准同意增加编制到45人。至2000年7月31日，重庆市社客处有正式职工46人，退休职工5人；内设机构有办公室、管理科、业务科、财务科、稽查队、城市客车维修行业办公室、站务管理科、法制科、培训中心等。

1986年5月6日，中共重庆市交通运输委员会将重庆市交通局内设的运输处与交通管理处合并，组建成立重庆市交通局公路运输管理处，为重庆市交通局内设处室，行使重庆市公路运输行业管理职能。1988年3月25日，经重庆市编委批准同意，重庆市交通局撤销了局内公路运输管理处，将重庆市交通局公路运输管理处、重庆市交通运输管理站和永川交通运输管理站3个机构合并为重庆市公路运输管理处（以下简称“重庆市运管处”），属重庆市交通局领导下的正处级事业单位，人员编制为67名（含汽车维修行业管理办公室17名），处级职数3名。同时，挂重庆市汽车维修行业管理办公室的牌子，重庆市汽车维修行业管理工作归重庆市运管处领导。1988年，重庆市运管处内设机构有：办公室、企业指导研究室、客运管理科、货运管理科、汽车维修管理科、财务价格管理科、规划统计科、安全监督科、公路运输职工培训部六科两室一部。1990年10月3日，重庆市编委批准同意成立重庆市交通稽查大队，与重庆市运管处实行“一套班子，两块牌子”。1995年6月26日，重庆市编委同意增加编制13名，编制总计80名。1990～2000年，重庆市运管处陆续调整增加内设机构16个科室。

2000年8月1日，重庆市交通委员会组建重庆市道路运输管理局。将重庆市运管处（处级）、重庆市社客处（处级）、重庆市汽车维修行业管理办公室（副处级）、重庆市交通稽查大队（副处级）、重庆市城市客车维修行业管理办公室（副处级）、重庆市公用局公共交通管理处（处级）等6个单位的管理职能合并，组建为重庆市道路运输管理局（简称“重庆市运管局”），为重庆市交通委员会直属的正处级事业单位，同时挂重庆市汽车维修行业管理办公室、重庆市交通运政稽查总队牌子，核定事业编制127名，处级领导职数5名。

2001年6月3日，重庆市交通委员会向重庆市编委提出重庆市道路运输管理局晋升行政级别的请示。2002年7月18日，重庆市编委下发《关于市道路运输管理局、市港航管理局机构规格为副局级的批复》和随后重庆市编委2002年9月30日下发的《关于重庆市道路运输管理局机构设置和人员编制的批复》，同意重庆市运管局升级为重庆市交通委员会直属副局级事业单位，内设办公室、政策法规处、计划财务处、客运管理处、货运管理处、出租汽车管理处、城区客运管理处、机动车维修管理处、培训管理处、运政事务处、稽查处、人事教育处等12个处级机构。同时核定重庆市道路运输管理局事业编制127名，其中单位领导职数5名（局长1名、党委书记1名、副局长3名），处级领导职数25名。

2005年8月24日，重庆市编委《关于调整重庆市道路运输管理局机构编制的批复》，同意撤销重庆市道路运输管理局稽查处，设立安全处，增加自收自支事业编制10名，其中处级领导职数1名。至此，重庆市道路运输管理局自收自支事业编制由111名增至121名（重庆市道路运输管理局部分人员在2005年分流到市行政执法总队，故人员编制比2000年时减少），其中处级领导职数由25名增至26名。至2005年年底，这一体制未变。

（二）管理职能

1986年1月至2000年8月，重庆市社客处和重庆市运管处分别行使对重庆市道路运输行业的同一管理职能。

2000年8月至2005年12月，重庆市运管局是重庆市交通委员会对重庆市道路运输的行业管理机构，统一行使对重庆市道路运输行业的管理职能，即负责重庆市城乡道路旅客运输包括城市公共交通和出租汽车、货物运输、搬运装卸、运输服务、车辆租赁、车辆维修、车辆检测及汽车驾驶学校和驾驶员培训等行业管理。其主要职责：

1. 贯彻执行国家有关道路运输及城市公共交通行业管理的方针、政策和法律法规；组织实施重庆市道路运输行业的发展规划；根据上级有关政策、法规和行业实际，拟定管理办法和实施细则并监督执行。

2. 负责重庆市道路客货运输、城市公共交通运行线网，客货运输站（场、点），城市公交客运站（场）以及停车场、洗车场和车辆维修厂、车辆综合性能检测站的布局、定点、定级工作和监督管理。

3. 负责道路运输经营业户的开、停、歇业审批及年度审验、资质等级评定；负责对其经营行为实施监督检查，维护道路运输市场平等竞争秩序。

4. 负责实施重庆市营业性客、货运输车辆的投放、调整管理；承办汽车出入境运输事务工作。

5. 负责审批道路客货运输、城市公交营运线路及线网调整，协调道路运输各层次和各种运输方式之间的关系。

6. 负责对汽车驾驶学校和道路运输从业人员资格及适应性培训的行业管理。

7. 负责营业性运输车辆的技术管理；负责道路运输服务质量、车辆维修质量、驾驶培训质量的监督和投诉管理。

8. 负责规费征收及运管经费管理；负责客货运输凭证及专用票据管理；实施对经营业户执行道路运输价格规定的监督检查。

9. 负责道路运输行业抽样调查，统计及市场预测，信息引导工作。

10. 负责重庆市出租汽车客运的行业管理；负责全市轻轨、索道、缆车客运的行业管理，并直接管理主城九区城市公共交通和出租汽车客运工作。

11. 指导重庆市道路运输行业的精神文明建设。

12. 负责重庆市运政执法人员的教育培训和监督管理。

13. 完成重庆市交通委员会交办的其他事项。

（三）管理范围

重庆市社客处和重庆市运管处管理职能基本上是一致的，只是管理地域范围不一样。重庆市社客处管理重庆市主城渝中区、沙坪坝区、江北区、南岸区、九龙坡区、大渡口区、北碚区等7个区内道路运输行业，重庆市运管处主要管理范围为重庆主城七区以外的道路运输行业。

1986年至2000年8月，由于体制的原因，重庆市的道路运输管理范围分为两部分。一部分是重庆市交通局所属的重庆市公路运输管理处管理，另一部分是重庆市公用事业管理局及所属的重庆市社会客运管理处管理。这两部分管理机构，依据国家和上级部门管理职能的分工的规定，分别在各自管辖区域上对道路运输行业实施管理。

重庆市公路运输管理处负责管理重庆市公路运输的客运业务，即主城渝中区、沙坪坝区、江北区、南岸区、九龙坡区、大渡口区、北碚区等7个区除外的公交、社会客运、出租汽车，还有货运业、汽车维修业、搬运装卸业、联运服务业的行业管理和运输市场的管理与检查监督工作。重庆市交通稽查大队在綦江县、荣昌县、合川县、长寿县、铜梁县、永川县、江北县、九龙坡区、沙坪坝区等公路干线上设立了9个交通检查站，业务上归重庆市交通稽查大队指导。重庆市各区县交通局也相应成立了交通稽查中队。

重庆市社会客运管理处负责管理主城7个区内公共交通公司的公共电汽车。重庆市社会客运管理处负责管理主城7区内注册经营的社会客运车辆（包括除重庆市公共交通公司以外的大、中、小型客运车辆）的营运管理和主城区部分汽车维修企业的市场监督管理工作。

2000年8月至2005年，重庆市运管局负责组织实施重庆市道路运输规费征收管理和资金管理，负责道路运输各类价格标准的实施和监督，负责专用票据的管理等。同时，设立重庆市运政稽查总队，负责运政规费的稽查管理。

重庆市运管局统一实施重庆市道路运输行业管理。重庆市道路运输行业管理分为市级和区县两级管理，重庆市40个区县及高新区、经开区共设有42个运管（处）所。重庆市各区县运管机构行政关系均隶属于当地人民政府，与重庆市运管局是业务管理关系。重庆市运管局主要对重庆市各区、县（市）道路运输管理所实施行业管理，无直接管辖单位。重庆市运管局同时挂重庆市汽车维修行业管理办公室、重庆市交通运政稽查总队牌子，运政稽查和汽车维修行业也是其管理范围。

表1-15　1988~2005年重庆市道路运输管理局领导成员名录

单位	姓名	性别	职务	任职时间
重庆市公路运输管理处	苏祖勋	男	处长	1988年5月至1992年2月
	陈忠富	男	副处长	1988年5月至1992年1月
			处长	1992年2月1至1996年10月
			副处长（正处级）	1997年10月至2000年7月
	李义昌	男	副处长	1988年5月至1995年5月
	罗光才	男	副处长	1990年10月至1993年6月
	陈红民	男	副处长	1992年12月至2000年7月
	戴崇相	男	副处长	1992年6月至1995年5月
	黄继康	男	副处长（正处级）	1993年9月至2000年7月
	梁雄跃	男	副处长	1995年7月至1999年4月
	徐海荣	男	副处长（主持工作）	1996年11月至1997年4月
	吴宏伟	男	副处长	1999年9月至2000年7月
重庆市社会客运管理处	陈崇兴	男	处长	1986年8月至1997年3月
	江仲才	男	副处长	1986年8月至1990年1月
	彭永益	男	副处长	1994年11月至1997年2月
	苗志明	男	副处长	1988年3月至1998年7月
	张晓辉	男	副处长	1997年3月至2000年7月
	肖焕成	男	副处长	1999年12月至2000年7月

续前表

单位	姓名	性别	职务	任职时间
重庆市道路运输管理局（正县级）	孙万发	男	局长	2000年7月至2004年4月
	张晓辉	男	副局长	2001年6月至2001年10月
	彭永益	男	副局长	2000年7月至2001年6月
	陈忠富	男	副局长	2000年7月至2001年6月
	胡昌荣	男	副局长	2000年7月至2003年9月
	肖焕成	男	副局长	2000年7月至2004年11月
	吴宏伟	男	副局长	2000年7月至2004年11月
	何宗海	男	副局长	2001年4月至2004年11月
	陈宁	男	副局长	2001年10月至2004年11月
	陈红民	男	调研员	2000年7月至2004年11月
重庆市道路运输管理局（副厅级）	刘艰	男	局长	2004年11月
	万勇	男	副局长	2004年11月
	何宗海	男	副局长	2004年11月
	陈宁	男	副局长	2004年11月
	吴宏伟	男	副局长	2004年11月
	肖焕成	男	局长助理	2004年11月
	龙江	男	局长助理	2005年6月
	张虞骏	男	局长助理	2005年6月

二、万县市公路运输管理处

（一）建置沿革

万县地区公路运输管理处前身是四川省万县地区公路运输管理站，属万县地区交通局领导。1988年，万县地区编委批准更名为四川省万县地区公路运输管理处。1993年，万县地区撤地设市，更名为万县市公路运输管理处，为副县级事业单位。

1998年，万县市划归重庆市管辖，撤销万县市公路运输管理处，成立重庆市万州移民开发区公路运输管理处和重庆市万州区公路运输管理处，“一套班子，两块牌子”合署办公。2000年6月，撤销万州移民开发区公路运输管理处，只保留万州区公路运输管理处。处机关设置政工秘书科、财务统计科、运输管理科、维修管理科、职工教育科、安全稽查科、出租车管理办公室。至2005年年底，办公地址在万州城区果园路114号。

（二）管理职能与范围

主要管理职能：负责辖区道路客、货运输、搬运装卸、汽车维修服务、驾驶员培训的行业管理。

1988年至1993年10月，万县地区公路运输管理处在万县地区的万县市（县级市）、万县、梁平县、开县、忠县、云阳县、奉节县、巫山县、巫溪县、城口县等9县1市实施公路运输行业管理。

1993年10月至1998年7月，万县市公路运输管理处在万县市龙宝区、天城区、五桥区、开县、梁平县、忠县、云阳县、奉节县、巫山县、巫溪县、城口县等3区8县实施公路运输行业管理。

1998 年 7 月至 2000 年 6 月，万州移民开发区公路运输管理处、万州区公路运输管理处除管辖原万县市龙宝、天城、五桥 3 个区外，还代管忠县、开县、云阳县、奉节县、巫山县、巫溪县等公路运输行业管理。2000 年 6 月至 2005 年，万州区公路管理局只在万县市原龙宝、天城、五桥三区实施公路运输管理。

三、涪陵市公路运输管理处

（一）建置沿革

1965 年 6 月，涪陵最初的道路运输管理机构成立，专区和各县都设有“群众运输管理站”。1973 年 10 月，地区和各县群管站分别更名为交通运输管理站，其管理职能未作调整。各县交管站人事关系在县，经费由涪陵地区交管站统一收支。1979 年 1 月，涪陵地区交通局增设“社队企业管理科”，与涪陵地区交管站合署办公，“一套班子，两块牌子”。

1984 年 1 月，涪陵行署贯彻四川省人民政府及其四川省交通厅关于改进公路运输管理实施办法，涪陵交管站成为各级交通主管部门设置的行使公路运输行业管理职能的工作机构，不再是只管集体运输企业、拖拉机、人畜力车运输的单位。1987 年 11 月，涪陵行署为了加强公路运输行业管理，批准将涪陵地区交管站更名为涪陵地区公路运输管理处，涪陵地区公路运输管理处和县（市）运管机构为业务指导关系，涪陵地区公路运输管理处仍为科级全民所有制事业单位。1988 年 7 月，黔江地区成立，石柱、彭水、黔江、酉阳、秀山 5 个县公路运输管理机构和业务工作划归黔江地区运管处管理。

1992 年 2 月，涪陵行署重新明确了涪陵区公路运输管理体制。即地区设公路运输管理处，为副县级事业单位，由涪陵地区交委领导。涪陵市、南川县、垫江县、丰都县、武隆县设公路运输管理所，实行地、县（市）双重领导、以地区领导为主的管理体制。人事、财务由地区运管处直接领导和管理，政治工作、行政管理、日常业务由县（市）交通局负责。地、县（市）、区（镇）公路运输管理机构均为全民所有制自收自支的事业单位。1996 年 4 月，涪陵撤地设市，涪陵地区运管处更名为四川省涪陵市公路运输管理处，并设立涪陵市李渡区运管所。

重庆直辖后，1997 年 12 月，涪陵撤市设区。1998 年 7 月，涪陵市运管处更名为重庆市涪陵区公路运输管理处，只管原涪陵市枳城区运管所和李渡区运管所。1999 年 7 月，原涪陵市枳城区运管所和李渡区运管所分别变更为涪陵区运管处内设置的“运输管理一所”和“运输管理二所”，划片区开展运管业务。2004 年 3 月，涪陵区运管处更名为重庆市涪陵区道路运输管理处。2004 年 5 月，撤销一所、二所，人、财、物纳入区运管处统一管理，同年 8 月并入区运管处机关办公。至 2005 年年底，涪陵区运管处共有在职职工 102 人，其中大专以上文化 64 人，高级技术职称 2 人，中级技术职称 1 人，离退休职工 30 人。

（二）管理职能与范围

主要管理职能：负责辖区道路客、货运输、搬运装卸、汽车维修服务、驾驶员培训的行业管理。

1987 年 11 月至 1988 年 7 月，涪陵地区公路运输管理处管理范围为涪陵市、南川市、垫江县、丰都县、武隆县、石柱县、彭水县、黔江县、酉阳县、秀山县等 9 县 1 市。1988 年 7 月至 1996 年 4 月，因涪陵地区石柱、彭水、黔江、酉阳、秀山 5 个县公路运输管理机构划入黔江地区，涪陵地区公路运输管理处在涪陵市、南川市、垫江县、丰都县、武隆县实施公路运输行业管理。

1996 年 4 月至 1998 年 7 月，涪陵市公路运输管理处在涪陵市、南川市、垫江县、丰都县、武隆县实施公路运输行业管理。1998 年 7 月至 2005 年，涪陵区公路运输管理处只在涪陵的枳城区和李渡区实施公路运输管理。

四、黔江地区公路运输管理处

（一）建置沿革

1988 年 8 月，黔江地区公路运输管理处组建，为正科级事业单位，实有职工 29 人，隶属于黔江地区交通局领导。1991 年 12 月，黔江地区公路运输管理处升格为副县级事业单位。1997 年重庆直辖后，1998 年，黔江地区公路运输管理处更名为重庆市黔江开发区公路运输管理处，定编 20 人，实有 21 人。2000 年 6 月，国务院批准撤销黔江开发区、撤销黔江县。2000 年 12 月，黔江开发区公路运输管理处改名为黔江区公路运输管理处，为副处级事业单位，定编 45 人，内设办公室、财务科、运输科、驾驶培训科、汽车维修办公室、稽查队等。

（二）管理职能与范围

主要管理职能：负责辖区道路客、货运输、搬运装卸、汽车维修服务、驾驶员培训的行业管理。

1988 年 8 月至 1997 年 3 月 14 日，黔江地区公路运输管理处在石柱县、彭水县、黔江县、酉阳县、秀山县实施公路运输管理。1997 年 3 月 14 日至 2000 年 6 月，重庆市黔江开发区公路运输管理处，仍旧代管石柱、彭水、黔江、酉阳、秀山 5 个县公路运输管理业务。2000 年 6 月至 2005 年，黔江区公路运输管理处不再代管石柱、彭水、酉阳、秀山等县公路运输管理业务，只管理黔江区内公路运输。

第三节　征稽管理机构

一、重庆市交通征费稽查局

（一）建置沿革

1. 重庆交通监理站建置（1950 ~ 1986 年）

1949 年 11 月 30 日，中国人民解放军军事管制委员会接管了“中华民国”交通部在重庆的五区公路工程局，成立西南区交通部，地址设在上清寺老邮局，下设交通监理站，负责征收养路费。1950 ~ 1978 年，重庆交通监理机构多次变化，先后由重庆市建设局设监理科、重庆市公安局、重庆市交通公用事业管理局、重庆公路交通管理站管理交通监理。

1979 年，四川省人民政府发布《关于加强交通监理队伍建设的规定》，实行省、市地州、县三级管理，省设监理局，市地州设监理站。重庆市公安局设交通大队，车辆监理所，四川省交通厅在重庆设重庆交通监理站，负责重庆市辖区内养路费的稽征工作，在永川设江津专区交通监理站，负责 8 个县的车辆监理及养路费稽征工作。

至 1983 年，重庆市综合体制改革之时，四川省交通厅所属重庆交通监理站下放给重庆市领导，重庆市交通局设安全监理处，下设重庆交通监理站、永川交通监理所。1984 年 12 月 3 日，四川省人民政府批准成立四川省交通厅监理局，重庆交通监理站、永川交通监理所仍受其行业管理。至 1986 年底，重庆交通监理站、永川交通监理所体制未变。

2. 重庆市征稽机构建置（1987 ~ 2005 年）

1986 年 7 月 7 日，国务院发出了《关于改革道路交通管理体制的通知》（国发〔1986〕94 号），要求对分别由公安、交通、农业（农机）部门负责的道路交通管理体制进行改革。1986 年 10 月 14 日，交通部下发了《关于认真贯彻国务院决定做好监理体制改革和移交工作的通知》，其中特别强调：“应按国务院通知，将养路费征收人员及其使用的设施划分出来，仍由交通部门领导和管理。机构不健全的，划分后要尽快健全起来。”

1987 年 3 月 6 日，四川省人民政府下发了《贯彻国务院关于改革道路交通管理体制的通知的实施意见》。1987 年 3 月 18 日，重庆市人民政府下发《关于改革道路管理体制的具体实施意见》。其中，一是明确了移交后本着不增加编制、经费和机构不升格的原则，组建养路费征收管理机构，"养路费征收和路政管理人员，目前暂着原交通监理服装"。二是具体确定了人员移交比例，即29% 为继续留用的养路费征收人员、71% 为移交公安部门的交通监理人员，共用装备财产。三是按照四川省交通移交公安的养路费补充经费比例即每年按 1.87% 从养路费总收入中按月划拨给公安部门的原则，重庆市因只有永川地区八个县有交通监理人员移交公安，确定为每年按 1.6% 从养路费总收入中按月划拨给公安部门，其中，1.3% 为移交公安的养路费补充经费比例，0.3% 为补充交通标志标线等安全设施费用比例。

1987 年 5 月，重庆市交通局向重庆市机构编制委员会上报了《关于重庆市交通稽查人员编制和机构设置的请示》。根据国务院关于改革道路交通管理体制的要求和重庆市人民政府的实施意见，1987 年 5 月 22 日，重庆市交通局决定从 1987 年 6 月 1 日起，将重庆交通监理站改为"重庆市交通稽查征费一处"，将永川交通监理所改为"重庆市交通稽查征费二处"，均为隶属于重庆市交通局领导的副处级事业单位，承担重庆市养路费稽查征收工作。1987 年 6 月 23 日，重庆市编委给重庆市交通局《关于市交通稽查征费机构和人员编制问题给市交通局的批复》，同意将原重庆市交通监理站更名为"重庆市交通稽查征费一处"，原定级别不变。将原永川交通监理所留给交通部门从事养路费征收的部分，组建为"重庆市交通稽查征费二处"，按原定副县级对待。原重庆市交通监理处 230 名编制中，留交通部门 110 名。具体分配为重庆市交通稽查征费一处 68 名，重庆市交通稽查征费二处 42 名。

1988 年 3 月 25 日，重庆市编委同意组建重庆市交通稽查征费处，即撤销重庆市交通局安全稽征处、重庆市交通稽征一处和重庆市交通稽查征费二处，实施三处合一，组建重庆市交通稽查征费处（简称重庆市稽征处），为隶属于重庆市交通局的县处级事业单位。1988 年 3 月 31 日，重庆市交通局同意成立重庆市稽征处，实行四川省、重庆市双重领导、以重庆市为主的管理体制，即人、财、物及党的关系属重庆市交通局，业务属四川省交通稽查征费局，使重庆市交通系统有了统一的养路费征收管理机构。

1998 年 8 月 13 日，重庆市直辖后，为了加强交通规费征收管理，按照重庆市编委《关于同意重庆市交通稽查征费机构更名的批复》，重庆市交通局再次将重庆市交通稽查征费机构做出调整：重庆市交通稽查征费处更名为重庆市交通征费稽查局（简称重庆市征稽局），处级领导职数 4 名（1 正 3 副）；四川省万县市交通稽查征费处更名为重庆市万州交通征费稽查处；四川省涪陵市交通稽查征费处更名为重庆市涪陵交通征费稽查处；四川省黔江地区交通稽查征费处更名为重庆市黔江交通征费稽查处。重庆市 42 个交通稽查征费所均更名为重庆市交通征费稽查局某某所，其机构规格均维持现状。重庆市交通征费稽查局对万县、涪陵、黔江征稽处和原重庆 21 个所行使管理权，形成局、处、所三级管理模式，担负起全市机动车辆的养路费、货运附加费、客运附加费的征收稽查管理工作，至 2005 年 6 月 29 日，重庆市征稽局纳入重庆市交通行政执法总队体制，更名为重庆市交通征费局。

（二）管理职能

1987～1997 年，重庆市稽征处受重庆市交通行政主管部门委托，具体行使对重庆市 9 区 12 县（市）公路养路费、客运附加费和货运附加费的征收稽查管理职能。主要职责有：

1. 认真执行党的基本路线，坚持四项基本原则，坚持改革开放，遵照国家养路费征收政策、法规，做好征费管理工作，并结合重庆市稽征工作的实际制定具体贯彻意见。

2. 负责办理车辆的增减、转入、转出、报停、换号等变更异动的工作和社会车辆的协商包缴手续，负责审查养路费的征减免征和《免缴证》的核发，掌握本辖区内车台、吨位数量，建立车辆台账，了解研究征费情况，深入调查研究，搞好征收政策的宣传教育、上门服务和催缴工作。

3. 负责年度征费计划的编制、上报、下达和平衡调整，督促检查养征计划的完成情况，加强对各区县稽查征费所业务工作的指导、协调、监督、服务，负责各所养路费收入账户管理及解缴，加强横向联系，搞好与公安、交管、路政等部门的协作配合，联合组织开展上路查漏补征活动。

1998~2005 年，重庆市征稽局受重庆市交通行政主管部门委托，具体行使对重庆市 40 个区（市）县及重庆经济技术开发区、重庆高新技术开发区公路养路费、客运附加费和货运附加费的征收稽查管理职能。

1. 重庆市征稽局主要职责

重庆市征稽局是代表国家依法向车辆拥有者（使用者）征收公路养路费、客（货）运附加费的管理部门，其工作职责：

（1）宣传贯彻执行国家交通规费征收政策、法规、规章；依法征收管理全市公路养路费、客（货）运附加费等交通规费；依法上路上门稽查公路养路费等交通规费的缴纳情况。

（2）依法对违反交通规费征收政策、法规、规章的行为予以处理；受理重庆市交通征稽行政复议案件；依法对不按规定缴纳交通规费的车辆拥有者（使用者），申请人民法院强制执行。

（3）负责对重庆市交通征稽人员的管理，对违反交通规费征收政策、法规、规章，滥用职权、徇私等违法违纪行为进行处理。

（3）完成上级交办的其他工作任务。

2. 各交通征费稽查处主要职责

万州交通征费稽查处、涪陵交通征费稽查处、黔江交通征费稽查处的主要职责：

（1）贯彻党的各项方针政策、执行上级的各项规章制度，保证政令畅通；按照规费征收政策、法规的规定，开展依法征费、文明执法工作，完成上级下达的规费征收任务。

（2）积极开展两个文明建设工作，保持和发展两个文明建设成果；深入调查研究，积极做好对基层单位的指导、协调、服务、监督工作；加强职工政治思想教育工作，不断提高职工的政治、业务素质。

（3）完成上级交办的其他工作。

3. 各交通征费稽查所主要职责

重庆市征稽局属下的 42 个交通稽查征费所主要职责：

（1）宣传贯彻国家法律、法规、规章及交通规费征收政策；负责制定年度工作计划并组织实施；依法征收管理本辖区公路养路费、客（货）运附加费等交通规费，完成征收任务。

（2）依法上路上门稽查养路费等交通规费的缴纳情况，处理违章行为；依法对不按规定缴纳交通规费的车辆拥有者（使用者），申请人民院院强制执行；开展与公安交警及其他相关部门的联系和协调工作，促进规费征收。

（3）负责票据（证）管理，填报各类报表，按时足额解缴交通规费；按财务制度的规定，负责管理使用行政经费及各项专用基金；负责本单位的安全工作；负责低值易耗品和固定资产的管理使用。

（4）组织开展两个文明建设活动；负责各类档案材料的管理；完成领导交办的其他工作。

（三）管理范围

1984 年 12 月 3 日，四川省人民政府川府发〔1984〕189 号文件批准成立四川省交通厅监理局，各地、市、州成立监理处，县成立监理所。万县地区监理处管辖万县市（县级市）、开县、梁平县、忠县、奉节县、云阳县、巫溪县、巫山县、城口县监理所。涪陵地区监理处管辖涪陵市（县级市）、南川县、垫江县、丰都县、武隆县、黔江县、彭水县、酉阳县、石柱县监理所。重庆市由于计划单列，重庆交通监理站的体制仍然保持不变，一直延续到 1987 年道路交通体制改革为止。

1987 年 5 月，四川省交通厅川府发〔1987〕38 号文件批准新组建的万县地区交通稽查征费处

(副县级)下设10个稽征所，分布在万县、梁平、忠县、开县、云阳、奉节、巫山、巫溪、城口等9个县以及万县市。涪陵地区交通稽查征费处（副县级）下设10个稽征所，分布在南川、垫江、丰都、武隆、黔江、彭水、秀山、酉阳、石柱等9个县以及涪陵市。1988年12月，石柱、彭水、黔江、酉阳、秀山5个县稽征所成建制划归黔江地区交通局，1989年8月，黔江地区交通稽查征费处成立。

1987年6月1日，重庆市交通稽查征费一处（副县级）和重庆市交通稽查征费二处（副县级)，共下设22个区县交通稽查征费所站，其中，重庆市交通稽查征费一处管辖重庆主城区14个所站，重庆市交通稽查征费二处管辖永川地区8个县所站。1988年，重庆市稽征处成立，是隶属于重庆市交通局的处级事业单位，1988~1997年，重庆市征稽处主要负责管理重庆市9区12县8600公里公路上机动车辆的征收稽查工作。1988年4月20日，重庆市征稽处下设18个区县交通稽查征费所，即市中区、沙坪坝区、九龙坡区、北碚区、江北区、南岸区、长寿县、綦江县、巴县、永川县、璧山县、江津县、铜梁县、潼南县、荣昌县、合川县、大足县、江北县等稽查征费所。1988年9月1日，重庆市征稽处又设立南桐矿区交通稽征站、双桥区交通稽征站、大渡口区交通稽征站。至此，重庆市征稽处负责重庆市9区12县机动车公路养路规费征收稽查工作。

1995年3月，根据行政执法要求，重庆市交通局重交局组〔1995〕6号文件批复同意，重庆市征稽处直接管辖21个区、县（市）交通稽征所。1995年5月，根据重庆市人民政府关于调整行政区划的统一部署，改原巴县、江北县、市中区为巴南区、渝北区、渝中区，其所派驻交通稽征所，按新的行政区划管辖范围、车辆变化情况，调整公路养路规费征收计划。

1996年9月至1997年，根据党中央、国务院关于将原四川省管辖的万县、涪陵、黔江三地（市）交重庆市代管的指示精神，重庆市稽征处受重庆市交通局委托，代管万县、涪陵、黔江稽征处的人财物和征收稽查工作。

1998年，重庆市征稽局成立，受重庆市交通行政主管部门委托，具体行使重庆市公路养路规费的征收稽查管理权，1998~2005年，重庆市征稽局下设21个直属征费所：渝中所、沙坪坝所、九龙坡所、北碚所、江北所、南岸所、渝北所、长寿所、綦江所、巴南所、璧山所、荣昌所、江津所、铜梁所、潼南所、合川所、大足所、永川所、大渡口所、双桥所、万盛所，并管理万县、涪陵、黔江3个征稽处，形成局、处、所三级管理模式，担负起重庆市机动车辆的公路养路费、公路货运附加费、公路客运附加费的征收稽查管理工作。

1998~2005年，重庆市万州交通征费稽查处受重庆市征稽局委托，对龙宝、五桥、天城、开县、梁平、忠县、云阳、奉节、巫山、巫溪、城口等11个交通征费稽查所行使管理权。重庆市涪陵交通征费稽查处受重庆市征稽局委托，对涪陵、南川、丰都、武隆、垫江等5个交通征费稽查所行使管理权。

1998年，重庆市黔江交通征费稽查处受重庆市征稽局委托，对黔江、石柱、秀山、酉阳、彭水等5个交通征费稽查所行使管理权。2001年7月16日，重庆市交通委员会决定将黔江交通征费稽查机构委托有关区县代管，撤销重庆市黔江交通稽查征费处，处机关人员并入黔江交通征费稽查所。将黔江征费稽查处原管辖的5个区县征费稽查所移交由重庆市征稽局组建黔江征收管理办公室直接管理。

至2005年年底，重庆市征稽局在各区（市）县派出机构有：主城区直属所是渝中所、沙坪坝所、九龙坡所、江北所、南岸所、渝北所、巴南所、大渡口所、北碚所。区县直属所为：长寿所、綦江所、璧山所、荣昌所、江津所、铜梁所、潼南所、合川所、大足所、永川所、双桥所、万盛所。万州区为万州处、龙宝所、天城所、五桥所、开县所、梁平所、忠县所、云阳所、奉节所、巫山所、巫溪所、城口所。涪陵区为涪陵处、涪陵所、丰都所、武隆所、南川所、垫江所。黔江区为重庆市征稽局黔江征收管理办公室、黔江所、酉阳所、秀山所、彭水所、石柱所。

表 1－16　　　　1987～2005 年重庆市交通征费局领导成员名录

单位	姓名	职务	任职时间
重庆市稽征一处	邓国安	处长	1987 年
	李先彬	副处长	1987 年
	王达通	副处长	1987 年
重庆市稽征二处	方永能	处长	1987 年
			1988 年 4 月
	李尚仁	副处长	1987 年
重庆市稽征处	李玉文	副处长	1988 年 4 月
	李尚仁	副处长	1988 年 4 月
	潘武新	副处长	1990 年 3 月至 1990 年 8 月
		处长	1995 年 3 月
	吴洪铭	副处长	1995 年 5 月
重庆市交通征稽局	王志	处长助理	1995 年 5 月
		副处长	1996 年 7 月
	潘武新	局长	1997 年
	吴洪铭	副局长	1997 年
	刘琨	局长	2001 年 10 月
	吴洪铭	副局长	1997 年
	王志	副局长	1997 年
	谭军	局长助理	1998 年
	龙江	局长助理	2002 年 12 月
		副局长	2004 年 4 月
	陈卫东	副局长	2004 年 7 月
重庆市交通征费局	王志	局长	2004 年 12 月
	龙江	副局长	2005 年 1 月
	陈卫东	副局长	2004 年 7 月
	谭军	副局长	2005 年 6 月

二、重庆市车辆购置附加费办公室

1985 年 4 月 2 日，国务院国发〔1985〕50 号文件发布了《车辆购置附加费征收办法》，决定自 1985 年 5 月 1 日起对所有购置车辆的单位和个人（包括国家机关和军队）一律征收车辆购置附加费，交通部、财政部、中国工商银行联合颁发了《车辆购置附加费征收办法实施细则》等文件，由交通部直接征收管理车辆购置附加费。

（一）建置沿革

1. 厂家海关代征阶段（1985 年 5 月 1 日至 1993 年 12 月 31 日）

1985 年 4 月 2 日，在国务院第 54 次常务会议做出开征车辆购置附加费的重大决策之后，国务院发布《车辆购置附加费征收办法》的通知，决定自 1985 年 5 月 1 日起，在全国开征车辆购置附加费。根据国务院决定和交通部、财政部等部门规定，车辆购置附加费由生产（组装）厂和国家海关代征，征收工作由各省市交通部门负责组建征收机构进行管理，由交通部核定机构编制。

1985年4月26日，在重庆市交通局会议室内，重庆市车购费征管工作筹备会召开。重庆市交通局、重庆市计委、重庆市经委、重庆市公安车管所、重庆海关等部门和主要生产厂家参加了会议。会议明确由重庆市各车辆生产（组装）厂和海关代征重庆市车辆购置附加费，重庆市交通局负责组建征收机构进行管理。随后，重庆市编委重编委〔1986〕14号文件批复成立重庆市交通局车辆购置附加费征收管理办公室，由重庆市交通局财务处处长蔡奇驹兼任主任，从企业抽调专人充实到财务处负责征收管理，暂设于重庆市交通局内，与重庆市交通局财务处合署办公并实施车购费征收管理，同时，还在双桥区计经委，南桐矿区工交局以及各区县交通局设有专兼职人员负责车辆购置附加费征收管理，各区县交通局财务部门也兼管本地区代征厂车购费征收工作。

1985年5月1日开征车购费之后，重庆市交通局开始着手筹备组建专门的车辆购置附加费征收管理机构。由于改革开放，重庆市汽车工业迅速发展，生产组装汽车厂家发展到30多家，分布于21个区县，年产各型汽车5万多辆、摩托车50多万辆，年总产值达到数十亿元。汽车工业的快速发展，促使车辆购置附加费征收管理专门机构的组建步伐加快。1985～1988年，在重庆市交通稽查征费一处内，重庆市交通局先行设置临时的征管机构筹备组，进行专门的车辆购置附加费征管机构的筹备工作。

1988年，重庆市交通局对重庆市的稽征管理实行处长负责制，组建独立的重庆市车购费征收管理办公室机构。按照交通部要求，重庆市交通局决定将重庆市交通局车辆购置附加费征收管理办公室更名为重庆市车辆购置附加费征收管理办公室，单独设立为重庆市交通局所直属的处级事业单位。1988年4月1日，重庆市交通局成立重庆市车辆购置附加费征收管理办公室（以下简称“重庆市车购办”），由重庆市交通局直接管理。同时，重庆市编委核定办公室人员9人。自此，车辆购置附加费征收管理机构从重庆市交通局内迁至沙坪坝区大坪支路20号，即“永川八县驻渝办事处合川县招待所”内，内设办公室、征收科、计财科等部门，正式独立行使对重庆市的车辆购置附加费的征收管理。

1989年6月3日，重庆市编委批准重庆市车购办人员扩编。1990年7月23日，重庆市交通局设立重庆市车购办内设职能机构，即设置综合管理科、财务计划科、稽核审计科和征收业务科等科室。1989年8月15日，重庆市人民政府批复重庆市车购办征用土地，用于修建综合业务用房及停车场。同时，重庆市交通局批复交通稽征业务楼的基本建设立项，包括重庆市车购办用房。1990年，交通稽征业务楼的基本建设竣工，1991年12月2日，重庆市车购办从原永川地区八县驻渝办事处内迁入高新区渝州路88号，入住交通稽征业务楼，与重庆市交通征费稽查局各占用一半大楼。1992年4月27日，重庆市交通局批复增设政策咨询科。

2. 车辆落籍征收阶段（1994年1月1日至2000年12月31日）

1993年11月22日，国务院办公厅国办通〔1993〕35号文件批复交通部、财政部的请示，同意自1994年1月1日起，将车购费由原车辆生产（组装）厂和海关代征改为由车辆落籍地交通征管部门直接向义务缴费人征收。1993年11月至1993年12月，交通部分别与财政部、海关总署联合提出了关于做好改变车辆购置附加费征收环节及原车辆生产（组装）厂和海关代征收尾工作的安排部署。1994年1月1日，交通部、财政部交财发〔1993〕1399号文件又联合部署做好改变车辆购置附加费征收环节统一征费标准过渡衔接工作，明确从1994年1月1日起，全国统一使用1993年版的车购费凭证，同时，明确了国外进口车辆，自1994年1月1日起，一律由车辆落籍地征管部门按税后组合价格的百分之十计征车购费。

1994年5月1日，为了做好落籍征收工作，重庆市交通局筹备成立永川车购办，与永川稽征所“一套班子，两块牌子”，负责原永川地区八县车购费落籍征收管理。永川车购办的人事工作归属于重庆市交通稽查征费处管理，车购费征收业务归属重庆市车购办管理。

1995 年 5 月 10 日，重庆市交通局批复西南价格信息中心综合用房初设方案，在交通征费稽查大楼重庆市车购办一侧建西南价格信息中心综合用房。1996 年 10 月 4 日，西南价格信息中心综合用房建成交接，重庆市车购办征收业务科、政策咨询科等科室迁入。

1997 年 1 月 1 日起，车辆购置附加费作为中央政府性基金征收，但仍旧在车辆落籍地征收。1997 年重庆市直辖后，万州、涪陵、黔江地区征稽处（所）仍旧沿袭四川省体制，即由交通征稽处（所）"一套班子，两块牌子"，同时征管公路养护费和车辆购置附加费。2000 年 3 月 22 日，重庆市交通局研究决定：涪陵、万州地区、丰都、南川等十县（市）车购费征收业务由征稽部门具体办理，其人、财、物管理维持现有体制不变，仍由重庆市交通征费稽查局统一管理，业务指导总的由重庆市车购办负责，具体指导分别由涪陵、万州车购办负责。

3. 交通代管代征阶段（2001 年 1 月 1 日至 2004 年 12 月 31 日）

2000 年 10 月 22 日，国务院第 294 号令公布了《中华人民共和国车辆购置税暂行条例》，自 2001 年 1 月 1 日起施行，取消原车辆购置附加费，开征车辆购置税。2001 年 1 月 1 日起，车辆购置附加费改征为车辆购置税，但因按照国家车购税改革要求，需要组织考试录用而致机构人员移交未遂。为保证国家税收稳定，暂时保留了重庆市车购办建制，行政上仍隶属于重庆市交通委员会管理，代征车辆购置税。其间，2001 年组织了公务员考试，重庆市车购办及其所属征管机构在编 144 人，除考前退休、调离和未报名者共 7 人外，参加考试 137 人。直至 2005 年 1 月 1 日，经过考核选录后，除已经退休的职工和 2 人留在交通系统外，其余全部征管人员 107 名（含重庆市交通征费稽查局车购税混岗人员 84 名）划转重庆市国家税务局管理，至此，撤销了重庆市车购办建制。

（二）管理职能

重庆市车购办基本上一直履行以下管理职能：

1. 在车辆购置附加费征收期间，贯彻执行交通部车购费征收管理工作的方针、政策和规定，在车辆购置税代征期间，贯彻执行国务院车辆购置税暂行条例，根据重庆市的实际情况，制定具体征收业务工作制度和实施细则。

2. 负责对重庆市所辖征管机构的车购费征收管理工作进行指导、检查和考核，总结交流经验，并进行业务培训工作。

3. 负责重庆市车购费征收的宣传工作，协调征管机构同公安、农机、军队、武警等有关部门工作关系，共同做好车辆购置费征收稽查工作。

4. 负责编制和下达重庆市的年度车购费征收计划，定期编制财务和统计报表、年度会计决算。负责车购费征收计划业务有关账卡表的印制，负责票证的保管和发放工作，并监督票证的使用情况。

5. 负责重庆市车购费征收信息的收集、整理、上报等项工作，并负责及时向上级报告征收过程中出现的各种重大问题。

6. 负责处理有关车购费征收稽查方面的来信来访和行政复议工作。

7. 负责车购费征收费款的汇集、解缴工作。

8. 审核并办理符合交通部、财政部规定免征车购费车辆的免征、免办车辆购置手续。

（三）管理范围

重庆市车购办的管理范围，随重庆市行政管辖区域的扩大，也不断扩大。

在生产厂家与海关代征阶段，即 1985 年 5 月 1 日至 1993 年 12 月 31 日，由于 1983 年 2 月重庆市成为计划单列市，在 1985 年开征车购费后，其征管范围共有 9 区 12 县，即渝中区、江北区、沙坪坝区、南岸区、九龙坡区、大渡口区、北碚区、万盛区、双桥区、巴县、綦江县、江北县、长寿县、荣昌县、大足县、永川县、江津县、铜梁县、合川县、潼南县与璧山县。

1987 年 7 月前，万县地区、涪陵地区交通局代征代管车购费。根据四川省交通厅川交厅

〔1987〕341号文件精神，万县地区交通局、涪陵地区交通局将负责车辆购置附加费征收业务和征管人员，一并移交四川省万县地区交通稽征处、涪陵地区交通稽征处，负责辖区内车辆购置附加费征收管理工作。

1987～1993年，万县地区交通稽征处征管范围有9县1市，即万县市（县级市）、万县、梁平县、开县、忠县、云阳县、奉节县、巫山县、巫溪县、城口县。1993年撤地设市，万县地区交通稽征处更名为万县市交通稽查征费处，征管范围仍旧是9县1市。

1987～1988年，涪陵地区交通稽征处征管范围为涪陵市、南川市、垫江县、丰都县、武隆县、石柱县、彭水县、黔江县、酉阳县、秀山县等。1989～1993年，因设立黔江地区，涪陵地区交通稽征处石柱、彭水、黔江、酉阳、秀山5县稽征所成建制划归黔江地区稽征处，涪陵地区交通稽征处征管范围为涪陵市、南川市、垫江县、丰都县、武隆县。1989～1993年，黔江地区组建黔江地区交通稽征处，征管范围为石柱县、彭水县、黔江县、酉阳县和秀山县。

在车辆落籍征收阶段，即1994年1月1日至2004年12月31日，又分为1994年1月1日至2000年12月31日交通部门主管征收阶段和2001年1月1日至2004年12月31日交通部门代管代征阶段。1994年，根据重庆市交通局《关于改革车辆购置附加费征收体制的通知》精神，新成立重庆市永川车辆购置附加费征收管理办公室，隶属重庆市交通稽查征费处领导，与重庆市永川交通稽查征费所合署办公，不再新增加机构和人员编制，永川车购办于1994年5月正式成立，对外办公。车购费征管业务对重庆车购办负责，养路费征管业务对重庆市征稽处负责。

1994年1月，经四川省交通厅批准，成立四川省万县市车辆购置附加费征收管理办公室、涪陵地区车辆购置附加费征收管理办公室和黔江地区车辆购置附加费征收管理办公室。3个交通稽查征费处分别实行“一套班子，两块牌子”合署办公，3个处下设的征稽所同时负责代征车辆购置附加费（税），实行三级混合管理模式。1997年重庆直辖后，更名为重庆市万州车辆购置附加费征收管理办公室、重庆市涪陵车辆购置附加费征收管理办公室和重庆市黔江车辆购置附加费征收管理办公室。人、财、物仍属重庆市交通征费稽查处（局）管理，车辆购置附加费业务归属重庆市车辆购置附加费征收管理办公室管理。三级混合管理模式一直延续到车购税体制改革。

1997年6月18日至2004年底，重庆市成为直辖市后，车购费征管范围又自然扩大到原四川省万县市（后改为万州）、涪陵市、黔江地区，重庆市区（市）县共有40个及重庆经济技术开发区、重庆高新技术开发区。

表1－17　1985～2005年重庆市车辆购置附加费征收管理办公室领导成员名录

单位名称	姓名	职务	任职起止时间	备注
重庆市交通局	蔡奇驹	处长	1985年至1988年	兼主任
	张泓	副主任	1985年至1988年	
重庆市车购办	李先斌	主 任	1988年至2005年	兼书记
	谭渝生	副主任	1986年至2005年	
永川车购办	何德富	所 长	1994年至2005年	兼主任
	黄安仲	处 长	1994年至1996年	兼主任
万州车购办	冉启才	处 长	1996年至2000年	兼主任
	黄钦州	副主任	1996年至2005年	

续前表

单位名称	姓名	职务	任职起止时间	备注
涪陵车购办	王继丰	处 长	1994 年至 2005 年	兼主任
	黄明志	副主任	1995 年至 2005 年	
	杨胜成	处 长	1989 年至 1995 年	兼主任
黔江车购办	鲁荣康	处 长	1995 年至 2001 年	兼主任
	杨晓东	副主任	1998 年至 2005 年	

三、万县市交通稽查征费处

（一）建置沿革

前身为万县地区交通监理处。1987 年 5 月，根据国务院国发〔1986〕94 号文件《关于改革道路交通管理体制的通知》、交通部《关于认真贯彻国务院决定做好监理体制改革和移交工作的通知》、四川省人民政府《贯彻国务院关于改革道路交通管理体制的实施意见》和四川省交通厅《关于善始善终做好交通管理体制改革有关问题的通知》《关于正式成立稽查征费局、处、所和颁发印章的通知》精神，将万县地区交通监理处改为"万县地区交通稽查征费处"和"万县地区公安处交通警察支队"，其人、财、物按 29:71 比例划分，稽征处占 29%，并在 9 县 1 市设立交通稽征所。1993 年撤地设市，更名为万县市交通稽查征费处。9 县 1 市即万县市（县级市）、万县、梁平县、开县、忠县、云阳县、奉节县、巫山县、巫溪县、城口县。

1997 年重庆市直辖，万县市划归重庆市管辖，改名为重庆市万州交通稽查征费处。仍然管辖原万县市龙宝区、天城区、五桥区、开县、梁平县、忠县、云阳县、奉节县、巫山县、巫溪县、城口县等 3 区 8 县稽征所人、财、物及业务工作。万州交通稽查征费处二级单位有 11 个：龙宝交通稽查征费所、天城交通稽查征费所、五桥交通稽查征费所、开县交通稽查征费所、梁平交通稽查征费所、忠县交通稽查征费所、云阳交通稽查征费所、奉节交通稽查征费所、巫山交通稽查征费所、巫溪交通稽查征费所、城口交通稽查征费所。

1994 年 6 月，根据四川省交通厅文件精神，成立了万县市车辆购置附加费征收管理办公室。1998 年更名为万州车辆购置附加费征收管理办公室，与万州交通稽征处"一套班子，两块牌子"合署办公。主任由稽征处长兼任。处机关设办公室、审计、稽核科、政工科、征收科、财务科、车购办、法制科、稽查支队。办公地址 1999 年前在白岩路 251 号，1999 年后在国本支路 9 号。固定资产总值 2912.48 万元。

（二）管理职能与范围

1986 年至 1993 年 10 月，万县地区交通稽查征费处在万县地区的万县市（县级市）、万县、梁平县、开县、忠县、云阳县、奉节县、巫山县、巫溪县、城口县等 9 县 1 市实施交通稽查征费管理。

1993 年 10 月至 1997 年 3 月 14 日，万县市交通稽查征费处在万县市龙宝区、天城区、五桥区、开县、梁平县、忠县、云阳县、奉节县、巫山县、巫溪县、城口县等 3 区 8 县实施交通稽查征费管理。1997 年 3 月 14 日至 1998 年 7 月，重庆市万州交通稽查征费处仍旧对万县市龙宝区、天城区、五桥区、开县、梁平县、忠县、云阳县、奉节县、巫山县、巫溪县、城口县等 3 区 8 县实施交通稽查征费管理。

2000 年 6 月至 2005 年，万州移民开发区撤销，保留万州区，受重庆市征稽局委托，万州交通稽查征费处仍然保持交通规费征收的集中管理体制，对龙宝区、天城区、五桥区、开县、梁平县、忠县、云阳县、奉节县、巫山县、巫溪县、城口县等 3 区 8 县实施交通稽查征费管理。

四、涪陵市交通稽征处

（一）建置沿革

涪陵地区交通稽征处前身为涪陵地区交通监理处。监理处的人、财、物由四川省交通厅监理局直接管理。1987 年 5 月，根据国务院《关于改革道路交通管理体制的通知》、交通部《关于认真贯彻国务院决定做好监理体制改革和移交工作的通知》、四川省人民政府《贯彻国务院关于改革道路交通管理体制的实施意见》和四川省交通厅《关于善始善终做好交通管理体制改革有关问题的通知》《关于正式成立稽查征费局、处、所和颁发印章的通知》精神，将地区监理处人、财、物按 71% 和 29% 的比例分别划归公安和交通部门。

1987 年 5 月 1 日，涪陵地区交通稽征处正式组建完毕，对外办公。1987 年 5 月至 1988 年 11 月，涪陵地区交通稽征处辖区各县（市）先后成立交通稽查征费所。稽征处为副县级全民所有制事业单位，各县（市）所为副科级单位，2001 年后升为科级单位。经费形式：四川省全额拨款。1988 年 12 月，涪陵地区交通稽征处石柱、彭水、黔江、酉阳、秀山 5 个县稽征所成建制划归黔江地区稽征处。1995 年 12 月，涪陵撤地设市。1996 年 4 月，涪陵地区交通稽征处更名为涪陵市交通稽征处，县级涪陵市稽征所更名为涪陵市枳城区交通稽查征费所。

1994 年 4 月，根据四川省交通厅通知，涪陵地区车辆购置附加费征收管理办公室成立，专门负责车购费征收管理工作。1996 年 4 月更名为涪陵市车购办。重庆直辖后，1998 年 8 月，原涪陵市交通稽查征费处、涪陵市枳城区交通稽查征费所分别更名为重庆市涪陵交通征费稽查处和重庆市交通征费稽查局涪陵所。2004 年，国务院决定将“车辆购置附加费”改为“车辆购置附加税”，由稽征部门代征。2004 年 12 月，涪陵车购税业务正式移交区国税局，移交人员 11 人（含退休 3 人）。至 2005 年年底，涪陵地区交通稽征处在职职工 58 人，其中处机关 13 人，涪陵所 9 人；在职职工中大专以上文化 44 人，中级技术职称 4 人。退休职工 10 人。

（二）管理职能与范围

1987 年 5 月至 1988 年 11 月，涪陵地区交通稽征处征管范围为为涪陵市、南川市、垫江县、丰都县、武隆县、石柱县、彭水县、黔江县、酉阳县、秀山县等 9 县 1 市。

1988 年 12 月，石柱、彭水、黔江、酉阳、秀山 5 县稽征所成建制划归黔江地区稽征处。1989 ~1996 年，涪陵地区交通稽征处征管范围为涪陵市、南川市、垫江县、丰都县、武隆县。1996 年 4 月至 1998 年 8 月，涪陵市交通稽征处征管范围仍旧为涪陵市、南川市、垫江县、丰都县、武隆县。1998 年 8 月至 2005 年，受重庆市征稽局委托，涪陵交通征费稽查处仍然保持交通规费征收的集中管理体制，对涪陵市、南川市、垫江县、丰都县、武隆县实施交通规费征收管理。

五、黔江地区交通稽查征费处

（一）建置沿革

1988 年 7 月，黔江地区成立。1988 年 12 月，石柱、彭水、黔江、酉阳、秀山 5 个县稽征所成建制划归黔江地区交通局。1989 年 8 月，黔江地区交通稽查征费处成立，为副县级事业单位，实行四川省交通稽查征费局与黔江地区交通局双重领导、以四川省为主的管理体制，即人、财、物直属于四川省交通稽查征费局。

1997 年重庆直辖后，1998 年，黔江地区交通稽查征费处更名为重庆市黔江交通稽查征费处，定编 60 人，实有 49 人。受重庆市征稽局委托，仍旧代管石柱、彭水、黔江、酉阳、秀山 5 个县稽征所。

2001 年 7 月 16 日，重庆市交通委员会渝交委人〔2001〕24 号文件《重庆市交通委员会关于将黔江交通征费稽查机构委托有关区县代管的通知》决定，撤销重庆市黔江交通稽查征费处，处机关人员并入黔江交通征费稽查所。将黔江征费稽查处原管辖的 5 个区县征费稽查所移交重庆市交通征费稽查局直接管理。

（二）管理职能与范围

1988 年 7 月至 1998 年，黔江地区交通稽查征费处在石柱县、彭水县、黔江县、酉阳县、秀山县实施交通稽查征费管理。1998 年至 2001 年 7 月，重庆市黔江交通稽查征费处仍旧对石柱县、彭水县、黔江县、酉阳县、秀山县实施交通稽查征费管理。2001 年 7 月至 2005 年，撤销了重庆市黔江交通稽查征费处。

第三章　港航管理机构

重庆市港航行业管理机构。1984 年，重庆市交通局将重庆市中心航运管理站、合川中心航运管理站、四川省交通厅重庆港航监督站合并成立了重庆市航运管理处、重庆市港航监督处、重庆市船舶检验处。至 2000 年 8 月，重庆市交通委员会先后撤销了重庆市航运管理处，重庆市港航监督处和重庆市船舶检验处，新成立了重庆市港航管理局、重庆市港航监督局和重庆市船舶检验局等单位，形成较为完整的重庆市对内河港航实施行业管理的机构。

1954～1996 年，万县市、涪陵市和黔江地区的港航管理机构是随四川省交通行政体制的演变而逐步建立和发展起来的，在这一时期里，万县市、涪陵市和黔江地区的港航管理机构和重庆市的港航管理机构同属于四川省交通行政部门管理。其中，1983～1996 年，四川省下放了重庆市的港航管理机构设置。1997～2005 年，万县市、涪陵市、黔江地区划归中央设立的重庆直辖市，万县市、涪陵市、黔江地区的港航管理机构又先后归属于重庆市交通局、重庆市交通委员会管理。

交通部在渝的港航管理机构。一是重庆海事局，经历了从长江航政管理局重庆分局到重庆长江港航监督局再到中华人民共和国重庆海事局的体制演变。二是长江重庆航道局一直是交通部长江航道局设立在重庆市负责长江航道重庆段的维护管理的事业单位。三是中国船级社重庆分社，经历了从中华人民共和国船舶检验局重庆分局到中国船级社重庆分社的体制演变。

第一节　重庆市港航管理机构

一、重庆市港航管理局

（一）建置沿革

重庆市航运管理处。1984 年 11 月，经重庆市人民政府渝府〔1984〕136 号文件批准，由重庆市中心航运管理站、合川中心航运管理站、四川省交通厅重庆港航监督站合并组建为重庆市航运管理处（简称重庆市航管处），与重庆市港航监督处、重庆市船舶检验处实行“一套班子，三块牌子”的管理体制。重庆市航管处内设办公室、劳工科、航监科、船检科、运输科、计划科、材料科、组织科、宣传科、纪委等 11 个科室。办公地点设在渝中区（原市中区）五一路 182 号。1992 年 3 月，重庆市航管处搬迁至渝中区华一路 17 号。内设办公室、科学技术科、人事劳资科、港航监督科、船舶检验科、运输企业科、航道管理科、计划财务科、材料科、组织科、纪委、审计监察室等 12 个科室。下辖合川、江津、潼南、铜梁、北碚、江北、长寿、巴县、綦江 9 个航运管理站；

小安溪船闸管理站、涪江航道养护队和合川运销站。重庆市航运管理处除管理直属单位外，对各区县航道行使行业管理职能。

重庆市码头管理处（简称重庆市码管处）。1984年2月1日，根据交通部〔1983〕交河字926号文件《关于重庆市水上运输管理体制的改革方案》和重庆市经委〔1984〕重经发137号文件《关于重庆市码头管理站改变领导关系的通知》，重庆市交通局将重庆市码头管理站成建制移交重庆港口管理局领导，并更名为“交通部重庆港口管理局码头管理处”，办公地点设在渝中区（原市中区）信义街13号。1986年3月3日，又更名为“重庆市码头管理处”。处机关内设纪委办公室、党委办公室、行政办公室、组织科、劳动人事科、财务管理科、工程设备科、码头管理科、码头管理派出所、团支部，共配置15名科级、副科级干部。处下辖19个码头管理站和1个地方客轮管理站：朝天门、储奇门、菜园坝、大溪沟、化龙桥、汉渝路、磁器口、九渡口、李家沱、茄子溪、觐阳门、石门、相国寺、海棠溪、弹子石、黄桷、北碚、渝北、长寿码头管理站和客轮管理站，共配备站长、副站长20名。

2000年8月4日，根据中共重庆市委、重庆市人民政府渝委发〔2000〕18号文件关于组建重庆市交通委员会的决定，经重庆市编委同意，重庆市交通委员会将原重庆市航运管理处、港航监督处、船舶检验处的职能和原重庆港口管理局的行政管理职能合并，组建为重庆市港航管理局（简称重庆市港航局），为重庆市交通委员会直属处级事业单位，具有行政管理职能。

2002年2月1日，按照《交通部重庆市人民政府实施水上安全监督管理体制改革协议》，长江干线上6个原地方设置的港监部门，即涪陵港监处直属所、丰都港监所、万州港监处直属所、云阳港监所、忠县港监所、奉节港监所成建制划转为交通部所属海事机构。2002年2月10日，重庆市交通委员会贯彻《交通部重庆市人民政府实施水上安全监督管理体制改革协议》，即执行“重庆辖区长江干线水域水上安全执法监督工作由交通部统一负责”的规定，长江干线上其他10个地方港监部门也于2002年4月1日前陆续部分或全部划转给交通部，由交通部统一领导。

2002年4月1日，根据国务院国办发〔2001〕91号文件《国务院办公厅转发交通部等部门关于深化中央直属和双重领导港口管理体制改革意见的通知》及交通部交函〔2002〕1号文件《关于贯彻实施港口管理体制深化改革工作意见和建议的函》，原中央和地方政府双重领导的重庆港口正式下放重庆市人民政府管理。由此，重庆港口管理局交由重庆市人民政府管理，原有的行政管理职能已全部划入重庆市交通委员会。涪陵港务局、万州港务局分别交由涪陵和万州区人民政府管理。三港下放后，按建立现代企业制度的要求深化企业内部改革，成为自主经营、自负盈亏的法人实体，不再使用“港口管理局”“港务管理局”的名称。

2002年4月27日，按照交通部“其他水域由地方海事部门管辖”的规定，重庆市交通委员会向重庆市编委提出重庆市港航管理局拟与重庆市地方海事局、重庆市船舶检验局合署办公，实行“一套班子，三块牌子”的管理体制，即重庆市港航管理局再增加重庆市地方海事局的牌子。2002年7月18日，重庆市编委渝编〔2002〕56号文件下发《关于市道路运输管理局、市港航管理局机构规格为副局级的批复》，同意重庆市港航管理局机构规格由正处级升格为重庆市交通委员会直属副局级事业单位。同时挂“重庆市船舶检验局”“重庆市地方海事局”的牌子，实行“一套班子，三块牌子”，统一定编，合署办公，至2005年年底，这一体制未变。

（二）管理职能

重庆市航管处。1986年至2000年7月，重庆市航运管理处是重庆市交通局对重庆市水上交通运输的行业管理机构，重庆市航运管理处行使对重庆市各区县的航运管理、水上安全管理、船舶检验、航道管理、港口管理等管理职能。处机关及直属单位在计划财务科设立了专职2~3人规费征收人员，负责重庆市水路交通规费征收管理工作。

重庆市码管处。1986年至2000年7月，重庆市码管处是重庆市人民政府管理重庆市187米水位以下港辖区地方公用、专用码头和河道沙石资源以及对码头港埠企业实施行政管理的职能部门，处机关内设财务管理科担负码头收费管理工作。1999 年 8 月，根据《关于重庆港口管理局河道采沙管理划转给市水利局有关问题的协调会议纪要》（重庆市政府专题会议纪要〔1999〕43 号），重庆市码头管理处将河道沙石资源管理职能移交给重庆市水利局，划转人员 40 名。重庆市码头管理处于 1999 年 8 月起不再对河道沙石资源进行管理，停止征收沙石采掘管理费。

2000 年 8 月至 2005 年 12 月，重庆市港航管理局是重庆市交通委员会对重庆市水上交通运输行业的行业管理机构。其主要职责是：

1. 负责水路运输企业和水路运输服务业的开业审批，核发《水路运输企业许可证》《水路运输服务业许可证》《船舶营业运输证》，监督管理水路交通运输市场。

2. 负责水上交通安全管理，维护通航秩序、船舶登记、船舶载运危险货物的安全监督；船舶防污染监督；通航河流水上、水下施工安全监督；船员的考试、发证及审验；调查处理重大水上交通事故及其他港监业务。

3. 负责船舶图纸审验、船用产品检验、船舶检验、船舶焊工培训、考试、发证。

4. 负责监督管理船舶修造市场，评定船厂和船舶设计单位技术等级，核发《重庆市船舶修造证书》和《重庆市船舶设计证书》。

5. 负责对嘉陵江、乌江等地方航道及航道设施的管理、养护和建设；审批与通航有关的拦河、跨河、临河建筑物的通航标准和技术要求；保护航道及航道设施；参与编制航道发展规划；拟定航道技术等级。

6. 负责划定港口区域界线；对公用码头、货主码头及港埠企业实施港政、港务管理；维护港口生产经营秩序，审查并核发港口业务经营许可证。

7. 依照国家法律、法规、规章的规定，行使行政执法权。

8. 依据国家有关法律、法规、规章的规定，征收航道养护费、运输管理费、船舶港务费、港口规费、船舶检验费、船舶焊工考试费、港监业务管理费等国家规费。

其中，有 3 个部门涉及水路规费征收管理。一是计划财务处，除负责编制各项财务预算管理外，还负责贯彻执行国家交通行政收费政策和规定，负责水路规费的稽征和指导、监督行业规费征收工作。执行国家规费收入“收支两条线”的规定，负责规费解缴和划拨预算经费。二是港口管理处，除负责对港口岸线使用申请的审查等港口管理外、还负责对港口企业经营性收费项目和收费价格，按有关法规的规定实施监督和检查。三是政务处，除负责政务公开和政务公开信息的发布。等政务事项工作外，还办理有关规费、办证费、工本费收缴业务。重庆市港航管理局下属直属单位有：重庆市港航管理局直属处、嘉陵江航道段、船闸管理所、合川航道段、涪陵乌江航道段。其中，担负水路规费征收管理的主要是财务部门。

（三）管理范围

1986 年至 2000 年 7 月，重庆市航管处直接管理合川、潼南、铜梁、北碚、江北、长寿、巴县、綦江、江津 9 个航管站，小安溪船闸管理站，涪江航道养护队和合川运销站。1986 年至 2000 年 7 月，重庆市码管处主要对重庆市 187 米水位以下港辖区域的地方公用、专用码头和河流沙石资源实施行政管理。

2000 年 8 月至 2005 年 12 月，重庆市港航局管理的直属机构有：重庆市港航管理局机关、重庆市港航管理局客运管理处、重庆市港航管理局直属处、嘉陵江航道段、合川航道段、乌江航道段、大宁河航道段、小安溪船闸所等。

2000 年 8 月至 2005 年 12 月，重庆市港航管理局管辖区县机构有：万州区港航管理局、涪陵区港航管理局、黔江区港航管理处、巫山县港航管理处、巫溪县港航管理处、奉节县港航管理处、云阳县港航管理处、忠县港航管理处、丰都县港航管理处、武隆县港航管理处、彭水县港航管理处、秀山县港航管理处、酉阳县港航管理处、石柱县港航管理处、长寿区港航管理处、巴南区港航管理处、江津市港航管理处、永川市港航管理处、綦江县港航管理处、北碚区港航管理处、合川市港航管理处、铜梁县港航管理处、潼南县港航管理处、荣昌县港航管理处、大足县港航管理科、双桥区港航管理科、梁平县港航管理科。

表1－18　1984～2005 年重庆市港航管理局主要领导成员名录

单位	姓名	性别	职务	任职时间
重庆市航运管理处	江自强	男	处长	1984 年 1 月至 1998 年 12 月
	李大祺	男	党委书记	1984 年 1 月至 1998 年 12 月
	张代雄	男	党委副书记	1984 年 1 月至 1998 年 12 月
	文良杰	男	副处长	1984 年 1 月至 1998 年 12 月
	郭德春	男	副处长	1984 年 1 月至 2000 年 7 月
	何爱平	男	处长、党委书记	1999 年 1 月至 2000 年 7 月
	张小勇	男	副处长	1999 年 1 月至 2000 年 7 月
	张孟川	男	副处长	1999 年 1 月至 2000 年 7 月
	张代雄	男	纪委书记	1999 年 1 月至 2000 年 7 月
重庆市码头管理处	王定国	男	处长	1986 年 3 月至 1993 年 8 月
	罗光才	男	处长	1993 年 8 月至 1998 年 7 月
	窦运生	男	处长	1998 年 8 月至 2000 年 7 月
	粟舟云	男	党委书记	1986 年 3 月至 1995 年 4 月
	丁顺国	男	党委书记	1995 年 4 月至 1998 年 7 月
	明庭训	男	党委书记	1998 年 8 月至 2000 年 7 月
	余树荣	男	副处长	1884 年 6 月至 1991 年 4 月
	赵忠惠	男	副处长	1986 年 4 月至 1993 年 7 月
	童泽铭	男	副处长	1984 年 6 月至 1988 年 12 月
	何玉龙	男	副处长	1991 年 5 月至 2000 年 7 月
	蒋德禄	男	副处长	1997 年 4 月至 1999 年 6 月
	杨大伦	男	副处长	1999 年 10 月至 2000 年 7 月
重庆市港航管理局	雷军	男	局长	2000 年 8 月至 2002 年 3 月
	梁雄耀	男	局长	2002 年 3 月至 2005 年
	何爱平	男	党委书记	2000 年 8 月至 2002 年 3 月
	谭卫	男	党委书记	2003 年 9 月至 2005 年 9 月
	刘治军	男	党委书记	2005 年 10 月至 2005 年
	窦运生	男	党委副书记	2000 年 8 月至 2005 年
	张小勇	男	副局长	2000 年 8 月至 2005 年
	张孟川	男	副局长	2000 年 8 月至 2005 年
	杨大伦	男	副局长	2000 年 8 月至 2005 年
	刘大川	男	副局长	2000 年 8 月至 2005 年
	党志胜	男	副局长	2000 年 8 月至 2005 年

二、万县市航务管理处

(一) 建置沿革

1988年3月，万县地区中心航管站更名为万县地区航务管理处。1992年，万县地区港口管理处成立，与航务管理处实行“一套班子，两块牌子”合署办公。1993年，万县地区撤地设市，万县地区航务（港口）管理处更名为万县市航务（港口）管理处，事业性质不变。

1997年3月14日，重庆市直辖，万县市航务（港口）管理处更名为重庆市万州移民开发区、重庆市万州区航务（港口）管理处，事业性质不变。2000年6月，国务院撤销万州移民开发区，保留万州区。随后，万州移民开发区航务（港口）管理处撤销，保留万州区航务（港口）管理处。

2002年1月，按照重庆市交通委员会《关于尽快落实长江干线水监体制改革后地方港监机构的通知》精神，经万州区编委批准，撤销万州区航务管理处、万州区港口管理处、万州区港航监督处、万州区航务管理直属所、万州区港口管理直属所、万州区港航监督直属所，组建万州区港口航务管理局、万州区地方海事局、万州区船舶检验局，实行“一套班子，三块牌子”合署办公。局机关设置办公室、政工科、运输管理科、港口航道科、建设管理科、计划财务科、港航监督科、船舶检验科、船舶技术管理科、稽查大队。办公地址在万州区红花路1号。

(二) 管理职能与范围

主要管理职能：负责辖区水路运输市场管理，港口行政管理，规划和建设等业务。

1988年3月至1993年，万县地区航务管理处（港口管理处）的港航行业管理范围为9县1市，即万县市（县级市）、万县、梁平县、开县、忠县、云阳县、奉节县、巫山县、巫溪县、城口县。

1993年至1998年7月，万县市航务（港口）管理处的港航行业管理范围为万县市龙宝区、天城区、五桥区、开县、梁平县、忠县、云阳县、奉节县、巫山县、巫溪县、城口县等3个区8个县。

1998年7月至2000年6月，重庆市万州移民开发区、重庆市万州区航务（港口）管理处的港航行业管理范围为龙宝区、天城区、五桥区，代管忠县、开县、云阳县、奉节县、巫山县、巫溪县等6个县。2000年7月至2005年，万州区港口航务管理局只在万州区内实施港航行业管理。

三、涪陵市航务管理处

(一) 建置沿革

1962年12月，涪陵中心航运管理站成立。1986年10月，涪陵中心航管站更名为四川省涪陵地区航运管理处，为正县级事业单位。1988年7月，黔江地区成立后。石柱、黔江、彭水、酉阳、秀山5个县航管机构划归黔江地区航管处。1989年4月，根据四川省人民政府和四川省交通厅的决定，涪陵行署同意分别设立涪陵地区航务管理处和涪陵港航监督处，为正县级事业单位。

1991年8月，根据四川省人民政府以及四川省交通厅决定，涪陵行署先后成立涪陵地区港口管理处，与当地同级航务机构实行“一套班子，两块牌子”合署办公，是正县级事业单位，人员经费在上级拨付的港口管理费中列支。港口管理处由地区交委领导。1996年4月，涪陵地区航务处更名为涪陵市航务管理处，涪陵地区港口管理处更名为涪陵市港口管理所。

1998年8月，原涪陵市航务处、涪陵港口处分别更名为重庆市涪陵区航务处、重庆市涪陵区港口处。2001年11月，根据重庆市编委《关于理顺乌江航道管理体制的批复》精神，涪陵区航务处所属乌江航道段成建制划归重庆市港航管理局直接管理。2002年8月22日，根据重庆市港航管理局《关于对万州、涪陵两地水上交通实行行业直接管理的通知》，丰都、武隆两县航务、港口管理机构成建制划归丰都县、武隆县。自此，涪陵区航务处只在涪陵区范围内行使管理职能。

2002年8月28日，涪陵区编委批准撤销涪陵区航务处、涪陵区港口处和涪陵区港航监督处（港监处部分业务工作和人员划归长江海事局，组建重庆涪陵海事处），组建涪陵区港航管理局、地方海事局、船舶检验局。实行“一套班子，三块牌子”的管理体制。2004年3月，涪陵区编委在《关于印发重庆市涪陵区交通委员会所属事业单位机构编制方案的通知》中确定：涪陵区港航局、地方海事局、船舶检验局为正处级事业单位，经费自收自支。2005年末，共有在职职工110人，其中大专以上文化78人，高级职称6人，中级技术职称15人；离退休职工34人。

（二）管理职能与范围

主要管理职能：负责辖区水路运输市场管理、港口行政管理、规划和建设等。

1986年至1988年7月，涪陵地区航运管理处的港航行业管理范围为涪陵市、南川市、垫江县、丰都县、武隆县、石柱县、彭水县、黔江县、酉阳县、秀山县等9县1市。1988年7月，涪陵地区石柱、黔江、彭水、酉阳、秀山5个县航管机构划归黔江地区，1988年7月至1997年3月14日，涪陵市航务管理处、涪陵市港口管理所的港航行业管理范围为涪陵市、南川市、垫江县、丰都县、武隆县。

1998年8月至2002年8月28日，涪陵区航务处、涪陵区港口处只在涪陵区范围内行使管理职能。2002年8月28日至2005年，涪陵区港航管理局（含地方海事局、船舶检验局）也只在涪陵区范围内行使管理职能。

四、黔江区港航管理处

（一）建置沿革

1988年7月，黔江地区成立后，涪陵地区石柱、黔江、彭水、酉阳、秀山5个县航管机构划归黔江地区。1988年11月，黔江地区航务管理处组建，为副县级事业单位。1990年3月，黔江地区港航监督处组建，与黔江地区航务管理处合署办公。1991年7月，黔江地区港口管理处组建，仍与黔江地区航务管理处合署办公，形成“一套班子，三块牌子”结构，以内科外处模式运行，均隶属于黔江地区交通局领导。

1997年3月14日，重庆直辖后，黔江地区航务管理处（含港航监督处和港口管理处）改为重庆市黔江开发区航务管理处（含港航监督处和港口管理处），编制26人，实有26人，代管石柱、黔江、彭水、酉阳、秀山5个县航管机构。2000年6月，因黔江开发区、黔江县撤销，改设重庆市黔江区港航管理处、黔江区船舶检验处，定编41人，实有37人。不再代管秀山县、酉阳县、彭水县、石柱县港航机构。2000年12月，黔江开发区航务管理处与黔江县航务管理所合并为黔江区港航管理所，为科级事业单位。2003年，黔江区港航管理所改设为黔江区地方海事处，与黔江区港航管理处、黔江区船舶检验处实行“一套班子，三块牌子”管理体制，为副处级事业单位，人员编制13人。

（二）管理职能与范围

主要管理职能：负责辖区水路运输市场管理、港口行政管理、规划和建设等。

1988年7月至1997年3月14日，黔江地区航务管理处在石柱县、黔江县、彭水县、酉阳县、秀山县实施航运行业管理。1997年3月14日至2000年6月，重庆市黔江开发区航务管理处（含港航监督处和港口管理处）在石柱县、黔江县、彭水县、酉阳县、秀山县代管航运行业管理业务。2000年6月至2005年，重庆市黔江区港航管理处、黔江区船舶检验处只在黔江区实行港航管理。

五、重庆航运建设管理机构

在航运建设与管理上，重庆市以“政府领导小组”+“建设业主公司”的模式，重庆市交通委员会组建了重庆航运建设发展有限公司（简称“重庆航发司”），在重庆市航道渠化工作领导小组的领导下，以重庆航发司作为主体对港航建设进行管理和经营。

（一）建置沿革

2002年11月，重庆市交通委员会组织编制完成了《重庆市航运中心发展规划》，2002年12月，又组织编制完成了《重庆市内河航运发展规划》。2002年12月30日，在实施国家西部大开发十大项目之一的嘉陵江草街航电枢纽工程和涪江富金坝航电枢纽工程过程中，为加快实现长江上游航运中心的发展规划和重庆市内河航运发展规划，重庆市交通委员会请求重庆市人民政府授权重庆市交通委员会出资组建国有独资的重庆航发司，2003 年 2 月 8 日，重庆市人民政府批复同意。2003 年 4 月，重庆航发司挂牌成立。2003 年 9 月 24 日，在重庆渝通宾馆，重庆航发司举行揭牌暨融资授信签字仪式，标志着其正式开始运行。

重庆市人民政府要求力争 2010 年把重庆建设成为长江上游航运中心，为此，2003 年 8 月 6 日，重庆市交通委员会经请示重庆市人民政府同意并经市有关部门同意，成立了重庆市航道渠化工作领导小组，由重庆市副市长赵公卿任组长，重庆市计委副主任马述林、重庆市交通委员会副主任张世玖任副组长，领导小组由重庆市交通委员会、重庆市计委、重庆市国税局、重庆市地税局、重庆市港航局、重庆市电力公司、重庆航发司等单位组成，下设办公室，设在重庆市港航局，张世玖兼办公室主任。

（二）管理职责与范围

重庆市人民政府和交通部联合批准同意实施《重庆市内河航运发展规划》，重庆市人民政府批准同意实施《重庆航运中心发展规划》。按照两个发展规划的目标，到 2020 年，要完成嘉陵江、乌江、涪江、渠江等 8 条航道渠化建设，改善航道里程 2414 公里，总投资达 230 亿元。2003 年 5 月 14 日和 2003 年 5 月 15 日，重庆市交通委员会就以重庆航发司为主体开展乌江彭水以下航道梯级渠化建设的问题，分别向重庆市发展计划委员会和重庆市人民政府上报行文，进一步明确了重庆航发司的管理职责，即在重庆市航道渠化工作领导小组领导下，重庆航发司作为重庆市内河航运建设开发投资主体，主要职责是为重庆市内河航运发展拓宽筹资融资渠道，组织实施港口码头航道的合资合作兼并收购等工作，承担重庆市主要通航河流的航电枢纽工程、重点港口和码头工程，实施河流梯级渠化，并对航运基础设施建设实施管理和经营。

按照管理职责和经营范围，重庆航发司设立了董事会、监事会和总经理、副总经理，内设办公室、党群工作部、财务部、人力资源部、工程部、计划合同部、库区工作部和生产经营部。2004 年 7 月 20 日，重庆航发司以 12 亿元收购了重庆市水利电力集团的 67.2% 的民生电力股份，组建为直属的重庆航发嘉涪电力开发有限公司，同时，重庆市嘉陵江第一个梯级航电枢纽——嘉陵江草街电站项目建设启动。2003 ~ 2005 年，重庆航发司实施嘉陵江、乌江、涪江、渠江等江河梯级渠化工程与长江三峡库区淹没复建工程。2003 年 11 月 28 日，重庆市重点工程，也是重庆航发司承担的第一个航电枢纽工程——涪江富金坝航电枢纽工程开工建设，至 2006 年 6 月 30 日，涪江富金坝航电枢纽首台机组并网发电。

表 1 - 19　　2003 年 3 月至 2005 年重庆航运建设发展有限公司历任领导成员名录

届别	姓名	性别	职务	任职时间
第一届	张世玖	男	董事长、党委书记	2003 年 3 月至 2004 年 4 月
	梁雄耀	男	党委委员、副董事长、总经理	2003 年 3 月至 2003 年 10 月
	刘大川	男	党委委员、副总经理	2003 年 3 月至 2004 年 4 月
	阳爱民	男	党委委员、副总经理	2003 年 3 月至 2004 年 4 月
第二届	阳光	男	董事长、总经理、党委书记	2004 年 4 月至 2005 年 4 月
	杨荣敬	男	党委委员、副总经理	2004 年 9 月至 2005 年 5 月
	刘大川	男	党委委员、副总经理	2004 年 4 月至 2007 年 9 月
	阳爱民	男	党委委员、副总经理	2004 年 4 月至 2005 年 3 月
	李庆生	男	党委副书记、纪委书记	2004 年 6 月至 2005 年 4 月

续前表

届别	姓名	性别	职务	任职时间
第三届	姚小松	男	党委委员、董事长	2005 年 4 月至 2005 年 12 月
	杨荣敬	男	党委书记、副总经理	2005 年 5 月至 2005 年 12 月
	李庆生	男	党委副书记、纪委书记	2005 年 4 月至 2005 年 12 月

第二节 交通部在渝港航管理机构

一、中华人民共和国重庆海事局

（一）建置沿革

长江航政管理局重庆分局（简称重庆航政分局）。中华人民共和国重庆海事局（简称重庆海事局）的前身是重庆航政分局。1984 年，长江航运体制实行政企分开，按照国务院文件精神（国发〔1984〕50 号文），重新明确重庆航政分局行政管理职能，内设党委办公室、工会、团委、局办公室、航保科、监督科、考试科、船技科、船检科、组织科，下设万县航政处、涪陵航政处、朝天门监督站、白沙沱大桥监督站、长寿监督站、忠县监督站、奉节监督站、巫山监督站、云阳监督站。办公地址在重庆市市中区信义街 1 号。

重庆长江港航监督局。1989 年 8 月 1 日，根据交通部交人劳字〔1989〕338 号文件及其长江航务管理局长航劳〔1989〕358 号及航政人教字〔1989〕第 141 号文件关于长江航政系统机构更名的通知精神，重庆航政分局更名挂牌为交通部重庆长江港航监督局（简称重庆港监局），是长江港航监督局直属正处级事业单位，是交通部长江航务管理局在重庆的派出机构，办公地址仍设在重庆市市中区信义街 1 号。

1996 年，结合长江三峡库区发展规划的要求，为积极配合搞好三峡大坝工程在施工期的船舶航行秩序及三峡库区水上航运安全监督管理，根据交通部交人劳字〔1989〕338 号文件及其长江航务管理局督人字〔1996〕第 035 号文件精神，将原重庆港监局代管的万县长江港航监督局明确为长江港航监督局的直属局，办公地址设在万州区新城路 248 号，管辖范围是上自忠县叉溪口下至巴东庙河之间的长江航段，全长 389 公里。

2002 年，按照国务院实行"一水一监、一港一监"的安全监督管理新体制。根据中编办中央编办复字〔2002〕32 号文件《关于交通部长江海事局黑龙江海事局分支机构设置方案的批复》和交通部交人劳发〔2000〕180 号文件《关于印发〈交通部直属海事机构设置指导意见〉的通知》的有关规定，交通部决定将原重庆港监局、万县长江港航监督局和重庆市港航管理局部分安全监督机构合并为重庆海事局。2002 年 10 月 18 日，重庆海事局正式挂牌成立，属中华人民共和国长江海事局的副厅级分支机构，办公地址设在重庆市渝中区陕西路三巷 4 号。

（二）管理职能和范围

1984 ~ 1989 年，重庆航政分局是对所辖内河通航水域交通安全实施统一监督管理的主管机关，是长江航政局直属正处级事业单位，负责统一管理交通部直属运输企业长江轮船总公司（现为长江航运［集团］总公司）在重庆长江干线以及几条支线的航政工作，包括船舶登记、船员考试、季节性安全管理、防污染管理、通航管理、水上水下施工管理并维护长江航道上的航行秩序和负责处理海损纠纷事故等管理职能。管辖范围自江津九层岩至川鄂交界的鳊鱼溪区 671 公里长江干线。

1989 年 8 月 1 日，重庆航政分局更名挂牌为重庆港监局，除承担原重庆航政分局职能外，新增了船员考试培训、高速船培训、危险货物监管、船舶防污、水工管理、海事搜救、规费征稽等多种管理职能。管辖范围仍自江津九层岩至川鄂交界的鳊鱼溪区 671 公里长江干线。

1996 年，交通部将原重庆港监局代管的万县长江港航监督局明确为长江港航监督局直属局，管辖范围是上自忠县叉溪口下至巴东庙河之间的长江航段，全长 389 公里。重庆港监局管辖区则调整为自江津九层岩至忠县叉溪口 367 公里长江干线。

2002 年 10 月 18 日，重庆海事局正式挂牌成立，管理职能是负责长江干线重庆段的水上安全监督管理工作，履行国家水上交通安全管理、防止船舶污染水域及航行保障的法律、法规赋予的职责。新增搜救职能，成立重庆水上搜救中心，设置重庆海事局万州水上搜救中心办公室，负责重庆至巫山辖段水上搜救指挥工作。管辖范围为重庆海事局管辖长江干线重庆江津界石盘至重庆市与湖北省交界鳊鱼溪段，全长 680. 7 公里，还有与长江干线相通的支流以河口划界。交汇支流水域 41. 5 公里和汉河道 46. 2 公里。

二、长江重庆航道局

（一）建置沿革

长江重庆航道局是交通部长江航道局设立在重庆市负责长江航道重庆段的维护管理的事业单位。长江重庆航道局的前身是长江航道局重庆航道分局。1986 年 7 月 9 日，交通部长江航道局航道劳〔1986〕288 号文件通知：重庆航道区在单位级别不动、内部管理体制不变情况下，改名为“交通部长江航道局重庆航道分局”，仍为县团级单位。职能范围和上级隶属关系不变。新印章从 1986 年 8 月 1 日起启用。

1998 年 2 月 17 日，交通部长江航道局航道人〔1998〕66 号文件通知将“交通部长江航道局重庆航道分局”更名为“长江重庆航道局”。行政印章全称是“长江重庆航道局”，党委印章全称是“中国共产党长江重庆航道局委员会”，印章从 1998 年 5 月 1 日起正式启用。

1986 年和 1998 年两次更名后，长江重庆航道局的职能范围和上级业务隶属关系不变，级别不变，经费渠道不变。主管长江重庆航道以及嘉陵江与长江交汇口 1. 2 公里航道的维护业务工作。

（二）管理职能和范围

长江重庆航道局是国家交通部长江航道局设立在重庆的长江航道管理机构。负责长江重庆辖区航道维护、管理，对航道及其航道设施的规划、建设、保护、维护实施事业性的服务和必要的行政管理职能，是长江重庆水路运输的保障和支撑。其主要管理任务是：在国家法律、行政法规和技术标准范围内，对所辖航道及航道设施进行维护；根据法律、法规的权限保护航道及其航道设施不受破坏，优化通航环境，为船舶提供畅通的航道条件；按国家有关规定，征收和使用航道养护费及其破坏航道赔偿费；在交通行政部门的领导和组织下，有计划地进行水资源的调查、分析和研究，按程序进行规划和建设、发展航道事业，为水路运输发展提供条件。

长江重庆航道局下设有 1 个勘测处和船舶修造厂，另有 5 个机关直属单位，内设 18 个机关科室。主要设有奉节、万州、丰都、重庆 4 个航道处，所辖航道有 45 个航道站、58 个信号台、其中通行信号台 34 个，雾情信号台 24 个。航道管理主业是维护和管理着西起重庆江津兰家沱东至重庆湖北两省市交界处鳊鱼溪的长江干线及嘉陵江与长江交汇口 1. 2 公里航道，共计 598. 4 公里。

三、中国船级社（CCS）重庆分社

（一）建置沿革

中国船级社是交通部直属单位，前身是中华人民共和国船舶检验局（简称中国船检局）。1986 年，为适应远洋运输船队迅速发展的需要，经国务院批准，交通部成立了中国船级社，与船检局实行“一个机构，两块牌子”管理模式。1998 年底，中国船检体制进行了重大改革，中国船级社与中国船检局实行了“局社、政事”分开，即原中国船检局的行政管理职能移交交通部港航安全监理部门，具体检验业务部分由中国船级社承担，中国船级社实行企业化管理。

1998年，中国船级社重庆分社成立（简称重庆船级社），是中国船级社设在重庆的验船机构，内设机构有办公室（行政办公室、党委办公室合署办公）、财务处、船舶检验处、产品检验处、检验业务处、服务中心等。办公地址设在重庆市渝中区陕西路三巷6号。

（二）管理职责和范围

重庆船级社下辖万州办事处、涪陵办事处、成都办事处等分支机构。重庆船级社主要负责云南省、贵州省、四川省与重庆市辖区内船用产品的认可和日常检验发证工作，负责川江地区涉外旅游船、滚装船等船舶检验发证工作以及船舶入籍检验、公证检验、鉴定检验和政府主管机关授权的法定检验。重庆船级社为重钢集团公司、重庆康明司发动机公司、西南铝业集团公司、德阳第二重型机械集团公司、成都无缝钢管公司、贵州钢绳股份有限公司、民生（实业）有限公司、东风船厂、川江造船厂等20余家航运公司和造船厂提供检验服务。除传统的船舶、船用产品检验业务外，重庆船级社还为重庆市交通建设和其他基建工程提供广泛的服务，如对重庆鹅公岩大桥箱梁构架、重庆市轻轨工程支承座和指形板监理以及重庆电视发射塔架的无损探伤等诸多方面，也提供有效的技术检验服务。

第四章　行政监管与后勤机构

第一节　重庆市交通行政执法总队

重庆市交通行政执法总队是重庆交通首创“统一管理，综合执法”的高速公路新管理模式发展的成果。重庆市交通行政执法总队先后经历了重庆市成渝高速公路行政执法大队、重庆市高等级公路行政执法大队、重庆市高速公路行政执法总队和重庆市交通行政执法总队4个发展阶段，从对重庆市高速公路实施综合行政执法发展到对重庆市的交通领域实行综合行政执法试点。

一、重庆市成渝高速公路行政执法大队

（一）机构创建

1993年4月，根据国务院办公厅国办发〔1992〕16号文件《关于交通部门在道路上设置检查站及高速公路管理问题的通知》精神，中共重庆市委研究室和重庆市人民政府研究室、重庆市交通局、重庆市法制局、重庆市经济委员会、交通部重庆公路科研所共同组成《成渝高速公路重庆段管理体制》的课题研究组。《成渝高速公路重庆段管理体制》的课题研究组广泛收集研究了国内外高等级公路有关资料，对国内的沈大、京津塘、西临、宜黄、昌九等几条主要高速公路进行了实地考察，对全国各地高速公路现行管理体制进行认真的分析比较。1993年11月，课题研究组完成的关于实行“统一管理，综合执法”管理体制的研究报告，由重庆市科委组织并通过专家评审，报告提出了在成渝高速公路重庆段对交通安全、道路治安、公路路政、运政等实行“集中统一管理、综合行政执法的管理体制”。

1994年4月，重庆市人民政府采纳了专家意见，决定“在成渝高速公路全线未开通前，由交通部门实施统一管理，综合执法”试点。1994 年 4 月 23 日，根据重庆市编委批复，重庆市交通局批准成立重庆市成渝高速公路行政执法大队，担负成渝高速公路重庆段“综合执法”任务。同时，中共重庆市交通运输委员会决定秦国强兼任重庆市成渝高速公路行政执法大队政委，王小宇兼任大队长。1994 年 4 月 28 日，成渝高速公路行政执法大队上路执法。1994 年 5 月 13 日，重庆市人民政府办公厅会议纪要〔1994〕第 23 号文件确定试行“统一管理，综合执法”的新管理模式，“综合执法”的体制得以在重庆市高速公路管理中确立起来。1994 年 6 月 11 日，“重庆市成渝高速公路行政执法大队”的名称得到重庆市编委认可，并于 1994 年 6 月 27 日得到重庆市交通局的确定。

（二）管理职能与范围

重庆市成渝高速公路行政执法大队挂靠在重庆市成渝高速公路管理处，主要在成渝高速公路重庆段上实施综合行政执法。

四川省交通厅领导多次听取重庆市交通局的汇报，支持“统一管理，综合执法”的工作，并邀请四川省人大、四川省法制局与研究室、四川电视台等单位到成渝公路重庆段实地考察，了解情况，支持指导工作。1995 年 5 月 24 日，四川省人民政府川府函〔1995〕171 号文件就成渝高速公路收费管理、收费标准和军警车免费通行做出批复，并决定“重庆至桑家坡段仍按重庆市实行‘统一管理，综合执法’的形式继续试行”。“统一管理，综合执法”的管理职能得到四川省人民政府的认可。

1994 年 4 月至 1996 年，“统一管理，综合执法”的管理职能，也得到了重庆市人大财经委、重庆市人民政府法制局、研究室等各方面的肯定和支持。重庆市人民政府办公厅多次召集公安、交通两部门协调工作。重庆市中级人民法院、重庆市武警支队以及成渝公路重庆段沿线的一区四县（市）均支持新的管理模式。1996 年 5 月 8 日，重庆市中级人民法院重中法发〔1996〕19 号文件通知重庆市成渝高速公路管理处，法院“可以立案受理”高速公路“综合执法案件”。1996 年 6 月 10 日，为健全统一执法管理体制，重庆成渝高速公路管理处制订了《行政执法人员勤务规定》。1996 年 8 月 5 日，重庆成渝高速公路管理处印发了《重庆市成渝高速公路管理处交通行政执法责任制实施方案》。

二、重庆市高速公路行政执法总队

（一）建置沿革

重庆市高等级公路行政执法大队。1998 年 3 月，重庆市人民政府第 18 次常务会议审议并通过了高速公路综合执法方案。1998 年 3 月 28 日，在重庆市第一届人民代表大会常务委员会第八次会议上，重庆市交通局局长胡振业受重庆市人民政府委托，向重庆市人大常务委员会作了《关于重庆市高等级公路建设和管理的情况汇报》。重庆市人大常务委员们肯定了“自 1994 年开通的第一条成渝重庆段高速公路根据国办发〔1992〕16 号文件精神进行的管理模式改革试点”，通过了《关于加快高等级公路建设和加强高等级公路管理的决议》，做出“继续实行‘统一管理、综合执法’的管理模式，切实加强高等级公路管理”的规定，在全国率先以地方立法的形式确立了高速公路“统一管理，综合执法”的新管理模式。

1998 年 12 月 9 日，根据重庆市编委批复，重庆市交通局同意将“重庆市成渝高速公路行政执法大队”更名为“重庆市高等级公路行政执法大队”。1998 年 12 月 15 日，中共重庆市交通运输委员会决定：秦国强任政委，王小宇任大队长。1998 年 12 月 16 日，重庆市高等级公路行政执法大队授牌暨五中队成立仪式在大坪九坑子重庆市高等级公路指挥部举行。

重庆市高速公路行政执法总队。2000 年 2 月 23 日，重庆市交通局决定重庆市高等级公路行政执法大队迁址办公，不再与重庆市成渝高速公路管理处合署办公。2002 年 7 月 12 日，经重庆市编委渝编〔2002〕52 号文批准，重庆市交通委员会决定独立设置重庆市高等级公路行政执法大队，同时更名为重庆市高速公路行政执法总队，为重庆市交通委员会直属处级事业单位，核定自收自支事业编制控制在300名以内。

（二）管理职能与范围

在重庆市各高速公路项目陆续建成通车期间，先后由重庆市成渝高速公路行政执法大队、重庆市高等级公路行政执法大队和重庆市高速公路行政执法总队负责依法实施对重庆市高速公路路政、公路运政、交通征稽、交通安全管理的综合行政执法工作。

2002年12月30日，重庆市交通委员会渝交委人〔2002〕39号文件再次决定将高速公路各路段行政执法人员成建制转入重庆市高速公路行政执法总队编制。对在试用期或1年内通过考试考核，确不能适应执法工作要求的人员，退回公司安排。至此，成渝高速公路行政执法人员编制为总队下属的执法一大队，与成渝高速公路有限公司完全分离。

重庆市高速公路行政执法总队职责是较为完整的，分为重庆市高速公路行政执法总队职责和高速公路行政执法大队职责。

1. 重庆市高速公路行政执法总队职责

（1）贯彻执行国家的公路路政、公路运政、交通征稽、交通安全等有关法律法规和规章，依法对重庆市高速公路的公路路政、公路运政、交通征稽、交通安全实施统一管理、综合执法。

（2）依据国家和重庆市关于高速公路管理的法律、法规和规定，制定具体的实施办法，报重庆市交通委员会批准执行。

（3）负责重庆市高速公路综合行政执法的监督检查，对申诉、控告案件进行调查处理，负责重庆市高速公路交通事故责任的重新认定工作。

（4）负责组织调查处理在高速公路上发生的特大交通事故和较大的路政案件。

（5）依法维护和管理高速公路的路产路权，组织查处违反公路路政、公路运政、交通征稽、交通安全管理规定的行为。

（6）负责审理监督挖掘、穿跨越高速公路及其用地事宜，监督危险品和超限运输车辆通行高速公路的事宜。

（7）负责重庆市高速公路行政执法人员的考试、考核、培训、奖惩等的日常行政管理工作。

（8）管理行政执法装备和行政执法证件。

（9）承办上级主管部门交办的其他工作。

2. 高速公路行政执法大队职责

（1）负责辖区路段公路路政、公路运政、交通征稽、交通安全的日常管理工作。

（2）依法查处违反公路路政、公路运政、交通征稽、交通安全管理的违章、违法行为。

（3）依法权限处理交通事故和路政案件。

（4）组织对故障车辆和交通事故车辆进行清障、救援。

（5）监督经批准特殊占用、利用高速公路、高速公路附属设施和建筑控制区事宜的实施。

（6）维护高速公路收费和施工养护作业秩序。

（7）进行高速公路交通安全和爱路护路宣传教育。

（8）负责大队执法人员的业务学习、培训、考核。

（9）承办上级交办的其他工作。

随着更多高速公路建成通车，重庆市高等级公路行政执法大队更名为重庆市高速公路行政执法总队后，为重庆市交通委员会直属处级事业单位，按高速公路的走向“一公司一大队”的原则，在高速公路行政执法总队下设执法大队（科级），至2005年6月底，设立了第一至第五高速公路行政执法大队。

三、重庆市交通行政执法总队

2004年3月29日，根据国务院国办发〔2002〕56号文件《在广东省、重庆市开展综合行政执法试点工作的决定》精神，重庆市交通委员会向重庆市人民政府请示在交通领域实行交通综合行政执法试点，提出“将目前交通系统的所有行政执法队伍清理归并为一个执法机构，由其统一承担交委目前行使的全部行政执法职能”的建议。2005年6月21日，重庆市交通委员会向重庆市编办上报了重庆市交通行政执法总队职能配置、内设机构和人员编制方案。

2005年6月21日，重庆市人民政府下发《重庆市人民政府关于在全市交通领域实行综合行政执法试点工作的意见》，决定在重庆市交通领域实行综合行政执法试点工作，组建重庆市交通行政执法总队。同时，重庆市编委渝编〔2005〕92号文件向重庆市交通委员会批复《关于重庆市交通行政执法总队职能配置内设机构和人员编制的批复》。据此，重庆市交通委员会组建重庆市交通行政执法总队，机构规格为副局级。

2005年6月29日，重庆市交通行政执法总队在重庆市委礼堂举行了成立仪式，重庆市人大常委会副主任金烈、交通部副部长黄先耀为重庆市交通行政执法总队授牌。交通部副部长黄先耀、重庆市人民政府副市长赵公卿先后讲话。重庆市编办主任李玉琴宣读了《重庆市人民政府关于在全市交通领域实行综合行政执法试点工作的意见》，重庆市交通委员会主任丁纯宣读了重庆市交通党委关于成立重庆市交通行政执法总队筹备组的决定。

重庆市交通行政执法综合职能。2005年6月至2005年年底，重庆市交通行政执法总队为重庆市交通委员会直属的统一行使监督处罚职能的综合行政执法机构，该机构划入职能有：重庆市道路运输管理局承担的运政执法职能；重庆市公路局承担的路政执法职能；重庆市港航管理局承担的航道、港口、船舶修造、水上交通安全（海事）、水路运输执法职能；重庆市交通征费稽查局承担的养路费、客附费和货附费征收和稽查执法职能；重庆市高速公路行政执法总队承担的高速公路路政、运政、征稽执法职能和交通安全管理职能；渝中区等主城九区交通行政执法机构承担的执法职能。这样，重庆市道路运输管理局不再挂重庆市交通运政稽查总队牌子，重庆市公路局不再挂重庆市公路路政总队牌子，重庆市港航管理局不再内设水路执法大队。重庆市高速公路行政执法总队、重庆市交通征费稽查局成建制划入重庆市交通行政执法总队，主城9个区交通行政执法职能上划归重庆市交通行政执法总队。

重庆市交通行政执法总队的主要职责：负责重庆市交通领域综合行政执法工作的组织、指导、协调、监督和宣传工作；研究制定交通行政执法工作的业务规范和管理制度；统筹组织、指挥协调重庆市范围的交通专项整治和重大执法活动；负责交通行政执法队伍的培训、考核、督查和行风建设工作；负责主城9个区范围内的交通行政执法工作；负责重庆市通车高速公路运政、路政、征稽的行政执法和交通安全管理工作（限制人身自由的行政处罚权除外）；负责重庆市养路费、货附费和客附费等交通规费的稽查执法工作；负责重庆市养路费、货附费和客附费的征收管理工作；查处违反运政、路政、港航、征稽管理方面法律、法规、规章的重大及跨区县案件；承办上级交办的其他工作。

重庆市交通行政执法管理范围。重庆市交通行政执法总队直属单位：下设重庆市交通行政执法总队直属支队、重庆市交通行政执法总队高速公路支队和重庆市交通行政执法总队重庆市交通征费局。重庆市交通行政执法总队直属支队下设1个直属大队、1个水上执法大队、9个执法大队，主要负责主城9个区交通行政执法工作。重庆市交通行政执法总队高速公路支队，下设7个行政执法大队。重庆市交通征费局下设万州征费处、涪陵征费处、黔江征费处3个副处级直管单位，并直接管理21个直属征费所：即渝中所、沙坪坝所、九龙坡所、北碚所、江北所、南岸所、渝北所、长寿所、綦江所、巴南所、璧山所、荣昌所、江津所、铜梁所、潼南所、合川所、大足所、永川所、大渡口所、双桥所、万盛所。

表1－20　1994～1998年重庆市成渝高速公路行政执法大队领导成员名录

姓名	性别	职务	任职时间
王小宇	男	大队长	1994年4月至1998年12月
秦国强	男	政委	1994年4月至1998年12月
周德怀	男	副大队长	1994年4月至1995年1月
孔令友	男	副大队长	1994年4月至1995年1月
欧阳明明	男	副大队长	1994年4月至1995年1月
吴德邦	男	副大队长	1995年3月至1998年12月
李望斌	男	副大队长	1996年3月至1998年12月
周邦印	男	副政委	1996年4月至1998年12月
田洪杨	男	副大队长	1998年11月至1998年12月

表1－21　1998～2005年重庆市高速公路行政执法总队领导成员名录

单位	姓名	性别	职务	任职时间
重庆市高等级公路行政执法大队	王小宇	男	大队长	1998年12月至2000年2月
	秦国强	男	政委	1998年12月至2000年2月
	田洪杨	男	副大队长	1998年12月至1999年2月
	吴德邦	男	副大队长	1998年12月至2000年1月
	明萌	男	副大队长（主持工作）	2000年2月至2000年11月
	潘武星	男	政委	2000年3月至2000年11月
	王小宇	男	大队长、政委	2000年11月至2002年9月
	李望斌	男	副大队长	2001年2月至2002年9月
重庆市高速公路行政执法总队	王小宇	男	总队长	2002年9月至2005年12月
	明萌	男	政委	2002年10月至2005年12月
	李望斌	男	副总队长	2002年9月至2005年12月
	李正林	男	副总队长	2003年10月至2005年12月
	潘震宇	男	副总队长	2005年9月至2005年12月

表1－22　2005年重庆市交通行政执法总队及其直属支队领导成员名录

单位	姓名	性别	职务	任职时间
重庆市交通行政执法总队	谭卫	男	总队长、党委书记	2005年9月至2005年12月
	康方川	男	政委	2005年9月至2005年12月
	王小宇	男	副总队长	2005年9月至2005年12月
	陈宁	男	副总队长	2005年9月至2005年12月
	王志	男	副总队长	2005年9月至2005年12月
直属支队	肖焕成	男	支队长	2005年7月至2005年12月
	吴光前	男	政委	2005年7月至2005年12月
	陈卫东	男	副支队长	2005年8月至2005年10月

第二节　重庆市交通委员会基本建设工程质量监督站

1988～2005年，重庆市交通委员会先后组建重庆市交通委员会基本建设工程质量监督站、重庆市公路工程质量检测中心和重庆市交通工程造价管理站等质量监管机构，最终，形成交通基本建设工程质量监督能力，成为重庆市交通建设工程的较为完整的质量监督管理机构。

一、建置沿革

重庆市交通委员会基本建设工程质量监督站（简称重庆市交委质监站）是直属重庆市交通委员会领导的具有行政职能的事业单位，设有办公室、财务处、质量监督处、造价管理处、安全监督处、科技设备处、道路检测室、桥梁隧道检测室、建筑材料检测室9个职能处室，共有职工70余人，其中专业技术人员50余人，具有高级职称的19人，中级职称的13人，专业技术人员占职工总数的80%。其中，重庆市公路工程质量检测中心（简称重庆市公路质检中心）建有4086平方米工作用房，具有世界先进水平的成套高效检测设备，共有各类试验检测仪器设备302台（套），价值2580多万元，形成较为系统的从室内材料试验到道路、桥梁、隧道、交通工程现场检测的先进检测手段。

1988年7月13日，根据交通部和四川省交通厅的关于政府对交通工程实行质量监督的规定，经请示重庆市人民政府同意，重庆市交通局批准成立重庆市公路工程质量监督站。重庆市公路工程质量监督站在行政上受重庆市交通局领导，业务上受交通部基本建设工程质量监督总站和省公路工程质量监督站的领导，设立于重庆市交通局公路处内。

1992年4月，经重庆市交通局批准，将重庆市公路工程质量监督站改为挂靠在重庆市公路工程的监理处，安排专人办理质量监督的日常工作。1994年初，经重庆市交通局研究决定，重庆市公路工程质量监督站和重庆市公路工程质量监督检测中心合署办公，并明确重庆市公路工程质量监督检测中心履行重庆市公路工程检测试验职责，在业务上接受重庆市公路工程质量监督站的管理和指导。1996年1月21日，重庆市编委同意“重庆市公路质量监督检测中心”更名为“重庆市公路质量检测中心”，同时挂“重庆市公路工程质量监督站”牌子。

2000年8月24日，重庆市交通委员会同意公路勘察设计研究院改制，原挂靠在重庆市公路勘察设计研究院具有行政管理职能的重庆市公路工程定额站成建制划出，重庆市公路工程定额站与重庆市公路工程质量监督站、质量检测中心合署办公，“一套班子、三块牌子”，行使各自的行政管理职能。2001年9月11日，重庆市编委同意重庆市公路工程质量检测中心（挂重庆市公路工程质量监督站牌子）更名为重庆市交通委员会基本建设工程质量监督站（挂重庆市公路工程质量检测中心牌子）。更名后其机构规格、人员编制、经费渠道均不改变。

2003年7月3日，重庆市编委下达《市编委办公室关于同意重庆市公路工程定额站更名并增加事业编制的批复》。重庆市交通委员会同意重庆市公路工程定额站更名为重庆市交通工程造价管理站，增加事业编制5名，即由10名增至15名，经费渠道仍为自收自支。2005年3月16日，重庆市机构编制委员会同意重庆市交委质监站增加自收自支事业编制15名，领导职数1名。至此，重庆市交委质监站编制从35名增加到50名，重庆市交委质监站与重庆市公路工程质量检测中心、重庆市交通工程造价管理站按照“一套班子，三块牌子”运行，至2005年年底，这一体制未变。

二、管理职能

重庆市交通委员会基本建设工程质量监督站是直属重庆市交通委员会领导的具有行政管理职能的事业单位，受重庆市交通委员会委托，对重庆市交通基本建设工程质量行使监督和检查职能，负责公路与水运工程规章制度和质量监督、工程监理、试验检测管理办法的拟定；负责公路与水运工程质量管理和工程建设项目监督管理及相关质量监督机构管理；负责公路与水运工程监理市场与监理机构管理；负责公路与水运工程试验检测管理；负责公路与水运工程质量监督、监理、试验检测人员资质管理和相关人员培训工作。

重庆市公路工程质量检测中心拥有世界先进水平的成套高效检测设备，取得了公路水运工程质量监督检验审查认可/计量认证、交通部甲级试验检测资质认证，能按交通部规定的行业标准及国家标准，承担交通工程的工程材料、构件、工程制品、道路工程、桥梁工程、隧道工程、交通工程以及公路附属工程共7类、46项、225个分项、409个参数检测的监督检验、委托检验及仲裁检验。同时取得了重庆市建设工程材料及专项检测资质证书、重庆市城市桥梁评估资格，可为重庆市交通建设工程施工、交（竣）工验收和养护管理提供可靠的检测依据。

经重庆市编制委员会和市交通委员会批准，重庆市交通委员会基本建设工程质量监督站与重庆市公路工程质量检测中心又增加了重庆市交通工程造价管理站牌子，“一套班子，三块牌子”运行，具有实施交通工程质量试验检测、质量监督、定额和造价管理的多重工作职能。

第三节　重庆市交通委员会机关后勤服务中心

一、建置沿革

2000年8月，在重庆市党政机构改革时，将重庆市交通委员会机关后勤服务保障职能从委机关剥离。2000年12月18日，重庆市交通委员会决定成立重庆市交通委员会机关后勤服务中心（简称重庆市交委后勤中心），同时挂重庆市重点公路建设接待站的牌子，为重庆市交通委员会直属处级事业单位，人员编制确定为95名（其中机关后勤服务中心人员编制25名）。

2001年2月7日，重庆市交通委员会决定将重庆市重点公路建设接待站的法人资质和事业编制成建制地划归重庆市交委后勤中心，同意将渝通宾馆成建制地改制为自主经营、自负盈亏，具有独立法人资格的企业。自此，重庆渝通宾馆成为隶属于重庆市交委后勤中心的法人企业。

2002年3月25日，重庆市交通委员会决定将中国交通报重庆记者站划归重庆市交委后勤中心管理，即将中国交通报重庆记者站挂靠在重庆市交委后勤中心，记者站的人、财、物成建制划归重庆市交委后勤中心管理。

2002年8月23日，重庆市交通委员会决定成立重庆公路主枢纽信息服务中心，同意重庆市交委后勤中心关于筹办重庆公路主枢纽信息服务中心的请示，要求及时按有关规定办理相关手续，组建信息服务中心。

2004年7月26日，重庆市交通委员会向重庆市编委上报关于撤销重庆市重点公路建设接待站的请示，经重庆市国资委、重庆市交委研究决定，对渝通宾馆进行股份制改革，即将接待站全部资产划拨到渝通宾馆。接待站资产划拨后，则接待站变成了一个既无资产、又无人员的空壳。为此，重庆市交通委员会决定，撤销重庆市重点公路建设接待站。

2005年11月21日，中共重庆市交通委员会决定重庆市交通干部学校与重庆市交委后勤中心合署办公，即实行“一套班子，两块牌子”。重庆市交通干部学校为重庆市交通委员会直属处级事业单位，人员编制有38名，其中，中心确定为25名，干校确定为13名。

至2005年年底，重庆市交委后勤中心机关共设7个部门：办公室、机关服务部、培训部、信息部、财务部、编辑部、经营开发部。

二、管理职责

重庆市交委后勤中心主要职责是承担重庆市交通委员会机关的后勤保障工作，承担委机关交由其占有、使用的国有资产管理工作，使经营性资产保值增值。至2005年年底，下属单位有：重庆渝通宾馆有限公司、重庆合智智能交通有限公司、重庆腾珈有限公司。党委下设中心机关支部、渝通宾馆支部。现除承担重庆市交通委员会机关的后勤保障工作，承担重庆市交通委员会机关交由其占有、使用的国有资产管理工作、并使经营性资产保值增值外，还担负重庆市交通系统干部职工的教育培训和对外接待及交通政务网、交通办公网等交通信息产业建设发展工作，同时负责对《中国交通报》《重庆交通》等交通行业报纸杂志的宣传发行及编辑工作。

第五章　交通社团组织

第一节　研究会

一、重庆市交通运输职工思想政治工作研究会

（一）组织沿革

1986年2月5日，中共重庆市交通运输委员会决定成立“重庆市交通运输职工思想政治工作研究会筹备组”，筹备组由龚继震、彭定康、何炎春、姚瑞勇、顾忠江、赵四海、何林纯、陈勇、梁君儒、冯建君、蔡永刚等11位同志组成，由龚继震任组长，彭定康、何炎春任副组长。

1986年2月28日，重庆市交通运输职工思想政治工作研究会第一次会员代表大会召开，选举产生第一届理事会和常务理事会，共有38名理事，15名常务理事。重庆市交通局顾问安瑞希担任名誉会长，中共重庆市交通运输委员会书记沈盛辉担任会长，中共重庆市交通运输委员会副书记龚继震、重庆市交通局副局长高鸿宾、重庆市交通局宣传处处长彭定康、重庆交通工会主席何炎春担任副会长，彭定康兼任秘书长。重庆市交通运输职工思想政治工作研究会常务理事会第一次会议任命重庆市交通局宣传处李文渝、卢晓渝为兼职秘书。

（二）主要活动

1991年，重庆市交通运输职工思想政治工作研究会进行了换届选举。中共重庆交通运输委员会书记王机担任会长，重庆市交通局宣传处处长曾升元任秘书长。1992年1月15日，重庆交通运输职工思想政治工作研究会举行了1991年度年会，重庆市交通运输职工思想政治工作研究会理事、各区县交通局长、局属企业事业党的负责人及研究员60余人参加会议。年会上，秘书长曾升元作1991年换届以后的工作总结与1992年工作安排的报告。4户局属企业事业代表作经验交流发言。12名论文著作者宣读论文，分获一、二、三等奖。中共重庆交通运输委员会书记、重庆交通职工思想政治工作研究会会长王机作总结讲话。

1997年6月2日，重庆交通运输职工思想政治工作研究会以重庆市职工思想政治工作研究会交通运输分会名义，向中国交通职工思想政治工作研究会申请成为中国交通职工思想政治工作研究会团体会员。1997年6月17日，中国交通职工思想政治工作研究会交思研字〔1997〕10号文件批复同意重庆市职工思想政治工作研究会交通运输分会加入中国交通职工政研会成为团体会员，并参加中国交通职工思想政治工作研究会地方分会南方片区的活动。

二、重庆市交通系统党建及思想政治工作研究会

(一) 组织沿革

2002年11月20日，中共重庆市交通委员会渝交党〔2002〕44号文件向重庆市职工思想政治工作研究会申请成立重庆市交通系统党建及思想政治工作研究会。2002年12月5日，重庆市交通系统党建思想政治工作研究会召开了第一次会员代表大会，宣布成立重庆市交通系统党建思想政治工作研究会。会员单位为各区县（市）交通局、委属单位及下属单位与重庆海事局。在第一次会员代表大会上，各位代表表决通过了研究会章程、理事人选、领导机构和经费管理办法。同时，召开了重庆市交通系统党建思想政治工作研究会第一届理事会。

2003年1月15日，中共重庆市交通委员下发通知决定成立“重庆市交通系统党建及思想政治工作研究会”，作为重庆市职工思想政治工作研究会和重庆市党建工作研究会的分会，受重庆市职工思想政治工作研究会和重庆市党建工作研究会的指导和市交通党委的领导。随文印发给各单位的材料有重庆市交通系统党建及思想政治工作研究会章程、常务理事名单、理事名单、分组名单、领导机构成员名单和经费管理办法。其中，领导机构成员有重庆市交通系统党建及思想政治工作研究会名誉特别顾问邢元敏，会长胡振业，副会长余昌平和明正义，秘书长万勇和刘崇伟，副秘书长程淑明、柴慈镛、唐棣、谢大力、许丽、何正清。除完善理事会及秘书处人员配备外，还成立了若干个片区小组，即按照区县（市）交通局（委）和委属单位来划分片区，任命了片区小组长，工作由片区小组长单位主持和开展。

2004年11月，在重庆市万州区，重庆市交通系统党建思想政治工作研究会召开了2003～2004年度会议。中共重庆市交通委员会纪委书记明正义主持会议，中共重庆市交通委员会副书记余昌平在会上做了《以“三个代表”重要思想为指导，认真树立和落实科学发展观围绕中心服务大局，为推进交通系统党建思想政治工作而努力奋斗》的工作报告。交通部政研会常务秘书长刘学安、原中共重庆市交通运输委员会书记、重庆市交通委员会巡视员王机出席了会议。会议对重庆市交通系统思想政治工作研究会理事会人员进行了调整，通过了重庆市交通系统思想政治工作研究会章程。会议还审议通过了新的理事会成员调整名单，对28个2004年度先进集体和39名先进个人以及57篇优秀论文进行了表彰奖励。

2004年12月29日，中共重庆市交通委员会决定以“重庆市交通系统思想政治工作研究会”（以下简称重庆交通政研会）的名义，向重庆市民政局登记注册。按社团管理相关规定，副厅级以上领导不能担任社团职务，经研究同意后，调整研究会领导人员名单报重庆市民政局，由陈冬梅任法人、会长及秘书长，何正清任副会长。因政府机关不能直接成为会员单位，故各区县交通局不再入会，将会员单位做了调整。因陈冬梅下派基层挂职，秘书处工作暂由孙跃主持。2005年3月1日，重庆市交通委员会向重庆市职工思想政治工作研究会申请成立重庆交通政研会，附送有重庆交通政研会章程。2005年8月5日，重庆市民政局正式核发了重庆交通政研会法人登记证，重庆交通政研会成为了重庆市第一家正式注册的政研会。

(二) 主要活动

2002～2005年，重庆交通政研会坚持结合交通改革和发展的实际、结合交通党建思想政治工作的实际、结合交通职工的思想实际（简称三结合）与研究活动以基层为主、研究课题以当前为主、研究目的以应用为主的原则（简称三为主），不断拓展党建思想政治工作研究的广度和深度，研究产生了一批好成果，交流推广了一批好经验，取得了明显成绩。

2002～2005年的4年之间，重庆交通政研会坚持每年召开1次年会，发布研究成果。每年初，确定参考研究课题下发到会员单位，指导并服务基层单位研究工作。对于有前瞻性、指导性的优秀研究成果，重庆交通政研会积极通过各种渠道向上级、媒体推荐，以扩大研究成果的转化和影响力。重庆交通政研会以及片区会不定期地组织交流考察，给会员单位提供一个相互学习交流的平台。重庆

交通政研会建立政研课题立项制度、成果考评制度以及课题补贴和奖励激励办法，共计补贴课题240余个，补助经费7.2万元，经过各会员单位的努力，共有270余篇课题研究论文分别获得了重庆市交通系统党建思想政治研究会研究成果一、二、三等奖，18篇论文被《重庆交通》等杂志刊载，11篇论文被报送交通部、市委宣传部进行书面交流。委属单位片区会开展了赠书及征文活动，4年来共评选了150余篇优秀读书心得，其中28篇优秀文章在《党员文摘》《重庆交通》等刊物上发表。

2002~2005年的4年之间，重庆交通政研会各会员单位开展党建调查研究，积极撰写调研文章，提出了许多好的建议。例如，重庆市公路局结合自身党组织和党员队伍数量大、流动党员多、下属单位分布领域广的特点，提出了建立健全党员责任区制度的研究课题。另外，长寿区交通局、丰都县交委、委质监站、高发司渝东公司、交运集团、公运公司、长运公司等单位也从不同的角度，就如何取得党员先进性教育活动实效，撰写了许多高质量的、具有建设性的调研文章。

2002~2005年的4年之间，重庆交通政研会研究探讨交通思想政治工作如何创新，取得了显著成效。万州区交通政研会创新体制，构建了组织、责任、措施“三落实”的运行新机制。荣昌县交通局把心理学“四个基本”原理运用到思想政治工作之中，用科学的手段做好新时期思想政治工作。重庆公交冠忠（第三）公司围绕社会主义新农村建设，针对如何通过资本运作来发展农村客运开展了调研工作。高发司中渝公司以基层党支部为单位成立了政研组，形成了较为完善党建思想政治研讨体系。潼南交通局则就如何解决交通基层党建工作中存在的问题，从发挥政工干部主动性、调动支部积极性、完善权责统一的机制等方面提出了新的方法和思路。

2002~2005年的4年之间，重庆市交通政研会以及各会员单位一直重视交通文化建设的研讨。重庆市运管局提出构建“安定有序、诚信友爱”的和谐运管文化，用先进文化来丰富运管人的精神内涵，营造和谐的行业发展环境，以适应道路产业结构的大调整、大发展、大创新。重庆市交通行政执法总队则围绕“自强不息，开拓开放”培育人文精神，塑造良好交通执法文化。高速公路执法支队则以“不忘承诺，凝聚队魂”为主题开展了执法文化大讨论活动，塑造以“忠诚、坚韧、执着、纯洁”为核心价值取向的队伍文化。重庆市公交五公司则打造精品服务，通过品牌效应使企业文化建设的效果外显化、物质化，为企业的生产经营带来经济效益，达到精神文明促进物质文明的目的。重庆交通工程监理公司通过印发问卷调查表和自我考评表，搞好调查摸底，根据调查发现的问题，结合现代企业文化管理的理念，制订出相应的企业文化建设办法。重庆市高发司东渝分公司则探索两个文明的相互促进、相互结合中，提出了“人为本、德为先、博为沿、实为恒”的企业文化核心理念，并使之成为公司员工和企业的行为规范，取得了较好的效果。

第二节　学　　会

一、重庆市公路学会

（一）组织沿革

1981年6月15日，重庆市公路学会在重庆市北碚区成立，第一届会员代表大会举行，会员代表234名，选举以交通部科学研究院重庆分院副院长林明为理事长的第一届理事会，选出副理事长5名，即杨建、金越龄、何景华、彭昌清和吴显清，选出秘书长罗中一、副秘书长徐亮和周放陆，理事22名。

重庆市公路学会第一届会员代表大会制定了重庆市公路学会章程，明确规定了公路学会的性质、宗旨和任务。重庆市公路学会章程明确规定，重庆市公路学会“接受业务主管单位重庆市交通行政主管部门和科协的业务指导及社团登记机关重庆市民政局的监督管理”。重庆市公路学会章程还明确规定了公路学会的业务范围、个人会员和团体会员条件、组织机构和负责人的产生罢免、资产管理使用原则、章程的修改程序和终止程序及终止后的财产处理等制度。

（二）主要活动

1985年2月，在重庆市南岸区小泉宾馆，重庆市公路学会举行第二届会员代表大会，选举出以胡振业为理事长的第二届理事会，选出林明和何景华为副理事长，罗中一续任秘书长，副秘书长苗志明，理事35名、常务理事15名。

1986~1997年，重庆市公路学会经历了5届理事会，理事长分别是林明和胡振业。1997~2005年，重庆市公路学会重新定届，共经历了3届理事会。在重庆市交通局、重庆市交通委员会主管之下，在重庆市科学技术协会管理指导之下，重庆市公路学会历年来成绩卓著。1998年12月，重庆市公路学会获得重庆市科协三星级学会命名表彰。2000年12月，重庆市公路学会再次获得重庆市科协三星级学会命名表彰。2004年1月14日，重庆市公路学会获得重庆市科协2001~2003年度三星级学会通报表彰。

1988年5月，第三届会员代表大会选举出胡振业为理事长的第三届理事会，选出何景华、欧明星、郑道访、何海忠为副理事长。罗中一仍旧续任秘书长，苗志明也续任副秘书长，理事57名、常务理事18名。在此后第三届、第四届、第五届理事会期间，时任重庆市交通局副局长、局长的胡振业连续担任重庆市公路学会理事会理事长。

1995年8月19日，在重庆市交通局第二会议室，召开了重庆市公路学会第五届第三次常务理事会。重庆市公路学会理事长胡振业、副理事长何景华以及常务理事等与顾问杨建、林明、罗中一共27人参加了会议。会议传达了《重庆市人民政府关于部门领导同志不再兼任社团领导职务的通知》，经过与会人员充分研究后作出决议：胡振业担任重庆市公路学会名誉理事长，滕西全担任重庆市公路学会理事长。

1997年10月10日，在重庆渝通宾馆，重庆市公路学会召开了重庆市直辖后的第一届第一次会员代表大会。根据惯例，重庆直辖后的第一次会员代表大会选举产生了重庆直辖后的第一届理事会。滕西全当选为理事长，曾维栋当选为秘书长。涪陵、万县、黔江三地的会员也一并合入学会，使学会更加成熟壮大，进入了快速发展的最佳历史时期。

1998年11月28日至29日，在重庆市南岸区大帝花园酒店，重庆市公路学会召开了重庆市直辖后的第一届第二次会员代表大会，会员代表有140名，理事68名。同时，召开了常务理事会。根据中共中央办公厅和国务院办公厅文件精神，常务理事会一致同意滕西全辞去重庆市公路学会理事长职务、李健和彭建康辞去重庆市公路学会副理事长和常务理事的职务，会议决定由蒙进礼任重庆市公路学会理事长，艾吉人为重庆市公路学会副理事长，聘请滕西全、李健和彭建康为重庆市公路学会名誉理事长。

2004年2月28日，在重庆渝通宾馆，重庆市公路学会召开了重庆市直辖后的第二届第一次会员代表大会，会议选出了重庆直辖后的学会第二届理事会，彭建康当选为理事长，共有9名副理事长，即唐伯明、张太雄、艾吉人、徐谋、李祖伟、慕长春、梁乃兴、韩道均和张建华，李祖伟当选为秘书长，富健全当选为常务副秘书长，李关寿、钟宁为副秘书长，常务理事31名，理事74名（含常务理事）。重庆市公路学会第二届第一次理事会研究决定，聘请胡振业、滕西全、李建、蒙进礼、欧明星、何景华、曾维栋、朱玉林、欧长庚、黄家夫为重庆市公路学会第二届名誉理事长，同意杨建、林明辞去重庆市公路学会顾问。

为更好发挥会员作用，提高学会的凝聚力和向心力，重庆市公路学会先后两次对会员进行了重新登记。2000年，重庆市公路学会进行了重新登记，初步统计会员已发展到2386人，有道桥、汽车、筑路机械、交通工程、电子技术应用、路政等6个专业委员会和学术、编辑、组织、科普等5个工作委员会。2001年，学会成立了一个由学会直接领导的经济实体，即重庆市开元交通科技咨询有限公司。

二、重庆市交通会计学会

（一）组织沿革

1995年11月7日至8日，经重庆市交通局、重庆市民政局同意批准，在重庆渝通宾馆，重庆市交通会计学会成立暨第一届会员代表大会召开。重庆市交通会计学会登记团体会员53个，登记会员598名，选出156名会员代表，参加重庆市交通会计学会第一届会员代表大会，代表重庆市交通系统现有财会人员和审计人员2079人。第一届会员代表大会经过全体会员代表选举产生了第一届理事38名，常务理事14名。重庆市交通局局长胡振业任名誉会长，聘请李忠寿、蔡奇驹为顾问，选举禹培文为会长，童玲玲、窦长安、张泓为副会长，由童玲玲兼秘书长，刘贵忠、敖德萨、黄化仁、徐作金任副秘书长。学会设公路、公路运输、内河、审计4个专业委员会，并选举产生了第一届各专委会委员、主任委员、副主任委员、秘书长等。学会秘书处组成了编辑组，负责《重庆交通财会评论》会刊编辑工作。

重庆市交通会计学会第一届会员代表大会讨论通过了《重庆交通会计学会章程》。重庆市交通会计学会章程草案于1995年2月至3月拟定，共六章十七条，包括总则、任务、会员、组织、经费、附则等内容，经过3次筹备小组成员会议讨论并征求了民政部门社团管理处意见修改后定稿。第一届会员代表大会讨论通过的《重庆交通会计学会章程》，明确规定了重庆市交通会计学会的性质、宗旨、任务。

（二）主要活动

1995～2005年，重庆市交通会计学会历经两届，带领广大交通财会、审计人员学习、贯彻、宣传会计、审计法规，学习研究会计科学理论，努力创建完善的交通理财科学管理体系。

1. 初期发展

1996～1998年，是重庆市交通会计学会的初期发展阶段。按照学会章程规定，继续发展团体会员和个人会员，到1997年6月止，共有团体会员57个，个人会员608人，包括交通部、四川省交通厅在渝单位、重庆市交通局属企业事业单位、重庆市各区县（市）交通局会计人员。到1997年下半年，因重庆成为直辖市，重庆市交通会计学会没有重新设届，而是采取增补、充实的办法扩充组织。1998年8月4日，召开了第一届第二次会员代表大会，对重庆直辖后的学会发展做出了决定。由于增加万县市、涪陵市、黔江地区和6个直管县的交通财会人员，有必要调整、增补理事和专委会成员，在第二次会员代表大会上通过了新的理事会、常务理事会及其秘书处机构。至1998年年底，团体会员达到65个，个人会员仍为609人。

2. 整顿巩固

1999～2001年，为重庆市交通会计学会的整顿巩固阶段。根据国家民政部、重庆市民政局的有关文件通知的要求，学会在1999～2000年进行了自查清理整顿、业务主管单位审查、社团登记机关审定及重新换发单位会员证和个人会员证等4个阶段的工作。在此期间，撰写了自查小结报告，填写有关表格，向学会主管部门提请保留学会意见并同时报送市民政局。为此，于1999年5月和1999年6月分别召开了第六次常务理事会和第三次会员代表大会。这两次会议的到会代表人员对学会的章程修改草案进行了认真的讨论，并提出了学会章程的修改草案，办理了学会领导的报批手续，解除了29个区（市）县交通局单位团体会员，重新登记换发单位会员证和个人会员证。并获得了重庆市民政局最终核准。2001年，根据重庆市民政局渝民社（2001）26号文件关于开展社会团体年度检查的通知要求，在重庆市交通委员会的领导下，学会领导对此项工作非常重视，亲自过问，直接指导，经学会相关人员积极参与配合，聘请了重庆华庆会计师事务所进行了审计签证。同时，按照年检的9个方面进行了自查总结，并填写了年检报告书及相关材料报经重庆市交委初审同意后呈报重庆市民政局并审查合格。从2000年4月起，至2001年年底，经增加公交企业会员并清理、整顿、调整后，现有单位会员62个，个人会员817人。

3. 稳定发展

2002 年 5 月至 2005 年 12 月，是重庆市交通会计学会稳定发展阶段。2002 年 5 月 16 日至 5 月 17 日，在重庆市合川区，重庆市交通会计学会第一届四次暨第二届第一次会员代表大会召开，重庆市交通系统 85 个单位和第一届理事、常务理事共 141 名会员代表参加了会议。第二届一次会员代表大会主要任务是换届改选，由实到 141 名会员代表、有效票 137 票选举产生了第二届学会理事会理事 66 人。第二届第一次理事会选举产生常务理事 24 人。第二届一次常务理事选举产生领导机构成员 14 人，推选重庆市交通委员会财务处处长禹培文为会长，王剑、张泓、敖德萨、陈和平、顾传仁为副会长，童玲玲为秘书长，王剑、郑小平、完定明为副秘书长，继续聘请重庆市交通委员会主任胡振业为名誉会长，聘请李忠寿、蔡奇驹、杨显柏为顾问。

2004 年 3 月 17 日，重庆市交通会计学会在重庆渝通宾馆召开第二届第二次会员代表大会。大会的任务是总结学会第二届第一次会员代表大会以来的工作情况，完成本届部分理事、常务理事的改选增补，部署 2004 年及其后两年的交通会计学会工作任务。自 1995 年学会成立，至 2003 年年底，历经 8 年多，共有团体会员 64 个，拥有会员 875 人，其中，高级会计师 28 人（占 3.2%）、会计师及审计师 216 人（占 24.7%）、助理会计师 432 人（占 49.2%）。

2005 年 11 月 10 日，在重庆金鹰度假酒店，重庆市交通会计学会第二届第三次理事年会暨成立 10 周年纪念大会召开，参会理事应到 66 人，实到 51 人，超过 2/3，特邀代表 5 人。交通部财务司司长许如清向大会题词“构筑会计诚信，树立财务信誉，服务交通行业”；中国交通会计学会常务副会长朱跃庭题词“充分发挥学会桥梁作用，努力办好交通财会之家”；中国交通会计学会秘书长汤永胜题词“求真务实，服务行业中心工作；开拓创新，再造学会明日辉煌”；重庆市交通委员会主任丁纯题词“诚信 开拓 精细 构建节约交通”；名誉会长胡振业题词“诚信为本 业精于勤 为重庆交通努力”。重庆市会计学会副秘书长唐丹、四川省会计审计学会秘书长谷名淮、云南省交通会计学会秘书长刘家烈到会祝贺，中国交通会计学会、陕西交通会计学会、广西交通会计学会、河北交通会计学会、贵州交通会计学会向大会发来热情洋溢的贺信。第二届第三次理事年会宣布了学会二届四次常务理事会关于聘任重庆市交通委员会主任丁纯、副主任彭建康为学会名誉顾问的决定并颁发了名誉顾问证书。同时，向重庆市交通会计学会名誉会长胡振业颁发了证书。

表 1－23 **重庆市交通会计学会理事会成员名录**

届别	姓名	性别	职务名称	所属单位
第一届第一次理事会领导机构成员名单（1995 年 10 月）	胡振业	男	名誉会长	重庆市交通局
	禹培文	男	会 长	重庆市交通局财务处
	李忠寿	男	顾 问	重庆市交通局财务处
	蔡奇驹	男	顾 问	重庆市渝州会计师事务所
	童玲玲	女	副会长兼秘书长	重庆市交通局审计室
	窦长安	男	副会长	重庆长江轮船公司
	张 泓	男	副会长	重庆市交通局财务处
	刘贵忠	男	副秘书长	重庆市交通局财务处
	敖德萨	男	副秘书长	重庆交通学院
	黄化仁	男	副秘书长	重庆渝州会计师事务所二办
	徐作金	男	副秘书长	重庆市交通会计学会
	秘书处			
	周红光	男	司库	重庆市交通局审计室
	颜可励	女	出纳	重庆市交通局财务处

续前表

届别	姓名	性别	职务名称	所属单位
第一届第二次理事会领导机构成员名单（1998年4月）	胡振业	男	名誉会长	重庆市交通局
	禹培文	男	会长	重庆市交通局财务处
	李忠寿	男	顾问	重庆市交通局财务处
	蔡奇驹	男	顾问	重庆市渝州会计师事务所
	童玲玲	女	副会长兼秘书长	重庆市交通局财务处
	蒋吉琳	女	副会长	重庆长江轮船公司
	张　泓	男	副会长	重庆市交通局外经外事处
	王永国	男	副会长	万州区交通局财务处
	敖德萨	男	副秘书长	重庆交通学院
	黄化仁	男	副秘书长	重庆渝州会计师事务所二办
	徐作金	男	副秘书长	重庆市交通会计学会
	秘书处			
	胡荣琦	女	司库	重庆市交通会计学会
	徐作金	男	出纳	重庆市交通会计学会
第二届第一次理事会领导机构成员名单（2002年5月）	胡振业	男	名誉会长	重庆市交委
	禹培文	男	会长	重庆市交委财务处
	李忠寿	男	顾问	原交委财务处
	蔡奇驹	男	顾问	原交委财务处
	杨显柏	男	顾问	原公路局
	王　剑	男	副会长兼副秘书长	重庆市交委财务处
	张　泓	男	副会长	重庆市交委审计处
	敖德萨	男	副会长	重庆交通学院
	陈和平	男	副会长	重庆交通学院
	顾传仁	男	副会长	重庆长江轮船公司
	童玲玲	女	秘书长	重庆市交委审计处
	郑小平	男	副秘书长	重庆市交委财务处
	完定明	女	副秘书长	重庆市交通会计学会

续前表

届别	姓名	性别	职务名称	所属单位
第二届第二次理事会领导机构成员名单（2004 年 3 月）	胡振业	男	名誉会长	重庆市交委
	禹培文	男	会 长	重庆市交委财务处
	李忠寿	男	顾 问	原交委财务处
	蔡奇驹	男	顾 问	原交委财务处
	杨显柏	男	顾 问	原公路局
	王 剑	男	副会长兼副秘书长	重庆市交委财务处
	张 泓	男	副会长	重庆市交委审计处
	敖德萨	男	副会长	重庆交通学院
	陈和平	男	副会长	重庆交通学院
	顾传仁	男	副会长	重庆长江轮船公司
	童玲玲	女	秘书长	重庆市交委审计处
	郑小平	男	副秘书长	重庆市交委财务处
	完定明	女	副秘书长	重庆市交通会计学会
第二届第三次理事会领导机构成员名单（2005 年 10 月）	胡振业	男	名誉会长	重庆市交委
	丁 纯	男	名誉顾问	重庆市交委
	彭建康	男	名誉顾问	重庆市交委
	禹培文	男	会 长	重庆市交委
	李忠寿	男	顾 问	原交委财务处
	蔡奇驹	男	顾 问	原交委财务处
	杨显柏	男	顾 问	原公路局
	王 剑	男	副会长兼副秘书长	重庆市交委财务处
	张 泓	男	副会长	重庆市交委审计处
	敖德萨	男	副会长	重庆交通学院
	陈和平	男	副会长	重庆交通学院
	顾传仁	男	副会长	重庆长江轮船公司
	童玲玲	女	秘书长	重庆市交通会计学会
	郑小平	男	副秘书长	重庆市交委财务处
	魏建刚	男	副秘书长	重庆市交委财务处
	完定明	女	副秘书长	重庆市交通会计学会

第三节 协 会

一、重庆市交通企业管理协会

1985 年 12 月 24 日，重庆市交通企业管理协会成立，有 78 个交通企、事业单位成为团体会员，100 名个人会员。重庆市交通企业管理协会宗旨是：面向交通行业，为企、事业单位服务。除专业交通单位外，军工、冶金、化工、商业、物流、农资、医药的运输单位和交通学院、渝州大学等大专院校等也加入其中。重庆市交通企业管理协会成立后立即与中国交通企业管理协会、重庆市企业管理协会、交通部企协厂长（经理）研究会挂钩，并成为3个协会的团体会员，同时与全国各省市交通企业管理协会建立关系，加强了横向联系。历任会长有重庆市交通局局长沈盛辉、重庆市交通局副局长高鸿斌、重庆市交通局副局长陈庆礽、重庆市交通委员会巡视员黄同科、重庆市交通委员会主任丁纯。历任秘书长有重庆市交通局计划处处长赵根培、重庆市交通局劳工处处长肖天榜、重庆市交通局办公室主任戴荣声。

2005年，根据中共重庆市委办公厅、重庆市人民政府办公厅《关于党政机关与行业协会脱钩改革工作的意见》（渝委办〔2005〕159号）和《重庆市交通委员会关于行业协会脱钩改革实施方案》（渝交委人〔2005〕54号）等文件精神，重庆市交通企业管理协会进行了脱钩改革工作，重庆市交通企业管理协会即行撤销，有关工作纳入重庆市交通运输协会。

二、重庆市交通运输协会

（一）组织沿革

1989年12月，重庆市交通运输协会成立，业务主管单位是重庆市经济委员会。2000年8月1日，重庆市机构改革时，移交由重庆市交通委员会管理。

2004年，在重庆市民间组织管理局和重庆市交通委员会的指导下，进行了重庆市交通运输协会换届工作。2004年6月29日，在重庆渝通宾馆，重庆直辖后的重庆市交通运输协会第一届会员代表大会召开，来自重庆市人民政府、重庆市交通委员会、重庆市发改委、重庆市经委、重庆市外经委、重庆市商委、口岸办、重庆海关、重庆市煤管局、重庆市公安交管、重庆铁路分局等单位的108个会员单位代表参加会议。重庆市人民政府副市长赵公卿、副秘书长何智亚，重庆市交通委员会主任丁纯出席大会并讲话。代表大会选举出第一届理事会，由赵公卿任名誉会长，何智亚、丁纯任名誉副会长。新一届重庆市交通运输协会会长由时任重庆高速公路发展有限公司董事长胡振业担任，重庆市交通委员会综合运输处处长李速建任秘书长。李速建调离重庆市交通委员会后，由综合运输处处长孙跃任秘书长。

2005年8月16日，重庆市交通运输协会召开第一届第二次常务理事会，会长胡振业提出交通运输协会的工作思路："一个服务宗旨"即为政府、为企业、为行业、为社会服务；"两个基本任务"即巩固和发展传统综合运输领域优势、开拓和推动现代物流领域建设；"三个始终注意"即始终注意摆正位置、不断开拓创新和互通信息发挥整体优势；"四个工作领域"即研究咨询、人才培训、内外交流和信息传播。重庆市交通委员会巡视员张世玖、重庆市自考办公室主任李化德出席会议并作重要讲话。

2005年11月15日，根据中共重庆市委办公厅、重庆市人民政府办公厅渝委办〔2005〕159号文件《关于党政机关与行业协会脱钩改革工作的意见》和重庆市交通委员会渝交委人〔2005〕54号《重庆市交通委员会关于行业协会脱钩改革实施方案》文件精神，重庆市交通运输协会进行了脱钩改革工作，召开了重庆市交通运输协会第一届第二次会员代表大会，完成了重庆市交通运输协会与党政机关脱钩改革任务，重庆市交通运输协会会长仍由胡振业担任，秘书长由常务副会长朱乃洪兼任。

2004~2007年，新吸收会员单位26个，将业务相近会员单位组建成为专业委员会。经重庆市民政局批准，组建了重庆市交通运输协会工商运输专业委员会，为加强协会日常工作机构建设，秘书处设立了综合部、培训部、开发和信息部。至2007年底，重庆市交通运输协会发展到120个会员单位，涵盖了重庆市水、陆交通运输、邮政电信、民用航空等大交通行业。

（二）主要活动

2004年8月，重庆市交通运输协会创办了会刊《重庆综合运输》。重庆市交通运输协会充分发挥《重庆综合运输》的作用，2006 年，在重庆市交通委员会编制《重庆市交通运输业现代物流 2006～2020 年发展规划》后，连续 5 期以“我市现代物流与交通运输业现状与形势，发展现代物流指导思想及原则目标、规划重点、人才培训、政策措施”等专题进行刊载，为会员单位制定物流规划提供政策依据。在重庆市交通委员会宣传处的帮助下，2008 年 2 月 4 日，重庆市新闻出版局为重庆市交通运输协会会刊核发了准印证（渝新出报〔2008〕21 号文），同意重庆市交通运输协会创办连续性内部资料《重庆综合运输》。为办好会刊，重庆市交通运输协会建立了通讯片区和稳定的通讯员及特约通讯员队伍。至 2008 年 3 月，共出刊 34 期。

2004～2007 年，重庆市交通运输协会先后 8 次组织会员单位 80 余名领导及业务骨干参加了中国交通运输协会在大连、北京、青岛、云南和珠海举办的现代物流培训班。2005 年 6 月，重庆市交通运输协会与重庆市高等教育自学考试委员会办公室联合下发了关于开考中国物流职业经理资格证书和高等教育自学考试物流管理专业（专科、独立本科段的）通知（渝考办发〔2005〕34 号），组织会员单位和社会上有志从事物流工作的人员参加中国交通运输协会和国家高等教育自学考试委员会组织的物流管理人才的培训考试。至 2007 年底，共有 1408 人次参加了国家开考的中国物流职业经理资格证书考试，重庆地区已有 268 人获得了中国物流职业经理资格证书。为重庆市现代物流业的发展储备了人才。

2004～2007 年，重庆市交通运输协会建立了与党政机关相关处室的联系会制度，主动争取党政机关对协会工作的理解和支持，也为会员单位向党政机关反映诉求和争取政策搭建沟通平台。同时，重庆市交通运输协会建立了与交通系统相关协会、学会的联席会议，达成信息共享、合作共事的共识，创造了良好的工作环境。

2004～2007 年，重庆市交通运输协会先后到 20 多个会员单位开展调查研究，了解情况，开展研讨活动，探讨问题，交流企业改革发展和经营管理经验。重庆市交通运输协会多次召开了中小企业座谈会，听取他们的意见和建议。坚持开展了每年一度的经理工作论坛，交流经验，传递信息。从 2006 年 5 月开始，重庆市交通运输协会先后 6 次组织了 62 人赴泰国、澳大利亚及新西兰等国家和中国香港、台湾地区考察学习。2007 年，新的《劳动合同法》颁布后，重庆市交通运输协会先后两次举办培训班及座谈会，推进了《劳动合同法》在会员单位的贯彻落实工作。

2004～2007 年，重庆市交通运输协会开展了物流企业调查和物流百强企业的评选工作，增强交通运输与物流企业在全市和全国的知名度。重庆市交通运输协会先后推荐会员单位参加中国交通运输协会等 9 家协会联合开展的各种百强评选活动，仅 2007 年就有重庆机场（集团）有限公司、民生实业（集团）有限公司、重庆川油运输有限公司、港务物流（集团）有限公司被评为中国 2006 年物流百强企业。重庆物流集团董事长梁从友获“2006 年中国物流十大年度人物”殊荣。经协会推荐的重庆机场（集团）有限公司董事长赵江平获重庆市创业优秀企业家称号。

三、重庆市道路运输协会

（一）组织沿革

1998 年 6 月 2 日，经重庆市民政局渝民社〔1998〕60 号文件同意，重庆市道路运输协会成立。1998 年 9 月 2 日，经重庆市交通局渝交局〔1998〕766 号文件同意，重庆市运管处处长徐海荣兼任重庆市道路运输协会会长，陈红民兼任副会长。1999 年 10 月 14 日，经中共重庆市交通运输委员会渝交党〔1999〕69 号文件同意，梁雄耀兼任重庆市道路运输协会会长，吴宏伟兼任副会长。2000 年 11 月 14 日，经中共重庆市交通委员会党组渝交委党〔2000〕49 号文件同意，重庆市运管局局长孙万发兼任重庆市道路运输协会会长，胡昌荣、肖焕成、吴宏伟副会长。

2000 年 12 月 8 日，重庆市交通委员会渝交委〔2000〕505 号文件《关于同意设立调整重庆市道路运输协会专委会的批复》，同意将汽车驾驶培训专委会由重庆汽车维修行业协会调整到重庆市道路运输协会，重庆市道路运输协会并另设道路旅客运输专委会、公共交通专委会、物流专委会。

2002 年 10 月 11 日，重庆市交通委员会渝交委运〔2002〕38 号文件《关于同意道路运输协会保留和新设立专委会的批复》，同意保留重庆市道路运输协会道路旅客运输专业委员会、货物运输专业委员会、驾校和从业人员培训专业委员会、公共交通专业委员会、成渝高速直达客运分会。新设立旅游客运专业委员会、站务专业委员会。

（二）主要活动

重庆市道路运输协会第二届第一次会员代表大会。2004 年 12 月 24 日，重庆市道路运输协会第二届第一次会员代表大会在重庆海兰云天酒店召开。市辖区内的部分会员、企业领导、各区（市县）运管处（所）和协会领导，市协会第一届理事及理事以上成员等共 150 余人参加会议。大会审议并一致通过了第一届协会工作报告，审议并通过了协会财务收支报告，审议了《重庆市道路运输协会章程（修改草案）》。大会选举产生协会第二届理事会，由 123 名理事组成。大会审议通过了市道路运输协会专业机构工作条例，审议决定设立协会分支机构——重庆市道路运输协会汽车维修分会，审议并通过了重庆市道路运输协会建立专家小组的决定，通过了重庆市道路运输协会第二次会员代表大会决议。

第二届理事会选举张晓晖为会长，选举蒲育才、孙万发、王国敖、汤传明、魏怡、全登明、向勇、张国华、彭刚、黎强、张劲游、史海清、陈红民、吴正交、何大喜等 15 人为副会长。选举曾汝力为秘书长。选举蒋朝平等 27 人为常务理事。聘请重庆市运管局局长刘艰为本协会名誉会长，聘请重庆市运管局副局长何宗海、陈宁为协会顾问。

重庆市道路运输协会第二届第二次会员代表大会。为贯彻落实中共重庆市委办公厅、重庆市人民政府办公厅《关于党政机关与行业协会脱钩改革工作的意见》（渝委办〔2005〕159 号）和重庆市交通委员会《关于行业协会脱钩改革工作实施方案》的精神，重庆市道路运输协会第二届第二次会员代表大会于 2005 年 11 月 1 日至 5 日以通讯形式召开。参加会议代表 140 余人。大会主要内容是审议通过在"脱钩改革"中须做出变更的重大事项的议案。经过代表们的认真审议，协会秘书处收回 118 份电话、传真审议意见（占参会代表的 84. 28%）全部同意提请审议的 2 个议案并做出了 3 项决议：

1. 人事变更决议。选举重庆市汽车运输（集团）公司为会长单位，胡国武出任会长；免去张晓晖会长职务，免去陈红民副会长职务，免去曾汝力秘书长职务；免去蒋朝平等人的常务理事、理事职务；解聘刘艰名誉会长职务，解聘何宗海、陈宁、龙江的顾问职务。

2. 修改章程。同意修改原《重庆市道路运输协会章程》中不符合"脱钩改革"精神的有关内容。

3. 协会秘书处按规定办理变更登记的相关手续。

四、重庆市城市出租汽车协会

（一）组织沿革

1989 年 7 月 6 日，重庆市建委批准成立重庆市城市出租汽车协会。1989 年 8 月 30 日，重庆市城市出租汽车协会成立大会暨首届会员代表大会在重庆市老干部活动中心召开。大会审议并通过了协会章程（草案），经选举产生了第一届理事会，有理事 23 名，其中常务理事 11 名，正、副理事长 7 名。重庆市副市长秦昌典为名誉理事长，顾廷勇、邓传宽为顾问，王根芳为理事长，陈崇兴、顾中复、凌德祥、顾颂、黄明元、何海忠为副理事长。陈崇兴兼秘书长，彭永益为办公室主任。重庆市城市出租汽车协会在市属 7 区范围内有团体会员 200 余家，个体会员 800 余人。协会设办公室、信息培训部、咨询协调部、物资服务部等工作部门，创办了会刊《重庆客运出租信息》，并与全国各兄弟协会建立了信息交流联系。

（二）主要活动

重庆市城市出租汽车行业协会成立后，先后共召开过 9 次常务理事会及扩大的常务理事会。

重庆市城市出租汽车行业协会第二次会员代表大会。1992 年 3 月 5 日，重庆市城市出租汽车行业协会第二次会员代表大会在雾都宾馆召开。参加这次大会的团体代表 183 名，个体经营代表 52 名。名誉理事长唐情林到会并讲话。与会代表听取、讨论和通过了第一届理事会工作报告和修订协会章程的报告。大会选举第二届理事会，选举王根芳等 23 人为第二届理事会成员。第二次会员代表大会后，第二届理事会共召开了 7 次理事会议。

重庆市城市出租汽车行业协会第三次会员代表大会。1995 年 3 月 17 日，重庆市城市出租汽车行业协会第三次会员代表大会在重庆市华渝宾馆举行。参加这次大会的有重庆市人民政府、各有关部门领导、会员代表、来宾共 220 名。大会通过了第二届理事会报告，通过关于在天津、上海、广州、武汉、西安、成都、长春、重庆 8 城市出租汽车行业中开展"规范化服务、争当文明司乘员"的倡议。选举产生了第三届理事会，选举王根芳等 30 人为协会第三届理事会成员。

1999 年 2 月，重庆市城市出租汽车协会更名为重庆市城市出租汽车暨汽车租赁协会。1999 年 6 月 21 日，根据会长王根芳本人因调任重庆市建委任职提出辞去会长的请求，经重庆市公用局党委提名，协会三届九次会议同意，决定重庆市城市出租汽车暨汽车租赁协会法人代表变更为程永宽并担任会长（渝出协〔1999〕11 号），理事 11 人，常务理事 9 人，常务副会长为彭永益，副会长有邹先荣、吴德海、陶兰华、刘文辞、蹇泽忠。吴德海兼任秘书长。1999 年 9 月 3 日，重庆市民政局批复重庆市城市出租汽车暨汽车租赁协会申请，同意协会法人代表变更为程永宽。至 2000 年 1 月 24 日止，重庆市城市出租汽车暨汽车租赁协会第三届理事会共召开了十一次理事会议。

五、重庆市交通出租汽车协会

1996 年 3 月 18 日，重庆市交通出租汽车协会成立大会在重庆市公路运输管理处召开。在成立大会上，重庆市民政局社团管理处处长刘智安宣读了同意协会成立的批文，向协会筹备组长陈忠富颁发了法人社团证书。大会确定理事 43 人，常务理事 19 人。重庆市市长助理张复为名誉会长、重庆市交通局副局长黄同科为顾问；重庆市运管处处长陈忠富为会长、交通稽查大队长陈红民为常务副会长，永川汽车运输总公司副总经理王堪、重庆市公安局出租汽车治安管理办公室主任陈显扬等 7 人为副会长，重庆市运管处运输科科长罗永贵为秘书长。1999 年 3 月 2 日，经中共重庆市交通运输委员会同意，陈红民兼任重庆市交通出租汽车协会会长（渝交党〔1999〕9 号）。1999 年 3 月 26 日，重庆市民政局《关于重庆市交通出租汽车协会变更登记的批复》，同意重庆市交通出租汽车协会变更登记，变更后的名称为"重庆市交通出租汽车与汽车租赁行业协会"，陈红民担任会长与法人代表。

六、重庆市出租汽车暨汽车租赁协会

（一）组织沿革

重庆市出租汽车暨汽车租赁协会第一届理事会。2000 年 8 月，在道路运输行业管理体制改革中，重庆市交通委员会以及重庆市运管局的组建，促进了原重庆市交通局、重庆市公用局的两家出租汽车协会的合并。2000 年 11 月 22 日，重庆市交通委员会同意重庆市城市出租汽车暨汽车租赁协会与重庆市交通出租汽车与汽车租赁协会合并。

2000 年 12 月 17 日，在重庆市出租汽车暨汽车租赁协会合并会上，选举产生了第一届理事会成员。合并后的协会业务主管机关为重庆市交通委员会挂靠在重庆市道路运输管理局。中共重庆市交通委员会党组渝交委党〔2000〕49 号文件同意重庆市运管局现职领导彭永益兼任重庆市出租汽车暨汽车租赁协会会长，张晓辉、陈红民、肖焕成、黄继康、陈万木、陶兰华、王健、周红卫、王国民、孙劭明为副会长。聘任丁纯为名誉会长，聘任吴家农、唐情林、胡振业、余守明、李荣光为协会顾问。选举产生了常务理事 29 人，黄大清任秘书长。2001 年 9 月 6 日，因工作调动，彭永益辞去会长职务，由孙万发出任会长。2002 年 1 月 24 日，第一届第七次理事会根据孙万发本人要求辞去会长职务，选举胡昌荣为会长。

2003年10月16日，经协会一届第十次理事会审议通过，选举何宗海为协会会长，胡昌荣因工作调动，辞去协会会长职务。在此期间，由于年龄及工作原因，调整了副会长、秘书长等人员。陶兰华、黄大清不再任职，选举王仕奇为副会长，聘请李茂全为常务副秘书长。

（二）主要活动

重庆市出租汽车暨汽车租赁协会第二届理事会。2004年12月24日，重庆市出租汽车暨汽车租赁协会召开会员代表大会，经换届选举产生了第二届理事会并对《重庆市出租汽车暨汽车租赁协会章程》进行了修订。第二届理事会由71名理事组成。顾问有蒋朝平、何宗海、张晓晖、罗列、陈速、王勇、徐全、孙志坚，名誉会长为万勇、陈万木、宋志军，会长由曾汝力出任。副会长有夏志洪、王仕奇、王国明、周红卫、文嘉阳、张林东、张晓明、孙劭明、彭良忠，秘书长为杜枝渝。

2005年11月17日，根据重庆市委办公厅、市政府办公厅《关于党政机关与行业协会脱钩改革工作的意见》（渝委办〔2005〕159号）和渝交委人〔2005〕54号文件精神，经协会二届二次理事会（通讯形式）通过，免去曾汝力会长职务、夏志洪副会长职务、杜枝渝秘书长职务，解聘万勇等3人名誉会长职务，解聘蒋朝平等5人顾问职务。表决通过王仕奇任会长。同时，对协会章程进行了部分修改。由此完成了协会与政府部门机构脱钩的工作。

七、重庆市汽车维修行业协会

（一）组织沿革

1988年6月24日，重庆市汽车维修行业协会成立，共有团体会员88个、个人会员50人。成立大会上通过了《重庆市汽车维修行业协会章程》，选举产生了协会领导机构和领导成员。1995年7月26日，重庆市民政局重民社团〔1995〕117号文件同意汽车维修行业协会人事的变更登记。变更后的会长、法定代表人由陈忠富担任。到1998年3月，重庆直辖市成立，原万县、涪陵、黔江三地的协会纳入市协会的统一管理，团体会员迅速增加到6818个，协会团体会员已占重庆市汽车维修企业总数的94%。

（二）主要活动

1988～1998年，重庆市汽车维修行业协会共有3届。这3届的主要活动有：加强协会组织建设，积极开展协会活动。结合行业特点，为运输企业和维修厂家组织了座谈、咨询服务，“现代汽车维修新技术学术会”“汽车二级维护现场演示会”，为工程技术人员和高级技工的流动提供信息；开展汽车维修企业信誉评级工作和评比“重庆市汽车维修企业五十强”活动；协助行业管理部门制订了技术标准；配合管理部门狠抓各类技术培训，3年来共培训各类技工3945名，其中初、中、高级等级工2550名，总检验员1390名；组织了对外学习和交流。

汽车维修行业协会第一届会员代表大会。从1998年3月起，重庆市汽车维修行业协会不再延续原有的届数，重新定届。重庆市汽车维修行业协会第一届会员代表大会于1998年3月13日在渝北区政府招待所召开，共有会员代表252人参加会议。原重庆市汽车维修行业协会第三届会长陈忠富作了第三届汽车维修行业协会工作总结。会议通过了移植重庆市汽车维修行业协会章程，通过了移植汽车维修专委会、车辆技术管理专委会、汽车配件经销专委会、汽车驾驶培训专委会工作条例，通过了移植协会经费使用管理暂行办法及协会会费交纳暂行办法。根据协会章程，会议选举产生了协会第一届理事，共计80人。随后召开了协会第一届第一次理事会，推选产生了常务理事36人，选举产生了协会领导成员，顾问有胡振业、苏祖勋、陈忠富、李义昌、李羽毓，名誉会长有艾云楷、黄同科，会长由黄继康出任，副会长有梁雄耀（兼常务副会长）、胡松凡、张光世、宋树物、卢永庚，陈世全为秘书长。

2000年11月14日，重庆市道路运输管理局成立后，中共重庆市交通委员会党组渝交委党〔2000〕49号文件同意重庆市运管局现职领导陈忠富兼任重庆市汽车维修行协会会长，张晓辉兼任重庆市汽车维修行业协会副会长。

1998~2001年，协会共召开了4次理事会。在第一届第四次理事会上，讨论通过了协会工作报告；讨论第二届工作要点建议，建议提请二届会员代表大会讨论通过；讨论通过了第二届协会理事候选人推荐名单，建议提请二届会员代表大会选举产生；讨论通过一届协会财务收支情况说明，建议提请二届会员代表大会讨论通过。主要工作：

1. 适应改革发展需要，加强协会自身建设。批准万、涪、黔地区的汽车维修企业入会，使会员由原来的4900个增加到7074个，加强了协会工作班子和内部规章制度建设，制定了《重庆市汽车维修行业协会汽车维修专业委员会工作条例》《重庆市汽车维修行业协会车辆技术管理专业委员会工作条例》《重庆市汽车维修行业协会关于协会会员会费交纳暂行办法》和《重庆市汽车维修行业协会经费使用管理暂行办法》。

2. 组织开展“优质服务月”活动，加强行业精神文明建设，提高服务水平。开展维修知识和技术比武活动，免费为车主进行汽车故障检测诊断服务。

3. 组织汽车维修机具、检测设备展示活动，促进和提高行业现代技术装备水平。在重庆会议展览中心联合联办了“'99国际汽车维修检测设备及汽车用品展览会”，展示了最新型的电脑检测诊断设备、自动变速箱检测设备、ABS系统检测设备、四轮定位检测设备以及车身整形设备等门类齐全的一系列现代化维修检测诊断设备。

4. 配合行业管理部门规范市场。按照市政府部署，开展了清理整顿汽车维修市场工作。推行公车维修招标、公车定点维修，查处无证修车867户，占道修车624户，汽车维修中“吃回扣”“价格欺诈”“配件以次充好”的现象得到抑制。

重庆市汽车维修行业协会第二届会员代表大会。2001年3月13日上午，重庆市汽车维修行业协会第二届会员代表大会在重庆市运管局二楼会议室召开，210人参加大会。第二届会员代表大会审议通过了第一届理事会工作总结和下届工作要点的报告，选举产生了第二届理事会理事140名，讨论通过了财务收支报告。

重庆市汽车维修行业协会第二届理事会第一次理事会选举产生常务理事39人，选举了会长、副会长，聘任了副秘书长、专委会负责人。会长由陈忠富出任，副会长有张晓晖、黄继康、邓正兴、颜勇、胡松凡、蒋柯、莫茵，秘书长由黄大清出任。2001年8月14日，在第二届第二次理事会上，张晓晖被选举为会长。2005年3月25日，重庆市道路运输协会机动车维修专委会成立，原重庆市汽车维修行业协会解散。

八、重庆市水路运输行业协会

（一）组织沿革

2004年10月9日，重庆市水路运输行业协会经重庆市民政局渝民社证字第721号文件批准成立，时间自2004年10月至2006年12月31日，办公地点设在重庆市渝中区华一路17号。

新一届协会的产生。2005年10月25日，根据中共重庆市委办公厅、重庆市人民政府办公厅渝委办〔2005〕159号文件《关于党政机关与行业协会脱钩改革工作的意见》要求，“重庆市水路运输行业协会脱钩暨选举大会”正式召开，根据协会章程，选举产生了新一届水路运输行业协会领导机构，会长由冯地禄出任，副会长有王华等11人，并正式宣布了原管理部门的人员和单位退出协会，完成了党政机关与行业协会脱钩工作。经过重庆市民政局重新审批，协会名称和业务范围均不变，新的法人代表为冯地禄，新的办公地点为江北区建新西路2号特1号中冶大厦11楼。

协会章程规定了协会宗旨和任务，明确协会性质是在重庆市辖区从事水路运输、水路运输服务、船舶修造的企业法人及经营人按市场化原则自愿组成自选会长、自筹经费、自聘人员、自主会务、按章程开展活动，代表水运行业共同利益的行业性社会团体登记管理机关即市民政局注册登记的社会团体法人。

章程对协会机构规定：最高权力机构是会员代表大会，每届4年；下设理事会是会员代表大会的执行机构，在闭会期间领导本协会开展工作；设立常务理事会，常务理事会由理事会选举产生；会长为协会法定代表人，秘书长主持协会办事机构工作，协调各分支机构、代表机构和实体机构工作。协会分支机构、代表机构是协会的组成部分，不具有法人资格，按协会授权范围开展活动、发展会员。现有和待建分支机构如下：

市水路运输行业协会客运分会，市水路运输行业协会修造船分会，市水路运输行业协会集装箱专委会，市水路运输行业协会化危品专业委员会，市水路运输行业协会滚装运输专业委员会，市水路运输行业协会普货（干散货）专业委员会。

（二）主要活动

办理政社脱钩的审批程序。脱钩后首先到重庆市民政局办理变更法人证书和完善上报材料和审批等手续，清理会员单位，为加强企业间的联系印刷了通讯录等。

开展水运行业调研工作。为了整顿客运市场，对推行的“长江三峡阳光游”进行了考察调研，三峡大坝船闸完建期，到宜昌调研船舶过闸和旅客、滚装车翻坝的情况，将存在的问题和意见及时向有关主管部门反映，并搜集三峡成库后船舶大型化的经济技术指标完成分析资料。

开展为水运企业的服务工作。关于航养费收缴的问题，及时向重庆长航管理局、重庆航道局发文反映了水运企业意见，仍执行“年内包缴”，制止了“航次收费”办法，维护了企业利益；代表水运企业及时向政府和主管部门反映意见和诉求，向重庆市人民政府提出了“关于协会工作和发展”的6条建议。

在涪陵召开了“重庆市水路运输行业协会涪陵片区会员单位工作会议”，组织会员参加“物流师培训班”，组织到台湾考查同行业状况，组织到北京人民大会堂参加“高端论坛会”，组织参加“水运交通安全生产应急管理与事故应急救援预案研讨班”学习等，组织集装箱专业委员会制定《自律公约》，组织滚装运输代理企业制定《自律公约》等，出版了协会内部刊物《重庆水运》杂志和《重庆水运信息》。

协助政府港航管理部门工作。关于安装船舶终端GPS，坚持贯彻交通部交科教发〔2005〕28号文件精神，一船只装一台的意见，建议联网方便企业和船舶，减少企业开支，为此向长江航务管理局、重庆港航管理局写了紧急报告。对《三峡工程初期运行期管理办法》上报长航局提出了正式修改意见。关于“三峡工程的船闸完建期间发生的碍、断航，给重庆市水路客运企业造成的经济损失请求给予补偿”的问题，向国务院三峡建设委员会、抄送国家发改委、交通部、重庆市交委、市港航管理局等领导部门报告。

九、重庆市港口协会

（一）组织沿革

重庆市港口协会由原重庆港口管理局于1983年发起组建，在重庆市民政局依法登记注册，重庆港口管理局为业务主管机关、具有法人资格的市级行业性的社会团体。

重庆市港口协会现有团体会员84个，其中国有企业53个，民营企业28个，外资企业2个，合资企业1个。团体会员单位分布在主城区、江津区、合川区、永川区、万州区、涪陵区、丰都县、云阳县等地区。

（二）主要活动

1. 参与港口体改和企业改制

（1）协调和配合中国港口协会长江港口分会、重庆市社科院以及重庆市政协部门，就港口体制和港口发展有关问题进行调研探讨，客观反映港口实际和要求，推动了改革和发展。

（2）在港口完成与交通部门脱钩下放和政企分开过程中，对有关港口管理、港口建设相关热点和历史遗留问题，与中国港口协会长江港口分会协同跟踪调研，并向政府和相关部门反馈意见和建议，为政府和相关部门决策提供多方面的支持和服务。

（3）参与重庆港九股份有限公司股票上市和重庆港务（集团）公司成立筹划等工作。

2. 进行课题咨询与调研

围绕企业结构调整和港口可持续发展，做好课题咨询和调研。1997～2005年，接受企业、事业单位或市级部门的委托，独立组成或参与完成的主要课题调研18次，其中，港口课题14次，社会课题4次，主要有：

（1）港口客运调研。协会向中国港口协会长江港口分会和重庆港务集团提交了《重庆港口客运现状及发展对策报告》，并在2002年长江全线春运工作会暨长江港口客运研讨会上发言交流，受到好评。

（2）“建设重庆航运中心”课题研究。2002年2月，重庆市人民政府常务副市长黄奇帆到港口调研时提出了重振和建设重庆航运中心的课题。港务集团领导委托协会牵头拟订港口专题建设方案，并向重庆市人民政府提交了《关于建设“重设航运中心”的意见》，就建设“航运中心”的必要性、基本条件、当前的机遇及分析和判断，建设“航运中心”的设想政策支持等提出了相应的建设意见。

（3）通过调研，协会向港务集团提交了《关于重庆港江北老港区功能结构调整与江北新城规划建设衔接的调查报告》。此项调研促成港务集团领导将寸滩港区项目上报重庆市人民政府立项，于2003年正式开工建设，被列为重庆市人民政府的重点建设项目。

（4）针对三峡工程施工不同阶段对港口的影响，协会相继向港口行政、港口企业和相关的部门、机构，及时提交了自成体系的7个调研报告和对策建议。其中，2004～2005年，对集装箱翻坝运输问题，会同中国港口协会长江港口分会等单位多次向交通部等中央部委发出呼吁。通过多方面、多渠道的努力，集装箱直接过坝方案终获中央认可。同时，会同重庆港务物流集团提出的对港口补偿方案也被采纳，上游港口再次获得700多万元经济补偿。

（5）协调反映重庆港口生产经营上的问题。如船港费、货港费、燃油税费改革、港航及海事有关方面的问题。调研收集调整集装箱运价、滞港压港等资料，提交重庆市人民政府有关部门以作为政策指导意见参考。

3. 发挥桥梁纽带作用

协会按照行业组织的要求，根据港口改革与发展各个时期的工作重点，积极做好沟通交流协调工作。除系统地参加中国港口协会长江港口分会、重庆市民政局、重庆市社科联、重庆市交委、重庆港务物流集团公司有关会议、活动，完成各方交办的工作外，还承担着由于体制上和改革进程中衔接工作不到位等原因引起的纵向与横向之间关系变化、信息渠道不通畅等问题的协调工作，搜集各方的动态信息情况，及时沟通反馈，得到较好的反映。协会承担并较好地完成了《重庆经济年鉴》《重庆蓝皮书》《中国港口年鉴》《中国港口改革开放二十年》《重庆社会科学年鉴》等特约撰稿任务。受重庆港务物流集团领导的委托，组织参与港口修志工作。

十、重庆市船舶修造行业协会

重庆市船舶修造行业协会成立于2002年5月，登记在册会员单位126个，副会长单位13个，理事单位35个。协会成立时，会长由张小勇出任。后因工作调整，会长由党志胜担任。历任名誉会长有张世玖、何升平、梁雄耀。历任秘书长有张胜鹏、韩锋。

2005年，根据中共重庆市委、重庆市人民政府渝委办〔2005〕159号文件《关于党政机关与行业协会脱钩改革工作的意见》要求，协会要以党政机关及管理部门脱钩，重庆市船舶修造行业协会相应与重庆交通委员会和重庆市港航管理局脱钩。原管理部门领导辞去相应的协会相关职务，重新选举了协会会长、秘书长，其中重庆市东风船舶公司总经理何喜云为会长，谢冲为秘书长。

第二篇　公路建设与管理

重庆地处中国中西部地区结合带，“西连三蜀，北通汉沔，南达滇黔，东接荆襄”，山高路陡，“蜀道难，难于上青天”是巴渝“行路难”的真实写照。特殊的地理位置使公路在重庆的交通运输上占有重要地位。新中国成立至1985年的30多年间，政府对公路建设投入了一定财力，重庆的公路交通较之新中国成立初期有了较大发展。新中国成立时，重庆公路通车里程仅364.5公里。新中国成立初期，新建了渝（沙坪坝三角碑）碚（北碚）路，各区县相继修建了一些县乡公路。干线公路经过改造，路面等级有所提高。1983年末，重庆市公路里程达到7492公里（含永川地区，下同）。1986年末，重庆市公路总里程达7635公里，专用公路279公里。其中二级公路34公里，三级公路496公里，四级公路2368公里，等外路4737公里。高级、次高级路面1195公里，占总里程的16.1%。有国道635公里，省道842公里，县道3884公里，乡道2274公里，无高速公路。全市814个乡镇中，786个通公路，占乡镇总数的96.5%。公路密度为34.1公里/百平方公里。1997年重庆直辖后，涪陵、万县、黔江纳入重庆市管辖，区县从21个增加到42个，全市公路总里程达27045公里。其中国道1672公里，省道2585公里，县道9946公里，乡道12500公里，专用公路342公里。至2005年年底，重庆市公路总里程达38214.99公里。其中国道1852.98公里，省道4084.38公里，县道15807.95公里，乡道15604.36公里，专用公路865.31公里。

重庆直辖前，由于交通投入资金有限，公路交通发展滞后，远不能适应重庆经济社会发展的需要。“要想富、先修路，要想富、修好路，要想富、接通断头路，少走冤枉路，公路通、百业兴”成为各级领导和广大群众的共识。1986年，新增高级、次高级路面24.9公里，县乡公路完成19条，计79公里，干线公路油路翻修及罩面136公里。随后的10年间，四（四公里）大（大山村）段二级路、国道210线红（红旗河沟）双（双凤桥）段一级路、潼南柏梓大桥、长寿寸沱大桥建成，国道319线断头路、珞璜电厂配套公路和长寿川汉路改造，成渝高速公路先后建成通车。其中川黔公路四大段是重庆建成的第一条二级公路，江北机场红双段是重庆建成的第一条一级公路，成渝高速公路是重庆乃至西南地区的第一条高速公路。

1986~1990年“七五”计划期间，重庆市共计安排资金27470.5万元，新建、续建项目232个，新改建公路1227.2公里，大中桥梁23座1330延米，解决了11个乡不通公路问题，对贫困山区专款安排了9个项目，公路总里程增加773公里。公路等级发生了很大变化，“七五”与“六五”比较，增加等级公路1249公里，其中一级公路增加29公里，二级公路增加141公里，三级公路增加227公里，四级公路增加862公里，减少等外级路476公里，公路好路率提高了36.3%。

1991~1995年“八五”计划期间，重庆市进入了公路建设高速发展时期，完成成渝高速公路重庆段的建设，开工建设渝长高速公路，开展川黔高等级公路前期准备工作。一批新建、改建的交通基础设施相继竣工投入使用。完成国道210线红（红旗河沟）双（双凤桥）段封闭和路灯工程，形成一级汽车专用公路；完成国道212线沙坪坝至北碚的水泥路面改造工程；完成国道319线璧山县境内县城至西泉段的改造；潼南涪江大桥竣工通车；建成江津顺江公路；完成渝东路江津县城至杨家店段的改造；以股份制形式修建合川涪江二桥；引进外资实行股份制建设江津长江大桥。

1996年9月1日，根据中共中央的决定，重庆市对万县市、涪陵市、黔江地区实行代管，公路里程发生了变化。82335平方公里的辖区内有公路26892公里，其中国道省道4257公里，占公路总里程的15.8%；等级公路16675公里，占公路总里程的62%；公路好路率为65.7%，公路密度为32.8公里/百平方公里。

重庆直辖后，中共重庆市委、重庆市政府把加快公路建设作为重庆市社会经济发展的切入点，将1997年、1998年定为交通建设年，1999年定为交通建设质量年。重庆市交通局（2000年8月1日后为重庆市交通委员会，下同）作为重庆市公路交通主管部门，解放思想，更新观念，与时俱进，狠抓公路建设，制订并不断修改完善重庆市公路建设发展规划，充分发挥公路建设的“吸盘”作用，借助外力，苦练内功。经过20年艰苦拼搏，重庆的公路交通步入了高速发展的快车道，实现了跨越式发展。

为加快发展，重庆市交通局将公路建设重心东移，调整了“九五”期间重庆市公路发展主要目标。1996年8月9日，重庆市交通局《关于重庆市九五重点公路建设项目情况给重庆市人民政府的紧急报告》（重交局办〔1996〕64号），对原规划进行了修改和调整。在原规划的基础上，“九五”期间重庆市要优先建设国家“两纵两横”主骨架公路在重庆以及涪陵市、万县市境内的路段。加快建设渝长高速公路，加快渝黔高速公路重庆渝北区童家院子到綦江雷神店89公里路段项目和雷神店至崇溪河53公里一级路专用规划建设项目。建设各区（市）县之间的等级公路。形成以重庆为轴心，以高等级公路为主骨架，西经成渝路至成都，东经万县苏拉口至上海高速路，南下渝黔路打通西南出海大通道，北上渝广（广安）路与川北公路相汇，辅之以各区（市）县之间的等级路，形成四通八达的公路网络。

1996~2000年“九五”计划期间，重庆市公路建设的主要任务是国家“两纵两横三条线”在重庆境内的主骨架公路项目，即渝长路、川黔路、长涪路等18个重点项目，一批公路扶贫项目。另外，每个区（市）县每年至少改建成不低于10公里的水泥路面。“九五”至“十五”（1997~2005年）重庆市高速公路建设投资185亿元，其他干线及扶贫公路项目投资53亿元，合计总投资238亿元。重点公路建设主要有重庆上桥至万县苏拉口324公里，总投资94.9亿元，其中上桥至长寿桃花街85公里，投资31.5亿元；梁平至万县67公里，投资28亿元；长寿至垫江、梁平114公里，投资31亿元。万县长江大桥及引道10公里投资3.1亿元，于1997年完工；万县长江大桥至苏拉口52公里二级路改建投资1.3亿元。

县际联网公路和干线公路大足至邮亭、綦江至万盛、永川至泸州重庆路段，铜梁至西泉、合川至北碚、温泉岔至万县市、万县至湖北巴东重庆段、蔺市至龙驹、丰都至石柱、西沱至郁山、丰都至万县崩塘口、温泉岔至巫溪、城口至开县、城口至万源重庆段、巫溪至奉节、酉阳至龚滩、邓阳至晏龙、秀山至沿河界重庆段等路段于“九五”和“十五”期间相继开工建成通车。

扶贫公路和未通公路乡的公路建设，采取先易后难、以奖代补或实物奖励（如水泥）的办法，每年投入8000万元以上，加快贫困县乡的公路改造和建设，2000年实现乡乡通公路的目标。

随着公路建设投资的增大，公路通车里程也大幅增加。至2005年年底，重庆市公路总里程达38215公里。其中高速公路748.3公里，一级公路305.6公里，二级公路4675.7公里，三级公路4359.8公里，四级公路20745.1公里，等外级公路7380.35公里。公路密度以国土面积计为46.4公里/百平方公里，以人口计为12.1公里/万人。100%的乡镇和86.64%的行政村通公路，不通公路的行政村比2001年减少1320个，仍有1608个行政村不通公路。

继成渝高速公路通车后，渝湘、长涪、长万、渝邻、渝合、渝黔、綦万、上界高速公路先后建成通车，“西部地区通县油路”“八小时重庆”工程完工，97%的国道公路、75%的省道公路被改建，42条县际联网公路改造建设。随着“三年变样、五年变畅”“乡乡通、村村通”公路建设战略的实施，三峡库区乡镇移民公路、农村公路建设不断深入，一个以高速公路为主骨架、国省干线公路为主体、县乡村公路为支线，横跨东西、纵贯南北、干支相连，沟通城乡、衔接港站、辐射周边的四通八达公路交通网初步形成。

第一章　公路建设规划

重庆市公路规划分为长期规划和中期规划。长期规划是1997~2020年的公路规划，中期规划是1997~2010年的公路规划。

第一节　长期规划

一、重庆市骨架公路网规划（1997~2020年）

（一）规划编制过程

规划背景　1995年年底，重庆市交通局初步制定了重庆市干线公路网规划和县乡公路网规划。这些规划是指导重庆市直辖前公路建设的基础性文件，在公路建设中起到了一定的作用。1996年9月，重庆市开始代管万县、涪陵、黔江两市一地。重庆作为中国一个新的直辖市、长江上游和西南地区的经济及商贸中心，是国家实施经济“东向西移”“西部大开发”发展战略的桥头堡。重庆市要完成国家交给的四大任务，实现大城市带动大农村并向周边省区辐射的发展战略，快速改善公路等交通基础设施是当务之急。为适应即将成立的重庆直辖市的社会经济发展，重庆市交通局提出建设高等级公路系统、2020年前形成全市骨架公路网的设想，并联合近百名专家，编制重庆市骨架公路网建设规划。

规划目标　2005年前，建成国道主干线上海至成都公路在重庆境内桑家坡到万县长江大桥高速公路，万县至苏拉口改建成二级公路。建成西南出海通道及国道主干线重庆过境高速公路、G212重庆至合川高速公路及G210邻水界至双凤桥高速公路。改建完成G319重庆境内路线和其他一些路线。规划建设高等级公路2570.7公里，其中高速公路为584.3公里，完成涪陵长江大桥及引道、万县长江大桥及引道等重点工程，实现投资约285亿元。2020年前重庆市每一区、县（市）至少有一条二级或二级以上技术标准的公路通往重庆主城区或与骨架公路网相接。高速公路或高等级公路将重庆、万县、涪陵、黔江三市一地连为一体。规划要求建设高等级公路3969.5公里，其中高速公路824.3公里，共实现投资约430亿元，使重庆市的高速公路总里程接近1000公里。在2020年前完成二环过境186公里的高速公路建设，实现投资100亿元。2020年前打通重庆市与周边各省的重要进出通道，使重庆市骨架公路形成科学合理的网络。

规划原则　在规划中坚持十项原则，即：与交通需求相一致；近期与远期相协调；综合运输协调发展；局部服从整体；开放式骨架公路网布局；需要与可能相结合；建设改造与养护并重；保护环境；遵循法规、规范、制度；奉行实事求是，量力而行，尊重科学，讲求效益，远粗近细，分期实施。

规划方法　“节点连线法”和“总量控制法”相结合进行规划布局。分析研究重庆市以前的各种公路发展战略规划和公路网规划，进行经济社会和交通量的发展预测。根据上述所选择出的节点和节点重要度的分析结果，一般将重要节点中的一类节点进行直接连接，二类节点与一类节点直接或间接连接，二类节点便捷地间接连接，其他节点与邻近的重要节点连接或重要节点间的连线相连接，将邻近的节点相互连接形成网络。根据资金筹措情况和项目建设的需要，采用优化比较方案编制分期实施计划。

规划期限　1997～2020年。分近期、中长期两个时期。近期为1997～2005年；中长期为2006～2020年。

规划研究结论　规划建设重庆市骨架公路网，并逐渐形成主骨架公路网（或高速公路网），是重庆市政治、经济和社会发展的需要。重庆要成为长江上游和西南地区的经济中心，必须首先形成长江上游的交通中心和枢纽，因此应尽快建成重庆市骨架公路网。

高速公路规划建设的规模和方案。重庆市骨架公路网建设规划的规模“草案”是以万县、涪陵、黔江和原重庆市21个区市县公路网规划拟定的国、省干线公路网布局方案为基础，根据骨架公路网系统的功能和作用，结合公路交通实际和至2020年近30年重庆市社会经济发展对公路交通运输的需求，拟定规划期内骨架公路网建设总规模为3969.5公里是合适的，其中规划建设高速公路824.3公里，投资约280亿元。一环高速公路到2015年左右将会产生交通拥挤，因此规划2020年前建设过境二环高速公路186公里，投资约100亿元。

（二）规划路段

重庆市骨架公路网中最重要的路线是与国道走向一致的高速公路（或高等级公路）和部分重要省道干线公路。

1. 国道主干线上海至成都公路重庆境内段

路段起于荣昌桑家坡，经荣昌、永川、璧山青杠到重庆市区，在沙坪坝跨嘉陵江，再经江北、渝北、长寿、垫江、梁平，在万州跨长江止于万州与湖北接壤的苏拉口。支线起于与四川交界的邻水界，经垫江、忠县、石柱，止于与湖北交界的利川界。规划路线全长约598公里，其中成渝高速公路重庆段114.2公里1995年已建成，其余484.5公里为在建或待建公路，共需资金约224亿元（不包括已通车的成渝高速公路的建设资金）。路线由成渝高速公路重庆段、渝长高速公路（又分为上桥至童家院子段、童家院子至长寿段）、长梁高速公路、梁万高速公路、万州苏拉口二级公路及垫江至忠县至石柱支线高速公路组成。

成渝高速公路（桑家坡至陈家坪）段。该段起于荣昌桑家坡，经荣昌、大足、永川、璧山青杠到重庆市区陈家坪，全长114.2公里，双向四车道、全封闭、全立交。全段于1990年开始建设，1995年建成通车。是重庆市第一条高速公路。

上桥至童家院子段。该段全长19公里，既为国道主干线公路，又为重庆市绕城过境环线，且具有重庆市上桥、沙坪坝、江北开发区、童家院子交通枢纽和国道210线、212线、319线及部分省道的集散功能，远景交通量2020年为78000辆（折合中型载重汽车，下同）。应按主干线重庆过境段和重庆绕城外环高等级公路相结合的功能，建成为6车道，确保高峰时通行能力。

童家院子至长寿段。该段是全国规划的国道主干线公路网在重庆境内的一段，是成渝高速公路向东延伸，而后再延伸到涪陵，形成重庆市的东西快速通道，在重庆市公路干线建设中具有重要地位。根据1996年调查，G319线路标准低、路基窄、路面破坏严重、穿越城镇多；特别是上桥至尖山子交通量达20000辆/昼夜，拥挤度为10；尖山子至长寿段交通量达7000多辆/昼夜，拥挤度为3.5。拟建公路全长约65公里，不仅彻底改善国道319线交通拥挤、堵塞、交通事故频繁的现状，而且缩短里程31公里，对提高经济效益、改善沿线投资环境都将起到显著作用。经预测，童家院子至长寿走廊2020年交通量为49000辆/昼夜，因此规划为四车道高速公路。上桥至童家院子至长寿高速公路，长约85公里，总投资约37.5亿元。

长寿至梁平高速公路段。该段起于长寿桃花街，经垫江达梁平，规划全长114公里，四车道标准，投资约31亿元，规划“九五”期开工，“十五”期建成。路段与省道渝（重庆）巫（巫溪）路和长江黄金水道、重庆江北机场及梁平机场相连，在梁平与正在建设的达（达川）万（万县）铁路相衔接，形成水、陆、空四通八达的交通运输网络。

梁平至万州段。梁平至万州68公里，四车道标准，总投资约28.4亿元，规划“九五”期开工，“十五”期建成。梁平至万州高速公路穿过重庆市东部万州等经济发展相对落后的地区。该地区共有10个扶贫县，其中国家级扶贫县9个，长期以来由于交通条件落后，1996～1999年工农业总产值年均增长同全市、特别是全国相比，差距很大，交通制约经济发展十分明显。为适应国民经济发展的需要，兴建梁万高速公路将完善地区公路网，改善重庆东部地区投资环境，加快三峡移民建设步伐，促进万州地区经济社会发展。

万州至苏拉口段。该路段长50公里。由于交通量发展水平较低，规划“九五”期改造到达二级路技术水平，在“十五”期前几年以二级公路过渡，预计2010年交通量达到11000辆/昼夜，2012年接近高速公路的适应水平，规划2012年前建设成高速公路，投资约20亿元。该路段建成后，成为重庆到湖北的一条高速出口公路。

四川大竹界（石桥铺）至梁平段。该段是中国两纵两横公路骨架干线之一，重庆境内长约60公里，规划按高速公路标准建设，估算投资约15亿元。这条公路建成后将加强三峡库区与四川达州等地的联系。

2. 国道主干线西南出海通道重庆至北海公路（重庆段）

国道主干线西南出海通道重庆至北海公路（重庆段）包括国道干线包头至南宁公路（G210）重庆境内高速公路（广渝高速公路）和国道主干线重庆至湛江（GZ50）重庆境内高速公路，起于邻水界（下同），经渝北区、童家院子、界石、綦江、雷神店，止于贵州界崇溪河，外加重庆过境公路西南环上桥至界石公路。规划路线全长约211公里，共需建设资金约94亿元。

童家院子至雷神店段和上桥至界石段。童家院子至雷神店段长87.4公里，其中童家院子至界石段为绕城高速段，长32公里，界石至綦江雷神店55.4公里；上桥至界石段，也属于国道主干线在重庆主城的过境路段，长23公里。两段规划里程110.4公里，投资约75亿元，规划2001年前建成。该项目的建设将加速国道主干线的形成，解决国道主干线上海至成都公路、国道210、212、319等线以及重（重庆）广（广安）公路、重（重庆）绵（绵阳）公路经重庆南下过境问题。项目建成后可通过成渝高速公路、国道210、212、319等线，直接连通各主要港口、码头、机场、火车站、公路干线网点，有利于充分发挥国道主干线公路与黄金水道、铁路、机场的综合运输功能，有利于长江三峡工程的建设。

雷神店至崇溪河段。该段起于綦江县雷神店，止于贵州省界崇溪河，长48公里，投资约27亿元，规划2005年前建成。建成后可解决G210线老路标准低、适应性差、交通拥挤、堵车严重、事故频繁等问题。G210线雷神店至崇溪河段，老路全长约69.67公里，其中三、四级公路约占45%，其余为等外公路。全路段平、纵面技术标准差，其中多处最大纵坡达到15.8%以上，平曲线最小半径只有11米，路基宽度仅6～7米的路段长度占38.3%，路面为沥青表处，但因交通流量大，养护管理难于保证路面经常完好畅通。1994年汽车交通量为3418辆/昼夜（中型标准车），平均拥挤度为3.03。

3. 广渝高速公路重庆段

广渝高速公路重庆段长53公里，投资约19亿元，规划2004年建成。该段既属于广安至重庆高速公路的组成路段，又是国道210线万源至重庆高速公路的组成部分，直接沟通沪蓉国道主干线、利川成都支线（利川、石柱、垫江、邻水、广安、南充、成都）与国道主干线重庆至湛江公路，形成四川省东北部地区及重庆市渝北区通过国道主干线重庆至湛江公路南下沿海港口的重要出海公路，在国家干线公路网中占有重要地位。

广渝高速公路重庆段是重庆市的6条对外高等级公路之一，是沪蓉国道主干线万州至成都支线与重庆连接的关键路线，也是国道210线的重要组成路段，还与国道主干线重庆至湛江公路、国道319线重庆至长寿高速公路、国道212线重庆至合川高速公路、成都至重庆高速公路等重庆市骨架公路密切联系，对于改善重庆市整体路网功能，改善重庆市的交通运输条件和投资环境，促进重庆市的经济发展具有极其重要的意义。

4. 国道干线厦门至成都公路（G319线）重庆境内路段

国道干线厦门至成都公路（G319线）重庆境内路段起于遂宁界，经潼南、铜梁、璧山，在渝北区人和接渝长高速公路和长涪高速公路达涪陵，过涪陵长江大桥、武隆、彭水到黔江，再经酉阳、秀山抵湖南界（洪安）。遂宁界至涪陵乌江大桥为高速公路，乌江大桥至湖南界为二级公路。规划路线全长约663公里，其中黔江经酉阳至秀山至湖南界长约231公里，已建成一般二级公路，涪陵至武隆段基本达到二级公路水平；全线尚需建设307公里，需建设资金约86亿元。这条路线既是穿越原重庆、涪陵、黔江等两市一地的主骨架公路，又是可沟通四川腹地、湖南、湖北、贵州等省的主通道，具有重要的政治、经济、国防意义，是重庆市境内最重要的骨架干线公路。

渝（重庆）遂（遂宁）高速公路段。规划起于四川遂宁界，经潼南、铜梁、璧山，至重庆主城江北与国道主干线过境环线相接，长111公里，四车道标准，总投资48.6亿元。预测2008年日平均交通量达到15000辆，2010年达17600辆，在高速公路的适应交通量水平，规划2008年前建成。该路段属于重庆至四川省绵阳公路的一段，在遂宁与国道主干线支线成都至南充高速公路交叉，在重庆与国道主干线成都至上海公路衔接，构成公路网主骨架。在遂宁和重庆分别与达成铁路、成渝铁路等衔接，在重庆与长江水运、重庆航空港衔接，构成综合运输网。原遂宁至重庆公路技术等级较低，近一半的公路属四级路或等外路，而路段交通量均在2000辆以上，交通拥挤。据预测，到2020年，路段交通量将达到35000辆小客车/昼夜，原公路远远不能适应交通发展的需要，有必要修建重庆至遂宁高速公路。

长寿至涪陵高速公路段。该段起于长寿桃花街，穿黄草山、李渡、涪陵长江大桥，达涪陵乌江大桥，长约42.8公里，投资约23.7亿元。分为一期33公里，二期9.8公里。一期于1996年开工，2000年实现初通；二期工程在2001~2005年建设。长寿桃花街至涪陵乌江大桥公路，是改建国道319线的一部分。国道319线东起厦门，西达成都，是中国公路网东西横向干道之一，与国道210线、212线在重庆交汇。这条路与渝长高速公路将使涪陵通往重庆的里程缩短64公里，行车时间从4.5小时缩短为1.5小时，对加强涪陵地区与外界的联系起到重要作用。

本路段在重庆境内的老路始建于1939年，20世纪50年代末期按简易公路通车要求进行了改建，技术标准低，质量差。据1988年调查统计，路段总长71.5公里，其中三、四级公路占7.8%，等外级公路占91.2%；最大纵坡9.5%，平曲线半径小于15米有37处，回头曲线29处；路基宽5米~7.5米，路面宽3.5米~6米，均为沥青表处路面；桥涵载重标准不超过汽-15，挂-80，平面交叉13处，行车平均车速约20公里/小时。如遇大雨，大型载重车辆无法通行，是交通事故多发路段，堵车十分严重。在穿越金银、致韩、石泉、黄旗等乡政府所在路段时，横向干扰大，车辆通行困难。

表2-1　长寿——涪陵段老路的技术状况表

项目	单位	长寿县境	涪陵区境内
路线长度	公里	28	43.5
路线等级	等级/公里	四/4，等外/24	三/1.6，等外/41.9

续前表

项目	单位	长寿县境	涪陵区境内
平曲线小于15米	米/处		898/37
纵坡大于9%段落	米/处		150/1
路基宽度	米	5～7.5	5～7.5
路面宽度	米	3.5～5.5	4～6
挡土墙	米/处	271/7	1333/46
沥青表处路面	公里		1.6
泥结碎石路面	公里	28	41.9
桥　梁	米/座	327.8/6	89.1/3
涵　洞	米/座	1551.8/118	1510.2/127
与公路平面交叉	处	15	8
路线穿越区乡	处	2	4

涪陵经武隆、彭水、黔江、酉阳至秀山段。重庆渝东南的涪陵、武隆、彭水、黔江、酉阳、秀山等区县全靠国道G319联系，随着社会经济的发展和西部开发的需要，长远应考虑将“涪陵、武隆、彭水、黔江、酉阳、秀山段”作高速公路的设想。

5. 国道干线兰州至重庆公路G212重庆境内路段

该路段起于重庆江北区，经北碚、合川，止于武胜界（兴隆）。路线规划全长92公里，为全封闭高速公路，总投资约45.3亿元。分为一期58公里，二期34公里。规划一期2002年建成，二期2011～2015年期间建设。后根据发展和西部开发的需要，将实施期限提前到2003～2007年。该路段是重庆与川北重要城市南充、广元的重要通道，北上可达西安、兰州，对带动渝西北及川北经济将起到很重要的作用。

合川市是重庆的重要卫星城市，是全国农业百强县（市）之一，粮食、生猪、蚕茧、柑橘产量位居全国区县前茅。境内矿产资源丰富，嘉陵江、涪江、渠江在合川市汇合，使之成为川东北物资集散地，工农业生产条件优越，水利电力资源丰富，具有广阔的发展前景。北碚区是重庆市的文化、旅游名城和重要工业基地之一，已形成30个行业、100多个门类的比较完整的工业体系。有风景优美的缙云山、北温泉、嘉陵江小三峡等国家级风景名胜区。

建设重庆至合川高速公路能大大促进四川北部南充、广元等地区的经济社会发展，实现东出上海、南下湛江、西抵成都、北上南充的远大规划，使重庆的区位条件优势、辐射作用得到更好发挥，带动西南地区和长江上游经济社会发展。

6. 重庆外环高速公路（二环）

该路段是重庆市主城区内各组团之间的一条主要连接线，是国道主干线、国道干线、西部通道和许多省道在重庆市区交汇的重要枢纽。路段主要经过地点为北碚、歇马、青木关、虎溪、曾家场、龙凤场、走马、滴水岩、西彭、仁沱、马宗、一品、南彭、忠兴、惠民、广阳、鱼嘴、天堡、王家、仁睦、水土、三胜、北碚，全长186公里，投资99.3亿元，规划分期分段实施，2005年开工，2012年左右建成。该路段的建设为重庆市主城区内各组团以及外围组团之间的经济联系和相互沟通提供快捷交通通道，缓解重庆过境车辆压力，对改善投资环境、发展旅游事业、促进区域经济发展、实现大城市带动大农村都具有重要意义。

表2-2 1997~2020年高速公路重庆市骨架公路网规划建设项目表

项目	序号	路线名称	路段		技术等级	车道数	起讫点与主要控制点	建设性质	里程（公里）	投资估算（万元）	实施年限（年）	备注
合计									824.3	2805140		
主骨架公路	一	国道主干线上海至成都公路GZ55	1	上桥—童家院子	高速	六	上桥、高家花园大桥、童家院子	新建	19	314824	1996~1998	重庆过境公路西北环
				童家院子—长寿桃花街	高速	四	童家院子、寸滩、洛碛、桃花街	新建	66.5		1997~2000	
			2	长寿桃花街—梁平	高速	四	桃花街、垫江、云龙、梁平皂角树	新建	114	281760	1999~2003	
			3	梁平—万县	高速	四	梁平皂角树、分水、龙宝、万县	新建	62.7	226298	1998~2002	
			4	万县长江大桥及引道	高速	四	青岗膀、万县五桥	新建	10	31226	1994~1997	
			5	大竹界—梁平皂角树（支线）	高速	四	大竹界石桥铺、袁驿、七桥、梁平	新建	60	150000	2016~2020	根据国道主干线走向调整
	二	国道主干线重庆至北海公路GZ50	1	童家院子—巴南界石	高速	六	童家院子、寸滩、四公里、长生、界石	新建	32	330000	1997~2001	重庆过境路东北南环
				界石—綦江雷神店	高速	四	界石、綦江雷神店	新建	55.4		1997~2001	
			2	雷神店—崇溪河	高速	四	雷神店、赶水、崇溪河	新建	51.5	280000	1999~2004	
				上桥—界石	高速	六	上桥、大渡口、大山村、界石	新建	22.8	142600	1998~2001	重庆过境公路西南环
		国道G210	3	邻水界—双凤桥	高速	四	邻水刘家新屋、两岔、草坪、渝北双凤桥	新建	44.5	107365	2000~2003	

续前表

项目	序号	路线名称	路段		技术等级	车道数	起讫点与主要控制点	建设性质	里程（公里）	投资估算（万元）	实施年限（年）	备注
主骨架公路	三	国道G319	1	遂宁界—江北人和	高速	四	遂宁两眉、潼南、铜梁、青木关、人和	新建	140	350000	2015～2018	铜梁—西泉段2000年前先改成二级，投资10427万元
			2	长寿—涪陵长江大桥	高速	四	长寿桃花街、黄草山、李渡、涪陵	新建	33.9	137379	1996～1999	
			3	涪陵长江大桥及引道	高速	四	涪陵长江大桥及两头引道	新建	5.2	20688	1995～1997	
			4	涪陵长江大桥—乌江大桥	高速	四	涪陵长江大桥、白岩口、乌江大桥	新建	9.8	35000	2000～2004	
	四	国道G212	1	江北—合川	高速	四	人和、蔡家、北碚、东阳、沙溪、合川	新建	57	298000	1999～2003	
			2	合川—武胜界	高速	四	合川涪江二桥、武胜万善场	新建	40	100000	2011～2015	

表 2-3　重庆市骨架公路网规划建设项目(1997~2005 年高速公路)

项目	序号	路线名称		路段	技术等级	车道数	起讫点与主要控制点	建设性质	长度(公里)	工程投资(万元)	实施年限(年)	备注
合计									636.3	2218140		
主骨架公路	一	国道主干线上海至成都公路GZ55	1	上桥—童家院子	高速	六	上桥、高家花园大桥、童家院子	新建	19	314824	1996~1998	重庆过境公路西北环
				童家院子—长寿桃花街	高速	四	童家院子、寸滩、洛碛、桃花街	新建	66.5		1997~2000	
			2	长寿桃花街—梁平	高速	四	桃花街、垫江、云龙、梁平皂角树	新建	114	281760	1999~2003	
			3	梁平—万县	高速	四	梁平皂角树、分水、龙宝、万县	新建	62.7	226298	1998~2002	
			4	万县长江大桥及引道	高速	四	青岗膀、万县五桥	新建	10	31226	1994~1997	
			5	万县—苏拉口	一级	四	万县五桥、赶场、龙驹、苏拉口	改建	52	13000	1995~1998	已改建 20 公里
	二	国道主干线重庆至北海公路GZ50	1	童家院子—巴南界石	高速	六	童家院子、寸滩、四公里、长生、界石	新建	32	330000	1997~2001	重庆过境路东北南环
				界石—綦江雷神店	高速	四	界石、綦江、雷神店	新建	55.4		1997~2001	
			2	雷神店—崇溪河	高速	四	雷神店、赶水、崇溪河	新建	51.5	280000	1999~2004	
				上桥—界石	高速	六	上桥、大渡口、大山村、界石	新建	22.8	142600	1998~2001	重庆过境公路西南环
	三	国道 G210	1	邻水界—双凤桥	高速	四	邻水刘家新屋、两岔、草坪、渝北双凤桥	新建	44.5	107365	2000~2003	

续前表

项目	序号	路线名称	路段		技术等级	车道数	起讫点与主要控制点	建设性质	长度（公里）	工程投资（万元）	实施年限（年）	备注
主骨架公路	四	国道G319	1	长寿—涪陵长江大桥	高速	四	长寿桃花街、黄草山、李渡、涪陵	新建	33.9	137379	1996～1999	
			2	涪陵长江大桥及引道	高速	四	涪陵长江大桥及两头引道	新建	5.2	20688	1995～1997	
			3	涪陵长江大桥—乌江大桥	高速	四	涪陵长江大桥、白岩口、乌江大桥	新建	9.8	35000	2000～2004	双隧道长2×2850米
	五	国道G212	1	江北—合川	高速	四	人和、蔡家、北碚、东阳、沙溪、合川	新建	57	298000	1999～2003	

表2－4 **重庆市骨架公路网规划建设项目表（1997～2020年高速二环方案）**

项目	序号	路线名称	路段		技术等级	车道数	起讫点与主要控制点	建设性质	长度（公里）	工程投资（万元）	实施年限（年）
主过境外环线	一	主城区高速二环	1	北碚至西彭	高速	四	北碚、歇马、青木关、走马、西彭	新建	58	306800	2005～2009
			2	西彭至一品	高速	四	西彭、马宗、一品	新建	34	179800	2005～2010
			3	一品至鱼嘴	高速	四	一品、南彭、惠民、广阳、鱼嘴	新建	44	232700	2007～2011
			4	鱼嘴至北碚	高速	四	鱼嘴、王家、水土、北碚	新建	50	264500	2008～2012
		小计							186	983800	

（三）建设开工时序

骨架公路网的建设实施是一项艰巨复杂的系统工程。重庆市交通局在长远规划的指导下，根据经济发展水平和资金筹措情况，本着远粗近细、择重择急的原则，分批分期逐段安排实施。

表2-5　　重庆市骨架公路网规划建设时序表

类别	路线名称	起止点	技术等级	建设性质	实施年限（年）
主骨架公路	GZ55	上桥至童家院子	高速	新建	1995~1998
	GZ55	童家院子至长寿桃花街	高速	新建	1997~2000
	GZ55	长寿桃花街至梁平	高速	新建	2000~2003
	GZ55	梁平至万县	高速	新建	1999~2003
	GZ55	万县长江大桥及引道	高速	新建	1994~1997
	GZ55	万县至苏拉口	高速	新建	2007~2012
	GZ55	垫江支线（垫江澄溪至邻水高速路重庆段）	高速	新建	2005~2008
	GZ55	垫江至利川（垫江至忠县至利川高速公路重庆段）	高速	新建	2006~2011
	GZ50	童家院子至巴南界石	高速	新建	1997~2001
	GZ50	界石至綦江雷神店	高速	新建	1997~2001
	GZ50	雷神店至崇溪河	高速	新建	2001~2005
	GZ50	上桥至界石	高速	新建	1998~2002
	G210	邻水界至双凤桥	高速	新建	2000~2004
	G319	遂宁界至江北人和	高速	新建	2004~2007
	G319	长寿至涪陵长江大桥	高速	新建	1996~2000
	G319	涪陵长江大桥及引道	高速	新建	1995~1997
	G319	涪陵长江大桥至乌江大桥	高速	新建	2016~2020
	G212	江北至合川	高速	新建	1998~2002
	G212	合川至武胜界	高速	新建	2003~2009
	S202	万县至开县	高速	新建	2003~2007
主城区过境外环线	S111	北碚至西彭	高速	新建	2005~2009
	S111	西彭至一品	高速	新建	2006~2010
	S111	一品至鱼嘴	高速	新建	2007~2011
	S111	鱼嘴至北碚	高速	新建	2008~2012

（四）投资估算及资金筹措

参照《公路工程概算定额》各项费用定额和成渝高速公路建设经验，以及重庆市公路建设项目的可行性研究、设计和竣工资料，根据具体项目的地理、地形条件，估算骨架公路网建设投资额。

表2-6 重庆市骨架公路网投资估算参考价

单位：万元/公里

公路等级		公路建设性质	
		新建	改建
高速	六车道	3500	
	四车道	2500	

根据投资估算表，重庆市骨架公路网高速公路建设总里程约1068公里，总投资约468亿元。

表2-7 重庆市骨架公路网建设规划投资估算表
（1997~2020年高速公路部分）

类别	编号	路段名称	技术等级	车道数	建设性质	里程（公里）	工程投资（万元）
合计						1067.9	4682414
主骨架公路	GZ55	上桥至童家院子	高速	六	新建	19	83200
主骨架公路	GZ55	童家院子至长寿桃花街	高速	四	新建	66.5	291600
主骨架公路	GZ55	长寿桃花街至梁平	高速	四	新建	114	309900
主骨架公路	GZ55	梁平至万县	高速	四	新建	68	284300
主骨架公路	GZ55	万县长江大桥及引道	高速	四	新建	10	31226
主骨架公路	GZ55	万县至苏拉口	高速	四	新建	42	200000
主骨架公路	GZ55	大竹界至铜梁皂角树	高速	四	新建	60	150000
主骨架公路	GZ50	童家院子至巴南界石	高速	六	新建	32	128000
主骨架公路	GZ50	界石至綦江雷神店	高速	四	新建	55.4	214500
主骨架公路	GZ50	雷神店至崇溪河	高速	四	新建	48	271500
主骨架公路	GZ50	上桥至界石	高速	六	新建	23	135700
主骨架公路	G210	邻水界至双凤桥	高速	四	新建	53	191400
主骨架公路	G319	遂宁界至江北人和	高速	四	新建	111	486000
主骨架公路	G319	长寿至涪陵长江大桥	高速	四	新建	33	202600
主骨架公路	G319	涪陵长江大桥及引道	高速	四	新建	5.2	20688
主骨架公路	G319	涪涪陵长江大桥至乌江大桥	高速	四	新建	9.8	35000
主骨架公路	G212	江北至合川	高速	四	新建	58	311000
主骨架公路	G212	合川至武胜界	高速	四	新建	34	142000
主骨架公路	S202	万县至开县	高速	四	新建	40	210000
主城区过境外环线	S111	北碚至西彭	高速	四	新建	58	306800
主城区过境外环线	S111	西彭至一品	高速	四	新建	34	179800
主城区过境外环线	S111	一品至鱼嘴	高速	四	新建	44	232700
主城区过境外环线	S111	鱼嘴至北碚	高速	四	新建	50	264500

筹资措施。规划指出要实现重庆市骨架公路网这一宏伟规划建设目标，资金严重不足，任务艰巨，困难重重。必须通过解放思想，深化改革，扩大开放，引进外资，用好国家对中西部地区有关

的优惠政策，争取国家对重庆市骨架公路建设多投入；用好中央政府对库区补偿和少数民族地区的财政拨款中的交通建设补偿资金；用好各种税费的交通提留部分；利用国际金融组织贷款和外国政府长期贷款；利用国内银行贷款，吸收外商投资，引导民营资金投资；成立公路股份有限公司，发行股票，发行交通重点建设债券；将已建设好的高等级公路、桥梁的经营权转让，实行滚动发展；以地养路、建路，在贫困地区有效使用政府扶贫基金，民办公助、以公代赈修建公路；积极争取外省（市）对口扶贫资金用于公路建设。

二、重庆市高速公路网规划（2003～2020年）

（一）规划编制过程

规划背景　1997年3月，国务院批准重庆市为中国第四个直辖市。交通部根据全国社会经济发展态势，借鉴发达国家经验，规划了覆盖全国、连接20万以上人口城市的国家高速公路网。重庆市交通委员会抓住公路建设机遇，委托交通部规划研究院和重庆市交通规划勘察设计院进行了《重庆市高速公路网规划（2003～2020年）》的研究工作。

规划目的　配合国家西部大开发战略的实施，满足“努力把重庆建设成为长江上游的经济中心及交通枢纽”和“全面建设小康社会”总目标的需要。加强重庆市域内三大经济区之间的联系，调整经济社会发展“二元结构”和生产力布局，推动重庆市社会经济全面发展。完善国家干线公路网在重庆市的布局，加强市域内各区县（市）之间的相互衔接和沟通，缓解重庆干线的交通拥挤状况，整体提升重庆干线公路等级，逐步实现重庆市公路交通现代化。加快以三峡库区为重点的基础设施建设和生态环境建设，推动重庆市旅游业的发展，促进库区经济社会快速发展。

规划目标与原则　目标是使重庆主城区至所有区县由8小时到达缩减至4小时到达。阶段目标：到2010年，建成“两环八射”高速公路，高速公路通车里程达到2000公里；到2020年，高速公路通车里程达到3600公里，实现县县通高速公路，相邻区县间的主要公路达到高速公路标准，重庆市到周边各省的主要出口通道达到高速公路标准，形成规模适当、层次清晰、布局合理、功能明确、设施完善的高速公路网络。高速公路网规划是用于指导21世纪重庆市公路发展的长远发展规划。远景目标是到2040年基本实现交通部提出的公路交通现代化。规划原则是与重庆市社会经济发展格局和城镇布局相适应，与铁路、水路、航空等其他运输方式发展相协调。

功能定位　在行政等级上，重庆市的高速公路网主要由重庆境内的国道和部分重要省道组成，连接各区县（市）政府驻地、区域经济中心、重要交通枢纽以及军事战略要地。在路网功能上，以重庆市所辖的42个区县（市）政府驻地为节点，并有效沟通相邻省份，承担市域各区（市、县）间、经济区之间和省际的客货运输服务。在技术标准上，高速公路网由高速公路组成，并具有较完善的安全保障、通信监控和综合服务体系。

重庆市高速公路网形成后，将形成一个总规模3600公里的横贯东西、纵贯南北、辐射四方、覆盖全市、连接周边、密度适当、布局合理的高速公路网络，全市大部分地区在任何地点均可在1小时之内到达高速公路网，重庆市各区县（市）之间的时空距离大为缩短，使各区（县、市）之间的平均运行速度将由不到40公里/小时提高到70公里/小时，从辖区内任何一个县（市、区）政府所在地出发到达重庆主城的时间由8小时缩减到4小时。

（二）路网布局

规划以分配的交通量为基础确定技术等级，进行公路网布局，从区域社会经济、交通状况等实际概况出发，以总量控制法布局公路网的形态，以四阶段模式法进行远景交通量预测确定路线的技术等级。根据资料的占有情况，在没有全路网OD（O～D专项交通量）调查资料的情况下，主要采用总量控制法进行，并适当结合专家经验分析。

重庆市高速公路网布局由3条环线、10条放射线、3条连线组成，简称“三环、十射、三连”，总规模约3888公里，扣除重复里程288公里，实际规划里程约3600公里。

表 2－8　**重庆市高速公路网路线方案表**

类型		路线名称	路线性质	经过的区（县、市）	主要控制点	里程（公里）	备注
环线	一环	主线：重庆内环公路（内环路）	国道主干线	江北区、沙坪坝区、大渡口区、巴南区、南岸区	童家院子、余家湾、高滩岩、上桥、八桥、界石、茶园、童家院子	74	
	二环	主线：重庆绕城公路（绕城路）	西部通道	北碚区、沙坪坝区、九龙坡区、江津市、巴南区、南岸区、江北区、渝北区	北碚、青木关、走马、西彭、江津、一品、南彭、迎龙场、鱼嘴、王家场、水土、北碚	186	
	三环	主线：重庆公路外环（外环路）	省道（含部分国主、西部通道、国重及国道）	长寿县、渝北区、北碚区、合川县、铜梁县、永川县、江津市、綦江县、南川市、武隆县、涪陵市	桃花街、宴家、三角塘、草街、合川、铜梁、双石、白砂、綦江、南川、双河口、鸭江、蔺枝坝、桂花场、李渡	473	
射线	一射	主线：重庆至成都（成渝路）	国道主干线	沙坪坝区、九龙坡区、永川县、荣昌县	陈家坪、上桥、走马、双石、五富	114	
	二射	主线：重庆至遂宁（渝遂路）	国道重点支线	沙坪坝区、铜梁县、潼南县	高滩岩、青木关、铜梁、图家湾	111	
	三射	主线：重庆至南充（渝合路）	国道重点支线	江北区、北碚区、合川县	余家湾、北碚、草街、合川、钱塘	92	与三环重合 19 公里
	四射	主线：重庆至西安（渝邻路）	西部通道	江北区、渝北区	童家院子、黑石子、王家场、三角坝、邱家河	61	
		支线：重庆至机场（机场路）	国道主干线	江北区、渝北区	童家院子、机场	23	
	五射	主线：重庆至武汉（渝鄂路）	国道主干线	江北区、长寿县、垫江县、梁平县、万州区、云阳县、奉节县、巫山县	童家院子、黑石子、鱼嘴、宴家、桃花街、澄溪、长龙、白衣寺、高峰、五梁桥、陈家坝、庙湾、奉节、永安、刘家垭	458	与三环重合 10 公里，与四射重合 8 公里

续前表

类型		路线名称	路线性质	经过的区(县、市)	主要控制点	里程(公里)	备注
射线	五射	支线一:垫江至利川(垫利路)	国主支线	垫江县、忠县、石柱县	鸡公岭、澄溪、杠家场、黄家沟、彭家场、大河嘴、冷水溪	166	
		支线二:万州至达州(万达路)	国道重点支线	万州区、开县	五梁桥、岳溪镇	50	
	六射	主线:重庆至长沙(渝湘路)	西部通道	巴南区、南川市、武隆县、彭水县、黔江区、酉阳县、秀山县	界石、南彭、南川、双河口、白马、土坎、武隆、彭水、郁山、黔江、大路口、洪安	426	与三环重合43公里
		支线一:南川至道真(南道路)	省道	南川市	南川、梅溪坝、大有	35	与三环重合8公里
		支线二:彭水至酉阳(彭酉路)	西部通道	彭水县、酉阳县	彭水、龚滩、大路口	109	
		支线三:黔江至张家界(黔张路)	省道	黔江县	冯家坝、水井槽	25	
	七射	主线:重庆至贵阳(渝黔路)	国道主干线	江北区、南岸区、巴南区、綦江县	界石、綦江	101	
	八射	主线:重庆至泸州(渝泸路)	国道重点支线	大渡口区、九龙坡区、江津市	八桥、西彭、江津、白沙、塘河	83	与二环重合10公里
	九射	主线:重庆至成都(成渝辅助通道)	省道	大渡口、璧山县、铜梁县、大足县	孔子岩、走马、璧山、大足	95	
	十射	主线:重庆至安康(沿江路)	省道(含部分国主、国重及国道)	南岸区、涪陵市、丰都县、忠县、万州区、开县、城口县	茶园、迎龙、桂花场、长江二桥、人民场、双路场、高家镇、彭家场、黄家沟、冷井场、高峰场、长岭冈、陈家坝、庙湾、马肚坝、温泉、大园、岔溪口	475	与三环重合2公里,与五射重合8公里,与五射支线重合11公里

续前表

类型		路线名称	路线性质	经过的区（县、市）	主要控制点	里程（公里）	备注
射线	十射	支线一：涪陵至武隆（涪武路）	国道	涪陵市、武隆县	蒿枝坝、鸭江、白马、土坎、武隆	74	与三环重合21公里，与六射重合33公里
		支线二：涪陵北环线（涪陵北环）	省道	涪陵市	长江二桥、李渡	15	
		支线三：丰都至石柱（丰石路）	省道	丰都县、石柱县	双路场、高家镇、望水寺	50	与主线重合14公里
		支线四：万州至利川（万利路）	国道主干线	万州区	长岭冈、苏拉口	31	
联线	一联	主线：垫江至武隆（垫武路）	省道	垫江县、丰都县、武隆县	垫江、长龙、杠家场、人民场、双路、武隆	183	与六射线重合10公里，与十射重合8公里
	二联	主线：梁平至黔江（梁黔路）	省道（含少部分国主及西部通道）	梁平县、忠县、石柱县、彭水县、黔江区	碧山、白衣寺、冷井场、黄家沟、彭家场、大河嘴、望水寺、郁山、黔江	227	与五射支线、十射和七射重合71公里
	三联	主线：巫溪至建始（巫建路）	省道（含少部分国重）	巫溪县、奉节县	鸡心岭、巫溪、奉节、永安、石乳关	151	与五射重合12公里
“三环、十射、三联”合计						3600	已扣除重复里程

表2-9　　重庆市“九五”公路发展规划表

项目名称	建设性质	投资估算（万元）	建设起止年限	“九五”计划投资		备注
				合计	交通部投资	
总　计		2329175		1954803	465300	
一、上海至成都主干线公路	新建					
1. 成渝路（重庆段）	新建	182310	1990~1996	40310	6200	1995年全线通车
2. 重庆上桥—长寿桃花街公路	新建	314824	1995~2000	302077	59000	1995年开工
3. 长寿桃花街—长寿澄溪公路	新建	247500	1997~2000	247500	60000	1997年开工
4. 长寿澄溪—梁平	新建	250000	1997~2000	250000	60000	
5. 梁平—万县	新建	226000	1996~1997	226000	60000	
6. 万县长江大桥	新建	28200	1996~1997	14875	1000	
7. 万县—苏拉口（湖北省界）	新建	7620	1997~1999	7620	2000	旧路改造
二、西南出海大通道						
1. 川黔公路（童家院子—雷神店）	新建	330000	1996~2000	330000	80000	1996年开工
2. 国道主干线联络段（巴县界石场—沙区上桥）	新建	120000	1998~2000	120000	40000	2000年建成通车
3. 川黔公路（雷神店—崇溪河）	新建	238500	1998~2003	40000	15000	2003年建成通车
三、成都至厦门公路（国道319）						
1. 长寿桃花街—黄草山	新建	32547	1996~1998	32547	13000	1996年开工
2. 黄草山—涪陵	新建	98000	1996~2000	98000	20000	1997年开工
3. 涪陵长江大桥	新建	16174	1994~1997	8374	900	
4. 涪陵—火石（武隆彭水界）	改建	50000	1997~2000	50000	10000	
5. 火石（武隆彭水界）—彭水	改建	12500	1997~2000	12500	2500	
6. 彭水—黔江	改建	65000	1997~2000	65000	13000	
7. 黔江—酉阳	改建	87000	1997~2000	87000	18000	
8. 酉阳—秀山	改建	23000	1997~2000	23000	4700	

在上述高速公路网规划方案的基础上，拟将南川和长寿两个节点直接连通作为三环的连线，即增加一条南北方向的过境通道，减少环线交通压力。

（三）公路等级和功能

原则上采用高速公路标准，在人口稀少、地理条件特别困难的区域，可分幅分期修建，逐步建成。在3600公里的重庆市高速公路网中，有规划的国家高速公路约1880公里，其余的为重庆地方高速公路，约1720公里；已建路段580公里，在建路段约340公里，尚需新建高速公路约2680公里。路线功能为：

一环：即重庆内环公路（内环路），为国道主干线，总长74公里，穿越重庆的江北、沙坪坝、大渡口、巴南和南岸共5个区，是国道主干线在重庆建设过程中自然形成的内环高速公路。

二环：即重庆绕城公路（绕城路），为西部开发省际公路通道在重庆市的绕城公路，总长186公里，路线穿越北碚区、沙坪坝区、九龙坡区、江津市、巴南区、南岸区、江北区、渝北区，主要功能是连接重庆市周边的经济组团，减轻过境交通对重庆市的交通压力。

三环：即重庆公路外环（外环路），总长 473 公里，途经长寿县、渝北区、北碚区、合川县、铜梁县、永川县、江津市、綦江县、南川市、武隆县、涪陵市，功能是连接重庆市主城区附近的各个区县，促进地区经济发展。

一射：重庆至成都公路（成渝路），为沪蓉国道主干线在重庆境内的一段，在渝境内总长 114 公里，已全线建成。路线穿越重庆市的沙坪坝区、九龙坡区、永川县、荣昌县，是重庆市连接渝西地区、川东和沟通四川省成都市的“黄金”公路通道。

二射：重庆至遂宁公路（渝遂路），为国家重点公路支线，在渝境内总长 111 公里，正在建设，路线穿越重庆市的沙坪坝区、铜梁县和潼南县，是重庆连接渝西北地区的公路通道，也是成渝公路通道的辅助通道。

三射：重庆至南充公路（渝合路），为国家重点公路支线，在渝境内总长 92 公里（其中路线与三环重合 19 公里），正在建设，路线穿越重庆市的江北区、北碚区和合川县，是重庆连接渝西北地区的公路通道，也是沟通川东北及中国西北地区东部的公路运输通道。

四射：重庆至西安公路（渝邻路），为西部开发省际公路通道，渝境内总长 61 公里，正在建设，路线穿越重庆市的江北区和渝北区，是重庆沟通中国西北地区陕西等地的公路通道。

该公路的支线为重庆至机场公路（机场路），为国道 210 线，长 23 公里（已建成一级公路 17 公里，正在改建），穿越重庆市的江北区和渝北区，是重庆连接机场的专用公路。

五射：重庆至武汉公路（渝鄂路），为国道主干线，起于江北区童家院子，止于巫山县刘家垭（渝鄂界），渝境内总长 458 公里（其中与三环重合 10 公里，与四射主线重合 8 公里），穿越重庆市的江北区、长寿县、垫江县、梁平县、万州区、云阳县、奉节县和巫山县，是重庆连接华北和华中地区的重要公路通道。

五射有两条支线。支线一是垫江至利川公路，为国道主干线支线，起于垫江县鸡公岭（渝川界），穿越重庆市的垫江县、忠县和石柱县，止于石柱县冷水溪（渝鄂界），渝境内总长 166 公里，是渝东、川东地区连接华中地区的便捷通道。支线二是万州至达州公路，经过万州、开县，长 50 公里，是渝东、川东地区直达万州港的便捷通道。

六射：重庆至长沙公路（渝湘路），为西部开发省际公路通道，起于巴南区界石，穿越南川市、武隆县、彭水县、黔江区、酉阳县，止于秀山县洪安（渝湘界），渝境内总长 426 公里（其中路线与三环重合 43 公里），是重庆连接华中和华南地区的重要公路通道。

六射有三条支线。支线一是南川至道真公路（南道路），穿过南川市，长 35 公里（其中路线与主线重合 8 公里），是西南地区出海的辅助通道。支线二是彭水至酉阳公路（彭酉路），经过彭水县、酉阳县，长 109 公里，是重庆至长沙西部通道的便捷辅助路线。支线三是黔江至张家界公路（黔张路），长 25 公里，穿越黔江区，是重庆往张家界的便捷旅游通道。

七射：重庆至贵阳公路（渝黔路），为国道主干线，起于巴南区界石，止于綦江县崇溪河（渝黔界），渝境内总长 101 公里，是重庆连接中国西南地区的出海公路通道。

八射：重庆至泸州公路（渝泸路），为国家重点公路，起于大渡口区八桥，穿越九龙坡区，止于江津市塘河（渝川界），渝境内总长 83 公里（与绕城路重合 10 公里），是重庆连接云南等地区的重要公路通道。

九射：重庆至成都公路（成渝辅助通道），该公路为新规划的成渝之间的辅助通道，在渝境内总长 95 公里，路线穿越重庆市的大渡口区、璧山县、铜梁县和大足县，是为远期缓解成渝路交通压力而规划的又一公路通道。

十射：重庆至安康公路（沿江路），起于南岸区茶园，穿越南岸区、涪陵区、丰都县、忠县、万州区、开县，止于城口县岔溪口（渝川界），渝境内总长 475 公里（其中路线与三环重合 2 公里，与五射重合 8 公里，与五射支线重合 11 公里），对于万州至城口段因地形条件限制拟采取分幅分期修建的方式。该路线强化了主城区与涪陵、万州、黔江3个区域中心城市之间的联系，是重庆市沿长江三峡旅游资源开发的主通道，也是重庆连接西北地区的辅助通道。

十射有四条支线。支线一是涪陵至武隆公路（涪武路），经过涪陵市、武隆县，长74公里（其中路线与三环重合21公里，与主线重合33公里）。支线二是涪陵北环线（涪陵北环），起于长江二桥，止于李渡，长15公里，与三环线、六射线形成涪陵环线。支线三是丰都至石柱公路（丰石路），长50公里（与主线重合14公里），穿越丰都县、石柱县。支线四是万州至利川公路（万利路），起于长岭岗，止于苏拉口（渝鄂界），长31公里，路线在万州区境内。

一联：垫江至武隆公路（垫武路），起于垫江，止于武隆，经过丰都县，里程总长183公里（与射线重合18公里）。

二联：梁平至黔江公路（梁黔路），起于川渝交界的碧山，止于黔江，经过梁平县、忠县、石柱县、彭水县，里程总长227公里（其中与射线重合71公里）。

三联：巫溪至建始公路（巫建路），起于川渝交界的鸡心岭，止于渝鄂交界的石乳关，经过巫溪、奉节，里程总长137公里（与六射重合12公里）。

（四）建设开工时序

在政策环境不变的情况下，从2003年起，实施该规划需要20年左右，力争在2020年前完成。

表2-10　　重庆市高速公路网分期实施建设规划安排表

类型	路线名称及序号		路段属性	建设起止年限	里程（公里）	静态投资（亿元）	2003～2010年		2011～2020年		备注
							“十五”（亿元）	“十一五”（亿元）	“十二五”（亿元）	“十三五”（亿元）	
合计					3020	1730	280	550	500	400	
二环	主线：重庆绕城公路（绕城路）										
	1	西南段（北碚至南彭）	西部通道	2005～2009年	100	52.90	15	37.90			
	2	东北段（南彭至北碚）	西部通道	2006～2010年	86	67.10		67.10			
三环	主线：重庆公路外环（外环路）										
	1	宴家场至草街	省道	2012～2015年	63	38.90			38.90		
	2	合川至双石	省道	2011～2015年	93	35.50			35.50		
	3	双石至綦江	省道	2012～2015年	112	50.50			50.50		
	4	綦江至万盛	省道	2001～2004年	34	14	14				在建项目
	5	万盛区至南川市	省道	2009～2012年	28	12		3	9		
	6	双河口至大石堡	省道	2010～2013年	34	15.70		2	13.70		

续前表

类型	路线名称及序号		路段属性	建设起止年限	里程（公里）	静态投资（亿元）	2003～2010年 “十五”（亿元）	2003～2010年 “十一五”（亿元）	2011～2020年 “十二五”（亿元）	2011～2020年 “十三五”（亿元）	备注
二射	主线：重庆至遂宁（渝遂路）										
	1	重庆至遂宁	国重支线	2004～2008年	111	47	20	27			在建项目
三射	主线：重庆至南充（渝合路）										
	1	合川至钱塘镇（渝川界）	国重支线	2001～2004年	35	13	13				在建项目
四射	主线：重庆至西安（渝邻路）										
	1	黑石子至邱家河	西部通道	2002～2005年	53	19.10	19.10				在建项目
	支线：重庆至机场（机场路）										
	1	重庆机场至绕城路	国道	2007～2009年	6	2.10		2.10			在建项目
	2	重庆机场路改建	国道	2003～2005年	17	5	5				
五射	主线：重庆至武汉（渝鄂路）										
	1	高峰场至奉节新城	国重	2004～2009年	144	92.70	25	67.70			
	2	奉节至刘家垭（渝鄂界）	国重	2005～2010年	68	45.60	16.60	29			
	支线一：垫江至利川（垫利路）										
	1	鸡公岭（渝川界）至澄溪	国主支线	2004～2007年	7	3.20	1.20	2			
	2	澄溪至彭家场	国主支线	2004～2007年	83	37.80	17.80	20			
	3	彭家场至冷水溪	国主支线	2004～2007年	76	48.60	20	28.60			
	支线二：万州至达州（万达路）										
	1	五梁桥至渝川界	国重	2009～2013年	50	34.20		5	29.20		

续前表

类型	路线名称及序号		路段属性	建设起止年限	里程（公里）	静态投资（亿元）	2003～2010年		2011～2020年		备注
							“十五”（亿元）	“十一五”（亿元）	“十二五”（亿元）	“十三五”（亿元）	
六射	主线：重庆至长沙（渝湘路）										
	1	界石至水江	西部通道	2004～2007年	88	59	20	39			
	2	水江至武隆	西部通道	2004～2007年	58	42.60	20	22.60			
	3	武隆至彭水	西部通道	2005～2008年	54	45.90	10	35.90			
	4	彭水至黔江	西部通道	2005～2008年	66	52.80	10	42.80			
	5	黔江至酉阳	西部通道	2006～2009年	87	41.20		41.20			
	6	酉阳至洪安（渝湘界）	西部通道	2006～2009年	73	44		44			
	支线一：南川至道真（南道路）										
	1	梅溪坝至大有（渝黔界）	省道	2012～2015年	27	16			16		
	支线二：彭水至酉阳（彭酉路）										
	1	彭水至酉阳大路口	西部通道	2016～2020年	109	87.20				87.20	
	支线三：黔江至张家界（黔张路）										
	1	冯家坝至水井槽	省道	2011～2014年	25	15			15		
七射	主线：重庆至贵阳（渝黔路）										
	1	雷神店至崇溪河	国主	2001～2004年	46	22.30	22.30				在建项目

续前表

类型	路线名称及序号		路段属性	建设起止年限	里程（公里）	静态投资（亿元）	2003～2010年		2011～2020年		备注
							“十五”（亿元）	“十一五”（亿元）	“十二五”（亿元）	“十三五”（亿元）	
八射	重庆至泸州（渝泸路）										
	1	八桥至西彭	国重	2011～2015年	25	12.50			12.50		
	2	江津至塘河（渝川界）	国重	2008～2013年	49	19.60		14.60	5		
九射	主线：重庆至成都（成渝辅助通道）										
	1	重庆至大足（渝川界）	省道	2016～2019年	95	59				59	
十射	主线：重庆至安康（沿江路）										
	1	茶园至迎龙场	省道	2008～2010年	11	5		5			
	2	迎龙场至桂花场	省道	2009～2012年	65	35.70		3	32.70		
	3	桂花场至蒿枝坝	省道	2010～2013年	2	1		0.5	0.50		
	4	蒿枝坝至双路场	省道	2010～2013年	60	32.60		3	29.60		
	5	双路场至彭家场	省道	2011～2014年	51	22.7			22.70		
	6	黄家沟至高峰场	省道	2012～2015年	69	36.50			36.50		
	7	高峰场至长岭岗	国主	2013～2015年	15	8.30			8.30		
	8	长岭岗至陈家坝	省道	2009～2013年	18	12			12		
	9	庙湾至马肚坝	省道	2002～2005年	45	31	31				在建项目
	10	马肚坝至大园	省道	2011～2020年	90	55			8	47	分期分幅
	11	大园至岔溪口	省道	2013～2020年	28	13.50			2.90	10.60	分期分幅
	支线一：涪陵至武隆（涪武路）										

续前表

类型	路线名称及序号		路段属性	建设起止年限	里程（公里）	静态投资（亿元）	2003～2010年		2011～2020年		备注
							“十五”（亿元）	“十一五”（亿元）	“十二五”（亿元）	“十三五”（亿元）	
十射	1	鸭江至白马	国道	2011～2015年	20	17			17		
	支线二：涪陵北环（涪陵北环路）										
	1	长江二桥南至李渡	省道	2011～2014年	15	10.10			10.10		
	支线三：丰都至石柱（丰石路）										
	1	高家镇至大河嘴	省道	2012～2015年	36	22.70			22.70		
	支线四：万州至利川（万利路）										
	1	长岭岗至苏拉口	国主	2016～2019年	31	14.90				14.90	
一联	主线：垫江至武隆（垫武路）										
	1	垫江县至丰都人民场	省道	2016～2019年	78	37.50				37.50	
	2	双路场至武隆	省道	2015～2018年	90	46.20			2	44.20	
二联	主线：梁平至黔江（梁黔路）										
	1	碧山（渝川县）至冷井场	省道	2016～2020年	83	42.60				42.60	
	2	望水寺至郁山	省道	2012～2015年	73	48.50			48.50		
三联	主线：巫溪至建始（巫建路）										
	1	鸡心岭（渝陕界）巫溪	省道	2011～2020年	47	29.50			5	24.50	分期分幅
	2	巫溪至奉节新城	省道	2008～2018年	45	28.20		7	11.20	10	分期分幅
	3	永安至石乳关（渝鄂界）	省道	2016～2020年	47	27.50			5	22.50	分期分幅

（五）投资匡算

重庆高速公路网规划总里程长度 3888 公里，实际建设里程 3600 公里，匡算静态总投资 1993 亿元。

表 2-11　高速路网投资匡算汇总表

路线名称		规划里程高速（公里）	建设里程高速（公里）	匡算（亿元）
一环	重庆内环公路	74	74	41
二环	重庆绕城公路	186	186	120
三环	重庆外环公路	473	398	184.60
一射	重庆至成都公路	114	114	38
二射	重庆至遂宁公路	111	111	47
三射	重庆至南充公路	92	92	43
四射	重庆至西安公路	61	53	19.10
	支线：重庆至机场公路	23	23	7.10
五射	重庆至武汉公路	458	458	249.10
	支一：垫江至利川公路	166	166	89.60
	支二：万州至达州公路	50	50	34.20
六射	重庆至长沙公路	426	426	285.50
	支一：南川至道真公路	35	27	16
	支二：彭水至酉阳公路	109	109	87.20
	支三；黔江至张家界路	25	25	15
七射	重庆至贵阳公路	101	101	47.80
八射	重庆至泸州公路	83	74	32.10
九射	重庆至成都辅助通道	95	95	59
十射	重庆至安康公路	475	454	253.30
	支一：涪陵至武隆公路	74	20	17
	支二：涪陵北环线公路	15	15	10.10
	支三：丰都至石柱公路	50	36	22.70
	支四：万州至利川公路	31	31	14.90
一联	垫江至武隆公路	183	168	83.70
二联	梁平至黔江公路	227	156	91.10
三联	巫溪至建始公路	151	139	85.20
匡算汇总		3888	3600	1993.30

在规划的重庆市高速公路网中，已建成高速公路 580 公里，其余部分正在建设或还未开工建设。扣除已建成高速公路的投资，尚需建设高速公路 3020 公里，需静态建设投资 1730 亿元（包括在建项目的投资）。

三、高速公路规划长远目标调整

（一）调整过程

2002年11月8日，中共十六大召开。十六大报告指出，要积极推进西部大开发，促进区域经济协调发展。打好基础，扎实推进，重点抓好基础设施和生态环境建设，争取10年内取得突破性进展。2002年12月，中共重庆市委书记黄镇东到任不到两个月，在对重庆市公路工作进行调研，听取重庆市交通委员会汇报2020年重庆交通发展规划后指出这是十六大以前的规划，到2020年才建成“二环八射”高速公路，速度太慢了。人家走一步，我们重庆要走一步半、两步，才能赶上别人，否则就越差越多，总也赶不上。在2003年初召开的重庆交通工作会上，市长王鸿举对重庆交通提出了新的要求。

至2020年，把重庆建设成为长江上游经济中心，是中共中央总书记、国家主席、中央军委主席江泽民交办重庆的4件大事之一。由此，按照十六大精神，中共重庆市委、重庆市人民政府提出“在2010年前构筑长江上游交通枢纽”的战略目标。在2003年4月22日召开的重庆市交通工作座谈会上，做出了重庆市交通公路和水路建设全面提速的战略部署，要求重庆交通发展规划提速10年。在此后召开的新闻发布会上，重庆市交通委员会主任胡振业向记者宣布交通发展规划的调整落实情况。

（二）调整内容

在原有的1997～2020年重庆综合交通规划的基础上，将原定2020年实施的规划提前到2010年前实施。在提前实施的交通规划中，重点的高速公路项目定下时间表。2003年，原规划“二环八射”的高速公路有7条在建，总里程达到389公里，总投资约151亿元，在“十五”末期（2005年年底）将全部建成。这样，使重庆高速公路总里程达到789公里，远超重庆市“十五”交通发展规划中原来确定的490公里高速公路目标。在高速公路“二环八射”的原规划中，有3条计划在2010年后实施的项目，被提前到2003年年底或者2004年年初开工，分别是重庆至长沙高速公路的界石至水江段，万州至宜昌高速公路的万州至云阳段和万宜高速公路支线的垫江至忠县至利川高速公路，重庆至遂宁高速公路于2003年年底如期开工。“十五”计划期间，重庆市在建的高速公路项目共计11个。原规划2020年前建设的重庆绕城高速公路（外环路）和重庆至合州高速公路，提前到“十一五”规划期实施，于2005年或2006年开工建设，预计通车时间分别为2011年和2009年。届时，重庆高速公路总里程将提前10年达到2000公里目标。

四、省道公路网规划（1997～2020年）

（一）编制过程

1. 任务来源与背景

1995年底，重庆市交通局已先后完成了重庆市的干线公路网规划和县乡公路网规划。1997年年初，重庆市交通局为适应新的社会经济发展，编制了《1997～2020年重庆市骨架公路网建设规划》，规划出2020年前形成全市的骨架公路网。重庆直辖市成立后，1997年8月，重庆市交通局又重新划定和规划了重庆直辖市省道干线公路网。

2. 省道划定和规划的目的和意义

为了适应重庆市直辖后社会经济的大发展，划定并规划其省道公路网。对内搞活、对外开放，实现大城市带动大农村，尽快形成合理的、快速的国省干线公路网。为编制新的公路中长期，特别是“十五”公路建设规划提供依据。为适应公路交通运输的发展，管养好公路，加强重点养护。

重庆市城市总体规划修编，需要省道公路网规划，作为基础设施规划的一部分，在重庆市狠抓基础设施的关键时期，公路规划，特别是省道公路规划显得尤为重要。

3. 规划的目标、原则和方法

本次规划要达到的目标是满足重庆市到21世纪中叶达到发达国家水平对交通建设的需要，使全部国省干线公路技术等级达二级以上，路面达到次高级或高级路面。

规划的原则是实事求是、量力而行，尊重科学、讲求效益，远粗近细、分期实施。国省干线公路网规划服从全国国道干线公路网规划，国省公路网规划应与邻近周边省的国省干线公路网规划相协调。

本次规划采用“选择路网节点法”和“总量控制法”。对规划区域内的路网节点（市区、县城、码头等交通源）进行选择，确定节点并连接；根据社会发展趋势和交通运输量的变化特征，确定公路走向和主要控制点，根据建设资金情况列出分期实施序列。

本次规划期限为：1997～2020 年。

4. 公路增量

本次省道规划共增加省道里程 2272 公里，分阶段增加情况为：1997 年重新划定省道 14 条（六放射、五纵、三横），里程为 3710.2 公里，比原四川省行政管辖下的省道里程增加 773 公里。2000 年规划省道仍为 14 条，里程在 1997 年重新划定后的基础上再增加 314.9 公里，规划里程达到 4025.1 公里。2020 年规划省道达到 20 条（十放射、一环、五纵、四横），在 2000 年规划省道里程的基础上增加 1184.1 公里，省道总里程达到 5209.2 公里。国省道干线公路形成两环、十七射、五纵、四横。一环，即国道主干线过境形成的高速公路一环。二环，省道渝环路，即高速公路二环。十七射是国道七射、省道十射。国道七射是重庆至达川、重庆至苏拉口、重庆至秀山、重庆至贵州、重庆至成都、重庆至遂宁、重庆至南充。省道十射是重庆至茨竹、重庆至巫溪、重庆至巴东、重庆至道真、重庆至贵州、重庆至合江、重庆至东胜、重庆至隆昌、重庆至潼南、重庆至合川。五纵，由五条省道组成，即巫溪至恩施、城口至黔江、垫江至道真、广安至铜梁、潼南至泸州。四横，由四条省道组成，即苏拉口至石桥铺、石柱至垫江、石柱至雷神店、松桃至彭水。

增加并打通重庆市干线公路进出口通道是本次规划的主要目标之一，因此在进行布局规划时注重考虑了进出口通道的问题，加强重庆市的公路交通向周边省市辐射的能力，规划省道进出口通道达到 25 个（比原来增加 12 个），国道进出口通道达到 9 个。

（二）路网布局

省道规划布局共 20 条（支线 5 条），共计 5209.2 公里（实际里程）。路网布局为：

放射性线：S101 线渝邻高速公路、S102 线渝巫路、S103 线渝巴路、S104 线渝道路、S105 线、S106 线渝合路、S107 线渝东路、S108 线渝隆路、S109 线、S110 线渝南路，共 10 条，计 2543.8 公里（实际里程）。

环线 1 条：S111 线渝环路，195 公里（实际里程）。

纵向线（南北向）：S201 线巫恩路、S202 线城黔路、S203 线垫道路、S204 线广铜路、S205 线潼泸路，共 5 条，计 1627.7 公里（实际里程）。

横向线（东西向）：S301 线、S302 线石垫路、S303 线石雷路、S304 线松彭路，共 4 条，715.5 公里（实际里程）。

本次规划高速公路即 S111 线渝环路，起于江北鱼嘴，经旱土、沙坪、蔡家、歇马、陈家、西彭、仁沱、忠兴、惠民、河口，又止于鱼嘴，全长 195 公里，规划 2010 年开工，2020 年完工，预计投资 107.3 亿元。该路是重庆市区外环规划的一条重要公路。重庆市正在组织实施国道主干线重庆过境路线，这些路线构成了重庆市的外环高速公路。随着重庆市社会经济的发展，预测 2015～2020 年，这条高速公路将全部处于城区，交通量也将饱和，因此有必要规划另一条环线，即渝环路。长远规划渝环路将建设成为 6 车道的高速公路。

（三）资金筹措

根据重庆市近几年公路建设经验，规划新建高速公路 195 公里，新建一级公路 301.3 公里，改建二级公路 3548.8 公里，总投资估算约人民币 268 亿元。资金筹措渠道及有效使用可归纳为：用好国家对中西部地区有关的优惠政策，争取国家对重庆市的多投入；加大投资力度；利用好国家金融组织贷款。动员全社会各方力量对公路建设的支持和参与；实行公路有偿使用，走“建设、开发、管理、养护”相结合的路子；大力依靠科技进步，加强公路建设的现代化管理，利用新材料、新工艺、新技术，提高工程质量，降低工程造价。

第二节　中期规划

一、重庆市公路“十五”计划

（一）编制过程

1. 1999 年重庆市公路交通状况

1999 年年底，重庆市公路总里程 28086 公里，其中国道 1522 公里（国道主干线高速公路 134 公里）、省道 3635 公里、县道 9897 公里、乡道 12433 公里、专用公路 599 公里。

表 2－12　　1999 年重庆市公路基本情况统计表

指标			单位	数量
公路总里程			公里	28086
其中：国省道里程			公里	5157
路网面积密度			公里/百平方公里	34.08
公路技术等级状况	等级公路里程		公里	20521
	等级公路占总里程的比例		%	73.06
	高速公路里程		公里	134
	高速公路占总里程的比例		%	0.48
	一、二级公路里程		公里	2450
	一、二级公路占总里程的比例		%	8.72
	二级及以上等级公路里程		公里	2584
	二级及以上等级公路占总里程的比例占总里程的比例		%	9.20
	等外级路里程		公里	7565
	等外级路占总里程的比例		%	26.94
公路路面状况	有路面	里程	公里	26793
		铺装率	%	95.40
	高级次高级路面	里程	公里	4282
		铺装率	%	15.25

1999 年年末，重庆市拥有机动车辆 366645 辆。全社会民用汽车 188405 辆，其中客车 95324 辆、货车 90416 辆；交通部门行业管理的营运车辆 105177 辆，其中客车 24658 辆、货车 80519 辆。

1999 年公路运输完成货运量 22202 万吨，货物周转量 69.25 亿吨公里，客运量 48343 万人，旅客周转量 154.97 亿人公里，占综合运输量的比重分别为 84.14%、20.5%、90.67%、60.6%，分别比上年增加 0.3%、5.6%、7.7%、6.5%。

2. 指导思想和原则

编制重庆市公路“十五”计划的指导思想是建设骨架，完善网络、打通出口、增加密度。即“十五”计划期内，加快建设国家“两纵两横”“三条路”在重庆市境内的主干线骨架公路和重庆市规划建设的骨架公路，完善骨架公路间的联系道路，打通重庆市与邻近省的快速出口通道，增加公路在重庆市农村地区、移民地区、贫困地区的通达深度，增加公路网的密度。坚持“实事求是、量力而行，尊重科学、讲求效益，远粗近细、分期实施”的原则。

3. “十五”计划公路建设目标

重庆市“十五”高速公路建设计划的目标是：加快重点建设高速公路7条（沪蓉公路、沪蓉公路支线、渝湛公路、国道212线、国道210线、国道319线、重庆市二环高速公路）888公里，其中“十五”期间建成9段490公里；总投资约381亿元，其中“十五”期间投资210亿元。“十五”期末重庆市公路通车里程达32000公里，比“九五”期末增加2900公里；高速公路达689公里，占总里程的2.2%，比“九五”期末增加里程490公里。

（二）规划项目

1. 国道主干线项目

（1）沪蓉公路GZ55线（重庆境）高速公路。该线起于荣昌桑家坡，经荣昌、永川、璧山、重庆市主城区、渝北、长寿、垫江、梁平、万州，止于湖北苏拉口。国道主干线沪蓉公路是全国一条非常重要的横向主干线，在重庆市境内段也是重庆市骨架公路网中的横向主骨架，横穿全市和三峡库区，东通湖北省，达上海，西通四川省，达成都。该路规划全长430多公里，总投资约130亿元，已完成投资约50亿元，还需投资约80亿元。该线分为成渝段、渝长段、长梁段、梁万段、万州苏拉口段进行建设。

成渝高速公路段。从商家坡至陈家坪114.2公里，4车道标准，已于1995年建成通车，完成投资约18亿。

渝长高速公路段。共85公里。从上桥至童家院子20公里，6车道标准，已于1998年通车；童家院子至长寿桃花街65公里，4车道标准，将于1999年底实现初通。共完成投资约31亿元。

长梁高速公路段。从长寿桃花街全梁平114公里，4车道标准，计划2000年开工建设，“十五”续建，2004年建成。该段总投资31.32亿元，其中“九五”计划投资2亿元，“十五”计划投资29.32亿元。

梁万高速公路段。从梁平至万州67公里，4车道标准，计划于1999年开工建设，“十五”续建，2003年建成。该段总投资28.43亿元，其中“九五”计划投资8亿元，“十五”计划投资20.43亿元。

万州苏拉口段。长50公里，经过“九五”改造已达到二级路技术水平，尚有危桥5座，由于交通量发展水平较低，在“十五”前几年以二级公路过渡，预计2010年交通量达到12000辆/日，接近高速公路的适应水平，计划“十五”末开始建设高速公路，2005年开工，2007年完工。路段总投资18亿元，其中“十五”计划投资3亿元，“十一五”投资15亿元，请求交通部投资3亿元。该路段建成后，将成为重庆到湖北的一条高速出口公路。

沪蓉公路支线高速公路（重庆境）。该线规划起于垫江澄溪，过邻水界到广安，长7公里，四车道标准，计划“十五”期建设，2004年开工，跨“十一五”，2007年建成。总投资4亿元，其中“十五”计划投资0.5亿，“十一五”计划投资3.5亿。该路段建成后，将成为重庆到四川广安、南充等地的一条高速出口公路。

（2）渝湛公路GZ50线（重庆境）高速公路。该线起于童家院子，经界石、綦江、雷神店、赶水，止于崇溪河，另加上桥至界石段，走向与国道G210线重庆境内南走向一致。GZ50线是中国西南出海大通道，建成后将使2000多公里的老路缩短为1100公里左右，使西南地区客货出海大为便捷，是重庆市三峡库区的一条纵向公路主通道，对发展库区经济和西南地区经济乃至中国西部经济都具有重要战略意义。

GZ50 线（重庆境）规划全长 159 公里，总投资 74.42 亿元，其中“九五”末预计完成投资 36.2 亿元，“十五”计划投资 38.22 亿元。分为上桥至界石段、童家院子至雷神店段、雷神店至崇溪河段进行建设。

上桥至界石高速公路长 23 公里，6 车道标准，是国道主干线重庆过境绕城线西段，已于 1998 年开工，“十五”续建，计划 2002 年完工。该段总投资 13.57 亿元，其中“九五”末预计完成投资 8 亿元，“十五”计划投资 5.57 亿元。

童家院子至雷神店高速公路长 87 公里。其中，童家院子至界石 32 公里，为 6 车道标准，属国道主干线重庆过境绕城线东南段；界石至雷神店 55 公里，4 车道标准，该路已于 1998 年开工，是“十五”续建项目，计划 2002 年完工。总投资 34.25 亿元，其中“九五”末预计完成投资 25 亿元“十五”计划投资 9.25 亿元。

雷神店至崇溪河高速公路长 49 公里，预测 2005 年交通量达到 23410 辆/日，达到高速公路的适应水平，因此计划 2000 年开工，“十五”期续建，2004 年完工。该段总投资 26.6 亿元，其中“九五”末预计完成投资 1.2 亿元，“十五”计划投资 25.4 亿。路段建成后，将成为重庆到贵州的一条高速出口公路。

2. 国道项目

G210 线：重庆至邱家河高速公路（重庆境）。该线从渝北两路到邻水界（邱家河），与 G210 线北走向一致，规划长 53 公里，双向 4 车道。该路是重庆北上四川、陕西的重要通道，预测 2005 年交通量达到 12150 辆/日，接近高速公路适应交通量水平，计划“十五”期建设，2000 年开工，“十五”期续建，2004 年建成；总投资 18.22 亿元，其中“九五”末预计完成投资 2.1 亿元，“十五”计划投资 16.12 亿元。路段建成后，将成为重庆到四川广安、达川等地的一条高速出口公路。

G212 线：重庆至合隆高速公路。规划起点在主城区江北，三跨嘉陵江，全长 101 公里，4 车道标准。全线总投资 41.72 亿元，其中“九五”末预计完成投资 15 亿元，“十五”计划投资 26.72 亿元。该线分重庆至合川段、合川至合隆段进行建设。

重庆至合川段规划为高速公路 58 公里，已于 1998 年开工，是“十五”续建项目，计划 2002 年完工。总投资 31.1 亿元，其中“九五”末预计完成投资 15 亿元，“十五”计划投资 16.1 亿元。

合川至合隆段规划为高速公路 43 公里，预计 2005 年交通量达到 16500 辆/日，接近高速公路的适应水平，计划 2003 年开工，跨“十一五”，2006 年完工。该段总投资 10.62 亿元，其中“十五”计划投资 6.62 亿元，“十一五”投资 4 亿元。该路段建成后，将成为重庆到四川南充、广元等地的一条高速出口公路。

G319 线：包括重庆至遂宁高速公路和长寿至涪陵高速公路两段。规划全长 143 公里，全线总投资 65.26 亿元，其中“九五”末完成投资 15.1 亿元，“十五”计划投资 50.16 亿元。

重庆至遂宁高速公路规划起点在重庆主城江北，经重庆西部经济较为发达的璧山、铜梁、潼南等县，到四川遂宁界，长 110 公里，四车道，预测 2005 年日平均交通量将达到 17570 辆，2010 年达 25880 辆。计划“十五”末建设这条路段，2004 年开工，2008 年建成通车。总投资 45 亿元，其中“十五”计划投资 20 亿元，“十一五”投资 25 亿元。

长寿至涪陵高速公路长 45 公里，分为一期 33 公里，二期 12 公里。一期于 1996 年开工，2000 年实现初通；二期为“十五”续建项目，2002 年建成。总投资 20.26 亿元，其中“九五”末完成投资 15.1 亿元，“十五”计划投资 5.16 亿元。

3. 省道高速公路项目

重庆市绕城高速公路，即规划省道 S111 线，起于江北鱼嘴，经旱土、沙坪、蔡家、歇马、陈家、西彭、仁沱、惠明、河口，止于鱼嘴，连通巴南、南岸、江北、渝北、北碚、沙坪坝、九龙坡、江津8个区市，形成重庆市的高速公路绕城线，与内环线形成双环高速公路过境的特有模式。该线是重庆市区外环规划的一条重要高速公路，是通过重庆市主城区的几条放射形国道干线高速公路的连接线，可配合各出口通道，形成高速过境的网络布局，为西部大开发和重庆市外向型经济的发展提供有力保障，对于优化重庆的投资硬环境、拉动重庆经济的迅速发展等具有重要意义。该规划全长195公里，总投资100亿元，申请交通部补助20亿元。计划2004年开工，2009年完工，为“十五”跨“十一五”项目，其中“十五”期投资30亿元，申请交通部补助6亿元。

（三）建设开工时序

上述高速公路建设项目具体安排及开工时序详见下表。

表2－13　**重庆市“十五”高速公路建设计划表**

序号	项目名称	建设性质	建设规模（公里）	开工年度	完工年度	投资额（亿元）							
						合计	交通部投资	“九五”		“十五”		“十一五”	
								合计	交通部投资	合计	交通部投资	合计	交通部投资
	国道主干线或国省道项目		875			389.2	74.34	75.2	13.6	211.17	42.74	102.8	18
一	在建项目		382			158.9	28.34	73.1	13.2	85.83	15.14	0	0
1	国道主干线项目		291			107.57	20.96	43	8.2	64.57	12.76	0	0
(1)	沪蓉公路		181			59.75	12.37	10	3	49.75	9.37	0	0
	①梁平至长寿	新建	114	2000	2003	31.32	6.61	2	0.5	29.32	6.11		
	②万州至梁平	新建	67	1999	2003	28.43	5.76	8	2.5	20.43	3.26		
(2)	渝湛公路		110			47.82	8.59	33	5.2	14.82	3.39		
	①九龙坡上桥至巴南界石	新建	23	1998	2002	13.57	1.59	8	1.2	5.57	0.39		
	②渝北童家院子至綦江雷神店	新建	87	1998	2002	34.25	7	25	4	9.25	3		
2	国道项目		91			51.36	7.38	30.1	5	21.26	2.38	0	0
(1)	国道212线		58			31.1	4.35	15	2.5	16.1	1.85	0	0
	①重庆至合川	新建	58	1998	2002	31.1	4.35	15	2.5	16.1	1.85		

续前表

序号	项目名称	建设性质	建设规模（公里）	开工年度	完工年度	投资额（亿元）							
						合计	交通部投资	“九五”		“十五”		“十一五”	
								合计	交通部投资	合计	交通部投资	合计	交通部投资
⑵	国道319线		33			20.26	3.03	15.1	2.5	5.16	0.53	0	0
	①长寿至涪陵	新建	33	1996	2002	20.26	3.03	15.1	2.5	5.16	0.53		
二	新建项目		493			230.23	46	2.1	0.4	125.34	27.6	102.79	18
1	国道210线		53			18.22	3.5	2.1	0.4	16.12	3.1		
	①重庆至邱家河（川渝界）	新建	53	2000	2003	18.22	3.5	2.1	0.4	16.12	3.1		
2	渝湛公路		48			26.6	5.5	0	0	26.6	5.5		
	①綦江雷神店至綦江崇溪河	新建	48	2001	2004	26.6	5.5			26.6	5.5		
3	国道319线		110			52.79	9	0	0	38	8	14.79	1
	①重庆至遂宁（重庆段）	新建	110	2003	2008	52.79	9			38	8	14.79	1
4	国道212线		30			10.62	3	0	0	7.62	3	3	0
	①合川至武胜（川渝界）	新建	30	2003	2006	10.62	3			7.62	3	3	
5	重庆市绕城高速公路（二环）	新建	195	2004	2009	100	20			30	6	70	14
6	沪蓉公路支线		7			4	1			4	1	0	0
	①垫江澄溪至四川邻水（重庆段）	新建	7	2003	2005	4	1			4	1		
7	沪蓉公路		50			18	4	0	0	3	1	15	3
	③万州至苏拉口	新建	50	2005	2007	18	4			3	1	15	3

（四）资金筹措

“十五”期重庆市的公路建设任务十分繁重，将建设高速公路888公里，资金总需求达约210亿元。规划提出了资金筹措的6项措施。

1. 争取国家加大对西部地区及重庆市的支持和倾斜力度，加大对扶贫公路的建设投资力度，申请国家设立西部开发基金，支持加快发展公路建设。

2. 争取国际、国内金融机构对交通基础设施建设的投资力度，申请国外低息贷款、优惠贷款用于重庆市交通设施建设；同时向国家争取贴息贷款或贷款贴息，特别是高速公路建设可大胆利用国外贷款和国内贷款，申请对国外贷款实行政府贴息，对国内贷款实行差别利率、利率浮动，并尽可能多采用长期贷款。

3. 进一步解放思想，转变观念，积极依靠资金市场，吸纳社会资金用于基础设施建设，加快公路项目公司化、租赁、证券化进程，进一步加大招商引资力度，利用公路建设与经营对投资者的吸引力，寻求国内外投资者合资合作，尽可能地盘活现有存量公路资产；同时争取更多的国家和地方债券，争取高速公路公司上市发行股票等。

4. 建议重庆市政府加大对交通建设的政策扶持力度。对高速公路建设项目实行征地拆迁优惠政策，在重庆市政府权限范围内，对高速公路建设用地实行税费减免，免缴行政事业性收费及其他规费，对建设用地免征耕地占用税和土地复耕费，对使用荒山、荒沟、荒丘、荒滩等“四荒”土地免征土地补偿费，占用其他耕地适当减免补偿费。实行“以工代赈”“以粮代赈”政策，支持地方公路建设。简化与公路建设有关的土地、林业、环保、水利等方面的审批手续。

5. 利用西部大开发、三峡库区移民开发机遇，争取国家部委、全国各省市加大对重庆市有关区县交通基础设施建设的对口支援力度。

6. 各区县（市）交通部门要发扬自力更生的精神，积极争取当地政府给予优惠政策，根据自身特点多方筹集资金。

二、重庆市公路“十一五”规划

（一）编制过程

重庆市公路“十一五”规划（2006～2010 年）是全市“十一五”经济社会发展规划的重要组成部分。2005 年重庆市交通委员会根据交通部《关于编报公路水路交通“十一五”规划的通知》（交规划发〔2004〕117 号）、重庆市人民政府《关于编制重庆市“十一五”规划的工作意见》（渝府发〔2004〕22 号）等文件，组织力量开展了《重庆市公路水路交通“十一五”规划》的编制工作。

此次规划的指导思想是坚持以科学发展观统领全局，紧紧围绕中共重庆市委二届八次全委会提出的“十一五”奋斗目标，为实现 2010 年左右建成长江上游交通枢纽、2020 年建成长江上游经济中心的目标打下坚实基础。规划的基本原则为统筹协调，持续发展，立足实际，适度超前。规划范围为重庆市行政区域范围，面积约 8.24 万平方公里。规划期限为 2006～2010 年，远期展望至 2020 年。

（二）规划项目

“十一五”计划期间，重庆市公路共启动建设项目 1434 公里，总投资 909.46 亿元，其中“十一五”投资约 608.96 亿元，申请交通部补助 193.80 亿元。

重庆绕城高速公路。路段全长 186 公里，新建高速公路，总投资约 130 亿元，申请交通部补助 37 亿元，为“十五”跨“十一五”项目。分北碚至滴水岩（西段）、滴水岩至南彭（南段）、北碚至鱼嘴（北段）、鱼嘴至南彭（东段）4 段进行建设。计划于 2004 年开工西段和南段，2005 年开工北段和东段，全线 2009 年建成。其中“十一五”投资 93 亿元，申请交通部补助 28 亿元。

重庆至长沙高速公路。重庆段全长 422 公里，始于巴南界石，经南川、武隆、彭水、黔江、酉阳、秀山，止于秀山洪安界，新建高速公路，总投资约 285.7 亿元，申请交通部补助 78 亿元，为“十五”跨“十一五”项目。分界石至水江、水江至武隆、武隆至彭水、彭水至黔江、黔江至酉阳、酉阳至洪安（渝湘界）6 段进行建设，界石至水江段已于 2003 年开工，全线将在 2009 年建成通车，其中“十一五”期投资 234.2 亿元，申请交通部补助 68.98 亿元。

重庆至遂宁高速公路。重庆段全长111公里，新建高速公路，总投资约45亿元，申请交通部补助7.51亿元，为“十五”跨“十一五”项目，已于2003年年底开工，预计2007年建成，其中“十一五”期投资27亿元，申请交通部补助6.01亿元。

万州至宜昌高速公路。重庆段全长208公里，起于万州（接渝宜高速公路渝万段），经云阳、奉节、巫山，止于湖北巴东界，新建高速公路，总投资约153.76亿元，申请交通部补助28.57亿元，为“十五”跨“十一五”项目，计划于2004年年底开工，预计2009年建成，其中“十一五”期投资127.76亿元，申请交通部补助25.07亿元。

垫江至利川高速公路。重庆段全长155公里，新建高速公路，总投资约103亿元，申请交通部补助17.81亿元，为“十五”跨“十一五”项目，计划于2004年年底开工，预计2009年建成，其中“十一五”期投资87亿元，申请交通部补助13.81亿元。

重庆至泸州高速公路。重庆段全长48公里，起于江津仁沱（接外环高速公路），经慈云、塘河，止于四川合江界，新建高速公路，总投资约19亿元，申请交通部补助5亿元，其中“十一五”期投资14亿元，申请交通部补助4亿元。

重庆至万州高速公路。全长270公里，新建高速公路，为“十一五”跨“十二五”建设项目，计划2008年开工，2015年建成，总投资约150亿元，其中“十一五”期投资12亿元，申请交通部补助2亿元。

涪陵至白马高速公路。全长35公里，新建高速公路，为“十一五”跨“十二五”建设项目，计划2008年开工，2012年建成，总投资约23亿元，其中“十一五”期投资10亿元，申请交通部补助2亿元。

（三）建设开工时序

建设项目开工时序见下表。

表2-14　**重庆市高速公路“十一五”规划建设项目表**

序号	项目名称	建设性质	里程（公里）	开工年度	完工年度	投资（亿元）		“十五”期投资		“十一五”期投资	
						总投资	交通部投资	合计	交通部投资	合计	交通部投资
	合计					909.46	213.87	149.5	27.0	604.76	149.87
	国道主干线项目					103.00	17.81	16.00	4.00	87.00	13.81
	沪蓉路支线	新建	155			103.00	17.81	16.00	4.00	87.00	13.81
一	分水岭（鄂渝界）至忠县	新建	79	2004	2009	59.00	10.42	6.00	1.50	53.00	8.92
	忠县至垫江（渝川界）	新建	76	2004	2008	44.00	7.39	10.00	2.50	34.00	4.89
二	西部开发省际公路通道项目	新建	608			415.70	114.98	88.50	18.0	327.0	96.98
	重庆至长沙高速公路	新建	422			285.7	77.98	51.50	9.00	234.0	68.98
	界石至水江	新建	85	2003	2007	39.70	7.98	22.00	3.00	17.70	4.98
	水江至武隆	新建	58	2004	2008	48.00	13.00	9.00	2.00	39.00	11.00
1	武隆至彭水	新建	73	2004	2008	57.00	15.00	8.00	2.00	49.00	13.00
	彭水至黔江	新建	61	2004	2008	46.00	15.00	7.00	1.00	39.00	14.00
	黔江至酉阳	新建	59	2005	2009	39.00	12.00	3.00	0.50	36.00	11.50
	酉阳至洪安	新建	86	2005	2009	56.00	15.00	2.50	0.50	53.00	14.50

续前表

序号	项目名称	建设性质	里程（公里）	开工年度	完工年度	投资（亿元）		“十五”期投资		“十一五”期投资	
						总投资	交通部投资	合计	交通部投资	合计	交通部投资
2	重庆绕城高速公路（二环路）	改建	186			130.00	37.00	37.00	9.00	93.00	28.00
	北碚至滴水岩（西段）	改建	49.80	2004	2008	21.00	7.00	9.00	3.00	12.00	4.00
	滴水岩至南彭（南段）	改建	49.50	2004	2008	35.00	10.00	12.00	4.00	23.00	6.00
	北碚至鱼嘴（北段）	改建	50.30	2005	2009	51.00	13.00	8.00	1.00	43.00	12.00
	鱼嘴至南彭（东段）	改建	36.40	2005	2009	23.00	7.00	8.00	1.00	15.00	6.00
三	其他干线公路项目	改建	673			390.76	81.08	45.00	5.00	190.76	39.08
1	国家重点公路宁波至樟木支线重庆至遂宁公路（重庆段）	改建	111	2003	2007	45.00	7.51	18.00	1.50	27.00	6.01
2	国家重点公路杭州至兰州公路（重庆段）	改建	208			153.76	28.57	26.00	3.50	127.76	25.07
	巫山（鄂渝界）至奉节	改建	60	2005	2009	49.39	9.00	7.00	1.00	42.39	8.00
	奉节至云阳	改建	70	2004	2009	56.37	12.00	9.00	1.00	47.37	11.00
	云阳至万州	改建	78	2004	2008	48.00	7.57	10.00	1.50	38.00	6.07
3	国家重点公路宁波至樟木支线重庆至泸州公路（重庆段）	改建	49	2005	2008	19.00	5.00	1.00		14.00	4.00
4	重庆至万州公路（沿江路）	改建	270	2008	2015	150.00	35.00			12.00	2.00
5	涪陵至白马公路	改建	35	2008	2012	23.00	5.00			10.00	2.00

（四）资金筹措

重庆市“十一五”期高速公路建设资金投资608.96亿元，其中申请交通部补助约149.87亿元，主要来源有中央投资、地方自筹、国内外贷款、利用外资和其他资金等。其余的部分需要通过银行贷款、地方自筹、国内国外贷款和其他资金等渠道解决。由于重庆财力弱，交通建设滚动发展周期长，“十一五”期公路、水路交通建设面临的最大困难是资金缺口巨大。重庆市将在积极争取国家和交通部的资金补助和政策扶持的同时，从以下几个方面积极筹集资金：

1. 争取国际、国内金融机构对重庆市交通基础设施建设的投资力度，申请国外低息贷款、优惠贷款用于重庆市交通建设，同时向国家争取实行贴息贷款或贷款贴息，特别是高速公路建设可大胆利用国外贷款和国内贷款，申请对国外贷款实行由政府贴息，对国内贷款实行差别利率、浮动利率，并尽可能多采用长期贷款。

2. 解放思想，转变观念，积极依靠资本市场，吸纳社会资金用于交通基础设施建设，加快公路项目公司化、租赁、证券化进程。继续加大招商引资力度，不断改善投资经营环境，利用公路建设和经营对投资者的吸引力，寻求国内外投资者来合资合作，盘活存量公路资产。争取更多的国家和地方债券，争取高速公路公司上市发行股票等。

3. 重庆市和各区县（自治县、市）政府加大对重庆市交通建设发展的政策扶持力度。抓住西部开发和三峡移民的机遇，争取国家各部委和各省市对重庆市的对口扶贫支援。发动群众投工投劳，参与农村交通建设。

三、重庆市县际公路建设规划

（一）编制过程

《重庆市县际公路建设规划》于2001年编制。重庆市的公路网分为3个层次：骨架公路网、县际公路网、农村公路网。

直辖之初，为适应全市社会经济的大发展，重庆市交通委员会主持编写了《重庆市骨架公路网建设规划（1997~2020年）》和《重庆市省道公路网规划（1997~2020年）》等规划，这样重庆市将基本实现所有区县（市）政府所在地至少有一条二级或二级以上的公路通达重庆市主城区或与高速公路相接的目标。“八小时重庆”交通的实现将基本达到区县（市）与主城区之间的快速纵向联系。但区县（市）间相互连接的干线公路数量少，断头路多，网络性不强，等级水平低，行车条件差；周边区县（市）到达邻近省县的出口路不畅；与重庆市周边接壤的四川、陕西、湖北、湖南、贵州5个省均为人口密度较大的经济欠发达省份，必须打通出境公路通道，加强重庆市与这些省的联系，增强重庆直辖市对周边省份的辐射能力。

因此重庆市急切需要有指导相邻区县（市）间干线公路相互联系和到邻近省县出境公路连接的建设规划，即“重庆市县际公路建设规划”。实施该规划是重庆市继高速公路建设和“八小时重庆”公路交通建设之后，全市公路交通建设的重点。

编制该项规划的指导思想是：服从国家社会经济和国防的需要，与国家经济发展格局和西部开发战略相适应；服从国家干线公路网和重点公路建设规划；服从重庆市三大经济区域的发展需要，特别是三峡库区生态经济区的移民开发与扶贫需要；与全市和邻近省的综合运输网相协调。

重庆市县际公路规划包括重庆市市内县际公路，即区县（市）间相互连接的干线公路或重要经济路，以及重庆市出境县际公路。重庆市县际公路是重庆市干线公路网络的发展与完善，主要承担相邻区县（市）间和区县（市）到周边省县间的快速运输，为重庆市的广大农村服务，为各区县（市）的社会经济发展服务。

规划的原则是：县城或区县（市）政府所在地为接点，在考虑穿越重要的镇、居民区、旅游点等交通集散源的基础上，实现相邻接点间公路的便捷联系，使相邻接点间至少有一条二级或三级的公路相互连接。周边区县（市）一般要有一条二级或三级的出境干线公路与邻近省县相同等级水平的公路相连。

（二）规划线路

重庆市与邻近省份相连尚无二级或二级以上公路的区县有15个。其中与四川省相邻的有永川、合川、城口、江津；与陕西省相邻近的有城口、巫溪；与湖北省相邻近的有巫溪、巫山、奉节、云阳、黔江、酉阳；与湖南省相邻的有秀山；与贵州省相邻的有酉阳、秀山、彭水、武隆、南川、江津。规划出境县际公路共22条1022公里，建设资金需求约45.9亿元。

表2-15　**重庆市县际公路建设规划表**

编号	相邻区县		线路名称	主要控制点	里程（公里）			投资（万元）	开工年度	完工年度	备注
	区县1	区县2			小计	区县1	区县2				
1	巴南	涪陵	省道103线	惠民、二圣、木洞、双河口	55	55		39600	2004	2005	巴南区境内
2	城口	陕西省岚皋	省道202线	城口、龙田、北屏	30	30		24500	2003	2005	

续前表

编号	相邻区县		线路名称	主要控制点	里程（公里）			投资（万元）	开工年度	完工年度	备注
	区县1	区县2			小计	区县1	区县2				
3	城口	陕西省镇坪	东朝路	东安、老鸦铺	20	20		16000	2005	2006	
4	城口	巫溪	城巫路	修平、东安、土城、两河口	138	78	60	69000	2005	2007	
5	大足	潼南	省道205线	龙岗、中敖、塘坝	39	7	32	16400	2003	2004	
6	垫江	丰都	省道203线	长龙、仁和、大石	37	37		11100	2003	2005	垫江境内
7	奉节	湖北省恩施	省道201线	新民、五马、庙湾、兴隆	108	108		7100	2003	2005	
8	合川	潼南	王兴路	二郎、燕窝、合隆	20	20		5400	2003	2004	合川境内
9	合川	四川省武胜	合武路	县城、云门、高龙、龙市、肖家	20	20		6000	2004	2005	
10	江津	綦江	仁屏路	仁沱、贾嗣、夏坝、屏鹿	42	42		16800	2004	2005	江津境内
11	江津	贵州省习水	省道107线	付家、东胜	22	22		11000	2003	2005	
12	江津	四川省合江	省道106线	白沙、塘河	36	36		14400	2004	2005	
13	开县	四川省开江	铁讲路	铁桥、南雅、讲治	17	17		8500	2004	2005	
14	开县	四川省宣汉	宣万路	临江、三合、中和、三汇口	44	44		23000	2005	2006	
15	南川	贵州省道真	省道104线	三泉、马嘴	30	30		13300	2004	2005	
16	彭水	贵州省务川	彭务路	县城、淀水、大垭	64	64		32000	2004	2006	
17	彭水	酉阳	省道304线	鹿角、龚滩	63	49	14	64200	2004	2005	
18	黔江	湖北省咸丰	省道202线	县城、朱家镇	22	22		17600	2005	2006	
19	石柱	万州	石万路	王家、河嘴、赶岔场	68	38	30	26000	2003	2005	

续前表

编号	相邻区县		线路名称	主要控制点	里程（公里）			投资（万元）	开工年度	完工年度	备注
	区县1	区县2			小计	区县1	区县2				
20	巫山	湖北省巴东	省道103线	茶园、楚阳	54	54		27500	2004	2005	
21	巫山	湖北省建始	巫渣路	官渡、平南、石碑、报龙	104	104		55000	2003	2005	
22	巫溪	奉节	省道201线	红岩、花栗、白水、曲龙	74	40	34	43500	2003	2007	
23	巫溪	巫山	省道901线	通城、白云、大川、巫峡	104	20	84	52000	2004	2007	
24	巫溪	湖北省十堰	巫十路	两河口、双桥	26	26		19800	2003	2005	
25	巫溪	湖北省神农架	省道102线	城厢、双阳、神农架	46	46		23000	2004	2006	
26	武隆	贵州省道真	省道203线	黄莺	37	37		17000	2003	2005	
27	秀山	贵州省松桃	省道304线	石耶、吏目、宴龙	22	22		8800	2003	2005	
28	永川	江津	永津路	陈食、碑槽、吴市、油溪、德感	50	22	28	20000	2004	2007	
29	永川	四川省泸州	省道205线	永川、黄文、寒坡	22	22		12600	2003	2005	
30	酉阳	贵州省沿河	铜李路	铜鼓、官清、李溪	57	57		28500	2004	2005	
31	酉阳	湖北省来凤	酉牡路	毛坝、木叶、兴隆	83	83		38500	2004	2005	
32	酉阳	湖南省龙山	酉龙路	渤海、麻旺、泔溪、酉酬、桂塘	82	82		25000	2004	2005	
33	云阳	湖北省利川	开利路	双江、凤鸣、利川	76	76		30400	2003	2005	
34	云阳	开县	开利路	丰乐、后坝、双水、高阳、双江	77	47	30	38300	2004	2006	
35	忠县	垫江	石垫路	复兴、白石、双桂	58	58		35000	2004	2005	忠县境内
36	忠县	梁平	省道202线	三元、新店子	37	13	24	21600	2004	2006	
合计					1884			918400			

四、重庆市农村公路建设规划

（一）编制过程

2000 年，按照交通部统一要求，重庆市各区县编制完成各区域范围内 2000～2020 年农村公路发展规划，由重庆市交通委员会汇总后上报交通部。中共十六大提出了“全面建设小康社会”的目标，交通部在2003 年的全国交通厅局长会议和全国农村公路建设工作电视电话会议上提出了“修好农村路，服务城镇化，让农民兄弟走上油路和水泥路”的农村公路建设目标。重庆市对农村公路建设进行了重新部署和规划，于2003 年5 月组织力量开展农村公路建设规划的编制工作，编制完成了《2003～2010 年重庆市农村公路建设规划》。

在规划编制过程中，通过较为详细的调研、征求市级有关部门和部分区县的意见、邀请专家进行深入论证等方式，确定了7 条规划原则：坚持科学发展；局部服从整体；统筹规划；地方为主、国家适当扶持；目的明确、重点突出；新建与改建相结合，建设和养护并重；坚持分级管理。

规划实施期限为2003～2010 年。

表2－16　**重庆市农村公路建设分阶段目标表**

地区	年度	乡镇公路通畅率（%）	行政村公路通达率（%）	行政村公路通畅率（%）
主城区	2003	50	86.80	8.80
	2005	62	93	12
	2007	78	95.50	22
	2010	100	100	40
都市发达经济圈	2003	82.50	97.40	23.50
	2005	100	100	31.40
	2007	100	100	65
	2010	100	100	70.90
渝西经济走廊	2003	67	94.90	11.40
	2005	90.30	100	17.40
	2007	100	10	35.20
	2010	100	100	45.50
三峡库区生态经济区	2003	40.20	82.10	6
	2005	47.80	89.30	7.50
	2007	67.80	93.20	12.10
	2010	100	100	34

（二）建设标准

乡镇公路“通畅工程”：技术等级一般要求达到四级及以上标准，路面类型一般要求采用高级或次高级路面：全市45 个中心镇和103 个经济强镇必须达到三级（高级路面）及以上标准。

行政村公路“通达工程”：技术等级一般要求达到四级公路标准，受限路段除路基宽度外，个别指标可适当降低，但必须满足行政村内主要机动车辆通行的安全要求；路面类型一般要求达到中级路面（砂石路面），有条件的可实施高级或次高级路面。

行政村公路“通畅工程”：技术等级一般要求基本达到四级公路标准，工程艰巨、难度较大的路段个别技术指标可采用四级公路下限，但必须满足行车安全要求，路面类型一般采用高级或次高级路面。

为加强农村公路建设，重庆市交通局、重庆市计划委员会专门从养护费中列支专项补助资金，用于山区公路建设。

表 2－17　　1990 年度部分山区公路建设项目及补助费计划表

区县名称	项目名称	性质	规模	补助费（万元）	说明
綦江县				小计 24	
	连石至石连	续建	12 公里	7	扶贫项目
	正紫至高庙	续建	7.5 公里	2	扶贫项目
	万兴至白渡	新建	12 公里	8	1989 年已开工未立项
	古剑至骑龙	危桥改建	1－12 米跨	4	已断道
	大乐至贵州小乐	扫尾	4 公里	3	1989 年已基本完工未立项
巴县				小计 32	
	木洞小河大桥测量设计费			5	
	鱼洞客车站接珞璜公路联结路	新建	1 公里	13	
	木洞清溪至长寿扇沱公路	续建扫尾		2	
	盘龙到百节市麻风病院联结路	新建	2 公里	2	已完工 50% 未立项
	（指定项目）巴县函谷便道桥				
	经与县政府、县交通局领导研究，协商同意，市交通局重交局〔1988〕39 号“关于下达 1989 年度山区公路建设项目补助费计划的通知”中安排木洞至卢沟二道桥 1－20 米及引道改建工程，因未动工该项目及补助费计划撤销；重交局公〔1989〕39 号批复新建白沙沱至红胜公路列入 1990 年度山区公路建设计划安排补助费，因经费有限 1990 年度暂不立项，续建。				
江北县	复兴至滩口桥梁	重建	1 座全长 70 米	10	1989 年洪灾冲毁
璧山县				小计 20	
	团山堡至碗厂坝	续建	2.9 公里	7	
	何家厂至现龙	续建	2 公里	3	
	三合大桥至马场	续建	5.3 公里	3	
	五里至大鹏	续建	5.3 公里	2	
	鹿鸣至石坪	续建	3 公里	2	
	同心至金龙	续建	8.5 公里	3	

续前表

<table>
<tr><th>区县名称</th><th>项目名称</th><th>性质</th><th>规模</th><th>补助费（万元）</th><th>说明</th></tr>
<tr><td rowspan="5">江津县</td><td></td><td></td><td></td><td>小计30</td><td></td></tr>
<tr><td>四面山公路</td><td>续建</td><td>11公里</td><td>10</td><td>改线</td></tr>
<tr><td>嘉平大桥</td><td>新建</td><td></td><td>8</td><td>已集资26万元，解决嘉平乡通公路</td></tr>
<tr><td>月沱至綦江大垭</td><td>续建</td><td>9.3公里</td><td>8</td><td></td></tr>
<tr><td>高占至白沙</td><td>续建</td><td>12公里</td><td>4</td><td></td></tr>
<tr><td rowspan="4">铜梁县</td><td></td><td></td><td></td><td>小计30</td><td></td></tr>
<tr><td>天夕公路</td><td>续建</td><td>3公里</td><td>3</td><td>扫尾</td></tr>
<tr><td>安溪至西泉</td><td>续建</td><td>20公里</td><td>15</td><td>包括全长68米茶湾桥新建</td></tr>
<tr><td>城南至公路</td><td>扫尾</td><td></td><td>12</td><td></td></tr>
<tr><td>合川县</td><td>佛盐中桥</td><td>续建</td><td>全长8米</td><td>30</td><td></td></tr>
<tr><td rowspan="3">永川县</td><td></td><td></td><td></td><td>小计6</td><td></td></tr>
<tr><td>小南至双竹</td><td>续建</td><td>10公里</td><td>4</td><td>扫尾</td></tr>
<tr><td>金龙至璧山界</td><td>续建</td><td>4公里</td><td>2</td><td>扫尾</td></tr>
<tr><td rowspan="3">荣昌县</td><td></td><td></td><td></td><td>10</td><td></td></tr>
<tr><td>1. 盘龙至仁北</td><td>续建</td><td>11.5公里</td><td>6</td><td></td></tr>
<tr><td>2. 古昌至保安</td><td>改造</td><td>8.8公里</td><td>4</td><td>通石料场公路</td></tr>
<tr><td>大足县</td><td>珠溪大桥追补</td><td>工程已全面竣工</td><td></td><td>36</td><td>包括引道等工程</td></tr>
<tr><td rowspan="4">潼南县</td><td></td><td></td><td></td><td>小计40</td><td></td></tr>
<tr><td>太和至石金桥</td><td>续建</td><td>10公里</td><td>25</td><td>包括全长40米石金桥</td></tr>
<tr><td>双江至智慧陈家桥加宽7米</td><td></td><td>1－10米跨</td><td>5</td><td>原桥宽3米</td></tr>
<tr><td>桂林三大队至群力</td><td>续建</td><td>14公里</td><td>10</td><td>包括渠道农桥头两头引道，市指定扶贫项目</td></tr>
<tr><td rowspan="2">南桐区</td><td>燕石林至猪行</td><td>续建</td><td>6公里</td><td>6</td><td></td></tr>
<tr><td>堡堂至燕石</td><td>续建</td><td>8公里</td><td>6</td><td>包括桥竣工扫尾</td></tr>
<tr><td>南岸区</td><td>大兴场至纳溪沟公路测量设计费</td><td></td><td></td><td>14</td><td>地方已集资100万元</td></tr>
<tr><td>江北区</td><td>唐家沱至铁山坪</td><td>续建</td><td>5公里</td><td>20</td><td></td></tr>
</table>

第二章　高速公路建设

1986年9月23日，重庆市开工建设江北红旗河沟至渝北双凤桥22.8公里一级汽车专用公路，1989年11月10日竣工通车。1992年初至1995年底对该段公路进行全封闭、全立交改造后，改称为机场高速公路，重庆有了第一条高速公路。

在“八五”计划期内，重庆利用世界银行贷款的成渝公路重庆段开工建设。1990年9月25日成渝公路全线动工，至1994年10月，全长114公里的成渝公路重庆段建成通车，成为重庆交通史上的第一条高速公路。成渝高速公路重庆段的修建，为重庆市此后的高速公路建设和管理积累了宝贵的经验。

“九五”计划期间，重庆开始自筹资金建设高速公路。1996年1月，重庆至长寿高速公路（渝长高速公路）开工建设，2000年4月建成通车。

1997年3月重庆直辖以后，重庆市高速公路建设步入了快速发展阶段。1997～1999年，重庆至綦江雷神店（渝黔高速公路一期）、长寿至涪陵（长涪高速公路）、重庆至合川（渝合高速公路）、上桥至界石（上界高速公路）和梁平至万州（梁万高速公路）5条高速公路相继开工，总投资125亿元，长达270公里，构成以重庆主城为中心的“一环五射”高速公路建设格局。

2000年12月，长涪高速公路通车。重庆市高速公路总里程达到233公里，在建里程236公里。“一环五射”骨架高速公路网基本形成，打通了重庆通往四川、贵州2个省4个出口通道。

“十五”计划期间，重庆市政府在“一环五射”建设格局基础上规划了“二环八射”2000公里高速公路建设目标，分30个项目建设，总投资约1100多亿元，全部纳入国家高速公路网规划。2005年12月，重庆市“二环八射”高速公路全面开工建设，同时在建项目达18个，长度达1152公里，总投资约800亿元。

第一节　初期建设

一、重庆机场高速公路

（一）一级公路建设阶段

1986年3月，重庆市公路养护总段组建国道210线红双段改建工程处（简称210工程处）。9月23日，210工程处开始建设红旗河沟至双凤桥22.8公里一级汽车专用公路，1989年11月10日竣工通车（其建设过程详见国道改造建设）。该项目路面首次采用进口设备生产的沥青砼铺筑，其中渝北隧道是重庆高速公路第一条隧道。

（二）高速公路改建阶段

1992年，重庆市交通局决定对国道210线红双段进行全封闭、全立交改建，工程总投资20500万元。1994年6月开始实施改建工程，至1995年底，完成全线封闭工程。根据中国高速公路技术标准，改建后的一级汽车专用公路达到高速公路标准，遂改称为“机场高速公路”。

二、成渝高速公路重庆段

成渝高速公路是国家"八五"计划期间的重点公路建设项目，是当时交通部规划的"两纵两横"国道主干线上海至成都的组成部分，也是日后重庆"二环八射"高速公路骨架网络之一。

（一）前期工作

1. 项目立项

1984年5月，国家计委批准由四川省人民政府提出的"成渝公路改建工程项目建议书"，将成渝公路改建工程列入国家重点建设项目（计交〔1984〕1001号）。同年9月，四川省人民政府同意四川省计经委、四川省交通厅报送的《成渝公路改建工程可行性研究报告》（川交函〔1984〕354号）。

1986年，成渝公路项目列入国家公路第六批世界银行贷款项目。同年11月，四川省交通厅向世行提交《成都至重庆公路可行性研究报告》。

1987年国家计划委员会委托中国国际工程咨询公司对《成都至重庆公路可行性研究报告》进行评估。1987年11月，国家计委向国务院提交《关于审批成渝公路设计任务书的请示》（计交〔1987〕2232号），对新建成渝公路路线的主要控制点和规模、技术标准、投资及资金来源及工程工期均提出了具体意见。成渝公路起自成都市五桂桥，终点为重庆市陈家坪，全长345.5公里。其中，成都市五桂桥至简阳58.8公里及重庆市陈家坪至来凤驿30.5公里，为两市的近郊，车流量大，按一级公路标准进行建设。简阳至来凤驿256.5公里，按二级公路标准进行建设。简阳至来凤驿二级路路基宽度采用12米（在规划上应留有发展一级路的可能）。

1987年12月，经国务院批准，国家计委向四川省计划经济委员会和重庆市计划委员会下达《关于成渝公路设计任务书的批复》（计交〔1987〕2335号）。

1988年4月，交通部下达《关于成渝公路初步设计的批复》（交公路字〔88〕256号）。

1991年，重庆市交通局根据交通量的实际增长和经济发展的需要，拟将原设计来凤驿至荣昌二级公路改为一级公路，特向交通部提交《关于成渝公路重庆段来凤至荣昌二级公路预留一级公路发展规模的请示》（重交局〔1991〕02号）。1992年四川省委、省政府亦决定将原设计简阳至来凤驿252公里二级路双车道改为一级路四车道。1992年12月，国家计委以计交〔1992〕2538号文正式批准成渝公路二级路段变更设计为一级公路标准。

2. 资金筹集

项目资金来源于世界银行贷款和国内配套资金。成渝公路项目由四川省政府和重庆市政府通过中国财政部向世界银行申请到混合贷款1.25亿等值美元，其中重庆段为5000万等值美元。此外，成渝公路重庆段获得的国内配套资金，包括交通部补助46250万元人民币、地方自筹78500万元人民币、银行贷款29500万元人民币。

3. 征地拆迁

成渝公路重庆段建设的征地、拆迁、安置工作自1988年8月开始，1993年5月完成，共征用土地9129.84亩，拆迁房屋340197平方米，支付补偿人民币1.45亿元。

1990年，因成渝公路修建需迁移沙坪坝覃家岗黄泥坳回民墓地。指挥部为此在公路附近修建了一座更大的园林式回民墓地，中国伊斯兰教协会向指挥部赠送"功在当代，福及了孙"匾额。

成渝公路重庆段114.2公里，共穿越125个村和406个农业社，受影响人数10290人，安置农转非人员3002人，新建小学校10所，城市居民村2个。在征地拆迁、还建安置的同时，为沿线修建乡村公路26公里，修建乡村人行道121公里，改建水渠23709米，饮水井532口，新建抽水站73处。

4. 项目设计

重庆市交通局委托铁道部第二勘测设计院对重庆段进行施工图设计。原设计标准为桑家坡至来凤驿85公里为二级公路标准，来凤驿至陈家坪29公里为一级公路标准。1991年设计变更后，全线达到高速公路标准：设计时速80公里，路基宽度24.12米，最小平曲线半径400米，最大纵坡5%，桥梁设计荷载为汽-超20，挂-120，隧道行车道宽度为3.75米×2。

（二）建设阶段

1. 管理机构

成渝公路是在四川省统一领导下实施的重点公路工程项目。1987年5月21日，四川省人民政府成立四川省重点公路建设领导小组及其办事机构四川省重点公路建设指挥部，负责成渝公路建设前期的组织工作，并作为成渝公路西段（成都至桑家坡）建设的项目业主。

重庆市作为四川省下属的计划单列城市，亦相继成立了相应的建设管理机构。1987年12月3日，重庆市公路建设工程管理处成立，作为重庆市交通局专门从事重点公路建设的管理机构。1988年4月14日，重庆市人民政府批准成立重庆市重点公路建设领导小组，负责重庆高等级公路建设施工的组织领导。1988年5月，重庆市人民政府批准成立重庆市重点公路建设指挥部（简称重庆公建指挥部），与重庆市公路建设工程管理处“一套班子，两块牌子”，作为成渝公路重庆段（亦称成渝公路东段）建设的项目业主，履行成渝公路重庆段建设的征地拆迁、工程招标、工程费用支付等建设管理职责。

2. 工程招标

成渝公路是重庆公路建设的首次公开招标，也是第一次国际竞争性招标。从1988年5月开始资格预审，共有来自意大利、法国、南斯拉夫、日本、新加坡等8家外国公司和国内铁路、交通、水电、冶金、林业、煤建等系统49家投标人参加竞争性投标。最后有铁道部第五工程局等12家中外公司中标。成渝公路重庆段共分12个合同段，其中10个合同段为土建合同段，2个为机电合同段。除L、N合同段外，其余合同段均按世行贷款项目土建工程采购程序进行国际竞争性招标。招标代理单位是中技国际招标公司。

1989年11月完成第一期国际招标为6个土建合同，其中重庆段有K、M、O、P四个标段。1990年10月完成第二期国际招标为10个土建合同，其中重庆段有I1、I2、J1、J2四个标段。重庆段于1994年3月和1997年5月分别完成Q3（中梁山、缙云山隧道机电工程）和Q2（重庆至桑家坡机电工程）的国际招标。

成渝公路重庆段建设单位是重庆市重点公路建设指挥部。监理单位是四川省成渝公路工程监理部东段代表处、美国施韦拔咨询公司。

成渝公路重庆段分两期先后于1990年5月和1991年5月正式开工。新建的成渝公路起自成都市五桂桥，经简阳、资阳、资中、内江、隆昌、荣昌、永川、璧山来凤，终至重庆市主城陈家坪，全长340.2公里。成渝公路重庆段自荣昌县桑家坡至重庆市陈家坪，共114.2公里。1994年10月18日，成渝公路重庆段陈家坪至荣昌县板桥段建成并开通试运行。1994年12月，国务院总理李鹏为成渝公路通车题词“巴渝坦途”。1995年5月1日，成渝公路重庆段陈家坪至桑家坡114.2公里全线初通。1995年7月1日，成渝公路全线贯通。

3. 主要施工单位

I1合同段：桑家坡至峰高23.4公里路基及结构物，由冶金部第十九冶金建设公司中标承建。I2合同段：峰高至双石19.8公里路基及结构物，由四川国际经济技术合作公司中标，重庆渝通公路工程公司承建。J1合同段：双石至隆济24.2公里路基及结构物，由铁道部第五工程局中标承建。J2合同段：隆济至来凤17.8公里路基及结构物，由重庆市渝达公路桥梁公司承建。K合同段：来凤驿至缙云山隧道口2.1公里路基及结构物，由联合体意大利吉罗拉公司中建重庆分公司中标承建。O合同段：缙云山隧道右洞2478米，左洞2528米，由四川国际经济技术合作公司中标，铁道部第二工程局承建。L合同段：缙云山隧道东口至走马2.9公里路基及结构物，由铁道部第十一工程局和重庆市渝达公路桥梁公司承建。M 合同段：走马至白市驿 9.4 公里路基及结构物，由四川国际经济技术合作公司中标，重庆渝通公路工程公司承建。P 合同段：中梁山隧道右洞 3160 米，左洞 3150 米，由铁道部第五工程局中标承建。N 合同段：上桥至陈家坪 5.5 公里路基及结构物，由重庆市渝达公路桥梁公司承建。Q3 合同段（中梁山隧道、缙云山隧道机电工程）：由“PEEK 公司（英国）”中标承建。Q2 合同段（重庆至桑家坡通讯、监控、收费系统机电工程）：由“INDRA 公司（西班牙）”中标承建。R 合同段（路面工程）：由重庆市渝通公路工程公司、重庆市渝达路桥工程公司、重庆市渝宏公路工程公司承建。

4. 工程建设管理模式

按照世行贷款项目的要求，成渝公路首次采用国际上土建工程建设管理的模式和理念，在招标阶段采用《土建工程国际招标范本》，合同中执行国际咨询工程师联合会（缩写 FIDIC）编写的“FIDIC 条款”。该条款对业主、监理人、承包人的责任、义务和权利作了明确规定，强调监理工程师对工程的全方位管理。

指挥部作为项目业主，负责招标，征地拆迁，支付工程款项等职能工作，委托监理人对工程实行现场管理。

成渝公路实行中外联合监理制。重庆段的中方监理是重庆市公路工程监理处，外方监理通过国际招标，确定为美国施韦拔咨询公司。监理工程师实行总监办、监理代表处、驻地监理组三级管理模式，对工程质量、工程进度与计量支付全方位管理。

5. 工程重大变更

（1）荣昌至来凤段变更为一级路。1991 年，成渝公路重庆段开工之初，重庆市交通局提出“一次规划，分步实施，利用废方，扩宽路基，把二级路改为一级路”的优化方案。经重庆市人民政府批准，1991 年 5 月开始对荣昌桑家坡至璧山来凤段按二级路改为一级路方案付诸实施，并规划全线实行全封闭、全立交，配备交通安全设施及通讯、监控、收费系统。该项变更使成渝公路重庆段 114.2 公里公路一次性提升为高速公路标准。该项变更作为重大科研项目，获得了 1993 年重庆市颁发的唯一的科技进步特等奖。

（2）中梁山隧道和缙云山隧道变更通风方式。中梁山隧道（3160 米）和缙云山隧道（2528 米）均为成渝公路重庆段特长隧道，其中中梁山隧道是当时中国最长的公路隧道。按照设计规范，长度大于 1.5 公里的公路隧道必须采用全横向或半横向式通风。但横向式通风隧道有施工复杂、开挖断面大、运营能源消耗大等缺陷。1991 年，中梁山隧道和缙云山隧道开工后，将通风方式变更为纵向式通风方式。该项变更作为重大科研项目，获得了重庆市 1996 年度科学进步一等奖和 1997 年度国家科学技术进步三等奖。其后，全国各地高速公路特长隧道均借鉴中梁山隧道通风方式研究成果，广泛采用纵向式通风方式。

（3）成渝公路三星沟大桥变更为高路堤。该方案将原设计的三星沟大桥变更为 36 米高路堤，是当时全国最大高度的软土填方工程。方案采用塑料板排水、竹筋加固、分层填筑等综合处理技术，提高了基础承载，解决了路堤沉降问题，为中国山区高填方提供了借鉴。

（三）竣工验收

1996 年 12 月 20 日，成渝公路重庆段工程通过交工验收，工程质量等级评为优良。1997 年 12 月 24 日通过竣工验收。竣工验收鉴定技术标准为山岭重丘区一级公路，设计时速 80 公里（隧道为 60 公里），整体路基 23 米，路线最小平曲线半径 400 米，最大纵坡 5%，路面结构为 5 + 7 厘米沥青混凝土（城市近郊和隧道路面为水泥砼），桥涵设计荷载为汽 - 超20，挂 - 120，桥面净宽 7.5 × 2 米，隧道净宽 9.5 米，净高 6.5 米。

项目完成路基土石方 2167.14 万立方米，沥青混凝土路面 249.14 万平方米，水泥砼路面 31.46 万平方米，大桥 522.88 米/4 座，中桥 4858.41 米/67 座，小桥 1273.39 米/53 座，涵洞 584 道，互通立交7处，隧道工程包括中梁山隧道、缙云山隧道等共8座，中梁山隧道斜井和缙云山隧道斜井各1座。

项目完成中梁山隧道和缙云山隧道的机电工程（监控、通风、照明、供电等12个系统）、全路段交通机电工程（监控、通讯、收费系统）以及全路段标志标线、护栏、隔离栅等交通安全设施工程。项目绿化工程投资675万元，绿化面积522亩，路侧及分隔带植树12.3万棵，分隔带种植毛叶丁香5.05万棵。

成渝公路1988年初设核定概算为11.6亿元，其中重庆段为5.2亿元。1992年成渝公路二级路变更为一级路后，重新核定总概算为39.5亿元，其中重庆段为15.9亿元。1997年交通部核定批复重庆段总概算为18.5亿元。重庆段工程竣工决算为18.4亿元，平均每公里造价1607.6万元。竣工决算与总概算比较，节约投资1053万元。

该项目自竣工之日起，正式移交重庆市成渝高速公路管理处养护和营运管理。

成渝高速公路的建设，缩短了成渝之间公路里程，提高了道路等级。老成渝路重庆段长168公里，成渝高速公路重庆段114公里，比老成渝公路缩短54公里。技术等级由原来的三、四级提高为高速公路。成渝高速公路促进了荣昌、大足、永川、璧山、九龙坡、沙坪坝等沿线区和县（市）的社会经济发展，为西部山岭重丘地区修建高速公路提供了经验，促进了重庆高速公路网络的形成。

（四）运营管理

1. 运营管理机构

1992年成立重庆市成渝高等级公路管理处，担负成渝高速公路的养护、收费和路政、交通安全管理以及运输服务等工作。1994年成立重庆市成渝高速公路行政执法大队，履行保护路产、维护路权，维护交通秩序、裁处交通事故，保障高速公路的安全畅通的职责。1998年12月，重庆市成渝高速公路行政执法大队更名为重庆市高等级公路行政执法大队。2002年7月，更名为重庆市高速公路行政执法总队。2005年6月，重庆市高速公路行政执法总队更名为重庆市交通行政执法总队高速公路执法支队。

2. 经营权转让

1999年9月，经交通部交财发〔1999〕522号文件批复，同意将成渝高速公路重庆段49%的经营权有偿转让给上海中信基建投资有限公司，转让期限为25年。1999年11月，重庆高速公路发展有限公司与上海中信基建投资有限公司签订共同经营成渝高速公路重庆段的正式合同，双方总投资额为人民币26.95亿元。重庆高速公路发展有限公司控股51%，上海中信基建投资有限公司出资49%。1999年12月，重庆市人民政府与重庆成渝高速公路有限公司签署《经营成渝高速公路重庆段特许权协议》。1999年12月23日，重庆成渝高速公路有限公司正式成立。自2000年1月1日起，重庆成渝高速公路有限公司正式开始运作。

第二节 “一环五射”主骨架建设

重庆市在“八五”（1991~1995年）计划期已经建成的成渝高速公路重庆段（一射）基础上，按照《重庆市骨架公路网1997~2020年建设规划》，“九五”“十五”（1996~2005年）计划期新增加重庆至万州（二射包括：重庆至长寿、长寿至涪陵、长寿至梁平、梁平至万州等高速公路项目）、重庆至武胜（三射包括：重庆至合川、合川至武胜等高速公路项目）、重庆至贵州（四射包括：渝黔一期童家院子至雷神店段、渝黔二期雷神店至崇溪河段高速公路项目）、重庆至邻水（五射）和内环高速公路（由上界高速公路连接），形成“一环五射”高速公路主骨架。“九五”“十五”计划期共完成11个高速公路项目。

一、重庆至万州高速公路

重庆至万州高速公路包括重庆至长寿高速公路（简称渝长高速公路）、长寿至涪陵高速公路（简称长涪高速公路）、长寿至梁平高速公路（简称长梁高速公路）、梁平至万州高速公路（简称梁万高速公路），是重庆市主城通往三峡库区的必经之路，同时也是重庆主城通往上海、武汉等城市的交通要道。继渝长高速公路1996年开工建设后，1997年3月重庆直辖，重庆高速公路建设大提速，长涪、长梁、梁万高速公路相继开工建设，至2003年12月，重庆主城至万州高速公路全线通车。上述项目建成通车后，渝长高速公路与长涪高速公路统称为渝涪高速公路，梁万高速公路与长梁高速公路统称为长万高速公路。

（一）渝长高速公路

1. 前期工作阶段

1991年5月13日，重庆市交通局向交通部提交《重庆沙坪坝上桥至长寿县桃花街公路项目建议书》。1991年10月1日，交通部以《关于重庆上桥至长寿公路工程项目建议书的批复》（交计字〔1991〕684号）批准项目建议书。1993年，交通部批准《关于上桥至长寿公路工程项目可行性研究报告》（交计字〔1993〕412号）。1994年，交通部发出《关于上桥至长寿公路初步设计的批复》（交计字〔1994〕985号）。交通部〔1996〕921号文批准该项目改为高速公路山岭重丘标准。

建设资金来源包括交通部补助62000万元，重庆市财政拨款20978.6万元，重庆市交通局拨款28804.4万元，企业自筹资金16326.6万元，国债转贷资金7000万元，银行贷款219946.3万元。此外，铁山坪隧道的机电工程采用了西班牙政府贷款。

项目由四川省交通厅公路规划勘察设计研究院、交通部重庆公路科研所共同设计。设计标准为上桥至童家院子21.09公里按高速公路标准设计，童家院子至长寿桃花街64.44公里按一级汽车专用公路设计。

2. 建设阶段

项目建设单位为重庆高速公路建设有限责任公司。1995年5月，重庆市重点公路建设指挥部更名为重庆高等级公路建设指挥部，履行渝长高速公路建设的征地拆迁、工程招标、工程费用支付等建设管理的职责。1998年12月，管理机构改制为重庆高速公路建设有限责任公司，履行项目业主职责。重庆高等级公路建设指挥部保留牌子，起征地、拆迁等协调作用。

渝长公路项目是重庆市第一个实行国内招标的高速公路项目。1995年1月开始资格预审，分两期招标。1995年6月和10月分两次对6个土建合同段进行公开招标，1996年7月对二期14个合同段进行公开招标，1997年8月对全线4个路面合同进行议标。

渝长高速公路起自重庆上桥，经杨公桥、高家花园、石马河、余家湾、人和、童家院子、唐家沱、铁山坪、鱼嘴、华山、洛碛、晏家，止于长寿桃花街，全长85.3公里。其中上桥至唐家沱段31.3公里，双向六车道，路基宽31.5米；唐家沱至长寿桃花街段54公里，路基宽25.5米，隧道单洞净宽12.5米，桥梁宽度与路基同宽；特大桥1座，大桥25座，长隧道2座，互通式立交9座。项目的控制工程是杨公桥立交、高家花园大桥、铁山坪隧道和义学大山隧道（后更名华山隧道）。杨公桥立交为当时西南最大的立交系统，高家花园大桥为当时嘉陵江上最宽的特大桥，铁山坪隧道是当时全国最大断面跨度额高速公路隧道。

渝长高速公路经过的大部分地区山岭起伏，沟壑纵横，技术要求高，施工难度大。各方参建工程技术人员在工程实施中，提出的32项优化设计和合理化建议及11项科研成果得到应用，其中1项获得1999年中国国家金桥工程一等奖，9项获得重庆市科技进步三等奖，为国家节约资金2亿多元。其中以铁山坪隧道为依托工程的《高等级公路大断面低扁平率长隧道修建新技术研究》，对断面为100平方米以上、跨度达15米的大断面大跨度的隧道施工采用新奥法施工的研究，经专家鉴定，达到国际先进水平，项目获2001年度重庆市科技进步二等奖。此外，对华山隧道出口和御临河北岸将高边坡挖方改为半路半桥的变更，节约了投资，有效保护了御临河的自然生态环境。

渝长高速公路由重庆交通工程监理咨询有限责任公司负责监理。

主要施工单位。A合同段：上桥至杨公桥互通式立交4.69公里路基及结构物，由重庆渝通公路工程公司承建。B合同段：杨公桥互通式立交2.23公里，由铁道部第五工程局第三工程处承建。C合同段：高家花园嘉陵江大桥0.97公里，由交通部第一公路工程总公司第三分公司承建。D合同段：江北石马河至段家公馆立交4.69公里路基及结构物，由重庆渝通公路工程公司承建。E合同段：段家公馆互通式立交2.8公里，由贵州路桥总公司承建。F合同段：童家院子互通式立交2.8公里，由铁道部第一工程局第四工程处承建。G合同段：童家院子至寸摊桥6.2公里路基及结构物，由重庆市公路工程总公司承建。H合同段：寸摊桥至唐家沱4.48公里路基及结构物，由铁道部第十五工程局第四工程处承建。I合同段：铁山坪隧道左线4.67公里、右线4.646公里，由铁道部第二工程局承建。J合同段：梅子湾大桥4.08公里路基及结构物，由铁道部第十八工程局第二工程处承建。K合同段：梅子湾大桥至义学大山隧道8.59公里路基及结构物，其中K1段由铁道部第二十二工程局第三工程处承建，K2段由重庆钢铁（集团）机械化工程总公司承建。L合同段：义学大山隧道含御临河大桥，左线1.907公里、右线1.897公里，其中L1义学大山隧道重庆端，由铁道部第一工程局第四工程处承建，L2义学大山隧道长寿端和御临河大桥，由铁道部第十八工程局第四工程处承建。M合同段：义学大山至太洪5.26公里路基及结构物，由四川煤矿基本建设工程总公司承建。N合同段：洛碛立交加路线12.49公里路基及结构物，其中N1（洛碛立交）由交通部第一公路工程总公司承建，N2由重庆渝通公路工程公司承建。O合同段：晏家立交加路线6.8公里路基及结构物，由中国人民武装警察部队交通独立支队承建。P合同段：晏家至桃花街立交8.7公里路基及结构物，其中P1由重庆渝宏公路工程总公司承建，P2由重庆渝达公路桥梁总公司承建。Q合同段：桃花街立交1.14公里，由攀枝花公路建设公司承建。R合同段（路面工程）：由重庆渝通公路公司、重庆渝宏公路工程总公司、重庆渝达公路桥梁总公司分段承建。

渝长高速公路于1996年1月开工，原定工期5年，于2000年4月28日提前1年通车。2001年4月17日，渝长高速公路通过交工验收，评为优良工程。2003年1月7日，渝长高速公路通过竣工验收，评为优良工程。该项目审批概算为314824.4万元。审核的竣工决算为360717.1万元，其中征地拆迁费因政策调整增加57410.9万元。

（二）长涪高速公路

1. 前期工作

长涪高速公路是重庆市主城区通往库区及少数民族地区的重要干线，是中国“九五”期间重点建设项目，也是重庆市直辖后建设的第一项重点工程。

重庆市直辖前，长涪高速公路由四川省和重庆市分段实施。1988年，四川省交通厅开始对长涪高速公路进行预可行性研究。1994年7月27日和1994年12月14日，四川省交通厅召开预可行性研究报告评审会议，同意预可行性研究报告。1995年1月，四川省计委批复项目建设（川计交〔1995〕73号）。1995年3月3日，四川省交通厅组织长涪高速公路技术方案论证报告审查会，同意长涪公路的技术标准和建设规模（〔1995〕川交函计字第244号）。1995年，四川省交通厅批复长涪高速公路初步设计（川交基〔1995〕477号），批复公路全长为45.1公里，初设概算核定为19.28亿元（含涪陵长江大桥1.58亿元）。

重庆市直辖后，重庆市交通局批复长涪高速公路（长寿桃花街至涪陵天子殿段）的初步设计（渝交局〔1998〕15号和渝交局〔1999〕713号），初设概算核定为16.37亿元。

1998年1月25日，重庆市交通局同意长涪公路工程开工报告和项目报建表，一期工程开工日期为1998年1月1日，竣工日期为2001年12月31日，建设工期4年。1998年，重庆市交通局批复长涪高速公路施工图设计（渝交局〔1998〕481 号）。

建设资金来源包括交通部投资 2.5 亿元，开发银行贷款 8 亿元，国债投入 1.75 亿元，其余由交通银行等国内银行贷款等途径解决。

长涪高速公路由四川省交通厅公路规划勘察设计研究院、重庆市公路勘察设计研究院、重庆交通科研设计院设计。采用高速公路山岭区标准，设计行车速度 80 公里/小时（隧道 60 公里/小时），最小平曲线半径 400 米，最大纵坡 4.5%，桥涵设计荷载标准为汽－超 20，挂－120，路基宽 24.5 米，隧道单洞净宽为 10.5 米，桥涵与路基同宽，分离式路基宽 12.5 米。全路段采用全封闭、全立交，并配有标志、标线、监控、通讯、收费等交通工程以及配套的管理、服务设施。

2. 建设阶段

1998 年 12 月管理机构改制前，该项目由重庆高等级公路建设指挥部履行建设管理职责。1998 年 12 月管理机构改制后，项目业主更名为重庆高速公路建设有限责任公司。

重庆市直辖前，四川省与重庆市分别对长涪高速公路招标。其中黄草山隧道至大石庙（李渡立交）段由四川省重点公路建设指挥部招标开工建设；长寿至黄草山隧道由重庆高等级公路建设指挥部招标开工建设。

长涪高速公路工程于 1998 年 1 月 1 日开工。其中黄草山隧道至大石庙（李渡立交）段于重庆直辖前由四川省重点公路建设指挥部招标开工建设，长寿至黄草山隧道重庆端由重庆高等级公路建设指挥部招标开工建设。

长涪高速公路起于渝长高速公路终点桃花街互通式立交，经烟坡跨龙溪河，经但渡、高升，穿黄草山隧道，经水磨滩水库、花桥、大石庙、牛栏冲、斜阳溪后穿同心寨、庙堡隧道，接涪陵长江大桥，止于天子殿立交桥，全长 33.373 公里。

全线共有 4 座隧道，3 座特大桥，10 多座大、中、小桥，属山岭重丘高速公路。以龙溪河特大桥为依托工程的《深水基础处治研究与实施》科研课题，获 2001 年度重庆市科技进步三等奖。以斜阳溪大桥为依托工程的《斜阳溪大桥吊装技术研究》获 2002 年度中国公路学会三等奖。

长涪高速公路由重庆公路工程监理处、四川省公路监理事务所负责监理。

主要施工单位。第一期（由四川省交通厅负责招标）D 合同段：黄草山隧道涪陵端 1.5 公里，由四川隧道公司承建。E 合同段：水磨滩大桥 1.08 公里，由四川省路桥集团第二工程处承建。F 合同段：花桥大桥 0.16 公里，由川交桥梁公司承建。G1 合同段：大石庙段 1.28 公里路基及结构物，由四川华夏工程公司承建。G2 合同段：大石庙段 0.76 公里路基及结构物，由涪陵基建公司承建。H 合同段：牛栏冲段 2.7 公里路基及结构物，由中铁十六局一处承建。I1 合同段：牛栏冲段 1.81 公里路基及结构物，由中铁十四局一处承建。I2 合同段：牛栏冲段 1.81 公里路基及结构物土木工程，由中铁十四局一处承建。

第二期（由重庆市交通局负责招标）A1 合同段：长寿桃花街至烟坡 1.72 公里路基及结构物，由四川省路桥集团第三工程处承建。A2 合同段：烟坡至龙溪河大桥 3.08 公里路基及结构物，由武警交通一总队承建。B 合同段：龙溪河大桥 1.01 公里，由交通部第一公路工程公司承建。C1 合同段：龙溪河大桥至黄草山隧道 3.3 公里路基及结构物，由交通部第一公路工程公司承建。C2 合同段：黄草山隧道长寿端 2.02 公里，由中铁十五局二处承建。J 合同段 3.3 公里路基及结构物，由广东水电三局承建。K1 合同段：石朝门大桥 2.08 公里，由中铁十七局二处承建。K2 合同段：斜阳溪大桥 0.68 公里，由中铁二局五处承建。L 合同段：同心寨隧道 2.06 公里，由中铁隧道局承建。M 合同段：庙堡隧道 1.05 公里，由中铁十五局三处承建。R 合同段：路面工程 32.8 公里，由重庆公路工程总公司承建。

2000 年 12 月 30 日，长涪高速公路全线通车。2002 年 4 月 9 日，长涪高速公路通过交工验收，工程质量等级评定为优良，2003 年 10 月通过竣工验收。经重庆市审计局审定，项目投资为 12.55

亿元，比四川省交通厅批复19.28亿元节约6.73亿元，比重庆市交通局批复16.37亿元节约3.82亿元。

（三）梁万高速公路

1. 前期工作

1997年1月，交通部以交计发〔1997〕60号文批复《工程可行性研究报告》。1997年6月，交通部以交公路发〔1997〕343号文批复《初步设计及初步设计概算》。1999年7月，重庆市交通局以渝交局〔1999〕721号文批复《万梁路土建施工图设计》。

批准概算28.428亿元人民币，其中日本国际协力银行（简称JBIC）的贷款176.84亿日元，其余由国内银行贷款。

梁万高速公路由铁道部第二勘察设计院、四川省交通厅公路规划勘察设计研究院设计，全线按四车道高速公路标准设计，设计车速为80公里/小时，平曲线最小半径400米，最大纵坡5%，路基宽24.5米，分离式12.5米，桥涵与路基同宽，路面采用沥青砼路面结构，设计荷载为汽－超20，挂－120。

2. 建设阶段

项目前期工作由重庆高速公路建设有限公司履行。1999年5月24日，成立重庆渝东高速公路有限公司为项目业主。

梁万高速公路项目原定1997年完成国内招标，并初定1997年12月26日在万州举行开工典礼。1997年6月，项目已完成立项审批程序，万县市和梁平县相继成立指挥部，征地拆迁、施工便道等前期工作已基本就绪，按照国内招标程序，已具备招标条件。鉴于国家计委将该项目纳入使用日元贷款项目，且日元贷款比较优惠（30年贷款期，年息2.3%，前10年只付利息不还本）。重庆市交通局在请示重庆市政府后，决定采用日元贷款，改变招标方式。1999年5月，梁万高速公路项目按国际金融组织项目方式重新启动招标工作。

1999年7月，项目按照外资贷款项目的惯例，采用国际竞争性招标方式，委托中国机械进出口（集团）有限公司为招标代理。万梁高速公路土建工程共分为14个合同标段，通过国际招标，最终确定重庆渝达公路桥梁总公司等14个承包人中标承建。

梁万高速公路全长67.2公里，起于梁平县白衣寺，经万州区天城、龙宝，止于重庆市万州区青杠磅。

全线共有隧道9处16座（单洞），单洞总长11286米/16座，桥梁22211.85米/88座，其中特大桥9座，桥梁高墩林立，最高墩达到102米。全线共设有青杠磅（万州区龙宝）、分水（万州区天城）、孙家（万州区天城）、梁平4处立交；工程所处区域在四川盆地的东部，属深切谷地形，坡陡、山高，施工便道总长120多公里（包括对原有县道和乡村道路的改造），是当时全国高速公路建设中施工难度最大的项目之一。

全线控制工程之一的马王槽1号、2号隧道，位于海拔近900米的高山上，全长5738米。隧道穿越大型古滑坡地带，地质结构复杂。此外，连接马王槽隧道的马王槽大桥，分左右线，桥墩为双柱式薄壁墩，高达80米，中心间距40米，技术难度较大。建设单位和施工单位在技术攻关中，取得了《马王槽隧道围岩稳定性分析研究》《马王槽大桥连续钢构梁施工》等科研成果。结合工程实施，开展的科研还有《高边坡病害和大型滑坡发展》《双连拱隧道结构防排水与渗漏水治技术研究》《连拱隧道结构关键技术研究》。

梁万高速公路由重庆市交通工程监理咨询有限责任公司、日本片平/英国合乐顾问公司负责监理。主要施工单位：A合同段：河塘沟大桥、牛儿沟大桥等4.6公里路基及结构物，由重庆渝达公路建设工程总公司承建。B合同段：拱桥院子特大桥等5.35公里路基及结构物，由铁道部第一工程局桥梁工程处承建。C合同段：芭蕉湾大桥等2.25公里路基及结构物，由铁道部第十五工程局第二工程处承建。D1 合同段：张家坝大桥、癞子坝大桥等 1.8 公里路基及结构物，由成都市路桥工程公司承建。D2 合同段：关家沟特大桥等 1.8 公里路基及结构物，由铁道部第十七工程局第二工程处承建。E 合同段；小垭口隧道左线 1095 米，右线 1120 米，2.04 公里路基及结构物，由四川隧道工程公司承建。F 合同段：土地潭特大桥等桥梁、隧道及路基结构物 6.16 公里路基及结构物，由铁道部第十八工程局第五工程处承建。G 合同段：半边大桥等 6.92 公里路基及结构物，由重庆市渝通公路工程总公司承建。H 合同段：马王槽 1 号隧道左线 1208 米，右线 1271 米，由铁道部隧道工程局第三工程处承建。I 合同段：马王槽 2 号隧道左线 1620 米，右线 1646 米，马王槽大桥等，由铁道部第五工程局第五工程处承建。J1 合同段：大地坝大桥等 3.25 公里路基及结构物，由铁道部第十八工程局第四工程处承建。J2 合同段：亭子垭隧道等 3.25 公里路基及结构物，由铁道部第十三工程局第三工程处承建。K 合同段：金竹林隧道，左右线分别 910 米、范家院大桥等 5.7 公里路基及结构物，由中国四海工程总公司承建。L 合同段：跳蹬子大桥等 6.7 公里路基及结构物，由上海警通路桥建设总公司承建。M 合同段：沙坝水库特大桥等 7 公里路基及结构物，由重庆市渝通公路工程总公司承建。N 合同段路面工程 60 公里沥青砼，由四川路桥川交有限责任公司承建。

梁万高速公路于 2000 年 2 月开工建设，2003 年 10 月通过交工验收，12 月 26 日通车。工程质量等级评定为优良。该项目交通部批复概算 28.4 亿元，实际总投资 30.3 亿元，超概算 1.9 亿元。

（四）长梁高速公路

1. 前期工作

1998 年 10 月，国家计委以计基础〔1998〕1971 号文批准长梁公路《项目建议书》。2000 年 8 月，国家计委以计基础〔2000〕1091 号文批复长梁公路《工程可行性报告》。2000 年 10 月，交通部以〔2000〕555 号文对项目初步设计完成批复，初设概算 309878 万元。2001 年，重庆市交委以〔2001〕29 号文批复施工图设计。

建设资金来源包括交通部补助 66100 万元人民币，地方自筹 37778 万元人民币，国内银行贷款 4000 万元人民币，日本国际协力银行（简称 JBIC）的贷款，贷款总额为 240 亿日元，折合人民币约 16 亿元。

长梁高速公路由中交第二公路勘察设计研究院、重庆市公路勘察设计研究院设计，采用双向四车道高速公路，计算行车速度 80 公里/小时，路基宽 24.5 米，最小平曲半径 750 米，最大纵坡 4%，设计荷载为汽－超 20，挂－120。

2. 建设施工阶段

重庆渝东高速公路有限公司为项目业主。项目委托中国机械进出口公司为代理，于 2000 年 10 月完成资格预审，2000 年 11 月 30 日开标。全线划分为 14 个路基土建合同段。2000 年 12 月完成招标。

长梁高速公路全长 113.54 公里，起于长寿桃花街立交，经合兴、云台、澄溪、垫江、周嘉、云龙，止于梁平县白衣寺。全线大桥、中桥 3245.2 米/33 座，小桥 563.1 米/18 座，互通立交 6 处，分离式立交 33 处。

结合工程实施开展的科研及新技术的应用，包括《梁长高速公路桥（涵）台背跳车处理新技术应用研究》《利用公众通信网替代紧急电话的可行性研究》《重庆高速公路养护（综合）管理系统应用研究》《重庆长寿—万州高速公路安全评价研究》等。

长梁高速公路由重庆市交通工程监理咨询有限责任公司、日本片平/英国合乐顾问公司负责监理。

主要施工单位。A 合同段：白衣寺中桥等 12 公里路基及结构物，由上海警通路桥建设有限公司承建。B 合同段：云龙立交等 8 公里路基及结构物，由上海警通路桥建设有限公司承建。C 合同段：七洞和大桥等 7.4 公里路基及结构物，由岳阳市公路桥梁基建总公司承建。D 合同段：周嘉立交等8.06公里路基及结构物，由中国港湾建设（集团）第二航务工程局第二工程处承建。E合同段：回龙河大桥等6.7公里路基及结构物，由北京市海龙公路工程公司承建。F合同段：曹家河中桥等7.4公里路基及结构物，由北京市海龙公路工程公司承建。G合同段：垫江立交等5.4公里路基及结构物，由中铁第二十工程局第三工程处承建。H合同段：卧龙河中桥等9公里路基及结构物，由湖南对外建设总公司承建。I合同段：太平场至澄溪铺7.3公里路基及结构物，由中国路桥（集团）总公司承建。J合同段：红建水库中桥等7.7公里路基及结构物，由中国煤炭建设集团公司承建。K合同段：麻风河大桥等8.8公里路基及结构物，由重庆市渝通公路工程总公司承建。L合同段：合兴立交等9.2公里路基及结构物，由西藏珠峰工程企业集团承建。M合同段：新房子大桥等7.7公里路基及结构物，由贵州省公路工程总公司承建。N合同段：老岩沟大桥等9.2公里路基及结构物，由中国四海工程公司重庆有限公司承建。O合同段：路面工程沥青混凝土，由成都市路桥工程公司承建。P合同段：路面工程沥青混凝土，由路桥集团第二公路工程局承建。

项目于2001年4月开工，2003年12月与梁万公路同时完工通车。2005年3月完成竣工验收，工程质量等级评为优良。该项目交通部概算批复31亿元，实际建设总投资30.4亿元，比概算节约0.6亿元。

重庆至万州高速公路与原来的老渝万公路相比，不但缩短了公路里程，而且提升了道路等级，大大提高了交通运输能力，极大地促进了沿线经济发展。重庆至万州老公路364公里，渝万高速公路全长266.1公里（重庆上桥至长寿85.4公里，长寿至梁平113.5公里，梁平至万州67.2公里），缩短了97.9公里。渝万高速公路的建成，带动了渝北、长寿、涪陵、垫江、梁平、万州等区县的社会经济发展。

二、重庆至武胜高速公路

重庆至武胜高速公路包括重庆—合川高速公路（简称渝合高速公路）、合川—武胜高速公路（简称合武高速公路），是重庆市主城通往四川南充等地的交通要道。渝合高速公路于1999年6月开工建设，2002年6月完工通车；合武高速公路于2003年6月开工建设，2005年12月完工通车。渝合高速公路与合武高速公路均为国道212线的重要组成部分，通车后统称渝武高速公路。

（一）渝合高速公路

1. 前期工作阶段

1994年，渝合高速公路项目开始进行经济论证。1997年6月，完成预可行性研究报告。1997年4月开始项目可行性研究，1997年8月完成工程可行性研究报告。1997年9月，根据重庆市交通局对项目工程可行性报告预审意见补充、修改、完善了《工程可行性研究报告》，并由重庆市交通局上报交通部。1998年10月，交通部批准可行性研究报告（交计发〔1998〕517号文件）。1998年10月，交通部批准渝合高速公路初步设计及其概算。1999年6月，交通部批准了渝合路的开工报告，建设工期4年。

资金来源包括中央专项资金（交通部配套资金）43500万元，地方自筹资金67545万元，建行贷款20000万元。

渝合高速公路由重庆市公路规划勘察设计研究院、交通部重庆公路科研所、四川省交通厅公路规划勘察设计研究院设计。设计标准：全线按山岭区高速公路标准，双向4车道，设计车速80公里/小时（隧道60公里/小时），设计荷载为汽－超20，挂－120，路基宽24.5米（分离式路基宽12.5米），均采用沥青砼路面。

2. 建设阶段

（1）建设管理机构。1994年至1997年项目准备阶段，由重庆高等级公路建设指挥部履行项目业主职责。1998年12月管理机构改制后，项目业主更名为重庆高速公路建设有限责任公司（简称高建司），并成立渝合高速公路建设分公司履行项目业主职责。2000年11月，重庆高速公路建设有限责任公司并归为重庆高速公路发展有限公司（简称高发司），并成立若干子公司或分公司，渝合高速公路项目由高建司下属二级法人子公司重庆北方高速公路有限公司（简称北方公司）承担渝合高速公路的建设及运营管理。

（2）工程招标。1998 年 8 月，为在洪水到来之前对 3 座大桥下部结构先行施工，首先对马鞍石嘉陵江大桥、东阳嘉陵江大桥、沙溪庙大桥采取邀请招标方式招标，招标人从参加渝长公路、长涪公路、渝黔公路投标单位中选择了 10 家投标人参与投标，铁道部第五工程局第三工程处等 3 个投标人中标。1999 年 3 月，其他 12 个合同段完成招标。

（3）项目实施。渝合高速公路是国道 212 线的组成部分，起于重庆市余家湾，途经白鹤嘴、马鞍石、蔡家场、周家院、尖山子、北碚、西山坪、草街镇、盐井镇、沙溪庙，止于合川涪江二桥，全长 58.73 公里。渝合高速公路 3 跨嘉陵江，为抢枯水期，3 座嘉陵江大桥于 1998 年 11 月提前开工。

渝合高速公路沿线地形地质复杂，结构物较多，共有 3 座嘉陵江特大桥，36 座大中桥，5 座隧道（其中北碚隧道双洞长 8040 米，为当时重庆市建成的最长高速公路隧道），全线桥隧总长约 18 公里，占线路总长的 31%，且高填深挖较多，路基挖方约 1015 万立方米，路基填方 760 多万立方米。

以路面新技术应用为依托的科研项目《新型纤维混凝土薄层路面性能及应用研究》，获“2005 年重庆市科技进步三等奖”；《隧道内高性能沥青铺装技术的研究》获“2004 年度中国公路学会三等奖”。以边坡防护与绿化技术应用为依托的科研项目《山区高速公路路基边坡绿化防护设计与技术研究》，对生态环境保护、水土保持及公路沿线的景观美化，效果明显。

（4）参建单位。渝合高速公路由重庆市交通工程监理咨询有限责任公司负责监理。主要施工单位。A 合同段：余家湾立交至楼子坡 4.56 公里路基及结构物，由武警独立支队承建。B 合同段：楼子坡至马鞍石大桥 5.77 公里路基及结构物，由武警交通一总队承建。C 合同段：马鞍石大桥 1.46 公里，由交通部第一公路工程总公司第三分公司承建。D 合同段：马鞍石大桥北碚端至响水洞 4.3 公里路基及结构物，由重庆渝通公路工程公司承建。E 合同段：响水洞至北碚隧道重庆端 2.1 公里路基及结构物，由重煤二建安装公司承建。F 合同段：北碚隧道 4.02 公里，由铁道部第十八工程局第四工程处承建。G 合同段：北碚隧道北碚端至北碚东阳 6.2 公里路基及结构物，由重庆渝达公路工程公司承建。H 合同段：北碚大桥 1.2 公里，由铁道部第一工程局桥梁工程处承建。I 合同段：东阳立交 2 公里，由上海警通公司承建。J 合同段：西山坪隧道 2.5 公里，由铁道部第十二工程局第二工程处承建。K 合同段：草街大桥、麻柳坪大桥 5.1 公里路基及结构物，由铁道部第二工程局第五工程处承建。L 合同段：磨刀溪隧道 2.7 公里路基及结构物，由四海建设公司承建。M 合同段：盐井立交 2.4 公里路基及结构物，由攀枝花公路建设公司承建。N 合同段：沙溪庙大桥 2.1 公里路基及结构物，由四川省路桥建设集团有限公司承建。路面工程：由成都市路桥工程公司承建。

渝合高速公路 1999 年 6 月全线开工建设，2002 年 6 月通过交工验收，6 月 28 日全线通车，2003 年 5 月通过竣工验收，评定工程质量等级为优良。该项目交通部批准初设概算为 31.1 亿元，竣工决算后，渝合高速公路实际建设总投资 30.5 亿元，比概算节约 0.6 亿元。

重庆至合川高速公路与原来的老渝合公路相比，不但缩短了公路里程，而且提升了道路等级，大大提高了交通运输能力，极大地促进了沿线经济发展。重庆至合川老公路 93 公里，渝合高速公路全长 58.7 公里，缩短了 34.3 公里。渝合高速公路的建成，带动了北碚、合川两地的社会经济发展。

（二）合武高速公路

1. 前期工作

2001年4月12日，交通部以交规划发〔2001〕172号文批复项目建议书。2002年10月14日，交通部以交规划发〔2002〕487号文批复可行性研究报告。2003年2月17日，交通部以交公路发〔2003〕40号文批复初步设计。2003年7月28日，重庆市交通委员会以渝交委路〔2003〕167号文批复施工图设计。

建设资金来源包括交通部补助1.8亿元，地方自筹2.1亿元，银行贷款12.2亿元。

合武高速公路由四川省交通厅公路规划勘察设计研究院设计。设计标准：全线按山岭区高速公路标准建设，双向4车道，设计车速80公里/小时（隧道60公路/小时），最小平曲线半径400米，设计荷载为汽超-20，挂-120，路基宽24.5米（分离式路基宽12.5米），均采用沥青砼路面。

2. 建设阶段

2003年10月，高发司建设管理与运营管理分离，重庆北方高速公路有限公司整合后重新组建为重庆高速公路发展有限公司北方建设分公司，履行项目业主职责。

武合路分为两期招标，为确保3座特大桥在洪期来临前完成基础施工，将3座大桥分4个合同段先行招标。根据《重庆市人民政府办公厅关于同意国道212线武胜至合川公路三座特大桥施工和监理进行邀请招标的复函》，一期工程采用邀请招标的形式，建设单位从以往高速公路的投标人中选择了条件较好的投标单位进行投标，2003年1月完成一期招标。二期工程分为5个合同段，采取公开招标方式，2003年7月完成招标。

合武高速公路起于渝合高速公路上什字互通立交，至川渝交界处的四川武胜县街子镇，路线全长33.8公里。全线在钱塘、云门、余家沟3处分别设置了互通式立交。

合武高速公路分两期实施。一期土建工程于2003年1月29日开工，主要施工内容为控制性工程的特大桥和隧道（白果渡嘉陵江特大桥、唐家坝涪江三桥、小安溪特大桥、白鹿山隧道）；二期土建工程于2003年8月29日开工，路面工程于2005年2月27日开工。全线主要工程量包括：特大桥共计3086.23米/3座，大桥1725.03米/7座，主线中桥35米/1座，互通式范围内中桥348.07米/6座，下穿分离式立交桥786.1米/13座，小桥46.42米/5座，主线范围内涵洞、人行通道3865.59米/97道，互通式范围内涵洞、人行通道964.78米/36道，人行天桥、渡槽兼人行天桥1153.04米/20座，隧道507米/1座。

结合工程实施开展科研，《重庆高速公路养护（综合）管理系统》《高等级沥青路面柔性基层研究》荣获2007年度重庆市科技进步二等奖，《柔性纤维混凝土、聚合物改性水泥砼在路面中的应用研究》《大跨PC连续钢构桥受力行为及存在问题对策研究》荣获2007年重庆市交通科技三等奖。

在合武高速公路建设中首次采用抗车辙性能和抗滑性能较好的沥青玛蹄脂碎石混合料结构层（简称SMA）；采用质地坚硬的玄武岩作为SMA粗集料；采用塑模施工工艺，保证了小型预制件的外观质量；沥青混合料转运机的使用，避免了沥青混合料的温度离析和集料离析等新材料、新技术。

合武高速公路由重庆市交通工程监理咨询有限责任公司、西安方舟工程咨询监理有限公司负责监理。

主要施工单位。A合同段：5.86公里路基及结构物，由新疆昆仑路港工程公司承建。B合同段：陡口子大桥等5.51公里路基及结构物，由中港第二航务工程局承建。C合同段：云门立交等5.25公里路基及结构物，由岳阳市公路桥梁基建总公司承建。D1合同段：白果渡嘉陵江特大桥三跨预应力砼连续钢构，长1433.78米，其中合川端由中铁一局集团公司桥梁工程处承建。D2合同段：白果渡嘉陵江特大桥三跨预应力砼连续钢构，全长1433.78米，其中武胜端由路桥集团第一公路工程局承建。E合同段：金竹湾大桥等6.03公里路基及结构物，由四川武通路桥工程局承建。F合同段：虎头岩大桥等5.11公里路基及结构物，由重庆市渝达公路桥梁总公司承建。G合同段：

唐家坝涪江三桥三跨预应力砼连续钢构，桥长992.45公里，由中铁十二局集团有限公司承建。H合同段：白鹿山隧道左线514米，右线500米、小安溪特大桥三跨预应力砼连续钢构，桥长左线600米，右线720米，由中铁第十三局第三工程处承建。LM1合同段：路面工程16.9公里沥青混凝土，由重庆市渝通公路工程总公司承建。LM2合同段：路面工程16.9公里沥青混凝土，由贵州省公路桥梁工程总公司承建。

项目于2003年1月开工，2005年12月28日完工通车，于2005年12月26日完成交工验收。项目批复概算总投资为15.23亿元。经审核，武合路工程总投资为13.7亿元（含尾工工程及预留费用1094万元），概算总投资结余为1.53亿元。

三、重庆至贵州高速公路

重庆至贵州高速公路重庆段（简称渝黔高速公路）包括渝黔高速公路一期（重庆东环互通立交至綦江雷神店）、渝黔高速公路二期（綦江雷神店至崇溪河），全长135公里，与贵州崇溪河至遵义高速公路相连。綦万高速公路是渝黔高速公路上綦江至万盛的连接线，全长32公里。渝黔高速公路亦称渝湛高速公路（重庆至湛江）重庆段，渝湛高速公路是交通部规划的五纵七横国道主干线之一，是重庆通往贵州、广西、广东的西南大通道。渝黔高速公路一期于1998年1月开工建设，2001年12月完工通车。渝黔高速公路二期于2002年6月开工建设，2004年12月完工通车。

（一）渝黔高速公路一期

1. 前期工作

1994年3月，国家计委以计交能〔1994〕316号文件批复了渝黔高速公路项目建议书。1995年1月，国家计划委员会委托中国国际工程咨询公司对《重庆至綦江公路可行性研究报告》进行评估。1996年5月，亚洲开发银行评估团对本项目进行评估。1996年9月，国家计委以计交能〔1996〕734号文件批复渝黔高速公路项目可行性研究报告。1997年1月，交通部以交公路发〔1997〕37号文批复项目初步设计。同年7月，交通部以交公路发〔1997〕495号文批复了项目施工图设计。

建设资金来源包括交通部补助7亿元，亚洲开发银行贷款1.5亿美元，其余14.8亿元人民币由重庆市自筹。

渝黔高速公路一期由四川省交通厅公路规划勘察设计研究院、交通部重庆公路科研所、重庆市公路勘察设计院设计。渝黔高速公路一期工程除四公里连接线按一级公路设计外，其余均按高速公路标准设计，设计车速80公里/小时，设计荷载为汽-超20，挂-120，其中童家院子至界石段长31.1公里，路基宽31.5米，采用水泥砼路面，双向6车道；界石至雷神店长45公里，路基宽24.5米，采用沥青混凝土路面，双向4车道；四公里连接线长1.7公里，路基宽26.5米，采用水泥砼路面，双向4车道。

2. 建设阶段

1994~1997年项目准备阶段，由重庆高等级公路建设指挥部履行项目业主职责。1998年12月管理机构改制后，项目业主更名为重庆高速公路建设有限责任公司，并成立渝黔高速公路建设分公司履行项目业主职责。2000年11月，重庆高速公路建设有限责任公司并归为重庆高速公路发展有限公司，并成立若干子公司或分公司，本项目由高建司下属二级法人子公司重庆南方高速公路有限公司承担渝黔高速公路的建设及运营管理。

渝黔高速公路是亚洲开发银行贷款项目，按照亚行贷款项目采购程序进行国际竞争性招标，招标代理为中机国际招标公司和中仪国际招标公司。招标时按14个标段招标，其中12个土建合同，于1997年10月完成招标。另外2个合同为水泥砼路面和沥青砼路面，于2000年6月完成招标。该项目系国际招标，采用最低标价法评标，与国内招标项目相比，承包人标价相对偏低。

渝黔高速公路起于重庆童家院子立交，经寸滩，跨长江，经四公里，穿真武山，南下经界石、一品、綦江，止于綦江雷神店，全长86.89公里（含四公里连接线1.7公里）。全线共设桥梁63座，共长9005米，隧道2座，单洞总长约5897米，土石方约3595万立方米。

项目最大的控制工程是大佛寺长江大桥。1997年底枯水季节主塔基础施工，承包人仅用4个月就将桥墩抢出185米洪水线。1998年逢百年不遇的特大洪水，承包人经受了洪水对水上混凝土拌和厂的考验，完成了206.68米高的主塔封顶任务。大佛寺大桥长1176米，桥面宽30.6米，双向6车道，其主塔高206米，主跨450米，桥型为预应力钢筋砼双塔双索面斜拉桥，是当时亚洲已建成的同类型桥梁中主跨径第一的水泥砼斜拉桥。2001年12月26日，中共中央总书记、国家主席、中央军委主席江泽民为该桥题写桥名。

项目另一个控制工程是全长5897米、净宽13.8米、净高7.65米的真武山隧道，施工单位解决了大断面开挖和衬砌的施工难题，克服了溶洞、采空区等不良地质条件困难，提前一年竣工。

该项目经重庆南山山麓，在施工中遇上严重的山体滑坡，施工单位在尽力保护生态环境的前提下，采用了抗滑桩、桩板挡墙、锚杆及锚索加固、喷射水泥砼等技术和措施，确保了工程质量和进度。

此外，真武山路段原设计路线标高抬高，真武山隧道从一个长隧道改为两个较短隧道，取消了通风竖井，不仅降低了施工和运营费用，而且保护了环境。结合边坡防护，对挖方边坡采用大面积生态防护，全线共完成恢复植被1837亩，种植乔木和亚乔木119569株。

以大佛寺大桥为依托工程的《大跨径斜拉桥稳定性研究》获“2003年度中国公路学会二等奖”，《大佛寺长江大桥安全检测系统研究》获“2004年度中国公路学会三等奖”。其他科研项目包括《桥梁大体积浇注混凝土基础结构施工问题》《公路隧道防水技术研究与实施》《钢纤维混凝土在公路隧道初期支护的应用和实施》《山区高等级公路不均匀沉降综合处治技术研究》《山区高等级公路高边坡防护技术研究》《大跨径斜拉桥结构防震分析试验与研究》《大跨径斜拉桥风致震动及值震措施研究》《边坡支护方案优化设计》和《高速公路隧道长期安全性评价及维护加固研究》等。

项目由重庆市交通工程监理咨询有限责任公司、英国合乐公司负责监理。

主要施工单位。A合同段：童家院子至寸滩2.6公里路基及结构物，由重庆渝宏公路工程总公司承建。B1合同段：大佛寺大桥北段0.9公里，由铁道部大桥工程局承建。B2合同段：大佛寺大桥南段0.88公里，由重庆桥梁工程公司承建。C1合同段：黄桷湾立交段至上新街段5.9公里路基及结构物，由四川省煤炭第二建筑安装工程公司承建。C2合同段：上新街至向家坡段2.3公里路基及结构物，由铁道部第十八工程局第二工程处承建。D合同段：向家坡段1.2公里路基及结构物，由重庆渝通公路工程总公司承建。E1合同段：真武山隧道2.02公里，由铁道部第一工程局承建。E2合同段：真武山隧道1.7公里，由铁道部第十八工程局第五工程处承建。F合同段：茶园段8.4公里路基及结构物，由铁道部第三工程局机械筑路工程处承建。G合同段：南泉段5.4公里路基及结构物，由北京燕通公路工程公司承建。H1合同段：一品段8.6公里路基及结构物，由中国第十九冶金建设公司承建。H2合同段：一品段3.2公里路基及结构物，由重庆市公路工程公司承建。I合同段：綦江段9.7公里路基及结构物，由重庆渝通公路工程总公司承建。J1合同段：綦江段3.02公里路基及结构物，由四川省交通厅第一航道工程处承建。J2合同段：綦江段8.9公里路基及结构物，由西藏珠峰工程企业集团承建。K合同段：綦江段10.4公里路基及结构物，由中国水电部第七工程局承建。L合同段：雷神店段9.8公里路基及结构物，由贵州省公路工程总公司承建。M合同段：水泥砼路面工程31.3公里，由重庆渝宏公路工程总公司承建。N合同段：沥青混凝土路面工程53.6公里，由重庆渝达公路工程总公司承建。

渝黔高速公路于1998年1月1日全面开工，2001年12月26日完工通车。2002年12月完成交工验收，2004年2月完成竣工验收，工程质量等级评定为优良。渝黔高速公路一期交通部批准概算为34.25亿元，后调整规划增加投资6460万元。实际建设总投资38.2亿元，超概算3.35亿元。

（二）渝黔高速公路二期

1. 前期工作

渝黔高速公路二期工程从綦江雷神店起至重庆与贵州交界处崇溪河，与贵州省遵崇路（遵义至崇溪河）相连。交通部1998年11月发出《关于雷神店至崇溪河公路项目建议书审查意见的函》（交函规划〔1998〕455号）。国家发改委2000年11月发出《关于审批重庆至湛江国道主干线重庆雷神店至崇溪河公路可行性研究报告的请示》（计基础〔2000〕2158号）。交通部2001年11月发出《关于重庆至湛江国道主干线重庆雷神店至崇溪河公路初步设计的批复》（交公路发〔2001〕145号）。

渝黔高速公路二期由重庆市公路勘察设计研究院、交通部重庆公路科研所、四川省交通厅公路规划勘察设计研究院设计。渝交委路〔2002〕81号批复全线采用四车道高速公路标准，计算行车速度雷神店至观音桥段为80公里/小时，整体式路基宽24.5米，分离式路基宽12.5米，观音桥至崇溪河段为60公里/小时，整体式路基宽度22.5米，分离式路基宽11.25米，桥涵与路基同宽。桥涵设计荷载均采用汽－超20，挂－120。其中安稳至崇溪河段长8.684公里，路基宽22.5米，设计车速60公里/小时。

本项目采用亚洲银行贷款一部分、地方自筹资金一部分、交通部补贴一部分。

2. 建设阶段

2003年10月，高发司建设管理与营运管理分离，重庆南方高速公路有限公司整合后重新组建为重庆高速公路发展有限公司南方建设分公司履行项目业主职责。

项目分为10个土建合同段，按亚行贷款项目招标程序，于2002年3月完成国际招标，2002年6月下达开工令正式开工。

项目起于綦江雷神店，经篆塘、镇紫、东溪、赶水、安稳，止于与贵州交界的崇溪河，全长47公里，为山岭重丘高速公路。全线有特大桥2座，大小桥梁37座，隧道7座，设有东溪、安稳2座互通式立交，桥梁和隧道占总里程40%。其中控制工程为分水岭隧道（左线1695米，右线1716米）、竹林堂隧道（左线1300米，右线1319米）、金竹岗隧道（2109米）、福田寺隧道（左线1863米，右线1837米）、笔架山隧道（左线2501米，右线2530米），以及太平庄大桥（375.56米）、河耳沟特大桥（560.19米）。

项目特点之一是根据地形需要，上下分幅式路基长达10余公里。其二是注重景观工程与防护工程，并与地域文化结合，在立交与隧道口加强了绿化与环境建设。

结合项目边坡治理的《边坡支护方案优化设计》、结合山区特殊工程条件下的《高填方涵洞合理结构形式及施工控制研究》等，均获“2005年重庆市科技进步三等奖”。

项目监理单位是重庆市交通工程监理咨询有限责任公司。

主要施工单位。C1合同段：雷神店至分水10.53公里路基及结构物，中铁大桥局集团有限公司承建。C2合同段：分水隧道左线1695米，右线1716米，由中铁十八局集团第四处有限公司承建。C3合同段：镇紫段5.16公里路基及结构物，由中铁第一工程局桥梁工程处承建。C4合同段：竹林堂隧道左线1300米，右线1319米，由安通建设有限公司承建。C5合同段：太平庄大桥375.56米，由中国路桥集团总公司承建。C6合同段：金竹岗隧道2109米，由中铁隧道集团三处有限公司承建。C7合同段：福田寺隧道左线1863米，右线1837米，由中铁隧道集团二处有限公司承建。C8合同段：笔架山隧道左线2501米，右线2530米，由中铁隧道集团一处有限公司承建。C9合同段：河耳沟特大桥560.19米，由中铁大桥局集团有限公司承建。C10合同段：河耳沟至崇溪河段8.39公里路基及结构物，由重庆渝宏公路工程总公司承建。L1合同段：路面工程雷神店至安稳39公里沥青混凝土，由贵州省公路工程总公司承建。L2合同段：路面工程安稳至崇溪河8.4

公里沥青混凝土，由贵州省桥梁工程总公司承建。

项目于2002年6月全面开工，2004年12月30日完工通车。项目分期进行交工验收，其中C1～C8等8个合同段于2004年12月完成交工验收，质量评定为合格。C9、C10两个合同段于2005年12月完成交工验收，质量评定为合格。渝黔高速公路二期批准概算为27.1亿元，实际建设总投资24.97亿元，节约2.13亿元。

（三）綦万高速公路

1. 前期工作

綦江至万盛高速公路简称綦万高速公路。1998年，重庆市交通局、綦江县计委、万盛区计经委向重庆市计委提交綦万高速公路工程可行性研究报告。1998年9月，重计委能〔1998〕902号文批准同意立项。资金来源包括国债转贷1.8亿元，地方自筹2.6亿元，银行贷款6亿元。綦万高速公路由重庆市公路勘察设计研究院设计。綦万高速公路整体路基宽20米，行车速度60公里/小时，双向四车道，全封闭、全立交、联网收费。

2. 建设阶段

1999年10月开工时，项目业主为重庆新荣公路开发有限责任公司（简称新荣公司，由上海新荣投资有限公司和綦江县、万盛区共同出资组成）。后因投资方无力筹资，2001年3月新荣公司解散。2001年11月成立重庆綦万高速公路有限公司（由重庆高速公路发展有限公司、綦江县交通实业公司、万盛区速达公路开发有限公司出资组建）行使项目业主的职责。

项目由原业主于1999年9月招标，2001年11月重新审查中标单位。

綦万高速公路与渝黔高速公路相连，起于綦江县母家湾立交，经通惠、三角、永城镇，穿观音岩隧道，再经麻坝河、平山、建设乡，终点为万盛区关井湾，全长32.3公里。

綦万高速公路用地5000余亩，路基土石挖方483万方，填方392.47万方，防护及排水工程41万方，有特大桥（温泉大桥）518米/1座，大桥2168米/11座，中小桥354.421米/5座，涵洞3539.1延米/93道，隧道1859米/3座，古南、通惠、永城、平山互通式立交4处，分离式立交13处，平面交叉1处，人行天桥11座。重点控制工程有通惠隧道、永城隧道、温泉大桥、万盛隧道。

项目于1999年10月开工，因主要投资方上海新荣投资有限公司无力筹资，2000年6月全线停工。随后上海成浦集团介入，运作9个月后，仍因无力解决资金问题，于2001年3月退出项目。2001年11月，重庆綦万高速公路有限公司成立后，部分合同段恢复施工，2002年6月，全线恢复施工。

项目监理单位：四川铁科建设监理公司、重庆中宇监理公司。

主要施工单位。A合同段：母家湾立交等4.6公里路基及结构物，由中国水利水电第七工程局承建。B合同段：中屋基隧道等2.75公里路基及结构物，由中铁五局集团第四有限公司承建。C合同段：长滩子大桥等1.95公里路基及结构物，由中国建筑第八工程局承建。D合同段：乐果塘大桥等3.66公里路基及结构物，由重庆市涪陵路桥工程公司承建。E合同段：团防大桥等3.73公里路基及结构物，由中国水利水电第五工程承建。F合同段：九龙沟大桥等3公里路基及结构物，由重庆市公路工程总公司承建。G1合同段：永城槽大桥、观音岩隧道等2.02公里路基及结构物，由四川武通路桥工程局承建。G2合同段：观音岩隧道、永城立交等1.33公里路基及结构物，由成都路桥工程公司承建。H合同段：麻坝河大桥3.65公里路基及结构物，由中港第二航务工程局二公司承建。I1合同段：平山立交3.34公里路基及结构物，由海南安华工程有限公司承建。I2合同段：麒麟寺隧道2.31公里路基及结构物，由重庆煤炭第二建筑安装公司承建。K合同段：路面工程32.3公里沥青混凝土路面，由重庆渝达公路桥梁工程公司承建。

3. 竣工验收阶段

项目于2002年6月开工，2004年9月15日完工通车。2004年9月完成交工验收，2006年12

月完成竣工验收，评定工程质量为优良。工程投资概算 10.4 亿元。竣工决算后，实际建设总投资的 11 亿元。

渝黔高速公路重庆至崇溪河段与原来的老公路相比，不但缩短了公路里程，而且提升了道路等级，大大提高了交通运输能力，极大地促进了沿线经济发展。重庆至崇溪河老公路 175 公里，渝黔高速公路重庆段 135.2 公里，缩短了 39.8 公里。綦江至万盛老公路 51 公里，綦万高速公路 32.3 公里，缩短了 18.7 公里。渝黔高速公路和綦万高速公路的建成，促进了南岸、巴南、綦江、万盛到区县社会经济发展。

四、重庆至邻水高速公路

重庆至邻水高速公路（简称渝邻高速公路）属于国道 210 线的组成部分，是重庆辐射四川省邻水、广安的一条高速公路（五射），其南端与国道主干线重庆至湛江公路连接，形成川渝两地南下沿海港口的重要出海通道。北端与沪蓉国道主干线万州至成都支线连接，可西去广安、成都，北上陕西，东达湖北。渝邻高速公路通过重庆市环线高速公路沟通重庆至长寿、重庆至成都、重庆至遂宁高速公路，在重庆市骨架公路中，具有重要作用。

1. 前期工作

1999 年 11 月，交通部以交规划发〔1999〕582 号文批复项目建议书。2000 年，交通部以交公路发〔2000〕575 号文批复项目初步设计。2001 年 10 月，国家发改委以计司基础函〔2001〕19 号文对项目立项有效性问题进行确认。2001 年 7 月，重庆市交委以渝交委路〔2001〕65 号文批复项目施工图设计。

渝邻高速公路是重庆市第一个采用 BOT 模式建设的高速公路。经重庆市政府授予特许权，重庆高速公路发展有限公司和中铁五局（集团）有限公司各按 50% 股份投资，各出资 3.2 亿元作为项目资本金。其余 10.9 亿元通过银行贷款和其他借款解决。

项目由重庆交通科研设计院、铁道第二勘测设计院设计。全线按山岭重丘区四车道高速公路设计。路基宽度 24.5 米，行车速度 80 公里/小时，设计荷载为汽－超 20，挂－120。

2. 建设阶段

项目前期工作由重庆北方高速公路有限公司负责。2001 年 4 月成立重庆渝邻高速公路有限公司行使业主职责。

2001 年 2 月至 5 月经过资格预审完成国内招标。渝邻高速公路共分为 10 个土建合同段，由路桥集团第一公路工程局等 10 家承包人中标承建。

渝邻高速公路起于重庆市江北区黑石子，经草坪、高嘴、大湾，止于川渝交界处的邻水邱家河，全长 53.1 公里。全线共有 5 处互通式立交，特大桥 1 座，大桥 20 座，短隧道 2 座。

结合工程实施，开展的科研及新技术的应用，包括《渝邻高速公路填方路堤处治技术方案》《山区大跨径八字形拱桥结构体系及施工技术研究》《山区公路沥青面层排水技术研究》等。

监理单位：重庆市交通工程监理咨询有限责任公司。

主要施工单位。A 合同段：大湾立交等 5.16 公里路基及结构物，由路桥集团第一公路工程局承建。B 段：黄家院子大桥等 6.73 公里路基及结构物，由中国路桥（集团）总公司承建。C 段：周家山大桥等 5.94 公里路基及结构物，由重庆市渝通公路工程总公司承建。D 段：温塘河特大桥等 5.06 公里路基及结构物，由成都市路桥工程公司承建。E 段：高家湾大桥等 6.8 公里路基及结构物，由路桥集团第一公路工程局第四工程公司承建。F 段：荒湾大桥等 6.86 公里路基及结构物，由重庆市公路工程股份有限公司承建。G 段：沙坪立交等 5.43 公里路基及结构物，由安通建设有限公司承建。H 段：包家湾大桥等 5.1 公里路基及结构物，由中铁五局集团第五工程有限责任公司承建。I 段：周家湾大桥等 2.85 公里路基及结构物，由重庆煤矿建设第五工程处承建。J 段：何家沟大桥等 3 公里路基及结构物，由中国四海工程公司重庆有限公司承建。K 合同段：路面工程 53

公里沥青混凝土，由中铁一局集团有限公司承建。

渝邻高速公路2001年11月1日开工建设，2004年7月完工通车。2004年5月通过交工验收。评定质量等级为优良。项目批准概算为19.1亿元，项目决算审计审定工程投资为17.3亿元，节约1.8亿元。

重庆至邻水老公路从童家院子至邻水方家沟72.2公里，渝邻高速公路重庆段53.6公里，缩短了18.6公里。促进了渝北区的社会经济发展，带动了小平故乡旅游业。

五、内环高速公路

重庆内环高速公路全长75.38公里，起于成渝高速公路上桥立交，经沙坪坝区杨公桥，跨嘉陵江至江北区石马河，再经渝北区人和、童家院子，跨长江至南岸区弹子石，在四公里穿过真武山隧道后沿茶园至巴南区界石，在此往西南方向穿小泉、吉庆隧道，经马桑溪大桥跨长江至大渡口区，最后经九龙坡区华岩回到上桥。

重庆市内环高速公路分别由渝长高速公路上桥至童家院子段（20公里）、渝黔高速公路童家院子段至界石段（32公里），以及上桥至界石段22.7公里组成。其中上桥至界石高速公路（简称上界高速公路）为单独立项修建。上界高速公路的建成，与渝长高速公路上桥至童家院子段和渝黔高速公路童家院子段至界石段相连，形成了环绕重庆主城的环城高速公路，称为内环高速公路。

（一）上桥至童家院子段

内环高速公路上桥至童家院子段，亦是渝长高速公路一段，从上桥（西环互通）经高滩岩、杨公桥、高家花园嘉陵江大桥、石马河、北环互通、人和、止于童家院子（东环互通），于2000年4月建成。路段长20公里，双向6车道，路基宽31.5米，水泥砼路面（其立项、施工、竣工等阶段均在渝长高速公路建设章节中记述）。

（二）童家院子至界石段

内环高速公路童家院子段至界石段，亦是渝黔高速公路一段，从童家院子（东环互通），经大佛寺长江大桥、盘龙互通、南山互通、江南互通、真武山隧道、茶园互通、南泉互通，止于界石（南环互通），于2001年12月建成。路段长32公里，双向6车道，路基宽31米，水泥砼路面（其立项、施工、竣工等阶段均在渝黔高速公路建设章节中记述）。

（三）上桥至界石段

1. 前期工作

1994年1月，重庆市人民政府以重府函〔1994〕9号文同意上界路过境布局。1998年1月，重庆市计委以能〔1998〕458号文批复上界路建设立项报告。1998年7月，交通部交计发〔1998〕458号文批复工程项目可行性报告。1998年10月，交通部交公路发〔1998〕639号文批复项目初步设计。1999年2月，重庆市交通局以渝交局〔1999〕904号文批复项目施工图设计。

批复概算13.57亿元，交通部补助1.59亿元，其余资金由重庆市地方自筹。根据重庆高速公路发展有限公司与重庆市渝通公路工程总公司合作协议，项目利用国债2.5亿元，重庆高速公路发展有限公司出资17387万元，重庆市渝通公路工程总公司出资6310万元，其余资金通过商业银行贷款。

上界高速公路由四川省交通厅公路规划勘察设计研究院设计，全线采用六车道高速公路标准，计算行车速度80公里/小时，路基宽度31米。

2. 建设阶段

1994～1998年，由重庆高等级公路建设指挥部负责前期准备工作。1998年3月，由重庆高速公路发展有限公司与重庆市渝通公路工程总公司共同出资组建重庆上界高速公路有限公司行使业主职责。

由于修建高尔夫球场，2000年5月，重庆市人民政府在《市政府第35次市长办公会议纪要》

上确定将上界路 K15 +518.08— K18 +800 段改线，由上界公司以 16869 万元的建设总经费支付给巴南区政府，由其包干实施。2006 年 6 月，上界公司与巴南区政府签订《关于上界高速公路巴南区高尔夫球场段移交建设的协议》，将此路段移交给巴南区政府建设管理。

项目原定分 A、B、C、D、E、F、G 路基土建合同段，后将 A、B、D 并归为 A 合同段。重庆市交委分别采用了邀请招标和公开招标。1998 年 9 月，完成 C 合同段（马桑溪长江大桥）招标，1999 年 3 月完成 F 合同段（歪嘴山隧道，后更名为小泉隧道）、G 合同段（三王岗隧道，后更名为吉庆隧道），1999 年 5 月，完成其他合同段招标。

路线起自成渝高速公路终点上桥（西环互通），经凤中互通、华岩互通、大渡口互通、马桑溪长江大桥、华陶互通、巴南互通，止于界石（南环互通），全长 22.7 公里。

其中马桑溪长江大桥全长 1104.7 米，主跨 360 米，桥型为双塔双索面斜拉桥；2001 年 12 月 26 日，时任中共中央总书记、国家主席江泽民为该桥题写桥名。此外，有 5 座互通式立交，以及小泉隧道、吉庆隧道。

监理单位：重庆市交通工程监理咨询有限责任公司。

主要施工单位。A 合同段：12.6 公里路基及结构物，由重庆渝通公路工程总公司承建。C 合同段：马桑溪长江大桥全长 1104.7 米，主跨 360 米，双塔双索面斜拉桥，由重庆渝通公路工程总公司承建。F 合同段：小泉隧道左线 734 米，右线 722 米，由铁道部隧道工程局第三工程处承建。G 合同段：吉庆隧道左线 1008 米，右线 953 米，由铁道部第十八工程局第二工程处承建。路面工程：12.6 公里沥青混凝土，由重庆渝通公路工程总公司承建。E 合同段：巴南区高尔夫球场段 2.99 公里，巴南区人民政府组织建设，由中国人民武装警察水电部队第三总队和重庆渝通公路工程总公司承建。

上界高速公路 1999 年 5 月开工建设，2001 年 12 月 30 日完工通车。2003 年 8 月完成交工验收，工程质量评定等级为合格。项目批准概算 13.57 亿元。经重庆市审计局审计，并经重庆市财政局《关于高速公路重庆上桥至界石段竣工财务决算的批复》（渝财建〔2006〕324 号）批准决算为 16.4 亿元，超概算 2.7 亿元。高尔夫球场段实际费用 2.3 亿元，比包干费超支 6474 万元，根据协议，超支费用由巴南区政府自行承担，纳入建设成本。

内环高速公路是国道主干线在重庆的过境路段，对实现“八小时重庆”，建设都市发达经济圈、渝西经济走廊和三峡库区生态经济区提供了交通基础设施。重庆内环高速公路建成，与“半小时主城”相衔接，通过 18 座立交桥与主城区各组团及重要节点进入外环高速公路在半小时内通达。

第三节　“二环八射”骨架网建设

重庆市在“十五”期末形成的高速公路主骨架“一环五射”基础上，在“十一五”期间，加快了“二环八射”的建设速度。“二环”即内环高速公路和外环高速公路。“八射”指由重庆主城去向四周发散出去的 8 个方向的高速公路。“二环八射”中除前述“一环五射”之外，还包括重庆绕城高速公路（亦称外环高速公路），重庆至遂宁高速公路（渝遂高速公路），重庆至长沙高速公路（渝湘高速公路），重庆至宜昌高速公路（渝宜高速公路，其中重庆至万州段包括渝长高速公路、长万高速公路），重庆至泸州高速公路（渝泸高速公路），以及区域连接线重庆垫江至忠县至石柱至湖北恩施高速公路（垫恩高速公路），重庆万州至开县高速公路（万开高速公路），忠县至石柱高速公路（忠石高速公路）。上述项目于 2005 年 11 月 18 日全面开工，共计 1156 公里。与已经形成的“一环五射”，构成重庆“二环八射”高速公路骨架网。

一、重庆至长沙高速公路

西部大开发省际公路通道重庆至长沙公路重庆段（简称渝湘高速公路重庆段）是连接中国西南、中南、东南的重要横向干线，也是连接重庆市主城区与东南少数民族聚集地区之间的交通要道。渝湘高速公路起于重庆市巴南区界石镇，经南川、彭水、黔江、酉阳、秀山等区县，最后到达湖南长沙，全长867公里。其中重庆段414公里，总投资超过300亿元。渝湘高速公路重庆段从2004年8月起分段实施，包括界石至水江段、水江至武隆段、武隆至彭水段、彭水至黔江段、黔江至酉阳段、酉阳至洪安段。

（一）界石至水江段

1. 前期工作

2003年6月，交通部以交规划发〔2003〕235号文批复项目可行性研究报告。2004年1月，交通部以交公路发〔2004〕23号文批复项目初步设计。

建设资金来源包括交通部补助7.9亿元、重庆市地方自筹4.6亿元、银行贷款28.6亿元。

项目由中交第一、第二公路勘察设计研究院，重庆市交通规划勘察设计院，江苏省交通规划设计院有限公司，四川省交通厅公路规划勘察设计研究院共同设计。按山岭重丘区四车道高速公路设计。路基宽度整体式26米，分离式13米。行车速度100公里/小时，一般最小平曲线半径700米，最大纵坡4%，设计荷载为公路－Ⅰ级。路面结构为沥青砼。

2. 建设阶段

由重庆高速公路发展有限公司南方建设分公司行使项目业主职责。

工程招标。项目共分18个路基合同段，除南川立交报请重庆市人民政府批准，实行邀请招标外，其余均实行国内公开招标。2004年3月完成招标，由中国水利水电第七工程局等18家承包人中标承建。

项目实施。路线起于重庆市巴南区界石镇，与渝黔高速公路及内环线上桥至界石高速公路连接，路线经接龙互通、大观互通、南川互通、金佛山互通、止于南川市水江镇，路线全长84.6公里。

工程主要包括：路基挖方121.88万立方米，填方89.07万平方米；特大桥1112米/1座，大桥10116米/31座，中小桥3305米/68座；隧道1289米/7座；互通立交8处。控制工程为凤嘴江特大桥和石龙隧道。凤嘴江特大桥为预应力T梁连续钢构结构，左线长1116米，桥跨22×50米；右线长1016米，桥跨20×50米。石龙隧道左线3435米，右线3445米。

结合工程实施，开展的科研及新技术的应用，包括《低质粉煤灰修筑二灰基层的应用技术研究》《Superpave沥青混合料在拆迁高速公路路面的应用研究》《重庆地区高速公路路面垫层及半刚性基层研究》《高速公路长大坡段沥青路面技术研究》《半刚性基层沥青路面黏结技术研究》《重庆地区高速公路沥青路面典型结构及材料试验研究》《高速公路隧道沥青复合式路面结构防排水综合技术研究》。

监理单位：重庆市交通工程监理咨询有限责任公司、重庆育才工程咨询监理有限公司。

主要施工单位。A1合同段：水江立交、鱼泉河大桥等桥梁492米/9座，4.7公里路基及结构物，由中国水利水电第七工程局承建。A2合同段：冉家堰高架桥等桥梁382.96米/6座，7公里路基及结构物，由重庆市渝达公路桥梁有限责任公司承建。A3合同段：高桥高架桥等桥梁1589米/7座，5.6公里路基及结构物，由山东省路桥集团有限公司承建。A4合同段：东胜立交等桥梁849米/7座，4.45公里路基及结构物，由核工业华东建设工程集团公司承建。A5合同段：南川立交等桥梁584.18米/5座，5公里路基及结构物，由北京市海龙公路工程公司承建。A6合同段：江家湾高架桥左线176米，右线176米；城南高架桥左线296米，右线316米；凤嘴江特大桥左线1116米，右线1016米，预应力砼T梁连续钢构等，由中铁十五局集团第二工程有限公司承建。A7合同段：龙凤山隧道左线2905米，右线2920米，由中铁隧道集团二处有限公司承建2980米/1座。A8合同段：大沙坝高架桥等580.63米/3座，龙凤山隧道工程2815米/1座，由中铁十三局集团第三工程有限公司承建。A9合同段：大观立交等桥梁425.7米/7座，9.34公里路基及结构物，由北京市海龙公路工程公司承建。A10合同段：胡坪坝特大桥等桥梁1482.2米/5座，3.7公里路基及结构物，由四川公路桥梁建设集团有限公司承建。A11合同段：昌炉大桥、炉场坡隧道左线590米，右线585.6米；斑竹林隧道左线161米，右线226.2米；石龙隧道左线3435米，右线3445米，承建其中2968米等4.75公里路基及结构物，由中铁十九局集团第二工程有限公司承建。A12合同段：石龙隧道左线3435米，右线3445米，承建其中3912米；黄桷树1号大桥左线240米，右线298米；大黄桷树2号大桥左线256米，右线256米等，由中铁二十局集团第二工程有限公司承建。A13合同段：高洞立交、朱家岩大桥等桥梁1802米/5座，5.05公里路基及结构物，由中铁十七局集团第一工程有限公司承建。A14合同段：槐子树隧道左线790米，右线823米、炉子坝大桥等1491米/4座，4.28公里路基及结构物，由中国冶金建设集团公司承建。A15合同段：太平隧道左线1981.5米，右线2027米，太平大桥等桥梁837.64米/3座，5.54公里路基及结构物，由中铁十七局集团第二工程有限公司承建。A16合同段：南湖隧道左线1218米，右线1216米；南湖大桥等680.4米/2座，4.21公里路基及结构物，由中铁十八局集团第二工程有限公司承建。A17合同段：南湖立交、牟家湾大桥等286米/2座，6.6公里路基及结构物，由湖南省永州公路桥梁建设有限公司承建。A18合同段：界石立交、贺家嘴大桥等220米/1座，2.9公里路基及结构物，由海南省公路建设第三工程公司承建。L1合同段：35公里沥青混凝土路面工程，由四川攀峰路桥建设有限公司承建。L2合同段：26公里沥青混凝土路面工程 由路桥集团第二公路工程局承建。L3合同段：25公里沥青混凝土路面工程，由中铁四局集团第一工程有限公司承建。

项目于2004年8月6日开工，至2005年年底尚未完工。项目概算为39.7亿元。

（二）水江至武隆段

1. 前期工作

2004年5月，交通部以交规划发〔2004〕490号文批复项目可行性研究报告。2005年2月，交通部以交公路发〔2005〕65号文批复项目初步设计。

建设资金来源包括交通部补助8.29亿元、重庆市地方自筹8.02亿元、银行贷款33.6亿元。

项目由重庆市交通规划勘察设计院、重庆交通科研设计院、铁道部第二勘察设计院共同设计。按山岭重丘区四车道高速公路设计，计算行车速度80公里/小时，路基宽度24.5米，最小平曲线半径830米，最大纵坡3.7%，设计荷载为公路－Ⅰ级。路面结构为沥青砼。

2. 建设阶段

项目由重庆高速公路发展有限公司南方建设分公司行使项目业主职责。

项目共分15个路基合同段，B15合同段为先开工路段，于2004年11月先行招标，其余合同段于2005年7月完成招标，由岳阳市公路桥梁基建总公司等15家承包人中标承建。

路线起于南川区水江镇，与界水高速公路衔接，经双河口、长坝、白马、羊角、土坎，止于武隆县苏家河，全长54.98公里。

工程主要包括：路基挖方72万立方米，填方273.9万平方米；特大桥545米/1座，大桥8641米/27座，中小桥413米/7座；大于6公里隧道—13796米/2座（单洞）；特长隧道—11236米/3座，长隧道—2820米/1座，中隧道—709.7米/1座。互通立交2处。桥梁隧道占路线长度的50%左右。控制工程为白云隧道、羊角隧道、土坎乌江大桥。

白云隧道左洞长7097.8延米，右洞长7120延米，采用斜井通风，左洞斜井长1026延米，右洞斜井长1060延米。衬砌内轮廓建筑限界宽10.5米，高5米，为R＝5.5米的单心圆曲墙圆拱，净宽10.8米，净高7米，内净空面积64.2平方米。

羊角隧道左洞长6655.5延米，右洞长6676延米。内轮廓建筑限界宽10.5米，高5米，半径为5.5米的单心圆曲墙圆拱，净宽10.8米，净高7米，内净空面积64.2平方米。

土坎乌江大桥为斜跨乌江的一座连续钢构桥。桥梁全长537米，主桥跨径布置为110+200+110米连续钢构。

结合工程实施，开展的科研及新技术的应用，包括《山区高速公路隧道节能性供配电系统研究与应用》《山区高速公路桥梁毗邻群段施工组织管理关键问题研究》《高速公路隧道沥青复合式路面结构防排水综合技术研究》《大涌水量与复杂地质条件下特长公路隧道修筑关键技术研究》《高速公路特大交通事故预防技术研究及示范》等。

监理单位：西安方舟监理咨询有限公司、重庆市交通工程监理咨询有限责任公司。

主要施工单位。B1合同段：武隆立交等1.487公里路基及结构物，由湖南省岳阳市公路桥梁基建总公司承建。B2-1合同段：武隆隧道左线4884.14米，右线4884.1米，承建其中1/2座：左线2049米，右线2429.7米，由中铁第十六局集团第五工程有限公司承建。B2-2合同段：武隆隧道（左线4884.14米，右线4884.1米，承建其中1/2座，即左线2475米，右线2454米），由中铁第十一局集团第一工程有限公司承建。B3合同段：土坎乌江大桥左线510米，右线540米，连续钢构，由重庆渝通公路工程总公司承建。B4合同段：黄草岭隧道左线3254.24米，右线3222米等4.2公里路基及结构物，由中铁第二十三局集团有限公司承建。B5合同段：大湾隧道左线2820.64米、右线2825.5米、马溪河大桥等3.19公里路基及结构物，由中铁第十九局集团有限公司承建。B6合同段：猫儿沟大桥、羊角隧道（左线6655.5米，右线6676米，承建1/2座，即左线3432米，右线3437米，1号斜井688米，2号斜井611.5米），由中铁隧道集团三处有限公司承建。B7合同段：郭家沟中桥、羊角隧道（左线6655.5米，右线6676米，承建1/2座，即左线3223.5米，右线3245米），由中铁第二十二局集团第五工程有限公司承建。B8合同段：白马隧道左线3144米，右线3052米，由厦门中铁建设公司承建。B9合同段：梅子堡大桥等3.85公里路基及结构物，由上海警通路桥建设有限公司承建。B10合同段：半坡大桥等桥梁3824米/8座，3.9公里路基及结构物，由中铁第十七局集团第二工程有限公司承建。B11合同段：铁炉沟大桥等桥梁3479米/4座，由中铁第十三局集团第一工程有限公司承建。B12合同段：白云隧道（左线7102.89米，右线7120米，承建1/2座，即左线3420米，右线3460米；左线斜井1024.49米，右线斜井1056.26米；左线地下风机房5766平方米，右线地下风机房5887平方米），由中铁第十九局集团第一工程有限公司承建。B13合同段：白云隧道（左线7102.89米，右线7120米，承建1/2座，即左线3678米，右线3660米），由中铁隧道股份有限公司承建。B14合同段：双溪镇Ⅰ桥等，5.4公里路基及结构物，由路桥集团第一公路工程局厦门工程处承建。B15合同段：赵金桥Ⅰ桥等，5.26公里路基及结构物，由重庆市公路工程总公司承建。B-LM合同段：54.85公里沥青混凝土路面工程，冉家堰高架桥等7公里路基及结构物，由浙江省大成建设集团有限公司承建。

项目于2005年11月18日开工。至2005年年底，项目尚在施工中，项目概算为50.2亿元。

（三）武隆至彭水段

1. 前期工作

2004年11月，交通部以交规划发〔2004〕660号文批复项目可行性研究报告。2005年2月，交通部以交公路发〔2005〕66号文批复项目初步设计。2006年9月，重庆市交委以渝交委路〔2006〕139号文批复项目施工图设计。

项目建设资金来源包括交通部补助9.9亿元，中央国债资金2.5亿元，重庆市自筹资金8.2亿元，国内银行贷款34亿元。

设计单位为铁道第二勘测设计院、中国公路工程监理咨询总公司、江苏省交通规划设计院有限公司、重庆交通科研设计院。按4车道高速公路技术标准设计，计算行车速度80公里/小时，路基宽度 24.5 米，最小平曲线半径 500 米，最大纵坡 4%，设计荷载为公路－Ⅰ级。路面结构为沥青混凝土。

2. 建设阶段

项目由重庆高速公路发展有限公司授权东南建设分公司行使项目业主职责。

项目共分 24 个路基合同段，分两批招标，分别于 2005 年 2 月和 2005 年 7 月完成招标。

路线起于武隆县城肖家院子，经黄草互通、高谷、下塘、长滩、止于彭水县保家镇，全长 64.50 公里。

项目共设主线桥 60 座计 16597.54 米。其中特大桥 3 座 2338.52 米，大桥 46 座计 13547.946 米，中桥 11 座计 711.078 米。共设涵洞（通道）66 座。

项目共设隧道 17 座计 28369.845 米（折双）。其中短隧道 3 座计 706.935 米，中隧道 3 座计 2077.05 米，长隧道 8 座计 11484.65 米，特长隧道 3 座计 14101.21 米。

桥隧占全线 68%。其中控制工程为郁江 1 号特大桥、共和乌江特大桥、黄草乌江特大桥，长滩隧道、共和隧道、中兴隧道。

其中中兴隧道为双洞分修特长隧道，进口与银盘隧道相接，左洞长 6105.4 延米，右洞长 6082 延米；隧道进口位于曲线上，全隧路线纵坡为 0.4% 及 －0.83% 的人字坡，设计时速 80 公里/小时。隧道与渝怀铁路板桃隧道斜交，交角约 18 度，公路隧道路面高程高于渝怀铁路板桃隧道高程 259.1 米，相对高差 95～128 米。隧道设置 16 处人行横通道，7 处车行横通道，左、右线隧道分别在行车方向的右侧设置紧急停车带各 7 处。人行横通道与右线路线夹角为 90 度，车行横通道与路线夹角为 60 度。

结合工程实施，开展的科研及新技术的应用，包括《武陵山区高速公路生态修复与景观营造综合技术研究》《渝湘高速公路沥青路面抗滑表层材料研究》《重庆地区高速公路沥青路面结构与材料研究》《山区高速公路隧道节能型供配电系统研究与应用》《重庆地区公路隧道支护结构参数优化研究》《重庆高温地区高速公路沥青路面抗永久性变形性能研究》等。

监理单位：西安方舟监理咨询有限公司、重庆育才工程咨询监理有限公司、重庆市交通工程监理咨询有限责任公司。

主要施工单位。C1 合同段：保光寺大桥等桥梁 1721 米/5 座、4 公里路基及结构物，由中铁二十五局第一工程有限公司承建。C2 合同段：水厂大桥等 3 座大桥、保光楼立交等 4.1 公里路基及结构物，由重庆渝达公路桥梁有限责任公司承建。C3 合同段：新隧道左线 195 米、右线 195 米、郁江 1 号特大桥 496.52 米，由中铁五局集团第三工程有限公司承建。C4 合同段：马店大桥等 2 座大桥 2.5 公里路基及结构物，由四川武通路桥工程局承建。C5 合同段：钟山寺隧道左线 725 米，右线 711 米；郁江 2 号大桥左线 331.04 米，右线 340.04 米；3 号桥 755.98 米；长滩立交 3.3 公里路基及结构物等，由贵州省公路工程总公司承建。C6 合同段：土龙大桥等 2 座大桥、长滩隧道左线 3215 米，右线 3276 米，由福建建工集团公司承建。C7 合同段：长溪沟大桥、长滩隧道左线 3215 米，右线 3276 米，由重庆交通建设集团有限责任公司承建。C8 合同段：下塘口 1 号隧道左线 3215 米，右线 3276 米，由中铁二十局集团第二工程有限公司承建。C9 合同段：下塘口大桥等 2 座大桥 1.28 公里路基及结构物，由重庆市渝宏公路工程有限责任公司承建。C10 合同段：下塘口 2 号隧道左线 1706.7 米，右线 1705 米，由中国路桥集团总公司承建。C11 合同段：王家毛坡大桥左线 227 米，右线 289 米；高谷隧道左线 1410 米，右线 1453 米，由中铁二十局集团第四工程有限公司承建。C12 合同段：黄桷树坡大桥等 5 座大桥 2543 米/5 座；望江寺隧道左线 697.7 米，右线 663 米，由路桥集团第二公路工程局第六工程处承建。C13 合同段：草棚湾隧道左线 1065 米，右线 1055 米；胡家湾隧道左线 1201 米，右线 1172 米，由贵州省桥梁工程总公司承建。C14 合同段：石坎子隧道左线 354 米，右线 337 米；铁磺坝隧道左线 688.4 米，右线 669 米；铁磺坝大桥左线 516

米，右线490米，由北京市海龙公路工程公司承建。C15合同段：共和乌江特大桥左线1032米，右线1082米，由路桥集团第一公路工程局承建。C16合同段：共和隧道左线4745米，右线4779米，其中1/2座由中铁隧道股份有限公司承建。C17合同段：大堰沟大桥2.76公里；共和隧道左线4745米，右线4779米，其中1/2座由中铁六局集团太原铁路建设有限公司承建。C18合同段：潘家堡大桥左线344米，右线361米；佛仙寺隧道左线1188米，右线1199米，由安通建设有限公司承建。C19合同段：黄草立交、黄草马家磅大桥0.87公里，由重庆市公路工程集团股份有限公司承建。C20合同段：黄草乌江特大桥左线785米，右线785米，由铁道部第一工程局桥梁工程处承建。C21合同段：银盘隧道左线1149米，右线1117米；中兴隧道左线6105.4米，右线6082米，其中1/2座，由中铁五局集团有限公司承建。C22合同段：中兴隧道3.9公里，由中铁二十五局集团第一工程有限公司承建。C23合同段：冲溪沟大桥；枫香垭隧道3.82公里，由陕西华通公路工程公司承建。C24合同段：曾家沟大桥；石鼻子大桥4.3公里，由中铁四局集团有限公司承建。C－LM合同段路面工程，由北京鑫畅路桥建设公司承建。CD－LM合同段路面工程，由中国路桥集团西安实业发展有限公司承建。

项目于2005年11月18日开工，至2005年年底尚在建设中。项目概算60.5亿元。

（四）彭水至黔江段

1. 前期工作

2004年9月，交通部以交规划发〔2004〕499号文批复项目可行性研究报告。2005年7月，交通部以交公路发〔2005〕340号文批复项目初步设计。2006年9月，重庆市交委以渝交委路〔2006〕167号文批复项目施工图设计。

建设资金来源包括交通部补助8.29亿元，重庆市自筹资金8.02亿元，国内银行贷款33.6亿元。

项目设计单位为中交第二公路勘察设计研究院、江苏省交通规划设计院有限公司、重庆交通科研设计院。按四车道高速公路技术标准设计，计算行车速度80公里/小时。路基宽度24.5米，最小平曲线半径700米，最大纵坡4.8%，设计荷载为公路－Ⅰ级。路面结构为沥青混凝土。

2. 建设阶段

项目由重庆高速公路发展有限公司授权东南建设分公司行使项目业主职责。

项目共分23个路基合同段招标，于2005年11月完成招标。

路线起于彭水县保家镇宝光寺，经郁山、龙溪、沙坝、册山、正阳、止于黔江县濯水镇，全长70.64公里。项目特大桥3座计2840.9米，大桥37座计12007.1米。项目隧道21座，共计27337.5米，占路线总里程38.7%。其中特长隧道2座计6879米，长隧道7座计14869米，中隧道5座计3540.5米。互通立交3处。控制工程包括小溪沟大桥、沿溪沟特大桥、正阳隧道、斑竹林隧道、肖家坡隧道、瓦窑堡特大桥、干溪沟1号及2号特大桥、大龙洞隧道。

其中干溪沟1号特大桥为全漂浮体系的预应力砼斜拉桥。全桥桥跨布置：30＋（155＋360＋155）＋4×30米，其中主桥155＋360＋155米为预应力砼斜拉桥。瓦窑堡特大桥为预应力砼箱形连续钢构，左幅长度为1246米，右幅长度为1212米。正阳隧道左线3600米，右线3260米；斑竹林隧道左线3280米，右线3325米。

监理单位：重庆市交通工程监理咨询有限责任公司、西安方舟监理咨询有限公司。

主要施工单位。D1合同段：红军渡立交、蒲花河大桥等3座大桥3.1公里路基及结构物，由贵州省桥梁工程总公司承建。D2合同段：峡口隧道左线885米，右线890米；沙沟大桥3.8公里路基及结构物等，由北京海威工程建设有限责任公司承建。D3合同段：小溪沟大桥等569.09米/3座；曾家湾隧道左线285米，右线300米5.1公里路基及结构物等，由中铁九局集团有限公司承建。D4合同段：大木桩隧道左线250米，右线250米；新房子隧道左线475米，右线500米；龙桥大桥3.3公里路基及结构物等，由路桥集团三公局工程有限公司承建。D5合同段：沿溪沟大桥左线503米，右线568米，由中港第四航务工程局承建。D6合同段：正阳隧道左线3600米，右线3260米，由中铁隧道集团有限公司承建。D7合同段：斑竹林隧道左线3280米，右线3325米，由中铁五局集团第一工程有限责任公司承建。D8合同段：斑竹林隧道、洞塘隧道左线1720米，右线1740米，由中铁二十二局集团有限公司承建。D9合同段：天登寺隧道左线645米，右线620米；百家坝大桥左线929米，右线947米，由中铁十六局集团有限公司承建。D10合同段：姚家湾大桥、黔江西立交3.6公里路基及结构物等，由重庆渝宏公路工程有限责任公司承建。D11合同段：武陵山隧道左线2370米，右线2360米，由贵州省公路工程总公司承建。D12合同段：大洞沟隧道左线295+1875米，右线1932米，由中铁十九局集团第一工程有限公司承建。D13合同段：肖家坡隧道左线2705米，右线2710米，其中1/2座，由重庆交通建设（集团）有限责任公司承建。D14合同段：肖家坡隧道左线2705米，右线2710米，其中1/2座，由中铁十一局集团第五工程有限公司承建。D15合同段：瓦窑堡特大桥左线1246米，右线1212米，由中铁大桥局股份有限公司承建。D16合同段：堡上大桥左线720米，右线775米；桐子林隧道左线480米，右线490米；窑坪隧道左线100米，右线100米等，由中国核工业中原建设公司承建。D17合同段：廖家坝大桥、廖家坝隧道左线490米，右线490米；岩脚隧道左线820米，右线875米等，由中铁四局集团有限公司承建。D18合同段：干溪沟1号特大桥832米及4座大桥，由四川公路桥梁建设集团有限公司承建。D19合同段：干溪沟2号特大桥左幅775米，右幅776米及4座大桥，由中铁二十局集团第四工程有限公司承建。D20合同段：大龙洞隧道左线2570米，右线2530米及坝窑湾大桥，由安通建设有限公司承建。D21合同段：中堡大桥2.98公里路基及结构物等，由天津城建集团公司承建。D22合同段：何家凼大桥3.92公里路基及结构物等，由北京市海龙公路工程公司承建。D23合同段：岩坪大桥3.12公里路基及结构物等，由中铁二十四局集团南昌铁路工程有限公司承建。CD－LM合同段：路面工程，由中国路桥集团西安实业发展有限公司承建。CE－LM合同段：路面工程，由成都华川公路建设（集团）有限公司承建。

项目于2005年11月18日开工。至2005年年底，项目尚未完工。项目概算为56.6亿元。

（五）黔江至酉阳段

1. 前期工作

项目立项。黔江至大涵段：2004年11月，交通部以交规划发〔2004〕651号文批复项目可行性研究报告。2005年7月，交通部以交公路发〔2005〕337号文批复项目初步设计。2006年2月，重庆市交委以渝交委路〔2006〕170号文批复项目施工图设计。大涵至酉阳段：2004年11月，交通部交规划发〔2004〕653号文批复项目可行性研究报告。2005年1月，交通部以交公路发〔2005〕335号文批复项目初步设计。

建设资金。黔江至大涵段：交通部补助2.5亿元，重庆市地方自筹3.2亿元，银行贷款10.5亿元。大涵至酉阳段：交通部补助4.2亿元，重庆市地方自筹4.5亿元，银行贷款13.3亿元。

项目由中国公路工程咨询集团有限公司设计，双向4车道高速公路的技术标准，计算行车速度80公里/小时，最小平曲线半径600米，最大纵坡4%，路基宽度24.5米，桥涵设计汽车荷载采用公路－Ⅰ级。

2. 建设阶段

项目由重庆高速公路发展有限公司授权东南建设分公司行使项目业主职责。

黔江至大涵段共分5个路基合同段，2005年完成招标。大涵至酉阳段共分8个路基合同段，2005年底完成招标。

项目分两段实施。

第一段为黔江至大涵：项目起于黔江区濯水镇，经殷家湾、梨湾，跨阿蓬江，穿鹰嘴岩，接西阳县黑水镇大涵村，路线全长 23.3 公里，其中酉阳境内 2.42 公里、黔江境内 20.9 公里。全线共设置特大桥 1935.95 米/3 座、大桥 3983.71 米/17 座、中小桥 44.08 米/1 座、隧道 4576 米/3 座、互通式立交 1 处（互通内主线桥梁 122.08 米/1 座），桥隧占路线总长的 45.7%。

第二段为大涵至酉阳：项目起于大涵，经黑水镇、平地坝、大泉山、尖石、龙池铺、玉柱峰、何家坝，止于酉阳县钟多镇大路口，路线全长 37.2 公里，全线均位于酉阳境内。全线共设置大桥 6036.96 米/21 座、中桥 252.29 米/4 座、小桥 36 米/1 座、隧道 8568.5 米/6 座、互通式立交 2 处（互通内主线桥梁 769.16 米/2 座）；桥隧占路线总长的 43%。

监理单位：重庆育才工程咨询监理有限责任公司（黔江至大涵）、北京中通公路桥梁工程咨询发展有限公司（大涵至酉阳）。

主要施工单位：

黔江至大涵。E1 合同段：烟登堡特大桥 1045.85 米/1 座，2.1 公里路基及结构物等，由中铁五局集团第一工程有限责任公司承建。E2 合同段：鹰嘴岩隧道 3278.5 米/1 座，由中铁隧道集团二处有限公司承建。E3 合同段：细沙河特大桥 381.1 米/1 座，3.441 公里路基及结构物等，由中港第二航务工程局承建。E4 合同段：阿蓬江特大桥 509 米/1 座，3.92 公里路基及结构物等，由北京海龙公路工程公司承建。E5 合同段：敖家大桥 509 米/1 座，6.257 公里路基及结构物等，由中铁十九局集团第四工程有限公司承建。

大涵至酉阳。F1 合同段：大路口大桥 1694.37 米/5 座，由中铁二十局集团有限公司承建。F2 合同段：桃花源 2 号隧道 1686 米/1.5 座、中堡顶大桥 3.36 公里路基及结构物等，由路桥集团第一公路工程局厦门工程处承建。F3 合同段：桃花源 2 号隧道 2348 米/1 座，8.4 公里路基及结构物，由上海警通建设（集团）有限公司承建。F4 合同段：山尖石隧道 3015 米/1 座，6.7 公里路基及结构物等，由中铁一局集团有限公司承建。F5 合同段：凉风洞大桥 6.84 公里路基及结构物等，由重庆市公路工程（集团）股份有限公司承建。F6 合同段：黑水 1、2 号隧道 4054 米，由重庆煤矿建设第五工程处承建。F7 合同段：黑水 3 号隧道 2174 米，由中国核工业中原建设公司承建。F8 合同段：皂角大桥等 4 座大桥 2.83 公里路基及结构物，由路桥集团第二公路工程局第六工程处承建。

项目于 2005 年 11 月 18 日开工，至 2005 年年底，项目尚在施工中。工程投资概算，黔江至大涵段 16.2 亿元，大涵至酉阳段 22 亿元。

（六）酉阳至秀山段

1. 前期工作

项目立项。酉阳至上官段：2004 年 11 月，交通部以交规划发〔2004〕655 号文批准项目可行性研究报告；2005 年 7 月，交通部以交公路发〔2005〕335 号文批复项目初步设计。上官至洪安段：2004 年 11 月，交通部以交规划发〔2004〕657 号文批复项目可行性研究报告；2005 年 7 月，交通部以交公路发〔2005〕339 号文批复项目初步设计；2006 年 2 月，重庆市交委以渝交委路〔2006〕171 号文批复项目施工图设计。

资金筹集。酉阳至上官段：交通部补助 4.5 亿元，重庆市地方自筹 3.9 亿元，银行贷款 11.6 亿元。上官至洪安段：交通部补助 4.5 亿元，重庆市地方自筹 6 亿元，银行贷款 18.6 亿元。

项目设计单位为重庆交通科研设计研究院。全线采用 4 车道高速公路标准设计，设计行车速度 80 公里/小时，设计荷载公路—Ⅰ级，整体式路基宽 24.5 米，分离式路基宽 12.25 米。

2. 建设阶段

项目由重庆高速公路发展有限公司授权东南建设分公司行使项目业主职责。

酉阳至上官段分 8 个路基合同段，2005 年完成招标。上官至洪安段分 12 个路基合同段，2005 年完成招标。

项目分两段实施。

第一段为酉阳至上官段，起点位于酉阳县钟多镇，经板溪、江丰、溪口，止于秀山县溪口乡上官桥，路线全长31.95公里。

全线共设主线桥梁7720米/21座（其中特大桥2693米/2座、大桥4885.5延米/17座、中桥141.5延米/2座，桥梁长度占路线总长的24.16%，隧道8648.9延米/4座，隧道长度占路线总长的27.07%），桥隧占路线总长的51.23%。全线路基计价土石方数量为238.16万立方米。此外，全线还设互通式立交2处、分离式立交8处。项目控制工程为葡萄山隧道（双洞均长6296.5米）、井岗河特大桥（PC连续T梁、全长1246米）、杉木洞特大桥（PC连续T梁、全长1447米）。

第二段为上官至洪安段，路线起于秀山县溶溪镇上官桥，经玉屏、官庄、雅江，止于秀山县洪安镇花垣河，全长45.437公里。全线共设主线桥梁5841.5延米/27座（其中大桥5499.5延米/21座、中桥342延米/6座，桥梁长度占路线总延长的12.85%、隧道8540.7延米/6座，隧道长度占路线总长的18.8%），桥隧占路线总长的31.65%。全线路基计价土石方数量为480.99万立方米。全线还设互通式立交4处、分离式立交14处。

路线经过的山脉主要有平阳盖山和老虎山；跨越的河流主要有梅江河（秀山河）、洪安河及其支流；经过的主要场镇有秀山县的洪安镇、雅江镇和官庄镇。该项目控制工程为老虎山隧道（双洞均长2795米）、平阳隧道（双洞均长3312米）。其中大董岭隧道左线长815米在施工中，暴露出长70米、宽40米、深60米的溶洞，影响范围内地质结构复杂。相关专家召开技术会议十余次，先后提出二回碎石回填、横向框架梁跨越和级配碎石回填加混凝土板等方案。最终采取的安全专项施工方案为级配碎石回填加混凝土板的处治方案。

监理单位：武汉中交路桥设计咨询有限公司（酉阳至上官段）、武汉大通公路桥梁工程咨询监理有限责任公司（上官至洪安段）。

主要施工单位。酉阳至上官段：G1合同段：溶溪河大桥4公里路基及结构物等，由四川攀峰路桥建设有限责任公司承建。G2合同段：井岗河特大桥、青冈隧道（1274.6米/1座）等，由中铁隧道集团二处有限公司承建。G3合同段：两河口大桥3.129公里路基及结构物等，由路桥集团第一公路工程局承建。G4合同段：葡萄山隧道3570米/0.5处，由中铁十五局集团有限公司承建。G5合同段：葡萄山隧道2724.2米/0.5处，由中铁十九局集团有限公司承建。G6合同段：杉木洞特大桥1447米/1座，3.72公里路基及结构物，由路桥集团第一公路工程局厦门工程处承建。G7合同段：张杨沟大桥7公里路基及结构物等，由中港第二航务工程局承建。G8合同段：山羊沟大桥等5座大桥，4.44公里路基及结构物，由岳阳市公路桥梁基建总公司承建。

上官至洪安段。H1合同段：观音阁大桥（647米/1座）等2座大桥，由太原路桥建设有限公司承建。H2合同段：一碗水大桥等5座大桥（940米/5座），由中铁十三局集团有限公司承建。H3合同段：雅江大桥等4座大桥（1872.82米/4座），互通立交2座，隧道384.5米，由重庆市渝通公路工程总公司承建。H4合同段：大董岭隧道左线815米、右线842.6米、桥梁80米/2座，由路桥集团国际建设股份有限公司承建。H5合同段：老虎山隧道左线2795.3米，右线2795米，由中铁隧道股份有限公司承建。H6合同段：隧道1375米/1座，由中铁二十一局集团第三工程有限公司承建。H7合同段：黄泥沟大桥等3座大桥，沙帽坡隧道左线780米，右线785米，由中国路桥集团西安实业发展有限公司承建。H8合同段：官庄大桥等4座大桥共1322米，由中国水利水电第七工程局承建。H9合同段：田家湾大桥等3座大桥共1892米，小龙潭隧道左线780米、右线789米，由安通建设有限公司承建。H10合同段：平阳隧道3547.3米，由中铁十六局集团第三工程有限公司承建。H11合同段：平阳隧道3163.6米，由中铁十三局集团第三工程有限公司承建。H12合同段：茶园大桥等8座大中桥，由中国十九冶金建设分公司承建。

项目于2005年11月18日开工。至2005年年底尚在建设中。工程投资概算酉阳至上官段20亿元，上官至洪安段29亿元。

二、重庆至宜昌高速公路

重庆至宜昌高速公路重庆段包括已建的重庆至万州高速公路，以万州为起点计算，万州至湖北宜昌389公里，其中重庆段209公里。从1996年1月至2009年9月，渝宜高速公路分步分段建设的项目包括万州至云阳段（简称万云高速公路）、云阳至奉节段（简称云奉高速公路）、奉节至巫山段（简称奉巫高速公路）。此外，区域连接线有垫江至湖北恩施高速公路（包括垫江至忠县段、忠县至石柱段）、万州至开县的连接线（万开高速公路）、奉节至巫溪的连接线（奉溪高速公路）。

（一）万州至云阳段

1. 前期工作

2004年4月，交通部以交规划发〔2004〕179号文批复项目可行性研究报告。2004年7月，交通部以交公路发〔2004〕406号文批复项目初步设计。

项目建设资金来源包括交通部补助7.57亿元，地方自筹13.64亿元，银行贷款41.28亿元。

项目设计单位为四川省交通厅公路勘察设计研究院。全线采用4车道高速公路标准设计，设计行车速度80公里/小时，设计荷载公路-Ⅰ级，整体式路基宽24.5米，分离式路基宽12.25米。

2. 建设施工阶段

项目由重庆高速公路发展有限公司渝东建设分公司行使万州至云阳段高速公路项目业主职责。项目共分24个路基合同段，于2004年9月完成招标。

万州至云阳段高速公路起于万州以南青杠磅，经万州区，止于云阳三溪口，路线全长78.3公里，其中云阳县境内线路长40.8公里，万州区境内37.5公里。

全线共设主线桥梁18412.9米/83座（其中特大桥6027.69米/9座、大桥11949.05米/63座、中桥364.16米/9座、小桥72米/2座，桥梁长度占路线总延长的23.528%），隧道19851.4米/14座（其中特长隧道8017.5米/2座，长隧道7674米/4座、中隧道3139米/5座、短隧道1020.9米/3座，隧道长度占路线总长的25.367%），桥隧占路线总长的48.895%。此外，全线还设服务区1处、互通式立交6处（另有2处预留）、分离式立交7处。

万州至云阳段高速公路控制工程为汤溪河特大桥、月亮包特大桥、彭溪河特大桥、姚家坡特大桥、陈家沟特大桥、巴阳1号特大桥、巴阳2号特大桥、沙包梁隧道3080米、韩坡垭隧道2493米、庙梁隧道4922米。

监理单位：重庆育才监理咨询有限公司、重庆中宇工程咨询监理有限责任公司、重庆市交通工程监理咨询有限责任公司。

主要施工单位。A合同段：雷家梁隧道左线411.5米、右线439米，柳家新屋大桥3.1公里路基及结构物等，由中铁四局集团第一工程有限公司承建。B合同段：汤溪河特大桥（长950米）等5座大桥，2.6公里路基及结构物，由四川公路桥梁建设集团有限公司承建。C1合同段：沙包梁隧道左线3080米，右线3129米，承建其中3140米，由中铁四局集团第四工程有限公司承建。C2合同段：沙包梁隧道左线3080米，右线3129米，承建其中3040米，由中铁十五局集团第一工程有限公司承建。D合同段：鱼儿溪大桥等8座大桥，3.3公里路基及结构物，由重庆市渝通公路工程总公司承建。E合同段：金竹湾大桥等3座大桥，2.1公里路基及结构物，由四川路桥建设股份有限公司承建。F合同段：曾家垭隧道、青蝴山隧道、袁家垭隧道2.88公里路基及结构物，由中铁五局集团第三工程有限责任公司承建。G合同段：学堂湾隧道单洞长3730米、邝家院大桥等3.2公里路基及结构物，由四川武通路桥工程局承建。H合同段：1.77公里路基及结构物，由中国建筑第七工程局承建。I合同段：彭溪河特大桥，桥长1001米，双塔斜拉桥，由中港第二航务工程局承建。J1合同段：韩婆垭隧道，单洞长2640米，由中国建筑第五工程局承建。J2合同段：韩婆垭隧道，单洞长2645米，由中国铁道建筑总公司承建。K合同段：观音庙隧道、单洞长3782米，姚家坡特大桥等5座大桥，由中铁二十局集团第一工程有限公司承建。L合同段：红湾隧道、尤家包隧道，单洞长2848米，由安通建设有限公司承建。M合同段：巴阳特大桥、张家山隧道、吞梁子隧道，单洞长3431米等，由中铁十三局集团第三工程有限公司承建。N合同段：长河沟大桥等7座大桥、川主庙隧道（连拱隧道，单洞长536米），由中铁二十二局集团有限公司承建。O合同段：2.395公里路基及结构物，由上海警通路桥建设有限公司承建。P合同段：檬子树大桥等4座大桥，6公里路基及结构物，由中铁十四局集团第三工程有限公司承建。Q合同段：麻子湾大桥等2座大桥，5.48公里路基及结构物，由广东长宏公路工程有限公司承建。R合同段：小河坝大桥等4座大桥，3.95公里路基及结构物，由中国路桥集团西安实业发展有限公司承建。S合同段：五梁桥特大桥等4座大桥，3.52公里路基及结构物，由中国路桥（集团）总公司承建。T合同段：庙梁隧道左线4922米，右线4904米，承建其中4968米，由中铁十二局集团有限公司承建。U合同段：庙梁隧道左线4922米，右线4904米，承建其中4876米，由中铁隧道集团有限公司承建。V合同段：大树脚大桥等3座大桥，3.406公里路基及结构物，由重庆市渝达公路桥梁有限责任公司承建。路面工程：由安通建设有限公司承建。

项目于2004年12月26日开工。至2005年年底，万州至云阳段高速公路尚在建设中，工程投资概算62.49亿元。

（二）云阳至奉节段

1. 前期工作

2004年7月，交通部以交规划发〔2004〕382号文批复项目可行性研究报告。2005年6月，交通部以交公路发〔2005〕274号文批复项目初步设计。

建设资金来源包括交通部补助8.82亿元，地方自筹15.56亿元，银行贷款33.29亿元。

项目设计单位为中交第一勘察设计研究院。全线采用4车道高速公路标准，计算行车速度为80公里/小时，路基宽度24.5米，分离式路基宽度12.25米；桥涵设计荷载采用公路－Ⅰ级。

2. 建设管理阶段

项目由重庆高速公路发展有限公司渝东建设分公司行使项目业主职责。

项目共分25个路基合同段，于2005年9月完成招标。

云奉高速公路起于云阳县宝塔乡，经红狮镇、龙洞乡、康坪乡、朱衣镇，与巫山至奉节高速公路相接，全长71.36公里。桥梁总长16401.2米，其中特大桥2037.5米/2座，大桥13687.8米/49座，中桥675.9米/10座，桥梁长度占路线总长的22.98%。隧道合计54507.3米/16座，其中特长隧道14752米/3座，长隧道7653米/5座，中短隧道4848.86米/8座，隧道总长度占路线总长的38.09%。互通式立交3座，分离式立交11处（由桥梁兼），路基填方456.22万，挖方832.42万，另外隧道弃渣535.44万方。

监理单位：重庆中宇工程咨询监理有限责任公司、河北华达公路工程咨询监理有限公司、西安方舟工程咨询有限责任公司。

主要施工单位。B1合同段：大垭合隧道左线1264米、右线1253米，李家老屋大桥3.526公里路基及结构物等，由二公局（洛阳）第四工程处承建。B2合同段：草堂河大桥807.8米/1座，1.71公里路基及结构物等，由中国第十九冶金建设公司承建。B3合同段：财神梁隧道左线4928米，右线4943米，承建其中2470米，由中铁隧道股份有限公司承建。B4合同段：财神梁隧道左线4928米，右线4943米，承建其中4946米，由中铁十五局集团第二工程有限公司承建。B5合同段：梅溪河特大桥，桥长826米，双塔斜拉桥，由路桥华南工程有限公司承建。B6合同段：龙潭沟特大桥1216.5米/1座、山黄包隧道左线700米，右线700米，由路桥集团第一公路工程局厦门工程处承建。B7合同段：凤凰梁隧道左线4747米，右线4721米，承建其中4763米，由中铁隧道集团二处有限公司承建。B8合同段：凤凰梁隧道左线4747米，右线4721米，承建其中2352米，由中铁二十五局集团第一工程有限公司承建。B9合同段：孙家沟大桥等5座大桥，1079米/5座，

2.6公里路基及结构物，由中铁十三局集团第四工程有限公司承建。B10合同段：围溪沟大桥等3座大桥，890米/3座，2.9公里路基及结构物，由路桥集团第一公路工程局第三工程公司承建。B11合同段：互通立交3.57公里路基及结构物等，由北京海威工程建设有限责任公司承建。B12合同段：前坪大桥等7座大中桥，902.2米/7座，3.91公里路基及结构物，由重庆渝达公路桥梁有限责任公司承建。B13合同段：朱衣河大桥等6座大桥，1285.106米/6座，张家包隧道左线422.5米、右线427米，3.19公里路基及结构物，由北京市海龙公路工程公司承建。B14合同段：王家油房大桥2座大桥，298米/2座，分界梁隧道左线5085米，右线5080米，承建其中2420米，由中铁二十局集团第一工程有限公司承建。B15合同段：付家湾大桥等3座大桥，671.82米/3座，分界梁隧道左线5085米，右线5080米，承建其中2680米，3.81公里路基及结构物，由四川武通路桥工程局承建。B16合同段：分界梁隧道左线5085米，右线5080米，3.4公里路基及结构物，由重庆市渝通公路工程总公司承建。B17合同段：水田湾隧道左线322+1880米，右线265+1873米，侨梨湾隧道2238米/2座、马合村大桥2.405公里路基及结构物等，由中铁二十局第四工程有限公司承建。B18合同段：红石梁Ⅰ号大桥等6座大桥，1615.04米/6座，由中铁大桥局集团第三工程有限公司承建。B19合同段：庙垭口隧道左线1356米，右线1325米，蒋家坡大桥2.6公里路基及结构物等，由上海警通路桥建设有限公司承建。B20合同段：土地垭隧道左线1940米，右线1950米；梅子沟大桥左线665米，右线679米，3公里路基及结构物，由中铁十九局集团第一工程有限公司承建。B21合同段：新地大桥等4座大桥，1163.6米/4座，3.1公里路基及结构物，由路桥华祥国际工程有限公司承建。B22合同段：锁口岩隧道左线890米，右线905米，互通立交1处，2.7公里路基及结构物，由中国交通建设集团有限公司承建。B23合同段：红狮坝隧道左线1195米，右线1270米；红狮镇大桥2.95公里路基及结构物等，由贵州省公路工程总公司承建。B24合同段：中槽溪Ⅰ号、Ⅱ号大桥，855.4米/2座，3.75公里路基及结构物等，由中铁十九局集团第四工程有限公司承建。B25合同段：枣树垭隧道左线905米、右线970米，庙子沟大桥等2.9公里路基及结构物，由湖南省建筑工程集团总公司承建。

项目于2005年11月18日开工，至2005年年底尚未完工，项目投资概算57.67亿元。

（三）奉节至巫山段

1. 前期工作

2004年7月，交通部以交规划发〔2004〕418号文批复项目可行性研究报告，2005年7月，交通部以交公路发〔2005〕299号文批复项目初步设计。

建设资金来源包括交通部补助8.34亿元，地方自筹12.99亿元，银行贷款29.75亿元。

项目设计单位为中交第二勘察设计研究院。全线采用4车道高速公路标准设计，设计行车速度80公里/小时，设计荷载公路－Ⅰ级，整体式路基宽24.5米，分离式路基宽12.25米。

2. 建设施工阶段

建设管理机构。由重庆高速公路发展有限公司渝东建设分公司行使项目业主职责。

工程招标。项目共分22个路基合同段，于2005年12月完成招标。

项目实施。项目起于奉节县草堂镇青莲铺，经七里堰、石马、金家沟，跨大宁河、白子溪、杜家坡、木瓜溪，以隧道与湖北相接，终点位于巫山县与湖北交界的火烧庵，全长59.5公里。全线设置各种桥梁61座16485.01米（右线），占路线里程的27.68%；隧道9座27609.5米（右线），占路线里程的46.37%。合计桥隧比例为74.05%。

监理单位：西安方舟工程咨询有限责任公司、重庆中宇工程咨询监理有限责任公司、重庆市交通工程监理咨询有限责任公司。

主要施工单位。A1合同段：火烧庵隧道左线2824.907米，右线2894米，由中铁二十二局集团第五工程有限公司承建。A2合同段：楚阳互通（含滴水岩大桥）范家河大桥1.75公里路基及结构物，由岳阳市公路桥梁基建总公司承建。A3 合同段：骡坪隧道进口段 2414 米，由福建路桥建设有限公司承建。A4 合同段：骡坪隧道出口段 2188 米，由中铁隧道集团二处有限公司承建。A5 合同段：龙洞河特大桥，风岭大桥，狮子包 1 号、2 号、3 号大桥等 2.665 公里路基及结构物，由广东长宏公路工程有限公司承建。A6 合同段：大风口隧道进口段 2600 米，由中铁十五局集团第五工程有限公司承建。A7 合同段：大风口隧道出口段 2700 米，由中铁六局集团有限公司承建。A8 合同段：申家坡隧道左线 1740 米，右线 1712 米，岱家湾大桥，杨家屋场 1 号大桥等 2.56 公里路基及结构物，由中铁十二局集团第一工程有限公司承建。A9 合同段：杨家屋场 2 号大桥，胡枣湾大桥，张家坡大桥，椒子坪大桥，何家坪大桥等 2.64 公里路基及结构物，由中冶交通工程技术有限公司承建。A10 合同段：何家坪特大桥，老屋里大桥，丁家嘴 1 号、2 号大桥等 2.41 公里路基及结构物，由中铁一局集团桥梁工程有限公司承建。A11 合同段：岳家岭隧道左线 1730 米，右线 1769 米，由中交一公局第六工程有限公司承建。A12 合同段：田家屋场大桥，向家梁子大桥，牛王庙大桥，易家屋场大桥，月亮山大桥等 3.635 公里路基及结构物，由宁波交通工程建设集团有限公司承建。A13 合同段：大宁河特大桥 681 米/1 座，由贵州省桥梁工程总公司承建。A14 合同段：银窝滩大桥等 2.41 公里路基及结构物，由湖南省第六工程公司承建。A15 合同段：马垭口隧道左线 2468 米，右线 2565 米，由中铁隧道集团二处有限公司承建。A16 合同段：桃树垭隧道左线 1251 米，右线 1208 米、黑王沟大桥等 6 座大桥 3.47 公里路基及结构物，由路桥集团第一公路工程局天津工程处承建。A17 合同段：詹家湾 1 号特大桥等（1041.2 米/4 座），由路桥华祥国际工程有限公司承建。A18 合同段：摩天岭隧道 3745 米/1 座，由中铁十三局集团第一工程有限公司承建。A19 合同段：摩天岭隧道 3608 米/1 座，由中铁隧道集团有限公司承建。A20 合同段：黄泥巴坪 1 号大桥等 10 座大中桥，4.39 公里路基及结构物，由中铁四局集团有限公司承建。A21 合同段：石马河特大桥等 3 座大桥，1313.7 米/3 座，由湖南路桥建设集团公司承建。A22 合同段：七里大桥等 3.253 公里路基及结构物，由上海警通路桥建设有限公司承建。

项目于 2005 年 11 月 18 日开工。至 2005 年年底，奉节至巫山高速公路尚未开工，项目投资概算总投资 51.08 亿元。

（四）万开高速公路

1. 前期工作

2003 年，重庆市计委以〔2003〕848 号文批复项目可行性研究报告；并以〔2003〕280 号文批复项目初步设计。2004 年，重庆市交委以渝交委路〔2004〕03 号文批复项目施工图设计。

建设资金来源包括自筹资金 2.75 亿元，银行贷款 12 亿元。

项目设计单位为四川省交通厅公路规划勘察设计研究院。全线采用 4 车道高速公路标准，行车速度 60 公里/小时，路基宽度 22.5 米，桥涵与路基同宽，平曲线最小半径 280 米，纵坡不大于 6%。设计荷载为汽 - 超 20 级，挂 - 120 级。

2. 建设阶段

项目由重庆高速公路发展有限公司及万州、开县三方共同出资组建合资公司建设和经营万开高速公路。重庆高速公路发展有限公司占 80% 股份，万州、开县分别占 4% 和 16% 的股份，以其境内的征地拆迁费用和移民资金入股。建设期间，由重庆高速公路发展有限公司渝东建设分公司行使项目业主职责。

项目分两次招标。一期工程南山隧道经重庆市政府同意采取邀请招标。二期工程于 2003 年 10 月完成招标。

路线起于开县汉丰镇，经南山隧道、赵家镇、长沙镇，穿铁峰山隧道，止于万州李家坪，与万州至云阳高速公路李家坪互通式立交相接，全长 29.3 公里。有大桥 14 座、中小桥 10 座、特长隧道 2 座、长隧道 1 座。其中南山隧道长 4828 米，铁峰山 2 号隧道长 6022 米。桥隧占全线总长度的

65%左右。

在铁峰山隧道实施的《长大公路隧道智能控制系统及防灾新技术研究》获2006年度重庆科技进步一等奖。在此项科研项目中，通过“隧道前馈式智能通风”研究，取消了铁峰山2号隧道的竖井，成为国内第一座长度6000米以上不设竖井的隧道。此外，在铁峰山2号隧道的机电工程实施中，通过对交通流、车速预测、有害气体综合分析，对隧道的通风、照明、火灾报警以及交通设施联动控制，以提高运营安全和节约能源。

2004年9月5日，万州区铁峰乡民国场村发生特大山体滑坡。灾情发生后，建设万开高速公路的武警交通第三支队全体官兵迅速投身到抢险第一线，与地方干部群众一道，将2000多名群众疏离危险区域。25分钟后，虎头寨山整体滑坡，无一人伤亡。2007年11月，重庆高速公路发展有限公司在万开高速公路民国场段建立“军民抢险纪念碑”，中共重庆市委、重庆市政府将此地列为革命教育基地。

监理单位：重庆市交通工程监理咨询有限责任公司。

主要施工单位。A合同段：观音桥段1.9公里路基及结构物，由新疆北新路桥建设股份有限公司承建。B1合同段：南山隧道左线4828米，右线4873米，其中右线2730米，由中铁隧道集团一处有限公司承建。B2合同段：南山隧道左线4828米，右线4873米，其中左线2680米，由中铁十三局集团有限公司承建。B3合同段：南山隧道左线4828米，右线4873米，其中右线2760米，由中铁二局集团第二工程有限公司承建。B4合同段：南山隧道左线4828米，右线4873米，其中左线2810米，由中铁隧道集团二处有限公司承建。C合同段：高榜子大桥等4.65公里路基及结构物，由重庆市渝通公路工程总公司承建。D合同段：普里河大桥、内口岩大桥等5.44公里路基及结构物，由岳阳市公路桥梁基建总公司承建。E1合同段：铁峰山1号隧道左线2316米，右线2318米，其中1/2座，由中铁十四局集团有限公司承建。E2合同段：铁峰山1号隧道左线2316米，右线2318米，其中1/2座，由中铁隧道集团有限公司承建。F合同段：民国场立交等0.965公里路基及结构物，由贵州省桥梁工程总公司承建。G1合同段：碑梁特大桥右线516米、铁峰山2号隧道左线6022米，右线6028米，承建右线2839米，由四川武通路桥工程局承建。G2合同段：碑梁特大桥左线402米，铁峰山2号隧道左线6022米、右线6028米，由中铁十三局集团有限公司承建。G3合同段：任河桥、铁峰山2号隧道左线6022米，右线6028米，承建右线3179.8米，由中铁十五局集团有限公司承建。G4合同段：铁峰山2号隧道左线6022米，右线6028米，承建左线3110米，由中铁三局集团有限公司承建。H合同段：孙基梁大桥、黄泥巴院子大桥，0.85公里路基及结构物，由北京市政建设集团有限责任公司承建。DLM合同段：29.3公里沥青混凝土路面工程，由新疆昆仑路港工程公司承建。

项目于2004年1月1日开工。至2005年年底，万开高速公路尚未完工。交通部审核概算为24亿元，重庆市交委修订概算为19.8亿元。

（五）忠石高速公路

1. 前期工作

2004年，交通部以交规划发〔2004〕205号文批复项目可行性研究报告，并以交公路发〔2004〕709号文批复项目初步设计。

建设资金来源包括交通部补助10.4亿元，其余为银行贷款。

项目设计单位为重庆交通科研设计院。全线按四车道高速公路技术标准设计，计算行车速度80公里/小时。路基宽度24.5米，平曲线最小半径411.56米，最大纵坡4.8%。路面结构为沥青砼。

2. 建设阶段

项目由重庆高速公路发展有限公司垫利建设分公司行使项目业主职责。

项目共分20个路基土建合同段，分三批招标，分别于2004年12月、2005年2月、2005年5月完成招标。

项目以重庆市与湖北利川市交界的分水岭为起点，经过石柱县的冷水乡、沙子镇、卷店乡、三店镇，忠县的磨子乡，在康家沱跨越长江，经李家湾继续西行，终点位于忠县县城以北冉家坝，与忠县至垫江高速公路起点相接，路线总长80.33公里。全线标高落差大，起点忠县冉家坝的海拔为261米，终点石柱分水岭为1432米，海拔落差有1171米。工程包括路基挖方1016万立方米、填方876万立方米，特大桥2174米/1座、大桥15086米/54座、中桥358米/5座，特长隧道14263米/2座、长隧道3765米/2座、中隧道1630米2座、短隧道195米/1座，沥青砼路面107万立方米。其中控制工程为忠县长江大桥和方斗山隧道、吕家梁隧道等。

忠县长江大桥为双塔斜拉桥，主塔高度247.5米。桥梁全长2174米，共分石柱岸引桥、石柱岸主引桥（主跨200米连续钢构）、主桥（主跨460米斜拉桥）。

方斗山隧道为上、下行分离的四车道高速公路特长隧道。单洞宽10.5米，限界高度5米。行车速度80公里/小时，右线长7600米，左线长7562米，断面净空面积为64.2平方米。隧道穿越3处断层，1处煤层。隧道左线斜井708.14米，倾角24度，断面净空面积为43.37平方米，右线斜井782.5米，倾角23度，断面净空面积为31.49平方米。洞内变电所位于人行横洞中部。通风采用地下风机房、斜井分段送排风技术。

吕家梁隧道右线长6654米，左线长6643米，断面净空面积为45.37平方米，倾角23度，斜井长741.66米。

竹林坪隧道长1450米，2006年9月13日，正在施工中的石柱至忠县高速公路竹林坪隧道发生坍塌，经过108小时的紧急救援，4名被困工人成功获救。

结合工程实施，开展的科研及新技术的应用包括：以忠县长江大桥为依托工程的《三峡库区跨江大桥桥墩抗船舶撞击措施研究》《斜拉桥拉索腐蚀状态评价与处治技术研究》《忠县长江大桥关键技术研究》；以吕家梁隧道、方斗山隧道为依托工程的《复杂地质条件下超特长隧道施工研究》；以及《高速公路长大坡段沥青路面技术研究》《石忠高速公路复杂地质条件下路基修筑技术研究》等。

监理单位：重庆市交通工程监理咨询有限责任公司、重庆育才工程咨询监理有限公司。

主要施工单位。B1合同段：冷水立交等6.23公里路基及结构物，由贵州公路工程总公司承建。B2合同段：竹林坪隧道950米/1座、胡家湾大桥等5座大桥（1108.6米/5座），3.86公里路基及结构物，由贵州公路工程总公司承建。B3合同段：环担脸大桥等6座大桥（2440米/6座），4.4公里路基及结构物，由中铁一局集团有限公司承建。B4合同段：马家嘴大桥等8座大桥（1737米/8座）、月耳岩隧道195米/1座，4.4公里路基及结构物，由中铁二十局集团第四工程公司承建。B5合同段：中台坡大桥等4座大桥（837米/4座）、沙子立交等3.47公里路基及结构物，由湖南省建筑工程集团总公司承建。B6合同段：吕家梁隧道左线6664米，右线6663米，承建其中6629米、通风斜井742米，由中铁隧道股份有限公司承建。B7合同段：吕家梁隧道左线6664米，右线6663米，承建其中6685.6米，由中铁十九局集团第一工程有限公司承建。B8合同段：和尚坝大桥等7座大桥（1997米/7座），由中国水利水电第七工程局承建。B9合同段：荷叶坝大桥等9座大桥（1943米/9座），由重庆渝通公路工程总公司承建。B10合同段：龙河大桥（490米/1座）、三店互通立交等（3.31公里路基及结构物），由湖南省岳阳市公路桥梁基建总公司承建。B11合同段：山玉沟大桥等5座大桥（1184米/5座）、双筧立交等6.49公里路基及结构物，由重庆市渝达公路有限公司承建。B12合同段：方斗山隧道左线7562米，右线7600米，承建其中7592米，通风斜井1487米，由中国铁路工程总公司承建。B13合同段：方斗山隧道左线7562米，右线7600米，承建其中7570米，由中铁隧道股份有限公司承建。B14合同段：季谷坝大桥等4座大桥

(1719 米/4 座)、磨子立交等 4.12 公里路基及结构物，由路桥集团国际建设股份有限公司承建。B15 合同段：庙河大桥等 2 座大桥（880 米/2 座）、3.06 公里路基及结构物，由湖南省岳阳市公路桥梁基建总公司承建。B16 合同段：康定山隧道左线 710 米，右线 700 米、毛嘴大桥等（508.5 米/2座）、2.26 公里路基及结构物，由中铁十三局集团第一工程有限公司承建。B17 合同段：望天堡隧道左线 1909 米，右线 1923 米、张家冲大桥等 2.61 公里路基及结构物，由中铁十八局集团第二工程有限公司承建。B18 合同段：忠县长江特大桥石柱岸（232 米连续梁桥 +424 米连续刚构桥 +435 米斜拉主桥），由中港第二航务工程局承建。B19 合同段：忠县长江特大桥忠县岸（435 米斜拉主桥 +648 米连续梁桥引桥），由铁道部第一局桥梁工程处承建。B20 合同段：冉家坝隧道左线 1819 米，右线 1815 米，李家湾大桥 262 米/1 座，3.03 公里路基及结构物，由中铁十五局集团公司承建。SZLM1 合同段：45 公里沥青混凝土路面工程，由承德路桥建设总公司承建。SZLM2 合同段：35 公里沥青混凝土路面工程，由广西壮族自治区公路桥梁工程总公司承建。

项目于 2005 年 3 月 8 日开工。至 2005 年年底，忠石高速公路尚未完工。交通部批准工程投资概算 63.8 亿元。

（六）忠垫高速公路

1. 前期工作

2003 年，交通部以交规划发〔2003〕534 号文作《关于忠县至垫江高速公路可行性研究报告的批复》。2004 年，交通部以公路发〔2004〕367 号文作《关于忠县至垫江公路初步设计的批复》。2005 年，重庆市交委以渝交委路〔2005〕211 号文作《关于重庆忠县至垫江公路施工图设计的批复》。

建设资金来源包括中铁二局投入 5.5 亿元，高发司投入交通部补助款 6.7 亿元，国家开发银行贷款 10.2 亿元，工商银行贷款 11.5 亿元，建设银行贷款 1.5 亿元，共计 35.4 亿元。

项目设计单位有重庆交通科研设计院、四川省交通厅公路规划勘察设计研究院。路线全长 75.2 公里。公路等级为 4 车道高速公路，计算行车速度为 80 公里/小时，路基宽度 24.5 米，路面宽度 22 米，最小平曲线半径 1000 米，最大纵坡 4.5%。

2. 建设阶段

项目由重庆高速公路发展有限公司与中铁二局集团有限公司共同出资 20% 和 80% 注册组建重庆垫忠高速公路有限公司，全面负责项目的建设、经营和管理。

全线划分为 16 个路基土建合同，于 2004 年 10 月完成招标。

路线起自重庆忠县，接石柱至忠县高速公路，经白石镇、永丰镇、拔山镇、新立镇、沙河镇、黄沙镇和太平场，止于川渝交界的明月山，与四川境内的邻水至垫江高速公路相接，路线全长 75.186 公里。全线共设主线桥梁 7504.5 米/30 座，其中特大桥 2297 米/4 座、大桥 4370 米/16 座、中桥 673.5 米/4 座、小桥 164 米/6 座，桥梁长度占路线总长的 9.98%；隧道 11354 延米/11 座（含明月山隧道 1797 米），其中特长隧道 6663 米延/2 座、长隧道 1461 米/1 座、中隧道 2852 米延/6 座、短隧道 378 延米/2 座，隧道长度占路线总长的 15.10%，桥隧占路线总长的 25.08%。此外，全线还设服务区 1 处、互通式立交 5 处、分离式立体交叉 8 处。

杨家岭、石庙、土地岩、高岩嘴 4 座特大桥，桥墩高度都超过 60 米。杨家岭特大桥全长 804 米，主墩高 95.98 米，大桥距小溪河谷约 170 米高。桥中央 3 跨度分别为 112 米、200 米、112 米。

谭家寨隧道长 4867 米，是忠垫高速公路中最长的隧道。隧道内曾出现高瓦斯、煤窑采空积水、溶洞涌水等地质灾害。为保证隧道内空气质量和营运安全，隧道左右洞之间设有 7 条人行横道、6 条车行横道，安装风机 36 台。管理方还在隧道出入口和中央分别设置了 4 个变电所。

尖山子 1 号隧道、骑龙嘴大桥、老燕山 2 号隧道沿线约 2 公里地形复杂，出于安全和节约成本考虑，道路建成了高低道，高差约 8 米。

监理单位：铁科院（北京）工程咨询有限公司、北京中通公路桥梁工程咨询发展有限公司、铁道第二勘察设计院咨询监理公司。

主要施工单位。A1 合同段：杨家岭特大桥 804 米，2.5 公里路基及结构物等，由中铁十四局集团第二工程有限公司承建。A2 合同段：谭家寨隧道 4983.3 单洞米/1 座，由中铁二局第二工程有限公司承建。A3 合同段：谭家寨隧道 4749.2 单洞米/1 座，由中铁二局第一工程有限公司承建。A4 合同段：老燕山隧道 1037.7 单洞米/2 座，由中铁五局集团有限公司承建。A5 合同段：尖子山隧道 2935.3 单洞米/2 座，由中铁二局第五工程有限公司承建。A6 合同段：阴家嘴大桥等 3.1 公里路基及结构物，由中铁五局集团有限公司承建。A7 合同段：石庙特大桥 623 米/1 座、隧道 1968.3 米单洞/3 座；由中铁十四局集团第五工程有限公司承建。A8 合同段：土地岩特大桥 446 米/1 座，4.6 公里路基及结构物等，由湖南对外建设有限公司承建。A9 合同段：高岩嘴特大桥 432.7 米/1 座，7.7 公里路基及结构物等，由中国路桥（集团）总公司承建。A10 合同段：昌家河中桥 7.4 公里路基及结构物等，由中铁十七局集团第二工程有限公司承建。A11 合同段：牌坊沟大桥 5.4 公里路基及结构物等，由中铁二十局集团有限公司承建。A12 合同段：尖坡岭隧道（2925.267 米单洞/11 座），6 公里路基及结构物等，由中铁十九局集团第三工程有限公司承建。A13 合同段：高滩河大桥 8.202 公里路基及结构物等，由贵州省公路工程总公司承建。A14 合同段：羊叉沟中桥等（8.709 公里路基及结构物），由路桥集团第一公路工程局第三工程公司承建。A15 合同段：太平立交 4.1 公里路基及结构物等，由唐山市路桥建设有限公司承建。A16 合同段：明月山隧道（447.8 米单洞/11 座），马侠寺大桥等，由中铁二局股份有限公司承建。LM1 合同段：38.1 公里沥青混凝土路面工程，由中铁五局机械化工程有限责任公司承建。LM2 合同段：36.98 公里沥青混凝土路面工程，由中铁二局第五工程有限公司承建。项目于 2004 年 11 月 20 日开工，至 2005 年年底，忠垫高速公路尚在建设中。项目概算投资 43.1 亿元。

三、重庆至遂宁高速公路

重庆至遂宁高速公路重庆段（简称渝遂高速公路）是国家重点干线公路宁波至樟木公路重庆至绵阳支线的重要组成部分，也是重庆市公路网主骨架“二环八射”的重要组成部分。东接重庆市内环高速公路，西连重庆至遂宁公路四川段，连接沪蓉国道主干线支线南充至成都公路，形成重庆与成都两大城市间的第二条快捷的高速公路通道，比原有成渝高速公路缩短里程 45 公里。

1. 前期工作

2004 年 5 月，国家发展和改革委员会以发改交运〔2004〕756 号文批准可行性研究报告。2004 年 7 月，交通部以交公发〔2004〕405 号文批准渝遂高速公路初步设计。2005 年 10 月，重庆市交委以渝交委路〔2005〕201 号文对渝遂高速公路土建部分施工图设计进行批复。

建设资金来源包括交通部补助资金 7.51 亿元，公司股东资本金 16.61 亿元，银行贷款 23.35 亿元。中国铁道建筑总公司和重庆高速公路发展有限公司分别出资 80% 和 20%。

项目设计单位有中国铁路第二设计勘察研究院、中交第二公路勘察设计研究院、四川省交通厅公路勘察设计研究院、重庆市交通规划勘察设计研究院。全线按双向四车道高速公路设计，计算行车速度 80 公里/小时，路基宽 24.5 米，分离式路基 12.25 米，行车道宽度 2×7.5 米，桥涵设计车辆荷载汽－超 20，挂－120。最小平曲线半径 1200 米，最大纵坡 2.85%。

2. 建设阶段

项目由中国铁道建筑总公司与重庆高速公路发展有限公司共同出资组建重庆铁发遂渝高速公路有限公司负责建设、运营和管理。

项目分 26 个路基土建合同段分批招标。经重庆市政府同意，A、B、C、D 合同段采取邀请招标方式招标。大学城隧道（B1、B2、B3、B4 合同段）于 2003 年 11 月完成招标。高滩岩至土主段（A、C、D 合同段），于 2004 年 3 月完成招标。其余合同段于 2005 年 11 月完成招标。

渝遂高速公路重庆段全长约111.8公里。路线起于沙坪坝区高滩岩，通过设置枢纽互通与外环高速公路相接，经陈家桥、青木关、璧山、铜梁、潼南、双江，止于川渝交界的丁沟村，在此与拟建的重庆至遂宁高速公路四川段相接。项目路基土石方2944万立方米，特大桥3075.3米/5座，大桥6000米/38座，中桥903.24米/14座，小桥24座，涵洞306道，分离式立体交叉28处，人行天桥37座。控制工程为大学城特长隧道、青木关长隧道及云雾山特长隧道等3座分离式隧道。

渝遂高速公路重庆段建成后，重庆市高速公路总里程达到1050公里。为此，在渝湘高速公路界石停车区广场建立"重庆高速公路1000公里纪念碑"，碑高12米，基座11.7平方米。

监理单位：重庆中宇工程监理有限公司、西安方舟工程咨询有限公司、北京华通公路桥梁监理咨询公司。

主要施工单位。A合同段：马桑湾特大桥596.04米/1座，1.5公里路基及结构物等，由北京海龙公路工程公司承建。B1合同段：大学城隧道左线进口1938.16米，由中铁二十二局四公司承建。B2合同段：大学城隧道右线进口2600米，由中铁十二局二公司承建。B3合同段：大学城隧道左线出口1991.98米，由中铁十二局二公司承建。B4合同段：大学城隧道右线出口1910.78米，由中铁十四局集团公司承建。C合同段：西永互通立交等大桥2座，5.3公里路基及结构物，由中铁十七局二公司承建。D合同段：王家坡特大桥4.6公里路基及结构物等，由四川武通路桥工程公司承建。E1合同段：黑塘坎大桥7.05公里路基及结构物等，由中铁二十二局集团公司承建。E2合同段：皮家槽大桥3.7公里路基及结构物等，由中铁隧道局二公司承建。F1合同段：大中桥4.7公里路基及结构物等，由中铁十四局第五公司承建。F2合同段：三担水库高架桥7.84公里路基及结构物等，由中铁十八局第二公司承建。G1合同段：云雾山隧道进口3567米/2，由中铁十九局第二公司承建。G2合同段：云雾山隧道出口3567米/2，由中铁十一局第五公司承建。H1合同段：刘家坝子高架桥5.393公里路基及结构物等，由中铁二十五局第一公司承建。H2合同段：拦河堰水库大桥5.8公里路基及结构物等，由中铁十七局第一公司承建。H3合同段：吴家院子高架桥6.06公里路基及结构物等，由中铁十七局第一公司承建。H4合同段：响堂沟高架桥5.8公里路基及结构物等，由中铁隧道局三公司承建。H5合同段：石梁水库高架桥5.6公里路基及结构物等；由湖南郴州公路桥梁建设公司承建。H6合同段：琼江特大桥436.01米/1座，由中铁十八局第二公司承建。H7合同段：社田湾高架桥4.9公里路基及结构物等，由贵州公路桥梁工程总公司承建。H8合同段：喻家沟高架桥4.9公里路基及结构物等，由湖南省建筑工程集团总公司承建。I1合同段：会龙大桥4.9公里路基及结构物等，由成都路桥工程股份有限公司承建。I2合同段：白家塘河大桥5.5公里路基及结构物等，由中铁十三局第一公司承建。I3合同段：响水洞大桥5.72公里路基及结构物等，由路桥华南工程有限公司承建。I4合同段：蒋家湾大桥5.7公里路基及结构物等，由中铁二十三局第三公司承建。I5合同段：塔水村大桥6.5公里路基及结构物等，由中铁二十三局第三公司承建。LM1合同段：15.4公里沥青混凝土路面工程，由重庆渝通公路工程总公司承建。LM2合同段66.7公里和LM3合同段29.7公里沥青混凝土路面工程，均由中铁二十局集团二公司承建。

重庆大学城段于2003年12月开工，西永至土主段2004年10月开工，至2005年渝遂高速公路尚未完工。工程投资审批初设概算为47.5亿元。

四、重庆至泸州高速公路

重庆江津至四川泸州高速公路（简称渝泸高速公路）是国家高速公路成渝环线的重要组成部分，是重庆通往贵州赤水、云南昆明的重要公路通道，也是重庆通往亚洲东南亚地区的重要出海通道。渝泸高速公路重庆段位于重庆市主城区西南部的江津市境内，处于成渝高速公路和渝黔高速公路之间，是重庆市高等级公路网的重要组成部分，也是重庆"二环八射"高速公路中西南向射线。因项目起于重庆江津，止于四川合江县，亦称江合高速公路。江合高速公路分两期实施。以下仅述江合高速公路一期工程。2005年2月，交通部以交规划发〔2005〕43号文批复项目建议书。2005年6月，重庆市发改委〔2005〕466号文批复项目可行性研究报告。2005年10月，重庆市交委以渝交委路〔2005〕200号文批复项目初步设计。

建设资金来源包括交通部补助1.52亿元，重庆市地方自筹5.23亿元，银行贷款11.7亿元。

项目设计单位为重庆交通规划勘察设计院。全线按山岭重丘区4车道高速公路设计，计算行车速度80公里/小时，路基宽度24.5米。路面结构为沥青砼。

2005年该工程立项，但尚未开工。项目总概算为20.3亿元。

五、绕城高速公路

绕城高速公路（即外环高速公路），是交通运输部首批确定的全国4条“科技示范路”之一、全国首批12条“典型示范路”中唯一的绕城公路项目。

绕城高速公路是重庆2005年为止路面最宽、路基最厚、线形最优、行车安全性和舒适性最高的高速公路。绕城高速公路全长188公里，均为双向6车道。分为东、南、西、北4段同步建设。

东段长36.78公里，起于花溪互通枢纽，止于江北区新龙湾，在南彭、忠兴、惠民、广阳、鱼嘴、天堡、王家场、仁睦、水土、三岔河设置有10处互通式立交。

北段长49.29公里，起于鱼嘴长江大桥北岸新龙湾，止于北碚区朱家坪。全线设有复盛、朝阳寺、天堡寨、仁睦、水土、施家梁6座互通立交。

西段长约55公里，起于北碚区附近，与北段相连，与渝合高速公路交叉形成北碚枢纽互通，止于九龙坡与江津交界的滴水岩，与南段相接。有北碚、歇马、青木关、曾家、金凤、走马、滴水岩互通式立交7处。

南段全长50.2公里，有西彭、江津、仁沱、马宗、一品互通式立交5处。

（一）绕城高速公路东北段

2004年11月，交通部以交规划发〔2004〕664号文批复重庆绕城东段可行性研究报告，以交规划发〔2004〕662号文批复重庆绕城北段可行性研究报告。2005年7月，交通部以交规划发〔2005〕332号文批复重庆绕城东段初步设计，以交规划发〔2005〕333号文批复重庆绕城北段可行性研究报告。

东段由交通部投资3.38亿元，北段由交通部投资7.49亿元。

项目东段由浙江省交通规划设计研究院、四川省交通厅公路规划勘察设计研究院设计，北段由重庆交通规划勘察设计院设计。全线按山岭重丘区双向6车道高速公路设计，计算行车速度100公里/小时，整体式路基宽度33.5米，分离式2×16.75米。路面结构为沥青混凝土，路面宽度30米。隧道单洞净宽14.5米，净高5米。平曲线最小半径1000米，竖曲线最小半径10000米。最大纵坡3.9%。设计车辆荷载为公路－Ⅰ级。

2004年该工程立项，至2005年年底尚未开工。工程投资：东段批准概算24.1亿元，北段批准概算48.4亿元。

（二）绕城高速公路西段

1. 前期工作

2004年9月，交通部交规划发〔2004〕498号文批准重庆绕城公路西段可行性研究报告。2004年11月，交通部交规划发〔2004〕636号义批准重庆绕城公路西段初步设计。重庆市交委渝交委路〔2005〕261号文批复重庆外环高速公路西段施工图设计。

建设资金来源包括交通部补助3.59亿元，重庆市财政资金2.65亿元，银行贷款15.27亿元，开行贷款2亿元。

项目设计单位为广西交通规划勘察设计研究院、江苏交通规划勘察设计研究院、四川省交通厅公路规划勘察设计研究院。全线采用6车道高速公路标准，设计速度120公里/小时，路基宽度

34.5 米，桥涵与路基同宽，中央分隔带宽度 3 米，路拱横坡 2%，沥青砼路面，最小平曲线半径 1000 米。桥涵设计汽车荷载均采用公路－Ⅰ级。

2. 建设阶段

项目由重庆高速公路发展有限公司北方建设分公司行使项目业主职责。

项目共分 8 个路基土建合同段，分两次招标，分别于 2004 年 12 月和 2005 年 2 月完成招标。

路线起点位于北碚区附近朱家坪，接重庆外环高速公路北段，跨越渝武高速公路后沿缙云山脚经北碚区歇马镇，在沙坪坝区青木关镇与在建的渝遂高速公路相交，经沙坪坝区大学城、曾家镇和九龙坡区金凤镇，在九龙坡区走马镇下穿成渝高速公路，终点位于九龙坡区巴福乡的滴水岩附近，与重庆外环高速公路南段相接，路线全长约 51.06 公里。

工程包括路基挖方 809.6 万立方米，填方 722.7 万立方米。全线设大桥 4817 米/2 座，中桥 1625.9 米/8 座，小桥 529.7 米/2 座，互通式立交 8 处。

结合工程实施，开展的科研及新技术的应用，包括《高速公路安全运行控制管理技术》《高速公路区域智能监控系统的信息技术标准及软件加护研究》《不停车技术在高速公路联网收费中的应用》《全路段车速预警系统》《重点路段车辆检测抓拍与发布系统》《公路边坡稳定技术推广应用》《收费站车道实时录音、录像系统全路段开放》《山区高速公路路基边坡绿化防护技术研究》《重庆高温多雨山区高速公路沥青路面关键技术研究》《SUPER PAVE 沥青混合料在重庆地区高速公路路面中的应用研究》《高等级沥青路面柔性基层研究》等。

监理单位：重庆市交通工程监理咨询有限责任公司。

主要施工单位。W1 合同段：独石高架大桥 2.73 公里路基及结构物等，由陕西路桥集团有限公司承建。W2 合同段：徐家坡中桥 12.68 公里路基及结构物等，由岳阳市公路桥梁基建总公司承建。W3 合同段：青木关立交 5 公里路基及结构物等，由重庆市公路工程（集团）股份有限公司承建。W4 合同段：新桥中桥 10.41 公里路基及结构物等，由中国港湾建设（集团）总公司承建。W5 合同段：幸福中桥 5.2 公里路基及结构物等，由路桥集团国际建设股份有限公司承建。W6 合同段：蒲家院大桥 4.4 公里路基及结构物等，由重庆市渝达公路桥梁有限责任公司承建。W7 合同段：走马立交 4 公里路基及结构物等，由贵州省桥梁工程总公司承建。W8 合同段：滴水岩立交 7 公里路基及结构物等，由中港第二航务工程局承建。WLM1 合同段：32.2 公里沥青砼路面工程，由北京公路桥梁建设有限公司承建。WLM2 合同段：32.5 公里沥青砼路面工程，由岳阳市公路桥梁基建总公司承建。

项目于 2005 年 6 月开工，至 2005 年年底，项目尚在建设中。交通部审核工程投资总概算为 23.5 亿元（含建设期贷款利息）。后调为概算 34. 亿元，决算为 33.7 亿元。

（三）绕城高速公路南段

1. 前期工作

2004 年 9 月，交通部交规划发〔2004〕498 号批准重庆绕城公路南段可行性研究报告。2004 年 11 月，交通部交规划发〔2004〕637 号批准重庆绕城公路南段初步设计。重庆市交委渝交委路〔2005〕50 号批复重庆外环高速公路南段施工图设计。

建设资金来源包括交通部补助 5.3 亿元，重庆市财政资金 4.06 亿元，银行贷款 22.98 亿元，开行软贷 3 亿元。

项目设计单位为四川省交通厅公路规划勘察设计研究院、江苏交通规划勘察设计研究院。全线采用六车道高速公路标准，设计速度 120 公里/小时，槽房立交之后为 100 公里/小时，路基宽度 34.5 米，桥涵与路基同宽，中央分隔带宽度 3 米，最大纵坡 2.9%，沥青砼路面，最小平曲线半径 1950 米。桥涵设计汽车荷载均采用公路－Ⅰ级。

2. 建设阶段

项目由重庆高速公路发展有限公司北方建设分公司行使项目业主职责。

项目共分 15 个路基土建合同段，分三次招标，分别于 2004 年 12 月、2005 年 2 月、2005 年 8 月完成招标。

重庆绕城公路南段起于西彭滴水岩，与西二环主线衔接，止于南彭，与南彭的花溪互通衔接，路线长 50.2 公里。工程包括路基挖方 926 万立方米，填方 902 万立方米。全线设特大桥 1199 米/1 座、大桥 14108 米/43 座、中桥 606 米/7 座、互通式立交 5 处、隧道 3 座（其中环山坪隧道左线 2550 米，右线 2465 米）。

项目最大的控制工程是江津观音岩长江大桥，该大桥为双塔双索面斜拉桥。桥梁全长 1198.9 米。以江津观音岩长江大桥为依托工程开展的总课题为《大跨度宽桥面结合梁斜拉桥设计和施工关键技术研究》，下设《结合梁斜拉桥关键技术研究》《结合梁斜拉桥和钢主梁锚固点静力与疲劳模型试验研究》《索塔锚固区足尺模型实验研究》《大跨结合梁斜拉桥稳定性及钢－混组合效应研究》4 个子课题。

监理单位：重庆市交通工程监理咨询有限责任公司、西安方舟工程咨询有限公司。

主要施工单位。S1 合同段：大溪河中桥 5.34 公里路基及结构物等，由成都华川公路建设（集团）有限公司承建。S2 合同段：西彭立交 4.74 公里路基及结构物等，由中港第三航务工程局承建。S3 合同段：峡口大桥 4.12 公里路基及结构物等，由中铁十三局集团有限公司承建。S4－1 合同段：江津长江大桥 629.5 米，由路桥集团第二公路工程局承建。S4－2 合同段：江津长江大桥 569.5 米，由贵州省桥梁工程总公司承建。S5 合同段：槽房立交 2.39 公里路基及结构物等，由重庆市渝通公路工程总公司承建。S6 合同段：新滩大桥 4.935 公里路基及结构物等，由岳阳市公路桥梁基建总公司承建。S7 合同段：环山坪隧道 2710 米，由中铁十九局集团第二工程有限公司承建。S8 合同段：环山坪隧道 2385 米，由中铁十三局集团第三工程有限公司承建。S9 合同段：扒岩 1 号大桥 5.88 公里路基及结构物等，由重庆市公路工程股份有限公司承建。S10 合同段：箭滩河大桥等 8 座大桥，3.64 公里路基及结构物，由南昌铁路工程（集团）有限责任公司承建。S11 合同段：大岚垭隧道 3.59 公里路基及结构物等，由四川武通路桥工程局承建。S12 合同段：寨子坡立交 2.11 公里路基及结构物等，由重庆市公路工程股份有限公司承建。S13 合同段：石塔沟大桥等 4 座大桥，3.1 公里路基及结构物，由中铁四局集团限公司承建。S14 合同段：龙溪立交 4.02 公里路基及结构物等，由重庆市渝通公路工程总公司承建。SLM 合同段：36.5 公里沥青砼路面工程，由广东冠粤路桥有限公司承建。

项目于 2005 年 8 月开工。至 2005 年年底，项目尚在施工中。交通部审核工程投资总概算为 35.7 亿元（含建设期贷款利息），后调为 45.9 亿元。

第三章　国道省道建设

至 2005 年年底，重庆市境内共有国道干线公路 7 条共 1853 公里（其中 2 条国道主干线，5 条国道），贯通重庆市东西南北，构成重庆市公路主骨架网络。7 条国道公路分别为：G050 线（渝湛线）重庆至湛江国家主干线公路，重庆市境内长 157 公里（含支线 24 公里）；G055 线（沪蓉线）

上海至成都国家主干线公路，重庆市境内长390公里（含支线13公里）；G210线（包南线）从包头至南宁国道公路，重庆市境内长261公里；G212线（渝南线）从兰州至重庆市区的国道公路，在重庆市境内长93公里；G318线（沪聂线）从上海至西藏聂拉木国道公路，重庆市境内长201公里；G319线（厦成线）从厦门至成都的国道公路，重庆市境内长708公里；G326线从秀山至云南个旧市的国道公路，重庆市境内长43公里。

从20世纪80年代初起，为了提高境内国道干线技术和路面等级，重庆市投入大量资金对国道进行改造。至2005年年底，重庆市境内国道公路的高级路面达到1645公里（其中沥青砼路面1000公里，水泥砼路面645公里），次高级路面达到196公里。

重庆市境内共有省道公路22条，至2005年年底，共计4084.3公里。这22条省道贯通市境东西南北，分别为：

以重庆主城区为起点8条：S101线（重庆至四川邻水，即渝邻路），全长53.1公里；S102线（重庆至巫溪，即渝巫路），连接湖北省神农架，全长487.4公里；S103线（重庆至湖北巴东，即渝巴路），全长670.1公里；S104线（重庆至贵州道真，即渝道路），全长178.7公里；S106线（重庆至四川合江，即渝合路），全长122.9公里；S107线（重庆在贵州东胜，即渝东路），全长127.9公里；S108线（重庆至四川隆昌，即渝隆路），全长114.6公里；S110线（重庆至四川南充，即渝南路），全长120公里。

南北走向5条：S201线（巫溪至湖北恩施，即巫恩路），全长249.9公里；S202线（城口至黔江，即城黔路），全长601.5公里；S203线（垫江至贵州道真，即垫道路），全长260.7公里；S204线（四川广安至铜梁，即广铜路），全长76.8公里；S205线（潼南至四川泸州，即潼泸路），全长171.2公里。

东西走向4条：S302线（石柱至垫江，即石垫路）全长194.9公里；S303线（石柱至綦江雷神店，即石雷路），全长210.4公里；S304线（贵州松桃至彭水，即松彭路），全长166.1公里；S305线（綦江至万盛，即綦万路），全长32.3公里。

其他5条：S901线（巫溪通城至巫山秀峰，即通秀路），全长88.4公里；S902线（城口木瓜口至岔路口，即木岔路）全长19.4公里；S903线（石柱万岩至西沱，即万西路），全长26.9公里；S904线（南川水江至武隆白马，即水白路），全长55公里；S905线（长寿桃花街至涪陵长江大桥，即桃大路），全长56.1公里。

1986～2005年，重庆市公路主管部门和各区县交通部门先后对省道进行了改造建设。至2005年年底，重庆市境内省道公路的高级路面3098公里（其中沥青砼路面488公里，水泥砼路面2610公里），次高级路面322公里。

第一节　国道改造建设

重庆市境内的国道公路经改造后，路程缩短，等级提高，通行能力改善。1998年重庆市境内1672公里国道公路中，有等级公路1060公里，占63.4%，其中一、二、三、四级公路分别为137公里、252公里、413公里、258公里，尚有等外级公路612公里。2005年1306公里国道公路中，有等级公路1303公里，占99.8%，其中一、二、三、四级公路分别为45.4公里、970.3公里、174.3公里、31.7公里；仅有等外级公路10.7公里。G050线重庆至湛江及G055线上海至成都国家主干线公路在高速公路建设章节中记述。

一、G210线重庆段

G210线（包头至南宁国道公路。1987年前，渝北区方家沟至江北区红旗河沟段称为汉渝路，巴南区大窝铺至綦江县崇溪河段称为川黔路）重庆境内段始建于1934年，经四川省邻水进入重庆市渝北区方家沟，至重庆綦江县崇溪河出境进入贵州省。途经重庆境内渝北、江北、沙坪坝、九龙坡、大渡口、巴南、江津、綦江等区县，是重庆通往陕西和西南最近的出海公路通道。至2005年年底，G210线重庆段全长261公里，为二级公路，部级文明样板路。

（一）渝北区段

G210线渝北区境内段长72公里，由渝北区方家沟进入重庆市渝北区，经渝北城区，至江北红旗河沟。建于1940年，初建时为泥结碎石路面，等外级公路。为改善山城北大门公路条件，从1966年开始，逐年进行加宽改造，至1974年，G210线渝北区境内段已全部改建成沥青路面，路基宽7~8米，路面宽6米。

从20世纪90年代开始，重庆市交通局、渝北区（原江北县）人民政府先后对G210线方家沟至石鞋、石鞋至双凤桥、双凤桥至新牌坊段进行了多次改建。

G210线方石段（方家沟至石鞋）全长27.7公里。1997年，渝北区人民政府通过招商引资，引进重庆市怡丰公路发展有限公司对该路段按山岭重丘二级公路标准进行改建。总投资4886万元。1997年动工，2000年1月完工。

G210线石双段（石鞋至双凤桥）全长21公里。1998年，渝北区人民政府通过招商引资，引进重庆市渝北区双方公路建设开发有限公司对该路段按山岭重丘二级公路标准进行改建，路基宽8.5米，路面宽7米，总投资3852万元，1997年动工，1998年6月完工。

G210线红双段（双凤桥至红旗河沟）是重庆江北机场的配套工程，长22.8公里，历时3年多建成。由于是重庆市第一条一级公路，交通部、重庆市政府和相关部门对G210线红双段的改建高度重视。1985年7月立项，交通部重庆公路科研所、铁道部第二勘察设计院、重庆市公路勘察设计所负责测设。1986年3月，中共重庆市交通运输委员会批准，建立G210线红双段改建工程处（简称210工程处），郭嘉银任处长，彭昌清、徐谋任副处长，负责红双段改建工程任务。1986年3月24日，中共重庆市委副书记于汉卿主持召开G210线红双段公路改建工程设计标准审定会，同意红双段改建为一级公路，实行招投标。1986年8月1日，由重庆市交通局副局长郑道访主持，在重庆公路养护总段召开招标工作会，分4个施工段招标。同年8月28日，举行揭标仪式，分别由四川省建筑机械化工程公司、中铁二十局第四工程处、重庆建筑机械化工程公司、中铁十一局重庆工程指挥部中标。隧道工程由中铁二十局第三工程处中标。1986年9月23日举行开工典礼。1989年11月工程全部完成，提前1年零1个月。

G210线红双段，是重庆公路建设史上第一次采用从国外引进的混凝土拌和机、摊铺机等先进设备，铺筑沥青砼路面。修建了重庆市第一座公路立交桥——红旗河沟立交桥。全路段长22.8公里，有石拱桥1座、互通式立交桥4座、双孔隧道1道。技术标准为：一级公路，其中由红旗河沟往双凤桥9.5公里路段路基宽30米，双向6车道，行车道宽2×11.25米，行车速度100公里/小时；其余路段路基宽23米，双向4车道，行车道宽2×7.50米，行车速度80公里/小时。最大纵坡4.5%，最小平曲线半径500米。设计荷载为汽-20，挂-100。全路段设2米宽分隔带。工程概算：8630万元，实际支出8617万元，节约投资13万元。

1989年11月27日，由领导、专家、学者23人组成G210线红双段验收委员会，对工程进行验收。郑道访为主任委员，李义为副主任委员。分路基、路面、桥涵、立交隧道、文件资料5个小组，进行现场检查、抽测，各项指标达到验收标准，工程质量为优良。1990年3月1日，由养护部门正式接养。

至2005年年底，G210线渝北区境内方家沟至双凤桥段为水泥砼路面，山岭重丘二级公路，沿线无重大地质灾害。双凤桥至红旗河沟段为沥青砼路面，汽车专用高速公路。全线为收费公路，通行状况良好。

（二）重庆城区段（江北、沙坪坝、九龙坡、大渡口区）

G210线城区段含江北、沙坪坝、九龙坡、大渡口区路段，共35.5公里。G210线江北区境内红旗河沟至石门大桥段4.1公里，重庆市公路养护总段于1991年进行了沥青路面改建。2002年3月交由重庆市市政委员会管养。G210线沙坪坝区、九龙坡区境内段为重庆市城区道路。

G210线大渡口区境内段，起点大渡口区八一村，终点吊二嘴，全长为13.8公里。始建于1953年，是为重庆钢铁公司、大渡口区连接市中区而修建。初建时名袁茄路（袁家岗至茄子溪），路面宽6米，设计车流量800~1200辆/24小时。泥结碎石路面，山岭重丘四级公路。沿线地形复杂，坡度较多，由紫色页岩土质组成，通过地区构造物相对稳定。

G210线大渡口区段进行过几次较大的改造，1995年八一村至茄子溪段进行拓宽改造，铺设水泥砼路面，投资560万元；1997年茄子溪至肉联厂段铺设水泥砼路面，投资120万元；2000年肉联厂至吊二嘴段铺设水泥砼路面，投资220万元。至2005年年底，G210线大渡口区段总里程13.8公里，路基宽度9~13米，路面宽度7~9米，水泥砼路面，三级公路，通行状况良好。

（三）巴南区段

G210线巴南区段初建于1935年，起于巴南区渔洞汽车渡口，止于与江津市交界的江巴桥，全长29.6公里。初建时，路面宽度4~6米，技术等级为四级，设计车流量为400~1000辆/24小时，路面结构采用泥结碎石路面。全程地形起伏较大。

1988年、1989年，重庆公路养护总段綦江段分两次将大窝铺至江巴桥段改建成沥青路，使公路技术等级从四级提高到三级。1997年10月，巴南区政府通过招商引资，引进重庆市中路实力发展有限公司将大窝铺（渝涪路口）至江巴桥段改建为山岭重丘二级公路。1997年10月动工，历时13个月，1998年10月完工，总投资6598万元。至2005年年底，G210线巴南区境内段里程为29.6公里，山岭重丘二级公路，水泥砼路面，设计车流量4000~8000辆/24小时。收费公路，部级文明样板路。

（四）江津市段

G210线江津段初建于1934年，起于巴南区与江津市交界的江巴桥，止于江津市与綦江县交界的北渡桥，全长28.5公里。初建成时为四级泥结碎石路面。全程地形属山岭重丘区，通过地区构造相对稳定。1997年前由重庆公路养护总段綦江段管理，1997年由江津市交通局管理。

1985~1987年，重庆公路养护总段綦江段对沿綦江河路段陆续分段改建为沥青路面，总投资500万元。1987~1989年，重庆公路养护总段綦江段对沿綦江河路段按山岭重丘二级公路标准进行沥青砼路面改建，总投资300万元。同时对全线沥青路面大修，使全路段达到三级公路。

1998年，江津市人民政府通过招商引资，引进江津市捷津公路建设开发有限责任公司，对G210线江巴桥至北渡大桥段28.8公里按山岭重丘二级公路标准改建为水泥砼路面。设计行车速度40公里/小时，路基宽9.5~12米，路面宽8~9米，设计荷载为汽-20，挂-100。1998年5月动工，1999年9月完工，总投资9200万元。至2005年年底，G210线江津段全长28.4公里，山岭重丘二级公路，水泥砼路面。收费公路，部级文明样板路。

（五）綦江县段

G210线綦江县段初建于1934年，长95公里，起于与江津市交界的綦江北渡大桥，止于綦江县崇溪河。初建成时泥结碎石路面，宽度4~6米。全路段地形属四川盆地与云贵高原交界处，公路沿綦河走向，地形起伏较大，山岭间多“V”形沟谷，由红色残积土和页岩、石灰岩组成，通过地区构造相对稳定。

1969~1991年期间，綦江县人民政府陆续完成了路基加宽改造，同时重庆市公路养护总段綦江段先后对全线铺筑了沥青路面，使路况等级达到三级。

1987年，由重庆公路养护总段綦江分段对桥溪口至北渡大桥段按山岭重丘二级公路标准进行了沥青砼路面改建（1997 年移交江津市交通局管理）。1997 年，北渡大桥至崇溪河 95 公里，按山岭重丘二级公路改建为水泥砼路面。2001 年完工，投资 1.85 亿元。其改造时间和路段分别为：1997 年，改造珠滩至赶水段，路面宽 7 米；1998 年，改造赶水至崇溪河段，路面宽 7 米；2000 年，改造北渡大桥至珠滩段，路面宽 7.5～12 米。2003 年，又将赵通坝至崇溪河山岭重丘二级水泥砼路面改建为沥青砼路面，路面宽 7 米。至 2005 年年底，G210 线綦江段里程为 95 公里，路面宽度为 7～12 米，山岭重丘二级公路，水泥砼路面设计车流量 4000～8000 辆/24 小时。收费公路，部级文明样板路。

G210 线重庆段的改造建设，促进了公路沿线区县的经济发展。G210 线红旗河沟至双凤桥一级公路的建成，使重庆到渝北区两路镇由 2 个多小时缩短为 15～20 分钟。渝北区两路镇发展成为重庆市的卫星城市和对外交往的空港。

二、G212 线重庆段

G212 线（又称为兰渝路）起于兰州市，止于重庆市沙坪坝区三角碑。（1987 年前，在重庆市境内段称为渝南公路）。至 2005 年年底，G212 线重庆市境内经改造后里程为 92.5 公里（初建时为 131 公里）。该路始建于新中国成立初期，自四川省武胜县兴隆镇进入重庆市境内，途经合川市、北碚区、沙坪坝区，是重庆连接四川、陕西、甘肃等省及西北各地的交通线。

（一）合川境段

G212 线合川市境内段始建于新中国成立初期，全长 60.89 公里，起于四川省武胜县兴隆镇，止于与北碚区交界的炭坝，途经城区的交通街、塔耳门、鸭嘴码头南津街，是重庆至兰州公路中的重要交通要道。

1998 年，合川市人民政府通过招商引资，引进合川银源实业公司投资 1.92 亿元对兴隆至合川段进行改建。1998 年 4 月 18 日开工，2000 年 6 月 20 日完工。改建后路基宽 13.2 米，路面 12 米，属山岭重丘二级公路，水泥砼路面。2000～2001 年，合川市人民政府招商引资，引进重庆润泰实业有限公司投资 1.8 亿元，将 G212 线合川至北碚段公路和盐井至三汇坝公路实行两条路捆绑改造。2000 年 9 月，G212 线合川至北碚段 32.8 公里改建工程开工，2001 年 12 月 18 日完工，投资 4900 万元。改造后该路段为山岭重丘二级公路，水泥砼路面。

至 2005 年年底，G212 线合川境内段为水泥砼路面，山岭重丘二级公路，收费公路。其中三庙镇至上什字段路基宽 13.2 米，路面 12 米，上什字至东津沱段路基宽度 24.5 米，路面宽度 22 米，东津沱至盐井镇段路基宽度 15.2 米，路面宽度 13 米，盐井至炭坝段路基宽度 13.2 米，路面宽度 10.5 米。改造后合川境内段长 55 公里。

（二）北碚区段

G212 线北碚区段始建于解放初期。北在炭坝与合川县接界，南在井口与沙坪坝区接界，计 43.3 公里。沿线多为石灰岩地质条件，山高沟深，地势险要，路基较稳定。1972 年前，全线为泥结碎石路面，四级公路。1972～1978 年期间，重庆市公路养护总段逐步将其改建成沥青表处路面，三级公路。

1989～1996 年，重庆市公路养护总段分年分段将七一桥至五路口、井口至三溪口、三溪口至白马桥、三隧道至七一桥段公路进行拓宽改造，铺设水泥砼路面，累计投资 7676 万元。1997～2002 年，北碚区政府分年、分路段，将五路口至文星湾桥、文星湾桥至团山堡、白马桥至三隧道、炭坝至团山堡段进行拓宽改造铺设水泥砼路面，累计投资 6583 万元。

至 2005 年年底，G212 线北碚区境内段 26.8 公里，全线为水泥砼路面，山岭重丘二级公路，通行条件良好。全线路基宽度 12 米，路面宽度 10.5 米，双向 6 车道，已变成绿树成荫的城市道路。

(三) 沙坪坝区段

G212 线沙坪坝区段始建于1936 年，是重庆作为抗战陪都时修建的，起于沙坪坝区井口，止于沙坪坝区小龙坎，全长10.7 公里，又称杨双段，原名沙（沙坪坝）詹（詹家溪）公路。沿途无大山大江，地质条件稳定。

1989～1990 年，重庆公路养护总段投资1170 万元，将杨公桥至双碑段、双碑至井口段进行拓宽改造，铺设水泥砼路面。至1990 年底改造完工。全程10.7 公里，路基宽度16 米，路面宽度12～14 米，水泥砼路面，双向6 车道，平原微丘二级公路。

G212 线重庆市境内段经改造后，缩短了里程，提高了道路等级和车辆通行能力，促进了合川、北碚、沙坪坝区的经济发展。

三、G318 线重庆段

G318 线是从上海至西藏聂拉木的国道公路。重庆市境内段起于万州区与湖北省恩施地区交界的苏拉口，经万州区、梁平县，止于梁平县与四川省达州市大竹县交界的石桥铺，计200.8 公里。G318 线重庆市境内段始建于1927 年，1958 年全线贯通。

(一) 万州区段

G318 线万州区境内段起于五桥镇苏拉口，止于分水镇，全长92 公里。其中苏拉口至万县城区段57 公里，1958 年3 月开建，同年10 月通车。万县城区至分水35 公里，初建于1927 年，1930 年11 月初通。公路沿途多大山、深谷，沿途路基较稳定，无重大地质自然灾害。由四川省万县公路养护总段管养，至1978 年，全线已建成沥青表处路面。

G318 线万州区境段分三个阶段实施水泥路硬化改造：

第一阶段1990 年9 月～1991 年9 月底，主要是对沙河镇、高梁镇、李河镇、三正镇、张家嘴、分水镇等6 个场镇五公里路段进行整治。分水镇扩宽到12 米，其他5 个场镇路基由7 米扩宽到9 米。共投资176.2 万元。

第二阶段万州主城区吴家湾至分水段34 公里改造成山岭重丘二级公路，水泥砼路面。投资4640 万元。由于吴家湾至麻柳湾段属三峡工程淹没地段，万州天城镇新建了天高路，此路起于高梁镇，止于新城申明坝，全长9.7 公里，为山岭重丘二级公路，路面宽度9 米至15 米，投资1030 万元。三峡工程二期水位后，G318 线从高梁镇，经申明坝、万洲大桥进入龙宝区。

第三阶段万县长江大桥引道五桥镇交叉路口至苏拉口，全长49.3 公里，按山重二级公路技术标准改造，行车速度40 公里/小时，路基宽8.5 米、路面宽7 米。工程总投资12132.44 万元。后因地质滑坡、车辆超载及水毁等原因，部分路段破损严重，2000 年5 月至2001 年6 月进行重点整治。

2000 年5 月底，G318 线万州境段经改建后，有山岭重丘二级路86 公里，山岭重丘三级路6 公里。行车速度40 公里/小时，路基宽8.5 米、路面宽7 米。主城区吴家湾至分水段34 公里路段路面宽度9 米至15 米，全线通行状况良好。全线为收费公路。

(二) 梁平县段

G318 线梁平县境内段起于分水镇，止于四川省大竹县石桥铺。全长108.8 公里。始建于1935 年，1937 年4 月初通。初建时为四级及其以下公路，泥结碎石路面。公路沿线无大江大河，路基较为稳定。

1995～1999 年多次对G318 线大河坝至七桥段、大河坝至新店子、七桥至石桥铺等线路进行了改造，铺水泥砼路面，总投资8436.6 万元。至2000 年5 月底，G318 线梁平境内段108.8 公里，全线为山岭重丘二级公路。其中，分水至新店子23.3 公里为山岭重丘二级水泥砼面，路基宽8.5～18 米，路面宽7～12 米，通行状况良好。全线为收费公路。

G318 线重庆市境内段经改造后，缩短了里程，提高了道路等级和车辆通行能力，促进了万州、梁平等区县的经济发展。

四、G319 线重庆段

G319 线是从厦门至成都的国道公路。重庆市境内段起于与湖南省交界的秀山县洪安镇，止于与四川省交界的潼南县彭家垭口，至 2005 年年底计 708 公里。途经秀山、酉阳、黔江、彭水、武隆、涪陵、长寿、渝北、江北、沙坪坝、璧山、铜梁、潼南等区县，是重庆与东南沿线地区的主要通道，也是乌江上游川黔湘鄂渝五省（市）陆上的主要进出口通道。

（一）秀山县段

G319 线（1987 年前名川湘路）秀山县段起于秀山县洪安镇，止于秀山县妙泉小浩村，始建于 1936 年，全长 80.9 公里。沿线无大山大川，公路路基较稳定，无特大地质洪涝灾害。

G319 线秀山县段由黔江地区交通局及黔江公路养护总段于 1990 年 1 月开始改建，历时五年，于 1995 年 9 月完工，将原山岭重丘四级泥结碎石路面改建为山岭重丘三级沥青表处路面，路面宽 7.5 米，投资 4500 万元。2003 年 8 月，黔江区交通局再次将 G319 线秀山县城过境段改建为一级水泥砼路面，宽 16 米，投资 5700 万元。2002 年 1 月至 2004 年 5 月，黔江区交通局对 1744 公里、1875 公里段 131 公里山岭重丘三级沥青表处路面改建为二级沥青砼路面，路基宽度 8.5 米，路面宽度 7 米，投资 8931 万元。至 2005 年年底，G319 线秀山段达到一至二级技术等级，通行状况良好。部级文明样板路，全线为收费公路。

（二）酉阳县段

G319 线（1987 年前名为川湘路）酉阳县境内段起于妙泉乡大沟村与秀山县接界，止于火石垭与黔江区接界，计 117 公里，始建于 1933 ~ 1936 年。公路沿线多为高山深谷，地势险要。路基多为石灰石地质，基础较稳定。

1988 年，新建钟多至渤海公路。由县城南，经石垭、三黛沟、沿渤海水库至渤海，全长 33 公里，比经城北线缩短里程 25 公里。

2002 年按照重庆市交通委员会《关于国道 319 线酉阳段公路改建项目初步设计的批复》（渝交委路〔2002〕58 号文），对 G319 线酉阳县境内段再次进行了改建。改建项目路线起于酉阳与黔江交界处，止于与秀山交界处，全长 87.5 公里，山岭重丘二级公路标准，行车速度 40 公里/小时，路基宽度 8.5 米，路面宽度 7 米；桥涵与路基同宽，设计荷载为汽 - 20，挂 - 100。至 2005 年年底，G319 线酉阳段共计 88 公里，全线为沥青砼路面，技术等级为山岭重丘二级，通行条件良好。部级文明样板路，为收费公路。

（三）黔江区段

G319 线（1987 年前名川湘路）黔江境内段起于与酉阳县交界的火石垭，止于与彭水县交界的西泡乡石碑牌，全长 129 公里。始建于 1936 ~ 1937 年，为四级泥结碎石路面，沿线多为高山峡谷，石灰岩地质，路基较为稳定。

G319 线的改造工程。从 1989 ~ 1997 年黔江地区交通局陆续对黔江至石会、郁山、彭水段进行改建，加宽路基，铺设水泥砼路面，并新修梅子关隧道、石合等隧道，使原来 129 公里路缩短为 98 公里。

2000 ~ 2003 年，根据重庆市交通局渝交局〔2000〕206 号文对黔江至彭水段二级公路进行改造，起于彭水县九曲山岭重丘河大桥，经关口、羊头铺、保家楼、郁山、沙坝、栅山，止于黔江县黔州大桥，全长 76.9 公里。二级公路标准，行车速度 40 公里/小时，路基宽度 12 米，路面宽 9 米，桥涵与路基同宽，隧道净宽 10.5 米，桥涵设计荷载为汽 - 20，挂 - 100。

至 2005 年年底，经过改造后黔江段总里程 93.1 公里，路基宽度 9 ~ 14 米，路面宽度 7 ~ 12 米，技术等级为山岭重丘二级公路，设计流量 2000 辆/24 小时。黔江至彭水段，路面宽度 9 米，路基宽度 12 米，标志、标线齐全，行车状况良好。为收费公路，部级文明样板路。

（四）彭水县段

G319线（1987年前名川湘路）彭水县境内段起于与黔江交界石碑牌处，止于与武隆交界处土地坳，计101.3公里。始建于1935年，为山岭重丘四级公路。路面结构采用泥结碎石路面。路线位于武陵山北翼，地形起伏大，多种地形地貌。

1990～1995年，黔江地区公路总段投资7500万元，对彭黔段进行改造，将山重四级路改造为山重三级路。改造后里程由129公里缩短为98公里（彭水县城至黔江县城）。1995～1999年，彭水县交通局投资11718万元，对彭武段进行改造。将山岭重丘四级公路改造为山重二级水泥砼路面。全段有大、中、小桥37座。改建后彭水至武隆县江口镇的里程由66公里缩短至51公里。

2000年12月至2003年12月，实施"八小时重庆"工程，彭水县交通局投资42452万元，对彭黔段再次进行改造，将山岭重丘三级路改造为山岭重丘二级路。改建后里程由62.3公里缩短为45.9公里。至2005年年底，G319线彭水县境内段经改造后总里程72.3公里，路基宽度9～14米，路面宽度7～12米，技术等级为山岭重丘二级公路；其中彭水至黔江路段，路面宽度9米，路基宽度12米，安全设施齐全，绿化完备。收费公路，部级文明样板路。

（五）武隆县段

G319线（1987年前名川湘路）武隆段起于与彭水县交界处的背基坳，止于与涪陵交界处的鸭江双河园。1937年，背基坳至白马段建成。1964年，白马至鸭江双河园段建成。G319线初建时，路面宽度仅3～4.5米，砂石路面，属等外级公路，多种地形地貌，路基较稳定。

1989～1996年，武隆县交通局多次对武隆至白马段、白马至鸭江沿江公路进行"三改二"拓宽，加铺水泥砼路面改建等，总投资9471万元。1995年3月至2001年10月，对江口至武隆、武隆至白马段改建成平原微丘二级公路，水泥砼路面，路基宽12米；又对背基坳至江口段改建走沿江公路，二级水泥砼路面，总投资29020万元。2002年，再次对白马至白涛段沿江公路进行"三改二"，沥青砼路面，投资9130万元。2002年5月至2004年7月，修建武隆乌江三桥及引道接线工程，路基宽16.5米，路面宽度12米，投资8445万元。至2005年年底，G319线武隆县境内段全程83.4公里，路基宽8.5～16.5米，路面7～12米，水泥砼或沥青砼路面，二级公路，设计荷载为汽－20，挂－100。绿化工程及安全设施齐全。为收费公路，部级文明样板路。

（六）涪陵区段

G319线涪陵区境内段，始建于1935年。1988年前，G319线不经过涪陵城区。1958年涪长公路（涪陵神道碑至黄草山长寿界）、涪白公路（涪陵汤家院子至武隆白马）先后完工，1988年G319线调整路线走向，经武隆白涛进入涪陵，过涪陵城区，至黄草山脊进入长寿县。涪陵区境内里程为60.7公里。

G319线武隆大溪河至涪陵城区段。20世纪80年代新建项目，分两期完成。白涛至涪陵段。1985年，国家粮棉布以工代赈项目，按山岭重丘四级公路标准，路基宽度6.5米，路面宽度5.5米，桥涵设计荷载为汽－20，挂－100。1985年10月开工，1988年1月完工。竣工里程为28.8公里，投资366万元。白涛至大溪河段。按山岭重丘三级路标准设计，路基宽度7.5米，路面宽度7米，桥涵设计荷载为汽－20，挂－100，竣工里程5.6公里。1990年7月开工，1994年12月完工，投资450.3万元。

G319线涪陵至武隆段"四改三"工程。涪陵至白涛29公里按山重四级公路改建为山重三级公路。1992年11月动工，1993年9月完工，投资3998万元。G319线涪陵至武隆段"三改二"工程。G319线涪陵至武隆段"三改二"工程从与武隆交界处的双河园至涪陵乌江大桥北桥头，建设工期3年。改建工程由重庆市公路桥梁勘察设计院按山岭重丘二级公路标准设计，行车时速为40公里/小时，最小平曲线半径80米，最大纵坡7%，路基宽度12米，路面宽度9米，桥涵设计荷载为汽－20，挂－100。2000年12月开工，2003年7月完工，全长28.5公里。预算24034.6万元，工程竣工投资为27948.37万元。

涪陵长江大桥南引道新建工程，东起鹅颈关涪南路，西至天子殿长江大桥南桥头，长5.07公里。1992年1月，交通部批准涪陵长江大桥项目建议书（川交计〔1992〕132号），同意按山岭重丘二级公路标准设计，路基宽度12米，路面宽度9米，桥涵荷载汽－20，挂－100，里程5.2公里。1993年10月开工，1996年12月完工，竣工里程5.07公里，路基宽度12～18米，水泥砼路面宽度11～17米，投资4892.8万元。南引道改扩建工程。南引道改扩建工程，西起天子殿大桥，东止鹅颈关立交桥，长度3.1公里。路基宽26米，路面宽16米，人行道宽2×5米。2001年11月开工，2003年7月竣工。南引道改扩建工程投资1.4亿元。

至2005年年底，G319线涪陵区境内段经改造后为59.5公里，武隆交界处的双河园至涪陵乌江大桥北桥头段。为山岭重丘二级公路，为水稳层沥青砼路面收费公路。乌江大桥北桥头至涪陵长江大桥南桥头段为平原微丘二级公路，路面宽度11～16米，沥青砼路面，收费公路。部级文明样板路。

（七）长寿区段

G319线长寿区段起于黄草山，止于与渝北区交界的沙溪河桥，长35.4公里，于1956年建成。1985年前，路面宽度6米，四级公路，泥结碎石路面。全程地形属山岭重丘，主要由红色残积土和砂岩组成，通过地区构造相对稳定。

1990年，重庆市公路养护总段投资300万元，将G319线长寿区境内段改建为沥青表处路面。1999年，长寿区交通局利用招商引资，投资1800万元，将长寿区境内段改建为水泥砼路面。1999年6月，G319线晏家至古佛段长5.3公里路段，按二级公路标准进行改造硬化，路面宽12～14米，投资579万元。1999年6月开工，同年9月竣工。沙溪至晏家段8公里纳入渝巫路改造二期工程，于1998年5月开工，同年7月竣工。至2005年年底，国道319线长寿区境内段全程35.4公里，路基宽度12米，路面宽度9米，水泥砼路面，山岭重丘二级公路。收费公路，部级文明样板路。

（八）渝北区段

G319线渝北区境内段起于与长寿县交界的沙溪河桥，止于双凤桥，长52.5公里，始建于1958年。从沙溪经石船至渝北区双凤桥。途经张关、铁山两座大山，山势险陡，视距差，纵坡大，泥结碎石路面，路基宽5～6.5米，路面宽3～3.5米。1972～1978年，重庆市公路养护总段江北分段经过多次加宽改造，铺筑沥青路面，初步改善了路况。

G319线渝北区境内段的改建分两段进行，一段是沙溪河至沙坪，一段是沙坪至两路镇。1985年由重庆市公路养护总段设计，将G319线两路至沙坪段进行改道，西起双凤桥，东至袁家堡，路基宽12米，路面9米，最大纵坡7%，最小半径60米，山岭重丘二级公路标准，沥青次高级路面。1985年12月开工，1986年5月完工。

1998年渝北区人民政府通过招商引资，将G319线沙溪河至沙坪段改建成山岭重丘三级公路，水泥砼路面。1998年2月开工，同年8月完工，投资3637万元。对石船至沙坪段裁弯取直，补强路基，铺装水泥砼路面，投资5900万元，1997年开工，同年10月完工。G319线双凤桥至红旗河沟与210线重复，为机场高速公路，江北区境内红旗河沟至石门大桥段（中渡口）4.5公里与G210线重复，为重庆城区道路。至2005年年底，G319线渝北区境内段为52.5公里，山岭重丘三级公路，局部路段达到山岭重丘二级公路。全线为水泥砼路面，路基宽7～12米，路面宽6～9米，通行状况良好。收费公路，部级文明样板路。

（九）沙坪坝区段

G319线沙坪坝区段，起于嘉陵江中渡口，止于青木关关口，始建于1931年，长36.6公里，属山岭重丘区，地形险要。修建初期，路面宽度5.8米，四级公路，道路等级低，通行条件差。

1999年1月，重庆市公路养护总段与沙坪坝区交通局协商组建了重庆市合通公路开发有限责任公司。由合通公司分两次对G319线沙坪坝区境内段，按山岭重丘二级公路水泥砼路面进行改造，路面宽度7~9米，设计荷载为汽-20，挂-100。1999年2月至1999年11月，改造金刚坡段至青木关，投资6300万元。2000年，拓宽改造金刚坡至林园段，投资480万元。其中陈家桥镇过境段改线1.1公里，绕过陈家桥场镇，大大提高了车辆通行能力。

中渡口至新桥与210线重合。2005年年底，G319线沙坪坝区段，全程36.6公里，路况良好，路基宽度8.5~12米，路面宽度7~9米，水泥砼路面，山岭重丘二级公路。金刚坡至青木关段为收费公路。

（十）璧山县段

G319线璧山境内段起于与沙坪坝区接界的青木关关口，止于西泉与铜梁县接界处，始建于1931年，里程25.2公里。该路段翻越西泉山，地形险要，属山岭重丘区。修建初期，技术等级为四级，路面宽度仅5米，泥结碎石路面，通行条件差。

重庆公路养护总段改建G319线西璧（西泉到璧山）段，拓宽路基，铺设沥青砼路面。其中改造老路12.6公里，县城段改线（称北环线）2.6公里。改造后路基宽12米、路面宽10.8米。1993年6月开工，1995年1月完工，投资2000余万元。璧山至福里树段改建为水泥砼路面，路基宽12米，路面10.5米。1998年7月开工，1998年9月完工，投资870万元。2004年，重庆高等级公路投资有限责任公司对G319线璧山至西泉段12公里进行了沥青砼路面翻修，总投资500万元。至2005年年底，全长23.9公里，经改造后缩短了1.3公里。路基宽12米，路面宽10.5~10.8米，山岭重丘二级公路，通行状况良好。收费公路，部级文明样板路。

（十一）铜梁县段

G319线铜梁县境内段，始建于1928~1934年。起于铜梁西泉镇，止于中和与潼南县交界处，长52.5公里。初建时路面宽度6~7米，四级公路，泥结碎石路面，地形属穿插式浅丘地段，土质为亚黏土和页岩。通过地区地质构造相对稳定。

1978~1988年，利用民工建勤改弯、降坡、加宽路基路面、铺设沥青路面，共投资176万元。1992年10月新建晏渡桥及引道公路、新建南环路、改建西环路、改造巴川镇东门路段、新建蔡家桥及引道公路等。1996年12月开工，改建县水泵厂至西泉界牌段沥青表处路面为水泥砼路面。1998年12月竣工。1992~1998年，西泉至中和52.5公里，全线按二级公路改建，行车时速40公里/小时，最小平曲线半径60米，最大纵坡7%，桥、涵与路基同宽，设计荷载为汽-20，挂-100。西泉璧山界牌处至西泉收费站，路基宽12~20米，路面宽10.5~18.5米，投资27261万元。

2005年年底，G319线铜梁县境内段全长52.5公里，经改建后路况：为二级标准砼路面，最大纵坡7%，最小平曲线半径60米，路基宽12~20米，路面宽10.5~18.5米。大中小桥梁13座，涵洞238道，绿化51.9公里。收费公路，部级文明样板路。

（十二）潼南县段

G319线潼南县境段，起于铜梁县中和弯店子，止于彭家垭口四川省安岳县界，里程29.4公里。始建于1933年。初建时为四级公路，泥结碎石路面，路面宽度5~6米，属平原微丘区，由黏土和页岩组成，通过地区构造相对稳定。

1985年，重庆市计委、重庆市交通局按交通部批复，将G319线潼南彭（家垭口）塘（坝）段断头公路修建列入第一批世界银行贷款公路项目。由永川公路养护总段牵头，组建G319线“潼南县彭塘段公路建设处”，1985年7月，开工修建塘坝至彭家垭口段，至1988年完工，打通了G319线潼南县境内段。

G319线潼南县境内塘坝至彭家垭口段建设，在重庆市公路建设史上具有跨时代意义，开创了重庆市公路建设史上的几个第一：第一次利用外资修路，第一次实行公路工程质量监理，第一次实行公路工程招投标，重庆市第一条收费还贷公路。为重庆市后来大规模的公路建设提供了宝贵经验。

1989 年 8 月，G319 线中和至塘坝段公路改建为二级公路，路面宽度为 7.5 米，沥青表处路面，投资 3031 万元。1998 年，G319 线中和至塘坝段 29.4 公里改建为水泥砼路面，宽度为 11.2 米，投资 2319.6 万元。2004 年，完成标志、标线、绿化及安保工程建设，投资 523 万元。2005 年底，潼南县境内段全程 29.4 公里，其中 17.3 公里水泥砼路面，路面宽度 11.2 米。12.1 公里为沥青表处路面，路面宽度 7 米。收费公路，部级文明样板路。

G319 线重庆市境内段经改造后缩短了里程，提高了公路等级。G319 线重庆市境内段改建前为 957 公里，改建后为 708 公里，缩短了 249 公里（因渝涪高速公路通车后，涪陵长江大桥至双凤桥段降为省道）。G319 线潼南县境内断头路修通后，成渝两地间比走成渝北线缩短 76 公里，比走大足、万古、铜梁缩短 38.7 公里。

G319 线重庆市境内段经改造后降低了高程，避开高山冰雪阻车地段，确保常年通车。G319 线黔江境内段，因山高、弯多、坡陡，冬受雪阻，夏被雨困。最困难的是黔江、武隆之间的梅子关大山，在一年中有半年时间不能通车。1994 年 G319 线改建后，路面由泥结碎石路面改建为水泥砼路面。特别是梅子关隧道的建成，将原路 6.6 公里缩短为 2.6 公里，降低高程 170 米，减少弯道 127 个，改善了交通条件，提高了汽车通行能力。

G319 线重庆市境内段经改造后行车时间大大缩短。距离主城区最远的秀山县，G319 线经改建前，到主城区至少要 2 天时间。G319 线改建后，到主城区只要 8 个小时。

G319 线重庆市境内段经改造后带动了沿线的经济发展。璧山县是国道 319 线和省道渝隆线交汇的县城，距重庆市不足 1 个小时的路程，形成了一条具有地方特色的沿路藤上结瓜的“经济长廊”。1988 年黔江地区下属彭水、秀山、酉阳、石柱、黔江 5 个自治县都是国务院确定的重点贫困县。G319 线改造后，到 1995 年，黔江国民生产总值年递增 13%，财政收入年递增 23%，农民人均纯收入增加到 823 元，4 万名住岩洞、窝棚的居民迁入了新居，62 万人脱贫。

五、G326 线重庆段

G326 线秀山至云南个旧公路秀山段，起于秀山县城中心三角塔，途经中和镇、清溪场镇、隘口镇等 3 个乡镇，止于秀山县红岩坎与贵州省接界，G326 线秀山段始建于 1956 年，路基宽 6.5 米，路面宽 3.5 米，最大纵坡 8%，山岭重丘四级公路，泥结碎石路面。沿线无特大地质洪涝灾害，地质条件较稳定，至 2005 年年底，重庆市境内长 42.5 公里，其中秀山境内 31.5 公里，酉阳 11 公里（未改造）。

G326 线秀山段进行过几次大的改造。第一次是 1990 年 1 月将原山重四级泥结碎石路面改建为山重三级沥青表处路面。路面宽 6.5 米，基层为 20 厘米片石，20 厘米泥灰结碎石，面层为 3 厘米沥青表处，设计荷载为汽 -20，挂 -100，于 1992 年 8 月完工，总造价 250 万元。第二次是 1999 年 1 月 8 日将三级改建为二级沥青表处路面，路面宽 7.5 米，基层为 20 厘米级配碎石，20 厘米泥灰结碎石，面层为 3 厘米沥青表处，设计荷载为汽 -20，挂 -100，于 2003 年 12 月 8 日完工，总造价 4600 万元。

2005 年，重庆市交通委员会《关于国道 326 线秀山县城过境段建设工程立项意见的函》（渝交委计〔2005〕107 号）同意对 G326 线秀山县城过境段进行改建，建设标准按二级公路技术标准进行，设计车速 60 公里/小时，路基宽度 12 米，路面宽度 10.5 米。至 2005 年年底，G326 线秀山境内段经改造后长 31.5 公里，公路技术等级为山岭重丘二级，路基宽度 12 米，路面宽度 10.5 米，完成了标志、标线及安保工程建设，提高了公路通行能力。

G326 线重庆市境内秀山段经改造后，提高了道路等级和车辆通行能力，促进了秀山县的经济发展。

第二节 省道改造建设

一、以主城区为起点的省道建设

(一) S102线渝巫路

S102线（渝巫路）是原四川省规划的一条省道干线公路，始建于20世纪30年代，起点为重庆市江北区观音桥，经重庆市渝北、长寿晏家、垫江、梁平七桥，四川省开江县任市镇、重庆市开县、巫溪，终点为巫溪县与湖北神农架交界处。至2005年年底，重庆市境内长487.3公里，是重庆市境内连接东西的一条重要通道。其中重庆主城至长寿晏家段与G319线重合，本志仅从长寿晏家开始记述。

1. 长寿区段。S102渝巫路长寿段，全长60公里，沙溪至晏家段8公里（与国道319线重合），晏家至葛兰段28.6公里，葛兰至澄溪段23.4公里（原长垫路）。初建时为泥结碎石路面，四级公路，公路沿线无大山大河，属平原微丘地区，无大的自然灾害，公路地质条件稳定。

1998年，S102线长寿段按山岭重丘二级公路标准对晏家至澄溪段52公里改建为水泥砼路面，宽度9米+2×1.5米砼硬路肩，厚度24厘米，强度C30。1998年2月开工，同年7月竣工，投资9581万元。至2005年年底，S102线长寿境内段经改造后长52公里，为平原微丘二级公路，路基宽度12米，路面宽度9米，水泥砼路面，通行条件良好。收费公路。

2. 垫江县段。S102线渝巫路垫江段，曾称长垫梁公路和七（梁平七间桥）长（长寿）公路，长39公里，1951年7月建成。初建时为泥结碎石路面，路基宽6米，路面宽3米，等外级公路。公路沿线无大山大河，属平原微丘地区，地质条件稳定，无大的自然灾害。

1986年10月，S102线垫江县城过境段改线至县城区东新建，标准为平原微丘二级，路基宽度12米，水泥砼路面，宽度9米，长4.2公里，投资200万元。垫江段36公里改建为平原微丘二级公路，路基宽度12~14米，路面宽度10~12米，水泥砼路面标美路工程同步进行。1992年7月开工，1997年7月完工，历时5年，分五期完成。一期，垫江县城南至峡口9公里；二期，垫江县城南至太平段5公里；三期，太平至澄溪6公里；四期，峡口至新民段5公里；五期，新民至沙坪段11公里。共投资2850万元。

至2005年年底，S102线垫江段长39公里，平原微丘二级公路，路基宽度12~14米，路面宽度10~12米，水泥砼，其中垫江县城过境段（又称桂东大道），长4公里，宽40米，沥青砼路面。其余为水泥砼路面，道路状况良好。收费公路。

3. 梁平县段。S102线梁平境内段，起于与垫江交界处的石梁子桥，止于与四川省开江县交界处的联盟桥，长44.4公里（不含318国道重复段）。建于1950年9月。初建时叫渝梁路，1987年改称渝巫路。公路沿线无大川大山，地质状况良好，路基较稳定。

梁平县对屏（锦）、寒（岭）段17.4公里四级油路改建为山岭重丘二级水泥砼路面，1992年7月开工，1994年7月完工，投资980万元。仁贤岔路口至新盛联盟桥27公里按山岭重丘二级水泥砼路面标准加宽改造，路基宽度12米，路面宽度8米，改建桥梁7座，改线7处，投资3988万元。1995年4月开工，1997年5月竣工。至2005年年底，S102线梁平境内段长44.4公里，为山岭重丘二级公路，路基宽度12米，路面宽度8米，车辆通行状况良好。收费公路。

4. 开县段。S102线开县段，起于与四川省开江县交界的巫山坎，止于与云阳县交界的农坝镇，全长107公里。分两段建成，一段为开县县城至岩水，长52公里，1957年3月开工，1958年12月修至石灰溪。1959年由石灰溪修至云阳县田坝乡（小地名窄口子），连通云阳、巫溪公路。另一段为开县县城至四川省开江县，称为开（县）开（江）路，长55公里。1958年3月动工，同年

10 月建成。全线为山岭重丘四级和等外级公路，泥结碎石路面，无大的自然灾害。

S102 线渝巫路开县境内段，1994 年开始改建，分三期：一期，汉丰至临江，1994 年 11 月开工，1995 年 10 月完工；二期，临江至巫山坎，1995 年 6 月开工，1997 年 8 月全段完工；三期，温泉岔路口至河堰段（开云界），1995 年 6 月开工铺设沥青路，1997 年 7 月完工。2000 年，经重庆市计委以渝计委能〔2000〕763 号文批准，按山岭重丘二级水泥砼路面标准再次改造，2000 年 10 月开工，2001 年 12 月完工。1995～2001 年，几次改建，共投资 9610 万元。2005 年结合移民迁建，新建开县新县城南河大桥至白鹤徐家院子二级路（北环路），全长 10.5 公里，宽 12 米，投资 8000 万元。

至 2005 年年底，S102 线开县境内段 107 公里，为山岭重丘二级公路，路基宽度 10 米，路面宽度 8.5 米，路面结构为：巫山坎至开县城区段为沥青砼路面，开县县城至云阳界为水泥砼路面。路基结构较稳定，无重大地质灾害，公路通行状况良好。收费公路。

5. 云阳县段。S102 线渝巫路云阳县境内段，起于与开县交界的农坝乡，止于与巫溪县交界的邓家院，长 54.2 公里。1958 年 4 月开工修建，1965 年 5 月完工。1999 年前，该路弯急坡陡，为山重四级泥结碎石路面。

2000 年 6 月开始改建江口至开县界段，长 31 公里。2000 年 10 月改建江口至沙沱段，长 23.2 公里。两段均为山岭二级公路标准，路基宽度 8.5 米，路面宽度 7 米。桥涵设计荷载为汽－20，挂－100，投资 3400 万元。2005 年 1 月再次对农坝至江口段 28.5 公里进行改建，概算总投资 23000 万元。至 2005 年年底，路基工程计划完成投资 1 亿元，实际完成投资 6750 万元（包括征地拆迁费用），完成路基工程量的 45%。至 2005 年年底，S102 线云阳境内段长 54.2 公里，除正在施工的农坝到江口段外，其他路段已建成山岭重丘二级公路。收费公路。

6. 巫溪县段。S102 线巫溪县境段，起于与云阳交界处的邓家院，止于白果林区林口子，长 160.5 公里。1958 年开工修建，1965 年完工。其中巫溪县城至新店段是巫溪县有史以来第一次修公路，初建时是万县至巫溪县城的干线，名为万巫路。重庆与巫溪连通后，经四川省统一规划，改名为渝巫路。公路地质条件为：邓家院至文峰段为沿溪与越岭相结合线形，文峰至县城段为山岭重丘线型。

1994～1999 年先后改建了巫溪县城至凤凰镇段、凤凰至文峰路段、文峰至尖山段，改建后达到山岭重丘三级（局部达山岭重丘二级）水泥砼路面，路面宽度 7.5～8.5 米。投资 6025 万元。2000 年 3 月巫溪县城磷肥厂至新华段 11.6 公里改建为沥青表处路面，2000 年 11 月竣工，投资 660 万元。至 2005 年，尚有通城至白果林区林口子 45.8 公里未改建，仍为泥结碎石路面，其余全部改造完成。至 2005 年年底，巫溪县境内段长 160.5 公里，通行状况良好。收费公路。

（二）S103 线渝巴路

S103 线渝巴路起于重庆南岸区茶园新区，途经南岸、巴南、长寿、涪陵、丰都、万州、云阳、奉节、巫山等区县，止于与湖北省巴东县交界处，是重庆市东西走向的一条重要通道。至 2005 年年底，重庆市境内长 670 公里。

1. 南岸区段。S103 线起于南岸茶园长生桥镇，止于巴南交界处，全长 4.3 公里。1988 年改建为水泥砼路面。2005 年投资 150 万元。对整条道路进行了大修。至 2005 年年底，S103 线全长 4.3 公里，沥青砼路面，通行状况良好。

2. 巴南区段。S103 线巴南区境内段起于与南岸区长生桥交界处，止于双河口镇羊鹿界老柴垭口，里程 53 公里，始建于 1968～1979 年，泥结碎石路面。

1997 年 10 月，巴南区政府通过招商引资，引进重庆市中路实力发展有限公司，将长生至人民桥段 26 公里改建为水泥砼路面，路面宽度 7 米，两边路肩宽 0.5 米。因与国道 210 线巴南段捆绑改造，故投资金额与国道 210 线一起计算。1999 年完工。至 2005 年，S103 线巴南区境内段有 26

公里为水泥砼路面，其余均为泥结碎石路面，道路状况良好。

3. 涪陵境段。S103 线涪陵段，起于增福乡三合场巴南区羊鹿界老柴垭口，止于龙驹丰都界，里程 103.3 公里。始建于 1958 年，1959 年完工。初建成时为山岭重丘等外级公路，泥结碎石路面，路面宽度 4～6 米。公路沿线多大山深谷，路基相对稳定。

S103 线清溪段改建工程，起于涪陵乌江东岸磨盘沟东桥头，止于清溪镇涪钢厂，长度 14.1 公里。1985 年涪陵市交通局按山岭重丘四级公路标准改建，路基宽度 7 米，路面宽度 6 米，桥涵设计荷载为汽超－20，挂－100。1985 年 7 月开工，1986 年 12 月建成完工，投资为 154.78 万元。

涪陵至龙驹段 35.5 公里改建，分四期完成。一期，磨盘沟至绸厂段，长 2.5 公里，三级公路标准改建，路基宽度 12 米，路面宽度 9 米，水泥砼路面，硬化路肩，三面石边沟；于 1992 年 12 月动工，1993 年 5 月完工。二期，清溪至龙驹段 21.5 公里改线、新建，二级公路线型、三级公路标准，路基宽度 8.5 米，路面宽度 7.5 米；1993 年 8 月开工，1996 年 6 月完工。三期，市丝绸厂至涪钢段（清溪），长 11.32 公里，二级公路标准改建，路基宽度 12 米，路面宽度 9 米，桥涵设计荷载为汽－20，挂－100，行车速度 40 公里/小时；于 1994 年 9 月开工，于 1996 年完工。四期，市丝绸厂至龙驹（丝绸厂—清溪—龙驹）33.12 公里水泥砼路面，1997 年 10 月全面开工，1998 年 4 月完工。四期工程共历时 5 年，投资 7638.73 万。

2002 年对此段 35.5 公里进行全面整治，总投资为 1100 万元。2004 年 7 月，对路面破损严重的再次进行改造为沥青砼路面，2004 年 7 月 21 日动工，2004 年 9 月 19 日完工，投资 817.70 万元。

涪陵至蔺市段 33.5 公里改建。1987 年按山岭重丘三级公路进行改建，投资 34.16 万元。1996 年按二级公路标准改建 24 公里（长江渡口至蔺市），路基宽度 12 米，路面宽度 9 米，设计速度 40 公里/小时，桥涵荷载为汽－超 20，挂－100。1996 年 5 月开工，2000 年 9 月完工，改建后减少里程 3.5 公里，投资 8500 万元。

酒井至三合段 26.2 公里改建为山岭重丘三级公路，路基宽度 8.5 米，路面宽度 7 米，调整线性、纵坡。2000 年开工，2002 年年底完工。2005 年年底，S103 线涪陵段除蔺市镇至酒井段 11.2 公里和三合至 6.38 公里为泥结碎石路外，全部为水泥砼路面。

至 2005 年年底，S103 线涪陵段长 103.3 公里，除巴南区界天池山至新妙 39 公里为泥结碎石路外，其余 64.3 公里全部为水泥砼路面，达到山岭重丘二级公路标准，车行通畅。

4. 丰都段。S103 线丰都段起于与涪陵龙驹交界处，止于撮箕铺，长 59.5 公里，1978～1985 年期间修建，山岭重丘等外级公路，有的宽度仅 3.5 米，泥结碎石路面。沿线路基较为稳定，无重大地质灾害。

分为丰忠路、王龙路两段改建。丰忠路长 37.5 公里，1986～1987 年完成新建扫尾工程，其中改道新建 5 公里，新建桥梁 4 座。1990～1991 年建成陈家沟大桥。2001 年开工按山岭重丘二级公路改建，2003 年 2 月完工，水泥砼路面。王龙路（王家渡至龙驹）22 公里按山岭重丘三级公路改建。1990 年 6 月 17 日动工，1993 年完工，泥结碎石路面。1993 年 12 月再次开工，按二级公路改建，路面宽度 9 米，两边路肩各 0.5 米。1996 年 3 月完工，水泥砼路面。投资 2100 万元。至 2005 年年底，S103 线丰都段经改造后长 53.4 公里，山岭重丘二级公路，水泥砼路面。路面宽度 9 米，路基宽度 10.5 米，车行通畅。

5. 忠县段。S103 线忠县境内段，起于与丰都撮箕铺交界处，止于羊马场，里程 79.6 公里，1958～1976 年期间修建，等外级公路。沿线路基相对稳定，无重大地质灾害。

分段实施改扩建。1994 年按山岭重丘二级公路标准改造黄金场至三元场段 8.1 公里，路基宽度 12 米，路面宽度 10 米，时速 40 公里/小时。1997 年按山岭重丘二级路标准改扩建三元至羊马场段 24 公里，水泥砼路面，时速 40 公里/小时，桥涵设计荷载为汽－20，挂－100。投资 3000 万元。

1997年11月开工，至1998年6月完工。1999年按山岭重丘二级水泥砼路标准动工改建撮箕口至黄金场段39.6公里，2000年年底竣工。至2005年年底，S103线忠县境段经改建后长59.1公里，山岭重丘二级水泥砼路，通行状况良好。

6. 万州段。S103线万州境内段，起于忠县交界的羊马场，止于卡梁，长90公里。1964～1977年期间修建，泥结碎石路面，等外级公路。沿途多沟谷，属山岭重丘区，多为沙石沉积路段，路基较稳定。

1991～1999年分段进行改扩建。龙宝境内段王家坡至崩塘坎22公里按山岭重丘二级水泥砼技术标准改建，路基宽度10米，路面宽度8.5米，1991年开工，1996年3月完工，投资1600万元。改造后王家坡至崩塘坎公路里程为20.5公里。崩塘坎到羊马场段39.5公里按山岭重丘二级水泥路标准改建，路基宽度12米，路面宽度10.5米，时速40公里/小时，1996年3月开工，1999年12月完工，投资12416.9万元。王家坡至牌楼段2.96公里列为万县市市政建设，于1997年3月再次进行改扩建，将公路路面由8米扩宽为24米，其中车行道15米，两边人行道各4.5米，1998年底完工，投资7000万元（含2公里长，7米宽支路1条）。

王家坡至羊马场段改建工程总投资2.1亿元。龙宝王家坡经高笋塘、万州大桥至塘坊段共10.4公里为城区建设。万州龙宝马桩至红光村全长12公里，按山岭重丘二级公路技术标准改建，1994年开工，1997年12月完工。万州天城塘坊至卡梁段全长19.67公里，按山岭重丘二级公路技术标准，路基宽度12米，路面宽度10.5米，1995年9月开工，1999年12月完工，投资11765万元。至2005年年底，S103线万州境内段90.07公里，全线均达到山岭重丘二级水泥砼公路技术等级，行车畅通。

7. 云阳段。S103线渝巴路云阳段，起于万州卡梁，经人和过双江大桥进新县城，再经南溪、石门，止于奉节县高灯口交界处，长114公里，1963～1969年建成，等外级公路。分段改扩建。云阳老县城至水市段23公里按山岭重丘三级水泥砼路改建，路基宽度8.5米，1995年11月开工，1996年10月完工，投资2781万元。卡梁至双江段24公里，按山岭重丘二级水泥砼技术标准改建，路基宽度12米，1995年10月动工，2000年3月完工，投资16521.16万元。张家坝至云阳镇段23公里，泥结碎石路改建成三级沥青路，1995年11月动工，1996年完工，投资9720万元。

S103线新渝巴路云阳段长114公里，分四期建成：第一期万州天城卡梁至双江大桥24公里为新建公路，山岭重丘二级路标准，行车速度40公里/小时，路面宽度12米，水泥砼路面。1995年10月开工，2000年5月1日完工，投资15598万元。第二期双白路32公里于2001年4月开工，2002年1月完工。第三期白水至南溪13.5公里改建，2001年7月开工，2004年3月完工。第四期南溪至石门段36.5公里改建，2001年10月开工，2003年年底完工。第二、三、四期共投资2.86亿元。

至2005年年底，S103线渝巴路云阳段长114公里，为山岭重丘二级路。万州天城卡梁至双江大桥段长24公里，路基宽度12米，路面宽度10.5米。新城至石门（云奉界）段全长90公里，路基宽度8.5米，路面宽7.5米。设计荷载为汽－20，挂100，全线行车通畅。

8. 奉节段。S103线奉节县境段，起于高灯口交界处，止于巫山界龙王淌，长105公里。分三段修建而成：1959年修建溪奉路平皋大桥至县城，1977年修建奉节北路蜂糖沟至平皋大桥，1987年修建奉巫北路县城至龙王淌。初建时均为泥结碎石路面，等外级公路，属山岭重丘区，公路沿线多砂岩、页岩和黏土沉积，地质条件较稳定。

1992年改建县城至白帝城段7.5公里为水泥砼路面。1993～1994年改建县城至郭家沟段23公里为水泥砼路面。1997年重庆直辖后规划为省道，按山岭重丘二级水泥砼路面标准进行改建，路基宽度由原6.5米，改建为8.5米，路面宽度由原3.5米改建为7米。1999年12月开工，2002年11月完成路基工程，2003年完成路面工程，投资4.036亿元。至2005年年底，S103线奉节县境段经改造后，长101.5公里，全线为水泥砼路面，山岭重丘二级公路，沿线多山脊，在危险路段安装了防撞护栏，通行状况良好。

9. 巫山段。S103线巫山县段，起于龙王淌，止于与湖北巴东县刘家垭交界处，长89公里。1996年前，有四级路35公里、等外级39公里，其余路段为断头路。公路属沿山盘旋，地势险峻，地质条件较稳定。

从1995年开始按山重二级水泥砼公路技术标准，路面宽度8.5米分期改造和新建。龙门桥至三合埔段全长23公里，1995年12月开工，1997年10月完工，投资2924万元；三合埔到骡坪段长13.5公里，1998年9月开工，11月完工，投资675万元；骡坪至刘家垭段长18公里，1997年1月开工，1998年完工，投资2288万元；荀家至龙门桥段长12.5公里，1999年初开工，12月竣工。2000年新县城至龙王淌开工改建，年内完工。2002年年底渝巴路巫山段89公里全部改造完成。

S103线巫山县段龙王淌（月亮淌）至刘家垭（巴东界）全长89公里，全线为水泥砼路面，山岭重丘二级公路。在危险路段安装了防撞护栏，通行状况良好。

（三）S104线渝道路

S104线渝道路是重庆直辖后规划的1条放射线之一，起点在南岸区海棠溪，经巴南区、南川区，终点在重庆—贵州省交界的尖山子，是重庆市通往黔北地区的干线公路之一，同时将重庆市著名风景区南温泉、东温泉、金佛山连在一起。至2005年年底，S104线渝道路重庆市境内段全长178.6公里。

1. 南岸段。S104线渝道路南岸区境内段，起于海棠溪，止于七公里，长3.8公里。修建于1957年，路基宽度4～6米，泥结碎石路面，四级公路。

S104线渝道路南岸区境内段1997年前由重庆市公路养护总段二分段管养，二分段先后对海棠溪至七公里段进行了改建，将泥结碎石路面改建为沥青表处路面，路况等级从四级提高到三级。其中四公里至七公里段，1983年8月至1986年9月改建为二级公路。

至2005年年底，S104线南岸区境内段长3.8公里，山岭重丘二级公路，水泥砼路面。

2. 巴南段。S104线渝道路巴南区境内段，起于南岸区七公里，止于南川区神童镇石滩，长81.9公里。修建于1957年，路基宽度4～6米，泥结碎石路面，四级公路。全程地形起伏较大，多大山、深沟，翻越接龙山脉，属山岭重丘地区，由红色残积土和页岩、石灰岩组成，通过沿线地质条件较稳定。

S104线渝道路巴南区境内段1997年前由重庆市公路养护总段二分段管养，其先后对南岸区七公里至南温泉段进行了改建，将泥结碎石路面改建为沥青表处路面，路况等级从四级提高到三级。其中七公里至炒油场段，1983年8月至1986年9月改建为二级公路。1997年后巴南区政府通过招商引资，对S104线渝道路巴南区境内段81.9公里按山岭重丘二级公路标准进行改建。其中南岸七公里至南彭段31公里（七公里至炒油场段为水泥砼一级公路，炒油场至南彭段为水泥砼二级公路），1997年3月动工，1999年2月完工，投资6575万元。

1998年开始改造南彭至神童坝段48.6公里。二级公路标准，水泥砼路面，行车速度40公里/小时，路基宽度8.5米，路面宽度7米，设计荷载为汽－20，挂－100，投资概算14298.5万元。2000年5开工，2005年年底尚未竣工。至2005年年底，S104线渝道路巴南区境内段长81.9公里。其中七公里至炒油场段为平原微丘一级公路，炒油场至南彭段为山岭重丘二级公路，水泥砼路面。

3. 南川段。S104线渝道路南川境内，起于南川市神童镇石滩，止于尖山子贵州省道真县交界处，长95.2公里。始建于1958年，等外级公路。沿线多为山岭重丘区。

1993年新铺火电厂至八道水8.4公里为沥青路面。1996年对火电厂至杨柳嘴段按山岭重丘三级公路标准进行改建，路基宽度7.5米，路面宽度6米，水泥砼路面，1997年完工。1998~2002年，先后对神童至隆化镇段、大铺子至尖山子、南平至神童段、大铺子至杨柳嘴、三泉至杨柳嘴、杨柳嘴至道真石仁段进行改建，技术标准：山岭重丘二级公路，路基宽度8.5~12米，路面宽度7~10.5米，水泥砼路面，设计荷载为汽-20，挂-100。行车速度40公里/小时。

至2005年年底，S104线渝道路南川神童至贵州尖山子段经改造后为92.9公里，山岭重丘二级公路，其中神童至南平段、大铺子至贵州尖山子段路基宽度8.5米，路面宽度7米，南平至大铺子段路基宽度12米，路面宽度10.5米。

（四）S106线渝合路（重庆至四川合江界）

S106线渝合路。起于巴南区七公里，经巴南、江津市，止于江津市白沙镇白杨桥。至2005年年底，S106线重庆市境内长122.9公里（其中，七公里至炒油场与104线重合）。

1. 巴南段（七公里至珞璜罐子溪桥）。S106线渝合路巴南段起于南岸海棠溪，止于江津市珞璜罐子溪桥，始建于1984年，路面宽度为7米，泥结碎石路面。1986年由泥结碎石路面改造为沥青表处路面，路面宽度9米。1995年由沥青表处路面改造为水泥砼路面，路面宽度9米，两边各0.8米的路肩，水泥砼厚度为24厘米，水稳层厚度为25厘米。至2005年年底，S106线巴南境内段长15.5公里，水泥砼路面，车辆通行良好。

2. 江津段（珞璜至白杨桥）。S106线江津境内段，起于珞璜，止于白杨桥，全长107.4公里，从1955年开始修建，至1982年全线建成。路基较稳定，无重大地质灾害。分为6段改造。1997年渝东路李市至傅家镇岔路口41.06公里改造为山岭重丘二级公路，行车速度40公里/小时，路基宽度10.5米，路面宽度9米；设计荷载为汽-20，挂-100，水泥砼路面，1997年6月开工，1998年6月完工，总概算为8986.6万元。

1998年，江津市交通局招商引资改建珞璜至杨家店段29.5公里为二级公路，水泥砼路面，投资7200万元。1998年6月开工，2000年6月完工。1998年，江津市交通局招商引资改建李市至白沙段19.5公里为山岭重丘二级公路，行车速度40公里/小时，路基宽度10.5米，路面宽度9米，设计荷载为汽-20，挂-100，水泥砼路面。1998年7月开工，1999年12月完工。投入资金6000万元。2005年江津市交通局自筹资金2500万元，改建罐子溪至珞璜段4.02公里、杨家店至付家店段4.7公里二级公路水泥砼路面。2005年4月开工，2005年10月完工。

2004年重庆市高等级公路投资建设有限公司（以下简称高投司）投资9836万元，改建江津白沙镇至朱杨镇28.7公里为山岭重丘二级公路，设计速度60公里/小时，路基宽度10米，路面宽度7米。2004年开工，2005年12月30日工程未竣工。至2005年年底，S106线江津市境内段长107.4公里，78.7公里达到山岭重丘二级公路标准，其余28.7公里尚在改建中。

（五）S107线渝东路（重庆至贵州东胜）

S107线渝东路，重庆石桥铺至东胜场（贵州习水东胜界），重庆市境内长128公里，途经九龙坡、沙坪坝、江津3个区（市）。其中沙坪坝区段新桥至山洞与G319线重复。

1. 九龙坡段（山洞至津福）。S107线九龙坡区段，起于白市驿洞口前面的岔路口，止于帽合山江津与九龙坡的巴福交界处，又称为白帽路，全长22.3公里。始建于1951年，1965年完工。初建成时路面宽度3.5米，路基宽度7米，每隔200米修有一个会车道。1984年重庆市公路养护总段投资200万元，将其加宽改造为沥青路面，三级公路。全线为平原微丘区，无大山大川，路基较稳定。

1998年6月，九龙坡区改建白彭公路为山岭重丘一级公路，行车速度60公里/小时，路基宽度21.5米，中间分隔带宽2.5米，行车道宽14米。设计荷载为汽-20，挂-120，水泥砼路面，基层、底基层为半钢性结构。1998年8月开工，1999年12月完工，投资1.8亿元。至2005年年底，S107线九龙坡区段，经改造后全长17.7公里，平原微丘一级公路，双向4车道，道路通行状况良好，收费公路。

2. 江津段（津福至东胜）。S107 线江津境内段，起于与九龙坡区交界的津福镇，止于东胜，长 102.5 公里。1951 年开始修建，1973 年全线建成。初建时为等外级公路，泥结碎石路面。路基较稳定，无大的地质灾害。

1997 年，江津市交通局自筹资金 11550 万元，改建石板至温家店段、温家店至江津长江大桥北桥头段，为水泥砼路面，二级公路。江津长江大桥北引道至双堡，属江津长江大桥项目，1997 年建成。1998 年，江津市交通局招商引资 1.1 亿元，改建李市至付家三岔路口段为水泥砼路面，二级公路，1998 年 6 月开工，2000 年 6 月完工。2003 年，重庆市高等级公路投资有限公司投资 6400 万元，改建付家三岔路口至贵州东胜段为水泥砼路面，二级公路，2003 年 8 月开工，2005 年 12 月完工。2005 年，江津市交通局自筹资金 640 万元，改建双堡至杨家店段为水泥砼路面，一级公路。2005 年 4 月开工，2005 年 10 月完工。

至 2005 年年底，S107 线江津市境内段长 102.5 公里全部改建完工，山岭重丘二级公路，路基稳定，路面平整，桥梁涵洞边沟畅通，行车通畅。

（六）S108 线渝隆路

S108 线渝隆路起于重庆石桥铺，经沙坪坝、璧山、永川、荣昌到达隆昌县城止，全长 114.5 公里。1927 年动工，1932 年 12 月全线通车。1972 年开始由永川公路养护总段逐年铺设为沥青路面。其中石桥铺至璧山县城段与 319 线重复。

1. 璧山段。S108 线璧山段，起于青木关关口，止于与永川交界的观景坝，长 37.7 公里，1932 年 12 月建成通车。初建成时为泥结碎石路面，四级公路，路面宽度 5～7 米。全程属山岭重丘区，傍山线，无大江大河经过，地质状况良好，路基较稳定。1972～1975 年，改建为沥青表处路面。

1987 年，璧山县城城区 2.1 公里公路移出城外，投资 98 万元，路基宽度 12 米，路面宽度 9 米，泥结碎石路面。1998 年改建璧山县城至青杠段 15.17 公里（璧青路），一级公路，水泥砼路面，行车时速 80 公里/小时，路基宽度 26 米，路面宽度 24 米，中央绿化分隔带 2 米，灯饰工程，设计荷载为汽－超 20，挂－120。2000～2001 年，先后改造青杠至来凤段、来凤至关井坝段，水泥砼路面，路基宽度 12 米，路面宽度 10.5 米，投资 2000 万元。

2003～2004 年，危险路段安装防撞护栏，投资 100 多万元。至 2005 年年底，S108 线璧山段全长 38 公里，路基宽度 12～26 米，路面宽度 10.5～24 米，山岭重丘区一、二级公路，桥涵、边沟、绿化、标线、标志等均较完善。道路通行状况良好。

2. 永川段。S108 线永川段 42 公里，起于永川区大安镇隆济观景坝，止于永川区交界双石镇鬼打湾。始建于 1932 年。初建时，路面宽 6～8 米，四级公路，泥结碎石路面。全程属西南渝西山林重丘区，为凹凸山地。1971～1975 年分段改建为沥青路面。

1985～1986 年，加宽改造，铺设沥青路面，投资 1100 万元。1992～1993 年，永川市区至双石黄墙段改道 5.3 公里，铺设沥青路面，投资 800 万元。2001 年铺设水泥砼路面，投资 750 万元。2002 年 6 月完善排水系统，标志、标线、绿化、公路设施等总投资 3000 万元。2004 年再次改建大安镇至双石镇太平村，一级公路标准设计，行车速度 60 公里/小时，路基宽 20 米（永川城区段 22.5 米），行车道宽度 14 米，投资概算 49100 万元。

至 2005 年年底，S108 线永川段经改造后全程 36.5 公里，路基宽度 16～24 米，路面宽度 10～14 米，沥青碎石、水泥砼路面，一级公路，路段两侧完成绿化面积 501 万平方米，完成投资 4000 万元。通行状况良好。

3. 大足段。S108 线大足段起于与永川市交界的鬼打湾，止于大足县雷公洞，1932 年建成，里程仅 6.4 公里，路面宽度 5.5～7 米，四级公路。泥结碎石路面。全程属川东平原微丘区，地质属亚黏土，页岩组成，构造物相对稳定。

1988 年对路肩硬化、安砌路缘石、绿化等，改造后总里程 6.4 公里，路面宽度为 9 米，属平原微丘三级公路，沥青表处路面。至 2005 年年底，S108 线大足段全长 6.4 公里，路基宽度 13 米，路面宽度为 9 米，沥青表处路面，属平原微丘三级公路。

4. 荣昌段。S108 线荣昌段起于大足县雷公洞，止于隆昌县交界处，里程 33.5 公里。初建于 1927 年，1931 年 9 月建成，路面宽度 4 ~ 6 米，泥结碎石路面，微岭坡地，路线纵向起伏不大，由亚黏土组成，通过地区构造相对稳定。1972 年改造为沥青路面，1984 年进行了加宽。改造后总里程 33.5 公里，路基宽度 14.5 米，路面宽度 10 ~ 12 米，二级公路。

S108 线渝隆路荣昌县城过境段 7.1 公里（荣昌互通式立交桥至渝隆路武城路口），路面宽度 8 米。1993 年 4 月成立荣昌县成渝公路县城过境段改造指挥部，启动该路段改造工作。1994 年 3 月动工，分两期改建，1997 年 6 月 30 日完工，投资 1233.8 万元。至 2005 年年底，S108 线荣昌境内段全长 33.5 公里，路面宽度 10 米，山岭重丘二级公路。通行状况良好。

二、南北走向省道建设

（一）S201 线巫恩路

S201 线巫恩路（巫溪至恩施）起于重庆市巫溪县鸡心岭（陕西省镇坪县界），止于重庆市奉节县石乳关（湖北利川县界）。全长 255.3 公里（其中重复 S102 线 4.9 公里）。1958 年开工，历时 30 年，1987 年 12 月全线贯通。途经巫溪县城，进入奉节境内，经奉节县城至石乳关入湖北省恩施境内。是重庆市境内一条重要的南北通道。至 2005 年年底，S201 线重庆市境内段经改造后长 249.9 公里。

1. 巫溪段。S201 线巫恩路巫溪境内段起于鸡心岭（陕西省镇坪县界），止于坛子口（奉节县界），长 102.3 公里。1967 年 6 月开始修建，1987 年 12 月竣工通车。初建成时，为等外级公路，泥结碎石路面，崇山峻岭，地势险恶，常年处于晴通雨阻的状态。

1994 年 11 月开始加宽改造鸡心岭至红岩（奉溪界）段 100.3 公里，山岭重丘三级水泥砼公路，路基宽 7.5 米；其中巫溪城至红岩段 34 公里改建，1994 年 11 月动工，1996 年 7 月竣工，投资 2150 万元；巫溪城厢至荆竹坝 24 公里，1997 年 10 月动工，1998 年 10 月竣工，投资 1430 万元；荆竹坝至鸡心岭 38 公里，1999 年 3 月动工，1999 年 12 月竣工，投资 3610 万元。至 2005 年年底，S201 线巫溪县境内段经改造后长 95.4 公里，标志、标线、警示桩、安全护栏等设施基本齐全，车辆通行正常。

2. 奉节段。S201 线奉节段起于红岩（奉溪界），止于石乳关（湖北省恩施界），长 155 公里。1958 年开工，1960 年竣工，途经厂河坝、陡沟子、铁甲、纳桑溪至石乳关，全线为山岭重丘区，等外级公路，泥结碎石路面。

1993 年开始分期改建。奉节长江北岸渡口至红岩段 50 公里。1993 年改建县城至梅溪桥段，山岭重丘二级路。县城至坛子口段铺筑水泥砼路面，1996 年 5 月开工，1999 年 8 月完工。奉节渡口到石乳关 105 公里，山重三级水泥砼路标准进行改造。1997 年 11 月开工，2000 年 2 月完工。巫恩路奉节境段改造后，由四级上升为三级路，投资 1.3 亿元。2003 ~ 2005 年，重庆市高等级公路投资有限公司对 S201 线奉节县城至石乳关段再次进行了改建。至 2005 年年底，S201 线奉节境段长 154.5 公里中，有三级水泥公路 141 公里，其余 13.5 公里仍为泥结碎石路。车辆通行正常。

（二）S202 线城黔路

S202 线城黔路起于重庆市城口县懒绍台（陕西省岚皋界），途经城口、开县、万州、梁平、忠县、石柱、彭水、黔江等区县，止于湖北省咸丰界。全长 703.2 公里，原为四级和等外级公路。从 1994 年开始陆续进行了加宽改建。至 2000 年年底，共改建成二级公路 68.8 公里，三级公路 136.6 公里（开县有 5 公里沥青路降为四级和等外级，有 153 公里泥结碎石路尚未改造）。至 2005 年年底，全长 601.4 公里（其中与 G318 线及 S102 线、S103 线重复段共 107 公里未计算在内）。

1. 城口段。S202 线城口段，起于城口县懒绍台（陕西省岚皋界），止于雪宝山开县界，长134.4 公里。公路翻越三排山，是沿溪和越岭相结合线型。1976 年开工建设，1981 年竣工。公路建成后至 1983 年，连续三年遭受特大洪灾，路基水毁严重，经过五年整治，于 1985 年 11 月全线通车。该线新修和整治共 10 年，投资 525.7 万元。

城口葛城镇至雪宝山（开城界）段的加宽改造。1995 年 8 月 1 日至 1996 年 12 月，先后加宽改建木瓜口至水泥厂、燕子河至蓼子口路基，1996 年 10 月至 1997 年 11 月铺设水泥砼路面，投资4954 万元。1995 年 5 月至 12 月，新建三排山隧道引道 3.1 公里，投资 330 万元。1996 年 5 月至1998 年 1 月，新建歇脚坡隧道，投资 800 万元。1998 年，改建木瓜口至燕子河段 60.6 公里为三级公路（水泥砼路面 15.5 公里，油路表处 45.1 公里），投资 1200 万元。

2005 年开工改建燕子河至大进段 53.4 公里，山岭重丘二级公路标准，行车速度 40 公里/小时，路基宽度为 8.5 米，路面宽度 7 米，桥梁设计荷载为汽 -20，挂 -100。预算为 3.67 亿元。建设工期为 24 个月。至 2005 年年底，S202 线城口境内段全长 134.4 公里，其中 80.8 公里为山岭重丘三级水泥砼路面，正在施工的 53.6 公里为山岭重丘二级公路。在危险路段安装了防撞护栏和安全墩，通行状况良好。

2. 开县段。S202 线开县段起于与城口县交界的雪宝山，止于与万州交界的尖山大垭口隧道，长 153.8 公里，（与 S102 线重复 22.7 公里未计在内），分两段建成。第一段雪宝山至开县县城93.7 公里，1976 年开工，1981 年完工。沿线是沿溪和越岭相结合线型。越岭线达 60 公里，穿峡谷线 40 余公里。第二段开万段（开县至万县市），1945 年 3 月开工，后因经费拮据而停工。新中国成立后，于 1952 年 10 月再次对原定路线进行复测，确定从开县城厢镇起，经渠口、赵家、陈家、尖山、大垭口入万县境，再经王家垭口、塘坊至万县市西较场，全长 84 公里，采取民工建勤，于 1956 年 4 月动工，同年 12 月完工通车。

大垭口隧道至雪宝山分两段进行扩宽改造。1991 ~ 2000 年改造开县汉丰镇至郭家镇段 15 公里、郭家至温泉岔 8.7 公里、温泉岔至大进 25.91 公里为山岭重丘二级水泥砼路面，路面宽度 8.5 ~ 12 米，投资 5487.24 万元。1993 年至 1998 年 5 月改造汉丰至大垭口隧道 56.6 公里为山岭重丘二级水泥砼路面，投资 4409.5 万元。至 2005 年年底，S202 线开县境内段经改造后全长 122.08 公里，全线为水泥砼路面，山岭重丘二级和三级公路。在危险路段安装了防撞护栏和安全墩，通行状况良好。

3. 万州段。S202 线万州境内段长 84 公里，起于尖山大垭口，止于万县西较场。万县专员公署于 1952 年 10 月 10 日成立开万公路工程处，对原线进行复测，采用民工建勤，于 1956 年 4 月动工，同年 12 月完工。全线为山岭重丘区，等外级公路，泥结碎石路面。

万州区天城大垭口隧道至关塘口大桥段 20.08 公里加宽改造，路基宽度 12 ~ 20 米，路面宽度7 ~ 15 米，1987 年 9 月开工，1988 年完工，投资 410 万元。1993 ~ 1998 年对天城段全线按山岭重丘二级公路技术标准进行新建和扩宽改造，分三期实施：官厅至高枧槽、塘坊至长坪厂、长坪厂至大垭口隧道，水泥砼路面 17.08 公里，沥青表处路面 3 公里，路面宽度 8.5 ~ 20 米，投资 5754 万元。大垭口隧道全长 4.6 公里（含隧道引道），1995 年 12 月动工，1998 年 9 月建成通车，总投资 6238 万元。隧道建成后万开公路缩短里程 9.3 公里。为山岭重丘二级公路，除五梁桥至高梁镇 2.8 公里为沥青路面外，其余为水泥路面。塘坊岔路口（经万州大桥、五梁桥）至分水 37.5 公里与国道318 线和省道 S103 线重复。至 2005 年年底，S202 线城黔路万州境段经改造后全长 51.4 公里，为山岭重丘二级公路，通行状况良好。

4. 梁平段。S202 线梁平境内段与国道 318 线和省道 S103 线重复。起于新店子，止于忠县陶官桥，长 23.2 公里。1966 年 5 月修通，名忠梁路，后经四川省交通厅统一规划为巴彭路。全线为山岭重丘区，等外级公路，泥结碎石路面。

1995年4月对新店子至陶官桥全长23.2公里路进行改造。三级水泥砼标准，路基宽度6.5米，路面宽度5.3米，新店子改线降坡750余米，新建桥梁1座。改线地段山高路险，落差大，预算造价2098万元，1997年3月18日竣工。至2005年年底，S202线梁平境内段经改造后长23.07公里，山岭重丘二级公路。危险路段安装了防撞护栏，通行状况良好。

5. 忠县段。S202线忠县境内段长75.7公里，起于忠县陶官桥，止于忠县金竹铺，原为忠县连接石柱的公路，曾名忠石路，后经省统一规划为巴彭路，由东溪路、煤金路等连接而成，其中东溪路为1954年修建的东溪煤矿架车运道，1966年进行扩建。煤金路修建于1960年，由金竹铺乌石路（乌羊至石柱）16公里，绕方斗山与东溪路相接。全线为山岭重丘区，等外级公路，泥结碎石路面。

北岸段33.5公里（忠县县城至忠梁界碑）。分三个路段分别按二、三、四级公路标准进行改造。忠县县城至黄金场段13公里为山岭重丘四级路标准，1995年4月开工，1995年6月竣工；黄金场至三元段8.1公里为平原微丘二级路标准，新建双河口中桥一座，长66米，净跨40米，1995年7月开工，1997年2月完工；三元至忠梁界碑段12.4公里为山岭重丘三级公路标准，1995年4月8日开工，1997年2月完工，总投资4422万元。至2005年年底，S202线忠县境内长江大桥北岸段33.5公里，山岭重丘二、三级公路。在危险路段安装了防撞护栏，通行状况良好。长江大桥南岸至金竹铺未改造，仍为山岭重丘四级路，泥结碎石路面。

6. 石柱段。S202线石柱境内段，起于忠县金竹铺，止于万岩隧道口，长94.4公里，其中有9.02公里与S105线重合。1946～1947年，民国政府曾在忠县征收四万石粮食修忠垫路（忠县至垫江），仅完成土石方30%即停工。新中国成立后，1956年6月再次动工修建，同年12月通车。等外级公路，泥结碎石路面。四川省统一规划为石南公路（石柱至南充），1975年更名为川汉公路。

石柱县城至万岩隧道与彭水交界处63公里按山岭重丘二级公路改建，路基宽度8.5米，路面宽度7米，1999年4月开工，2000年8月完工，投资5900万元。至2005年年底，S202线石柱境内段长63公里，其中二级公路27公里，二级公路36公里。在危险路段安装了防撞护栏，通行状况良好。另有31.4公里尚未改造。

7. 彭水段。S202彭水境内段，起于石柱县万岩隧道出口，止于彭水县米汤泉，长86.3公里。1979年开工修建黔（黔江）石（石柱）公路彭水段、郁（郁山）连（连湖）段，1990年竣工。

新建黔石公路悬中塘至连湖大桥段，1998年12月开工，2000年年底完工，投资3500万元。连湖隧道和朱砂段两部分，分别于1998年12月和2000年4月开工，2003年完工，投资7100万元。至2005年年底，S202线彭水县境内段长86.3公里，其中四级公路64.3公里，三级22公里。在危险路段安装了防撞护栏，通行状况良好。

8. 黔江段。S202线黔江境内段，起于彭水县郁山镇马嘶口，止于湖北省咸丰县石门坎，长51.4公里。其中有4.3公里与G319线重合。是黔江通往湖北省咸丰和恩施的一条干道。黔江至石门坎段20.4公里始建于1937年。沿线多高山峡谷，初建成时为泥结碎石路面，四级和等外级公路。

1986～2005年，该路段经过了三次较大的改建。第一次：铺设水泥路面。黔江大桥头路面工程长800米，与国道319线县城过境段水泥砼路面工程于1986年同期建成。下坝酒厂至杉木垭水泥厂3公里改建及加铺水泥砼路面工程，1992年5月开工，1993年1月完工，投资105万元。杉木垭至石门坎段19公里改建及加铺水泥路，1994年6月开工，1995年12月完工。以上三项工程计划投资760万元，实际投资960万元。第二次：整治路基滑坡。湾塘至郎溪沟段3.6公里，路基滑坡严重，阻断交通，1999～2000年，彭水县交通局组织施工队伍进行专项整治，投资720万元。第三次：三级改二级路。主线工程长15.8公里，起于319线正阳三号隧道出口左侧，止于咸丰交界处的石门坎，路基宽度8.5米，路面宽度7.5米，新建正舟大桥和县坝大桥2座，2004年11月

8日开工，2006年9月28日完工，投资14220万元。支线工程，起于下坝，止于舟白隧道出口连接主线长962.4米，投资6200万元（含拆迁安置费4700万元），舟白隧道工程，隧道长1472米，宽10.5米，高7.7米，总投资3147万元，2005年8月16日开工，2006年12月10日完工。

至2005年年底，S202线黔江区境内段长51.4公里，其中黔江至石门坎为二级公路，黔江至马斯口为三级公路。危险路段安装了防撞护栏，通行状况良好。

（三）S203线垫道路

S203线垫道路起于垫江县城，经丰都、武隆，止于贵州省道真县，重庆境内建成后全长272公里。垫道路是重庆市规划的重要公路干道，它既是连接渝东北和渝东南的一条公路通道，同时又是通往重要旅游地区丰都名山、武隆仙女山的一条旅游公路。经逐年改造后，至2005年年底，重庆市境内经改造后长260.6公里。

1. 垫江段。垫江段长37公里，途经桂溪、长龙、高安、杠家、大石等乡镇。垫江段原为垫丰路，1955～1956年建成路基宽度4.5米，路面宽度3米，等外级公路。1959～1966年，民工建勤加宽路基、改弯、降坡，路基达到6米，路面3.2米，桥梁为永久性。

东门桥加宽改造。桥长90米，宽10米，1988年年初开工，1989年1月完工，投资20万元；长龙街道过境路改建。该路长1.2公里，宽9米，1992年10月10日开工，1993年5月完工，投资90万元；高安场镇过境段水泥砼路面改建，长2.5公里，宽9米，1993年9月开工，1994年4月20日完工，投资115万元；垫江至高安2公里水泥砼路面改建。1997年8月开工，同年12月竣工，投资171万元。1998年12月改建垫江至高安水泥砼路面工程12公里。1999年12月改建高安至大石10.5公里。

重庆高等级公路建设投资有限责任公司对垫道路分段进行升级改造：迎宾大道至高安纸厂11.01公里，改造为路基宽度12米、沥青砼路面，行车道宽度10.5米、水泥砼硬路肩2×0.75米；长龙、高安场镇过境段、长龙张虎山急弯段新征土地另选新线。新建高安花滩大桥一座，长130米、宽12米。大石至丰都界5.1公里改造为路基宽度8.5米、沥青砼路面，行车道宽度7米、水泥砼硬路肩2×0.75米，设计荷载为汽－20，挂－100。

2003年7月开工，2005年9月，垫江至高安段完工，同年12月大石至丰都界段完工。改造后垫江段由迎宾大道路口至丰都交界处长31.2公里。垫江段共投资7500万元。至2005年年底，S203线垫江县境内段长37公里，山岭重丘二级公路。在危险路段安装了防撞护栏，通行状况良好。

2. 丰都段。S203线丰都境内段起于丰都与垫江交界的七郎土地，止于武隆县双河乡，长134.5公里，修建于1957年，原为泥结碎石路面，四级公路标准。

丰都至虎威段25公里改建为路基宽度8.5米，路面宽度7米，水泥砼路面，设计荷载为汽－20，挂－100。1999年10月开工，2000年年底完工。2001年，完成丰都至社坛全线27公里水泥路面改造。2002年完成龙河大桥东至南天湖段44公里，2003年完成七郎土地至社坛段36公里路基改造，2005年完成水泥砼路面。至2005年年底，S203丰都县境内段长134.5公里，山岭重丘二级公路。在危险路段安装了防撞护栏，通行状况良好。

3. 武隆段。S203线武隆境内段起于武隆县双河乡，止于与贵州省道真县大塘乡交界处，长92.7公里。1964～1988年3月分段建成。四级和等外级公路，泥结碎石路面，沿线多高山峡谷，道路崎岖险峻，大部分路段晴通雨阻。S203线武隆段分武丰路和武道路两部分组成，武丰路在乌江北岸，东起县城乌江大桥北桥头，到达丰都县厢坝，长55.2公里。1964年由涪陵地区土坎电厂修建土坎河边至电厂老龙洞16公里。后又延修木根乡青杠堡荞子溪水库10公里。1977～1983年由武隆县交通局测设，从青杠堡延伸至丰都县厢坝。1984年，又将荞子溪至双河段11公里加宽改造成四级路。

武丰路县城至土坎段 11.2 公里改建为山岭重丘三级公路，1991 年 5 月开工，1992 年 12 月竣工通车，投资 626.5 万元。2003 年 5 月至 10 月完成巷口至土坎段 8.5 公里的新修沥青路面工程。1991 年，武隆县投资 124 万元，改扩建巷口镇至黄莺段 16 公里。2001 年按山岭重丘二级路标准，再次对武道路进行加宽改造，路基宽度 8.5 米，路面宽度 7.5 米。2001 年 3 月 15 日开工，2002 年完工，投资 2800 万元。至 2005 年年底，S203 线武隆县境内经改造后长 89.1 公里，山岭重丘二级公路。危险路段安装了防撞护栏，通行状况良好。

（四）S204 线广铜路

S204 线起于铜梁县城，经合川、北碚等区县，止于合川与四川省华蓥市交界的溪口，是重庆市南北走向的又一主通道，连接重庆西部经济较发达地区。至 2005 年年底，S204 线重庆市境内长 76.7 公里。

1. 铜梁段。S204 线（广铜路）在铜梁县境内段起于国道 319 线路口祈佛寺，止于与合川市交界处的吊观音，长 12.5 公里，是国道 319 线与国道 212 线的连通线，是铜梁县唯一的一条省道公路。始建于 1930 年，历经多次改扩建，至 1978 年为三级泥结碎石路面，路基宽度 8.5 米，路面宽度 7 米，由铜梁公路养护段养护，保持晴雨通车。

1997 年改建祈佛寺至大南门 2.7 公里为三级水泥砼路面，1999 年 2 月竣工。路基宽度 8.5 米，路面宽度 7 米，投资 361.4 万元。2005 年重庆高等级公路投资建设有限责任公司对铜梁县境内路段实行全面改造。改造标准为二级水泥砼路面，路基宽度 8.5 米，路面宽度 7 米。2005 年 9 月开工，工程估算总投资 1100 万元。至 2005 年年底工程尚未完工。至 2005 年年底，S204 线（广铜路）在铜梁县境内段已改造完成 2.7 公里，属平原微丘三级公路，道路通行良好。其余路段尚在改建之中。

2. 合川段。S204 线广铜路在合川境内有两段，一段为与合川市交界处的吊观音至合川上十字，长 17.4 公里。此段为合川最早的公路，始建于 1927 年，原名合安路（合川至安居）。另一段起于与北碚交界处大田坎，止于合川与华蓥市交界的溪口，长 29.4 公里，始建于 1952 年，始称仪北路。在合川境内途经清平、三汇两镇。初建时设计标准低，路况较差，路基宽度 6 米，路面宽度 5 米，为泥结碎石路面。其中上十字到与北碚交界的碳坝与国道 212 线重合。

1998 年按三级路改造 14.2 公里为水泥砼路面。1998 年，合川交通局通过招商，引进上海樱川工贸有限公司改建仪北路合川段。经改建后为山岭重丘二级公路，长 29.4 公里，路面宽度 8.5 米，水泥砼路面，设计行车速度 40 公里/小时。1999 年 1 月 19 日动工，2000 年 3 月完工，总投资 1 亿元。

2005 年，重庆高等级公路投资建设有限责任公司投资 170 万元，对 S204 线合川段进行了大修，2005 年 10 月 20 日进场施工，2005 年年底尚未完工。至 2005 年年底，S204 线（广铜路）在合川境内长 44.9 公里，属平原微丘二级公路，道路通行良好。

3. 北碚段。S204 线北碚境内段起于朝阳吊桥，止于与合川交界的大田坎，长 19.1 公里。始建于 1955 年（始称仪北路）。1969 年北碚朝阳吊桥建成后全线贯通。沿线为山岭重丘区。其中北碚交界的碳坝到朝阳吊桥与国道 212 线重合。

1986 年，由重庆公路养护总段将 S204 线（仪陇至北碚）北碚境内朝阳吊桥至大田坎段改造为四级公路；1998 年由重庆市华渝化工（集团）有限公司投资 4081 万元，将其改造为水泥砼二级公路。设计行车速度 40 公里/小时，路基宽度 8.5 米，路面宽度 7 米，桥涵设计荷载为汽 - 20，挂 - 100。1998 年 10 月开工，1999 年 12 月底完工。2003 年 7 月 1 日纳入主城区收费改革，由重庆市城投公司管理。2002 年开始，S204 线北碚段出现路面破损，后日趋严重，2005 年 12 月由重庆市城投公司投资 2400 万元开始对全路段进行整修。至 2005 年年底，S204 线北碚区境内段经改造后长 19.2 公里，路面破损严重，行车困难。

(五) S205 线潼泸路

S205 线起于潼南县与遂宁接壤的老观嘴，途经潼南县城、大足、双桥、永川等区县，与泸州界相接，至 2005 年年底全长 171.2 公里。

1. 潼南段。S205 线潼南境内段起于与遂宁接壤的老观嘴、止于大足县蒋家观，长 77.3 公里，其中有 1.9 公里与 G319 线重合。S205 线潼南境内段由原来的省道绵璧公路遂潼段及县道中塘路组成。遂潼段修建于 1926~1927 年；中塘段修建于 1975~1977 年。属山岭重丘区，由黏土组成，通过地区构造相对稳定。

1988 年，老观嘴至塘坝段 39.7 公里拓宽改造为路面宽度 9 米的沥青表处路面，投资 2500 万元。1998 年，该路段再次进行拓宽改为水泥砼路面，路面宽度达 11.2 米，二级公路，投资 8700 万元。2003 年，重庆高等级公路投资建设有限责任公司改建潼南塘坝至大足中敖段为二级沥青砼公路，长 37.6 公里。行车速度 40 公里/小时，路基宽度 8.5 米（场镇过境段 12 米），路面宽 7 米，设计荷载为汽 -20 级，挂 -100，投资 15616.9 万元。2005 年技术状况：全程 77.3 公里，平原微丘二级公路，标志、标线基本齐全，通行状况良好。

2. 大足段。S205 线大足境内段，起止分两段，第一段起于潼南县蒋家观，止于双桥区的幸光村。第二段起于双桥收费站，止于永川区的鬼打湾。其中邮亭至永川区的鬼打湾一段与 S108 线重合，长 48.33 公里。分段建成：1951 年 12 月建成大邮路，投资 14.34 万元。1955 年建成大足至中敖段，投资 2.5 万元。1975~1977 年建成中塘路，投资 11.7 万元。初建成时路面宽 3.5~5.5 米，泥结碎石路面，地形属于川东平原微丘，地质属于亚黏土，页岩组成，通过地区构造相对稳定无灾害地区。

1973~1998 年，分段分年度改造：1980 年改造潼泸路大足至邮亭段 33.2 公里（含双桥区的 7 公里）为沥青路面，投资 186 万元。1995 年，改造邮亭至双桥段为二级路。1996 年改造双桥至龙水段为二级路。1997 年改造龙水至大足段为二级路，其中双桥段改线，投资 24800 万元。1995~1998 年，大足县城环城路段改线，投资 300 万元。改造总里程 54.4 公里（不包括 6.1 公里重复里程），改造后为 37.8 公里，路面宽度 15~22.5 米，二级公路。至 2005 年年底，S205 线大足境内段为 37.8 公里，路基宽 10~26.4 米，路面宽度 15~22.5 米，水泥砼、沥青砼路面，二级公路，文明达标路，车辆通行良好。收费公路。

3. 双桥段。S205 线双桥境内段，起于幸光村，止于双桥收费站，长 7.2 公里。1951 年 12 月底建成泥结碎石路面，路基宽度 8.5 米，路面宽度 3.5 米，投资 16.31 万元。1978 年加宽路面为四级公路，1980 年建成沥青表处路面。

1995 年 7 月，改造双桥城区段，长度 640 米，路面宽度 12 米，（特殊段 15 米），水泥砼路面，1995 年 8 月 1 日动工，11 月 10 日竣工，投资 67 万元。1997 年 2 月，改造继续向南北两端延伸，北端 400 米，南端 600 米。1997 年 5 月 1 日开工，当年底完工，投资 118 万元。1995 年将过城区段改至城外，一级公路，长约 7 公里，路面宽度 15 米，两边路肩各 0.5 米，水泥砼路面，设计荷载为汽 -20，挂 -120。1995 年 10 月开工，2000 年 9 月 22 日完工，至此 S205 线双桥区境段全部完成。至 2005 年年底，S205 线双桥段全程 7.2 公里，水泥砼路面，二级公路，车辆通行良好。

4. 永川段。S205 线永川境内段，起于永川区鬼打湾，止于泸州界十字坳，长 52.8 公里，其中有 11.2 公里与 S108 线重合。修建于 1927 年，完成于 1944 年。四级公路，永川至黄瓜山 24.4 公里，每年秋冬雾季，车辆行驶非常缓慢，山高坡陡，路基潮湿，路面破损，使用性能低下。

2002 年前 S205 线永川段旧线起于永川城区泸州街永泸桥头，全长 38 公里。2002 年调整为永川与大足交界的鬼打湾，经瑭璜坝、大南门，绢纺厂顺黄瓜山的黄文、尖山、吉安，进入泸州立石镇，再到泸州市区，全长 82.14 公里。永川境内 52.8 公里，也称为铜泸路永川段。

2000 年，永川市交通局修通了永师路。随后继续延伸至永川吉安镇，形成了永川至泸州的第二条公路，S205线改走新线。旧线改造：1986～1997年期间，永川公路养护总段、重庆公路养护总段永川段先后将其境内的S205线改建为沥青路面，达到三级公路。新线建设：1991年重庆市交通局，以重交局公〔1991〕29号文，补助90万元对永师路进行油路改造。1992年开工，2000年4月完工，工程耗资1.6亿元，历时9年，戏称“胡子工程”。改造后的永师路14.8公里，一级公路。2003年由重庆高等级公路建设有限公司建设二期工程，2004年贯通。

2000年，经原重庆市计委以渝计委能〔2000〕1015号文批准，拟新建一条高等级公路连通泸州市。新线公路经望城北路、毛家坡、周公滩、五间场、仙龙镇的豹子洞止于永川吉安镇与泸州立石镇交界处，长35.7公里。路基宽度24米，部分路基宽度20米，路面宽度10米，有桥8座，涵洞104道，最大纵坡3%，最小曲线半径80米，桥涵设计荷载为汽－20，挂－120，水泥砼一级公路，总投资34900万元（含永师路)。2004年10月建成通车。至2005年年底，S205线永川境内段经改造后全长43.8公里，一级公路。车辆通行良好。

三、东西走向省道建设

（一）S302线石垫路

S302线石垫路（即原川汉输气管道公路）起于石柱鱼泉口，经石柱、忠县、垫江，止于澄溪。至2005年年底，重庆市境内长194.9公里。

1. 石柱段。S302线石柱境内段，起于石柱县枫木乡鱼泉口，止于石柱沿溪镇，全长86.06公里，其中有1.08公里与S105线重合。始建于1958～1965年，属等外级公路。

1998年石柱鱼泉口至峡口50公里按山岭重丘二级公路标准改造，路基宽度8.5米，路面宽度7米，水泥砼路面，桥涵设计荷载为汽－20，挂－100。桥梁宽度达不到8.5米的则加宽改造。1998年10月开工，1999年2月完工，投资4451万元。1993～1994年，改造石柱至大沙段投资1610万元。1995年改造石西路为山岭重丘二级公路，路基宽度8.5米，路面宽度7米，长88公里(其中新建老鹰窝至西沱段18.7公里，改造石柱至老鹰窝段55.3公里)，水泥砼路面。1995年12月动工，1999年8月完工，投资8355万元。至2005年年底，S302线石柱县境内段长86.06公里，山岭重丘二级公路，水泥砼路面，在弯道和危险路段安装了防撞护栏，车辆通行良好。

2. 忠县段。S302线石垫路忠县境内段，起于石柱沿溪镇，止于忠县仁和场，长87.3公里。其中有5.7公里与S202线重合。初建时为山岭重丘等外级公路，泥结碎石路面。

S302线忠县境内段分为三期改造。第一期，1994年11月～1996年6月，改造下渡口至巴营段21公里。第二期，1995年11月～1996年12月，改造巴营至忠垫界碑段57公里。第三期，1996年8月至1997年3月，改造长江南岸下渡口至复兴场忠石界路段12公里。总投资为7760万元，加上修建5个收费站和治理滑坡地段投入资金1629.2万元，改造后为81.6公里，投入资金9389.2万元。至2005年年底，S302线忠县境内段经改造后长81.6公里，山岭重丘二级公路，水泥砼路面，标美路，在弯道和危险路段安装了防撞护栏，车辆通行良好。

3. 垫江段。S302线垫江境内段，起于忠县仁和场，止于垫江澄溪镇，原为川汉路，长33.2公里。其中有6公里与S203线重合，是20世纪70年代国家为川气出川铺设管道而修建的从重庆白市驿到湖北武汉的公路。1975年开始修建，建设标准为山岭重丘三级，路基宽度7.5米，路面宽度6米。等外级公路，山岭重丘区，泥结碎石路面。

1998年垫江段按山岭重丘二级公路标准改造。1998年9月28日开工，1999年4月8日完工，投资3662.27万元。2005年，重庆市高等级公路建设投资有限责任公司对垫江段在水泥路面上铺筑0.04米沥青砼。至2005年年底，S302线垫江县境内段经改造后，长27.2公里，山岭重丘二级公路，沥青砼路面，在弯道和危险路段安装了防撞护栏，车辆通行良好。

（二）S303线石雷路

S303线石雷路起于石柱县城，止于綦江县雷神店，初建成时全长284公里。1957年全线建成通车。途经丰都、涪陵、武隆、南川、万盛至綦江雷神店。经不断改造，至2005年年底，全长210.3公里。

1. 石柱段。S303线石柱段起于石柱县城，止于在丰都县方斗山隧道口交界，始建于1957年，初建时长82公里，等外级公路，泥结碎石路面。

1997年重庆市计委《关于丰都至石柱公路石柱境内段改建项目建议书的批复》（重计能〔1997〕993号），石雷路丰都段按山岭重丘二级公路进行改建。其中下路金彰乡至丰都界新建12公里，改建后里程24.5公里（含支线3公里），投资5342万元。1998年7月开工，2000年年底完工。至2005年年底，S303线石柱县境内段经改造后长24.5公里，山岭重丘二级公路，水泥砼路面，在弯道和危险路段安装了防撞护栏，车辆通行良好。

2. 丰都段。S303线丰都段始建于1957年。起点丰都县方斗山隧道口交界，止点丰都县包孪镇亭子垭，原为泥结碎石路面，四级公路标准，S303线改线后在丰都境内长42公里。

1993年开始对S303线石雷路丰都段按山岭重丘区二级公路标准进行了新建，里程为42公里。路基宽12米，路面宽9米，水泥砼路面，设计荷载为汽-20，挂-100。全线有桥梁17座，总长2860延米，隧洞1道，长1330延米。2002年4月全线完工，投资22238万元。至2005年年底，S303线丰都县境内段长42公里，山岭重丘二级公路，水泥砼路面，在弯道和危险路段安装了防撞护栏，车辆通行良好。

3. 涪陵段。S303线涪陵境内段，起于丰都县包孪镇亭子垭，止于涪陵杨叉沟，经多次改建后长70.6公里，其中亭子垭至涪陵乌江大桥段与S103线重合。始建于1957年，初建时为山岭重丘泥结碎石路面。

1992~2005年，石雷路涪陵段进行了三次大的改建。涪水路（涪陵至南川水江）长78公里。从1981~1992年，经过11年的改建，使汤家院子至杨家湾段15.8公里、岩口至水江段13公里，基本上达到山岭重丘三级公路标准。其余31.5公里仍为等外级公路。涪陵杨家湾至南川岩口段31.5公里路基加宽改造、汤家院子至水江段59公里沥青表面处治，同步实施标美路工程。1992年10月10日开工，1993年9月完工。改造后路基宽度8.5米，路面宽度7米，基本达到山岭重丘三级公路，投资1366.68万元。

1998年7月22日开工将涪水路三级沥青路面（表处）改建为水泥砼路面，路基宽度8.5米，路面宽度7米，行车速度40公里/小时，投资4680万元。1998年涪陵交通局再次对涪水路按山岭重丘二级公路进行改造，工程于1998年11月开工，2001年4月28日完工，里程41公里（含武隆鸭江境内10公里），投资3750.6万元。

2004年对涪水路改造为沥青砼路面。工程分两段施工：一段由鹅颈关经涪蒿路口至平安桥，长18.2公里；另一段平交桥至武隆界，长12.9公里。2004年10月25日开工，2005年10月20日完工，投资3400万元。至2005年年底，S303线涪陵区境内段长31.5公里，山岭重丘二级公路，水泥砼路面，在弯道和危险路段安装了防撞护栏，车辆通行良好。

4. 武隆段。S303线武隆境内段，起于涪陵区杨叉沟，止于武隆鸭江镇下罗村，长27.07公里。始建于1957年，初建时为山岭重丘区、泥结碎石路面。

1989年8月平桥段改线新建1.6公里。1992年10月扩宽改造鸭江至平桥段28公里为山岭重丘二级公路，路面加宽及油路铺设。投资960万元。2000年7月，再次将鸭平段改造为水泥砼路面，2001年4月30日完工，投资2600万元。至2005年年底，S303线武隆县境内段长27.07公里，山岭重丘二级公路，水泥砼路面，在弯道和危险路段安装了防撞护栏，车辆通行良好。

5. 南川段。S303线南川境内段，起于武隆鸭江镇下罗村，止于南川市池井湾界牌，长57.7公里，其中有22.5公里与S104线重合、有4.6公里与S204线重合。

1992~1994年，南川境内段进行过两次大的改造。1992年改建南川至南平月米垭14.7公里为平原微丘二级公路，1993 年完工，投资 1800 万元。1994 年改建南川至大铺子 5 公里为平原微丘二级公路标准改建，路基宽度 12 米，路面宽度 9 米，1995 年完工。至 2005 年年底，S303 线南川区境内段长 35.2 公里，山岭重丘二级公路，水泥砼路面，在弯道和危险路段安装了防撞护栏，车辆通行良好。

6. 万盛段。S303 线万盛境内，起于南川市池井湾界牌，止于万盛区温塘，2005 年底长 26.3 公里。修建于 1936 年，初建时 51 公里，为山岭重丘区、泥结碎石路面，等外级公路。1970～1974 年，由重庆公路养护总段綦江段将泥结碎石路面改造为三级沥青表面处路面。

1997 年 3 月至 1998 年 10 月，将 S303 线万盛区境内段 26.5 公里改建为山岭重丘二级公路，水泥砼路面，投资 2650 万元。至 2005 年年底，S303 线万盛境内段经改造后长为 26.3 公里，山岭重丘二级公路，水泥砼路面，在弯道和危险路段安装了防撞护栏，车辆通行良好。

7. 綦江段。S303 线綦江境内段，起于万盛区温塘，止于綦江县雷神店，修建于 1936 年。初建时为山岭重丘区、泥结碎石路面，等外级公路，1974 年，由泥结碎石路面改建为沥青路面。S303 线石雷路麻坝河至雷神店段 23.7 公里，1986～1997 年重庆公路养护总段万盛养路段养护，1997 年 5 月，由万盛养路段将该路段移交给綦江县国省道公路养护段养护，同时移交的有沿线蒲河、石角、三江三个道班。

2001 年改建三江大桥至温塘段 20.7 公里为水泥砼路，二级公路。2001 年 4 月开工，2001 年 12 月完工。投资 4965 万元。2004 年 3 月，由重庆市高等级公路投资建设有限公司以 3950 万元回购。2005 年，投资约 1500 万元，对省道 303 线进行全面大修整治，2005 年年底竣工。至 2005 年年底，S303 线綦江县境内段长 23.7 公里，山岭重丘二级公路，水泥砼路面，在弯道和危险路段安装了防撞护栏，车辆通行良好。

（三）S304 线松彭路

S304 线起于贵州省松涛，重庆市境内途经秀山、酉阳、彭水县，止于彭水汉葭，全长 166.1 公里。

1. 秀山段。S304 线秀山境内段，起于秀山哑龙镇天心坡，止于秀山县石耶镇，始建于 1943 年，长 71.4 公里，其中有 49.3 公里与 G319 线重合。等外级公路，山岭重丘区，泥结碎石路面。

2000 年改建石耶乡西大村至梅江区晏龙乡天心坡段 22.1 公里，为山岭重丘三级路，路基宽度 8.5 米，路面宽度 7 米，沥青表处路面。2000 年 6 月 18 日开工，2001 年 10 月完工，投资 2333 万元。至 2005 年年底，S304 线秀山县境内段长 22.1 公里，山岭重丘三级公路，水泥砼路面，在弯道和危险路段安装了防撞护栏，车辆通行良好。

2. 酉阳段。S304 线酉阳境内段，起于秀山县石耶镇，止于酉阳县龚滩镇交界处，长 132.8 公里，其中有 52.9 公里与 G319 线重合，是酉阳、彭水两县物资与乌江航道实现水陆联运的主通道。始建于民国三十二年（1943 年），山岭重丘区，泥结碎石路面，等外级公路。新中国成立后，将酉龚段（酉阳至龚滩）列入川东交通建设、改造的重点工程之一。1951 年将原酉龚路之一岔坝、涂家槽、压鹰岩 25 公里路段改直，由乔岩廻旋翻山，通过岩门峡，使原路缩短 2 公里。并将全线更换木桥为石礅木面半永久式桥梁 18 座，全长 298 延米，涵洞 3 道，于 1952 年底正式通车。

酉龚路分期改造：一期于 1997 年 7 月 1 日开工，1998 年 10 月 1 日完工，长 20.8 公里，按山岭重丘三级公路标准改建，路基宽度 8.5 米，水泥砼路面，投资 2519 万元；二、三期工程（即铜鼓至丁市段，丁市至龚滩段），于 1998 年 4 月动工，1999 年年底完工。三期共投资 12000 万元，其中交通部补助 800 万元，重庆市交通局补助 700 万元。

经改建后，酉阳至龚滩公路缩短至 79.9 公里，酉阳至彭水县公路里程 119 公里，将比国道 319 线从酉阳绕道黔江至彭水，缩短里程 60 公里左右，是国道 319 线极重要的复线。经济效益和社会效益十分显著。至 2005 年年底，S304 线酉阳县境内段经改造后长 79.9 公里，山岭重丘二级公路，水泥砼路面，在弯道和危险路段安装了防撞护栏，车辆通行良好。

3. 彭水段。S304线彭水境内段，起于酉阳县龚滩镇交界处，止于彭水县城汉葭，全长64公里。途经善感乡、鹿角镇、万足电站坝、茶厂、豆芽湾至彭水孙城。全线为山岭重丘区，泥结碎石路面。至2005年年底，S304线彭水境内段，全长64公里（未改造）。全线为山岭重丘区，泥结碎石路面。晴通雨阻，车辆通行条件较差（在县际联网公路建设篇中叙述）。

（四）S305线綦万路（见綦万高速公路）

四、其他省道建设

（一）S901线通秀路

省道（S901）通秀路是重庆市于2000年新规划的省道。北起巫溪通城，南至巫山秀峰镇，全长88.4公里（重复路段未计在内）。其中巫山县境内58.4公里，巫溪县境内30公里。

1. 巫山段。巫山境内白云乡至月亮淌58.4公里。于1975年开工建设，1982年建设完成，其中三级公路24.3公里，四级公路13.5公里，等外级公路20.5公里均为泥结碎石路。

1998年开始对月亮淌至福田段38.8公里段按山岭重丘二级公路标准改建，至2004年完工。改建后行车速度40公里/小时，路基宽度8.5米，路面宽度7米；桥涵设计荷载为汽-20，挂-100，投资6771万元。2004年开始改建福田至龙溪段27.9公里为二级公路，至2005年年底尚未完工。至2005年年底，S901线巫山境内段58.4公里，其中月亮淌至福田为山岭重丘二级公路，水泥砼路面，在弯道和危险路段安装了防撞护栏，改造线路通行状况良好。其余路段为泥结碎石路面，通行条件较差。

2. 巫溪段。通城至白云乡始建于20世纪80年代初，长30公里，泥结碎石路面，等外级公路。

2004年由重庆高等级公路投资建设有限公司对巫溪通城至白云乡30公里按二级公路标准进行改建，行车速度40公里/小时，路基宽度8.5米，路面宽度7米，设计荷载为汽-20，挂-100，投资总概算13358万元。至2005年年底，改建工程尚未完工。

（二）S902线木岔路

S902线木岔路从城口县木瓜口起，经坪坝至城口岔溪口，是通往四川省万源县的重要通道，全长20公里。

S902线分两段建成。第一段，木瓜口至坪坝段长5公里，1969年10月开工，1970年4月完工；第二段，坪坝至岔溪口15公里，1980年5月开工，由于选线过低，1982年遭特大洪水袭击，路基冲毁殆尽，1983年重新测设、整修，1983年底完工。为山岭重丘四级公路，沿线为沿溪与越岭相结合线型。

1995年按山重三级公路标准实施改扩建，路基宽度7.5米，路面宽度6米，水泥砼路面。1995年8月1日开工，1998年完工。总投资3700万元。至2005年年底，S902线城口县境内段经改造后长19.4公里，山岭重丘二级公路，水泥砼路面，在弯道和危险路段安装了防撞护栏，车辆通行良好。

（三）S903线万西路

石西公路起于石柱县城后河大桥，重复高镇至石柱段公路6公里至高岗院，又重复省道巴（中）彭（水）公路4公里至大歇；从大歇起经石柱至万县段公路龙沙、悦来、鱼池（其中：峡口至鱼池与省道石遂公路重复），翻越海拔1200米方斗山至西沱，全长74公里。始建于20世纪90年代。

1993年开始新建赶家桥至西沱28.4公里，山岭重丘三级公路标准，路基宽度8.5米，水泥砼路面，投资9100万元。1993年开工，1998年年底完工，同步建成标美路。至2005年年底，S903线石柱县境内段经改建后长26.9公里，山岭重丘三级公路，水泥砼路面，在弯道和危险路段安装了防撞护栏，车辆通行良好。

（四）S904 线水白路

S904 线起于南川区水江镇，止于武隆县白马镇，全长 55 公里。翻越白马山，是典型的越岭线型。

1. 武隆段。S904 线水白路系原川湘路武隆县白马镇至南川市水江镇，武隆县境内长 35 公里。起于白马镇 319 线，沿石梁河至长坝镇，盘山而上至白云乡入南川市水江镇。修建于 20 世纪 30 年代。泥结碎石路面，等外级公路。

2000 年 10 月，S904 线水白路武隆境内段：武隆县对白马至长坝镇进行改造硬化，至 2001 年 12 月 20 日改造硬化竣工通车，投资 290 万元。2005 年武隆县投资 80 万元完成了对长坝至南川乐村段 21 公里的路面整治，从而提高该段的通车质量。至 2005 年年底，S904 线武隆县境内段长 35 公里，山岭重丘三级公路，沥青表处与水泥砼相间路面，在弯道和危险路段安装了防撞护栏，车辆通行良好。

2. 南川段。S904 线水白路南川境内段 20 公里，是川湘公路的一段，始建于 1934 年。2002 年 7 月，开工改建为山岭重丘三级公路，行车速度 40 公里/小时，路基宽度 8.5 米，路面宽度 7 米，设计荷载为汽 -20，挂 -100，2004 年完工。至 2005 年年底，S904 线南川区境内段 20 公里，山岭重丘三级公路，水泥砼路面，在弯道和危险路段安装了防撞护栏，车辆通行良好。

（五）S905 线桃大路

S905 线桃大路（长寿桃花街至涪陵长江大桥）原是国道 319 线的一段，初建时长 77.8 公里。长寿至涪陵高速公路通车后，降为省道。至 2005 年年底长 56.1 公里。

1. 长寿段。长寿境内段起于桃花，止于黄草山，1938 ~ 1965 年分段修建，长 30.5 公里，泥结碎石路面，等外级公路。

1998 年，长寿县交通局经过招商引资，改建长寿至回龙寨 13 公里为山岭重丘二级公路，水泥砼路面宽度 7.5 ~ 10.5 米，硬路肩 2 × 0.75 米，投资 4559 万元。1998 年 12 月 2 日开工，1999 年 5 月完工。2002 年，长寿县交通局将余下路段改建为沥青路面。至 2005 年年底，S905 线桃大路长寿区境内段经改建后为 28 公里，山岭重丘二级公路，水泥砼沥青路面，路况良好。

2. 涪陵段。涪陵境内段起于涪陵长江大桥，止于黄草山脊长 47.3 公里，1958 年修建的等外级公路。

1987 年新建花桥至涪陵长江大桥北桥头 13.6 公里为二级公路标准，路基宽度 9 米，路面宽度 7.5 米；改建明家湾至花桥 4.7 公里为四级公路，路基宽度 6.5 米，路面宽度 6 米；新建北桥头至荒田嘴 3.4 公里为三级公路，路基宽度 7.5 米，路面宽度 6 米，总投资 3200 万元。1991 年 3 月至 1994 年 2 月，对花桥至荒田嘴段 17.1 公里铺筑水泥砼路面，投资 400 万元。涪陵长江大桥北桥头至李渡口 7.9 公里改建为山岭重丘三级公路，沥青砼路面。2005 年 10 月 31 日开工，2005 年年底完工，投资 1050 万元。至 2005 年年底，S905 线涪陵区境内段经改造长 28 公里，山岭重丘二、三级公路，沥青砼路面，在弯道和危险路段安装了防撞护栏，车辆通行良好。

重庆市境内的省道公路经改造建设后，提高了技术等级，缩短了里程，降低了高程，缩短了行车时间。

等级提高。1998 年，重庆市有省道公路 2585 公里。其中有等级公路 1871 公里，占 72.4%。在等级公路中，二级公路 363 公里，占 14%；三级公路 647 公里，占 25%；四级公路 860 公里，占 33.3%；尚有等外级公路 714 公里，占 27.6%。2005 年，重庆市有省道公路 4038.7 公里，其中有等级公路 3661.2 公里，占 90.7%。在等级公路中，高速公路 85.4 公里，占 2%；一级公路 97.6 公里，占 2.4%；二级公路 1804 公里，占 44.7%；三级公路 964 公里，占 23.9%；四级公路 710 公里，占 17.6%；尚有等外级公路 377.5 公里，占 9.3%。

里程缩短。S202 线城口至万州段公路修通前，从万州到城口要绕道达县、万源，行程 486 公里；城万公路修通后，从万州到城口行程 312 公里，缩短 174 公里。重庆城口至陕西岚皋公路建成后，城口至岚皋行程 101 公里，到安康 199 公里，比通车前经万源到安康缩短距离 191 公里。

高程降低。S202 线上的三排山隧道、歇脚坡隧道、通渝隧道先后建成通车，降低了公路高程，减少了坡度，提高了通行能力。其中三排山隧道降低高程 204 米，缩短里程 7 公里；通渝隧道降低高程，使三排山、雪宝山不在受冬季雪阻，保证了公路常年通畅。

缩短行车时间。S102 线、S103 线、S202 线均是“八小时重庆”的关键线路。经过改建后，使位于重庆市东部和东北部，离重庆主城区最远的巫山县、巫溪县、城口县由改建前的 3 ~4 天时间，缩短至 8 小时以内。川黔公路四公里至大山村段 12.3 公里改建为二级公路后，较原公路缩短 2.76 公里，每年可节约运费 280 万元，平均时速为 60 公里/小时，比原来每小时 25 公里提高 1.4 倍，可满足 12000 辆车昼夜的流量，大大提高了通过能力。

交通的畅通促进了经济的发展。各区县依托交通的发展，加快地方经济发展步伐，县财政收入大大提高。渝黔路改造以及珞璜公路的新建，有 3 家国防工业企业迁至巴南区渔洞镇，S204 线北碚合川段的完工通车，加强了省际商贸物资交流，对开发合川华蓥山新区丰富的资源起到极大的推动作用。S107 线华福公路改建后，推进了九龙坡区经济发展。尤其对西彭市级特色工业园区、白市驿国家级花卉苗木园区、主城区都市后花园建设和最终形成重庆西部新城，有着不可估量的价值和意义。

第三节 文明样板路和标美路建设

一、文明样板路建设

重庆市文明样板路建设，分为交通部部级文明样板路建设和重庆市市级文明样板路建设。重庆市从 1993 年开始文明样板路的创建工作，至 2005 年，重庆市已建成文明样板路 2302 公里（国道 969 公里，省县道 1333 公里）。

（一）部级文明样板路创建

1. G319 线重庆段文明样板路建设

G319 线是重庆市创建的第一条部级文明样板路。根据交通部《关于组织实施“九五”期间文明样板路建设的通知》（交公路发〔1996〕448 号）和《关于 324、319、307 国道文明样板路创建有关问题的通知》（交公路发〔1997〕411 号）文件的精神和要求，重庆市境内的 G319 线是交通部“九五”期间文明样板路规划中的创建项目。按此要求，重庆市交通局在 1997 年初对该项工作作了专项部署，将 G319 线文明样板路创建工作纳入重庆市“1997 交通建设年”的目标考核内容，实行一票否决制。1997 年 8 月，重庆市交通局下发《关于在国道 319 线开展创建文明样板路工作的通知》（渝交局〔1997〕630 号）。1997 年 9 月，为确保 319 线国道文明样板路建设工作顺利完成，重庆市交通局对 G319 线沿线各有关单位下拨启动资金 2270 万元。1997 年 12 月组织沿线区县政府和交通局（委）领导在黔江区召开了 G319 线创建文明样板路现场工作会，总结创建工作，交流创建经验，部署 1998 年创建工作。

G319 线重庆段原有公路是 20 世纪 30 年代由地方修建，技术标准低，坡陡弯急，路面病害极为严重。在文明样板路创建之前，仅有二级公路 76.2 公里，三级公路 285.6 公里，四级公路 101 公里，等外级公路达 453.6 公里，占总里程的 49.5%，好路率为 73.9%。公路水泥砼路面为 113.07 公里，沥青砼路面为 2 公里，沥青表处路面 291.6 公里，泥结碎石路面为 509.8 公里。通过 1997、1998 年两年的文明创建整治，共投入资金 51628.04 万元，交通部补助经费 2871.53 万元。

整治后的G319线重庆段有一级公路23.6公里，二级公路227.4公里，三级公路510.4公里，好路率达到91.1%，水泥砼路面为553.5公里，沥青砼路面为4公里，沥青表处路面为180.3公里，整修大小桥梁83座、隧道36座。

经过创建后的G319线重庆段路容路貌焕然一新，路况良好，达到了"畅、洁、绿、美"的目标，1999年通过交通部的验收。

2. G210线重庆段文明样板路建设

G210线重庆段文明样板路是重庆市继G319线建成文明样板路之后创建的第二条部级文明样板路。2001年交通部下达创建G210线文明样板路工作任务，重庆市成立了以重庆市政府副秘书长为组长、市交委分管领导为副组长的协调领导小组，成员包括市交委、市政委、市公安局交警总队、市工商局、市建委、市土地房屋管理局、市规划局等7个部门，办公室设在重庆市公路局，负责日常事务。随着重庆市政府和重庆市交委分管领导的变化，2002年9月和2004年3月两次对创建领导小组进行了调整。

G210国道重庆段原有公路是20世纪30年代初修建的，技术标准低，虽经过几十年的改造，仍然存在坡陡弯急的现象，经常发生交通事故。至2001年年底有一级公路28公里，二级公路186公里，三级公路45.9公里，四级公路1.1公里，公路好路率83.1%。经过三年的创建，道路得到很大改善。在三年的创建工作中，共投入资金1.2亿元，重庆市交委补助资金近2500万元（其中2003年渝交委路〔2003〕270号下达文明样板路创建经费495万元），沿线区县自筹资金9700万元。完成路面整治工程：大修41公里，其中油路27公里，水泥路14公里；修复水泥砼断板34万平方米，路肩91.6公里，边沟87.3公里；检修桥梁31座，清理涵洞706道；安装公里碑210个，百米桩1891个；补植行道树90400株。安装安全防撞护栏89158.3米，示警桩9483米，示警墩970.5米。至2005年9月，G210线重庆全线均为二级公路，水泥砼路面183.1公里，沥青砼路面27公里，好路率达到90%以上。路容路貌焕然一新，路况通行能力得到较大改善，公路标志标线设施完善、规范、齐全；道班、收费站管理规范化；环境综合整治效果明显，无公路"三乱"现象。全路段达到了"畅、洁、绿、美"，促进了沿线经济的快速发展。于2004年顺利通过交通部验收。

为了全面推动国道210线文明样板路创建活动，激励沿线地区创建热情，确保圆满完成交通部下达的任务，根据交通部颁《国家干线GBM实施标准》的要求，重庆市交委制订了《重庆市创建国道210线文明样板路考核奖惩办法》，于2002年6月21日下发至公路沿线区县执行。

考核奖惩的范围：国道210线（重庆段）途经区县（市）为奖惩单位。

考核工作程序：在交通部组织检查前，由市创建领导小组组织初验，待交通部组织检查验收后，市交委再对各地文明样板路创建工作进行最终评定计分。检查验收采取听汇报和实地检查的方式进行。

考核标准：采用千分制评分，详见附件《评分标准》；同时对有公路"三乱"的责任单位实行一票否决。

奖惩原则：沿线各责任单位创建文明样板路考核得分在950分以上（含950分）为一等奖，考核得分在900~950分（含900分）为二等奖，考核得分在800~900分（含800分）为三等奖。获得创建工作一、二、三等奖的责任单位的奖励金额按创建里程每公里1万元、8000元、5000元计算，并可分别从市交委奖励金额中，提取3%、2%、1%用于奖励创建工作中的先进单位或个人。对考核得分在800分以下者，市交委不但不给奖励，还将通报批评和限期整改达标，并视具体情况扣回补助资金，同时对2002年责任目标考核实行一票否决。

（二）市（省）级文明路创建

1. S108线渝（重庆）隆（隆昌）公路璧山段

1990 年璧山养路段管辖的渝（重庆）隆（隆昌）公路璧山境内福里树关口至马坊观景坝路段 47.4 公里，经重庆市交通局、重庆市公路养护总段、璧山县人民政府批准同意，列为工农共建文明路。通过几年的努力，这段路达到文明路标准。1993 年，被重庆市交通局、璧山县人民政府命名为“工农共建文明路”。这是璧山县最早建成的文明路。“十五”期间，S108 线璧青段保持市级文明路。

2. 城口县

1996 年按照万县市公路局下发的创建文明路的 8 条标准，城口县交通局完成了文明样板路建设公里。1997 年，实施创建文明样板路木瓜口—岔溪口共计 20 公里。

表 2－18　**重庆市市级文明路一览表**

序号	名称	所属区县（市）	里程（公里）	命名时间、文件号
1	永川至铜梁西河	永川市	29.1	2002 年 3 月渝交委法〔2002〕7 号
2	G212 合川至兴隆	合川市	40	2002 年 3 月渝交委法〔2002〕7 号
3	云阳至卡梁	云阳县	24	2002 年 3 月渝交委法〔2002〕7 号
4	方盘路广顺至盘龙	荣昌县	33.8	2002 年 3 月渝交委法〔2002〕7 号
5	长洪路长寿至洪湖	长寿区	51	2002 年 3 月渝交委法〔2002〕7 号
6	渝隆路璧山至青杠	璧山县	15.17	2002 年 3 月渝交委法〔2002〕7 号
7	合龙路雍溪至龙水	大足县	36	2002 年 3 月渝交委法〔2002〕7 号
8	黄金镇至红岩嘴	忠　县	20	2002 年 3 月渝交委法〔2002〕7 号
9	南川市南（平）至水江	南川市	48	2002 年 3 月渝交委法〔2002〕7 号
10	上新街至大兴场（南山旅游路）	南岸区	34.1	2002 年 3 月渝交委法〔2002〕7 号
11	巫恩路长凼至高桥	奉节县	38	2002 年 3 月渝交委法〔2002〕7 号
12	潼泸路永川至师专	永川市	14.8	2003 年 3 月渝交委路〔2003〕1 号
13	温家店至千丘磅	江津市	22	2003 年 3 月渝交委路〔2003〕1 号
14	大足至邮亭	大足县	30.4	2003 年 3 月渝交委路〔2003〕1 号
15	荣昌至吴家	荣昌县	38	2003 年 3 月渝交委路〔2003〕1 号
16	老关嘴至塘坝	潼南县	41.62	2003 年 3 月渝交委路〔2003〕1 号
17	鱼泉口至峡口	石柱县	50	2003 年 3 月渝交委路〔2003〕1 号
18	塘坊至卡梁	万州区	20	2003 年 3 月渝交委路〔2003〕1 号
19	城口至岔溪口	城口县	40	2003 年 3 月渝交委路〔2003〕1 号
20	白市驿至西彭	九龙坡区	23.55	2003 年 3 月渝交委路〔2003〕1 号
21	北碚至井口	北碚区	23	2003 年 3 月渝交委路〔2003〕1 号
22	铜梁至合川	铜梁县	33	2003 年 3 月渝交委路〔2003〕1 号
23	黄角垭至明月沱	南岸区	30.4	2003 年 3 月渝交委路〔2003〕1 号
24	巫山至月亮淌	巫山县	33	2003 年 3 月渝交委路〔2003〕1 号

续前表

序号	名称	所属区县（市）	里程（公里）	命名时间、文件号
25	合川至碳坝	合川市	21	2003 年 3 月渝交委路〔2003〕1 号
26	石耶至天星坡	秀山县	22	2003 年 3 月渝交委路〔2003〕1 号
27	碧筱溪至杉树湾	涪陵区	43	2003 年 3 月渝交委路〔2003〕1 号
28	璧山至丁家	璧山县	32.6	2003 年 3 月渝交委路〔2003〕1 号
29	秀山至红岩坎	秀山县	31.81	2004 年 2 月渝交委宣〔2004〕1 号
30	古家店至撮箕铺	丰都县	37.3	2004 年 2 月渝交委宣〔2004〕1 号
31	李市至白沙	江津市	20	2004 年 2 月渝交委宣〔2004〕1 号
32	石鱼至西河	铜梁县	32.5	2004 年 2 月渝交委宣〔2004〕1 号
33	荣昌至河包镇	荣昌县	27	2004 年 2 月渝交委宣〔2004〕1 号
34	潼南至王家店	潼南县	22	2004 年 2 月渝交委宣〔2004〕1 号
35	五间至朱沱	永川市	40.18	2004 年 2 月渝交委宣〔2004〕1 号
36	大足至高坪	大足县	20	2005 年 2 月渝交党〔2005〕37 号
37	竹溪至巫山坎	开　县	47	2005 年 2 月渝交党〔2005〕37 号
38	黔江至小南海	黔江区	28.4	2005 年 2 月渝交党〔2005〕37 号
39	龙河大桥至九溪沟	丰都县	22	2005 年 2 月渝交党〔2005〕37 号
40	何石井至狮子滩	长寿区	20	2005 年 2 月渝交党〔2005〕37 号
41	团结村至歇马	沙坪坝区	26.82	2005 年 2 月渝交党〔2005〕37 号
42	杨家店至珞璜	江津市	34	2005 年 2 月渝交党〔2005〕37 号

二、标美路建设

“GBM 工程”是建设具有中国特色的标准化、美化公路的简称。1991 年 2 月 21 日，交通部发布了《国省干线 GBM 工程实施标准》（交工字〔1991〕125 号），要求全国二级和二级以上的国省干线公路和旅游公路的新建和改建都要同步实施 GBM 工程，核心内容是要构建成“畅、洁、绿、美”的公路交通环境。结合四川省的实际，四川省交通厅制定并下发了《四川省 GBM 工程实施标准》。主要目的是“三提高、一突出”，即提高公路的通行能力，提高公路抗灾能力，提高公路科学管理水平，突出公路特有的建筑美和景观美，全面提高公路的服务水平。要求全省“GBM 工程”的实施要因地制宜，采取多种手段和措施，基本达到路、景、物交织协调，构成流畅、安全、舒适、优美的公路交通环境。二级以上公路按照交通部颁布的《GBM 工程实施标准》执行，三、四级公路结合四川省具体情况实施 GBM 工程。年平均好路率保持在 80% 以上，无差等路；线型基本符合等级公路的技术标准，困难路段技术标准允许超限。在施工前应进行线型测量，尽量做到纵、平面线型顺适、流畅。标准化、美化路段以公里为单位计列，连续里程在 10 公里以上（少数短截县道不受此限）；路面坚实平整，路拱适度，路容整洁，路面边缘线整齐顺直，无啃边。路基宽度 <12米的路段不设路缘石，路基宽度 >12 米的路段可埋设路缘石或标线，路缘石宽度为 8～10 厘米，标线宽度以国标为准；对路基、绿化、标志标线等都做出了明确规定。凡能达到标准的则为“GBM 路段”。

重庆市从 1991 年开始 GBM 工程创建工作，至 2005 年，全市已建成 GBM 工程 4372 公里（国道 1146 公里，省道 1745 公里，县道 1348 公里，乡道 133 公里）。

石柱县从1999年开始修建GBM工程。具体线路是：重庆石柱至湖北利川路16～50公里段（黄水街道3.4公里除外）长34公里，62～72公里段长10公里；城黔路（城口至黔江）支线（赶家桥至西沱）18.7公里；石丰路石柱县城至下路段6公里，合计65公里标美路建设任务，完成警示桩、各类标志、标牌的安装，2001年2月底建成投入使用。场镇过境路面硬化。黄鹤乡大坝场1公里，沙子场镇1公里，西沱场镇1公里，于1999年11月完工投入使用。

涪陵区王龙路：王家渡至龙驹，1996年3月，王龙路22公里扩建硬化工程全面完成。建成GBM工程23公里，投资2100万元。1992年10月开工改建涪水路（涪陵至南川水江）78公里。1992年经四川省交通厅批准，对涪陵杨家湾至南川岩口段31.5公里路基加宽改造，汤家院子至水江段59公里沥青表面处治，同步实施GBM工程。改造后的路基宽度8.5米，路面宽度7米，基本达到山岭重丘二级公路标准。1993年9月中旬完工，投资1366.68万元。

丰都县，2000年投资350万元，完成王龙路15公里GBM工程建设。城口县，从1989年开始，积极创建GBM工程路段，逐年提升整形路水平。1996年投资180万元，新建土堡寨至宣汉大河碥GBM工程4.7公里。已改建的新城万路32公里干线公路（水泥厂至岔溪口）进行GBM工程建设。

第四章　县道公路建设

重庆成为直辖市之后，所辖区县（自治县、市）由原来的21个扩大到43个。区县之间公路交通不便是一个突出的问题。如城口县到开县相距240公里，公路的通行条件随天气变化而变化，晴通雨阻，冬天大雪封山时十天半月不通车司空见惯。自然条件与之相同的还有秀山县、巫溪县、石柱县、酉阳县等。由此，重庆市县际公路建设被提到了重要地位。从2002年组建重庆市高等级公路建设投资有限公司开始，重庆市正式实施县道公路建设，通过“通县公路建设”“八小时重庆公路建设”“县际联网公路建设”等专项公路建设，完成了诸如打通雪宝山通渝隧道、完成国道G319线涪陵至秀山、省道S102线梁平至巫溪、S103线万州至巫山、省道S202线城口至开县等“三改二”工程，初步形成了重庆市县道公路交通网络。

第一节　县际联网公路建设

一、通县公路建设的提出

为适应未来社会经济的快速发展，重庆市制订了“三环十射三联”《重庆市高速公路网规划》，全面启动了《重庆市农村公路建设规划》。在骨架公路和农村公路加快实施的同时，作为连接骨架公路和农村公路的重要中间层次的县际公路，有必要进一步完善其规划布局，以保证路网整体效益的发挥。2002年重庆市启动了第一批县际公路建设计划，里程约3000公里，预计2007年全部建成。

2003年，根据国务院总理朱镕基的指示，交通部制订了《县际及农村公路改造工程实施意见》（交公路发〔2003〕206号）（下称《意见》），正式提出了通县公路建设的概念。重庆交通委员会结合重庆市实际情况，向所属各区县转发了《意见》并提出了具体措施。

重庆市农村公路建设的首要重点是要解决县到县和省际公路。为加强通县公路的领导，重庆市交委于2002年2月18日成立了重庆市通县公路建设办公室（以下简称办公室），并以渝交委路〔2002〕22号文下发至各区县交通局和委属相关部门。办公室由交委公路建设管理处、综合计划处、财务处、纪检监察室，市公路局和交委基本建设质量监督站有关人员组成。办公室下设监督组和技术组，负责指导、协调重庆市通县公路建设的有关工作。办公室主任李健（市交委副主任），副主任蒙进礼（市交委助理巡视员）、艾吉人（市公路局局长），成员有张太雄（市交委公路建设管理处处长）、禹培文（市交委财务处处长）、滕宏伟（市交委综合计划处处长）、陈真友（市交委纪检监察室主任）、李关寿（市交委公路建设管理处副处长）、唐伯明（市公路局副局长）、廖劲松（市交委基本建设质量监督站副站长）。监督组人员有李健、张太雄、艾吉人、禹培文、滕宏伟、陈真友、廖劲松。技术组人员有蒙进礼、李关寿、唐伯明、邓志刚、孙立东、慕长春、蒙华。办公室设在市交委公路建设管理处。主要职责是：具体负责重庆市通县公路建设的组织工作，负责建设项目的监督检查和技术指导工作，监督建设资金安全合理使用，及时收集有关信息，并将有关建设情况上报交通部等。

二、通县公路建设工程的实施

S103线奉节县城至巫山县城段，全长89公里，二级公路标准，水泥砼路面，投资2.3亿元。2003年年底，工程全部完工。S103线涪陵区经丰都县至忠县县城段，全长123公里，投资29500万元。2003年年底，工程全部完工。S104线巴南区南彭镇至南川市段，全长80公里，实际89公里，二级公路，投资3.1亿元。2003年年底，工程已全部完工。S201线奉节县城至巫溪县城段，全长89公里，三级公路整治，投资6097万元。2003年年底，工程已全部完工。S202线城黔路城口县城至开县县城段，全长196公里，其中二级公路61公里，三级公路135公里，投资3.2亿元。其中整治路面96公里，改建45公里，新建55公里。2003年年底，工程已全部完工。S202线石柱县城至彭水县郁山镇，全长116公里，投资1.6亿元。2003年年底，工程已全部完工。

三、县际公路由来

重庆直辖以来，重庆市的公路建设遇到了空前良好的发展机遇。在骨架公路和农村公路加快实施的同时，县际公路作为连接骨架公路和农村公路的重要中间层次，按照规划布局有必要进一步进行建设和完善，以保证路网整体效益的发挥。县际公路与高速公路、农村公路共同构筑重庆都市发达经济圈、渝西经济走廊和三峡库区生态经济区社会经济发展相适应的、连接周边省县、密度适当、布局合理的干线公路网络。重庆市干线公路网络与重庆市乃至邻近省县所有重要的公路、水路、铁路、机场等交通枢纽相连接，进一步强化境内及辐射范围内各种运输方式的紧密合作与有机衔接，促进各种运输方式优势互补、协调发展。

2002年开始重庆市启动了第一批县际公路建设计划，里程约3000公里，2003年已建成约125公里，还有2509公里在建。通过第一批县际公路的逐步实施，县际联网公路的落后状况明显改善，良好的实施效果逐步显现加强县际及其他干线公路建设。“十一五”期间将完成纳入规划的36条、近2000公里县际公路建设任务，基本实现相邻区市县之间有一条高等级公路连接，对部分区市县间的其他重要联络通道进行改造升级，力争消灭断头路，完善万州、黔江、涪陵、永川、合川、江津六个区域性中心城市的对外公路网络，增强对周边地区的辐射与集聚作用，形成交通小枢纽、小循环，促进区域经济快速发展。

四、县际公路实施

（一）渝西及主城片区

1. 江津傅家至东胜段。重庆高投司投资建设。江津傅家至东胜段为旧路改建工程，起于省道107线江津傅家镇入口处，经过江津市柏林镇，止于与贵州省习水县交界处的东胜场。全长25.4

公里。投资16064万元，改建为山重二级公路，行车速度40公里/小时，路基宽度8.5米，行车道宽度7米，桥涵设计荷载为汽-20，挂-100。2003年11月开工，2005年10月完工，2005年12月通过验收。

2. 江津白沙至塘河段。重庆高投司投资建设。江津白沙至塘河段为旧路改建工程，全长15.5公里。投资概算8841万元，行车速度40公里/小时，路基宽度8.5米，路面宽度7米，桥涵设计荷载为汽-20，挂-100。2005年4月开工，2005年在建。

3. 江津至綦江公路。重庆高投司投资建设。江津至綦江公路为旧路改建工程，起于江津李市镇，经西湖、贾嗣、夏坝，止于屏麓，全长37.8公里。投资概算12699万元，行车速度40公里/小时，路基宽度8.5米，路面宽度7米，桥涵设计荷载为汽-20，挂-100。2003年11月开工，2005年10月完工。

4. 大足至荣昌段。2003年12月通过渝计委交〔2003〕1134号工可批复，2003年12月通过渝交委路〔2003〕267号初设批复，投资初设概算14144万元，本项目为旧路改建工程，行车速度40公里/小时，路基宽度8.5米，桥涵设计荷载为汽-20，挂-100。重庆高投司投资建设。本项目路线起于大足城西龙岗镇，途径大足县三驱、宝山、铁山、荣昌县吴家镇、止于吴家与内江交接处，路线全长44.3公里。2002年7月开工，2005年8月完工。

5. 大足中敖至四川安岳公路大足段（回购路）。重庆高投司投资建设。大足中敖至四川安岳公路大足段二级公路改建，长13公里，2004年12月完成工可批复，投资初设概算8100万元，行车速度40公里/小时，路基宽度8.5米，桥涵设计荷载为汽-20，挂-100。

6. 大足中敖至潼南塘坝二级公路段。重庆高投司投资建设。中塘路起于塘坝镇东面场口的山岔路口，与国道319线和进场街道相接，经康乐乡、金龟寺、天台寺、卧佛镇、金山乡、五桂镇、蒋家观垭口、麻沿乡、陆家坝、止于中敖镇汽车站旁，短链658.9米，路线全长40公里。2004年12月完成工可批复，投资初设概算16778万元，本项目为旧路改建工程，路线全长40公里。行车速度40公里/小时，路基宽度8.5米，桥涵设计荷载为汽-20，挂-100。2004年7月开工，2005年12月完工。

7. 潼南至合川段。重庆高投司投资建设。潼南至合川段为旧路改建工程，起于合川市合隆镇，经新庙、雷公庙、燕窝、新开寺、高庙、五里垭（与潼南交界处）、岩背寺、张家寺、梁家寺、宝龙镇、半岩寺、止于古溪镇，长89公里。改建为山重二级公路，投资初设概算25615万元，行车速度40公里/小时，路基宽度8.5米，路面宽度7米，桥涵设计荷载为汽-20，挂-100。2003年7月开工，2005年完工。

8. 綦江北渡至江津四面山公路。重庆高投司投资建设。綦江北渡至江津四面山二级公路改建。起于綦江县北渡大桥，经永新、中峰、清溪、桐子湾，止于河坝沟，接李市至付家公路，全长37.8公里。投资初设概算12699万元。设计行车速度40公里/小时，路基宽度除永新场镇为12米外，其余均为8.5米，路面宽度除永新场镇为9米外，其余均为7米，桥梁设计荷载为公路Ⅱ级。建设工期为24个月。2005年11月招投标。

9. 永川至四川泸州公路永川段。重庆高投司投资建设，永川至四川泸州公路永川段二级路改建，起于永川县城，止于四川泸州界。全长37公里。2004年12月工可批复，投资初设概算23623万元，行车速度40公里/小时，路基宽度8.5米，桥涵设计荷载为汽-20，挂-100。

10. 合川至四川武胜公路合川段。重庆高投司投资建设。合川至四川武胜公路合川段二级公路改建，起于合川县城，经云门、高龙、龙市，止于四川武胜界。全长45.7公里。2004年工可批复，投资初设概算9500万元，行车速度40公里/小时，路基宽度8.5米，桥涵设计荷载为汽-20，挂-100。

11. 永川至江津二级公路改建工程。重庆高投司投资建设。永川至江津二级公路改建工程，起于永川市东郊八斗丘，途经莲花、临江场、普安、丹凤、吴市，止于江津的油溪，长 37.3 公里。投资初设概算 33226 万元，行车速度 40 公里/小时，路基宽度 8.5 米，路面宽度 7 米，桥涵设计荷载为汽 -20，挂 -100。2004 开工，2005 年年底完工。

12. 南岸至涪陵公路（BOT 项目）。重庆高投司投资建设。渝发改交〔2005〕1147 号文《关于南岸区茶园至涪陵李渡公路改建工程可行性研究报告的批复》。该路主线起于南岸区长生镇与茶园新区的世纪大道相接，经长生、迎龙、木洞、双河、开平、新妙、两河口、蔺市，止于涪陵李渡长江大桥南桥头，全长 78 公里，长寿连接线起于巴南区双河口与茶园路主线相接，经麻柳、清溪，止于长寿长江大桥南桥头，长 26.6 公里。线路总长 104.6 公里，按二级公路标准设计，路基宽度 12 米，路面宽度 11 米，设计车速 60 公里/小时，设计荷载为公路 1 级，初设概算 179279 万元（不含涪蔺路回购费用），建设工期 33 个月。全线共有大中桥 9887.8 米/49 座，涵洞 312 道；长隧道 6156 米/3 座，中隧道 1415 米/2 座，短隧道 795 米/3 座，分离式交叉 4 处（与铁路交叉两处）。

该路是重庆市 36 条县际公路之一，是设计标准高、投资额最大的一条二级公路，于 2005 年 12 月 20 日，控制性工程——长 2900 米的天池隧道开工建设。

13. 北碚至四川华蓥公路。重庆高投司投资，委托北碚区交通局建设。北碚至四川华蓥段二级公路改建，起于北碚，经水土、复兴，三圣，止于溪口。2004 年 12 月工可批复，投资初设概算 3530 万元，行车速度 40 公里/小时，路基宽度 8.5 米，桥涵设计荷载为汽 -20，挂 -100。2004 年开工。

14. 万盛至贵州桐梓公路。重庆高投司投资，委托万盛区交通局建设。2004 年 12 月完成工可批复，万盛至贵州桐梓段，起于万盛腰子山，经景兴、江流坝复兴、猪行，止于贵州交界的桐梓交界的椅子台。全长 67 公里。投资初设概算 10052 万元，主线全长 56.5 公里，支线由 3 段组成，其中八角庙至伐木场段 5.2 公里，北门支线段 1.9 公里，两河支线 4.7 公里，支线全长 12 公里，路线全长 67 公里。

主线腰子口至猪行段按三级公路标准建设，行车速度 30 公里/小时，路基宽度 7.5 米，路面宽度 6.5 米；主线猪行至椅子台段按四级公路标准建设，行车速度 20 公里/小时，路基宽度 6.5 米，路面宽 5.5 米。桥涵与路基同宽，设计荷载为汽 -20，挂 -100。支线段按照四级公路建设标准实施，路基宽度 6.5 米，路面宽度 5.5 米。2004 年开工，2005 年年底完工。

15. 铜梁至合川公路。重庆高投司投资建设。铜梁至合川二级公路改建，起于铜梁县城，止于合川县城。全长 33 公里。2004 年 12 月工可批复，投资初设概算 8005 万元，行车速度 40 公里/小时，路基宽度 8.5 米，桥涵设计荷载为汽 -20，挂 -100。2005 年开工建设。

（二）渝东及渝东北片区

1. 奉节至湖北恩施奉节段。重庆高投司投资建设。奉节至湖北恩施二级公路改建，起于奉节长江大桥南桥头，顺长江南岸沿长江上游展线，跨越黄莲树沟、九流子沟、黄豆沟，经大屋基、学堂坪、张家屋场，跨木瓜溪，在龚家湾南侧进入长凼子隧道，在双叉河沟右侧出洞，全长 82.7 公里。2003 年 5 月通过渝计委交〔2003〕1099 号工可批复，投资初设概算 108447 万元，行车速度 40 公里/小时，路基宽度 8.5 米，路面宽度 7 米，桥涵设计荷载为汽 -20，挂 -100。2004 年 8 月开工，2005 年在建。

2. 彭水至贵州务川彭水段。重庆高投司投资建设。彭水至贵州务川（彭水段）二级公路改建，起于彭水新乌江大桥，经纸厂、张家坝、靛水、文武堂、沙坝、樱桃井、团坑、润溪，止于大垭罗岩口，全长 64 公里，2004 年 12 月渝发改交〔2004〕488 号完成工可批复，渝交委路〔2004〕298 号同意彭水至务川公路彭水段二级公路改建工程初步设计，初步设计总概算核定为 35500 万元。全线按二级公路标准进行设计，行车速度 40 公里/小时，路基宽度 8.5 米，路面宽度 7 米，桥隧与路基同宽，设计荷载为汽 -20，挂 -100。2004 年开工，2005 年年底完工。

3. 巫山至巫溪段。重庆高投司投资建设。巫山至巫溪二级公路改建，起于巫山福田、经龙溪，止于巫溪花栗境内。2004 年5 月通过渝发改交〔2004〕912 号、渝发改交〔2004〕911 号分别完成了巫山、巫溪段工可批复，2006 年 12 月通过渝交委路〔2006〕232 号、渝交委路〔2006〕231 号初设批复，全长 51.1 公里。投资初设概算 14420 万元，行车速度 40 公里/小时，路基宽度 8.5 米，桥涵设计荷载为汽－20，挂－100。2004 年开工，2005 年底完工。

4. 巫山至湖北建始公路巫山段。重庆高投司投资建设。巫山至湖北建始公路巫山段改建工程，起于林家沟，经官渡、坪南、抱龙、庙梁，止于高峰，与湖北省恩施土家族苗族自治州建始段相接，长 95 公里。其中主线全长 49 公里，支线全长 46 公里；支线起于主线抱龙段，经笃坪、邓家、止于楂树坪村，与湖北省恩施州建始县段相接。2004 年 12 月通过渝发改交〔2004〕66 号工可批复，2004 年渝交委〔2004〕295 号批复了巫山至湖北省建始公路巫山段改建工程初步设计，2006 年 12 月通过渝交〔2006〕233 号初设批复。主线按二级公路标准进行设计和改建，行车速度 40 公里/小时，路基宽度 8.5 米，路面宽度 7 米；支线按三级路标准设计和改建，计算行车速度 30 公里/小时，路基宽度 7.5 米，路面宽度 6 米。主线、支线桥涵与路基同宽，设计荷载为汽－20，挂－100，设计总概算为 60459 万元。2004 年 2 月开工。

5. 开县至四川开江公路开县段。重庆高投司投资建设。开县至四川开江公路开县段起于开县铁桥，经南雅、接开江讲治，长 16.3 公里。2004 年 12 月开工批复，投资初设概算 1504 万元。行车速度 40 公里/小时，路基宽度 8.5 米，路面宽度 7 米，桥涵设计荷载为汽－20，挂－100。2004 年开工，2005 年年底完工。

6. 开县临江至四川宣汉开县段。重庆高投司投资建设。开县临江至四川宣汉开县段起于开县临江镇，经三合、中和、三汇口，止于四川宣汉。全长 35.5 公里。2003 年 12 月通过渝计委交〔2003〕1404 号工可批复，投资初设概算 37715 万元。行车速度 40 公里/小时，路基宽度 8.5 米，路面宽度 7 米，桥涵设计荷载为汽－20，挂－100。2004 年开工，2005 年年底完工。

7. 云阳至开县段。重庆高投司投资建设。云阳至开县二级公路改建工程，起于云阳双江镇的向家院子途经泥家湾隧道、陈家溪大桥、黄石镇大桥、李子沟、高阳新集镇、渠马乡、分水梁至开县分界处，路线全长 68 公里。2004 年 12 月通过渝发改交〔2004〕107 号、渝发改交〔2004〕473 号工可批复，2001 年 12 月通过渝交委路〔2001〕26 号初设批复，投资初设概算 59381 万元，本项目为旧路改建工程，行车速度 40 公里/小时，路基宽度 8.5 米，路面宽度 7 米，桥涵设计荷载汽－20，挂－100。2004 年 7 月开工，2005 年年底完工。

8. 云阳至湖北利川公路云阳段。重庆高投司投资建设。云阳至湖北利川公路云阳段起于云阳县城，经凤鸣、龙角、云峰，止于湖北利川界。全长 82.2 公里。2004 年 12 月通过渝发改交〔2004〕65 号工可批复，投资初设概算 77747 万元。全线按二级公路标准进行设计和改建，行车速度 40 公里/小时，路基宽度 8.5 米，路面宽度 7 米，桥涵与路基同宽，设计荷载为汽－20，挂－100。2004 年 3 月开工，2005 年年底完工。

9. 云阳农坝至江口段。重庆高投司投资建设。云阳田坝至江口段起于云阳江口，途径向阳，止于农坝。2004 年 12 月通过渝发改交〔2004〕913 号工可批复，全长 28.5 公里。投资初设概算 34505 万元，本项目为旧路改建工程，行车速度 40 公里/小时，路基宽度 8.5 米，桥涵设计荷载汽－20，挂－100。2004 年开工，2005 年年底完工。

10. 城口至陕西岚皋城口段。重庆高投司投资建设。城口至陕西岚皋城口段起于城口县西郊小河口，经龙田、箭岭、北屏，止于岚皋杨岗石。路线全长 30 公里。2004 年 3 月通过渝发改交〔2004〕67 号工可批复，2004 年 12 月通过渝交委路〔2004〕265 号批复，投资初设概算 61229 万元，本项目为旧路改建工程，行车速度 40 公里/小时，路基宽度 8.5 米，路面宽 7 米，桥涵设计荷载为汽－20，挂－100。2004 年 4 月开工，2005 年年底完工。

11. 城口高观至巫溪两河口。重庆高投司投资建设。城口高观至巫溪两河口二级公路改建工程，起于城口县高观，接城口至高观二级公路，经为何、东安、和平、土城、中梁、下堡，止于巫溪两河口，与巫溪至陕西公路相接，全长约117.3公里。2004年12月通过渝发改交〔2004〕981号工可批复，初步设计总概算为95701万元。全线按二级公路标准进行设计，行车速度40公里/小时，路基宽度8.5米，路面宽度7米，桥隧与路基同宽，设计荷载为汽-20，挂-100。2004年开工，预计2005年年底完工。

12. 垫江至道真公路。重庆高投司投资建设。省道203线垫江至道真二级公路工程经垫江、丰都、武隆三个县，长296公里，投资初设概算126093万元。2004年12月通过渝发改交〔2004〕607号批复该路按二级公路标准建设，行车速度40公里/小时。其中南桥头至龙河段路基宽度12米，路面宽度9米，其余路基宽度8.5米，路面宽度7米，桥梁与路基同宽，桥梁设计净空为净9+2×1.5米人行道，桥涵设计荷载为汽-20，挂-100。2003年开工，2005年完工。

13. 巫溪县城至湖北神农架公路巫溪段。由重庆高投公司回购。巫溪县城至湖北神农架公路巫溪段起于巫溪县城西上渡口桥头，经巫溪县城、双台乡、通城乡、双阳乡、白果林场，止于湖北神农架林区九湖乡，长42公里，总概算为3691万元。2004年12月工可批复，渝交委路〔2004〕299号同意巫溪至湖北神农架公路改建工程初步设计方案，全线按二级公路标准进行设计，行车速度40公里/小时，路基宽度8.5米，路面宽度7米，桥隧与路基同宽，设计荷载为汽-20，挂-100。2005年前已建成。重庆高等级公路投资建设有限公司委托巫溪县实施。

14. 忠县至垫江公路。由重庆高投公司回购。忠县至垫江公路起于忠县县城，经白石、拔山、双桂、止于垫江大石接垫道路。全长98公里。渝交委计〔2004〕213号文批复，2004年12月工可批复，投资初设概算17668万元，行车速度40公里/小时，路基宽度8.5米，桥涵设计荷载为汽-20，挂-100。2005年前已建成。

15. 南川至贵州道真公路南川段。由重庆高投公司回购。南川至贵州道真公路南川段起于南川大铺子，进三泉、马嘴、大有、止于贵州道真界，全长53.3公里。2004年12月工可批复，投资初设概算2603万元。计算行车速度40公里/小时，路基宽度8.5米，桥涵设计荷载为汽-20，挂-100。该路前24公里由南川建设完成，后24公里由重庆高投公司委托南川区建设完成。2005年前已建成。

16. 梁平新店子至忠县三元段。梁平新店子至忠县三元段起于梁平新店子，止于忠县三元，全长33公里。2004年12月工可批复，投资初设概算1853万元。行车速度40公里/小时，路基宽度8.5米，桥涵设计荷载为汽-20，挂-100。2005年前已建成，由重庆高投公司回购。

（三）渝东南片区

1. 酉阳至湖南龙山公路渤海至桂塘段。重庆高投司投资建设。酉阳至湖南龙山公路渤海至桂塘段是国道319线（重庆境内）与国道209线（湖南境内）的连接线，起于酉阳县渤海场319国道与渤（海）大（溪）公路交叉口转盘处，止于酉阳县与湖南省交界处的桂塘，长约68.2公里。是渝酉通向湖南、湖北的一条主要进出口通道，经过麻旺、泔溪、田坝、酉酬、大溪等乡镇。2003年8月通过渝计委交〔2003〕1189号工可批复，2003年12月通过渝交委路〔2003〕253号初设批复，投资初设概算27288万元，行车速度40公里/小时，路基宽度8.5米，桥涵设计荷载为汽-20，挂-100。2004年开工，2005年年底完工。

2. 酉阳至湖北来凤（钟多至牡丹坪段）。重庆高投司投资建设。酉阳钟多至牡丹坪二级公路改建工程，起于钟多镇桃源小学，经斑竹园、蛮寨、黄家槽、天仓、毛坝乡、龙家堡、梨耳坪、木叶乡、兴隆镇、土坪乡至省界陈木园接湖北来凤县，长81.6公里。2003年12月通过渝计委交〔2003〕1282号工可批复，投资初设概算52945万元，行车速度40公里/小时，路基宽度8.5米，桥涵设计荷载为汽-20，挂-100。2004年11月开工建设。

3. 酉阳铜鼓至李溪段。重庆高投司投资建设。酉阳铜鼓至李溪二级公路改建工程，起于酉阳铜鼓乡白腊园，经双桥村、官清乡、寨坝村、蚂蟥村，止于酉阳李溪镇与G326线相接，全长约48.5公里，设计概算49717万元。2003年12月通过渝计委交〔2003〕1283号工可批复，全线按二级公路标准进行设计，行车速度40公里/小时，路基宽度8.5米，路面宽度7米，桥隧与路基同宽，设计荷载为汽-20，挂-100。2004年10月开工建设。

4. 巫山至湖北巴东公路巫山段。巫山至湖北巴东公路巫山段起于巫山县城，经茶园、楚阳止于湖北巴东界。全长54公里。2004年12月工可批复，投资初设概算2000万元，行车速度40公里/小时，路基宽度8.5米，桥涵设计荷载为汽-20，挂-100。2005年底已建成，由重庆高投公司回购。

5. 武隆至贵州务川段（BT项目）。重庆高投司采用BT投资修建，由重庆交通建设集团有限公司承建。武隆至贵州务川二级公路改建工程起于武隆江口镇以西1公里处，经石桥乡、贾角乡、浩口乡、彭水县大垭乡，止于塘口（彭水县与贵州省交界处），全长39公里，市发改委渝以发改交〔2007〕965号完成工可批复，重庆市公路局以渝路局发〔2008〕302号7号同意武隆至贵州务川公路重庆境内段初步设计，计算行车速度40公里/小时，路基宽度8.5米，路面宽度7米，桥隧与路基同宽，设计荷载为汽-20，挂-100。2005年底尚在筹建中。

6. 重庆黔江至湖北咸丰段。重庆高投司投资建设。重庆黔江至湖北咸丰二级公路改建，起于国道319线黔江至秀山段7.3公里处，止于黔江和湖北咸丰交界处，全长23公里，设计总概算核定为15572万元。2004年12月通过渝发改交〔2004〕827号工可批复，2004年12月通过渝交委路（2004）288号完成设计批复，同意全线按二级公路标准进行设计，行车速度40公里/小时，其中主线0~2.8公里、7.2~9.4公里段和连接线4.6~7.2公里段路基宽度12米，路面宽度9米，其余路段路基宽度8.5米，路面宽度7米，桥隧与路基同宽，设计荷载为汽-20，挂-100。2004年12月开工建设。

7. 彭水至酉阳龚滩二级公路改建工程。重庆高投司投资建设。彭水至酉阳龚滩二级公路改建工程起于彭水县处，经鹿角，止于酉阳龚滩。全长63公里，初设概算92839万元。2002年12月通过渝计委交〔2002〕203号工可批复，行车速度40公里/小时，路基宽度8.5米，桥涵设计荷载汽-20，挂-100。2004年11月开工建设。

8. 石柱至万州公路段。重庆高投司投资建设。石柱至万州公路二级公路改建工程起于与石柱至黄水公路相交的峡口，经王家乡、临溪镇、河嘴乡、与万州交界的黑滩、走马镇、盐井乡、止于万州新田镇。路线全长64公里，投资概算73358万元。2003年3月通过渝计委交〔2003〕725号、渝计委交〔2003〕747号工可批复，2003年12月通过渝交委路〔2003〕288号初设批复，行车速度40公里/小时，路基宽度8.5米，路面宽度7米，桥涵设计荷载采用汽-20级，挂车-100。2003年3月开工建设。

9. 秀山至贵州松桃公路秀山段。重庆高投司投资建设。秀山至贵州松桃公路秀山段起于秀山石耶，经吏目、宴龙，止于贵州松桃界。全长70公里。回购公路。2004年12月工可批复，投资概算3500万元，本项目为旧路改建工程，行车速度40公里/小时，路基宽度8.5米，桥涵设计荷载为汽-20，挂-100。2005年初开工建设。

10. 秀山清溪至红岩坎段。秀山清溪至红岩坎段起于秀山清溪，止于红岩坎，全长40公里。2004年12月完成工可批复，投资初设概算7770万元，行车速度40公里/小时，路基宽度8.5米，桥涵设计荷载为汽-超20、挂-100。2005年年底前已建成，由重庆高投司回购经营。

重庆市县际公路网络连接了重庆市所有的区县（市）政府所在地，连接了重庆市约80%的乡镇和近2600万人口，改善了交通运输服务水平，提高了交通效率。都市发达经济圈和渝西经济走廊内的相邻区县（市）间公路交通运行时间约1小时，三峡库区生态经济区内的相邻区县（市）

间公路交通运行时间一般约2小时，加快了重庆市各区县（市）间的快速交通联系，也加快重庆市与邻近省县的交通联系，为重庆区县（市）的经济发展，奠定了坚实的交通基础。

第二节　“八小时重庆”工程建设

一、工程由来

“八小时重庆”交通工程建设，是指以重庆主城为轴心，构建一个以高速公路为主骨架，辅之以高等级公路和一般公路，横贯东西、纵跨南北的大字形放射状快速通道网，使人们从重庆市辖区内任何一个区县（市）的政府所在地乘车出发，都能在八小时内到达重庆主城区。

1997年重庆直辖之初，辖区内最边远的秀山、巫山、巫溪、城口等地到重庆主城区，要用三天的行程。落后的交通，不仅使当地丰富的资源得不到有效开发和利用，也阻碍了与外地的交流。为打破交通“瓶颈”，促进重庆市经济发展，中共重庆市委、重庆市人民政府在1997年做出“振兴重庆经济，以交通建设为切入点”的决定。1998年提出了“五年变样，八年变畅”的交通建设目标，并将当年定为“交通建设年”。1999、2000年又深化提高为“交通建设质量年”。2000年8月，时任中共重庆市委书记贺国强首次提出了“八小时重庆”的理念，将重庆市交通“五年变样，八年变畅”的建设目标量化为“八小时重庆”，正式纳入重庆市“十五”计划纲要。为此，重庆市交通委员会对原公路规划进行调整修改，提出在“十五”期间全面推进重庆出口大通道、国道主干线、重要联络支线、省区（市）际断头路建设，建成主城区环线高速公路，完善公路网络，提高路网通达深度，强化枢纽节点，初步形成以国道主干线为骨架，省道一级和二级公路为主体的放射状快速公路网，实现“八小时重庆”的公路交通目标。

“八小时重庆”涉及原有公路总里程1544.9公里，改建后里程1292公里，减少里程252.9公里。有高速公路286.4公里，二级公路890.1公里，三级公路115.5公里。总投资93.9亿元（高速公路投资60亿元，地方公路投资33.9亿元）。其中国道319线涪陵至秀山段、省道渝巴路万州至巫山段、省道城黔路万州至城口公路的改扩建是其关键。为抓好这三条路的改扩建，重庆市交委制定了“统筹规划、条块结合、分段设计、以区县（市）为主，联合建设”的方针和切合实际的“八小时重庆”工程实施方案。各条路段在2001年底之前陆续开工，整个工程凝聚了两届市领导的心血，也得到沿线各区县（市）政府和广大群众的积极支持。经过各方共同努力，渝巴路万州至巫山段于2002年底提前实现通车，其余工程于2003年12月26日建成通车，实现了“八小时重庆”的目标。

“八小时重庆”高速公路利用：包括重庆市主城区人和至长寿段65公里，长寿至涪陵段33公里、梁平至长寿段114公里、万州至梁平段67公里。“八小时重庆”地方公路利用：包括涪陵至秀山、万州至巫山、万州至城口3条公路。3条路合计里程924公里，其中利用348公里、新改建576公里、新建桥隧243座、新修路面489万平方米，总投资33.8亿元。

二、资金筹措

“八小时重庆”最初的建设模式是“上级政府补助，区县政府修路”。即项目资金来源为1/3国家拨款，1/3重庆市政府拨款，另1/3由区县政府出资。工程于2001年由各区县陆续开工建设。2002年，“八小时重庆”工程建设正在进行，沿途区县多为国家级或省级贫困县，因财政困难，地区贫穷，银行贷款困难，导致缺口9亿元之多，致使此工程几乎处于停滞状态。至2002年底两年时间内，各区县仅完成1/3的工程量，很难实现2003年按目标建成通车的目标。为集中使用国家投入资金，破解重庆地方公路建设融资难的问题，重庆市政府决定组建重庆市高等级公路投资建设有限公司，作为融资平台。

2002年9月16日，重庆市交通委员会向重庆市人民政府请示提出组建国有独资的重庆高等级公路建设投资有限公司，由该公司作为业主承担重庆市区县间连接路和出境路的建设和经营任务。2002年11月11日，中共重庆市委常委、重庆市人民政府常务副市长黄奇帆召集国家开发银行重庆分行等6家重庆市银行座谈会，向重庆市银行界介绍组建新的重庆高等级公路建设投资有限公司情况，重庆高等级公路建设投资有限公司正式与重庆市金融机构见面并投入运行。2002年11月24日，重庆市人民政府批准组建重庆高等级公路建设投资有限公司（简称重庆高投公司）（渝府〔2002〕195号文件）。重庆市人民政府授权高投公司对重庆市除高速公路以外的高等级公路实施投资（含回购）、组织建设、经营和资产管理。高投公司为重庆市政府出资组建的国有独资公司，注册资本金为13.7亿元。

2002年12月12日，在中共重庆市委、重庆市人民政府主要领导亲自谋划、决策、推动之下，在中共重庆市委二会议室举行重庆高投公司揭牌暨银行融资授信协议签字仪式。重庆市人大常委会副主任周建中、重庆市政协副主席徐宗俊为重庆高投公司揭牌，重庆市人民政府常务副市长黄奇帆发表重要讲话。同时，国家开发银行、建设银行、工商银行、招商银行、光大银行、民生银行共6家银行的重庆分行与重庆高投公司签订118亿元联合授信协议。从此重庆市有了实际意义上的高等级公路投资融资管理机构。

三、工程实施

中共重庆市委、重庆市人民政府高度重视“八小时重庆”工程建设。2000年4月，重庆市人民政府与区县人民政府签订了《“八小时重庆”目标责任书》，明确了责任，落实了任务，并将工程建设列入了重庆市政府“民心工程”项目。同年5月，中共重庆市委书记贺国强参加了在万州召开的“八小时重庆”现场会议，促进了“八小时重庆”工作的顺利开展。重庆市人民政府常务副市长黄奇帆经常听取市计委、市交委的“八小时重庆”工作汇报，关心“八小时重庆”工程建设进度，并解决项目建设中存在的实际问题。

重庆市级部门对“八小时重庆”工程也给予了大力支持。重庆市计委积极落实自筹的三分之一建设资金，市财政局将高速公路施工营业税及附加费返还用于“八小时重庆”工程建设，为“八小时重庆”的顺利实施提供了保障。

重庆市交委把“八小时重庆”作为工作的重中之重，按照“统筹规划、条块结合、分段设计、以区（县）为主、联合建设”的实施原则，狠抓工程前期工作，严格招投标管理。市交委主任胡振业多次带领相关处室人员深入施工现场，帮助解决项目实施中遇到的困难。市公路局副局长唐伯明围绕“八小时重庆”工程建设，主持了多项课题研究，为项目的顺利实施提供了技术支持，节约了大量建设资金。在3条地方公路建设中，由公路局派出督导员蹲点抓进度、抓质量，指导工程建设。市交委多次组织专家组赴黔彭路和通渝隧道等一线进行现场调研，为“八小时重庆”工程建设出谋划策，对建设中存在的问题也提出了解决办法。

2001年6月13日和21日，重庆市交委分别在工作开展较好的武隆县和巫山县召开了“八小时重庆”建设现场交流会，G319线、S103线、S202线沿线的区县政府分管领导和交通局长参加会议。会议要求各区县认真学习武隆、巫山“不等不靠，敢想敢干”的精神，进一步加快在建工程的建设进度，促进“八小时重庆”的建设。

各区县也高度重视“八小时重庆”建设工作。彭水县出台了加快工程进度的激励政策，县委书记多次深入一线现场办公，并为“八小时重庆”工程争取了4000万元的韩国贷款。中共黔江区委每月定期现场会，解决建设中的问题，协调关系，在征地拆迁上本着特事特办的原则，给“八小时重庆”最优惠的政策，节约费用上千万元，并从区财政先后拿出2500万元用于“八小时重庆”工程建设。武隆县抓住“八小时重庆”大好机遇，依靠自身力量、通过贷款等方式积极筹集建设资金，保证了项目的顺利实施；开县政府为了解决资金缺口，号召全县国家工作人员捐献一个月工资用于“八小时重庆”建设；城口、秀山等区县也出台了针对“八小时重庆”工程的征地拆迁等优惠政策。

“八小时重庆”建设除高速公路外，涉及3条国省道建设。一是国道319线涪陵至秀山段，原有道路全长445公里。建设后里程405公里，其中利用二级公路116公里，新改建二级公路289公里。全路段路基土石方1338万立方米，桥隧29227延米/135座，路面287万平方米，投资20.7亿元。二是S103线万州至巫山段，原有公路里程全长306公里，建成后公路全长276公里，其中利用60公里，新建二级公路216公里。全路段路基土石方642万立方米，桥隧6934延米/90座，路面161万平方米，投资5.42亿元。三是S202线万州至城口段，原有道路全长327公里，建成后路线全长259公里，二级公路214公里，三级公路45公里；其中利用二级公路143公里，三级公路45公里；新建二级公路66.7公里，4.3公里的特长隧道1座。新改建路段路基土石方239万立方米，桥隧7117延米/34座，路面工程40万平方米，投资7.7亿元。3条国省道均于2004年底完工。

2004年12月26日，历时3年多、投资近百亿、建设里程逾千公里的“八小时重庆”工程全面完成。至此，重庆最边远地区到达主城区外环高速公路的时间由以前的近20个小时缩短至8个小时。

“八小时重庆”工程是中共重庆市委、重庆市政府为民办实事的一项民心工程，是落实“三个代表”重要思想的具体体现，实现“八小时重庆”目标，对改善重庆东部地区面貌，促进渝东地区的社会经济发展有重大意义。“八小时重庆”交通目标实现后形成以3条公路为主骨架、辐射重庆东部地区的快捷公路交通网络，实现重庆交通整个由“滞后型转变为基本适应型”，大大解决了交通对经济发展的制约难题，为把重庆建成长江上游经济中心奠定了基础。

“八小时重庆”扭转了渝东部地区的交通落后状况，缩短了时空距离，带来资源的开发，带动了经济发展，也带来人们思想观念和生活方式的巨大变化，“八小时重庆”目标的实现，对充分发挥重庆直辖市行政管理体制效应，实现大城市带动大农村和城乡经济一体化，都具有十分重大的促进作用。

第五章　农村公路建设

推进社会主义新农村建设，是中共中央、国务院的重大战略决策，是贯彻落实科学发展观、统筹城乡发展的重大战略举措，是加快富民兴渝进程和全面建设小康社会的重大战略任务。

中共重庆市委、重庆市政府领导高度重视农村公路建设，2003～2005年，重庆市共投入建设资金82亿元，新建、改建了农村公路16000公里，3年时间建设的农村公路超过了过去10年的总和。至2005年年底，重庆市有农村公路里程6万余公里。重庆市拥有乡镇1049个，行政村10809个，乡镇公路通达、通畅率分别为93.7%和69.16%，行政村公路通达、通畅率分别为61.02%和29.34%。但是，由于底子薄、欠账多，重庆市仍有1454个建制村不通公路，423个乡镇、6911个建制村不通沥青路（水泥路），156个乡镇、6939个建制村不通客车，农村公路仍是交通发展中最薄弱的环节。

第一节 民工建勤改建公路

民工建勤养护公路和修建地方公路，是政府牵头主导、农民具体实施的公益性措施。民工建勤的实施，极大地改善了公路路网结构，提高了道路通行条件，方便了人民群众出行，加速了地方经济社会发展。

一、民工建勤沿革

（一）由来

1950年3月，中央人民政府政务院《关于1950年公路工作的决定》指出："在必要与可能条件下，经省人民政府批准，可以适当动员民工修补公路。"1951年5月又规定，民工整修公路以每个劳动力全年负担不超过10个标准工为原则，民工整修公路的主要工作为土方工程及简易石方工程，桥梁工程及其他构造物普通工作，排水防水、路面材料采运、公路植树等工作。

1955年《国务院关于改进民工建勤养护公路和修建地方道路的指示》（国六交字第153号）文件，将每年每个劳动力建勤由过去10个工作日改为不超过5个工作日，车、船等运输工具及畜力车的义务建勤每年2个工作日，所需工具由农民自带。凡年满18岁至45岁的男性农民和年满18岁至40岁的女性农民都有建勤义务。因病不能劳动者或者是妇女怀孕，在动员民工建勤的时候予以免除。动员范围原则上以道路两侧15公里以内为限。1956年4月，四川省人委根据这一指示制订了《四川省民工建勤养护公路和修建地方道路暂行实施办法》，重庆市按此办法每年利用冬季农闲开展民工建勤养护和修建公路。

1983年6月2日，四川省人民政府颁发《四川省民工建勤养护和修建公路实施办法》计18条，规定"凡有劳动力的，年满18岁至45岁的男性农民和年满18岁至40岁的女性农民，都有建勤义务"，每年每个劳动力的义务建勤不超过5个工作日，民工建勤动员范围原则上以在公路两侧15公里以内为限。

（二）演变

1. 以工代赈。1984年《国家以工代赈管理办法》规定，以工代赈，是指政府投资建设基础设施工程，受赈济者参加工程建设获得劳务报酬，以此取代直接救济的一种扶持政策。以工代赈是一项农村扶贫政策。国家安排以工代赈投入建设农村小型基础设施工程，贫困农民参加以工代赈工程建设，获得劳务报酬，直接增加收入。

2. 以金代劳。1995年前后，农业产业结构发生变化，农村的主要劳动力已经分流，主要包括外出务工、经商、办企业或就地发展第三产业等多种形式。与此同时，直接投劳成千上万民工上路作业，容易造成交通堵塞、影响车辆的畅通和行人的安全，易诱发交通事故，并威胁民工安全。为了更好地安排修路工作，各地先后倡导并采用"以金代劳"的方式以冲抵民勤任务。

3. 取消民工建勤。1985年10月31日，中共中央、国务院发布《关于禁止向农民乱派款、乱收费的通知》，规定："民工建勤不得超过国家规定的限额，一般不得实行以金代劳，有的农民愿意以金代劳可以允许。"1997年11月，国家财政部、计委等六部委为了减轻农民负担，取消了道路建勤费。1998年，重庆市政府遵照上级文件精神，出台了《重庆市农民负担管理条例》，把向农民征收的"民勤代金"列为禁止项目之一。至此，施行了30年的民工建勤政策被取消。

二、民工建勤实施

重庆市的民工建勤工作由市人民政府统筹管理，各区县人民政府具体实施。区县民工建勤由区县人民政府在每年建勤开始时，首先组建临时机构。新修公路的临时机构叫"筑路指挥部"，养护公路的临时机构叫"民工建勤指挥部"，指挥长由区（县）长或主管交通副区（县）长兼任，副指挥长由交通局负责人兼任。指挥部下设办公室于交通局内，负责办理日常事务。民工建勤工作结束，机构随即消失。建勤任务和动员时间由区（县）政府直接发文部署。民工建勤的任务有捶、运石料，铺压路面，清疏边沟，培补路基，清除障碍，维修涵洞，种植行道树等。

重庆市部分年度的民工建勤的实施情况是：1987 年 12 月底民工建勤工作已完成 1162 万多工日，占市政府下达计划的 91%；完成备料 34 万立方，运料 60.1 万立方，加工碎石 29.34 万立方。璧山、铜梁、双桥、江津、大足、九龙坡、巴县、长寿 8 个区县提前完成了全年民勤任务。1987 年，根据“只要农户愿意，公路民工建勤可以允许以金代劳”的政策，重庆市共收集以金代劳费 198.79 万元。在有民勤任务的 19 个区县中全部以金代劳的有 2 个区，实行投劳和以金代劳相结合的有 14 个区县，全部投劳的有 3 个县。从 1987 年各区、县在代劳金的收集和使用的情况看，这一政策已经为广大农户和公路养护部门所接受，收效比投劳好得多。

1991 年，根据市府重办发〔1990〕191 号文件“一定三年不变”的精神，公路民工建勤工作，经过各区县政府民工建勤办公室的努力，全面、均衡地完成了市政府下达的任务。全市共完成民勤工日 15493732 个，超计划的 0.09%，其中直接投劳工日为 2535440 个，以金代劳工日为 12958292 个。完成车勤工日 62103 个，其中以金代运工日 61441 个，直接投运工日 662 个。共收取民勤、车勤代金 1551.7 万元。

表 2 - 19　　1991 ~ 1993 年重庆市公路民工建勤计划表

区县	农业人口（人）	应建勤劳动力（个）	每年人均建勤工日（个）	每年总建勤工日（个）	其中		
					国省道工日（个）	县道工日（个）	乡道工日（个）
江津县	1249134	879582	2.97	2617702	46016	2005772	565914
合川县	1297100	644000	2.87	1850549	155892	1039384	655273
巴　县	1097304	600761	2.99	1800000	85000	1035000	680800
铜梁县	717956	374725	2.46	925660	107040	330340	480280
江北县	928881	404184	2.10	850000	159748	238085	452167
大足县	769572	377293	1.90	715858	120182	227940	368736
綦江县	730030	344331	2.15	725527	156577	242368	326582
永川县	846040	321489	2.70	868020	119420	418600	330000
荣昌县	679654	343104	3.00	1029312	34130	374400	620782
潼南县	798295	303455	3.00	910365	56715	550195	303455
长寿县	729587	291834	2.06	652587	131547	283454	264586
璧山县	547055	225110	2.75	620000	80000	260000	200000
南桐区	163661	62958	2.20	180000	25495	51954	102551
北碚区	192100	100000	1.43	143959	90520	53439	
九龙坡	133432	68383	2.26	155000	35000	60000	60000
南岸区	81864	41668	2.38	99379	30807	14956	53616
沙坪坝区	76303	24100	1.75	42178	25831		16347
双桥区	22625	6480	2.00	12960	5730	1734	5496
江北区	48079	18000	0.30	5500	2935	2565	
合　计	11108672	5455487	2.60	14205556	1468555	7198186	5538815

1997 年，重庆市共完成备料 908611 立方米，平均每公里备料有 131.6 立方米，公路加宽配套 658.5 公里，加宽路基 69.4 公里。机动车辆建勤 15337 车日，收取以金代勤费 526975 元。

各区县采用民工建勤形式，用 1 年时间加宽路基，3 年配套完善，通过 4 年的努力工作，重庆市公路得以很大改观。国、省公路和重点旅游线路路基宽 12 米，路面宽 9 米，达到了平原微丘地区二级公路的技术标准；重要的县际公路，路基宽 8.5 米，路面宽 7 米，达到了山岭重丘地区二级路或平原微丘地区三级公路的技术标准。继续执行机动车辆参加民工建勤的政策。在各有关部门的支持和配合下，车辆建勤任务得以完成，车辆上路建勤 15337 车日，有民勤任务的 19 个区县中，有 13 个区县开展了车辆建勤，其中全部以金代车的 1 个县，其余 12 个区县是代金和车辆上路相结合。

重庆公路养护总段民工建勤情况：1987 年，重庆市交通局下达民工建勤任务给重庆公路养护总段，由总段分解到各分段执行。綦江段建勤里程 239.2 公里，二分段建勤里程 53.9 公里，三分段 94.59 公里，南桐段 107.3 公里，北碚段 48.5 公里，江北段 126.5 公里，长寿段 181.2 公里。

至“八五”期间，重庆市共完成民工建勤工日 8283 万多个，其中直接投劳工日 623 万个，以金代劳工日 7609 万个。重庆市完成车辆建勤工日 26 万多个，其中直接投劳工日 5 万个，以金抵运工日 21 万个。

重庆市利用公路民工建勤，对公路养护和建设发挥了重要作用。方便了人民群众的出行，改善了当地群众的生产生活状况，为当地群众脱贫致富创造了条件。加宽后的公路与过去相比，线型顺畅，路面平整，路况良好，路容美观，排水通畅，大部分栽上了行道树，大大改善了行车条件。提高了好路率。1984 年底重庆市平均好路率为 20.3%，1987 年底是 41.7%，提高了 21.4%，并且路面平整、视线良好、行车顺适度提高。提高了行车速度。公路加宽后的平均行车时速国省干线公路在 40 公里/小时以上，县公路在 30 公里/小时以上，分别比加宽前提高了 0.5～1 倍。减轻了车辆磨损，节约了油耗。据江津县初步统计，在永津、渝东、津合公路上带拖斗的货车可节约油料 40%，由于加宽后的路况好，永川汽车运输公司江津车站每天增开江津至头道河的旅游车两班，每月增收 1.2 万元，江津县汽车公司、江津县旅游公司也相继增开 3 班车提高经济收入每月近 2 万元。每年上路的民工建勤工日都在 1000 万工以上，1984～1987 年，累计改造公路近 5000 公里，为公路上等级，改善路况起了主要作用，并节约资金近亿元。

第二节　扶贫公路建设

1984 年以来，国家采取以工代赈的形式，共投入重庆市以工代赈资金 95562 万元（重庆市配套 12217 万元），经过各级干部群众十几年的不懈努力，以工代赈工作取得了巨大成绩。在交通建设方面，至 1999 年止，完成总投资 146981 万元（其中以工代赈资金 31932 万元，重庆市配套 4891 万元），完成新建公路 5004 公里，改建公路 1957 公里，新建桥梁 13877 延米/256 座。

一、扶贫公路建设由来

重庆市贫困区县主要分布在大巴山区、武陵山区和长江三峡库区，多属高山区、深山区、石山区，贫困地区自然灾害频繁，基础设施落后，交通不便，信息闭塞，人口素质低下，耕地资源匮乏。其中大巴山区、武陵山区是全国集中连片贫困地区。为了贫困地区脱贫致富、解决温饱，改善落后的交通条件。1997 年中共重庆市委、重庆市政府制定了《重庆市“五三六”扶贫攻坚计划》，扶贫公路建设是其重要组成部分。

二、扶贫公路建设实施

（一）重庆市交委实施情况

重庆市交通委员会抽调资金和人员，支持黔江开发区及5个少数民族自治县的交通建设。1997~2000年除每年定额补助400万元外，重庆市交通地方重点公路、国道319线文明样板路建设、道工房建设、水泥路面修补、水毁补助、以奖代补、危桥改造、国债资金投入等除分成比例外约投入2.5亿元。黔江至彭水公路“三改二”工程前期工作费由重庆市交委支付，按工程进度分期补助3亿元；对黔江开发区交通基础设施建设的前期工作、管理工作、技术等都给予了较大支持，使黔江开发区交通基础设施在2~3年发生了质和量的飞跃。

支持酉阳县交通基础设施建设（对口扶贫县）。1997~2000年，重庆市交委组织了6批共36人到酉阳县考察交通状况，重点考察国道319线、酉（阳）龚（滩）公路、酉阳的出口公路、道工房建设等，并对酉阳至龚滩公路的工程可行性研究报告、初步设计、技术指标、地质资料、公路走向进行了审查，提出了修改意见，优化了该公路的设计方案，降低了造价。落实了支持项目和资金。酉阳至龚滩公路，全长79公里，总投资26000万元，交通补助、财政转贷资金投入6600万元。解决了两个不通公路乡（细沙乡、小咸乡）的公路建设，于1999年修通了公路，补助资金约100万元。将国道319线建成文明样板路，重庆市交委投入资金300万元。酉阳县环城公路的改造工程补助资金50万元，铜（铜鼓）磨（磨石坳）路补助资金60万元。补助酉阳县交通局职工住宿经费20万元，给酉阳县交通局机关送会议桌椅100套，价值1万元。

为使酉阳的支持项目真正落实，重庆市交委于1997~2000年多次选派公路建设管理经验丰富的工程技术人员、管理干部到酉阳县指导工作，帮助他们提高工程技术水平及管理水平。

（二）部分区县实施情况

秀山县：从1985年开始，利用以工代赈建设公路107.1公里。主要有梅江至钟灵公路13公里，秀山至溶溪公路22公里，溶溪至王家坳公路17.6公里，新厂至笔架山公路10.1公里，八十步至干川公路3.1公里，宋农至海洋公路17.4公里，丰联至胡联公路20.8公里，兰桥至大路公路3.1公里，中溪桥1座53.6延米。

酉阳县：1985~1988年，酉阳县利用粮、棉、布以工代赈修筑公路140.8公里，其中，新建公路130公里、改建公路10公里，均为四级公路。建成中桥6座，250延米；小桥13座，323延米，合计19座，573延米。总投资322.91万元，耗用总工日167.16万个。

涪陵区：1984~1988年底，利用粮棉布以工代赈，全区（10县市）完成新（改）建公路58条947.4公里，其中新建680.5公里，改建266.9公里；建成大中桥梁49座，长2434.2延米；完成隧道2处，436.6米；实用总工日1830.2万个。粮棉布以工代赈结束后，从1988年开始至“八五”期，又开展了中低档、新增工业品以工代赈扶持发展山区公路建设。涪陵、南川、丰都、武隆一市三县利用工业品以工代赈资金完成公路建设里程176.3公里，其中新建121.4公里，改建54.9公里；建成中桥23座，隧道8处；耗用总工日1004.01万个，完成工程投资金额14626万元。2004年，重庆市计委《关于下达2004年财政预算内以工代赈第一批项目投资计划的通知》中安排涪陵区项目投资计划1082万元，其中国家以工代赈资金110万元、自筹972万元，用于12个乡镇新改建村社道路153公里（新建89公里，改建64公里，达到四级路标准），新建小桥10座。工程于2005年1月底完工。同年，重庆市计委下达2004年中央预算内专项资金（国债）以工代赈项目投资计划，安排涪陵区罗云乡至南沱镇罗龙公路改建，改建里程7.1公里，总投资148万元，其中中央以工代赈资金45万元、自筹103万元。2004年10月区计委将计划下达给罗云乡和南沱镇，工程于2005年2月完工。

万州区：自1985年5月至1994年底，国家对万县地区累计投入以工代赈资金1.3045亿元，用于交通建设。修建了一批“经济路、富民路、等级路”。新建公路128条共1305.5公里；改建公路53条共809.6公里；新建、加宽大、中、小桥梁419座，其中大桥29座、中桥73座、小桥282座、加宽小桥35座；修建人行道16条187.7公里，架设人行桥25座，修建码头18座。山区人民群众“行路难、过河难”问题得以解决。

云阳县：从1984～2002年，国家共下达修建公路计划里程656.8公里；修建大小桥梁1508延米。建设投资总额达到23704.2万元，其中国家以工代赈补助资金12972万元。云阳县建全乡大兴公路建设，1996～1998年投资320万元修建了石新、建团、建林、路阳、野鸭等72公里村级公路，使全乡村村通公路。

荣昌县：从1987～2005年，利用以工代赈修建扶贫公路301.3公里，补助扶贫经费97万元。修建的扶贫公路分别为：河龙公路3.5公里，补助12万元；清坪公路3.8公里，补助资金15万元；吴清公路17.3公里，补助资金8.5万元；盘江公路2.7公里，投资34.86万元，补助资金10.05万元；高观音、棕包田公路1.73公里、2.1公里，投资12.5万元，补助资金10余万元。

酉阳县：1985～1988年，酉阳县修建扶贫公路140.8公里，其中，新建公路130公里，改建公路10公里，均为四级公路。共计中桥6座250米，小桥13座323延米，合计19座573延米。总投资322.91万元。

九龙坡区：1995年，石板乡共筹集资金90万元，修建天马公路。乡政府充分发动村民投工投劳，乡人武部组织了600多民兵突击抢修，此路于1995年12月底竣工通车。

沙坪坝区：沙坪坝区回龙坝村是一个贫困村，由于该村地处山区，地理条件差，村内无公路，交通不便。1996年，沙区交通局支援筑路资金8万元，派出技术干部帮助村内修建一条长4公里的公路，连通了该村7个社。方便了群众，提高了工效，促进了经济的发展。

梁平县：自1995年以来，每年都将公路建设纳入农村工作总体规划，采取以资代劳、投资投劳方法，先后筹集资金1200万元，修建公路200多公里。其中村道55公里，社道150公里。1999～2000年，又投资350万元，投劳70万个，新修公路18公里，维修公路185公里。村级公路的迅速修建，有力地促进了当地经济的发展。各村农民充分利用便利的交通条件，多渠道、多形式地开辟了致富项目，使村民走上了致富路。

重庆市利用交通扶贫资金改造和建设公路，极大地改善了贫困地区的交通条件，大力发展了乡镇企业，方便了当地人民群众的日常生活和生产，促进了社会经济的迅速发展。

黔江：1996年国民生产总值54.5亿元，比1987年增长1.7倍，年均递增13.5%；工农业总产值达56亿元，比1987年增长2.04倍，年均递增14.9%；财政收入达6.02亿元，比1987年增长4.9倍，年均递增24.8%；社会消费品零售总额19.1亿元，比1987年增长3.5倍，年均递增20.7%；农民人均纯收入1057元，比1987年增长3.2倍，年均递增19.6%。黔江地区因此而被国务委员陈俊生誉为“北有临沂，南有黔江”的扶贫典型。

忠县：1985年以来，忠县利用以工代赈新建，改建的忠万、干石、忠丰路等，运输重型钻探设备，钻探天然气井30口，探明工业储气量达50亿立方米，使该县一跃成为川东天然气生产的重要基地，至1988年全县铺设管道将气输往成、渝等地，支援国家重点建设。该县还利用天然气生产炭黑，1988～1992年共生产7503吨，产值1800.72万元。同时县城职工、居民也用上了天然气，既经济卫生，又合理利用资源，深受欢迎。该县石宝区钻探出储量可观的岩盐，1994年试产食盐3000吨，正式投产，年产量达2万吨。该县乌扬镇利用以工代赈资金新建天乌路，促进年产30万吨至60万吨国家重点建设项目——川东水泥厂落户。使乌扬镇沉睡多少世纪的丰富石灰石资源得以开发。该县干（干井）石（石宝）路，粮棉布以工代赈改建后，时速提高到35公里/小时，每日车公里节约油5公升，一年综合经济效益达70万元，为石宝寨旅游提供了良好的道路条件。仅1992年到石宝寨旅游达17.7万人，其中外宾、港澳旅客3.55万人，收入120万元。干井口大桥建成后，撤销了人力渡，解决了重点中学2100余名师生过河难，郑公村在干井中学附近发展柑橘基地600亩，为县城扩建创造了条件。里（里仁）黄（黄金）公路修通后，比原经白石、巴云至县城缩短23公里，里仁乡年进出物资2万余吨，每年可节约运费75万元。

城口县：城（城口）岚（岚皋）路建成通车后，城口至岚皋127公里，到安康199公里，比通车前经万源到安康缩短198公里。每吨货物节约运费50元，城口每年运至陕西安康的生漆、茶叶、钡、锰矿等运量达10万余吨，年可节约运费500万元。沿线森林面积8.38万亩，可采伐木材10.88万立方米。川陕交界处有丰富的煤炭，是城口冶炼锰铁所需燃料，该路对国贫县城口经济发展，脱贫致富起着重要作用。城口箭竹路、东安路相继修通后，龙滩河等梯级水电资源得到开发，修建了36个电站，使城口县1992年发电量增加到1939万度，比1984年增长2.62倍，不仅解决了全县工业用电，而且农村用电户比例大幅度增加，使该县迈入电气化试点县的行列。城口县龙田乡以工代赈修通龙（龙田）黄（黄溪）路，两年脱贫。城口县箭竹乡村公路修建前上万立方米木料烂在山里，以工代赈修路后，年运输木材近万立方，增收100万元以上。

第三节　乡村公路建设

1991年5月10日，重庆市交通局向市政府上报要求解决重庆市乡乡通公路经费的请示。请示提出：重庆市821个乡镇，有12个乡不通公路（合川县大沔乡、东渡乡、沙金乡、江津县沙埂乡、潼南县红星乡、合川县宝华乡、江津县四面山、油溪乡、嘉平乡、江北县五宝乡、舒家乡、长寿县乐温乡），共需补助费用2450万元，以解决重庆市贫困边远山区、农村经济开发区等新建的县际、区际联网、断头路和近4000公里的等外级公路改造费用。1997年重庆直辖前，重庆市已实现了乡乡通公路。重庆直辖后，万县、涪陵、黔江划归重庆管辖，乡镇增加到1423个，其中不通公路的乡镇41个。按照中共重庆市委、重庆市政府的要求，重庆市交委将通乡公路建设写进了每年与各区县政府签订的交通建设日标责任书中进行考核。经过各级党委、政府和全市人民的共同努力，至2005年年底，重庆市已实现了乡乡通公路的目标。乡道公路养护里程由1998年的12645公里，增加到2005年的15604公里，增加了2959公里。

一、通乡公路建设

20世纪80年代，“要想富，先修路”已成为全社会的共识，解决道路不通、信息不畅是广大农村干部群众的迫切愿望，是贫困地区发展经济、脱贫致富的需要。重庆市各级政府、交通部门抓住以工代赈、西部大开发和建设新农村的机遇，采取民工建勤、民办公助等办法，先解决通达，再解决通畅，加快了通乡公路建设进程。

部分区县通乡公路建设情况如下（2005年年底数据）：

大足县，1985年底有乡道32条，175.2公里，全县53个乡，乡乡通公路。已建成乡道41条，237.2公里，比1985年增长35.4%，晴雨通车196.2公里。其中1986～2005年新建133.8公里，改建（造）老路147.8公里。已硬化路面103公里，成为通畅公路。

长寿县建成乡道公路23条，长177.95公里，投资约1305万元。

江津市建成乡道155条，975公里。

合川市建成镇乡公路92条。

双桥区建成乡镇公路11.03公里。

云阳县建成乡道公路23条，386公里，投资约5855.7万元。

万州区建成乡道公路474公里（五桥262公里，天城212公里）。

秀山县建成乡道40条342.3公里。

江北区建成乡道15条，82.9公里，全部为水泥砼或沥青路面。乡乡实现了通畅。

城口县建成乡道242.1公里。

丰都县建成乡道公路48条，总里程达506.9公里。

铜梁县建成乡道公路82条，443.4公里。

武隆县建成乡道53条，长660公里，通公路的乡镇达100%。

南岸区建成乡村公路345.45公里。

綦江县建成乡道公路26条，332.3公里。

石柱县2005年底建成乡道公路18条212.4公里。

潼南县1986~2005年新、改建乡道191.7公里。

九龙坡区1996~2005年新建乡村公路504.8公里，改建210.3公里。从2002年起，新建和改建镇级公路总里程约133公里，总投资约10.6亿元。至2005年年底，镇级公路总里程678.9公里，其中县道186.2公里，乡道260.1公里，村道232.6公里；等级公路580.2公里，占农村公路总里程的85%，等外公路98.8公里，占农村公路总里程的15%。

涪陵区经过1988~1997年的10年建设，乡村公路从2614.4公里，增加到7427公里。1985年末，涪陵市仅有乡道490公里。1986~1998年，涪陵市交通局、枳城区交通局先后投入新建、改建乡村公路补助经费525.9万元。其中新建乡、村公路99条（段），总长572.6公里，投资418.2万元；改建乡村道路42条（段），总长249公里，投资107.7万元。新改建公路均按四级公路标准设计，但因经费严重不足，大多数公路未能达标。

酉阳县建成乡道公路35条，512.9公里。全县82个乡（镇），乡乡通公路。

二、通村公路建设

1997年重庆市直辖时，重庆市有行政村21256个，其中不通公路的行政村5440个。为改变农村的交通条件，发挥汽车运输门对门的优势，让汽车能开到家门口，在重庆市已实现乡乡通公路的基础上，农村公路建设向村村通公路推进。重庆市交通委员会对通村公路建设给予了政策上的支持，一是将通村公路建设作为年度考核内容对区县进行考核，二是在经费上进行补贴，三是由重庆市公路局具体负责通村公路建设。

重庆市公路局组织各区县交通部门的技术干部对通村公路建设的技术标准、修建程序进行培训，经考试合格后，指导通村公路建设。重庆市公路局对农村公路建设进行督促检查，统计汇总。通村公路建设直接关系到农民的切身利益，如土地占用、集资、投工投劳等，必须调动农民修路的积极性。通村公路建设采用了“一事一议”的方式进行。村民委员会组织村民一事一议，凡受惠的村民，既要举手表决，还要签订修路协议，推动了通村公路建设的实施。经过各级政府和各地村民的共同努力，至2005年年底，不通公路的行政村减少到1608个，减少了3832个。部分区县通村公路建设如下（2005年年底数据）：

万州区已建成村道公路2658公里（五桥区1616公里、天城区1042公里），通公路村占87.8%。江北区已建成村道171条，总里程263.8公里。实现了村村通公路。

城口县建成530公里，占农村公路总数的45.48%，形成了农村公路网络体系。

大足县建成村道1300条，总里程1681.4公里，比1985年增加10倍，其中1986~2005年新建1567公里，改建（造）老路178.1公里，硬化127.2公里为通畅公路，占村道总里程7.6%。2005年全县公路通达行政村206个，占85.1%。全县行政村公路通畅的有126个，占52.1%。

长寿县1985年底全县有村道76条，总里程173.5公里，从1986~2000年加快了通村公路建设，共投资约162万元，修建了10条通村公路。至2001年年底，全县共568个行政村，已有560个村通公路。村道公路2285公里。

南川市1986~2005年，新修通村公路7条65公里。

丰都县建成村道公路2741公里。其中88公里为山岭重丘四级公路标准，其余均为等外级公路。2005 年全县 344 个村，有 339 个村通了公路。占 98.5%。

荣昌县建成村道公路 305 条 873 公里。其中等级公路 367.9 公里，占村道总里程的 41.15%。

秀山县建成村道 437 条，总里程 1603.7 公里。

北碚区建成村道 418 条，总里程 819.9 公里。

铜梁县至 2004 年底，建成村道公路 754 条，总里程 1090.2 公里，总投资 4125 万元。23 个行政村全部通了公路，通达 10 个，通畅 13 个。

武隆县建成村道 42 条，总里程 417.3 公里，90% 的行政村通公路。

永川市建成村级道路 1233 条，总里程 1572.6 公里。

涪陵区建成乡村公路 573 条，总里程 1813.3 公里。

南岸区建成乡村公路 345.4 公里。

綦江县乡村公路 45 条，总里程 399.8 公里，其中三级路 21.5 公里，四级路 356.7 公里，等外公路 21.6 公里。

潼南县 1986～2005 年新建村道 938.7 公里，其中通达里程为 919.6 公里，通畅里程为 19.07 公里。江津市建成村道 1097 条，总里程 2280 公里。

奉节县建成村道 2012 条，总里程 5801 公里。

城口县建成村道 530 公里。

梁平县建成村道 1613 条，总里程 2229.4 公里。

巫山县建成村道 317 条，总里程 145.3 公里。

重庆市的农村公路建设，直接惠及沿线千百万农民群众，加快了农民脱贫致富奔小康步伐，改善了农村生产生活条件，活跃了农村经济，促进了城乡交流，推动了农村经济快速发展。据统计，2003 年，重庆市农业增加值达到 343.07 亿元，比上年增长 4.2%；2004 年实现增加值 431.32 亿元，比上年增长 4.7%。2004 年，重庆市农民人均纯收入达到 2535 元，首次实现两位数增长，增长量是上年的两倍多。

重庆市的农村公路建设，促进了农村客运网络的发展。各区县按照“路通到哪里，车就通到哪里”的要求，大力发展农村客运市场，密织农村客运网络，较好解决了农民出行难、乘车难的问题。2004 年年底，重庆市农村客运场站点达到 1080 个，客运线路 1649 条，客运班车 6755 辆，98.7% 的乡镇及 60.2% 的行政村通了客运班车。农村公路通达深度的不断提高，大大缩短了城市与农村的时空距离，实现了城乡对接，加强了城市对农村的辐射带动作用，促进了城乡人流和物流。

第六章　专用公路建设

专用公路是指由企业或者其他单位建设、养护、管理，专为或者主要为该企业或单位提供运输服务的道路。

1997 年重庆市直辖前，重庆市所属 21 个区县的专用公路共计 50 条 279 公里。据 1997 年统计年鉴记载，重庆市有专用公路 342 公里。随着工矿企业的变迁和公路交通的不断发展，很多专用公路发生了新的变化，专用公路改变了路况，提升了等级，成了乡村道路甚至干线公路，以致专用公路逐年减少。

第一节　区县专用公路建设

长寿区　至2005年年底，关沙公路：起自长寿关口，经过重庆铁合金厂、长寿化工厂、羊角堡码头至重庆第七棉纺厂，全长3.5公里。为长寿化工厂、重纺七厂、重庆铁合金厂等专用公路。其中关口至羊角堡段，1938年修建；羊角堡至重纺七厂段，1980年由重庆铁合金厂和重纺七厂联合修建。

合川县　至2005年年底，三姚公路：起自合川县的三汇坝至江北县的姚家岩，长18.2公里，其中合川三汇坝境内长4.6公里，为四级公路，三汇地段为水泥砼，由天府矿务局三汇坝二矿投资修建并负责管理。

万州区　至2005年年底，有专用公路29条87.6公里。

梁平县　29条100.7公里。

奉节县　15条48公里。

忠县　27条100.3公里。

巫山县　7条85.2公里。

城口县　3条40.2公里。

开县　15条65.5公里。

涪陵区　涪陵地区1985年末统计全区共有专用公路101条608公里。大多为等外级公路，路基窄，弯道急，路况差。其中龙汤公路：起于龙桥镇，止于汤家院子，长10公里。武陵山路：起于山窝乡乐道村，止于武陵山国家森林公园，长11.6公里。雨台山路：起于涪焦路大垭口，止于雨台山景区，长1.1公里。建峰化工厂路：起于乌江东岸白涛镇816厂区，至小马福垭接省道石雷路，长24公里。川东船厂路：起于李渡镇，止于川东船厂，长3公里。

双桥区　至2005年年底，全区三条专用公路，总长度9.9公里。川汽厂专用公路：始建于1965年，从川汽厂区至双路转盘与大邮路（旧路）相连接，长5.2公里。长河煤矿专用公路：1958年因长河二郎堂上升湾办炼钢厂而建，长4.5公里，双桥区境内长3.23公里。蔬菜基地专用路：从建新村1社龙建路至双水井，长1.2公里，1993年修建。

城口县　至2000年年底，城口已有专用公路4条，长44.6公里。黄草公路：黄安乡至黄安草场，是城口县草场开发和旅游专线公路，长24.7公里，于1998年11月修建。航茶路：起于城皋公路（重庆城口至陕西岚皋）箭岭乡的干河沟，止于航空茶场的普桐长垭口，新建公路4.4公里，路面宽3.5米，于1998年动工，2000年4月27日正式通车。由城口县农业局自筹10万元投资建设而成。2005年，黄草路24.7公里，由东安乡管理，清河路3公里和猫茶路12.5公里，纳入当地村道管理。航茶路仍由农业部门航空茶场专属使用和管理。

江北区　2005年末，江北区境内有专用公路102条104.3公里。

荣昌县　1985年底有专用公路23条，里程30.01公里。至2005年年底，有专用公路6条，总里程11.5公里，其中四级公路9.8公里，等外公路1.7公里。碎石路至打石山：起于碎石路止打石山，长1.7公里，等外公路。郑家湾至益民机械厂：起于郑家湾止于益民机械厂，长2.4公里，四级公路。筲箕湾至岚风林场：起于双河镇止于岚风林场，长0.95公里，四级公路。大石堡至石田煤矿：起于双河镇大石堡村，止于双河镇大石堡村石田煤矿，长1.3公里，四级公路。七里埂桥头至大石堡：起于双河镇七里埂村桥头，止于大石堡，长4.1公里，四级公路。筲箕湾至六号信箱：起于双河镇筲箕湾止于六号信箱，长0.9公里，四级公路。

永川市　2005年底，永川市有专用公路61条，175.4公里。一三路：从老永泸路（16+496）川南气矿黄瓜山气田至号井处分线，由黄瓜山镇白岩槽，经重庆师专到“三八七”单位三区住地，长4.9公里。金三路：原起于大安镇成渝路（343+496）分线，到放牛寺“三八七”单位二区住地，全长4.5公里。235路：是兵工部永川235库的专用公路，起于双石镇双石粮酒店，长1公里，四级公路。洪流路：临江镇柏林洪水沟煤矿运煤自用公路，起于临江镇洪水渠益洪桥，止于柏林洪水沟煤矿，长1公里，四级公路。宝水路：水家沟煤矿运煤公路，起于宝峰镇宝峰桥，止于水家沟煤矿，长1.5公里，等外级公路。双余路：起于南大街双白树岔路口，止于余家岩洞煤矿，长0.3公里，等外级公路。长水路：起于箕山路19公里处长松林，止于水巴崖煤矿，长1公里，等外级路。生代路：起于永师路口农业生态园区大门，止于代家店，是为农业生态园区运送经济作物和生产物资而自己筹资修建的专用公路，长5公里。松革路：起于来苏镇三岔口，止于革命水库，是来苏镇自行筹资修建自己管养的通往革命水库的专用公路，长2公里，等外级公路。蒋黄路：太平场蒋家南坳至黄泥塘新胜茶场场部，是四川省监狱总局为新胜茶场监狱、运送生产、生活物资和押送犯人而修建的自用公路，长8.8公里，四级公路。花果山支路：1954年由永川县花果煤矿修建的专用公路，由小坎成渝公路345.6公里起接线至花果山煤铁矿，长3.2公里。

铜梁县安居电厂路　起于安居镇北门车渡码头，经专用车渡过涪江到琵琶嘴码头，经琵琶嘴到电厂，长1.5公里，四级公路，1991年竣工交付使用。黎家沟井场公路：起于巴川镇国道319线加油站路口，经梯子、黎家沟村至石油局井场，长3.8公里，等外级公路。

酉阳县　至2005年年底，有杉马路：杉树坪至马尿岩，长8公里。青松路：王家庄青山岩（硫黄厂），长16公里。板青路：板溪至青华（林场），长5公里。大泉路：马鹿至大泉（水库），长4公里。蚂蟥路：蚂蟥至磷肥厂，长3公里。龙东路：龙东至水泥厂、煤厂，长11公里。

第二节　大件公路建设

一、大件公路的由来

大件运输专用公路是经国务院批准，为三峡工程配套运输专用变压器的重要道路工程，也是2001年重庆市的基础设施建设的重点工程之一。由于采用德国Goldhofer全挂车总重562吨的超重设计荷载，故简称此路为大件公路。

大件公路起自ABB变压器厂，途经重庆市九龙坡区华岩、水碾、毛线沟、杨家坪、滩子口等，止于大件码头，设计全长9.1公里，实际完成9.2公里。设计全长约16公里，其中一头一尾两段，即大件公路ABB变压器厂至华岩路口、水碾至大件码头段改建工程是由市交委和公路局作为业主修建的，中间有两段分别是九龙坡区交通局和高新区交通局作为业主建设的。大件公路ABB变压器厂至华岩路口、水碾至大件码头段改建工程（以下简称大件公路改建工程），是重庆市为三峡工程运输大型变压器的专用运输道路中的主要路段。重庆市政府以《重庆市人民政府关于做好1999年重点建设项目的通知》确定大件公路为重庆市重点建设项目。

二、工程前期工作

（一）前期准备阶段

1998年12月14日，重庆市计委以渝计委能〔1998〕1602号文批复设计方案。1999年10月27日，重庆市计委以渝计委能〔1999〕1393号文批复可行性研究报告。2000年4月6日，重庆市交通局以渝交局〔2000〕255号文批复初步设计。

2000年6月28日，重庆市公路局以渝路局〔2000〕92号文批复两阶段施工图设计。2000年6月23日，重庆市公路局以渝路局〔2000〕131号文，决定成立重庆市大件公路建设指挥部，负责大件公路的建设管理工作。为确保工程质量、工期，大件公路工程实行业主负责制、招投标制、工程监理制，2000 年 7 月 13 日，重庆市交通委员会同意大件公路改建段的开工报告。2000 年 8 月 28 日，大件公路改建工程开工。

（二）征地拆迁

由于大件公路改建段地处主城区，重庆市大件公路工程建设指挥部负责拆迁工作，由于涉及沿线单位多、种类多、数量多等原因，拆迁工作从 2000 年 8 月开始，边拆迁边建设一直持续到 2001 年 12 月，拆迁费用 1100 余万元。

三、工程项目管理

（一）资金筹措

大件公路改建段资金来源为市财政预算专项资金 1000 万元，其余由市交通委员会筹措。实际公路资金全部由贷款解决，每年拨养路费偿还。

（二）建设管理

建设管理机构是重庆市大件公路工程建设指挥部，下设工程部、征地拆迁部、综合办公室、财务部等部门共 9 人组成。大件公路采用项目业主负责制、项目经理负责制。

1. 质量控制。大件公路建设始终坚持“质量第一”的方针，把工程质量放在项目管理的第一位。一是严格履行基建程序，认真做好质量源头的管理。做好招标资格预审，招标文件，项目报建与开工报告的报批工作。二是按照国家规定建立健全质量保证体系：政府监督——重庆市交通委员会、重庆市公路工程质量监督站；社会监理——重庆中宇工程咨询监理有限责任公司；企业自检——重庆市公路实业开发总公司。三是主动接受质监机构对质量保证体系的监督检查。四是根据有关公路工程建设的法律、法规、规章、技术标准、规范和合同文件，组织进行施工和监理。五是加强档案管理，所有建设项目都要按照《中华人民共和国档案法》的有关规定，建立健全项目档案。

2. 进度控制。大件公路改建段开工日期为 2000 年 8 月 28 日，完工日期为 2002 年 6 月 28 日，原初设批复工期一年，由于工程中遇到诸多困难，为保证工程质量，工程延期 10 个月，实际工期为 22 个月。

3. 投资控制。重庆市大件公路建设指挥部在项目的招投标工作中，严格按照基建程序编制标底，并委托重庆市公路工程定额站、重庆市建设委员会盎卓事务所对相关工程标底、工程造价进行了审查。积极开展全面质量管理活动，优化施工方案，减少拆迁费用。严格控制施工中新增项目的费用，在工程建设过程中充分发挥竞争机制作用，调动各有关单位和人员的积极性，努力降低工程造价，并严格按形象进度拟定拨款计划。大件公路改建段工程概算批复为 5656 万元，实际总造价为 4883 万元，节约概算投资 773 万元。

4. 合同管理。大件公路工程建设指挥部严格按程序及合同办事，凡有设计变更、工程变更和单价调整均由工程部审核，总工复核并签注意见；重大设计变更由公路局及时安排，组织设计单位及顾问专家等各方召开审查会议确定。

5. 获奖情况。渝交委科〔2001〕32 号文《重庆市交通委员会关于表彰 2001 年度优秀 QC 小组的通知》，表彰重庆市公路局大件公路工程建设指挥部 QC 小组为重庆市交通委员会质量管理小组二等奖。中交企字〔2001〕47 号文《中国交通企业管理协会关于公布交通行业 2001 年度质量管理小组活动评审结果的通知》，表彰重庆市公路局大件公路工程建设指挥部 QC 小组的《优化大件公路施工图设计》为 2001 年度交通行业优秀质量管理成果。同时，重庆市交委表彰重庆市大件公路改建工程为 2001 年度优秀在建工程。

重庆市大件公路建设锻炼了队伍。大件公路改建段工程是城市道路改造工程，区别于高速公路和区县公路工程建设管理的是建设单位的拆迁、协调工作量大、难度高。重庆市公路局大胆起用年轻人，并对施工阶段进行了多方案比较，认真分析了工程费用与拆迁费用的经济关系，优化施工图设计，用少量的工程量投入减少大量拆迁投入，有效地控制了工程造价。

重庆市大件公路建设提升了重庆市大件运输的能力。为三峡工程生产大型变压器的地方，中央有两个可选方案，一是湖北宜昌，二是重庆。宜昌距三峡大坝较重庆近，但宜昌是逆水上，重庆是顺水下。重庆是老工业基地，生产大型变压器的能力强于宜昌，但宜昌是平原微丘区，重庆是山岭重丘区，陆路运输条件，宜昌优于重庆。重庆市能否争取到为三峡工程生产大型变压器的任务，关键在能否破解陆路运输。大件专用公路的修建成功为三峡工程生产大型变压器的任务落户重庆赢得了关键的一票，提升了重庆市大件运输的形象。

重庆市大件公路建设带动了沿线经贸发展。一是为重庆变压器厂争取到了生产任务，使该厂重现生机；二是九龙坡区巴国城的新建，新增了一个旅游商贸区；三是为华岩寺、巴国城等旅游区提供了一条快速通道。

第三节　旅游公路建设

一、旅游公路由来

大江大山特殊的地理环境，造就了重庆市众多的旅游风景区，旅游资源极为丰富，有世界级文物古迹大足石刻，国家级旅游风景区长江三峡；有东西南北四大温泉休闲度假区，有大宁河小三峡、天坑地缝、白帝城、红池坝、张飞庙；有长寿湖、龙水湖、南湖、小南海、黄水湖、丁山湖；有仙女山、金佛山、南山、缙云山、古剑山、铁山坪；有乌江百里画廊、长江高峡平湖。重庆是抗战时期的陪都，凝结了大量抗战文化遗迹。有红岩村、曾家岩、梅园、黄山；有渣滓洞、白公馆，有解放碑、朝天门、磁器口。重庆直辖后，中共重庆市委、重庆市政府十分重视旅游公路建设。各区县依托丰富的旅游资源，大力建设旅游公路，发展旅游业，把资源优势转化为产业优势，带动经济快速增长，走出了一条以旅游业为龙头带动区县域经济发展的成功之路。

二、旅游公路建设工程实施

部分区县修建旅游公路情况如下：

石柱县　黄水镇大风堡景区旅游公路建设工程，全长7.9公里沥青路面，2001年7月25日动工，到2002年8月25日，工程建设全面竣工，总投资496.83万元。

江北区　1999～2003年，将铁山坪4条旅游公路路面改建为沥青砼路面。

铜梁县　巴岳公路：1998年2月对巴岳公路扩建为三级标准沥青表面处治路面，同年9月全面竣工。工程费778.7万元。悦青公路：起于西泉镇国道319线悦来小学路口，止于西泉与璧山交界的青龙湖，是铜梁去青龙湖的旅游专线。长5.1公里，四级公路。计都寺路：于1995年初，修建计都寺专用公路。长1.5公里，宽4米，为四级泥结碎石路面。1995年10月开工，1996年10月完工。投资35万元，由计都寺投资。玄天湖公路：玄天湖旅游公路，玄天湖和中华龙温泉旅游度假区的环湖旅游路配套工程，长5.03公里，路基宽度5～9米，路面宽度4～8米，除0.8公里为沥青表面处治路面外，其余均为四级泥结碎石路面。由铜梁中华龙温泉旅游度假区管委会修建、管养，1998年动工，1999年12月竣工。

南岸区　南山旅游路由上新街前驱路口至四中路口，原为龙黄公路，长3.5公里，始建于1958年，建成时为单车道碎石路面，1984年改建为沥青路面，1997年，南岸区交通局筹集资金，改建上新街至大兴场路段为水泥砼路面，全长20.8公里，路面宽度7～12米，路基宽度8～16米，1998年5月完工。

璧山县　浸青公路：（浸口至青龙湖）公路，起于浸口，止于青龙湖风景区。长13公里，璧山县交通局投资650万元，将泥结碎石路改造成山岭重丘二级沥青表处路。1999年3月14日动工，

1999年6月完工。

万盛区　黑山旅游公路：黑山旅游公路改造路段20.7公里，总投资130万元，改造后路面平均宽度可达到6.5米的双车道。1994年开工，1995年4月完工。石林黑山旅游公路：1998年3月28日，万盛石林、黑山旅游公路改造工程开工，工程总投资1000万元，总里程37公里。改建路面宽6.5~8米，石林公路桃子立交桥至两河粮站11公里路段硬化为水泥砼路面，其余路段实现油化。黑山公路腰子口至黑山景区20.7公里采用双层式沥青表处路面，于1998年10月底完工。

垫江县　南天湖旅游公路：2005年5月，重庆高等级公路建设投资有限公司投资5.27亿元修建全长200余公里的南天湖旅游公路。该旅游公路，起于垫江迎宾大道，途经丰都鬼城、雪玉洞、南天湖、武隆仙女山、芙蓉洞，止于贵州的道真，串起数个景区。2005年在建。

梁平县　百里竹海环形公路：梁平县百里竹海新开通的第二条进山旅游公路。该路起于318国道天生桥桥头，经七桥镇天桥村、天源村，接李家湾，与彭家店至竹丰湖的原有县道形成循环旅游路线。全长9.5公里，投资50万元，2000年7月完工。

奉节县　奉恩旅游公路：重庆奉节到湖北恩施省级干线公路改造完成后。使湘鄂渝陕四省交界处形成“西安—大三峡—张家界”金三角旅游线及南北经济走廊。1997年11月开工，1999年5月27日完工，建成后的奉恩路全长92公里，缩短里程18公里，投资9977万元。清静庵至天鹅湖旅游公路：重庆市交委渝交委计〔2003〕204号批复奉节县旅游专用公路清静庵至天鹅湖景区段改建工程可行性研究报告，路线起于清净庵，经磨竿包、董家脚底、女儿包、桐子坪、小垭合、百步梯，止于天鹅风景区大门，全长约8公里。全线按三级公路标准进行设计。行车速度30公里/小时，路基宽度7.5米，路面宽度6米，设计荷载为汽-20，挂-100，总投资为3026万元。2005年在建。

武隆县　武仙旅游公路：武仙路是武隆县城通向国家级风景名胜区仙女山森林公园的1条二级旅游公路，该路全长32.6公里，路基宽度8.5米，概算投资4950万元，武仙路的改扩建工程于1997年10月25日动工，1999年6月30日竣工。

大足县　城宝旅游公路：起于龙岗罗汉桥，经化龙，止宝顶，全长11.9公里。该路段大足至化龙段始建于1963年，1975~1976年建成化龙至宝顶段，该段有永久式桥梁4座，长139.6延米。1980年宝顶石刻对外开放，城宝路成为旅游公路。1981年永川地区交通局拨款14.5万元进行改造。1982~2004年对该路段进行过多次改造，至2005年年底为水泥砼路面，路基宽度12米，路面宽度8~10米双车道。

北碚区　柳荫至金刀峡旅游公路：复兴至柳荫段起于北碚区复兴镇，经龙王公社、三圣、石坝，止于柳荫镇，长21.9公里。金刀峡至三汇段起于金刀峡镇，经汪家坪，止于合川市三汇镇（其中合川段约15公里），接仪北路，长24.4公里。复兴至柳荫及金刀峡至三汇段改建工程按四级公路标准建设，行车速度20公里/小时，路基宽度7.5米，路面宽度6.0米，桥涵设计荷载为汽-20、挂-100，预算投资为5002.84万元。

旅游公路建设，促进了旅游大县脱贫致富。乌江边的武隆县，长期以来是国家级贫困县，全境沟壑纵横，罗英山、桐梓山、仙女山、白马山、弹子山5座大山阻断了外面的世界，盘山而建的等外级公路弯急路险、冬季积雪、夏季山体滑坡断道，农民信息闭塞而生活贫困。其中最贫困的木根乡海拔2000多米，年人均纯收入仅220元。1993年春，中共武隆县委、县政府确定以旅游业带动全县经济发展的工作重心，贷款800万元开发芙蓉洞。1994年4月30日从悬崖上开辟出来的专用公路通车，成千上万的人拥向武隆，武隆县经济得到快速的增长。1993~1997年，武隆县交通累计投入1.79亿元，是新中国成立至1978年29年间累计投入的51倍。新修公路886公里，其中山岭重丘二级公路150公里，年平均修路177公里，100%的乡镇、91%的村通公路。到1997年全县公路里程达2130公里，四通八达的交通网络逐渐形成。

公路交通大发展带来旅游大兴旺。1996 年武隆县城建成面积 2.8 平方公里，是 1992 年的 4.4 倍；常住人口 40000 人，是 1992 年的 2.1 倍。1995 年以后，国道 319 线竣工通车，武隆县旅游业在全县国民经济所占份额每年递增 8 个百分点。至 2004 年，旅游人数达 80 万人次，直接旅游收入 7500 万元，并带动第三产业收入达 1.5 亿元，解决从业人员 500 余人。全县国内生产总值达 10 亿元，财政收入 10409 万元，农民人均收入 1482 元。

第四节　移民公路建设

一、建设背景

1998 年 7 月 9 日，国务院三峡工程建设委员会副主任郭树言在北京主持召开国务院三峡工程建设委员会第二十九次办公会议。为扩大农村移民安置容量，让移民尽量少外迁或不外迁，会上提出三峡库区修建乡镇移民公路。

根据上述会议精神，1998 年重庆市交通局制订了《重庆市三峡库区移民公路规划》，规划库区移民公路总里程 1735 公里（含结合淹没复建公路 212 公里），估算总投资约为 11 亿元。1998 年 8 月 21 日，重庆市人民政府副市长甘宇平召集市移民局、市交通局等部门，研究三峡库区移民公路建设的有关问题，同意了《重庆市三峡库区移民公路规划》，按三、四级公路技术等级建设。

在移民公路建设过程中，结合长江支流水系的实际情况，在原规划的基础上，增加了部分项目，实际需建设库区移民公路 1989 公里，总投资为 28.6 亿元。其中桥梁设计工程量为 27232 延米/334座（其中特大桥 8754 延米/33 座、大桥 10258 延米/98 座、中小桥 8220 延米/203 座），投资 6.4 亿元，公路投资 22.2 亿元。

二、资金来源

库区乡镇规划的 1735 公里移民公路估算总投资约为 11 亿元，资金来源为交通部门补助资金 2.6 亿元，移民补偿资金 1.735 亿元，其余资金由业主多渠道筹集解决，采取民工建勤、民办公助、地方投劳、上级补助、地方集资、移民配套的措施修建。按重庆市政府会议纪要，新建乡镇移民公路补助资金为 30 万元/公里（其中交通部门 20 万元/公里，移民部门 10 万元/公里），改建现有公路及已经建成的移民公路，移民部门给予资金补助 10 万元/公里（原确定的淹没等级公路复建补偿仍然按原规定执行）。各区县（自治县、市）待初步设计审批后，由区县（自治县、市）交通局、移民局联合编制移民公路建设资金计划，报市交通局审批，抄送市移民局；乡镇移民公路建设补助资金计划由市交通局、移民局联合下达。

三、建设管理工程实施

实施年限　重庆市政府审查通过重庆市交通局《重庆市三峡库区移民公路网规划》。实施年限为 1998 ~2003 年。

1. 立项原则。乡镇移民公路经市计委渝计委能〔1999〕299 号批准立项，一个区县境内段为 1 个项目，不再进行可行性研究，直接编制初步设计，报市交通局审批。为加强管理，施工图设计必须由各区县（市）进行审批后再进行施工建设，不搞三无工程，杜绝“三边”（边勘测、边设计、边施工）的违规行为。

2. 管理程序。经重庆市政府同意，1999 年 7 月 16 日，重庆市交通局、重庆市移民局联合下发《建设三峡库区乡镇移民公路的管理办法》（渝交局〔1999〕483 号），规定乡镇移民公路建设采取统一规划，分段分期实施的原则，按照公路基本建设程序，做好前期工作。重庆市交通局负责全市乡镇移民公路网规划；每个区县（自治县、市）域内的乡镇移民公路为一个项目，由重庆市政府立项，各区县（自治县、市）负责本辖区内的移民公路初步设计，报重庆市交通局、重庆市移民局联合审批。重庆市交通局将设计和审批文件抄报交通部、三峡办公室、移民开发局备案。施工图设计由各区县（自治县、市）负责，报重庆市公路局备案。

技术标准按国家交通部《公路工程技术标准》（JTJ001-97）规定值执行。乡镇移民公路建设由重庆市交通局负责，重庆市移民局配合，库区有关区县（自治县、市）政府组织实施。各区县（自治县、市）交通局负责组织具体实施。重庆市公路局负责重庆市移民公路的建设进度和质量管理。重庆市交通局、重庆市移民局受重庆市政府委托，与各区县（自治县、市）政府签订移民公路建设目标责任书，实行单项考核奖惩。

3. 工程管理。为贯彻落实《国务院办公厅关于加强基础设施工程质量管理的通知》（国办发〔1999〕16号）和《重庆市人民政府办公厅关于进一步加强交通工程建设质量管理的通知》（渝办发〔1999〕48号），规范交通复建工程建设管理，确保复建工程质量，重庆市移民局、重庆市交通局联合印发（渝交局〔1999〕900号），加强移民交通复建工程建设质量管理，落实复建责任，共同把好设计审查关，实行招标投标制和工程监理制、竣工验收制，加强政府质量监督。

重庆市公路局负责重庆市乡镇移民公路的建设进度和质量。万州移民开发区交通局、黔江开发区交通局负责本辖区移民公路建设进度和质量。各区县（自治县、市）成立乡镇移民公路建设领导小组，建立和落实工程质量责任体系，实行工程招投标制，加强现场技术人员、监理人员质量意识，加强构筑物、桥涵、隧道的现场技术管理和监理。资金专款专用，保证乡镇移民公路的建设。

四、工程进度

至2003年年底，重庆市已建成移民公路1765公里，完成桥梁15830延米/232座，完成总投资约20.9亿元（其中公路部分完成17.1亿元，桥梁完成约3.8亿元）。部分区县进度如下：

丰都县　移民公路的复建投资为9561.49万元，其中三级公路（含中型桥梁）为3893.69万元，四级公路（含中型桥梁）为1881.83万元，大型桥梁为3667.57万元，公路汽渡为118.4万元。1993~2003年复建公路6条76.2公里，复建公路桥梁18座，3111延米。其中丰都长江大桥为钢筋砼结构合梁线加劲悬索桥，全长620米，主跨450米，桥面宽15米，其中行车道9米，两侧人行道各2.5米，总投资8500万元。1994年10月18日开工，1996年底完工。峡南溪大桥，1991年4月30日开工，1992年4月竣工，总投资75万元，桥长102米，桥面宽8米，高25米。随着新县城建设步伐加快，该桥已不能满足车辆通行要求。2002年8月，进行加固拓宽，2003年1月建成通车。加固拓宽后桥总宽20米，其中车行道14米，人行道各3米。总投资300余万元。其中河北省对口支援100万元，故此桥由原“峡南溪大桥”更名为“河北大桥”。

表2-20　**丰都县受淹没补偿投资核算表**

公路名称	总投资（万元）	三级			四级		
		净长（公里）	单价（万元/公里）	投资（万元）	净长（公里）	单价（万元/公里）	投资（万元）
丰忠路	405.827	6.02	151.09	909.56	9.23	103.08	951.43
丰垫路	2482.41	6.40	151.09	966.98	7.00	103.08	721.56
涪石路	2811.84	13.35	151.09	2017.05	2.02	103.08	
合计	9352.52	25.77		3893.59	18.25		1672.99

续前表

渡口桥梁	大桥				渡口			
	桥长（米）	数量（座）	单价（万元/米）	投资（万元）	长度（公里）	数量（座）	单价（万元/米）	投资（万元）
丰忠路	991.17	7	2.0974	2078.88	0.64	1	185	118.40
丰垫路	978.50	3	2.0974	793.87				
涪石路	378.94	2	2.0974	794.79				
合计	1748.61	12		3667.54	0.64			118.40

涪陵区 移民公路复建从 1992～2005 年，新改建公路 13 条，总里程 106.5 公里，其中二级公路 37.9 公里，三级公路 57.9 公里，四级路 10.7 公里。总投资 25029.54 万元，其中移民补偿资金 8301.77 万元。

渡口复建 为了交通战备的需要，根据上级要求，经区计委批复同意，区公路局利用原鸣羊嘴至黄旗汽车渡口、乌江崩土坎至群沱子汽车渡口、南岸浦至李渡镇汽车渡口 3 个渡口的移民补偿资金修建长江黄旗战备渡口。北岸（黄旗）下河公路于 2003 年 1 月开工，同年 11 月竣工，路基宽 9 米，长 758.5 米，其中码头 450 米。南岸（天子殿）下河公路于 2004 年 7 月动工，2005 年 3 月竣工，路基宽 9 米，长 286.3 米，其中码头部分 180 米。南北两岸码头完成投资 1204.39 万元，其中移民补偿资金 975.21 万元。

表 2－21 涪陵区复建公路情况统计表

路线名称	起止地点	复建里程（公里）	总投资（万元）	其中移民补偿（万元）	备注
干线公路		95.15	25029.54	8301.77	
涪白路	涪陵乌江大桥至白涛大溪河口	33.21	3998	1208.83	三级公路
长江大桥南引道	南桥头至鹅颈关	5.07	4892.81	2674.78	二级公路
涪丰路（南线）	磨盘沟桥至龙驹丰都界	35.5	7638.73	1958.16	二级公路 11.5 公里，三级公路 24 公里
涪蔺路	荣桂水泥厂至蔺市镇	21.37	8500	2460	二级公路
乡镇支线		11.35		1617.61	
南焦路	涪丰路至焦岩	2		245	四级公路
龙驹路	涪丰路至龙驹新场	1		122	四级公路
百汇路	涪丰路至百汇	1.5		239.75	四级公路
仁汤路	仁义岔路口至汤元石	1.16		185	四级公路
珍溪下河路	珍溪镇至涪丰北线	0.7		157.67	三级公路
渠溪路	渠溪口至破石塔	3.01		79.48	四级公路
永安路	百胜镇	1.48		527.71	四级公路
清溪路	清溪镇	0.5		61	四级公路
合计		106.5	25029.54	9919.38	

万州区（含原万县市部分县） 复建公路476公里，其中万州区59.6公里、忠县81公里、云阳145.5公里、开县98.3公里、奉节56.2公里、巫山35.4公里。复建桥梁227座，25243延米。其中特大桥梁有万州大桥、云阳双江大桥、忠县干井口新大桥、川祖庙大桥、白桥溪大桥、红星桥、玉溪大桥、奉节梅溪河大桥及政通桥等。

表2－22 **万州区（含原万县市部分县）交通复建公路概况表**

区、县	线路名	复建路段起讫点	复建里程（公里）	总投资（万元）	其中移民补偿金额（万元）	备注
万州区	天高路	申明坝至高梁镇	9.7	3640	1653.60	
	万开路	万州大桥引道	1.3	253.50	253.50	
	万忠路	长江大桥至印盒石	3.25	2100	900	
	万忠路	锅炉厂至边家湾	6.0	2040	1170	
云阳	云开路	双江至高阳（开云界）	34	15000	3000	在建
	云万路	双江至卡梁	24.0	15980	6500	
	新普路	新津口至普安	9.936	1665	825	
开县	开云路	汉丰至双水	35	8300	3685	在建
	开万路	汉丰至马鞍	20	14000	5345	在建
奉节	渝巴路	梅溪桥头至青莲铺	14.1			2000年底动工
忠县	忠丰路	忠县城至丰都界	39.57	18000		
	干石路	干井口至石宝寨	13.9	3658.3		

开县 1999～2002年复建公路5条143.2公里，投资17620万元；复建桥梁4座973.7延米，投资2673万元（其中移民补偿2072万元）。

忠县 复建公路3条总里程264.2公里，其中新建231.8公里、复建32.4公里。投资总概算为39630万元。

巫山县 复建公路分为北线和南线，总里程296公里，建设总概算19777万元。北线为渝巴路段长85公里，加上库周路长45公里，计130公里。南线为溪南路长56公里，加上南碚路长110公里，计166公里。

石柱县 复建移民公路4条37.5公里，投资4052.2万元。

库区乡镇移民公路建设，实现了通乡达镇，带动了沿线的经济，激活了农村商贸流通，调整了产业结构，增加了农民收入。许多移民在移民公路沿线建房安置，改善了农民生产生活条件，移民公路复建，使梁平县的工商税收翻番，云阳县的移民工作加快了进程，忠县引来了美国斯格兰公司的7000万美元投资。开县的“路域经济”得以迅速发展，建起了城郊综合型、古镇旅游型、专业市场型、移民开发型、资源开发型等各具特色的小城镇。

第七章　桥梁隧道建设

重庆地形复杂，山峦起伏，有大巴山、巫山、武陵山、大娄山、中梁山、缙云山等；域内江河纵横，有长江、嘉陵江、乌江、涪江、綦河、大宁河等。复杂的自然地理条件促使重庆交通建设“逢山打洞、遇水架桥”，“桥多隧多”是重庆公路的一大特色，至2005年年底，重庆市拥有公路桥梁5217座，280868延米，公路隧道230座，109260.7延米，桥梁隧道成为重庆市公路的重要组成部分。

第一节　公路桥梁建设

重庆市桥梁建设历史悠久。重庆第一座公路桥，始建于20世纪20年代，是修筑渝（重庆）简（简阳）公路时建成的化龙桥。随着公路建设的发展，各种大跨度的现代化桥梁如双链式悬索钢箱吊桥、钢筋砼箱形拱桥、双塔双索面斜拉桥、转体桥等已逐步代替旧式石拱桥。自1986年以来，特别是重庆直辖以来，加大了公路桥梁建设力度，先后在长江、嘉陵江、涪江、乌江等河流上建桥。1997年，重庆一年内就有涪陵长江大桥、万县长江大桥、丰都长江大桥、江津长江大桥、重庆李家沱长江大桥共5座长江大桥相继建成通车。1998年又有嘉陵江高家花园大桥建成通车。1999~2005年，先后建成了长江大佛寺大桥、鹅公岩大桥、马桑溪大桥、忠县大桥、巫山大桥；嘉陵江上建成了黄花园大桥、马鞍石大桥、碚东大桥、合川大桥、石门大桥、高家花园大桥、合川云门大桥等。至2005年年底，重庆市已有公路桥梁5217座，280868延米。其中特大桥263座，大桥713座，中桥1107座，小桥3085座，互通式立交桥49座。其分布为国道847座、省道1215座、县道2182座、乡道902座、专用公路71座。

重庆市公路桥梁具有以下特点：

1. 数量多。至2005年，重庆市公路桥梁总数已近30万延米，5000多座。据2005年统计，已建成和在建的长江公路特大桥18座（沿长江的所有区县均有长江大桥），跨嘉陵江的特大公路桥已建成12座，部分桥梁仍在规划之中。

2. 类型多。重庆桥梁形态多样，斜拉桥、悬索桥、连续梁桥、拱桥、T形钢构等桥梁类型无一不具备；特大的拱桥和连续钢5构桥都超过30座，索结构桥梁（斜拉桥和悬索桥）也接近30座。世界上几乎所有的桥梁类型在重庆均有身影，其中长江、嘉陵江上的桥梁就包含了中国所有的桥梁类型。

“之最”多。许多桥梁跨径居于国内甚至世界前列，创下一个个中国或世界“之最”，成为重庆的一道新的风景线。1969年建成的北碚朝阳桥是中国唯一一座双链式悬索桥（跨径186米）。1972年建成的丰都九溪沟大桥是世界上跨径最大的石拱桥（单孔净跨为116米）。1997年建成的万县长江大桥是世界上跨度最大的砼拱桥（主跨420米）。2001年建成的大佛寺长江大桥的主跨跨径为同类型桥中亚洲第一（主跨450米）。2004年建成的巫山长江大桥是当时世界上跨度最大的钢管砼拱桥（主跨460米）。在建（预计2006年建成）的石板坡长江大桥复线桥330米主跨为世界之最。在建的巫奉高速公路（巫山至奉节）大宁河特大桥为主跨400米的上承式钢桁架拱桥，位于同类型桥梁跨径的国内第一，世界第三。

科技含量高。重庆市在加快了桥梁建设速度的同时，大力采用新技术、新材料、新工艺和先进设备。1974年建成的云阳云安汤溪河斜拉桥开创了中国建造斜拉桥的历史（主跨75.84米，为保障三峡蓄水，于2006年年底拆除）。1988年建成的嘉陵江石门大桥，最大跨径230米，主桥为单塔单索面预应力砼斜拉桥，是国内跨径最大的单塔单索面斜拉桥，获得国家鲁班奖。1987年10月建成的主跨122米的巫山龙门桥，是中国第一座采用无平衡重转体法施工的拱桥，转体箱重4240公斤。1989年建成的涪陵乌江大桥为主跨1×200米钢筋砼箱形拱桥，是当时国内最大的转体施工桥梁。1989年建成的重庆奉节梅溪河大桥，为200米斜吊杆全加劲刚性吊桥，为亚洲第一座斜吊杆吊桥，获交通部优秀工程奖。在建的菜园坝长江大桥是全球首创公轨两用钢构、钢桁梁、系杆拱组合结构，是世界上公路和轨道交通两用拱桥中跨度最大的（主跨420米）。还有许多已建、在建的桥梁居国内或国际领先行列。

一、高速公路桥梁建设

至2005年年底，重庆市高速公路已建桥梁500多座，长度超过8万延米；在建桥梁700多座，长度超过19万延米，其中特大桥约40座。

（一）已建成的特大型桥梁

1. 大佛寺长江大桥。重庆大佛寺长江大桥于2001年12月26日竣工通车，由时任中共中央总书记、国家主席江泽民题写桥名。位于重庆朝天门下游，是国道主干线重庆至湛江高速公路在重庆境内及重庆内环高速公路上最大的控制工程，被誉为“千里渝湛第一桥”。桥长1176米，桥面宽30.6米，双向6车道，其主塔高206米，主跨450米，桥梁类型为预应力钢筋砼双塔双索面斜拉桥，是亚洲已建成的同类型桥梁中主跨径第一的砼斜拉桥，外形雄伟壮观。是溯长江而上进入重庆主城区的第一道景观和标志性建筑，该桥将重庆江北区和南岸区紧紧连在一起。站在桥上，可远眺长江和嘉陵江两江交汇处的朝天门和渝中半岛。

2. 马桑溪长江大桥。马桑溪长江大桥于2001年12月26日竣工通车，由时任中共中央总书记、国家主席江泽民题写桥名。大桥两岸设观景平台，桥名立大理石碑。该桥连接重庆巴南区李家沱和大渡口区。为三跨双塔双索面斜拉桥，采用的是世界上较先进的平行钢绞线斜拉体系，索塔采用的是倒Y形箱形断面，造型美观，线条简洁明快。大桥长1104米，桥面宽30.6米，主塔高160余米，主跨为360米。

针对大佛寺和马桑溪两座长江大桥跨度大、结构复杂、技术要求高、施工难度大的特点，为了保证两座大桥的施工质量，根据两座桥各自的特殊性、复杂性，重庆市建设单位开展了一些科研课题项目，进行了大桥的稳定性、抗风、抗震的专题研究，研究得出的课题成果有效地指导了大桥的施工。交工验收时全桥荷载试验检测证明大桥工程质量优良。

3. 高家花园嘉陵江大桥。高家花园嘉陵江大桥位于沙坪坝区高家花园与江北区石马河之间，跨越嘉陵江，是国道主干线G42重庆上桥至长寿段高速公路上的一座特大型公路桥，桥梁类型为预应力砼连续钢构桥。全桥长970米，主桥长520米，跨径组合为：140米+240米+140米；桥宽31.5米，车行道24米，为双向6车道，中央分隔带1.5米，人行道2×3米。设计荷载为汽-超20，挂-120。1998年12月建成。四川省交通厅公路规划勘察设计研究院设计，交通部第一公路工程总公司第三分公司承建，重庆市公路工程监理处监理。

4. 马鞍石嘉陵江大桥。马鞍石嘉陵江大桥位于渝北区礼嘉镇与北碚区蔡家镇之间，跨越嘉陵江，是重庆至合川高速公路上。桥型为预应力砼连续钢构桥。全桥长1237米，主桥长1024米，跨径组合为：146米+3×250米+146米；引桥长160米，为4×40米的预应力简支T梁桥，桥宽

24.5米，车行道22米，设计荷载为汽-超20，挂-120。2001年11月建成。重庆市公路勘察设计研究院设计，交通部第一公路工程局第三分公司和铁道部第五工程局第三工程处承建，重庆交通工程监理咨询有限责任公司监理。

5. 北碚东阳嘉陵江大桥。东阳嘉陵江大桥位于北碚城北新区与东阳镇之间，跨嘉陵江，是重庆至合川高速公路上。桥梁类型为预应力砼连续钢构桥。全桥长860米，主桥长490米，跨径组合为：135米+220米+135米；引桥长370米，跨径组合为4×40米和4×40米预应力简支T梁+20米预应力空心板，桥宽26.5米，行车道21米。设计荷载为汽-超20，挂-120。2001年11月建成。交通部重庆公路科研所设计，铁道部第一工程局桥梁处承建，交通工程咨询有限责任公司监理。

6. 合川沙溪庙嘉陵江大桥。沙溪庙嘉陵江大桥位于合川市沙溪庙镇，跨越嘉陵江，是重庆至合川高速公路上。桥梁类型为预应力砼H形单塔双索面斜拉桥。全桥长1276.4米，主桥长360米，跨径组合为2×180米；引桥长916.4米，为3×30米+27×30米的预应力砼连续简支桥梁，桥宽27.5米，车行道21.5米。设计荷载为汽-超20，挂-120。2001年11月建成。

7. 合川涪江三桥。唐家坝涪江三桥是武合高速公路跨越涪江的一座重要的桥梁，桥梁全长994.37米，桥梁结构形式为连续钢构，桥跨布置为（40+110+200+110+13×40）米。由四川省交通厅公路规划勘察设计院设计；中铁十二局集团有限公司承建。2003年1月开工，2005年12月竣工。工程投资约1.397亿元。

8. 白果渡嘉陵江特大桥。白果渡嘉陵江特大桥是武合高速公路跨越嘉陵江的一座重要的桥梁，桥梁结构形式为连续钢构，桥梁全长1433.78米，桥跨布置为（10×40+130+230+130+13×40）米。由四川省交通厅公路规划勘察设计院设计；中铁一局集团公司桥梁工程处和路桥集团公路一局承建。2003年1月开工，2005年12月竣工。工程投资约1.55亿元。

（二）在建的特大型桥梁

1. 干溪沟1号特大桥。干溪沟1号特大桥位于渝湘高速公路黔江至彭水之间，为全漂浮体系的预应力砼斜拉桥。全桥桥跨布置：30+（155+360+155）+4×30米，其中主桥（155+360+155）米为预应力砼斜拉桥。由中交第二公路勘察设计研究院设计；四川公路桥梁建设集团有限公司承建，2005年年底在建。

2. 何家坪特大桥。何家坪特大桥位于渝宜高速公路巫山至奉节之间，为独塔斜拉桥。全桥桥跨布置为4×30（右线5×30）+（58+84+180）米，其中主桥（58+84+180）米为独塔斜拉桥。由中交第二公路勘察设计研究院设计。2005年年底在建。

3. 大宁河特大桥。大宁河特大桥位于渝宜高速公路巫山至奉节之间，跨越大宁河，为桁架拱桥。大桥处在风景名胜小山峡景区内，路线跨越处河谷谷口宽度约700米。桥梁全长682米，全桥桥跨布置为：5×30+16×27（主拱跨度400米）+3×30米。由中交第二公路勘察设计研究院设计；贵州省桥梁工程总公司承建。2005年年底在建。

4. 石马河特大桥。石马河特大桥位于渝宜高速公路巫山至奉节之间，跨越石马河，为连续钢构桥。桥梁全长942米，全桥桥跨布置为：4×30+（106+2×200+106）+4×30+3×30米。由中交第二公路勘察设计研究院设计，湖南路桥建设集团公司承建。2005年年底在建。

5. 细沙河特大桥。细沙河特大桥位于渝湘高速公路黔江至酉阳之间，为中承式拱桥。桥梁全长381米，全桥桥跨布置9×20+190米，大桥主桥采用净跨190米钢管砼桁架式中承拱桥。由中国公路工程咨询总公司设计，中港第二航务工程局承建。2005年年底在建。

6. 鱼嘴长江大桥。鱼嘴长江大桥位于重庆绕城公路东段，为跨越长江的一座特大型桥梁，全长为1436米。全桥桥跨布置为12×35+616+5×78米，主跨为616米双塔单跨悬索桥。由浙江省交通规划设计研究院设计，中铁大桥局股份有限公司承建，2005年年底在建。

7. 土坎乌江大桥。土坎乌江大桥位于渝湘高速公路水江至武隆之间，为斜跨乌江的一座连续钢构桥。桥梁全长537米，主桥跨径布置为110+200+110米连续钢构。由重庆市交通规划勘察设计院设计，重庆渝通公路工程总公司承建。2005年年底在建。

8. 江津观音岩长江特大桥。江津观音岩长江大桥位于重庆绕城公路南段，跨越长江，为双塔双索面斜拉桥。桥梁全长1198.9米，主桥桥跨布置为（35.5+186+436+186+35.5）米，引桥采用跨径为30米简支变连续的T梁。由四川省交通厅公路规划勘察设计研究院设计，路桥集团第二公路工程局和贵州省桥梁工程总公司承建。2005年年底在建。

9. 汤溪河特大桥。汤溪河特大桥位于渝宜高速公路云阳至万州之间，跨越汤溪河为连续钢构桥。桥梁全长950.4米，全桥桥跨布置为：7×40+（130+230+130）+4×40米，主桥为（130+230+130）米预应力砼连续钢构。由四川省交通厅公路规划勘察设计研究院设计，四川公路桥梁建设集团有限公司承建。2005年年底在建。

10. 月亮包特大桥。月亮包特大桥位于渝宜高速公路云阳至万州之间，跨越龙门河，为连续钢构桥。桥梁全长750米，全桥桥跨布置为：4×30（右线为5×30）+110+200+110+4×40米，主桥跨径设置110+200+110米连续钢构。由四川省交通厅公路规划勘察设计研究院设计，四川公路桥梁建设集团有限公司承建。2005年年底在建。

11. 彭溪河特大桥。彭溪河特大桥位于渝宜高速公路云阳至万州之间，跨越彭溪河，为漂浮体式双塔双索面斜拉桥。桥梁全长1001米，全桥桥跨布置为：8×40+（158+316+158）+40米，主桥为（158+316+158）米斜拉桥。由四川省交通厅公路规划勘察设计研究院设计，中港第二航务工程局承建。2005年年底在建。

12. 忠县长江大桥。忠县长江大桥位于沪蓉国道主干线支线石柱至忠县高速公路上，跨越长江，为双塔斜拉桥。桥梁全长2174米，全桥桥跨布置为：3×40+（112+200+112）+（205+460+205）+4×40+15×30米，共分石柱岸引桥、石柱岸主引桥（主跨200米连续钢构）、主桥（主跨460米斜拉桥）、忠县岸引桥四部分。由重庆交通科研设计院设计，中国港湾建设集团（简称中港集团，下同）二航路桥建设有限公司和中铁一局集团桥梁工程处承建。2005年年底在建。

13. 杨家岭特大桥。杨家岭特大桥位于沪蓉国道主干线支线忠县至垫江高速公路上，为连续钢构桥。桥梁全长804米，全桥桥跨布置为：6×40+（112+200+112）+3×40米。重庆交通科研设计院设计，中铁十四局集团第二工程有限公司承建。2005年年底在建。

二、互通式立交桥

（一）已建成的互通式立交

1. 成渝高速公路（重庆段）互通立交

上桥立交　上桥立交桥位于成渝高速公路重庆段原起点处，为全互通式立交桥。全桥共两条主线、八条匝道，共136跨。桥梁上部主要结构形式为16米预应力预制梁板和弯道处的现浇箱梁异形结构；下部结构为重力式桥台和矩形柱式墩及部分圆柱式墩。桥梁跨越重庆市城市内环线；桥面铺装为部分水泥砼桥面和部分沥青砼桥面。该桥建于1994年。在重庆高速公路内环网称为西环立交，连接渝宜高速公路和上界高速公路。

白市驿立交　白市驿立交桥位于成渝高速公路重庆段K7+157公里处，建于1995年。桥长44.45米，桥面总宽26米。该立交桥下穿白彭公路，下道即为白市驿镇和含谷镇。

走马立交　走马立交桥位于成渝高速公路重庆段K17+558公里处，为互通式立交桥。建成于1995年，是跨越成渝高速公路，连接走马至双溪的一座简支梁斜梁桥，跨径布置为2×20米的钢筋砼T形梁桥，T梁斜置，斜交角度达33°，桥宽10.98米。上部结构采用现浇C30水泥砼。该桥原设计荷载为汽-20，挂-100。

青杠立交　青杠互通式立交桥位于成渝高速公路重庆段K22+370公里处，为互通式立交桥，建成于 1995 年。该桥为 2×16 米预应力空心板简支梁桥，分为左、右两幅，每跨为 12 片空心板组成，外接璧青公路，连接璧山县青杠镇。

丁家立交 丁家互通式立交桥位于成渝高速公路重庆段 K32+550 公里处，为互通式立交桥。该桥位于成渝路 K32+650 公里丁家出口处，为一跨主线简支梁车行互通立交桥。桥跨结构为 2~16 米，每跨 12 片空心梁板（每片板宽 1 米）。

大安立交 大安互通式立交桥位于成渝高速公路重庆段 K48+390 公里处，为一座跨主线简支梁板桥。桥跨结构为 2~16 米，由 14 片空心梁板组成，左、右幅各 7 片，台帽高 45 厘米，单片梁板宽 1 米，采用矩形橡胶支座。

永川立交 永川互通式立交位于成渝高速公路重庆段 K58+350 公里处，为跨匝道桥梁。桥跨结构为 1~16 米，桥长 25.05 米，桥面宽 27 米，桥下净空 6 米。上部结构为预应力砼空心板，下部结构为重力式砌体桥台，建成于 1995 年。

邮亭立交 邮亭立交位于成渝高速公路重庆段 K77+750 公里处，最大跨径为 16 米，桥长 31 米，主跨结构为空心板梁，建成于 1995 年。

荣昌立交 荣昌立交桥位于成渝高速公路重庆段 K88+937 公里处，最大跨径 16.6 米，桥长 31.4 米，主跨结构为空心板梁，建成于 1995 年。

2. 长万高速公路互通式立交

分水立交 位于万州分水镇，主线全长 850 米（K27+948~K28+798）。设有 A、B、C、D、E、F、G 匝道，与国道 318 线连接。其中 A 匝道为对向双车道匝道，B、C、D、E、F 为单向单车道匝道。为单喇叭互通类型，主线最小平曲线半径 2500 米。主线为整体式路基，路基宽 24.5 米。由四川省交通厅公路规划勘察设计研究院设计，中铁隧道局三处承建，2000 年 2 月 16 日开工，2003 年 12 月 26 日竣工。

孙家立交 单喇叭互通类型，由四川省交通厅公路规划勘察设计研究院设计，中铁五局五处承建，2000 年 2 月 16 日开工，2003 年 12 月 26 日竣工。

石门坎立交 单喇叭互通类型，由铁二院设计，重庆市渝通公路工程总公司承建，2000 年 2 月 16 日开工，2003 年 12 月 26 日竣工。

云龙立交 单喇叭互通类型，由中交第二公路勘察设计研究院设计，上海警通路桥建设有限公司承建。2001 年 4 月 10 日开工，2003 年 12 月 26 日竣工。

周嘉立交 单喇叭互通类型，由中交第二公路勘察设计研究院设计，中国港口建设集团第二航务工程局第二工程公司承建，2001 年 4 月 10 日开工，2003 年 12 月 26 日竣工。

垫江立交 单喇叭互通类型，由中交第二公路勘察设计研究院设计，中国铁道部第二十局第三工程处承建，2001 年 4 月 10 日开工，2003 年 12 月 26 日竣工。

澄溪立交 T 形互通类型，由中交第二公路勘察设计研究院设计，中国路桥工程集团承建，2001 年 4 月 10 日开工，2003 年 12 月 26 日竣工。

云台立交 单喇叭互通类型，由重庆市交通规划勘察设计院设计，重庆市渝通公路工程总公司承建，2001 年 4 月 10 日开工，2003 年 12 月 26 日竣工。

合兴立交 为单喇叭互通类型，由重庆市交通规划勘察设计院设计，西藏珠峰工程企业集团承建，2001 年 4 月 10 日开工，2003 年 12 月 26 日竣工。

3. 渝邻高速公路互通式立交

大湾立交 位于渝北区大湾镇，由重庆交通公路勘察设计院设计，由路桥集团第一公路工程局施工建造。设计采用单喇叭口类型。

草坪立交 位于渝北区古路镇，该立交由重庆交科公路勘察设计院设计，由路桥集团第一公路工程局第四工程处施工建造。设计采用单喇叭口类型。

王家立交　位于渝北区王家镇，由重庆交科公路勘察设计院设计，由重庆公路工程股份有限责任公司施工建造。设计采用单喇叭口类型。

沙坪立交　位于渝北区双凤桥街道，由铁道部第二勘察设计院交通设计研究院设计，由安通建设有限公司施工建造。设计采用单喇叭口类型。

黑石子立交　位于江北区寸滩街道，由铁道部第二勘察设计院设计所设计，由中国四海工程公司重庆有限公司施工建造。设计采用单喇叭口类型。

4.（渝涪路）内环段、渝长段、长涪段互通式立交

杨公桥立交　位于沙坪坝区杨公桥，连接陈家湾。由交通部重庆公路科学研究所设计，由中铁五局三处施工建造。是一座五叉特大形海星型全定向互通式三层立交。

石马河立交　位于江北区石马河，连接石马河。由四川省交通厅公路规划勘察设计院设计，重庆渝通公司施工建造。设计采用半苜蓿叶类型。

人和立交　位于北部新区人和镇，连接机场路。由四川省交通厅公路规划勘察设计院设计，贵州桥梁公司施工建造。设计采用半苜蓿叶类型。

童家院子立交　位于北部新区，设计采用苜蓿叶形型，连接机场路。由四川省交通厅公路规划勘察设计院设计，铁一局四处施工建造。设计采用半苜蓿叶类型。

唐家沱立交　位于渝北区唐家沱，连接唐家沱。由四川省交通厅公路规划勘察设计院设计，铁十五局四处施工建造。设计采用单喇叭口类型。

鱼嘴立交　位于渝北区鱼嘴镇，连接鱼嘴。由四川省交通厅公路规划勘察设计院设计，铁十八局二处施工建造。设计采用单喇叭口类型。

洛碛立交　位于渝北区洛碛镇，连接洛碛。由重庆公路勘察设计院设计，重庆渝通公司施工建造。设计采用单喇叭口类型。

晏家立交　位于长寿县晏家镇，连接晏家。由重庆公路勘察设计院设计，武警交通独立支队施工建造。设计采用喇叭线类型。

桃花立交　位于长寿区桃花街，连接桃花。由重庆公路勘察设计院设计，攀枝花公路建设公司施工建造。设计采用单喇叭口类型。

但渡立交　位于长寿县但渡镇，连接但渡。由重庆市公路勘察设计院设计，交通部第二公路工程局六处施工建造。设计采用单喇叭口类型。

李渡立交　位于涪陵区李渡镇，连接李渡。四川省交通厅公路规划勘察设计院设计，重庆市公路工程总公司施工建造。设计采用单喇叭线类型。

北桥头立交　位于涪陵区，连接涪陵。由重庆交通科研设计院设计，中铁十五局三处施工建造。设计采用单喇叭口类型。

以上12座立交的开、竣工时间与高速公路建设时间同步。

5. 渝黔一期互通式立交

全线共有互通式立交9座，分别是虾子蝙立交、黄桷湾立交、向家坡立交、茶园立交、南泉立交、界石立交、一品立交、綦江立交、雷神店立交。其开、竣工时间与高速公路建设同步。

向家坡立交　向家坡立交位于K13+230公里，主线上跨，为渝黔高速公路与城市内环线鹅公岩长江大桥引道相连，它和成渝高速公路上桥立交是城市东西主干道与快速公路转换的交通结点，该立交的设立能快速疏散市内过境交通，减轻城市交通压力。按一级立交标准设计，并采用半定向T型立交方案布置，较好地顺应了地形，线型流畅，通行能力大，多数匝道采用高架桥通过。其开、竣工时间与高速公路建设同步。

界石立交　界石互通式立交建于重庆市外环线上桥至界石段与渝黔高速公路童家院子至界石段。连接两条高速公路，在界石镇张家岗建设定向式一级互通式立交，由于重庆外环高速公路上桥

至界石段比渝黔高速公路稍后修建，因此张家岗互通式采取分期修建原则。前期修建与渝黔高速公路相关部分，后期修建与上界高速公路相关部分。张家岗互通式立交主线设计时速 80 公里/小时，匝道设计时速 50 公里/小时。

一品立交 一品互通式立交：位于渝黔路重庆市巴南区一品镇，一品互通式立交为三级半定向式（单喇叭式类型）互通式立交，主线设计时速 80 公里/小时，匝道设计时速为 40 公里/小时。

雷神店立交 雷神店互通式立交：采用半苜蓿形互通式立交，匝道总长 1187.4 米，匝道最大纵坡 6%，最小平曲线半径 42 米，立交区主干线长 775 米，立交总占地 179.8 亩。

南山立交 南山立交位于渝黔高速公路龙黄路分离式立交 K10 +716.2 处，是连接南山风景区的重要通道。南山立交工程 2004 年 10 月 15 日开工建设，2005 年 8 月竣工。由重庆高速公路发展有限公司和南岸区人民政府共同投资建设，总投资 17000 多万元。南山互通式立交为 5 条匝道构成的半定向 T 形三层互通式立交。匝道设计行车速度为 35 公里/小时，匝道最小平曲线半径为 45 米，最大纵坡 4.5%，匝道路基宽度 8.5 米（均为单向单车匝道），路面采用水泥砼路面。其中上部结构为满堂式支架现浇连续箱梁，全长 1509.3 米。

（二）在建的互通式立交

1. 垫恩高速

磨子立交 位于忠县磨子镇南侧与石柱县交界处，设计采用 B 型单喇叭，交叉方式为主线上跨 A 匝道。主线长 1120 米。减速车道（均采用直接式）最小长度 118.5 米，加速车道（均采用平行式）最小长度 116.7 米，渐变段最小长度 60 米。由重庆交通科研设计院设计，路桥集团国际建设股份有限公司承建，2005 年在建。

砂子立交 位于石柱县沙子镇东南侧街道附近，设计采用环形立交，环形转盘采用椭圆形式。交叉方式为主线上跨环形转盘。主线长 1458 米。减速车道（均采用直接式）最小长度 117.5 米，加速车道（均采用平行式）最小长度 200 米，渐变段最小长度 60 米。由重庆交通科研设计院设计，湖南省建筑工程集团总公司承建，2005 年在建。

2. 渝宜高速

塘坊立交 位于万州区天城镇塘坊村，与万州至开县二级公路交叉，主线长 1110 米，匝道总长 2312.2 米（包含变速车道长度）。设计采用单喇叭式立交，主线设计速度 80 公里/小时，匝道设计速度 40 公里/小时，单车道的减速车道采用直接式，长度大于 110 米，单车道加速车道采用平行式和直接式，长度大于 175 米。由四川省交通厅公路规划勘察设计研究院设计，广东长宏公路工程有限公司承建。2005 年在建。

高梁立交 位于万州区高梁镇，接天高二级公路，主线长 1275 米，匝道总长 2398.7 米（包含变速车道长度）。设计采用单喇叭式立交，主线设计速度 80 公里/小时，匝道设计速度 40 公里/小时，单车道的减速车道采用直接式，长度大于 100 米，单车道加速车道采用平行式和直接式，长度大于 180 米。由四川省交通厅公路规划勘察设计研究院设计，中国路桥（集团）总公司承建，2005 年在建。

古家坝立交 位于万州天城区古家村七组，云万高速公路（主线）与万开高速公路（被交叉线）交叉处，是连接两条高速公路的枢纽立交，立交中心桩号为 K194 +184.475，设计采用 Y 型立交。由四川省交通厅公路规划勘察设计研究院设计，上海警通路桥建设有限公司承建，2005 年在建。

奉节东立交 位于梅溪河东岸，一期与渝巴公路连接，二期与规划中的巫溪至奉节高速公路连接。设计采用四路迂回式，立交设计范围为 K76 +073 ~ K76 +945.8（以主线左线计）。由中交第一公路勘察设计研究院设计，中铁十五局集团第二工程有限公司承建，2005 年在建。

奉节西立交 位于奉节县朱衣镇，连接奉节县城与朱衣镇地方公路。主要功能为奉节县城的西出口，通过本互通式立交实现本项目与奉节县的交通转换。设计采用下穿式，奉节西互通式立交主线设计长3050米，匝道设计长6919米，连接线设计长885米。由中交第一公路勘察设计研究院设计，北京海威工程建设有限责任公司承建，2005年在建。

红狮立交　位于云阳县红狮镇附近的七丘坝，连接长江红狮港与渝巴公路，主要解决红狮镇、红狮港及其周边乡镇的交通出入。设计采用A型单喇叭互通，主线设计长1160米（主线左线），匝道设计长1360米，连接线设计长235米。由中交第一公路勘察设计研究院设计，中国交通建设集团有限公司承建，2005年在建。

楚阳立交　为单喇叭类型，主线全长1370米。设有A、B、C、D、E匝道，匝道全长1196米。其中A匝道为对向非分离式匝道，B、C、D、E为单向单车道匝道。主线平曲线最小平曲线半径1420米，最小缓和曲线参数480米。主线为分离式路基，路基宽12.25米。由中交第二公路勘察设计研究院设计，2005年在建。

巫山立交　为半定向类型，主线全长1370.3米。设有A、B、C、D、E匝道，匝道全长2887.3米，互通连接线总长2350米。其中E匝道为对向双车道匝道，A、B、C、D、为单向单车道匝道，巫山互通连接线为对向分离四车道二级路。主线平曲线最小平曲线半径840米，最小缓和曲线参数350米。主线为整体式路基，路基宽24.5米。由中交第二公路勘察设计研究院设计，湖南省第六工程公司承建，2005年在建。

青莲铺立交　为单喇叭类型，主线全长1553.4米。设有A、B、C、D、E匝道，匝道全长2222.2米，其中A匝道为对向双车道匝道，B、C、D、E为单向单车道匝道，主线最小平曲线半径840米，最小缓和曲线参数319米。主线为整体式路基，路基宽24.5米。由中交第二公路勘察设计研究院计，上海警通路桥建设有限公司承建，2005年在建。

3. 渝湘高速

水江立交　位于南川市水江镇，被交路为S303线，为A形单喇叭式互通，主线设计速度100公里/小时，匝道设计速度40公里/小时。主线长度0.8公里，匝道长度2公里。由重庆市交通规划勘察设计院设计，中国水利水电第七工程局承建，2005年在建。

南川立交　位于南川市区南侧约1.2公里处，连接道为南川市二环路（S303线）。为A形单喇叭式互通，主线设计速度100公里/小时，匝道设计速度40公里/小时。主线长度1.1公里，匝道长度3公里。由重庆市交通规划勘察设计院设计，核工业华东建设工程集团公司承建，2005年在建。

大观立交　位于南川市大观镇。为A形单喇叭式互通，主线设计速度100公里/小时，匝道设计速度40公里/小时。主线长度0.9公里，连接线长度0.2公里，匝道长度2.3公里。由重庆市交通规划勘察设计院设计，北京市海龙公路工程公司承建，2005年在建。

白马立交　位于武隆县白马镇以西约3公里的田湾，与武隆至南川二级公路连接。为T形互通方案，设计车速40公里/小时，主线设计车速80公里/小时，连接线设计车速40公里/小时。由重庆交通规划勘察设计院设计，上海警通路桥建设有限公司承建，2005年在建。

保家楼立交　位于彭水县保家楼镇，与国道319新线相连接，为半定向半迂回式，路线全长1478.2米。由铁道第二勘察设计院设计，重庆渝达公路桥梁有限责任公司承建，2005年在建。

下塘口立交　位于彭水县下塘口乡，距彭水县汉葭镇10.4公里，与G319新线连接。为单喇叭类型，路线全长838.3米。由铁道第二勘察设计院设计，重庆市渝宏公路工程有限责任公司承建，2005年在建。

红军渡立交　位于黔江区濯水镇南侧山前坡地，相交于G319线，平交口紧邻濯水镇。设计采用A形单喇叭类型，主线长970米。由中交第二公路勘察设计研究院设计，贵州省桥梁工程总公司承建，2005年在建。

黔江南立交　位于黔江区正阳镇南侧，相交于 G319 线。为 B 形单喇叭类型，主线下穿，互通主线长 1174 米。由中交第二公路勘察设计研究院设计，中铁隧道集团有限公司承建，2005 年在建。

酉阳北立交　位于酉阳县钟多镇小坝村，被交路为 G319 公路。为 A 形单喇叭类型，互通立交主线长 1000 米。由中国公路工程咨询总公司设计，上海警通建设（集团）有限公司承建，2005 年在建。

大涵立交　位于酉阳县大涵村。被交路为 G319 公路，为 A 形单喇叭类型，立交主线长为 1640 米，由中国公路工程咨询总公司设计，路桥集团第二公路工程局第六工程处承建，2005 年在建。

溪口立交　位于秀山县溶溪镇东北部，距玉屏乡约 6.5 公里，距酉阳江丰 4 公里，被交公路为 319 线。为简易菱形式互通，主线长 1220 米，减速车道（均采用平行式）最小长度 130 米，加速车道（均采用平行式）最小长度 200 米，渐变段最小长度 60 米。重庆交通科研设计院设计，四川攀峰路桥建设有限责任公司承建，2005 年在建。

酉阳南立交　位于重庆市酉阳县钟南乡洞底下池坝，连接酉阳县城南公路，被交公路为 319 线。为 B 形单喇叭类型，主线长 1300 米，减速车道（均采用直接式）最小长度 115 米，加速车道（均采用平行式）最小长度 200 米，渐变段最小长度 60 米。重庆交通科研设计院设计，岳阳市公路桥梁基建总公司承建，2005 年在建。

洪安立交　位于秀山县洪安镇洪安河那桥坡附近，距洪安镇约 1 公里，被交公路为 G319 线。为 B 形单喇叭类型，主线长 1100 米，减速车道（均采用直接式）最小长度 116.3 米，加速车道（均采用平行式）最小长度 200 米，渐变段最小长度 60 米。重庆交通科研设计院设计，2005 年在建。

玉屏立交　位于秀山县溪口乡龙洞村溶溪河东岸，被交公路为 G319 线，为 A 形单喇叭类型，主线长 1033 米，减速车道（均采用直接式）最小长度 116.7 米，加速车道（均采用平行式）最小长度 161.8 米，渐变段最小长度 50.5 米。由重庆交通科研设计院设计，中国十九冶金建设分公司承建，2005 年在建。

4. 外环高速

忠兴立交　位于巴南区的南彭镇和南岸区的惠民镇之间。为 B 形单喇叭类型，主线长 1200 米，匝道长 2266.9 米。主线设计速度 100 公里/小时，匝道设计速度 35 公里/小时。由浙江省交通规划勘察设计院设计，重庆交通建设（集团）有限责任公司承建，2005 年在建。

惠民立交　位于巴南区惠民镇，相交公路为 S103 线。为 A 形单喇叭类型，主线长 1020 米，匝道长 2472.4 米。主线设计速度 100 公里/小时，匝道设计速度 40 公里/小时。由浙江省交通规划勘察设计院设计，贵州省公路桥梁工程总公司承建，2005 年在建。

广阳立交　位于重庆市南岸区广阳镇，有明月沱码头、农业园区的开发和建设。相交线为黄（桷垭）明（月沱）公路。为 A 形单喇叭类型，主线长 1000 米，匝道长 1838 米。主线设计速度 100 公里/小时，匝道设计速度 35～50 公里/小时。由浙江省交通规划勘察设计院设计，武汉东交路桥工程有限公司承建，2005 年在建。

槽坊立交　位于外环高速公路 K116～K118 公里附近，是江津市及其周边车辆进出绕城公路、渝合高速公路的主要出入口，为半定向 Y 形，主线长 2388 米。由四川省交通厅公路规划勘察设计研究院设计，重庆市渝通公路工程总公司承建，2005 年在建。

马宗立交　位于外环高速公路 K132～K133 公里附近，是马宗镇及其周边车辆进出绕城公路的主要出入口，本立交连接珞璜至白节公路，并通过地方路网辐射至百节、珞璜、小南垭等村镇。为单喇叭类型，主线长 875 米。四川省交通厅公路规划勘察设计研究院设计，重庆市公路工程股份有限公司承建，2005 年在建。

寨子坡立交　位于重庆市巴南区一品镇四桥村寨子坡，为重庆绕城高速公路与渝黔高速公路相交叉的枢纽互通。为混合式类型，主线设计速度100公里/小时，渝黔高速设计速度80公里/小时，匝道设计速度60公里/小时（环形匝道40公里/小时）。由四川省交通厅公路规划勘察设计研究院设计，重庆市公路工程股份有限公司承建，2005年在建。

歇马立交　位于北碚区歇马镇附近，属重庆绕城高速公路西段。为B形单喇叭类型，主线长1400米。由广西壮族自治区交通规划勘察设计研究院设计，岳阳市公路桥梁基建总公司承建，2005年在建。

青木关立交　位于绕城高速公路西段，青木关镇工农兵水库附近，为青木关镇出入绕城公路、渝遂高速公路并实现两条高速公路间交流转换的枢纽互通立交，主线下穿渝遂高速。为不对称半定向"半苜蓿叶组合型+喇叭A型"，主线长4公里。由广西壮族自治区交通规划勘察设计研究院设计，重庆市公路工程（集团）股份有限公司承建，2005年在建。

曾家立交　位于绕城高速公路西段，是虎溪场、曾家及规划中的西部新城区的出入口，为A形单喇叭类型，主线长1300米，设计车速内环40公里/小时，外环60公里/小时。由广西壮族自治区交通规划勘察设计研究院设计，渝路桥集团国际建设股份有限公司承建，2005年在建。

复盛立交　位于绕城高速公路北段，渝长高速公路鱼嘴立交与复盛服务区之间，通过渝长高速公路复盛服务区立交及鱼嘴立交连接地方道路，为渝长高速公路、绕城高速公路北段，为A形单喇叭类型，主线长1351米，主线设计速度100公里/小时（绕城北段）、80公里/小时（渝长路），T型立交匝道设计速度60公里/小时、单喇叭匝道设计速度50公里/小时，主线长度总长为2700.9米（分离式路基），匝道路线总长为6623.2米。由重庆市交通规划勘察设计院设计，重庆市渝通公路工程总公司承建，2005年在建。

天宝寨立交　位于绕城高速公路北段，龙兴镇北侧2公里附近，被交公路为龙兴至天宝寨公路，为A形单喇叭类型，主线长990米。由重庆市交通规划勘察设计院设计，路桥集团第一公路工程局第五工程公司承建，2005年在建。

朝阳寺立交　位于绕城高速公路北段，王家镇南侧，为连接渝邻高速公路与绕城高速公路北段的枢纽式互通，为A形单喇叭类型，主线长1394米。主线设计速度100公里/小时（绕城北段）、80公里/小时（渝邻高速），T型立交匝道设计速度60公里/小时、单喇叭匝道设计速度50公里/小时。由重庆市交通规划勘察设计院设计，中铁二十局集团第一工程有限公司承建，2005年在建。

施家梁立交　位于绕城高速公路北段施家梁镇，连接G212线，为B形单喇叭类型，主线长1016公里。主线设计速度100公里/小时，匝道设计速度50公里/小时，主线长度总长为2042.6米（分离式路基），匝道路线长度总长为2713.6米。由重庆市交通规划勘察设计院设计，铁道部第一工程局桥梁工程处承建，2005年在建。

5. 渝泸高速

先锋立交　位于江津市先锋镇，是重庆市绕城高速公路与江津至四川合江高速公路连接江津市的重要接口，接江津至杨家店二级公路，为喇叭式类型，主线长1080米；主线设计速度80公里/小时，匝道设计速度40公里/小时。由重庆市交通规划勘察设计院设计，青海路桥建设股份有限公司承建，2005年在建。

刁家立交　位于江津市刁家，是江津市龙门、刁家、李市等乡镇连接成渝环线高速公路的接口，尤其重要的是，成渝两地车流通过该互通到达李市，是通往四面山风景区的捷径，接江津李市至龙门三级公路，为喇叭式类型，主线长1026米，匝道全长2993.8米，主线设计速度80公里/小时，匝道设计速度40公里/小时。重庆市交通规划勘察设计院设计，广东冠粤路桥有限公司承建，2005年在建。

白沙立交　位于江津市白沙镇东北约2公里处，是江津市白沙、永兴、几江等乡镇车辆进入重庆至成都环线高速公路的必经通道，连接线在垭口上（地名）接江津至白沙二级公路，主线长1318米，匝道全长2600.8米，主线设计速度80公里/小时，匝道设计速度40公里/小时。由重庆市交通规划勘察设计院设计，贵州省公路工程总公司承建，2005年在建。

三、其他公路桥梁

（一）长江桥梁建设

丰都长江大桥　位于丰都县观音滩，跨越长江，是连接重庆至湖北巴东公路的特大型桥。桥梁类型为单跨浅加劲式钢桁梁悬索桥。全桥长620米，主梁为钢桁架，跨径450米，一跨过江，桥宽15米，车行道12米，人行道2 × 1.5米。设计荷载为汽－20，挂－100。于1997年1月20日正式通车。丰都长江大桥建设，在长江桥梁史上创造了四个第一，投资第一少，工期第一短，跨径第一大（450米），第一座由县级行政单位自筹资金修建。该桥的建成为三峡库区移民及经济发展起到了重要作用。丰都长江大桥由丰都长江大桥工程建设指挥部负责建设，四川省交通厅公路规划勘察设计研究院设计，铁道部第二工程局第五工程处承建，四川省公路工程质监站监理。为了美化丰都长江大桥桥头环境，1998年4月至7月由四川省美术学院杰英装饰公司设计制作和安装雕塑一尊于长江大桥南桥头。雕塑主体高4米，基座3.2米。主体用不锈钢抛光及磨镜面、磨砂，基座用青石、花岗石砌成。基座东面刻时任国务院副总理邹家华题写的“丰都长江大桥”，北面刻《丰都长江大桥碑序》，西面刻建桥功德碑，碑上刻着为建长江大桥捐款100元以上者名单。

李家沱长江大桥　位于巴南区李家沱与九龙坡区水碾之间，在成渝高速公路连接渝黔高速公路的干道上，跨越长江。桥梁类型为双塔双索面预应力砼斜拉桥。全桥长1350米，主桥长888米，3跨444米，引桥长462，桥宽24米，车行道17米，双向4车道，最大通行能力为4万辆/日，人行道2×2.5米。设计荷载为汽－超20，挂－120。1997年1月建成。由上海市政设计院和交通部重庆公路科研所设计，重庆桥梁工程公司和重庆十八冶工程公司承建，长江二桥工程监理部监理。

涪陵长江大桥　位于G319线涪陵区城西面天子殿处，跨越长江。桥梁类型为预应力水泥砼双主梁斜拉桥。全桥长631米，主跨长330米，桥宽18米，车行道15米，人行道2×1.5米。设计荷载为汽－超20，挂－120。1997年5月建成。四川省交通厅公路规划勘察设计研究院设计，四川省桥梁公司承建，四川省公路工程质监站监理。

江津长江大桥　位于江津市几江镇与德感镇之间，跨越长江，连接重庆至东盛公路。桥梁类型为预应力砼连续钢构桥。全桥长1360米，主桥长140米+240米+140米，桥宽21.5米，车行道15米，为双向4车道。设分隔带1.5米，人行道2×2米。设计荷载为汽－超20，挂－120。1997年12月建成。江津长江大桥是全国第一个由县级单位以自筹资金为主，并与国外（马来西亚南发集团）合资修建的长江大桥。由四川省交通厅公路规划勘察设计研究院设计，交通部公路一局、二局和交通部航务二局二公司承建，四川省公路工程质监站监理。

万县长江大桥　位于万州长江上游7公里处，跨越长江，连接沪蓉高速公路。桥梁类型为上承式钢管劲性骨架钢筋砼箱形拱桥。全桥长856.1米，主桥长420米，引桥长436.12米，桥宽24米，车行道18米，人行道2×3米。主桥上部结构为钢筋砼箱型拱，净跨420米，下部为钢筋砼重力式桥台；引桥上部为预应力钢筋砼简支梁，跨径组合：北8×30.668米，南5×30.668米，下部为钢筋砼空心薄壁墩。设计荷载为汽－超20，挂－120。1997年6月建成。四川省交通厅公路规划勘察设计研究院设计，四川省公路桥梁工程公司承建，四川公路工程监理事务所监理。万县长江大桥是国家规划中的“五纵七横”主骨架公路的重要组成部分，是国道主干线成都至上海跨越长江的一座特大型桥梁，是贯通川、鄂、渝两省一市的枢纽，其跨径为世界同类桥型之最。在建桥过程中，建设、设计、施工单位及科研、院校共同合作，相继完成了交通部列入行业攻关计划《特大跨钢筋砼拱桥设计施工技术研究》的8个子课题科研任务，大桥施工先后采用大跨钢管砼劲性骨架、大块翻模、高墩薄壁施工、吊装重80吨预制T梁空中转体90°等一系列新工艺，荣获国家科技进步一等奖。

重庆鹅公岩长江大桥 位于九龙坡区鹅公岩与南岸区南坪之间，跨越长江。在成渝高速公路连接渝黔高速公路主干线上。桥梁类型为连续加劲钢箱梁悬索桥。全桥长1420米，主桥长1022米，主跨600米，边跨为多跨50米预应力砼简支梁桥，主塔高163.9米，桥宽355米，双向6车道。设计荷载为汽-超20，挂-120。2000年12月建成通车。由上海市政工程设计院设计，重庆桥梁总公司承建，铁道部大桥局监理公司监理。

长寿长江大桥 位于长江过滩河与川染码头之间，北岸接319国道，南岸引道连接滨江大道。主桥采用双塔砼PC斜拉桥，主桥跨径组合为225米+460米+225米；引桥跨径组合为：北岸2×30米预应力砼简支梁，南岸4×40米简支T梁，全桥长1146米。桥梁荷载公路Ⅰ级，人群荷载2.5公斤/平方米。桥面宽度20.5米，行车道宽度16米，两侧各设2米人行道，人行栏杆宽0.25米。设计洪水频率1/300，设计桥下通航净空尺度和技术要求按交通部《关于重庆长寿长江公路大桥通航净空尺度和技术要求的批复》（交水发〔2005〕236号）执行。地震烈度：Ⅵ度。设计行车时速：主道60公里/小时。桥面纵坡：主桥桥面纵坡≤1.5%。桥面横坡：行车道1.5%，人行道1%。初步设计概算为3.18亿元。建设工期为36个月，2005年未完工。

忠县长江大桥 位于忠县忠州镇，跨越长江，是连接石柱至遂宁公路的特大型桥梁。桥梁类型为钢管空间桁架悬索桥。全桥长1199.7米，主桥长560米，引桥长639.7米，桥宽18米，车行道为4×3.75米，人行道2×1.5米。设计荷载为汽-超20，挂-120。2001年9月建成通车。由四川省交通厅公路规划勘察设计研究院设计，交通部第二工程局和铁道部第一工程局承建，铁道部第一勘察设计院监理公司监理。

巫山长江大桥 位于巫山县巫峡口，跨越长江。设计类型为钢管砼中承式拱桥，横梁为组合截面梁，桥面为预应力砼型连续梁。全桥跨径组合为：6×12米+492米+3×12米，主孔净跨460米，全长612米，为同类型桥梁的世界之最。2004年建成通车。

云阳长江大桥 初步设计为高低塔（俗称子母塔）斜拉桥，主跨318米，跨径组合为：8×30米+132米+318米+187米+7×50米，桥梁全长1257.6米，引桥均采用预应力砼简支梁结构；大桥按四车道设计，桥面宽度18.5米，车道宽度4×3.8米，两侧各1.5米人行道。桥梁设计荷载为汽-超20，挂-120，人群荷载3.5公斤/平方米。设计洪水频率1/300，桥下通航净空尺度和技术要求按交通部的批复执行（交水发〔2002〕344号），地震烈度按七度设防。其余技术指标应符合交通部有关现行规范的要求，2005年12月竣工通车。初步设计概算为18471.1万元。

（二）嘉陵江桥梁建设

合川云门大桥 位于重庆合川市云门镇，跨嘉陵江，在合川至武胜公路上。为钢筋砼箱形拱桥。全桥长540.8米，主桥长4608米，跨径组合为4×112米。引桥长80米，南北引桥均为两孔20米的钢筋砼T梁，桥宽12米，车行道9米，人行道2×1.5米。设计荷载为汽-20，挂-100。1998年10月建成。此桥为合川40万人出资修建。

（三）其他桥梁建设

渝北御临河大桥 位于渝北区硌碛镇，跨御临河。在国家主干线上海至成都公路重庆至长寿段高速公路上，桥梁类型为钢筋砼箱形拱桥。分为左右两幅，均2跨，每跨95米，引桥长160米，为预应力空心板桥，桥宽245米，车行道22米。设计荷载为汽-超20，挂-120。2000年11月建成。由四川省交通厅公路规划勘察设计研究院设计，铁道部第十八工程局第四工程处承建，重庆市交通工程监理咨询有限责任公司监理。

长寿斜阳溪大桥 位于长寿县，是长寿至涪陵高速公路上的特大桥，桥梁类型为钢筋砼箱形拱桥。为独立旱桥。主桥为4孔，均跨132米，桥宽24.5米，车行道22米。桥墩高达95米。设计荷载为汽-超20，挂-120。2001年4月建成。由四川省交通厅公路规划勘察设计研究院设计，铁道部第二工程局第五处承建，重庆交通工程监理咨询有限责任公司监理。

涪陵乌江大桥　位于涪陵区观音阁附近，跨乌江，在省道 S303 线上。桥梁类型为钢筋砼箱形拱桥。全桥长 351.8 米，主拱净跨 200 米，引桥长 14207 米，桥宽 12 米，车行道宽 9 米，人行道 2 ×1.5 米。设计荷载为汽 -20，挂 -100。1989 年 6 月建成。此桥采用无平衡重双箱对称同步转体施工工艺，是当时国内最大跨度的转体施工桥梁。由四川省交通厅勘察设计研究院设计，四川省桥梁工程有限公司承建。

彭水两江大桥　位于彭水县汉葭镇老虎口的乌江、郁江交汇处，跨乌江。桥梁类型为钢筋砼上承式箱形拱桥。全桥长 382 米，主跨 2 孔，每孔跨 150 米，引桥长 82 米，桥宽 13 米，车行道 9 米，人行道 2 ×2 米。设计荷载为汽 -20，挂 -100。2001 年 7 月建成。

云阳双江大桥　位于云阳县人和镇，跨澎溪河，在重庆至巴东公路上。桥梁类型为钢筋砼箱形拱桥。全桥长 52318 米，主桥跨径组合为：3 ×126 米 +3 ×30，引桥长 5518 米，桥宽 12 米，车行道 9 米，人行道 2 ×1.5 米。设计荷载为汽 -20，挂 -100。1997 年 12 月建成。

武隆乌江大桥　位于武隆县城，跨乌江。为钢筋砼箱形拱桥。桥长 276.1 米，跨径组合为：55 米 +135 米 +55 米，桥宽 11 米，车行道 7 米，人行道 2 ×2 米。设计荷载为汽 -20，挂 -100，1991 年 9 月建成。

合川涪江二桥　位于重庆合川市城区，跨涪江，在国道 212 线上。桥梁类型为钢筋砼箱形拱桥。全桥长 5445 米，跨径组合为：60 米 +3 ×120 米 +60 米，桥宽 24.5 米，车行道 2 ×965 米，人行道 2 ×16 米，分隔带 2 米。设计荷载为汽 -超 20，挂 -120。1996 年 5 月建成。

潼南涪江大桥　位于潼南县梓潼镇，跨涪江。桥梁类型为等截面悬链线钢筋砼上承式箱形拱桥。全桥长 57883 米，主桥两跨，每跨 120 米，引桥跨径组合为：4 ×60 米 +1 ×40 米，桥宽 14 米，车行道 9 米，人行道 2 ×2.5 米。设计荷载：汽 -20，挂 -100。1994 年 9 月建成。为国家“八五”期间以工代赈扶贫项目。

北碚澄江桥　位于北碚区澄江镇，在国道 212 线上，跨澄江运河。为钢筋砼箱形拱桥。桥长 304 米，主桥长 200 米，引桥 104 米。全桥的结构及跨径组合为：120 米简支板 +2—100 米箱型拱 +320 米的简支板，桥宽 15 米，车行道 12 米，人行道 2 ×1.5 米。设计行车速度 40 公里/小时，设计洪水频率 1/100，设计荷载为汽 -20，挂 -100。投资 3488 万元。2001 年 4 月建成。

北碚文星湾大桥　位于北碚区文星湾，跨马鞍溪，在国道 212 线上。桥梁类型为钢筋砼箱板拱桥。全桥长 363 米，主桥跨径组合为：2 ×60 米 +5 ×40 米，引桥长 21.5 米，桥宽 195 米，车行道 14 米，人行道 2 ×2.7 米。设计荷载为汽 -20，挂 -100。1990 年建成。

荣昌施济桥　位于荣昌县昌元镇，跨濑溪河，在重庆至隆昌公路上。桥梁类型为等截面悬链线钢筋砼箱形拱桥。全桥长 30284 米，跨径组合为：4 ×20 米 +1 ×100 米 +5 ×20 米，桥宽 21 米，车行道 15 米，人行道 2 ×3 米。设计荷载为汽 -20，挂 -100。1998 年 1 月建成。

彭水乌江大桥　位于彭水县汉葭镇，跨乌江。为钢筋砼箱形拱桥。桥长 275.4 米，主桥跨径组合为 2 ×100 米，桥宽 9 米，车行道 7 米，人行道 2 ×1 米。设计荷载为汽 -20，挂 -100。1974 年 5 月建成。

巫山龙门大桥　位于巫山县城东，跨大宁河，在重庆至巴东公路上。为钢筋砼箱形拱桥。桥长 197 米，单孔净跨 122 米，桥宽 12 米，车行道 9 米，人行道 2 ×15 米。设计荷载为汽 -20，挂 -100。1987 年建成。1988 年获四川省科技二等奖。

巴南箭滩河桥　位于巴南区鱼洞镇，跨箭滩河。为钢筋砼悬链线箱形拱桥。桥长 200 米，2 孔，每孔跨 70 米，桥宽 13 米，车行道 9 米，人行道 2 ×2 米，桥高 33 米。设计荷载为汽 -20，挂 -100。1988 年 6 月建成。

巴南木洞桥　位于巴南区木洞镇，跨五布河。为钢筋砼悬链线箱形拱桥，桥长 2122 米，单孔净跨100米，引桥两端均为3×5.5米砼拱，桥宽12米，车行道9米，人行道2×1.5米，桥高37米。设计荷载为汽－20，挂－100。1993年8月建成

忠县白桥溪大桥　位于忠县白桥溪，跨白桥溪，为钢筋砼箱形肋拱桥。桥长272米，主桥跨径组合为3×65米，引桥跨径组合为：5×55米＋3×5.5米，桥宽20米，车行道14米，人行道2×3米。设计荷载为汽－20，挂－100。1995年12月建成。

重庆江北唐栋大桥　位于江北区唐家沱镇，跨栋梁河，连接五里店至桂花湾渝长高速公路。为钢筋砼箱形拱桥。桥长225米，主桥跨径组合为2×90米，引桥长45米，桥宽15米，车行道12米，人行道2×1.5米。设计荷载为汽－20，挂－120。2002年6月通车。

合川双龙湖大桥　位于重庆合川市，跨双龙湖，在合川至武胜公路上。为3×40米钢筋砼肋拱桥，桥长160米，桥宽13.2米，车行道12米，人行道2×0.5米。设计荷载为汽－20，挂－100，2001年4月建成。

丰都龙河大桥　位于丰都县，跨龙河，在丰都至石柱公路上，为钢筋砼箱形肋拱桥。桥长267.8米，主桥跨径组合为3×70米；引桥长57.8米，桥宽19.5米，车行道14米，人行道2×2.25米。设计荷载为汽－20，挂－100。1997年5月建成。

彭水九曲河大桥　位于彭水县汉葭镇，跨九曲河，在国道319线上。为钢筋砼双曲拱桥。桥长196米，2孔，每孔跨80米，桥宽12米，车行道9米，人行道2×1.5米。设计荷载为汽－20，挂－100。1997年11月建成。

江北寸滩大桥　位于江北区寸滩，跨一小溪，连接江北区五里店至唐家沱公路。为钢筋砼钢架拱桥。桥长192.4米，跨径组合为：2×60米＋2×25米，桥宽11米，车行道8米，人行道2×1.5米。设计荷载为汽－20，挂－100。1985年2月建成。

丰都泥巴溪大桥　位于丰都县兴义镇，跨泥巴溪，在丰都至石柱公路上。为钢筋砼肋拱桥。桥长197米，单孔净跨130米，引桥长67米，桥宽12米，车行道9米，人行道2×1.5米。设计荷载为汽－20，挂－100。1999年12月建成。

武隆县与涪陵大溪河桥　位于武隆县与涪陵交界处的大溪河口。跨大溪河，在国道319线上。为钢筋砼箱形拱桥。桥长104米，单孔净跨90米，桥宽9米。设计荷载为汽－20，挂－100。1996年3月建成。

合川流溪河大桥　位于重庆市合川香龙镇，跨流溪河，为钢筋砼拱桥：桥长198米，主跨为100米的钢筋砼箱型拱，两端引孔均为跨径30米的石拱，桥宽9米，车行道7米，人行道2×1米。设计荷载为汽－20，挂－100。1994年6月建成。

铜梁县虎峰大桥　位于铜梁县虎溪镇，在国道319线上。为钢筋砼箱形拱桥。桥长125.4米，主拱净跨70米，桥宽21.5米，车行道18.5米，人行道2×1.5米。设计荷载为汽－20，挂－100，1998年建成。

忠县干井口大桥　位于忠县干井口，跨干井河，为钢筋砼箱形拱桥。桥长396米，主桥跨径组合为：3×100米，桥宽18米，车行道14米，人行道2×2米。设计荷载为汽－20，挂－100。1998年12月建成。

綦江虹桥　位于綦江县城南门跨綦河，为钢筋砼提篮型人行拱桥。桥长160米，跨径130米，桥面宽7.5米，2000年12月建成。原綦江虹桥（亦称彩虹桥），因工程质量低劣垮塌（1999年1月4日），造成重大人员伤亡。为牢记教训，悼念遇难者，在新虹桥一侧，立警示碑一座。

丰都寨子沟大桥　位于丰都县，跨寨子沟，在丰都至石柱的公路上。为钢筋砼箱形拱桥。桥长1992米，跨径组合为：4×10米（西）＋90米＋2×10米（东），桥宽19.5米，车行道宽14米，人行道2×2.7米。设计荷载为汽－20，挂－100，1997年建成。

彭水县连湖大桥　位于彭水县连湖乡，跨郁江，连接黔江至石柱公路，为钢筋砼箱形拱桥。桥

长134米，单孔净跨100米，主拱上有10个小拱，桥宽8米。设计荷载为汽-20，挂-100，1989年建成。

忠县钟溪桥 位于忠县东溪口，跨东溪河，为钢筋砼箱形拱桥。桥长170米，单孔净跨100米，引桥长70米。桥宽9米，车行道7米，人行道2×1米。设计荷载为汽-20，挂-100，1990年10月建成。

丰都刀沙溪大桥 位于丰都县，跨刀沙溪河，在丰都至石柱公路上，为钢筋砼箱肋拱桥。桥长183米，单孔净跨110米，桥宽9米，车行道8米，人行道2×0.5米。设计荷载为汽-20，挂-100，2001年5月建成。

涪陵磨盘沟大桥 位于涪陵区江东，跨磨盘沟，在石柱到雷神店公路上，为钢筋管箱形拱桥。桥长127米，主拱净跨70米，桥宽12米，车行道9米，人行道2×1.5米。设计荷载为汽-20，挂-100，1990年5月建成。

綦江东溪太平大桥 位于綦江县东溪镇太平村，跨綦河，为钢筋砼箱形拱桥。桥长110米，单孔净跨90米，桥宽9米，车行道7米，人行道2×1米。设计荷载为汽-20，挂-100，1997年5月建成。

大足珠溪大桥 位于大足县珠溪镇，跨濑溪河，为钢纤维砼箱形肋拱桥。桥长132米，单孔净跨60米，桥宽10米，车行道7米，人行道2×1.5米。设计荷载为汽-20，挂-100，1989年建成。

云阳马羊溪大桥 位于云阳县老县城，跨汤溪河，为石肋拱桥。桥长210米，主桥跨径组合为：2×75米+112米，桥宽8.5米，车行道7米，人行道2×0.75米。设计荷载为汽-20，挂-100，1992年7月建成。

长寿石塔坡大桥 位于长寿县沙石镇，跨龙溪河，在石堰至沙石公路上，为钢筋砼箱形拱桥。桥长139.9米，单孔净跨100米，桥宽11米，车行道9米，人行道2×1米。设计荷载为汽-20，挂-100，1993年8月建成。

云阳新津口大桥 位于云阳县新津乡，跨磨刀溪河，为石拱桥。桥长210米，主桥净跨组合为：2×60米+30米，桥宽7米，车行道5.5米，人行道2×0.75米。设计荷载为汽-20，挂-100，1989年10月建成。

开县镇安大桥 位于开县镇安镇，跨江里河，为等截面悬链线空腹式双肋石拱桥。桥长220米，3孔，每孔跨55米，引桥长2×10米。桥宽7米。设计荷载为汽-20，挂-100，1991年10月建成。为以工代赈补助修建。

巫山水口大桥 位于巫山县福田乡，跨大宁河，连接福田至大昌公路，为石肋拱桥。桥长180米，单孔净跨120米，引桥长60米。桥宽8米。设计荷载为汽-15、挂-100，1991年10月建成。

涪陵清溪大桥 位于涪陵区清溪镇，跨清溪河，连接涪陵至丰都公路。为空腹式石拱桥。桥长178米，跨径组合为：2×35米+60米+ 35米，桥宽11.5米，车行道8.5米，人行道2×1.5米。设计荷载为汽-20，挂-100 ，1998年11建成。

长寿秤沱大桥 位于长寿县秤沱镇，跨御临河，在洪湖至统井公路上。为空腹式石拱桥。桥长155米，3孔，每孔跨35米，桥宽9.5米，车行道7米，人行道2×1.25米。设计荷载为汽-20，挂-100，1986年4月建成。

云阳莲花大桥 位于云阳县莲花乡，是重庆至巴东公路上的一座旱桥。为石板拱桥。桥长165.6米，主桥跨径组合为：76米+9×6米，桥宽12米，车行道9米，人行道2×1.5米。设计荷载为汽-20，挂-100，1998年12月建成。

开县刘帅故里大桥 位于开县刘伯承元帅故里赵家镇，跨浦里河。为石拱桥。桥长139米，主桥长120米，跨径组合为3×40米，桥宽10.3米，车行道7米，人行道2×1 .65米。设计荷载为汽-20，挂-100，1990年7月建成。

铜梁白龙大桥　位于铜梁县巴川镇的白龙大道上，跨淮远河。为空腹式悬链线石拱桥。桥长120米，主桥跨径组合为：25米+40米+25米，桥宽42.5米，车行道2×10米，人行道2×6米，车行道中央为10米宽的绿化隔离带。设计荷载为汽-超20，挂-120，2000年9月建成。为展现铜梁龙文化特色，桥面两侧栏杆有雕刻精美的石龙盘踞其上，栩栩如生；两端桥头的雕刻为龙的四个演变过程。

万盛温塘桥　位于万盛区温塘，跨普渡河，在省道石柱至雷神店公路线上。为石拱桥。桥长145.7米，主桥跨径组合为：2 5米+40米+25米，桥宽12.5米，车行道9米，人行道2×1.5米。设计荷载为汽-20，挂-100，1993年12建成。

梓潼碛大桥　位于武隆县白笋溪，又名白笋溪大桥，跨白笋溪。在国道319线上。为悬链线空腹式石拱桥。桥长133.6米。跨径组合为：1×75米+3×8米，桥宽13米，车行道9米，人行道2×2米。设计荷载为汽-20，挂-100。1990年7月建成。

宁厂大桥　位于巫溪县宁厂镇，跨大宁河。在宁厂至万州公路的起点上。为石板拱桥，桥长110米，单孔净跨70米，桥宽7米，车行道6米，人行道2×0.5米。设计荷载为汽-20，挂-120，1991年6月建成。

郁山沙湾大桥　位于彭水县郁山镇沙湾子，跨郁江，在城口至黔江公路上，为石拱桥。桥长117 .8米，主桥跨径合为：13米+ 70米+13米，桥宽7米。设计荷载为汽-20，挂-100，1987年7月建成。

麻辣溪大桥　位于涪陵区清溪镇，跨麻辣溪，在涪陵至丰都公路线上，为悬链线石拱桥。桥长106米，跨径组合为：1×60米+ 2×23米，桥宽8.5米，车行道7米，人行道2×0.75米。设计荷载为汽-20，挂-100。1994年5月建成。

东华大桥　位于开县东华镇，跨东里河。为等截面悬链线空腹式石拱桥。桥长124米，主桥跨径组合为3×35米，桥宽8米。设计荷载为汽-20，挂-100。1998年10月建成。

沙溪沟大桥　位于涪陵区龙桥镇，跨沙溪沟，连接涪陵至蔺市公路。为石拱桥。桥长126米，主跨60米，桥宽12米，车行道9米，人行道2×1.5米。设计荷载为汽-20，挂-100。1998年11月建成。

赵庄大桥　位于酉阳县龙潭镇，跨龙潭河，通往赵庄（赵世炎故乡）。为空腹式悬链线石拱桥。桥长60米，单孔净跨50米，桥宽8.5米，车行道7米，人行道2×0.75米。设计荷载为汽-20，挂-100。2001年3月建成。

长塘河大桥　位于南岸区迎龙镇，跨长塘河。为空腹式石拱桥。桥长68米，单孔净跨45米，桥宽9米，车行道7米，人行道2×1米。设计荷载为汽-20，挂-100，1991年建成。

南河大桥　位于开县城区汉车镇，跨江里河。为石板拱桥。桥长120米，跨径组合为8×12米，桥宽14.6米，车行道8.6米，人行道2×3米。设计荷载为汽-20，挂-100。1987年5月建成。

罗汉桥　位于大足县龙岗镇，跨濑溪河，连接大足至邮亭高等级公路。为石拱桥，桥长58米，单孔净跨30米，桥宽20米，车行道15米，人行道2×2.5米。设计荷载为汽-超20，挂-120，1999年建成。

马莲溪大桥　位于巫溪县城内的环城公路上，跨马莲溪。为石拱桥。桥长98米，单孔净跨40米；桥宽8.5米，车行道6.5米，人行道2×1米。设计荷载为汽-20，挂-100。1992年6月建成。

姚家河大桥　位于城口县新枞乡，跨姚家河。为空腹式石肋拱桥。桥长70米，单孔净跨50米，桥宽7米。设计荷载为汽-15、挂-80。1986年1月建成。

云龙大桥　位于梁平县云龙镇，跨龙溪河。为空腹式悬链线石拱桥。桥长 89.2 米，单孔净跨 50 米，桥宽 10 米，车行道 7 米，人行道 2×1.5 米。设计荷载为汽－15、挂－80。1986 年 11 月建成。

石鱼大桥　位于铜梁县石鱼镇，旱桥，在国道 319 线上。为空腹式悬链线石拱桥。桥长 83 米，单孔净跨 50 米，桥宽 21.5 米，车行道 18.5 米，人行道 2×1.5 米。设计荷载为汽－20，挂－100，1998 年建成。

西宁大桥　位于巫溪县，跨西溪河，在巫溪至城口公路上。为石拱桥。桥长 98 米，单孔净跨 55 米，桥宽 7 米。设计荷载为汽－20，挂－100。1991 年 6 月建成。

三溪口大桥　位于酉阳县丁市镇王家寨，跨一小溪，在酉阳至龚滩公路上。为空腹式悬链线石拱桥。桥长 98 米，单孔净跨 50 米，桥宽 8.5 米，车行道 7 米，人行道 2×0.75 米。设计荷载为汽－超 20，挂－120。2000 年 12 月建成。

柏梓大桥　位于潼南县柏梓镇，跨琼江，在王家店至合川市兴隆公路上。为钢筋砼双曲拱桥。桥长 114 米，跨径组合为 3×38 米，桥宽 9 米，车行道 7 米，人行道 2×1 米。设计荷载为汽－15、挂－80。1987 年 2 月建成。

小渡口桥　位于潼南县小渡镇，跨青云河，在国道 319 线上。为钢筋砼双曲拱桥和石拱桥各占一半，原为双曲拱桥，后来加宽时，另一半则建成石拱桥。桥长 69.8 米，单孔争跨 50 米，桥宽 12 米，车行道 9 米，人行道 2×1.5 米。设计荷载为汽－13、挂－60。1989 年建成。

渝北城南开发区 2 号桥　位于渝北区两路镇，跨半截沟水库，在渝北区双龙大道上，为钢纤维砼轻型肋拱桥。桥长 119.9 米，主跨 65 米，桥宽 385 米，车行道 2×14 米，非机动车道 2×4 米，分隔带 2×2 米，人行道 2×6 米。设计荷载为汽－20，挂－80。1994 年建成。

土溪观耳嘴大桥　位于重庆南川市土溪水库，跨土溪水库尾部，为钢筋砼肋拱桥。桥长 110 米，单孔净跨 80 米，桥宽 7.5 米，车行道 6 米，人行道 2×0.75 米。设计荷载为汽－20，挂－100。1992 年建成。

天井峡大桥。位于奉节县兴隆镇，跨越奉节有名的地缝中的天井峡，连接巫山至恩施公路。为钢筋砼箱肋拱桥。桥长 93 米，单孔净跨 65 米，桥宽 10.5 米，车行道 7 米，人行道 2×1.5 米，此桥高达 105 米。设计荷载为汽－20，挂－100，1999 年 1 月建成。

龙溪河大桥　位于长寿县但渡镇，跨越下硐电站水库，在长寿至涪陵高速公路上。为预应力砼连续钢构桥。全桥长 725 米，主桥长 520 米，跨径组合为：140 米＋240 米＋140 米；引桥长 160 米，为 4×40 米的简支梁桥，桥宽 24.5 米，车行道 22 米。设计荷载为汽－超 20，挂－120。2000 年 11 月建成。交通部重庆公路科研所设计，交通部第一公路工程总公司和铁道部大桥局承建，重庆交通工程监理咨询有限责任公司监理。

桥河綦江大桥　位于綦江县桥河镇，跨綦河，在国家主干线重庆至湛江公路的渝黔高速公路綦江段上。桥型为三向预应力砼连续钢构桥。全桥长 310 米，主桥跨径组合为：75 米＋130 米＋75 米；桥宽 24.5 米，车行道 21.5 米。设计荷载为汽－超 20，挂－120。2001 年 8 月建成。重庆公路勘察设计研究院设计，贵州省公路工程总公司承建，重庆交通工程监理咨询有限责任公司监理。

后河大桥　位于石柱县城北门，跨龙河。为简支钢筋砼 T 形梁桥。桥长 158 米，跨径组合为 7×20 米，桥宽 11 米，车行道 8 米，人行道 2×1.5 米。设计荷载为汽－20，挂－100。1984 年 5 月建成。

太安大桥　位于潼南县太安镇，跨琼江，在省道潼南至泸州的公路上。桥梁类型为钢筋砼简支 T 梁桥。桥长 175 米，跨径组合为 6×20 米，桥宽 16 米，车行道宽 12 米，人行道 2×2 米。设计荷载为汽－20，挂－100。1998 年 3 月建成。

花桥大桥　位于涪陵李渡经济示范区，是长寿至涪陵高速公路上的一座旱桥。为钢筋砼预应力简支T梁桥。桥长195米，跨径组合为7×25米，桥宽24.5米，车行道22米。设计荷载为汽超-20，挂-120。1999年12月建成。

仁河二桥　位于城口县葛城镇，跨仁河。为预应力箱型梁桥。桥长146米，跨径组合为4×30米，桥宽17米，车行道12米，人行道2×2.5米。设计荷载为汽-20，挂-100。2000年10月建成。

渝北城南开发区3号桥　位于渝北区两路镇，跨半截沟水库。在渝北区双龙大道上。为变截面预应力砼连续梁桥。桥长143米，跨径组合为：35米+65米+35米，桥宽15米，车行道9米，人行道2×3米。设计荷载为汽-20，挂-100。1996年9月建成。

石板坡大桥　位于九龙坡区石板镇，在白市驿至西彭公路上，旱桥。为等厚空心板梁桥。桥长130米，跨径组合为：17米+3×23米+17米，桥宽18.5米，车行道15米，人行道2×17.5米。设计荷载为汽超-20，挂-120。1999年底建成。

下路大桥　位于石柱县蒿子坝，跨龙河，在省道石柱至雷神店公路上。为预应力简支空心板梁桥。桥长140米，跨径组合为6×20米，桥宽12米，车行道9米，人行道2×1.5米。设计荷载为汽-20，挂-100。2000年7月建成。

晏渡大桥　位于铜梁县巴川镇，跨淮远河，在国道319线上。为钢筋砼T梁桥。桥长76米，3孔，每孔跨16米，桥宽10.8米，车行道9米，人行道2×0.9米。设计荷载为汽-20，挂-100，1994年5月建成。

万州大桥　位于万州磨刀梁与蚂蝗坪之间，跨苎溪河，在省道103线上。桥梁类型为钢管砼组合桁架连续钢构桥。全桥长7098米，主桥跨径组合为：754米+3×120米+754米，引桥长175米，为多跨25米简支空心板桥，桥宽21.5米，车行道15米，人行道2×25米。设计荷载为汽-超20，挂-120。是国内第一座钢管砼组合桁架连续钢构桥。2001年5月建成。

舟白大桥　位于黔江区舟白乡的乡道上，跨阿蓬江。为钢筋砼桁架拱桥。桥长120米，主孔净跨80米，桥宽8米，车行道7米，人行道2×0.5米。设计荷载为汽-20，挂-100。1999年4月建成。为国家以工代赈项目。

高谷乌江大桥　位于彭水县高谷镇，跨巫江，在国道319线上。为钢管水泥砼中承式桁架拱桥，桥长195.8米，单孔净跨150米，桥宽12米，车行道9米，人行道2×1米。设计荷载为汽-20，挂-100，1997年6月建成。

黔州大桥　位于黔江区城内新华大道上，跨黔江，连接城区主干道。为下承式钢筋砼肋拱桥。桥长110米，主孔净跨100米，桥宽30米，主车道14米，慢车道2×3.5米，分隔带2×15米，人行道2×3米。设计荷载为汽-20，挂-100。1996年10月建成。

梅溪河新桥　位于奉节县新城乡，跨梅溪河，在重庆至巴东公路上。为上承式钢管砼桁构式肋拱桥。桥长491米，单孔净跨288米，引桥长8×21.7米，桥宽17.5米，车行道14米，人行道2×1.7米。设计荷载为汽-20，挂-100。2001年10月建成。

武隆乌江二桥　位于武隆县巷口镇峡口，跨乌江，在国道319线上。为钢管砼提篮式拱桥。桥长164米，净跨150米，桥宽13米，车行道9米，人行道2×2米。设计荷载为汽-20，挂-100。1996年4月建成。

梅溪河大桥　位于奉节县永安镇，跨梅溪河，在巫山至恩施公路上。为加劲梁悬索桥。桥长240米，主桥跨径200米，桥宽12米，车行道9米，人行道2×1.5米，桥高43米。设计荷载为汽-20，挂-100。此桥因当时为四川全省跨径最大的吊桥而荣获四川省优秀设计一等奖、交通部优秀工程奖。1990年7月建成。

万安新桥　位于万州城内，跨贮溪河，为城市桥梁。桥型为双塔单索面钢管砼桁架梁斜拉桥。全桥长642.5米，主桥跨径组合为：72米+140米+72米，下部为双肋柔性薄壁墩，引桥采用凝土箱形连续梁，跨径组合为：（25 米 +2 ×28 米） + （25 米 +9 ×28 米），桥宽 23 米，车行道 15 米，分隔带 2 米，人行道 2 ×3 米。设计荷载为汽 - 超 20，挂 - 120。2001 年 7 月建成。

第二节　公路隧道建设

重庆地区多山，修建隧道是公路建设的主要项目之一。自 1927 年修筑渝（重庆）简（简阳）公路时修建的第一座山洞隧道开始，到 1985 年重庆市有公路隧道 19 座，总长 2354 延米。重庆解放后至 1985 年新修建的隧道 14 座，总长 2016 延米，为 1949 年前修建隧道的 6 倍。重庆市计划单列后，特别是直辖后至 2005 年期间，公路隧道建设随着公路建设得到了大发展。至 2005 年年底，重庆市拥有公路隧道 230 座，109260.7 延米，其中特长隧道 4 座，14989 延米，长隧道 22 座，38294.4 延米，中隧道 36 座，26584.3 延米，短隧道 168 座，29393 延米。（本节仅记述 1986 ~ 2005 年期间修建的隧道）。

一、高速公路隧道建设

（一）已建成的特长隧道

中梁山隧道　位于重庆市沙坪坝区境内，左线长 3167 延米，右线长 3103 延米，隧道净高 5 米，净宽 9.5 米。中梁山隧道获得中铁五局优质工程一等奖、获铁道部优质样板工程奖。由四川省交通厅公路规划勘察设计研究院和铁道部第二勘察设计院设计，中铁五局五处承建。1990 年 6 月 5 日开工，1994 年 10 月竣工。

缙云山隧道　位于成渝高速公路重庆段 313 公里处，距重庆市中心 35 公里，双洞四车道，左洞长 2528 延米，右洞长 2529 延米，净宽 9.5 米，行车道宽 7 米，拱高 6.5 米，净高 5 米，设计车速 60 公里/小时，设计流量每小时 1001 辆。1994 年 10 月建成。

真武山隧道　位于渝黔高速公路南岸四公里涂山山脉中，双洞、双向 6 车道，长 1992 延米，单洞宽 10.5 米，高 5 米。设计时速 80 公里/小时，采用自然天井抽风，是重庆市境内唯一利用自然天井抽风的隧道，效果良好。2001 年完工。

北碚隧道　位于北碚尖山子（原尖山子隧道），双向 4 车道，左洞长 4001.6 延米，右洞长 4045 延米，线间距 35 米，设计行车速度 60 公里/小时。投资 33363 万元。隧道净高 5 米，净宽 10.5 米。2004 年获铁道部优质工程奖和重庆市“巴渝杯”优质工程奖，2005 年获“国家优质工程”银质奖和“鲁班奖”。由四川省交通厅公路规划勘察设计研究院和重庆市交通规划勘察设计研究院设计，中铁二十二局集团第四工程有限公司承建。1999 年 6 月开工，2002 年 6 月 28 日完工。

表 2 - 23　**2005 年重庆市已通车高速公路特长、长隧道统计表**

隧道名称	路线编号	路线名称	隧道中心桩号	隧道长度（延米）	隧道净宽（米）	隧道净高（米）	通车时间
合计	26	道		53283.4			
真武山二号隧道	G050000000	渝湛线	16.375	1992	10.5	5	2001 年 10 月
分水岭隧道	G050000000	渝湛线	98.448	1695	8.5	5	2004 年 12 月
竹园堂隧道	G050000000	渝湛线	107.224	1318.9	8.5	5	2004 年 12 月
金竹岗隧道	G050000000	渝湛线	111.191	2056	8.5	5	2004 年 12 月
福田寺隧道	G050000000	渝湛线	116.474	1863	8.5	5	2004 年 12 月

续前表

隧道名称	路线编号	路线名称	隧道中心桩号	隧道长度（延米）	隧道净宽（米）	隧道净高（米）	通车时间
笔架山隧道	G050000000	渝湛线	122.096	2502	8.5	5	2004年12月
小垭口隧道	G055000000	沪蓉线	16.43	1090	9.75	5	2003年12月
马王槽1#隧道	G055000000	沪蓉线	35.92	1271	9.75	5	2003年12月
马王槽2#隧道	G055000000	沪蓉线	37.541	1646	9.75	5	2003年12月
华山隧道（右）	G055000000	沪蓉线	217.45	1755	12.5	7.73	2002年4月
铁山坪隧道（右）	G055000000	沪蓉线	230.788	2714	12.7	7.73	2002年4月
中梁山隧道（右）	G055000000	沪蓉线	273.685	3103	9.5	5	1994年10月
缙云山隧道（右）	G055000000	沪蓉线	308.256	2529	9.5	5	1994年10月
白鹿山隧道	G212000000	兰渝线	1091.932	1023	19.5	5	2005年12月31日
尖山了隧道（右线）	G212000000	兰渝线	1117.212	4045	10.5	5	2002年6月28日
两山坪隧道	G212000000	兰渝线	1127.847	2497	10.5	5	2002年6月28日
板溪隧道	G319000000	厦成线	1909.631	1472.5	8.7	5	2003年
正阳一号隧道	G319000000	厦成线	2021.203	1130	9	5	2004年
箱子山隧道	G319000000	厦成线	2041.895	1487	9	5	2004年
白马隧道	G319000000	厦成路	2213.45	1431	9.06	12	2001年
同心寨隧道（右）	G319000000	厦成线	2277.732	1514	10.8	7	2000年12月
黄草山隧道（右）	G319000000	厦成线	2295.821	2500	10.8	7.09	2000年12月

（二）高速公路在建隧道

谭家寨隧道　位于沪蓉国道主干线垫江至忠县之间，为高速公路双线隧道，左洞长4867.5延米，右洞长4865延米。该隧道地质复杂，主要为Ⅱ类围岩，地下水丰富，左洞ZK83.44～83.479公里、右洞ZK83.150～83.476公里桩段地下水具有侵蚀性富存瓦斯、H_2S等有害气体，断层、岩溶段较多。由重庆交通科研设计院设计，中铁二局一公司、二公司承建。2004年11月20日开工，2005年在建。

明月山隧道　位于沪蓉国道主干线重庆垫江县至四川邻水县之间，为高速公路双线隧道，左洞长6557延米，右洞长6555延米，其中重庆境内左洞长1793延米，右洞长1796.2延米。隧道穿越明月山煤层采空区和断层，地质复杂，主要有断层、瓦斯、煤层采空区、溶洞、涌水、突泥等，受地质构造影响严重，岩体破碎，围岩稳定性较差，易坍塌；挤压破碎带岩溶中等发育，吸水性好，地下水影响严重，其溶隙、溶孔、溶穴发育，层间结合较差，有可能产生较大涌突水。由四川省交通厅公路规划勘察设计研究院设计，中铁二局股份有限公司和中铁十二局集团承建。2004年11月20日开工，2005年在建。

财神梁隧道　财神梁隧道为分离式断面，左洞全长4928延米，右洞全长4943延米。单洞净宽10.25米，限界高度5米，设计行车速度80公里/小时。不良地质主要有岩溶、断层、煤矿采空区、瓦斯煤系地层等。设计主要为Ⅳ级围岩，进出口段为Ⅴ级围岩。由中交第一公路勘察设计研究院设计，中铁隧道股份有限公司和中铁十五局集团第二工程有限公司承建。2004年12月26日开工，2005年在建。

凤凰梁隧道　凤凰梁隧道为分离式断面，左洞全长4747延米，右洞全长4721延米。单洞净宽

10.25米，限界高度5米。设计行车速度80公里/小时。不良地质主要有岩溶、断层、煤矿采空区、瓦斯煤系地层等。设计主要为Ⅳ级围岩，进出口段为Ⅴ级围岩。由中交第一公路勘察设计研究院设计，中铁隧道集团二处有限公司和中铁二十五局集团第一工程有限公司承建。2004年12月26日开工，2005年在建。

分界梁隧道　分界梁隧道为分离式断面，左洞全长5085延米，右洞全长5080延米，隧道单洞净宽10.25米，限界高度5米。设计行车速度80公里/小时。不良地质主要有岩溶、断层、煤矿采空区、瓦斯煤系地层等，出口为堆积层老滑坡，设计主要为Ⅳ级围岩，进出口段为Ⅴ级围岩。由中交第一公路勘察设计研究院设计，中铁二十局集团第一工程有限公司和四川武通路桥工程局承建。2004年12月26日开工，2005年在建。

石龙隧道　位于巴南区石龙镇凉水乡境内，为上下行分离设置的高速公路特长隧道，分离式路基设计，线间距30米，隧道轴线间距41米，受平曲线影响，出口段隧道轴线之间的距离由41米渐变为36.5米。左洞长3435延米，右洞长3445延米，设计时速80公里/小时。设计纵坡为-2.4%，隧道衬砌内轮廓按建筑限界净宽10.5米，净高5米，拱半径为5.5米的单心圆曲墙圆拱，隧道净宽10.8米，净高7米，内净空面积64.8平方米。隧道进口采用削竹式洞门，出口采用翼墙式洞门。由中交第二公路勘察设计研究院和重庆交通规划勘察设计院共同设计，中铁二十局集团第二工程有限公司承建。2004年8月6日开工，2005年在建。

沙包梁隧道　位于重庆市云阳县栖霞乡系虎村六组，为基本平行的双洞，左洞长3080延米，右洞长3129延米。最大埋深约345米。主洞净宽10.2米，净高5米。紧急停车带建筑限界净宽13米（主洞行车方向右侧加宽2.75米），净高5米。左、右洞门均设计为端式洞门，采用全纵向射流通风。四川省交通厅公路规划勘察设计研究院设计，中铁四局集团第一工程有限公司和中铁十五局集团第一工程有限公司承建。2004年12月26日开工，2005年在建。

庙梁隧道　位于重庆市万州区红光办事处至高峰镇之间，为上、下行分离的双车道高速公路特长隧道。左洞长4922延米，右洞长4904延米，最大埋深约355米。隧道采用全纵向射流通风。四川省交通厅公路规划勘察设计研究院设计，中铁十二局集团有限公司和中铁隧道集团有限公司承建。2004年12月26日开工，2005年在建。

南山隧道　位于重庆市开县汉丰镇与马鞍乡镇境内，为上、下行分离的双车道高速公路特长隧道。横穿南山山脉，属山高谷深、切割较大的中山地貌。最大埋深约700米，左洞长4828延米，右洞长4873延米，采用全纵向射流通风。四川省交通厅公路规划勘察设计研究院设计，中铁隧道集团一处有限公司、中铁十三局集团有限公司、中铁十二局集团第二工程有限公司、中铁隧道集团二处有限公司承建。2004年1月1日开工，2005年在建。

铁峰山2#隧道　位于重庆市万州区铁峰乡与熊家镇境内，为上、下行分离的双车道高速公路特长隧道。隧道最大埋深约753米，左洞长6022延米，右洞长6021延米。左洞采用两区段斜井送排式通风，右洞采用全纵向射流通风，左洞斜井还兼顾右洞火灾排烟。四川省交通厅公路规划勘察设计研究院设计，四川武通路桥工程局、中铁十三局集团有限公司、中铁十五局集团有限公司、中铁三局集团有限公司承建。2004年1月1日开工，2005年在建。

正阳隧道　位于黔江区正阳镇境内，黔江盆地和正阳盆地之间，前起黔江南互通，后衔斑竹林大桥，起点走向6度，终点走向309度，大致呈“S”形展布。为上、下行分离的四车道高速公路特长隧道。左洞长3600延米，右洞长3560延米，单洞净宽10.5米。隧道内共设置5处行人横洞，4处行车横洞，其中5#行人横洞右侧出口设置端墙式洞门，出洞后路基与右线相接。采用全射流纵向机械通风方式。中交第二公路勘察设计研究院设计，中铁隧道集团有限公司和中铁五局集团第一工程有限责任公司承建。2005年3月29日开工，2005年在建。

斑竹林隧道　位于重庆市黔江区正城南办事处南家村境内，为上、下行分离的四车道高速公路

特长隧道。左洞长3275延米，右洞长3310延米。全线大部分处于直线段，仅进口部分平面线型为曲线，平曲线半径为2600米；左右线纵面均为+0.99%和-0.87%的人字坡。最大埋深约298米，左右线出口均采用偏压式洞门。内设置3处行人横洞和2处行车横洞。行车横洞净空：4.5米（宽）×5米（高）；行人横洞净空：2米（宽）×2.5米（高）；单洞净宽10.5米，净高5米。采用全射流纵向机械通风方式。中交第二公路勘察设计研究院设计，中铁二十二局集团有限公司承建。2005年3月29日开工，2005年在建。

长滩隧道　位于彭水县长滩乡和汉葭镇境内，隧道呈北西至南东走向，横穿杨家山北段青岗槽。采用上下行隧道分离的独立双洞形式，双洞线间距11.3~23米。右洞长3276延米，左洞长3215延米，左、右洞路线纵坡均为+0.8%和-0.5%的人字坡。设计时速80公里/小时。隧道内设置8处人行横通道和4处车行横通道，人行横通道与路线夹角为90度，车行横通道与路线夹角为60度。采用全射流纵向机械通风方式。铁道部第二勘察设计研究院设计，福建建工集团公司和重庆交通建设集团有限责任公司承建。2005年11月22日开工，2005年在建。

共和隧道　共和隧道为双洞分修特长隧道，进口紧临共和乌江特大桥，出口与大堰沟大桥相接，右洞长4779延米，左洞长4745延米，除隧道右线进口段及左、右线出口段位于曲线上外，其余位于直线上，全隧路线纵坡为-0.4%的单面坡，设计时速80公里/小时。设置5处车行横通道，12处人行横通道，左、右线隧道分别在行车方向的右侧设置紧急停车带各5处。其中车行横通道与路线夹角为60度，车行横通道中部设置矩形的防火门安装段衬砌，设置防火卷帘门一道，防火门尺寸为4.5米（宽）×5米（高），采用手动与自动控制方式。人行横通道与右线路线夹角为90度。人行横通道与左右洞连接处，各设置防火门一道，防火门尺寸为2米（宽）×2.5米（高），采用手动控制方式。紧急停车带长度为40米（有效长度为30米）。隧道采用全射流纵向机械通风方式。铁道部第二勘察设计研究院设计，中铁六局集团太原铁路建设有限公司和中铁隧道股份有限公司承建。2005年11月21日开工，2005年在建。

中兴隧道　中兴隧道为双洞分修特长隧道，进口与银盘隧道相接，右洞长6082延米，左洞长6105.4延米，隧道进口位于曲线上，全隧路线纵坡为0.4%及-0.83%的人字坡，设计时速80公里/小时。隧道与渝怀铁路板桃隧道斜交于K52+900左右，交角约18度，公路隧道路面高程354.5~387.5米，高于渝怀铁路板桃隧道高程259.1米，相对高差95~128米。隧道设置16处人行横通道，7处车行横通道，左、右线隧道分别在行车方向的右侧设置紧急停车带各7处。人行横通道与右线路线夹角为90度，车行横通道与路线夹角为60度。车行横通道中部设置矩形的防火门安装段衬砌，设置防火卷帘门一道，采用手动与自动控制方式。人行横通道与左右洞连接处，各设置防火门一道，采用手动控制方式。隧道采用全射流纵向机械通风方式。铁道部第二勘察设计研究院设计，中铁五局集团有限公司和中铁二十五局集团第一工程有限公司承建。2005年11月22日开工，2005年在建。

吕家梁隧道　吕家梁隧道为上、下行分离的四车道高速公路特长隧道。单洞宽10.5米，限界高度5米。设计行车速度80公里/小时，右洞长6663延米，左洞长6664延米。设计采用受力条件好、断面利用率高的三心圆（曲墙半圆拱）断面。拱半径为5.5米，曲墙半径为8.5米，净空面积为64.2平方米。照明采用单光带拱顶侧布的布置方式，基本照明灯间距8米，通风采用地下风机房、斜井分段送排风技术。紧急停车带长40米，间距约750米，车行横洞与隧道轴线成60度交角，车行横洞位于紧急停车带内，其路面与隧道路面相接；人行横洞设于车行横洞之间，其路面与检修道相接。洞内变电所位于人行横洞中部。重庆交通科研设计研究院设计，中铁隧道股份和中铁十九局一公司承建。2005年3月8日开工，2005年在建。

方斗山隧道　方斗山隧道为上、下行分离的四车道高速公路特长隧道。单洞宽10.5米，限界高度5米。行车速度80公里/小时，右洞长7600延米，左洞长7562延米。设计采用受力条件好、断面利用率高的三心圆（曲墙半圆拱）断面。拱半径为5.5米、曲墙半径为8.5米，净空面积为64.2平方米。采用单光带拱顶侧布方式照明，照明灯间距8米，紧急停车带长40米，间距约750米，车行横洞与隧道轴线成60度交角，车行横洞位于紧急停车带内，其路面与隧道路面相接；人行横洞设于车行横洞之间，其路面与检修道相接。洞内变电所位于人行横洞中部。通风采用地下风机房、斜井分段送排风技术。重庆交通科研设计研究院设计，由中国铁路工程总公司和中铁隧道股份承建。2005年3月8日开工，2005年在建。

武隆隧道　位于武隆县巷口镇白杨村六社与土坎镇官滩村官滩社，按小净距渐变为分离式再渐变为小净距设置。路基设计线间距6～30米，隧道轴线间距16.5～40.5米。左洞长4884.1延米，右洞长4884.1延米，设计时速80公里/小时。衬砌内轮廓建筑限界宽10.5米，高5米，拱半径为5.5米的单心圆曲墙圆拱，净宽10.7米，高7米，内净空面积64.2平方米。全线共设置紧急停车带和车行横通道6处，设置人行横通道14处。车行横洞轴线与隧道轴线成60度交角，两端与隧道路面衔接，并设置封闭门；人行横洞轴线与隧道轴线垂直，两端与隧道检修道衔接，并设置封闭门。进口采用削竹式洞门、出口采用端墙式洞门。采用全射流纵向通风。重庆市交通规划勘察设计院设计，中铁十六局五公司和中铁十一局承建。2005年12月26日开工，2005年在建。

黄草岭隧道　黄草岭隧道为分离式车道，左线长3252.5延米，右线长3219延米，设计时速80公里/小时。衬砌内轮廓建筑限界宽10.5米，高5米，拱半径为5.5米的单心圆曲墙圆拱，隧道净宽10.8米，净高7米，内净空面积64.2平方米。隧道采用全射流纵向通风，重庆市交通规划勘察设计院设计，中铁二十三局承建。2005年12月26日开工，2005年在建。

羊角隧道　位于重庆市武隆县羊角镇与白马镇境内。穿越山脉呈脊状，受构造控制，多沿南北向展布，隧道轴线地面最高点位于洞身段的小窝砣，标高为1280米，一般地面标高为500～1000米，最低点位于进口猫儿沟板桥，标高为300米左右，相对高差多在200～700米。羊角隧道为上下行分离设置，路基设计线间距30.7～39.9米，隧道轴线间距41.3～50.4米，左洞长6655.5延米，右洞长6676延米的高速公路特长隧道。内轮廓建筑限界宽10.5米，高5米，拱半径为5.5米的单心圆曲墙圆拱，净宽10.8米，净高7米，内净空面积64.2平方米，进、出口洞门采用端墙式。共设置紧急停车带和车行横通道8处，设置人行横通道18处。车行横洞轴线与隧道轴线成60度交角，两端与隧道路面衔接，并设置封闭门，人行横洞轴线与隧道轴线垂直。重庆市交通规划勘察设计院设计，中铁十六局五公司和中铁十一局承建。2005年12月26日开工，2005年在建。

白马隧道　进口位于武隆县一心村，距白马镇约1.5公里，出口位于刘丰村二社，距白马镇中心约为2公里。白马隧道上下行分离设置，分离式路基设计线间距30～42米，隧道轴线间距40.5～52.5米。左洞长3099.4延米，右洞长3050延米。衬砌内轮廓建筑限界宽10.5米，高5米，拱半径为5.5米的单心圆曲墙圆拱，净宽10.8米，净高7米，内净空面积64.2平方米，设计时速80公里/小时。设置紧急停车带和车行横通道4处，人行横通道9处。车行横洞轴线与隧道轴线成60度交角，两端与隧道路面衔接，并设置封闭门；人行横洞轴线与隧道轴线垂直。由重庆市交通规划勘察设计院设计，厦门中铁建设公司承建。2005年12月26日开工，2005年在建。

白云隧道　位于武隆县白云隧道为分离式车道，左洞长7097.8延米，右洞长7120延米，采用斜井通风，左洞斜井长1026延米，右洞斜井长1060延米。衬砌内轮廓建筑限界宽10.5米，高5米，拱半径为5.5米的单心圆曲墙圆拱，净宽10.8米，净高7米，内净空面积64.2平方米，设计时速80公里/小时。重庆市交通规划勘察设计院设计，中铁十九局一公司和中铁隧道股份有限公司承建。2005年12月26日开工，2005年在建。

云雾山隧道　位于璧山境内，为上、下行分离的四车道高等级公路隧道，左洞长3585延米，右洞长3580延米。隧道洞门均为削竹式洞门，左、右线隧道都位于直线和曲线上，处于2.2%的单上坡。净高5米。中交第二公路勘察设计研究院设计，中铁十九局二公司和中铁十一局五公司承建。2005年1月开工，2005年在建。

二、其他隧道建设

小溪隧道　位于涪陵区涪武路上，小溪隧道原长220延米，宽6.5米，高5米，是粮棉布以工代赈时期建设的隧道，也是涪陵地区第一座公路隧道。1986年5月开工建设，由涪陵市马武区负责施工，后因工程承包人死亡，中途停工。复工后至1990年7月隧道才竣工通车。工程投资28万元。

1994年，涪武路涪陵段“四改三”（四级公路改造成三级公路），对小溪隧道进行扩建和治理。隧道扩宽2米，全宽达8.5米，拱顶升高1.5米，净高达6.5米，内隧道壁用块石衬砌，拱顶用现浇砼进行封闭。1994年4月开工，1994年8月完工，投资40万元。

涪武路涪陵段三改二建设中，在原隧道内侧新建隧道一座，隧道名称不变，长604米，宽10.7米，高7.4米，投资1270万元。

万岩隧道　位于石柱县马武镇磺厂村万岩组，系黔石公路石柱与彭水交界地。隧道长508.5米，(含进出口洞门衬砌10米)，路基宽8.5米，行车道宽7米，墙高4.5米。1989年10月动工，1990年7月1日完工。

打风坳隧道　位于石柱县漆辽乡境内七跃山脊，海拔高程1555.9米，隧道总长960米（其中：1号洞570米，二号洞195米，三号洞195米）。净宽7.5米，最小纵坡0.3%，最大纵坡2.3%。墙高4.5米，拱顶5.7米，引道长3.2公里，缩短原公路里程1公里，降低高程120米。采取定额管理，分线作业，分工负责，分段包工，统一验收。总投资500万元，投劳15万余工日。1990年4月6日开工，1992年6月12日完工。

东向坡隧道　位于石柱县三汇乡杉木哑口，穿越七跃山脉，是通往彭水、黔江之要冲。隧道总长730米，其中，东向坡隧道洞长501米，冷水溪隧道洞长229米，净宽7.5米，行车道7米，墙高4.5米，引道长40米，高18米，宽8米，拱砌石梁河水渠长191米，宽2米，修便道2000米。工程总投资180万元，投劳19万余工日。缩短原公路里程600米，降低高程60米。1994年9月19日开工，1996年11月18日完工。

大树岭隧道　位于石柱县石西公路上，悦来镇境内，总长400米，墙高4.5米，净宽7米。1995年12月开工，1998年底完工。

酸枣湾隧道　位于石柱县石丰公路上金彰乡六村白鹤社，全长120米，净宽7.5米，高4.5米，另一座中台子隧道洞，位于丰都太运乡，万家园村石柱县交界处，由石柱县承建。全长100米，墙高4.5米，净宽7.5米，行车道宽7米，其结构设计与酸枣湾隧道一样。两道隧道造价合并在公路工程中核算。1999年1月开工，2002年5月完工。

三排山隧道　位于城口县省道S202线86K+500处。1994年，为实现公路主干道畅通工程，拟建设第一座隧道工程“三排山隧道”。隧道全长757米，工程总投资938万元。隧道建成后，降低高程204米，缩短公路里程7公里。该隧道是城口县自行设计，采用科学手段准确无误对接贯通，实现了城口公路隧道建设零的突破，具有里程碑意义，为城口县公路建设揭开了新的一页。1995年5月开工，1997年10月完工。

歇脚坡隧道　位于城口县城黔路47K+684处，是继三排山隧道之后城口建设的第二个公路隧道工程，该隧道距县城仅3公里，是城口出境总干道和经济主干线的咽喉要地。1996年5月动工新建山重二级引道4.2公里，隧道总长524米，建成后缩短里程3.1公里，其中，新建桥梁8座800延米，工程总投资870万元，1996年四川省以工代赈办解决补助以工代赈资金100万元，向城口县内职工借资250万元。1997年3月开工，1998年1月完工。歇脚坡隧道的建成，打开了城口人民通往外界的大门。城口人在欣喜之余，题对联于隧道两端：“高山仰止疑无路，歇脚坡洞开别有天。千年爬坡何曾敢想穿山过，几代拼搏而今休叹行路难。”

大南门隧道　位于城口县葛城镇，1998 年，城口县委、县政府实施打通位于任河桥头，葛城镇南后街隧道建设工程，由城口县建委负责，城口县交通局等部门协助建设。因地理位置，命名为“大南门隧道”。该隧道的建成，使之成为城口的一大标志性建筑，缩短了太和场与城区的距离，任河两岸真正融为一体。1998 年一季度开工，1998 年 11 月 1 日完工。

船梁子隧道　位于城口县葛城镇，任河二桥与县物资之间的和平村，是任河二桥引道中最为重要的控制性工程，该隧道全长 65 延米，净高 6.4 米，由重庆市公路勘察设计研究院进行施工设计，总投资 240 万元，1999 年 6 月 7 日经城口县人民政府批准同意，采用议标形式组织施工，1999 年 6 月开工，当年底完工。

陕渝大巴山隧道　位于城口县与陕西省交界处，起于陕西省岚皋县杨岗河杨岗石，高程为 1484.5 米，止于城口县北屏乡椿木坪，高程为 1378.8 米，隧道全长 4.7 公里，其中，岚皋境内隧道全长 2 公里，城口境内隧道长 2.7 公里；城口境内引道 20 公里，按山重二级标准修建。2003 年 9 月 20 日，两县政府召开的联席会议，达成一致意见，2005 年年底工程在建。

观音岩隧道　位于城口县城黔路 S902 线城（口）万（源）公路 29K + 600 处，隧道全长 310 延米，宽 9 米，净高 5 米，为单洞二车道，按山岭重丘二级公路技术标准建设。由重庆市交通设计院设计所设计，总投资 580 万元，其中重庆市交通委员会投资 290 万元，地方自筹 290 万元，2005 年 7 月开工，2005 年在建。

磨盘寨隧道　位于云阳县新县城民德小区内民德水库侧谭家岩山底双白公路上。分左右两洞，左洞长 165 延米，右洞长 144 延米，平均长 167 米，宽 10 米。2001 年 10 月 14 日，隧道左洞贯通，同年底右洞打通。交通部重庆公路勘察设计所设计。重庆市基础工程公司承建。北京顺通公路交通技术咨询有限责任公司监理。工程总造价 557 万元。2000 年 7 月 22 日开工。2002 年 3 月 31 日完工。

自仁寨隧道　位于云阳县云万二级公路上。隧道长 354 延米，单道。概算总投资 757.4493 万元，审查后概算投资 1161.1668 万元。保丽集团承建，1998 年开工，2000 年完工。

枞木岭隧道　位于云阳县云万二级公路上。隧道长 482 米，投资 1220 万元。铁十五局三处承建，1998 年开工，2000 年完工。

元通隧道　位于云阳县南溪镇元通村境内渝巴公路上。设计全长 383 米，隧道宽 9 米。单隧道双向通行。投资 1150 万元。2002 年 12 月开工，2003 年 10 月完工。

东风隧道　位于云阳县南溪镇境内渝巴公路上。设计全长 162 米，隧道宽 9 米，总投资 400 万元。2002 年 9 月开工，2003 年 8 月完工。

边滩隧道　边滩隧道，位于武隆县国道 319 线双白路段的乌江桐麻湾处，1994 年 4 月 30 日，桐麻湾鸡冠岭山体大滑坡将乌江阻断，造成乌江断航。同时也将双白路此处 1 公里多长的路基毁坏。经四川省交通厅批准修建隧道，隧道长 892.2 延米，宽 9 米，拱顶净高 6.4 米，投资 2000 万元。华蓥山隧道工程公司承建。1995 年 4 月 1 日开工，1996 年 3 月 16 日完工。

梅子关隧道　位于黔江区册山乡境内 319 线上。隧道长 810 延米，两端引道长 1.8 公里。隧道净高 6.5 米，净宽 7 + 2 × 0.6 米，洞内直线纵坡 2.5%。整个工程投资 1100 万元，梅子关隧道的建成，将原线 6.6 公里缩短为 2.6 公里，降低高度 170 米，减少弯道 127 个，较大改善交通条件。工程于 1990 年 7 月开工，1992 年 8 月完工。

通渝隧道　位于城黔路开县满月乡与城口县鸡鸣寺之间。重庆市交通委员会批复初步设计方案。通渝隧道是“八小时重庆”的关键性控制工程，长 4300 米，海拔 1250 米处，地跨城口、开县两地。两端引道全长 37 公里，其中，城口境内 15 公里，开县境内 22 公里，引道按山岭重丘区二级公路建设，设计速度 40 公里/小时，路基宽度 8.5 米，最小平曲线半径 60 米，最大纵坡 7%，桥涵设计荷载为汽 - 20，挂 - 100。由重庆市交通委员会直接管理，城口、开县各完成引道施工任务，项目总投资2.666亿元，其中通渝隧道工程投资1亿元。2001年10月开工，2003年12月完工。

大学城段隧道　位于九龙坡区境内，为单向双洞汽车专用通道，两洞轴线相距50米，按山岭重丘高速公路标准设计，洞内设计车速80公里/小时，宽10.5米，高5米，洞身平面进口端为直线，出口端半径为1200米的缓和曲线，洞内曲线长450米，最大超高横坡为3.2%，洞内设人行横区道6处，车行横区道5处。左右两洞均采用人字坡，左线上下坡均为1.2%，右线上坡为1.1%，下坡为1.2%。洞身分布有Ⅱ、Ⅲ、Ⅳ类围岩，Ⅲ类围岩为主，约占全隧道总长的45%。铁道部第二勘察设计研究院设计，中铁二十二局四公司、中铁十二局二公司和中铁十四局承建。开工时间为2003年12月，完工时间为2005年2月。

走马岭隧道　位于重庆市万州区境内，全长2469延米，隧道限界净高5米，限界净宽8.5米，行车道宽7米。设计单位万州区交通设计院。施工单位中铁二十局和隧道三处。2003年12月开工建设，2005年在建。

长函子隧道　位于重庆市奉节县，全长3856延米。隧道限界净高5米，限界净宽8.5米，行车道宽7米。设计单位重庆交通科研设计院。施工单位中铁十九局集团有限公司、中铁十九局集团第一工程有限公司。2004年8月开工建设，2005年在建。

第三节　危桥改造建设

一、危桥形成原因

由于公路运输市场的快速发展，运输方式的多样化，重载汽车、集装箱车日益成为公路运输市场发展的主角，而一些桥梁则因为设计时间早，其设计载重能力已经不能满足变化了的运输需求，再加上一些运输车辆的严重超限超载，给公路及桥梁带来极大的损害。

三峡大坝蓄水后，水位上涨，库区除原大量沿江路桥被淹外，还将形成300多公里的库岸公路，数百座桥涵将从原来的旱桥变成库岸桥梁。每年高达30米落差的涨落水冲刷库岸周边，必然使库岸公路路基和边坡支撑结构、桥梁基础的稳定性严重下降，造成地质灾害频繁发生。

全市2004年前需限速通行的桥梁共有87座危桥，危隧整治任务艰巨，加固危桥迫在眉睫。重庆市公路局对重庆市的危旧桥梁按病害的轻重缓急、交通量大小，以及重庆市对旧桥维修加固的能力，在国省公路干线中选定了100多座有较严重病害的旧桥、危桥，制定出在2005年内分批进行加固维修的实施计划。

二、改建组织管理

（一）领导机构

为加强国、省、县道危桥的整治和管理，严格按照国家基本建设管理程序进行危桥改造，确保危桥改造质量，2003年12月16日，重庆市公路局成立了危桥改造协调领导小组，负责协调和解决危桥改造中出现的问题，并以渝路局〔2003〕329号下发各区县及重庆高等级公路建设投资有限公司。重庆市公路局党委书记、副局长乔墩任组长，重庆市公路局副局长许仁安任副组长，成员有蒙华、郑志明、向兴全、彭宗泉、石弟生、陈俊义。领导小组下设重庆市危桥改造工程办公室，办公室设在重庆市公路局建管处，蒙华兼任办公室主任，林兵、王军为联络员。

2004年7月6日，重庆市交委主任丁纯、副主任滕宏伟召集市公路局，市交委公路建管处、市交委计划处、市交委安全处和市交委办公室负责人，在重庆市公路局三楼会议室，研究解决重庆市国省道公路危桥（隧道）改造工作中出现的新情况、新问题。会议明确危桥（隧道）由市交委建管处牵头，市交委法规处、市公路局配合，研究制订全市国省道公路危桥（隧道）改造管理办法；要理清思路，明确各级交通部门在危桥（隧道）改造工作中的职责定位；要确定危桥（隧道）

改造补助标准、病害鉴定、检测、建设、竣工验收等工作程序；要将危桥（隧道）改造工作列入年度公路工作目标责任书，同时抄报区县政府、安监局等部门；公路局应加强危桥（隧道）监督管理和指导，适时抽查各地危桥（隧道）改造实施情况，对纳入改造计划而未实施的地方交通部门，可向新闻单位通报、曝光，并启动"行政首长问责制"，强化危桥（隧道）改造的管理；重庆市交委将连续三年每年拿出1000万元，用于危桥（隧道）改造补助。

（二）管理办法

2002年8月，重庆市公路局下发了《重庆市国、省、县道危桥改造管理办法》。《办法》共5章15条，对危桥改造进行了规范。主要内容是：

危桥是指需要进行特殊工程加固的桥梁。凡符合《公路养护技术规范》（JTJ073—96）表4.2.31《桥梁技术状况评定标准》中规定的四类桥梁均属危桥；施工质量较差、不符合设计要求、未通过竣工验收的桥梁；桥梁竣工经过运营一段时间后发现较严重病害、影响其承载能力的桥梁；在地震、洪水、滑坡后，或特殊超重车辆行驶、行船及重大漂浮物撞击后形成严重损害的桥梁；原设计荷载标准太低，需要提高设计荷载标准的桥梁。

对危桥必须进行技术鉴定，凡是需要进行特殊工程加固和改造的桥梁，均需采用专门的技术检测手段和科学方法分析桥梁病害的确切原因以及病害程度，确定桥梁的技术状态，确定桥梁的承载能力。桥梁承载能力鉴定，应按交通部编制的《公路旧桥承载能力鉴定方法》和《大跨径混凝土桥梁的试验方法》等规定的要求进行。桥梁的检测及承载能力的评定必须请有鉴定、检测资质的单位或检测中心进行。

危桥改造要按程序进行审批。改造金额在50万元以上的国、省道上的危桥，其改造加固方案必须上报重庆市公路局，由重庆市公路局主持审查，并确定在加固工作完成后是否需要进行荷载试验；改造金额在50万元以下的国、省道上的危桥及所有县道上的危桥，其改造加固方案由各区、县（市）交通主管部门进行审查，并将审查结果报重庆市公路局备案。大桥、特大桥的检测内容应与桥梁加固改造工作紧密结合，当检测评定费用超过30万元时，其检测评定的工作大纲应由重庆市公路局进行审定后方能委托实施。

危桥改造工程必须进行招投标和竣工验收。国、省、县道上的危桥加固改造项目由各区、县（市）交通主管部门负责建设和质量管理，按照招投标法及重庆市交委的有关规定择优选择好施工队伍，落实四项制度即项目法人制度、招投标制度、监理制度、合同管理制度。

危桥改造的交、竣工验收。国、省道上的危桥加固与改造完工后，由各区、县（市）交通主管部门组织质量评定。改造金额在50万元以上的国、省道上的危桥，由各区、县（市）交通主管部门组织交工验收，由重庆市公路局组织竣工验收。改造金额在50万元以下的国、省道上的危桥及所有县道上的危桥加固与改造项目，由各区、县（市）交通主管部门组织交工与竣工验收，并将验收结果报重庆市公路局备案。

（三）职责分工

危桥（隧道）管理是一个长期、动态的工作，要建立长效管理机制。2005年，重庆市交委以渝交委路〔2005〕11号文下发了关于加强公路危桥（隧道）管理的通知，明确规定了相关单位和部门的职责。

非收费公路危桥（隧道）管理的责任单位为危桥（隧道）所在地的区县（自治县、市）交通行政主管部门，收费公路危桥（隧道）管理的责任单位为收费业主。重庆市公路局负责指导、监督各地危桥（隧道）的管理及整治工作，每季度汇总将有关情况并按规定上报。各责任单位具体负责各自辖区内危桥（隧道）的管理及整治工作，各地交通行政主管部门对本辖区危桥（隧道）进行行业监督和指导，重庆高速公路发展有限公司和重庆高等级公路建设投资有限公司管理公路的指导、监督工作由重庆市公路局负责。危桥（隧道）改造实行质量监督制度，重庆市交委质监站、重庆高等级公路建设投资有限公司、各区县（自治县、市）交通质量监督部门各自履行自己的职责。各区县（自治县、市）交通主管部门、高发司及高投司根据实际情况，按照轻重缓急编制危桥（隧道）改造计划。危桥（隧道）加固改造完工后，各责任管理机构应按照《公路工程竣工验收办法》和《公路工程竣工文件材料立卷归档管理办法》组织交、竣工资料编制和归档工作，作好交、竣工验收准备。

对经检测属四类和五类的桥梁，各责任管理机构要按照有关规定在两侧桥头设置必要的限速、限载标志，并派专人值守，确保限速、限载措施落到实处，坚决杜绝超限、超重车辆通过病害桥梁；对经检测属危隧的隧道，各责任管理机构要按照有关规定在两侧隧道进出口设置必要的警示标志，并派专人值守，确保车辆和行人的通行安全；各级路政管理机构要按照职责，协助危桥（隧）管理责任单位做好有关执法管理工作；各责任管理机构，对暂未列入整治计划的危桥（隧道），须组织专业技术人员、配备必要的设备、制订周密的监测方案进行有效监测，发现异常情况，及时采取措施进行处理，并报市公路局；对病害严重的桥梁（隧道），按照交通部有关规定，在报经市交通主管部门批准后，停止通车。

三、危桥改造计划

（一）2001~2005年危桥改造计划

2000年，重庆公路局对重庆市公路桥梁进行了调查摸底，编制出了《2001~2009年重庆市危造改造计划汇总表》。其中2001~2005年计划改造危桥205座，计划投入资金1777万元。

（二）计划调整

经过2001年的探索，重庆市公路局对重庆市国省县道公路危桥改造计划进行了调整，2002年8月7日以渝路局〔2002〕221号文件上报重庆市交通委员会。计划调整报告指出：截至2002年7月底，重庆市急需整治的“四类危桥”共有167座，其中国道10座、省道60座、重要县道97座，共需改造资金28969万元。按照交通部的统一部署，结合全市危桥现状和经济实力，计划2002年改造危桥32座，2003年改造危桥46座，2004年改造危桥54座，2005年改造危桥35座，2005年内基本消除国、省道和重要县道上的危桥。2005年后，在桥梁养护工作中基本达到当年出现危桥当年整治的良性循环目标。为此每年需危桥整治专项经费3000万元。

表2-24　　**2002年重庆市国省县道危桥改造规划表**

序号	桥梁名称	路线编号	技术等级	桥梁中心桩号	桥宽（米）	桥长（米）	跨径组合	桥型	原设计荷载等级	安排年度	建设性质	总投资（万元）	所属区县
1	七一大桥	G212	二级	1237.9	9.5	132	6~18	T梨	汽-15	2002	新建	660	北碚
2	洪安桥	G319	三级	1793:3	7	112	1~50	双曲拱	汽-10	2002	新建	560	秀山
3	石梁河大桥	G319	二级	2216.9	14	124.6	1~77 +4*10	提篮拱	汽-20	2002	加固	500	武隆
4	新　桥	G319	三级	2382.9	9	30	1~10	石拱桥	汽-15	2002	新建	150	管理段
5	接龙桥	G319	三级	2472.2	14	15	1~6	板桥	汽-20	2002	新建	75	铜梁
6	跨支桥	G319	二级	2520	11	25	1~10	石拱桥	汽-15	2002	改建	125	潼南
7	跨肚桥	G319	二级	2519	11	28	1~10	石拱桥	汽-15	2002	改建	140	潼南
8	三道桥	S103	四级	31.6	5	37	1~6	石拱桥	汽-13	2002	新建	185	巴南
9	莲花桥	S103	四级	515	8	37	1~27	石拱桥	汽-13	2002	新建	185	云阳
10	坛子口	S201	四级	100.3	8.3	22	1~12	石拱桥	汽-15	2002	改造	110	奉节

续前表

序号	桥梁名称	路线编号	技术等级	桥梁中心桩号	桥宽（米）	桥长（米）	跨径组合	桥型	原设计荷载等级	安排年度	建设性质	总投资（万元）	所属区县
11	当门桥	S202	四级	643.1	8	12	1～5	石拱	汽-15	2002	新建	60	彭水
12	窝家桥	S204	三级	100	7.5	30	1～13	石拱桥	汽-15	2002	新建	150	合川
13	麻阳桥	S205	四级	80.2	7.5	20	1～6	石拱桥	汽-15	2002	新建	100	大足
14	平江桥	S303	三级	204.5	7.5	60	1～30	双曲拱	汽-10	2002	新建	300	武隆
15	龙见桥	S303	四级	224	6.6	25.4	1～20	石拱桥	汽-15	2002	新建	127	南川
16	罗子龙桥	S108	四级	98.3	9.4	21	3～5	石拱桥	汽-10	2002	新建	105	荣昌
17	小溪大桥	G319	二级	2251.5	7.6	111.1	1～50	箱形拱	汽-20	2002	加固	100	涪陵
18	朝阳桥	S102	四级	433	6.5	49	1～31.5	石拱桥	汽-15	2002	新建	245	巫溪
19	双溪桥	S102	四级	427.9	6.5	39	1～32	石拱桥	汽-15	2002	新建	195	巫溪
20	大石桥	S108	二级	87.1	10	22	3～4.5	石拱桥	汽-10	2002	新建	110	荣昌
21	玉黄桥	S102	四级	423.8	10	15.5	1～6	石拱桥	汽-15	2002	新建	101	巫溪
22	凤凰桥	S102	四级	484.4	5.3	45	5～9	石拱桥	汽-20	2002	加固	225	巫溪
23	前进桥	S102	四级	492.9	5	63.4	6～10	实心板	汽-15	2002	新建	317	巫溪
24	安富桥	S108	二级	108.3	9	24	3～4.5	石拱桥	汽-10	2002	新建	102	南川
25	涪林桥	X358	四级	0.3	7.4	15	3～3.6	石拱	汽-15	2002	新建	75	合川
26	困牛石桥	X392	四级	1.5	6.1	39	4～5	板拱	汽-10	2002	新建	103	潼南
27	龙　桥	X398	四级	5	5.4	17	1～8	石拱	汽-10	2002	新建	85	潼南
28	大沙桥	X597	四级	0.03	6.2	24	1～18	板拱	汽-15	2002	新建	120	石柱
29	大溪沟桥	Y023	四级	10.2	5	16	1～10	石拱	汽-15	2002	新建	104	巫溪
30	永福桥	Y055	四级	46.1	6.1	24	1～12	板拱	汽-10	2002	新建	120	云阳
31	新　桥	X259	四级	83.4	6.5	56.8	1～21	石拱桥	汽-15	2002	新建	284	南川
32	龙济桥	X263	三级	0.8	9	73.5	2～20	石拱桥	汽-15	2002	新建	105	南川
合计						1365						5923	

表2-25　　2003年国重庆市省县道危桥改造规划表

序号	桥梁名称	所属路线编号	路线技术等级	桥梁中心桩号	桥宽（米）	桥长（米）	跨径组合	桥型	原设计荷载等级	拟安排年度	建设性质	总投资（万元）	所属区县
1	复兴桥	G210	二级	1823.548	8	21	4～6	石拱桥	汽-15	2003	新建	105	管理段
2	建设桥	G212	二级	1252.734	13	38	1～10	石拱桥	汽-15	2003	新建	190	北碚
3	郑武营桥	G319	三级	1835.45	8	9	1～6	石拱桥	汽-10	2003	新建	45	秀山
4	武隆乌江二桥	G319	二级	2198.514	13	172	1～140	提篮拱	汽-20	2003	加固	500	武隆
5	黄栗桥	S102	四级	241.171	7	23	1～11	石拱桥	汽-15	2003	新建	115	开县
6	楚阳桥	S103	四级	703.87	7	45	1～30	石拱桥	汽-15	2003	新建	225	巫山
7	胜利桥	S103	四级	445.96	6.8	14	1～8	石拱桥	汽-13	2003	新建	70	云阳

续前表

序号	桥梁名称	所属路线编号	路线技术等级	桥梁中心桩号	桥宽（米）	桥长（米）	跨径组合	桥型	原设计荷载等级	拟安排年度	建设性质	总投资（万元）	所属区县
8	游渡河大桥	S107	二级	104.421	8	146	1~100	石拱桥	汽-20	2003	加固	350	江津
9	隆济桥	S108	等外	39.394	8	27	3~5	石拱桥	汽-13	2003	新建	135	永川
10	和尚桥	S108	三级	46.265	7	19	1~5	石拱桥	汽-13	2003	新建	95	永川
11	水　桥	S205	四级	41.398	7	30	3~5	石拱桥	汽-15	2003	新建	150	潼南
12	转洞桥	S205	四级	86.578	6.4	11	1~6	石拱桥	汽-15	2003	新建	55	大足
13	张家河桥	S302	二级	22.077	9	30	1~13	石拱桥	汽-15	2003	新建	150	石柱
14	水江小桥	S303	四级	224.084	6.1	27.5	1~12.5	石拱桥	汽-15	2003	新建	137.5	南川
15	倒水桥	S303	四级	304.038	8	30	2~6	石拱桥	汽-15	2003	新建	150	綦江
16	朝阳吊桥	S204	四级	47.639	9.5	234	15+186+15	悬索桥	汽-15	2003	加固	550	北碚
17	四中小桥	X070	四级	15.314	5	8	1~5	石拱	汽-10	2003	新建	40	秀山
18	金谷水桥	X071	四级	0.6	6.4	15	2~6	双曲拱	汽-10	2003	新建	75	秀山
19	皂角桥	X101	四级	26.8	7	19	1~6	板拱	汽-15	2003	新建	95	彭水
20	晒谷坝桥	X131	四级	30.9762	4.5	22	1~9	板拱	汽-20	2003	新建	110	丰都
21	王告塘桥	X142	四级	3.035	6	24	1~10	板拱	汽-15	2003	新建	120	丰都
22	河嘴桥	X256	四级	10.7	6	8.5	1~5.6	板拱	汽-10	2003	新建	42.5	南川
23	一兴隆桥	X263	四级	11.045	9	10.5	1~6.6	T形梁	汽-10	2003	新建	52.5	南川
24	扶欢桥	X271	四级	13.8	7.5	33	2~7	板拱	汽-15	2003	新建	165	綦江
25	苟家桥	X293	四级	7.3	8	23	1~12	石拱	汽-15	2003	新建	115	北碚
26	洗水桥	X358	四级	8.737	6.4	13	1~6.6	石拱	汽-15	2003	新建	65	合川
27	接龙桥	X393	四级	7.37	4.3	14	1~5.5	板拱	汽-10	2003	新建	70	潼南
28	拦河堰桥	X396	四级	9.97	6.2	17	1~5.5	板拱	汽-10	2003	新建	85	潼南
29	朱家桥	X397	四级	1.831	4.5	28	4~5	石拱	汽-20	2003	新建	140	潼南
30	郑家桥	X420	四级	16.13	6	16	1~6	石拱	汽-10	2003	新建	80	大足
31	老虎桥	X427	四级	19.931	4	35	3~5	石拱	汽-15	2003	新建	175	永川
32	紫坪桥	X536	四级	4.5	7.5	33	1~20	板拱	汽-10	2003	新建	165	云阳
33	战斗桥	X551	四级	88.55	7.2	20.8	1~10	板拱	汽-10	2003	新建	104	万州
34	龙头桥	X560	四级	5.55	5	16	1~8	板拱	汽-10	2003	新建	80	梁平
35	通江桥	X625	四级	0.015	7	17.5	1~7	石拱	汽-15	2003	新建	87.5	北碚
36	王家桥	X695	四级	6.094	4.6	22	3~4	石拱	汽-10	2003	新建	110	铜梁
37	小石桥	X776	四级	13.04	5	10	1~6	板梁	汽-15	2003	新建	50	南川
38	木　桥	X819	四级	13.183	4	14.4	2~5	板梁	汽-1	2003	新建	72	永川
39	中河桥	X858	四级	2.439	5.7	40.5	2~15	板拱	汽-15	2003	新建	202.5	綦江
40	小红桥	Y010	四级	0.3	5.5	16	1~8	石拱	汽-15	2003	新建	80	巫溪
41	幸福桥	Y013	四级	7.1036	6	16	1~6	板拱	汽-15	2003	新建	80	石柱

续前表

序号	桥梁名称	所属路线编号	路线技术等级	桥梁中心桩号	桥宽（米）	桥长（米）	跨径组合	桥型	原设计荷载等级	拟安排年度	建设性质	总投资（万元）	所属区县
42	石朝桥	Y016	四级	7.498	7.5	15	3~2	石拱	汽-10	2003	新建	75	永川
43	刘家桥	Y023	四级	9.9	7.3	10.5	1~6	板拱	汽-10	2003	新建	52.5	梁平
44	禄马大桥	Y033	四级	1.04	5.9	58	1~17	石拱	其他	2003	新建	290	涪陵
45	太和老大桥	Y139	四级	0. 05	8	33.5	3~7	石拱	汽-15	2003	新建	167.5	合川
46	大井沟桥	X882	四级	22.8	8.5	15	1~5	石拱	汽-10	2003	新建	75	秀山
合计						1501						6143.5	

表2-26　**2004年重庆市国省县道危桥改造规划表**

序号	桥梁名称	所属路线编号	路线技术等级	桥梁中心桩号	桥宽（米）	桥长（米）	跨径组合	桥型	原设计荷载等级	拟安排年度	建设性质	总投资（万元）	所属区县
1	毛坪桥	G319	三级	1814.15	8	15	1~7	石拱	汽-15	2004	新建	75	秀山
2	桃东大桥	S905	二级	0.2	7.5	110	7~10	石拱	汽-15	2004	改建	550	长寿
3	竹林沟桥	S102	四级	366.189	6.6	20	1~10	石拱	汽-15	2004	新建	100	云阳
4	葛藤桥	S103	四级	498.92	7.2	18	1~14.3	石拱	汽-13	2004	新建	90	云阳
5	龙洞湾桥	S103	四级	192.94	8	15	1~8	石拱	汽-15	2004	新建	75	丰都
6	敏志桥	S108	三级	83.465	7	22	1~15	石拱	汽-15	2004	新建	110	荣昌
7	三元桥	S204	三级	92.248	7	36	1~20	石拱	汽-15	2004	新建	180	合川
8	杨家河桥	S303	四级	298.788	6.1	12	1~7	石拱	汽-15	2004	新建	60	綦江
9	张家沟桥	S903	四级	19.562	8.5	42	1~25	石拱	汽-15	2004	新建	210	石柱
10	跃进桥	S102	四级	361.839	6	30	1~11	石拱	汽-15	2004	新建	150	云阳
11	干　桥	S205	四级	41.357	7	15	4~2	石拱	汽-15	2004	新建	75	潼南
12	姚家弯桥	G319	二级	1868.37	7	111	8~11	石拱	汽-10	2004	新建	555	秀山
13	迁址一桥	S103	四级	502.002	7	20	1~9	石拱	汽-15	2004	新建	100	云阳
14	红旗13#桥	S103	四级	562.914	7	80	1~60	石拱	汽-13	2004	新建	400	奉节
15	双　桥	S202	四级	141.96	7.5	20	1~14	石拱	汽-15	2004	加固	100	城口
16	玉皇庙桥	S205	四级	61.755	6.4	15	1~5	石拱	汽-10	2004	新建	75	潼南
17	两河口大桥	S201	二级	180.993	7	149	3~40	石拱	汽-15	2004	新建	745	奉节
18	猪拱桥	X077	四级	22.977	7.6	24.2	1~13	石拱	汽-10	2004	新建	121	秀山
19	凉　桥	X081	四级	19.712	7.4	18.4	1~12	板拱	汽-10	2004	新建	92	酉阳
20	龚家岩大桥	X111	四级	22.65825	9.3	84.5	1~41	板拱	汽-15	2004	新建	422.5	石柱
21	无名桥（二）	X180	四级	40.307	4.5	42	2~20	石拱	汽-10	2004	新建	210	武隆
22	无名桥（一）	X180	四级	20.344	4.5	10	1~8	石拱	汽-10	2004	新建	50	武隆
23	马桑桥	X263	四级	51.789	7	19	1~6	石拱	汽-10	2004	新建	95	南川

续前表

序号	桥梁名称	所属路线编号	路线技术等级	桥梁中心桩号	桥宽（米）	桥长（米）	跨径组合	桥型	原设计荷载等级	拟安排年度	建设性质	总投资（万元）	所属区县
24	印新桥	X263	四级	54.905	6.5	14	1~6	板拱	汽-10	2004	新建	70	南川
25	同善桥	X271	四级	19.176	5.3	11	1~7	石拱	汽-15	2004	新建	55	綦江
26	民心桥	X294	四级	2.5	7.2	103.3	1~60	石拱	汽-15	2004	新建	516.5	北碚
27	歇马拱桥	X297	四级	10	20	18.3	4~3	石拱	汽-15	2004	新建	91.5	北碚
28	上游拱桥	X361	四级	37.948	6.3	19	1~6	石拱	汽-15	2004	新建	95	合川
29	长胜沟火车桥	X363	四级	3.869	7.3	31	1~12	石拱	汽-15	2004	新建	155	合川
30	竹林湾	X395	四级	10.81	6.6	18.8	1~5.3	板拱	汽-10	2004	新建	94	潼南
31	下大桥	X395	四级	15.42	5.1	27.6	5~3	板拱	汽-10	2004	新建	138	潼南
32	益立桥	X398	四级	14.21	5.4	16	1~8	石拱	汽-10	2004	新建	80	潼南
33	虾子堰桥	X398	四级	2.14	5.4	24	2~6	石拱	汽-10	2004	新建	120	潼南
34	反帝桥	X427	四级	15.613	5.6	21.4	1~5	石拱	汽-15	2004	新建	107	永川
35	小江电站桥	X550	四级	20.735	8.5	279.5	11~13	板拱	汽-20	2004	新建	1397.5	云阳
36	画米溪桥	X551	四级	22.42	8.5	17	1~6	板拱	汽-10	2004	新建	85	云阳
37	云铁桥	X562	四级	5.183	7.5	25.4	1~20	板拱	汽-20	2004	新建	127	梁平
38	乞丐桥	X590	四级	1.9425	5.1	23	1~15	板拱	汽-15	2004	新建	115	石柱
39	三元桥	X662	四级	5.226	6.5	24	1~14	板拱	汽-15	2004	新建	120	丰都
40	无名桥（一）	X786	四级	6.03	4.5	8	1~5	石拱	汽-10	2004	新建	40	武隆
41	无名桥（二）	X786	四级	7.4	4.5	6	1~5	石拱	汽-10	2004	新建	30	武隆
42	干沟沟桥	X787	四级	5.502	5.6	47	1~25	石拱	汽-10	2004	新建	235	武隆
43	三岔河桥	X819	四级	15.28	4.2	14	1~6	板梁	汽-10	2004	新建	70	永川
44	楠木桥	X819	四级	18.178	3.9	18	2~4	板梁	汽-10	2004	新建	90	永川
45	向阳桥	X850	四级	22.382	5.5	16	2~4	板拱	汽-15	2004	新建	80	綦江
46	磴子口桥	Y001	四级	9	5	15	1~10	板拱	汽-20	2004	新建	75	丰都
47	太平桥	Y003	四级	1	6.6	20	1~8	石拱	汽-10	2004	新建	100	大足
48	拿家桥	Y013	四级	7.51	6	40	3~5	石拱	汽-15	2004	新建	200	北碚
49	黄家岩桥	Y014	四级	0.06	6	15	1~6	石拱	汽-10	2004	新建	75	铜梁
50	岩风沟桥	Y017	四级	28.5	5	13	1~6	板拱	汽-15	2004	新建	65	彭水
51	太平桥	Y018	四级	3.6	6.5	23	1~10	石拱	汽-15	2004	新建	115	铜梁
52	弋阳桥	Y041	四级	2.985	5.5	68	3~20	石拱	其他	2004	新建	340	涪陵
53	洛阳桥	Z003	四级	7	6.5	38	1~7.5	石拱	汽-15	2004	新建	190	北碚
54	膏田桥	X883	四级	6.45	4.7	14.4	1~12	石拱	汽-10	2004	新建	72	秀山
合计						1957						9784	

表 2-27　　2005 年重庆市国省县道危桥改造规划表

序号	桥梁名称	所属路线编号	路线技术等级	桥梁中心桩号	桥宽（米）	桥长（米）	跨径组合	桥型	原设计荷载等级	拟安排年度	建设性质	总投资（万元）	所属区县
1	代家凼桥	S203	三级	72.382	6.4	25	1~14	石拱	汽-15	2005	新建	125	丰都
2	冉家河桥	S303	二级	35.007	7	18.7	1~10	石拱	汽-15	2005	新建	93.5	丰都
3	铁索桥	S103	四级	501.42	7.5	50	1~40	石拱	汽-15	2005	新建	250	云阳
4	窄口大桥	S106	三级	92.8	8.8	114.5	1~66	石拱	汽-15	2005	新建	572.5	江津
5	拦河堰桥	S205	四级	39.765	8.5	20	1~5	石拱	汽-15	2005	新建	100	潼南
6	葛家沟桥	S901	四级	64.9	7	36	1~20	石拱	汽-15	2005	新建	180	巫山
7	通溪桥	S102	四级	386.589	6.3	40	2~8	石拱	汽-15	2005	新建	200	云阳
8	太安桥	S103	四级	495.52	5.3	25	3~5	石拱	汽-15	2005	新建	125	云阳
9	双土桥	S103	四级	497.32	7	70	1~42	石拱	汽-15	2005	新建	350	云阳
10	林家石桥	S205	四级	46.513	6.4	15	1~5	石拱	汽-10	2005	新建	75	潼南
11	龙　桥	S205	四级	64.905	6.2	11.3	1~5	石拱	汽-15	2005	新建	56.5	潼南
12	龙门桥	S103	四级	658.22	10	186	1~122	箱形拱	汽-20	2005	加固	930	巫山
13	仁沱大桥	S106	三级	35.345	8.5	194.5	3~66	桁架拱	汽-15	2005	加固	972.5	江津
14	下官桥	X077	四级	13.129	6	26	1~20	石拱	汽-10	2005	新建	130	秀山
15	上官桥	X077	四级	14.98	6.7	20	1~8	石拱	汽-10	2005	新建	100	秀山
16	干沟桥	X108	四级	28.135	7.5	10	1~6	板拱	汽-15	2005	新建	50	彭水
17	刹人桥	X119	四级	13.368	8.5	11.7	1~5	板拱	汽-10	2005	新建	58.5	梁平
18	太平桥	X235	四级	3.8	7	14	1~6	板拱	汽-10	2005	新建	70	巴南
19	水洞桥	X263	四级	31.755	7	18	1~9	板拱	汽-10	2005	新建	90	南川
20	周家沟桥	X264	四级	8.76	5.5	7	1~5	板拱	汽-10	2005	新建	35	南川
21	龙洞子桥	X282	四级	0.9	6.2	15.5	2~4	石拱	汽-20	2005	新建	77.5	綦江
22	铁中立交	X286	四级	1.155	3.5	24.8	1~7	板梁	汽-20	2005	新建	124	蔡江
23	龙洞桥	X295	四级	6.5	6.6	18	1~6	石拱	汽-15	2005	新建	90	北碚
24	跃进桥（一）	X363	四级	14.604	7.2	16.4	1~79	石拱	汽-15	2005	新建	82	合川
25	回龙寺桥	X395	四级	13.44	6.9	35	1~10	板拱	汽-10	2005	新建	175	潼南
26	长兴桥	X395	四级	11.74	5.6	11	1~6	板拱	其他	2005	新建	55	潼南
27	锅底凼桥	X398	四级	8.83	5.3	23	3~5	石拱	汽-10	2005	新建	115	潼南
28	玉力桥	X604	四级	8.695	4.5	31	1~8	石拱	汽-10	2005	新建	155	潼南
29	关　桥	X787	四级	11.522	7	25	1~16	石拱	汽-10	2005	新建	125	武隆
30	斜角桥	X819	四级	19.058	13	12	1~6	石拱	汽-15	2005	新建	60	永川
31	石关桥	X852	四级	16.078	6.7	6.3	1~5	板拱	汽-15	2005	新建	31.5	綦江
32	庹家大桥	Y003	四级	2	5.6	20	1~10	石拱	汽-10	2005	新建	100	大足
33	蒲庆路	Y020	四级	3.059	7.4	18	1~10	石拱	汽-10	2005	新建	90	铜梁
34	坟前坝桥	Y081	四级	10.2505	4.1	21	1~10	板拱	汽-10	2005	新建	105	石柱
35	砂石河桥	Y115	四级	3.5	8.5	23	1~6	板拱	汽-15	2005	新建	115	江津
合计						1213						6063.5	

表2－28　　2005年重庆市其他危桥改造规划表

序号	桥梁名称	所属路线编号	路线技术等级	桥梁中心桩号	桥宽（米）	桥长（米）	跨径组合	桥型	原设计荷载等级	拟安排年度	建设性质	总投资（万元）	所属区县
1	复兴桥	G210	三级	1823.548	8	21	4～6	石拱	汽－15	2003	新建	105	管理段
2	七一大桥	G212	二级	1237.94	9.5	132	6～18	T型	汽－15	2002	新建	660	北碚
3	洪安桥	G319	三级	1793.3	7	112	1～50	双曲拱	汽－10	2002	新建	560	秀山
4	毛坪桥	G319	三级	1814.15	8	15	1～7	石拱	汽－15	2004	新建	75	秀山
5	石梁河大桥	G319	二级	2216.899	14	124.6	1～77＋4＊10	提篮拱	汽－20	2002	加固	500	武隆
6	桃东大桥	S905	二级	0.2	7.5	110	7～10	石拱	汽－15	2004	改建	550	长寿
7	新　桥	G319	三级	2382.925	9	30	1～10	石拱	汽－15	2002	新建	150	管理段
8	接龙桥	G319	三级	2472.246	14	15	1～6	板拱	汽－20	2002	新建	75	铜梁
9	跨支桥	G319	二级	2520.02	11	25	1～10	石拱	汽－15	2002	改建	125	潼南
10	跨肚桥	G319	二级	2519.02	11	28	1～10	石拱	汽－15	2002	改建	140	潼南
11	竹林沟桥	S102	四级	366.189	6.6	20	1～10	石拱	汽－15	2004	新建	100	云阳
12	三道桥	S103	四级	311634	5	37	1～6	石拱	汽－13	2002	新建	185	巴南
13	葛藤桥	S103	四级	498.92	7.2	18	1～14.3	石拱	汽－13	2004	新建	90	云阳
14	龙洞湾桥	S103	四级	192.94	8	15	1～8	石拱	汽－15	2004	新建	75	丰都
15	莲花桥	S103	四级	515.32	8	37	1～27	石拱	汽－13	2002	新建	185	云阳
16	楚阳桥	S103	四级	703.87	7	45	1～30	石拱	汽－15	2003	新建	225	巫山
17	敏志桥	S108	三级	83.465	7	22	1～15	石拱	汽－15	2004	新建	110	荣昌
18	坛子口	S201	四级	100.3	8.3	22	1～12	石拱	汽－15	2002	改造	110	奉节
19	代家凼桥	S203	三级	72.382	6.4	25	1～14	石拱	汽－15	2005	新建	125	丰都
20	当门桥	S202	四级	643.099	8	12	1～5	石拱	汽－15	2002	新建	60	彭水
21	三元桥	S204	三级	92.248	7	36	1～20	石拱	汽－15	2004	新建	180	合川
22	窝家桥	S204	三级	100033	7.5	30	1～13	石拱	汽－15	2002	新建	150	合川
23	麻阳桥	S205	四级	80.182	7.5	20	1～6	石拱	汽－15	2002	新建	100	大足
24	平江桥	S303	三级	204.547	7.5	60	1～30	双曲拱	汽－10	2002	新建	300	武隆
25	冉家河桥	S303	三级	35.007	7	18.7	1～10	石拱	汽－15	2005	新建	93.5	丰都
26	杨家河桥	S303	四级	298.788	6.1	12	1～7	石拱	汽－15	2004	新建	60	綦江
27	龙见桥	S303	四级	223.964	6.6	25.4	1～20	石拱	汽－15	2002	新建	127	南川
28	张家沟桥	S903	四级	19.562	8.5	42	1～25	石拱	汽－15	2004	新建	210	石柱
29	罗子龙桥	S108	四级	98.309	9.4	21	3～5	石拱	汽－10	2002	新建	105	荣昌
30	建设桥	G212	二级	1252.734	13	38	1～10	石拱	汽－15	2003	新建	190	北碚
31	郑武营桥	G319	三级	1835.45	8	9	1～6	石拱	汽－10	2003	新建	45	秀山
32	武隆乌江二桥	G319	二级	2198.514	13	172	1～140	提篮拱	汽－20	2003	加固	550	武隆
33	小溪大桥	G319	二级	2251.498	7.6	111.1	1～50	箱形拱	汽－20	2002	加固	100	涪陵

续前表

序号	桥梁名称	所属路线编号	路线技术等级	桥梁中心桩号	桥宽（米）	桥长（米）	跨径组合	桥型	原设计荷载等级	拟安排年度	建设性质	总投资（万元）	所属区县
34	黄栗桥	S102	四级	241.171	7	23	1～11	石拱	汽－15	2003	新建	115	开县
35	跃进桥	S102	四级	361.839	6	30	1～11	石拱	汽－15	2004	新建	150	云阳
36	朝阳桥	S102	四级	432.964	6.5	49	1～31.5	石拱	汽－15	2002	新建	245	巫溪
37	双溪桥	S102	四级	427.907	6.5	39	1～32	石拱	汽－15	2002	新建	195	巫溪
38	胜利桥	S103	四级	445.96	6.8	14	1～8	石拱	汽－13	2003	新建	70	云阳
39	铁索桥	S103	四级	501.42	7.5	50	1～40	石拱	汽－15	2005	新建	250	云阳
40	窄口大桥	S106	三级	92.8	8.8	114.5	1～66	石拱	汽－15	2005	新建	572.5	江津
41	游渡河大桥	S107	二级	104.421	8	146	1～100	石拱	汽－20	2003	加固	730	江津
42	隆济桥	S108	等外	39.394	8	27	3～5	石拱	汽－13	2003	新建	135	永川
43	和尚桥	S108	三级	46.265	7	19	1～5	石拱	汽－13	2003	新建	95	永川
44	于兰河堰桥	S205	四级	39.765	8.5	20	1～5	石拱	汽－15	2005	新建	100	潼南
45	干　桥	S205	四级	41.357	7	15	4～2	石拱	汽－15	2004	新建	75	潼南
46	水　桥	S205	四级	41.398	7	30	3～5	石拱	汽－15	2003	新建	150	潼南
47	转洞桥	S205	四级	86.578	6.4	11	1～6	石拱	汽－15	2003	新建	55	大足
48	张家河桥	S302	三级	22.077	9	30	1～13	石拱	汽－15	2003	新建	150	石柱
49	水江小桥	S303	四级	224.084	6.1	27.5	1～12.5	石拱	汽－15	2003	新建	137.5	南川
50	倒水桥	S303	四级	304.038	8	30	2～6	石拱	汽－15	2003	新建	150	綦江
51	葛家沟桥	S901	四级	64.9	7	36	1～20	石拱	汽－15	2005	新建	180	巫山
52	姚家弯桥	G319	一级	1868.37	7	111	8～11	石拱	汽－10	2004	新建	555	秀山
53	通溪桥	S102	四级	386.589	6.3	40	2～8	石拱	汽－15	2005	新建	200	云阳
54	太安桥	S103	四级	495.52	5.3	25	3～5	石拱	汽－15	2005	新建	125	云阳
55	迁址一桥	S103	四级	502.002	7	20	1～9	石拱	汽－15	2004	新建	100	云阳
56	红旗 13#桥	S103	四级	562.914	7	80	1～60	石拱	汽－13	2004	新建	400	奉节
57	双　桥	S202	四级	41.96	7.5	20	1～14	石拱	汽－15	2004	加固	100	城口
58	玉皇庙桥	S205	四级	61.755	6.4	15	1～5	石拱	汽－10	2004	新建	75	潼南
59	双土桥	S103	四级	497.32	7	70	1～42	石拱	汽－15	2005	新建	350	云阳
60	大石桥	S108	一级	87.099	10	22	3～4.5	石拱	汽－10	2002	新建	110	荣昌
61	林家石桥	S205	四级	46.513	6.4	15	1～5	石拱	汽－10	2005	新建	75	潼南
62	龙　桥	S205	四级	64.905	6.2	11.3	1～5	石拱	汽－15	2005	新建	56.5	潼南
63	龙门桥	S103	四级	658.22	10	186	1～122	箱形拱	汽－20	2005	加固	930	巫山
64	仁沱大桥	S106	三级	35.345	8.5	194.5	3～66	桁架拱	汽－15	2005	加固	972.5	江津
65	两河口大桥	S201	二级	180.993	7	149	3～40	石拱	汽－15	2004	新建	745	奉节
66	朝阳吊桥	S204	四级	47.639	9.5	234	1～186 +2x15	悬索桥	汽－15	2003	加固	850	北碚

续前表

序号	桥梁名称	所属路线编号	路线技术等级	桥梁中心桩号	桥宽（米）	桥长（米）	跨径组合	桥型	原设计荷载等级	拟安排年度	建设性质	总投资（万元）	所属区县
67	玉黄桥	S102	四级	423.797	10	15.5	1～6	石拱	汽－15	2002	新建	77.5	巫溪
68	凤凰桥	S102	四级	484.434	5.3	45	5～9	石拱	汽－20	2002	加固	225	巫溪
69	前进桥	S102	四级	492.942	5	63.4	6～10	实心板	汽－15	2002	新建	317	巫溪
70	安富桥	S108	二级	108.328	9	24	3～4.5	石拱	汽－10	2002	新建	120	南川
71	四中小桥	X070	四级	15.314	5	8	1～5	石拱	汽－10	2003	新建	40	秀山
72	金谷水桥	X071	四级	0.6	6.4	15	2～6	双曲拱	汽－10	2003	新建	75	秀山
73	下官桥	X077	四级	13.129	6	26	1～20	石拱	汽－10	2005	新建	130	秀山
74	上官桥	X077	四级	14.98	6.7	20	1～8	石拱	汽－10	2005	新建	100	秀山
75	猪拱桥	X077	四级	22.977	7.6	24.2	1～13	石拱	汽－10	2004	新建	121	秀山
76	凉　桥	X081	四级	19.712	7.4	18.4	1～12	板拱	汽－10	2004	新建	92	酉阳
77	皂角桥	X101	四级	26.8	7	19	1～6	板拱	汽－15	2003	新建	95	彭水
78	干沟桥	X108	四级	28.135	7.5	10	1～6	板拱	汽－15	2005	新建	50	彭水
79	龚家岩大桥	X111	四级	22.65825	9.3	84.5	1～41	板拱	汽－15	2004	新建	422.5	石柱
80	刹人桥	X119	四级	13.368	8.5	11.7	1～5	板拱	汽－10	2005	新建	58.5	梁平
81	晒谷坝桥	X131	四级	30.9762	4.5	22	1～9	板拱	汽－20	2003	新建	110	丰都
82	王告塘桥	X142	四级	3.035	6	24	1～10	板拱	汽－15	2003	新建	120	丰都
83	无名桥（二）	X180	四级	40.307	4.5	42	2～20	石拱	汽－10	2004	新建	210	武隆
84	无名桥（一）	X180	四级	20.344	4.5	10	1～8	石拱	汽－10	2004	新建	50	武隆
85	太平桥	X235	四级	3.8	7	14	1～6	板拱	汽－10	2005	新建	70	巴南
86	河嘴桥	X256	四级	10.7	6	8.5	1～5.6	板拱	汽－10	2003	新建	42.5	南川
87	兴隆桥	X263	四级	11.045	9	10.5	1～6.6	T形梁	汽－10	2003	新建	52.5	南川
88	马桑桥	X263	四级	51.789	7	19	1～6	石拱	汽－10	2004	新建	95	南川
89	印新桥	X263	四级	54.905	6.5	14	1～6	板拱	汽－10	2004	新建	70	南川
90	水洞桥	X263	四级	31.755	7	18	1～9	板拱	汽－10	2005	新建	90	南川
91	周家沟桥	X264	四级	8.76	5.5	7	1～5	板拱	汽－10	2005	新建	35	南川
92	扶欢桥	X271	四级	13.8	7.5	33	2～7	板拱	汽－15	2003	新建	165	綦江
93	同善桥	X271	四级	19.176	5.3	11	1～7	石拱	汽－15	2004	新建	55	綦江
94	龙洞子桥	X282	四级	0.9	6.2	15.5	2～4	石拱	汽－20	2005	新建	77.5	綦江
95	铁中立交	X286	四级	1.155	3.5	24.8	1～7	板梁	汽－20	2005	新建	124	綦江
96	苟家桥	X293	四级	7.3	8	23	1～12	石拱	汽－15	2003	新建	115	北碚
97	民心桥	X294	四级	2.5	7.2	103.3	1～60	石拱	汽－15	2004	新建	516.5	北碚
98	龙洞桥	X295	四级	6.5	6.6	18	1～6	石拱	汽－15	2005	新建	90	北碚
99	歇马拱桥	X297	四级	10	20	18.3	4～3	石拱	汽－15	2004	新建	91.5	北碚
100	涪林桥	X358	四级	0.321	7.4	15	3～3.6	石拱	汽－15	2002	新建	75	合川

续前表

序号	桥梁名称	所属路线编号	路线技术等级	桥梁中心桩号	桥宽（米）	桥长（米）	跨径组合	桥型	原设计荷载等级	拟安排年度	建设性质	总投资（万元）	所属区县
101	洗水桥	X358	四级	8.737	6.4	13	1～6.6	石拱	汽－15	2003	新建	65	合川
102	上游拱桥	X361	四级	37.948	6.3	19	1～6	石拱	汽－15	2004	新建	95	合川
103	跃进桥（一）	X363	四级	14.604	7.2	16.4	1～7.9	石拱	汽－15	2005	新建	82	合川
104	长胜沟火车桥	X363	四级	3.869	7.3	31	1～12	石拱	汽－15	2004	新建	155	合川
105	困牛石桥	X392	四级	1.45	6.1	39	4～5	板拱	汽－10	2002	新建	195	潼南
106	接龙桥	X393	四级	7.37	4.3	14	1～5.5	板拱	汽－10	2003	新建	70	潼南
107	竹林湾	X395	四级	10.81	6.6	18.8	1～5.3	板拱	汽－10	2004	新建	94	潼南
108	回龙寺桥	X395	四级	13.44	6.9	35	1～10	板拱	汽－10	2005	新建	175	潼南
109	长兴桥	X395	四级	11.74	5.6	11	1～6	板拱	其他	2005	新建	55	潼南
110	下大桥	X395	四级	15.42	5.1	27.6	5～3	板拱	汽－10	2004	新建	138	潼南
111	拦河堰桥	X396	四级	9.97	6.2	17	1～5.5	板拱	汽－10	2003	新建	85	潼南
112	朱家桥	X397	四级	1.831	4.5	28	4～5	石拱	汽－20	2003	新建	140	潼南
113	益立桥	X398	四级	14.21	5.4	16	1～8	石拱	汽－10	2004	新建	80	潼南
114	锅底凼桥	X398	四级	8.83	5.3	23	3～5	石拱	汽－10	2005	新建	115	潼南
115	龙　桥	X398	四级	5.04	5.4	17	1～8	石拱	汽－10	2002	新建	85	潼南
116	虾子堰桥	X398	四级	2.14	5.4	24	2～6	石拱	汽－10	2004	新建	120	潼南
117	郑家桥	X420	四级	16.13	6	16	1～6	石拱	汽－10	2003	新建	80	人足
118	反帝桥	X427	四级	15.613	5.6	21.4	1～5	石拱	汽－15	2004	新建	107	永川
119	老虎桥	X427	四级	19.931	4	35	3～5	石拱	汽－15	2003	新建	175	永川
120	紫坪桥	X536	四级	4.5	7.5	33	1～20	板拱	汽－10	2003	新建	165	云阳
121	小江电站桥	X550	四级	20.735	8.5	279.5	11～13	板拱	汽－20	2004	新建	1397.5	云阳
122	战斗桥	X551	四级	88.55	7.2	20.8	1～10	板拱	汽－10	2003	新建	104	万州
123	画米溪桥	X551	四级	22.42	8.5	17	1～6	板拱	汽－10	2004	新建	85	云阳
124	龙头桥	X560	四级	5.55	5	16	1～8	板拱	汽－10	2003	新建	80	梁平
125	云铁桥	X562	四级	5.183	7.5	25.4	1～20	板拱	汽－20	2004	新建	127	梁平
126	乞丐桥	X590	四级	1.9425	5.1	23	1～15	板拱	汽－15	2004	新建	115	石柱
127	大沙桥	X597	四级	0.03	6.2	24	1～18	板拱	汽－15	2002	新建	120	石柱
128	玉力桥	X604	四级	8.695	4.5	31	1～8	石拱	汽－10	2005	新建	155	潼南
129	通江桥	X625	四级	0.015	7	17.5	1～7	石拱	汽－15	2003	新建	87.5	北碚
130	三元桥	X662	四级	5.226	6.5	24	1～14	板拱	汽－15	2004	新建	120	丰都
131	王家桥	X695	四级	6.094	4.6	22	3～4	石拱	汽－10	2003	新建	110	铜梁
132	小石桥	X776	四级	13.04	5	10	1～6	板梁	汽－15	2003	新建	50	南川
133	无名桥（一）	X786	四级	6.03	4.5	8	1～5	石拱	汽－10	2004	新建	40	武隆
134	无名桥（二）	X786	四级	7.4	4.5	6	1～5	石拱	汽－10	2004	新建	30	武隆

续前表

序号	桥梁名称	所属路线编号	路线技术等级	桥梁中心桩号	桥宽（米）	桥长（米）	跨径组合	桥型	原设计荷载等级	拟安排年度	建设性质	总投资（万元）	所属区县
135	干沟沟桥	X787	四级	5.502	5.6	47	1~25	石拱	汽-10	2004	新建	235	武隆
136	关　桥	X787	四级	11.522	7	25	1~16	石拱	汽-10	2005	新建	125	武隆
137	木　桥	X819	四级	13.183	4	14.4	2~5	板梁	汽-10	2003	新建	72	永川
138	三岔河桥	X819	四级	15.28	4.2	14	1~6	板梁	汽-10	2004	新建	70	永川
139	楠木桥	X819	四级	18.178	3.9	18	2~4	板梁	汽-10	2004	新建	90	永川
140	斜角桥	X819	四级	19.058	13	12	1~6	石拱	汽-15	2005	新建	60	永川 I
141	向阳桥	X850	四级	22.382	5.5	16	2~4	板拱	汽-15	2004	新建	80	綦江
142	石关桥	X852	四级	16.078	6.7	6.3	1~5	板拱	汽-15	2005	新建	31.5	綦江
143	中河桥	X858	四级	2.439	5.7	40.5	2~15	板拱	汽-15	2003	新建	202.5	綦江
144	磴子 U 桥	Y001	四级	9	5	15	1~10	板拱	汽-20	2004	新建	75	丰都
145	庹家大桥	Y003	四级	2	5.6	20	1~10	石拱	汽-10	2005	新建	100	大足
146	太平桥	Y003	四级	1	5.6	20	1~8	石拱	汽-10	2004	新建	100	大足
147	小红桥	Y010	四级	0.3	5.5	16	1~8	石拱	汽-15	2003	新建	80	巫溪
148	李家桥	YO13	四级	7.51	6	40	3~5	石拱	汽-15	2004	新建	200	北碚
149	幸福侨	Y013	四级	7.1036	6	16	1~6	板拱	汽-15	2003	新建	80	石柱
150	黄家岩桥	YO14	四级	0.06	6	15	1~6	石拱	汽-10	2004	新建	75	铜梁
151	石朝桥	Y016	四级	7.498	7.5	15	3~2	石拱	汽-10	2003	新建	75	永川
152	岩风沟桥	Y017	四级	28.5	5	13	1~6	板拱	汽-15	2004	新建	65	彭水
153	太平桥	Y018	四级	3.6	6.5	23	1~10	石拱	汽-15	2004	新建	115	铜梁
154	蒲庆路	Y020	四级	3.059	7.4	18	1~10	石拱	汽-10	2005	新建	90	铜梁
155	刘家桥	Y023	四级	9.9	7.3	10.5	1~6	板拱	汽-10	2003	新建	52.5	梁平
56	大溪沟桥	Y023	四级	10.15	5	16	1~10	石拱	汽-15	2002	新建	80	巫溪
157	禄马大桥	Y033	四级	1.04	5.9	58	1~17	石拱	其他	2003	新建	290	涪陵
158	弋阳桥	Y041	四级	2.985	5.5	68	3~20	石拱	其他	2004	新建	340	涪陵
159	水福桥	Y055	四级	46.092	6.1	24	1~12	板拱	汽-10	2002	新建	120	云阳
160	坟前坝桥	Y081	四级	10.2505	4.1	21	1~10	板拱	汽-10	2005	新建	105	石柱
161	砂石河桥	Y115	四级	3.5	8.5	23	1~6	板拱	汽-15	2005	新建	115	江津
162	太和老大桥	Y139	四级	0.05	8	33.5	3~7	石拱	汽-15	2003	新建	167.5	合川
163	洛阳桥	Z003	四级	7	6.5	38	1~7.5	石拱	汽-15	2004	新建	190	北碚
164	大井沟桥	X882	四级	22.8	8.5	15	1~5	石拱	汽-10	2003	新建	75	秀山
165	膏田桥	X883	四级	6.45	4.7	14.4	1~12	石拱	汽-10	2004	新建	72	秀山
166	新桥	X2S9	四级	83.35	6.5	56.8	1~21	石拱	汽-15	2002	新建	284	南川
167	龙济桥	X263	三级	0.77	9	73.5	2~20	石拱	汽-15	2002	新建	367.5	南川

四、改建资金来源

公路危桥（隧道）改造经费以地方自筹为主，其中非收费的国、省道和重要县道根据目标考核完成情况，重庆市交通委员会结合年度资金计划安排给予适当补助。收费公路的危桥改造经费在收取的过路费中支出。危桥（隧道）改造补助经费专款专用，任何单位不得挪用或提取管理费。

2002 年 12 月 17 日，重庆市交通委员会《关于下达 2002 年度危桥改造补助经费的通知》下达了 2002 年度危桥改造 8 座计划，补助经费 750 万元。

2003 年 9 月 9 日，重庆市交通委员会《关于下达 2003 年公路危桥改造经费的通知》下达了 2003 年度改造 30 座危桥计划，改造经费 740 万元。

表 2－29　　2003 年重庆市公路危桥改造项目表

序号	桥梁名称	建设性质	补助经费（万元）	桥梁所在地
	合计		740	
1	G210 复兴桥	重建	15	管理段
2	G212 建设桥	重建	30	北碚
3	G319 郑武营桥	重建	10	秀山
4	G319 小溪大桥 S103 沙溪沟桥 S103 工农桥 S103 龙驹桥	加固	85	涪陵
5	S102 黄栗桥 S102 胡子溪桥 S202 红湾桥 S102 大生桥	加固	40	开县
6	S102 玉黄桥	重建	10	巫溪
7	S1O2 双溪桥	重建	30	巫溪
8	103 胜利桥 S103 大虎头桥 S102 竹林沟桥 S102 跃进桥	加固	40	云阳
9	S107 游渡河大桥	加固	110	江津
10	S108 隆济桥	重建	20	永川
11	S108 和尚桥	重建	15	永川
12	S108 罗子龙桥	重建	15	荣昌
13	S204 朝阳吊桥	加固	170	北碚
14	S205 水桥	重建	25	潼南
15	S205 转洞桥	重建	10	大足
16	S302 张家河桥	重建	20	石柱
17	S303 水江小桥	重建	20	南川
18	S303 倒水桥	重建	20	綦江
19	S102 南溪桥	新建	20	巫溪

续前表

序号	桥梁名称	建设性质	补助经费（万元）	桥梁所在地
20	S107 半边桥 S106 窄口大桥	重建	35	江津

根据交通部《关于追加下达2003年公路建设中投资车购税（费）计划的通知》（交规划发〔2003〕431号）文件精神，2004年2月3日，重庆市交通委员会对2003年危桥改造投资计划进行了追加，由740万元追加至930万元，同时对具体项目进行了调整。

表2-30　　2003年重庆市追加公路危桥改造项目表

序号	桥梁名称	建设性质	补助经费（万元）	桥梁所在地
	合计		930	
1	G319K2170 芙蓉江桥	改建	109	武隆
2	G319K2519 跨肚桥	改建	21	潼南
3	G319K2520 跨支桥	改建	19	潼南
4	G319K2136 高谷大桥	改建	136	彭水
5	G319K2122 外河坝桥	改建	66	彭水
6	G319K1809 深冲沟桥	改建	28	秀山
7	G319K2137 陈家桥	改建	42	彭水
8	G318K1797 四步河桥	改建	105	万州
9	G319K1793 洪安桥	新建	84	秀山
10	G319K2125 罗家湾桥	新建	45	彭水
11	G319K2382 新桥	新建	23	管理段
12	G319K2472 接龙桥	新建	11	铜梁
13	G319K1868 姚家弯桥	新建	83	秀山
14	S108K20 来凤桥	新建	27	璧山
15	S205K33 太安桥	改建	131	潼南

2004年8月30日，重庆市交通委员会《关于下达2004年危桥改造及GBM工程中投资车购税计划的通知》下达了2004年度改造27座危桥计划，改造经费1105万元。加上重庆市交委2004年7月6日确定每年补助1000万元，共补助2105万元。

表 2－31

2004 年重庆市危桥（隧道）改造项目补助资金计划表

序号	桥隧名称	所属路线编号	路线技术等级	桥梁中心桩号	桥宽（米）	桥长（米）	跨径组合	桥型	现使用荷载等级	开工年度	完工年度	建设性质	总投资（万元）	所属区县（市）
	合计					2690							3202	
1	龙潭坝桥	G210	四级	1968.41	9	40	8～4	板拱	汽－15	2004	2004	加固	60	綦江
2	黄家渡口桥	G210	四级	1945.41	11	21	2～4	石拱	汽－20	2004	2004	加固	40	綦江
3	綦中桥	G210	二级	1913.23	11	54	5～8	石拱	汽－20	2004	2004	新建	100	綦江
4	碾房沟桥	G319	四级	1883.29	9	15	1～5	板拱	汽－15	2004	2004	加固	30	彭水
5	李溪桥	G326	三级	101	8	19	1～9	板拱	汽－20	2004	2004	加固	30	酉阳
6	谢家村石拱桥	G326	四级	98.25	7	18	1～10	石拱	汽－15、挂－80	2004	2004	加固	30	酉阳
7	三道桥	S103	二级	31.634	7	37	1～6	石拱	汽－13	2004	2004	加固	30	巴南
8	白水河桥	S103	二级	179.455	9	79	1～35	石拱	汽－20、挂－100	2004	2004	加固	100	丰都
9	峰高桥	S108	三级	86.388	10	35	5～4	石拱	汽－10	2004	2004	加固	60	荣昌
10	新增拱桥	S201	四级	136.08	8	14	1～7	石拱	汽－15	2004	2004	加固	30	奉节
11	一道桥	S201	四级	6.512	7	18	1～11	石拱	汽－15	2004	2004	新建	22	巫溪
12	凤凰田小桥	S201	四级	14.9	9	24	1～8	石拱	汽－15	2004	2004	新建	30	巫溪
13	戈家湾小桥	S201	四级	15.456	8	20	1～11	石拱	汽－20	2004	2004	加固	25	巫溪
14	乌龟石桥	S201	四级	17.906	9	18	1～10	石拱	汽－15	2004	2004	新建	23	巫溪
15	咸池子桥	S201	四级	23.02	8	16	1～8.5	石拱	汽－15	2004	2004	新建	30	巫溪
16	三排山隧道	S202	二级	84.143		757				2004	2004	改建	900	城口
17	清桥	S202	四级	306.096	7	21	2～7	板拱	汽－15	2004	2004	新建	30	开县
18	长沙桥	S202	四级	324.373	10	15	1～9	板拱	汽－20	2004	2004	加固	30	开县
19	朝阳吊桥	S204	四级	47.639	10	234	2×15＋186	悬索桥	汽－15、挂－80	2004	2004	管护	280	北碚
20	工农桥	S302	二级	198.847	7	15	1～10	石拱	汽－15	2004	2004	新建	23	垫江
21	岔溪口桥	S902	二级	19.391	8	73	1～65	板拱	汽－15	2004	2004	加固	110	城口
22	干沟子大桥	X010	三级	32.13	8	110	1～70	双曲拱	汽－15、挂－80	2004	2004	新建	230	奉节
23	岩湾桥	X019	四级	16.5	12	80	3～20	梁桥	汽－20、挂－100	2004	2004	新建	120	奉节
24	大顺桥	X121	三级	2.35	7	120	8～10	石拱	汽－15	2004	2004	新建	60	垫江
25	涪江大桥	X365	二级	57.703	14	573	3×120＋4×60	箱形拱	汽－20	2004	2004	加固	450	潼南
26	人民大桥	X375	四级	11.8	7	72	1～40	石拱	汽－15	2004	2004	新建	60	璧山
27	寸滩大桥	X744	四级	2.8	11	192	2～60	桁架拱	汽－20	2004	2004	加固	270	江北

2005年7月28日，重庆市交通委员会《关于下达2005年公路建设（危桥改造）中投资车购税计划的通知》下达了2005年度改造60座危桥计划，改造经费2727万元。加上重庆市交委2004年7月6日确定每年补助1000万元，共补助3727万元。

表2－32　2005年重庆市公路危桥改造资金计划表

区县	项目名称	桥梁	建设规模		建设年限		总投资（万元）	上级补助（万元）
			宽（米）	长（延米）	开工年	完工年		
总计				5134			13959	3727
巴南	S103线K28＋734杨家洞桥	改建	7	29	2005	2005	87	22
巴南	S103线K30＋234幸福桥	改建	6	26	2005	2005	78	20
巴南	S103线K33＋234后河桥	改建	8	27	2005	2005	81	21
巴南	S103线K48＋334新大桥	改建	6	41	2005	2005	123	31
长寿	S102线K103＋160双碑桥	改建	13	22	2005	2005	66	17
长寿	X193K20＋700线渡舟桥	改建	13	40	2005	2005	85	40
城口	S202线K136＋130咸宜桥	加固	7	40	2005	2005	120	30
城口	S202线K27＋824上峡口桥	加固	7	30	2005	2005	90	23
城口	S202线K49＋780来凤桥	加固	9	36	2005	2005	108	27
城口	S202线K58＋888双叉河桥	改建	9	40	2005	2005	120	30
城口	S202线K66＋100无名桥	加固	9	20	2005	2005	50	15
城口	S202线K72＋382代家凼桥	加固	6	25	2005	2005	75	19
城口	S202线K93＋300三排山隧道	加固	8	100	2005	2005	900	100
城口	S202线K77＋220坛子峡桥	加固	9	15	2005	2005	30	10
城口	S202线K144＋432余家榜桥	加固	7	40	2005	2005	90	30
大足	S205线K84秦家桥	改建	9	40	2005	2005	120	30
大足	X405线K7＋300协丰桥	改建	7	23	2005	2005	50	15
丰都	S203线K109＋187峡南溪桥	加固	9	91	2005	2005	273	69
丰都	S203线K76＋660五福桥	加固	9	26	2005	2005	78	20
丰都	S203线K81＋005石沟子桥	加固	9	20	2005	2005	60	15
丰都	X100线K8＋340卷洞桥	加固	7	80	2005	2005	125	45
奉节	S201线K101＋120国平大桥	改建	8	40	2005	2005	120	30
奉节	X019线K28＋33五马桥	改建	8	40	2005	2005	150	40
涪陵	S103线K106＋146拖板桥	改建	13	79	2005	2005	237	60
涪陵	S103线K78＋226东风桥	改建	8	46	2005	2005	138	35
高投司	G319线K2001＋920冯家大桥	改建	8	259	2005	2005	777	155
高投司	S302线K128＋177明星桥	加固	8	36	2005	2005	108	27
高投司	S302线K153＋881六水桥	加固	12	23	2005	2005	69	18
高投司	S302线K45＋509塔水桥	加固	8	36	2005	2005	108	27

续前表

区县	项目名称	桥梁	建设规模		建设年限		总投资（万元）	上级补助（万元）
			宽（米）	长（延米）	开工年	完工年		
高投司	S903 线 K19 +562 张家沟桥	加固	9	42	2005	2005	126	32
高投司	S103 线 K515 +320 莲花桥	加固	8	37	2005	2005	90	30
合川	S204 线 K100 +033 窝家桥	改建	8	30	2005	2005	90	23
江北	寸唐公路 K2 +800 寸滩大桥	改建	11	192	2005	2005	270	145
江津	S106 线 K19 柑子溪桥	改建	9	190	2005	2005	569	143
江津	S106 线 K35 +345 仁沱大桥	加固	9	195	2005	2005	584	146
江津	S107 线 K104 +421 游渡桥	加固	7	30	2005	2005	400	1
开县	S202 线 K177 +730 新增简小桥	加固	8	25	2005	2005	75	19
开县	S202 线 K286 +648 渠口桥	改建	9	130	2005	2005	400	97
开县	S202 线 K300 +584 明远桥	加固	9	50	2005	2005	100	37
开县	S202 线 K306 +096 清桥	加固	7	21	2005	2005	63	16
开县	S202 线 K255 +342 津关桥	加固	9	10	2005	2005	30	10
开县	S202 线 K302 +893 建设桥	加固	8	12	2005	2005	35	10
开县	S103 线 K316 +881 牛蹄桥	加固	9	28	2005	2005	95	30
梁平	G318 线 K1897 +070 五家祠桥	加固	9	100	2005	2005	300	75
梁平	G318 线 K1884 +262 曲水桥	加固	9	40	2005	2005	120	72
梁平	X562 线 K12 +500 龙王庙大桥	加固	7	80	2005	2005	120	30
南川	S303 线 K223 +964 龙见桥	改建	7	25	2005	2005	76	20
南川	S303 线 K239 +200 龙至桥	加固	6	20	2005	2005	60	15
南川	X263 线 K00 +600 龙济桥	加固	7	70	2005	2005	120	30
南川	S106 线 K15 +350 罐子桥	加固	10	180	2005	2005	45	25
綦江	G210 线 K1968 +411 龙潭坝桥	加固	9	40	2005	2005	120	72
綦江	G210 线 K1945 +411 黄家渡口桥	加固	11	21	2005	2005	63	38
綦江	G210 线 K1913 +231 綦中桥	加固	11	54	2005	2005	162	98
綦江	G210 线 K1956 +210 坠谷塘桥	改建	8	23	2005	2005	69	42
綦江	X282 线 K00 +090 龙济桥	加固	6	16	2005	2005	30	10
荣昌	S108 线 K87 +099 三洞桥	改建	10	22	2005	2005	66	17
荣昌	S108 线 K86 +388 峰高桥	改建	10	25	2005	2005	68	17
荣昌	X420 线 K45 +398 双石桥	改建	8	30	2005	2005	45	13
潼南	S205 线 K39 +765 拦河堰桥	加固	9	20	2005	2005	60	15
潼南	X397 线 K1 +831 朱家桥	加固	5	28	2005	2005	92	26
万盛	S303 线 K268 +783 丛林桥	加固	12	27	2005	2005	81	21
万盛	X865 线 K20 +000 两河口大桥	加固	20	72	2005	2005	500	30
万州	G318 线 K1856 +855 万二十二桥	加固	12	22	2005	2005	66	40

续前表

区县	项目名称	桥梁	建设规模		建设年限		总投资（万元）	上级补助（万元）
			宽（米）	长（延米）	开工年	完工年		
万州	G318 线 K1817 +382 旱桥	加固	10	49	2005	2005	147	37
万州	G318 线 K1867 +595 万十九桥	加固	11	22	2005	2005	66	40
万州	G318 线 K1800 +645 火箭桥	加固	10	27	2005	2005	81	21
万州	G318 线 K1797 +290 四步河桥	加固	9	140	2005	2005	105	30
万州	S202 线 K335 +100 道河沟桥	加固	9	101	2005	2005	85	25
巫山	S103 线 K658 +220 龙门桥	改建	10	186	2005	2005	558	140
巫山	S103 线 K639 +320 黑湾桥	改建	10	20	2005	2005	60	20
巫溪	S102 线 K432 +964 朝阳桥	加固	7	49	2005	2005	147	37
巫溪	S102 线 K484 +434 凤凰桥	加固	7	45	2005	2005	135	34
巫溪	S102 线 K492 +942 前进桥	加固	7	63	2005	2005	189	48
巫溪	S201 线 K14 +900 凤凰田小桥	改建	9	24	2005	2005	72	18
巫溪	S201 线 K15 +456 戈家湾小桥	改建	8	20	2005	2005	60	15
巫溪	X013 线 K25 +350 三江洞桥	改建	5	28	2005	2005	41	20
武隆	S303 线 K204 +547 平江桥	改建	8	60	2005	2005	180	45
武隆	S904 线 K43 +291 大罗溪桥	加固	7	157	2005	2005	471	118
秀山	S304 线 K33 +990 壳甲桥	加固	6	36	2005	2005	107	27
秀山	X070 线 K7 +14 高桥	加固	8	112	2005	2005	20	10
秀山	X077 线 K13 +129 下关桥	加固	6	30	2005	2005	101	30
永川	S108 线 K67 +175 —洞桥	改建	8	20	2005	2005	60	15
永川	S205 线 K145 +597 呈拱桥	加固	9	24	2005	2005	72	18
永川	S108 线 K57 +709 辛河桥	加固	10	23	2005	2005	45	15
彭水	S304 线 K213 田家沟桥	加固	9	190	2005	2005	570	143
彭水	Y100 线 K23 +985 金狮洞桥	加固	7	30	2005	2005	100	55
云阳	S102 线 K386 +589 通溪桥	加固	6	40	2005	2005	120	30
石柱	S903 线 K17 +920 石家桥	加固	8	18	2005	2005	30	10
石柱	X110 线 K8 +200 土车桥	加固	7	25	2005	2005	30	10
铜梁	X004 线 K4 +685 蒲吕大桥	加固	7	95	2005	2005	130	30
铜梁	X004 线 K4 +000 付家桥	加固	6	55	2005	2005	100	45
酉阳	S304 线 K17 +920 石家桥	加固	7	133	2005	2005	260	30
北碚	X298 线 K4 +000 落阳桥	加固	6	50	2005	2005	45	15
垫江	X570 线 K2 +550 倪家桥	加固	8	40	2005	2005	95	30
双桥	X679 线 K15 +260 哑巴桥	加固	8	20	2005	2005	15	10
九龙坡	X307 线 K1 +850 金凤桥	加固	7	30	2005	2005	60	20
沙坪坝	X296 线 K3 +200 土主大桥桥	加固	9	53	2005	2005	120	30

五、危桥改造实施

重庆市从2001年开始对全市危桥实施改造，至2005年年底，补助危桥改造资金6427万元〔不含区县（市）投资〕，共改造危桥644座。重庆市交委按年度将补助经费下达给各区县（市），由各区县（市）交通、公路部门具体组织实施。危桥改造完工一座，重庆市公路局组织桥梁专家验收一座。重点改造的危桥有：

1. 荣昌施济桥。该桥始建于清嘉庆十八年（1879年），原系人行桥，成渝公路修建时作为公路桥使用，由于时间长，车流量大，致使该桥第四孔出现裂缝且扩大到拱顶，危及交通安全。市交通局现场进行考察，确定进行加固改造。采用钢筋砼加固拱圈，厚度达30厘米，桥墩水下基础进行了补修加固。1994年3月2日开工，1994年6月底竣工，加固工程总投资26万余元，由重庆市交通局拨款。

2. 北碚朝阳吊桥。曾被誉为“亚洲第一吊桥”的北碚朝阳桥，是省道四川仪陇至重庆，北碚区连接水土、复兴等江东八镇与江北机场的咽喉要道，修建于20世纪60年代。由于多年来车流量不断增加，病害日益加重。重庆市交通局拨款200多万元，于1996年5月进行了大修，贵州省桥梁公司承担施工，1996年11月30日大修竣工交付使用。运行5年后，2001年又被技术部门和专家检查诊断为“病害桥”，采用限载、限速、限交通量的“三限”管制使用。2003年，重庆市公路局下拨170万元作为朝阳吊桥的专项改造经费（渝路〔2003〕242号）。中共重庆市委、重庆市政府对吊桥“三限”非常重视，2004年8月5日，中共重庆市委书记黄镇东专程到北碚察看吊桥“病情”，要求北碚区政府及有关部门要加强养护，监测和管理。北碚交通局在完善管理措施的同时，花了40多万元购买了重庆大唐称重系统有限公司提供的，系当时重庆市最先进，科技含量最高，北碚率先使用该设备“超限动态检测仪”，并于2004年9月16日正式投入使用。该检测仪具有检测速度快、精度高、可靠性强、重复性好、操作方便等特点。该仪器在不影响交通正常运行的情况下，车辆从检测仪器上通过时，如超过设定载重量，电脑会及时抓拍、录像、发出警报。所有通过朝阳“病害”桥的货车必须通过检测，对拒不检测，强行通过朝阳桥的车辆，由路政管理部门依法从重处罚，从根本上保障了朝阳“病害”吊桥的安全。

3. 武隆乌江二桥。武隆乌江二桥位于国道319线武隆县境内，也是连接武隆县城的重要通道。危桥改建工程经重庆市发改委以渝发改交〔2004〕53号文批复工程可行性研究报告，渝交委路〔2004〕31号文批复初步设计。批复新建桥梁为主跨140米的上承式钢筋砼拱桥，引桥为10米空心板，双车道，桥面宽度16米，行车道宽度12米。桥梁设计荷载为汽－超20，挂－120，设计洪水频率1/300。初步设计总概算1279万元（其中旧桥拆除概算为275万元，新建桥梁概算为1021万元）。

表2－33　　**2001～2005年重庆市部分危桥改造情况表**

单位：万元

序号	项目名称	所在线路	责任区县和单位	补助资金类别	总投资	补助资金数额	完成投资	完成投资率（%）	项目年限
1	珠滩桥	G210	綦江	车购税	123	75	123	100	2001
2	澄溪大桥	G212	北碚	车购税	335	205	335	100	2001
3	万三桥	G318	万州	车购税	82	50	82	100	2001
4	肖家河桥	G210	渝北（机场高速）	车购税	65	40	65	100	2001
5	梅江桥	S303		车购税	188	115	188	100	2001

续前表

序号	项目名称	所在线路	责任区县和单位	补助资金类别	总投资	补助资金数额	完成投资	完成投资率（%）	项目年限
6	福田桥	S102	巫山	车购税	164	100	164	100	2001
7	河梁桥	S102	巫山	车购税	295	180	295	100	2001
8	水洞子桥	S201	奉节	车购税	90	55	90	100	2001
9	白泉桥	S202	巫山	车购税	65	40	65	100	2001
10	石梁河桥	G319	武隆	车购税	409	250	409	100	2002
11	乌江二桥	G319	武隆	车购税	442	270	442	100	2002
12	万四桥	G318	万州	车购税	65	40	65	100	2002
13	万十四桥	G318	万州	车购税	41	25	41	100	2002
14	五胜桥	S103	丰都	车购税	98	60	98	100	2002
15	龙洞桥	S103	丰都	车购税	49	30	49	100	2002
16	楚阳河桥	S103	巫山	车购税	90	55	90	100	2002
17	复兴桥	G210	公路局	车购税	25	15	25	100	2003
18	建设桥	G212	北碚	车购税	49	30	49	100	2003
19	郑武营桥	G319	秀山	车购税	16	10	16	100	2003
20	小溪大桥	G319	涪陵	车购税	139	85	139	100	2003
21	芙蓉江桥	G319	高投司	车购税	178	109	178	100	2003
22	跨肚桥	G319	潼南	车购税	34	21	34	100	2003
23	跨支桥	G319	潼南	车购税	31	19	31	100	2003
24	高谷大桥	G319	彭水	车购税	223	136	223	100	2003
25	外河坝桥	G319	彭水	车购税	108	66	108	100	2003
26	深冲沟桥	G319	秀山	车购税	46	28	46	100	2003
27	陈家桥	G319	彭水	车购税	69	42	69	100	2003
28	四步河桥	G318	万州	车购税	172	105	172	100	2003
29	洪安桥	G319	秀山	车购税	137	84	137	100	2003
30	罗家湾桥	G319	彭水	车购税	74	45	74	100	2003
31	新桥	G319	公路局	车购税	38	23	38	100	2003
32	接龙桥	G319	铜梁	车购税	18	11	18	100	2003
33	姚家弯桥	G319	秀山	车购税	136	83	136	100	2003
34	黄栗桥	S102	开县	车购税	33	20	33	100	2003
35	玉黄桥	S102	巫溪	车购税	16	10	16	100	2003
36	双溪桥	S102	巫溪	车购税	49	30	49	100	2003
37	胜利桥	S103	云阳	车购税	16	10	16	100	2003
38	大虎头桥	S103	云阳	车购税	49	30	49	100	2003
39	游渡河大桥	S107	江津	车购税	180	110	180	100	2003
40	隆济桥	S108	永川	车购税	33	20	33	100	2003

续前表

序号	项目名称	所在线路	责任区县和单位	补助资金类别	总投资	补助资金数额	完成投资	完成投资率（%）	项目年限
41	和尚桥	S108	永川	车购税	25	15	25	100	2003
42	罗子龙桥	S108	荣昌	车购税	25	15	25	100	2003
43	朝阳吊桥	S204	北碚	车购税	278	170	278	100	2003
44	水桥	S205	潼南	车购税	41	25	41	100	2003
45	转洞桥	S205	大足	车购税	16	10	16	100	2003
46	张家河桥	S302	石柱	车购税	33	20	33	100	2003
47	水江小桥	S303	南川	车购税	33	20	33	100	2003
48	倒水桥	S303	綦江	车购税	33	20	33	100	2003
49	南溪桥	S102	巫溪	车购税	33	20	33	100	2003
50	胡子溪桥	S102	开县	车购税	33	20	33	100	2003
51	半边桥	S107	公路局	车购税	57	35	57	100	2003
52	来凤桥	S108	高投司	车购税	44	27	44	100	2003
53	太安桥	S205	高投司	车购税	214	131	214	100	2003
54	北渡大桥	G210	綦江	车购税	147	90	147	100	2004
55	桥坝河桥	G210	綦江	车购税	25	15	25	100	2004
56	孝感桥	G210	綦江	车购税	57	35	57	100	2004
57	大溪河口桥	G319	高投司	车购税	131	80	131	100	2004
58	庙门滩桥	G319	高投司	车购税	65	40	65	100	2004
59	亚地湾	G319	渝北	车购税	131	80	131	100	2004
60	友谊桥	G326	酉阳	车购税	115	70	115	100	2004
61	巫溪大桥	S102	巫溪	车购税	139	85	139	100	2004
62	鱼渡溪桥	S102	巫溪	车购税	49	30	49	100	2004
63	跃进桥	S102	云阳	车购税	41	25	41	100	2004
64	竹林沟桥	S102	云阳	车购税	25	15	25	100	2004
65	红旗 13#桥	S103	高投司	车购税	98	60	98	100	2004
66	冷背溪桥	S103	丰都	车购税	123	75	123	100	2004
67	迁址一桥	S103	云阳	车购税	25	15	25	100	2004
68	敏志桥	S108	荣昌	车购税	33	20	33	100	2004
69	两河口大桥	S201	奉节	车购税	180	110	180	100	2004
70	群立桥	S201	巫溪	车购税	33	20	33	100	2004
71	坛子口	S201	奉节	车购税	33	20	33	100	2004
72	塘垭桥	S201	巫溪	车购税	41	25	41	100	2004
73	纸厂桥	S201	巫溪	车购税	33	20	33	100	2004
74	崩溪桥	S202	城口	车购税	25	15	25	100	2004
75	干龙研桥	S202	城口	车购税	41	25	41	100	2004

续前表

序号	项目名称	所在线路	责任区县和单位	补助资金类别	总投资	补助资金数额	完成投资	完成投资率（%）	项目年限
76	庙坝桥	S202	城口	车购税	65	40	65	100	2004
77	全胜桥	S202	城口	车购税	49	30	49	100	2004
78	双桥	S202	城口	车购税	25	15	25	100	2004
79	三元桥	S204	合川	车购税	41	25	41	100	2004
80	矮桥	S205	大足	车购税	41	25	41	100	2004
81	龙潭坝桥	G210	綦江	车购税	49	30	49	100	2004
82	黄家渡口桥	G210	綦江	车购税	25	15	25	100	2004
83	綦中桥	G210	綦江	车购税	65	40	65	100	2004
84	碾房沟桥	G319	彭水	车购税	16	10	16	100	2004
85	李溪桥	G326	酉阳	车购税	16	10	16	100	2004
86	谢家村石拱桥	G326	酉阳	车购税	16	10	16	100	2004
87	三道桥	S103	巴南	车购税	16	10	16	100	2004
88	白水河桥	S103	丰都	车购税	49	30	49	100	2004
89	峰高桥	S108	荣昌	车购税	33	20	33	100	2004
90	新增拱桥	S201	奉节	车购税	16	10	16	100	2004
91	一道桥	S201	巫溪	车购税	16	10	16	100	2004
92	凤凰田小桥	S201	巫溪	车购税	16	10	16	100	2004
93	戈家湾小桥	S201	巫溪	车购税	16	10	16	100	2004
94	乌龟石桥	S201	巫溪	车购税	16	10	16	100	2004
95	咸池子桥	S201	巫溪	车购税	16	10	16	100	2004
96	三排山隧道	S202	城口	车购税	515	315	515	100	2004
97	清桥	S202	开县	车购税	16	10	16	100	2004
98	长沙桥	S202	开县	车购税	16	10	16	100	2004
99	朝阳吊桥	S204	北碚	车购税	82	50	82	100	2004
100	工农桥	S302	垫江	车购税	16	10	16	100	2004
101	岔溪口桥	S902	城口	车购税	49	30	49	100	2004
102	干沟子大桥	X010	奉节	车购税	131	80	131	100	2004
103	岩湾桥	X019	奉节	车购税	33	20	33	100	2004
104	大顺桥	X121	垫江	车购税	33	20	33	100	2004
105	涪江大桥	X365	潼南	车购税	245	150	245	100	2004
106	人民大桥	X375	璧山	车购税	49	30	49	100	2004
107	寸滩大桥	X744	江北	车购税	65	40	65	100	2004
108	龙潭坝桥	G210	綦江	车购税	118	72	118	100	2005
109	黄家渡口桥	G210	綦江	车购税	62	38	62	100	2005
110	綦中桥	G210	綦江	车购税	160	98	160	100	2005

续前表

序号	项目名称	所在线路	责任区县和单位	补助资金类别	总投资	补助资金数额	完成投资	完成投资率（%）	项目年限
111	坠谷塘桥	G210	綦江	车购税	69	42	69	100	2005
112	五家祠桥	G318	梁平	车购税	123	75	123	100	2005
113	曲水桥	G318	梁平	车购税	118	72	118	100	2005
114	双碑桥	S102	长寿	车购税	28	17	28	100	2005
115	朝阳桥	S102	巫溪	车购税	61	37	61	100	2005
116	凤凰桥	S102	巫溪	车购税	56	34	56	100	2005
117	前进桥	S102	巫溪	车购税	79	48	79	100	2005
118	龙门桥	S103	巫山	车购税	229	140	229	100	2005
119	东风桥	S103	涪陵	车购税	57	35	57	100	2005
120	三洞桥	S108	荣昌	车购税	28	17	28	100	2005
121	凤凰田小桥	S201	巫溪	车购税	29	18	29	100	2005
122	戈家湾小桥	S201	巫溪	车购税	25	15	25	100	2005
123	明远桥	S202	开县	车购税	61	37	61	100	2005
124	清桥	S202	开县	车购税	26	16	26	100	2005
125	五福桥	S203	丰都	车购税	33	20	33	100	2005
126	石沟子桥	S203	丰都	车购税	25	15	25	100	2005
127	秦家桥	S205	大足	车购税	49	30	49	100	2005
128	丛林桥	S303	万盛	车购税	34	21	34	100	2005
129	寸滩大桥	寸唐公路	江北	车购税	237	145	237	100	2005
130	拖板桥	S103	涪陵	车购税	98	60	98	100	2005
131	冯家大桥	G319	高投司	车购税	254	155	254	100	2005
132	万二十二桥	G318	万州	车购税	65	40	65	100	2005
133	旱桥	G318	万州	车购税	61	37	61	100	2005
134	万十九桥	G318	万州	车购税	65	40	65	100	2005
135	火箭桥	G318	万州	车购税	34	21	34	100	2005
136	通溪桥	S102	云阳	车购税	49	30	49	100	2005
137	杨家洞桥	S103	巴南	车购税	36	22	36	100	2005
138	幸福桥	S103	巴南	车购税	33	20	33	100	2005
139	后河桥	S103	巴南	车购税	34	21	34	100	2005
140	新大桥	S103	巴南	车购税	51	31	51	100	2005
141	柑子溪桥	S106	江津	车购税	234	143	234	100	2005
142	仁沱大桥	S106	江津	车购税	239	146	239	100	2005
143	一洞桥	S108	永川	车购税	25	15	25	100	2005
144	国平大桥	S201	奉节	车购税	49	30	49	100	2005
145	咸宜桥	S202	城口	车购税	49	30	49	100	2005

续前表

序号	项目名称	所在线路	责任区县和单位	补助资金类别	总投资	补助资金数额	完成投资	完成投资率（%）	项目年限
146	新增简小桥	S202	开县	车购税	31	19	31	100	2005
147	上峡口桥	S202	城口	车购税	38	23	38	100	2005
148	渠口桥	S202	开县	车购税	159	97	159	100	2005
149	来凤桥	S202	城口	车购税	44	27	44	100	2005
150	双叉河桥	S202	城口	车购税	49	30	49	100	2005
151	无名桥	S202	城口	车购税	25	15	25	100	2005
152	代家凼桥	S202	城口	车购税	31	19	31	100	2005
153	窝家桥	S204	合川	车购税	38	23	38	100	2005
154	呈拱桥	S205	永川	车购税	29	18	29	100	2005
155	拦河堰桥	S205	潼南	车购税	25	15	25	100	2005
156	平江桥	S303	武隆	车购税	74	45	74	100	2005
157	田家沟桥	S304	彭水（高）	车购税	234	143	234	100	2005
158	壳甲桥	S304	秀山	车购税	44	27	44	100	2005
159	大罗溪桥	S904	武隆	车购税	193	118	193	100	2005
160	明星桥	S302	高投司	车购税	44	27	44	100	2005
161	六水桥	S302	高投司	车购税	29	18	29	100	2005
162	塔水桥	S302	高投司	车购税	44	27	44	100	2005
163	龙见桥	S303	南川	车购税	33	20	33	100	2005
164	龙至桥	S303	南川	车购税	25	15	25	100	2005
165	张家沟桥	S903	高投司	车购税	52	32	52	100	2005
166	峡南溪桥	S203	丰都	车购税	113	69	113	100	2005
167	峰高桥	S108	荣昌	车购税	28	17	28	100	2005
168	四步河桥	G318	万州	养路费	49	30	49	100	2005
169	莲花桥	S103	高投司	养路费	49	30	49	100	2005
170	牛蹄桥	S103	开县	养路费	49	30	49	100	2005
171	黑湾桥	S103	巫山	养路费	33	20	33	100	2005
172	罐子桥	S106	南川	养路费	41	25	41	100	2005
173	游渡桥	S107	江津	养路费	2	1	2	100	2005
174	辛河桥	S108	永川	养路费	25	15	25	100	2005
175	三排山隧道	S202	城口	养路费	164	100	164	100	2005
176	道河沟桥	S202	万州	养路费	41	25	41	100	2005
177	津关桥	S202	开县	养路费	16	10	16	100	2005
178	建设桥	S202	开县	养路费	16	10	16	100	2005
179	坛子峡桥	S202	城口	养路费	16	10	16	100	2005
180	余家榜桥	S202	城口	养路费	49	30	49	100	2005

续前表

序号	项目名称	所在线路	责任区县和单位	补助资金类别	总投资	补助资金数额	完成投资	完成投资率（%）	项目年限
181	龚滩大桥	S304	酉阳	养路费	49	30	49	100	2005
182	石家桥	S903	石柱	养路费	16	10	16	100	2005
183	五马桥	X019	奉节	养路费	65	40	65	100	2005
184	高 桥	X070	秀山	养路费	16	10	16	100	2005
185	下关桥	X077	秀山	养路费	49	30	49	100	2005
186	土车桥	X110	石柱	养路费	16	10	16	100	2005
187	卷洞桥	X146	丰都	养路费	74	45	74	100	2005
188	渡舟桥	X193	长寿	养路费	65	40	65	100	2005
189	庙子塘	X263	南川	养路费	65	40	65	100	2005
190	龙济桥	X263	南川	养路费	49	30	49	100	2005
191	龙洞子桥	X282	綦江	养路费	16	10	16	100	2005
192	土主大桥	X296	沙坪坝	养路费	49	30	49	100	2005
193	落阳桥	X298	北碚	养路费	25	15	25	100	2005
194	滑石桥	X307	九龙坡	养路费	33	20	33	100	2005
195	朱家桥	X397	潼南	养路费	43	26	43	100	2005
196	协丰桥	X405	大足	养路费	25	15	25	100	2005
197	双石桥	X420	荣昌	养路费	21	13	21	100	2005
198	龙王庙大桥	X562	梁平	养路费	49	30	49	100	2005
199	倪家桥	X570	垫江	养路费	49	30	49	100	2005
200	哑巴桥	X679	双桥	养路费	16	10	16	100	2005
201	两河口大桥	X865	万盛	养路费	49	30	49	100	2005
202	三江洞桥	Y013	巫溪	养路费	33	20	33	100	2005
203	金狮洞	Y100	彭水	养路费	90	55	90	100	2005
204	蒲吕大桥	Y004	铜梁	养路费	49	30	49	100	2005
205	付家桥	Y004	铜梁	养路费	74	45	74	100	2005
合 计					14878	9092	14878		

注：高投司为重庆高等级公路投资有限公司。

第八章　公路建设管理

重庆市公路建设管理，由重庆市交通局（委）统一领导，对高速公路建设、国省道公路和县乡公路建设的实施管理。根据国家相关政策，按照管理对象和范围，重庆市交委制订相应的管理工作措施并组织实施。在管理体制上，实行分级管理、分工负责制、目标责任制等。落实质量责任制，严格按规定执行工程建设“四制”，即项目法人责任制、招标投标制、工程监理制和合同管理制。严格履行基本建设程序和国家关于工程建设的有关规定，加强项目建设管理；严格市场准入规定，项目法人、设计单位、施工单位、监理单位、监控单位满足相应资质、资信条件；加强质量监督工作，落实质量责任。

建立完善的项目法人组织管理机构，充实技术和管理人员。参照交通部颁布的甲级公路建设项目法人资格标准，每个项目设立总工程师，由具备丰富经验和类似工作经历的高级工程师担任，负责技术指导和协调，从事质量管理，召集专题会议，解决技术难题。城黔路通渝隧道、万州长江二桥、江津猫儿峡长江公路大桥、巫山长江大桥、奉节长江大桥等地方公路建设项目技术含量比较高，部分项目还是创纪录的项目，加之地质情况较复杂，项目施工和管理难度很大，为规范项目管理，提高项目管理水平，确保工程质量，避免事故，提高项目投资效益，重庆市交通委员会专门行文加强建设管理。

2005 年 1 月 31 日，重庆市交通委员会在转发交通部《公路建设市场管理办法》（渝交委路〔2005〕9 号）的通知中要求，重庆市各级交通主管部门要加强对公路建设从业单位和从业人员的动态管理，按照“公平、公正、公开、诚信”的原则，逐步建立和完善统一、开放、竞争、有序的公路建设市场。《办法》扩大了调整对象，包括各级交通主管部门、从业单位和从业人员，特别是从业单位，不再局限于施工单位。规范行政审批，增加了对项目法人和项目建设管理单位实行资格备案制度，明确了项目法人、勘察、设计、施工、监理等多方从业单位应承担的责任。强化了对建设资金的管理，强调建设资金专款专用，不得拖欠工程款，不得拖欠劳务人员工资。要求加强对分包的管理，对勘察设计、监理、工程分包、劳务分包提出了明确要求。加大了处罚力度，严重违约的从业单位，不仅要承担违约责任，而且要受到严厉的行政处罚。

第一节　公路建设管理体系

重庆市建立了政府管理、委托监督、建设单位或项目法人全面负责、监理控制、设计、施工保证的公路工程质量管理体系，全面落实项目法人、勘察设计、施工、监理等从业单位的质量责任制度，建立工程质量责任卡，实行质量负责制。实行公路工程交竣工验收制，公路工程交工验收由项目法人负责，公路工程竣工验收由各级交通主管部门按项目管理权限负责，按照初步设计“谁审批、谁负责”的原则确定。

一、高速公路建设管理

（一）组织体系

高速公路初期建设阶段（1989～1994年）重庆市交通主管部门组建了重庆市重点公路建设指挥部，实行在重庆市人民政府及其交通部门直接领导下的单一指挥体制。

1987年12月以前，重庆市交通局只有内设的公路处，没有设立专门的公路建设管理机构。为了保证“七五”“八五”10年期间重庆市新（改）建重点公路建设的顺利完成，根据重庆市重点公路建设领导小组第一次（扩大）会议决定，成立了重庆市重点公路建设指挥部。1987年12月，重庆市交通局组建重庆市公路建设工程管理处。重庆市公路建设工程管理处最初设置在渝中区华一路，内设5个科室，人员编制由重庆市公路养护总段和永川公路养护总段各划拨25名，共计为50名。其中，配备正副处领导3名，彭长清任处长，郭嘉银和杨清源分别任副处长。重庆市公路建设工程管理处实行企业化管理，独立经营，自负盈亏。

1988年5月26日，重庆市人民政府办公厅向各区县人民政府和市级有关部门下发《关于成立重庆市重点公路建设指挥部的通知》（重办发〔1988〕59号），批准成立重庆市重点公路建设指挥部，由重庆市交通局副局长郑道访兼任指挥长，郭嘉银、杨清源、蒙进礼、罗德权任副指挥长，行政业务受重庆市交通局领导，并对重庆市重点公路建设领导小组负责。重庆市重点公路建设指挥部与重庆市公路建设工程管理处实行“一套班子，两块牌子”合署办公，下设总工办、工程处、综合处、财务处、行政办公室等处室，由指挥部根据精干的原则自行确定，处室不定级别，所配人员按原待遇不变。人员在市公路建设工程管理处内解决，不足者可在交通部门借调。指挥部为事业单位企业化管理（非常设机构），所需经费按国家有关规定，在工程项目投资中的建设管理费中列支。指挥部主要职责是承包重庆市交通系统新（改）建重点公路工程的建设项目，按核定的项目建设总投资包干建设的原则，组织实施重点公路建设。

为保证成渝高速公路重庆段工程顺利进行，1989年4月6日，重庆市人民政府向各区县人民政府和市政府各部门下发《关于调整重点公路建设领导小组成员的通知》。确定组长由重庆市副市长秦昌典担任，副组长由重庆市计划委员会副主任陈之惠、重庆市经济委员会副主任吴连帆、重庆市交通局局长胡振业担任，成员由9个市级主管部门领导和成渝高速公路沿线的6个区县领导组成。

1990年9月25日，成渝高速公路重庆段全线动工。在成渝高速公路重庆段建设过程中，为进一步满足实施国际FIDIC管理规定需要，加强与各区县政府协调力度，1990年9月8日，重庆市人民政府办公厅下发《关于调整市重点公路建设指挥部领导成员的批复》，增补王继刿、孙庭伟为重庆市重点公路建设指挥部副指挥长，免去郭嘉银重庆市重点公路建设指挥部副指挥长。在成渝高速公路重庆段建成后，经过实践和总结经验，为加强与各区县政府在高等级公路建设方面的协调力度，1995年5月，重庆市人民政府批准，在重点公路建设指挥部的基础上，组建重庆高等级公路建设指挥部，由重庆市交通局副局长滕西全兼任指挥长，只负责征地拆迁等前期准备工作。

高速公路持续发展阶段（1994～2000年）重庆市高速公路建设管理，实行在重庆市人民政府及其交通部门直接领导下的高速公路公司为主、高速公路指挥部为辅的管理体制。并先后组建三个高速公路企业法人。1994年8月，为了筹集成渝高速公路重庆段建设资金，经重庆市人民政府批准，组建重庆高速公路开发总公司（简称重庆高开司），直属重庆市交通局领导，以重庆市公路建设工程管理处为依托，与重庆高等级公路建设指挥部实行“一套班子，三块牌子”合署办公。重庆高开司主要负责重庆市高速公路建设工程的组织和实施。杨清源任重庆高开司董事长，另设总经理、副总经理，投资开发部、财务部、行政部。重庆市交通局设立管理委员会，具体指导、协调重庆高开司的工作，批准重大决定，但不干预具体业务。管委会由重庆市交通局局长胡振业任主任，重庆市交通局副局长滕西全任副主任。1997年，重庆市交通局对高速公路开发总公司进行重组，日常对外引资业务由重庆市交通局外经外事处归口直接管理。1998 年 5 月，重庆市人民政府批准，将重庆高开司改组为国有独资的重庆高速公路发展有限公司（简称重庆高发司），直属重庆市交通局领导。

重庆高开司主要负责重庆市高速公路建设工程的组织和实施。主要任务是向国内外多渠道筹集全市高速公路建设资金，按有偿使用原则，组织商品公路的建设，以“集资修路、有偿开发、回收贷款、滚动发展”的经营管理模式，为重点交通基础设施建设项目服务。重庆高开司对外主要承担不宜通过政府参股控股的重点交通基础设施建设的合资开发经营项目招商引资工作，如机场高速公路、成渝高速公路重庆段与外商的合资开发经营项目等等。

1998 年 10 月，重庆市交通局批准，重庆市公路建设工程管理处实施改制，组建重庆高速公路建设有限责任公司（简称重庆高建司），徐谋担任董事长。重庆高建司为重庆市交通局所属的国有独资企业，经营范围是，以总承包的形式承担市交通局和高发司委托的高等级公路建设任务，以合资参股的方式参与高等级公路的经营管理，结合高等级公路建设和经营管理拓展其他经营业务。重庆高建司实施重庆市高速公路项目的建设、经营、还贷一体化管理，行使高速公路项目业主职责。

2000 年 11 月 3 日，重庆市交通委员会做出调整完善重庆高速公路建设管理体制的决定，下发《关于完善重庆高速公路发展有限公司体制的批复》（渝交委〔2000〕361 号），在机构设置、公司性质、公司法人治理结构、公司管理体制、公司职能、重庆高等级公路建设指挥部等 6 个方面作了明确规定。

1. 机构设置。在重庆高速公路建设有限责任公司渝合分公司的基础上组建重庆渝北高速公路有限公司，为重庆高速公路发展有限公司的全资子公司。在重庆高速公路建设有限责任公司渝黔分公司的基础上组建重庆渝南高速公路有限公司，为重庆高速公路发展有限公司的全资子公司。原重庆高速公路建设有限责任公司渝涪分公司改为重庆高速公路发展有限公司渝涪分公司，负责渝长、长涪高速公路的建设和经营管理。原重庆高速公路建设有限责任公司交通工程分公司待重庆高速公路发展有限公司完善后再组建重庆高速公路联网收费中心，为重庆高速公路发展有限公司的分公司，负责联网收费工作。重庆渝东高速公路有限公司仍为重庆高速公路发展有限公司的全资分公司，负责万梁、长梁两条高速公路的建设及经营管理。由重庆高速公路发展有限公司控股、参股的重庆成渝高速公路有限公司、重庆上界高速公路有限公司、重庆机场高速公路实业有限公司及重庆大邮高等级公路有限公司维持现状，重庆交通投资公司暂维持现状，待重庆高速公路发展有限公司完善后再研究其改制工作。

2. 公司性质。明确重庆高速公路发展有限公司是经重庆市人民政府批准、重庆市交通委员会出资组建的国有独资公司，直属重庆市交通委员会领导，以全资、控股、参股和直接管理等方式从事经营性公司和其他交通基础设施项目的资本营运及重大生产经营活动，对所投资的经营性公路和其他交通基础设施项目的建设、经营、养护等集中统一管理，重庆高速公路发展有限公司所属的全资、控股和参股子公司不再作为重庆市交通委员会的直属企业。

3. 公司法人治理结构。重庆高速公路发展有限公司设董事会、监事会和经理层。重庆市交通委员会为重庆高速公路发展有限公司的出资人，董事长由重庆市交通委员会主要领导兼任，董事会成员 9 人，监事会成员为 3 人，设总经理 1 名，副总经理 1 ~ 2 名。董事会、监事会、董事长、总经理及副总经理职责由公司章程规定，董事长、副董事长、董事、监事会主席、监事、总经理及副总经理按干部管理权限任免和管理。重庆高速公路发展有限公司的全资子公司设董事会和经理层。董事长、总经理由重庆市交通委员会任免和管理，董事、副总经理及总工程师由重庆高速公路发展有限公司任免和管理。重庆高速公路发展有限公司的控股子公司和参股子公司按合资、合作合同和章程有关规定设股东会、董事会、监事会和经理层。控股子公司的董事长、总经理由重庆市交通委员会任免和管理，控股子公司和参股子公司中由重庆高速公路发展有限公司委派的副董事长、董事、监事会主席、监事及副总经理等由重庆高速公路发展有限公司任免和管理。

4. 公司管理体制。重庆高速公路发展有限公司产权关系不超过 3 个层次（即高发司，全资、控股、参股子公司，子公司出资设立的法人企业）。子公司应慎重出资设立法人企业，全资、控股子公司设立的法人企业和分公司应报经重庆高速公路发展有限公司批准，参股子公司设立的法人企业和分公司应报重庆高速公路发展有限公司备案。重庆高速公路发展有限公司应本着“精简、高效、统一”的原则设立相应的职能部门，包括办公室、政工、人事教育、工程管理、营运管理、融资发展、财务审计及综合开发等部门。具体设置按公司章程规定，并按有关规定建立中共党组织、工会和共青团等组织。重庆高速公路发展有限公司机关人员编制 50 人。重庆高速公路发展有限公司公司内部管理，按现代企业制度要求，建立适合社会主义市场经济要求的企业用工、人事、分配制度及公路建设、营运、融资和财务管理等制度，并按高素质、年轻化要求选拔干部充实管理队伍。重庆高速公路发展有限公司对项目公司实行会议委派制，具体办法另行制订。

5. 公司职能。依照法定程序，按照与市交通委员会干部任免和管理权限分工，干部任免（聘任或解除）由重庆高速公路发展有限公司管理的项目公司的管理层决定，并对其进行考核、评价和奖惩。依照《公司法》，享有对所投资的国有资产的收益权。决定和批准全资子公司税后利润分配方案。决定或批准全资子公司的经营方针和管理形式。对全资子公司进行计划管理、预决算管理以及日常经营活动的监控。审定或批准全资子公司的转让、设立、合并、分立、兼并、破产等产权变动以及由其出资设立法人企业和分公司。收缴解散或破产全资子公司应归高发司所有的剩余财产。负责高速公路的融资、合资合作事宜，审批全资子公司对外重大投资、举债、抵押和担保。向项目公司下达国有资产保值增值目标，并按目标进行考核和奖惩。对项目公司实行会计委派制，对其建设、经营状况和财产情况进行监督，编制合并财务报表。配合市交委有关处室完成高速公路的建设前期工作。对项目公司的建设、收费经营、工程养护实施管理。负责高速公路的信息统计，包括资金快报统计、工程建设统计、工程养护统计、收费月报统计、人事方面的统计等，建立共有的信息网络。对全资子公司的人事教育、外事、宣传、纪检监察等实施统一管理。依照《公司法》，对控股和参股子公司行使股东权利。根据公司所持股份比例选派人员进入控股和参股子公司的股东会、董事会和监事会，制定对控股和参股子公司的管理制度和内部管理程序，参与子公司的经营决策和利润分配。

按照重庆市交通委员会的决定，撤销原重庆高建司，充实完善重庆高发司。重庆高发司下设 10 个子公司，将重庆市所有的高速公路建设、经营、管理、融资等工作都委托高发司全权负责，由重庆高发司集中统一管理。2003 年 4 月，重庆高发司升格为重庆市人民政府直接管理的大型国有企业，接受中共重庆市委企业工作委员会和重庆市交通委员会的双重领导。

（二）工作分工

高速公路建设项目属于国家重点建设项目，均要按照严格的基本建设程序做好前期工作。高速公路建设管理着重体现在前期工作分工上。从成渝高速公路重庆段项目开始，从前期设计、征地拆迁、施工设计到工程建设，至 2000 年，重庆交通部门已经形成较为完整的高速公路建设前期工作分工负责体制。以交通主管部门为主，不断推进项目前期规划、预可行性研究及其立项、工程可行性研究、初步设计及其概算四大环节；并且上报一批、后备一批、批准一批、实施一批，不断展开，循环前进。高速公路公司接手已经批准初设概算项目的施工设计，做好开工前招投标工作，选择好施工企业，签订好施工合同，做好施工组织措施，时刻准备项目开工建设。高速公路沿线区县政府的高等级公路建设指挥部属下的各个分指挥部，贯彻国务院的国土政策法规与重庆市人民政府的征地拆迁政策，进行高速公路建设的征地工作，妥善安置农民“农转非”、青苗赔偿等事宜，处置好沿线各受到损失企业事业单位赔偿安置等问题，为高速公路顺利开工创造有利条件。

前期设计报批工作由交通主管部门负责完成。交通主管部门的综合计划处负责规划至工程可行性研究阶段工作。在“九五”“十五”计划时期，重庆市交通部门的综合计划处一直是重庆交通发展规划编制的责任单位。高速公路的建设规划，从长期的发展规划到五年计划或中期规划，均由重庆市交通局或者重庆市交通委员会综合计划处负责编制，并且负责上报交通部，纳入国家高速公路发展规划。先后编制完成《重庆市县公路网规划（1994~2020年）》《重庆市骨架公路网1997~2020年建设规划》《重庆市综合交通建设公路、水运“十五”计划》《重庆市农村公路发展规划(2000~2020年)》《重庆市县际公路建设规划（2000~2020年)》《重庆市农村公路建设规划(2003~2010年)》《重庆市高速公路网规划（2003~2020年)》《重庆市公路水路交通“十一五”规划》等重要规划，重庆市的“一环五射”“二环八射”等29个高速公路项目，纳入国家高速公路发展规划实施范围。除个别项目外，29个高速公路项目均已经通过国家重点项目预可行性研究及立项、工程可行性研究，获得国家发展改革委员会、交通部的投资计划批准，获得国家财政补助或者国债资金补助。

公路建管处负责初步设计至建设的管理。在高速公路项目的工程可行性研究报告批复后，重庆市交通局或者重庆市交通委员会的公路建管处负责编制初步设计及其概算报告。预可行性研究及立项、工程可行性研究和初步设计及其概算报告的编制，由综合计划处与公路建管处同步进行。对某个具体的高速公路项目而言，在工程可行性研究报告批复后，重庆交通委员会的初步设计及其概算报告编制已经完成，根据工程可行性研究报告批复加以调整，就可迅即向交通部上报。

施工设计招标准备工作由高速公路业主公司负责完成。在初步设计进行的同时，重庆高速公路发展有限公司展开施工设计。初步设计及其概算报告批复以后，根据批复要求做出必要调整，在重庆市交通委员会公路建管处指导下，由重庆高速公路发展有限公司完成施工设计。

（三）征地政策

高速公路建设土地征用由各区县政府负责组织完成。重庆市人民政府对高速公路征地三次出台政策。

1996年10月14日，出台了《重庆市人民政府关于印发重庆市高等级公路建设征用土地分级责任制暂行办法的通知》(重府发〔1996〕154号)（以下简称《通知》)。

《通知》规定高等级公路建设实行分工负责责任制。重庆市人民政府及重庆市高等级公路建设领导小组担负重庆市高等级公路建设的领导职责。重庆市交通局是重庆市政府领导和管理高等级公路建设的职能部门，高等级公路建设工程由重庆高等级公路建设指挥部组织实施，高等级公路建设用地由各有关区（县）政府组织实施。重庆市国土局对高等级公路建设用地依法行使管理职能，并对区县组织实施的公路建设用地工作进行业务指导，政策监督。

《通知》规定高等级公路建设用地工作实行区（县）政府包干负责制。区（县）长为责任人。国土部门负责公路建设用地手续的报批。高等级公路建设用地工作包括征（拨）用土地报批，征用土地的补偿及安置，房屋拆迁补偿及安置，其他方面的补偿及迁建工作，管线及其他设施的拆迁工作，建设用地有关问题的处理。按照高等级公路建设用地计划按期提供建设工程用地，提供建设期间各方面的协调服务工作，创造良好的施工环境。重庆高等级公路建设指挥部配合各区（县）政府做好高速公路建设用地工作。规定高等级公路建设征用土地投资，实行有偿投资办法由各区（县）政府负责。重庆市高等级公路建设用地投资由各有关区（县）政府全额筹集，负责管理、包干使用。各区（县）政府在符合现行政策法规的前提下，通过安排财税收入、发行债券、融资或引资等多种方式筹集资金。高等级公路建设用地投资总额由重庆高等级公路建设指挥部和各有关区（县）政府共同核定，由重庆市审计局承担审计监督责任。各区（县）政府筹集的高等级公路建设用地资金由重庆市交通局负责偿还。在公路建成收费三年内偿还本金，利息按不低于同期银行贷款利息计算。

《通知》规定征用农业社土地，土地补偿费和安置补助费，不分土地类别综合补偿标准各区每亩9000元，各县每亩8000元。农业社土地被全部征用后，该社人口全部农转非。农业社土地被部分征用后，所剩计税面积人均耕地不足267平方米，菜地不足200平方米的，按照有关规定实行部分人员农转非。征地农转非人员，其土地补偿费和安置补助费合并为安置费。安置费标准参照《重庆市征地拆迁补偿安置办法》规定办理。青苗费、构筑物、附着物补偿标准参照《重庆市征用土地青苗、附着物补偿规定》，各区参照二类标准，各县参照三类标准。占用已建成的公路、铁路、市政设施用地或其他国有土地无偿划拨使用。占用工厂、学校、部队或其他企事业单位土地，确需迁建安置的、结合公路建设征地解决迁建用地。

《通知》规定农业社土地全部征用后，剩余土地优先用于公路设施和拆迁安置用地。拆迁农村住房采取自行建房方式安置，自行建房的房屋补偿费标准可上浮40%，在城市规划区内确需集中建房用于农转非人员安置的，建房费统一标准每户15000元。拆迁输电、输气、输水、通讯及其他管线设施、按人工费和材料费50%给予补偿，其他间接费、营运损失费、行政性和政策性收费一律免交。公路建设开工后仍未拆除的管线设施，可以采取边施工边拆迁的方式，由管线管理单位自行承担管线设施维护及安全营运方面的责任。拆迁已建成公路用地范围内的管线设施不予补偿。征地管理费按青苗费、土地补偿费、安置补助费三项合计的1%计算，区（县）征地拆迁补偿安置工作经费按征地拆迁补偿安置核定投资总额的2%计算。

《通知》规定高等级公路建设征地拆迁补偿安置免缴或缓缴税费。征地免缴公路建设附加费，社会统筹基金，新菜地建设基金，缓缴耕地占用税。迁建房屋按安居工程免缴有关税费。税费征收部门向高等级公路建设及迁建项目征收税费都必须向重庆市政府作专题报告，经批准后执行。

2000年9月11日，出台《重庆市人民政府关于印发重庆市高等级公路、铁路建设征用土地补偿安置规定的通知》（渝府发〔2000〕84号）（以下简称《安置规定》）。《安置规定》是对渝府发〔1996〕154号文件的补充，增加了重庆市高等级公路、铁路建设征用土地补偿的具体规定。

《安置规定》明确，集体土地征用后，所剩耕地面积（确权发证数）人均粮地0.5亩以上或菜地0.4亩以上的，被征地集体经济组织农业人口不转为非农业人口，只向集体经济组织支付土地补偿费和安置补助费。支付标准按《重庆市土地管理规定》（重庆市人民政府令第53号）第三十九条规定的低限执行。菜地及粮食制种地和专用鱼池补偿标准同于一般耕地。如被占地人员要求转为非农业人口，只办“农转非”户口，不享受征地农转非人员按规定享受的人平土地补偿费和安置补助费。

《安置规定》明确，集体土地被征用后，所剩耕地面积（确权发证数）人均粮地不足0.5亩或菜地不足0.4亩的，应将被征地人员转为非农业人口（下称农转非）并相应享受征地农转非人员按规定享受的人平土地补偿费和安置补助费。其计算标准为：按照被征用耕地数量除以征地前被征地单位平均每人占有耕地的数量（人均耕地数量等于确权发证的耕地面积除以农村集体经济组织总人口，下同）等于应农转非数量。征用非耕地，只向被征地单位支付土地补偿费。其标准为按耕地土地补偿费的1/3支付。青苗费、构筑物、房屋补偿费标准按照《重庆市征地补偿安置办法》（重庆市人民政府令第55号，下同）第三十二条规定办理。

《安置规定》明确，征占用国有森林地由各区县（自治县、市）人民政府按照土地管理及林地管理的规定完善划拨报批手续，并向林业部门按下列标准缴纳林地补偿费、安置补助费、植被恢复费、林木及附着物、苗圃补偿费：森林植被恢复费不分地区类别按每平方米2元缴纳；林地补偿费和安置补助费合并补偿为每亩6000元；林木及附着物补偿不分类别合并补偿为每亩3000元，苗圃地补偿为每亩10000元。征占用国有荒山、荒地、荒滩及其他国有土地依法划拨使用。占用已建成的公路、铁路和拆除市政基础设施，按原标准、原功能、原规模恢复。

《安置规定》明确，拆迁农村村民住房采取自建住房、统建优惠购房、货币安置住房等方式予以安置。一是外环高速公路（上桥至童家子、童家院子至界石、界石至上桥）及其圈内的农村住房拆迁安置按照《重庆市征地补偿安置办法》规定实行统建优惠购房和货币安置住房。外环高速公路圈外的农村住房拆迁安置实行自建住房方式进行安置，按《重庆市征地补偿安置办法》第二十七条规定办理。经市人民政府批准的区县（自治县、市）人民政府所在地城市总体规划区域内的农村住房拆迁安置，可以实行统建优惠购房和货币安置住房。二是搬家补助费和搬迁过渡费按照《重庆市征地补偿安置办法》办理。实行统建优惠购房的，安置过渡期不超过 12 个月，超过 12 个月未安置的，由区县（自治县、市）人民政府负责承担过渡费。货币安置住房和自建住房的，按照《重庆市征地补偿安置办法》办理。拆迁农业社（村）集体土地上的其他房屋补偿按照《重庆市征地补偿安置办法》的有关规定办理。被拆除房屋的装饰物，由所有人自行拆除或处理，不予补偿。三是拆迁具有土地使用权属证书和其他合法权证的城市房屋，机关、学校、部队和企事业单位的建构筑物，按照城市房屋拆迁的有关规定执行。对确需迁建安置用地的单位，由当地人民政府纳入工程建设用地统筹安置。

《安置规定》明确，拆迁供电、供气、供水、通信及其他管线设施，由当地人民政府与产权单位确定拆迁方案，补偿其拆迁的人工材料费，拆迁工程免交各种行政性和政策性收费。征占水利工程由建设方结合工程按照原功能予以恢复，对不能恢复的按照《重庆市征地补偿安置办法》的有关规定办理。征地农转非人员住房未拆迁的，按其宅基地面积向被征地农村集体经济组织一次性支付征地农转非人员占用宅基地综合补偿费。标准为沙坪坝区、北碚区、九龙坡区、江北区、南岸区、渝北区、巴南区、大渡口区每亩2100 元，其他区县（自治县、市）每亩1100 元。征地管理费按青苗补偿费、土地补偿费、安置补助费、地上附着物补偿费总和的 1% 计算。区县（自治县、市）征地拆迁补偿安置工作及施工协调工作经费按征地拆迁核定投资总额的 3% 计算。

《安置规定》明确，高等级公路、铁路建设征地免缴新菜地建设基金、耕地占用税。社会发展统筹金、耕地补充及所需费用由被征地区县（自治县、市）人民政府自行解决。被拆迁单位的还建工程和拆迁安置房工程按照经济适用房规定办理。高等级公路、铁路在征地拆迁及施工建设期间，各级公安、税务、工商、审计、规划、国土、监察等部门应当予以配合。

2005 年 10 月 21 日，出台了《重庆市人民政府关于高速公路征地拆迁有关政策的通知》（渝府发〔2005〕98 号），（简称《有关政策》）。《有关政策》明确，高速公路征地工作继续由区县（自治县、市）人民政府负责，征地补偿安置工作由区县（自治县、市）土地行政主管部门依法组织实施。涉及新旧政策的平稳过渡工作和被征地群众的稳定工作由区县（自治县、市）人民政府具体负责，国土、交通部门及高发公司积极配合做好稳定工作。

《有关政策》规定，高速公路征地工作，主城区应严格按照渝府发〔2005〕67 号文件执行，主城区以外的区县（自治县、市）按照渝府发〔2005〕67 号文件规定的原则制定配套政策执行。征地补偿标准调整时间以 2005 年 1 月 1 日为界，之前取得合法征地批文并实施了征地补偿安置的按原政策执行，未取得合法征地批文的按新政策执行（或补差）。涉及重庆市政府能够决定的行政事业性收费尽可能免征或先征后返。

《有关政策》规定，高速公路建设征地拆迁涉及的社会统筹费、建设工程规划综合费予以免缴；高速公路红线范围内的土石方开挖不缴纳矿产资源费，但应办理有关手续；耕地开垦费按标准缴纳，超出优惠标准 10 元/平方米以上部分按即征即返办理；森林植被恢复费按标准缴纳，超出优惠标准 2 元/平方米部分按即征即返办理；水土保持设施补偿费按有关程序全部返还；林地及林木补偿费（含国有林地和集体林地）按原高速公路建设补偿标准执行。

随着土地征用政策改进完善，征地工作方式也发生演变。高速公路征地拆迁及安置补偿工作，早期是由市高等级公路建设指挥部及其下属的各项目建设指挥部牵头进行，征地拆迁安置补偿采取据实结算的方式。但由于高速公路作为线形工程，征地面积较大，涉及区县和被征群众较多，情况复杂，市高等级公路建设指挥部很难对征地拆迁情况做到准确清理，导致高速公路征地拆迁费用虚高，高速公路建设成本增加。针对这一问题，重庆市高等级公路建设指挥部经过多次认真调研，对原征地工作方式进行了改革，采取委托征地方式，由高速公路各项目建设指挥部与各区县政府签订单亩包干协议，协议将征地拆迁的各项费用分摊至单亩土地，最后根据实际征地面积结算征地费用，各区县政府则具体负责高速公路征地拆迁及相关的安置补偿工作。这样不仅提高了征地效率，同时降低了征地成本，节约了高速公路建设的资金。

（四）交工竣工验收

为进一步提高依法建路、管路的意识，规范高速公路交、竣工验收管理，按照《公路法》和《公路工程竣工验收办法》的有关规定，2002 年 11 月 14 日，重庆市交委以渝交委路〔2002〕234 号文下达了《关于加强高速公路工程交竣工验收的通知》。《通知》指出：近年来，高速公路发展比较快，也取得了满意成绩。但直辖后建成的高速公路目前还没有一条通过国家竣工验收，致使连续几年国家和交通部的评优、评奖重庆市无项目可报。出现这种情况的原因固然很多，但业主、监理、施工单位重视不够是主要原因。对于那些长期拖竣工资料的施工单位，希望业主加强督促，按照合同办理，必要时可报市交委取消其新投标的资格。《通知》要求高发司加强督促，各业主单位加强领导，落实责任制，专人负责交、竣工验收管理，对未进行交竣工验收的公路建设项目进行彻底清理，确保在规定的时间内完成交、竣工验收工作。《通知》对已完工和将完工的高速公路工程项目的交竣工验收排出了时间表。

（五）评选“三优”

2000 年 12 月 19 日，重庆市交通委员会印发《关于继续执行〈重庆市公路工程优秀勘察、优秀设计、优秀工程奖评审办法〉的通知》（渝交委〔2000〕567 号），要求在全市开展年度公路工程优秀勘察奖、优秀设计奖、优秀工程奖（简称“三优”）评选工作。

重庆市 2001 ~ 2002 年度公路工程“三优”评选获奖项目及单位优秀设计奖。一等奖 3 名：（1）GZ55 沪蓉线重庆上桥至长寿桃花街高速公路。设计单位为四川省交通厅公路规划勘察设计研究院、重庆市公路勘察设计研究院、交通部重庆公路科学研究院。（2）GZ55 沪蓉线重庆高家花园嘉陵江大桥。设计单位为四川省交通厅公路规划勘察设计研究院。（3）重庆市九龙坡区白市驿至西彭一级公路。设计单位为重庆市公路勘察设计研究院。二等奖 1 名：GZ55 沪蓉线重庆段义学大山隧道（华山隧道），设计单位为四川省交通厅公路规划勘察设计研究院。

重庆市 2004 年度公路工程“三优”评选获奖项目。优秀勘察奖一等奖 1 名：梁平至长寿高速公路（勘察单位为中交第二公路勘察设计研究院、重庆市交通规划勘察设计院）。优秀设计奖一等奖 2 名：梁平至长寿高速公路（设计单位为中交第二公路勘察设计研究院、重庆市交通规划勘察设计院），重庆至合川高速公路（设计单位为四川省交通厅公路规划勘察设计研究院、重庆交通科研设计院、重庆市交通规划勘察设计院）。二等奖 1 名：重庆忠县长江公路大桥，设计单位为四川省交通厅公路规划勘察设计研究院。三等奖 1 名：G319 线彭水至黔江二级公路（设计单位为重庆市交通规划勘察设计院）。优质工程奖一等奖 1 名：重庆至合川高速公路（建设单位为重庆高速公路发展有限公司北方建设分公司，施工单位为中国人民武装警察部队交通独立支队、中国人民武装警察部队交通一总队、铁道部第十八工程局第四工程处、铁道部第一工程局桥梁工程处、铁道部第十二工程局第二工程处、重庆市公路工程总公司）。二等奖 1 名：重庆忠县长江公路大桥（建设单位为忠县交通委员会，施工单位为交通部第二公路工程局、铁道部第一工程局）。

二、高等级公路建设管理

（一）管理机构

2002 年 9 月 16 日，重庆市交通委员会向重庆市人民政府上报《重庆市交通委员会关于组建重庆高等级公路建设投资有限公司的请示》（渝交委文〔2002〕344 号），提出：“重庆市交通委员编制了《干线连接公路建设规划》（即重庆市县际公路建设规划）。该规划涉及公路 36 条，计 1838

公里，预计建设投资92亿元。”2002年11月20日，重庆市交通委员会又向重庆市人民政府上报重庆高等级公路建设投资有限公司的组建方案和公司章程（渝交委〔2002〕422号文）。2002年11月24日，重庆市人民政府批准组建重庆高等级公路建设投资有限公司（以下简称“重庆高投公司”）（渝府〔2002〕195号文）。高投公司为重庆市政府出资组建的国有独资公司。重庆市人民政府授权高投公司对全市除高速公路以外的高等级公路实施投资（含回购）、组织建设、经营和资产管理。2002年12月12日，重庆高投公司正式挂牌成立。重庆高投公司的组建成立，使重庆市区县（市）之间高等级公路建设管理有了一个统一的投资融资平台。

（二）管理内容

根据重庆市政府《关于同意组建重庆高等级公路建设投资有限公司的批复》（渝府〔2002〕195号），重庆高等级公路建设投资有限公司（下称高投司）对重庆市除高速公路以外的高等级公路实施投资（含回购）、组织建设、经营和资产管理。为加强高投司组织建设项目的建设管理，确保工程质量和进度，2003年3月4日，重庆市交委以渝交委路〔2003〕53号文下发了《关于重庆高等级公路建设投资有限公司建设项目有关建设管理程序的通知》。《通知》要求：高投司组织建设的项目必须严格履行国家基本建设程序，实行项目法人责任制、招标投标制、工程监理制和合同管理制。项目必须严格执行国家和交通部有关标准、规范和规程，确保工程质量。

（三）管理程序

由高投司向市交委提出审批项目可行性研究报告的请示。市交委对可行性研究报告进行审查，并将审查意见报市计委，由市计委批复。

1. 勘察设计管理。实行一阶段勘察设计的项目，由高投司向市交委提出审批施工图设计的书面请示，并抄送公路局和市公路工程定额站。公路局具体组织施工图设计图纸审查，提出审查意见上报市交委，市公路工程定额站提出预算审查意见上报市交委；市交委审核上报意见并批复设计。实行二阶段勘察设计的项目，项目初步设计按一阶段施工图审批的程序办理，施工图设计的审批由公路局负责。由于许多项目地形地质比较复杂且按照一阶段设计，公路局要组织专家加强方案审查和中间检查，确保设计、施工质量。

2. 招投标管理。招标工作严格执行《招标投标法》和国家、交通部的有关规定。招标文件按交通部范本并结合项目实际进行编制。合同段划分要便于合理投入和机械化施工，各合同段工作量原则上不少于3000万元，路面和路基工程单独招标，大宗物资采购统一招标。招标文件由高投司报市交委审批后方能发售。资格预审公告报市交委审核备案后发布，资格预审文件报交委备核，评审工作由评审委员会（由建设单位代表和2~3名评标专家组成）负责，高投司组织评审工作组配合评审委员会工作。高投司及时将评审报告和定标结果报市交委审定。评标工作由评标委员会（由建设单位代表和不少于三分之二的评标专家组成）负责，高投司组织评标工作小组配合评标委员会的工作。高投司定标并将定标结果和评标报告报市交委核备后发中标通知书。

开工报告由高投司报公路局审批。质量监督由交委质监站负责组织。交工验收由高投司主持，竣工验收由公路局主持。

三、地方公路建设管理

重庆市计划单列前，重庆市公路养护总段隶属于四川省交通厅公路局，重庆市交通运输管理局受四川省交通厅委托，代管重庆公路养护总段，重庆市公路养护总段的管理范围仅限于4县6区的国道省道县道公路养护和管理，无公路建设任务。重庆市交通运输管理局自身也无公路建设管理机构。1983年4月，永川地区与重庆市合并，永川地区交通局与重庆市交通运输管理局也相应合并，重庆市人民政府决定，重庆市交通运输管理局更名为重庆市交通局。重庆作为计划单列市后，重庆市交通局具有重庆市交通基础设施规划、建设与管理职能，可直接向交通部申请交通建设投资计划及补助，由交通部实行计划单列、补助建设资金。

重庆计划单列后，随着公路建设管理的比重日益增大，为适应重庆交通发展需要，重庆市交通局对重庆市公路建设养护管理体制进行全面整顿。1992 年初，重庆市交通局撤销永川公路养护总段，永川公路养护总段的养护职能和人员（部分分流成渝高速公路管理处和重庆渝达公司）并入重庆公路养护总段。此时重庆市公路养护总段的主要职责仍旧是公路养护管理，不能完全适应公路建设发展的新形势与新任务。1997 年，按照中共重庆市委〔1997〕1 号文件精神，市管公路下放到区县（市）。重庆市直辖后，万县、涪陵、黔江三地市划归重庆市，重庆市交通局对公路建设养护管理的范围扩大。经重庆市人民政府同意，1998 年 8 月，重庆市交通局撤销重庆市公路养护总段，新组建重庆市公路局，同时挂“重庆市公路路政总队”“重庆市治理公路三乱办公室”“重庆市农村公路建设办公室”牌子。自此，重庆市公路局成为原重庆市交通局以及重庆市交通委员会对重庆市除高速公路、专用公路以外所有公路建设实施行业管理的机构，承担重庆市国道、省道、县道、乡道公路的建设以及公路水毁抢险工程等行业管理任务。

2000～2005 年，重庆市有 36 个区县完成公路养护与管理体制改革，新组建了 30 个公路建设养护机构，成立了 27 个公路建设业主法人企业，形成重庆市交通委员会为公路主管部门，重庆市公路局为公路行业管理机构，各区县交通局（委员会）及其领导的公路管理体系。对地方公路建设管理主要是进行目标责任管理。

1990 年 3 月 7 日，重庆市交通局向各区县交通局、重庆公路养护总段、永川公路养护总段下发《对重庆市公路养护建设管理进行全面检查评比的通知》（重交局公〔1990〕20 号文）。《通知》对全面检查评比工作的检查内容、参加人员、检查地区划分、检查要点、评比名额、奖励标准均做了细致的部署。其中，奖励标准，山区公路建设奖：第一名 1000 元，第二名 800 元，第三名 600 元；民工建勤奖：一等 1000 元，二等 800 元，三等 600 元；公路养护质量评比按总管养里程计奖，第一名 40 元/公里，第二名 35 元/公里，第三名 30 元/公里；先进班组奖：50 元/公里；先进个人：50 元/人；先进渡口：50 元/人；设立若干单项奖，500 元/项。1995 年 3 月 31 日，重庆市交通局向各区（市）县交通局、重庆市公路养护总段、国道 210 红双段管理站下发《关于表彰 1994 年度公路工作先进单位、先进班（组）、先进生产（工作）者的通知》（重交局〔1995〕51 号），获得 1994 年度山区公路建设先进单位获得一等奖的有：潼南县、巴南区、长寿县等 3 个交通局；获得二等奖的有：荣昌县、江津市、渝北区、九龙坡区、铜梁县等 5 个交通局；获得三等奖的有：綦江县、南桐区、渝北区、永川市、双桥区、合川市、大足县、璧山县、江北区、沙坪坝区、北碚区、南岸区等 12 个交通局。1996 年 3 月，重庆市交通局向各区（市）县交通局下发重交局〔1996〕39 号文，对 1995 年度公路先进单位、先进班（组）、先进生产（工作）者进行表彰。1996 年 4 月 8 日，重庆市交通局向各区（市）县交通局下发《关于 1995 年公路工作表彰单位奖金分配的通知》（重交局〔1996〕52 号），有 19 个区县（市）交通局获得 1995 年度山区公路建设先进单位。其中，一等奖：江津市、沙坪坝区、大足县、南岸区、荣昌县、铜梁县、江北区、九龙坡区等 8 个交通局；二等奖：巴南区、长寿县、万盛区、北碚区、璧山县、潼南县等 6 个交通局；三等奖：綦江县、大渡口区、合川市、永川市、双桥区、渝北区等 6 个交通局。获得 1996 年度公路民工建勤先进单位一等奖的有：铜梁县、大足县、江津市、璧山县、綦江县、长寿县等 6 个交通局。

1998 年 1 月 5 日，重庆市交通局召开重庆市直辖后的第一次交通工作会议，提出交通发展“九五”计划期后三年（1998～2000 年）公路目标任务，总结 1998 年目标执行情况，重庆市交通局对《“1997 交通建设年”目标责任考核奖惩办法》进行修改完善。1998 年 2 月 13 日，重庆市交通局下发《重庆市交通局交通建设目标责任考核奖惩办法》（渝交局〔1998〕103 号文），使重庆市地方公路建设分级责任管理形成制度，是重庆市地方公路建设分级责任管理体制初步形成的重要标志。《办法》明确规定公路建设考核奖惩的范围、组织领导、工作程序、评分标准、奖惩原则等事项。考核范围：重庆市交通局与各地（区）、市、县人民政府每年签订的交通建设年目标责任书中规定的各项目标均属考核内容，同时与重庆市交通局签订目标责任书的地（区）、市、县人民政府的交通主管部门和责任人均属奖惩对象。组织领导：由重庆市交通局负责组织考核及其实施奖惩。工作程序：年初各责任单位制订具体目标送审后与重庆市交通局签订交通建设目标责任书，每一季度各责任单位汇报目标进度情况，年终各责任单位自查总结写出总结报告，重庆市交通局核查后按评分标准确定得分。评分标准：共设有14项评分标准，即新建国家主干线公路、新改建地区干线公路、新建桥梁隧道、公路好路率、新修水泥砼路面、新修油路、油路大修、创建标美路、解决不通公路乡、新改建山区公路、创建文明样板路、公路站点、航道整治、新建码头等。奖惩原则：各责任单位完成目标，且考核总分在300分以上（含300分）的责任单位获得重庆市交通建设完成目标一等奖，考核总分在200分（含200分）~300分的责任单位获得重庆市交通建设完成目标二等奖，考核总分在100分（含100分）~200分的责任单位获得重庆市交通建设完成目标三等奖，考核总分在100分内（不含100分）的责任单位获得重庆市交通建设完成目标四等奖。对获得重庆市交通建设完成目标一等奖、二等奖、三等奖、四等奖的各责任单位分别按人均两个月、一个半月、一个月、半个月工资计发奖金，有关责任人分别按1万元、0.7万元、0.5万元、0.4万元计发奖金。交通建设目标责任考核制度的推行，有力地促进公路建设的发展。1998年，共新增公路里程165公里，重庆市公路里程达27210公里。新改建地区干线公路444公里，占计划的148%。新铺水泥砼路面545公里，占计划的182%，新改建山区扶贫路360公里，占计划的240%。实现17个不通公路的乡通了公路。库区移民公路部分路段已开工建设。全年新改建桥梁35座，隧道4座，新修油路和油路大修120公里，占计划的150%。完成GBM工程300公里，完成国道319线文明样板路的创建工作。公路年平均好路率实际提高2%的目标，达到68%。2001年3月12日，重庆市交通委员会向各区县（自治县、市）交通局（委）、重庆市公路局下发《关于表彰2000年交通目标工作先进单位的通报》（渝交委路〔2001〕59号），表彰公路建设先进单位，获得一等奖的有：黔江区交通局、梁平县交通局、万州区交通局、永川市交通局、璧山县交通局、合川市交通局、江津市交通局、长寿县交通局、巴南区交通局、北碚区交通局、铜梁县交通局、沙坪坝区交通局、渝北区交通局、涪陵区交通委员会、武隆县交通委员会等15个责任单位；获得二等奖的有：南岸区交通局、南川市交通局、潼南县交通局、綦江县交通局、荣昌县交通局、城口县交通局、丰都县交通委员会等7个责任单位；获得三等奖的有：大足县交通局、万盛区交通局、垫江县交通局等3个责任单位；获得完成奖的有：江北区交通局、双桥区交通局、大渡口区交通局、九龙坡区交通局等4个责任单位；获得管理奖的是：重庆市公路局。

2001~2005年，重庆市公路建设考核一直沿用《重庆市交通局交通建设目标责任考核奖惩办法（试行）》，只对每年的目标数据进行修改，突出重点，同时调整奖金额度。每年获得表彰的区县（市）交通局均有不同。其中2001年获得一等奖的有：云阳县、渝北区、永川市、万州区、丰都县、江津市、南川市、开县、沙坪坝区、合川市、武隆县、北碚区、秀山县、璧山县、铜梁县、巴南区、黔江区、荣昌县、长寿县、涪陵区等20个责任单位。获得二等奖的有：綦江县、彭水县、奉节县、石柱县、南岸区、忠县、巫山县、大足县、城口县、梁平县等10个责任单位。获得三等奖的有：九龙坡区、垫江县等2个责任单位。获得目标完成奖的有：酉阳县、万盛区、江北区、潼南县、大渡口区、双桥区、巫溪县、高新区等8个责任单位。获得目标管理奖的是：重庆市公路局。新增加高速公路养护管理奖：即重庆高速公路发展有限公司渝涪分公司获一等奖，重庆成渝高速公路有限公司获二等奖。2003年度获得一等奖的有：南川市、黔江区、丰都县、石柱县、南岸区、万州区、奉节县、巫山县、云阳县、合川市、潼南县、大足县、武隆县、永川市、江津市、荣昌县、沙坪坝区、北碚区、璧山县等19个责任单位。获得二等奖的有：綦江县、彭水县、忠县、城口县、梁平县、渝北区、开县、秀山县、铜梁县、巴南区、长寿区、涪陵区、九龙坡区、酉阳县、万盛区、江北区、大渡口区、双桥区、巫溪县等19个责任单位。获得三等奖的有：高新区、垫江县等2个责任单位。目标管理奖获得者是重庆市公路局。新增加“八小时重庆”提前通车奖：巫山、奉节、云阳、武隆等4个责任单位。2003年度公路工作目标责任完成一等奖10名，二等奖15名，三等奖11名，目标完成奖5名。获得一等奖的有：黔江区、涪陵区、云阳县、万州区、大足县、江津市、合川市、潼南县、南岸区、渝北区等10个责任单位。获得二等奖的有：奉节县、巫山县、梁平县、石柱县、丰都县、荣昌县、武隆县、北碚区、永川市、秀山县、沙坪坝区、綦江县、江北区、酉阳县、巴南区等15个责任单位。获得三等奖的有：城口县、九龙坡区、忠县、垫江县、彭水县、铜梁县、开县、南川市、璧山县、万盛区、长寿区等11个责任单位。获得目标完成奖的有：经开区、双桥区、高新区、巫溪县、大渡口区等5个责任单位。目标管理奖的获得者是重庆市公路局、重庆市交通委员会基本建设工程质量监督站。2004年度获得一等奖的有：开县、大足县、巫山县、江津市、云阳县、丰都县、万州区、九龙坡区、荣昌县等9个责任单位。获得二等奖的有：永川市、合川市、潼南县、酉阳县、涪陵区、黔江区、武隆县、梁平县、垫江县9个责任单位。获得三等奖的有：巴南区、渝北区、城口县、綦江县、南川市、忠县、万盛区、沙坪坝区、南岸区、北碚区、江北区、奉节县等12个责任单位。获得管理奖的是重庆市公路局、重庆市交通委员会基本建设工程质量监督站、重庆市交通征费稽查局。2005年度获得一等奖的有：江津市、潼南县、涪陵区、合川市、巴南区、黔江区、丰都县、云阳县、沙坪坝区、奉节县、重庆高等级公路建设投资有限公司等11个责任单位。获得二等奖的有：渝北区、綦江县、大足县、璧山县、荣昌县、万州区、九龙坡区、铜梁县、万盛区、梁平县、巫山县、北碚区、酉阳县、南岸区、武隆县等15个责任单位。获得三等奖：秀山县、双桥区、江北区、开县、垫江县、大渡口区、石柱县、城口县、长寿区、彭水县等10个单位。获得目标管理奖的有：重庆市公路局、重庆市交通委员会基本建设工程质量监督站、重庆市交通征费稽查局等3个单位。

四、业主管理

（一）计划管理

1986～1997年，正是计划经济向市场经济转换时期，公路建设业主对公路建设工程质量管理起到了承上启下的作用。这个时期的公路建设业主一般都是公路管理机构和交通主管部门。公路建设业主对公路建设的管理经历了党委负责制、行政首长负责制。

采用的管理方式有：（1）工程技术人员签字认可方式。即公路工程建设施工到一定阶段时或关键部位时，公路工程建设施工单位请示公路工程建设业主，公路工程建设业主指派本单位的工程技术人员到现场查看并在相关的施工图纸或文件上签字认可，公路工程建设施工单位才能进行下阶段的工程施工。（2）工程技术人员旁站方式。即公路工程建设施工单位在施工进行时，公路工程建设业主派出本单位的工程技术人员跟班作业（称为旁站），一方面指导公路工程建设施工单位按照正确的施工程序进行施工，另一方面避免公路工程建设施工单位偷工减料。（3）工程完工交工验收方式。即公路建设工程完工后，由公路工程建设施工单位向公路工程建设业主单位提出交工验收申请报告。公路工程建设业主单位根据公路工程建设施工单位提出的交工验收申请报告的内容，组织工程技术人员会同公路工程建设施工单位对工程进行交工验收，对工程评出优、良、合格、不合格等次。如工程为合格以上等级，公路工程建设施工单位则将此项完工的公路工程项目交由公路工程建设业主单位管理、使用、维护。如工程不合格，则由公路工程建设施工单位返工，直到合格以上等级为止。（4）工程竣工验收方式。公路工程完工后，运行使用一段时间，（一般为1～2年），确认工程无质量问题，由公路工程建设施工单位提出申请，公路工程建设业主单位聘请工程技术人员、专家学者现场进行竣工验收。

（二）市场化管理

1998～2005年期间，随着公路交通建设市场化的逐步形成，重庆市交通委员会在改革中逐步理顺了公路建设与管理的关系，公路建设业主与交通、公路管理部门分离。公路建设单位成为具有法人资格的独立的经济实体。公路建设业主按照市场经济的规律对公路进行投资、改造、经营。公路建设业主形成了一整套公路建设管理制度。如重庆高速公路发展有限公司、重庆高等级公路投资建设有限责任公司以及各区县交通部门下属的公路建设公司都有较为完整的公路建设管理制度。

1. 建立从业单位准入制。为进一步加强公路建设市场管理，确保公路工程质量，根据国家有关规定，2003 年 11 月 24 日，重庆市交委印发《重庆市公路建设市场从业单位管理暂行办法》（渝交委路〔2003〕259 号）。《暂行办法》共 19 条，主要内容有：

从业单位是指从事公路勘察、设计、咨询、施工、监理、试验检测业务的单位及提供相关服务的社会中介机构。从业单位进入重庆市公路建设市场，应在其资质范围内承揽建设任务，遵守国家法律、法规，诚实信用。从业单位管理遵循公开、公平、公正的原则，实行备案和监督管理。备案是交通行政主管部门对公路从业单位资质、诚信的核查；监督是交通行政主管部门对从业单位在重庆市公路建设市场从业表现、履约情况的动态管理。

重庆市交通委员会负责重庆市行政区域内公路建设市场从业单位的管理工作。从业单位在行政区域内承揽公路建设任务，除具有与建设内容相符合的营业执照、资质证书外，还应在重庆市交通委员会办理备案手续。除经重庆市交通委员会依法审查取得从业资质的外，其余从业单位进入重庆市公路建设市场应办理备案手续。

办理从业单位备案手续，须具有从事公路建设相关经营范围的营业执照、国家相关行业行政主管部门颁发的资质证书和相关单位的诚信证明。填写《重庆市公路建设从业单位基本情况表》，经重庆市交通委员会核查，才能办理备案手续。有以下情形的单位，不能办理备案手续：填报和提供资料弄虚作假的；有重大违法、违纪行为的；前一年内发生重大质量、安全事故的；有严重不良履约记录、诚信度差的；被省级以上交通行政主管部门进行禁入处罚，并在处罚期限内的。

重庆市公路建设从业单位监督管理实行动态管理，由重庆市交通委员会定期发布相关信息。

从业单位的备案有效期为两年，有效期满后进行复查。复查按本办法第九条规定的程序办理，从业单位应重新填写《重庆市公路建设从业单位基本情况表》，并提供相关资料。从业单位资质发生变化或发生名称变更、企业重组等重大变更的，应在两个月内到重庆市交通委员会办理变更手续。发生下列行为之一的从业单位，重庆市交通委员会可视情节轻重，依据国家有关法律、法规的规定给予行政罚款、通报批评、限期整改、清退出场的处理；情节严重的，可取消其半年至两年进入重庆市公路建设市场的资格；发生质量问题，拒不整改的；发生一般或重大质量、安全事故的；以欺骗手段办理备案手续并承揽公路建设任务的；转包、违法分包、越级承揽公路建设任务的；允许其他单位和个人以本单位的名义承揽工程的；被省级以上交通行政主管部门进行禁入处罚，并在处罚期限内的；有行贿、受贿等重大违法、违纪行为的；有转移建设资金、施工组织混乱等不良履约行为，影响工程质量和进度的；严重违反《工程建设标准强制性条文》的；无故拖欠货款、材料款和民工工资，导致严重后果的；不按期提交竣（交）工资料，影响竣（交）工验收的；人员、设备等不按合同到位，拒不整改的；有其他违规违纪行为的。

各区县（自治县、市）交通局（委）、各级交通工程质量监督机构和各建设项目法人应加强对从业单位的监督，发现从业单位有前条行为时，应及时向重庆市交通委员会报告。

从业单位准入资格被取消的，规定处理期满后重新进入公路建设市场，应向重庆市交通委员会提交整改报告，经审查合格后，可重新办理相关手续。

2. 公路行业资质评审。2003 年 12 月 8 日为了规范公路建设市场，确保公路建设质量，使公路行业资质评审工作在公开、公平、公正的原则下规范进行。根据《建筑业企业资质管理规定》（建设部第 87 号令）、《公路水运工程监理单位资质管理暂行规定》（交基发〔1995〕448 号）和《公路水运工程试验检测人员资质管理暂行办法》（基质监字〔1998〕16 号）等有关规定，重庆市交委成立重庆市公路行业资质评审委员会，负责重庆市公路行业从业单位包括设计、施工、监理、试验检测等单位和人员资质的申报、评定等工作。

重庆市公路行业资质评审委员会主任委员彭建康（市交委副主任），成员有艾吉人（市公路局局长）、张太雄（市交委公路建设管理处处长）、李关寿（市交委公路建设管理处副处长）、陈真友（市交委纪监室主任）、李祖伟（重庆高速公路发展有限公司总经理）、彭兴国（市交委基本建设工程质量监督站站长）、慕长春（重庆高等级公路建设投资有限公司副总经理）。

重庆市公路行业资质评审委员会下设办公室（设在市交委公路建设管理处），负责重庆市公路行业资质评审委员会的日常工作，办公室主任由张太雄兼任。

五、监督与监理

（一）政府监督

1986～1997 年，重庆市交通局作为重庆市交通行政主管部门，对公路工程设计、施工、交竣工验收以及施工单位的选择进行全方位质量监督。重庆公路养护总段、重庆高速公路建设指挥部等公路管理职能部门，对所属公路建设项目进行质量监督。1998～2005 年期间，由重庆市基本建设工程质量监督站，对公路工程设计、施工、材料选用、交竣工验收等进行全方位质量监督。

重庆市建设质量监督工作在重庆市交委、各区县（自治县、市）交通主管部门的领导下，政府监督职能得到很好发挥，在工程质量管理中起到了重要作用，为提高交通基础设施建设质量做出了应有的贡献。2004 年 12 月 13 日，重庆市交通委员会以渝交委路〔2004〕378 号文件，表彰了交通系统先进质量监督站和十佳质量监督工作者

表 2－34　　2004 年重庆市先进质量监督站名单

序号	单位名称	成立时间
1	重庆市基本建设工程质量监督站	1988 年 8 月
2	涪陵区交通委员会基本建设质量监督站	2000 年 11 月
3	黔江区公路工程质量监督站	2001 年
4	万州区交通工程质量监督站	1995 年 7 月
5	重庆市铜梁县公路工程质量监督站	1997 年 11 月

表 2－35　　2004 年重庆市“十佳”质量监督工作者名单

姓名	性别	年龄	文化程度	技术职称	职务	工作单位
向　虹	男	38	大学	副高工	副处长	重庆市基本建设工程质量监督站
陈虎森	男	31	大学	工程师	监督工程师	重庆市基本建设工程质量监督站
熊道全	男	53	中专	助工	站　长	云阳县交通工程质量监督站
杨顺刚	男	38	大专	工程师	站　长	武隆县公路工程质量监督站
李　亮	男	37	大学	工程师	站　长	重庆市长寿区公路工程质量监督站
王　宁	男	34	大专	助工	站　长	巴南区公路工程质量监督站
杨吉昌	男	38	大学	工程师	站　长	酉阳县公路工程质量监督站
符冠荣	男	30	本科	助工	站　长	大足县交通工程质量监督站
李　明	男	36	大专	助工	技术负责	丰都县交通工程质量监督站
王建忠	男	33	本科	工程师	站　长	彭水县公路工程质量监督站

（二）行业监理

重庆市公路工程监理处。为修建重庆市第一条高速公路——成渝高速公路，利用世行贷款，实行国际竞争性招标，实施中外监理工程师联合按 FIDC 条款进行工程监理的大型公路建设项目。1991 年 9 月 20 日，重庆市交通局重交局组〔1991〕74 号文通知，根据重庆市编制委员会《关于同意成立重庆市公路工程监理处的批复》（重编〔1991〕139 号）文件精神，经重庆市交通局研究，正式成立重庆市公路工程监理处，为局属处级事业单位，人员编制 70 名，领导职数 3 名。主要职责是负责全市交通基础工程建设的工程监理工作。重庆市公路工程监理处成立后，实行独立核算、企业化管理，承担高等级公路监理工作，先后完成了成渝、渝长、长涪等高速公路的监理任务。2000 年 11 月 3 日，经重庆市交委渝交委〔2000〕367 号批复，重庆市公路工程监理处改制为重庆渝信路桥发展有限公司，改制后经营范围为扩大到公路交通工程、公路机电工程和公路环保工程咨询、建设与施工，交通新技术、新材料开发运用及推广等。重庆市交通工程监理咨询有限责任公司作为重庆渝信路桥发展有限公司的子公司，专业从事公路工程监理工作。监理范围从重庆市走向全国各地的公路建设工程。

第二节　公路建设管理制度

一、项目法人制度

（一）国家法规

1.《国家计划委员会关于实行建设项目法人责任制的暂行规定》，明确了建立投资责任约束机制，规范项目法人的责、权、利，提高投资效益，从 1996 年 4 月 6 日起施行。

2.《公路建设项目法人资格标准（试行）》（交公路发〔2001〕583 号），将公路建设项目法人分为甲级公路建设项目法人和乙级公路建设项目法人，明确规定了甲级公路建设项目法人和乙级公路建设项目法人的资格标准，从 2002 年 1 月 1 日起试行。

（二）地方规章

2000 年重庆市交通委员会转发《交通部关于公路建设项目法人资格审查实施意见的通知》。《通知》对重庆市公路建设项目法人提出了具体实施意见，即重庆市境内的国省主干线项目和国家、交通部重点公路建设项目的项目法人的资格审查，由重庆市交通委员会初审合格后报交通部审查；由重庆市计划委员会立项、批复开工的公路建设项目、项目法人资格审查，由当地交通主管部门初审后报重庆市交通委员会审查；其他公路建设项目由当地交通主管部门负责审查。从 2001 年 1 月 1 日起，凡未通过资格审查的公路建设项目法人，不得进入公路建设市场；2001 年新开工的项目，必须在其项目法人资格审查合格后才能开工建设；2001 年内按计划不能完工的项目，其项目法人必须在 2002 年 5 月 1 日前对资格进行补充申报；2001 年内按计划完工的项目，各交通主管部门要按照交通部规定对其项目法人进行检查清理，对不合格的项目法人要限期整改，整改后仍不合格的项目法人，要坚决清理出公路建设市场。

二、招标投标制度

（一）国家法规

1. 1999 年 8 月 30 日，全国人大常委九届十一次会议讨论通过并颁布《中华人民共和国招标投标法》，对招标、投标、开标、评标、中标进行了详细规定，明确了招投标的法律责任，从 2000 年 1 月 1 日起实施。

2. 国务院颁发《关于国务院有关部门实施招标投标活动行政监督职责分工的意见》（国办发

〔2000〕34 号），规定由国家发展计划委员会指导和协调全国招投标工作，项目审批部门核准项目的招标方式（委托招标或自行招标）以及国家出资项目的招标范围（发包初步方案）。从事公路工程建设项目招标代理业务的招标代理机构的资格，由建设行政主管部门认定。国家发展计划委员会负责组织国家重大建设项目稽查特派员，对国家重大建设项目建设过程中的招投标进行监督检查。

3. 交通部发布《公路勘察设计招标投标管理办法》（2001 年第 6 号令），规定了招投标范围、原则、权限，并对开标、评标、中标作了具体要求。

4. 交通部下发《关于认真贯彻执行公路建设项目勘察设计招标投标管理办法的通知》（交公路发〔2002〕303 号），要求严格遵循公开、公平、公正、诚实信用的原则，规范、合理、有效地组织好招标投标工作。

5. 交通部下发《公路工程勘察设计招标评标办法》（交公路发〔2001〕582 号），规定评标委员会的组成、职责及工作程序。

6. 交通部下发《公路工程施工监理招标投标管理办法》（1998 年第 9 号令），对公路工程施工监理招投标，资格预审，法律责任等作了规定。

7. 2002 年 6 月 6 日，交通部下发《公路工程施工招标投标管理办法》（2002 年 2 号令），规定了公路工程施工招投标、法律责任等。

（二）地方规章

1.《重庆市人民政府办公厅转发市发展计划委员会关于贯彻工程建设项目招标范围和规模标准规定的实施意见的通知》（渝办发〔2001〕29 号），明确规定了重庆市工程建设项目招标的具体范围和标准，公路建设项目属于必须招投标的范围。必须进行招投标的标准是：施工单项合同估算价在 200 万元人民币以上的；国有资金投资项目或国家融资投资项目，施工单项合同估算价在 100 万元人民币以上的。

2.《关于建立健全我市公路工程招标投标体系加强公路工程招标投标管理的通知》（渝交局〔1999〕736 号）。《通知》明确：重庆市交通局作为重庆市公路工程建设的主管部门，负责监督、指导、检查重庆市公路工程招投标工作，着重负责重庆市高速公路、一级公路，特大桥，列入市局年度计划的地方重点公路工程项目的招标投标工作。凡具备条件的地方，可由各地交通主管部门向当地政府申请成立隶属交通主管部门领导的交通工程招标机构，并报重庆市交通局备案，负责其境内地方公路工程建设的招标投标工作。凡不具备条件的地方，可由各地交通部门向重庆市交通局提出申请，经批准由重庆市公路招标投标办公室（设在局建管处）授权成立隶属当地交通主管部门领导的公路工程招标机构，负责其境内地方公路工程建设的招标投标管理。各地均应按照通知要求在年底内建立健全招投标机构。

三、工程监理制度

1992 年 6 月 1 日，交通部下发《公路工程施工监理办法》（交工发〔1992〕378 号），对监理组织、监理人员、职责与权限、政府监督及纠纷处理做出了明确规定。监理组织必须是经交通主管部门批准，取得公路工程施工监理资格证书、具有法人资格的监理组织，按批准的资质等级承担相应的施工监理业务。施工监理单位受建设单位的委托或指定，对施工的工程合同、质量、工期、造价等进行全面的监督与管理。交通部和各省、自治区、直辖市交通厅（局）按统一领导，分工负责原则管理公路工程施工监理工作，确保监理单位独立、公正地行使监理职权。施工单位服从监理单位的监督管理，配合监理单位搞好监理工作，建立和加强自身的质量保证体系，建立各级质量管理责任制度，配备专职质量自检人员。监理单位和监理人员应本着“严格监理、热情服务、秉公办事、一丝不苟”的原则，搞好施工监理工作。

四、合同管理制度

重庆市公路建设合同管理按照《中华人民共和国合同法》执行。1999 年 3 月 15 日颁布、1999

年10月1日开始实施的《中华人民共和国合同法》，对合同的订立、效力、履行、变更和转让、权利义务终止、违约责任等作了规定。建设工程合同规定了合同的种类、形式、原则、签订对象、发包人与承包人、承包人与第三人的连带责任等。施工合同的内容包括工程范围、建设工期、中间交工工程的开工和竣工时间、工程质量、工程造价、技术资料交付时间、材料和设备供应责任、拨款和结算、竣工验收、质量保修范围和质量保证期、双方相互协作等条款。发包人与监理人的权利和义务以及法律责任。发包人在不影响承包人正常作业的情况下，随时对作业进度、质量进行检查。建设工程竣工后，发包人根据施工图纸及说明书、国家颁发的施工验收规范和质量检验标准进行验收。验收合格后，交付使用并支付价款；验收不合格的，发包人有权要求施工人在合理期限内无偿修理或者返工、改建。

第三节　公路建设目标考核

重庆直辖后，重庆市交通局对“两市一地”（万县市、涪陵市、黔江地区）和各区（市）县交通局、局属部分单位实施目标管理工作，成立由交通局局长胡振业、交通运输党委书记王机组长，交通局机关党委书记罗德馨任副组长，余昌平、孟素英、马月礼、禹培文、张太雄、葛广富、徐海荣、江自强、刘治军为成员的目标管理工作领导小组。1997年7月25日，以渝交局〔1997〕554号文下发到各区县。领导小组全面负责目标管理工作包括：分解落实重庆市政府下达的目标任务，制订重庆市交通系统年度目标工作计划，协调解决目标实施过程中出现的问题，检查考核各单位目标的执行、完成情况。为做好目标管理的日常工作，领导小组下设目标管理办公室，局办公室主任余昌平兼任目标办主任。领导小组要求：各单位必须充分重视目标管理工作，切实做到领导、机构、人员三落实。根据实际情况，各单位应经常组织自查，随时掌握本单位目标实施的进度，并按季度报送目标执行情况分析报表，年终将完成情况（报表和文字材料）报局目标办。对目标实施过程中出现的问题要及时反馈，及时解决，重大问题报局目标办协调处理。

重庆市交通局为贯彻中共重庆市委、重庆市政府“1997交通建设年”的指示精神，实现“一年起步打基础，十年渝州变通途”的目标，下发了《重庆市交通局“1997交通建设年”目标责任考核奖惩办法》（重交局〔1997〕318号）以下简称《办法》。《办法》明确了考核的内容和对象：重庆市交通局同各地（区）、市、县政府签订的“重庆市1997交通建设年目标责任书”中规定的各项目标均属考核内容；签订目标责任书的地（区）、市、县政府的交通主管部门和责任人均属奖惩对象。考核奖惩的组织领导：由重庆市交通局负责组织对1997交通建设年目标责任完成情况进行考核，并根据考核结果进行奖惩。考核工作程序：年初，各责任单位根据重庆市交通局“1997交通建设年”，目标任务的要求，结合各自实际情况，制订具体任务目标并填报有关表格资料报送重庆市交通局，经重庆市交通局审查同意后，再与地（区）、市、县政府和目标责任单位签订《重庆市“1997交通建设年”目标责任书》一式三份。每季度，各责任单位均应向重庆市交通局汇报目标任务完成情况并填报报表；年终，各责任单位实事求是地自查总结本单位“1997交通建设年”目标任务的完成情况，并向市局报送目标任务完成情况的总结报告和报表。重庆市交通局结合各单位的总结报告及报表资料，深入实际逐项予以核查，并按评分标准客观、公正地确定各项目标完成情况的实际得分。

公路建设的大、中型项目、专项工程均成立临时工程指挥部，指挥长由当地政府领导担任，交通部门的领导任副指挥长，沿线区、乡长任成员，负责协调解决征地、拆迁、青苗赔偿，施工造成的纠纷等问题。在施工中组织精干队伍，主要工程以公路部门为主，按业务性质设职能股（室）、实行经济责任制，工程处或指挥部向主管部门总责任承包，双方签订《责任书》，明确规定建设工期、工程质量、控制投资、奖惩办法及各自的责任。路基土石方、隧道桥梁工程向社会公开招标，主要是议标，议标有利于企业之间相互竞争。如珞璜电厂公路2座大桥，通过议标，同时对三家施工单位进行了充分了解、摸底、测算，最后以最低价承包，工程质量达到优良。

1997～2003年，重庆市交通局（2000年后为交委）对公路建设、养护、管理进行综合考核。2004年7月29日，重庆市交委在总结公路建设管理经验的基础上，决定对原《公路工作目标责任考核奖惩办法》和《公路建设、养护与管理考核评分标准》进行修改，对公路建设和养护目标责任完成情况分别进行考核和评比，制订了《重庆市公路建设目标考核办法（试行）》。并以渝交委路〔2004〕185号文下发到重庆市公路局和各区县交通局（委）贯彻执行，第一次将公路建设与养护管理分开进行考核。《重庆市公路建设目标考核办法》适用于重庆市国、省道及县、乡、村道公路建设工作的考核。2005年度再次恢复到建设、养护、管理综合考核。

一、考核对象内容程序

考核对象为与市交通委员会签订目标责任书的区县（市）人民政府及其交通局（委），区县（市）党委书记，政府正职领导、分管领导和交通局长（交委主任）。考核内容为高速公路、高等级公路征地拆迁与协调，国省道或重要县道新、改建工程，国省道及重要县道路面大修工程，农村公路建设，新建桥梁、隧道（中桥以上，长度大于30米的隧道），国省县道上危桥、危隧加固治理，创建文明样板路或文明路，国省县道安全保障工程。

考核工作由市交通委员会统一组织领导，由市公路局具体实施。考核程序是区县（市）交通主管部门制定本地区年度公路建设目标，每年1月20日前报市公路局审查后报市交通委员会审定并签订。每年11月30日前，各区县（市）交通行政主管部门自查公路建设目标的实际完成情况，并向市公路局报送自查总结及相应附表；市公路局组织有关单位检查对目标进行评分汇总，根据评分结果由高到低进行名次排列后上报市交通委员会最终审定并通报各区县（自治县、市）。

二、考核条件

考核的基本条件是高速公路、高等级公路征地拆迁与协调项目；新改建国省道及重要县道项目同步完成GBM工程，且在急弯、陡坡、视距不良等行车危险路段实施安全保障工程；新改建及大修项目严格执行基本建设程序，并符合部颁标准并完成交工验收；国省道及重要县道路面大修单个项目连续里程不少于1公里，且整幅加铺；创建文明路经市公路局验收合格；按时向市公路局填报目标完成情况报表。各责任单位出现下列未完成情况之一的，将取消评比资格：当年文明样板路创建目标，列入重庆市政府“民心工程”的建设项目，建设期间出现重大质量及安全责任事故，市交通委员会规定的其他重要工作，专项建设资金未按国家规定使用。

三、奖惩制度

以目标考核为内容，精神鼓励与物质奖励相结合，精神鼓励为主。公路建设目标考核结果按考评分值由高到低的排列名次，设一等奖10名、二等奖10名、三等奖10名，名列前10名的为一等奖、11～20名为二等奖、21～30名为三等奖。对获得公路建设目标考核一等奖、二等奖、三等奖的目标责任人分别按0.8万元、0.6万元、0.4万元计发奖金，对区县（市）交通主管部门分别按人均一个半月、一个月和半个月工资标准计发奖金。未完成目标的区县（市）交通主管部门，市交通委员会将予以通报批评。目标责任人的奖金由市交通委员会负责筹集、发放，区县（市）交通主管部门的人均奖金在养路费分成节余或预算外收入资金中列支，具体标准由区县（市）交通主管部门掌握，但不能突破上述标准。

表2-36　　2004年公路建设目标考核评分标准表

项目			单位	计划目标	完成目标	得分	计分标准
公路征地拆迁与协调		高速公路	公里				在项目全面开工后，按每公里1.5分计
		高等级公路	公里				
国、省道及重要县道新、改建工程			公里				每完成1公里，按路面宽度6~7米（含6米）4分、7~9米（含7米）6分、9米以上（含9米）8分计分；未全面完成目标不计分
国、省道及重要县道路面大修工程		水泥路面	公里				每完成1公里，按路面宽度6~7米（含6米）1分、7~9米（含7米）2分、9米以上（含9米）3分计分
		沥青路面	公里				
农村公路建设	通达工程		个				每解决1个行政村公路通达项目计6分；路基宽度未达到4.5米的公路不计分
	通畅工程	通乡公路	个 公里				每完成1公里水泥路或油路面，按路面宽度4.5~6米（含4.5米）1分、6米以上（含6米）2分计分；路面宽度达不到4.5米不计分
		通村公路	个				每解决1个行政村公路通畅项目（水泥路或油路面铺筑）计8分；路基宽度达不到4.5米不计分
新建桥梁、隧道		桥梁	米/座				每完成30延米记2分；小桥（多跨总长≤30米或单孔跨径小于20米）及短隧道（L≤30米）不计分
		隧道	米/座				
危险桥梁、危险隧道整治		危桥	米/座				每完成20延米计1.5分
		危隧	米/座				
创建文明样板路或文明路		文明样板路	公里				经交通部验收合格后，按每公里2分计
		文明路	公里				经市公路局验收合格后，按每公里0.5分计
安全保障工程		安装防撞栏	公里				每完成1公里计1分
		安装其他防护设施	公里				每完成1公里计0.5分

第九章　公路主要施工企业

第一节　重庆市渝通公路工程总公司

一、机构沿革

重庆市渝通公路工程总公司（简称重庆渝通公司），其前身为重庆市公路工程处和重庆市汉渝公路江北段改建工程处。1988 年，为适应经济形势发展，增强参与国内外工程招投标的竞争能力，成立了重庆市渝通公路工程公司和重庆市渝达公路桥梁公司。1989 年，国道 210 红双段（重庆机场高速公路）工程竣工后，在原国道 210 线重庆市汉渝公路江北段改建工程处和重庆公路养护总段机具修理厂的基础上，组建了重庆市公路工程处，成渝高速公路建设期间，重庆市渝通公路工程公司、重庆市渝达公路桥梁公司和重庆市公路工程处为“一套班子，三块牌子”。

1993 年 12 月 25 日重庆市工商行政管理局批准更名为重庆市渝通公路工程总公司。1996 年 1 月 25 日重庆市交通局将重庆市公路工程处所属的永川公路工程分处独立出来，组建重庆市渝达公路桥梁公司，重庆市公路工程处对外开展业务所用的重庆市渝达公路桥梁公司名称停止使用。随着社会主义市场经济体系的建立和不断完善，适应不同时期改革发展的需要，1998 年 4 月 10 日撤销了重庆市公路工程处，只保留重庆市渝通公路工程总公司。

2002 年，公司取得建设部公路工程一级总承包施工资质，取得桥梁、公路路基、路面、土石方工程专业一级资质，具有房屋建筑工程、市政公用工程、隧道、港口与海岸工程等资质，是 IS09001 国际质量认证获证企业，并获得全国设备管理优秀单位称号。

重庆渝通公司公司实行项目部和分公司两种管理模式，总部设 7 个职能部门，下设路面机械化和桥梁工程两个专业化分公司和中心实验室，拥有从国外引进及国产先进的各类大型工程机械设备 873 台（辆），设备装备率 15.6 千瓦/人。企业固定资产 1 亿余元，施工年产值 7 亿余元。

二、建设项目

高速公路项目 参与了重庆所有高速公路的施工和贵州、四川、陕西、湖南、青海、江西、广西、云南等省市的高速公路建设。

重庆市政项目 参与了渝北区经开大道、重庆长滨路、沙滨路、嘉滨路、玉石路、五桂一级公路、江北区华新分流道工程等。

桥梁项目 重庆江津长江大桥、沙坪坝高家花园嘉陵江大桥、马桑溪长江大桥、重庆南坪四公里向家坡立交、重庆高新技术产业开发区二郎立交、重庆长寿龙溪河大桥、重庆梁平沙坝水库大桥等。

重庆渝通公司公司获多项科研成果。其中“高等级公路（沥青砼路面）机械化施工组织与机械综合作业定额研究”，被国家科委列为重点推广项目，公司被国家科委批准为此项目的技术依托单位。公司所承建的工程交验合格率 100%、优良率达 90% 以上，获重庆市“巴渝杯奖”，马桑溪长江大桥获2003年度中国建筑工程质量最高奖——鲁班奖。

表2-37　　1986~2005年重庆市渝通公路工程总公司领导成员名录

<table>
<tr><th>姓名</th><th>职务</th><th>性别</th><th>任职起止时间</th><th>党派</th><th>文化程度</th></tr>
<tr><td>郭嘉银</td><td>总经理、处长、党委书记</td><td>男</td><td>1986年至1998年4月</td><td>中共党员</td><td>大学</td></tr>
<tr><td>杨清源</td><td>副处长</td><td>男</td><td>1986年1月至1989年12月</td><td>中共党员</td><td>大学</td></tr>
<tr><td>彭昌清</td><td>副处长</td><td>男</td><td>1986年1月至1989年12月</td><td>中共党员</td><td>大学</td></tr>
<tr><td>徐谋</td><td>副处长</td><td>男</td><td>1990年1月至1994年</td><td>中共党员</td><td>大学</td></tr>
<tr><td rowspan="3">程德宏</td><td>总经理</td><td rowspan="3">男</td><td>1998年10月至2000年12月</td><td rowspan="3">中共党员</td><td rowspan="3">大学</td></tr>
<tr><td>副总经理</td><td>1990年1月至1998年10月</td></tr>
<tr><td>总经理、党委书记</td><td>2000年12月至2005年1月</td></tr>
<tr><td>杜真德</td><td>副总经理</td><td>男</td><td>1990年1月至1999年3月</td><td>中共党员</td><td>大学</td></tr>
<tr><td>龙学用</td><td>副总经理</td><td>男</td><td>1990年1月至2001年5月</td><td>中共党员</td><td>大学</td></tr>
<tr><td rowspan="2">刘家林</td><td>党委副书记</td><td>男</td><td>1992年1月至1996年11月</td><td rowspan="2">中共党员</td><td rowspan="2">大学</td></tr>
<tr><td>工会主席</td><td>男</td><td>1996年11月至2003年9月</td></tr>
<tr><td rowspan="2">李玉莲</td><td>党委书记</td><td>男</td><td>1996年11月至2000年12月</td><td rowspan="2">中共党员</td><td rowspan="2">大专</td></tr>
<tr><td>工会主席、党委书记、纪委书记</td><td>女</td><td>2001年5月至2004年1月</td></tr>
<tr><td>黄钢</td><td>副处长、副总经理</td><td>男</td><td>1997年8月至2002年</td><td>中共党员</td><td>大学</td></tr>
<tr><td>胡永生</td><td>副总经理</td><td>男</td><td>1998年4月至2005年12月</td><td>中共党员</td><td>大学</td></tr>
<tr><td rowspan="2">韩均</td><td>副总经理</td><td rowspan="2">男</td><td>1999年4月至2004年9月</td><td rowspan="2">中共党员</td><td rowspan="2">大学</td></tr>
<tr><td>总工程师</td><td>1999年4月至2002年7月</td></tr>
<tr><td>刘共</td><td>副总经理</td><td>男</td><td>2000年7月至2004年12月</td><td>中共党员</td><td>大学</td></tr>
<tr><td rowspan="2">危接来</td><td>总工程师、副总经理</td><td>男</td><td>2003年7月至2005年12月</td><td rowspan="2">中共党员</td><td rowspan="2">大学</td></tr>
<tr><td>副总经理</td><td>男</td><td>2004年10月至2005年</td></tr>
<tr><td rowspan="2">徐基立</td><td>党委副书记、纪委书记</td><td>男</td><td rowspan="2">2004年1月至2005年1月</td><td rowspan="2">中共党员</td><td rowspan="2">大学</td></tr>
<tr><td>党委书记、纪委书记、工会主席</td><td>男</td></tr>
<tr><td>任超</td><td>总经理</td><td>男</td><td>2005年1月至2005年12月</td><td>中共党员</td><td>研究生</td></tr>
<tr><td>何良飞</td><td>副总经理</td><td>男</td><td>2005年11月至2005年12月</td><td>中共党员</td><td>大学</td></tr>
</table>

第二节　重庆市公路工程（集团）股份有限公司

一、机构沿革

1978年9月1日，重庆市交通局以渝交局〔1978〕字第219号文转发重庆市计委《关于同意新建重庆市公路工程队的通知》（渝计文劳〔1978〕671号），由重庆市公路养护总段新组建重庆市公路工程队，性质为集体所有制，实行独立核算，自负盈亏。主要承担公路改建和大、中修工程及部分公路包建工程，材料供应等均纳入重庆市公路养护总段计划渠道。职工人数暂定为1000名，

1978 年招收 500 名。1978 年 10 月 1 日，重庆市公路工程队正式成立。队长为罗元昌，党支部书记刘明乾，副队长刘明乾（兼）、肖永福、张长清、刘俊祥，党支部副书记吴从律。下设四个科室。

1984 年 11 月，重庆市工商局以重工商〔1984〕企名 2325 号文批复，同意重庆市公路工程队更名为重庆市公路工程公司，队长更名为经理，原经营项目不变。重庆市公路工程公司有固定资产 1146327 元，流动资金 400000 元，注册资金 1546327 元。1985 年公司编制为 3 室 4 股，下设 3 个工程队、1 个泡沫制品厂、1 个食用菌厂、1 个长途贩运经营部。1987 年 3 月 9 日，重庆市公路养护总段以重路〔1987〕第 1－52 号文件同意重庆市公路工程公司实行经营承包责任制和公开招聘经理。1987 年 4 月 27 日魏璐被正式招聘为重庆市公路工程公司经理，任期 3 年。汪志华、戴清泉为公司副经理，杨玉春为主任工程师。

1993 年 4 月 29 日，重庆市交通局以重交局计〔1993〕173 号文件同意重庆市公路工程公司更名为重庆市公路工程总公司，更名后企业隶属关系、企业经济性质不变。1997 年 11 月 24 日公司召开职工大会，讨论通过了公司实行股份改造的决议，将公司改造为股份合作制企业，名称不变。1998 年 1 月 20 日，重庆市发展改革委员会以渝改委〔1998〕1 号文件同意保留重庆市公路工程总公司名称。公司股份合作制运营 3 年后，产值迅速增长，3 年共计完成产值 9000 万元，其中工程产值 8000 多万元，多种经营 1000 万元，新增设备 21 台，合计 617.2 万元。职工收入递增 17%，修建职工住房 7000 余平方米。1998 年 3 月 7 日，总公司首届股东代表大会第一次会议，选举魏璐、杨德、田军、邱陵、杨顺敏、王志红、刘战成 7 人为董事会成员，魏璐为董事长，张桂贞担任监事会主席，申明、王金福为监事会成员。

2000 年 8 月 11 日，召开董事会，会议通过了在本公司进行第二次改制的决议（重路总司发〔2000〕130 号），本次改革旨在按照《公司法》进一步规范公司的基本制度，企业资质晋升一级。2001 年 1 月 19 日，重庆市经济委员会以渝经发〔2001〕11 号同意重庆市公路工程总公司整体变更为重庆市公路工程股份有限公司。2001 年 3 月 3 日，重庆市公路工程股份有限公司第二届股东代表大会第一次会议，选举产生第二届董事会，由魏璐、王志红、张桂贞、杨顺敏、张小红 5 人组成，魏璐为董事长，监事会由姜兴妩、张玉萍、杨平 3 人组成，申明为总经理。2005 年 5 月 24 日，重庆市公路工程股份有限公司在重庆市工商局登记注册为重庆市公路工程（集团）股份有限公司（简称重庆公路工程公司），董事长魏璐，副董事长申明、刘巍。

二、建设项目

至 2005 年年底重庆公路工程公司有资产 8 亿元人民币，拥有国内外大型工程机械设备 300 余台（套），拥有专业技术人员 400 余人（其中高级职称 30 余人，中级职称 100 余人，初级职称 200 余人），企业年生产能力达到 10 亿元以上。公司先后参加了成渝、成雅、广北、广南、内宜、渝涪、渝邻、渝黔、渝合、长万、绕城等十多条高速公路的新建和数百公里一、二级公路的改扩建工程，同时还承揽了多个城市道路、港口码头和堤防、房屋建设施工项目及 BOT、BT 工程。公司“重质量、守信誉”，所承建的工程项目优良率达 90% 以上，连续 10 年被评为区级建筑行业先进企业，连续 8 年被评为重庆市建筑行业先进企业。

重庆公路工程公司在抓住公路施工主业的同时，积极开拓新的领域，先后投资数千万元开发高科技产业、旅游业和房地产业，组建重庆市渝路樵坪度假村有限责任公司、老年康乐中心、重庆纯阳建设开发有限公司。拥有土地近千亩，为渝路集团可持续发展打下了坚实的基础。公司从当初的公路工程队经过租赁经营改革、股份合作制改革及股份制改革成长为国家公路工程总承包和市政公用工程施工总承包一级资质施工企业，同时具有交通工程、桥梁、路基、路面、港航、房建、公路养护等专业资质，并获得国外承包工程以及对外派遣劳务人员资格的集团公司。注册资本从几十万元增加到上亿元。

第三节　重庆市渝达公路桥梁有限责任公司

一、机构沿革

重庆市渝达公路桥梁有限责任公司（简称重庆渝达公司）组建于1986年，组建时单位名为重庆市永川公路养护总段工程处，性质为事业单位。1991年，原永川公路养护总段撤销，其下属工程处与重庆市公路工程处合并，更名为重庆市公路工程处永川分处。1991年重庆市渝达公路桥梁公司永川工程处承担成渝高速公路的路基、路面部分项目。1995年年底，公司正式更名为重庆市渝达公路桥梁总公司，隶属重庆市交通局。2001年，公司实行现代企业制度改革获得批准，更名为重庆市渝达公路桥梁有限责任公司，企业性质转变为职工持股的有限责任公司。至2005年年底，公司隶属重庆市交通建设（集团）有限责任公司，是专业从事公路工程（路基一级、路面一级）、土石方工程（一级）、桥梁工程（二级）、市政工程（三级）、房屋建筑工程（三级）施工的股份制大型企业。

至2005年年底，公司下属1个房屋建筑公司、1个房地产开发公司、1个中心试验室、1个劳动服务公司、若干工程项目部，拥有从美国、德国、意大利等国引进的及国产的各类机械设备，企业总资产超过3亿元，经营管理和工程技术人员占职工总数的40%以上，副高级工程师12名，是重庆市从事公路建设的骨干队伍和中坚力量。

二、建设项目

重庆渝达公司在20年里不断成长，1986年组建之初，是一支半人工半机械化作业的施工队伍，资产100余万元，到1990年年底达到500余万元，年产值650万元。2005年年底，渝达公司总资产达3亿多元，年产值近4亿元。

公司承建了重庆市第一条亚行贷款项目——国道319线彭塘段（彭家垭口至塘坝），获交通部优质工程奖。20世纪90年代初开始进入高速公路建设，参与了重庆市每条高速公路建设，还参加了四川的内宜高速公路（内江至宜宾）、成雅高速公路（成都至雅安）、隆纳高速公路（隆昌至纳溪）和西石一级公路（云南西桥至石林）的建设。在市政工程项目中，承建了重庆市高新区二郎立交、北碚区团山堡立交、重庆大学城交通干道等工程。在竣工项目中，成渝高速公路重庆段获交通部优质工程二等奖，二郎立交获重庆市最高建筑奖“巴渝杯”奖。所有承建的工程交验合格率达100%，优良率达80%以上，多次获得各类先进、优胜称号。法人代表杨大明还获得全国“金桥奖”和全国交通系统劳动模范称号。

1992年，重庆渝达公司开始引进奥地利改性沥青技术用于成渝高速公路（成都至重庆）、内宜高速公路（内江段，内江至宜宾）、渝黔高速公路（重庆至贵州）。参与了《EPS复合沥青研究》《缙云山隧道路面施工总结》《可行走式现浇架空支架平台技术应用研究》《万梁高速路路堑边坡预裂爆破技术研究及工程应用》《高含硫粉煤灰对路用性能的影响》等多项技术，荣获各类表彰。

表2－38　重庆渝达公路桥梁有限责任公司党政主要领导成员名录

姓名	职务	性别	任职起止时间	党派	文化程度
蒲培成	处长	男	1986年7月至1991年5月	中共党员	大专
付兴成	支部书记	男	1986年8月至1988年1月	中共党员	初中
	副处长		1986年7月至1995年11月		

续前表

<table>
<tr><th>姓名</th><th>职务</th><th>性别</th><th>任职起止时间</th><th>党派</th><th>文化程度</th></tr>
<tr><td rowspan="3">蒙建华</td><td>代支部书记</td><td rowspan="3">男</td><td>1988 年 1 月至 1990 年 1 月</td><td rowspan="3">中共党员</td><td rowspan="3">大专</td></tr>
<tr><td>副总经理</td><td>1995 年 11 月至 2001 年 10 月</td></tr>
<tr><td>副总经理、董事</td><td>2001 年 10 月至 2005 年 12 月</td></tr>
<tr><td>陈尚达</td><td>支部副书记</td><td>男</td><td>1991 年 3 月至 1993 年 7 月</td><td>中共党员</td><td>初中</td></tr>
<tr><td rowspan="3">林庆德</td><td>支部书记</td><td rowspan="3">男</td><td>1990 年 1 月至 1991 年 3 月</td><td rowspan="3">中共党员</td><td rowspan="3">高中</td></tr>
<tr><td>处长、支部书记</td><td>1991 年 5 月至 1995 年 11 月</td></tr>
<tr><td>总经理、总支书记</td><td>1995 年 11 月至 2001 年 10 月</td></tr>
<tr><td rowspan="3">杨大明</td><td>副处长</td><td rowspan="3">男</td><td>1991 年 6 月至 1995 年 11 月</td><td rowspan="3">中共党员</td><td rowspan="3">本科</td></tr>
<tr><td>董事长、总经理、总支书记</td><td>2001 年 10 月至 2004 年 12 月</td></tr>
<tr><td>董事长、总支书记</td><td>2004 年 12 月至 2005 年 12 月</td></tr>
<tr><td rowspan="3">曾庆华</td><td>支部副书记</td><td rowspan="3">男</td><td rowspan="2">1993 年 7 月至 1995 年 11 月</td><td rowspan="3">中共党员</td><td rowspan="3">初中</td></tr>
<tr><td>工会主席</td></tr>
<tr><td>副总经理</td><td>1995 年 11 月至 2003 年 5 月</td></tr>
<tr><td rowspan="3">郑定富</td><td>总支副书记</td><td rowspan="3">男</td><td rowspan="2">1995 年 11 月至 2003 年 5 月</td><td rowspan="3">中共党员</td><td rowspan="3">大专</td></tr>
<tr><td>工会主席</td></tr>
<tr><td>副总经理</td><td>2001 年 10 月至 2004 年 12 月</td></tr>
<tr><td>孙祖义</td><td>总经理、董事</td><td>男</td><td>2004 年 12 月至 2005 年 12 月</td><td>中共党员</td><td>本科</td></tr>
<tr><td>徐睿立</td><td>副总经理、董事</td><td>男</td><td>2001 年 10 月至 2005 年 12 月</td><td>中共党员</td><td>大专</td></tr>
<tr><td rowspan="2">秦泽明</td><td>总支副书记</td><td rowspan="2">男</td><td rowspan="2">2005 年 10 月至 2005 年 12 月</td><td rowspan="2">中共党员</td><td rowspan="2">本科</td></tr>
<tr><td>工会主席</td></tr>
</table>

第四节　重庆渝宏公路工程总公司

一、机构沿革

重庆渝宏公路工程总公司（简称重庆渝宏公司）组建于 1990 年，组建时为重庆市公路养护总段工程处，隶属重庆市公路养护总段。1993 年 6 月更名为重庆渝宏公路工程公司，1995 年更名为重庆渝宏公路工程总公司。1997 年从重庆市公路养护总段分离出来，为重庆市交通局直属的国有企业。2001 年年底经重庆市交委批准改制为重庆渝宏公路工程有限责任公司，注册资本金 6006 万元。公司具有国家建设部、交通部批准的工程专业承包一级资质、公路路基工程专业承包一级资质、土石方工程专业承包一级资质以及公路工程总承包二级、市政工程施工总承包二级资质。

公司拥有南方路机 3000 型沥青砼搅拌站、意大利西蒙 240T/H 的沥青砼搅拌站、美国的 CMI 公司的 SF－350 水泥砼路面摊铺机、美国 REX－COM 公司的 190 型水泥砼搅拌站、德国福格勒沥青砼摊铺机、柳工沥青砼摊铺机、瑞典戴拉派克双钢压路机、洛阳胶轮沥青路面压路机、美国 CAT330 型挖掘机等路面、路基大型施工设备 90 余台套。具备年 10 亿元以上的施工生产能力，具有较强的市场竞争能力。

重庆渝宏公司实行总经理负责，总经济师、总会计师、总工程师三总师辅助管理的现代企业管理制度，规范经营。公路、隧道、桥梁等各类工程技术、管理人员和特殊作业人员共500余人，其中大专以上学历中高级管理人员达300余人，国家一级建造师15人，二级建造师1人。

公司名誉董事长刘作智，董事长兼总经理刘皓，副总经理张权，书记陈清莉。

二、建设项目

重庆渝宏公司先后完成了川汉路20公里沥青砼二级公路改建工程，山白路13公里沥青砼路面工程，江北机场路5.1公里沥青砼工程，川黔路桥溪口沥青路10公里，江北建新北路水泥砼一级路改建工程，国道212线水泥砼路面改建工程35公里，成渝高速N、P合同段水泥砼路面11.5公里，渝长高速R2段14公里水泥砼路面，成渝高速A、P合同段工程，渝黔高速M段34公里水泥砼路面A段工程，国道210、319线路基改造工程，渝合高速D2合同段，梁长高速F合同段，渝黔二期C10合同段，雷崇高速公路L1段路面工程，渝遂高速公路路面LM5合同段，垫邻高速公路BL07合同段，奉云高速公路B11合同段，渝湘高速公路C9、D10合同段，渝涪高速路面整治工程项目，以及以BT方式承建的永川至泸州一级公路永川段等公路路面、路基工程等。公司成立至今累计完成各类公路路基、路面及维护等施工产值达到近50亿元。

2001年渝宏公司通过了ISO 9001:2000质量体系认证，多次被重庆市交委、市总工会评为“重合同、守信誉、保质量、增效益”优胜单位，多次被中国银行、农业银行、兴业银行、华夏银行等多家国有、股份制银行评定为AAA或AA级信用单位。

为了顺应市场经济，重庆渝宏公司立足主业，多元发展，先后出资控股、参股如下公司：

1. 重庆新丰公路建设有限公司，注册资本金1000万元，公司控股51%。该公司2003年以BOT方式承接了永川至泸州一级公路永川段，该项目总通车里程35.9公里，总投资3.49亿元，该项目现已成功转让重庆高等级公路建设投资有限公司。2005年参与渝隆一级公路的建设。

2. 重庆万州凯莱大酒店有限公司，注册资本金1200万元，公司控股53%。该酒店总投资近5000万元，四星级酒店，系万州区最好的酒店之一。

3. 控股重庆凯洋房地产有限公司。

第五节　重庆市实力公路开发有限公司

一、机构沿革

重庆市实力公路开发有限公司（简称重庆实力公司）成立于1992年7月，原名重庆市公路实业总公司，隶属于重庆市公路养护总段。1998年9月撤销重庆市公路养护总段二分段和重庆市公路养护总段工程处，人员安置到重庆市公路实业总公司。1999年3月重庆市公路实业总公司正式更名为重庆市公路实业开发总公司，实行自主经营、自负盈亏，隶属于重庆市公路局。2003年11月经重庆市交委批准改制为重庆市实力公路开发有限公司。

重庆实力公司注册资金6040万元，具备公路工程施工总承包二级、公路路面专业承包一级、公路路基专业承包二级、房屋建筑总承包三级、市政公用工程施工总承包三级、土石方工程专业承包三级、港口与海岸工程专业承包三级、航道工程专业承包三级、公路养护甲级和市政工程维护甲级资质。经营范围涉及公路、桥梁、隧道工程、市政公用工程、市政维护工程、港口码头、机场建设施工、房地产开发、公路养护、房屋建筑施工、工程机械设备租赁等业务。

公司拥有沥青砼搅拌站、移动式水泥砼搅拌站、沥青拌和楼、沥青摊铺机、水稳层摊铺机、平地机、振动压路机、沥青路面压路机、挖掘机、推土机等大型路面、路基施工设备。

重庆实力公司董事长程万里，总经理李玉荣，副总经理王小凡、杨敏，财务总监张立新。公司共有员工300多人，其中，工程技术人员200余人，高级职称21人，中级职称80余人，一级建造师 15 人。拥有一批路基、路面、桥梁、隧道等专业施工队伍。

二、建设项目

重庆实力公司参建了内自高速公路、内宜高速公路、渝邻高速公路、重庆市绕城高速公路，承建了重庆市大件路，国道 319 线黔彭路 C 段，黔酉路 5 合同段，黔彭路路面工程，石万路 B 合同段，黔秀路 K 段和 LM 段，武务路 A 段工程，奉石路支线工程，奉节朱康路路面工程，垫忠路、双湖人行桥，巫建路 A 段，云利路路面一期、二期工程，两巫路 LW4 段，南涪路 Z3、Z6、L1 段工程，开县路面（郭正路、汉温路、任巫路）大修工程等多条公路、桥梁、隧道的施工，累计施工公路路基约 145 公里，路面约 432 万平方米，大、中、小桥梁近 40 座，工程合格率 100%。

重庆实力公司连续多年被评为“重合同守信用单位”，是工商银行“AA 信用企业”重点客户。2004 年，公司通过了 ISO 9001 质量管理体系认证。

三、公司投资的部分企业

重庆实力公司控股的重庆康路房地产开发有限公司。成立于 2002 年 6 月，注册资本 800 万元，主要从事房地产开发。2004 年成功开发康路·蓝山日记楼盘。后更名为重庆康洛物资有限公司，从事房屋租赁和物资销售。

重庆实力公司控股的重庆市合通公路开发有限责任公司。成立于 1999 年 1 月，注册资本 1500 万元，主要经营青木关至含谷公路的收费，于 2002 年 7 月取消收费站，纳入重庆城投公司统一收费，合通公司定期收取租金，于 2014 年 2 月收费到期。

重庆实力公司控股的重庆双湖度假酒店有限责任公司。成立于 2003 年 4 月，注册资本 100 万元，主要从事酒店经营。重庆市公路局于 2008 年 7 月收回酒店租赁权，于 2008 年 10 月按法定程序注销酒店。

重庆实力公司参股的重庆市交通物资（集团）有限责任公司。成立于 2004 年 8 月，注册资本 7500 万元，主要从事沥青销售、储存。

重庆实力公司参股的重庆南涪公路发展有限公司。成立于 2005 年 8 月，注册资本 4082 万元，主要进行南岸茶园至长寿收费公路建设。

重庆实力公司参股的重庆交通建设（集团）有限公司。成立于 2005 年 2 月，注册资本 37012 万元，主要从事公路施工。

第三篇 公路养护与管理

1986～2005年，重庆市公路养护与管理经历了区域变化和管理机构变革。

管理区域扩大。1986～2001年，重庆市交通委员会（2000年8月1日前为重庆市交通局，下同）负责重庆市境内除市中区（后为渝中区）以外国省县乡公路的养护管理工作。重庆市交通委员会与重庆市市政委员会（2000年前为重庆市市政局，下同）在城市道路与城外公路管理范围的划分是：重庆市区五大转盘（南坪转盘、杨家坪转盘、石桥铺转盘、沙坪坝转盘、观音桥转盘）以内的公路为城市道路，归重庆市市政委员会管理，五大转盘以外的公路归重庆市交通委员会管理。从20世纪90年代中期开始，随着重庆市城区不断扩大，重庆市交通委员会管理的主城近郊公路逐步变成了城市道路。重庆市交通委员会与重庆市市政委员会对公路和城区道路的管理划分打破了“五大转盘”的界限。2001年，根据重庆市人民政府的指示精神，重庆市交通委员会与重庆市市政委员会签订移交协议，将重庆市区近郊的111.33公里公路移交给重庆市市政委员会管理和养护。重庆市直辖后，四川省管辖的万州、涪陵、黔江三地市划归重庆市管辖，重庆市交通委员会对公路的管理与养护范围也随之扩大，公路管养里程由直辖前的7635公里扩大到26404公里。

管理机构调整。1986～2005年，随着重庆市行政机构的变化，重庆市公路管理与养护机构经历了几个时期。一是两个总段并存时期。即1986～1991年，重庆市交通局管辖重庆市公路养护总段和永川公路养护总段两个国省公路养护正县级事业单位。重庆市国省干线公路、部分重要县道公路、专用公路由重庆市公路养护总段和永川公路养护总段管理和养护。两个总段行政上受重庆市交通局领导，业务上受四川省公路局和重庆市交通局公路处指导。县乡公路由各区县（市）公路养护段、队管理与养护。区县（市）公路养护段、队行政上受所在区县（市）交通局领导，业务上受重庆市交通局公路处和所在区县（市）交通局领导。二是两个总段合并时期。1992年，经重庆市编委同意，重庆市交通局撤销永川公路养护总段，将其所管养的道路交由重庆市公路养护总段管理。县乡公路的管理与养护仍由各区县（市）公路养护段、队负责。三是重庆市公路局实施行业管理时期。1997年重庆市直辖后，根据中共重庆市委、重庆市人民政府1997年1号文件精神，重庆市交通局将重庆市公路养护总段管养的公路下放至各区县（市）管理和养护（近郊6区除外）。1998年撤销了重庆市公路养护总段，新组建重庆市公路局，负责全市公路行业管理及近郊5区（除渝中区）国省干线公路、重要县道的管理与养护。重庆市高速公路发展有限责任公司负责重庆市高速公路的建设、养护、经营。重庆市高等级公路发展有限责任公司作为部分政府还贷型收费公路的经营业主，负责重庆市1000多公里收费公路的养护、经营和管理以及县际公路的建设。

1986～2005年，重庆市公路养护与管理坚持“建养并重，协调发展”的方针，公路养护从单纯追求保畅通到实现“畅、洁、绿、美”新目标的转变，开展创建文明样板路，实施GBM（公路标准美化，下同）工程，狠抓公路绿化，改革管理体制，坚持依法治路，创建高速公路管理“重庆模式”，大力治理公路“三乱”（乱设站点、乱收费、乱罚款。下同）和汽车超限运输，确保公路畅通，基本适应重庆市社会经济发展的需要，为人民群众的出行提供了较为快捷的道路交通条件。

第一章　养护体制改革

1986～2005年，重庆市公路养护体制，经历了从条条管理到属地管理，从管养一体化到管养分离的改革过程。公路养护与管理单位也进行了段长负责制、经费承包制、切块包干制等改革探索。

第一节　属地管理体制

1997年1月6日，中共重庆市委、重庆市人民政府向万县市、涪陵市、黔江地区、市委各部委、市级各部门下发《关于进一步下放权力加快区市县经济和社会发展的意见》，提出解放思想、转变观念、下放权力、加快区市县经济社会发展的指导思想，做出扩大区市县权力的部署。其中在公路养护和管理方面，将市管公路（高速公路、专用公路和近郊6个区内国、省干线公路除外）的养护和管理下放给区市县，相应地将上述辖区内养护管理队伍成建制下放，由所在区市县统一养护、建设和管理。养护费按1994～1996年养护和管理实际支出的平均数为基础，结合物价指数和实际工作量确定分配比例。

1997年1月10日，重庆市交通局向各区县（市）交通局、重庆市公路养护总段、重庆市交通稽查征费处下发《关于认真贯彻执行中共重庆市委重庆市人民政府关于进一步下放权力加快区市县经济和社会发展意见的通知》，就公路养护和管理做出安排。成立由重庆市交通局局长胡振业任组长、副局长滕西全为副组长，局组干处、劳工处、财务处、法规处、公路处、办公室、稽征处和公路养护总段主要负责人为成员的改革领导小组，负责公路养护管理改革工作。要求在计算数据、测设基数的过程中实事求是，严禁弄虚作假，保持公路养护和管理人员的稳定，做到体制下放期间工作不乱、工作不断、思想领先、平稳过渡，确保公路完好畅通，在1997年4月前完成公路养护管理权力下放工作。

改革的第一步是对市管（属）单位进行人、财、物的清理核实。第二步是在分析情况基础上，采取先易后难的方法，将两个完全成建制的合川段、长寿段作为试点，先行下放移交。1997年1月28日，重庆市交通局与合川市、长寿县人民政府正式签订下放交接书。1997年3月，重庆市交通局与永川、大足、荣昌、铜梁、渝北、潼南、北碚、长寿8个区（市）县完成下放交接。其余难度较大、牵涉面广的单位也陆续完成下放交接。经过5个多月工作，成建制下放10个养路分段，移交在职职工和离退休人员4455名。移交公路1554.1公里，其中国道520.5公里、省道495.6公里、县道538公里。移交固定资产总值3669万元，其中房屋283栋，面积13.5万平方米，原值2130万元；机具设备666台，原值1539万元。

至1997年6月26日，除近郊6区国省道外，重庆市交通局将市管公路养护管理队伍及其管养的公路成建制下放给15个区县（市）养护、建设和管理，下放交接工作全部完成。至此，重庆市公路养护总段管理的国省干线公路（除近郊6区国省道外）实行按属地管理，即由各区县（市）

进行养护、建设和管理。1997 年 7 月 8 日，重庆市交通局向重庆市人民政府政府上报《关于贯彻中共重庆市委重庆市人民政府关于进一步下放权力加快区市县经济和社会发展的意见（试行）的实施情况的报告》，全面总结了贯彻实施公路养护管理下放体制改革情况。

1997～1998 年，万县市、涪陵市、黔江地区（下称“两市一地”）国省干线公路管理逐步下放到区县，按区县属地管理。

由于两市一地在四川省公路养护管理体制改革中，1988 年 9 月已经将国省道和养护总段成建制下放到地市，实行统一领导，分级管理，经费分成，在这次改革中，主要是解决公路养路费分成比例较低问题。1997～1998 年，重庆市交通局局长胡振业率队多次到两市一地各区县调查研究，决定万县市所辖区县在原有分成基础上提高分配比率，养路费增加 2.98 个百分点，货附费、客附费各增加 3.4 和 3 个百分点；涪陵市所辖区县在原有分成基础上提高分配比率，养路费增加 2.45 个百分点，货附费、客附费各增加 3.3 和 3 个百分点；保持黔江地区养路费、客附费等全收全留政策，货附费分成比例增加 2.7 个百分点。两市一地的养路费定额补助，保持不变。至此，两市一地公路养护和管理体制得以完善。

第二节　管养分离改革

2000 年 5 月 17 日，重庆市交通局向万州、涪陵、黔江开发区交通局，各区县（市）交通局（委），局属各企事业单位下发《重庆市交通局关于成立重庆市公路养护管理体制改革工作领导小组的通知》。通知指出，根据中共十五大精神，按照社会主义市场经济和交通部公路体制改革的要求，坚持“三个有利于”标准，以《公路法》为依据，对重庆市公路养护管理体制实施改革，实行政事分开、事企分开、管养分开，全面推进公路管理规范化，养护作业市场化，工程建设专业化，人事用工合同化，分配实行多元化，降低养护成本，提高养护质量和管理效率。重庆市交通局成立重庆市公路养护管理体制改革工作领导小组。组长由重庆市交通局局长胡振业担任，副组长由重庆市交通局副局长李健和彭建康担任。成员有重庆市交通局人事教育处处长余昌平，重庆市交通局建设管理处处长张太雄，重庆市公路局局长艾吉人，重庆市交通局体改法规处副处长吴光前，重庆市公路局党委副书记张云芝。重庆市公路养护管理体制改革工作领导小组办公室设在重庆市公路局，主任由余昌平、艾吉人共同担任，艾吉人负责日常工作。办公室人员由重庆市交通局人事教育处、重庆市公路局有关部门人员组成。

2000 年 6 月，重庆市交通局在长寿县召开全市公路养护与管理体制改革工作会，重庆市公路养护与管理体制改革工作正式启动。6 月 14 日，重庆市交通局向万州、黔江开发区及各区县（市）交通局（委）和重庆市公路局下发《重庆市交通局关于公路养护与管理体制改革的通知》，对公路养护与管理体制改革目的、意义，范围、对象和改革的主要内容、方法步骤等作了详细规定。在地方公路建设管理上，市级交通主管部门下设重庆市公路局，负责重庆市境内除高速公路、专用公路以外的公路建设、养护、路政、战备渡口和收费公路的管理工作。各区县（市）交通主管部门的公路管理机构，负责本辖区域内除高速公路、专用公路以外的公路建设、养护、路政、战备渡口和收费公路的管理工作。市级公路管理部门所属的公路工程建设单位转制为企业，成为自主经营、自负盈亏、自我约束、自我发展的多种形式、多种格局的经济实体。公路养护改善工程、大中修工程、专项工程（包括水毁恢复工程和交通工程）和小修保养一律实行招投标制，对承包单位实施合同管理。各区县（市）的公路工程施工单位，结合本地的实际情况，改制组建股份制、民营制或私人承包制企业，参与本地区的公路改善工程、大中修工程、专项工程和小修保养工程的招投标。

公路管理权限下放后，形成了以区县（市）为主的区域管理体制。各区县（市）交通局（委）在接收下放的国省干线公路和养护单位后，先后对养护单位和人员进行整合。长寿县率先进行改革，在长寿县交通局外组建了公路所，职能是公路管理，下辖公路养护段，从事具体的公路养护工作。至2005年年底，各区县（市）的公路管理机构已调整到位，有19个区县组建了公路局，9个区县组建了公路所，1个区为公路养护站，1个区为公路管理处，2个区县新组建了公路管理段，10个区县继续沿用以前的公路养护管理体制，即由交通主管部门直接管理公路养护一段和二段。万州、涪陵、黔江3个区的公路管理单位职能未变，管理的范围缩小。各区县公路管理部门的职能和管理范围均扩大，负责其辖区内国省县乡公路的建设、养护、管理。各区县（市）公路管理部门接受当地交通部门的领导，同时接受重庆市公路局的行业管理。

第三节 养护资质认定

为加强重庆市公路养护工程市场管理，培育和规范养护工程市场行为，建立统一开放，竞争有序的公路养护市场体系，逐步推行养护工程招投标，提高公路养护工程投资效益，根据交通部《公路养护工程市场准入暂行规定》和《公路养护工程施工招标投标管理暂行规定》，结合重庆市公路养护工程特点，重庆市交通委员会以渝交委路〔2003〕286号文件对重庆市养护工程资质评审做出了规定。公路养护从业资质分3个类别共5个级别。凡在重庆市从事公路养护工程的施工单位均应持有省级交通行政主管部门颁发的养护工程从业资质。重庆市交通委员会负责对公路养护工程资质的审批工作，原则上每年进行一次，申报时间为每年第三季度。申报公路养护工程资质的从业单位向重庆市交通委员会提出书面申请，填写申请表，并按《公路养护工程市场准入暂行规定》的要求同时提交所申报的相应资质条件文件、资料和证书。申报资料交重庆市交通委员会公路建设管理处。重庆市交通委员会成立公路养护工程资质评审委员会，负责公路养护工程资质的评审工作。经公路养护工程资质评审委员会审查同意后，由重庆市交通委员会审批并颁发相应资质等级的《公路养护工程施工从业资质证书》。凡入渝进行公路养护工程施工的外地养护工程从业单位应向重庆市交通委员会出示资质证书，经确认后备案。公路养护工程从业资质实行三年复审制。复审由原审查、审批机关进行。

为保证公路养护工程资质评审质量，由重庆市交通委员会、重庆市公路局、重庆高速公路发展有限公司和重庆高等级公路建设投资有限公司等单位的有关人员组成评审委员会。重庆市交通委员会副主任彭建康担任评审委员会主任，重庆市交通委员会副主任唐伯明、重庆市公路局局长艾吉人、重庆市交通委员会公路建设管理处处长张太雄担任评审委员会副主任，成员有重庆市交通委员会公路建设管理处副处长李关寿，重庆市公路局副局长刘治军、钟云，重庆市交通委员会基本建设质量监督站站长彭兴国，重庆高速公路发展有限公司副董事长兼总经理李祖伟、副总经理田世茂，重庆高等级公路建设投资有限公司副总经理慕长春、杨君，重庆市交委公路建设管理处郝祎、邓志刚。

第四节 养护机制改革

遵循中共中央“治理经济环境，整顿经济秩序，全面深化改革”的方针，1984~1997年，重庆市公路行业推行了承包经营责任制、目标责任制、段长负责制等改革措施。改革对提高公路好路率起了积极作用。

重庆市公路养护总段在推行目标责任制基础上，先后在北碚、南桐、綦江等单位试行了分段长负责制，明确分段长在生产和行政管理中的地位和作用。实行“将点兵”，段长提名副段长报党委任命，使干部职工有了紧迫感，打破了固定工的“铁饭碗”，扳倒了干部的“铁交椅”，搞活了人事用工制度，促进了好路率的提高。1984 年重庆市公路总段好路率为 17.1%，1989 年提高到 72.7%。

永川公路养护总段从 1985 年开始推行预算包干，工作业绩与待遇挂钩的承包责任制，把奖金和补贴捆在一起浮动，使承包责任制日趋完善，促进了职工养路积极性。平均好路率从 1984 年的 20.89%，连续 5 年以平均 10.6% 的幅度递增，至 1989 年底达 73.9%，其中油路 391 公里好路率达 83%。

各区县也在养路工作中不断深化改革。铜梁县推行了分班分段承包责任制，实行“五定一包，奖惩兑现，指标到班，责任到人”的办法。江津县实行养路队党政工驻片区责任制，各分队实行分级管理，层层负责，任务到班。璧山县将路段承包到班员，为了完成好任务，班员全家人都出动上路养护。

重庆市交通局在重庆市公路养护总段綦江段推行改革试点，綦江段成为重庆市公路养护机制改革的首个单位。綦江段下设 24 个道班，4 个临时工程队和 1 个机运站。1986 年有职工 401 人，其中固定职工 346 人、合同制工人 29 人、大集体工人 26 人。管养 210 线（原川黔线）、赶黎、篆郭、綦隆 4 条国省县道，全长 225.3 公里，其中干道公路 147.9 公里。

20 世纪 50 年代至 60 年代初，綦江段管养的泥结碎石路面平整，年年评为省、市交通系统的先进集体。60 年代中期之后，受“文化大革命”的严重干扰，路况逐年下降，1985 年末综合好路率仅为 33.3%。在 1986 年初的重庆市交通工作会议上，重庆市人民政府领导批评“贵州公路行走笑，四川公路行走跳”。1986 年綦江段开始实行目标管理，养护及工程质量迅速提高，被总段评为优胜单位。1988 年初，綦江段实行段长负责制，制订了《段长工作条例》《綦江段优化劳动组合试行办法》等 3 个工作条例和 10 个配套办法，形成了段长在生产和行政工作中的中心地位，党支部保证监督，工会、职代会参与，民主管理的领导体制。段机关七股一室精简为五股一室，部门作用得到充分发挥，办事效率提高。各道班实行“五包、五定、五考核”的联产计酬承包制，公路路况连年上台阶，连续 5 年被重庆市公路养护总段评为养护综合管理先进单位。

段长负责制对人员的管理是，段长对养护生产和行政管理负总责，副段长对段长负责，股长、工区长、工程队长对正、副段长负责，股员（班长）对股长（工区长）负责的层层负责制，订出各类各级人员的岗位责任制和规章制度。以“将点兵”的方式层层聘用和择优组合，段长聘任股长、工区长、工程队长和机运站长；股长聘用股员，工程队长聘用工程人员；道班班长由工区长提名，段长聘任。按照“治懒不治老、惩劣不惩弱”和教育为主的原则，班长对班员进行择优组合。未被组合或聘用的人员及组合后不称职的下岗人员，由劳工股组织学习业务。学习期间只发 70% 的工资。学习期满后仍不能上岗者作为编外人员每月发 50 元生活费，到先进班组学习锻炼。落聘的管理人员，充实到生产第一线，或另行安排岗位。

段长负责制对分配的管理是，对所有在册职工（包括机运站驾修人员和长期带薪读书人员），实行 25 元工资、月生产奖、野外津贴 3 项合计 50 多元作为浮动工资（即“半浮动”），与职工的工作实绩挂钩综合考核。目标到班，责任到人，制订了直接生产、辅助生产和管理工作等 5 个方面的承包责任制。养路道班实行“五定五考核”（即定任务、定质量、定经费、定安全、定管理，考核生产任务和经济技术指标完成情况，考核质量，考核工时利用，考核管理制度）的贯彻落实。对大中修工程实行“定工期、定质量、经费包干”为主要内容的承包责任制。机运站实行“以利润计酬”的承包办法，管理人员按照“岗位责任制和促进路况质量稳步上升为目标”的经济责任制。实行创文明班、文明路、文明段的目标责任制，班组、工程队和股室把目标进行分解，落实到人头。

公路养护道班把每月清理路肩、边沟任务落实到个人，路面作业分小组集体进行养护，月月考核，奖惩斗硬。段机关月初下生产计划，月底实地检查，按百分制进行检查考核。生产任务完成好、工作成效明显的多计分、多分配。班与班之间收入高低相差80多元，个人之间的分配相差17.8元。从1989年3月起，綦江段在全段范围内逐步试行工资奖金全浮动。将工资（包括基础、职务、工龄、奖励等4项工资及每月生产奖和误餐津贴3项之和共100多元）与职工工作实绩和路况好坏挂钩考评，全浮动工资人均123.07元。为稳定高山、土路道班的职工队伍，对高山道班、土路道班满分后再加奖20分。

綦江段改革促进了两个文明建设，杜绝了旷工和工半天（半天工作半天休息）的现象，病事假大幅度下降，特别是实行全浮动后，下午六七点钟还有工人在路上工作。平均出勤率在98%以上，出工率在90%以上。全段管养的225.3公里路，常年保持路面平整无坑凼，路肩、边沟排水良好，路容整洁无杂物，好路率不断上升。1989年与1988年相比，综合好路率同期提高10%左右。1989年5月至12月，好路率每月以1.3%速度递增，综合好路率已达到75.4%，超出1988年同期水平。良等路达到162公里。大中修工程合格率100%，优良品率为重庆总段之冠。各项工程均有节约，职工集体福利得到改善。綦江养路段1986～1988年连续3年被重庆总段评为优胜单位，在1989年重庆总段的半年检查评比中获第一，1987、1988年被綦江县人民政府评为精神文明先进集体。

第二章　公路养护

1986～1997年，重庆市公路养护总段（1991年前与永川公路养护总段）负责国省道公路的养护管理，区县负责县乡公路的养护管理。1998～2005年，重庆市公路局负责地方公路的养护管理，重庆市高发司负责高速公路的养护管理。按照交通部的行业规范，制订适合实际的考核办法，通过实施改造公路线性，改善公路路面大中修工程和强化日常小修保养，采取整形路、标美路、创建文明样板路等手段，公路等级和公路通行能力逐年提高。1986年，重庆市21个区县公路养护里程为7577公里。至2005年，重庆市42个区县（市）公路养护总里程为38215公里，其中高速公路748.3公里，一级公路305.6公里，二级公路4675.7公里，三级公路4359.8公里，四级公路20745.2公里，等外级公路7380.4公里。

第一节　养护工程

一、水毁抢修工程

重庆公路大多穿行于高山大川之间，每年洪期水毁严重，地质滑坡时有发生，对过往车辆和行人造成危险，给国家和人民生命财产带来严重损失。公路灾害防治与抢险救灾，是公路养护的重要组成部分。重庆市坚持“预防为主、及时修复”和“以防为主、防治结合”的方针，加强汛期地质灾害防治和公路养护工作。一是对平时发现容易引起水毁的地方，及时组织专门力量，安排专项资金，采取针对措施，进行修补或加固，避免损失进一步扩大。二是坚持雨前查险、雨后查路，随时做到排险、排阻，对公路边坡的塌方及时进行清除，保持边沟、涵洞等排水设施的完好畅通。三是对危桥、危岩、险渡及高填深挖路段边坡（特别是上边坡）等危险路段发现隐患及时设立警示标志，并采取相应的处置措施。防洪抢险工作做到早安排、早准备、早落实，水毁抢修遵循“先重点、后全面，先干线、后支线，先抢通、后恢复”的原则，加强领导，落实责任，建立健全和落实公路桥梁防洪抢险责任制度，值班制度、报告制度、信息制度、安全制度。

（一）常见公路灾害

重庆市公路灾害常见的有滑坡、沉陷、水毁等，特别是三峡库区成库后，库区地质结构发生了极大变化，公路灾害更为明显。

地质滑坡 G212线北碚施家梁一段，后靠鸡公山脉，面临嘉陵江，是G212线的一段咽喉，每年雨季到来，嘉陵江水涨水落，该处公路都要下沉。从20世纪50年代开始，重庆市公路养护总段投入大量资金，数次修筑挡墙，均被推垮，最早的挡墙已被滑坡体推至江边。为了维护公路的畅通，北碚养路段在该处40米长的路段上，每年都要花费近万元资金，填入上千方的片石，严重影响了公路畅通和行车安全。1990年对212线改造，修建为水泥路面。

为确保重庆市北大门畅通，根治施家梁滑坡这个“老大难”问题，重庆市交通局授权重庆公路养护总段与重庆建筑工程学院组成施家梁滑坡治理联合课题组。课题组从1990~1992年，对该处滑坡进行大量深入、细致的调查研究。通过地质钻探，摸清滑坡体的地质状况，提出了带悬壁桩—锚抗滑体系新技术，并对施家梁滑坡治理方案进行优化设计，1992年该设计付诸实施。经过两个雨季考验，治理效果良好。1993年6月29日通过了市级鉴定，参加鉴定会议的有市科委、重庆交通学院、重庆市交通局公路系统单位的专家、教授等30余人。专家们考察了已治理的施家梁滑坡段现场，审阅了该项目的设计图纸、资料及科研报告，一致认为：“带悬臂桩—锚抗滑结构体系，作为一种新型的滑坡治理技术，有安全可靠，受力合理、经济效益显著等特点，具有较高的工程应用价值和推广前景。”该项目滑坡治理技术研究理论及设计理论达到了国际水平。

洪涝垮塌 1996年7月21日，璧山县遭遇特大洪水，县道塌方30000立方米，县城至丁家、来凤至福禄公路断道，县城至丁家公路“13公里+200米”处山体滑坡近20000立方米，中断交通1个月，经济损失200万元。1997年6~7月，万县市普降暴雨，冲毁公路路基2.4公里，路面146公里；冲毁桥梁5座，涵洞37道，挡土墙8处22000立方米；各类坍塌315处，造成经济损失884.6万元。1997年12月10日，巫溪县城南门湾龙头山发生岩崩，岩石泥土在公路上堆积1600立方米，在河道及岸边堆积1200立方米，损坏公路100米，直接经济损失120万元。1998年6月至8月，万州移民开发区普降大暴雨，地方管养的4591公里县乡道基本瘫痪，毁损路基85.3公里，冲毁路面176公里，桥梁全毁141延米/3座、局毁237延米/13座，涵洞全毁82道、局毁825道，冲毁挡土墙621处，直接经济损失5344.77万元。7月8日，南川市遭遇百年难遇的洪灾，水毁涵洞217米/29道，冲毁路基2455立方米、桥梁1座，泥石流灾害1.6万立方米/3处，山体滑坡地质灾害1处20万立方米，经济损失500多万元。南川市投入修复资金54万元，修复率达70%。1998年8月5~14日，巫溪县普降暴雨，总降雨量达396毫米，部分地区达680毫米。1998年8月11日下午，大宁河洪峰最大流量超过3000立方米/秒，县城最高水位212.9米。全县公路损坏严重，冲毁省、县、乡道88公里，桥梁11座，人行铁索桥8座。经济损失上千万元。1998年8月10~12日，梁平县普降暴雨，造成新中国成立以来罕见的公路水毁。国省县道公路断道14处，其中塌方86360立方米，局毁桥梁1座36延米。经7天7夜抢修，14处断道公路全部恢复通车。

1999年7月8~10日，铜梁县遭受百年未见特大暴雨，3天降雨量达238.8毫米。巴川镇13

条街被淹，积水1~3米。此次暴雨全县水毁公路85公里，路基垮塌断道32处，公路桥梁受损220座。灾害发生后，经铜梁县交通局紧急动员组织抢修，铜梁县与外界中断32小时的交通得以恢复。

2000年4月中旬至6月初，重庆市大部分地区连续遭受特大暴雨袭击。暴雨来势猛，强度大，持续时间长，造成山洪暴发，并伴有多处滑坡及泥石流等灾害，使交通基础设施毁损严重。国道319、318、326线，省道成黔路、渝巴路、石垫路、渝东路、万开路等都发生了程度不同的公路水毁，多处公路交通中断（中断交通时间累计达258小时）。乡村公路水毁严重，共有13.2公里公路路基、21.8公里公路路面遭毁损，有3座公路桥梁、291道涵洞被毁坏，公路塌方3258处。同时，洪灾对达万铁路、驷马桥工程、万州大桥、万梁高速公路等重点工程均造成严重损失。彭水县境内G319线彭水至武隆段“2127公里+900米”处的罗家峡大桥，因内侧大量雨水侵蚀边坡岩石，致使岩上的760立方米、1000余吨重的巨石松动、断裂，从58米高处垮塌，撞击大桥中墩台帽，桥当即垮塌，交通中断。2000年6月下旬至7月15日期间，重庆市万州、涪陵、开县、云阳、奉节、巫溪、巫山、城口、石柱、黔江、彭水、合川、北碚、渝北、綦江、梁平、垫江等区县（市）多次遭受特大暴雨袭击（降雨量高达120毫米以上、局部达到354.1毫米），山洪暴发，河水猛涨，造成山体滑坡、泥石流等灾害，使重庆市公路设施毁损严重。G319、318、326、210线，省道成黔路、渝巴路、石垫路、渝巫路、巫恩路等都发生了程度不同的公路水毁，公路交通中断时间累计达586小时。据统计，至2000年7月17日，重庆市公路水毁损失达12393万元。

2000年，重庆市公路水毁、恢复情况。水毁数量：路基625公里165730立方米，砂石路面1144公里902569立方米，油路面86公里40506立方米；全毁桥梁30座856米，局部毁坏桥梁53座939米；全毁涵洞1116道。局部毁坏涵洞2232道；毁坏护坡52处381124平方米、驳岸18处756平方米、挡墙1842处58889平方米；发生坍塌方1445处2592614平方米，损失金额29728万元。2000年恢复水毁工程投入资金11930万元，其中交通部补助100万元，其余为地方自筹。

2001年，重庆市大部分地区遭受了多次暴雨袭击，国道G319、G212、G210、G318、G326线，省道城黔路、渝巫路、渝东路、石雷路、石垫路、渝隆路等都发生了不同程度的水毁，多处公路交通中断。城口县遭受百年一遇的暴雨，交通基础设施遭受了较严重的毁坏，省道城黔路等公路损失严重，16公里长的路基被冲走，许多乡镇无法通车，行人也只能翻山越岭。彭水县境内G319线“2149公里+700”处，6月12日中午发生了特大山体滑坡，多达10余万立方米的土石方堆积在公路上，交通中断。滑坡体最高处高达60余米，上方随时有坍方的可能，给清除坍塌方工作带来较大困难，用10天时间才彻底清除坍塌方。7月2日，彭水县境内G319线“2127公里+600”处发生长60米、高80米的山体滑坡，由于地质条件复杂，路基两次滑入乌江，7月底虽已通车，但未能彻底解决滑坡隐患。2月27日丰都县境内野猫阡处，发生特大山体岩崩，塌方40余万方，还有100余万方的岩体摇摇欲坠，给当地人民群众的财产造成了较大损失，生命安全带来了威胁。黔江、秀山、万州一带国道G319、G326、G318线以及省道的水毁损失也相当严重。截至2001年9月2日，重庆市国道、省道和重要县道公路累计水毁损失23010万元。

2002年，G319线“2610公里+370-440”段因暴雨造成水毁，直接危及国道主干线行车安全。重庆市交委2002年10月14日下拨99万元抢险经费（养路费），用于该路段水毁后恢复工程。抢险整治工程按图施工，合理安排工期，确保工程质量。2002年重庆市水毁损失19644万元，恢复工程投入资金13651万元。养护工程投资142472万元，其中小修工程投资20473万元、中修工程投资4340万元、大修工程投资17773万元、改建工程投资99885万元（包括超龄油路改造、GBM工程、文明样板路、危桥改造）。

2003年6月13日，璧山县连日普降大暴雨，降雨量高达265毫米，导致山洪暴发，境内国、省、县道公路水毁塌方严重，大小水毁73处，经济损失达1200万元以上。2003年6月22日起，重庆市遭受暴雨袭击，大部分地区降雨100~200毫米，部分地区如武隆县降雨309毫米。降雨引发泥石流、岩崩、滑坡等地质灾害，国道、省道以及正在建设的高速公路等公路交通基础设施均遭受严重损失。国道G319、G210、G318、G326线，省道城黔路、渝巴路、渝东路、石雷路、渝道路等都发生了不同程度的水毁，几十处公路交通中断。正在建设中的万州至梁平、渝黔二期、綦江至万盛高速公路均发生了不同程度的水毁。万梁路A合同段3.05公里处的牛儿河大桥（11跨40米简支梁桥，桥长为467.4米）平台右下方，由于连日降雨，在渗水作用下，该处残坡积土向下滑动，形成近1万方的滑坡。G319线遭受多年来最大的水毁损失，沿线璧山、涪陵、武隆、彭水等地坍、塌方共50多万立方，大量挡墙、护栏、路面被冲毁。泥石流不断。渝东南的秀山、酉阳、黔江、彭水、武隆等县交通中断，严重影响人民群众生产生活。2003年6月30日，重庆市地方公路被冲毁路基600公里、路面450万平方米、桥梁915米/40座、涵洞316道、护坡及挡墙25.2万立方米、塌方180万立方米，地方公路水毁损失17605万元，加上高速公路损失，重庆市共计水毁损失2.1亿元。

2005年，重庆市公路水毁、恢复情况。水毁数量：路基374.3公里132428立方米；砂石路面682.86公里954678平方米，油路面349.8公里230275平方米，水泥路面218.3公里268806平方米；冲毁桥梁15座456.2米；冲毁涵洞426道；毁坏驳岸5处2520平方米、挡墙622处243512平方米；发生坍塌方2150处1391964平方米，中断公路12条22处，损失金额11448万元。2005年恢复水毁工程投入资金11405.9万元，其中国家财政补助44.2万元、交通部补助386万元，其余为地方自筹。

（二）公路灾害防治

重庆市公路管理部门认真贯彻“预防为主，防重于抢”的方针，提高认识，克服麻痹思想，警惕气候变化，立足于防大洪，及时准确传递水情，做好洪期前的查防工作，对管养线路进行全面检查，查出隐患采取相应的预防措施。狠抓公路排水，对边沟、截水沟、桥涵进行清理疏通，清除路肩堆积物，保证公路排水系统畅通完好。对老沉陷地段储备一定数量的石料以备急用。

洪期中气温回升，对油路提高路况正是有利季节，但对泥结碎石路面相应威胁很大，每年总是受自然气候支配，破坏性很大。其表现是危岩边坡上坍下垮，涵管淤塞成缺，水过路面结合料全部冲刷，飞石满地，久晴久雨暴晒，导致路面急剧下降。公路养护部门掌握和运用“主动控制自然破坏”养路方法，达到“洪期泥路路况不下降”的要求。坚持雨前、雨中、雨后三查制度，做到雨前排水系通畅通，雨中险情清楚，及时汇报，迅速抢修，雨后抢加结合料，保持路面平整。

重庆市交委设立水毁抢修专项资金，每年初制订公路养护计划时设立公路水毁专项费用，水毁发生后视其程度给予一定补助。同时向市政府、交通部报告，争取市财政和交通部的支持。1988年9月15日，重庆市交通局、重庆市财政局《关于下达一九八八年恢复公路水毁工程补助资金的通知》，给予重庆总段、永川总段、铜梁、潼南县的水毁资金补助计80万元（其中重庆总段60万，永川总段20万）。

2002年12月10日，重庆市交通委员会下达国道319线武隆境内白马至白涛公路上的边滩隧道300万元抢险经费（养路费水毁65万元，部补水毁235万元），用于补助该隧道病害整治工程。2003年8月12日，重庆市交通委员会下达2003年公路水毁抢险和恢复补助经费1000万元给重庆市公路局，主要用于补助各地公路抢险恢复工程经费不足。该经费重点用于国省道的公路水毁，及特大自然灾害造成的公路损毁。2005年12月5日，重庆市交通委员会下达2005年公路水毁抢险和恢复补助经费780万元给重庆市公路局，用于补助重庆市各地公路水毁恢复工作。

（三）抢险救灾

为切实抓好公路防洪抢险工作，重庆市交通局（市交委）根据每年的实际情况，修改下发做好公路防洪抢险和恢复工作的通知，建立健全防洪抢险责任制度，成立市防洪抢险领导小组，由重庆市交通局（市交委）分管领导担任组长，有关处室人员、重庆市公路养护总段（市公路局）领导和有关处室人员为成员，办公室设在市公路养护总段（市公路局），落实值班制度。

各区县（市）交通局（委）成立相应的防洪抢险机构，由一名领导专项负责此项工作，责任落实到人，保证值班制度、汇报制度、信息制度和安全制度的贯彻执行。贯彻“预防为主，防重于抢”的方针，每年在洪期来临前，加强公路的全面养护工作，对已成的公路和在建的公路均清理维护排水系统，对危桥险渡进行全面检查，采取设立警告标志或加固等相应措施，确保公路的安全畅通。

由于重庆市公路交通基础落后，等级低，抗灾能力弱，加之地形地质情况复杂，每年暴雨袭击，都会使很多区县（市）的公路、桥梁、涵洞遭到严重的毁坏。每次灾情发生后，市防洪抢险领导小组、办公室都十分重视，在第一时间派出救灾工作组赶赴抗灾抢险第一线，组织、指导和帮助当地抢险救灾。重庆市防洪抢险领导小组和办公室根据经费情况，提前拨付重灾区，保证了各地水毁的及时恢复。2000 年提前下拨水毁恢复补助经费 540 万元。

公路抢险工作进行时，在公路水毁处设置警示指路标牌，引导车辆通行。能修复地段及时抢修恢复，难以修复的地段采取搭设便桥、便道，保通行。已经断道的路段制订绕行方案，在最短的时间内抢修简易便道，保证车辆通行。

1987 年重庆市公路养护总段抢险预案。各基层单位坚持 24 小时防洪值班，领导亲自领班，配备值班车，发现险情要亲自指挥、部署和安排。道班坚持雨中查路、雨后查险，保障道路畅通。各单位有一支 20～30 人的抢险队伍，有车辆和抢险材料、抢险工具，随时准备应急。哪里有险情，立即排险。各分段清除危岩，消除伤人伤车隐患。车渡管理站对行驶船只、停靠船只及油囤、锚地等系缆设备作全面检查、船员坚守岗位，防止水涨水落搁船，车渡后勤厂做好设备的疏散准备。

1987 年水毁抢修完成情况。路基 4440 平方米/4.34 公里，计 3.4 万元；泥石碎石路面 33280 平方米/9.8 公里，计 1.7 万元；油路 81465 平方米/13.96 公里，计 3.1 万元；水泥砼路面 225 平方米/0.03 公里，计 1.5 万元；桥梁 103 延米/4 座、计 0.4 万元；涵洞 6 道，计 0.4 万元；挡墙 5985 平方米/33 处，计 15.7 万元；坍方 11445 平方米/38 处，计 3.2 万元；水毁房屋 1141 平方米/6 年，计 1 万元；其他费计 0.6 万元；合计水毁实支 31 万元。

江津付四公路断道一天一夜修复。1995 年 12 月 7 日，在付家至四面山公路红英桥上 4 公里处，一块约 417 立方米的巨石，从岩上垮塌下来，将右边路基打成了一个深 2 米的大凼，巨石随着惯性滚向右边公路边卡住，压损公路 26 米宽，造成公路断道。市公路养护总段、江津市交通局、四面山镇政府接到报告后，当日下午赶到现场，组织民工 30 多人昼夜施工突击，炸开巨石，填好夯实深坑，于同月 9 日恢复了通车。

1989 年“7·10”洪灾给重庆市公路造成了巨大危害，灾情较重的有江北县、合川县、铜梁县、长寿县、北碚区。其中合川县公路桥梁损毁情况尤为严重，有 23 条公路因水毁断道。合川县依靠民工建勤，只用 7 天时间，23 条道路全部恢复通车，保证了救灾物资运输畅通。铜梁县在民勤工作中预留有一定数额的民勤代表工，在“7·10”暴雨袭击中，养护段工人与民勤代表工一起共同抢清塌方，几天内把全县水毁路段抢通。铜梁县养路段被评为 1989 年抗洪先进单位。江北县统井区，在 1989 年遭受水灾、地震、火灾的情况下，保质保量地完成了民工建勤任务，保障了公路畅通。

表 3－1　　2005 年度重庆市公路水毁恢复情况统计表

项目		水毁数量		损失金额（万元）
路基		立方米/公里	132427.73/374.34	615.67
路面	沥青路面	平方米/公里	230274.50/349.78	815.98
	水泥路面	平方米/公里	268805.5/218.3	1251.49
	砂石路面	平方米/公里	954678/682.86	1090.82
桥梁		延米/座	456/15	682.17
涵洞		道	426	288.83
防护工程	驳岸、挡墙	立方米/处	246032.11/627	2984.2
坍 塌 方		立方米/处	1391963.93/3149	3414.05
公路中断	国道	处/条	22/12	
	省道	处/条	16/7	
其他水毁损失		万元	5298.2/13	289.72
合计		万元		11432.95
补助资会	小计	万元		430.2
	国家财政	万元		44.2
	交通部	万元		386

表 3－2　　2005 年度重庆市公路水毁中断情况统计表

路线编号	路线名称	起止点名称		中断日期	疏通日期
		起点	止点		
G318	沪聂线			2005 年 3 月 21 日	2005 年 3 月 21 日
G318	沪聂线			2005 年 8 月 29 日	2005 年 8 月 29 日
S103	渝巴路			2005 年 8 月 28 日	2005 年 8 月 28 日
X054	万石路			2005 年 6 月 9 日	2005 年 6 月 9 日
X054	万石路			2005 年 8 月 29 日	2005 年 8 月 29 日
X549	周大路			2005 年 8 月 29 日	2005 年 8 月 29 日
X550	云万路			2005 年 8 月 29 日	2005 年 8 月 29 日
X556	北桐路			2005 年 8 月 29 日	2005 年 8 月 29 日
Y104	复龙路	复盛	龙兴	2005 年 6 月 5 日	2005 年 8 月 30 日
S202	城黔路			2005 年 7 月 3 日	2005 年 7 月 30 日
S202	城黔路			2005 年 7 月 3 日	2005 年 7 月 30 日
S202	城黔路			2005 年 7 月 3 日	2005 年 7 月 30 日
S202	城黔路			2005 年 7 月 3 日	2005 年 7 月 30 日
S202	城黔路			2005 年 7 月 3 日	2005 年 7 月 30 日
S902	城黔路			2005 年 7 月 3 日	2005 年 7 月 30 日
S902	城黔路			2005 年 7 月 3 日	2005 年 7 月 30 日
S902	城黔路			2005 年 7 月 3 日	2005 年 7 月 30 日

续前表

路线编号	路线名称	起止点名称		中断日期	疏通日期
		起点	止点		
S902	城黔路			2005年7月3日	2005年7月30日
S102	渝巫路		双阳	2005年5月27日	2005年6月24日
S201	巫恩路	鸡心岭	鸡心岭	2005年3月22日	2005年3月23日
S201	巫恩路	东峡	九层楼	2005年7月9日	2005年7月15日
S304	松彭线			2005年4月25日	2005年4月27日

二、安全保障工程

（一）安保工程的由来

重庆市山脉连绵，河流纵横，特殊地形地貌决定了重庆市许多公路都存在着高路堤、急弯、陡坡的危险路段，发生交通安全事故后常造成重大伤亡，给人民群众生命财产造成了巨大损失。为了最大限度地减少人民群众的生命财产损失，重庆市交通委员会在重庆市地方公路上率先实施了安全保障工程（以下简称安保工程）。2003～2005年，重庆市在地方公路上已累计实施安保工程2499公里，投资近3亿元。

2002年9月10日，重庆市人民政府副市长黄奇帆在重庆市交通委员会调研时提出，可借鉴高速公路的做法把波形护栏用在交通量大的公路上。在经过初步调查和认真研究后，重庆市交通委员会于2002年9月16日专题向重庆市人民政府报告，提出在国省道边坡高度大于6米的路堤、急弯、陡坡、深沟和临河危险路段安装波形梁防撞护栏，得到了中共重庆市委、重庆市人民政府有关领导的支持。自此，重庆市公路安保工程于2002年10月正式启动。

（二）安保工程实施

按照先国省道、后重要县道和旅游公路，先难后易，先重点、后一般的原则，重庆市先在国省道公路上实施了安保工程。至2005年年底，国省干线公路安保工程累计实施1733公里，其中国道518公里，省道1215公里，整治危险路段43325处，总投资达2.19亿元（交委配套投资1.75亿元，交通部车购税安排4397万元）。实施县道危险路段安保工程650公里，总投资13650万元。

2002年12月31日，重庆市交通委员会印发《重庆市国省道危险路段防撞护栏工程实施管理办法（试行）》（渝交委路〔2002〕266号）（以下简称《办法》）。《办法》规定：重庆市国省道危险路段防撞护栏工程，实行统一招标，区县管理，实行工程监理制。重庆市公路局为项目业主，全面负责工程管理工作，包括组织管理、合同管理和竣工验收等，履行项目法人职责。重庆市交通委员会基本建设质量监督站负责护栏工程质量监督、业务指导和督促工作。区县（市）交通主管部门负责护栏工程的质量监督工作和现场质量、进度、安全管理，协调工作以及交工验收工作。国省道危险路段防撞护栏的安装工程于2003年底前完成，有创建任务的区县（市），该项目作为2003年度公路工作目标考核内容。防撞护栏布设在路堤边坡高度6米以上和急弯、陡坡的危险路段，缺陷责任期满后，重庆市公路局负责组织护栏工程的竣工验收工作。

2005年6月7日，重庆市交通委员会印发《重庆市县道危险路段安全防护工程实施细则》（以渝交委路〔2005〕91号）（以下称《实施细则》），安保工程从国省道公路扩大到县级公路。重庆市人民政府批转市交委《关于重庆市县道公路危险路段安全防护工程实施意见的通知》（渝府发〔2004〕41号），确定新建或改建国道、省道、县道公路项目，危险路段安全防护工程与主体工程同时建设，同时验收，投资统一纳入概算。

安全防护工程的布设按照交通部《公路安全保障工程实施暂行技术指南》执行，由重庆市交通委员会统一安排，区县（自治县、市）具体实施，统一规划、共同出资、市里协调、区县建养、分区县验收。重庆市公路局为安全防护工程建设的管理部门，负责安全防护工程的通用图设计和补助资金监督管理，指导区县（自治县、市）工程的计划管理、组织管理、施工管理、合同管理及竣工验收，全过程监督安全防护工程的实施。

重庆市公路局负责安全防护工程的监督管理，督促区县（市）交通主管部门切实履行职责，加强施工监督管理，按"单价承包、按实计量"原则进行资金补助，按季度汇总向重庆市交通委员会书面报告工程进展情况。重庆市交通委员会基本建设质量监督站负责安全防护工程质量的指导和监督，按照国家和交通部有关规范、标准和规定对工程进度、工程质量及合同履行情况进行监督。施工单位履行合同，按图纸组织施工，接受区县（市、自治县）交通局（委）、质量监督站的监督管理。重庆高投司与各有关单位相互配合，确保县道危险路段安全防护工程任务的完成。对没有完成当年安全防护工程任务或质量不符合要求的区县，取消其该年度目标考核评奖资格。

表 3－3　**重庆市国省道实施安保工程统计表**

线路编码	实施里程（公里）
合计	1733
国道	518
G210	92
G212	27
G318	65
G319	330
G326	4
省道	1215
S102	244
S103	172
S104	24
S106	17
S107	22
S108	22
S201	163
S202	160
S203	48
S204	23
S205	32
S302	59
S303	108
S304	42
S901	15
S903	3
S904	50
S905	11

2005年7月7日，重庆市交通委员会印发《关于县道安全保障工程可行性研究报告的批复》(渝交委计〔2005〕101号)，决定在重庆市实施县道安全保障工程2300公里，其中一期500公里，二期1800公里。总投资为37800万元。在公路路堤高度大于或等于6米的急弯、陡坡、悬崖、深沟、临河等危险路段的路堤侧设置防撞护栏，采用金属防撞护栏和示警墩、示警桩相结合的方式进行。至2005年年底，重庆市重要县道和旅游公路上实施安保工程766公里。其中防撞护栏457公里，示警墩103公里，示警桩205公里。

表3-4　**2005年重庆市县道安全防护工程完成情况表**

单位：米

区域	完成数量			
	实施里程	护栏	示警墩	示警桩
万盛区	50092	21420	1476	27196
合川市	17800	7000	0	10800
城口县	5924	4328	1596	0
黔江区	22384	8760	3740	9884
北碚区	15250	15250	0	0
经开区	4300	4300	0	0
潼南县	4496	3300	1196	0
双桥区	916	440	0	476
永川市	3148	1300	1000	848
江津市	19764	19764	0	0
沙坪坝区	3072	3072	0	0
巫山县	25286	25250	28	8
綦江县	20277	145	7740	12392
云阳县	20872	18000	476	2396
彭水县	26996	9000	17996	0
公路管理段	13130	8834	0	4296
长寿区	5366	650	4716	0
涪陵区	21599	13871	2212	5516
巴南区	17972	12600	1016	4356
铜梁县	13744	1456	7072	5216
渝北区	12842	50	796	11996
武隆县	17179	17179	0	0
大足县	10000	10000	0	0
秀山县	11828	0	8992	2836
奉节县	22000	13800	3400	4800
高投司	143000	143000	0	0
丰都县	11196	2000	9196	0
石柱县	3884	0	3884	0

续前表

区域	完成数量			
	实施里程	护栏	示警墩	示警桩
万州区	55990	10000	1660	44330
垫江县	13488	4300	2968	6220
九龙坡区	6360	1880	292	4188
大渡口区	15877	4893	9580	1404
巫溪县	5000	5000	0	0
璧山县	10660	10360	300	0
南川市	10000	1500	0	8500
荣昌县	15931	0	1121	14810
忠县	10000	5000	0	5000
开县	11000	11000	0	0
江北区	24192	11000	3196	9996
南岸区	15000	15000	0	0
酉阳县	9000	9000	0	0
梁平县	19185	3377	8228	7580
合计	766000	457079	103877	205044

（三）安保工程组织保障

安保工程的实施受到中共重庆市委、重庆市人民政府的高度重视和大力支持。重庆市副市长赵公卿多次到施工现场检查指导工程质量和进展情况，帮助协调解决有关问题。市政府办公厅、督察室组织有关单位召开专题会议，研究有关问题。重庆市交通委员会主任丁纯、副主任滕宏伟、何升平等领导也多次组织召开协调会和到现场检查，督促建设进度，落实经费情况，保证了工程的顺利完成。市交委领导调查和研究需要安装防撞护栏的路段，确定了合理有效的工程安装规划，组织相关区县（市）签订目标责任书，落实责任。公路沿线区县（市）和市级部门主动配合，形成合力，为工程营造了良好的建设环境。安保工程安装项目实行统一招投标制，项目业主制、合同管理制和工程监理制，遵循“统一规划，共同出资，市里协调，区县建养，严格标准、统一验收”的方针，确保工程建设的进度和质量。项目质量管理实行“企业自检、社会监理、政府监督”三级质量管理模式。重庆市公路局、重庆市交通委员会质量监督站多次组织安保工程联席会议并到现场全面督查，圆满完成了阶段性的目标任务。

（四）安保工程资金来源

按照重庆市人民政府的要求，安保工程的资金来源为“统一规划、共同出资”，重庆市交通部门出资三分之一，重庆市保险公司出资三分之一，区县地方政府出资三分之一，即“三个一点”的原则筹措资金。2003 年，重庆市交通委员会以渝交委路〔2003〕47 和 70 号文下达国省道危险路段防撞护栏经费计划 6000 万元和 290 万元，在养路费中列支。2004 年，交通部在车购税中拨款 2012 万元。从 2004 年起，用两年时间建设 2500 公里安全防护工程，包括完善国省道危险路段安全防护工程、县道危险路段及新建公路危险路段安全防护工程，重点完善重庆市交通量大，尤其是客运交通量大的县道公路危险路段安全防护设施，建设总投资约 4 亿元。建设资金由市和区县共同筹集，原则上各承担一半。2005 年，重庆市交通委员会分别以渝交委计〔2005〕16 号、34 号、76

号、118号4次行文，对重庆市境内G210线、G212线、G319线、G326线、S102线、S104线6条国省道650公里安保工程项目，投入资金11922万元。

（五）安保工程的社会经济效果

公路安保工程的实施提高了公路行车的安全性，减少了交通事故的发生和人民的生命财产损失，被广大群众誉为“生命工程”。据交警部门统计，2003年特大交通事故、死亡人数、受伤人数、经济损失等分别比2002年同期下降37.5%、42.0%、67.1%、55.9%，特大恶性道路交通事故比2002年同期减少6起。在巫山县、奉节县、云阳县、武隆县，防撞护栏工程防止了多起重大交通事故的发生，挽救了驾乘人员生命，当事人对此感激不尽，主动到当地交通部门赔偿损坏的护栏。

第二节　养护队伍

2000年，重庆市有省市级公路养护管理机构1个，地市级公路养护管理机构3个，县级公路养护管理机构58个，公路养护工区（站、道班）1203个，有经营性公路养护企业23个。公路养护职工15948人，其中固定养护职工9044人，合同制养护职工4556人。

2002年重庆市有县级公路管养机构65个，养护（工区）道班1039个，经营性企业19个，职工16485人，其中固定职工8646人，合同制职工5567人，其他职工2272人。

2005年，重庆市有省市级公路养护管理机构1个，地市级公路养护管理机构3个，县级公路养护管理机构49个，公路养护工区（站、道班）948个，经营性公路养护企业20个，收费公路经营企业30个。公路养护职工16112人，其中固定养护职工5055人，合同制养护职工2673人。

按公路等级划分，重庆市公路养护队伍分布如下：

一、高等级公路

重庆高速公路发展有限公司拥有249人的养护队伍，其中成渝公司6人、渝涪公司43人、中渝公司43人、东渝公司35人、中信渝黔公司6人、渝邻公司57人、铁发遂渝公司59人。

重庆高等级公路投资发展有限公司没有固定的公路养护队伍，其管养的公路是每年将公路养护发包给当地公路管养部门或有相应资质的社会单位承养。所在地收费所负责辖区内营运公路日常保洁的监督、检查及考评工作 。

二、国道省道

重庆市公路养护总段　1986年，重庆市公路养护总段下辖7个养护分段，142个养路道班，养路工1918人（包含大集体职工）。1992年，永川公路养护总段所属3个分段并入重庆市公路养护总段后，下辖10个养护分段，182个养路道班，养路工2396人。至1996年，重庆市公路养护总段下辖10个养护分段，176个养路道班，养路工2145人。1997年公路体制改革，管理权限下放，重庆市公路养护总段管辖的大部分公路移交给区县，仅保留1个养护段，13个养路道班，养路工767人。

永川公路养护总段　1986年，永川市公路养护总段下辖3个养护分段，共有58个养路道班，养路工1375人。1991年，永川市公路养护总段下辖3个分段，52个道班。有全民所有制职工1355人，其中生产人员1083人，工程技术人员68人，管理人员204人，集体所有制职工136人。

重庆市公路养护管理段　1997年管理体制改革后，重庆市公路养护总段余下的公路养护二分段一部分合并到公路养护三分段，组建重庆市公路养护管理段，共有13个养路道班，养路工315人，管养重庆市近郊五区境内国省道公路及部分重要县道、专用公路32条，计263公里。随着重庆主城区的不断扩大，重庆市公路养护管理段管养的公路逐步城市化，成为城市道路。为便于管理，根据重庆市政府的要求，将已城市化的公路交由重庆市市政委员会管理。2005 年，重庆市公路养护管理段共有 13 个养路道班，养路工 165 人，管养国省道公路及部分重要县道、专用公路 11 条，计 115 公里。

三、县道乡道

1986 年，重庆市各区县有县道养护队（段）19 个，447 个专业养路道班，37 个季节性养路道路班。有固定养路工 1837 人，合同养路工 45 人，民工 690 人，临时工 1411 人。1997 年重庆直辖后，万县市、涪陵市、黔江地区并入重庆市，县道养护队伍共有 64 个养护队（段），1443 个养路道班，养路工 14298 人。2000 年，重庆市各区县（市）共有 58 个养护队段，1203 个养路道班，养路工 15663 人。2005 年，重庆市各区县（市）共有 52 个养护队段（公路局、所），935 个养路道班，养路工 16550 人。

乡道没有专门的养护队伍，是由当地农民利用农闲时间进行养护。

表 3 – 5　　　　2005 年重庆市公路养护机构及职工统计表

区县（市）及单位	养护工区（站、道班）（个）	养护企业（个）	公路职工（人）									
			合计	公路管理机构				道班				
				小计	管理人员	工程技术人员	工勤人员	小计	固定职工	合同制工人	临时工	其他
总计	948	20	16715	6577	2710	1049	3967	10138	5055	2673	1699	711
万州区	34	1	728	249	208	68	41	479	199	141	123	16
涪陵区	31		1135	587	155	68	432	548	369	173	6	
高发司		1	3026	3026	768	256	2258					
大渡口区	14		249	64	25	10	39	185	144		15	26
江北区	3	1	30	12	5		7	18	6		12	
沙坪坝区	6		54	24	17	5	7	30			30	
九龙坡区	5		34	9	6	3	3	25	5	10	10	
南岸区	5		12	8	4	3	4	4			4	
北碚区	5		204	28	20	7	8	176	50	45	81	
万盛区	13	1	241	93	27	10	66	148	36	52	60	
双桥区	1		12	5	5	1		7	6		1	
渝北区	39	4	403	164	97	38	67	239	100	139		
巴南区	59		496	44	40	9	4	452	180	102	170	
黔江区	46	2	449	81	81	20		368	168	120	80	
长寿区	11		219	79	59	24	20	140	80	60		
綦江县	46		439	76	53	17	23	363	224	52	57	30
潼南县	15		265	53	24	17	29	212	169	43		
铜梁县	22		442	44	19	6	25	398	6	118	70	204
大足县	9		198	22	22	4		176	105			71
荣昌县	14		227	38	29	11	9	189	107		82	
璧山县	12		280	125	85	29	40	155	155			

续前表

区县（市）及单位	养护工区（站、道班）（个）	养护企业（个）	公路职工（人）									
			合计	公路管理机构				道班				
				小计	管理人员	工程技术人员	工勤人员	小计	固定职工	合同制工人	临时工	其他
梁平县	19		356	54	33	15	21	302		207		95
城口县	34		259	46	43	11	3	213	213			
丰都县	27		252	68	48	19	20	184	99	77	8	
垫江县	22	2	237	39	34	14	5	198	86	92	20	
武隆县	35	4	315	34	27	13	7	281	148	82	51	
忠县	28		447	91	79	36	12	356	170	186		
开县	45		507	143	139	36	4	364	118	219		27
云阳县	4		464	71	64	15	7	393	393			
奉节县	23		551	66	54	15	12	485	160	93	62	170
巫山县	32	2	188	28	22	13	6	160	72	28	60	
巫溪县	19		235	26	24	6	2	209	106	49	54	
石柱县	36	2	431	42	18	18	24	389	81	33	273	2
秀山县	28		319	50	41	25	9	269	120	109	40	
酉阳县	47		433	72	16	14	56	361	205	83	73	
彭水县	72		373	81	67	28	14	292	131	54	107	
江津市	17		478	48	48	10		430	320		60	50
合川市	9		382	30	21	20	9	352	224	128		
永川市	13		260	58	41	25	17	202	112		90	
南川市	48		482	96	38	29	58	386	188	178		20
市局机关、直属单位			603	603	104	81	499					

第三节　养护机具

1986～1997年，重庆市的公路养护机具，由重庆市公路总段及各区县交通局向重庆市交通局提出购置计划，经重庆市交通局批复同意后，按计划购置。1997～2005年，则由各区县公路养护部门向其上一级交通主管部门提出购置计划，经同意后购置。重庆市高速公路养护机具，则由重庆市高速公路发展公司根据其公路养护工程需要，向重庆市交通局、重庆市交通委员会（2000年后为交委）提出购置计划，经批复同意后购置。

一、高等级公路

至2005年年底，重庆市高速公路发展有限公司拥有各类公路养护机具377台套，分布在其所辖7个营运公司。

成渝公司（115台套）。清扫车6台、隧道清洗车1台、扫水车（护栏清洗车）10台、道路养护车2台、稀浆封层车1台、高空作业车3台、洒油车1台、养护管理车35台、红岩拖挂车1台、发电机组10台、压路机10台、铣刨机3台、摊铺机4台、沥青拌和楼1台、清障车12台、消防车3台、吊车3台、检测设备测距仪1台、望远镜3个、钢尺5把、大电筒8支、经纬仪2台、裂缝观测仪2台、多功能照明灯3个。

渝涪公司（42台套）。养护管理车2台、巡查车1台、水车5台、清扫车3台、除渣车4台。热补车1台，YZC－8双钢轮压路机1台，五十铃交通工程维护车3台、装载机ZL50型1台、护栏校正机1台、砼拌和设备2台、立式夯机2台、小型平板夯机3台、小型发电机4台、热熔型画线设备1套、拖车3台、全站仪1台、望远镜2个、钢尺3把、强光电筒5支、裂缝刻度放大镜3个、裂缝塞尺1把、平整度测尺1把。

中渝公司（80台套）。养护管理车8台、巡查车3台、水车13台（部分带护栏清洗装置）、清扫车9台、除渣车12台、热补车2台、工人运送车4台、装载机1台、灌缝车11台、2米铣刨机1台、摊铺机1台、压路机1台、发电机组2组、破碎设备3台。拖车9台、高架车3台、桥检车1台、路面检测车1台，望远镜2个、钢尺3把、大电筒5支、经纬仪1台。

东渝公司（59台套）。养护管理车2台、巡查车5台、水车7台（部分带护栏清洗装置）、清扫车4台、除渣车9台、热补车3台、挖机1台、灌缝车11台、2米铣刨机1台、压路机1台、发电机组、破碎设备若干、拖车10台、高架车5台。检测设备：望远镜2个、钢尺3把、大电筒5支、经纬仪1台。

中信渝黔公司（22台套）。养护管理车2台、水车2台（部分带护栏清洗装置）、清扫车2台、综合养护车1台、压路机1台、道路养护车9台、高架车1台、拖车4台、望远镜2个、钢尺3把、电筒5支、裂缝观测仪1台、红外线测温仪1台。

渝邻公司（13台套）。养护管理车1台、巡查车1台、水车3台（部分带护栏清洗装置）、清扫车2台、除渣车1台、热补车1台，压路机1台，五十铃交通工程维护车1台、拖车2台。检测设备：望远镜2个、钢尺3把、大电筒5支。

铁发遂渝公司（46台套）。养护管理用车3台、巡逻用车2台、水车6台、清扫车4台、标线划线机1台、压路机2台、装载机1台、多功能补路机1台、轮式挖掘机1台、补路王1台、拖车4台、抢险工程车4台、吊车2台。养护检测类：升降车1台、望远镜2台、裂缝显微镜1台、刻度放大镜1台、照相机4台、铝合金折梯4架、自动安平水准仪1台。

重庆市高等级公路投资建设公司修建、经营的公路，养护工作均由公路所在区县（市）公路养护部门养护，无专门的公路养护机具。

二、国道省道

国道省道公路养护机具设备，随着旧机具的报废，新机具的购置，每年均有所变化。本志仅记述几个有代表性的年度情况。

重庆公路养护总段1986年有288台套：推土机5台、中（重）型压路机20台、轻型压路机12台、空压机10台、汽车式起重机1台、卷扬机3台、载重汽车45辆（258吨）、自卸汽车31辆（155吨）、碎石机22台、洒水车12台、沥青搅拌机1台、沥青摊铺机3台、沥青洒布车5辆、维修机床63台、发电机1台（30千瓦时）、2吨以下载重汽车52辆（52吨）、水泥搅拌机2台。经过逐年购置，至1996年增加到461台套，其中中（重）型压路机24台、轻型压路机15台、空压机7台、卷扬机5台、载重汽车94辆（523吨）、自卸汽车82辆（325吨）、碎石机24台、抽水机1台、洒水车12台、水泥砼拌机21台、沥青砼搅拌机1台、沥青摊铺机2台、沥青洒布车19辆、沥青洒布机1台、沥青搅拌机2台、维修机床39台、发电机21台（775千瓦时）、装载机9辆、2吨以下载重汽车81辆（112吨）、水泥搅拌机2台。1997年公路体制改革，管理权限下放，重庆公路总段将大部分机具设备随同公路一起移交给了区县，所剩筑路机具仅61台套，包括中（重）型压路机3台、空压机3台、载重汽车2辆、自卸汽车27辆、碎石机1台、抽水机3台、洒水车2台、水泥砼拌机11台、沥青砼搅拌机1台、沥青洒布车1辆、装载机1辆、水泥砼切缝机4台、发电机4台、装载机9辆、维修机床1台。

永川公路养护总段1986年有216台套：推土机2台、中（重）型压路机10台、轻型压路机20台、凿岩机4台、卷扬机2台、载重汽车16辆（88吨）、碎石机36台、抽水机2台、洒水车4台、沥青洒布机3台、沥青洒布车2辆、维修机床20台、发电机2台（17千瓦时）、2吨以下载重汽车6辆（12吨）、装载机87辆。1991年永川总段撤销，3个分段和机运站的164台套养护机具设备移交给重庆公路总段，有推土机2台、中（重）型压路机2台、卷扬机2台、载重汽车5辆（35吨）、自卸汽车22辆（152吨）、碎石机20台、抽水机2台、洒水机7台、沥青搅拌机1台、沥青洒布车10辆、维修机床22台、发电机6台（94千瓦时）、2吨以下载重汽车64辆（64吨）。

三、县道乡道

1997年有1029台套，其中推土机8台、挖掘机3台、中重型压路机70台、轻型压路机16台、空压机18台、凿岩机21台、载重汽车49台、自卸汽车220台、小型拖拉机12台、碎石机205台、抽水机9台、水泥砼搅拌机54台、沥青搅拌机4台、沥青摊铺机3台、沥青洒布机4台、沥青洒布车25辆、装载机23台、洗刨机1台、洒水车34辆、万能工程车1辆、综合养护车72辆、清扫车4辆、水泥砼切缝机23台、灰土拌和机2台、标志车6辆、划线机7台、发电机58台、维修机床77台。经过逐年购置，至2000年有1297台套，经过逐年报废淘汰，至2005年降至1180台套。其中推土机15台、挖掘机4台、铲运机4台、中重型压路机88台、轻型压路机35台、空压机36台、凿岩机14台、卷扬机7台、载重汽车37辆、自卸汽车157辆、小型拖拉机2台、碎石机115台、抽水机42台、水泥砼搅拌机73台、水泥砼摊铺机1台、沥青搅拌机13台、沥青摊铺机14台、沥青洒布机16台、沥青洒布车39辆、装载机45台、洗刨机6台、钻机2台、装载机51台、洗刨机3台、洒水车51辆、万能工程车1辆、综合养护车49辆、清扫车20辆、排障车14辆、水泥砼切缝机48台、灰土拌和机5台、标志车9辆、划线机19台、发电机121台1482千瓦、维修机床24台。

表3-6　　2005年重庆市公路养护机具统计表

机具名称	计量单位	数量	机具名称	计量单位	数量
推土机	台	15	沥青砼摊铺机	台	14
挖掘机	台	4	沥青洒布机	台	16
铲运机	台	4	沥青洒布机	台	39
中、重型压路机	台	88	装载机	辆	45
轻型压路机	台	35	铣刨机	台	6
空压机	台	36	钻机	台	2
凿岩机	台	14	洒水车	辆	51
履带式起重机	台	0	万能工程车	辆	1
轮胎式起重机	台	0	综合养护车	辆	49
汽车式起重机	台	0	清扫车	辆	20
卷扬机	台	7	排障车	辆	14
载重汽车	辆	37	桥梁检测车	辆	0
自卸汽车	辆	157	砼切缝机	台	48

续前表

机具名称	计量单位	数量	机具名称	计量单位	数量
大、中型拖拉机	台	0	灰土拌和机	台	5
小型拖拉机	台	2	平地机	台	0
碎石机	台	115	标志车	辆	9
抽水机	台	42	划线机	台	19
水泥砼搅拌机	台	73	发电机	台	121
水泥砼摊铺机	台	1		千瓦	1482
沥青砼搅拌机	台	13	维修机床	台	24

第四节　养护生产

重庆市公路养护方针是“预防为主，防治结合”，以路面养护为中心的全面养护。公路养护生产分为高速公路、高等级公路、国省干线公路和县乡公路。高速公路养护生产由重庆市高速公路管理集团下属各子公司实施，高等级公路养护生产由重庆市高等级公路投资建设公司实施。国省干线公路养护生产1997年前由重庆公路养护总段下属各分段实施，1997～2005年由各区县（市）公路养护部门实施，县乡公路养护生产由各区县（市）公路养护部门实施。

一、高速公路

重庆高速公路发展有限公司于2003年11月成立了养护部，负责重庆高速公路路基、路面、桥梁、隧道和路产养护生产。至2005年年底，重庆高速公路已通车路段有成渝路、渝涪路、上界路、渝黔路、渝武路、长万路、渝邻路、渝遂路共790公里，桥梁590座（其中特大桥12座）、隧道46座，养护任务艰巨。推行养护管理科学化、技术化、提高道路服务水平，是重庆高速公路养护生产的目标。保持道路完好，体现高速公路的安全、快捷、畅通和舒适，发挥高速公路的经济效益和社会效益，是高速公路养护生产的目的。开发利用养护新技术、新工艺、新材料和新设备，通过合理交通组织和优化养护施工作业区，缩短作业时间，做好及时性和预防性养护，提高养护质量，延长道路寿命，是高速公路养护努力的方向。

（一）大中修

成渝路（陈家坪至桑家坡）。大修：成渝高速公路是重庆的第一条高速公路，其大修带有示范和探索的作用。重庆市交通委员会重视养护大修工程，2004年以渝交委路〔2004〕43号文件，明确成渝高速公路在两年内完成路面大修。重庆高发司从设计、施工、监理、原材料等进行公开招投标。2004年7月3日至2004年12月13日，重庆渝达公司进行“225公里+300至240公里+430”的路面维修，总投资1882.5万元（未包括沥青费用）。重庆公路工程公司进行“316公里+980至327公里+100”的路面维修，总投资2806.5万元（未包括沥青费用）。2005年3月26日至2005年10月25日，重庆渝达公司进行240～264公里路面维修，总投资3013.5万元（未包括沥青费用）。2005年3月26日至2006年9月30日，重庆市公路工程公司进行“317公里+60至298公里+500”路段及白市驿立交路段进行路面维修，总投资2262万元（未包括沥青费用）。2005年3月26日至2006年11月10日，重庆通力高速公路公司进行273～293公里路面维修，总投资4155万元（未包括沥青费用）。2006年3月10日至2006年6月26日，重庆通力高速公路养护工程有限公司进行成渝高速公路2004、2005年大修后余下路段及白市驿立交、永川立交、荣昌立交等路段维修，总投资556.5万元（未包括沥青费用）。成渝高速公路大修历时3年，大修工程费总计24024万元。经过大修，全线路面达到原设计效果。

中修：成渝高速公路自1994年通车至2005年，全线共投入资金5930.8万元，进行了66次中修，均达到优良工程。其中1995年5次，投资671万元；1996年6次，投资444万元；1997年5次，投资807万元；1998年6次，投资569万元；1999年6次，投资643万元；2000年8次，投资592万元；2001年5次，投资1019万元；2002年4次，投资307万元；2003年5次，投资211万元；2004年8次，投资516万元；2005年7次，投资151.8万元。

长万路（长寿至万州）。2005年底前未进行大修。至2005年进行了14次中修，均达到优良工程。其中2004年3次，投资67.4万元；2005年11次，投资420.5万元。

渝长路（上桥至长寿）。2005前未进行大修。中修共进行了4次，投资544万元。

渝黔路（童家院子至崇溪河）。2005年前未进行大修。2004～2005年共进行了47次中修，均达到优良工程。其中2004年28次，投资1962.6万元；2005年度29次，投资1641.6万元。

渝武路（人和至武胜）。2005前未进行大修。2004～2005年共进行了16次中修，均达到优良工程。其中2004年7次，投资119.5万元；2005年9次，投资412.6万元。

上界路（上桥至界石）。2005年前未进行大修。2004～2005年共进行了20次中修，均达到优良工程。其中2004年10次，投资830.6万元；2005年10次，投资475.7万元。

綦万路（綦江至万盛）、渝邻路（重庆至邻水）、万开路（万州至开县）、长涪路（长寿至涪陵）2005年前未进行大中修。

（二）小修保养

重庆高速公路的小修保养，主要是日常保养和路面保洁。各条路的管理单位（公司）根据养护保养保洁的内容和里程，每年拟定养护保养保洁计划，下达给管理所（中心），由管理所（中心）组织沿线民工实施保养保洁，落实责任。

表3－7　　1994～2005年成渝公路小修工程统计表

单位：万元

年度	维修费用	保洁费用	维护费用
1994	29.34	10.34	19
1995	44.00	15.00	29
1996	66.00	22.00	44
1997	99.00	33.00	66
1998	148.00	48.00	100
1999	207.20	68.20	139
2000	203.82	67.82	136
2001	203.12	67.12	136
2002	322.08	107.08	215
2003	322.00	107.00	215
2004	371.40	122.40	249
2005	302.03	100.03	202

表3－8　　2004～2005年长万路小修工程统计表

单位：万元

年度	保洁费用	保养费用	小计
2004	70.80	171.21	212.01
2005	75.62	288.456	364.076

表3－9　　2004～2005年长涪路小修工程统计表

单位：万元

年度	项目	资金
2004	绿化养管	62.07
	清扫保洁	35.55
	隧道维护	17.01
	路面维护	97.74
	边网维护	12.12
	路基、边坡、边沟维护	17.18
	累　计	241.67
2005	绿化养管	55.82
	清扫保洁	36.57
	隧道维护	12.76
	砼路面维护	25.12
	沥青路面维护	57.36
	边网维护	15.65
	沿线收费设施维护	6.43
	路基、边坡、边沟维护	16.53
	涵洞清理	7.06
	桥梁支座维护	0.72
	桥梁栏杆维护	14.66
	累　计	248.68

表3－10　　2004～2005年渝长路小修工程统计表

单位：万元

年度	项目	资金	备注
2004	绿化养管	124.13	
	清扫保洁	71.10	
	隧道维护	34.02	
	路面维护	195.47	
	边网维护	24.24	
	路基、边坡、边沟维护	34.37	
	累　计	483.33	

续前表

年度	项目	资金	备注
2005	绿化养管	111.64	
	清扫保洁	73.14	
	隧道维护	25.53	
	砼路面维护	50.23	
	沥青路面维护	114.71	
	边网维护	31.31	
	沿线收费设施维护	12.86	
	路基、边坡、边沟维护	33.05	
	涵洞清理	14.11	
	桥梁支座维护	1.45	
	桥梁栏杆维护	29.32	
	累　计	497.35	

表3-11　　2004~2005年渝黔路（一期）小修工程统计表

单位：万元

年度	项目	金额
2004	渝黔高速公路保洁工程合同	60
	渝黔路标线修补合同	5.34
	渝黔高速公路边沟边坡、涵洞、隧道保养工程合同	37.76
	渝黔高速公路外环段（童家院子至四公里）绿化养护合同	63.26
	渝黔高速公路外环段（四公里至雷神店）绿化养护合同	87.14
	渝黔路防撞护栏、隔离网（墙）维修合同	305.19
	渝黔高速公路路面工程维修合同	6.27
	渝黔高速公路路面工程维修合同	39.89
	渝黔、渝合、上界路隔离栅日常维修合同	6.41
2005	渝黔高速公路边沟边坡、涵洞、隧道保养工程合同	37.76
	渝黔高速公路保洁工程合同	66
	渝黔高速公路外环段（童家院子至四公里）绿化养护合同	65.1
	渝黔高速公路（四公里至雷神店）绿化养护合同	85.34
	渝黔路标志牌维修合同	7.58
	渝黔路沿线水毁及其其他零星抢险工程施工合同	17.47
	渝黔高速公路标线维修合同	32.62

表 3－12　**渝邻路小修工程统计表**

单位：万元

序号	施工日期	施工里程	承包单位	工作内容	资金（万元）
1	2004 年 11 月	K166 沙树湾中桥维修	重庆通力养护工程有限公司	机械钻孔植筋、浇筑 C30 砼	15.5
2	2004 年 7 月	K152＋000－K204＋499 段路面	重庆通力养护工程有限公司	路面坑槽	2.9
3	2005 年 1 月	渝邻路所有排水沟、涵洞	重庆渝西建筑工程有限公司	水沟、涵洞清理	24
4	2005 年 1 月	K152－K204＋499 段路面	重庆通力养护工程有限公司	路面坑槽、龟裂、沉陷、拥包	28

表 3－13　**渝武路小修工程统计表**

单位：万元

年度	项目内容	金额
2005	绿化养护	74.81
	边沟边坡、涵洞、隧道保养	24.39
	路面保洁	33.00
	标志牌维修	14.57
	公路轮廓标维修	4.34
	西山坪隧道消防管道	0.58

表 3－14　**内环（上界）路小修工程统计表**

单位：万元

年度	项目内容	金额
2004	公路保洁	24.60
	边沟边坡、涵洞、隧道保养	11.02
	公路绿化养护	25.03
	防撞护栏、隔离网（墙）维修	58.80
	渝黔、渝合、上界路隔离栅日常维修	4.46
2005	边沟边坡、涵洞、隧道保养	10.31
	公路绿化养护	23.77
	公路保洁	27.06
	公路轮廓标维修	1.52

表 3－15

2005 年高速公路明细表

路线编号	路线名称	管养单位	通车时间	验收时间	起止点名称(公里)		起止点桩号(公里)		里程(公里)		
					起点	止点	起点	止点	合计	四车道	六车道
合　计									748.296	662.228	86.068
G050000000	渝湛线	中渝公司	20011226	2003 年	童家院子	雷神店	0.000	134.128	48.178	48.178	
G050000000	渝湛线	高发司	2002	2002 年	童家院子	雷神店	0.000	0.000	－3.107	－2.769	－0.338
G050000000	渝湛线	中渝公司	20011226	2003 年	童家院子	雷神店	0.000	85.059	88.166	56.338	31.828
G050AOO0000	渝湛支线	中渝公司	20021206	2003 年	上桥	界石	0.000	0.000	22.406		22.406
G055000000	沪蓉线	东渝公司	20031226	2005 年	万州	长寿	0.000	181.426	181.426	181.426	
G055000000	沪蓉线	成渝渝涪	20000428	2002 年	长寿桃花街	桑家坡	0.000	211.761	195.834	163.662	32.172
G055A000000	沪蓉支线	成渝公司	19941028	1997 年	陈家坪	上桥	0.000	4.000	4.000	4.000	
G212000000	渝合路	中渝公司	20020628	2004 年	余加湾立交	马鞍石嘉陵江大桥	0.000	10.700	10.700	10.700	
G212000000	渝合路	中渝公司	20020628	2004 年	马鞍石嘉陵江大桥	东阳镇与草街分界线	10.700	37.500	26.800	26.800	
G212000000	渝合路	中渝公司	20020628	2004 年	东阳镇与草先街镇分界线	合川涪江二桥连接线	37.500	58.724	21.224	21.224	
G212000000	兰渝线	中渝公司	20020628	2004 年	合川上什字	合川涪江二桥连接线	1058.967	1151.566	33.875	33.875	
G319000000	夏成线	渝涪公司	20001228	2003 年	黄草山隧道进口	长寿桃花街	0.000	0.000	1.373	1.373	
G319000000	夏成线	渝沿公司	20001228	2003 年	涪陵长江大桥北	黄草山逐道进口	2275.821	2294.572	18.751	18.751	
G319000000	夏成线长寿段	渝涪公司	20001228	2003 年	黄草山隧道进口	长寿桃花街	2294.572	2309.194	13.249	13.249	
S101500000	渝邻路	渝邻公司	20040715	2005 年	邻水邱家河	江北黑石了	152.000	205.499	53.108	53.108	
S305500000	綦万路	中渝公司	20040915	2005 年	綦江母家湾	万盛红砖厂	0.000	32.313	32.313	32.313	

二、高等级公路

（一）大中修

重庆高等级公路大中修养护生产，由重庆高投司负责实施。2004～2005年期间，高投司共完成大中修工程804公里，投入资金21864.46万元。其中大修路段有省道303线石雷路三江至麻坝河大桥21.8公里，垫忠路复兴场至任家镇65.1公里，国道319线璧山县城至西泉13.85公里，彭水县境内26.4公里。中修路段有县道璧山福八路25.4公里，国道319线西泉至铜梁，县道铜大路铜梁至雍溪段，县道铜合路铜梁至合川32.4公里，省道303线丰石路（丰都至石柱）42公里，国道319线武隆至彭水界65.8公里，武隆县峡门口至白马桥头23.4公里，省道垫忠路垫江段33.3公里，县道荣泸路（荣昌至泸州）荣昌段17公里，石西路（石柱至西沱）42.6公里，省道大邮路东观大转盘至邮亭大牌坊30.3公里，县道潼南王兴路22.9公里，国道319线潼段17.8公里，县道荣吴路（荣昌至吴家）长35.7公里，省道108线璧山段，县道城丁路，国道319线璧山段11.8公里，县道福八路8公里。国道319铜梁段52.5公里，县道铜大路10.2公里，铜合路33公里。

（二）小修保养

2003年9月至2005年，重庆高投司根据各营运公路所在行政区域划分管养范围，采用合同管理的方式，每年度将各辖区内公路发包给当地公路管养部门或有相应资质的社会承养单位进行小修维护，三年间共投入小修保养资金915.57万元。收费所负责辖区内营运公路日常保洁的监督、检查及考评工作 。

三、国道省道

重庆市的国省道公路养护生产，1986～1991年期间，重庆市交通局下达公路养护计划给重庆公路养护总段和永川公路养护总段，两个总段分别将计划分解到下属各分段，由各分段组织实施。各分段每月、总段每半年、市交通局每年组织检查公路养护计划落实情况，表彰先进，激励后进。1992年，永川总段撤销合并至重庆总段后，由重庆市公路养护总段组织实施半年和年度检查。1997年重庆直辖，撤销重庆市公路养护总段，将其管养的国省道公路下放给各区县，实行属地管理和养护。1998年重庆市公路局成立后至2005年，则由重庆市公路局实施行业管理，实行目标考核。

1986年，公路养护贯彻“全面规划、加强养护、积极改善、重点发展、科学管理、保障畅通”24字方针，1995年调整为“全面规划、协调发展、加强养护、积极改善、科学管理、提高质量、依法治路、保障畅通”32字方针。按照这一方针，重庆国省道公路养护注重普及与提高相结合，以提高现有公路通行能力为主。根据具体情况，公路管养部门每年制订出合适的工作目标任务，改善公路况，提高通行能力。1987年实施“改革、开放、搞活”，以“双增双节”促全面养护。1988年，养护工作试行段长负责制。1989年，公路养护战胜特大洪涝灾害，保证公路畅通。1992年，开展向张家滩、同乐道班学习活动，公路养护科学管理，精打细算，增产节约。1993年四川省政府提出公路“三年再变样，八年保通畅”目标，公路养护的重点是近郊进出口道路和干线公路。1995年整治超龄油路公路新（改）建、油路大修同GBM工程建设相结合，小修保养同路基整形、路肩硬化、排水设施完善配套相结合。2002年，以“八小时重庆”和“通县油路”工程的实施促进养护生产。

公路好路率是公路养护的重要指标。1986年重庆市公路好路率国省道为72%。1987年对好路率“挤水分”，公路好路率降为55.6%，路面等级有所提高，增加良等路27公里，消灭差等路25公里。以1988年公路好路率66.6%为基础，公路好路率每年较上年分别净增4%、2%、3%、2.9%、1.2%、0.5%，至1996年达70%，公路优良里程1315公里。1997年重庆市直辖后，重庆市交通局管理范围扩大到万县、涪陵、黔江两市一地，公路里程增加至27045公里，其中国道公路增加至1672公里，省道公路增加至2858公里。按照中共重庆市委1997年1号文件要求，重庆市交通局将国省干线公路下放到区县（市）进行属地管理和养护。各区县（市）结合实际，改建国省干线，实施 GBM 工程，开展文明样板路建设，提高公路好路率。1998 年国省道好路率为 77.2%，比 1997 年提高 2%。从 1999 年起每年公路好路率以 2% 递增，至 2005 年达到 91.5%，完成 GBM 工程 4372.3 公里，国道 210 线和 319 线 969.2 公里创建为部级文明样板路。2002 年实施“八小时重庆”和“通县油路”工程，养护质量统计推广使用公路统计信息系统（GHSS），每月录入公路养护质量情况。

至 2005 年，重庆市公路管养总里程 38215 公里。按行政等级分，有国道公路 1853 公里、省道公路 4084.4 公里、县道公路 15808 公里、乡道公路 15604.4 公里、专用公路 865.3 公里。按技术等级分，有等级公路 30834.6 公里，其中高速公路 748.3 公里，占 1.96%；一级公路 305.6 公里，占 0.8%；二级公路 4675.7 公里，占 12.2%；三级公路 4359.8 公里，占 11.4%；四级公路 20745.2 公里，占 54.3%；等外级公路 7380.4 公里，占 19.3%。二级以上公路里程为 5729.6 公里，占公路总里程的 15%；等外级公路里程为 7380.4 公里，比 2004 年减少 917.4 公里。公路密度按国土面积计 46.4 公里/百平方公里，按人口计 12.1 公里/万人。晴雨通车里程 30834.6 公里，公路绿化里程 17426.5 公里，绿化率 59.7%。

（一）大中修

重庆市公路养护大中修，以整形路、油路翻修、油路罩面、新铺油路、新铺水泥砼路面、泥结碎石路面加铺为主要内容。1986～1997 年重庆市计划单列时期，共完成油路翻修 876.3 公里，油路罩面 265.6 公里，新铺油路 153 公里，水泥砼路面 223.1 公里，泥结碎石路面加铺 483.6 公里。大中修重点项目有川黔路四大段一级路改造，川汉路、晏葛路二级路改造，绵璧公路（璧山县境）二级路改造，319 线长寿东兴村至回龙寨段新铺油路，国道 212 线沙坪坝至北碚公路的水泥砼路面改造，江津渝东路改造等。1997 年至 2005 年期间，重庆市的公路大中修，除了继续以整形路、油路翻修、油路罩面、新铺油路、新铺水泥砼路面、泥结碎石路面加铺外，增加了库区移民公路和国道 210 线、319 线创部级文明样板路等新内容。新改建二级公路 1648 公里，新铺水泥砼路面 957 公里，新修油路和油路改造 339 公里。完成 GBM 工程 4049 公里，完成国道 210 线、319 线 899.7 公里文明样板路创建。大中修重点项目有綦江至万盛二级路，大足至邮亭二级路，白市驿至西彭一级路，罗王路水泥砼路面，G319 线山洞至青木关段。

（二）小修保养

重庆市坚持对公路及其附属设施进行预防性保养和修补其轻微损坏部分，使之经常保持完好状态。国省道公路小修养护由专业养护队伍进行日常养护。国省道公路养护质量的评定标准，1985 年至 1994 年执行交通部《公路养护质量检查评定暂行办法》，1995～2005 年执行的标准是交通部《公路养护质量检查评定标准》（JTJ075－94）。

重庆市国省道公路养护小修分为三个时间段。1985～1991 年，为四川省交通厅公路局行业管理，重庆市交通局行政管理，由永川、重庆两个公路养护总段制订并下达计划，由所属各养路段、道班完成公路日常小修保养、保洁，即小修工程。小修经费由重庆市交通局按计划安排到两个总段，再由总段安排至各养路（分）段执行实施。1991～1997 年，永川总段并入重庆总段，由重庆公路总段制定并下达计划，由各养路（分）段具体实施。1997 年至 1998 年 9 月，重庆市交通局负责管理涪陵、黔江、万县、重庆市 4 个公路总段。小修保养由 4 个总段分别上报重庆市交通局，经批准后由各总段下辖各分段组织道班实施。1998 年 9 月至 2005 年，国省道公路下放到各区县（市）管理，重庆市公路局负责行业管理。公路小修计划由各区县（市）公路局（所）或养路段制定，由所在区县交通主管部门批准后，组织道班实施。小修经费由各区（市）县交通局按重庆市交委、市公路局返还其所收取的公路养路费比例分成款直接安排所管理的公路局、养路段。

1991 年公路小修保养 1835 公里。重庆、永川两个总段的好路率均净增 2%。国省道、旅游公路及近郊公路保持路面平整，行车安全畅通。各道班学习张家滩班公路养护“五个一”（一年自力更生改1个弯、降1个坡、改1段边沟、砌1处挡墙、植1公里行道树）经验。至2005年年底，重庆市国省道养护里程为5937.4公里，其中国道1853公里、省道4084.4公里。国道好路率为92.5%，综合值为84.4。省道好路率为88.7%，综合值为81.4（2005年公路统计年报数据）。

实施GBM工程是公路小修科学养护的重要内容，是加强公路养护的重要措施。根据交通部《国省主干线GBM工程实施标准》和《四川省GBM工程实施标准》，1993年，重庆市在总结前几年实施GBM工程经验的基础上，制订了重庆市公路实施GBM工程规划以及不同等级、不同路段实施GBM工程的标准图，下达给重庆市公路总段实施，将小修保养和路基整形、路肩硬化、排水设施完善、配套相结合。1993年完成GBM工程145.2公里。其中老成渝公路（S108线）138.5公里重点进行了配套完善，使GBM工程全线基本贯通。实施GBM工程使路肩硬化、黑色化，路面有效宽度增加1.5～5米。水沟浆砌“三面光”，形成了较为完整的排水系统，实现了田路分家，增加了路基的稳定性，延长了路面维修周期，水毁损失和断道阻车现象减少，提高了公路的抗灾能力。提高了行车速度和公路通行能力，减少了交通事故。至2005年年底止，重庆市国省道公路已实施GBM工程2890.9公里。

在国省道公路养护中，涌现出了许许多多的先进道班，重庆市公路总段二分段张家滩道班就是其中的一个。

张家滩道班地处巴县接龙山区，建于1959年，有职工8人，管养着8公里的泥结碎石公路。这条公路是“大跃进”年代仓促上马修建的，没有按照技术规范施工，路面狭窄（仅有3.5～4米宽）。路基不稳，8公里路有76个弯道，3座桥梁，41个涵洞，是典型的弯多、坡陡、路窄，养护难度大的等外级公路。尤其是“文革”期间，这条公路更是破烂不堪，行车非常困难。到1979年，好路率才恢复到17%。1979年开始，张家滩道班认真贯彻全面养护方针，加强班组建设，落实承包责任制，发扬自力更生，艰苦奋斗，苦干、实干精神，彻底改变了这条公路的落后状况，好路率逐年提高。到1984年就提高到50%，超过重庆市、四川省平均好路率的20%左右。1985年底，好路率上升到85%。1986年好路率达到100%。8公里泥结碎石路全部达到良等路水平，比省、市平均好路率高出50%左右。

1985～1988年，张家滩道班广泛开展劳动竞赛，在保持好路率100%的基础上，全班员工利用休息时间，加宽改造弯道9个，修砌石边沟2.4公里，接长涵洞10个，拓宽路面2.8公里（5300平方米）。经过多年的艰苦奋斗，将原来3.5～4米宽的路面加宽到4.5～8.5米宽，可行路面的宽度平均增加2.5米，将所管养的3公里等外路提高为四级公路。按照工程定额计算，要完成上述中小修工程，加上人工费等需要投资11万元左右。而他们没有向上级要一分钱。为了节约绿化费，全班宁肯掏钱买菜吃，也把业余时间开垦的0.5亩菜地改为苗圃，4年共育树苗2500株，节约资金4800元。1988年，张家滩道班自修十字镐、手推车、自捡片石，节约经费1375元。严格技术规程，精心养护，大大延长了公路的使用周期，年公里成本计划2850元，只用了2700元，每公里节约150元，8公里共节约1200元。张家滩道班所管养的8公里路常年保持了路面平整无坑凼，路肩整洁无堆积物，边沟畅通，桥涵无损坏，行车安全舒适，被驾驶员誉为“土柏油路”。“扎根山区养好路，甘当四化铺路石”是张家滩道班职工的追求。张家滩道班作为全国10万个道班的唯一代表于1990年荣获了全国“五一劳动奖状”。

四、县乡村道

重庆市农村公路养护，采用“民办公助”“民工建勤”和“自建自养”等方式。县乡公路以各区县（市）的专业养护队伍加上部分临时工、合同工进行养护为主，乡村公路以村民自建自养为主，常年养护与季节性养护相结合。至2005年年底，重庆市农村公路总里程119074.7公里，其中县道公路为15808公里，乡道公路15604.4公里，村道公路87662公里。县道公路养护好路率

77.3%，综合值75.3；乡道公路养护好路率28.03%，综合值55.4。农村公路养护资金来源为三个方面，一是拖养费，二是民工建勤以金代劳资金，三是重庆市交通局每年给予一定的补助。拖养费由各区县（市）自收自支，本志书不记述。

（一）民工建勤费补助县乡公路

农村公路养护由于资金缺乏，给养好公路带来一定难度，县乡道养护经费，民勤代金要占三分之二左右。在养路经费不足的情况下，民工建勤是养好农村公路的必要条件。每年由重庆市政府向各区县下达民工建勤计划，由各区县再下达给各公社（乡）、大队（村）具体实施。1986年前，民工建勤以出工建勤为主。1987年民工建勤开始实行以车代金，以金代劳与车辆建勤相结合的政策，当年收取以金代车经费52.7万元，车辆上路建勤15.3个车日，使用民工建勤工日135.6万个。1988年《公路管理条例和实施细则》颁布后，民工建勤逐步制度化，实行“一年定包，三年不变”办法。将过去民工建勤直接投劳逐步转为以金代劳，此政策一直延续到1998年为减轻农民负担，取消民工建勤为止。至1989年19个区中有4个区全部实行以金代劳，15个区县实行两者相结合，恢复了车辆建勤制度。1984年前，民工建勤的主要工作是锤碎石和清理公路边沟等直接养护县乡公路。1991年参与标美路和整形路，栽植行道树等工作。从1984年开始，重庆市用民勤加宽公路，实施“一年加宽、二年改造、三年配套、四年完善”的工作目标，至1987年重庆市共加宽公路6000多公里，有4名县长7名交通局长分获四川省政府评出的“马路县长”“马路局长”称号。1988~1998年，重庆市公路民工建勤里程7503公里，完成民勤工日7312.8万个。其中以金代劳4360.2万工日，收代金6314.6万元，机动车收代金27842万元。民勤代金建勤里程每公里平均达1076元。直接投劳工日32030.9万个，完成车工日26万个。公路民工建勤工作，使重庆市路况普遍得到提升，尤其是县、乡道路更为突出。如大足县1991县道好路率为80.8%，比1990年提高13.6%；乡道好路率为57.2%，比1990年提高16%。长寿县县道好路率1991年达59.3%，比1990年增加了9.6个百分点。巴县县道好路率由1990年的52%上升到1991年的58.4%。

（二）养路费补助县乡公路

重庆市交通局每年给予县乡公路养护一定的经费补助。其中1992年补助县道公路年公里小修保养经费1900元，乡道公路养护年公里补助400元。1995年1月起县道公路小修保养补助调整为2300元/年公里，特殊流量大的路段年公里再增加200元。乡道养护补助不变。按照交通部交规划发〔2000〕418号通知要求，从2004年起，重庆市交通委员会、重庆市公路局对县道公路养护资金补助3500元/年公里、乡道补助1000元/年公里、村道补助500元/年公里。县乡公路养护经费补助中，包含了大中修工程、公路绿化、渡口维修、船舶维修等费用。

（三）部分重要县道养护

1985~1991年，重庆市部分重要县道公路由重庆、永川两个公路总段分别负责实施养护管理。县道和部分乡道公路养护由各县（市）交通局及下属的养路队（段）实施养护管理。乡道和所有村道公路均由各乡镇人民政府负责管理并实施公路养护。1991~1997年，部分重要县道公路由重庆市公路总段实施养护管理，其他养护管理不变。县乡公路大中修工程项目由重庆市交通局戴帽下达，工程结束后，各区县（市）交通局向重庆市交通局报送决算报表和工程竣工验收报告。1998~2005年，重庆市所有的县乡公路均由区县（市）交通局及下属的养路队（段）实施养护管理。村级公路养护管理方式不变。

1991年度县乡公路养护工程内容是：綦江县县道大中修工程整形路90公里，改建双河、雷家山、长岗垭道班房各350平方米，水毁恢复郭扶路、隆莲路等新建挡土墙。巴县县道大中修工程整形路150公里，改建道工房走马、芦沟、麻柳、鲤鱼石、双胜工班各218平方米，木洞工班370平方米，木扇路37公里处滑坡处理。江北县县道大中修工程整形路80公里，水偏路油路罩面5公里，新建堕复路道工房2座，共700平方米，队部机修房、车房等外迁，计980平方米。长寿县大中修工程整形路80公里，改建三合工班房300平方米，葛双路双龙场口桥加宽至8米，新建石塔坡汽车渡口挡墙，新建长江汽车渡口房750平方米，长江汽车渡口趸船大修，渡口维护（蔡花沱长江汽车渡、石塔坡汽车渡）。永川县大中修工程整形路90公里，永津路1.5公里基层补强，永基路4公里、青丰路1公里油路罩面，新建材料库房、车队食堂200平方米，永吉路、永津路、永青路、永松路，改三级路段共47公里；改建双凤工房500平方米。荣昌县大中修工程整形路30公里，改建观胜道工房350平方米，荣吴路新丰桥70米加宽扫尾，贫困乡公路改造。大足县大中修工程整形路80公里，城宝路油路罩面3公里，龙玉路新铺油路2公里，城宝路化龙桥加宽。铜梁县大中修工程整形路年100公里，铜合路、环城路新铺油路（改三级路标准）3公里，段部食堂等改建。合川县大中修工程整形路120公里，云门码头改造，盐井码头引道砼路面820米，仲乐路会龙桥改建线路120米，改建道工房800平方米。渡口维护，船驳大中修，云门码头改造、加宽至9米。璧山县大中修工程整形路40公里，新建职工宿舍800平方米，接八路、大浸路水毁恢复挡墙。江津县大中修工程整形路150公里，渝东路油路3.8公里罩面，林区路、李市至合江路、渝东路巴县段21公里处新建挡土墙，竹林湾至油溪路，小板桥拱桥改建为钢筋砼板桥，船驳维修囤船大修，朱羊溪码头续建。潼南县大中修工程整形路40公里，潼兴路、潼柏路、古玉路大修，小桥加宽各4米，渡口维护。船驳大中修。南桐区大中修工程整形路18公里，轮子坡至两河路加宽改造7.1公里，赶水至青年路0~3公里改造为三级路，新建道工房与区交通局合建400平方米。南岸区大中修工程，鸡冠石至溪沟路，水毁整治等，懋广路码头整治。江北区大中修工程，唐铁支路（大扩口至广场）延伸1公里（集资工程）。

（四）县乡村公路技术状况

2004年重庆市县乡村（农村）公路总里程为113134公里，其中有铺装路面6271.2公里、简易铺装路面3376.4公里、未铺装路面103486.3公里。至2005年年底，重庆市农村公路总里程119074.7公里，其中县道公路为15808公里、乡道公路15604.4公里、村道公路87662.3公里。县乡村公路养护质量，1985~1994年参照执行交通部《公路养护质量检查评定暂行办法》，1995~2005年执行的标准是参照交通部《公路养护质量检查评定标准》。2005年底，县道公路养护好路率77.3%，综合值75.3；乡道公路养护好路率28.03%，综合值55.4。

（五）县乡村（农村）公路养护体制管理模式探索

为认真贯彻执行《国务院办公厅关于印发农村公路管理养护体制改革方案的通知》（国务院办公厅国办发〔2005〕49号），通过2005年一年的研究，于2005年12月由重庆市公路局和重庆市交通大学完成了《重庆市农村公路养护管理研究》项目课题。该项目来源于重庆市交通委员会。研究课题针对重庆市农村公路的养护管理问题，进行了详细的调查、分析、研究，提出了农村公路养护管理体制可采取委托管理与分级管理模式相结合的形式，明确了“十五”期间重庆市农村公路养护管理机制。

表 3-16

2005 年重庆市公路里程技术等级数统计表

单位:公里

项目	总计	等级公路									等外公路
		合计	高速公路			一级	二级	一幅高速	三级	四级	
			小计	四车道	六车道						
一、上年底到达数	32344.12	24046.33	714.42	628.35	86.07	186.85	4165.78		4164.92	14814.36	8297.79
1. 国道	1861.45	1850.72	629	542.93	86.07	45.40	970.33		174.30	31.68	10.74
其中:国道主干线	547.74	547.74	536.90	450.84	86.04	10.83					
2. 省道	4038.73	3661.18	85.42	85.42		97.63	1803.88		964.03	710.21	377.55
3. 县道	10545.73	8537.54				42.81	1306.37		2239.63	4948.73	2008.19
4. 乡道	14925.88	9320.97				1.00	35.40		677.54	8607.03	5504.91
5. 专用公路	972.319	675.919					49.8		109.415	516.70	296.40
二、本年新建数	558.22	558.22	33.88	33.88		20.05	41.90		28.80	433.60	
1. 国道	33.88	33.88	33.88	33.88							
其中:国道主干线											
2. 省道											
3. 县道	266.73	266.73				20.05	31.40		25.60	189.69	
4. 乡道	257.62	257.62					10.50		3.20	243.96	
5. 专用公路											
三、本年改建变更数	5312.66	6230.10				98.74	468.03		166.12	5497.21	-917.44
1. 国道	-42.34	-42.34				1.49	-41.03		-2.80		
其中:国道主干线											
2. 省道	45.65	154.19				41.98	181.54		-27.63	-41.70	-108.54
3. 县道	4995.49	4805.17				56.27	329.16		423.22	3996.52	190.32
4. 乡道	420.87	1408.47				-1	-1.65		-218.70	1629.82	-987.61
5. 专用公路	-107.01	-95.39							-7.97	-87.43	-11.62

续前表

项　　目	总　计	等　级　公　路									等外公路
		合计	高速公路			一级	二级	一幅高速	三级	四级	
			小计	四车道	六车道						
四、本年年底到达数	38215.00	30834.65	748.30	662.23	86.07	305.63	4675.71		4359.84	20745.17	7380.35
1. 国道	1852.99	1842.25	662.88	576.81	86.07	46.89	929.30		171.50	31.68	10.74
其中:国道主干线	547.74	547.74	536.90	450.84	86.07	10.83					
2. 省道	4084.38	3815.37	85.42	85.42		139.61	1985.42		936.40	668.51	269.01
3. 县道	15807.95	13609.44				119.13	1666.93		2688.45	9134.94	2198.52
4. 乡道	15604.36	10987.06					44.25		462.04	10480.77	4617.30
5. 专用公路	865.31	580.53					49.80		101.45	429.30	284.78

注:表中“－”为减少。

表 3－17

2005 年重庆市公路里程路面类型统计表

单位:公里

项目	总计	有铺路装路面(高级)			装路面(次)	未铺装路面(中级、低级、无路面)	晴雨通车里程	可绿化里程	已绿化里程	养护里程
		合计	沥青砼	水泥砼						
一、上年底到达数	32344.10	9946.13	1715.92	8230.21	2232.11	20165.88	31882.71	25295.13	16331.20	32225.90
1. 国道	1861.45	1655.06	956.96	698.10	196.64	9.75	1861.45	1669.07	1607.42	1834.65
其中:国道主干线	547.74	547.74	458.79	88.95		0	547.74	525.88	525.88	547.74
2. 省道	4038.73	2955.59	369.06	2586.53	335.01	748.137	4036.08	3465.35	2940.942	4028.24
3. 县道	10545.70	3879.87	377.31	3502.57	1133.49	5532.37	10517.58	8962.92	7232.87	10466.80
4. 乡道	14925.80	1136.98	12.60	1124.38	509.38	13279.53	14543.78	10486.93	4200.63	14923.80
5. 专用公路	972.32	318.64		318.64	57.59	596.09	923.82	710.85	349.34	972.32
二、本年新建数	558.22	134.88	72.40	62.48	61.43	361.91	558.22	485.49	132.35	558.22
1. 国道	33.88	33.88	33.88				33.88	27.52	27.52	33.88
其中:国道主干线										
2. 省道										
3. 县道	266.73	90.50	28.03	62.48	58.23	118.00	266.73	210.85	104.84	266.73
4. 乡道	257.62	10.50	10.50		3.20	243.92	257.62	247.12		257.16
5. 专用公路										
三、本年变更数	5312.65	1008.90	381.12	427.77	213.10	4090.66	49	3418.47	962.99	5075.43
1. 国道	－42.34	－43.33	9.56	－52.98		0.98	－42.34	－40.34	8.99	－15.55
其中:国道主干线										
2. 省道	45.65	143.10	119.44	23.65	－2.59	－94.86	48.30	37.79	34.96	56.14
3. 县道	4995.49	1251.26	250.78	1000.48	424.07	3320.16	4938.01	3685.68	1685.61	4989.22
4. 乡道	420.87	－309.81	1.25	－311.06	－177.73	908.41	64.69	－153.15	－697.35	152.62
5. 专用公路	－107.00	－32.32	0	－32.32	－30.65	－44.0347	－102.66	－111.51	－69.22	－107.00

续前表

项目	总计	有铺路装路面(高级)			装路面(次)	未铺装路面(中级、低级、无路面)	晴雨通车里程	可绿化里程	已绿化里程	养护里程
		合计	沥青砼	水泥砼						
四、本年底到达数	38214.90	11089.90	2169.44	8920.46	2506.64	24618.45	37346.93	29199.08	17426.54	37859.60
1. 国道	1852.98	1645.60	1000.48	645.12	196.64	10.74	1852.99	1656.25	1643.93	1852.98
其中:国道主干线	547.74	547.74	458.79	88.95	0	0	547.74	525.88	525.876	547.74
2. 省道	4084.38	3098.68	488.50	2610.18	332.42	653.28	4084.38	3503.143	2975.90	4084.38
3. 县道	15807.90	5221.63	656.11	4565.52	1615.79	8970.53	15722.32	12859.45	9023.32	15722.80
4. 乡道	15604.30	837.67	24.35	813.32	334.85	14431.85	14866.08	10580.89	3503.28	15334.10
5. 专用公路	865.31	286.32		286.32	26.94	552.05	821.16	599.35	280.11	865.31

注:表中“-”为减少。

表 3－18

2005 年重庆市公路桥梁统计表

项目	总计		危桥		按建筑材料和使用性质分					
					永久性		半永久性		临时性	
	座	延米	座	延米	座	延米	座	延米	座	延米
一、上年年底到达数	4931	248278.02	200	8722.13	4913	247760.02	17	428	1	90
1. 国道	823	86956.16	7	650.90	823	86956.16				
其中:国道主干线	376	50041.37			376	50041.37				
2. 省道	1171	66103.33	80	3808.33	1171	66103.33				
3. 县道	1643	54731.58	85	3364.30	1637	54623.58	6	108		
4. 乡道	1213	37864.65	28	898.60	1201	37454.65	11	320	1	90
5. 专用公路	81	2622.30			81	2622.30				
二、本年新建数	94	16325.65			94	16325.65				
1. 国道	30	9485.87			30	9485.87				
其中:国道主干线										
2. 省道	16	946.80			16	946.80				
3. 县道	33	3370.23			33	3370.23				
4. 乡道	15	2522.75			15	2522.75				
5. 专用公路										
三、本年改建变更数	192	16264.48	34	1170.10	189	16066.78	3	197.70		
1. 国道	－6	406.30	4	－164.80	－6	406.30				
其中:国道主干线										
2. 省道	28	6335.40	1	529.27	28	6335.40				
3. 县道	506	21646.43	27	657.63	498	21227.23	7	329.20	1	90
4. 乡道	－326	－11938.25	2	148	－321	－11716.75	－4	－131.50	－1	－90
5. 专用公路	－10	－185.40			－10	－185.40				
四、本年年底到达数	5217	280868.15	234	9892.23	5196	280152.45	20	625.70	1	90

续前表

项目	总计		危桥		按建筑材料和使用性质分					
					永久性		半永久性		临时性	
	座	延米	座	延米	座	延米	座	延米	座	延米
1. 国道	847	96848.33	11	486.10	847	96848.33				
其中:国道主干线	376	50041.37			376	50041.37				
2. 省道	1215	73385.53	81	4337.60	1215	73385.53				
3. 县道	2182	79748.24	112	4021.93	2168	79221.04	13	437.20	1	90
4. 乡道	902	28449.15	30	1046.6	895	28260.65	7	188.50		
5. 专用公路	71	2436.90			71	2436.90				

注:表中“-”为减少

表 3－19

2005 年重庆市公路密度及通达情况统计表

区县(市)	公路密度		乡镇通达情况					行政村通达情况				
	以国土面积计算	以人口计算	乡镇总数	通公路数	通公路所占比例	未铺装路面	铺装路面所占比例	行政村总数	通公路数	通公路所占比例	未铺装路面所占	铺装路面所占比例
	公里/百平方公里	公里/万人	个	个	%	个	%	个	个	%	个	%
合计	46.37	12.10	1049	1049	100	391	37.27	10809	9295	85.99	6661	61.62
万州区	51.88	10.52	52	52	100	27	51.92	528	453	85.8	453	85.8
涪陵区	60.48	15.94	40	40	100	7	17.5	376	375	99.73	239	63.56
大渡口区	122.15	5.24	3	3	100			32	32	100	13	40.63
江北区	104.60	4.64	3	3	100			52	52	100	49	94.23
沙坪坝区	85.69	4.32	12	12	100			87	87	100	36	41.38
九龙坡区	140.89	8.09	12	12	100			192	192	100		
南岸区	169.29	8.63	9	9	100	9	100.00	70	70	100	70	100.00
北碚区	64.70	7.52	17	17	100			119	119	100	59	49.58
万盛区	69.78	14.62	8	8	100			57	44	77.19	13	22.81
双桥区	131.17	12.18	2	2	100			14	14	100	8	57.14
渝北区	13.31	13.98	25	25	100			256	256	100	185	72.27
巴南区	56.98	12.14	19	19	100			255	251	98.43	187	73.33
黔江区	53.04	25.36	30	30	100	27	90.00	172	127	73.84	85	49.12
长寿区	44.59	7.90	18	18	100			228	228	100		
綦江县	53.67	12.33	19	19	100	4	21.05	314	300	95.54	2.12	77.07
潼南县	39.46	6.91	31	31	100			283	283	100	247	87.28
铜梁县	66.21	10.95	33	33	100			571	571	100	315	55.17
大足县	45.75	6.90	24	24	100			242	206	85.12	116	47.93
荣昌县	69.81	9.30	20	20	100			209	209	100	70	33.19

续前表

区县(市)	公路密度		乡镇通达情况					行政村通达情况				
	以国土面积计算	以人口计算	乡镇总数	通公路数	通公路所占比例	未铺装路面	铺装路面所占比例	行政村总数	通公路数	通公路所占比例	未铺装路面所占	铺装路面所占比例
	公里/百平方公里	公里/万人	个	个	%	个	%	个	个	%	个	%
璧山县	57.69	8.40	11	11	100			454	454	100	365	80.40
梁平县	55.10	11.82	33	33	100			315	257	81.59	248	78.73
城口县	48.11	32.21	22	22	100	13	59.09	188	82	43.62	82	43.62
丰都县	41.58	15.35	31	31	100	3	9.68	340	309	90.88	176	51.76
垫江县	51.92	8.79	25	25	100			279	279	100.00	274	98.21
武隆县	45.33	33.12	26	26	100			187	104	55.61	95	50.80
忠　县	46.52	10.51	112	42	100	24	57.14	332	313	94.28	146	43.98
开　县	44.80	11.60	38	38	100	10	26.32	443	385	86.91	250	56.43
云阳县	44.91	12.70	65	65	100	45	69.23	663	506	76.32	425	64.10
奉节县	39.27	15.94	30	30	100	24	80	367	229	62.40	222	60.49
巫山县	43.05	21.42	41	41	100	26	63.41	317	228	71.92	208	65.62
巫溪县	27.90	21.77	57	57	100	50	87.72	348	317	91.09	303	87.07
石柱土家族自治县	43.82	25.83	32	32	100	13	40.63	226	175	77.43	80	35.40
秀山土家族苗族自治县	32.13	12.99	32	32	100	17	53.13	263	233	88.59	180	68.44
酉阳土家族苗族自治县	25.00	17.71	39	39	100	30	76.92	278	102	36.69	43	15.47
彭水苗族土家族自治县	31.69	19.64	39	39	100	33	84.62	300	181	60.33	181	60.33
江津市	61.31	13.45	23	23	100			340	337	99.12	330	97.06
合川市	49.77	7.56	30	30	100			524	503	95.99	320	61.07
永川市	69.12	10.32	22	22	100	8	36.36	211	202	95.73	144	68.25
南川市	33.90	13.78	34	34	100	21	61.76	377	230	61.01	202	53.58

表 3－20　　2005 年重庆市公路养护质量统计表

项目		养护里程（公里）	实际评定里程（公里）					好路率（%）	养护质量综合值
			合计	优等路	良等路	次等路	差等路		
第一月	总计	15878.51	14638.64	2637.59	9111.57	2614.83	274.66	80.26	77.12
	国道	1207.89	1076.73	371.90	626.58	63.81	14.438	92.73	84.33
	省道	3953.33	3764.29	940.65	2398.50	418.64	6.50	88.71	81.56
	县道	10460.33	9540.66	1322.88	6015.28	1974.94	227.56	76.91	75.13
	乡道	208.42	208.42	2.15	56.21	128.10	21.96	28.00	55.45
	专用公路	48.54	48.54	0	15.00	29.34	4.20	30.90	56.68
第二月	总计	16123.20	14945.95	2624.74	9383.71	2645.08	292.42	80.35	77.03
	国道	1207.89	1136.62	401.60	649.54	71.14	14.34	92.48	84.43
	省道	3953.33	3786.24	887.45	2466.15	426.13	6.50	88.57	81.21
	县道	10705.02	9766.13	1333.68	6196.57	1990.52	245.36	77.11	75.11
	乡道	208.42	208.42	2.00	56.45	127.95	22.02	28.04	55.44
	专用公路	48.54	48.54	0.00	15.00	29.34	4.20	30.90	56.68
第三月	总计	16109.20	14981.50	2698.56	9423.53	2613.21	246.21	80.91	77.38
	国道	1207.89	1142.12	412.37	641.04	74.30	14.41	92.23	84.51
	省道	3953.33	3818.27	903.80	2486.03	422.94	5.50	88.78	81.32
	县道	10691.02	9764.15	1380.48	6224.90	1958.82	199.94	77.89	75.58
	乡道	208.42	208.42	1.90	56.55	127.82	22.16	28.04	55.41
	专用公路	48.54	48.55	0.00	15.00	29.34	4.20	30.90	56.68
季度平均	总计	16036.97	14855.36	2653.63	9306.27	2624.37	271.10	80.51	77.18
	国道	1207.89	1118.49	395.29	639.06	69.75	14.39	92.48	84.43
	省道	3953.33	3789.60	910.64	2450.23	422.57	6.17	88.69	81.36
	县道	10618.79	9690.31	1345.68	6145.58	1974.76	224.29	77.31	75.28
	乡道	208.42	208.42	2.02	56.40	127.96	22.05	28.03	55.43
	专用公路	48.54	48.54	0.00	15.00	29.34	4.20	30.90	56.68

表 3－21

2005 年重庆市公路养护里程统计表

单位:公里

项目	公路总里程	养护里程						已实施 GBM	已实施文明样板路	断头路里程
		合计	按资金来源分			按养护时间分				
			养路费	通行费	其他	经常性	季节性			
总　计	38215.00	37859.63	18063.84	3193.82	16601.98	27007.84	10851.79	4372.28	969.24	66.33
1. 国道	1852.99	1852.99	615.13	1220.76	17.10	1852.99		1145.77	969.24	
其中:国道主干道	547.74	547.74		538.64	9.10	547.74				
2. 省道	4084.38	4084.38	3008.57	1032.52	43.29	4084.38		1745.11		
3. 县道	15807.95	15722.83	13289.67	940.54	1492.62	15401.22	321.61	1348.16		
4. 乡道	15604.36	15334.12	1117.09		14217.03	5374.78	9959.34	133.24		54.33
5. 专用公路	865.31	865.31	33.38		831.94	294.47	570.84			12

表 3－22

2005 年重庆市公路养护养护工程统计表

项目	编号	本年投资合计	养路费	小修保养	养路费	中修工程			大修工程			改建工程		
						本年完成里程	本年投资	养路费	本年完成里程	本年投资	养路费	本年完成里程	本年投资	养路费
		万元	万元	万元	万元	公里	万元	万元	公里	万元	万元	公里	万元	万元
甲	乙	1	2	3	4	5	6	7	8	9	10	11	12	13
总计	1	184254.53	28986.64	24900.25	16353.86	1527.33	18564.50	3512.06	567.03	35204.79	5079.86	1873.37	105585	4040.86
1. 国道	2	21422.27	4893.40	4746.97	2299.50	198.70	11632.80	938.30	66.18	3962.50	1655.60	4.21	1080	0
2. 省道	3	82731.35	6315.69	6156.45	4295.07	221.60	1972.50	697.62	259.91	23186	1023	556.29	51416.40	300
3. 县道	4	58086.70	13685.38	10830.11	8310.52	945.27	3511.70	1784.14	187.14	7894.89	2239.86	747.86	35850	1350.86
4. 乡道	5	21482.30	4015.25	2774.80	1371.85	161.76	1447.50	92	53.80	161.40	161.40	562.25	17098.60	2390
5. 专用公路	6	531.92	76.92	391.92	76.92	0	0	0	0	0	0	2.77	140	0

表 3－23

2005 年重庆市公路标志标线统计表

单位:公里

项目		公路总里程	公路标志设置情况			公路标线划设情况		
			齐全		不齐全	齐全		不齐全
			年末实有里程	本年完成里程	年末实有里程	年末实有里程	本年完成里程	年末实有里程
总　计		38215.00	9671.13	1258.21	28543.86	7939.40	825.80	30275.60
按技术等级分	高速公路	748.30	748.30	33.88	0.00	748.30	33.88	0
	一级公路	305.63	289.91	64.04	15.72	293.96	65.04	11.67
	二级公路	4675.71	4000.39	339.92	675.31	3865.67	450.75	810.04
	三级公路	4359.84	2131.00	167.84	2228.85	1759.67	125.05	2600.18
	四级公路	20745.17	2417.03	651.95	18328.14	1248.61	150.09	19496.56
	等外公路	7380.35	84.51	0.58	7295.84	23.19	1	7357.16
按行政等级分	国　道	1852.99	1807.11	58.88	45.87	1817.25	58.88	35.74
	省　道	4084.38	2915.57	185.29	1168.81	2787.10	239.693	1297.29
	县　道	15807.95	3678.65	527.61	12129.30	2804.46	493.036	13003.50
	乡　道	15604.36	1179.69	484.93	14424.67	492.80	32.7	15111.56
	专用公路	865.31	90.11	1.50	775.20	37.80	1.50	827.51

五、桥梁隧道

重庆山多、河多，公路桥梁隧道必然多，桥梁隧道养护是公路养护的重要组成部分。1986 年初，重庆市有公路桥梁 1062 座 38149 延米。1997 年，重庆市有桥梁 4316 座 130284 延米。2005 年，重庆市有桥梁 5217 座 208068.2 延米，其中危桥 234 座 9892.2 延米。在公路桥梁总数中，有特大桥 26 座 23838 延米，大桥 713 座 126383.7 延米，中桥 1107 座 60793.7 延米，小桥 3371 座 69852.8 延米。

1986 年年初，重庆市有公路隧道 19 座 2354 延米。1997 年，重庆市有公路隧道 38 座 11433 延米，其中特长隧道 1 座 3165 延米，长隧道 1 座 2528 延米，中隧道 6 座 2992 延米，短隧道 30 座 2748 延米。2005 年年底，重庆市有公路隧道 230 座 109260.7 延米，其中特长隧道 4 座 14989 延米，长隧道 22 座 38294.4 延米，中隧道 36 座 26584.3 延米，短隧道 168 座 29393 延米。

（一）桥梁养护

桥梁是确保公路畅通的咽喉，为了保证桥梁经常处于完好的技术状态，延长其使用年限，满足承载能力和通行能力要求，必须对桥梁进行管理、维修及加固。桥梁养护管理的内容主要是：通过检查与检验，系统地掌握桥梁技术状况，较早地发现缺陷、损坏等异常情况，提出养护措施，保证行车安全，延长使用寿命。掌握交通状况，取缔桥梁不正当使用及非法占用，严格管理超载车、特种车过桥，通过采取防护、加固措施，以免桥梁损坏。对可能发生暴雨、暴雪、洪水危害的桥梁应作好各种应急处理及防范措施，特大桥应设护桥机构。对通过检验需进行限载、限速或停止交通的桥梁，及时办理审批手续并进行交通管制。对桥梁各部分经常保养，对检查发现的缺陷、损坏处进行及时维修，对检验不能维持原设计载重等级的进行维修加固。建立、健全完整的桥梁技术档案。

重庆市的桥梁属于城市桥梁的部分由重庆市市政委员会负责管理和养护，属于公路桥梁的部分由重庆市交通委员会负责养护和管理。本章只记述公路桥梁的养护管理。

1. 长江大桥

丰都长江大桥　位于丰都县观音滩，跨越长江，是连接重庆至湖北巴东公路的特大型桥。桥型为单跨浅加劲式钢桁梁悬索桥，于 1997 年 1 月建成。该桥的建成为三峡库区移民及经济发展起到了重要作用。由丰都县交通局下属的丰都长江大桥管理处管理、经营、养护。

涪陵长江大桥　位于涪陵区城西天子殿处，跨越长江，连接国道 319 线 。桥型为预应力水泥砼双主梁斜拉桥。全桥长 631 米，1997 年 5 月建成。由涪陵区交委下属涪陵长江大桥管理处管理、经营和养护。

江津长江大桥　位于江津市几江镇与德感镇之间，跨越长江，连接重庆至东盛路。桥型为预应力砼连续钢构桥。全桥长 1360 米，1997 年 12 月建成。江津长江大桥是全国第一个由县级单位以自筹资金为主，并与马来西亚南发集团合资修建的长江大桥。由江津市交通局公路所管理指导，重庆津发长江公路大桥建设股份有限公司负责经营和养护。

万县长江大桥　位于万州长江上游 7 公里处，跨越长江，连接沪蓉高速公路。桥型为上承式钢管劲性骨架钢筋砼箱形拱桥。全桥长 856.1 米，1997 年 6 月建成。万县长江大桥是国家规划中的“五纵七横”主骨架公路的重要组成部分，是国道主干线成都至上海跨越长江的一座特大型桥梁，是贯通川、鄂、渝两省一市的枢纽。大桥建成时其跨径为世界同类桥型之最。在建桥过程中，建设、设计、施工单位及科研、院校共同合作，相继完成了交通部列入行业攻关计划《特大跨钢筋砼拱桥设计施工技术研究》的 8 个子课题科研任务，大桥施工先后采用大跨钢管砼劲性骨架、大块翻模、高墩薄壁施工、吊装重 80 吨预制 T 梁空中转体 90 度等一系列新工艺，在世界建桥史上创造了新的水平，获国家科技进步一等奖。由万州长江大桥管理处管理、经营和养护。

忠县长江大桥　位于忠县忠州镇，跨越长江，是连接石柱至遂宁公路的特大型桥。桥型为钢管空间桁架悬索桥。全桥长 1199.73 米，2001 年 9 月建成通车。2001～2003 年，由忠县交通委员会

下属忠县收费管理所管理、经营和养护。2004～2005年，由重庆市高等级公路投资有限公司管理、经营和养护。

马桑溪长江大桥　位于大渡口区马桑溪与巴南区花溪镇之间，跨越长江，是重庆主城外环高速公路上桥至界石段上的特大型公路桥。桥梁类型为双塔双索面飘浮体系斜拉桥。全桥长11047米，于2001年12月建成。此桥两个主桥墩均在水中，两个索塔为倒Y型。塔高达160余米。建成后不仅沟通城区外环高速公路，减轻城区交通压力，且造型美观，为城区增添江上一景。由重庆市高速公路发展有限公司管理、经营和养护。

大佛寺长江大桥　位于南岸区大佛寺与江北区茅溪之间，跨越长江，在国道主干线重庆至湛江高速公路线上。桥梁类型为预应力砼双塔双索面漂浮体系斜拉桥。全桥长1146米，主桥长846米，于2001年12月建成。由重庆市高速公路发展有限公司管理、经营和养护。

巫山长江大桥　位于巫山县巫峡口，跨越长江。设计桥梁类型为钢管砼中承式拱桥，横梁为组合截面梁，桥面为预应力砼形连续梁。全桥跨径组合为“6×12米+492米 +3×12米”，主孔净跨460米，为同类型桥梁的世界之最。2004年建成，由巫山县交通局负责养护和管理。

2. 嘉陵江大桥

北碚嘉陵江朝阳吊桥　位于北碚区毛背沱观音峡峡口，省道S205线仪陇至北碚段与国道G 212线连接，跨越嘉陵江。大桥建成时被誉为“亚洲第一吊桥”，桥全长233.2米，1969年建成。1969～1997年，由重庆市公路养护总段北碚分段管理和养护，1998～2005年，由北碚区交通局负责管理和养护。1996年，由重庆市交通局拨款200多万元，对大桥进行大修。大修工程由贵州省桥梁公司承担，1996年5月20日开工，1996年11月30日竣工交付使用。经过6年的运行，2001年经技术部门和专家检查诊断为“病害桥”。从2001～2004年，北碚交通局又安排了数百万元对大桥进行大修、中修等维护管理，但日益增长的交通量使大桥不堪重负，2004年日通行量已超过11000辆，远远超过了设计通行能力。

云门大桥　位于重庆合川市云门镇，跨嘉陵江，在合川至武胜公路上，为钢筋砼箱形拱桥。全桥长540.8米，主桥长460.8米，1998年10月建成。此桥为合川40万人出资修建。至2005年年底，由合川合武路有限责任公司管理、经营和养护。

高家花园嘉陵江大桥　位于沙坪坝区高家花园与江北区石马河之间，跨越嘉陵江，是国道主干线上海至成都公路重庆上桥至长寿段高速公路上的一座特大型公路桥。桥梁类型为预应力水泥砼连续钢构桥。全桥长970米，1998年12月建成。由重庆市高速公路发展有限公司管理、经营和养护。

马鞍石嘉陵江大桥　位于渝北区礼嘉镇与北培区蔡家镇之间，跨越嘉陵江，在重庆至合川高速公路上。桥梁类型为预应力砼连续钢构桥。全桥长1237米，2001年11月建成。由重庆市高速公路发展有限公司管理、经营和养护。

沙溪庙嘉陵江大桥　位于重庆合川市沙溪庙镇，跨越嘉陵江，在重庆至合川高速公路上。桥类型为预应力砼H形单塔双索面斜拉桥。全桥长1276.4米，2001年11月建成。由重庆市高速公路发展有限公司管理、经营和养护。

东阳嘉陵江大桥　位于北碚城北新区与东阳镇之间，跨越嘉陵江，在重庆至合川高速公路上。桥梁类型为预应力砼连续钢构桥。全桥长860米，2001年11月建成。由重庆市高速公路发展有限公司管理、经营和养护。

3. 乌江大桥

涪陵乌江大桥　位于涪陵区观音阁附近，跨乌江，在石柱至雷神店公路上。桥梁类型为钢筋砼箱形拱桥。全桥长351.8米，1989年6月建成。大桥采用无平衡重双箱对称同步转体施工工艺，建成时是国内最大跨度的转体施工桥梁。由涪陵区公路处负责管理和养护。

彭水两江大桥　位于彭水县汉葭镇老虎口的乌江、郁江交汇处，跨乌江。桥梁类型为钢筋砼上承式箱形拱桥。全桥长382米，2001年7月建成。从大桥建成之日至2003年，由彭水县交通局管理和养护。2004~2005年，由彭水县市政局管理和养护。

彭水乌江大桥　位于彭水县汉葭镇，跨乌江，为钢筋砼箱形拱桥。桥长275.4米，1974年5月建成。从大桥建成之日至2003年，由彭水县交通局管理和养护。2004~2005年，由彭水县市政局管理和养护。

彭水高谷乌江大桥　位于国道319线彭武段（彭水至武隆）“2142公里+100米”处，横跨乌江。全长195.82米，1995年8月1日开工，1997年6月19日竣工，验收等级优良。1997年6月至2002年由彭水县交通局负责管理、养护。2003~2005年，由重庆市高投司管理、经营、养护。

武隆乌江大桥（武隆乌江一桥）　位于武隆县城，跨乌江。为钢筋砼箱形拱桥。桥长276.1米，1991年9月建成。由武隆县市政局管理和养护。

武隆峡门口乌江大桥　位于国道319线的武隆峡门口，跨乌江，全长118米，宽14米，双向二车道，修建于1996年。于2000年10月至2000年11月对大桥进行了大修。大修内容是对大桥拱管进行了玻璃钢防腐处理。2003年，委托中铁西南科学研究院工程检测中心每年都对该桥进行变形观测特殊检查，发现大桥病害严重。2004年4月至2005年11月，对该大桥进行了拆除重建，总投资2350万元。由武隆县交通委员会负责养护管理。

4. 涪江大桥

合川涪江二桥　位于重庆合川市城区，跨涪江，在国道212线上。全桥长544米，是重庆市第一个利用股份制修建的大桥，1996年5月建成。至2005年年底，由合川涪江二桥有限责任公司管理、经营和养护。

潼南涪江大桥　位于潼南县梓潼镇，跨涪江。桥梁类型为等截面悬链线钢筋砼上承式箱形拱桥。全桥长578.8米，1994年9月建成。为国家“八五”期间以工代赈扶贫项目。由潼南县交通局管理和养护。

5. 其他桥梁

御临河大桥　位于渝北区硌碛镇，跨御临河。在国家主干线上海至成都公路重庆至长寿段高速公路上，桥梁类型为钢筋砼箱形拱桥。分为左右两幅，均为2跨，每跨95米，引桥长160米，为预应力空心板桥，桥宽245米，车行道22米。2000年11月建成。由重庆市高速公路发展有限公司管理、经营和养护。

斜阳溪大桥　位于长寿县，是长寿至涪陵高速公路上的特大桥，桥梁类型为钢筋砼箱形拱桥。为独立旱桥。主桥为4孔，均跨132米，桥宽24.5米，车行道22米，桥墩高达95米。2001年4月建成。由重庆市高发司管理、经营和养护。

云阳双江大桥　位于云阳县人和镇，跨澎溪河，在重庆至巴东公路上。桥型为钢筋砼箱形拱桥。全桥长523.2米，1997年12月建成。自建成之日至2003年，由云阳县路桥收费管理所管理、经营、养护。2004~2005年，由重庆市高等级公路投资有限责任公司管理、经营、养护。

北碚澄江桥　位于北碚区澄江镇，在国道212线上，跨澄江运河，为钢筋砼箱形拱桥。桥长304米，2001年4月建成。2001年4月至2003年6月，由北碚区收费路桥管理所管理、经营、养护。2003年7月至2005年年底，由重庆市城投路桥公司管理和养护。

北碚文星湾大桥　位于北碚区文星湾，跨马鞍溪，在国道212线上。桥梁类型为钢筋砼箱板拱桥。全桥长363米，1990年建成。从桥建成之日至2003年6月，由北碚区收费路桥管理所管理、经营、养护。2003年7月至2005年年底，由重庆市城投路桥公司管理和养护。

荣昌施济桥　位于荣昌县昌元镇，跨濑溪河，在重庆至隆昌公路上。桥梁类型为等截面悬链线钢筋砼箱形拱桥。全桥长302.8米，1998年1月建成。从桥建成之日起至2005年年底，由重庆正日路桥有限公司管理、经营、养护。

巫山龙门大桥　位于巫山县城东，跨大宁河，在重庆至巴东公路上。为钢筋砼箱类型拱桥。桥长197米，单孔净跨122米，1987年建成。巫山龙门大桥建在大宁河龙门峡口，距河床104米的悬崖绝壁上，从旅游船上仰视一桥飞架，似彩虹当空，成为大宁河上小三峡景区第一景点，是观赏价值与实用价值的完美结合。1988年获四川省科技二等奖。由巫山县交通局路桥收费所管理、经营、养护。在1986年1月至2005年12月期间进行了两次养护。第一次于1999年3月，对该大桥桥面进行了中修养护，重新浇筑了桥面。第二次于2005年11月，改建S103线龙门大桥至三合铺段时，对该大桥进行了大修养护，将原水泥砼路面改建为沥青砼路面，总投资127.78万元。养护质量为合格。

巴南箭滩河桥　位于巴南区鱼洞镇，跨箭滩河，为钢筋砼悬链线箱类型拱桥。桥长200米，1988年6月建成。由巴南区交通局负责管理和养护。

巴南区木洞桥　位于巴南区木洞镇，跨五布河，为钢筋砼悬链线箱拱桥，桥长212.2米，1993年8月建成。由巴南区交通局负责管理和养护。

忠县白桥溪大桥　位于忠县白桥溪，跨白桥溪，为钢筋砼箱类型肋拱桥。桥长272米，1995年12月建成。由忠县交通委员会负责管理和养护。

唐栋大桥　位于江北区唐家沱镇，跨栋梁河，连接五里店至桂花湾渝长高速公路。为钢筋砼箱类型拱桥。桥长225米，2002年6月通车。由重庆市高速公路发展有限公司管理、经营和养护。

合川双龙湖大桥　位于重庆合川市，跨双龙湖，在合川至武胜公路上，桥长160米，2001年4月建成。由重庆市城投路桥公司管理、经营、养护。

丰都龙河大桥　位于丰都县城，跨龙河，在丰都至石柱公路上，为钢筋砼箱形肋拱桥。桥长267.8米，1997年5月建成。由丰都县市政局管理和养护。

彭水九曲河大桥　位于彭水县汉葭镇，跨九曲河，在国道319线上，为钢筋砼肋拱桥。桥长196米，1997年11月建成。1997～2002年由彭水县交通局负责管理和养护，2003～2005年由重庆市高投司负责管理、经营、养护。

江北寸滩大桥　位于江北区寸滩，跨小溪，连接江北区五里店至唐家沱公路，为钢筋砼钢架拱桥。桥长192.4米，1985年2月建成。1985～1997年，由重庆市公路养护总段三分段管理、养护；1998～2002年，由重庆市公路局下属的重庆市公路养护管理段管理、养护；2003～2005年，由重庆市市政委员会管理、养护。

丰都泥巴溪大桥　位于丰都县兴义镇，跨泥巴溪，在丰都至石柱公路上，为钢筋砼肋拱桥。桥长197米，1999年12月建成。从大桥建成之日至2002年，由丰都县交委负责管理、经营和养护；2003～2005年，由重庆市高投司负责管理、经营和养护。

武隆大溪河桥　位于武隆县与涪陵交界处的大溪河口。跨大溪河，在国道319线上。桥长104米，1996年3月建成。1996～2002年由武隆县交委收费路桥管理所管理、经营、养护；2003～2005年由重庆市高投司管理、经营和养护。

合川流溪河大桥　位于重庆市合川香龙镇，跨流溪河。桥长198米，1994年6月建成。由合川区交通局管理和养护。

铜梁虎峰大桥　位于铜梁县虎溪镇，在国道319线上。桥长125.4米，1998年建成。1998～2002年由铜梁县交通建设开发有限责任公司管理、经营、养护；2003～2005年由重庆市高投司管理、经营和养护。

忠县湓井口大桥　位于忠县湓井口，跨湓井河，为钢筋砼箱类型拱桥。桥长396米，1998年12月建成。由忠县交委管理、养护。

丰都寨子沟大桥　位于丰都县，跨寨子沟，在丰都至石柱的公路上。桥长199.2米，1997年建成。由丰都县市政局管理和养护。

黔江武陵大桥　S202线武陵大桥，跨越无名小河。全长98米，宽8米，建于1992年。2005年进行了桥墩加固，铺筑路面，投资100万元。由黔江区交通局管理和养护。

黔江冯家大桥　国道319线冯家大桥，跨越阿蓬江。全长245.6米，宽8.5米，建于1968年。1986、2005年进行了两次大修，大修内容是修复桥面和桥栏杆，投资250万元。由黔江区交通局管理和养护。

渝北梅溪大桥　位于国道319线上，跨御临河，全长103米，1958年建成。1986～2005年期间进行了3次养护。第一次于1989年10月至1989年11月，由重庆市公路养护总段对该4号桥墩进行了大修，对3号桥墩基础进行了灌浆整治，（被洪水冲毁）总投资约35万元。第二次是1992年5月至1992年6月，由重庆市公路养护总段对该桥进行了贴片加固处治，总投资约35万元。第三次是1997年9月至1998年1月，由渝北区交通局对该桥桥面进行C40砼浇筑，总投资为10万元，养护质量良等。由渝北区交通局进行管理和养护。

巴南罐子溪桥　位于巴南区境内省道渝合路罐子溪，修建于1987年，全长180米，为双向2车道。1986～2005年期间对该桥进行了两次养护。第一次于2000年9月4日至2000年12月24日对该桥进行了中修养护，引桥拱圈锚喷砼176立方米，水平钻孔拉锚联系梁2组，人工挖空桩及其承台浇注等内容，总造价33.5万元。第二次于2005年8月28日至2005年10月10日对该大桥进行了中修，包括拱圈及江津岸4米引孔加固、桥面铺装等，总造价26.4万元。由巴南区交通局进行管理和养护，养护质量为合格。

武隆芙蓉江大桥　位于G319线上，跨芙蓉江。大桥全长145米，修建于1969年。2001年，由武隆县交通委员会对该大桥桥面进行了翻修，铺筑水泥砼203立方米，总投资8.05万元。养护质量为良。由武隆县交通委员会负责管理和养护。

武隆棉花坝大桥　位于G319线上，跨十沟河。大桥全长92.8米，修建于1996年。2003年6月，由武隆县交通委员会对该大桥破损栏杆进行了更换，总投资0.85万元。养护质量为良。由武隆县交通委员会负责管理和养护。

武隆黄家沟大桥　位于G319线上，跨黄家沟。大桥全长126.4米，修建于1997年。2003年7月至8月，武隆县交通委员会对该大桥桥面、栏杆进行维修养护，投资2.2万元。由武隆县交通委员会负责管理和养护，养护质量为良。

武隆石梁河大桥　位于G319线上，跨石梁河。大桥全长124.6米，修建于1996年。1996年至2005年期间，由武隆县交通委员会对大桥进行了两次大（中）修养护。第一次于2000年10月至11月，对该大桥拱管进行了玻璃钢防腐处理，并在1999年至2003年期间，委托中铁西南科学研究院工程检测中心每年都对该桥进行变形观测等特殊检查。第二次于2003年3月至2004年3月，为配合国道319线的改造，对该大桥进行了改建，即在下游100米左右重建了一座新桥，总投资645万元。由武隆县交通委员会负责管理和养护。

南川土溪大桥　位于S204线上，跨土溪水库。大桥全长86米，修建于1974年。2005年10月，南川区交通局对大桥进行了大修养护，养护内容是将水泥砼桥面改建为沥青砼桥面。总投资5万元。由南川区交通局负责管理和养护，养护质量为优良。

秀山洪安大桥　位于G 319线上，跨茶洞河。建于1986年1月，大桥全长114.5米。2003年3月至11月对该大桥进行了中修养护，主要是桥面中修，养护桥面686平方米，总投资30万元。由秀山县交通局负责和管理和养护，养护质量为良。

秀山北门大桥　位于国道326线秀山县城北门，大桥修建于1972年5月，跨梅江河，全长112米，宽9.5米，双向车道。2005年3月至11月，对该大桥进行了中修养护，主要是桥面中修，养护桥面800平方米，总投资35万元。由秀山县交通局负责管理和养护，养护质量为良。

为确保道路营运安全，2003 年至 2005 年 12 月，重庆高投司委托具备桥梁检测资质的相关单位对其管养的彭水三关寺桥、潼南太安桥、彭水高谷乌江桥等 32 座桥梁进行了检测或安全评价，为桥梁运营、养护及加固维修提供科学数据。2003 ~ 2005 年，重庆高投司投入资金 4100 万元，组织实施了 37 座危桥的维修加固。2004 年 9 月，加固维修了铜梁县久远桥、彭水县三观寺桥、璧山县福里桥 3 座桥梁，2005 年加固维修了 11 座危桥。

表3－24

2005年重庆市公路桥梁、渡口统计表

项目	总计		互通式立交		按跨径分								渡口	
					特大桥		大桥		中桥		小桥		总数	机动渡口
	座	延米	座	延米	座	延米	座	延米	座	延米	座	延米	处	处
一、上年年底到达数	4931	248278.02	49	5325.35	17	14159.92	642	110752.79	1018	55759.79	3254	67605.52	19	19
1. 国道	823	86956.16	47	5070.12	11	9903.39	256	53964.06	253	15662.3	303	7426.41	1	1
其中:国道主干线	376	50041.37	39	3316.12	5	4666.39	148	34017.00	144	9199.99	79	2157.99		
2. 省道	1171	66103.33	2	255.23	6	4256.53	205	33083.9	270	14687.34	690	14075.56	1	1
3. 县道	1643	54731.58					110	15381.08	273	14166.95	1260	25183.55	13	13
4. 乡道	1213	37864.65					67	7525.75	211	10691.3	935	19647.60	3	3
5. 专用公路	81	2622.30					4	798.00	11	551.90	66	1272.40	1	1
二、本年新建数	94	16325.65			8	9462.04	25	4487.47	33	1868.32	28	507.82		
1. 国道	30	9485.87			6	7571.44	9	1365.11	9	493.80	6	55.52		
其中:国道主干线														
2. 省道	16	946.80					3	416.00	7	410	6	120.8		
3. 县道	33	3370.23			1	612	9	1867.71	12	632.02	11	258.5		
4. 乡道	15	2522.75			1	1278.60	4	838.65	5	332.50	5	73.00		
5. 专用公路														
三、本年改建变更数	192	16264.48			1	216	46	11143.42	56	3165.62	89	1739.44	3	2
1. 国道	－6	406.30					2	665.00		－16.70	－8	－242.00		
其中:国道主干线														
2. 省道	28	6335.40			1	216	23	5451.58	7	627.62	－3	40.2		
3. 县道	506	21646.43					52	8639.19	107	5553	347	7454.24	2	1
4. 道	－326	－11938.25					－31	－3612.35	－56	－2918	－239	－5407.90	1	1
5. 专用公路	－10	－185.40							－2	－80.30	－8	105.10		

续前表

项目	总计		互通式立交		按跨径分								渡口	
					特大桥		大桥		中桥		小桥		总数	机动渡口
	座	延米	座	延米	座	延米	座	延米	座	延米	座	延米	处	处
四、本年年底到达数	5217	280868.15	49	5325.35	26	23837.96	71	126383.68	1107	60793.73	3371	69852.78	22	21
1. 国道	847	96848.33	47	5070.12	17	17474.83	267	55994.17	262	16139.40	301	7239.93	1	1
其中:国道主干线	376	50041.37	39	3316.12	5	4666.39	148	34017	144	9199.99	79	2157.99		
2. 省道	1215	73385.53	2	255.23	7	4472.53	231	38951.48	284	15724.96	693	14236.56	1	1
3. 县道	2182	79748.24			1	612.00	171	25887.98	392	20351.97	1618	32896.29	15	14
4. 乡道	902	28449.15			1	1278.6	40	4752.05	160	8105.80	701	14312.70	4	4
5. 专用公路	71	2436.90					4	798	9	471.60	58	1167.30	1	1

（二）隧道养护

公路隧道是公路穿越山岭及江、海水下的重要工程构造物。隧道大多位于地势险要、通行困难，又没有适当绕行道的地段。隧道内发生事故，对交通影响非常大，因而隧道的维修养护要比公路其他部位更重要。根据《公路工程技术标准》（JTJ01－88）的规定，公路隧道按其长度分为4级，即特长隧道，长度大于3000米；长隧道，长度在1000～3000米之间；中隧道，长度在250～1000米之间；短隧道，长度在250米以下。重庆市的隧道分布在城区和郊区的各条道路上。在城区的为城市道路设施，由重庆市市政委员会负责养护和管理；在郊区的为公路设施，由重庆市交通委员会负责养护和管理；高速公路隧道由高速公路建设集团投资建设、管理和养护，在建设篇中记述。本章只记述作为公路设施的除高速公路以外的隧道。

梅子关隧道　位于黔江栅山乡境内原国道319线上。建于1992年，跨越梅子关。隧道长810米，两端引道长1.8公里。梅子关隧道的建成，将原线6.6公里缩短为2.6公里，降低高度170米，减少弯道127个，消除了原线路窄、坡陡、弯急、地势险峻、冬季冰封雪阻的一大危险关隘，较好改善了交通条件。2005年进行大修养护，对拱圈钢筋砼进行喷锚加固，共加固了80米，投资200万元。黔江区交通局负责养护。

打风坳隧道　位于石柱县境内巴彭公路上，由紧邻的3个隧洞组成，总长960米（一号洞长570米，二号、三号洞均为195米），引道3.3公里。1992年7月建成。打风坳隧道建成后，降低公路海拔200米，缩短里程1公里，结束了石柱至彭水、黔江每年有3个月不能通车的历史，经济社会效益十分显著。1992～2002年由黔江区公路局负责养护，2003～2005年由重庆高投司负责养护。

东向坡隧道　位于石柱县三汇乡与六塘乡之间，1996年10月建成。共计完成隧道两座730米（即229米＋501米），公路引道1530米，全部铺筑水泥砼路面。该隧道的建成，使省道巴（中）彭（水）公路不再翻越海拔1350米的七跃山脉。结束了冬季大雪封山、车辆无法通行的历史，保证全年畅通无阻和车辆行驶安全。1992～2002年由黔江区公路局负责养护，2003～2005年由重庆高投司负责养护。

涪陵小溪隧道　位于涪陵区G319线涪（陵）至白（涛）路上，1990年7月建成。由涪陵地区以工代赈建设的公路隧道。隧道建成时长220米，宽6.5米，高5米。1994年隧道进行扩建和治理。隧道扩宽2米，全宽达8.5米，拱顶升高1.5米，净高达6.5米。内隧道壁用块石衬砌，拱顶用现浇砼进行封闭，投资40万元。2002年，涪武路涪陵段三改二建设中，在原隧道内侧新建隧道1座，隧道名称不变，长604米，宽10.76米，高7.4米，投资1270万元。1994～2000年由涪陵区公路局负责养护，2001～2005年由重庆高投司负责养护。

边滩隧道　位于武隆县境内，全长1074米，于1996年3月建成，投资2842万元。1996～2002年由武隆县交通局负责养护，2003～2005年由重庆高投司负责养护。

万岩隧道　位于石柱县黔石公路石柱与彭水交界地，1990年7月建成，全长508.5米。1990～2000年由石柱县交通局负责养护，2003～2005年由重庆高投司负责养护。

关口隧道　位于石柱县悦来镇境内石西公路上，全长235米，净高4.5米，净宽7米。大树岭隧道。位于石柱县悦来镇境内石西公路上，总长400米，净高4.5米，净宽7米。关口及大树岭隧道，均于1998年底建成。关口隧道、大树岭隧道1998～2002年由黔江区公路局负责养护，2003～2005年由重庆高投司责养护。

酸枣湾隧道和中台子隧道　酸枣湾隧道位于石柱县金彰乡石丰公路上，全长120米，2002年5月建成。中台子隧道位于石丰公路丰都与石柱县交界处，全长100米，2002年5月建成。酸枣湾隧道、中台子隧道1999～2002年由黔江区公路局负责养护，2003～2005年由重庆高投司负责养护。

金铃公路涌泉隧道　位于石柱县金钤乡华阳村，全175米，2003年7月22日建成。由重庆高投司负责养护。

锚洞口、干洞子隧道　位于北碚区朝阳桥北桥头。1996年8月开始加宽改造朝阳桥北桥头的锚洞口、干洞子隧道口和白庙子大桥段进行硬化改造。共投入资金1000万元，将原路面宽5~6米的四级泥结碎石路面，改建硬化成路基宽12米、路面宽9米的二级砼路面，1997年6月工程竣工。1986~1997年由重庆市公路养护总段北碚段管理和养护，1998~2001年由北碚区交通局管理和养护，2002~2005年由重庆市城市投资公司管理和养护。

三排山隧道　位于城口县城开（开县）路上，全长757米。1997年10月建成，工程总投资938万元。隧道建成后，降低高程204米，缩短公路里程7公里。2004年7月至2004年11月进行大修养护，对拱圈钢筋砼进行了喷锚加固，共加固了770米，投资750万元。由城口县交通局养路段进行养护管理，养护质量为良好。

歇脚坡隧道　位于城口县城万（万源）路上，全长524米。1998年1月建成，工程总投资870万元，建成后缩短里程3.1公里。由城口县交通局养路段进行养护管理。

船梁子隧道　位于城口县城，全长65延米，1999年建成，总投资240万元。由城口县交通局养路段进行养护管理。

通渝隧道　位于城黔路开县满月乡和城口鸡鸣寺之间，是“八小时重庆”的关键性控制工程，隧道全长4300米，海拔1250米处，地跨城口、开县两地，两端引道全长37公里，其中，城口境内15公里，开县境内22公里，路基宽度8.5米，项目总投资2.666亿元，工程于2001年10月引道动工，至2003年12月全面完成引道工程建设。由重庆高投司负责养护。

陕渝大巴山隧道　位于陕西省岚皋县与重庆市城口县的交界处。隧道全长4680米，其中，岚皋境内隧道全长2020米，城口境内隧道长2660米。引道城口境内20公里，山重二级标准修建。2005年底施工中。

观音岩隧道　位于城黔路S902线城（城口）万（万源）公路“29K+600”处，隧道全长310米，总投资580万元，其中，重庆市交通委员会投资290万元，地方自筹290万元，于2005年7月动工新建，至2005年年底仍处于建设中。

磨盘寨隧道　位于云阳县新县城民德小区内民德水库侧谭家岩山底双白公路上。分左右两洞，左洞长165米，右洞长144米，平均长167米，宽10米。2002年3月建成，总投资557万元。由重庆高投司负责养护。

自仁寨隧道　位于云阳县云万公路上，长354米，总投资1161万元，2000年建成。由重庆高投司负责养护。

枞木岭隧道　位于云阳县云万二级公路上，长482米，2000年建成，总投资1220万元。由重庆高投司负责养护。

元通隧道　位于云阳县南溪镇元通村境内渝巴公路上，长383米，宽9米，2003年10月建成，总投资1150万元。由重庆高投司负责养护。

东风隧道　位于云阳县南溪镇境内云（云阳）开（开县）公路上，全长162米，宽9米，2003年8月建成，总投资400万元。由重庆高投司负责养护。

表3－25　　　　　　　　2005年重庆市公路隧道统计表

项目	总计		按隧道长度分类							
			特长隧道		长隧道		中隧道		短隧道	
	座	延米	座	延米	座	延米	座	延米	座	延米
一、上年年底到达数	213	102477.90	3	11768	21	37271.40	36	26584.30	153	26854.20
1. 国道	115	71755.70	2	7148	19	34463.40	21	15966.30	73	14178.00
其中：国道主干线	26	30843.90	1	3103	12	22431.90	3	2587.00	10	2722.00
2. 省道	60	25659.30	1	4620	2	2808.00	14	9908.00	43	8323.30
3. 县道	18	2403.10							18	2403.10
4. 乡道	20	2659.80					1	710.00	19	1949.80
5. 专用公路										
二、本年新建数	14	6309.50	1	3562	1	1023.00			12	1724.50
1. 国道	1	1023.00			1	1023.00				
其中：国道主干线										
2. 省道	2	533.00							2	533.00
3. 县道	11	4753.50	1	3562					10	1191.50
4. 乡道										
5. 专用公路										
三、本年改建变更数	3	473.30		－341					3	814.30
1. 国道										
其中：国道主干线										
2. 省道	2	89.00		－341					2	430.00
3. 县道	5	1413.50					1	710.00	4	703.50
4. 乡道	－4	－1029.20					－1	710.00	－3	－319.20
5. 专用公路										
四、本年年底到达数	230	109260.70	4	14989	22	38294.40	36	26584.30	168	29393.00
1. 国道	116	72778.70	2	7148	20	35486.40	21	15966.30	73	14178.00
其中：国道主干线	26	30843.90	1	3103	12	22431.90	3	2587	10	2722.00
2. 省道	64	26281.30	1	4279	2	2808	14	9908	47	9286.30
3. 县道	34	8570.10	1	3562			1	710	32	4298.10
4. 乡道	16	1630.60							16	1630.60
5. 专用公路										

六、养护新工艺、新技术、新材料应用

随着科学技术的不断进步，重庆市将各种新工艺、新技术、新材料应用到公路养护工程上，降低了养护成本，提高了养护质量。

（一）桥梁类

公路桥涵结构损伤快速加固修复技术。2004年，高发司利用成渝高速公路桥涵结构损伤加固修复及承载能力性能试验研究成果，首次采用了体外锚固CFRP片材预应力加固方法，找到了一种较

为理想、经济、快速的加固方案，为工程实践提供了依据。

高墩、弯坡、斜桥桥墩的维修加固墩梁固结技术。高发司在渝合高速公路及渝黔高速公路桥梁养护维修中首次采用了墩梁固结技术对公路高墩、弯坡、斜桥桥墩的维修加固，有效地控制了桥梁产生的径向位移，并在新增盖梁的施工中采用了具有高流动性、高间隙通过性、高抗离析性、高自填充性的自密实砼，解决了新增钢混结构盖梁浇筑砼的难题。同时减少了施工难度、降低了结构安全风险，取得了较好的经济效益和社会效益。

桥梁集群监测安全系统研究。2005 年，高发司与重庆大学、重庆交通大学、渝宇监控光电科技有限公司联合对上界高速公路马桑溪大桥（斜拉桥）、渝黔高速公路向家坡立交（高墩、弯斜）、渝涪高速公路高家花园大桥（连续钢构桥）实施了桥梁安全远程智能集群监测先进技术进行桥梁健康监测。该项研究为 2003 年西部科研课题，综合了现代传感技术、网络通信技术、信号处理与分析、数据管理方法、预测技术、结构分析理论等多个领域的知识，延拓了桥梁检测领域的内涵。实时监测大桥的工作性能和评价大桥的工作条件，为保证大桥的安全运营和养护维修提供了科学依据，具有很大的社会、经济效益。

大佛寺长江大桥安全监测技术。2003 年，高发司与重庆大学、同济大学联合完成了重庆大佛寺长江大桥长期结构安全监测示范系统，该课题为 2001 年西部科研课题。将桥梁安全评价、结构状态监测、计算机通信等方面的最新科研成果和技术应用在大型桥梁长期结构安全监测中，建立了一套大型桥梁长期结构安全监测、结构安全评价等方面的技术。

桥梁支座更换同步顶升新技术。高发司对变形严重损坏的桥梁支座通过采用同步顶升新技术方式成功地进行了 400 多个桥梁支座更换。这是在不中断繁忙交通情况下完成的桥梁支座更换，取得了很大社会效益。

桥梁加固体外预应力技术。高发司采用体外预应力技术对长万路两座桥梁进行加固，以提高原结构刚度，有效控制梁体裂缝发展。这是高发司桥梁加固中首次采用，通过多方案比较，采用体外预应力方式较好地增加了结构钢度，确保桥梁安全性。

桥面维修技术。高发司在高速公路桥梁桥面维修中采用了应力吸收层加环养沥青砼技术对渝黔高速公路桥梁进行桥面维修，使之形成桥面整体防水，有效处治了桥面严重破坏。同时有效解决了采用桥面传统维修方式，由于桥面铺装层太薄导致桥面反复破坏的问题，取得了很大的社会效益和经济效益。

重庆市公路桥梁管理系统（CBMS）应用研究。公路桥梁管理系统（CBMS）是交通部“八五”科技发展通达计划和国家科委“八五”重点推广项目。重庆市是交通部在全国第一批推广应用的 12 个重点省市之一。1994 年，重庆市交通局将该项目列为重点推广项目计划。重庆市公路养护总段落实推广应用，成立了推广应用工作领导小组。总段长张启佑为组长、副总段长杨秀龙、副总工丁良开、科技处处长乔瑞华为成员。CBMS 推广应用工作从 1993 年开始至 1995 年结束，历时 3 年，完成了重庆市的推广应用工作，实现了用计算机评价、决策公路桥梁管理，提高了公路桥梁管理现代化水平。CBMS 系统内设“数据管理”“基本应用”“统计处理”“图形图像”“评价对策”“费用分析”“维修计划”7 个子系统，能为桥梁养护管理、统计计划、加固决策、经济分析等提供多方位服务和辅助决策，具有 100 余项功能。1995 年 11 月，重庆市公路养护总段将其管辖的 358 座桥梁装入 CBMS 系统进行测试，结果表明：桥梁数据齐全，定义准确，评价标准合理，数据采集方法恰当，对重庆市桥梁管理起到重要作用。

（二）路面类

重庆市在公路路面大中修工程中推行新工艺，采用新材料。重庆总段首次在北碚段运用钢纤维砼施工，为重庆市科委 1989 年重点科研项目之一。铺筑 600 米试验路，具有使用年限长、工期短、强度高等优点。在施工中使用三乙醇胺早强剂，使砼强度在 4 天时间达到 7 天的强度，缩短了养护时间，为缓解城市近郊区车辆堵塞做出了贡献。北碚段在养护工作中还采用了真空吸水新工艺，提高了砼的质量。江北段还进行了阴离子乳化沥青的试验，为重庆市推广沥青路面施工的新工艺拉开了序幕。1997 年重庆市直辖后，重庆市交通局（委）与区县（市）签订年度工作目标责任制，由重庆市公路局具体落实对地方公路实施养护管理，由高速公路业主对重庆市高速公路制订养护管理办法并组织实施，高等级公路由业主与区县（市）公路养护部门签订养护合同并监督实施。

水泥砼路面快速修补工艺。高发司在成渝高速公路陈家坪至上桥路段水泥砼路面养护维修时，由于该路段交通及其繁忙，无法进行断道和白天路面维修。为了确保道路畅通，采用了水泥砼路面 8 小时快速修补材料及快速修补工艺，利用夜间施工、次日早上开放交通方式成功完成了陈家坪至上桥路段水泥砼路面维修。

高速公路路面预防性养护微表处工艺。沥青路面使用多年后，将出现轻微疲劳龟裂、车辙等病害，如不及时采取措施，将加速路面损坏，而微表处技术是最经济、较有效地阻止病害继续发展的方法。高发司利用高速公路路面微表处养护工艺，克服路面噪音大、粒料飞散及耐久性等问题，从而提高路面的使用寿命。

基层铣刨料再生利用工艺。2002～2005 年，在重庆成渝高速公路路面局部病害处治和全路段养护大修施工过程中，对原损坏的路面基层（二灰基层）铣刨废料进行了回收利用，维修总造价节约 4300 万元，解决了因大量的弃渣所需的征地或租地费、弃渣远运费和环境污染及环保问题。

沥青路面铣刨料厂拌热再生新技术。高发司在成渝高速公路养护大修工程中，将 2.5 公里路面应用了铣刨料厂拌热再生技术，实现了养护经济循环发展，综合节约投资达 10 元/平方米，减少弃渣 2363 立方米。

薄层沥青砼路面技术。高发司采用橡胶沥青应力吸收层加薄层沥青砼路面技术对内环高速公路路面“白加黑”改造进行桥面处理，有效地解决了沥青砼恒载增加对桥梁结构的影响，产生了很大经济效益和社会效益。

沥青砼常温料设计生产及运用技术。2003 年成渝公司通过对新材料、新工艺的应用和大量实验，成功配制出适合高速公路和其他等级公路路面坑槽快速修补的常温型沥青砼，保证了路面坑槽的及时修补。

新型沥青路面维修材料。高发司在渝黔、上界、渝合、渝宜、成渝等高速公路采用了 LW－3000 砼填缝料、T 德国“多特蒙得预制堪缝条”和“科林面层贴缝带”等新材料进行路面裂缝和弱接缝的处治。

废渣利用工艺。高投司在石柱境内石（石柱）西（西沱）公路、国道 319 线彭水段共 100 公里大中修项目中，充分利用原有路面的水泥砼板和基层材料加固路基，实现了废料再生利用。该工程少用换填路基的 C15 砼底基层 12.7 万平方米，少挖除和运输废渣 5.7 万立方米，共节约资金 849.28 万元，占工程总造价的 30%，对废渣的利用还避免了对当地土地资源的占用和污染，取得了较好的经济效益、环境效益和社会效益。

多功能养护工艺。高投司针对沥青路面维护，引进了 AD5071TGF 多功能灌缝车及 AD5140TLX 型沥青混合料再生修补车各 1 台，对 G319 线涪陵至秀山、G326 线秀山段、S103 线云阳段等沥青类道路破损路面的修补，修补路面 18769.4 平方米，灌缝 52649.8 米。

GPS（公路普查卫星定位系统）定位技术。高投司利用先进的 GPS 定位技术，完成了对管养路段的公路里程和桥梁普查，重新校核了管养公路的准确里程，标注了桥涵隧道的分布情况，制作了公路网络电子地图，向公路信息采集自动化迈出了重要一步。

七、公路流量观测与普查

公路流量观测与普查是加强公路科学管理，促进公路事业发展，为公路规划、设计、养护、科研和管理工作提供资料的重要途径。

（一）观测站的设置与汽车流量观测

按照交通部和四川省公路局的布置，重庆市于 1983 年下半年开始了国道交通量的调查工作。设置了国道交通量观测站共 18 个（国道 210 线连续式交通量观测站 1 个，间隙式交通量观测站 6 个，212 线间隙式观测站 4 个，319 线间隙式交通量观测站 8 个），省道交通量观测站 24 个，县道交通量观测站 130 个。国、省道间隙式交通量观测站每月 5 日和 20 日两次观测，每次从早上 6 点至晚上 22 点，16 小时观测，用昼间系数 1.05 推算全日交通量。县道每月 20 日观测一次。

1986 年，重庆市公路观测站分为连续式和间隙式两种。连续式观测站有 G210 线人和站、石鞋站、杨家坪站、一品站、綦江站、雷神店站、赶水站；G212 线澄江站、施家梁站；G319 线古佛站、关兴站、新桥站。重庆市公路养护总段在渝北区人和镇设置的国道 210 线人和镇汽车连续式观测站。1986 年 1 月一个月的观测数据显示，重庆市的车辆构成和拥有量为 80620 辆。其构成为小型载货汽车 9837 辆、中型载货汽车 36778 辆、大型载货汽车 4767 辆、小型客车 9197 辆、大型客车 13965 辆、载货拖挂车 6077 辆、小型拖拉机 1603 辆、大中型拖拉机 28 辆、人力车 405 辆、自行车 47878 辆。经折算后月车流量为 88084 辆，日车流量为 2840 辆。

至 2005 年年底，重庆市有连续式交通量观测站 21 个，其中国道上 18 个（11 个设在高速公路上）、省道上 3 个。重庆市有间隙式交通量观测站 728 个（国道 46 个、省道 85 个、其他公路 597 个），交通量观测人员 903 人。

至 2005 年年底，重庆市国省县乡道交通量观测里程为 20513 公里，占重庆市国省县乡道里程的 53.7%。其中国道交通量观测里程为 1504 公里，占重庆市国道里程的 81.2%；省道交通量观测里程为 3303 公里，占重庆市省道里程的 80.9%；县乡道交通量观测里程为 15706 公里，占重庆市县道里程的 50%。国道交通量分布在 G055A 上，为 43534 辆/日，混合交通量构成机动车 100%。国道最小交通量分布 G326 上，为 1362 辆/日；混合交通量构成为机动车 99.3%，非机动车 0.7%。省道最大交通量分布在 S108 上，为 5700 辆/日；混合交通量构成为机动车 92.3%，非机动车 7.8%。车速调查情况为：国道（含国道主干线，下同）车辆平均行驶速度为 115 公里/小时，省道车辆平均行驶速度为 47 公里/小时，县道车辆平均行驶速度为 41 公里/小时，乡道车辆平均行驶速度为 23 公里/小时。比重调查情况为：国道占 34.8%，省道占 47.4%，县道占 45.1%，乡道占 11.04%。汽车交通量全路网合计 1148 辆/日，其中国道 4682 辆/日、省道 2590 辆/日、县道 1174 辆/日、乡道 299 辆/日。全路网汽车路线行驶量合计 3602（万车·公里/日），其中国道 872（万车·公里/日），所占比重为 24.2%；省道 1046（万车·公里/日），所占比重为 29. 04%；县道 1238（万车·公里/日），所占比重为 34.4%；乡道 446（万车·公里/日），所占比重为 12.4%。

（二）观测站管理

2005 年，重庆市有省级公路交通量调查管理机构 3 个（重庆市交通委员会、重庆市公路局、重庆高投司），区县（市）级公路交通量调查管理机构 32 个。重庆市的交通流量观测工作实行专人负责，对各观测点进行不定期检查。为了保证观测质量和按时报表，各主管单位建立健全各项规章制度。如永川公路总段制定了奖惩制度，凡发现观测车数不实和不按时观察，一律扣减该班当月奖金和补贴，扣发观察人当月奖金。潼南道班观测站 1990 年 3 月份 2 次观测数为 4401 和 3057，经永川公路总段、璧山分段分管领导共同分析，实地调查了解，省道 205 线在改造，绕行车辆数不可能这么大，观测人员有乱填乱报之嫌，因此扣减了该班和观测者本人当月奖金和补贴，给予批评教育。1990 年 6 月 20 日重庆公路总段三分段陈家桥班未按时报交调表，扣减了当月补贴。国省道上各观测点无论是在炎热的夏天还是寒冷的冬天，均能按时坚持观测和报表，准确率达 90% 以上。

为了保证交通量观测工作顺利开展，重庆市交通局为各观测站提供条件，每年安排一定数量的专项资金，用于改造设备和新建站房。1986 ~ 1987 年，国道 210 线人和镇汽车连续式观测站是重庆市唯一的连续式观测站，开始只是利用路旁的一间 45 平方米的小库房作为观测室，有观测人员

8名，食宿条件很差。1987年新建了150平方米的观测站房，一人一间卧室，另有观测室和工作室，大大改善了观测条件。国省道交通量观测站成立之初，配备了键式计数器，可分别计数12种车型。1987年以后，采用电脑交通量计数机。永川公路总段还为观测站每月补助一定经费。为方便夜间观测，配备手电筒，冬天配备取暖炉。

（三）交通流量观测应用

公路交通资料对公路规划、设计、可行性研究报告确定工程规模都起着重要作用。新建成渝高等级公路前，世界银行、国家计委、交通部的领导和专家到重庆考察时，对旧成渝公路交通流量、调查资料作了全面了解，确定了成渝公路重庆段陈家坪至青杠段为一级公路，歌乐山、缙云山隧道方案和其他工程规模。"八五"期计划改建的国道319线长（寿）涪（陵）段公路改建设计，就是在调查交通量的情况下进行规划设计的。已建成的世行贷款项目国道319线塘坝至龙台工程、川黔二级公路改建，都曾利用过交通流量观测资料。

第五节　养护管理

一、养护规范

重庆市公路养护执行国家的统一规范，即国务院1987年发布的《中华人民共和国公路管理条例》及其《实施细则》，全国人大1997年颁布的《中华人民共和国公路法》，交通部1986年发布的《公路养护技术规范》、2001年发布的《公路养护工程管理办法》等。实行统一领导，分级管理。养护工程按其工程性质、复杂程度、规模大小划分为小修、中修、大修和改建工程。养护资金主要来源于国家依法征集的公路养护资金、财政拨款、车辆通行费和国务院规定的其他筹资。公路养护工程资金，用于公路的养护和改建，专款专用。

二、养护单位

区县（市）公路养护单位行政上受区县（市）交通局（委）领导，业务上受重庆市公路局指导。其职能是负责所辖行政区域内公路建设、养护工程的管理和监督，负责所管养公路的具体工作，负责公路路政、战备渡口和收费公路的管理工作，指导本辖区内镇乡、村公路的建设及养护、管理工作，负责贯彻执行有关公路养护管理的法律、法规和政策，实施公路养护管理标准，负责所管公路养护计划的编制并组织实施，负责所管公路管养经费的计划编制和核拨，负责指导公路勘测设计工作，组织对特大自然灾害造成的公路损毁的抢修，负责系统安全生产、业务技术培训、新技术推广等工作，承办当地交通主管部门和重庆市公路局交办的其他事项。

（一）主城及渝西片区

大渡口区公路科　1988年8月大渡口区交通局成立，内设公路科，负责大渡口区143公里县乡公路建设、管理。公路科编制2人，方华、唐才贵、范伟先后任科长。

江北区公路养护段　1982年4月，江北区交通局在下属集体运输单位抽调13名干部、工人组成江北区养护工程队。1997年公路养护体制改革后，江北区公路养护工程队改制，成立江北区公路养护段。负责五唐公路的寸滩白云村至唐家沱段10公里、唐铁路8.5公里、汉渝路7.3公里、五白路5.3公里、五桂路18.2公里、五唐路2公里，共计51.3公里的养护管理工作。编制22人。刘定全、王志忠先后任队长、段长。

沙坪坝区公路养护段　沙坪坝区公路养护队成立于1989年8月，1994年11月更名为沙坪坝区公路养护段。负责沙坪坝区境内159.3公里县、乡公路的养护管理工作。编制25人，内设4个科室。童文生、赵盛荣、陈玉祥、顾伟、李竟先后任队长和段长。

九龙坡区公路养护段　1989年4月21日，成立九龙坡区公路养护队，1995年9月更名为九龙

坡区公路养护段。负责九龙坡区 149.6 公里县、乡道的养护管理工作。编制 11 人，内设行政、养护、安全 3 个办公室，下辖 7 个养护道班。罗正立、叶新先后任段长，张宗海、叶新先后任党支部书记。

南岸区公路养护段　1958 年南岸区养护队成立，1995 年更名为南岸区公路养护段。负责南岸区境内 98.3 公里县乡公路的养护管理工作。编制 44 人，内设工程室、财务室、综合办公室。庞友信、刘斌、刘玉秀、熊朝波先后任段长，刘玉秀任党支部书记。下辖 4 个公路养护道班。

北碚区公路养护段　1973 年成立，1997 年前隶属重庆公路养护总段。1997 公路体制改革下放北碚区交通局管理。负责北碚区境内 248 公里国、省、县道公路的养护管理。机关编制 35 人，内设 4 科 1 室，下辖 29 个公路养护道班及施工组、机具组、导热油场、服务组。1986～2005 年，蒋志诚、谢德树、宋申、付仕伦、覃晓华先后任段长，张云芝、李家明、覃晓华先后任党支部书记。

万盛区公路所　2004 年 4 月，万盛区交通局对公路体制进行改革，撤销万盛公路养护段和万盛公路养护队，合并组建万盛区公路养护管理所，喻平任所长，侯欣任党支部书记。

南桐矿区养路队　1966 年 6 月成立，1978 年 4 月更名为南桐矿区公路养护队，负责万盛区境内 59 公里县、乡公路的养护管理。编制 61 人，内设办公室、财务室、工程室、路政室等职能部门，下设有 7 个班组。江雨情、詹旭东、卢静先后任队长，江雨情、雷永昌先后任党支部书记。

南桐养路段　1980 年 9 月组建，为重庆公路养护总段第七分段，1983 年更名为重庆公路养护总段万盛段。1997 年公路体制改革下放万盛区，更名为万盛区养路段。负责万盛区境内 178.6 公里省县、乡公路的养护管理（1997 年前为 107.3 公里，2004 年为 51 公里）。编制 64 人，内设办公室、生产科、财务科，下辖 12 个养护班组，1 个机运站。李永祥、蒋光荣、艾吉人、张宗伟、李华全先后任段长，李乾盛、杨昌煜、赵可友、杨朝煊、熊茂涛先后任党支部书记。

渝北区养路一段　1986～1997 年为重庆公路养护总段江北段。1997 年重庆市公路体制改革，将重庆公路养护总段江北段成建制下放给渝北区管理，重庆公路养护总段江北段更名为渝北区养路一段，至 2005 年未变。负责管养渝北区（原江北县）境内国、省、县道公路的养护管理工作，1986～1990 年为 201.8 公里，1990～1996 年为 167.3 公里，1998 年为 169.8 公里，1999～2005 年为 128.8 公里。重庆公路养护总段江北段时期，内设 5 科 1 室，下辖 14 个公路养护道班。重庆公路养护总段江北段时期，王大顺、王齐鹏、王道明、向兴全、张宗伟先后任段长，祝泽伦、侯永成、罗培先后任党支部书记。渝北区养路一段时期，罗培、林昆、罗英高先后任段长，柳廷华任党支部书记。

渝北区养路二段　1986～1995 年为江北县养路队，1995 年重庆市江北县改为重庆市渝北区，江北县养路队更名为渝北区养路队，1997 年重庆市公路管理体制改革后，更名为渝北区养路二段。负责渝北区境内县、乡公路的养护与管理。内设人秘、生产、财务、安全、机料 5 个股室，下辖 12 个道班。杨世华、辛大畔、尹诗安先后任段长。辛大畔、唐运宽、艾旭东、尹诗安、黄任富先后任党支部书记。

巴南区公路养护段　1963 年 7 月成立巴县公路养护队，1995 年更名为巴南区公路养护段。1997 年 7 月，重庆市公路养护总段二分段部分移交巴南区，成立巴南区国道公路养护段。2003 年 11 月，巴南区公路养护段与巴南区国道公路养护段合并为重庆市巴南区公路养护段。负责巴南区境内 739.7 公里国、省、县、乡公路的养护、管理，编制 300 名。机关内设 4 科 1 室，下辖 6 个工区，64 个道班。2003 年之前，廖廷光任公路养护段段长、党支部书记，陈恳任国省道公路养护段段长。两段合并后，刘剑锋任段长，谭根祥任党支部书记。

长寿县公路管理所　1999 年组建长寿县公路管理所，负责公路管理，编制 35 人，内设 4 股 1 室。李亮任所长、郑道齐任党支部书记。

长寿县公路养护段　1999 年由重庆市公路养护总段长寿段和长寿县养路队合并组建，负责公路养护生产。长寿公路养护段编制257人，内设4股1室。下辖21个养护道班和1个长江战备车渡，1座油库。王权华、黎国林、骆晓斌先后任段长，余永明、吕元培、骆晓斌先后任书记。

双桥区公路养护站　前身是大邮路双路道班，1997年前隶属永川养路段，1997年3月下放给双桥区，2001年底更名为双桥区双路道班，负责双桥区内县级公路养护管理和对乡村公路管养的指导工作。养护里程为20.4公里。编制5人，罗章华、张荣建先后任班长、站长。

高新、经开区公路管理所　重庆高新技术产业开发区公路管理所成立于2002年11月，负责辖区内86.05公里县、乡公路的管理与养护工作，指导乡村公路的建设及养护管理。编制60人。内设4个科室，下辖人和、大石、重光3个道班。何培良任所长兼党支部书记。重庆经济技术开发区公路管理所成立于2002年11月。负责经开区辖区内94.2公里县、乡公路的管理与养护，指导乡村公路的建设养护。编制45人，内设6个科室，下辖鸳鸯、翠云2个道班。罗培任所长。

江津市公路所（处）　2003年7月成立，负责江津市境内789公里国、省、县、乡公路的养护管理。编制45名，内设4科室，下辖江津市公路养护段和4个路政中队19个公路养护道班。柯瑞尧任所长，周德怀任党支部书记。

合川市公路养护段　1999年8月25日，合川市国、省道公路养护段和合川市公路养护段合并为合川市公路养护段，负责合川市境内国、省、县、乡公路及汽车渡口的管理工作。机关编制21人，内设4科1室，下辖5个公路管理站和3个汽车渡口。叶森富、周志荣、屈怀敏、郑志强、潘承友、郝绍明、何盛远、陈本富先后任养路段段长，谢仲遂、屈怀敏、潘承友先后任党支部书记。

永川市公路管理所　1999年5月，永川市公路养护一段和二段合并，更名为永川市公路养护管理段，2001年9月更名为永川市公路管理所。负责永川市境内省、县道公路385.5公里养护管理，指导农村公路建设。编制325人，内设5科1室，下辖2个公司、1个厂、13个道班。李显义任所长，郑江任党支部书记。

綦江县公路养路段　1997年前为重庆市公路养护总段綦江段，1998年后更名为綦江县国、省道公路养护段，负责国省县道276.6公里的管养。编制252人，内设6个科室，下辖21个公路养护道班。李永祥、王前友、杨云舫先后任段长，王前友、霍世荣先后任党支部书记。

綦江县养路队　隶属于綦江县交通局，负责县、乡公路267.4公里的管理养护。编制89人，内设5个科室，下辖机修班、驾修班、碎石机班和30个道班。刘兆池、张正林、夏成功先后任队长，刘兆池、张俊伦、张世福、张正林、沈安明、吴明竣、兰远义、张明先后任党支部书记。

潼南县国道公路管理段　1997年前为璧山公路养护段潼南工区。1997年7月国、省道管理下放后更名为潼南县国道公路段。负责潼南县境内国、省道公路106.4公里的管理养护。编制120人，内设4个科室，下辖5个公路养护道班。宋斌、刘秋容先后任段长，宋斌、陈军先后任党支部书记。

潼南县养护段　1965年成立，负责潼南县境内县乡公路261.5公里的养护管理。编制171人，内设四个科室，下辖8个公路养护道班。刘森林、尤忠宇、刘庆思、曹大泉、吴绍宾、先后任段长，刘森林、周辉儒、刘勤思、曹大泉、刘宴明先后任党支部书记。

铜梁县公路养护段　1959年为铜梁县交通运输局公路专业养护队，1960年4月更名为铜梁县养护段，1980年更名为铜梁县公路养护段。负责铜梁县境内的国、省、县道公路340.17公里的养护管理，指导乡村公路建设。编制98人，内设4个科室，下辖20个道班。沈成惠、胡德元、周明志、周明仕、黄仁富、陈旭坤先后任段长，沈成惠、周光伦、庹平、胡德元、杨有生、周明仕先后任党支部书记。

大足县公路局　原为大足县公路管理所，由永川养路段大足工区和大足县养路段合并而来。2000年更名为大足县公路管理所。负责大足县境内省、县道公路229.2公里的养护管理。编制424人，内设5个科室，下辖13个养护站。贺元明、陈仁厚、王安全、刘廷中先后任段长，舒成波、杨正元先后任所长。2005 年 2 月公路局成立后，杨正元任局长。

荣昌县养路段 1959 年 11 月成立。1997 年 4 月，永川公路养护段荣昌工区下放，合并至荣昌县公路养护段。负责荣昌县境内省、县、乡公路 268.8 公里的养护管理，编制 192 人，内设 6 个科室，下设 1 个机械化养护中心，15 个公路管理站。龙裔燮、代大章、竹林村、邹荣、陈辉强先后任段长，赖学君、廖维寿、吴开荣、邹荣、陈辉强先后任党支部书记。

璧山县公路所 1997 年 9 月，重庆公路养护总段璧山段下放后与璧山县公路养护队合并，组建璧山县公路管理所。负责璧山县境内国、省、县道公路 346 公里的养护管理。机关编制 46 人，内设 6 个科室，下辖 3 个公路管理站，12 个公路养护道班。璧山养路段文邦喜、罗昌怀、刘天建先后任段长、罗昌怀任党支部书记。璧山养路队张之久、陈万木先后任队长、党支部书记。璧山公路所刘正忠、陈宇先后任所长，罗昌怀、陈万木、陈荣明先后任党支部书记。

（二）渝东及渝东北片区

梁平县公路局 1998 年，梁平县公路养护管理段与梁平县公路管理二段合并为梁平县公路管理段，2003 年组建梁平县公路局。负责梁平县境内 379 公里国、省、县、乡公路的养护管理。机关编制 20 人，内设 5 个科室。下辖 1 个公路维修中心，1 个公路养护中心，13 个公路养护站。谢世硕任局长兼党支部书记。

城口县公路养护管理段 城口县养路段 1962 年 8 月组建，1965 年 5 月更名为城口县公路养护队，1993 年更名为城口县养路段。负责城口县境内 580.3 公里省、县、乡公路的管理与养护。编制 218 人，内设 4 个科室，下辖 28 个公路养护道班。师达候、周亚明先后任段长，邓世荣、周亚明、陈远文先后任党支部书记。

忠县第一公路养护管理段 负责忠县境内 154.8 公里省道和部分县、乡道公路的养护与管理。编制 307 人，内设 8 个科室，下辖 14 个道班。潘清江、邓孟学、陈世雄先后任段长。

忠县第二公路养护管理段 1988 年 9 月前为忠县养路队，1988 年 9 月更名为忠县公路养护队，1993 年 10 月更名为忠县第二公路养护管理段。负责忠县境内 145.8 公里县道和部分省道的养护管理。编制 205 人，内设 8 个科室。下辖 15 个道班，2 个路桥公司。周恩林、刘先明、胡显祥先后任队（段）长。

开县公路局 2002 年，开县两个公路养护机构合并筹建开县公路局。2005 年 8 月，开县公路局成立，负责开县境内 606 公里省县道的养护管理。编制 586 人，内设 6 个科室。下辖公路桥梁公司、设计室和东里、江里、浦里 3 个养护管理站，42 个道班，1 个机修班，1 个炸药仓库和 1 个职工医院（包括 1 个对外门诊部）。杨世鑫、付征培、余发理先后任开县养路段段长。余发理、叶隽先后任开县公路局局长。

云阳县公路局 2004 年 4 月云阳县公路养护管理段、云阳县公路养护管理二段合并组建云阳县公路局，负责云阳县境内省、县、乡道公路 894 公里和云阳长江汽车轮渡的养护管理。编制 346 人，内设 5 个科室。下辖 1 个路政大队，4 个公路养护管理站。倪国民任局长，谭德笃任党支部书记。

奉节县公路养护一段 1959 年成立，1962 年更名为万县公路养护总段奉节养路段。1993 年 9 月公路养护体制改革，奉节养路段下放到奉节县交通局管理，更名为奉节县公路养护一段。负责奉节县境内 289 公里省、县道公路和奉节长江汽车渡口的养护管理。编制 225 人，内设 6 个科室。下辖 11 个养路道班，1 个汽车轮渡所。游全述、樊培嘉、柳其奎先后任段长，胡恒金、樊培嘉、柳其奎先后任党支部书记。

奉节县公路养护二段 1959 年 10 月成立，原为奉节县公路养护段，1995 年 2 月更名为奉节县公路养护管理二段。负责奉节县境内 304.9 公里县、乡道公路养护与管理。编制 109 人，内设 6 个科室，下辖 21 个道班。彭恢裔、余太建、胡文坤先后任段长，彭恢裔、邱衍学、余太建先后任党

支部书记。

巫山县公路局　1959年成立巫山县公路养护段，1988年7月更名为巫山县公路养护队，1995年3月更名为巫山县公路养护管理段。2004年撤销巫山县公路养护管理段，组建巫山县公路局。负责巫山县境内省、县道公路493公里的养护管理。编制140人，内设4个科室，下辖32个道班。巫山县公路养护管理段时期，董继生、陈兴然、刘永虎、万绍同先后任段长，万传伦、毛玮先后任党支部书记。巫山县公路局成立后，万绍同任公路局局长。

巫溪县公路管理段　1990年前为巫溪县养路段，1991年更名为巫溪县公路管理段。负责县境内省、县、乡道公路479公里的养护管理。内设5个科室，下辖16个养护班，1个公司。刘德阳、邬前国、左茂先、王智春、谭定富、刘祖食、王昌富先后任段长，刘德阳、邓世乾、王智春、韩德辉、王昌富先后任党支部书记。

（三）渝东南片区

丰都县公路养护管理段　原为四川省涪陵地区公路养护管理总段丰都分段。1997年7月公路体制改革，丰都公路养护段下放给丰都县交通局管理，更名为丰都县公路养护管理段。负责丰都县境内垫道路、石雷路、南毛路、高龙路、金建路等13条计367.2公里省县道公路的养护工作，负责丰都长江交通战备渡口的管理工作。编制190人，内设行政办公室、政工办、生技科、财务科、机料科、安保科6个科室，下辖10个养护道班、1个战备渡口、1个机修组。代阳任段长兼党支部书记。

丰都县养路队　负责丰都境内12条县、乡公路共231.9公里的养护与管理。编制72人，内设5个科室，下辖12个道班，1个公路发展有限公司。

南川市公路局　2002年9月，南川市公路养护管理段与南川市公路养护队合并，组建南川市公路局，负责南川市境内省、县道和部分乡道公路共计653公里的养护管理。编制410人，内设4个科室。下辖43个公路养护道班，1个公路设计所，1个交通职工医院。张和武、赵德安、周修明先后任养路段段长，赵进良、陈盛全、谭文仲先后任养路队队长，江才能、黄兴才先后任公路局局长。

垫江县公路管理局　1998年6月8日，垫江养路段和垫江县养路队合并，组建垫江县公路管理局，负责垫江县境内省、县、乡公路481公里的养护管理。编制46人，内设7个股室，下辖34个班组。薛光洁任局长，董卫国任党支部书记。

武隆县公路局　2001年11月，武隆县公路体制改革，养路段、队合并成立武隆县公路局，负责武隆县境内国省县道449公里的养护管理。编制223人，内设5个科室，下辖28个道班。张绪林、李开福、黄跃学、陈文明先后任养路段段长，吴丕振、罗绪国、肖世龙、陶光坤先后任养路队队长。张德海任公路局局长。

石柱县公路养护一段　1986年为涪陵公路养护管理总段石柱分段，1987年为黔江公路养护管理总段石柱分段，1993年与石柱县养路队合并，为石柱土家族自治县公路养护管理段，1994年分为石柱土家族自治县公路养护管理一段。负责石柱县境内325公里省道养护管理。编制112人，内设5个科室，下辖24个公路养护道班。王顺祥、白晓云、谭江渝、王家宇先后任段长，谭逢海、杨国学、王顺祥、白晓云、谭江渝先后任党支部书记。

石柱县公路养护二段　1986年为石柱土家族自治县养路队，1993年与黔江公路养护管理总段石柱分段合并为石柱土家族自治县公路养护管理段，1994年为石柱土家族自治县公路养护管理二段，负责石柱县境内628公里县、乡公路的养护管理。编制79人，内设5个科室，下辖21个公路养护道班。谭地宜、牟云普、秦伟仕先后任段长，谭地宜、秦伟仕先后任党支部书记。

秀山县公路养护段　1987年前为四川省涪陵公路养护总段秀山养路段，1987年为四川省黔江公路养护总段秀山养路段，1997年更名为重庆市秀山县公路养护管理分段，负责国、省道115.1

公里养护管理。编制275人，内设6个股室，下辖11个公路养护道班，1个公路工程公司。陈国志、张昌寿、邹助人、李胜平先后任段长。

秀山县公路养护管理段　组建于1959年7月，1962年改名为秀山县养路队，1988年改名为秀山县养路管理段。负责秀山县境内部分省道及县道公路303.5公里的养护管理。内设5个科室，下辖17个公路养护道班。饶家红、刘仲富、张居仁、严循高、李刚、王武华、李胜平、张清云、吴秀良先后任段长，邹宏荣、杨胜荣、严循高、张清云先后任党支部书记。

酉阳公路养护管理一段　1987年前为涪陵公路养护总段酉阳分段。1987年，为四川省黔江公路养护总段酉阳分段，1993年与酉阳县养路段合并为酉阳养路段。2004年养路段体改，设立酉阳公路养护管理一段。负责酉阳县境内国、省道及部分县道公路216公里的养护管理。编制198人，内设5个科室，下辖8个公路养护管理站。冉启俞、李国成、冉茂发、熊代志、康小平先后任段长，杨秀凡、冉茂发先后任党支部书记。

酉阳公路养护管理二段　组建于1962年11月，为酉阳县养路段，1993年与酉阳县养路段合并，2004年又分开，为酉阳县公路养护管理二段，负责酉阳县境内县、乡公路347公里的养护管理。编制191人，内设5个科室，下辖33个公路养护道班，1个公路养护工程公司。张怀恕、熊代智、冉森林、张文权、何玉楠、冉劲松、张远邦先后任段长，陈茂藻、董长顺先后任党支部书记。

彭水县国道公路养护管理分段　1987年前为四川省涪陵公路养护总段彭水分段，1987年更名为黔江地区公路管理总段彭水分段，1994年4月更名为彭水自治县公路养护管理分段。负责彭水县境内国道公路153.7公里的养护管理。编制128人，内设7个科室，下辖14个道班。张代均、肖眉、吴承华先后任段长。

彭水县国道公路养护管理段　1960年4月组建，至2005年仍为彭水县公路养护管理段。负责彭水县境内省、县道公路496公里的养护管理工作。编制327人，内设7个科室，下辖36个道班。李福章、陈勇先后任段长。

三、养护考核

（一）考核内容及标准

1986～1996年，重庆直辖前，重庆市交通局主要是对21个区县及重庆、永川2个公路养护总段（1992年后为一个总段）进行公路养护考核。“七五”至“八五”期间考核内容为疏通出口，提高干线公路等级，逐步改善区县交通，搞好维护保养。包括6个方面，一是路况好，公路好路率提高快，养护维护周期长。二是班组管理，道班建设，经济责任制和路况质量挂钩。三是质量管理，养护技术，基础资料，班组核算，新技术、新材料的推广应用。四是路政管理，公路绿化。五是两个文明建设及各级领导作风。六是民工建勤。考核采用百分制，路况占50分，其他各占10分，共计100分。考核以公路养护总段下属各分段、各区县养路队（段）为单位，奖励前3名。考核方式为汇报与路况抽查相结合。

重庆公路养护总段对考核内容细化，分为养护质量、工程质量、计划财务、班组管理、路政安全、机务材料、职工培训、双增双节、战备建设、文明建设共10项，制订了对分段的具体考核办法。质量目标管理考核采取“任务定保、经费包干、节约归段、超支自负”的养护质量目标承包责任形式，以总段年度生产计划指标和投资总额为依据，逐项分解，分级管理，逐季考核，奖惩斗硬，完成年度质量责任目标。分段对班组实行“集体承包、分项作业、浮动计酬、计分奖惩”办法。采取每月提取人均奖金、补贴和部分工资捆在一起浮动，与完成“双文明建设”任务挂钩，分级核实，定额管理，全段浮动，当月兑现。

1986年重庆市公路养护总段综合好路率达到43.9%，比1985年净增11%。其中6条重点路段（成渝、渝南、川黔、川汉、川湘、石白）和机场、旅游线路以及观音桥、石桥铺、沙坪坝、杨家坪、南坪五大转盘外10公里以内是养护工作的重点，好路率提高15%，完全消灭差等路，保持常年无坑凼。各道班管养的公路无明显坑凼，边沟畅通，路肩整洁，标志牌、里程桩齐全。按照《大中修工程管理试行办法》和《大中修工程经济责任》，对只讲数量、不讲质量和偷工减料的除经济制裁，进行返工、经济损失自负等处罚。

重庆市公路养护总段对大中修、改建工程的考核，采取单项工程质量经济承包责任制形式，按审批预算包干，单独核算，节约留用。节余金额按“四三三”比例分配，超支不补。总段对分段完成年度质量责任目标实行百分制考核。重庆市公路养护总段每季度组织一次集中检查，与平时抽查结合，年终汇总，从高分到低分排名核发奖金。在85分以上奖单位领导集体，分别是85～90分700元，90～95分1000元，95～100分1400元，100～105分1800元，105～110分2000元，110分以上每超1分加50元。80～85分之间不奖不惩。80分以下每减少1分惩50元，依此类推，在单位领导成员中扣除。完成养护目标的职工，每年增加一个月的工资作为奖励资金。

考核分值分解为：养护质量35分（好路率20分。完成年度目标得标准分，超一个百分点加1分。综合值3分，超0.2加0.5分。减少差等路达控制数2分，每减少1公里加1分。整形路5分，每增减1公里加减0.5分。标美路5分，每增减1公里加减1分），工程质量13分（完成工程量且达合格以上4分），财务管理2分（年公里养护成本降低1分，工程造价降低费用不超支），班组管理5分（计划作业、定额考核2分。管理图表记录1分。出勤、出工率达标无旷工1分。职工生活1分），路政安全10分（红线内无新增永久性建筑得1分，每新增1处扣1分。全年无重伤死亡事故、人平经济损失3万元以内3分。每发生责任事故一次扣1分，若出现重伤死亡一人以上事故扣3分。安全达标1分。公路绿化2分。路政、安全管理档案规范化、制度化达标1分。按“三不放过”原则处理安全事故结案率达到100%得1分。路产、路权管理案件处理率达到100%得1分），机务材料10分（机车设备完好率达85%，利用率达65%以上者2分。能源消耗下降1%以上得1分。机运赢利不亏损1分，每赢利1万元加1分。保持设备管理定级标准三级以上水平，按时上缴折旧大修基金，机务设备及物资能源账卡、账物相符得1分。机车、设备按规定计划进行二保、三保及维修者得1.5分。机料考核报表，能源、物资报表按时报送无错漏得1.5分），职工培训2分（完成培训计划1分，培训结业合格率达80%以上得1分），双增双节4分（人均创净产值200元以上得2分，创建张家滩式道班2分），战备建设2分，精神文明建设12分（文明单位和班组3分，每增减一个加减1分，职工“双基”教育面、“两学一树”开展2分，廉政建设2分，每违纪隐瞒不报不查处一件/次扣0.5分，计划生育“三无”者得1分，治安防范2分，档案信息2分）。此考核办法根据每年的具体情况略有调整，一直沿用到1997年。

1997年3月至2005年，重庆直辖后，重庆市交通局（2000年后为重庆市交通委员会）对重庆市41个区县（市）实行目标管理，以“分值考核，以奖代补”为主要内容，以与区县（市）签订公路工作目标责任书方式，对公路建设、养护与管理先后实施统一考核，建设与养护管理分开考核，建设、养护与管理再次统一考核三个阶段。为突出每年的工作重点，先后修改加入完成目标责任书规定内容、公路好路率计划、创建文明样板路目标以及公路“三乱”等一票否决的条款。

统一考核。1997年5月6日，重庆市交通局下发《重庆市公路养护工程“分值考核，以奖代补”考核办法（试行）》。2001年、2003年两次进行修订。考核采用千分制，分为目标、养护、安全、路政、建设、收费管理与行业文明建设七个方面。此考核方式一直延续到2003年。

表 3－26　**公路养护目标管理考核评分标准表**

项目	检查内容	总分	得分	扣分标准
指标数	1. 年均好路率	30		年均好路率未达到目标要求，每降低 1%，扣 5 分
	2. 综合值	10		综合值未达到目标要求，每降低 1，扣 5 分
	3. 出工率	5		出工率未达到 85%，每降低 1%，扣 1 分
	4. 出勤率	5		出勤率未达到 90%，每降低 1%，扣 1 分
	5. 工程合格率	10		工程合格率未达到 100%，不得分
规范管理	1. 统计报表准确及时	25		统计报表不准确及时，每次扣 2 分
	2. 班组图表填写准确	10		班组表格发现错误，每处扣 1 分
	3. 交通量调查表准确及时	10		交通量调查表不准确及时，每次扣 1 分
	4. 开展 QC 小组活动；推广新材料、新工艺、新技术应用	10		未成立 QC 小组扣 5 分；未推广新材料、新工艺、新技术扣 5 分
日常考核	1. 上级部门日常检查路况养护质量及管理	35		平时检查情况差一次扣 5 分
	2. 上级部门交办的特殊工作完成情况	20		特殊工作完成不好一次扣 5 分
	3. 社会舆论和影响	20		社会舆论大，新闻曝光一次扣 10 分
	4. 收费公路挂牌大修路段	20		未完成任务一项扣 10 分
数据维护应用	对数据库的建立、维护及推广应用	30		建立数据库制度齐全、有专人维护、数据更新、及时准确、设备管养良好得满分，如有缺陷，每项扣 5 分。

注：（1）目标管理 240 分。（2）收费公路挂牌大修路段，是以市公路局建管处、养护处和收费处现场按“规范”核实，并下文通知的路段。

公路养护路面管理考核评分标准表

项目	检查内容	总分	得分	扣分标准	备注
养护管理	1. 坚持每月、每季查路，并保存资料	5		制度不健全、资料不齐全，缺一项扣 2 分	
	2. 建立公路桥梁养护及桥梁养护工程师管理制度，健全档案	5			
路面	1. 混凝土路面无沉陷、拱起、严重破碎板、坑洞等病害 2. 油路面无坑槽（20cm × 20cm 以上）、翻浆、沉陷、拥包等病害 3. 砂石路面无翻浆、坑槽、沉陷、松散等病害	70		有一处缺陷扣 2 分	

续前表

<table>
<tr><th colspan="2">项目</th><th>检查内容</th><th>总分</th><th>得分</th><th>扣分标准</th><th>备注</th></tr>
<tr><td rowspan="3">路基</td><td>路肩</td><td>1. 路肩与缘石（路面）齐平、外边线顺适
2. 路肩表面清洁无杂物、无坍塌</td><td>15</td><td></td><td>有一处缺陷扣1分</td><td rowspan="3">50米长为一处，硬路肩有破损为一处</td></tr>
<tr><td>排水设施</td><td>1. 明沟整洁；2. 无杂物；3. 无淤塞；4. 构造物无损坏</td><td>25</td><td></td><td>有一处缺陷扣1分</td></tr>
<tr><td>边坡</td><td>1. 边坡无冲沟（道）、坡面平整坚实。2. 边坡稳定无坍塌</td><td>10</td><td></td><td>有一处缺陷扣1分</td></tr>
<tr><td colspan="2">桥涵</td><td>1. 桥面整洁，无坑槽、松散、泛油
2. 栏杆、伸缩缝、排水系统、混凝土构件、锥坡砌体完好；涵管无堵塞</td><td>40</td><td></td><td>每座桥（涵）有一项缺陷扣1分</td><td></td></tr>
<tr><td colspan="2" rowspan="3">沿线设施</td><td>1. 标志无缺损</td><td>10</td><td></td><td>每缺1根（处）扣1分</td><td></td></tr>
<tr><td>2. 防护设施完好</td><td>10</td><td></td><td>每缺一处扣1分</td><td></td></tr>
<tr><td>3. 宜画标线路段标线完整</td><td>10</td><td></td><td>每缺50米以下扣1分</td><td></td></tr>
<tr><td colspan="2" rowspan="3">绿化</td><td>1. 保证栽植成活率85%，保存率80%；完成当年绿化率指标</td><td>25</td><td></td><td>每一项少一个百分点扣5分</td><td></td></tr>
<tr><td>2. 宜林路段进行全面种植，无空白路段，管护良好</td><td>10</td><td></td><td>缺株每20～50米扣1分</td><td></td></tr>
<tr><td>3. 公路绿化能形成靓丽风景带</td><td>5</td><td></td><td>无绿化、美化效果不得分</td><td></td></tr>
<tr><td colspan="2">防灾减灾</td><td>防灾减灾管理制度措施完善</td><td>10</td><td></td><td>无制度措施扣10分，不完善扣5分</td><td></td></tr>
</table>

注：路面养护管理250分。

公路养护路政管理考核评分标准表

项目	检查内容	总分	得分	扣分标准	备注
机构设置	1. 路政执法机构设置符合法律法规规定且健全、有效；路政执法机构名称统一 2. 收费公路路政管理体制符合规定	15		1. 路政执法机构设置不符合规定扣10分；2. 机构不健全，名称不统一，工作开展不力扣5分；3. 收费公路路政管理体制不符合规定扣5分	
执法管理	路政案件现场查处率90%以上，结案率达95%以上	10		1. 查处率低一个百分点扣2分； 2. 结案率低一个百分点扣1分	
	占用、利用、挖掘公路的审批手续齐全，公路安全畅通	11		1. 有非法挖掘公路及公路用地的一处扣2分；2. 乱堆、乱占公路及公路用地的一处扣1分；3. 非公路标志未按规定设置一处扣1分；4. 施工现场管理混乱一处扣2分；5. 公路不畅一处扣1分	
	超限运输管理严格按规操作	5		1. 未开展超限运输管理工作的扣5分；2. 违反交通部2号令，未按程序实施管理的扣3分	
	严格管理公路两侧建筑控制区	10		1. 建筑控制区违规建（构）筑物每新增一处扣3分；2. 新增临时建（构）筑物，未登记或未签订路政协议扣2分	
	沿线公路设施完好，平面交叉道口设置规范	10		1. 被损坏的公路设施未及时发现、修复的一处扣1分；2. 有非法搭接平面交叉道口的一处扣2分	
	热情服务，文明执法，无违法行政行为，无因处罚审批不当引起的案件败诉，执法人员无违法、违纪行为	7		1. 有违法行政行为的扣7分；2. 执法人员有违法、违纪行为的一次扣3分；3. 未及时纠正的扣3分	
	路政许可严格按法律、法规统一管理，分级审批	10		1. 路政许可未逐级上报审批的一次扣5分；2. 路政许可未逐级上报备案的一次扣3分	

续前表

项目	检查内容	总分	得分	扣分标准	备注
内业管理	业务管理规范化，各类报表、工作总结报送及时、准确	4		不按时、不准确，每一次各扣1分。未使用电子报表软件报送报表的扣3分	全表五大项目共15项，具体考核指标最多扣分为：每单项扣分累计至扣完为止，不现负分
	办公区域整洁、卫生、办公有序，达到文明现代化办公，档案管理规范	5		应公示项目缺一项扣1分；未配电脑等扣1分；档案管理不规范扣2分	
	财务管理实行罚缴分离、账户独立、设专职财务人员，经费得以保障，专用票据管理、使用符合规定	10		差一项扣4分。未严格使用市级财政专用票据的扣5分	
	装（设）备基本齐全（含车辆、通讯、摄像器材、服装、标志等）	6		缺一项扣3分	
宣传教育	认真开展宣传路政法律法规活动；积极参加各类路政信息专栏的投稿	4		缺一项扣2分。（原则上每年2次集中宣传活动）	
	加强路政队伍建设，完成路政业务培训工作，提高执法人员素质	3		培训计划、考核记录，缺一项扣1分	
其他	及时完成市局下达的指令性任务	10		1. 未按规定缴纳上管费的扣6分； 2. 未完成其他指令性任务的一次扣2分	

注：路政管理120分。

公路养护安全管理考核评分标准表

项目	检查内容	总分	得分	扣分标准	备注
1	养护安全生产有计划、有安排、有检查、有总结	4		无计划、安排、检查、总结缺一项扣1分	
2	养护安全生产责任制度体系完善	3		未建立责任制度不计分，不完善扣1.5分	
3	养护施工安全设施完善，作业人员安全标志服、帽佩戴整齐	4		施工安全设施不完善扣2分，标志服、帽不整齐扣1分	
4	危岩、危桥、危险路段禁告标志齐备	4		危岩、危桥、危险路段标志不齐备一处扣1分	
5	安全管理档案、资料规范、齐备，报表准确、及时	2		档案资料不规范、齐备扣1分；报表不准确、及时扣1分	
6	养护安全无上报责任安全事故	3		有上报责任事故扣3分	

续前表

项目	检查内容	总分	得分	扣分标准	备注
7	公路改造、维修、施工组织方案合理、科学；无交通阻塞发生	5		无组织方案扣3分，有阻塞扣2分	
8	公路地质自然灾害抢险、施救有预案，并能落实措施	5		无预案扣5分，措施未落实扣3分	

注：公路养护安全管理120分。

公路养护建设管理考核评分标准表

项目		考核内容	总分	得分	扣分标准
基本建设程序、制度		工可批复、初步设计、施工图设计、开工报告、招投标、施工（监理）合同、质量监督、交工验收、竣工验收	45		每缺一项扣5分，农村公路按规定简化的程序除外
建设项目管理	设计	设计单位资质、设计文件质量、后期服务、设计变更	10		资质不满足要求全扣，设计质量、服务不好及设计变更较多各扣3分
	监理	监理单位资质、监理人员资格及到位情况、原始记录资料、设备到位情况、报表	10		资质不满足要求全扣，其余各项按2分扣
	施工	施工单位资质，主要管理人员资格及到位情况、质量保证体系是否健全、有无分包行为；施工组织计划、工程进度、工程质量、资金管理是否满足有关要求。	10		施工单位资质不符合要求全扣，其余每项不合格扣2分（扣完为止）
	质量监督	监督机构是否健全，监督人员是否到位，质量监督资料、质量监督报告、检测数据是否符合有关要求	5		没有委托质量监督全扣，监督人员不到位、资料不齐或数据失真各扣1分
	建设单位	建设单位质量保证体系是否健全、建设资金到位及支付是否有保障、工程进度、合同管理、设计变更是否规范	10		按每项2分扣
文明施工		施工组织及交通组织计划、公示牌、交通组织标志、施工标志、施工现场管理规范	5		有新闻曝光1次扣3分，一项管理不到位扣1分
规范化管理		设计文件齐全，资料管理规范，程序规范，计量台账清楚，质量责任卡齐全，图表上墙，实现微机管理，报表及时等	5		一项不合格扣2分（扣完为止）
日常检查		不定期或定期的工程进度、质量检查	20		通报一次全扣，进度滞后或施工质量不好每发现一次扣10分

注：公路养护建设管理120分。

公路养护收费管理考核评分标准表

项目	检查内容	总分	得分	扣分标准
总体要求	收费公路、桥梁、隧道项目必须经市政府或市政府委托的市交委、财政局、物价局批准	10		若发现有审批机关不符的收费项目一票否决
	确保所有公路基本无“三乱”，公路通行费收费站（点）的设置，符合国家和重庆市的有关规定	10		发生“三乱”现象的收费项目不计分；收费站（点）设置不符合要求发现一项扣2分，扣完为止
规范化管理	收费站悬挂站名牌，做到审批机关、主管部门、收费标准、收费单位、收费用途、监督电话六公开	10		每缺一项扣2分，扣完为止
	强化收费人员素质培训，新增收费人员必须做到先培训后上岗。在职人员的复训工作，内部培训达100%，外训（市统一培训）达10%以上	20		发现新增收费人员未经培训上岗一人次扣2分，内训未达标扣2分，外训未达标扣4分
	建立健全各项规章制度；收费人员做到着装整齐、挂牌上岗、文明收费、礼貌服务、按章处罚	16		每发现一项扣3分，扣完为止
	严格按文件标准收费，无投诉，无私吞票款	14		有私吞票款、有卖回笼票一次扣10分；其他投诉，经查属实一次扣2分
	收费站（点）安装监控系统	5		无监控系统不记分
	还贷性通行费专户存储，收支两条线、专款专用；建立月、季、年收支报表且真实、准确、及时	15		未专款专用不记分；报表不真实、准确、及时每次扣2分，扣完为止
	收费站工作区环境优美，常年保持地净、墙洁、窗明	10		一项达不到要求，扣2分
	建有规范收费站房、收费亭、专用车道、信号装置、照明设施，配备有通讯装备、消防器材，设有票证室、保险柜	10		每缺一项扣2分，扣完为止

注：（1）收费管理120分。（2）无收费公路区县（市）收费管理得满分。

公路养护行业精神文明建设管理考核评分标准表

项目	检查内容	总分	得分	扣分标准	考核依据
创建规划和目标	有创建规划、有当年创建目标和计划、有内容、有具体措施、有经费投入	12		差一项扣2分，扣完为止	查相关文件和资料
宣传思想职工教育	1. 加强职工队伍建设，政治理论、文明意识教育，有活动	10		视活动开展程度和职工思想觉悟、文明意识、优质服务程度分别扣1～5分；有职工上访一次扣2分，集访（5人以上）一次扣5分，扣完为止	查公路单位文件及活动资料，创建对象的活动记录及现场情况
	2. 加强职工的科学文化、业务技术培训活动	10		无教育计划、未落实各扣1分，职工科学文化、业务技术提高不明显扣1～4分	
	3. 开展文明建设、思想政治工作研讨活动和推优树模活动	10		无活动、无成果不得分。活动不经常扣1～4分，成果不明显扣2～10分	
文明创建活动	1. 按照文明建设条件，对当年创建目标进行了硬软件的完善工作；完成当年创建计划和保持文明段、文明班、文明路政大队、文明收费站等目标	12		未完成完善工作的扣2分，创建计划和保持差的，一项扣2分	现场情况
	2. 完成当年创建和保持文明路目标	10		未创建和未完成不得分，保持不好扣5～10分	
	3. 积极开展公路行业文明创建活动，并取得创建成果	10		无创建活动和具体不得分	
宣传活动	1. 积极开展对内对外宣传活动	8		无宣传机构、人员不得分；未经常开展宣传活动，效果差扣2～8分	查看相关发表稿子原件
	2. 对外宣传活动，成效显著	10		国家级报纸杂志一篇得1分，市内报纸杂志头版头条得1分，最高不超过10分	
廉政建设	1. 中央、市内有关廉政建设精神的学习、落实	10		领导班子、单位，有经济、腐败问题不得分	
	2. 本单位关于廉政建设制度的制定、学习、教育	8		以学习记录为准，无制度、无学习不得分	
社会反映	社会反映好，无媒体曝光，无投诉，无违纪，无违法事件	10		有投诉和职工违法违纪一次扣2分，扣完为止；有媒体曝光，经查属实不得分	

注：公路养护行业精神文明建设120分。

公路养护管理单独考核。1986～1996年，经过“七五”“八五”公路建设，重庆主城及渝西片区的公路建设基本结束，进入公路养护管理阶段。在“要想富，先修路”思想的指导下，各地各部门相继出现了“重建轻养”现象，公路养护没有得到足够重视。为贯彻交通部“建养并重、强化管理、深化改革、调整结构、依靠科技、提高质量、依法治路、保障畅通”的公路工作方针，提高全市公路养护与管理水平，2004年7月29日，重庆市交通委员会在总结公路养护与管理经验的基础上，对原《公路工作目标责任考核奖惩办法》和《公路建设、养护与管理考核评分标准》进行修改，对公路建设和养护管理目标责任完成情况分别进行考核和评比，制定了《重庆市公路养护考核办法（试行）》，下发到重庆市公路局和各区县（市）交通局（委）贯彻执行，第一次将公路建设与养护管理分开进行考核。

重庆市公路局负责养护与管理考核的具体工作，每年组织两次养护与管理工作检查考核，半年检查考核占考核分值的30%，年终检查考核占考核分值的70%。重庆市公路局建立日常检查情况登记备案制度，将在日常检查中发现的违规技术操作、制度缺陷、大、中修期间交通组织以及媒体曝光等问题记录备案，在年终考核总评分中扣分，根据情况每次扣5~10分。公路养护与管理工作年终检查考核结束后，由重庆市公路局根据半年和年终检查考核进行汇总，经重庆市交通委员会审定后进行奖惩。考核评分仍采用千分制，（目标管理240分、养护管理250分、安全管理30分、建设管理120分、路政管理120分、收费管理120分、行业精神文明建设120分）。考核结果设一等奖10名、二等奖10名、三等奖10名，按分值从高到低顺序排列。对获得一、二、三等奖的单位分别按人均两个月、一个半月、一个月工资计发奖金，有关责任人分别按0.8万元、0.6万元、0.4万元计发奖金。对未完成养护与管理工作目标的区县（自治县、市）交通主管部门，重庆市交委予以通报批评并责令整改。出现公路“三乱”现象、出现重大质量和安全责任事故、养路资金未按国家规定使用的，实行一票否决。

建设与养护管理再度合并考核。经过2004年公路建设与养护分开单独考核方式的探索，普遍认为较烦琐，不符合精简高效的原则。2005年，重庆市交通委员会对《重庆市公路工作目标考核办法（试行）》进行了修改，将公路建设、养护管理再次合并考核。《办法》重点调整分值比例，公路养护与管理分值首次高于公路建设比例。总分为1000分（公路建设300分，公路养护360分，公路管理340分）。限定奖励等级和名额。设置三个奖励等级，考核评定总分在920分以上（含920分）为一等奖，总分在880分以上（含880分），920分以下为二等奖，总分在850分（含850分）以上，880分以下为三等奖，总分在850分以下不得奖。一等奖不超过10名，二等奖不超过15名，三等奖不超过10名，取消了完成目标奖和鼓励奖。获得重庆一、二、三等奖的责任单位分别按人均两个月、一个半月、一个月工资计发奖金，有关责任人分别按1.2万元、1万元、0.8万元计发奖金，分别提高了0.2万元、0.3万元、0.3万元。

高速公路考核。依据国务院《收费公路管理条例》和《高速公路养护质量检评方法（试行）》等有关规定，重庆市交通委员会制定了《重庆市高速公路养护与管理检查办法（试行）》。高速公路养护与管理检查内容分为养护技术状况和管理两部分，管理分为日常管理、服务质量和突发事件处置三方面，检查方式分为日常抽查和年度检查相结合。《技术状况评分标准》占60%，《管理评分标准》占40%。年度考评由重庆市交委负责，按年度考评分值从高到低顺序排列，经营业主年度考评分值和名次通报重庆市交通行业。年度考评实行百分制，在75分（含）以上的为达标单位，获得前3名的经营业主通报表彰；被表彰单位给予内部有关人员一定物质奖励；考评未达标的经营业主，通报批评，责令整改。

经营业主出现下列情况之一的，取消养护与管理评比资格，并通报批评：上级部门规定的必保目标未完成，出现重大质量或安全责任事故，经营业主有严重违法违纪行为，所经营管理的高速公路达不到《重庆市收费公路管理办法》规定养护质量指数要求，责令限期改正或被停止收费的。

表 3－27　　高速公路养护技术状况评分表

项目	检查内容	标准分	得分标准	实得分	备注
技术状况	1. 年终养护质量指数 MQI 值应保持在 80 以上	50 分	MQI≥85 时，分值等于 50；75≤MQI<85 时，分值内插；MQI<75 时，分值等于 0		
	2. 整个评定路段的路面养护质量指数（PQI）、路基养护质量指数（SCI）、桥（隧）等构造物养护状况指数（BCI）、沿线设施养护状况指数（TCI）分别保持在 75 以上	20 分	PQI（SCI、BCI、TCI）≥85 时，分值等于 20；75≤PQI（SCI、BCI、TCI）<85 时，分值内插；PQI（SCI、BCI、TCI）<75 时，分值等于 0		
	3. 整个评定路段的路面状况指数（PCI）应保持在 85 以上	15 分	PCI≥85 时，分值等于 15；75≤PCI<85 时，分值内插；PCI<75 时，分值等于 0		
	4. 整个评定路段的路面结构强度指数（PSSI）、道路行驶质量指数（RQI）、路面抗滑性能指数（SRI）分别保持在 75 以上	15 分	PSSI（RQI、SRI）≥85 时，分值等于 15；75≤PSSI（RQI、SRI）<85 时，分值内插；PSSI（RQI、SRI）<75 时，分值等于 0		
合计		100 分			

表 3－28　　高速公路养护管理评分表

项目	检查内容	标准分	扣分标准	实得分	备注
计划管理（15 分）	1. 制订年度养护管理目标，编制年度养护计划并按规定核备	9 分	未制订管理目标扣 2 分；未编制养护计划扣 2 分；养护计划不按规定报送扣 2 分；不按养护计划执行扣 3 分		
	2. 严格按照有关规定和要求选择养护作业单位、设计和工程监理单位	6 分	不按规定和要求选择养护作业单位、设计和工程监理单位扣 6 分；不按规定报送扣 3 分		
日常养护（50 分）	1. 路况良好，病害修复及时并达到相应的处治质量要求	10 分	病害修复不及时每处扣 2 分；不按规范要求处治病害每处扣 1 分		
	2. 路肩坚实顺适，边坡稳定平顺，排水畅通	7 分	路基、护坡、明沟损坏每处扣 1 分；排水涵管、进水口淤塞每处扣 1 分		
	3. 桥涵、隧道等构造物完好，无严重桥头跳车	10 分	构造物破损每处扣 1 分；严重跳车每处扣 1 分		

续前表

项目	检查内容	标准分	扣分标准	实得分	备注
日常养护（50分）	4. 标志标线完整醒目、设置规范，沿线防护栏、隔离栅等附属设施完好无损	8分	设施损坏或锈蚀严重，未及时恢复的每处扣1分；标志标线不规范、不齐全、不醒目每处扣1分		
	5. 绿化协调美观，绿地整洁，适时修剪整形，植物病虫害处理及时，可绿化路段无空白路段、无死树残桩和倾斜树木	5分	路树、花草枯死、虫害未及时防治或缺树，绿化带未及时修剪或有杂树，每10米扣1分，累积不足10米按10米计；应绿化而未绿化的路段，每空白10米扣1分，累积不足10米按10米计		
	6. 隧道照明、指示灯齐全无缺损或损坏，运行正常	5分	不齐全或有损坏，一处扣1分；运行不正常，一处扣2分		
	7. 交通工程设施定期检查测试制度完善，设备运行正常，故障率低，维护及时	5分	未建立定期检查测试制度扣2分；设备故障维护不及时扣3分；设备运行不正常扣5分		
安全生产（20分）	1. 建立健全安全生产管理制度和体系，安全管理人员落实	3分	制度、体系不建立扣2分；安全管理人员不落实扣1分		
	2. 按规定办理相关手续	2分	不按规定办理相关手续扣2分		
	3. 及时按规定报送养护工程施工组织和交通安全组织方案	8分	不报送，一次扣2分；不及时，一次扣1分		
	4. 维修作业现场各项安全措施落实，安全设施设置规范	4分	安全措施不按有关规定和要求落实，每发生一次扣2分；安全设施摆放不规范每处扣1分		
	5. 无重大安全责任事故	3分	一票否决		
统计与技术档案（15分）	1. 建立高速公路基础数据库，按规定准确及时编报各类统计报表	5分	数据库未建立扣3分；不按规定报送每次扣1分；报表数据不准确扣1分		
	2. 按规定准确编报养护质量（MQI）报表；按规定建立动态管理体系	3分	养护质量（MQI）不按规定上报，一次扣2分；数据不按规定更新每次扣1分		
	3. 按规定及时准确上报交通量报表，积极进行“黄金周”交通量调查	4分	上报不及时，一次扣1分；上报不准确，一次扣1分		
	4. 规范编制各项养护管理基础资料、技术档案	3分	各项养护管理基础资料、技术档案不完整每处扣1分；不规范每处扣1分		
合计		100分			

表 3 - 29　　高速公路服务质量评分表

项目	检查内容	标准分	扣分标准	实得分	备注
基本要求（15 分）	1. 通过该路线时间不得超过正常通行时间的 110%	5 分	超过一次扣 2 分		
	2. 按照有关收费规定和要求，确保收费道口畅通，文明收费	5 分	因收费道口不开足，造成车辆拥堵 5 辆以上，一次扣 1 分；收费不文明一次扣 1 分		
	3. 服务区服务设施、功能齐全	5 分	服务区服务设施、功能不齐全酌情扣分		
工程施工（65 分）	1. 施工路段里程单幅不得超过总里程的 10%。特殊情况按上级单位批准执行	6 分	超过 10%，一次扣 2 分		
	2. 单幅断道施工连续封闭路段长度不得超过 3 公里；封闭时间不得超过 1 个月。特殊情况按上级单位批准执行	8 分	超过 3 公里，一处扣 2 分；超过 1 个月，一处扣 2 分		
	3. 连续占道施工长度不得超过 3 公里，必须保留一条完整车道供社会车辆通过。并保证紧急通道能随时开通	8 分	预留车道小于一个完整车道，一处扣 2 分；占道施工长度超过 3 公里，一处扣 2 分；紧急通道不能开通，一处扣 4 分		
	4. 设专人维持交通和施工现场秩序，做到文明施工	5 分	交通不畅，一次扣 2 分；施工现场秩序差，一次扣 3 分		
	5. 施工标志齐全、规范	5 分	不齐全或不规范，一处扣 2 分		
	6. 保证施工在批准工期内完成	10 分	不能保证，一次扣 5 分		
	7. 保证施工路段行车顺畅	6 分	不能保证，一次扣 2 分		
	8. 严格执行经有关部门同意的施工组织方案和交通安全组织方案	12 分	视情节轻重扣分，最高可扣 12 分		
	9. 大修工程提前一星期向社会公布，并报市公路局	5 分	不上报，一次扣 5 分；上报不及时，一次扣 2 分		
投诉处理（15 分）	1. 及时、妥善处理来电、来信、来访、媒体曝光等社会投诉	10 分	不处理投诉，一次扣 3 分；时间延误扣 2 分；投诉记录不全或不规范每处扣 2 分		
	2. 有责投诉（含媒体曝光）为零	5 分	查实有责投诉一次扣 3 分		
呼叫牵引（5 分）	牵引车合理布控。牵引排障及时到位	5 分	牵引车不能及时到位，一次扣 2 分		
合计		100 分			

表3－30　　高速公路突发事件处置评分表

项目	检查内容	标准分	扣分标准	实得分	备注
基本要求（50分）	1. 按规定巡查高速公路运行状态	8分	不按规定巡查，一次扣2分		
	2. 建立健全突发事件处置制度和体系，落实人员	10分	制度、体系不建立扣5分；人员不落实扣5分		
	3. 合理制订应急预案	8分	不制定扣8分；不合理扣2分；不具备操作性扣2分		
	4. 处置突发事件各类器材配置齐全	8分	器材配置不全，堆放不整齐每处扣2分		
	5. 及时公布交通事故、水毁等自然灾害相关信息，并按规定上报	8分	信息不公布，一次扣2分；不上报或上报不及时，一次扣2分		
	6. 事件发生后及时启动应急预案	8分	不启动，一次扣5分；不及时，一次扣3分		
交通事故（20分）	1. 协助高速公路执法机构维持事故现场交通秩序	10分	无人协助，一次扣2分		
	2. 及时清理交通事故现场	10分	现场清理不及时，一次扣3分		
人大雾（5分）	积极配合有关部门实施交通管制	5分	不配合，一次扣5分		
水毁灾害（20分）	1. 及时清理和抢通水毁路段	10分	清理不及时，一次扣2分；抢通不及时，一次扣3分		
	2. 及时修复	10分	修复不及时，一次扣2分		
呼叫（5分）	紧急电话呼叫应答率≥95%	5分	应答率≤95%，一次扣2分		
合计		100分			

（二）考核实施

重庆市地方公路养护考核，1986～1996年分别由重庆市公路养护总段和重庆市交通局组织进行，1997～2005年由重庆市交通局（2000年为重庆市交通委员会）组织进行。

1989年，重庆市公路养护总段以重路发〔1990〕1－145号文表彰奖励重庆市交通局1989年度公路养护先进单位、先进集体、先进个人。对公路养护先进单位一、二、三名分别按40元/公里、35元/公里、30元/公里计发奖金。第一名綦江段管养225.3公里，奖金9012元。第二名三分段管养209.9公里，奖金7346.5元。第三名南桐段管养110.6公里，奖金3318元。先进渡口有李九、水土、鱼洞，奖金共计15800元。公路养护先进班组15个，按管养里程50元/公里计发奖金（綦江段彭家岩、盖石、九道拐道班，三分段白市驿、洋溪河、牛伏路道班、南桐段麒麟坝、轮子坡道班，北碚段代家沟道班，二分段张家滩、竹林道班，江北段关兴、鸳鸯道班，长寿段邻丰、楠木院道班）。公路养护先进个人41人，按50元/人计发奖金。1990年，调整了表彰范围和奖金额度，除设置先进单位外，还设置了表扬单位，除奖励单位外，还注重奖励个人。重庆市公路养护总段以重路发〔1991〕1－34 号文，表彰 1990 年度先进单位。表彰先进单位 5 个，表扬单位 2 个。第一名綦江段，第二名三分段车渡站，第三名南桐段沥青油库，表扬单位江北段职工校。前三名颁发奖旗，提取该单位 1990 年度奖金总额的 3%、2%、1.5% 资金，一次性奖给职工个人。党政工负责人的奖金，由总段发放。

重庆市交通局考核实施对象是重庆、永川两个公路总段和区县交通局。1990 年 12 月 28 日至 1991 年 1 月 12 日，重庆市交通局对重庆、永川两个公路总段所管养的公路进行综合检查考评，评出第一名綦江段，奖金 2.243 万元；第二名合川段，奖金 0.847 万元；第三名三分段，奖金 1.03 万元；永川段，奖金 1.3519 万元。表扬单位南桐段，奖金 0.278 万元；璧山段，奖金 0.66 万元；车渡站，奖金 0.42 万元；沥青油库，奖金 0.06 万元；210 管理站，奖金 0.1 万元。文明班组永川总段机关，奖金 1.35 万元；合川段机修组，0.1 万元；重庆总段机关，奖金 1.4745 万元；车渡站公路 112 轮，奖金 0.013 万元；公路工程公司泡沫厂 0.011 万元。获得 1994 年度公路养护先进单位一等奖的有铜梁县、大足县、江津市、永川市 4 个交通局，二等奖的有璧山县、荣昌县、巴南区、长寿县、合川市 5 个交通局，三等奖的有潼南县、綦江县、渝北区、双桥区、沙坪坝区、南桐区、江北区、南岸区、九龙坡区、北碚区 10 个交通局。

1997～2005 年，重庆市交通局（委）在重庆市实施公路工作目标管理，成立由重庆市交通局局长胡振业、书记王机任组长，机关党委书记罗德馨任副组长，余昌平、孟素英、马月礼、禹培文、张太雄、葛广富、徐海荣、江自强、刘治军为成员的目标管理工作领导小组（渝交局〔1997〕554 号），负责目标管理的领导工作。领导小组下设目标管理办公室，重庆市交通局局办公室主任余昌平兼任目标办主任，负责日常工作，掌握目标实施进度、季度目标执行情况分析、年终完成情况、协调处理目标实施过程中出现的问题。1998 年重庆市公路局成立后，考核实施的具体工作由重庆市公路局负责。

1998 年，万州开发区交通局、涪陵区交通委员会、合川市交通局、巴南区交通局、丰都县交通委员会、重庆高等级公路建设指挥部、重庆市成渝高速公路管理处、重庆市交通征费稽查局、重庆市车辆购置附加费征收办公室、重庆市公路勘察设计院获得综合目标管理工作优秀奖，各奖励奖金 1200 元。黔江开发区、大足县、荣昌县、南岸区、璧山县、北碚区、江津市、长寿县、綦江县、九龙坡区、双桥区、渝中区、武隆县、南川市、沙坪坝区、万盛区、渝北区、大渡口区、铜梁县、江北区交通局、重庆市航运管理处、重庆市公路工程监理处、重庆市工程质量检测中心、重庆市公路运输管理处、重庆市交通运输技工学校、重庆市交通投资公司获得综合目标管理工作达标奖，各奖励奖金 1000 元。

2000 年 7 月 24 日，重庆市交通局以渝交局〔2000〕602 号文件，提取 1%～3% 奖金，奖励“分值考核，以奖代补”具体实施及管理的先进单位或个人。年终时由重庆市公路局向重庆市交通局办理财务决算。2001 年重庆市交通委员会以渝交委路〔2001〕33 号文件，表彰奖励公路工作目标完成先进单位、文明养路段、文明路政执法队（所）、文明收费站、十佳路政员等集体和个人。先进单位一等奖 20 个（云阳县、渝北区、永川市、万州区、丰都县、江津市、南川市、开县、沙坪坝区、合川市、武隆县、北碚区、秀山县、璧山县、铜梁县、巴南区、黔江区、荣昌县、长寿县、涪陵区），各奖励 4 万元。二等奖 10 个（綦江县、彭水县、奉节县、石柱县、南岸区、忠县、巫山县、大足县、城口县、梁平县），各奖励 2.8 万元。三等奖 2 个（九龙坡区、垫江县），各奖励 2 万元。目标完成奖 8 个（酉阳县、万盛区、江北区、潼南县、大渡口区、双桥区、巫溪县、高新区），各奖励 1.5 万元。目标管理奖 1 个，奖励 3 万元。高速公路养护管理一等奖 1 个，奖励 1.5 万元；二等奖 1 个，奖励 1 万元。文明养路段 2 个，各奖励 5000 元。文明路政执法队（所）5 个，各奖励 3000 元。文明收费站 13 个，各奖励 2000 元。十佳路政员 10 名，各奖励 800 元。

2002年一、二等奖各19个，三等奖2个，奖金额度不变，增设了巫山、奉节、云阳、武隆县为“八小时重庆”提前通车奖。2003年公路养护为抗击“非典”提供良好的公路交通条件，将一等奖缩减为10个，二等奖增加至15个，三等奖11个，奖金额度未变。2004年除了奖励名额减少外，对各个等级的奖金额度也有所下降，一等奖10个，各奖励3.2万元；二等奖10个，各奖励2.4万元；三等奖12个，各奖励1.6万元。2005年公路养护工作为迎接“亚太地区市长峰会”和五年一度的全国公路大检查，有36个区县获奖，奖金额度也有所增加。一等奖11个，各奖励4.8万元；二等奖15个，各奖励4万元；三等奖10个，各奖励3.2万元。获得一、二、三等奖的单位职工分别按人均工资两个月、一个半月、一个月计发奖金。

对高速公路养护与管理实施考核从2001年开始。

2002年1月，由重庆市交委、高发司、高速公路路政执法大队、成渝、渝涪、机场、南方和上界公司的领导组成检查组，对已通车运营的5条高速公路进行2001年度管养工作检查。渝黔一期和上界高速公路刚刚建成通车，仅接受检查不参与考核评比。考核评比内容是高速公路路况、养护规范化管理、收费管理、路政管理、绿化环境。综合评定为渝涪公司97.22分、成渝公司92.32分、机场公司87.46分。重庆市交委以渝交委路〔2002〕49号文件通报了检查结果。

2002年度接受考核评比的高速公路增至6条，即成渝、渝长、长涪、上界、渝黔、渝合路。考评内容也进行了细化，分为养护管理，路政执法，营运管理三个方面。养护管理名次为北方公司96.0分，渝涪公司、南方公司并列95.7分，成渝公司94.8分。路政执法名次为二大队（渝涪公司）99.36分、三大队（南方公司）98.4分、四大队（北方公司）96.96分、一大队（成渝公司）95.04分。营运管理名次为成渝公司97分，渝涪公司96.5分，南方公司、北方公司并列96分。检查结果以渝交委路〔2003〕35号文件进行了通报。

四、资金管理

（一）重庆直辖前的养护资金管理

1986～1996年，重庆市公路养护资金实行收支两条线的计划管理，国省公路主要来自公路养路费。每年年初由公路总段向重庆市交通局上报资金需求计划，经重庆市交通局审定后下拨。至每年年底养护工程结束后，由总段向重庆市交通局报送决算报表。1986～1997年，重庆市交通局每年向重庆、永川两个公路总段（1992～1996年仅重庆公路养护总段）下拨国省干线公路养护全额经费，公路养护总段按照年度计划分解为养护工程费、养路事业费、养路其他费等拨付给各养护和工程单位。县乡公路的养护经费来自拖拉机养路费（拖养费）和重庆市交通局下拨的补助经费。

1990年，重庆市交通局拨付给公路总段的养护工程费为8904.2万元，比1989年度增加409万元。用于新铺水泥砼路面11.25公里，沥青砼路面4.8公里；油路新铺15公里，油路中修62公里，泥路加铺30公里；改造道工房（危房）8座；公路小修保养1820.9公里。养路事业费999.5万元，养路其他费529.9万元。补助县乡公路养护经费400元/年公里1726.6万元。1991年成渝公路建设工程需3000万元，养护工程费增至10226.3万元。养路事业费减至975.7万元，养路其他费增至560万元。为解决通乡公路建设，县乡公路补贴增至1900万元。

1993年成渝高速公路建设资金不再列入养护工程费，同时车渡管理站实行“以渡养渡”政策，其费用也不再列入养护工程费，所以养护工程费减至4729万元，养路事业费减至573万元，养路其他费增至630万元。从1993年起，车渡管理站实行自收自养，项目费用开支经重庆市交通局批准后使用。从1994年起，以5932万元为基数，每年按3%～5%递增后作为重庆公路养护总段的切块包干费用。1995年，基数调整为6228万元，仍按每年3%～5%递增。1996年，重庆总段切块包干经费6597.5万元，养路事业费822万元，养路其他费1300万元，县乡道补贴为2159万元。

表3－31　　1995～1996年度重庆市公路养护经费计划总表

单位：万元

项目名称	1995年度计划	1996年度计划	其中			备注
			市局	总段	县道	
计划收入	26000	27000				
其中：公安、标线1.6%	384	432				
省交通厅30%	7675.2	7970.4				
市留成	15222.48	18597.6	9726.1	6712.5	2159	
一、公路养护新改建工程	14057.3	16475.6	9019.1	5297.5	2159	占市留成88.6%
（一）新建渝长公路		3000	3000			
（二）重庆总段包干费		5297.5		5297.5		
（三）重庆总段重点工程费	1213	1179	1179			
1. 补1995年度工程费		68.5	68.5			
2. 1996年新增工程项目		1110.5	1110.5			
（1）南弹路1.8K砼路面		200	200			
（2）成渝路4.1K砼路面		350	350			小龙坎至新桥
（3）210线1.05K砼路面		75	75			渝北区兴隆
（4）鱼珞路9.3K砼路面	250	150	150			
（5）212线1.25K砼路面	240	21.5	21.5			
（6）青碚路1.06K砼路面	120	60	60			
（7）210线3K砼路面	27	108	108			人渡口区135万元
（8）210线赶水1K砼路面		20	20			綦江县包干完成
（9）210线东溪2.5K砼路面		56	56			綦江县包干完成
（10）成渝路2.46K砼路面		70	70			永川市包干完成
（四）县乡道补贴	2057	2159			2159	
（五）民勤费	300	300	300			
（六）公路前期工作		1000	1000			
（七）其他项目		2160.1	2160.1			
1. 319线还世行贷款	100	120	120			
2. 养河费	40	170	170			
3. 水北路		56	56			
4. 吊桥大修		183.31	183.31			
5. 国省道烂路整治	1500	1000	1000			
（1）319线3.5K砼路面		85	85			长寿县包干完成
（2）210线桥口坝1.2K砼路面		40	40			巴南区包干完成
（3）212线1K砼路面						武胜县
（4）204线三汇1.2K砼路面		20	20			合川市包干完成
（5）319线新铺油路3K						长寿县

续前表

项目名称	1995年度计划	1996年度计划	其中			备注
			市局	总段	县道	
（6）松树桥2.76K砼路面		40	40			交渝北区管养
（7）319线璧山县3K						
6.319线铜梁1.8K砼路面		295.79	295.79			
7. 工程检验预备费		395	395			
8. 昌都地区扶贫路		40	40			
（八）300马力非自行式拖船1套	100	280	280			
（九）国省道危桥改造		1000	1000			
1.319线太安桥		300	300			
2. 吊桥大修		100	100			
3. 吊桥与水北路接线桥		300	300			
4.319线沙溪桥		50	50			
5. 国道其他危桥		250	250			
二、养路事业费		822	707	115		占市留成的4.4%
1. 市局管理费及其他等	120	170	170			
2. 科技费	10	15	15			
3. 公路检测费	10	10	10			
4. 公路定额站	10	10	10			
5. 交通报记者站		20	20			
6. 车渡站滨江路综合楼		115		115		
7. 公路质监站		20	20			
8. 公路数据库	30	30	30			
9. 交通技校北路接线桥	80	70	70			
10. 稽征处	305	317	317			
11. 公路中心试验综合楼		45	45			
三、养路其他费		1300		1300		切块包干费用，占市留成的7%

1986～1997年期间，万州、涪陵、黔江三地市的养护资金管理分为两个不同时间段。1986～1993年，四川省公路养护体制尚未改革，国、省道公路养护经费由四川省交通厅公路局统一管理，每年按计划直接拨付三地市的公路养护总段安排使用。1993年四川省公路养护体制改革后，国、省道公路下放，人财物管理权限归三地市，四川省对三地市实行公路养护费切块分成，包干使用，超收分成。三地市对养路费分成资金实行计划管理，统一安排国、省、县、乡公路的养护经费。从1994年开始，四川省交通厅对三地市公路养护工程实行“分值考核，以奖代补”政策，一直沿用至1997年重庆市直辖。

（二）重庆直辖后的养护资金管理

1997～2005年，重庆直辖后，重庆市交通局开始对万州、涪陵、黔江三个地市交通部门实施代管。1997 年，重庆市交通局已将公路养护从市级公路管理部门“条条管理”下放到区县（市）“块块管理”。从 1998 年开始，重庆市交通局与各区县（市）采用公路养护费“按比例分成、包干使用、两不挤占”的办法。根据各区县（市）的具体情况，分成比例从百分之四十几到百分之六十几不等。其中，黔江、彭水、石柱、酉阳、秀山 5 区县，每年除了全额返还上缴的公路养路费外，每个区县还另外补助 100 万元。1998 年重庆市公路局成立后，对全市公路实施行业管理，对公路养护资金进行监管。重庆市交委将养护资金全部划入重庆市公路局，由公路局按月或按养护工程进度拨付资金。从 2000 年改为按月预拨、年终结算，将资金的使用情况纳入年度目标进行考核，监督检查。至 2005 年仍执行此项政策。

表 3－32　　**1998 年公路养护经费计划总表**

单位：万元

项目名称	1998 年度计划	其中			备注
		市局	区县（市）	总段	
	44350	24847	17650	1853	
一、公安 1.3%	580	580			44350×1.3%
二、重点公路建设	6600	6600			
（一）公路前期	1000	1000			
（二）公路建设	5600	5600			
三、公路分成	17650		17650		
（一）远郊 14 个县分成包干	8700		8700		
（二）近郊 6 个区分成包干	300		300		
（三）万、涪、黔分成包干	8650		8650		
四、重庆总段	2600	747		185.3	含杨红路
五、防洪抢险	1000	1000			天梨路 500 万元
六、扶贫公路	3000	3000			
七、还贷款	300	300			
八、库区段、道房搬迁补助	300	300			
九、标志标线完善	200	200			
十、1997 年以奖代补	8000	8000			
十一、319 线文明样板路	1000	1000			
十二、养路事业费	3120	3120			
（一）市局管理费	200	200			
（二）公路定额站	15	15			
（三）公路质监站	50	50			
（四）交通报社	85	85			含购房 30 万元
（五）教育基金	100	100			
（六）科技费	200	200			含公路数据库

第三章　公路路政管理

公路路政管理是中国行政管理的组成部分。路政管理，是指县级以上人民政府交通主管理部门或公路管理机构，根据《中华人民共和国公路法》和国家其他有关法律、法规、规章的规定，为保护公路路产、维护公路路权，以及为发展公路事业并以公路为对象而实施的行政管理。

新中国成立初期，重庆公路里程少、技术等级低，路政无专门的管理机构，随着社会经济的不断发展，公路交通建设也不断加快，公路里程不断增加，但与此同时，侵占路权、损坏路产的案件时有发生，为加强公路的管理，确保公路的完好畅通，1987 年国务院发布了《中华人民共和国公路管理条例》，路政管理工作趋于日常化。重庆公路路政也有了专门的管理机构，从 1986～2005 年重庆公路路政管理机构经历了三次较大的变革。一是 1988 年前，重庆市的路政管理工作由重庆市交通局路政处（与公路处合署办公）负责，重庆、永川两个公路养护总段公路分别由路政安全科（简称路安科，对外称路政大队），负责国省道公路的路政管理工作。两个路政大队行政上归重庆市交通局路政处管理，业务上接受四川省公路局路政大队指导。二是 1992 年 1 月，撤销永川公路养护总段，永川公路路政大队并入重庆市公路路政大队，对重庆市 9 区 12 县（市）国省道公路的路政实施统一管理。三是重庆直辖后，重庆市公路局内设路政处（对外称重庆市公路路政总队），各区县（市）交通局（委）设路政科，对外称路政大队。重庆市公路路政总队对各路政大队实施行业管理，具体事务由各路政大队实施。县乡公路的路政管理工作，分别由所在区县的交通主管部门管理。

第一节　法制建设

一、建章立制初期

1978 年中共十一届三中全会以后，掀起了新中国成立以来第四次修建公路热潮，国家颁布了一系列条例规章和办法，为依法治路提供了立法基础和执法准则。1983 年 7 月，国务院印发的《关于加强公路路政管理，保障公路安全畅通的通知》，是新中国成立以来第一个公路路政管理的专门文件。1987 年 10 月，国务院颁布了《中华人民共和国公路管理条例》。根据国务院授权，交通部于 1988 年 6 月 28 日制订发布了《中华人民共和国公路管理条例实施细则》。这是新中国成立后第一个比较全面的发展公路事业的行政规章，是公路路政管理依法行政的转折点。1997 年 7 月，《中华人民共和国公路法》颁布实施，为路政管理提供了法律保证，重庆市的公路路政管理从此进入法制化轨道。

1984 年 3 月，四川省政府颁发的《四川省公路路政管理暂行办法》，是实施路政管理的主要依据。至 1987 年，重庆市路政管理一直执行此办法。

1986 年 2 月 25 日，重庆公路养护总段下发了《关于当前路政工作的几点暂行规定》（重路〔1986〕第 2－069 号）（以下简称《暂行规定》）。其内容为：一是凡新翻修的路段，在 3 年内不准挖掘沥青路面，埋设各种管线；二是重申挖掘公路的批准权限在总段；三是严格禁止在公路边沟外边缘以内的公路结构上敷设各种裸露管线；四是凡经总段批准同意挖掘埋设的管线（含地面杆线），分段必须事前与管线权属单位签订协议之后，才能发给挖掘许可证；五是公路留地是国家公路的组成部分，是国家财产，任何人不得侵占和破坏；六是认真执行路政收费标准，未经总段同意，分段不得自行更改。

1986年3月20日，重庆市公路养护总段印发《关于公路路政管理的若干规定》（重路〔1986〕第2－157号）（以下称《若干规定》）。《若干规定》由重庆市公路养护总段綦江段拟订，要求各分段执行。《若干规定》共20条，是重庆市公路路政管理较早的行业规章之一。

二、基本形成时期

1987年10月13日，由国务院发布并自1988年1月1日起施行的《中华人民共和国公路管理条例》，是国家级有关公路建设和管理的行政法规。1988年6月28日，交通部发布了《中华人民共和国公路管理条例实施细则》，第五章《路政管理》细化了《中华人民共和国公路管理条例》内容，授予公路主管部门和公路管理机构负责管理和保护公路、公路用地和公路设施的权利。

1987年9月15日，四川省人大常委会发布《四川省公路路政管理条例》。1989年1月1日，四川省交通厅印发《四川省公路路政管理实施办法》，对四川省公路路政管理工作做了更为详细的规定。根据国家和四川省有关法律法规，重庆市人民政府1993年3月28日发布《重庆市公路路政管理条例》，1986～1998年，重庆市公路路政管理工作均执行此条例。

1997重庆直辖后，重庆市交通局拟订了《重庆市公路路政管理条例》（以下简称《条例》）。1998年3月28日，重庆市第一届人民代表大会常务委员会第八次会议通过《重庆市公路路政管理条例》并予公布，自1998年7月1日起施行。《重庆市公路路政管理条例》共5章42条。

1999年1月4日，重庆市公路局印发《重庆市公路路政业务管理办法（试行）》，指导各区县（市）路政管理工作。《管理办法》规定：区县（市）公路路政管理机构报市公路路政管理机构审批的范围是国道、省道和县道经营使用权变动，在国道上设置立交、平交道口，以及在国道用地范围内埋设管道、杆线、电缆，砍伐国道、省道和县道行道树在20株以上，跨越区县（市）行政区域的超限运输。区县（市）公路路政管理机构直接审批的范围是省道及县道设置立交、平交道口，埋设管道、杆线、电缆，砍伐国道、省道和县道行道树在20株以下，行政区域内的超限运输。在高速公路上，禁止设置平交道口，禁止铁轮车、履带车、垃圾车、教练车、拖拉机、非机动车以及其他可能损害路面的机具在高速公路上行驶，禁止低于规定时速的车辆行驶，禁止乱停车辆、占道行驶、摆摊设点、上下乘客，禁止在高速公路两侧边沟外缘30米和立交桥通道边缘50米内修建永久性设施。

三、规范化管理时期

1997年7月3日第八届全国人民代表大会常务会议审议通过、并于1998年1月1日施行的《中华人民共和国公路法》，将路政管理作为一项重要的法定职责予以确定，标志着公路路政管理工作步入法制化轨道。交通部随即又先后出台了《超限运输车辆行驶公路管理规定》《公路监督检查专用车辆管理规定》和《路政管理规定》，与公路法相关联的还有行政处罚法、行政复议法、公路监督检查专用车辆管理规定等法律规章等，构筑了以《公路法》为主导的公路路政管理法律体系。

2002年3月27日，重庆市第一届人民代表大会常务委员会第三十九次会议对《重庆市公路路政管理条例》又进行了修订，共4章40条，自2002年5月1日起施行。《条例》适用于重庆市行政区域内的国道、省道、县道、乡道的公路路政管理。《条例》规定：重庆市交通主管部门主管重庆市公路路政管理工作，区县（市）交通主管部门主管本行政区域内的公路路政管理工作。重庆市交通主管部门设置的市公路路政管理机构，负责重庆市的公路路政管理工作。区县（市）交通主管部门设置的公路路政管理机构，负责本行政区域内的公路路政管理工作。高速公路的路政管理职责，由重庆市交通主管部门设置的管理机构行使。交通主管部门贷款、集资建成的收费公路和国内外经济组织依法受让收费权的公路及国内外经济组织投资建成经营的公路的路政管理职责，由公路路政管理机构的派出机构、人员行使。公路路政管理人员执行公务时，按国家规定统一着装，并持有国家或者市人民政府制发的行政执法证件。路政巡查车须装有交通行政执法统一的标志和示警灯。

第二节 管理内容

一、维护路产路权

维护路产路权包括公路、公路留地或公路用地、公路附属设施维护。1984 年 3 月，四川省人民政府颁发的《四川省路政管理暂行办法》，对公路留地作出的规定是已成公路、国道、省道两旁留用土地，挖方路基为天沟以外 1 米，无天沟的为坡顶以外 2 米；填方路基为取土坑外 1 米，无取土坑或原取土坑消失地段，为坡脚以外 3 米。1987 年 10 月 13 日国务院发布的《中华人民共和国公路管理条例》，对“公路”“公路用地”和“公路设施”做了明确界定。“公路”是指经公路主管部门验收认定的城间、城乡间、乡间能行驶汽车的公共构造物。“公路设施”是指公路交叉道口、界碑、测桩、安全设备、通讯设施、检测及监控设施、养护设施、服务设施、渡口码头、花草林木、专用房屋等。“公路用地”是指公路两侧边沟（或者截水沟）及边沟（或者截水沟）以外不少于 1 米范围的土地。并明确规定，公路用地的具体范围由县级以上人民政府确定。

二、保障公路畅通

1986 年，路政管理已经逐步走向正规化，公路路政管理体制已逐步理顺。1986 年，重庆市境内成渝、川黔、川汉、川湘、汉渝、渝南、绵璧 7 条干线共 876 公里公路通过的场镇，集市多、人车拥挤、交通秩序混乱、事故频繁。重庆市交通局会同公安、工商等部门密切配合，依靠当地政府进行整顿，取缔违章占道，清除路障 1700 余处，拆除有碍行车安全的建筑物 96 处，迁移堵塞交通的场镇集市、贸易市场 46 个，迁移摊点 831 处，制止违章建窑、搭棚、建房 166 座。改善公路安全设施，增设分道桩和分道线 809 米，护栏 1353 米，行车安全标志 1165 块。加强公路养护与改造，加宽、改造干线公路 431 公里，好路率有较大提高。经过近半年的整顿，7 条干线公路交通秩序明显好转。

1987 年，重庆市公路路政大队率先与重庆交警支队建立了每星期三联合办公制度，多次对国、省干线公路进行整顿。各区县（市）政府也组织了有交警、工商、城建、国土、交通、路政等部门参加的整顿小组，对各级公路进行检查整顿，综合治理。成渝路上的陈家桥、来凤、丁家、广顺场等集镇都建了农贸市场，划行归市。大足县龙水镇的房屋建筑按规定退出了大邮公路的规定距离。

1988 年 1 月 1 日《中华人民共和国公路管理条例》颁布后，四川省人民政府决定，从 1988 年 1 月 1 日起开展以法治路的宣传教育，重点是宣传建筑物界限，清理公路用地，即国、省、县和乡道的建筑控制区从边沟外缘起分别不少于 20 米、15 米、10 米和 5 米、4 米、3 米。料场按规划设置，严禁在公路路肩、边坡和水沟中耕种作物及排除路障，解决以路为市等问题。重庆市公路路政大队针对平时管理的重点难点，采取定期和不定期集中执法保畅通行动。1988 年，共查处违章建筑 246 起，违章占道 12433 处，77348 平方米，拆除砖瓦窑 108 个 6840 平方米，处理违章埋设管线 6600 米，处理砍伐行道树事件 31 起。1995 年，重庆市公路路政管理大队在重庆电视台、广播电台、有线广播路政法规宣传 105 次，并在街道、乡镇组织了十余次现场咨询，及时查处各种路政违章案件1623件。通过各种方式，保障了公路畅通。

1992年5月19～23日，重庆市公路养护总段、公路路政管理大队与市交警支队40余人联合行动，大规模清除整顿川黔线、成渝线上公路控制红线内违章建筑（洗车场、预制场、车辆维修厂、占用公路开设的交叉道口等），取缔违法占用设置的洗车场45家；撤除洗车场设施30处905平方米、柴油机2台、抽水泵5台、水管35根350余米、洗车用水桶16个、打气补胎机2台，收缴各种广告牌53块，撤除违章建筑5处130平方米；清除违章占道物资5处；追收占道费200元，纠正交通违章55起，罚款700元。

1993年8月27日、28日，重庆市公路路政管理大队出动多台路政车、宣传车、挖掘车、装载车和60多名路政人员，对渝兰路渝碚段，川黔公路渝环段两条道路的非交通占道进行整顿。共拆除违章建筑和堆积物60多处1205平方米，收取违章占道费1670元。

1997～2005年，重庆市公路路政管理权交由各区县（市）交通管理部门。对公路路产路权的保护由各区县（市）交通路政管理部门组织进行。

三、查处违法行为

按照国家和重庆市公路路政法规和规章，重庆市公路路政大队在路政执法过程中，按照立案、调查取证（含现场勘验、讯问当事人、证人证言）、发出《违章通知书》和《路政行政处罚决定书》，被处罚人接到《处罚决定书》15日内自动履行处罚项目，或向当地交通主管部门、上一级路政管理机构申请复议，或向人民法院起诉，路政复议，申请人民法院强制执行《路政处罚决定书》等程序，查处占用、挖掘等公路违法行为。

本志摘录几个典型案例：

盗伐公路行道树案　城口县修齐区石坊乡坡村二组社员刘某某，无视森林法及交通法规，于1988年1月5、6日两个晚上，在城奉公路19公里+450米处，盗伐行道树（直径为3～5厘米）30余根。路政人员会同修齐区派出所共同处理，给予刘某某治安拘留13天，赔偿损失70元，栽树100根并保证成活率的处理。1988年11月21日，长寿县人民法院行政庭在秤沱乡公开审理了该乡村民甘某某在秤（秤沱）黄（黄印）公路秤沱桥头公路留地内违章建房，不服公路路政管理行政处理案，判处甘某某拆除违章所建房屋。1988年12月，为了强化正在建设中的210国道的路政管理，市规划局、公安局、交通局联合检查了在1987年6月25日三局联合发出的《关于加强大石坝至双凤桥段公路管理的通告》的执行情况，清理出沿线违章建房80多处，在江北县政府的重视和支持下，1989年2月22日第一批拆除了违章临时建筑10处，第二批拆除8家。维护了公路路产路权。

乱堆乱放案　1988年12月20日，璧山县人民法院行政庭公开审理璧山县糖果厂非法长期利用公路边沟排放污水损坏成渝公路路面，以及璧山县东关居委会修建宾馆大楼，施工中乱堆材料和废料，使成渝公路长700米边沟排水受阻，水侵蚀损坏路面、路基，不服永川公路养护总段路政管理行政处罚案。经过法庭调查，出示证人、证词、证物，通过原、被告双方两轮辩论，法庭合议后判璧山县糖果厂赔偿公路损失费13036元，璧山县东关居委会赔偿公路损失费8690.88元。

违章占道案　1989年9月，雪宝山木材检查站修建房屋，在城开路110公里处，占用公路堆码建筑材料，水沟阻塞，路面最窄处不足3米。城口养路队队长及路政大队人员多次专程前往违章现场处理，拆除路障，收取占路费。但该站基建负责人以无法拆除为由，拖延时间。后经路政人员会同林业部门共同处理，限期拆除了路障，并收取公路占用费300元。

违章建房案。1997年6月至8月，冉某某在奉节县巫恩路198公里地段公路控制红线违章建房。其房屋为砖混结构，一楼一底，房屋阳台滴水直接落在公路上，建筑材料占用、损坏公路路面长30米，宽3米，共90平方米。1997年7月，奉节县路政管理部门向其发出违章整改通知书，并作出违章处罚决定。冉某某不服，提出复议申请。1997年12月30日，万县市交通局下达复议决定书，决定维持奉节县交通局路政管理处罚决定书，即自行拆除违章建筑，征收占用费、赔偿费6480元。

埋设电缆案　1997年11月下旬，万县市电信部门在事先未与公路路政管理部门进行协商的情况下，擅自在318国道公路路肩、水沟和两侧用地范围内挖掘并埋设光缆。仅天城辖区分水、三正、高升、李河、高粱5个镇路段就开挖公路路肩和水沟6.5公里，横穿水泥或沥青路面3处40米，穿越公路桥梁2处，公路用地范围内开挖9.3公里。严重损害公路路产路权，对318国道万县至分水段的公路改造工程也带来不利影响。万县市直属路政中队曾先后与万县市电信局和传输局交涉，并按路政有关法规发出违章通知，要求停工办理手续，电信、传输两部门互相推诿，据不受理，继续施工挖掘公路。为制止损害公路行为，万县路政部门报经万县市政府协调处理，电信部门到路政中心办理有关手续，并赔偿了损失费用。

第三节　超限超载治理

2004年6月20日全国开展集中开展汽车超限超载治理（简称治超）。在重庆市人民政府的统一领导下，重庆市治超工作由重庆市交通委员会牵头，相关部门协同，社会公众参与，媒体舆论监督。至2005年年底，通过集中治理，治超工作进展有序，车辆严重超限超载的势头得到了有效遏制，道路交通事故明显下降，公路通行效率明显提高，运力结构得到初步优化和调整，治理车辆超限超载取得了阶段性成效。

一、政策法规

重庆市的治超工作执行国家的法律和规章。2004年4月30日，交通部、公安部、国家发展和改革委员会、国家质量监督检验检疫总局、国家安全生产监督管理局、国家工商行政管理总局、国务院法制办公室联合下发了《关于在全国开展车辆超限超载治理工作的实施方案》（交公路发〔2004〕219号，简称八部委文件）。八部委文件提出对车辆超限超载进行综合治理，打击车辆超限超载、“大吨小标”和非法改装等违法行为，保护并鼓励合法道路运输。2004年5月中旬至6月中旬为宣传月，2004年5月中旬至年底，清理整顿车辆“大吨小标”和非法改装行为。从2004年6月20日起，用1年时间，集中治理超限超载车辆。执行标准为二轴车，车货总重超过20吨的；三轴车，车货总重超过30吨的；四轴车，车货总重超过40吨的；五轴车辆，车货总重超过50吨的；六轴及六轴以上车辆，其车货总重超过55吨的；虽未超过上述5种标准，但车辆装载质量超过行驶证核定载重量的。

治超的原则是坚持卸载，依法管理，避免重复处罚。单车处以每次不超过1000元的罚款；公安、交通管理部门按《中华人民共和国道路交通安全法》规定，扣留机动车至违法状态消除，对单车每次处200元以上，500元以下罚款；超载30%以上的，处500元以上2000元以下罚款，同时对车辆所属运输单位直接负责的主管人员处2000元以上，5000元以下罚款。

2005年6月1日，国务院办公厅下发《关于加强车辆超限超载治理工作的通知》（国办发〔2005〕30号），要求加强领导，落实责任，明确重点，加大执法力度。对暴力抗法、野蛮闯关要严厉打击，依法查处。

针对治超工作中出现的问题，2005年8月10日，交通部制定颁布了十条禁令规范治超工作。十条禁令是：严禁刁难、辱骂、殴打驾驶人员，严禁在治超工作时间饮酒，严禁擅放超限超载车辆，严禁接受与治超执法有关的馈赠，严禁对同一超限超载行为重复罚款，严禁参与对超限超载车辆实施卸载活动，严禁对超限超载车辆只罚款和收取赔补偿费，严禁将超限超载车辆长时间扣留，严禁将罚款和收取的公路赔补偿费纳入小金库，严禁违法扣留运输车辆、车辆行驶证、道路运输证。

二、治理效果

通过治理，重庆市国省干线公路路况明显好转，路面状况得以改善，养护成本有所下降，公路设施完好率有所提高。公路交通流量已由2004年治超初期的骤然下降转为平稳回升。公路运价理性回升，重庆市社会平均运价0.35元/吨公里以上。站点建设逐渐规范，长效机制已现雏形。在重庆市国、省道固定检测站点建设规划项目中，已有17个站列交通部规划的一类站点。2005年，重庆市交通委员会安排专项资金550万元，用于规范化治超站点的建设。万州、渝北、綦江、潼南、南川、涪陵、秀山等区县（自治县、市）建成并投入使用一批规范化的治超检测站。其他区县（自治县、市）也在筹资建设治超站点，并购买和更换检测设备，新增执法车辆，调整充实执法力量，保障治超工作长期有力地推进。

第四章　收费公路管理

重庆市的收费公路是随着重庆市的经济发展的需求而诞生的，并随着公路管理体制改革的变化而发展，经历了起步、发展、整顿等阶段。1987～1990年，国道319线彭塘段收费公路建成，至1997年重庆直辖前，重庆市境内共有50个收费公路项目，收费公路里程1336公里，收费公路站点（含桥梁、隧道）共有84个。1997年重庆直辖后，国省道公路的管理权限由省级交通部门管理下放到区县（市）级交通部门管理，收费公路得到了快速发展。在公路等级、通行条件得到迅速提高的同时，收费公路过多、站点过密等矛盾日益突出。1998～2003年，重庆市对收费公路进行治理整顿，主要是治理公路“三乱”，主城区收费路桥改革等。至2005年年底，重庆市共有148个收费公路项目，收费公路里程6022公里，收费公路站点（含桥梁、隧道）共有296个。

重庆市收费公路分为非经营收费公路、经营型收费公路和年票制收费公路。非经营收费公路是由县级以上地方人民政府交通主管部门利用贷款或者集资建成的公路（收费还贷公路），收取的车辆通行费除了员工工资和道路及设施维护以外，全部用于还贷。经营型收费公路是由国内外经济组织依法受让收费权及其依法投资建成的公路，与非经营收费公路的区别在于，收取的车辆通行费除了员工工资和道路及设施维护以外，要收回投资成本并有适当赢利。年票制收费公路是2002年重庆市主城区路桥改革后取消了收费站点，主城区车辆以缴纳年票费用、非主城区车辆购买次票后通行的公路。

第一节　收费公路形成及发展

一、初期阶段（1987～1997年）

重庆市境内第一条收费公路，是G319线潼南境内塘坝至彭家垭口段（彭塘段），是重庆市首次利用国际银行贷款修建的第一条公路，全长14公里，总投资898万元。彭塘段原为断头路，修建此段公路，打通了G319线。G319线彭塘段于1985年10月动工，1987年12月底竣工通车，工期27个月。经四川省人民政府〔1989〕第2368号文件批准、重庆市人民政府同意，1990年3月30日，重庆市交通局、重庆市物价局发布《国道319线塘坝至龙台段收取车辆通行费暂行办法》（重交局公〔1990〕30号）。《办法》明确收费公路的审批机关必须是省级人民政府，收费用于偿还世界银行贷款和该段公路及公路构造物养护，以及收费机构、路政管理、交通设施等正常开支。同时规定收费期限暂定10年。设潼南塘坝收费站，车辆购票后，可在票上指定的区间内行驶，到终点站时出示票证查验。车辆通行费收取范围是除外国使（领）馆的车辆和正在执行紧急任务的设有固定装置的消防车、医院救护车、公安警车、路政巡查车外，其他行驶该路段的任何机动车辆一律收取通行费。营运车辆由货主负担，车属单位代收代缴。非营业性货车和自备客车由车属单位负担，营业性客车以每车次缴费总额按核定载客座位的70%分摊给旅客，由车属单位代收代缴。客货汽车走G319线，一律按新公路里程计算运费。

表3－33　　　　　　　　**潼南县塘坝收费站票价表**

起讫地点	里程（公里）	客货车（元/吨）	小车（元/车）	旅行车（15座以下）（元/车）	摩托车（元/车）
塘坝—安大路口	23.7	1.00	1.00	1.5	0.5
塘坝—龙台	28.2	1.5	1.5	2.0	1.00

注：（1）大客车每10座折合为1吨以核定的座位四舍五入计算。（2）货车及专用车以行驶证核定的吨位计算：大、中、小型拖拉机比照货车按吨位计算。起码收费按吨计算，不足一吨的尾数按四舍五入计算。（3）总重量超过25吨的重型汽车大件车，须事先向重庆市交通局公路管理处提出申请，经批准后方可上路通行。其收费的车辆通行费由双方协商确定。（4）区间公共汽车、营运客车及驻地单位车辆可按月购买通行费。

1999年，G319线彭塘段收费公路建成后，G319线西璧段（西泉至璧山）、国道210线朱滩至东溪等一批收费公路先后修建并投入使用，重庆市收费公路开始发展起来。至1997年年底，重庆市境内共有50个收费公路项目，里程1336公里，公路收费站点（含桥梁、隧道）84个。

二、快速发展阶段（1998～2005年）

重庆直辖后，国省道公路管理权限由省级交通部门管理下放到区县（市）级交通部门管理。区县（市）人民政府及交通部门抓住这一历史机遇，充分利用收费公路这一政策，进行招商引资。不仅交通行政部门投入修建收费公路，民营企业、社会团体、个体经济实体等纷纷投资收费公路建设，使收费公路得到了快速发展。至2005年年底，重庆市共有148个收费公路项目，收费公路里程6021公里。按技术等级分：高速公路748公里，一、二级收费公路5273公里，年票制收费公路462公里。按行政等级分：国道1735公里，占国道路总里程的94%；省道2687公里，占省道路总里程的66%；县道1569公里，占县道路总里程的10%；乡道31公里，占乡道路总里程的0.2%。公路收费站点（含桥、隧）共296个（主线站207个，匝道站89个，未含年票制收费站）。按收费性质分，有非经营性收费公路2119公里，收费站点87个（主线站82个，匝道站5个）；经营性收费公路3441公里，收费站点209个（主线站125个匝道路站84个）；年票制收费公路462公里，收费站点10个。

第二节　管理法规

一、国家法规

1988 年 1 月 5 日，交通部、财政部、国家物价局联合发布了《贷款修建高等级公路和大型公路桥梁、隧道收取车辆通行费规定》(〔1988〕交公路字 28 号)，是国家第一个关于收费公路的政策规章。该文件规定，收费公路立项、收费标准等均由省级人民政府审批。凡利用贷款（包括需归还的集资款）新建、改建桥梁 300 米以上（渡改桥 200 米），隧道 500 米以上，高速公路、里程在 10 公里以上的一级公路及里程在 20 公里以上的二级公路，通过正式竣工验收后可收取车辆通行费。收费工作由省级公路管理部门统一管理。

1994 年 7 月 18 日，交通部、国家计委、财政部下发了《关于在公路上设置通行费收费站（点）的规定》(交公路发〔1994〕686 号)。该文件除了对 1988 年 28 号文件规定的一般二级收费公路平原微丘延长到 40 公里以上外，重点是对收费站的设置做出了规定：实行“开放式”收费公路，在同一公路主线上，相邻收费站（点）的间距，平原微丘区不得小于 40 公里，山岭重丘区不得小于 20 公路。收费站在醒目处悬挂“收费站”标牌和设置审批机关、收费用途、收费标准、收费单位“四公开”公示牌，接受社会监督。

1998 年 1 月 1 日起施行的《中华人民共和国公路法》第六章对收费公路管理做出了相关规定，第一次以法律的形式将收费公路纳入法制轨道管理，主要有收费公路的范围 、收费年限和审批权限，收费公路经营权转让，收费标准、站点设置，收费公路养护、路政执法等。2004 年 11 月 1 日，国务院制定并颁布了《收费公路管理条例》(加以下简称《条例》)，对《公路法》进行了细化。

二、重庆市地方规章

根据《中华人民共和国公路法》及国家关于收费公路管理的有关规定，2001 年 8 月 17 日，重庆市人民政府印发《关于加强收费公路审批管理的通知》(渝府发〔2001〕70 号)，对重庆市范围内的收费公路审批做出了规定。高速公路，新建或改建一级公路 10 公里及以上，或延伸原收费公路达 10 公里以上；新建或改建山岭重丘二级公路 20 公里及以上；或延伸原收费公路达 20 公里以上；新建公路桥梁 300 米以上，改渡为桥 200 米以上；新建公路隧道 500 米以上。经重庆市人民政府批准的，可以收取车辆通行费。

第三节　管理内容

一、审批程序

根据重庆市人民政府《关于加强收费公路审批管理的通知》(渝府发〔2001〕70 号）的规定，重庆市人民政府负责审批收费公路立项和设置车辆通行费收费站。对拟收取车辆通行费的公路，由区县（自治县、市）人民政府向市人民政府提出收费公路立项申请和车辆通行费收费站设置方案，重庆市人民政府在征求重庆市交通委员会、重庆市物价局、重庆市财政局等有关部门意见后，对符合条件的公路予以批复。新设收费站原则上应为一站双向收费站，两个收费站的距离不小于 20 公里。重庆市人民政府有关部门原已批准设置的收费站应进行清理、合并，使之符合上述标准。

收费标准由公路收费单位提出方案，重庆市物价局会同重庆市交通委员会、重庆市财政局审核批准。还贷型收费公路，报重庆市物价局会同重庆市交通委员会、重庆市财政局审核批准。经营型收费公路，报重庆市物价局会同重庆市交通委员会审核批准。先审批试收费标准，试行收费两年后再根据投资决算和试收费额，批准正式收费标准，同时报重庆市人民政府备案。

重庆市交通委员会、重庆市物价局、重庆市财政局根据收费公路投资额和收费标准及车流量，对公路收费期限进行初审，向重庆市人民政府提出收费公路收费期限建议，由重庆市人民政府批准执行。重庆市人民政府原则上每季度审批一次公路收费期限。

严格履行公路收费权转让审批手续。根据《公路法》规定，国道收费权的转让由交通部审批，其他公路收费权的转让由重庆市人民政府审批，并报交通部备案。各区县（自治县、市）人民政府、重庆市人民政府各部门及其他单位无权批准公路收费权转让。重庆市交通委员会会同重庆市人民政府有关部门对公路收费权转让情况进行清理，已转让的收费公路依法予以规范。

重庆市收费公路的收费期限和收费标准，每条路和每个项目都有所不同，但总体差距不大。重庆市确定高速公路、一级公路、二级公路和独立桥梁、隧道车辆通行费收费标准的原则是，根据收费公路项目的投资总额、车流量大小来确定收费价格和收费期限。收费价格标准，高速公路原则上控制在0.65元/吨公里，一、二级收费公路控制在0.25元/吨公里。收费期限最高不超过国家法律法规规定的年限。

二、资金管理

政府还贷性收费公路的车辆通行费收入全部纳入同级财政，实行收支两条线管理，车辆通行费收入除用于收费公路的养护、管理和人员的正常开支外，全部用于偿还贷款、集资款本息。经营性收费公路的的车辆通行费收入除用于公路的养护、人员开支外、还要照章纳税，剩余部分作为投资者的成本收回。

三、路况管理

重庆市交通主管部门主管重庆市收费公路管理工作，重庆市公路管理机构负责全市收费公路的日常监督管理。区县（自治县、市）交通主管部门及其设立的公路管理机构依照本规定，负责本行政区域内的本级政府还贷公路及其招商引资建设的经营性公路的管理工作。

四、年度审验

从2003年开始，重庆市每两年对收费公路（含高速公路、普通收费公路，桥梁、隧道和渡口）进行审验。审验内容为收费合法性及国家和市政府有关文件的执行情况，市级部门批准收费文件的执行情况，收费公路路况，通行费财务管理情况，还贷性收费公路“收支两条线”执行情况，票据使用及管理情况，业主变更合规性，公路转让经营权出售款上缴财政及还贷情况，经营性公路按章纳税情况，收费公路是否存在“三乱”现象，收费人员培训及持证上岗情况。审验组织由市政府办公厅、市交委、市物价局、市财政局有关人员组成，并视审验情况邀请市审计局、市地税局、市市政委参加。

五、规章职责

重庆市公路局在对收费公路管理中，制定下发了收费管理的规章制度，由各收费站和收费人员执行。主要有收费员交接班制度、通行费管理制度、收费站学习制度、安全管理制度、收费人员着装制度等。同时还明确了相关职责，主要有收费人员职责、监控人员职责、站长职责、财务人员职责，收费员“十不准”，文明用语，工作纪律，收费宗旨等。为营造整齐划一的收费环境，重庆市将收费站各种规章制度上墙，统一了制作尺寸和悬挂位置。

第四节　治理整顿

一、治理公路“三乱”

至1998年底，全国收费公路及其站点已形成了一定的规模。但收费公路在发展过程中出现了一些不容忽视的问题。一是收费站点设置、审批管理不严，造成公路沿线收费站点过密，影响了车辆的正常行驶，公路使用者反应强烈。二是有的地方违背国家有关规定，出现了边修建边收费、未修建先收费的情况，严重影响了“贷款修路，收费还贷”政策的正确执行。三是转让公路收费权未能按规定程序审批，造成部分国有资产流失。四是收费管理、核算、使用等环节监管不力，致使“收费还贷”功能无法保障。五是收费机构庞大，以费养人现象普遍存在，造成收费成本过高，影响还贷能力。以“乱收费、乱设站点、乱罚款”为主要标志的公路“三乱”时有发生。因此，清理整顿收费公路项目和收费站点已势在必行。为了加强和规范收费公路管理，制止公路“三乱”现象，促进公路事业持续健康发展，交通部于1999年1月7日印发了《关于认真做好公路收费站点清理整顿的通知》（交公路发〔1999〕9号），并随文下发了清理整顿公路收费站点实施方案，由此拉开了全国清理整顿公路收费站点的序幕。

1998年，根据国务院的部署，在中共重庆市委、重庆市人民政府的统一领导下，治理公路“三乱”摆上了议事日程，以重庆市交通局、重庆市公安局、重庆市人民政府纠风办为牵头单位，成立治理“三乱”领导协调小组。组长由重庆市交通局领导担任，副组长由重庆市公安局、重庆市人民政府纠风办领导担任，重庆市纪委、重庆市监察局、重庆市财政局、重庆市物价局、重庆市林业局、重庆市市政管理局、重庆市人民政府法制办、重庆市公路局为成员单位，负责领导和协调全市治理公路“三乱”工作。领导协调小组下设办公室，负责治理“三乱”的具体事务。治理公路“三乱"办公室设在重庆市公路局，张云芝任办公室主任。各区县（市）也成立了相应的组织领导机构。

2001年二季度前，重庆市各区县（市）向重庆市治理公路“三乱”领导协调小组办公室上报验收报告并做好接受考核验收的准备工作。2001年6月和9月，重庆市治理公路“三乱”领导协调小组分两批对实现所有公路基本无“三乱”的区县（自治县、市）进行考核验收。第一批考核验收的有江北区、南岸区、沙坪坝区、九龙坡区、北碚区、大渡口区、渝北区、巴南区、万盛区、永川市、合川市、荣昌县、大足县、双桥区、铜梁县、潼南县、綦江县、梁平县、城口县、武隆县、垫江县、万州区、奉节县、巫溪县、黔江区、彭水县、酉阳县、石柱县共28个区县（自治县、市）。第二批考核验收的有江津市、璧山县、长寿县、涪陵区、南川市、丰都县、忠县、开县、云阳县、巫山县、秀山县共11个区县（自治县、市）。重庆市人民政府于2002年3月底，向“两部一办”提交参加全国第四批所有公路基本无“三乱”考核申请。

2002年9月，重庆市交通委员会、重庆市公安局、重庆市人民政府纠风办《关于公布重庆市第一批实现所有公路基本无“三乱”区县名单的通报》（渝交委〔2002〕363号），渝中区、江北区、沙坪坝区、南岸区、九龙坡区、大渡口区、巴南区、渝北区、高新区、北部新区、北碚区、万州区、万盛区、双桥区、梁平县、忠县、开县、城口县、巫山县、奉节县、云阳县、合川市、潼南县、铜梁县、南川市、大足县、荣昌县、璧山县、武隆县、石柱县等30个区县（自治县、市）为重庆市第一批实现所有公路基本无“三乱”区县（自治县、市）。2002年12月，重庆市交通委员会、重庆市公安局、重庆市人民政府纠风办《关于公布重庆市第二批实现所有公路基本无三乱区县名单的通报》（渝交委〔2002〕492号），永川市、江津市、长寿区、綦江县、涪陵区、丰都县、垫江县、巫溪县、黔江区、彭水县、酉阳县、秀山县等12个区县（自治县、市），符合所有公路基本无“三乱”的考核标准，实现所有公路基本无“三乱”。

2002年12月，重庆市在国家治理公路“三乱”检查中获得通过，成为全国第四批实现所有公路基本无“三乱”的省市之一。至此，重庆市治理公路“三乱”专项整治工作告一段落。从2003年起，重庆市治理公路“三乱”工作纳入日常管理，定期、不定期进行检查，年终纳入年度考核目标范围。

二、暂停与整改

（一）暂停项目

G210线綦江段　国道210线綦江珠滩至崇溪河段全长74公里，因该段公路部分路段路面破损、路况下降，严重影响过往车辆的行车安全，且不按有关政策规定申请报批相关收费手续，引起广大群众强烈不满，经报请重庆市人民政府批准同意，2002年3月，重庆市物价局、重庆市财政局和重庆市交通委员会以渝价〔2002〕172号文暂停收取过往机动车通行费。

G319线彭水段　国道319线彭水县城至武隆段公路全长28.4公里，该段公路由于养护不及时，路面出现严重病害，路况技术指标严重下降，影响了过往车辆的安全和畅通。为此，2005年3月，重庆市公路局渝路局〔2005〕44号文件责令彭水县交通局对该段公路在1个月内进行整改。但截止2005年4月20日，仅处治了40平方米，没有按养护技术规范和整改通知书的要求进行整改。2005年4月29日，重庆市交通委员会依据有关法律、法规的规定，下发《重庆市交通委员会行政处理决定书》，暂停国道319线彭水县城至武隆段收取车辆通行费。

（二）整改项目

G319线黔江段　国道319线黔江至马嘶口段公路因路况差，已不能为过往车辆和人员提供良好服务。2002年11月，重庆市物价局、重庆市财政局和重庆市交通委员会下发渝价〔2002〕692号文件，责令黔江区计委（物价局）、黔江区财政局和黔江区交通局对该段公路进行限期整改。

G319线彭水县段　国道319线彭水县城至共和段收费公路全长28.4公里，因该段公路路况差，已不能为过往车辆和人员提供良好服务。2002年11月，重庆市物价局、重庆市财政局和重庆市交通委员会下发渝价〔2002〕692号文件，责令彭水县计委（物价局）、彭水县财政局和彭水县交通局对该段公路进行限期整改。2004年2月，重庆市公路局以渝路局〔2004〕14号文件责令彭水县交通局对该段公路再次进行限期整改。2005年3月，重庆市公路局以渝路局〔2005〕44号文件第三次责令彭水苗族土家族自治县交通局对该段公路进行限期整改。

石垫公路忠县段　石（石柱）垫（垫江）公路忠县段收费公路全长87.4公里，因该段公路路况差，已不能为过往车辆和人员提供良好服务。2002年11月，重庆市物价局、重庆市财政局和重庆市交通委员会以渝价〔2002〕692号文件责令忠县计委（物价局）、忠县财政局和忠县交通局对该段公路进行限期整改。

S102线开县段、S202线开县段　S102线渝巫路开县县城至巫山坎段（90公里）和S202线城黔路开县县城至万州界段（55公里）收费公路，由于养护不及时，公路路况差，砼路面的断板、破碎、沉陷、起拱、坑凼和沥青路面的沉陷、坑凼、拥包等公路病害，严重影响了过往车辆的安全通行。2004年2月，重庆市公路局以渝路局〔2004〕25号文件责令开县交通局对两段公路进行限期整改。

X359线大足段　X359线合龙路大足龙水至铜梁界段公路全长37.9公里，因该路段砼路面已出现不同程度的断板、破碎、沉陷等病害，已不能为过往车辆和人员提供良好服务，社会反映强烈。2005年3月，重庆市公路局以渝路局〔2005〕45号文件责令大足县交通局督促收费业主对该段公路抓紧整改。

X195线长寿段　县道195线长寿县城至洪湖镇段收费公路全长51.2公里，由于养护不及时，致使该段公路砼路面已出现不同程度的断板、破碎、沉陷等病害，已不能为过往车辆和人员提供良好服务，社会反映强烈。2005 年 3 月，重庆市公路局以渝路局〔2005〕46 号文件责令长寿区交通局督促收费业主对该段公路抓紧整改。

S303 线南川段　S303 线石雷公路南平至水江段全长 46 公里，由于车流量的增加，养护不及时，致使该段公路砼路面已出现不同程度的断板、破碎、沉陷等病害，且在湖南桥至白腊口区间 5 公里的路面破损尤为严重，已不能为过往车辆和人员提供良好服务，社会反映强烈。2005 年 3 月，重庆市公路局以渝路局〔2005〕50 号文件责令南川区交通局督促收费业主对该段公路抓紧整改。

S303 线万盛段　S303 线石雷公路池井湾至温塘段全长 26.3 公里，由于养护不及时，致使该段公路砼路面已出现不同程度的断板、破碎、沉陷等病害，已不能为过往车辆和人员提供良好服务，社会反映强烈。2005 年 3 月，重庆市公路局以渝路局〔2005〕51 号文件责令万盛区交通局督促收费业主对该段公路抓紧整改。

（三）撤销项目

长寿骑鞍桥　该桥位于长寿县城区，桥长仅 30 米，未经重庆市人民政府特批，不符合收费桥梁条件。2003 年，重庆市治理公路“三乱”领导小组督查撤销了该桥收费站。

巴南木洞桥　该桥位于巴南区木洞镇。虽经重庆市人民政府批准收费，但由于车流量太小，收费还贷困难。2003 年，重庆市治理公路“三乱”领导小组督查撤销了收费站。

三、主城区收费路桥改革

（一）改革由来

1986～2005 年，重庆市采取“引资建桥、收费还贷”等形式，在重庆主城区的长江、嘉陵江上建起了一座座城市大桥和隧道，对提高重庆市主城区城市道路通行能力，促进城市经济发展，发挥了重要作用。但是，随着城市经济进一步发展，各桥梁、隧道独立的收费模式和较高的收费标准，又逐渐成为重庆主城区社会经济发展的制约因素之一，需要对城市路桥收费体制实施改革。重庆主城七桥一隧（长江上的石板坡大桥、鹅公岩大桥、李家沱大桥；嘉陵江上的牛角沱大桥、黄花园大桥、石门大桥、渝澳大桥，石板坡隧道）和主城八区（渝中区、江北区、南岸区、沙坪坝区、九龙坡区、大渡口区、渝北区、巴南区）一、二级收费公路的收费站全部撤除，实行年票制，有利于充分发挥交通设施的通行功能，使重庆城市发展更加符合科学发展的战略目标。

对于社会公众关注的重庆主城区路桥收费年票制改革，重庆市人民政府将其列为 2002 年重要的“民心工程”。2002 年初，成立了由重庆市人民政府牵头，重庆市市政委员会、重庆市公安交管局、重庆市财政局、重庆市计委、重庆市物价局、重庆市建委、重庆市交通委员会、重庆市公路局等有关部门参加的重庆主城区路桥收费改革工作小组，负责调研并制订改革方案。

2002 年 3 月，重庆市人民政府发布《重庆市主城区路桥通行费征收管理办法》（市政府第一百三十五号令），将重庆主城八区范围内原批准的收费公路、桥梁纳入主城区收费路桥改革，由重庆市城市投资公司统一实行回购或租赁。从 2002 年 7 月 1 日零时起，凡原经重庆市交通委员会（原重庆市交通局）、重庆市财政局、重庆市物价局批准设置的重庆主城八区内一、二级公路和七桥一隧收费站点（含支线验票卡）停止收取车辆通行费。根据重庆市人民政府《关于同意设置主城区路桥收费次票站点的批复》（渝府〔2002〕76 号），《重庆市交通委员会关于主城八区原公路收费站点停止收取车辆通行费的通知》（渝交委路〔2002〕144 号），停止收费的站点及设施，由所属经营单位在 2002 年 7 月 15 日前拆除。

（二）年票制范围

2002 年 7 月 1 日至 2003 年 7 月 1 日，重庆市对渝中区、江北区、南岸区、沙坪坝区、九龙坡区、大渡口区、渝北区、巴南区（简称主城八区）内所有机动车辆和行驶在上桥至童家院子、童家院子至界石、界石至上桥（含上桥至陈家坪）所组成的环线高速公路的机动车辆实行年票制。

2002 年路桥改革时，重庆主城八区范围内有 4 条已经批准在建的收费公路，建成通车后不再实施收费。2003年7月1日，又将外环高速公路、机场高速公路和北碚区纳入年票制改革范畴。重庆市交通委员会以渝交委路〔2003〕138号文件停止了北碚区内除高速公路外的所有公路收费站点，年票制扩大至重庆主城九区范围。

（三）征收方式

路桥通行费分为年票费和次票费两类。年票费由重庆市市政行政主管部门委托银行代收。重庆市公安交通管理部门在办理机动车辆年审、新车入户、车辆报废和外地车迁入等到手续时，核实路桥通行费缴费凭据，未缴纳路桥通行年票费的机动车辆，不得办理相关手续。次票费由重庆市市政行政主管部门设置次票站，重庆市路桥收费处负责收取。高速公路入城路口委托交通部门所属的高速公路收费站代收。

外地常驻渝车辆处理。外地常驻渝车辆（也称主城外机动车）进入主城区时，购买路桥次票通行，也可自愿一次性缴纳路桥通行年费。重庆主城区公交定线大客车免缴路桥通行年费。

表3-34　**重庆市主城九区年票标准表**

类　别	车型划分和范围	收费标准（元/车·年）
二类车	2吨（含）以下货车19座（含）以下客车	2300
三类车	2~5吨（含）货车20~49座（含）客车	2990
四类车	5~8吨（含）货车50座以上客车	3450
五类车	8吨以上货车	3910

表3-35　**重庆市主城九区次票标准表**

类　别	车型划分和范围	收费标准（元/车·日）
	摩托车（两轮、三轮）	2
一类车	2吨（含）以下货车9座（含）以下客车	15
二类车	2~5吨（含）货车10~25座（含）客车	20
三类车	5~10吨（含）货车26~50座（含）客车	25
四类车	10~20吨（含）货车50座以上客车	30
五类车	20吨以上货车	35

（四）拆除改建收费站

重庆主城九区原有收费路桥项目26个（17个交通收费公路项目、8个城市桥隧收费项目、1个林区收费项目，不含外环高速公路），主线收费站40个，支线收费站（卡）15个（其中6个站[卡]批准设置但未建设使用）。2002年7月1日至2003年7月1日，先后拆除了31个路桥主线收费站（其中交通系统的收费站21个，城市桥隧收费站8个，林区公路收费站2个），14个公路支线卡（其中6个卡批准设置但未建设使用）。改革后保留九区边缘9个公路主线站及1个支线站，新建2个收费站，共12个站点作为次票收费站。委托30个高速公路站点代收次票。

（五）改革效果

重庆主城区收费路桥改革，大幅下降车辆通行费，明显减轻了企业和群众的经济负担。以小轿车为例，改革前，一辆小轿车仅购买通行市内3座大桥的月票，一年就约需要3360元，实行年票制后，年票价格2300元，通行范围扩大到主城九区七桥一隧、内环高速、机场高速和21条一般收费公路。车流量得以合理分流，从根本上改变了因收费标准不同导致老桥拥堵严重、新桥无车走的状况。解决了公路收费站点过多过密的问题，提高了公路和城市道路的通行能力，缓解了城市道路的拥堵状况，受到社会各界的普遍好评。投资环境得到改善，促进了经济社会发展，两江（长江、嘉陵江）三岸（江北、渝中、南岸）道路畅通便捷，原来居民拆迁不愿去、企业有项目不愿投资的南岸区、江北区和渝北区，投资、居家交通环境得到改善，土地增值，房地产价格成倍增长，带动了商贸、餐饮等相关产业的发展。

四、国省道收费路桥改革

（一）组建机构

重庆直辖后，交通基础设施建设虽然发展较快，但主要在高速公路方面，要实现交通部提出的在2005年前实现公路网络的现代化目标，就必须加快干线公路的建设。而重庆市二级以上公路建设，主要采取“区县修建，市财政补贴”的模式，由于资金分散，银行贷款难度大，使干线公路的建设筹资十分困难。为解决投融资问题，进一步完善地方干线公路网络，促进经济发展，2002年，中共重庆市委、重庆市人民政府决定成立重庆高等级公路建设投资有限公司（以下简称重庆高投司）。2002年12月12日，重庆高投司正式挂牌成立，是重庆市人民政府出资组建的国有独资公司，行政隶属于重庆市交通委员会。重庆市人民政府授权重庆高投司对重庆市除高速公路以外的所有高等级公路实施投资、建设、经营和资产管理；负责修建和经营“八小时重庆”公路和县际联网公路；回购各区县（市）已建成的收费公路，减少站点，提高畅通能力。重庆高投司以投融资为主，对所投资的公路行使出资者职能。国家安排给重庆市的高等级公路建设资金和重庆市自筹的高等级公路建设资金，作为重庆高投司的资本来源。

（二）政策支持

重庆市人民政府关于同意组建重庆高等级公路建设投资有限公司的批复（渝府〔2002〕195号），明确重庆高等级公路建设投资有限公司对除高速公路以外的高等级公路实施投资（含回购）、组织建设、经营和资产管理。重庆市人民政府关于给予重庆高等级公路建设投资有限公司扶持政策的批复（渝府〔2003〕109号），明确重庆高等级公路建设投资有限公司经营公路为“八小时重庆”公路及回购的收费公路，收费年限为25年。

（三）管理制度

重庆高等级公路建设投资有限公司印发的《收费管理办法（暂行）》等管理制度，详细规定了公路回购管理、收费管理、票据管理、违反收费管理办法处罚、收费人员着装等管理内容。

（四）回购公路

2003～2005年，重庆高投司累计回购公路里程达1529.4公里，回购总额为265283.9万元。

2003年7月7日以19810万元回购国道G319线潼南段、省道S205线绵阳至璧山公路潼南段、县道X365线王家店至古溪段。2003年7月19日以25200万元回购丰垫路新城小区至社坛路段。2003年7月29日以15500万元回购石丰路。2003年8月1日以3000万元回购石郁路。2003年8月1日以31200万元回购国道319线铜梁西泉至中和段、县道X359线合川至龙水段、县道X369线铜延公路登高至双滩段。2003年8月8日以5353万元回购荣（荣昌）吴（吴家镇）公路。2003年8月13日以20000万元回购G319线福里树至西泉段。2003年12月以23886.9万元回购大邮公路。

2004年2月25日以3350万元回购綦江三江公铁立交大桥。2004年3月16日以3950万元回购S303石雷路。2004年5月27日以3050万元回购荣泸路，以3100万元回购广盘路，以2000万元回购川汉路。2004年6月30日以18375万元回购G319线武隆段。2004年9月28日以1500万元回购了渝巴路巫山段。2004年9月28日以10952万元回购忠县长江大桥。2004年9月29日以10892万元回购了渝巴路天城段。2004年10月21日以8190万元回购石遂路忠县段。2004年12月14日以6100万元回购G210线綦江段。

2005 年 8 月 2 日以 7620 万元回购永铜路永川段。2005 年 8 月 3 日以 3500 万元回购 G319 线彭武段。2005 年 8 月 11 日以 520 万元回购石梁河桥。2005 年 9 月 5 日以 16368 万元回购酉阳至龚滩公路。2005 年 9 月 15 日以 5900 万元回购南川木洞公路。2005 年 10 月 24 日以 7250 万元回购铜梁至永川公路铜梁段。2005 年 11 月 15 日以 2976 万元回购 G319 线秀山段，以 3361 万元回购 G319 线秀山县城至洪安段。2005 年 11 月 15 日以 2380 万元回购 G326 线秀山段。

回购公路收费状况。2004 年 17 个收费所、72 个收费站共收取通行费 1. 84 亿元。2005 年 19 个收费所、88 个收费站共收取通行费 2. 92 亿元。

表 3－36　2005 年重庆市经营型收费桥梁及公路表

路线名称	路线编号	讫点名称	止点名称	收费站点数（个）	站名	收费站类型	管理或经营单位	收费期限		收费里程（公里）	桥、隧长（延米）	投资金额（万元）	年收费额（万元）
								开始日期	结束日期				
沪蓉线	G055A	万州长江大桥	万州长江大桥	1	长江大桥站	桥梁	万州交委	1998 年 10 月 1 日	2016 年 9 月 30 日		856.00	33601.00	1280.00
包南线	G210	珠滩	崇溪河	1	篆塘站	公路	綦江交通局	1999 年 3 月 2 日	2019 年 3 月 1 日	74.50		12113.00	251.00
包南线	G210	珠滩	崇溪河	1	岔滩站	公路	綦江交通局	1999 年 3 月 2 日	2019 年 3 月 1 日				190.00
沪聂线	G318	苏拉口	五桥	1	赶场站	公路	万州路桥处	1998 年 10 月 1 日	2015 年 9 月 30 日	50.00		15030.00	589.60
沪聂线	G318	苏拉口	五桥	1	五桥站	公路	万州路桥收处	1998 年 10 月 1 日	2015 年 9 月 30 日				863.80
沪聂线	G318	万州吴家湾	分水	1	麻柳湾站	公路	万州路桥处	1998 年 12 月 25 日	2012 年 12 月 31 日	30.60		4719.00	558.70
沪聂线	G318	分水	新店子	1	福禄站	公路	梁平交通局	2001 年 4 月 15 日	2009 年 4 月 14	24.80		4729.00	139.00
沪聂线	G318	新店子	大河坝	1	城南站	公路	梁平县交通局	2000 年 1 月 1 日	2007 年 12 月 31	21.80		4737.00	261.00
沪聂线	G318	大河坝	七桥	1	梁平站	公路	梁平县交通局	1996 年 9 月 1 日	2020 年 12 月 31 日	26.30		11164.00	520.00
沪聂线	G318	七桥	石桥铺	1	七星站	公路	梁平交通局	2000 年 7 月 27 日	2020 年 7 月 26 日	35.70		6401.00	579.00
厦成线	G319	洪安	石耶	1	宝塔站	公路	秀山交通局	1997 年 7 月 1 日	2008 年 12 月 31	32.70		1602.00	313.00
厦成线	G319	鹅颈关	涪陵长江大桥	1	大桥站	桥梁	涪陵交委	1997 年 5 月 1 日	2017 年 4 月 30 日		652.00	20621.00	3220.00

续前表

路线名称	路线编号	起点名称	止点名称	收费站点数（个）	站名	收费站类型	管理或经营单位	收费期限		收费里程（公里）	桥、隧长（延米）	投资金额（万元）	年收费额（万元）
								开始日期	结束日期				
厦成线	G319	塘坝	彭家垭口	1	塘坝站	公路	潼南交通局	2000 年 7 月 1 日	2023 年 6 月 30 日	12.10		1198.00	130.00
秀个线	G326	秀山县城	红岩坎	1	涌图站	公路	秀山交通局	2002 年 12 月 31 日	2006 年 12 月 30 日	32.00		920.00	127.00
渝巫路	S102	土桥	沙坪	1	凉风垭站	公路	垫江交通局	1997 年 7 月 15 日	2010 年 7 月 14 日	39.00		8275.00	758.00
渝巫路	S102	土桥	沙坪	1	石岭站	公路	垫江交通局	1997 年 7 月 15 日	2010 年 7 月 14 日				
渝巫路	S102	寒岭	七桥	1	屏锦站	公路	梁平交通局	1995 年 4 月 1 日	2009 年 12 月 31 日	20.00		4235.00	310.00
渝巫路	S102	长龙村	联盟桥	1	明达站	公路	梁平交通局	1998 年 9 月 1 日	2007 年 8 月 31 日	27.50		5495.00	525.00
渝巫路	S102	巫山坎	温泉	1	巫山站	公路	开县交通局	1998 年 6 月 1	2010 年 12 月 31 日	90.10		14500.00	1371.00
渝巫路	S102	巫山坎	温泉	1	铁桥站	公路	开县交通局	1998 年 6 月 1 日	2010 年 12 月 31 日				
渝巫路	S102	巫山坎	温泉	1	安康站	公路	开县交通局	1998 年 6 月 1 日	2010 年 12 月 31 日				
渝巫路	S102	巫山坎	温泉	1	津关站	公路	开县交通局	1998 年 6 月 1 日	2010 年 12 月 31 日				
渝巫路	S102	江口	沙沱段	1	柿枰站	公路	云阳交通局	2002 年 9 月 10	2006 年 9 月 9 日	23.00		1345.00	120.00
渝巫路	S102	尖山	巫溪	1	尖山站	公路	巫溪交通局	1999 年 1 月 1 日	2017 年 12 月 31 日	86.00		6126.80	255.60

续前表

路线名称	路线编号	起点名称	止点名称	收费站点数（个）	站名	收费站类型	管理或经营单位	收费期限		收费里程（公里）	桥、隧长（延米）	投资金额（万元）	年收费额（万元）
								开始日期	结束日期				
渝巫路	S102	尖山	巫溪	1	文峰站	公路	巫溪交通局	1999 年 1 月 1 日	2017 年 12 月 31 日				
渝巴路	S103	涪陵	蔺市	1	蔺市站	公路	涪陵交委	2001 年 5 月 1 日	2005 年 8 月 31 日	24.00		8500.00	81.00
渝巴路	S103	涪陵	蔺市	1	沙溪河站	公路	涪陵交委	2001 年 5 月 1 日	2005 年 8 月 31 日				
渝巴路	S103	江东	龙驹	1	江东站	公路	涪陵交委	1998 年 7 月 1 日	2022 年 6 月 30 日	35.50		10527.00	679.00
渝巴路	S103	江东	龙驹	1	龙驹站（共用）	公路	涪陵交委	1998 年 7 月 1 日	2022 年 6 月 30 日				384.00
渝巴路	S103	龙驹	王家渡	1	三合站	公路	丰都交委	1996 年 3 月 1 日	2008 年 12 月 31 日	24.00		1456.00	341.00
渝巴路	S103	丰都长江大桥	丰都长江大桥	1	长江大桥站	桥梁	丰都交委	1997 年 1 月 20 日	2013 年 1 月 19 日		620.00	8632.70	410.00
渝巴路	S103	羊马场	崩塘坎	1	郭村站	公路	万州路桥处	2000 年 4 月 1 日	2010 年 3 月 31 日	39.00		12417.00	340.80
渝巴路	S103	羊马场	崩塘坎	1	长地坪站	公路	万州路桥处	2000 年 4 月 1 日	2010 年 3 月 31 日				
渝巴路	S103	巫山县城	刘家垭	1	柳家淌站	公路	巫山交通局	1998 年 4 月 1 日	2023 年 3 月 31 日				
渝巴路	S103	巫山县城	刘家垭	1	骡坪站	公路	巫山交通局	1998 年 4 月 1 日	2023 年 3 月 31 日	53.00		8129.00	187.00
渝东路	S107	走马	江津	1	九袁（支线卡）	公路	江津交通局	1999 年 10 月 20 日	2019 年 10 月 19 日				

续前表

路线名称	路线编号	起点名称	止点名称	收费站点数（个）	站名	收费站类型	管理或经营单位	收费期限		收费里程（公里）	桥、隧长（延米）	投资金额（万元）	年收费额（万元）
								开始日期	结束日期				
渝东路	S107	走马	江津	1	享堂站	公路	江津交通局	1999 年 10 月 20 日	2019 年 10 月 19 日	21.20		24900.00	2051.00
渝东路	S107	江津	李市	1	杨家店站	公路	江津交通局	1998 年 8 月 1 日	2019 年 7 月 31 日	28.00		8540.00	800.00
巫恩路	S201	鸡心岭	巫溪	1	徐家站	公路	巫溪交通局	2000 年 8 月 10 日	2010 年 8 月 9 日	63.00		6310.10	236.50
巫恩路	S201	鸡心岭	巫溪	1	北门站	公路	巫溪交通局	2000 年 8 月 10 日	2010 年 8 月 9 日				
巫恩路	S201	巫溪	红岩	1	墨斗站（共用）	公路	巫溪交通局	1997 年 9 月 1 日	2009 年 8 月 31 日	43.00		2455.00	108.80
巫恩路	S201	巫溪	红岩	1	红岩站	公路	巫溪交通局	1997 年 9 月 1 日	2009 年 8 月 31 日				
巫恩路	S201	潭子口	奉节县城	1	曲龙站	公路	奉节交通局	2000 年 1 月 1 日	2022 年 12 月 31 日	50.00		4655.00	130.70
巫恩路	S201	潭子口	奉节县城	1	凉亭站	公路	奉节交通局	2000 年 1 月 1 日	2022 年 12 月 31 日				
巫恩路	S201	李家坝	三角坝	1	李家坝站	公路	奉节交通局	2000 年 1 月 1 日	2024 年 12 月 31 日	86.00		9504.00	54.00
巫恩路	S201	李家坝	三角坝	1	莲花塘（支线站）	公路	奉节交通局	2000 年 1 月 1 日	2024 年 12 月 31 日				23.50
巫恩路	S201	李家坝	三角坝	1	三角坝站	公路	奉节交通局	2000 年 1 月 1 日	2024 年 12 月 31 日				36.00
城黔路	S202	县城	南家坪	1	歇脚坡站	公路	城口交通局	1999 年 9 月 9 日	2018 年 9 月 8 日	40.00		3517.60	390.00

续前表

路线名称	路线编号	起点名称	止点名称	收费站点数（个）	站名	收费站类型	管理或经营单位	收费期限		收费里程（公里）	桥、隧长（延米）	投资金额（万元）	年收费额（万元）
								开始日期	结束日期				
城黔路	S202	县城	南家坪	1	木瓜口站	公路	城口交通局	1999年9月9日	2018年9月8日				210.00
城黔路	S202	大进	温泉	1	和谦站	公路	开县交通局	2000年4月5日	2016年6月30日	24.70		2970.50	176.00
城黔路	S202	汉丰	兼山	1	中原站	公路	开县交通局	1998年12月1日	2011年11月30日	55.80		6980.00	575.00
城黔路	S202	汉丰	兼山	1	高桥站	公路	开县交通局	1998年12月1日	2011年11月30				
城黔路	S202	汉丰	兼山	1	兼山（支线站）	公路	开县交通局	1998年12月1日	2011年11月30日				
城黔路	S202	万州接官厅	大垭口隧道	1	大垭口隧道收费站	公路	万州路桥处	2000年1月1日	2023年12月31日	20.10		13252.00	701.20
城黔路	S202	新店子	陶关桥	1	柏家站	公路	梁平交通局	1998年9月1日	2015年8月31日	23.20		2536.00	133.00
城黔路	S202	马嘶口	册山	1	册山站	公路	黔江交通局	1997年7月1日	2014年12月31日	31.00		5484.00	
城黔路	S202	黔江	石门坎	1	杉木垭站	公路	黔江交通局	1997年7月1日	2008年12月31日	22.00		2120.00	292.00
石雷路	S303	汤家院子	水江	1	汤家院子站	公路	涪陵交委	2002年2月1日	2014年12月31日	78.00		6836.00	508.00
石雷路	S303	汤家院子	水江	1	平桥站	公路	涪陵交委	2002年2月1日	2014年12月31日				408.00
松彭路	S304	钟多	龚滩	1	新桥站	公路	酉阳交通局	2004年6月15日	2006年6月14日	66.40		29320.00	140.00

续前表

路线名称	路线编号	起点名称	止点名称	收费站点数（个）	站名	收费站类型	管理或经营单位	收费期限		收费里程（公里）	桥、隧长（延米）	投资金额（万元）	年收费额（万元）
								开始日期	结束日期				
松彭路	S304	钟多	龚滩	1	两罾站	公路	酉阳交通局	2004年6月15日	2006年6月14日				
通秀路	S901	月亮淌	福田	1	福田站	公路	巫山交通局	2004年7月15日	2006年7月14日	38.00		6771.00	5.70
巫杜路	X003	巫山长江大桥	巫山长江大桥	1	巫山长江大桥站	桥梁	巫山交通局	2005年10月18日	2007年10月17日		612.00	19600.00	
巫杜路	X003	南陵	林家沟	1	合田站	公路	巫山交通局	2003年2月28日	2006年2月26日	20.50		4227.00	114.00
溪奉路	X010	竹园	两河口	1	龙池站	公路	奉节交通局	2002年6月25日	2005年6月24日	49.00		6201.00	226.00
岩草路	X016	奉节	白水池	1	汾河站	公路	奉节交通局	2002年4月18日	2020年4月17日	27.00		1937.00	43.50
白竹路	Y402	白水池	汾河			公路	奉节交通局	2002年4月18日	2020年4月17日	3.51			
奉利路	X019	长凼	铁甲			公路	奉节交通局	2003年12月15日	2006年6月14日	7.22			
铁高路	X543	长凼	甲高	1	铁甲站	公路	奉节交通局	2003年12月15日	2006年6月14日	39.80		12200.00	69.00
铁高路	X543	长凼	甲高	1	甲高站	公路	奉节交通局	2003年12月15日	2006年6月14日				8.60
奉利路	X019	铁甲	吐祥	1	吐祥站	公路	奉节交通局	2003年12月15日	2006年6月14日	59.00			32.00
城溪路	X025	县城	高观	1	茅坪	公路	城口交通局	2003年3月5日	2006年3月4日	41.80		4950.00	120.00

续前表

路线名称	路线编号	起点名称	止点名称	收费站点数（个）	站名	收费站类型	管理或经营单位	收费期限		收费里程（公里）	桥、隧长（延米）	投资金额（万元）	年收费额（万元）
								开始日期	结束日期				
开梁路	X038	梁平复平	梁平县城			公路	梁平交通局	2001 年 8 月 1 日	2025 年 7 月 31 日	22.40			
梁垫路	X121	梁平	垫江普顺	1	千明站	公路	梁平交通局	2001 年 8 月 1 日	2025 年 7 月 31 日	27.80		25225.00	972.00
云利路	X045	江口	云阳	1	江口站	公路	云阳交通局	1998 年 7 月 1 日	2011 年 6 月 30 日	43.50		4692.00	160.00
云利路	X045	江口	云阳	1	水市站（支线卡）	公路	云阳交通局	1998 年 7 月 1 日	2011 年 6 月 30 日				187.00
武仙路	X154	武隆	仙女山	1	杨叉岭站	公路	武隆交委	2001 年 2 月 28 日	2025 年 2 月 27 日	33.10		7680.00	154.00
涪垫路	X168	县城	涪陵	1	黄沙站	公路	垫江交通局	2000 年 12 月 1 日	2015 年 11 月 30 日	48.00		4686.90	524.00
涪垫路	X168	县城	涪陵	1	坪山站	公路	垫江交通局	2000 年 12 月 1 日	2015 年 11 月 30 日				
坪澄路	X576	坪山	澄溪	1	澄溪	公路	垫江交通局	2000 年 12 月 1 日	2015 年 11 月 30 日	31.00			
涪垫路	X168	涪陵	垫江	1	杨柳站	公路	涪陵交委	2004 年 4 月 1 日	2006 年 9 月 31 日	37.80		5795.10	111.00
东山路	X429	旅游专线	旅游专线	1	箕山站	公路	永川交通局	2000 年 4 月 25 日	2025 年 4 月 24 日	33.60		2420.00	
代松路	X431	圣水	何埂			公路	永川交通局	2004 年 6 月 15 日	2006 年 6 月 14 日	10.80			
五朱路	X434	五间	望川	1	新民站	公路	永川交通局	2004 年 6 月 15 日	2006 年 6 月 14 日	23.20		9195.00	168.00

续前表

路线名称	路线编号	起点名称	止点名称	收费站点数（个）	站名	收费站类型	管理或经营单位	收费期限		收费里程（公里）	桥、隧长（延米）	投资金额（万元）	年收费额（万元）
								开始日期	结束日期				
五朱路	X434	五间	望川	1	四望站	公路	永川交通局	2004年6月15日	2006年6月14日				
郭正路	X509	郭家	正坝	1	长远站	公路	开县交通局	2002年9月10日	2005年9月9日	25.00		3738.00	125.00
广盘路	X811	公铁立交	公铁立交	1	立交桥收费站	桥梁	荣昌交通局	1995年12月15日	2005年12月14日		805.00	190.00	15.00
南石路	X853	南桐支路	关坝	1	轮子坡站	公路	万盛交通局	2001年1月1日	2023年12月31日	21.00		3493.00	323.00
南石路	X853	南桐支路	关坝	1	青年（支线站）	公路	万盛交通局	2001年1月1日	2023年12月31日				
大峰路	XA25	大涧口	宝峰	1	大涧口站	公路	永川交通局	2005年6月15日	2007年6月14日	22.00		8100.00	138.00
大峰路	XA25	大涧口	宝峰	1	宝峰站	公路	永川交通局	2005年6月15日	2007年6月14日				

表 3－37

2005 年重庆市经营型收费公路表

路线名称	路线编号	起点名称	止点名称	收费站点数（个）	站名	管理或经营单位	批准收费		收费里程（公里）	桥、隧长（延米）	投资金额（万元）	年收费额（万元）
							开始日期	结束日期				
渝黔路	G050	童家院子	綦江雷神店	1	童家院子	高发司	2001 年 10 月 1 日	2006 年 5 月 31 日	85.06		382000	11850
渝黔路	G050	童家院子	綦江雷神店	1	五童路	高发司	2001 年 10 月 1 日	2006 年 5 月 31 日				
渝黔路	G050	童家院子	綦江雷神店	1	虾子蝙	高发司	2001 年 10 月 1 日	2006 年 5 月 31 日				
渝黔路	G050	童家院子	綦江雷神店	1	黄桷湾	高发司	2001 年 10 月 1 日	2006 年 5 月 31 日				
渝黔路	G050	童家院子	綦江雷神店	1	南坪	高发司	2001 年 10 月 1 日	2006 年 5 月 31 日				
渝黔路	G050	童家院子	綦江雷神店	1	茶园	高发司	2001 年 10 月 1 日	2006 年 5 月 31 日				
渝黔路	G050	童家院子	綦江雷神店	1	南泉	高发司	2001 年 10 月 1 日	2006 年 5 月 31 日				
渝黔路	G050	童家院子	綦江雷神店	1	界石	高发司	2001 年 10 月 1 日	2006 年 5 月 31 日				
渝黔路	G050	童家院子	綦江雷神店	1	一品	高发司	2001 年 10 月 1 日	2006 年 5 月 31 日				
渝黔路	G050	童家院子	綦江雷神店	1	綦江	高发司	2001 年 10 月 1 日	2006 年 5 月 31 日				
渝黔路	G050	童家院子	綦江雷神店	1	雷神店	高发司	2001 年 10 月 1 日	2006 年 5 月 31 日				
渝黔路	G050	綦江雷神店	綦江崇溪河	1	东溪	高发司	2004 年 12 月 29 日	2006 年 12 月 28 日				
渝黔路	G050	綦江雷神店	綦江崇溪河	1	安稳	高发司	2004 年 12 月 29 日	2006 年 12 月 28 日				
渝黔路	G050	綦江雷神店	綦江崇溪河	1	崇溪河	高发司	2004 年 12 月 29 日	2006 年 12 月 28 日	48.18		271480	3212
上界路	G050A	上桥	界石	1	肖家湾	高发司	2002 年 1 月 1 日	2006 年 5 月 31 日	22.41		170749	2115
上界路	G050A	上桥	界石	1	华岩	高发司	2002 年 1 月 1 日	2006 年 5 月 31 日				
上界路	G050A	上桥	界石	1	马桑溪	高发司	2002 年 1 月 1 日	2006 年 5 月 31 日				
上界路	G050A	上桥	界石	1	袁家湾	高发司	2002 年 1 月 1 日	2006 年 5 月 31 日				
上界路	G050A	上桥	界石	1	大山村	高发司	2002 年 1 月 1 日	2006 年 5 月 31 日				
上界路	G050A	上桥	界石	1	界石站	高发司	2002 年 1 月 1 日	2006 年 5 月 31 日				
沪蓉线	G055	万州	桃花街	1	万州站	高发司	2003 年 12 月 26 日	2005 年 12 月 25 日	181.43		551132	19143
沪蓉线	G055	万州	桃花街	1	分水站	高发司	2003 年 12 月 26 日	2005 年 12 月 25 日				

续前表

路线名称	路线编号	起点名称	止点名称	收费站点数（个）	站名	管理或经营单位	批准收费		收费里程（公里）	桥、隧长（延米）	投资金额（万元）	年收费额（万元）
							开始日期	结束日期				
沪蓉线	G055	万州	桃花街	1	孙家站	高发司	2003年12月26日	2005年12月25日				
沪蓉线	G055	万州	桃花街	1	梁平站	高发司	2003年12月26日	2005年12月25日				
沪蓉线	G055	万州	桃花街	1	云龙	高发司	2003年12月26日	2005年12月25日				
沪蓉线	G055	万州	桃花街	1	周嘉	高发司	2003年12月26日	2005年12月25日				
沪蓉线	G055	万州	桃花街	1	垫江	高发司	2003年12月26日	2005年12月25日				
沪蓉线	G055	万州	桃花街	1	澄溪	高发司	2003年12月26日	2005年12月25日				
沪蓉线	G055	万州	桃花街	1	云台站	高发司	2003年12月26日	2005年12月25日				
沪蓉线	G055	万州	桃花街	1	合兴	高发司	2003年12月26日	2005年12月25日				
沪蓉线	G055	万州	桃花街	1	长寿	高发司	2003年12月26日	2005年12月25日				
沪蓉线	G055	长寿	重庆	1	长寿	渝涪公司	2000年4月28日	2033年4月27日	85.63		483000	40012
沪蓉线	G055	长寿	重庆	1	晏家	渝涪公司	2000年4月28日	2033年4月27日				
沪蓉线	G055	长寿	重庆	1	洛碛	渝涪公司	2000年4月28日	2033年4月27日				
沪蓉线	G055	长寿	重庆	1	复盛	渝涪公司	2000年4月28日	2033年4月27日				
沪蓉线	G055	长寿	重庆	1	鱼嘴	渝涪公司	2000年4月28日	2033年4月27日				
沪蓉线	G055	长寿	重庆	1	唐家沱	渝涪公司	2000年4月28日	2033年4月27日				
沪蓉线	G055	长寿	重庆	1	童家院子	渝涪公司	2000年4月28日	2033年4月27日				
沪蓉线	G055	长寿	重庆	1	人和	渝涪公司	2000年4月28日	2033年4月27日				
沪蓉线	G055	长寿	重庆	1	石马河	渝涪公司	2000年4月28日	2033年4月27日				
沪蓉线	G055	长寿	重庆	1	杨公桥	渝涪公司	2000年4月28日	2033年4月27日				
沪蓉线	G055	重庆	桑家坡	1	重庆	成渝公司	1994年4月28日	2006年5月31日	110.20		184000	55656
沪蓉线	G055	重庆	桑家坡	1	白市驿	成渝公司	1994年4月28日	2006年5月31日				
沪蓉线	G055	重庆	桑家坡	1	走马	成渝公司	1994年4月28日	2006年5月31日				

续前表

路线名称	路线编号	起点名称	止点名称	收费站点数（个）	站名	管理或经营单位	批准收费		收费里程（公里）	桥、隧长（延米）	投资金额（万元）	年收费额（万元）
							开始日期	结束日期				
沪蓉线	G055	重庆	桑家坡	1	青杠	成渝公司	1994年4月28日	2006年5月31日				
沪蓉线	G055	重庆	桑家坡	1	丁家	成渝公司	1994年4月28日	2006年5月31日				
沪蓉线	G055	重庆	桑家坡	1	大安	成渝公司	1994年4月28日	2006年5月31日				
沪蓉线	G055	重庆	桑家坡	1	永川	成渝公司	1994年4月28日	2006年5月31日				
沪蓉线	G055	重庆	桑家坡	1	邮亭	成渝公司	1994年4月28日	2006年5月31日				
沪蓉线	G055	重庆	桑家坡	1	荣昌	成渝公司	1994年4月28日	2006年5月31日				
沪蓉线	G055	重庆	桑家坡	1	荣隆	成渝公司	1994年4月28日	2006年5月31日				
沪蓉线	G055	重庆	桑家坡	1	桑家坡	成渝公司	1994年4月28日	2006年5月31日				
沪蓉线支线	G055B	陈家坪	上桥			成渝公司	1994年4月28日	2006年5月31日	4			
包南线	G210	江巴桥	北渡桥	1	新场站	捷津公司	1999年10月18日	2024年10月17日				
包南线	G210	江巴桥	北渡桥	1	广兴站	捷津公司	1999年10月18日	2024年10月17日	28.50		10028	453
包南线	G210	綦江	珠滩	1	綦江站	高投司	2004年12月14日	2029年12月13日	20.50		9500	159.80
兰渝路	G212	兴山	合阳	1	钱塘站	高发司	2005年12月26日	2007年12月25日	33.88			
兰渝路	G212	兴山	合阳	1	云门站	高发司	2005年12月26日	2007年12月25日				
兰渝路	G212	兴山	合阳	1	合阳站	高发司	2005年12月26日	2007年12月25日				
渝合路	G212	余家湾	合川	1	余家湾	高发司	2002年6月28日	2006年5月31日	58.72		311045	12131
渝合路	G212	余家湾	合川	1	三溪口	高发司	2002年6月28日	2006年5月31日				
渝合路	G212	余家湾	合川	1	北碚	高发司	2002年6月28日	2006年5月31日				
渝合路	G212	余家湾	合川	1	东阳站	高发司	2002年6月28日	2006年5月31日				
渝合路	G212	余家湾	合川	1	盐井	高发司	2002年6月28日	2006年5月31日				
渝合路	G212	余家湾	合川	1	合川	高发司	2002年6月28日	2006年5月31日				
厦成线	G319	秀山县城	妙泉	1	官井站	高投司	2005年11月5日	2030年11月4日	40		9915	235.80

续前表

路线名称	路线编号	起点名称	止点名称	收费站点数（个）	站名	管理或经营单位	批准收费		收费里程（公里）	桥、隧长（延米）	投资金额（万元）	年收费额（万元）
							开始日期	结束日期				
厦成线	G319	秀山界	彭水县城	1	钟南站	高投司	2004 年 2 月 1 日	2029 年 1 月 31 日	217.60		218263	393.60
厦成线	G319	秀山界	彭水县城	1	小坝站	高投司	2004 年 2 月 1 日	2029 年 1 月 31 日				338
厦成线	G319	秀山界	彭水县城	1	沿溪沟站	高投司	2004 年 2 月 1 日	2029 年 1 月 31 日				518.20
厦成线	G319	秀山界	彭水县城	1	黔江站	高投司	2004 年 2 月 1 日	2029 年 1 月 31 日				498.30
厦成线	G319	秀山界	彭水县城	1	杨柳站	高投司	2004 年 2 月 1 日	2029 年 1 月 31 日				670.10
厦成线	G319	彭水县城	武隆界	1	银都站	高投司	2005 年 8 月 3 日	2030 年 8 月 2 日	28.40		11590	
厦成线	G319	彭水县城	武隆界	1	高谷站	高投司	2005 年 8 月 3 日	2030 年 8 月 2 日				
厦成线	G319	共和	大溪河	1	江口站	高投司	2004 年 6 月 30 日	2029 年 6 月 29 日	83.41		21694	684
厦成线	G319	共和	大溪河	1	峡门口站	高投司	2004 年 6 月 30 日	2029 年 6 月 29 日				1201
厦成线	G319	共和	大溪河	1	白马（支线站）	高投司	2004 年 6 月 30 日	2029 年 6 月 29 日				259.70
厦成线	G319	共和	大溪河	1	大溪河站	高投司	2004 年 6 月 30 日	2029 年 6 月 29 日				1190
厦成线	G319	大溪河	乌江大桥	1	桥头站	高投司	1997 年 7 月 1 日	2012 年 12 月 31 日	34.50		3998	1663
厦成线	G319	涪陵	长寿	1	涪陵	渝涪公司	2000 年 12 月 28 日	2033 年 12 月 27 日	33.37			
厦成线	G319	涪陵	长寿	1	李渡	渝涪公司	2000 年 12 月 28 日	2033 年 12 月 27 日				
厦成线	G319	涪陵	长寿	1	但渡	渝涪公司	2000 年 12 月 28 日	2033 年 12 月 27 日				
厦成线	G319	涪陵	长寿	1	长寿	渝涪公司	2000 年 12 月 28 日	2033 年 12 月 27 日				
厦成线	G319	福里树	塘坝	1	福里树站	高投司	2003 年 8 月 1 日	2028 年 7 月 31 日	93.77		33961	890.10
厦成线	G319	福里树	塘坝	1	大路（支线卡）	高投司	2003 年 8 月 1 日	2028 年 7 月 31 日				
厦成线	G319	福里树	塘坝	1	西泉站	高投司	2003 年 8 月 1 日	2028 年 7 月 31 日				1202
厦成线	G319	福里树	塘坝	1	石鱼（支线卡）	高投司	2003 年 8 月 1 日	2028 年 7 月 31 日				
厦成线	G319	福里树	塘坝	1	西门站	高投司	2003 年 8 月 1 日	2028 年 7 月 31 日				626.30
厦成线	G319	福里树	塘坝	1	安居（支线卡）	高投司	2003 年 8 月 1 日	2028 年 7 月 31 日				66.93

续前表

路线名称	路线编号	起点名称	止点名称	收费站点数（个）	站名	管理或经营单位	批准收费		收费里程（公里）	桥、隧长（延米）	投资金额（万元）	年收费额（万元）
							开始日期	结束日期				
厦成线	G319	福里树	塘坝	1	刘家坝站	高没司	2003 年 8 月 1 日	2028 年 7 月 31 日				898. 30
渝邻路	S101	黑石子	草坝场	1	黑石子	高发司	2004 年 7 月 15 日	2006 年 7 月 14 日				
渝邻路	S101	黑石子	草坝场	1	沙坪	高发司	2004 年 7 月 15 日	2006 年 7 月 14 日				
渝邻路	S101	黑石子	草坝场	1	王家	高发司	2004 年 7 月 15 日	2006 年 7 月 14 日				
渝邻路	S101	黑石子	草坝场	1	草坪	高发司	2004 年 7 月 15 日	2006 年 7 月 14 日				
渝邻路	S101	黑石子	草坝场	1	大湾	高发司	2004 年 7 月 15 日	2006 年 7 月 14 日				
渝邻路	S101	黑石子	草坝场	1	草坝场	高发司	2004 年 7 月 15 日	2006 年 7 月 14 日	53. 11		149735	6031
渝巫路	S102	沙溪	澄溪	1	梓潼站	长寿公路公司	1999 年 8 月 18 日	2018 年 8 月 17 日	60		9581	700
渝巫路	S102	沙溪	澄溪	1	石堰站	长寿公路公司	1999 年 8 月 18 日	2018 年 8 月 17 日				
渝巫路	S102	沙溪	澄溪	1	土桥站	长寿公路公司	1999 年 8 月 18 日	2018 年 8 月 17 日				
渝巴路	S103	丰都	忠县县城	1	谭家嘴站	高投司	2004 年 4 月 12 日	2006 年 4 月 14 日	66		20000	116. 80
渝巴路	S103	丰都	忠县县城	1	忠县站	高投司	2004 年 4 月 15 日	2006 年 4 月 14 日			9000	246. 90
渝巴路	S103	三元	羊马场	1	三元站	高投司	2004 年 10 月 21 日	2029 年 10 月 20 日	23. 78		3050. 80	119. 30
渝巴路	S103	万州	巫山县城	1	董家站	高投司	2004 年 5 月 20 日	2029 年 5 月 19 日	271		89068	355. 80
渝巴路	S103	万州	巫山县城	1	云阳站	高投司	2004 年 5 月 20 日	2029 年 5 月 19 日				355
渝巴路	S103	万州	巫山县城	1	万福站	高投司	2004 年 5 月 20 日	2029 年 5 月 19 日				668. 50
渝巴路	S103	万州	巫山县城	1	南溪站	高投司	2004 年 5 月 20 日	2029 年 5 月 19 日				147. 10
渝巴路	S103	万州	巫山县城	1	两河口站	高投司	2004 年 5 月 20 日	2029 年 5 月 19 日				148. 80
渝巴路	S103	万州	巫山县城	1	五里碑站	高投司	2004 年 5 月 20 日	2029 年 5 月 19 日				249. 70
渝巴路	S103	万州	巫山县城	1	石马站	高投司	2004 年 5 月 20 日	2029 年 5 月 19 日				
渝巴路	S103	万州	巫山县城	1	巫山站	高投司	2004 年 5 月 20 日	2029 年 5 月 19 日				116. 30
渝道路	S104	神童	南平	1	车阳站	南川交发公司	2000 年 7 月 15 日	2028 年 7 月 14 日	20. 03		4160	307. 30

续前表

路线名称	路线编号	起点名称	止点名称	收费站点数（个）	站名	管理或经营单位	批准收费		收费里程（公里）	桥、隧长（延米）	投资金额（万元）	年收费额（万元）
							开始日期	结束日期				
渝道路	S104	大铺子	杨柳咀	1	火炬站	南川路桥公司	2001 年 1 月 16 日	2008 年 6 月 30 日	22		4722	213
渝合路	S106	珞璜	杨家店	1	珞璜站	江津博达公司	2000 年 10 月 26 日	2028 年 4 月 17 日	31.40		8000	891
渝合路	S106	珞璜	杨家店	1	仁沱（支线站）	江津博达公司	2000 年 10 月 26 日	2028 年 4 月 17 日				
渝合路	S106	李市	白沙	1	龙门（支线卡）	江津大昌公司	2000 年 3 月 20 日	2024 年 3 月 19 日				
渝合路	S106	李市	白沙	1	慈云站	江津大昌公司	2000 年 3 月 20 日	2024 年 3 月 19 日	23		5816	357
渝合路	S106	李市	白沙	1	杨家湾站	江津大昌公司	2000 年 3 月 20 日	2024 年 3 月 19 日				
渝东路	S107	江津长江大桥	江津长江大桥	1	大桥收费站	江津津发公司	1998 年 12 月 20 日	2017 年 12 月 19 日		1360	27000	2776
渝东路	S107	李市	付家	1	李市站	江津博达公司	2000 年 5 月 15 日	2028 年 5 月 14 日	46		11500	490
渝东路	S107	李市	付家	1	坝上站	江津博达公司	2000 年 5 月 15 日	2028 年 5 月 14 日				
渝隆路	S108	璧山	青杠	1	青杠站	高投司	2003 年 8 月 13 日	2028 年 8 月 12 日	37.97		15580	1644
渝隆路	S108	施济桥	施济桥	1	施济桥站	重庆正日公司	1999 年 1 月 1 日	2023 年 12 月 31 日		303	8023	1300
渝南路	S110	合川合阳	合川合隆	1	七间站	重庆合隆公司	1999 年 4 月 18 日	2025 年 4 月 17 日	44.13		19010	1434
渝南路	S110	合川合阳	合川合隆	1	合阳站	重庆合隆公司	1999 年 4 月 18 日	2025 年 4 月 17 日				
渝南路	S110	涪江二桥	涪江二桥	1	大桥收费站	重庆交投公司	1997 年 8 月 1 日	2013 年 7 月 31 日		545	6154	1618
渝南路	S110	合川	北碚界	1	东津沱站	重庆润泰公司	2001 年 12 月 17 日	2024 年 12 月 16 日	21.70		4883.80	620
城黔路	S202	梁平	忠县	1	黄金站	高投司	2004 年 10 月 21 日	2029 年 10 月 20 日	33.60		15456	237.70
城黔路	S202	大歇	石柱县城	1	高岗院站	高投司	2003 年 7 月 29 日	2028 年 7 月 28 日	10		9035.40	289.10
石西路	X109	石柱	西沱	1	里上站	高投司	2003 年 7 月 29 日	2028 年 7 月 28 日	33.60			115.70
石万路	X111	大歇	鱼池	1	鱼池	高投司	2003 年 7 月 29 日	2028 年 7 月 28 日	44.40			165.30
城黔路	S202	石柱	马武坝场口	1	双庆站	高投司	2005 年 9 月 28 日	2030 年 9 月 27 日	46		5400	
城黔路	S202	石柱	马武场坝口	1	大坝场站	高投司	2005 年 9 月 28 日	2030 年 9 月 27 日				
垫道路	S203	社坛	新城大桥	1	社坛站	高投司	2001 年 5 月 20 日	2006 年 7 月 17 日	30		5000	102.80

续前表

路线名称	路线编号	起点名称	止点名称	收费站点数（个）	站名	管理或经营单位	批准收费		收费里程（公里）	桥、隧长（延米）	投资金额（万元）	年收费额（万元）
							开始日期	结束日期				
垫道路	S203	社坛	新城大桥	1	东升站	高投司	2001 年 5 月 20 日	2006 年 7 月 17 日				135.40
广铜路	S204	四川界	大田坎	1	陈天坪站	合川仪北公司	2000 年 3 月 7 日	2025 年 3 月 6 日	28.63			
广铜路	S204	四川界	大田坎	1	三汇	合川仪北公司	2000 年 3 月 7 日	2025 年 3 月 6 日				
广铜路	S204	四川界	大田坎	1	杨柳坝	合川仪北公司	2000 年 3 月 7 日	2025 年 3 月 6 日				
广铜路	S204	四川界	大田坎	1	大田坎站	合川仪北公司	2000 年 3 月 7 日	2025 年 3 月 6 日			7208	621
潼泸路	S205	老关嘴	塘坝	1	双江站	高投司	2003 年 5 月 15 日	2028 年 5 月 14 日	39.75		8006	364.30
潼泸路	S205	老关嘴	塘坝	1	太安	高投司	2003 年 5 月 15 日	2028 年 5 月 14 日				766.40
潼泸路	S205	塘坝	大足县城	1	卧佛站	高投司	2005 年 9 月 16 日	2030 年 9 月 15 日	50		30280	7.36
潼泸路	S205	塘坝	大足县城	1	龙岗站	高投司	2003 年 12 月 26 日	2028 年 12 月 25 日				261.90
龙中路	X407	中敖	安岳	1	高平站	高投司	2003 年 12 月 26 日	2028 年 12 月 25 日	11			2.85
潼泸路	S205	大足	双桥	1	大足站	高投司	2004 年 4 月 30 日	2029 年 4 月 29 日	30.30		24800	877.30
潼泸路	S205	大足	双桥	1	双桥站	高投司	2004 年 4 月 30 日	2029 年 4 月 29 日				867.80
潼泸路	S205	永川	泸州界	1	永师站	高投司	2004 年 6 月 4 日	2029 年 6 月 3 日	36		50900	922.40
潼泸路	S205	永川	泸州界	1	吉安站	高投司	2004 年 6 月 4 日	2029 年 6 月 3 日				406.60
石垫路	S302	鱼泉口	峡口	1	黄水站	高投司	2003 年 7 月 29 日	2028 年 7 月 28 日	50		4451	251.30
石垫路	S302	鱼池	沿溪	1	赶家桥站	高投司	2003 年 7 月 29 日	2028 年 7 月 28 日	36.07		4800	124
石垫路	S302	忠县长江大桥	忠县长江大桥	1	长江大桥站	高投司	2004 年 9 月 28 日	2029 年 9 月 27 日		1200	24600	299
石垫路	S302	复兴	仁和	1	中州站	高投司	2004 年 10 月 21 日	2029 年 10 月 20 日	86.17		7760	269.50
石垫路	S302	复兴	仁和	1	巴云站	高投司	2004 年 10 月 21 日	2029 年 10 月 20 日				219.80
石垫路	S302	复兴	仁和	1	新立站	高投司	2004 年 10 月 21 日	2029 年 10 月 20 日				118.10
石垫路	S302	杠家	澄溪	1	杠家站	高投司	2004 年 10 月 21 日	2029 年 5 月 26 日	33.30		5651	171.70
石垫路	S302	杠家	澄溪	1	卧龙站	高投司	2004 年 5 月 27 日	2029 年 5 月 26 日				114.30

续前表

路线名称	路线编号	起点名称	止点名称	收费站点数（个）	站名	管理或经营单位	批准收费		收费里程（公里）	桥、隧长（延米）	投资金额（万元）	年收费额（万元）
							开始日期	结束日期				
石雷路	S303	石柱县城	丰都县城	1	银子洞站	高投司	2003 年 8 月 19 日	2028 年 8 月 18 日	66. 50		25699	294. 30
石雷路	S303	石柱县城	丰都县城	1	余家坡站	高投司	2003 年 8 月 19 日	2028 年 8 月 18 日				174. 60
石雷路	S303	石柱县城	丰都县城	1	龙河东站	高投司	2003 年 8 月 19 日	2028 年 8 月 18 日				244. 50
石雷路	S303	水江	南平	1	水溪站	重庆元隆公司	1999 年 2 月 1 日	2017 年 1 月 31 日	46		6305	997. 30
石雷路	S303	水江	南平	1	东胜站	重庆元隆公司	1999 年 2 月 1 日	2017 年 1 月 31 日				
石雷路	S303	水江	南平	1	马鞍山(支线站)	重庆元隆公司	1999 年 2 月 1 日	2017 年 1 月 31 日				
石雷路	S303	水江	南平	1	双龙站	重庆元隆公司	1999 年 2 月 1 日	2017 年 1 月 31 日				
石雷路	S303	丛林	温塘	1	丛林站	重庆交投公司	1998 年 11 月 10 日	2017 年 11 月 9 日	26. 30		3800	350
石雷路	S303	丛林	温塘	1	温塘站	重庆交投公司	1998 年 11 月 10 日	2017 年 11 月 10 日				
石雷路	S303	麻坝河	三江	1	大桥收费站	高投司	2004 年 7 月 15 日	2029 年 7 月 14 日	20. 50		12200	233. 80
綦万路	S305	綦江	万盛	1	綦江	高投司	2004 年 9 月 15 日	2006 年 9 月 14 日				
綦万路	S305	綦江	万盛	1	通惠	高投司	2004 年 9 月 15 日	2006 年 9 月 14 日				
綦万路	S305	綦江	万盛	1	永城	高投司	2004 年 9 月 15 日	2006 年 9 月 14 日				
綦万路	S305	綦江	万盛	1	平山	高投司	2004 年 9 月 15 日	2006 年 9 月 14 日				
綦万路	S305	綦江	万盛	1	万盛	高投司	2004 年 9 月 15 日	2006 年 9 月 14 日	32. 31		98719	2055
桃大路	S905	桃花街	狮子滩	1	东新村站	长寿金利公司	1999 年 5 月 20 日	2024 年 5 月 19 日	28. 10		4558. 80	264
桃大路	S905	桃花街	狮子滩	1	狮子滩站	长寿金利公司	1999 年 5 月 20 日	2024 年 5 月 19 日				
长大路	X193	长寿	葛兰	1	渡舟站	重庆金雷公司	1999 年 1 月 7 日	2024 年 10 月 6 日	21		5625	621. 50
长邻路	X195	长寿	万顺镇	1	田坝站	重庆润泰公司	2000 年 1 月 7 日	2030 年 1 月 7 日	50. 20		8640	700
长邻路	X195	长寿	万顺镇	1	幸福站	重庆润泰公司	2000 年 1 月 8 日	2030 年 1 月 7 日				
长邻路	X195	长寿	万顺镇	1	凤凰站	重庆润泰公司	2000 年 1 月 8 日	2030 年 1 月 7 日				
南大路	X263	南川	大观	1	兴隆(支线站)	高投司	2005 年 11 月 10 日	2030 年 11 月 10 日				3. 37

续前表

路线名称	路线编号	起点名称	止点名称	收费站点数（个）	站名	管理或经营单位	批准收费		收费里程（公里）	桥、隧长（延米）	投资金额（万元）	年收费额（万元）
							开始日期	结束日期				
南大路	X263	南川	大观	1	新建	高投司	2005年11月10日	2030年11月10日	23.40		8825.70	51
大白路	X264	大观	巴南界	1	分水站	高投司	2005年11月10日	2030年11月10日	22.28			22.16
杨旧路	X357	三汇	盐井	1	黄花站	重庆润泰公司	2002年10月23日	2024年10月22日	33.17			
杨旧路	X357	三汇	盐井	1	高枧站	重庆润泰公司	2002年10月23日	2024年10月22日			6828	427
合龙路	X359	合川合阳	铜梁巴川	1	合川站	高投司	2003年8月1日	2028年7月31日	28.93		13900	491.80
合龙路	X359	合川合阳	铜梁巴川	1	北门站	高投司	2003年8月1日	2028年7月31日				669.80
石段路	X381	铜梁宜胜	铜梁高屋			高投司			1.13			
合龙路	X359	铜梁巴川	大足雍溪	1	雍溪站(共用)	高投司	2003年8月1日	2028年7月31日	13.39		5281	36.49
合龙路	X359	大足雍溪	龙水	1	龙水站	重庆润泰公司	1998年8月10日	2021年8月9日	34.75		12287	957
合武路	X361	合川	武胜	1	云门大桥站	重庆城合公司	2005年1月1日	2006年12月31日	45.70		24600	739
合武路	X361	合川	武胜	1	涞滩站	重庆城合公司	2005年1月1日	2006年12月31日				
王兴路	X365	王家店	合川兴隆	1	四方站	高投司	2003年7月7日	2028年7月6日	86.74		22754	201.90
王兴路	X365	王家店	合川兴隆	1	东风站	高投司	2005年12月26日	2030年12月25日				
王兴路	X365	王家店	合川兴隆	1	合隆站	高投司	2005年12月26日	2030年12月25日				
福八路	X372	福里树	八塘	1	保家站	高投司	2003年8月13日	2028年8月12日	25.40		2416	146.80
福八路	X372	福里树	八塘	1	八塘站	高投司	2003年8月13日	2028年8月12日				52.77
城丁路	X374	璧城	丁家	1	璧城站	高投司	2003年8月13日	2028年8月12日	32.60		2530	231.60
城丁路	X374	璧城	丁家	1	丁家站	高投司	2003年8月13日	2028年8月12日				90.24
荣泸路	X419	荣昌	泸州界	1	石河站	高投司	2004年5月27日	2029年5月26日	16.93		4611	307.80
荣泸路	X419	荣昌	泸州界	1	双河站	高投司	2004年5月27日	2029年5月26日				116.10
荣泸路	X419	荣昌	泸州界	1	胡家祠	高投司	2004年5月27日	2029年5月26日				53.14
文荣路	X420	杜家	荣昌			高投司	2004年5月27日	2029年5月26日	4.37			

续前表

路线名称	路线编号	起点名称	止点名称	收费站点数（个）	站名	管理或经营单位	批准收费		收费里程（公里）	桥、隧长（延米）	投资金额（万元）	年收费额（万元）
							开始日期	结束日期				
永铜路	X430	永川	铜梁界	1	永川站	高投司	2005年12月23日	2030年12月22日	29.10		9039.30	120
永铜路	X430	永川	铜梁界	1	西河站	高投司	2005年12月23日	2030年12月22日				24.86
永铜路	X430	永川界	铜梁石鱼	1	石鱼站	高投司	2005年10月24日	2030年10月23日	32.50		9380	700
永吉路	X433	永川	来苏	1	南大街站	重庆永峰公司	1999年8月1日	2025年7月31日	20		4762.30	328
永吉路	X433	永川	来苏	1	来苏站	重庆永峰公司	2000年10月1日	2025年9月30日				
来登路	X823	来苏	登东	1	宝峰站	重庆永峰公司	1999年8月1日	2025年9月30日	10			
石龙路	X676	石马	大足	1	石马站（共用）	重庆博达公司	2005年5月11日	2007年5月10日	12.92		3157	580
石龙路	X676	大足	三驱			高投司	2005年9月6日	2030年9月5日	9.61			
石龙路	X677	大足龙岗	荣昌代家沟	1	三驱站	高投司	2005年9月6日	2030年9月5日	19.69		13666	34.66
吴十路	Y101	荣昌吴家镇	荣昌十烈	1	吴家站	高投司	2005年9月6日	2030年9月5日	14.96			
花龙路	X678	大足龙水	永川三教	1	西湖站	重庆锦天公司	2005年12月30日	2007年12月29日	14.00		6125.60	
铜延路	X693	铜梁	双山	1	登高	高投司	2003年8月1日	2028年7月31日	24		6332	122.50
荣吴路	X810	荣昌	吴家	1	蔡家沟站	高投司	2003年8月8日	2028年8月7日	35.80		5244.20	213.70
荣吴路	X810	荣昌	吴家	1	吴家站	高投司	2003年8月8日	2028年8月7日				75.99
广盘路	X811	广顺	盘龙	1	广顺站	高投司	2004年5月27日	2029年5月26日	30.39		4112	136.90
广盘路	X811	广顺	盘龙	1	龙集站	高投司	2004年5月27日	2029年5月26日				61.32

第五章　汽车渡口管理

公路越过河流或水域时，以船渡方式衔接两岸交通的地点称之为汽车渡口。渡口是衔接陆上交通的活动桥梁，是公路不可缺少的组成部分。搞好汽车渡口的建设、养护和管理，对于确保渡运安全，延长渡口设施的使用年限以及提高渡运效益均有十分重要的意义。

重庆市内有长江、嘉陵江、乌江、涪江等大江大河穿流其中，汽车渡口在公路交通中的作用尤为重要。重庆市的汽车渡口，曾在1949年将解放军渡过长江，为重庆的解放做出了贡献。20世纪80~90年代，鱼洞渔吊渡口、李家沱李九渡口等重要渡口，车辆排着队等着过江，汽车渡口为重庆市的经济建设做出了贡献。

1986年，重庆市拥有汽车渡口13处（机动汽车渡口10处，人力汽车渡口3处，未含万县、涪陵、黔江，下同），汽车渡运90多万辆次，日渡运量2500辆次。2005年，重庆市拥有汽车渡口19处（含万州、涪陵、黔江，下同），全部为机动汽车渡口，渡运汽车13万多辆次，日渡运量357辆次。随着社会进步，经济发展，汽车渡口相继改为桥梁，特别是20世纪末至21世纪初，公路作为基础设施进入建设快车道，一座座大桥建成，一个个车渡停运。具有战略地位的汽车渡口转为战备渡口，其余渡口自行消失。

第一节　管理制度

一、交通部规定

1990年3月2日，交通部发布了《公路渡口管理规定》（以下简称《规定》），于1990年4月1日起施行。《规定》共34条，其中，对“公路渡口”的界定，是指由公路主管部门管理、连通水域两岸的公路，专门供运送机动车辆（包括同时搭载人员）的渡船停靠的人工构造物及相应设施。汽车渡口实行统一领导，分级管理。汽车渡口受国家法律保护，要合理设置。汽车渡船接受港航监督部门年检并持有合格证书。车辆和人员过渡，服从指挥。执行紧急任务的特种车有过渡优先权。运送危险品的车辆过渡，出示“危险品运输许可证”。自然灾害危及渡运安全时，公路渡口管理单位发布公告停渡。实行以渡养渡制度，经批准对过往渡口的车辆征收过渡费。过渡费票证由省级公路主管部门、税务部门统一印制、核发。

二、重庆市车渡渡运管理制度

重庆市在长期的渡运工作中，不断建立和完善管理规章制度。交通部《公路渡口管理规定》下发后，重庆市车渡管理站对原有制度进行了修订完善，重新制定并下发了《重庆市车渡渡运管理制度》，要求各汽车渡口严格执行。主要内容有：

（一）安全管理制度

各部门值班人员坚守工作岗位，不得有任何麻痹疏忽行为。驾驶部人员做到“宁停十分、不抢一秒”。轮机部人员做到“四勤”，即勤听、勤看、勤摸、勤嗅。舱面人员作业穿好救生衣。严禁酒后操作。航行中加强瞭望，服从指挥。驾驶、轮机人员如实记载“航行日志”“轮机日志”和“车钟记录”以备查考。

（二）安全会议制度

船舶开航前，由船长主持召开航次作业会议，各部门负责人参加，布置本航次安全生产任务，确保航行安全。开好日作业会和班前会。

（三）交接班制度

接班人提前15分钟到达工作岗位。交接班时，交接人将本班全部情况向接班人交代清楚。交班完毕双方签字认可。凡属交代不清引起的事故，由交班人负责。驾驶部在船舶航遇特殊情况时，不得进行交接班。

（四）停泊值班制度

船舶停泊期间，按部门、工种留足1/2（三班制留足1/3）的船员护船值班，保证船舶随时能动车开航和保证本船安全。护船值班船员因事需要离船时，应由同工种人员代班，并经驾驶、轮机部门护船值班的驾驶员、轮机员同意后，方可离船。

（五）安全质量活动日制度

每月末以船为单位，由船长主持举行一次由全体船员参加的安全质量活动日活动，开展以“四查”（查思想、查纪律、查制度、查隐患）为中心的安全检查，举行救生、救火应变演习并做好记录备查。

（六）基础工作管理制度

驾驶部保管各种船舶文件、证书、簿册和记录，管理维护好各种设备，每周检查一次航行灯号和助航探照灯具，每月检查一次舵、锚设备。船舶进厂维修前编制《船舶修理计划书》，船舶出厂前须按证书所载配齐安全设备和器材，否则船长有权拒绝出厂。轮机部要管理维护好舱内排水系统和灭火系统和船舶仪器、仪表。应急电源能够及时转换供电，保证通讯、助航设备的持续正常工作，保持机舱内整洁卫生。

队（厂）长是受站长委托对本队（厂）安全生产工作进行直接管理的责任人，负责指挥、安排本队（厂）的日常安全生产工作，对站长负责，各轮船长、轮机长对队（厂）长负责。船舶（班组）人员违反安全管理规章制度者经查实要予以处罚，安全工作业绩与年终责任奖挂钩。

（七）囤船值班制度

囤船实行昼夜轮流值班，在汛期（5~9月）留足够人员确保安全，当水位陡涨陡落特大洪水时，全部人员值班守护。值班人员坚守工作岗位，经常巡视全囤，检查锚链、缆绳受力情况，跳板、跳船、安全网等是否正常，发现异常情况及时报告。凡因值班人员过失而造成损失的要追究当事人的有关责任。

（八）船修厂安全生产管理制度

实行“厂长全面负责，安全管理部门执行劳动安全监督，职工遵章守纪”的三位一体和管生产必须管安全的原则，按时完成船舶大、中修工程项目计划，定期召开安全会议和组织职工学习各类安全知识，对各类事故按照“四不放过”，（事故原因未查清不放过、责任者和职工未受到教育不放过、责任人未受到处理不放过、未制订切实可行防范措施不放过）建立群众性的安全监督检查机制，形成全员化、全方位的安全管理。

（九）船舶消防制度

船舶需明火作业时，有专人对明火作业现场的易燃、易爆物品进行清理，在确认作业范围已无易燃、易爆物品和气体后方可进行作业。下达明火作业通知单，有专人负责看火，持消防灭火器材，紧随明火作业人。发现火情及时通知作业人员停止作业，立即灭火，通知在船负责人组织人员灭火。

（十）车辆过渡须知

车辆到达渡口应按先后次序，服从渡口工作人员的调度、指挥上下渡船。装载物超长、超宽、超高的车辆或超轴载质量车辆过渡，必须持有公路管理机构签发的《超限运输车辆通行证》并事先与渡口管理单位联系，采取有效安全技术保护措施后才准过渡。车辆驶上渡船后驾驶员不得擅离岗位。车辆在渡口码头引道和上下渡船时应低速行驶，以保安全。

第二节　主要汽车渡口

一、长江汽车渡口

江津朱杨溪渡口　位于县道吴朱路上，1992 年开渡并收费，为机动渡口。1992～1997 年，配有拖轮 1 艘、车驳 1 只。1998～2004 年，配有拖轮 2 艘、车驳 2 只。2005 年，配有拖轮 2 艘、车驳 3 只。由江津市交通局负责管理和养护。

江津几江渡口　位于省道渝东路上，为机动渡口。1986 年配有拖轮 3 艘、车驳 3 只。1987 年，配有拖轮 4 艘、车驳 4 只。1988～1990 年，配有拖轮 5 艘，车驳 5 只。1991～1997 年，配有拖轮 4 艘、车驳 4 只。由江津市交通局负责管理和养护。

重庆李九渡口　李（李家沱）九（九龙坡）公路汽车渡口设置在长江上，距宜昌 675.2 公里处，连接国道渝黔线，南岸为巴南区李家沱镇，北岸为九龙坡区九渡口，1954 年 11 月 30 日开渡，1997 年 7 月 1 日因重庆长江李家沱大桥建成通车后停渡。由重庆市车渡管理站管理和养护。

重庆鱼吊渡口　鱼（鱼洞）吊（吊二嘴）公路汽车渡口设置在长江上，距宜昌 691.8 公里处，连接国道 210 线，南岸为巴南区鱼洞镇，北岸为大渡口区吊二嘴，1971 年 7 月 1 日开渡，2005 年仍在渡运。由重庆市车渡管理站管理和养护。

涪陵黄旗渡口　位于涪陵城西约 6 公里处，南岸地名横梁子，北岸地处原黄旗乡，故名黄旗渡口。国道 319 线由此过江。两岸码头分别于 1958～1960 年建成，1960 年同年渡运。1997 年 5 月 1 日，涪陵长江大桥建成通车，该车渡渡运终止，结束了长达 30 多年的渡运历史。由涪陵公路养护总段负责管理和养护。

丰都长江渡口　建立于 1962 年 8 月，位于原丰都县城区，北岸码头，地名水门子，南岸码头王家渡，涪丰南线公路在此过长江。1965 年 4 月，由垫江养路段投资 1.2 万元修建两岸码头，同年 12 月竣工。码头为浆砌块石，引道北岸长 310 米，南岸长 200 米，引道宽均 6.5 米。1979 年 2 月，渡口交由涪陵公路养护总段渡口管理所统一管理。经四川省政府批准，从 1989 年 4 月起收取过渡费。1990 年 10 月 19 日，该渡口从涪陵总段成建制移交丰都养路段管理。1997 年 1 月，丰都长江大桥建成通车，1998 年 7 月渡运终止。

忠县一渡口　位于省道石遂路上，为机动渡口，至 1999 年，配有拖轮两艘 440 千瓦、车驳 2 只。1986～2001 年，由万州区公路局忠县公路养护一段负责管理和养护。2002～2005 年，由忠县交通局（委）负责管理和养护。

忠县二渡口　位于省道广彭路上，为机动渡口。1999 年，配有拖轮 1 艘 220 千瓦、车驳 1 艘。1986～2001 年，由万州区公路局忠县公路养护一段负责管理和养护。2002～2005 年，由忠县交通局（委）负责管理和养护。

万县长江渡口　位于国道 318 线上，是万州通往湖北省的重要渡口。该渡口为机动渡口。至 2002 年，配有拖轮两艘 792 千瓦、车驳 5 只。由万州区公路局负责管理和养护。2002 年，由于万州长江渡口引道拆迁断道，汽车渡口停运，复建后改作战备渡口。

云阳长江渡口　位于省道云利路上，为机动渡口，至 1999 年，配有拖轮 2 艘 440 千瓦、车驳 2

只。1986~2001年，由万州区公路局云阳公路养护段负责管理和养护。2002~2005年，由云阳县交通局负责管理和养护。

奉节长江渡口　位于省道巫恩路上，为机动渡口。至1999年，配有拖轮2艘440千瓦、车驳2只。1986~2001年，由万州区公路局奉节公路养护段负责管理和养护。2002~2005年，由奉节县交通局负责管理和养护。

长江巫山渡口　位于省道奉巫路上，为机动渡口。至1999年，配有拖轮2艘352千瓦、车驳2只。1986~2001年，由万州区公路局巫山公路养护段负责管理和养护。2002~2005年，由巫山县交通局负责管理和养护。

二、嘉陵江汽车渡口

合川盐井渡口　位于盐杨公路1公里处，南岸盐井至合川，北岸沙罐厂（重庆腾辉水泥厂）至三汇及四川省华蓥等地。1961年4月设立汽渡，由合川县运输公司第二运输站代管。1972年10月1日，由合川县公路养护队接管。至1985年底，盐井汽渡有机动船2艘，功率148千瓦、渡驳2艘，分别为钢质6车驳和4车驳，人力启动跳板。定员渡工23人，2班制作业。最大渡运量为日达600辆车辆以上。1988年和1989年两年中，重庆市交通局分别全额拨款新造钢质机动船2艘（公路201轮240马力，公路301轮300马力），车驳2艘（钢质电动8车驳，钢质电动12车驳），暂缓了车辆过渡车等船问题。1989年11月，经重庆市人民政府批准，盐井汽车渡口实行车辆过渡双向收费。2003~2005年，随着渝合高速公路的开通，经盐井汽渡过渡的车辆减少，已不能维持自收自支，出现船等车的状况。

合川糖厂渡口　由于糖厂对岸嘉陵江无码头，汽车渡船开行糖厂至合川城区鸭嘴码头或涪江南岸乌木滩码头。1980年，糖厂建成对岸嘉陵江华安煤矿东站码头，开始南北两岸汽车渡运。1985年底，糖厂汽渡有机动船1艘，160马力；4135型柴油机两台，车驳为钢质，载重40吨。机动船后改为204马力，车驳为8车驳，60吨。20世纪90年代，合川糖厂汽车渡口为合川盐化公司所有。2001年，合阳嘉陵江大桥通车后，汽车可从城区直达合川盐化公司，汽车渡口停止运行。

合川云门渡口　位于合肖路10.2公里的嘉陵江上，北岸云门镇至钱塘、龙市、官渡等场镇，南岸大岩乡至合川城区的交通运输要道。1967年1月建成，初期只有1艘长17米、宽4米的木质车驳，渡工5人，人力操作，用钢丝绳牵引车驳载渡。1985年底，该车渡只有机动船2艘，功率118千瓦，钢质4车驳2艘，定员渡工23人，基本满足车辆过江需要。1986~1988年，相继更换了马力小的机动船和小车驳，提高了渡运效率。1989年，经重庆市人民政府批准，云门汽渡实行车辆过渡双向收费。1998年9月28日，合川市云门大桥建成通车，撤销云门汽渡，终止渡运工作，云门汽车渡口被列为合川战备渡口。合川公路汽车渡口隶属于合川公路养护队，主要负责对渡口日常养护工作、人员、收费以及安全进行管理。

重庆中石渡口　中（中渡口）石（石门）公路渡口距朝天门12.2公里处，连接国道210线，南岸为沙坪坝区中渡口，北岸为江北区石门，1941年4月开渡，1988年9月因重庆嘉陵江石门大桥建成通车后停渡。由重庆市车渡管理站管理和养护。

北碚三土渡口　三（三圣）土（土沱）渡口距朝天门49.3公里处，连接县道施（施家梁）偏（偏岩）线，南岸为北碚区三圣，北岸为北碚区土沱，1960年开渡，2005年仍在渡运。由重庆市车渡管理站管理和养护。

三、乌江及其他江河汽车渡口

涪陵乌江渡口　位于涪陵城东乌江西岸崩土坎，东岸码头为群沱子，连接涪石公路（老石雷路），1965年建成。该渡1980年前隶属涪陵县养路队，同年9月改隶涪陵公路总段渡口所管理。经四川省人民政府批准，从1985年1月1日起收取过渡费。同年，车渡有职工20人，钢结构船划1套，300马力拖轮1艘，6车驳1艘，日渡运量81辆。1989年6月，涪陵乌江大桥建成通车，该车渡渡运终止。

合川官渡渡口　位于仲车路12.3公里的渠江上，南岸官渡镇、北岸狮滩镇安全村。1977年5月，官渡建立汽车渡口，一班制工作，初期日均渡运20至30车次。1985年，官渡汽车渡口日渡运量40余辆，有渡工13人，机动船1艘160马力，4车驳1艘。1989年9月1日，官渡汽车渡口开始收取车辆过渡费。

合川小沔渡口　位于小正路12.8公里渠江上，右岸宝华镇，左岸小沔镇。1999年4月28日开始招投标，修建车渡两岸码头工程，于1999年12月20日完工。1999年12月26日，小沔汽车渡口正式开渡渡车。有机动船1艘240马力，人力启动跳板，钢质4车驳1艘，日均渡运量20至30辆。2001年，由于车辆增多、渡运量增大，为改变渡口设备老化状况，合川市交通局拨款57万元购买设备1套，系江津公路305轮，116千瓦，电力启动跳板，12车驳。

奉节梅溪河渡口　位于省道奉（奉节）巫（巫山）路上，跨梅溪河，为机动渡口。至1993年，配有拖轮1艘240千瓦，车驳1只。由万州区公路局奉节公路养护段负责管理和养护。1993年梅溪大桥建成后，渡口被撤除。

巫山水口渡口　位于乡道下官路上，跨大宁河，为机动渡口。至1992年，配有拖轮1艘55千瓦，车驳1只。由巫山交通局负责管理和养护。1992年水口大桥建成后，该渡口被撤除。

巫山双龙渡口　位于县道双曹路上，跨大宁河，为机动渡口。1992年开渡，配有拖轮1艘55千瓦，车驳1只。由巫山交通局负责管理和养护。

开县谭家渡口　位于乡道谭绵路上，跨东里河，为人力渡口。至1997年，配有车驳1只。由开县交通局负责管理和养护。1997年谭家大桥建成后，该渡口被撤除。

云阳胜保渡口　位于乡县道胜团路上，跨汤溪河支流，为人力渡口，至1993年，配有车驳1只。由云阳交通局负责管理和养护。1993年6月胜保大桥建成后，该渡口被撤除。

巫山罗门渡口　位于省道渝巴路上，跨大宁河，为机动渡口。至1988年，配有拖轮1艘80千瓦，车驳2只。由巫山公路养护段负责管理和养护。1988年罗门大桥建成后，该渡口被撤除。

开县向阳渡口　位于开县渠口镇，跨彭溪河，1992年开渡，为人力渡口，配有车驳1只。由开县交通局负责管理和养护。

云阳石龙渡口　位于云阳县塔棚乡，跨汤溪河，1999年5月开渡，为人力渡口，配有车驳1只。由云阳交通局负责管理和养护。

表3－39　　重庆市汽车渡口一览表

所在区县（市）	渡口名称	所在线路	所在河流	渡运方式	船舶	
					拖轮千瓦/艘	车驳数
涪陵	黄旗战备渡口	国道319线	长江	车渡	240/2	3只钢质驳
涪陵	崩土坎渡口	省道石雷路	乌江	车渡	300/1	1只钢质驳
涪陵	乌江车渡	涪陵乌江左岸	乌江	机动	300/1	1只钢质6车驳
丰都	丰都渡口	涪丰路	长江	车渡	408/2	2
万州	万县长江渡	国道G318线	长江	机动	792/2	1只钢质16车驳、2只钢质12车驳、1只钢质6车驳
忠县	忠县长江渡	广彭路	长江	机动	220/1	1只钢质6车驳

续前表

所在区县（市）	渡口名称	所在线路	所在河流	渡运方式	船舶	
					拖轮千瓦/艘	车驳数
忠县	忠县长江渡	石遂路	长江	机动	440/2	1只钢质12车驳、1只钢质6车驳
奉节县	奉节长江渡	巫恩路	长江	机动	440/2	2只钢质12车驳
巫山县	巫山长江渡	巫山—奉节	长江	机动	352/2	2只钢质6车驳
云阳县	云阳长江渡	云利路	长江	机动	440/2	1只钢质12车驳、1只钢质6车驳
奉节县	奉节梅溪河渡	奉节—巫山	梅溪河	机动	240/1	1只钢质4车驳
巫山县	巫山水口渡	下官路	大宁河	机动	55/1	1只钢质2车驳
巫山县	巫山双龙渡	双曹路	大宁河	机动	55/1	1只钢质2车驳
开 县	开县谭家渡	谭锦路	东里河	人力		1只单车驳
云阳县	云阳胜堡渡	胜团路	汤溪河支流	人力		1只单车木驳
巫山县	巫山罗门渡	巫巴路	大宁河	机动	80/1	2只2车驳
开 县	开县向阳汽车渡	开县渠口镇	彭溪河	人力		1只单车驳
云 阳	云阳石龙过江渡	塔棚乡	汤溪河	人力		1只单车驳
江津	朱杨溪车渡	县道吴朱路	长江	机动	80/2	拖轮2艘，车驳3只
江津	儿江车渡	省道渝东路	长江	机动	80/4	拖轮4艘，车驳4只
合川	盐井汽车渡口	盐杨公路1公里处	嘉陵江	机动	148/2 240/1 300/1	钢质6车驳和4车驳各1艘、钢质电动8车驳和12车驳各1艘
合川	云门汽车渡口	合肖路10.2公里处	嘉陵江	机动	118.4/2	钢质4车驳2艘
合川	官渡汽车渡	仲车路12.3公里处	渠江	机动	160/1	4车驳1艘
合川	小沔汽车渡	小正路12.8公里处	渠江	机动	240/1、116/1	1只钢质4车驳、1只钢质12车驳
合川	糖厂汽车渡	东渡甘家坝	嘉陵江	机动	240/1	1只钢质8车驳
重庆	储海渡	储奇门	长江	机动	240/24	
	李九渡	李家坨	长江	机动		
	鱼吊渡	鱼洞	长江	机动		
	水土渡	北碚水土	嘉陵江	机动		
	中石渡	石门	嘉陵江	机动		

第三节　渡口收费

一、政策规定

1989 年 3 月 15 日，经四川省人民政府同意，按照《四川省公路渡口征收过渡费管理办法》和四川省交通厅交计财〔1984〕1082 号通知，四川省交通厅下发了《关于十六个公路渡口收取车辆过渡费的通知》。其中重庆李九渡、涪陵长江渡、丰都长江渡、奉节长江渡、江津城关渡、忠县长江渡、合川盐井渡 7 个渡口被列为允许收取车辆过渡费范围。重庆市汽车渡口从 1989 年开始，实行“以渡养渡”政策，收取一定的车辆过渡费，用于汽车渡口养护、船舶维修等。1989 年 8 月 14 日，经重庆市人民政府同意，重庆市经济委员会、重庆市物价局、重庆市交通局联合发布《关于我市鱼（鱼洞）吊（吊二嘴）等 6 处公路渡口收取车辆通行费的通知》，将巴县鱼吊渡、江北县水土渡、合川县官渡渡和云门渡、潼南县城关渡、长寿县石塔坡渡列入收取车辆过渡费渡口。

二、收费范围及标准

（一）范围

四川省交通厅下发了《关于十六个公路渡口收取车辆过渡费的通知》和重庆市经济委员会、重庆市物价局、重庆市交通局《关于我市鱼（鱼洞）吊（吊二嘴）等 6 处公路渡口收取车辆通行费的通知》规定收费范围是：党、政机关、学校、人民团体自用的小汽车和军事部门（其所属企业除外）、外国使（领）馆自用车辆，以及设有固定装置和执行任务的清洁车、消防车、救护车、洒水车、环境保护车、交通征费车、管理车、公路管理车等免收过渡费；其他车辆一律征费。2001 年 8 月，重庆市物价局《关于统一规范我市公路渡口车辆过渡费标准的通知》规定的收费范围是，除正在执行紧急任务并设有固定装置的消防车、救护车、抢险救灾车、警车、军车、外交车、市政府特批的车辆外，其他任何机动车辆过渡均应缴纳过渡费。重庆市车辆过渡费票据，由重庆市公路局负责管理和发放。重庆市物价检查所统一制作下发汽车渡口收费“六公开”公告牌。

（二）标准

1989 年，四川省交通厅下发了《关于十六个公路渡口收取车辆过渡费的通知》和重庆市经济委员会、重庆市物价局、重庆市交通局《关于重庆市鱼（鱼洞）吊（吊二嘴）等 6 处公路渡口收取车辆通行费的通知》规定的收费标准是，货车（含拖拉机）不分空车、重车，按核定吨位每吨每次收费 1 元；客车按核定座位，每 10 座收费 1 元（按四舍五入计算），小车每次收 0.5 元，摩托车每次收 0.2 元。

1993 年，重庆市物价局、重庆市财政局《关于调整部分车辆过渡费标准的批复》，调整了部分渡口的车辆过渡费标准（见表 3－40、3－41）

表 3－40　　**重庆市李九、鱼吊、三土、盐井、江津、长寿公路渡口收费标准表**

单位：元

序号	车辆类别	计收标准	常水期收费	洪水期收费	收费加收标准
1	各类小车及 1.5 吨以下货车（不含 1.5 吨）	每辆次	5	7	早、晚过加航渡加倍
2	摩托车	每辆次	2	3	早、晚过加航渡加倍
3	17 座以下（含 17 座）中型客车	每辆次	8	10	早、晚过加航渡加倍

续前表

序号	车辆类别	计收标准	常水期收费	洪水期收费	收费加收标准
4	17座以上至49座（含49座）大客车	每辆次	15	20	早、晚过加航渡加倍
5	1.5吨以上（含1.5吨）至20吨（含20吨）货车	每吨每次（四舍五入）	3	4	早、晚过加航渡加倍
6	超长、超高、超宽、超重及装有易燃、易爆、易腐蚀、易污染物品的车辆	每吨每次（四舍五入）	6	7	早、晚过加航渡加倍。应单独渡运的，按额定车位数计收，另收取50%的安全措施、技术服务费
7	20吨以上至50吨（含50吨）超限车辆	每吨每次（四舍五入）	8	10	早、晚过加航渡加倍。应单独渡运的，按额定车位数计收，另收取50%的安全措施、技术服务费

注：(1) 早上7点至晚上7点的正常渡运时间外，早上7点前，晚上7点后为加航渡（夜渡）。实行夜航的渡口，必须具备夜航设施。(2) 洪水期，自当年的6月1日至9月30日止，执行洪水期收费标准。

表3-41　重庆市瓢儿埝、石塔坡、官渡、云门公路渡口收费标准表

单位：元

序号	车辆类别	计收标准	常水期收费	洪水期收费	收费加收标准
1	各类小车及1.5吨以下货车（不含1.5吨）	每辆次	5	6	早、晚过加航渡加倍
2	摩托车	每辆次	2	2.5	早、晚过加航渡加倍
3	17座以下（含17座）中型客车	每辆次	6	7	早、晚过加航渡加倍
4	17座以上至49座（含49座）大客车	每辆次	10	12	早、晚过加航渡加倍
5	1.5吨以上（含1.5吨）至20吨（含20吨）货车	每吨每次（四舍五入）	2	2.5	早、晚过加航渡加倍
6	超长、超高、超宽、超重及装有易燃、易爆、易腐蚀、易污染物品的车辆	每吨每次（四舍五入）	4	5	早、晚过加航渡加倍。应单独渡运的，按额定车位数计收，另收取50%的安全措施、技术服务费
7	20吨以上至50吨（含50吨）超限车辆	每吨每次（四舍五入）	6	8	早、晚过加航渡加倍。应单独渡运的，按额定车位数计收，另收取50%的安全措施、技术服务费

注：(1) 早上7点至晚上7点的正常渡运时间外，早上7点前，晚上7点后为加航渡（夜渡）。实行夜航的渡口，必须具备夜航设施。(2) 洪水期，自当年的6月1日至9月30日止，执行洪水期收费标准。

1996 年，重庆市物价局、财政局、交通局《关于调整市属长江嘉陵江干线车辆过渡费收费办法的通知》（重价工发〔1996〕153 号），对重庆市部分渡口车辆过渡费标准再次进行了调整（见表 42）。

表 3-42 **重庆市属长江、嘉陵江干线（李九、鱼吊、三土渡口）车辆过渡费收费标准表**

<table>
<tr><th rowspan="2">序号</th><th rowspan="2" colspan="2">车辆类别</th><th rowspan="2">计费单位</th><th colspan="2">收费标准（元）</th></tr>
<tr><th>枯水</th><th>洪水</th></tr>
<tr><td>1</td><td colspan="2">10 座（含）以下客车及 1 吨（含）以下货车</td><td>每辆次</td><td>8</td><td>10</td></tr>
<tr><td rowspan="2">2</td><td rowspan="2">摩托车</td><td>二轮</td><td>每辆次</td><td>3</td><td rowspan="2"></td></tr>
<tr><td>三轮</td><td>每辆次</td><td>5</td></tr>
<tr><td>3</td><td colspan="2">11～20 座（含）客车</td><td>每辆次</td><td>10</td><td>15</td></tr>
<tr><td>4</td><td colspan="2">21～49 座客车</td><td>每辆次</td><td>25</td><td>30</td></tr>
<tr><td>5</td><td colspan="2">1 吨以上至 20 吨货车</td><td>每吨次</td><td>5</td><td>7</td></tr>
<tr><td>6</td><td colspan="2">21～50 吨货车</td><td>每吨次</td><td>10</td><td>15</td></tr>
<tr><td>7</td><td colspan="2">超长、超高、超宽及装有易燃、易爆、易腐蚀、污染货物车辆</td><td>每吨次</td><td>10</td><td>15</td></tr>
</table>

注：(1) 洪水期从每年 5 月 1 日至 9 月 30 日，其余时间为枯水（正常）期；(2) 早、晚渡不另加收费用，摩托车不分枯、洪水；(3) 不分宽、重车统一标准执行，不足一吨的尾数按四舍五入办理；(4) 单独渡运的，按渡船一次额定车位数计收，另加收 50% 的安全措施，技术服务费。

1985 年，万县长江渡开始征收过渡费，按机动车核定吨位，客车每吨次 4 元，货车每吨次 1 元，旅行车每吨次 1 元，小汽车每车 0.5 元。1989 年 4 月 1 日，奉节长江渡和忠县长江渡开始收过渡费，除客车每 10 座收费 1 元外，其余收费标准与万县长江渡同。1992 年 8 月 26 日，万县地区交通局、财政局、物价局联合发文调整长江渡口过渡费。忠县、万县、云阳、奉节、巫山等长江渡按客、货车核定吨位，每吨次 3 元，小客车（5 座以下）、手扶拖拉机及摩托车每车次 2 元，征收过渡费。

1986～1996 年，重庆直辖前，重庆市车渡管理站所辖汽车渡口，万县地区、涪陵地区所辖汽车渡口以及各区县所辖汽车渡口由于收取车辆过渡费的审批机关不一，车辆过渡费收取标准差异较大，各地区反应强烈。1997 年重庆直辖后，重庆市公路局按照重庆市交通委员会的安排，在对重庆市收费汽车渡口进行调查研究的基础上，提出了统一汽车渡口收费标准的意见。经重庆市物价局、重庆市财政局、重庆市交通委员会研究后，于 2001 年 8 月下发了《关于统一规范我市公路渡口车辆过渡费标准的通知》。《通知》规定，凡在重庆市行政区划内公路渡口车辆过渡执行统一收费标准。同时取消部分地区按早、晚过渡加倍收费以及枯水期、洪水期分别作价的规定。普通客车以核定准载座位每 10 座折合 1 吨计费，卧铺客车每 7 座折合 1 吨计费，货车、拖拉机以行驶证核定的吨位计算，尾数不足 1 吨均按四舍五入计算。收费不分空车、重车。

表 3-43 **重庆市公路渡口车辆过渡费标准表（2001 年 8 月起执行）**

<table>
<tr><th>序号</th><th>车辆类别</th><th>计费单位</th><th>收费标准（元）</th></tr>
<tr><td rowspan="2">1</td><td rowspan="2">摩托车</td><td rowspan="2">每车每次</td><td>3</td></tr>
<tr><td>4</td></tr>
</table>

续前表

序号	车辆类别	计费单位	收费标准（元）
2	1吨（含）以下货车，10吨（含）以下客车	每车每次	5
3	1吨（含）以上货车，10吨（含）以上客车	每车每次	5
4	超长、超高、超宽和超轴载质量及装易燃、易爆、易腐蚀污染货物车	每车每次	10

注：（1）上述收费标准不分早晚期、枯水洪水期和空重车；（2）尾数不足1吨的按四舍五入计算；（3）单独渡运的收费标准，由车主与渡运单位协商议价。

三、收费情况

至2005年年底，重庆市收费汽车渡口大部分还在继续征收过渡费。小部分由于渡改桥后停渡，只作为战备渡口保留。

表3－44　2005年重庆市征收过渡费的公路渡口统计表

渡口名称	征收管理单位	批准文件	备注
三水渡口	重庆市车渡管理站	重价工发〔1996〕153号	在航嘉陵江渡口
鱼吊渡口	重庆市车渡管理站	重价工发〔1996〕153号	在航长江渡口
朱杨渡口	江津市交通局	重价工发〔1996〕228号	在航长江渡口
小沔渡口	合川市交通局	重价费〔1999〕688号	在航长江渡口
盐井渡口	合川市交通局	重价费〔1993〕056号	在航长江渡口
官渡渡口	合川市交通局	重价费〔1993〕056号	在航长江渡口
长寿轮渡	长寿县交通局	重价费〔1993〕056号	在航长江渡口
万州轮渡	万州市公路局	万市价工〔1995〕168号	在航长江渡口
巫山轮渡	巫山县交通局	万市价工〔1995〕168号	在航长江渡口
奉节轮渡	奉节县交通局	万市价工〔1995〕168号	在航长江渡口
忠县轮渡	忠县交通局	万市价工〔1995〕168号	在航长江渡口
云阳轮渡	云阳县交通局	万市价工〔1995〕168号	在航长江渡口
中嘴轮渡	武隆县交通委员会	武隆物价〔1996〕74号	在航乌江渡口
李九渡口	重庆市车渡管理站	重价工发〔1996〕153号	停航战备渡口
莱铜渡口	重庆市车渡管理站	重办发〔1993〕64号	停航战备渡口
储海渡口	重庆市车渡管理站	重办发〔1993〕64号	停航战备渡口
中石渡口	重庆市车渡管理站	重办发〔1993〕64号	停航战备渡口
北碚—黄桷树渡口	重庆市车渡管理站	重办发〔1993〕64号	停航战备渡口
石塔坡渡口	长寿县交通局	重价费〔1993〕056号	停航战备渡口
涪陵轮渡	涪陵区交通委员会	川办发〔1992〕54号	停航战备渡口

表 3 - 45　　1986 ~ 2005 年重庆市车辆过渡费收入统计表

单位：万元

年度	重庆车渡渡口	涪陵车渡渡口	万县车渡渡口
1986		4.25	
1987		8.76	
1988		9.67	
1989		53.50	
1990		70.87	
1991	1350	80.58	
1992	850	96.09	177
1993	708	114.44	402
1994	752	133.80	405.98
1995	440	169.56	486.06
1996	263	184.58	897.86
1997	180	64.34	707.59
1998	96	17.22	379.91
1999	111.10		332.61
2000	189		210
2001	115		3
2002	123		
2003	120		
2004	320		
2005	280		

第六章　公路绿化

公路绿化是国土绿化的重要组成部分。公路绿色植物能增加公路建筑艺术效果，丰富公路景观，使过往车辆和行人得到美的享受，有利于消除旅途疲劳。公路绿化还能巩固路基、保护路面，降低噪声，防治污染，维护公路的良好环境，是公路精神文明建设、物质文明建设的标志。根据国家的相关法律法规，重庆市制定了公路绿化的地方性法规和行业规章，有规划、有措施、有检查评比，形成了高速公路、高等级公路、国省县乡公路多层次，市、县（区）、乡多层面责任制，专业队伍与业余相结合、常年管理与突击栽植相结合的公路绿化体系。

第一节　法律法规

一、国家法律法规

《中华人民共和国森林法》　1984 年 9 月 20 日第六届全国人民代表大会常务委员会第七次会议通过，1998 年 4 月 29 日第九届全国人民代表大会常务委员会第二次会议修订。《森林法》第四条第五款规定，特种用途林：以国防、环境保护、科学实验等为主要目的的森林和林木，包括国防林、实验林、母树林、环境保护林、风景林，名胜古迹和革命纪念地的林木，自然保护区的森林。公路绿化属于环境保护林、风景林。

《关于加强公路绿化工作的若干意见》　1988 年 5 月 11 日，交通部印发《关于加强公路绿化工作的若干意见》（以下称《意见》）。《意见》进一步明确了公路绿化工作重要性、方针政策、加强领导等问题。公路分为不可绿化里程、可绿化里程和已绿化里程（包括自然绿化里程）。公路绿化就是利用绿色的乔木、灌木及花、草合理覆盖公路两侧边坡、分隔带及沿线空地等一切可绿化的公路用地。不同等级公路的绿化要求各不相同，高速公路的绿化，以人工种植草皮和花卉为主，护栏内外种植绿篱或花草、灌木。路肩上和中间隔离带内，不可栽植乔木。汽车专用二级公路的绿化，按线形走向采用“点、线、面”相结合。一级路（混合交通）的绿化，采取不同树种、高度、间隔分段组合，并结合利用大自然的景观。中间隔离带内，不可种植乔木。二级路（混合交通）的绿化，一般按乔、灌木结合进行种植，但要加大株间距离（乔木间距一般不小于 6 米）。有护坡道的二级路种植乔木或花、灌木。四级路的绿化，行列式的栽植，适当加大株间距离。平原区公路绿化成活率 90% 为合格，95% 以上为优良。山区公路绿化成活率达 85% 为合格，90% 以上为优良。寒冷草原区及沙、碱、干旱区公路绿化成活率达 75% 为合格，80% 以上为优良。

实行“三定一包”（定路段、定人员、定株数，一包到底）管护责任制。公路行道树木属于防护林体系，树木确实已进入衰老期，按照分级管理原则，经请示批准后，才能进行公路行道树的采伐更新。公路的绿化经费，在公路养路费中安排。

《国省干线公路 GBM 工程实施标准》　1991 年交通部以〔1991〕交工字 125 号文件发布了《国省干线公路 GBM 工程实施标准》，其中第六章详细规定了公路绿化标准，内容与交通部《关于加强公路绿化工作的若干意见》基本相同。

二、重庆市规章制度

《关于建立绿化分工负责制的意见》　1986 年 9 月 1 日由重庆市绿化委员会（简称重绿委）印发，（重绿委〔1986〕第 24 号）。其中关于公路绿化的内容是实行绿化分工负责制，公路交通部门主要负责县道以上公路两侧及所属各单位的环境绿化。

《重庆市公路绿化达标县标准（试行）》　1997 年 4 月 25 日由重庆市交通局印发，（重交局〔1997〕291 号，以下称《标准》）。《标准》分别对公路绿化达标县的达标原则、标准、申报程序做出了规定。原则是“因地制宜，宜乔则乔，宜灌则灌，宜花草则花草”，标准是国省县道公路绿化率分别在 95% 和 90% 以上，空白段分别不超过 80 米、100 米、120 米。申报程序是区县交通局组织，绿化委员会参加，全面自查合格后向重庆市交通局申报；重庆市交通局组织有关单位进行复查和抽检（绿化总里程的 30%）；县申报时应交公路绿化达标区县绿化总结一份，并附相关的表格。重庆市交通局依据《标准》，结合《重庆市公路养护工程“分值考核，以奖代补”考核办法》对重庆市公路绿化达标县进行评定。

《关于切实搞好公路绿化的通知》　2000 年 9 月 25 日由重庆市交通委员会、重庆市林业局、重庆市绿化委员会办公室联合下发（渝交委〔2000〕214 号）。基本内容是抓好 5 年规划和年度实施计划。公路建设与公路绿化统一规划，县道及其以上的公路建设，公路绿化纳入投资预算，交通、林业、绿委对公路绿化进行竣工验收。重庆市交通委员会、重庆市林业局、重庆市绿化委员会办公室对全市的公路绿化工作组织检查评比，表彰先进。

《重庆市公路绿化管理办法》　2000 年由重庆公路局制定下发。基本内容是公路部门与林业、公安等部门密切配合，做好规划，加强管理。公路行道树不准砍伐只能抚育，经批准后进行更新。公路绿化与建设要同步实施规划、设计、编入工程预算，特别要保障绿化用地。老路绿化缺株断行，按规范补植。已有树木一次砍伐 30 株以上者，履行报批手续方可进行。建设方需赔偿损失费标准是：胸径 5～20 厘米，赔偿 5 元/株～30 元/株；胸径 30 厘米以上，每超过 1 厘米，增加 5 元。每年 3 月 12 日植树节前后各区（市）、县交通局要组织职工义务植树，年底由各区县交通局验收，重庆市公路局抽样检查，对完成规划指标，成活率 90%，保存率在 80% 以上者予以奖励。对未完成当年规划指标的单位，限期整改。公路绿化成绩突出的单位，可申报公路绿化达标县单位，由公路局组织检查评审后授予。

第二节　绿化工程

一、高速公路绿化

成渝路　路侧行道树绿化：小叶榕、天竺桂、重阳木、刺槐、红叶李、黄花槐、栾树、蚊母、夹竹桃、海桐球、毛叶丁香球、美人蕉。中分带绿化：紫薇、毛叶丁香、蚊母、麦冬。立交匝道及站点、服务区等环境绿化：小叶榕、黄葛树、黄葛兰、天竺桂、重阳木、雪松、香樟、广玉兰、白玉兰、紫玉兰、柑橘、吊槐、紫薇、南洋杉、柳树、垂榆、杜英、红叶李、芙蓉花、桂花、红枫、腊梅、桃树、鱼尾葵、假槟榔、塔柏、棕树、楠竹、珊瑚、石榴、蚊母、红继木、广东万年青、象牙红、罗汉松、芭蕉、黄秧、蒲葵、木槿、苏铁、八月雪、黄金叶、满天星、风尾竹、大花月季、丰花月季、栀子、春鹃、杜鹃、红叶小檗、金叶女贞、美人蕉、丝兰、海桐球、毛叶丁香球、迎春、连翘、九重葛、蔷薇、爬山虎、八角金盘、结缕草、葱兰、麦冬、紫鸭趾草。边坡绿化：小叶榕、天竺桂、毛叶丁香、葛藤、爬山虎、连翘、迎春、九重葛。

栽植时段分两个季节，春季 3 月至 5 月，秋季 10～12 月上旬。成渝高速公路绿化率在 95% 以上。采用专业机械配合专业绿化病虫害防治施工队伍进行绿化病虫害防治工作。

表 3－46　　1994～2005 年成渝公路绿化费用统计表

单位：万元

年度	陈家坪至上桥	上桥至桑家坡	总计
1994	0.03	0.57	0.60
1995	12.42	251.75	264.17
1996	7.67	155.47	163.14
1997	7.47	151.38	158.85
1998	9.45	191.53	200.98
1999	4.56	92.42	96.98
2000	3.31	67.07	70.38
2001	3.78	76.56	80.34

续前表

年度	陈家坪至上桥	上桥至桑家坡	总计
2002	3.54	71.88	75.42
2003	5.53	112.23	117.76
2004	4.21	85.38	89.59
2005	5.21	105.75	110.96

渝宜路长万段　路侧行道树绿化：小叶榕、天竺桂、重阳木、杜英、蔷薇等。中分带绿化：黄花槐、紫薇、毛叶丁香、红叶李、栀子花、红继木、海桐球、茶花。立交匝道及站点、服务区等环境绿化：小叶榕、黄葛树、黄葛兰、天竺桂、重阳木、雪松、香樟、广玉兰、白玉兰、紫玉兰、吊槐、紫薇、南洋杉、柳树、垂榆、杜英、红叶李、芙蓉花、桂花、红枫、腊梅、桃树、鱼尾葵、假槟榔、塔柏、棕树、楠竹、珊瑚、石榴、蚊母、红继木、广东万年青、象牙红、罗汉松、芭蕉、黄秧、蒲葵、木槿、苏铁、六月雪、黄金叶、满天星、凤尾竹、大花月季、丰花月季、栀子、春鹃、杜鹃、红叶小檗、金叶女贞、美人蕉、丝兰、海桐球、毛叶丁香球、迎春、连翘、九重葛、蔷薇、八角金盘、结缕草、葱兰、麦冬、紫鸭趾草、红叶桃、茶花。边坡绿化：黄金叶、毛叶丁香、蚊母、夹竹桃、刺槐、黄花决明、红继木、丝兰、黄花槐。平台绿化：珊瑚、九重葛、海桐、麦冬、黄花槐、蔷薇、紫薇。长万高速公路绿化率达到100%。制订了《长万路绿化养护标准》，对乔、灌木的刈草、施肥、浇水、除杂草及病虫害防治等方面都做了明确而细致的规定，并由各管理中心养护人员监督实施。

表3-47

2004~2005年长万路绿化费用统计表

单位：万元

年度	长万段	万开段	总计
2004	5.70		5.70
2005	160.58		160.58

渝长、长涪路　所辖路段共有绿化草坪面积18.87万平方米，立交绿化率95%以上，分别栽种有蒲葵、小叶榕、柏杨木、松柏、九重葛等。中央分隔带绿化面积30万平方米，栽种有毛叶丁香、紫微等树种。两侧行道树为小叶榕，费用纳入小修内。

表3-48　渝黔路、渝合路绿化常规养护费用表

年度	项目名称	投资金额（元）
2004	渝黔高速公路外环段（童家院子至四公里）绿化养护合同	632613
	渝黔高速公路外环段（四公里至雷神店）绿化养护合同	871387
	上界高速公路绿化养护合同	250250
2005	渝黔高速公路外环段（童家院子至四公里）绿化养护合同	650560
	渝黔高速公路（四公里至雷神店）绿化养护合同	853388
	上界高速公路绿化养护合同	237650
	渝合高速公路绿化养护合同	748063

渝邻路　渝邻路的挖方边坡的绿化充分考虑气候、公路沿线的水文地质、行车视距、视线诱导和便于维护方面进行树种选择，主要树种为黄花槐、九重葛、爬山虎、迎春、海桐、毛叶丁香、矮生美人蕉、夹竹桃、春鹃等。中央分隔带及立交区绿化充分考虑了现有地形，突出山地特色，同时在树种及图案的选择上采用了大体化和自然化，主要树种有桧柏、紫薇、红继木、黄桷树、广玉兰、鱼尾葵、雪松、海桐、金叶女贞、楠竹、蒲葵、山茶等。结合渝邻路的地形地貌，为更好地突出山地特色和巴渝文化特色，在公路的立交区设立了山城乐章、巴山蜀水、彩蝶飞舞、峡江号子、巴山夜雨、千帆竞发、大足石刻、朝天汇流、神女新貌、亘古人类、丰功伟绩等主题雕塑，与公路绿化交相辉映，给过往车辆和乘客以美的感受。

专项绿化　2004 年 12 月 15 日至 2005 年 1 月 25 日，由重庆名华园林工程有限公司对渝黔高速公路实施边坡绿化整治，投入资金 29 万元。2004 年 12 月 15 日至 2005 年 1 月 25 日，由重庆渝西园林工程有限公司对渝黔高速公路实施边坡绿化整治，投入资金 30 万元。2004 年 11 月 17 日至 2005 年 5 月 4 日，通过公开招标由重庆市渝川园林工程有限公司对重庆市外环高速公路（童界段、上界段）C 合同段实施景观改造绿化，投入资金 501 万元。2004 年 12 月 2 日至 2005 年 6 月 2 日，通过公开招标由重庆市凌枫园艺工程有限公司对重庆市外环高速公路（童界段、上界段）A 合同段实施景观改造绿化，投入资金 147 万元。2004 年 11 月 17 日至 2005 年 6 月 2 日，由重庆宏园园林监理公司承担重庆外环高速公路（童界段）景观改造工程监理服务工作，投入资金 3 万元。2005 年 9 月 10 ~ 20 日，由重庆渝川园林绿化工程有限公司对渝黔路实施边坡绿化整治，投入资金 27 万元。2004 年 11 月 20 日至 2005 年 6 月 2 日，通过公开招标确定由重庆南枫园林景观艺术有限公司对重庆市外环高速公路（童界段、上界段）实施景观改造绿化工程 B 合同段，投入资金 180 万元。2004 年 11 月 17 日至 2005 年 6 月 2 日，通过指定由重庆市宏园园林监理公司承担重庆市外环高速公路（上界段）景观改造工程施工监理服务工作，投入资金 5.3 万元。2005 年 10 月 10 ~ 12 日，通过指定由重庆凌枫园林绿化有限公司对渝合高速公路中央分隔带及边坡平台实施植物补植，投入资金 14 万元。

二、高等级公路绿化

重庆市高等级公路绿化工作，由公路养护管理单位负责组织实施。

川黔公路四大段。川黔公路四（公里）大（山村）段，是重庆市第一条高等级公路。市级相关部门非常重视川黔公路四大段绿化工作。1986 年 11 月 4 日，重庆市公路养护总段拟定了《关于加强川黔公路四大段路政绿化管理的意见》，报重庆市交通局后转报重庆市城乡建设管理委员会。重庆市交通局和重庆市城乡建设委员会分别行文批复。《意见》是重庆市高等级公路绿化管理的第一个行业规章，其中关于公路绿化的基本内容是：严禁任何单位和个人任意侵占、污染、损坏公路及其附属设施和行道树、花坛等。严禁乱砍乱盗伐公路行道树，未经公路管理部门的许可，任何单位和个人不得修枝打桠，对乱砍盗伐、乱剔枝丫的，按每株 160 元赔偿。

1986 年 12 月 5 日，重庆市交通局以重交局发〔1986〕3 - 162 号文件对《意见》进行了批复。基本内容是，川黔公路（四大段）路政、绿化管理工作必须加强。绿化所需喷药、杀虫等器具在每年绿化费内有计划地列支。重庆市公路养护总段管理的公路绿化，由总段计划安排，川黔公路延伸段亦不例外。在投资有限的情况下，统筹安排，搞好所管公路的绿化工作。

重庆市城乡建设管理委员会以重建委〔1986〕124 号文对《意见》进行了回复。基本内容是，川黔公路四大段经过改造，是重庆市唯一标准高的路段，加强统一管理非常必要。四公里至大山村一段（四大段）是在城市总体规划区内，是重庆市向南的交通干道，纳入城市统一规划、统一管理。重庆市人大、市人民政府及重庆市城乡建委公布的一系列城市市政道路管理法规规定及办法对四大段的路政绿化管理完全适用，不另立新章。

川汉公路、江北机场绕道公路是继川黔公路四（公里）大（山村）段后相继建成的高等级公路。1987年2月5日，重庆市公路养护总段《关于长寿川汉公路、江北机场绕道公路绿化工作安排的通知》，就长寿川汉公路、江北机场绕道公路绿化工作对江北段、公路工程公司、总段工程队提出了要求。长寿川汉公路改建工程，重庆市公路养护总段工程队承建的14公里，重庆市公路工程公司承建的36.8公里，江北养路段承建的机场绕道工程5公里，改建后路基栽行道树、崇杨、小叶榕、黄葛树。行道树栽植的间距为4米，树的杆径3厘米以上，树干直，树冠美观。专人栽植、管护、成活率95%以上，保存率90%以上。总段工程队承建的川汉路14公里。1987年分春、秋两季完成，其中第一期为8公里，第二期为6公里。江北养路段承建的机场绕道工程5公里，1987年春季植树季节全面完成。重庆市公路工程公司承建的川汉公路36.8公里，分成3期栽植完成。第一期12.5公里，列入1987年春季植树任务完成，1987年半年进行检查。第二期15公里，为1987年秋季指令任务。第三期9.3公里，1988年春季完成。全面完成后，作为整个工程竣工验收项目验收。1987年7月7日，重庆市公路养护总段向重庆市交通局上报《请求解决川汉路改善工程路段绿化及公路标志标号计划经费》报告获得批准，川汉路晏家至澄溪改善路段加上长寿段计65公里的公路绿化，每公里3396.5元，经费22.1万元。重庆市交通局在1987年半年度计划调整中解决，重庆公路养护总段落实生产任务，按时完成。

重庆高投司投资建设（含回购）的高等级公路的绿化工作由各区县（市）公路养护单位承担。

三、国省道公路绿化

1986年，重庆市各级公路部门管养的4752公里国省县公路中，宜林路段有3992公里。达到基本绿化标准（按交通部规定，每公里连续单行植树最少400株为基本绿化）的有880公里，有行道树1015636株。3992公里宜林路段实有行道树1837472株。基本绿化里程占宜林路段里程的22.5%。1986年春季，重庆市国省县公路已经植树697353株。

1986~1991年，重庆、永川总段管养的公路对公路行道树的栽植和管护，采取三种经济承包责任制。一是把公路绿化任务承包给养路道班自栽、自管，每年年终按完成的栽植数量、成活率、保存率和管护情况进行适当的奖惩。二是把一定范围内的公路绿化承包给当地林业部门，按公路行道树的要求，统一安排栽植和管护，2~4年后，树和树权移交给养路部门管护，所需苗木和管护费用均由养路部门拨付。三是把一些路段的公路绿化承包给当地乡、村或村民个人栽植和管理，苗木及管护费由养路部门支付，树权属国家，2~4年后树子移交养路部门管护。永川总段做出了绿化规划，并经所在县协商同意。

区、乡公路由各区乡自栽、自管、自得，由公路所在区、乡自行规划实施。县养公路、行道树权属放到县，由各区县交通部门规划实施。市交通部门给部分经费补助。

1990年重庆市管养公路1846公里，其中宜林公路1476公里，已绿化公路267公里。1986年春季植树314公里，204434株，还有895公里（占60.6%）未绿化。每年按20%的比例增加绿化里程，至1990年完成重庆市养公路宜林路段绿化里程。

重庆市政府颁发《公路路政管理实施细则》，加强公路路政（其中包括绿化）管理，使公路绿化有法可依。建立公路绿化机构，加强路政管理，保护国家路权、树权不被侵占和毁坏。各公路养护总段成立公路绿化领导小组，总段长任组长，有关科室和各养路段负责人为成员，总段设专职人员办理日常工作，各公路养护分段设1~3名专职绿化员，各班组设1名兼职绿化员。1990年各分段增加了绿化管理员，坚持科学植树、科学管理、重质量，基本达到栽一株、活一株、成一株。

1986~1997年，国家还处在计划经济向市场经济转型时期，国省道公路绿化工作由公路管理部门进行指令性计划安排，公路养护管理单位具体负责组织实施。

1986年3月4日，重庆市公路养护总段发出《关于下达一九八六年度公路绿化指令性计划的通知》，要求公路绿化成活率达到95%，保存率达到85%，1986年4月下旬检查验收。各分段按此计划，实际完成情况是：綦江段新植15公里6000株（3厘米以上苗）、26公里4万株（不标准苗），补植 4.7 公里 1000 株；二分段新植 9.5 公里 3500 株（3 厘米以上苗）；三分段新植 19.3 公里 7000 株（3 厘米以上苗），补植 15 公里 2 千株；长寿段新植 21 公里 2.2 万株（3 厘米以上苗）、16 公里 20 千厘米株（不标准苗），补植 10 公里 1000 株；江北段新植 29 公里 7600 株（3 厘米以上苗），补植 27 公里 107000 株；北碚段新植 19 公里 4800 株（3 厘米以上苗）、10 公里 20 千株（不标准苗），补植 6200 株；南桐段新植 8 公里 3200 株（3 厘米以上苗），补植 3 公里 1000 株。

1987 年，重庆市公路养护总段绿化里程 197.5 公里，植树 8 万株，投入经费 19.7 万元。树苗胸径在 3 厘米以上，树干高 2.5 米以上，窝距为每 4～5 米 1 株，成活率 95%，保存率 90%。绿化经费专款专用，由总段掌握。各分段凭据到总段审核拨款，栽植计划完成验收结算。对完成任务好的分段，总段对分管领导和经办人员按绿化工程费用的 2% 给予奖励。1987 年 8 月，重庆市公路养护总段发出《认真做好一九八七年度公路总结评比工作的通知》，制订了公路绿化先进集体和个人评比条件。先进集体分为三等：一等为超额完成植树任务，成活率在 95% 以上，保存率在 95% 以上，苗木整齐，发育正常，生长健壮，栽植位置、株距合乎规定标准，管护措施落实；二等为完成植树任务，成活率在 90% 以上，保存率在 90% 以上，其他稍次于一等评比条件者；三等为完成植树任务，成活率在 85% 以上，保存率在 85% 以上，其他基本达到一等评比条件者。先进个人的评比条件主要是直接参加公路绿化工作的职工或管理人员，并在工作中有突出贡献，对损坏、盗伐公路行道树的行为及现象进行坚决制止。认真追究及时严肃处理。先进集体和个人的评比名额，集体 2～3 个，先进个人每段 6～9 人。

1986 年永川总段首先在合川渝南路上栽了 2000 株示范树，然后在各区段抓试点，最后铺开，由各区段与区镇签订护管合同，订立奖罚办法，落实到村户，使渝南路 3 年内达到绿化，新栽白杨树 2 万余株，成活率达 95%，保存率达 85%。全总段养路里程 655 公里，可绿化里程 333.5 公里，已绿化 332.5 公里，占绿化里程的 62%，行道树 28 万余株。

2000 年，重庆市公路绿化工作，完成了国省县乡及专用道路将新植 571 公里，补植 1088 公里，投入 1682 万元。各区县（市）探索出了栽、管、护一体的管理模式，巩固了绿化成果，使重庆市公路绿化率达到 73%，其中国省干线达到 88%。2001 年，重庆市以贯彻落实全国绿化工作会议精神为契机，以高速公路和国省道干线公路为重点，因地制宜，科学绿化，大力植树种草，公路绿化里增长，共计投入资金 5386 万元。新种植乔木 124.5 万多株，花灌木 109.6 万株，绿篱 10.89 万延米，草坪 116.12 万平方米，平均成活率 86.3%。新补植里程 1923 公里，共种植乔木 119.19 万株，花灌木 50.78 万株，绿篱 6.83 万延米，草坪 313 万平方米。栽植品种也有较大改善，主要栽植了黄葛树、柳树、法国梧桐、杨树、小叶榕、雪松、桉树、洋槐、樱花、紫薇、夹竹桃、杜鹃、毛叶丁香等几十种。高速公路绿化通道建设累计完成 187.10 公里计 93.29 公顷，国省县道公路绿化通道建设完成 363 公里计 72.6 公顷，总共投入建设资金 5210.19 万元。绿化通道工程的实施，不仅使公路得到有效保护，巩固了路基，改善了公路环境，防止了公路沿线土地冲刷、崩塌，减轻公路污染，隔离噪音，减少或避免对周边环境生态造成危害，而且使公路上等升级，形成以乔、灌、草、花相结合的绿色长廊，整体推进了公路绿化向纵深发展。

2002 年，重庆市开展公路绿色通道工程建设，完成计划指标国省县乡及专用道路新植 753 公里，补植 825 公里，投入 3659 万元。加强通车公路的绿化养护，对尚未绿化的进行绿化，杜绝绿化空白。对在建公路的边坡绿化在设计上深入细化，特别是高边坡兼顾稳定和绿化相结合，视具体地质情况单独设计，并贯彻施行动态设计。加强公路绿化的基础研究和应用研究，提高公路绿化的科技含量。积极开展植物育种及新品种引进培育试验，加快植物新品种的开发和乡土植物的驯化，加强植物病虫害的防治研究和节水技术研究。完善绿化工作检查验收和监督办法，促进各地加大对绿化工作的投入，确保专款专用。栽、管、护一体的管理模式，巩固绿化成果，确保重庆市公路绿化率达到 80%，国省干线达到 93%。

四、县乡道公路绿化

重庆市县乡公路实行社、队、个人自栽、自管，树权归个人所有的原则，间伐更新报经县交通部门批准。县养公路，由县交通部门安排栽、管，重庆市交通局补助部分绿化费用。县养公路绿化采取的管护，由公路沿线的乡、村与公路管理部门签订协议，承包栽管，权属归公路部门，间伐更新后收益按承包户五成，乡、村各二成，公路部门一成（许多路段没有要）的分成办法。有的是生产队集体栽管的则按三七分成或二八分成。也有的将栽、管、收下放给沿线的土地承包责任户。同时，有的路段由养路道班自栽自管，树权属国有，间伐报县交通部门批准。

铜梁县　从1986年开始，137公里宜林路段都植了树，并与3700家农户签订了50年不变并有继承权的《公路绿化护管承包合同》，其间对成材树进行间伐后，全县仍有29.9万株，每公里平均1900余株，公路两旁绿树成荫。

万县市（万州区，下同）　1987～2002年，万县市公路绿化采取了多项措施。管养干线公路上的每个道班每年完成1公里绿化达标里程，公路养护部门与公路沿线乡镇签订公路绿化栽管合同，其产权归村、社或村民所有。交通主管部门下达公路绿化年度目标计划。绿化完成情况是：1987年国省道921公里，可绿化里程574公里，基本绿化里程388公里，绿化率67.6%。栽植多为单行，树种杂乱无序。绿化路段占整个线路比重偏低。1988～1992年，以“巩固已有成果，狠抓植树质量，克服广种薄收，扎实稳步前进”为指导思想，健全三级管理体系，推行雇请农民护林员为主的护树方式，巩固提高国省干线绿化水平。至1992年年底，基本绿化里程达到1043公里。至此万县市养路总段管养公路两侧共有行道树595410株，平均每公里646株。开县、忠县、云阳3个分段绿化率达100%，经四川省公路局验收达标合格。1993年植树869公里30.6万株，成活率64.6%。到1999年年底，在核定的3210公里宜林里程中，基本绿化里程达1425公里，使改造后的国省道进入恢复性发展阶段。2000年，万州区完成新栽植路树13公里计6550株，补植91公里1.2万株，收费站（点）绿化4处，栽植品种达10余种，成活率85%，投入公路绿化资金57万元。至2002年年底，万州区基本绿化里程达到369公里，绿化率80.9%。基本绿化里程中，国道77公里，占可绿化里程的75.4%；省道75公里，占可绿化里程的72.1%；县道148公里，占可绿化里程的28%；乡道69公里，占可绿化里程的10%。2002年年底，万州区公路绿化按树种、物种形态分，乔木式的主要树种有桉树、小叶榕、法国梧桐、刺槐、洋槐、桐子树、香椿树、泡桐树，主要分布在坪坝、山区、丘陵；丛林式的主要树种有毛叶丁香、万年青等，主要分布在丘陵、平坝、高速公路堡坎、路肩、边沟。藤蔓式的主要树种有巴壁虎、葛藤、金银花等，主要分布在公路堡坎、路肩。按绿化形态分，主要有公路两侧的线型绿化、带状绿化、块式绿化、片式绿化。线型绿化就是公路两侧一条线的绿化，树种一般为乔式、丛式。带状绿化就是在高等级公路、高速公路的隔离带、公路路肩的绿化带绿化，物种一般为丛式。块式、片式绿化就是利用公路留地建设绿化片、绿化块，物种一般为藤式、草本植物或鲜花。

秀山县　1999年，秀山县通过10年努力，形成了由30万株白杨树筑起的115公里国省道绿色长廊。秀山县制订公路绿化计划，先国省道，后县乡道，把全县公路建成一条绿色通道。秀山县四大家主要领导及22名副县级领导均分路段落实了公路绿化责任，并纳入年终个人考评。公路沿线的区乡党委、政府，公、检、法、林业、电信等单位共同参与。以县委、县政府为轴心，分别与县交通局和公路沿线各区工委签订公路绿化目标责任书。各区工委与乡政府、乡政府与村、村与组又层层签下责任书、落实责任。此外，秀山公路养护部门从植树到护树采取了有效措施，严格考核，奖惩斗硬，建立档案，精心管护。从1996年起，秀山县每年举行2次“红领巾爱路护树活动”，团县委、县教委、县公路养护机构共同发起并组织国道319线、326线沿线学校的学生清扫公路，给行道树培土、浇水，挂牌落实管护责任。

巫山县　至2004年年底，巫山县管养县道里程为493公里，其中可绿化里程为240公里。通过几年不懈努力，巫山县养路队在渝巴路、两巫路、九大路、巫杜路、巫渣路、铜莲路等近 200 公里公路上栽植刺梧桐、杨柳树等行道树近 2 万株，成活率达 85%。

五、绿化专项活动

在统一实施公路绿化的同时，重庆市部分区县及公路管养部门还适时开展绿化专项活动。

1987 年 3 月 9 日，重庆市公路养护总段万盛段党员及干管人员参加义务植树。党员、干管人员 30 余人，义务植树 700 余株，推动了各班组植树计划的落实。

1994 年 3 月 12 日，重庆市公路养护总段永川段和永川寒坡小学的师生共 130 余人，分成 3 个组，在永（川）泸（州）公路“25 公里 +600 米”至 32 公里一段路上，补植了公路行道树 600 余株，以实际行动度过了植树节。为保证新植行道树的成活率和保存率，寒坡乡政府与永川段签订了管护责任书，落实了管护地段和责任人。至此，该乡公路绿化纳入了地方政府目标管理范围内。

1994 年 3 月 8 ~ 14 日，重庆市公路养护总段长寿段开展植树造林活动，经过 7 天奋战，共计植树 12582 株，补植行道树里程 73.69 公里，超额完成上级下达的绿化任务。

第三节　绿化状况

至 2005 年年底，重庆市公路总里程 38215 公里，可绿化里程为 29199.07 公里，已绿化里程 17426 公里，绿化率 59.68%，共投入绿化资金 22826.07 万元。公路绿化树种，乔木有 16635.8 公里，花灌木有 738.81 公里，草坪有 51.93 公里。绿化公路的行政等级，国道总里程 1852.99 公里，可绿化里程 1656.25 公里，已绿化里程 1643.93 公里，绿化率 99.26%，绿化投入资金 8017.5 万元，乔木绿化 1456.499 公里，花灌木绿化 159.33 公里，草坪绿化 28.1 公里。省道总里程 4084.38 公里，可绿化里程 3503.14 公里，已绿化里程 2975.903 公里，绿化率 84.95%，绿化投入资金 9049.65 万元，乔木绿化 2759.01 公里，花灌木绿化 196.07 公里，草坪绿化 20.828 公里。县道总里程 15807.95 公里，可绿化里程 12859.46 公里，已绿化里程 9023.32 公里，绿化率 70.17%，绿化投入资金 5534.4 万元，乔木绿化 8713.1 公里，花灌木绿化 307.21 公里，草坪绿化 3 公里。乡道总里程 15604.36 公里，可绿化里程 10580.89 公里，已绿化里程 3503.28 公里，绿化率 33.11%，投入资金 187.32 万元，乔木绿化 3431.08 公里，花灌木绿化 72.196 公里。专用公路总里程 865.31 公里，可绿化进程 599.35 公里，已绿化里程 280.11 公里，绿化率 46.74%，绿化投入资金 37.2 万元，乔木绿化 276.107 公里，花灌木绿化 4.004 公里。

一、公路绿化先进单位

（一）先进路段

1987 年年底，重庆市公路养护总段组织相关科室和人员对重庆市公路绿化完成情况进行了检查总结，第一名为重庆市公路养护总段长寿段，完成了总段下达的指令性计划，植树 40 公里，16777 株，成活率达 95%，保存率达 90%。第二名为重庆市公路养护总段北碚段，植树 11126 株，成活率达 94%，保存率达 85.7%。第三名为重庆市公路养护总段綦江段，植树 13257 株，成活率 90%，保存率 80%。

（二）公路绿化达标县

1993 年 4 月，四川省绿化委员会和重庆市绿化委员会对大足县绿化进行全面检查验收，认定已达到“实现基本绿化”阶段的规定标准，提前一年实现省委、省政府规定的第二阶段目标。其中国省道公路绿化率已达到 97.1%，成为重庆市第一个省级公路绿化达标县。1994 年 8 月，四川省交通厅公路局下文批复，合川市成为重庆市第二个省级公路绿化达标县。重庆市交通局、合川市交通局联合检查验收，合川市的国、省干线公路绿化率达 95.2%，县公路绿化率达 94.3%。四川省绿化委员会及省交通厅公路局复查，确认并同意合川市公路绿化达标，四川省公路局也为其颁发奖状，重庆市交通局分别给予合川市交通局和公路养护单位绿化达标奖励。

二、绿化通道建设

绿色通道工程建设。1998 年，全国绿化委员会、交通部、铁道部、林业部下发《关于在全国范围内大力开展绿化通道工程建设的通知》。

根据《通知》精神，重庆市交通局对重庆市的公路绿化现状进行调查，结合各区县（市）公路绿色通道建设，统一规划，因地制宜，1998 年 6 月 16 日，重庆市交通局交通部上报了《关于报送公路绿色通道工程建设规划指标的报告》（渝交局〔1998〕517 号）。

按照重庆市绿化通道规划，渝长、长涪、渝黔、梁万、渝合等高速公路设计、施工同步进行建设，G319 线、G210 线、G212 线、G318 线、G326 线国道按部颁文明样板路绿化标准进行建设，省道按部颁 GBM 工程绿化标准进行建设，县乡专用道路按重庆市 GBM 工程绿化标准进行建设。1999 年投入资金 734 万元，绿化里程达 12270 公里，占应绿化总里程的 71%。

2000 年投入资金 1312 万元，绿化里程达 13216 公里，占应绿化总里程的 73.4%。2001 年投入资金 5386 万元，绿化里程达 14471 公里，占应绿化总里程的 77.9%。

2002 年，重庆至合川高速公路高速公路投入绿化通道工程 725.6 万元，绿化林带 12 万元。2005 年 3 月，重庆市绿化委员会授予长（寿）梁（平）高速公路“最佳绿色通道”称号。其特点是“创建百里绿色长廊，打造库区精品工程”，以《渝水溯史》《巴风醉拂》《移民桑情》三部曲为主线，用壁画、雕塑等艺术手法反映深厚的巴渝历史文化。对全线边坡采取了撒播草种、种植四季不同的鲜花以及灌木、乔木结合的绿化措施。

表 3－49　　2005 年重庆市公路绿化统计表

项目	公路总里程	可绿化里程	已绿化	绿化情况							资金投入
				新植			采伐	补植			
				乔木	花灌木	草坪	乔木	乔木	化灌木	草坪	
	公里	公里	公里	公里	公里	公里	公里	公里	公里	公里	万元
总计	38215	29199.09	17426.5	588.56	45.47	37.87	71.62	1094.40	35.78	73.42	22826.10
1. 国道	1852.99	1656.24	1643.93	74.03		6.54	3	109.62	1		8017.50
其中：国道主干线	547.74	525.88	525.88								2200
2. 省道	4084.38	3503.14	2975.90	77.56	42.07	18.79	20.70	312.80	12		9049.65
3. 县道	15807.95	12859.46	9023.32	273.21	2	11.54	36.70	547.10	11.78	73.42	5534.40
4. 乡道	15604.36	10580.89	3503.28	139.06		1	9.32	116.92	7.50		187.32
5. 号用公路	865.31	599.35	280.11	24.70	1.40		1.90	8	3.50		37.20

第四篇　道路运输管理

道路运输是具有先导性、基础性的重要产业，是国民经济和社会发展的重要基础和必要保障，与人民群众生产、生活密切相关。1978 年 12 月，中共十一届三中全会以后，重庆放宽搞活道路运输市场，实行全民、集体、个体一起上，运输生产能力迅速增长。为适应运输市场开放，道路运输迅速发展需要，重庆各级交通主管部门认真转变管理职能，改革管理模式，由管理直属企业转向管理全行业，由单纯运用行政手段转向行政、经济、法律手段综合运用。1986～2005 年，重庆道路运输改革、发展和管理取得长足进步。经过多年努力，2000 年 8 月，重庆实施交通管理体制改革，组建了城乡一体的道路运输管理机构，消除了机构重叠、职能交叉、管理多头、效率低下的体制壁垒。2001 年 2 月，重庆市第一部道路运输管理地方性法规《重庆市道路运输管理条例》颁布施行。此后，重庆市人民政府又相继制定了一系列道路运输管理规章和规范性文件，建立起较为完备的行业管理法规体系。重庆市各级道路运输管机构依法履行职责，加强行业管理，规范经营行为，调整运输结构，优化资源配置，从而使道路运输供给能力不断增强，运输服务质量稳步提升，人民群众出行条件日趋好转，为经济社会发展做出了重要贡献。至 2005 年年底，重庆道路运输行业有各类经营业户 6.7 万户，其中，客运经营业户 3468 户，货运经营业户 58456 户；营运车辆 18.5 万辆，其中，客运车辆 3.3 万辆，货运车辆 15.2 辆；从业人员 40.1 万人；年完成客运量 6 亿人次，旅客周转量 227.2 亿人公里；年完成货运量 2.7 亿吨，货物周转量 127.7 亿吨公里。经过 20 年艰苦努力，运输能力和运输市场基础设施与运输需求基本适应，运输管理法规基本健全，市场行为基本规范，一个多种经济性质、多种经营形式、多家经营主体、统一开放、竞争有序的道路运输市场体系和宏观调控体系基本形成。

第一章　道路运输改革

重庆道路运输改革与全国经济体制、政治体制改革同步实施，在中央改革开放方针政策指引下，在政治、经济和社会发展重大变革的实践中，不断探索、不断进步、不断深化。重庆道路运输改革经历了开放市场、规范市场、调控市场 3 个阶段，主要从两个方面入手：一是政府机构改革。主要内容是转变管理职能，实现由微观管理向宏观管理、直接管理向间接管理、单纯依靠行政审批向统筹、协调、监督、服务的转变。二是企业制度改革。主要内容是实行政企职责分开，推进企业经营机制、收入分配、产权制度等内部管理制度和社会保障、投资、财税、金融体制等外部配套制度的改革，将计划经济中作为政府附属物的企业，转变为市场经济中具有自主经营、自负盈亏、自我发展能力的经济实体。1986～2005年，重庆道路运输改革取得明显成效，道路运输管理实现从计划经济模式向市场经济模式的根本转换，道路运输企业实现由小到大、由弱到强、由政府附属物到相对独立经济实体的根本转变。

第一节　开放运输市场

中华人民共和国成立至1978年中共十一届三中全会召开的30年间，中国长期实行高度集中的计划经济体制，经济活动主要通过政府行政部门设立、组织企业，按照行政隶属关系，运用行政手段直接经营、管理企业来实施。公路运输和城市公共交通的属性、经营范围、服务对象不尽相同，导致政策待遇和管理方式存在差异。公路运输企业由交通部门负责管理，城市公共交通企业由城建部门负责管理，公路客货运输和城市公交客运业务，分别由交通和城建两个政府部门管理的企业在封闭的市场内独家经营。

1978年12月，中共十一届三中全会召开，中国实行改革开放。1983年1月，中共中央发出关于当前农村经济政策的若干问题的通知（中发〔1983〕1号），明确规定允许农民个人或联户购买拖拉机和汽车，从事生产和运输。1983年3月，交通部提出“有路大家行车，开放运输市场，实行多家经营，鼓励市场竞争”方针。1985年，交通部出台“三个一起上，三个一起干”，即全民、集体、个体一起上，各部门、各行业、各地区一起干的政策。1985年4月，国务院批转城乡建设环境保护部关于改革城市公共交通工作的报告（国发〔1985〕59号），确定城市客运实行多家经营，由城市公共交通主管部门实行统一规划，统一管理。自此，公路运输和城市客运两个市场全面放开。道路运输突破计划经济体制束缚后，各类型经营业户迅速涌现，运输车辆大幅度增加，原由国有公路运输企业和国有城市公交企业独家经营的局面被打破。

第二节　规范行业管理

公路运输市场放开的同时，出现了市场竞争无序，经营行为不规范，服务质量低劣，安全运输状况不好等问题，迫切需要对道路运输活动加以规范。1983年7月，国家经济委员会、交通部联合印发《关于改进公路运输管理的通知》（经交〔1983〕594号）（以下简称通知）。《通知》要求公路运输坚持计划经济为主，市场调节为辅的方针，实行多家经营，发展多种经济形式。同时规定，凡参加营业运输的国营企业、集体单位、城乡个体和联户，都要经交通部门签注意见，办理工商登记，发给营业执照方准开业；严禁非法经营、哄抬运价、敲诈勒索、营私舞弊。

1983年11月，四川省人民政府根据《通知》精神，制定《四川省改进公路运输管理实施办法》（川府发〔1983〕193号）。《实施办法》对四川省公路运输业的改革和管理工作进行了重大调整，对国家经济委员会、交通部《通知》中的一些原则性规定，结合四川实际进行了细化和进一步明确。对经营业户使用行车凭证做出明确规定：交通、商业、粮食、供销、外贸等系统专业运输企业的营运车辆，凭营业执照和成建制车徽营业，其余单位和个人的营运车辆，除持有营业执照外，还必须持有交通主管部门核发的营业标志。

1984年1月，四川省交通厅贯彻《四川省人民政府关于改进公路运输管理的精神》（川府发〔1983〕193号），以川交运〔1984〕3号文件印发《关于调整交通运输管理站职责范围的通知》，明确规定各级交通运输管理站是公路运输行政管理的工作机构，在各级交通局的领导下，行使公路运输管理职权。征收费名改为公路运输管理费。将交通运输管理站原管理集体运输企业和拖拉机、人畜力车运输的职能，调整为对公路运输全行业实施行政管理。自此，交通运输管理站率先成为各级交通主管部门履行公路运输行业管理职能的工作机构。

1985 年 5 月，四川省交通厅印发《关于加强我省公路运输行业管理的意见》（川交办〔1985〕311 号）。《意见》要求公路运输管理机构要努力实现两个转变：一是从主要抓直属企业，转变到管整个公路运输行业；二是从直接抓企业的生产事务，转变到抓好行政管理。要求市、地、州、县交通局加强领导，健全机构，在市、地、州设立交通运输管理处，在县设立交通运输管理所，在区（镇）设立交通运输管理站，逐步在乡设立交通运输管理员。同时还明确了省、地（市、州）、县、区四级运管机构的职责，落实了经费来源渠道。

1986 年 12 月，交通部、国家经济委员会联合发布《公路运输管理暂行条例》（以下简称暂行条例）。《暂行条例》首次明确界定了公路运输行业管理的范围，即旅客运输、货物运输、汽车维修、搬运装卸、运输服务 5 个子行业，并对开业与停业、旅客运输、货物运输、汽车维修、搬运装卸、运输服务业以及运输工具、运输价格及单证、运输经营行为的管理、监督、检查、处罚做出了具体规定。《暂行条例》成为道路运输管理机构履行职责，道路运输业户从事经营的行为规范，标志着道路运输管理向制度化、规范化方向迈出了重要步伐。

1987 年 2 月，交通部发布《公路运输统一单证使用和管理规定》。《规定》对暂行条例中要求经营业户必须使用的营运证件，做了进一步明确和细化，统一了公路运输营运证件的种类、式样、制作和管理。《规定》明确，公路运输统一单证有：公路运输业经营许可证（含副本公路运输营运证）、行车路单、客货票证四类。其中，经营许可证（含副本营运证）、行车路单、客货票据，由交通部统一制作格式，省、自治区、直辖市运管部门负责印制、发放和管理。

1987 年 4 月，交通部发布《公路运输管理部门工作条例》，对道路运输管理机构的人员编制、录用考核、工作职责、工作准则、工作装备、奖惩制度等作了明确规定。这是首次对运管机构组织建设和运管队伍作风建设做出的专项规定。

1990 年 9 月，交通部发布《道路运输违章处罚规定（试行）》（1990 年第 23 号令）。《规定》对道路运输违章行为的认定与处罚标准、处罚种类、处罚应用、处罚管辖、处罚执行，做出了具体、明确、详细的规定。这是首次对道路运输市场实施监督检查作出的专项规定。

1992 年 5 月，交通部发布《关于启用〈中华人民共和国道路运输证〉的通知》（交政法发〔1992〕357 号），决定自 1992 年 10 月 1 日起，营业性运输车辆必须持有交通部制发的中华人民共和国道路运输证。将营业性运输车辆必须随车携带的合法经营标志公路运输营运证变更为道路运输证。此后，交通部发布的有关公路运输的所有文件中，均将公路运输统一改称为道路运输，规范了对行业的称谓。这一称谓一直沿用至今。

1997 年 8 月，交通部发布道路运政管理工作规范（交公路发〔1997〕516 号），内容涵盖道路运输行业各个组成门类，对道路运输管理的各个工作环节，制订了明确的、具体的操作流程和工作规范。

2000 年 8 月，重庆市人民政府进行机构改革，组建了"大交通"管理机构——重庆市交通委员会。将重庆的道路客运、城市公交、出租汽车、道路货运、搬运装卸、运输服务、汽车维修、车辆检测及汽车驾驶培训纳入道路运输行业实行统一管理，建立了城乡道路运输一体化管理体制。2000 年 12 月 19 日，重庆市第一届人大第 29 次常委会审议通过《重庆市道路运输管理条例》，自 2001 年 2 月 1 日起实施。这是重庆市第一部道路运输管理地方性法规，城市公共汽车客运、出租汽车客运纳入了法规调整范围，市和区县道路运输管理机构的职能得到法规正式授权。

2004 年 4 月 14 日，国务院第 48 次常务会议审议通过中华人民共和国道路运输条例，（以下简称条例），自 2004 年 7 月 1 日起施行。《条例》的颁布和施行，结束了道路运输管理无全国性行政法规的历史，解决了地方性法规、地方政府规章规定的道路运输准入条件和管理制度不一致的问题，道路运输管理机构的职能得到行政法规正式授权。但是《条例》的适用范围排除了出租车客运和城市公共汽车客运。《条例》第八十二条明确规定，出租车客运和城市公共汽车客运的管理办法由国务院另行制定。《条例》依据行政许可法的原则、精神和要求，明确规定了道路运输需要设定行政许可的事项、条件和程序，对道路运输经营行为和政府在道路运输管理中的职责进行了界定和规范。这些规定对道路运输管理机构转变政府职能，改进运输管理、推进依法行政提出了新要求。

为配合《条例》的实施，2005 年，交通部对原颁布的道路运输行政规章进行了全面修订，删除了与《条例》规定相悖的内容，相继重新颁布了《道路货物运输及站场管理规定》(2005 年第 6 号令)、《机动车维修管理规定》(2005 年第 7 号令)、《道路危险货物运输管理规定》(2005 年第 9 号令)、《道路旅客运输及客运站管理规定》(2005 年第 10 号令) 等配套规章。至此，道路运输行业管理更加规范有序。

经过 20 余年的不懈努力，重庆初步建立起完善的道路运输经营网络、完备的道路运输装备设施和规范的道路运输市场体系，为重庆经济社会发展创造了良好条件。

第三节　建立现代企业制度

在实施政府职能转变和政府机构改革的同时，企业制度改革不断深入推进。交通部、重庆市人民政府及交通主管部门，在企业制度改革方面先后制定和采取了一系列政策与措施。

20 世纪 80 年代初，在部分交通运输企业中开始了扩权让利的改革试点。1983～1986 年间，先后推行了第一步和第二步利改税，同时进一步扩大企业自主权。1987～1990 年间，交通运输企业普遍推行经济承包责任制，实行政企职责分开，所有权与经营权分离。政府对企业进一步简政放权，企业自主进行内部改革试点，实行厂长、经理负责制，改革劳动、人事、工资制度，普遍推行租赁、承包经营制。与此同时，还进行了股份制改造，利税分流，区县小企业包、租、卖改革试点。重庆市人民政府出台和采取的一系列改革措施，对于国有企业增强活力，转变经营机制起到了一定的积极作用，企业的自主权有不同程度的扩大，指令性计划大幅度减少，生产要素的取得大都通过市场解决。企业经营状况与职工的利益有了较多的联系。有的企业通过参与市场竞争、联合和兼并活动，获得了较大的发展。

1991 年，为贯彻落实国务院全民所有制工业企业转换经营机制条例，重庆市人民政府印发《关于在国营工交企业中进行“五自主”试点的通知》和《关于开展国营大中型企业转换经营机制试点工作的通知》，全面推行以转换企业经营机制、调整产权结构为主要内容的改革。

1992 年，交通部加快运输市场化进程步伐，筹备建立现代企业制度的尝试，要求交通运输企业按照《公司法》规定，建立“产权清晰、权责明确、政企分开、管理科学”的现代企业。1994 年，重庆市选择一批不同类型，具有代表性的企业进行现代企业制度试点，市属企业——四川省永川汽车运输总公司被列为首批试点单位。经过两年的清产核资、资产评估等活动，四川省永川汽车运输总公司设立了董事会和监事会，聘任了总经理和领导班子，完成了“现代企业制度试点总体实施方案”。1996 年获重庆市企业改革指导委员会重指委〔1996〕13 号文批准，同意实施法人资产代理经营责任制，改组为国有独资公司，更名为重庆长途汽车运输有限责任公司，于 1997 年 5 月 23 日正式挂牌运营。

1998 年 2 月，由重庆汽车站、重庆交通物业开发公司、重庆交通投资公司共同组建的重庆交通运业有限责任公司成立并开始运营，拉开了道路运输企业整合重组的帷幕。1998 年 6 月，重庆市汽车运输总公司与南川汽车运输总公司、涪陵汽车运输公司垫江分公司、黔江地区汽车运输公司黔江分公司进行重组，整合资产，成立重庆市汽车运输（集团）有限责任公司，扩大了经营管理范围。1998 年 9 月，重庆汽车运输（集团）有限责任公司与重庆公路运输总公司、重庆长途汽车运输有限责任公司、万县汽车运输总公司、重庆联运总公司五方共同投资，组建成立重庆市高等级公路客运有限责任公司，为全市第一个专门从事高速公路客运的股份制企业。

1999 年，道路运输行业实施企业法人资产代理经营责任制实施办法，全面推进承包制向现代企业的经营代理制转变。代理制以“两个目标、五项责任、三个机制”为主要内容，即代理人必须完成资产保值增值目标和经济效益目标，必须承担经济健康发展、抓好生产经营安全、确保资金正常运行，以及维护企业稳定和改善职工福利待遇的责任，建立激励、监督、制约 3 个有效机制，每 3 年为一轮代理周期。与法人资产委托经营承包责任制相比，基层代理人除拥有自主经营权外，在符合集团公司发展战略和宏观调控的前提下，还可代行法人权力。同时，代理人也必须确保国有资产的保值增值，使其与企业法人的经营目标一致，共同维护国有资产所有者的权益。法人资产代理经营责任制实施以后，企业全面完成效益计划目标，年营运收入逐年递增。

2000 年 4 月，交通部发布《道路旅客运输企业经营资质管理规定》（交公路发〔2000〕225 号)。2001 年 4 月，交通部又发布《道路货物运输企业经营资质管理办法》（交公路发〔2001〕154 号)。其中，客运资质等级与客运企业的经营范围挂钩。重庆道路运输行业贯彻落实交通部规定，开展客、货运输企业的资质等级评定工作，进行企业结构调整，推行集约化、规模化经营改革。企业通过出资收购、兼并、整合、重组等形式，调整产业结构，实行资产重组，组建企业集团，推行公司化扩张战略。重庆汽车运输（集团）有限责任公司、重庆公路运输（集团）有限责任公司、重庆长途汽车运输（集团）有限公司、重庆交通运业有限责任公司、重庆联运物流总公司等国有骨干运输企业，依靠经营资质等级评定政策，以收购、兼并等形式对一些小型企业进行整合、重组，扩大了经营规模，提高了组织化管理水平。至 2005 年年底，重庆道路运输行业现代企业制度改革取得成效，有限公司、有限责任公司、股份有限公司、股份合作制已成为国有、集体运输企业改制的主要形式，租赁、承包、委托等多种经营方式也普遍为道路运输企业所选择和利用。各类经济性质的企业，通过股份、收购、兼并、承包、租赁等方式，明确了企业产权关系、重组了企业经营资产，改变了重庆道路运输行业的所有制结构，集约化、规模化经营水平提高。

第二章　旅客运输管理

新中国成立至改革开放之前，旅客运输一直由各级交通主管部门所属运输企业独家经营，其他单位和个人均不得经营，这一原则一直沿袭至 20 世纪 80 年代初。1983 年 11 月，四川省人民政府发布《四川省改进公路运输管理实施办法》（川府发〔1983〕193 号)。《办法》对推进道路运输改革，改进道路运输管理有着划时代的意义和作用。《办法》对旅客运输经营实行有条件开放。《办法》第六条规定：“公路汽车客运，原则上由各级交通主管部门的运输企业经营。非交通部门的零星客车，要求经营公路客运的，其车辆状况和驾驶操作安全技术，必须符合客运规定条件，经市、地、州交通主管部门审查批准，核定营运线路、范围、保证客运班次者，可以经营客运。”运输市场开放后，1986 年 12 月，交通部、国家经济委员会发布的《公路运输管理暂行条例》对旅客运输管理作出了专门规定。1987 年 6 月，四川省人民政府根据《暂行条例》规定，制定和颁布《四川省公路客运管理暂行办法》（以下简称《客运管理办法》），对旅客运输管理作了明确规定。1987 年 9 月，四川省交通厅为了贯彻四川省人民政府《客运管理办法》，印发了《关于贯彻〈四川省公路客运管理暂行办法〉的实施办法的通知》（川交运〔1987〕字第 528 号）及《营运线路标志牌使用管理办法》《客运线路三级审批实施办法》《客运班车三定管理实施办法》3 个实施细则，对公路客运管理的具体内容、方式和程序，作出了具体、明确的规定和要求。概括起来就是：开业、线路、运力须经过交通主管部门审批；客运线路实行“三级审批”（县内线路由县级交通主管部门审批，地、市、州内跨县线路由地、市、州交通主管部门审批，跨地、市、州线路由省交通主管部门审批）。客运班车实行“三定管理”（定线路、定站点、定班次）和挂牌运输（悬挂客运线路标志牌）。

1993 年 5 月，交通部制定统一的开业条件，是各级运管机构审批的依据。开业审批、线路审批、运力审批、三定管理、挂牌运输，是《暂行条例》对旅客运输管理规定的具体内容和方式。这些规定一直沿用至 2004 年。2004 年 7 月，国务院颁布的《中华人民共和国道路运输条例》将客运经营设定为行政许可事项，开业、线路、运力审批，三定管理、挂牌运输成为行政许可事项的具体内容。2005 年 7 月，交通部颁布《道路旅客运输及客运站管理规定》（2005 年第 10 号令）对许可事项的内容和程序进行进一步规范。开业审批称为经营许可，线路和运力审批分别称为线路许可和运力许可。

第一节　经营许可

一、客运经营许可条件

（一）1993 年客运经营业户开业条件及相关规定

1993 年 5 月 19 日，交通部发布《道路旅客运输业户开业技术经济条件（试行）》，规定了经营道路旅客运输业户在开业时须具备的车辆、设施、资金、人员和企业组织等方面的基本技术经济条件。

1. 道路旅客运输业户开业的一般条件

（1）车辆条件。拥有的车辆应是新车或达到一级车况等级的在用车；持有有效的车辆行驶证件。

（2）设施条件。有固定的办公场所；有与经营规模相适应的、坚实平整的停车场地，其面积应是实有车辆投影面积的 2 倍；租用他人房屋、场地作为经营办公场所、停车场者，要签订一年以上合法有效的租用合同。

（3）资金条件。除固定资产外，须有不少于车辆价值 5% 的流动资金；经营一辆车的业户，除车辆本身外还须具有一定的资金或资产作为事故赔偿的保证金；经营大型客车的业户为 5 万元，经营中型客车的业户为 4 万元，经营小型客车的业户为 3 万元。

开业时应出具合法的资信证明或资金担保书。

（4）人员条件。管理人员、调度人员、驾驶人员须掌握与道路旅客运输有关的法律、法规和客运业务等方面的基本知识；车辆驾驶人员应具有有效的驾驶证件；道路旅客运输企业在经营管理、车辆技术、财务会计和统计等岗位上，应分别有 1 名具有初级以上（含初级）职称的专业人员；聘用各种专业人员，必须签订定合法有效的聘用合同；申请经营道路旅客运输时应具有可行性研究报告，写明要求经营的范围。

（5）企业组织条件。有完善的企业章程；有合法的法定代表人；有健全的生产经营组织机构。

2. 道路旅客运输开业的补充条件

（1）经营一类班车客运。营运距离在800公里以上（含800公里）的班线，须达到拥有40辆营运客车的生产经营规模或车辆固定资产原值不少于800万元。高、中级客车或卧铺客车不少于5辆。行驶一类班线的大客车驾驶员须有安全行车10万公里以上或安全驾驶5年以上的驾驶经历，并应配备双班驾驶员。营运线路上，每400公里间隔内至少要有1个自办或建立合同关系的救援单位。

（2）经营二类班车客运。营运距离在400公里（含400公里）至800公里的班线，客车不少于20辆或车辆固定资产原值不少于400万元。高、中级客车或卧铺客车不少于3辆。行驶二类班线的大客车驾驶员须有安全行车5万公里以上或安全行车3年以上的驾驶经历，并应配备双班驾驶员。沿途至少要有1个自办或建立有合同关系的救援单位。

（3）经营三类班车客运。营运距离在150公里（含150公里）至400公里的班线，大、中型客车不少于5辆。行驶三类班线的大客车驾驶员须有安全行车3万公里以上或安全行车2年以上的驾驶经历。

（4）经营四类班车客运。营运距离在150公里以下的班线，须达到道路旅客运输业户开业的一般条件。

（5）定线客运。须有30座以下的中、小型客车，线路里程一般为100公里以内。

（6）旅游客运。大、中型旅游客车不少于5辆，驾驶大、中型客车安全行车5万公里或安全行车3年以上的驾驶员不少于5人，持有效导游证书的导游不少于5人，有固定的发车地点。

（二）2001年客运经营业户开业条件及相关规定

2001年重庆市交通委员会印发《重庆市道路旅客运输企业开业条件》〔申请经营城市公共汽〈电〉车客运企业和出租汽车客运企业除外〕，其规定是：

1. 人员条件。管理人员、调度人员、驾乘人员须掌握与道路旅客运输有关的法律、法规和客运业务等方面的基本知识。车辆驾驶人员应具有有效的驾驶证和准驾证，其中安全行车30万公里以上的不少于30%。道路旅客运输企业在经营管理、车辆技术、财务会计和统计等岗位上，应分别有一名具有相应级别职称的专业人员。聘用各种专业人员，必须签订合法有效的聘用合同。

2. 资产条件。具有净资产200万元以上，其中客运净资产100万元以上。除固定资产外，须有不少于车辆价值6%的流动资金。开业时应出具合法的资信证明或资金担保书。

3. 设施条件。须有固定的办公场所。须有与经营规模相适应的、坚实平整的停车场地，其面积应是实有车辆投影面积的2倍。租用他人房屋、场地作为经营办公场所、停车场的，要签订一年以上合法有效的租用合同。

4. 车辆条件。拥有的车辆应是新车或达到一级车况等级的在用车，自有营运客车10辆以上、客位150个以上。须有有效的车辆行驶证件。

5. 组织管理条件。有经营、财务、统计、安全、技术、劳动等组织管理机构和与之相适应的管理制度。有完善的企业章程。有确定的负责人，负责人有从事本行业经营（或管理）工作3年或经济管理工作6年以上的经历。按规定办理旅客意外伤害险。

（三）2005年客运经营业户开业条件及相关规定

2005年7月，交通部发布《道路旅客运输及客运站管理规定》（交通部〔2005〕第10号令），对开业及相关的规定是：

1. 车辆规定。从事道路客运经营的，应当具备与其经营业务相适应并经检测合格的客车：

（1）技术性能符合国家标准营运车辆综合性能要求和检验方法（GBI 8565）的要求。

（2）外廓尺寸、轴荷和质量符合国家标准《道路车辆外廓尺寸、轴荷和质量限值》（GBI 589）

的要求。

(3) 从事高速公路客运或者营运线路长度在800公里以上的客运车辆，其技术等级应当达到行业标准《营运车辆技术等级划分和评定要求》（JT/T198）规定的一级技术等级；营运线路长度在400公里以上的客运车辆，其技术等级应当达到二级以上；其他客运车辆的技术等级应当达到三级以上。本规定所称高速公路客运，是指营运线路中高速公路里程在200公里以上或者高速公路里程占总里程70%以上的道路客运。

(4) 从事高速公路客运、旅游客运和营运线路长度在800公里以上的客运车辆，其车辆类型等级应当达到行业标准营运客车类型划分及等级评定（JT/T325）规定的中级以上。

(5) 经营一类客运班线的班车客运经营者应当自有营运客车100辆以上、客位3000个以上，其中高级客车在30辆以上、客位900个以上；或者自有高级营运客车40辆以上、客位1200个以上。

(6) 经营二类客运班线的班车客运经营者应当自有营运客车50辆以上、客位1500个以上，其中中高级客车在15辆以上、客位450个以上；或者自有高级营运客车20辆以上、客位600个以上。

(7) 经营三类客运班线的班车客运经营者应当自有营运客车10辆以上、客位200个以上。

(8) 经营四类客运班线的班车客运经营者应当自有营运客车1辆以上。

(9) 经营省内包车客运的经营者，应当自有营运客车5辆以上、客位100个以上。

(10) 经营省际包车客运的经营者，应当自有中高级营运客车20辆以上、客位600个以上。

2. 从事客运经营的驾驶人员，应当符合下列条件：

(1) 取得相应的机动车驾驶证；

(2) 年龄不超过60周岁；

(3) 3年内无重大以上交通责任事故记录；

(4) 经设区的市级道路运输管理机构对有关客运法律法规、机动车维修和旅客急救基本知识考试合格而取得相应从业资格证。

3. 有健全的安全生产管理制度，包括安全生产操作规程、安全生产责任制、安全生产监督检查、驾驶人员和车辆安全生产管理的制度。

4. 申请从事道路客运班线经营，还应当有明确的线路和站点方案。

二、客运经营许可程序

在主城区以外区县（自治县）内从事客运经营的，向区县（自治县）道路运输管理机构申请。跨市、跨区县（自治县）或在主城区从事客运经营的，向市道路运输管理机构申请。

道路运输管理机构收到从事客运经营的申请后，应当自收到申请之日起20日内审查完毕，作出许可或不予许可的决定。予以许可的，向申请人颁发道路运输经营许可证；不予许可的，书面通知申请人并说明理由。

三、道路客运企业经营资质评定

2000年4月，交通部发布《道路旅客运输企业经营资质管理规定（试行）》(交公路发〔2000〕225号)，决定在全国道路客运企业中展开企业资质评定。截至2003年年底，重庆市评定出一级客运企业1家，二级客运企业8家，三级客运企业30家，四级客运企业34家，五级客运企业258家。

2005年7月，交通部发布的《道路旅客运输及客运站管理规定》（交通部令〔2005〕第10号）明确规定："交通部2000年4月发布的《道路旅客运输企业经营资质管理规定（试行）》（交公路发〔2000〕225号）废止"。此后，道路旅客运输企业经营资质不再作为经营许可事项。此项工作由各级道路运输协会负责。

（一）道路客运企业经营资质等级及相关条件

道路旅客运输企业经营资质，是指对道路客运企业的资产规模、设施设备、人员素质、管理水平等的综合评价。县级以上人民政府交通主管部门是道路客运运输企业经营资质的主管部门，其所属的道路运政管理机构（以下简称运政机构）具体负责本办法的实施。道路客运企业经营资质等级分为五级。个体货运经营业户不评定经营资质等级。

1. 一级企业

（1）资历。企业经营高速客运或一类班线客运5年以上；企业在近5年内年均完成客运量1200万人次或客运周转量120000万人公里以上。

（2）人员素质。企业经理有从事本行业经营（或管理）工作5年以上或经济管理工作10年以上的经历；企业管理人员中有专业技术职称的人员不少于40%；企业营运客车驾驶员中，安全行车30万公里以上的不少于40%。

（3）资产规模。企业净资产5亿元以上，其中客运净资产（包括车辆设备、车站设施等，下同）为3亿元以上。

（4）车辆和设施。企业自有营运客车800辆以上，客位24000个以上且高级客车在150辆以上，客位4500个以上，或拥有高级营运客车300辆以上，客位9000个以上；车辆平均新度系数在0.7以上；至少有一个自有的一类汽车维修厂；至少自有一个一级或两个二级汽车客运站。

（5）企业管理。企业有健全的经营、财务、统计、安全、技术、劳动等管理机构和与之相适应的管理制度。

（6）经营效益。企业年完成总营收5亿元，其中客运收入3亿元以上；资产负债率不高于60%。

2. 二级企业

（1）资历。企业经营高速客运或一类班线客运5年以上；企业在近5年内年均完成客运量230万人次或客运周转量23000万人公里以上。

（2）人员素质。企业经理有从事本行业经营（或管理）工作5年以上或经济管理工作10年以上的经历；企业管理人员中有专业技术职称的人员不少于40%；企业营运客车驾驶员中，安全行车30万公里以上的不少于40%。

（3）资产规模。企业净资产5000万元以上，其中客运净资产3000万元以上。

（4）车辆和设施。企业自有营运客车150辆以上，客位4500个以上且高级客车在50辆以上，客位1500个以上，或拥有高级营运客车60辆以上，客位1800个以上；车辆平均新度系数在0.7以上；至少有一个自有的二类以上汽车维修厂；至少自有一个一级或两个二级汽车客运站。

（5）企业管理。企业有健全的经营、财务、统计、安全、技术、劳动等管理机构和与之相适应的管理制度。

（6）经营效益。企业年完成总营收5000万元，其中客运收入3000万元以上，资产负债率不高于60%。

3. 三级企业

（1）资历。企业经营三类班线客运3年以上；企业在近3年内年均完成客运量90万人次或客运周转量8000万人公里以上。

（2）人员素质。企业经理有从事本行业经营（或管理）工作4年以上或经济管理工作8年以上的经历；企业管理人员中有专业技术职称的人员不少于30%；企业营运客车驾驶员中，安全行车30万公里以上的不少于30%。

（3）资产规模。企业净资产1500万元以上，其中客运净资产1000万元以上。

（4）车辆和设施。企业自有营运客车50辆以止，客位1500个以上且高级客车在15辆以上，客位450个以上，或拥有高级营运客车25辆以上，客位750个以上；车辆平均新度系数在0.65以上；至少有一个自有的或建立长期合同关系的二类以上的汽车维修厂；至少有一个自有的或建立长期合同关系的二级汽车客运站。

（5）企业管理。企业有较健全的经营、财务、统计、安全、技术、劳动等管理机构和与之相适应的管理制度。

（6）经营效益。企业年完成总营收1500万元，其中客运收入1000万元以上，资产负债率不高于60%。

4. 四级企业

（1）资历。企业经营四类班线客运2年以上；企业在近2年内年均完成客运量40万人次或客运周转量2500万人公里以上。

（2）人员素质。企业经理有从事本行业经营（或管理）工作3年以上或经济管理工作6年以上的经历；企业管理人员中有专业技术职称的人员不少于30%；企业营运客车驾驶员中，安全行车30万公里以上的不少于30%。

（3）资产规模。企业净资产500万元以上，其中客运净资产300万元以上。

（4）车辆和设施。企业自有营运客车20辆以上，客位600个以上且高级客车在5辆以上，客位150个以上，车辆平均新度系数在0.6以上；至少有一个自有的或建立长期合同关系的二类以上的汽车维修厂。

（5）企业管理。企业有较健全的经营、财务、统计、安全、技术、劳动等管理机构和与之相适应的管理制度。

（6）经营效益。企业年完成总营收500万元，其中客运收入300万元以上，资产负债率不高于60%。

5. 五级企业

凡办理了企业法人登记，但未达到四级经营资质等级条件的道路客运企业为五级企业。

（二）经营资质等级评审和审批

申请经营资质等级的道路客运企业，应到本企业注册地的运政机构领取、填报《道路旅客运输企业经营资质等级申请表》并提供以下资料：

1. 道路运输经营许可证；

2. 企业法人营业执照；

3. 股份制、股份合作制、中外合资、中外合作的企业章程；

4. 企业经理和企业经营、财务、安全、技术部门负责人的履历和任职文件；

5. 企业管理人员专业技术职称情况名单；

6. 营运客车驾驶员的驾驶资历和上岗证情况名单；

7. 企业财务年报表；

8. 企业的资产净值和客运资产净值证明；

9. 营运客车明细表；

10. 现经营的客运班线、班次明细表；

11. 企业实际完成的客运量和客运周转量统计表；

12. 企业的安全行车、服务质量统计资料；

13. 其他需要出具的有关证明。

道路客运企业的经营资质等级按以下要求评审和审批：

一、二级企业经营资质等级由省级运政机构评审，由省级交通主管部门报交通部审批；三级企业经营资质等级由省级运政机构评审，报省级交通部门审批；四级企业经营资质等级由地级运政机构评审，报地级交通主管部门审批；五级企业由县级交通主管部门负责登记并核发《道路旅客运输企业经营资质等级证书》。必要时，上一级审批机关可对下一级审批机关批准的企业经营资质等级进行抽查。

道路客运企业的经营资质等级批准后，由审批机关核发《道路旅客运输企业经营资质等级证书》。

（三）企业资质等级及经营分工

根据道路客运企业的经营资质等级，并质量信誉考核合格，确定其经营的客运线路类别。

一级企业：可经营所有线路。线路长度不限，并可直接向交通部申请在全国范围内设立子公司或分公司。

二级企业：可经营所有线路，线路长度不限。

三级企业：可经营除甲种一类和乙种一类线路以外的其他线路，但每条线路的长度均不得超过800公里。

四级企业：可经营除甲种一类和二类、乙种一类和二类以及丙种一类线路以外的其他线路。但每条线路的长度均不得超过400公里。

五级企业：可经营甲种四类、乙种四类，丙种二类和三类以及丁种线路，但每条线路的长度不得超过150公里。

个体运输户：可经营甲种四类、乙种四类。丙种三类和丁种线路，但是每条线路的长度不得超过150公里。

单条线路长度超过规定里程的，可由高一等级的企业经营。

客运线路种类划分见下表，适用于班车（加班车）客运、旅游客运、包车客运。

表4－1　**客运线路种类划分标准表**

项目	甲种（跨省）	乙种（跨地区）	丙种（跨县）
一类线路	跨省地区所在地与地区所在地之间	省内地区所在地与地区所在地之间	地区内地区所在地与县所在地之间
二类线路	跨省地区所在地与县所在地之间	省内跨地区县所在地之间	地区内县之间
三类线路	跨省县与县之间	省内跨地区县与县之间	地区内毗邻之间
四类线路	毗邻省毗邻县之间	省内毗邻县之间	

（四）质量信誉考核

道路客运企业质量信誉年度考核可委托企业注册地的运政管理机构结合年审负责组织进行，但一、二级道路客运企业的质量信誉考核，必须由省级运政管理机构负责组织进行，经省级交通主管部门审核后，报交通部备案。

道路客运企业质量信誉考核结论分为合格、基本合格、不合格3个等级。

1. 符合下列条件的为合格

（1）经营资质条件均符合所定经营资质等级标准，在上一年度内经营状况良好；

（2）行车事故频率低于3次/百万车公里，事故责任死亡低于0.3人/百万车公里，事故伤人率低于1.6人/百万车公里，直接经济损失率低于3.5万元/百万车公里；

（3）按全国部级文明客运汽车站评比条件和计分要求、全国部级文明客运汽车队评比条件和计分要求（交函公路〔1996〕503号）对客运站和客车队（或分公司）进行考核，一、二级企业两项得分均不低于900分，三级企业两项得分均不低于880分，四级企业客车得分不低于850分；

（4）无特大行车责任事故；

（5）无重大运输服务质量事件（凡在地级以上新闻媒体上曝光的服务质量问题，或由当事人投诉并经查情节确实十分恶劣的服务质量问题均为重大运输服务质量事件）；

（6）基本上无违法违规经营行为。

2. 符合下列条件的为基本合格

（1）经营资质条件有一项或两项低于所定经营资质等级标准，经营不亏损；

（2）行车事故频率低于3次/百万车公里，事故责任死亡低于0.3～0.5人/百万车公里，事故伤人率低于1.6～1.8人/百万车公里，直接经济损失率低于3.5万元至4万元/百万车公里；

（3）按全国部级文明客运汽车站评比条件和计分要求、全国部级文明客运汽车队评比条件和计分要求（交函公路〔1996〕503号）对客运站和客车队（或分公司）进行考核，一、二级企业两项得分均不低于850分，三级企业两项得分均不低于830分，四级企业客车队得分不低于800分；

（4）无特大行车责任事故；

（5）重大运输服务质量事件不超过3次；

（6）无性质严重的违法违规经营行为。

3. 有下列情况之一时，质量信誉考核为不合格

（1）经营资质条件有三项以上（含三项）低于所定经营资质等级标准；

（2）经营严重亏损；

（3）行车事故频率高于3次/百万车公里，事故责任死亡高于0.5人/百万车公里，事故伤人率高于1.8人/百万车公里，直接经济损失率高于4万元/百万车公里；

（4）按全国部级文明客运汽车站评比条件和计分要求、全国部级文明客运汽车队评比条件和计分要求（交函公路〔1996〕503号）对客运站和客车队（或分公司）进行考核，一、二级企业两项得分均低于850分，三级企业两项得分均低于830分，四级企业客车队得分低于800分；

（5）发生特大行车责任事故；

（6）发生重大服务质量事件超过3次或发生1次以上性质特别严重的服务质量事件；

（7）有严重的违法违规经营行为（如恶性超载、违反价格规定擅自提价、乱收费、压价恶性竞争扰乱运输市场等）。

（五）质量信誉管理与资质等级变更

1. 道路客运企业年度质量信誉考核合格的，按原定经营资质等级和经营分工继续经营。

2. 道路客运企业年度质量信誉考核基本合格的，给半年时间整改期。在整改期内，暂停新增线路审批和参加线路招投标。整改期满，经运政管理机构检查达到预期整改目标的，可保留其原经营资质等级。

3. 道路客运企业年度质量信誉考核不合格的，给一年时间整改期。在整改期内，暂停新增线路审批和参加线路招投标，并对已到更新期的车辆自动停班，不予办理车辆更新手续。整改期满，经运政管理机构检查达到预期整改目标的，可保留其原经营资质等级。

4. 道路客运企业经营资质定级满两年，其经营资质条件已达到上一个经营资质等级标准，并且连续两年质量信誉年度考核为合格的，可申请晋升一个经营资质等级。

5. 道路客运企业经营资质条件发生变化，达不到原定经营资质标准，或连续两年质量信誉年度考核不合格，或连续三年质量信誉考核基本合格的，应降低其经营资质等级。

6. 被降级的道路客运企业，必须进行为期两年的整改，在整改期内，暂停审批新增线路和参加线路招投标。整改期满后，经运政管理机构检查达到预期整改目标的，可申请恢复原经营资质等

级。

7. 被降级的道路客运企业，两年内达不到整改目标，不能恢复经营资质等级的，应在被降级的第三年内全部退出与原经营资质等级相对应的经营线路，按降级后的经营资质等级调整安排其经营线路。

8. 道路客运企业经营资质的定级、升级、降级，一般在年度质量信誉考核结束后办理，并实行公告制度。由运政管理机构不定期在地方或交通行业报纸期刊上公布。

9. 道路客运企业在申请经营资质和质量信誉考核中，如发现其采取弄虚作假和其他不正当手段，虚报经营资质条件或有关资料，除应严格按照经营资质标准和质量信誉考核要求对其重新核定等级外，对情节严重的，可扣发经营资质等级证书 3 ~6 个月，责令限期整顿直至降级。

10. 无《道路旅客运输企业经营资质等级证书》或擅自超越《道路旅客运输企业经营资质等级证书》所核定的经营范围从事经营活动的，涂改、伪造、出借、转让或出卖《道路旅客运输企业经营资质等级证书》的，由县级以上运政管理机构分别参照《道路运输行政处罚规定》（交通部 1998 年第 3 号令）的第八条一款、二款、六款、十一款给予处罚。

11. 道路客运企业逾期不接受质量信誉考核，在其未接受考核前，不予审批新增线路和参加线路招投标。情节严重的，应降低其经营资质等级。

第二节 班线客运

一、客运班线申报、受理及许可

（一）申报程序

取得道路运输经营许可证的客运经营者，需要增加客运班线的，按下列规定申报：

1. 从事主城区外区、县（自治县）内班线、包车客运经营的，向所在县（自治县）道路运输管理机构提出申请；

2. 从事跨市、跨区、县（自治县）班线、包车客运或主城区内定线客运经营的，向重庆市道路运输运管机构提出申请。

（二）申请材料

1. 道路旅客运输班线经营申请表；

2. 线路经营可行性报告；

3. 进站方案；

4. 运输服务质量承诺书；

5. 拟投入车辆承诺书，包括客车数量、类型等级、技术等级、座位数以及客车外廓长、宽、高等；

6. 为拟投入的车辆已聘用或拟聘用驾驶人员的驾驶证，从业资格证复印件，公安交通管理部门公示的驾驶人员连续 3 年内无重大以上交通责任事故的证明材料。

（三）审核条件

1. 提交的经营线路和站点方案可行，符合普通服务和方便群众的原则；

2. 已购置和拟投入的车辆（客座）总数及中高级客车数量符合申请的线路等级要求；

3. 承诺的车辆技术等级和客车类型等级与申请的线路等级（类别）相适应；

4. 配备的驾驶人员经运管机构考试合格，驾驶人员数量及从业资格类别与其申请的线路等级（类别）相适应；

5. 班车客运线路的配载站应符合规定的要求；

6. 当地运管机构按要求组织进行了听证，有关听证的相关材料。

（四）许可实施

1. 申请经营主城区外区县（自治县）内班线客运、包车客运的，由经营地区县（自治县）运管处、所实施许可；

2. 申请经营县际班车客运，省际班车客运，主城区定线客运，县际包车客运，省际包车客运的，由重庆市运管局实施许可；

3. 对同一客运班线有3个以上申请人的，或者根据实际情况需要，运管机构可采取服务质量招投标的方式实施客运班线经营许可。

二、班车客运线路分类

1993年5月，交通部发布的《道路旅客运输业户开业技术经济条件（试行）》，对班车客运线路进行了分类。

（一）一类客运班线：营运距离800公里以上（含800公里）；

（二）二类客运班线：营运距离400公里（含400公里）至800公里；

（三）三类客运班线：营运距离在150公里（含150公里）至400公里；

（四）四类客运班线：距离在150公里以下；

（五）定线客运：营运线路里程在100公里以内。

1996年，重庆市有一类客运班线139条，二类客运班线142条，三类客运班线408条，四类客运班线1493条。

至2000年年底，重庆市有一类客运班线426条，二类客运班线714条，三类客运班线2238条，四类客运班线5736条。

2005年7月，交通部发布《道路旅客运输及客运站管理规定》（交通部2005年第10号令），对道路客运班线重新进行了分类：

（一）一类客运班线：地区所在地与地区所在地之间的客运班线或者营运线路在800公里以上的客运班线；

（二）二类客运班线：地区所在地与县之间的客运班线；

（三）三类客运班线：毗邻县之间的客运班线；

（四）四类客运班线：毗邻县之间的客运班线或者县境内的客运班线。

三、高速公路客运

1994年底，成渝高速公路开通前，四川省人民政府批转四川省交通厅《关于成渝高速公路客运管理的意见》（川府发〔1994〕145号），对成渝高速公路的管理确定了“统一政令、分级管理，开放市场，审查资格，有偿使用，进出自主，公平竞争，适度调控”的原则。营运客车的技术条件，必须符合一级车辆技术状况等级的要求。向经营业户收取成渝高速公路客运线路定额有偿使用调节费，其标准由四川省物价局、财政厅、交通厅联合制定。1995年7月1日，成渝高速公路正式开通，高速公路客运成为重庆班线客运的一种独特营运方式。

1998年10月，交通部发布高速公路旅客运输管理规定（1998年第8号令），明确高速公路客运是指营运线路主要里程通过高速公路的班车、包车和旅游客运。主要内容是：申请开设高速公路班车客运线路的经营业户，除应具备《道路旅客运输业户开业技术经济条件（试行）》（交运发〔1993〕531号）规定的一般要求外，还应具备下列条件：

（一）具有经营班车客运5年以上资历；

（二）具有经营一类班车客运的资质；

（三）有二类以上汽车维修能力或与二类以上维修企业建立了长期的维修合同关系，能确保车辆的正常维修；

（四）从事高速公路客运的车辆应是符合交通行业标准营运客车类型划分及等级评定(JT/ T325 - 1997)规定的高、中级客车，车辆状况达到一级车标准，禁止使用不符合技术要求的老旧车辆；

（五）从事高速公路客运的驾驶员、乘务员应具有良好的技术业务知识、技能和职业道德，并岗前培训合格；驾驶员还应具有5年以上客车驾龄和10万公里以上安全行车的经历，身体健康。

其次，高速公路旅客运输管理规定还对高速公路客运的经营期限、车站、线路、服务、安全等管理，车辆的定期维护检测作了明确的要求。

2000年3月30日，重庆市交通局根据交通部高速公路旅客运输管理规定，结合重庆实际，印发了《重庆市高速公路旅客运输管理实施细则》，对高速公路旅客运输作了更加详细的管理规定。2005年7月13日，交通部发布《道路旅客运输及客运站管理规定》（交通部2005年第10号令），明确了高速公路客运是指营运线路中高速公路里程在200公里以上或者高速公路里程占总里程70%以上的道路客运。至此，高速公路客运管理更加完善，更加规范。

第三节　客运车辆

一、客运运力投放管理制度改革

1987年9月8日，四川省交通厅印发《贯彻〈四川省公路客运管理暂行办法〉的实施办法》（川交运〔1987〕528号）规定，自1987年10月1日起，四川省正式执行客运线路“三级审批”、客运班车“三定管理”制度，但是对客运运力的投放未纳入管理，仍实行由经营者按注册营运车辆数向交通部门领取营运证的办法。

2000年12月19日，重庆市道路运输管理局印发《关于进一步加强和改进道路运输行业管理有关问题的通知》（渝道运〔2000〕136号），决定加强对客运运力的管理力度，具体规定如下：

（一）从严控制新增运力，重庆市新增运力严格实行额度管理，额度计划一年一定。每年第三季度各区县运管处、所和重庆市交通委员会直属企业应在充分进行市场调查的基础上，提出下一年度新增运力计划报重庆市运管局审批。

（二）客运运力与客运线路审批实行套批办法。新增运力拟投入经营的客运线路，上座率未达到70%的，不予审批。

（三）严格实行一车一牌（客运线路牌）和车辆牌照编号与线路牌编号一致的管理办法。

（四）运力投放实行报废更新分离制度。即车辆报废按有关规定办理，不与营运证牌挂钩，更新车辆运力投放按新增车辆程序办理有关手续。

（五）新增运力指标当年内有效。各区县运管处（所）在每年12月31日前向重庆市运管局书面报告本年度运力投放情况。当年指标如有剩余，由重庆市运管局收回注销。核发的新增运力投放证有效期限不得超过90日，业户在投放证有效期内未购回车辆投入营运的，投放证及新增指标自动失效。

（六）重庆市新增营运客车一律实行准购制度。客运车辆的营运证件由重庆市运管局统一监章制作。

二、客运线路运力招标

2001年6月1日，重庆市交通委员会制定和颁发了《重庆市道路客运线路运力招标和听证管理办法》（渝交委运管〔2001〕318号），决定在重庆市行政区域内投放班车客运、旅游定线客运、高速公路客运运力，一律实行招标和听证管理。

2002年11月12日，为了落实《重庆市道路客运线路运力招标和听证管理办法》（渝交委运管

〔2001〕318号）精神，重庆市交通委员会印发了《重庆市道路客运线路运力招标评分办法（试行）》（渝交委运管〔2002〕16号）。该《办法》对建立公开、公平、公正的客运线路运力招标，加强行业管理，维持客运市场秩序，有着重要的作用。其主要内容是：

道路客运线路运力招标评分分为专家组评分和质量信誉、经营行为考核评分。

专家组由招标人按照有关规定由5～7人组成；专家组对投标企业提供的投标书及有关资料进行综合评分。

表4－2　　重庆市道路客运线路运力招标专家考核标准表

考核项目	分值	评分标准	资料来源
经营资质	35	1. 投标企业的经营资质等级与拟投标项目的要求相符，且投标年度内质量信誉考核为合格（30分），基本合格（20分），不合格的不得分 2. 拟招标项目为区县（自治县、市）境内客运线路运力，注册在本地的四、五级企业加5分	投标企业提供道路运输经营许可证
申请理由	10	1. 投标企业概况（2分） 2. 拟投标线路市场调查及分析（3分） 3. 拟采取的经营模式及理由（3分） 4. 效益预测（2分）	投标企业提供经营方案
拟投标项目风险分析及应对措施	15	1. 拟投标项目风险分析（5分） 2. 承担风险的能力（5分） 3. 解决风险的措施（5分）	投标企业提供经营方案
车辆设备管理及保障措施	15	1. 维修能力：自有一类汽车维修企业（3分）；二类汽车维修企业（2分）；签订维修协议（2分） 2. 企业按规定编制了车辆二级维护计划的（3分） 3. 建立了车辆维修档案的（3分） 4. 投标企业所属车辆技术等级评定率在90%以上（3分）；车辆二级维护完成率在90%以上（3分）	1项由投标企业提供《许可证》或协议，2～3项，由投标企业提供原始资料；3～4项由行业管理部门等量抽取投标企业车辆数进行考核
安全管理及保障措施	16	1. 建立安全管理新机制的情况（4分） 2. 考核期内投标企业安全生产情况，四项指标每项2分，超过标准不得分 3. 拟投标项目的安全保障措施（4分）	1～2项由交通主管部门提供证明 3项由企业提供经营方案
服务承诺	9	1. 客车驾驶员持从业资格证上岗率达100%的（5分） 2. 服务质量保障措施（4分）	1项由运管部门等量抽取投标企业的车辆数进行考核 2项由投标企业提供经营方案

投标企业的质量信誉、经营行为考核的资料由招标人向专家组提供，由专家组审核评分。

（一）投标企业在考核期内有下列情况之一的，取消投标资格：

1. 有特大行车责任事故的；

2. 企业质量信誉考核为基本合格、不合格，在整改期内的；

3. 有性质恶劣的违法违规经营行为的；

4. 有特别严重的服务质量事故的。

（二）投标企业在考核期内有下列情况应分别给予扣分，但扣分之和最高不得超过50分。

1. 有重大服务质量事故行为造成严重影响的，一次扣5分；

2. 有严重违法违规经营行为的，一次扣5分；

3. 有因企业责任造成罢运或者擅自停运造成严重影响的，一次扣3分；

4. 有因企业责任造成违反《信访条例》集访、群访事件的，一次扣3分；

5. 投标企业所属享受其经营资质等级的子公司和合资客运企业发生特大行车责任事故的，一次扣3分；

6. 有其他应该扣分行为的一次扣3分。

（三）投标企业在考核期内有下列情况之一的，应分别给予加分，但加分之和最高不得超过50分。

1. 无罢运或擅自停运行为的，加5分；

2. 无违反《信访条例》集访、群访行为的，加5分；

3. 在拟投标线路上开行客运班线，一班加2分，最高不得超过20分；

4. 投标企业对拟投标线路率先向行业管理部门提出开行线路建议书及相关手续的，加10分；

5. 企业通过1S09000质量认证的，加3分；

6. 有其他应该加分的情况的，一次加3分。

投标企业在上一年度获部、市、区县（自治县、市）级行业管理部门表彰或国家、省（部）、区县（自治县、市）级文明单位的分别加5分、4分、3分，最高不超过5分。

具有独立法人资格的子公司和合资客运企业应该独立参加投标，没有独立法人资格的分公司不能独立参加投标。

第四节　客运车站

汽车客运站是公益性交通基础设施，是道路旅客运输网络的节点，是道路运输经营者与旅客进行运输交易活动的场所，是为旅客和运输经营者提供站务服务的场所，是培育和发展道路运输市场的载体。国务院颁布的《道路运输条例》将汽车客运站列为道路运输站场经营门类，纳入道路运输管理范畴。

至2005年年底，重庆市有等级汽车客运站233个，其中一级站12个，二级站45个，三级站45个，四级站100个，简易站31个。总占地面积161.3万平方米、总建筑面积73 .9万平方米（其中候车厅10.5万平方米、停车场78.2万平方米）。职工总人数8829人，其中管理人员2267人。

一、汽车客运站级别划分和建设要求

1984年5月11日，交通部颁布了《公路汽车客运站级别核定和建设要求》（部标准JT 3109－84）部颁标准。此后，各地在建设和管理汽车客运站时均引用此标准。1995年，交通部对JT 3109－84部标准进行了修改，发布汽车客运站级别划分和建设要求行业标准（JT－200－1995）。2004年4月16日，交通部再次对（JT－200－1995）行业标准进行了修改，发布了新的汽车客运站级别划分和建设要求的行业标准（JT/T200－2004）。主要内容是：

（一）站级评定标准

1. 一级车站

设施和设备符合表4－3和表4－4中一级车站必备各项，且具备下列条件之一：

(1) 日发量在10000人次以上的车站;

(2) 省、自治区、直辖市及其所辖市、自治州(盟)人民政府和地区行政公署所在地,如无10000人次以上的车站,可选取日发量在5000人次以上具有代表性的一个车站;

(3) 位于国家级旅游区或一类边境口岸,日发量在3000人次以上的车站。

2. 二级车站

设施和设备符合表4-3和表4-4中二级车站必备各项,且具备下列条件之一:

(1) 日发量在5000人次以上,不足10000人次的车站;

(2) 县以上或相当于县人民政府所在地,如无5000人次以上的车站,可选取日发量在3000人次以上具有代表性的一个车站;

(3) 位于省级旅游区或二类边境口岸,日发量在2000人次以上的车站。

3. 三级车站

设施和设备符合表4-3和表4-4中三级车站必备各项,日发量在2000人次以上,不足5000人次的车站。

4. 四级车站

设施和设备符合表4-3和表4-4中四级车站必备各项,日发量在300人次以上,不足2000人次的车站。

5. 五级车站

设施和设备符合表4-3和表4-4中五级车站必备各项,日发送量在300人次以下的车站。

6. 简易车站

达不到五级车站要求或以停车场为依托,具有集散旅客、停发客运班车功能的车站。

7. 招呼站

达不到五级车站要求,具有明显的等候标志和候车设施的车站。

表4-3 重庆市汽车客运站设施配置情况表

设施名称		一级站	二级站	三级站	四级站	五级站
场地设施	站前广场	●	●	★	★	★
	停车场	●	●	●	●	●
	发车位	●	●	●	●	★

续前表

设施名称				一级站	二级站	三级站	四级站	五级站
建筑设施站	站房	乘务用房	候车厅（室）	●	●	●	●	●
			重点旅客候车室（区）	●	●	★	—	—
			售票厅	●	●	★	★	★
			行包托运厅（处）	●	●	★	—	—
			综合服务处	●	●	★	★	—
			站务员室	●	●	●	●	●
			驾乘休息室	●	●	●	●	●
			调度室	●	●	●	★	—
			治安室	●	●	★	—	—
			广播室	●	●	★	—	—
			医疗救护室	★	★	★	★	★
			无障碍通道	●	●	●	●	●
			残疾人服务设施	●	●	●	●	●
			饮水室	●	★	★	★	★
			盥洗室和旅客厕所	●	●	●	●	●
			智能化系统用房	●	★	★	—	—
		办公用房		●	●	●	★	—
建筑设施站	辅助用房	生产辅助用房	汽车安全检验台	●	●	●	●	●
			汽车尾气测试室	★	★	—	—	—
			车辆清洁、清洗台	●	●	★	—	—
			汽车维修车间	★	★	—	—	—
			材料间	★	★	—	—	—
			配电室	●	●	—	—	—
			锅炉房	★	★	—	—	—
			门卫、传达室	★	★	★	★	★
		生活辅助用房	司乘公寓	★	★	★	★	★
			餐厅	★	★	★	★	★
			商店	★	★	★	★	★

注：“●”——必备；“★”——视情况设置；“—”——不设。

表4－4　　**重庆市汽车客运站设备配置情况表**

设备名称		一级站	二级站	三级站	四级站	五级站
基本设备	旅客购票设备	●	●	★	★	★
	候车休息设备	●	●	●	●	●
	行包安全检查设备	●	★	★	—	—
	汽车尾气排放测试设备	★	★	—	—	—
	安全消防设备	●	●	●	●	●
	清洁清洗设备	●	●	★	—	—
	广播通讯设备	●	●	★	—	—
	行包搬运与便民设备	●	●	★	—	—
	采暖或制冷设备	●	★	★	★	★
	宣传告示设备	●	●	●	★	★
智能系统设备	微机售票系统设备	●	●	★	★	★
	生产管理系统设备	●	★	★	—	—
	监控设备	●	★	★	—	—
	电子显示设备	●	●	★	—	—

注："●"——必备；"★"——视情况设置；"—"——不设。

（二）设施设备规模核定办法

车站设施设备规模主要根据设计年度平均日旅客发送量和最高旅客集聚人数核定。

表4－5　　**主要设施设备规模核定办法表**

设施设备名称	核定办法
占地面积	一级车站360平方米/百人次，二级车站400平方米/百人次，三、四、五级车站500平方米/百人次
停车场面积	28×发车位数×客车投影面积
候车厅面积	1平方米/人×设计年度旅客最高聚集人数
售票厅面积	购票室面积＋售票室面积。
购票室面积	20平方米/窗口×售票窗口数
售票室面积	6平方米/窗口×售票窗口数＋15平方米
行包托运处面积	行包托运厅面积＋行包受理作业室面积＋行包库房面积
行包托运厅面积	25平方米/托运单元×托运单元数
行包受理作业室面积	20平方米/托运单元×托运单元数
行包库房面积	0.1平方米/人×设计年度旅客最高聚集人数＋15平方米

续前表

设施设备名称	核定办法
说　明	1. 车站占地面积按每 100 人次日发送量指标进行核定，且不低于表 4－5 所列指标的计算值，规模较小的四级车站和五级车站占地面积不应小于 2000 平方米 2. 每个发车位占用面积：按客车投影面积的 4 倍计算 3. 停车场最大容量按同期发车量的 8 倍计算，单车占用面积按客车投影面积的 3.5 倍计算 4. 售票窗口数：旅客最高聚集人数 ÷ 每窗口每小时售票张数，一般情况下，人工售票按每小时每窗口售票 100 张计算，微机售票每小时每窗口售票数可以适当增加，并增设 20 平方米总控室 5. 托运单元数：一级站 2～4 个，二级车站 2 个，三车站 1 个

二、汽车客运站管理规定

(一) 1994 年汽车客运站管理规定

1994 年 1 月 23 日，四川省交通厅发布《四川省公路汽车客运站管理实施细则（试行）》（川交运发〔1994〕037 号）。主要内容是：

1. 凡申请经营汽车客运站，必须提供上级主管单位或乡（镇）人民政府证明以及场地使用证明、车站经营管理办法等，报县或县以上运管部门审查，其中一级站须报四川省运管局批准，二、三级站须报市（地、州）运管处批准。

2. 各级汽车客运站由运管部门根据车站开业技术条件核定级别和实际具备的条件核定最高发班能力。汽车站只能在核定的发班总量范围内接纳经过运管部门批准，持有线路标志牌的客车进站发班。

3. 客运经营者在申请经营线路前，须首先与所进入的汽车客运站（不含各种代办点）按平等互利原则签订进站协议。

4. 汽车客运站应结合旅客流量、流向、流时等情况，按照签订协议先后顺序与经营者协商编制发车时刻表或循环表，并报当地运管部门备案。

5. 站、运双方在经营过程中如果发生班次、发车时刻等纠纷，应坚持协商解决的原则。协商不成的报当地运管部门协调、仲裁。站、运双方必须执行仲裁决定。

6. 汽车客运站必须使用交通主管部门统一制发的公路客运票据，不得自行印制和使用不合规定的票据。

7. 汽车客运站必须建立健全安全生产制度，加强安全管理，严格执行客车进站检验合格报班制度。

8. 汽车客运站应严格考核下列质量指标，并逐日如实向当地运管部门报送。客车正班率、发车正点率、旅客正运率、售票差错率、行包赔偿率、行包正运率、旅客意见处理率等信息。

9. 对违反本办法规定的汽车站和个人，由运管部门按照交通部令第 23 号《道路运输违章处罚规定》以及其他有关规定分别予以处罚。

(二) 1995 年汽车客运站管理规定

1995 年 5 月 9 日，交通部发布《汽车客运站管理规定》，主要内容是：

1. 汽车客运站符合交通部《汽车客运站级别划分和建设要求》规定，达到《汽车旅客运输规则》的要求。符合交通主管部门的统一规划，具有与经营规模相适应的售票、候车、行包托运、停车、发车等场地设施及有关设备；具有掌握一定管理知识，熟悉运输业务的管理人员和站务人员。

2. 申请开办汽车客运站须持上级主管单位或乡镇以上人民政府的证明，并提供有关资料到当地县级以上交通主管部门，办理审批手续，经批准取得《道路运输经营许可证》，并办理有关工商、税务登记手续后方可开业。

3. 汽车客运站须按交通部有关规定设置岗位和配备人员。各职人员须明确分工，建立健全岗位责任制，有明确的质量标准。

4. 汽车客运站内外经常保持清洁卫生，各项服务标志醒目，候车室布置美观大方，图表、业务介绍简明清晰，设施设备排放得当、整齐，商业柜台数量适度；营运车辆车厢内外整洁，设备齐全有效。

5. 客运工作人员要按交通部部颁标准（JT/3127－87）《公路客运工作人员服装式样和服务标志》规定，统一着装，衣帽整洁，佩戴服务证（牌）上岗。

6. 汽车客运站必须严格执行运价政策，按规定票价在售票口售票，并采取多种售票服务方式，方便旅客。

7. 凡进入汽车客运站经营的客车，经营手续必须齐全，服从车站的统一管理、调度和指挥。

8. 汽车客运站不得擅自接纳未经交通主管部门批准的车辆进站经营。

9. 汽车客运站必须按交通主管部门审批核准的营运方式、经营区域、线路、班次经营，按时提供完好车辆，确保正点发车。

10. 汽车客运站必须建立健全安全生产制度，配备安全检查人员，严格执行客车进站检验合格报班制度，加强安全管理。

11. 汽车客运站要加强乘车安全宣传教育，严格查堵危险品，做好旅客行包和携带物品的危险品检查工作，必要时有权会同当事人开包检查。

三、汽车客运站质量信誉考核

2003年2月24日，重庆市交通委员会、重庆市物价局联合下发了《重庆市汽车客运站质量信誉考核管理办法》（渝交委〔2003〕77号），自2003年3月1日起施行。主要内容是：

1. 汽车客运站质量信誉考核等级分为合格、基本合格、不合格3个等级。

（1）符合下列条件的为合格：

①汽车客运站的设施设备项目全部符合交通部《汽车客运站级别划分和建设要求》规定的相应等级标准。

②按照《重庆市汽车客运站质量信誉考核标准》进行考核，一、二级客运站，得分在90分（含90分）以上，三级以下客运站得分在80分（含80分）以上的。

（2）符合下列条件的为基本合格：

①汽车客运站的设施设备有80%以上的项目符合交通部《汽车客运站级别划分和建设要求》规定的相应等级标准。

②按照《重庆市汽车客运站质量信誉考核标准》进行考核，一、二级客运站得分在80分以上，三级客运站得分在70分以上，四级（含）以下客运站得分在60分以上的。

（3）下列条件的为不合格：

①汽车客运站的设施设备的项目有20%以上项目不符合交通部《汽车客运站级别划分和建设要求》的。

②按照《重庆市汽车客运站质量信誉考核标准》考核，一、二级客运站得分低于80分，三级客运站得分低于70分，四级以下客运站得分低于60分的。

2. 汽车客运站质量信誉考核工作

（1）一、二级汽车客运站及市直管（含市直属企业）汽车客运站由重庆市运管局考核，涉及收费等级调整的报重庆市价格主管部门和交通主管部门审批，三级（含）以下汽车客运站由当地道路运输管理机构考核，涉及收费等级调整的报当地价格主管部门和交通主管部门审批，并报重庆市价格主管部门和交通主管部门备案。

（2）被考核的汽车客运站应按要求及时向负责组织考核的道路运输管理部门递交上一年度的全年旅客发运量、发班总量、财务年报表、安全生产和服务质量情况以及经营、财务、安全、技术人员变化情况等资料。

（3）负责组织考核的道路运输管理机构在审查核实有关资料后，对汽车客运站的资质信誉做出结论，记录在《重庆市汽车客运站质量信誉考核表》内。

（4）汽车客运站质量信誉考核同汽车客运站年度审验一并进行，凡未参加质量信誉考核的一律不予年审，其收费等级自动降低一档，并按分级管理权限报批。

3. 汽车客运站质量信誉管理与站级变更

（1）汽车客运站年度质量信誉考核合格的：

①按原定站级（含收费等级）和经营分工继续经营；

②有条件接纳客运班车的，优先安排新增客运班车进站；

③硬件设施达到上一级站级标准的，可申请晋升上一个站级资质等级，其中涉及报交通部的按规定程序上报。

（2）汽车客运站年度质量信誉考核基本合格的，限半年时间整改，在整改期内：

①全市通报该汽车客运站整改内容，并督促其整改工作。

②降低一档收费等级。整改期满，经同级道路运输管理机构检查达到该站相应标准的，可保留原站级资质，并按分级权限报价格主管部门和交通主管部门审批，恢复其原收费等级；但仍未达到整改标准的，降低一个站级资质等级。

（3）汽车客运站年度质量信誉考核为不合格的，限一年时间整改，在整改期内：

①全市通报该汽车客运站整改内容，督促其整改其工作进展；

②降低两档收费等级；

③取消汽车客运站的评优资格。

整改期满，经同级道路运输管理机构检查达到该站相应标准的，可保留其原站级资质等级，并按分级管理权限报价格主管部门和交通主管部门审批，恢复其原收费等级；仍未达到整改标准的，降低一个站级资质等级。

4. 汽车客运站站级条件发生变化，年度质量信誉考核连续两年不合格或连续三年基本合格的，应降低其一个站级等级。

5. 汽车客运站逾期不接受质量信誉考核的，其经营许可证不予年审，并降低其站级等级。

6. 有被考核对象的考核周期为 12 个月。

7. 汽车客运站的考核情况将作为经营许可证、站级、收费等级、企业资质等级评审和文明单位评比等工作的重要依据。

四、国有企业自用站面向社会开放

改革开放前，国有企业的汽车客运站都只为本企业服务。为缓解交通堵塞，探索汽车客运行业管理和市容整顿的经验，1990 年 10 月 3 日，重庆市人民政府决定把观音桥地区以路为站、分散停放经营的各类客车（不含公交车）全部归并到重庆汽车运输总公司所属的重庆汽车北站经营，并将重庆汽车北站建成面向社会、全方位开放的客运枢纽，重庆市体改委、重庆市建委、重庆市经委、重庆市公安局、重庆市城管办联合发出《关于整顿观音桥地区客运秩序及重庆汽车北站实行开放试点的通知》。重庆市交通局根据《通知》要求，制订了《重庆汽车北站客运管理暂行办法》，由重庆市运管处组织实施。在公安交警支队和重庆市社客处的配合下，1990 年 11 月上旬，撤销了江北区观音桥以北的路边站，将 51 个经营单位的 350 辆长途客车移进汽车北站经营。重庆市运管处新组建了汽车北站客运管理所，驻站对此进行管理。在各方面的支持配合下，1990 年 11 月 15 日，重庆汽车北站正式对外开放，客运秩序和市容面貌大为改观。由此，为运输企业自用车站面向社会开放，接纳不同单位的客运车辆进站经营起了示范作用。

第三章　货物运输管理

货物运输是道路运输行业规模最大、从业人员最多、市场化程度最高的子行业。1986～2005 年，重庆道路货物运输业取得了快速的发展。1992 年，重庆市货运市场彻底放开，只要符合开业技术经营条件，经审查批准，均可发给经营许可证。运输市场开放后，货运企业、从业人员、载货汽车、载重吨位、货运量、货运周转量成倍增长。道路运输管理部门对关系国计民生的重要物资，如粮、油、煤、盐和节日供应物资仍实行指令性计划运输，对大宗、重点物资和港站集散物资则实行指导计划运输。

除了货运规模迅速发展以外，运输结构的调整也取得了长足的进步。货物运输形式开始向多样化方向发展，单一的整车运输形式已被突破，集装箱运输、零担运输、冷藏货物运输和危险货物运输等专项货运发展迅速。快件货运逐步兴起，货物仓储、包装加工、运输代理等货运服务业也在逐步发展，显示出旺盛的生命力。根据重庆市交通委员会 2005 年统计年报，至 2005 年年底，重庆市有货物运输经营业户 58456 户，从业人员 220250 人；拥有营运货车 152309 辆，427582 吨位；年完成货运量 2.7 亿吨，货运周转量 127.7 亿吨公里。

第一节　经营许可

一、货运经营许可条件

（一）1991 年货运经营开业条件

1990 年 6 月 1 日，重庆市人民政府发布《重庆市汽车货物运输管理暂行办法》（1990 年 5 号令），自 1990 年 8 月 1 日起施行。1991 年 1 月 29 日，重庆市交通局、重庆市技术监督局根据重庆市人民政府 5 号令，制订了重庆市汽车货物运输企业开业技术业务条件。主要内容是：

1. 各类汽车货物运输企业均应有组织章程和相应的管理制度。

2. 各类汽车货物运输企业的货运车辆（设备），必须经车辆（设备）管理部门审验合格，牌照齐全，技术状况良好，车辆完整清洁，配备有必要的工具，并领取有关管理机关颁发的审验合格的有效证件。

3. 车辆（设备）的驾驶（操作）人员应领有车辆（设备）管理部门颁发的审验合格的有效证件，按其准许驾驶（操作）的范围，驾驶（操作）相应的车辆（设备）。

4. 各类汽车货物运输企业的全部计量器具必须周期检定，并取得有效合格证书。

5. 各类汽车货物运输企业的环境保护、劳动安全、卫生和消防设施应符合相应部门有关规定的要求。

6. 新申办开业的各类汽车货物运输企业应与当地的货源状况相适应，做到运力的增长和运量的增长基本平衡。

7. 场所条件。

（1）有固定的营业场所（包括有签订固定合同租用的场所）。

（2）公司办公场所应不少于200平方米，停车、维修场所应不少于800平方米。

（3）站（队）办公场所应不少于60平方米，停车、维修场所应不少于400平方米。

（4）个体（联户）办公场所应不少于10平方米。

8. 资金。

（1）公司注册固定资金应不少于70万元。注册流动资金应不少于10万元。

（2）站（队）固定资金应不少于40万元。注册流动资金应不少于5万元。

（3）个体户固定资金应不少于1万元。

9. 车辆（设备）及维修能力。

（1）公司应不少于20辆运输车辆，60个吨位，具有从事汽车三级保养的资格。

（2）站（队）应不少于10辆运输车辆，20个吨位，具有从事汽车二级保养的资格。

（3）个体户（联户）应不少于1辆运输车辆，签有固定的汽车维修委托合同。

10. 风险保障。

（1）自理风险的汽车货物运输企业，必须提出切实的风险保障计划和措施。

（2）无自理风险能力的汽车货物运输企业和全部的汽车货物运输个体户（联户），必须向中国人民保险公司办理相应的保险项目，如车辆（设备）险、第三者责任险、贵重货物运输和财产险等。

11. 专业人员。

（1）公司至少应配备具有工程师、会计师、经济师、助理统计师职称以上的专业人员各1人。

（2）站（队）至少应配备具有助理工程师、助理会计师、助理经济师、统计员职称以上的专业人员1人。

12. 各类汽车货物运输企业应根据汽车货物运输工作岗位配备相应的管理人员、理货员、修理工以及后勤人员。

13. 汽车货物运输企业以“公司”“中心”命名，必须符合国务院《公司登记管理暂行规定》要求。

14. 专项特定的开业条件。

（1）汽车零担货物运输。零担货物运输车辆必须是具有防淋、防晒、防火、防盗、防尘性能的专用厢式零担车辆。零担货物运输经营者应具备相应的库房、货棚、货场等设施以及与之配套的装卸、搬运、堆码的机械工具和苫垫设备。对零担货物受理运输中，验收、检重、量方、仓储保管、装配发放，跨区跨省中转接驳、运费结算等方面，均按交通部颁布的《汽车零担货物运输管理办法》及其他有关规定、程序进行。零担货物运输班车原则上采取定线路、定站点、定班期、定班次、定车型等“五定”组织进行。零担货物运输班线的开辟必须坚持省市县（区）三级审批、三级建网。零担货物运输班车必须随车携带线路标志牌，并放置在规定位置。

（2）汽车集装箱货物运输。集装箱货物运输经营者必须有相应的堆场、仓库搬运装卸工具等配套设施和设备。集装箱货物运输经营者必须有适合单箱和多箱拼配的不同吨位的车型，还要有一定数量的周转箱。集装箱必须标准化、系列化。个体和联户不得从事汽车集装箱货物运输。拖拉机及其他机动车不得从事汽车集装箱货物运输。

（3）汽车危险货物运输。凡承担危险货物运输、装卸的车辆、设备和人员，必须符合JT3130－88《汽车危险货物运输规则》和其他有关规定。从事汽车危险货物运输、装卸的单位，必须拥有与其从事范围相适应的车辆、设备和停车场地、仓库等设施。直接从事危险货物运输、装卸的作业人员和管理人员，必须掌握危险货物运输的有关业务知识，经运管部门或运管部门委托的部门考核合格，发给《汽车危险货物运输操作证》，方可上岗作业。从事汽车危险货物运输、装卸的单位，必须建立和健全安全操作规程、岗位责任制、车辆设备保养维修制度、安全质量教育等规章制度。个体和联户不得从事汽车危险货物运输、装卸。拖拉机及其他机动车不得从事危险货物运输。

（4）汽车长、大笨重货物运输。汽车长大笨重货物按交通部颁布的《汽车货物运输规则》分为三级。直接从事汽车长大笨重货物运输、装卸的作业人员和管理人员，必须掌握汽车长大笨重货物运输、装卸的有关业务知识，经运管部门或运管部门委托的单位考核合格，发给《汽车长大笨重货物运输操作证》，方可上岗作业。从事汽车长大笨重货物运输、装卸的单位，必须建立和健全安全操作规程、岗位责任制、车辆设备保养维修制度、安全质量教育等规章制度。从事长大笨重货物运输的车辆必须适应运送要求。从事汽车长大笨重货物运输的应配备相应的运输起重设备。运输40吨及其以上的货物时，还必须配备相应的随车技术人员，具备相应的运输、装卸工艺。个体和联户不得从事汽车长大笨重货物运输、装卸。拖拉机及其他机动车不得从事长大笨重货物运输。

（二）1993年货运经营开业条件

1993年5月19日，交通部发布《道路货物运输业户开业技术经济条件（试行）》（交运发〔1993〕531号），主要内容是：

1. 车辆条件。拥有的应是新车或达到一级车况等级的在用车；须有有效的车辆行驶证件。

2. 设施条件。有固定的办公场所，须有与经营规模相适应的坚实平整的停车场地，其面积不少于实有车辆投影面积的2倍。

3. 资金条件。须有不少于车辆价值5%的流动资金；须有不低于3万元的资金或资产作为事故赔偿的保证金；开业时出具合法的资信证明或资金担保书。

4. 人员条件。管理人员、调度人员、驾驶人员须掌握与道路货物运输有关的法律、法规和货运企业等方面的基本知识；驾驶员要有有效的驾驶证；在经营管理、车辆技术、财务会计和统计岗位上，应分别有一名具有初级以上（含初级）职称的专业人员；聘用各种专业人员，必须签订合法有效的聘用合同。

5. 申请道路货运经营，应提交可行性研究报告，写明要求经营的范围。

6. 道路货物运输开业补充条件。

（1）普通货物运输。普通货物运输业户开业时应达到上述基本条件。

（2）零担货物运输。经营零担货物运输（班线）需拥有5辆车以上。零担货物运输须使用防雨、防尘、防火、防盗的厢式专用车辆，并喷涂明显标志。零担货物运输业户应具有与经营规模相适应的搬运装卸设备。拥有5辆零担车的业户，其仓储面积应达到200平方米；超过5辆车者，每增加一辆车应增加仓储面积20平方米。仓储场地须具有防火、防盗、防潮设施。

7. 大件货物运输。至少拥有一辆运载三级以上长大笨重货物运输的专用车和相应的装卸设备。大件运输车辆驾驶员，须有5万公里安全行车里程的驾驶经历。大件运输企业至少应有一名高级职称的专业人员。

8. 集装箱运输。须拥有一定数量的集装箱运输专用车。须拥有与经营规模相适应的集装箱装卸设备。

9. 保温运输。拥有保温、冷藏等专用运输车辆。

10. 危险货物运输。装运危险货物的车辆及有关设备，其技术性能和状况应符合JT3139－88《汽车危险品运输规则》的要求。停车场地要保证车辆出入顺畅，并具有有关部门批准允许停放危险货物运输车辆的证明。应设置一定数量的封闭型车库。危险货物运输车辆驾驶员须有2年以上安全驾驶经历或安全行车里程5万公里以上，并持有危险货物运输岗位培训合格证。业务人员中至少应有一名具有初级职称的化工专业人员。

11. 搬家运输。从事搬家运输的搬运装卸人员应掌握各种货物性质及包装、装卸知识和技能。

12. 兼营条件。经营多项货运业务的必须同时具备相应项目所要求的条件。

13. 企业组织条件。有完善的企业章程，有合法的法定代表人，有健全的生产经营机构。

（三）2001年货运经营开业条件

2001年4月24日，重庆市交通委员会根据《重庆市道路运输管理条例》规定，制定《重庆市道路运输货物运输企业和个体运输户开业条件》（渝交委〔2001〕213号），自2001年2月1日起施行。主要内容是：

1. 一般条件

（1）人员条件。管理人员、调度人员、驾驶人员须掌握与道路货物运输有关的法律、法规和货运业务等方面的基本知识。车辆驾驶人员应持有有效的驾驶证和准驾证。道路货物运输企业在经营管理、车辆技术、安全、财务会计和统计等岗位上，应具有相应专业技术职称证书的专业人员。聘用各种专业技术、管理人员，必须签订合法有效的聘用合同。

（2）资金条件。除固定资产外，须有不少于车辆价值5%的流动资金。个体运输户，除车辆本身外还须具有每辆车不低于3万元的资金或资产备用，作为事故的赔偿保证。车辆须按规定办理相关保险。开业时应出具合法的资信证明或资金担保书。

（3）车辆条件。拥有的车辆应符合本开业条件规定的相应技术等级，有效的车辆行驶证件。

（4）设施条件。须有固定的办公场所，须有与经营规模相适应的、坚实平整的停车场地，其面积应不少于实有车辆投影面积的2倍。须有一台以上通讯设备。租用他人场地作为经营办公场所、停车场的，要签订一年以上合法有效的租用合同。

（5）组织管理条件。拟订有完善的企业章程，有确定的负责人，有健全的生产经营机构。申请组建道路货物运输企业应提交可行性研究报告，写明要求经营的范围。

2. 补充条件

（1）零担货物运输。从事零担货物运输须拥有5辆（25个吨位）以上专用车，跨重庆市经营须有10辆（50个吨位）以上专用车，且车辆技术等级达到二级以上。零担货物运输须使用防雨、防尘、防火、防盗的厢式专用车辆，并在车厢上喷涂“零担货运”标志。零担货物运输业户应具有与经营规模相适应的搬运装卸设备。拥有5辆零担车的，其仓储面积应达到200平方米；超过五辆的；每增加1辆车应增加仓储面积20平方米。仓储场地须具有防火、防盗、防潮设施。驾驶员应有安全行驶2年以上或安全行车5万公里以上的驾驶经历。

（2）特种货物运输。大型特型笨重货物运输。具有装载整体大型物件实际能力在20吨以上的超重型车组，包括牵引车和挂车（半挂式、凹式低平台挂车），并有相应的配套附件。车组技术状况良好，在重载条件下能顺利通过8%的道路坡度。具有助理工程师以上职称的汽车运用专业技术人员不少于1人，技术负责人须有从事大型物件运输2年以上的实际经验。具有符合《交通行业工人技术等级标准》的超重型汽车列车驾驶员、超重型汽车列车挂车工、公路运输起重工，各类工种工人的技术等级不低于初级。制订有车组和起重装卸机工具的使用技术、操作规定、质量保证制度等规章。大件运输车辆驾驶员须有安全行车2年以上或5万公里以上的驾驶经历。

（3）危险货物运输。企业具有从事货物运输经营5年以上的管理经验。具有10辆以上专用车辆，且车辆技术状况达到一级。装运危险货物的车辆、容器、装卸机械等必须符合JT3130－88《汽车危险货物运输规则》的规定。利用集装箱装运危险货物的，其车辆应符合集装箱运输车辆的条件。具有经有关部门批准停放危险货物运输车辆的场地和证明。业务人员中至少应有一名化工专业人员（初级职称以上）。驾驶人员必须具有安全行车2年以上或5万公里以上的驾驶经历。直接从事危险货物运输、装卸、维修作业和业务管理的人员还须持有《道路危险货物运输操作证》。有健全的安全操作规程、岗位责任制、车辆设备保养维修和安全质量教育等规章制度。

(4) 冷藏保温运输。拥有冷藏、保温等专用运输车辆。

(5) 集装箱运输。拥有集装箱专用运输车辆。集装箱运输车辆应是技术状况良好，带有转锁装置，与所载集装箱要求相适应，能满足所运载集装箱总质量的要求。须有与经营规模相适应的集装箱装卸设备。驾驶人员必须具有安全行车2年以上或5万公里以上的驾驶经历。

(6) 快件货物运输。车辆的技术等级应达到一级。制订有明确的运输距离和运输时间对应表。

(7) 兼营条件。经营多项货运业务的必须同时具备相应项目所要求的条件。

(四) 2005年货运经营开业条件

2005年6月16日，交通部发布《道路货物运输及站场管理规定》(2005年第6号令)，统一了全国的货运经营开业条件。主要内容如下：

申请经营普通货物运输的，需要具备以下条件：

1. 有与其经营业务相适应并经检测合格的运输车辆

(1) 车辆技术性能需符合国家标准《营运车辆综合性能要求和检测方法》(GBI 6565) 的要求。

(2) 车辆外廓尺寸符合国家标准《道路车辆外廓尺寸、轴荷及质量限值》(GBI 589) 的要求。

(3) 从事大型物件运输经营的，应当具有与所运输的大型物件相适应的超重型车组。

(4) 从事冷藏保鲜、罐式容器等专用运输的，应当具有与运输货物相适应的专用容器、设备、设施，并固定在专用车辆上。

(5) 从事集装箱运输的车辆还应当有固定集装箱的转锁装置。

2. 有符合条件的驾驶人员

(1) 有与驾驶车辆相应的机动车驾驶证。

(2) 年龄不超过60岁。

(3) 经设区的市级道路运输管理机构对有关道路运输法规、机动车维修和货物及装载保管基本知识考试合格，并取得从业资格证人员。

3. 有健全的安全生产管理制度

包括安全生产责任制度、安全生产业务操作制度、安全生产监督检查制度、驾驶员和车辆安全生产管理制度等。

二、货物运输分类

1993年5月19日，交通部发布《道路货物运输业户开业技术经济条件(试行)》(交运发〔1993〕531号)，对货物运输进行了分类。2001年4月24日，重庆市交通委员会根据《重庆市道路运输管理条例》规定，制定《重庆市道路货物运输企业和个体运输户开业条件》(渝交委〔2001〕213号)，对货物运输分类进行了细化。内容如下：

(一) 整批货物运输

托运人一次托运货物计费重量3吨以上或不足3吨，但其性质、体积、形状需要一辆汽车运输的，为普通货物运输。

(二) 零担货物运输

托运人一次托运货物计费重量3吨及以下的，为零担货物运输。

(三) 特种货物运输

1. 大件货物运输。因货物的体积、重量的要求，需要大型或专用汽车运输的，为大型特型笨重货物运输。

2. 危险货物运输。承运《危险货物品名表》列名的易燃、易爆、有毒、腐蚀性、放射性等危险货物和虽未列入《危险货物品名表》但具有危险货物性质的新产品，为危险货物汽车运输。

3. 冷藏保温运输。因货物特性的要求，需要具有冷藏、保温设施的专用车辆运输的，为冷藏保温运输。

4. 集装箱运输。采用集装箱为容器，使用汽车运输的，为集装箱汽车运输。

5. 快件货物运输。在规定的距离和时间内将货物运达目的地的，为快件货物运输。

6. 包车货物运输。将汽车包租给用户安排使用，按行驶里程或包用时间计费的，为包车货物运输。

2005 年 6 月 16 日，交通部发布的《道路货物运输及站场管理规定》（2005 年 第 6 号令），对货物运输重新进行了分类。保留普通货物运输、大件货物运输、危险货物运输的分类，将零担货物运输、冷藏保温运输、集装箱运输、快件货物运输、包车货物运输 5 类，统称为货物专用运输。《规定》第 2 条明确规定："本规定所称道路货物专用运输，是指使用集装箱、冷藏保温设备、罐式容器等专用车辆进行的货物运输。"

三、许可程序

1. 从事经营危险品货物运输的，向重庆市道路运输管理机构申请。

2. 从事经营其他货物运输的，向所在地区县（自治县）道路运输管理机构申请。

四、许可实施

1. 向道路运输管理机构提出申请的同时，须提供以下材料：

（1）《道路货物运输经营申请表》；

（2）负责人身份证明，经办人身份证明和委托书；

（3）机动车辆行驶证、车辆检测合格证明复印件，拟购置车辆的承诺书；

（4）聘用或拟聘用驾驶员的机动车驾驶证、从业资格证及其复印件；

（5）安全生产管理制度文本；

（6）法律、法规规定的其他材料。

2. 道路运输管理机构收到从事货运经营的申请后，自受理之日起 20 天内审查完毕，做出许可或不予许可的决定，予以许可的，向申请人颁发道路运输经营许可证；不予许可的，书面通知申请人并说明理由。

第二节　经营资质评定

为适应社会主义市场经济发展的需要，引导道路货物运输企业的集约化经营和规范化服务，促进道路货物运输业的合理分工。2001 年，交通部发布《道路货物运输企业经营资质管理办法（试行）》（交公路发〔2001〕154 号），决定在全国道路货运企业中展开企业资质评定。经过评定，重庆市评出一级货运企业 1 家，二级货运企业 9 家，三级货运企业 47 家，四级货运企业 43 家。

一、资质等级及相关条件

道路货物运输企业经营资质，是指对道路货运企业的资产规模、设施设备、人员素质、管理水平等的综合评价。县级以上人民政府交通主管部门是道路货物运输企业经营资质的主管部门，其所属的道路运输管理机构（以下简称运管机构）具体负责本办法的实施。道路货运企业经营资质等级分为五级。个体货运经营业户不评定经营资质等级。个体货运经营业户是指持有个体工商户营业执照和《道路运输经营许可证》，其货运经营资产属个人或家庭所有。雇工在 7 人及以下的个人或家庭，经营资质等级条件如下：

（一）一级企业

符合国家大型企业资产规模要求，企业净资产5亿元以上，其中货运净资产3亿元以上；资产负债率不高于60%。企业自有车辆总载质量不少于7000吨，其中载质量为8吨及以上的重型载货车辆的载质量不少于3500吨或专用货车不少于车辆总数的40%（专用货车是指集装箱运输车辆、各种固定罐式车辆、厢式车辆等，下同），车辆新度系数0.60，至少自有1个一级货运站、2个二级货运站，或投资参股货运站场建设规模相当于1个一级货运站、2个二级货运站年换算货物吞吐量的仓储设施；至少有1个自有（或签有长期维修合同的）一类汽车维修企业；有与经营业务相适应的装卸机械和配套设施。企业是具有道路货物运输经营资格的独立法人或大中型企业的内部独立核算单位，从事道路货物运输9年以上。企业的经理具有从事本行业经营（管理）工作5年或从事经济管理工作10年以上的经历；企业管理人员中具有初级技术职称以上的人员占60%以上；安全行车30万公里的驾驶员人数不少于驾驶员总数的40%。有健全的经营、财务、统计、安全、技术等机构和相应的管理制度；通过ISO 9002质量认证。企业自有全国经营网络；在省内外设有分支机构，其中省外分支机构不少于5个。年度总营业收入5亿元以上，其中货运营业收入3亿元以上。

（二）二级企业

企业净资产1亿元以上，其中货运净资产6000万元以上；资产负债率不高于60%。企业自有车辆总载质量不少于1400吨，其中载质量为8吨及以上的重型载货车辆的载质量不少于700吨或专用货车不少于车辆总数的35%；车辆新度系数0.55；有2个以上二级货运站，或投资参股货运站场建设规模相当于2个二级货运站年换算货物吞吐量的仓储设施；至少有1个自有（或签有长期维修合同）的二类以上汽车维修企业；有与经营业务相适应的装卸机械和配套设施。企业是具有道路货物运输经营资格的独立法人或大中型企业的内部独立核算单位，从事道路货物运输6年以上。企业的经理具有从事本行业经营工作5年或从事经济管理工作10年以上的经历；企业管理人员中具有初级职称以上的技术人员占55%以上；安全行车30万公里的驾驶员人数不少于驾驶员总数的40%。有健全的经营、财务、统计、安全、技术等机构和相应的管理制度；通过ISO 9002质量认证。企业有省内经营网络；在省内外设有分支机构，其中省外分支机构不少于2个。年度总营业收入1亿元以上，其中货运营业收入6000万元以上。

（三）三级企业

企业净资产2000万元以上，其中货运净资产1200万元以上；资产负债率不高于60%。企业自有车辆总载质量不少于650吨，其中载质量为8吨及以上的重型载货车辆的载质量不少于260吨或专用货车不少于车辆总数的30%；车辆新度系数0.50；有2个三级货运站，或投资参股货运站场建设规模相当于2个三级货运站年换算货物吞吐量的仓储设施；至少有1个自有（或签有长期维修合同的）二类汽车维修企业；有与经营业务相适应的配套设施。企业是具有道路货物运输经营资格的独立法人或大中型企业的内部独立核算单位，从事道路货物运输3年以上。企业经理具有5年以上的经济管理经验；管理人员中具有初级职称以上的技术人员占50%以上；安全行车30万公里的驾驶员人数不少于驾驶员总人数的35%。有健全的经营、财务、统计、安全、技术等机构和相应的管理制度；有省内的货运分支机构；在企业经营资质等级评定后的5年时间内通过ISO 9002质量认证。年度总营业收入2000万元以上，其中货运营业收入1200万元以上。

（四）四级企业

企业净资产400万元以上，其中货运净资产240万元以上；资产负债率不高于60%。企业自有车辆总载质量不少于300吨；其中载质量为8吨及以上的重型载货车辆载质量不少于90吨或专用货车不少于车辆总数的20%；车辆新度系数0.45；有1个四级货运站，或投资参股货运站场建设规模相当于1个四级货运站年换算货物吞吐量的仓储设施；有1个长期合同关系的二类汽车维修企业；有与经营业务相适应的配套设施。

企业是具有道路货物运输经营资格的独立法人或大中型企业的内部独立核算单位。企业经理具有5年以上的经济管理经验；管理人员中具有初级职称以上的技术人员占40%以上；安全行车30万公里的驾驶员人数不少于驾驶员总人数的35%。有健全的经营、财务、统计、安全、技术等机构和相应的管理制度。年度总营业收入400万元以上，其中货运营业收入240万元以上。

（五）五级企业

凡未达到四级企业条件的道路货运企业，且是具有道路货物运输经营资格的独立法人或大中型企业内部独立核算单位，有健全的经营、财务、统计、安全、技术等机构和相应的管理制度。

二、申请及评定程序

道路货运企业申请评定经营资质等级按以下程序进行：

（一）道路货运企业经营资质等级申请评定

道路货运企业申请评定经营资质等级的，应到本企业注册地的运管机构领取、填报《道路货物运输企业经营资质等级申请表》。

（二）道路货运企业申请评定经营资质等级资料。

1. 道路运输经营许可证（复印件）；
2. 企业法人营业执照（复印件）；
3. 载货汽车明细表；
4. 企业的净资产和货运净资产证明；
5. 货运站（场）和仓储设施证明；
6. ISO 9002质量认证证书（一级、二级企业）；
7. 企业上年度实际完成的货运量和货物周转量统计表，安全行车、服务质量考核统计资料；
8. 企业经理和企业经营、财务、安全、技术部门负责人的履历和任职文件；
9. 企业管理人员专业技术职称情况名单；
10. 驾驶员的驾驶资历和从业资格情况；
11. 企业上年度财务报表；
12. 需要出具的其他有关证明。

（三）道路货运企业经营资质等级评审程序及评审权限

各级交通主管部门成立由有关专家组成的道路货运企业经营资质等级评审小组。职责是对照企业经营资质条件，审核申请经营资质的道路货运企业申报材料的真实性、准确性，按照评审权限评定企业经营资质等级。

1. 一、二级企业经营资质申报材料由省级运管机构负责初审，由省级交通主管部门报交通部评审和评定企业经营资质等级；

2. 三级企业经营资质申报材料由省级运管机构负责组织评审并提出等级建议，由省级交通主管部门评定企业经营资质等级；

3. 四级企业经营资质申报材料由地级运管机构负责组织评审并提出等级建议，由地级交通主管部门评定企业经营资质等级；

4. 五级企业经营资质申报材料由县级运管机构负责审核，由县级交通主管部门评定企业经营资质等级；

5. 根据《道路货物运输企业经营资质管理办法（试行）》（交公路发〔2001〕154号）及其他有关规定，经部道路运输企业经营资质等级评审委员会评审，并在登报公示后公布。

2005年6月16日，交通部发布《道路货物运输及站场管理规定》（2005年第6号令），宣布交通部2001年发布的《道路货物运输企业经营资质管理办法（试行）》（交公路发〔2001〕154号）作废。其后，道路货物运输企业经营资质管理及评定工作由各级道路运输协会负责。

第三节 危险货物运输

一、危险货物运输法规制度

危险货物运输是指使用道路运输车辆运输国家规定的易燃、易爆、放射、有毒、腐蚀等危险货物的运输，是货运子行业中的一个类别。危险货物运输与普通货物运输及旅客运输相比，由于其货物的特殊性质，对安全工作的隐患威胁较大，因此对其有关的车辆、设备、从业人员、安全管理制度的要求更高、更严。

国务院颁布的关于危险货物运输的行政法规。2002年1月，国务院颁布《危险化学品安全管理条例》，对危险化学品的运输作了专章规定。第35条规定："国家对危险化学品的运输实行资质认证制度；未经资质认证不得运输危险化学品。危险化学品运输企业必须具备的资质条件由国务院交通部门规定。"第37条规定："危险化学品运输企业，应当对其驾驶员、船员、装卸管理员、押运人员进行有关安全知识培训，并经所在地设区的市级人民政府交通部门考核合格（船员经海事管理机构考核合格），取得上岗资格证，方可上岗作业。"2004年4月，国务院颁布《中华人民共和国道路运输条例》，对从事危险货物运输经营做出了明确规定，对《危险化学品安全管理条例》的规定在了进一步的细化，明确规定了申请从事危险货物运输的应当具备的具体条件，有利于危险化学品运输资质认证制度的实行。对非营业性运输单位需从事道路危险货物运输的，也明确了应遵守《中华人民共和国道路运输条例》的规定。

交通部发布的关于危险货物运输的一系列行政规章制度。1988年1月，交通部发布《汽车危险货物运输规则》（行业标准 JT3130－88），1993年5月，发布《道路危险货物运输管理规定》（交运发〔1993〕1382号），2004年12月，发布《汽车运输危险货物规则》（行业标准 JT/617－2004）和《汽车运输、装卸危险货物作业规程》（行业标准 JT/618－2004），2005年7月，发布《道路危险货物运输管理规定》（交通部2005年9号令）。此外，1993年5月19日，交通部发布的《道路货物运输业户开业技术经济条件（试行）》（交运发〔1993〕531号），2005年6月，发布的《道路货物运输及站场管理规定》，对危险货物运输开业技术经济条件和管理，也作了专门规定。

二、危险货物运输管理规定的主要内容

（一）从事营业性道路危险货物运输的单位，必须具有10辆以上专用车辆的规模，5年以上从事运输经营的管理经验，配有相应的专业技术管理人员，并已建立健全安全操作规程、岗位责任制、车辆设备保养维修和安全质量教育等规章制度。

（二）直接从事道路危险货物运输、装卸、维修作业和业务管理的人员，必须掌握危险货物运输的有关知识，经当地地（市）级以上道路运输管理机构考核合格，发给《道路危险货物运输操作证》，方可上岗作业。

（三）运输危险货物的车辆、容器、装卸机械及工具，其技术性能和状况必须符合《汽车危险货物运输规则》（行业标准 JT617－2004）规定的条件。经道路运输管理机构审验合格。

（四）承运爆炸品、剧毒品、放射性物品及需控温的有机过氧化物、使用受压容器罐（槽）运输烈性危险品，以及危险货物月运量超过100吨，均应于起运前10天，向当地道路运输管理机关报送危险货物运输计划，包括货物品名、数量、运输线路、运输日期等。

（五）凡装运危险货物的车辆，必须按国家标准 GB13392《道路运输危险货物车辆标志》悬挂规定的标志和标志灯，配备必要的押运人员，保证危险货物处于押运人员的监管之下。在运输过程中采取必要措施，防止危险货物燃烧、爆炸、辐射、泄漏。

（六）托运方应向承运方说明危险货物的品名、性质、应急处置方法等情况，并严格按照国家

有关规定包装、设置明显标志。

（七）非营业性运输单位需从事道路危险货物运输的，也须向当地道路运输管理机构申请，由地（市）级道路运输管理机构审批后，发给《道路危险货物运输许可证》。

至2005年年底，重庆市共有危险货物运输车辆1935辆，吨位8171吨。

第四节 其他货运经营

随着经济社会发展，传统的货物运输方式与新兴的货运经营方式不断消长更迭。为维护正常的运输秩序，保障货主、经营者的合法权益，各级交通主管部门及所属道路运输管理机构，及时制定和采取有关政策与措施，对此类货物运输经营积极扶持，正确引导，加以规范、实施监管，促进其健康发展。

一、零担货物运输

为适应计划商品经济发展需要，四川省交通厅于1986年2月15日发布《四川省公路零担货物运输实施办法》（川交运〔1986〕47号），《实施办法》规定：一次托运的货物重量2吨以下，单件重量不超过200公斤的为零担货物；零担货物运输实行由交通运输主管部门统一领导，全民、集体、个体运输业多家经营，执行“四统”办法。即统一费种、统一费率、统一票据、统一结算方式；开辟零担货运线路分别由省、地、县交通主管部门按照管理权限审批；零担货运班车必须定线、定点、定班运行，不得随意停班、误班、甩站。1987年12月14日，交通部发布《汽车零担货物运输管理办法》（交公路字〔1987〕874号），《办法》规定，托运人一次托运货物，计费重量不足3吨的，为零担货物；设置零担货运站点必须报所在地县以上交通主管部门批准并报省交通主管部门备案。

1996年12月2日，交通部再次发布《道路零担货物运输管理办法》（交公路发〔1996〕1039号）。主要内容是：

1. 零担货运按经营区域分为县（市）内、地（市）内、省内、省际和国际零担货运；按送达速度分为：普通零担货运、快件零担货运、特快零担货运。

2. 经营零担货物受理和经营零担货运站场的业户除具备《道路运输服务业户开业技术经济条件》外，还应有固定的营业场所，与业务相适应的货物仓储面积和装卸设施。租赁仓储设施，需有1年以上合法有效的租赁合同。

3. 与零担货运站签订有受理经营线路范围内的半年以上有效的运输服务合同。

4. 有固定的业务人员，持有运管机关核发的上岗证。

5. 零担货运站应具有300平方米以上的停车场和500平方米以上的仓储面积并有相应的安全设施和装卸能力；与零担运输业户签订有零担货物线路运输合同；业主和业务人员需经运管机关培训，持有上岗证。

6. 零担线路运输业户除了符合《道路货物运输业户开业技术经济条件》外，还须使用封闭式专用货车或封闭式专用设备，车身喷涂“零担货运”标志，车辆技术状况达到二级以上；经营省内零担货运需有5辆（25个吨位）以上零担货运车辆，跨省经营需有10辆（50个吨位）以上零担货运车辆；业主、驾驶员、业务人员须持有运管机构核发的上岗证。驾驶员应有安全行驶2年以上或安全行驶5万公里以上的驾驶经历。

7. 零担货运线路实行分级管理。县内线路，由县级运管机构审批，并报地（市）级运管机关备案；地（市）内线路，由县级运管机构审核后，报地（市）级运管机构审批，并报省级运管机构备案。省内跨区线路，由县、地（市）运管机构审核后，报省运管机构审批；省际线路，由相关省运管机构协商无异议后，由经营业户所在地省级运管机构审批，并报交通部备案。

8. 零担货运经营方式可采用定线、定点、定班运输形式或定线、定点、不定班运输形式。经营方式经批准后，不得随意变更。

9. 快件零担货运从货物受理的当天15时起算，300公里运距内，24小时以内运达；1000公里运距内，48小时以内运达；2000公里运距内，72小时以内运达；特快专运是指应托运人要求即托即运，在约定时间内运达。

重庆市货运市场于1992年全面放开，企业实行单车承包，租赁经营，不再统一组织运输生产，由承包租赁经营者自行找货运输，与此同时货运代理经营业户大量涌现。因此，零担货运定线、定点、定班的管理方式，逐步淡出货运市场，零担货物运输完全实现了市场化运作。

二、联运服务

1986年12月，交通部、国家经委发布《公路运输管理暂行条例》（交公路字〔1986〕1013号），《暂行条例》将联运服务纳入运输服务业管理。允许国营、集体企业和个人经营客货联运、客运代办、货运代理、货物包装、仓储理货、存车等运输服务业。1988年10月5日，重庆市人民政府颁布《重庆市联运行业管理暂行办法》（重府行政规章〔1988〕14号）。主要内容是：

联运经营单位分为联运公司、联运站、所（包括私营联运企业，下同）和联运个体户三类。凡符合以下各类经营条件的，交通运输管理机关应分别发给经营许可证，并核定其经营许可范围。

（一）联运经营条件

1. 联运公司经营条件

（1）有固定营业场所和必要的联运设施；

（2）有10万元以上注册资金；

（3）有面积不少于500平方米的仓储场地。

2. 联运站、所经营条件

（1）有固定营业场所和必要的联运设施；

（2）有5万元以上注册资金；

（3）有面积不少于200平方米的仓储场地。

3. 联运个体户经营条件

（1）有固定的业务接洽场所；

（2）有2000元以上资金和与经营项目相适应的联运设备；

（3）办理有运输责任保险手续（具有5万元以上注册资金的，自愿办理保险手续）。

（二）联运经营单位的申报审批程序

1. 区、县属以下单位以及公民组建联运企业，向当地区、县交通运输管理站申请，同意的由区、县交通运输管理站核发经营许可证。市属以上单位组建联运企业，向当地区、县交通运输管理站申请，区、县交通运输管理站提出审核意见转报重庆市运管处审批，同意的核发经营许可证。

2. 凭交通运输管理机构核发的经营许可证，向当地工商行政管理部门申领营业执照。

（三）联运业的经营范围

1. 为收发货人代办铁路、公路、水路、航空的运输计划及办理货物的代收、代交手续；

2. 办理整车（整批）、零担（零星）货物的集散与中转（含换装、仓储、堆存、包装整理）；

3. 办理集装箱联运；

4. 办理旅游、旅客及行李包裹联运；

5. 代售或联售汽车、火车、轮船、飞机客票；

6. 办理联运咨询服务。

（四）联运经营单位的业务划分

1. 联运公司经营全部联运业务；

2. 联运站（所）和联运个体户的经营范围，由负责开业审批的机构，根据其实际生产经营能力在规定的范围内确定。

三、货物搬运装卸

1986 年 12 月，交通部、国家经委发布的《公路运输管理暂行条例》，将搬运装卸作为一个独立的子行业，纳入公路运输行业管理范畴。重庆市运管处多次对搬运装卸业进行规范和整顿，开展了审验经营许可证，划分业务范围，统一价格、票据，清理农民装卸工等工作。1988 年，重庆市把从事搬运装卸业的城乡劳力全部纳入了公路运输行业管理渠道。1989 年，重庆市运管处制定了《搬运装卸业开业条件》，并与市有关部门联合拟定了《农民搬运装卸工管理办法》。

1993 年 12 月 26 日，交通部发布《道路运输货物装卸开业技术经济条件》（交运发〔1993〕1384 号），主要内容是：

（一）道路运输货物装卸业户一般技术经济条件

1. 设施条件。须有固定的办公场所。租用他人房屋、场地设施作为经营办公场所者，要签订 1 年以上合法有效的租用合同。

2. 资金条件。须有与业务量相适应的流动资金。须有 2 万元的资金或资产作为事故赔偿的保证金。开业时应出具合法的资信证明或资金担保书。

3. 人员条件。主要业务人员须掌握与道路运输业有关的法律、法规和货物装卸业务等方面的基本业务知识。聘用专业人员须签订合法有效的聘用合同。

（二）道路运输货物装卸业开业的补充条件

1. 机械装卸。有性能可靠、技术完好、符合安全要求的装卸设备；有停放装卸设备的场地，租用他人的应有 1 年以上、合法有效的租用合同；装卸设备的驾驶、操作人员须有有效的证件。

2. 人力装卸。有生产人员休息的场所和洗浴的设施；生产作业人员的年龄必须年满 18 周岁。

3. 起重吊装。有适合起重吊装的设备和机具；至少有 3 名从事起重吊装作业 5 年以上的技术工人，至少应有 1 名具有中级职称的工程技术人员。

4. 危险货物装卸。有从事危险货物装卸作业的安全防护措施和用具；装卸作业人员须持有危险货物装卸岗位培训合格证；至少应有 1 名具有初级职称的化工专业人员。

5. 企业组织条件。有完善的企业章程；有合法的法定代表人；有健全的生产经营组织机构。

1992 年，重庆市搬运装卸业市场放开，只要符合开业技术经营条件，经审查批准，均可发给经营许可证。至 2004 年年底，重庆市有道路搬运装卸企业 145 个，从业人员 3895 人。以后，随着计划经济向市场经济的转变，特别是大量农民搬运工进入城市，搬运装卸完全市场化。2004 年 7 月 1 日，《中华人民共和国道路运输条例》施行，搬运装卸不再纳入道路运输管理范畴。自 2005 年起，道路搬运装卸业企业和从业人员不再纳入交通部年报统计。

四、货运配载信息服务

货运配载信息服务（亦称运输中介服务）是道路运输市场开放后发展起来的新兴货运经营方式。这种经营方式，对于促进运输市场发展，减少空驶浪费，提高车辆运用效率发挥了重要作用。各级交通主管部门及所属道路运输管理机构，对此采取积极扶持、正确引导的方针。1989 年 2 月 5 日，交通部发出《关于加强公路货运配载信息服务管理的通知》（交函运字〔1989〕78 号），要求按照《公路运输管理暂行条例》的规定，对从事货运配载信息服务的单位和人员进行资格审查，符合条件的，按《条例》规定的程序办理开业手续；已经开业尚未办理有关手续的，应结合运输市场的整顿重新补办。凡符合经营条件的发给经营许可证，凭证向工商行政管理部门办理工商登记，纳入行业管理；不符合条件的应进行整顿，整顿后不合格的应责令停业。随着运输市场的发展和规范，至 2005 年年底，货运配载信息服务全部归入货运站场内经营管理。

五、集装箱和大型物件运输

对集装箱和大型物件运输的管理，主要采取在开业审批时，对申请者的管理制度、车辆设备、从业人员提出特别的附加条件和规定，依照这些条件和规定进行全面审查。

1993 年，交通部发布的开业条件规定：从事集装箱运输的，须拥有一定数量的集装箱运输专用车，须拥有与经营规模相适应的集装箱装卸设备。从事大型物件运输，至少拥有 1 辆运载三级以上长大笨重货物运输的专用车和相应的装卸设备；至少应有 1 名高级职称的专业人员；大件运输车辆驾驶员，须有 5 万公里安全行车里程的驾驶经历。2001 年，重庆市交通委员会发布的开业条件进一步明确规定：从事集装箱运输的，拥有技术状况良好，带有转锁装置，与所载集装箱要求相适应，能满足所运载集装箱总质量的要求的集装箱专用运输车辆；须有与经营规模相适应的集装箱装卸设备；集装箱专用运输车辆驾驶人员，必须具有安全行车 2 年以上或 5 万公里以上的驾驶经历。从事大型物件运输的，具有装载整体大型物件实际能力在 20 吨以上的超重型车组，包括牵引车和挂车（半挂式、凹式低平台挂车），并有相应的配套附件；车组技术状况良好；在重载条件下能顺利通过 8% 的道路坡度；具有助理工程师以上职称的汽车运输专业技术人员不少于 1 人，技术负责人须有从事大型物件运输 2 年以上的实际经验；具有符合交通行业工人技术等级标准的超重型汽车列车驾驶员、超重型汽车列车挂车工、公路运输起重工，各类工种工人的技术等级不低于初级；制定有车组和起重装卸机工具的使用技术、操作规定、质量保证制度等规章；大件运输车辆驾驶员须有安全行车 2 年以上或 5 万公里以上的驾驶经历。

第五节　货运站场

一、站场经营许可条件

（一）2001 年货运站场开业条件

2001 年，重庆市交通委员会发布《重庆市道路运输服务业开业条件（货运部分）》。内容如下：

1. 人员条件。经营管理人员和业务人员须掌握与道路运输业有关的法律、法规和基本业务知识；聘用专业技术、管理人员须签订合法的聘用合同。

2. 资产条件。须有与业务量相适应的资金；须有不少于 5 万元的资金或资产作为事故赔偿的保证金；开业时应出具合法的资信证明或资金担保书。

3. 设施条件。须有固定的办公场所和通信设备；租用他人房屋、场地设施作为经营办公场所的，要签订一年以上合法的租用合同。

4. 组织管理条件。拟订有完善的企业章程；有确定的负责人；有健全的经营管理机构。

5. 补充条件。从事综合服务的货运站，其建设规模、设施、设备和机构人员，应符合行业标准的要求。消防、安全设施、设备俱全并符合有关规定；从事集装箱公路中转站、货运站业务的应符合 GB/T 12419 集装箱公路中转站站级划分和设备的要求。应配备集装箱专用装卸机械和装拆集装箱作业机械，装卸机械应有集装箱专用吊具，装卸机械的额定起重量要满足集装箱总质量的要求。装拆箱作业机械要能适应进箱作业。

从事零担货运站业务，应具有 300 平方米以上的停车场或 500 平方米以上的仓储面积，并有相适应的安全设施和装卸能力。从事零担货物受理的业户应有固定的营业场所，与业务量相适应的仓储面积和装卸设施，并与零担货运站签订有受理经营线路范围内的半年以上有效的运输服务合同。

（二）2005 年货运站场开业条件

2005 年 6 月 6 日，交通部发布《道路货物运输及站场管理规定》（2005 年第 6 号令），统一全国货运站开业条件。主要内容是：从事货运站经营的，应当具备下列条件：

1. 有与其经营规模相适应的货运站房、生产调度办公室、信息管理中心、仓库、仓储车棚、场地、道路等设施，并经有关部门组织的工程验收合格。

2. 有与其经营规模相适应的安全、消防、装卸、通讯计量等设备。

3. 有与其经营规模、经营类别相适应的管理人员和专业技术人员。

4. 有健全的业务操作规程和安全生产管理制度。

二、站场经营许可程序

（一）申请从事货运站场经营的，向所在地区县（自治县）道路运输管理机构提出申请，并提供以下材料：

1. 道路运输站（场）经营申请表。

2. 负责人身份证明，经办人的身份证明和委托书。

3. 经营货运站的土地、房屋的合法证明。

4. 货运站竣工验收证明。

5. 与业务相适应的专业人员和管理人员的身份证明。

6. 业务操作规程和安全管理制度文本。

（2）道路运输管理机构收到从事货运站场经营的申请后，自受理申请之日起 15 日内审查完毕，做出许可或不予许可的决定。予以许可的颁发经营许可证，不予许可的书面通知申请人并说明理由。

第四章 出租汽车管理

出租汽车行业是重要的“窗口”行业，在促进城乡经济发展、方便群众出行、树立城市形象等方面，具有重要的作用。出租汽车具有方便、快捷、舒适的特点，是普通群众特殊出行的主要交通工具，是大容量公共交通的重要补充，已成为经济发展水平和社会文明进步的重要标志。

1978 年 10 月 1 日，由重庆市公用事业管理局投资组建重庆第一家专业出租汽车公司——重庆市出租汽车公司，25 辆出租汽车投入运营，标志着重庆出租汽车的起步发展。改革开放的不断深入，运输市场全面放开，促进了出租汽车快速发展，各种类型出租车公司、个体出租车应运而生，出租汽车数量大幅度上升。为了加强出租汽车管理，维护城市公共交通经营秩序，1986 年 7 月 14 日，重庆市人民政府发布《重庆市出租汽车管理暂行规定》（重府发〔1986〕163 号），明确界定了出租汽车的范围，管理内容、管理机构及管辖区域，对于规范出租汽车管理具有里程碑的意义和作用。重庆市社会客运管理处和重庆市公路运输管理处，依照《暂行规定》要求，认真履行职责，对经营者的开业条件、运力投入、经营行为、服务质量实施监督管理，使出租汽车经营秩序日趋好转。至 1987 年 1 月底，重庆市有出租汽车 1044 辆（2001 年以前，主城区出租汽车含大、中型社会客运车辆）。1991 ~ 1997 年，主城区外各区县出租汽车迅速发展。为加强出租汽车市场的调控与管理，1992 年 9 月，重庆市人民政府决定出租汽车发展实行总量控制，发展指标一年一定，经营权实行有偿使用。1993 年 7 月，重庆市人民政府发出《关于加强城区道路交通管理工作的通知》

（重府发〔1993〕145号），明确规定重庆市（21个区县）出租汽车由重庆市人民政府实行总量控制，任何单位和部门无权审批。重庆直辖后，重庆市人民政府于1997年11月发出《关于出租汽车管理有关问题的通知》（渝府发〔1997〕49号），明确规定万县、涪陵、黔江地区的出租汽车由当地政府批准发展，其他区域仍按原有规定办理。

由于中国出租汽车发展历史不长，国家还没有一部全国性的针对出租汽车行业管理的法规。有立法权的城市各自出台了一些出租汽车管理方面的地方性法规或规章，由于缺乏上位法的指导，其主要内容大都局限于市场准入条件、服务质量标准和市场秩序监管方面。而对出租汽车行业长期稳定健康发展有重要影响的经营权出让、企业的经营模式、劳动用工、驾驶员收益分配等事项基本未涉及，未纳入行业管理范畴，从而积累和遗留下来很多矛盾与问题。1999年、2003年和2005年，重庆对出租汽车行业开展了3次大规模的整顿。特别是2005年的整顿，力度大，目标明确，措施有力，主要是解决出租汽车经营权有偿出让不合理、劳动用工不规范、行业管理不得力等矛盾和问题。整顿工作取得明显成效。

自改革开放以来，特别是1986～2005年20年间，重庆市出租汽车行业快速发展，完成了从无到有，从有到多的过程。至2005年年底，共有出租汽车12548辆，出租汽车管理体制顺畅协调，监管制度健全完善，监管方式科学合理，监管过程规范透明。

第一节　出租汽车发展及政策

重庆市出租汽车的发展经历了1979～1985年起步发展，1986～1991年规范管理和1992～2005年宏观调控3个阶段。在此期间，重庆市人民政府及出租汽车管理部门，针对出租汽车发展和管理中出现的问题，相继出台了一系列有关出租汽车的管理规定。

一、起步发展阶段（1979～1985年）

运输市场全面放开，实行全民、集体、个体一起上，政府鼓励和动员有车单位对外从事客运服务，以缓解群众乘车难的问题。各种类型出租车公司、个体出租车应运而生，专营、兼营、私营、国营多种经营形式竞相发展。

二、规范管理阶段（1986～1991年）

1986年7月14日，重庆市人民政府发布《重庆市出租汽车管理暂行规定》（重府发〔1986〕163号），自1986年8月1日起施行。《暂行规定》对出租汽车客运的范围作了明确界定：凡按照乘客要求停车上下客，以里程、时间、包车形式计算租费的车辆，均属于出租汽车客运业务。同时规定，主城7个区（市中区、沙坪坝区、江北区、南岸区、九龙坡区、大渡口区、北碚区）内的出租汽车由重庆市社会客运管理处负责管理；主城7区外的出租汽车由重庆市公路运输管理处负责管理。此外还对出租汽车的市场准入、服务质量、经营行为、市场监管等事项做出了明确规定。1989年7月8日，重庆市人民政府印发《关于加强城市管理工作的决定》（重府发〔1989〕155号），做出了“控制出租汽车增长”和“从现在起两年不得新增私营出租汽车”的决定。1990年7月30日，重庆市人民政府发布《重庆市社会客运汽车违章收费处理暂行办法》（重庆市人民政府〔1990〕9号令），对包括出租汽车在内的客运车辆的经营行为进一步进行了规范。1991年6月17日，重庆市人民政府办公厅印发《重庆市整顿出租汽车领导小组第一次会议纪要》（重办发〔1991〕63号），会议议定事项之一是加强宏观调控，支持国营、集体出租汽车的发展，限制个体出租汽车发展。决定在3年内不再新增个体出租汽车，汽车报废后，自行退出。1991年9月10日，重庆市人民政府发布《关于对出租小轿车不按规定使用计价器从严处罚的通告》。《通告》规定：出租小轿车驾驶员凡有1次不按规定使用计价器（包括不使用计价器、使用不合格计价器或不按计价器显示金额收费）行为的，由出租汽车行业管理部门吊销其驾驶员服务证，禁止驾驶员3年内从事社会客运出租汽车业务，并对出租小轿车停业整顿1个月。1991年9月19日，重庆市人民政府发布《重庆市城市社会客运出租汽车车容卫生管理暂行办法》（重府〔1991〕59号），对出租汽车的车容卫生做出了明确规定。

三、宏观调控阶段（1992～2005年）

随着出租汽车客运不断发展，行政审批出租汽车的方式已不适应市场和管理需要，为此，重庆市人民政府决定对出租汽车实行宏观调控。在宏观调控阶段，主城区和部分区县均实施了出租汽车经营权有偿使用办法。实行宏观调控阶段，主城区出租汽车的发展权属重庆市人民政府，各区县的发展权属当地人民政府。

1. 1992年9月，重庆市人民政府第113次常务会议（会议纪要第17期）决定：

（1）重庆市对出租汽车发展实行总量控制，发展指标一年一定，经营权实行有偿使用。同时决定当年新增出租汽车指标400辆，限于国营和集体企业发展。

（2）新增出租汽车指标实行拍卖，每辆出租汽车指标起价4万元。

（3）出租汽车经营权不准转让，确需停业的，收回经营权，其指标实行拍卖。

（4）现行出租汽车管理体制不变，主城7区以内出租汽车由重庆市公用局负责，主城7区以外出租汽车由重庆市交通局负责。

10月8日，为落实重庆市人民政府第113次常务会议精神，重庆市人民政府办公厅召开了有重庆市社客处、重庆市运管处、重庆市公安局交警支队、重庆市公安局出租汽车治安管理办公室（简称重庆市公安局出管办）参加的联席会议。会议议定：1992年5月18日前重庆市社客处、重庆市运管处已审批而未投入营运的出租汽车予以承认。重庆主城7区包括江北县和巴县的出租汽车实行总量控制，控制权属重庆市人民政府。未经重庆市人民政府批准，任何部门不得擅自发展。主城7个区和江北县、巴县以外的出租汽车发展，由重庆市运管处根据客运市场需求批准发展。

2. 1993年3月19日，重庆市人民政府第129次常务会决定在主城9个区发展出租汽车800辆，其余区县的出租汽车发展由当地人民政府决定，但不准进入市区控制范围内驻地经营。新增800辆出租汽车指标采取面向社会公开拍卖，每辆底价4万元，上不封顶。

3. 1993年4月，重庆市人民政府办公厅印发《关于出租汽车管理有关问题的通知》（重办发〔1993〕26号），对出租汽车证照、培训、无线电通讯问题做了明确的规定。

4. 1993年7月，重庆市人民政府印发《关于加强城区道路交通管理工作的通知》（重府发〔1993〕145号），明确规定，重庆市行政区域内（21个区县）的出租汽车，由重庆市人民政府实行总量控制，任何单位和个人无权审批。

5. 1993年12月17日，重庆市人民政府第11次常务会决定：出租汽车发展仍然实行总量控制。为便于集中一段时间整顿出租汽车管理秩序，自即日起至1994年3月底，停止审批发展和报废更新大、中、小型出租汽车；对现有出租汽车进行全面的清理整顿。坚持一要有偿，二要有期限的原则，将大、中、小型出租车，分类推入有偿使用轨道；进一步加强出租车管理。由重庆市人民政府办公厅牵头，重庆市公用局、重庆市交通局、重庆市公安局领导参加，实行出租汽车管理联合办公，负责协调、处理大、中、小型出租车发展和管理的重要事项，此项工作由重庆市副市长唐情林领导，副秘书长于学信具体负责。研究有关重要问题，重庆市副市长陈元虎、副秘书长张容信参加商定。

6. 1994年1月13日，重庆市人民政府办公厅印发《关于出租汽车管理有关问题的会议纪要》（重办会议纪要〔1994〕3号），决定成立重庆市出租汽车管理小组。重庆市人民政府副秘书长于学信任组长，下设重庆市出租汽车联合管理办公室。重庆市运管处、重庆市社客处、重庆市公安局出管办等有关单位为成员。联合管理办公室主要职责是：统一全市大、中、小型出租汽车的年度发展计划和管理政策报管理小组审批；按重庆市人民政府批准的年度发展总量，统一组织出租汽车拍卖。其次，所有大、中、小型出租汽车的新增、发展、报废更新，一律经重庆市出租汽车联合管理办公室按有偿使用的原则审核后，管理部门方能办理证牌和手续。

7. 1994 年 6 月 4 日，重庆市人民政府办公厅印《发关于对远郊区（市）县出租汽车发展有关问题的批复》（重办函〔1994〕46 号）。批复确定主城 7 区 2 县（巴县、江北县）以外出租汽车发展数量为 300 辆，投放方式由当地人民政府按有偿使用的原则，根据本行政区域实际情况和经济水平确定，今后远郊区（市）县的出租汽车的指标投放仍由重庆市人民政府总量控制下达指标。

8. 1994 年 11 月 9 日，重庆市人民政府办公厅《关于加强出租汽车管理有关问题的会议纪要》（重办会议纪要〔1994〕53 号），重申重庆市出租汽车发展计划由重庆市人民政府确定，要逐步地全面将无偿无限期使用出租汽车指标推入有偿使用的轨道。

9. 1994 年 12 月 2 日，重庆市人民政府办公厅《关于远郊区（市）县出租汽车发展有关问题的批复》（重办函〔1994〕105 号）。同意 7 区 2 县（巴县、江北县）以外远郊区（市）县新增出租汽车指标 400 辆（其中含长安箱式货车 100 辆）。

10. 1995 年 4 月 6 日，为了进一步加强出租汽车管理，经重庆市副市长唐情林同意，重庆市社客处、重庆市运管处、重庆市公安局车管所、重庆市公安局出管办联合印发《关于进一步加强出租汽车管理工作有关问题的通知》（渝社客发〔1995〕8 号）。该通知就出租汽车报废更新、有偿使用费标准和年限等做了明确规定。主要内容是：

（1）出租汽车报废更新条件：达到国家车辆报废规定条件；因事故造成车辆破烂不堪，无法修复；被盗 6 个月查无结果；当年年审合格取得营运资格。

（2）出租汽车有偿使用费标准：未缴纳有偿使用费的出租汽车报废更新时，其更新车辆纳入有偿使用范围；1995 年 12 月 31 日（含 31 日）以前报废更新的，一次性缴纳出租汽车有偿使用费每辆 1 万元；1996 年 6 月 30 日（含 30 日）以前报废更新的，一次性缴纳有偿使用费每辆 1.5 万元；1996 年 7 月 1 日以后报废更新的，一次性缴纳有偿使用费每辆 2 万元；由公安车辆管理部门按规定实行强制报废更新的，一次性缴纳有偿使用费 4 万元。

（3）出租汽车有偿使用年限：1993 年以每辆 8.7 万元价格中标的出租汽车有偿使用期为 16 年；获得每辆 4 万元指标的出租汽车有偿使期为 8 年；原在远郊区县发展后到市区驻地经营的，按规定应补缴 4 万元有偿使用费，但仅只缴了 2.2 万元，在 1995 年 6 月 1 日前仍未按规定补缴完有偿使用费的，有偿使用期为 4 年；报废更新时纳入有偿使用轨道的出租汽车一次按规定缴纳指标款的，有偿使用期为 4 年。

11. 重庆直辖后，重庆市人民政府于 1997 年 11 月 21 日印发《关于出租汽车管理有关问题的通知》（渝府发〔1997〕49 号），重申重庆市出租汽车管理目前仍然维持原有管理体制，即重庆市公用局管理在主城 7 个区内经营的出租汽车、重庆市交通局管理在主城 7 个区外经营的出租汽车。全市出租汽车的发展（包括 5 座以下小轿以及小型箱式车、近郊 9 个区内的中型客车），由重庆市人民政府实行总量控制（万县市、涪陵市和黔江地区除外）。万县市、涪陵市和黔江地区出租汽车的发展，由当地政府根据本地情况自行批准有偿投放。

12. 1997 年 12 月，根据重庆市人民政府 1997 年第 9 次常务会关于新增发展 1997 年度城市客运出租汽车的原则精神，重庆市主城区出租汽车客运管理部门对 700 辆出租汽车指标进行了公开拍卖。成交价格为奥拓每辆 27 万元，桑塔纳每辆 20.3 万元，使用期限为 8 年。

13. 2000 年 6 月 28 日，重庆市运管处、重庆市社客处根据国家有关规定，并经重庆市人民政府同意，印发了《重庆市主城区出租汽车有偿有期限使用有关问题的通知》（重公运〔2000〕168 号）。主要内容是：

（1）重庆市主城区（渝中区、江北区、沙坪坝区、南岸区、九龙坡区、大渡口区、北碚区、渝北区、巴南区）出租汽车（5座及5座以下轿车）指标纳入有偿有限期使用。凡持有主城区合法经营证件，尚未纳入有偿使用的出租汽车，均应在2001年12月31日前办理有偿有限期使用手续；2001年12月31日以后不再办理。届时，仍未纳入有偿使用的出租小汽车，收回经营指标，停止经营。

（2）原未纳入有偿使用的出租汽车办理有偿有限期使用手续时，一次性缴纳有偿使用费4万元，有偿使用期为4年。

（3）出租汽车指标延期使用规定：原招标时未明确指标使用期限的，在2001年12月31日前办理指标延期使用手续（不含1993年以每辆8.7万元招标中标和1997年公开招标中标，以及已纳入有偿使用且在2001年12月31日以后使用期满的出租汽车），2001年12月31日以后不再办理。未办理延期使用手续的，在原规定的指标使用期届满后，收回经营指标，终止经营；已纳入有偿使用期限的，办理指标延期使用手续时，须一次性缴纳有偿使用费6万元，指标延期使用4年。

14. 2003年11月27日，重庆市人民政府批转重庆市交通委员会报送的《主城区出租汽车经营权产权管理制度改革实施工作方案》（渝府发〔2003〕85号）（以下简称方案）。该《方案》主要内容是：

取消主城区现有出租汽车经营权有偿使用年费征收制度，实行出租汽车经营权证有偿投放，长期使用（25年）制度。主城区已取得出租汽车经营权的经营者，须在2004年12月31日前，按每个经营权指标5万元标准，交纳出租汽车经营权证款；2005年办理手续的，按每个经营权指标6万元标准交纳。要求新增的出租汽车必须实行公司化经营，与驾驶员完善劳动用工关系并依法办理缴纳养老、失业等社会基本保险。出租汽车实载率达到60%以上的，应新增投放出租汽车经营权证，但投放数量应经测算，投放后出租汽车经营实载率应不低于55%。

四、出租汽车市场

1986年初，重庆市主城区经营出租汽车的企业有15家，车辆340余辆（含大、中型社会客运车辆，下同）。1988年出租汽车发展到1648辆，1989年为1828辆。1990年经过客运市场整顿，并在严格控制私营出租汽车增长的同时，逐步清理和取消了部分社会单位兼营出租汽车的资格，主城区出租汽车数量降为1698辆。以后，随着经济社会的发展，主城区外也开始出现了出租汽车。1991年前，重庆市出租汽车车型比较杂乱，以进口车为主。主要有波萝乃茨、菲亚特、拉达、马自达、丰田、伏尔加、尼桑、小红旗、老上海等品牌的车辆。1992年主城区出租汽车发展到2120辆，日客运量90万人次。至1997年年底，重庆市社客处管理的出租汽车为4206辆，重庆市运管处管理的出租汽车5061辆。主城区车型以奥拓车为主，远郊区县主要车型为夏利、富康、桑塔纳。2000年8月，重庆市运管局成立后，重庆市出租汽车总量为12753辆。2003年11月27日，重庆市人民政府批转重庆市交通委员会《关于主城区中型客运车辆退出客运市场工作方案》（渝府发〔2003〕84号）。2003~2005年，为配合出租汽车经营权管理制度改革和中巴车退出客运市场，通过用3辆中型客车置换1辆羚羊牌出租汽车或2辆大客车置换1辆蒙迪欧牌出租汽车的方式，主城区共置换出租汽车653辆。至2005年年底，重庆市出租汽车从1986年的340余辆发展到12548辆，经营业户1164户，其中，经营企业171户，个体经营户993户；从业人员30000余人；日客运量90万人次，其中主城区有出租汽车6434辆，业户600多户。

第二节　出租汽车管理规定

1986~2005年间，交通部、建设部、重庆市人民政府、重庆市人常委会以及部分区县人民政府，重庆市交通委员会均颁布和制定过有关出租汽车管理的规定。主要内容有4个方面，一是开业条件和审批程序，二是治安管理规定，三是运行服务规范，四是市场秩序监管。由于缺乏全国统一的行政法规，因而规定也不尽统一。

一、经营许可条件

1. 1986 年 8 月 1 日实施的《重庆市出租汽车管理暂行规定》，对出租汽车开业做了规定：申请经营出租汽车客运业务的单位和个人，必须持有单位或街道办事处、乡镇人民政府的证明，办理有关车辆、驾驶、行车、经营、保险等审批手续，符合经营出租汽车业务的，发给出租汽车客运许可证，在工商行政管理部门办理营业执照后，方可开业参加营运。

2. 2001 年 2 月 1 日实施的《重庆市道路运输管理条例》，对出租汽车管理做了规定。按照《重庆市道路运输管理条例》的规定，重庆市交通委员会于 2001 年发布了出租汽车开业条件，主要内容是：

（1）人员条件。管理人员、驾驶人员须掌握与出租汽车客运有关的法律、法规和客运业务等方面的基本知识；在经营管理、车辆技术、安全、财务、统计等岗位上的人员应具有相应专业技术职称或证书；驾驶人员应具有有效的驾驶证、准驾证和服务监督卡，其中安全行车 30 万公里的不少于总人数的 25%，聘用的各种人员，必须签订合法的聘用合同。

（2）资产条件。拥有车辆固定资产：主城区 500 万元以上，主城区外 200 万元以上；有不少于车辆价值 6% 的流动资金；开业时应出具合法的资信证明或资金担保书。

（3）车辆条件。拥有车辆：主城区 50 辆以上，主城区外 20 辆以上 5 座或 5 座以下的一级车；须有有效的车辆行驶证件及相关手续；应符合出租汽车色度管理要求并按规定安装计价器、顶灯，喷印行业编号和标识。服务设施齐备完整；按规定办理保险。

（4）设施条件。须有固定的办公场所。须有停车场地：主城区 500 平方米以上，主城区外 200 平方米以上（每辆车应有 10 平方米以上的停车场地）；租用他人房屋、场所、场地的，要签订一年以上合法的租用合同。

（5）组织管理条件。有经营、技术、安全、财务、统计、劳动等组织管理机构和与之相适应的管理制度；拟订有完善的企业章程；有确定的负责人。

二、治安管理规定

1986 年 7 月 14 日，重庆市人民政府颁布《重庆市出租汽车治安管理试行办法》（重府发〔1986〕165 号），该《试行办法》规定：各出租汽车单位，都要建立治安承包责任制，把出租汽车的治安管理纳入企业的行政管理之中，把治安管理的各项措施落实到每台车、每个人。同时还规定，出租汽车驾、售人员，除持有交通管理机关核发的驾驶执照外，还必须办理出租汽车驾售人员准驾 、准售证。

三、车辆类型划分

1. 超豪华型：发动机排气量在 2800CC 及其以上，具有空调、高级音响设备、门窗电脑控制、高级座椅。

2. 豪华型：发动机排气量在 2000CC 及其以上，2800CC 以下，具有空调、高级音响设备、高级座椅。

3. 标准型：发动机排气量在 2000CC 以下，具有空调、音响设备。

4. 普及型：没有空调设备的各型 5 座小轿车（含司机座）。

5. 吉普型：包括 4 座无空调设备的小轿车（含司机座）。

四、计价表管理

1988 年 5 月 18 日，重庆市计量局、重庆市公用事业局印发《重庆市出租汽车里程计价表计量管理办法》，自 1988 年 7 月 1 日起执行。主要内容：

1. 凡以里程计价的出租汽车必须安装计价表。凡使用计价表的单位和个人必须接受由重庆市计量行政部门授权的计量检定机构的检定。授权进行计量检定的机构应严格执行《中华人民共和国强制检定的工作计量器具检定管理办法》《重庆市授权计量检定管理办法》和本办法的有关规定。授权计量检定机构应严格按照检定规程进行检定，正常使用的计价表检定周期为1年。

2. 有下列情况之一者不准继续使用，应停止经营出租业务：

（1）无检定合格证的；

（2）超过检定周期的；

（3）虽未超过检定周期，但已明显失准的；

（4）经周期检定或抽检不合格的；

（5）更换新表，修理调整后未检定的；

（6）报停时间超过3个月者，重新启用未经检定的。

3. 凡以里程计价的出租汽车，未安装计价表即投入营运的，除责令其停止营业外，按照《计量实施细则》规定，处2000元以下罚款，从营运之日起每天以20元计罚款直至2000元止。阻碍、刁难检查人员依法执行任务的，处以200元以下罚款，情节严重的，吊销《出租汽车营运证》，触犯刑律的，提请司法机关依法追究刑事责任。

五、运行服务规范

1. 1986年8月1日实施的重庆市出租汽车管理暂行规定，对运行服务规范作了明确规定：出租汽车车辆技术状况和车容车貌必须符合公安、交通管理部门的统一规定；出租小轿车在车顶前安装标志灯，各类出租车辆车身均应喷刷经营单位名称和自编号，个体户要注明“个体”字样。标志要统一、齐全、明显，字迹要清楚大方；车内配备里程表、租价标准和收费方法。出租小轿车内原则上应设置计价收费器；经常保持车辆技术状况良好，车容美观大方、清洁卫生；驾驶员、售票服务人员当班时必须佩戴重庆市出租汽车服务证，以便识别；明码标价，照章收费，统一使用收费凭证，不得以任何方式变相加价收费；营运时间内，车内有无乘客，必须有明显的标志，便于乘客识别租用。在公安、交通部门允许停车路段，实行招手停车，上下乘客；热情服务，礼貌待客，不准刁难乘客。

2. 2003年3月31日，重庆市交通委员会发布重庆市出租汽车管理暂行办法，对运行服务规范作了明确规定，主要内容是：出租汽车车容整洁，车内和行李箱无尘土、杂物、污垢和异味，布座套白净、整洁，营运标志、证牌清晰、完好，经道路运输管理机构同意设置的广告张贴在规定的位置；出租汽车驾驶员衣着整洁、仪表端庄、语言文明、礼貌待客，不在车内饮食、吸烟，不讲脏话或使用通信工具进行与营运无关的通话，不得故意刁难乘客或辱骂、殴打乘客；按照合理路线或乘客要求的路线行驶，不得故意绕道，不得拒载乘客，载客营运途中无正当理由，不得中断服务；按规定使用计价器，按照标准收费，主动找补零钞并出具客运票据。

第三节 出租汽车行业整顿

一、出租汽车行业的主要问题

在1986～2005年20年间，出租汽车行业存在的主要问题是：

1. 非法营运车猖獗，出租客运市场秩序混乱，合法经营者权益受到侵害。

2. 收费项目繁多，车辆重复检测、审验，企业和从业人员负担重。

3. 出租汽车经营单位与驾驶员之间经济关系不规范，以包代管、以罚代教。

4. 有的出租企业和个人倒卖出租汽车经营权牟取暴利，引发纠纷。

5. 出租汽车车况及卫生情况差，存在安全隐患。

6. 部分出租汽车驾驶员服务质量差，乱收费。

7. 2000 年 8 月以前，管理多头、政策不统一、规划滞后。

二、出租汽车行业整顿过程

（一）1987 年 11 月至 1988 年 2 月整顿

按照重庆市人民政府关于认真开展整顿出租汽车客运市场的要求，11 月 20 日，重庆市主城区公用、工商、公安、物价部门联合开展了旨在遏制违反交通、客运、治安、物价管理规定行为的出租汽车客运市场整顿工作（公用发〔1987〕318 号）。主要内容是：

经营出租汽车客运的经营者和车辆，必须取得批准的合法手续；出租汽车必须严格执行重庆市物价局和重庆市公用局规定的出租汽车收费标准；必须严格遵守《重庆市出租汽车管理暂行规定实施细则》《重庆市交通规则实施细则》等规定。

此次整顿时间，从 1987 年 11 月下旬开始到 1988 年春节告一段落。分为学习动员，自查自检；集中培训，重点整顿；完善制度，巩固成果 3 个阶段，历时 4 个多月。开展了 7 次联合大检查，共查车 3091 次，其中查出违章车 611 起，责令书面检查 100 起，登门道歉 11 起，罚款 8000 余元，停业整顿 6 起，其他部门处理 40 余起。

（二）1988 年 11 月至 1989 年 2 月整顿

针对第一次出租汽车整顿回潮的问题，重庆市人民政府决定从 1988 年 11 月起整顿城市客运交通秩序。为此，重庆市公用局、公安局联合印发了《关于整顿城市客运交通秩序的意见》和《重庆市整顿市客运交通秩序的通知》。

整顿的主要内容是：重新审核经营资格；严格车辆技术、安全管理；整治站车秩序；查处违章违纪行为；端正经营方向，提高从业人员素质。全部整顿工作分 3 个阶段进行：宣传动员自查阶段，全面整顿、重点检查阶段，总结评比及巩固成果阶段。

此次整顿，对不符合营运条件、车况差的 202 辆出租汽车取消了经营资格。同时经过客运、工商、税务、城管、物价联合稽查队上路采取“定点与分散、白天与夜间、明查与暗查”相结合的方式，查出违章违纪车辆 1968 车次，处以罚款 776 次，金额 4975 元；停业整顿 13 人，被吊扣营运证的有 52 人。

整顿期间，还投资 25 万元建成共用站 37 个，服务亭 8 个。各站点部设置了站牌、护栏、标线、黄道钉等标志，完善了共用站点的建设管理。

（三）1991 年整顿

1991 年 6 月 27 日，重庆市人民政府印发《关于全面整顿社会客运出租汽车行业的通知》（重府发〔1991〕133 号），决定对重庆市社会客运出租汽车行业的治安、经营、站车秩序进行全面整顿。集中整顿出租汽车驾售人员不按规定使用计价器、敲诈勒索、超标收费、收费不给票，抢道占道、乱停乱放、车容车貌差、站车秩序混乱等问题。

重庆市公用局、重庆市交通局分别与重庆市公安局联合举办出租汽车驾售人员学习班，采取分期分批轮训的办法，每人集中学习 1 周。学习内容为有关法律、法规、规章、市民公约、重庆市客运出租汽车行业行规行约、安全技术规范和治安防范知识等。考核成绩不合格者不能上岗。

重庆市公用局、重庆市交通局抓好本系统国营、集体出租汽车单位的整顿，强化内部管理，建章建制，抓好队伍法纪和职业道德教育，以其良好风气影响整个出租汽车行业风气的改变。国营、集体单位的出租汽车均喷涂上主管局名称，私车喷涂上“私”字，以加强竞争和方便群众对出租车的监督。

重庆市公用局所属社会客运管理处、重庆市交通局所属公路运输管理处各自抓好管辖范围内的客运出租汽车，认真抓好客运服务质量，做到文明经营，优质服务。要求明价售票，价格表一律张挂车内，并在主要车站、码头、机场用明显标志标明价格。严格客运出租小汽车计价器的安装与使用，严格按计时里程收费。

由重庆市公安局出租汽车治安管理办公室牵头，重庆市公安局交警支队、城管治安大队参加，对出租汽车治安秩序进行集中整顿。

此次整顿分为两个阶段，自 1991 年 6 月 24 日至 1991 年 12 月 31 日。在半年多时间的整顿过程中，各管理部门加强社会舆论宣传工作，举办经营者及驾售人员培训班，强化管理和稽查工作，使整顿工作取得明显的成效。整顿期间，为解决车容卫生问题，管理部门共审验 3000 余车次，对初审不合格车辆限期整改；举办培训班 26 期，培训 6205 人，审查出 105 名不合规定的经营者；组织稽查人员 450 人，开展 8 次联合大检查，共检查车辆 7300 余车次，查出违章行为为 820 余起；罚款 12 万元，停业整顿 127 车次，吊销驾驶员服务证 11 个，吊销营运证 3 个；公安检查站（包括武装检查站），查出治安违章 9800 余起。

（四）1999 年整顿

1999 年 9 月 1 日，重庆市人民政府印发《关于进一步整治主城区非法营运车辆规范出租客运市场秩序的通告》（重府〔1999〕64 号），对出租汽车的发展、非法营运车辆整顿、维护客运市场秩序提出明确要求。

1999 年 11 月 14 日，国务院办公厅转发建设部、交通部等部门《关于清理整顿出租汽车等公共客运交通意见的通知》（国办发〔1999〕94 号）。主要内容是：

1. 打击非法营运，维护客运秩序 。
2. 清理收费项目，减轻企业和从业人员的经营负担 。
3. 规范经营行为，稳定职工队伍 。
4. 进一步规范经营权的有偿出让和转让 。
5. 加强宏观调控，统一市场监管。
6. 整顿城市道路交通秩序。

重庆市社会客运管理处和重庆市公路运输管理处，依据上述两个文件精神，对非法营运车辆、出租汽车行业存在的问题进行了清理整顿。

（五）2003 年主城区整顿

2003 年 1 月 10 日，根据建设部、交通部等 5 部委《关于进一步加强城市出租汽车管理工作的意见》（建城〔2002〕43 号）精神，重庆市人民政府办公厅转发《重庆市交通委员会整顿和规范主城区出租汽车市场秩序工作方案》（渝办发〔2003〕5 号）。此次整顿和规范的总体目标是：以“三个代表”重要思想为指导，充分发挥市场机制和政府调控双重作用，整顿和规范本市出租汽车市场秩序，建立统一、开放、竞争、有序的出租汽车市场。力争通过 3 ~4 年的努力，实现出租汽车市场秩序明显好转；出租汽车企业经营规模化、管理集约化程度明显提高；政府行业管理部门对出租汽车行业管理能力明显增强；出租汽车驾驶员素质及行业服务质量明显改善。整顿的主要内容和措施是：

1. 推进行业资质管理，调整出租汽车经营者组织结构。
2. 规范出租汽车企业经营管理。
3. 依法完善劳动用工制度。出租汽车企业、个体经营户依法与驾驶员签订劳动用工合同，建立并完善劳动用工手续。
4. 加强出租从业人员管理，制订出租汽车驾驶员管理暂行办法，建立出租汽车驾驶员营运档案。

此次整顿工作共分 4 个阶段，自 2003 年 3 月起至 2005 年 12 月结束。

（六）2005 年整顿

国务院办公厅《关于进一步规范出租汽车行业有关问题的通知》（国办发〔2004〕81 号）下

发后，2005年3月17日，重庆市人民政府印发了《关于进一步清理整顿出租汽车客运市场的实施意见》（渝府发〔2005〕27号），组建了以重庆市副市长赵公卿为组长，有关部门主要领导为成员的领导小组，各区县也建立了相应机构，认真开展专项治理工作。一是出租汽车经营权管理得到进一步规范。建立了科学的经营权出让和运力投放体系，有效遏制了盲目增加运力的行为。降低了经营权使用费标准，主城区出租汽车经营权使用费由过去1年1万元，调整到1年2000元。二是企业经营行为得到进一步规范。企业劳动用工关系进一步规范，一次性“买断”经营，向驾驶员收取高额抵押金、保证金等行为得到较好制止。三是收费行为得到进一步规范。对收费项目及标准进行了认真清理，全面停止了出租汽车运输管理费、客运附加费的征收，仅运输管理费1年免征1200万元。四是出租汽车客运市场较为平稳有序。通过开展集中整治行动和联合执法，深入进行“扫黑打非”，非法营运行为得到有效遏制，全市出租汽车客运市场整体平稳有序。

第四节　区县出租汽车

一、万州区（重庆直辖前，万州称万县市，直辖后改为万州区）

（一）管理机构

20世纪90年代初，万县市出租汽车开始起步发展。根据四川省运管局的规定，万县市对出租汽车实行营运证件、车身标记、顶灯、计价器、车票、服务证“五统一”。1994年4月6日，万县市人民政府印发《万县市城市道路客运管理暂行办法》，除重申上述“五统一”管理外，还规定“出租车实行不定线营运，按乘客指定的到达地点，选择最近的线路行驶，未经租用人同意，不得再招揽他人同乘；车内无乘客，且无其他任务时，应显示空车待租标志，方便乘客租用，出租车的收费方式分为计程和计时两种”。1996年10月17日，万县市人民政府以万府发〔1996〕70号文发布《万县市市辖三区客运出租车经营权有偿使用暂行办法》，规定1996年10月17日以后新入户的出租车，一次性收取有偿使用费3万元。2001年8月以后，万州区人民政府相继下发了万州府〔2001〕101号文件、万州府纪〔2001〕62号、万州府〔2001〕14号纪要，决定对城区出租汽车实行规范管理，走规模化、集约化、公司化的道路，对出租汽车公司实行合并和重组。确定万州城区出租客运由万州汽车运输总公司出租公司、重庆东赢客运发展有限公司、万州龙都出租汽车有限责任公司、万州天子客运出租汽车公司、重庆渝东客运公司出租汽车分公司5家企业经营出租客运，并对出租汽车车身实行色度管理，即一家企业的出租车为一种颜色，从2002年1月开始每辆出租车经营权有偿使用费5万元，经营期限8年。至2001年9月30日止，共有416辆出租车交纳了有偿使用费。2002年4月17日，万州区人民政府又以万州府〔2002〕67号文《关于批转万州城区出租汽车客运经营权有偿使用有关问题的意见的通知》，规定对经营期限满5年的出租车，要求继续经营的，经检测合格后，每年需缴纳6666元，经营至8年期满报废。1996年10月17日以前入户的需缴纳1万元。

（二）经营车辆

1984年7月，万县市出租汽车公司成立。1991年，城区出租车经更新换代，有长安小客车7辆，夏利车34辆。到1997年发展到502辆，其中，长安车103辆、夏利312辆、桑塔纳77辆、富康18辆。随着重庆直辖，万州城区出租汽车业发展迅速，到2003年年底，万州城区出租车达到974辆，其中长安车61辆、夏利321辆、桑塔纳230辆、富康360辆、羚羊2辆。出租车招手即停，给市民出行带来极大方便。

万州经重庆市批准的出租汽车总量为1040辆。至2005年年底，有出租客运企业13家，实际在营出租汽车1006辆。其中，经营权和车辆产权属企业，实行经济责任制经营的有502辆，分属重庆东赢客运发展有限公司等 5 家企业；经营权属企业，车辆产权属个人，实行挂靠经营的有 298 辆，分属万州大众出租汽车有限责任公司等 5 家企业；经营权和车辆产权属个人，实行个体经营的有 206 辆。

万州出租汽车运价为：基本里程 2 公里，基本租价 5 元，车公里租价 1.20 元/公里，按载客行驶 0.5 公里计价一次。包车租价：20 公里以上可议价，议价不得超过该车型租价的 50%。空驶费：单程载客超过 5 公里部分，按车公里租价的 30% 收取。等候费：免费等候超过 7 分钟后，累计每满 3 分钟收取 0.5 公里租价等候费。过路、过桥费：按实际发生额计入租价收取。夜间行驶费：夜间零时至次日 5 时，加收每车公里 0.20 元。尾数：按三七作五、二舍八入收取。

表 4 – 6　　2003 年万州区出租车公司基本情况表

公司名称	组建时间	职工人数（人）			车辆数（辆）					公司地址
		合计	其中		合计	其中				
			行管	驾驶员		桑塔纳	富康	夏利	羚羊	
重庆市万州出租有限公司	1984 年 11 月 9 日	12	2	10	5	4	1			万州区和平广场
重庆市万州天子客运出租公司	1996 年 5 月 6 日	306	12	294	147	54	37	54	2	万州区天子路 174 号
重庆市三峡库区运输总公司出租公司	1998 年 1 月 2 日	166	6	160	80	10	13	57		万州区沙河路 12 号
重庆市万州大众出租汽车公司	1998 年 11 月 6 日	94	5	89	43	43				万州区沙龙路二段 434 号
重庆市万州富康出租汽车公司	1998 年 12 月 9 日	53	3	50	25	25				万州区五桥镇
重庆万州顺达出租汽车公司	1998 年 12 月 25 日	98	6	92	46	19	3	24		万州区复兴路 25 号
重庆市渝东客运公司	1999 年 7 月 12 日	19	3	16	8	7		1		万州区五桥安顺路玉龙大厦二楼
重庆市万州汽运总公司出租公司	1999 年 5 月 1 日	212	18	194	97	17	63	17		万州区国本支路 10 号
重庆市万州龙宝出租汽车有限公司	1999 年 7 月 26 日	169	5	164	82	37	16	29		万州区太白路 232 号
重庆市东赢客运发展公司	2002 年 1 月 18 日	434	34	400	200		200			万州区关音岩富乐花园 8 号
个体业户					180	14	27	139		

二、涪陵区（重庆市直辖前，涪陵为市，直辖后改为区）

（一）营运车辆

20世纪90年代初，涪陵地区各县（市）先后出现了出租汽车客运。涪陵城区率先从事出租车客运的是涪陵天龙客运出租有限公司。1992年6月，涪陵三兴出租汽车有限公司成立之后，就成批量发展出租车。1993年7月，三兴公司经营的出租车已达70辆，与此同时，泰臣、文化等企业也先后进入出租车客运市场。1995年末，涪陵城区有出租汽车437辆。1996年，出租车从鼓励发展阶段进入计划管理阶段。同年5月，涪陵市政府为规范出租汽车客运市场，成立涪陵市人民政府出租汽车管理办公室（简称出租办）。出租办在涪陵市人民政府领导下，与相关部门协调配合，齐抓共管，使涪陵出租车客运市场走上健康发展之路。1997年批准发展出租车60辆，全部为“奥拓”车型；1998年又批准发展50辆。2000年批准发展出租车30辆，全部为“桑塔纳”型轿车。此前，发展的出租车经营年限均为8年。2004年8月底，经涪陵区人民政府召集相关部门研究，决定发展70辆捷达出租车，替代“面的”，从70辆替代车开始出租车经营年限均为5年。至此，涪陵区出租车已发展到648辆。从2005年6月起，奥拓车陆续退出，全部更新为轿车型，出租车车身颜色统一规定为上白下绿，清新悦目。

至2005年年底，涪陵区有出租车648辆，其中，桑塔纳390辆、富康22辆、捷达236辆。由涪运集团、涪陵祥瑞公司、涪陵文化公司、涪陵三兴公司、涪陵泰臣公司、涪陵宏声度假村、涪陵天龙公司、涪陵联星公司、涪陵公交公司9家公司共同经营。

（二）运价管理

1991年，涪陵出租汽车初始经营。票价为城区内东至乌江大桥，西至神道碑（歪角）鹅颈关，南至森林公园，每车次10元。城区以外，出租车业主与乘客议价。

1996年5月24日，涪陵市物价局、涪陵市交委印发《关于枳城区城市出租客运车辆实行计程收费的通知》规定实行计程收费。价格：4公里以内奥拓车8元，夏利车9元，桑塔纳以上车型10元；超过4公里，每增加1公里，奥拓车1.20元，夏利车1.30元，桑塔纳以上车型1.50元。同年8月21日，涪陵市物价局、涪陵市交委印发《关于整顿涪陵市出租小轿车价格的通知》，对涪陵市出租小轿车租价进行整顿调整，自1996年10月1日起执行。该通知规定：

1. 临时用车租价。车公里租价：第一档次车，即桑塔纳及其他豪华车，每车公里租价1.50元；第二档次车，即夏利车每车公里租价1.30元；第三档次车，即奥拓车每车公里租价1.20元。起租费：小轿车每次用车收取4元的起租费。空驶费：单程载客超过5公里部分，每公里收取车公里租价50%的空驶费。往返载客不收空驶费。等候费：每次用车免费等候10分钟，超过10分钟时，小轿车每等候5分钟收取0.5公里租价的等候费（不足5分钟按5分钟计收）。夜间行驶费：22时至次日6时出车，小轿车每公里收取0.20元夜间行驶费。过桥、过路费：按实际支付金额由乘客负担。

2. 包车租价：包车租价由承托双方协商确定。

3. 计程收费规定：凡在涪陵市从事出租客运的小轿车必须实行计程收费，并按0.5公里跳字收费，即每0.5公里奥拓车加收0.60元，夏利车加收0.65元，桑塔纳及其他豪华车加收0.75元。

2001年7月10日，涪陵区物价局印发《关于调整我区出租小轿车临时租用价格的通知》，决定自2001年8月1日起调整涪陵区出租小轿车临时租用价格。

（1）出租小轿车临时用车租价实行政府定价。取消现行上车4元的起租费，基本里程内实行起程基价，超过基本里程部分按租价计程收费。起租基价：在基本里程1公里内不分车型档次，启程基价收费标准为3元。租价：出租小轿车租价分两个档次。第一档次车即桑塔纳、富康、捷达小轿车租价为每车公里1.40元；第二档次车即奥拓、羚羊小轿车租价为每车公里1.20元。载客行驶按0.5公里跳字计费一次。空驶费：单程载客超5公里计费里程部分，每公里收取租价50%的空驶费。往返载客不收空驶费。夜间行驶费：22时至次日6时出车，每车公里加收0.20元夜间行驶费。等候费：每次用车免费等候5分钟，超过5分钟时，小轿车累计每等候2.5分钟收取0.5公里租价的等候费（不足2.5分钟按2.5分钟计收）。过路（桥、渡）费：出租小轿车通过合法收费公路、桥梁及渡口，属单向收费的每车次乘客承担50%的过路（桥、渡）费；属双向收费的每车次乘客承担实际发生的过路（桥、渡）费。

（2）包车租价。包车租价由承托双方协商确定，但不得超过该车型临时用车每公里租价标准。

（3）出租小轿车运送乘客应选择最经济的线路，如遇非经营者引起的原因而绕道行驶的，应按行驶里程计费，反之不应计算租费。

三、黔江区（重庆直辖前为四川省黔江地区）

1993年5月，黔江地区出租汽车运输公司率先购入10辆奥拓车从事出租客运。由于投入的出租车数量少，没有形成规模化经营，经营不到两年公司出现严重亏损，于1994年底破产倒闭。1996年，个体经营户肖开发又做了一次尝试，购买了2辆旧轿车和1辆旧面包车经营出租客运，主要从事包车业务，也因效益不好于1996年年底退出出租车市场。

1997年4月至7月，黔江城区通过引资，先后成立千百意、中庆、渝黔3家出租汽车公司，当年累计投放长安、赛风面包型出租汽车61辆、奥拓出租车136辆。这几家公司在投入人力、物力的同时，积极主动与行业管理部门一起进行深入细致的市场调查，在认真分析的基础上，制订一系列行之有效的经营管理措施，集中所有的出租汽车在城区内做饱和式运营，然后根据车型确定其客运票价。面包出租车跑全城仅1元，奥拓出租车实行打表计费，起步价为2元，每行驶1公里加1.2元，因价格较合理，一些市民逐渐从乘人力三轮车改乘出租汽车，不到1个月的时间，就显示出强劲的发展趋势，带来了良好的经济效益，甚至还出现了供不应求的现象，给黔江出租汽车市场的培育和发展带来了生机。1998年又相继成立星源、顺天两家出租汽车公司以及一些个体经营业户，投放长安面包出租汽车12辆，奥拓出租汽车52辆，进一步充实出租汽车市场，形成多元化经营。1999年，黔江地区运输公司和重庆长途汽车运输（集团）有限公司黔江分公司合资经营的中庆出租汽车公司，因体制的变化而分离成黔江开发区出租汽车公司、重庆长途汽车运输（集团）有限公司黔江分公司。1999年黔江出租汽车企业有6家，即重长司黔江分公司、黔江开发区出租汽车公司、千百意出租汽车公司、渝黔出租汽车公司、顺天出租汽车公司、星源出租汽车公司。2003年3月，星源公司收购顺天公司，以及面包型出租汽车转换轿车型出租汽车，出租汽车公司便由原来的6家变为4家。到2005年，黔江有专业出租汽车公司4家，拥有羚羊、富康、桑塔纳、天宇车型出租汽车224辆。

四、永川市（重庆市辖县级市）

（一）经营管理

1992年初，永川县改市的方案已经敲定。城市居民和过往客商对出租汽车有了客观的要求。永川市通达运输公司率先组建出租车公司，从天津购回夏利车4辆，开始出租汽车的经营尝试。

1992年8月，重庆市公路运输管理处副处长陈忠富率队到永川，指导推行出租汽车经营权有偿使用的试点工作。永川市交通局拟订的方案迅速得到永川市人民政府的肯定。1992年9月，永川市人民政府以永府发〔1992〕78号文件批转了《永川市出租汽车客运管理办法》。该办法决定对出租汽车的营运证牌实行有偿使用，以公开拍卖的方式投放。根据永川市人民政府的决定，永川市交通局于1992年9月19日发布招标公告，1992年9月28日在永川市法院会议室，成功组织了永川市出租汽车营运证牌首次公开拍卖大会。此次大会拍卖投放出租车证牌18块，并且对自发先行的16辆出租车采用定企业、定标的的办法，统一纳入出租车行业管理。第一批获得出租车经营资质的企业是永川市通达运输公司（14辆）、迅捷出租公司（12辆）、中银出租公司（5辆）、外运出租公司（3辆）。

1994年5月，永川市交通局成立永川市出租车辆管理办公室（简称永川出租办），办公室设在永川市运管所，由运管所抽调相关人员组成。永川出租办成立后，针对出租车驾驶员的教育、管理和出租车的经营行为制定一系列的职责和制度，强化了行业服务与监管，促进了永川出租车行业的健康发展。1999年4月，重庆市精神文明建设委员会办公室和重庆市交通局授予永川市“出租汽车文明示范市”称号。

1994年，永川市投放出租车66辆，1996年投放104辆，1997年投放31辆，1998年投放20辆，2001年投放45辆，2004年投放30辆。至2005年年底，永川有出租车企业9家，分别是通达、亨通、泰丰、路达、永安、安通、外运、乘安、公交出租公司，从业人员1000余人。

（二）运价管理

至2005年年底，永川市出租汽车运价按永川市计划与经济委员会、永川市交通局永计经价〔2000〕31号的调整标准执行。起价基本公里为2公里，起租价为3.00元，每车每公里1.20元，超过3公里，每车每公里1.80元。

五、江津市（重庆市辖县级市）

江津市出租汽车起步较晚。1994年12月投放出租车20辆，至1998年年底发展到155辆，至2005年年底，共有出租汽车235辆，出租车企业5家，其中江津市远程运输有限公司出租汽车分公司14辆，江津县汽车运输有限公司出租汽车分公司61辆，江津县运输有限公司通泰出租汽车分公司39辆，重庆长途运输（集团）有限公司江津出租汽车分公司52辆，重庆市公路运输（集团）有限公司民达分公司69辆。从业人员600人。1998年5月，核定的出租车运价，奥拓型基本里程2公里内每车次3元，基本里程2公里以上至3公里每车次收费5元，超过3公里，每公里1.20元；桑塔纳型基本里程2公里以内每车次5元，基本里程2公里以上至3公里，每车次7元，超过3公里，每公里1.60元。1999年5月，出租汽车运价调整。奥拓车基本里程2公里以内每车次收费3元，2公里以上实行以表计费，每增加1公里收费1.20元；桑塔纳车基本里程2公里以内，每车次收费5元，2公里以上实行以表计费，每增加1公里收费1.60元。

六、合川市（重庆市辖县级市）

合川市出租汽车客运始于1994年初，由合川市汽车运输公司、合川市钟楼汽车运输公司发展7辆长安奥拓车。1995年5月重庆长途汽车运输（集团）有限公司金利达出租汽车分公司成立，有出租汽车25辆，均为奥拓车型。至1998年11月有9家企业180辆出租车参营，其中长安面包车38辆、奥拓车142辆，长安面包车后更新为羚羊车。

2001年企业重组后，有从事出租车客运的法人公司3个，即重庆渝运集团合瑞汽车运输有限公司、重庆长途汽车运输（集团）有限公司金利达出租汽车分公司、重庆公运集团民鑫汽运司，共拥有出租车263辆。至2005年年底，合川共有出租车263辆，全部为羚羊车。出租车打表计费，起租价为3公里3元，5公里内不计空贴（即返空补贴）。

七、南川市（重庆市辖县级市）

（一）经营管理

1992年，四川省涪陵地区汽车运输公司南川分公司成立旅游出租汽车公司，投入4辆长安“面的”车，10辆奥拓小轿车经营出租汽车客运。自此，南川出租汽车行业诞生。

2001年1月，经南川市人民政府和重庆市运管局同意，南川市出租汽车实行色度管理，车身统一为白色。2002年7月，南川市人民政府决定，在不改变车辆所有权的前提下，南川市个体出租汽车必须挂靠具备相应资质的专业运输公司，实行等级经营和统一管理（南川府函〔2002〕108号文）。出租汽车挂靠经营后，其营运许可手续和车籍管理手续由公司统一办理，今后新增指标，按照“公开、公平、竞争”的原则，由南川市人民政府直接投放给中标的具备国家规定资质的专业运输公司，不再投放其他单位和个人。自 2002 年起，南川市所有客运汽车的经营权实行有偿、有限期使用。经营权有效期为 5 年，期满后由南川市人民政府采取招投标的方式重新确定。至 2002 年 12 月，南川市公路运输有限责任公司出租汽车分公司共有出租汽车 170 辆（含 56 辆“面的”出租汽车），南川市仙民出租汽车有限责任公司 104 辆（含 11 辆“面的”出租汽车），重庆汽车运输集团有限责任公司南川公司康乃馨分公司 18 辆（含 1 辆“面的”出租汽车）。

2004 年 1 月，南川市交通局召开调整出租汽车有偿使用费标准和提高车辆档次听证会，确定出租汽车经营权有偿使用费标准为每辆每年 1 万元，使用年限 5 年，车型采用羚羊以上车型。

经南川市人民政府同意，对新入户出租汽车车身颜色实行上白下绿（色标 BON70）色度管理，并喷印统一标准的门徽和出租编号。

（二）营运车辆

1992 年，四川省涪陵地区汽车运输公司南川分公司成立了南川旅游出租汽车公司，有长安面包车 4 辆，奥拓小轿车 10 辆。

1993 年 4 月，夏明华等人自发购车进行出租汽车经营。1993 年最初仅有 8 辆出租汽车，到 1994 年 4 月发展到 50 多辆。南川县运管所参照外地出租车管理的经验，加强对出租汽车行业的监管。

1994 年 4 月，南川县交通局批准成立南川县交通开发公司，50 多辆出租车挂靠公司。

1996 年 3 月，南川市出租汽车发展到 200 辆。

自 2002 年起，经重庆市运管局同意，逐步淘汰初期发展的 78 辆“面的”出租汽车，更新为奥拓出租汽车。

至 2005 年年底，南川市共有出租车 292 辆，其中羚羊 93 辆，捷达 23 辆，富康 20 辆，桑塔纳 20 辆，奥拓 136 辆。3 家出租车企业中，公路运输公司 170 辆，仙民出租车公司 104 辆，康乃馨汽车分公司 18 辆。

（三）运价管理

1995 年 6 月，南川市物价局、南川市交通局决定对出租小轿车分档定价（南川交发〔1995〕64 号文）。一档次车（奔驰、皇冠、桑塔纳）起程基价 7 元，每车每公里 1.6 元；二档次汽车（夏利、丰田、马自达）起程基价 6 元，每车每公里 1.4 元；三档次车（伏尔加、红旗、奥拓）起程基价 5 元，每车每公里价 1.2 元；四档次车（面包车）起程价 4 元，每车每公里价 1.10 元。结算以元为单位，不足 1 元四舍五入。出租小轿车一律实行计程器计程收费，计程里程不足 0.5 公里按 0.5 公里计费，超过 0.5 公里按 1 公里计费。

八、长寿区

（一）经营管理

1994 年 3 月 10 日，长寿县人民政府决定对出租汽车实行证、牌有偿使用（长府发〔1994〕17 号文）。1994 年长寿县共有出租汽车 115 辆，其中奥拓、桑塔纳等轿车型出租车 77 辆，长安“面的”型出租车 38 辆，到 2001 年，长寿县共发展出租车 296 辆，其中羚羊轿车型出租车 165 辆，长安“面的”型出租车 131 辆。

2001 年 5 月起，相继对全县 165 辆出租汽车全部更换为统一的“羚羊”轿车型出租车，且统一出租车色度（即上红下银灰色），按规定喷印了行业编号和企业名称，配备了统一的标志灯，安装了经县技术监督局检测合格的计价器，实行了打表计费，按规定使用了白座套，在车上明示了服务监督卡，提升了出租车档次，提高了服务质量。

（二）运价管理

1994 年 7 月 6 日，长寿县物价局、长寿县交通局决定，奥拓、桑塔纳等轿车型出租车每车每公里租价 1.20 元，5 公里内计收基价费 9.00 元；长安“面的”型出租车每车每公里租价 1.00 元，

5公里内计收基价费8.00元（长安车如以单人计费时，5公里内每人次租价1元）。22时至次日6时为夜间行驶时间，凡乘客在夜间乘车，每车每公里加收0.30元（长价〔1994〕54号文）。1996年12月9日，经长寿县人民政府同意，长寿县交通局、长寿县物价局决定，将出租汽车起步价9.00元/5公里，调整为5.00元/3公里（长交政〔1996〕153号文）。1999年10月27日经长寿县物价局、长寿县交通局、长寿县技术监督局决定，将出租车起步价由5.00元/3公里，调整为3.00元/2公里（长价〔1999〕90号文）。

九、万盛区

1994年下半年，万盛客运公司开始经营出租汽车业务，车辆数由初始的10辆增至35辆，车型为重庆长安厂生产的奥拓轿车。此后，有17辆从重庆主城区个体户来万盛非法经营出租汽车业务，后经运管部门查处，予以取缔。1995~1996年，万盛区境内个体出租汽车得到发展，车辆达到60辆，出租车市场出现无序竞争。1996年下半年，出租汽车统一实行个体车挂靠公司经营，无序竞争局面得以控制。运价统一执行1.20元/车公里计费，车型由奥拓更新为羚羊。2001年起，出租汽车车型统一为羚羊。到2005年年底，万盛区拥有出租汽车108辆，其中鑫盛公司55辆，万盛总站53辆。

十、綦江县

1993年，綦江县开始出现出租车营运。出租车客运营运证牌实行有偿使用，以每块营运证牌1万元、1.5万元的有偿使用费出让给重庆黄埔实业总公司綦江出租汽车公司等4家企业。在綦江县境内营运的出租车只有10辆，其余的35辆在重庆市区营运。

1994年，綦江县出租汽车运输管理办公室成立，綦江县运管所制订了《出租汽车管理试行办法》，加强对出租汽车客运市场的管理。1995年，綦江县境内出租汽车有75辆，由古南地区向农村辐射。同时，加强规范化管理，对出租汽车严格“四定一喷”，要求出租汽车必须喷字、安装计价器、张贴价签、建立档案，并对出租汽车驾驶员进行培训，1996年，在出租汽车行业开展争创“优质服务车”的文明竞赛活动，要求做到“语言文明、仪表文明、车容文明、经营文明、行车文明”。1997年綦江出租汽车已发展到115辆。

1998年，綦江开展了创建出租汽车文明县示范活动，成立了活动领导小组，拟订了实施方案，使出租汽车行业格证齐全，经营行为规范。在活动中，被重庆市精神文明建设办公室、重庆市交通局评为出租汽车文明示范县。

至2005年年底，綦江县共有出租汽车159辆。其中，渝强合力公司31辆155座，通力公司128辆。

十一、潼南县

1993~2003年的10年中，潼南出租汽车经历了从无到有，从小到大，从各类车型统一为轿车型，从多种颜色统一为红色，从法制建设到市场规范，从服务质量到运输装备，从企业规模实力到经营管理理念与模式等变革。

1995年3月，经重庆市运管处和潼南县人民政府批复同意，62辆长安奥拓型出租汽车投放市场营运。

2005年年底，潼南县共有出租汽车130辆，其中潼南县道路运输服务部98辆，重庆长途汽车运输（集团）有限公司潼南四通公司32辆，主要车型为富康、羚羊、捷达，起步价为3元。

十二、铜梁县

（一）经营管理

铜梁县的出租汽车客运，多为铜梁城区范围内的旅客运输，始于1992年年底，当时仅有一辆奥拓轿车。到1994年各类型出租车已发展到40多辆。这些车没有出租汽车发展指标，均以自用名义擅自从事载客营运，既漏国税，又扰乱客运市场秩序。1994年12月，重庆市人民政府首次向铜梁县投放了40辆出租汽车发展指标后，铜梁县立即成立了出租汽车管理办公室，将出租汽车纳入公路运输行业管理，对自发营运的出租车进行了规范清理整顿，对新增的出租车指标组织投放，经营权实行有偿使用。

（二）营运车辆

1995年5月永川汽运总公司铜梁分公司龙乡出租汽车分公司成立，拥有出租车10辆。1996年3月，铜梁金龙出租汽车有限公司成立，拥有出租车74辆。龙华、祥龙公司各有出租车10辆，之后各公司车辆有所发展。2004年6月金龙出租汽车公司与铜梁县祥龙公司重组，从此出租汽车分别归属于铜梁县内3家有二、三级客运资质的企业，使出租车的经营管理更加规范。

至2005年年底，铜梁县出租汽车行业的车辆规模为135辆普通型桑塔纳，其中铜梁县祥龙运输有限公司95辆，重庆长途汽车运输（集团）有限公司铜梁分公司龙乡出租汽车分公司25辆，重庆龙华运输有限公司15辆。

（三）运价管理

1999年2月10日，铜梁县物价局印发的《关于调整出租汽车起程基价的通知规定》规定：

1. 桑塔纳出租汽车起程基价由原来的7元/3公里，调整为5元/2公里。

2. 奥拓出租汽车起程基价由原来5元/3公里，调整为3元/2公里。

以上两种车，超过起程基价以外的里程，按每公里1.20元计费（不足1公里以1公里计）。

十三、大足县

大足县出租车始于20世纪90年代初，大足县人民政府对其实行“有偿使用，限量发展”的原则。

1994年4月22日，大足县成立出租汽车管理办公室，作为出租汽车管理的日常工作机构。

2000年重庆市出租汽车实行统一行业标识和色度管理，大足县选用红色。

（一）营运车辆

1992年12月18日，大足县公开拍卖营运证牌使用权。由于有的中标企业认为标底过高，拒交中标款，致使拍卖流产。最后出租汽车经营权出让方大足县运管所与中标人议标，价格为7000元/辆，经营期限5年。1994年10月10日投放65辆，其中，桑塔纳6辆、夏利25辆、奥拓28辆、夜明珠1辆、秦星3辆、驰豹1辆、斯科达1辆。1997年将未规范的38辆擅自经营出租汽车客运的车辆纳入行业管理，每辆车补缴有偿使用费4万元，经营期限5年。

至2000年年底，大足县共有出租汽车123辆。其中，龙岗地区118辆、龙水镇6辆。车型为奥拓90辆，桑塔纳26辆，夏利、羚羊7辆。

2001～2005年间，未向市场投放新指标，出租汽车仍为123辆。均以县城经营为主，少数车承揽县城与龙水之间的旅客，起步价均为3元/2公里，到乡镇多以协商价为主。

表4－7　　**1992～2005年大足县出租车基本情况表**

开通时间	企业名称	企业性质	车型	起步价（元/公里）	开通时车辆数（辆）	2005年末车辆数（辆）
1992年12月18日	大足县华盛运输有限公司	股份	桑塔纳 羚羊 奥拓	3元/2公里	7	91

续前表

开通时间	企业名称	企业性质	车型	起步价（元/公里）	开通时车辆数（辆）	2005年末车辆数（辆）
1994年4月	大足县万隆运输有限公司	股份	桑塔纳 羚羊 奥拓	3元/2公里	4	18
1994年8月	重长司大足分公司	国有	桑塔纳 羚羊 奥拓	3元/2公里	5	8
1995年4月	大足县平安运输有限公司	股份	桑塔纳 羚羊 奥拓	3元/2公里	6	6

十四、双桥区

双桥区地处重庆市远郊，出租客运起步晚。1994年，双桥区交通局制订《重庆市双桥区出租汽车管理办法》。1994年9月，双桥区取得7辆出租汽车经营指标，10月正式投入运营。1995年又增加指标9辆，总计16辆，其中夏利3辆、奥拓12辆、长安面包车1辆。

1996年12月至1997年3月间，先后有12人未经批准进行自购车无证无照经营，严重扰乱了出租客运市场秩序。1997年5月30日，双桥区人民政府决定对12辆车纳入行业管理，由双桥区交通局办理相关手续。1998年4月24日，双桥区运管所向重庆市运管处请示增加客运出租车指标12辆。同年11月20日，双桥区出租汽车指标投放办公室拟定投放方案并报重庆市出租汽车指标投放办公室。经重庆市交通局渝交〔1998〕4号文批复同意，双桥区运管所完善了12辆车的相关手续。

至2005年年底，双桥区出租汽车企业有重庆工贸实业（集团）双桥客运分公司1家，有出租汽车28辆，基本车型为羚羊7130型，运价为1.2元/公里，起步价为3元/2公里。

十五、荣昌县

（一）经营管理

20世纪90年代初，荣昌县境内自发形成一个羚羊、奥拓、长安、夏利等车型并存的出租车客运市场，主要集中在昌元镇地区。

1994年11月21日，荣昌县成立出租汽车管理办公室，隶属荣昌县交通局领导，主要职能是在交通主管部门领导下，代表政府对出租车行业进行统一规划、协调和监督管理，规范经营行为。

（二）营运车辆

1992年，荣昌县人民政府批准荣昌县昌元镇就业服务管理站申请组建茂华小汽车出租有限公司。公司性质属集体股份制企业，实行独立核算，自负盈亏，自主经营，停车场设在莲花旅社内。1993年1月13日，茂华小汽车出租公司购买奥拓轿车7辆，其他品牌轿车3辆，在荣昌县行政区域内经营出租客运业务。1994年5月，公司新购置奥拓车10辆，重新补办营运证手续，安装计价器、标志灯和喷制行业标记及编号。

1994年上半年茂华公司有出租车27辆，1995年年底达到45辆。1998年12月，重庆市出租汽车指标投放办公室批准荣昌县新增出租汽车10辆。有偿使用费为3.6万元/辆，使用期限8年，定向投放到荣昌县利达公司，车型为桑塔纳和奥拓。

至2005年年底，荣昌县有出租汽车90辆（羚羊59辆、奥拓31辆），都在县城昌元镇地区，分属利达、宏达、茂华3家公司经营。其中利达公司62辆（羚羊44辆、奥拓18辆）、宏达27辆（羚羊14辆、奥拓13辆）、茂华公司1辆（羚羊）。

表4－8　　1993～2005年荣昌县出租汽车基本情况表

开通时间	企业名称	企业性质	车型	起步价（元/公里）	开通时车辆数（辆）	2005年末车辆数（辆）
1993年10月	重庆长途汽车运输（集团）有限公司宏达出租汽车分公司	国有	羚羊	3.00元/2公里	8	27
1994年	荣昌县利达运输有限公司	股份	羚羊	3.00元/2公里	35	62
1993年1月	茂华小汽车出租公司	股份	羚羊	3.00元/2公里	10	1

十六、璧山县

1993年，璧山县人民政府印发《璧山县出租汽车客运管理办法》，规范出租汽车的开业与停业、运力投放审批及车辆管理、运行管理、监督检查处罚。1994年9月23日，璧山县人民政府批转璧山县交通局《璧山县公路旅游、出租汽车营运证牌定额有偿使用办法（试行）》，规定经营者有偿购买营运证牌（经营权），微型厢式车有偿使用费1万元，小轿车1.5万元，有效期5年，限在原永川地区运行。63辆出租车取得经营权。

1996年12月30日，璧山县人民政府批转璧山县交通局、璧山县公安局《关于整顿出租汽车市场的请示》。提出：（1）完善出租车各种证件及行业标志。（2）取得合法经营手续后经公安机关检查取得治安许可证方能上路营运，未办合法手续的限1997年1月10日前办理。（3）1997年1月10日后查实的“黑车”停业整顿，并处1000元至20000元罚款。

1998年，根据重庆市交通局《关于98年度十二区县（市）出租汽车投放工作的通知》（渝交局〔1998〕811号）精神，成立璧山县交通出租汽车指标投放办公室，负责出租汽车招标投放和调控。

十七、丰都县

1993年，丰都县人民政府与丰都县交通局、运管局所签订城市目标管理责任书，控制出租车过快发展，严格审批手续，认真做好税收征收和经营许可证的核发，对全部出租客运车辆实行统一出租标志、统一收费标准、统一客运票据、统一喷印监督电话的“四统一”管理。

1994年，丰都县运管所为33辆出租车安装了电台；对出租车一次性收取经营权有偿使用费，并实行统一出租标志、统一喷印门徽、统一监督电话、统一服务证、统一票据、统一收费标准的“六统一”管理。

至2005年年底，丰都县城内有“面的”车147辆，出租车81辆。2002年7月23日，丰都县运管所以丰都运管发〔2002〕69号文件重新界定城内长安小客车经营范围。

旧县城经营范围：以旧县城为中心，南至长江边。东至殡仪馆，北至名山镇政府（彭家丫口），西至长江搭桥收费站。

新县城经营范围：以新县城为中心，南至四环路，北至滨江路，东至丰石路双路收费站，西至长江大桥南桥头。

十八、石柱土家族自治县

1999年，石柱县首次投放出租车14辆。2002年再次投放31辆，并于当年7月将经营期限统一确定为5年。45辆出租汽车分属2家企业，其中重庆市汽车运输（集团）有限责任公司石柱有限公司14辆，石柱县互邦出租汽车有限公司31辆。出租车运营方式为混合搭乘，在县城内每人每次1元，出城则由双方议价达成。

十九、垫江县

1997年，一些个体经营户购买“二手”上海、拉达、桑塔纳等轿车开始在垫江县城从事出租汽车客运经营业务。运价县城内5~10元，城外双方议定。

1999年4月，垫江县人民政府引进巴南投资商在垫江成立渝垫出租汽车有限公司，投放20辆奥拓牌微型轿车，从事出租汽车运输业务。运价城内5元，城外双方议定。2000年5月，再投放10辆奥拓牌微型轿车。

2000年10月，垫江县人民政府对出租车行业加强管理，要求实行公司化经营。1999年以前发展的15辆个体经营出租车分别被渝垫、金昌、城运3家出租车公司收编。

2001年10月，重庆互邦实业公司收购了渝垫出租汽车有限公司，更名为垫江县互邦出租汽车有限公司。

2002年11月，垫江县对出租车实行统一规范化管理：统一安装顶灯标志；统一车身颜色为橘红色，中间黄色波浪线；统一车型为羚羊牌小轿车，对原有奥拓牌微型车逐步更换；统一运价，2公里以内3元，2公里以上的打表计算，每公里1.2元（在实施中城区内基本都是3元，城区以外双方议定)。同时引进推广出租车安装压缩天然气—汽油两用燃料装置，解决了汽油污染问题，提高了出租车经济效益。

至2005年年底，垫江县共有3家出租汽车经营企业，有羚羊牌出租汽车205辆，其中渝运集团金昌客运有限责任公司115辆、互邦出租汽车有限责任公司55辆、城镇运输有限责任公司35辆。

二十、酉阳土家族苗族自治县

酉阳土家族苗族自治县出租行业起步较晚，1997年全县出现第一辆“面的”出租车，2005年年底出租汽车发展到78辆。其中重庆互邦实业集团酉阳平安汽车运输有限责任公司57辆、酉阳县汽车运输公司中庆出租汽车公司21辆，车型均为羚羊车。

二十一、秀山土家族苗族自治县

1999年3月，秀山县城投放了50辆长安“面的”（面包车)，行驶火电厂至平凯路段。2001年12月，秀山县城又投放了50辆“奥拓”牌出租汽车。2003年12月强制取缔三轮摩托车并同时投放了60辆“羚羊”牌出租车。

至2005年年底，秀山县有出租汽车140辆，其中，面的车30辆，奥拓车50辆，羚羊车60辆。由渝东南出租汽车公司、秀山互邦出租汽车公司两家私营企业经营。面的车起步价上车1元，奥拓车起步价2元/公里，羚羊车2.5元/公里。

二十二、彭水苗族土家族自治县

1996年，彭水县新运交通有限责任公司成立，首批投入微型白色长安面包车30辆从事出租业务。公司以5.2万元的价格出让给私人，按月收取规费。车费开始为上车2元，路线由最初的不确定逐步确定为固定线路。出城则为包车，价格由双方商议。1997年初该公司再投入10辆微型长安车，价格为每辆7.2万元。随着营运车辆的增加，车费降为上车1元。1997年年底，新运公司开始投入奥拓牌小轿车扩展出租业务，每辆出让价为9.8万元，免缴1年管理费，无固定线路，车费为单人上车3元、2人以上5元，出城车费由双方商议。1998年，万事发交通有限责任公司成立，投入微型白色长安出租车。至2005年年底，彭水县有各类出租车66辆，运价为5元/车次。由利通公司、新运公司、万事发公司、渝运集团彭水分公司4家企业经营。

二十三、武隆县

1993年，武隆县个体客运市场逐渐形成，有个体客运户购买2辆长安奥拓微型车，在武隆县城内从事客运，随后逐步发展，到1995年县城有个体从事客运的出租车14辆。

1996年1月，武隆县运管所为加强对小型客车、出租汽车客运管理，保障经营者和乘客的合法权益，维护正常的运输秩序，促进小型客车和出租汽车事业的健康发展，按照《四川省小型客车、出租车客运管理规定》（川交运〔1994〕359号文）精神，结合武隆县实际，研究决定：凡小型客车、出租汽车必须在核定的区域运行，具体区域划分为白马、长坝、羊角等地的小型客车和出租车只能在白马至长坝段运行。巷口、桐梓、火炉、江口、土坎等地的小型客车和出租汽车只能在武隆（县城）至江口段运行。违者按道路运输违章处罚规定的有关规定予以处罚。

1998年，为加强对出租汽车的管理，将原私人及个体经营的出租汽车挂靠武隆县义友汽车公司，实行公司化管理经营。2001年，武隆县运管所狠抓出租车的规范化管理。统一了出租汽车门徽和行业编号，统一更换了顶灯，制发了服务监督卡，开展了创星级服务活动，评选出星级车12辆，三星级驾驶员22名。

2003年，武隆县运管所按照2002年4月武隆县人民政府制订的《武隆县出租汽车管理暂行规定》，进一步加强了对出租汽车市场的管理，统一出租汽车的色度，县城的出租汽车统一为白色。统一的标识，提高了出租汽车的整体形象，为武隆县城增添了一道亮丽的风景线。由于武隆县的出租汽车一直执行按人头收费，未实行打表计费，影响了旅游城市的形象。为给广大乘客创造一个良好的乘车环境，根据《重庆市道路运输管理条例》和武隆县城出租汽车行业实际，经过多方调查研究和召开听证会，从2004年1月1日起对武隆县出租汽车安装计价器，实行打表计费。

至2005年年底，武隆县有出租汽车116辆，其中桑塔纳29辆、羚羊87辆。

二十四、梁平县

1989年，梁平县城区出现小客车、微型车（车型为长安、柳州、通工等），主要从事县城至各干线镇乡或县城至梁平汽车站旅客运输业务。1994年，谭扬富等10余名个体经营户购入第一批二手夏利、桑塔纳轿车型出租车，随后又有20多名个体经营户相继购回旧夏利等轿车经营出租业务，之后逐年发展，到2005年年底，出租车发展到174辆，车型为长安奥拓、羚羊、富康。之后未增加出租车经营指标，由重庆悦达汽车运输有限公司荣通出租车分公司74辆，重庆东赢旅游发展有限公司梁平分公司100辆组成。出租汽车租价最先实行起步价10元/车次。1998年调整起步价5元/车次。2001年出租汽车实行打表计费制度。按车型分别确定长安奥拓、羚羊车型2公里起步价3元，超过2公里每公里1.20元；桑塔纳、富康2公里起步价4元，超过2公里每公里1.40元。

二十五、忠县

1994年，忠县城区开始有个体经营户从事长安面包车经营业务，与此同时出现6辆车型为奥拓的个体出租车。1996年三轮车退出客运市场后，出租车代替了三轮车。1997年出租车车型由奥拓更新换代为夏利。1999年出租车车型由夏利更新换代为桑塔纳。2003年出租车全部归并到重庆海新运业（集团）有限公司所属的忠县海新运输服务有限公司实行公司化经营。至2005年，忠县拥有出租车119台，车型为桑塔纳，经营模式为挂靠公司经营。

二十六、开县

2002年7月，开县物价局对出租小轿车运价做出规定。其具体内容如下：

（一）出租小轿车档次划分。按出租小轿车的质量和购进价格高低，划分为两个档次，即质量和购进价格等于或高于桑塔纳车的为第一档，质量和购进价格低于桑塔纳的为第二档。出租小轿车的具体档次，由开县运管所等单位按规定确定。

（二）出租小轿车运价

1. 出租小轿车临时用车租价：

表4－9　　开县出租小轿车临时用车收费标准表

	车型	设备	收费标准		
			每车每千米租价	基本里程	基价收费
第一档	质量和购进价格等于或高于桑塔纳	原装空调 高级音响	1.40元	3公里	4.00元
第二档	质量和购进价格低于桑塔纳、羚羊等	空调 音响	1.20元	3公里	3.00元

注：载客行驶按0.5千米计费一次；单程载客超过规定的计费里程部分，每千米收取车千米租价50%的空驶费。往返载客不收空驶费、等候费。每次用车免费等候10分钟，超过10分钟的，小轿车累计每等候5分钟收取0.5千米租价的等候费（不足5分钟按5分钟计收）。夜间行驶费。22时至次日6时，每车千米收取0.20元夜间行驶费。车辆通行费。通过合法收费大桥、收费路段及汽车过渡，属单向收费的每车次收取50%的通行费；属双向收费的每车次收取实际发生额。

2. 包车租价。包车租价由供需双方协商确定，但不得超过该车型临时租用车租价标准。

3. 出租汽车运送乘客应选择最经济的线路，如遇非经营者引起的原因而绕道行驶的，应按行驶里程计费，反之不应计算租费。

二十七、云阳县

1995年云阳县开始培育发展出租汽车客运市场，运行一直不规范，未能实行按计价器收费。2002年对出租汽车的发展进行规范。2003年重庆市人民政府对云阳县的出租汽车指标进行了核定，核定的出租汽车指标共有105辆，同年对出租汽车实施了“五统一”，进行了色度管理。2004年云阳县新增50辆出租汽车指标，分三次定向投放给云阳县迪欣公司经营，开始严格实行计价器打表计费。2005年对所有出租汽车进行了CNG装置改装，大幅度减少了运行成本。云阳县人民政府将车辆已报废的27辆出租汽车指标进行重新投放，至2005年，云阳县出租汽车保有量为155辆。按县物价局核定的价格收费，起步价3元。

二十八、奉节县

1998年奉节县有出租汽车240辆，其中轿车型出租车24辆，长安面包车216辆，使用期限为8年，全部为个体经营。到2003年这批出租汽车相继到期，根据重庆市道路运输管理条例规定（出租汽车必须是5座及以下小轿车）。为解决216辆长安车的出路，2003年4月，奉节县人民政府颁布《关于整顿和规范道路客运市场秩序的通告》（奉节府通〔2003〕3号），该通告规定，报废长安出租车可置换桑塔纳或富康型轿车营运指标，当时报废了125辆长安出租车，置换了33辆轿车型出租车，其余40辆是车主申请，自愿缴纳有偿使用费4万元，处非法营运2万元罚款和擅自购车车价5%的罚款后取得的经营权指标。由于当时奉节县只有太和一家出租汽车公司，所有出租汽车指标都许可给太和出租汽车公司。2003年，重庆市运管局确认奉节县出租汽车指标为100辆。被确认的100辆出租汽车指标中包括确认给太和出租汽车公司的73辆出租汽车指标。2003年，太和出租汽车公司经重庆市人民政府批准，新增出租汽车50辆，另外太和出租汽车公司购买个体轿车型出租车4辆，当时太和出租汽车公司共有出租汽车127辆。奉节县出租汽车主要车型为东风雪铁龙、桑塔纳。至2005年年底，奉节县共有出租汽车企业1家（奉节县太和出租汽车有限责任公司），有出租汽车147辆，其中太和出租汽车公司127辆，个体出租车20辆。从业人员294人。出租汽车运价标准为起租里程1.5公里，起租价3元，车公里租价1.20元/公里。

二十九、巫溪县

1998年，巫溪县成立第一家出租汽车公司万州汽车运输总公司巫溪公司出租汽车公司，投放出租汽车6辆，车型为桑塔纳，经营年限5年。2000年再次投放5辆，车型为桑塔纳，经营年限5年。有偿使用费均为每辆5万元。至2005年年底，巫溪县有出租汽车14辆，出租汽车企业1家、个体经营者3户，从业人员28人，出租汽车主要车型为桑塔纳。

三十、巫山县

2002年9月前，巫山县有奥拓微型轿车56辆，长安小客车243辆，两种车型都属出租性质的个体经营，奥拓微型轿车按出租车经营模式运行，起步价为5元。2003年9月，巫山县人民政府批准巫山县出租汽车公司化实施方案，按照实施方案，巫山县成立万州汽车运输总公司巫山出租汽车分公司和渝东出租汽车股份有限公司。

出租汽车公司成立后，公司立即面向市场收购老旧出租汽车，实施报废更新，两家出租汽车公司共报废更新108辆。至2005年年底，巫山共有出租汽车111辆，2家出租汽车企业，其中万州汽车运输总公司巫山出租汽车分公司拥有出租汽车53辆，渝东出租汽车股份有限公司拥有55辆。个体3辆。从业人员222人。巫山县出租汽车运价标准为，起步价2公里5元，超出2公里每公里1.4元。每500米计价0.7元。超出4公里计返程价50%。等候时间2.5分钟内免费，超出免费等候时间，每等候2.5分钟按0.7元计费。

三十一、城口县

1994年4月9日，城口县交通局根据城口县人民政府的批复，组建成立了城口县出租车管理办公室。出租车管理办公室制订了相应的管理办法。办法规定：凡是经营出租汽车客运的国营企业、集体企业、个体经营者必须按交通部颁布的《出租汽车、旅游汽车客运管理规定》执行。

1996年6月，城口县交通局同意新增标准型出租车（5座以下）2辆，投入私家车辆从事出租车业务，运输线路主要在万源、开县、万县等地，票价也无统一规定，均为双方议定价。

1999年9月28日，城口县汽车运输公司为了扩大公司的业务范围，拟定成立出租车运输队，增加10辆中档以上的出租车。10月18日，城口县交通局批复同意了这一计划。出租车队的成立，结束了城口县无出租车行业的历史。

2001年7月25日，城口县交通局批准同意城口县汽车运输公司将原出租车队更名为城口县汽车运输公司出租分公司，并批准新增10辆标准型出租车指标。

2004年4月14日，重庆互邦（集团）实业有限公司在城口县投资成立的出租汽车公司正式开业，互邦公司分批投入长安羚羊出租车50辆，总投资达到436.5万元，实行公司化经营和管理。互帮公司入驻城口，提升了出租车市场的品质。公司开业之初定为与三轮摩托车相同的城区内起步价1.00元/人。2005年，运价调为起步价2.00元/公里，1公里外，按实际里程打表计费。至2005年年底，城口县共有出租汽车38辆，车型为羚羊，有从业人员80人。

第五章 汽车维修行业管理

1986年8月16日，经重庆市人民政府批准，《重庆市汽车维修行业管理暂行办法》（重办发〔1986〕125号）颁布施行，重庆汽车维修行业管理进入新阶段。至2005年年底，重庆市汽车维修经营业户达到7802家，其中一类业户213家，二类业户1015家，三类业户5438家，摩托车维修业户1136家，汽车快修连锁经营业户1家；从业人员53695人，其中技术人员4896人，管理人员10263人，检验员3438人，其他人员35098人；维修专用车1532辆，拖车134辆，工作车1398辆；整车大修193327次，总成修理86026次，二级维护647126次，专项修理4222605次。经过20年的发展，形成了一个以城市为依托，一类企业为骨干，二类企业为基础，三类业户为补充，多层次、多形式、门类齐全、服务方便、质量优良的汽车维修网络体系。

第一节 经营许可

一、汽车维修经营许可条件

自1986年始，汽车维修纳入经营许可管理。1986~2004年汽车维修经营许可条件依据《重庆市汽车维修行业管理暂行办法》（重办发〔1986〕125号）、《汽车维修业开业条件》（国家标准GB/T16739）。2004年7月，国务院颁布《中华人民共和国道路运输条例》，从法律角度将汽车维修经营设定为行政许可事项。2005年开始，汽车维修经营许可条件依据《汽车维修业开业条件》（国家标准GB/T16739－2004）。

（一）1986年汽车维修开业条件及有关规定

1986年8月16日，经重庆市人民政府批准，《重庆市汽车维修行业管理暂行办法》（重办发〔1986〕125号）颁布施行。该办法规定了汽车维修企业开业条件。内容如下：

1. 场地条件

（1）甲级企业：生产用房面积不低于400平方米，有停放2辆以上汽车的场地、厂房结构及位置必须符合交通、消防、安全、环保等法规的要求。

（2）乙级企业：生产用房面积不低于50平方米，有停放2辆以上汽车的场地。厂房结构及位置必须符合交通、消防、安全、环保等法规的要求。

（3）丙级企业：有与作业范围相适应的固定生产用房，并符合交通、消防、安全、环保等法规的要求。

2. 设备条件

（1）甲级企业：必须具有镗缸机、曲轴磨床、凸轮轴磨床、光磨气门设备、发动机冷磨设备、动平衡试验机、镗制动鼓设备、金属探伤设备、车床、台钻、修焊设备，以及相应的起重设备、检测设备、工具、量卡具，并取得国家三级计量单位资格。上述设备中允许有2项以下（含2项）设备采用外协加工，但必须有固定的协作合同。

（2）乙级企业：有光磨制动鼓及蹄片机、光磨气门设备、车床、钻床、焊机、喷漆设备，各总成修理调整作业台及相应的测量仪器和工具、量卡具等，并配有计量管理人员及制度。

（3）丙级企业：有与经营项目相适应的设备和计量器具。

3. 人员条件

（1）甲级企业：企业固定职工中必须有1名专职工程师或技师，1名专职技术质量总检验员。必须有1名六级汽车修理工，1名五级汽车电工，1名五级冷作工，1名四级木工，并应做到工种齐全，与大修作业相适应。

（2）乙级企业：企业固定职工中必须有1名专职助理工程师或技师，1名技术质量总检验员，必须有1名六级汽车修理工，并配有相应工种的技术工人10人以上。

（3）丙级企业：必须有1名四级工。

（二）2004年汽车维修开业条件

2004年1月6日，国家质量监督检验检疫总局和中国国家标准化委员会发布汽车维修开业条件的国家标准《汽车维修业开业条件》（GB/T16739），自2005年1月1日施行。主要内容如下：

1. 人员条件

企业管理负责人应熟悉汽车维修业务，具备企业经营、管理能力，并了解汽车维修及相关行业的法规及标准。企业管理负责人、技术负责人及检验、业务、价格核算、维修（机修、电器、钣金、油漆）等关键岗位人员，应经过培训，取得行业主管部门颁发的从业资格证书；技术负责人应具有汽车维修或相关专业的大专以上文化程度，具有中级以上专业技术职称，应熟悉汽车维修业务，并掌握汽车维修及相关行业的法规及标准；维修人员的专业知识和业务技能应达到行业主管部门规定的要求。

2. 组织管理条件

经营管理具有规范的业务工作流程，具有健全的经营管理体系，具有汽车维修的国家标准和行业标准以及相关技术标准，具有汽车维修质量承诺、进出厂登记、检验、竣工出厂合格证管理、技术档案管理、标准和计量管理、设备管理及维护、人员技术培训等制度。

3. 安全生产条件

具有与其维修作业内容相适应的安全管理制度和安全保护措施，建立并实施安全生产责任制。具有各工种、各类设备的安全操作规程；生产厂房和停车场符合安全、环保和消防等各项要求。

4. 环境保护条件

具有废油、废液、废气、废蓄电池、废轮胎及垃圾等有害物质集中收集、有效处理和保持环境整洁的环境保护管理制度；作业环境以及按生产工艺配置的处理“三废”（废油、废液、废气）、通风、吸尘、净化、消声等设施符合有关规定；涂漆车间设有专用的废水排放及处理设施，采用干打磨工艺的，设有粉尘收集装置、除尘、通风设备。

5. 设施条件

具有与承修车型、经营规模相适应的合法停车场地，一类企业的面积不少于200平方米，二类企业的面积不少于150平方米；生产厂房地面平整坚实，面积能满足生产工艺和正常作业，一类企业的面积不少于800平方米，二类企业的面积不少于200平方米。

6. 设备条件（通用设备、专用设备、检测设备）

（1）通用设备：钻床、电焊及气体保护焊设备、气焊设备、压力机、空气压缩机。

（2）专用设备：（见下表）

表4－10　　　　　　　　　汽车维修专用设备表

序号	设备名称	大中型客车	大型货车	小型车	其他要求
1	换油设备	要求具备			
2	轮胎轮辋拆装设备	要求具备			
3	轮胎螺母拆装机	要求具备	要求具备	不要求具备	
4	车轮动平衡机	要求具备			
5	四轮定位仪	不要求具备	不要求具备	要求具备	
6	转向轮定位仪	要求具备	要求具备	不要求具备	
7	制动鼓和制动盘维修设备	要求具备	要求具备	不要求具备	
8	汽车空调冷媒加注回收设备	要求具备	不要求具备	要求具备	
9	总成吊装设备	要求具备			
10	汽车举升机	不要求具备	不要求具备	要求具备	一类应不少于5台
11	地沟设施	要求具备	要求具备	不要求具备	一类应不少于2个
12	发动机检测诊断设备	要求具备			应具备示波器、转速表、发动机检测专用真空表的功能
13	数字式万用电表	要求具备			
14	故障诊断设备	不要求具备	不要求具备	要求具备	
15	气缸压力表	要求具备			
16	汽油喷油器清洗及流量测量仪	不要求具备	不要求具备	要求具备	
17	正时仪	要求具备			
18	燃油压力表	不要求具备	不要求具备	要求具备	
19	液压油压力表	要求具备			
20	连杆校正器	要求具备			允许外协
21	无损探伤设备	要求具备			修理大中型客车必备，其他允许外协
22	车身清洗设备	不要求具备	不要求具备	要求具备	
23	打磨抛光设备	要求具备	不要求具备	要求具备	
24	除尘除垢设备	要求具备	不要求具备	要求具备	
25	型材切割机	要求具备			
26	车身整形设备	要求具备			
27	车身校正设备	不要求具备	不要求具备	要求具备	
28	车架校正设备	要求具备	要求具备	不要求具备	二类允许外协
29	悬架试验台	不要求具备	不要求具备	要求具备	二类允许外协
30	喷烤漆房及设备	要求具备	不要求具备	要求具备	

续前表

<table>
<tr><th>序号</th><th>设备名称</th><th>大中型客车</th><th>大型货车</th><th>小型车</th><th>其他要求</th></tr>
<tr><td>31</td><td>喷油泵试验设备</td><td colspan="3">要求具备</td><td rowspan="11">允许外协</td></tr>
<tr><td>32</td><td>喷油器试验设备</td><td colspan="3">要求具备</td></tr>
<tr><td>33</td><td>调漆设备</td><td>要求具备</td><td>不要求具备</td><td>要求具备</td></tr>
<tr><td>34</td><td>自动变速器维修设备（见 GB/T16739.2－XXX 中 5.4.4）</td><td>不要求具备</td><td>不要求具备</td><td>要求具备</td></tr>
<tr><td>35</td><td>立式精镗床</td><td colspan="3">要求具备</td></tr>
<tr><td>36</td><td>立式珩磨机</td><td colspan="3">要求具备</td></tr>
<tr><td>37</td><td>曲轴磨床</td><td colspan="3">要求具备</td></tr>
<tr><td>38</td><td>曲轴校正设备</td><td colspan="3">要求具备</td></tr>
<tr><td>39</td><td>凸轮轴磨床</td><td colspan="3">要求具备</td></tr>
<tr><td>40</td><td>激光淬火设备</td><td colspan="3">要求具备</td></tr>
<tr><td>41</td><td>曲轴、飞轮与离合器总成动平衡机</td><td colspan="3">要求具备</td></tr>
</table>

（3）主要检测设备：

表 4－11　**汽车维修主要检测设备表**

序号	设备名称	其他要求
1	声级计	
2	排气分析仪或烟度计	
3	汽车前照灯检测设备	二类允许外协
4	侧滑试验台	二类允许外协
5	制动检验台	修理大型货车及二类允许外协
6	车速表检验台	二类允许外协
7	底盘测功机	允许外协

二、汽车维修企业等级划分与作业范围

1986 年 8 月，经重庆市人民政府批准发布的《重庆市汽车维修行业管理暂行办法》（重办发〔1986〕125 号），对汽车维修企业等级与作业范围及管理进行了划分和分工。

汽车维修企业（包括个体户，以下同）按其技术、设备条件划分为三级，并进行分级管理。

甲级企业：承担汽车大修（含三级保养和总成大修），由重庆市交通局直接管理。

乙级企业：承担汽车保养和小修（不含三级保养），由企业所在区县交通局进行管理。

丙级企业：承担汽车专项修理，由企业所在区县交通局进行管理。

1986 年 12 月，交通部、国家经委、国家工商行政管理局发布《汽车维修行业管理暂行办法》（交公路字〔1986〕956 号），将汽车维修企业分为一、二、三类企业。

一类企业：汽车大修、总成修理。

二类企业：汽车维护。

三类企业：汽车专项修理（指专门从事汽车喷漆、更换门窗玻璃和车身、电器设备、蓄电池、篷布坐垫、水箱、轮胎、空调修理）。

第二节　车辆技术管理

车辆技术管理是汽车维修行业管理的重要组成部分。车辆技术管理的主要目的是保持车辆技术状况良好，保障运输安全，提高车辆使用效率，降低运行消耗，是对道路运输车辆进行择优选配，正确使用，定期检测，强制维护，视情修理，合理改造，适时更新的全过程综合性管理。管好、用好、维修好道路运输车辆，提高道路运输装备素质，确保运输车辆在使用中的良性循环，是提高道路运输管理水平，促进道路运输行业健康发展的重要保障。因此车辆技术管理是道路运输管理部门的重要职责。

车辆技术管理原为计划经济时期国有汽车运输企业或汽车维修企业，对自有客货营运车辆进行维修、保养和使用监督的技术管理工作，业内统称为机务管理。改革开放后，道路运输市场放开，国有汽车运输企业或汽车维修企业经营模式方式发生很大变化，原有的机务管理制度难以推行。

1990年3月7日，交通部发布《汽车运输业车辆技术管理规定》（1990年13号令），该规定将车辆技术管理正式纳入道路运输行业管理范畴，对车辆选配、使用、检测、维护、修理、改造、报废、更新全过程的管理，做了详尽规定。为了全面有效地推进车辆技术管理工作，1991年4月23日，交通部发布《汽车运输业车辆综合性能检测站管理办法》（1991年29号令），1998年3月4日，交通部发布《道路运输车辆维护管理规定》（1998年2号令）。此外，交通部于1995年2月和1997年5月，分别发布《汽车技术等级评定标准》（JT/T198－1995）和《营运客车类型划分及等级评定》（JT/T325－1997）两部行业标准。此后，交通部多次对上述规定和标准进行修订，地方各级交通主管部门及所属道路运输管理机构，纷纷设立车辆技术管理专门机构或专职人员，根据运输市场管理需要制定实施办法或实施细则。重庆市各级交通主管部门及所属道路运输管理机构，对车辆技术管理工作十分重视，认真贯彻执行交通部有关规定，根据运输市场管理需要，及时制订实施办法。车辆技术管理的关键环节有两个，一是运输车辆维护管理，二是运输车辆技术审查制度。

一、运输车辆维护管理规定

（一）道路运输车辆的维护分为日常维护、一级维护、二级维护。

日常维护是由驾驶员每日出车前、行车中和收车后负责的车辆维护作业。其作业中心内容是清洁、补给和安全检视。

一级维护是由维修企业负责执行的车辆维护作业。其作业中心内容是除日常维护作业外，以清洁、润滑、紧固为主并检查有关制动、操纵等安全部件。

二级维护是由维修企业负责执行的车辆维护作业。其作业中心内容是除一级维护作业外，以检查、调整转向节、转向摇臂、制动片、悬架等经过一定时间的使用容易磨损或变形的安全部件为主，并拆检轮胎，进行轮胎换位。二级维护必须按期执行。

（二）道路运输经营业户和驾驶员，必须按国家或行业有关标准规定的行驶里程或间隔时间，对车辆进行维护作业。

（三）二级维护竣工检测由汽车综合性能检测站进行，出具的检测报告，作为维修企业的质量检验和签发出厂合格证的依据之一。

（四）道路运输经营业户未能按规定维护，维修企业不按国家有关标准规定作业，只收费不维护，维护质量低劣，汽车综合检测站不按标准、检测程序和检测规范检测或不如实提供检测结果证明的，将按规定予以处罚。

1994年1月3日，为贯彻《汽车运输业车辆技术管理规定》（交通部1990年23号令），重庆市运管处印发了关于对运输车辆强制二级维护，统一实行维修记录卡的管理规定。主要内容是：

1. 凡车籍在重庆市从事道路运输的单位和个人，不论隶属关系，其运输车辆必须实行定程或定期的强制二级维护作业，统一实行重庆市运管处制发的重庆市运输车辆维修记录卡。

2. 运输车辆的强制维护周期。国产车行驶1.2万~1.5万公里或三个月；原制造厂有规定的按规定执行。进口车按原制造厂的规定执行，原厂无规定的参照同类国产车执行。新车或大修车投入营运，其间隔里程或时间从车辆走合期满算。

3. 运输车辆的强制维护，必须到持有重庆市或所属区（市）县汽车维修行业管理办公室核发的二类及以上汽车维修许可证的企业进行。汽车大修或二级维护竣工后，分别按重庆市汽车维修质量检查评定条件和重庆市汽车二级维护竣工技术检验条件进行检测，经检测合格后，签发“重庆市汽车维修合格证”或“重庆市汽车二级维护合格证”。

4. 重庆市运输车辆维修记录卡是道路运输证的组成部分，是记载运输车辆二级维护周期的记录，从1994年3月1日起，统一实行重庆市运输车辆维修记录卡，一车一卡。

5. 重庆市运输车辆维修记录卡核签程序：车辆大修或二级维护合格后，车主凭车辆维修“合格证”，到道路运输管理机构或由道路运输管理机构指定的部门核签维修记录卡 。

6. 未按规定进行强制维护的车辆，一律不予年审，扣留道路运证。路检中发现未按期进行二级维护的车辆，应立即终止运行，由道路运输管理部门就近指定到二类以上维修企业进行强制二级维修，合格后放行，并按交通部第23号令《关于道路运输处罚规定》的有关规定处理。

1994年，推行车辆维修卡制度后，有42597辆车建立了车辆技术档案，为应建数的93.1%。

二、运输车辆技术审查制度及等级评定

（一）车辆技术状况等级的划分

1. 一级，完好车：新车行驶到第一次定额大修间隔里程的2/3和第二次定额大修间隔里程的2/3以前，汽车各主要总成的基础件和主要零部件坚固可靠，技术性能良好；发动机运转稳定，无异响，动力性能良好燃润料消耗不超过定额指标，废气排放、噪音符号合国家标准；各项装备齐全、完好，在运行中无任何保留条件。

2. 二级，基本完好车：车辆主要技术性能和状况或行驶里程低于完好车的要求，但符合GB7258-87的规定，能随时参加运输。

3. 三级，需修车：送大修前最后一次二级维护后的车辆和正在大修或待更新尚在行驶的车辆。

4. 四级，停驶车：预计在短期内不能修复或无修复价值的车辆。

（二）车辆技术状况等级的评定办法

2001年7月7日，重庆市交通委员会发布的《重庆市汽车技术等级评定办法》规定：

1. 评定汽车技术等级，首先按《重庆市汽车运输业车辆综合性能检测评定条件》进行车辆综合性能检测。根据车辆综合性能检测结果确定车辆技术状况：

“一、二级车”车辆关键项必须全部合格。

一级车：检测得分≥90分。

二级车：70分≤检测得分<90分。

三级车：不符合上述要求。

2. 超长线路、高速公路、夜行班车客运车辆以及危险品货物运输车辆，汽车技术等级评定每半年进行一次；其他运输车辆，汽车技术等级评定每年进行一次。

3. 评定结果记入营运车辆道路运输证、车辆技术档案，并作为车辆技术审查和核（签）发有关证、牌的主要依据之一。

4. 使用年限规定：

（1）“一级车”使用年限规定。

①货运车辆“一级车”使用年限≤7 年。

②客运车辆“一级车”使用年限规定见表 4－12。

表 4－12　　客运车辆使用年限表

客车等级	按 JT/T325－1997 评定的客车新车等级			
	座式普通级	卧铺普通级、中级	高一级、高二级（中型客车、轿车）	高一级、高二级、高三级（大型客车）
年限规定	≤5 年	≤6 年	≤7 年	≤10 年

凡使用年限超过 4 年的客、货运输车辆，应逐年进行车辆或总成大修，并应填报“客（货）运车辆技术状况审查申请表”，报送车辆技术档案、车辆或总成大修的有关详细资料及主要零、部件的更换记录。经车辆技术状况审查合格，方可评定“一级车”。

使用年限超过 4 年的客运车辆，应进行季度检测。凡上一年度未按规定进行检测和维护的客、货运输车辆，不得评定“一级车”。

（2）“二、三级车”使用年限规定。

超过一级车使用年限规定，但尚未报废、车辆能使用的年限。

第三节　汽车维修行业管理制度

一、汽车维修许可制度

（一）凡对外经营的各汽车维修厂点，必须申请登记，领取汽车维修许可证，凭汽车维修许可证向工商管理部门申请营业执照。以维修市属 7 个区（市中区、沙坪坝区、江北区、南岸区、九龙坡区、大渡口区、北碚区）内行驶的客车（含公共汽车、出租汽车）为主的维修厂点，由重庆市公用局核发汽车维修许可证；其他各汽车维修厂点的维修许可证由重庆市交通局核发。各汽车维修厂点必须同时具备汽车维修许可证和营业执照，方能对外经营汽车维修业务。从事自有车辆修理的单位，要对自有车辆进行大修作业的，也必须经过审查合格，领取汽车维修许可证后，才能进行大修。

（二）各级汽车维修企业不得擅自扩大经营范围，高级企业可从事低级企业的作业范围，低级企业不得从事高级企业的作业范围，丙级企业不得经营核定项目以外的业务。各级企业的维修质量如果下降，经限期整顿后仍不能达到应有水平的，给予降级处理；低级企业达到了高级企业的条件，由企业提出申请，经审查合格后方可升级。

（三）凡从事超越汽车维修许可证核定范围外的维修业务视为非法。没有核准从事大修业务的单位，所大修的车辆，交通监理部门不予检验，汽车维修行业管理部门和工商行政管理部门应对有关单位和个人给以批评教育，并没收非法收入。

（四）凡对外经营的各级汽车修理企业的费用结算，统一使用经重庆市税务局核定，由重庆市汽车维修行业管理机构印制的重庆市汽车维修行业专用发票。不使用专用发票的，财务部门不予核销，银行不予划拨。汽车修理和维护作业收费，必须严格执行有关规定，不得擅自增加工时，随意更价。违者一经查实，按物价管理有关规定处理。

二、从业人员持证上岗制度

（一）在重庆市辖区内从事汽车（摩托车）维修的技术工人，必须按规定获得上岗证，持证上岗；上岗证按汽车维修业专业工种分为：汽车维修工、汽车维修电工、汽车维修漆工、汽车维修钣金工、汽车维修轮胎工及摩托车维修工六类；上岗证技术等级分为：初级、中级、高级、技师及高级技师五级。申请上岗证应先向汽车维修业技术工人培训机构报名，并参加培训机构组织的汽车维修业技术工人培训。

（二）开办汽车维修业技术工人培训的机构，必须经重庆市道路运输管理机构进行资格审查、认定合格后，方能从事汽车维修业技术工人培训，并接受道路运输管理机构的管理、监督及检查。汽车维修业技术工人上岗证培训与汽车维修专业工种职业技能培训一并进行，统一大纲、统一教材、统一应知应会考试试题及评分标准。

（三）汽车维修企业（业户）必须聘用持有效上岗证的技术工人从事汽车维修经营活动。汽车维修业技术工人上岗时应将上岗证佩戴于胸前。上岗证有效期为4年。上岗证有效期满前90日内，持证人应到发放上岗证的道路运输管理机构接受审验，合格的换发新证，不合格的经培训考试合格后方予换发。

三、总检验员负责制度

总检验员是汽车维修企业检验工作的总负责人，担负和领导汽车进、出厂过程和试车检验把关等工作。1988年，重庆市运管处在加强汽车维修质量管理中，建立汽车总检验员制度。重庆市汽车维修行业管理办公室和重庆各区、县汽车维修行业管理办公室负责实施这项工作。总检验员由企业在从事汽车维修检验工作时间较长、有一定经验、熟悉汽车维修标准、责任心强、办事公道的工程技术人员或高、中级技工中挑选，然后进行培训考核。1988年重庆市共举办总检验员培训班24期，培训人员714人。经考核合格者，由重庆市汽车维修行业管理办公室统一发给汽车维修质量总检验员证和总检验员代号章。总检验员持证上岗。至1988年年底，重庆市516家汽车维修企业中，共设总检验员791名，建立了完善的汽车维修质量保障体系。

四、质量信誉考核制度

2000年重庆市汽车维修行业管理办公室制订《重庆市汽车维修企业信誉评级办法》（重汽修办〔2000〕12号），并印发了《重庆市汽车维修企业年审及信誉评级评分表》，对汽车维修企业的从业人员素质、安全生产、维修质量、服务质量、环境保护、遵章守纪和企业管理等方面进行综合评价。汽车维修行业管理部门鼓励和支持质量信誉考核等级高的汽车维修企业发展。

第六章　机动车驾驶员培训管理

第一节　驾驶员培训许可

2001年11月30日，重庆市人民政府决定将驾校和驾驶员培训行业管理划归交通部门，自此重庆市机动车驾驶员培训正式纳入道路运输行业管理。2002年8月29日，重庆市交通委员会印发《重庆市机动车驾驶员培训行业管理暂行办法》，规定申请从事机动车驾驶员培训须经道路运输管理机构审查批准。

一、机动车驾驶培训机构许可条件

2004年9月20日，交通部发布新的《机动车驾驶培训机构资格条件》（行业标准JT/433－2004），2004年11月1日起施行。该标准是道路运输管理机构对机动车驾驶培训机构资格许可和实施动态监督管理的依据。

（一）组织管理条件

设有教学、教练员、学员、质量、安全、结业考试、设施设备管理等组织机构和相应的管理制度；建立负责人、管理人员、教练员和其他人员的岗位职责。

（二）人员条件

理论教学负责人具有相关专业中专以上学历或中级以上技术职称，并持有机动车驾驶证。驾驶操作训练负责人具有相关专业中专以上学历或中级以上技术职称，10年以上安全驾驶经历。结业考核人员具相关专业中专以上学历或初级以上技术职称，8年以上安全驾驶经历。计算机管理人员具有计算机专业大专以上学历或持有专业计算机等级考试二级证书。理论教练员具有2年以上驾驶经历，相关专业中专以上学历或中级以上技术职称。大型汽车驾驶操作教练员具有相关专业中专或高中以上学历，10年以上安全驾驶经历，小型汽车驾驶操作教练员具有5年以上安全驾驶经历。驾驶操作教练员年龄均不超过60周岁。

（三）设施设备条件

1. 拥有表4－13所列教学设施设备。

表4－13　　**驾驶培训教学设施设备表**

序号	名称	序号	名称
1	多媒体教学设备	13	离合器
2	多媒体理论教学软件	14	变速器
3	理论考试用计算机	15	自动变速器
4	交通信号挂图	16	发动机机体解剖模型
5	汽油机工作原理	17	转向机构模型
6	柴油机工作原理	18	透明或实物解剖全车制动系统模型
7	化油器式汽油机燃料供给系	19	培训学时计算机计时管理系统
8	电控汽油喷射发动机燃料供给系	20	教学磁板
9	柴油机燃料供给系	21	更换车轮工具（千斤顶和轮胎扳手）
10	发动机点火系	22	车用灭火器
11	发动机冷却系	23	红外线桩考仪
12	汽车气压制动系或汽车液压制动系	24	汽车驾驶模拟器

2. 场地驾驶教练场总面积不小于表4－14所列各类教练车单车使用面积与各类教练车总数量的乘积，单位为平方米。并满足20%以上的教练车同时训练。

表4-14　**各类教练车单车使用面积表**

序号	教练车型	单车使用面积（平方米）
1	大型客车	750
2	通用货车半挂车（牵引车）	400
3	城市公交车	750
4	中型客车	500
5	大型货车	750
6	小型汽车	400
7	摩托车	40

注：（1）场内道路驾驶教练场道路长度，应满足8%以上的教练车同时训练，单向行车道宽度不小于3.5米。

（2）采用汽车驾驶模拟器进行训练，一级培训机构配置15台以上，二级培训机构配置10台以上，三级培训机构配置5台以上的，可减少25%的道路总长度。

（3）其他教练车型单车使用面积按省级道路运输管理机构的有关规定计算。

二、机动车驾驶培训机构许可程序

申请从事机动车驾驶培训业务的，向所在地区县道路运输管理机构提出申请。道路运输管理机构自受理申请之日起20日内审查完毕，做出许可或不予许可的决定。予以许可的，颁发道路运输经营许可证；不予许可的，通知申请人并说明理由。

三、机动车驾驶培训机构类型与级别划分

驾驶培训机构分为综合类和专项类两类，每类各分为一、二、三级。综合类培训机构是指具备两种以上（含两种）车型培训能力的机构，其中一级培训机构教练车不得少于50辆，二级培训机构教练车不得少于20辆，三级培训机构教练车不得少于10辆，每种车型教练车不少于5辆；专项类机动车驾驶培训机构是指只具备一种车型培训能力的机构，其中一级培训机构教练车不得少于50辆，二级培训机构教练车不得少于20辆，三级培训机构教练车不得少于5辆。

第二节　驾驶训练监管

一、驾驶训练监管制度

对驾驶训练的监管是机动车驾驶员培训行业管理的重要内容，主要措施是对驾驶培训机构的教学日志、培训记录、结业证书、教练员证、教练车车辆等方面的监督与管理。

2004年12月31日，交通部发布《机动车驾驶员培训教学大纲》（交公路发〔2004〕778号）。为认真贯彻落实交通部教学大纲，重庆市运管局要求全市机动车驾驶培训机构认真贯彻执行教学大纲，严格按照教学大纲要求实施教学、填写教学日志和组织结业考核。同时制订了《重庆市机动车驾驶员培训教学日记实施暂行规定》和《重庆市机动车驾驶员培训结业考核大纲》两个配套措施，规定各区县运管处、所，按照教学大纲要求，认真审核教学日志，签发培训记录。

二、机动车驾驶训练管理主要内容

（一）机动车驾驶培训学校按教学大纲全面实施教学。主要内容包括教学项目、教学内容、教学目标和学时安排。每个阶段包括理论培训和实际操作培训。

（二）各运管处所依据教学大纲，审核教学日志，签发培训记录。

（三）学员完成一阶段的教学内容，申请该阶段教学内容的结业考核。申请结业考核，须持培训记录和教学日志。培训机构根据学员培训科目和培训学时完成情况，分批（次）组织结业考核。每批（次）结业考核学员不得低于4人。考核员由培训机构推荐的优秀教练员担任，由重庆市运管局统一组织培训，经考核合格后，颁发结业考核员证。结业考核员持证参加结业考核。

（四）结业考核科目分四个阶段考核。第一阶段至第三阶段考核为必考科目，第四阶段考核为抽考科目。考核顺序依次为阶段一、阶段二、阶段三、阶段四。采用学员单独驾驶操作的方法，按所学车型选择结业考核场地或道路，按规定项目操作失误扣分的方法进行。结业考核由两名结业考核人员参加，考核成绩当场公布，由两名结业考核人员签字确认。

（五）各阶段结业考核内容及评分标准见汽车驾驶训练段考核卡（表4－15、表4－16、表4－17、表4－18）。学员各阶段结业考核合格后，由培训机构颁发机动车驾驶培训结业证书。

表4－15 **第一阶段考核表**

驾校名称　　　　　　　　　　教练员

学员姓名　　　　　　　　　　成　绩

科目	扣分标准（分）	科目	扣分标准（分）
上、下车动作不正确	5	转向盘握法、打法不正确	10
驾驶姿势不正确	5	离合器踏板使用方法不正确	5
不会正确调整座椅、头枕及后视镜	5	加速踏板使用方法不正确	5
不会正确系、松安全带	5	制动踏板使用方法不正确	5
起步程序错误	10	离合器踏板与变速操纵杆配合不协调	10
起步程序缺项	10	离合器踏板与加速踏板配合不协调	10
起步前不观察车外情况	10	不能正确使用照明、转向信号及雨刮装置	5
起步前不观察仪表	10	不能正确使用驻车制动器	5
变速操纵杆握法不正确	5	停车、熄火程序错乱	5
离合器踏板与加速踏板配合不协调	5		

注：（1）扣分方法采用倒扣分，满分为100分，及格为70分。

（2）在学员进入第二阶段前安排本科目考核。

（3）本科目考核可在驾驶模拟器上进行。

表 4－16　**第二阶段考核表**

驾校名称　　　　　　　　　　　　　　　　　　　　　　　　　　学员姓名

教 练 员　　　　　　　　　　　　　　　　　　　　　　　　　　成　　绩

科目	扣分项目	扣分标准（分）
汽车安全检视	轮胎、轮胎螺栓、制动鼓、轮毂、横直拉杆等项目检视缺项	10
	散热器、冷却水、机油量、高压线（化油器）、皮带等项目检视缺项	5
	备胎、油底壳等项目检视缺项	5
	牌照、灯光等项目检视缺项	5
	车身漆膜、窗玻璃等项目检视缺项	5
	灯光、喇叭、仪表、刮水器、转向盘、制动踏板、驻车制动操纵杆、后视镜、门锁、安全带、灭火器、停车警告标志和随车工具等项目检视缺项	10
	不会更换轮胎或进行轮胎换位	10
汽车驾驶基础	起动程序错误、缺项	5
	起步熄火、起步不稳	10
	直线行驶方向不稳	5
	行驶中严重逃方向	10
	靠边停车不会纠正方向	5
	高速行驶中停车时先踩离合器	10
	进挡时机或“空油”不当造成齿响	5
汽车驾驶基础	不进挡、错挡、硬拉挡	10
	操作不当造成停车、熄火	10
	换挡下视	10
	停车、熄火程序错乱	5
	曲线行驶熄火一次或通过障碍不平顺	15
	起伏路驾驶通过障碍时车辆严重跳跃，致使机动车驾驶人、考试员离座	100
	L或S形倒车入位时轮胎触轧库位和车道边线	10
汽车场地驾驶	L或S形倒车入位在车辆入库停止后，车厢出库位线	10
	通过限宽门时速低于20公里/小时、不能通过	100
	通过限宽门每碰擦一次门悬杆	20
	在百米内未完成规定加、减挡	100
	百米内熄火一次、越级换挡的或不能单手控制方向	20
	通过单边桥其中有一轮未上桥一次	20
	通过单边桥在行驶中出现一个车轮掉下桥面一次	10

注：（1）扣分方法采用倒扣分，满分为100分，及格为60分。

（2）在学员进入第三阶段前安排本科目考核。

表 4－17

第三阶段考核表

驾校名称　　　　　　　　　　　　　　　　　　　　　　学员姓名

教 练 员　　　　　　　　　　　　　　　　　　　　　　成　　绩

科目	扣分项目	扣分标准（分）	科目	扣分项目	扣分标准（分）
场内道路驾驶	通过连续障碍时不按规定线路完成	100	汽车道路驾驶	行驶路线选择不当、转弯之前不并道	10
	通过连续障碍时骑、扎一个圆饼一次	20		进入弯道前不减速或降速时机不当	10
	通过连续障碍时车轮出路边缘一次	20		打（回）方向时机、角度不准	10
	通过连续障碍时碰、擦一个圆饼一次	10		转弯时占道行驶	20
	直角转弯时车轮触扎突出点	100		进出环岛、通过立交桥的方法不正确	10
	直角转弯时车轮触扎路边缘一次	20		行车时不遵循车辆优先通行原则、没有安全礼让意识	20
	直角转弯时借助倒车完成一次	10		行车安全距离控制不当	20
汽车道路驾驶	起步时不系安全带、不观察情况	20		行驶中挡位使用不当或车速控制不稳	10
	起动程序错误、缺项；起步发抖、闯动	10		会、让、超车地点选择不当	20
	上坡起步倒溜 30 厘米以内	10		行驶中车辆与行人、非机动车辆间的安全距离不够	30
	上坡起步倒溜 30 厘米以上或熄火	20		处理情况时制动方法运用不灵活	10
	升、降档时机不当造成齿响	10		下坡车速控制不稳、下坡制动运用不灵活	10
	换挡时下视、跑方向	20		不能及时、正确运用喇叭	5
	换挡“跟油”不及时	5		占道行驶或行驶出路基	30
	油、离、刹配合不协调	10		不按交通标志或指挥信号行驶	30
	方向盘握法、打法不正确	5		制动停车过程不平顺	5
	行驶中方向不稳	10		停车地点选择不当	10
	当右手离开方向盘时，左手不能有效、平稳控制方向	30		停车不靠边、未拉驻车制动器	20
	定点停车定点不准但未超出 50 厘米	20		不能够按照交通法规的要求独立行驶	20
	定点停车不靠边距路右边线 30 厘米内的	20		严重违反安全行车的其他情况	30

注：（1）扣分方法采用倒扣分，满分为 100 分，及格为 60 分。

（2）在学员进入第四阶段前安排本科目考核。

表 4－18

第四阶段考核表

驾校名称　　　　　　　　　　　　　　　　　　　　　　学员姓名

教 练 员　　　　　　　　　　　　　　　　　　　　　　成　　绩

科目	扣分项目	扣分标准（分）	科目	扣分项目	扣分标准（分）
夜间驾驶	不能正确使用灯光	10	山区驾驶	不能根据坡道的长短选择正确的驾驶方法	10
	行驶速度控制不当	20		山区弯路驾驶方法不正确	20

续前表

科目	扣分项目	扣分标准（分）	科目	扣分项目	扣分标准（分）
	对路面情况判断不准	20		山区道路驾驶时跟、会、超车不当	30
雨天驾驶	不能正确使用雨刮器	10	隧道驾驶	隧道驾驶不能正确使用灯光	10
	行驶速度控制不当	20		在双向隧道驾驶侧向间距不够	20
雾天驾驶	雾天驾驶安全距离不够	20		在隧道驾驶时鸣笛	每次5分
	雾天驾驶使用灯不正确	10	高速公路驾驶	驶入高速公路的方法不正确	20
	雾天驾驶行驶速度控制不当	20		驶离高速公路的方法不正确	20
泥泞与翻浆路面驾驶	行驶挡位选择不当	10		不能正确辨认高速公路标志标线	20
	方向、制动使用方法不当	10		高速路段驾驶方法不正确	20

注：（1）扣分方法采用倒扣分，满分为100分，及格为60分。

（2）本科目考核在驾驶模拟器上进行。

第三节　职业培训

1994～1995年，重庆市道路运输从业人员迅速增多，但是运输从业人员的职业道德、职业技能、安全运输质量和服务质量，都与迅猛发展的道路运输和广大人民群众的出行需求有着较大差距。特别是出现了部分驾售人员拒载、宰客、甩客的现象，严重影响和扰乱了道路运输市场秩序，社会反映强烈。为提高营运车辆驾驶员的职业技能，根据四川省人民政府《关于进一步加强道路交通安全管理的通知》(川府发〔1995〕130号)、四川省交通厅《关于核发四川省营运车辆驾驶员准驾证的通知》(川交运〔1995〕410号)、四川省运管局《关于做好营运车辆驾驶员培训、考核和核发营运车辆准驾证工作的实施意见》(川运发〔1995〕37号)，重庆市于1995年10月，开展了营运车辆驾驶员培训和准驾证核发工作。首先对一类班线营运车辆驾驶员进行培训、核发准驾证，其次再进行二、三类班线营运车辆驾驶员进行培训和准驾证核发工作。

一类班线营运车辆驾驶员的申报条件是：年龄50岁以下，符合驾驶员体检标准；须有10万公里（3年客车驾龄）以上或驾驶客车5年以上的驾驶经历；个体不准报名。

二类班线营运车辆驾驶员的申报条件是：安全驾驶5万公里以上、2年以上的客车驾驶经历；不超过55岁。

培训采用四川省运管局统一编写的《四川省营运车辆（客车）驾驶员培训资料和公路运输文件汇编（高速公路运输部分)》。

1997年5月7日，重庆市交通局制订《重庆市营运车辆驾驶员准驾证管理暂行办法》，规定凡需驾驶车辆从事营业性客货运输的人员必须经过有关法律、法规、职业道德与驾驶技能考试合格，申领驾驶员准驾证，方可从事营业性客货运输。1998年7月10日，重庆市运管处印发《重庆市营运车辆驾驶员准驾证管理实施细则》，共9章46条，包括违章等级划分、培训、复训、考试、年度审验、档案管理、遗失补办、异动等内容，加强了对营运车辆驾驶员的管理。2001年10月11日，交通部发布《营业性道路运输驾驶员职业培训管理规定》(交通部2001年第7号令)，规定营运机动车驾驶员，必须经过职业培训与考试合格后，取得营运驾驶员从业资格并持有从业资格证，方可从事营业性道路运输活动。2002 年 4 月 1 日，重庆市交通委员会发布《重庆市营业性道路运输驾驶员职业培训管理暂行办法》（渝交委运管〔2002〕3 号）。为了保证《营业性道路运输驾驶员职业培训管理规定》和《重庆市营业性道路运输驾驶员职业培训管理暂行办法》的贯彻实施，重庆市运管局对营运驾驶员从业资格培训管理和证件换发工作进行了具体部署和安排。设立了营业性道路运输驾驶员从业资格考场和从业资格证制证点，制订了从业资格证管理办法，开展了从业资格证换发工作。

2001 年，为了改变营运车辆驾驶员培训多个部门管理的问题，重庆市人民政府印发《关于明确市交委负责驾校及驾驶员培训行业管理的复函》（渝办〔2001〕182 号），对驾驶员培训工作作了明确的规定。根据重庆市人民政府的要求，重庆市交通委员会、重庆市公安局印发了《关于贯彻〈重庆市人民政府办公厅关于明确市交委负责驾校及驾驶员培训行业管理的复函〉的通知》（渝交委〔2002〕267 号）。重庆市运管局、重庆市公安局交管局、重庆市公安局出管办联合印发了《关于统一全市初学和在职机动车驾驶员理论培训工作的通知》（渝道运发〔2002〕186 号）。从便民利民角度出发，将三个部门独立开展的营运驾驶员培训工作进行了统一和归并。2002 年 9 月，组建了西南机动车驾驶员培训中心（以下简称西培中心），实行“三统一”，实现了从业资格证制作、核发、管理的统一。重庆市运管局、重庆市公安局交管局、重庆市公安局出管办选派人员到西培中心现场办公，实现了行业管理工作的前移。各区县按照西培中心模式设立了相应的机构，在西培中心的业务指导下开展工作，实现了辖区机动车驾驶员初训、短期复训、定期轮训等学习、培训、考核、管理、签证工作的统一。

第七章　运输安全监管

道路运输安全事关国民经济持续、健康发展和社会稳定大局，是道路运输企业的生命。建立完善的安全管理机制，落实安全监督管理机构、职责、经费和措施，抓好行车、车站源头安全管理、车辆维修质量管理和提高从业人员素质，是道路运输安全的重要保证。

第一节　安全管理体制

一、行政管理体制

1984 年 4 月 1 日，四川省辖永川地区与计划单列重庆市合并。合并后原永川地区的道路交通管理由重庆市交通局负责。1987 年，全国道路交通管理体制改革前，万县（市）地区、涪陵（市）地区、黔江地区道路交通管理由万县（市）地区、涪陵（市）地区、黔江地区交通主管部门负责，体改后统一由公安交警部门管理。但交通运输企业的安全工作一直由市、地区、县交通局和运管部门负责抓，企业具体落实。从 1986 年起，市、地区、县交通局（委）机关先后设置安全保卫处（科）、生产安全处（科）、运输管理处（科）和安全处（科），具体负责交通系统的安全工作。1987 年，国务院改革道路交通管理体制后，重庆市、万县（市）地区、涪陵（市）地区、黔江地区交通部门根据四川省人民政府《贯彻国务院关于改革道路交通管理体制的通知的实施意见》、四川省交通厅《关于善始善终搞好道路交通管理体制改革有关问题的通知》规定，顺利完成了道路交通管理移交工作。

1995 年，为适应运输企业转换经营机制安全管理工作需要，企业安全管理工作坚持“管生产必须管安全”的原则，实行“谁主管、谁负责”。重庆市各级交通主管部门及所属道路运输管理机构、道路运输企业，分别成立交通安全生产委员会，为安全管理工作提供了有力的组织保障。

2000 年 8 月，重庆实行大交通管理体制，组建成立了重庆市交通委员会及重庆市运管局，形成统一的道路运输行业安全管理格局。但是重庆市运管局未设立专职安全管理机构，道路运输行业安全监督管理工作由该局内设机构运政稽查处负责。

2003 年，按照重庆市交通委员会《关于加强道路运输安全生产管理的通知》（渝交委安〔2002〕22 号）和《关于进一步落实交通行业安全监督管理职责的通知》（渝交委安〔2003〕1 号）精神，重庆市运管局印发《重庆市道路运输管理局行业安全监管工作职责》（渝道运发〔2003〕49 号），明确道路运输行业安全监管工作实行“一岗双责”。一是按分工或岗位，负责做好职责范围内的业务工作；二是对业务工作范围内的安全工作，履行安全管理职责。同时明确重庆市运管局的行业安全监管工作职责：负责宣传贯彻国家安全方针、政策和法律法规；坚持“谁审批、谁负责，谁签字、谁负责”的原则，把好道路运输行业安全监督管理关；指导监督全市道路运输行业安全监督管理工作；协助重庆市交通委员会做好其他相关道路运输行业安全监督管理工作。

2004 年 10 月 11 日，重庆市运管局设立安全监督处，与运政稽查处合署办公。同年，按照重庆市运管局渝道运发〔2004〕214 号、渝道运发〔2004〕223 号文件精神，重庆市各区县（自治县）运管处、所均设置安全监督科，配备专职行业安全管理人员 3 ~ 5 人，负责辖区范围内的道路运输行业安全监管工作。

2005 年 1 月 1 日，重庆市运管局安全监督处正式开展工作。同年 11 月，重庆市进行交通行政执法体制改革，行政许可与行政执法分离，成立重庆市交通行政执法总队。重庆市运管局运政稽查处撤销，安全监督处开始独立履行职能。其职责是：负责宣传贯彻国家安全生产方针、政策和法律法规，制定道路运输行业安全生产管理制度；负责对重庆市各区县（自治县）运管处、所行业管理安全工作的指导、监督、检查和考核，配合各业务处室加强准入审批，即“三关”（市场准入关、车辆技术关、从业人员资格关）源头安全管理；负责道路运输行业管理安全监督工作的调查、统计、汇总、上报工作；参与配合重庆市人民政府、重庆市交通委员会等有关部门做好重特大道路交通事故的调查善后处理工作；完成重庆市人民政府和上级有关部门交办的其他安全监管任务。

二、企业管理体制

（一）组织网络

企业安全生产组织网络由安全生产委员会、工会安全生产监督委员会、安全生产监督部门、车队、车间、班组等组成。重庆市道路运输企业设置安保科、生产安全科、运输管理科、安全科、安监部等，具体负责企业的安全生产工作。其主要职责是对企业安全生产的监督、检查，负责拟订、实施和落实企业安全生产的规章制度，保障企业安全生产的顺利开展。

（二）人员结构

企业安全领导小组主要由董事长、经理、副经理、工会主席、安全部门负责人、安全员组成，对安全工作实行党、政、工、团齐抓共管，从管理入手，向管理要安全，落实责任制，一级抓一级，重点抓好路队、班组、车辆的安全管理，责任落实到每一个员工。

图 4－1　安全管理人员结构图

第二节　安全管理制度

一、安全管理规定

1986 年 7 月 26 日，重庆市交通局、重庆市公安局、重庆市工商行政管理局、中国人民保险公司重庆分公司，根据国务院《关于农民个人或联户购置机动车船和拖拉机经营运输业的若干规定》（国发〔1984〕27 号）和重庆市人民政府《关于坚决保障交通运输安全的紧急通知精神》，针对个体、联户车船不经安全技术检验而行驶，驾引人员不经考试、考核而驾驶车船，不经批准无证照经营，投保逾期不续保，危及人民群众生命财产安全等问题联合发出通知，要求加强对个体、联户机动车船的管理。

1989 年，重庆市经委、重庆市体改委和重庆市交通局印发《关于进一步治理整顿运输市场，加强行业管理的意见》，对重庆道路、水路客货运输、汽车维修、联运服务行业经营秩序和经营行为进行整顿。同时，把安全作为承包责任制的主要考核内容和整治运输市场的目标之一。

1990 年，重庆市交通局制订《重庆市交通企事业安全生产标准化班组考评表》。在交通企事业单位中开展创建安全生产标准化班组活动，加强对班组和人员的管理，维护车辆、船舶的安全性能，提高客运服务质量。1991 年，重庆市交通系统全面推行安全目标管理制度，坚持“安全从管理抓起，管理从基础抓起，基础从班组（单车、单船）抓起，班组（单车、单船）从个人抓起”的工作方法，完成了从市到区、县、乡、镇各级政府，从市到区、县交通局及市属运输企业、区县属运输企业的“安全目标责任书”签订工作，再由企业将目标责任逐层分解到车间、班组（单车、单船）及个人。制订了行车安全管理标准化检查表、“安全、质量、效益年”安全考评表，初步形成了安全工作标准化，使安全工作走上定量化、制度化、规范化轨道。同年 12 月 9 日，重庆市交通局遵照重庆市人民政府关于对个体运输车辆控制发展和整顿运输市场的要求，根据公路运输管理有关法规，对个体、私营运输业户在运输市场中争抢客源、货源、乱收费、服务质量低劣等经营行为，再次发出《关于加强对个体、私营运输业户从事道路客货运输管理的通知》，整顿运输市场秩序。

1994 年 8 月 4 日，四川省交通厅印发《四川省交通专业运输企业安全管理暂行办法》，要求各级道路运输管理部门在办理开业、年审、客运线路审批手续时，对提出申请的经营者的安全管理机构及人员、安全生产规章制度、车辆技术状况、驾驶员资历等进行严格审查，凡不符合规定的，不予办理经营许可证和年审、线路审批手续。在路检路查中，应把行车安全作为重要内容，发现违章时应及时制止，对严重违章行为，可采取暂扣道路运输证、线路标志牌等处罚。对多次违章的车辆，取消其营运资格。

1995 年 4 月 26 日，四川省交通厅《关于贯彻省政府〈关于加强公路客运安全管理的通知〉的实施意见》规定：在审批客运经营业户时，要坚持“三堂会审”（指运输、安全、车辆技术职能部门参加）原则，审查合格后，方能核发道路运输经营许可证；从事一、二类班线和夜行班车客运的企业，必须是专业运输企业；个体运输户不得从事 26 座及其以上大客车经营；凡从事公路客运的驾驶员要实行准驾证制度；客车维修记录卡必须一车一卡，随道路运输证携带。1995 年 5 月 20 日，四川省交通厅印发《四川省交通专业运输企业安全管理办法》，重申企业建立安全生产责任制度，企业法定代表人是安全生产第一责任人，分管安全生产的副职是安全生产第二责任人的规定。要求行驶一类班线（运距 800 公里以上）和夜行班车的客车驾驶员，必须要有安全行车 10 万公里以上或安全驾驶客车 5 年以上的经历，年龄一般应在 50 岁以下。对二类（运距 400 ~ 800 公里）以下班线的客车驾驶员也提出明确要求。同时规定一、二类班线和夜行班车必须配备双班驾驶员；所有超长客运和夜行班车的客车，必须是一级车；从事一般性客运的车辆，必须是一、二级车；所有营运车辆必须按要求实行全额保险，保齐险种并交纳安全保证金。

1996 年 1 月 2 日，四川省安办、四川省公安厅、四川省交通厅联合发出《关于加强公路超长线路客运安全管理的通知》（川安办〔1996〕1 号），强调未经省公路运输管理部门批准的企业，一律不得从事公路超长线路客运；车辆每运行一次往返应按规定进行一次二级维护；超长线路客车驾驶员必须持有效驾驶证和省公路运管部门核发的一类班线准驾证上岗；参营车辆做到“五不出站”，即驾驶员不符合条件或身体状况不适应或数量不足两人的、车辆安全技术性能不合格的、有关牌证不全或不符合规定的、车辆超载或装有“三品”（危险、易燃、易爆物品）的、气候恶劣不宜行车的不准驶出车站。要求公安干警组织人员上路巡逻，规定检查站加强运行途中监控，严肃查处违章行为。

1997 年 8 月 22 日，重庆市交通局印发《关于印发安全管理新机制考核细则、标准的通知》，制订了重庆市交通运输企业安全管理新机制实施考核细则、考核标准，要求各直属单位认真执行，建立安全管理新机制，提高企业管理水平，促进运输生产发展，适应企业转换经营机制和市场经济发展的需要。

2001 年 3 月 30 日，交通部发出《关于加强道路运输安全生产工作的通知》，要求切实加强客运安全生产管理，重点是危险品查堵、严厉打击超载行为，打击车匪路霸。同时加强道路危险货物运输管理，严格执行危险货物运输资格许可制度，从业人员持证上岗。

2002 年 8 月 8 日，重庆市交通委员会印发《关于加强道路运输安全生产管理的通知》，规定重庆市所有从事道路运输经营活动的企业，必须符合《重庆市交通运输企业安全管理新机制评审考核标准》。要求各级交通主管部门严把运输企业的市场准入关，实行安全条件评价制度。要求有关企业必须在 2003 年 12 月 31 日前取得《重庆市交通运输企业安全管理新机制合格证》，凡逾期未取得合格证的企业一律停止其经营资格。2002 年下半年，全国道路客运重特大事故频发。同年 8 月 13 日，重庆市交通委员会转发《交通部机动车驾驶员培训业户开业条件》（JT/T433 – 2000），规范全市机动车驾驶员培训市场，提高驾驶员培训质量，保障道路运输生产安全。要求有关部门做好机动车驾驶员培训业户开业审批工作。2002 年 11 月 12 日，重庆市交通委员会发出通知，要求各客运企业，特别是从事高速公路客运的企业切实加强高速公路客运安全管理工作。其主要内容是：（1）严把高速公路客运企业的市场准入关，运管部门调整运力措施，暂停新增线路。（2）严把客运驾驶员从业资质关，凡不足 5 年驾龄和 10 万公里安全行车经历、不符合驾驶员身体条件的驾驶员，一律不得从事高速公路客运。并规定从 2003 年起，未经过培训的驾驶员严禁驾驶高速公路客车。（3）严格车辆技术标准，从事高速公路客运的车辆必须是符合《交通部营运客车类型划分及等级评定》（JT/T325－2002）规定的高、中级客车，并由重庆市运管局加盖专用章。重庆市所有高速公路客车、超长线客车、旅游客车、危化品运输车，必须在2003年6月30日前，完成行车记录仪或GPS系统安装工作。(4) 开展高速公路客运安全专项整治工作，在重庆市高速公路开展以客运安全为重点的“两反一降”专项整治活动。(5) 加强源头管理，实施客运车辆违章抄告制度和“黑名单制度”(6) 严格执行行政责任追究制。

2003年12月2日，重庆市交通委员会根据国家安监局《关于进一步加强危险化学品监督管理防范恐怖活动工作的通知》和重庆市安监局转发国家安全生产监督管理局《关于进一步加强危险化学品监督管理防范恐怖活动工作的通知》精神，结合重庆市交通运输和交通建设管理工作实际，印发关于贯彻进一步加强危险化学品监督管理防范恐怖活动工作的通知，要求重庆市交通运输企业加大执法检查力度，依法查处各类违反危化品安全运输规定的行为，配合公安部门严厉打击违法运输危化品的犯罪活动。同日，重庆市交通委员会印发《关于进一步加强全市交通系统生产事故信息管理及明确事故处置规定的通知》，强调事故信息报送的具体要求，以及道路、水上交通事故、劳动安全事故和其他重特大事故的应急处置规定。12月17日，重庆市交通委员会针对重庆道路运输市场出现的新情况，对原4个道路运输市场管理规范性文件的名称及部分条款进行了修改：将《重庆市道路货物运输企业和个体运输户开业条件》修改为《重庆市道路货物运输业户开业条件》；《重庆市道路运输服务业开业条件（货运部分）》修改为《重庆市道路货物运输服务业开业条件》；将《重庆市货物运输代理及货物运输中介信息服务管理办法》修改为《重庆市货物运输信息及货物配载管理办法》。

2004年4月8日，重庆市交通委员会印发《高速公路突发事件应急救援预案（试行）》和《高速公路雾天交通安全管理办法》，对处置突发事件的指导思想、工作原则、组织领导、管理职责、具体措施、协调配合等做出了明确要求，规范了重庆市高速公路发生重特大道路交通事故和出现影响安全、畅通、有序通行的突发事件的救援行为。

2005年10月10日，重庆市交通委员会根据《中华人民共和国道路交通安全法及其实施条例》和有关规定，印发《重庆市高速公路交通事故处理资格管理规定（试行）》，以规范重庆市高速公路交通事故处理工作，加强对交通事故处理人员的正规化和专业化管理，提高高速公路交通事故处理办案质量，保护当事人的合法权益。

根据以上规定，重庆市人民政府、交通主管部门，结合本地实际提出贯彻实施意见和加强道路运输安全的具体要求。道路运输管理部门制订了加强道路运输安全监督管理的具体措施，各运输企业将上级有关部门加强安全生产的规定和要求，贯穿到安全生产工作中，并结合安全管理工作和企业实际，制定了各种制度，主要有事故报告及调查处理制度、安全生产检查制度、安全生产教育培训制度、分级管理责任制度、消防安全管理制度、车辆设备维修保养制度、站场安全管理制度、事故隐患整改跟踪制度、违章违纪举报监督制度、行车事故统计制度、安全生产奖惩制度，并在日常生产经营过程中予以具体实施。

二、安全管理措施

（一）目标管理

1996年以前，重庆市道路运输企业根据四川省交通主管部门下达的行车安全控制目标和重庆市交通局布置的具体目标要求，作为考核和奖罚企业安全工作的主要依据。1997年以后，重庆市属道路运输企业安全工作考核和奖罚，按照重庆市交通主管部门下达的行车安全控制目标和具体目标要求执行和实施。

2000年8月起，由重庆市交通委员会下达行车安全控制目标，重庆市运管局制订道路运输行业具体安全控制目标，对企业的安全工作进行考核和奖罚。在制订和下达安全控制目标的同时，还要求企业做到：杜绝重特大道路交通事故；严格控制一般道路交通事故；杜绝员工工伤死亡事故；

严格控制劳动生产安全千人重伤率范围；杜绝重特大火灾、爆炸、治安和失窃事故。

表4－19　　1986～2005年重庆市道路运输企业行车安全控制目标表

年份	责任肇事（次/百万车公里）	责任死亡（人/百万车公里）	责任受伤（次/百万车公里）	责任经济损失（次/百万车公里）
1986～1987年	3.3	0.72	1.4	0.3
1988～1989年	4.0	0.75	2.5	0.4
1990～1991年	5.0	0.65	2.8	1.0
1992～1993年	6.0	0.65	3.5	2.7
1994～1999年	6.0	0.70	4.0	2.9
2000～2005年	6.0	0.70	3.5	2.9

（二）安全管理新机制

1997年，重庆市交通局印发《关于做好建立安全管理新机制工作的通知》，在水上运输企业中推行安全管理新机制建设，要求交通系统各企事业单位按照交通部水上交通安全纲要，结合各自的生产、经营、管理情况，拟订交通安全管理新机制考核细则作为考核标准，建立和实施安全管理新机制。1998年，重庆市交通局将建立安全管理新机制工作由水上运输企业推广到公路交通运输企业。

2002年8月29日，重庆市市长包叙定在重庆市道路交通安全专项整治电视电话会议上讲话，要求重庆市道路客运企业在12月底前必须通过安全达标验收，凡是安全不达标的企业一律不得从事客运工作。为确保年底完成所有道路客运企业安全管理新机制建设达标评审工作目标。同年9月16日，重庆市交通委员会印发《关于加快交通客运企业安全管理新机制建设及评审工作进度的通知》，要求认真贯彻落实，年底前所有道路客运企业安全管理新机制建设务必达标。

（三）落实责任

1989年，遵照四川省、重庆市人民政府和重庆市交通局的指示，交通部门和道路运输企业在签订和完善经营承包合同的同时，必须建立和落实安全生产（工作）责任制，明确有关单位和企业负责人、科室、部门的安全生产（工作）管理职能和岗位安全工作职责，落实安全机构，配备安全管理人员，制定企业安全生产（工作）目标、计划和措施等规章制度。道路运输管理部门定期或不定期到企业、车站、修理厂检查督促安全措施及责任目标的落实和完成情况，组织和开展安全生产检查活动，解决安全生产中的突出问题，对重大事故隐患采取有效的治理和整改措施。

1997年开始实施的安全管理新机制，将目标任务逐项分解，逐级签订安全目标管理责任书，全面落实到位，认真进行量化考核，不留死角。重庆市人民政府与万县、涪陵、黔江地区（市）人民政府和重庆市交通局，重庆市交通局与各区县（市）交通部门及重庆市属运输企业，各区县（市）交通部门与区县属运输企业，乡镇运输企业与当地乡、镇政府层层签订安全目标管理责任书；各运输企业管理人员层层签订安全生产（工作）责任书，制订岗位安全职责，企业与每位驾驶员签订安全生产责任书。并规定：各运输企业法人代表为安全生产第一责任人，分管安全生产的副经理为第二责任人，安全科（处）长为第三责任人，形成横向到边、纵向到底的安全生产责任制网络。同年，重庆市交通局印发《关于做好建立安全管理新机制工作的通知》，规定：凡是通过考核合格的单位，由重庆市交通局颁发“安全管理新机制”符合条件证书。证书分为三级：安全生产、管理、效益突出的为一级，一般的为二级，基本合格的为三级。至1997年年底，全市已有30家道路运输企业取得三级以上符合证书。

2001 年，重庆市市属、区县属交通企业中有66家道路交通专业运输企业，28家航运企业（其中2家民营企业）及其62个二级运输单位和子公司安全达标。

第三节　安全监督保障

一、制订应急救援预案

安全生产事故应急预案是处置重特大生产安全事故的基本程序和组织原则。制订安全生产事故应急预案是为了迅速有效地控制重特大生产安全事故，抢救受害人员，最大限度地减轻事故危害和财产损失。

1997 年，根据《中华人民共和国安全生产法》《国务院关于特大安全事故责任追究的规定》《重庆市安全生产监督管理条例》的要求，重庆市运管局和运输企业均制订了安全生产事故应急预案。主要内容是：建立应急救援组织，指定应急救援人员，确定各应急救援小组的职责和联络方式，配备和维护、保养应急救援器材、设备等。

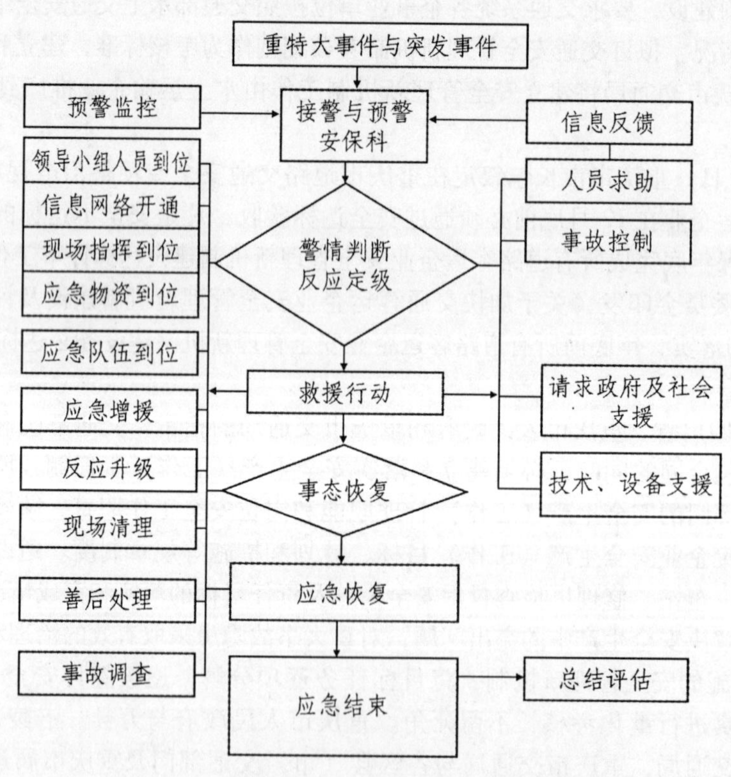

图4－2　重特大事故应急救援工作流程图

1997 年1月20日，重庆市交通局根据国务院《特别重大事故调查程序暂行规定》和监察部《监察机关参加特别重大事故调查处理的暂行规定》的要求，印发《关于行政监察部门参加重大特大事故调查处理工作的通知》。规定：凡重大特大事故的调查处理工作，由各级安全部门牵头。各级行政监察部门参加本系统、本单位重大人身伤亡事故或者造成巨大经济损失事故以及性质特别严重、产生重大影响事故的调查处理工作。重庆市交通局监察部门统一参加对重庆市交通局任命的干部违反国家有关法律、法规和政策、规定造成的重大、特大事故的调查处理工作。重庆市交通局所属各单位监察部门参加本单位统一组织的对本单位监察对象（本单位任命的干部）违反法律、法规和政策、规定造成的重大、特大事故的调查处理工作。

2003年1月13日，根据国务院《关于特大安全事故行政责任追究的规定》（国务院第302号令）、《重庆市人民政府贯彻国务院关于特大安全事故行政责任追究的规定的实施意见》（渝府发〔2001〕64号）和《重庆市交通委员会关于印发交通系统安全生产领导职责的通知》（渝交委〔2000〕321号）文件精神，重庆市交通委员会印发《关于进一步落实交通行业安全监督管理职责的通知》（渝交委安〔2003〕1号），明确规定："重庆市交通委员会负责重庆市交通运输行业安全监督管理工作，重庆市运管局、重庆市港航局、重庆市公路局和重庆市高等级公路行政执法总队分别代表重庆市交通委员会对其主管的行业安全实施监督管理工作。"

2005年4月，危险化学品运输事故频发。国务院危险化学品安全督导组到重庆对危险化学品生产、经营、储存、运输的安全生产、监督管理等落实情况进行督查、指导。

二、事故应急处理

根据《中华人民共和国安全生产法》《国务院关于特大安全事故责任追究的规定》《重庆市安全生产监督管理条例》和上级有关部门的要求，发生生产安全事故后，企业负责人应当迅速采取有效措施，组织抢救，防止事故扩大，并按规定上报有关部门，同时还要保护事故现场。

事故报告的内容包括：发生事故的单位、时间、地点；事故的简要经过、伤亡人数；事故的原因、性质的初步判断；事故抢救处理的情况和采取的措施；需要有关部门和单位协助和处理的有关事宜；事故的报告单位、报告时间、报告人和联系电话。

第四节 安全活动

1986年，重庆市交通系统开展"文明生产、安全运输、礼貌待客、优质服务"活动。1987年，重庆市交通系统结合安全"达标"活动，坚持"预防为主、综合治理"方针，开展以安全运输、防火、防爆、防洪、防塌为重点的安全大检查和与有关部门联合进行的劳动安全执法活动，促进了安全管理。1988年，重庆市交通系统先后开展公路运输200天和水上运输150天的安全竞赛活动，结合安全"达标"开展以预防为主的安全大检查等，全年重庆市交通局直属企业的职工伤亡人数分别比1987年下降32.5%和25%，车祸事故次数下降68.7%，伤亡人数分别下降35.6%和70%。

1990年，重庆市交通系统开展"反违章、保安全，压事故百日安全竞赛活动""劳动安全有奖知识竞赛活动""防雾战枯百日安全竞赛活动"。全年进行大规模安全检查8次，共消除重大隐患6处，查处一般隐患1000多处，整改率达90%以上。1991年，重庆市交通系统在日常安全工作中，重视事故源头管理，根据行业特点事故发生规律，对汽车运输企业及各区县的客运车船进行整顿，参照人体生理节律，分类排查驾驶员身体状况，将不宜从事驾驶工作的调离工作岗位。还针对青年驾驶员多的特点组织开展"青安杯"专题安全竞赛等多种形式安全竞赛活动。同时，组织8次大规模安全检查、2次夜间突击检查活动，及时消除重大隐患3处，一般隐患500多处，整改率达90%以上。全年重庆市交通局直属公路运输企业道路交通事故4项指标与上半年比较，除受伤事故有所上升，其他均为下降。1994年，重庆市交通部门根据季节特点安排开展"春运"安全检查"第四次安全周""安全生产月""安全优秀班组（船舶）竞赛""安全法规知识考试"等活动。重庆市公路运输企业行车责任事故率、责任死亡率、责任受伤率、责任损失率，分别在四川省下达的事故指标控制范围内。1995年，重庆市交通系统在重庆市属运输企业中开展"春运安全优质服务活动""四川省百万职工安全生产知识竞赛活动""高速公路反违章压事故促安全活动"和以学习道路交通管理条例、四川省工业企业劳动安全条例为主要内容的宣传教育活动等。进行大规模安全检查活动8次，消除重大隐患2处、一般隐患90多处，整改率达90%以上。全年重庆市属运输企业各项安全目标均未突破上级下达指标。1996年，重庆市交通系统在重庆市属运输企业中开展“反三违月”和“安全生产周”等活动。公路运输企业道路交通事故次数、死亡人数、受伤人数和直接经济损失分别比1995年同期下降8.2%、3%、27.7%和18.9%。成渝高速公路重庆段安全目标也取得显著成效，百万车公里事故率、百万车公里死亡率、百万车公里事故受伤率、百万车公里事故直接经济损失率，均在省市下达控制目标以内。1997年，重庆市交通运输系统认真落实安全生产责任制，推行安全目标管理，积极建立安全管理新机制，开展重点防范及多种形式的安全和安全竞赛活动，强化宣传教育，加强对客运车辆安全管理，全年安全形势较为平稳，全市道路运输安全均未突破各项指标。1999年，重庆市交通系统先后开展春运安全活动，防汛抗洪“安全月”和“反三违”活动，迎国庆五十周年、防雾战枯“百日安全无事故”活动和全国第五次交通安全优秀车、船、优秀班组竞赛活动。继续推广安全管理新机制，实行安全目标管理，全年责任事故死亡人数同比下降。

2002年，重庆市交通委员会先后开展“夏秋防火安全活动”“全市性安全生产大检查活动”“反违章、反肇事、降低重特大事故”活动、“百日安全无事故”活动和与“全国安全生产月活动”同步进行的“反三违月”活动，以及“危险化学品安全管理专项整治”工作，并将活动的开展情况纳入下一年度安全目标考核。2003年，重庆市交通委员会相继开展“道路运输专项整治”“高速公路运输专项整治”“危险化学品运输安全管理专项整治”和“两反一降”等活动，确保了重庆市道路安全运输形势的基本稳定，各项安全指标均控制在目标范围内。2004年，重庆市交通委员会相继组织开展“查隐患、堵漏洞、保安全”活动、“安全专项整治”活动、“危险化学品运输企业及运输工具安全大检查”活动、“道路运输企业专项整治”等活动，交通安全形势好转。2005年，重庆市交通委员会安全生产委员会、交通工会在重庆市交通系统继续开展“安康杯”竞赛活动，夯实安全生产基础管理，构筑安全生产长效机制，稳定重庆市交通系统安全生产形势。

第五节　重（特）大道路交通事故

本节记载的重（特）大道路交通事故是指1986～2005年间一次性死亡10人以上道路交通事故。

1986年5月31日下午，重庆市北碚区汽车运输公司临时工驾驶员黄隆明驾驶该公司峨眉牌大客车50－27905号，由北碚出发到澄江转龙，当车行至北碚区三花石汪家嘴处时，由于驾驶员临危处理不当，致使该车辆翻于岩下，造成48人死亡、车辆报废，直接经济损失53.6万元的特大交通事故。

1986年7月21日，重庆永川汽车运输公司江津汽车站驾驶员杨国防驾驶川B10121号峨眉牌大客车，从江津城区载客至四面山镇，行至江津马家坪路段，由于驾驶员操作不当，翻于行进方向公路右面坎下100多米高的沟下，造成当场死亡21人、轻重伤6人、车辆报废，经济损失21万元的特大道路交通事故。

1987年12月22日，重庆永川汽车运输公司荣昌汽车站驾驶员李先玖驾驶四川32/00162号客车，6时30分从荣昌载客发往泸县。7时20分，行至泸县玄滩高庙公路段时同一货车相挂擦，驾驶员李先玖停车后同相挂擦货车驾驶员争吵，客车突然后滑，翻于公路左侧19米高的水塘里，造成28人死亡、车辆报废，经济损失28万元的特大道路交通事故。

1990年3月27日，重庆汽车运输总公司三公司客车队驾驶员李靖，驾驶准载40人的峨眉牌大客车，于9时30分由綦江打通发往重庆，行至巴县一品土助村境内国道210线1877公里+130米处会车时，由于精力不集中，车速较快，天雨路滑，采取错误的临危措施，致使车辆冲出路外，翻入一品河中，造成死亡21人、受伤23人，车物损失上万元的特大恶性交通事故。

1991年7月6日，万县联合汽车运输站客车驾驶员刘修富驾驶四川66/01301号峨眉牌大客车（自编号万联502号），载客37人，从万县岩口返回万县沙河镇。7时36分，当车行驶万忠路3公里+800米（小地名幸福桥）弯道处，翻下9.2米高的桥下河沟中，造成当场死亡8人、送医院抢救无效死亡2人、轻重伤27人，客车大梁、轿子报废，直接经济损失25万元的特大恶性交通事故。

1993年12月30日凌晨，万县市汽车运输总公司一公司临时合同工驾驶员王锡山驾驶四川66/00632，（自编号48305号）JT661型大客车从广东省东莞返回忠县，途经广东阳山县境国道107线2214公里+600米下坡一左转弯处，由于制动故障，驾驶员临危措施不力，与一前行货车追尾相撞后翻于20多米高的函洞里，造成当场死亡20人、重伤2人、轻伤29人，直接经济损失86万元的特大交通事故。

1995年1月18日15时04分，万县汽车运输总公司驾驶员李祥海驾驶一辆卧铺车由成都返回万县，车内载客50人（核定人数为28人），行李架上堆放货物严重超重。当车行至国道318线1994公里+440米处（小地名：歇石板），因严重超载，车速过快，致使车辆翻于70.5米高的岩下，造成当场死亡8人、送医院后又死亡2人、重伤14人、轻伤26人、车损严重，直接经济损失28万元的特大恶性事故。

1995年2月12日，万县市汽车运输总公司二公司驾驶员熊忠才驾驶一辆东风牌大客车由广州返梁平。途经湖南龙山县境内国道209线2084公里+300米处，因注意力分散，急弯道车速过快，措施不力，致使车翻于公路右侧97米高的坎下，造成15人死亡、25人受伤，直接经济损失40万元的特大交通事故。

1995年11月24日5时30分，万县市汽车运输总公司驾驶员胡光明驾驶50556号（川M04207）解放151型大客车，载客46人（含驾售人员）由广东珠海返回云阳，行至湖北利万路24公里+165米一下陡坡左弯处，因车速过快，遇浓雾、霜冻路面，加之变速器五挡跳挡，致使车辆失去有效控制而驶出路外，翻于公路左侧130余米的坡坎下，车辆底盘分离，造成16人当场死亡、1人在送医院途中死亡、1人在医院抢救中死亡、轻重伤28人，经济损失50余万元的特大恶性交通事故。

1996年2月22日13时30分，万县市汽车运输总公司驾驶员余都平、柯敬国驾驶68326（川M51076）号湖北牌卧铺（EK6901W型）大客车，自奉节县甲高区交管站载客至广东龙岗。18时50分左右，当车行至大板路38公里+900米一缓上坡段时，因冰雪路滑，严重超载（该车核载44人，肇事时载客87人），临危措施不当，操作失控，左前轮先滑出路坎，进而翻于公路左侧30米高的坡坎下，造成当场死亡14人、抢救途中又死亡2人、轻重伤41人、客厢报废、大梁变形，经济损失60余万元的特大交通事故。

1996年7月9日，四川省永川汽车运输总公司铜梁汽车站驾驶员杨光元驾驶川B59268号郑州牌空调卧铺客车，由广州载客返回铜梁。当车行至国道210线1956公里+200米处同对面一辆客车会车时，驶出公路路面，坠于行进方向右侧15米高的綦河中，适逢山洪暴发，造成乘客20人死亡、重伤1人、车辆严重损坏，经济损失75万元的特大交通事故。

1996年8月8日，四川省永川汽车运输总公司璧山汽车站驾驶员张溪文，驾驶川B50573号大客车由璧山龙湖乡至重庆。当行至青龙湖一下坡路段时，因路面窄，又是下坡，驾驶员操作不当，措施不力，翻于行进方向左面10余米高的坎下，造成17人死亡、8人受伤、车辆严重受损，经济损失150万元的特大交通事故。

1997年3月24日16时20分，黔江县第二汽车运输公司驾驶员李庆红、宋顺波驾驶川-02012号卧铺客车，从黔江开往重庆，行至武隆县境内国道319线242公里+900米处（文复乡双山村断头岩处），翻于公路右侧岩下，造成当场死亡5人、抢救无效死亡5人、重伤7人、轻伤10人的特大交通事故。

1997年5月3日，万联站109920（川M072631）号成都牌客车由合作人王继元擅自私雇魏长春驾驶，由万县市万安桥西门街发车至附马。当车行经磷肥厂支路一公里，因超速、严重超载，加之转向直拉杆球头脱落，临危措施不当，导致转向失控，翻于右侧30余米高的坡坎下，造成当场死亡5人、送医院抢救无效死亡5人、轻重伤35人、车辆报废，直接经济损失30余万元的特大交通事故。

1997年7月8日，万县市汽车运输总公司二公司驾驶员邓光明驾驶49236号普通大客车（牌照号川M01067），从开县载客49人加班至云阳。行至云阳环城路罐头厂附近一漫水路段时，车辆不幸滑入汤溪河中。除29名旅客生还外，造成15人死亡、5人失踪、车辆沉入江中，直接经济损失50万元的特大恶性交通事故。

1997年8月30日，重庆汽车运输总公司一公司驾驶员孙泽辉持A照驾驶48996（川M01499）号湖北牌中型卧铺车，于17时30分自港口车站出发前往达县，装载28人（沿途上客4人，车上共计32人）。22时20分许，当行经梁平境内国道318线1919公里+75米一右急转弯处，因操作失控，车辆驶出路外，翻于公路左侧近100米的坡坎下，造成当场死亡11人（含驾驶员）、伤19人、送医院抢救时死亡2人、车辆报废，直接经济损失35万元的特大交通事故。

1998年2月20日15时20分，万县市汽车运输总公司奉节公司驾驶员陈政良驾驶渝F60221峨眉牌大客车，从巫溪塘坊载客61人（核定载客46人），返回奉节。当车行至奉巫路12公里下坡段一左急弯处，因驾驶员弯道超速行驶，且操作不当，导致车辆驶出路右侧，翻于40米高的山坡下的一水池里，造成当场死亡12人、医院抢救无效死亡3人、轻重伤41人、车辆报废，直接经济损失50万元的特大责任事故。

2000年9月20日7时40分，重庆开县联合汽车队驾驶员彭祚才驾驶渝F2048号（自编号048）卧铺大客车，载客53人（含9名婴幼儿）从开县前往浙江温州。途经国道318线476公里+200米处（小地名巴东县苦桃溪）下坡转弯时，因车速过快，翻于公路右侧236米岩下，造成当场死亡14人（含4名婴幼儿、副驾驶员死亡）、轻重伤39人、车辆报废，直接经济损失90万元的特大恶性事故。

2000年12月17日，重庆长途汽车运输有限责任公司黔江分公司驾驶员孙章奎驾驶渝H00481华西牌中客车，从彭水载客至黔江。行至国道319线2059公里+200米处，翻于行进方向公路左侧73米高的崖下，造成死亡12人、轻重伤6人、车辆报废，经济损失67万元的特大交通事故。

2001年1月27日，重庆长途汽车运输有限责任公司驾驶员赵德辉驾驶渝C11254大客车由永川载客至荣昌。行至成渝高速286公里+300米处，车辆越过中央隔离带，与一辆在左线行驶的依维柯牌客车相撞，造成当场死亡10人、双方车辆严重受损、经济损失100万元的特大交通事故。

2002年2月16日11时50分，重庆市公交五公司北合路队驾驶员欧志（男，24岁），驾驶渝B56708号大客车，从北碚载客58人至合川。当车行至合川建材一厂附近的一弯道前方时，驾驶员边打手机边超车，在超车的过程中突见迎面来车，由于车速较快，急忙向右避让，因单手操作，转向过急，致使大客车驶出公路右侧路沿，翻于105米高的斜坡下，造成死亡10人、轻重伤48人、车辆报废的特大道路交通事故。

2002年3月10日，重庆市万州汽车运输总公司开县联合车队渝F21168大客车载客32人，由开县发往云阳。途中由于人货（烟火药）混装，突然发生爆炸起火，翻于路边10米高的坡下，造成22人死亡，11人（含过路村民1人）受伤、车辆损毁的特大爆燃翻车事故。

2002 年 7 月 3 日，彭水县长滩乡驾驶员杨强驾驶山花牌中巴客车载客 23 人（准载 19 人）在长滩乡离县城 4 公里 +900 米处（非国道）翻于 80 米高的岩坎下，造成 12 人死亡的特大交通事故。

2002 年 7 月 14 日，酉阳县宜居乡个体驾驶员何明驾驶一辆渝 AV0263 号的嘉陵 SY2815X10 型农用客车载客 27 人（核载 10 人），行至丁宜公路 7 公里 +200 米处，坠入 29 米高陡坡下 8 米深的雄狮泉水库，造成 9 人死亡、1 人下落不明、17 人轻重伤的特大交通事故。

2002 年 8 月 15 日 4 时 40 分左右，重庆市汽车运输（集团）公司黔江公司驾驶员黄超，驾驶渝 H00357 号大宇牌双层卧铺大客车（准载 35 人，实载 46 人），由黔江至重庆。在武隆县境内石雷线鸭江至水江 5 公里处翻于 100 米左右的坡下，造成死亡 12 人、重伤 2 人、轻伤 32 人、车辆报废的特大交通事故。

2002 年 8 月 20 日 8 时 30 分左右，彭水县新运交通有限责任公司驾驶员蒋明凡驾驶渝 AW0517 号山花牌中巴客车（准载 19 人，实载 30 人），由彭水县长滩乡开往彭水县城。途中翻于 40 米高的陡坡下，造成当场死亡 23 人、送医院抢救无效死亡 2 人、失踪 1 人（8 月 24 日找到，已死亡）、轻重伤 4 人、车辆报废的特大交通事故。

2003 年 3 月 5 日零时 10 分，万州汽车运输总公司驾驶员陈方坤驾驶渝 AF0053（自编号 48833）宇通牌普通大客车，由万州龙驹车站发往广东。在途经湖北省恩施市境内国道 318 线 1607 公里 +300 米处（小地名朝东岩），突遇冰雪“桐油凝”，驾驶员思想麻痹，对弯道、冰冻道路判断失误，操作不当，致使车辆在撞毁公路左边的电杆和防护墩后坠落于 19 米高的岩坎下，着地后又翻滚 16 米，酿成当场死亡 14 人、抢救无效死亡 2 人、轻重伤 37 人、车辆严重受损，直接经济损失 270 万元的特大交通事故。

2004 年 1 月 7 日 13 时左右，秀山县溶溪镇村民驾驶员王道兵（男，37 岁，已在事故中死亡），驾驶渝 AU0619 号万达牌中巴客车（准载 16 人），从秀山县城南站载客 12 人至溶溪镇，沿途上客 14 人，车上共计 26 人，大约 14 时 10 分左右，当车行至秀溶路 15 公里 +200 米（小面坡路段）一弯道处，由于雨天路滑和有雾，视线不良，在与迎面来车交会时，驾驶员操作不当，致使中巴客车驶出路面，翻于 78 米的陡坡下，造成死亡 11 人、重伤 4 人、轻伤 11 人的特大交通事故。

2004 年 6 月 17 日 12 时 13 分，在江津市承包电力建安工程的四川省岳池平安输变电工程公司项目经理王毅，租用一辆重庆 A19603 号川江蛟龙牌农用货车，由驾驶员陈世全驾驶，违章装载 29 名安装供电设施的江津当地民工，由四面山至复兴场。当车行驶到江津市付家至四面山林区公路 15 公里一右转弯处时，由于车速较快、驾驶员操作不当，致使农用车翻于公路左侧的坡下，造成当场死亡 14 人、送医院抢救无效死亡 2 人、轻重伤 14 人、车辆损坏的特大交通事故。

2004 年 10 月 10 日，重庆市汽车运输（集团）公司第一运输公司驾驶员刘伟驾驶渝 A92666 号凯斯鲍尔大客车（载客 45 人，车辆核载 45 人），从重庆出发至九寨沟。9 时 05 分，当车行至四川省平武县境内省道 205 线 147 公里 +700 米弯道处，因车速过快，没有采取有效的安全措施，致使车辆失控，车辆驶向道路右边，导致该车右后尾部下侧与排水沟护坡擦剐，临危时处置措施不当，导致车辆冲出左侧道路外，翻于 22 米高的坎下，坠于涪江中。造成死亡 21 人、失踪 3 人、轻重伤 21 人的特大交通事故。

2005 年 4 月 18 日 20 时，渝运集团黔江公司驾驶员杨永军驾驶渝 H00182 号三湘牌卧铺大客车（准载 35 人、实载 33 人）从朝天门至黔江。4 月 19 日 3 时 10 分左右，当车行至国道 319 线 63 公里 +745 米（黔江区珊山乡）处附近，在经过香山隧道的过程中超越前方一车辆后，驶出隧道遇大雾，由于在天雨路滑的情况下车速较快，视线不清，操作不当，致使客车撞坏沙湾特大桥左则护栏翻于桥下，坠入约 65 米的深沟，造成当场死亡 25 人、送医院途中死亡 1 人、抢救无效死亡 1 人、重伤 4 人、车辆报废的特大交通事故。

第八章　运输价格管理

道路运输价格包括两部分：一是客运汽车、货运汽车、出租汽车等运输工具运送旅客或货物收取的运费；二是汽车客运站、搬运装卸、联运、仓储等运输辅助劳务作业收取的服务费。

运输价格管理分为3种形式：

国家规定价。由国家交通主管部门和物价部门规定的基本运价、运价率或费率，是统一性的运价。除国家另有专项规定外，各地区、部门、运输企业和个体运输户、货物托运人、旅客都必须执行。

国家指导价。地方交通主管部门和物价部门，对特定地区、线路、货物、车辆在特定条件下从事运输，按照分级管理权限，可以在规定的控制幅度内调整的运价或费收。

市场调节价。国家定价和国家指导价以外的运价。在国家定价和国家指导价以外，允许运输企业随 运输市场的运力运量变化而灵活变动的运价或费收。

改革开放以前，道路运输价格全部实行国家定价。1984年2月6日，交通部发布的《汽车运价规则》（交公路字〔1984〕148号）明确规定，汽车客货运价是国家计划价格的组成部分，汽车运价规则是计算公路汽车客货运费的依据。随着改革开放的不断深入，运输价格管理也随之发生了变化。1987年9月21日交通部、国家物价局发布的《公路运价管理暂行规定》（交公路字〔1987〕681号）明确规定，公路运价实行国家定价、国家指导价、市场调节价3种形式，以国家定价为主，逐步扩大国家指导价范围。1993年5月，公路货物运输价格逐步放开，实行市场调节价。

重庆市物价、交通部门在计划经济向市场经济转变的过程中，根据运输市场的发展、变化情况，不断调整和改革道路运输价格管理方式。至2005年年底，除了城市公交、公路客运、出租汽车这些关系国计民生的价格，仍由政府根据这些行业的具体情况定价外，其余价格全部放开，实行市场调节。

第一节　公路汽车运价

一、1986年公路汽车运价

1984年1月10日，四川省交通厅发布《四川省公路汽车运价规则（试行）》（川交运〔84〕字第23号）。主要内容是：

（一）旅客运输价格

1. 基本运价。

表4－20 **旅客运输价格表**

<table>
<tr><th colspan="3">项目</th><th>计算单位</th><th>运价（元）</th></tr>
<tr><td rowspan="11">客票</td><td colspan="2">普通、城乡区间客车</td><td>每人每公里</td><td>0.028</td></tr>
<tr><td colspan="2">宽座客车</td><td>每人每公里</td><td>0.038</td></tr>
<tr><td colspan="2">1984年2月1日起新开辟县城以下支线客车</td><td>每人每公里</td><td>0.030</td></tr>
<tr><td rowspan="6">小型客车</td><td>上海轿车</td><td>每车每公里</td><td>0.50</td></tr>
<tr><td>吉普车</td><td>每车每公里</td><td>0.40</td></tr>
<tr><td>10座以下（带空调）旅行车</td><td>每车每公里</td><td>0.60</td></tr>
<tr><td>10座以下（无空调）旅行车</td><td>每车每公里</td><td>0.55</td></tr>
<tr><td>11至15座（带空调）旅行车</td><td>每人每公里</td><td>0.055</td></tr>
<tr><td>11至15座（无空调）旅行车</td><td>每人每公里</td><td>0.045</td></tr>
<tr><td colspan="2">代客车</td><td>每人每公里</td><td>0.025</td></tr>
<tr><td colspan="2">残废军人、儿童票</td><td>每人每公里</td><td>全价的50%</td></tr>
<tr><td colspan="3">行包</td><td>每公斤每公里</td><td>0.0003</td></tr>
<tr><td colspan="3">调车费</td><td>每座位每小时</td><td>全价的50%</td></tr>
<tr><td rowspan="2">停歇延滞费</td><td colspan="2">小型、宽座客车</td><td>每座位每小时</td><td>0.30</td></tr>
<tr><td colspan="2">普通客车</td><td>每座位每小时</td><td>0.20</td></tr>
</table>

注：（1）客票运价包括2%保险费在内。

（2）三州（甘孜、阿坝、凉山）宽座客车每人每公里为0.04元。

（3）1984年2月1日起新开辟县城以下支线客运班车每人每公里0.03元的运价，待公路技术改善后降回普通客车运价。

（4）行包运价包括装卸在内。

（5）按车公里计费的小型客车不实行半票。

2. 票价计算。客运票价分普通客车、城乡区间客车、宽座客车、小客车、代客车5种，按客运里程和运价换算成不同的票价。革命残废军人和儿童票价按全票减半计算。普通客车是指按座位定员售票的大型客车。

3. 车种分类。城乡区间客车是指公共汽车型或用普通客车经过改装减座位，加安扶手，并经监理部门核定载客人数多于同类定座车型的客车开行城乡的定时、定线并随车发售客票，沿途停车上下旅客的客车；宽座客车是指经过改进，减少座位，改善座位设备，增强舒适性的大型客车；小型客车是指载客座位在15座及以下的客车；代客车是指在货车上增加临时简易载客设备的车辆。

（二）货物运输价格

1. 基本运价。

表4－21 **货物运输价格表（长途）**

项目	计算单位	运价（元）
长途整车运输	每吨每公里	0.19
长途零担运输	每公斤每公里	0.00026
车辆延滞费	每吨位每小时	1.50
调车费	每吨位每公里	0.095

表4－22　　货物运输价格表（短途）

	公里	1	2	3	4	5	6	7	8	9	10
短途整车运价	每吨运费（元）	1.00	1.50	1.80	2.20	2.50	2.82	3.15	3.44	3.69	3.90
	公里	11	12	13	14	15	16	17	18	19	20
	每吨运费（元）	4.07	4.32	4.55	4.76	4.95	5.12	5.27	5.40	5.51	5.60
	公里	21	22	23	24	25	26	27	28	29	30
	每吨运费（元）	5.65	5.70	5.75	5.80	5.85	5.88	5.91	5.94	5.97	6.00

2. 加收运费。

（1）普通货物运输。去程或回程利载运输周转量不足50%者，甘孜、阿坝、凉山三州、山区加收运费30%。丘陵地区区乡支线坏路加收运费20%。

（2）特种和危险货物运输。在甘孜、阿坝、凉山三州、山区和丘陵地区不能进行拖挂运输的区乡支线坏路运输特种和危险货物，均加收运费30%，其他线路加收20%。

（3）专程放空去林区运输木材、楠竹，三州加收运费50%，其他地区加收运费40%。

（4）笨重货物和超限货物运输分三级加收运费。一级：货物长6米至10米，宽2.5米至2.8米，高2.7米至3米，单件货物重量5吨以上至10吨，加收20％。二级：货物长10米以上至14米，宽2.8米以上至3.2米，高3米以上至3.5米，单件货物重量10吨以上至20吨，加收40%。三级：货物长、宽、高超过二级以上的为三级，加收运费70%。

（5）炮架车运输。在加收线路上，加收35%。其他线路加收20%。

3. 减收运费。

（1）货主提供的回程货物，其利载周转量在50%～70%者，减收运费5%，在70%以上的，减收10%。

（2）货物运输批量较大，运输时间持续较长，运输路线相对稳定，经承托双方协商确定，在10%以内减收运费。

（三）大型汽车平板拖车运输价格

1. 基本运价。

表4－23　　20吨以上大型汽车平板拖车运输价格表

项目	计算单位	载重量（吨）	运价（元）
作业费	吨位每小时	20～60	2.80
	吨位每公里	60以上	2.40
自驶调车费	吨位每小时		0.12
载运调车费	吨位每小时		0.50
延滞费	吨位每小时	20～60	1.20
		60以上	0.80

2. 适用范围。大型汽车运价只适用于载运拖运20吨以上（不含20吨）的载货汽车或平板拖车。

3. 计费方式。大型汽车运输按计时和计程两种方式计算运费，计时收费按本表规定办理；计程收费按普通货运汽车运价规定（不包括包车规定）办理。大型汽车运输普通货物按普通货物运价计费。对特殊性质与超大型货物的运输，以及本表未尽事宜，由承托双方协商。

二、1988 年公路汽车运价

1986 年后，车辆、原燃材料、配件涨价，养路费和职工工资提高，汽车运输成本大幅度增加。1988 年 8 月 19 日四川省交通厅和四川省物价局印发了《关于调整公路汽车运价的通知》（川交生〔1988〕字第 545 号），调整公路汽车运价，调整后的公路汽车运价自 1988 年 9 月 1 日起执行。

（一）旅客运输运价调整情况。旅客运价在一、二等线路仍保持现行价格不变，三等线每人每公里由 0.028 元调为 0.033 元。为有利于短距离旅客运输和体现长短途客运价格的差别，对一、二、三等线路的客运班车每座客票加收起程基价 0.1 元。旅客行包运价每千克每千米由 0.000376 元调为 0.00045 元。

（二）货物运输运价调整。为了简化加收运费线路档次较多的状况，将全省公路划分为 3 个等级运价线路：以国、省干道为主体且技术条件较好的公路列为一等运价线路；以丘陵、山区公路、部分省干道和大部分县到县干线公路列为二等运价线路；其余的为三等运价线路。一等运价线路长途整车普通货物运输每吨每公里运价由 0.19 元调为 0.2076 元，短途整车普通货物运输在原运价基础上上调 10%。重庆市市区短途运输在调整后的运价基础上加收 5%。二等运价线路由现行分档次加收运费，归纳调整为每吨每公里 0.23 元。三等运价线路归纳调整为每吨每公里 0.28 元。

三、1989 年公路汽车运价

1989 年 2 月 1 日，四川省交通厅印发《四川省公路汽车运价实施细则》（川交生〔1989〕字第 073 号），自 1989 年 3 月 1 日起执行。主要内容是：

（一）旅客运输价格

1. 基本运价。

表 4－24　　　　**旅客运输价格表**

项日		计算单位	运价（元）	
			一等线路	二、三等线路
车型	普通、城乡区间客车	每人每公里	0.028	0.033
	宽座客车	每人每公里	0.038	0.043
	有录像的却贝尔底盘改装客车	每人每公里	0.045	0.05
	有冷热空调的客车	每人每公里	0.05	0.055
	有双空调和录像的客车	每人每公里	0.05	0.06
	货车代用客车	每人每公里	0.025	0.03
小型客车	无空调的轿车	每车每公里	0.70	0.80
	有空调的轿车	每车每公里	0.80	0.90
	吉普车	每车每公里	0.60	0.70
	10 座以下（无空调）	每车每公里	0.80	0.90
	10 座以下（有空调）	每车每公里	0.90	1.00
	11～15 座（无空调）	每人每公里	0.045	0.05
	11～15 座（有空调）	每人每公里	0.055	0.06
	残废军人、儿童票	每人每公里	全价的 50%	全价的 50%
行李包裹		每千克每公里	0.00045	0.00045
调车费		每座位每公里	全价的 50%	全价的 50%
停歇延滞费			包车运价的 50%	包车运价的 50%

2. 加收票价。灯会、庙会、花会、龙舟会、交易会等，在正常班车以外增开的班车，加收票价30%。客运班车每座客票加收起程基价0.1元。

3. 行李与包裹的区别。行李是指旅客日常用的衣物、被褥、书籍、零星食品、少量土特产品及小件职业用品等。旅客随身携带行李，全票和残废军人票免费10千克，儿童票免费5千克。包裹是指不与旅客同行的物品或与旅客同行而不属行李的物品，不享受免费规定。

（二）长途普通货物整车运输价格

表4-25　　长途普通货物整车运输价格表

项目	运价线路等级	计算单位	运价（元）
整车运输	一等线路	每吨每公里	0.20
	二等线路	每吨每公里	0.23
	三等线路	每吨每公里	0.28
零担运输	一、二、三等	每千克每公里	普通货车0.0028 厢型车0.0033
车辆延滞费	一、二、三等	每吨位每小时	2.00
调车费	一、二、三等	每吨位每公里	各线路运价的50%

（三）短途普通货物整车运输价格

1. 基本运价。

表4-26　　短途普通货物整车运输价格表

单位：元

	公里	1	2	3	4	5	6	7	8	9	10
每吨次运费	一等线路	1.50	2.00	2.40	2.80	3.20	3.60	3.95	4.30	4.65	4.85
	二等线路	1.66	2.21	2.65	3.09	3.54	3.98	4.36	4.75	5.13	5.35
	三等线路	2.02	2.70	3.27	3.78	4.32	4.86	5.33	5.80	6.27	6.54
	公里	11	12	13	14	15	16	17	18	19	20
每吨次运费	一等线路	4.95	5.05	5.15	5.25	5.35	5.45	5.55	5.65	5.75	5.82
	二等线路	5.47	5.58	5.69	5.80	5.91	6.02	6.13	6.24	6.35	6.43
	三等线路	6.68	6.81	6.95	7.08	7.23	7.35	7.49	7.62	7.76	7.85
	公里	21	22	23	24	25	26	27	28	29	30
每吨次运费	一等线路	5.87	5.92	5.97	6.02	6.06	6.10	6.13	6.16	6.19	6.22
	二等线路	6.48	6.54	6.60	6.65	6.70	6.74	6.77	6.80	6.83	6.87
	三等线路	7.92	7.99	8.07	8.13	8.18	8.23	8.27	8.31	8.35	8.39

2. 加收运费。

（1）托运贵重货物和易碎、粉尘、污染货物加收运费40%。

（2）托运危险货物加收运费50%。危险货物品按交通部《危险货物运输规则》办理。

（3）托运一级超限货物加收运费30%，二级加收50%，三级加收80%。

（4）不能组织回程利载的单程运输，加收20%空驶补贴费。

3. 减收运费。同一货主提供的回程货物，回程运费减收10%。

四、1989 年公路汽车客运票价调整状况

1989 年 11 月 17 日，四川省人民政府据国务院决定，确定 1989 年 12 月 10 日零时起，提高全省公路汽车客运票价。四川省物价局、四川省交通厅印发了《关于提高公路汽车客运票价的通知》（川交生〔1989〕字第 800 号）。调价的主要内容如下：

1. 普通客车综合平均价格每人每公里由 0.0333 元调为 0.0418 元，提高 0.0085 元，提高幅度为 25.5%。其具体价格安排为：一等线路由 0.028 元调为 0.036 元；二等线路由 0.033 元调为 0.041 元；三等线路由 0.033 元调为 0.046 元。行包运价不分车型，每千克每公里由 0.00045 元调为 0.00062 元。

2. 客运起程基价仍按原规定，每座客票加收 0.10 元。灯会、庙会、花会、龙舟会、交易会等，在正常班车以外增开的班车，可以加收票价 30%。

3. 各种线路、车型运价内含旅客保险金 2%。

4. 享受半票儿童的身高由 1.1 ~1.3 米修订为 1.1 ~1.4 米。

五、1992 年公路汽车零担等收费标准调整

根据交通部、国家物价局《关于提高公路汽车省际零担货物运输、国际集装箱运输价格的通知》（运发〔1992〕925 号）和《关于汽车货运站费收项目基本费率的通知》（交运字〔1991〕231 号），四川省物价局，四川省交通厅于 1992 年 10 月 25 日，印发了《关于提高公路汽车零担货物运输、国际集装箱运输价格和汽车货运站收费标准的通知》（川交生〔1992〕540 号），自 1992 年 12 月 1 日起执行。主要内容：

1. 零担运价提高 20%。省际和省内干线普通货物每吨每公里由 0.38 元调整为 0.46 元，特种货物每吨每公里由 0.50 元调整为 0.60 元；省内区乡零担班车运输普通货物一、二、三等线路每吨每公里 0.45 元调整 0.54 元，特差线路每吨每公里由 0.54 元调整为 0.65 元；特种货物一、二、三等线路每吨每公里由 0.58 元调整为 0 .696 元，特差线路由 0.696 元调整为 0.836 元。

2. 提高汽车货运站费收标准。仓储理货费，每 50 千克收费 0.30 元。中转换装包干费，普通货物每 50 千克收费 0.10 元，特种货物每 50 千克收费 0.90 元。零担货物过磅费，每 50 千克收费 0.10 元。组货劳务费，零担班车运输，由现行按全程运费 6% 向承运人提取，调整为按 8% 提取，整车运输由现行 3% 提取，调整为按 5% 提取。各地兴办的汽车货运配载服务单位，为承运人提供货源、组织回程配载和办理运输业务手续的，按照货运站整车运输组货劳务费标准收取；如只提供货源信息服务，按全程运费的 1% 提取。

六、1993 年公路货物运输价格放开

1993 年 5 月 3 日，重庆市交通局、重庆市物价局以重交局财［1993］49 号文转发了《四川省物价局、四川省交通厅关于进一步改革和放开公路、水路货物运价有关问题的通知》（川交生〔1993〕18 号），对公路货物运输价格的放开，做出了相关的规定。主要内容如下：

1. 从 1993 年 5 月 1 日起，对全省公路货物运输价格（除另有规定者外）实行放开，由货物承运双方根据运输成本、运方供求情况和货源稳定情况等分别协商制定一次性趟次车运价、短期合同运价和长期合同运价。

2. 为保持运输价格的相对稳定，对实行合同运输的大宗货物实行价格备案制度。承托双方协商定价后，属县境内运输的报县交通局、物价局备案；属跨县，在地区内运输的报市、地、州交通局（委）、物价局备案；属跨地、市、州运输的报四川省交通厅、四川省物价局备案。

3. 对于较为稳定的大宗货物，其运输需由多家运输单位承运的，由参营单位协调运价后，分别与物资单位签订合同，但不得欺行霸市，垄断市场。货主认为价格不合理，可另择运输单位。

4. 重点、大宗货物的运输，承托双方协商定价发生较大分歧时，可请当地或上级交通、物价部门参与协调。对于救灾、抢险、军事、战备及农业生产资料、食盐等关系地方经济命脉和群众生活的重要物资运输，由当地交通、物价部门制定定价，承托双方必须遵照执行。

5. 汽车零担货物运价，汽车集装箱运价和汽车货运站费收，鉴于目前多数尚属垄断经营，暂不放开，以现行运价和费收标准为基础，在上浮不超过40%的幅度内，根据油料价格和成本情况确定上浮价格，并按上述第二条规定备案。

6. 在规定的权限范围内由运输单位公布的价格，或由承托双方协商的价格，一经签订，即视为有效价格，双方均应共同遵守。任何一方在执行过程中提出要修改协议，须征得双方同意，如发生争执，可报请当地物价、交通部门协调或仲裁。物价部门最后的仲裁意见即为法定价格，物价检查部门可据此查处。

7. 公路、水路货物运价放开以后，有关货物运输等级、计费重量、重量确定、计费里程确定、运价单位等，分别按四川省公路汽车运价实施细则、四川省道路营运里程册的有关规定办理。

七、1998年汽车客运运价

1998年1月13日，重庆市物价局、重庆市交通局根据交通部商国家计委同意的汽车运价规则和关于公路汽车运价改革有关问题的通知精神，结合重庆市的具体情况，印发《重庆市汽车客运运价实施细则的通知》（渝价〔1998〕24号）。经重庆市人民政府批准，《重庆市汽车客运运价实施细则》自1998年1月25日起执行。主要内容是：

（一）大中型客车运价

表4－27　**大中型客车运价表**

项目			计算单位	运价（元）			
				一等线路	二等线路	三等线路	等外线路
车型	普通	大型客车	每人每千米	0.073	0.078	0.083	0.098
		中型客车	每人每千米	0.10	0.106	0.113	0.133
	中级	大型客车	每人每千米	0.10	0.106	0.113	0.133
		中型客车	每人每千米	0.12	0.127	0.135	0.16
	高级	大型客车	每人每千米	0.12	0.127	0.135	0.16
		中型客车	每人每千米	0.20	0.21	0.226	0.266
	代客车		每人每千米	0.060	0.064	0.068	0.08

（二）小型客车运价

表4－28　**小型客车运价表**

项目		计算单位	运价（元）			
			一等线路	二等线路	三等线路	等外线路
6～15座位	普通小型客车	每人每千米	0.102	0.11	0.117	0.141
	中级小客车	每人每千米	0.17	0.183	0.195	0.235

注：按每车每千米计价的小型客车不实行半价。

（三）客运车型分类

客运车型计费等级分为普通客车、中级客车、高级客车三类。每类按其座位总数分大型、中型、小型三种。实行分类分型计价。31 座及以上为大型客车，16～30 座为中型客车，6～15 座为小型客车。

普通客车是指无特殊舒适性装备的客车。普通大型客车座椅横排列形式为 2+3，座位前后间距大于或等于 670 毫米。中级客车是指比普通客车舒适性高，备有宽、软座椅，中级大客车座椅横排列形式为 2+2 或 2+2+1（加座），座位前后间距 680～720 毫米，高靠背软座椅，寒冷地区装有暖气设备，功率大于或等于 8 千瓦/小时。高级客车是指舒适性高，密封性好，具有高级软座椅，装有空调、音响等设备。高级大客车座椅横排列形式为 2+2，座位前、后间距应大于 720 毫米，可调式高级软座椅，装有双空调、高级音响设备，比功率大于或等于 10 千瓦/小时。

（四）运价线路等级划分

运价线路等级的划分，原则上按照国家确定的道路等级划分为作为依据，一级公路为一等线路，二级公路为二等线路，三级公路为三等线路，三级公路以下为等外线路。由各区县交通主管部门提供公路等级划分资料，报重庆市交通局会同重庆市物价局审定。万州、涪陵、黔江地区的线路等级，分别报万州、涪陵、黔江地区交通及价格主管部门审定。跨越万州、涪陵、黔江地区及各区（市）县的线路等级，由涉及的万州、涪陵、黔江地区及各区（市）县物价局会同交通主管部门提出，报重庆市物价局和重庆市交通局审定。

（五）全票计算

全票 = Σ［（线路等级运价率 + 客附费）×线路等级里程］+ Σ通行费 + 旅客站务费。

（六）旅客附加费

实行每人每千米计价的客车，每人每千米另增收客运附加费 0.02 元。实行每车每千米计价的运价率内已包含客附费的，不再另收取。

八、2000 年公路货物运价

2000 年 6 月 19 日，重庆市交通局、重庆市物价局印发《关于进一步改革和放开公路、水路货物运价有关问题的通知》（渝交局〔2000〕481 号）。主要内容如下：

1. 从通知发布之日起，对全市公路、水路货物运输价格（除另有规定者外）实行放开，由货物承运双方根据运输成本、运力供求情况和货源稳定情况等分别协商制定一次性包车（船）运价、短期合同运价和长期合同运价。

2. 为保持运输价格的相对稳定，对实行合同运输的大宗货物运价实行价格备案制度。承托双方协商定价后，属区县（市）境内运输的，报区县（市）交通局、物价局备案；属跨县区（市）的报重庆市交通局、重庆市物价局备案。

3. 对于较为稳定的大宗货物，其运输需由多家运输单位承运的，由参营单位协调运价后，分别与物资单位签订合同，但不得欺行霸市，垄断市场。货主认为价格不合理，可另择运输单位。

4. 重点、大宗货物的运输，承托双方协商定价发生较大分歧时，可请当地或上级交通、物价部门参与协调。对于救灾、抢险、军事、战备及农业生产资料、食盐等关系地方经济命脉和群众生活的重要物资运输，由当地交通、物价部门制定运价，承托双方必须遵照执行。

5. 汽车零担货物运价，汽车集装箱运价和汽车货运站费收，鉴于目前多数尚属垄断经营，这次暂不放开，以现行运价和费收标准为基础，在上浮不超过 40% 的幅度内，根据油料价格和成本情况确定上浮价格，并按上述第二条规定备案。

6. 在规定权限范围内由运输单位公布的价格，或由承托双方协商的价格，一经签订，即视为有效价格，双方均应共同遵守。任何一方在执行过程中提出要修改协议，须征得对方同意；如发生争执，可报请当地物价、交通部门协调或仲裁。物价部门最后的仲裁意见即为法定价格；物价检查部门可据此进行查处。

7. 公路、水路货物运价放开以后，有关货物运输等级、计费重量确定、计费里程确定、运价单位等，分别按重庆市汽车运价实施细则、重庆市道路营运里程册、重庆市水路货物运价规则、重庆市内河运价里程的有关规定办理。

九、2005 年公路汽车旅客运价

2005 年 5 月 31 日，根据《中华人民共和国价格法》和交通部、国家计委发布的《汽车运价规则》（交公路发〔1998〕502 号），结合重庆市的具体情况，重庆市物价局、重庆市交通委员会印发了《重庆市汽车客运运价实施细则》（渝价〔2005〕267 号），自 2005 年 5 月 31 日起执行。主要内容：

（一）客运票价的审批和实施

客运企业需要制定或调整客运线路票价，向重庆市运管局提出申请，重庆市运管局根据本细则的有关规定，对线路里程、车辆等级、站点设置及票价测算后报重庆市物价局、重庆市交通委员会审核批准，然后制定该线路车辆的正式客运票价并行文公布实施。所有经批准的客运线路必须持有重庆市价格监督检查分局和重庆市运管局联合监章的正式票价表，并按规定实行明码标价。各区县（自治县、市）辖区内的客运票价，根据本细则规定，参照重庆市物价局、重庆市交通委员会的审批管理办法执行，由区县（自治县、市）物价局、交通局（委）负责审批和管理。

（二）车辆通行费代收代付的分摊

跨区县（自治县、市）运行的客运车辆应分摊计入票价的通行费为一、二级公路：0.035 元/人千米，高速公路：0.070 元/人千米。各区县（自治县、市）辖区内客运车辆的通行费可采取据实计入票价的办法，也可根据本地区收费公路的实际情况自行测算制订本地区的通行费分摊率。

（三）车辆类别划分

客运车辆按乘坐方式分为座席客车和卧铺客车两类，按车身长度分为大型、中型、小型三种。按等级分为高三、高二、高一、中级和普通级 5 个等级。其中，中、小型客车分为高二、高一、中级和普通级 4 个等级。

（四）公路运价类别

公路运价类别分为高等级公路运价和其他等级公路运价。高速公路、一级公路、二级公路运价为高等级公路运价，三、四级公路及等外级公路运价为其他等级公路运价。

表 4－29　　高等级公路汽车客运价格表

单位（元/人千米）

客车类型		客车等级	高等级公路运价
座席客车	大中型	普通（基本运价）	0.12
		中级	0.17
		高一	0.21
		高二	0.24
		高三	0.29
	小　型	普通	0.13
		中级	0.17
卧铺客车	大型客车	普通	0.19
		中级	0.23
		高一	0.27

十、成渝高速公路客运线路调节费

1995 年 6 月 26 日，四川省物价局、四川省财政厅、四川省交通厅联合印发了《关于成渝高速公路试行收取客运线路调节费的通知》（川交运〔1995〕213 号），对运行在成渝高速公路上的营运客车收取客运线路调节费。其客运线路调节费按次票或月、季、年票计收。同时还规定客运线路调节费由经营业户承担，不得以任何形式转嫁给旅客。收费标准：

（一）月票征收标准

表 4－30　　**客运线路调节费月票征收标准表**

单位：元

运程分段	大客（31 座及其以上）	中客（16～30 座）	小客（15 座及其以下）
90 公里以内	340	220	90
90～180 公里	680	445	180
180～270 公里	1010	670	270
270 公里以上	1350	890	360

季、年票分别按客车运行 2.5 个月、10 个月计收。起点在成渝高速公路上的和起止点都不在成渝高速公路上的客车，月票、季、年票按对应标准的 60% 计收。

（二）趟次征收标准（主要起讫地）

重庆—成都 大型客车：51 元/车；中型客车：34 元/车；小型客车：14 元/车。

重庆—永川 大型客车：10 元/车；中型客车：7 元/车；小型客车：3 元/车。

重庆—荣昌 大型客车：15 元/车；中型客车：10 元/车；小型客车：4 元/车。

重庆—邮亭 大型客车：13 元/车；中型客车：9 元/车；小型客车：3 元/车。

重庆—青杠 大型客车：4 元/车；中型客车：3 元/车；小型客车：1 元/车。

（注：大型客车：31 座以上客车；中型客车：16～30 座客车；小型客车：15 座以下客车［含出租汽车］）。

2000 年 7 月 1 日，根据重庆市人民政府第 83 号令，成渝高速公路客运线路调节费，即日起停止收费。

第二节　出租汽车运价

重庆出租汽车运价属政府定价。在主城区，由重庆市物价局负责制定，主城区外其他地区，由当地物价主管部门制定。2001 年以前，主城区出租汽车包括大、中、小型营运客车。主城区的出租汽车租价与主城区外各区县有所不同。同时租价标准根据市场变化情况经常进行调整。

一、1986 年出租汽车租价

1986 年 4 月 4 日，重庆市物价局印发《关于修订出租汽车收费标准的通知》（重价非〔1986〕82 号），主要内容：

（一）收费标准

表4－31 小轿车出租临时用车收费标准表

项目		计算单位	超豪华型	豪华型	标准型	普及型	吉普型
每公里单价		元/公里	0.80	0.70	0.60	0.50	0.40
基数公里		公里	5.00	5.00	5.00	5.00	5.00
基数金额		元	4.00	3.50	3.00	2.50	2.00
市郊单程空驶费		元/公里	0.40	0.35	0.30	0.25	0.20
免费等候时间		分钟	10	10	10	10	10
等候费		元/10分钟	0.80	0.70	0.60	0.50	0.40
深夜用车	每公里单价	元/公里	0.90	0.80	0.70	0.60	0.50
	等候费	元/10分钟	0.90	0.80	0.70	0.60	0.50

表4－32 小轿车出租包日用车收费标准表

项目	计算单位	超豪华型	豪华型	标准型	普及型	吉普型
每日租车金额	元/日	80	70	60	50	40
每日可用里程	公里	100	100	100	100	100
每日可用时间	小时	8	8	8	8	8
当天用车里程基价	元/公里	0.80	0.70	0.60	0.50	0.40
当天用车超时间收费	元/小时	3	3	3	3	3

（二）夜间收费

22点至次日5点。收费标准：小轿车、微型车、机动三轮车车公里租价在白天等候费基础上，每10分钟加收0.10元。

二、1987年出租汽车租价

1987年8月26日，重庆市物价局、重庆市公用局印发《关于统一制定重庆市旅游出租汽车（中型）客运票价的通知》（重价非〔1987〕257号），自1987年9月1日起执行。主要内容：

（一）凡在重庆市经营旅游出租汽车客运业务的单位或个人，一律按本通知规定的统一票价执行。《重庆市旅游出租汽车（中型）客运票价》为最高限价，各经营单位或个人可根据季节、客源等情况自行向下浮动不限，但不得擅自提高。凡代办住宿、游览点门票、船票等，按有关规定加收。

（二）执行重庆市旅游出租汽车（中型）客运票价的车型分为豪华、普及两大类。豪华类是指6～30座具有音响设备、空调设备（不含冷热风机）、高靠软座的各种型号的客车；普及类是指6～30座具有音响设备、软座、无空调的各种牌号的客车。各类车辆均指较新车辆或性能完好的车辆，并须提供优质服务，贯彻优质优价、同质同价的原则，不得混淆类别，擅自提高收费标准。凡车辆陈旧、简陋或空调设备达不到要求的，应停驶维修。重庆市物价局原制定的旅游客运票价同时废止。

三、1988年出租汽车租价

1988年8月8日，重庆市物价局印发《关于调整出租汽车租价的通知》（重价非〔1988〕253号），自1988年9月1日起执行，重价非〔1986〕82号文件同时废止。主要内容：

（一）对各类出租汽车的车公里租价进行调整。

表4－33　　小轿车出租临时用车租价表

单位：元/公里

项目	超豪华型	豪华型	标准型	普及型	吉普型
每车公里租价	1.20	1.00	0.90	0.80	0.60

表4－34　　中型出租车临时用车租价表

单位：元/公里

项目	豪华型				标准型				普及型			双层车
	9和9座以下	10～12座	13～19座	20～31座	9和9座以下	10～12座	13～19座	20～31座	9和9座以下	10～12座	13～19座	20～31座
每车公里租价	1.70	1.9	2.10	2.50	1.00	1.30	1.50	1.80	0.90	1.20	1.40	1.50

表4－35　　大型出租车临时用车租价表

单位：元/公里

项目	豪华型		标准型		普及型			双层车
	32～39座	40座以上	32～39座	40座以上	32～39座	40～49座	50座以上	
每车公里价租	3.00	3.90	2.60	3.40	2.00	2.30	2.80	5.20

（二）临时用车的基数公里。小轿车5公里，微型汽车、机动三轮车6公里，31座及其以下的中型客车8公里，32座及其以上的大型客车10公里。

四、1989～2005年出租汽车租价

1989年10月至1998年1月的10年间，重庆市物价局先后6次对出租汽车运价进行调整，其中1993年调整的内容不涉及出租小轿车，仅限大、中型出租汽车专线车票价。其余5次调整的内容，主要是在1989年租价的基础上，提高了出租小轿车部分费目的收费标准、改变了部分费目的计费方式。主要有5项，即车公里租价、起租里程、起程基价、等候费、空驶费。自1998年1月出租汽车租价调整以后至2005年年底未作变动。

表4－36　　1989～1998年出租小轿车租价标准

年度	车公里租价（元/公里）			起租里程（公里）	起程基价（元/车次）	空驶费	等候费	夜间行驶费（元/公里）
	一档车	二档车	三档车					
1989	1.20	1.00	0.90	5	3.00	车公里租价×50%	10分钟收1公里租价	0.20
1991	1.80	1.60	1.40	5	3.00	车公里租价×60%	5分钟收1公里租价	0.30
1992	1.80	1.60	1.40	5	3.00	车公里租价×60%	5分钟收1公里租价	0.30

续前表

<table>
<tr><th rowspan="2">年度</th><th colspan="3">车公里租价（元/公里）</th><th rowspan="2">起租里程（公里）</th><th rowspan="2">起程基价（元/车次）</th><th rowspan="2">空驶费</th><th rowspan="2">等候费</th><th rowspan="2">夜间行驶费（元/公里）</th></tr>
<tr><th>一档车</th><th>二档车</th><th>三档车</th></tr>
<tr><td>1995</td><td>1.60</td><td>1.40</td><td>1.20</td><td>5</td><td>3.00</td><td>车公里租价×60%</td><td>5分钟收1公里租价</td><td>0.30</td></tr>
<tr><td rowspan="3">1997</td><td rowspan="3">1.60</td><td rowspan="3">1.40</td><td rowspan="3">1.20</td><td rowspan="3">3</td><td>1档车2.20</td><td rowspan="3">车公里租价×50%</td><td rowspan="3">5分钟收1公里租价</td><td rowspan="3">0.3</td></tr>
<tr><td>2档车1.80</td></tr>
<tr><td>3档车1.40</td></tr>
<tr><td rowspan="3">1998</td><td rowspan="3">1.60</td><td rowspan="3">1.40</td><td rowspan="3">1.20</td><td rowspan="3">3</td><td>1档车2.20</td><td rowspan="3">车公里租价×50%</td><td rowspan="3">5分钟收1公里租价</td><td rowspan="3">0.30</td></tr>
<tr><td>2档车1.80</td></tr>
<tr><td>3档车1.40</td></tr>
</table>

注：(1) 自1989年3月1日起，出租小轿车经过石板坡长江大桥、牛角沱、石门嘉陵江大桥，每车次在原租价的基础上向乘客加收过桥费2元。1992年1月1日起调整为3元。

(2) 自1991年9月1日起，出租小轿车租价分一、二、三个档次，其代表车型分别为皇冠、夏利、波罗乃茨；夜间行驶时间由22点至次日5点调整为22点至次日6点，夜间行驶费调整为在原车公里租价的基础上，每公里加收0.30元。等候费调整为免费等候10分钟，此后每等候5分钟收取1公里租价等候费。单程载客超基本公里部分，每公里收取车公里租价60%的空驶费。

(3) 自1992年4月1日起，增加重庆产"长安奥拓"微型轿车为第四档次车，每车公里租价为1.20元。

第三节　汽车客运站收费

一、汽车客运站收费许可

为正确执行国家物价政策，加强公用型、开放型公路汽车客运站收费管理，1988年12月，重庆市物价局、重庆市交通局印发《关于公用型、开放型公路汽车客运站收费的通知》（重交局发〔1988〕576号）。1996年3月，交通部、国家计划委员会制定了《汽车客运站收费规则》（交公路发〔1996〕263号）。为认真贯彻执行《汽车客运站收费规则》，1996年11月，重庆市交通局、重庆市物价局制定《重庆市汽车客运站收费规则实施细则》（重交局〔1996〕166号）。为适应道路运输发展需要，促进公用型、开放型汽车客运站健康发展，2002年10月，重庆市物价局、重庆市交通委员会发布了新制定的《重庆市汽车客运站收费规则实施细则》（渝价〔2002〕654号），自2003年1月1日起施行。道路运输管理部门依据上述规定，对汽车客运站收费实施监督管理。

二、汽车客运站收费项目

自2003年1月1日起，汽车客运站的收费项目分两类。一类是向旅客收取，另一类是向进站经营的客运业户收取。

向旅客收取的费用：旅客站务费、车站服务费。车站服务费包括补、退票费，送票费，行包变更手续费，行包装卸费，行包保管费和小件物品寄存费等。

向客运经营业户收取的费用：客运代理费、客车发班费、车辆停放收费、车辆清洗费、清洁费、行包运输代理费、延误发班（脱班、顶班）费和车辆安全检查服务费。

三、汽车客运站收费标准

（一）旅客站务费

客运站具备一至三级站级标准规定的设施、设备，为旅客提供候车、信息、治安保卫、安全检查等基本客运服务的，按每人次在出售的微机客票内向旅客计收旅客站务费。

表 4－37　　旅客站务费收费标准表

站级	一级站			二级站			三级站	
收费等级	A	B	C	A	B	C	A	B
旅客站务费（元）	2.50	2.00	1.50	1.50	1.00	0.50	0.50	0.50

注：未实行微机售票的客运站不得收取站务费。

（二）车站服务费

1. 退票费。开车时间 2 小时前办理退票，按票面金额 10% 计收；2 小时以内办理退票，按票面金额的 20% 计收退票费；旅游客车开车前 24 小时以前办理退票，按票面金额 10% 计收；开车前 24 小时以内办理退票，按票面金额 50% 计收退票费。

2. 送票费。客运站按照旅客要求提供送票服务的，同城 5 公里以内每票 3 元，同城 10 公里以内每票 5 元向旅客收取送票费。

3. 行包变更手续费。行包起运前，取消或变更托运地点，每票次 2 元。

4. 行包装卸费。每件装或卸一次 4 元。单件重量超过 30 千克或体积超过 0.12 立方米的，装、卸费各加成 50%。

5. 行包保管费。行包提取通知（公告）发布当日起计算，超过 3 天提取的，超过部分每件每天 2 元。

6. 小件物品寄存费。每件每天 3 元。不足 1 天按 1 天计算。

（三）客运代理费

客运站为承运人代办客源组织、售票、检票、发车、运费结算等客运业务，按客运运费的一定比例，向承运人计收客运代理费。客运代理费费率按不同站场设施、服务内容和吸引旅客能力等具体条件确定，最高不超过 10% 标准。

表 4－38　　客运代理收费表

站级	一级站			二级站			三级站		四级站	简易站
收费标准	A	B	C	A	B	C	A	B		
客运代理费	10%	9%	8%	8%	7%	6%	6%	5%	5%	—

注：1996 年以前，各公用型、开放型汽车客运站为客运经营者代售客票，不分等级，一律按其代售客票总额（不含客运附加费）的 5% 提取客运代理费。

（四）客车发班费

只提供发车车位和候车室，不代售客票和提供检票服务的四级及以下汽车客运站，按班车核定座位计算全程客票总额，按客票总额的 3% 的收取客车发班费，不再收取客运代理费。一、二、三级客运站不得收取发班费。

（五）车辆停放费

客运经营业户在客运站内停放车辆（应班车除外），由客运站负责看管，达到一、二级站级标准的车站按以下标准计收车辆停放费。

表4-39 车辆停放收费表

时间	车型	收费标准（元/辆次）			
		室内一级	室内二级	室外一级	室外二级
4小时	19座及以下	5	4	2	1
	20座及以上	7	5	4	3
白天	19座及以下	10	8	5	4
	20座及以上	12	10	6	5
夜间	19座及以下	13	11	8	6
	20座及以上	15	13	10	8

（六）车辆清洗费、清洁费

车站提供车辆外部清洗服务和内部清洁服务的，20座及以上客车收取清洗费10元和清洁费3元；19座及以下客车收取清洗费5元和清洁费2元。

（七）行包运输代理费

客运站代客运经营业户受理行包托运业务，按行包运输收入的百分比计收行包运输代理费：一级站为15%，二级站为12%，三级站为8%，四级和简易站为5%。

（八）延误发班费、脱班费、顶班费

承运人未按约定时间提供车辆，发生脱班，客运站按每脱一个班次5～300元向承运人收取班车脱班费；延误发班，客运站按每分钟5元向承运人收取班车延误费。脱班后，车站另派车顶班的，按顶班车核定座位全程收入的150%～180%支付顶班费。

（九）车辆安全检查服务

客运站组织专门人员对进站营运车辆提供车辆安全检查服务，实行人工安检的，每月每辆计收50元，实行自动化安检的，每月每辆计收80元/辆。

第四节 汽车维修收费

一、收费标准

为了加强重庆市汽车维修行业管理，统一汽车维修结费办法及收费标准，1986～2005年，重庆市物价局、重庆市交通主管部门曾3次制定、修改汽车维修收费标准和汽车维修工时定额及收费结算办法。

（一）工时单价 1993年以前，重庆市汽车维修每个工时不超过2.10元，可以向下浮动，但不得上浮。工时费的计算：工时费=工时单价×工时定额。1993年8月，重庆市汽车维修行业管理办公室经请示重庆市物价局、重庆市交通局同意，将工时单价调整为参考单价，由承、托修双方根据市场情况协商议定。参考单价标准为：一类维修企业4元/小时，二类维修企业3.80元/小时，三类维修企业3.50元/小时。1998年，重庆市物价局、重庆市交通局对汽车维修工时定额再次进行了调整，一类汽车维修企业8元/小时，二类汽车维修企业6元/小时，三类汽车维修业户4元/小时。

（二）材料费 1987年材料费按实际进价加管理费计算。管理费率的计算标准为：生产企业按出厂价购进的加15%；生产企业在经营部门按销售价购进的加10%。均以公司进价为基数，1993年调整为材料费按实际购进价格加材料管理费计算，取消了管理费率限制。

（三）工时计算 凡《重庆市汽车维修收费标准》中规定有统一工时定额标准的，一律按规定执行。超出规定作业范围的附加作业、肇事车、改型车的作业和总成更新，以及《重庆市汽车维修标准》中无规定的作业项目的，按实耗工时计算，或由委修双方书面协议。

（四）维修费计算 维修费的计算公式：维修费 = 工时费 + 材料费 + 油辅料定额收费。

二、费用结算

结算汽车维修费用时必须使用税务部门的正式发票，并附《重庆市汽车维修结算单》和《重庆市汽车维修材料消耗明细表》。结算汽车维修费用时，承修方必须按实际发生的维修内容和使用的配件、材料计价收费，并征得托修方的认可。

第五节　搬运装卸收费

1986～2005 年，重庆市搬运装卸运价做过 3 次调整。2000 年以前运价属于政府定价。2000 年 6 月，重庆市物价局、重庆市交通局重新制定《重庆市搬运装卸价格实施细则》（渝价〔2000〕350 号）。细则规定，搬运装卸价格由政府定价改为政府指导价，基准费率由重庆市物价局、重庆市交通局制定，允许上下浮动，浮动幅度，在主城 9 区（渝中、江北、南岸、沙坪坝、九龙坡、大渡口、北碚、渝北、巴南区）范围内，由重庆市物价局、重庆市交通局制定，其余地区由当地物价局、交通局在不超过重庆市基准费标准的原则下自行制定。主城 9 区搬运装卸价格浮动幅度为基准费率的 30%。

一、普通货物搬运装卸运价

1989 年 2 月，重庆市物价局制定重庆市搬运装卸运价细则（重价〔1989〕058 号）。主要内容有普通货物搬运装卸费率。

表 4－40　　**普通货物搬运装卸费率表**

类别	作业项目	运距（米）	计算单位	费率（元）		
				一	二	三
装卸	装汽车	15	吨	1.00	1.30	1.60
	卸汽车	15	吨	0.90	1.20	1.40
	装（卸）人畜力车	15	吨	0.60	0.70	0.90
	装（卸）船（舱深 45 厘米〈不含〉以下）	25	吨	0.10	1.40	1.70
	装（卸）船（舱深 45 厘米〈含〉以上）船、印子舱、格子舱及机动船舶	25	吨	1.40	1.70	2.00
搬运	单独搬运起运费		吨	0.90	0.90	0.90
	每 50 米运行费		吨	0.60	0.70	0.80
	人力、畜车费		吨	1.40		
	人力、畜车运行费	100	吨	0.15		
	零担货物起运费		50 公斤	0.20		
	零担货物运行费		50 公斤	0.10		

续前表

类别	作业项目	运距（米）	计算单位	费率（元）一	二	三
杂项作业	堆码		吨	0.50		
	下堆		吨	0.40		
	过称		吨	0.30		
	竹、木筏起水		吨	0.70		
	倒、灌包、装、桶、篓、坛、箱		吨	0.50		
计时收费	普工甲级		小时	1.00		
	普工乙级		小时	0.80		
	起重工		小时	1.80		
	起重履带式	小时/吨		5.00		
	起重机汽车式	小时/吨		6.00		
	铲车	小时/吨		12.00		
	叉车	小时/吨		6.00		

1995年4月，重庆市物价局、重庆市交通局上调了普通货物和重件货物搬运装卸的费率。

表4-41　　调整后的普通货物搬运装卸费率表

类别	作业项目	运距（米）	计算单位	费率（元）一	二	三
装卸	装汽车	15	吨	1.90	2.70	3.50
	卸汽车	15	吨	1.70	2.50	3.10
	装（卸）船（舱深45厘米〈不含〉以下）	25	吨	2.10	2.90	3.70
	装（卸）船（舱深45厘米〈含〉以上船、印子舱、格子舱及机动船舶	25	吨	2.60	3.60	4.40
搬运	单独搬运起运费		吨	2	2	2
	每50米运行费	50	吨	1.10	1.50	1.80
	零担货物起运费		50公斤	0.40	0.40	0.40
	零担货物运行费	50	50公斤	0.20	0.20	0.20
杂项作业	堆码		吨	1	1	1
	下堆		吨	0.80	0.80	0.80
	过称		吨	0.60	0.60	0.60
	竹、木筏起水		吨		1.40	
	倒、灌包、装、桶、篓、坛、箱		吨		1.00	
计时收费	普工甲级		小时	2.50		
	普工乙级		小时	2.00		
	起重工		小时	3.60		

注：表上费率栏目中“一、二、三”是指货物分类。

二、重件货物搬运装卸运价

表 4 – 42　　重件货物搬运装卸费率表

作业项目	搬运装卸费率（元/吨）				
	201～300	301～500	501～1000	1001～2000	2001 以上
装（卸）车、船	200	2.50	3.00	3.00	协商
每段（50 米）运行费	0.60	0.80	1.00	1.40	协商
单独搬运起运费	1.80	协商			

表 4 – 43　　调整后的重件货物搬运装卸费率表

作业项目	搬运装卸费率（元/吨）				
	201～300	301～500	501～1000	1001～2000	2001 以上
装（卸）车、船	400	5.00	6.00	7.00	协商
每段（50 米）运行费	1.20	1.60	2.00	2.40	协商
单独搬运起运费	3.60	协商			

1995 年 4 月，重庆市物价局、重庆市交通局印发《关于调整和整顿我市地方搬运装卸运价的通知》（重价工发〔1995〕070 号），上调了普通货物和重件货物搬运装卸的费率。主要内容：

（一）按装卸汽车费率计费的机动车核定载重量，由 1 吨提高到 2 吨及以上。

（二）自动翻斗汽车倾卸费每吨由 0.80 元提高到 1.60 元，专用罐车装卸，每吨由 1.00 元提高到 2.00 元。

（三）装卸核定载重 200 吨及以上的船舶，增计相应运程费。

（四）地磅使用费每吨由 0.20 元提高到 0.50 元。

（五）单重不足 200 公斤的钢材、木材汇集成捆和机械设备装卸费每吨由 1.80 元提高到 3.50 元。

（六）经托运方同意，进行夜间搬运装卸作业（20 点至次日 8 点），按其实际作业的全部运费加收 20% 计算。

（七）高温作业期间（时限为 5、6、7、8、9 月），按其实际作业的全部运费加收 10% 计算。

（八）应托运方要求，在国家法定节日（元旦、春节、五一、国庆）期间从事搬运装卸作业的，按相应的费率加倍计费。

三、机械设备使用收费

（一）机动设备调车费

表 4 – 44　　机动设备调车费率表

单位：元/车公里

项　目	费率
起重机、叉车、铲车、挖掘机调车费（5 吨以下）	2.00
起重机、叉车、铲车、挖掘机调车费（5 吨以上）	协商

（二）小型机动车费

表4－45 小型机动车费率表

运距（公里）	1	2	3	4	5	6	7	8	9	10	11
费率（元/吨公里）	2.20	1.60	1.40	1.30	1.10	1.00	0.90	0.85	0.80	0.77	0.74
运距（公里）	12	13	14	15	16	17	18	19	20	21	22
费率（元/吨公里）	0.73	0.72	0.71	0.70	0.69	0.68	0.67	0.66	0.65	0.64	0.63
运距（公里）	23	24	25	26	27	28	29	30	30以上		
费率（元/吨公里）	0.62	0.61	0.60	0.59	0.58	0.57	0.56	0.55	0.54		

第六节 联运行业收费

1989年1月，重庆市物价局、重庆市运管处印发《重庆市联运行业收费规则（试行）的通知》（重公运〔1989〕008号），主要内容：

一、货物、行包运行起讫点运距在30公里范围内为市内联运，超出30公里以上的到达货物、行包联运为进口，发出为出口。

二、联运劳务费统称为联运服务费。服务费的计算单位：货物以元/吨；行包以元/件；客票以元/票计算。货物、行包一票服务费不足3元按3元计收。

三、《危险货物运输规则》所列货物、易损货物、贵重货物、单重300公斤以上的货物为特种货物，其余为一般货物。

四、货物每立方米重量不足500公斤为轻包货物，轻包货物以2立方米折合为1吨计重。

五、凡转口货物、行包，其进口部分减收20%。

六、凡铁路零担，航空及公路一般货物，一次委托服务量满10吨以上者，按相应费率减收20%。

七、凡一次委托服务量满300吨以上或因货物稳定，有联运协议者，减收的具体幅度由双方书面议定。

八、联运提货距离以30公里为限，应委托方要求需前往其联运营业站（所）30公里以外提货者，另加收超距提货费：一般货物每吨1元，特种货物每吨2元。

九、应委托方要求申报各种运输计划并已经落实，又因委托方原因造成计划落空者，除造成的经济损失由委托方负担外，另核收手续费10元。

十、各运输信息服务部门单一为承运方组织货源及其他部门单一为委托方代办运输（托运），按相应运输工具的全程运费的比率计收信息服务费。标准为：省内5%，省外8%。

十一、凡应委托方要求，为其选择合理的经济运输线路，测算有关运杂费用，提供有关运输（联运）资料等，按全程运杂费的1.5%计收联运咨询服务费。

表4－46　　　　　　　　　货物联运服务费率表

单位：元/吨

货种	出口			进口		市内联运
	铁路整车	铁路零担	公路	铁路	公路	不分运输方式
	航运	民航		民航	航运	
一般货物	2.00	4.00	2.00	2.00		1.00
特种货物	4.00	4.00	4.00	4.00		3.00

第九章　运输证件管理

道路运输证件是道路运输经营者必须持有的合法凭证，也是道路运输管理机构对经营者实施管理的重要手段。对道路运输证件的申请、制作、发放、管理，交通部及道路运输管理部门制定有严格的管理制度和详细的使用规定。道路运输经营业户在经营、作业时，必须随车携带或按规定正确使用，并自觉接受查验。

第一节　证件种类

1987年2月7日，交通部发布《公路运输统一单证使用和管理规定》（交公路字〔1987〕109号）。《规定》明确了全国统一使用的单证有：公路运输业经营许可证、公路运输营运证、线路标志牌、行车路单 、客货票据。1997年8月22日，交通部发布《道路运政管理工作规范》，对道路运输证件管理做出了明确规定。为加强道路运输证件管理，根据交通部、重庆市交通委员会有关规定和要求，2000年12月19日，重庆市运管局印发《关于进一步加强和改进道路运输行业管理有关问题的通知》（渝道运发〔2000〕136号），对道路运输证件管理做了明确规定。2003年10月，重庆市运管局制定《道路运输业务受理〈审查、备案〉规范》（渝道运发〔2003〕198号），进一步明确了道路运输证件办理操作程序。纳入管理的证件有：

一、道路运输经营许可证

《道路运输经营许可证》是交通部统一制定的经营道路运输的合法凭证。凡在中国境内经营道路旅客运输、道路货物运输、道路危险货物运输、国际道路运输、机动车维修、机动车驾驶员培训、客货运站、场的单位和个人，均须持有《道路运输经营许可证》。

二、道路运输证

《道路运输证》是道路运输经营许可证的副本，是经营道路运输的车辆合法运行的凭证。凡在中国境内从事道路运输经营活动和非经营性道路危险货物运输的机动车辆，均须持有《道路运输证》，并随车携带，以备查验。

三、客车营运线路标志牌

《客车营运线路标志牌》是道路客运车辆合法运行的一种凭证和方便乘客识别乘坐的标志，其样式由省级交通部门统一制作，实行分级管理。1997年重庆直辖后，营运线路标志牌样式由重庆市运管处统一制作，实行分级管理。

四、班车客运线路牌附卡

《班车客运线路牌附卡》是《班车客运标志牌》的附件，张贴于标志牌背面，用于记录道路运输管理机构准予许可事项内容。许可事项内容为：经营主体、班车类别、起讫地及起讫站点、途经路线及停靠站点、日发班次、车辆数量及要求、经营期限。

五、营运车辆准购证

《营运车辆准购证》用于新增、更换道路运输车辆到公安车辆管理部门办理新车入籍手续。

六、进站证

《进站证》是道路客运经营者进站发车经营的有效凭证。

七、道路运输从业资格证

《道路运输从业资格证》是从业人员从事道路运输经营的资格证明。

八、危险品运输操作员证

《危险品运输操作员证》是从事道路危险品运输工作的资格证明。取得操作员证后，方可从事危险品货物运输、管理、搬运等岗位工作。

九、维修总检验员证

《维修总检验员证》是从事汽车维修企业总检验员工作的资格证明。取得维修总检验员证后，方可对维修企业维修的车辆进行竣工质量检验，并签署意见，承担法律责任。

十、出租汽车服务监督卡

《出租汽车服务监督卡》是已取得道路运输从业资格证的驾驶员经过出租汽车职业技能培训后的资格认证。是驾驶该出租汽车的有效证明，并按规定公示摆放，接受服务对象监督。

十一、教练员证

《教练员证》是个人从事道路运输行业驾驶培训教练员工作的资格证明。取得《教练员证》后，方可对其他人员进行驾驶培训。

十二、出租汽车经营权证

《出租汽车经营权证》是出租汽车经营权所有人的产权证明。

第二节 管理规定

交通部《公路运输统一单证使用和管理规定》对道路运输证件管理做以下规定：

一、凡在中国境内经营道路旅客运输、道路货物运输、道路危险货物运输、国际道路运输、机动车维修、机动车驾驶员培训、客货运站、场的单位和个人，均须持有《道路运输经营许可证》。

二、凡在中国境内从事道路运输经营活动和非经营性道路危险货物运输的机动车辆，均须持有道路运输证，并随车携带，以备查验。

三、班线客运车辆均应在驾驶员座位另侧前窗悬挂营运线路标志牌，按线路牌标明的线路（即起讫站点和途经地点）和区域行驶，不得擅自延伸、收缩、改线运行；必须携带进站证进入指定车站经营，发车时间由车站负责安排。

四、遇有下列情况之一，客运车辆凭临时客运线路牌运行：原有正班车已经满载，需要开行加班车的；因车辆抛锚、维护等原因，需要接驳或者顶班的；正式班车客运标志牌正在制作或者不慎遗失，等待领取的。

五、运输证件持有人应按规定悬挂、置放、携带、佩戴，从事的经营、作业活动，应与证件规定的内容相符。不得擅自扩大经营、作业范围，严禁伪造、涂改、转让、买卖。

第三节　核发证件类型

一、由重庆市运管局审批核发的证件

（一）主城区内班线、定线、公交客运。

（二）跨区县班线客运，省际班线客运。

（三）主城区内出租客运。

（四）主城区内客运站场经营。

（五）危险货物运输。

（六）主城区内货运站场经营。

二、由区县运管机构审批核发的证件

（一）县境内班线客运。

（二）县境内出租客运。

（三）主城区外客运站场经营。

（四）主城区外货运站场经营。

（五）机动车维修经营。

（六）驾驶培训学校及分支机构。

第十章　运输市场整治

第一节　道路客运市场秩序整治

一、窗口地区客运市场整治

1986年3月，在重庆市交通局的领导下，重庆市运管处对菜园坝地区的长途客运进行重点整顿。1999年9月，重庆市交通局发布《关于加强菜园坝地区客运管理的通知》。本着全面开放、多家经营、统一管理的原则，对进入该地区的长途客车重新进行清理、登记，核发客运许可证，实行统一管理。同时把地处菜园坝的重庆公路客运服务部组建成开放的客运服务单位，实行政府管理、企业经办，为所有经营长途客运的单位与个人提供售票、停车、修理与食宿服务。为加强对菜园坝地区客运管理，设立市中区菜园坝地区交通运输管理分站。经过整顿，菜园坝地区客运秩序、交通安全、治安状况明显好转。此后，又分别对朝天门、较场口地区的长途客运进行整顿，纳入统一管理，新组建千厮门、较场口两个开放型的客运服务部。

1998 年 1 月至 6 月，为加强菜园坝地区交通秩序和客运市场管理，道路运输管理部门对该地区客运秩序进行综合治理，进入菜园坝地区的客车必须进站上下客，严禁站外揽客，车辆必须证、照、牌齐全，同时打击私自拉客杀价、抢客等不法行为，使菜园坝地区的客运秩序有明显变化。

2000 年 4 月，针对窗口行业存在的问题，重庆市人民政府发布了《关于加强菜园坝地区综合整治的通告》《关于重点整治一批窗口地区（行业）的通告》。为此，重庆市运管处、重庆市社客处及以后成立的重庆市运管局加大了对窗口地区（行业）的整顿力度。仅两个月时间，共检查车辆 11050 车次、纠正违章 183 次、查获非法营运车 10 车次、停业整顿 25 车次、罚款 3 万元。重庆市运管局还制定了整治方案，将整顿工作分为四个阶段，即集中整治、实施"三站合一"（重庆汽车站、菜园坝长途汽车站、外滩客运站）、分线定站发班、巩固整治成果。从而维护了正常的客运秩序。

二、1989～1991 年道路运输市场秩序整治

1988 年 9 月，中共十三届三中全会召开，全会决定把 1989～1990 年改革、建设的重点突出地放到治理经济环境和整顿经济秩序上来。为贯彻落实中共十三届三中全会精神，1988 年 11 月，交通部印发《关于开展治理整顿道路运输市场秩序的通知》。1989 年 1 月 28 日，重庆市交通局会同重庆市经委、重庆市体改委，结合重庆实际，草拟了《关于进一步治理整顿运输市场、加强交通运输行业管理的意见》上报重庆市人民政府。3 月 22 日，重庆市人民政府批转了《关于治理整顿运输市场的意见》（重府发〔1989〕81 号），对治理整顿工作进行全面部署和安排。这次集中整治道路运输市场的主要内容，一是全面清理现有水陆客货运输力量，在此基础上，划清营业性运输和非营业性运输的界限；二是划清合法经营和非法经营的界限；三是整顿客货运输经营秩序；四是整顿运价收费和运输票据，加强税收和各种交通规费的征收管理。采取的主要措施是：在主要客源集散地设置客运市场管理机构，加强现场监管，查处违法行为，保障乘客权益，调解运输纠纷；在主要码头、车站、重点工地设置货运管理机构，就地组织大宗货源、常年运输任务招投标，检查运输合同执行情况，查处违法经营行为，维护运输市场秩序；对各类运输经营者进行清理登记，符合条件的重新核发经营手续；对各类运输经营者执行税收物价政策、规费缴纳、单证票据使用情况进行清理检查；清理压缩入城的农村劳动力，清退计划外从事搬运装卸的农民工。

此外，专门成立了重庆市运输市场整顿领导小组，分管交通工作的重庆市副市长秦昌典为组长，重庆市工商、税务、财政、劳动、物价、交通、公用、工商银行、技术监督、公安交警等部门、单位分管领导为领导小组成员。领导小组办公室设在重庆市交通局。

三、1996～1997 年道路运输市场秩序整治

从 1996 年下半年开始，为贯彻交通部《关于整顿客运市场秩序的通知》精神，在重庆市人民政府的总体部署和重庆市交通局的领导下，交通系统对客运市场秩序进行了整顿。整治重点：一是强化超长客运企业经营行为的监督管理，超长客运车辆必须"定点装客、进站报班、返回归站、定期维护"；二是加强出租汽车管理，树立窗口形象，整治"黑车"，及时处理乘客投诉，开展出租汽车文明运输竞赛活动；三是整顿城区客运秩序，推行进站证制度和承诺服务活动，加强车站管理，开展路检路查，查处、纠正违章行为。

四、2000～2004 年道路运输市场秩序整治

2000 年 12 月 2 日，国务院办公厅印发《交通部等部门关于清理整顿道路客货运输秩序意见的通知》（国办发〔2000〕74 号）。为了认真贯彻国务院的通知精神，确保整顿和规范道路运输市场秩序工作顺利进行，交通部于 12 月 27 日为此专门发出通知，要求认真贯彻国务院通知精神，同时对清理整顿工作提出了具体要求。根据国务院、交通部的通知精神，重庆市成立了由中共重庆市委副书记、重庆市人民政府常务副市长王鸿举为组长的整顿工作领导小组。重庆市交通委员会及相关部门制订了清理整顿工作实施方案。2001 年 5 月 25 日，交通部又印发了《关于整顿和规范道路运输市场秩序的若干意见》(交公路发〔2001〕258号),要求用一年的时间,打击非法营运;查处侵犯旅客、货主权益的不正当经营行为;强化安全生产监督管理;打破地方保护和地区封锁;清理不合理收费;治理客货运输车辆超载超限运输;规范行业管理和行政行为。

此次集中整治道路运输市场秩序的主要内容:一是打击非法营运;二是查处侵犯旅客、货主利益的不正当经营行为;三是查处道路运输生产经营中存在的企业对驾驶员监督管理不力,安全管理制度不健全、不落实,驾驶员疲劳驾车等各种事故隐患;四是打破地方保护和地方封锁,切实改变客货运输线路审批中强调对等发车、妨碍公平竞争、保护主义的做法;五是全面清理涉及道路运输的行政事业性收费和政府性基金项目,清理和取消企业向挂靠车辆、出租车收取的不合理的高额管理费、"份钱";六是治理车辆超载超限运输;七是规范行业管理和行政执法行为,查处道路运输管理机构在经营许可、线路审批中的不规范行为,清除执法队伍中以权谋私、与不法人员勾结、中饱私囊的腐败分子。

至2001年年底,重庆市共出动稽查队员15万人次,上路上户检查各类车辆和各类经营业户94万辆次(户),检查各类违法、违章车19万辆次,纠正各类违法、违章车18万辆次,处理率达96%,打击取缔非法经营车1932辆,有效地遏制了非法营运车继续蔓延的势头,市场秩序明显好转。2001年底,交通部会同建设部、财政部、国家计委、公安部组成检查组来重庆,对重庆的整顿工作给予充分肯定。

2002年3月5日,交通部又发出《关于继续开展清理整顿道路运输市场秩序的通知》(交公路〔2002〕66号),要求各级交通主管部门要在认真总结2001年清理整顿工作经验和巩固已取得成果的基础上,针对清理整顿工作中发现的比较突出的难点问题,制定工作目标和实施步骤,认真加以解决。这次整顿工作的重点,一是严厉打击非法经营活动,继续清理挂靠车辆,对挂靠在国有、集体汽车运输企业,以挂靠企业名义经营,而产权仍属个人的营运客货车辆进行全面清理并解除挂靠合同或协议;二是打破地区封锁和地方保护,建立全国统一的道路运输市场;三是继续开展全国道路化学危险货物运输整治工作;四是停止客货运输线路经营权有偿出让;五是加强道路运输安全管理,确保人民群众生命财产安全。

此次整顿共检查各类车辆和各类经营业户178.6万辆次(户),查出各类违法、违章车15.4万辆次,查处各类违法、违章经营行为8.9万件。整顿和规范道路运输市场秩序取得阶段性成果。

2003年4月14日,交通部印发《关于2003年整顿和规范道路运输市场秩序重点工作安排的通知》,要求重点抓好货运代理、货运配载、客运车辆挂靠经营、汽车维修市场的整顿和规范工作。重庆市各级运管机构认真贯彻落实,加强市场监管,开展了以打击非法营运和大型物件运输、集装箱运输、货运代理点、维修市场为重点的专项整治活动。检查各类车辆和经营业户225.6万辆次(户),查处违章行为9.2万件次,达到了预期效果。

第二节 主城区非法营运车整治

为了进一步加强主城区交通管理,维护正常的出租客运市场秩序,1999年9月1日,重庆市人民政府发布《关于进一步整治主城区非法营运车辆规范出租客运市场秩序的通告》(以下简称《通告》)(重庆市人民政府第64号令),自1999年9月20日起施行。主要内容:一是未经重庆市人民政府批准、未持有重庆市客运行政主管部门核发的营运证件在主城区内营运的"面的"车或摩托车(两轮、三轮和轻便摩托车)、残疾人专用车及其他非法出租客运车辆,依法予以取缔。二是出租客运车辆的发展权在重庆市人民政府。未经批准,主城区内任何地区、部门不得以任何名义审批出租客运车辆,已审批的应自查自纠,停止营运,全部取缔。三是禁止主城区外的出租客运车辆在主城区内驻地营运。四是擅自审批出租客运的，由监察机关会同客运行政主管部门组织清理，追究当事人行政责任。五是重庆市客运行政管理部门可对非法营运车辆采取滞留强制措施，采取滞留强制措施所发生的费用，由被滞留车当事人承担。9月3日，重庆市人民政府办公厅印发《关于整顿主城区交通秩序规范客运市场的通知》（以下简称《通知》）（渝办发〔1999〕65号），对整顿的目标、重点范围、工作步骤、工作措施和政府部门的职责做了明确规定。

为了将《通告》和《通知》落到实处，1999年9月7日，重庆市人民政府召开整顿和规范客运市场动员大会。重庆市人民政府常务副市长王鸿举做了重要讲话。王鸿举强调，各级各部门要统一思想、提高认识，加强领导，各方配合，以更大的气魄和更有力的措施，夺取整顿和规范工作的全面胜利。为此，成立了整顿领导小组，组建了220人的综合执法队。整顿工作从9月7日起开始，重点是主城区和城乡结合部非法营运的“面的”车、摩托车、残疾人专用车及其他非法出租客运车辆。

至1999年年底，综合执法队查处无证经营的面包车、小轿车、大客车、客货两用车共1300余辆次，罚款数百万元；查处驻地经营车130余辆次，罚款近10万元：查处摩托车、残疾人三轮车2300余辆次，罚款百万余元。整顿工作收到了一定的成效。

第三节　主城区微型客车整顿

1993年，重庆主城区开始出现“微型厢式货车”（俗称“面的”）。由于此车主要从事载客经营活动，因此给正处于宏观调控的出租汽车市场造成冲击。1993年5月14日，重庆市人民政府办公厅印发《关于对最近发展从事营运的微型货车有关问题的通知》（以下简称《通知》）（重办发〔1993〕39号），对非法从事客运经营的微型货车进行整顿。《通知》主要内容：微型厢式货车严禁从事客运，货厢内的座椅全部拆除，违规载客的，由重庆市交通局负责按拟议定办法处罚。

此次整顿后，主城区部分地区仍自行发展了部分微型厢式货车从事客运。1998年3月23日，重庆市人民政府印发《关于整顿主城区微型客车违规客运的通知》（渝府发〔1998〕21号），主要内容：一是再次重申发展出租客运车辆（含微型客车从事客运），必须由重庆市人民政府宏观调控、总量控制、集中审批，禁止任何地区和部门越权审批，对违反规定的，要坚决追究批准部门和批准人的责任。二是以重庆市人民政府《关于出租汽车管理有关问题的通知》，即渝府发〔1997〕49号文件颁发之日为界，文件下发前审批的违规客运车辆，由有关区人民政府负责清理、登记、造册并上报重庆市交通秩序整顿办公室，待整顿工作结束后，通过招标，统一投放到交通不便的乡村，没有开行公交车、中巴车及出租车不便到达的地方，实行“四定”（即定线路、定车辆数、定发出时间、定票价）管理，文件下发之后审批的违规客运车辆及未经审批的车辆，由有关区人民政府予以坚决取缔。三是微型客车客运招标方案，由重庆市交通秩序整顿办公室会同有关部门研究提出，经重庆市人民政府审定后，由有关区人民政府组织实施。

2001年7月18日，重庆市人民政府发布《关于整顿九区范围内非法从事道路客运的通告》（渝府发〔2001〕51号）。涉及“面的”车的主要内容：一是已核发“道路运输证”的“面的”车，经营期限已届满的，自本通告发布之日起90日内退出市场，并向原审批的道路运输管理机构缴回营运证牌，办理有关注销手续。二是经营期限已届满的“面的”车自本通告发布之日起90日后继续经营的，一律予以取缔。三是经批准的“面的”车不按批准的线路、区域营运或者在9个区主干道营运的，处500元以上3000元以下罚款，并处责令停业整顿或者吊销经营许可证。

重庆市运管局与各区运管所协同配合，对“面的”客运市场进行了认真的清理整顿和规范，主城区客运秩序有了明显好转。

第四节　摩托车整顿

20世纪80年代末至90年代初，重庆主城区及一些区县摩托车（包括二轮、三轮、轻便摩托车和残疾人用机动车）无证照上路行驶和从事营运的情况日渐突出，严重影响道路交通安全和正常营运秩序，危及人民群众生命财产安全，引起社会各界普遍关注。人民群众纷纷要求对摩托车加强管理，取缔摩托车非法营运，建立摩托车宏观调控机制，以维护全市道路交通安全和客运市场秩序。对摩托车的集中整顿主要有1992年和1994年两次，平时整顿摩托车工作由专职的整顿摩托车综合执法队伍负责。

一、1992年摩托车整顿

1991年12月20日，重庆市人民政府发布《关于加强摩托车管理的通告》（以下简称《通告》）（重府1991年28号令），自1992年1月15日起施行。主要内容：

任何单位和个人用摩托车从事载客经营均属于非法经营，必须取缔，违者由客运管理部门处以5~20元罚款，或由公安机关吊扣驾驶证；禁止非残疾人驾驶残疾人用机动车。禁止非残疾人驾驶正三轮摩托车在主城7个区道路上行驶。违者由公安机关给以警告、罚款、吊扣驾驶证，并可以扣车；从事生产、组装或改装和销售摩托车的企业和个人，应经工商行政管理部门核准登记。对未经核准登记或不符合本通告及国家有关规定标准生产，组装或改装和销售的，工商行政管理、技术监督部门应依法查处，公安交通管理部门对其摩托车不核发牌证。

在整顿摩托车的过程中，一是成立了以重庆市人民政府副市长唐情林为组长的整顿领导小组，领导小组下设办公室，负责整顿摩托车的日常工作。二是加强了宣传舆论工作，召开了新闻发布会，重庆市人民政府副市长唐情林发表电视讲话，印发《通告》10000份，汇编小册子1000册，编写印发《通告》宣传提纲，组织宣传车上街宣传，召开包括残疾人在内的各种类型座谈会，听取意见和建议，组织新闻媒体报道整顿情况，把握舆论导向。三是公平合理做好超标准残疾人用机动车的处置工作。确定了残疾人自行处理、政府作价收购和委托拍卖三种处置办法，成立了收购组与作价组，具体负责此项工作，作价收购超标车351辆，残疾人自行处理12辆，强制拍卖5辆。四是认真开展综合执法工作，由重庆市公用、公安、城管、工商、交通等部门组成综合执法队，对上道行驶的摩托车进行了严格检查。共检查摩托车3020辆次，其中违章707辆，占查车总数的23.4%。在违章行为中，非残疾人违章431起，非法从事客运46起，超规格驾车103起，证、牌不齐驾车457起，违反交通管理规定63起，扣押车辆73辆，强制拍卖超标车5辆，罚款8627元。

二、1994年摩托车整顿

1994年1月4日，重庆市人民政府对《关于加强摩托车管理的通告》（重府1991年28号令）进行修改后予以重新公布，自1994年1月15日起施行。修改的主要内容：将利用摩托车非法从事载客经营的罚款标准由5~20元提高为50~500元，可并处暂扣摩托车2个月，吊扣驾驶证2个月。

为了加大摩托车整顿力度，1994年10月12日，重庆市整顿摩托车领导小组召开近郊7区摩托车专项整治工作动员大会，大会就加强对整顿工作的领导、依法办事、宣传工作、疏导工作作了动员和部署。10月27日，近郊7个区开展了第一个执法日，当天共出动执法人员300余人，执法车辆56辆。至12月15日第一阶段专项整治中，共查处违章车6014辆，其中交通违章4921辆、非法客运1093辆、罚款2.6万元、扣车1406辆、吊扣证件12个、吊销驾驶证9个、拘留50人。

第五节 汽车维修市场整顿

一、1986年维修市场整顿

1986年以来，重庆市维修市场修车给回扣、赠送、越级维修、偷工减料、乱收费和修车不讲质量等行为日渐突出。为此，重庆市运管处依据交通部及四川省、重庆市整顿运输市场的部署和安排，对汽车维修市场进行了整顿。各区县成立了整顿汽车维修业经营行为领导小组，拟订各个阶段的整顿工作方案，通过召开动员大会，利用广播、电视、报刊等媒体，对整顿工作的重要意义、范围、措施、步骤进行广泛的宣传，在维修厂点设立统一标志牌，标明技术等级和经营范围，制订《违反汽车维修经营管理行为的处罚标准》，为查处汽车维修违法行为提供了依据，制订《重庆市汽车大修、三保竣工抽检评定条件》和《重庆市汽车运输车辆综合性能检测条件》，为质量监督提供了技术标准。

二、1999年维修市场整顿

1999年，重庆市人民政府纠风办、重庆市交通局印发《关于在全市开展清理整顿汽车维修市场工作的实施办法》，对汽车维修行业再次进行清理整顿。

清理整顿的目标任务：遏制公车维修中的“回扣”现象，净化社会风气；杜绝汽车维修中的价格欺诈行为，创造公平的市场竞争环境；扫除假冒伪劣、“三无”及来路不明的汽车配件，提高汽车维修质量。

清理整顿的内容：是否严格按照国家标准《汽车维修业开业条件》（GB/T16739.1－3－1997）进行资质检查。重点是设备、仪器配置、场地设施和文明生产情况。是否守法经营，按规定收取汽车维修工时费、材料费，有无价格欺诈和以“回扣”招揽业务的违纪行为。是否执行配件进、销差价率规定，有无销售来路不明的汽车配件和假冒伪劣配件。是否有严格的进、出厂过程检验制度和健全的质量保证体系。

此次清理整顿汽车维修市场，共出动1675车次、6085人次，规范、整改678户，降类157户、取缔（注销）1013户、处罚占道维修1067户，清理汽车配件经销业户2570户，同时在行业中开展了以优质服务内容为中心的汽车维修服务月活动。通过整顿，汽车维修市场秩序明显好转，车辆维修质量进一步提高。

三、2002～2003年维修市场整顿

2002年，重庆市交通委员会根据国务院关于整顿和规范市场经济秩序有关文件精神和交通部《汽车维修市场整顿工作方案》（交公路发〔2002〕323号）精神，结合重庆实际，印发了《重庆市汽车维修市场整顿工作方案的通知》。

整顿工作主要内容有：检查资质、规范行为。严格按照国家标准《汽车维修业开业条件》（GB/T16739.1－3－1997）和行业管理规定对维修企业进行资质审查。整顿秩序、打击违法。从事汽车维修的经营业户必须取得汽车维修许可证，并在汽车维修许可证核定的范围内进行经营活动。加强培训、提高素质。对未持上岗证的维修技工，按照交通部编制的《汽车维修工上岗培训教材》对汽车维修工进行岗前培训。

至2003年7月底，重庆市运管局及各区县（市）运管机构联合相关部门，采取以夜间检查与白天检查相结合的方式，对无证修车、占道经营违法行为进行了集中整治，出动执法车1876辆次、执法人员6496人次，查处无证修车919户、占道经营406户、虚开合格证503件、越类维修261件、乱收费35件、其他违法违规行为（使用假冒伪劣配件，不按技术规范作业，维修作业漏项减项，不按规定填写签发汽车维修竣工出厂合格证，不按规定签订汽车维修合同、只收费不维护，伪造、倒卖汽车维修竣工出厂合格证、虚报作业项目、宰客、给回扣或变相给回扣等）1000 余件，罚款 48.35 万元。此外，还狠抓了企业的基础管理工作，统一了 15 种维修基础台账及相关单据式样，健全了汽车维修企业各项管理制度。通过整顿，使汽车维修市场秩序有了进一步好转。

第六节　联运市场整顿

1988 年 10 月，重庆市联运行业管理暂行办法颁布实施。1989 年 1 月至 5 月，重庆市开展了联运行业的清理整顿工作。清理整顿工作由重庆市交通局统一领导，重庆市运管处统一安排部署，各区（县）运管所具体实施。重庆市运管处制发了联运行业状况调查表，由各区县运管所派员上门走访，逐一填写。在摸清情况的基础上，重庆市运管处依据重庆市联运行业管理暂行办法，编写了以清理整顿联运行业的目的、意义，规范联运行业管理的依据、措施，办理和完善审批手续的条件及要求为主要内容的宣传资料，分发各区（县）运管所组织经营业户学习，同时在《重庆日报》上全文刊登《重庆市联运行业管理暂行办法》，要求经营业户严格按规定办理和完善有关手续。

通过清理整顿，至 1989 年 5 月底，共核发联运经营许可证 224 户、汽车货运配载信息服务 11 户、存车服务 138 户、不符合条件不予许可经营的 135 户。

第五篇　道路运输业

道路运输业是国民经济的基础产业，是支撑经济协调发展、沟通城乡、保障国家安全和社会稳定的先导性产业。按现行体制，道路运输业包括道路运输、管理和城市公共交通。道路运输，是指以公共道路（包括城市、城间、城乡间、乡间能行驶汽车的所有道路）为线路，使用各种机动的和非机动的载客载货车辆为运送工具，实现旅客货物空间位移的一种陆上运输方式的总称。本篇表达的道路运输业是指从事以汽车为主要运输工具的公路旅客和货物运输及站场、服务行业。道路运输管理和城市公共交通，另有篇章记述。

重庆作为中国重要的工业基地和西南地区的交通枢纽，长江上游经济中心城市，道路运输依托良好的交通条件和境内及其周围地区丰富的自然资源，面对西南、西北地区和长江流域广阔的市场，逐步发展壮大。1978 年中国实行改革开放以后，重庆市道路运输业的发展大致经历 3 个时期。

20 世纪 80 年代初，由于道路运输市场的全面开放和投资渠道多元化，社会各方积极兴办运输，机关企事业单位、个体运输业户大量进入运输行业，运货难、乘车难的紧张状况基本得到缓解。20 世纪 80 年代中期，重庆市全民所有制（国有）道路运输企业顺应形势、锐意改革，实行厂长（经理）负责制，推行各种经济承包责任制，打破传统的经营模式，主动面向市场“找米下锅”。通过跨地区、省区的联合运输以弥补市区客货源的不足，发展多种经营，采取合同运输、“三代”（即代装、代卸、代保管）服务、择优选运以及增开班次、线路、扩大服项目等一系列措施，逐步改变了国有道路运输企业的经营状况，实现了运输生产与利润同步增长。1989 年，受政治风波、自然灾害和经济萧条等因素的影响，全国铁路、航空、水路和公路交通生产受阻，运输线路几乎中断。面对困境，重庆市交通系统职工顾全大局，坚守岗位，克服困难，排除干扰，采取夜间运输、绕道运输、水陆接运等措施，保证了客货运输的畅通，把损失降到了最低，为国民经济和社会稳定作出了贡献。1989 年年底，重庆市完成公路客运量 10493 万人次，周转量 293000 万人公里；货运量 949.7 万吨，周转量 388500 万吨公里。与 1988 年相比，客运量增长 4.5%，货运量下降 1.3%。在经济体制改革不断深入和国家对运输业给予的优惠政策支持下，重庆市道路运输市场迅速扩大，运输经营单位和从业人员数量激增，客货运站（场）不断增加。能源交通基金、专项贷款、技改资金等资金的投入，加快了企业生产设施设备和车辆的更新改造，企业生产力大幅提升，运力运量累创新高。汽车维修、货物仓储、联托运、搬运装卸和驾驶员培训中心等道路运输服务行业随之快速发展，基本形成一个计划经济与市场调节并举，国营、集体和个体多种经济体制共存的道路运输市场体系。

20 世纪 90 年代初，中国沿海经济的飞速发展，吸引内地大批农民外出打工，为分担铁路运输的压力，重庆市国有（市属）运输企业开通了重庆至广州的班车，时为全国最长的跨省超长途客运线路。1990～1996 年，大量增加的社会运输单位和个体经营者，繁荣和搞活了客运市场，同时增加了交通系统的管理难度和国营客运站场的竞争压力。重庆市交通局审时度势，加大改革开放力度，积极组织重庆市公用型车站全方位开放，引导运输企业自有车站对外开放，允许社会运输单位和车辆进站经营，对外公开拍卖出租汽车营运证牌和公开租赁售票窗口、车位，以及公开招标部分公路客运线路经营试点等改革，率先将国有资产有偿使用，得到交通部肯定，作为“重庆模式”向全国推广，使道路运输客货运站（场）的发展与改革开放和运输市场发展基本同步。20世纪90年代中期，随着中国建立社会主义市场经济体制的全面推进，重庆市为搞活道路运输，探索计划经济与市场调节相结合的运输经济运行机制，探索建立社会主义交通运输市场的途径，利用市场杠杆，改变管理方式，调整运输、运力结构和运价，加快开放步伐，深化企业内部改革，实施第二轮承包，转换经营机制等一系列改革措施，将国有运输企业快速推向市场进行了有益尝试。1994年，四川省永川汽车运输总公司被列为现代企业制度试点单位，在重庆市国有运输行业中率先进行产权制度改革。随后，重庆联运总公司、重庆市汽车运输总公司等先后改制。改制后的企业，纷纷投入资金、资产和技术等方式，以收购、兼并、整合小型运输单位，改制、重组或新建为国有独资、外企独资、公私合资等股份制企业，为企业发展走出一条新路。1995年，公路数量质量不断提升和成渝高等级公路建成通车，为企业生产经营提供了广阔的平台。重庆市属运输企业加大投资、调整运力，短时间内开发出高速公路客运、超长客运、出租汽车、旅游客运、专项运输和特种运输等10余种新型运输业务，扩展了道路运输市场的经营范围，提高了重庆运输业在西南地区的知名度，拓宽了道路运输领域发展路子。1997年重庆直辖，中共重庆市委、重庆市人民政府根据经济发展的客观需要，将直辖首年确定为“交通建设年”，提出了“一年起步打基础，十年渝州变通途”的奋斗目标。并制定《重庆交通1997~2005年发展目标》和《重庆交通1997~2020年发展规划》，为重庆交通发展确定了方向。交通建设促进道路运输业发展日益加快，规模逐年扩大。到1999年，重庆市道路运输经营业户发展到近8万家，从业人员30万人，分别比20世纪80年代末增加6.6倍和4.4倍，其中个体客货运输业户达到6万余家，从业人员12万人，分别增长10.8倍和17.2倍。1999年完成客运量48343万人次，周转量1550000万人公里；货运量22202万吨，周转量692000万吨公里，分别比1989年增加2.9倍、4.3倍、48%、77.4%。1990~1999年10年间，以客货运输、搬运装卸、车辆维修和运输服务行业组成的道路运输市场体系初具规模，重庆交通运输业进入空前繁荣的时期。

21世纪初，在国家加大基础设施投入和向西部地区重点倾斜政策的影响下，新建续建项目、外运产品增多和“假日经济”现象突显、农民工外出“打工潮”持续，以及三峡库区移民搬迁和迁建工程产生的较大运量和运输货源等因素，致使道路运输量猛增，交通运输发展速度加快，道路运输市场进入企业经营机制灵活，设备配置优化，产业规模化、集约化的跨越式发展时期。为扩大和提高国有道路运输企业在交通领域的规模和水平，重庆市属运输企业抓住西部开发的契机，求生存、谋发展，以市场为向导，优化资源配置，提倡国有资本有序退出一般竞争性领域，探索公有制的多种有效实现形式：利用全国运输企业资质评审的机会，对企业进行战略性改组，调整运输布局和产业结构，提升运输资质级别，组建规模型、航母型企业集团，继续做大做强，扩大经营规模。2000~2004年，就有重庆交通运业有限责任公司等6家企业组建成立大型集团公司，逐步形成品牌效应，增强了国有企业在交通市场中的主导作用。2002年末至2003年夏，一场蔓延全球的突发性疾病——“传染性非典型肺炎”（简称“非典”）发生。交通运输成为病疫传播的主要途径。抗击“非典”成为道路运输行业面临的重大事件和紧迫的政治任务。在党中央、国务院和重庆市委、市政府以及行业管理部门的正确领导和指导下，重庆市道路运输企业组织专门力量，按照防疫检疫工作要求，采取“道路设点、测量体温、修建隔离室、对车辆人员以及场地消毒”等多种措施，在初期杜绝了“非典”病疫的传播，使“非典”疫情得到有效控制，防止了“非典”通过交通工具及交通通道传入重庆，保障了重庆市道路运输和生产建设正常运行并快速回升，为经济社会秩序稳定作出了贡献。随着社会主义市场经济体制的逐步建成和完善，重庆道路运输业基本实现了跨越式发展。到2005年底，重庆市道路客货运输业户达到67655家，其中旅客运输业户3468家。共有载客汽车260744辆，其中营业性客车32527辆，占12.5%。有汽车客运站233个，遍及重庆各区县乡镇。有班线客运线路 3940 条，其中省际线路 722 条，年日均发送 1675 班次；区县间线路 3218 条，年日均发送 39795 班次；县内线路 2151 条，年日均发送 28903 班次。重庆市 986 个乡镇有 968 个通达班车，通达率达 98.2%。重庆市 10291 个行政村中有 6855 个通达班车，通达率为 66.6%。全年完成公路客运总量 60588 万人次，其中汽车客运量 59222 万人次，比 20 世纪 80 年代末增加 3.78 倍，比 20 世纪 90 年代末增加 22.5%；周转量 2272160 万人公里，其中汽车客运周转量为 2268853 万人公里，比 20 世纪 80 年代末增加 6.74 倍，比 20 世纪 90 年代末增加 46.4%。有道路货物运输业户 58456 家，其中汽车运输户 55185 家，集装箱运输户 1387 家，危险品运输户 87 家，大件运输户 9 家。有各型货运车辆 243726 辆，其中营业性货车 152309 辆，占 62.5%。完成货运总量 33378 万吨，其中汽车货运量 31738 万吨，比 20 世纪 80 年代末增加 1.12 倍，比 20 世纪 90 年代末增加 43%；货运周转总量 1490627 万吨公里，比 20 世纪 80 年代末增加 2.84 倍，比 20 世纪 90 年代末增加 1.15 倍。有道路运输服务业户 280 家，汽车维修业户 7802 家，从业人员 401284 人，其中旅客运输 91055 人，货物运输 220250 人，运输服务 36284 人，汽车维修 53695 人。

从 1986～2005 年，经过 20 年的努力，重庆市初步建立起“以主城为基点、区县乡为支线、省际运输为重点、高速公路为主线，辐射全国”（即“一环五射”）的道路运输经营网络和一个开放而规范的道路运输市场。道路运输业发展成为包括客货运输、出租汽车、旅游客运、大（重）件运输、专项运输、特种运输、集装箱运输、现代物流、多式联运、车辆维修和运输服务等门类齐全的基础行业，为重庆国民经济和未来发展创造了良好条件。

第一章　道路运输企业改革

1979 年以前，中国交通行业处于社会主义计划经济时期，交通运输业发展缓慢，道路运输企业装备水平落后，运输保障能力不强，运力严重短缺，“出行难”“乘车难”“运货难”是交通运输中的突出矛盾，成为制约经济、社会发展的瓶颈。

20 世纪 80 年代初，中共中央“放宽搞活”的政策拉开了中国交通改革开放的帷幕。重庆交通行业解放思想，开拓进取，在体制转换、简政放权、放开搞活交通运输市场、探索社会化筹融资机制、制定前瞻性交通发展规划等方面，做了一系列开创性、基础性的探索，有力促进了交通运输事业的发展。

1983～2005 年是中国深化改革，快速发展的时期。这一时期内外部环境变化剧烈，国有企业职能转变明显。国有道路运输企业的改革发展大致经历了由社会主义计划经济体制向社会主义市场经济体制转变过渡时期（1983～1992 年）；培育和发展适应社会主义市场经济体制的交通运输和建设市场时期（1992～2002 年）；探索实践交通科学发展之路时期（2002 年中共十六大以后）3 个阶段。第一阶段是以简政放权，转换管理、经营机制，调整产权结构为主要内容的企业内部改革，即企业政企分开、两权分离的厂长（经理）负责制；人事用工、劳动分配、职工保险 3 项制度改革；企业生产经营、产品定价、内部分配、劳动用工、技术改造“五自主”和对亏损企业采取“关、停、并、转、租、售”的兼并改造工作。第二阶段从战略上调整交通行业国有企业布局，提出推进交通运输市场建设，加快国有企业改革，加大对外开放力度，加大交通基础设施建设等重大政策措施，推动国有交通大中型骨干企业建立现代企业制度，完成由承包制向经营代理制转变的改革，即国有、集体运输企业改为有限制、有限责任制、股份有限制、股份合作制等法人经营代理制度。第三阶段是交通系统坚持以科学发展观统领交通工作全局，推动交通转入科学发展轨道。国有运输企业从交通是国民经济基础产业和服务性行业的实际出发，明确提出要做好“三个服务”，即：服务国民经济和社会发展全局，服务社会主义新农村建设，服务人民群众安全便捷出行。这一时期，中国交通行业取得了突破性进展。

第一节 管理体制

管理体制是指管理系统的结构和组成方式，即采用怎样的组织形式以及如何将这些组织形式结合成为一个合理的有机系统，并以怎样的手段、方法来实现管理的任务和目的。具体地说，管理的体制是规定中央、地方、部门、企业在各自方面的管理范围、权限职责、利益及其相互关系的准则，它的核心是管理机构的设置。各管理机构职权的分配以及各机构间的相互协调，它的强弱直接影响到管理的效率和效能，在中央、地方、部门、企业整个管理中起着决定性作用。本节表述的仅限交通企业管理体制改革，地方和交通部门管理体制改革另有篇章记述。

1983 年，在改革开放浪潮的推动下，四川省将在渝的省属 14 个交通企事业单位以及公路、部分航道下放市管，并赋予重庆市在路政、航政、监理、船检等方面享有省级管理权后，重庆市地方、部门和企业管理体制改革开始起步。1984 年，全国交通系统开展企业全面整顿，为企业管理体制改革铺路。1985 年，重庆市部分交通企业试行民主选举厂长（经理），进行领导制度改革试点。

1986 年，中共中央、国务院颁发《全民所有制工业企业厂长工作条例》《中国共产党全民所有制企业基层工作条例》和《全民所有制工业企业职工代表大会条例》（以下简称《条例》），拉开了全民所有制企业改革开放的帷幕，推动了国有道路运输企业管理体制的变革。重庆市全民所有制企业开始推行厂长（经理）负责制，企业管理体制由党委领导下的厂长（经理）负责制向厂长（经理）负责制过渡。其间，重庆市属运输企业改变传统管理模式，转变经营机制和生产方式，从企业内部经济责任制着手，探索实行租赁、承包、资产经营责任制，试行经营、维修两条线分类管理改革，将营运客货车从车队分离出来划归车站，汽车维修划归汽修厂管理，解决了长期存在的营运车辆“车队管得到而看不到，车站看得到而管不到”的管理与经营脱节、营运与维修产权不分的历史问题。

1987 年，重庆交通系统 22 家国有企业全部实行厂长（经理）负责制。厂长（经理）负责制赋予厂长（经理）经营决策权、生产指挥权和选人用人权，即突出厂长（经理）在企业中的中心地位和作用，强化生产经营管理系统。实行厂长（经理）负责制的企业，按照《条例》要求确定党、政、工各自的职责权限、工作内容、办事程序等，形成“厂长（经理）行政指挥，党委保证监督，职工民主管理”新的分工。厂长（经理）负责制的实施，对国有道路运输企业的经营生产起到十分重要的促进作用：企业转变观念，一改长期以来政治统领业务生产的状况，努力发展生产；厂长（经理）肩负起企业的发展重任，集中主要精力开展生产经营，提高企业经济效益，增加职工收入。

1988～1989 年，按照责、权、利相结合的原则，重庆市国有运输企业制定、修改和完善了《车辆租赁经营管理办法》《安全管理办法》《客货车国有民营管理办法》《财务管理办法》《营收管理办法》《设备管理办法》《车辆维修规定》《退休统筹管理办法》《医疗费管理办法》《经济责任制考核办法》等一系列管理办法和制度。逐步建立和完善了以厂长（经理）为中心的决策和经营管理系统；以分级分权为主体的生产管理系统；以内部银行为中心的资金管理系统和以定额管理、包干管理为主要形式的成本、费用管理系统等，为企业进一步融入市场、适应市场奠定了基础。

第二节 经营机制

经营机制是指决定企业经营行为的各种内在因素及其相互关系的总称。主要指企业商品生产、商品交换活动赖以存在的社会经济关系。企业经营机制主要包括：决策机制、激励机制、发展机制、约束机制。为适应管理体制的变革，重庆市道路运输企业按照不同时期国家对国有企业的要求，以及企业内外部环境的变化，对生产经营机制进行了修改和创新。

一、承包经营责任制

1988年以前，重庆市国有运输企业的生产任务，基本上是由上级主管部门以计划的方式组织安排，企业无生产经营自主权，不能根据市场需求调节运输生产任务，企业普遍亏损，包袱沉重。1988年，随着改革开放的深入，计划经营的模式逐渐转变，市场机制发挥作用，《条例》要求国有企业自己养活职工。重庆市国有运输企业开始改变原来“重生产轻经营、重企业轻市场”传统模式，以提高经济效益为中心，以发展生产、强化管理和改善职工生活为目标，试行由生产型转变为生产经营型的经营机制改革，推行以奖金、浮动工资与经济效益挂钩为主体的企业内部承包经营责任制。承包经营责任制以“放权让利，包死上交，工资全挂，激励多超，配套改革，搞活细胞”为主要内容，由承包者向企业按时上交全部政策性税费和实现的利润额，超收多留，欠收自补，采取承包人“一包、五保、五挂”（即包干年度利润系基数，保证消耗、保证安全质量、保证设备完好、保证计划运输、保证任务时限五项兼顾指标完成，挂工资总额、挂超利留成、挂职工晋级、挂上级嘉奖、挂经营者效益收入）的形式建立。具体方式是采取“三定一公开”（定车、定线路、定价格，公开招标）的办法，将客货车辆、线路、站场、维修厂等承包、租赁给部门、班组和个人，如线路承包、站队承包、部门承包、生产一条龙承包、班组承包、单车承包和个人承包等，把各项指标落实到部门和人头，具体到每个班组、每辆车、每个职工，横向包到边，纵向包到底。同时，赋予一定的对外经营权，根据生产实际扩大业务经营范围，逐渐形成企业自己养活职工的经营机制。在对营运客货车驾驶员实行的单车承包中，企业专门设立稽查部门，负责查处驾、售人员私吞票款行为，以保证企业的经济收入。

1991年，针对地方交通企业基础薄弱、负担沉重、设备老化、投资不足、亏损增加的局面，重庆市政府颁发《关于在国营工交企业中进行“五自主”试点的通知》和《关于开展国营大中型企业转换经营机制试点工作的通知》（简称《通知》），从经营、价格、用工、分配和技术改造方面进一步落实和扩大企业的自主权，促使企业以市场经济为导向，不断深化内部改革，转换经营机制，逐步成为自主经营、自负盈亏、自我发展、自我约束的商品生产者和经营者。重庆市交通局认真贯彻《通知》精神，继续“简政放权”，落实企业的14项自主权，指导和协助企业调整结构，协调各方关系，维护企业的合法权益，引导和支持兴办运输代理业及延伸服务，开辟跨省运输线路、航线和新的经营领域，为企业走向市场、自主经营服好务。至1992年，重庆市属运输企业80%以上的营运车辆实行了承包经营责任制模式。

二、国有资产自主经营承包责任制

承包经营制和单车考核的施行，激发了职工的积极性，增强了驾驶员、售票员责任心，增添了企业的活力和生产力，各营运车辆均能完成考核指标，但企业的营运收入并未因此而增加，仍然存在亏损和驾、售人员私吞票款等问题，企业与职工利益之间的矛盾逐渐显现出来。

为了解决企业亏损和驾、售人员私吞票款等问题，1992 年 10 月，重庆市公路运输总公司工会主席曹友新提出对营运车辆实行单车租赁承包制的新模式。具体做法是：采取转让经营的办法，将客货车辆（特种车辆和吊装车辆除外）的余值作价转让给经营者个人，或新增车辆由经营者出资购买，但只给予经营权。经营者向企业缴纳风险金，企业按月收取固定“规费”，把“盈、亏”的责任具体落实到企业和经营者个人的头上。

1993 年，国家颁布《全民所有制工业企业转换经营机制条例》（以下简称《经营条例》），为企业进一步深化内部改革，转换经营机制，加快融入市场、适应市场提供了政策依据。1993 ~ 1995 年，重庆市属运输企业贯彻《经营条例》精神，在承包经营责任制的基础上，普遍推行了单车租赁承包制模式。经过充实改进，租赁承包制模式的内涵不断丰富、完善，最终形成了国有资产自主经营承包责任制和企业法人资产委托经营承包责任制（又称“第二轮承包”）。这两种承包责任制以基层全体签订劳动合同的上岗职工为承包主体，总公司聘任的正职经营者为承包责任人，形成企业内部全员责任风险利益共同体。企业按照发展战略和经营目标，结合基层资产规模、经营方式、盈利水平等实际情况，将承包形式分为效益递增型、自负盈亏型、政策扶持型、费用包干型四类，按照不同的类型给予承包者不同的效益指标。第二轮承包责任制赋予承包者资产使用和占有权、资产部分处置权、投资决策权、经营决策权、生产指挥权、经营定价权、资金支配权、劳动用工权、人事管理权、工资分配权等 10 项权利，使承包者可以按照市场要求独立自主决策生产经营活动，实现生产力要素的市场配置。同时，企业对二级单位采取“确保国有资产保值增值的企业内部国有资产委托经营承包责任制”“二级公司经营管理目标责任制”“模拟法人制”等形式，赋予二级经营单位较大的经营自主权，建立“定额上缴，超额分成，欠定额自负，逐步递增”的目标责任制考核体制。基层对全部法人资产特别是国有资产保值增值负有直接责任，将企业对资产和利润的追求与职工对物质的追求融为一体，有效地调动了承包者和职工的积极性和创造性。到 1997 年，重庆市属运输企业灵活运用第二轮承包责任制赋予的经营自主权，按照“主业要精，副业要兴”的经营战略，面向市场，发展多种经营，建立起以运输为主，商贸、物业、服务等多元化的经济格局，有的企业非主营收入甚至达到营运总收入的 30% 以上。

第二轮承包制模式一经试行，职工私吞票款现象自然消失，企业经济效益明显提高。稽查部门也完成其使命，退出历史舞台。

三、法人资产代理经营责任制

1998 年，随着经济体制改革的进一步深入，重庆市属运输企业继续推进经营机制的转换，强化经营管理的目标责任，开始实施企业法人资产代理经营责任制（简称“法人代理制”）。企业经营体制由承包制向现代企业的经营代理制推进。1998 ~ 2005 年法人代理制实施期间，重庆市属运输企业全面完成效益计划指标，经济快速发展，年营运收入递增 10% 以上。

2005 年，重庆市属运输企业学习外地运输企业经验，收回部分效益较好的客运线路的管理权限，实行公司化资本经营：即由企业出资购车并管理，聘请驾驶员开车（给予工资和为其缴纳各种社会保险费用），取消中间环节的经营者，营运盈利全归企业。

第二轮承包制、法人代理制的实施和公司化资本经营体系的建立，活跃了运输市场，增强了企业活力，收到了明显效果：利益双赢——企业扭亏为盈，经营者个人收入提高；改变了经营发展模式——调整了企业运力结构，降低了人工成本，扩大了经营规模和范围，保证了运输任务的完成；实现了国有资产保值增值——企业回收了闲散资金，盘活了资产存量，拓宽了投、融资渠道；提高了企业抗御市场风浪、参与市场竞争的能力。

第三节　劳动用工

新中国成立后至1979年，企业的劳动用工和人事制度形式单一，国营道路运输企业职工以固定工形式依附于企业，与企业保持固定的劳动关系，职工终生一职，人才流动不畅。存在着“抱得过死、包得过多、卡得过严”等问题，不利于增强企业活力和调动职工的工作积极性和创造性。

20世纪80年代初，交通运输劳动力市场放开，政府赋予企业更加灵活的选择手段。市场机制在劳动用工和人才资源配置中的基础性和主渠道作用日益凸显。重庆市国有道路运输企业为了适应市场，加快发展，对劳动用工和人事制度进行了较大力度的变革。

一、固定职工与合同制

固定工，是指1986年9月30日以前，在国家计划指标内由劳动（人事）部门分配到国有或县以上集体单位工作的正式职工，以及1986年9月30日以前入伍，复员、转业、退伍后到国有或县以上单位工作的正式职工（指在人事局、劳动局、民政局等职能部门办理过手续的职工）。这些职工享有探亲假等待遇。

合同工，指企业、事业单位通过签订合同招收的短期性工人。合同一般采取书面形式，内容包括时限、任务及共同遵守的各项义务等。

1986年7月12日，国务院发布《国营企业实行劳动合同制暂行规定》和《国营企业招用工人暂行规定》，指出企业在国家劳动工资计划指标内招用常年性工作岗位上的工人，除国家另有特别规定者外，统一实行劳动合同制。以后，随着国务院关于《国营企业辞退违纪职工暂行规定》《国营企业职工待业保险暂行规定》等法规以及重庆市有关政策、规定陆续出台，重庆市属运输企业开始改革劳动用工制度，实行劳动合同制。企业招用合同工采取公开招收、自愿报名、德智体全面考核、择优录用的原则。合同工与所在单位固定工享有同等的劳动、工作、学习、参加企业民主管理、获得政治荣誉和物质鼓励等权利。

1993年，重庆市取消全民所有制企业行政级别的限制，给予企业在劳动用工、人事制度方面更大的自主权（如不须通过上级劳动人事部门，而由企业双方自行商定办理职工调动手续；可直接从劳务市场和社会上公开招聘工人和技术人员等），企业用人、用工更加机动灵活。1994年以后，国家全面推行劳动合同制，开始淡化和消除固定职工的概念。1996年国家《劳动法》出台，重庆市属运输企业贯彻落实《劳动法》和《重庆市劳动合同规定》等有关法律法规，制定了《劳动合同制度实施细则》及相配套的《劳动合同管理实施办法》《工资分配管理实施办法》《富余职工安置管理办法》等，实行全员劳动合同化管理。企业根据生产经营需要，重新优化劳动组合，对凡与企业形成劳动关系的劳动者均签订劳动合同，使其了解和明确自己在企业中的权利与义务。同时进行劳动制度市场化改革试点，促进劳动力市场的内外接轨。

全员劳动合同制的实施，打破了“铁饭碗”“大锅饭”的计划经济传统模式，打破了干部与工人、固定工与合同工、全民所有制与集体所有制职工的界限，完成了职工从固定制到合同制的跨越，初步形成了“双向选择，择优录取”“上岗靠竞争，收入凭贡献”“各尽所能，按劳分配”的竞争与激励机制和“干部能上能下、职工能进能出”的劳动用工机制。

二、干部任用与选聘制

新中国成立以后，中国共产党在企业中逐步形成了一整套高度集中统一的干部管理体制。这套干部管理体制，对于加强干部队伍建设，完成党在新中国成立以后所担负的任务，起到了重要作用。随着社会的发展和政治、经济体制的改革，原有的企业干部管理体制的某些方面已不适应新的形势。主要表现在：由于实行任命制，上级党委对企业干部的管理包揽过多，党政对干部职能的划分没有很好解决；权力过分集中于企业党委，下级部门缺乏管理干部的自主权，不能根据实际需要及时调配干部；管理办法过死，没有建立分类管理干部的制度；干部调配制度单一，干部“只能上不能下”现象严重，不能根据企业需要合理流动，造成人才的积压和浪费。中共十一届三中全会以后开始对企业干部管理体制进行改革。

1988年，重庆市属运输企业推行干部管理制度改革，改干部任命制为聘用制。企业根据自身生产经营管理需要，打破工人、干部界限，按照“四化”要求和企业的聘用条件、程序，采取一年一聘、年终考核、不合格者不续聘的办法，有计划地从优秀工人中选拔聘用各级干部。主要办法和程序有：对一般干部。先由企业制定选聘的基本条件（如政治素质、道德品质、工作能力、年龄、文凭等），然后由领导提名，或群众推荐，或公开招聘，再由党政领导集体研究确定聘用人选并张榜公示，随后对其进行考试考核，合格后由企业党委下达聘用批复，最后是明确待遇，并签订《聘用干部合同书》。对中层行政干部（简称“中干”）。由经理（厂长）提名推荐（或职工代表民主推荐），组织部门考察，张榜公示，党政领导集体研究决定。对首次聘用为行政中干者试行一年试用期制度。试用期满后，由本人写出工作总结，所在单位党组织作出鉴定，职工代表民主测评，组织部门考察，党政领导集体研究决定是否聘用。对聘用期满，表现好、胜任现职者，实行续聘。对不胜任者，另行安排工作，取消原任职待遇。对厂长（经理）。由上级党政领导提名推荐，或群众推荐，或公开招聘，组织人事部门考察，张榜公示，上级党委任命。

与干部任命制不同的是，聘用制变干部与单位传统的行政依附关系为双方平等自愿的契约关系，淡化干部资历、职级等身份因素，实现岗位需要与人员使用的有机结合，做到企业自主用人，人员自主竞聘，有序流动。主要体现在：一是在党管干部的前提下，坚持公开、民主、竞争、择优的原则，扩大和提高职工参加干部工作的范围和程度。二是明确企事业单位管理干部的自主权。企业干部与行政级别脱钩，形成与建立社会主义市场经济体制和现代企业制度相适应的企业领导人员选任、激励和约束机制。三是推进干部轮岗交流工作，增强整体功能。四是推进干部考核中的民主推荐、民主测验和民主评议制度，实行干部任前公示制和聘用试用期制。五是建立健全干部选拔聘用工作责任追究制度，对用人失察失误造成严重后果的要追究责任。六是坚持任人唯贤的原则，选好人用好人，通过竞争上岗使更多的优秀人才脱颖而出。七是制定干部“能上能下”制度（如试用期制、任期制、谈话戒勉制、末位淘汰制等），使干部的升职与降职成为企业一种正常现象。

国有企业干部管理制度改革，公开、公平、公正地选拔人才，打破了干部终身制，拓宽了干部选拔渠道，初步形成了干部工人竞争上岗、竞选岗位的局面，对激励广大职工尽职尽责、勤政务实、创新工作，实现干部队伍的“四化”建设起到了积极作用。

三、劳动力结构优化

20世纪70年代末，国家要求全民所有制企业解决“文革”时期遗留的职工子女就业困难问题，采取招工和顶替的方式，招收“上山下乡”和滞留城市待业的职工子女，组建成立并管理集体所有制企业（即“大集体”），至80年代中期招收工作终止。

在国家政策支持和全民所有制企业（即“大集体”的主管企业）的扶持下，到20世纪90年代初“大集体”企业发展巅峰时，重庆交通系统的“大集体”形成了汽车运输、装卸、修理、配件经营、建筑修缮、仪器仪表、印刷、服装、制鞋和旅馆、旅游、租赁服务等多种生产经营格局。1992年，“大集体”企业经济效益开始下滑，主管企业虽给予人力物力支持，但仍然没能止住下滑趋势。1993~1995年，由于市场竞争激烈，重庆市国有运输企业调整经营结构和经营方式，实行客车、货车租赁经营，后勤、服务等项目剥离出企业，货运装卸、汽车修理等业务萎缩，全市运输业劳动力结构发生变化，企业富余职工逐年增多。1996年，重庆市运输行业“大集体”企业基本处于停产、半停产状态，80%左右的职工在外择业谋生，“大集体”名存实亡。主管企业收入减少，人工成本剧增，经济负担加大，包袱沉重。1997年，国家“减员增效、下岗分流”政策出台，重庆市对“大集体”企业实行关闭、注销和出售，并开始大规模精简职工，对富余人员进行遣散分流，同时在企业内部实施再就业工程。主要方式：一是采取向外调动、临时外借、停薪留职、留职自养、自愿辞职、解除劳动合同等方式分流疏导。二是通过办理正式退休（含特殊工种提前退休）、工残退休、申报病退、因病退职、下岗休养、待岗等政策方式安置。三是通过除名、违纪辞退、开除、自动离职等方式对违纪违章人员进行清理。四是通过设立待业安置开发新项目，转岗培训提高富余职工劳动技能，兴办劳动就业服务经济实体，建立内部职介机构为富余职工推荐岗位职业等。1998 年，国家采取“两个确保”措施：一是确保国有企业下岗职工的基本生活，在国有企业普遍建立下岗职工再就业服务中心，由再就业服务中心为下岗职工发放基本生活费，并为他们缴纳社会保险费，所需资金由政府财政、企业和社会（主要是失业保险基金）三方面共同筹集。同时，组织下岗职工参加职业指导和再就业培训，引导和帮助他们实现再就业。二是确保离退休人员的基本生活，保证按时足额发放基本养老金。为保证“两个确保”的实施，国家提出与“两个确保”相衔接的“三条保障线”政策：国有企业下岗职工在再就业服务中心最长可领取三年的基本生活费；三年期满仍未实现再就业的，可继续领取失业保险金，领取时间最长为两年；享受失业保险金期满仍未就业的，可申请领取城市居民最低生活保障金。按照国务院关于“下岗人员进中心”的政策规定和《中共重庆市委、重庆市人民政府关于加快实施再就业工程的意见》等文件精神，重庆市属运输企业先后成立再就业服务托管中心（简称“再就业中心”），组织符合条件的下岗职工进入“再就业中心”实行托管，按规定发放基本生活费和医疗补助费，并进行多渠道、多层次的再就业培训，帮助其获得重新就业的技能和机会，基本解决了国有企业“人往哪里去”的最大难题。

2001 年，重庆市绝大多数国有企业下岗职工领到基本生活费，离退休人员养老金基本实现按时足额发放。到 2002 年 10 月，全市国有运输企业进出再就业中心 13842 人（其中交委直属单位 11309 人），并与企业解除了劳动关系，未发生一起信访和上访事件。2003 年，再就业中心关闭，大部分下岗职工走出“中心”。据不完全统计，已有 80% 左右的下岗职工实现了再就业或领取失业救济金。

再就业工程和“两个确保”措施的实施，缓解了国有运输企业冗员压力，减轻了企业负担，优化了企业劳动力结构，为维护下岗职工、离退休人员的合法权益和社会稳定发挥了重大作用。

第四节　分配制度

中国现行的分配制度是以按劳分配为主体、多种分配方式并存的分配制度。1985 ~ 1993 年重庆市国有道路运输企业进行的劳动工资分配制度改革，主要体现在两个方面，即由国家政策规定的职务结构工资制度向基本工资制度转变。

一、职务等级工资制度

1956 年，国家进行第一次工资改革，实行职务等级工资（又称标准工资）制度。各种职务由高到低共分 30 多个等级，标志着中国收入分配开始出现差距。但其弊端也是显而易见的，主要是工资等级和标准过于烦琐，不够合理，且工资管理过死，实际上仍是平均分配。

二、职务结构工资制度

1985 年中央进行第二次工资改革，开始实行以职务工资为主要内容的结构工资制度。改革的主要内容是把标准工资加上副食补贴及行政费节支奖，按工资的不同职能分基础工资、职务工资、工龄津贴和奖励工资 4 个组成部分。基础工资按工作人员本人生活费（全国分为六类地区，级差为每人每月 4 元人民币）确定。职务工资按职务高低、责任大小、工作繁简和业务水平确定，一个职务设几个等级的工资标准。根据1985年国务院2号和劳动人事部29、31号《关于国营企业工资改革》文件的政策规定，经重庆市工改办批准，国营道路运输企业自1985年下半年起执行结构工资制度。凡属于二类产业的中型企业，工人工资按“国营大中型企业工人工资标准表”执行，分为15级，最低1级36元，最高15级108元；干部按“重庆市国营大中型企业干部工资标准表”执行，分为13级，最低17级36元，最高5级180元。至1988年，重庆国营企业职工的工资结构由基础工资、职务工资、工龄津贴和粮、物贴（粮价和物价补贴）4个部分组成。

以职务工资为主的结构工资制度较过去单一的等级工资制，更好地反映了工资的多种功能，突出了岗位因素，有效地保障了职工利益，对于职工的激励性更强，并且实现了与事业单位工资制度的分离，维护了企业稳定。

三、基本工资制度

基本工资制度是指企业在全面测评职工潜在形态劳动的基础上，结合职工所在岗位或所任职务，在劳动前为职工预先确定报酬标准，供劳动后实际支付工资时做依据的包括工资等级、工资标准、定级升级、工资调整、支付形式等一系列制度规定的综合。基本工资制度包括：

（一）承包工资制

承包工资制是指通过承包合同把某项生产、经营（或作业）任务的完成时间、产品质量要求、经济技术指标以及完成合同后规定支付的工资数额一起承包给职工个人或班组集体，然后依据合同履行情况支付工资而不管其用工多少的一种工资制度。承包工资制适用于生产经营中那些限时限刻要拿到成果或有所突破的薄弱环节或攻关任务。实行这种工资制度，劳动成果同报酬之间联系的直观性强，能更好地激励职工提高劳动效率。1988年，重庆市属运输企业制定实行承包经营，完善企业内部分配等办法，进一步深化分配制度改革。其主要核心，一是改变固定的职务结构工资制度，执行本单位工资制度，配合承包经营责任制实行多种工资奖金分配形式，把职工的工资奖金同承包目标密切挂钩，体现多劳多得，奖勤惩懒的原则，拉开分配上的档次和收入差距。二是改变工资总额的使用方法，执行定编定员定工资，配合劳动用工制度改革，以工资预算方式约束和削减冗员，灵活运用工资奖励手段调动职工的积极性。

（二）岗位技能工资制

岗位技能工资制又称岗位工资制。是指在对劳动技能、劳动强度、劳动责任和劳动条件等基本劳动要素进行全面测评的基础上，以岗位工资（包括职务工资）技能职工为主要形式来规定职工劳动报酬的一种结构工资制。其中岗位工资是按劳动强度大小、劳动责任轻重和劳动条件好差对岗位划类分等规定工资。技能工资是按考核职工所达到的劳动技能等级所确定的工资。岗位技能工资制须对各个岗位制订明确的岗位职责、技术要求和操作规程，据以考核支付工资，并实行“一岗一薪、薪随岗变”的办法。岗位工资制既适用于企业中的技术工、熟练工和普通工，也适用于企业中的管理人员、技术人员和行政人员，具有劳动测评全面、“一制通用”的长处。1990年国家再一次调整企业基本工资制度后，重庆市国有企业的工资分配实行岗位工资制度，开始自主确定职工平均岗位工资，将工资改革为基础工资、粮贴、政策性补贴、浮动工资4个部分，并逐年递增，确保了在岗职工工资的有序增长。

（三）多元结构工资制

多元结构工资制又称分解工资制。是指按照制约职工劳动提供量的各个因素，或者按照工资承担的不同职能把工资分解为几个部分分别给予报酬的一种基本工资制度。前者如突出技术复杂因素的工资结构中的技能工资部分；突出劳动强度和劳动条件因素的工资结构中的岗位工资部分；突出职务高低、责任大小因素的工资结构中的职务工资部分等等。后者如承担保障职能的工资结构中的基础工资部分；承担共享社会经济发展成果职能的工资结构中的工龄工资部分；承担补偿在特殊时间、地点、条件下劳动超常耗费职能的工资结构中的津贴部分；承担超额劳动报酬职能的工资结构中的奖金部分等等。它们各有自己的运行规则，既相对独立、又相互制约，以符合客观要求的合理比例组合成一份完整的职工工资的一种方式。这是全国第三次工资改革中的一个创造。它使按劳分配更有针对性，使工资的各种职能普遍得到加强，故已被机关、事业单位和企业普遍接受。1993年国家开始进行以公务员职级工资制度为主的工资制度改革。改革的主要内容是实行职级工资制，按工资不同职能设职务工资、级别工资、基础工资和工龄工资4个部分，并决定建立正常的工资增长机制。确定增加工资的途径有三：一是定期考核晋升工资档次，二是随职务、级别晋升相应增加工资，三是根据物价波动指数和企业职工工资增减情况相应调整。1994年，重庆市属运输企业参照公务员职级工资制度改革方案，对在册职工工资制度进行改革，实行多元结构工资制。职工工资由级别工资、岗位工资、学历工资、工龄工资、效益工资5个部分构成，以岗定薪，岗变薪变，取消各种津贴、补贴等，职工收入有所增加。

（四）定额工资制

定额工资制是指所有以劳动定额或岗位职责为依据，在考核职工实际成果基础上计发报酬的各种工资形式的总称，包括计件付酬、计分付酬、分成付酬、承包付酬等。由于各类具体劳动一般都可以通过劳动定额或岗位职责进行考核，所以定额工资制的使用范围比较广泛。实行各种形式的定额工资制是加强按劳分配、克服平均主义、深化企业内部分配改革的基本方向。1997年，为与生产经营形式相适应，重庆市国有运输企业按照分配与经济效益挂钩的原则，根据不同经营条件和经济效益，以及职工不同的工作岗位，打破“大锅饭”，拉开分配差距，制定出不同的分配方案：对职工分别按岗位职责、专业技能、计件等办法计发工资。汽车驾驶员普遍按“定额上交，自主经营，费用自理，超收全留”的方法执行；对管理人员一般实行岗位责任工资制和与企业经济挂钩考核的浮动工资加职务津贴两种方式；对经营者实行“四挂钩”（与国有资产保值增值、效益目标、税费解缴和管理目标挂钩）工薪制。经营者收入与职工工资分别发放，要求经营者收入不得超过职工收入的2倍至3倍。

（五）年薪制

年薪制是指以年为计时单位结算和计发报酬的一种工资形式，属计时工资范畴。对于难以在短期（小时、日、周或月）内准确考核其劳动实绩的工作人员（如企业的经营者）可以通过实行年薪制，使工资收入同其劳动贡献紧密联系起来，以激励其劳动和经营的积极性。年薪制历来通行于西方国家的一部分员工中（如公务员等）。1998年，重庆市部分国有运输企业对总公司级、处级管理者和各基层单位代理人实行年度总报酬分配制度，即“年薪制”（由基本报酬、目标报酬、责任报酬和贡献报酬4个部分组成）。基本报酬实行月度预付制，每月支付，其余部分在年终业绩考核后由企业统一发放兑现。年薪制配合企业法人资产代理经营责任制共同实施，对企业中高层管理人员特别是各基层单位代理人抓好经营管理工作起到了更大的激励作用。年薪制的实行是深化企业改革，转换国有企业经营机制的产物。

至2005年，全市国有道路运输企业普遍实行的是基础工资与经济效益挂钩浮动的基本工资制度。

四、低收入群体分配

1997～2005年，经过劳动分配制度改革，职工收入普遍有了较大幅度提高，但由于发展不平衡和经济状况的差异，企业内部还是存在明显的二元经济特征，低收入群体仍然存在。为了保证低收入群体的基本生活，让其享受到改革发展的成果，重庆市国有运输企业普遍实行最低收入保障制度，规定对当月实际收入低于全市职工基本工资的在册上岗职工，给予一定的补贴。有的还建立企业内部养老金最低保障和老龄补贴制度，对部分养老金偏低的离退休人员和各类特殊群体给予一定的补贴等等。方法有：一是最低工资标准。这是指劳动者在法定工作时间或依法签订的劳动合同约定的工作时间内提供了正常劳动的前提下，用人单位依法应支付的最低劳动报酬。最低工资标准一般采取月最低工资标准和小时最低工资标准两种形式，月最低工资标准适用于全日制就业劳动者，小时最低工资标准适用于非全日制就业劳动者。最低工资标准不包含各种实物的发放。最低工资的标准为发放现金的最低标准。二是在劳动者提供正常劳动的情况下，用人单位支付给劳动者的工资在剔除延长工作时间，中班、夜班、高温、低温、井下、有毒有害等特殊工作环境、条件下的津贴的工资，法律、法规和国家规定的劳动者福利待遇等各项以后，不得低于当地最低工资标准。

五、特殊人员工资支付

1986～2005年，重庆市国有运输企业中特殊人员的工资按照如下规定支付：

1. 劳动者受处分后的工资支付：劳动者受行政处分后仍在原单位工作（如留用察看、降级等）或受刑事处分后重新就业的，应主要由用人单位根据具体情况自主确定其工资报酬；劳动者受刑事处分期间，如收容审查、拘留（羁押）、缓刑、监外执行或劳动教养期间，其待遇按国家有关规定执行。

2. 学徒工、熟练工、大中专毕业生在学徒期、熟练期、见习期、试用期及转正定级后的工资待遇由用人单位自主确定。

3. 新就业复员军人和分配到企业的军队转业干部的工资待遇，按国家有关规定执行。

第五节　社会保障

中国社会保障体系是以社会保险、社会救济、社会福利、优抚安置和社会互助为主要内容，多渠道筹集保障资金、管理服务社会化、与社会主义市场经济体制相适应的健全的社会保障体系。

1979年以前，国家社会劳动保障体系尚未完善和健全，职工因工受伤、生病住院所产生的医疗费、住房分配及离退休后的生活费等均由企事业单位承担。

20世纪80年代初，国家制定了社会保障制度（简称“社保”。即养老、失业、医疗、工伤、生育保险以及职工福利）的改革目标：建立独立于企业事业单位之外、资金来源多元化、保障制度规范化、管理服务社会化的社会保障体系。其主要特征是：基本保障、广泛覆盖、多个层次、逐步统一。与经济发展水平相适应，国家强制建立的基本保障主要满足人们的基本生活需要；社会保障逐步覆盖全体公民；在基本保障之外，国家积极推动其他保障形式的发展，力争形成多层次的社会保障体系；通过改革与发展，逐步实行全国统一的社会保障制度。1984年，国家对劳动合同制工人退休养老保险制度实行改革试点，试行退休养老基金由企业和劳动合同制工人缴纳，企业退休养老金不敷使用时，国家给予适当补助的政策。1986年，重庆市社会劳动保障制度改革正式起步。根据国家和重庆市委、市政府的有关政策，从职工养老保险、失（待）业保险扩展到职工医疗和生育保险，逐步改革试点、推广实施。参保对象由固定工扩展到合同工、临时工，“三资企业”中方员工以及雇工等。

20世纪90年代中期，国家改革社会保障管理体制，把过去由多个行政部门分别管理的社会保险转变为由劳动和社会保障行政部门统一管理，各级劳动和社会保障行政部门也建立了相应的社会保险经办机构，承担社会保险具体事务的管理工作。过去由企业承担的社会保险事务逐步转变为由社会机构管理，即社会保险待遇实行社会化发放，社会保险对象实行社区管理。同时，加强了对社会保险基金的行政管理和社会监督工作。社会保险基金被纳入财政专户，实行收支两条线管理，专款专用。各级劳动和社会保障行政部门专门设立了社会保险基金监督机构，负责对社会保险基金的征缴、管理和支付进行检查、监督，对违法违规问题进行查处。此外，还通过强化基金征缴和提高社会保障支出占财政支出的比重等一系列措施，努力拓宽社会保障资金的来源。重庆市国有运输企业参加社保后，企业退休职工的基本养老金、死亡退休职工的丧葬费和一次性救济金均由社保基金支付。

2005年，国家社会保障制度逐步完善，社会保障体系覆盖全国大多数城镇职工和离退休人员。重庆市委、市政府严格执行国家社会保障制度的各项政策，确保国有道路运输企业离退休人员养老金的按时足额发放，及时解决下岗、失业人员基本生活保障等难题，为消除职工后顾之忧，维护企业和社会稳定，起到了重要作用。

一、养老保险制度

重庆国有运输企业基本养老保险金制度改革起步于1992年。1993～1997年，部分市属运输企业实行职工退休工资统筹金预留试点，按职工每人每月按2元标准预留退休工资统筹金。预留统筹金的目的是建立退休基金：即职工退休后，退休费由企业根据其工龄长短，按职工标准工资的75%至95%计发。1997年，国家制定《关于建立统一的企业职工基本养老保险制度的决定》，正式在全国建立统一的城镇企业职工基本养老保险制度，覆盖城镇各类企业的职工。基本养老保险制度实行社会统筹与个人账户相结合的模式，由政府、企业、个人三方负担：政府以税收优惠及财政补贴等形式负担一部分，企业和个人按缴费工资总额的一定比例向社保机构按月缴纳。城镇所有企业及其职工必须履行缴纳基本养老保险费的义务（企业的缴费比例为工资总额的20%左右，个人缴费比例为本人工资的8%）。企业缴纳的基本养老保险费一部分用于建立统筹基金，一部分划入个人账户；个人缴纳的基本养老保险费计入个人账户。基本养老金由基础养老金和个人账户养老金组成，基础养老金由社会统筹基金支付，月基础养老金为职工社会平均工资的20%，月个人账户养老金为个人账户基金积累额的1/120。个人账户养老金可以继承。合同制员工自参加工作之月起缴费参保。对于新制度实施前参加工作、实施后退休的职工，还要加发过渡性养老金。重庆市属运输企业职工缴费比例为本人工资总额（基本工资、加班工资、津贴和奖金等合计额），1993～1997年按3%，1998年按3.5%，1999年按4%缴纳。

进入21世纪，重庆市属运输企业职工个人养老保险缴费比例，2000～2001年为5%，2002～2003年为6%。2002年以后每两年提高1%，2004年达到本人缴费工资的8%。到2005年年底，重庆市道路运输企业的在册职工全部参加社保。职工养老保险缴费的方法调整为：按工作岗位制定不同的系数，加工龄系数，另在职工退休前三年每年递增0.1的系数，即缴费基数=职工平均工资×（岗位系数+工龄系数）。

二、失业保险制度

新中国成立初期，国家曾实行过短暂的失业救济制度。此后，在计划经济体制模式下，由于实行统包统配的就业制度，失业救济制度逐步被取消。实行改革开放政策后，为适应国有企业经营机制的转换和劳动制度的重大变革，自1986年开始，国家逐步建立起失业保险制度，为职工失业后的基本生活提供保障。1995～1998年，因企业改制，精简机构，优化组合，下岗（也称“失业”）人员激增。重庆市属运输企业开始按照职工失业保险制度规定，为职工每人每月按2元标准缴纳失业保险金。1999年，国家颁布《失业保险条例》，把失业保险制度建设推进到一个新的发展阶段。失业保险覆盖城镇所有企业、事业单位及其职工；所有企业、事业单位及其职工必须缴纳失业保险费。单位的缴费比例为工资总额的2%，个人缴费比例为本人工资的1%。享受失业保险待遇需要满足三方面的条件：缴纳失业保险费满一年；非因本人意愿中断就业；已经办理失业登记并有求职要求。失业保险待遇主要是失业保险金。失业保险金按月发放，标准低于最低工资标准、高于城市居民最低生活保障标准。领取失业保险金的期限根据缴费年限确定，最长为24个月。失业者在领取失业保险金期间患病，还可领取医疗补助金；失业者在领取失业保险金期间死亡，其遗属可领取丧葬补助金和遗属抚恤金。此外，失业者在领取失业保险金期间还可接受职业培训和享受职业介绍补贴。

至2001年，重庆市失业保险的覆盖面不断扩大，保障对象不断增加，但随着国家失业保险制度的完善，重庆市国有企业下岗职工基本生活保障纳入失业保险，职工失业符合失业保险相关条件的，可领取失业金。

三、医疗保险制度

1988年，国家开始对机关事业单位的公费医疗制度和国有企业的劳保医疗制度进行改革。经过10年的探索试点，1998年国务院颁布《关于建立城镇职工基本医疗保险制度的决定》，正式在全国建立城镇职工基本医疗保险制度（简称“医保”），并覆盖城镇所有用人单位及其职工。中国的基本医疗保险制度实行社会统筹与个人账户相结合的模式。基本医疗保险基金原则上实行地市级统筹，所有企业、国家行政机关、事业单位和其他单位及其职工必须履行缴纳基本医疗保险费的义务。用人单位的缴费比例为工资总额的6%左右，个人缴费比例为本人工资的2%。单位缴纳的基本医疗保险费一部分用于建立统筹基金，一部分划入个人账户；个人缴纳的基本医疗保险费计入个人账户。统筹基金和个人账户分别承担不同的医疗费用支付责任。统筹基金主要用于支付住院和部分慢性病门诊治疗的费用，统筹基金设有起付标准、最高支付限额；个人账户主要用于支付一般门诊费用。为保障参保职工享有基本的医疗服务并有效控制医疗费用的过快增长，国家加强了对医疗服务的管理，制定了基本医疗保险药品目录、诊疗项目和医疗服务设施标准，对提供基本医疗保险服务的医疗机构、药店进行资格认定并允许参保职工进行选择。为配合基本医疗保险制度改革，国家同时推动医疗机构和药品生产流通体制的改革。通过建立医疗机构之间的竞争机制和药品生产流通的市场运行机制，努力实现“用比较低廉的费用提供比较优质的医疗服务”的目标。在基本医疗保险之外，各地还普遍建立了大额医疗费用互助制度，以解决社会统筹基金最高支付限额之上的医疗费用。

2003年起，重庆市属运输企业按照国家有关政策，陆续参加职工基本医疗保险，至2005年年底全部参保。参加医保的职工门诊可用医保卡上的金额就医，医疗费用（包括门诊费、住院治疗费和药品费）由国家、企业、个人三方按一定比例报销、扣除，企业不再报销。

四、工伤保险制度

20世纪80年代末，国家开始对工伤保险进行改革试点。经过探索实践，1996年，国务院有关部门出台了《企业职工工伤保险试行办法》，开始在部分地区建立工伤保险制度。同年，还制定了《职工工伤和职业病致残程度鉴定标准》，为鉴定工伤和职业病致残程度提供了依据。《企业职工工伤保险试行办法》规定：工伤保险费由企业缴纳，职工个人不缴费。工伤保险缴费实行行业差别费率和企业浮动费率。根据不同行业的工伤事故风险和职业危害程度确定不同的行业费率，在行业费率的基础上，根据企业上一年实际的工伤事故风险和工伤保险基金支出情况确定每个企业当年的具体费率。工伤保险基金支付的待遇主要包括：工伤医疗期发生的医疗费用；工伤医疗期结束后根据劳动能力丧失程度确定的伤残补助金、抚恤金、伤残护理费等。没有参加工伤保险的单位，仍由该单位承担支付工伤待遇的责任。

2004年，重庆市属运输企业开始实施新的工伤保险条例，由企业按交通行业比例1%向社保机构缴纳保证金。参保职工发生工伤事故，相关医疗费用由社保机构按规定支付。

五、生育保险制度

1988年，中国的一些地区开始进行企业生育保险制度改革试点。1994年，在总结各地经验的基础上，国务院有关部门制定了《企业职工生育保险试行办法》，其中规定，生育保险费由企业缴纳，职工个人不缴费。生育保险支付待遇主要包括：因生育发生的医疗费用和产假期间按月发放的生育津贴等。没有参加生育保险的单位，仍由该单位承担支付生育待遇的责任。

至2005年，重庆市属运输企业陆续参加生育保险，其女职工按规定享受生育生活津贴待遇。企业按上年度平均工资总额的0.7%缴纳保险费，女职工的与生育相关费用和生育后休产假期间的工资等均由生育保险基金报销支付，企业不再负担。

六、职工住房福利

20 世纪 90 年代以前，国有道路运输企业住房分配制度实行全福利性分房（即由国家统一拨款建设，根据各地规定的条件和标准统一分配，收取低房租。产权属于国家，职工只有使用权）。职工分房凭工龄、职务、婚姻状况、家庭成员结构等综合条件进行计分，按分数高低确定分房的先后顺序，以及分房的地域环境、房屋结构、面积大小等，实行无偿分配住房。

1992 年，重庆市试行集资建房制度改革（即采取从小幅提租到收取住房保证金，再到“提取、售房、建房”的集资建房制度），以国家、单位和个人三方共同负担的原则解决住房问题，逐步取消福利分房制度。1995 年，重庆市人民政府做出《关于深化城镇住房制度改革决定》（重府发〔1994〕241 号），制定和颁布了城镇住房改革的政策。1996 年，重庆市住房制度改革领导小组颁发《重庆市公有住房租金改革 1995 至 1996 年实施办法》和《重庆市公有住房出售管理办法》（渝住改办发〔1994〕6、7 号），相继出台了调整公有住房租金、按成本价和标准价向职工出售公房等主要措施和办法，重庆市国有企业职工住房分配制度改革进入实施阶段。1996 年，按照《重庆市住房公积金管理条例》的规定，重庆市交通系统开始推行住房公积金制度。重庆市属运输企业以代扣的方式为在册职工建立住房储备金（即公积金），单位和个人缴交率一般不低于 5%，企业可根据自身条件适当提高。1998 年，《重庆市住房制度改革领导小组关于取消福利住房建设和分配的通知》和《重庆市住房制度改革领导小组、重庆市物价局关于提高公有住房租金标准的通知》颁发，重庆市属道路运输企业开始提高租金标准，取消对职工的住房补贴（特殊群体除外），停止住房实物分配。至此，住房分配制度改革由福利分房阶段转入房屋社会化、商品化阶段。

经过探索实践，国家于 1999 年颁布、2002 年修订了《住房公积金管理条例》（以下简称《条例》），在全国正式建立住房公积金制度。住房公积金是指国家机关、国有企业、城镇集体企业、外商投资企业、城镇私营企业及其他城镇企业、事业单位及其在职职工缴存的长期住房储金，主要用于职工购买、建造、翻建、大修自住住房，任何单位和个人不得挪作他用。《条例》规定：职工和单位住房公积金的缴存比例均不得低于职工上一年度月平均工资的 5%，有条件的城市，可以适当提高缴存比例。具体缴存比例由住房公积金管理委员会拟订，经本级人民政府审核后，报省、自治区、直辖市人民政府批准。城镇个体工商户、自由职业人员住房公积金的月缴存基数原则上按照缴存人上一年度月平均纳税收入计算。

职工住房公积金制度的建立，为职工较快、较好地为解决住房问题提供了保障；有效地建立和形成有房职工帮助无房职工的机制和渠道，为无房职工提供了帮助，体现了职工住房公积金的互助性；职工每月必须缴纳的个人住房公积金和职工所在单位按规定为职工补助缴存的住房公积金，保证了每一个城镇在职职工自参加工作之日起至退休或者终止劳动关系的这一段时间内，都能享受的长期性。自 2003 年起，重庆市属道路运输企业普遍实行职工住房公积金制度。

第二章　道路运输企业

道路运输企业是指依法取得企业法人资格和道路运输资格，按照道路运输行业管理的相关规定，从事道路运输业务、具有一定规模的经济实体组织。重庆市道路运输企业主要由国有、集体、中外合资（合作）、私营、个体和其他所有制经济成分组成。

1979年以前，重庆市道路运输企业以全民、集体等所有制企业为主，所有制经济结构基本保持不变。

20世纪80年代，随着运输市场的开放，社会各方纷纷兴办运输，道路运输企业的数量、投资和从事道路运输的人员迅速增加（非交通系统企业和个体业户增幅较大）。1980～1986年，重庆市道路运输企业按隶属关系分，市属企业4家，区县属企业151家；按所有制分，国有企业22家，集体企业133家；按规模分，大型企业4家，中型企业18家，小型企业133家。1986年，重庆市属道路运输企业完成投资764万元。全市从事汽车运输人员近4.5万人。1987～1989年，重庆市国有道路运输企业基本保持在22～27家，完成投资分别为1183万元、1761万元、2196万元。集体所有制企业维持在111～116家左右。全市道路运输从业人员分别为5.3万人、6.5万人和6.9万人。

20世纪90年代初，国家政策进一步放开，资金筹集渠道增多，交通运输行业的投资逐年加大，运输经营单位和从业人员数量变化幅度较大。1990年，重庆市有国有道路运输企业26家，完成投资2712万元。集体企业108家。全市从业人员7.4万人。1991年，重庆市开始组建投资公司，并独立利用外资。中外合资（合作）企业开始出现，私营、个体经济增幅较大。全市有国有道路运输企业27家，完成投资2318万元。集体企业106家。从业人员7.52万人。1992年，全市国有道路运输企业与上年同，全年完成投资3664万元。集体企业105家。从业人员7.53万人。1993年，全市有国有道路运输企业26家，完成投资4168万元。集体企业99家。从业人员7.35万人。1994年，全市国有道路运输企业数量与1993年同，完成投资8889万元，比1993年翻了一番。集体企业95家。从业人员8.2万人。1995年，成渝高速公路建成通车，重庆道路运输业发展速度加快，交通投资迅速增加。全市有国有道路运输企业22家，完成投资13048万元。集体企业85家。中外合资（合作）、私营企业从1家发展到22家。道路运输从业人员猛增2万余人，达到10万余人。1996年重庆代管万县、涪陵、黔江“两市一地”，国有道路运输企业猛增至4240家，完成投资15150万元。集体企业猛增至7936家。全市从业人员扩充到13.9万人。1997年，重庆市道路运输行业经营业户54842家，其中旅客运输业户6066家，货物运输业户37571家，客货兼营业户2045家，汽车维护业户7143家。有道路运输企业180个，按隶属关系分：市属5家，区县属175家。按所有制分：国有44家，集体121家，其他形式15家。按规模分：大中型5家，小型175家，其中国有大中型企业的车辆保有数占重庆市车辆总数的45%，年营收入占总收入的56%。国有企业完成投资19624万元。全市从业人员增至24.3人。20世纪90年代末，国家交通运输政策进一步放宽，重庆市抓住机遇加快发展，道路运输行业扩展迅速。1999年，全市有国有道路运输企业49家，完成投资16042万元。集体企业355家。全市从业人员达到30.7万人，比1997年净增10万人。

进入21世纪，国家对外开放政策的实施和现代企业制度试点，加快了重庆交通运输对外开放和国企改革转型的步伐。2000年，重庆市中外合资、合作经营企业从1994年的几家发展到近百家。全市有国有道路运输企业31家，完成投资9800万元。集体企业318家。全市从业人员33.8万人，其中交通系统5.6万人，非交通系统和个体经济28.2万人。2001年，交通部开展全国道路运输企业经营资质评定，调整道路运输企业经济所有制结构，公有制经济让出部分市场。通过结构调整，重庆市道路运输企业“弱、小、散、多”的状况有所改观：51个客运企业在资质评定中“倒牌”，4140辆车辆归并到其他企业。90多家货运企业、300多台车辆实现重组、合并，组建成21家新企业。国有制企业完成投资17036万元。交通系统从业人员由2000年的5.6万人减少到2.17万人，非交通系统、个体经济企业从业人员进一步增加，达到30万余人。2002年，重庆市有国有道路运输企业30家，完成投资25217万元。全市共有经营单位和个体业户67204家。全市道路运输从业人员中，交通系统 2.76 万人，比 2001 年增加 0.6 万人；非交通系统 27.8 万人，比 2001 年减少 2.2 万人。2003 年，重庆市有国有道路运输企业 27 家，完成投资 33194 万元。全市共有经营单位和个体业户 71716 家。全市从业人员中，交通系统 2.86 万人，非交通系统 33.4 万人。2004 年，重庆市有国有道路运输企业 26 家，完成投资 36065 万元。全市共有经营单位和个体业户 73641 家。全市从业人员中，交通系统为 2.76 万人，非交通系统为 34.4 万人，比 2003 年增加 1 万人。2005 年，道路运输业发展步伐越来越快，运输总量大增。重庆市具有一定规模的道路运输企业 125 家。其中获得道路运输资质的企业 21 家（一级企业 5 家，二级企业 16 家）。按隶属关系分：市属 5 家，区县属 120 家。按所有制分：国有 21 家，集体 52 家，其他形式 52 家。按规模分：大中型 21 家，小型 104 家。国有企业完成投资 24620 万元。全市道路运输从业人员总数达到 40 万人，其中交通系统 3.7 万人，比 2004 年增加 0.8 万人；非交通系统为 36.4 万人，比 2004 年增加 2 万人。

表 5－1　　**1986～2005 年重庆市道路运输企业、经营单位统计表**

单位：家

<table>
<tr><th rowspan="2">年度</th><th colspan="2">全民所有制</th><th colspan="2">集体所有制</th><th rowspan="2">其他经济体</th><th rowspan="2">个体联户</th><th rowspan="2">合计</th></tr>
<tr><th>企业</th><th>经营单位</th><th>企业</th><th>经营单位</th></tr>
<tr><td>1986</td><td>22</td><td>—</td><td>110</td><td>540</td><td>—</td><td>4584</td><td>5256</td></tr>
<tr><td>1987</td><td>26</td><td>2308</td><td>114</td><td>2415</td><td>1</td><td>4440</td><td>9304</td></tr>
<tr><td>1988</td><td>26</td><td>3133</td><td>116</td><td>3450</td><td>1</td><td>5062</td><td>11788</td></tr>
<tr><td>1989</td><td>26</td><td>2687</td><td>112</td><td>3164</td><td>16</td><td>5808</td><td>11813</td></tr>
<tr><td>1990</td><td>26</td><td>2940</td><td>108</td><td>3611</td><td>1</td><td>5612</td><td>12298</td></tr>
<tr><td>1991</td><td>27</td><td>2832</td><td>106</td><td>3999</td><td>1</td><td>6477</td><td>13353</td></tr>
<tr><td>1992</td><td>27</td><td>3010</td><td>105</td><td>4400</td><td>—</td><td>6412</td><td>13954</td></tr>
<tr><td>1993</td><td>26</td><td>2856</td><td>99</td><td>4090</td><td>14</td><td>4739</td><td>11824</td></tr>
<tr><td>1994</td><td>26</td><td>2754</td><td>95</td><td>4570</td><td>22</td><td>5024</td><td>12491</td></tr>
<tr><td>1995</td><td>22</td><td>—</td><td>85</td><td>—</td><td>—</td><td>—</td><td>25958</td></tr>
<tr><td>1996</td><td>4240</td><td>—</td><td>7936</td><td>—</td><td>93</td><td>4</td><td>67126</td></tr>
<tr><td>1997</td><td>44</td><td>—</td><td>121</td><td>—</td><td>15</td><td>—</td><td>54842</td></tr>
<tr><td>1998</td><td>47</td><td>—</td><td>112</td><td>—</td><td>18</td><td>47627</td><td>72056</td></tr>
<tr><td>1999</td><td>49</td><td>4069</td><td>355</td><td>10017</td><td>73</td><td>62822</td><td>78393</td></tr>
<tr><td>2000</td><td>31</td><td>3370</td><td>318</td><td>9577</td><td>98</td><td>63990</td><td>77553</td></tr>
<tr><td>2001</td><td>29</td><td colspan="5">74717</td><td>74746</td></tr>
<tr><td>2002</td><td>30</td><td colspan="5">67174</td><td>67204</td></tr>
<tr><td>2003</td><td>27</td><td colspan="5">71689</td><td>71716</td></tr>
<tr><td>2004</td><td>26</td><td colspan="5">73615</td><td>73641</td></tr>
<tr><td>2005</td><td>21</td><td>—</td><td>52</td><td>—</td><td>52</td><td>—</td><td>67655</td></tr>
</table>

注：2001～2004 年重庆市有道路运输企业、经营单位和个体业户合并统计。

表5-2　　2005年重庆市部分一、二级道路运输资质企业情况统计表

企业名称	体制及资质	资产总额（亿元）
重庆市万州汽车运输总公司	国有客货二级	3.5
重庆市汽车运输（集团）有限责任公司	国有客一级、货二级	7.9
重庆市公路运输（集团）公司	国有客二级、货一级	17.5
重庆长途汽车运输（集团）有限公司	国有客货二级	5
重庆悦达汽车运输有限公司	国有客二级	0.0227
重庆联运物流总公司	国有货二级	0.9903
重庆工贸实业有限公司	国有客货二级	1.7
重庆交通运业有限责任公司	国有客货二级	5
重庆华荣运输有限公司	民营货二级	
重庆渝强实业（集团）有限公司	民营客二级	0.7067
重庆交通运输控股（集团）有限公司	国有客货一级	45
重庆长安民生物流有限公司	国有货二级	—
重庆市万州区博海汽车物流有限公司	民营货二级	—
重庆市万州区兴旺汽车运输公司	民营货二级	—
重庆华廷运输有限公司	民营货二级	—
重庆市华伟汽车运输有限公司	民营货二级	—
重庆民生轮船有限公司	民营货二级	—
重庆嘉峰实业有限公司	民营货二级	—
重庆永川国际汽车运输（集团）有限公司	民营货二级	—

表5-3　　2005年重庆市大型物件运输企业统计表

序号	企业名称
1	重庆市渝兴交通运输公司
2	重庆市公路运输（集团）公司大件运输分公司
3	民生轮船有限公司
4	重庆华兴重件吊装运输公司
5	重庆丰达汽车运输有限公司
6	重庆扬成汽车运输有限公司
7	重庆丽海国际货运代理有限公司
8	重庆中外运集装箱运输有限责任公司
9	重庆新一代大件吊装运输有限公司
10	重庆市直达集装箱货运有限公司
11	重庆实力电力设备运输有限公司
12	重庆市万州第二运输公司
13	重庆市涪陵区明龙货物运输有限责任公司
14	重庆市宏博大件货物运输有限责任公司

续前表

序号	企业名称
15	重庆中集物流有限公司
16	重庆华达运输有限公司
17	重庆华伟汽车运输有限公司

表5－4　　1986～2005年重庆市国有道路运输企业更新改造投资情况表

年度	计划总投资（万元）	本年计划投资（万元）	本年完成投资（万元）	
				其中：车辆购置
1986	2153	1325	764	
1987	1856	1398	1183	876
1988	2908	2908	1761	1197
1989	2772	2216	2196	1780
1990	3450	3044	2712	1585
1991	6292	2102	2318	1884
1992	3664	3664	3664	2821
1993	8833	4746	4168	2694
1994	11479	8889	8889	8220
1995	13057	13048	13048	13048
1996	15276	15155	15150	15150
1997	17589	17589	19624	19624
1998	34748	28442	33972	29639
1999	16694	16694	16694	16042
2000	9800	9800	9800	9800
2001	17940	17940	17036	17036
2002	25217	25217	25217	25217
2003	33194	33194	33194	33189
2004	36065	36065	36065	36065
2005	24620	24620	24620	24620

表5－5　　1986～2005年重庆市道路运输业从业人员统计表

年度	从业人员（人）						合计（人）
	交通系统			非交通系统			
	国有	集体	大集体及其他	国有	集体	个体联户	
1986	16838	—	2688		25314		44840
1987	16350	—	2571	18698	10546	5208	53373
1988	16066	—	2522	26951	12893	6939	65371
1989	16341	—	2552	28581	14942	6979	69395

续前表

年度	从业人员（人）						合计（人）
	交通系统			非交通系统			
	国有	集体	大集体及其他	国有	集体	个体联户	
1990	17413	—	2879	29805	15768	7761	73626
1991	17766	—	2884	31582	14641	8413	75286
1992	16705	3883		31351	14938	8436	75313
1993	15254	—	2546	28794	18728	8212	73534
1994	15530	—	1775	28507	24725	9169	79706
1995	15113	—	1751		90552		107416
1996	14459	—	1741		123098		139298
1997	27305	—	16072		199800		243177
1998	23686	15313	1481	193137		70696	289000
1999	32687	20824	4484	47969	81050	120510	307524
2000	30446	18445	7098	52426	100456	129887	338758
2001		21657			302526		324183
2002		27651			278667		306318
2003		28648			333704		362352
2004		28648			343991		372639
2005		37048			364236		401284

第一节　市属运输企业

市属运输企业是指重庆市交通部门管辖的具有一定规模和资质的国有专业性、综合性运输企业。它们是道路运输市场经营主体中的骨干企业。市属运输企业在重庆市道路运输企业总数中所占比重较小，但经营规模大、综合实力强、市场占有率高、抗风险能力强、管理规范、服务优良、诚信度高、形象良好，对规范道路运输市场，引导行业健康发展，推动重庆社会经济发展有着重要影响。

一、重庆市汽车运输（集团）有限责任公司

重庆市汽车运输（集团）有限责任公司（简称重庆汽运公司）始建于1950年6月，前身为国营西南运输处。1952年6月至1962年7月，分别更名为国营重庆运输公司、四川省运输公司重庆分公司、四川重庆运输公司、重庆市汽车运输公司、四川省汽车运输公司重庆公司。1983年5月，四川省汽车运输公司重庆公司再次下放由重庆市交通局管辖。1986年1月更名为重庆汽车运输公司。1989年3月更名为四川省重庆汽车运输总公司。1997年更名为重庆市汽车运输总公司。1998年7月，企业改制组建集团公司，更名为重庆市汽车运输（集团）有限责任公司。2004年12月，重组成为重庆交通运输控股（集团）有限公司旗下的全资子公司。

重庆汽运公司总部驻重庆市渝中区临江门60号，是“以道路客货运输为主，集运输服务、车辆检测维修、地产物业开发、宾馆旅游娱乐、保险代理、汽车销售、油料供销、驾驶培训、广告等多元经营发展于一体”的跨区域经营的国有道路运输骨干企业，下辖11个二级单位（包括6个分

公司和5个直属站，另有7个独立法人单位和20余家子公司）。2001年，获交通部道路运输客运一级经营资质和货运二级经营资质，并通过ISO 9001:2000国际质量体系认证。先后获得“中国道路运输百强企业”“中国物流百强企业”“重庆市百强企业”等荣誉。

2005年，公司总注册资本22855万元，总资产7.9亿元，净资产4.2亿元。有员工2053人（其中专业技术人员和有职业资格的人员850人，大中专以上学历400余人）。有高中档客货车1350辆，客运线路1247条，覆盖重庆辖区内的各个区（市）县，并形成了东至上海，西至新疆，南至海南，北至北京，遍及全国20余个省市、自治区的道路运输经营网络。

表5-6　　1985~2005年重庆市汽运公司领导成员名录

职务	姓名	任职时间	备注
经理	张东升	1985年1月至1987年9月	
	赵世海	1987年10月至1990年1月	
	慕福天	1990年2月至1992年9月	
董事长、总经理	孙万发	1992年10月至2005年3月	1992年10月至1997年7月任经理 1994年9月至1997年7月任党委书记 2004年4月至2004年9月任总经理 2004年9月至2005年3月任总经理、党委书记
	胡国武	1997年8月至2005年	1997年8月至1998年7月任总经理 1998年7月至2004年8月任董事长、总经理 2005年任董事长
	曾　勇	2005年4月至2005年12月	
党委书记	赵世海	1985年1月至1990年2月	
	吴达伟	1990年3月至1994年8月	
	李贤朴	1997年8月至2001年4月 2005年4月至2005年12月	

二、重庆市公路运输（集团）公司

重庆市公路运输（集团）公司（简称重庆公运公司）成立于1952年，前身为重庆市搬运公司。1966年更名为重庆市装卸运输公司，下辖汽车一、二、三、四队等（其中1987年汽车一队更名为大件分公司，汽车二队更名为机装分公司；1988年大件分公司更名为重型货物运输分公司），经营业务均以货运装卸为主。1989年5月8日，重庆市装卸运输公司更名为重庆市公路运输总公司，其下辖的重型货物运输分公司更名为大件分公司。另成立客运分公司（将原汽车四队纳入其编制），新购中巴车（20客位）100辆，开始涉足出租车客运（当时重庆市将中巴车客运纳入出租车客运管理）。1992年，重庆市政府因修建滨江路等拆迁公司房屋，定向给重庆市公路运输总公司投放200辆出租车，客运分公司正式改名为出租汽车分公司。2001年，总公司获交通部道路运输客运二级经营资质、货运一级经营资质，通过ISO 9001:2000国际质量体系认证。2002年4月3日，更名为重庆市公路运输（集团）公司。2004年12月，重组成为重庆交通运输控股（集团）有限公司旗下的全资子公司。

重庆公运公司总部位于重庆市渝中区长江滨江路168号，主要从事水果、皮革、干副等多个大型批发市场以及加油站的租赁管理和长短途客运、出租汽车以及普通、零担、危险品、集装箱、大型物件运输、搬运装卸、起重吊装、特种汽车修理、停车场经营、仓储、鲜货配送等多种运输、服务、经营业务（市内客运分布区域有渝西、成渝及渝黔线重庆段，渝东318、319沿线，巴南区、渝北区、北碚区和以西彭为中心辐射的短途及区乡线路等；跨省客运线路至江苏、河南、浙江、湖南、云南等地）。具有西南地区实力最强、技术最全面的道路运输、桥梁架设、施救抢险能力，能为客户提供批量物资运输、起重吊装、单重600吨以内的设备运输以及各项综合性服务。属客货并举、道路运输为主，商业贸易、地产物业为辅的市属国有道路运输骨干企业。

2005年，公司有资产总量17.5亿元，员工5905人。有二级单位37个，汽车站6个，货运中心6个，两江四岸码头17个。有批发市场以及加油站共11个。有各类运输设备7300余辆（其中客车521辆、货运4468辆、出租车764辆），客运线路159条，全年营运收入12.915亿元。

表5-7　　1986~2005年重庆市公运公司领导成员名录

职务	姓名	任职时间	备注
经理（总经理、董事长）	李世春	1986年1月至1986年10月	
	陈庆礽	1986年10月至1989年8月	
	杨成梁	1989年8月至1994年1月	1986年10月至1989年8月任副总经理
	曾祥普	1994年1月至2005年12月	1986年1月至1994年1月任副总经理
党委书记	何林纯	1986年1月至1986年10月	
	王国敖	1986年10月至2005年12月	
副经理（副总经理）	张隆盛	1986年1月至1987年11月	
	邓正兴	1986年1月至2001年4月	
	余泽渥	1986年1月至1993年5月	
	唐良君	1987年11月至1993年5月	
	吴国庆	1993年5月至1994年9月	
	敖大伦	1996年7月至1997年4月	
	汤传明	2000年7月至2003年4月	
	任　林	2001年2月至2005年12月	
	陈建军	2003年4月至2005年12月	

三、重庆长途汽车运输（集团）有限公司

重庆长途汽车运输（集团）有限公司（简称重庆长运公司）成立于1958年7月，其前身为四川省江津地区运输公司。1962年7月更名为四川省汽车运输公司重庆公司。1983年5月改由重庆市交通局领导。1986年1月更名为重庆汽车运输公司。1987年1月兼并永川汽车运输贸易公司。1989年8月，更名为四川省永川汽车运输总公司。1994年，被列为重庆市首批现代企业制度改革试点企业。1996年11月，兼并四川省汽车工业总公司永川销售公司。1997年5月23日改制为国有独资股份制企业，更名为重庆长途汽车运输有限责任公司。1998年8月，兼并黔江县第二汽车运输公司。2000年9月，兼并潼南县第二汽车运输公司。2001年7月集团公司成立，更名为重庆长途汽车运输（集团）有限公司，获得道路旅客运输二级企业经营资质。2002年获得道路货物运输二级企业经营资质，并通过ISO 9001:2000国际质量体系认证。2004年，重组为重庆交通运输控股（集团）有限公司旗下的全资子公司。

重庆长运公司总部位于重庆市高新区石杨村88号，下辖重庆主城区及永川、江津、合川、黔

江等区（县）30余个分（子）公司。主营道路客运、货运，兼营汽车维修、汽车及配件销售、油料销售、代理保险、驾驶员培训、物流、仓储、饮食服务、房产开发等业务。跨省超长客运班线直达上海、浙江、福建、广东、湖南、湖北、贵州、云南、四川、新疆、西藏等省市、自治区，营运范围从重庆辖区辐射至全国各地。属以道路客货运输为龙头，多种经营为产业链的市属国有道路运输骨干企业。

2005年，公司资产总额近5亿元，员工3000余人。有汽车客运站18个（其中一级站3个，二级站9个、三级站6个），各类营运车辆（含出租汽车）2000多辆，客运班线400余条。

表5－8　　1986～2005年重庆长运公司领导成员名录

职务	姓名	任职时间	备注
经理（总经理、董事长）	杨名渤	1986年1月至1986年12月	
	黄同科	1987年1月至1991年10月	1986年1月至1986年12月任副经理
	温永仲	1991年10月至2004年5月	1991年1月至1991年10月任副经理 1991年10月至1992年12月任总经理 1993年1月至1997年3月任总经理、党委书记 1997年3月至2003年4月任董事长、总经理 2003年4月至2004年5月任董事长
	汤传明	2003年4月至2005年12月	2003年4月至2004年5月任总经理， 2004年5月至2005年12月任董事长、总经理
副董事长、副总经理	卢永庚	1997年3月至2003年4月	1991年9月至1997年3月任副经理
副董事长、党委书记	陈传富	1997年9月至2005年12月	
党委书记	曾志明	1986年1月至1992年12月	
副经理（副总经理）	梁君儒	1986年1月至1990年12月	
	罗钦铸	1986年1月至1997年3月	
	王　堪	1986年1月至1997年3月	
	刘雄伟	1987年1月至1990年12月	
	陈忠富	1987年1月至1990年12月	
	刘开明	1991年10月至2003年4月	
	颜　勇	1991年10月至2005年12月	
	何宗海	1993年3月至2001年10月	
	卫永生	1997年9月至2005年3月	
	李承树	2001年11月至2005年12月	

四、重庆交通运业有限责任公司

重庆交通运业有限责任公司（简称重庆运业公司）的前身是重庆汽车站管理处和重庆汽车站“一套班子，两块牌子”，是隶属于重庆市交通局自营自收自支事业单位，1994年12月正式营运。1998年3月，经资产重组和改制，由重庆汽车站管理处（重庆汽车站）、重庆交通物业开发公司、重庆交通投资公司共同组建成立重庆交通运业有限责任公司。2002 年，公司通过 ISO 9001:2000 国际质量体系认证。2004 年，重组为重庆交通运输控股（集团）有限公司旗下的全资子公司。

重庆运业公司位于重庆市渝中区菜袁路 12 号，属国有交通运输服务性企业，下辖重庆汽车站、陈家坪汽车站、富丽大酒店、富苑宾馆、重庆顺康物流有限责任公司、重庆万特信息技术有限责任公司等经济实体，主要从事客运站务和酒店经营服务等业务。

2005 年，公司有资产总额 5 亿元，职工 1328 人。2 个一级汽车站，200 余条营运线路，通达国内 100 余个城市、乡镇。日发班车 1800 余车次，日输送旅客 3.2 万余人次。

表 5－9　　1998～2005 年重庆运业公司领导成员名录

职务	姓名	任 职 时 间	备注
董事长、总经理	孙万发	1998 年 2 月至 2000 年 9 月	
	杨祖泽	2000 年 9 月至 2005 年 8 月	1998 年 5 月至 2000 年 9 月任副总经理 2000 年 9 月至 2005 年 8 月任董事长、党委书记
	魏　益	2000 年 9 月至 2005 年 12 月	
党委书记	吴达伟	1998 年 5 月至 2000 年 11 月	
副经理（副总经理）	邹成富	1998 年 5 月至 1999 年 5 月	
	谭　宇	1998 年 5 月至 2005 年 12 月	
	陈黎生	1998 年 5 月至 2004 年 6 月	
	曾　勇	2000 年 8 月至 2005 年 2 月	
	谢富强	2003 年 6 月至 2005 年 12 月	
	卫永生	2005 年 3 月至 2005 年 12 月	

五、重庆联运物流总公司

重庆联运物流总公司（简称重庆联运公司）前身为 1957 年成立的公私合营货运站。1959 年 9 月改组为联运货站，隶属重庆市搬运装卸公司。1980 年 1 月成立重庆联运服务公司。1987 年 3 月更名为重庆联运公司。1989 年更名为重庆联运总公司。2002 年，经交通部核准为道路货物运输二级资质企业，并通过 ISO 9001:2000 国际质量体系认证。2002 年 6 月，更名为重庆联运物流总公司。2004 年 12 月，重组为重庆交通运输控股（集团）有限公司旗下的综合型物流企业。

重庆联运公司位于重庆市渝中区打铜街 28 号，主要经营公路货物（含危险品）运输，国内集装箱运输及中转、货物仓储、货运代理服务、多式联运及国内物流分拨、配送等业务。

2005 年 11 月，重庆市交运集团进行资源整合，联运公司整体并入重庆交通运业有限责任公司。资产总额 9400 万元，职工 397 人。有二级单位 35 个，二级货运站 3 个，营业站点 50 多个，仓库总面积 16690 平方米，货场面积 39900 平方米。有 40 英尺、20 英尺集装箱拖、挂车等各型货车 106 辆，配有 50 吨、20 吨吊车及各型叉车等吊装机具 20 多台（套），载重吨位 0.11 万吨。全年完成货物运量 140 万吨，货物周转量 1837 万吨，营运收入 1517 万元。

表5-10 1986~2005年重庆联运公司领导成员名录

职务	姓名	任职时间	备注
经理（总经理）	李寿星	1986年至1990年2月	1986年至1987年8月任经理 1987年8月至1990年2月任党委书记
	杨名渤	1987年8月至1997年8月	1993年7月至1997年8月任经理、党委书记
	饶 群	1997年8月至2005年7月	1992年1月至1997年8月任副经理 2002年7月至2005年12月任总经理、党委书记
党委书记	赵时平	1997年12月至2002年12月	
副经理（副总经理）	陈康强	1987年11月至1990年4月 2004年12月至2005年12月	
	田洪有	1994年12月至2005年12月	
	张隆盛	1987年11月至1996年12月	
	程必林	1986年至1987年11月	
	刘光栋	1986年至1987年11月	
	赵崇石	1989年1月至1991年	
	江义军	1993年12月至1996年6月	
	戴金宇	1996年8月至2005年12月	
	苗浩野	2003年4月至2004年12月	
	卢光余	2004年12月至2005年12月	
	朱时培	2004年12月至2005年12月	
	谭顺福	1997年12月至2002年9月	

六、重庆交通运输控股（集团）有限公司

2004年12月29日，为在重庆市的社会经济发展和建设长江上游经济中心中切实发挥国有运输企业的交通运输支柱作用，经重庆市人民政府批准，重庆交通运输控股（集团）有限公司（简称重庆交运集团）正式挂牌成立，总部驻重庆市渝北区龙溪镇新牌坊一路68号。

重庆交运集团由重庆市汽车运输（集团）有限责任公司、重庆市公路运输（集团）公司、重庆长途汽车运输（集团）有限公司、重庆交通运业有限责任公司、重庆联运物流总公司、重庆轮船总公司、重庆市客轮总公司共7户国有专业运输资质企业构成。5个客货运输企业中2个具有一级、3个具有二级道路运输资质。经营业务以旅客运输和物流货运为主，涵盖出租汽车客运、车站（港口、码头）水陆货运代理、国际货运代理、国际近洋运输、长江内河运输、集装箱水陆联运、大件运输、危化品运输、车船制造维修、汽车驾驶培训、宾馆酒店、房地产开发、商业贸易等相关产业链20多个经营项目。成为经营管理分支机构遍及重庆各区（市）县和长江沿线，市场范围从重庆辖区辐射至全国各地的国有重点综合性运输企业。

2005年，重庆交运集团资产总额45亿元，从业人员3.5万人，拥有客运车辆6479辆，其中班线客车4437辆，占重庆市班线客车总数的25%，出租汽车1869辆，占重庆市出租汽车总数的14.9%，旅游客运车辆173辆，占重庆市旅游客运车辆总量的33%。拥有各类货运车辆6117辆，吊车60台。客运线路1116条，拥有汽车客运站58个，占重庆市汽车客运站总量的25%，其中：一级汽车客运站9个，占重庆市一级汽车客运站总量的75%，二级汽车客运站24个，占重庆市二级汽车客运站总量的53%，经营管理重庆主城区7个主要客运站。物流货运站场26个，建成物流

仓储面积30万平方米。

表5－11　　2004～2005年重庆交通运输控股（集团）有限公司领导成员名录

职务	姓名	任职时间	备注
董事长、党委书记	朱乃洪	2004年12月至2005年12月	
总经理	冯地禄	2004年12月至2005年12月	
副董事长	曾祥普	2004年12月至2005年12月	
	胡国武	2004年12月至2005年12月	
副总经理	杨绍怀	2004年12月至2005年12月	党委委员
董事会成员	杨祖泽	2004年12月至2005年12月	
	汤传明	2004年12月至2005年12月	
	饶　群	2004年12月至2005年12月	
	韩小丁	2004年12月至2005年12月	
党委委员	徐茂林	2004年12月至2005年12月	

第二节　区县属运输企业

重庆市辖区县属运输企业是指营运资质由国家核定，市级交通部门实行行业管理，行政隶属区县交通部门的具有一定规模的国有专业性、综合性运输企业。

一、重庆市万州汽车运输总公司

重庆市万州汽车运输总公司（简称万运公司）始建于1951年7月，前身为四川省汽车运输公司万县公司，隶属四川省汽车运输公司。1987年5月3日更名为四川省万县地区汽车运输公司。1992年12月1日更名为四川省万县地区汽车运输总公司。1993年6月9日更名为四川省万县市汽车运输总公司。1998年4月5日，更名为重庆市万州汽车运输总公司，时属万州区交通局（交委）管辖。2001年11月，获得国家二级道路客、货运输资质企业资格市场准入证，同时取得了道路客、货运输服务、维修服务、出租车服务、汽车站服务等五大产品ISO 9001:2000目标质量体系认证。

万运公司占地面积538亩，下辖危险品运输分公司、货运分公司、城市客运分公司、渝万、楚渝快客公司，以及巫溪、云阳等县运输公司和成都铭牌印务厂等17个二级经营单位，遍布渝东北1个区8个县。主营万州区内及跨省、市、区、县的公路客货运输，城市公交，城市出租车客运，汽车修理和汽车检测业务，兼营汽车配件、整车销售、燃料供应、驾、修培训、建筑、广告、汽车特约技术服务，是跨行业、跨区域、多层次经营的、渝东北地区最大的国有道路运输企业，是重庆市大型客、货运输企业和万州区的重点企业。

2005年，公司有资产总额35097万元，职工总人数5387人，其中各类专业技术人员523人（中级以上职称150人），管理人员926人。有客货营运车1232辆，经营客运线路272条，日发客运924班次。全年完成客运量1015万人次，旅客周转量145344万人公里，货运量21万吨，货物周转量2893万吨公里。营运收入11813万元（其中主营业务收入9518万元，其他业务收入2295万元，上交国家税金704.5万元、规费1797.2万元，实现利润76.6万元）。

表5－12　　1986～2005年重庆市万州汽车运输（集团）有限公司领导成员名录

职务	姓名	任职时间	备注
经理（总经理）	吴盛墨	1986年1月至1990年2月	
	梁亨康	1990年2月至1990年7月	
	江诗成	1990年7月至2000年3月	1987年5月至1990年7月任副经理
	张国华	2000年3月至2005年12月	1998年10月至2000年3月任副经理 2000年12月起任总经理、党委书记
副经理（副总经理）	张成明	1983年12月至1986年5月	
	宋光林	1987年5月至1989年8月	
	胡安烈	1987年5月至1993年6月	
	张荣安	1988年10月至1991年9月	1989年11月至1990年2月任党委副书记
	杨安贵	1989年11月至1992年12月	
	刘　力	1992年12月至2005年12月	
	谢清健	1995年7月至2005年11月	
	周德伟	1998年10月至2005年11月	
	马明寿	1999年10月至2005年11月	
	张建枢	1999年7月至2002年12月	
	陈云晓	2005年11月起任职	
	彭云川	2005年11月起任职	

二、重庆市涪陵汽车运输总公司

重庆市涪陵汽车运输总公司（简称涪陵运输总公司）前身为涪陵专区汽车运输公司。1982年8月与涪陵公交汽车站等12个单位联合成立四川省汽车运输涪陵联合公司。1986年3月25日，除武隆、丰都县车队外，黔江县、南川县、涪陵县、秀山县、彭水县、石柱县车队相继退出，联合公司解体，恢复四川省汽车运输公司涪陵公司原名称。1986年12月，更名为四川省涪陵地区汽车运输公司（简称地区运输公司）。1994年，地区运输公司更名为四川省涪陵地区汽车运输总公司。1996年6月13日更名为四川省涪陵汽车运输总公司。1998年4月，更名为重庆市涪陵汽车运输总公司。2001年3月，总公司将经营的58辆客车及客运线路并出资5万余元，入股10.51%，加入重庆市涪陵汽车运输（集团）有限公司。

涪陵运输总公司主营涪陵区内及跨省、市、区、县的道路客货运输，城市公交，城市出租车客运，汽车修理和汽车检测业务，兼营汽车配件、整车销售、燃料供应、驾、修培训、建筑、广告、汽车特约技术服务等项目。

2005年，公司在册职工110人，固定资产总额861.7万元，净值286.8万元，负债574.9万元。

表 5－13　　1986～2005 年重庆市涪陵汽车运输总公司领导成员名录

职务	姓名	任职时间	备注
经理（总经理）	吕方全	1986 年 1 月至 1988 年 1 月 1994 年 2 月至 1996 年 1 月	
	向凡强	1988 年 1 月至 1994 年 2 月	
	李治龙	1996 年 1 月至 2001 年 4 月	
	陈泽开	2001 年 11 月至 2005 年 12 月	
副经理（副总经理）	李增文	1986 年 1 月至 1988 年 1 月	
	补永康	1986 年 1 月至 1993 年 4 月 1994 年 2 月至 1998 年 1 月	
	郑宝伦	1988 年 1 月至 1993 年 4 月	
	谭克庆	1988 年 1 月至 1992 年 2 月	
	唐阳平	1993 年 6 月至 2005 年 12 月	
	周　进	1993 年 6 月至 2005 年 12 月	
	陈泽开	1996 年 1 月至 2001 年 11 月	
	曹　彪	2005 年 7 月至 2005 年 12 月	
总经理助理	张应如	2005 年 7 月至 2005 年 12 月	
调研员	车树明	1986 年 1 月至 1988 年 1 月	前任公司经理
	张　铎	1986 年 1 月至 1988 年 1 月	前任公司副经理

三、重庆市涪陵汽车运输（集团）有限公司

重庆市涪陵汽车运输（集团）有限公司（简称涪运集团），是由涪陵 9 家汽车运输企业共同出资（即把客运车辆及线路等有效资产参股），于 2001 年 3 月 20 日正式成立的股份制汽车运输企业，注册资金 50 万元。其中涪陵汽车运输总公司出资 52550 元，占 10.51%；涪陵客车厂出资 56750 元，占 11.35%；涪陵华丰运输总公司出资 99950 元，占 19.99%；涪陵中源交通有限公司出资 60900 元，占 12.18%；涪陵珍溪运输公司出资 47450 元，占 9.49%；涪陵新妙运输公司出资 40350 元，占 8.07%；涪陵龙潭运输公司出资 22900 元，占 4.58%；涪陵蔺市运输公司出资 21400 元，占 4.28%；涪陵宏昌汽车运输公司出资 97750 元，占 19.55%。2003 年 6 月，涪陵交通运输产业有限公司加入统一经营。2004 年 11 月通过 ISO 9000 国际质量体系认证，12 月 27 日，获中国船级社质量认证公司 ISO 9000:2000 质量管理体系认证注册，资质为二级道路运输企业。

涪运集团位于涪陵区兴华东路 45 号。公司设有董事会、监事会机构。机关设综合管理办公室、财务核算部、客货运输管理部、安全机务内保稽查部、出租分公司、跨区县超长客运分公司等部室。主要从事汽车超长线、高速线、跨区线、乡镇线客运，出租车客运，旅游客运及汽车维修业务等项目。

2005 年，公司有客车 628 辆 8881 座，出租车 202 辆 808 座。完成客运量 614 万人，客运周转量 32014 万人公里。

表 5－14　　1986～2005 年重庆市涪陵汽车运输（集团）有限公司领导成员名录

职务		姓名	任职时间	备注
董事长		李治龙	2001 年 3 月至 2002 年 5 月	
		彭　刚	2002 年 6 月至 2005 年 6 月	兼总经理
		陈泽开	2005 年 7 月至 2005 年 12 月	
总经理		彭　刚	2001 年 3 月至 2002 年 7 月 2005 年 7 月至 2005 年 12 月	
第一届	常务副总经理	徐小镔	2001 年 3 月至 2001 年 10 月	
	副总经理	朱德荣	2001 年 3 月至 2001 年 10 月	2002 年 9 月病故
	副总经理	梁　华	2001 年 3 月至 2002 年 5 月	
	副总经理	何　平	2001 年 3 月至 2001 年 10 月	
第二届	常务副总经理	梁　华	2002 年 6 月至 2005 年 6 月	
	安全副总经理	甘国莲（女）	2003 年 6 月至 2004 年 4 月	调公交公司
	安全副总经理	慕　林	2002 年 6 月至 2005 年 6 月	
	客运副总经理	杨云峰	2003 年 7 月至 2005 年 6 月	
第三届	客运副总经理	梁　华	2005 年 7 月至 2005 年 12 月	
	安全副总经理	孙　闻	2005 年 7 月至 2005 年 12 月	

四、重庆涪陵祥瑞长途汽车运输有限公司

重庆涪陵祥瑞长途汽车运输有限公司（简称祥瑞公司），由原省汽车运输第 55 队和涪陵秋月门汽车站组成联合公司，隶属重庆祥瑞交通运输产业有限公司。1986 年 4 月，联合公司解体，恢复四川省汽车运输第 55 队原名。1987 年 10 月，涪陵汽车站并入 55 队，下放到涪陵市管理，更名为地区汽车运输公司涪陵分公司。1995 年 3 月底发展首批“面的”（面包车）循环小客车 15 辆投入营运，1996 年发展到 23 辆。1996 年 9 月，更名为涪陵长途汽车运输总公司。1998 年 1 月，与重庆凤凰祥瑞产业发展有限公司（简称凤凰祥瑞公司）共同投资组建涪陵旅游客运有限公司。同年 4 月 18 日，凤凰祥瑞公司对长途汽车总公司实行接收式兼并。2000 年 7 月 4 日，凤凰祥瑞公司出资 300 万元成立重庆涪陵祥瑞长途汽车运输有限公司。2003 年 6 月 1 日，祥瑞公司将 52 辆客车以股份形式加入涪运集团。公司主要从事汽车超长线客运、出租车客运、面的客运、旅游客运及汽车维修业务等项目。

2005 年，公司在册职工 185 人（其中在岗职工 101 人）。固定资产原值 1005 万元，净值 557 万元。有客车 52 辆 1383 座，出租汽车 36 辆 144 座。有三级汽车客运站 1 个，二级汽车维修站 1 个。新投资 3500 万元建设涪陵汽车西客站。全年完成客运量 21.6 万人，客运周转量 464 万人公里。

表 5－15　　1984～2005 年重庆涪陵祥瑞长途汽车运输有限公司领导成员名录

单位名称	姓名	任职时间	备注	
四川省汽车第 55 队	刘长荣	队长	1984 年至 1987 年 10 月	后任分公司经理至 1990 年
	陈开堡	副队长	1986 年至 1987 年 10 月	后任分公司副经理至 1998 年
	吴建敏	副队长	1987 年 3 月至 1987 年 10 月	

续前表

单位名称	姓名	任职时间	备注	
涪陵长途汽车运输总公司	谭建铭	经理	1996 年 9 月至 1997 年 3 月	1994 年 11 月起任分公司经理
	马忠礼	经理	1997 年 4 月至 1998 年 4 月	
	许建生	经理	1999 年 9 月至 2005 年 12 月	1993 年 5 月起任公司副经理
	李　虎	法人代表	1998 年 4 月至 1999 年 9 月	
重庆涪陵祥瑞长途汽车运输有限公司	陈素林（女）	法人代表	1999 年 9 月至 2000 年 7 月	
	简福伦	法人代表	2000 年 7 月至 2005 年 12 月	1990 年起任公司副经理
	吴　峰	副经理	1996 年 9 月至 1998 年 5 月	
	冉隆友	副经理	1996 年 9 月至 1998 年 5 月	
	郭理斌	经理助理	1999 年 9 月至 2005 年 12 月	
	余德凤（女）	经理助理	1999 年 9 月至 2001 年 9 月	
	杨云峰	经理助理	2005 年 5 月至 2003 年 6 月	

五、重庆市涪陵区拓源汽车运输有限责任公司

重庆市涪陵区拓源汽车运输有限责任公司（简称拓源公司）前身是涪陵县联社运输公司，成立于 1959 年初，为集体企业。1978 年 9 月开始经营汽车客运，更名为涪陵县汽车队。1982 年 8 月加入涪陵联合公司。1986 年 4 月联合公司解体，更名为涪陵市汽车运输公司。1993 年 8 月，企业成立出租车队。1996 年 4 月县级涪陵市撤市分两区，公司更名为涪陵市枳城汽车运输公司。1998 年 7 月，更名为涪陵宏昌汽车运输公司。2001 年 3 月加入涪运集团统一管理，其客运资质注销。2001 年 12 月企业改制，更名为重庆市涪陵区拓源汽车运输有限责任公司，注册资金 63 万元，职工 169 人。

表 5－16　　1986～2005 年重庆市涪陵区拓源汽车运输有限责任公司领导成员名录

职务	姓名	任职时间	备注
经理	蒋仁洪	1986 年 6 月至 1987 年 9 月	
	向　伦	1987 年 9 月至 1988 年 6 月	
	刘世荣	1988 年 6 月至 1990 年 9 月	
	张纯书	1990 年 9 月至 1992 年 10 月	
	方更新	1992 年 10 月至 1995 年 1 月	
	祝长春	1995 年 1 月至 1996 年 12 月	
董事长	徐小镔	1996 年 12 月至 2005 年 12 月	2001 年 1 月前任经理

续前表

职务	姓名	任职时间	备注
副经理	张纯书	1986年6月至1987年9月	
	陈雄飞	1986年6月至1987年9月	
	周正治	1986年6月至1992年10月	
	朱治国	1987年9月至1988年6月	
	龚正兴	1987年9月至1988年6月	
	方更新	1986年6月至1992年10月	
	许兴忠	1986年6月至1992年10月	
	谢　勇	1992年10月至1995年1月	
	王家模	1995年1月至2005年12月	
	刘邦华	1996年12月至1997年8月	
	余吉华	1997年8月至2002年1月	
	王　勇	1997年8月至2002年1月	
	鞠　涛	2002年1月至2005年12月	

六、重庆市涪陵联星汽车快速客运有限责任公司

重庆市涪陵联星汽车快速客运有限责任公司（简称联星公司），是1999年10月由汽车运输总公司等8家交通专业运输企业，出资450万元组建的股份制企业。其中汽车运输总公司、宏昌运输公司、长江水运公司、祥瑞交通公司、三峡轮船公司各出资67.5万元，分别占股份15%；涪陵客车厂、涪陵港务局各出资45万元，各占股份10%；涪陵华丰运输公司出资22.5万元，占股份5%。2000年10月，联星公司向涪陵工商银行贷款580万元（由8家股东按股份分摊）用于购买客车。2001年7月，祥瑞交通公司将股权转让给三峡轮船公司。2002年5月，涪陵客车厂将股份转让给嘉泰客运公司，联星公司时有股东7家。

联星公司位于涪陵区兴东路45号，主要经营涪陵至重庆高速公路的旅客运输业务，实行与重庆客运企业对开班车的方式营运。

2005年，公司有固定资产原值1258.7万元，净资产342万元，流动资金558.4万元。全年完成客运量55.4万人，客运周转量7206万人公里，年收入1470.5万元。

表5－17　　1999～2005年重庆市涪陵区拓源汽车运输有限责任公司领导成员名录

职务	姓名	任职时间	备注
董事长 总经理	谭克庆	1999年10月至2001年2月	辞职
	徐小镔	2001年3月至2005年12月 1999年10月至2001年2月	
	李治龙	2001年3月至2001年11月	调离
监事会主席	寿道奇	1999年10月至2001年2月	辞职
	朱德荣	2001年3月至2002年9月	病故
副总经理	周　进	1999年11月至2005年12月	
	刘学军	2001年12月至2003年6月	调离

七、重庆悦达汽车运输有限公司

重庆悦达汽车运输有限公司（简称悦达公司）前身是梁平县汽车运输公司，隶属梁平县交通局，为国有输企业。1991 年 12 月，公司兼并梁平县第二装卸运输公司。1992 年 7 月，公司转换企业经营机制，对客、货运输车辆实施单车承包经营。1994 年 5 月，公司试通梁平至广东龙岗、潮州超长客运线路，1995 年 8 月正式开通。2000 年 9 月 13 日，公司进行企业产权制度改革，由部分职工出资购买企业净资产，组建成立重庆市凯驰汽车运输有限公司。2001 年 9 月 28 日，由重庆市凯驰汽车运输有限公司、梁平县平安运输有限责任公司、梁平县屏锦运输有限责任公司、梁平县凯达运输有限责任公司、梁平县新盛运输有限责任公司 5 家企业共同出资，组建成立重庆悦达汽车运输有限公司。2002 年 12 月，被交通部核准为道路旅客运输二级企业。

悦达公司位于梁平县梁山镇西城路 153 号，下辖 4 个客运分公司、1 个出租汽车分公司、2 个二级汽车客运站、1 个汽车大修厂共 8 个经营二级单位。主要从事省际、县际和县内班车客运、包车客运，以及出租客运、客运站经营、一类汽车维修、汽车配件、汽车成品油销售等业务。客运网络辐射 7 省（市）20 多个区（县）及县境内 34 个镇乡、行政村。

2005 年，公司注册资金 1066 万元，有营运客车 372 辆、出租车 74 辆，客运线路 92 条。有从业人员 1104 人，资产总额 9756 万元。全年完成客运量 965 万人次，客运周转量 43826 万人公里。全年营运收入 8632 万元，上缴国家税费 847 万元。

八、重庆市石柱土家族自治县交通运业公司

重庆市石柱土家族自治县交通运业公司（简称石柱运业公司）成立于 1958 年，前身为四川省石柱汽车运输站，隶属四川省涪陵汽车运输公司，编制为四川省汽车运输公司第 101 队。1991 年组建成立黔江地区汽车运输公司石柱分公司。1997 年更名为重庆市石柱汽车运输站。2003 年取得国家四级道路运输企业和二级客运站资质，同时取得道路客、货运输服务、维修服务、配件销售、餐饮、旅馆行业等 6 大产品 ISO 9001:2000 目标质量体系认证。2004 年，更名为重庆市石柱土家族自治县交通运业公司，隶属石柱县交通局，为国有制企业。

石柱运业公司下辖西沱客运站、修理厂 2 个二级经营单位，是石柱县跨行业、跨区域、多层次的大型客、货运输重点企业。主营客运站、道路运输、货运站场、汽车修理和车辆检测等业务，兼营汽车配件、汽车维修、零配件销售、餐饮及住宿一条龙服务项目。

2005 年，公司有资产总值 5286 万元，职工 427 人，其中在册职工 123 人，离退休职工 103 人，有各类专业技术人员 76 人。有客货车 85 辆，经营线路 55 条，日发客运 305 班次。全年完成客运量 7012 万人次，旅客周转量 436032 万人公里，货运周转量 867.9 万吨公里。年营运收入 3600 万元，上交国家税金 203 万元，各种规费 3120 万元，实现利润 277 万元。

九、重庆市丰都县汽车运输公司

重庆市丰都县汽车运输公司（简称丰都汽运公司）成立于 1981 年，由丰都县汽车队和垫江汽车 26 队丰都汽车站联合组建而成，原名涪陵地区汽车运输公司丰都汽车联合站，隶属涪陵地区汽车运输公司。1987 年更名为四川省丰都县汽车运输公司，归属丰都县管理。1997 年更名为重庆市丰都县汽车运输公司，为国有制企业。

丰都汽运公司位于丰都县三合镇商业二路 332 号，下辖二级客运站 2 个，参股超长客运公司 1 个，城市出租公司 1 个。主营班车客运、出租客运、旅游客运、包车客运等。

2005 年，公司资产总额 2247 万元，职工总人数 375 人，其中各类专业技术人员 43 人，35 岁以下职工占 75%。有客运车辆 225 辆，经营跨省（市）县及区乡客运线路 50 余条，日发客运 410 班次，日运送旅客量 1.3 万人次。全年完成客运量 8110.9 万人次，旅客周转量 33960 万人公里，货运量 20.81 万吨，货物周转量 2613 万吨公里。

十、潼南县公路客运有限公司

潼南县公路客运有限公司（简称潼南公运公司）前身为潼南县汽车客运公司，成立于1983年7月，注册资金80.75万元，为国有制企业。1998年9月改制重组为股份制企业，更名为潼南县公路客运有限公司，有股东46人，总股份1615股。2002年获得道路客货运输三级资质。

潼南公运公司位于潼南县梓潼街道办事处接龙横街6号，主营公路客货运输、汽车维修、兼营机动车保险业务、汽车客运站服务、团体包车业务等。

2005年，公司有在册职工64人，退休工人36人。有各类大中型客运车辆178辆，其中高、中级车22辆3437客位。有3个客运站（潼南客运站、塘坝车站和江北汽车客运站），客运线路50条。全年完成客运量247.8万人次，周转量12389万人公里。全年营运收入2230万元，上缴国家税金56万元，运输管理费26万元，养路费220万元，缴纳职工社会保险费42万元。

十一、重庆北华运业有限公司

重庆北华运业有限公司（简称北华运业公司）前身为重庆市北碚区汽车运输公司，2002年10月30日改制，更名为重庆北华运业有限公司，隶属重庆市北碚区交通局。2004年10月取得道路客运四级资质。

北华运业公司位于北碚主城区，主要经营汽车修理、驾驶员培训、客货运输、汽配材料等业务。

2005年，北华运业公司资产总额为1319.28万元，职工人数158人。有客货营运车122辆、教练车15辆。全年完成客运量908万人次，货物周转量177万吨公里。全年营运收入516万元，上缴税金6.6万元。

第三节 其他运输企业

其他运输企业主要指营运资质由国家核定，地方交通部门实行行业管理的非交通系统从事营业性运输的企事业单位、民营、合资（合作）企业及个体业户。

一、主城区其他运输企业

（一）重庆市华荣运输有限公司

重庆市华荣运输有限公司（简称华荣公司）成立于1994年12月，前身为重庆老骥出租汽车有限公司。1998年更名为重庆市华荣运输有限公司。2002年通过ISO 9001:2000国际质量管理体系认证。

华荣公司为重庆市第一家入驻北部园区的规模型民营运输企业，属全市大型货运集散基地之一。公司下辖长寿分公司、汽车修理厂和汽车销售分公司。主要经营普通货物、危险品货物运输、联运服务、货运代理、货运信息服务、仓储理货、物流货运站以及旅客运输（五级资质）、汽车维修（二类）等业务。

2005年，公司有职工110人，其中各类专业技术人员32人。有现代化仓储库房12000余平方米，货运业务多功能大厅1000余平方米，驾乘人员休息客房400余套，车辆停泊位600多个。有货运车辆2000余辆，载重吨位0.4万吨。年完成货物吞吐量60万吨，上缴税费1000余万元。

（二）重庆渝强实业（集团）有限公司

重庆渝强实业（集团）有限公司（简称渝强公司）前身是重庆渝强出租汽车公司，成立于1992年8月8日，为私营股份制企业。1996年7月22日扩建，更名为重庆渝强实业有限公司。1997~2001年，先后成立土桥分公司、渝中区分公司、綦江分公司和重庆力强运输有限公司、重庆南岸运输有限公司、重庆合力运输有限公司、重庆渝强汽车租赁有限公司。2001年12月20日，重庆渝强实业有限公司兼并重组上述公司，更名为重庆渝强实业（集团）有限公司，民营股份制企业。2004 年获得国家二级道路旅客运输经营资质。

渝强公司位于重庆市巴南区，系以旅客运输经营为主，兼营普通货物、危险品货物运输、联运服务、货运代理以及汽车维修、驾驶员培训等业务的综合性道路交通运输企业。

2005 年，公司注册资金 3000 万元人民币，净资产 7067 万元。有客车 897 辆 11113 座（其中大客车 233 辆 6625 座，中型车 227 辆 3513 座，高级车 29 辆 975 座），有货运汽车 33 辆。全年完成客运量 5300 万人次，周转量 244000 万人公里。

（三）重庆工贸实业（集团）有限责任公司

重庆工贸实业（集团）有限责任公司（简称重庆工贸集团）前身为重庆市工贸客运公司，成立于 1992 年。2002 年获得国家二级道路客、货运输质量企业资格市场准入证和 ISO 9001:2000 国际质量管理体系认证。2004 年 6 月，先后收购兼并渝北区两江旅游公司车队、恩达装饰公司车队、南方汽车运输公司、海南贸易公司车队和渝北区汽车运输公司，成立重庆工贸实业（集团）有限责任公司。

重庆工贸集团是一家以道路旅客运输为主，集房地产、旅游、商贸为一体的跨行业、跨区域、多层次经营的大型民营企业。主营重庆市区内及跨省、市、区、县的短线客运、城市公交、出租客运、班线客运、县级客运、汽车站场、汽车修理和汽车检测业务，兼营汽车销售、燃料供应、驾驶和维修培训、建筑等业务。

2005 年，公司资产总额 1.7 亿元，职工 1000 人，下辖二级经营单位 13 家。有各类型营运车辆 700 余辆，经营线路遍及市内 9 区 3 县，市外 3 省 6 市。

（四）重庆重型汽车集团运输有限责任公司

重庆重型汽车集团运输有限责任公司（简称重汽运输公司）前身为四川汽车制造厂运输处，成立于 1965 年，系四川汽车制造厂的运输职能管理部门。后更改的名称有湖滨汽车厂运输科、大足汽车厂运输科、四川汽车制造厂运输科等，均隶属该厂供应处管理。1996 年，四川汽车制造厂运输科升级为运输处，隶属厂部直接管理。1998 年 12 月，四川汽车制造厂改制，改运输处为重庆川汽红岩汽车运输有限责任公司，四川汽车制造厂成为最大股东。2002 年 8 月，四川汽车制造厂更名为重庆重型汽车集团有限责任公司，重庆川汽红岩汽车运输有限责任公司更名为重庆重型汽车集团运输有限责任公司，成为重庆重型汽车集团有限责任公司的子公司。2002 年，获得道路运输企业客运、货运五级资质。

重汽运输公司位于重庆市双桥区境内，是一家跨行业、跨区域、多层次经营的股份制道路运输企业，是双桥区最大的专业运输公司。公司下辖综合管理部、汽车修理厂、汽车运输队、商品车接送部、对外工程部等 5 个二级单位。主营普通货运、班车客运，兼营汽车修理、商品车接送、汽车配件销售、起重、装卸、劳务输出等业务，主要为重庆重型汽车集团有限责任公司汽车生产和双桥区及周边地区提供工程和物流运输服务。

2005 年，公司注册资本 260 万元，资产总额 670.9 万元。有从业人员 105 人，各类运输汽车 65 辆，运力 435 吨。全年完成客运量 20.5 万人次，旅客周转量 102.5 万人公里，货运量 7.6 万吨，货物周转量 1238 万吨公里。全年营运收入 516.6 万元，上缴税金 37.4 万元，实现利润 5.8 万元。

（五）重庆润明客运有限公司

重庆润明客运有限公司（简称润明公司）成立于 1995 年 2 月，为个体民营企业，具有客运五级、道路货运三级运输资质。

润明公司位于重庆市石桥铺高新区科园六路郡都彩舍 6－2 号，主要经营班车客运、普通货运及危险品货物运输等业务，属重庆市物流运输行业大中型运输企业之一。

2005 年，公司有固定资产 1.2 亿元，从业人数 3150 人。有各种营运车辆 2800 多辆，车辆总吨位 8000 多吨。年完成货运量 300 万吨，货物周转量 4500 万吨公里，营业收入 503.2 万元。

（六）重庆鑫聚汽车运输有限公司

重庆鑫聚汽车运输有限公司（简称鑫聚公司）成立于2004年8月，经营范围以货车挂靠、货车销售、货车运输及与货车营运相关联的各种业务办理为主，兼营为客户上户、审车、审证、征费以及技术咨询服务等业务。2005年，公司拥有车辆1000余辆。

二、区县其他运输企业

（一）重庆市江津区远程运输有限公司

重庆市江津区远程运输有限公司（简称远程公司）前身为江津县德感水陆联运公司。1987年更名为江津县德感公路运输公司。1993年与江津和艾乡联合开展多种经营，组建江津市橡胶制品厂，同年更名为江津市德感公路运输公司。1995年组建江津市德感津德出租汽车分公司。1998年6月，经江津市体改委批准改制为有限公司，更名为江津市远程运输有限公司，德感津德出租汽车分公司更名为江津市远程运输有限公司出租汽车分公司。2000年，成立江津市远程运输有限公司几江分公司和李市分公司。2002年组建江津市远程农业生产资料有限公司。同年12月，取得道路客货运输三级资质。2004年在重庆沙坪坝上桥（货运东站）成立重庆远方物流有限公司。2005年出资购买德感汽车站，成立江津市远程运输有限公司德感客运中心。

远程公司下设3个分公司、1个汽修厂，是江津唯一一家集客运、货运、出租车、危险货物运输、汽车维修、码头装卸、旅客乘车、旅客住宿等为一体的多元化企业。江津长江大桥建成后，公司包揽了江津80%以上的货物运输。

2005年，公司资产总额2146万元，职工总人数196人（其中各类专业技术人员15人）。有客货车150辆，经营线路25条，日发班200班次。全年完成客运量510万人次，旅客周转量72190万人公里，货运量80万吨，货物周转量10400万吨公里。全年营运收入1500万元，上缴国家税金75万元，各种规费165万元，实现利润8万元。

（二）重庆宇记运输有限责任公司

重庆宇记运输有限责任公司（简称宇记公司）成立于2002年6月，注册资金50万元。宇记公司位于重庆市万盛区勤俭路81号1－1号，主要经营项目包括各种货物运输、汽车销售等。

2005年，公司有从业人员近1300人，车辆1200余辆，年完成货运量240余万吨。全年营运收入340余万元，上缴养路费、运管费700万余元，税费112万余元。

（三）重庆市合川区祥和汽车运输有限公司

重庆市合川区祥和汽车运输有限公司（简称祥和公司）是由原合川市太和公路运输公司、合川市盐井装卸运输公司、合川市小沔公路运输公司、合川市渝大汽车运输公司等4家客运企业，共同合资组建的有限责任公司，注册资本50.90万元。2001年10月23日取得道路运输经营许可证。2002年获得道路旅客运输企业四级资质证和安全管理新机制三级合格证。2005年，公司上缴国家各种税费200余万元。

（四）重庆市欣颖运输有限公司

重庆市欣颖运输有限公司（简称欣颖公司）前身是重庆市渝合农用车销售处，成立于1996年8月。1998年更名为重庆市合川欣颖商贸有限公司铜梁分公司。2000年7月更名为重庆市欣颖运输有限公司。2003年获得道路运输四级企业资质。

欣颖公司位于重庆西部风光秀丽的巴岳山麓中国龙乡——铜梁县巴川镇三岔路319国道必经路段，于人足、潼南、合川、璧山的中心地带，有得天独厚的地理优势。公司下辖大足分公司、璧山分公司、丰都分公司、合川分公司4家分公司和汽车维修服务站，是以货物运输为主，兼营汽车销售、汽车维修、汽车保险服务、汽车信息管理等多元化发展的企业。

2005年，公司资产总额599万元，有职工297人，货运车辆287辆。全年完成货运量1809万吨，货物周转量84270万吨公里。

（五）重庆市金得利汽车运输发展有限公司

重庆市金得利汽车运输发展有限公司（简称金得利公司）成立于2002年7月18日，为股份制企业，注册资本金50万元，重庆市汽车运输（集团）有限责任公司占股40%。

金得利公司主要经营普通货物运输、危险货物运输及车辆租赁、洗车、停车、货运信息服务、汽车配件销售等业务，是合川地区规模较大且唯一具有危险货物运输资质的货运公司。

2005年，公司资产总额820万元，有各类管理人员9人，驾驶人员248人。有红岩、东风、红旗、嘉龙等各类大中型货运车辆190辆（其中危险货物运输车辆11辆），总吨位527.5吨。

第三章 道路旅客运输

道路旅客运输（道路客运）是指在规定的公共道路上使用汽车从事旅客运输业务活动的总称。道路客运的服务对象是人，对运输质量的要求更高。道路客运主要由道路客运车辆、线路、班次、车站和旅客流量等要素构成。

第一节 客运车型

重庆市道路旅客运输车辆的型号、数量和质量随着交通运输业改革开放、经济增长和公路条件的改善同步发展、变化。

一、主要客运车型

20世纪80年代至20世纪90年代初，重庆市客运车辆主要有解放、东风、黄河、乐山、峨眉、130等普通车型和北泉、野马等农用车型，配置设施差，舒适性不强。

20世纪90年代中期，由于投资主体多元化和高速客运的发展，车辆进口和更新改造的步伐加快，客车的档次和质量有了较大改善，车型逐步从普通型向中高级型过渡，客运车辆的技术、安全、舒适性能有所提高。1995年，重庆市新增了较为舒适的新型客车、旅游客车、长途卧铺客车，主要型号有东风改进型、扬州、贵州、川江、牡丹、亚星和少量凯斯鲍尔等。1996~1999年，随着生活水平和营运客车建造技术的不断提高，人们对出行提出了更高要求。为满足乘客的需要，重庆市交通行业调整车辆档次，优化车辆结构，使客运车辆向着大、中、小型并举，高、中、普配套方向发展。重庆市客车有川江、亚星、北泉、华西、峨眉、依维柯、瑞驰、赛风、嘉泰、东风等型号。其中高档车增加较快，主要用于成渝高速客运，如日野RR3HJSA、凯斯鲍尔HFF6120GD、沃尔沃BLOM、奔驰PS型、黄海DD612SH2L、北方BFS6120等。

2000~2005年，客运车辆的设施配置、技术性能、安全可靠性和舒适美观性等得到全面提档升级，普通车型比重减少，高级豪华客车比重增加。重庆市客车主要有北泉、大宇、宇通、川马、星王、嘉泰、安凯、华西、金旅、依维柯、尼奥普兰、亚星、中通、金龙、野马、南骏、川江、铃羊、友谊、亚洲、牡丹、东鸥、箭牌、桂林、科威达、力帆、隆鑫、厦门金龙等车型。

二、主要技术性能

1986～1999年，重庆市的客运车辆以4缸汽（柴）油发动机为主，进口发动机较少。排放标准为欧Ⅱ以下。车身结构以板簧和整体大梁为主，制动系统以气压式、液压式和电磁式为主。主要型号有：亚星JS6820C03、JS6820C28、JS6820C10，北泉CN6590，瑞驰CRC6840HD（YC4G180－20型发动机），赛风CYJ6750（NQ140N型发动机）等。

2000～2005年，重庆市客运车辆除有4缸汽（柴）油发动机外，增加了4缸带增压的柴油发动机、进口6缸柴油机等。排放标准有欧Ⅱ，有的达到欧Ⅲ，车身结构主要有三段式及部分全承载式车身，制动系统为增加ABS防抱死装置以及断气刹等。主要型号有：友谊ZGT6790DH1，北泉CN6592（4102Q2型发动机），金龙XMQ6885B1（B5.9型发动机），安凯HFF6116K45（C300－20型发动机），宇通ZK6115WD、ZK6898KE（EQB235－20型发动机），力帆LF6592－3、LF6592（4100QB－1A型发动机），科威达KWD6602C2（4100QBZL型发动机），瑞驰CRC6120（YC6G300－20型发动机）、CRC6840HD（EQB210－20型发动机）等。

三、技术等级要求

重庆市交通局、重庆市交委为确保道路客运车辆技术状况良好，根据运输市场管理需要和车辆技术等级的变化贯彻落实上级管理部门的规定，不断修订和调整对客运车辆技术标准及维护的管理规定。一是车辆技术性能应当符合国家标准《营运车辆综合性能要求和检验方法》（GB18565）的要求，车辆外廓尺寸、轴荷和程序应当符合国家标准《道路车辆外廓尺寸、轴荷及质量限值》（GB1589）的要求。二是从事道路旅游客运、高速公路客运、营运线路长度在800公里以上的客运车辆，其技术等级应当达到交通行业标准《营运车辆技术等级划分和评定要求》（JT/T198）规定的一级技术等级；途经高速公路客运和营运线路长度在400公里以上的客运车辆，其技术等级应当达到二级以上；其他客运输车辆的技术等级应当达到三级以上。三是从事高速公路客运、旅游客运和营运线路长度在800公里以上的客运车辆，其车辆类型等级应当达到交通行业标准《营运客车类型划分及等级评定》（JT/T325）规定的中级以上。四是运输车辆二级维护。道路运输经营者应当依据国家有关技术规范对运输车辆进行定期维护，确保运输车辆技术状况良好。车辆维护的作业项目和程序按照国家标准《汽车维护、检测、诊断技术规范》（GB18344）等有关技术标准的规定执行。五是运输车辆综合性能检测和技术等级评定。对运输车辆定期进行车辆综合性能检测，并根据检测结果，评定车辆技术等级。运输车辆技术等级分为一、二、三级，每年评定一次（评定有效期为1年）。每年春运前，对客运车辆进行春运车辆综合性能检测，合格后方可投入春运。

第二节　客运运力

1979年以前，中国交通运输行业特别是旅客运输是典型的公有制经济模式之一。营运客车主要集中在市属交通系统（指成建制的、隶属交通部门）的全民（国有）、集体所有制专业运输企业中。

20世纪80年代初，重庆市全民和集体所有制企业的营运客车分别占全市营运客车总量的71%和28.6%，非交通部门（指隶属其他企业单位）和民营、个体经济所占运力比重非常小，只有营运客车运力总量的0.4%左右。20世纪80年代中期，重庆市贯彻全社会办交通的方针，运输市场活跃，社会客运车辆以10%以上速度增长，出现了集体运输企业（业户）运力的发展速度超过国营运输企业，区县交通业户（含个体、私人）运力的发展速度超过市属企业的状况。1986年，重庆市集体运输业户机动车发展到9000辆，城乡个体运输户汽车发展到2410辆。

20世纪90年代初，重庆交通运输市场开放力度加大，市场机制配置灵活，交通运输资源的基础性作用进一步发挥，为城乡居民和下岗职工“再就业”提供了多种门路的就业机会，个体运输业户继续大量增加。公有制骨干运输企业的发展虽不如个体经济，但依然发挥运输主渠道作用，与各种经济成分的运输单位共同经营，形成活跃的市场竞争局面。到20世纪90年代中期，重庆市道路客运市场的规模逐年扩大，客运市场运力布局出现冷热不均等问题，重庆市交通部门及时对客运市场进行调控，采取发展定线客运、改变客运线路、调高速运力、严把参营者经营资格和车辆技术关等办法，改变了营运客车运力的分布格局，使运力结构的布局更为合理。1997年，重庆市营运客车中有高级车81辆3784座，卧铺车778辆29671座，旅游车4辆101座。

从20世纪90年代末至21世纪初，重庆的高速路越来越多，道路状况大为改善。重庆市属运输企业调整经营结构和运输设备，增加了高速客运班次和高等级客车，减少了普通车辆和班次，档次较差的班线客车退出客运市场。到2005年底，重庆市营运客车中有高级车1311辆44576座，中级车3863辆92254座，卧铺车572辆23349座，旅游车524辆16800座。营运客车数量和客位分别是1986年的24.6倍和8.74倍，高级豪华车、旅游客车和天然气（CNG）汽车从无到有，发展迅速。

一、班车客运运力

班车客运是指以售票组织客流为手段，采用“五定”（即定班次、定线路、定站点、定车辆、定票价）的城市间公共客运形式。

20世纪80年代，重庆市班车客运以市属运输企业经营为主，客车只抵达主要区县，定时开车、定时收车，经营方式单一，以原有固定线路为主，对开辟新线路限制较严。1986年底，重庆市班线客车按所有制分：国有企业939辆、集体企业379辆、其他企业5辆。按行业分：交通部门2867辆，占94%，非交通部门184辆，占6%。其中农村夜宿班车371辆。1989年，重庆市旅客班车运力由1987年的2583辆92647客座增加到3155辆108573客座。

20世纪90年代，市场经济体制逐步建立，重庆市道路客运市场规模扩大，经营方式灵活，新开辟班线、班车增多，运力增大。1990~1996年，重庆市旅客班车运力由3446辆118659客座增加到15274辆280427客座。1997年，重庆班线客车中，有大型客车3196辆131350座，中型客车6988辆136397座，小型客车2312辆23662座。到1999年，重庆市旅客班车运力达到24658辆356574客座，基本满足了重庆市民出行、旅游需要。

进入21世纪，重庆客运市场发展速度加快，客车档次提高。2000年，重庆市共新增班线客车1200辆，进一步改善了客运市场车辆结构。2001年，重庆市班线客车中有400余台长途客车更新为较高档次的车型，49台中巴车更新为大客车。2002年，重庆市班线客车比上年增加966辆，增幅为2.9%。2003年比上年增加4198辆，增幅为12.4%。2004年，重庆市班线客车比上年减少3340辆，减幅为8.9%。到2005年，因高速公路客运班次增多，重庆市班线客车总数缩减，为32527辆473227客座，其中大型客车2843辆，中型客车10032辆，小型客车6219辆，与2004年相比，总运力减少6.7%。

表5-18　　1986~2005年重庆市全社会营运客车运力统计表

年度	交通部门		非交通部门		合计	
	车辆数（辆）	客位（座）	车辆数（辆）	客位（座）	车辆数（辆）	客位（座）
1986	1323	54144	—	—	1323	54144
1987	1490	60808	1093	31839	2583	92647
1988	1563	63871	1650	44033	3213	107904
1989	1600	65065	1555	43508	3155	108573
1990	1740	70158	1706	48501	3446	118659

续前表

年度	交通部门		非交通部门		合计	
	车辆数（辆）	客位（座）	车辆数（辆）	客位（座）	车辆数（辆）	客位（座）
1991	2035	79813	1658	47297	3693	127110
1992	2453	88115	1623	48533	4076	136648
1993	2459	78465	1898	50878	4357	129343
1994	2912	82279	3075	51932	5987	134211
1995	3911	98877	4183	71484	8094	170361
1996	6080	155833	9194	124594	15274	280427
1997	7916	183401	9645	129846	17561	313247
1998	10033	198522	11255	127132	21288	325654
1999	11845	216548	12813	140026	24658	356574
2000	12946	232541	22917	243578	35863	476119
2001	—	—	—	—	32790	454352
2002	—	—	—	—	33756	490207
2003	—	—	—	—	37473	542571
2004	—	—	—	—	34133	506954
2005	—	—	—	—	32527	473227

注：表中交通和非交通部门营运运力 2001 年以后合并计算。

（一）交通部门客运运力

重庆市交通部门客车运力包括国有、集体和其他经济类型企业的运力，其中又以国有运输企业（即市属企业）为主。1986～1989 年，市属企业客车运力在 3 种类型中所占比例分别为 71%、69.3%、70%、72.3%。1990～2000 年，市属企业客车运力所占比例分别为 69.8%、68.3%、69.3%、72.3%、72.9%、69.5%、68.7%、68.6%、67.2%、63.7%、59.2%。

与非交通部门客车运力相比，1986～1993 年，重庆市交通部门客车运力为 1300～2500 辆左右，非交通部门客车运力为 1000～1900 辆左右，高于非交通部门。1994～2000 年，随着交通运输结构的调整，重庆市交通部门企业部分客车退出道路客运市场，运力减少，为 3000～13000 辆左右。

表 5－19　　**1986～2000 年重庆市交通部门营运客车运力统计表**

年度	全民所有制		集体所有制		其他经济类型		合计	
	数量（辆）	客位（座）	数量（辆）	客位（座）	数量（辆）	客位（座）	数量（辆）	客位（座）
1986	939	38962	379	14992	5	200	1323	54144
1987	1033	43402	450	17172	7	234	1490	60808
1988	1093	45327	464	18350	6	194	1563	63871
1989	1157	46946	436	17885	7	234	1600	65065
1990	1215	49617	519	20301	6	240	1740	70158
1991	1390	54838	639	24735	6	240	2035	79813
1992	1702	60462	751	27653	—	—	2453	88115

续前表

年度	全民所有制		集体所有制		其他经济类型		合计	
	数量（辆）	客位（座）	数量（辆）	客位（座）	数量（辆）	客位（座）	数量（辆）	客位（座）
1993	1779	55933	680	22532	—	—	2459	78465
1994	2125	61629	787	20650	—	—	2912	82279
1995	2720	69143	983	26215	208	3519	3911	98877
1996	4177	110627	1561	38571	342	6635	6080	155833
1997	5437	129191	1820	42866	659	10957	7916	183014
1998	6746	140279	2451	45635	836	12608	10033	198522
1999	7549	148194	2985	50697	1311	17657	11845	216548
2000	7664	150161	3031	51166	2251	31214	12946	232541

（二）非交通部门客运运力

1987～1993年，重庆市非交通部门客车运力为1000～1900辆左右，低于交通部门。1994年，重庆市非交通部门客车运力首次超过交通部门运力，达到3000余辆，比交通部门多出100余辆。到2000年，非交通部门客车运力猛增到22917辆，超出交通部门近10000辆，非交通部门运输企业发展成为重庆市道路客运的主体。

表5－20　　1987～2000年重庆市非交通部门营运客车运力统计表

年度	全民所有制		集体所有制		个体联户		合计	
	数量（辆）	客位（座）	数量（辆）	客位（座）	数量（辆）	客位（座）	数量（辆）	客位（座）
1987	590	21548	209	5704	294	4587	1093	31839
1988	795	26493	229	6730	626	10810	1650	44033
1989	671	24296	291	9466	593	9746	1555	43508
1990	738	26686	337	10987	631	10828	1706	48501
1991	681	25711	290	9668	687	11918	1658	47297
1992	789	29188	396	11120	438	8225	1623	48533
1993	891	31598	514	10968	493	8312	1898	50878
1994	902	27723	1551	15276	622	8933	3075	51932
1995	1169	35548	2253	24560	761	11376	4183	71484
1996	1130	36951	3254	39994	4810	47649	9194	124594
1997	1217	29686	2408	39752	6020	60408	9645	129846
1998	1127	23720	3232	41033	6896	62379	11255	127132
1999	867	18415	3740	46021	8206	75590	12813	140026
2000	3876	45500	10179	116766	8862	81312	22917	243578

（三）直辖重庆班线客运运力

1997年重庆直辖，辖区范围增加，经济快速发展，道路运输市场扩大，班线客车数量达到12000余辆290000余座，比1986年的1300余辆增加了近9.5倍。到2000年，重庆班线客车数量达到22000余辆，比1997年增加了近1倍。2001～2005年，由于高速公路客运发展迅速，重庆市调整班线客车运力，减少客车数量，提高档次质量，增加乘坐舒适度。这一时期，重庆的班线客车维持在20000辆400000余座左右，基本保障了直辖重庆旅客运输的需要。

表5－21　　1997～2005年重庆市班线客车运力统计表

年度	班线客车	
	数量（辆）	客位（座）
1997	12496	291409
1998	15127	301722
1999	18144	329663
2000	22653	417976
2001	20671	398359
2002	20218	418481
2003	22059	454870
2004	20047	421817
2005	19094	392153

二、厢式微型汽车（面的）客运运力

1995年3月，重庆调整市区规划，将巴县、江北县1159平方公里的乡镇划入近郊6区，区域范围增大，且由于经济的发展，各区兴建了不少工业小区和生活小区。为了方便近郊乡镇群众生活和工作，各区政府投放了一些厢式微型汽车（面的）经营客运。1997年，重庆有厢式微型客车2312辆23662客座。由于厢式微型客车的营运范围广、线路多、地处偏僻，管理困难，一段时间，非法经营的微型客车和客货混载等现象泛滥成灾。为了加大管理力度，1998年，重庆市交通局规定农村道路营运线路应实行定营运线路、定经营企业、定营运客车数、定站点、定票价的“五定”管理。严格农村客车的营运范围，只允许有交通运政部门核发的《道路运输证》的农村客运班车，在各区县（市）行政辖区范围内乡镇间从事客运经营业务活动，并严禁进入高速公路和主城区或跨区县（市）经营客运。到1999年，重庆有厢式微型客车6403辆47230客座。

21世纪初，重庆交通运输营运范围越来越广，各地都发展了厢式微型汽车营运业务。2000年，重庆厢式微型客车的数量达到7226辆，遍及全市每个区县和乡镇。2001～2004年，经过对客运市场的整顿、调控，重庆市厢式微型客车由6337辆49884客座，调整到5781辆47176客座。2005年，经济发展形势向好，重庆市厢式微型客车回升至6219辆49485客座。同年，重庆市委、市政府为加强管理，再次对厢式微型客车的营运做出规范，要求从事农村道路客、货运输车辆的技术等级应当达到三级以上，农村定线小客车的座位数一般为6＋1至13＋1。

厢式微型汽车参与营运，既满足了乡村、城乡结合部和工业区、生活区群众的出行需求，又解决了部分下岗职工和待业青年就业的需要，对稳定社会秩序起到了一定作用；既抑制了非法经营的微型客车和客货混载等现象泛滥成灾，又促进了重庆支柱产业——汽车工业的发展，受到当地企业和群众欢迎，成为重庆市不可缺少的交通工具。

表 5－22　　1997～2005 年重庆市厢式小型客车运力统计表

年度	厢式小型客车	
	数量（辆）	客位（座）
1997	2312	23662
1998	4538	37926
1999	6403	47230
2000	7226	57545
2001	6337	49844
2002	4483	35934
2003	5643	45708
2004	5781	47176
2005	6219	49485

第三节　客运线路

20 世纪 80 年代，为方便城乡流通，解决农民出行困难，重庆市开放道路运输市场和农村客运市场，鼓励个体兴办支线和边远地区客运。客运市场由单一的国营、集体企业经营向国有、集体、个体等多元化经营逐步转变，形成交通专业企业、社会投资企业和个体运输业户三足鼎立的局面。至 1989 年，重庆市属运输企业把重点放在以主城为中心、市区干支线相连、农村站点密布、班次交错的客运网上，保证了每天客运班车的正常运行。

20 世纪 90 年代，重庆市属运输企业在实行承包经营责任制的基础上，开始实施“第二轮承包”，经营者的积极性进一步提高，各企业增开了客运线路，扩大了客运范围。重庆市班车客运线路以主城区为中心，覆盖辖区内区（市）县和大部分乡镇，并向国家东部、东南、沿海、中部、西部地区辐射。

进入 21 世纪，重庆工业、农业、商贸、旅游、教育等迅猛发展，交通基础设施建设提速，高速公路、国道、省道、县道乃至乡村公路四通八达，道路运输业步入了大发展的快车道。2000 年，为防止无序竞争和保障乘客安全，重庆市逐步建立了公开、公平、公正的客运线路运力招标制度，道路运输企业通过竞标方式获得班线客运经营权，保证了旅客运输的正常运行。至 2005 年，重庆市辖区客运线路比直辖时增加 62.6%，形成了以高速公路为主线，国道、省道为骨架，县乡道为网络的干支相连，城乡贯通的道路客运交通网络，促进了区域经济互动、协调发展。

表 5－23　　1986～2005 年重庆市公路客运线路及平均班次统计表

年度	客运线路（条）	年平均日发班（次）
1986	665	2935
1987	1457	6400
1988	1443	6620
1989	1410	6798

续前表

年度	客运线路（条）	年平均日发班（次）
1990	1379	8312
1991	1380	8613
1992	1383	8731
1993	1395	8912
1994	1262	8285
1995	1414	9928
1996	2423	16608
1997	2171	16845
1998	2568	18950
1999	2641	20081
2000	9114	53264
2001	4683	25221
2002	4290	26854
2003	4451	34023
2004	4699	42219
2005	3940	41470

一、重庆市辖区客运线路

20 世纪 80 年代，重庆市主城发往辖区的班车营运范围局限在各县府所在地，相邻区、县互通班车较为普遍。到 1986 年，重庆辖区 814 个乡镇中有 657 个开辟了直达市区的客运班车，已通客车的 683 个，占乡镇数的 83.9%。有区县营运线路 472 条，设置客运站点 2028 个，日发班车 2935 辆次。1987 年，重庆公路客运有跨市地线路 237 条 404 班，区县线路 359 条 1097 班，县内线路 849 条 4882 班。全市已通客车的乡镇 683 个。

20 世纪 90 年代，国民经济发展速度加快，重庆到异地打工的农民增多，人员流动性、机动性增大，重庆市属运输企业及时调整客运线路、班次和运力，增加农村夜宿班车和跨区县班车班次，满足农民工和旅客需要。1990 年，重庆市辖区有客运线路 1269 条，其中地市线路 548 条，区县线路 721 条。到 1995 年，重庆辖区有客运线路 1693 条，其中地市线路 326 条，日均发班 1134 次；县内线路 292 条，日均发班 3153 次；区县线路 728 条，日均发班 5567 次；夜间班车 73 条，夜宿班车 274 条。1996 年，重庆代管万县、涪陵、黔江（即“两市一地”），辖区范围扩大，辖区内客运线路增加到 3014 条，其中地市线路 242 条，日均发班 1516 次；县内线路 496 条，日均发班 5466 次；区县线路增加到 1305 条，日均发班达 9368 次；夜间班车 163 条，夜宿班车 1078 条。1997 年，交通部召开“推广村村通客车经验交流现场会”，对进一步发展农村客运提出了新的目标。重庆市抓住直辖和长江上游经济中心地位确立的机会，加快城镇一体化建设步伐，大力发展“村村通”工程。年内，重庆市有 16 个乡通了公路并开通客运线路，并投放适合农村道路的客车替代“龙马车”（即马车、拖拉机、三轮车等）载客，进一步改善了农村客运状况。1998 年，重庆辖区客运线路猛增到 3116 条，其中地市线路 1669 条，日均发班 15826 次；县内线路 1447 条，日均发班 12721 次。1999 年重庆市辖区地市客运线路比上年增加 51 条，日均发班增加 2108 次，县内线路比上年增加 84 条，日均发班增加 1065 次。

21 世纪初，重庆市交通系统开展农村客运民心工程、道路精品工程、运政管理阳光工程和人性化工程，合理布局站点，优化主城区和农村客运线路网络，提高了辖区农村客运通达深度和通畅程度。2000 年，重庆市辖区地市客运线路由 1999 年的 1720 条猛增到 7240 条，日均发班由 17934 次增加到 48928 次；县内客运线路由 1999 年的 1531 条增加到 3912 条，日均发班由 13786 次增加到 34284 次。到 2003 年，经过整顿调控，重庆市辖区客运线路回调到 3433 条，日均发班 31478 次；县内客运线路回调到 1797 条，日均发班 21573 次。2004 年，重庆市新开行农村客运线路 23 条，新开辟主城区居民小区客运线路 21 条，延伸线路 23 条。2005 年，重庆市道路客运网络继续向"村村通"方向发展，重庆市 986 个乡镇中开通客运班车的有 968 个，为乡镇总数的 98.2%，开通客运班车的行政村 6855 个。全市辖区内除少数不通公路的边远乡村外，均开通了客运班车，其中地市内客运线路 3218 条，日均发班 39795 次；县内客运线路 2151 条，日均发班 28903 次。"村村通"工程方便和满足了广大群众出行。

表 5－24　　1986～2005 年重庆市辖区公路客运线路及平均班次统计表

年度	地市内线路（条）	年平均日发班（次）	县内线路（条）	年平均日发班（次）	区县线路（条）	年平均日发班（次）	夜间班车线路（条）	夜宿班车线路（条）
1986	196	362	706	3998	472	1876	—	—
1987	237	404	849	4882	359	1097	—	—
1988	354	491	814	4763	421	1634	—	—
1989	423	1514	715	4187	657	4386	—	—
1990	548	2037	638	3678	721	5624	—	—
1991	594	2669	524	2688	723	5431	—	—
1992	485	2525	598	2894	718	5387	—	—
1993	455	2504	536	2431	697	5304	—	—
1994	379	2384	772	4939	689	5231	64	239
1995	326	1934	292	3153	728	5567	73	274
1996	242	1516	496	5466	1305	9368	163	1078
1997	1870	19823	1442	7900	1454	14815	—	—
1998	1669	15826	1447	12721	—	—	—	—
1999	1720	17934	1531	13786	—	—	—	—
2000	7240	48928	3912	34284	—	—	—	—
2001	3731	23007	2259	18049	—	—	—	—
2002	3305	24547	1669	19289	—	—	—	—
2003	3433	31478	1797	21573	—	—	—	—
2004	3718	39714	2332	27364	—	—	—	—
2005	3218	39795	2151	28903	—	—	—	—

注：1998 年以后县区及夜间、夜宿班线并入地市和县内线路计算。

二、跨省客运线路

20 世纪 80 年代中期，重庆市属运输企业顺应运输市场新形势，打破行政区划限制，冲破过去由城镇到县城的传统格局，以经济发达城市为辐射中心，直接通往外省大中城市，开拓新的市场(如省、区际班车客运、长途客运班线以及卧铺车的开行等)。1987 年、1988 年、1989 年，重庆跨省客运线路分别为 12 条、12 条、17 条，平均日发班分别为 17 班、19 班、22 班。

20 世纪 90 年代，越来越多的农民到广东等沿海地区做工，逐步形成数以百万计的劳动力流动，由于铁路、航空和内河运输的局限性，跨省、跨地市道路客运量猛增，长途班线和卧铺汽车客运迅速发展。1990 年，重庆有跨省客车线路 19 条，跨地市客车线路 322 条，辐射范围由省内的 50 多个市县及云、贵、陕、鄂等省。1991 年 6 月 1 日，重庆市汽车运输总公司开通重庆至广州全国最长的跨省班车客运线路，全程 1848 公里。1992 年 2 月，四川省永川汽车运输总公司相继开通合川至深圳龙岗、潼南至广东横岗、大足至昆明、永川至西藏等多条跨省班车客运线路。经过摸索实践发展，至 1993 年渐成规模。1995 年，重庆市已有 23 户专业运输企业、1600 名驾驶员、650 辆客车依法进入跨省超长客运市场。随着客运需求加大，重庆市与各省、市（自治区）协调合作，相互增加对开客运班车。1996 年末，重庆市有跨省客运班线 139 条。其间，重庆市属运输企业开通的运距在 800 公里以内的客运班车一般可实现朝发夕至，不需要转乘其他运输工具，既省时省费，又减少了旅途劳累，真正实现了“门到门”的运输。重庆市交通部门通过加强管理，组织运力，增开省际客运加班车和鼓励汽车运输企业开展包车运输业务，对大批量旅客和民工组织包车编队运行，确保了广大旅客走得了、走得好、走得及时、走得有序。每年春运期间，旅客运输流时、流向高度集中，铁路、民航等运输方式因班次少、购票不方便和通达密度不足等原因，使得大批旅客和民工转向了道路客运。客运高峰时，重庆平均每天有 100 辆客车从各区县乡镇出发，直达广东等沿海地区，相当于铁路上每天增开 3 ~ 4 列直开广东等地区的火车。由于实行一票到底的客运模式，跨省道路客运既分担了铁路运输压力，又解决了民工出行需要。至 1997 年，重庆市有 40 家企业 785 辆客车，在跨省、超长线路上运行。

21 世纪初，重庆市调整道路运输行业结构，解决因企业盲目新增运力而导致的运力与运量严重失衡问题，引导企业由数量型发展向质量型增效转变。2001 年，重庆市有跨省客运线路 952 条 2214 班次，通达云南、贵州、四川、广东、西藏、新疆等省。到 2005 年底，重庆市跨省道路客运基本步入正轨，全市跨省班车客运线路控制在 720 条，年均日发班 1700 次左右。营运范围从重庆辖区辐射至四川、贵州、云南、湖北、湖南、广西、广东、福建、上海、浙江、江苏、北京、山西、甘肃、新疆、西藏等省市（自治区），形成了除“东三省”外的全国省际客运网络。

表 5 - 25　　**1987 ~ 2005 年重庆市省际客运线路及平均班次统计表**

年度	省际线路（条）	年平均日发班（次）
1987	12	17
1988	12	19
1989	17	22
1990	19	24
1991	20	26
1992	32	39
1993	38	43
1994	68	74
1995	102	131
1996	139	265

续前表

年度	省际线路（条）	年平均日发班（次）
1997	717	2030
1998	798	2142
1999	786	2079
2000	892	2158
2001	952	2214
2002	948	2202
2003	845	2122
2004	781	1986
2005	722	1675

表5－26　2005年重庆交通运业有限责任公司重庆汽车站跨省客运情况统计表

线路	里程（公里）	参加营运企业数（家）	参加营运客车数（辆）	年发班次（辆/次）	日均载客量（人）
重庆—武汉	1128	2	5	330	15.4
重庆—流沙	2250	1	18	40	0.55
重庆—珠海	1920	1	5	80	0.55
重庆—泉州	2478	2	6	220	6.8
重庆—拉萨	3549	1	10	256	13.7
重庆—昌都	1628	1	3	146	11.1
重庆—温岭	2264	1	3	183	2.3
重庆—广州	1848	1	12	146	8.5
重庆—上海	2207	1	7	146	5.1
重庆—龙岩	2250	1	4	110	2.3
重庆—海口	1714	1	4	220	8.5
重庆—泰兴	1911	1	2	110	0.4
重庆—荆州	953	1	3	293	1
重庆—岳阳	1160	2	5	329	9.4
重庆—南通	2019	1	3	183	3.7
重庆—南京	1722	1	2	183	4.5
重庆—靖江	2300	1	3	146	3
重庆—盐城	2090	2	5	183	2.1
重庆—昆明	1031	3	9	183	15.4
重庆—南宁	1167	2	4	183	13.3
重庆—瑞安	2157	1	3	146	2.4
重庆—杭州	2238	1	3	37	4.4
重庆—宁波	2488	1	3	74	0.5

续前表

线路	里程（公里）	参加营运企业数（家）	参加营运客车数（辆）	年发班次（辆/次）	日均载客量（人）
重庆—合肥	1578	2	2	146	5.9
重庆—温州	2114	3	6	192	5.2
重庆—蒲田	2613	1	3	183	8.9
重庆—福鼎	2276	2	5	73	0.6
重庆—西安	891	2	7	110	7
重庆—宜昌	835	2	6	192	7.1
重庆—南安	2300	1	3	37	0.3
合 计	57079	43	154	4788	169.9

表 5－27　　2005 年重庆交通运业有限公司陈家坪汽车站客运情况统计表

线路	里程（公里）	参加营运企业数（家）	参加营运客车数（辆）	年发班次（辆/次）	日均载客量（人）
重庆—武汉	1128	1	4	110	6
重庆—流沙	2250	1	5	80	0.55
重庆—珠海	1920	1	5	80	0.55
重庆—泉州	2478	2	6	80	0.5
重庆—拉萨	3549	1	10	293	3.4
重庆—昌都	1628	1	3	146	1.3
重庆—温岭	2264	1	3	146	1.7
重庆—广州	1848	1	12	37	2.5
重庆—上海	2207	2	3	110	1.4
合计	19279	11	51	866	17.9

表 5－28　　2005 年重庆长途汽车运输（集团）有限公司客运情况统计表

线路	里程（公里）	参加营运客车数（辆）	年发班次（辆/次）	日均载客量（人）
江津—潮州	2100	7	468	21.3
铜梁—龙岗	2000	4	216	16
铜梁—昆明	900	2	128	7.6
合川—龙岗	2100	8	897	74
合川—昆明	1000	2	172	1.4
重庆—昌都	1628	3	190	15.1
重庆—温岭	2264	3	240	2.6
重庆—龙岩	2700	4	226	4.4
重庆—上海	2207	7	146	5.1

续前表

线路	里程（公里）	参加营运客车数（辆）	年发班次（辆/次）	日均载客量（人）
永川—龙岩	2250	4	110	2.3
重庆—拉萨	3549	10	348	24
永川—番禺	1800	9	960	63
潼南—潮州	2600	10	396	37
潼南—龙岗	2200	8	330	29
潼南—昆明	900	2	96	3.9
荣昌—龙岗	2200	5	256	33
大足—龙岗	2300	7	580	77
大足—昆明	950	3	229	13.2
黔江—龙港	1800	5	180	16.8
黔江—龙岗	1700	5	180	17.5
黔江—石狮	2157	5	220	15.8
黔江—珠海	1700	5	146	10.2
重庆—武汉	1128	2	286	10.7
重庆—合肥	1578	1	180	4.9
合计	44719	110	6924	505.8

三、高速公路客运线路

高速公路客运是伴随高速公路建设成网而发展起来的一种城市间公共班线客运形式，与一般道路客运相对应。高速公路客运的重要特点是：运距长、速度快、班次稠密、方便可靠、舒适、服务质量高，相对经济等。高速公路客运的迅速崛起，进一步扩展了道路客运的空间，提高了服务效能，增强了道路客运在综合运输体系中的基础性地位。

1995 年 7 月 1 日，重庆第一条高速公路——成渝高速公路（其中重庆段 114 公里）全线贯通。9 月 25 日，高速公路旅客运输正式开通。成渝高速客运始发重庆，途径永川、隆昌、内江、简阳等地，终点成都，全程 340 余公里。与铁路相比，运行距离缩短 164 公里，运行时间减少一半，单程仅需 4 小时，且票价适宜，受到广大旅客欢迎。高速公路客运具有不同于普通道路客运的优势。以成渝高速客运为例：一是发展速度快。仅在 1995 年，重庆购车资金就吸附 1 亿～2 亿元人民币，批准进入高速公路参营企业 128 户、客车 715 辆、日发 1055 班，年底运送旅客就达到 540.09 万人次。二是车辆结构优化。客车实现大中并举，高中普配套，其中大型客车 435 辆、中型客车 280 辆，已投入的高档车有 257 万元的日野 RR3HJSA、248 万元的凯斯鲍尔 HFF6120GD、201 万元的沃尔沃 BLOM、200 万元的奔驰 PS 型、172 万元的黄海 DD612SH2L、140 万元的北方 BFS6120 等，高档车还保持着强劲的发展势头。三是运输服务质量提高。豪华客车为旅客提供多种服务项目，如随车服务的巴姐，为旅客提供饮料、小食品、报纸、杂志、发送小礼品，迎送客人，推广普通话，推广文明用语，扶老携幼，使旅客从买票、旅途到下车，既方便安全又舒适快捷。1998 年 10 月 21 日，交通部颁布实施《高速公路旅客运输管理规定》，对高速公路客运和快速客运市场及车辆装备起到了规范和引导作用，为高速公路客运业的发展奠定了基础。

2000 年，重庆市以渝长高速公路开通为契机，继续向高速客运市场投放较高档次的车辆参与营运，推动道路运输企业向改善硬件设施，优化软件环境的方向发展。2001～2005年，重庆大力开展以高速公路为主干的公路交通基础设施建设，全市境内先后有渝合、长梁、梁万、渝邻、綦万、渝黔二期、渝涪、渝万、武合等9条高速公路建成通车。重庆“一环五射”高速公路网基本形成，高速公路旅客运输业务呈现出快速、健康发展的态势，并逐渐形成规模。重庆高速公路客运走过了“八小时重庆”，正向“四小时重庆”“一小时重庆”迈进。

高速公路客运快速发展，带动了全市道路客运事业的发展，运输服务质量明显提高，最大限度地实现了人便于行，货畅其流，满足了经济建设和人民生活对运输的需求。

表5－29　　2005年重庆交通运业有限责任公司重庆汽车站客运情况统计表

高速公路名称	里程（公里）	参加营运企业数量（家）	参加营运客车数（辆）	日均发班（辆/次）
成渝高速公路	360	23	182	54
渝涪高速公路	133	2	5	5
渝合高速公路	80	7	39	45
渝万高速公路	289	6	20	12
渝南（川）高速公路	162	3	18	17
渝达高速公路	229	7	13	14
合计	1253	48	279	147

表5－30　　2005年重庆交通运业有限责任公司陈家坪汽车站客运情况统计表

高速公路名称	里程（公里）	参加营运企业数量（家）	参加营运客车数（辆）	日均发班（辆/次）
成渝高速公路	360	25	171	25
渝合高速公路	80	4	20	9
渝万高速公路	289	1	5	2
渝涪高速公路	133	2	5	5
渝南（川）高速公路	162	3	18	4
合计	1024	35	219	45

表5－31　　2005年重庆市公路运输（集团）公司客运情况统计表

高速公路名称	里程（公里）	参加营运企业数量（家）	参加营运客车数（辆）	日均发班（辆/次）
成渝高速公路	360	17	71	29.61
渝合高速公路	80	5	10	10.5
渝万高速公路	289	2	18	1.65
渝涪高速公路	133	10	54	24.1
渝南（川）高速公路	162	6	15	11.8
渝邻高速公路	—	3	25	3.11
合计		40	183	80.77

表 5－32　　2005 年重庆长途汽车运输（集团）有限公司客运情况统计表

高速公路名称	里程（公里）	营运线路（条）	参加营运客车数量（辆）
成渝高速公路	360	39	286
渝合高速公路	80	15	34
渝涪高速公路	133	11	14
渝黔高速公路	—	18	65
合计		63	399

第四节　旅客运输量和周转量

旅客运输量由客运量和周转量组成。它们的增减随着国家的经济政策措施，运输市场开放程度，国内生产总值增长速度，旅客流量趋势以及运输业户生产规模大小和专业化水平的高低而变化。

一、客运量

道路客运量在铁路、公路、水运、航空等运输方式中所占比重很大，一般在 70% 至 90% 以上，改革开放以后逐年增加。1986～1989 年，重庆道路客运量在以上 4 种运输方式中所占比重分别为 70%、72%、70.3%、76.3%。1990～1997 年分别为 82%、83.7%、86.3%、86.7%、87.4%、87.2%、86.4%、87.5%。1999～2005 年分别为 90.7%、92.3%、92.8%、93.1%、94.1%、94.1%、95.8%。以上数据显示，道路旅客运输在各种运输方式中占有举足轻重的位置，是重庆客运交通的命脉。

（一）交通部门客运量

交通部门汽车运输企业的旅客运输量包括了全民、集体所有制企业的旅客运输量。

20 世纪 80 年代，重庆市交通部门运输企业是旅客运输的主力军，全市的主要客运任务基本由市属运输企业完成。1986 年，重庆市道路客运量以重庆市汽车运输公司、永川汽车运输公司和重庆汽车运输贸易公司等 3 家市属专业运输企业为主，占重庆市客运总量的 69.87%，1987 年有所增加，占重庆市客运总量的 72.5%。到 1989 年，交通部门客运量回落到重庆市客运总量的 60%。

20 世纪 90 年代，重庆运输市场更加开放，交通部门逐渐调整公有制、民营和私营企业的比例，客运市场运力、运量发生变化。1992 年，重庆市交通部门道路客运量比 1991 年增长 4.9%。1994 年，交通部门客运量为重庆市社会客运总量的 53.9%。1995 年和 1996 年每年增加 2 个百分点，分别为 55.9% 和 57.8%。1997 年重庆直辖，交通部门运输企业和经营单位数量增加，统计总量增大，重庆市交通部门道路运输客运量占客运总量的 61.6%。1999 年，重庆市交通部门客运量为客运总量的 63.2%。

2000 年，重庆客运市场变化明显，交通部门客运量比 1999 年减少 10.7 个百分点，为重庆市客运总量的 52.5%，略高于非交通部门运输企业的客运量。

表5-33　　1986~2000年重庆市交通部门营运汽车旅客运输量统计表

单位：万人

年度	旅客运输量			合计
	全民所有制	集体所有制	其他经济类型	
1986	6388.9	2284.6	48.6	8722.1
1987	7160.6	2665	44.4	9870
1988	6806.5	2893.4	66.1	9766
1989	7174.2	3244.2	75	10493.4
1990	6406.5	3552.6	—	9959.1
1991	7189.9	4408.5	—	11598.4
1992	7723.7	4898.9	—	12622.6
1993	7369.7	4403.6	—	11773.3
1994	7854.5	4050.9	—	11905.4
1995	7738.2	4329.5	—	12067.7
1996	12021.5	7246	—	19267.5
1997	13401.5	7427.9	2344.4	23173.8
1998	14734.8	7731	2926.1	25391.9
1999	16578.2	8963.5	3419.6	28961.3
2000	17574.7	5967.9	3327.2	26869.8

（二）非交通部门客运量

重庆市非交通部门运输企业营运性旅客运输量所占比例虽然低于交通部门运输企业，但发展迅速。1987年，非交通部门运输企业客运量为重庆市客运总量的27.5%左右，而1988年就增加了11个百分点，达到38.6%，以后逐年增加。1993年和1994年增量较大，分别达到47.1%和46.1%，增幅都在10个百分点以上。1996年重庆代管“两市一地”后，非交通部门运输企业客运量占重庆市客运总量的42.2%，其中国有企业占30%，集体企业占14.5%，个体占55.5%。2000年非交通部门运输企业客运量持续增加，达到客运总量的47.5%，逐渐与交通部门运输企业的客运量相当。

表5-34　　1987~2000年重庆市非交通部门营运汽车旅客运输量统计表

单位：万人

年度	旅客运输量			合计
	全民所有制	集体所有制	其他经济类型	
1987	2192.5	697.2	859.6	3749.3
1988	3547.7	875.5	1715.1	6138.3
1989	3475.7	1528.5	1837.7	6841.9
1990	3919.0	1474.5	1511.4	6904.9
1991	4569.5	1558.8	2136.6	8264.5
1992	5494.6	1649.4	1816	8960
1993	6238	2190.5	2069.8	10498.3

续前表

年度	旅客运输量			合计
	全民所有制	集体所有制	其他经济类型	
1994	6521.8	1979.9	1680.9	10182.6
1995	5341.7	2674.8	1515.6	9532.1
1996	4227.2	2039.2	7823.5	14089.9
1997	3951	3490.7	7016.3	14458
1998	3102.7	4396.4	8440.0	15939.1
1999	2689.6	5510.8	8640.2	16840.6
2000	5470.2	10117.9	8712.1	24300.2

（三）重庆市国有、股份制与个体经济客运量

21世纪初，重庆市交通运输业整合，推行现代企业制度，促进了企业结构调整，改变了重庆市运输企业“弱、小、散、多”的状况，大中型国有控股、股份制企业增多。重庆市客运量统计方法由交通部门和非交通部门分别统计，改为按国有、股份制经济和个体经济统计。2001年，国有及股份制运输企业完成客运量48000万人次，占全市客运总量的82.8%，个体业户完成客运量9603.3万人次，占17.2%。2002～2005年，国有及股份制运输企业的客运量逐年增加，分别为重庆市客运总量的89.5%、89.9%、95.6%、95%，个体经济客运量逐步减少，仅占重庆市客运总量的5%～10%。

表5－35　　2001～2005年重庆市国有、集体与个体经济旅客运输量统计表

单位：万人

年度	国有、集体或股份经济客运量		个体经济客运量		合计
	汽车	其他机动车	汽车	其他机动车	
2001	45934.9	2012.3	7795	1808.3	55742.2
2002	50819	1541	6152	1365	58512
2003	48480	1556	5637	1066	55673
2004	56493	1694	2646	1426	60833
2005	57077.8	1365.5	2144.6	921.9	61509.8

二、周转量

重庆直辖以前，道路客运周转量在铁路、公路、水运、航空等运输方式中所占比重在50%以下。1986～1996年，重庆道路客运周转量在以上运输方式中所占比重分别为24.8%、27.6%、26.3%、28%、39.4%、9.2%、39%、36.6%、39.6%、42.2%、49.8%。1997年，重庆的道路客运周转量在4种运输方式中所占比重上升，达到了53.9%，以后年年攀升。1999年至2005年分别为60.6%、62.8%、65.8%、66.3%、70%、70.4%、75.5%。

（一）交通部门周转量

交通部门汽车运输企业的旅客周转量占重庆市社会道路旅客周转总量的79%左右，高于非交通部门运输企业的旅客周转量。1986年，交通系统道路客运周转量比1985年增长14.8%，且每年

呈上升趋势。1997 年交通系统道路客运周转量比 1986 年增长 3.8 倍。2000 年比 1997 年增长 19.2%。

表 5-36　　1986~2000 年重庆市交通部门营运汽车旅客周转量统计表

单位：万人

年度	旅客运输量			合计
	全民所有制	集体所有制	其他经济类型	
1986	166431	51470	526	218427
1987	183604	57705	470	241779
1988	185927	62448	662	249037
1989	193894	67681	843	262418
1990	188242	74232	—	262474
1991	215894	93292	—	309186
1992	216748	121639	—	338387
1993	221067	96785	—	317852
1994	278249	100517	—	378766
1995	313001	115428	—	428429
1996	534529	171817	—	706346
1997	587294	199717	49944	836955
1998	629826	233808	60232	923868
1999	730005	262919	60820	1053744
2000	720981	208190	106424	1035595

（二）非交通部门周转量

非交通部门运输企业的旅客周转量所占比例低于交通部门运输企业。1987 年的客运周转量只有重庆市年客运周转总量的 21% 左右。2000 年虽有所增加，但也只有交通部门汽车运输企业旅客周转量的 64.3%，占全市旅客周转总量的 39.1% 左右。

表 5-37　　1987~2000 年重庆市非交通部门营运汽车旅客周转量统计表

单位：万人公里

年度	旅客周转量				合计
	全民所有制	集体所有制	其他经济类型	个体经济	
1987	40116	13733	—	9496	63354
1988	45597	15354	—	25640	86591
1989	45402	20063	—	29807	95272
1990	62142	27836	—	22897	112875
1991	57531	19746	—	24115	101392
1992	76774	23128	—	26177	126079
1993	85641	35065	—	33105	153811

续前表

年度	旅客周转量				合计
	全民所有制	集体所有制	其他经济类型	个体经济	
1994	99857	34561	539	27020	161977
1995	77569	47223	—	27847	152639
1996	13925	45404	6973	189829	256131
1997	105493	169437	35049	249172	442893
1998	106436	113988	—	311471	531895
1999	80137	130070	62997	276904	489288
2000	245954	196197	111863	213663	661253

注：1993 年以前其他经济类型旅客周转量资料缺失。

第四章　道路货物运输

1979 年以前，重庆的道路货物运输以传统、单一和普通货物的汽车运输为主，且由于公路路况不佳和汽车运力等原因，货运的速度、效率、质量和规模发展缓慢。

20 世纪 80 年代，重庆市货运企业从计划经济统一调管经营阶段，逐步发展到开放、承包、分散经营阶段。这一时期，运输结构调整取得了成效，货物运输单一的整车运输形式被突破，逐步向多形式、多样化方向发展。重庆市道路货物运输的车辆、站场增加，运输量逐年攀升，各项货运指标快速增长。

20 世纪 90 年代中期，成渝高速公路建成通车，提高了重庆道路运输的运力和运量，优化了运输结构，提升了综合运输体系的效率和服务质量，缩短了城市、地区之间的时空距离，加快了物资的流动速度，同时带动了普通货物、集装箱等特种运输的发展。

进入 21 世纪，由于工业、商贸发展、科技进步、行业导向、同行竞争和高速公路联网等多种因素影响，重庆的运输领域进一步扩展，货运车辆不断更新换代、装备水平上档升级，普通车型所占比重逐步减少，冷藏保鲜运输、集装箱运输、大件运输、危险货物运输等专项货运从普通运输中迅速分离，特种、快速、大型运输车辆加速普及，快件货运逐步兴起，货物仓储、包装加工、运输代理等货运服务业也显示出了旺盛的生命力。载重量加大，运输成本降低，道路货运车辆的设施配置以及技术操作性、安全可靠性和舒适美观性不断提升，道路运输效率和质量大幅提高，重庆市货运业的发展趋势逐步从传统、单一的货物运输向现代物流转变。到 2005 年，为实现“上规模、上品牌、上效益”的目标，重庆市道路货物运输企业采取了“统一受理业务、统一调配车辆、严格绩效考核、注重企业形象”的经营管理模式。有的企业按照现代物流的经济规律和要求，在开拓物流业务方面进行了有益的尝试：长安物流在组织汽车配件、汽车发送方面成绩显著；重庆市公路运输（集团）公司在物流园区建设、大型物件运输、电子物流、水陆联运、陆空合作等方面积累了宝贵的经验。还有的运输企业运用现代物流理论和技术，给货车配备了全球定位（GPS）系统或行驶记录仪，对传统仓储设施进行了改造，使用叉车、条形码等机械化、信息化技术和设备等，保证了运输安全，提高了生产效率。

第一节　货运车型

一、主要货运车型

20 世纪 80 年代，重庆市道路营运货车主要有解放、东风、南京、黄河、丰田、三菱、日野、达克、130 系列等普通车型和山城、渝州北泉、野马等农用车型，载重量小、油耗高、配置设施差、运力不强。随着经济发展，至 1988 年，重庆市货车运力不断增强，特别是个体经济货运汽车发展较快，少数业户甚至有了大型货车。重庆市的大吨位货车、集装箱车、箱式零担车、平板车、大型自卸车等专用车辆增多，车型增加了红岩、北京、太托拉等型号。

20 世纪 90 年代初，重庆市货运汽车新增了适应特种货物运输、长途零担运输的特种车、箱式货车等，货车平均单车吨位也有所增加。1991 年，重庆市政府筹集专项资金，加快货运车辆改造更新，发展大型货车、厢式零担车、大件运输车、冷藏车、危险品专用车等，为重庆市属运输企业增加货物运输市场占有率，增强适应能力和竞争能力创造了条件。1995～1999 年，重庆市（含万州、涪陵、黔江地区）营运货车主要有：东风、解放、十征、川江、金杯、渝州、汉阳、川路、十通、南京系列改进型和红岩、铁马等载重车型等，载重量逐步从轻中型向重型过渡。

21 世纪初，汽车工业发展更快，车型品种更加丰富，质量不断提高。2000～2005 年，重庆市货运汽车主要有长安、望江、川江、东风、渝州、汉阳、十通、十征、红岩、川路、翼翔、桑巴力、福田、柳州、北泉、解放、神河、重汽上柴、威腾、江淮、南骏、山花、铜江、徐工、康路、时风、岷都、斯太尔、乘龙、琴岛、欧曼、神鹰、华神、中奇、奥铃、楚风、山城、铁马、五十铃等品牌的各种吨位的国产和进口车型。

二、主要技术性能

1986～1994 年，重庆市道路货物运输车辆主要性能以 4 缸汽油机为主。车身结构以一汽三类底盘为主，制动系统以双管路气压及油压制动为主。排放标准欧Ⅰ以下。

1995～1999 年，重庆市道路货运车辆主要性能以 4 缸汽油机和 6 缸柴油机为主。车身结构以一汽、二汽三类底盘为主，制动系统以双管路气压及油压制动为主。排放标准欧Ⅱ以下。其中主要型号有：东风 EQ1108G6D10、EQ1141G1、EQ1092F2DJ、EQ1061G2D2；解放 CA1110PK215、CA1026LF、CA11370PA211；川江 CJQ2101CD、CJQ25100CLS、CJQ3040C；十通 STQ1060D；十征 SGC3092B；金杯 SY114L；渝州 YZ2310CD 等。

2000～2005 年，重庆市货车设备质量有了较大改善，单车吨位大幅增加，基本淘汰 4 缸汽油机，改为以 6 缸柴油机为主，多带有 ABS、排汽制动和断气刹等制动系统。其中主要型号有：川江 CJQ3050、CJQ3161、CJQ3070GC、CJQ5100XXY；十征 SGC1102W、SGC1101DC、SGC3061D、南骏 RH50T、RF150T、YZ150T、FH150T；江淮 AF5045XXYKK1、红岩 CQ4160T6F15、望江 WJ3061；桑巴力 CYS5110XXY；斯太尔 2232BC294 等。

第二节　货运运力

20 世纪 80～90 年代中期，重庆市国有、集体所有制运输企业是道路载货运输的主要力量，占全市货运车辆运力的80%~90%，其中又以非交通部门运输企业为主。1997年重庆直辖，合资、合作企业和个体货运业户增多，货运市场结构发生变化，公有制运输企业货运车辆数量的比例减少，但还是占重庆市货车运力总量的60%~70%。进入21世纪，重庆市合资、合作企业和私营、个体货运业户进一步发展，公有制运输企业货运车辆的比例逐渐降至全市货车运力的40%~50%。

一、普通货物运输

普通货物运输是指被运输的货物本身性质普通，在装卸、储存、运送过程中无特殊要求的运输。普通货物运输数量大，在货物运输中占有重要地位。

20世纪80年代中末期，重庆市普通货物运输发展较快，货车运力增加。1987年、1988年、1989年分别比1986年增长2296辆、4547辆、4401辆，增幅分别为7.34%、14.5%、14%。

20世纪90年代，随着经济发展，新产品的不断涌现，种类日益增多，重庆市加快发展普通货物运输，运力逐年增加。1990~1999年，重庆市货运车辆分别比1989年增加399辆、5609辆、5269辆、8551辆、17762辆、12283辆、29292辆、49973辆、30235辆、49581辆，增幅分别为0.9%、13%、12.4%、20.1%、41.8%、29%、68.9%、117.5%、71.1%、116.6%。

2000年，重庆市普通货运车辆数量突破15万辆，比1999年增加64.8%。至2005年，重庆市普通货运车辆的数量达到24万余辆，运力是1999年的2.47倍，是1989年的4.82倍。

表5-38　　1986~2005年重庆市普通载货汽车运力统计表

年度	重庆市普通载货汽车	
	数量（辆）	吨位（吨）
1986	31265	183668
1987	33561	139790
1988	38108	120589.5
1989	42509	134833
1990	42908	162218
1991	48118	141375
1992	47778	142673
1993	51060	187643
1994	60271	197921
1995	54792	179431
1996	71801	234821
1997	92482	262858
1998	72744	217666
1999	92090	268754
2000	151742	397945.7
2001	89816	229058.3
2002	98534	232973.4
2003	119956	304661
2004	142871	399777
2005	243726	650406.2

（一）交通部门运力

重庆市交通部门运输企业（市属企业）以经营客运为主，货运为辅，在全市货物运输中，运力仅占2~3成。1986~1995年，重庆市属企业货车运力一直维持在2100~3000辆12000~15000吨位左右，变化不大。1996~2000年，重庆市属企业货车运力增幅较大，分别比1995年增加939辆、1854辆、2988辆、3078辆、2704辆，增幅分别为30.6%、60.5%、97.6%、100.5%、88.3%，吨位达到20000~27000吨左右。

表5-39 1986~2000年重庆市交通部门运营载货汽车运力统计表

年度	数量（辆）				吨位（吨）			
	全民	集体	其他	合计	全民	集体	其他	合计
1986	1725	1119	23	2867	9039.75	5079	112	14230.75
1987	1629	1120	18	2767	8642	5184	86	13912.25
1988	1608	1142	18	2768	9007.5	5300.5	86.5	14394.5
1989	1711	1110	15	2836	9625.5	5196.1	71.5	14893.1
1990	1618	1065	11	2694	9346.3	5081.05	51.5	14478.85
1991	1616	1033	10	2659	9471.75	4961.65	46.5	14479.9
1992	1463	967	—	2430	8616.25	4651.65	—	13267.9
1993	1292	855	—	2147	7760	4180.5	—	11940.5
1994	1584	841	—	2425	8861.2	4046.7	—	12907.9
1995	2254	785	23	3062	11292.8	3710.1	115	15117.9
1996	2966	933	102	4001	14401.5	3545.9	489	18436.4
1997	3711	997	208	4916	17550.7	3771	927.5	22249.2
1998	4833	1012	205	6050	22266.7	3834.1	924	27024.8
1999	4876	1056	208	6140	22766.6	3758.9	902.2	27427.7
2000	4403	944	419	5766	20577	3287.7	1117.2	24981.9

（二）非交通部门运力

重庆市非交通部门运输企业以经营运货为主，客运为辅，在全市货物运输中，运力占7~8成。1988~1995年，重庆市非交通部门运输企业货车平均每年以2000辆的速度增加，运力稳步上升，到1995年底，达到37291辆124361吨位左右。1996~2000年，重庆市非交通部门运输企业货车运力增幅较大，分别比1995年增加16297辆、25030辆、29843辆、37090辆、35697辆，增幅分别为43.7%、67.1%、80%、99.4%、95.7%，吨位达到170000~200000吨左右。

表5-40 1987~2000年重庆市非交通部门营运载货汽车运力统计表

年度	数量（辆）				吨位（吨）			
	全民	集体	其他	合计	全民	集体	其他	合计
1987	10964	6053	4228	21245	45431.5	19420.4	14053.7	78905.6
1988	12157	7143	4612	23912	50417.3	23541.9	15184.7	89143.9
1989	13272	8016	5360	26648	57136.8	27357.5	16541.2	101035.5

续前表

年度	数量（辆）				吨位（吨）			
	全民	集体	其他	合计	全民	集体	其他	合计
1990	13980	8431	5197	27608	60061.4	26878.0	15430.0	102369.4
1991	14366	8855	5972	29193	61547.9	27532	17623.3	106703.2
1992	15059	9619	6303	30981	64743.2	28788.2	17839.6	111371
1993	15465	9695	5615	30775	64523.2	29824.7	16762.4	111110.3
1994	15507	11741	7020	34268	60800.8	35254	20566.6	116621.4
1995	15553	13442	8296	37291	60471.3	39883	24006.3	124360.6
1996	17064	16191	20333	53588	67561.2	50024.4	62389.8	179975.4
1997	16332	16298	29691	62321	63684.3	47551.3	77068.1	188303.7
1998	14740	16522	35872	67134	54393.1	47902.7	91256	193551.8
1999	13678	15702	45001	74381	49497.1	44626	104886	199009.1
2000	11980	14942	46066	72988	43141.5	43875.5	99464.9	186481.9

（三）个体经济运力

1986～1989年，重庆个体经济普通货物运输车辆数量的比例分别为重庆市普通货物运输车辆总量的7%、8.2%、9.2%、9%，运力分别占5.9%、10.1%、12.2%、12.3%，基本上是逐年增长的趋势。

1990～1995年，重庆个体经济普通货运车辆的比例分别为重庆市普通货运车辆总数的9.1%、8.6%、8.7%、8.4%，4.4%，基本呈下降趋势。从1996年重庆代管万、涪、黔到1999年，统计区域扩大，个体普通货运车辆的比例分别为重庆市普通货运车辆的20%、17.8%、11.8%、11.4%。

2000～2005年，重庆个体普通货运车辆的比例大幅增加，分别达到重庆市普通货运车辆的30.3%、56.2%、47.5%、37.2%、31.5%、18.2%，运力分别占25%、49.6%、38.5%、29.1%、21.4%、11.3%。

表5－41　　1986～2005年重庆市个体经济普通载货汽车运力统计表

年度	个体经济	
	数量（辆）	吨位（吨）
1986	2193	10906
1987	2769	14178
1988	3544	14665
1989	3813	16643
1990	3913	14674
1991	4162	18415
1992	4169	18445
1993	4305	19547
1994	4691	21893

续前表

年度	个体经济	
	数量（辆）	吨位（吨）
1995	2429	6074
1996	14397	35993
1997	16461	44793
1998	9763	24407.5
1999	10487	26218
2000	46066	99464.9
2001	50476	113552.4
2002	46826	89658.7
2003	44605	88720
2004	45040	85563
2005	44258	73447.7

二、零担货物运输

零担货物运输（又称汽车零担货运）是指一次托运的货物不足3吨，单件体积不小于0.01立方米、不大于1.5立方米；单件重量不超过200千克；货物的长度、宽度、高度分别不超过3.5米、1.5米和1.3米的运输形式。零担货物运输车辆是应具有防淋、防晒、防火、防盗、防尘性能的专用厢式车辆。零担货物运输班车采取“五定”（即定线路、定站点、定班期、定班次、定车型）的方式进行。零担运输是道路货运的重要组成部分。

早在20世纪50年代，重庆就开通了到南充、潼南等地的汽车零担货运。1979年中国实行改革开放后，重庆汽车零担货运发展迅速，零担货运由主城直达或转运至各区县，逐渐形成网络。到1985年，重庆市装卸运输公司首次开通重庆至昆明、重庆至贵阳的跨省零担货运班车。随后，四川省汽车运输公司重庆公司、重庆市联运公司开行重庆至泸州、重庆至南充、重庆至遂宁、重庆至广安、重庆至成都、重庆至万县等地的零担班车。1986年，重庆有跨省、市及市内零担货运线路10条620班，营运里程4015公里。1987年，重庆有零担货运班车19辆，零担线路13条，营运里程6807公里，其中跨省5条（重庆至昆明、重庆至贵阳、重庆至西安、重庆至襄樊、重庆至恩施）4552公里，省内8条2255公里，月发班49班，年货运量8212吨。1988年，重庆有货运零担车61辆，线路22条，其中跨省7条，跨市、地区15条，班次74班，营运里程1.3万余公里，辐射范围北到汉中、西安，西到成都、昆明，南到贵阳、柳州、广州、深圳，东到襄樊、恩施、武汉，到上海、北京等地则有不定班的货车开行。1989年，重庆市有零担班车79辆，零担线路37条（含五省六方28条），其中重庆至广西柳州（经遵义、贵阳）1160公里，月发8班；重庆至贵州毕节（经泸州、纳溪）505公里，月发2班；重庆至贵阳（经桐梓）1196公里，月发6班；重庆至云南昆明（经永川、内江、自贡、乐山）1228公里，月发3班。总营运里程4089公里。

20世纪90年代，随着社会主义市场经济的发展，货运市场的放开，运输企业实行单车承包、租赁经营，不再以单位的形式组织货物运输，零担货运定线路、定站点、定班期、定班次、定车型的方式已不适应市场发展的需要，开始逐渐淡出货运市场。1992年，重庆有零担货运班线52条，营运线路3.1万公里，辐射范围扩大到中南、华东、西南、西北一些大中城市。1993～1999年，重庆市零担货运班车分别为81辆397吨位、76辆360吨位、53辆263吨位、53辆260吨位、35辆175吨位、44辆220吨位、56辆280吨位。

21 世纪初，重庆道路零担货物运输取得长足发展，物流量和运力逐年增加。2000 年，重庆市专门从事零担货运的班车有 50 余辆，不到 300 吨位。2001 年，重庆市零担货运班车从 2000 年的 54 辆 280 吨位，增加到 452 辆 2192 吨位，增幅分别为 7.37 倍和 6.82 倍。2003 年达到 1300 余辆 5865 吨位，比 2000 年翻了 3 番。到 2005 年底，重庆市零担货运班车增加到近 2000 辆 7000 吨位。零担货运线路遍及全国各省、市（自治区）、县、乡，形成了较为完整的道路交通物流网络。

表 5－42　　1993～2005 年重庆市零担运输运力统计表

年度	国有及股份经济		个体经济		合计	
	车辆（辆）	吨位（吨）	车辆（辆）	吨位（吨）	车辆（辆）	吨位（吨）
1993	81	397	—	—	81	397
1994	76	360.5	—	—	76	360.5
1995	53	263	—	—	53	263
1996	53	260	—	—	53	260
1997	35	175	—	—	35	175
1998	44	220	—	—	44	220
1999	56	280	—	—	56	280
2000	54	280	—	—	54	280
2001	452	2191.8	—	—	452	2191.8
2002	551	4080.1	22	105	573	4185.1
2003	1296	5702	40	163	1336	5865
2004	1113	6237.6	16	53	1129	6290.6
2005	1918	7053.3	—	—	1918	7053.3

注：2001 年以前个体经济零担运力资料缺失

三、集装箱货物运输

集装箱运输是指以集装箱作为货物单元的一种集装化货物运输形式。货物集装化是物流技术进步和结构创新的一项重大举措，集装箱的运用和发展是运输业的一场革命，它为装卸作业机械化、自动化创造了条件，加速了运输工具的周转，缩短了货物送达时间，提高了运输工具载重量和容积利用率，简化了物流环节，改善了运输环境，实现了“门到门”的一条龙服务，极大地促进了国内、国际的货物联运。

20 世纪 80 年代初，重庆主要由铁路进出 1 吨或 5 吨集装箱。开始时，在火车站拆装或中转用户。1983 年 3 月，重庆市联运公司在九龙坡区荒沟成立集装箱营业所办理承托发运业务。1984 年 4 月，开始办理火车到站的转运业务。1985 年，重庆市联运公司荒沟集装箱营业所有职工 40 人，拥有 5 吨、7.5 吨吊车各 1 台，叉车 2 台，客货两用车 2 辆，货棚 400 平方米，货场 4000 平方米。至 1987 年 4 月，重庆市联运公司业务范围扩大，正式组建成立集装箱分公司。1988 年首次转运国际标准箱业务，全年完成 20 英尺集装箱 317 箱 573 吨。1989 年，重庆市联运公司开始承托发运 10 吨箱集装箱业务，全年完成 918 箱。

20 世纪 90 年代中期，集装箱运输呈现向大宗物资、多层式方向发展的趋势。1995 年，重庆市集装箱运输企业在 1 吨、5 吨、10 吨箱业务的基础上，增加对生产设备的投入，合理配置资源，积极发展 20 英尺、40 英尺集装箱业务。到 1999 年年底，重庆市有集装箱运输企业 2 家（交通部门和非交通部门各1家），均属国有企业，从业人员38名。全市有集装箱中转站26个，年吞吐量105.92万吨，其中完成20英尺集装箱5899箱11.4万吨。

21世纪初，国家西部大开发政策给重庆实现交通跨越式发展带来机遇，重庆市交通部门调整运输方式和所有制结构，以适应物流和集装箱运输形式的发展变化。2000年，重庆市将原属交通部门管辖的集装箱运输企业转为非交通部门所辖。集装箱中转站减少为14个，年吞吐量55.25万吨，其中完成20英尺集装箱9894箱、35英尺集装箱96箱，共计9990箱20万吨。2001年，重庆市集装箱运输企业由2家增加到9家，集装箱中转站为12个，年吞吐量42.3万吨，其中完成20英尺集装箱10000箱、40英尺集装箱1041箱、其他集装箱1041箱，共计12082箱20.2万吨。2003年，重庆市集装箱运输企业增至22家，集装箱车75辆951吨位，155.5TEU。全市集装箱运输量大幅增加，全年完成10英尺集装箱3002箱、20英尺集装箱32585箱、35英尺集装箱1200箱、40英尺集装箱6882箱，共计49950箱88.1万吨。2004年，重庆市有集装箱运输业户28家，集装箱车增至233辆3596吨位，451TEU。到2005年年底，重庆市集装箱运输业户猛增至1387家，有50多个集装箱中转站和集散站，集装箱车180辆1853.3吨位，281.5TEU。年运输集装箱11.3万箱，货运量185.7万吨。

表5-43 **1987～2005年重庆市道路集装箱车辆及运输量统计表**

年度	车辆	国际标准箱（箱）					合计TEU	货运量（吨）	国内标准箱（箱）				合计（箱）	货运量（吨）	标箱总计（箱）	货运量总计（吨）
		其他箱	40英尺	35英尺	20英尺	10英尺			10吨箱	5吨箱	2吨箱	1吨箱				
1987	1	—	—	—	—	—	—	—	—	1882	—	1029	2911	8326	2911	8326
1988	1	—	—	—	317	—	317	573		2679	—	759	3438	11682	3755	12255
1989	1	—	—	—	—	—	—	—	918	801	—	71	1790	9171	1790	9171
1990	4	—	—	—	—	—	—	—	2269	93	—	101	2463	19359	2463	19359
1991	4	—	—	—	—	—	—	—	2304	42	—	499	2845	21940	2845	21940
1992	50	—	—	—	—	—	—	—	10165	5256	—	31813	47234	153771	47234	153771
1993	4	—	—	—	17	—	17	300	16734	3242	5320	80823	106119	341949	106136	342249
1994	4	—	—	—	2	—	—	30	18952	5494	—	69010	93456	276903	93458	276933
1995	4	—	—	—	101	—	101	3030	20425	4611	—	100547	125583	284893	125684	287923
1996	4	—	—	—	510	—	510	10200	19988	3933	—	54795	78716	334403	79226	344603
1997	10	—	—	—	2767	—	2767	55340	15002	1012	—	38724	54738	194174	57505	249487
1998	16	—	12	—	3911	—	3935	78460	13931	1436	—	64532	79899	211267	84551	289727
1999	19	—	—	—	5899	—	5899	114156	13727	1280	—	74313	89320	213455	95219	327611
2000	36	—	—	96	9894	—	9990	200611	21808	998	—	97981	120787	316258	210601	516869
2001	40	1041	1041	—	10000	—	12082	202858	19476	362	—	91404	111242	284661	123324	487519
2002	67	5269	4233	—	29460	5024	45708	848978.7	31727	88	—	137202	183414	577500.5	229122	1426479.2
2003	75	—	6882	1200	32585	3002	49950	880899	—	—	—	—	—		49950	880899
2004	233	—	15216	—	40120	3002	72053	1150692	—	—	—	—	—		72053	1150692
2005	180	—	27176	—	56648	4498	113249	1857263	—	—	—	—	—		113249	1857263

四、大型物件运输

道路大型物件运输（简称大件运输）是指在中国境内道路上运载大型物件的运输。大型物件是指物件的长度、宽度、高度和重量（外形尺寸：长度在14米以上或宽度在3.5米以上或高度在3米以上，重量在20吨以上的单体或不可解体的成组［捆］）用普通载货汽车或一般重型载货汽车难以承运的特种货物。道路大型物件的级别，按其长、宽、高及重量（含包装和支承架）4个条件中级别最高的确定，一般分成4级。大型物件运输是货物装载、道路勘察、车辆运行、技术保障、货物搬卸的系统工程，是道路货物运输中的难度较大的特种运输。道路大件运输业务主要由实力雄厚的国有专业运输企业完成，一般货运企业无力承担。

20世纪80年代以前，重庆市道路大件运输主要由重庆市搬运装卸公司重件站（简称重庆大件分公司）等少数企业承担。1986年，重庆市大型货运车发展到97辆1166吨位，其中全民所有制企业82辆1031吨位，其他集体所有制企业15辆135吨位。1987年、1988年、1989年，重庆市的重型车分别为125辆1428吨位、190辆2197.5吨位、158辆2106.5吨位。

到20世纪90年代，随着国民经济的快速发展，重庆及西南地区的重点工程建设项目增多，重、大物件运输频繁，运输量越来越大，重庆市的重、大件车辆随之不断提档升级。1990～1992年，重庆市的重型车分别为196辆2329.2吨位，210辆2643.5吨位，193辆2493吨位。到1996年，重庆市有重型车971辆10762.5吨位，其中交通部门130辆1915吨位，非交通部门841辆8847.5吨位。1997年，重庆市有重型车1286辆13988.5吨位（其中交通部门104辆，非交通部门1182辆），有大件运输车16辆（其中按隶属关系分，交通部门10辆，非交通部门6辆。按所有制分，国有企业15辆764.5吨位，集体企业1辆30吨位）。到1999年，重庆市有重型车1171辆（其中交通部门77辆，非交通部门1094辆）；大件运输车13辆（均属交通部门），总吨位13093.8吨。

1990～1999年，重庆大件运输企业凭借雄厚实力和一流的技术，在重点工程建设中发挥出了重要作用，塑造和巩固了“重庆大件”品牌。仅以重庆大件分公司为例：1989～2006年，重庆大件分公司分批分期完成华能珞璜电厂一、二、三期工程，共计10万余吨设备（其中最长件汽包32米、重260吨，最重件变压器400吨）卸船、运输（其间架设桥梁2座）。1990年3月，重庆大件分公司完成重庆九龙坡区火车东站至ABB工厂100吨级行车梁（单片重量30吨、长39米）运输。同年完成重庆江北燃机电厂冷凝器（高6.5米、重95吨）运输，这是重庆大件分公司项目全程总承包的首次尝试。1993年，重庆大件分公司完成重庆第二钢铁厂制冷箱（长32米、高3.5米、重102吨）运输（其过程采用两台100吨液压平板挂车和自制的转台，组合成长件运输车，由于后台挂车不带自跟踪转向，完全由人工操纵转弯。操纵者徒步由港区走到二钢厂内，行程20多公里，费时10余小时，安全到厂）。1994年，重庆大件分公司完成自贡高压容器厂出口闸门（宽7.5米，单件重48吨，共计12件）运输（其过程难度在于只有3台车运输，且自贡至宜昌公路狭窄）。1997年，重庆大件分公司完成重钢技改工程热风炉壳（最大直径9.5米）卸船、运输，克服了通过板凳角铁路平交道的难题。

21世纪初，重庆抓住西部大开发、道路条件改善和实施交通跨越式发展的大好时机，大力发展大件运输，取得了长足进步。2000年，重庆市有重型车1037辆（其中交通部门63辆，非交通部门974辆），大件运输车22辆（其中按隶属关系分，交通部门12辆，非交通部门10辆。按所有制分，国有企业17辆990吨位，集体企业5辆148吨位），重、大件车辆总运力12380.5吨位。年内，重庆大件分公司完成由上海承接锅炉（高4.7米、长11米、重74吨）经长江运至重庆，再经成渝高速公路到成都青北江川化厂的运输任务（其过程因锅炉装车后高度超过成渝高速公路规定高度4.9米，公司自行设计桥式钳夹式公路汽车列车运输，安全及时将锅炉运达工厂，堪称公路运输史上的创新）；利用从德国引进的400吨汽车吊第一次远征作业，历时15天完成四川省南部县水电站48片闸门安装任务闸门的安装任务；完成世界第一大闸门——三峡大坝永久船闸闸门和1～6

闸首24件反弧门（单件重80吨，最大吊深80米）吊装任务。2001年，重庆市对企业的运输资质进行评审，调整了企业的级别和运输车辆的数量、运力，全市共有重型车901辆（其中交通部门792辆，非交通部门109辆），大件运输车31辆（均属交通部门），重、大件车辆总运力10737.2吨位。2002年，重庆大件运输发展增速，运力猛增，全市共有重型车1659辆（其中交通部门1476辆，非交通部门183辆），大件运输车55辆（均属交通部门），重、大件车辆总运力19551.5吨位。年内，重庆大件分公司使用法国尼古拉斯600吨牵引车和德国古德浩夫4纵平板挂车，完成时为重庆最重件的运输——华岩ABB工厂至九龙坡港的变压器（长10.23米、宽4.06米、高5.18米，重400吨）任务。2003年，重庆市重型车发展到2193辆（其中交通部门2116辆，非交通部门77辆），大件运输车减为39辆（均属交通部门），重、大件车辆总运力24934吨位。年内，重庆大件分公司完成重庆市重点工程项目——开县白鹤电厂设备（变压器205吨、定子202吨、锅炉汽包186吨）运输任务（过程中，永久性加固桥梁11座，临时架设钢便桥67座，包括开县南河120米大桥一座），显示公司的大件运输排障能力已达到400吨级，被称为“开启了中国火电建设大件运输的先河”；圆满完成重庆市人民政府指令性任务——神舟五号返回舱巡展（重庆江北国际机场至陈家坪汽展中心）运输；完成四川省南充炼油总厂35万吨/年重油催化裂化装置大型设备（其中最大件φ7.7米×3.3米，重80吨）吊装作业；完成重庆轻轨二号线（新山村至较场口）轻轨梁（单件最重为120吨）和轻轨列车吊装任务（共安装PC梁1000榀，轻轨机车84辆）。2004年，重庆市重型车猛增至7239辆（其中交通部门6976辆，非交通部门263辆），大件运输车66辆（均属交通部门），重、大件车辆总运力80936.5吨位。年内，重庆大件分公司利用400吨吊车，完成亚洲杯足球赛场——四川成都龙泉驿阳光体育城遮雨篷安装任务，得到亚足协主席潘多拉的认可；完成重庆市主城区污水排放过江隧道盾构机全套设备（最大直径Φ6.6米，重130吨，地下安装深度85米）运输吊装任务；完成忠县脱硫厂尾气烟囱塔架（高90米、底部尺寸16米×16米、重95吨）吊装任务（其过程用400吨、200吨、80吨三台吊机配合作业，翻身竖立一次吊装成功，是重庆吊装史上的一个创举）；使用200吨长件挂车，完成川维乙烯二期工程乙烯成套设备（长32米、重121吨）卸船运输。2005年，重庆大件分公司使用法国尼古拉斯600吨牵引车和德国古德浩夫4纵20轴线挂车，完成四川德阳东方电机厂发电机定子（重量365吨）运输；完成香港建滔甲醇设备（共重3200吨，其中最重件310吨2件，最长件42米，时为公司所运物件之最）运输；完成四川资阳机车厂出口南非机车（长14米、宽3米、高4.2米、重130吨）运输。

到2005年年底，重庆市有大件运输业户9个，重型车6458辆，大件运输车98辆，比1997年增加6.1倍，比2000年增加4.5倍。

表5-44 1986~2005年重庆市大（重）型物件运输运力统计表

年度	交通部门			非交通部门			合计		
	重型车（辆）	大件车（辆）	吨位（吨）	重型车（辆）	大件车（辆）	吨位（吨）	重型车（辆）	大件车（辆）	吨位
1986	97	—	1166	—	97	—	1166	—	—
1987	125	—	1428	—	125	—	1428	—	—
1988	190	—	2197.5	—	190	—	2197.5	—	—
1989	158	—	2106.5	—	158	—	2106.5	—	—
1990	196	—	2329.2	—	196	—	2329.2	—	—
1991	210	—	2643.5	—	210	—	2643.5	—	—

续前表

年度	交通部门			非交通部门			合计		
	重型车（辆）	大件车（辆）	吨位（吨）	重型车（辆）	大件车（辆）	吨位（吨）	重型车（辆）	大件车（辆）	吨位
1992	193	—	2493	—	193	—	2493	—	—
1993	—	—	—	—	—	—	—	—	—
1994	—	—	—	—	—	—	—	—	—
1995	—	—	—	—	—	—	—	—	—
1996	130	—	1915	841	—	8847.5	971	—	10762.5
1997	104	10	1920.5	1182	6	12862.5	1286	16	14783
1998	98	11	1930	1068	8	11981	1166	15	14252
1999	77	13	1960.5	1094	7	11133.3	1171	13	13093.8
2000	63	12	1718	974	10	10662.5	1037	22	12380.5
2001	792	31	9796.3	109	—	940.9	901	31	10737.2
2002	1476	55	17622.2	183	—	1929.3	1659	55	19551.5
2003	2116	39	24202	77	—	732	2193	39	24934
2004	6976	66	77898.1	263	—	3038.4	7239	66	80936.5
2005	6203	98	78210.2	255	—	3043.7	6458	98	81253.9

注：1996 年以前重庆市大件车运力资料缺失。

表 5－45　2005 年重庆市公路运输（集团）公司大件运输分公司运输设备设施统计表

序号	分类	名称型号	数量（辆）	技术性能								
				吨位（吨）	驱动	转弯半径（米）	轴距（毫米）	轮距（毫米）	功率（千瓦）	缸数（个）	自重（千克）	外形尺寸（毫米）
1	拖车	奔驰 3354	1	牵引 250	6×6	11.3	3600＋1350	2900	410	8	14000	7950×2750×3750
2	拖车	霸弛 69501	2	牵引 200	8×8	13.5	6860	2513	320	8	17500	1140×3127×2970
3	拖车	尼古拉斯	1	牵引 600	8×8	35 度	1750－420－1750	2560/2260	567	12	35000	10625×3300×4350
4	拖车	汉阳 HY480A	1	牵引 200	8×8	12	1450－3500－1450	2350	373	12	14100	8730×2750×3040
5	吊车	德马格 AC1300	1	起吊 400	14×8	15.7	1650－2000－1650－2970－1850－1650	2600	405	8	84000	18490×3000×4000
6	吊车	德马格 AC435	1	起吊 150	10×8	10.4	2700－1720－1050－1750	2600	370	8	53600	16000×3000×4000

续前表

序号	分类	名称型号	数量（辆）	技术性能								
				吨位（吨）	驱动	转弯半径（米）	轴距（毫米）	轮距（毫米）	功率（千瓦）	缸数（个）	自重（千克）	外形尺寸（毫米）
7	吊车	德马格 AC205	1	起吊 80	8×6	10.75	1700－2000－1650－	2600	280	8	44636	12110×2750×3800
8	吊车	德马格 AC200－1	1	起吊 200	10×8	9.7	2450－1650－2150－1540	2650	4600	8	60000	14712×3000×4000
9	挂车	古德霍夫曼	1	载荷 430	1.5/轴×3.0×0.875/1.475							
10	挂车	鹅颈古德霍夫曼组合板	1	载荷 200	1.5/轴 0.248×3.0×0.875/1.475							
11	挂车	水工板	1	载荷 200	1.6/轴×3.4×0.860/1.280							
12	挂车	水工板	1	载荷 110	1.6/轴×3.4×0.860/1.280							

五、危险货物运输

道路危险货物运输是指凡由道路运输承办的具有易爆、易燃腐蚀、毒害放射线等性质的货物运输（简称“道路危货运输”）。这类货物运输危险性大，安全要求高，国家对从事危险货物运输的企业和人员有着严格的规定和管理。

早在 20 世纪 60 年代末和 70 年代初，国务院先后制定了《化学危险物品安全管理条例》和相关标准。1972 年，交通部制定了铁路、公路、水运合用的《危险货物运输规则》和《危险货物品名表》。改革开放以后，中国化工业发展很快。1988 年 1 月 9 日，交通部颁布了《汽车危险货物运输规则》及品名表，以适应道路危险货物运输的发展。

20 年代 90 年代初，重庆市有道路危货运输企业 46 家，其中交通部门有 21 家，车辆 87 辆 435 吨位，非交通部门有 25 家，车辆 330 辆 1650 吨位。运输设备：槽车 30 辆 150 吨位，一般平台货车 287 辆 1935 吨位。主要承运单位为化工系统的全民所有制企业。1997 年，重庆有道路危货运输车辆 1351 辆 6867.6 吨位，其中个体联户危货车辆的数量占全市危货车辆的 5%，为 75 辆 959 吨位。至 1999 年，重庆个体联户危货车辆增加到了全市危货车辆的 11%，为 162 辆 1353 吨位。

21 世纪初，重庆市国民经济发展趋势向好，化工业发展加速。2000 年，重庆市有危货车 1356 辆，其中国有、集体所有制企业 1129 辆 54647 吨位，占全市危货车辆的 83.3%；个体联户 227 辆 1585.6 吨位，占危货车辆总量的 16.7%。2001 年，重庆市开展危险化学品储运专项整顿，结合道路运输企业资质等级评定工作，支持企业转换经营机制，采取重组、兼并、收购等方式进行产业结构调整，将从事危险货物运输、装卸的 227 家个体联户全部转为国有或股份制经济体制。到 2005 年年底，重庆市有从事道路危货运输的国有或股份制企业 87 家，车辆 1935 辆 8171 吨位。

表 5 - 46　　1997 ~ 2000 年重庆市汽车危险货物运输运力统计表

年度	交通部门				非交通部门						合计	
	国有		集体		国有		集体		个体			
	车辆（辆）	吨位（吨）	车辆（辆）	吨位（吨）	车辆（辆）	吨位（吨）	车辆（辆）	吨位（吨）	车辆（辆）	吨位（吨）	车辆（辆）	吨位（吨）
1997	63	315	2	10	903	4166.6	308	1417	75	959	1351	6867.6
1999	70	350	24	116	946	4494.1	236	1112.7	162	1353.5	1438	7426.3
2000	70	350	24	116	767	3568	268	1430.7	227	1585.6	1356	7050.3

表 5 - 47　　2001 ~ 2005 年重庆市危险货物运输企业及运力统计表

年度	企业（家）	国有及股份制经济	
		车辆（辆）	吨位（吨）
2001	123	1019	4454.1
2002	78	1050	3917.1
2003	89	1287	4588.3
2004	79	1517	5900.1
2005	87	1935	8171.4

第三节　货物运输量和周转量

道路货物运输具有覆盖面广、适应性强、直达性好和机动灵活等特点，是货运交通的主要方式，在中国各种运输方式中占有相当重要的地位。道路货运量与客运量一样，在铁路、水运、航空等运输方式中所占比重很大，但周转量所占比重却小于铁路、水运等运输方式。

20 世纪 80 年代，重庆的道路货物运输量基本保持在 1 亿 ~ 1.7 亿吨左右，货运量和周转量在各种运输方式中所占比重分别保持在 75% ~ 83% 和 15% ~ 22% 之间。

20 世纪 90 年代初，由于铁路和水上运输发展迅速，重庆道路运输量在交通运输结构中的比重有所降低。1990 ~ 1993 年，重庆道路货运量、周转量在各种运输方式中比 80 年代下降了 4 ~ 8 个百分点。90 年代中期，公路建设速度加快，路况明显好转，为道路运输创造了良好条件，重庆道路运输量开始回升，货运量、周转量在各种运输方式中所占比重：1994 年为 77.6% 和 11.9%，1995 年为 78.5% 和 12.5%。1996 年，重庆道路货物运输量突破 2 亿吨，货运量、周转量所占比重分别为 78.3% 和 15.2%。到 1999 年年底，重庆市道路货运量达到 2.2 亿吨，道路货运量比为 84.1%，周转量比超过 20%。

21 世纪初，重庆全面贯彻落实中央有关扩大内需，拉动经济增长的各项政策措施，交通运输量持续增长。2000 年，重庆市道路货运量、周转量在各种运输方式中所占比重分别为 84.8% 和 20.46%，仍保持主导地位。2003 年 4 月至 6 月，由于“非典”流行，重庆市交通运输生产（主要是旅客运输）受到较大影响，但道路货物运输量仍保持了一定的增长速度，在各种运输方式中所占比重分别为 83.3% 和 24%。2005 年，重庆市经济形势较好，货源充足，道路运输量增长势头良好，与 2004 年相比，道路货运量增加 1863 万吨，周转量增加 207780 万吨公里，在各种运输方式中所占比重分别为85.2%和23.9%。

表5-48　　1986~2005年重庆市全社会载货汽车运输量、周转量及所占比重统计表

年度	公路货运量（万吨）	综合运量（万吨）	公路货运量比（%）	货运周转量（万吨公里）	综合周转量（万吨公里）	货运周转量比（%）
1986	10510.3	13925.3	75.5	340969	2056240	16.6
1987	11167	14511.4	76.9	317752	2117404	15
1988	17620	21118.3	83.4	547665	2428514	22.5
1989	14719	18749.5	78.5	388506	2412784	16.1
1990	9645.5	13532.8	71.3	293173	2177702	13.5
1991	10049.5	14073.5	71.4	309318	2501468	12.4
1992	10961	14850.4	73.8	352429	2619762	13.5
1993	11384	15428.1	73.8	382088	2870764	13.3
1994	13329.6	17179.7	77.6	330112	2782190	11.9
1995	14681	18710.1	78.5	372589	2979431.7	12.5
1996	20214	25821	78.3	594483	3900452	15.2
1997	20626	25293	81.5	624940	3605254	17.3
1998	22129	26494	83.5	656000	3291566	19.9
1999	22202	26390	84.1	692000	3379000	20.5
2000	23646	27889.1	84.8	725000	3543587	20.5
2001	24600	29469.5	83.5	792634	3888724	20.4
2002	26076	31176.6	83.6	899108	4008230	22.4
2003	28406	34113.2	83.3	1073264	4467478	24
2004	31515	38159.6	82.6	1282847	6095617	21
2005	33378	39197.9	85.2	1490627	6248968	23.9

一、货运量

（一）交通部门货运量

20世纪80年代，重庆市交通部门道路货运量基本维持在1000万吨左右。1986年、1987年、1988年、1989年分别为1150万吨、1106万吨、1075万吨、950万吨，分别占重庆市交通和非交通部门道路货运总量的11%、17.2%、15%、11.7%。

20世纪90年代初，货运市场竞争激烈，重庆市交通部门道路运输企业为适应市场变化，及时调整经营结构和货运量比重，防止货物运输盲目扩张。1990年、1991年、1992年、1993年、1994年，重庆市交通部门道路货运量呈下降趋势，分别为交通和非交通部门道路货运总量的8.9%、9.1%、8.1%、7.3%、9.1%。1995年、1996年、1997年、1998年、1999年、2000年分别为交通和非交通部门道路货运总量的14.9%、13.7%、15.1%、18.2%、18.3%、17.9%。

表 5-49　　1986~2000 年重庆市交通部门运营载货汽车运输量统计表

<table>
<tr><th rowspan="2">年度</th><th colspan="4">货运量（万吨）</th></tr>
<tr><th>全民</th><th>集体</th><th>其他</th><th>合计</th></tr>
<tr><td>1986</td><td>766.6</td><td>370.6</td><td>13.3</td><td>1150.5</td></tr>
<tr><td>1987</td><td>683.1</td><td>405.4</td><td>17.2</td><td>1105.7</td></tr>
<tr><td>1988</td><td>664.6</td><td>400.2</td><td>10.5</td><td>1075.3</td></tr>
<tr><td>1989</td><td>563.2</td><td colspan="2">386.5</td><td>949.7</td></tr>
<tr><td>1990</td><td>514</td><td colspan="2">359.7</td><td>873.7</td></tr>
<tr><td>1991</td><td>514</td><td colspan="2">388.4</td><td>892.4</td></tr>
<tr><td>1992</td><td>490.5</td><td colspan="2">395.8</td><td>886.3</td></tr>
<tr><td>1993</td><td>447.9</td><td colspan="2">387.8</td><td>835.7</td></tr>
<tr><td>1994</td><td>574.6</td><td colspan="2">370.6</td><td>945.2</td></tr>
<tr><td>1995</td><td>—</td><td colspan="2">—</td><td>1284.6</td></tr>
<tr><td>1996</td><td>1347</td><td colspan="2">455.4</td><td>1802.4</td></tr>
<tr><td>1997</td><td>1667.2</td><td>427.9</td><td>63.6</td><td>2158.7</td></tr>
<tr><td>1998</td><td>2295.8</td><td>333.2</td><td>61.5</td><td>2690.5</td></tr>
<tr><td>1999</td><td>2440.9</td><td>391.7</td><td>80.2</td><td>2912.8</td></tr>
<tr><td>2000</td><td>2619.8</td><td>228.9</td><td>75</td><td>2923.7</td></tr>
</table>

（二）非交通部门货运量

非交通部门道路货物运输量大于交通部门，是重庆市道路货运的主力军。20 世纪 80 年代，重庆市非交通部门道路货运量基本维持在 5000~9000 万吨左右。1986~1989 年分别为 9340 万吨、5334 万吨、6077 万吨、7120 万吨，分别占重庆市交通和非交通部门道路货运总量的 89%、82.8%、85%、88.3%。

20 世纪 90 年代初，运输市场的激烈竞争，导致道路运输企业经营结构和货运量比重变化。1990~1994 年，重庆市非交通部门道路货运量逐年上升，分别是交通和非交通部门道路货运量的 91.1%、90.9%、91.9%、92.7%、90.9%。1995~2000 年，重庆市非交通部门道路货运量有所减少，分别为交通和非交通部门道路货运总量的 85.1%、86.3%、84.9%、81.8%、81.7%、82.1%。

表 5-50　　1986~2000 年重庆市非交通部门运营载货汽车运输量统计表

年度	货运量（万吨）			
	全民	集体	其他	合计
1986		—		9337
1987	2943.1	1454.5	936.7	5334.3
1988	3218.3	1717.7	1140.6	6076.6
1989	4012.4	1803.5	1303.9	7119.8
1990	4690.6	2242.7	2053.8	8987.1
1991	4980.3	2578.4	1381.2	8939.9

续前表

年度	货运量（万吨）			
	全民	集体	其他	合计
1992	8554		1509	10063
1993	5882.1	2966.8	1777.2	10626.1
1994	5197.9	3114.7	2101.3	10413.9
1995	4272.7	2301.2	2054.4	8628.3
1996	3755.6	2964.3	4660.8	11380.7
1997	4240.5	3095.2	4789	12124.7
1998	3085.9	2824.7	6142.1	12052.7
1999	3740.9	2853.1	6400.1	12994.1
2000	3112.2	3107.6	7168.5	13388.3

（三）营业性与非营业性货运量

2001 年以后，道路货物运输改变统计方法，按营业性货运（也称商业运输或公共货运）和非营业性货运（也称企事业单位自货自运或自有货运）分别统计。2001～2005 年，重庆市营业性货运量分别为 2.1 亿吨、2.36 亿吨、1.9 亿吨、2.88 亿吨、2.55 亿吨，分别是非营业性货运量的 5.2 倍、5.06 倍、2.95 倍、4.6 倍、4.09 倍。

表 5－51　　2001～2005 年重庆市营业性和非运营性货运量统计表

年度	营业性货运量（万吨）			非营业性货运量（万吨）
	国有及股份经济	个体经济	合计	
2001	12901.1	8148.9	21050	4050
2002	16245	7401	23646	4673
2003	11530	7825	19355	6551
2004	21310	7524	28834	6278
2005	17973.2	7527.4	25500.6	6237

二、周转量

（一）交通部门周转量

重庆市交通部门货物周转量与货运量一样，小于非交通部门。1986～1989 年，重庆市交通部门货物周转量都在 30000 万吨公里以上，分别为非交通部门周转量的 11.7%、21.5%、30.2%、15.9%。

20 世纪 90 年代初期，重庆市交通部门货物周转量降为 22000～28000 万吨公里左右。到 90 年代中后期，重庆市交通部门货物周转量逐年回升至 60000 万吨公里左右。1990～2000 年，分别为非交通部门周转量的 14.3%、14%、8.35%、8%、9.75%、12.7%、10.6%、12.3%、13.9%、14.7%、13.3%。

表 5－52　　1986～2000 年重庆市交通部门运营载货汽车周转量统计表

<table>
<tr><th rowspan="2">年度</th><th colspan="4">货物周转量（万吨公里）</th></tr>
<tr><th>全民</th><th>集体</th><th>其他</th><th>合计</th></tr>
<tr><td>1986</td><td>26177</td><td>9379</td><td>130</td><td>35686</td></tr>
<tr><td>1987</td><td>25323</td><td>10324</td><td>162</td><td>35809</td></tr>
<tr><td>1988</td><td>24925</td><td>10961</td><td>82</td><td>35968</td></tr>
<tr><td>1989</td><td>21510</td><td colspan="2">9794</td><td>31304</td></tr>
<tr><td>1990</td><td>19522</td><td colspan="2">8655</td><td>28177</td></tr>
<tr><td>1991</td><td>20428</td><td colspan="2">8462</td><td>28990</td></tr>
<tr><td>1992</td><td>18364</td><td colspan="2">8816</td><td>27180</td></tr>
<tr><td>1993</td><td>14112</td><td colspan="2">8324</td><td>22436</td></tr>
<tr><td>1994</td><td>15826</td><td colspan="2">7912</td><td>23738</td></tr>
<tr><td>1995</td><td>21778</td><td colspan="2">8479</td><td>30257</td></tr>
<tr><td>1996</td><td>32766</td><td colspan="2">8793</td><td>41559</td></tr>
<tr><td>1997</td><td>39486</td><td>8298</td><td>3427</td><td>51211</td></tr>
<tr><td>1998</td><td>46191.7</td><td>10518.2</td><td>3130</td><td>59839.9</td></tr>
<tr><td>1999</td><td>49598</td><td>11547</td><td>5265</td><td>66410</td></tr>
<tr><td>2000</td><td>50930</td><td>9393</td><td>3235</td><td>63558</td></tr>
</table>

（二）非交通部门周转量

重庆市非交通部门货物周转量大于交通部门。1986～2000 年，重庆市非交通部门货物周转量分别为交通部门周转量的 88.3%、78.5%、69.8%、84.1%、85.7%、86%、91.65%、92%、90.25%、87.3%、89.4%、87.7%、86.1%、85.3%、86.7%。

表 5－53　　1986～2000 年重庆市非交通部门货物周转量统计表

<table>
<tr><th rowspan="2">年度</th><th colspan="4">货物周转量（万吨公里）</th></tr>
<tr><th>全民</th><th>集体</th><th>其他</th><th>合计</th></tr>
<tr><td>1986</td><td>—</td><td>—</td><td>—</td><td>305131</td></tr>
<tr><td>1987</td><td>72412</td><td>61970</td><td>31794</td><td>166176</td></tr>
<tr><td>1988</td><td>9319</td><td>70570</td><td>38917</td><td>118806</td></tr>
<tr><td>1989</td><td>106239</td><td>50438</td><td>40273</td><td>196950</td></tr>
<tr><td>1990</td><td>113313</td><td>49806</td><td>34106</td><td>197225</td></tr>
<tr><td>1991</td><td>115981</td><td>54103</td><td>36234</td><td>206318</td></tr>
<tr><td>1992</td><td colspan="2">282051</td><td>43173</td><td>325224</td></tr>
<tr><td>1993</td><td>148485</td><td>65884</td><td>64692</td><td>279061</td></tr>
<tr><td>1994</td><td>121299</td><td>63314</td><td>58774</td><td>243387</td></tr>
<tr><td>1995</td><td>122354</td><td>61775</td><td>54332</td><td>238461</td></tr>
<tr><td>1996</td><td>118164</td><td>93994</td><td>181260</td><td>393418</td></tr>
</table>

续前表

年度	货物周转量（万吨公里）			
	全民	集体	其他	合计
1997	127516	98155	190400	416071
1998	101990.5	101145.8	225902.2	429038.5
1999	99951	102056	248443	450450
2000	105972.5	106432	265037.5	477442

（三）营业性和非营运性周转量

2001～2005 年，全市营业性道路货运周转量分别为 703525 万吨公里、806597 万吨公里、799130 万吨公里、1237705 万吨公里、1243519 万吨公里，分别是非营业性货运量的 5.16 倍、5.2 倍、3.4 倍、5.7 倍、5.8 倍。

表 5－54　　2001～2005 年重庆市营业性和非运营性货物周转量统计表

年度	营业性周转量（万吨公里）			非营业性周转量（万吨公里）
	国有及股份经济	个体经济	合计	
2001	425185	278340	703525	136435
2002	492503	314094	806597	154553
2003	448208	350922	799130	232787
2004	867768	369937	1237705	217238
2005	863338	380181	1243519	213389

第五章　汽车客货站（场）

汽车站（场）是公益性道路交通基础设施，分为客运站和货运站（场），二者的区别在于服务的对象不同。汽车站（场）必须按照道路运输行业的规定进行经营管理。

第一节　汽车客运站

汽车客运站是旅客出行的集散中心。汽车客运站由旅客候车厅（室）、售票厅（室）、检票口、停车库、停车场以及其他配套服务设施组成。客运站按车站规模、功能以及服务档次划分等级。一、二级汽车客运站主要分布在重庆主城区和区（市）县政府所在地，三级以下车站大多分布在乡镇政府所在地，形成覆盖重庆辖区的汽车客运站网络，为旅客出行创造安全、舒适的候车环境。

20 世纪 70 年代，重庆市有汽车站点 27 个，均属国有专业运输企业自办汽车站。

20 世纪 80 年代，随着经济社会的发展和人民生活需求的提高，重庆市交通局对全市汽车运输站（点）建设进行了总体规划，并组织逐步实施。1985 年，重庆市新建了南坪汽车站、江北汽车站、永川汽车站、大足汽车站。至 1988 年，重庆市分期分批建设了 37 个区、乡（镇）汽车客运站及 8 个汽车招呼站（点），建筑面积 11600 平方米，停车场面积 44900 平方米，总投资 935 万元，站场规模扩大，标准提高。

20 世纪 90 年代初，重庆市运输市场进一步放开，大量增加的社会运输单位和个体经营者，因没有规范的客运站场经营业务，只能在国营客运站周边招揽乘客，客运市场秩序一度混乱。面对运输市场管理和竞争的压力，重庆市交通局突破禁区，联合有关部门整顿江北观音桥地区客运秩序，大胆改革客运站经营管理体制，允许社会运输单位和车辆进站经营，使重庆汽车北站成为重庆第一个面向社会、全方位开放的国营客运枢纽。1990 年年底，重庆市已建成投入使用的有永川县松溉、临江，江津县白沙、先锋，璧山县八塘、丁家，铜梁县永嘉、平滩，潼南县塘坝，荣昌县盘龙，合川县云门，綦江县永新，巴县青木，大足县龙水，长寿县葛兰，江北县石船，市中区凯旋路，南岸区大兴场，双桥区城关等 19 个汽车客运站。1992 年，合川客运站试行的对外公开租赁售票窗口、车位，以及公开招标部分公路客运线路经营试点等改革，率先将国有资产有偿使用，盘活了企业资产，取得了较好的经济效益。1993 年，重庆市交通局继续落实汽车运输站（点）建设总体规划，加快客运站建设。到年底，重庆市有汽车客运站 186 个，其中一级站 2 个、二级站 5 个、三级站 36 个、四级站 31 个、简易站 112 个。1994 年重庆市汽车客运站的数量与 1993 年相同，其中一级站减少 1 个、二级站增加 6 个、三级站减少 6 个、四级站增加 1 个、简易站数量不变。1995 年重庆市有汽车客运站 173 个，其中一级站 1 个、二级站 19 个、三级站 31 个、四级站 34 个、简易站 98 个。20 世纪 90 年代中期，重庆市交通系统在总结合川、大足龙水、璧山和汽车北站等车站对外开放经验基础上，将全市公用型车站和运输企业自备车站全部对社会开放。1996 年重庆代管万县、涪陵、黔江，汽车客运站数量达到 260 个，其中一级站 2 个、二级站 20 个、三级站 42 个、四级站 67 个、简易站 129 个。1997 年重庆直辖后，客运站的数量重新调整至 126 个，其中一级站增加到了 6 个、二级站 19 个、三级站 35 个、四级站 50 个、简易站从上一年的 129 个减少到 12 个。同时，各级运管部门积极争取当地政府的支持，按照"统一规划、分步实施"的原则，在城区设置上下客站 90 个，结束了交通部门的中车在主城区无上下客站的历史。到 1999 年，重庆市有汽车客运站 157 个，其中一级站 6 个、二级站 19 个、三级站 50 个、四级站 75 个，基本形成布局合理，大、中、小配套的客运网络。

21 世纪初，国民经济迅速发展，为满足旅客日益增长的交通需求，方便旅客出行，重庆市加大力度改建汽车客运站（点），不断提升和增加客运站（点）的档次和数量。2000 年，重庆市有汽车客运站 176 个，其中一级站 6 个、二级站 25 个、三级站 58 个、四级站 87 个。2001 年，重庆市有汽车客运站 218 个，其中一级站 9 个、二级站 29 个、三级站 45 个、四级站 83 个、简易站 55 个。2002 年，重庆市汽车客运站增至 252 个，为历年之最。其中一级站 9 个、二级站 34 个、三级站 43 个、四级站 85 个、简易站 80 个。2003 年，重庆市有汽车客运站 230 个，其中一级站 10 个、二级站 42 个、三级站 35 个、四级站增加到了 100 个、简易站 43 个。至 2005 年，重庆市汽车客运站的规模档次有所提高，服务功能增多。全市共有客运站 233 个，其中一级站增加到 12 个、二级站 45 个、三级站 45 个、四级站 100 个、简易站 31 个。客运站总占地面积达 161.3 万平方米，总建筑面积 73 .9 万平方米，其中候车厅 10.5 万平方米，停车场 78.2 万平方米，形成了布局结构合理、多功能服务、大中小综合配套的汽车旅客运输站（点）网络。

表 5－55　　1993～2005 年重庆市汽车客运站分类统计表

单位：个

年度	按客运汽车站等级分类					合计
	一级	二级	三级	四级	简易	
1993	2	5	36	31	112	186
1994	1	11	30	32	112	186
1995	1	9	31	34	98	173
1996	2	20	42	67	129	260
1997	6	19	35	50	12	126
1998	6	22	44	72	—	144
1999	7	25	50	75	—	157
2000	6	25	58	87	—	176
2001	6	29	45	83	55	218
2002	9	34	44	85	80	252
2003	10	42	35	100	43	230
2004	10	37	43	101	15	206
2005	12	45	45	100	31	233

一、主要客运站

（一）主城区客运站

1. 重庆汽车站

重庆汽车站位于重庆市渝中区菜袁路 12 号，隶属于重庆交通运业有限责任公司，为全民所有制企业、一级标准汽车客运站。车站于 1992 年 1 月 7 日破土动工，1994 年 11 月 25 日竣工，1995 年 1 月 7 日正式投入营运。占地面积 7889.3 平方米，建筑总面积 31805.46 平方米，候车厅面积 4450 平方米，停车场面积 6504 平方米，发车位 34 个，投资总额约 1.3 亿元。设计日发班车 800～1200 班次，设计运送旅客 30000～60000 人次/天。配备具有国内领先水平的电子动态显示系统、场地全方位电视监控系统和中央空调系统。拥有微机售票、检票、报班、运调、营收结算、X 光智能安检和消防自动报警等站务综合管理智能化系统。2002 年通过国家质量管理机构 ISO 9001 质量标准认证。

2. 重庆汽车北站

重庆汽车北站原名江北长途汽车站，位于江北区建新北路 49 号，隶属重庆市汽车运输（集团）有限责任公司，为全民所有制企业、一级汽车客运站。1986 年 12 月，公司为适应交通快速发展和客运量攀升的需求，对车站进行扩建，1989 年 12 月竣工投入营运。后又因城市建设需要，经重庆市政府批准，选址江北建新北路 126 号新建车站。新车站于 1990 年 5 月完工一期工程并投入营运。这一时期新旧车站同时营运。1990 年 11 月 15 日，江北长途汽车站正式迁入新址，更名为重庆汽车北站，并对外开放，准许社会单位和个体车辆进站经营。重庆汽车北站占地总面积 40648 平方米，建筑总面积 25384 平方米，车站广场 1800 平方米，售票厅 500 平方米，售票窗口 21 个，候车室总面积 6455 平方米，重点旅客候车厅 150 平方米，停车场 9510 平方米，发车位 45 个，乘客容量 2 万人，停车容量 550 辆，投资总额 1671.86 万元。车站实行人车分流，微机售票、检票、结算，电子屏报班报时，X 光机扫描仪（安检机），并有微机监控、监视、电视显示等设施和功能，是面向社会全方位开放的多功能汽车站。2005 年，有 49 家参营单位，57 条线路，近 650 台参营班车，日均发客车 668 余班次，日均运送旅客 1.43 万人次，完成客运量 522 万人次。

3. 南坪汽车站

南坪汽车站位于南岸区江南大道 15 号南坪中心，坐落于“五纵七横”重庆至湛江高速公路起点，隶属于重庆市汽车运输（集团）有限责任公司，为全民所有制企业。主要承担重庆发往南线方向贵州、云南、湖南、广西、广东等省区的旅客运输任务。车站始建于 1985 年 1 月，1987 年 2 月 17 日正式营业。车站占地 25 亩，建筑面积 8659 平方米，停车场面积 8000 平方米，停车位数 91 个，总投资 3331.25 万元。拥有 12 个微机售票窗口，40 余个检票登乘口，2 个旅客候车厅，60 多个发班位。主要包括车站主大楼、办公楼、站务附属设施、停车场和站前广场 5 个部分，是面向社会全方位开放的多功能汽车客运站。车站设有爱心候车室、电子监控系统、行李安检机、电子屏报班报时、电视显示屏、车载 GPS 监控系统等设施，开办行李寄存、快件运输、医疗、餐饮、小卖部等服务。2002 年通过 ISO 9001:2000 国际质量管理体系认证。2005 年，有参营中高档客运车辆 500 余台，营运线路 67 条，日均发客车 700 余班次，完成客运量 650 万余人次。

4. 陈家坪汽车站

陈家坪汽车站位于重庆市九龙坡区石杨路 39 号，隶属重庆交通运业有限责任公司，为全民所有制企业、一级汽车客运站。车站始建于 1995 年，1998 年 12 月 25 日投入使用，投资总额约 1.55 亿元，占地面积 53103 平方米，建筑总面积 38028 平方米，候车厅面积 4340 平方米，停车场面积 30000 平方米，发车位 23 个，设计日发班车 1500 班次，设计运送旅客 40000 人次/天。拥有一套包括微机售票、检票、报班、运调、营收结算、电视监控、电子屏信息显示等功能，具有国内领先水平的站务综合管理智能化系统。拥有自动检票机 6 台，在全国汽车站率先实现自动检票。设有 X 光安检机、消防自动报警系统和中央空调系统。2002 年，陈家坪汽车站通过国家质量管理机构 ISO 9001 质量标准认证。

5. 朝天门汽车总站

朝天门汽车总站位于重庆市渝中区长滨路 2 号，隶属重庆市公路运输（集团）公司，为全民所有制企业、一级汽车客运站。车站建于 1998 年 5 月，1999 年 12 月竣工，2000 年 1 月投入使用。投资总额约 6500 万元，占地面积 14000 平方米，建筑总面积 35000 平方米，候车厅面积 5000 平方米，停车场面积 8000 平方米，发车位 32 个，设计日发班车 500 ~ 1000 班次。拥有微机售票、检票、报班、运调、营收结算、电视监控、电子屏信息显示等功能，设有 X 光智能安检机、消防自动报警系统和中央空调系统等。2005 年完成客运量 395 万人次。

6. 菜园坝长途汽车站

菜园坝长途汽车站位于重庆市渝中区菜袁路 3 号，隶属重庆市公路运输（集团）公司，为全民所有制企业。车站建于 1996 年 3 月，1996 年 12 月投入使用。占地面积 17000 平方米，建筑总面积 15000 平方米，候车厅面积 800 平方米，停车场面积 8000 平方米，发车位 140 个，投资总额约 2500 万元。拥有微机售票、检票、报班、运调、营收结算、电视监控、电子屏信息显示等功能，设有 X 光智能安检机、消防自动报警系统和中央空调系统等。车站日均发客车 400 班次，年均客运量 280 ~ 360 万人次。

7. 西彭汽车站

西彭汽车站位于重庆市九龙坡区西彭镇西庆路 55 号，隶属重庆市公路运输（集团）公司第九分公司，为全民所有制企业、二级汽车客运站。车站于 2001 年动工修建，2002 年 4 月正式营业。占地总面积 20 亩，建筑总面积 14000 平方米，候车厅面积 480 平方米，乘客容量 5000 人，停车场面积 4800 平方米，发车位 13 个，停车容量 80 辆，投资总额 1600 万元。拥有微机售票、检票、报班、运调、营收结算、电视监控、电子屏信息显示等功能，设有 X 光智能安检机、消防自动报警系统等。车站日均发客车 400 班次，年均客运量 100 万～150 万人次。

（二）区县客运站

1. 万州汽车客运中心站

万州汽车客运中心站隶属重庆市万州汽车运输总公司，位于万州区国本路 158 号，为全民所有制企业，渝东北地区唯一的一级汽车客运站。客运中心站于 1989 年 10 月开工建设，1992 年 10 月竣工。工程征地 15 亩，建筑面积 16000 平方米，总投资 700 万元。1998 年 12 月实行微机售票、验票、微机结算。拥有报班报时电子屏、GPS 监控和安检系统。2000 年 6 月开工建设第二停车场，2002 年 12 月竣工。车站征地 8.5 亩，建筑面积 11911 平方米，其中主站房面积为 4712.6 平方米，停车场面积 18235 平方米，发车位 35 个，总投资 800 万元。车站日均乘客容量约 8000 人，日均停车容量 348 辆，日均发客运班车 303 班次，年均客运量 180 万～300 万人次。

2. 万州汽车北站

万州汽车北站位于万州区天城大道 928 号，隶属重庆市万州汽车运输总公司，为全民所有制企业、二级汽车客运站，属三峡二期移民整体搬迁新建工程，于 2002 年 10 月建成营运，实行微机售票、电子屏报班报时。车站占地面积 27.5 亩，建筑面积 19278 平方米，候车厅面积 11145 平方米，停车场面积 11000 平方米，发车位 40 个，营运线路 26 条，总投资 1996 万元。车站日均乘客容量 4872 人，日均停车容量 174 辆，年均客运量 150 万～200 万人次。

3. 万州汽车南站

万州汽车南站隶属重庆市万州汽车运输总公司，位于万州区五桥百安坝宁波路 661 号，为全民所有制企业、二级汽车客运站，于 2004 年 8 月建成营运。车站占地面积 20 亩，建筑面积 25960 平方米，发车位 15 个，营运线路 59 条，工程总投资 886.32 万元。车站实行微机售票，电子屏报班报时。车站日均发客运班车 317 班次，日均乘客容量 5590 人，日均停车容量 215 辆，年均客运量 150 万～204 万人次。

4. 永川汽车总站

永川汽车总站位于永川区渝西大道中段 1469 号，隶属重庆长途汽车运输（集团）有限公司，为全民所有制企业、一级汽车客运站。车站建于 1958 年 7 月，占地面积 18000 平方米，建筑总面积 10050 平方米，候车厅面积 780 平方米，乘客容量 10000 人，停车场面积 6760 平方米，停车位 18 个，停车容量为 150 辆，投资总额 400 万元。车站配有广播电视、电子显示器、电子监控器、X 光安检机等系统设施，有 6 个微机售票窗口、3 个验票口、报班报时电子屏、10 个监控摄像头和咨询服务总台等，售票、验票、运调、营收结算等均已采用微机客运管理，主要功能有客、货运输服务，运输组织，中转，换乘以及辅助服务等。车站日均发客车 500 班次，年均客运量 100 万～150 万人次。

5. 江津客运中心

江津客运中心位于江津区几江镇津西转盘，建于 2001 年 2 月，原属江津区管辖。2004 年 11 月，重庆长途汽车运输（集团）有限公司出价 2015 万元收购，为全民所有制企业、一级汽车客运站。江津客运中心占地 52 亩，建筑面积 2480 平方米，候车厅面积 900 平方米，日均乘客容量 13000 人，停车面积 16500 平方米，停车位 260 个，停车容量 650 辆，总投资 2600 万元。客运中心配有广播电视、消防、空调、饮水机、电子显示器、电子监控器、X 光安检机等系统设施。售票、验票、运调、营收结算等均已采用微机客运管理系统，有 10 个微机售票窗口、4 个验票口、报班报时电子屏、16 个监控摄像头、咨询服务总台等人性化服务设施。主要有客、货运输服务，运输组织，中转，换乘以及辅助服务功能。车站日均发客车约 400 班次，年均客运量 135 万～200 万人次。

6. 大足汽车站

大足汽车站位于重庆市大足县龙岗街道办事处双塔路218号，隶属重庆长途汽车运输（集团）有限公司，为全民所有制企业、一级汽车客运站。车站于1986年11月建成投入营运，占地10276平方米，建筑总面积5029平方米，候车厅面积1000平方米，乘客容量约为10000人，停车场面积8000平方米，停车位100个，停车容量300辆，投资总额420万元。车站配有广播电视、电子显示器、电子监控器、X光安检机等系统设施，有6个微机售票窗口、3个验票口、报班报时电子屏、10个监控摄像头和咨询服务总台等。售票、验票、运调、营收结算等均已采用微机客运管理，主要功能有客、货运输服务，运输组织，中转，换乘以及辅助服务等。车站日均发客车240班次，年均客运量70万~100万人次。

7. 白沙汽车站

白沙汽车站位于重庆市江津区白沙镇外滨路西段，隶属重庆长途汽车运输（集团）有限公司，为全民所有制企业，是重庆市乡镇第一个二级汽车客运站。车站始建于2001年4月，占地面积6667平方米，建筑面积3500平方米，候车室面积500平方米，乘客容量为2500人，停车场面积3400平方米，可停车300辆，总投资680万元。车站配有广播、电子监控器系统设施，售票、验票、运调、营收结算等均已采用微机客运管理系统，有3个微机售票窗口、3个验票口、5个监控摄像头以及咨询服务总台等。车站日均发客车250班次，年均客运量70万~120万人次。

8. 梁平汽车站

梁平汽车站隶属重庆市万州汽车运输总公司，位于梁平县梁山镇大河街369号，为全民所有制企业、二级汽车客运站，始建于1951年9月，1992年4月改扩建后正式投入使用。车站占地面积8亩，建筑面积4645平方米，候车厅面积3482平方米，停车场面积5600平方米，发车位10个，总投资323万元。2002年12月5日，车站实行微机售票及电子屏报班报时。车站日均发客车83班次，日均乘客容量1050人，日均停车容量33辆，年客运量22万~40万人次。

9. 开县汽车站

开县汽车站隶属重庆市万州汽车运输总公司，位于开县汉丰镇人民路12号，为全民所有制企业。车站始建于1956年12月，1983年1月改、扩建，1984年8月正式投入使用。车站占地总面积19亩，建筑面积6962平方米，候车厅面积1514平方米，停车场面积7000平方米（其中客车停车场3000平方米、货车停车场面积4000平方米），发车位13个，总投资200万元。车站服务功能、服务设施齐全，安检系统完善。1999年1月实行微机售票、结算和电子屏报班报时、GPS监控。车站日均乘客容量5000人，日均停车容量174辆，日均发客运班车166班次，年均客运量100万~180万人次。

10. 铜梁汽车站

铜梁汽车站位于重庆市铜梁县巴川办事处中地路1号，隶属重庆长途汽车运输（集团）有限公司，为全民所有制企业、二级汽车客运站，始建于1958年，1996年投资610万元进行改造。车站占地13168平方米，建筑面积1728平方米，候车厅面积350平方米，乘客容量为10000人次。停车场面积1500平方米，停车位80个，停车容量200辆。车站配有广播、电子监控器系统设施，售票、验票、运调、营收结算等均已采用微机客运管理，有8个微机售票窗口、4个验票口、6个监控摄像头和咨询服务总台等。主要有客、货运输服务、运输组织、中转、换乘以及辅助服务功能等。车站日均发客车520班次，年均客运量100万~180万人次。

11. 合川汽车总站

合川汽车总站位于重庆市合川区南津街办事处书院路187号，隶属重庆长途汽车运输（集团）有限公司，为全民所有制企业、二级汽车客运站，建于1999年11月，2000年10月竣工投入营运。车站占地面积29100平方米，建筑面积10700平方米，候车厅面积600平电子方米，乘客容量5000

人，停车场面积7800平方米，停车位50个，停车容量200辆。车站配有广播、监控器系统设施，售票、验票、运调、营收结算等均已采用微机客运管理，有8个微机售票窗口、2个验票口、7个监控摄像头以及咨询服务总台等。主要有客、货运输服务，运输组织，中转，换乘以及辅助服务功能等。车站日均发客车350班次，年均客运量70万～150万人次。

12. 奉节汽车客运总站

奉节汽车客运总站（原名奉节汽车站）始建于1958年9月，原址为奉节县城关永安镇环城北路64号，属三峡二期移民企业，搬迁至奉节县永安镇老泉街7号，隶属重庆市万州汽车运输总公司，1993年9月对外开放，当年进站营运客车达80辆。1998年扩建，1999年11月竣工投入营运并实行微机售票。车站建筑面积6434平方米，候车厅面积433平方米，停车场面积3050平方米，发车位46个。日均发客车135班次，年均客运量100万～185万人次。

13. 荣昌汽车站

荣昌汽车站位于重庆市荣昌县昌元镇昌州中段686号，隶属重庆长途汽车运输（集团）有限公司，为全民所有制企业、二级汽车客运站，始建于1958年，2002年8月投资600万元进行改造，2004年初投入使用。车站占地面积9500平方米，建筑面积5000平方米，候车室面积1000平方米，乘客容量500人，停车场面积6100平方米，停车位20个，停车容量300辆。配有广播、电子监控器系统设施。售票、验票、运调、营收结算等均已采用微机客运管理系统，有6个微机售票窗口、6个验票口、7个监控摄像头、4个电子显示屏以及咨询服务总台等，主要有客、货运输服务，运输组织，中转，换乘以及辅助服务功能等。日均发客车240班次，年均客运量130万～200万人次。

14. 巫溪南门湾汽车站

巫溪南门湾汽车站隶属重庆市万州汽车运输总公司，位于巫溪县城厢镇南门湾，为全民所有制企业、二级汽车客运站。车站于1998年12月建成开业，并对外开放。车站占地面积8亩，建筑面积2797平方米，停车场面积3460平方米，发车位38个，总投资415.97万元。车站服务设施设备齐全，配有广播、电子显示屏等智能系统。1999年10月实行微机售票、结算。车站有始发客运班线15条，日均发75班次，日均乘客容量2023人，日均停车容量85辆，年均客运量70万～170万人次。

15. 云阳汽车客运中心站

云阳汽车客运中心站始建于1959年9月20日，隶属重庆市万州汽车运输总公司，为全民所有制企业、二级汽车客运站。车站属三峡移民工程，整体搬迁至云阳县新县城滨江路3068号，2001年12月建成投入营运并实行微机售票。车站占地面积27亩，建筑面积19884平方米，站前广场2800平方米，停车场面积5860平方米，发车位14个，日均乘客容量5332人，日均停车容量172辆，总投资1024万元。车站日均发客车200班次，年均客运量100万～163万人次。

16. 江津汽车站

江津汽车站位于重庆市江津区几江镇环城南路中段，隶属重庆长途汽车运输（集团）有限公司，为全民所有制企业、二级汽车客运站，始建于1966年，1967年竣工投入营运。车站占地5600平方米，建筑总面积7200平方米，候车室面积510平方米，乘客容量6000人，停车场面积4200平方米，停车位50个，停车容量120辆，总投资300万元。车站配有广播、电子监控器等系统设施。售票、验票、运调、营收结算等均已采用微机客运管理，有6个微机售票窗口、3个验票口、报班报时电子屏、10个监控摄像头以及咨询服务总台等。主要功能有客、货运输服务，运输组织，中转，换乘以及辅助服务等。车站日均发客车500班次，年均客运量150万～260万人次。

17. 璧山汽车站

璧山汽车站位于重庆市璧山县璧城镇璧渝路115号，隶属重庆长途汽车运输（集团）有限公司，为全民所有制企业、二级汽车客运站，始建于1970年。车站占地面积18174平方米，总建筑面积4550平方米，候车室面积900平方米，乘客容量5000人，停车场面积14000平方米，停车位200个，停车容量500辆，总投资520万元。车站配有广播、电子监控器、系统设施。售票、验票、运调、营收结算等均采用微机客运管理系统，有5个微机售票窗口、4个验票口、6个监控摄像头以及咨询服务总台等。主要功能有客、货运输服务，运输组织，中转，换乘以及辅助服务。车站日均发客车400班次，年均客运量130万~200万人次。

18. 潼南汽车站

潼南汽车站位于重庆市潼南县梓潼镇大同路167号，隶属重庆长途汽车运输（集团）有限公司，为全民所有制企业、二级汽车客运站。1996年车站改建，1997年1月竣工投入营运。车站占地面积9718平方米，建筑面积3327平方米，候车室面积800平方米，乘客容量3000人，停车场面积6300平方米，停车位13个，停车容量150辆，总投资360万元。车站配有广播、电子监控器系统设施。售票、验票、运调、营收结算等均已采用微机客运管理系统，有4个微机售票窗口、1个验票口、7个监控摄像头以及咨询服务总台等。其主要功能有客、货运输服务，运输组织，中转，换乘以及辅助服务等。车站日均发客车200班次，年均客运量100万人次左右。

19. 巫溪长途客运站

巫溪长途客运站位于巫溪县赵家坝滨河大道，隶属重庆市万州汽车运输总公司，为二级汽车客运站，于2005年12月建成投入营运。车站占地面积18亩，建筑面积5446平方米，工程总投资700万元。车站服务设施、设备齐全，设有微机售票、结算、电子显示屏等智能系统。有营运线路27条，参营车辆102辆，日均乘客容量4914人，日均停车容量182辆。车站日均发客车98班次，年均客运量100万~180万人次。

20. 黔江西站

黔江西站位于重庆市黔江区新华大道西段168号，隶属重庆长途汽车运输（集团）有限公司，为全民所有制企业、二级汽车客运站，始建于1998年3月。车站占地9925平方米，建筑面积2725平方米，候车厅面积2000平方米，乘客容量为1000人次。停车场面积6000平方米，停车位150个，停车容量280辆，总投资230万元。车站配有广播、电子监控器系统设施，售票、验票、运调、营收结算等均采用微机客运管理，有2个微机售票窗口、2个验票口、5个监控摄像头以及咨询服务总台等。主要有客、货运输服务，运输组织，中转，换乘以及辅助服务功能等。车站日均发客车120班次，年均客运量50万~60万人次。

表5-56　　**2005年重庆市三级以上汽车客运站统计表**

名称	地址	等级	总建筑面积（平方米）	固定资产（万元）	职工人数（人）	年发旅客（万人）	年收入（万元）	利润（万元）
重庆市公路运输（集团）有限公司朝天门汽车站	渝中区长滨路8号	一级	24031	6500	232	441	9000	300
重庆交通运业有限责任公司重庆汽车站	渝中区菜袁路6号	一级	33000	6314	411	827.4	3855	347
重庆市汽车运输（集团）有限责任公司重庆汽车北站	江北区建新北路49号	一级	12725	9281	202	720	10260	180
重庆市汽车运输（集团）有限责任公司南坪汽车站	南岸区江南大道15号	一级	1180	1783	171	356	790	384

续前表

名称	地址	等级	总建筑面积（平方米）	固定资产（万元）	职工人数（人）	年发旅客（万人）	年收入（万元）	利润（万元）
重庆交通运业有限责任公司陈家坪汽车站	九龙坡区石杨路39号	一级	19593	4625	188	311.5	2503	225.3
重庆长途汽车运输（集团）有限公司大足汽车站	大足龙岗镇双塔路218号	一级	5000	290	153	91	600	34
重庆长途汽车运输（集团）有限公司江津客运中心	江津几江镇津西路转盘	一级	2500	2136	81	200	504	36
合川市富田实业有限公司运务站	合川市瑞山路2号	一级	10245	582	285	219	600	38
重庆市万州汽车客运中心站	万州区国本路158号	一级	6780	2329	235	185	798	200
重庆市和旺交通发展有限责任公司永川客运中心	永川市环南路611号	一级	13488	—	115	142.5	620	135
重庆长途汽车运输（集团）有限公司永北汽车站	永川市西大街203号	一级	15450	—	134	139	135	-0.89
重庆市涪陵汽车客运站	涪陵兴华东路43号	一级	4412	300	138	200	700	100
重庆市汽车运输（集团）有限责任公司北碚汽车站	北碚区碚峡路262号	二级	626	1104	105	329	2507	237
重庆长途汽车运输（集团）有限公司江津汽车站	江津几江镇环城路小官山	二级	7220	242	70	260	473	10
重庆市公路运输（集团）有限公司重庆长途汽车站	渝中区菜袁路3号	二级	7728	—	—	—	—	—
重庆市渝北区两路汽车站有限公司	渝北双凤桥渝长路30号	二级	350	29.5	48	153.5	87.8	-1.95
重庆市汽车运输（集团）有限责任公司渝北汽车总站	渝北两路镇五星路99号	二级	1450	309.4	73	191	114.8	26
重庆市公路运输（集团）有限公司西彭汽车站	九龙坡西彭镇西庆路55号	二级	14000	578	35	98	91	20
重庆市公路运输（集团）有限公司大渡口汽车站	大渡口区新城春晖路518号	二级	2000	1076	21	6	13	-71
重庆长途汽车运输（集团）有限公司合川汽车总站	合川南津街中什字书院路187号	二级	10700	428	93	150	113	36
大足龙水站务有限公司汽车站	大足县龙水镇幸光路	二级	10000	1051	66	160	225	-4

续前表

名称	地址	等级	总建筑面积（平方米）	固定资产（万元）	职工人数（人）	年发旅客（万人）	年收入（万元）	利润（万元）
大足县汽车客运中心有限公司	大足县龙岗镇龙中段	二级	9732	720	44	110	120	7
綦江县汽车站有限公司	綦江县古南镇迎宾大道	二级	2651	20	80	150	194	—
武隆县汽车客运管理站	武隆巷口镇芙蓉中路31号	二级	2668	50	32	—	109	-0.8
重庆市万州运输总公司梁平汽车站	梁平县大河坝街369号	二级	4469	306	85	40	218	-80
梁平中心客运站	梁平县梁山镇大河坝街	二级	12530	1692	52	80	89	3.6
梁平悦达客运北站	梁山镇北环路116号	二级	2350	283	31	55	120	1.8
璧山县客货运输中心璧山客运站	璧山璧城街道璧永路370号	二级	11135	350	32	108.5	130	17
重庆长途汽车运输（集团）有限公司璧山汽车站	璧山县璧渝路115号	二级	4550	1133	108	200	673	20
重庆长途汽车运输（集团）有限公司荣昌汽车站	荣昌昌元镇昌州中段686号	二级	5000	306	52	130	210	0.7
重庆市汽车运输（集团）有限责任公司长寿汽车总站	长寿区桃花大道18号	二级	1000	700	68	71	55	—
长寿东风汽车站	长寿区葛城镇	二级	4000	270	15	13	48	1.5
重庆市汽车运输（集团）有限责任公司南川客运东站	南川火车大道3号	二级	4080	726	70	183	1605	-71.4
重庆长途汽车运输（集团）有限公司潼南汽车站	潼南梓潼镇大同街167号	二级	3330	666	126	105	826	508
重庆市万州运输总公司巫溪公司汽车站	巫溪县城厢镇南门湾	二级	2797	356	151	178.5	178.3	218
重庆市万州运输总公司云阳汽车客运中心	云阳县新县城滨江路	二级	10591	1159	221	83	282	20
重庆长途汽车运输（集团）有限公司铜梁汽车站	铜梁县巴川镇中南路1号	二级	1728	1208	126	180	111.5	3.5
铜梁县龙都客运有限责任公司汽车站	铜梁巴川镇龙都大道400号	二级	33710	700	102	180	110	0.4

续前表

名称	地址	等级	总建筑面积（平方米）	固定资产（万元）	职工人数（人）	年发旅客（万人）	年收入（万元）	利润（万元）
石柱交通运业公司客运站	石柱县南宾镇宾河路1号	二级	4620	987	280	317	237	-127
丰都汽车运输公司客运站	三合镇滨江西路127号	二级	8492	1870	74	205	622	5
丰都汽车运输公司北岸客运站	丰都名山镇花园街	二级	3828	—	24	85	—	—
重庆涪陵祥瑞客运西站有限公司	涪陵区涪南路	二级	26133	3968	22	1.3	439	8.5
开县交通汽车运输总公司西门客运站	开县汉丰镇体育场5号	二级	8700	90	70	100	253	68
开县泓通运业有限责任公司陈家客运站	开县长沙镇甜橙路190号	二级	7274	515	89	72.6	864	-0.5
重庆市万州汽车运输总公司开县汽车站	开县汉丰镇人民路12号	二级	10846	90	155	41	2887	30
重庆市汽车运输（集团）有限责任公司垫江汽车南站	垫江桂溪镇南阳村凉风垭	二级	2000	523	59	633	263	168
重庆市沙坪坝区汽车客运站	沙坪坝区天陈路58号	二级	3847	19.3	62	200	268.5	-1.5
忠县友联运输公司	忠县环城路	二级	—	2529	363	—	350	56.2
忠县长通运输公司	忠县人民路	二级	2400	860	320	55.6	979	150
重庆市汽车运输（集团）有限责任公司黔江客运站	黔江区城南路9号	二级	4000	2556	43	68	261	80
重庆长途汽车运输（集团）有限公司黔江西站	黔江区新华大道西段168号	二级	2725	258	40	65	790	90
重庆市万州汽车运输总公司汽车北站	万州区天城黑龙江路21号	二级	2461	2742	150	116.5	1949.6	65
重庆市万州区西山车站	万州区王牌路136号	二级	2435	58	50	12.5	150	1.2
城口县汽车客运站	城口县葛城镇太河场	二级	4000	270	15	13	48	1.5
重庆长途汽车运输（集团）有限公司江津白沙汽车站	江津白沙镇外宾路	二级	3500	—	—	70	—	—

续前表

名称	地址	等级	总建筑面积（平方米）	固定资产（万元）	职工人数（人）	年发旅客（万人）	年收入（万元）	利润（万元）
重庆市汽车运输（集团）有限责任公司渝中汽车总站	临江门、道门口、朝千路	三级	1022	9.1	32	54	39	18
重庆市公路运输（集团）有限公司凯旋路汽车站	渝中区金紫门河边	三级	510	—	10	29	29	-8
重庆市公路运输（集团）有限公司杨家坪汽车站	九龙坡区西郊一村34号	三级	478	598	17	290	73	16
重庆长途汽车运输（集团）有限公司走马汽车站	九龙坡区走马镇金马路1号	三级	1260	180	16	22	36	12.5
重庆市公路运输（集团）有限公司含谷汽车站	九龙坡区含谷镇含兴路2号	三级	150	59	9	26	56.5	13.5
重庆北华汽车有限公司水土站	北碚区水土镇苟家桥	三级	—	—	7	—	—	—
重庆市汽车运输（集团）有限责任公司三汇汽车站	合川市三汇镇交通街	三级	892	94	15	55	95	0
江津市油溪汽车站	江津油溪镇	三级	—	—	—	—	—	—
江津市石门汽车站	江津石门镇	三级	—	—	—	—	—	—
江津市宏程运输有限责任公司李市客车站	江津李市镇	三级	—	—	—	—	—	—
江津市旅游服务公司四面山客运中心	江津四面山镇	三级	—	—	—	—	—	—
江津市珞璜汽车站	江津珞璜镇	三级	—	—	—	—	—	—
江津市石蟆汽车客运中心	江津石蟆镇	三级	—	—	—	—	—	—
重庆市将军汽车运输有限公司钱塘汽车站	合川市钱塘镇交通街2号	三级	208	85	12	80	12	0.2
合川市龙市汽车站	合川龙市镇	三级	3200	120	12	39.5	152	11.5
大足县邮亭汽车运输服务公司	大足县邮亭镇西沟村	三级	11873	188	22	25	63	0.3
重庆市万州汽车运输总公司巫山客运站	巫山县广东路57号	三级	1000	485	125	23	640	-65

续前表

名称	地址	等级	总建筑面积（平方米）	固定资产（万元）	职工人数（人）	年发旅客（万人）	年收入（万元）	利润（万元）
巫山县客运站	巫山县平湖西路	三级	9000	980	130	52	792	50
璧山县客货运输中心青杠客货站	璧山县白云湖大道43号	三级	7000	88	19	62	26.5	4.5
璧山县广普镇汽车站	璧山县广普镇东大街	三级	—	—	—	—	—	—
重庆市潼南县汽车运输公司客运站	梓潼镇大同街337号	三级	1500	44.5	20	85	162	3.5
重庆长途汽车运输（集团）有限公司潼南接龙桥站	梓潼镇接龙横街14号	三级	1001	—	—	—	—	—
潼南县柏梓汽车站	柏梓镇潼柏路78号	三级	4280	145	12	10	41	1
重庆市万州区汽车南站	万州区五桥宁波路中段	三级	11150	74	80	72	115	3.5
重庆三峡库区运输总公司龙驹汽车站	万州区五桥龙驹镇信义村	三级	800	53	18	5	27	1.7
开县运通运业有限责任公司南郊客运站	开县汉丰镇南郊路52号	三级	1688	98	36	19.5	21	3
重庆市涪陵秋月门汽车客运站	涪陵区建设路2号	三级	3500	31.5	45	28	69	-34
重庆市汽车运输（集团）有限责任公司南川客运站	南川西大街6号	三级	5100	744	75	292	711	-13.7
重庆市汽车运输（集团）有限责任公司垫江中心客运站	垫江县桂溪镇人民路24号	三级	2100	208	65	188	165	87
重庆市垫江汽车客运站	垫江县桂溪镇东门田坝子开发区	三级	3855	157	292	120	399	56
垫江第一汽车运输有限责任公司汽车北站	桂溪镇民主路2号	三级	2000	500	35	213	83.5	35.5
云阳县银海发展有限公司汽车客运站	双江镇关坪路225号	三级	5950	350	12	25	4.5	
重庆市双桥区客运站	双桥区双北路231号	三级	2073	249	21	48	73	1

续前表

名称	地址	等级	总建筑面积（平方米）	固定资产（万元）	职工人数（人）	年发旅客（万人）	年收入（万元）	利润（万元）
重庆市汽车运输（集团）有限责任公司奉节车站	奉节县永安镇诗诚路608号	三级	2100	65	50	43	78	2.5
重庆市万州港务公司奉节汽车客运站	永安镇步云街沿江道东1－2	三级	1000	960	30	15	72	5
丰都高家镇汽车客运站	丰都高家镇临江路88号	三级	757	49.5	9	18	14	4.5
重庆市汽车运输（集团）有限责任公司彭水客运站	彭水县古楼街29号	三级	5280	1118	65	500	110	18
重庆渝北区公路运输有限责任公司洛碛汽车站	渝北区洛碛镇建设路44号	三级	1124	372	66	22	68	–1.4
重庆市长寿区凤城车站	长寿区长寿路64号	三级	3000	500	78	171	316	20
重庆市长寿区汽车西站	长寿区晏家开发A区	三级	8465	181	19	292	53	–0.35
重庆长寿区双龙汽车站	长寿区双龙镇新街	三级	3000	360	13	49	16.4	–1.9
重庆市长寿区云台站	长寿区云台镇云台路18号	三级	6000	510	15	15	65	2.5
重庆市长寿区长蓝站	长寿区葛兰镇	三级	2800	510	16	50	70	1.3
重庆富维社区服务责任有限公司川维客运站	长寿区晏家川维厂健康村	三级	500	345	20	20	20	–10
重庆市酉阳县城北客运站	酉阳县钟多镇西兴路1号	三级	1520	19.4	77	51	1747	13.9
酉阳汽车运输公司城南客运站	酉阳县钟多镇城南	三级	1780	—	22	—	—	—
重庆市汽车运输（集团）有限责任公司万盛总站	万盛区万新路111号	三级	1008	300	64	108	70	50
重庆长途汽车运输（集团）有限公司丁家汽车站	璧山县丁家街道	三级	480	245	10	7	72	4
重庆市富吉公路运输有限公司荣昌县汽车总站	荣昌县板桥工业园区	三级	—	—	—	—	—	—
重庆市富吉公路运输有限公司荣昌县汽车总站	荣昌县昌元镇昌州中段354号	三级	—	—	—	—	—	—

续前表

名称	地址	等级	总建筑面积（平方米）	固定资产（万元）	职工人数（人）	年发旅客（万人）	年收入（万元）	利润（万元）
梁平县公路运输服务公司汽车站	梁平县梁山镇北环路54号	三级	2000	702	10	79	18	-1.4
重庆金桂旅业开发有限公司双桂旅游客运站	梁平县金带镇双桂二组	三级	87	33	7	—	—	—
忠县拔山汽车站	忠县忠垫路	三级	1936	74.5	7	114	10.7	0.6
忠县山川运输公司	忠县忠垫路	三级		299	65	75.5	420.6	24
忠县渝海运输发展有限公司	忠县忠州环城路59号	三级	—	—	—	—	—	—

二、客运班次时间

客运班次根据时间、季节和客流量的大小、流向而增减调整。1986～2005年，重庆市道路运输发展迅速，人口流量变动大、变化快，客运站的班次时间也随之调整较大，加之本志篇幅有限，故本节仅收录2005年主要客运站客车收发班次时间表。

（一）高速路客运班次

1. 重庆汽车站

表5-57　**2005年重庆汽车站班次时间表**

线路	班次时刻	末发班次时刻	班次间隔时间
重庆—成都	6:30	22:30	每20分钟一班
重庆—合川	6:30	22:30	每20分钟一班
重庆—万州	8:00	21:50	每小时一班
重庆—涪陵	9:00 10:30 11:20 12:30	15:30	
重庆—南川	6:20	21:10	每40分钟一班
重庆—达州	7:30	18:30	每小时一班

2. 陈家坪汽车站

表5-58　**2005年陈家坪汽车站班次时间表**

线路	班次时刻	末发班次时刻	班次间隔时间
重庆—成都	6:30	22:30	每30分钟一班
重庆—合川	7:00	17:20	每40分钟一班
重庆—万州	11:40 12:15	14:40	—
重庆—涪陵	9:00 10:00 10:50 12:00	15:30	—
重庆—南川	6:30	16:30	1～2小时一班

3. 重庆汽车北站

表 5－59　　2005 年重庆汽车北站班次时间表

线路	班次时刻	末发班次时刻	班次间隔时间
重庆—万州	7:00	20:30	滚动发班
重庆—梁平	7:00	19:30	滚动发班
重庆—垫江	7:00	19:30	滚动发班
重庆—长寿	7:00	19:30	滚动发班
重庆—涪陵	7:00	18:00	滚动发班
重庆—大竹	7:00	18:00	滚动发班
重庆—邻水	7:00	18:00	滚动发班
重庆—合川	7:00	18:00	滚动发班
重庆—大湾	7:30 8:30 9:40 10:00 12:30 14:30 16:00	17:00	—
重庆—龙兴	7:00	18:00	滚动发班

4. 南坪汽车站

表 5－60　　2005 年南坪汽车站班次时间表

线路	班次时刻	末发班次时刻	班次间隔时间
重庆—綦江	6:30	19:30	每 25 分钟一班
重庆—万盛	6:30	19:30	每 25 分钟一班
重庆—南川	6:30	19:30	每 25 分钟一班
重庆—打通	6:50 7:30 8:00 8:30 9:30 10:00 10:30 11:00 11:40 12:20 13:00 13:30 14:30 15:30 16:00 16:30 17:00	17:30	—
重庆—水江	10:20	—	—
重庆—永川	8:30	—	—
重庆—贵阳	13:00	—	—
重庆—习水	8:50 9:30 10:30	11:30	—
重庆—道真	9:30	—	—
重庆—垫江	8:00	—	—
重庆—北碚	6:30	19:30	每 30 分钟一班

5. 朝天门汽车站

表 5－61　　2005 年朝天门汽车站班次时间表

线路	班次时刻	末发班次时刻
重庆—大竹	—	11:00
重庆—铜梁	—	11:00
重庆—潼南	—	11:30
重庆—成都	7:00	17:00
重庆—丁家	8:00　10:00	11:30

续前表

线路	班次时刻	末发班次时刻
重庆—荣昌	8:30　10:00	11:00
重庆—大足	9:00　9:30　10:00　11:30　12:00	13:00
重庆—江津	9:30	17:00
重庆—涪陵	6:30	19:00
重庆—川维	6:30	19:00
重庆—长寿	6:30	19:00
重庆—洛碛	7:20	19:00
重庆—鱼嘴	7:20	19:00
重庆—合川	9:30　10:30	13:00
重庆—綦江	10:00	—
重庆—南川	11:30	—

（二）跨省客运班次

1. 重庆汽车站

表5－62　2005年重庆汽车站班次时间表

线路	班次时刻
重庆—武汉	10:00
重庆—流沙	16:00
重庆—珠海	11:40
重庆—泉州	13:00
重庆—拉萨	12:00
重庆—昌都	12:00
重庆—温岭	14:20
重庆—广州	11:30　17:30
重庆—上海	12:00　15:30
重庆—龙岩	14:45
重庆—海口	17:00
重庆—泰兴	10:00
重庆—荆州	16:30
重庆—岳阳	11:30
重庆—南通	13:30
重庆—南京	11:00
重庆—靖江	15:00
重庆—盐城	12:30
重庆—昆明	11:00 13:00
重庆—南宁	14:00

续前表

线路	班次时刻
重庆—瑞安	10:30
重庆—杭州	8:00
重庆—宁波	11:00
重庆—合肥	14:30
重庆—温州	12:00
重庆—莆田	14:30
重庆—福鼎	13:00
重庆—西安	14:30
重庆—宜昌	13:40
重庆—南安	14:00

2. 陈家坪汽车站

表5-63 2005年陈家坪汽车站班次时间表

线路	班次时刻
重庆—武汉	9:30
重庆—流沙	10:50
重庆—珠海	10:50
重庆—泉州	11:00
重庆—拉萨	12:30
重庆—昌都	12:30
重庆—温岭	13:20
重庆—广州	18:20
重庆—上海	11:00 13:00

3. 重庆汽车北站

表5-64 2005年重庆汽车北站班次时间表

线路	班次时刻	末发班次时刻	班次间隔时间
重庆—惠阳	14:00	—	隔日班
重庆—盐城	13:30	—	隔日班
重庆—上海	13:00	—	隔日班
重庆—南京	12:00	—	隔日班
重庆—南通	14:30	—	隔日班
重庆—汉中	11:00	—	—
重庆—恩施	10:30 13:30	17:30	—
重庆—利川	16:30	—	—
重庆—开江	8:30	—	—

续前表

线路	班次时刻	末发班次时刻	班次间隔时间
重庆—靖江	16:00	—	隔日班
重庆—周家	8:30	—	—
重庆—邻水	7:00	18:00	滚动发班
重庆—九龙	7:00	13:00	每小时一班
重庆—石永	10:20	11:30	—
重庆—王家	12:50	—	—
重庆—丰禾	15:00	—	—
重庆—古家	8:30	13:40	—
重庆—高滩	8:20	14:30	—
重庆—坛同	10:20	16:00	—
重庆—子中	13:00	—	—
重庆—同乐	11:00	—	—

4. 南坪汽车站

表 5-65　**2005 年南坪汽车站班次时间表**

线路	班次时刻
重庆—南充	7:00　8:00
重庆—贵阳	13:00
重庆—习水	8:50　9:30　10:30　11:30
重庆—道真	9:30

5. 朝天门汽车站

表 5-66　**2005 年朝天门汽车站班次时间表**

线路	班次时刻	末发班次时刻
重庆—开江	9:30	12:00
重庆—宜昌	12:00	—
重庆—沙市	15:00	—
重庆—苍南	17:00	—
重庆—瑞安	12:00	—
重庆—武汉	10:30	—
重庆—福鼎	13:40	—
重庆—荆门	11:00	—
重庆—宣汉	9:30	10:30
重庆—赤水	11:00	—
重庆—毕节	15:00	—
重庆—公安	10:00	—

续前表

线路	班次时刻	末发班次时刻
重庆—来凤	14:30	17:30
重庆—利川	11:30	15:00
重庆—成都	7:00	17:00
重庆—德阳	13:30	—
重庆—丰禾	7:00 8:25	10:10
重庆—九龙	14:40	16:40
重庆—大竹	11:00	—
重庆—广安	11:00	—
重庆—石子	11:30	—
重庆—武胜	11:00	—
重庆—岳池	10:00	11:00
重庆—南充	9:00	—
重庆—仁怀	15:00	—
重庆—道真	14:00	—
重庆—兴仁	11:00	—
重庆—正安	13:00	—

（三）市区客运班次时间

1. 重庆汽车站

表5－67　**2005年重庆汽车站班次时间表**

线路	班次时刻	末发班次时刻	班次间隔时间
重庆—垫江	7:30 9:00 11:45 14:40	17:50	不定时发班
重庆—万古（大足）	9:20	—	—
重庆—光辉	9:30	—	—
重庆—何埂	10:20	—	—
重庆—肖家	13:00	—	—
重庆—永胜	11:20	—	—
重庆—大堡	11:30	—	—
重庆—石蟆	12:50	—	—
重庆—铁山	13:10	—	—
重庆—松溉	13:20	—	—
重庆—朱杨溪	12:30	13:50	—
重庆—回龙	14:30	—	—
重庆—朱沱	14:30	—	—
重庆—中敖	14:30	—	—
重庆—黔江	6:40	19:00	每1.5小时1班

续前表

线路	班次时刻	末发班次时刻	班次间隔时间
重庆—永嘉	10:20　13:30	16:40	—
重庆—正兴	10:30	16:30	—
重庆—潼南	6:30	22:30	每 30 分钟 1 班
重庆—铜梁	6:30	20:30	每 20 分钟 1 班
重庆—大足	6:30	22:30	每 30 分钟 1 班
重庆—江津	6:30	20:30	每 20 分钟 1 班
重庆—璧山	6:30	0:30	每 30 分钟 1 班
重庆—荣昌	6:30	22:30	每 30 分钟 1 班
重庆—永川	6:30	22:30	每 20 分钟 1 班
重庆—丁家	6:30	20:30	每 1 小时 1 班
重庆—石门	7:10	16:10	每 1 小时 1 班
重庆—国梁	7:30	16:00	—
重庆—九龙	9:10　10:10 15:10	16:30	—
重庆—现龙	9:20	15:20	—
重庆—大竹	7:20	21:55	每 1.5 小时一班
重庆—兴仁	8:00	—	—
重庆—水江	19:30	—	—
重庆—彭水	9:00　10:00　11:00	15:00	—
重庆—武隆	6:30　8:00　9:30	11:30	—
重庆—酉阳	7:40　9:00	10:40	—
重庆—三庙	11:20	—	—
重庆—乐善	8:40	10:45	—
重庆—沙鱼	12:00	—	—
重庆—永兴	13:30	—	—
重庆—钱塘	10:15　11:30	17:30	—
重庆—上和	11:30	—	—
重庆—涓溪	7:55　9:15　11:00　13:30　15:00	17:20	—
重庆—古溪	8:00　12:00	15:00	—
重庆—宝龙	10:00	—	—
重庆—兴隆	8:40	—	—
重庆—万古（合川）	12:50	—	—
重庆—铜溪	13:00	—	—
重庆—官渡	12:40	—	—
重庆—忠县	11:40	15:00	—
重庆—拔山	8:30　10:50　13:00	15:00	—
重庆—梁平	6:30	20:00	每 1 小时 1 班

续前表

线路	班次时刻	末发班次时刻	班次间隔时间
重庆—东印	10:30	—	—
重庆—油溪	9:00 10:40 14:00	15:40	—
重庆—吴滩	13:40	—	—
重庆—秀山	9:30	14:30	—
重庆—开县	7:30	15:30	每小时1班
重庆—陈家	14:00	—	—

2. 陈家坪汽车站

表5-68 2005年陈家坪汽车站班次时间表

线路	班次时刻	末发班次时刻	班次间隔时间
重庆—垫江	8:00	—	—
重庆—万古（大足）	9:50	—	—
重庆—光辉	10:00	—	—
重庆—何埂	11:00	—	—
重庆—肖家	11:30	—	—
重庆—永胜	11:50	—	—
重庆—大堡	12:00	—	—
重庆—石蟆	13:20	—	—
重庆—铁山	13:40	—	—
重庆—松溉	13:50	—	—
重庆—朱杨溪	14:30	—	—
重庆—回龙	15:00	—	—
重庆—朱沱	15:10	—	—
重庆—中敖	15:10	—	—
重庆—黔江	10:00	14:30	—
重庆—永嘉	10:50 14:00	17:10	—
重庆—正兴	11:10	17:10	—
重庆—潼南	6:30	19:30	每40分钟1班
重庆—铜梁	6:30	20:00	每30分钟1班
重庆—大足	6:30	20:00	每40分钟1班
重庆—江津	6:30	20:00	每30分钟1班
重庆—璧山	6:30	20:00	每40分钟1班
重庆—荣昌	6:30	20:00	每30分钟1班
重庆—永川	6:30	20:00	每30分钟1班
重庆—丁家	6:30	20:00	每40分钟1班
重庆—石门	7:10 13:10 14:30 16:40	—	—

续前表

线路	班次时刻	末发班次时刻	班次间隔时间
重庆—国梁	8:00　16:30	—	—
重庆—九龙	9:40　10:40　15:40　17:10	—	—
重庆—现龙	9:50　16:00	—	—
重庆—佛盐	11:00	—	—
重庆—永安	13:00	—	—
重庆—天宝	14:00	—	—
重庆—石马	14:20	—	—
重庆—万盛	8:00	17:30	每40分钟1班

3. 重庆汽车北站

表5－69　**2005年重庆汽车北站班次时间表**

线路	班次时刻	末发班次时刻	班次间隔时间
重庆—开县	7:00	18:30	滚动发班
重庆—垫江	7:00	19:30	滚动发班
重庆—坪山	9:00　11:30　13:00　15:00	16:00	—
重庆—董家	8:45	—	—
重庆—晓兴	12:00	—	—
重庆—普顺	11:45	—	—
重庆—白家	12:20	—	—
重庆—绿柏	14:15	—	—
重庆—茶花	16:30	—	—
重庆—精华农场	9:20	—	—
重庆—马灌	12:00	—	—
重庆—拔山	8:20　10:50　12:50	14:00	—
重庆—黔江	8:30	9:30	—
重庆—奉节	8:30　11:30　15:00	17:30	—
重庆—茨竹	9:00	9:40	—
重庆—同仁	11:00　14:20	15:40	—
重庆—高嘴	7:00	15:20	每小时1班
重庆—统景	6:30	18:00	滚动发班
重庆—龙兴	6:30	18:00	滚动发班
重庆—兴发	10:20	—	—
重庆—柳荫	6:50	17：40	滚动发班
重庆—白岩	10:00　11:30	13:30	—
重庆—大盛	8:20	—	—
重庆—东山	7:30　9:00　10:30　12:00　13:30	15:30	—

续前表

线路	班次时刻	末发班次时刻	班次间隔时间
重庆—陡滩	14:40	—	—
重庆—黄印	8:00	—	—
重庆—隆仁	9:20	—	—
重庆—麻柳	8:30 10:30 13:20 14:30	16:30	—
重庆—明月	8:40 10:20 9:20	14:40	—
重庆—青杠	9:20 10:20 13:40 14:40	16:20	—
重庆—璧山	6:00	17:40	滚动发班
重庆—西彭	7:00	19:30	滚动发班
重庆—两路	6:00	19:30	滚动发班
重庆—礼加	6:00	18:00	滚动发班
重庆—悦来	6:00	18:00	滚动发班
重庆—曾家	6:00	18:00	滚动发班
重庆—巫山	14:30	20:30	—

4. 南坪汽车站

表5-70　2005年南坪汽车站班次时间表

线路	班次时刻	末发班次时刻	班次间隔时间
重庆—两路	6:30	21:00	每10分钟1班
重庆—璧山	7:00	19:30	每10分钟1班
重庆—西彭	6:30	20:00	每20分钟1班
重庆—茶园	6:30	20:00	每5分钟1班
重庆—长生	6:30	20:00	每5分钟1班
重庆—明月沱	6:30	20:00	每10分钟1班
重庆—东泉	7:30	18:00	每20分钟1班
重庆—樵坪	7:30	18:00	每30分钟1班
重庆—姜家	6:30	17:00	每30分钟1班
重庆—丰盛	6:30	17:30	每20分钟1班
重庆—木洞	6:30	17:30	每20分钟1班
重庆—双河	6:30	17:30	每20分钟1班
重庆—清溪	6:30	17:30	每20分钟1班
重庆—羊鹿	6:30	17:30	每20分钟1班
重庆—石龙	6:30	17:00	每小时1班
重庆—凉水	6:30 8:00 13:00	1400	—
重庆—花桥	6:30	17:00	每小时1班
重庆—接龙	7:30	18:00	每30分钟1班
重庆—天赐	8:00 9:00 13:00	14:00	—

续前表

线路	班次时刻	末发班次时刻	班次间隔时间
重庆—周家沟	10:00	15:00	—
重庆—贾嗣	14:00	—	—
重庆—吉安	13:00	15:00	—
重庆—正自	11:00	—	—
重庆—乐兴	13:30	—	—
重庆—夏坝	10:00	15:00	—
重庆—陈家	9:00	14:00	—
重庆—石岗	8:00　12:00	15:30	—

5. 朝天门汽车站

表 5－71　　2005 年朝天门汽车站班次时间表

线路	班次时刻	末发班次时刻	班次间隔时间
重庆—璧山	8:00	17:30	—
重庆—垫江	11:00	—	—
重庆—许明寺	9:30	12:00	—
重庆—董家	8:00	14:00	—
重庆—界尺	16:30	—	—
重庆—丰都	7:00	19:00	—
重庆—丰都（老路）	14:00	—	—
重庆—涪陵	6:30	19:00	—
重庆—开县	8:30	16:30	每小时 1 班
重庆—梁平	9:40　11:00　13:50　15:10	16:30	—
重庆—洛碛	7:20	19:00	每 40 分钟 1 班
重庆—鱼嘴	7:20	19:00	每 40 分钟 1 班
重庆—龙兴	7:40	19:00	循环
重庆—五宝	7:00　9:30　11:30　14:30	16:30	—
重庆—郁山	11:00	—	—
重庆—彭水	7:00	19:00	—
重庆—黔江	7:00	19:00	循环
重庆—石柱	7:30	18:30	循环
重庆—双龙	9:30	14:30	每小时一班
重庆—龙河	8:00	15:30	—
重庆—坐溪	9:30　14:00	18:00	—
重庆—武隆	8:00	18:30	循环
重庆—长坝	15:20	—	—
重庆—秀山	7:40	19:00	循环

续前表

线路	班次时刻	末发班次时刻	班次间隔时间
重庆—酉阳	8:30	18:30	循环
重庆—云阳	8:30	18:30	—
重庆—忠县	6:30	19:00	—
重庆—拔山	11:20	12:20	—
重庆—巫山	13:00	18:30	—
重庆—城口	11:00	12:00	—
重庆—万县	8:00	20:00	滚动
重庆—川维	6:30	19:00	—
重庆—长寿	6:30	19:00	—
重庆—东风	10:35	14:00	—
重庆—新妙	8:00 10:00 12:50	15:10	—
重庆—云集	9:55 13:00	14:20	—
重庆—狮子滩	11:00	—	—
重庆—沙石	9:30	15:30	—
重庆—飞龙	15:10	—	—
重庆—李庄	13:00	—	—
重庆—李渡	10:20 12:00	15:10	—
重庆—大山	8:50	14:00	—
重庆—堡子	8:50	15:00	—
重庆—镇安	11:20	16:00	—
重庆—保和	10:30	—	—
重庆—龙潭	9:00	13:30	—
重庆—大顺	10:15	—	—
重庆—珍溪	8:00	10:00	—
重庆—仁义	15:00	—	—
重庆—石龙	9:30	—	—
重庆—两路	7:00	19:00	循环
重庆—西彭	6:25	19:00	每15分钟1班
重庆—江津	9:30	17:00	循环
重庆—平桥、鸭江	11:50	14:30	—
重庆—包家	10:30	—	—
重庆—包沱	13:30	—	—
重庆—奉节	12:00	17:30	—
重庆—白沙	11:00	—	—
重庆—临江	8:30	—	—
重庆—铜梁	11:00	—	—

续前表

线路	班次时刻	末发班次时刻	班次间隔时间
重庆—大足	9:00	13:00	每30分钟1班
重庆—汪家	9:30	—	—
重庆—接龙	8:00	14:00	—
重庆—三圣	10:30	—	—
重庆—西湖	11:00		循环
重庆—南川	11:30	—	—
重庆—石角	9:40	—	—
重庆—永新	10:30	—	—
重庆—珞璜	6:30　7:30　9:30	10:30	—
重庆—三江	10:30	—	—
重庆—丁家	8:00　10:00	11:30	—
重庆—潼南	11:30	—	—
重庆—油溪	8:30　9:30 13:30	14:30	—
重庆—大石	9:30	—	—
重庆—合川	9:30　10:30	13:30	—
重庆—荣昌	8:30　10:00	13:00	—
重庆—金刀峡	9:00	11:30	—
重庆—堡子	8:50	15:00	—
重庆—石溪	10:00	—	—
重庆—白家	7:30	9:30	—

第二节　货运站（场）

货运站（场）是货物的集散中心，是将顾客和运输经营者的货物从甲地运送（移动）到乙地提供服务的场所。

20世纪80年代，重庆市货物运输以普通货物运输为主，货运企业实行货从供方装到需方卸的门对门运输服务，汽车站（场）多为客货混用，一般只供货车停用，仓储、中转功能较弱。

20世纪90年代，重庆的货运站（场）有了比较明确的分类。根据年工作量（即年货物吞吐量），货运站可划分为一、二、三、四级。一级站年货物吞吐量在60000吨以上。二级站年货物吞吐量在20000吨以上，但不足60000吨。三级站年货物吞吐量在10000吨以上，但不足20000吨。四级站年货物吞吐量在10000吨以下。1990~1992年，重庆的零担运输发展较快，全市陆续建有重庆市汽车运输总公司化龙桥零担站、重庆市公路运输总公司零担货运站，以及重庆联运总公司的几个小型零担货运站（点）。1993年，重庆市有汽车货运站84个，其中，等级站58个、零担站14个、集装箱站4个、客货兼营站8个。1994年，重庆市有汽车货运站103个，其中，等级站增加到76个、零担站15个、集装箱站和客货兼营站数量与上年同。到90年代中期，随着企业单车承包、租赁经营模式的推出，货运单位改变以企业组织运输经营的形式，而由承包租赁经营者自行找货运输，原先较为健全的零担货物运输网络逐渐分化，零担货运站（场）开始逐渐淡出货运市场。1995 年，重庆市汽车货运站总数与上年同，等级站增加到 85 个、零担站减少到 5 个、集装箱站 5 个，客货兼营站数量与 1994 年相同。1996 年，重庆市有汽车货运站 93 个，其中，等级站 72 个、零担站 4 个、集装箱站 5 个、客货兼营站 12 个。1997 年重庆直辖，管辖区域范围增大，道路运输形式发生变化，客货兼营站（场）开始退出市场。重庆市政府对全市公路主枢纽进行总体布局，规划在上桥、西永、黄桷坪、四公里、界石、人和、寸滩建立 7 个主枢纽货运站（场）。1997 年，全市汽车货运站为 154 个。到 1999 年年底，重庆市有汽车货运站 95 个，其中一级站 2 个、二级站 2 个、三级站 16 个、四级站 7 个、零担站 42 个、集装箱站 26 个。全市经交通部审核认定的道路货运站共 42 个，其中交通部门 39 个，非交通部门 3 个。

21 世纪初，货物运输形式随着重庆市涉外经济的迅速发展和道路运输的规范化而改变，集装箱货运量大增，各种经济体的集装箱站（场）增多，交通部门重新调整公路次级枢纽布局，并加大公路货运站（场）建设的力度。2000 年，重庆市政府批准了包括 32 个货运站（场）建设在内的重庆市公路次级枢纽规划。全市有汽车货运站 62 个，其中一级站 2 个、二级站 3 个、三级站 14 个、四级站 21 个、零担站 8 个、集装箱站 14 个。2001 年，陈家坪货运站、北城货运站、顺康货运市场、渝南物流配送中心，以及永川、铜梁等货运站（场）相继建成。全市共有汽车货运站 95 个，其中一级站 2 个、二级站 2 个、三级站 16 个、四级站 7 个、集装箱站 12 个，零担站基本退出货运市场。2002 年，重庆市有各类货运站（场）和货仓 1000 个左右，但达不到平均 1000 平方米/个，并缺乏高度信息化、自动化的大型现代物流中心。到 2005 年，国民经济快速发展，重庆道路运输市场和物流形式发生变化，全市汽车货运站总量呈上升趋势，达到 78 个，其中一级站由 2 个增加到 4 个、二级站由 2 个增加到 5 个、三级站由 15 个减少到 11 个、四级站由 14 个减少到 6 个、集装箱站由 13 个增加到 52 个。

表 5－72　　1993～2005 年重庆市货运站（场）等级分类统计表

单位：个

年度	按汽车货运站（场）等级分类								合计
	一级	二级	三级	四级	简易	零担	集装箱	客货兼营	
1993			58			14	4	8	84
1994			76			15	4	8	103
1995			85			5	5	8	103
1996			72			4	5	12	93
1997	—	—	—	—	—	—	—	—	154
1998	—	—	—	—	—	—	—	—	7
1999	2	2	16	7	—	42	26	—	95
2000	2	3	14	21	—	8	14	—	62
2001	2	3	14	12	—	—	12	—	43
2002	2	2	15	14	—	—	13	—	46
2003	3	2	8	21	—	—	18	—	52
2004	4	1	9	19	—	—	32	—	65
2005	4	5	11	6	—	—	52	—	78

注：(1) 1996 年以前重庆市汽车货运站（场）未进行等级分类。(2) 1997 年重庆市开始建设主枢纽货运站（场），1998 年建成主枢纽货运站（场）7 个，并取消客货兼营和简易站（场）。

一、重庆联运物流总公司货运站（场）

（一）重庆上桥公铁集装箱货运中转站

重庆上桥公铁集装箱货运中转站位于重庆市沙坪坝区上桥，隶属重庆联运物流总公司。1992年建成投产，建筑面积33400平方米，仓储面积4140平方米，总投资1800万元。生产设施有吊车3台、叉车1台。站场仓储、仓管、物流配送实行微机管理，运输车辆实行GPS监控，货物进出由人工进行安检。主要经营公路铁路集装箱货运中转及运输仓储、仓管、物流配送、机械人力装卸等业务，货物年吞吐量130万吨。

（二）重庆荒沟集装箱货运中转站

重庆荒沟集装箱货运中转站位于重庆市九龙坡区荒沟，隶属重庆联运物流总公司。1988年建成投产，建筑面积9300平方米，仓储面积1500平方米，总投资520万元。生产设施有125吨吊车2台、25吨叉车3台。站场仓储、仓管、物流配送实行微机管理，运输车辆实行GPS监控，货物进出由人工进行安检。主要经营公路铁路集装箱货运中转及运输仓储、仓管、物流配送、机械人力装卸等业务，货物年吞吐量40万吨。

（三）重庆朝天门客货运输枢纽中心

重庆朝天门客货运输枢纽中心位于重庆市渝中区朝天门，隶属重庆联运物流总公司。2000年建成投产，建筑面积9500平方米，仓储面积8000平方米，总投资4400万元。站场仓储、仓管、物流配送实行微机管理，运输车辆实行GPS监控。主要经营公路铁路货运中转及物流配送、机械装卸等业务，货物年吞吐量15万吨。

二、重庆市公路运输（集团）公司货运站（场）

（一）重庆大件运输货物货运站

重庆大件运输货物货运站位于九龙坡区杨家坪西郊路70号，隶属重庆市公路运输（集团）公司，建筑面积25000平方米，车辆容量3680.17吨。主营大件吊装、转运等业务。货物年吞吐量580万吨。

（二）重庆渝南物流配送中心

重庆渝南物流配送中心位于重庆市南岸区南坪经开区白鹤路48号，隶属重庆市公路运输（集团）公司，建筑面积40000平方米，货车300辆。主营运输、仓储、配送等业务。货物年吞吐量70万吨。

（三）重庆黄桷坪物流中心

重庆黄桷坪物流中心位于重庆市九龙坡区黄桷坪，隶属重庆市公路运输（集团）公司，建筑面积15000平方米，货车容量1649辆。主营运输、仓储、配送等业务。货物年吞吐量94.8万吨。

（四）重庆人和货运中心（口岸）

重庆人和货运中心位于人和镇万年村8社，隶属重庆市公路运输（集团）公司，建筑面积99000平方米，货车容量6000辆。主营运输、仓储、配送等业务。

（五）重庆二郎物流中心

重庆二郎物流中心位于重庆市沙坪坝区二郎，隶属重庆市公路运输（集团）公司。主营运输、仓储、配送等业务。

（六）重庆陈家坪物流中心

重庆陈家坪物流中心位于重庆市沙坪坝区陈家坪，隶属重庆市公路运输（集团）公司。主营运输、仓储、配送等业务。

三、重庆长途汽车运输（集团）有限责任公司货运站（场）

（一）江津货运中心

江津货运中心位于江津区几江街道西路转盘，隶属重庆长途汽车运输（集团）有限责任公司，主营运输、仓储、配送等业务。建筑面积1662平方米，车辆容量50辆。货物年吞吐量580万吨。

(二) 璧山货运中心

璧山货运中心位于重庆市璧山县璧城镇璧渝路115号，隶属重庆长途汽车运输（集团）有限责任公司，主营运输、仓储、配送等业务。建筑面积9600平方米，车辆容量30辆。货物年吞吐量158万吨。

(三) 合川货运中心

合川货运中心位于重庆市合川区南津街办事处梨园路18号，隶属重庆长途汽车运输（集团）有限责任公司，主营运输、仓储、配送等业务。建筑面积11959平方米，车辆容量180辆。货物年吞吐量388.8万吨。

(四) 永川货运中心

永川货运中心位于永川环北路蚂蟥桥，隶属重庆长途汽车运输（集团）有限责任公司，主营运输、仓储、配送等业务。建筑面积11689平方米，车辆容量146辆。货物年货物吞吐量5380万吨。

四、重庆市汽车运输（集团）有限责任公司上桥货运站（场）

(一) 重庆上桥货运站

重庆上桥货运站位于重庆沙坪坝区上桥张家湾76号，国有大型货运中转站场，隶属重庆市汽车运输（集团）有限责任公司，主营运输、仓储、配送等业务。建筑面积16123平方米，车辆容量260辆。货运年周转量11700万吨公里。

(二) 重庆金孔雀快递有限责任公司

重庆金孔雀快递有限责任公司位于重庆市江北区红旗河沟4号，隶属重庆市汽车运输（集团）有限责任公司，主营运输、仓储、配送等业务。注册资金50万元，年营运收入100余万元。

五、重庆嘉峰北城货运市场

重庆嘉峰北城货运市场位于内环高速公路石马河出口处，主营运输、仓储、配送等业务。建筑面积18000平方米，车辆容量500辆。货物年吞吐量48万吨。

六、重庆交通运业有限责任公司货运站（场）

(一) 陈家坪汽车站

陈家坪汽车站位于重庆市高新区石杨路39号，隶属重庆交通运业有限责任公司，主营运输、仓储、配送等业务。建筑面积2000平方米，车辆容量200辆。货物年吞吐量50万吨。

(二) 重庆顺康物流有限公司货运交易市场

重庆顺康物流有限公司货运交易市场位于沙坪坝区上桥张家湾61号，隶属重庆交通运业有限责任公司，主营运输、仓储、配送等业务。总建筑面积40000平方米，库房面积22000平方米，车辆容量100辆。货物年吞吐量45万吨。

七、重庆市万州汽车运输总公司货运分公司

重庆市万州汽车运输总公司货运分公司（原名四川省重庆运输公司万县运输站），成立于1958年1月1日。后更名为四川省万县专区运输公司万县运输站。1987年6月，万县运输站分设货运站和客运站。1994年11月，万县市汽车运输总公司成立万县市铁、公、水联运有限公司，隶属万县市汽车运输总公司。1996年12月3日，万县市铁、公、水联运有限公司更名为四川省万县市汽车运输总公司万州货运分公司。2001年获国家道路货物运输二级企业经营资质，并通过ISO 9001:2000标准国际质量体系认证。同年10月22日，更名为重庆市万州汽车运输总公司货运分公司，隶属重庆市万州汽车运输总公司，位于万州国本支路2号。主要承接铁路、公路、水上客货运输代理业务以及原万县地区九县一市和省内外进出口的货物运输。

第六章　道路运输服务

道路运输服务包括汽车维修、货物仓储、联托运和搬运装卸等独立或相对独立的经营体，它的主要功能是与道路运输发展相配套，满足道路运输业务和其他有关业务的需要，促进提高运输效率和效益。

第一节　汽车维修

20 世纪 70 年代，重庆汽车维修业以交通部门专业运输和非交通部门车辆集中的企事业单位为主，营业性维修较少，基本属于封闭式的自我服务行业。

20 世纪 80 年代，随着改革开放的深入和道路运输事业的发展，重庆市机动车辆增长速度很快，汽车维修行业也随之发展，特别是私营和个体汽车维修业户迅速增加。1986 年，重庆城乡有各种汽车维修单位 1100 余家，其中 70% 属集体和个体维修厂、点。汽车维修业的快速发展，使重庆市一度出现的修车难问题得到缓解。但由于发展过快，修车能力增长过猛，市场管理未能及时跟上，重庆汽车维修行业出现无序经营、收费混乱、维修质量差的状况。为了加强汽车维修行业管理，1987 年，重庆市政府颁发《关于加强重庆汽车维修行业管理的通知》，重庆市交通局、重庆市公用局联合发布《重庆市汽车维修企业开业条件》《重庆汽车维修收费标准（试行）》等文件，对重庆市汽车维修的开业、维修、管理作出规定，并成立汽车维修行业管理办公室，将汽车维修业纳入行业管理。同时，对重庆市 1678 家汽车维修企业进行了审查，其中，合格 1429 家，自动停业 41 家，转产 21 家，取缔 24 家。到 1988 年，重庆市经审查发证的汽车维修业户 2078 家，其中，甲级 189 家、乙级 843 家、丙级 1046 家。从业人员 3.86 万人。

20 世纪 90 年代，随着运输企业经济体制和经营方式改革的深入，汽车维修市场进一步开放，重庆市汽车维修企业数量增加。为加强管理，重庆市改革汽车维修制度，整顿汽车维修行业，对维修企业和客运车辆实行定期监测、强制维护、视清修理，推行营运车辆“维修卡”和营运车辆检测、检查制度，健全车辆技术档案、二级维护和大修实行合同制。同时规范汽车维修市场，将一批联运企业、中介服务公司、信息服务中心成立的运输单位，以及全市停车、洗车行业，提送车服务业，机动车驾驶培训学校和小型车辆租赁业等，全部纳入道路运输服务行业管理。汽车维修企业经济成分比例随之发生变化，集体、合资和个体维修企业逐渐增多。1990 年，重庆市国有汽车维修企业在全市汽车维修行业中的比例为 18.6%，集体所有制维修企业的比例为 30%，个体维修业户的比例为 51%。1991 年，重庆市汽车维修行业中，国有、集体和个体所有制汽车维修企业的比例分别为 19.7% 、28.7% 和 51.4%。1992 年，全市汽车维修行业中，国有、集体和个体所有制汽车维修企业的比例分别为 18% 、25.7% 和 56.2%。1993 年，全市国有、集体和个体所有制汽车维修企业的比例分别为 18.8%、24% 和 57.1%。1994 年，重庆市有汽车维修经营业户 4152 家，按类别分为：一类 227 家、二类 1454 家、三类 2471 家。按所有制分为：全民 699 家、集体 1046 家、其他3家、个体2404家。从业人员52246人。1995年，重庆汽车维修行业基本建立起门类齐全、布局合理、检测手段较为先进的维修网络。全市共有汽车维修经营单位4263个，其中，全民所有制698个，集体所有制951个，个体联户2614个。从业人员48327人。1997年，直辖重庆有汽车维修经营业户7143家，其中，一类238家，二类1921家，三类4500家，摩托车484家。从业人员64978人。1998年3月，重庆市停止征收汽车维修行业管理费后，各区县（自治县、市）运管部门加强对汽车维修行业的管理，加大调控力度，通过年审整顿维修质量低劣的企业，制止了汽车维修企业过快发展的势头。1998年年末，重庆市有汽车维修业户7470家，从业人员65000人，其中个体业户5700家，19528人。同时，重庆对营运车辆实行等级评定，全市有一级客车7543辆，二级客车10983辆，一级货车25879辆，二级货车40939辆。到1999年，重庆市国有维修企业数量虽有增加，但在全市维修行业中的比例降到9.1%；集体所有制企业的比例降到10.8%；个体维修业户的比例上升到80%。全市有各类维修企业7653家，其中，一类企业246家，二类企业1808家，三类业户4766家。从业人员62621人。

21世纪初，重庆市本着以城市为依托，一类企业为骨干，二类企业为基础，三类企业为补充的原则，进一步加强行业管理，大力培育汽车维修市场。2000年，重庆市有各类汽车维修经营业户7684家，其中，一类229家，二类1673家，三类4801家，摩托车维修981家。汽车维修企业经济成分比例继续变化，国有企业在维修行业中的比例下降到8.9%，个体维修业户的比例上升到了84.3%，成为重庆市汽车修理行业的主要力量。全市有汽车维修从业人员52893人。主要设备57211台、通用设备28751台、专用设备20676台、检测设备7784台。有汽车综合性能检测站22个，检测车5辆，主要设备532台。年检测能力329420辆次，全年完成检测量115271辆次。2001年，重庆市有汽车维修经营业户7650家，其中，一类224家、二类1515家、三类4950家、摩托车维修961家。有汽车综合性能检测站22个，完成检测量243987辆次。2002年，重庆市汽车维修经营业户与上年相比有所减少，为7171家，其中：一类242家、二类1470家、三类4475家、摩托车维修984家。有汽车综合性能检测站21个，完成检测量115458辆次。2003年，重庆市汽车维修经营业户与上年相比减少到6983家，其中，一类251家，二类1284家，三类4332家，摩托车维修1116家，从业人数近7万人。2004年重庆市汽车维修行业有所发展，维修业户与上年相比增加了873家，达到7856家，其中，一类284家、二类1372家、三类5092家、摩托车维修1108家。2005年，重庆市共有汽车维修单位（业户）7802家，其中，一类213家、二类1015家、三类5438家、摩托车维修1136家。从业人数53695人，其中，技术人员4896人、管理人员10263人、检验员3438人、其他35098人。维修专用车1532辆，其中，拖车134辆、工作车1398辆。

经过20年（1986～2005年）的发展，重庆汽车维修行业在西部维修行业中排名第九，国内外知名品牌的汽车制造厂如奔驰、沃尔沃、本田、三菱、尼桑、丰田、奥迪、别克、风神、蓝鸟、捷达、大众、富康、菲亚特、派力奥等均在重庆建有3S、4S站或特约维修中心，初步形成了一个多层次、多形式，门类齐全、服务方便及时的汽车维修网络，基本满足了全市各类各型车辆的维修需要。

表5－73　　**1990～2005年重庆市汽车维修企业经济成分比例统计表**

单位：家

年度	国有经济	集体经济	其他经济	个体联户	合计
1990	523	841	16	1424	2804
1991	563	819	3	1465	2850
1992	621	883	3	1931	3438

续前表

年度	国有经济	集体经济	其他经济	个体联户	合计
1993	782	998	3	2374	4154
1994	699	1046	3	2404	4152
1995	698	951	—	2614	4263
1996	923	1203	233	4594	6953
1997	830	1027	—	5286	7143
1998	764	985	21	5700	7470
1999	695	828	—	6130	7653
2000	516	686	—	6482	7684
2001	—	—	—	—	7650
2002	—	—	—	—	7171
2003	—	—	—	—	6983
2004	—	—	—	—	7856
2005	—	—	—	—	7802

注：2001 年起国有、集体、其他经济体和个体户未分别统计。

一、主要维修企业

主要汽车维修企业是指具有一定规模和资质，专门从事汽车大修、汽车总成修理和汽车维护、保养的一、二类企业。

（一）一类维修企业

一类汽车维修企业主要指经道路运输管理机构资质认证，从事汽车大修、汽车总成修理的企业。它除了具备维修厂房、停车场地和必要的维修设备、检测设备、符合国家计量标准的计量工具，以及经过专门培训的、正式级别的汽车维修工程技术人员、技工和质量检验人员外，在维修生产中必须遵守国务院、国家标准局、交通部以及各地颁布和制定的有关汽车修理技术法规和标准。在对进行汽车大修、总成大修的车辆还必须建立汽车维修技术档案，并在汽车维修竣工出厂时向托修单位提供汽车维修竣工出厂合格证。

1. 重庆市万起汽车维修服务有限公司

重庆市万起汽车维修服务有限公司（简称万起公司）始建于 1970 年，是由重庆市万州汽车运输总公司下属企业——重庆市万州汽车修配总厂、东风汽车公司万州技术服务站、东风雪铁龙服务站、汽车综合性能检测站等单位组合而成。2002 年 10 月，公司取得 ISO 9001:2000 质量管理体系认证书，属重庆市汽车维修行业“AAA”资质企业，A 级信用单位。

万起公司位于万州区沙龙路三段 2139 号（与重庆市公安局车辆管理所万州分所相邻），占地面积 18000 平方米，车间面积 4000 余平方米。公司有汽车烤漆房、四轮定位仪、车身校正仪、发动机、零部件清洗机、发动机综合分析仪、车轮动平衡机、自动化汽车综合性能检测线等先进的国内外维修、检测设备共计 140 余台套，主要从事汽车修理、汽车销售、售后服务、配件销售、汽车综合性能检测等业务。万起公司是东风系列，玉柴、康明斯发动机，宇通、金龙客车，东风雪铁龙系列小车等三十几家国内汽车（发动机）制造厂家的特约技术服务站，是万州天然气汽车定点改装厂之一。2005 年年底，公司有在册职工 402 人，其中，MBA 工商管理硕士 2 人，工程师 8 人，高级经营管理师 2 人，技师 8 人，高级工 56 人，中级汽车维修工 41 人和一批专业的汽车销售、维修技术人员。有固定资产 2000 万元，流动资产 500 万元，营业额 1890 万元。

2. 重庆市公路运输（集团）公司高科汽车修理厂

重庆公运公司高科汽车修理厂（简称高科汽修厂）成立于1956年，隶属于重庆市公路运输（集团）公司，占地面积约1.62万平方米。2002年8月通过ISO 9001:2000质量管理体系认证。

高科汽车修理厂位于重庆市九龙坡区渝州路121号。拥有进口发动机检测设备、车轮定位仪、排气污染检测仪、举升架、烤漆房、车身架校正修复等先进设施设备。主要承修国内外各类重特型汽车、工程机械、汽车吊、小轿车等业务，属“重庆汽车修理企业五十强”之一。2005年年底，高科汽修厂有在册员工42人，其中工程师3人，技师11人，高级技工7人，中级技工6人。有固定资产1900余万元，营业收入1630万元。

3. 重庆公路运输（集团）公司特种汽车修理厂

重庆公运公司特种汽车修理厂（简称公运特修厂）前身为重件队修理厂，成立于20世纪70年代初，隶属重庆市公路运输（集团）公司。

修理厂位于重庆市九龙坡区西郊路70号，占地面积8000平方米。拥有大型修理车间、标准200米试车场、3吨行车辅助维修、金加工车间和二维汽车检测站。主要从事特种汽车、大型货车、拖载汽车、汽车起重机等的大、中、小修和维护保养，是九龙坡区的龙头维修企业之一，属重庆一类汽车维修企业。2005年年底，公运特修厂有职工34人，其中工程师1人、助理工程师3人、技师1人、高级技工12人、中级技工9人。有固定资产280万元，流动资金25万元，创利润30万元。

4. 重庆市合川区凉亭保修汽车修配厂

重庆市合川区凉亭保修汽车修配厂（简称凉亭汽修厂）始建于1983年8月。1985年与中国人民保险公司合川县支公司联营，更名为合川县保险公司联营汽修厂，隶属于合川县凉亭农工商联合公司，集体所有制企业。1987年，合川区凉亭保修汽车修配厂被评为汽车维修甲级企业。1990年3月更名为合川县凉亭汽车修配厂。1992年7月改制为股份制企业。2000年经重庆汽修办评审为一类AAA企业。2001年6月，由厂内35名职工共同出资购买全部股权成为股份合作制企业，更名为重庆市合川区凉亭保修汽车修配厂。

凉亭汽车修配厂位于重庆市合川区涪江二桥北桥头，南临铜梁，西靠潼南，北接武胜，紧靠国道212线。厂区占地面积3872平方米，作业厂房1025平方米，修车场地1578平方米，办公库房及其他用房540平方米。拥有金奔腾发动机电脑测试仪、车博世发动机电脑检测仪、喷油嘴多功能自动检测清洗仪、动平衡检测仪、四轮定位仪、前照灯测试仪、废气分析仪、曲轴箱窜气检测仪、汽缸漏气测量仪、方向盘电脑测量仪、润滑油质量检测仪，以及二柱、四柱举升机，车架车身校正检测台，侧滑实验台，制动检测台，小轿车烤漆房和各类小轿车专用修理工具等设备。主要从事进口、国产等各种车型的大、中、小修和各类保修维护作业。2005年年底，汽修厂有职工人数53人，其中，工程师1人、助理工程师2人、技术员2人、高级技工5人、中级技工33人、管理人员10人。有固定资产480余万元，流动资金68万元。

5. 重庆市汽车运输（集团）有限责任公司汽车修理总厂

重庆市汽车运输（集团）有限责任公司汽车修理总厂（简称汽修总厂）隶属重庆市汽车运输（集团）有限责任公司，为国有制企业。

汽修总厂位于重庆市渝中区化龙桥正街211号，以本公司车辆服务为主，兼对外维修，主要经营项目有汽车修理、汽车配件销售等，具有汽车维修一类企业资质。2005年年底，汽修总厂有职工197人，营业总收入1017余万元。

6. 重庆市汽车运输（集团）有限责任公司重型汽车修理厂

重庆市汽车运输（集团）有限责任公司重型汽车修理厂（简称重型汽修厂）隶属重庆市汽车运输（集团）有限责任公司汽车修理总厂，为国有制企业。重型汽修厂位于重庆市沙坪坝区上桥张家湾（力帆大厦对面），以本公司车辆服务为主，兼营对外维修，主要经营汽车修理、汽车配件销售等项目，具有汽车维修一类企业资质。2005 年年底，汽修厂有职工 97 人，营业额 480 余万元。

7. 重庆市汽车运输（集团）有限责任公司第二汽车修理厂

重庆市汽车运输（集团）有限责任公司第二汽车修理厂（简称汽运二修厂）隶属重庆市汽车运输（集团）有限责任公司汽车修理总厂，为国有制企业。

汽运二修厂位于重庆市江北区建新北路 126 号，以本公司车辆服务为主，兼营对外维修，主要经营项目是汽车修理、汽车配件销售等，具有汽车维修一级企业资质。2005 年年底，二修厂有职工 80 人，营业额 456 余万元。

8. 重庆长途汽车运输（集团）有限责任公司永川大修厂

重庆长途汽车运输（集团）有限责任公司永川大修厂（简称永川大修厂）隶属重庆长途汽车运输（集团）有限责任公司汽车修理厂，为国有制企业。

永川大修厂位于永川区新泰路 119 号，主要经营项目为汽车修理、汽车配件销售等，具有汽车维修一级企业资质。2005 年年底，大修厂有职工 111 人，营业收入 1050 余万元。

9. 重庆长途汽车运输（集团）有限责任公司 24 队汽车修理厂

重庆长途汽车运输（集团）有限责任公司 24 队汽车修理厂（简称长运 24 队汽修厂）隶属重庆长途汽车运输（集团）有限责任公司汽车修理厂，为国有制企业。

长运 24 队修理厂位于璧山县璧永路 79 号，主要经营项目为汽车修理、汽车配件销售等，具有汽车维修一级企业资质。2005 年年底，修理厂有职工 46 人，营业收入 230 余万元。

10. 重庆长途汽车运输（集团）有限责任公司 69 队汽车修理厂

重庆长途汽车运输（集团）有限责任公司 69 队汽车修理厂（简称长运 69 队汽修厂）隶属重庆长途汽车运输（集团）有限责任公司汽车修理厂，为国有制企业。

长运 69 队汽修厂位于大足县龙岗镇西桥路 23 号，主要经营项目为汽车修理、汽车配件销售等，具有汽车维修一级企业资质。2005 年年底，汽修厂有职工 59 人，营业额 180 余万元。

表 5－74 **2005 年重庆市一类汽车维修企业统计表**

企业名称	企业地址
重庆万家丰田汽车销售服务有限公司	巴南区渝南大道 66 号渝南汽车超市
重庆通达汽车修理厂	巴南区鱼洞巴县大道 9 号
重庆市顺庆汽车运输有限公司顺庆维修厂	巴南区渝南大道 66 号
重庆联友汽车维修有限责任公司	巴南区渝南大道 119 号
重庆金菱东风汽车有限公司	巴南区岔路口
上海大众汽车重庆南方销售服务有限公司	巴南区土桥土岔路 18 号
重庆欣油汽车修理有限责任公司	长寿桃花净化总厂园区内
重庆市长寿区腾顺汽车修理有限责任公司	长寿凤城镇金山街 51 号
重庆市长寿区腾顺汽车修理有限责任公司修理分厂	长寿凤城镇金山街 8 号
重庆市长寿区双塔轿车维修中心	长寿凤城镇骑鞍村 59 栋
重庆市长寿区汽车修理有限责任公司	长寿西门陈家坡 4 号
重庆市长寿区长众汽车修理厂	长寿徐家坪黄金村 11 组
重庆市长寿区长化运输有限责任公司	长寿关口

续前表

企业名称	企业地址
重庆市长寿区宝源汽修厂	凤城镇骑鞍大桥下
重庆三一星汽车销售有限公司	长寿轻化路29号
重庆华日实业有限公司	长寿桃花大道
重庆川维物流有限公司汽修厂	长寿化工园区
重庆友恒实业有限公司进口汽车维修中心	大渡口区庹家坳
重庆三惠轿车维修有限责任公司	大渡口区双山村103号
重庆浅水龙汽车修理服务有限公司	大渡口区联合二村3栋4单元2-4号
重庆钢铁集团运输有限责任公司汽车保养修理厂	大渡口区建设村71号
重庆爱迪汽车维修有限责任公司	大渡口区柏树堡八桥镇八一村一社
重钢集团运输有限责任公司汽车装修总厂	大渡口区钢铁村3号
重庆市御驰汽车贸易有限公司	涪陵区太极大道70号
重庆市蓉州汽车修理有限公司	涪陵松翠路（糖酒公司负一楼）
重庆市涪陵区馨鹅汽车修理厂	涪陵区桥南高山湾柏杨路口
重庆市涪陵区永全汽车技术服务有限公司	涪陵桥南高山湾四组
重庆市涪陵区文化旅游汽车出租有限公司	涪陵区兴华西路36号
重庆市涪陵区金昌汽车销售服务有限公司	涪陵区顺江大道19号
重庆市涪陵区博康汽车维护有限公司	涪陵区建设路56号
重庆市涪陵梅林实业有限公司汽车修理厂	涪陵区兴华西路19号
重庆市涪陵梅林实业有限公司大车修理分厂	涪陵区涪清路267号
重庆市川林汽车技术服务有限公司一厂	涪陵区望州路7号
中国核工业建峰化工总厂汽车修配厂	涪陵白涛镇
上海大众汽车重庆市涪陵销售服务有限公司	涪陵区桥南荔枝园居委四组
重庆中汽西南福星汽车有限公司	九龙坡区二郎路口
重庆中汽沪通汽车有限公司	九龙坡区石桥铺二郎路口
重庆渝都丰田汽车服务有限公司	九龙坡高新区科园四路300号
重庆市公路运输（集团）公司高科汽车修理厂	九龙坡区渝州路121号
重庆世纪汽车贸易有限公司	北部新区人和镇人和大道8号
重庆人和丰田汽车销售服务有限公司	北部新区高新园1号
重庆景通汽车服务有限公司汽车修理厂	北部新区人和镇
重庆景通汽车服务有限公司	北部新区人和镇万年路2号
重庆捷丰汽车销售服务有限公司	九龙坡区石桥铺二郎路口
重庆富华汽车销售有限公司	九龙坡区二郎科技新城迎宾大道20号
重庆风神汽车销售服务有限公司	九龙坡高新区石新路220号
重庆成空亚飞汽车销售服务有限公司	九龙坡区石新路176号
重庆宝盛汽车销售服务有限公司	九龙坡二郎科技新城迎宾大道20号
重庆百可汽车维修有限公司	九龙坡高新区石新路50号

续前表

企业名称	企业地址
重庆百城汽车维修服务有限公司	九龙坡区渝州路1231号
上海大众汽车重庆销售服务有限公司	九龙坡区石新路176号
重庆中汽沪通利君汽车维修有限公司	江北区红旗河沟红黄路中北大楼
重庆新宇轿车维修中心	江北区大石坝大庆村
重庆欣油物业管理有限责任公司汽车修理厂	江北区石门鹿角村
重庆维新汽车维修服务有限责任公司	江北区南桥寺
重庆天宇轿车维修服务有限公司	江北区建新西路26号
重庆市商务集团汽车服务有限公司	江北区建新西路19号
重庆市汽车运输（集团）有限责任公司第二汽车修理厂	江北区建新北路126号
重庆市华成汽车维修有限公司	江北区洋河北路20号附2号
重庆市沪渝汽车修理厂	江北区桥北村85号
重庆盛泰汽车销售有限公司	渝北区红锦大道16号
重庆铭泰汽车维修服务有限公司	江北区读书一村8号
重庆铭诚汽车销售有限公司	渝北区龙溪镇街道红锦大道16号
重庆麦哲伦实业有限公司卡赛威汽车服务分公司	江北区大石坝育航路1号
重庆凯锋亚龙汽车维修有限公司	江北区小苑三村1号
重庆俊源汽车销售有限公司	江北区五红路36号创新绿色家园5号
重庆佳宏汽车维修服务中心	江北区锦龙支路18号
重庆嘉峰北城汽车货运有限公司	江北农场南部堰口灯盏窝37-4号
重庆汇顺汽车服务有限公司	江北区大石坝大庆村30号
重庆港天汽车技术服务有限公司	江北区小苑三村1号附21号
重庆长安园达运输有限责任公司	江北区大石坝一村1-109号
重庆百事达丰田汽车销售服务有限公司	江北区五红路6号
重庆中汽西南思达汽车销售服务有限公司	北部新区经开园金渝大道88号附1号
重庆中汽西南美凯汽车有限公司	北部新区经开园金渝大道99号附11号
重庆中汽西南凯旋汽车有限公司	北部新区经开园金渝大道99号附10号
重庆中汽西南韩亚汽车有限公司	北部新区经开园金渝大道99号附6号
重庆中汽西南都灵汽车有限公司	北部新区经开园金渝大道88号
重庆中汽西南当代汽车有限公司	北部新区经开园金渝大道99-7号
重庆中汽西南本色汽车有限公司	北部新区经开园金渝大道99号附2号
重庆中豪汽车有限公司	北部新区经开园金渝大道99号
重庆星顺汽车有限公司	北部新区金渝大道99号附12号
重庆和凌雷克萨斯汽车销售服务有限公司	北部新区经开园金渝大道88号附8号
重庆丰誉汽车有限公司	北部新区经开园金渝大道88号
重庆长俊汽车销售服务有限公司	北部新区经开园金渝大道99号附16-11
重庆博众汽车销售服务有限公司	北部新区经开园金渝大道99号

续前表

企业名称	企业地址
重庆中亚汽车技术服务中心	九龙坡区杨家坪梅子堡7号
重庆中立轿车维修有限公司	九龙坡区水碾村12号
重庆新亚汽车销售服务有限公司广州本田维修站	九龙坡区谢陈路中段
重庆西南铝运输公司	西彭工业园区A32地块
重庆威廉汽车服务有限公司	九龙坡区文化七村50号5幢底层
重庆市九龙坡区渝川汽车修理厂	九龙坡区白市驿牟家村八社
重庆市九龙坡区立地汽车修理厂	九龙坡区九龙园区翼龙路桃花溪桥头
重庆市吉顺汽车维修有限公司	九龙坡区马王乡龙泉村115号
重庆市华信汽车维修有限公司	九龙坡区华岩镇新镇村七社
重庆市公路运输（集团）公司通发汽车修理厂	九龙坡区黄桷坪新市场
重庆市公路运输（集团）公司特种汽车修理厂	九龙坡区西郊路70号
重庆市公路运输（集团）公司北碚分公司修理厂	北碚区武昌路60号
重庆商社汽车贸易有限公司飞跃分公司	九龙坡区谢陈路1号
重庆三兴进口汽车修理有限公司	九龙坡区毛线沟杨渡路大堰五社28号
重庆奇通汽车服务有限公司	九龙坡区谢家湾文化七村23幢底层
重庆九龙坡区帽合汽车修理厂	九龙坡区西彭镇帽合村
重庆金基汽车服务有限公司	九龙坡区西彭帽合村
重庆骄阳长鹏汽车维修服务有限公司	九龙坡区九龙镇大堰二社（潘家院库房1号）
重庆黑马汽车维修有限公司	九龙坡区石坪桥青龙村7号
重庆浩川名车维修有限公司	九龙坡区水碾村12号
重庆光华汽车技术服务有限公司	九龙坡区杨家坪西郊路43号
重庆都成万禾汽车服务有限公司	九龙坡区杨家坪毛线沟垭口22号
重庆川油运输有限责任公司	九龙坡区中梁山田坝
重庆奔迪汽车维修有限公司	九龙坡区杨家坪毛线沟朝阳氧气厂旁
重庆奔迪汽车维修有限公司	九龙坡区李家沱大桥北桥头青龙嘴
成渝高速重庆路苑汽车修理厂	白市驿含谷镇宋家沟
重庆渝润汽车服务有限公司	南岸南坪经开区大石路立交桥西南侧
重庆维协汽车修理服务有限责任公司	南岸区四公里街208号
重庆万博汽车有限公司	南岸区六公里正街1号
重庆腾达实业有限公司	南岸区南坪明佳路168号
重庆市忠平汽车修理厂	南岸区花园路古楼四村
重庆市现代高新汽车服务有限公司	南岸区南坪经开区白鹤路100号
重庆市南岸区好路通汽车修理厂	南岸区南坪经开区白鹤路48号渝南物流中心
重庆市出租汽车总公司汽车修理厂	南岸区南坪经开区丹桂工业园C6地块
重庆商社新瑞汽车销售服务有限公司	南岸区海棠溪街道学府大道81号（2）栋
重庆商社西星汽车销售服务有限公司	南岸区南坪经开区海峡路111号

续前表

企业名称	企业地址
重庆商社德奥汽车有限公司	南岸区南坪经开区海峡路300号
重庆三维汽车维修有限责任公司	南岸区四公里街403号
重庆强力汽车销售服务有限公司	南岸区学府大道81号
重庆跨世纪汽车维修有限公司	南岸区樱花路2号
重庆佳龙汽车维修有限公司	南岸区南坪经开区白鹤路160号
重庆福达名车维修服务中心	南岸区南坪镇四公里村立石合作社
重庆川婷进口汽车维修有限公司	南岸区南坪四小区标准厂房5－2栋
重庆长航汽车服务有限公司	南岸区学府大道81号
重庆长安铃木汽车有限公司重庆销售服务中心	南岸区南坪大石路56号
重庆百事达华众汽车销售服务有限公司	南岸区南坪南湖路12号
重庆百事达东本汽车销售服务有限公司	南岸区南湖路12号附1号
重庆珠江汽车维修有限公司	沙坪坝区天星桥检测站内
重庆市汽车运输（集团）有限责任公司重型汽车修理厂	沙坪坝区上桥张家湾
上海大众汽车重庆中汽销售服务有限公司	沙坪坝区联芳三产区
嘉陵集团重庆宏翔运输有限责任公司南汽服务站	沙坪坝区上桥张家湾68号
嘉陵集团重庆宏翔运输有限责任公司	沙坪坝双碑
重庆万通汽车销售服务有限公司	万州区沙龙路三段（电信局）北侧
重庆市万州区雅高公交巴士有限公司	万州区新城坡16号
重庆市万州区新平安汽车修理厂	万州区协立路76号
重庆市万州区赛威汽车服务有限公司	万州区天子路848号
重庆市万州区桥锋汽车修理厂	万州区五桥红星东路329号
重庆市万州区林海汽车修理厂	万州区沙龙路三段万全小区
重庆市万州区高峡汽车维修有限公司	万州区王牌路165号
重庆市万州区登峰汽车修理厂	万州区王牌路1208号
重庆市万州区驰龙汽车服务有限公司	万州区沙龙路三段万全五组
重庆市万州汽车运输总公司万启汽车维修分公司	万州区沙龙路三段2139号
重庆市万州汽车运输总公司申明坝修理厂	万州区天城申明坝工业园区
重庆市万州汽车修配总厂	万州区沙龙路三段2139号
重庆博通汽车服务有限公司	万州区沙龙路三段200号
重庆百事达汽车有限公司万州分公司	万州区沙龙路三段移动大厦旁
重庆怡和汽车维修服务有限公司	渝北区红锦大道561号1幢－1－2
重庆正典汽车销售有限责任公司	渝北区新南路50号
重庆跃扬汽车销售服务有限公司	渝北区龙溪松牌路519号
重庆渝帆汽车技术发展有限公司	渝北区松牌路109号
重庆蜀都汽车修理厂	渝北区双凤街道翔宇路999号
重庆市渝北区盛达汽修厂	渝北区双凤街道张家口

续前表

企业名称	企业地址
重庆市渝北区航达汽车维修有限公司	渝北区双凤桥街道办事处渝长路30号
重庆市伟业进口汽车修理厂	渝北区龙溪镇武陵路186号
重庆美源汽车发展有限公司	渝北区红锦大道555号
重庆江电实业有限公司汽车运输修理分公司	渝北区龙溪（江北供电局内）
重庆互邦汽车维修有限公司	渝北区龙溪新牌坊松牌路519号
重庆恒通客车有限公司	渝北区龙溪华莹路600号
重庆冠忠（新城）公共交通有限公司	渝北区双龙大道357号
重庆百事达华海汽车销售服务有限公司	渝北区龙溪街道松牌路521号
重庆安福汽车营销有限公司维修服务分公司	渝北区龙溪红锦大道460号
西南合成制药股份有限公司汽车修理厂	渝北区洛碛镇合药村27幢
上海大众汽车重庆渝北销售服务有限公司	渝北区龙溪镇黄泥磅红黄路169号
重庆中洲进口汽车维修服务有限公司	渝中区胜利路142号
重庆新百利汽车销售有限公司4S维修服务中心	渝中区长江一路80号
重庆市渝中区丛林汽车修理厂	渝中区菜袁路龙家湾随道口
重庆市华茂汽车销售有限公司	渝中区长江一路76号
重庆世茂汽车维修有限公司	渝中区菜袁路203号
重庆商社（集团）强力汽车维修有限公司	渝中区长江一路78号
重庆千里马进口汽车修理厂	渝中区大坪彭家花园15-3号
重庆龙华〔集团〕汽车销售服务有限公司	渝中区长江一路77号
重庆红楼轿车维修有限责任公司	渝中区长江二路39号
重庆电信菲斯特实业有限公司汽车经营分公司	渝中区长江二路39号
重庆百事达神龙汽车销售服务有限公司	渝中区长江一路67号
重庆百年恒华实业集团港宏汽车服务有限公司	渝中区长江一路67号负3楼
重庆旭邦汽车维修有限公司	北碚区龙凤街道
重庆市地质矿产勘查开发局二〇八水文地质工程地质队汽车修理厂	北碚区龙凤桥镇团碾房
重庆市北碚区恒誉汽车修理厂	北碚区北温泉镇光电仪表创业小区
重庆易泰实业集团汽车修理有限公司	永川市西大街394号
重庆市永川区庆丰汽车修理厂	永川区汇龙大道西侧
重庆商社汽车贸易有限公司售后维修服务中心永川站	永川市汇龙大道9-2号
重庆长途汽车运输（集团）有限公司永川汽车大修厂	永川区新泰路119号
永川市天威机电化工有限公司汽车维修厂	永川市昌州大道中段23号
酉阳县新世纪汽车大修厂	酉阳县植保站大院内
酉阳县祥意名车维修中心	酉阳县城南环城路母猪泉
酉阳县桃源名车维修中心	酉阳县桃花源街38号
酉阳县明宇重型汽车修理厂	酉阳县钟南乡

续前表

企业名称	企业地址
酉阳县宝华进口汽车修理厂	酉阳县城南静月山庄底底楼
酉阳县畅达汽车修理厂	酉阳县钟多镇城南静月山庄 B 栋底楼
酉阳汽车运输公司大修厂	酉阳县城南汽车站内
酉阳科维汽修厂	酉阳县酉兴路 38 号
重庆市先辉汽车维修服务有限公司	合川市钓办处巴湾村四社
重庆市合川区营达汽车维修中心	合川区上什字东路 145 号
重庆市合川区凉亭保修汽车修配厂	合川区合办处较场路 16 号
重庆市合川港九汽车维修有限公司	合川区南办处堰口村 6 社
江津珠峰汽车销售服务有限公司	江津市几江镇
江津市明光汽修厂	江津市德感工业园区大道入口
江津市明光汽修厂	江津市德感光华村
江津市六六大修有限公司	江津市几江镇
江津市津电汽车修理有限公司	江津市几江镇
重庆市德法尔通汽车维修有限公司	开县平桥片区宏源街司法局宿舍局旁
开县恒昌汽车维修有限公司	开县汉丰镇南郊路 91 号
开县富强汽车维修有限责任公司	开县汉丰镇
开县丰泰汽车维修有限责任公司	开县汉丰镇
彭水县顺通汽车修理厂	彭水县汉葭镇沙沱街
彭水县宏源进口汽车修理厂	彭水县汉葭镇河堡街（原“长办”大院内）
铜梁县金泉商贸有限公司汽车维修服务站	铜梁县巴川镇
铜梁科龙汽修厂	铜梁县巴川镇
铜梁金岳汽修厂	铜梁县巴川镇中南路
重庆渝叶亚普贸易有限公司富豪汽车修理厂	黔江区交通路 1289 号
重庆市汽车运输集团黔江运输有限公司汽车大修厂	黔江区河滨南路东段 112 号
重庆兴新达汽车维修有限公司	万盛区浸水垭 33 号无专厂内
重庆市万盛汽车修理有限公司	万盛区勤俭路 21 号
丰都县宇众机动车维修有限公司	丰都县三合镇平都大道西段 191 号

（二）二类维修企业

二类汽车维修企业指经道路运输管理机构资质认证，主要从事汽车一般维护、保养的企业。它与一类企业一样，也应具备一定的设施、设备、人员、流动资金、安全生产、环境保护、企业管理等条件，才能从事汽车一级、二级维护及汽车小修作业。

1. 重庆西南汽车销售有限公司修理厂

重庆西南汽车销售有限公司修理厂始建于 1978 年 10 月。1992 年 6 月并归重庆红岩配件厂。1993 年 9 月脱离重庆红岩配件厂，恢复区汽车队建制，为国有制企业。1996 年 9 月，双桥区车队、区客运公司、配件中心三企合并，组建成立重庆市双桥区运输总公司。1998 年 10 月，由重庆西南汽车销售有限公司出资 153 万元将总公司购置，变更为重庆西南汽车销售有限公司修理厂，隶属重庆工贸实业（集团）有限责任公司双桥客运分公司，改为民营企业性质。具有汽车维修二级企业资质。

西南汽车销售公司修理厂主要设备有起升机3台，电焊机2台，烤漆房一间，钻床（台钻）1台。主要经营汽车修理、汽车配件销售等项目。2005年年底，修理厂有从业人员12人，其中，总检验员1名，高级技工7人，中级工2人，管理人员2人。全年二级维护汽车200余辆，一般维修600余辆。营业总收入30余万，实现利润3万余元。

2. 重庆长途汽车运输（集团）有限责任公司第四汽车修理厂

重庆长途汽车运输（集团）有限责任公司第四汽车修理厂（简称汽运四修厂）隶属重庆市汽车运输（集团）有限责任公司汽车修理总厂，为国有制企业。

汽运四修厂地处重庆市沙坪坝区凤鸣山41号，以本公司车辆服务为主兼对外维修，主要经营项目为汽车修理、汽车配件销售等，具有汽车维修二级企业资质。2005年年底，修理厂有职工20人，营业额80余万元。

3. 重庆长途汽车运输（集团）有限责任公司合川汽车修理厂

重庆长途汽车运输（集团）有限责任公司合川汽车修理厂（简称合川汽修厂）隶属重庆长途汽车运输（集团）有限责任公司汽车修理厂，为国有制企业。

合川汽修厂位于合川区南津街书院路187号，主要经营项目为汽车修理、汽车配件销售等，具有汽车维修二级企业资质。2005年年底，修理厂有职工35人，营业额300余万元。

表5－75　　2005年重庆市二类汽车维修企业统计

企业名称	企业地址
丰都县迅达汽车修理厂	丰都县三合镇南溪一社
重庆悦达汽车运输有限公司	梁平县梁山镇大河坝街3号
梁平渝东汽车维修中心	梁平县梁山镇经济开发区
忠县云河汽车修理厂	忠县忠州镇山东大道
忠县海新汽车销售有限公司汽车修理分公司	忠县忠州镇人民路178号
重庆市冠通汽车维修有限公司	璧城安居园区璧青公路西侧
重庆长途汽车运输（集团）有限公司二十四队汽车修理厂	璧城镇璧永路79号陈克
重庆长途汽车运输（集团）有限公司69队汽车修理厂	大足县龙岗镇西桥路23号
重庆市万州汽车运输总公司云阳公司汽车大修厂	云阳县双江镇滨江北路2037号
垫江县胜利汽车修理厂	垫江县桂溪镇桂东大道
重庆市西江小汽车维修站	奉节县永安镇诗仙西路
重庆汽车运输（集团）南川有限责任公司汽车故障排除站	南川市南涪路56号
綦江通力汽车有限责任公司汽车修理厂	綦江县古南镇新山村59号
重庆益特运输有限公司	綦江双河镇
石柱县平安汽车修理厂	石柱县南宾镇桥北路
潼南县广通汽车修理厂	潼南县梓潼镇建设路
巫山县松林汽车维修有限公司	巫山县巫峡镇巫峡路
万州汽车运输总公司第二汽车修配厂	巫溪县城厢镇太平路128号
武隆县龙欣汽车修理厂	武隆县巷口镇芙蓉西路143号
重庆市秀山县鑫煜汽车大修厂	秀山县中和镇

续前表

企业名称	企业地址
重庆市公共交通汽车维修有限责任公司	高新区石小路 195 号
重庆市第二公共交通公司保养厂	沙坪坝区覃家岗梨树湾村经济合作社
重庆市公路运输（集团）公司民丰出租汽车修理厂	巴南区花溪镇骑龙村
重庆市公路运输（集团）公司第五分公司汽车修理厂	沙坪坝区覃家岗梨树湾 1 号
重庆市公路运输（集团）公司第七分公司汽车修理厂	沙坪坝区上桥五星村 60 号
重庆市公路运输（集团）公司第八分公司汽车修理厂	巴南区李家沱新坪村 202 号
重庆市公路运输（集团）公司第九分公司汽车修理厂	九龙坡区铜罐驿冬笋街 52 号
重庆市公路运输（集团）公司危险品分公司修理厂	大渡口区茄子溪新街 226 号
重庆市公路运输（集团）公司驾驶学校汽车修理厂	高新区石桥铺二郎路 2 号
重庆市公路运输（集团）公司银河出租汽车修理厂	沙坪坝区汉渝路 138 号

二、维修设施设备

汽车维修设施设备包括生产厂房、停车场、通用设备、检测设备、专用设备等。其中通用设备包括钻床、电焊、气焊及气体保护焊设备、压力机、空气压缩机等；专用设备包括换油设备、轮胎轮辋拆装设备、轮胎螺母拆装机、车轮动平衡机、四轮定位仪、转向轮定位仪、制动鼓和制动盘维修设备、汽车空调冷媒加注回收设备、总成吊装设备、汽车举升机、地沟设施、发动机检测诊断设备、数字式万用电表、故障诊断设备、汽缸压力表等四十余种设施设备；检测设备包括声级计、排气分析仪或烟度计、汽车前照灯检测设备、侧滑试验台、制动试验台、车速表检验台、底盘测功机等。

20 世纪 80 年代，重庆市汽车维修行业尚未完全规范，维修设施设备和检测设备无资料可查，仅收录到 1988 年的资料：全市有专用维修设备 9485 台、通用设备 10337 台、检测设备 2585 台，各种量具 1.3 万件，大修能力 10000 辆/年。

1993～1996 年，在重庆市汽车维修设施中，主要统计了生产厂房、停车场等情况，通用设备、专用设备和检测设备统计资料欠缺。1993～1995 年，重庆市汽车维修生产厂房和停车场地面积处于下降趋势。1994 年生产厂房面积比 1993 年减少 7.2%，停车场面积比 1993 年减少 15%；1995 年生产厂房面积比 1994 年减少 0.45%，停车场面积比 1994 年减少 0.71%。1997 年，重庆市汽车维修业步入正轨，维修设施统计资料健全，全市有主要设备 47600 台、通用设备 21477 台、专用设备 18060 台、检测设备 6270 台、生产厂房 1415000 平方米、停车场 2775000 平方米。1999 年，重庆市有主要维修设备 46634 台、通用设备 22060 台、专用设备 17716 台、检测设备 6835 台。有汽车综合性能检测站 17 个，检测车 5 辆，主要设备 430 台，年检测能力 209690 辆次，完成检测量 80813 辆次。与 1997 年相比，汽车维修主要设备减少 966 台、通用设备增加 583 台、专用设备减少 344 台、检测设备增加 565 台、生产厂房增加 243460 平方米、停车场减少 431700 平方米。2000 年重庆市汽车维修行业发展迅速，维修设施设备增幅较大。与 1999 年相比，重庆市汽车维修主要设备增加 10577 台，增幅 18.5%，通用设备增加 6691 台，增幅 23.3%，专用设备增加 2960 台，增幅 14.3%，检测设备增加 949 台，增幅 12.2%，生产厂房增加 98080 平方米，增幅 5.5%，停车场增加 489010 平方米，增幅 17.35%。

表5-76　　1993～2000年重庆市汽车维修设施设备情况统计表

年度	主要设备（台）	通用设备（台）	专用设备（台）	检测设备（台）	场区面积（平方米）	厂房面积（平方米）
1993	—	—	—	—	1579798	835696
1994	—	—	—	—	1343939	775535
1995	—	—	—	—	1249000	772000
1996	—	—	—	—	2650000	1850000
1997	47600	21477	18060	6270	2775000	1415000
1998	43675	21123	16582	5970	2207360	1312730
1999	46634	22060	17716	6835	2343300	1658460
2000	57211	28751	20676	7784	2832310	1756540

注：1996年以前重庆市汽车维修的主要设备、通用设备、专用设备和检测设备资料缺失。

三、汽车维修量

汽车维修量包括客货汽车大修，汽车总成大修，汽车一、二、三级保养，汽车小修，汽车专项修理，摩托车大修等项目的维修量。它是衡量一个城市和企业道路交通车辆维护能力和水平的重要指标。

1986～1987年，重庆市仅统计了汽车大修数量，汽车总成修理、汽车保养、汽车专项修理等均无资料可查。1988年，重庆市大修货车2909辆、客车992辆，大修汽车总成4594台次、发动机2262台，大修摩托车779辆、挂车3295辆，三保汽车12049辆次。1989年，全市汽车大修3838辆次，总成大修3977台次，三保汽车12407辆次，挂车修理1956辆次，摩托车大修926辆次。

20世纪90年代初，重庆市汽车修理统计资料健全，从汽车大修一直到摩托车修理，一应俱全。1990～1992年，重庆市汽车维修量分别为整车大修3429辆次、2983辆次、3118辆次，总成修理4025辆次、3525辆次、4342辆次，一级和二级维护63616辆次、59820辆次、75935辆次，三级维护14211辆次、17045辆次、15284辆次，汽车小修476274辆次、599135辆次、624847辆次，专项修理390343辆次、493821辆次、450625辆次。1993年，全市汽车大修3072辆次，一级和二级维护169793辆次，汽车小修595259辆次，专项修理532270件，汽车总成大修、汽车三级保养和挂车修理未予统计。1994年，重庆市汽车整车大修3047辆次，二级维护113136辆次，一级维护138341辆次，专项修理607343件。1995年，全市汽车整车大修3000辆次，二级维护118000辆次，一级维护174000辆次，专项修理828000件。1997年，直辖重庆汽车整车大修7226辆次，总成修理42780次，二级维护429675辆次，专项修理1762787件。到1999年，重庆市汽车整车大修8066辆次、总成修理66799次、二级维护328997辆次、专项修理2125623次。

21世纪初，随着汽车保有量和维修量的增加，汽车维修行业的管理难度增大，重庆市加强汽车维修市场管理，引导汽车维修行业向着管理规范、诚信经营的方向发展。2000～2003年，重庆市汽车维修量分别为，整车大修14791辆次、7178辆次、10367辆次、11322辆次，总成修理100598辆次、101007辆次、87766辆次、92486辆次，一级和二级维护324319辆次、336977辆次、454452辆次、494046辆次，专项修理1636272辆次、1782692辆次、1917076辆次、2262874辆次。2004年重庆市汽车维修业户与上年相比增加了873家，维修量大大增加。全年汽车整车大修24469辆次，总成修理129697辆次，一级和二级维护637297辆次，专项修理2700169辆次。2005年，重庆市汽车整车大修193327辆次，总成修理86026辆次，一级和二级维护647126辆次，专项修理4222605辆次。

表 5－77　　1986～2005 年重庆市汽车维修量统计表

年度	汽车大修（辆次）	汽车总成大修（台次）	汽车保养		汽车修理		挂车修理（辆次）	摩托车大修（辆次）
			三级保养（辆次）	一、二级保养（辆次）	小修（辆次）	专项修理（件次）		
1986	437	—						
1987	344	—						
1988	3901	4594	12049	97318	652814	326238	3295	779
1989	3838	3977	12407	46697	507131	452379	1956	926
1990	3429	4025	14211	63616	476274	390343	214	551
1991	2983	3525	17045	59820	599135	493821	109	946
1992	3118	4342	15284	75935	624847	450625	488	1244
1993	3072	—	—	169793	595259	532270	—	2445
1994	3047	—	—	251477	580878	607343	—	4660
1995	3000	—	—	292000	631000	828000	—	6000
1996	9000	—	—	690000	1620000	4120000	—	15000
1997	7226	42780	—	429675	—	1762787	—	—
1998	6664	36585	—	340072	—	2561131	—	—
1999	8066	66799	—	328997	—	2125623	—	—
2000	14791	100598	—	324319	—	1636272	—	—
2001	7178	101007	—	336977	—	1782692	—	—
2002	10367	87766	—	454452	—	1947076	—	—
2003	11322	92486	—	494046	—	2262874	—	—
2004	24469	129697	—	637297	—	2700169	—	—
2005	193327	86026	—	647126	—	4222605	—	—

注：（1）1987 年以前汽车总成大修以下的修理资料缺失。（2）1993 年起重庆市停止统计汽车三级保养和挂车修理量。（3）1997 年起停止统计汽车小修和摩托车大修量。

第二节　联运服务

联运服务简称联运，是指通过两个或两个以上的运输企业，根据同一运输计划，遵守共同的联运规章或签订的协议，使用共同的运输票据或通过代办业务，组织两种以上运输工具或两程以上运输衔接，以及产供运销的运输合作，联合实现货物或旅客的全程运输。

20 世纪 80 年代，重庆市的联运服务基本由重庆市联运服务公司完成，主要是各种客货联运、集散业务，各种物资的代提、代运、仓储值、包装、中转、交付业务，旅客、外宾物资的委托运输业务和其他有关的联运业务。重庆市联运服务公司成立于 1980 年 1 月。至 1985 年，重庆市联运服务公司有菜园坝营业所、九龙坡营业所、北碚营业所和集装箱 4 个营业所，1 个汽车队。全年完成旅客联运 2.4 万人次，周转量 99 万人公里，货物联运 15.5 万吨，周转量 291 万吨公里。1986 年，国家计委、国家经委、财政部、铁道部、交通部联合颁发《关于发展联合运输若干问题的暂行规定》，进一步明确了发展联运的方针、政策和措施，为联运业的发展提供了政策支持。重庆联运服务行业利用自有业务网络的优势，为全市近200多家国有、集体、个体等专业运力单位和社会运力单位提供联运服务，同时还与全国各地兄弟联运企业合作，先后同100余个联运企业签订了集装箱及货物对口联运协议，形成了覆盖全国主要城市的业务网络，为客户提供货物接送取达，一包到底的物流服务（如与重庆铁路东站、南站、梨树湾站、綦江站等单位紧密合作，借铁路大力发展集装箱运输；与中铁快件运输成都分公司合作经营重庆地区铁路行包、快件货物业务等）。1988年，重庆市专营或兼营联运的单位有270多家（其中的骨干联运企业，还与长江沿岸中心城市联合组建长江联运联营总公司，扩展长江一线的联运网；与西南五省六方中心城市建立联运协商机构，扩大西南片区的联运网），初步形成了以重庆为枢纽，沿长江、嘉陵江和成渝、襄渝、川黔铁路，沟通全国27个省市、自治区的联运网络。1989年6月，重庆市对346家联运业户进行整顿治理，共合格306家，其中联运76家、停车业219家、信息服务11家。

20世纪90年代，重庆市国民经济增长迅速，长江交通联运、旅游市场繁荣，全市联运行业发展较为稳定。1990~1999年，重庆市先后建立了荒沟、上桥集装箱中转站、公路集装箱中心枢纽站（顺康物流）和朝天门客货运输枢纽中心等站（场），与国内各大、中城市间逐步建立起了联运网络，推广集装箱、整车、零担货物的对发和中转业务，探索发展新型联合运输方式，重庆市联运能力比20世纪80年代有较大提高。

进入21世纪，重庆市社会主义市场经济体系初步形成，货运市场进一步放开，货物运输的形式愈加多样化、多元化，运输方式更加灵活、便捷，特别是集装箱运输、多式联运等现代化运输方式的迅速发展，单式联运业开始萎缩，并逐渐退出运输市场。2004年7月1日，《中华人民共和国道路运输条例》颁布实施，规定联运业不再纳入道路运输服务业的专项管理范围。重庆市部分联运企业顺应形势，改变经营机制和模式，经过改组、整合和结构调整，开始向集约型、规模型、灵活迅捷的多式联运和现代物流业方向发展。到2005年年底，重庆市有独立核算的现代物流联运企业上百家，近千个物流网站（点），近2万名职工，企业固定资产10余亿元。

表5－78　**2005年重庆市主要联运物流企业统计表**

企业名称	企业地址	经济性质	经营范围
重庆市公路运输（集团）公司	重庆市渝中区长江滨江路168号	国有	运输、仓储、配送、中转
重庆长途汽车运输（集团）有限责任公司	重庆市九龙坡区石杨村88号	国有	运输、仓储、配送、中转
重庆市汽车运输（集团）有限责任公司	重庆市渝中区临江路60号	国有	运输、仓储、配送、中转
重庆铁路货运代理有限公司	重庆渝中区南区路232号	国有	铁路货物运输、中转、物流
民生实业（集团）有限公司	重庆渝中区新华路83号	民营	水路、公路货物运输
长航重庆货运公司	重庆渝中区陕西路83号	国有	水路、公路货物运输
港九股份九龙坡集装箱码头公司	重庆九龙坡区	股份制	水路货物装卸、物流
重庆港务集团有限责任公司猫儿沱分公司	重庆江津市	国有	水路货物装卸
重庆长安运输有限责任公司	重庆江北区建新东路80号	国有	公路、普通、危险货物运输装卸

续前表

企业名称	企业地址	经济性质	经营范围
西南铝业（集团）有限责任公司运输分公司	重庆九龙坡区西澎	国有	公路货物运输、代理
重庆联运物流总公司	重庆市渝中区打铜街 28 号	国有	综合物流、多式联运
重庆交通运业有限责任公司	重庆市渝中区莱袁路 12 号	国有	公路货物运输、代理、中转
重庆顺康物流有限责任公司	重庆市沙坪坝区张家湾 61 号	国有	运输、仓储、配送、中转
重庆渝南物流配送中心	重庆市南岸区南坪经开区白鹤路	国有	运输、仓储、配送、中转
重庆嘉峰北城货运市场	重庆市内环高速公路石马河出口	国有	运输、仓储、配送、中转
重庆市万州汽车运输总公司货运分公司	万州区国本支路 2 号	国有	运输、仓储、配送、中转

表 5 - 79　　2005 年重庆与全国主要联运网络统计表

企业名称	企业地址	经济性质	经营范围
太原市联运总公司	太原市建设南路 447 号	国有	综合物流、多式联运
包头市国际集装箱运输有限责任公司	包头市东河区石桥街 99 号	国有	综合物流、多式联运
沈阳运输集团有限责任公司联运分公司	沈阳市和平区胜利北街 21 号	国有	综合物流、多式联运
哈尔滨联运总公司	哈尔滨市长椿街 93 号	国有	综合物流、多式联运
上海市联运总公司	上海市北京东路 270 号	国有	综合物流、多式联运
京沪线集装箱联运总公司	南京市建宁路 51 号	股份制	多式联运
无锡市联运有限责任公司	无锡市铝城路 138 号	股份制	综合物流、多式联运
温州市联运总公司	温州市区霞南路 204 号	股份制	综合物流、多式联运
浙江双区运输有限公司	永康市望春东路 161 号	股份制	综合物流、多式联运
安徽国际集装箱联运公司	合肥市张谨路 86 号	股份制	多式联运
江西省联运公司	南昌京山北路 32 号	国有	综合物流、多式联运
福建省联运总公司	福州市晋安北路 63 号	国有	综合物流、多式联运
济南市联运总公司	济南市凤凰山路 108 号	国有	综合物流、多式联运
潍坊市联运有限责任公司	潍坊市北海路 369 号	股份制	综合物流、多式联运
郑州安运集团公司联运物流总公司	郑州市货械子 297 号	国有	综合物流、多式联运
武汉市联运有限责任公司	武汉市民权路长江大厦	股份制	综合物流、多式联运
长沙市联运物流有限公司	长沙市芙蓉中路一段 37 号	国有	综合物流、多式联运
广州联运公司	广州市荔湾区黄沙大道 7 号	国有	综合物流、多式联运
柳州市国际运输有限责任公司	柳州市区代多路 81 号	国有	综合物流、多式联运
成都联运实业有限公司	成都二环路北二段 91 号	国有	综合物流、多式联运
天津市联运总公司	天津市南开区车子路 135 号	国有	综合物流、多式联运

第三节 搬运装卸

20世纪70年代，重庆市搬运装卸业主要由国营（市、区属）、集体（街道）所有制企业经营。搬运装卸设备由汽车、其他机动车、人力车和畜力混合而成，机械化程度不高。

20世纪80年代，改革开放、国民经济和道路运输的发展提高了人民的生活水平，重庆市日用生活必需品和工、农业生产原料需求量日益增加，货物搬运装卸量大增。重庆市道路搬运装卸企业根据运输市场的变化，采取自筹资金和争取国家贷款相结合的办法，加快搬运装卸工具的更新速度和搬运装卸机械化作业进程，逐渐取缔人力和畜力搬运装卸，货物搬运装卸速度快速提升，搬运装卸业从单一的搬运、上下车装卸业务发展到机械化程度较高、汽车与装卸运输共同运营的格局。1986年，重庆市道路搬运装卸业发展迅速，全市有道路搬运装卸企业102家，从业人员24299人，其中，国有6家，职工10299人；集体96家，职工12000人。有装卸机械166台（包括塔式吊、履带吊、轨道吊、汽车吊、行车、叉车、铲车等），设备能力567万吨，全年搬运装卸量2700余万吨。1986年12月29日，交通部和国家经委发布的《公路运输管理暂行条例》规定：搬运装卸与公路客货运输、汽车维修、运输服务等均属道路运输行业管理范围。到1987年，重庆市约有1.5万农村劳动力进城从事搬运装卸工作，使重庆市一度出现的搬运装卸力量不足状况得到缓解。但由于搬运装卸力量增加过快，市场管理未能及时跟上，重庆道路搬运装卸行业出现小、散、乱、杂的状况。为加强对搬运装卸业的管理，重庆市制定颁布《搬运装卸业开业条件》和《农民搬运装卸工管理办法》，对价格、票据、农民装卸工的审批手续问题进行清理，审验经营许可证和经营范围。经过多次整顿，到1989年年底，重庆市共有道路搬运装卸经营单位和业户近900家，从业人员近29000人。

20世纪80年代末和90年代初，区县青壮年农民大量进城。由于户口关系、文化程度偏低和工作技能匮乏等诸多原因，这些农村多余劳动力找工作十分困难，只好涌向搬运市场，承担重庆市区的人力装卸搬运工作。随着不断地扩充以及城市经济的发展，农民工（俗称“棒棒军”）队伍愈来愈庞大，逐渐成为重庆搬运小件和家庭物品的主体。1990年，重庆市道路搬运装卸经营单位和业户比1989年有所减少，为570余家，但从业人数却增加到了30000余人。1991~1992年，重庆市搬运装卸市场全面放开。重庆市政府规定：凡符合开业技术经营条件者，经有关部门批准，均发给经营许可证。两年间，重庆市道路搬运装卸从业人数一度达到34000余人，为历年之最。1993~1997年，重庆市道路搬运装卸经营单位和业户因货运市场扩大逐年增加，由900余家发展到1082家；搬运装卸从业人员因国企改制、精简机构而逐年减少，由34000余人减至24000余人。历年装卸量因运输形式改变而逐年减少，由9200余万吨减至3700万吨。

进入21世纪，道路运输市场对货物搬运装卸的要求更高，传统搬运装卸已不能适应道路运输的发展。重庆市整顿搬运装卸行业中的小、乱、差状况，重点发展大中型搬装运输企业，传统搬运装卸业萎缩速度加快。2000年，重庆市道路搬运装卸经营单位和业户减少到790家，从业人员减至15000余人，年装卸量4000万吨。至2004年6月，重庆市道路搬运装卸经营单位和业户仅为145家，从业人员3895人。7月，《中华人民共和国道路运输条例》颁布实施，规定搬运装卸不再作为道路运输服务项目单列管理。重庆市部分搬运装卸企业（如重庆市装卸运输公司等）按照《条例》和重庆市的有关规定，调整发展方向，转变经营机制，经过改组、整合，重组为专业道路运输企业，迈入交通运输的行业。

表 5 - 80　　1986～2004 年重庆市搬运装卸情况统计表

年度	经营单位（家）	从业人员总数（人）	搬运装卸工具			搬运装卸工作量（万吨）
			人力车（辆）	畜力车（辆）	装卸机（台）	
1986	—	10299	575	—	166	2742.4
1987	—	9491	1113	151	158	2673.7
1988	—	9220	1445	89	134	2535.4
1989	891	28862	1574	102	113	2581.8
1990	575	30649	2188	23	137	2419.8
1991	606	33863	1939	62	135	2416.9
1992	511	34477	1651	30	145	2334
1993	959	30503	869	32	97	9272.1
1994	967	29276	1021	7	122	6961.5
1995	924	24826	800	63	138	4126.7
1996	1296	28685	1280	16	462	4826
1997	1082	24139	—	—	268	3692.6
1998	926	21827	—	—	101	2407.1
1999	908	15024	—	—	264	2750.55
2000	790	15456	—	—	2679	3931.25
2001	599	13820	—	—	—	—
2002	281	9716	—	—	—	—
2003	327	8673	—	—	—	—
2004	145	3895	—	—	—	—

第六篇　城市公共交通

重庆自古以来是长江上游水陆交通枢纽，为长江、嘉陵江所环抱，城市傍水依山，层叠而上，以“江城”“山城”著称，独特的地理条件决定了重庆城市公共交通在整个城市中占有重要地位。

1949 年重庆解放以来，重庆城市公共交通经历了巨大变化。20 世纪 50 年代，人力、畜力客运逐步衰退，直至完全退出历史舞台，被公共汽车、无轨电车所取代。特别是 20 世纪 60 年代以后，长江大桥、嘉陵江大桥先后建成通车，嘉陵江客运索道开始兴建，沿江公路不断改造和扩展，地面的城市公共交通在整个城市公共交通系统中逐步发展成为主体，促使水上客运的相当一部分乘客改乘地面公共交通工具。城市居民的出行方式开始改变，水上公共客运日渐萎缩。至 1985 年年底，重庆市公用局系统内地面的城市公共交通年客运量达 81883 万人次，占重庆市城市公共交通年总运量的 91.42%。

随着中共十一届三中全会“改革开放”方针的制定，1986 ~ 2005 年，重庆城市公共交通进入了振兴时期。城市的进一步扩散，主城面积越来越大，人口越来越多，城区流动性也加大。在西部大开发、城区交通建设大提速、“八小时重庆”主干工程和“半小时主城”畅通工程的背景下，城市公共交通得到极大发展，营运线网纵横交错，覆盖主城 9 区。经过近 20 年的发展，重庆市主城区形成了江上有行船，坡上有缆车和电梯，地面有汽车和电车、轻轨，空中有索道的多形式、多层次的立体城市公共交通体系。重庆初步形成具有山城特色的城乡沟通、高低结合、水陆空多层次、多结构的立体公共交通格局。本篇所指的城市公共交通即是由公共汽车、无轨电车、索道轮渡、轨道交通等交通方式组成的城市公共交通系统，是重要的城市公共交通基础设施。

第一章　公共交通改革与发展

第一节　体制改革

一、经营体制改革

（一）重庆市公共交通公司体制改革

1986 年，随着城市经济的发展，主城区早晚高峰出行拥挤、耗费时间且车况较差，“乘车难”

问题日益突显。为满足城市公共交通正常运转，发挥城市功能，适应市民日益增长的出行需求，客观要求对重庆公交企业进行改革。同时，重庆公交公司的内部管理幅度大，下属分公司、总站级单位达11个，企业权力集中在总公司，内部实行三级管理（公司—分公司—路队）和二级核算（公司—分公司）。公司管理层次多，摊子大，纵向梗阻，横向臃肿，基层工作薄弱，权责不符，阻碍了运力效益的发挥。各分公司（总站）不具备法人地位，权责不明，管理缺乏活力。

1986年3月7日，中共重庆市委常委会议上提出“公交公司的职工多，摊子大，一切都集中在公司管理，是难以管好的，应分成若干个公司，独立经营，并且有法人地位”的意见，拟对重庆市公共交通公司进行体制改革。

1986年6月24日，重庆市经济体制改革委员会召集重庆交通学院、交通部重庆公路研究所、重庆市社科所、重庆港口局、重庆市交通局、重庆轮船公司、重庆汽车运输公司、重庆市装卸运输公司、重庆市城乡建委等单位的专家、企业家和领导共同参与《重庆市公共交通公司管理体制改革方案》的论证会。会上肯定了改革课题，指出了不足，同时在经营服务、解决运量与运力矛盾、月票线路的补贴、线路客运招标承包方案4个方面提出了建议。

1986年7月14日，重庆市城乡建设管理委员会、重庆市经济体制改革委员会，贯彻落实1986年6月28日下午中共重庆市委书记廖伯康和重庆市人民政府副市长冯克熙、李长春听取汇报时的讲话精神，对《重庆市公共交通公司管理体制改革方案》进一步修改，并报重庆市人民政府审查。

1986年7月31日，重庆市人民政府在《市政府批转市城乡建委、市体改委<关于改革重庆市公共交通公司管理体制的报告>的通知》中，同意重庆城乡建设管理委员会和重庆市经济体制改革委员会上报的《关于改革重庆市公共交通管理体制的报告》和《重庆市公共交通公司管理体制改革方案》，将重庆市公共交通公司分为4个县团级法人公司，分别成立了重庆市第一公共交通公司、重庆市第二公共交通公司、重庆市第三公共交通公司和重庆市公共电车公司，实现了企业责、权、利的统一。

重庆市第一公共交通公司（以下简称重庆公交一公司）由重庆市公共交通第一汽车公司、柴油车保养厂、43路队、公司卫生所、俱乐部、广告部、电话总机室，行管科所辖的生活服务中心等机构及印刷厂（集体所有制企业）等组成。重庆市第二公共交通公司（以下简称重庆公交二公司）由重庆市公共交通第二汽车公司（不含23、25路队）、重庆市公共交通第三汽车公司，装修二分厂（集体所有制企业）等组成。重庆市第三公共交通公司（以下简称重庆公交三公司）由重庆市公共交通第四汽车公司（不含43路队），重庆公交公司第五行车总站，客运总站（集体所有制企业），装修三、四分厂（集体所有制企业）等组成。重庆市公共电车公司（以下简称重庆电车公司）由重庆市公共交通电车公司，供电所，23、25路队，305路队（集体所有制），装修一分厂（集体所有制企业），东风电器厂（集体所有制企业），制杆队等组成。

重庆公交一公司、重庆公交二公司、重庆电车公司主要经营市内及近郊月票线路，重庆公交三公司主要经营衔接近郊线路的远郊线路。原重庆公交公司集体企业管理处所辖厂、队和附属设施就近编入各法人公司，使车辆运营、车辆保养、维修在新成立的公司里实现了统一。

按照《关于市公用局与公交各公司管理职能划分的意见》，重庆市公用事业局对公交各公司实行间接管理，对其实施统筹、监督、协调、服务和指导，在营运、安全管理、计划管理、财务管理、物资管理、科技及机务节能、教育和科研管理、劳动、工作管理政策研究以及体改、干部人事管理、政治工作、办公室工作各方面都做了相应的规定。公交体制改革后，减少了管理层次，把三级管理两级核算的体制，用法人单位的两级管理核算代替，自负盈亏。至此，重庆市公共交通公司不复存在。

（二）重庆市公共交通集团公司体制改革

1997~2005年，在重庆市直辖后，重庆城市公共交通的发展步伐已经不适应社会主义市场经济和重庆直辖后经济飞速发展的要求。西部大开发政策措施的贯彻执行，尤其是实施把重庆建设成为长江上游经济中心的战略部署，交通基础设施建设大规模开展，工业化、城市化推动城市快速发展。重庆市国有公交企业得到了长足发展，能够承担起主城区80%以上客运总量，但城市公交客运服务与人民群众需求严重不相适应的矛盾日益突显。国有公交企业经营亏损大，历史负担重。尤其是6家公交公司“划地而治”、分散经营的管理体制，导致缺乏统一的发展规划、线网布局规划，公交资源得不到合理配置和整合，已经不能满足广大市民乘车出行方便快捷的急迫需求。

2001年2月13日，重庆市交通委员会向重庆市人民政府上报《关于加快公交企业改革促进公交行业发展的报告》。根据重庆市人民政府领导对解决重庆市公共交通有关问题的重要批示精神，重庆市交通委员会组织专人对重庆公交企业进行了调查研究。根据调查情况，重庆市交通委员会报告呈报了城市公交基本概况，具体分析了城市公交存在的主要困难和问题，提出了解决公交问题的总体思路及目标。报告表明了存在的主要困难和问题：一是价格与价值相背离，公交运营收不抵支；二是公交基建资金断炊，站场建设难以继续；三是客运车辆发展失控，客运市场无序竞争；四是公交企业包袱沉重，经营管理机制不活等。报告提出实施公交体制改革的建议意见，即以体制、机制和票制改革为主要内容，有计划、分步骤全面启动国有公交企业的改革；加快城市公交管理的法制建设，依法加强城市客运市场的整治，结合城市畅通工程，打击非法经营的黑车，逐步让中巴车退出主城区；政府配套相适应的经济政策，支持国有公交企业的改革。探索改革财政补贴方式，变暗补为明补，使政策性补贴能发挥鼓励公交企业提高自身能力，提高社会服务效益的积极作用。报告建议公交改革内容有：以资产为纽带，组建重庆公共交通总公司或控股（集团）公司，集中现有公交企业的国有资产，推进企业资产重组；按市场经济的要求，实施公交企业经营机制的改革，加大企业人事、用工、分配三项改革的力度；按照企业营运成本由价格补偿的原则，实施公交票价的改革，一方面要考虑公交服务的社会公益性，另一方面也要兼顾公交企业的实际经营成本，调整目标应按照票价收入与企业营运成本持平的原则，根据重庆市市民的承受能力，分步进行，逐步到位；加强城区客运市场的整治，为公交经营改善外部环境等。

2002年2月28日，中共重庆市交通委员会党组向委属各单位下发了通知，宣布正式成立重庆市公交控股（集团）有限公司筹备组。重庆市公交控股（集团）有限公司筹备组组长为杨茂超，副组长为雷军，成员为重庆市交通委员会4人、公交企业9人。2002年3月1日，重庆市交通委员会向重庆市人民政府提交了《重庆市国有公交企业综合改革方案（送审稿）》。

2002年3月1日下午，在重庆市人民政府市长包叙定主持下，重庆市人民政府第104次常务会议审议通过了《重庆市国有公交企业综合改革方案（送审稿）》。重庆市人民政府第104次常务会议做出了组建重庆市国有公交控股（集团）有限公司的决定：

（1）坚持企业经营，政府适当扶持的原则，深化重庆市国有公交企业改革，加快机制转换，提高经营效益，改善服务质量。

（2）以资产为纽带，按照现代企业制度的要求，组建市国有公交控股（集团）有限责任公司。

（3）此次公交改革不调整票价，不取消月票，不取消免票，从2002年开始启动电子月票工程。

（4）公交企业改革中，6000名富余职工安置，主要通过企业内部结构调整、分流和进再就业中心等办法解决。其中，2002年由市再就业办安排进入再就业中心2000人。

（5）实施财政国资扶持政策，2002～2004年每年市财政补贴公交企业7000万元，通过国有资产产权核销控股公司资产运作等方面确保国有资产的增值，所获得资金要首先解决好下岗分流职工的安置费和养老保险金的偿还，剩余部分按有关规定上交市财政。

（6）主城区内新区建设、旧城改造要合理规划公交场站，用地要优先预留、合理布局，方便群众乘车和有利交通管理。

（7）主城区内新开公交运营线路专营权，实行招标拍卖，其收入纳入市财政管理，作为市政府对公交营运站点建设的补助资金。

2002年3月24日，重庆市人民政府104次常务会议精神及重庆市交通委员会领导指示，重庆市公交控股（集团）有限公司筹备组将《重庆市公共交通控股（集团）有限公司组建方案及章程》报送了重庆市交通委员会后转报重庆市人民政府。2002年3月27日，重庆市人民政府批复九点组建内容：

（1）原则同意《重庆市公共交通控股（集团）有限公司组建方案》和《重庆市公共交通控股（集团）有限公司章程》。

（2）同意按照企业自主经营，政府适当扶持的原则积极推进重庆市国有公交企业综合改革并同意组建重庆市公共交通控股（集团）有限公司，隶属于重庆市交委管理。

（3）重庆市公共交通控股（集团）有限公司组建后，要依照《中华人民共和国公司法》进行组建和规范，加快建立现代企业制度。其全资、控股和参股企业包括重庆市第一公共交通公司、重庆市第二公共交通公司、重庆市第三公共交通公司、重庆市公共电车公司、重庆市第五公共交通有限公司、重庆市公共交通物资公司、重庆市公共交通站场有限公司、重庆市客车总厂和重庆冠忠（第三）公共交通有限公司、重庆冠忠（新城）公共交通有限公司。

（4）重庆市公共交通控股（集团）有限公司是市政府出资组建的国有独资企业，对其全资、控股和参股企业的有关国有资产行使出资人权利，依法进行经营、管理和监督，并相应承担保值增值责任。市公交集团公司主要从事资本运作和资产经营及管理。

（5）同意授权重庆市公共交通控股（集团）有限公司对所属全资、控股、参股企业在重庆主城区内现有的营运线路、站点和公交运力实行专营管理，并统一规划授权范围内公交企业营运线路、站点和公交运力的调整和配置。

（6）重庆市公共交通控股（集团）有限公司统一承担和办理所属企业约6000名富余人员的分流安置工作。同意该公司在2002年安排2000名下岗人员进再就业中心，对该公司按二类企业对待。

（7）为扶持重庆市公共交通控股（集团）有限公司的改革和发展，同意在2002～2004年，市财政每年对该公司安排7000万元用于亏损补贴和车辆更新；在2002～2006年，每年从全重庆市的交通建设资金和城市建设资金中各安排1000万元，用于补贴公交站场建设。

（8）重庆市公共交通控股（集团）有限公司对其全资、控股、参股企业，在保证有关企业合法权益和自身发展需要的前提下，可依照《公司法》等有关规定，集中部分或全部国有资产收益，用于国有资本的再投入和进行结构调整及安置下岗分流人员。

（9）重庆市交委要督促重庆市公共交通控股（集团）有限公司尽快完善相关法定手续。市政府有关部门要积极支持市公交集团公司的组建工作，简化手续，对涉及变更、登记等收费按优惠政策执行。

2002年3月28日，重庆市人民政府副市长黄奇帆在公交改革动员大会上发表讲话，明确了“三个授权、三个职责、三个兜底、三不变”。“三个授权”即账面资产的授权、无形资产的授权经营、许可范围内的公交运营线路、运力、站场的调配权及使用的土地资源整合权。“三个职责”即确保资产保值增值的职责、人事管理的职责、重大规划和重大决策的职责。“三个兜底”即社保费缴纳兜底、人员分流兜底、稳定工作兜底。“三不变”即不调整票价、不取消月票、不取消免票。

经过拟订草案和反复论证，重庆公交控股（集团）有限公司筹备组完成了《重庆市国有公交企业综合改革方案》修改工作，重庆市交通委员会上报后，2002年4月29日，重庆市人民政府办公厅正式批复，重庆市人民政府同意重庆市交通委员会报送的《重庆市国有公交企业综合改革方案》。

2002年6月11日，重庆公交控股（集团）有限公司正式挂牌成立（以下简称重庆市公交集团），隶属重庆市交通委员会。重庆市公交集团是重庆市人民政府出资组建的国有独资企业，对其全资、控股和参股的主城区公交企业和与公交经营相关企业的有关国有资产行使出资人权利，依法进行经营、管理和监督，并相应承担保值增值的责任，注册资金 6.59 亿元。杨茂超任董事长，雷军任总经理，高伯亮、蒲育才任副总经理，唐棣任党委副书记。

至 2005 年年底，重庆市公交集团已发展成为以客运经营为主，辐射汽车制造、汽车修理、汽车配件、旅游、餐饮等多项产业，拥有西南最大客车制造厂、修理厂及枢纽站，有不同类型的客车满足人民群众日益增长的乘车需求的大型国有独资企业。

二、用人制度改革

1987 年，重庆市公用局系统全面推行领导体制改革，部分实行干部制度改革。在各企业中实行中层以上干部的责任目标制，开始实行管理干部的聘任制。重庆市公用事业局把工程师、副科长以下干部在市内和局所属企业间互相调动的权限放还给了企业。同时，开始推行合同制用工制度，并制定了《关于重庆市公共交通企业驾驶人员管理暂行办法》《关于在合同制工人中培训驾驶员的试行办法》等。

1992 年，重庆市公用事业局下属企业内部普遍推行了全员劳动合同化管理、中层以下干部的聘用制和工效挂钩的多种分配形式。企事业单位实行经理（所长）负责制，企业全面推行劳动、人事、分配三项制度改革和不同形式的承包经营。企业中层以上干部实行聘任制，干部岗位人员实行聘用制。在定岗、定编、定员的基础上，实行能者上前，考核录用，打破了工、干界限，增强了企业活力和加速经营机制的转换，提高经济效益。

1993 年，重庆市公用事业局下属企事业单位全部实行了经理（所长）负责制，企业全面推行了劳动、人事、分配三项制度改革和不同形式的承包经营。

三、工资制度改革

随着公交企业改革的进一步深入，工资分配制度从等级工资制度逐步转为岗位技能工资、岗位效益工资制度，从“吃大锅饭”到趋于与职工的劳动报酬、岗位贡献和劳动强度紧密相连。随着企业的发展，职工的薪酬也得到不断地提高。

1986 年 7 月 23 日，按照国家劳动人事部《关于印发国营大中型企业职工工资标准的通知》的精神，公交企业执行国家规定的国营大中型企业干部、工人工资标准。主要实行等级工资制，加浮动工资和津补贴，保障了员工的劳动最低基本工资和法定休假日。

1992 年，重庆公交一公司率先对分配制度进行改革，工资制度转变为岗位效益工资。将原标准工资、浮动工资改为岗位工资和效益工资，按不同的岗位执行等级工资标准，效益工资根据企业效益考核。

1996 年起，公交企业逐步推行岗位技能结构工资，使职工的劳酬与岗位技能、劳动责任、劳动强度、劳动条件和劳动贡献紧密联系起来。

1998 年，重庆冠忠新城公司成立后，采用岗位职务效益工资（管理岗位人员适用）与岗位技能效益工资（一般工人及工作人员）相结合。

1999 年，重庆公交二公司在路队中采用岗位效益工资制度，岗位效益工资制由 4 个单元组成，即：岗位工资、效益工资、基础工资和工龄工资。岗位工资：按不同的岗位，根据岗位责任、岗位技能、劳动强度、劳动条件和劳动贡献确定岗位工资标准。效益工资：按不同岗位，按生产任务、营运安全、服务质量、劳动贡献等确定效益工资标准。基础工资：按城镇居民最低生活标准确定。工龄工资：工龄在 10 年以下的按每满一年按 3 元标准计发，工龄在 10～20 年的按每满一年按 4 元标准计发，工龄在 20 年以上的按每满一年按 5 元标准计发。随后，公交企业先后推行这一工资制度。

各个公交企业根据“企业创效，员工增收”的原则，逐年调升员工工资，使之达到中等偏上的市场价位。同时实行每周“6 休 1”和“5 天半”工作制，并于 1996 年开始享受每周双休，依法享有探亲假、公休假、工伤假、伤病假、女职工孕产假、男职工护理假，退休人员享受退休金。

四、医疗制度改革

1981 年 12 月 1 日，重庆市公共交通公司成立公共交通公司卫生所，下属各个总站都分别设置有总站医务室，为职工提供医疗服务。

1986 年公交体制改革后，在新成立的重庆公交一公司、重庆公交二公司、重庆公交三公司、重庆电车公司、北碚站、长寿站分别设有医务室或卫生所，为职工及家属提供医疗服务和医疗保险咨询服务，协助驻地卫生行政部门进行医疗健康宣传服务及义务献血指标落实，为职工提供职业病的防治及夏季的防暑降温服务，协助公司相关部门做好工伤医疗管理、计划生育工作、爱国卫生工作等。医疗报销按工龄分比例进行。

1994 年，经重庆市沙坪坝区卫生局批准，重庆市公共电车公司职工医院成立。其主要负责员工的预防保健知识宣传及健康体检工作，疾病诊治、转诊及医疗费使用的管理工作，职业病有毒有害工种的防治工作，工伤管理工作，计划生育卫生知识宣传及女职工体检工作高温期的防暑降温工作，精神病人的医疗管理工作以及公共场所的卫生监督检查及突发公共事件的处理。江北公共交通客运站印发了《关于职工疾病住院治疗暂行管理规定》，职工疾病住院治疗费用由企业、互助基金、职工个人共同分担。同时，建立了“职工疾病住院互助基金”，由站党、政、工、职工代表组成“互助基金管理委员会”，由工会负责管理，并出台了《职工疾病住院互助基金的管理办法》，由职工每月交纳互助金 5 元。该办法于 2002 年加以修改和完善。

2004 年起，贯彻重庆市人民政府办公厅《关于印发重庆市城镇职工基本医疗保险市级统筹暂行办法的通知》，公交系统各公司开展了统筹医疗保险的宣传、筹备工作，并逐步在各公司推行社会医疗统筹保险。重庆巴士公司在参保的同时出台了《企业补充医疗保险管理办法》，根据工龄对员工医疗门诊进行补贴，对住院费用在统筹赔付的 40% ~50% 的基础上进行补充，使报销费用达到住院费用的 60% ~75%，大大减轻了职工的负担。冠忠新城公司在参保后，继续坚持执行互助金政策，作为医疗保险的补充。

至 2005 年年底，各公交公司均进入重庆市城镇职工基本医疗保险市级统筹。基本医疗缴费比例单位 8%，个人 2%，大额医保单位 1%，个人 2 元/月。同时，废止原有的医疗报销制度。各公司下属医务室、卫生所、职工医院相继撤销，只保留了重庆公交一公司卫生所。

五、住房制度改革

公交企业职工住房分配，经历了全福利分房制度、部分合作集资（或全额集资）建房、商品房三阶段。

1986 年以来，各公交公司住房分配实行全福利性住房分配，由国家统一拨款建设，根据规定的条件和标准统一分配，收取低房租。福利分房的产权属于国家，职工只拥有使用权。按照 1980 年 12 月 30 日，国家城市建设总局发布了《关于认真做好住房分配工作的通知》，并结合公交企业的实际情况。职工分房凭工龄、职务、婚姻状况、家庭成员的结构等综合条件实行计分，然后再按分数高低确定分房先后顺序、分房面积大小，实行无偿分配住房，按月交缴租金，属租赁住房。

20 世纪 90 年代初，住房制度进行改革，逐步取消了福利分房制度，公交企业开始实施集资建房制度。1995 年，按照《重庆市人民政府关于深化城镇住房制度改革决定》，住房分配进入改革实施阶段。依照《重庆市公有住房租金改革 1995 至 1996 年实施办法》的规定，调整了公有住房租金，并给予适当补贴，对特殊群体的公房租金予以减免。同时根据《重庆市公有住房出售管理办法》，开始按成本价和标准价向职工出售公房。成本价购买公房的职工拥有住房产权，标准价购买公房拥有部分产权（即占有权、使用权、继承权和有限的收益和处分权），体现了国家、单位、个人共同负担解决住房问题的原则。

1996 年 10 月，依据《住房公积金管理条例》的有关规定，公交系统各公司开始推行住房公积金制度，为职工在工作期间建立了一项政策性的长期住房储备金。各公交公司对在职的正式合同制员工（不含临时的服务队员）进行代扣、管理住房公积金。职工个人和单位住房公积金的缴交率不低于5%，各公司可根据自身条件适当提高。

1998年1月，遵照《重庆市住房制度改革领导小组、重庆市物价局关于提高公有住房租金标准的通知》，在提高租金标准后，单位取消对职工的住房补贴，但对特殊群体的公房租金仍予以减免。同时从1998年1月起，按《重庆市住房制度改革小组关于取消福利住房建设和分配的通知》，开始停止住房实物分配，职工住房体制进入社会化、商品化阶段。

六、其他制度改革

（一）交通补贴

1986年以后，公交员工可凭工作证乘坐近郊市内各路公交线路，凭公务票划号可乘坐长途远郊公交车。其家属达到以下条件可以办理家属证：父、夫年满60周岁或完全丧失劳动能力；祖母、母亲、养母、妻年满55周岁或完全丧失劳动能力；子女、养子女未满16周岁或满16周岁尚在普通中学和职业中学学习或者完全丧失劳动能力。凭借家属证享受与员工一样的乘车待遇，同时享受医疗费报销50%。

2004年12月31日，重庆公交集团公司通过职工代表大会取消职工子女及父母原乘车优待。

2005年1月1日，公交员工IC卡正式启用，从2月1日起停止使用工作证、公务票、乘车证、乘客监督员证、职工家属医疗证等纸质证件作为免费乘车证件。公交员工IC卡，由各公司每月为员工优惠卡充值40元，享受每月90次乘车优惠待遇。

（二）教育福利

各公交企业每年划拨专款，采取自培、送培、脱产学习等形式多样、内容丰富的教育培训，公交员工获得岗位技能培训外还享有以下教育福利。

1. 员工每年在企业要接受各类教育和培训，优秀员工还能享受企业的送培，让员工不断提高自己适应企业的能力和技能素质。

2. 员工在企业享受自学奖励，员工（在岗）获得大专以上学历，各公司根据自身情况给予一次性经济奖励。

3. 员工（在岗）参加上级单位或公司指定推荐的培训院校学习，获得大专以上学历，各公司根据自身情况给予一次性经济奖励。

4. 管理人员参加国家教育部承认的学历教育、深造培训或中、高级职称鉴定考试者，由本人申请公司批准后，享受一定比例的学费报销。

5. 公司根据企业管理和发展的需要定向送培的管理人员，公司承担全部学习费用。

第二节　建设规划

一、公共交通小康目标

在20世纪90年代中期，重庆市公用局组织编制了《重庆市公共交通系统规划》《重庆市轨道交通规划》，其公交站场规划、轨道交通规划纳入了重庆城市总体规划。在规划中，包括科学教育及人才工程的任务，逐步实施金卡工程、控制工程、信息化工程、新技术应用工程、修理技术革新工程等科技发展的内容。

2002年4月29日，重庆市人民政府办公厅转发重庆市交通委员会上报的《重庆市国有公交企业综合改革方案》（简称公交改革方案）。在公交改革方案中，提出“以现代科技手段运用于公交营运服务。启动电子月票工程，以IC卡代替现有月票。免费乘车人群分类发给专用IC卡，明确使用范围、线路和每月使用次数，既提高效率，又方便群众，也便于准确统计和核算”。促使“IC 卡电子月票发行网络完全形成，实施高科技手段的结算管理，在内部核算管理、线路优化和服务质量等方面上一个新台阶”。

2003 年，在重庆市交通委员会的指导下，重庆市公共交通控股（集团）有限公司制订了公共交通发展的小康目标。这是公共交通控股（集团）有限公司成立后，第一个公共交通发展规划。在规划内容中，一是明确总体战略目标，即全面提高公共交通综合服务水平，增强公共交通吸引力。二是有一系列重庆市公共交通小康发展目标。其中，拟定了两个最有特色的科技发展目标，以实现公共交通服务的现代化。一是在 2007 年内，重庆市公共交通全面实施 IC 卡电子收费系统。二是全面运用 GPS 管理和服务系统。2007 年，在城市建设完成区域范围内全面运用 GPS 系统，包括建立智能调度和管理中心，在对外交通枢纽、商业中心，旅游集散地和大型市内客运换乘枢纽等客流集散点，设立公共交通电子导乘查询系统，各车站安装电子显示站牌。2010 年内，公共交通车辆全部达到欧 2 排放标准，与国际标准接轨。

表 6 – 1　　**重庆市公共交通小康发展目标表**

指标名称	单位	现状水平	公交小康目标		规范标准
			2007 年	2010 年	
公交分担率	%	27	35	40	
公交线网密度	公里/平方公里	建成区 2.33	3.4	4	3 ~ 4
		主城区 0.35	0.72	1	2 ~ 2.5
公交线网覆盖率	%	建成区 64	85	93	
		主城区 38	60	80	
平均换乘次数	次	1.25	1	1	≤1.5
万人拥有公交车数	辆/万人	8.5	14	18	10 ~ 12.5
中级以上车占总车数比例	%	10	30	40	
平均出行时间	分钟	53	42 ~ 48	≤40	
平均乘车时间	分钟	31	25 ~ 30	≤25	
车站平均等候时间	分钟	高峰 4 ~ 6	3 ~ 5	≤3	
		平峰 6 ~ 8	5 ~ 8	≤5	
家距车站平均步行时间（距离）	分钟（米）	8（650）	6（500）	5（400）	

二、2004 ~ 2020 年都市区公交规划

2005 年 11 月，遵照重庆市主城区综合交通规划的发展目标，重庆市交通委员会主持编制了重庆市都市区公交发展规划（2004 ~ 2020 年）。2004 ~ 2020 年的重庆都市区公交发展规划，是一个发展远景规划，全面提出了公交站场布局、线网布局、运力发展、公交建设、支持保障系统等诸方面规划，提出了规划实施的主要政策措施建议。规划结论指出：重庆未来都市区内的公交系统将形成区域公交、区间公交和大运量快速公交（BRT + 轨道）组成的以“客流接驳聚散式”为主、“客流源直接连通式”为辅的公交线网体系的布局模式。在 2004 ~ 2020 年的重庆市都市区公交发展规划中，有两个独具特色的公交科技发展规划：

（一）巴士快速交通系统规划

巴士快速交通系统（以下简称 BRT）是 20 世纪 70 年代在巴西起源、在世界逐渐兴起的新型的公共交通方式。2005 年，在北京开通了中国第一条巴士快速交通示范线。2004～2020 年重庆市都市区公交发展规划，提出在 2010 年前，重庆市应注重研究开发巴士快速交通系统，提出了主城区 BRT 线网布局规划草案，即规划建设 4 条 BRT 线。在 2006～2020 年重庆巴士快速交通线网布局规划中，进一步做出建设 6 条 BRT 线的规划调整。

2006 年 4 月 6 日，重庆市交通委员会向重庆市人民政府上报了关于优先发展城市公共交通的意见，按照建设部等六部委《关于优先发展城市公共交通的意见》要求，结合重庆城市公共交通发展现状及需求，分析了"缺乏快速公交通道，公交运行速度慢、运效低"等问题，提出重庆优先发展城市公共交通的主要目标之一，就是"逐步在重庆都市区内建立区域公交、区间公交和大运量快速公交组成的'客流接驳聚散式'为主、'客流源直接连通式'为辅的公交线网体系；形成以大运量快速交通（包括轨道交通和 BRT）为骨干、常规公共汽车为主体、出租汽车及其他公共交通方式（包括通勤地铁、过江索道、缆车、扶梯、轮渡等）为补充的城市公共交通体系。"

重庆市交通委员会进一步提出了在重庆市人民政府已经批准的《重庆主城区综合交通规划》《重庆市轨道交通规划》《重庆都市区公共汽车站场布点规划》和《重庆都市区高速公路客运与城市公共交通换乘枢纽规划》四项公交规划的基础上，"下一步应按都市区范围进一步补充修订《重庆主城区综合交通规划》；编制完善重庆副中心城市及其他中小城市的公交规划；加强 BRT 快速公交系统规划方案的进一步论证，在北部新区等新建城区，要同步规划、建设 BRT 快速公交系统。""相关部门通力合作，适度发展 BRT 快速公共汽车系统。BRT 快速公共汽车系统具有与轨道交通相近的运量大、快捷、安全等特性，且建设周期短，造价和运营成本相对低廉。市政委、建委等部门应结合城市道路网络改造，大力支持 BRT 快速公共汽车系统的发展。公共交通主管部门要在做好建设规划的基础上，处理好与其他公共交通方式的衔接和配合。""由此，逐步在主城区建立起以常规公交为主体、大运量快速公交（轨道交通和 BRT）为骨架、出租汽车、索道等为补充的，与城市化进程和道路建设相适应的城市公共交通线网体系。"

（二）智能公交系统发展规划

在 2004～2020 年的重庆市都市区公交发展规划中，提出了智能公交系统发展规划，即将先进的信息技术、计算机技术、控制技术、电子技术、车辆技术、交通工程技术、人工智能技术应用于城市公共交通系统。重庆市交通委员会向重庆市人民政府上报的关于优先发展城市公共交通的意见，提出了在科技上一要推动智能交通的发展，即"利用高新技术对重庆市传统的公共交通系统进行改造，以现代通讯、信息技术为依托，促进出行者、交通工具、交通设施以及交通环境各要素间的良性互动，逐步形成信息化、智能化、社会化的新型城市公共交通系统。公共交通企业要加大科技投入，努力提升城市公共交通的科技含量，尽快形成城市公共交通出行多媒体查询系统、线路运行显示系统、智能营运调度系统和连接站点及停车场站的智能终端信息网络，使出行者能够及时准确地了解城市公共交通的有关信息，并提高车辆营运效率。"二要提高公交服务水平。即"公共交通企业要以现代通讯、信息技术为依托，通过技术改造，促进出行者、交通工具、交通设施以及交通环境各要素间的良性互动，科学调度车辆，及时疏解客流，逐步消除车辆赖站现象，缩短乘客等候时间；要加快车辆更新步伐，积极选用安全、舒适、节能、环保的车辆，淘汰环境污染严重、技术条件差的车辆，合理确定高级、中级、普通车辆的发展比例，适应群众不同层次的出行需要；要加强对公共交通场站、车辆、设施装备等的维护保养，为群众创造良好的乘车、候车环境。"

三、2006～2010 年"十一五"公交规划

2006 年 2 月，依照《国务院转发建设部等部门关于优先发展城市公共交通的意见的通知》《重庆市国民经济和社会发展第十一个五年规划纲要》《重庆市级国有资本布局及结构战略调整》《重庆市主城区综合交通规划》、《重庆市公路水路交通"十一五"规划》《重庆市公共交通全面建设小康社会目标》《重庆市公共交通控股（集团）有限公司 2005～2007 年生产经营规划》《重庆公交站场建设十一五规划》相关文件精神，重庆市公交控股（集团）有限公司制定了“十一五”发展规划（2006～2010年）。

在重庆公交“十一五”发展规划中，要求重庆城市公交小康目标取得阶段性进展，企业生产经营达到全国同行业先进水平，基本形成与城市社会进程相适应的安全、舒适、方便、快捷的现代化城市公交体系。具体目标共有10个方面，如加快企业发展步伐，总资产达到50亿元，总产值达到50亿元，其中公交主营30亿元。加快资本多元化改造，按政府要求，基本完成国有独资公司的多元化改造。加大分配制度改革力度，员工人均收入达到3000美元/年，建成20～40万平方米的员工经济适用房。主要的科技发展目标有：

1. 加大车辆更新技术改造力度，提升车辆档次，扩大运力规模，更新公交车辆2900辆，大力发展中高级车，使中高级车达至4800辆，总车数达到8300辆。采用自动变速器、缓速器、盘式制动器等先进技术，设置车内移动电视、车门监视器、人性化座椅、高效能照明系统和电子路牌，提高乘坐舒适度，推行人性化服务。

2. 全面优化线网结构，完成主城核心区线网规划方案和城乡公交一体化方案，积极推进城市快速公共交通系统（BRT）的研究和建设，力争建成2～3条快速公交示范线。

3. 大力推进信息化建设，以信息化带动公交的现代化，提高管理服务水平。应用ERP设计理念，完善并大力推广公交GPS系统和IC卡系统，90%的公交车安装GPS系统，主城核心区公交车100%安装IC卡终端机，力争IC卡发行量达到200万张，并扩展IC卡的应用范围。

4. 提高劳动生产率，降低人工成本，90%的车辆实行无人售票，公交主营人均年产值达到1077元以上，人车比达到3.5:1。

5. 大力开展节能降耗工作，建立资源节约型公交，大力发展推广低能耗、低污染、高效率的环保型后置式单燃料CNG（压缩天然气）公交车，确保主城区全部使用CNG公交车，力争千元收入能源消耗降低20%。

第三节　经营管理

1986年，重庆市公共交通公司遵照“减少管理层次，改善经营管理，提高服务水平”原则，将公司拆分为重庆公交一公司、重庆公交二公司、重庆公交三公司和重庆电车公司4个相对独立的法人单位，直属重庆市公用事业局，实行二级核算机制，共同经营重庆主城区公共交通。1986～1996年，从计划经济体制走向市场经济体制过程中，4个独立的公共交通公司走向市场，逐步发展起来。至1997年年底，拥有各类公交客车1860辆，经营公交线路161条，资产总值达到38992万元。

1997～2000年，重庆公交企业进入了一个新的发展阶段。1997年12月18日，重庆市公用事业局将原属重庆市第二公共交通公司的北碚站从母公司分离，组建了国有独资的重庆市第五公共交通有限公司，隶属于重庆市公用事业局。1998年3月8日，重庆市江北公共交通客运站改组为重庆市新城公共交通公司，隶属于重庆市公用事业局。1999年1月9日，香港冠忠巴士集团有限公司与重庆市第三公交公司共同出资组建西南首家公交合资企业——重庆市冠忠（第三）公共交通发展有限公司，隶属于重庆市公用事业局管理。2000年3月20日，香港冠忠（重庆）投资有限公司和重庆市公共电车公司出资组建重庆冠忠（新城）公共交通有限公司，隶属于重庆市公用事业局。在引资融资、体制改革的推动下，形成了6家公交企业服务主城市民的格局。

2000～2005年，在重庆市交通委员会成立后，重庆公交企业逐渐步入发展的新阶段。2002年6月11日，重庆市人民政府授权重庆市交通委员会把重庆市第一公共交通公司、重庆市第二公共交通公司、重庆市第三公共交通公司、重庆市公共电车公司、重庆市第五公共交通有限公司、重庆市公共交通物资公司、重庆市公共交通站场公司、重庆市客车总厂、重庆冠忠（第三）公共交通有限公司、重庆冠忠（新城）公共交通有限公司共同组建为重庆市公共交通控股（集团）有限公司（简称重庆公交集团公司）。重庆公交集团公司在授权范围内统一规划和管理所属公交企业运力调整配置、线路站点的营运，行政上隶属于重庆市交通委员会。

重庆公交集团公司成立后，整合旗下优良资产与南京市国际信托投资公司、重庆市汽车运输（集团）有限责任公司、重庆市公路运输（集团）公司、重庆交通运业有限责任公司、重庆高速公路发展有限公司等6家企业，共同投资组建重庆公交集团公司控股的重庆巴士股份有限公司，经营以中级车线路为主的公交客运，打造中级车线路品牌形象，提升市场竞争力。

至2005年年底，重庆公交集团公司共有重庆公交一公司、重庆公交二公司、重庆电车公司、重庆公交三公司、重庆公交五公司、重庆冠忠（第三）公交公司、重庆冠忠（新城）公交公司、重庆巴士公司、重庆出租公司、重庆索道公司、客车总厂、公交汽车维修公司、公交站场公司、公交驾校、公交物资公司、渝城一卡通公司、惠泽公司、多种经营管理委员会、公交广告公司、BRT公司、重庆宇通、媒体伯乐、站台公司23家企业及与公交运营服务的公司。

第四节 运营服务

一、客运服务

1986年，新成立的4个公交企业在重庆市公用事业局的主持下，共同制订了《企业标准》，旨在加强企业管理的基础工作。该标准包含行车服务章程、客运规则、安全服务操作规程、安全管理制度和驾驶员、售票员工作守则等方面的管理标准，并设有专门机构和人员进行安全服务检查，以保证营运服务质量。同时，重庆市公交企业逐步扩大服务项目，继续实行盲人免费乘坐公共汽电车，先后增开半通宵车、高峰车、学生车、孕妇车、母子专车。

公交企业的服务考核重点随着服务内容的变化而调整。20世纪80年代后，各公交公司狠抓基础服务，抓规范服务，抓优质服务。20世纪90年代初始，继续开展文明服务活动和以车队为单位的达标竞赛及公交与社会联手双向服务活动，后又发展为创建公交文明集散点活动，并实行了有效的社会监督。在公交系统推行“全员普通话，服务标准化”的行业规范，并根据行业特点制订了服务标准和服务标准实施细则。全面推行合格上岗、等级考评制度，使行车服务质量不断提高。

1996年制订的《工作标准》中对驾驶员、售票员及其他员工的工作职责进行了规范，出台了相关考核措施。1997年开始，70岁以上离休老干部凭国务院颁发的《离休荣誉证》和革命伤残军人凭《革命伤残军人证》可享受免费乘坐市内公共汽（电）车月票线路。2001年9月20日，全重庆市70岁以上老年人开始凭老年证免费乘坐公交月票车。2005年8月1日，残疾军人凭《中华人民共和国残疾军人证》可免费乘坐市内公共汽车、索道、电梯，进一步扩大了公交免费乘车的优待范围。

重庆市公共交通控股（集团）有限公司成立后，在原有基础上，制订了统一的汽电车驾驶员、售票员工作守则和安全服务管理、营运管理工作条例以及客运规则等章程，还针对企业点多面广、流动分散的特点，在公司下属各车场（公司）分别设立安全服务专门机构，在车队设立安全服务管理组，实行三级管理体制。

（一）车厢服务

1. 服务规范

各公交公司制订有《行车人员服务工作规则》《关于乘坐公共电、汽车规定》《乘务员操作规程》《乘务员工作标准》等一系列工作标准。

1996年开始，随着承诺服务的推广，无人售票车的增加，尤其是重庆直辖后，各公交企业采取了多种有力措施，优服务、树形象，广泛开展各种优质服务活动，提升服务质量，服务管理考核开始涉及驾驶员、调度员、管理人员等岗位，乘客投诉考核逐步加强，乘务员的考核除车厢服务、车辆整洁和票务纪律外，普通话逐渐成为日常必要考核项目，并要求乘务员持普通话等级证上岗。乘务员等级奖惩方式逐渐淡出，取而代之的是明星职工、十佳职工、星级职工等激励机制。各公交公司也根据自身情况制订了一系列的服务管理规范。

2002年，重庆市公共交通控股（集团）有限公司下设服务管理办公室。考核制度随着服务工作和企业的规范发展得到逐步拓展和健全，在车容车貌得到规范、乘务员服务持续上升的情况下，运营服务监督管理的重心正式向驾驶员队伍、向运行及站车秩序转移，并针对服务工作中的新问题、疑难问题出台了针对性的办法加以解决。先后制订了《运营服务质量考核办法》、《车厢服务合格率、车辆整洁合格率标准及考核办法》、《乘务员操作规程》一系列规章制度对各路队运行服务质量进行管理和考核。

2003年，重庆市公共交通控股（集团）有限公司统一制订了《服务（稽查）工作处理程序及要求》《服务工作标准》《票务工作标准（试行）》《公交优惠卡线路运行纪律规定》《稽查实施条例》《重特大服务违章及严重票务违章处理办法》等系列运营服务管理考核制度，对服务质量、车容车貌、运行秩序等方面都做了规范。

2004年，制订《加强管理和规范使用车载声像设备的规定》《关于加强运营线路管理的规定（试行）》《乘客补票规则（试行）》《整顿客运车辆违章的有关规定及处理办法》《关于开展乘客妥善保管财物的宣传和设立顾客丢失财物后的处置程序的通知》等。

2005年，修订并印发新的《服务工作标准》（含仪容仪表标准、语言行为标准、咨询服务标准、车厢服务标准、运行及站车标准、车身及车内标志标准、清洁卫生标准、服务设施设备标准），出台配套的《服务工作标准实施细则》《进一步加强运行站车秩序、运营安全、人车比指标考核的暂行办法》《关于开展道路客运交通秩序专项整顿的通知》。

2. 特色服务

（1）学生专线

1990年，为解决观音桥地区中、小学生上学乘车难问题，2月10日，481路恢复长途站至中四路沿线的学生专车。

1998年8月13日，重庆市公用事业局在《关于公交增开学生专线车的通知》决定从1998年9月1日起，在主城区主干道增开5条公交学生专线车，解决学生上学时乘车拥挤。车辆采用标有“学生专车”字样和车身两侧标有学生上学图案的黄色客车，运行小什字至大石坝、陕西路至猫儿石、临江门至建筑大学、较场口至南坪龙职中、解放碑至凤鸣山。学生专车早晨发车时间以起点站为发车点，下午发车时间以终点站为发车点，在公交现有车站上实行早接晚送，可享受学生月票优惠待遇。车辆在接送完学生后的其他运行时间，在所属公交公司运营线路范围内运营，不再重复于学生专车线路运营。

1998年12月，重庆公交一公司开行110路学生专线，运行大石坝至朝天门；开行108路学生专线，运行南坪至五里店。两条专线于2000年停运。

1999年，重庆公交二公司开行272路学生高峰专线，运行九宫庙至朝天门，于2005年停运。

2002年和2005年，重庆巴士股份有限公司分别开行801路和大学城专线，801路由沙坪坝西南政法大学经杨公桥立交、沙中路、石门大桥、红石路、松树桥立交、红旗河沟、红锦大道、新牌坊转盘、机场路、农业园区、回兴、宝桐路、工业园区转盘至一碗水往返运行，连接西南政法大学新老校区。大学城专线由沙坪坝重庆师范大学经站东路、三角碑转盘、南开下穿道、渝碚路、杨公桥立交、渝涪高速、渝遂高速至虎溪大学城，连接了重庆师范大学新老校区，成为进入大学城的第一批公交线路。

至2005年年底，重庆市公共交通控股（集团）有限公司拥有学生专线达到8条。

（2）旅游专线

1995年12月，旅游热线611路开通，运行黄泥磅至南泉，全长33公里，有26辆普通车和32辆中级车运营。其中普通车起步价1元，全程票价2元；中级车起步价1.5元，全程票价5元。普通车每日运行10班，中级车每日运行8班，平均每3分钟发一趟车，每日总运行班次达516班次。

1999年10月1日，公交开通4条旅游专线，将朝天门公交车站作为旅游专线起点，开行302路（朝天门至南湖景区）、502路（朝天门至北碚缙云山风景区）、612路（朝天门至统景风景区）、327路（朝天门至万盛石林风景区）。公交旅游专线实行定点、定时发车，定班、定价营运，崭新的空调客车和优质的普通话服务为直辖市的旅游业增加了一道靓丽的风景线。

重庆冠忠（第三）公共交通有限公司旅游线路302路，单面里程43公里，实行分段票制，全程票价7元。327路单面里程166公里，实行分段票制，全程票价25元。2条线路各配备5台重庆牌7米空调车，定时发车。由于客源稀少，于2000年12月停运。

重庆市第五公共交通有限公司旅游线路502路，单面里程16公里，全程票价3元，运营车辆为8米车。平时每天运行16班次，周六、周日运行12班次。

重庆市新城公共交通有限责任公司旅游线路612路，单面里程77公里，起步1.5元，全程票价13元，每天运行11班。

2003年“五一”节，重庆冠忠（第三）公共交通有限公司，为服务南岸区“吃在南岸、住在南岸、旅游在南岸”的品牌工程，推出新一代“迷你型”观光巴士客车，运行融桥半岛至庆新村，起步价1元，为去南滨路观光的市民及沿线居民提供了交通便利。

至2005年年底，重庆市公共交通控股（集团）有限公司旅游专线达到4条。

（3）“邮寄儿童”服务

2002年5月2日，重庆冠忠三公司326路为提升优质服务，树立冠忠公交新形象，以重庆市交通委员会开展三峡文明长廊活动为契机，与《重庆日报》《重庆晨报》联合在公交系统中率先推出“邮寄儿童”服务。

“邮寄儿童”服务是在节假日不能休息的家长，代替他们把小孩送达目的地。路队首先安排相应的车次把需要“邮寄”的小孩交给当次车的乘务员，然后由该乘务员具体负责孩子路途上的一切问题。当孩子到达目的站后，乘务员在核对接站人身份后，将孩子交给接站人。“邮寄儿童”服务为因工作忙碌而不能接送孩子的家长解除了后顾之忧，深得市民的赞誉和推崇。随后在公交系统其他线路得到推广。

因綦江站实施一城一站滚动发车后，重庆冠忠三公司车辆随其他车辆全部进入綦江二级车站统一滚动发车，没有具体固定的发车时间，重庆冠忠三公司的“邮寄儿童”服务于2004年终止。

（4）星级服务

1998年，重庆市冠忠（第三）公共交通公司下辖306路率先在重庆公交行业推出“创星级服务”的活动。制订了《星级服务驾、乘、调工作标准及其考核办法》《星级服务内容考核表》《乘客监督员调查表》，对驾、乘、调人员实行“实习级、二星级、三星级、四星级、五星级”的星级考核。306路更换了运营车辆和车窗窗帘，提高车辆的硬件条件，并在车上配置有乘客之家专栏、意见簿、方便袋和饮用水，并发扬好人好事不留名的雷锋精神、爱车节油的“节能精神”、对有气乘客的“微笑精神”、对刁难乘客的“帮助精神”，乘务员更是以一笑（微笑）、二心（待乘客热心、耐心）、三会（会普通话、英语、哑语）、四美（车容整洁环境美、礼貌待客语言美、助人为乐心灵美、举止文明行为美）、五声（乘客上车有迎声、疏导乘客有尊声、出示月票有答声、工作失误有歉声、乘客下车有送声）的“星级服务”标准提升运营服务水平。

（5）航空式服务

1997年9月，重庆市第五公共交通有限公司北解路队502路空调大巴车开线，运行北碚至解放碑，单面里程约50公里，沿途停靠沙坪坝、牛角沱，实行大站停靠。502路在重庆公交系统中首创航空式服务，乘务员接受过礼仪课、语言课、哑语课、英语课等专业培训，言行规范，举止优雅，服务标准，统一着装，佩带工号，在发车前和到站后，在车门前迎宾送客。同时，乘务员熟悉本地的旅游景点及风景名胜，为乘客介绍重庆沿革、历史文化、重庆景观、城市建设、都市风貌等。车上备有地图供乘客查阅，还设有装垃圾的塑料袋、免费的开水和晕车药及乘客意见本，使其在乘坐旅途中享受到最舒适和最温馨的服务。

502路以完善的硬件设施和一流的服务质量受到社会各界的广泛赞誉和高度评价。随后，以502航空式服务为基础，公交系统内衍生出诸多“航空式”服务的线路，勾画出一道道靓丽的精神文明风景线。

（6）“阳光巴士”

2003年12月，重庆巴士股份有限公司在818路自编号为80047号的车上推行“阳光巴士”，并成功将其申报为注册商标，属国内公交系统中首创。

“阳光巴士”车组人员在仪容仪表、卫生常识、车内急救、消防法制知识等方面均经过严格的培训，具备较强的服务意识、服务技能；驾乘人员统一着装，在起点站的车门迎接乘客并向乘客问好；车辆启动前，驾乘人员用普通话介绍自己的工号、线路安全运行里程、线路开收班时间、准点运行时间等情况，并在车辆到达终点时向乘客说“再见”。“阳光巴士”充分体现了公交的人性化服务和星级服务，现已成为重庆巴士股份有限公司的品牌服务。

（7）“世纪星”服务

2005年2月7日，重庆巴士股份有限公司推出首批“世纪星”服务品牌巴士，并按国家商标登记的有关要求，取得工商局注册。“世纪星”品牌巴士代表重庆巴士股份有限公司最高服务水平和最优服务质量，同时也是重庆市首个以公交服务产品注册的商标品牌。该品牌以“没有最好，只有更好，永创一流”为服务理念，以创建城市公交客运行业最高服务形式为目标，以为广大乘客提供人性化服务为手段，全力为乘客提供优质服务、优美环境、优良秩序的城市公交乘车条件，真正实现服务质量标准化、服务过程程序化、服务标准规范化，为乘客提供专业、优质、人性化的乘务服务。

“世纪星”服务品牌配备的车辆硬件设施一流、驾乘人员严格服务规范。选用的车辆为重庆市道路运输管理局评定的高等级大客车，其车辆的动力性、安全性、舒适性（含车内噪音、空气调节、乘客座椅）等方面达到了中华人民共和国交通部发布的JT/T325－2002行业标准，车厢内均进行了高科技——光触媒技术处理，能随时对车内的有毒物质和有害细菌进行自动清除，使车内空气质量和卫生指标均高于同行业标准。“世纪星”服务品牌车严格执行准点运行、匀速行驶、到站停车的运行规范，在道路条件正常的情况下，车辆时速严格控制在30～50公里范围内，以满足乘客安全、准点、快捷的乘坐要求，车内温度维持在夏季29℃±3℃，冬季15℃±3℃，确保乘客乘坐的舒适感。“世纪星”服务品牌车驾乘人员具备较高的专业技能，在公交服务礼仪、乘客心理学、车内卫生急救、突发事件的处置及应变能力等方面都接受了专业训练和认可，综合素质达到了较高水平。

至2005年年底，“世纪星”品牌巴士由6辆增加到8辆，分布在820路等7条运营线路上。

（8）车载电视服务

2002年，重庆公交广告有限公司开始开发车内车载多媒体广告项目。并经董事会决定：“公司有关人员到成都公交考察、调研，写出《开发车内车载多媒体广告项目的报告》交公司董事会决议批准。”

2002 年 10 月 29 日，重庆公交广告有限公司与重庆眼界巴士广告文化有限公司签订《车载多媒体广告合同书》。2002 年 11 月 11 日，眼界巴士广告公司在公交 413 路、402 路、465 路、261 路、108 路、118 路、181 路等 7 条主要线路 110 辆空调车上安装了多媒体液晶显示系统，车载电视正式投入运营。

车视多媒体采用高清晰液晶电视及专业车载播放设备进行车视节目的播映，车载电视又称 CSTV，其播映内容主要反映重庆公交集团公司优质服务及重庆直辖后的市政建设发展及大众喜爱的文化娱乐节目。广告和娱乐节目内容均经过重庆市人民政府有关部门严格审查。

2004 年 11 月 22 日，重庆公交广告有限公司与重庆广电移动电视有限责任公司签订《关于数字移动电视项目合作协议》，在重庆公交集团公司的车辆上安装移动电视接收显示设备播放广告。经重庆公交广告有限公司、重庆眼界巴士广告文化有限公司、重庆广电移动电视有限责任公司三方友好协商，在 2004 年 12 月 23 日签订了解除公交广告公司和眼界广告公司签订的《车载多媒体广告合同书》，终止了双方的权力义务的《合同书》。由重庆广电移动电视有限责任公司与重庆公交广告有限公司签订《重庆广电移动电视有限责任公司与重庆公交广告有限公司关于数字移动电视项目合作协议》。在公交车辆上安装移动数字电视设备，能实现全天候同步直播重庆电视台当日的新闻，同时整合电视台 9 大频道的精彩栏目。该设备使市民收看到小品、音乐电视、路况信息等移动数字电视节目，提高了公交服务档次。

2004 年 12 月底，首批移动电视设备安装在 465、308、118 公交线路的 50 辆空调车上，2005 年年底陆续在 132 路、133 路、261 路、224 路、401 路、402 路、405 路、463 路、819 路、815 路等公交线路车辆上安装移动电视设备达 800 辆。

2005 年 2 月 24 日，重庆公交广告有限公司与重庆广电移动电视有限责任公司签订了《重庆广电移动电视有限责任公司与重庆公交广告有限公司、重庆市客运索道公司关于数字移动电视项目合作协议》，在客运索道公司索道车辆、候车厅、电梯、皇冠大扶梯候车厅安装移动数字电视接收显示设备，扩大了移动数字电视的覆盖范围，让具有重庆特色的公共交通工具上均能收看移动电视节目。

移动电视是先进的数字电视技术结合无线发射传输网络系统，通过地面接收的方式进行电视节目的传播。最大优势是支持移动接收，时速 120 公里以上仍能稳定清晰的收看。在信号覆盖范围内，均可以随时随地享受到新闻、资讯、娱乐等电视节目，满足现代社会“信息无处不在”的需求。每天同步直播重庆电视台各频道 14 档新闻，为公交乘客提供了实时本土新闻资讯，同时还转播中央电视台的国际新闻、财经资讯、法制、体育等节目。全新的移动电视节目在公交车上得到了广大乘客的喜爱和社会各界的关注，给重庆公交服务质量提高了一个档次。

（9）语音报站服务

2003 年 12 月，重庆公交广告有限公司和重庆眼界巴士广告文化有限公司签订了《重庆市公交车辆语音报站器投资开发合同书》，眼界巴士广告公司在重庆公交集团公司的公交 7 条线路 100 辆车上安装了 1232 台电脑语音报站器，开展公交服务宣传及发布广告业务，并负责公交提供的服务报站用语的录制，保证设备在出现故障的 24 小时内即时维修或更换，不影响公交的服务工作。2005 年移动电视设备安装后，重庆公交广告有限公司解除终止了《重庆市公交车辆语音报站器投资开发合同书》，重庆公交集团公司决定由重庆公交广告有限公司负责安装、维修、录音、制作工作。

（二）社会共创活动

1986 年 3 月，重庆公交一公司 109 路队与中国人民解放军后勤工程学院自动化工程系 13 队签订了军民共建协议，旨在加强军民团结，利用军地双方优势，互相学习，共同争做物质文明、精神文明建设的模范，向社会展示 80 年代公交职工和新一代军人新风尚。每逢重大节日期间，创建单位相互走访慰问，座谈交流，军队学员利用星期日休息时间同公交职工一道上线维护站务秩序，上车协助乘务员作乘客的宣传工作，为公交职工培训普通话、英语，上法制课。此举促进了公交进一步改进客运工作，增强了服务者与被服务者之间的理解和沟通。

1987年8月19日，重庆公交一公司112路队、109路队、118路队和104路队与中国人民解放军后勤工程学院自动化工程系举行军民共建精神文明签字仪式并签订了军民共创精神文明协议，贯彻落实《中共中央关于社会主义精神文明建设指导方针的决议》，坚持物质文明和精神文明一起抓，加强军民团结，争做文明建设的模范。

1993年，重庆江北客运站与渝州大学开展共建文明车厢、共建文明校园活动，为在校大学生提供了解社会的企校共建活动。

1996年11月，重庆市公共电车公司与共青团重庆市委开展"文明公交风景线"活动。9日在江北412车站举行"青工学子齐携手共建文明风景线"的首开仪式，中共重庆市委常委邢元敏、重庆市公用局局长王根芳、重庆市公共电车公司经理汤志明等出席并讲话，对此次活动给予赞扬与支持。重庆市60余所大中专学生志愿者有组织地到401路、405路电车上开展便民利民服务，旨在让大中专学生志愿者将文明的新风带进10米车厢，真诚服务社会，共创文明生活。

1996年12月7日，重庆市第二公共交通公司218路与沿线"工农商学军警医"7家单位共建社区精神文明并在沙坪坝区三角碑举行盛大的共建签字仪式。跨行业、多角度、全方位的全新尝试得到了中共沙坪坝区区委、重庆市公用事业局的重视与支持。重庆市第二公共交通公司218路队、第三军医大学一大队941队团总支、重庆师范学院数学系与计算机科学系团总支、重庆市公安交通管理局第六大队、重庆市肿瘤医院、渝北区大竹林镇、沙坪坝区文化用品公司7家单位参与，传统的共建活动有了形式上的创新。开展的"高校公交齐携手，共建学府文明线""警民共建文明一条街"、"讲文明、树新风"便民服务活动和"党员志愿者""红岩志愿者"等形式多样的社区公益活动，赢得了社会的理解和支持，丰富了创建文明企业活动的内涵，促进了社会主义精神文明建设。

1997年5月20日，重庆市公交一公司103路队、中共重庆市委警卫连军民共建的首条军民公交精神文明线正式挂牌。它是中共渝中区区委、渝中区政府"十个一"双拥工作示范工程之一。中共重庆市委警卫连与103路队在共建期间大力开展多种形式的党团员人生观、价值观、世界观教育和文体、军体活动，培养职工和战士爱岗尽责、方便群众、优质服务的敬业精神。警卫连帮助路队对职工进行普通话、英语、哑语培训，保证年内50%的职工用普通话服务。每年用3天时间对职工进行军训，并利用节假日到103站上义务洗车维持站务秩序，把103路建成文明线，上清寺起点站建成文明站，以1120"李素丽号"车组为榜样建文明车组。路队协助警卫连在其勤务区内进行义务劳动，大力宣传市民"七不"规范，把中山四路曾家岩至103路队建成文明安全绿化卫生一条街。

1997年，重庆第五公共交通有限公司下属北解502路大巴路队，先后与解放碑交警一支队、北碚交警七支队、北碚区巡警支队开展文明共建活动。干警们在周末和节假日来站设置宣传台和随车宣传交通法规、法律知识，驾乘人员则利用业余时间随交警执法，互相监督、相互协作、文明服务、文明执法，在502路创建流动的文明风景线。

2003年，重庆冠忠（新城）公交公司与武警重庆教导大队、交警19大队开展了警民共建文明车厢、文明企业、文明道路、文明警营等活动。

2004年3月5日，重庆公交一公司共青团118路队与中国人民解放军后勤工程学院的青年志愿者在花园新村开展学雷锋活动。原共青团118路队党（团）员志愿者与中国人民解放军后勤工程学院的青年志愿者在花园新村设台开展便民服务，服务内容有为民免费理发、修理电器、擦皮鞋、清扫路面垃圾等。

2004年10月，重庆巴士公司二路队与该路队所在的渝中区智力巷居委会共同开展文明社区活动，开展了帮助社区失学儿童的帮扶活动，积极帮助辖区部分失学儿童重回校园，支助失学儿童3名。

2005年1月5日，重庆公交一公司与中国人民解放军后勤工程学院油料应用与管理工程系签订共建协议。因公司机构改革需要，对原部分共建路队进行了合并调整，一公司以公司名义与中国人民解放军后勤工程学院油料应用与管理工程系开展共建活动。

2005年5月，重庆巴士公司团委、重庆巴士公司三路队、重庆工学院团委联合开展“迎接市长峰会、争做文明市民”文明共建活动。活动中，重庆巴士公司的团员青年和工学院的团员青年们利用10米车厢这个载体，向广大市民宣传文明行为，倡导大家争做文明市民。

（三）服务质量考核

1. 服务管理机构

1986年，重庆市第一公共交通公司、重庆市第二公共交通公司、重庆市第三公共交通公司、重庆市公共电车公司均设查票队和服检组（隶属运调科），对乘务员在日常工作中的服务操作行为，以及乘客乘坐公共汽、电车的行为进行检查。随后成立的重庆市第五公共交通有限公司、重庆冠忠（第三）公共交通有限公司、重庆冠忠（新城）公共交通有限公司、重庆巴士股份有限公司，均下设相关部门负责服务质量管理。

2003年5月20日，经重庆市公共交通控股（集团）有限公司党委会研究决定，并以《关于重庆市公共交通控股（集团）有限公司服务管理办公室（稽查总队）机构设置及定员的通知》，成立服务管理办公室，指导、协助各公司进行服务质量考核。负责制定服务质量管理规章制度和票务管理规章制度，组织服务标准或规范的评审，行车服务考核仍由各公司下设部门按照相关考核标准进行。

2. 考核制度及内容

重庆各公交运营公司的服务管理工作、考核的重心为乘务员。内容主要是车厢服务、车辆清洁和票务纪律。具体考核制度主要是乘务员等级奖惩制，定期对乘务员进行评定，分为优秀级（或特级）、一级、二级、合格级、见习级等，分别给予不同的奖惩。

各公交运营公司根据自己公司的情况制定出基本考核制度，主要针对运行服务合格率、车厢服务合格率。在重庆市公用事业局领导下，逐年对服务质量考核制度进行提高。

2003年，重庆公交控股（集团）有限公司成立服务管理办公室后，考核制度随着服务工作和企业的规范发展得到逐步拓展和健全，运营服务监督管理的重心逐步向驾驶员队伍、向运行及站车秩序转移。并针对服务工作中的新问题，重庆公交集团公司统一制订《服务（稽查）工作处理程序及要求》《服务工作标准》《票务工作标准（试行）》《公交优惠卡线路运行纪律规定》《稽查实施条例》《重大服务违章及严重票务违章处理办法》等系列运营服务管理考核制度。并根据运营服务的需要，逐步完善相关考核标准及服务准则。

3. 推行社会监督

（1）公开监督项目

1996年前社会监督主要来自乘客、上级管理部门和新闻媒体。

1996年，重庆市公用事业局系统率先在重庆市推行社会服务承诺。通过在重庆市第一公共交通公司所属103路1120号车组的试点，开启了重庆公交服务新篇章。1996年7月28日起，重庆市第一公共交通公司、重庆市第二公共交通公司、重庆市第三公共交通公司、重庆市公共电车公司以坚持“乘客至上、服务为本”的服务宗旨，向社会做出服务承诺。同时聘请了乘客监督员进行服务质量监督。

承诺内容：

公共汽（电）车：车身标志齐全，车容卫生整洁；佩证服务，礼貌待客，逢站必停；公开价目，照章收费，给足票据；公开首末班时间，准时开收班；月票线不拒载月票乘客。

小公共汽车：车身标志齐全，车容卫生整洁；佩证服务，礼貌待客，遵章停车；公开价目，照章收费，给足票据。

1996~2003年，继1120车组之后，重庆市公用事业局下属窗口单位陆续推行承诺服务。承诺服务制度逐渐推广、完善，覆盖了整个重庆公交行业。各公司还分别聘请乘客监督员进行服务质量监督。为社会提供“乘客至上、服务为本”的公共交通服务。

2004年，重庆市公共交通控股（集团）有限公司第一次以集团公司名义，向社会做出6项服务承诺。即：线路准时开收班，车辆运行保均衡；车容整洁标识全，车内卫生勤保洁；安全行驶不违章，规范停车不赖站；坚持使用普通话，服务周到讲文明；票价公开勤宣传，照章收费讲诚信；车内张贴警示语，提醒乘客重安全。

（2）168服务热线

2003年10月1日，为进一步拓展服务空间，提高服务质量，提升服务档次，满足广大乘客和企业、社会发展需求，重庆市公共交通控股（集团）有限公司正式开通公交服务热线16866666。该热线全年每天24小时不间断服务，为市民解答有关乘坐公交车、公交服务内容和要求、公交IC卡等方面的咨询，接受市民对公交的建议、表扬，受理并督办对公交的投诉，帮助乘客寻找在公交车上丢失的物品等，并协助集团和各上级部门及时传达有关信息。

二、行车调度

行车调度是公交企业从事运营生产的组织方式和手段。公共交通企业的运输设备、劳动力通过调度为乘客提供迅速、方便、安全、准点、舒适的服务，并可以根据客流的基本规律和变化，把复杂多变的运行过程组织成为协调有序的运营服务，保持连续性和均衡性，最大限度地提高运营效率，实现服务效益。同时，完善的调度计划及指挥，又能够较好地完成企业的运营服务计划和各项经济技术指标，从而取得良好的经济效益。

客运量日益增加促使公交企业根据客流的基本规律和变化，采用多种调度形式来适应或平衡客流，充分发挥运营效率，最大限度满足社会的乘车需求，并使企业求得最佳经济效益。初期各个公交企业，一般采用全日全程行驶的每站停靠的正班车形式，以后，根据客流量变化和不同乘客的乘车要求，又先后采用加班车、区间车、通宵车、早晚高峰车、机动车等调度形式来辅助正班车运营。

1986年前，重庆公共交通公司采用公司（总公司）—场（公司）—路队的三级运营调度。1986年后，各公交公司实行公司—路队的二级运营调度。调度工作在组织方式上、手段上、管理上逐步改善。2005年，重庆市公交企业运用的各种调度形式，使各个时段、地区的公共交通最大限度的服务市民不同时间、不同目的的乘车要求。

（一）总调度

各公司的运营科履行总调度职责，具体负责执行本公司下达的运营生产计划，拟定和编制路队的运营生产计划。根据设备车辆数和路队的客流资料，提出运力分配方案，并报上级部门备案并实施。根据路队的设备车辆、运营计划，提供给劳工部门安排配足生产人员。根据路队的行驶里程、工作班制、客流量、运力，核定出路队日出车数、运营班次、高峰班次、运营公里等到运营计划，下达到路队。负责审核和批复路队编制的运行时刻表。对各路队送审的运行时刻表，在5天内批复，未经审批或路队自行变更的运行时刻表不予生效。在国家法定节日，制订专门的运行计划，遇特殊运行情况，可临时制订指令性计划，路队必须执行。负责各线路调度人员的定期培训工作，并参与公司线网规划的制订和初步论证工作。

（二）值班调度

值班调度负责公司的日常运行调度工作，代表公司行使运营生产的组织指挥权，下达调度指令。负责各运营线路首末班车、高峰班次及车辆运行的执行情况；接洽各种包车业务，办理包车手续，安排车辆，安排重大政治任务包车及包车业务的指导；安排重大节日、政治任务、工程施工影响正常运营时的车辆调度工作；记录线路运行情况及车辆故障及晚间最后一辆车归场情况。负责各运营线路调度的管理和协调。

（三）计划调度

路队的计划调度负责运营生产计划和调度方案编制工作。主要负责：按照公司下达的计划要求，根据客流情况编制符合本路队的行车作业计划，上报运营科审批后组织实施。随时收集、整理与运营生产有关的信息、客流资料，及时向上级部门汇报，以供决策。负责检查、考核本路队执行情况及调度人员的培训工作。具体负责：建立调度员个人工作档案，检查调度员分管的运营生产指标及工作情况。负责组织调度人员的定期培训工作，每月按时向公司运营科上交《运营情况登记表》《运营综合月报表》《包车月报表》等运行资料。在日常工作中服从路队的领导，协助路队执行路队各项规章制度，随时向路队汇报调度工作中存在的问题，以及时得到解决。

（四）现站现场调度

路队的现站现场调度主要负责本线路日常运行调度工作，准确掌握本线路驾乘人员动态、道路、设备车车况及客流变化情况，严格执行运行作业表，执行运行纪律和各种规章制度，完成公司下达的各项运营生产指标，执行上级调度指令，行使现场调度组织指挥权。主要负责：

1. 督促驾、售人员作好出车前的准备工作，核对出班代号，做好对机动人、车的安排工作。

2. 发生路阻、大客流量集结或突发事故，应立即采取调度措施，进行现场指挥、灵活调度，尽快恢复正常运行秩序，同时向公司总调度室汇报。

3. 遇临时发生的服务纠纷、投诉、安全事故，应妥善安排，及时通知有关部门、人员处理。

4. 确保出车数、班次执行率、高峰班次执行率、准点发车率、准时开收班等指标的完成。

5. 晚班在待车辆如数归站后，向总调度室报告后方能离岗。

6. 起终点调度在日常工作中应互通信息，加强联络，发生异常情况，互相配合，及时采取调度措施，并随时汇报。

7. 正确使用调度设备，负责保管，严格遵守设备使用的规章制度，发生故障及时报修。

（五）客流调查

客流调查是公共交通企业对客流在线路上、方向上、站点上、断面上的动态分布所进行的经常性或定期性的、全面的或抽样的调查。

客流调查是公共交通运营管理的基础性工作，掌握客流的规律，有利于作业计划的编制，缓解高峰时间乘车拥挤的现象，避免非高峰时间车辆空驶造成的浪费，了解掌握线路客流在各断面上、时间上、方向上的不平衡规律，以便合理配备车辆，编制符合实际的行车作业计划时刻表，使运营调度工作科学化。

调查方式从时间上分为：年度调查、季节调查、节假日调查、日常调查。从形式上分为：随车调查、问询调查、目测调查、月票调查等。各公交企业为掌握客流情况，每年均开展客流调查，一般采取打电话询问的方式进行。每到冬夏季交替和节假日，各公司运调科致电到运营沿线机关事业单位和厂矿及学校等单位，了解和掌握其作息时间，以及时调整运力。

（六）调度形式

1. 正班车

重庆市主城区公交正班车，亦称全日车。主要线路早上5点发班，晚上10点收班。各线路根据客流量变化，正班车开、收班时间有所不同。正班车具有全程停靠全站的特点，自线路的起点站到终点站沿途每站停靠，这也是每条线路在开辟时所采用的最基本的运营调度形式。

2. 加班车

在运营高峰时间将部分车辆投入线路运营，非高峰时间便停在站点上或返回车场，进行保养修理等，称为加班车。加班车作为正班车的主要辅助形式，成为运载早晚高峰上下班时客流的有效手段。各公交企业按客流量大小，调整加班车数量，加班情况无固定。

3. 区间车

在线路上客流量较高的一段或数段采用区间车形式来增加行车班次，促使车辆周转快，较快平衡客流，方便短途乘客乘车。如南坪至上清寺的108路区间车线路，正班车从南坪经上清寺至江北五里店，而区间车只往返南坪至上清寺。

4. 直达车

随着城市公交客运量的激增，为缓解高峰时段乘车拥挤，在市区的一些主要线路上，选择具有始发站集结量大、中途补给量多、运距长的线路，大量运用大站快车形式平衡高峰客流。

5. 早晚高峰车

运营时间在早晚高峰数小时内，主要为上下班市民服务的早晚高峰车，具有大站停车、远程直达、车速提高、周转加快的特点，以解决高断面的客流疏散。

6. 特约包车

20世纪90年代中后期，逐步形成为企事业单位、学校等团体出行服务的特约包车。包括承接旅游包车、承担庆典及会议包车、企、事业单位、学校早晚上下班交通包车业务等。团体特约包车，既满足单位团体出行乘车需要，又避免对线路正常运营的冲击，公交企业还可增加收入。各路队承接本公司运营范围内的包车业务，经公司总调度室同意后并到调度室缴款开票。公司总调度室严格按照各公司的《工作标准》办理包车手续，安排车辆，并登记、落实。

7. 机动车

随着公交客运量逐年上升，尤其是上下班高峰时段及冬令春运期间，乘车非常拥挤。为缓解这一矛盾，采用机动车调度形式，可根据客流和大型活动，准备的车辆能随时应付各种突发性事件和大客流，尽快恢复正常行车秩序。平时，机动车对填补路阻造成车距大间隔和因迷雾、台汛暴雨、火警、架空故障、肇事路阻、大型文体活动、水管爆裂等突发性事件造成的大客流能起到迅速、及时的疏散作用。

（七）调度设备

各公交公司一直使用无线电喊话器，1996年后使用有线电话，使公司总调度室随时可与所属各车场、供电所、郊县汽车中心站、路队等单位进行通讯联络。公司、路队建立二级调度通讯，第一级为公司总调度室，能全方位控制掌握线路运营动态和调度，第二级为各公司路队调度室，以加强线路运营的中途控制，提高应变能力。

2005年5月起，重庆公交集团公司开始推行GPS车辆监控管理系统。首批在重庆巴士公司820线、181线、815线、871线共152辆公交车上进行试点，随后在重庆公交一公司、重庆公交二公司、重庆电车公司安装了指挥中心设备，基本实现GPS运营安全管理及信息查询系统的第一期功能。此外第二期功能正在加紧开发中。

通过对GPS系统的调试、安装、修改，实现了对公交车辆定位、实时监控、紧急求助、信息传递、越线报警、超速报警、分段限速、轨迹回放等功能。公交调度逐步实现数字化管理，同时，广大市民在乘坐公交车时，也能清楚掌握公交车的行驶情况。

三、机务

（一）维修

1986年，公交体制改革后，车辆维修由各公司自行管理。各公司下设保养厂（保修厂）负责本公司运营车辆的维修保养，隶属各公司机务科，管理模式不尽统一。车辆质量检验由机务检验科负责，同时各个保修厂相对独立，在同一地区只为其所属公司提供车辆维修服务，修理厂人员、设备、厂房、场地等资源不能共享，易造成运营车辆空驶公里成本增大，对公交发展有一定影响。2003年5月20日，重庆公交集团成立重庆市公交控股集团汽车维修公司。2005年12月26日，重庆公交集团公司成立机务体系改革领导小组，拉开汽车维修公司第二次改革序幕，拟将汽车维修公司与重庆市公共交通物资有限责任公司合并，将车辆维修、材料供应纳入新公司中统一管理。

各公交公司下设的保养厂（保修厂）按照重庆市公用事业局颁布的城市客车维修标准《城市客车维修规范》，对车辆进行维修、保养及检验。

2003 年 8 月 4 日，汽车维修公司将维修一厂、维修四厂所在五里店的维修点合并管理，成立五里店维修中心，并对机构设置、管理模式、分配、用工、考核方式等进行改革，标志着公司改革进入实质性阶段。积极实施了"优化劳动组合、降低机务成本、拓展经营渠道"，推进了"用工制度、生产模式、分配制度"三项综合体制改革。

2005 年，重庆公交集团公司对重庆市公用事业局颁布的城市客车维修标准《城市客车维修规范》进行修改、完善，颁布《城市客车保养作业规范》《城市客车修理技术条件》两个企业标准。汽车维修公司建立健全了新的生产、管理模式，使生产经营模式初步按集约化、专一化方向发展。

（二）物资

1985 年 2 月 26 日，重庆市公用事业局以《关于同意成立"重庆市公共交通物资公司"的批复》，同意成立重庆市公共交通物资公司，行政隶属重庆市公共交通公司。实行全民所有，集体经营，独立核算，自负盈亏。遵循"对内服务，对外开拓"原则，经销、代销、批发、零售国产及进口汽车配件，客、货车底盘、改制件、汽车加工产品和其他民用产品等，兼营提供汽、电车线路建设、技术咨询和修理业务。

1986 年 10 月 15 日，重庆市公用事业局以《关于对〈关于重新组建公交物资公司的请示报告〉的批复》，同意公交物资公司（筹建组）提交的《关于重新组建公交物资公司的请示报告》及组建原则、章程和机构设置。原公共交通公司器材科与重庆市公共交通公司剥离，成立重庆市公共交通物资公司，属全民所有制性质。资金来源于公交器材国有资产物资，具有独立法人资格，实行经理负责制，隶属重庆市公用事业局。公司以"首先保证公交各公司的客运经营提供良好的物资供应服务，其次面向社会经营"为经营方针。

1986 年，重庆市公共交通物资公司成立后，遵循共谋公交事业发展大计，保障各客运公司正常运营，提供燃料、润滑油，各类汽、柴油车零部件供应，同时从价格、质量上给予保证。

1987 年 5 月 1 日，重庆市公用事业局以《关于同意市公交物资公司与綦江齿轮厂联合经营"重型汽车工业联营公司綦江齿轮厂重庆经营部"的批复》（公用字〔1987〕105 号），同意与綦江齿轮厂联合经营，成立了"重型汽车工业联营公司綦江齿轮厂重庆经营部"，为全民所有制性质，独立核算，自负盈亏，照章纳税的经济实体，从而既保证各公交对齿轮的需求，又面向社会经营。

随后，公司先后与第一汽车制造厂、东风汽车制造厂、贵州汽车制造厂、济南柴油车制造厂签订了购买这 4 个厂的汽、柴油车发动机及配件协议，确保各公交公司客车大修发动机配件的需求。

2000 年 6 月，重庆市人民政府机构改革，原重庆市公用事业局撤销，重庆市公交物资公司划为重庆市交通委员会管理。

2002 年 6 月 11 日，重庆市公共交通控股（集团）有限公司挂牌成立后，重庆市公共交通物资公司成为重庆公交集团公司的全资子公司。

2003 年，重庆市公共交通控股（集团）有限公司以《关于同意重庆市公共交通物资有限责任公司组建方案及章程的批复》，批准重庆市公交物资公司改制为有限责任公司。2003 年 12 月 19 日正式挂牌成立。注册资金 4040.47 万元，在册员工 210 人，在重庆公交集团公司授权范围内从事物资体系的燃油，润滑油、汽车零部件及金属材料（不含稀有、贵重金属）的经营管理和相关营销活动。隶属重庆公交集团公司，是独立核算经营、自负盈亏、照章纳税的企业法人经营实体，实行董事会领导下的总经理负责制。张凌任总经理、曹德贵任副总经理。公司内设营销部、储运部、计财部、办公室、计算机网络办公室、CNG 开发管理办公室。下设 5 个供应站：一供应站（红旗河沟），二供应站（梨树湾），电车供应站（石桥铺），中心供应站（南坪），五供应站（北碚）以及一个油料销售中心。

四、票务

（一）客票印制

1978 年 9 月 11 日，重庆市公共交通公司成立大集体企业——重庆市客票印刷厂，负责公交客票的印刷，隶属于重庆市公共交通公司集体企业管理处（简称公交集管处）。1986 年公交体制改革后，公交集管处撤销，集管处所属重庆市客票印刷厂移交至重庆市第一公共交通公司，仍属独立法人企业。2002 年，重庆市公共交通控股（集团）有限公司成立后，将重庆市客票印刷厂划归重庆公交集团公司下属的重庆市顺达公共汽车公司管理。

公交客票的印制，由各公交公司票务管理部门根据本公司客票的销售量按期制订计划，由主管领导审批后，提前 3 个月送交印刷厂印刷。

重庆市客票印刷厂成立以来就制定有票务管理制度，对客票设计、制作（制版）、印刷、清数、打号、分切、打眼、包本、扎条、打包装箱各环节都有相应的管理规定。1990 年以前，远郊路队的客票票面较大，而且票面印有线路的各站点、票面价格，一种价格一个色调，分别由红、黄、绿、紫等纸张制作。到 20 世纪 90 年代后期，远郊客票与主城客票一致，统一使用白色纸张，用不同颜色字体区别票面价格，车票版面基本没变动，均采用 40 克的有光纸，规格尺寸为 2.6cm×7.2cm。1996 年年底，开始出现广告车票，采用为双色印刷，80～105 克铜版纸，规格尺寸为 11cm×4.5cm。唯有少量广告车票在纸张、尺寸、颜色有所变化。

1986 年，公交客票年印票量约 3 亿张。为适应市场经济的发展，随着专线车、郊区车和公交线路线网的增加，车票类别和品种增多，逐步发展为市区票、郊区票、专线票、行李票。车票票面价格 1 元、1.5 元、2 元、5 元、10 元等，并且各条线路的情况不同，票档多、票种繁。1996 年，实行票制改革后，简化了票级票种。重庆市客票印刷厂印刷客票供应重庆公交一公司、重庆公交二公司、重庆公交三公司、重庆冠忠三公司、重庆电车公司、重庆公交五公司、重庆冠忠新城公司、重庆巴士公司。2005 年，车票年印刷总量约 6 亿张，其中广告车票 2000 万张。

（二）客票收发、结算

票务管理工作是公共客运交通经济管理的重要组成部分，是公交企业收入的重要来源和基础，也是收入核算、客流调查、线路调整、运营调度的重要依据。各公交企业对内部票务管理工作分 3 部分，即发票、收款、结账。管理工作以清楚、准确、简便、明了为原则，并要求绝对按照所规定的步骤，防止发生客票流失和做弊。

重庆公共交通公司时期设有票务科，专事票务管理和业务指导，清理和完善票务管理规章，健全管理制度。同时在下属各行车总站设立票务股，在路队设立票款室，实行公司、总站、路队的三级票务管理制度。

1986 年，公交体制改革后，为加强票务管理的专业化、制度化、规范化，各公交公司分别成立票务科，各路队设票管员（1～2 人），实行二级管理（公司—路队）。各票款室根据各配票点的生产需要，统一向公司票务部门领取客票及各种票据。乘务员按需要到票款室领取客票。各票款室对乘务员客票的配发量不得超过 2 天生产计划。乘务员每日缴款、做清账，每月用 2 张卡片作为记载当月领票和交款的依据。半月收回卡片由配票员审核，审核售票员所交的票款金额和存票是否正确，之后再把缴款单附在卡片上存档。每月月底各票款室进行清账、盘存，核实库存数与发出数量是否相符，并将各条线路收入汇总、库存数清点后编制票务月报上报公司票务管理部门。

1996 年，随着无人售票线路出现，各公司先后成立收银中心，负责无人售票线路及有人售票的线路运营票款的收纳、清点、复核、统计。参加运营的每辆无人售票车，在每日收班后，由收银中心收银员对每辆车进行开箱、收袋、封袋，当晚票款进入收银中心金库。次日，收银中心开袋清点，将每辆车的票款汇入公司财务科指定的银行户头。至 2005 年年底，重庆公交无人售票的线路已有 85 条。

长途线路的售票员将票款交于各个票款室，票款室将票款汇入各公司指定的财务银行户头。

（三）客票出售管理

各公共交通企业对售票员出售客票制定了相关规定，各家公司的票务科下设有查票员或票务稽查员，上车检查售票员执行票务规定和乘客逃、漏票情况，以及公交员工工作证和家属医疗证的使用情况，对违章者按照重庆市公用事业局颁发的《公共汽（电）车票务违章的处罚》及公司的相关规定处理。各公交企业还制订有乘车规则，张贴于车厢内，对乘客购票或补罚票进行了明文规定。

市区线路上的客票一般由售票员随车发售，售票员必须在规定时间内结算、交款、领票，不得延时结算或积押票款。客票随车出售，保留号码完整，以备查验，不允许回收已售客票。

远郊长途汽车线路的客票，在重庆公共交通公司管理时期实行站下售票，在起、始站的窗口售票，设置了票亭、票房、售票员。1986 年后，除了在起点站设了大票房，实行站下售票，一般都实行随车售票。乘务员将票款及时送当地银行汇总，进行单日报账，按规定交回票务点。站上出售的客票，必须盖好日戳，乘客上车时由行车员验票截角，保留号码，以备查验，下车时由行车员验票截号码。乘务员必须接受持有稽查证件和专用查票证的人员查验。

1990 年，在原有票务管理制度的基础上，公用局制订了《管理标准》，修订新的票务管理制度，并在各公交企业全面贯彻实施。将各类票、证、据的计划与购制、管理、账册、报表、单据的保存期限、报废处理、设置票务点的原则和设备要求、票务点工作程序及要求、票务监察、乘务员管理均纳入管理标准中。

各公司在成立时都设有负责票务稽查工作的部门，负责服务质量管理、乘务员的业务培训及管理、票务管理、乘务员服务上等级以及服务、票务违章检查和处理等工作。服务质量监察科下属稽查队负责公司内部票务检查及乘客乘车购票、月票的检查，质检员负责车厢服务、车辆整洁情况的检查。

1990 年 1 月 20 日，根据重庆市公用事业局颁发《重庆市公用事业局公共汽电车票务违章的处理规定（试行）》精神，公交公司特别针对运营一线的驾售人员和稽查人员，纠正“吃票款”的不良风气。

2002 年，重庆公交集团公司成立后，下设服务管理办公室，协助各公交公司稽查科进行票务管理，负责制订服务质量管理规章制度和票务管理规章制度；对综合服务、运行秩序、站车秩序、车辆标志等实施检查，对违章行为进行纠正或监督所属公司进行纠正及处理；监控和检查票务秩序，对违章行为进行纠正或监督所属公司进行纠正及处理。

（四）月票管理

1987 年 6 月 1 日，为加强月票管理，重庆市公用事业局以《市公用局关于同意成立重庆市公共交通月票站的批复》，组建了重庆市公共交通月票站，负责公交月票和乘车证的发放管理，隶属重庆市公用事业局。

1997 年 12 月 1 日，重庆市公用局根据国家建设部关于加强 IC 卡系统建设统一管理工作的通知精神并以《重庆市公用事业管理局关于成立“重庆市公用事业管理局 IC 卡发行站”的通知》，批准成立重庆市公用事业管理局 IC 卡发行站，由局财务处和局设计研究院共同负责局系统 IC 卡的编码注册和发行监管工作。

1998 年 6 月 4 日，IC 卡首次在长江索道、嘉陵江索道、凯旋路电梯和公交电车公司 413 路空调车试用。

2000 年，在机构改革中，原重庆市公用局撤销，月票站由重庆公交一公司代管。

2001 年，重庆市第一公共交通公司以《关于成立重庆渝城交通一卡通有限责任公司的请示》

上报重庆市交通委员会，得到了重庆市交通委员会认可，并批准成立重庆渝城交通一卡通有限公司，为国有控股和参股公司，并于2001年12月31日正式挂牌。月票站撤销。

2002年6月11日，重庆市人民政府授权成立重庆市公共交通控股（集团）有限公司。重庆市公交集团成立后，将重庆渝城交通一卡通有限公司与重庆市第一公共交通公司剥离，划归重庆公交集团公司，并实现资产重组。由重庆公交一公司、重庆公交二公司、重庆公交三公司、重庆电车公司、重庆公交五公司、重庆冠忠新城公司、重庆巴士公司各出资50万元，占股份均为4.8%，集团公司出资692万元，占股份66.4%，注册资金1042万元。

2003年11月1日起，重庆市逐步在公共汽车上使用非接触式射频IC卡，使用数十年的纸质月票同时废止。

（五）月票发放及使用

各公交公司下属运营科的经办人从制票室库房领出月票，按规定售出。每月月底发放，采取乘客自愿认购方式，共分为学生月票、郊区月票、市区月票、专线月票4种，月票后面印有月票使用的注意事项。

重庆公共交通公司时期就对发售月票制订了相应的使用规定。即：本月票只限本人使用，有效期为当月1日起至月底止；乘车时应主动出示月票，拒绝查验者，售票员和稽查人员有权收缴，忘带或遗失月票应照章购票，否则按无票乘车处理；本月票不得裁剪、撕裂、污损、照片脱落、模糊、否则按违章处理；凡过期、跨月、转借、涂改、伪造、印章不符，私自更换月票使用者，按公用局乘车规定处理；个人购票后不办理退票，集体退票必须出具单位证明及集体购买后，不论使用与否，从当月1日计算扣款，并收取手续费。购买月票者须缴纳一寸半身照片2张，1张由公司粘贴在月票上，1张存公司以备查验等。

2003年11月1日，纸质月票停止使用，开始推行IC卡。针对市民的不同需求共分普通卡、优惠卡和免费卡3类4种。在市内设有发售点，由乘客自行购买。渝城一卡通公司制订了相应的IC卡使用须知，即：规定优惠卡仅限本人使用，上车须出示验证，不得转借、冒用和伪造。一经发现，当班驾乘人员有权将卡收缴，并交重庆公交集团公司服务管理办公室（稽查总队）按违章乘车进行处理。并且驾、乘人员对违反规定使用的IC卡有权收缴，同时对IC卡挂失、换卡、退卡、查询、年检也有相应的规定。

1. 普通卡

在渝城一卡通公司各售卡充值点均可办理，在已安装渝城一卡通收费机的公交车、索道、扶梯等领域使用。办理时采用实名制，需凭本人身份证或其他有效证件，填写《重庆公交IC卡申领登记单》。每次充值金额最低10元以上，每次乘车享受票价9折优惠。按照国家计委、国家金卡工程协调领导小组、财政部、中国人民银行联合在2001年9月28日发布的《关于印发〈集成电路卡应用和收费管理办法〉的通知》规定，初次申领须交25元服务补偿金，办卡后每月扣1元，扣完为止。该卡可挂失，可退卡。

2. 优惠（月票）卡

优惠（月票）卡分成人优惠（月票）卡和学生优惠（月票）卡两种。持卡人须按月使用，每月限乘90次。过月，则卡内剩余次数作废。持卡人可在公布的所有贴有红色IC卡标识的公交线路上使用。

成人优惠（月票）卡：发行对象限重庆市主城区常住人口。须持身份证原件或户口本原件和一寸免冠彩色登记照1张，到IC卡指定发售点登记申购。办卡时需交IC卡押金25元。该卡每月购价40元，仅限本人使用。持卡人可以乘坐公布的所有贴有红色IC卡标识的公交线路，乘车次数每月限90次，剩余次数过月作废。次数用完或乘坐非月票线路，持卡人需用现金购买普票或者使用电子钱包。

学生优惠（月票）卡：发行对象限重庆市教委核准的未配备交通车的全日制中小学校学生（18 岁以下含 18 岁），由学生所在学校持有效证明（学生证、身份证原件、户口本），带上每个需办 IC 卡的学生的学籍卡和其本人的一寸免冠彩色登记照一张到 IC 卡指定发售点集体登记申购。申购时，每张 IC 卡须交押金 25 元，每月购价 20 元。IC 卡完好可退扣除 5 元退卡手续费后的剩余押金。此卡仅限本人使用，每学年审核年检一次，不符合年检要求的将不能再继续使用（包括卡内电子钱包），如手续齐全可以退卡。持卡人可以乘坐公布的所有贴有红色 IC 卡标识的公交线路，乘车次数每月限 90 次，剩余次数过月作废。次数用完或乘坐非月票线路，持卡人需用现金购买普票或者使用电子钱包。

3. 免费卡

2004 年 4 月 1 日，经重庆市交通委员会、重庆市老龄工作委员会办公室和重庆市残疾人联合会向重庆市人民政府请示后，批准正式实行免费卡乘车。免费卡发放范围是重庆市主城区的离退休干部、革命残疾军人和重庆市行政区域内 70 岁以上老人 134 万人（主城区 25 万人，全年免费金额 1125 万元，革命残疾军人 2.15 万元，主城区 3903 人，全年免费金额 123 万元）。领卡人凭身份证原件和其他行政主管部门核发的有效证件到指定的发卡点登记申领。申购（领）时须交一寸免冠近期彩色登记照 1 张，押金 25 元。不使用时，可退卡（IC 卡完好可退回押金 20 元）。免费卡只作乘车记录，仅限本人使用。持卡人可以乘坐市内 IC 卡月票线路，每年充两次，一次充 450 次。时间段划为 1～6 月和 7～12 月，各时间段内可连续跨月使用。持卡人可以乘坐公布的所有贴有红色 IC 卡标志的公交线路，如持卡人在半年内的次数用完或乘坐其他线路，需购普票。免费卡须审核年检。2005 年 8 月 1 日起，革命残疾军人可持中华人民共和国残疾军人证免费乘公交各种运营车辆（中、高级车、皇冠电梯、长江索道、嘉陵江索道、凯旋路电梯）。

2001～2005 年，渝城一卡通公司累计发行普通卡 217091 张、成人优惠（月票）卡 372090 张、学生优惠（月票）卡 48879 张、免费卡 112279 张。

第五节 安全管理

一、管理机构

公交企业的安全生产工作历来都是在公司行政领导的统一指挥下进行计划、部署、管理、检查、指导、协调和服务的。各公交企业设有安监科，是企业安全生产的行政管理机构，承担企业安全管理的具体工作职责。

安监科的具体职责是：根据国家安全生产方针、政策以及法律法规，结合公司实际，针对企业生产发展和经营机制转换中安全工作的实际情况和问题，制订安全措施，并监督检查、落实情况。围绕公司安全工作标准，按要求分阶段完成安全工作任务。实施企业安全管理工作，健全完善规范安全管理资料，并定期开展分析研究探索安全管理对策。指导督促路队（站）搞好安全管理基础工作，建立健全基础管理台账，完善现场监控和事故隐患整改措施。定期拟订公司安全教育计划举办安全专业知识和安全技术教育培训。监督检查各基层单位落实安全教育工作。负责驾驶员的资格审查和技术考核工作。贯彻和落实国家安全生产法律法规和企业安全规章制度，加强企业生产安全管理，对基层单位开展安全生产服务。组织、参与或协调安全事故调查研究，总结经验教训，严肃处理违章行为，进行线路安全生产条件勘察，执行特种作业（人员和设备）管理和实施防雷避电的安全技术检测等职责。

2002 年，重庆市公共交通控股（集团）有限公司成立后，设置了分管安全工作的副总经理，设立了行政部（负责消防、保卫工作），设立了营规部直属管理的安全管理办公室（协助行政部抓好消防工作，协助营规部抓好道路交通安全工作、劳动安全工作）。集团行政部、安全管理办公室按各自职责监督指导各子公司的安全生产工作，形成了集团—子公司—路队三级安全管理模式。

二、管理制度

公交企业历来都建立有比较系统的安全管理规章制度，以确保行车安全。各公交公司严格落实企业主体责任，在实行一把手负责制的同时，推行分级负责制，采用公司—路队二级管理。公司设有分管安全副经理，下设安全科、保卫科，各路队设有安全队长、安全员。

从1989～2005年期间，公交企业共进行了三次企业安全标准的制订和修订。每次修订对原有的安全标准都有不同程度的增删。

1989年，在重庆市公用局的统一要求和指导下，重庆公交一公司、重庆公交二公司、重庆公交三公司、重庆电车公司4个公交公司共同制订了《企业安全管理标准》。旨在规范安全管理行为，提高工作效率，推动技术进步，促进了安全生产发展。共形成了各级安全管理标准18个、安全工作标准16个、安全技术标准26个。同时，还制定了各级领导、职能部门、科技人员和生产工人的安全生产责任制23个。经上述公交4个公司经理审批，通过公交4个公司标准化委员会发布实施。

1996年12月，在重庆市公用局安监处的直接组织和参与下进行了第二次企业安全标准修订。经重庆公交一公司、重庆公交二公司、重庆公交三公司、重庆电车公司同意，编辑成《重庆公交企业安全管理制度标准》。该标准囊括安全生产责任制、安全工作标准、安全管理标准、安全操作规程四部分。此次修订与第一次修订企业安全标准相比较，在标准的内容和档次上都有较大程度的提升。

2001年，由4个公交公司安监部门发起，对企业安全标准进行了第三次修订，包括安全生产责任制、安全工作标准、安全管理标准、安全操作规程、附件及网络图表五部分。内容基本沿袭第二次企业标准的内容，只新增了企业安全管理新机制建设和附件及网络图表两部分内容。

三、防范措施

（一）安全意识教育

1. 经常性安全教育

为进一步提高全司驾驶员的交通安全意识，加强全司道路交通监管力度，有效的遏制重大事故的发生，降低事故发生频率，各运营公司长期坚持开展驾驶员的安全教育工作。

违章驾驶员的安全教育，坚持“四不放过”原则：事故原因分析不清不放过，事故责任者和群众没有受到教育不放过，没有防范措施不放过，事故责任人未受到处理不放过。坚持“四个一样重视”原则：对小事故像大事故一样重视，无责任事故像有责任事故一样重视，别人的事故像自己的事故一样重视，未遂事故像已发生事故一样重视。并教育驾驶员做到“四坚持”：坚持你快我慢，坚持你抢我站，坚持你超我让，坚持你挤我停。并根据长年运营经验，编制一些运行技巧和规律以及安全行车经验教训。

2. 岗前驾驶员的安全教育

对外聘驾驶员到公交驾校统一复训，然后接受公司、路队、班组三级安全教育，分到路队实习、考试合格后才能上岗。对于公交驾校毕业的驾驶员，也在接受三级安全教育、路队实习、考试合格后才能上岗。各子公司每月定期开展驾驶员的安全技能培训和安全意识教育。按照行业主管部门的要求，结合季节性、阶段性、安全生产特点规律为主要内容，开展专题教育和采取在重点路段设立检查岗的方式减少安全事故的发生。每月定期核查驾驶员的资质，凡达不到国家法律法规规定驾驶条件的坚决调下车，把好驾驶员资质关。

（二）行车前的防范措施

1. 严把车辆质量关

维修公司或维修厂与各运营公司互相配合，严格执行国家、行业的有关城市公共汽车维修保养技术标准，抓好客运车辆养、用、管、修4个环节的协调配合，不放一辆带“病”车上路运行。同时，按照车辆例保“三检制”的要求，作好车辆日检、周检、月检和日常例行保养工作，确保车辆安全技术性能。

2. 加强生产现场管理

2005年，公交运营车辆开始安装GPS系统，加强对运营车辆运行纪律的监控。针对GPS系统使用的具体情况，各单位路检路查人员加强对危险路段的监控，严查开车打手机、闯红灯、超速行驶等严重违法违纪行为，确保公交运营车辆保持良好的运行秩序。重大节假日期间，重庆公交集团公司对各子公司进行综合安全大检查，根据不同时期安全工作的重点，还对各子公司的安全管理工作进行抽查。

四、事故处理

道路交通事故由各公交公司安监部门具体负责处理，重庆公交集团公司安全管理办公室成立后，对各公交公司施行监督管理。安监部设现场组，所属分公司设事故处理小组，现场组负责处理典型事故、重特大事故，事故处理小组负责处理轻微事故、一般事故。各运营公司执行本公司的事故处理制度。

重庆公交集团公司成立以后，在各运营公司原有的制度基础上，由安全管理办公室牵头，分别修订了处理交通事故和员工工伤事故的管理标准，各单位再结合实际制订实施细则并严格执行。

按照《生产（交通）事故速报制度》规定，凡发生生产（交通）事故，事故当事人或目睹事故现场的有关人员立即直接或逐级报告企业负责人或安监部门，并积极参与抢救受伤人员，保护事故现场工作。企业负责人、事故单位负责人和安监部门接到事故报告后，立即赶赴现场，协助指挥、协调、参与现场施救，排除险情，配合勘察等。各企业安监部门接到事故报告后按事故分类实行分级报告，包括发生事故的时间、地点、车间（车号及驾驶员）、伤亡及财产损失的初步情况，可能涉及的问题及事故的初步原因判断。

五、乘车安全管理

历年来公交企业制订的企业标准包括：运调（运营）科安全生产责任制、乘务员安全操作规程、乘务员安全生产管理制度、线路调度员安全工作标准等内容，以确保客运生产的安全。

1987年3月25日，重庆市公用事业局发布《重庆市公用事业局关于乘坐公共汽（电）车的规定》，对乘车行为、购票、验票、补票、退票、行李六方面做具体规定，指导乘客文明乘车，并从1987年5月1日起执行。

1996年2月19日，随着无人售票车的逐步推行，为提高公共汽（电）车的服务质量，重庆市公用事业局、重庆市公安局联合发布《关于公共汽（电）车施行无人售票的通告》，指导市民文明乘坐无人售票车。

2003年10月22日，重庆市交通委员会发布的《重庆市城市公共交通车船乘坐规则》，在指导乘客文明乘坐公共交通车船、保障乘客安全、保护交通设备设施、建设文明乘车环境各方面都做了具体要求，规则自同年11月1日实施。

表6-2　1986~2005年公交企业重特大事故（死亡3人以上）统计表

单位：人

时间	线路、车号、地点	原因及责任	死亡人数	肇事车船单位
1986年2月15日	机务自备车、2091号车、渝中区李子坝	驾驶员何光荣，因精力不集中疲劳驾车，致使客车驶出左侧路沿，翻于20余米坡下起火燃烧。驾驶员负全部责任	5	原重庆市第二公共交通公司
1986年2月20日	50/26184号大客车、川黔公路441公里里程碑处	綦江路队驾驶员黄建川驾驶大客车从綦江车站向市区方向行驶，当车行至川黔公路441公里里程碑处，为避让迎面驶来的一辆130客货两用车，在天雨路滑和车速快的情况，客车驾驶员采取了向右转向的避让措施，因过于靠边导致客车挂断路边约30米长度的行道树多棵，撞断公路里程碑，当客车驶向公路右侧边缘时，黄建川又向左急打方向，致使客车与公路左侧迎面驶来的一辆东风牌大货车相撞，引起货车油箱燃烧。造成7人死亡（含驾驶员）、大客车和货车车头燃烧的道路交通事故。驾驶员黄建川负事故的全部责任	7	原重庆市公共交通第四汽车公司
1986年8月17日	303路50/24020号铰接式大客车、鹅岭下坡路段	该车从杨家坪载客往市中区两路口方向行驶。当行驶至鹅岭下坡路段时翻于七孔桥下，肇事驾驶员田玉明在此次事故中负全部责任	5	电车公司
1989年8月4日	306路四川03~04205号铰接式大客车、大坪肖家湾	当该车行驶至大坪肖家湾重庆山城针织厂门口下坡弯道路段超车时，擦刷电杆。肇事驾驶员陈渝平在此次事故中负全部责任	4	电车公司
1991年2月19日	七路队自编号3113~10号东风铰接大客车、长江大桥南桥头	该车由南坪驶往较场口，于20点43分行驶至长江大桥南桥头隧道南端前126米处，由于驾驶员罗明伟违反安全行车规定，在天雨路滑的不良条件下，注意力不集中，与驾驶区搭乘人员闲谈，熄火脱挡滑行，车速过快，将车冲上人行道后翻于公路左侧高约42.3米的坎下。驾驶员罗明伟负事故全部责任	5	重庆公交三公司

续前表

时间	线路、车号、地点	原因及责任	死亡人数	肇事车船单位
1991年11月30日	四川03/05639、东风牌大客车、南岸六公里半	第一分公司驾驶员苟自力，驾驶该车由南泉往解放碑方向行驶，当车行驶至南岸六公里半二塘村村口对面、市交通学院大门附近时，重庆市九龙坡区花溪乡花溪村驾驶员王光德驾驶重庆江南洗涤剂厂一辆长安牌小货车，车牌号为四川03/24645，在此原地调头侵占行驶路线，致使大客车驶出右边可行路外，撞倒行道树，冲垮石栏杆，翻于10多米高的干水塘下，事故驾驶员负次要责任	18	重庆市出租汽车公司
1991年11月19日	綦江路队3180号客车、国道210线1938公里	该车7点50分，由打通驶往綦江，于10点30分行驶至国道210线1938公里猪滩桥上，发现对方驶来一辆解放141型卡车产生侧滑，驾驶员喻衡生临危措施处理不当，为避让来车，刹车时方向稍靠右，随即车擦倒桥边石桥墩后翻于13.6米高的桥下。驾驶员喻衡生负事故全部责任	13	重庆公交三公司
1994年2月25日	228线路、2117号车、沙区红槽房	在红槽房下坡追抢，车速快，翻于左边桥下。驾驶员余建贵负全部责任	5	重庆市第二公共交通公司
1995年5月14日	217线、2051号车、双碑大河沟	行至弯道车速快，加上路滑导致与一辆奥拓出租车相撞。驾驶员许详涛负全部责任	3	重庆市第二公共交通公司
1995年6月18日	牛北线、2507号车、北碚同兴	在同兴超车，与迎面驶来的一辆长安车相撞。驾驶员苏家福负全部责任	3	重庆市第二公共交通公司
1995年12月21日	3路队自编号3164号车、李家沱陶瓷厂	驾驶员罗华龙驾驶大客车从李家沱驶往陶瓷厂，快到陶瓷厂终点站时，与在窄路段交会车过程中靠边，因估计不足致使车右前轮驶出路外，翻于公路右侧34米高的斜坡下，造成3人死亡。驾驶员罗华龙负事故全部责任	3	重庆公交三公司
1996年2月23日	216路、自编号2102小公共汽车、北碚施家梁	该车从牛角沱车站驶往北碚，途经施家梁地域附近与本公司所属北碚车站的一辆大客车在弯道会车时，由于小公共汽车高速占线行驶，双方措施不及，导致2车相撞，造成8人死亡。驾驶员王大国负事故全部责任	8	重庆市第二公共交通公司

续前表

时间	线路、车号、地点	原因及责任	死亡人数	肇事车船单位
1997年3月27日	川B08016号东风牌大客车、鸡公台地域	綦江路队驾驶员熊成德，驾驶大客车从新华路向打通方向行驶，当车行至鸡公台地域与一辆对方驶来的货车会车时过于靠边，会车后即翻于公路右侧46.5米高的斜坡下，造成3人死亡。驾驶员熊成德负事故全部责任	3	重庆市第三公共交通公司
1998年4月24日	重庆市客运总站渝B02344号大客车、长江大桥黄桷渡	该车从弹子石开往朝天门，行至长江大桥黄桷渡附近因天雨路滑，车速快发生侧滑，翻于右侧30余米坡下。驾驶员周兴渝负事故全部责任	3	重庆市第三公共交通公司代管重庆市客运总站
1998年6月22日	“旭日”号玻璃钢船、长江马铃子水域	该船搭乘乘客44人（其中船员4人），从木洞港驶往重庆港。行至长江拦坝碛马铃子水域时，与迎面驶来的本公司高速船分公司的“神龙号”水翼艇发生碰撞，造成“旭日”号沉没，1人死亡，2人失踪	1	重庆市客轮总公司通达分公司
1999年2月12日	225线、2438号车、大渡口区庹家坳	因堵车，驾驶员擅自改道绕行重钢六厂支线公路，在距路口500米一左弯处，估计失误，操作不当，造成客车翻于公路右侧3.5米高的坎下干田里起火燃烧。驾驶员田伟负全部责任	29	重庆市第二公共交通公司
1999年10月13日	429路队自编号为4684的大客车、黄沙溪隧道	当该车行驶至菜袁路的黄沙溪隧道出口处，遇违章调头的三轮车，驾驶员急刹车打滑翻于20米左右的岩坎下，车辆发生燃烧。肇事驾驶员陈联平在此次事故中负全部责任	6	重庆市公共交通电车公司
2000年9月12日	北牛路队自编号5139大客车、北碚公墓路段	驾驶员驾驶大客车从北碚车站驶往杨家坪。当车行至北碚公墓路段，因道路施工，路面颠簸，驾驶员为避让障碍及选择较平稳的车辆通行路线，采集了左右往复回转方向的措施。因观察估计能力不足，避让措施不当，车身右侧将沿公路边缘行走的3名行人撞死。肇事驾驶员负全部责任	3	重庆市第五公共交通公司

续前表

时间	线路、车号、地点	原因及责任	死亡人数	肇事车船单位
2002 年 2 月 16 日	北合路队渝 B56708 号重庆牌大客车、合川市盐井镇	当日 11 时 15 分，该车驾驶员欧志驾驶车从北碚驶往合川，11 时 50 分，当车行至合川市盐井镇打石湾处，欧志边打手机边驾车超越前方同向行驶的车辆，遇对方驶来一辆客车，在避让过程中，因采取措施不当，翻于 105 米高的斜坡下。肇事驾驶员欧志在此次事故中负全部责任	10	重庆市第五公共交通有限公司
2002 年 8 月 10 日	渝 B63765 号中型客车	驾驶员胡扬在线路已经收班的情况下，私自驾驶中型客车从北碚车站驶往牛角沱。当车行至牛角沱地域附近，在超越同方向行驶的一辆摩托车的过程中车速快，同时驾驶员正与车内的一名乘客发生争吵，精力分散，导致所驾驶客车行驶路线偏向，行至事故地点将公路桥护栏撞垮，翻于 15 米高的桥下，造成 6 人死亡。肇事驾驶员负全部责任	6	重庆市第五公共交通公司
2003 年 6 月 29 日	四路队渝 B03865 号大客车	大客车从南坪车站向巴县天池车站方向行驶。行车中途驾驶员发现车辆控制器在使用状态卜存在漏气现象，经自行请人维修未果，遂驾驶带“病”车辆继续行驶。当客车行至天池附近，在一段陡峭的上坡道路上停车下客过程中，因制动失效，操作错误发生了向后溜车险情。驾驶员临危处置不当，导致车辆左右两侧后轮分别驶上一剪刀状支路口的道路两端，车辆在后退过程中因逐渐加大的高度差，使车体重心严重偏移，导致客车向右侧倾覆翻车。翻覆的客车将正从车门逃生的 5 名乘客压死，造成 5 人死亡。驾驶员李洪元在此次事故中负全部责任	5	重庆冠忠（第三）公共交通公司

第二章　主城区公共交通企业

第一节　公共汽（电）车企业

一、综合型公交管理企业

重庆公交控股（集团）有限公司

重庆公交控股（集团）有限公司（以下简称重庆公交集团）由重庆市人民政府授权经营和管理重庆市第一公共交通公司、重庆市第二公共交通公司、重庆市第三公共交通公司、重庆市公共电车公司、重庆市第五公共交通有限公司、重庆市公共交通站场公司、重庆市公共交通物资公司、重庆市客车总厂、重庆冠忠（第三）公共交通有限公司、重庆冠忠（新城）公共交通有限公司等授权范围内的国有资产管理和公共交通项目的投资开发管理。主要从事资本管理、资本运作，不直接参与公交企业客运经营活动。

重庆公交集团经营职责：对集团公司范围内的全资子公司按照资本经营的方式实行控股管理、资产运作和投资、融资决策，实现国有资产的保值增值。重庆公交集团作为各全资子公司和参股公司的出资人，依法履行资产收益职责，对全资子公司的董事、监事和主要经营管理者的任命职责，选派该公司在参股公司的董事、监事。统一承担和办理集团公司富余人员的分流安置事宜。在重庆市人民政府许可范围内统一规划公交企业运营线路、站点和运力投放。统一协调和处理集团内国有公交企业场站基本建设事宜。

重庆公交集团实行董事会领导下的经理负责制。董事会成员 7～9 名，董事长为公司的法定代表人；监事会成员 3～5 名，对公司行使监督权；公司机关人员编制 30～50 人。公司机关内设 6 个部门，即行政部、人力资源部、资产财务部、运营安全规划部、科技发展部、政工部。

2002 年 3 月 27 日，在《重庆市人民政府关于同意组建重庆市公共交通控股（集团）有限公司批复》中，明确重庆公交集团直属企业有 10 个，即：重庆市第一公共交通公司、重庆市第二公共交通公司、重庆市第三公共交通公司、重庆市公共电车公司、重庆市第五公共交通有限公司、重庆冠忠（第三）公共交通有限公司、重庆冠忠（新城）公共交通有限公司、重庆市公共交通物资有限责任公司、重庆市公共交通站场有限公司、重庆市客车总厂。重庆公交集团成立后，迅速实施主辅剥离，以资产为纽带，突出主营业务（运营、服务、安全为主）和非主营业务（其他多项产业）先后成立公交惠泽公司、巴士公司、顺达公司、一卡通公司、维修公司、快通公司等实体公司，明确职责，走上集约化、专业化的经营之路。同年，重庆公交集团公司成立后，重庆渝城交通一卡通有限公司与重庆市第一公共交通公司分离，成为重庆公交集团全资子公司。

2002 年 7 月 29 日，重庆公交集团以《关于组建重庆市公共交通惠泽职工管理服务有限公司的通知》批准，成立了重庆市公共交通惠泽职工管理服务有限公司，属国有独资有限责任公司。服务于重庆公交集团公司下属各子公司改制中的人员安置的需要。

2003 年，重庆公交集团成立安全管理办公室、服务管理办公室、线网规划办公室，以强化安全、服务及线网规划管理。

2003 年 1 月 16 日，重庆市交通委员会以《关于重庆市出租汽车总公司并入公交集团有限公司的批复》，同意重庆市出租汽车总公司行政整体划归重庆公交集团，成为其下属的全资子公司。

2003 年 3 月 24 日，重庆公交集团在《关于集团所属企业类别划分的通知》中，将重庆公交广告有限公司划集团子公司三类企业。

2003 年 3 月 31 日，重庆公交集团整合重庆公交一公司、重庆公交二公司、重庆电车公司的小公共车辆、线路等优良资产，并由重庆公交集团作为发起人，会同 6 家企业共同投资，经重庆市人民政府以《重庆市人民政府关于同意设立重庆巴士股份有限公司的批复》，批准成立重庆巴士股份有限公司，隶属重庆公交集团。

2003 年 5 月 29 日，重庆公交集团组建了重庆市公交控股集团汽车维修公司，属非独立核算，内部审计企业。

2004 年 11 月 18 日，由重庆市建设委员会、重庆市国有资产监督管理委员会正式以《市建委关于同意将索道公司整体无偿划入公交集团的批复》和《市国资委关于同意索道公司成建制划入公交集团的批复》，同意将索道公司成建制划入公交集团，使其成为享有独立地位的全民所有制公共交通企业。

2005 年 1 月 1 日，经重庆市国有资产监督管理委员会以《重庆市国有资产监督管理委员会关于将重庆公共交通驾驶学校并入重庆市公共交通控股（集团）有限公司管理的批复》，同意将重庆公共交通客车驾驶学校整体划入重庆公交通集团，成为其子公司。

2005 年 7 月，重庆巴士快速交通发展有限公司成立，隶属于重庆市公交集团，主要从事巴士快速交通——BRT 项目的研究、建设和运营。

至 2005 年年底，重庆公交集团下属子公司达到 19 个，另有 4 个为集团下属企业组建的资产优良、规模较大的公司及与公交运营联系紧密服务公交的公司。

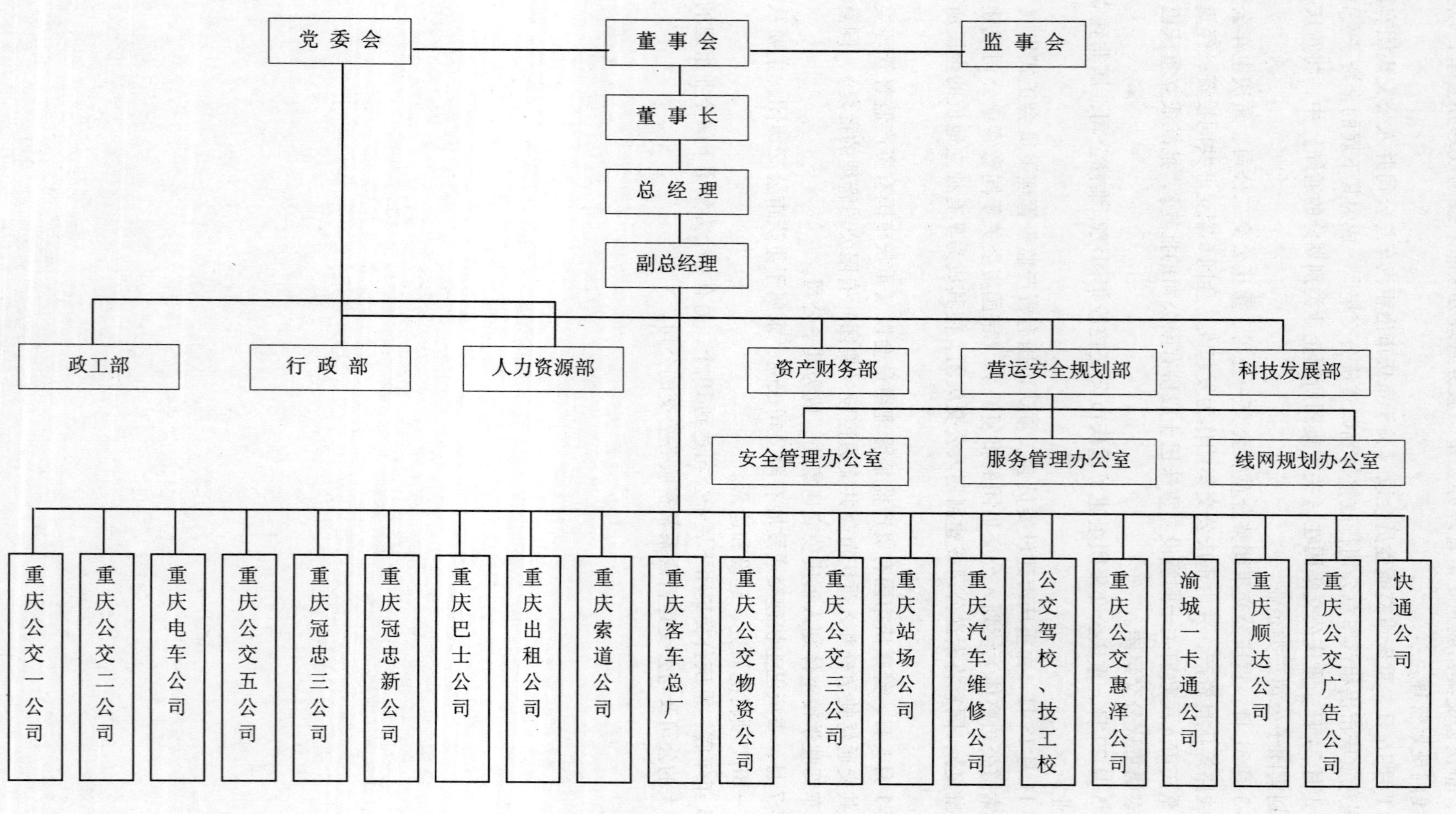

图6-1 2005年重庆市公共交通控股（集团）有限公司组织结构图

表6-3　　2002～2005年重庆市公共交通控股（集团）有限公司领导成员任职名录

姓名	时间	任职情况
杨茂超	2002～2005年	董事长、党委书记
雷　军	2002～2005年	总经理
高伯亮	2002～2005年	副总经理
蒲育才	2002～2005年	副总经理
唐　棣	2002～2005年	党委副书记
刘　莉	2002～2004年	行政部经理
	2005年	副总经理
蒙　文	2004～2005年	总经理助理
陈　林	2004～2005年	资财部经理
赵宗鸣	2002～2005年	人力资源部经理
曾树生	2002～2005年	运营安全规划部经理
王定坚	2002～2005年	科技发展部经理
童思惠	2002～2005年	政工部部长
程　龙	2005年	行政部经理

表6-4　　2002～2005年重庆市公共交通控股（集团）有限公司经营情况表

年度	车辆总数（辆）	非运营车辆（辆）	线路（条）	线路总长度（公里）	年客运量（万人次）	运营收入（万元）	年末职工总数（人）	财政补贴（万元）
2002	3635	265	245	6566	79515	69890	21203	4160
2003	4991	319	272	6863	87000	85196	23297	4380
2004	5987	366	305	7275	90296	115578	28511	4275
2005	6357	415	353	8306	48308	104789	30661	无

二、公交集团成员企业

（一）重庆市第一公共交通公司

1. 公司沿革

重庆市第一公共交通公司前身是重庆市公共交通公司下属第一汽车总站。1985年10月4日，重庆市公用事业局在《关于重庆市公共交通公司管理体制改革后、公司与二级公司职能与权限划分报告的批复》，同意由重庆公交公司第一汽车总站改制为重庆市公共交通第一汽车公司，无法人资格，仍隶属重庆市公共交通公司。

1986年7月31日，重庆市人民政府批准将重庆市公共交通公司“一分为四”的改革方案，成立具有独立法人的重庆第一公共交通公司，直属重庆市公用事业局。唐应枢任经理、程永宽任党委书记，彭维成任党委副书记，向光辉、马福堂、戴席光分别任副经理。公司下设14个路队，2个保养厂（场）（柴油车保养厂、江北保养场），1个卫生所，拥有运营线路9条，运营车辆280台。

2000年，在重庆市人民政府机构改革中，重庆市公用事业局撤销，重庆第一公共交通公司划归重庆市交通委员会管理。2002年6月11日，重庆公交集团公司成立后，重庆第一公共交通公司（以下简称重庆公交一公司）成为重庆公交集团下属的具有独立法人资格的全资子公司。

2. 经营管理

重庆公交一公司从建立健全各项管理规章入手，坚持以“优质服务、乘客至上”为宗旨和缓解“乘车难”为切入点，狠抓全方位的系统基础管理，建立健全相关经理负责制、任期目标责任制、二级单位经营承包制、安全色度管理及相关考核管理制度、对公司中层干部和路队主管干部实行任期制和干部审计制，同时拟定了各科室、部门的岗位职责。

从1988年起，重庆公交一公司开展经营承包制。公司与路队、保修厂签订经济承包合同书，严格按经济承包考核指标及考核办法加强成本管理和基础管理工作。

1991年，重庆公交一公司对第三产业进行了体制改革，重庆市公用事业局以《重庆市公用局关于同意成立重庆市顺达小公共汽车公司的批复》批准，成立顺达小公共汽车公司（以下简称顺达公司），实行单车承包，风险抵押制。顺达公司的成立标志重庆公交小公共汽车的诞生并投入运营。顺达公司下设客运安全科、经营管理科、培训安置科、计划财务科和办公室，隶属重庆公交一公司。

1992年起，重庆市人民政府逐步减少对公交的政策性补贴，将公交企业推向市场，重庆公交一公司开始转变经营机制，推进分配制度、用工制度、住房制度三项制度的改革。

1993年，重庆公交一公司配合全重庆市交通秩序整顿，调整线网结构，正式启用江北中心枢纽站。原江北5条主要线路全部进入中心枢纽站，实现江北地区公交统一管理、集中指挥。随着小公共汽车规模的扩大，公司出台了《小公共汽车保险实施办法》《事故统筹保险金管理使用办法》等，加强了小公共汽车管理。

1995年，重庆公交一公司进一步完善小公共汽车管理体系，加强了对经营单位上缴任务款的监控力度，改变了原经营车辆大修自行选点的模式，进行定点大修，统一了作业项目内容和收费标准，会同公司机检科、路队进行全面验收。

2000年，重庆市顺达小公共汽车公司从重庆公交一公司下属多种经营办公室剥离出来，更名成立了重庆市顺达公共汽车公司，对小公共汽车实行合同化管理。

2001年，重庆公交一公司将原有的成本指标考核变为利润指标考核为主的单车核算体系，同时将公里、安全、收入、利润、维修、服务质量、运营班次等纳入指标考核。实行竞争上岗制度，推行安全管理新机制，并对物资采购实行公开招标，规范公交线路，对重复路号全面实行“一线一号”。在基础设施方面，公司新建了花园新村修理点，为105路、111路购置283平方米的办公用房。

2003年3月，重庆公交一公司率先采用“融资租赁”方式，向上海新世纪融资租赁公司融资租赁60辆中级车、32辆普通车投入运营，融资金额达2067万元。同年，经重庆市交通委员会、重庆公交集团公司批准同意，重庆公交一公司与重庆市汽车运输（集团）有限责任公司第一运输有限公司共同投资100万元，组建了重庆市第一公交北城公共交通有限责任公司。其中，重庆公交一公司占股51%控股并出任董事长，重庆市汽车运输（集团）有限责任公司第一运输有限公司占股49%。北城公交公司的成立加快了资本多元化经营，旨在有效整合渝北人和以北（不含人和）至主城区客运线路，改善渝北区道路运输状况。但因诸多因素，一直未正式投入运营车辆。

2004年，重庆公交一公司启动ISO 9001:2000标准的质量认证工作，编制了质量手册、程序文件、管理细则，提高企业管理水平。

至2005年年底，重庆公交一公司共有员工3866人，资产总额1.82亿元，拥有不同车型、不同档次的车辆866辆，运营线路42条，线网主要遍布重庆市渝中区、江北区、南岸区，并向主城七区辐射，年客运量超过1.96亿人次。

表 6－5　　1986～2005 年重庆市第一公共交通公司经营情况表

年度	线路（条）	线网长度（公里）	车辆（辆）	年客运量（万人次）	运营里程（万公里）	运营收入（万元）
1986	9	78.69	280	21427.66	1034.25	1147.18
1987	10	78.69	280	22799.20	1110.38	1270.24
1988	10	78.69	280	24224.20	1165.29	1441.92
1989	11	87.5	280	22949.22	1125.13	1626.78
1990	11	72.85	280	23447.94	1222.16	2037.46
1991	11	78.5	290	23498.24	1321.47	2782.04
1992	12	83.6	335	24643.06	1347.01	2958.21
1993	12	85.6	389	21239.65	1625.04	4144.20
1994	12	87.1	401	16763.33	1910.11	3950.68
1995	18	83.9	399	14415.11	1908.05	3603.82
1996	19	93.2	479	12502.93	2103.58	4295.22
1997	22	113.6	533	12742.48	1887.78	4972.02
1998	28	121.75	690	14552.38	2259.75	5392.06
1999	30	128	749	15629.58	2679.27	7265.23
2000	34	144.55	908	16444.79	2878.86	7974.09
2001	35	183.65	653	22543.48	3119.43	9854.65
2002	35	183.65	653	21326.74	3105.53	10391.51
2003	40	146.35	737	19504.28	3731.54	11349.92
2004	40	165.15	866	15921.68	5244.15	15757.30
2005	45	166.95	866	17662.84	6128.40	18617.06

表 6－6　　1986～2005 年重庆市第一公共交通公司领导成员名录

姓名	任职时间	任职情况
唐应枢	1986 年 8 月至 1989 年 11 月	经理
程永宽	1986 年 8 月至 1989 年 11 月	党委书记
	1989 年 11 月至 1990 年 10 月	经理
向光辉	1986 年 8 月至 1993 年 10 月	副经理
戴席光	1986 年 8 月至 1995 年 12 月	副经理
马福堂	1986 年 8 月至 1998 年 1 月	副经理
郭铭华	1986 年 11 月至 1993 年 10 月	副经理
彭维诚	1989 年 11 月至 1995 年 1 月	党委书记
丁　纯	1990 年 10 月至 1992 年 8 月	经理
杨茂超	1989 年 12 月至 1992 年 8 月	副经理
	1992 年 8 月至 2002 年 6 月	经理
	2001 年 12 月至 2002 年 6 月	党委书记

续前表

姓名	任职时间	任职情况
陈启川	1993 年 10 月至 2000 年 2 月	副经理
谢丛禄	1995 年 1 月至 1998 年 1 月	党委书记
刘　艰	1998 年 1 月至 1999 年 8 月	党委副书记
	1999 年 8 月至 2001 年 12 月	党委书记
蒋　柯	1996 年 1 月至 2002 年 5 月	副经理
	2002 年 6 月至 2005 年 12 月	党委书记
全登明	1996 年 1 月至 2002 年 5 月	副经理
黄维乔	2002 年 6 月至 2003 年 2 月	副经理
	2003 年 2 月至 2005 年 12 月	经理
翟昌忠	2002 年 6 月至 2005 年 12 月	副经理
唐朝国	2002 年 12 月至 2005 年 12 月	副经理

（二）重庆市第二公共交通公司

1. 公司沿革

重庆市第二公共交通公司前身为重庆市公共交通公司第二行车总站，属于县处级以下的一个科级单位，下设的职能部门和运营路队都是股级单位。1985 年 9 月 16 日，由重庆公交公司第二行车总站改制而来的重庆市公共交通第二汽车公司成立，无法人资格，隶属重庆市公共交通公司。

1986 年 8 月 30 日，重庆市第二公共交通公司正式挂牌成立，具有独立法人地位，直属重庆市公用事业局，从事城市公共交通运营生产。胡大孝任经理，陈居常任党委书记，汤志明任副书记，赵万涛、张传华、曾维贵分别任副经理。公司下设 21 个职能科室、1 个直属保修厂，8 个运营路队，北碚站（其前身为公交第三行车总站）。北碚站下设 15 个职能科室，1 个保修厂，5 个运营路队。

1997 年 12 月 8 日，重庆市公用事业局以《关于成立重庆市第五公共交通有限公司的批复》，同意将原属重庆市第二公共交通公司的北碚站从母公司分离，成立重庆市第五公共交通有限公司。

2000 年，在政府机构改革中，重庆市公用事业局撤销，重庆市第二公共交通公司划归重庆市交通委员会管理。2000 年 5 月，重庆市第二公共交通公司进行机构调整，将内部机构调整为 10 个科室。物资公司、卫生所、票务管理稽查大队、综合治理办公室、后勤服务中心等部门，先后与公司机关剥离，新组建为所属二级单位。

2002 年 6 月 11 日，重庆公交集团成立后，重庆市第二公共交通公司（以下简称重庆公交二公司）成为重庆公交集团下属的具有独立法人资格的全资子公司。

2. 经营管理

1987 年，重庆公交二公司组建北碚站牛北路队、227 路队。同时为满足市民不同层次的需要，新增旅游包车服务项目。1988 年，重庆公交二公司通过重庆市公用事业局的达标验收，先后对华业经营部、大足保修厂 2 个长期亏损单位实行租赁承包，使其扭亏为盈。

1990 年，重庆公交二公司在经济管理上实行生产经营逐级风险承包责任制，对下属各级实行风险共担的分解承包，把责任者的利益与经营活动的成败联系起来。通过这种逐级责任保证体制，公司在客运市场竞争激烈、道路设施差、经常堵塞车辆等不利状况下，完成了各种任务指标。

1992 年开始，重庆公交二公司转换经营体制，结合以近郊和长途线路为主的情况，采用了“包死基数，超收全留”为主体的承包经营，首先在北后路队实行单车车组承包，采取了车组承包、单车核算、包死基数，成本自理、超收全留、歉收自补的办法，并先后对15个路队推行风险承包，逐步推行成本下路队，考核到单车的承包，进一步完善了路队风险承包制度，增强了员工的成本意识。

1999年12月，新修建的西南地区规模最大、工艺较先进的梨树湾保修厂正式启用，同时物资科和机务科部分办公室由石碾盘迁往梨树湾新厂办公。

2003年，重庆公交二公司将小公共汽车资产按要求划拨给重庆巴士公司，先后在225路队停车场修建车辆维修中心，较好地解决了大坪、杨家坪、石桥铺片区的车辆小修问题，并修建了璧山车场，改善了乘客的乘车条件。将梨树湾保修厂房产和土地划拨给了公交站场公司。

2005年，重庆公交二公司顺利通过了中国质量认证中心的认证审查，取得了ISO 9001:2000质量体系合格证书。并在261和224线路首次安装了GPS卫星定位装置63台，电子站牌6块，增强了运行管理智能化、科学化的监控力度。

至2005年年底，重庆公交二公司拥有员工4873人，资产总额1.88亿元，车辆945辆，运营线路70条，线路总长1577.3公里，网长476.2公里，2048个站点，日客运量42万人次左右，年运营里程6100万公里，运营线路辐射重庆10区1县（市），即沙坪坝区、渝中区、渝北区、江北区、大渡口区、九龙坡区、高新区、巴南区、南岸区、市经开区和璧山县。

表6-7　　1986~2005年重庆市第二公共交通公司经营情况表

年度	线路（条）	线网长度（公里）	车辆（辆）	年客运量（万人次）	运营里程（万公里）	运营收入（万元）
1986	23	274.5	277	24623.34	1727.31	1831.76
1987	64	585	432	30489.45	2575.85	2638.22
1988	57	620.2	434	30894.31	2598.81	2902.2
1989	57	622.5	447	29589.04	2484.23	3169.87
1990	57	622.5	457	31131.43	2683.14	3922.26
1991	58	625.5	459	30680.95	2791.64	4444.26
1992	66	642	531	26889.24	2991.82	4787.19
1993	66	642	587	23872.25	3482.96	7376.83
1994	78	580.3	608	19984.39	3613.84	6140.2
1995	72	664	608	18844	3588.1	7330
1996	72	564	627	14988	3597.26	7063
1997	75	586	652	15332.68	3999.89	8002.56
1998	39	305.9	509	14290.4	2849.75	5679.97
1999	39	305.9	591	15551.9	3363.48	7433.83
2000	50	342.9	637	16682.57	3974.6	7630.87
2001	52	361.9	659	19101.29	4711.8	9861.45
2002	57	364.9	720	19787.84	5022.96	11824.88
2003	63	450	713	16779.67	4542.36	12731.66
2004	66	472.9	890	15029.27	5542.52	16411.14
2005	70	476.2	945	16842.74	6267.06	20061.91

表6-8　1986~2005年重庆市第二公共交通公司领导成员名录

姓名	任职时间	任职情况
胡大孝	1986年8月至1997年2月	任经理
陈居常	1986年1月至1996年6月	党委书记
赵万涛	1986年8月至1996年6月	副经理
	1996年6月至1997年11月	任经理
陈一化	1992年12月至1996年6月	副经理
	1996年6月至1998年10月	党委书记
张传华	1986年8月至1997年11月	副经理
王光来	1992年12月至1999年12月	副经理
	1999年12月至2003年6月	党委书记
曾维贵	1992年12月至1997年11月	副经理
翟昌忠	1996年6月至2002年10月	副经理
李邦进	1996年6月至1997年11月	副经理
高伯亮	1997年2月至1997年11月	副经理
	1997年11月至2002年6月	经理
王嘉明	1997年11月至2003年6月	副经理
	2003年6月至2003年12月	党委副书记
	2003年12月至2007年1月	党委书记
唐　炽	1997年11月至2002年10月	副经理
赵宗鸣	1998年12月至2002年6月	党委副书记
全登明	2002年6月至2005年12月	经理
唐图奎	2002年6月至2003年3月	副经理
夏永毅	2002年9月至2005年12月	副经理
张雄伟	2004年3月至2005年12月	副经理
李凡果	2005年12月	副经理

（三）重庆市第三公共交通公司

1. 公司沿革

1985年10月12日，由重庆公交公司第四行车总站改制而来的重庆市公共交通第四汽车公司成立，无法人资格，仍隶属于重庆市公共交通公司。

1986年7月14日，按照重庆市人民政府批转重庆市城乡建设管理委员会、重庆市体制改革委员会《关于改革重庆市公共交通公司管理体制的报告》的通知，成立了重庆市第三公共交通公司（以下简称重庆公交三公司），具有独立法人地位，直属于重庆市公用事业局。万本廉任经理，童良均任党委书记，蒋兴国任党委副书记，谢丛禄、彭茂才、杜泽渊分别任副经理。公司内设21科室，2个总站，2个保养厂，13个路队。运营线网遍及长寿、江北区、渝中区、南岸区、九龙坡区、巴县、江津、綦江、南桐等5个区5个县，运营线路62条，线长733公里，长、短途车站229个，运营车辆258辆。

1998年7月9日，重庆市第三公共交通公司汽车装修保养三厂和重庆市客运总站分别向重庆市第三公共交通公司提出兼并申请。7月14日，重庆市第三公共交通公司向重庆市公用事业局提出兼并2个单位的申请。1998年7月17日，重庆市公用事业局同意兼并重庆市第三公共交通公司汽车装修保养三厂和重庆市客运总站。

1998年12月11日，由重庆市公用事业局牵头，重庆市对外贸易经济委员会以《关于渝港合资重庆冠忠公共交通发展有限公司合同、章程的批复》，同意重庆市第三公共交通公司与香港冠忠巴士集团有限公司共同出资9000万元人民币，组建西南地区首家从事城市公共交通的合资企业——重庆冠忠公共交通发展有限公司（简称重庆公交冠忠公司），并于1999年1月9日正式挂牌。重庆公交三公司客运经营及职工整体划入合资公司。由此，重庆公交三公司的职能性质，由经营型转变为管理型，主要负责监管合资股份45%的国有资产；管理未合资的国有资产并确保其保值增值；经营未合资的站场；管理原职工住宅，并对其进行出售及维护、维修工作；处理遗留法律纠纷等工作。内设一室二部：办公室、综合开发部、资产财务部，共有管理人员15名（除1名领导外，其余均为重庆公交冠忠公司职工返聘到重庆公交三公司工作）。

2000年，重庆公交三公司完善了向重庆公用投资开发公司转购重庆公交站场公司股权的工作，由重庆公交三公司经理出任重庆公交站场公司董事长，实现“一套班子，两块牌子”的管理。

2000年，在政府机构改革中，重庆市公用事业局撤销，重庆公交三公司划归重庆市交通委员会管理。2002年6月11日，重庆公交集团公司成立后，重庆公交三公司成为重庆公交集团下属的具有独立法人资格的全资子公司。

2. 经营管理

1988年，重庆公交三公司划小核算单位，扩大基层权利。引入竞争机制，推行租赁承包经营，对各站、队、厂实行“独立核算，上缴包干，超利分成，亏损自负，工资全浮”的租赁承包方式，使站队运营单位由生产型转为经营型。

1989年，重庆公交三公司推行全员风险抵押承包，使公司运营生产稳步发展，经济、社会效益逐年提高。先后新建葛兰、大洪湖、鱼洞等车站，新修建李家沱、南岸等修理工间和土桥油库等生产设施4530平方米，改善了生产经营环境。

20世纪90年代，重庆公交三公司在总结以往承包经验的基础上，采用单车承包，超利全留的经营方案，兼顾成本核算，继续推进承包经营。

1999年1月9日，重庆公交三公司与香港冠忠（重庆）投资有限公司合资组建重庆冠忠公共交通发展有限公司（2000年6月更名为重庆冠忠〈第三〉公共交通有限公司）后，不再从事客运经营。合资后的重庆公交三公司先后对原三公司所属国有资产、房地产产权、基本建设工程、下属第三产业进行了清理盘查，并监管与重庆冠忠（第三）公共交通公司的往来账目，确保国有资产的保值增值。

表6-9　　1986~1998年重庆市第三公共交通公司经营情况表

年度	线路（条）	线网长度（公里）	车辆（辆）	年客运量（万人次）	运营里程（万公里）	运营收入（万元）
1986	67	1036.7	242	6938.4	1112.7	1138
1987	67	1036.7	250	7913	1286.19	1305.8
1988	63	1016.7	250	7899	1324.48	1319.18
1989	63	1016.7	250	9529.2381	1319.84	1614.65
1990	56	981.2	253	8196.36	1575.28	2257.78
1991	52	953.8	254	7987.63	1189.7	1998.1

续前表

年度	线路（条）	线网长度（公里）	车辆（辆）	年客运量（万人次）	运营里程（万公里）	运营收入（万元）
1992	49	891.9	288	8686.92	1565.91	9476.6
1993	52	913.1	288	8194.36	1600	3000.00
1994	52	899.6	314	4932.58	1543.95	2507.12
1995	51	889.3	324	4962.57	1505	2899
1996	50	867.7	330	4912.64	1772.00	3454.7
1997	51	872	450	4761.3	1973.6	4014.5
1998	52	872.1	576	5520.05	2534	4629

表6-10　1986~2005年重庆市第三公共交通公司领导成员名录

姓名	任职时间	任职情况
万本廉	1986~1995年	经理
刘阿林	1996~2000年	经理
	1999~2000年	党委书记
陈启川	2000~2005年	总经理
	2003~2005年	党委书记
童良均	1986~1995年	党委书记
唐　棣	1996~1998年	党委书记
彭华中	2000~2003年	党委书记
谢丛禄	1986~1990年	副经理
彭茂才	1986~1992年	副经理
申大才	1986~1998年	副经理
杜泽渊	1986~1992年	副经理
汤桥平	1997~1998年	副经理
蒋兴国	1986~1990年	副经理
王林华	1992~1995年	副经理
刘仁礼	1992~1995年	副经理
杜泽渊	1996~1998年	副经理
古爱国	1996~1998年	副经理
王学兰	1996~1997年	副经理
向　勇	1997~1998年	副经理
罗明亮	1999~2000年	副经理
武海峰	2000~2005年	副经理
彭华中	2000~2003年	副经理
罗江凌	2001~2005年	副经理
史立庆	2002~2005年	副经理

（四）重庆冠忠（第三）公共交通有限公司

1. 公司沿革

1998 年 12 月 11 日，由重庆市公用事业局牵头，重庆市对外贸易经济委员会以《关于渝港合资重庆冠忠公共交通发展有限公司合同、章程的批复》，同意重庆市第三公共交通公司与香港冠忠巴士集团有限公司共同出资 9000 万元人民币，组建西南地区首家从事城市公共交通的合资企业——重庆冠忠公共交通发展有限公司。公司 1999 年 1 月 9 日正式挂牌，实行董事会决策，总经理负责制，隶属重庆市公用事业局。董事会成员：港方为黄良柏（董事长）、黄松柏（董事）、郑敬凯（董事）、陈宇江（董事）；中方为陈一化（副董事长）、刘阿林（董事）、庄千里（董事）。第一届领导班子：陈一化任总经理，刘阿林任党委书记，向勇、汤桥平任副总经理，向光辉任工会主席，李国帮（港方）任财务总监，罗明亮任总经理助理。其中，香港冠忠巴士集团出资 4950 万元人民币（占 55%）拥有控股权；中方出资 4050 万元人民币（由资产评估加上 52 条线路：市区线路 28 条、远郊线路 15 条、区县境内线路 9 条，作价 1460 万元人民币注入），占 45% 的股份。

2000 年 6 月 2 日，重庆市对外贸易经济委员会以《重庆市外经贸委关于重庆冠忠公共交通发展有限公司变更企业名称的批复》，同意更名为重庆冠忠（第三）公共交通有限公司（简称重庆冠忠三公司）。

2000 年，重庆市公用事业局撤销，重庆冠忠三公司划归重庆市交通委员会管理。2002 年 6 月 11 日，重庆公交集团公司成立后，重庆冠忠三公司成为重庆公交集团公司下属的具有独立法人资格的参股子公司。

2. 经营管理

重庆冠忠三公司成立后，以“改革产权制度，规范经营管理，沉积文化底蕴，打造冠忠品牌，稳定员工队伍，提升三个效益”的经营思路，深化企业改革，做好转轨建制，着手使企业从计划经济的轨道转移到市场经济轨道上。公司实行生产经营、资产经营、资本经营三种模式。

1999 年 12 月，重庆冠忠三公司施行成本管理指标化，制订相关制度，并开始探索模拟法人、自主经营和统收统支、综合考核两种经营模式，同时注重提高服务水平，完善内部管理，增强无形资产品牌价值。

2000 年 5 月，重庆冠忠三公司投资重庆渝长高速客运有限公司，投入安凯空调车 1 台，拥有该公司 20% 股份，并取得渝长高速公路经营权。2002 年重庆冠忠三公司长寿路队投入 9 台空调车进入高速客运，提高市场占有份额。同年，重庆冠忠三公司组建“长寿县冠忠客运有限公司”和“万盛区冠忠客运有限公司”，以加强区县运营管理。重庆冠忠三公司出台《运营车辆质量管理考核办法》，将技术部、质检中心、物资供应、保修单位、运营单位捆绑在一起进行考核。

2002 年起，重庆冠忠三公司每年以主题年的形式紧跟公司发展规划，先后规划出“形象创建年”“经营发展年”“服务管理创新年”“质量素质建设年”，连续跨上经营管理新台阶。

2002 年 9 月，公司启动机务改革工程，将质检中心、技术部合并为机务技术部，履行机务仲裁、车辆和技术设备的管理职能。保修一厂、二厂和物资公司合并组建客车修理厂，履行车辆保养、物资采购、车辆质检和机具设备档案管理等职能。

2003 年，重庆冠忠三公司根据南岸区旅游经济的发展趋势，对区域公交旅游客运的发展进行人胆探索，成立观光巴十分公司。公司争取到 50 台“迷你巴士”车指标及经营权，先期投放 25 台，试运行效果良好。并与渝运集团联合组建“万盛汽车客运中心”，集汽车客货运输、汽车修理、零配件销售及停车、餐饮、娱乐、住宿为一体。

2004 年 4 月，重庆冠忠三公司与渝昌贸易公司合资建立“重庆綦江冠忠公共交通发展有限公司”，投入 16 台普通大客车，开通綦江县环城线。并在万盛注册成立“万盛冠忠公共交通发展有限公司”，实施属地化管理，为公司在区县的发展奠定了良好基础。

2005年1月，重庆冠忠三公司成功收购綦江汽车站重庆渝昌房地产有限公司33%的股份，结束了公司无站场设施的历史。

至2005年年底，重庆冠忠三公司拥有员工3251人，资产总额1.4亿元，高、中、低档配套各类车辆848辆（含互换车10辆），运营线路69条，运行线路长度2254公里，网线长937.5公里，年运营里程5329万公里，年客运量达1.27亿人次。主要经营范围覆盖重庆市辖的渝中区、南岸区、江北区、巴南区、沙坪坝区、九龙坡区、万盛区、长寿区、綦江县，并具备渝长、渝黔高速公路的经营资格。

表6-11　　1999~2005年重庆冠忠（第三）公共交通有限公司经营情况表

年度	线路（条）	线网长度（公里）	车辆（辆）	年客运量（万人次）	运营里程（万公里）	运营收入（万元）
1999	57	885.5	627	7946.93	3343.96	7908.12
2000	58	893	637	10158	3533	7968.8
2001	63	927.2	640	10963.84	3818.96	10713.94
2002	65	890.1	674	10512.72	4100	12028
2003	68	908	725	11251	4426	11209
2004	71	914	800	11719	4859	15123
2005	69	937	848	12730	5329	16796

表6-12　　1999~2005年重庆冠忠（第三）公共交通有限公司领导成员名录

姓名	任职时间	任职情况
陈一化	1999~2001年	总经理、副董事长
	2001~2005年	党委书记
向　勇	1999~2001年	副经理
	2001~2005年	总经理
汤桥平	1999~2003年	副经理
罗明亮	2000~2001年	副经理
杨志刚	2001~2003年	副经理
杨建飞	2003~2005年	副经理
郑先国	2003~2005年	副经理
刘阿林	1999~2001年	党委书记

（五）重庆市公共交通电车公司

1. 公司沿革

1955年10月1日，新中国自行设计、施工建成的第一条（上清寺至小什字）无轨电车正式通车，揭开了重庆电车的历史，谱写出新中国城市公共交通的新篇章。1985年以前，电车总站隶属重庆市公共交通公司。1985年6月26日，由重庆公交公司电车总站改制而来的重庆市公共交通电车公司成立，无法人资格，仍隶属重庆市公共交通公司。

1986年8月30日，重庆市公共交通电车公司（简称重庆电车公司）正式挂牌成立，具有独立法人地位，直属于重庆市公用事业局。刘阿林任经理，程继军任党委书记，张成义任党委副书记，王敏卿、舒安达、周国富分别任副经理。公司内设20个科室，供电所、保修场、武装部、装修厂、广告服务部，8个运营路队。

2000年，在重庆市政府机构改革中，重庆市公用事业局撤销，重庆电车公司划归重庆市交通委员会管理。2002年6月11日，重庆公交集团公司成立后，重庆电车公司成为重庆公交集团下属的具有独立法人资格的全资子公司。

2. 经营管理

重庆电车公司成立后，首先以建立健全各项管理规章入手，狠抓全方位的系统管理配套，完善企业经营管理制度，对中层干部实行聘任制，重新修订各科室、部门的岗位责任制。对二级单位主要采用工效挂钩的经营方案，汽车线路以路队为主的集体承包方案。划小核算单位给二级单位分配权，进一步搞活分配以调动职工的生产积极性。同时，公司全面开展上等级工作，建立公司中心档案室及管理制度，编拟了管理、工作和技术三大系列送审标准504项。

1987年1月，重庆电车公司将原来的303路、306路合并成为一条路队，实现了解放碑至杨家坪一线的全日运行，增加运营车辆以确保运力的充足，从而使公司运营公里逐年增加，保证了营收计划的完成。

1989年，重庆电车公司全面通过省级先进企业验收，成为重庆市初具现代化管理能力的客运单位。石桥铺保修场的扩建工程竣工，扩建后新增面积7000平方米，总的车辆保修能力为300辆。

1990~1993年，重庆电车公司采取贷款和内部集资等方式发展小公共客运，扩大客运市场占有率，并以优质的服务受到乘客的称赞，取得了较好的社会效益和经济效益。1993年3月，重庆电车公司成立小公共汽车分公司，统一管理小公共汽车运营安全工作。

1999年，为了缓解观音桥至上清寺路段的交通状况，重庆电车公司在江北区五里店投资修建停车场。工程于1998年7月27日开工，1999年6月30日竣工。该站场占地面积26520平方米，停车场面积25012.13平方米，停放车辆200台，办公用房及库房的建筑面积1241平方米以及修理厂面积1776平方米，用于维修车辆。

2004年12月15日，重庆电车公司将外形豪华时尚、内部设计人性化的“都市巡洋舰”投放到465路运营，填补了重庆市无高等级公交车的空白。

此外，电车公司以自办、联营、承包等形式积极开拓外向型经济发展第三产业，先后在广告，建筑、汽电车配件销售、房地产（门面租赁）、劳动服务公司、出租客运、酒店餐饮等多项领域拓展多元化三产实体。至2005年年底，公司拥有员工3595人，资产总额3.13亿元，运营车辆836辆，运营线路29条，线网主要分布在渝中区、江北区、沙坪坝区、渝北区、九龙坡区、巴南区、高新区等，日运行里程15万公里，日载客量53万人次。

表6-13　　1986~2005年重庆市公共交通电车公司经营情况表

年度	线路（条）	线网长度（公里）	车辆（辆）	年客运量（万人次）	运营里程（万公里）	运营收入（万元）
1986	8	76.5	197	20924.0	1129.1	1226.9
1987	8	78.5	208	21031.5	1181.8	1276.6
1988	8	78.5	211	21688.3	1209.5	1414.8
1989	8	78.5	215	20521.4	1198.7	1635.5
1990	8	78.5	216	20170.0	1196.9	2016.8
1991	8	78.5	218	19612.1	1201.5	2570.1

续前表

年度	线路（条）	线网长度（公里）	车辆（辆）	年客运量（万人次）	运营里程（万公里）	运营收入（万元）
1992	10	128.5	252	20785.7	1204.3	2712.5
1993	12	156.5	287	16401.4	1346.9	3457.3
1994	18	230	359	14452.2	1896.8	3582
1995	18	261	396	13780	2361.3	3560
1996	20	261	424	12061	2493	4436
1997	21	294	470	12986	2788	5586
1998	21	333	572	15831	3354	7184
1999	21	353.6	626	16678	3934	7935
2000	21	350.2	660	17996	4276.3	8922.8
2001	25	359.7	684	18256.5	4527.7	11046.5
2002	21	305.5	600	16970.8	3888	11893.7
2003	23	363.4	660	18199.5	4380.1	14506.5
2004	27	430.6	798	17177	4942.3	17076
2005	29	477.4	836	19361.2	5559	19375

注：（1）2002 年之后的各项指标不含小型公共汽车。

（2）2003 年 11 月前，月票人次 5 次/天计算，2003 年 11 月开始使用 IC 卡，人次据实计算。

表 6－14　1986～2005 年重庆市公共交通电车公司领导成员名录

姓名	任职时间	任职情况
刘阿林	1986～1988 年	经理
王敏卿	1988～1990 年	经理
汤志明	1991～1998 年	经理
蒲育才	1991～1998 年	副经理
	1998～2002 年	经理
童小勋	2002～2005 年	经理
程继军	1986～1994 年	党委书记
舒安达	1986～1991 年	副经理
	1994～1998 年	党委书记
唐　棣	1998～2002 年	党委书记
姚天福	1991～1998 年	副经理
	2002～2005 年	党委书记
邹国富	1986～1991 年	副经理
蒲庆勋	1994～1998 年	副经理
黄维乔	1998～2002 年	副经理
曾树生	1998～2002 年	副经理

续前表

姓名	任职时间	任职情况
蒋兴灿	1998～2005 年	副经理
熊劲	1998～2005 年	副经理
杨蜀成	1996～1997 年	副经理
张成义	1986～1988 年	党委副书记
	1989～1990 年	副经理
赖生平	1998～1998 年	党委副书记

（六）重庆市第五公共交通有限公司

1. 公司沿革

1985 年 11 月 25 日，重庆市公用事业局以《关于成立重庆市公共交通第三汽车公司的批复》，同意成立重庆公共交通第三汽车公司，仍隶属于重庆市公共交通公司。1986 年，在公交体制改革中，与重庆公共交通第二汽车公司合并，更名为重庆公交二公司北碚站。

1997 年 12 月 18 日，重庆市公用事业局以《关于成立重庆市第五公共交通有限公司的批复》，同意将原属重庆公交二公司的北碚站从母公司分离，按照“体制要新、人员要精、工作要实、效率要高”的工作方针，组建国有独资的重庆市第五公共交通有限公司（简称重庆公交五公司），注册资金 3221.7 万元，实行董事会领导下的经理负责制。李邦进任董事长兼任党委书记和总经理，魏建新、李前和分别任副经理。运营线路 39 条，经营以北碚为轴心六区一市的城市公交客运及汽车修理。公司下设行政办、党办、企管办、团委、工会、财务科、计划科、保卫科、劳工科、安监科、运调科、总务基建科、机务科、物资科、武装部、三产办、医务所、宣教科、保修厂以及 6 个运营路队。

2000 年，在重庆市政府机构改革中，重庆市公用事业局撤销，重庆公交五公司划归重庆市交通委员会管理。2002 年 6 月 11 日，重庆公交集团成立后，重庆公交五公司成为重庆公交集团下属的具有独立法人资格的全资子公司。

2. 经营管理

1997 年 9 月，为满足乘客日益增长的消费需求，公司组建 502 北解路队，投入高档豪华空调大巴，运行北碚往返解放碑、南坪、缙云山等区间。该路队曾荣获重庆市总工会授予的“九五立功奖状”，并于 2001 年 10 月被国家交通部、人事部评为“全国交通系统先进集体”和“文明客运汽车队”。该路队以“导游、空姐”式服务、儿童托运、特殊货运服务、英语服务的特色服务方式，凸显了公司的品牌形象。公司在运调管理上，实行微机管理，普及了服务硬件，使运营作业计划更贴近实际，运调管理更加科学和规范。

1998 年 6 月，公司与 MPI 广告公司合作，引进 20 辆空调车，其中 17 辆投入北合线运行，3 辆投入北解路队，提高了车辆档次。

2001 年，公司实施鱼塘湾片区联合开发，该工程成功的资产运作，盘活了鱼塘湾停车场资产，筹集资金购买高档客车运行高速路。

2002 年 6 月，公司首批购进 20 辆安凯豪华大客车，开通运行北碚至解放碑（502 路）高速线路。运营实力和服务质量大幅提升。

2002 年 6 月 20 日，公司组建渝合高速路队，开行重庆公交首条高速公路运营线路 508 路合川至莱园坝高速公路班车，开拓了重庆公交新的经营手段。该线按照北解路队航空式服务模式，乘务员具备普通话、英语、礼仪的专业技能。每辆车上为乘客配备较为齐全的常备药品，针线包、矿泉水、塑料袋等，并随车附有意见簿听取乘客的批评和建议，乘务员在车门边迎送乘客，在运行过程中使用普通话和英语进行服务、宣传，以一流的服务赢得广大乘客的称赞。

2004 年，重庆公交五公司全面实施 ISO 9001:2000 质量管理体系认证工作，全面提升和强化企业内部的质量管理水平。

至 2005 年年底，重庆公交五公司在册员工 1775 人，资产总额 1 亿元，运营车辆 404 辆，运营线路 44 条，年客运量 6932 万人次，运营里程 2900 多万公里，担负着七区一市，即北碚区、渝中区、九龙坡区、大渡口区、江北区、沙坪坝区、南岸区和合川市的客运任务。

表 6－15　　1997～2005 年重庆市第五公共交通有限公司经营情况表

年度	线路（条）	线网长度（公里）	车辆（辆）	年客运量（万人次）	运营里程（万公里）	运营收入（万元）
1997	36	1080.5	191	2746	1231.44	3019.32
1998	36	1082.5	249	2881	1378.51	3325.10
1999	39	1254	255	2841	1510.61	3388.32
2000	40	1301	305	3863	1805.88	4134.50
2001	40	1301	301	3449	1907.96	4501.83
2002	40	1301	280	4102	2123.62	5463.78
2003	42	1348	337	4884	2319.01	6724.17
2004	44	1374	404	7024	2612.05	9281.66
2005	48	1494	404	6932	2901.24	10199.22

表 6－16　　1997～2005 年重庆市第五公共交通有限公司领导成员名录

姓名	任职时间	任职情况
李邦进	1997～2005 年	董事长、党委书记
	1997～2003 年	总经理
杨志刚	2003～2005 年	总经理
魏建新	1997～1999 年	副经理
李前和	1997～2003 年	副经理
唐　伟	1999～2005 年	副经理
王星高	2000～2005 年	副经理
朱乃希	2002～2005 年	副经理

（七）重庆冠忠（新城）公共交通有限公司

1. 公司沿革

重庆冠忠（新城）公共交通有限公司经历了建路队、建客运站、由集体企业改建为股份制企业、再组建为港渝合资的城市公共交通企业四个时期。

1982 年，重庆市公用局借款 61 万元购置 15 辆客车，组建承担月票任务的城市公共交通集体企业 305 路客运队。305 路客运队，由重庆市公用局集体管理处管理。1986 年，重庆市人民政府对重庆市公交公司进行改革，将公交公司分为 4 个县团级法人单位，305 路客运队由重庆市公用事业局委托给改革过程中成立的重庆市电车公司代管，所经营公交线路第一个阿拉伯数字随电车公司改为“4”。1990年1月13日，重庆市公用事业局以《关于电车公司对原三〇五路队更名请示的批复》，同意将305客运队更名为重庆市江北公共交通客运站，仍由重庆市电车公司代管。

1998年3月8日，重庆市公用事业局和重庆市经济体制改革委员会以《重庆市公用事业管理局、重庆市经济体制改革委员会关于重庆市江北公共交通客运站改组为有限责任公司的批复》，同意重庆市江北公共交通客运站由集体所有制改建为股份制。名称为重庆市新城公共交通有限责任公司，隶属于重庆市公用事业局，注册资金1000万元，重庆市公用事业局持国有股：占12.6%，重庆市电车公司持法人股：占13.77%，本企业职工持自然人股：占73.63%。公司实行董事会领导下的经理负责制，内设9个科室、4个运营路队、1个修理厂。

2000年2月28日，重庆市计划委员会以《重庆市计委关于重庆市公共电车公司与香港冠忠（重庆）投资有限公司合资组建重庆冠忠（新城）公共交通有限公司项目建议书的批复》，同意重庆市公共电车公司与香港冠忠（重庆）投资有限公司合资组建重庆冠忠（新城）公共交通有限公司〔简称重庆冠忠（新城）公司〕。公司于2000年3月20日挂牌，注册资金6267万元。其中，香港冠忠出资4803万元，占76.64%的股份；重庆市公共电车公司出资1464万元，占23.36%的股份。公司实行董事会领导下的经理负责制，内设9个科室、4个行政路队、1个修理厂、1个分公司、1个控股子公司。

2002年6月11日，重庆市公共交通控股（集团）有限公司成立后，重庆冠忠（新城）公司成为重庆公交集团下属的具有独立法人资格的参股子公司。

2. 经营管理

重庆市新城公司成立后，采取多种经营模式发展生产。对601路采取集体责任制经营，对604路、605路、606路采取单车责任制经营，对602路、611路采取单车承包经营，对630路采取公开招租租赁经营等。

1998年，公司完成渝北城南候车场主体工程建设，1999年7月开通两路城南到朝天门的608路，和朝天门到渝北统景的旅游专线612路。

2001年，重庆冠忠（新城）公司出资700万元收购重庆同聚福集团汽车运输队及其运营线路（朝天门至张关），开通了两路空港到朝天门的609路，和朝天门到张关的旅游专线613路。

2004年10月，公司同重庆工贸集团合作成立了由冠忠（新城）公司控股的冠忠新城一北公共交通有限公司（简称一北公司），将重庆工贸集团在渝北区城区运行的承包、挂靠性质的客运车辆，按照“承包合同到期一辆改造一辆，报废一辆改造一辆”的原则纳入一北公司经营管理。

至2005年年底，公司从业人员1500余人，资产总额1.32亿元，运营设备车484辆，下属5个运营路队、1家控股子公司——一北公司、1家分公司——重庆冠忠（新城）小公共汽车分公司、1家甲级汽车维修厂。

表6－17　　1998～2005年重庆冠忠（新城）公共交通有限公司经营情况表

年度	线路（条）	线网长度（公里）	车辆（辆）	年客运量（万人次）	运营里程（万公里）	运营收入（万元）
1998	8	97	155	2075	536	1012
1999	9	121.9	181	2190	772	1337
2000	9	121.9	205	2252	1043	1933
2001	11	121.9	228	2380	1224	2803
2002	12	155.4	243	2820	1536	3461
2003	12	163	275	3627	1824	4377

续前表

年度	线路（条）	线网长度（公里）	车辆（辆）	年客运量（万人次）	运营里程（万公里）	运营收入（万元）
2004	19	191	390	5261	2595	6206
2005	27	216.5	484	7557	3806	9373

表 6-18　1986~2005 年重庆冠忠（新城）公共交通有限公司领导成员名录

姓名	任职时间	任职情况
李书文	2000~2005 年	经理
	2001~2003 年	党委书记
曹德贵	2000~2001 年	副经理、党总支书记
	2001~2003 年	党委副书记、工会主席
王远碧	2000~2003 年	副经理
	2003~2005 年	党委副书记、工会主席
张茂才	2000~2002 年	副经理
李前和	2003~2005 年	副经理、党委书记
贺兴成	2003~2005 年	副经理

（八）重庆巴士股份有限公司

1. 公司沿革

重庆巴士股份有限公司的组建经历了重庆市公共交通巴士公司成立及改制到重庆巴士股份有限公司的融资、成立两个阶段。

2002 年 7 月，重庆公交集团决定将所属重庆公交一公司、重庆公交二公司、重庆电车公司的小公共汽车优良资产整体剥离，进行资产重组，筹建重庆市公共交通巴士公司。同年，重庆公交集团公司下发《重庆市公共交通控股（集团）有限公司关于成立重庆公交巴士股份有限责任公司筹备组的通知》，同意成立重庆市公共交通巴士公司筹备小组，组建重庆市公共交通巴士公司。

2002 年 9 月 19 日，重庆市公共交通巴士公司成立。2002 年 11 月 5 日，重庆市公共交通巴士公司与重庆公交一公司、重庆公交二公司、重庆电车公司签订了委托代管协议书。协议明确这 3 家公司所属的小公共汽车的线路及车辆的经营权交由重庆市公共交通巴士公司委托经营管理，有效期为自签订之日（2002 年 11 月 1 日）起至重庆巴士股份有限公司注册成立（2003 年 3 月底）止。

2002 年 9 月，重庆公交集团公司董事会讨论通过《关于改制并以发起方式设立重庆巴士股份有限公司的方案》。按照工作部署，重庆市公共交通巴士公司于 2003 年取得工商局对于“重庆巴士股份有限公司（以下简称重庆巴士公司）”名称的预先核准，经重庆市计划委员会批准，成立了重庆巴士股份有限公司筹备组，后经重庆市财政局审核批准，授予巴士股份有限公司国有股权管理。2003 年 1 月 24 日，重庆市公共交通控股（集团）有限公司、南京市国际信托投资公司、重庆市公路运输（集团）公司、重庆交通运业有限责任公司、重庆市汽车运输（集团）有限责任公司、重庆高速公路发展有限公司召开了第一次发起人会议。会议决定：雷军为重庆巴士公司董事长，周继春为副董事长，唐炽为总经理。会议还签署了发起人协议，审议了《重庆巴士股份有限公司可行性研究报告》，通过了《重庆巴士股份有限公司章程（草案）》。

2003 年 3 月 31 日，重庆市人民政府下发《重庆市人民政府关于同意设立重庆巴士股份有限公司的批复》，标志着由重庆公交集团公司作为主要发起人，南京市国际信托投资公司、重庆市公路运输（集团）公司、重庆交通运业有限责任公司、重庆市汽车运输（集团）有限责任公司、重庆高速公路发展有限公司等六家企业投资的重庆巴士股份有限公司正式成立（其中重庆公交集团公司占股份的75%～80%），隶属重庆公交集团公司。唐炽任总经理，周继春任党委书记，成功任副书记，黄光荣任工会副主席，王雨亮、李凡果、刘维星分别任总经理助理。公司注册资本8000万元，经营以中级车为主的公交客运。下设管理部门5个部1个室、8个路队、1个修理厂，共有运营车辆546台、线路26条。

2. 经营管理

成立初期，重庆巴士公司从建立健全各项管理制度入手，狠抓公司系统管理，完善企业经营管理制度，明确公司各部门、路队的岗位职责。同时，创新管理模式，突破传统的经营承包，实施自营管理，在严格经理负责制的基础上，实施标准化及二级单位绩效考核管理。

2002年12月11日，按照重庆市交通委员会《重庆市交通委员会关于主城区客运运力结构调整方案的报告》的要求，重庆市公共交通巴士公司19座中巴车退出主城区的验车、收车、换车工作正式开始。2002年12月28日，重庆市公共交通巴士公司完成了137辆19座中巴车退出主城区的工作，结束了重庆公交19座中巴车11年的承包经营模式。

2003年11月24日，重庆市交通委员会发布《关于重庆市出租汽车总公司转让701等路客运车辆及线路经营权的批复》，同意将重庆市出租汽车总公司所属的701路、702路、703路队客运车辆及线路经营权转让给重庆巴士公司，扩大了运营范围。

2004年9月16日，重庆巴士公司收购了重庆北碚朝阳实业有限公司全部股权，将其更名为重庆巴士朝阳实业有限公司（以下简称重庆巴士朝阳公司）。重庆巴士朝阳公司作为重庆巴士公司的一家子公司，经营范围涉及装卸作业、公路客运及工业生产等方面。

2005年，重庆巴士朝阳公司购置28辆新型迷你巴士车投入运行。5月13日，重庆巴士公司通过ISO 9001:2000质量管理体系认证。

至2005年年底，重庆巴士公司共有员工4000余名，资产总量3.1亿元，运营车辆1273辆，日客运人次49.21万人次，运营线路55条，线路长度1290.72公里，网长828.5公里，运营范围涉及主城9个区，横跨长江、嘉陵江，东起渝中半岛朝天门，北至渝北区木鱼石，南至巴南区鱼洞，西至华岩、中梁山一线。

表6－19　　2002～2005年重庆巴士股份有限公司经营情况表

年度	线路（条）	线网长度（公里）	车辆（辆）	年客运量（万人次）	运营里程（万公里）	运营收入（万元）
2002	26	—	546	—	—	—
2003	33	434.2	784	8213.99	4079.69	11395.08
2004	43	434.2	997	14144.00	6406.23	20164.64
2005	55	828.5	1273	17961.67	8673.77	25965.10

注：因重庆巴士公司从2002年10月初开始筹建，故2002年的部分数据缺乏。

表6－20　　2002～2005年重庆巴士股份有限公司领导成员名录

姓名	任职时间	任职情况
唐炽	2002～2005年	总经理

续前表

姓名	任职时间	任职情况
周继春	2002～2005年	党委书记
成功	2002～2003年	副经理
	2003～2005年	党委副书记
黄光荣	2002～2003年	副经理
	2003～2005年	工会副主席
王雨亮	2003～2004年	总经理助理
	2004～2005年	副经理
李凡果	2003～2004年	总经理助理
	2004～2005年	副经理
刘维星	2003～2005年	总经理助理

第二节　出租汽车企业

20世纪70年代末，重庆市从事专业出租汽车经营的只有重庆市出租汽车公司、重庆外事旅游车队等几个单位，出租车数量少、质量低，难以满足市民对客运交通的需要。进入20世纪80年代，在中央“改革、搞活”方针指引下，重庆市政府开放客运市场，改变城市公共交通独家经营体制，采取多渠道集资，多家经营，统一管理的办法发展城市出租客运。到1985年年末，重庆市主城区经营出租汽车的企业发展到15家。其经济成分包括全民、集体和个体。经营方式包括国有独资、中外合资、股份制等。业务范围除经营主城各区出租业务外，还开辟了重庆至成都、乐山、泸州、南充、自贡、万盛、合川等地的定时、定班或包租业务。

20世纪90年代初，由于管理多头，出租客运市场较乱，出租汽车经营单位增长速度过快，主城区经营出租汽车业务的单位和个体达到60余家。1990年，重庆市开展出租客运市场整顿，清理取消部分社会单位兼营出租客运资格，严格控制私营出租汽车数量。主城区出租汽车经营单位和个体业户减少到40余家。经过10年的发展，到20世纪90年代末，重庆市有出租汽车企业89家，个体经营户385家。

进入21世纪，重庆市经济发展加快，城市建设加速，出租汽车业务激增。2002年，重庆主城区有出租汽车企业105家，个体经营户523家。在105户出租汽车企业中，拥有200辆以上出租汽车的5户，其中500辆以上的4家；200辆以下的100家，其中50辆以下的76家。2003年上半年，重庆主城区有出租汽车企业71家，个体经营户523家。到2005年年底，重庆市有出租汽车经营客户1164家，其中企业171家，个体993家。出租汽车从业人员达3万余人，日客运量90万人次。

一、国有出租汽车企业

（一）重庆市出租汽车总公司

重庆市出租汽车总公司原名重庆市出租汽车公司，系重庆市第一家专业出租汽车公司，成立于1978年9月29日，时属重庆市公共交通公司管理。同年10月1日，由国家计委、财政部划拨20辆上海牌小轿车、5辆旅行车正式投入运营。1979年7月1日，重庆市出租汽车公司从重庆市公共交通公司划出，改由重庆市公用事业管理局直接领导，成为独立经营实体。1993年7月1日，重庆市出租汽车公司更名为重庆市出租汽车总公司。2000年，重庆市公用局撤销，重庆市出租汽车总公司划归重庆市交通委员会管理。2003 年 1 月 21 日，重庆市出租汽车总公司并入重庆公交集团。2003 年 1 月 21 日，整体划归重庆公交集团，成为其全资子公司。

重庆市出租汽车总公司下辖 4 个客运分公司、2 个修理厂以及汽车租赁公司、物管分公司、通用汽车销售服务有限公司、中北旅行社，并投资控股重庆索美智能交通通讯服务有限公司。

2005 年，重庆市出租汽车总公司有合同制职工（含驾驶员）2000 余人，退休职工 131 人。有运营出租车 634 辆，租赁汽车 20 辆。资产总额 1.1 亿元，资产净值 5000 余万元，年载客量 4000 余万人次，年实现利润能力 1200 万元左右。

表 6－21　　1990～2005 年重庆市出租汽车总公司经济效益表

年度	营业收入（万元）	利润（万元）	上缴利税（万元）	固定资产额（万元）	运营车辆（辆）	行驶里程（公里）
1990	533	6.5	58	1847	380	43176794
1991	660	－61	54	1484	402	45676503
1992	1312	91	110	4601	503	57152440
1993	2388	207	139	5061	582	66128669
1994	1940	67	206	5973	599	68060262
1995	1592	25	165	7008	599	68060262
1996	1642	7	175	8100	601	64434000
1997	1610	62	200	9166	720	81998800
1998	1757	93	217	10169	698	85422800
1999	2277	66	202	8298	724	81480600
2000	2690	120	146	8281	705	78436393
2001	3709	339	260	11036	686	84184954
2002	4863	482	368	11464	715	87970915
2003	5476	1130	389	9520	714	90177723
2004	5890	1245	644	10665	618	93058975
2005	6072	1058	718	9305	634	95048274

（二）重庆康福来客运有限公司

重庆康福来客运有限公司成立于 1984 年 10 月 25 日，属国家所有，集体经营，照章纳税，自负盈亏的经营实体，即全民所有制融资客运企业。实行董事会领导下的经理负责制，隶属重庆市公用事业局。重庆康福来客运有限公司注册资本为 1200 万元，其中重庆市公用事业局出资 10 万元，中国银行重庆分行以贷款方式出资美元 152.5 万元、人民币 530.5 万元。公司以契约式合作经营方式，合作期为 6 年，银行贷款 6 年还清。本息还清后，资产归重庆市康福来客运有限公司所有，开创了多渠道集资发展城市公共交通的先例。

1984 年，重庆康福来客运有限公司公司下设 3 个车队，有员工 207 人。在市内开设以解放碑为中心的 9 条线路，后又增设重庆至成都、万盛、大足、北碚、合川等 5 条线路。1985 年，公司拥有运营车辆 80 台，其中大车、小车各 20 台，中车 40 台，年运营里程 383.3 万公里，运送乘客 804.5 万人次，年运营收入 513 万元，获得利润 137.7 万元，偿还贷款本息人民币 252 万元。1988 年 1 月 1 日，重庆市康福来出租汽车公司首次将从英国购进的 5 辆“珍宝牌”双层客车，投入解放碑至北碚、南泉、杨家坪、沙坪坝和观音桥5条线路运营。

1990~1992年，重庆康福来客运有限公司先后成立18个分公司。1992年10月19日，重庆康福来客运有限公司更名为重庆康福来实业总公司。1997年，重庆市出租汽车总公司转贷380万元，兼并重庆市康福来实业总公司下属的中车公司、小车分公司，购置其车辆167辆（中车84辆、小车74辆、大客车4辆、公务车5辆），安置职工100人。康福来实业总公司其余300名由重庆市公交一、二、三和电车公司无偿安置。1998年，重庆康福来实业总公司由于管理不善，投资失误，战线太长等原因欠债4200万元，向重庆市公用事业事业管理局申请企业破产。

2000年重庆市政府体制改革，重庆市公用事业局撤销，重庆康福来实业总公司破产申请改交重庆市交通委员会。到2003年，重庆康福来实业总公司已无在册职工和实际资产，仍欠债本息约3300万元。同年5月，重庆市交通委员会决定，重庆康福来实业总公司由重庆市出租汽车总公司代管，继续申报破产。

（三）重庆长途汽车运输（集团）有限公司所属出租汽车公司

重庆中庆出租汽车公司成立于1992年10月，隶属重庆长途汽车运输（集团）有限公司。重庆迅捷出租汽车公司成立于1993年3月，隶属重庆长途汽车运输（集团）有限公司。

（四）重庆市汽车运输（集团）有限责任公司所属出租汽车公司

重庆金达莱出租汽车公司成立于1992年11月，隶属重庆市汽车运输（集团）有限责任公司。

（五）重庆公路运输（集团）有限责任公司所属出租汽车公司

重庆银河出租汽车分公司成立于1992年，隶属重庆公路运输（集团）有限责任公司。

重庆民成出租汽车分公司成立于1993年，隶属重庆公路运输（集团）有限责任公司。

重庆民丰出租汽车分公司成立于1997年，隶属重庆公路运输（集团）有限责任公司。

二、合资出租汽车企业

（一）四川（中日）出租汽车重庆分公司

四川（中日）出租汽车重庆分公司成立于1985年4月20日，系四川省长江企业公司与日本马自达汽车株式会社合资经营的中外合资企业。分公司有日本马自达中型客车19辆、旅行车5辆、豪华型轿车30辆。职工230人。主要经营出租汽车、汽车零配件销售及旅游开发业务。1985年，四川（中日）出租汽车重庆分公司运营里程150.3公里，运营收入156.4万元，上缴利润77.4万元。

（二）重庆中北出租汽车公司

重庆中北出租汽车公司成立于1985年5月15日，系与中国国际信托投资公司合资经营，隶属重庆市出租汽车公司。公司注册资本为1000万元人民币，实行独立核算。1985年，重庆中北出租汽车公司拥有运营车90辆，职工195人，运营里程241.7万公里，运营收入241.9万元。

20世纪90年代末，重庆中北出租公司由于管理不力，经营不善等原因，企业陷入困境。2000年初，经重庆市有关部门批准同意，撤销中北出租汽车公司法人资格，将其资产和人员合并入重庆市出租汽车总公司。

另外，私营出租汽车企业还有重庆互帮出租汽车公司。

第三节 客运轮渡、索道、轨道交通企业

一、重庆市客轮总公司

重庆市客轮总公司原名重庆市轮渡公司，位于重庆市渝中区新华路5号，是重庆最早的水上公共客运交通企业之一，是山城重庆两江四岸唯一的专业轮渡企业，主营主城区两江游览、朝天门至磁器口、朝天门至长寿、市区横江普客运输，兼营缆车客运，船舶制造修理，船用设备及配件、普

通机械销售等。

重庆市轮渡公司成立于1938年，时名重庆轮渡股份有限公司。1952年，由“重庆轮渡”与“渝工轮渡”两家私营股份制企业合并，组成“公私合营的重庆轮渡公司”。1956年通过社会主义改造成为国有企业。1958年与“拖驳公司”合并成为“重庆市水上运输公司”。1963年分出，恢复重庆轮渡，时称市轮渡公司，隶属重庆市公用局。

1978年，随着改革、开放、搞活方针的贯彻和城市公用事业的发展，重庆轮渡客运范围扩大，服务项目增多。到1985年，重庆市轮渡公司有各型客轮36艘，9604马力，11889客座，航线19条，运营范围辐射重庆2个市3个县6个区。有水泥浮船坞1座，维修机具125台。有缆车线3条，索道线1条。有全民职工2136人，大集体职工509人，年客运量4127万人次。

1986~1992年，国民经济发展迅速，人民生活水平提高，城乡地域交流加强，在重庆市优先发展城市公共交通政策的扶持下，轮渡事业有所发展，船只设备更新加快，但客运量逐步减少。到1992年年底，重庆市轮渡公司有各型客轮29艘，8236马力，趸船46艘，航线18条，客运缆车线2条，水泥浮船坞1座。有职工1897人，年客运量2023万人次。1993年，为扩大经营范围和开拓业务，经重庆市公用局批准，同意将市轮渡公司更名为重庆市客轮总公司（简称客轮总公司）。1994~1999年，由于水上运输市场全面放开、高速客运和旅游业迅速兴起。面对激烈的市场竞争，客轮总公司顺应形势，引进和建造水翼艇，发展水上高速客运和旅游业务。但由于民营、个体运输业户猛增，客轮总公司运营业务范围缩小，客运人次逐年减少。到1999年年底，公司有各型客轮35艘，趸船44艘，航线14条，客运缆车线1条，水泥浮船坞1座。有职工1470人，年客运量800余万人次，仅为1992年的25%左右。

进入21世纪，随着城市桥梁建设和公路建设的迅速发展，索道以及滨江公路相继建成投入使用，重庆市交通结构发生变化，市民出行的交通工具更加多样化，城市交通更加便捷快速，水上航线却日益减少，客源逐步分流，客运人次大幅下降，轮渡事业继续萎缩。2000年5月，中共重庆市委、重庆市政府进行机构改革，决定撤销重庆市公用局，将城市公共客运交通职能划归重庆市交委管辖。在“撤局并委”调整机构过程中，客轮总公司划为重庆市交委直属企业。2004年，重庆市国有资产监督管理委员会拟组建重庆交通运输控股（集团）有限公司。同年12月27日，重庆市政府以《重庆市人民政府关于同意组建重庆交通运输控股（集团）有限公司的批复》，同意以重庆市公路运输（集团）公司、重庆市汽车运输（集团）有限责任公司、重庆长途汽车运输（集团）有限公司、重庆交通运业有限责任公司、重庆联运物流总公司、重庆轮船总公司（含重庆市海运有限公司）和重庆市客轮总公司等市属7家国有交通运输企业为基础，组建成立西南最大的最具实力的重庆交通运输控股（集团）有限公司（简称重庆市交运集团）。由此，客轮总公司由重庆市交委直属企业划入重庆市交运集团直属企业，成为其子公司之一。到2005年年底，公司下辖4个直属二级单位，3个控股子公司，资产总额5355万元。拥有码头43个、运营船舶25艘、趸船33艘、船坞1座、航线15条、客运缆车1条，有员工830人，年客运量400万人次。

表6-22　　1986~2005年重庆市客轮总公司领导成员名录

姓名	任职时间	任职情况
张河清	1986~1995年	总经理
雷　军	1995~2000年	总经理

续前表

<table>
<tr><th>姓名</th><th>任职时间</th><th>任职情况</th></tr>
<tr><td rowspan="4">韩小丁</td><td>2000～2005 年</td><td>总经理</td></tr>
<tr><td>1995～2000 年</td><td>副经理</td></tr>
<tr><td>2000～2003 年</td><td>党委副书记、总经理</td></tr>
<tr><td>2003～2005 年</td><td>党委书记、总经理</td></tr>
<tr><td>黄秉纲</td><td>1991～2001 年</td><td>副经理</td></tr>
<tr><td>罗玉桃</td><td>1991～1998 年</td><td>副经理</td></tr>
<tr><td>胡先绪</td><td>1991～1995 年</td><td>副经理</td></tr>
<tr><td>徐大凯</td><td>1995～2001 年</td><td>副经理</td></tr>
<tr><td>陈　兵</td><td>2000～2005 年</td><td>副经理</td></tr>
<tr><td rowspan="2">古爱国</td><td>1998～2005 年</td><td>副经理</td></tr>
<tr><td>2003～2005 年</td><td>党委副书记、纪委书记</td></tr>
<tr><td>邹先文</td><td>1995～2003 年</td><td>党委书记</td></tr>
<tr><td rowspan="2">陈　烈</td><td>1986～1991 年</td><td>党委副书记</td></tr>
<tr><td>1992～1995 年</td><td>党委书记</td></tr>
<tr><td>蒋握枢</td><td>1986～1987 年</td><td>党委书记</td></tr>
</table>

二、重庆市客运索道公司

重庆市客运索道公司系专业化索缆客运交通企业。下辖长江索道站、嘉陵江索道站、凯旋路电梯站、两路口扶梯站以及公司控股的缙云山索道有限公司。重庆市客运索道公司于 1989 年 7 月成立，自 2004 年 1 月 1 日起，整体划入重庆市公共交通控股（集团）有限公司，作为全资企业进行管理。

重庆市客运索道公司注册资本 2876 万元，总占地面积 9802.5 平方米，房屋总面积 17884.05 平方米，现有在岗职工总数 190 余人，其中管理人员 42 名，各类高、中、初级专业技术人员 32 名。年客运量约 800 万人次、客运收入 1000 余万元。重庆市客运索道公司实行两级管理一级核算，设 6 个专业部门，即运营安全科、机务科、人力资源科、政工科、计划财务科和党政办公室，党群组织健全。

三、重庆市轨道交通（集团）有限公司

1992 年 4 月 10 日，重庆市公用事业局以《关于成立重庆市轨道交通公司的决定致局属各事业单位文》，成立重庆市轨道交通公司，属全民所有制企业，隶属于重庆市公用事业局。1993 年重庆市公用事业局以《重庆市公用局关于市轨道交通公司机构设置的批复》，同意更名为重庆市轨道交通总公司。

重庆市轨道交通总公司是重庆市国有独资轨道交通客运企业，经重庆市人民政府主管部门授权，负责城市轨道交通的建设、运营和沿线资源开发工作。下设办公室、政工部、计划合同部、财务部、人力资源部（培训中心）、保卫安监部、质量环境保障部、物资部、前期工作部、信息管理部、专家办公室、物业发展部、运营安全生产调度中心、运输部、车辆段、运营综合设备部、运营线路设施部、总师室、建设项目各部等管理、生产、经营机构，以及重庆捷顺轨道交通技术有限公司、重庆市快捷轨道交通广告有限公司、重庆市捷运设备工程有限公司等多种经营的控股子公司。具有甲级工程管理资质，甲级设备监理资质，乙级工程咨询资质，三级房地产开发资质；具有承担城市轨道交通规划、建设和运营管理以及轨道交通技术咨询的能力。

至2005年年底，重庆市轨道交通总公司资产达40亿元，职工1200人，拥有专门技术与技能人才300名，其中有100多名工程建设管理、交通运输管理的研究生，以及国内唯一经过日本JICA专家系统培训的轨道交通高中级专业技术人才；有一批长期从事轨道交通技术研究与工程建设管理经验的技术骨干和接受过国内外大型地铁公司系统培训的轨道交通运营管理队伍。

重庆市轨道交通总公司承担的西部大开发重点项目、国内首条跨座式单轨交通——重庆轻轨二号线一期工程已顺利开通，二期工程正在加紧建设。重庆市轨道交通总公司计划用20~30年的时间建设"六线一环"354公里的重庆轨道交通线网规划，已得到重庆市人民政府的批准。至2012年将完成轻轨三号线和地铁一号、六号线共82公里的轨道交通建设任务，实现日客运量100万人次。

第三章　主城区公共汽车客运

第一节　汽车类型

1986~2005年，重庆公交车随着城市经济的发展，车型也发生了变化。20世纪80年代以三型车、四型车为主，车型较为单一。后逐步发展为功能多样的高级车、中级车、普通车三大类别的车辆，以适应市民乘车的不同需求。

1986~1996年，主要车型为重客厂的9米车CKZ6953、CKZ6934、CKZ6965，9米以下车型CKZ6592及铰接车CKZ6153。此期间，各公交企业根据车辆的实际车况决定车辆报废及送重客厂翻新。1997年开始，公交企业为提高竞争力，开始探索合资经营、股份制改革等发展道路，在企业改革的同时，引资加速了车辆的更新，逐步引进了重客厂7米CKZ6753系列、8米CKZ6847系列、CKZ6850HNA、9米CKZ6934B、CKZ6965系列、CKZ6991系列、CKZ6998HN、10米CKZ6108EB1及沈飞SFQ6101EF等大批造型美观、质量优良、甚至带有空调的公交车。

1999年，6种新型城市客车投入线路运营，是重庆市城市公共交通整体形象改变最快的一年，城市客车更新数量是新中国成立以来最多的一年，车型变化和服务档次变化最快的一年。全年共更新大客车718辆，空调车增加到450辆左右。

2002年，公交企业以主城19座中巴车退出运营为契机，采取分期、分批的方式淘汰19座中巴车（车型CKZ6592），新增了9.5米中级车（车型CKZ6940EB）。

2004年，重庆市首批高级公交车"都市巡洋舰"投入运营，填补了重庆公交无高级车的空白。

公交运营车辆的选用严格按照建设部标准《城市客车分等级技术要求与配置》（CJ/T162-2002），并执行国家运营车8~10年报废的规定，逐步淘汰了CKZ6953、CKZ6153、CKZ6663、铰接车等老车型。

至2005年年底，重庆公交车辆有"都市风光""城市之舟""都市新概念""城市之星""城市新星""都市新概念""上海客车（空调）""城市巴士""都市巡洋舰""常州长江""沈飞"等各类高级车、中级车和普通公交车。

表6－23　　　　　　　　　　　　**公共汽车技术表**

系列车	车辆型号	车长（mm）	车宽（mm）	车高（mm）	轴距（mm）	空车重（kg）	载客量（人）	最小转弯直径（m）	发动机种类	功率（kw）	最高车速（km/h）	底盘厂及型式	制造年份
高级车	CQ465	11645	2485	3210	5700	11595	53	24	SX 6130Q	144	85	陕西汽车制造厂/平行大梁	1988
都市风光	CKZ 6910 NA	9160	2430	30203200	4500	72007800	60	21	CA6102N2 EQ6100N1 NQ140N	91	70	一汽集团/东风汽车公司/平行大梁	2003
	CKZ 6910 EB	9140	2430	3020	4500	6900	60	21	EQ6100－1	99	80	东风汽车公司/平行大梁	2002
	CKZ 6910 N	9160	2430	3020 3200	3900 － 4300	76008000	60	21	EQ6100N1 CA6102N2	88 91	70	郑州宇通/平行大梁	2004
	CKZ 6910 EB2	9140	2848	3020 3200	4500	64006800	60	21	EQ6100－1	99	82	东风汽车公司/平行大梁	2003
都市新概念	CKZ 6991 EB	9880	2430	3250	5000	7800	70	22	EQ6100－1	99	82	东风汽车公司/平行大梁	2000
	CKZ 6991 CA	9880	2430	3250	5000	7700	69	22	CA6102N2	91	75	一汽集团/平行大梁	2000
	CKZ 6991 CU1	9880	2430	3250	5000	7700	70	22	CA6DF2D－19 CA6DE2－19	140	90	一汽集团/平行大梁	2002
	CKZ 6991 EB1	9880	2430	30503250	5000	78008090	70	22	EQ6100N1	88	80	东风汽车公司/平行大梁	2003
	CKZ 6991 TB	9880	2430	30503250	47005000	72007500	70	22	EQ6100－1 CA6102B6	99 108	85	郑州宇通/平行大梁	2004
	CKZ 6991 ES	9880	2430	30503250	5000	85008800	63	22	NQ140N	104	82	东风汽车公司/平行大梁	2004

续前表

系列车	车辆型号	车长（mm）	车宽（mm）	车高（mm）	轴距（mm）	空车重（kg）	载客量（人）	最小转弯直径（m）	发动机种类	功率（kw）	最高车速（km/h）	底盘厂及型式	制造年份
城市之星	CKZ 6108 TA	10200	2460	3060	47005000	7750	70	23	EQ6100－1 CA6102B6	99 108	85	郑州宇通/平行大梁	2004
	CKZ 6108 CU1	10200	2460	3150	5000	7750	70	23	CA6DF2D－19 CA6DE2－19	140 140	90	一汽集团/平行大梁	2001
	CKZ 6108 EB1	10200	2460	3060	5000	7800	65	23	EQ6100－1	99	80	东风汽车公司/平行大梁	2001
	CKZ 6108 TG	10200	2460	29003150	4275－4725	80508400	70	23	CA6DF2D－17 EQB210－20 YC6J210－20	125 155 155	80	郑州宇通/平行大梁	2004
	CKZ 6108 CF	10200	2460	30803250	5000	78008100	70	23	YC6J190－20 CA6DF2D－18	140 132	85	一汽集团/平行大梁	2000
	CKZ 6108 CA1	10200	2450	31503300	5000	75008090	70	23	CA6102N2	91	85	一汽集团/平行大梁	2001
	CKZ 6108 HEF	10200 10300	2500	30003200	4760－5190	86509000	70	23	EQB210－20 YC6J190－20 CA6DF2D－18 EQB180－20 CA6DE2－16 YC6J210－20 YC6G200－20	155 140 132 132 117 155 147	85	东风汽车公司/平行大梁	2002

续前表

系列车	车辆型号	车长(mm)	车宽(mm)	车高(mm)	轴距(mm)	空车重(kg)	载客量(人)	最小转弯直径(m)	发动机种类	功率(kw)	最高车速(km/h)	底盘厂及型式	制造年份
都市巡洋舰	CKZ 6109 EB	10200	2500	32803100	5000	8000	69	22	EQ6100－1	99	82	东风汽车公司/平行大梁	2001
	CKZ 6109 TG	10580	2500	3280	5000－5420	8200	70	22	YC6G230－20 C245 20 B5.9 230G B5.9 195G CA6DE2－24	170 180 172 145 177	85	郑州宇通/平行大梁	2004
	CKZ 6109 HEF	10200	2500	29803140	4760－5190	91009500	69	22	EQB210－20 YC6J190－20 CA6DF2D－18 EQB180－20 CA6DE2－16 YC6J210－20 YC6G200－20	155 140 132 132 117 155 147	85	东风汽车公司/平行大梁	2003
	CKZ 6109 CA1	10200	2500	30803280	5000	86009200	70	22	CA6102N2	91	75	一汽集团/平行大梁	2003
	CKZ 6109 HEE	10200	2500	3410	5000	94009700	65	22	EQD180N－20 EQD210N－20	132 154	85	东风汽车公司/平行大梁	2003
	CKZ 6109 CU1	10200	2500	30803240	5000	78008100	65	22	CA6DF2D－19 CA6DE2－19	140 140	90	一汽集团/平行大梁	2003
	CKZ 6109 N	10200	2500	32803080	47005000	9200	58	22	EQ6100N1 CA6102N2	88 91	73	郑州宇通/平行大梁	2004
	CKZ 6109 NA	10200	2500	3280	47005000	9200	58	22	EQ6100N1 CA6102N2	88 91	73	郑州宇通/平行大梁	2004
	CKZ 6109 HTJ	10200	2500	3280	5000－5420	87009000	70	22	YC6G230－20 C245 20 B5.9 230G B5.9 195G CA6DE2－24	170 180 172 145 177	85	郑州宇通/平行大梁	2004

续前表

系列车	车辆型号	车长（mm）	车宽（mm）	车高（mm）	轴距（mm）	空车重（kg）	载客量（人）	最小转弯直径（m）	发动机种类	功率（kw）	最高车速（km/h）	底盘厂及型式	制造年份
都市巡洋舰	CKZ 6109 CA	10200	2500	30803280	5000	78008400	70	22	CA6102N2	91	75	一汽集团/平行大梁	2003
	CKZ 6109 TA	10200	2500	32803080	47005000	83807800	70	22	EQ6100－1 CA6102B6	99 108	85	郑州宇通/平行大梁	2003
	CKZ 6119 HTH	10800	2500	29803140	5000 – 5420	92009500	80	23	YC6G230－20 C245 20 B5.9 230G B5.9 195G CA6DE2 －24	170 180 172 145 177	85	郑州宇通/平行大梁	2003
	CKZ 6129 HTH	11650	2500	29803140	5400 – 5800	960010200	85	24	YC6G230－20 C245 20 YC6G200－20 ISBE250 30	170 180 147 184	85	郑州宇通/平行大梁	2003
五型车	CKZ 6965 L	9588	2450	3100	4700	8250	45	21	CA6102 EQ6100－1	99	90	一汽集团/东风汽车公司/平行大梁	2000
	CKZ 6965 CL	9880	2450	3100	5000	8534	70	21	CA6102 EQ6100－1	99	85	一汽集团/东风汽车公司/平行大梁	2000
	CKZ 6965 EL	9785	2450	3140	4700	8430	47	21	CA6102 EQ6100	99	80	一汽集团/东风汽车公司/平行大梁	2000
	CKZ 6965 C	9565	2450	3100	5000	7900	70	21	CA6102 EQ6100	99	75	一汽集团/东风汽车公司/平行大梁	2000
	CKZ 6965 B	10200	2450	3170	5000	7230	70	21	CA6102 EQ6100	99	80	一汽集团/东风汽车公司/平行大梁	2000

续前表

系列车	车辆型号	车长（mm）	车宽（mm）	车高（mm）	轴距（mm）	空车重（kg）	载客量（人）	最小转弯直径（m）	发动机种类	功率（kw）	最高车速（km/h）	底盘厂及型式	制造年份
四型车	CQ 644C	9320	2500	3200	4700	6450	70	20	CA6102 EQ6100	99	70	一汽集团/东风汽车公司/平行大梁	1983
	CQ 644T	9320	2500	3200	4700	6650	45	20	CA6102 EQ6100	99	70	一汽集团/东风汽车公司/平行大梁	1983
	CQ 644J	9320	2500	3500	4700	6850	46	20	CY6102BQ	103	80	一汽集团/东风汽车公司/平行大梁	1983
	CQ 644	9800	2500	3200	4700	6877	80	20	CA6102 EQ6100	99	70	一汽集团/东风汽车公司/平行大梁	1983
	CKZ 6154	15050	2500	3300	47005900	9900	100	20	CA6102 EQ6100	99	65	一汽集团/东风汽车公司/平行大梁球头式绞盘	1984

一、铰接车

20世纪70年代末，各种物资都比较紧缺，汽车底盘属按指标供应商品，供求缺口较大。而铰接客车底盘，只需在普通客车底盘的基础上增加一根从动后桥，车身长度就可以做到15米左右，载客人数可以达到130人，相当于用同类客车底盘制造的普通客车载客人数的两倍左右，能在一定程度上增加运力，缓解乘车难。因此重庆市公共交通公司在月票线路上陆续新增或改造了铰接式大客车，有效地解决了当时客运高峰运力不足的问题。随着城市经济发展和城市交通状况的变化，铰接车车体过长，转弯半径大，运行速度慢，占道面积大，通过性较差，一定程度上影响了重庆的交通环境。同时，铰接车所用的“老解放”牌配件已停产，造成维修困难。1993年起，各公交公司利用重庆市政府补贴的专项更新车款，逐步淘汰铰接车，至2002年，重庆市的铰接客车（包括铰接电车）全部退出了客运市场。

表6－24 **铰接车技术表**

铰接电车												
车型	车长（mm）	车宽（mm）	车高（mm）	轴距（mm）	空车重（kg）	载客量（人）	最小转弯直径（m）	直流电机种类	功率（kw）	最高车速（km/h）	底盘厂及型式	制造年份
CQ563电车	14720	2468	3100	4400（中轴到后轴5730）	9883	130	21	串激直流电机	90	50	重庆市客车总厂/平行大梁球头式绞盘	1978生产/1987鉴定

续前表

车型	车长（mm）	车宽（mm）	车高（mm）	轴距（mm）	空车重（kg）	载客量（人）	最小转弯直径（m）	直流电机种类	功率（kw）	最高车速（km/h）	底盘厂及型式	制造年份
铰接电车												
CQ564电车	14920	2500	3300	4700（中轴到后轴5880）	9950	130	22	串激直流电机	90	50	重庆市客车总厂/平行大梁球头式绞盘	1987
铰接汽车												
CQ663	14727	2460	3100	4400 5870	9442	120	21	CA6102	99	65	一汽集团/平行大梁球头式绞盘	1978
CKZ6153	14727	2460	3100	4400 5870	9442	120	21	CA6102/EQ6100－1	99	65	一汽集团/东风汽车公司/平行大梁球头式绞盘	1980
CKZ6154	15050	2500	3300	4700 5900	9900	100	20	CA6102/EQ6100	99	65	一汽集团/东风汽车公司/平行大梁球头式绞盘	1984

二、代燃料车

（一）袋装天然气车

从20世纪70年代起，由于燃料比较紧张，重庆市公共交通公司下属第二行车总站、第四行车总站的部分运营车开始使用袋装天然气。并先后在柏树堡、土桥修建了袋装天然气加气站，以满足袋装天然车的用气需要。由于袋装天然气气袋比较大，造成车辆行驶阻力大，气袋易损坏，气体易泄漏，安全可靠性低，1994年底停止使用。

（二）压缩天然气车（CNG）

1994年，重庆市建设委员会给重庆公交二公司下达重庆城市客车压缩天然气应用的研究课题，决定研究开发天然气作为汽车的代用燃料，即以压缩天然气作为汽车燃料（简称CNG汽车）。CNG汽车是指在保留原车供油系统的情况下，增加一套专用压缩天然气装置，将压缩天然气作为汽车燃料。

1995年初，重庆公交二公司开始实施课题研究，于1995年8月底完成了柏树堡压缩天然气的改建工程，并改装压缩天然气车辆28辆，在重庆城市客车上率先使用了压缩天然气。同时，对维修工和驾驶员进行了有关压缩天然气设备和维修使用的培训，驾驶员取得了经车管部门认可的驾驶压缩天然气车的资格。重庆公交二公司先后制订了有关压缩天然气使用的有关的两个标准和一个管理办法，即《关于印发压缩天然气客车天然气装置维修与保养规定的通知》，文中规定了对装用压缩天然气系统装置的客车进行维修和保养的作业人员的要求，维修保养注意事项及保养作业内容；

《关于印发压缩天然气客车安全操作规程的通知》，规定了压缩天然气客车的驾驶操作、例行保养、维护、和安全规则；《关于印发压缩天然气管理暂行办法的通知》，办法中规定了天然气车的能耗指标定额，节亏奖惩措施等。

1999 年 2 月 12 日，重庆公交二公司一辆重庆牌新五型大客车翻覆于 3.5 米高的坎下，车内汽油外溢引起燃烧，造成 29 名乘客死亡，20 名乘客受伤，车辆报废的“2·12”特大交通事故。随即，为确保安全，重庆市公用事业局于 2 月 14 日做出决定，暂时停止 CNG 汽车的生产和改装工作。

1999 年 8 月，在经过长达半年的认真考察分析后，经国家部委及市级相关专家组鉴定城市客车使用压缩天然气技术可行及安全可靠，重庆市公用事业局做出决定，恢复公交客车使用压缩天然气。

压缩天然气车（CNG）以便宜的燃料价格、低排气污染、可靠安全、改装简单、车辆运行平稳等诸多优点，在一定程度上节约了重庆市公交企业的运营成本，也为重庆市大气环境治理做出了努力。

至 2005 年年底，重庆公交集团公司拥有 CNG 运营车辆达到 5058 辆，占总运营车辆的 91.5%。

（三）双层车

1998 年，重庆公交一公司首次将双层车投入 108 路，试运行南坪至五里店。后将 108 路的双层车从该路队剥离出来，组建了 125 路队，运行渝北区人和至南坪二小区。全程票价 1 元。该车输出功率大，操作方便，底盘低，重心低，乘坐舒适，并具有城市观光性质，载客人数多，占地面积小，资源有效利用率高。但后因城区道路路窄弯多，车辆尾部离地太低，运行不便及使用燃料不利环保，于 2004 年退出运营。

（四）观光巴士

1997 年 12 月 16 日，观光巴士投入 105 路运行。区间为菜园坝、上清寺、大礼堂、临江门、小什字、朝天门，票价 1 元。该车内外装饰均为木质结构，古典大方，车窗宽大，视线良好，适合旅游观光使用。后线路号改为 130 路。由于该车不适应重庆地区的气候条件，在车辆达到报废期间后，于 2006 年 7 月退出运营。

（五）“迷你型”观光巴士

2003 年“五一”节，重庆公共交通控股（集团）有限公司为服务南岸区“吃在南岸、住在南岸、旅游在南岸”品牌工程，推出最新一代“迷你型”观光巴士客车。迷你巴士比中巴车小，比长安面包车大，可载 14 人，起步价 1 元。车型小巧玲珑，车身颜色靓丽，发车间隔短，停靠频繁，运行融桥半岛至庆新村沿线，为市民提供了“观光游览、方便快捷”的服务。

第二节　运力运量

1986～2005 年，重庆公共交通客运车辆数逐年递增。1986 年，重庆公交企业共计拥有公交车辆 982 辆。到 2002 年公交控股集团成立时，重庆公交车辆达到 3821 辆，是 1986 年的 3.89 倍，从此重庆公共交通进入了全面发展阶段。截止到 2005 年年底，重庆公交车辆达到 5753 辆，是 1986 年的 5.86 倍，是公交控股集团成立之时的 1.5 倍。

表 6－25　　1986～2005 年重庆主城区国有公交车辆发展情况表

单位：辆

年度	总计	公共汽车	公共汽车铰接式	无轨电车	无轨电车铰接式	小公共汽车	迷你巴士
1986	982	771	77	14	120	0	0
1987	1170	948	78	14	130	0	0
1988	1175	953	78	14	130	0	0
1989	1192	914	134	14	130	0	0
1990	1196	848	154	14	130	50	0
1991	1280	893	193	0	144	50	0
1992	1496	959	203	0	144	190	0
1993	1623	984	190	0	144	305	0
1994	1732	1091	168	0	144	329	0
1995	1812	1149	182	0	144	337	0
1996	1898	1175	124	0	144	455	0
1997	2350	1620	55	25	120	530	0
1998	2688	1954	49	65	96	524	0
1999	3015	2295	49	65	96	510	0
2000	3181	2301	46	131	30	673	0
2001	3332	2482	46	171	0	633	0
2002	3821	2676	10	205	0	930	0
2003	4431	4172	95	78	0	61	25
2004	5292	5157	49	0	0	61	25
2005	5753	5531	49	0	0	80	93

注：（1）2002 年 11 月，小公共汽车划拨至重庆巴士公司。

（2）2005 年，小公共汽车全部为重庆巴士公司注资的朝阳公司所有。

第三节　线路分布

1986～2005 年，为满足社会发展需求，重庆公共交通客运线路数逐年递增。1986 年，重庆公交拥有线路 106 条。到 2002 年公交控股集团成立时，重庆公交线路达到 251 条，是 1986 年的 2.37 倍。至 2005 年年底，重庆公交线路达到 316 条，是 1986 年的 2.98 倍，是公交控股集团成立之时的 1.26 倍。

表6－26　　2005年重庆主城区公交线路情况表

序号	线路号	线路长度（公里）	起点站	沿途站点	终点站	开收班时间			
						起点站		终点站	
						地点	开收班时间	地点	开收班时间
1	101	8.5	红旗河沟	顺向：大庙、小苑、观音桥、大兴村、茶园、五里店、大湾、茅家山 逆向：茅家山、大湾、五里店、茶园、大兴村、名店坊、海关	上横街	红旗河沟	6:00～20:30	上横街	6:25～20:55
2	102	7.5	牛角沱	顺向：菜园坝、北桥头、药材市场、储奇门、望龙门、道门口、朝天门 逆向：交通广场、道门口、望龙门、储厅门、药材市场、北桥头、菜园坝、洞口、上清寺	交通广场	牛角沱	5:30～22:00	交通广场	5:52～22:22
3	103	7	牛角沱	顺向：大礼堂、大溪沟、黄花园、一号桥、临江门、小什字、重庆饭店、朝天门 逆向：重庆饭店、小什字、临江门、一号桥、黄花园、大溪沟、大礼堂、学田湾、上清寺	交通广场	牛角沱	5:45～22:00	交通广场	6:03～22:18
4	104	10.5	红岩村	顺向：弹簧厂、化龙桥、华村、李子坝小学、李子坝、牛角沱、学田湾、大礼堂、大溪沟、黄花园、一号桥、临江门、地王广场、重庆饭店、朝天门 逆向：重庆饭店、沧白路、临江门、一号桥、黄花园、大溪沟、大礼堂、上清寺、李子坝、李子坝小学、华村、化龙桥、弹簧厂	交通广场	红岩村	6:30～19:30	交通广场	7:03～20:00

续前表

序号	线路号	线路长度（公里）	起点站	沿途站点	终点站	开收班时间			
						起点站		终点站	
						地点	开收班时间	地点	开收班时间
5	105外线		五里店	外线顺向：大湾、桥头、黄花园、大溪沟、大礼堂、上清寺、两路口、文化宫、观音岩、七星岗、较场口、新华路 逆向：重庆宾馆、七星岗、观音岩、文化宫、中山支路、上清寺、大礼堂、大溪沟、黄花园、桥头、大湾	新华路	五里店	6:30～21:00	新华路	7:05～21:35
	105内线			内线顺向：大湾、桥头、一号桥、临江门、地王广场、新华路。 逆向：临江门、一号桥、桥头、大湾					
	105鲁能外线	13	鲁能星城	外线顺向：大湾、桥头、黄花园、大溪沟、大礼堂、上清寺、两路口、文化宫、观音岩、七星岗、较场口、新华路 逆向：重庆宾馆、七星岗、观音岩、文化宫、中山支路、上清寺、大礼堂、大溪沟、黄花园、桥头、大湾	新华路	鲁能星城	7:00～20:00	新华路	7:30～20:40
	105鲁能内线	8		内线顺向：大湾、桥头、一号桥、临江门、地王广场、新华路。 逆向：临江门、一号桥、桥头、大湾					
6	106	6	红旗河沟	顺向：大庙、小苑、家乐福、蚂蝗梁、香皂厂、硬化油厂、二号桥 逆向：猫儿石、二号桥、硬化油厂、香皂厂、蚂蝗梁、家乐福、中医院、名店坊、海关	猫儿石	红旗河沟	6:00～20:00	猫儿石	6:20～20:17
7	107	10.5	红旗河沟	顺向：建新东路、大兴村、茶园、五里店、溉澜溪、溉唐路 逆向：溉唐路、溉澜溪、五里店、茶园、大兴村、名店坊、海关	茅溪	红旗河沟	6:00～20:00	茅溪	6:30～20:12
8	108	12.5	南坪	顺向：南桥头、北桥头、菜园坝、洞口、上清寺、华新街、建新东路、大兴村、茶园 逆向：茶园、大兴村、中医院、建新西路、西普、洞口、菜园坝、南桥头、南坪	五里店	南坪	6:00～21:00	五里店	6:36～21:36

续前表

序号	线路号	线路长度（公里）	起点站	沿途站点	终点站	开收班时间			
						起点站		终点站	
						地点	开收班时间	地点	开收班时间
9	109	14.5	陈家坪	顺向：石桥铺（赛博）、渝州路、歇台子、河运校、石油路、大坪、肖家湾、鹅岭、国际村、两路口、观音岩、七星岗 逆向：较场口、七星岗、文化宫、两路口、国际村、鹅岭、肖家湾、大坪、石油路、河运校、歇台子、渝州路、石桥铺、陈家坪	较场口	陈家坪	6:30～20:30	较场口	6:50～21:10
10	110	13.5	南方上格林	顺向：五里店、红土地、无专厂、黄泥塝、红旗河沟、绸厂、航天职大、大庆村、大石坝、九村、盘溪市场、通用厂、玉带山 逆向：石马河、化工研究所、45中、石门、九村、大石坝、大庆村、航天职大、黄金堡、红旗河沟、黄泥塝、无专厂、红土地、五里店	玉带山	南方上格林	6:30～20:00	玉带山	7:05～20:30
11	111	11.5	龙溪镇	顺向：加州市场、加州花园、红旗河沟、黄泥塝、无专厂、红土地、大湾、桥头、一号桥、临江门 逆向：沧白路、临江门、一号桥、桥头、大湾、红土地、无专厂、黄泥塝、红旗河沟、渝通宾馆、金山路、加州市场、龙溪镇	小什字	龙溪镇	6:30～21:00	小什字	7:05～21:30
12	112	10.75	红旗河沟	顺向：大庙、小苑、华新街、上清寺、大礼堂、大溪沟、黄花园、一号桥、临江门、小什字、重庆饭店 逆向：重庆饭店、小什字、临江门、一号桥、黄花园、大溪沟、大礼堂、上清寺、华新街、观音桥、江重百、海关	朝天门	红旗河沟	6:30～20:30	朝天门	7:00～21:00

续前表

序号	线路号	线路长度（公里）	起点站	沿途站点	终点站	开收班时间			
						起点站		终点站	
						地点	开收班时间	地点	开收班时间
13	113	15.5	五里店	顺向：茶园、大兴村、农贸市场、海关、红旗河沟、松树桥、航天职大、大庆村、大石坝、下石门、肿瘤医院、汉渝路、火车北站 逆向：石碾盘、沙区门诊、汉渝路、肿瘤医院、下石门、大石坝、大庆村、航天职大、松树桥、红旗河沟、大庙、建新西路、建新东路、大兴村、茶园、五里店	火车北站	五里店	6:00～21:00	火车北站	6:45～21:40
14	114	18.5	玉带山	顺向：玉带山、盘溪、九村、大石坝、大庆村、航天职大、松树桥、黄金堡、红旗河沟、大庙、建新西路、华新街、上清寺、两路口、文化宫、观音岩、七星岗、临江门、小什字、重庆饭店 逆向：重庆饭店、小什字、重庆宾馆、七星岗、观音岩、中山支路、上清寺、华新街、观音桥、农贸市场、海关、红旗河沟、松树桥、绸厂、花园新村、航天职大、大庆村、大石坝、九村、盘溪、鹿角湾	交通广场	玉带山	6:30～20:30	交通广场	7:15～21:10
15	115	20.5	美堤雅城	顺向：南亚、骏逸天下、桃源路、明佳路、融桥、长江村、南坪（金台）、工贸、南桥头、北桥头、菜园坝、洞口、上清寺、华新街、观音桥、农贸市场、江重百、海关、红旗河沟、松树桥、花园新村、航天职大、大庆村 逆向：大庆村、航天职大、松树桥、黄金堡、红旗河沟、大庙、小苑、华新街、洞口、菜园坝、南桥头、双石街、南坪（金台）、万寿桥、四小区、五小区、明佳路、桃源路、骏逸天下、南亚	大石坝	美堤雅城	6:00～20:00	大石坝	7:00～20:58

续前表

序号	线路号	线路长度（公里）	起点站	沿途站点	终点站	开收班时间			
						起点站		终点站	
						地点	开收班时间	地点	开收班时间
16	116	11.5	长安大道	顺向：鲤鱼池、大兴村、中医院、建新西路、华新街、李子坝、李子坝小学、华村、化龙桥、弹簧厂 逆向：弹簧厂、化龙桥、华村、李子坝小学、李子坝、牛角沱、上清寺、华新街、观音桥、中医院、海洋公园、洋河路、长安大道	红岩村	长安大道	6:30～19:00	红岩村	7:00～19:30
17	117	31	玉带山	顺向：南桥寺、华渝新村、新城丽都、华渝厂、武警总队、新南路、龙湖西苑、新牌坊、新溉路、老干中心、派出所、中天、皇冠中学、黄泥塝、无专厂、红土地、大湾、桥头、黄花园、大溪沟、大礼堂、上清寺、牛角沱、菜园坝、水果市场、黄沙溪、苗圃、草坪、袁家岗、大公馆、饮料厂、石坪桥、冠生园、蟠龙 逆向：蟠龙、冠生园、石坪桥、饮料厂、大公馆、袁家岗、草坪、苗圃、黄沙溪、水果市场、菜元坝、牛角沱、上清寺、大礼堂、大溪沟、黄花园、桥头、大湾、红土地、无专厂、黄泥塝、皇冠中学、中天、派出所、老干中心、新溉路、新牌坊、龙湖西苑、新南路、武警总队、华渝厂、新城丽都、华渝新村、南桥寺	九龙园	玉带山	6:30～18:30	九龙园	6:45～19:45
18	118	18.5	龙山路	顺向：花园新村、立交桥、松树桥、红旗河沟、大庙、建新西路、华新街、上清寺、两路口、国际村、鹅岭、肖家湾、大坪、石油路、河运校、歇台子、科四路、南方酒店、陈家坪（金冠大厦）、陈家坪（长途站） 逆向：石桥铺（赛博）、渝州路、歇台子、河运校、石油路、大坪、肖家湾、鹅岭、国际村、中山支路、上清寺、华音、农贸市场、海关、红旗河沟、松树桥、立交桥、花园新村	石桥铺（赛博）	龙山路	6:15～20:00	石桥铺（赛博）	7:00～20:42

续前表

序号	线路号	线路长度（公里）	起点站	沿途站点	终点站	开收班时间			
						起点站		终点站	
						地点	开收班时间	地点	开收班时间
19	119	10	南坪	南桥头、北桥头、桥头、大湾、五里店	鲁能星城	南坪	7:00～9:00 16:30～18:30	鲁能星城	7:30～9:30 17:00～19:00
20	120	14	花园新村	顺向：立交桥、松树桥、黄金堡、红旗河沟、大庙、小苑、华新街、洞口、菜园坝、北桥头、药材市场、储奇门、望龙门、道门口 逆向：道门口、望龙门、储奇门、药材市场、南纪门、北桥头、菜园坝、洞口、上清寺、华新街、观音桥、名店坊、江重百、海关、红旗河沟、松树桥、立交桥、花园新村	交通广场	花园新村	6:00～19:00	交通广场	6:42～19:40
21	121	19.5	龙山大道	顺向：武警总队、花园新村、立交桥、松树桥、红旗河沟、大庙、小苑、建新东路、大兴村、茶园、五里店、大湾、桥头、北桥头、南桥头、浪高、南坪（金台）、长江村、融侨、六小区 逆向：六小区、融桥、长江村、南坪（金台）、工贸、南桥头、北桥头、桥头、大湾、五里店、茶园、大兴村、江重百、海关、红旗河沟、松树桥、立交桥、花园新村	桃源路	龙山大道	6:00～19:00	桃源路	7:00～19:57
22	122	14	上清寺	内环：上清寺、学田湾、大礼堂、大溪沟、黄花园、一号桥、临江门、小什字、重庆饭店、道门口、望龙门、储奇门、药材市场、北桥头、菜园坝、洞口 外环：菜园坝、北桥头、中药材、储奇门、望龙门、道门口、重庆饭店、小什字、临江门、一号桥、黄花园、大溪沟、大礼堂、学田湾、上清寺	菜园坝	上清寺	6:30～19:30	菜园坝	
23	123	8.5	家乐福	顺向：建新东路、大兴村、茶园、五里店、岔路口、中惠段、桥头 逆向：桥头、中惠段、岔路口、五里店、茶园、大兴村、名店坊	青草坝	家乐福	6:15～19:30	青草坝	6:40～19:52

续前表

<table>
<tr><th rowspan="3">序号</th><th rowspan="3">线路号</th><th rowspan="3">线路长度（公里）</th><th rowspan="3">起点站</th><th rowspan="3">沿途站点</th><th rowspan="3">终点站</th><th colspan="4">开收班时间</th></tr>
<tr><th colspan="2">起点站</th><th colspan="2">终点站</th></tr>
<tr><th>地点</th><th>开收班时间</th><th>地点</th><th>开收班时间</th></tr>
<tr><td>24</td><td>124</td><td>12.5</td><td>金龙路</td><td>顺向：碧桂园、武陵路、读书梁、黄桷园、华唐路、上清寺、两路口、文化宫、观音岩、七星岗（中天）
逆向：和平路、七星岗（中天）、文化宫、中山支路、上清寺、华唐路、黄桷园、读书梁、电子校、武陵路、碧桂园、红石路、金龙路</td><td>较场口</td><td>金龙路</td><td>6:30~20:00</td><td>较场口</td><td>7:05~20:30</td></tr>
<tr><td>25</td><td>125</td><td>17</td><td>人和</td><td>顺向：场口、人和小学、九建、新牌坊、加州市场、加州花园、大庙、建新西路、西普、洞口、莱园坝、南桥头、工贸、南坪（金台）、万寿路
逆向：南坪（长途站）、工贸、南桥头、北桥头、莱园坝、洞口、上清寺、华新街、华音、江重百、海关、渝通宾馆、加州市场、九建、车管所、人和小学、场口、人和</td><td>二小区</td><td>人和</td><td>6:30~19:30</td><td>二小区</td><td>7:20~20:18</td></tr>
<tr><td>26</td><td>125B</td><td>24</td><td>华廷汽贸</td><td>顺向：吉乐村、和睦路、人和、人和小学、消防基地、光电园、财富中心、水晶郦城、龙湖西苑、电子校、读书梁、黄桷园、华唐路、牛角沱、学田湾、大礼堂、大溪沟、黄花园、北桥头、南桥头、工贸、南坪（珊瑚村）
逆向：南坪（长途站）、工贸、南桥头、北桥头、黄花园、大溪沟、大礼堂、上清寺、华唐路、黄桷园、读书梁、电子校、龙湖西苑、水晶郦城、财富中心、光电园、中华坊、消防基地、车管所、人和、龙寿路、和睦路、吉乐村</td><td>南坪南路</td><td>华廷汽贸</td><td>6:30~19:30</td><td>南坪南路</td><td>7:15~20:15</td></tr>
</table>

续前表

序号	线路号	线路长度（公里）	起点站	沿途站点	终点站	开收班时间			
						起点站		终点站	
						地点	开收班时间	地点	开收班时间
27	126	15.5	红旗河沟	顺向：渝通宾馆、加州市场、新牌坊、龙湖花园、中华坊、消防基地、人和小学、中央美地、人和场口、人和医院、吉乐村、金福路、金山大道、金渝大道、经开区、汽博中心 逆向：汽博中心、经开区、金渝大道、金山大道、金福路、吉乐村、人和医院、人和场口、人和小学、消防基地、中华坊、龙湖花园、新牌坊、加州市场、加州花园	加工区	红旗河沟	6:30～20:00	加工区	7:15～20:45
28	127	14	家乐福	顺向：建新西路、中医院、江重百、海关、红旗河沟、松树桥、绸厂、航天职大、大庆村、大石坝、九村、盘溪、通用厂、玉带山、石马河、竹园、梁沱水厂 逆向：梁沱水厂、竹园、石马河、玉带山、通用厂、盘溪、九村、大石坝、大庆村、航天职大、黄金堡、红旗河沟、大庙、小苑	江北农场	家乐福	6:30～19:30	江北农场	7:10～20:03
29	128	16.5	红旗河沟	顺向：大庙、小苑、华新街、上清寺、两路口、国际村、鹅岭、肖家湾、大坪、石油路、河运校、歇台子、渝州路 逆向：渝州路、歇台子、河运校、石油路、大坪、肖家湾、鹅岭、国际村、中山支路、上清寺、华新街、观音桥、江重百、海关	石桥铺（赛格）	红旗河沟	6:00～20:00	石桥铺（赛格）	6:50～20:50

续前表

序号	线路号	线路长度（公里）	起点站	沿途站点	终点站	开收班时间			
						起点站		终点站	
						地点	开收班时间	地点	开收班时间
30	129	15	华廷汽贸	顺向：吉乐村、人和医院、龙寿路、人和小学、消防基地、中华坊、光电园、龙湖西路、电子校、读书梁、黄桷园、蚂蝗梁、家乐福、中医院 逆向：家乐福、蚂蝗梁、黄桷园、读书梁、电子校、龙湖西路、光电园、中华坊、消防基地、车管所、中央美地、龙寿路、人和医院、吉乐村	江重百	华廷汽贸	6:30 ~ 19:30	江重百	7:15 ~ 20:15
31	130	8	菜园坝	顺向：洞口、学田湾、大礼堂、大溪沟、黄花园、一号桥、临江门、地王广场、重庆饭店 逆向：朝天门、重庆饭店、地王广场、临江门、一号桥、黄花园、大溪沟、大礼堂、上清寺、洞口、菜园坝	朝天门	菜园坝	8:15 ~ 14:00	朝天门	8:45 ~ 14:30
32	132	13.5	新城绿园	顺向：花园新村、立交桥、松树桥、红旗河沟、大庙、建新西路、西普、牛角沱、大礼堂、大溪沟、黄花园、一号桥、临江门、小什字 逆向：五一路、临江门、一号桥、黄花园、大溪沟、大礼堂、上清寺、华音、江重百、海关、枢纽站、红旗河沟、松树桥、立交桥、花园新村	新华路	新城绿园	6:30 ~ 21:00	新华路	7:10 ~ 21:35

续前表

序号	线路号	线路长度（公里）	起点站	沿途站点	终点站	开收班时间			
						起点站		终点站	
						地点	开收班时间	地点	开收班时间
33	133	22.25	人和	顺向：消防基地、中华坊、光电园、财富中心、水晶郦城、龙湖西苑、新牌坊、重客厂、华莹路、金岛花园、航天职大、大庆村、大石坝、下石门、肿瘤医院、重大中门、沙中路、沙杨路、陈家湾、石碾盘（农贸市场）、制药三厂、天星桥、沙区府 逆向：高滩岩、天星桥、石碾盘、火车北站、陈家湾、建专、沙杨路、沙中路、重大中门、汉渝路、肿瘤医院、下石门、大石坝、大庆村、航天职大、金岛花园、华莹路、重客厂、新牌坊、龙湖西苑、水晶郦城、财富中心、光电园、中华坊、消防基地	高滩岩	人和	6:15～21:00	高滩岩	7:20～22:00
34	135	13.5	猫儿石	顺向：二号桥、硬化油厂、香皂厂、蚂蝗梁、家乐福、建新东路、大兴村、茶园、五里店、大湾、桥头、一号桥、临江门、小什字 逆向：五一路、小什字、临江门、一号桥、桥头、大湾、五里店、茶园、大兴村、中医院、家乐福、蚂蝗梁、香皂厂、硬化油厂、二号桥	新华路	猫儿石	6:30～20:30	新华路	7:10～21:05
35	138	17	五里店	顺向：茶园、大兴村、中医院、建新西路、西普、上清寺、两路口、国际村、鹅岭、肖家湾、大坪、石油路、河运校、歇台子、科四路、南方酒店、陈家坪 逆向：南方花园D区、陈家坪（长途站）、南方酒店、科四路、歇台子、石油路、大坪、肖家湾、鹅岭、国际村、中山支路、上清寺、华新街、建新东路、大兴村、茶园	南方花园D区	五里店	6:00～20:00	南方花园D区	6:51～20:50

续前表

序号	线路号	线路长度（公里）	起点站	沿途站点	终点站	开收班时间			
						起点站		终点站	
						地点	开收班时间	地点	开收班时间
36	139	16.5	南方花园D区	顺向：陈家坪（长途站）、石桥铺（赛博）、渝州路、歇台子、河运校、石油路、大坪、肖家湾、鹅岭、国际村、两路口、观音岩、七星岗、重庆宾馆、地王广场 逆向：五一路、重庆宾馆、七星岗、文化宫、两路口、国际村、鹅岭、肖家湾、大坪、石油路、河运校、歇台子、渝州路、石桥铺、陈家坪（长途站）	新华路	南方花园D区	6:30～20:30	新华路	7:20～21:20
37	141	13.5	帮兴渝都	顺向：洋河花园、黄泥塝、无专厂、红土地、大湾、桥头、石坂坡、凤凰台、储奇门、望龙门、道门口、朝天门 逆向：道门口、望龙门、储奇门、凤凰台、北桥头、桥头、大湾、红土地、无专厂、帮兴渝都	交通广场	帮兴渝都	6:30～19:00	交通广场	7:13～19:10
38	143	6	红岩村	顺向：弹簧厂、化龙桥、华村、李子坝小学、李子坝、牛角沱、两路口、富安 逆向：富安、中山支路、上清寺、面粉厂、李子坝、李子坝小学、华村、化龙桥、弹簧厂、红岩村	两路口	红岩村	6:30～19:00	两路口	6:48～19:17

续前表

序号	线路号	线路长度（公里）	起点站	沿途站点	终点站	开收班时间			
						起点站		终点站	
						地点	开收班时间	地点	开收班时间
39	148	20.5	东和春天	顺向：松石北路、立交桥、航天职大、大庆村、大石坝、肿瘤医院、小龙坎、友谊医院、板材市场、马家岩、高庙村、白马凼、石新路（石桥铺）、陈家坪（长途站）、陈家坪、隆鑫、大公馆、谢家湾、杨家坪（国美）、前进路、杨家坪中学、九龙坡区府、毛线沟 逆向：九龙广场、九龙坡区府、杨家坪中学、团结路口、杨家坪（国美）、谢家湾、大公馆、隆鑫、陈家坪、石桥铺、白马凼、高庙村、马家岩、板材市场、小龙坎、肿瘤医院、下石门、大石坝、大庆村、航天职大、建材市场、立交桥、松石北路	九龙广场	东和春天	6:30～20:00	九龙广场	6:50～21:00
40	149	24.5	金福路	顺向：吉乐村、和睦路、人和、人和小学、消防基地、光电园、龙湖西苑、新牌坊、加州市场、加州花园、红旗河沟、黄泥塝、无专厂、红土地、大湾、桥头、北桥头、南桥头、双石街、南坪（金台）、万寿路 逆向：南坪（长途站）、工贸、北桥头、桥头、大湾、红土地、无专厂、黄泥塝、红旗河沟、渝通宾馆、加州市场、新牌坊、龙湖西苑、光电园、消防基地、人和小学、车管所、场口、人和医院、和睦路、吉乐村	二小区	金福路	6:30～19:30	二小区	7:40～20:40

续前表

序号	线路号	线路长度（公里）	起点站	沿途站点	终点站	开收班时间			
						起点站		终点站	
						地点	开收班时间	地点	开收班时间
41	151	20	南桥寺	顺向：华渝新村、新城丽都、武警总队、新南路、龙湖西苑、新牌坊、江北供电局、重客总厂、电子校、加州市场、加州花园、红旗河沟、黄泥塝、无专厂、红土地、大湾、桥头、一号桥、临江门、小什字、重庆饭店 逆向：重庆饭店、沧白路、临江门、一号桥、桥头、大湾、红土地、无专厂、黄泥塝、红旗河沟、渝通宾馆、金山路、加州市场、电子校、重客总厂、新牌坊、龙湖西苑、新南路、武警总队、新城丽都、华渝新村、南桥寺、玉带山	朝天门	南桥寺	6:30～21:00	朝天门	7:20～21:50
42	168	16.5	南坪	顺向：工贸、北桥头、菜园坝、洞口、上清寺、华唐路、家乐福、中医院、农贸市场、海洋公园、洋河路、新源兴、长安大道、无专厂、龙头寺、红唐路、鲁能星城 逆向：红唐路、龙头寺、无专厂、长安大道、新源兴、洋河路、海洋公园、小苑、家乐福、蚂蝗梁、华唐路、洞口、菜园坝、工贸、南坪	鲁能星城	南坪	6:00～21:00	鲁能星城	6:52～21:50
43	137	6		停驶					
44	136	15		停驶					
45	131	13		停驶					
46	201	22.6	北汽城	顺向：北部汽车城、名店坊、海关、红旗河沟、松树桥、建材市场、大庆村、大石坝、石门、肿瘤医院、沙坪坝、火车北站、石碾盘农贸市场、药三厂、天星桥、高滩岩、四标、新桥、山洞、林园 逆向：林园、山洞、新桥、凤鸣山、四标、高滩岩、天星桥、药三厂、石碾盘、小龙坎、沙坪坝、肿瘤医院、石门、大石坝、大庆村、建材市场、花卉园、红旗河沟、海关支路、北部汽车城	林园	北部汽车城	6:30～18:00	林园	6:30～18:00

续前表

序号	线路号	线路长度（公里）	起点站	沿途站点	终点站	开收班时间			
						起点站		终点站	
						地点	开收班时间	地点	开收班时间
47	202	18.3	双碑	顺向：双碑、特钢花园、莲光校、石井坡、童家桥、黄桷坪、磁器口、三陵大厦、劳动路、七中、重大、银河、南开中学、沙坪坝、肿瘤医院、石门、大石坝、大庆村、电技校、建材市场、花卉园、红旗河沟（长途汽车站）、红旗河沟、黄泥塝（皇冠花园）、无专厂（流星花园） 逆向：无专厂（流星花园）、黄泥塝（皇冠花园）、红旗河沟、红旗河沟（长途汽车站）、松树桥、花园新村、建材市场、大庆村、大石坝、石门、肿瘤医院、沙坪坝、南开中学、银河、重大、七中、劳动路、三陵大厦、磁器口、黄桷坪、童家桥、石井坡、莲光校、特钢花园、双碑	无专厂	双碑	6:30～19:30	无专厂	6:30～19:30
48	203	16.8	中梁山	顺向：中梁山、田坝、动力厂、玉清寺、华岩、华岩寺、电大、创业路、格力厂、二郎、迎宾大道、车管所、巴山、钟表厂、石新路、石桥铺（石新路）、陈家坪长途汽车站、陈家坪、隆鑫、体育馆、大公馆、袁家岗、重医一院 逆向：重医一院、袁家岗、华亿、大公馆、体育馆、隆鑫、陈家坪、石桥铺（新世纪）、航天、八益建材市场、钟表厂、巴山、迎宾大道、二郎、格力厂、创业路、电大、华岩寺、华岩、玉清寺、动力厂、田坝、中梁山	重医一院	中梁山	6:30～19:30	重医一院	6:30～19:30

续前表

序号	线路号	线路长度（公里）	起点站	沿途站点	终点站	开收班时间			
						起点站		终点站	
						地点	开收班时间	地点	开收班时间
49	204	20.9	都市花园	顺向：都市花园、天星桥、天马路、沙区府、芳草地、天骄年华、升伟、凤鸣山中学、凤鸣山、上桥、工程学院、张家湾、华岩、华岩寺、电大、创业路、格力厂、火炬大道、红狮、绿韵康城、恒胜、绿云石都、水碾、毛线沟、九龙坡区政府、杨家坪中学、直港大道、珠江花园、和尚山水厂 逆向：和尚山水厂、珠江花园、直港大道、团结路口、前进路、杨家坪中学、九龙坡区府、毛线沟、水碾、绿云石都、恒胜、绿韵康城、红狮、火炬大道、格力厂、创业路、电大、华岩寺、华岩、张家湾、工程学院、上桥、凤鸣山、凤鸣山中学、升伟、天骄年华、芳草地、沙区府、天马路、天星桥、都市花园	和尚山水厂	都市花园	6:30～19:00	和尚山水厂	6:30～19:00
50	205	9.8	花园新村	顺向：花园新村、龙山中学、松石南路、建材市场、大庆村、大石坝、石门、肿瘤医院、沙坪坝、火车北站、石碾盘、小龙坎、土湾 逆向：土湾、小龙坎、沙坪坝、肿瘤医院、石门、大石坝、大庆村、电技校、建材市场、松石北路、惠泽公司、花园新村	土湾	花园新村	6:00～19:30	土湾	6:30～20:00
51	206	15.9	大坪九坑子	顺向：九坑子、大坪、石油路、重医大、奥体中心、陈家坪、陈庹路口、蟠龙、绿韵康城、绿云石都、马王乡、建设村、新山村、区府广场、阳光花园、钢花、翠楼、九宫庙、三木花园、金色世纪 逆向：金色世纪、天辰华府、九宫庙、翠楼、钢花、文体路、枫丹筱竹、朵力后门、绿云石都、蟠龙、陈庹路口、陈家坪、陈家坪长途汽车站、奥体中心、重医大、石油路、大坪、九坑子	金色世纪	大坪九坑子	6:00～19:00	九宫庙	6:40～19:40

续前表

序号	线路号	线路长度（公里）	起点站	沿途站点	终点站	开收班时间			
						起点站		终点站	
						地点	开收班时间	地点	开收班时间
52	207	14	菜园坝	顺向：菜园坝车场、水果市场、黄沙溪、苗圃、草坪、医学院、袁家岗、华亿商场、谢家湾、杨家坪国美、前进路、杨家坪中学、九龙坡区府、五支队、毛线沟、渝钢村、李子林、文体路、大渡口区府广场、大渡口月光小区 逆向：大渡口月光小区、钢花、李子林、渝钢村、毛线沟、五支队、九龙坡区府、杨家坪中学、团结路口、杨家坪国美、谢家湾、华亿商场、袁家岗、草坪、苗圃、黄沙溪、皮革市场、水果市场	月光小区	菜园坝	6:00 ~ 21:00	大渡口月光小区	6:00 ~ 21:00
53	208	21.1	西南医院	顺向：西南医院、天星桥、药三厂、石碾盘、小龙坎、八中、师院、陈家湾、建专、外环高速、大川水岸、石马河、盘溪、南桥寺、华渝、新城郦都、武警总队、边防总队、龙湖西苑、高新园、中华坊、消防总队、人和、富悦景园 逆向：富悦景园、人和、消防总队、中华坊、高新园、龙湖西苑、边防总队、武警总队、新城郦都、华渝、南桥寺、盘溪、石马河、大川水岸、外环高速、建专、陈家湾、师院、石碾盘、药三厂、天星桥、西南医院	人和富悦景园	西南医院	6:30 ~ 18:00	人和富悦景园	7:40 ~ 19:00

续前表

序号	线路号	线路长度（公里）	起点站	沿途站点	终点站	开收班时间			
						起点站		终点站	
						地点	开收班时间	地点	开收班时间
54	209	27.9	井口	顺向：井口、远祖桥、双碑、特钢花园、莲光校、石井坡、童家桥、烈士墓、杨公桥、建专、陈家湾、师院、石碾盘农贸市场、药三厂、天马路、沙区府、芳草地、天骄年华、凤天路、孙家岩、车管所、巴山、钟表厂、石新路、石桥铺（石新路）、陈家坪长途汽车站、陈家坪、冠生园、石坪桥、杨家坪、前进路、直港大道、珠江花园 逆向：珠江花园、直港大道、团结路、杨家坪、石坪桥、冠生园、陈家坪、陈家坪长途汽车站、石桥铺（航天）、八益建材市场、钟表厂、巴山、车管所、孙家岩、天马路、药三厂、石碾盘、小龙坎、沙坪坝、重大中门、沙中路、沙杨路、半月楼、杨公桥、烈士墓、童家桥、石井坡、莲光校、特钢花园、双碑、远祖桥、井口	珠江花园	井口	6:30～18:30	珠江花园	7:00～18:30
55	210	16.3	白公馆	顺向：白公馆、川外、烈士墓、杨公桥、建专、陈家湾、师院、石碾盘、小龙坎雾都、土湾、羊角堡、红岩村、弹簧厂、化龙桥、华村、李子坝、牛角沱、菜园坝车场 逆向：菜园坝车场、牛角沱、李子坝、华村、化龙桥、弹簧厂、红岩村、羊角堡、土湾、小龙坎、站东路、师院、陈家湾、建专、杨公桥、烈士墓、川外、白公馆	菜园坝	白公馆	6:30～20:00	菜园坝	6:30～20:00

续前表

序号	线路号	线路长度（公里）	起点站	沿途站点	终点站	开收班时间			
						起点站		终点站	
						地点	开收班时间	地点	开收班时间
56	211	8.2	西物四路	顺向：西物四路、西物市场、凤鸣山中学、升伟、天骄年华、芳草地、沙区府、天马路、制药三厂、石碾盘、小龙坎雾都、沙坪坝、重大中门、沙中路、沙杨路、半月楼、白鹤岭 逆向：白鹤岭、建专、陈家湾、师院、石碾盘农贸市场、制药三厂、天马路、沙区府、芳草地、天骄年华、升伟、凤鸣山中学、西物市场、西物四路	白鹤岭	西物市场	6:00～19:00	白鹤岭	6:30～19:30
57	213	15.1	建专	顺向：建专、陈家湾、师院、石碾盘农贸市场、制药三厂、天星桥、西南医院、高滩岩、四标、新桥、凤鸣山、上桥、工程学院、张家湾、华岩、玉清寺、动力厂、中梁山 逆向：中梁山、动力厂、玉清寺、华岩、张家湾、工程学院、上桥、凤鸣山、四标、高滩岩、天星桥、制药三厂、石碾盘、小龙坎、沙区门诊、师院、陈家湾、建专	中梁山	建专	5:40～20:30	中梁山	5:40～20:30
58	214	3.6	大石坝	顺向：大石坝、石门、肿瘤医院、龙泉路、小龙坎中医院、沙区门诊、沙坪坝 逆向：沙坪坝、汉渝路、肿瘤医院、石门、大石坝	沙坪坝	大石坝	6:30～20:40	沙坪坝	6:42～21:00

续前表

序号	线路号	线路长度（公里）	起点站	沿途站点	终点站	开收班时间			
						起点站		终点站	
						地点	开收班时间	地点	开收班时间
59	215	24	双碑	顺向：双碑、特钢花园、莲光校、石井坡、童家桥、烈士墓、杨公桥、建专、陈家湾、师院、石碾盘、小龙坎、土湾、羊角堡、红岩村、弹簧厂、化龙桥、李子坝、牛角坨、大礼堂、大溪沟、黄花园、一号桥（佳家玺）、临江门、小什字、重庆饭店、朝天门 逆向：朝天门、重庆饭店、沧白路、临江门、一号桥、黄花园、大溪沟、大礼堂、上清寺、李子坝、化龙桥、弹簧厂、红岩村、羊角堡、土湾、小龙坎、站东路、师院、陈家湾、建专、杨公桥、烈士墓、童家桥、石井坡、莲光校、特钢花园、双碑	朝天门	双碑	5:40 ~ 20:00	沧白路	6:00 ~ 21:00
60	216	10.6	牛角沱	顺向：牛角沱、李子坝、华村、化龙桥、弹簧厂、红岩村、羊角堡、土湾、小龙坎中医院、沙坪坝 逆向：沙坪坝、石碾盘、小龙坎雾都、土湾、羊角堡、红岩村、弹簧厂、化龙桥、华村、李子坝、牛角沱	沙坪坝	牛角沱	5:30 ~ 22:00	沙坪坝	5:30 ~ 22:00
61	217	16.7	双碑	顺向：双碑、特钢花园、莲光校、石井坡、童家桥、烈士墓、杨公桥、建专、陈家湾、石碾盘、小龙坎、土湾、羊角堡、红岩村、弹簧厂、化龙桥、华村、李子坝、牛角沱 逆向：牛角沱、李子坝、华村、化龙桥、弹簧厂、红岩村、羊角堡、土湾、小龙坎、八中、陈家湾、建专、杨公桥、烈士墓、童家桥、石井坡、莲光校、特钢花园、双碑	牛角沱	双碑	6:30 ~ 9:00 16:00 ~ 18:30	牛角沱	7:30 ~ 10:00 17:00 ~ 20:00

续前表

序号	线路号	线路长度（公里）	起点站	沿途站点	终点站	开收班时间			
						起点站		终点站	
						地点	开收班时间	地点	开收班时间
62	218	9.5	师院	顺向：师院、石碾盘农贸市场、制药三厂、天星桥、西南医院、高滩岩、四标、新桥、凤鸣山、上桥、工程学院、张家湾 逆向：张家湾、工程学院、上桥、凤鸣山、四标、高滩岩、天星桥、制药三厂、石碾盘、小龙坎、沙区门诊、师院、陈家湾、建专	张家湾	师 院	5:30 ~ 20:40	张家湾	6:00 ~ 21:10
63	219	15.1	牛角沱	顺向：牛角沱、李子坝、华 村、化龙桥、弹簧厂、红岩村、羊角堡、土 堉、小龙坎中医院、八中、石碾盘农贸市场、制药三厂、天星桥、高滩岩、四标、凤鸣山、新桥 逆向：新桥 、凤鸣山、四标、高滩岩、天星桥、制药三厂、石碾盘、小龙坎雾都、土 堉、羊角堡、红岩村、弹簧厂、化龙桥、华 村、李子坝、牛角沱	新桥	牛角沱	5:35 ~ 20:00	新 桥	5:50 ~ 20:40
64	220	6.3	土湾	顺向：土湾、小龙坎中医院、南开中学、银河、重大、七中、劳动路、三陵大厦、磁器口、黄桷坪、童家桥 逆向：童家桥 、黄桷坪、磁器口、三陵大厦、劳动路、七中、重大、银河、南开中学、火车北站、石碾盘、小龙坎、土湾	童家桥	土 湾	5:45 ~ 20:00	童家桥	6:10 ~ 20:25
65	221	11.4	土湾	顺向：土湾、小龙坎中医院、火车北站、陈家湾、建专、杨公桥、烈士墓、童家桥、石井坡、莲光校、双碑、岔路口、远大库房、远大小区、嘉陵医院 逆向：嘉陵医院、远大小区、远大库房、岔路口、双碑、莲光校、石井坡、童家桥、烈士墓、杨公桥、建专、陈家湾、石碾盘、小龙坎、土湾	嘉陵厂	土湾	6:30 ~ 20:00	嘉陵厂	6:30 ~ 20:00

续前表

序号	线路号	线路长度（公里）	起点站	沿途站点	终点站	开收班时间			
						起点站		终点站	
						地点	开收班时间	地点	开收班时间
66	222	14.7	石桥铺	顺向：中梁山、田坝、动力厂、玉清寺、华岩、张家湾、工程学院、上桥、凤鸣山、康居苑、孙家岩、车管所、巴山、钟表厂、石新路、石桥铺 、白马凼、税校、南方香榭里、石桥铺 逆向：石桥铺、八益建材市场、钟表厂、巴山、车管所、孙家岩、康居苑、凤鸣山、上桥、工程学院、张家湾、华岩、玉清寺、动力厂、田 坝、中梁山	中梁山	石桥铺	5:50 ~ 20:20	中梁山	6:20 ~ 20:55
67	223	9.6	重医一院	顺向：重医一院、袁家岗、华亿商场、谢家湾、杨家坪国美、前进路、杨家坪、滩子口、新市场、黄桷坪、五龙庙、九渡口 逆向：九渡口、五龙庙、黄桷坪、新市场、滩子口、杨家坪、杨家坪国美、谢家湾、华亿商场、袁家岗、重医一院	九渡口	重医一院	6:00 ~ 21:00	九龙坡	6:30 ~ 21:30
68	224	25.6	陶瓷市场	顺向：陶瓷国端城（陶瓷市场）、三木花园、柏桦小区、柏树堡、九宫庙、翠楼、钢花、新山村、建设村、马王乡、马王五村、水碾、荒沟、石坪桥、饮料厂、大公馆、袁家岗、马家堡、大坪、肖家湾、鹅岭、国际村、两路口、文化宫、观音岩、七星岗、重宾、临江门、小什字、重庆饭店、朝天门 逆向：朝天门、重庆饭店、小什字、沧白路、重宾、七星岗、观音岩、文化宫、两路口、国际村、鹅岭、肖家湾、大坪、马家堡、袁家岗、大公馆、饮料厂、石坪桥、荒沟、水碾、马王乡、建设村、新山村、文体路、区府广场、阳光花园、钢花、翠楼、九宫庙、柏树堡、柏桦小区、三木花园、陶瓷国端城（陶瓷市场）	朝天门	陶瓷市场	5:50 ~ 19:30	朝天门	6:15 ~ 20:30

续前表

序号	线路号	线路长度（公里）	起点站	沿途站点	终点站	开收班时间			
						起点站		终点站	
						地点	开收班时间	地点	开收班时间
69	225	19.9	大坪	顺向：大坪、马家堡、袁家岗、大公馆、饮料厂、石坪桥、荒沟、水碾、马王乡、建设村、新山村、文体路、大渡口区府广场、阳光花园、钢花、翠楼、九宫庙、柏树堡、庹家坳、车家坪、刘家坝、茄子溪、陈家坝 逆向：陈家坝、茄子溪、刘家坝、车家坪、庹家坳、柏树堡、翠楼、新山村、建设村、马王乡、马王五村、水碾、荒沟、石坪桥、饮料厂、大公馆、袁家岗、马家堡、大坪	陈家坝	大坪	5:45～19:30 5:45～21:00	陈家坝	6:45～20:25 6:45～21:30
70	226	9.2	和尚山水厂	顺向：和尚山水厂、珠江花园、直港大道、团结路、前进路、杨家坪中学、九龙坡区府、五支队、毛线沟、渝钢村、李子林、文体路、区府广场、阳光花园、陶瓷国端城（陶瓷市场）、九宫庙 逆向：九宫庙、翠楼、钢花、李子林、渝钢村、毛线沟、五支队、九龙坡区府、杨家坪中学、直港大道、珠江花园、和尚山水厂	九宫庙	和尚山水厂	6:00～21:00	九宫庙	6:30～21:30
71	227	15.9	沙坪坝	顺向：沙坪坝、陈家湾、建专、杨公桥、烈士墓、童家桥、石井坡、莲光校、特钢花园、双碑、四校、远祖桥、南溪口、井口、岔路口、杨家湾、周家湾、先锋街 逆向：先锋街、周家湾、杨家湾、岔路口、井口、南溪口、远祖桥、四校、双碑、特钢花园、莲光校、石井坡、童家桥、烈士墓、杨公桥、建专、陈家湾、师院、沙客站、石碾盘、小龙坎、沙区门诊、沙坪坝	先锋街	沙坪坝	5:30～20:00	先锋街	6:10～20:45

续前表

序号	线路号	线路长度（公里）	起点站	沿途站点	终点站	开收班时间			
						起点站		终点站	
						地点	开收班时间	地点	开收班时间
72	228环线	8	师院 火车北站	内环：师院、石碾盘、制药三厂、天星桥、岩口、红槽房、大队、梨树湾、钢材市场、灯泡厂、杨公桥、建专、陈家湾、师院 外环：火车北站、陈家湾、建专、杨公桥、灯泡厂、钢材市场、梨树湾、大队、红槽房、岩口、天星桥、制药三厂、石碾盘、小龙坎、沙区门诊、火车北站	师院 火车北站		6:00～20:15		时间不固定
73	229	23.1	杨家坪	顺向：杨家坪、九龙坡区府、五支队、毛线沟、水碾、马王乡、建设村、新山村、文体路、区府广场、阳光花园、钢花、翠楼、九宫庙、新华小学、冬瓜山、半山、人和场、起重机厂、人和后街、中梁山、坑木厂、西铁二村、石龙、跳蹬 逆向：跳蹬、石龙、西铁二村、坑木厂、中梁山、人和后街、起重机厂、人和场、半山、冬瓜山、新华小学、九宫庙、翠楼、钢花、新山村、建设村、马王乡、马王五村、水碾、毛线沟、五支队、九龙坡区府、杨家坪	跳蹬	杨家坪	6:00～17:30	跳蹬	7:10～18:30
				顺向：杨家坪、九龙坡区府、五支队、毛线沟、水碾、马王乡、建设村、新山村、文体路、区府广场、阳光花园、钢花、翠楼、九宫庙、新华小学、冬瓜山、半山、人和场、起重机厂、人和后街、中梁山 逆向：中梁山、人和后街、起重机厂、人和场、半山、冬瓜山、新华小学、九宫庙、翠楼、钢花、新山村、建设村、马王乡、马王五村、水碾、毛线沟、五支队、九龙坡区府、杨家坪	中梁山	杨家坪	6:00～19:30	中梁山	7:10～20:20

续前表

序号	线路号	线路长度（公里）	起点站	沿途站点	终点站	开收班时间			
						起点站		终点站	
						地点	开收班时间	地点	开收班时间
74	230	15	沙坪坝	顺向：沙坪坝、肿瘤医院、石门、大石坝九村、盘溪、石马河、正大、江北农场、汪家山、王家湾、老厂、黑沟、医院、压铸厂、镇政府、菜市场、奶站、岔路口、石梁桥、十八湾、中学、大竹林 逆向：大竹林、中学、十八湾、石梁桥、岔路口、奶站、菜市场、镇政府、压铸厂、医院、黑沟、老厂、王家湾、汪家山、江北农场、正大、石马河、盘溪、大石坝九村、石门、肿瘤医院、沙坪坝	大竹林	沙坪坝	5:20～18:00	大竹林	6:20～18:50
75	231		大石坝	顺向：大石坝、石门、肿瘤医院、沙坪坝、小龙坎永安、板材市场、马家岩、高庙村、白马凼、石桥铺、渝州路、科园四路、南方酒店、陈家坪、隆鑫、大公馆、袁家岗、重医大、奥体中心、同创奥韵 逆向：同创奥韵、奥体中心、重医大、袁家岗、大公馆、体育馆、隆鑫、南方酒店、科园四路、渝州路、石桥铺、白马凼、高庙村、马家岩、板材市场、小龙坎中医院、沙坪坝、肿瘤医院、石门、大石坝	同创奥韵	大石坝	6:10～19:00	同创奥韵	7:00～20:00
		20.9	招待所	顺向：武警招待所、新城丽都、华渝、南桥寺、盘溪、大石坝九村、石门、肿瘤医院、沙坪坝、龙泉路、小龙坎永安、板材市场、马家岩、高庙村、白马凼、石桥铺、渝州路、科园四路、南方花园、陈家坪、隆鑫站、体育馆、大公馆、袁家岗 逆向：袁家岗、大公馆、体育馆、隆鑫站、南方花园、科园四路、渝州路、石桥铺、白马凼、高庙村、马家岩、板材市场、小龙坎中医院、沙坪坝、肿瘤医院、石门、大石坝九村、盘溪、南桥寺、华渝、新城丽都、武警招待所	袁家岗	武警招待所	时间不固定	袁家岗	时间不固定

续前表

序号	线路号	线路长度（公里）	起点站	沿途站点	终点站	开收班时间			
						起点站		终点站	
						地点	开收班时间	地点	开收班时间
76	232	16.8	百花村	顺向：百花村、翠楼、钢花、李子林、渝钢村、毛线沟、五支队、九龙坡区府、杨家坪中学、团结路、杨家坪国美、谢家湾、华亿商场、袁家岗、草坪、苗圃、黄沙溪、皮革市场、水果市场、洞口、牛角沱车场 逆向：牛角沱车场、洞口、菜园坝、水果市场、皮革市场、黄沙溪、苗圃、草坪、医学院、袁家岗、华亿商场、谢家湾、杨家坪国美、前进路、杨家坪中学、九龙坡区府、五支队、毛线沟、渝钢村、李子林、文体路、阳光花园、钢花、翠楼、九宫庙、百花村	牛角沱	百花村	6:30 ~20:30	牛角沱	6:30 ~20:30
77	233	12.6	杨家坪	顺向：杨家坪、滩子口、新市场、黄桷坪、五龙庙、南桥头、红光、清华中学、花溪、李家沱 逆向：李家沱、土桥、清华中学、红光、南桥头、五龙庙、黄桷坪、新市场、滩子口、杨家坪	李家沱	杨家坪	6:00 ~20:00	李家沱	6:35 ~20:35
78	235	22.8	九坑子	顺向：九坑子、大坪、马家堡、袁家岗、大公馆、饮料厂、石坪桥、荒沟、水碾、马王乡、建设村、新山村、文体路、区府广场、阳光花园、钢花、翠楼、九宫庙、柏树堡、庹家坳、车家坪、刘家坝、迎春桥、长征厂、伏牛溪 逆向：伏牛溪、长征厂、迎春桥、刘家坝、车家坪、庹家坳、柏树堡、翠楼、钢花、新山村、建设村、马王乡、马王五村、水碾、荒沟、石坪桥、饮料厂、大公馆、袁家岗、马家堡、大坪、九坑子	伏牛溪	九坑子	6:25 ~19:15	伏牛溪	6:45 ~20:15

续前表

序号	线路号	线路长度（公里）	起点站	沿途站点	终点站	开收班时间			
						起点站		终点站	
						地点	开收班时间	地点	开收班时间
79	236	10.6	天骄年华	顺向：天骄年华、芳草地、沙区府、天马路、药三厂、石碾盘、小龙坎雾都、沙坪坝、肿瘤医院、石门、大石坝九村、通用厂、南桥寺、华渝、新城郦都 逆向：新城郦都、华渝、南桥寺、通用厂、大石坝九村、石门、肿瘤医院、沙坪坝、火车北站、石碾盘农贸市场、药三厂、天马路、区府、芳草地、天骄年华	新城郦都	天骄年华	6:30～19:00	新城郦都	6:30～19:00
80	237	18.8	都市花园	顺向：都市花园、天星桥、药三厂、石碾盘、小龙坎、沙区门诊、南开中学、银河、重大、七中、劳动路、三陵大厦、磁器口、黄角坪、童家桥、石井坡、莲光校、特钢花园、双碑、四校、远祖桥、南溪口、井口、岔路口、农场、庆丰厂 逆向：庆丰厂、农场、岔路口、井口、南溪口、远祖桥、四校、双碑、特钢花园、莲光校、石井坡、童家桥、黄桷坪、磁器口、三陵大厦、劳动路、七中、重大、银河、南开中学、火车北站、石碾盘、药三厂、天星桥、都市花园	庆丰厂	高滩岩	6:30～18:30	庆丰厂	6:30～18:30
81	238	15	重医大学	顺向：重医大、体育大道、南方酒店、科园四路、渝州路、石桥铺、八益建材市场、钟表厂、巴山、车管所、孙家岩、凤鸣山中学、凤鸣山、上桥、工程学院、张家湾、华岩、玉清寺 逆向：玉清寺、华岩、张家湾、工程学院、上桥、凤鸣山、凤鸣山中学、孙家岩、车管所、巴山、钟表厂、石新路、石桥铺（赛博）、渝州路、歇台子、河运校、重医大	玉清寺	重医大	6:00～19:40	玉清寺	6:40～20:30

续前表

序号	线路号	线路长度（公里）	起点站	沿途站点	终点站	开收班时间			
						起点站		终点站	
						地点	开收班时间	地点	开收班时间
82	239	21	园丁小区	顺向：大渡口园丁小区、陶瓷国端城（陶瓷市场）、九宫庙、翠楼、新山村、建设村、马王乡、马王五村、水碾、蟠龙、恒胜、绿韵康城、红狮、火炬大道、迎宾大道、车管所、孙家岩、升伟、天骄年华、芳草地、沙区府、天马路、制药三厂、石碾盘、小龙坎、沙区门诊、师院、陈家湾、建专、白鹤岭、建专 逆向：建专、陈家湾、师院、石碾盘、制药三厂、天马路、沙区府、芳草地、天骄年华、升伟、孙家岩、车管所、迎宾大道、火炬大道、红狮、绿韵康城、恒胜、绿云石都、水碾、马王乡、建设村、新山村、文体路、大渡口区府广场、阳光花园、钢花、翠楼、九宫庙、陶瓷国端城（陶瓷市场）、园丁小区	建专	园丁小区	6:00～19:30	建专	6:00～19:30
83	251	12.3	牛角坨	顺向：牛角沱、李子坝、华村、化龙桥、弹簧厂、红岩村、步月村、中渡口、肿瘤医院、重大中门、沙中路、沙杨路、半月楼、白鹤岭 逆向：白鹤岭、半月楼、沙杨路、沙中路、肿瘤医院、中渡口、步月村、红岩村、弹簧厂、华村、化龙桥、李子坝、牛角沱	白鹤岭	牛角沱	6:45～19:00	白鹤岭	6:45～19:00

续前表

序号	线路号	线路长度（公里）	起点站	沿途站点	终点站	开收班时间			
						起点站		终点站	
						地点	开收班时间	地点	开收班时间
84	252	21	园丁小区	顺向：园丁小区、陶瓷国端城（陶瓷市场）、秋实小区、三木花园、九宫庙、翠楼、新山村、建设村、马王乡、马王五村、水碾、荒沟、石坪桥、饮料厂、北桥头、南桥头、江山多娇、白鹤路、麦德龙、大石路、金山路、二小区、天信双骄、旧车市场、南坪南路、绿洲龙城 逆向：绿洲龙城、骏逸江南、天信双骄、金山路、四小区、五小区、六小区、光电路、龙职中、南桥头、北桥头、大公馆、饮料厂、石坪桥、荒沟、水碾、马王乡、朵力、建设村、文体路、大渡口区府广场、阳光花园、钢花、翠楼、九宫庙、三木花园、秋实小区、陶瓷国端城、园丁小区	绿洲龙城	园丁小区	6:00～19:00	绿洲龙城	7:00～20:10
85	253环线	12.4	金色世纪	环线：金色世纪、三木花园、区府广场、重钢技校、九龙坡三院、马土乡、马王一村、马王二村、大堰一村、跃进村、大校、九校、新山村、文体路、区府广场、月光小区、阳光花园、钢花、翠楼、九宫庙、三木花园、金色世纪	金色世纪	金色世纪	6:30～19:30		
86	255	6.5	建胜镇	顺向：建胜镇、陈家坝、建路村、余家、二洞岩、小学、调运处、钓鱼嘴 逆向：钓鱼嘴、调运处、小学、二洞岩、余家、建路村、陈家坝、建胜镇	钓鱼嘴	建胜镇	6:30～19:00	钓鱼嘴	7:00～19:30

续前表

序号	线路号	线路长度（公里）	起点站	沿途站点	终点站	开收班时间			
						起点站		终点站	
						地点	开收班时间	地点	开收班时间
87	258	10.5	石桥铺	顺向：石桥铺、陈家坪长途汽车站、陈家坪、陈庹路口、蟠龙、绿韵康城、绿云石都、朵力后门、大渡口区府广场、钢花、翠楼、九宫庙、三木花园、秋实小区（春晖路） 逆向：秋实小区（春晖路）、三木花园、九宫庙、翠楼、大渡口区府广场、枫丹筱竹、朵力后门、绿云石都、蟠龙、陈庹路口、陈家坪、陈家坪长途汽车站、石桥铺	春晖路	石桥铺	6:30～19:00	春晖路	6:30～19:00
88	261	17.8	重大	顺向：重大、银河、南开中学、沙坪坝、龙泉路、小龙坎永安、土湾、羊角堡、红岩村、弹簧厂、化龙桥、华村、李子坝、牛角沱、大礼堂、大溪沟、黄花园、一号桥、临江门、小什字、新华路 逆向：新华路、小什字、沧白路、临江门、一号桥、黄花园、大溪沟、大礼堂、上清寺、李子坝、华村、化龙桥、弹簧厂、红岩村、羊角堡、土湾、小龙坎中医院、南开中学、银河、重大	新华路	重大	6:30～19:30	新华路	7:00～20:30
89	262	20	天骄年华	顺向：天骄年华、都市花园、天星桥、药三厂、石碾盘、小龙坎雾都、土湾、羊角堡、红岩村、弹簧厂、化龙桥、华村、李子坝、牛角沱、大礼堂、大溪沟、黄花园、一号桥、临江门、小什字、重庆饭店、朝天门 逆向：朝天门、重庆饭店、小什字、沧白路、临江门、一号桥、黄花园、大溪沟、大礼堂、上清寺、李子坝、华村、化龙桥、弹簧厂、红岩村、羊角堡、土湾、小龙坎中医院、八中、石碾盘农贸市场、药三厂、天星桥、都市花园、天骄年华	朝天门	天骄年华	6:30～19:30	朝天门	7:00～20:30

续前表

序号	线路号	线路长度（公里）	起点站	沿途站点	终点站	开收班时间			
						起点站		终点站	
						地点	开收班时间	地点	开收班时间
90	263	19.2	中梁山	顺向：中梁山、田坝、动力厂、玉清寺、华岩、华岩寺、电大、创业路、格力厂、二郎、迎宾大道、车管所、巴山、钟表厂、石新路、石桥铺（石新路）、陈家坪长途汽车站、陈家坪、隆鑫、大公馆、袁家岗、马家堡、大坪、九坑子 逆向：九坑子、大坪、马家堡、重医一院、袁家岗、华亿、大公馆、体育馆、隆鑫、陈家坪、石桥铺、航天、八益建材市场、钟表厂、巴山、迎宾大道、二郎、格力厂、创业路、电大、华岩寺、华岩、玉清寺、动力厂、田坝、中梁山	九坑子	中梁山	6:30～19:30	九坑子	时间不固定
91	265	24	双碑	顺向：双碑、特钢花园、莲光校、石井坡、童家桥、烈士墓、杨公桥、建专、陈家湾、师院、石碾盘、小龙坎、土湾、羊角堡、红岩村、弹簧厂、化龙桥、李子坝、牛角沱、大礼堂、大溪沟、黄花园、一号桥（佳家玺）、临江门、小什字、重庆饭店、朝天门 逆向：朝天门、重庆饭店、沧白路、临江门、一号桥、黄花园、大溪沟、大礼堂、上清寺、李子坝、化龙桥、弹簧厂、红岩村、羊角堡、土湾、小龙坎、八中、师院、陈家湾、建专、杨公桥、烈士墓、童家桥、石井坡、莲光校、特钢花园、双碑	朝天门	双碑	6:30	朝天门	6:45

续前表

序号	线路号	线路长度（公里）	起点站	沿途站点	终点站	开收班时间			
						起点站		终点站	
						地点	开收班时间	地点	开收班时间
92	269	13	石桥铺	顺向：中梁山、田坝、动力厂、玉清寺、华岩、张家湾、工程学院、上桥、凤鸣山、凤鸣山中学、孙家岩、车管所、巴山、钟表厂、石新路、石桥铺 逆向：石桥铺、八益建材市场、钟表厂、巴山、车管所、孙家岩、凤鸣山中学、凤鸣山、上桥、工程学院、张家湾、华岩、玉清寺、动力厂、田坝、中梁山	中梁山	石桥铺	5:50～20:20	中梁山	6:20～20:55
93	271	17	重大	顺向：重大、沙坪坝、小龙坎、土湾、羊角堡、红岩村、弹簧厂、化龙桥、华村、李子坝、牛角沱、大礼堂、大溪沟、黄花园、一号桥、解放碑 逆向：解放碑、一号桥、黄花园、大溪沟、大礼堂、牛角沱、李子坝、华村、化龙桥、弹簧厂、红岩村、羊角堡、土湾、小龙坎、南开中学、重大	解放碑	学生专线	时间不固定		时间不固定
94	279	44	沙坪坝	顺向：沙坪坝、新桥、山洞、林园、新开寺、歌乐山、矿山坡、团结村、土主、火车站、保农、回龙坝 逆向：回龙坝、保农、火车站、土主、团结村、矿山坡、歌乐山、新开寺、林园、山洞、新桥、沙坪坝	回龙坝	沙坪坝	5:30～18:30	回龙坝	5:30～18:40
95	280	60	朝天门	顺向：朝天门、菜园坝、石桥铺、新桥、山洞、林园、新开寺、歌乐山、矿山坡、团结村、土主、火车站、保农、回龙坝 逆向：回龙坝、保农、火车站、土主、团结村、矿山坡、歌乐山、新开寺、林园、山洞、新桥、石桥铺、菜园坝、朝天门	回龙坝	朝天门	5:30～8:50		5:30～15:50

续前表

序号	线路号	线路长度（公里）	起点站	沿途站点	终点站	开收班时间			
						起点站		终点站	
						地点	开收班时间	地点	开收班时间
96	281	46	石碾盘	顺向：石碾盘、站东路、天星桥、高滩岩、凤鸣山、新桥、山洞、白市驿、石板、陶家、宝华、冒合、西彭 逆向：西彭、冒合、宝华、陶家、石板、白市驿、山洞、新桥、凤鸣山、高滩岩、天星桥、石碾盘	西彭	石碾盘	5:05～18:10	西彭	6:10～18:40
97	282	54	牛角沱	顺向：牛角沱、石碾盘、新桥、山洞、白市驿、石板、陶家、宝华、冒合、西彭 逆向：西彭、冒合、宝华、陶家、石板、白市驿、山洞、新桥、石碾盘、牛角沱	西彭	牛角沱	5:40～17:20	西彭	5:50～14:45
98	283	48	杨家坪	顺向：杨家坪、石桥铺、新桥、山洞、白市驿、石板、陶家、宝华、冒合、西彭 逆向：西彭、冒合、宝华、陶家、石板、白市驿、山洞、新桥、石桥铺、杨家坪	西彭	杨家坪	5:30～18:00	西彭	5:40～18:30
99	285	27	石碾盘	顺向：石碾盘、站东路、新桥、山洞、白市驿、刘家坪、龙凤 逆向：龙凤、刘家坪、白市驿、山洞、新桥、石碾盘	龙凤	石碾盘	5:30～17:35	龙凤	6:00～18:40
100	286	27	石碾盘	顺向：石碾盘、站东路、新桥、山洞、白市驿、新铺子、走马 逆向：走马、新铺子、白市驿、山洞、新桥、石碾盘	走马	石碾盘	5:20～17:50	走马	5:40～18:30
101	287	33	石桥铺	顺向：石桥铺、新桥、山洞、白市驿、含谷、黄金、龙凤、曾家 逆向：曾家、龙凤、黄金、含谷、白市驿、山洞、新桥、石桥铺	曾家	石桥铺	6:00～15:00	曾家	5:50～16:30
102	288	31	石碾盘	顺向：石桥铺、新桥、山洞、白市驿、含谷、黄金、龙凤、曾家 逆向：曾家、龙凤、黄金、含谷、白市驿、山洞、新桥、石桥铺	曾家	石桥铺	6:00～15:00	曾家	5:50～16:30

续前表

序号	线路号	线路长度（公里）	起点站	沿途站点	终点站	开收班时间			
						起点站		终点站	
						地点	开收班时间	地点	开收班时间
103	272	25.6	九宫庙	停驶线	解放碑				
104	212	8	兰花小区	停驶线	建专				
105	226环线	5	直港大道	停驶线	杨家坪				
106	234	7	杨家坪	停驶线	五龙庙				
107	284	29	石碾盘	停驶线	福寿				
108	289	57	李家沱	停驶线	西彭				
109	290	36	朝天门	停驶线	含谷				
110	291	53	朝天门	停驶线	西彭				
111	293	25	沙坪坝	停驶线	中梁镇				
112	301	15	李家沱	顺向：（磁器街）、中兴路、工贸、南坪（珊瑚村）、南坪南路、四公里、五公里、六公里、七公里、家具市场、八公里、李九路、李家沱 逆向：李家沱、李九路、八公里、家具市场、七公里、六公里、五公里、四公里、南坪南路、南坪（长途站）、工贸、北桥头、中兴路、（磁器街）	解放碑	李家沱	6:00～21:00	解放碑	6:30～21:30
113	302	33.7	公平	顺向：（磁器街）、中兴路、南桥头、南坪（珊瑚村）、岔路口、堤坎、小泉、南泉、界石、公平 逆向：公平、界石、南泉、小泉、堤坎、岔路口、南坪（长途站）、南桥头、北桥头、中兴路、（磁器街）	解放碑	公平	6:00～18:00	解放碑	7:20～19:30
114	303	25.8	解放碑	顺向：（较场口）、中兴路、南桥头、南坪（珊瑚村）、南坪南路、七公里、车管所、岔路口、炒油场、饮料厂、鱼胡路口、鱼洞 逆向：鱼洞、鱼胡路口、饮料厂、炒油场、岔路口、车管所、七公里、南坪南路、南坪（长途站）、南桥头、北桥头、中兴路、（较场口）	鱼洞中干道	解放碑	6:00～19:30	鱼洞中干道	时间不固定

续前表

序号	线路号	线路长度（公里）	起点站	沿途站点	终点站	开收班时间			
						起点站		终点站	
						地点	开收班时间	地点	开收班时间
115	304	8.6	南坪	顺向：南坪、福利社、海棠晓月、海棠溪、港口医院、上新街、房管所、下浩、觉林寺、五院、鞋业城、大石坝（南岸）、十一中、弹子石 逆向：弹子石、十一中、大石坝（南岸）、鞋业城、五院、觉林寺、下浩、房管所、上新街、港口医院、海棠溪、海棠晓月、福利社、南坪	弹子石	南坪	5:50～21:30	弹子石	时间不固定
116	305	7	南坪	顺向：南坪、南坪南路、四公里、朝阳厂、罗家坝、柏子桥、海棠溪、港口医院、上新街 逆向：上新街、港口医院、海棠溪、柏子桥、罗家坝、朝阳厂、四公里、南坪南路、南坪	上新街	南坪	7:25～19:20	上新街	7:00～19:40
117	306	5.5	南坪	顺向：南坪、工贸、南桥头、北桥头、中兴路 逆向：中兴路、南桥头、工贸、南坪	解放碑	南坪	6:00～21:25	解放碑	6:20～21:35
118	307	39.4	南坪	顺向：南坪、岔路口、南泉、界石、南彭、水库、大池塘、忠兴 逆向：忠兴、大池塘、水库、南彭、界石、南泉、岔路口、南坪	忠兴	南坪	5:30～16:35	忠兴	5:00～16:00
119	308	27.5	解放碑	顺向：（磁器街）、中兴路、工贸、南坪（珊瑚村）、南坪南路、七公里、车管所、岔路口、炒油场、饮料厂、鱼胡路口、鱼洞、莲花市场、大江厂 逆向：大江厂、莲花市场、鱼洞、鱼胡路口、饮料厂、炒油场、岔路口、车管所、七公里、南坪南路、南坪（长途站）、工贸、北桥头、中兴路、（磁器街）	大江厂	解放碑	6:10～19:00	大江厂	6:10～19:00

续前表

序号	线路号	线路长度（公里）	起点站	沿途站点	终点站	开收班时间			
						起点站		终点站	
						地点	开收班时间	地点	开收班时间
120	309	20.6	李家沱	顺向：李家沱、土桥、岔路口、堤坎、小泉、南泉、界石、公平 逆向：公平、界石、南泉、小泉、堤坎、岔路口、土桥、李家沱	公平	李家沱	6:00～18:30	公平	
121	310	25	鱼洞中医院	顺向：鱼洞、鱼胡路口、走马羊、苦竹坝、王家坝、土桥、李家沱、三角碑、南桥头、北桥头、九龙隧道、桃花溪、毛线沟、九龙区府、杨家坪中学、团结路口、杨家坪（国美）、谢家湾、重医 逆向：重医、谢家湾、杨家坪（国美）、前进路、杨家坪中学、九龙区府、毛线沟、桃花溪、九龙隧道、北桥头、南桥头、三角碑、李家沱、土桥、王家坝、苦竹坝、走马羊、鱼胡路口、鱼洞	重庆医学院	鱼洞中医院	6:00～19:30	重庆医学院	
122	312	70	南坪	顺向：南坪、岔路口、南泉、界石、南彭、水库、李家嘴、石岗、碑垭、太平、大桥、农民、姜家 逆向：姜家、农民、大桥、太平、碑垭、石岗、李家嘴、水库、南彭、界石、南泉、岔路口、南坪	姜家	南坪	8:00～15:30	姜家	5:00～13:00
123	314	81.2	南坪	顺向：南坪、岔路口、南泉、界石、南彭、水库、李家嘴、石岗、碑垭、太平、接龙、玉峡口、高岩头、小观、丰岩、鸭伏道、石龙 逆向：石龙、鸭伏道、丰岩、小观、高岩头、玉峡口、接龙、太平、碑垭、石岗、李家嘴、水库、南彭、界石、南泉、岔路口、南坪	石龙	南坪	5:30～15:20	石龙	5:30～14:30
124	317	39.9	南坪	顺向：南坪、岔路口、南泉、界石、南彭、水库、道班、月华 逆向：月华、道班、水库、南彭、界石、南泉、岔路口、南坪	月华	南坪	6:45～17:30	月华	6:00～16:00

续前表

序号	线路号	线路长度（公里）	起点站	沿途站点	终点站	开收班时间			
						起点站		终点站	
						地点	开收班时间	地点	开收班时间
125	318	20	怡丰花园（南坪）	顺向：怡丰花园、骑龙山庄、金台、工贸、北桥头、菜园坝、牛角沱（洞口）、李子坝、华村、化龙桥、弹簧厂、红岩村、羊角堡、土湾、小龙坎、沙坪坝（八中）、师院、陈家湾 逆向：陈家湾、师院、沙客站、石碾盘、小龙坎、土湾、羊角堡、红岩村、弹簧厂、化龙桥、华村、李子坝、牛角沱（洞口）、菜园坝、北桥头、工贸、金台、骑龙山庄、怡丰花园	陈家湾	怡丰花园	6:30 ~ 21:30	陈家湾	时间不固定
126	319	22.1	桥南村	顺向：桥南村、三角碑、李家沱、李九路、八公里、家具市场、七公里、六公里、五公里、四公里、南坪南路、南坪（长途站）、工贸、北桥头、菜园坝、牛角沱（洞口）、华新街、三钢、农贸市场、海关、红旗河沟 逆向：红旗河沟、大庙、乡镇企业局、西普、华新街、牛角沱（洞口）、菜园坝、北桥头、工贸、南坪（珊瑚村）、四公里、五公里、六公里、七公里、家具市场、八公里、李九路、李家沱、三角碑、桥南村	红旗河沟	桥南村	6:30 ~ 22:00	红旗河沟	时间不固定
127	320	23.2	江南水乡	顺向：桥南村、三角碑、李家沱、李九路、八公里、家具市场、七公里、六公里、五公里、四公里、朝阳厂、罗家坝、柏子桥、海棠溪、港口医院、上新街、下浩、五院、大石坝、弹子石、武警医院 逆向：武警医院、弹子石、大石坝、五院、下浩、上新街、港口医院、海棠溪、柏子桥、罗家坝、朝阳厂、四公里、五公里、六公里、七公里、家具市场、八公里、李九路、李家沱、三角碑、桥南村	窍角沱	江南水乡	6:00 ~ 18:00	窍角沱	7:00 ~ 19:00

续前表

序号	线路号	线路长度（公里）	起点站	沿途站点	终点站	开收班时间			
						起点站		终点站	
						地点	开收班时间	地点	开收班时间
128	321	13.5	弹子石	顺向：弹子石、十一中、大石坝（南岸）、鞋业城、五院、下浩、上新街、港口医院、海棠溪、海棠晓月、福利社、南坪（东路）、工贸、北桥头、中兴路、（磁器街） 逆向：（磁器街）、中兴路、工贸、南坪（东路）、福利社、海棠晓月、海棠溪、港口医院、上新街、下浩、五院、鞋业城、大石坝（南岸）、十一中、弹子石	解放碑	弹子石	6:00～21:10	解放碑	6:40～22:15
129	322	15.5	美堤雅城	顺向：美堤雅城、骏逸天下、本田、七小区、明佳路、骑龙山庄、金台、工贸、南桥头、北桥头、中兴路、较场口、临江门、一号桥、黄花园、大溪沟、大礼堂、上清寺、牛角沱 逆向：牛角沱、大礼堂、大溪沟、黄花园、一号桥、临江门、较场口、中兴路、南桥头、工贸、金台、万寿路、南岸区府、四小区、六院、五小区、七小区、本田、骏逸天下、美堤雅城	牛角沱	美堤雅城	6:30～21:00	牛角沱	时间不固定
130	323	20.3	窍角沱	顺向：窍角沱、弹子石、十一中、大石坝（南岸）、五院、下浩、上新街、港口医院、海棠溪、海棠晓月、福利社、南坪（东路）、工贸、南桥头、北桥头、双溪沟、大湾、红土地、无专厂、黄泥磅 逆向：黄泥磅、无专厂、红土地、大湾、双溪沟、北桥头、南桥头、工贸、南坪（东路）、福利社、海棠晓月、海棠溪、港口医院、上新街、下浩、五院、大石坝（南岸）、十一中、弹子石、窍角沱	工业园	窍角沱	6:00～19:00	工业园	6:20～19:45

续前表

序号	线路号	线路长度（公里）	起点站	沿途站点	终点站	开收班时间			
						起点站		终点站	
						地点	开收班时间	地点	开收班时间
131	325	20.5	南坪	顺向：南坪、南桥头、北桥头、菜园坝、水果市场、皮革市场、黄沙溪、苗圃、草坪、袁家岗、大公馆、饮料厂、石坪桥（一建）、冠生园、陈家坪、陈家坪（长途站）、石新路、钟表厂、仪表厂、车管所、迎宾大道、格力厂、广播电视大学 逆向：广播电视大学、格力厂、迎宾大道、车管所、仪表厂、钟表厂、石新路、石桥铺、陈家坪、冠生园、石坪桥（一建）、饮料厂、大公馆、袁家岗、草坪、苗圃、黄沙溪、皮革市场、水果市场、菜园坝、南桥头、南坪	广播电大	南坪	6:20～19:00	广播电大	
132	338	17	大石坝	顺向：大石坝（南岸）、十一中、弹子石、武警医院、重烟、野苗溪、慈云寺、老码头、四海路口、海棠大道、宏声路、南坪东路、工贸、北桥头、双溪沟（黄花园）、大溪沟、大礼堂、上清寺、牛角沱 逆向：牛角沱、大礼堂、大溪沟、双溪沟（黄花园）、北桥头、工贸、南坪东路、福利社、海棠晓月、海棠大道、四海路口、老码头、慈云寺、野苗溪、重烟、武警医院、弹子石、十一中、大石坝（南岸）	牛角沱	大石坝	6:40～19:30	牛角沱	

续前表

序号	线路号	线路长度（公里）	起点站	沿途站点	终点站	开收班时间			
						起点站		终点站	
						地点	开收班时间	地点	开收班时间
133	341	19	李家沱	顺向：李家沱、三角碑、南桥头、北桥头、九龙隧道、桃花溪、毛线沟、九龙区府、杨家坪中学、团结路口、杨家坪（404路）、石坪桥（一建）、冠生园、陈家坪、陈家坪（长途站）、石新路、钟表厂、巴山、车管所、老顶坡 逆向：美茵河谷、老顶坡、巴山、钟表厂、石新路、石桥铺、陈家坪（长途站）、陈家坪、冠生园、石坪桥（一建）、杨家坪（消防队）、前进路、杨家坪中学、九龙区府、毛线沟、桃花溪、九龙隧道、北桥头、南桥头、三角碑、李家沱	美茵河谷	李家沱	5:50～19:00	美茵河谷	6:35～19:45
134	346	13.5	邮院	顺向：较场口、中兴路、工贸、南坪（东路）、福利社、海棠晓月、海棠溪、港口医院、上新街、四中、黄桷垭、邮院 逆向：邮院、黄桷垭、四中、上新街、港口医院、海棠溪、海棠晓月、福利社、南坪（东路）、工贸、北桥头、中兴路、较场口	解放碑	邮院	6:25～19:10	解放碑	7:10～20:10
135	347	17.2	火车站	顺向：菜园坝车场、北桥头、南桥头、南坪（东路）、福利社、海棠晓月、海棠溪、港口医院、上新街、四中、黄桷垭、邮电学院、中研所、岔路口、文峰公社、招呼站、老厂 逆向：老厂、招呼站、文峰公社、岔路口、中研所、邮电学院、黄桷垭、四中、上新街、港口医院、海棠溪、海棠晓月、福利社、南坪（东路）、南桥头、北桥头、菜园坝车场	老厂	火车站	7:20～19:00	老厂	6:25～17:40

续前表

序号	线路号	线路长度（公里）	起点站	沿途站点	终点站	开收班时间			
						起点站		终点站	
						地点	开收班时间	地点	开收班时间
136	348	21.1	道角	顺向：较场口、中兴路、南桥头、南坪（珊瑚村）、南坪南路、四公里、五公里、六公里、七公里、家具市场、八公里、李九路、李家沱、土桥、王家坝、苦竹坝、走马羊、道角 逆向：道角、走马羊、苦竹坝、王家坝、土桥、李家沱、李九路、八公里、家具市场、七公里、六公里、五公里、四公里、南坪南路、南坪（长途站）、南桥头、北桥头、中兴路、较场口	解放碑	道角	5:30～19:00	解放碑	6:10～20:00
137	349	20.4	桥南村	顺向：桥南村、三角碑、李家沱、李九路、八公里、家具市场、七公里、六公里、五公里、四公里、南坪南路、南坪（长途站）、南桥头、北桥头、药材市场、储奇门、望龙门、协信、朝天门 逆向：朝天门、协信、望龙门、储奇门、药材市场、南纪门、南桥头、南坪（珊瑚村）、南坪南路、四公里、五公里、六公里、七公里、家具市场、八公里、李九路、李家沱、三角碑、桥南村	朝天门	桥南村	6:00～19:00	朝天门	6:55～19:45
138	354	11.3	孙家花园	顺向：孙家花园、弹子石、十一中、大石坝（南岸）、鞋业城、五院、下浩、上新街、港口医院、海棠溪、海棠晓月、福利社、南坪（东路）、金台、万寿路、南岸区府、金山路、南坪中学 逆向：南坪中学、金山路、南岸区府、二小区、响水路、福利社、海棠晓月、海棠溪、港口医院、上新街、下浩、五院、鞋业城、大石坝（南岸）、十一中、弹子石、孙家花园	南坪中学	孙家花园	6:20～20:40	南坪中学	6:30～20:00

续前表

序号	线路号	线路长度（公里）	起点站	沿途站点	终点站	开收班时间			
						起点站		终点站	
						地点	开收班时间	地点	开收班时间
139	361	10.9	南湖路	顺向：南湖路、南坪花市、南坪中学、春风绿苑、麦德龙、本田、明佳路、骑龙山庄、金台、工贸、南桥头、北桥头、中兴路、较场口 逆向：较场口、中兴路、南桥头、双石街、金台、万寿路、电表厂、六院、建安厂、本田、麦德龙、春风绿苑、南坪中学、南坪花市、南湖路	解放碑	南湖路	6:30～19:30	解放碑	7:00～19:50
	371		融侨	顺向：骑龙山庄、长江村、金台、南桥头、北桥头、中兴路、较场口 逆向：较场口、中兴路、南桥头、金台、长江村、骑龙山庄	解放碑	融侨	6:50～19:00	解放碑	7:20～19:20
140	363	14.2	弹子石	顺向：弹子石、十一中、大石坝（南岸）、五院、下浩、上新街、港口医院、海棠溪、海棠晓月、福利社、南坪（东路）、工贸、北桥头、南区路、两路口 逆向：两路口、南区路、菜园坝、南桥头、南坪（东路）、福利社、海棠晓月、海棠溪、港口医院、上新街、下浩、五院、大石坝（南岸）、十一中、弹子石	两路口	弹子石	5:50～20:00	两路口	6:30～20:30
141	364	15	南坪	顺向：南坪、金台、长江村、电子三所、龙职中、桥南、谢家湾、大公馆、隆鑫、陈家坪、石桥铺、石新路、钟表厂、仪表厂、车管所、兰花小区 逆向：兰花小区、车管所、仪表厂、钟表厂、石新路、石桥铺、陈家坪（长途站）、陈家坪、隆鑫、大公馆、谢家湾、桥南、龙职中、电子三所、长江村、金台、南坪	兰花小区	南坪	6:20～20:00	兰花小区	时间不固定

续前表

序号	线路号	线路长度（公里）	起点站	沿途站点	终点站	开收班时间			
						起点站		终点站	
						地点	开收班时间	地点	开收班时间
142	365	15.4	绿洲龙城	顺向：绿洲龙城、春风绿苑、麦德龙、大石路、六院、四小区、南岸区府、二小区、南坪（长途站）、工贸、北桥头、菜园坝、水果市场、皮革市场、黄沙溪、苗圃、草坪、袁家岗、大公馆、饮料厂、石坪桥（一建）、冠生园、陈家坪 逆向：陈家坪、冠生园、石坪桥（一建）、饮料厂、大公馆、袁家岗、草坪、苗圃、黄沙溪、皮革市场、水果市场、菜园坝、工贸、金台、万寿路、南岸区府、四小区、六院、大石路、麦德龙、春风绿苑、绿洲龙城	陈家坪	绿洲龙城	6:30～19:00	陈家坪	时间不固定
143	366	10	南坪	顺向：南坪、金台、万寿路、南岸区府、金山路、大石路、六院、五小区、本田、白鹤路、美堤雅城 逆向：美堤雅城、白鹤路、本田、大石路、金山路、南岸区府、二小区、商业大楼、南坪	美堤雅城	南坪	7:00～19:00	美堤雅城	时间不固定
144	372	10.7	南坪中学	顺向：南坪中学、大石路、四小区、六院、五小区、明佳路、骑龙山庄、金台、工贸、北桥头、药材市场、储奇门、望龙门、协信、朝天门 逆向：朝天门、协信、望龙门、储奇门、药材市场、南纪门、工贸、双石街、金台、万寿路、南岸区府、四小区、六院、大石路、南坪中学	朝天门	南坪中学	6:00～20:00	朝天门	6:40～20:30

续前表

序号	线路号	线路长度（公里）	起点站	沿途站点	终点站	开收班时间			
						起点站		终点站	
						地点	开收班时间	地点	开收班时间
145	373	16	回龙湾	顺向：回龙湾、南湖路、南坪花市、南坪中学、春风绿苑、麦德龙、大石路、四小区、六院、五小区、明佳路、骑龙山庄、金台、南坪东路、福利社、海棠晓月、海棠大道、四海路口、老码头、慈云寺、重烟、杨家湾、弹子石、十一中、大石坝（南岸） 逆向：大石坝（南岸）、十一中、弹子石、杨家湾、重烟、慈云寺、老码头、四海路口、海棠大道、海棠晓月、福利社、南坪东路、金台、万寿路、南岸区府、大石路、麦德龙、春风绿苑、南坪中学、南坪花市、回龙湾	大石坝	回龙湾	6:50～20:00	大石坝	6:30～19:30
146	381	4.8	南坪	顺向：南坪、金台、长江新村、试剂厂、芭蕉湾、铜元局 逆向：铜元局、芭蕉湾、试剂厂、长江新村、金台、南坪	铜元局	南坪	6:30～20:30	铜元局	6:45～20:45
147	382	7.5	南坪	顺向：南坪、工贸、北桥头、药材市场、储奇门、望龙门、协信、朝天门 逆向：朝天门、协信、望龙门、储奇门、药材市场、南纪门、南桥头、南坪	朝天门	南坪	6:30～19:00	朝天门	7:00～19:30
148	383	16	老龙洞	顺向：较场口、中兴路、南桥头、南坪（珊瑚村）、南坪南路、四公里、长橡、香料厂、黄沙坎、窝子沟、老厂、新工地、老龙洞 逆向：老龙洞、新工地、老厂、窝子沟、黄沙坎、香料厂、长橡、四公里、南坪南路、南坪（长途站）、南桥头、北桥头、中兴路、较场口	解放碑	老龙洞	6:00～17:00	解放碑	7:10～18:10

续前表

序号	线路号	线路长度（公里）	起点站	沿途站点	终点站	开收班时间			
						起点站		终点站	
						地点	开收班时间	地点	开收班时间
149	384	18.4	南山	顺向：较场口、中兴路、南桥头、南坪（东路）、福利社、海棠晓月、港口医院、上新街、四中、黄桷垭、无线电二厂、黄山、电表厂、南山 逆向：南山、电表厂、黄山、无线电二厂、黄桷垭、四中、上新街、港口医院、海棠晓月、福利社、南坪（东路）、南桥头、北桥头、中兴路、较场口	解放碑	南山	6:20～18:00	解放碑	7:00～18:40
150	385	7.2	弹子石	顺向：弹子石、江南化工厂、招呼站、高堰沟、铁厂、鸡冠石、纳溪沟 逆向：纳溪沟、鸡冠石、铁厂、高堰沟、招呼站、江南化工厂、弹子石	纳溪沟	弹子石	6:30～18:30	纳溪沟	7:00～19:05
151	386	83	南坪	顺向：南坪、四公里、岔路口、南泉、鹿角、竹园、长生、长生岔路口、惠民、永兴、二圣、菩萨滩、五布、东泉、双胜、碾沱坝、天赐 逆向：天赐、碾沱坝、双胜、东泉、五布、菩萨滩、二圣、永兴、惠民、长生岔路口、长生、竹园、鹿角、南泉、岔路口、四公里、南坪	天赐	南坪	8:20～12:00	天赐	7:00～13:00
152	387	91	南坪	顺向：南坪、四公里、岔路口、南泉、鹿角、竹园、长生、长生岔路口、惠民、永兴、二圣、菩萨滩、五步、东泉、双胜、碾沱坝、天赐、白沙 逆向：白沙、天赐、碾沱坝、双胜、东泉、五步、菩萨滩、二圣、永兴、惠民、长生岔路口、长生、竹园、鹿角、南泉、岔路口、四公里、南坪	白沙	南坪	9:00～15:30	白沙	5:00～12:00

续前表

序号	线路号	线路长度（公里）	起点站	沿途站点	终点站	开收班时间			
						起点站		终点站	
						地点	开收班时间	地点	开收班时间
153	388	90.4	南坪	顺向：南坪、四公里、岔路口、南泉、鹿角、竹园、长生、长生岔路口、惠民、永兴、二圣、菩萨滩、五布、东泉、双胜、碾沱坝、芦沟、清和 逆向：清和、芦沟、碾沱坝、双胜、东泉、五布、菩萨滩、二圣、永兴、惠民、长生岔路口、长生、竹园、鹿角、南泉、岔路口、四公里、南坪	清河	南坪	7:20～14:30	清河	7:40～14:30
154	381茶	21	铜元局	顺向：铜元局、芭蕉湾、试剂厂、长江新村、金台、南坪、四公里、茶园收费站、管委会、长江电工厂、宗庆摩托 逆向：茶园新区、宗庆摩托、长江电工厂、管委会、茶园收费站、四公里、南坪、金台、长江新村、试剂厂、芭蕉湾	茶园新区	铜元局	7:00～19:00	茶园新区	7:50～19:45
155	962	11.5	南坪	顺向：南坪、金台、万寿路、南岸区府、四小区、六院、五小区、明佳路、龙职中、桥南、谢家湾、杨家坪（国美）、前进路、杨家坪中学、九龙坡区府、毛线沟 逆向：毛线沟、九龙坡区府、杨家坪中学、团结路口、杨家坪（国美）、谢家湾、桥南、龙职中、明佳路、五小区、六院、四小区、南岸区府、二小区、响水路、南坪	毛线沟	南坪	6:00～20:00	毛线沟	6:25～20:25

续前表

序号	线路号	线路长度（公里）	起点站	沿途站点	终点站	开收班时间			
						起点站		终点站	
						地点	开收班时间	地点	开收班时间
156	962B	12.2	四海大道	顺向：四海大道、海棠晓月、福利社、南坪、金台、长江村、明佳路、龙职中、桥南、谢家湾、杨家坪（国美）、前进路、杨家坪中学、九龙坡区府、毛线沟 逆向：毛线沟、九龙坡区府、杨家坪中学、杨家坪（国美）、谢家湾、桥南、龙职中、明佳路、长江村、金台、南坪、福利社、海棠晓月、四海大道	毛线沟	四海大道	6:30～20:00	毛线沟	7:10～20:40
157	迷你	15.3	融侨	顺向：融侨、长江村、金台、南坪东路、福利社、海棠晓月、海棠大道、四海路口、老码头、慈云寺、野苗溪、重烟、武警二院、弹子石、大佛段、庆新村 逆向：庆新村、大佛段、弹子石、武警二院、重烟、野苗溪、慈云寺、老码头、四海路口、海棠大道、宏声路、南坪、金台、长江村、融侨	庆新村	融侨	6:20～22:30	庆新村	时间不固定
158	367	14	南山	停驶线	老龙洞				
159	401	6.5	上清寺	顺向：上清寺、两路口、文化宫、观音岩、七星岗、解放碑、帝王广场、重庆饭店、信义街 逆向：信义街、重庆饭店、小什字、解放碑、七星岗、观音岩、文化宫、文化宫中门、上清寺	信义街	上清寺	5:30～21:30	信义街	5:55～21:55

续前表

序号	线路号	线路长度（公里）	起点站	沿途站点	终点站	开收班时间			
						起点站		终点站	
						地点	开收班时间	地点	开收班时间
160	402	18	解放碑	顺向：解放碑、观音岩、文化宫、两路口、国际村、鹅岭、肖家湾、大坪、石油路、歇台子、渝州路、石桥铺、白马凼、联芳园、马家岩、板材市场、小龙坎、沙坪坝 逆向：沙坪坝、石碾盘、小龙坎、板材市场、马家岩、联芳园、白马凼、石新路、渝州路、歇台子、石油路、大坪、肖家湾、鹅岭、国际村、两路口、文化宫、观音岩、七星岗、解放碑	沙坪坝	解放碑	6:00～22:00	沙坪坝	6:10～22:00
161	403	12	两路口	顺向：两路口、国际村、鹅岭、肖家湾、大坪、马家堡、袁家岗、华亿、谢家湾、杨家坪（国美）、前进路、梅子堡、滩子口、广厦城 逆向：广厦城、滩子口、梅子堡、杨家坪（国美）、谢家湾、华亿、袁家岗、马家堡、大坪、肖家湾、鹅岭、国际村、两路口	广厦城	两路口	5:30～22:15	广厦城	5:30～22:15
162	404	11.5	杨家坪	顺向：杨家坪、石坪桥、冠生园、陈家坪、石桥铺、白马凼、联芳园、马家岩、板材市场、小龙坎、沙坪坝 逆向：沙坪坝、石碾盘、小龙坎、板材市场、马家岩、联芳园、白马凼、石新路、陈家坪（长途站）、陈家坪、冠生园、石坪桥、杨家坪	沙坪坝	杨家坪	5:45～21:45	沙坪坝	5:45～21:45
163	405	7.5	观音桥	顺向：观音桥、华新街、上清寺、两路口、文化宫、观音岩、七星岗、解放碑 逆向：解放碑、七星岗、观音岩、文化宫、文化宫中门、上清寺、华新街、观音桥	解放碑	观音桥	5:30～22:00	解放碑	5:35～22:30

续前表

序号	线路号	线路长度（公里）	起点站	沿途站点	终点站	开收班时间			
						起点站		终点站	
						地点	开收班时间	地点	开收班时间
164	411	20.75	龙湖西苑	顺向：龙湖西苑、新牌坊、松牌路、电子校、读书梁、黄桷园、华塘路、上清寺、两路口、国际村、鹅岭、肖家湾、大坪、马家堡、袁家岗、华亿、谢家湾、杨家坪国美、艺校、桃园佳景 逆向：桃园佳景、艺校、杨家坪国美、谢家湾、华亿、袁家岗、马家堡、大坪、肖家湾、鹅岭、国际村、中山支路、上清寺、华新街、华塘路、黄桷园、读书梁、电子校、松牌路、新牌坊、龙湖西苑	桃园佳景	龙湖西苑	7:00 ~ 19:00	桃园佳景	7:00 ~ 19:00
165	412	16	老干中心	顺向：老干中心、观音桥、华新街、上清寺、两路口、国际村、鹅岭、肖家湾、大坪、马家堡、袁家岗、华亿、谢家湾、杨家坪国美、前进路、杨家坪中学、动物园 逆向：动物园、杨家坪中学、杨家坪（国美）、谢家湾、华亿、袁家岗、马家堡、大坪、肖家湾、鹅岭、国际村、中山支路、上清寺、华新街、观音桥、中医院、老干中心	九龙区府	老干中心	6:30 ~ 18:45	区府	6:30 ~ 18:45
166	413	13	珠江花园	顺向：珠江花园、直港大道、团结路口、杨家坪（国美）、谢家湾、华亿、袁家岗、马家堡、大坪、肖家湾、鹅岭、国际村、两路口、文化宫、观音岩、七星岗、解放碑 逆向：解放碑、七星岗、观音岩、两路口、国际村、鹅岭、肖家湾、大坪、马家堡、袁家岗、华亿、谢家湾、杨家坪（国美）、前进路、直港大道、珠江花园	解放碑	珠江花园	6:28 ~ 18:45	解放碑	7:08 ~ 19:25

续前表

序号	线路号	线路长度（公里）	起点站	沿途站点	终点站	开收班时间			
						起点站		终点站	
						地点	开收班时间	地点	开收班时间
167	416	25	五里店	顺向：五里店、茶园、大兴村、324医院、中医院、嘉陵三村、观音桥、华新街、上清寺、两路口、国际村、鹅岭、肖家湾、大坪、马家堡、袁家岗、华亿、谢家湾、杨家坪（国美）、前进路、杨家坪中学、动物园、九龙区府、毛线沟、北桥头、南桥头、三角碑、李家沱 逆向：李家沱、三角碑、南桥头、北桥头、毛线沟、九龙区府、动物园、杨家坪中学、杨家坪（国美）、谢家湾、华亿、袁家岗、马家堡、大坪、肖家湾、鹅岭、国际村、中山支路、上清寺、华新街、观音桥、专办、大兴村、茶园、五里店	李家沱	五里店	6:30～18:15	李家沱	6:30～18:15
168	418	21.5	朝天门	顺向：朝天门、重庆饭店、小什字、解放碑、七星岗、观音岩、文化宫、两路口、国际村、鹅岭、肖家湾、大坪、石油路、河运校、歇台子、渝州路、石桥铺、白马凼、联芳园、马家岩、板材市场、小龙坎、沙坪坝、火车北站、半月楼 逆向：陈家湾、石碾盘、小龙坎、板材市场、马家岩、联芳园、白马凼、石桥铺（赛博）、渝州路、歇台子、河运校、石油路、大坪、肖家湾、鹅岭、国际村、两路口、文化宫、观音岩、七星岗、解放碑、小什字、重庆饭店、朝天门	半月楼	朝天门	7:00～19:00	半月楼	6:50～18:50

续前表

序号	线路号	线路长度（公里）	起点站	沿途站点	终点站	开收班时间			
						起点站		终点站	
						地点	开收班时间	地点	开收班时间
169	419	21.5	大堰	顺向：大堰、跃进村、渝钢村、丁家垭口、毛线沟、九龙区府、杨家坪（国美）、谢家湾、袁家岗、苗圃、黄沙溪、皮革市场、水果市场、菜园坝、北桥头、双溪沟、桥头、大湾、红土地、无专厂、黄泥塝、工业园 逆向：工业园、黄泥塝、无专厂、红土地、大湾、桥头、双溪沟、北桥头、火车站、水果市场、皮革市场、黄沙溪、苗圃、袁家岗、谢家湾、杨家坪、前进路、杨家坪中学、九龙区府、毛线沟、丁家垭口、渝钢村、跃进村、大堰	工业园	大堰	6:30 ~ 19:15	工业园	6:45 ~ 19:15
170	421	23.5	北汽城	顺向：北汽城、大帝花园、洋河花园、黄泥塝、红黄路、金科花园、大湾、桥头、黄花园、大溪沟、大礼堂、上清寺、两路口、国际村、鹅岭、肖家湾、大坪、石油路、河运校、歇台子、科园四路、南方酒店、陈家坪（金冠大厦）、陈家坪、冠生园、石坪桥、杨家坪 逆向：杨家坪、石坪桥、大公馆、隆鑫、南方酒店、科园四路、歇台子、河运校、石油路、大坪、肖家湾、鹅岭、国际村、中山支路、上清寺、大礼堂、大溪沟、黄花园、桥头、大湾、金科花园、红黄路、黄泥塝、洋河花园、大帝花园、北汽城	杨家坪	北汽城	6:30 ~ 18:30	杨家坪	6:30 ~ 18:45

续前表

序号	线路号	线路长度（公里）	起点站	沿途站点	终点站	开收班时间			
						起点站		终点站	
						地点	开收班时间	地点	开收班时间
171	429	19	升伟新民居	顺向：升伟新民居、天骄年华、芳草地、沙区府、马家岩、高庙村、白马凼、石桥铺（石新路）、陈家坪、冠生园、石坪桥、大公馆、袁家岗、苗圃、黄沙溪、皮革市场、水果市场、火车站、北桥头、中兴路、较场口 逆向：较场口、中兴路、北桥头、水果市场、黄沙溪、苗圃、袁家岗、大公馆、石坪桥、冠生园、陈家坪、石桥铺、白马凼、联芳园、马家岩、沙区府、芳草地、天骄年华、升伟新民居	较场口	升伟新民居	6:00～20:00	较场口	6:15～20:55
172	454	17	沙中路	顺向：沙中路、沙坪坝、石碾盘、小龙坎、友谊医院、板材市场、马家岩、联芳园、白马凼、石桥铺（石新路）、陈家坪、冠生园、石坪桥、杨家坪、前进路、杨家坪中学、九龙区府、西支路出口、滩子口、广厦城 逆向：广厦城、滩子口、西支路出口、九龙区府、杨家坪中学、杨家坪、石坪桥、冠生园、陈家坪、石桥铺、白马凼、联芳园、马家岩、板材市场、小龙坎、沙坪坝、陈家湾、半月楼、沙杨路、沙中路	广厦城	沙中路	7:00～19:00	广厦城	7:00～19:00

续前表

序号	线路号	线路长度（公里）	起点站	沿途站点	终点站	开收班时间			
						起点站		终点站	
						地点	开收班时间	地点	开收班时间
173	461	15.2	市公安局	顺向：市公安局、工业园、黄泥塝、洋河北路、九鼎花园、邦兴花园、北汽城、鲤鱼池、324 医院、中医院、乡镇企业局、观音桥、华新街、上清寺、两路口、观音岩、七星岗、解放碑、小什字、重庆饭店、朝天门 逆向：朝天门、重庆饭店、小什字、解放碑、七星岗、观音岩、文化宫、文化宫中门、上清寺、华新街、观音桥、农贸市场、北汽城、无专厂、黄泥塝、工业园、市公安局	朝天门	市公安局	6:00～21:30	朝天门	6:15～22:00
174	462	20	解放碑	顺向：解放碑、观音岩、文化宫、两路口、国际村、鹅岭、肖家湾、大坪、石油路、歇台子、渝州路、石桥铺、白马凼、联芳园、马家岩、板材市场、小龙坎、沙门诊、南开中学、重大 逆向：重大、南开中学、火车北站、小龙坎、友谊医院、板材市场、马家岩、联芳园、白马凼、石桥铺（赛博）、渝州路、歇台子、河运校、石油路、大坪、肖家湾、鹅岭、国际村、两路口、观音岩、重宾、解放碑	重大	解放碑	7:15～19:15	重大	7:15～19:15
175	463	14	毛线沟	顺向：毛线沟、九龙区府、杨家坪中学、杨家坪（国美）、谢家湾、华亿、袁家岗、马家堡、大坪、肖家湾、鹅岭、国际村、两路口、观音岩、七星岗、解放碑 逆向：解放碑、七星岗、观音岩、两路口、国际村、鹅岭、肖家湾、大坪、马家堡、袁家岗、华亿、谢家湾、杨家坪（国美）、前进路、杨家坪中学、九龙区府、毛线沟	解放碑	毛线沟	6:30～21:00	解放碑	6:30～21:45

续前表

序号	线路号	线路长度（公里）	起点站	沿途站点	终点站	开收班时间			
						起点站		终点站	
						地点	开收班时间	地点	开收班时间
176	464	24.3	回龙湾	顺向：回龙湾、海峡路、麦德隆、美心、南桥头、华亿、袁家岗、大公馆、隆鑫、南方酒店、科园四路、渝州路、石桥铺、白马凼、联芳园、马家岩、天马路、天星桥、石碾盘、小龙坎、汉渝路 逆向：汉渝路、八中、石碾盘农贸市场、天星桥、天马路、马家岩、联芳园、白马凼、石桥铺（赛格）、渝州路、科园四路、南方酒店、陈家坪、隆鑫、大公馆、袁家岗、华亿、南桥头、美心、麦德隆、海峡路、四公里、回龙湾	汉渝路	回龙湾	6:45～19:00	汉渝路	6:45～19:00
177	465	12.5	龙湖花园	顺向：龙湖花园、新牌坊、加州市场、海关、老干中心、嘉陵三村、观音桥、华新街、上清寺、两路口、观音岩、重宾、解放碑 逆向：解放碑、七星岗、观音岩、文化宫、文化宫中门、上清寺、华新街、观音桥、重百、海关、红旗河沟、加州市场、新牌坊、龙湖花园	解放碑	龙湖花园	7:00～19:15	解放碑	7:40～19:55
178	466	15.5	珠江花园	顺向：珠江花园、直港大道、团结路口、杨家坪、谢家湾、华亿、袁家岗、马家堡、大坪、肖家湾、鹅岭、国际村、两路口、文化宫、观音岩、阳光城、解放碑、小什字、重庆饭店、朝天门 逆向：朝天门、信义街、重庆饭店、小什字、解放碑、七星岗、文化宫、两路口、国际村、鹅岭、肖家湾、大坪、马家堡、袁家岗、华亿、谢家湾、杨家坪、前进路、直港大道、珠江花园	朝天门	珠江花园	6:30～22:00	朝天门	6:30～22:00

续前表

序号	线路号	线路长度（公里）	起点站	沿途站点	终点站	开收班时间			
						起点站		终点站	
						地点	开收班时间	地点	开收班时间
179	467	15.5	九坑子	顺向：九坑子、大坪、石油路、河运校、歇台子、渝州路、石桥铺、白马凼、马家岩、天马路、天星桥、石碾盘、小龙坎（雾都）、八中、陈家湾、建专、杨公桥、烈士墓、童家桥、磁器口 逆向：磁器口、童家桥、烈士墓、杨公桥、建专、石碾盘农贸市场、天马路、马家岩、联芳园、白马凼、石桥铺（赛格）、渝州路、歇台子、河运校、石油路、大坪、九坑子	磁器口	九坑子	7:00～19:20	磁器口	6:30～18:30
180	468	11.6	陈家坪	顺向：陈家坪、隆鑫、大公馆、谢家湾、南桥头、龙职中、白鹤路、麦德龙、大石路、花市、阳光美地、回龙湾 逆向：回龙湾、阳光美地、花市、溯源居、金山路、四小区、六小区、光电路、南桥头、谢家湾、大公馆、隆鑫、陈家坪	回龙湾	陈家坪	7:00～19:00	回龙湾	7:40～19:40
181	469	10.5	晋愉上江城	顺向：晋愉上江城、珠江花园、直港大道、杨家坪、石坪桥、冠生园、陈家坪、石桥铺、石新路、巴山陶瓷城、巴山、车管所、兰花小区 逆向：兰花小区、车管所、巴山、钟表厂、石新路、石桥铺、陈家坪（长途站）、陈家坪、冠生园、石坪桥、杨家坪、前进路、直港大道、珠江花园、晋愉上江城	兰花小区	晋愉上江城	6:45～19:00	兰花小区	7:20～19:45

续前表

序号	线路号	线路长度（公里）	起点站	沿途站点	终点站	开收班时间			
						起点站		终点站	
						地点	开收班时间	地点	开收班时间
182	471	10.7	市公安局	顺向：市公安局、工业园、黄泥塝、无专厂、金科、大湾、桥头、一号桥、小什字、朝天门 逆向：朝天门、小什字、沧白路、一号桥、桥头、大湾、金科、无专厂、黄泥塝、工业园、市公安局	朝天门	市公安局	7:00～19:00	朝天门	7:30～19:30
183	472	18.3	晋愉绿岛	顺向：晋愉绿岛、秋实花园、三木花园、陶瓷市场、大渡口区府、朵力花园、绿云石都、蟠龙、陈家坪、石桥铺、钟表厂、巴山、车管所、升伟新民居、天骄年华、芳草地、沙区府、天马路、天星桥、石碾盘、火车北站 逆向：火车北站、石碾盘农贸市场、天星桥、天马路、沙区府、芳草地、天骄年华、升伟新民居、车管所、巴山、钟表厂、石新路、石桥铺、陈家坪、蟠龙、绿云石都、朵力花园、大渡口区府、陶瓷市场、晋愉绿岛	火车北站	晋愉绿岛	7:15～19:15	火车北站	7:00～19:00
184	473	13	毛线沟	顺向：毛线沟、九龙坡区府、杨家坪中学、杨家坪、石坪桥、荒沟、水碾、绿云石都、朵力花园、大渡口区府、陶瓷市场、三木花园、秋实小区 逆向：秋实小区、三木花园、陶瓷市场、大渡口区府、朵力花园、绿云石都、水碾、荒沟、石坪桥、杨家坪、前进路、杨家坪中学、九龙坡区府、毛线沟	秋实小区	毛线沟	7:00～19:00	秋实小区	7:40～19:45

续前表

<table>
<tr><th rowspan="3">序号</th><th rowspan="3">线路号</th><th rowspan="3">线路长度（公里）</th><th rowspan="3">起点站</th><th rowspan="3">沿途站点</th><th rowspan="3">终点站</th><th colspan="4">开收班时间</th></tr>
<tr><th colspan="2">起点站</th><th colspan="2">终点站</th></tr>
<tr><th>地点</th><th>开收班时间</th><th>地点</th><th>开收班时间</th></tr>
<tr><td>185</td><td>475</td><td>15.5</td><td>毛线沟</td><td>顺向：毛线沟、九龙坡区府、杨家坪中学、杨家坪国美、谢家湾、南桥头、美心、麦德龙、海峡路、四公里、五公里、六公里、交院、八公里
逆向：八公里、交院、六公里、五公里、四公里、海峡路、麦德龙、美心、南桥头、谢家湾、杨家坪（国美）、前进路、杨家坪中学、九龙坡区府、毛线沟</td><td>八公里</td><td>毛线沟</td><td>7:00～19:00</td><td>八公里</td><td>7:00～19:00</td></tr>
<tr><td>186</td><td>476</td><td>15</td><td>珠江花园</td><td>顺向：珠江花园、直港大道、团结路、杨家坪、谢家湾、华亿、袁家岗、马家堡、大坪、肖家湾、峨岭、国际村、两路口、文化宫、观音岩、七星岗、较场口、新华路、重庆饭店、朝天门
逆向：朝天门、重庆饭店、小什字、解放碑、七星岗、文化宫、两路口、国际村、峨岭、肖家湾、大坪、马家堡、袁家岗、华亿、谢家湾、杨家坪、前进路、直港大道、珠江花园</td><td>朝天门</td><td>珠江花园</td><td>6:35～18:50</td><td>朝天门</td><td>7:20～19:40</td></tr>
<tr><td>187</td><td>501</td><td>46.5</td><td>牛角沱</td><td>顺向：汉渝路、沙杨路、烈士墓、双碑、井口、岔路口、银钢、同兴、水天花园、跳蹬、三溪口、川煤、施家梁、仪表研究所、白马桥、朝阳桥、毛背沱
逆向：毛背沱、朝阳桥、白马桥、仪表研究所、施家梁、川煤、三溪口、跳蹬、水天花园、同兴、银钢、岔路口、井口、双碑、烈士墓、沙杨路、汉渝路</td><td>北碚</td><td>牛角沱</td><td>5:40～20:00</td><td>北碚</td><td>5:30～20:00</td></tr>
</table>

续前表

序号	线路号	线路长度（公里）	起点站	沿途站点	终点站	开收班时间			
						起点站		终点站	
						地点	开收班时间	地点	开收班时间
188	504	46.5	杨家坪	顺向：石坪桥、陈家坪（长途站）、陈家坪、石桥铺、汉渝路、沙杨路、烈士墓、双碑、井口、岔路口、银钢、同兴、水天花园、跳蹬、三溪口、川煤、施家梁、仪表研究所、白马桥、朝阳桥、毛背沱 逆向：毛背沱、朝阳桥、白马桥、仪表研究所、施家梁、川煤、三溪口、跳蹬、水天花园、同兴、银钢、岔路口、井口、双碑、烈士墓、沙杨路、汉渝路、石桥铺、陈家坪、石坪桥	北碚	杨家坪	5:30～19:40	北碚	5:35～19:20
189	505	36.5	沙坪坝	顺向：陈家湾、汉渝路、沙杨路、烈士墓、双碑、井口、岔路口、银钢、同兴、水天花园、跳蹬、三溪口、川煤、施家梁、仪表研究所、白马桥、朝阳桥、毛背沱 逆向：毛背沱、朝阳桥、白马桥、仪表研究所、施家梁、川煤、三溪口、跳蹬、水天花园、同兴、银钢、岔路口、井口、双碑、烈士墓、陈家湾	北碚	沙坪坝	5:30～20:00	北碚	5:25～20:00
190	503	51.5	朝天门	顺向：菜园坝、汉渝路、沙杨路、烈士墓、双碑、井口、岔路口、银钢、同兴、水天花园、跳蹬、三溪口、川煤、施家梁、仪表研究所、白马桥、朝阳桥、毛背沱 逆向：毛背沱、朝阳桥、白马桥、仪表研究所、施家梁、川煤、三溪口、跳蹬、水天花园、同兴、银钢、岔路口、井口、双碑、烈士墓、陈家湾、沙客站、小龙坎（雾都）、牛角沱、菜园坝	北碚	朝天门	6:00～19:45	北碚	5:20～19:10

续前表

序号	线路号	线路长度（公里）	起点站	沿途站点	终点站	开收班时间			
						起点站		终点站	
						地点	开收班时间	地点	开收班时间
191	506	16.5	北碚	顺向：毛背沱、朝阳桥、白马桥、仪表研究所、施家梁、川煤、三溪口、蔡家 逆向：蔡家、三溪口、川煤、施家梁、仪表研究所、白马桥、朝阳桥、毛背沱	灯塔	北碚	5:20～19:30	灯塔	6:05～20:10
192	507	9	北碚	顺向：毛背沱、朝阳桥、张飞洞、富皇厂 逆向：富皇厂、张飞洞、朝阳桥、毛背沱	水土	北碚	5:20～19:00	水土	5:40～19:20
193	509	9.5	北碚	顺向：毛背沱、朝阳桥、白马桥、研究所、施家梁、塑料厂 逆向：塑料厂、施家梁、研究所、白马桥、朝阳桥、毛背沱	三胜	北碚	6:00～18:00	三胜	6:20～18:20
194	502高速	43.5	解放碑	顺向：文化宫、牛角沱、加州花园、龙湖西苑 逆向：龙湖西苑、加州花园、牛角沱	北碚	解放碑	6:30～19:30 20:30 夜	北碚	6:30～19:30 20:00 夜
195	503高速	49.5	朝天门	顺向：文化宫、牛角沱、加州花园、龙湖西苑 逆向：龙湖西苑、加州花园、牛角沱、文化宫	北碚	朝天门		北碚	6:40
196	504高速	48	南坪	沿途不停靠	北碚	南坪	7:00～19:00	北碚	6:20～19:00
197	504高速	55	杨家坪	顺向：石坪桥、陈家坪、石桥铺 逆向：石桥铺、和平酒店、陈家坪、石坪桥	北碚	杨家坪	7:30～19:30	北碚	6:30～18:30
198	505高速	40.5	沙坪坝	顺向：陈家湾 逆向：陈家湾、华宇广场	北碚	沙坪坝	7:30～19:30	北碚	6:30～18:30
199	502空调	52	解放碑	顺向：文化宫、牛角沱、三峡广场、陈家湾 逆向：陈家湾、火车北站、牛角沱	北碚	解放碑	未定时间	北碚	未定时间

续前表

序号	线路号	线路长度（公里）	起点站	沿途站点	终点站	开收班时间			
						起点站		终点站	
						地点	开收班时间	地点	开收班时间
200	504空调	53	南坪	顺向：杨家坪、石坪桥、石桥铺、沙坪坝名人广场、三峡广场、陈家湾 逆向：陈家湾、火车北站、石桥铺、石坪桥、杨家坪	北碚	南坪	7:30～19:00	北碚	8:00～17:00
201	旅游专线	69	朝天门	顺向：文化宫、牛角沱、华宇广场、陈家湾、北碚、北泉、岱湖 逆向：岱湖、北泉、北碚、陈家湾、小龙坎（雾都）、牛角沱	缙云山	朝天门	7:20～16:00	缙云山	8:10～16:50
202	512	15	北碚	顺向：区门诊、西师、五一所、天生桥、西农、班竹村、新天花园、双柏树、状元碑、雷打石、曹家坝、歇马、白鹤林、大磨滩、 逆向：大磨滩、白鹤林、歇马、曹家坝、雷打石、状元碑、双柏树、新天花园、班竹村、西农、天生桥、五一所、西师、区门诊	大石盘	北碚	6:30～17:55	大石盘	6:50～18:25
203	513	5	北碚	顺向：区门诊、西师、五一所、天生桥、西农、班竹村、新天花园、 逆向：新天花园、班竹村、西农、天生桥、五一所、西师、区门诊	城南新区	北碚	6:00～20:00	城南新区	6:10～20:10
204	515	10.5	北碚	顺向：区门诊、西师、五一所、天生桥、西农、班竹村、新天花园、双柏树、状元碑、雷打石、曹家坝 逆向：曹家坝、雷打石、状元碑、双柏树、新天花园、班竹村、西农、天生桥、五一所、西师、区门诊	歇马	北碚	5:35～20:20 20:30 夜	歇马	5:55～20:40 20:50 夜
205	516	23.5	北碚	顺向：区门诊、西师、五一所、天生桥、西农、班竹村、新天花园、双柏树、状元碑、雷打石、曹家坝、歇马、石碑口、小湾、千子门、凤凰桥、凤凰村 逆向：凤凰村、凤凰桥、千子门、小湾、石碑口、歇马、曹家坝、雷打石、状元碑、双柏树、新天花园、班竹村、西农、天生桥、五一所、西师、区门诊	青木关	北碚	5:30～19:00	青木关	6:10～19:50

续前表

序号	线路号	线路长度（公里）	起点站	沿途站点	终点站	开收班时间			
						起点站		终点站	
						地点	开收班时间	地点	开收班时间
206	561	4.5	北碚	顺向：区门诊、西师、五一所、天生桥、西农、班竹村、双柏树、中医院、党校、状元府第、电力大厦 逆向：新天花园、班竹村、西农、天生桥、五一所、西师、区门诊	新天花园	北碚	6:08 ~ 19:30	新天花园	9:18 ~ 19:40
207	562	5.5	北碚	顺向：区门诊、西师、五一所、天生桥、西农、班竹村、雨台花园 逆向：雨台花园、班竹村、西农、天生桥、五一所、西师、区门诊	雨天花园	北碚	9:02 ~ 16:30	新天花园	9:12 ~ 16:40
208	环线空调		北碚	北环：区门诊、文星湾、附中、职教中心、云锦华庭、庄子、堰塘坎、308、电信、中医院、党校、新天花园、斑竹村、西农、天生桥、五一所、西师、区门诊 南环：区门诊、西师、五一所、天生桥、西农、斑竹村、新天花园、308、堰塘坎、庄子、云锦华庭、仪表六厂、附中、文星湾、区门诊	北环、南环	北环	6:58 ~ 19:00	南环	6:58 ~ 19:00
	517	4	北碚	顺向：区门诊、文星湾、附中、仪表六厂、职教中心、团山堡 逆向：团山堡、仪表六厂、附中、文星湾、区门诊	城北新区	北碚	6:57 ~ 7:50	城北新区	6:17 ~ 8:10
209	518	11	北碚	顺向：区门诊、文星湾、附中、仪表六厂、团山堡、索道、煤疗、金刚碑、北泉、三花石四号门、电镀厂、易家院子、运河村、墩子河 逆向：墩子河、运河村、易家院子、电镀厂、四号门、三花石、北泉、金刚碑、煤疗、索道、团山堡、附中、文星湾、区门诊	澄江	北碚	5:40 ~ 19:30	澄江	6:05 ~ 19:55

续前表

序号	线路号	线路长度（公里）	起点站	沿途站点	终点站	开收班时间			
						起点站		终点站	
						地点	开收班时间	地点	开收班时间
210	519	19	北碚	顺向：区门诊、文星湾、附中、仪表六厂、团山堡、索道、煤疗、金刚碑、北泉、三花石、四号门、电镀厂、澄江、转龙支路口 逆向：转龙支路口、澄江、电镀厂、四号门、三花石、北泉、金刚碑、煤疗、索道、团山堡、仪表六厂、附中、文星湾、区门诊	转龙、烽火山	北碚	5:50～17:10		
211	520	16	北碚	顺向：区门诊、文星湾、附中、仪表六厂、团山堡、索道、煤疗、金刚碑、北泉、三花石、岱湖 逆向：岱湖、三花石、北泉、金刚碑、煤疗、索道、团山堡、仪表六厂、附中、文星湾、区门诊	缙云山	北碚	未定时间	缙云山	未定时间
212	510	16	北碚	顺向：区门诊、文星湾、附中、仪表六厂、团山堡、索道、煤疗、金刚碑、北泉、三花石、四号门、运河村、分析厂、官斗石 逆向：官斗石、分析厂、运河村、四号门、三花石、北泉、金刚碑、煤疗、索道、团山堡、仪表六厂、附中、文星湾、区门诊	运河	北碚	6:00～17:10	运河	6:30～17:40
213	511	16.5	北碚	顺向：区门诊、文星湾、附中、仪表六厂、团山堡、索道、煤疗、金刚碑、北泉、三花石、四号门、运河村、分析厂、官斗石、右口寺 逆向：右口寺、官斗石、分析厂、运河村、四号门、三花石、北泉、金刚碑、煤疗、索道、团山堡、仪表六厂、附中、文星湾、区门诊	烟湖滩	北碚	5:20～17:30	烟湖滩	5:50～18:30
214	521	20	北碚	顺向：毛背沱、朝阳桥、黄桷、磨心坡、大坝沟、代家沟 逆向：代家沟、大坝沟、磨心坡、黄桷、朝阳桥、毛背沱	后丰岩	北碚	5:30～19:30	后丰岩	6:15～20:00

续前表

序号	线路号	线路长度（公里）	起点站	沿途站点	终点站	开收班时间			
						起点站		终点站	
						地点	开收班时间	地点	开收班时间
215	522	14	北碚	顺向：毛背沱、朝阳桥、黄桷、东阳镇、氮肥厂、大沱口 逆向：大沱口、氮肥厂、东阳镇、朝阳桥、毛背沱、黄桷	西山坪	北碚	7:00～18:00	西山坪	7:00～18:00
216	523	34	北碚	顺向：龙岗桥、团结桥、白沙井、水口寺、龙车寺、塔陵园、江家院、中梁、左家湾、清凉庵、新店子、方堰塘 逆向：方堰塘、新店子、清凉庵、左家湾、中梁、江家院、塔陵园、龙车寺、水口寺、白沙井、团结桥、龙岗桥	矿山坡	北碚	7:30～15:00	矿山坡	9:00～16:15
217	527	13	北碚	顺向：龙岗桥、团结桥、白沙井、水口寺、龙车寺 逆向：龙车寺、水口寺、白沙井、团结桥、龙岗桥	曹上	北碚	6:00～17:30	塔陵园	6:30～19:00
218	527	16	北碚	顺向：龙岗桥、团结桥、白沙井、水口寺、龙车寺、塔陵园、江家院、中梁 逆向：中梁、江家院、塔陵园、龙车寺、水口寺、白沙井、团结桥、龙岗桥	荷花山庄	北碚	未定时间	荷花山庄	未定时间
219	旅游专线	99	朝天门	停驶线	金刀峡				
220	514	18	北碚	停驶线	兴隆				
221	523	52	北碚	停驶线	白市驿				
222	525	12	北碚	停驶线	联盟				
223	526	3	北碚	停驶线	北碚火车站				

续前表

序号	线路号	线路长度（公里）	起点站	沿途站点	终点站	开收班时间			
						起点站		终点站	
						地点	开收班时间	地点	开收班时间
224	601普通	11.3	佳华世纪新城	顺向：无专厂、黄泥塝、佳华世纪新城、红旗河沟、大庙、乡镇企业局、老干中心、华新街、上清寺、两路口、文化宫、观音岩、七星岗、临江门、解放碑 逆向：解放碑、临江门、七星岗、观音岩、中山支路、上清寺、华新街、观音桥、阳光城、红旗河沟、佳华世纪新城、黄泥塝、无专厂	解放碑	佳华世纪新城	6:00～21:30	解放碑	6:30～22:00
	601中级	13	鲁能星城	顺向：鲁能星城、无专厂、黄泥塝、佳华世纪新城、红旗河沟、大庙、老干中心、华新街、上清寺、两路口、文化宫、观音岩、七星岗、临江门、解放碑 逆向：解放碑、临江门、七星岗、观音岩、中山支路、上清寺、华新街、观音桥、阳光城、红旗河沟、佳华世纪新城、黄泥塝、无专厂、鲁能星城	解放碑	鲁能星城	7:00～22:00	解放碑	7:30～22:30

续前表

序号	线路号	线路长度（公里）	起点站	沿途站点	终点站	开收班时间			
						起点站		终点站	
						地点	开收班时间	地点	开收班时间
225	602	20	人和	顺向：人和、人和场口、人和小学、九建、新牌坊、凤凰旭日城、客车总厂、电子技校、龙溪小学、松树桥、红旗河沟、小苑站、老干中心、华新街、上清寺、两路口、观音岩、七星岗、临江门、小什字、重庆饭店、三峡宾馆、朝天门 逆向：朝天门、重庆饭店、小什字、重庆宾馆、七星岗、观音岩、两路口、上清寺、华新街、观音桥、重百、海关、红旗河沟（汽车北站）、松树桥、龙溪镇、电子技校、加州市场、新牌坊凤凰旭日城、锦绣山庄、九建、交警十六队、江北车管所、人和小学、人和场口、人和	朝天门	人和	6:30～20:30	朝天门	6:40～21:00
	602分流线	15	新牌坊小学	顺向：新牌坊小学、龙湖三支路、新牌坊站、客车总厂、电子技校、读书梁、黄桷园、华唐路、上清寺、两路口、观音岩、七星岗、解放碑、小什字、重庆饭店、朝天门 逆向：朝天门、大正商场、小什字、解放碑、七星岗、观音岩、两路口、上清寺、读书梁、黄桷园、华唐路、武陵路、松树桥电站、龙溪小学、电子技校、加州市场、客车总厂、新牌坊站、龙湖三支路、新牌坊小学	朝天门	新牌坊小学	6:00～21:00	朝天门	6:40～21:40

续前表

序号	线路号	线路长度（公里）	起点站	沿途站点	终点站	开收班时间			
						起点站		终点站	
						地点	开收班时间	地点	开收班时间
226	604	15	南桥寺通用厂医院	顺向：南桥寺通用厂医院、南桥寺、五洲新村、新城丽都、华渝厂、武警总队、温馨花园、龙山中学、时代大厦、金岛花园、花园新村、松树桥、汽车北站、红旗河沟、洋河小区、黄泥塝、无专厂、北汽城、鲤鱼池、茶园、五里店、简家台、刘家台 逆向：刘家台、简家台、五里店、茶园、鲤鱼池、北汽城、无专厂、黄泥塝、红旗河沟、汽车北站、松树桥、花园新村、金岛花园、时代大厦、龙山中学、温馨花园、武警总队、华渝厂、新城丽都、五洲新村、南桥寺、南桥寺通用厂医院	刘家台	南桥寺	6:30～20:00	刘家台	6:40～20:40
227	605	15	南桥寺（小天鹅花园）	顺向：南桥寺小天鹅花园、黄泥坡、山水丽都、盘溪、南桥寺通用医院、南桥寺、五洲新村、新城丽都、华渝厂、武警总队、温馨花园、龙山中学、时代大厦、金岛花园、花园新村、松树桥、红旗河沟、海关站、家乐福、东方家园、华唐路、上清寺、两路口 逆向：两路口、中山支路、上清寺、华新街、观音桥、农贸市场、红旗河沟、松树桥、花园新村、金岛花园、时代大厦、龙山中学、温馨花园、武警总队、华渝厂、新城丽都、五洲新村、南桥寺、南桥寺通用医院、盘溪、黄泥坡、南桥寺	两路口	南桥寺	6:20～20:30	两路口	7:00～21:10

续前表

序号	线路号	线路长度（公里）	起点站	沿途站点	终点站	开收班时间			
						起点站		终点站	
						地点	开收班时间	地点	开收班时间
228	606	18	人和	顺向：人和、和睦路、龙寿路、人和医院、人和场口、人和小学、九建、新牌坊、新牌坊站、加州市场、加州花园、大庙、建新西路、华新街、洞口、火车站、水果市场、黄沙溪、苗圃、草坪、袁家岗 逆向：袁家岗、草坪、苗圃、黄沙溪、皮革市场、水果市场、火车站场、菜园坝（外滩）、洞口、上清寺、华新街、华音商场、重百站、海关、渝通宾馆、加州乐园、新牌坊、锦绣山庄、九建、交警十六队、江北车管所、人和小学、人和场口、人和医院、龙寿路、和睦路、人和	袁家岗	人和	6:30～19:30	袁家岗	6:30～20:00
229	608	36	两路城南	顺向：两路城南、双龙湖、民俗文化村、碧津公园、渝航园、机场站、出口加工区、加州花园、大庙、华新街、牛角沱（洞口）、菜园坝火车站、滨江公园、朝天门 逆向：朝天门、金紫支路、菜园坝火车站、牛角沱（洞口）、上清寺、华新街、观音桥、建新北路（名店坊）、渝通宾馆、出口加工区、机场站、渝航园、碧津公园、民俗文化村、双龙湖、两路城南	朝天门	两路城南	6:00～20:00	朝天门	6:00～21:00

续前表

序号	线路号	线路长度（公里）	起点站	沿途站点	终点站	开收班时间			
						起点站		终点站	
						地点	开收班时间	地点	开收班时间
230	609	36.5	渝北长安工业园	顺向：渝北长安工业园、青麓雅园、龙凤花园、双凤桥、实验小学、川煤九处、北大街、碧津公园、民俗文化村、双龙湖、龙顺街、交警十二支队、一碗水、三峡联大、奇缘名居、伴山名都、工业园区、平伟、回兴、出口加工区、加州花园、大庙、华新街、上清寺（口腔医院）、朝天门 逆向：朝天门、上清寺、华新街、观音桥（华音商场）、建新北路（名店坊）、渝通宾馆、出口加工区、回兴、平伟、工业园区、伴山名都、奇缘名居、三峡联大、一碗水、交警十二支队、龙顺街、双龙湖、民俗文化村、碧津公园、北大街、川煤九处、实验小学、双凤桥、龙凤花园、青麓雅园、渝北长安工业园、	朝天门	渝北长安工业园	5:30～20:00	朝天门	6:30～21:00
231	610	31.9	渝北空港开发区	顺向：渝北空港、青麓雅园、龙凤花园、双凤桥、活塞厂、石油基地、渝航商场、天灯堡、木材公司、四号桥、金日阳光花园、二支路、一碗水、三峡联大、奇缘名居、伴山名都、工业园区、平伟、回兴、出口加工区、加州花园、大庙、华新街、牛角沱（洞口）、菜园坝火车站 逆向：菜园坝火车站、牛角沱（洞口）、上清寺、华新街、观音桥（华音）、建新北路（名店坊）、渝通宾馆、出口加工区、回兴、平伟、出口加工区、工业园区、伴山名都、奇缘名居、三峡联大、一碗水、二支路、金日阳光花园、四号桥、木材公司、天灯堡、渝航商场、石油基地、开元、双凤桥、龙凤花园、青麓雅园、渝北空港	菜园坝火车站	渝北空港开发区	5:40～20:00	菜园坝火车站	6:00～20:30

续前表

序号	线路号	线路长度（公里）	起点站	沿途站点	终点站	开收班时间			
						起点站		终点站	
						地点	开收班时间	地点	开收班时间
232	611	30	黄泥塝	顺向：黄泥塝（中天）、工业园区、黄泥塝、红旗河沟、大庙、小苑站、华新街、牛角沱（洞口）、火车站、南桥头、工贸、南坪（珊瑚村）、南坪南路、四公里、五公里、六公里、七公里、家具市场、八公里、岔路口、民主新村、炒油场、小泉、南泉 逆向：南泉、小泉、炒油场、民主新村、岔路口、八公里、家具市场、七公里、六公里、五公里、四公里、南坪南路、南坪（长途站）、工贸、南桥头、北桥头、菜园坝、牛角沱（洞口）、上清寺、华新街、观音桥、江重百、海关、红旗河沟、洋河小区、黄泥塝、无专厂、工业园区、黄泥塝（中天）	南泉	黄泥塝	6:00～20:30	南泉	6:00～20:30
233	612	77	朝天门	顺向：朝天门、上清寺、阳光城、海关、两路城南、民俗文化村、石船、统景 逆向：统景、石船、民俗文化村、两路城南、海关、上清寺、朝天门	统景	朝天门	8:00～11:00（定时班车）	统景	7:00～16:00（定时班车）
234	613	82	朝天门	顺向：朝天门、上清寺、阳光城、海关、两路城南、民俗文化村、张关 逆向：张关、民俗文化村、两路城南、海关、上清寺、朝天门	张关	朝天门	8:00～11:00（定时班车）	张关	7:00～16:00（定时班车）

续前表

序号	线路号	线路长度（公里）	起点站	沿途站点	终点站	开收班时间			
						起点站		终点站	
						地点	开收班时间	地点	开收班时间
235	616	31.5	渝北长安工业园	顺向：渝北长安工业园、青麓雅园、龙凤花园、双凤桥、实验小学、川煤九处、北大街、碧津公园、民俗文化村、双龙湖、龙顺街、交警十二支队、一碗水、三峡联大、奇缘名居、半山名都、工业园区、平伟、回兴、出口加工区、龙塔花园、鲁能星城、五里店、大湾、双溪沟（两江丽景）、北桥头、南桥头、南坪公交站 逆向：南坪公交站、南桥头、北桥头、双溪沟（两江丽景）、大湾、五里店、鲁能星城、龙塔花园、出口加工区、回兴、平伟、工业园区、半山名都、奇缘名居、三峡联大、一碗水、交警十二支队、龙顺街、双龙湖、民俗文化村、碧津公园、北大街、川煤九处、实验小学、双凤桥、龙凤花园、青麓雅园、渝北长安工业园	南坪公交站场	渝北长安工业园	6:20～18:10	南坪公交站场	7:20～19:00
236	617	21.0	金砂水岸	顺向：金砂水岸、董家溪、华新街、华音商场、建新东路、大兴村、鲤鱼池、北汽城、长安华都、红土地、五里店、鲁能星城、龙塔花园、出口加工区、汽博中心、金山大厦、金韵天城、融科阳光地带、鸳鸯 逆向：鸳鸯、融科蔚城、金韵天城、奥林匹克花园、汽博中心、龙塔花园、鲁能星城、五里店、红土地、长安华都、北汽城、鲤鱼池、大兴村、中医院、建新北路（名店坊）、建新西路、华新街、董家溪、金砂水岸	鸳鸯	金砂水岸	6:30～19:00	鸳鸯	7:20～19:50

续前表

序号	线路号	线路长度（公里）	起点站	沿途站点	终点站	开收班时间			
						起点站		终点站	
						地点	开收班时间	地点	开收班时间
237	630	6.5	金砂水岸	顺向：金砂水岸、世纪金源广场、东方家园、观音桥家乐福、建新北路（重百站）、海关、渝通宾馆、惠心大厦、重百仓库、汇景台小区、金紫山 逆向：金紫山、汇景台小区、重百仓库、惠心大厦、渝通宾馆、大庙、观音桥家乐福、东方家园、世纪金源广场、金砂水岸	金紫山	金砂水岸	6:30: ~20:00	金紫山	6:50 ~20:20
238	631	4.5	工商大学	环线：工商大学、东方家园、观音桥家乐福、建新东路、建新北路（重百站）、海关站、大庙、观音桥家乐福、东方家园、工商大学	工商大学	工商大学	7:00 ~20:00	红旗河沟	7:20 ~20:20
239	633	14	江北城	顺向：上横街、嘉陵江索道、牙膏厂、刘家台、锁二厂、董家溪、金砂水岸、大石坝二村、石门观景区、东方港湾、盘溪、盘溪农贸市场、大石坝九村、大石坝 逆向：大石坝、大石坝九村、盘溪农贸市场、盘溪、东方港湾、石门观景区、大石坝二村、金砂水岸、董家溪、锁二厂、刘家台、牙膏厂、嘉陵江索道、上横街	大石坝	江北城	6:30: ~20:00	大石坝	7:00: ~20:30
240	681	8	紫苑学府	顺向：紫苑学府、三峡联大、一碗水、民政局、计生委、龙庆街、一支路、双龙湖（三号桥）、民俗文化村、碧津公园、规划局、晚晴园、实验小学、开元、双凤桥、空港广场、青麓雅园、渝北空港 逆向：渝北空港、青麓雅园、空港广场、双凤桥、开元、实验小学、晚晴园、规划局、碧津公园、民俗文化村、双龙湖（三号桥）、一支路、龙庆街、计生委、民政局、一碗水、三峡联大、紫苑学府	空港开发区	双湖小学	6:00 ~22:00	空港开发区	6:30 ~22:30

续前表

序号	线路号	线路长度（公里）	起点站	沿途站点	终点站	开收班时间			
						起点站		终点站	
						地点	开收班时间	地点	开收班时间
241	682	8.5	紫苑学府	顺向：紫苑学府、双湖小学、一碗水、民政局、计生委、龙庆街、渝北区房管局、翠湖路、渝北区公安局、双龙派出所、民俗文化村、碧津公园、规划局、晚晴园、实验小学、开元、双凤桥、空港广场、青麓雅园、渝北空港 逆向：渝北空港、青麓雅园、空港广场、双凤桥、开元、实验小学、晚晴园、规划局、碧津公园、民俗文化村、双龙派出所、渝北区公安局、翠湖路、渝北区房管局、龙庆街、计生委、民政局、一碗水、双湖小学、紫苑学府	空港开发区（瑞丰花园）	双湖小学	6:00～22:00	空港开发区	6:30～22:30
242	683	10	紫苑学府	顺向：紫苑学府、木鱼石花园、一碗水、民政局、计生委、龙庆街、一支路、双龙湖（三号桥）、新华宾馆、暨华中学、五星园、渝航商场、肉联厂、石油基地、活塞厂、开元、双凤桥、空港广场、青麓雅园、渝北空港 逆向：渝北空港、青麓雅园、空港广场、双凤桥、开元、活塞厂 石油基地、肉联厂、渝航商场、五星园、暨华中学、新华宾馆、双龙湖（三号桥）、一支路、龙庆街、计生委、民政局、一碗水、木鱼石花园、紫苑学府	空港开发区	紫苑学府	6:00～22:00	空港开发区	6:30～22:30

续前表

序号	线路号	线路长度（公里）	起点站	沿途站点	终点站	开收班时间			
						起点站		终点站	
						地点	开收班时间	地点	开收班时间
243	684	10	渝北长安福特工业园	顺向：渝北长安福特工业园、兴科三路、兴科二路、兴科一路、平伟路口、工业园区、伴山名都、奇缘名居、三峡联大、一碗水、绿梦广场、双龙湖（三号桥）、民俗文化村、碧津公园、规划局、晚晴园、实验小学、开元、双凤桥、空港广场、青麓雅园、渝北空港（瑞丰花园）、渝北长安工业园 逆向：渝北长安工业园、渝北空港、青麓雅园、空港广场、双凤桥、开元、实验小学、晚晴园、规划局、碧津公园、民俗文化村、双龙湖（三号桥）、绿梦广场、一碗水、三峡联大、奇缘名居、伴山名都、工业园区、重客隆、鑫城名都、渝北长安福特工业园	渝北长安工业园	渝北长安福特工业园	6:00～22:00	空港开发区	6:30～22:30
244	607	7	五里店	停驶线	人和				
245	181	21	新华路	顺向：解放碑（新华路）、五一路、临江门、一号桥、黄花园、大溪沟、大礼堂、上清寺、华新街、华音、重百、海关、红旗河沟、松树桥（绸厂路口）、花园新村、技校、大庆村、大石坝、下石门、肿瘤医院、沙中路、沙杨路、半月楼、白鹤岭 逆向：白鹤岭、半月楼、沙杨路、沙中路、汉渝路、肿瘤医院、下石门、大石坝、大庆村、技校、松树桥（黄金堡）、红旗河沟、大庙、小苑、华唐路、上清寺、大礼堂、大溪沟、黄花园、一号桥、临江门、小什字、解放碑（新华路）	白鹤岭	新华路	6:30～22:30	白鹤岭	6:30～22:30

续前表

序号	线路号	线路长度（公里）	起点站	沿途站点	终点站	开收班时间			
						起点站		终点站	
						地点	开收班时间	地点	开收班时间
246	181A		新华路	顺向：解放碑（新华路）、五一路、临江门、一号桥、黄花园、大溪沟、大礼堂、上清寺、华唐路、黄桷园、读书梁、电子校、技校、大庆村、大石坝、石门、肿瘤医院、汉渝路、金沙港湾 逆向：金沙港湾、汉渝路、肿瘤医院、石门、大石坝、大庆村、技校、电子校、读书梁、黄桷园、华唐路、上清寺、大礼堂、大溪沟、黄花园、一号桥、临江门、小什字、解放碑（新华路）	金沙港湾	新华路	6:45～19:15	金沙港湾	6:45～19:15
247	801	32.5	木鱼石	顺向：木鱼石、一碗水、工业园区、平伟、回兴、西政分校、双语学校、农业园区、鳄鱼馆、新牌坊、加州、红旗河沟、松树桥、技校、大庆村、大石坝、石门、肿瘤医院、沙中路、沙杨路、半月楼、杨公桥、烈士墓、西政 逆向：西政、烈士墓、杨公桥、半月楼、沙中路、汉渝路、肿瘤医院、石门、大石坝、大庆村、技校、松树桥、红旗河沟、渝通宾馆新牌坊、鳄鱼馆、农业园区、双语学校、西政分校、回兴、平伟、工业园区、一碗水、木鱼石	西政	木鱼石	6:30～19:00	西政	6:30～19:00

续前表

序号	线路号	线路长度（公里）	起点站	沿途站点	终点站	开收班时间			
						起点站		终点站	
						地点	开收班时间	地点	开收班时间
248	802	13	牛角沱	顺向：牛角沱、西南证券、李子坝、华村、化龙桥、弹簧厂、红岩村、羊角堡、土湾、小龙坎、沙坪坝、银河、重大、学林雅园 逆向：学林雅园、重大、银河、沙坪坝、火车北站、小龙坎、土湾、羊角堡、红岩村、弹簧厂、化龙桥、华村、李子坝、牛角沱	学林雅园	牛角沱	6:30～22:00	学林雅园	6:10～22:00
	802夜		牛角沱	顺向：牛角沱、西南证券、李子坝、华村、化龙桥、弹簧厂、红岩村、羊角堡、土湾、小龙坎、南开中学、银河、重大、学林雅园、劳动路、磁器口 逆向：磁器口、劳动路、学林雅园、重大、银河、南开中学、火车北站、小龙坎、土湾、羊角堡、红岩村、弹簧厂、化龙桥、华村、李子坝、牛角沱	磁器口	牛角沱	20:00～24:00	磁器口	20:00～24:00
249	803	14.7	重大	顺向：重大、银河、南开中学、火车北站、石碾盘、制药三厂、天星桥、高滩岩、标件、新桥、凤鸣山、上桥、张家湾、华岩、茶场、玉清寺、动力厂、中梁山 逆向：中梁山、动力厂、玉清寺、茶场、华岩、张家湾、上桥、凤鸣山、标件、高滩岩、天星桥、制药三厂、石碾盘、小龙坎、沙区门诊、南开中学、银河、重大	中梁山	重大	6:15～22:00	中梁山	6:15～22:00
250	805	12.85	重大	顺向：重大、银河影院、南开中学、火车北站、陈家湾、建专、杨公桥、烈士墓、童家桥、石井坡、莲光校、双碑、嘉陵厂、大石坝、堆金村 逆向：堆金村、大石坝、嘉陵厂、双碑、莲光校、石井坡、童家桥、烈士墓、杨公桥、建专、陈家湾、沙区客运站、石碾盘、小龙坎、沙区门诊、南开中学、银河影院、重大	堆金村	重大	6:15～22:30	堆金村	6:15～22:30

续前表

序号	线路号	线路长度（公里）	起点站	沿途站点	终点站	开收班时间			
						起点站		终点站	
						地点	开收班时间	地点	开收班时间
251	806	20	学林雅园	顺向：学林雅园、重大、银河影院、南开中学、火车北站、石碾盘、小龙坎、板材市场、马家岩、高庙村、白马凼、石桥铺、陈家坪、陈庹路口、蟠龙、绿云石都、兴隆路、建设村、新山村、文体路、大渡口区府广场、阳光花园、翠园路口、翠楼、九宫庙 逆向：九宫庙、翠楼、新山村、建设村、马王乡、马王五村、水碾、绿云石都、蟠龙、陈庹路口、陈家坪、石桥铺、白马凼、高庙村、马家岩、黄桷园、小龙坎、中医院、南开中学、银河影院、重大、学林雅园	九宫庙	学林雅园	6:15～22:00	九宫庙	6:15～22:00
252	807	8	兰花小区	顺向：兰花小区、孙家岩、凤天路、天骄年华、芳草地、沙区府、天马路、天星桥、石碾盘、小龙坎、沙区门诊、汉渝路、工人村、模范村 逆向：模范村、工人村、汉渝路、火车北站、石碾盘、天星桥、天马路、沙区府、芳草地、天骄年华、凤天路、孙家岩、兰花小区	模范村	兰花小区	6:30～20:00	模范村	6:30～20:00
253	808	24.1	磁器口	顺向：磁器口、黄桷坪、童家桥、烈士墓、杨公桥、陈家湾、沙区客运站、石碾盘、小龙坎、土湾、羊角堡、红岩村、弹簧厂、化龙桥、华村、李子坝、牛角沱、菜园坝、北桥头、南桥头、南坪（百盛浪高）、长江村、融侨半岛 逆向：融侨半岛、长江村、南坪、工贸（一信）、南桥头、北桥头、火车站、牛角沱、李子坝、华村、化龙桥、弹簧厂、红岩村、羊角堡、土湾、小龙坎、八中、师院、陈家湾、杨公桥、烈士墓、童家桥、黄桷坪、磁器口	融侨半岛	磁器口	6:15～21:30	融侨半岛	6:15～21:30

续前表

序号	线路号	线路长度（公里）	起点站	沿途站点	终点站	开收班时间			
						起点站		终点站	
						地点	开收班时间	地点	开收班时间
254	809	25.3	南桥寺	顺向：南桥寺（冉家坝）、新城丽都、华渝、武警总队、边防总队、龙湖、新牌坊、客车总厂、电子校、读书梁、黄桷园、渝澳大桥、洞口、菜园坝、北桥头、南桥头、工贸、南坪（珊瑚村）、南坪南路、四公里、五公里、六公里、七公里、八公里 逆向：八公里、七公里、六公里、五公里、四公里、南坪南路、南坪（长途站）、工贸（一信）、南桥头、北桥头、菜园坝、洞口、上清寺、华新街、华唐路、黄桷园、读书梁、电子校、客车总厂、新牌坊、龙湖、边防总队、武警总队、华渝、新城丽都、南桥寺（冉家坝）	八公里	南桥寺	6:30～21:00	八公里	6:30～21:00
	809A		龙湖（水晶郦城）	顺向：龙湖（水晶郦城）、新牌坊、客车总厂、电子校、加州、枢纽站、大庙、建新西路、西普、上清寺、菜园坝、北桥头、南桥头、工贸、南坪、海德、四公里、五公里、六公里、七公里、八公里 逆向：八公里、七公里、六公里、五公里、四公里、海德、南坪饭店、工贸（一信）、南桥头、北桥头、菜园坝、牛角沱、上清寺、华新街、观音桥、名店坊、海关、渝通、加州、电子校、客车总厂、新牌坊、龙湖（水晶郦城）	八公里	龙湖（水晶郦城）	6:45～19:15	八公里	6:15～19:30

续前表

序号	线路号	线路长度（公里）	起点站	沿途站点	终点站	开收班时间			
						起点站		终点站	
						地点	开收班时间	地点	开收班时间
255	810	20	青龙路	顺向：青龙路、七小区、五小区、六院、四小区、二小区、南坪饭店、工贸、南桥头、石板坡、中兴路、较场口、小米市、临江门、一号桥、黄花园、大溪沟、大礼堂、上清寺、华唐路、金源路、北滨路 逆向：北滨路金源路、华唐路、牛角沱、大礼堂、人和街、实验小学、大溪沟、黄花园、一号桥、临江门、小米市、中兴路、南桥头、南坪（双石街）、万寿路、区府、四小区、六院、五小区、七小区、青龙路	北滨路	青龙路	6:15～21:30	北滨路	6:30～21:30
256	812	18	观音桥	顺向：观音桥（建新东路）、大兴村、茶园、五里店、溉澜溪、茅溪、土石坊、寸滩、果园、水口、朝阳河、油库、太平冲、唐家沱 逆向：唐家沱、太平冲、油库、朝阳河、水口、果园、寸滩、土石坊、茅溪、溉澜溪、五里店、茶园、大兴村、观音桥、农贸市场	唐家沱	观音桥	5:40～20:30	唐家沱	
257	813	34	观音桥	顺向：观音桥、大兴村、茶园、五里店、溉澜溪、茅溪、土石坊、寸滩、果园、水口、朝阳河、油库、太平冲、唐家沱、46中、溜石壁、女子中学、桂花湾、岔路口、铁山坪、新坪 逆向：新坪、铁山坪、岔路口、女子中学、桂花湾、溜石壁、46中、唐家沱、太平冲、油库、朝阳河、水口、果园、寸滩、土石坊、茅溪、溉澜溪、五里店、茶园、大兴村、观音桥、农贸市场	新坪	观音桥	5:30～18:50	新坪	

续前表

序号	线路号	线路长度（公里）	起点站	沿途站点	终点站	开收班时间			
						起点站		终点站	
						地点	开收班时间	地点	开收班时间
258	815	23.7	电子校	顺向：电子校、金龙路、花卉园、红旗河沟、大庙、小苑、渝澳大桥、上清寺、两路口、国际村、鹅岭、肖家湾、大坪、石油路、河运校、歇台子、渝州路、石桥铺、陈家坪、南方E区 逆向：南方E区、陈家坪、石桥铺、渝州路、歇台子、河运校、石油路、大坪、肖家湾、鹅岭、国际村、文化宫、上清寺、观音桥（华音）、名店坊、海关、红旗河沟、松树桥、金龙路、电子校	南方E区	电子校	6:30～22:00	南方E区	6:30～22:00
	815A		财富中心	顺向：财富中心、龙华路、电子校、金龙路、花卉园、红旗河沟、大庙、小苑、渝澳大桥、上清寺、两路口、国际村、鹅岭、肖家湾、大坪、石油路、河运校、歇台子、渝州路、石桥铺 逆向：石桥铺、渝州路、歇台子、河运校、石油路、大坪、肖家湾、鹅岭、国际村、文化宫、上清寺、观音桥（华音）、名店坊、海关、红旗河沟、松树桥、金龙路、电子校、龙华路、水晶郦城、财富中心	石桥铺	财富中心	7:00～21:00	石桥铺	6:50～20:30
259	817	29.5	观音桥	顺向：观音桥、大兴村、茶园、五里店、溉澜溪、茅溪、土石坊、寸滩、果园、水口、朝阳河、油库、太平冲、唐家沱、46中、溜石壁、岔路口、望江 逆向：望江、岔路口、溜石壁、46中、唐家沱、太平冲、油库、朝阳河、水口、果园、寸滩、土石坊、茅溪、溉澜溪、五里店、茶园、人兴村、观音桥、农贸市场	望江	观音桥	5:30～21:40	望江	5:30～21:00

续前表

序号	线路号	线路长度(公里)	起点站	沿途站点	终点站	开收班时间			
						起点站		终点站	
						地点	开收班时间	地点	开收班时间
260	818	29	花卉园	顺向：花卉园、红旗河沟、大庙、建新西路、西普、上清寺、两路口、国际村、肖家湾、大坪、马家堡、袁家岗、大公馆、石坪桥、石坪桥商场、荒沟、水碾、马王五村、马王乡、建设村、新山村、文体路、区府广场、阳光花园、翠园路口、翠楼、九宫庙、陶瓷市场 逆向：陶瓷市场、九宫庙、翠楼、新山村、建设村、马王乡、马王五村、水碾、荒沟、石坪桥商场、饮料厂、大公馆、袁家岗、马家堡、大坪、肖家湾、鹅岭、国际村、中山支路、上清寺、华新街、观音桥(华音)、重百、海关、红旗河沟、松树桥、花卉园	陶瓷市场	花卉园	6:10～21:30	陶瓷市场	6:10～21:30
261	819	24.6	青龙路	顺向：青龙路、七小区、明佳路、南坪西路、金台、工贸（一信）、南桥头、北桥头、南区路、两路口、国际村、鹅岭、肖家湾、大坪、石油路、河运校、歇台子、渝州路、石桥铺（赛博）、白马凼、联芳园、马家岩、天马路、天星桥、高滩岩（都市花园） 逆向：高滩岩（都市花园）、天星桥、天马路、马家岩、联芳园、白马凼、石桥铺、渝州路、歇台子、河运校、石油路、大坪、肖家湾、鹅岭、国际村、两路口、火车站、北桥头、南桥头、南坪（百盛浪高）、南坪西路、明佳路、七小区、青龙路	高滩岩（都市花园）	青龙路	6:15～21:30	高滩岩（都市花园）	6:15～21:30

续前表

序号	线路号	线路长度（公里）	起点站	沿途站点	终点站	开收班时间			
						起点站		终点站	
						地点	开收班时间	地点	开收班时间
262	820	26.5	上江城	顺向：上江城、直港大道、杨家坪、石坪桥、冠生园、陈家坪、石桥铺、白马凼、联芳园、马家岩、小龙坎、肿瘤医院、石门、大石坝、松树桥（黄金堡）、红旗河沟、建新西路、大兴村、茶园、五里店 逆向：五里店、茶园、大兴村、观音桥（重百）、红旗河沟、松树桥（绸厂路口）、大石坝、石门、肿瘤医院、小龙坎、马家岩、联芳园、白马凼、石桥铺、陈家坪、冠生园、杨家坪、直港大道、上江城	上江城	上江城	6:45 ~ 19:15	五里店	6:45 ~ 19:15
263	821	17.2	电子校	顺向：电子校、金龙路、加州、红旗河沟、松树桥、技校、大石坝、石门、肿瘤医院、沙中路、半月楼、杨公桥、烈士墓、西政、杨家山 逆向：杨家山、西政、烈士墓、杨公桥、半月楼、沙杨路、沙中路、汉渝路、石门、大石坝、技校、花卉园、红旗河沟、渝通、金龙路、电子校	杨家山	电子校	6:45 – 19:15	杨家山	6:45 ~ 19:15
264	823	14.7	电子厂	顺向：电厂、黄桷坪、新市场、滩子口、杨家坪、团结路、杨家坪、谢家湾、大公馆、隆鑫、南方酒店、科园四路、渝州路、石桥铺、白马凼、白马小区、税校、南方香榭里、南方新城 逆向：南方新城、南方香榭里、石桥铺、渝州路、科园四路、南方酒店、陈家坪、隆鑫、大公馆、谢家湾、杨家坪、空压厂、滩子口、新市场、黄桷坪、电厂	南方新城	电子厂	6:30 ~ 22:00	南方新城	6:30 ~ 22:00

续前表

序号	线路号	线路长度（公里）	起点站	沿途站点	终点站	开收班时间			
						起点站		终点站	
						地点	开收班时间	地点	开收班时间
265	827	10	六店子	顺向：六店子、气站、新铺、转运站、大石社、建筑校、五九所、石桥铺、电保厂、建材市场、钟表厂、巴山、迎宾大道、二郎、格力厂、宗申、普天、钢球厂 逆向：钢球厂、普天、宗申、格力厂、二郎、迎宾大道、巴山、钟表厂、石新路、石桥铺、白马凼、税校、香山园、大石社、转运站、新铺、气站、六店子	钢球厂	六店子	6:30～20:30	钢球厂	6:30～21:00
	827夜		石桥铺	顺向：石桥铺、电保厂、建材市场、钟表厂、巴山、迎宾大道、二郎 逆向：二郎、迎宾大道、巴山、钟表厂、石桥铺	二郎	石桥铺	21:00～24:00	二郎	
266	828	17.4	上江城	顺向：上江城、珠江花园、直港大道、团结路、杨家坪、谢家湾、袁家岗、苗圃、黄沙溪、水果市场、菜园坝、北桥头、南桥头、南坪（双石街）、万寿路、四小区、六院、五小区、七小区、桃园路 逆向：桃园路、七小区、明佳路、南坪西路、南坪、工贸（一信）、南桥头、北桥头、菜园坝、黄沙溪、苗圃、袁家岗、谢家湾、杨家坪、前进路、直港大道、珠江花园、上江城	桃园路	上江城	6:15～22:00	桃园路	6:15～22:00
267	829	7.5	人和街	顺向：人和街、张家花园、临华村、华一坡、一号桥、黄花园、大溪沟、大礼堂、上清寺、两路口、健康路、血库、桂花园 逆向：桂花园、血库、体育馆、两路口、文化宫、上清寺、大礼堂、大溪沟、黄花园、一号桥、临华村、华一坡、张家花园、人和街	桂花园	人和街	6:30～20:00	桂花园	6:30～20:00

续前表

序号	线路号	线路长度（公里）	起点站	沿途站点	终点站	开收班时间			
						起点站		终点站	
						地点	开收班时间	地点	开收班时间
268	832	15.75	西郊支路	顺向：西郊支路、杨家坪、团结路、谢家湾、大公馆、袁家岗、草坪、苗圃、黄沙溪、皮革市场、水果市场、菜园坝、北桥头、南纪门、中药市场、储奇门、望龙门、朝天门 逆向：朝天门、道门口、望龙门、储奇门、中药市场、南纪门、北桥头、菜园坝、水果市场、皮革市场、黄沙溪、苗圃、草坪、医学院、袁家岗、大公馆、谢家湾、杨家坪、杨家坪（八十中）、西郊支路	朝天门	西郊支路	6:45 ~ 19:15	朝天门	6:45 ~ 19:15
269	837	6.6	六店子	顺向：六店子、气站、转运站、电影机厂、五一校、石油路口、电影院、大坪、马家堡、草坪、丽水菁苑 逆向：丽水菁苑、苗圃、草坪、马家堡、大坪、石油路口、五一校、电影机厂、转运站、气站、六店子	丽水菁苑	六店子	6:30 ~ 19:00	丽水菁苑	
	837 夜		大坪	顺向：大坪、马家堡、草坪、丽水菁苑 逆向：丽水菁苑、苗圃、草坪、马家堡、大坪	丽水菁苑	大坪	19:40 ~ 24:10	丽水菁苑	
270	837A	17	丽水菁苑	顺向：丽水菁苑、苗圃、草坪、马家堡、大坪、石油路、河运校、歇台子、渝州路、石桥铺、陈家坪、陈庹路口、蟠龙、绿云石都、朵力、翠华园、秋实花园、迁禧花园 逆向：迁禧花园、三木花园、天辰华府、陶瓷市场、大渡口区府、枫丹苑、朵力、绿云石都、蟠龙、陈庹路口、陈家坪、石桥铺（赛博）、渝州路、歇台子、河运校、石油路、大坪、马家堡、草坪、丽水菁苑	迁禧花园	丽水菁苑	6:45 ~ 19:30	迁禧花园	6:45 ~ 19:30

续前表

序号	线路号	线路长度（公里）	起点站	沿途站点	终点站	开收班时间			
						起点站		终点站	
						地点	开收班时间	地点	开收班时间
271	838A	22.42	新华印刷厂	顺向：新华印刷厂、华龙大道、半山、外语学校、电视大学、二郎、驾训中心、绿韵康城、恒胜、水碾、毛线沟、九龙区府、杨家坪中学、团结路、杨家坪、谢家湾、北桥头、南桥头、丹龙路、桃园路、六小区、五小区、六院、四小区、二小区、工贸、南坪新街 逆向：南坪新街、工贸、南坪、万寿路、四小区、六院、五小区、六小区、桃园路、丹龙路、南桥头、北桥头、谢家湾、杨家坪（国美）、前进路、杨家坪中学、九龙区府、毛线沟、水碾、绿云石都、恒胜、绿韵康城、驾训中心、二郎、电视大学、外语学校、半山、华龙大道、新华印刷厂	南坪新街	新华印刷厂~	6:30~19:15	南坪新街	6:30~19:15
	838		上江城	顺向：上江城、珠江花园、直港大道、团结路、杨家坪、谢家湾、北桥头、南桥头、丹龙路、桃园路六小区、五小区、六院、四小区、二小区、南坪、工贸、南坪新街 逆向：南坪新街、工贸、金台、万寿路、四小区、六院、五小区、六小区、桃园路、丹龙路、南桥头、北桥头、谢家湾、杨家坪、前进路、直港大道、珠江花园、上江城	南坪新街	上江城	6:15~22:00	南坪新街	6:30~22:00

续前表

序号	线路号	线路长度（公里）	起点站	沿途站点	终点站	开收班时间			
						起点站		终点站	
						地点	开收班时间	地点	开收班时间
272	839	23.1	八公里	顺向：八公里、七公里、六公里、五公里、四公里（绿洲龙城）、海德大酒店、南坪饭店、万寿路、四小区、五小区、六小区、龙职中、桥南、桥北、华亿、袁家岗、马家堡、大坪、石油路、河运校、歇台子、渝州路、石桥铺、白马凼、税校、南方香榭里 逆向：南方香榭里、石桥铺（赛博）、渝州路、歇台子、河运校、石油路、大坪、马家堡、袁家岗、华亿、南桥头、龙职中、六小区、五小区、四小区、二小区、海德大酒店、四公里、五公里、六公里、七公里、八公里	南方香榭里	八公里	6:30～19:15	南方香榭里	6:30～19:15
	839（夜）		八公里	顺向：八公里、七公里、六公里、五公里、四公里、南坪南路、南坪（长途站）、万寿路、四小区、五小区、六小区、龙职中、桥南、桥北、华亿、袁家岗、马家堡、大坪、石油路、河运校、歇台子、渝州路、石桥铺、渝州交易城 逆向：渝州交易城、石桥铺、渝州路（赛博）、歇台子、河运校、石油路、大坪、马家堡、袁家岗、华亿、南桥头、龙职中、六小区、五小区、四小区、二小区、海德大酒店、四公里、五公里、六公里、七公里、八公里	渝州交易城	八公里	19:00～22:00	渝州交易城	19:00～22:00
			海棠晓月	顺向：海棠晓月、阳光华庭、福利社、南坪东路、工贸（一信）、南桥头、北桥头、南区路、两路口、鹅岭、肖家湾、大坪、石油路、河运校、歇台子、渝州路、石桥铺、渝州交易城 逆向：渝州交易城、石桥铺、渝州路、歇台了、河运校、重医大学、马家堡、大坪、肖家湾、鹅岭、两路口、南区路、火车站、南桥头、工贸、南坪东路、福利社、海棠晓月		海裳小月	22:20～24:00	渝州交易城	22:00～24:00

续前表

序号	线路号	线路长度（公里）	起点站	沿途站点	终点站	开收班时间			
						起点站		终点站	
						地点	开收班时间	地点	开收班时间
	839 融		融侨半岛	顺向：融侨半岛、长江村、光电路、龙职中、桥南、桥北、华亿、袁家岗、马家堡、大坪、石油路、河运校、歇台子、渝州路、石桥铺、渝州交易城 逆向：渝州交易城、石桥铺、渝州路、歇台子、河运校、石油路、大坪、马家堡、袁家岗、华亿、南桥头、龙职中、光电路、长江村、融侨半岛	渝州交易城	融侨半岛	定时班车 7:00～17:00	渝州交易城	
273	843	13.7	磁器口	顺向：磁器口、劳动路、重大、银河影院、南开中学、火车北站、石碾盘农贸市场、制药三厂、天星桥、高滩岩、凤鸣山、新桥、上桥、张家湾、华岩、华龙小区 逆向：华龙小区、华岩、张家湾、上桥、凤鸣山、标件、高滩岩、天星桥、制药三厂、石碾盘、小龙坎、中医院、南开中学、银河影院、重大、劳动路、磁器口	华龙小区	磁器口	6:45～19:00	华龙小区	6:45～19:00

续前表

序号	线路号	线路长度（公里）	起点站	沿途站点	终点站	开收班时间			
						起点站		终点站	
						地点	开收班时间	地点	开收班时间
274	845	33.6	谦泰路	顺向：谦泰路、武警医院、卫国路口、十一中、弹子石（大石坝）、黄桷湾、虾子蝙、茅溪、土石坊、寸滩、果园、水口、朝阳河、牛毛毡、油库、太平冲、唐家沱、五里坪、四十六中、溜石壁、岔路口、铁山坪 逆向：铁山坪、岔路口、溜石壁、四十六中、五里坪、唐家沱、太平冲、油库、牛毛毡、朝阳河、水口、果园、寸滩、土石坊、茅溪、虾子蝙、黄桷湾、弹子石（大石坝）、十一中、卫国路口、武警医院、谦泰路	铁山坪	谦泰路	定时班车 7:00 ~ 17:00	铁山坪	
	845 区		谦泰路	顺向：谦泰路、窍角沱小学、卫国路口、十一中、弹子石、大石坝、五院、下浩、上新街、海棠溪、海棠晓月、阳光华庭、福利社、南坪、工贸、南桥头、五里店、溉澜溪、茅溪、土石坊、寸滩、果园、水口、朝阳河、牛毛毡、油库、太平冲、唐家沱、五里坪、四十六中、溜石壁、岔路口、铁山坪 逆向：铁山坪、岔路口、溜石壁、四十六中、五里坪、唐家沱、太平冲、油库、牛毛毡、朝阳河、水口、果园、寸滩、土石坊、茅溪、溉澜溪、五里店、南桥头、工贸、南坪、福利社、海棠晓月、海棠溪、上新街、下浩、五院、大石坝、弹子石、十一中、卫国路口、窍角沱小学、谦泰路	铁山坪	谦泰路	定时班车 7:00 ~ 17:00	铁山坪	

续前表

序号	线路号	线路长度（公里）	起点站	沿途站点	终点站	开收班时间			
						起点站		终点站	
						地点	开收班时间	地点	开收班时间
275	852	11	袁家岗	顺向：袁家岗、草坪、苗圃、黄沙溪、皮革市场、水果市场、菜园坝、牛角沱、上清寺、大礼堂、大溪沟、黄花园、一号桥、临江门、小什字、重庆饭店、朝天门、湖广会馆 逆向：湖广会馆、朝天门、重庆饭店、小什字、临江门、一号桥、黄花园、大溪沟、大礼堂、上清寺、牛角沱、菜园坝、水果市场、皮革市场、黄沙溪、苗圃、草坪、重医、袁家岗	湖广会馆	袁家岗	6:30～19:00	湖广会馆	6:30～19:00
276	861	17	金果园	顺向：金果园、盘溪、南桥寺、新城丽都、华渝、武警总队、东和春天、客车总厂、金龙路、加州、大庙、乡镇企业局、观音桥、大兴村、茶园、五里店、大湾、茅家山、上横街、上月台 逆向：上月台、上横街、茅家山、大湾、五里店、茶园、大兴村、观音桥、名店坊、海关、渝通、加州、电子校、东和春天、武警总队、华渝、新城丽都、五洲新村、南桥寺、金果园	上月台	金果园	6:30～22:00	上月台	6:30～22:00

续前表

序号	线路号	线路长度（公里）	起点站	沿途站点	终点站	开收班时间			
						起点站		终点站	
						地点	开收班时间	地点	开收班时间
277	862环线	25	丽水菁苑	内环：丽水菁苑、苗圃、黄沙溪、皮革市场、水果市场、菜园坝、牛角沱、上清寺、大礼堂、大溪沟、黄花园、一号桥、临江门、小什字、重庆饭店、道门口、望龙门、储奇门、中药市场、南纪门、北桥头、菜园坝、水果市场、皮革市场、黄沙溪、苗圃、草坪、袁家岗、草坪、丽水菁苑 外环：袁家岗、草坪、苗圃、黄沙溪、皮革市场、水果市场、菜园坝、北桥头、南纪门、中药市场、储奇门、望龙门、协信、重庆饭店、小什字、临江门、一号桥、黄花园、大溪沟、大礼堂、上清寺、牛角沱、菜园坝、水果市场、皮革市场、黄沙溪、苗圃、草坪、重医、袁家岗	丽水菁苑	丽水菁苑	6:15～21:00		
278	863	13.5	观音桥	顺向：观音桥（家乐福）、重百、海关、红旗河沟、松树桥、航天职大、大庆村、大石坝、石门、肿瘤医院、重大、沙中路、沙杨路、半月楼、陈家湾 逆向：陈家湾、客运站、石碾盘、小龙坎、肿瘤医院、石门、大石坝、大庆村、航天职大、松树桥、红旗河沟、大庙、小苑、观音桥（家乐福）	陈家湾	观音桥	6:30～22:10	陈家湾	6:30～22:10

续前表

序号	线路号	线路长度（公里）	起点站	沿途站点	终点站	开收班时间			
						起点站		终点站	
						地点	开收班时间	地点	开收班时间
279	866	24.7	五里坪	顺向：五里坪、朝阳河、水口、果园、寸滩、茅溪、溉澜溪、五里店、茶园、大兴村、中医院、建新西路、华新街、上清寺（鑫隆达）、大礼堂、大溪沟、黄花园、一号桥、临江门、小什字、重庆饭店、朝天门 逆向：朝天门、重庆饭店、小什字、临江门、一号桥、黄花园、大溪沟、大礼堂、上清寺、华新街、观音桥（三钢）、建新东路、大兴村、茶园、五里店、溉澜溪、茅溪、寸滩、果园、水口、朝阳河、五里坪	朝天门	五里坪	6:00～20:30	朝天门	6:30～21:40

续前表

序号	线路号	线路长度（公里）	起点站	沿途站点	终点站	开收班时间			
						起点站		终点站	
						地点	开收班时间	地点	开收班时间
280	868内	36	大竹林（水竹苑）	内环：大竹林（水竹苑）、镇政府、沙堡、光电园、金开大道、龙湖、新牌坊小学、客车总厂、电子校、金龙路、加州、乡镇企业局、华新街、上清寺、大礼堂、大溪沟、黄花园大桥、桥头、大湾、红土地、无专厂、北汽城、新原兴、洋河路、名店坊、海关、红旗河沟、渝通、金山路、金龙路、电子校、客车总厂、新牌坊、金开大道、财富中心、光电园、沙堡、镇政府、大竹林 外环：大竹林（水竹苑）、镇政府、沙堡、光电园、金开大道、新牌坊、客车总厂、电子校、金龙路、加州、红旗河沟、建北支路、远东百货、洋河路、洋河北路、无专厂、红土地、大湾、桥头、大溪沟、大礼堂、上清寺、华新街、观音桥（华音）、农贸市场、海关、渝通、金山路、金龙路、电子校、客车总厂、新牌坊、金开大道、财富中心、光电园、沙堡、镇政府、大竹林	大竹林	大竹林	6:30～19:00	大竹林	
	868		金开大道	金开大道、龙湖、新牌坊小学、客车总厂、电子校、金龙路、加州、乡镇企业局、华新街、牛角沱、大礼堂、大溪沟、黄花园大桥、桥头、大湾、红土地、无专厂、北汽城、新原兴、洋河路、名店坊、海关、红旗河沟、渝通、金山路、金龙路、电子校、客车总厂、新牌坊、金开大道	金开大道	金开大道	6:30～19:00	金开大道	

续前表

序号	线路号	线路长度（公里）	起点站	沿途站点	终点站	开收班时间			
						起点站		终点站	
						地点	开收班时间	地点	开收班时间
281	871	21.5	朝天门	顺向：朝天门、小米市、七星岗、观音岩、文化宫、两路口、国际村、鹅岭、肖家湾、大坪、石油路、歇台子、渝州路、石桥铺、石新路、交易城、钟表厂、巴山、车管所、凤鸣山、新桥医院 逆向：新桥医院、凤鸣山、车管所、巴山、钟表厂、交易城、石桥铺、渝州路、歇台子、河运校、石油路、大坪、肖家湾、鹅岭、国际村、两路口、文化宫、观音岩、七星岗、较场口、新华路、小什字、朝天门	新桥医院	朝天门	6:15～21:00	新桥医院	6:15～21:00
282	872	20	四海路	顺向：四海路、海棠晓月、阳光华庭、福利社、南坪东路、工贸（一信）、南桥头、北桥头、南区路、中山支路、上清寺、华新街、观音桥、农贸市场、海关、红旗河沟、松树桥、航天职大、大庆村、大石坝、鹿角湾、金果园 逆向：金果园、鹿角湾、大石坝、大庆村、航天职大、松树桥、红旗河沟、大庙、乡镇企业局、华新街、洞口、菜园坝、南桥头、工贸、南坪东路、福利社、海棠晓月、四海路	金果园	四海路	6:00～21:30	金果园	6:30～21:00
283	873	21.2	海棠晓月	顺向：海棠晓月、阳光华庭、福利社、南坪东路、工贸（一信）、南桥头、北桥头、南区路、两路口、鹅岭、肖家湾、大坪、石油路、河运校、歇台子、渝州路、石桥铺、渝州交易城、钟表厂、巴山、车管所、老顶坡、美茵河谷 逆向：美茵河谷、老顶坡、车管所、巴山、钟表厂、渝州交易城、石桥铺、渝州路、歇台子、河运校、医学院、马家堡、大坪、肖家湾、鹅岭、两路口、南区路、火车站、南桥头、工贸、南坪东路、福利社、海棠晓月	美茵河谷				6:15～22:00

续前表

序号	线路号	线路长度（公里）	起点站	沿途站点	终点站	开收班时间			
						起点站		终点站	
						地点	开收班时间	地点	开收班时间
284	875	21	金沙港湾	顺向：金沙港湾、肿瘤医院、汉渝路、火车北站、石碾盘、小龙坎、马家岩、高庙村、白马凼、石桥铺、歇台子、河运校、石油路、大坪、肖家湾、鹅岭、国际村、两路口、文化宫、观音岩、七星岗、解放碑、朝天门 逆向：朝天门、解放碑、七星岗、观音岩、文化宫、两路口、国际村、鹅岭、肖家湾、大坪、石油路、河运校、歇台子、石桥铺、白马凼、高庙村、马家岩、小龙坎、沙坪坝、汉渝路、肿瘤医院、金沙港湾	朝天门	金沙港湾	6:00～21:00	朝天门	6:00～22:00
285	876	14.5	石桥铺	顺向：石新路、渝州支路、石桥铺、八一建材市场、钟表厂、巴山、车管所、孙家岩、康居苑、凤鸣山、上桥、工程学院、张家湾、华岩、玉清寺、动力厂、中梁山 逆向：中梁山、动力厂、玉清寺、华岩、张家湾、工程学院、上桥、凤鸣山、康居苑、孙家岩、车管所、巴山、钟表厂、石新路、石桥铺、白马凼、税校、南方香榭里	中梁山	石桥铺	6:00～22:30	中梁山	6:00～22:30
286	沙鱼线	33	沙坪坝	顺向：沙坪坝、石碾盘、小龙坎、马家岩、高庙村、白马凼、石桥铺、陈家坪、冠生园、石坪桥、荒沟、水碾、毛线沟、北桥头、南桥头、红光、清华、土桥、岔路口、炒油场、试车道收费处、饮料厂、鱼胡路口、鱼洞 逆向：鱼洞、鱼胡路口、饮料厂、试车道收费处、炒油场、岔路口、土桥、清华、红光、南桥头、北桥头、毛线沟、水碾、荒沟、石坪桥、冠生园、陈家坪、石桥铺、白马凼、高庙村、马家岩、小龙坎、沙坪坝	鱼洞	沙坪坝	6:30～19:00	鱼洞	

续前表

序号	线路号	线路长度（公里）	起点站	沿途站点	终点站	开收班时间			
						起点站		终点站	
						地点	开收班时间	地点	开收班时间
287	800A	5.1	五里店	顺向：五里店、茶园、大兴村、观音桥、名店坊、海关、红旗河沟、松树桥、金岛、航天职大、大石坝、石门、肿瘤医院、汉渝路、火车北站、沙区客运站、石碾盘、小龙坎、马家岩、高庙村、白马凼、石桥铺、陈家坪、冠生园、石坪桥、杨家坪、前进路、西郊支路 逆向：西郊支路、钢校、杨家坪、石坪桥、冠生园、陈家坪、石桥铺、白马凼、高庙村、马家岩、小龙坎、沙区门诊、汉渝路、肿瘤医院、石门、大石坝、航天职大、松树桥、红旗河沟、大庙、乡镇企业局、建新东路、大兴村、茶园、五里店	西郊支路	五里店	19:00～18:30	西郊支路	19:00～18:30
	800B		花园新村	顺向：花园新村、金岛、花卉园、红旗河沟、大庙、乡镇企业局、建新东路、大兴村、茶园、五里店、大湾、桥头、一号桥、临江门、民生路、小米市、较场口、中兴路、南纪门、桥头、工贸、南坪、四小区、五小区、六院、龙职中、谢家湾、杨家坪、西郊支路 逆向：西郊支路、杨家坪、谢家湾、鹅公岩、龙职中、长江村、金台、工贸（一信）、桥头、中兴路、较场口、五一路、沧白路、临江门、一号桥、大湾、五里店、茶园、大兴村、观音桥、名店坊、海关、红旗河沟、松树桥、金岛、花园新村	西郊支路	花园新村	19:00～18:30	西郊支路	19:00～18:30

续前表

序号	线路号	线路长度（公里）	起点站	沿途站点	终点站	开收班时间			
						起点站		终点站	
						地点	开收班时间	地点	开收班时间
288	811 夜	18.5	龙湖	顺向：龙湖、新牌坊、红旗河沟、大庙、乡镇企业局、华新街、上清寺、两路口、国际村、鹅岭、肖家湾、大坪、马家堡、袁家岗、谢家湾、杨家坪、直港大道、珠江花园、上江城 逆向：上江城、珠江花园、直港大道、杨家坪、谢家湾、袁家岗、马家堡、大坪、肖家湾、鹅岭、国际村、两路口、中山支路、上清寺、华新街、观音桥、名店坊、海关、红旗河沟、新牌坊、龙湖	上江城	龙湖	19:00～18:30	上江城	19:00～18:30
289	9822	19	解放碑	顺向：解放碑、七星岗、观音岩、文化宫、两路口、国际村、鹅岭、肖家湾、大坪、石油路、歇台子、石桥铺、白马凼、联芳花园、马家岩、板材市场、小龙坎、沙坪坝 逆向：沙坪坝、火车北站、沙区客运站、石碾盘、小龙坎、友谊医院、板材市场、马家岩、联芳花园、白马凼、石桥铺（赛格）、歇台子、石油路、大坪、肖家湾、鹅岭、国际村、两路口、文化宫、观音岩、七星岗、解放碑	沙坪坝	解放碑	19:00～6:30	沙坪坝	19:00～6:30
290	9833	18	新华路	顺向：解放碑（新华路）、七星岗、观音岩、文化宫、两路口、国际村、鹅岭、肖家湾、大坪、马家堡、袁家岗、华亿、谢家湾、杨家坪、前进路、杨家坪中学、区府、毛线沟、丁家垭口、渝钢村、跃进村、大堰市场 逆向：大堰市场、跃进村、渝钢村、丁家垭口、毛线沟、五支队、区府、杨家坪中学、团结路、杨家坪、谢家湾、袁家岗、马家堡、大坪、肖家湾、鹅岭、国际村、两路口、文化宫、观音岩、七星岗、解放碑（新华路）	大堰市场	新华路	19:00～6:30	大堰市场	19:00～6:30

续前表

序号	线路号	线路长度（公里）	起点站	沿途站点	终点站	开收班时间			
						起点站		终点站	
						地点	开收班时间	地点	开收班时间
291	9853	10	磁器口	顺向：磁器口、劳动路、重大、银河影院、沙坪坝、火车北站、石碾盘、制药三厂、天星桥、高滩岩、凤鸣山、新桥、上桥、张家湾、华岩、茶场、玉清寺、动力厂、中梁山 逆向：中梁山、动力厂、玉清寺、茶场、华岩、张家湾、上桥、凤鸣山、标件、高滩岩、天星桥、制药三厂、石碾盘、小龙坎、中医院、沙坪坝、银河影院、重大、劳动路、磁器口	中梁山	磁器口	19:00～24:00	中梁山	
292	814	30	观音桥	停驶线	望江				
293	869	20	新牌坊小学	停驶线	新牌坊				
294	890	4.5	朝阳路口	顺向：朝阳路口、解放路、电影院、证券公司、渝运车站、云泉小区、龙凤桥菜市口、水文厂、干休所、衡器厂、煤安厂、朝阳公司、火车站 逆向：火车站、朝阳公司、衡器厂、龙凤桥菜市口、云泉小区、歇马车站、证券公司、电信、农业局、解放路、朝阳路口	朝阳路口	朝阳路口	6:30	火车站	22:00
295	892	6	九院	顺向：九院、渔溏湾菜市口、和平路口、川仪宾馆、解放碑车站、歇马、证券公司、电影院、五路口、西师、五一所、天生桥、西农、驾校、斑竹村、新天花园路口、双柏、加油站、308 厂 逆向：308 厂、双柏加油站、高速公路路口、新天花园路口、斑竹村、驾校、西农、天生桥、五一所、西师、五路口、电影院、证券公司、歇马车站、解放碑车站、川仪宾馆、和平路口、渔溏湾菜市口、九院	308 厂	九院	6:40	308 厂	22:10

续前表

序号	线路号	线路长度（公里）	起点站	沿途站点	终点站	开收班时间			
						起点站		终点站	
						地点	开收班时间	地点	开收班时间
296	893	7.5	朝阳路口	顺向：朝阳路口、解放路、电影院、胜利路菜市口、月亮田路口、疗养院、九院一分院、西师、五一所、天生桥、西农、驾校、斑竹村、新天花园路口、高速路路口、双柏加油站、308厂 逆向：308厂、双柏加油站、高速路路口、新天花园路口、斑竹村、驾校、西农、天生桥、五一所、西师、九院一分院、中保公司、月亮田、渝运车站、川仪宾馆、和平路口、渔溏湾菜市口、九院、河嘉村、十八厂、广电大楼、朝阳路口	308厂	朝阳路口	6:30	308厂	22:00
297	894	7	九院	顺向：九院、渔溏湾菜市口、和平路口、川仪宾馆、五公司解放碑车站、歇马车站、证券公司、电影院、五路口、西师、五一所、天生桥、西农、驾校、斑竹村、新天花园、区党校、状元府第 逆向：状元府第、雨台花园、双柏加油站、高速公路路口、新天花园路口、斑竹村、驾校、西农、天生桥、五一所、西师、五路口、电影院、证券公司、渝运车站、川仪宾馆、和平路口、渔溏湾菜市口、九院	状元府第	九院	6:35	状元府第	22:10
298	895	15	九院	环线：九院、渔溏湾菜市口、和平路口、川仪宾馆、解放碑车站、歇马车站、证券公司、电影院、五路口、西师、五一所、天生桥、西农、驾校、斑竹村、新天花园路口、新区府（行政中心）、堰塘坎、庄子、仪表中学、北温泉政府、西师附中、文星湾、五路口、电影院、天生菜市口、渝运车站、川仪宾馆、和平路口、渔溏湾菜市口、九院	九院	九院	6:40	九院	22:10

续前表

序号	线路号	线路长度（公里）	起点站	沿途站点	终点站	开收班时间			
						起点站		终点站	
						地点	开收班时间	地点	开收班时间
299	896	6	朝阳路口	顺向：朝阳路口、九院、渔溏湾菜市口、和平路口、川仪宾馆、解放碑车站、渝运车站、云泉小区、龙凤桥菜市口、水文厂、干休所、衡器厂、煤安厂、朝阳公司、火车站 逆向：火车站、朝阳公司、衡器厂、龙凤桥菜市口、云泉小区、解放碑车站、川仪宾馆、和平路口、渔溏湾菜市口、九院、朝阳路口	火车站	朝阳路口	6:40	火车站	22:00
300	金刀峡	28	公运车站	顺向：公运车站、朝阳桥、水土、滩口、药王、静观、陡梯、柳荫、岔路口、金刀峡 逆向：金刀峡、岔路口、柳荫、陡梯、静观、药王、滩口、水土、朝阳桥、公运车站	金刀峡	公运车站	5:15	金刀峡	7:00
301	石子山1	12	公运车站	顺向：公运车站、朝阳桥、耐材厂、东阳政府、制药五厂、东阳路口、氮肥厂、明家沟 逆向：明家沟、氮肥厂、东阳路口、制药五厂、东阳政府、耐材厂、朝阳桥、公运车站	明家沟	公运车站	5:00	明家沟	22:00
302	石子山2	9	公运车站	顺向：公运车站、朝阳桥、器皿厂、黄桷、魏家湾、张家湾 逆向：张家湾、魏家湾、黄桷、器皿厂、朝阳桥、公运车站	张家湾	公远车站	5:00	张家湾	22:00
303	石子山3	10	公运车站	顺向：公运车站、朝阳桥、器皿厂、黄桷、东阳政府、东阳路口、石子山、幺店子 逆向：幺店子、石子山、东阳路口、东阳政府、黄桷、器皿厂、朝阳桥、公运车站	幺店子	公运车站	5:00	石子山	22:00
304	后丰岩（外线）	11.5	渝运车站	顺向：渝运车站、朝阳桥、器皿厂、黄桷、磨心坡、大坝沟、后丰岩 逆向：后丰岩、大坝沟、磨心坡、黄桷、器皿厂、朝阳桥、渝运车站	后丰岩	渝运车站	5:30	后丰岩	8:00

续前表

序号	线路号	线路长度（公里）	起点站	沿途站点	终点站	开收班时间			
						起点站		终点站	
						地点	开收班时间	地点	开收班时间
305	后丰岩（内线）	7.5	渝运车站	顺向：渝运车站、朝阳桥、洞口、收费处、化工厂、万家湾、文星场、后丰岩 逆向：后丰岩、文星场、万家湾、化工厂、收费处、洞口、朝阳桥、渝运车站	后丰岩	渝运车站	5:30	后丰岩	8:00
306	水土 1	6.5	水土车站	顺向：水土、舵井、太站、复兴 逆向：复兴、太站、舵井、水土	复兴	水土车站		复兴	
307	水土 2	9	水土车站	顺向：水土、滩口、药王 逆向：药王、滩口、水土	药王	水土车站		药王	
308	龙凤 1	5	龙凤桥	顺向：龙凤七一桥、新家湾、大力、六棵树、公社、堰塘湾、曹上 逆向：曹上、堰塘湾、公社、六棵树、大力、新家湾、七一桥、龙凤	曹上	龙凤桥	5:30	曹上	6:00
309	龙凤 2	5.5	龙凤桥	顺向：龙凤团结桥、长滩村、长滩小学、联盟、东林、文凤 逆向：文凤、东林、联盟、长滩小学、长滩村、团结桥、龙凤	文凤	龙凤桥	5:30	文凤	6:00
310	龙凤 3	5.5	龙凤桥	顺向：龙凤团结桥、白沙井、茶山、龙洞湾、桂花井 逆向：桂花井、龙洞湾、茶山、白沙井、团结桥、龙凤	桂花井	龙凤桥	5:30	桂花井	6:00
311	龙凤 4	6	龙凤桥	顺向：龙凤团结桥、白沙井、茶山、水口、关门山、刘家槽、新发 逆向：新发、刘家槽、关门山、水口、茶山、白沙井、团结桥、龙凤	新发	龙凤桥	5:30	新发	6:00
312	旅游	66.5	重庆		重庆				
313	澄江 1	14	澄江	顺向：澄江、大庆沟、烽火山、大坟堡、转龙、永兴、五一 逆向：五一、永兴、转龙、大坟堡、烽火山、大庆沟、澄江	五一	澄江	6:00	五一	6:00

续前表

序号	线路号	线路长度（公里）	起点站	沿途站点	终点站	开收班时间			
						起点站		终点站	
						地点	开收班时间	地点	开收班时间
314	澄江2	5	澄江	顺向：澄江、分析厂（仪表九厂）、官斗石（121中学）、运河 逆向：运河、121中学、仪表九厂、澄江	运河	澄江	6:00	运河	6:00
315	澄江3	7	澄江	顺向：澄江、大庆沟、烽火山、吴粟、石英砂厂、全胜 逆向：全胜、石英砂厂、吴粟、烽火山、大庆沟、澄江	全胜	澄江	6:00	全胜	6:20
316	澄江4	8	澄江	顺向：澄江、分析厂（仪表九厂）、官斗石（121中学）、元滩桥、烟湖滩 逆向：烟湖滩、元滩桥、121中学、仪表九厂、澄江	烟湖滩	澄江	6:00	烟湖滩	6:20

第四节　客运站场

重庆市公共交通公司管理时期，公交站场建设、路队“五小”设施（即办公用房、调度室、食堂、单工宿舍、厕所）均由公司下属行管股负责建设、维修和管理。1985年，4个行车总站分别成立为4个二级分公司，行管股随之更名行管科，仍然行使以前的职责。至1985年年底，共有牛角沱、石碾盘、李家沱、南坪、观音桥、杨家坪、綦江、长寿、葛兰、北碚、合川、璧山、万盛等17个枢纽中心车站。1986年公交体制改革后，由各公交公司下属基建科和总务科共同管理站场，基建科负责公司生产设施、职工住房等建设，总务科负责管理、维修。

1998年12月，重庆市公用事业局以《关于同意组建重庆公共交通站场有限公司的批复》，批准重庆公用事业投资开发公司与重庆公用事业物业发展公司共同出资组建重庆市公共交通站场有限公司（以下简称重庆公交站场公司）。其中，重庆公用事业投资开发公司占90%的股份，重庆公用物业发展公司占10%的股份，注册资本200万元。管理机构及管理人员主要由重庆公用事业投资开发公司现有机构及人员兼任，实行“一套班子，两块牌子”，属独立核算的国有独资有限公司，隶属重庆市公用事业局。重庆公交站场公司的成立标志着重庆公交站场管理和建设进入了统一管理阶段。

2002年12月2日，重庆公交集团公司在《关于重庆市公共交通站场有限公司机构设置、人员定编的通知》中，“将原属重庆市第三公共交通公司二级单位的重庆市公共交通站场有限公司的行政隶属关系划属公交集团公司进行管理，作为公交集团公司全资子公司”，注册资本20765万元，总资产为28315万元，对公交站场的投资建设进行统一管理。经过此次改革后，重庆市公共交通站场有限公司雏形基本构成。重庆公交站场公司负责公交站场的建设、管理和利用站场资源进行资本运作，内设一室三部，即综合办公室、资产财务部、站场建设部、站场管理部。重庆公交站场公司按照重庆市公用事业局颁布的《公共交通站场管理办法》，明确“公交站场与线路运营相分离，站场使用实行有偿服务，使用者按规定交费”，分别与重庆公交一公司、重庆公交二公司、重庆电车公司签订了场站租用协议书。站场产权归属重庆公交站场公司，重庆公交一公司、重庆公交二公司、重庆电车公司分别享有梨树湾停车场、江北区建新东路停车场、南坪西路停车场的使用权。

至2005年，重庆有陈家坪、菜园坝、朝天门、南坪西路、梨树湾、南坪东路、五里店七处建成公交站场，面积达140101平方米。其中，陈家坪、朝天门、菜园坝3个公交站场由重庆公交站场公司进行管理，南坪西路、梨树湾、南坪东路、五里店站场分别租给重庆公交一公司、重庆公交二公司、重庆冠忠三公司及重庆电车公司使用。

一、南坪公交枢纽站

（一）前期设计

1979年11月28日，四川省革命委员会基本建设委员会以《关于新建南坪车站及停车场计划任务书的批复》，同意新建南坪车站及停车场。

1979年9月18日，重庆市公用局同意重庆市公共交通公司上报的新建南坪车站及停车场计划任务书，并以《重庆市公用局关于新建南坪车站及停车场计划任务书送请审批的报告》向重庆市计划委员会、重庆市建设委员会报请审查。

（二）工程建设

南坪公交枢纽站位于长江大桥南端南坪交通转盘附近，毗邻南坪长途汽车站，是重庆市长江两岸人员的集散中心和客运交通的重要枢纽。该站场由重庆市人民政府投资247.2万元，于1982年9月开工，1983年12月竣工，占地面积为24570平方米，房屋面积为2761.5平方米。

1988年南坪公交枢纽站调整了规划建设，完善了综合办公楼、门面区域、修理厂、自动洗车场等配套设施，形成了一个功能较为完善的枢纽站场。1997年，随着南岸区经济开发的机遇，南坪公交枢纽站再次进行了改建，将A园区办公大楼拆除，建成宏声大厦和南坪大厦，其间站场面积压缩了10700平方米，压缩后的南坪公交枢纽站的站场面积为13870平方米，停车容量为150辆。

（三）经营状况

1986年，南坪公交枢纽站改称重庆第三公共交通公司客运站。从1999年1月起，重庆公交站场公司以租赁方式将南坪公交枢纽站交由重庆冠忠三公司使用和经营管理。场内设有修理工间、充值网点、调度亭、路队办公室及公厕等配套服务设施。2001年，站场更名重庆冠忠（第三）公共交通公司客运枢纽站。2005年年底，南坪公交枢纽站有16条公交线路（108路、119路、168路、303路、304路、306路、307路、314路、325路、345路、348路、364路、382路、384路、616路、962路）入场运营。

二、江北枢纽站

（一）前期设计

江北红旗河沟枢纽站由停车场和车站两部分组成。1984年7月17日，重庆市公用局转发重庆市城乡建设管理委员会《关于公交公司江北停车保养场规划方案的批复的通知》，批准实施江北停车保养场建设项目。1987年，江北停车保养场开工建设，1990年竣工。

1991年5月15日，随着江北地区城市建设的发展和客流量的增加，为解决江北地区公交路队的交通管理和安全行车，重庆市城乡建设管理委员会以《关于市公交一公司江北枢纽车站工程设计任务书批复》，同意重庆公交一公司在江北红旗河沟公交停保场处修建江北客运枢纽车站，并同意工程初步设计方案。

1991年12月17日，重庆市计划委员会向该项目发放了固定资产投资项目投资许可证。同年，重庆市规划局江北区规划管理办公室颁发了重庆市建设工程规划许可证。

（二）工程建设

江北红旗河沟枢纽站位于重庆市江北区红旗河沟，紧邻210线国道江北区路段，与江北长途汽车站为邻。分两次征地计147亩，有9条公交线路约200辆车运行，夜间泊车150辆，房屋建筑面积3153平方米。作为始发站，共建有7条发车车港，每条发车港各设置1个调度亭，站场地下设置有5米宽、50米长的地下人行通道，在站场内进行人车分流。后因2003年11月份修建理想大厦，地下人行通道停止使用。1992年，江北红旗河沟枢纽站完工，资金来源为城市维护费，总投资约1980万元。

（三）经营状况

红旗河沟枢纽站集停车、洗车、修车、加气为一体，微机化管理，防火防盗等监控设施齐全，是功能完备的现代化公交枢纽车站，隶属重庆公交一公司。站场本着"安全第一、服务一流"的服务宗旨和"以人为本、规范科学"的管理理念，严格按照ISO 9001:2000质量认证体系进行日常的经营管理活动。同时建立健全了一套完善的《站场管理办法》《站场管理检查制度》《站场火警预案》制度，坚持24小时站场内巡查、值班制度，及时整改安全隐患，定期多形式加强安全宣传教育，增强全员安全生产意识和优质服务意识。至2005年年底，可供9条公交线路入场运营，夜间可供220辆车停放。

三、陈家坪公交枢纽站

（一）前期设计

1993年3月11日，重庆市计划委员会以《关于陈家坪公共交通枢纽站项目建议书的批复》，批准陈家坪公共交通枢纽站项目，同意按重庆市公共交通规划要求，建设陈家坪公共交通枢纽站，以满足成渝公路建成后该地区交通发展需要。1996年10月20日，重庆市计划委员会以《关于陈家坪公共交通枢纽站工程可行性研究报告的批复》，同意由重庆市设计院市政分院编制的工程可行性研究报告。

（二）工程建设

陈家坪公交枢纽站位于九龙坡区石桥镇歇台子村，地处重庆市高新技术开发区中心地带，紧接成渝高速公路出入口，与陈家坪长途汽车站为邻，由重庆市人民政府出资修建。1993年，该站场项目开工，占地面积约为18000平方米，场内分上、下2处停车场，建有办公楼、配电房1个、消防室1个、值班亭2个、修理工间3个、洗车点3个、厕所1个等配套服务设施。1997年竣工，总投资3000万元。

（三）经营状况

陈家坪站场竣工后，由重庆四星公交站场管理公司管理。1998年12月重庆市公共交通站场有限公司成立，该站场划入其管理范围。

陈家坪站场是集停车、洗车、修车为一体，微机化管理，防火防盗等监控设施齐全、功能完备的现代化公交枢纽站。陈家坪站场现有配套设施：站场办公室、路队办公室、调度亭、配电房、消防室、修理工间、厕所。站场内实行24小时巡查、值班制度，以确保驻站客运车辆的安全。

2005年年底，陈家坪站场白天有6条公交线路约80辆左右公交车辆进场运营，夜间有8条公交线路约100辆左右公交车辆进场停放。

四、龙头寺公交枢纽站

龙头寺公交站场位于江北龙头寺火车站站前广场，是江北龙头寺火车站配套的基础设施项目，接驳火车站客流的大型公交枢纽换乘中心，毗邻龙头寺长途汽车站和轻轨3号线，连接火车站和市内各地的主枢纽，是重庆市人民政府和重庆公交集团的一个重要项目。

2001年7月4日，龙头寺公交枢纽站批准立项。2002年9月28日，重庆市计划委员会发出《重庆江北龙头寺客运站场设施可行性研究审查意见》，同意铁道部第二勘察设计院所做的"可行性研究”。2003 年 11 月，该工程项目开始征地。2005 年 4 月，该工程项目通过重庆市规划局的规划审查。2005 年 12 月，该工程项目完成施工图设计，开展公开、公平、公正的招标工作。建设资金来源包括：自有资金、银行贷款、政府补贴三部分，总投资 9900 万元。至 2005 年年底，该站场尚在建设中。

龙头寺公交枢纽站能完成江北火车站与重庆市市内各地客流疏散功能，承担从龙头寺火车站发往解放碑、南坪、沙坪坝、渝北等市区各地的客运流量，也是西南地区公交站场中率先实现人性化、信息化的大型公交换乘枢纽。该站场占地 2.2 万平方米，建筑面积 3.3 万平方米，设置 14 条发车道，能满足近 31 条公交线路、104 余辆公交车夜间停放需求，公交运行线路覆盖重庆市内各区，日均客流量达 10 万人次。

龙头寺公交枢纽站利用先进信息与智能化技术，通过 LED 导乘信息系统、电子监控系统和广播系统等进行智能化管理。对于乘客关注的发车信息，则在 LED 屏上显示车辆线路及经过的沿途站点。同时在车道、广场、人流集散点等处安装摄像机，利用视频监控，增强了枢纽站管理人员对人流、车流的监控指挥能力，数字监控技术的应用对站场内的防火防盗也起到了促进作用。并通过引导标识和图表方式为乘客提供线路信息和换乘引导信息，使乘客快速换乘、不误乘，是目前西南地区最现代化的公交主枢纽站。

五、外河坪公交枢纽站

2002 年 11 月，重庆市公共交通站场有限公司与重庆市种畜场签订土地权转让协议；同年 12 月，与南部新城管委会签订用地协议。2003 年 7 月 15 日，重庆市发展计划委员会下达了《重庆市发展计划委员会关于巴南区外河坪公交枢纽站场工程项目建设书的批复》，外河坪公交枢纽站场正式立项，并批准了该站场的建设规模和主要建设内容，外河坪公交站场前期准备工作开始进行。

2003 年 12 月 31 日，重庆市发展改革委员会批复同意可行性方案。2004 年 4 月，重庆市规划局下达了《选址意见通知书》《重庆市建设工程设计条件、要求通知书》《规划红线图》3份文件，完成了相关选址、设计手续。

外河坪公交站场位于巴南区李家沱组团，北西两面靠长江，东靠花溪河，南接巴南新城，紧邻李家沱长江大桥和外环高速，该项目计划总投资13032万元，由城市建设维护费补助和企业自筹。用地面积106710平方米，总建筑面积24087平方米，站务楼635平方米，运营用房1904平方米，生产辅助用房6353平方米，总成修理厂房1762平方米，车身修理车房3727平方米等。功能设大型换乘中心、大型停车场、保养厂、洗车场等，能满足16条线路440辆车在此运行和停放。外河坪公交站场建成后，将主要辐射巴南鱼洞、南坪、石桥铺、大渡口等主要区域，并解决李家沱、南坪等地公交车的保养问题。场中布置了港湾式停车港，全长95米，宽7米。届时乘客将先进入宽敞的候车大厅，再通过有自动扶梯的人行天桥进入停车港，然后分流到各条公交线路候车廊。而所有公交车则通过另外的车道进出，实行了人车分流。2005年，该站场前期工作完成。

图6-4　外河坪公交站场效果图

六、空港公交枢纽站

2003年8月1日，重庆市公共交通站场有限公司与空港管委会签订了《国有土地划拨协议》。2004年8月18日，重庆市公共交通站场有限公司与渝北区国土局《新建空港站场项目用地预审意见的通知》，完成征地相关手续。

2005年4月22日，渝北区发展和改革委员会于下达了《重庆市渝北区发展和改革委员会关于重庆市公共交通站场有限公司新建空港工业园区公交站场建设项目的立项批复》，空港公交站场正式立项，并着手开展前期准备工作。

2005年6月17日，取得规划选址意见。2005年7月1日，重庆市规划局先后下达了《重庆市建设工程选址意见书》和《规划红线图》；12月，取得了重庆市规划局颁发了《建设用地规划许可证》。2005年12月，取得《重庆市规划局关于公交站场项目建筑设计方案审查意见书》，完成了可研设计等相关手续。

重庆空港公交枢纽站场位于重庆市渝北区空港工业园区，拟建成容纳运营线路9条，运行车辆

270 标台，停车场满足夜间停车 200 标台，保养场规模达到保养车辆 200 标台及加油加气站和洗车场。该站场总投资 7292 万元，征地 87 亩（约 58000 平方米），用地面积 45773.1 平方米，总建筑面积 12322 平方米，届时将建成集停车、发车及办公、加油加气等功能为一体的综合枢纽站。

图 6－5　空港公交站场效果图

七、北碚城南公交枢纽站

2005 年 4 月 7 日，北碚区发展计划委员会下达了《重庆市北碚区发展计划委员会关于重庆市公共交通站场有限公司新建北碚城南公交站场的立项批复》，批准北碚城南公交站场立项。

2005 年 6 月 17 日，重庆市规划局下达了《建设工程选址意见书》和《规划红线图》。2005 年 7 月 12 日，重庆市国土局颁发了《建设用地批准书》。完成了土地征地费及相关税费支付、地质勘测、测绘、评估等准备工作。

北碚城南公交枢纽站场位于北碚城南新区嘉陵风情步行街南面城市主干道和次干道交汇处，地处北碚城南新区行政中心旁，距渝合高速公路入口 1.5 公里。拟建成占地 15247 平方米（约 22.87 亩），实际用地面积为 12173 平方米，总建筑面积 6522.4 平方米，站场总投资 3323.37 万元。可入场 10 条公交运营线路，满足 150 辆车的始发和 60 辆车的夜间停放，能提供 100～150 辆车小修和低级保养功能。

图6－6　北碚城南公交站场效果图

八、白鹤公交枢纽站

1999年12月，重庆市计划委员会下达了《重庆市计划委员会关于南岸白鹤公交站场工程项目建议书的批复》，同意南岸白鹤公交站场立项。同时重庆公交站场公司与重庆市国土局签订了《国有土地使用权转让合同》，2002年11月，获取了重庆市国土局颁发的《国有土地使用证》。2005年，完成了白鹤公交站场规划方案设计及审批工作。

白鹤公交站场位于重庆市经开区南区白鹤路，拟建成征地面积为32977平方米，用地面积27168平方米，总投资估算约2.5亿元，总建筑面积68503平方米，建成配套设施齐全、功能完善的枢纽站，可进入15条线路450辆车在此到达和始发，满足370辆车的夜间停放。

图 6－7　白鹤公交站场效果图

第五节　客运票价

一、主城市区客票

1986 年，公交企业继续沿用计程票制，按里程来计算票价，一个车站产生一个票级。多票级、繁票种、基价复杂的票制既不利于乘客对公交票价的监督，也不方便乘务员的熟悉掌握，同时零钞找补量大，易引发服务纠纷，增加了提高公交企业管理和提升服务质量的难度。同年 4 月 22 日，经重庆市物价局、重庆市公用事业局以《关于改革市公交公司客票票级的批复》，同意实施客票票级改革。票价由 0.04 元进制调整为 0.05 元进制。即重庆市、郊 31 条线路所执行的 0.04 元进制票级一律改为 0.05 元进制。市中区环线实行 0.10 元一票制，即凡 0.10 元以下票级，0.04 元、0.06 元改为 0.05 元，0.08 元改为 0.10 元；凡 0.10 元以上票级，逢 0.02 元、0.04 元改为 0.05 元，逢 0.06 元改为 0.1 元。

1988 年 8 月，重庆市人民政府决定调整公共交通汽、电车票价，实行由 0.05 元进制调整为 1 角进制的普通票制改革。除 1 路电车、310 路、315 路、12 路、13 路公共汽车实行“上车 0.10 元”的一票制外，其余全部公共汽电车线路实行“0.10 元起点，分段 0.10 元进制”，即票价由 0.05 元进制调整为 1 角进制。全程票价原则不动，中间票价有升有降。

1989 年 4 月 5 日，根据重庆市物价局《关于调整部分城市客运票价的通知》精神，对重庆市公交二公司、重庆市公交三公司在三等公路上运行的客车每人 1 千米票价调升 0.005 元。同时，参照四川省物价局、省交通厅《关于提高公路汽车客运票价的通知》，并经重庆市政府 12 月 9 日常务会通过，从 12 月 10 日起，重庆市公交二公司、重庆市公交三公司所经营的与公路交通同线的 84 条线路客票价调升 20%～25%。

1990 年 7 月 18 日，重庆市物价局、重庆市公用事业局以《关于调整重庆市公共交通汽（电）

车票价的通知》批准，从8月1日起，调整重庆市公共汽（电）车普通票价。重庆市公共汽电车普票实行0.1.元进制，全程价按每人1千米0.04元计算，一票制线路起价0.20元。近郊各线0.10元起价，分段进制，即实行一票制的线路（102路、103路、105路、112路、401路）由上车0.10元调整为上车0.20元。其他线路的普通客票价格，由重庆市公用事业局按每人千米综合运价0.04元计价，0.10元进制进行调整。

1992年12月25日，重庆市公用事业局、重庆市物价局以《关于调整公共汽（电）车票价的通知》，调整公共汽（电）车票价。大公共汽车执行0.20元起价，不足3千米按千米计算，第二站价为0.30元，全程票价按人千米0.06元实际里程计算，一票制线路起价0.30元。小公共汽车0.40元起价，不足5千米按5千米计算，连续站不足5千米，第4站为0.50元，超出5千米按人千米0.08元的实际里程计算，从1993年1月1日起执行。

1996年3月7日，重庆市物价局、重庆市公用局下发《关于重庆市公共汽电车进行票制改革的通知》，实行票制改革。城区内公共汽电车从计程票制改为分段票制、单一票制和计程票制，实行.50元一票制和0.50元起价制，票种由14种减少到4种，3月20日执行。并按分段票制的基本原理和重庆市政府审定的人千米运价，结合重庆市公共汽电车线路的运距及站距的实际情况进行测算。一票制线路运价基价=0.06元（人千米运价）×8（平均运距）=0.48元，进位为0.50元。分段制线路的平均站距为1391米，6站实际距离为8346米，根据上述公式测算基价仍为0.50元，0.50元进制，6站进级。

即凡运距在8千米以内的大公共汽车和12千米以内的小公共汽车，线路实行一票制，即大公共汽车实行0.50元一票制，小公共汽车5千米以内实行0.50元一票制，12千米以内实行1元票制。运距在8千米以上20千米以下的大公共汽车和20千米以下的小公共汽车实行分站进级制。实行分段票制的普票线路和小公共汽车实行上车0.50元、0.50元进制，5站进级；分段票制月票线路实行上车0.50元，0.50元进制，6站进级。

除实行单一票制的线路外，凡运距在25千米内的公共汽车线路（含小公共汽车线路）全程票价不超出2元。凡运距在25千米以上的公共汽车线路仍实行计程票制，基价调为0.50元。票级由14种减少为4种，并实行70岁以上离休老干部凭国务院颁发的《离休荣誉证》和革命伤残军人凭《革命伤残军人证》可免费乘坐市内公共汽（电）车月票线路。

1997年，公交企业通过合资和车身广告融资，引进一批大、中型空调客车投放客运市场，票价是按开空调以起价1.50元收费，不开空调便以起价1元收费。后为了操作方便改为天气温度达到36度下起票价为1元出售，36度及以上起价为1.50元收费，但在收费标准和收费办法上引起了部分市民和媒体的异议。在重庆市人民政府实施中级车车辆资质管理后，对公交车实行分档定价，中级车实行起价1.50元，超过8千米按0.50元分段进制计程票制。

2001年3月1日，重庆市物价局和重庆市交通委员会联合颁发了《关于调整城市公共交通票价的通知》，将重庆市内公交汽（电）车客运起步价钱凡是0.50元的调整为1元。1元以上的不变动，自此全重庆市主城区客运起步价统一为1元。

二、主城区外（远郊长途）客票

20世纪80年代中期至90年代初期实行0.05元起步价，0.05元进制。20世纪90年代初期至2001年2月，实行0.30元起步价，0.30元进制。2001年3月至2005年，实行1元起步价，0.50元进制。

普通客车每张起步价1元，0.50元进制。每人1千米运价为0.10元，里程以千米为单位，尾数不足千米按1千米计算。客票票价按三七作五、二舍八人实行以0.50元为单位递进计算。中级车票价按重庆市道路运输管理局远郊客运相关政策统一制定票价。

三、月票

（一）种类

重庆公交月票始发于1950年2月。1986年共有市区职工或学生月票、郊区职工或学生月票、定线月票三大类。月票票价长期实行低价政策。

1990年，为方便群众和外地来渝出差人员出行，新增了无记名通用月票，其票价为市区13元/张，郊区27元/张，定线16元/张。2003年10月30日，纸质月票停止使用。2003年11月1日，在保持“三个不变”的前提下，逐步在公共汽车上使用非接触式射频IC卡。方便、快捷、卫生、时尚的IC卡代替了传统的纸质月票。IC卡共分为三类：优惠月票卡（每月40元）限乘90次，可乘坐60条线路；学生卡（每月20元，月乘90次，所乘线路与优惠卡相同）；普通卡（不限线路，不限次数，可跨年月使用）。

（二）票价

1988年7月，重庆市人民政府决定适当调整公交票价，以减少企业亏损。从9月1日起，市区职工月票由3.50元/张调为5元/张，市郊区职工月票由8.00元/张调为10.00元/张；专线职工月票由5.00元/张调为7.00元/张。中、小学学生月票价格保持不变。

1990年8月1日，经重庆市人民政府同意并经国家物价局批准，下发了《关于调整重庆市公共交通汽（电）车票价的通知》，对公交月票也做了相应上调。市区月票由5元/张调为8元/张；郊区月票由10元/张调为17元/张，已开定线月票由7元/张调为10元/张，新开定线月票，运距在10千米~15千米的14元/张，运距在15千米~20千米的15元/张。新设无记名通用月票，市区13元/张，郊区27元/张，学生月票仍保持原价未变。

1992年12月25日，重庆市公用事业局、重庆市物价局以《关于调整公共汽（电）车票价的通知》，决定从1993年1月1日起，市区月票价调整为每张15元；郊区月票价调整为每张28元；108路专线月票价调整为每张16元；225路专线月票价调整为每张23元；304路专线月票价调整为每张19元；403路专线月票价调整为每张16元，学生月票价分别按同类成人票价减半发售。

2001年3月1日，重庆市物价局和重庆市交通委员会联合颁发了《关于调整城市公共交通票价的通知》（渝价〔2001〕113号），随着公交票价的调整，月票价格也随着上调。市区月票调整为25元/张，郊区月票调整为35元/张，市区学生月票为10元/张，市郊区学生月票为15元/张。

第四章　主城区公共电车客运

重庆第一条无轨电车线路自上清寺经两路口、观音岩、七星岗，解放碑至小什字，长5.2公里，配电车20辆。该工程从1953年开始设计、施工，至1955年12月建成投入试运行，1956年元旦正式通车。

至1985年年底，重庆市共有电车线5条，线路总长45.7公里。拥有无轨电车134辆，其中通道车120辆，电车车站90个，保修场1个，变电站6个（装机总容量96864伏安，月供电量120万度左右），站址107个，调度室17个，包括62辆公共汽车及设施在内，共有固定资产2087.9万元（原值），职工1949人。1985年日均运营6771公里，运客555684人次，占全重庆市公共汽、电车日均总运营里程的16.4%，运客总量的22.4%（未含市交通局系统客运企业统计数，下同）。无轨电车已发展成为重庆城市公共交通主要工具之一。

重庆主城区的5条无轨电车线路，以不到10%的公交资源承载了20%的客流，但随着城市建设的加快，也暴露出诸多缺点。重庆市城区道路狭窄、弯道较多，无轨电车受电网所限，极易占道；行驶途中易停电、易脱鞭等，常造成交通堵塞。无轨电车逐渐不适应重庆市的发展需要。在重庆直辖时的新一届政府就曾经提出拆除电车的建议，后因故被迫搁置。

2002年9月12日，重庆市人民政府第62次市长办公会议决定：对市区长江路进行改建，不再架设电杆电线。并于2003年4月4日，重庆市人民政府第五次常务会审议通过了《重庆市交通委员会关于拆除重庆市无轨电车的请示》，决定全部拆除无轨电车。

2003年8月6日，重庆市交通委员会在《重庆市交通委员会关于公共交通控股（集团）电车公司电车拆除后相关资产处置行为的批复》中，同意对拆除后的线材按理论重量计算，车辆零部件进行变卖，纳入资本公积管理。重庆公交集团公司先后召开五次电车残值处理招标会，对电杆、滑触线、馈线、单臂梁及电车、变电站进行处置，价值400.67万元，电车变卖113万元。重庆市公共电车公司的2086名无轨电车从业人员，从四个渠道进行安置：一是分流部分职工进入再就业服务中心，享受“三类企业”的再就业政策；二是对符合增驾培训条件的电车驾驶员，由重庆公交集团公司直接负责培训增驾汽车、市公安交管部门考试，对电车驾驶员转为大客汽车驾驶员进行转岗安置；三是允许不符合转岗培训条件的、距离法定退休年龄不足5年（含5年）或工龄满30年的，办理提前退休，直接进入社会养老保险；四是对从事电车配、变电及相关工作的职工，由轻轨公司接收安置。

2004年5月23日，重庆市最后一辆自编号为4144的405路无轨电车正式离岗，标志着伴随市民近半个世纪的无轨电车全部退役。无轨电车退出运营后，由CNG汽车运行其原有线路。2005年1月14日，重庆市公共电车公司与路灯管理处签订了《电车电杆移交协议》，将电杆全部无偿移交给市路灯管理处，电车电杆的所有权、管理权属市路灯管理处。至此，无轨电车拆除后的善后工作全部结束。

第一节　电车车型

1956年1月1日第一条无轨电车线（上清寺至小什字）通车，全线配有20辆无轨电车，均系上海客车装配厂制造，可载70人。

1986年，普通铰接电车CQ563与普通电车CKZD74投入使用，两类车型共141辆运行主城区。1997年，普通电车CKZD65S（也称五型电车）开始投入使用。1998年，空调电车（CKZD65A）投入使用。1999年，五型电车CKZD65A开始投入使用。

第二节　运力运量

1956年首批20辆电车运行后，地面公共交通运力当年就由公共汽车153辆增加为汽、电车173辆，增长13%；总客位由7515个增加到8915个，增长18.6%。此后，随着电车线路和车辆的增加，电车的运力、运量不断增长。1985年电车平均日客运量达到555684人次，为全重庆市公共汽电车总运量的22.4%，平均日运营6771公里，为全重庆市公共汽、电车总运营里程的16.4%。

第三节　线路分布

1956年1月1日，重庆市第一条无轨电车线上清寺至小什字线通车，即今401路。1958年7月1日，由重庆市市民集资修建第二条无轨电车线杨家坪至两路口线通车，即今403路。第三和第四条无轨电车线建设工程于1961年4月动工，1962年2月4日大坪至石桥铺无轨电车线网建成通车，与原两路口到大坪线网联通，称“两石线”（两路口至石桥铺），即402路。1963年12月27日石桥铺至沙坪坝无轨电车线段建成通车后，线路延伸为沙坪坝至解放碑。1965年5月1日，石桥铺至杨家坪无轨电车线建成后，开行4路电车（沙坪坝至杨家坪）即404路。1974年8月1日，开行5路电车（观音桥至解放碑）即405路。截止1986年，重庆市主城区共有5条无轨电车线路运营。

2002年，重庆市公共电车公司逐步拆除无轨电车线路。2003年8月10日，402、403两条无轨电车线路拆除完成，并用110辆汽车取代了该两条线路的无轨电车。2003年10月，杨家坪环道建成后，403路无轨电车改为CNG公共汽车，起始站延伸至滩子口广厦城。2004年，401路、404路、405路无轨电车先后撤除，由CNG汽车行使其原有线路。

第四节　电力设备

一、轨线

至2002年，重庆无轨电车发展为5条运营线路，触线网总长达到46公里线网，馈线网长度30余公里。5条无轨电车触线网均选用TCG－85的槽型铜触线。随着城市的发展，各电车供电区段车辆数的增加，有的供电末端电压较低，无法满足车辆行驶，为减少末端电压降，在谢家湾、油漆厂等路段选用了TCG－150的大截面铜线，克服了部分电压下降。

重庆电车触线网架设方式最初是单一双线架设，随着线路的增加和一些特殊情况考虑，在2条或3条线路交叉、合并地方，如临江门、石桥铺、杨家坪、上清寺等大型转盘路段，架设复线及多种特殊配件。触线网架设高度根据重庆的地形条件共有三种类型。第一种是直道，触线网架设高度为5.5米；第二种是弯道及特殊配件安装处，触线网架设高度为5.2米；第三种是经过人行天桥处，触线网架设高度为4.8米。

重庆电车馈线网先后选用了TG－185铜绞线（大坪至石油路、石桥铺至白马凼）、LJ－240铝绞线（石桥铺至马家岩、大坪至马家堡、两路口至七孔桥、观音岩至文化宫等距离配电站较近的供电区段）、LGJ－300、LGJ－400钢芯铝绞线，采用架空架设方式，架设高度一般为10米。1999年，为保证供电质量，谢家湾立交施工段率先采用YJV－300铜电缆埋地穿管敷设，先后为配合城市市政改造，对临江门转盘、观音桥至华新街、石桥铺大循环、大坪大循环以及大坪至杨家坪使用了电缆敷设。

由于长江二路道路改造，不再架设电杆，无轨电车陆续退出运营。2003年8月大坪石房子处电车触线网断开，重庆电车供电线网开始拆除，到2004年7月9日最后一段触线网在七星岗至解放碑转盘落地，标志着重庆无轨电车线网拆除完毕。

二、电杆

1996年7月15日，经重庆市人民政府第六十一次常务会议通过，市长刘志忠签署第83号政府令颁布《重庆市电车电杆安全管理办法》，自1996年8月1日起实施。这是全国第一部规范城市电车电杆使用行为的政府规章，旨在加强对电杆的管理。《办法》共22条，立足于电杆使用的安全管理，主要内容包括该《办法》的适用范围、电杆管理的原则，使用电杆的技术标准和使用电杆的程序以及对违法本办法的行政处罚等，该《办法》的出台顺应了现行电车电杆管理体制的宏观要求。它的实施有利于保护人民群众的生命财产安全，有利于加强对电车电杆管理和充分发挥电杆的效能，有利于市容市貌的整洁美观。

重庆电车公司电杆先后使用过钢筋混凝土方形电杆、八角形、圆形电杆，其中绝大多数采用方形电杆，拥有自己的制杆队，从设计、浇注、电杆基础开挖、植立电杆均由制杆队完成。自1998年石桥铺至小龙坎的石小路道路拓宽工程起，在全国率先使用了“镀锌加喷塑”钢结构防腐新工艺电杆。根据道路弯度、线网架设距离、线网架设方式等钢筋混凝土电杆有5T. M、8T. M、13T. M、18T. M四种扭矩的电杆；钢结构新工艺电杆有6T. M、10T. M、14T. M、18T. M四种扭矩的电杆。

随着城市道路的建设，开始逐步拆除无轨电车。2005年1月14日，重庆市公共电车公司与重庆市路灯管理处举行电车电杆移交协议签订会，共同签订《电车电杆移交协议》，无偿移交电杆约1350根（净残值约179.3万元）给市路灯管理处。并从即日起，电车电杆的所有权、管理权属市路灯管理处，并承担因电车电杆引发的一切事故责任，重庆市公共电车公司不再享有和承担电车电杆有关权利和相关义务。

三、供电

第一个电车变电站于1955年11月中旬在神仙洞街108号（原系采石场）建成，建筑面积500平方米。

鉴于硅整流器具有效率高、耗电少、安全可靠、维修简便等优点，于1974年、1975年、1976年先后淘汰了大坪、神仙洞、石桥铺3个站的水银整流器机组，改为自冷却硅整流器机组。改装后的主变压器容量均为2×1000千伏安，直流供电能力600伏、2×1500安。

无轨电车电力调度由重庆市公共电车公司供电所调度室管理，调度室负责与公司运调科、各运营路队、架空队、变电队的协调衔接工作，调度室全权指挥一切电力调度。各变电站根据公司运营需要确定每天固定的停送电时间，因为其他特殊原因需要延长停电时间或者短时停电的，需经过调度室按照相关规定登记、汇报，经同意核准后，发出调度指令，方能进行相关操作。

1993年，重庆市公共电车公司供电所推行电车整流站远动化控制调度系统，采用了智能化，提高操作可靠性，防止人为疏忽，造成违规和误操作。值班人员能实时掌控情况的变化，采取相应的措施。避免了空气开关假合现象的发生，减少了对电车运行造成的经济损失。

第五节　客运维修

1986年，重庆市公共交通电车公司成立后，下属供电所担负全重庆市无轨电车轨线的维护保养工作，在线网保养模式上将原有的故障维修方式变为强制性更新，将“驾驶员发现线网故障用电话报修后，调度室再通知架空队去维修”的被动排维方式变为“由供电所生产办公室安排维护保养计划对线网维护保养，由架空队负责对线网进行维护保养施工”。

供电所生产办公室为了掌握第一手资料，做到合理安排生产计划，加强了对线网的检查工作，推出了两项制度。一是“徒步巡线制度”：安排专门的徒步巡线员徒步检查线网，为徒步巡线员配备了望远镜，对线网的锈蚀情况、磨损情况、使用情况进行检查。二是“夜间摸线制度”：安排架空车辆夜间对线网进行摸线检查，确保线网的质量。供电所生产办公室根据掌握的资料，针对性地安排保养，对锈蚀程度达到80%的配件和将要发生故障的配件及线网进行了更换，有效地降低了架空线网故障率，确保了无轨电车的正常运营。而锈蚀的配件则进行加工镀锌处理，重新利用，降低了生产成本。

第五章　出租汽车客运

出租汽车客运是指以小型客车、轿车为主，根据用户要求的时间和地点行驶、上下及等待，按里程或时间计算的一种运营方式。凡按照乘客要求停车上下客，以里程、时间、包车形式计算租费的车辆，均属出租汽车客运业务。重庆出租汽车客运先由主城而后向城乡领域迅速发展。重庆主城区出租汽车以主城 9 个区（渝中区、江北区、南岸区、沙坪坝区、九龙坡区、大渡口区、巴南区、渝北区、北碚区）为运营区域。每车每天分白班和夜班运营，运营时间平均 18 个工时，单车月营收入约为 15000 元左右。

第一节　出租汽车运力

20 世纪 80 年代初，重庆市有出租车 105 辆，主要车型有奥拓、夏利和桑塔纳等。1981 ~ 1986 年，重庆市主城区出租汽车数量从 258 辆增加到 504 辆（含大、中型社会客运车辆，下同）。1987 年重庆出租汽车业发展迅速，土城区出租汽车数量猛增至 1044 辆。1988 年出租汽车发展到 1648 辆，到 1989 年，重庆市主城区出租汽车数量为 1828 辆，基本满足了重庆市民出行需要。

20 世纪 90 年代初，由于出租汽车增长速度过快，管理多头，出租客运市场较乱。重庆市整顿出租客运市场，清理取消部分社会单位兼营出租客运资格，严格控制私营出租汽车数量。1990 年，重庆主城区出租汽车数量降为 1698 辆。1991 ~ 1992 年，为适应国民经济发展，让出租汽车客运更好地为市民服务，重庆市向市属运输企业和出租汽车公司投放了大量出租车指标。这一时期，重庆主城区以外开始出现出租汽车经营，全市出租车数量为 2120 辆。到 1997 年，直辖重庆主城区出租车数量为 5061 辆，加上远郊、区县，全市出租汽车总量达到 9000 余辆。但出租车总量比 1997 年增加 1432 辆，达到 6493 辆。

21 世纪初，重庆市为加大出租车行业的管理力度，于 2000 年 8 月成立重庆市道路运输管理局，管辖注册登记的出租汽车 12753 辆（含部分区县厢式微型客车和中巴车）。2001 年年底，重庆主城区有出租汽车 6345 辆。2002 年，重庆主城区有出租汽车 6457 辆，其中出租汽车企业有出租汽车 5776 辆，个体经营户有出租汽车 681 辆。2003 年上半年，重庆主城区出租汽车为 6438 辆，其中出租汽车企业 5764 辆，个体经营户 674 辆。2005 年年末，重庆市出租汽车数量比 1997 年直辖时增加 2 倍多，达到 12909 辆，其中主城区出租汽车 6434 辆，年平均增幅为 8%。

表 6－27　　　　1997～2005 年重庆出租汽车运力统计表

年度	出租汽车	
	数量（辆）	客位（座）
1997	5061	21350
1998	6154	23791
1999	6493	26603
2000	12753	55488
2001	11667	52172
2002	11858	51204
2003	14034	68219
2004	12608	62197
2005	12909	64274

第二节　出租汽车车型

一、主要出租车型

重庆市出租汽车车型随着经济社会的发展而变化，从多元发展逐步过渡到规范车型。1986～1991 年，重庆市出租汽车车型比较杂乱，以进口车为主。主要车型有波罗乃茨、菲亚特、拉达、马自达、丰田、伏尔加、尼桑、小红旗、老上海、奥拓、夏利、富康、捷达和桑塔纳等。20 世纪 90 年代初，随着经济社会的发展，远郊区县开始出现出租汽车业务。1992～1998 年，重庆市主城区车型出租汽车以长安厂生产的奥拓车为主，远郊区县主要车型为桑塔纳、夏利、富康车。1998 年，重庆市政府同意重庆市公用事业管理局对城区客运出租汽车车型规格划分，即：小型出租汽车为 4 座（含 4 座）至 5 座（含 5 座）的小轿车；中型出租汽车为 12 座（含 12 座）至 25 座（含 25 座）的中型客车；大型出租汽车为 26 座（含 26 座）以上大型客车，除此以外的车型，不允许从事城市出租汽车客运业务。1999 年，为鼓励发展本地汽车工业，提升出租汽车档次，降低出租汽车成本，重庆市政府决定调整和统一出租车车型，经市民投票，选择重庆长安集团生产的“羚羊”牌出租车作为重庆市出租汽车车型，其他车型因租价高于奥拓、羚羊车型开始逐渐退出市场。

2001 年年底，重庆将主城区 6345 辆出租汽车中的 2642 辆“奥拓”牌更新为“羚羊”牌出租车。2002 年，重庆主城区 6457 辆出租汽车中有 4520 辆是“羚羊”牌出租车，为出租车总量的 70%。2003～2005 年，为配合出租汽车经营权管理制度改革，加快中巴车退出客运市场的步伐，重庆市政府采取以 3 辆中巴车置换 1 辆“羚羊”牌出租汽车或 2 辆大客车置换 1 辆“福特·蒙迪欧”牌出租车的方式，共置换出租汽车 653 辆，至此，重庆市中巴车彻底退出出租客运市场。随着市场的发展、市民出行的需求、租价极其结构的调整，出租汽车车型因势利导发生变化，到 2005 年，重庆市出租汽车主流车型逐步由“奥拓”“夏利”转换为以重庆长安汽车集团生产的“羚羊”牌小轿车为主，少量“桑塔纳”“福特·蒙迪欧”等中高档出租车亦因酒店、机场乘客需求而选型。

二、主要技术指标

奥拓车　多为重庆生产，也有西安生产。由于车体小，价格、油耗较低及维修方面的优势，在 20 世纪 80～90 年代，奥拓车作为出租汽车使用长达 11 年左右。不足在于该车动力较小，车体较窄以及报废更新等原因，逐步由新款车型长安“羚羊”车所替代。

桑塔纳车 国内品牌轿车，主要由上海一汽生产。动力大，乘坐安全，舒适性较好。桑塔纳车的运营使重庆市出租汽车的档次有所提高。但由于该车的使用、维修成本较高，租车率比较低，后期逐步被长安“羚羊”车所替代。

夏利车 国内品牌轿车，主要由天津生产。技术性能、外观车价等比较适合作为出租车使用，为20世纪80~90年代重庆市出租汽车市场的主流车型。但由于在租车收费、维修以及车辆更新难等方面的原因，逐渐被奥拓车替代。

羚羊车 国内品牌轿车，主要由重庆生产。羚羊车的车价、油耗比较低，动力、安全操作、乘坐舒适等方面都较好，属重庆主要在用出租车型。

福特·蒙迪欧 重庆引进美国技术，长安集团生产，2005年年底开始投入使用。福特·蒙迪欧车的技术性能、安全性能都较好，适合作为中高档次出租车。

铃木天语SX4 由重庆长安铃木汽车有限公司生产。铃木天语SX4车的技术性能、安全性能都较好，相对于经济型轿车，无论在配置、动力、内部装饰以及外部造型上，都大大高出一头，而相对于高级轿车，又充分体现出很高的“性价比”。因此，铃木天语SX4轿车受到消费者的喜爱。自2006年开始投入市场后，就成为重庆市主选出租车型。

表6-28 **重庆市出租汽车车辆主要技术数据表**

车型	空车自重（公斤）	满载重量（公斤）	最大车速（公里/时）	最大功率（千瓦）	燃料箱容量（升）	油耗量（升/百公里）	发动机排量（升）	车身尺寸（毫米）
奥拓	645	925	125	2537	30	4.4	796	3300×1405×1410
桑塔纳	1040	1460	161	66	60	7.9	1.781	4545×1695×1400
夏利	740	1170	135	38	37	4.5	0.993	3610×1600×1385
羚羊	865	1190	170	63	40	4.5	1.301	4095×1590×1380
蒙迪欧	1435	1895	—	105	58	10.5	1999	4810×1800×1450
铃木·天语SX4	1185	—	180	80	50	5.6	1586	4135×1755×1605

第三节 出租汽车经营

一、出租汽车经营模式

1986~2005年，重庆市出租汽车行业形成了五种经营模式：公有制经营、承包经营（企业和驾驶员合同出资经营）、挂靠经营、个体经营、公司化自营。

（一）公有制经营

这是计划经济条件下和改革初期重庆出租汽车行业的主要经营方式。在这种经营模式中，驾驶员为企业员工，企业缺少经营活力，不少企业亏损严重。1988年前，重庆市出租汽车公司、中日出租公司、康福来客运有限公司等国营和股份制企业均采用公有制经营模式。

（二）承包经营

亦称为合作经营。即企业单独出资或与驾驶员共同出资，购买车辆和缴纳出租汽车经营权使用费等，车辆产权、经营权均为企业所有，驾驶员一次性向企业交纳一定数额的抵押金，与企业签订承包经营合同，按月向企业交纳承包费用，剩余归驾驶员所有。如果驾驶员一次性缴纳的抵押金或承包费用大于企业的出资，即为一次性买断经营权，业内人士习惯称之为全承包，反之称之为半承包。1989年，重庆市出租汽车公司在全市率先推行单车承包经营模式。企业将出租汽车经营指标下发承包者，由其出资购车，并承担经营的所有成本费用和风险，同时向企业交纳一定数额的管理费用。以后企业又推行全员风险目标承包经营责任制等方式，利用行政和经济手段，明确权利、义务和经济责任，结束了过去各基层单位相互扯皮、矛盾上交、不承担经济责任的现象，更好地发挥了职工的积极性。20世纪90年代，重庆市国有出租汽车经营单位逐步实行承包经营模式，使出租汽车业由亏损走向了盈利。

（三）挂靠经营

即由挂靠单位出出租汽车指标，并负责承担民事责任；挂靠者出资金，出租汽车车辆及经营权属出资人所有，出资人以挂靠公司的名义自主经营，自负盈亏，定期向挂靠单位缴纳一定数额费用的公私共同运营的经营方式。20世纪90年代中期，承包经营模式已不能完全适应出租客运市场的发展，重庆市一部分出租汽车经营单位开始实行挂靠经营模式。

（四）个体经营

个体经营模式完全由私人出资购置出租汽车指标、经营权及车辆，权属关系明晰，单个经营，自负盈亏，自主行使民事权利，承担民事责任。这种经营模式自中国交通改革开放初期出租汽车起步发展阶段已有实行，出租汽车市场一直沿用，由沿海向内地逐步推进，进入20世纪90年代后全国乃至重庆普遍实行。

（五）公司化自营

公司化自主经营模式是由企业全额出资，车辆及出租汽车经营权均属企业所有，企业和驾驶员的关系是一种雇佣关系，驾驶员仅是一个劳动者而非投资者。企业与驾驶员签订劳动合同和经营合同，为其建立养老、医疗等基本社会保险，除承担出租汽车经营的全部民事责任外，还负责对对驾驶员的培训、教育、和日常经营行为的管理，企业成为实实在在的市场主体。2004年，按照重庆市人民政府关于出租汽车公司必须进行公司化经营的要求，重庆市出租汽车总公司率先对经营模式进行调整，取消承包模式，把传统的“以包代管”转变为制度化、人性化管理。制定以“风险经营，额定基本任务，额定基本工资，超产分成，盈亏自负”为经营原则的公司化自主经营模式，即自营模式。至此，重庆市出租汽车行业开始了向公司化自主经营模式转变。

二、出租汽车计价方式

重庆市出租汽车（主城区包括大、中、小型运营车辆。下同）运输价格主城区与主城区外各区县有所不同。租用出租汽车按时间计价，是出租汽车最常用的计价方法，同时租价根据市场情况经常进行调整。1986年以前，重庆市出租汽车经营者一般不开车揽客，主要是在车站、码头待客，经营者收费主要采取与乘客讲价的方式。出租汽车经营者执行物价部门的租价规定是不严格、不规范的。1986年以后，出租汽车业日渐发展，重庆市人民政府颁布实行市物价局新修订的出租汽车收费标准，规定客人乘坐出租汽车以时间计价为主，按实际车辆出差时间计费。重庆市出租汽车的运营收费开始步入正轨。

（一）计程收费及基价公里

1986年4月4日，重庆市修订出租汽车收费标准，规定临时用车的基数公里：小轿车5公里，微型汽车、机动三轮车6公里，31座（含31座）中型客车8公里，31座以上的大型客车10公里。临时用车不到基数公里的按基数公里计收。超过基数公里的按实际行驶公里计收。行驶公里尾数不足1公里的，按四舍五入计收。车公里租价：小轿车车公里租价分3个档次。第一档次车每车公里租价0.80元；第二档次车每车公里0.60元；第三档次车每车公里租价0.40元。定线行驶的大、中型出租汽车，除观光、旅游另按规定收费外，均按里程分级计价收费，即每客票分0.20元、

0.40 元、0.60 元、0.80 元、1.50 元。1988 年 8 月 8 日，重庆市调整出租汽车租价和基数公里。车公里租价：小轿车 5 公里，微型汽车、机动三轮车 6 公里，31 座及其以下的中型客车 8 公里，32 座及其以上的大型客车 10 公里。临时用车不到基数公里的按基数公里计收。超过基数公里的按实际行驶公里计收。行驶公里尾数不足 1 公里的，按四舍五入计收。1989 年 3 月 1 日，重庆市调整大型、中型定线、旅游出租汽车收费标准。定线短途客运票价：豪华类大型车和豪华类、普及类中型车出租起程票价由原收费 0.20 元提高到 0.40 元，普及类大型车出租起程票价由原收费 0.10 元提高到 0.20 元，其余票价不变。

1991 年 9 月 1 日，重庆市再次调整出租汽车租价。车公里租价：小轿车车公里租价分 3 个档次。第一档次车每车公里租价 1.80 元；第二档次车每车公里 1.60 元；第三档次车每车公里租价 1.40 元。大、中型车车公里租价按车辆座位划分。12 座以下每车公里租价 1.80，13～19 座车每车公里租价 2.00 元，20～31 座车每车公里租价 2.30 元，32 座以上车每车公里 3.80 元。31 座以下车使用空调，每车公里收取 0.40 元空调费；32 座以上车使用空调，每车公里收取 0.60 元空调费。基本公里：小轿车为 5 公里，31 坐以下车为 10 公里，32 座以上车为 15 公里。起租费：小轿车每次用车 3.00 元。1993 年，重庆市调整大、中型出租汽车专线车票价：30 座（含 30 座）以下中车，按每人公里 0.11 元制定票价，31 座（含 31 座）以上大型车，按每人公里 0.08 元制订票价。凡定线行驶到市外的运营线路，应按照省、市物价部门核定的公路运价执行。起程票价：30 座以上中型车为 0.50 元，31 座以上大型车为 0.30 元。1995 年，重庆市对一部分出租汽车租价实行统一标准，第一档次车（桑塔纳类。下同）每车公里租价由 1.80 元下调为 1.60 元，起步价为 11 元。第二档次车（夏利类。下同）每车公里租价由 1.60 元下调为 1.40 元，起步价为 10 元。1997 年，重庆市对出租汽车租价进行了两次调整。1 月份调整重庆市出租汽车基本公里和起租费，基本公里由 5 公里调至 3 公里。起租费由每车次 3 元调整为第一档次车 2.20 元，第二档次车 1.60 元，第三档次车 1.40 元。10 月份将出租汽车由原规定 1 公里进制调整为 0.5 公里进制计费。

（二）包车收费

出租汽车包车收费一般按日用车收取费用。1988 年 8 月 8 日，重庆市物价局规定，出租汽车包车租价不能超过该车型的临时用车租价。具体租价由供需双方协商确定。

（三）合乘收费

合乘是小型出租汽车同时接受 2 位以上乘客合坐 1 辆汽车的业务，亦叫拼车。1991 年 9 月 1 日，重庆市物价局在《关于调整出租汽车租价的通知》中明确，合乘租车应征得第一乘客同意。租费收取标准，非合乘路段按临时用车标准不变，对合乘乘客按照合乘路段临时用车标准的 60% 计收。

（四）附加收费

1. 等候费

出租汽车在正常营业行驶过程中，乘客要求停车等候的，需收取等候费。1986 年 4 月 4 日，重庆市物价局规定，小轿车免费等候 10 分钟，超过 10 分钟，每等候 10 分钟按行车 1 公里的租价计算收费（尾数不足 10 分钟按 10 分钟计算）。大、中型客车免费等候 20 分钟的每等候 20 分钟按行车 1 公里租价计算收费（尾数不足 20 十分钟，按 20 分钟计收）。一次租车多次等候的时间累计计算。1991 年 9 月 1 日，重庆市调整出租汽车等候费：每次用车免费等候 10 分钟，超过 10 分钟时，小轿车每等候 5 分钟收取 1 公里租价的等候费（不足 5 分钟按 5 分钟计收）；大、中型车每等候 10 分钟计收 1 公里等候费（不足 5 分钟按 5 分钟计收）；大、中型车每等候 10 分钟计收 1 公里等候费（不足 10 分钟按 10 分钟计收）。应乘客要求停车过夜的，从晚上 22 时至次日晨 6 时，每小时收取 2.00 元夜间等候费，其余时间，仍按白天等候费计收。1997 年 10 月，重庆市将出租汽车每次用车免费等候时间由 10 分钟调整为 5 分钟。

2. 空驶费

1986 年重庆市规定出租汽车临时用车空驶费收取办法：（1）市郊区用车，单程载客行驶按实际公里半价收取空驶费，往返载客行驶不得收取空驶费。（2）市区用车不收空驶费。市区范围（江北观音桥以南、南岸、南坪立交口以北，两杨公路、鹅岭路口、牛沙线、李子坝车站）。1988 年 8 月 8 日，重庆市将出租汽车空驶费的范围和收费调整为：重庆市市区范围（嘉陵江大桥以南、长江大桥以北，鹅岭隧道以东、牛角沱立交桥西桥头以东）内行驶不收空驶费，市区范围外行驶，单程载客按实行驶公里租价的 60% 加收空驶费。往返载客行驶不得收取空驶费。1991 年 9 月 1 日，重庆市将出租汽车空驶费调整为：单程载客超基本公里部分，每公里收取车公里租价 60% 的空驶费。往返载客不收空驶费。1997 年 10 月，重庆市将出租汽车空驶费由原加收 60% 调整为 50%。

3. 过桥费

1989 年，重庆市政府为加快城市建设，决定向出租汽车乘客收取过桥费。1989 年 3 月 1 日，重庆市物价局对大、中型定线、旅游出租汽车收费标准作了调整：经过长江大桥、嘉陵江牛角沱大桥、嘉陵江石门大桥大、中型定线、旅游出租汽车每人次票价加收 0.10 元。5 座以下小轿车、微型车、机动三轮车出租临时用车每车次可在原租价上加收 2 元，对没有过桥的不得加价。1991 年 9 月 1 日，重庆市规定出租汽车通过收费大桥，小轿车每次收取 2 元，大、中型车每人收取 0.10 元过桥费。1992 年，重庆市将出租汽车向乘客加收的过桥费由每车次 2 元调整为 3 元，大、中型专线出租汽车向每位乘客收取的过桥费调整为 0.20 元。1997 年 10 月，重庆市将出租汽车过桥费按原标准加收 50%。进入 21 世纪，重庆市取消向出租汽车乘客收取过桥费的规定。

4. 低速行驶费

1997 年重庆市增设低速行驶费，即出租汽车运营时速低于 12 公里（含 12 公里）时，累计每满 5 分钟按车公里租价标准的 50% 计费，不足 5 分钟的不计费。

5. 深夜用车收费

1986 年，重庆市出租汽车深夜用车收费时间是晚上 22 点至次日早晨 5 点。车公里租价在白昼等候费基础上，小轿车、微型车、机动三轮车每 10 分钟加收 0.10 元，大、中型客车每 20 分钟加收 0.20 元。同年 12 月 23 日，重庆市物价局将出租汽车定线客运深夜票价执行时间调整为夜间 22 点到次日早晨 5 点 30 分。1987 年 7 月 1 日，重庆市调整出租汽车定线收费标准，规定深夜乘车每位乘客加收 0.20 元。1988 年 8 月 8 日，重庆市将临时用车夜车费调整为：小轿车、微型车、机动三轮车每车公里租价加收 0.20 元，大、中型客车每车公里租价加收 0.30 元。1991 年 9 月 1 日，重庆市调整出租汽车租价，规定夜间行驶收费标准为：晚 22 时至次日晨 6 时出车，小轿车每公里 0.30 元，中大型车每车公里 0.40 元。1993 年，重庆市将大、中型出租汽车专线车夜间行驶费调整为夜间 22 时至次日早晨 6 时，每位乘客加收 0.20 元。

第四节　出租汽车服务

一、出租汽车服务对象

（一）市民

自 1978 年由重庆公用事业局投资组建了重庆市第一家专业出租汽车公司——重庆市出租汽车公司以后，随着重庆市社会经济的发展和汽车工业的进步，市民日常出行搭乘出租汽车逐渐增多，一般工薪阶层走亲访友或工作（上班）急需也常租用小汽车，故为重庆出租汽车的崛起提供了需要和可能。市民日常出行，其特点是分布范围广，时间持续长，流向不固定。

（二）旅客

旅客是进出车站、码头、长途汽车站、机场等旅行过程中租用出租汽车所构成的客流，是出租汽车服务的主要对象之一。

二、出租汽车服务方式

重庆市出租汽车业的服务方式主要分为上站租车和扬手招车两种。

（一）上站租车

在出租汽车候车站或者服务站点内按顺序租乘出租车，一般都设在客流量较大的地段，如汽车枢纽站、商业街区等，便于顾客到出租汽车营业（服务）站点租车。上站租车较为可靠，服务站内有车即可租乘。20 世纪 70 年代末，出租汽车经营企业一般在客流较集中、人口密集和租车频率较高的地段，如酒店、宾馆、车站、闹市中心和居民区等处设立服务站点，以便市民就近上站租车。

表 6－29　**1986 年出租汽车共用站准用车型、行驶方向一览表**

站名	行驶方向	车型	管理单位
磁器街	南泉、南山、弹子石、李家沱等	大、中型车	市出租公司
上青年路	沙坪坝、杨家坪、江北地区	大、中型车	中日公司
大同路	杨家坪、沙坪坝、江北地区	大、中型车	康福来公司
中华路	全方向	大、中型车	外办车队
菜园坝	全方向	大、中、小型车	市出租公司
朝天门	全方向	大、中、小型车	重庆饭店、大通公司各半年
重庆宾馆	远郊定班定线	大型车	市出租公司
杨家坪	市中区、沙坪坝、北碚	大、中、小型车	康福来
观音桥	市中区、沙坪坝、杨家坪、大石坝	大、中、小型车	外办车
沙坪坝汉渝路	市中区、杨家坪、江北、北碚地区	大、中、小型车	沙区客运公司

（二）扬手招车、包车

市民随处扬手招车的出租汽车服务方式，始于重庆市出租汽车初创时期。那时少量出租汽车经营者因无条件购置停车库房、电话等设施，挂靠有执照的出租汽车行，在街头候雇或开车沿路兜揽业务，以扬手招车为主。20 世纪 80 年代初，重庆市出租汽车服务开始推广“扬手招车、上车问路”方式，乘客在路边随机招乘路过的任一空驶出租车，十分方便快捷，受到普遍欢迎。另外，还有电话预约、电话招车等包车方式。

第五节　出租汽车专用设置

重庆市出租汽车专用设置包括汽车颜色、行业标志、营运证、服务卡、计价器和空车标志、顶灯等。

1986 年以前，重庆市出租汽车专用设置仅限于出租汽车一般性标志设置，即牌照字号、车身颜色和企业名称等。全市主城 7 个区近 300 多辆出租汽车的车型复杂，车身标志混乱，不规范、不一致。1986 年开始，重庆市逐步安装和规范出租汽车专用设置。全市出租汽车普遍装置了顶灯、营运证、服务卡、计价器、空车标志等。

20 世纪 90 年代，重庆市出租汽车专用设置基本固定，但尚未完全规范统一。

进入21世纪，重庆市有关部门先后制定、完善一系列相关法规，进一步规范和统一了社会客运（出租）汽车行业专用设置的标准，以方便乘客对社会客运（出租）汽车的全面监督管理，保护乘客合法权益。出租汽车专用设置的发展和完善，促进了重庆市出租汽车营运和服务水平的提高。

一、出租汽车车内设置

（一）出租汽车营运证

重庆市出租汽车营运证张贴在出租汽车前挡风玻璃内右上侧。1986年9月1日起，重庆市的出租汽车在车内明确标示重庆市社会客运管理处制发的《出租汽车营运证》。

（二）出租汽车服务证

重庆市出租汽车驾驶员、售票员营业时，必须佩戴出租汽车《服务证》。1986年9月1日起，重庆市出租汽车驾驶员和售票员全部佩带重庆市社会客运管理处制发的《服务证》。

（三）出租汽车准驾证

无论国营、私营（联户和个体户）车辆驾驶员营业时，必须随身携带重庆市公安局车辆管理所制发的《出租汽车准驾证》。

（四）出租汽车计价器

出租汽车计价器具有按公里计价和等时收费、单程（双程）收费、前期业务查询的功能，通过传感器连接到车辆路码表接头上。

20世纪80年代中期，重庆市人民政府规定，全市所有出租汽车内必须随车备有市物价局和市公用局共同核定的计价收费标准设置。载客额在5座以下的出租小汽车，必须安装收费计程计价器。1986年，重庆市出租小汽车普遍安装计程计费器后，1987年又在所有大、中型出租汽车上统一安装了计程计费器。

到2005年年底，出租汽车计价器升级换代，还有了刷卡功能，可将出租车所有的业务内容（重驶时间、空驶时间、运行距离、运行价格等）通过CPU卡全部采集到电脑上，并可和GPS连接，实现无线卫星传输数据。2006年，重庆市道路运输主管部门规定，计价器只能由小轿车型出租车使用，其他车辆不得使用。

二、出租汽车车身设置

重庆市出租汽车车身设置包括行业标志、顶灯标志和颜色。

（一）出租汽车行业标志

重庆市出租汽车行业标志涵盖出租汽车专用标志、车徽、单位全称、主管部门、监督和业务电话等方面的综合信息。1986年8月5日，重庆市公安局交通大队、重庆市社会客运管理处联合颁发通知，要求从1986年9月1日起，全市的出租汽车必须明确标示运营标志、车身标志和安装计算标志方能参加运营。1990年10月，重庆市从事社会客运（出租）汽车业务的国营、集体企事业，外商投资企业和个体工商户的车辆，均喷刷统一的行业标志。1991年7月，重庆市对主城7区内的所有社会客运出租汽车的车身标志进行重新喷改。

1. 出租汽车车徽

重庆市全民企业（含合资企业）、集体所有制企业的专营出租汽车前门右，必须喷刷经国家建环部颁发的全国统一的出租汽车车徽。联户和个体户的出租汽车，应按重庆市公安局车辆管理所统一规定，前保险杠为全橘黄色、车身右侧以黑体字标明“私营”字样。

2. 单位名称

重庆市全民企业（含合资企业）、集体所有制企业的专营出租汽车，应于右后门处喷刷车属单位的全称。联户和个体户专营出租汽车在右前门处喷刷“私营”字样。

3. 监督或业务电话

重庆市全民企业（含合资企业）集体所有制企业的专营出租汽车，应在车徽下部喷刷本单位的监督电话号码。

（二）出租汽车顶灯标志

出租汽车顶灯是乘客辨别运营与公用或私用车辆的重要标志。

1986 年开始，重庆市出租汽车逐步装置了顶灯。2005 年 10 月 1 日，重庆市人民政府规定，载客限额在 19 座以下的出租汽车，经营时必须设置有“出租”字样的顶灯。

（三）出租汽车车身颜色

1998 年以前，重庆市出租汽车车身颜色混乱，喷制不规范，外观形象不统一。1999 年，为提升出租汽车档次，重庆市政府决定调整和统一出租汽车颜色，经市民投票，最终选择“柠檬黄”作为重庆市出租汽车车身颜色。

第六章　主城区缆车电梯客运

第一节　主要设备

一、缆车

（一）望龙门缆车

望龙门地处渝中区北滨江路地段，缆车道建在原码头的石阶上，建设钢筋混凝土栈桥，桥上铺轨，轨上行车，机动采用电力，轨道呈“鱼腹式”，中间设双车道，两端为单车道进站。

中国桥梁专家茅以升总经理和梅副总工程师亲自设计和建造此项工程。1944 年 7 月，整个工程破土动工，1945 年 4 月竣工，1945 年 5 月 16 日，正式通车载客。望龙门缆车客运线是重庆市建成的第一条客运缆车。随着重庆城市建设的力度加大，长江北滨江路面形成后，望龙门缆车站下站与上站台高差已由 89 米减为 22 米，斜距由原 175 米缩短为 130 米，使缆车的功能大大降低，1993 年 10 月，望龙门客运缆车全部停止运营。

（二）两路口缆车

两路口缆车站下站设在重庆火车站大门外的建兴坡，上站设在中山三路与两杨支路的三岔口附近。全长 146 米，上下高差 52. 56 米。1953 年初，两路口缆车站工程破土动工，同年底基本竣工，1954 年 2 月正式通车载客。这条缆车线是重庆市在新中国成立后修建的第一条客运缆车。后因设备陈旧，安全系数降低，跟不上城市建设需要，两路口缆车从 1992 年 6 月 10 日起停运。

（三）龙门浩客货缆车

龙门浩客货缆车位于南岸区龙门浩轮渡码头处，为客货两用缆车。由重庆市交通局工程师曾繁初按望龙门缆车图纸设计。选址缆车下站在南岸区龙门浩河坝中水位处，上站在上新街公路口，于 1959 年 1 月中旬破土动工，1959 年 7 月 1 日载货试运行，同年 10 月 1 日正式投入客运。车道全长 110 米，坡度为 10%，客车厢 2 辆，每辆可载 50 人。1998 年，重庆长江南岸综合整治工程动工后，龙门浩码头客货两用缆车被拆除。

（四）朝天门南侧缆车

朝天门是嘉陵江、长江交汇处，一直以来都是重庆市的水上门户，集客、货的集散地和长航、短航的轮船码头于一体，也是两江交汇的观景地。因此，在朝天门南北侧两次修建缆车站。1958年，中共重庆市委决定在朝天门南侧创建缆车，车道全长156米，上下高差34.32米。轨道布置为“鱼腹式”。每车可载客80人，载货面积5平方米，高峰时可载客100人或载货6吨。由于地处坡度平缓，洪水期轨道下段被淹没，缆车每年均有3至4个月不能运行。1966年被特大洪水淹没后，一直未予修复，加之上站站房基础下沉，成为危险建筑，该缆车站于1969年2月报废。

（五）朝天门北侧缆车

缆车站1983年2月动工，于1984年10月1日通车运行。全长125米，上下高差37.2米，轨道呈“剪刀形”。为适应江水涨落，下站设有活动站台，站台通过跳船、跳板与客运趸船连接，配有车厢两辆，每辆车厢载客定额80人。上站房面积606平方米，有较宽的人流集散地。属重庆市客轮总公司管理。

二、电梯

（一）凯旋路客运电梯

凯旋路隧道处的石梯道，是重庆市渝中区上下半城之间上下行的通道之一，有石梯186级，长约100米，上下高差约35米，行人爬坡上坎十分不便。市政府为改善山城客运交通结构，解决市民爬坡上坎困难，根据凯旋路的地形条件，创新将室内电梯用于公共客运，修建凯旋路客运电梯。

凯旋路客运电梯土建工程由重庆市建筑勘察设计院设计；建筑施工单位为十八冶建设公司第二工程公司；电梯安装由重庆市第二工业设备安装公司承担。凯旋路电梯工程于1985年1月破土动工，1985年年底主体工程完工。1986年3月30日，凯旋路客运电梯竣工，并投入运营。电梯总建筑面积为3126平方米，楼高13层，屋顶人行天桥宽10米，长48米。电梯采用直流搬运集选控制，运行速度每秒2.5米，2个车厢独立运行，高峰时可同时使用，每个车厢定额21人。这是国内第一条用于提升行人的客运电梯。凯旋路电梯总造价178万元，转作固定资产149万元。

（二）两路口皇冠大扶梯

1991年，重庆市客运索道公司与重庆嘉陵企业公司和香港日日通投资有限公司共同投资1.5亿元（其中重庆市客运索道公司出资30%，嘉陵企业公司出资15%，香港日日通投资有限公司以现汇出资55%），成立重庆皇冠企业有限公司。兴建两路口公共电扶梯工程，并纳入市重点建设工程项目管理，该工程属中外合资项目，享受合资投资企业有关优惠政策。

两路口皇冠大扶梯工程1992年2月开工，1996年2月18日正式运营。该工程建筑占地面积3036平方米，总建筑面积34810平方米。扶梯全长112米，斜度30度，3条上下通道，运行速度0.75米/秒，每条通道每小时满载乘客可达1300人次，最大运载能力达每小时13000人次，乘坐时间由原来的5分钟缩短为2分半钟。两路口自动扶梯是当时国内首创、亚洲最长的大高度自动扶梯。

第二节　运力运量

一、缆车

（一）两路口缆车

两路口缆车线投入运营后，由于选址恰当，是连接重庆火车客运站与上半城之间的交通要道，因此客流量稳步上升，平均日客运由投产时的9000人次上升到1985年的70000人次，是重庆市8条缆车中客运量最大的线路。

（二）龙门浩缆车

龙门浩客货两用缆车建成通车后，社会效益好，1959～1980年期间，日均客运量800人，节假日可达上千人。但随着长江索道建成投入运营，其客货运量骤然下降，日均客运量不到300人。

二、电梯

（一）凯旋路客运电梯

表6－30　1989～2005年凯旋路电梯运营情况表

时间（年）	客运人次（万人）	运行天数（天）	运营收入（万元）
1989	470.76	317	37.49
1990	494.63	333.5	48.42
1991	444.00	315	57.18
1992	498.60	341	72.46
1993	487.93	354.5	110.78
1994	452.46	360.5	116.49
1995	492.32	360.5	119.23
1996	491.54	362	117.99
1997	438.54	361	122.11
1998	289.87	357	132.03
1999	229.86	365	105.40
2000	185.04	366	86.72
2001	211.15	365	95.59
2002	214.36	361	94.89
2003	233.32	362	108.38
2004	264.01	364	122.16
2005	274.84	363	129.04

（二）两路口皇冠大扶梯

表6－31　2000～2005年两路口大扶梯（原皇冠大扶梯）运营情况

时间（年）	客运人次（万次）	运行天数（天）	运营收入（万元）
2000	472.77	363	462.57
2001	434.64	362	428.08
2002	411.33	357	408.85
2003	386.30	360	384.12
2004	409.18	366	407.25
2005	385.76	365	383.03

第三节　客运票价

一、凯旋路客运电梯

凯旋路电梯在试运行期间的票价经重庆市公用局上报市物价局批准，上行每人次为0.1元，下行每人次0.05元。

1993年经重庆市物价局以《关于调整凯旋路电梯票价的通知》，批准从1993年4月1日起，上行票价为每人次0.3元，下行票价每人次0.2元。

1997年10月6日，重庆市物价局、重庆市公用事业管理局以《关于调整嘉陵江、长江索道票价的通知》批准，凯旋路电梯票价由上行0.30元、下行0.20元，统一调整为0.50元，学生月票仍为15元。

凯旋路客运电梯并入重庆公交集团公司后，为方便乘客乘坐公共汽车、电梯，从2005年5月1日起，凯旋路电梯可用IC卡电子钱包打9折，即原价0.5元每次，现价0.45元每次，同时该电梯可使用学生优惠卡。

二、两路口皇冠大扶梯

2004年11月16日，经重庆市国有资产监督管理委员会同意批准，重庆市两路口皇冠大扶梯作为优良资产正式并入重庆市公交控股（集团）有限公司。自2005年5月1日起，两路口皇冠大扶梯也使用电子钱包和免费卡，不使用没有开通电子钱包功能的优惠卡，每次价格为原1元基础上打9折，即0.9元/次。

第七章　主城区轮渡索道客运

第一节　设备类型

一、轮渡

1986年，轮渡公司有客船36艘（其中钢质船34艘、木质船1艘、铝质船1艘），主机总功率7158千瓦，载客定额12200客座。随着航运业的发展，轮渡公司的客运设备也逐步更新。1987年，最后1艘木质船轮渡209（15公里/小时）报废，其余船舶（除1艘铝质气垫船外）均为钢质船。从1987年起，逐年淘汰了以4105Ca柴油机作为主机的船舶（航速有15.6公里/小时、18.9公里/小时两种），新增了钢质客渡船：轮渡305、轮渡306、轮渡307、轮渡308（双尾船）、轮渡309（双尾船）；其船舶主尺度、动力设备、船舶的性能、舒适性和航速均优于以前的轮渡船。船长加长、型宽加宽，主机采用6160A－13和6135ACa柴油机，客舱宽敞，航速均在20公里/小时以上。

1988年，对6艘“1”字头船进行了更机，由原来的4105Ca柴油机更换为6105Ca柴油机，使船舶的操纵性更好（特别是洪水期），船舶的航速提高（由13.9公里/小时增至16.7公里/小时）。1989年，根据轮渡公司的实际情况，新建了1艘轮渡工作船，既可作为工程船，也兼做客渡船。为了适应市场需求，当年新建了1艘铝质气垫船渝翔号（航速40公里/小时，主机采用新型节能型柴油机康明斯柴油机），增强了区间航线（重庆至涪陵）的竞争力。1991年和1992年，轮渡机5号（单机船）、轮渡机6号（单机船）先后报废，至此，轮渡公司的船舶均为双机双桨船舶。

1994年，为开发旅游船市场，先后将轮渡503、504改造成涉外旅游船（分别更名为奔月、陪都号），轮渡505轮改为国内旅游船（更名为通达号）。根据市场对高速船的需求，1997年，新增了4艘高速船：歌乐山号水翼船（船质为铝，航速为68公里/小时），金光、希望、旭日（均为玻璃钢船体，航速为40公里/小时）；1998年新增气垫船2艘：蓝天、白云（均为钢质船体，航速为50公里/小时）。这6艘高速船客舱内均装有空调，充分体现了高速性和舒适性。为了改变短途船速度慢、舒适性差的情况，1999年，新建造2艘380客位的船舶：601、602轮（航速30公里/小时）。

2000年，在前2艘船的基础上进行了改进，又新增2艘：冠忠3号、4号（航速30公里/小时，船体结构较前两艘好）。随着轮渡经营结构调整，增加了两江游船和水上巴士。2003年1月，新造1艘两江游客船“江上明月”；2004年、2005年，先后投入4艘玻璃钢快艇古镇1号、2号，水上巴士1号、2号，作为游艇。

表6-32　**轮渡主要设备表**

序号	船名	船质	主机型号×台数	功率（kW）	主尺度长×宽×深（米）	总吨位（吨）	载客定额（人）	航速（公里/小时）	建造时间	备注
1	轮渡101	钢	6105Ca×2	100	22.6×4.8×1.5	105.1	300	16.7	1982年	1988年更机
2	轮渡102	钢	6105Ca×2	100	22.6×4.8×1.5	105.1	300	16.7	1982年	1988年更机
3	轮渡103	钢	6105Ca×2	100	22.6×4.8×1.5	105.3	300	16.7	1983年	1988年更机
4	轮渡104	钢	6105Ca×2	100	22.6×4.8×1.5	105.3	300	16.7	1983年	1988年更机
5	轮渡105	钢	6105Ca×2	100	22.6×4.8×1.5	105.3	300	16.7	1984年	1988年更机
6	轮渡106	钢	6105Ca×2	100	22.6×4.8×1.5	105.0	300	16.7	1984年	1988年更机
7	轮渡305	钢	6160A-13×2	367.6	39.0×6.5×2.3	331	488	23	1987年	
8	轮渡306	钢	6135ACa×2	220	32.18×6.5×1.85	223	428	20.5	1988年	2005年重核定额350人

续前表

序号	船名	船质	主机型号×台数	功率（kW）	主尺度 长×宽×深（米）	总吨位（吨）	载客定额（人）	航速（公里/小时）	建造时间	备注
9	工作船	钢	6135AZCa×2	294	31.95×6.2×1.9	143	94	22.8	1989年	2005年重核定额240人
10	渝翔号气垫船	铝	NTA855－M350×2	447	21.0×4.8×1.56	52	70	40	1989年	
11	轮渡307	钢	6135ACa×2	220	32.1×6.5×1.85	220	428	20.5	1990年	
12	轮渡308	钢	6135ACa×2	220	32.5×7.0×1.65	237	440	17.5	1991年	
13	清风	钢	6135ACa×2	220	32.6×7.0×1.85	142.28	400	19.6	1992年	原轮渡309
14	陪都	钢	NTA855－M350×2	447	44.63×7.4×2.4	675	60	21	1994年改建	原轮渡503
15	奔月	钢	NTA855－M350×2	447	44.63×7.4×2.4	675	60	21	1995年改建	原轮渡504
16	通达号	钢	NTA855 M350×2	447	41.1×7.4×2.4	371	168	22	1994年改建	原轮渡505
17	歌乐山号水翼船	铝	KTA19～M2×2	922	22.96×6.72×1.1	76	82	68	1996年12月	2003年停封
18	金光	玻璃钢	TAMD71A（VOLVO）×2	420	15.4×3.9×1.4	32	48	40	1997年	2001年停封
19	希望	玻璃钢	TAMD71A（VOLVO）×2	420	15.4×3.9×1.4	32	48	40	1997年	2001年停封
20	旭日	玻璃钢	TAMD71A（VOLVO）×2	420	15.4×3.9×1.4	32	48	40	1997年	1998年沉没，1999年报废
21	轮渡109	钢	X2105BC×2	32.4	15.5×3.84×1.25	29.0	40	14	2001年	
22	江上明月	钢	NTA855－M350×2	440	40.0×9.0×2.5	479	248		2003年	

续前表

序号	船名	船质	主机型号×台数	功率（kW）	主尺度 长×宽×深（米）	总吨位（吨）	载客定额（人）	航速（公里/小时）	建造时间	备注
23	古镇1号	玻璃钢	F115A×2	169.2	7.85×2.3×1.25	10	18	33.5	2004年	
24	古镇2号	玻璃钢	F115A×2	169.2	7.85×2.3×1.25	10	18	33.5	2004年	
25	水上巴士1号	玻璃钢	E40XWL×2	58.8	5.35×2.0×0.88	2	8	30	2005年	
26	水上巴士2号	玻璃钢	E40XWL×2	58.8	5.35×2.0×0.88	2	8	30	2005年	
27	海内1号	钢	NTA855－M300×2	406	44.8×5.8×1.85	291	440	30	1998年	
28	海内2号	钢	NTA855－M300×2	406	44.8×5.8×1.85	291	440	30	1998年	
29	海内3号	钢	NTA855－M350×2	440	44.8×5.8×1.95	296	380	30	2000年	
30	海内4号	钢	NTA855－M350×2	440	44.8×5.8×1.95	296	380	30	2000年	
31	海内5号	钢	6135AZCa×2	294	45.0×7.2×2.3	321	500	26	1997年	
32	海内6号	钢	6135ZCa×2	256	42.0×7.4×1.8	302	25	27	1987年	
33	海内7号	钢	NTA855－M300×2	406	44.0×6.0×1.7	305	468	30	1995年	
34	海内9号	钢	6135ZCa×2	256	40.0×6.8×1.65	258	422	28	1998年	
35	蓝天	钢	NTA855－M400×2	542	22.0×7.0×1.4	132	90	50	1998年	2001年停封
36	白云	钢	NTA855－M400×2	542	22.0×7.0×1.4	132	90	50	1998年	2001年停封

二、索道

（一）嘉陵江索道

早在20世纪50年代初期，重庆市轮渡公司的部分工程技术人员就开始了架空索道运输课题的研究和探索，孕育着客运索道的诞生。1980年元月，经重庆市人民政府批转重庆市科技委员会召集有关科协分会、货运索道、煤矿设计院和重庆大学等30多名专家，在充分论证其可行性后，重庆市计划委员会批准兴建嘉陵江索道。

1980年12月15日，嘉陵江客运索道破土动工。该工程站址选在现渝中区沧白路，横跨嘉陵江到江北金沙街处。1981年12月25日，完成全部土建和设备安装工程，并配合联合设计组完成了手动控制调试。

1982年元旦开始试运行。经过1年的运行，证明设计切合实际，性能良好，施工质量符合设计要求。经验收后于1983年元旦正式移交市轮渡公司投入运营。1989年7月，归属于重庆市客运索道公司。

嘉陵索道是中国第一条自行研制的大型双线往复式过江载人索道。索道全长740米，由南、北两站，钢索、车辆、机械设备和电气设备等部分组成。南站房高24米，北站房高22米，总建筑面积3350平方米。安装有直径51毫米承载绳2根，17.5毫米辅助索2根和2根避雷钢索。8根钢索总长7100米，总重量35.8吨，横跨嘉陵江上空。备车厢2辆，每厢定员45+1人，车速2.8米/秒~8米/秒。

（二）长江索道

1982年7月，长江索道的准备工作开始。1983年1月，重庆市人民政府决定建设长江索道工程，1984年12月完成施工设计。长沙有色冶金研究院、北京整流器厂、重庆邮电学院等单位参加长江索道设计和建设。

长江索道北站位于市中区新华路长安寺，南站位于南岸龙门浩上新街，全长1166米，客厢载客定员80+1人，设计日客运量3万人次，运行速度为每秒6米，最高可达每秒10米，运行一次仅需3~4分钟。长江客运索道是中国自行设计、自行制造并首先采用双承载、双牵引往复式的大型客运索道。长江索道工程于1986年3月15日动工兴建，1987年10月24日竣工并投入试运行，经12个月调试运行后正式运营。

第二节 运力运量

一、轮渡

轮渡自开办之时起，便被定性为具有公益性的水上公共客运交通。1987年轮渡达至鼎盛时期，此后随着城市路桥建设的快速发展，特别是1997年以来，沿江高速路、滨江公路和主城区桥梁建成通车，重庆交通结构发生巨大变化，轮渡航线萎缩，客运人次大幅下降，2005年客运量约为400万人次，客运收入逐年下降，轮渡亏损逐年加重。

轮渡亏损的主要因素：一是公益性企业的性质和水上公共客运交通的生产特点，决定了政策性经营亏损长期存在。二是由于重庆城市交通结构发生巨大变化，轮渡客运人次减少，导致收入大幅度下降。三是为确保安全服务，运营成本一直维持在较高水平，且燃油成本居高不下，企业支出大。四是退休职工和下岗职工数量多，老企业负担沉重。

重庆市人民政府从1995年起，每年均给予轮渡财政补贴。重庆市人民政府对轮渡财政补贴政策如下：1995~2000年每年给予轮渡定额财政补贴840万元。2001~2003年财政补贴以840万元为基数，每年递减10%，即2001年财政补贴840万元，2002年756万元，2003年680余万元。2004~2005财政补贴以680万元为基数，每年再次递减10%，即2004年财政补贴680万元，2005年612万元。

表 6－33　　1987～1998 年重庆市轮渡公司经营情况统计表

年 度	客运人次（万人次）	营业收入（万元）	总成本（万元）	期末从业人数（人）
1987	5736.6	677.5	750.8	2055
1988	5420.6	825.5	861.2	2026
1989	3143.4	902.2	～	1893
1990	3090.5	1002.5	998.9	1896
1991	3011.1	956.7	1175.1	1885
1992	2022.7	1006.7	1385	1965
1993	1421.1	1140.1	1436.3	1877
1994	1432.1	1287.7	1890.4	2148
1995	1242.1	945.4	1721.9	2158
1996	1124	926.6	1601.7	2130
1997	1123	1134.9	1703.7	2080
1998	805	1429.5	1839.5	1569

二、索道

（一）嘉陵江索道

表 6－34　　1989～2005 年重庆市嘉陵索道运营情况统计表

年度	运营人次（万人）	运行天数（天）	运营收入（万元）
1989	324.02	297	97.22
1990	369.21	325	110.76
1991	373.59	323.5	112.08
1992	362.26	334	143.61
1993	376.39	341	187.90
1994	351.90	342.5	279.74
1995	336.84	336	278.97
1996	332.34	352	276.28
1997	311.34	342.5	308.18
1998	265.88	349	327.77
1999	234.57	314	289.91
2000	196.31	358.5	236.34
2001	180.97	354.5	218.72
2002	154.69	357	212.54
2003	97.95	356	143.33
2004	29.64	357	44.05
2005	10.54	351	15.77

（二）长江索道

表 6-35　　1989～2005 年重庆市长江客运索道运营情况统计表

年度	客运人次（万人）	运行天数	运营收入（万元）
1989	116.80	283	87.88
1990	148.43	307	112.10
1991	173.92	316	131.88
1992	183.26	301.5	220.96
1993	201.85	301.5	220.96
1994	280.73	315	326.74
1995	350.28	315	423.06
1996	313.06	320	380.95
1997	283.01	318	379.89
1998	172.67	254.5	272.16
1999	176.75	309	264.48
2000	171.27	343.5	250.48
2001	160.39	348.5	238.44
2002	136.76	343	245.22
2003	135.54	348	252.42
2004	133.72	347.5	247.60
2005	162.09	347	301.40

第三节　线路站点

1986 年，重庆市客轮总公司有航线 18 条。2005 年为 13 条。

表 6-36　　1986～2005 年重庆市客轮总公司航线情况表

年份	轮渡	普客	高速	旅游	合计
1986～1988	12 条：朝弹、朝野、朝江、化苗、磁桂、陈（刘）大马老、九李、菜铜、望龙、储海、中石	4 条：朝大、朝木、朝长、朝鱼	2 条：朝涪、朝丰		18 条
1989	11 条：朝弹、朝野、朝江、化苗、磁桂、陈（刘）大马老、九李、菜铜、望龙、储海（中石线由于石门大桥建成拆除）	4 条	2 条		17 条
1990	11 条：朝弹、朝野、朝江、化苗、磁桂、陈（刘）大马老、九李、菜铜、望龙、储海（中石线由于石门大桥建成拆除）	4 条	2 条		17 条

续前表

年份	轮渡	普客	高速	旅游	合计
1991	11条：朝弹、朝野、朝江、化苗、磁桂、陈（刘）大马老、九李、菜铜、望龙、储海（中石线由于石门大桥建成拆除）	3条：朝大、朝木、朝长（朝鱼线客源减少拆除）	3条：朝涪、朝丰、朝万（因市场需要增开朝万线）		17条
1992	12条：朝弹、朝野、朝江、化苗、磁桂、陈（刘）大马老、九李、菜铜、望龙、储海、朝大（航线调整）	3条	3条		18条
1993	11条（储海线因客源少而拆除，其余不变）	3条	2条：朝涪、朝丰（朝万线因客源少，拆除）	1条：丰宜	17条
1994	11条（储海线因客源少而拆除，其余不变）	3条	1条：朝涪（朝丰线因客源少，拆除）	2条：朝宜、宜岳	17条
1995	11条（储海线因客源少而拆除，其余不变）	3条	1条	1条：朝宜（宜岳线因客源少，拆除）；	16条
1996	12条（增开郭大线1条），其余不变	3条	1条	1条	17条
1997	12条（增开郭大线1条），其余不变	3条	2条：朝木、朝涪	1条	18条
1998	11条：朝弹、朝野、朝江、化苗、磁桂、陈（刘）大、郭大、朝窍、朝溉、朝寸、朝郭（马老、九李、菜铜、望龙因原大集体储奇门客运站被重庆天龙集团兼并而划出；同年轮渡航线调整，增加朝窍、朝溉、朝寸、朝郭航线，取消朝大线）	3条	2条	1条	17条
1999	11条：朝弹、朝野、朝江、化苗、磁桂、陈（刘）大、郭大、朝窍、朝溉、朝寸、朝郭（马老、九李、菜铜、望龙因原大集体储奇门客运站被重庆天龙集团兼并而划出；同年轮渡航线调整，增加朝窍、朝溉、朝寸、朝郭航线，取消朝大线）	3条	2条	（朝宜线因客源减少拆除）	16条

续前表

年份	轮渡	普客	高速	旅游	合计
2000	11 条：朝弹、朝野、朝江、化苗、磁桂、郭大、朝窍、朝溉、朝寸、朝郭、唐纳（陈〈刘〉大线因客源减少拆除；增开唐纳线）	2 条：朝木、朝长（朝大线因客源减少拆除）	1 条：朝木（朝涪线因客源少，拆除）		14 条
2001	10 条：朝弹、朝野、朝江、化苗、磁桂、郭大、朝窍、朝溉、朝郭、唐纳（朝寸线因客源减少拆除）	2 条	朝木线因客源减少拆除		12 条
2002	10 条：朝弹、朝野、朝江、化苗、磁桂、郭大、朝窍、朝溉、朝郭、唐纳（朝寸线因客源减少拆除）	2 条			12 条
2003	9 条：朝弹、朝野、朝江、磁桂、郭大、朝窍、朝溉、朝郭、唐纳（化苗线因客源减少拆除	2 条		1 条：两江游	12 条
2004	7 条：朝弹、朝野、朝江、磁桂、郭大、朝郭、唐纳、（朝窍、朝溉线因客源少，拆除	2 条	1 条：水上巴士，磁器口	4 条：1 条两江游；3 条水上巴士（朝天门游、磁器口游、朝天门～磁器口）	14 条
2005	7 条（同上）	2 条（同上）	2 条：磁～磁游江、朝～朝两江游	4 条（同上）	15 条

航线说明：

朝弹线（朝天门至弹子石），朝野线（朝天门至野苗溪），朝江线（朝天门至江北），陈大线（陈家馆至大溪沟），刘大线（刘家台至大溪沟），化苗线（化龙桥至苗儿石），中石线（中渡口至石门），磁桂线（磁器口至桂花园），马老线（马桑溪至老鹰嘴），九李线（九龙坡至李家沱），菜铜线（菜园坝至铜元局），储海线（储奇门至海棠溪），望龙线（望龙门至龙门浩），朝大线（朝天门至大兴场），朝木线（朝天门至木洞），朝长线（朝天门至长寿）、郭大线（郭家沱至大兴场），朝窍线（朝天门至窍角沱），朝溉线（朝天门至溉澜溪）、朝寸线（朝天门至寸滩），朝郭线（朝天门至郭家沱），唐纳线（唐家沱至纳溪沟）。朝鱼线（朝天门至鱼洞），朝涪线（朝天门至涪陵），朝丰线（朝天门至丰都），朝万线（朝天门至万县），丰宜线（丰都至宜昌），朝宜线（朝天门至宜昌）。

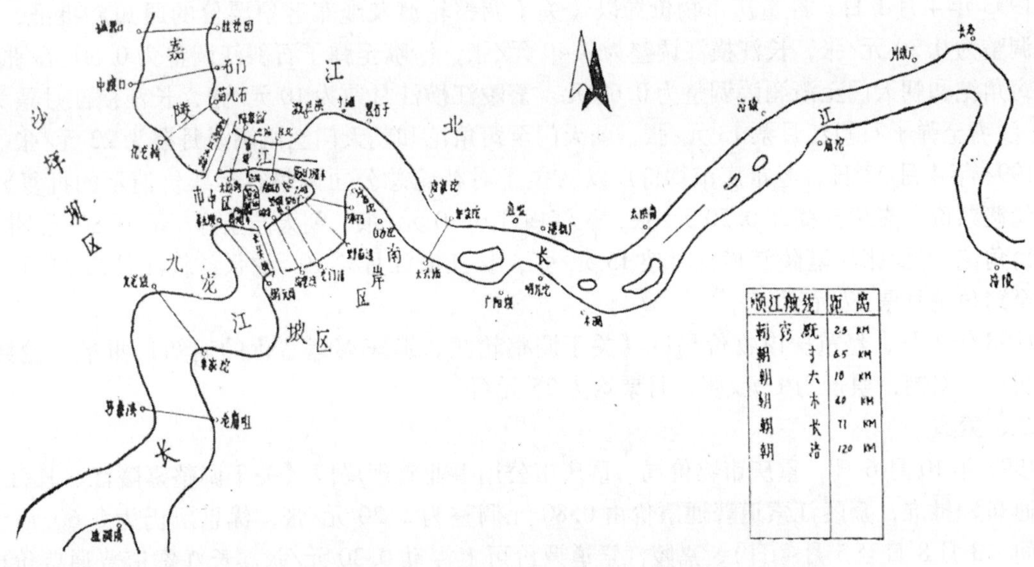

图 6－8 重庆市轮渡公司 1987 年运营线路示意图

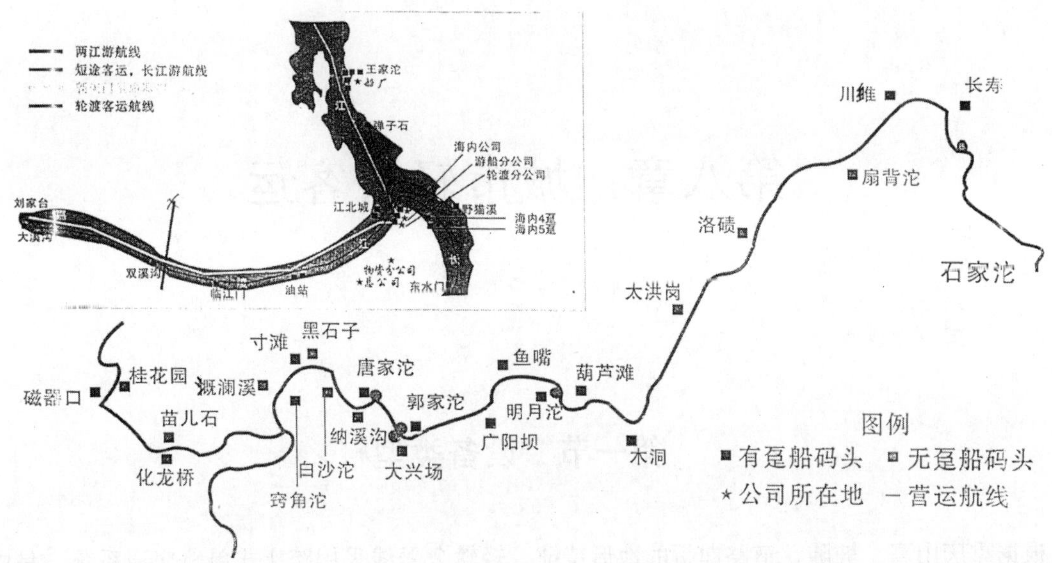

图 6－9 重庆市轮渡公司 2005 年运营线路示意图

第四节 客运票价

一、轮渡

轮渡票按航线分为：嘉陵江横江票、长江横江票、长江斜江票、长江顺江票。按票的使用方式和时限分为次票和月票（1950 年 4 月开始使用月票）。

1988 年 9 月，经重庆市物价局批准轮渡票价调为：嘉陵江横江 0.15 元/张，长江横江 0.20 元/张，朝天门至弹子石 0.25 元/张，朝天门至窍角沱、溉澜溪 0.25 元/张。嘉陵江横江月票 5 元/张，长江横江月票 6 元/张，朝天门至弹子石月票 8 元/张，朝天门至窍角沱、溉澜溪月票 10 元/张。

1993年4月1日，经重庆市物价局以《关于调整轮渡及缆车客票票价的通知》批准，嘉陵江横江调整为0.30元/张，长江横江调整为0.40元/张，沙嘴至弹子石斜江调整为0.50元/张，朝天门至窍角沱和朝天门至溉澜溪调整为0.60元。嘉陵江横江月票为10元/张，长江横江月票为14元/张，沙嘴至弹子石斜江月票13元/张，朝天门至窍角沱和朝天门至溉澜溪月票为22元/张。

1994年4月23日，经重庆市物价局以《关于对客轮总公司调整客运票价请示的批复》批准，调整轮渡票价。嘉陵江横江0.50元/张、长江横江0.60元/张、朝天门至弹子石0.80元/张、朝天门至窍角沱1元/张。嘉陵江横江月票15元/张，长江横江月票19元/张，斜江月票23元/张，朝天门至窍角沱月票27元/张。

1998年1月，经重庆市物价局以《关于调整轮渡、缆车客运票价的通知》批准，轮渡横江、斜江实行一票制，票价为1元/张。月票均为25元/张。

二、索道

1997年10月6日，重庆市物价局、重庆市公用事业管理局以《关于调整嘉陵江、长江索道票价的通知》批准，嘉陵江索道普通票价由0.80元调整为1.20元/张，优惠票仍为0.60元/张。春游期间（3月8日至5月4日），嘉陵江索道票价可上浮动0.30元/张。长江索道普通票价由1.20元/张调整为1.50元/张，优惠票价仍为1元/张。春游期间（3月8日至5月4日），长江索道票价可上浮0.50元/张。

第八章 城市轻轨客运

第一节 设备类型

根据重庆山高、坡陡、道路曲折的地形特征，轻轨2号线采用跨座式单轨交通系统，是中国首次引进的中运量胶轮轻轨系统，转弯半径小、爬坡能力强、车辆运行噪音低，具有明显的环保特性等特点。独特的高架轨道梁不占用道路面积，体量轻巧，透光性好，可立体绿化，景观性好。

重庆市轨道交通公司积极消化、吸收、掌握国内首次引进的跨座式单轨交通系统，在2号线工程建设中攻克了PC轨道梁模具、PC轨道梁的施工测量及安装、架桥机的研制、道岔机电控制系统技术、车辆转向架系统五大国际性技术难题难关，实现了PC轨道梁系统、道岔系统、车辆转向架系统三大关键技术国产化达70%以上的显著成效。国家计委评审意见认为，首次引进的单轨技术，促进了相关产业发展，为城市轨道交通提供了新的选择模式。

第二节　线路站点

一、轨道交通 2 号线

（一）建设历程

1988 年，重庆市政府宣布建设市中心区到新山村的轨道交通线路。

1990 年，重庆市轨道交通建设领导小组成立。重庆市轨道交通线网规划完成。1992 年，重庆轨道交通 2 号线（较场口至新山村）项目预可行性研究报告通过评审。日本海外协力事业团开展重庆轨道交通项目可行性调查。1994 年，重庆轨道交通 2 号线项目建议书通过国家评估，项目被国家列入日本政府贷款计划。1996 年，重庆轨道交通 2 号线项目可行性研究报告和环境评价报告完成。1998 年，重庆轨道交通 2 号线项目国产化研究工作报告完成。PC 轨道梁及支座系统研制成功。1999 年，重庆轨道交通 2 号线项目建议书获得国家批准。工程可行性研究报告通过国家评估。

2000 年，重庆轨道交通 2 号线一期工程被列为国家西部开发十大重点工程，6 月试验段动工，9 月批准初步设计，12 月正式全面开工。2001 年，重庆轨道交通 2 号线项目 271 亿日元贷款签约，开始国际招标采购机电设备。2002 年，重庆轨道交通 2 号线延伸段（大堰村至新山村）工程获国家批准。车辆采购合同签署。2003 年，重庆轨道交通 2 号线一期工程于 10 月 27 日实现“轨通”目标，12 月 29 日实现“电通”目标。2004 年 4 月 15 日，第一辆在日本生产的样车运到重庆；6 月 28 日，第一批车辆上线调试，实现“车通”目标；重庆轨道交通 2 号线一期工程于 11 月 6 日开始观光运行；于 12 月 28 日开始试运行。2005 年，重庆轨道交通 2 号线一期工程于 6 月 18 日开通运营。2 号线全线建成后，形成最大单向运输 3 万人次/小时、年客运量 2 亿人次的客运能力，减少地面交通压力 50%。

（二）线路简介

重庆轨道交通 2 号线东起市区商业中心较场口，西至钢铁基地大渡口区新山村，跨越 3 个行政区，辐射 9 个片区，是重要交通干线和客流集散枢纽，线路全长 19.15 公里（地下线路长 2.5 公里），设车站 18 座（地下车站 3 座），采用跨座式单轨交通系统。2 号线一期工程（较场口至大堰村）于 2000 年 12 月 26 日动工，工程全长 13.5 公里，设车站 14 座，变电站 2 座，牵引变电站 6 座，车场和控制中心各 1 座，建设工期 4 年半，是重庆市“九五”城市基础设施建设重点工程项目。

二、轨道交通 1 号线

（一）建设历程

1989 年，重庆轨道交通 1 号线的线路规划、预可行性研究等前期工作完成。1992 年，重庆轨道交通 1 号项目建议书获国家批准。1992～1994 年，重庆轨道交通 1 号线一期工程（朝天门至沙坪坝段）可研报告、总体设计、初步设计完成。

2003 年，开展重庆轨道交通 1 号线（朝天门至沙坪坝至西永段）补充工程可行性研究工作。2004 年，《重庆市轨道交通一号线（朝天门至大学城）工程可行性研究报告（征求意见稿）》于 11 月编制完成；其地方审查会议于 12 月召开。2005 年，《重庆市轨道交通一号线（朝天门至大学城）工程可行性研究报告》最终稿于 1 月编制完成，其送审稿于 9 月编制完成。

（二）线路简介

轨道交通 1 号线东起朝天门，西至大学城，远期延伸至璧山。线连接了渝中区、九龙坡区、沙坪坝区、璧山县，将重庆市的行政、经济、文化中心与城市副中心、公共活动区和居住区紧密连接在一起。1 号线采用地铁系统，选用地铁 B 型车，将与已开通运营的 2 号线以及规划中的 3 号线共同形成“大”字形的轨道交通骨架。1 号线的建设对构建轨道交通网络，提高轨道交通的运行效率，吸引客流，促进城市经济发展，改善公共交通环境，促进沿线社会经济的发展，以及“一小时经济圈”的建设发挥了重要作用。

1号线朝天门至大学城段是轨道交通规划中东西方向的主干线，是主城区人口集最多、高科技园区和高等学府最集中、商业最繁荣、交通流最繁忙的重要交通通道和产业经济带，其高峰小时断面流量和全日客流量在全重庆市轨道交通线网客流预测均为最大。线路长约36公里，设车站23座（地下站15座、高架站7座、半高架半地下车站1座），停车场和车辆段各1座。工程实行“一次组织实施，分段建成运营”的原则，先期建设渝中区朝天门到沙坪坝区购物中心广场段，再建设由沙坝向西至重庆高等学府集中地大学城段，朝天门至沙坪坝段工程计划于2007年开工建设，计划于2012年建成通车。1号线朝天门至大学城段工程已纳入《重庆市城市快速轨道交通建设规划（2005～2013年）》，并报国务院批准。

三、轨道交通3号线

（一）建设历程

1992年，重庆轨道交通3号线列入重庆轨道交通线网规划。1995年，包括3号线在内的5条轨道交通线路共117公里的《重庆轨道交通线网规划》列入《重庆市城市总体规划（1996～2020年）》并通过国务院批准。

2002年，重庆市进行《重庆市主城区综合交通规划》修编工作，对原117公里的《重庆轨道交通线网规划》进行重新优化调整，确定了包括3号线在内的“六线一环”354公里的《重庆市城市快速轨道交通线网规划》。同年，重庆轨道交通3号线一期工程项目建议书上报国家计委。2003年，《重庆市轨道交通3号线一期工程预可行性研究报告》通过中咨公司的专家评审。2004年，《重庆市城市快速轨道交通线网规划》通过重庆市政府批准，完成《重庆市城市快速轨道交通建设规划（2004～2012年）》编制。

（二）线路简介

重庆轨道交通3号线南起鱼洞，北至江北机场及江北环城北路，为南北方向的轨道交通骨干线，采用跨座式单轨交通系统。由南向北的客运交通走廊将主城区的巴南区、南岸区、渝中区、江北区、北部新城区衔接起来，并将重庆市的行政、经济、文化中心与城市副中心、公共活动区和居住区紧密连接在一起，充分发挥了轨道交通容量大、速度快的优势，有效地缓解城市交通困难的矛盾。3号线建成后将与已开通运营的轨道交通2号线形成“十”字形的轨道交通骨架，3号线的建设将对提高轨道交通系统的运行效率、吸引客流、促进城市经济发展、改善公共交通环境、提高社会效益发挥重大作用。

3号线全长约60公里，设车站18座、车辆维修基地和控制中心各1座、主变电站2座、牵引变电所7座；初期车辆配置19列/114辆。3号线工程一次设计，分三期实施建设。一期工程二塘至龙头寺，线路起于南岸国家级经济技术开发区的二塘，经菜园坝长江大桥、嘉陵江渝澳大桥至主南岸区北部新区的江北（火车）客站（渝怀铁路新客站地），止于龙头寺站；二期工程从龙头寺到江北机场，并延伸到机场远期航站大楼、空港开发区支线（两路中学到环城北路）；三期工程从二塘向南延伸至鱼洞。3号线二塘至江北机场段已纳入《重庆市城市快速轨道交通建设规划（2005～2013年）》，并得到国务院批准。

第三节 客运票价

重庆轨道交通2号线从2004年12月28日开始试运行，试运行期间实行分段票价，全程票价12元/人次；区间票价6元/人次。

2005 年 4 月 26 日，市物价局召开听证会，对市民关系的轨道交通 2 号线客运票价进行现场听证。约八成听证代表建议实行分段票制，起步价为 2 元，一期工程全程票价 4 元。

2005 年 6 月 8 日，市政府常务会议在充分考虑各方面意见后决定，轨道交通 2 号线客运票价实行分段计价：1～5 站 2 元、6～9 站 3 元、10～14 站 4 元、15～18 站 5 元，从 2005 年 6 月 18 日正式通车之日施行。同年，重庆市物价局负责人宣布乘坐轻轨优惠政策：一名购票乘客可免费带领一名 1.2 米以下儿童乘车；盲人、伤残军人免票。70 岁以上老人免费乘车以及中小学生优惠乘车等方案，将在 2006 年较场口至新山村全线通车运营时逐步完善措施后实行。乘客购买轻轨储值卡乘车给予 9 折优惠；30 人以上团体购买单程票，实行 9 折优惠。

第九章　区县公共交通

1986 年 7 月 19 日，重庆市公用事业局成立重庆市社会客运管理处，与重庆市交通局依据地域划分所属共同实施城市公共交通管理职能。主城市中区、沙坪坝区、江北区、南岸区、九龙坡区、大渡口区、北碚区 7 个区出租汽车和城市公共交通由重庆市公用事业局及所属的重庆市社会客运管理处负责，主城 7 个区外由重庆市交通局管理。

2000 年，重庆市交通由重庆市道路运输行业管理实行市级和区（市）县两级管理的模式，重庆道路运输管理局履行省级和中心城市两级运管职能。全重庆市 40 个区市县及高新区、经开区共设有 42 个运管（处）所，负责所属行政区域内的道路运输行业管理。除主城 11 区（渝中区、江北区、南岸区、沙坪坝区、渝北区、高新区、北部新区、巴南区、经开区、九龙坡区、北碚区）的城市公共交通由重庆道路运输管理局。道路运输价格属政府定价，实行分级管理。汽车运价由省一级交通、物价部门制定。

第一节　万州区

1974 年 2 月，经中共万县市委批准成立万县市人民交通公司，后更名为万县市公共交通公司。至 1987 年，共有码头至沙河、专区医院至石油站、广场至龙宝、大桥至石油站、五金站至高笋塘等 5 条公交线路。至 2000 年年底，万州城区共有中巴客车线路 8 条，大客车线路 1 条。2001 年 3 月，公司陆续引进豪华空调无人售票大客车，经营线路 4 条。至 2003 年年底，万州城区共有公交线路 12 条，参加运营客车 362 辆，其中豪华大客车 82 辆，中巴车 280 辆。小长安客车 61 辆经营高笋塘至双河口、五桥等线路。经营企业由原万州区公共交通公司独家经营，逐步发展到国有、集体、个体、股份制企业等多家经营的竞争局面，方便了广大市民出行。至 2005 年年底，万州城区公交有参营企业 13 家、个体经营户 7 户，开行城区公交线路 18 条，总运力 381 辆 13906 座，其中大客车 170 辆、中客车 211 辆。开行 18 条城区公交线路，线路总长 249.5 公里。其中无人售票大客车城区公交线路 11 条，分别由万州区政府批准的有公交经营资质的雅高公交巴士有限公司等 5 家企业，按照股份、融资、承包、公司化经营等几种方式经营。历史形成的中客车城区客运线路 7

条，由13家企业和7户个体经营业户共同参营，均采用挂靠经营的方式。城区公交运价按照线距15公里以内1元/人次，15公里以上2元/人次的原则核定，18条线路中，票价1元/人次的有15条，2元/人次的有3条。

万县市公共交通公司1975年开始开行郊区公共汽车，有4条线路。1987年增加12条公交线路。1987~1990年间，个体、个体联户、集体企业及厂矿开始经营郊区客运，郊区客运迅速发展。至1990年年底，万州至分水，每日33班次；万州至熊家，每日20班次；万州至李河，每日6班次；万州至护城，每日6班次；万州民主路至塘坊，每日20班次。由于中型客车发展较快，从事郊区客运的普通大客车逐步被中小型客车代替，班次由固定班次改为不定时全日开班。

表6-37　　1987~2003年万州区城区公交客运车辆统计表

单位：辆

年度	车辆总数	按车辆所有制分				按车辆类别分						
		国有	集体	股份制	私营	大巴	中巴	长安	夏利	桑塔纳	富康	羚羊
1987	34	26	8			26	8					
1988	35	25	10			27	8					
1989	40	27	13			25	15					
1990	51	29	22			28	21					
1991	120	49	37		34	31	48	7	34			
1992	432	76	69		287	43	72	12	305			
1993	489	98	73		618	44	101	21	632			
1994	987	89	107	30	761	52	152	45	738			
1995	1314	97	73	85	1059	48	201	108	945	12		
1996	1507	114	76	105	1212	45	248	201	957	50	6	
1997	1755	91	88	140	1436	42	301	292	960	129	31	
1998	1546	30	101	162	1253	34	323	221	744	158	66	
1999	1633	42	146	269	1176	38	350	256	621	224	144	
2000	1175	35	137	517	486	41	89	56	597	230	160	2
2001	1176	31	134	492	519	57	165	58	524	210	160	2
2002	1336	27	129	526	654	82	280	61	321	230	360	2
2003	1351	153	127	957	114	133	212	70	182	224	598	2

注：按所有制分数量不含长安车。

1987年4月，万县市物价局核定大桥（五金站）至高笋塘客运每人每票0.10元，一票到底。万县市至龙宝全程每人每票0.20元，1989年调为每票0.40元。

1990年8月，万县市物价局核定市内公共汽车票价：码头至沙河每人每票0.25元，大桥至罐头厂每人每票0.15元。五金站至王家坡上行每人每票0.20元，下行每人每票0.15元，9月核定大桥至磷肥厂每人每票0.45元，12月核定广场至九池每人每票1元。

1992年万县市交通局、物价局市交发〔1992〕106号文件规定，城区内，包括万县市至沙河镇，中型客车票价不分昼夜，不分远近，每人每票0.60元，码头至沙河定线大客车每人每票0.50元。

1997年1月，万县市物价局、交通局调整城区1~5路定线中型公共汽车票价，规定每人每票

0.80元，码头至沙河大客车票价，每人每票0.60元。

1998年万州区物价局、交通局规定五桥至沙河（经长江大桥）定线中巴车全程每人次票价3元，2001年5月17日由国本路车站至五桥交通中心执行分段计价，全程每人次票2元，往返至印盒石内为1元。6月又规定周家坝至百安坝无人售票大巴客车客运票价实行一票制，每人每票2元。其余线路为每人每票1元。

第二节　涪陵区

涪陵城区的公交客运是在1975年9月涪陵县公共汽车站成立后逐步发展起来的。1982年10月加入四川省汽车运输涪陵联合公司，1986年4月联合公司解体后更名涪陵市公共交通公司。1992年，在涪陵地区行署、涪陵市政府和地区交委的支持下，先从四川省涪陵客车厂调4辆“嘉泰牌”新客车给公交公司，投入城区环城线运营。1993年又投入客车28辆，1997年重庆直辖，涪陵市改为涪陵区，城区客车增至60辆，公交线路发展到16条。2002年1月1日，公交公司成建制划归区交委管理，时有专营公交客车117辆，公交线路19条。2005年年末，涪陵城市专营公交客车143辆，公交线路发展到24条，年运营里程在800万公里以上，年客运量超过2500万人次，成为涪陵区城市交通的主力军。

表6-38　　2005年涪陵区公交线路统计表

线路名称	线路起点	途经主要站点	终到地点	开班年月	运行客车（辆）
1路	顺江花园	高笋塘	长江饭店	1998年12月	7
2路	清溪沟	高笋塘	西客站	2002年5月	6
3路	乌江大桥	高笋塘	大修厂	2000年9月	13
4路	大东门	高笋塘、新大兴	师范校	1993年6月	9
5路	南门山	党校、工行转盘	森林公园	1995年4月	5
6路	南门山	高笋塘、消防队	财贸校	1995年8月	6
7路	酱园厂	红光桥、高笋塘	西客站	1994年4月	7
8路	新车站	南门山	乌江大桥	1995年7月	4
9路	酱园厂	高笋塘、消防队	酱园厂	1997年8月	6
10路	敦仁小区	洗衣粉厂、高笋塘	大东门	1995年3月	9
11路	南门山	乌江大桥	肥皂厂	1995年3月	9
12路	南门山	高笋塘	协合水泥厂	1995年6月	4
13路	兴华花园	南门山	桥南办事处	2002年6月	7
14路	南门山	高笋塘	新车站	1997年4月	3
15路	酱园厂	消防队、高笋塘	酱园厂	1997年3月	6
16路	南门山	乌江大桥	雨台山	1996年9月	6
17路	南门山	高笋塘	体育南路	2001年7月	5
18路	南门山	高笋塘	大梁山	2001年8月	2
19路	南门山	高笋塘	蒿枝坝	1998年3月	4

续前表

线路名称	线路起点	途经主要站点	终到地点	开班年月	运行客车（辆）
20 路	江东办事处	乌江大桥、三机关	新五中	2004 年 4 月	8
21 路	黔江办事处	消防队、稻香菜市场	松翠路	2002 年 4 月	6
22 路	酱园厂	高笋塘、红光桥	西客站	1995 年 8 月	7
23 路	南门山	高笋塘、消防队	殡仪馆	2005 年 10 月	2
24 路	江东办事处	财贸校、三机关	殡仪馆	2005 年 10 月	2

1989 年 12 月，涪陵城市公交车票价根据公路等级确定计费率，再按线路站点里程计算票价。不足 1 公里按 1 公里计算，客票全额以角为单位，尾数不足 1 角的，四舍五入计算。每班客座加收起程基价 0.1 元。残疾军人和 1.1 米及以下的儿童按全价的 50% 购票。票价计费率是：涪陵至新村、惠民、天台为每人公里 0.048 元；涪陵至仁义 0.053 元；涪陵至焦石、梓里为每人每公里 0.048 元；大东门至望州公园每人每公里 0.040 元。

1995 年 3 月涪陵城内公交循环车票价：城内循环车票价，白天每人次上车 0.50 元。冬季晚上 7 时、夏季晚上 8 时至凌晨 6 时，每人次上车 1 元，超范围加价。

1998 年涪陵公共交通公司城内循环车票价：1 路车通票 0.50 元。2 路车通票 0.50 元。3 路车工行经内 0.50 元，实验路口以内 1 元，黔靖水泥厂 1.50 元。4 路车通票 0.50 元。5 路车工行以内 0.50 元，森林公园 1 元。6 路车消防队转盘以内 0.50 元，以上 1 元。7 路车：高笋塘到涪五中以内 0.50 元，高笋塘至曲酒厂以内 1 元，高笋塘至三环路口以上 1.50 元。涪五中至三环路口以内 1 元，涪五中至高笋塘 1.50 元，歪角至南门山 1 元，三环路口至南门山 1 元，实验路口至涪五中 0.50 元，三环路口至涪五中 1 元。8 路车通票 0.50 元。9 路车通票 0.50 元。10 路车通票 0.50 元。11 路车：乌江南桥头以内 0.50 元，过桥 1 元。12 路车：南门山至五中上车 0.50 元，五中至鹅颈关 1.50 元，鹅颈关以外 2 元。13 路车：五中以内 0.50 元，五中至歪角 0.50 元，烟厂至歪角 1 元。14 路车通票 0.50 元。15 路车通票 0.50 元。16 路车：乌江大桥以内 0.50 元，江东办事处 1 元，牛草堂 1.50 元，敬老院 2 元，大哑口 3 元，雨台山 4 元。

2000 年 12 月，涪陵区物价局批准涪陵区城市公共交通汽车客运价格：

涪陵城区东至日化厂、西至鹅颈关西客站、南至森林公园、北至沿江路的城市公交循环车线路均实行单一票价制，票价标准由现行每人次 0.50 元调整为每人次 1 元，取消夜间行车加价和超范围加价。对儿童、中学生、残疾人统一实行价格优待政策。凡随大人携带的 1.1 米以下的儿童一律免票；身高 1.1 米至 1.4 米的儿童购半票，身高 1.4 米以上的中小学生及 70 岁以上老人凭公交公司统一制发的“乘车优惠卡”、残疾人凭本人“残疾人证”购半票，执行每人次 0.50 元的价格标准。

第三节　黔江区

1991 年，黔江自治县汽车运输公司首先投放了两台乐达牌客车在城区试行公交运营，实行每人次 0.50 元收费标准。因正值人力客运三轮发展旺盛时期，公交车经营入不敷出，很快便被迫转为班车客运。1992 年，原西藏日喀则军分区司令员彭德林复员回黔江，带回 3 台中巴车再次问鼎公交客运，仍然实行每人次 0.50 元收费标准，并拟定了较固定的运行路线，也仅仅维护不到半年时间因入不敷出被迫停运。2005 年年底，黔江区仍无公交车运营。

第四节　万盛区

1986年，公交体制改革后，由重庆公交三公司六路队（现万盛分公司）管辖由主城区开往万盛境内和万盛至綦江及万盛境内的线路。由于客运市场逐步放开，区县社会客运的相继出现，并呈多元化发展态势，客运市场无序竞争十分激烈。为此，重庆公交三公司根据重庆市公用事业局提出了“抓近放远”的战略，从1988开始缩减区县线路。

1992年9月5日綦江路队与万盛路队合并成立綦万站，为重庆公交三公司下属二级单位。该站于1996年初“一分为二”还原为两路队建制。2001年1月6日，重庆冠忠（第三）公共交通有限公司万盛分公司成立。为统一管理，实行滚动发车，万盛区政府同意重庆市汽运（集团）有限责任公司与重庆冠忠（第三）公共交通有限公司合资建设客运中心。

2005年，重庆冠忠（第三）公共交通有限公司在万盛区内有327路运行陈家坪至万盛、331路运行万盛至南桐，运营车辆26辆，实行分段票制。

第五节　长寿区

1974年，重庆市公共交通公司在长寿设立客运站，名为重庆市公交公司第五行车总站，1986年，更名为重庆市第三公共交通公司长寿站，市属国有运输企业，职工261人，有客、货运输车辆58辆。从1988年开始，重庆公交三公司根据重庆市公用事业局提出了“抓近放远”的战略，缩减区县线路，长寿境内大量线路撤销。

1999年，重庆冠忠公共交通有限公司组建后，重庆市第三公交公司长寿站改制为重庆冠忠（第三）公交公司长寿分公司，属中外合资企业。办公地址长寿路46号，公司职工96人，其中干部16人，客货运输车辆51辆，其中大巴空调车9辆，主要客运线路有长寿至重庆、长寿至付何、长寿至洪湖、长寿至龙河、长寿至八颗、长寿至保家等线路。

表6－39　　2005年长寿区公交线路统计表

序号	线路名称	设备车数（辆	线路长度（公里）	起点站	终点站	全程票价（元）	开线时间
1	长八	3	11	长寿	八棵	2	20世纪60年代
2	长付	3	15	长寿	付合	3	20世纪60年代
3	长洪	6	40	长寿	大洪湖	7.5	20世纪60年代
4	长焦	2	24.8	长寿	焦家	4.5	20世纪60年代
5	长龙	2	40	长寿	龙河	7.5	20世纪60年代
6	长云	停运	39	长寿	云集	7	20世纪60年代

第六节 綦江县

1986年，公交体制改革后，由重庆公交三公司綦江路队承担綦江县境内城市公交客运。重庆公交三公司綦江路队有客车56辆，均为重庆牌大客车，运行线路为重庆至打通、万盛、綦江，綦江至石壕、永新，日班次168班，日客运量5040人。

1992年9月5日綦江路队与万盛路队合并成立綦万站，为重庆市第三公交公司下属二级单位。该站于1996年初一分为二还原两路队建制。

1997年，重庆公交公司綦江路队停运了綦江至永新线路。

1999年，重庆公交三公司綦江路队改制为重庆冠忠公交公司綦江分公司，有客车35辆，车型为重庆牌空调大巴车20辆，重庆牌大客车15辆，支行线未变，日班次105班，日客运量3150人。

2003年，客运车辆由低档次向高档次发展，从普通型向舒适型发展，重庆冠忠公交三公司綦江分公司有客车34辆，车型为金龙、重庆空调等大中型客车，日班次110班，日客运量3400人；共计线路4条，分别为：重庆至綦江、重庆至打通、重庆至石壕、綦江至永兴。

2005年，重庆冠忠公交三公司綦江分公司有4条綦江县境内环城线（环5线：古南中学至兰州中学；环6线：人民医院至古南中学；环7线：人民医院至人民医院；环8线：火柴厂至兰州中学）。票价实行一票制：全程1元。

第七节 潼南县

潼南县城公共汽车始于1993年春，由潼南县汽车队2台旧大客车承运，后因车况差，票价、乘客上下点未规范，无经营效益而停运。1994年春，25队潼南汽车站相继又投入4辆中巴客车以“惠林公司”名义参营。为了便于管理，县政府明确了公共汽车纳入交通部门统一管理，公安、交通、交警、城管、工商、税务、梓潼镇政府一同清理整顿，经商定，总数量由26辆限定为21辆，持续至2005年年底尚无增减。运行线路由凉风垭新区梓潼镇政府经主城区至游泳池（1路）。

1998年，县客运公司从潼柏路110千伏安变电站至县政府行政中心大楼开通二路公共汽车，单程6.7公里。特设东风路口、化工厂路口、征稽所、五金坝、汽车客运站、西市场、水井湾、梓潼中学、县交警大队、县运管所、县法院、丝绸二厂、县运司、潼柏路口、烟草公司、110千伏降压站等往返共32个乘客上下车站点，其票价按《关于梓潼镇二路公共汽车票价的复函》，上车每人0.50元，实行一票制到终点。

第八节 铜梁县

1993年初县交通局根据当时县客运公司（今龙华公司）申请从事巴川城区公交客运。报经县人民政府批准，由铜梁县客运公司以4辆（每车19座）中巴客车，分别由北门至南门，东门至西门2条线路运行，方便了群众。这是铜梁县有史以来首次开通的公共汽车。由于旧城区的改造扩建，交通不畅，于1995年秋停运。

1997年龙都路、中兴路建成，巴川城区发展了长安微型代步车10辆，挂靠在“客运公司”，这些车用作城内干线街道公交车，俗称1元车，分东西、南北2条线运行。因车辆使用期满，2004

年年底报废停运。

2005 年 3 月，铜梁县府组织召开“关于巴川城区公交车辆更新投放专题会”。会议纪要规定：“公交车整体更新为 25 辆。更新车统一车型为重庆宇通城区小巴，双燃料白色环保型客车，经营期为 6 年。经营企业为重庆市龙华运输有限公司，实行公司化经营管理”。该公司对原城区运行的长安车和环城线路的北泉车统一报废更新，每 2 辆更新 1 辆，共更新 25 辆。第一批公交车于 2005 年 2 月 17 日投入运行 7 辆。第二批于 5 月 11 日投入运行 18 辆。分 3 条线路在巴川城区定点、定线运行，该公司还制订了巴川城区公交客运车辆运行管理规定，即对驾驶员、乘务员，车辆的管理和线路运行，站（点）设置，旅客满意度调查等制度，使城区公交运输实现规范化。该种车内设有黑色皮质高靠背软椅 8 座，空间宽阔临时加凳，一次可乘十余人，上车收费 1 元，可至终点。3 条线路适当处设置了铝合金材料做成的美观大方的公交车避雨篷招呼站和站（点）牌 25 个，方便了乘客候车和上下车。

公交车运行时间为冬季 7 点至 19 点，夏季 6 点至 20 点。每 10 分钟一班，其线路经过处及站（点）为：

线路 1：西门（国道 319 铜延路口）、西门粮站、小北街口、龙都路口、东门菜市场口、高杆灯转盘、迎宾路口、东城中学、白龙大道路口、金龙湾（往返）。

线路 2：西门（铜平路口）、老巴中、龙都客运中心、巴川一小、广电局、廉政大厅、县委、建委、交警大队、金龙大道口、金龙大道转盘（往返）。

线路 3：龙都客运中心、明月广场、东桥、县政府、北门汽车站、龙华公司、群龙广场、高杆灯转盘、迎宾路口、铜梁大酒店、廉政大厅、铜梁中医院、铜梁一中、龙都客运中心（循环）。

第九节　大足县

大足县城镇公交车由环城“面的”车发展而成。1996 年 5 月，大足县在整顿城市出租车客运中，有 8 辆出租客运业的“面的”车主根据市场需求，转向经营县城交通车客运，不停地在主要环城街道行驶。不分距离长短，随招随停运载旅客，收费 1 元，群众统称“1 元车”或环城车。它比人力三轮车快速、价廉、方便城市居民生活，深受群众欢迎。主管部门及时制订《面的车管理办法》，规定有偿使用费 2 万元，挂靠万隆公司。

20 世纪末，大足县城镇建设步伐加快，城区面积扩大，由老城 2 平方公里增至 6 平方公里，环城“面的”车已不适应开放城市的需要。2001 年 6 月县交通局请示县政府同意，投放环城定线客车 10 辆。车型为华西牌 15 座通道式中型客车，绿色环保型车身。车内设左双右单座位，通道顶篷设横杆扶手，可助乘客站立。车头喷印“环城巴士”4 个字，车价 6.2 万元。9 月 26 日在县交通局门前剪彩开业，分 3 路对开，双向环城运行。每人上车 1 元，不分远近。全城分 3 条线路运行，设置 42 个停靠站点，竖立美观的站牌。

县城环城定线公交车，由重庆长途汽车运输（集团）有限公司大足分公司（简称重长司大足公司）和县属万隆公司各经营 5 辆，作为到期的环城“面的”车更新。规定由 2 个企业投资，承包给个人经营。翌年龙水镇也按城区办法开始将到期“面的”环城车更新为中巴客车，作城镇公交车，运行“面的”线路。大足两镇公交车运管部门给以优惠，免收运管费，但未享受大城市公交车的优惠政策，因此未能对免票群体实施免票乘车和月票乘车。

两镇公交车运行初期，车主为自身利益而忽视社会效益，乱跑线路，超出运行区域，不按规定站点停靠，服务质量低劣等现象时有发生，群众很有意见。运管部门多次进行整顿，制定管理办法，加强日常监督，加大处罚力度；并同出租车一道开展精神文明建设活动，使两镇公交车逐步规范经营，健康有序地发展。2003年两镇公交车发展到23辆，同年7月龙水增开2路车，2004年1月14日，县城新增1条线为4路车，2005年年末，龙水增开3路车。2005年年末，两镇共有公交车39辆，其中县城18辆（重长司大足公司5辆、万隆公司13辆），龙水21辆（属平安公司）。原40辆“面的”车尚有5辆，仍在县城环城运行，将于2006年7月到期，全部变为中巴客运公共交通车。

表6-40　　2005年大足县公交线路统计表

<table>
<tr><th rowspan="2">线路号</th><th rowspan="2">起止、沿途站名</th><th rowspan="2">里程（公里）</th><th rowspan="2">票价（元）</th><th rowspan="2">开通时间</th><th colspan="3">投入车辆</th><th rowspan="2">经营单位</th></tr>
<tr><th>大客</th><th>中客</th><th>小客</th></tr>
<tr><td></td><td>环城主要街道随叫随停</td><td></td><td>1.00</td><td>1996.5</td><td></td><td></td><td>8</td><td>万隆公司</td></tr>
<tr><td>1</td><td>车站、南门广场、十字口、足中、体育馆、实验幼儿园、丁家坡、信用联社、劳动局、东关市场、鸡市桥、沿路返回</td><td>3.5</td><td>1.00</td><td>2001.9.26</td><td></td><td>6</td><td></td><td rowspan="4">重长司大足分公司投入5辆，万隆公司投入13辆，共18辆，各条线路轮换运行</td></tr>
<tr><td>2</td><td>车站、西桥头、69队、狮子桥、三岔口、西门市场、社保局、商城、体育馆、实验幼儿园、丁家坡、信用联社、劳动局、东关市场、鸡市桥、沿线返回</td><td>4</td><td>1.00</td><td>2001.9.26</td><td></td><td>5</td><td></td></tr>
<tr><td>3</td><td>鸡市桥、东关市场、劳动局、烟草公司、宾馆、插旗山桥、水务局、车站、南山果园、城南、罗汉桥、鸡市桥</td><td>14</td><td>1.00</td><td>2001.9.26</td><td></td><td>2</td><td></td></tr>
<tr><td>4</td><td>县医院、一小、十字口、足中、体育馆、实验幼儿园、丁家坡、信用联社、烟草公司、宾馆、镇中、较场口、沿路返回</td><td>4</td><td>1.00</td><td>2004.1.14</td><td></td><td>5</td><td></td></tr>
</table>

注：投入车辆数的中客均为2005年年末数，小客为开通时的投入数量，中客是由小客更新。

第十节　荣昌县

1991年，荣昌在昌元镇区域开行客运班车，确定4条线路：荣昌火车站至沙坝子；沙坝子至工人村；火车站至联升大桥；火车站至工人村。由县交通汽车队承担，车辆使用中型客车。同年11月15日，县物价局批复同意开行火车站至变电站（途经县养护段、南街口、川剧团、莲花桥、东门口）、火车站至联升大桥（途经县养护段、猪市场、人民医院、北门口、梨子园）2条线路，后停运。1996年，县政府批复同意恢复城市公共汽车客运，县交通局决定由荣昌县公路运输公司（富吉公司）承担城市公共汽车客运经营，并开通了部分城市外围线路，确定富吉公司为荣昌县城市公共汽车客运专营企业。

1997年5月，富吉公司开通8条客运线路，设置30个停车站。1998年3月7日再开通10条线和新设40个停车站。

2001年6月7日，荣昌县交警大队联合城乡建委、运管所等行业管理部门于交警大队会议室召开关于“荣昌县城市公共汽车运行线路、站点暂作调整”的会议，核准富吉公司1~9路车的公交运营线路。

2005 年 3 月 27 日，富吉公司向荣昌县市政管理局申请新增和恢复有关站点、站牌共 20 块。

第十一节　璧山县

1950 年下半年，璧山县建川中学、璧山职业中学、璧山中学等几所中学的私人校车，于 1950 年下半年参加西南区营汽车第二十二联营社，社址设重庆，虽离璧驻渝，但仍在璧山设站营业，地址在原璧山马路局（今金山家电城处），后经合作化运动成为公私合营企业。1953 年 3 月，重庆市公共交通公司二总站璧山车站建站，联营社并入重庆市公共交通公司，改称重庆市公共交通公司第二行车总站璧山车站，1966 年，原地基划归日杂公司修建门市部，重庆市公共交通公司第二行车总站璧山车站迁至小东门球场右侧（今金三角处）。1994 年 7 月，因城市改造，璧山车站从小东门球场右侧迁至西北旅馆处。1996 年，重庆公交二公司璧山车站用 100 万元购买原煤建公司房产并改建车站。1996 年 11 月 27 日，新车站修建好并迁往璧渝路 150 号，经营璧山至重庆（老路）旅客运输业务。主要发往牛角沱、石碾盘、石桥铺。

2005 年，重庆市第二公共交通公司有 2 条线路运营璧山至重庆。276 路运行石碾盘至璧山，全程票价 7.50 元；277 路运行石桥铺至璧山，全程票价 7.50 元。

第十二节　云阳县

1999 年 9 月 28 日，云阳县公共交通运输公司购买 5 辆富康牌大客车，每天定时接送去新县城上下班的机关工作人员，首开云阳县城市公交运营先河。该运行线路从老县城云阳镇起，新县城双江镇止，路程 24 公里，每天早上 7 时从云阳镇出发，当天下午 5 时按原路线返回。全部运载到县城上班的机关工作人员，不载其他旅客。由各单位为所属干部职工购票，每人每天 4 元，凭票上、下车。2001 年，县属各单位在新县城的移民房屋建成，职工迁入新居后，每天定时接送职工上下班客运中止。为此，云阳县公交公司用闲置的接送职工的公交班车，在新县城开辟城市公交运营。2002 年 3 月 21 日，云阳县公交公司关闭重组。2002 年，万州汽车运输总公司云阳公司、万州汽车运输总公司第三公司的部分车辆也参加县城的公交运营，运营车辆曾加到 18 辆。2003 年 12 月 15 日，云阳县公交公司改制成为云阳县鑫通运输有限责任公司（以下简称鑫通公司）。同年，鑫通公司利用移民补偿资金 164 万元、自筹资金 186 万元，在新县城双江镇云江大道东段 15 号支路口征地 5.89 亩，建设三级公交客运车站 1 座。2005 年，鑫通公司从事城市公交的运营车辆共 12 辆，其中 19 座北泉牌客车 7 辆、31 座重客牌客车 3 辆、35 座重客牌客车 2 辆，配驾乘人员 24 人，其中司机、收费员各 12 人；运营线路有薛家沟经主城至双江大桥、张家坝经主城至莲花、张家坝经主城至人和共 3 条 24 公里。收费按县物价局核定价格，为每人每次 1 元。

第十三节　秀山土家族苗族自治县

秀山主城区于 2004 年在主城区投放公交车，一次性公开投放给黔江汽车运输公司秀山分公司（原 72 车队）进行统一经营管理。投放的公交车由公司统一订购，通过多方筹集社会、民间资本，采取民营资本公司化形式组成。每台车由公司在车辆成本价格向承租人另收 2 万元的开办费用，主要用于完善公交车停靠点建设及办理公交车投放相关手续，待运行成熟后再根据每条线路的运营情况适时收取一定数量的管理费用，并按公司安全生产管理办法另缴纳安全抵押金和经营保证金。驾驶员和乘务员须经安全管理部门核准资质后方可参营。

2004年1月18日，秀山县主城区公交车正式开通。到2005年年底，拥有车辆6辆，线路2条，运行平凯至火电厂，县城至硫酸厂，全程票价1元。

第十四节　彭水苗族土家族自治县

1994年10月，彭水县城城区开行公共汽车。初始只有北泉牌中巴车4辆，由县退休教师协会集资兴办，票价0.50元/人。后商会又发展了环城公共汽车，由2辆山花牌中巴车同向而行。公共汽车收费经县物价局批准，曾实行过站点式收费，即将行驶路线分为8站，每站0.50元/人，施行中未能行通，只好实行上车0.50元/人。

1995年，民政福利公司公共汽车加入，壮大了公交队伍，公交线路增加。2005年年底，县城公共汽车达31辆，线路10条，票价实行上车1元/人，由新运公司、锦绣公交公司、利通公司三家经营。

第十五节　江津市

江津市公共交通有限公司成立于1977年5月20日（前身为江津县公共汽车站），1984年经县计委批准更名为江津市公共交通公司，原行政隶属江津市城乡建设委员会管理，于1996年7月8日划归江津市交通局主管，1998年8月30日经江津市体改委批准改制重组为江津市公共交通有限公司，1999年6月25日依法经工商注册登记，主要承担江津市辖区内的客运交通和江津城区内的公共交通，是江津区公共交通客运专业骨干企业。2005年，江津区共有6条城区公交车线路，69台运营车辆。

表6-41　　2005年江津区公交线路统计表

线路代号	起止、沿途站名	运行里程（公里）	全程票价（元）	开通时间（年月日）	投入车辆（辆）			经营单位
					大客	中客	小客	
101	市委、市政府、荣华、大桥	4.5	0.50	1993年3月6日		12		江津市公共交通有限公司
102	客运中心、琅山、平桥、化肥厂	8.5	1.00	1993年3月6日		13		江津市公共交通有限公司
103	客运中心、长风厂、琅山、双宝	10	1.00	1995年5月16日		14		江津市公共交通有限公司
104	四不挨、双宝、三岔路、双石	15	2.00	1995年5月7日		6		江津市公共交通有限公司
105	小官山车站、德感、东方红	16	3.00	1995年5月20日		17		江津市公共交通有限公司

续前表

线路代号	起止、沿途站名	运行里程（公里）	全程票价（元）	开通时间（年月日）	投入车辆（辆）			经营单位
					大客	中客	小客	
106	长风厂、江洲、艾坪公园	9	1.00	2001 年 11 月 6 日		7		江津市公共交通有限公司

第十六节　合川市

1953 年 10 月，重庆市公共交通公司开行北碚至合川线路（现 508 路）。线路长 42.5 公里。主要站点：澄江、全胜、炭坝、盐井、沙溪、东津沱、上什字等，票价 6 元，共有 17 辆 33 座 8 米空调巴士运行。

2002 年，重庆公交五公司组建渝合高速路队，开行 508 路高速公路线路，运行合川至菜园坝，成为合川至主城区的快速通道。合川至菜园坝里程为 74 公里；菜园坝至合川里程为 79 公里。每天运营班次 36 班。票价为 27 元（菜园坝至合川）和 25 元（合川至菜园坝）。运营车型为安凯和宇通大巴。

第十七节　永川市

1975 年，永川县政府批准成立永川县公共汽车站。1985 年年底，公共汽车站达 29 辆客车，但经营的仍然是到各乡镇的班线客运。1991 年元旦，永川县公共汽车站正式开行了大南门至绢纺厂、至一二八、至氮肥厂的 3 条客运线路，永川成为四川省第一个开通城区公共汽车的县城。

1992 年，永川县改为永川市。1996 年，永川市区的公交线路有了 8 条，公交站亭 16 个，公共汽车 88 辆。2000 年 10 月，永川市公交公司发展成为集团公司——重庆易泰实业（集团）有限公司，城市公交客运依然是集团公司的主要产业之一。经营的公交线路有 10 条，公交站亭 25 个，公交站牌 116 块。

重庆市志

主　修　黄奇帆

主　审　吴　刚　王余果

总编辑　周焕强

重庆市志

交通志

(1986~2005)

(下)

重庆市交通委员会　编纂

西南师范大学出版社

目　录

第七篇　港航监督与管理

第八篇　航道建设与维护

第九篇　港口建设与经营

第十篇　水路运输业

第十一篇　交通科学技术

第十二篇　交通规费征管

第十三篇　交通精神文明建设

第十四篇　交通人物

附　录

编后记

第七篇　港航监督与管理

重庆市位于长江上游，水运资源丰富。长江自西向东贯穿市境，嘉陵江、乌江、大宁河等众多支流由南北方向注入长江。重庆市河流呈叶脉状分布，构成重庆市航道网络。三峡库区蓄水后航道增多，通航里程大幅度增加，通航条件得到了史无前例的改善。

重庆市的港口由主城、万州、涪陵等3个枢纽港区和江津、永川、奉节、合川、武隆等5个重点港区以及其他12个县级港区共20个港区组成。通过港口枢纽作用的发挥，实现了重庆市航道网络与铁路、公路及航空运输的有机衔接，扩大了重庆市水路运输在全国的辐射范围。2005年，重庆市90%以上的外贸进出口货物通过水路运输完成，水路货运周转量占重庆市社会货运周转总量的64%，居综合运输体系的首位。

1986～2005年，重庆市港航管理体制进行了多次理顺关系，明确职责的机构调整与改革，其中主要有：改革初期的体制改革、直辖前后的体制改革、水监体制改革等。经过20年的改革，最终形成的港航管理体制为，一、重庆市和区县（自治县、市）交通行政主管部门主管本行政区域内港航管理行政工作，各港航管理机构在当地交通主管部门领导下负责本行政区域内港航管理具体工作的管理。二、交通部在渝机构重庆海事局、长江重庆航道局、重庆船级社等部门，按各自分工负责长江干线水上安全监督与管理工作，长江干线航道的管理工作和相关船舶检验工作，在重庆市境内的工作接受重庆市交通委员会的协调。面对点多线长的港口、航道，面对十分活跃的水运市场，面对发展迅速的港航事业，加强港航监督与管理具有丨分重要的意义。重庆市港航监督与管理由海事管理、船舶检验管理、港口管理、航道管理及运输管理5个方面组成，由交通部在渝单位与重庆市港航部门一起，在各自的职能及管理范围内互相协作、紧密配合实施港航监督与管理。通过实施以上管理，保障了水上交通安全，维护了水上交通秩序；保证了船舶修造质量，推动了船舶技术；港口航道基础设施建设得到了瞻前性规划、有序实施；规范了港口及航运市场，指导和支持了港口及航运企业的顺利发展。港航监督与管理在促进重庆市水运经济建设，推动重庆市港航事业发展方面起到了统筹协调、保驾护航的作用。

第一章 航运规划

第一节 重庆市内河航运发展规划

一、编制过程

（一）编制依据

1997年，重庆市成为中国第四个直辖市。重庆市地处长江上游，是西南地区和长江上游地区最大的经济中心城市和水陆交通枢纽。

重庆市内河航运资源丰富，长江自西向东横贯市境，嘉陵江、渠江、乌江、小江、大宁河等主要支流纵贯南北，覆盖了重庆市70%以上区县（市），发展内河航运具有得天独厚的自然条件。长江三峡枢纽工程建成以后，长江干线在重庆市境回水680公里，多条支流水深增加，水流变缓，河道变宽，为发展内河航运创造了条件。

随着西部大开发战略的实施，重庆市将加快资源优势向经济优势的转化，加快产业结构和经济结构的调整与优化，加快综合运输体系发展与完善；国家实施长江干线中下游航道建设和长江口航道整治工程，使长江航道条件逐步改善，给重庆市内河航运的发展带来了新的机遇。为贯彻落实党中央的战略决策，加快西部地区内河航运的发展，交通部印发了全国内河航运发展战略和西部地区内河航运发展规划，确定了西部地区内河航运发展思路和目标，要求重视发展内河航运。重庆市为充分利用三峡枢纽工程建设和西部大开发的有利时机，结合本市城市总体规划及国土、旅游等发展规划，大力发展重庆市内河航运，以完善综合运输体系。

（二）规划编制

2001年，重庆市交通委员会组织交通部规划研究院、重庆市公路勘察设计研究院成立规划项目组，开展《重庆市内河航运发展规划》编制工作，规划重点是航道及港口布局规划。规划基础年为2000年，规划水平年为2010年、2020年。

2001年4月，在重庆市交通委员会的组织下，规划项目组编制《重庆市内河航运发展规划》工作大纲及报告编写提纲。2001年5月至6月，规划项目组对重庆市合川、江津、綦江、涪陵、武隆、彭水、开县、云阳、万州、奉节、巫溪、巫山、永川等有关区县（市）进行现场调研，征求当地政府对发展内河航运的意见和建议，同时，实地勘查了嘉陵江、涪江、小江、大宁河、乌江等部分航道、港口及水利枢纽。规划项目组对运输船型、航道布局及港口布局提出规划意见，2001年10月，完成征求意见稿。2001年11月9日，重庆市交通委员会在北京组织召开专家咨询会。规划项目组根据重庆市交通委员会与专家的意见和建议，对报告进行再次完善，于2001年12月完成送审稿。

2002年6月27日至28日，重庆市人民政府会同交通部在重庆市主持召开审查会，审查意见项目组对报告再次进行补充完善，完成报批稿。同年12月28日，重庆市人民政府下发《重庆市人民政府关于重庆市内河航运发展规划的批复》，批准实施《重庆市内河航运发展规划》规划。该规划在重庆市直辖后增大了港航管理范围。《重庆市内河航运规划》是重庆市内河航运发展的第一个规划，结束了自20世纪50年代以来重庆市内河航运建设无发展规划的历史。

二、规划内容

（一）重庆航道布局规划

1. 层次划分

由于航道所处的地理位置、流域内资源及开发程度、经济发展水平及综合运输网发展状况不同，各航道所起的作用不尽相同。根据各航道的功能、作用及自然条件、经济发展需求等，重庆市内河航道分为全国水运主通道、区域性重要航道和一般航道。

（1）全国水运主通道。

全国水运主通道是国家综合运输大通道的重要组成部分，是全国航道体系的骨干，是客货流密集带，以完备的航运基础设施、先进的管理和优质的服务，实现畅通、安全、高效的水上运输，由三级及以上航道和部分四级航道组成。全国水运主通道包括长江干线、嘉陵江及乌江。

（2）区域性重要航道。

区域性重要航道是与全国水运主通道相连接的重要支流，是地区性骨干航道，由四级及部分五级航道组成。区域性重要航道包括渠江、小江及大宁河。

（3）一般航道。

一般航道指除全国水运主通道、区域性重要航道以外的航道，是重庆市航道体系的组成部分，主要为五、六级航道，以满足旅游和交通不发达地区人民群众基本的交通运输需求为主，为本地区货物运输服务。一般航道包括綦江、涪江、梅溪河、大溪河等支流航道。

2. 规划方案

（1）全国水运主通道。

全国水运主通道包括长江干线、嘉陵江、乌江3条航道，规划总里程1022公里，其中一级航道527公里，三级航道290公里，四级航道205公里。

①长江干线：规划羊石镇至九龙坡为三级航道，九龙坡至鳊鱼溪为一级航道。三峡枢纽工程蓄水正常运行后，由3000吨级船舶组成的万吨级船队有半年时间可抵达重庆市九龙坡港区。

2010年以前需炸除长寿至重庆段的五金堆、夫归石等19处礁石，2010年后当三峡水库蓄水175米水位时，需通过整治朝天门至蓝家沱段的金沙碛等10处滩险及疏浚部分河段等来保证规划目标的实现。

②嘉陵江：嘉陵江是重庆市航道体系的骨干，是陕、甘、川、渝三省一市通江达海的主要水运通道，全线梯级渠化后，对促进流域资源开发和经济发展发挥非常重要的作用。航道规划水观音至利泽枢纽17公里为四级标准，利泽枢纽至重庆137公里为三级标准。2010年前后，三峡枢纽工程将按145～175米水位运行，2010年前重点建设合川草街枢纽及利泽枢纽，整治合川草街枢纽以下个别滩险，使水观音以下154公里航道全线达到四级。2010年以后，建设井口枢纽，实现利泽枢纽以下137公里航道全年达三级航道标准。

③乌江：乌江是重庆市航道体系的骨干，是贵州省及重庆市彭水、武隆等地区进出长江干线的水上主要通道。乌江的航运建设对促进经济发展、铁水合理分流、综合运输体系的完善，改变山区落后面貌具有重要意义。航道规划为四级标准。2010年以前水利部门计划建设彭水枢纽，使彭水以上63公里航道达四级标准，整治、疏浚乌江河口段航道，维护彭水以下125公里航道满足五级航道要求；2010年以后，建设大溪口枢纽，利用三峡枢纽工程回水，实现龚滩以下188公里全线达四级航道标准。

表 7－1　2020 年重庆市全国水运主通道规划等级及里程表

单位：公里

序号	航道名称	规划河段		规划河段航道等级										备注
				一级		三级		四级		五级		六级		
		起迄点	里程	河段	里程	河段	里程	河段	里程	河段	里程	河段	里程	
1	长江干线	羊石镇—鳊鱼溪	680	九龙坡—鳊鱼溪	527	羊石镇—九龙坡	153							
2	嘉陵江	水观音—朝天门	154			利泽枢纽—朝天门	137	水观音—利泽枢纽	17					
3	乌江	龚滩—涪陵	188					龚滩—涪陵	188					
	合计		1022		527		290		205					

（2）区域性重要航道。

①渠江：渠江是四川省东部地区和重庆市部分地区进出长江干线的内河航运通道，航道规划利用嘉陵江合川草街枢纽回水淹没浅滩，达到四级标准。因渠江流域多数货物流向与渠江流向一致，渠江航道的开发建设将使货物合理分流，也将使腹地资源得到开发和利用，改变山区的落后面貌，同时使水资源得到合理的利用。根据长江水系航运规划，渠江干流梯级开发任务以航运为主，兼顾灌溉及其他。自上而下规划建设金盘子、舵石鼓、南阳滩、风洞子、梁滩、四九滩等 6 个梯级，现增加 1 座富流滩梯级，7 座梯级均在四川省境内，并利用嘉陵江合川枢纽的回水，使渠江三汇至渠河嘴 300 公里航道达四级航道标准。

②小江：小江是重庆市东北部的重要河流，长江一级支流，是连接开县和云阳两县的主要河流。三峡枢纽工程建成后，小江成为库区河流，航道条件将大为改善。当三峡枢纽工程按 175 米水位运行时，小江回水 110 公里至开县马家沟。航道规划马家沟至开县 34 公里为五级航道，开县至云阳河口 76 公里为四级航道，其中开县至白家溪 25. 5 公里通航保证率为 60%。规划小江开县至河口 76 公里为四级航道，其中开县至白家溪 25.5 公里通航保证率为 60%，马家沟至开县 34 公里为五级航道。2010 年前对部分河段进行整治以满足航道弯曲半径的要求，2020 年继续整治有关河段，使航道达到四级标准。

③大宁河：大宁河是重庆市东北部的重要河流，长江一级支流，是连接巫溪和巫山两县的主要河流。三峡枢纽工程建成后，大宁河成为库区河流，航道的条件将大为改善，当三峡枢纽工程按 175 米水位运行时，大宁河回水 66 公里至庙溪。大宁河为区域性重要航道，是沿岸旅游、矿藏资源开发及沿岸居民出行的重要通道。它的开发建设对改善巫溪、巫山等地区的交通状况，促进地区经济发展具有重要意义。航道规划庙溪至河口 66 公里为四级航道，其中庙溪至高家坪 18 公里通航保证率 60%。规划高家坪至河口 48 公里常年库区段为四级航道；庙溪至高家坪 18 公里为通航保证率 60% 的四级航道；巫溪至庙溪 8 公里因河道比降大，航道整治不能达到提高航道等级的要求，只能维持航道现状。

表 7－2　2020 年重庆市区域性重要航道规划等级及里程表

单位:公里

序号	航道名称	规划河段		规划河段航道等级										备注
				一级		三级		四级		五级		六级		
		起迄点	里程	河段	里程	河段	里程	河段	里程	河段	里程	河段	里程	
1	渠江	丹溪口—渠河嘴	74					丹溪口—渠河嘴	74					
2	小江	马家沟—河口	110					开县—河口	76	马家沟—开县	34			
3	大宁河	庙溪—河口	66					庙溪—河口	66					
	合计		250						216		34			

（3）一般航道。

①綦江：根据长江水系航运规划，綦江选定 10 级渠化方案，自上而下依次建设羊蹄洞、盖石洞、猪滩、滑石子、綦江、桥溪口、车滩、五福、青泊和新滩等 10 座枢纽。已建有羊蹄洞、盖石洞、石溪口、桥河、綦江、桥溪口、车滩、五福等 8 座枢纽。全程渠化需建设猪滩、滑石子、青泊、新滩 4 座枢纽，其中规划由滑石子替代已建的石溪口、桥河 2 座枢纽，并对已有枢纽进行改造，赶水至河口建成六级航道，航道尺度为 1.2×30×200 米（航深×航宽×弯曲半径），通航 100 吨级船舶。2020 年建设青泊、新滩两座枢纽及替代现有的石溪口、桥河两座枢纽的滑石子枢纽，对已建的綦江、桥溪口、车滩、五福 4 座船闸进行改造，并对河口段个别滩险河段进行整治，使三江以下达通航 100 吨级船舶的要求。最后新建猪滩枢纽和改造羊蹄洞、盖石洞 2 座枢纽，使赶水以下 135 公里六级航道全线贯通。

②涪江：2010 年前建设富金坝枢纽，并利用合川枢纽回水淹没渭沱以下河段浅滩，可使三块石库区以下 111 公里全线贯通。2020 年对现有枢纽进行船闸改造，并对航道进行整治，使境内 136 公里全线达到 300 吨级航道标准。

③ 梅溪河：当三峡枢纽工程按坝前 175 米水位运行时，梅溪河回水 30 公里至芝麻田。当三峡枢纽工程建成后，梅溪河河口 8 公里河段河宽 100 米以上，水深 30 米以上，可通航 1000 吨级船舶。规划高店子至河口 23 公里为五级航道，其中河口段 8 公里为三级，芝麻田至高店子 7 公里为六级航道。利用三峡枢纽工程回水，增加河道的宽度和深度，对五里碑、菜子坝、龙王庙河段进行裁弯，增加航道的弯曲半径，满足航道规划标准。

（4）支持保障系统规划。

①助航设施：规划期内全国水运主通道及区域性重要航道（除长江干线外），凡有条件的标位应建设大型塔形岸标，添置雷达应答系统，逐步发展无线电航标，加大浮标持度，大量使用太阳能，匹配高效节能、色艳寿长的新光源，做到标位准确、布局合理、标志鲜明、灯光明亮、维护管理现代化。一般性航道尽量使用发光标志，做到布局合理，使用耐久、省电，减轻劳动强度。

②航道船舶设施：三峡水库形成后，重庆市航道大部分将成为库区航道，航道维护量将大大降低，为此，航道疏浚船数量维持不变，只进行更新改造；相应增加配置巡逻艇、测量船、航标船及其附属设施。

③航道信息化管理：航道信息化管理是一个复杂而漫长的过程，应分三步走。第一步，在航道工程实施、航道测量、航标管理、船舶管理、档案管理、科技管理等方面实现办公自动化；第二步，逐步开发航道信息系统网络技术，有效配置航道信息资源，实现资源共享；第三步，建立完整的航道基础数据库和网络工作环境，逐步实现从数据采集、分析、传输、处理及公布的一条龙式管理覆盖重庆市所有航道，实现航道管理信息化。

④航道生产配套设施：改造自然岸坡式的航道站码头，消除安全隐患；改善航道工人的生产和生活环境，改造、建设航道所、段生产用房；增加建设信号台，改善船岸及船舶之间的通信联络条件，实现信号台站对过往船只的指挥与信息传递。

（二）重庆港口布局规划

1. 层次划分

港口是内河航运的重要组成部分，港口的发展对发挥航道的功能具有重要的作用。三峡枢纽工程建成后，随着航道条件的逐步改善，各个港口在航运体系中的地位和作用将进一步分化。为了适应内河航运发展的需要，根据各港的地理区位、在综合运输网中的地位、依托城市和集疏运条件、基础设施状况等因素，合理确定港口的不同功能，对重庆市港口进行层次划分。依据港口的功能、作用和未来的发展潜力，将重庆市港口划分为全国主枢纽港口、地区重要港口、一般港站 3 个层次。

(1) 全国主枢纽港口。

全国主枢纽港口是区域性水陆物资转运的重要枢纽，是综合运输体系在内河全国水运主通道上的重要节点，是腹地资源开发、生产力布局和区域经济发展的重要依托，应具有完备的设施、设备和先进的管理，提供优质、高效、综合服务。包括重庆港与万州港2个港口。

(2) 地区重要港口。

地区重要港口是依托中心城市，位于全国水运主通道上，基础设施较完备，成为地区性客货运输组织中心，作为重要的水、陆运输节点，在重要物资的跨区域运输中发挥中转作用，是发挥全国水运主通道功能的重要支撑港口，在促进地区经济发展和对外物资交流中发挥主要的作用。地区重要港口包括江津港、涪陵港、奉节港、合川港和彭水港等5个港口。

(3) 一般港站。

一般港站是依托县城和重要乡镇，满足中心乡镇的城市建设和人民物质、文化生活需要的港口，在当地经济发展中发挥重要作用，是重庆市航运体系的基础。一般港站包括永川港、长寿港、丰都港、忠县港、西沱港、云阳港、巫山港、武隆港、开县港、巫溪港等县城港和其他集镇港。

2. 规划方案

以库区港口复建为契机，强化为重点城区服务，重庆市港口布局规划为：以位于主通道上的重庆、万州两个全国主枢纽港口和江津、涪陵、奉节、合川、彭水5个地区重要港口为中心，以其他县城港及集镇港等一般港站为基础，形成层次分明、布局合理、大中小结合的港口群。

(1) 全国主枢纽港口。

①重庆港：重庆市主城区位于嘉陵江与长江汇合处，是中国西南地区经济中心、大型工业城市。依托重庆市主城区的重庆港是长江上游最大的港口，是客货集疏运中枢，是中国内河全国主枢纽港口。重庆港不仅是重庆市和西南广大地区通江达海的门户，也是长江上游唯一的外贸口岸。重庆港经济腹地达云、贵、川，通过长江航道连接中东部地区。随着西部大开发的深入，将成为西南地区的物流中心，其发展前景十分广阔。

重庆港是以重庆市主城区为依托，以川、黔、滇等地区为腹地的全国内河主枢纽港，是重庆市和西南地区的交通主枢纽和水上门户，水路可直达长江沿线各省市，陆路与成渝、川黔、襄渝铁路和四通八达的公路网相连。

重庆港辖朝天门客运港区和九龙坡、江北大型货运港区及若干中小港区，码头分为港务局码头和地方及企业码头，有码头泊位189个，其中1000吨级以上泊位84个，客货运年综合通过能力为900万人次和1033万吨（含5万标箱、10万辆汽车）。

重庆港吞吐货物以散货、件杂、重件、汽车滚装、集装箱为主，2000年完成客运量702万人次；货物吞吐量1063万吨，其中煤炭、金属矿石、矿建材料等大宗散货占总量的52.6%，化肥占8.4%。

预测重庆港2010年客货吞吐量分别为900万人次和1535万吨，2020年客货吞吐量分别为1000万人次、1980万吨，其中石油、金属矿石、矿建材料、集装箱和汽车滚装等货种增幅较大，主要需新建集装箱、汽车滚装泊位。

三峡枢纽工程建成后，重庆港处于回水变动区，航道水深条件虽有所改善，但岸坡将产生一定的淤积，水位与自然条件相比将产生壅高，现有的朝天门、九龙坡等港区将产生累积性淤积，对港口生产影响程度尚不确定，需作进一步深入研究，安排新的建设项目时应充分考虑泥沙淤积的影响。规划重庆港保留现有朝天门客运中心港区，九龙坡货运港区，维持基本功能不变；重点开发建设寸滩、佛耳岩两个货运新港区，其他中小港区适度发展。

根据城市总体规划和各港区条件，主要客货运港区规划如下：

客运港区规划　朝天门港区位于长江、嘉陵江交汇处，邻近的朝天门地区商贸发达，是重庆市人流最密集的中心地带，该港区基本功能不变，规划为客运中心区，以旅游客运和普通客运为主，兼及娱乐、观光、休闲、购物等多种功能。

货运港区规划　九龙坡港区是重庆港最大的铁水联运港区，经过多年的技术改造和基本建设，目前已拥有9个生产性泊位，主要承担西南地区物资进出口中转任务，将发展成以集装箱、汽车滚装、重件、金属矿石装卸为主的综合性港区。但该港区所剩岸线不多，且码头后方为铁路线，陆域纵深受到限制。

寸滩港区位于江北区寸滩镇上游1.5公里长江北岸，可利用岸线较长，陆域开阔，邻近城市外环交通网，适宜发展占用陆域大的集装箱多式联运和汽车滚装运输。该港区是根据重庆市城市总体规划关于实现港口客货分流、城市产业布局调整、形成城市交通外环网和适应集装箱及汽车滚装运输发展需要而规划的新港区，主要承担市区进出口物资中转、集装箱及汽车滚装运输任务，将成为重庆市现代综合物流体系的重要组成部分，应为发展物流中心创造条件。

佛耳岩港区水陆域条件好，且毗邻的大江车辆厂已具备5万辆奥拓生产能力，最终规模年产30万辆，预计70%的成品汽车将由水路外运，另外还将有其他汽车及零部件由港口运入，该港区是规划以汽车滚装为主，兼及货运的新港区。

②万州港：万州港位于三峡库区腹心地带，以地区性中心城市万州区为依托，以川东、川西北、鄂西和陕南等地为腹地，是全国主枢纽港口，是重庆市东部地区的交通枢纽，水路可直达长江沿线各省市，陆路与万达铁路和四通八达的公路网相连，集疏运非常便利。

万州港辖红溪沟、牌楼、驷马桥、杨家街、南门口、柑子园、牛屎滩、青草背、沱口等港区，码头分为港务局码头和地方码头，码头泊位216个，其中1000吨级以上泊位35个，年综合通过能力为2767万人次、917万吨。万州港吞吐货物以煤炭、石油、矿建材料、化肥、客货运农药为主，2000年完成客运量603万人次；货物吞吐量464.9万吨，其中煤炭、矿建材料等大宗散货占46.2%。

预测万州港2010年客货吞吐量分别为630万人次和745万吨；2020年客货吞吐量分别为680万人次和960万吨。

三峡枢纽工程建成后，万州港处于库区，水深条件非常优越，常年可停靠3000吨级船舶组成的万吨级船队。现有港区除红溪沟货运港区可使用外，其余港区将全部淹没。根据新的自然条件和经济需求，万州港规划继续建设红溪沟货运港区，复建鞍子坝、北山坡客运港区和牌楼、沱口、红花地、青草背等主要货运港区，适当发展其他小型港区。

客运港区规划　万州港地处三峡库区中心，客运在今后的发展中仍将占据重要位置，虽然普通客运将减少但旅游客运会逐步增长。客运港区规划有鞍子坝和北山坡，鞍子坝位于万州区商贸中心地段，以长途客运和旅游客运为主；北山坡位于苎溪河口，为短途客运港区。

货运港区规划　红溪沟港区紧邻318国道，连接万达铁路的专用线即将建设，对川东货源具有很强的吸引力，规划为铁水联运港区。该港区一期工程已于2000年建成投产，建有1000吨级通用、件杂泊位各1个，年综合通过能力45万吨。结合复建，二期工程也已开工，现状集中了万州港主要的集装箱运输和汽车滚装，今后结合码头复建，将建成集装箱、汽车滚装、钢铁件杂、金属矿石、煤炭等货物为主的综合性港区，并进一步向物流园区方向发展。

牌楼港区后方紧邻盐业厂区，且与万忠公路相连，是万州港的重要货运港区，规划货物以盐产品、件杂货为主。

沱口港区位于长江右岸，主要为五桥及鄂西地区服务，是综合性货运港区，远景规划为铁水联运港区。

红花地港区位于万州新老城区结合部，紧邻万忠公路，但陆域纵深较小，规划为以矿建和件杂泊位为主的货运区，码头复建期间布置有短途客运的过渡性泊位。

青草背港区地处天城工业开发区，位于双溪铺和三峡船厂之间，规划为以集装箱、件杂、木材、非金属矿石、化肥、煤炭等为主的货运港区。三峡枢纽工程建成后，港口码头泊位被淹没，码头需要复建。除货主码头外，公用码头计划复建客运泊位6个，年客运通过能力625万人次；货运泊位11个，年货运通过能力321万吨（含1.5万标箱）。

（2）地区重要港口。

①涪陵港：涪陵区地处重庆市东南部，长江与乌江汇合处，是三峡库区的一个重要城市。渝涪高速公路已通车，319国道、拟建渝怀铁路和万涪铁路在此交汇，使依托涪陵区的涪陵港成为乌江中下游地区和渝东南部物资集散和中转枢纽。随着三峡枢纽工程的建成运行，涪陵港凭借其地理区位优势和地区经济发展的需求，将发展成为具有装卸、仓储、中转换装，水、公、铁联运，兼有旅游、商业服务等多功能的综合性港口。

涪陵港以地区性中心城市涪陵区为依托，以乌江中下游和渝东南为腹地，是涪陵和黔江地区发展外向型经济的窗口，水路可直达长江沿线各省市，陆路与万盛至南川、在建渝怀铁路和四通八达的公路网相连，集疏运十分便利。

涪陵港辖长江上的龙王沱、荔枝园、糠壳湾，乌江上的大东门、崩土坎、中渡口等主要港区，码头分为港务局码头和地方码头，码头泊位143个，其中1000吨级以上泊位40个，年综合通过能力客运1335万人次、货运681万吨。涪陵港吞吐货物以煤炭、石油、钢铁、矿建材料、矿石、水泥、化肥、农药等为主。2000年完成客运量347万人次；货物吞吐量387.6万吨，其中煤炭、非金属矿石占12.7%，水泥、化肥、盐占47.4%。

预测涪陵港2010年客货吞吐量分别为400万人次和630万吨；2020年客货吞吐量分别为480万人次和800万吨。

三峡枢纽工程建成后，涪陵港处于库区，水深条件非常优越，常年可停靠3000吨级船舶组成的万吨级船队。涪陵港现有港区将全部被淹没，需要复建。根据新的自然条件和经济需求，涪陵港规划重点复建龙王沱、大东门客运港区和糠壳湾、崩土坎等主要货运港区、新建北拱（曾家坝）铁公水联运港区，适当发展其他中小型港区。现有的主要货运港区荔枝园由于码头复建陆域狭窄，规划利用有限陆域，作为散货过渡性港区。

客运港区规划　涪陵港地处三峡库区常年回水上端，客运在今后的发展中仍将占据一定位置，普通客运和旅游客运将稳中有升。客运港区规划有龙王沱和大东门，龙王沱位于长江沿岸，涪陵区商贸中心地段，结合城市总体布局，规划为客运中心港区，以长途客运和旅游客运为主；大东门位于乌江口门处，主要满足短途客运。

货运港区规划　糠壳湾港区紧邻荔枝园，为涪陵区长江防护大堤的最上游段，水域条件好，且后方陆域比较开阔，是货运港区的优良选址。规划本港区发展成为以集装箱、杂货为主的货运中心港区。

荔枝园港区是涪陵港主要货运港区，主要货物为件杂、钢铁、化肥等。三峡枢纽工程按坝前175米水位运行后，码头复建陆域狭窄，发展受到限制，规划利用有限陆域，作为散货过渡性港区。

北拱（曾家坝）港区位于长江右岸，涪陵主城区西侧，距建设中的渝怀铁路编组站4公里，港区集疏运条件优越，且水陆域条件良好，规划以非金属矿石、建材等散货为主，并具有集装箱运输功能的铁公水联运港区。

崩土坎港区位于乌江口内，随着乌江航道航行条件的进一步改善，乌江流域资源开发利用程度也将进一步提高，乌江与长江两流域的经济联系将更加密切。规划崩土坎是以煤炭、矿建材料、非金属矿石等运输为主的乌江中下游物资运输的中转港区。

三峡枢纽工程建成后，港口码头泊位被淹没，码头需要复建。除货主码头外，公用码头计划复建客运泊位5个，货运泊位9个，客运量通过能力分别为400万人次和158万吨。

②江津港：江津港以重庆市卫星城江津市为依托，以川、渝、黔部分地区为腹地，是连接川东南、黔北地区的重要口岸，水路可直达长江沿线各省市，陆路与成渝铁路和四通八达的公路网相连。

江津港辖蓝家沱、猫儿沱、几江、白沙、滩盘、德感、油溪、朱杨、珞璜等9个主要港区，共有泊位100个，其中1000吨级以上泊位30个，大部分为自然岸坡，货物装卸主要靠人力装卸，年综合通过能力客运48万人次、货运661万吨。

江津港吞吐货物以化肥、磷矿石、矿建材料、水泥、煤炭、成品油、粮食、金属矿石等为主，2000年完成旅客运量42万人次，主要为短途旅客；货物吞吐量309万吨，以矿建材料、化肥、盐为大宗，占80%。

预测江津港2010年客货吞吐量分别为50万人次和407万吨，2020年客货吞吐量分别为60万人次和509万吨。

长江三峡水库蓄水后，在坝前175米水位运行时，江津港部分港区处于回水变动段，长江岸坡将产生部分淤积，现有蓝家沱、猫儿沱港区将产生累积性淤积，对港口影响程度尚不确定，安排新的建设项目时应充分考虑泥沙淤积的影响。

江津港规划主要港区包括通泰门客运港区及五举沱、贾贝沱、蓝家沱、猫儿沱、德感、白沙等主要货运港区，保留现有蓝家沱、猫儿沱两个货运港区，维持基本功能不变，重点建设几江客货综合港区和白沙货运港区，

客运港区规划　通泰门港区依托的几江镇是江津市政府所在地，是江津的政治、经济、文化中心，是江津的对外窗口和工农业生产、人民生活必需物资运输的重要口岸，通泰门港区后方紧邻市区滨江路，规划为客运中心港区。

货运港区规划　五举沱、贾坝沱港区位于几江镇，陆域开阔，水域条件良好，集疏运便利，规划为新的货运港区。

猫儿沱港区是江津港一个铁水联运港区，主要承担滇、黔两省磷矿石出口和贵州省赤天化化肥中转，该港区规划通过技术改造提高通过能力，适应磷矿石出口和化肥中转需求。

蓝家沱港区是江津港的一个重要铁水联运港区，主要承担川、滇、黔的部分物资中转，规划通过技术改造提高通过能力，并规划建设化肥交易市场、矿石储运集散地，拓展码头功能。德感镇是江津的北大门，以机械、食品、建筑材料、交通运输服务等产业为主。德感港区依托德感镇，主要以装卸煤炭、矿建材料、化肥等货物为主的散杂货港区。

白沙港区位于江津的西部，背靠滩盘火车站——江津最大的化肥铁路中转站，水域条件良好，是江津西部地区重要物资转运口岸，规划以装卸化肥、煤炭、矿建材料、石油等货为主的铁水联运港区。

③奉节港：奉节港位于长江三峡库区内，依托奉节县城，以川、陕、鄂边区为腹地，是奉节县的水陆交通中心，水路可通长江沿线各省市，陆路与公路网相连。

奉节港现有港口的码头主要集中在长江北岸的大南门、白马滩、江巴石、关庙沱等段岸线上，布局非常分散。奉节港有码头泊位29个，其中1000吨级以上泊位15个，大部分为简易码头，年客货综合通过能力分别为341万人次和301万吨。

预测奉节港2010年客货吞吐量分别为150万人次和225万吨，2020年客货吞吐量分别为170万人次和265万吨。

奉节港是重庆市辖区的地区重要港口，既是地产原煤的主要外运通道，又是三峡风景区的重要旅游客运港。三峡枢纽工程建成后，奉节港水深条件非常优越，常年可停靠3000吨级船舶组成的万吨级船队，现有码头将全部淹没，需复建。奉节县新城依长江分为三马山城市中心区，宝塔坪工

业、居住、旅游综合区，长江南岸工业区等3个组团小区。奉节港港区布局依据城市布局，规划复建三马山客货运港区、宝塔坪旅游综合港区、白马和李家坝货运港区，并在梅溪河新建煤炭装船码头。

客货运综合港区规划　三马山港区背靠规划中的奉节县城政治、经济中心——朱衣河口附近的三马山小区，港区岸线顺直，坡度较缓，地质条件良好，适宜建港，规划为以客运为主兼顾三马山小区日常杂货进出的客货运港区。

宝塔坪港区背靠宝塔坪小区，靠近白帝城，规划为旅游为主兼顾杂货运输的综合港区。

货运港区规划　白马港区背靠莲花片区，奉节县文化娱乐及商贸中心，港区岸线顺直、地质条件良好。白马港区除满足小区物资运输需求外，主要用以满足腹地资源外运服务，规划白马为货运港区。

李家坝港区位于长江南岸，背靠规划的工业区，区内规划有化肥厂、水泥厂以及相应的经贸、文化娱乐、商业服务、居住等设施，规划为以化肥、水泥、建材、煤炭等为主的散杂货港区。

梅溪河穿过奉节县主要产煤区，考虑到运输便利和旅游城市的环境要求，规划将主要的煤码头布置在梅溪河里，包括龙潭等港区。

公用码头计划复建客运泊位6个，货运泊位2个，年客货运通过能力分别为77万人次和410万吨。

④合川港：合川港依托重庆市北部的合川市，以合川市周边地区为腹地，是合川市门户，水路可通涪江、渠江、嘉陵江及长江等沿江地区，陆路与骨架公路相连，交通便利。

合川港现有码头分布在嘉陵江及涪江、渠江入汇河口内，港辖合川中心港区、盐井港区、太和港区等22个港区，有码头泊位76个，最大靠泊能力500吨，年客货综合通过能力分别为24万人次和178万吨。

合川港吞吐货物以矿建材料、水泥、盐、煤炭、粮食等为主。2000年完成旅客吞吐量69万人次；货物吞吐量121万吨，其中矿建材料占65%。

预测合川港2010年客货吞吐量分别为75万人次和260万吨，2020年客货吞吐量分别为78万人次和365万吨。

根据经济发展需要、城镇防洪规划及港口的自然条件，合川港规划有鸭嘴客运港区和千斤滩、东津沱、盐溪桥、东渡、甘家坝、黄金桥、乌木滩等货运港区。

客运作业区规划　鸭嘴港区位于嘉陵江与涪江的交汇处、涪江左岸，后方紧临合川市区、进港道路与城市干道相通，规划为客运港区。

货运作业区规划　千斤滩港区后方规划有工业区、高速公路仓储区及铁路货运二级车站，为了发挥立体交通网络的优势，规划为重点货运港区。

东津沱港区位于嘉陵江右岸，后方为规划工业区，与212国道主干线连接方便，结合《重庆市三峡库区船舶污染防治规划》以及合川市城市污水处理厂控制性规划，拟规划为环保、危险品港区。

盐溪桥港区处于合川北部城区，规划以建材为主的货运港区。

东渡港区位于嘉陵江左岸，后方为粮食仓储基地，规划为以粮食、建材为主的货运港区，兼顾部分客运。

甘家坝港区位于嘉陵江左岸，后方为盐卤厂，规划以建材、化工产品为主的货运港区。

黄金桥港区位于涪江左岸，结合城市总体发展规划，考虑战备布局的需要，规划为平战结合港区，和平年代以建材货运为主。

乌木滩港区位于涪江右岸，结合城市总体发展规划，考虑战备布局的需要，规划为平战结合港区，和平年代以建材货运为主。

⑤彭水港：彭水港依托彭水县城，以川、湘、黔、鄂四省边区为腹地，是彭水县及周边地区的水陆交通集散地，水路由乌江直通长江干线，陆路与319国道和在建的渝怀铁路相连，交通便利。

彭水港现辖上沙沱、大沙沱、南渡沱、四楞碑等4个主要港区，有码头泊位20个，最大靠泊能力为500吨级，多为自然岸坡作业，年客货综合通过能力分别为60万人次和82万吨。

彭水港吞吐货物以矿建材料、非金属矿石、化肥、水泥等为大宗，2000年完成旅客吞吐量20万人次；货物吞吐量40.5万吨，其中矿建材料、非金属矿石占29.4%。

预测彭水港2010年客货吞吐量分别为40万人次和112万吨，2020年客货吞吐量分别为50万人次和208万吨。

根据各港区建港条件和当地工业及交通布局，规划重点建设四楞碑客货运综合港区和大沙沱、南渡沱货运港区。

客货运综合港区规划　四楞碑港区位于乌江右岸，水陆域条件良好，背靠彭水县城，规划为以客运为主兼杂货的主要港区。

货运港区规划　大沙沱作业区靠近县城，规划为件杂货作业区。

南渡沱作业区位于乌江左岸，是当地的工业密集区，该区规划为以矿建、化肥等散货为主兼及其他的综合性港区。

鉴于码头设施非常原始，因此需通过对现有的港口设施进行技术改造，来满足经济发展对港口的需求。

（三）重庆船舶及运营组织规划

1. 规划目标

为充分发挥重庆市内河航运优势，调整船舶运力结构，使船舶发展规模与技术水平趋于合理，以适应市场经济的大环境，提高运输船舶的综合效益，提出船舶发展的规划目标是：利用船舶发展的新技术，通过发展与技术改造相结合的道路，逐步淘汰技术状况差、能耗高、综合效益差的老旧船型，普及和推广优秀节能船型，提高船舶的技术性能，促进船舶向标准化、系列化、高效化方向发展。调整和完善船队结构，优化船舶运输组织形式，以提高船舶运输的综合效益。不断提高船舶及船队的安全、经济、节能、效率等技术经济指标，建立一支适应干干、干支和江海联运不同航道条件的，技术先进、构成合理、低耗高效的现代化运输船舶和船队。

2. 船型规划

（1）长江干线船型。500吨级机动驳的型宽没有按《三峡枢纽工程过坝货船（队）尺度系列》设为8.6米，而是按《内河货运船舶船型主尺度系列》设为10.8米。山区河流开发建设困难，500吨级以下船舶的吃水严格按照《内河通航标准》（GBJ139－90）中天然及渠化河流的吃水标准，1000吨级船舶考虑有通过三峡大坝的需求，参照《三峡枢纽工程过坝货船（队）尺度系列》，规划长江船型。

（2）嘉陵江干线船型。在短途航线上，以300吨和500吨机动驳船效益最好；长途航线上以1顶2×1000吨船队为佳；如果航道只能达Ⅳ级，则以1顶2×500吨船队较好。

（3）乌江干线船型。在中短途航线上，以500吨机动驳船效益最好；长途航线上以1顶2×1000吨船队为佳；航道只能达Ⅳ级时，则以1顶2×500吨船队较好。

（4）綦江干线船型。因为距离重庆等货源地都较近，加上梯级也较多，所以采用300吨机动驳船运输较好。

（5）小江干线船型。运距较短，港点分散，以500吨和300吨机动驳船运输效益较好。

（6）大宁河干线船型。运距最短，绝大部分在三峡枢纽工程库区内运输。港点分散，近期采用300吨和100吨机动船效益好，500吨级次之。大宁河作为旅游资源丰富的河流，为满足旅游开发的要求，应考虑500吨级旅游客船的运输需求。

表7-4

船型及运营组织规划表

航区	顶推船队			机动船						驳船			
	船队组成	总长（米）	总宽（米）	船种	总长（米）	型宽（米）	吃水（米）	主机		总长（米）	型宽（米）	吃水（米）	净载重吨（吨）
								功率(千瓦)	型号及台数(台)				
长江干线	T+2×2×3000t	226	32.4	1654千瓦推轮	45.8	10.5	2.5	1654	6DSBM-22×3	90.0	16.2	3	3000
长江干线	T+2×2×2000t	190	32.4	1100千瓦推轮	40	10.5	2.5	1100		75	16.2	2.6	2000
长江干线	T+2×2×1000t	169	21.6	882千瓦推轮	34	10.5	2	882	S165-ET×2	67.5	10.8	2.4	1000
长江干线	T+3×2×500t	124	32.4	882千瓦推轮	34	10.5	2	882	S165-ET×2	45	10.8	2.0	500
长江干线				2000吨机动驳	90	16.2	3	736					
长江干线				1000吨机动驳	67.5	10.8	2.4	368	6160A13×2				
长江干线				500吨机动驳	55	10.8	1.6	198	6160A1×2				
长江干线				144TEU	87.6	13.6	3.2	2×315	Z6170ZLC2-4				
长江干线				300车	85.5	14.8	2.5						
嘉陵江	441kW+2×1000吨	166	10.8	441千瓦推轮	31	9	2	441	12V135Acal×2	67.5	10.8	2.4	1199
嘉陵江	256kW+2×500吨	111	10.8	256千瓦推轮	21	8	1.6	256	6135ZCa×2	45	10.8	1.6	521
嘉陵江				500吨机动驳	55	10.8	1.6	198	6160A1×2				
乌江	256kW+2×500t	111	10.8	256千瓦推轮	21	8	1.6	256	6135ZCa×2	45	10.8	1.6	521
乌江				500吨机动驳	55	10.8	1.6	198	6160A1×2				
綦江				300吨机动驳	55	7.3	1.3	118	4135Ca×2				
綦江				100吨机动驳	45	5.5	1	59	2135×2				
小江				500吨机动驳	55	10.8	1.6	198	6160A1×2				
小江				300吨机动驳	55	7.3	1.3	118	4135Ca×2				
大宁河				300吨机动驳	55	7.3	1.3	118	4135Ca×2				

（四）分阶段发展目标

1. 近期发展目标（2010 年以前）

2010 年前，是实现重庆市内河航运发展总体目标的关键时期，要重点建设三峡库区水运设施淹没复建工程和通江达海的全国水运主通道，初步改变内河航运的落后面貌。

航道：与水利、水电部门合作，集中力量建设嘉陵江合川草街、利泽航电枢纽工程，乌江彭水枢纽工程；结合三峡枢纽分期蓄水，相应开发大宁河、小江航道；建设涪江等主要一般航道。

港口：完成三峡库区水运设施淹没复建工程，相应建设重庆、江津、合川等港口的重点港区，开发永川、开县等一般港站，加快集装箱、汽车滚装、煤炭和建筑材料等专业化码头建设。

规划改善航道里程 1161 公里，其中三级航道 749 公里，四级航道 213 公里，五级航道 137 公里，六级航道 62 公里。全国主枢纽港口新增客、货泊位 20 个，新增综合通过能力 625 万人次、321 万吨、16 万标箱、15 万辆（含复建泊位 17 个，恢复能力 625 万人次、321 万吨）；地区重要港口新增客、货泊位 30 个，新增综合通过能力 810 万人次、355 万吨（含复建泊位 21 个，恢复能力 810 万人次、185 万吨）。

2. 中期发展目标（2010～2020 年）

到 2020 年，基本建成干支直达、通江达海的叶脉型航道体系，形成布局合理、层次分明、集疏运配套、大中小结合的现代化港口群和相应的支持保障系统，使重庆市内河航运面貌发生根本性变化，基本满足社会经济发展的需要。

航道：建设嘉陵江井口航电枢纽工程、乌江大溪口航电枢纽工程，继续整治大宁河、小江航道，实施涪江船闸改造及航道整治工程，綦江枢纽建设及航道整治工程等。

港口：建设两个全国主枢纽港口和五个地区重要港口的主要港区及物流服务系统，提高一般港站技术装备水平。

规划改善航道里程 1151 公里，其中一级航道 527 公里，三级航道 68 公里，四级航道 267 公里，五级航道 154 公里，六级航道 135 公里。全国主枢纽港口将新增货运泊位 16 个，货运能力 925 万吨、15 万标箱；地区重要港口新增泊位 24 个，货运能力 1085 万吨、5 万标箱。

第二节　重庆市航运中心发展规划

一、编制过程

（一）编制依据

重庆的水路运输资源富集，有长江、嘉陵江和乌江为主的各类通航河流 30 条，通航总里程 3004 公里，重庆市共有泊位 1355 个，其中 50 万吨以上至 100 万吨的港口有 7 个。重庆市所辖 40 个区县（自治县、市）中 70% 以上依水建城。长江及众多支流形成的航道网络，通过各港区枢纽作用的发挥，实现了与铁路、公路、航空等运输方式的有机衔接，达到了辐射西部、水陆联运、干支直达的目标。水路运输资源方面，重庆在西南地区城市间有较大优势。

西部大开发战略的实施加速了西部经济区融入全国乃至世界经济贸易体系的步伐。充分发挥长江黄金水道作用，是西部大开发战略的重要组成部分。对于长江的建设发展，中央十分关心，沿江各省市政府高度重视，每年在长江召开一次“长江论坛”，高层次研究和决策长江的建设和发展。

中央在设立重庆直辖市时，明确要求重庆进一步发挥区位优势、“窗口”作用和辐射作用，带动西南地区和长江上游地区的经济、社会发展。中共中央总书记江泽民对重庆的发展非常关注和关心，提出了“努力把重庆建设成为长江上游经济中心”的目标。

制订航运中心规划时，三峡工程即将成库，考虑到成库后长江上游通航条件的改善和通过能力的提高，航运发展节奏加快，重庆水路货运周转量增加，水路完成的外贸运量比例快速上升，这都将为重庆市航运中心的建设创造条件。

上海作为长江流域经济龙头，已逐步建成为国际航运中心，重庆地处长江上游，作为长江流域经济龙尾必须与之相呼应、相匹配，要实现“努力把重庆建设成为长江上游经济中心”的目标，应建立航运中心、信息中心、贸易中心和金融中心。借鉴上海国际航运中心建设的经验，航运中心建设应先行，航运中心建成后能够促进和带动其他中心的建设和发展。这种思路得到市政府有关领导及相关部门的认同，为制订航运中心的规划奠定了基础。

（二）规划编制

2002 年，根据中共重庆市委、重庆市人民政府关于“建设长江上游航运中心”的指示，在重庆市人民政府办公厅和研究室的支持和指导下，重庆市交通委员会与重庆交通学院合作完成《重庆市航运中心发展规划》研究及编制工作。

2002 年 7 月 10 日，重庆市交通委员会就《重庆市航运中心发展规划》向重庆市人民政府进行了专题汇报以后，按照市领导的要求，组织港航企业和有关专家对《重庆市航运中心发展规划》进行反复论证，作进一步修改和完善。同时，中共重庆市委书记黄镇东非常关心重庆航运发展，对《重庆市航运中心发展规划》提出很好的意见。在此基础上，形成“以发展重庆、带动周边和实现共同发展为出发点，以长江、嘉陵江和乌江航道及寸滩港区等基础设施建设为重点，通过结构调整和实施信息化战略，形成统一、开放、竞争、有序的航运市场体系，力争在 2010 年把重庆建设成长江上游航运中心”的指导思想。据此，重庆市交通委员会重新修改和完善了《重庆航运中心发展规划》，并上报重庆市政府。2002 年 12 月 18 日，重庆市人民政府 125 次常务会议和 12 月 28 日中共重庆市委常委会议审议通过《重庆航运中心发展规划》。

《重庆航运中心发展规划》是在《重庆市内河航运发展规划》编制启动 1 年后，在《重庆市内河航运发展规划》基础上编制的。交通部和重庆市专家认为航运中心发展规划是交通运输发展中的一类新的规划，具有探索性和创新性，填补了内河航运中心规划的空白，注重与已制订规划衔接，目标内容具体明确，并具有操作性。

二、主要内容

（一）总体目标

通过 5 ~ 10 年的努力，形成以长江为骨干的干支相通、通江达海的航道网络，港口布局合理、技术先进、管理科学，支持保障体系完善，与其他运输方式相互衔接、协调发展的内河航运体系，使航运中心成为三峡旅游客运集散地，集装箱运输集并港，大宗货物中转港，外贸货运的主通道。长江、嘉陵江和乌江等主要航道的通航能力全面提高，长江干线航道可通行 3000 吨级船舶和万吨级船队。以寸滩港区建成为标志，其年吞吐能力 70 万标箱，码头靠泊能力达到 3000 吨级。全市港口旅客吞吐能力达到 3200 万人次，货物吞吐能力达到 8000 万吨，集装箱吞吐能力达到 120 万标箱，汽车滚装吞吐能力达到 76 万辆。实现航运企业的规模化经营和规范化服务；实现船舶客运旅游化，货运大型化、专业化；形成以 7 ~ 10 家优势航运企业为主导的新的企业结构体系。在综合运输体系中，航运完成的货运量逐年增长，货运量和货运周转量所占比例分别达到 10% 左右和 40% 左右。成为外贸货运的主通道，外贸货运量所占比例稳定在 80% 左右。重庆周边地区经过重庆市辖港口中转的货物吞吐量占重庆市港口货物吞吐总量的比例达 60% 左右。

（二）航道发展规划

航道发展规划的基本思路和目标：以长江干线、嘉陵江、乌江水运主通道和渠江、小江、大宁河等四级以上“三主三干”航道为骨架，其他五、六级航道为基础，形成干支相通、通江达海的叶脉型航道体系。2010 年前航道规划建设重点项目 11 个，其中包括航道整治工程和梯级综合开发项目。总投资 195 多亿元，其中通航建筑物及航道整治投资近 57 亿元，改善航道长度 538 公里。

资金构成交通部补助约为40%，业主自筹和社会融资约为20%，银行贷款约为40%。

1. 水运主通道

水运主通道包括长江干线、嘉陵江、乌江3条航道，规划总里程1022公里，其中一级航道527公里，三级航道290公里，四级航道205公里。

到2010年，长江干流航道的通航能力将由现在的1000吨级1975万吨/年提高到3000吨级5000万吨/年左右，万吨级船队可直达重庆，航运成本将下降30%左右。

表7－5　　2000～2010年长江干线航道发展规划表

年度	河段	里程（公里）	航道维护尺度（米）（水深×航宽×弯曲半径）	保证率（%）
2000	宜宾—蓝家沱	301.8	1.8×40×400	98
	蓝家沱—娄溪沟	68.9	2.5×50×560	98
	娄溪沟—重庆	13.3	2.7×50×560	98
	重庆—宜昌	660	2.9×60×750	98
	通航能力	重庆至下游：1000吨级船队		
		重庆段年通航能力：1975万吨左右		
2010	宜宾—重庆	384	2.7×50×560	98
	重庆—涪陵	660	3.2×90×1000	98
	涪陵—宜昌		3.2×90×1000	98
	通航能力	重庆至下游：3000吨级或2000吨级驳船组成的万吨级船队		
		重庆段年通航能力：5000万吨左右		

2. 重要航道

重要航道包括渠江、小江、大宁河3条航道，规划总里程250公里，其中四级航道216公里（其中43.5公里为回水变动段，通航保证率60%），五级航道34公里。

3. 基础航道

基础航道包括綦江、涪江、梅溪河、大溪河等一般支流航道，规划里程1732公里，其中五级航道257公里，六级航道197公里，七级及以下航道1278公里。

4. 航道规划重点建设项目

（1）重点建设项目。

2010年前是实现重庆航运中心发展总目标的关键时期，要重点建设通江达海的水运主通道，初步改变内河航运的落后面貌。重点对长江长寿至重庆段进行整治，建设嘉陵江合川草街、利泽航电枢纽工程，乌江彭水、武隆枢纽工程；结合三峡枢纽分期蓄水，相应开发大宁河、小江航道；建设涪江等主要基础航道。

表7－6　　2001～2010年重庆航道建设规划及投资情况

序号	项目名称	航道起讫点	里程（公里）	建设规模		投资匡算（亿元）	
				吨级	航道尺度（米）	总投资	通航建筑物及航道
1	长江干线航道疏浚、炸礁工程	长寿—重庆	77	1000	2.7×50×560	3.93	3.93

续前表

序号	项目名称	航道起讫点	里程（公里）	建设规模		投资匡算（亿元）	
				吨级	航道尺度（米）	总投资	通航建筑物及航道
2	嘉陵江合川草街航电枢纽工程	利泽—草街	69	1000	2.4×50×480	45.60	18.00
3	嘉陵江利泽航电枢纽	水观音—利泽	17	500	1.6×50×330	8.00	3.20
4	嘉陵江重点险滩整治工程	草街—朝天门	68	1000	2.4×50×480	1.50	1.50
5	乌江彭水枢纽工程	龚滩—彭水	63	500	1.6×50×330	88.00	9.76
6	乌江武隆枢纽工程	江口—彭水	55	500	1.6×50×330	40.00	18.00
7	乌江河口段航道整治工程	牛屎滩—江口	6	500	1.6×50×330	0.80	0.80
8	小江航道整治工程	凤凰梁—江口	70	300	1.5×40×300	0.30	0.30
9	大宁河航道整治工程	石板滩—巫山	57	300	1.5×40×300	0.31	0.31
10	涪江富金坝枢纽工程	富金坝—莲花寺	33	300	1.3×40×260	6.98	1.00
11	梅溪河航道整治工程	高店子—河口	23	300	1.5×40×300	0.20	0.20
合计			538			191.69	53.07

（2）主通道工程投资。

长江干线航道整治工程 长江是重庆市航运的主通道，三峡工程建成后，须按万吨级船队所需的航道尺度对长寿至重庆段进行整治，总投资3.93亿元。到2010年，长江重庆段的通航能力将由现在通行1000吨级提高到3000吨级，年通过能力由1975万吨提高到5000万吨，航运成本下降30%左右。

嘉陵江梯级渠化工程 嘉陵江是陕西南部、四川北部地区以及重庆市合川等地区通江达海的水运主通道。该项目是国家规划确定的17个梯级综合开发项目，四川省境内已建成3个，在建3个，并以每年开工1个新项目的速度抓紧进行。为确保2010年前完成全线渠化任务，重庆市境内2个梯级综合开发项目和航道整治工程计划2003年年底动工建设。嘉陵江重点重点整治草街到朝天门68公里航道总投资1.5亿元，按三级航道标准综合整治。合川草街航电枢纽是兼顾航运、发电、水利、防洪等的综合性开发项目，总投资45.6亿元，其中通航建筑物投资18亿元，装机容量50万千瓦，该项目的建成将使合川草街以上嘉陵江69公里航道等级达到三级、渠江74公里航道达到四级航道标准。利泽航电枢纽项目是嘉陵江渠化工程的一部分，总投资8亿元，其中通航建筑物投资3.2亿元，装机容量9.5万千瓦。该项目的建成将使利泽以上重庆市境内嘉陵江17公里航道等级达到四级。嘉陵江渠化工程的完成，将使嘉陵江朝天门至利泽137公里航道达到三级航道标准，通行1000吨级船舶。

乌江梯级渠化工程 乌江是重庆市酉阳、秀山、黔江、彭水以及贵州、湖南等14个地区通往长江的一条主要通道。该项目是国家规划确定的11个梯级综合开发项目，重庆市境内由彭水、武隆2个梯级综合开发和河口段航道整治两部分组成。乌江河口段重点险滩整治是根据三峡水利枢纽水位运行调度方案，在2004年以前重点解决三期蓄水回水变动段的航道整治，完成乌江牛屎滩到河口6公里重点险滩整治，总投资0.8亿元，航道等级达到四级，通行500吨级船舶。彭水航电枢纽是发电、水利、航运、防洪等的综合性开发项目，装机容量140万千瓦，总投资88亿元，其中通航建筑物投资9.8亿元（升船机投资6.7亿元，船闸投资3.1亿元）。该项目的建成将使乌江在重庆市境内龚滩到彭水63公里航道等级达到四级。武隆航电枢纽是发电、水利、航运、防洪等的综合性开发项目，是衔接彭水航电枢纽以下航道等级达到四级的梯级，装机容量100万千瓦，总投

资40亿元，其中通航建筑物投资18亿元。乌江梯级渠化工程的完成，将使乌江在重庆市境内188公里航道等级达到四级，通行500吨级船舶。

（三）港口发展规划

港口发展规划的基本思路和目标：以重庆主城、万州2个主枢纽港和涪陵、江津、奉节、合川、彭水5个重要港口为中心，以其他县城港及集镇港等中小港口为基础，形成层次分明、布局合理、大中小结合的港口群。为适应三峡成库后旅游发展的需要，除对客运码头进行技改外，规划在丰都、忠县、奉节、巫山等景区和三峡成库后水域较为宽阔的地区建设游艇基地。通过港口发展规划的实现，重庆市内河港口面貌发生根本性变化，全市港口将新增能力4800万吨，使重庆市港口货物吞吐能力突破8000万吨大关，满足重庆社会经济发展的需要。

1. 港口规划重点建设项目

（1）重点建设项目。

2005年前，港口重点建设项目是三峡库区水运设施淹没复建工程及寸滩港区建设，相应建设重庆主城、江津、合川等港口的重要港区，加快集装箱、汽车滚装等专业码头建设。2005年后，重点建设2个主枢纽港和5个重要港口的重要港区及物流服务系统，提高中小港口的技术装备水平。

到2010年，规划港口重点建设项目49个，总投资近45亿元，其中交通部资本金和移民补偿资金约占30%，地方自筹资金约占20%，争取国债资金约占10%，企业自筹资金约占15%，银行贷款约占25%。

表7-7　2000～2010年重庆市港口重点建设项目表

序号	项目名称	总投资（亿元）	“十五”计划投资（亿元）	实施时间	资金筹措方案	新增能力
1	重庆主城枢纽港	18.60	9.70			货泊位5个145万吨，客泊位2个120万人次，集装箱泊位10个85万标箱/1488万吨，滚装泊位3个46万辆/605万吨
	寸滩港区集装箱码头	15.00	7.00	2003～2010年	国债资金4.5亿元，交通部资本金4.5亿元，土地补偿6亿元	3000吨级集装箱泊位7个70万标箱/1225万吨，滚装泊位2个30万辆/525万吨
	九龙坡集装箱码头二期技改	2.00	2.00	2002～2003年	企业自筹2亿元	1000吨级集装箱泊位3个15万标箱/263万吨
	佛耳岩新港区一期	1.00	0.10	2004～2006年	交通部资本金0.16亿元，地方自筹0.3亿元，银行贷款0.54亿元	1000吨级货泊位2个30万吨，滚装泊位1个16万辆/80万吨
	蓝家沱港区改扩建	0.60	0.60	2001～2003年	企业自筹0.6亿元	1000吨级货泊位3个115万吨

续前表

序号	项目名称	总投资（亿元）	“十五”计划投资（亿元）	实施时间	资金筹措方案	新增能力
2	万州枢纽港	6.71	4.91			货泊位6个210万吨，客泊位5个593万人次，集装箱泊位4个20万标箱/351万吨，滚装泊位2个20万辆/600万吨
	万州红花地作业区（一二期）	2.00	0.80	2000～2003年	移民资金0.6亿元，交通部资本金0.3亿元，地方自筹1.1亿元	3000吨级货泊位3个124万吨，集装箱泊位2个10万标箱/175万吨
	鞍子坝客运港区	150	1.50	2001～2004年	移民资金、交通部资本金1.05亿元，银行贷款0.45亿元	3000吨级客泊位5个593万人次
	红溪沟港区二期	1.91	1.91	2001～2004年	移民资金、交通部资本金1.34亿元，银行贷款0.57万元	3000吨级货泊位3个160万吨，集装箱泊位1个5万标箱/88万吨，滚装泊位1个10万辆/300万吨
	沱口码头复建	0.30	0.30	2001～2004年	移民资金0.045亿元，交通部资本金0.03亿元，银行贷款0.23亿元	1000吨级货泊1个15万吨
	万州青草背作业区	1.00	0.40	2001～2003年	移民资金0.15亿元，交通部资本金0.1亿元，银行贷款0.75万元	1000吨级散货件杂泊位2个35万吨，集装箱泊位1个5万标箱/88万吨，滚装泊位1个10万辆/300万吨

续前表

序号	项目名称	总投资（亿元）	“十五”计划投资（亿元）	实施时间	资金筹措方案	新增能力
3	涪陵重要港	6.54	3.14			货泊位9个308万吨，客泊位9个750万人次，集装箱泊位2个10万标箱/176万吨
	糖壳湾多用途码头	1.80	0.65	2000～2003年	移民资金、交通部资本金1.26亿元，地方自筹0.54万元	3000吨级件杂泊位1个30万吨，集装箱泊位1个5万标箱/88万吨
	糖壳湾通用码头	0.60	0.50	2000～2003年	移民资金、交通部资本金0.18亿元，地方自筹0.42亿元	1000吨级件杂泊位1个30万吨
	龙王沱客码头	1.00	0.80	2000～2003年	移民资金、交通部资本金0.7亿元，地方自筹0.3亿元	3000吨级客货泊位4个220万人次，5万吨
	涪陵城区港口复建	0.87	0.62	2000～2002年	移民资金、交通部资本金0.26亿元，地方自筹0.61亿元	2000吨级客货泊位4个102万吨，740万人次
	涪陵大东门公用客码头	0.18	0.18	2000～2003年	移民资金、交通部资本金0.054亿元，地方自筹0.126亿元	3000吨级客泊位4个55万人次
	涪陵崩土坎散货码头	0.09	0.09	2001～2003年	移民资金、交通部资本金0.027亿元，地方自筹0.063亿元	500吨级货泊位1个10万吨
	涪陵港曾家坝（北拱）铁公路水联运作业区	2.00	0.30	2003～2005年	交通部资本金0.8亿元，地方自筹0.3亿元，银行贷款0.9亿元	1000吨级货泊位3个125万吨，集装箱泊位1个5万标箱/88万吨
4	长寿重要港	0.50	0.15			
	长寿白沙湾港区复建及改扩建工程	0.50	0.15	2005～2009年	移民资金、交通部资本金0.15亿元，地方自筹0.35亿元	1000吨级客泊位2个120万人次，货泊位1个80万吨

续前表

序号	项目名称	总投资（亿元）	“十五”计划投资（亿元）	实施时间	资金筹措方案	新增能力
5	奉节重要港	1.39	1.37			1000吨级客泊位3个，2000吨级客泊2530万人次，货泊位3个118万吨
	奉节三马山（一）客码头	0.28	0.27	2000~2003年	移民资金、交通部资本金0.84亿元，地方自筹0.196亿元	1000吨级客泊位2个100万人次
	奉节三马山（二）客码头	0.59	0.59	2001~2004年	移民资金、交通部资本金0.177亿元，地方自筹0.413亿元	2000吨级客泊位2个280万人次
	奉节宝塔坪旅游码头	0.04	0.03	2000~2003年	移民资金、交通部资本金0.12亿元，地方自筹0.028亿元	1000吨级客泊位1个150万人次
	梅溪河煤炭出口码头	0.09	0.09	2003~2005年	交通部资本金0.0135亿元，地方自筹0.0765亿元	1000吨级货泊位1个50万吨
	奉节港白马件杂码头	0.39	0.39	2001~2003年	移民资金、交通部资本金0.12亿元，地方自筹、银行贷款0.27亿元	1000吨级散货，件杂泊位2个，68万吨
6	江津港	0.80		2005~2010年	交通部资本金0.16亿元，地方自筹、银行贷款0.64亿元	1000吨级货泊位2个50万吨
7	合川港	2.00		2006~2008年	交通部资本金0.6亿元，地方自筹、银行贷款1.4亿元	1000吨级货泊位6个100万吨
8	彭水港	0.50		2005~2010年	地方自筹、银行贷款0.5亿元	500吨级货泊位6个67万吨，客泊位2个40万人次
9	巫山、云阳、忠县、丰都等县城港24个港区	6.74	6.12		移民资金、交通部资本金2.02亿元，地方自筹4.72亿元	1950万人次，505万吨
	合计	43.78	25.39			4130万人次，1583万吨，115万标箱/2020万吨，66万辆/1205万吨

（2）主要工程投资。

寸滩港区规划占地2平方公里，总投资约15亿元左右，建设规模为3000吨级集装箱泊位7个，吞吐能力70万标箱；商品汽车滚装泊位2个，吞吐能力30万辆。整个工程一次规划，分期建设。一期工程拟于2003年6月底开工，投资7亿元于2005年形成3000吨级集装箱泊位2个，吞吐能力20万标箱；商品汽车滚装泊位1个，吞吐能力15万辆，计划2010年全部建成。

九龙坡集装箱码头二期技改工程投资约2亿元，建设规模为1000吨级集装箱泊位3个，新增能力15万标箱，2004年底完成。

万州红溪沟二期投资约1.91亿元，建设规模为3000吨级货泊位3个160万吨，集装箱泊位1个，吞吐能力5万标箱；载货汽车滚装泊位1个，吞吐能力10万辆，2004年底建成。

涪陵港曾家坝铁公水联运作业区总投资约2亿元，建设规模为1000吨级货泊位3个，吞吐能力125万吨；集装箱泊位1个，吞吐能力5万标箱，建设年限2003～2005年。

航运中心建设需要一个布局合理的港群作支持。因此，港口规划建设除上述重点工程外，还应加快万州、涪陵、江津、奉节、合川、彭水等重要港口其他迁、改、扩建工程的实施，在2010年以前形成以长江干流、嘉陵江和乌江三条航道为依托的港口群。

（四）航运企业发展规划

航运企业是水路运输市场的主体，是航运大市场能否形成和航运中心能否发挥应有作用的关键。航运中心的建设需要政府的重视和推动，更需要企业的努力。对航运企业来说，航运中心的建设过程和航运大市场的培育过程提供了难得的发展机遇，同样也对企业提出了更高的要求。航运企业主要包括水路运输企业、港埠企业和水运服务企业等。航运企业发展的基本思路是：坚持扶优扶强的原则，运用市场机制和政策导向，引导企业向集约化、规模化方向发展，提高航运企业的整体素质和综合竞争能力。

1. 水路运输企业

重庆市有从事长江干线的水路运输骨干企业44家。按照航运企业发展的基本思路，正在进行结构调整。对约占企业总数6.82%的3家优势企业，做大做强，帮助他们抓好技术改造和科技进步，转换经营机制，提升企业档次；对约占企业总数15.91%的7家有发展前景的企业，重点扶持，帮助他们解决技改和发展所需的资金，给予政策性倾斜；对约占企业总数20.45%的9户有部分良好资产、能勉强维持简单再生产的企业，鼓励他们剥离、盘活优良资产，分兵突围，走被兼并和联合的道路；对约占企业总数56.82%的25家资不抵债，生存无望，需关、停、并的企业，实行破产淘汰。同时，加快船舶运力结构调整，从总量规模的外延型向注重质量的内涵提高型转变，在充分发挥市场机制的前提下，通过行政调控手段“淘汰一批，转向一批，改造一批，发展一批”，实现运力与运量的基本平衡。经过市场调节，力争在2010以前，培育一批资产状况良好、具有一定规模、综合竞争力强的水路运输企业。就未来的市场容量、现实的企业情况和市场建设要求来说，以5～7家水路运输企业为宜，其中货运企业3～4家，客运企业2～3家。

货运类企业完成以标准化、大型化和专业化为主的运力结构调整以及信息化改造和管理升级，适度扩大运力规模，开展综合物流服务，提高企业综合竞争力和持续发展能力。客运类企业需要通过兼并重组调整企业结构，同时完成以适度规模和个性化为主的运力结构调整以及信息化改造和管理升级，借此提高企业的综合竞争力和持续发展能力。

2. 港埠企业

重庆市2002年经营港口业务的企业61家，其中专业从事港口经营的企业有7家。目前重庆市境内的港埠企业存在的主要问题是非专业经营的码头多，占有大量资源，技术条件差，经营分散。因此，未来港埠企业发展的方向是实现集约化和规范化经营。港埠企业的发展，要围绕建立长江上游航运中心这一根本目标，按照建立现代企业制度的要求，建成资产状况良好、具有一定规模、综合竞争力强的港埠企业。在2005年以前，以主城、涪陵、万州三港为主体，以资产为纽带进行兼并、重组，实现港口资源的合理配置和岸线的有效利用，形成3个骨干港埠企业。在2010年以前，按照市场法则组建港务企业集团。港埠企业的发展，要通过多渠道筹集资金，加快港口设施的建设，特别是集装箱等专用码头的建设要适度超前，适应国民经济发展的要求，特别是外贸运输发展的要求。

3. 水路运输服务企业

水路运输服务企业是航运市场的重要组成部分，完善的运输服务体系将会极大地促进重庆航运中心的发展。随着航运市场规模的扩大，要逐步建立航运交易机构和航运交易系统，培育一批具有一定规模、管理规范、人员素质高、管理手段先进、具有一定网络资源的航运中介服务企业（含船舶代理、客运代理、货运代理、无船承运），完善航运市场体系。

（四）船舶发展规划

1. 客运船舶

旅游客运发展500客位左右的长江三峡观光游船，其中涉外旅游客运以发展100～200客位的高档旅游船为宜。同时适度发展具有个性化特征的观光游艇和私人游艇。对于普客船与高速客船，按照市场法则，优胜劣汰，引导条件好的进行技术改造，提高船舶档次，适应旅游客运的需要。2005年以前客运船舶以改造为重点，2006～2010年需新增运力7200客位。旅游客运企业要坚持以人为本的经营理念，组建大型旅游船队，为游客提供安全、舒适、便捷的优质服务。

2. 货运船舶

重点发展集装箱船、汽车滚装船（含商品车滚装船和载货汽车滚装船）、液体化工船、大型散货自航船及顶推船队。2005年以前，需新增3000吨级集装箱船38艘，40车位汽车滚装船10艘，200车位商品车滚装船7艘，3000吨级货船95艘。2010年以前，需新增3000吨级集装箱船155艘，40车位汽车滚装船4艘，200车位商品车滚装船7艘，3000吨级货船155艘。

表7－8　　　　2001～2005年重庆船舶技改、新建投资规划情况表

序号	船舶	启动时间	投资匡算（亿元/艘）	前期工作进展情况	业主构造的资金平衡方案
1	改造国内旅游船40艘	2002年	1.40/40	论证优选改建方案	贷款、自筹
2	改造普通船100艘	2003年	0.50/100	根据航运结构调整	贷款、自筹
3	新建涉外旅游船10艘	2003年	3.5/10	进行可行性论证	贷款、自筹
4	新建国内旅游船15艘	2005年	2.25/15	根据航运结构调	贷款、自筹
5	新建集装箱船	2003年	13.51/193	部分运力指标交通部已批	贷款、自筹
6	新建汽车滚装船	2002年	0.70/14	可行性论证	贷款、自筹
7	新建商品汽车滚装船	2003年	1.68/14	可行性论证	贷款、自筹
8	新建普通货船75万吨	2003年	12.50/250	根据航运结构调整	贷款、自筹

（五）重庆航运发展政策及措施

1. 航运发展政策

（1）航运基础设施建设投融资政策。航道及港口等航运设施是公益性基础设施，其建设应该通过中央投资、地方筹资、社会融资、利用外资等渠道，增加航运基础设施建设的投入。航道整治工程是纯粹的公益项目，体现的是社会效益，应该全部由政府投资，或采取其他优惠政策支持内河航道建设。航电枢纽工程，是集防洪、水利、发电、航运于一体的综合开发项目，应该由政府及受

益各方共同投资，发挥综合效益。经营性港口码头项目，要按照市场经济规律，采取多方投资，股份制经营，同时积极采取措争取纳入国债项目和利用外资，加快港口码头的建设。

重庆市交通委员会积极采取措施加大资金筹措力度，已在交通建设资金中划拨一定数额的资金作为内河航运建设专项资金，用于内河航运基础设施建设。同时积极向区市县政府提出建议，主动争取区市县政府的支持。

（2）土地优惠政策。关于寸滩港区的建设，建议重庆市人民政府划拨 2 平方公里土地用于寸滩港城建设。港口和航道建设所需土地应享受高速公路、铁路和机场等基本建设的同等优惠政策。同时，建议重庆市人民政府将航运基础设施的建设营业税，列收列支作为航运基础设施建设的再投入，加快航运基础设施建设步伐。

（3）航道养护政策。凡在重庆市通航河流上建设的航电综合开发工程，应将其运营收入的 3%用于航道养护管理事业。

（4）建立拆船基金。建立拆船基金，鼓励技术落后的船舶主动退出市场，对拆解船舶给予一定补贴。建议由重庆市人民政府向交通部、财政部争取专项资金 5000 万元，重庆市财政每年补贴 3000 万元，建立重庆市拆船专用补偿基金，鼓励不符合国家产业政策的船舶主动退出市场，对拆解船舶给予一定补贴。

（5）航运 ED1 系统建设政策。作为航运中心标志性的重点建设项目，航运 ED1 系统建设争取得到交通部、信息产业部、科技部、国家经贸委、海关总署和国家外经贸委的专项经费支持。

（6）集卡车运输优惠政策。收费路管理部门和物价管理部门在收费标准的制订与实施过程中，对外省进出重庆市集装箱运输卡车给予一定的优惠，实行低收费制度。对于航运中心的建立和发展来说，这一点尤为重要。特别是对于港口、口岸通道收费路来说，实行这种政策就显得更为重要。

2. 航运发展主要措施

（1）加强组织领导，确保航运中心建设目标的实现。

建议成立由重庆市人民政府有关领导任组长的航运中心建设领导小组，负责对航运中心建设的统一领导，加强对重要项目立项和政策方面的领导与协调，其中包括与交通部、国家计委、重庆周边省市区以及重庆市内部委办局之间的协调，推动航运中心建设的顺利实施。

重庆市人民政府已批准重庆市交通委员会组建重庆航运建设发展有限公司，具体负责航运基础设施建设资金的筹措、项目实施和管理，积极推进重庆航运中心的建设。

（2）加大资金投入，加快航运基础设施建设。

按照“统一规划，分期实施，多元投资，加快发展”的方针，坚持水资源综合利用的原则，积极采取措施加快航运基础设施建设，为把重庆建设成为长江上游航运中心奠定重要基础。具体项目如下：

寸滩港区集装箱码头建设要积极开展寸滩港区集装箱码头一期工程建设的前期准备工作，力争 2003 年 6 月底动工建设，2005 年形成年吞吐集装箱 20 万标箱和商品车滚装 15 万辆的能力。

九龙坡集装箱码头二期技改工程要加快九龙坡集装箱码头二期技改工程建设，确保到 2004 年底具备 20 万标箱的吞吐能力，适应集装箱运输快速发展的需要。

三峡工程淹没复建项目要根据三峡工程施工进度安排，抓紧长江沿线各区、县港口码头复建项目的建设进度，确保 2003 年 6 月蓄水至 135 米水位前，按计划完成复建任务。

合川航电枢纽工程是兼顾水运、发电、水利等的综合开发项目，要抓紧前期准备工作，力争 2003 年年底动工建设。

（3）加强准入管理，提高行业整体素质。

综合运用经济、技术、法律、行政等手段，严把航运市场准入和市场退出关。要按照《国内船舶运输经营资质管理规定》和《重庆市水路运输企业资质等级管理办法》的规定，加强航运企业的资质等级管理，对不符合资质条件的企业要坚决退出市场。要引导航运企业通过资产重组扩大规模，组建航运股份制企业，走规模化、集约化经营的路子，提高航运企业的综合竞争能力。

(4) 加快立法步伐，完善航运法规体系。

法规是行业管理和规范市场的保障，健全的航运法规体系是确保航运企业持续健康发展的前提。根据重庆的实际情况，从现实管理和未来航运中心建设的需要出发，力争2003出台《重庆市水路运输管理条例》，2004年出台《重庆市港口管理条例》，2005年出台《重庆市航道管理条例》《重庆市运输船舶管理条例》等地方水运法规。

(5) 加强协会建设，充分发挥行业协会的作用。

随着重庆航运中心的建立和航运市场的完善，政府职能的转变和中国加入WTO，建立行业自律和行业自我保护的机制是十分必要和紧迫的。水路运输行业协会是港航管理部门与航运经营主体间的桥梁和纽带，充分发挥其中介作用，对于加强行业管理、促进航运业健康发展具有重要意义。要加强行业协会的组织建设、思想建设和制度建设，赋予行业协会一定的管理职能，使其积极参与或负责市场准入的资质审查、市场价格的监督和协调、技术和经济标准的制订、有关政策和行业热点难点问题的调研等工作。

第二章　海事管理

1986~2001年，长江水系内河航运管理均存在中央和地方的“一水两监”情形。长江海事机构和地方海事机构在长江干线水域的海事业务工作方面，相互重叠交叉。在管理上主要以管理的对象及船舶的种类和企业的所属性质进行区分。长江海事机构主要负责中央直属国有企业船舶、船员，地方海事机构管理地方国营企业及个体经营的企业船舶、船员。多年来，长江海事机构经过长江航政管理局、长江港航监督局、重庆海事局机构改革，地方海事机构经过了重庆市代管时期、直辖市成立的区划调整与改革，但重庆市范围内“一水两监”的形式依然存在。

2002年，根据国务院实行“一水一监、一港一监”水监体制改革的决定，交通部和重庆市政府组织长江海事机构和地方海事机构对管理船舶、管理水域进行划分，进一步明确了海事管理职责，结束了多年以来水上交通安全管理交叉的局面。

1986~2005年，重庆市水上交通安全管理是长江海事机构和地方海事机构共同管理组成的，尽管管理范围进行了调整，但是管理内容都是一致的，长江海事机构和地方海事机构在各自管理范围加强对通航管理、船舶管理、船员管理，开展水上交通事故调查和应急搜救，对重庆市水域安全和水运经济发展起到促进作用。

第一节　海事管理法规制度

一、中华人民共和国内河交通安全管理条例

1986年12月16日国务院发布《中华人民共和国内河交通安全管理条例》。2002年6月19日

《中华人民共和国内河交通安全管理条例》（简称《内安条例》）经国务院第六十次常务会议修订通过，自2002年8月1日起施行。

该《条例》规范了船舶航行的具备条件；船员经水上交通安全专业培训，其中客船和载运危险货物船舶的船员还应当经相应的特殊培训，并经海事管理机构考试合格，取得相应的适任证书或者其他适任证件，方可担任船员职务，严禁未取得适任证书或者其他适任证件的船员上岗；规范了船舶航行、停泊和作业应该遵守的规定，危险货物监管，渡口管理，通航保障，水上救助，事故调查处理，监督检查，法律责任等内容。

二、重庆市水上交通安全管理条例

1995年，重庆市人民代表大会常务委员会通过《重庆市水上交通安全管理条例》（简称《条例》）。1998年3月28日重庆市第一届人民代表大会常务委员会第八次会议通过修改《重庆市水上交通安全管理条例》。2001年5月25日重庆市第一届人民代表大会常务委员会第三十二次会议通过《关于修改〈重庆市水上交通安全条例〉的决定》修正案。

该《条例》共9章61条，根据重庆市的具体情况，对水上交通安全管理做出了具体规定，对《中华人民共和国内河交通安全管理条例》是一个补充，针对地方特色，在执法处罚方面具有较强的操作性。但由于《中华人民共和国内河交通安全管理条例》在2002年进行修订，使该地方法规在许多规定方面同修订后的《内安条例》存在冲突，已不能完全适应新的地方水运发展形势和管理需要，其修订工作已逐步启动。

三、重庆市乡镇船舶管理办法

2002年1月14日，重庆市政府第102次常务会议通过《重庆市乡镇船舶管理办法》。1月24日渝府令第124号发布，2月1日起施行。办法共10章45条，主要针对乡镇从事客货运输的船舶和游览船舶、渡船、渔业船舶以及从事农副业生产、生活服务的自用船舶的安全管理进行了规范，明确了乡镇政府对乡镇船舶的日常安全管理职责，对强化乡镇政府水上交通安全监管责任的落实、推进水上交通安全基层监管建设具有重要意义，是《重庆市水上交通安全管理条例》的有益补充。

四、重庆市乡镇自用船舶安全管理规定

2004年开始起草，2005年4月1日《重庆市人民政府关于印发重庆市乡镇自用船舶安全管理规定的通知》（渝府发〔2005〕38号）发布并施行。

本规定共5章27条。《规定》以《重庆市水上交通安全管理条例》和《重庆市乡镇船舶安全管理办法》为依据，明确了农自用船舶的定义；明确乡镇人民政府为安全监管责任主体，负责本行政辖区内农自用船舶的监督和管理工作，其设置的乡镇安全生产监督管理机构或管船机构负责具体实施。同时，明确了农自用船舶登记、检验、发证、操作人员培训考核及日常监管的实施部门，对具体工作要求进行了规范。《规定》填补了自用船舶管理的政策依据空白，成为指导全市乡镇农自用船舶安全管理的重要政策规范依据，为强化和规范乡镇农自用船舶安全管理奠定了基础。

第二节　交通部与地方海事管理分工

一、水域管辖划分

1984年，改革开放初期，长江水系内河航运管理均存在中央和地方“一水两监”状况，中央直属航政管理机关和地方航运管理部门的管辖水域范围上未划分，相互有重叠交叉。在管理上主要以管理对象船舶的种类和企业的所属性质进行区分，中央直属管理机构一般管理中央直属国营企业，省级直属机构管省级国营企业，其他企业、个体归当地地方航运管理部门管理。同年，长江航运体制实行政企分开，成立了交通部长江航政管理局重庆分局。统一管理长江干线重庆段（九层岩至鳊鱼溪670公里水域）以及长江航运公司经营的几条支线的航政工作。但木帆船的检验、签证、海事处理、驾长考评等仍由各地方航政机构办理，原重庆的9个区、12个县境内的长江干线及嘉陵江、涪江、渠江、綦河等支流及封闭水域由重庆市港航监督处管辖。1989年8月1日，重庆长江港航监督局成立，代替原长江航政管理局重庆分局管理长江干线职能。

1997年，重庆设立为直辖市，原属四川省管辖的涪陵、万县和黔江地区统归重庆市管辖，三地的港航监督管理职能随之统归重庆市港航监督处管辖，重庆市港航监督处水上交通安全监管业务扩大到重庆境内长江干线及所有支小河流和封闭水域。

2002年3月，根据国务院实行“一水一监、一港一监”，统一布局、统一监督管理。重庆市率先在长江沿线开展长江干线水监体制改革。按照《交通部、重庆市人民政府实施水上安全监督管理体制改革协议》和《关于重庆市长江干线水上安全监督机构划转交通部管理的交接协议书》的有关内容，重庆市地方海事局下属17个单位划转长江海事局（成建制划转6个，部分划转11个），重庆市地方海事局和长江海事局“划江而治”。同年8月，交通部海事局下发《关于长江海事局与重庆市地方海事局船舶管理和船员管理业务分工的通知》，水上安全监督管理现场执法工作方面按水域管理辖区分别负责，长江干线水域为长江海事部门管辖水域。其他支流、水库及封闭水域为重庆地方海事部门管辖水域，与长江干线相通的支流以河口为界。

2004年12月，随着三峡成库水位进一步抬升，交通部海事局和重庆市交通委员会对长江干线重庆段三峡库区99条支流进行明确划界。其中有桥、坝的32条支流，以当时距河口最近的桥坝下沿为界；没有桥、坝的53条支流以河口基准线向支流上游上溯100米为界，河口基准线为三峡大坝蓄水175米水位时河口两岸水沫线的连线；当时不通航的14条支汊（沱）划入长江干线范畴。

表7-9 **重庆海事局与重庆市地方海事局支流汊河水域管辖划分情况表**

序号	支流名称	岸别	航道里程（千米）	海事处	划界位置
1	鳊鱼溪	北	145.0	巫山	河口基准线向支流上溯100米
2	山羊溪	南	147.1		河口基准线向支流上溯100米
3	无夺溪	南	151.0		河口基准线向支流上溯100米
4	神女溪	南	155.7		河口基准线向支流上溯100米
5	大宁河	北	169.6		龙门大桥，距河口3000米
6	赤溪	北	176.5		河口基准线向支流上溯100米
7	乌峰溪	南	185.0		河口基准线向支流上溯100米
8	错开峡	南	191.0		河口基准线向支流上溯100米
9	大溪河	南	196.8	奉节	河口基准线向支流上溯100米
10	草堂河	北	203.5		河口基准线向支流上溯100米
11	梅溪河	北	207.5		梅溪河大桥，距河口2000米
12	朱衣河	北	216.0		河口基准线向支流上溯100米
13	安坪	南	230.7		河口基准线向支流上溯100米
14	塘山溪	北	231.0		河口基准线向支流上溯100米

续前表

序号	支流名称	岸别	航道里程（千米）	海事处	划界位置
15	巴阳溪	北	241.5	云阳	河口基准线向支流上溯100米
16	龙洞河	北	244.2		河口基准线向支流上溯100米
17	永定河	南	252.4		河口基准线向支流上溯100米
18	岩湾河	北	255.3		河口基准线向支流上溯100米
19	东洋子	北	261.4		河口基准线向支流上溯100米
20	磨刀溪	南	267.7		新津大桥，距河口2000米
21	四方石	南	268.5		河口基准线向支流上溯100米
22	汤溪河	北	271.2		乌洋溪大桥，距河口1000米
23	伞把溪	北	280.0		河口基准线向支流上溯100米
24	盘沱	南	291.0		河口基准线向支流上溯100米
25	小盘沱	南	292.8		河口基准线向支流上溯100米
26	澎溪河	北	298.0		双江大桥，距河口4000米
27	九龙	南	299.0		河口基准线向支流上溯100米
28	竹溪	北	300.1		河口基准线向支流上溯100米
29	董家溪	北	305.4		河口基准线向支流上溯100米
30	黄柏溪	南	305.8	万州	河口基准线向支流上溯100米
31	大舟溪	北	314.4		河口基准线向支流上溯100米
32	密溪	南	326.8		河口基准线向支流上溯100米
33	苎溪河	北	331.4		天仙湖堤坝，距河口300米
34	沱口	南	337.6		河口基准线向支流上溯100米
35	白水溪	南	346.5		新田公路桥，距河口2000米
36	杨合溪	北	354.7		杨合大桥，距河口1000米
37	插柳子	南	355.2		河口基准线向支流上溯100米
38	壤渡	北	360.2		壤渡大桥，距河口4000米
39	磨刀溪	南	363.2		河口基准线向支流上溯100米
40	复兴场	南	366.0		河口基准线向支流上溯100米
41	河溪口	北	368.1		河口基准线向支流上溯100米
42	长坪	南	379.2		河口基准线向支流上溯100米
43	江家溪	南	380.5		河口基准线向支流上溯100米
44	石槽溪	南	383.2	石柱	河口基准线向支流上溯100米
45	水磨溪	南	387.0		河口基准线向支流上溯100米

续前表

序号	支流名称	岸别	航道里程（千米）	海事处	划界位置
46	涂井溪	北	392.6	忠县	河口基准线向支流上溯100米
47	圆溪	南	409.9		圆溪大桥，距河口100米
48	干井溪	北	417.8		干井大桥，距河口200米
49	东溪河	南	420.0		东溪大桥，距河口200米
50	玉溪河	北	421.8		玉溪大桥，距河口100米
51	神溪口	南	422.4		河口基准线向支流上溯100米
52	大溪沟	南	432.0		乌洋大桥，距河口1000米
53	向家溪	南	434.8		河口基准线向支流上溯100米
54	秀水溪	北	436.5		河口基准线向支流上溯100米
55	香水溪	北	438.2		香水溪大桥，距溪口2000米
56	水银溪	南	444.0		河口基准线向支流上溯100米
57	洋渡溪	南	446.0		洋渡大桥，距溪口300米
58	大山溪	南	449.0		河口基准线向支流上溯100米
59	桐马溪	南	451.5	丰都	河口基准线向支流上溯100米
60	义溪	北	452.2		河口基准线向支流上溯100米
61	遇溪	南	460.4		河口基准线向支流上溯100米
62	丁溪	北	462.0		河口基准线向支流上溯100米
63	高镇溪	南	463.0		高镇大桥，距河口300米
64	文溪	南	467.0		文溪大桥，距河口300米
65	石板溪	南	468		石板溪大桥，距河口200米
66	木屑溪	南	469.8		河口基准线向支流上溯100米
67	泥巴溪	南	470.5		泥巴溪大桥，距河口200米
68	池溪	北	472.0		河口基准线向支流上溯100米
69	郎溪	北	475.3		河口基准线向支流上溯100米
70	小佛溪	北	481.0		河口基准线向支流上溯100米
71	龙河	南	483.0		龙河大桥，距河口500米
72	渠溪口	北	509.5	涪陵	渠溪公路桥，距河口1000米
73	小珍溪	北	510.0		小珍溪公路桥，距河口1000米
74	珍溪河	北	511.2		珍溪河公路桥，距河口1000米
75	乌江	南	536.0		乌江大桥，距河口3000米
76	沙溪沟	南	544.0		沙溪沟大桥，距河口1000米
77	双龙	北	544.0		河口基准线向支流上溯100米
78	犁香溪	南	560.1		龙门大桥，距河口1000米
79	大河口	北	562.6		河口基准线向支流上溯100米
80	余家溪	北	567.0		河口基准线向支流上溯100米

续前表

序号	支流名称	岸别	航道里程（千米）	海事处	划界位置
81	龙溪河	北	581.2	长寿	龙溪大桥，距河口500米
82	长寿小河	北	583.0		长寿小河大桥，距河口100米
83	小石溪	北	584.9		河口基准线向支流上溯100米
84	御临河	北	610.5	朝天门	河口基准线向支流上溯100米
85	五步河	南	621.9		木洞大桥，距河口500米
86	嘉陵江	北	659.3		黄花园大桥，距河口2200千米

表7－10　**纳入长江干线范围内的汊河道水域表**

序号	名称	起点		讫点	
		地名	航道里程（千米）	地名	航道里程（千米）
1	黄花城南漕	桃花山	401.2	牛背岗	406.0
2	塘土坝北漕	塘土坝下	430.5	菱角脑	434.1
3	楠竹坝南漕	下双溪	457.2	大地坝	458.6
4	蚕背梁南漕	白家滩	483.6	大梁	485.0
5	凤尾坝南漕	鹞子碛下	479.0	龙河	481.7
6	忠水碛南漕	磨盘石	585.4	饿狗堆	587.3
7	南屏坝北漕	泥冤溪	605.5	黄果嘴	609.5
8	炉子梁南漕	棺材梁	611.2	气鼓堆	612.8
9	叶子浩	狗叫漕	621.7	叶子浩	623.0
10	三角碛北漕	九龙滩水尺	670.5	汉沟	671.0
11	中堆北漕	打鱼碛	697.5	打卦石	698.0
12	中坝南漕	饿鬼碛	698.2	老屋	703.5
13	大中坝南漕	小中坝	714.2	粹鱼浩	715.9
14	母猪碛南漕	鱼缝坝	769.0	水凼	770.4
15	水师碛北漕	碾盘子	775.2	菠萝石	778.0
16	温中坝北漕	毛子岩	801.0	桌子角	804.0
17	秤杆碛北漕	小称杆碛	807.4	鸡心碛	809.2
18	庙角碛南漕	黄龙石	810.5	庙角	812.0
19	赵家中坝南漕	三喜山	816.0	三柱香	821.0

二、海事业务分工

（一）现场执法分工

2002年，水监体制后，长江干线水域及港口水域现场执法工作由长江海事局负责，重庆市支流、湖泊、水库及港口现场执法由重庆市地方海事局负责。原则上不得跨水域实施现场执法工作，个别确需跨水域执法的工作，由重庆海事局与重庆市地方海事局协商办理。

（二）船舶登记管理分工

2002 年，水监体制后，原重庆市地方港监成建制划转单位的船舶登记业务由重庆海事局负责，其中仅在重庆市支流、湖泊、水库航行的船舶登记业务由重庆市地方海事局负责。原重庆市地方港监登记的其他船舶，仅航行于长江干线的船舶划转由重庆海事局负责，仅航行于重庆市支流、湖泊、水库的船舶由重庆市地方海事局负责，既航行长江干线又航行重庆市支流、湖泊、水库的“四客一危”船舶及其他类型的一、二等船舶划转重庆海事机构负责。但既航行长江干线又航行支流和封闭水域的三等及以下等级船舶（“四客一危”船舶除外），由其船东自行选择在重庆海事局或地方海事局办理船舶登记。

（三）船员管理分工

2002 年，水监体制后，原重庆市地方港监成建制划转单位的船员管理业务由重庆海事局负责，其中仅签注重庆市支流、湖泊、水库航线的船员由重庆市地方海事局负责。原重庆市地方海事局管理的一、二等船舶的船员管理划转重庆海事局负责，三等及以下船舶的船员管理由重庆市地方海事局负责。仅签注航行支流和封闭水域的船舶船员管理由重庆市地方海事局负责，其他船舶的船员管理由船员所在单位选择。

2002 年 10 月 17 日，交通部海事局下发《关于开展航行长江干线三等及以上船舶船员职务适任证书理论统考工作的通知》，规定从 2003 年 1 月 1 日起，航行于长江干线三等及以上船舶船员职务适任证书理论考试由重庆海事局统一实施。一、二等船舶和仅签注航行长江干线其他船舶的船员考试工作由重庆海事局负责组织实施监考及管理，仅签注航行支流和封闭水域的船舶船员考试工作由重庆市地方海事局负责监考及管理，其他船舶的船员由船员考试工作所在单位选择。

第三节　交通部在渝海事管理

一、通航管理

通航管理是海事管理工作的重要内容之一。通航管理一般是指海事管理机构依据国家法律、法规和行政规章，在指定区域内对船舶运动的组合、船舶行为、环境条件总体上实施的管理行为。其主要管理的方式是对通航环境、通航秩序以及相关的人为活动实施监督管理。其主要管理内容包括法规管理、船舶交通管理、水上水下施工管理、现场巡航管理、航道标志管理、水上交通秩序管理及组织航行保障等。其主要职能有：负责开展水上交通事故及水上交通违章案件的调查处理，组织辖区内船舶水上搜救，对辖区水上水下施工安全技术状况审核、锚地和重要水域划定、港区岸线使用审核，发布航行警（通）告、开展本辖区水域的巡航和现场安全检查、负责组织实施本辖区水域内的交通管制、管理沉船沉物打捞和碍航物体的清除等。通航管理是实现对船舶航行、停泊、作业等水上交通秩序的最直接有效手段。

（一）巡航管理

1986 年以来，在重庆水运发展中，港监、海事机构根据船舶通航流量需要，通过在重点港口码头、航段等设置现场监督站，定期或不定期出动海巡艇（港监艇）和执法人员开展现场巡航检查，发现和处理通航水域异常情况，及时进行水上交通事故应急处理并组织或参与水上搜救行动，实现主管机关对管辖水域通航环境及船舶交通动态的有效监控。

1998 年，交通部港航监督局为了利用巡逻船艇，打造一个通航水域现场监督管理的“工作平台”，在直属系统不断加大基层港航监管执法装备的建设投入，制订《巡航工作指南》。

2002 ~ 2003 年，水监体制改革、三峡成库后，重庆海事局通过中央直属系统的投入渠道加快了一线监管执法和巡航装备建设，在长江干线建设海事巡航监管和搜救一体化体系，以“15、30、

40”（即重点港口15分钟内处艇赶到现场，一般港区30分钟，其他航段40分钟）基层监管站点布设加密，现场巡航能力显著提高。2005年，重庆海事局系统有海事执法人员460人，有各类海巡艇45艘，其中快速巡逻艇26艘，趸船28艘，海事执法车54辆，并建有移动交管站（海巡31601艇）及GPS客渡船监控系统，库区防污设备库。在巡航管理中，枯水期、汛期和节假日等特殊时段是重点。

1. 枯水期安全管理

1986～2003年，枯水期主要结合“防雾战枯”和枯水期安全监管管理工作预案开展工作。重点对客（渡）船的巡查，对客流量密集区域派艇驻守和检查，防止船舶超定额载客；加强对渔船、自用船巡航检查，防止违法载客（货）运输；加强货运船舶的现场巡查，防止超载或超吃水船舶出港；加强对采运砂（石）船舶的现场检查，防止占据航道作业和超载航行。三峡成库后，增加了对库区农副产品运输船舶绿色通道的现场维护。

2. 洪水及汛期安全管理

1986～2003年，洪水期重点加强对港区、渡口渡船和码头现场检查。对船舶超载运输和乡镇自用船、农用船、渔船、非法渡运，特别是运砂船超配员及超载运输违法行为开展重点治理整顿。加强停泊区、锚地的巡查力度，防止船舶走锚漂流事故的发生。加强对嘉陵江、乌江交汇水域的巡航维护工作。三峡成库后，库区内增加了抱龙河、大宁河、梅溪河、朱衣河、汤溪河、澎溪河、苎溪河等干支交汇水域重点监管。同时加强对恶劣天气信息的收集和现场宣传，防止因风浪发生事故。加强地质灾害现场的监控和维护。

3. 特殊时段安全管理

1986～1995年，重庆市的客运高峰一般仅限于春运期间。1995～2005年，随着水上旅游的发展及客运向旅游转化，客运旅游出现淡季和旺季的现象，淡季出现在当年8月、9月及11月份至次年的4月，其他月份为旺季，同时周五制和黄金周实施后，旺季又出现了新的特点。在春运期间和旅游旺季重点加强对朝天门两江游、丰都鬼城、石宝寨、张飞庙、白帝城、大宁河等旅游码头和客船的监管和维护工作。加强沿江集镇逢场赶集及学生集中渡运时段的码头和船舶管理，维护停泊秩序，制止超载。

（二）水上水下施工作业管理

1986年以后，随着改革开放的不断深入和经济的发展，在全国内河航道范围进行水上水下施工作业越来越多，这些水上、水下建（构）筑物在建设中及建成后，会或多或少改变通航环境，随着时间的推移水上水下施工和建筑，对船舶通航环境影响日益加剧，引起了交通部的重视。1999年，交通部颁布《中华人民共和国水上水下施工作业通航安全管理规定》，于2000年1月1日正式生效，明确港航监督系统在管理水上水下施工作业通航安全问题时有了执法依据，在水上水下工程建筑初设和工程可行性研究期间参与通航论证，施工前核发《水上水下施工作业许可证》；施工中对进行通航维护及环保管理；建成后设置相应的站点和设施，保证船舶通航和大桥水下安全。至2005年，交通部重庆海事机构先后完成了江津长江大桥、重庆地维长江大桥、重庆马桑溪长江大桥、重庆李家沱长江大桥、重庆鹅公岩长江大桥、重庆长江大桥复线桥、重庆大佛寺长江大桥、长寿铁路大桥、涪陵长江大桥、丰都长江大桥、忠县长江大桥、万州长江大桥、万州铁路大桥、万州长江二桥、云阳长江大桥、奉节长江大桥、巫山长江大桥的施工维护任务。同时，对采砂作业、港口码头建设和其他水上水下施工作业的项目进行监管。

（三）库区船舶定线制

2003年，三峡蓄水成库后，库区航道环境发生巨大变化，原滩险湍急的天然航道变为“高峡平湖”，水面变宽、流速变缓，川江原来“上水走缓流、下水走主流”的传统航路对新形成的库区航道失去意义。为避免成库后船舶航行中航路选择的随意性，2003年9月26日交通部海事局发布

《长江三峡库区船舶定线制规定（试行）》，于2004年1月1日实施，在长江三峡大坝至忠县长江大桥段，航行船舶实行靠本船右舷一侧通航分道航行的制度，左岸一侧通航分道为上行船舶航路，右岸一侧通航分道为下行船舶航路，上、下行船舶通航分道以航道中心线为分界线。《规定》实施以来，库区航行船舶开始像汽车在公路上一样各自“靠右行驶”，大大简化了原来的航路选择，三峡库区船舶通航秩序明显好转、通航效率明显提高、交通事故明显减少，有力促进三峡库区航运生产力的发展。2005年，三峡水位进一步抬升，库区范围从忠县延伸到丰都，交通部海事局对原《规定》及时修订，颁布实施《长江三峡库区船舶定线制规定（2005）》，对库区定线制航行规则的适用范围作了相应调整。

（四）水上交通GPS监控管理

为加强水上交通安全管理，根据重庆市人民政府、重庆市安监局要求及全市航运发展现状，2005年7月，重庆海事局开始使用监控系统对长江干线进行监控。使用监控系统的有重庆海事局和重庆市地方海事2个监控中心，28个监控区县监控分终端，182家航运企业安装使用监控终端。设置重点水域预警区域，为遇险船舶提供救援帮助，水上安全监管上一个台阶。

二、船舶管理

船舶管理的主要方式是对船舶实施安全监督管理，确保船舶的适航性。其主要管理内容有船舶登记管理、船舶进出港签证管理、船舶安全检查、特殊船舶安全管理、对船公司安全管理体系审核、船舶法定证书文书管理等。其主要工作职责有：根据《中华人民共和国船舶登记条例》，负责办理船舶登记（包括船舶、所有权、船舶国籍、船舶抵押权、光船租赁、船舶标志和公司旗变更、注销等各类登记）；根据《中华人民共和国船舶签证管理条例规则》，负责办理船舶进出港口签证；根据《中华人民共和国船舶安全检查规则》，负责对船舶实施安全检查；根据《国际安全管理规则和国内安全管理规则》，负责对船公司、船舶建立的安全管理体系进行审核（评估船公司、船舶安全管理体系的有效性，得出审核结果，写出审核报告为发证提供依据）；根据相关法规，负责核发船舶法定证书文书（包括船舶最低安全配员证书、符合证明、安全管理证书、高速客船安全操作证书、航海日志、轮机日志、车钟记录、安全检查记录簿、油类记录簿、船上油污应急计划、垃圾记录簿、船舶垃圾管理计划等）。

（一）登记机关

1986年，交通部重庆航政机构船舶登记执行的规章是交通部颁发的《船舶登记章程》（1960年）。在重庆辖区内有重庆航政分局、涪陵航政处、万州航政处3个船舶登记机关。

1995年，船舶登记执行的是国务院颁布的《中华人民共和国船舶登记条例》（1994年）。在重庆辖区内有重庆长江港航监督局、重庆长江港航监督局涪陵港航监督处、万州长江港航监督局等船舶登记机关。

2002年，水监体制改革后，仍然执行《中华人民共和国船舶登记条例》（1994年）。在重庆辖区内有重庆海事局、江津海事处、涪陵海事处、万州海事处、奉节海事处、巫山海事处6个船舶登记机关。2002年前，登记的船舶为交通部直属的长航集团所属水运企业，中央直属单位及大型水运企业的船舶以及部分社会船舶。水监体制改革后，登记的船舶为航行长江干线船舶、既航行长江干线也航行重庆市支流、湖泊、水库的“四客一危”船舶及其他类型的一、二等船舶，直到2005年。

（二）进出港签证

1986~1993年，交通部重庆港航监督机构对船舶进出港签证执行的规章是按照交通部颁发的《船舶进出港口签证管理办法》（1979年3月22日）和《中华人民共和国船舶进出内河港口签证管理规则》（1991年3月27日）来办理签证。重庆长江港航监督局主要是为交通部长江航务管理局下属的各运输企业办理进出港签证。1993年7月1日，重庆长江港航监督局办理签证执行的是

《中华人民共和国船舶签证管理规则》来办理签证。办理签证的船舶没发生变化。2002 年，水监体制改革后，按照交通部海事局《关于长江海事局与重庆地方海事局船舶管理和船员管理业务分工的通知》的要求进行分工签证。

表 7－11　　　　　　　　重庆海事局主要签证点情况表

序号	签证点名称	所属海事处	重点管理船舶
1	几江执法大队	江津海事处	客渡船、危险品船舶、沙石船
2	蓝家沱执法大队	江津海事处	客渡船、危险品船舶、沙石船
3	白沙执法大队	江津海事处	客渡船、危险品船舶、沙石船
4	朱杨执法大队	江津海事处	客渡船、危险品船舶
5	朱沱执法大队	江津海事处	客渡船、危险品船舶、沙石船
6	冬笋坝执法大队	巴南海事处	客渡船、油船
7	白沙沱执法大队	巴南海事处	货船
8	鱼洞办事处	巴南海事处	货船
9	九渡口执法大队	朝天门海事处	客渡船、运砂船
10	南纪门执法大队	朝天门海事处	货船
11	郭家沱执法大队	朝天门海事处	滚装船、客渡船
12	政务科	朝天门海事处	客船、油船
13	洛碛执法大队	长寿海事处	客渡船
14	凤城执法大队	长寿海事处	客渡船、危险品船
15	百胜执法大队	涪陵海事处	客渡船、危险品船
16	枳城执法大队	涪陵海事处	货船
17	黄旗办事处	涪陵海事处	滚装船
18	北拱执法大队	涪陵海事处	四客一危
19	名山执法大队	丰都海事处	客渡船
20	高家镇执法大队	丰都海事处	客渡船
21	忠州执法大队	忠县海事处	货船
22	洋渡执法大队	忠县海事处	货船
23	石柱执法大队	忠县海事处	四客一危
24	武陵执法大队	万州海事处	货船
25	政务大厅	万州海事处	四客一危
26	龙宝执法大队	万州海事处	四客一危
27	青草背执法大队	万州海事处	四客一危
28	红溪沟执法大队	万州海事处	滚装船
29	新城执法大队	云阳海事处	货船
30	硐村执法大队	云阳海事处	货船
31	白帝执法大队	奉节海事处	旅游船
32	永安执法大队	奉节海事处	四客一危
33	巫山海事处	巫山海事处	货船、高速船

（三）国内安全管理规则贯彻执行

2001年7月12日，交通部发布《中华人民共和国船舶安全营运和防止污染管理规则》（简称《规则》）。根据交通部的授权，长江海事局于2002年2月4日成立了安全管理体系审核办公室，具体负责长江片区航运公司安全管理体系审核发证工作。同年，重庆长江港航监督局成立《规则》推进领导小组，具体负责《规则》的宣贯、推进和航运公司及船舶安全管理体系审核申请受理工作。2002年10月，重庆水监体制改革，成立重庆海事局，由海事政务处具体负责《规则》的宣贯、推进和航运公司及船舶安全管理体系审核申请受理工作。该年举办了4次大型的宣传贯彻会议和推进工作座谈会议，并举办了第一批实施《规则》航运公司（船种为涉外旅游船、化学品船、高速客船、液化气船）的“安全管理体系文件编写骨干培训班”，有32家公司的领导和编写骨干共计90人参加了培训，有90人通过考核取得了内审员证书。2003年6月10日交通部颁发《关于〈国内安全管理规则〉对第二批船舶生效的通知》。2003年8月和11月，分别在重庆南山和会仙楼举办两期第二批船公司内审员培训班（船种为油船、汽车滚装船、跨省运输客船）。邀请长江海事局船舶监督处领导及船检局和有关专家授课，通过四天的培训、学习、考试，重庆市第二批34家航运企业公司的关键岗位人员共计133余人参加培训，全部考核合格，长江海事局给予颁发内审员证书。

2003～2005年，重庆海事局在重庆多次举办的安检人员培训班和危险品运输和防污染管理培训班，对基层海事执法人员进行培训。在此期间，重庆海事局各海事处共计检查第一批适用船舶6861艘次，持有符合证明副本船舶6855艘次，对4艘未持有符合证明副本的船舶签发了警告信，对2艘未持有符合证明副本和安全管理证书的船舶进行了滞留。

三、船员管理

1986年，重庆航政管理局下设万县、涪陵航政处，船员管理工作没有独立的机构和部门，船员培训、考试、发证均由通航保障科负责。1989年，重庆航政管理局经体制改革后，更名为重庆港航监督局，下设考试科，负责船员管理各项工作。万县长江港航监督局下设考试科，负责万县辖区内船员管理工作。2002年，重庆海事局成立，下设船员管理处负责船员管理各项工作。所属涪陵、万州海事处亦设置船员管理部门负责辖区内船员管理工作。2005年10月，重庆海事局实行体制改革，原船员管理处撤销，设置海事政务处，船员管理职责并入海事政务处。所属涪陵、万州海事处船员管理工作分别设置海事政务科管理。重庆海事局海事政务处负责辖区十一个海事处的船员管理工作。主要工作为培训、考试、发证、建档等管理工作。

表7－12　**重庆海事局考试、培训机构及授权情况表**

序号	机构	考试、发证项目/培训项目	规模	授权文件
1	重庆海事局	1～5等船员适任证书	/	海船员〔2005〕480号
		驳船驾长	/	
		600总吨下油船	/	海船员〔2003〕80号
		内河载运包装危品	/	长海船员〔2004〕220号
		内河客船	/	长海船员〔2003〕99号
		内河滚装船		
		内河包装危品	/	长海船员〔2004〕220号
		船员熟悉和基本安全	/	海船员〔2002〕287号

续前表

序号	机构	考试、发证项目/培训项目	规模	授权文件
2	万州海事处	1~5 等船员适任考试发证	/	海船员〔2005〕480 号 长督发证〔1999〕23 号
		驳船驾长		
		滚装船船员	/	长海船员〔2001〕116 号
		内河客船船员	/	长海船员〔2003〕99 号
3	涪陵海事处	1~5 等船员适任考试发证	/	海船员〔2005〕480 号
		驳船驾长		
		内河客船	/	长海船员〔2004〕220 号
		内河滚装船	/	长海船员〔2004〕220 号
4	重庆船员培训中心	适任考前培训	40×4	长海船员〔2001〕451 号
		驳船驾长考前培训	30×2	长海船员〔2001〕451 号
		高速船船员特殊培训	20×2	长海船员〔2001〕451 号
		内河滚装船员特殊培训	20×1	长海船员〔2001〕451 号
		内河客船船员特殊培训	20×2	长海船员〔2003〕99 号
		内河包装危品特殊培训	40×1	长海船员〔2004〕226 号
		600 总吨以上油船特殊培训	40×1	长海船员〔2003〕467 号
		600 总吨以上散化船特殊培训	40×1	长海船员〔2003〕467 号
		600 总吨以下油船特殊培训	40×1	长海船员〔2003〕467 号
		600 总吨以下散化船特殊培训	40×1	长海船员〔2003〕467 号
5	万州船员培训中心	适任考前培训	40×4	长海船员〔2001〕451 号
		驳船驾长考前培训	30×2	长海船员〔2001〕451 号
		内河滚装船员特殊培训	20×1	长海船员〔2001〕451 号
		内河客船船员特殊培训	20×2	长海船员〔2003〕99 号
		内河包装危品特殊培训	40×1	长海船员〔2004〕226 号
6	涪陵船员培训中心	高速船船员培训	30×1	海船员〔2002〕620 号
		适任考前培训	40×4	长海船员〔2001〕451 号
		驳船驾长考前培训	30×2	长海船员〔2001〕451 号
		内河滚装船员特殊培训	20×1	长海船员〔2001〕451 号
		内河客船船员特殊培训	40×1	长海船员〔2004〕226 号
		内河包装危品特殊培训	40×1	长海船员〔2004〕226 号
7	渝长轮司培训中心	适任考前培训	40×4	长海船员〔2001〕451 号
8	重庆交通大学职业技术学院	船员熟悉和基本安全	40/班	海船员〔2002〕244 号
		机工水手	40/班	
		高消及雷达测绘	40/班	
		船员等效职业培训（驾、轮班）	40×4	海船员〔2005〕390 号
9	重庆长航技工学校	船员等效职业培训（驾、轮班）	40×2	海船员〔2005〕390 号
10	万州技工学校	船员等效职业培训（驾、轮班）	40×2	海船员〔2005〕390 号
11	重庆市第二交通技工学校	船员等效职业培训（驾、轮班）	40×2	海船员〔2005〕390 号

四、交通事故调查处理

（一）水上交通事故等级划分

2002年10月1日实行的《水上交通事故统计办法》对水上交通事故的范畴进行了界定，这些事故包括：碰撞事故，搁浅事故，触礁事故，触损事故，浪损事故，火灾、爆炸事故，风灾事故，自沉事故，其他引起人员伤亡、直接经济损失的水上交通事故。水上交通事故按照人员伤亡和直接经济损失情况，分为小事故、一般事故、大事故、重大事故和特大事故，同时明确规定对特大水上交通事故的统计，按照国务院有关规定执行。

表7－13 **水上交通事故分级标准表**

船舶种类	重大事故		大事故		一般事故		小事故
	人员伤亡	直接经济损失	人员伤亡	直接经济损失	人员伤亡	直接经济损失	损失
GT≥3000或M/E≥3000kW	死亡3人以上	500万元以上	死亡1～2人	500万元以下300万元以上	人员有重伤	300万元以下50万元以上	未达到一般事故等级的事故
3000>GT≥500或3000>M/E≥1500	死亡3人以上	300万元以上	死亡1～2人	300万元以下50万元以上	人员有重伤	50万元以下20万元以上	未达到一般事故等级的事故
GT<500或M/E<1500kW	死亡3人以上	50万元以上	死亡1～2人	50万元以下20万元以上	人员有重伤	20万元以下10万元以上	未达到一般事故等级的事故

注：1. 凡符合表内标准之一的即达到相应的事故等级。

2. 本表中的"以上"包括本数或本级，"以下"不包括本数或本级。

（二）水上交通事故调查处理

1. 法律法规

1986年，交通部重庆海事机构依据国务院颁布的《中华人民共和国内河交通安全管理条例》等有关规定，根据造成损害的程度、范围，确定事故的性质和判明事故当事人责任而依法进行的一系列活动。

1993年3月24日，为规范内河水上交通事故调查处理，交通部发布了《中华人民共和国内河交通事故调查处理规则》，是对《中华人民共和国内河交通安全管理条例》的细化，便于实施管理。

2002年6月19日《中华人民共和国内河交通安全管理条例》经国务院第60次常务会议修订通过，自2002年8月1日起施行，至2005年，该条例为水上交通事故调查处理工作的重要依据。

2. 业务范围

2002年，水监体改之前，重庆市辖区的水上交通事故一般按通航监管业务分工分由长江港监部门和重庆市港监处调查处理。长江港监部门负责调查处理中央直属国有企业（如长江轮船公司）所属船舶发生的水上交通事故。在长江干线发生海事事故后，只要其中一方当事船舶为中央企业船舶，则其事故调查处置即由长江港监部门负责。2002年体改后，则直接按事故发生辖区管辖，发生在长江干线水域的事故由重庆海事局负责调查。重庆海事局事故调查内部分工：上级海事机构派员指导处理的海损事故为对死亡、失踪10人以上的事故，影响突出的外轮、大中型客船、汽车滚装船和危险品船舶事故和其他认为应派员参与指导调查处理的事故；重庆海事局负责调查处理的海损事故为辖区重大事故、一般及以上的船舶事故和涉外旅游船事故、"四客一危"船舶事故和认为应由其调查处理的事故；基层派出的海事处机构负责调查处理的海损事故为本辖区内大事故及以下事故的调查处理。

五、水上搜救与应急

“应急反应”是指根据应变措施，有效地控制、减小或消除险情危害的行为。其目的通过应急救助行为，及时在水上人命安全和水域环境受到威胁时作出迅速反应并组织有效地救助，以避免或减少人命伤亡，有效地控制和减小险情的危害程度。

2003年，重庆海事局水上交通安全应急指挥中心指挥长由重庆海事局局长担任，政委由局党委书记担任，业务主管副局长担任副指挥长，担负重大险情、交通安全紧急情况工作指挥决策，有关处室主要负责人为指挥中心成员。指挥中心办公室设在局监管中心，具体负责应急处置工作。监管中心值班室人员为办公室保障人员，坚持24小时值班，负责日常信息的综合收集、分析处理工作。指挥中心主要任务是指挥辖区内各应急指挥分中心的应急反应活动和跨区县水域应急反应工作。负责长江重庆辖区水域水上交通紧急情况的应急处置工作。指导辖区内各应急分中心工作。

建立机构的同时制定应急报告制度，分为快报、补充报告、跟踪报告3种，明确向长江海事局总值班室报告、向重庆海事局值班室报告及所在地政府报告不同级别的事故内容。设置基本工作程序，包括事故及险情信息接收、险情及事故信息处置、应急决策。

2005年，为了适应搜救工作的快速有效，重庆海事局完成巡航救助应急待命站点的布局建设，建立35个巡航救助执法大队，实行24小时应急待命制度。重庆海事局各海事处所在地的水上搜救分中心已全部组建完成，船艇应急覆盖率已达95%以上。配备了人道救生船舶150艘，海巡艇45艘，(其中快速巡逻艇26艘)，趸船28艘，海事执法车54辆。同时在巫山港、万州港、重庆中心港区建成VTS交管系统投人运行，在长江部分复杂航段建有视频监控系统，在客渡船建立GPS信息系统，并与重庆市水上交通监控系统联网，对辖区内通航秩序情况进行日常监控。

六、危防管理

（一）船舶载运危险货物管理

1986年，重庆航政分局内设航政科，依据交通部长江航政管理局《长江干线船舶装载危险货物管理细则》，全面负责《船舶装载危险货物准单》的审批以及船舶载运危险品运输的相关管理工作，安全实现了危险货物吞吐量22万吨，进出港危险品船舶109艘次。1987年，使用了《中华人民共和国港务监督船舶审核专用章》用于船舶进港以及各项作业申请和签发准单。1989年，重庆航政分局更名为重庆长江港航监督局后，船载危险货物运输管理工作则由该局监督科负责。1992年，重庆长江港航监督局监督科增加了船舶防污监督管理工作。1996年8月，按照《中华人民共和国港务监督局关于加强危险货物申报管理工作的通知》规定，危险货物业务管理有了危险货物安全适运核准章、船舶载运危险货物申报签证章、包装危险检验证书核销章三枚专用章，以船舶载运危险货物申报单代替了船舶装载危险货物准单。同年12月，重庆长江港航监督局全面实行长江干线危险货物码头、设施作业许可证制度，对危险货物码头实施标准化管理。1998年1月1日，全面实行了申报员申报制度。1999年，危险品船舶管理列入“三客一危”（客渡船、高速船、旅游船以及危险品船舶）重点船舶管理范围，同时第一次组织召开了重庆港危管防污工作会议。2002年10月18日，重庆海事局正式成立后，进一步加强了船舶监督处与该局下属各海事处的危险品运输和现场管理职责。

2003～2005年，随着《中华人民共和国行政许可法》《中华人民共和国港口法》《港口危险货物管理规定》以及《中华人民共和国船舶载运危险货物安全管理规定》的相继颁布，使得危险品管理上升到法制管理和许可管理的层面，为加强船舶防染管理，该局专设危管防污处。

2005年，随着危险品运输量的大幅增加、监管难度持续增大，经长江海事局长海人教〔2005〕333号文批复同意，重庆海事局在《重庆海事局海事管理综合改革总体方案》中全面负责船舶载运危险货物监督管理工作。同时重庆海事局下设的各海事处被赋予危险品运输现场管理职责。到

2005年底，由于加强管理，安全实现危险货物吞吐量258万吨，进出港危险品船舶3311艘次。

（二）船舶防污染监管

1985年，重庆航政管理局根据交通部长江航政管理局颁布的《防止船舶污染长江水域暂行规定》，被确认为长江干线（九层岩至鳊鱼溪670公里水域）的船舶污染实施监督管理机关。同年，重庆航政分局下发《关于重庆航政分局启用环保办公室等印章的通知》，开展了防止船舶污染水域监管工作。主要职责为制定并监督实施防止船舶污染水域的有关规章制度，检查船舶防污设施和签发有关证件、证书，负责船舶污染水域监视、监测工作，并提供监测数据，负责监督船舶排污，对船舶造成水污染事故进行调查、处理。

1989年，重庆航政分局更名为重庆长江港航监督局，进一步加强对船舶防污管理，在辖区成立第一支船舶油污水接收队伍。1997年，万州长江港航监督局成立三峡流动污染源万州监测站。1998年，重庆长江港航监督局组织成立"长净3号""净江号"（重庆港）、"长净9轮"（万州港）、"洁江号"（巫山港）四支船舶垃圾接收队伍。

2002年10月18日，重庆海事局成立，环境保护办公室职责归并于船舶监督处。2005年8月，重庆海事局对辖区14家船舶垃圾接收单位实施备案管理和公示制度。

第四节 重庆市地方海事管理

一、通航管理

（一）巡航管理

地方海事部门在巡航管理中重点突出嘉陵江、乌江、大宁河等长江支流水域。涪陵区地方海事局2002年成立后，根据乌江水域水文和气象的不同特点，重点抓好汛期、枯水期及雾季船舶航行预警、预报和巡航检查工作，尤其是对乌江河口、白浪滩、狮子口等控制河段航行秩序的监管，严厉查处冒雾航行和争航抢漕船舶。枯水期出现通航变化情况，积极向航道部门通报，重点是白涛后溪沟的航道变化，有碍船舶航行安全，督促航道部门设标疏浚。三峡库区蓄水后，针对乌江水位变化的实际情况，调整停航封渡水位，建立防雾战枯情报网，对乌江牛屎碛至北岩口、三门子至小石溪、白涛至郭母子三段雾区设立监测站，落实专人监控。在重庆市人民政府重视下，重庆市地方海事局从2003年以来也不断加大基层巡航监管力量投入，投资4000多万元，在巫山、江津先后建立了水上交通检查站，在大宁河口、梅溪河口、乌江河口、乌江白涛、武隆，嘉陵江合川、北碚、主城等重点支流航段设置了监督站，为万州等区县配备了海巡艇52艘、冲锋舟橡皮艇16艘、监督趸船5艘，为32个区县管理部门配备了执法车100余辆，现场巡航监督力量持续加强。

（二）水上水下施工作业管理

重庆市地方海事局负责长江干线外，地方管辖水域内水上水下工程及施工作业的监督管理，其中，涉及构筑各类岸堤或人工岛、水下隧道、修建码头、闸坝、架设桥梁等，以及长江主要支流报请连续禁航时间4小时以上的施工项目，由重庆市港航管理局负责审批，核发《水上水下施工作业许可证》，发布航行通告，并指派海事机构负责安全监督和现场维护。在各海事机构辖区通航水域内，进行的水上水下施工作业项目，原则上由各地海事机构受理建设或施工单位的申请，负责审批、核发《水上水下施工作业许可证》，发布航行通告，负责实施安全监督和现场维护。

至2005年，重庆地方海事部门先后完成了嘉陵江嘉华大桥、水土大桥、遂渝铁路大桥、乌江土坎高速路等大桥、嘉陵江草街航电枢纽、涪江富金坝电站、乌江彭水电站、乌江银盘电站的施工维护任务。

（三）水上交通 GPS 监控管理

为加强水上交通安全管理，根据重庆市人民政府、重庆市安监局要求及重庆市航运发展的现状，2004 年 1 月，重庆市地方海事局采取 GPS 全球卫星定位技术，开始研发监控系统，2004 年 11 月建成并投入使用。初步形成水上交通监控管理综合平台，港航、海事、航运企业依托监控系统，对船舶可以实现零距离管理。2005 年 12 月，监控系统与三峡通航管理局的 GPS 水上交通管理监控系统成功联网。截至 2005 年底，重庆市水上交通管理监控中心的建设共投入专项资金 1500 万元，建成重庆市水上交通管理监控系统。使用监控系统的有重庆市地方海事和重庆海事局 2 个监控中心，28 个区县监控分终端，182 家航运企业安装使用监控终端，使用监控系统的船舶已经达 2466 艘。2005 年底，重庆市水上监控中心运用 GPS 技术共处理各类紧急情况 136 次，提供气象、水文、航道通电等通航安全信息 10403 条，处理有效报警 176 次，纠正船舶违章航行 29 次，进行事故险情救助 30 次。为确保系统电子江图的准确性，对全市的主要通航水域进行多次实地校勘，接收航道变化信息，修改电子江图，并通过在线升级更新船载终端的地图，共升级更新地图 7 次。

二、船舶管理

（一）船舶登记

1986 年，重庆市港航监督处按照四川省交通厅授权对所管地方水运企业船舶办理注册登记，登记权限只限于当时的重庆市港航监督处，区县港航监督站不办理船舶登记。

1988 年，重庆市港航监督处下发《关于核发农牧生产专用船舶登记有关问题的通知》，要求农牧生产专用船舶也要进行船舶检验，核定载重吨位、核定载人定额，才能核发船舶登记证。

1989 年，核发船舶登记证书 1553 份，其中拖轮 246 艘，客货轮 139 艘，客轮 62 艘，客货驳 15 艘，货驳 1074 艘，渡船 17 艘。

1998 年，重庆市高速客船发展迅速，有 18 个高速客船单位共 65 艘。为了规范高速客船的管理，重庆市港航监督处制定《高速客船安全监督管理规定实施细则》《专用码头管理办法》《乌江高速船安全管理规定》等一系列制度，并按规定核发证书、证照，在办理签证前必须有轮机长签注的已对机器进行维修、设备正常的凭证才能办理船舶签证。

2002 年，按照交通部海事局授权，重庆市地方海事局及其下属涪陵、万州、巫山、奉节、云阳、忠县、丰都、江津、永川、合川、彭水共 12 个登记机构可直接使用交通部海事局授权的登记机构代码开展船舶登记工作，此外的其他 20 余个区县地方海事处则受重庆市港航管理局委托办理本船籍港的船舶登记，由重庆市港航管理局监督审批后向登记船舶发放相关登记证书，登记机构代码使用重庆市港航管理局分配号码。水监体制改革后，仅仅航行重庆市支流和封闭水域的船舶由重庆市地方海事局负责，既航行长江干线也航行支流和封闭水域的三等及以下等级船舶，由船主自行选择在长江或地方海事局登记。此后，重庆市地方海事局不再办理一、二等船舶登记。

（二）进出港签证

1986 年，重庆市港航监督处负责为辖区内省属及其以下运输企业（水运企业、厂矿企事业单位、乡镇）所属的船舶，以及为省属以上运输企业所属船舶在长江以外水域进出港时办理签证手续。1989 年，重庆市地方港航监督部门共办进出港签证 45722 艘次，检查船舶 6685 艘次，查处隐患及违章船舶 931 艘次，整改处理 910 艘次。1992 年，为加强朝天门港区现场监督，重庆市港航监督处设置了朝天门监督站，强化朝天门港区作业船舶的办理签证、航行监督和船舶引水工作。2002 年，水监体制改革后，重庆市地方海事部门根据水监体制改革协议，按照中央和地方分工来办理船舶进出港签证。签证的方式有航次签证、定期签证等。

（三）安全检查

1986 年，重庆港航监督处着重抓了交通部《关于严禁客（渡）船违章超载，冒险航行》十条规定和四川省人民政府《关于加强水上交通安全管理，严禁船舶违章航行的紧急通告》的贯彻，在重庆市范围内开展水上安全检查，检查了175个单位3132艘次。

1989年，在加强季节性节假日安全检查中，春运期间重庆市各区县港航管理部门和航运企业，成立安全检查领导小组182个，成员1025人，安全检查组296个，检查各类船舶8881艘，纠正违章1741次，对不符合规定的船舶拆机102艘，扣证96艘，扣船48艘，停航整顿78艘，发违法通知书177份，罚款2.9万元，刑事拘留4人。国庆期间在重庆市交通局统一部署下，9月19日，全市港航管理部门开展了以“五查”（查思想、查制度、查设备、查管理、查隐患）为主要内容的安全大检查，重点是乡镇船舶和客渡船。检查了各类船舶265艘，有安全隐患和违章行为的有108艘，占总数的47%，对13艘船舶作扣证，限期整改处理，对3艘不合规定的船舶作强制撤除处理，对违章船舶作罚款处理，确保了国庆期间的安全。

1998年，为响应国务院、交通部的号召，重庆市在春运、反三违月、安全生产周、抗洪抢险等一系列季节性安全活动中，加强管理。重庆市人民政府副市长吴家农以《安全无小事、责任重于山》为题在重庆日报发表文章，各区（市）政府积极组织游行宣传活动，发表电视讲话，放映典型案例，发放安全检查资料，使安全工作深入人心。黔江地区开展7区15县联合检查清理“三无”船舶，丰都、涪陵港航监督部门和公安实行联合检查，近郊6区港航监督部门重点做好水情预报，实行24小时值班，重庆市在汛前举行应变演习，为安全度汛创造了条件。在长达2个多月的汛期里面经历8次洪峰，最高水位达186米，仍然取得大灾之年汛期无大事故的好成绩。

2003年，重庆市港航管理局对重庆市支流、湖泊及水库进行专项整治，港航系统组成256个检查组，出动检查人员1486人次，出动港监艇1023艘次、港监车1643辆次，检查航运企业172家，船舶修造企业71家，船舶4150艘次，查出存在违章行为、安全隐患的船舶605艘，取缔“三无”船256艘，销毁木质、水泥客（渡）船31艘。

2005年，根据国家有关部委的要求，重庆市人民政府发布《重庆市低质量船舶专项整治活动方案》。重庆市低质量船舶专项整治领导小组在重庆市交通委员会召开了新闻发布及动员会。专项整治活动的措施是打击和取缔非法造船厂（点），对滩涂造船进行规范，加强对重点船舶的附加检验，对不合格的船舶进行整改或拆解。专项活动时间为5月10至30日，通过开展专项治理规范了船舶建造水上行为和水上安全秩序。2005年止，“十五”期间，共投人专项资金2640多万元，配备安全检查车65辆、海巡艇46艘，改善了海事执法条件。在各种专项整治中，重庆市交通、港航及海事等部门共组织各类检查组3492个，出动46581人次、监督艇5624艘次、监督车6733辆次，检查水运企业821家次、船舶修造企业247家次，检查船舶34517艘次，查出存在安全隐患、违章的船舶共21141艘，立即整改8457艘次、限期整改12684艘，取缔“三无”船舶467艘，及时消除了安全隐患，安全秩序明显好转。

三、船员管理

水监体制改革前，重庆地方港航监督处可组织辖区内河一至五等船员适任考试。一、二、三等船员由重庆市港航管理局组卷命题，根据考生报考分布情况在全市选择设置1~3个考点，集中组织考试。考试合格的一、二等船员由重庆市港航管理局发放适任证书，三等船员由区县港监处发放，但需重庆市港航监督部门监章。四、五等船舶船员从考试组织到发证均由区县港航机构负责，重庆市地方港航监督处只进行组卷和阅卷。

1986年，重庆市港航监督处举办8期技术船员培训班，培训技术船员1143人。1989年，重庆市港航监督处共举办2期船员培训班，参加考试人员569人，其中新考驾引人员250人，新考轮机人员211人，补考轮驾人员108人。经考试后全科及格者321人，占总数的54.83%，取得补考合格者109有，占19.16%。

1991年，重庆市港航监督处为了加强对技术船的培训考试工作，培训了大中型企业、各区县航运企业的技术船员两期共530人。通过四川省港航管理局出题参加监考，考试合格403人，占培训人员的76.04%。同时合川、江北、长寿等县分别对小马力机船驾机员150人进行了培训考试，办理小轮以上船员服务簿6000册。

1998年，面对客轮驾驶人员不足，船员经过专业培训较难实现。从3月20日至4月20日，用了一个月的时间，对212名驾驶一等船员进行了培训、考试，其中180名考试合格。同年6月，又举办了槽管轮培训班，75人参加培训、考试全部合格。同年9月，又举办了一年一度三等以上的技术船员2000人进行了培训和考试。

2002年，水监体改后，根据交通部海事局下发《关于长江海事局与重庆市地方海事局船舶管理和船员管理业务分工的通知》，重庆海事局和重庆市地方海事局船员管理事权划分：一、二等船舶和仅签注航行长江干线其他船舶的船员管理由长江海事局负责，仅签注航行支流和封闭水域的船舶船员管理由地方海事局负责，其他船舶的船员由船员所在单位选择。

2003年，重庆市地方海事局举办区县港航部门所（处、局）长、海事业务人员、未持证验船人员以及航运企业管理干部等培训班共7期，408名领导干部、管理人员参加了培训学习，增强了其综合安全管理知识及业务能力，提高了管理水平。另外，组织了2期长江干线三等以下船员理论统考及6期四、五等技术船员考试、发证，1450名船员参加了培训考试，考试合格率达80%。为配合三峡库区航路改革，组织开展了航行三峡库区和“四客一危”船舶船员特殊培训，共培训船员约12000名，培训面达87%。

2004年，为方便船员办证，重庆市地方海事局将船员办证权限全部委托下放，三等船员的发证也交由区县办理，重庆市地方海事局不再监章。

2005年底，按照交通部海事局建设方案，内河船员管理系统在重庆市地方海事局建设完成。新方案实施后的新版船员适任证书全部实现计算机打印，船员办证管理实现信息化，船员管理水平上升一个台阶。

四、水上交通事故调查处理

1986~2002年，水监体制改革前，在重庆长江范围内，地方港航监督部门负责地方水运企业、个体船主船舶发生的海损事故调查处理，以及支流、湖泊和水库内发生的水上交通事故调查处理。在各区县（市）港航监督机构辖区内发生的水上交通事故由事故发生地港航监督机构负责调查处理。发生在难以确定管理辖权的交界水域，由就近的港航监督机构调查处理，或由重庆市港航监督机构指定的区（市）县港航监督机构调查处理；死亡、失踪3人以上的重大事故原则上由事故发生地港航监督机构负责调查处理，根据需要重庆市港航监督机构将安排人员指导；死亡、失踪10人以上的重特大事故，发生地港航监督机构在当地政府成立的事故调查处理领导小组领导下开展事故调查工作，重庆市港航监督机构派人指导调查处理。

1989年，关于巴县“南坪2号”和“南坪4号”客货船严重违章的调查处理。4月9日上午7点40分，“南坪2号”和“南坪4号”在麻柳嘴分别装载麻柳乡中学学生100人、104人去长寿春游。由于超载严重，乡政府现场制止不听，强行开航。4月10日上午，重庆市港航监督处、巴县航管站派人前往，与乡政府一起调查处理。调查中核实“南坪2号”载客定额25人，实载学生100人，“南坪4号”定额55人，实载学生104人，属严重超载。两船核定航线为南坪至江北县洛碛，开往长寿属于超越证书航线，情节严重并作如下处理：对“南坪2号”“南坪4号”停航整顿，各罚款200元、150元，并没收两轮超载收入，对当班驾驶员分别扣证6个月、3个月；两船当班驾驶员不服管理强行开航，建议巴县公安机关给予行政拘留，麻柳中学校长是这次春游联系人，在乡政府制止开航时，指使船舶开航，对其处以20元的罚款，并向乡政府写出检查。

1989年，关于对巴县“麻柳号”客轮严重违章超载的调查处理。7月14日7点20分，“麻柳号”载客由洛碛上驶重庆，途中上客严重超载，得到巴县航管站紧急电话后，重庆市港航监督处在重庆航政分局的配合下，将“麻柳号”截留在唐家沱，经清点人数超载309名，港航监督机构组织轮渡234轮，江渝105轮进行疏散转运，才将“麻柳号”放行，到达朝天门。对“麻柳号”超载严重并作如下处理：客轮经营代表谭庆华、当班船长谭庆宏，严重超额违章，冒险航行分别罚款200元、100元，并没收该轮违章超载收入，对该轮进行停航整顿。

1989年，关于“龙胆”3号货船重大海损事故调查处理。11月21日上午8点30分，巴县广阳镇沿江村个体户船主周祖祥驾驶“龙胆3号”船在灌口装砖17吨，载客27人，下行到麻雀堆翻沉，造成27人全部落水、6人下落不明的重大海损事故。事故发生后市、县、区、镇各级政府、交通、港监、安办等部门及时赶赴现场，由巴县政府牵头组织调查。查明事故原因，“龙胆3号”核定载货12吨，实载17吨，属严重超载，并载客27人，客货混装，属于货船违规载客，船主周祖祥未经专业培训，无证驾船。经调查作如下处理：“龙胆”3号船主周祖祥严重违反《中华人民共和国内河安全管理条例》和有关港航规章制度，建议司法机关依法追究肇事者周祖祥的刑事责任，关于加强广阳镇政府对乡镇船舶安全管理方面建议请巴县政府提出意见。

1995年，关于“长舞水翼客轮”与“荔枝”23号机驳发生碰撞事故的调查处理。3月1日20点，“长舞”轮上行至洛渍与下行“荔枝23号”机驳发生碰撞，致使“荔枝23号”轮翻沉，“长舞轮”水翼损坏，首尖舱破损，直接经济损失270万元。经重庆市港航监督处调查，“长舞水翼客轮”当班驾驶员在航行时忽视瞭望，当发现下水来船时，已无法采取有效的避让措施，是造成本次事故的主要原因。“荔枝23号”船当班驾驶员在发现上水来船时，未及早判明来船动向，未采取避让措施，是本次事故的次要原因。事故处理：“长舞”轮当班驾驶员姜家庆，在本次事故中负主要责任，决定对其扣留船员适任证书6个月的处罚；“荔枝23号”船当班驾驶员白显国，在本次事故中负次要责任，决定对其进行警告处分；“长舞轮”所属单位重庆长发船务有限公司，在本次事故中负管理责任，应在本次事故中吸取教训，加强管理，认真进行整改，并将整改情况报重庆市港航监督处。本次事故造成的经济损失，按双方已达成协议解决。

五、水上搜救与应急

2003～2005年，随着国家对突发灾难性应急反应和处置的日益重视，建立完善的水上应急搜救体系已提上议事日程。为加强重庆市水上搜救能力建设，重庆市交通委员会于2003年组织重庆市地方海事局、重庆海事局、重庆交通学院等单位进行了重庆市水上搜救系统课题专题研究，并根据研究成果，向重庆市人民政府政府汇报请示，建立由重庆市人民政府政府统一领导的重庆市水上搜救中心，但由于政策、资金等原因而搁浅。2004年，重庆市交通委员会牵头组织有关专家和管理人员，编制完成了重庆市水上交通事故应急预案，率先在全市建立了事故灾难应急指挥、救助系统规范文件，并由重庆市人民政府列为市级预案编制范本。随后，按照国家和重庆市人民政府有关应急预案编制和完善的相关要求，在重庆市交通委员会交通事故灾难应急预案体系的统一框架下不断完善地方管辖支流、封闭水域水上突发灾难事故应急预案。

重庆市长江支流、湖泊和水库等地方管辖水域发生水上交通事故后，重庆市地方海事局成立以局长为组长、分管安全副局长为副组长、相关部门负责人为成员的水上交通事故灾难应急处置工作组。工作组负责组织全市地方水域水上交通事故灾难应急处置工作；负责建立健全重庆市地方海事系统水上交通事故灾难应急处置机制，为应急处置工作提供相关设施设备和资金保障；在重庆市事故灾难处置指挥部领导下，参与重特大水上交通事故灾难的应急处置工作；研究应急处置工作中出现的重大问题，研究难点、商讨对策。

工作组下设应急处置工作办公室（简称应急办），应急办设在重庆市港航局海事处，办公室主任由海事处处长兼任，具体负责水上交通事故灾难应急处置日常工作。应急办主要工作是及时评估水上交通事故灾难报告，提出启动相应预警预案的建议；并根据启动的预警级别，及时通知工作组有关领导和成员赶赴事故现场，参与事故灾难应急处置；组织开展或参与事故调查，查清事故或险情的直接原因，判明责任，形成调查报告；参与协调应急处置组织工作，掌握事故处置进度及相关情况，及时向工作组领导汇报事故处置进展情况；指导全市地方海事系统水上交通事故灾难应急处置工作；建立健全工作制度，负责日常管理工作。建立机构的同时制定水上交通事故报告制度，包括报告程序、报告内容，设置应急组织程序，包括一般、较大、重大三个事故级别的处置预案，确保水上应急获得快速、有效的救援。

六、危防管理

（一）船舶载运危险货物管理

在重庆市港航监督处时期，船舶载运危险货物监管主要由港监科负责。主要工作内容为船舶载运危险货物申报管理、船舶和货主申报员考试发证及船舶载运危险货物监装监卸，主要管理对象为地方航运企业的危险品运输船舶，其中长寿川维、江津川顺、主城天源属监管重点，监管范围既包括嘉陵江、乌江支流，也覆盖长江干线。

1990年11月8日，九龙坡花溪水运队102拖轮与长江轮船公司一拖轮相碰沉没，造成120吨硫酸全部溢出的污染事故。为了吸取教训，加强管理，重庆市港航监督处在长寿召开了危险品运输管理工作会，确定了重庆市各港航监督处、站设置专门的机构和人员，负责危险品运输管理，严格核发危险品准运证，使危险品运输更加规范。

1998年，重庆市港航监督处按照交通部《危险货物申报和申报员考核办法》的规定，规范了重庆市危险货物水上运输的申报程序，督促危险货物生产厂家设置了专门管理机构，健全了规章制度，操作程序和防范措施。同年9月，培训了30多名危险货物运输申报员，核发了证书，下放部分管理权限于区、县，方便危险货物运输签证和管理部门监装监卸，全年运输20余万吨危险货物无事故。

2002年，水监体改后，“四客一危”船舶监管权限主要划转到重庆海事局，随着长江干线管辖权的移交，大部分集中在长江干线的危险品水路运输业务也转移，地方海事危险货物监管业务减少，相关工作由重庆市地方海事局海事处负责。随着重庆化工产业布局的调整，近年来涪陵白涛成为重点化工园区之一，白涛码头船舶载运危化品作业需求增大，涪陵地方海事局在白涛专设监督所强化现场监管。

（二）船舶防污染管理

船舶是水上流动的污染源，点多、面广、线长、分散，管理难度大。在重庆市港航监督处时期，船舶防污染监管主要由港监科负责。主要工作为检查船舶防污设施和签发有关证件、证书，负责监督船舶排污，对船舶造成水污染事故进行调查、处理等。在工作中大力宣传环保，提高广大从业人员环保意识，积极推进了防污染设施设备的安装和使用，严肃处理了多起船舶污染事故，大力推进了防止船舶污染水域工作的开展。

1992年，在气垫船防污规范未出台之前，重庆市的气垫船开始营运，为了加强防污管理，重庆市港航监督处向气垫船公司发出通知，要求这些公司在重庆港趸船上配备有关防污油水收集设备，到港后进行排放，严禁在航行中和在未配备污水、油水回收设备的港口排放。

1998年，交通部在重庆市贯彻落实《防止船舶垃圾和沿岸固废弃物污染长江水域的管理规定》的宣传月动员活动。重庆市港航监督处以活动为契机，抓了增强企业领导和船员环境意识的法律、法规的教育，及时制作1000幅环保标志帖于各艘船舶，并赠送录像带，规定每航次至少播一次。同时在朝天门等客、货船停泊较集中的港口、码头设立回收站（点），并检查船舶防污设备配置和使用情况。

2000年，黔江区成立以后，黔江区地方海事处把控制水域污染作为重要工作来抓，区内的洞塘水库、小南海湖区既是全区重要的水运区域，同时也是全城的饮用水源保护区。一直以来，两个库区的大量乡镇运输船舶和旅游运输船舶都是木质挂桨柴油机动船，对水体的污染比较大，严重威胁全城10余万人的饮水安全，社会影响比较恶劣，区政府对此也十分重视，多次调研如何消除水域污染事宜。黔江区海事处通过大量的现场调查、市场调研、外出考察以及上下协调等艰苦细致的工作，结合乡镇客渡船更新改造工作，对小南海库区100余艘木质船舶实施了全部淘汰，更新、归并。使用技术先进且环保的玻璃钢液化汽船、玻璃钢电动船和玻璃钢人力船。此举不但彻底消除了该水域污染隐患，同时结合小南海国家4A级风景区的实际，使该风景区在旅游硬件质量方面上了一个新台阶，形成一道特殊的风景线。在洞塘库区，通过在每艘船上强制安装油水分离器，同时加强船员环保意识教育、加强日常管理，加大监督处罚力度，减少了船舶水域污染。

2003年，重庆市地方海事局对化危品船进行全面安全检查，对存在安全隐患的16艘油船、化危品船进行了限期整改或停航处理，对达不到运输资质要求的2家化危品运输企业作出了停业处理。

2005年8月1日，重庆市交通委员会举行了水上环保研讨会，有重庆市地方海事局、重庆市环保局、重庆海事局等部门负责人和重庆地区船用生活污水处理装置产品生产厂商大晃康达公司以及重庆长江轮船公司、新世纪游轮公司、重庆客轮总公司、餐饮船阳光鱼庄等用户代表参加。会上，重庆市地方海事局通报了主城区餐饮趸船生活污水治理现状，重庆市环保部门和海事部门重申了环保工作的重要性和必要性，要求各产品生产厂家要开发适应餐饮船使用的治理产品，重庆市交通委员会要求一、二级饮用水源的餐饮船务必在8月底完成生活污水治理工作，早日实现船舶生活污水及垃圾污染综合治理。2005年，重庆市交通委员会、重庆市地方海事局为全面治理船舶流动污染源，在防污规划中布局了长江和重要支流建设化危品船舶洗舱基地，在新建的港口码头、泊位中增加船舶垃圾污水接收设施，投资4亿元，实现库区船舶零排放。

七、渡口渡船管理

1986年，客渡船只是作为客船进行管理。重庆市辖区内所有区县在四川省管辖时期，多数区县设有渡口渡船专门管理机构。以后随着水监体制的改革，大多数与地方海事管理机构合并，为此，渡口渡船管理成了港航监督管理的重要内容。

1989年，重庆市港航监督处对客渡船进行整顿，从安全组织管理、船员管理、客渡船技术管理、规章制度管理、码头泊位管理作手进行检查培训。举办10期客渡船驾驶人员培训班，有733名通过考试，进行了验证工作。对277艘运营客渡船的稳性和载重性重新进行了核定。

至2004年，对渡船进行历年事故分析后，结果显示客渡船事故和造成的人员伤亡数占全市水上交通事故的70%以上，已成为影响水上交通安全形势的最主要因素。为此，重庆市人民政府、重庆市交通委员会决定对渡口渡船进行标准化改造。在交通部车购税专项拨款的支持下进行了渡口改造，在重庆市交通委员会投入3000万元专项资金补助下进行了客渡船标准化改造。在渡口渡船标准改造中，采取重庆市政府补助，区县政府配套与经营者自筹相结合的融资方式，使渡口和客渡船标准化改造顺利进行。

2005年初，重庆市人民政府开展渡口渡船专项整治活动，确认重庆市共有渡口1102道，渡口码头2537座，渡船1131艘。在渡口渡船标准化改造中对重点水域、客流量大的渡口渡船进行标准化改造。2005年底，验收渡口916道，其中达标渡口665道，采取“撤渡建桥”等措施撤销的渡口42道，取缔非法渡口50道，新建便民渡口159道；对标准化改造计划450艘客渡船已完成314艘改造任务，取缔非法渡船62艘。同时，举办渡工、渡口安全管理人员安全培训班258期，参加人数2931人次，培训合格渡工有1356人。新建的渡口渡船陆续替换旧船运营，使农民群众乘上了放心船坐上了安全渡。在渡口渡船改造计划中，未完成部分将在以后3年内完成。

八、乡镇船舶管理

重庆市乡镇船舶的前身为农副业船，大多附属于农业合作社，实行合作经营。中共十一届三中全会后，改为农民承包，继由农民集资造船或买船参加运营。

1987年，乡镇船舶不断发生重大恶性交通事故，引起了国务院和交通部的高度重视。交通部、农牧渔业部、国家经贸委、国家工商行政管理局、公安部、中国人民保险公司、财政部、国家旅游局等8部委共同发出《关于加强乡镇船舶安全监督管理的通知》，针对乡镇船舶及农用船舶迅速增多，管理跟不上，大量船舶未经检验发证、无证航行，非法载客等方面存在违章行为，提出了具体要求。因此，重庆市人民政府成立以副市长李长春为组长的重庆市乡镇船舶领导小组，开展扎实的工作，扭转了乡镇船失管、失控的状况，制定了乡镇运输船舶，从申请建造，到参加运营，从航行到停泊各个环节一系列规章制度。

1989年，重庆市港航监督处在重庆市7个片区免费培训乡长、镇长、船管员，试行考试合格持证上岗。同时推广长寿的经验，争取当地政府支持，客、渡船保险率达98%，以增强乡镇船舶抵御风险的能力，开展重庆市乡镇客渡船先保险、后发证工作。

1990年，重庆市人民政府为落实各级政府、交通部门、港监部门乡镇船舶安全管理职责，副市长秦昌典同17个区县分管安全工作的区县长签订责任书，各区县政府分别与区、乡、镇签订安全责任书，乡、镇政府与乡镇船主签订安全责任书。

1998年，对乡镇船舶重特大事故处理。7月9日，江津市一艘乡镇船舶“羊石”8号因超载、违章航行触礁翻沉，致使98人全部落水，死亡、失踪69人，引起了国务院、交通部的重视。重庆市、江津市政府联合成立了事故调查组，有两级安全、公安、交通等有关部门参加对事故进行调查处理。处理情况，事故责任人移交司机机关追究刑事责任，船舶所在镇镇长撤职，副镇长记大过，船舶所在村村委会主任受经济处罚，船管员解聘并党内严重警告，江津市港监所所长行政警告，港监站正、副站长撤职，江津市分管安全的市长助理行政警告，江津市政府受通报批评。

1999年，针对乡镇运输船事故多发突出问题，重庆市政府将乡镇运输船整顿列入7项安全专项整顿之一。4月，重庆市交通局召开了重庆市乡镇运输船舶安全管理会议，以合川、涪陵经验引路，部署重庆市乡镇运输船舶专项整顿工作。全年共纠正违章2014件，取缔无证、无照、无船名的三无船舶47艘，并在落实安全责任制，规范基础管理工作，在机构、人员、经费、职责四落实方面取得明显成效。

2002年，国务院发布《内河交通安全管理条例》明确提出建立健全行政村和船主的安全责任制，是乡（镇）人民政府的主要职责。

2002年2月1日，重庆市政府制定的《重庆市乡镇船舶管理办法》在重庆市范围内开始实施，主要针对乡镇从事客货运输的船舶和游览船舶、渡船、渔业船舶以及从事农副业生产、生活服务的自用船舶的安全管理进行规范，明确乡镇政府对乡镇船舶的日常安全管理职责，对强化乡镇政府水上交通安全监管责任的落实，推进水上交通安全基层监管建设具有重要意义。

2003年，为督促乡镇船舶安全管理，重庆市港航管理局以《内河交通安全管理条例》宣贯为契机，全面督促有关区县（市）人民政府进一步落实乡镇船舶安全管理机构、人员、经费、责任。其中，武隆县采取缴纳渡运安全保证金、实施客货船违章监督等十一项举措，将乡镇渡口安全管理责任制落实到了实处。

2005年4月1日，重庆市人民政府发布《重庆市乡镇自用船舶安全管理规定的通知》，明确农自用船舶的定义，明确乡镇人民政府为安全监管责任主体，负责本行政辖区内农自用船舶的监督和管理工作，其设置的乡镇安全生产监督管理机构或管船机构负责具体实施。同时，明确了农自用船舶登记、检验、发证、操作人员培训考核及日常监管的实施部门，对具体工作要求进行了规范。

九、重特大海损事故

20世纪80年代至2005年，重庆水运发展经历了改革开放时期，也经过了客运高峰时期，社会需求使船舶数量急剧增加，造船业随之迅速发展。由于当时法律法规不健全，管理没有跟上，致使乡镇船舶增加无序，“三无”舶舶大量产生。同时由于航道等级低、暗礁险滩多，船员数量增加快，技术水平差，法制意识淡薄等原因，1986年至2003年6月，重庆水上交通事故平均每年死亡

105人，平均每6个月发生一起一次性死亡10人以上、17个月发生一起死亡30人以上的水上重、特大交通事故，死亡人数占全国水上交通事故死亡总人数的20%，是全国水上交通事故的重灾区。

三峡工程2003年蓄水以后，一方面原有滩险大多数被淹没，另一方面由于对部分重点滩险进行了整治，通航条件得到较大改善。特别是2003年6月19日特大水上交通事故发生后，重庆市实施了“科技兴安”战略，运用科技手段强化安全管理，建立水上交通管理监控系统。加大了安全投入，加强监管队伍建设，实施客渡船标准化改造。针对水上安全薄弱环节，开展各项专项整治，安全形势逐年好转并总体趋于稳定。2003年后，水上交通事故年平均死亡人数不到30人，并且至2005年年底未发生一次性死亡10人以上的事故。

1986～2005年期间死亡、失踪10人以上的重大事故和30人以上的重特大事故如下：

1986年3月6日11时45分，“四川507”轮由无滩坝返回白沙镇，遇一小机船顺江而下。“四川507”轮采取了一定的避让措施，两船会过以后，由于浪大小机船沉没。船上48人全部落水，507轮立即掉头施救，37人脱险，造成2人死亡，9人失踪，经济损失40余万元的重大水上事故。

1986年7月14日11时50分，巴县清溪乡牌楼村三队田中成、田中友、田炳全3户联营挂桨小机船，载人由洛碛下驶。12时5分在中档坝横流浮标上面与“长江02023”轮上水会船时两船横距约一百米，会船后小机船即上浪，于12时7分在石船梁过河浮标上面水域沉没。船上70人全部落水，经巴县、江北县渔船和长寿“江南6号”轮积极施救，36人脱险，造成4人死亡，32人失踪的重大恶性水上事故。

1986年10月4日，嘉陵江利泽逢场，沙沱村农民蒋明德，驾驶一只私自改装的三吨机动木船，从沙鱼沱装人到利泽赶场。中午，又装运从利泽赶场回家的农民36人、食盐500斤、煤炭6担、化肥160斤等，于12时5分由利泽码头开航返沙鱼沱，航行至米口子滩处，由于严重超载，客货混装，装载不平衡，前重后轻，驾驶操作不当，船速过快，造成沉船死亡21人（其中船工1人）的特大水上恶性事故。

1987年1月3日16时30分，武隆县土坎乡桐坝村村民冉光兴私人小船载重1吨货物，又在乌江武隆县境内关滩处非法载客22人，严重超载，船只沉没，造成死亡19人，直接经济损失3.07万元的重特大水上恶性事故。

1987年1月11日，黔江县后坝乡农民管先念驾驶一艘6吨12马力木质机动船，载84人航行小南海水库中，因为严重超载，违章航行，行驶至湖中大坪（小地名）处，被水下树桩划破船底，船舶漏水沉没，船上84人落水，造成死亡40人的重特大水上恶性事故。

1987年5月5日7时50分，石柱县力场“乡办1号”客船与涪陵地区轮船公司“川陵31号”轮在长江烟邸子控制河段谭家碛处，因操作不当发生碰撞，造成“乡办1号”船沉没，船上77人（其中船员4人）全部落水，死亡18人，直接经济损失7万元的重大水上交通事故。

1987年6月24日5点55分，涪陵市李渡镇东堡村二组张建伦个体小机船“李渡7号”载人52人（其中船员2人），蔬菜49担（计3.75吨），因严重超载，在长江李渡附近马腿滩翻沉，造成死亡17人的重大交通事故。

1987年8月12日，高万明用私造木质挂桨机船（12马力）一艘，在渭溪区运送赶场返家群众，船舶上驶达溪流口（距渭溪区4公里）处沉没。由于属三无船舶，高万明无证驾驶，超载航行，造成船上52人（包括高万明）全部落水，其中34人生还，造成5人失踪，13人死亡的重大恶性事故。

1988年12月19日13时30分，合川县官渡区方碑乡石笋六社代龙根驾驶的个体5马力小机船“方碑2号”（核定载货3吨），载客37人，载货约1.75吨，由渠江小沔下驶开往大沔途中，由于代龙根忽视安全，违章载客，客货混装，超载、装载不平衡，首重尾轻，在狗洞子河段的贺家溪河心船首进水沉没，导致船上38人（含代龙根）全部落水，救起25人，造成死亡13人的重大海损事故。

1989 年 8 月 27 日 9 时 40 分，合川县渭溪区个体船主魏大明，无证驾驶”渭溪 6 号“小机船，核定载客 65 人，实载 112 人，并超越核定航区，由渭溪下行至马鞍石触礁翻沉，全船人员落水，死亡 32 人，失踪 1 人。

1991 年 8 月 11 日 12 时 15 分，荣昌县联升乡杜家坝村九组郗荣久无证驾驶个体小机客船“联升 2 号”在濑溪河梨子园码头载客后，上行经过永胜桥时碰触桥墩，船舶沉没，造成死亡 23 人，失踪 1 人的重特大沉船死人事故，经济损失近 3 万元。

1995 年 11 月 13 日 8 时 50 分，江津市轮船一公司“江津 6 号”客轮与贵州省赤水轮船公司“遵义 308”船队，在长江上游罗湾子水道（宜昌以上 785.2 公里处）发生碰撞，“江津 6 号”客轮翻沉，除几人爬上遵义 308 船队外，其余人员全部落水（经永川 106、渔船、遵义 308 等轮抢救，救起 32 人），造成死亡、失踪 46 人的重特大海损事故。

1995 年 12 月 13 日 8 时 45 分，涪陵市江东办事处个体货船“江船 20 号”（核定干舷 504 毫米，功率 88.2 千瓦），因操作不当，偏离航线，在乌江中漕发生翻沉，造成死亡、失踪 11 人，直接经济损失达 9 万元的重大水上交通事故。

1996 年 3 月 11 日 13 时 55 分，四川省蓬安航运公司“小山城号”客轮与个体船“群生号”货船、国营川东船厂“川东 507 船队”在重庆港草鞋碛水域相继发生碰撞，“小山城号”客轮翻沉（经附近船舶“轮渡 233”“轮渡 235”“渝道 1276”“监督 54 号”和“监督 70 号”轮船 以及 6 艘渔船的大力施救，共救起落水人员 60 人），造成死亡、失踪 71 人的重特大水上交通事故。

1996 年 7 月 2 日 7 时 5 分，丰都县镇江乡个体客船“农花机”15 号（22.05 千瓦，60 客位）载客 42 人，船员 4 人，由石板溪开往丰都，上行至丰都港麻柳林长航囤船处（距宜昌 482.5 公里），因操作不当，致使船尾垫碰在囤船外的客轮“东方之星”船头上，船舶顷刻向右侧翻沉，造成 46 人落水，死亡 16 人，船舶沉没，经济损失达 3 万元的重大水上交通事故。

1997 年 3 月 16 日约 12 时 40 分，涪陵市长江天府轮船股份有限公司“天鸥 2 号”高速水翼客船与黔江地区轮船公司“鸿运 14 号”客船，在长江上游长叶碛 4 号红浮外约 40 米处（距宜昌以上 632.2 公里处），由于双方对避让重视不足，临危操作不当发生两船碰撞，造成死亡 13 人，轻、重伤 76 人（3 人致残）的重大水上交通事故。

1998 年 7 月 9 日，“羊石 8 号”轮从长江中坝载客至羊石途经老正沟码头停靠上客 89 人，载西瓜 500 公斤后，行至徐梁滩下约 100 米处，轮机员赵先金擅离机舱，接替驾驶赵先忠驾驶，并让赵先忠到机舱操作机器，7 时 20 分上行至徐梁滩投水上架，由于航道窄，水流急，马力小，装载过重，船首部左舷在徐梁滩岸边礁石上碰了一下，船首向外张出，船向下流至坎子水处时，左舷进水，并向左侧倾斜翻沉，造成死亡 14 人，失踪 55 人的重大水上交通事故。

1998 年 9 月 12 日 8 时 20 分，重庆市涪陵区江北街道办事处况某某所有的江北 18 号货船在涪陵长江菜子梁（宜上 530.60 公里）处因违规操作，致使船舶倾覆，造成 1 人死亡，9 人失踪的重大海损事故。

1998 年 9 月 21 日上午 8 时 20 分，董昌禄驾驶自行建造的挂机水泥船自（农）用船，载村民 30 人，公粮 500 公斤，由石桥驶往雷坝，行至长寿湖邓家坝水域河心加车时，船头进水并迅速漫延到船身后沉没。由于严重超载，无证驾驶，操作不当，造成 8 人死亡，4 人失踪的重大海损事故。

2000 年 8 月 31 日 14 时 30 分，“隆盛号”，行至奉节境内石板夹后在上倒吊和尚的出水时，由于船舶严重超载（该船所载煤 480 吨已严重超载，耕牛 25 头，折合重 7.5 吨），加之当班驾驶刘勇操作不当，船舶呈南尾首北式向左翻覆，造成全船 14 人落水，2 人死亡，9 人失踪的重特大海损事故。

2000 年 12 月 2 日 11 时 50 分，吴吉华驾自用船在小渡口码头接载乘客 23 人起航返回皂角村。由于违规操作，在视线极不好的情况下与“渝铜梁货 00172 号”机驳船（重载上行船）对驶相遇，互从左舷会船，但终因船速较快，船艄舷一侧上了机驳船的船艄左角，自用船当即向右翻沉，造成船上 23 名乘客全部落水，生还 10 人，死亡 13 人的重特大海损事故。

2001 年 1 月 18 日，龙孔乡航宏 518 轮在奉节境内老马滩与奉节渡运 9 号轮，因双方操作不当发生碰撞，使渡运 9 号当即沉没，造成 23 人落水，9 人生还，3 人死亡，11 人失踪的重特大海损事故。

2001 年 1 月 29 日 9 时 30 分，涪江江面有浓雾。“渝合川客 00110 号”客船停靠在涪江中梁村内口李建辉住家附近的非正规码头，载客 84 人（含船员），由于冒雾上驶，水流湍急，操作不当，在蓑衣滩翻沉，造成全船人员全部落水，生还 38 人，死亡 46 人的特大恶性事故。

2001 年 3 月 12 日 14 时 30 分，“秀峰号”客班船在巫山港驶往奉节方向，行至油榨碛处。“秀峰”号客班船违章从绞滩船和两艘货船内档抢滩航行。左车叶被绞滩船前方绞缆挂住倾覆。造成船上乘客 42 人、船员 5 人全部落水，生还 23 人，死亡 3 人，失踪 21 人的重特大海损事故。

2002 年 12 月 18 日 7 时 25 分，湖北省宜昌江顺汽车滚装船运输有限公司所属汽车滚装船“宜盛”轮由重庆开往宜昌途中，在重庆市长寿区长江干线下码头碛水域（长江上游航道里程约 581.9 公里），与重庆市长寿区水上运输有限公司所属横江渡船“长运”1 号相遇，由于双方船舶操作不当，两轮发生碰撞，造成“长运 1 号”轮沉没，47 人落水（其中船员 9 人，乘客 38 人），7 人生还（船员 5 人，乘客 2 人），8 人死亡，32 人失踪的特大水上交通事故。

2003 年 6 月 19 日 7 时 57 分，重庆三峡轮船股份有限公司所属“涪州 10 号”客货轮下行与涪陵江龙船务有限公司所属“江龙 806 号”干/液货轮上行，在重庆市涪陵区长江上游的牛屎碛水域（上游航道里程 557.80 千米）发生碰撞（事故双方在突遇浓雾的情况下，冒险航行，未保持正规瞭望，违章操作，临危措施不当，是事故的直接原因），造成“涪州 10 号”客轮当即翻沉，船员全部落水，救起 12 人，死亡、失踪 52 人的特别重大水上交通事故。

2004 年和 2005 年，重庆市地方未发生死亡、失踪 10 人以上水上交通死亡、失踪事故。

第三章　船舶检验管理

第一节　管理法规制度

一、船舶和船用产品监督检验条例

为了使船舶具备安全航运和安全作业的技术条件，保障水上人生和财产的安全，1982 年 5 月 4 日，中华人民共和国船舶检验局制订并发布《船舶和船用产品监督检验条例》（简称《条例》），自 1982 年 6 月 1 日起施行。《条例》中对各种船舶和船用产品的设计文件图纸、建造等检验的监督与检查内容进行详细规范。

二、船舶检验工作管理暂行办法

为了加强船舶、海上设施和船运货物集装箱以及船用产品检验工作的管理，提高船舶检验工作质量，2000 年 11 月 9 日，中国国家海事局制定和颁布《船舶检验工作管理暂行办法》（简称《暂行办法》）。主要内容有：明确了中国海事局是依照本办法实施各项船舶检验管理工作的主管机关。负责制订并组织实施船舶法定检验技术规范、规则；监督管理船舶检验发证工作，审定船舶检验机构及验船人员资质并实施监督管理；负责法定检验授权，审批外国验船组织在我国设立代表机构并实施监督管理。

三、重庆市地方船舶修造管理暂行规定

为加强地方船舶修造管理，提高船舶修造质量，保障船舶安全航行的技术条件，保护合法经营和正当竞争，1990 年 12 月 31 日，重庆市人民政府第 68 次常务会议审议通过了《重庆市地方船舶修造业管理暂行规定》（简称《规定》）（重庆市人民政府第 18 号令），自 1991 年 3 月 1 日起施行。《规定》明确了重庆市交通局为本市地方船舶修造业主管部门，对其管理职能与范围进行了规范，及其违背规定的法律责任。

四、重庆市船舶修造业管理办法

为了加强对船舶修造业的管理，保障船舶修造质量及船舶安全适航，保护合法经营和正当竞争，2001 年 2 月 27 日，重庆市人民政府第 77 次常务会议审议通过《重庆市船舶修造业管理办法》（简称《办法》）（重庆市人民政府第 109 号令），自发布之日起施行。《办法》明确了重庆市和各区县（自治县、市）交通行政管理部门是辖区内船舶修造业的主管机关，同时明确重庆市港航管理机构和工商、公安部门的在各自的职责范围内做好船舶修造业的管理工作；对其修造船企业的开办程序、修造质量及法律责任进行规范。

第二节　中国船级社重庆分社主要业务

一、船舶检验及产品检验业务

（一）国内入级船舶及持证船舶检验

中国船级社于 2005 年 6 月 1 日推出国内航行船舶的入级服务业务，其核心是以国家水上运输的公众安全利益为根本出发点，根据国内航行船舶的实际情况将船舶入级服务向国内航行船舶范围的延伸，对符合国内船舶入级规则的船舶授予 CASD 船级符号，其目的是通过开展国内船入级服务为政府和国内造船、航运、保险等相关行业提供船舶所采用的标准和标准的符合情况以及船舶的技术特点等风险识别和控制方面的服务，在整个国内船队中发挥示范作用。

中国船级社重庆分社执行国内建造和营运检验的船型主要为沿海 LPG 船、客滚船以及内河集装箱船、干散货船、散化船、油船、旅游船、客船、商品车滚装船、航道工作船、工程船、海事巡逻艇、趸船、码头浮吊等，航区覆盖沿海及内河，其中航经三峡库区货船均为内河标准化船型，除内河航道工作船、巡逻艇、趸船等小型船舶和非机动船外，其他船舶均入 CSAD 船级。

（二）国际航行船舶入级建造检验

中国船级社重庆分社于 1995 年完成川东船厂建造的第一艘国际航行入级船舶“闽远 1”轮的建造检验。2004 年以来，伴随中国船舶工业的迅猛发展，重庆东风船厂和川东船厂等骨干船厂抓住沿海造船业向内地转移的机遇，通过大规模扩能技改，实现了国际航行船舶的批量建造。中国船级社重庆分社对船厂进行了相关国际公约、法规和入级规范的专题培训，宣传贯彻中国船级社对国际航行船舶建造检验控制的基本要求。同时通过日常检验中对船厂在建造质量上的严格控制和技术扶持，帮助中小船厂进行船台、设备技术改造和建造工艺、质量管理提升，促进了重庆地区船舶制

造和修理行业整体技术水平的提高，吸引更多高附加值的国际航线船舶订单。

中国船级社重庆分社建造检验的“宁化417”轮化学品船以高分通过CDI（欧洲化学品分类协会）的检查，同时得到了德国巴斯夫公司、陶氏化学品公司，英国BP、Shell公司等跨国石油公司的信任，均已接受该船建造质量。重庆东风船厂和川东船厂先后成功建造3300/7800/9000DWT多用途集装箱船、3000/5500/9000DWT系列不锈钢/特涂化学品船等多种国际航行船型，其中重庆分社承担入级检验建造船舶共计31艘、14.82万总吨。在国际航行入级船建造检验过程中，重庆分社从入级规范、国际公约、IACS统一要求等技术方面要求给予了船厂极大的帮扶和支持。特别是对于国际航行特种船舶，如9000DWT不锈钢化学品船、3700立方米LPG（液化气）船等加强项目管理，从安全结构及设施、焊接工艺、防火分隔、载重线等各个方面均给予了耐心细致的指导，保证了船舶建造质量，同时填补了长江上游建造不锈钢化学品船和LPG船舶的空白。

（三）船用产品检验

中国船级社重庆分社开展船用产品检验始于20世纪60年代。1978年2月，国家计委提出50项出口船舶主要设备需经船检部门检验发证。国家船检局于1980年要求出口船用产品和内销船用产品制造厂需向船检局所属的各船检部门申请检验发证。1980年9月及1981年1月，六机部和一机部又先后发文通知其系统各制造厂，在出口船用产品需办理外国船级社检验发证时，应首先申请船检局检验，在船检局认定符合有关规定后，由船检局办理外国船级社认可事宜。随后全国工业系统的许多船用产品制造厂为争取国内外船用产品市场，陆续申请船用产品认可及检验，在船检局大力帮助下，取得了相关外国船级社的认可。

20世纪80年代初，重庆船检大力开展了产品检验工作。1981年9月23日，对自贡中国电焊条厂进行了工厂认可，这是重庆船检的首家工厂认可。之后，1981年9月28日，对重庆钢铁公司ZCA、ZCB船用钢板进行了工厂认可，这是重庆船检对国营大型企业的首次工厂认可。1986~2005年期间，又陆续对德阳第二重型机床厂、成都无缝钢管厂、重钢五厂、四川柴油机厂、江津增压器厂、四川齿轮箱厂等诸多大中型企业进行了船用产品的工厂认可或帮助其进行了英国劳氏船级社（LR）、德国船级社（GL）、美国船级社（ABS）等外国船级社认可，为大量的船用产品制造厂开辟了广阔的国际国内市场。

2005年，中国船级社重庆分社检验有船用钢板、船用大中型铸锻件（国际航行船舶锻造艉轴、舵轴、大中型铸钢锚、中小型铜质螺旋桨）、船用柴油机及其配套产品（增压器、船用齿轮箱、喷油嘴）、船用电气设备、导航仪器仪表（电罗经）、船用压力表、防火材料、救生器材等各门类计122种船用产品，对49家船用产品制造厂进行了工厂认可，78家船用产品制造厂家进行了型式认可。

二、参与船舶治理整顿工作

（一）参与交通部船型治理整顿工作

1. 长江涉外旅游船专项清理整顿

改革开放以来，长江三峡作为国内著名旅游线路吸引了大量中外游客观光，但从事三峡旅游的船公司安全管理和船舶技术状况存在严重的安全隐患。为规范长江涉外旅游船运输市场管理，保障人命财产安全、促进长江涉外旅游运输的健康发展，1995年2月27日，国务院办公厅下发《关于进一步加强长江三峡涉外旅游船舶管理问题的通知》，要求对从事涉外旅游的船公司和船舶开展清理整顿，并明确长江涉外旅游船舶统一由交通部直属船检机构承担审图及检验。交通部于1995年公布《长江三峡涉外旅游运输企业及船舶清理整顿工作方案》，中国船级社重庆分社参与并承担重庆籍涉外旅游船舶的审图及检验工作。

1995~2003年，中国船级社重庆分社对长江涉外旅游船的消防、救生及抗沉性等安全技术状况进行专项治理，船舶的安全性能得到了提高，船型尺度和功能布局更适合船舶航行和旅游的需用。从1981年9月第一艘旅游船“神女”轮建造检验完成到2005年年底，中国船级社重庆分社检验旅游船31艘、131367总吨，船舶主尺度从最早的总长68.5米、船宽12米、型深3.5米、载客68人发展到总长133.8米、船宽19.22米、型深4.0米、载客402人。从第一代“神女”“三峡”号游轮检验开始，中国船级社重庆分社从单一运输船舶的检验发展到为对起居舒适、功能配套齐全、安全性进一步提高的涉外旅游船舶的检验，促进了三峡旅游业的发展。

2. 川江载货汽车滚装船清理整顿

在国家西部大开发的政策背景下，2000年4月开始，在重庆至宜昌的川江及三峡库区航段上出现川江载货汽车滚装船型。这种水上运输方式适应了重庆、四川等地区对外公路运输物流日益加大的需求，因而得到迅猛的发展。但其中相当一部分船舶是由老旧船改造的，不符合有关技术规范的要求，对人民生命财产安全带来了较大安全隐患。2000年，交通部以《关于加强长江汽车滚装船、客滚船运输市场管理的通知》开始整顿川江汽车滚装船运输市场。按照交通部交水发（2001）89号文件规定，投入川江跨省汽车滚装运输的船舶统一由中国船级社检验，中国船级社重庆分社于2000年参加川江汽车运输滚装船清理和专项整顿。随着2004年船舶标准化工作的开展，2005年大力发展川江Ⅱ型标准汽车滚装船。预计到2010年逐渐取代非标准川江汽车滚装船，使汽车滚装船达到大型化、标准化的要求。

（二）库区船舶污染治理

确保船舶航行安全和防止水域污染是中国船级社的质量服务宗旨。为防止船舶对库区水域的污染，中国船级社重庆分社在检验中除要求船东按规范安装防油污装置外并在运营检验中认真检验，严格要求，保证油污水排放符合标准。2004年，按照《内河船舶法定检验技术规则》及修改通报的要求，加大船舶防生活污水及防垃圾污染、防空气污染检验力度。2005年，严格执行重庆市政府相关库区防污染要求，使船舶防污染逐步达到设施落实、要求具体、检验达标，并完善防污染的措施及方案，为以后的工作继续开展打下基础。

三、提供社会服务

（一）中国船级社实业公司重庆分公司

1993年，中国船级社成立具有独立法人资格的中国船级社实业公司。为专业从事陆上工业领域监理、监造、钢结构第三方无损检测、项目评估及公证检验服务的专业公司，并具有交通部颁发的水运工程监理甲级资质（内含特大桥梁监理）和国家质量监督检验检疫总局、国家发展和改革委员会颁发的设备监理甲级资质。重庆分公司作为中国船级社实业公司下属的独立专业工程监理及第三方无损检测服务机构，服务于重庆市及西部地区的重点建设项目。

2004年，重庆奥林匹克体育中心体育场项目获得重庆市建委等机关颁发的重庆市工程建设特殊贡献奖，CCSI重庆分公司对其体育场及游泳馆进行第三方无损检测，受到重庆市政府的表彰。由中国船级社实业公司（CCSI）实施整体全过程监理的重庆菜园坝长江大桥获得2010年中国土木工程最高奖詹天佑奖，CCSI重庆分公司参与该桥监理并实施该工程对钢箱梁焊缝无损检测。中国船级社重庆实业分公司无损检测项目还有：重庆鹅公岩长江大桥钢箱梁、重庆朝天门长江大桥钢箱梁、重庆石板坡长江大桥复线桥钢箱梁、江北机场二期及三期扩建工程新航站楼、新疆体育中心工程钢结构、重庆大剧院钢结构等，参与重庆菜园坝长江大桥施工监理，并按业主要求，对其大型缆索吊施工支架防洪防撞、施工监控等作专项监理。监理的主要工程还有重庆草街航电枢纽工程金属结构及相关机电设备监造，轻轨二、三号线的轨道梁铸钢支座及钢轨道梁的建造，菜园坝长江大桥及引桥等共建工程监理和重庆合川富金坝水利枢纽工程金属结构及设备监造等监理。

（二）中国船级社认证公司重庆分公司

1993年，中国船级社成立具有独立法人资格的中国船级社认证公司（CCSC，原称CSQA），重庆分公司是其国内分支机构之一。主要从事体系认证业务、产品认证及工业第三方检验。认证工作开展了质量管理体系认证（GB/T19001）、环境管理体系认证（GB/T24001）、职业健康安全管理体系认证（GB/T28001）。重庆分公司自2000～2005年，已审核企业500多家，颁发国家认可委认可的管理体系证书1000多张，还颁发有英国皇家认可委员会认可的UKAS证书100余张。服务的客户主要有重庆钢铁股份有限公司、重庆机场集团有限公司、华能重庆珞璜发电有限责任公司、重庆ABB江津涡轮增压系统有限公司、四川电气集团有限公司等大中型企业。开展的产品认证服务以风电产品、交通产品为主，其主要产品厂家包括东方电气集团、中国二重、中船总重庆海装、重庆齿轮箱等企业的风电产品认证；成都高压阀门厂、四川明星电缆等企业的石油产品认证等。工业产品检验方面，承担了中石油西气东输二线项目的全部管线产品质量和施工质量的监督工作及中集重庆分公司集装箱产品检验。

第三节　地方船舶检验管理

一、管理职能与范围

（一）管理职能

重庆市船舶检验局根据中华人民共和国海事局的授权开展B级船舶法定检验工作，并在本辖区内对船舶检验、船用产品及船舶图纸审查实行分级管理。其主要业务有：对船舶和船用产品实施法定检验，签发船舶适航证书和船用产品证书；审批各类船舶和船用产品设计图纸；按照保险业或其他单位的委托，以第三方的身份，对船舶进行公正检验，出具检验报告；组织船舶电焊工的培训和考试，核发船舶焊工合格证书；根据重庆市水域的具体情况，研究制定适合本地区特点的船舶检验规范或规定；审核船舶设计和修造企业的技术资质，核发船舶设计证书和修造证书，依法监督管理船舶设计市场和船舶修造市场；提供有关船舶安全技术的技术咨询，技术服务和推广评审船用新产品和新技术；经授权开展船舶机（海）损事故鉴定、船舶报废勘查鉴定和船舶工程监理等业务。

（二）管理范围

1984年10月，经重庆市人民政府136号文件批准，成立重庆市航运管理处，实行重庆市航运管理处、重庆市港航监督处、重庆市船舶检验处“一套班子、三块牌子”的管理体制，其地方船舶检验业务由重庆市船舶检验处负责，其管理范围为9个区、12个县。到1996年代管期间管理范围在原重庆市9个区、12个县的船舶检验管理范围基础上增加涪陵市、万县市、黔江地区的船舶检验业务。1997年，重庆市直辖后，仍保持1996年代管理期间管理范围、管理方式。2000年成立重庆市交通委员会及所属的重庆市港航管理局（同时挂重庆市地方海事局、重庆市地方船舶检验局牌子）。重庆市港航管理局（重庆市地方船舶检验局）于2003年8月理顺了重庆市的船舶检验机构，并对27个区县（自治县、市）的船舶检验机构行使行业管理，其管理范围与代管期间，直辖后一直至2005年底。

二、船舶标准化

（一）货运船舶标准化、大型化

1. 前期工作

2005年，交通部颁布《全国内河船型标准化发展纲要》（简称《纲要》），提出川江及三峡库区要在2010年基本实现船型标准化和系列化。重庆市港航管理局将运输船舶的标准化、专业化和大型化作为近年的工作重点，组织专家编制了重庆市船舶标准化总体方案，提出了“十一五”期间重庆市船舶标准化的工作思路，通过“改造一批、过渡一批、淘汰一批”等方式，在交通部的支持下，力争在《纲要》规定的期限内重庆市船型标准化目标能顺利实现。

2. 实施情况

按照交通部公布的标准船型方案，通过运用经济、行政和政策引导等手段，重庆市港航管理局根据方案要求，将重庆市的主要机驳船型发展到3000~5000吨，散货运输船最大将达到8000吨。

由于重庆市人民政府高度重视，重庆市交通委员会大力支持，该项工作成效显著。重庆市货运船舶平均吨位由2000年的180吨增加到2005年的870吨，是2000年的4.8倍，年增长达37%，其中长江干线已达1000吨以上。货运船舶中，集装箱、滚装船、油船及液化危险品船等专用船比重由2000年的3%提高到2005年的20%。集装箱运输由2000年的2家企业12艘船舶、1000标箱发展到2005年的10家公司98艘船舶、12887标箱，运力增长12倍；载货汽车滚装船从无发展到2005年的51艘2316车位，单船最大装载量达60车位；油船及液化危险品船由2000年的58艘2.8万吨发展到2005年的84艘12.6万吨。

（二）客渡船标准化

1. 前期工作

（1）组织准备。客渡船标准化改造工程得到重庆市人民政府和重庆市交通委员会领导的高度重视。重庆市港航管理局成立以局长为组长，各分管领导为副组长，船检、海事、运政、财务等部门负责人为成员的客渡船标准化改造领导小组，各分管局长实行片区负责制，并将此项工作纳入局机关有关部门和各区县港航管理机构年度目标考核。各区县也相应成立专门的机构，由区县政府分管领导和交通主管部门领导负责，镇（乡）政府和区县港航部门具体实施，配合市港航局客渡船标准化工作的推动，为该工程的顺利推进提供了组织保障和资金保障。

（2）方案制定。2003年，重庆市港航局开展对客渡船标准化改造的可行性研究。2003年9月，完成《川江及三峡库区客渡船标准船型研究开发》课题，开发出30/50/80/120客位系列标准型客渡船方案，并通过了交通部组织的专家评审。

2003~2004年，通过标准型客渡船方案的实施，产生了部分新型的客渡船舶。其投入使用后，2005年重庆市港航局征求了管理部门、建造厂家和船东等各方的意见，了解了船东的实际需求，在此基础上，组织相关设计人员进行了改进和优化。同时，委托重庆长江轮船公司工程设计院对已投入使用的6种客渡船船型进行安全性评估，得出了船舶操纵性能良好，提出了进一步改进措施的报告。综合各方面意见后，重庆市港航管理局立即组织设计人员进行设计，完成了适用于支流和渠化河流的客渡船船型，最终形成了重庆市标准化客渡船船型系列（15种船型），使标准化船型更趋于完善，较好地满足了重庆市37个涉水区县（自治县、市）客渡船改造的需求。

（3）资金准备。通过调查研究，确定标准客渡船改造908艘，需要投入的资金1.3亿元。采取重庆市人民政府补贴、各区县人民政府配套、船东自筹等3种方式筹集资金。其中，重庆市交通委员会出资4000万元作为重庆市人民政府的补贴，按进度3年分期到位。由此，提高了各区县人民政府和船东的积极性，使筹资工作顺利进行，保障了客渡船改造的开展，真正减轻了船东的负担。云阳等区县1艘长江30个客位的标准客渡船造价近16万元，但船东只需拿出5万元就能接到这样的一艘船舶，自身投入还不足1/3。

2. 实施情况

重庆市港航管理领导小组负责组织实施该项工程，具体承担设计开发、拟订政策、下达计划、资金管理和工程审计验收等工作。为了加强资金的监管使用，由纪律检查部门参与监督，按照招投标的方式选定造船厂家。2004年改造客渡船158艘。2005年，对重点渡口、重点水域、客流量大的450艘客渡船进行更新改造，当年完成314艘客渡船的新建任务。

第四节 船舶工业

一、船舶工业发展

1950～1983年（解放初期至改革开放初期），重庆市因特殊地理环境限制，公路和铁路不发达，水上运输成为重庆与外界进行交流的重要通道。由于各级人民政府十分重视水运的开发和利用，重庆水运事业发生了翻天覆地的变化。随着1983年全国经济体制改革，水运放开搞活新形势出现。1990年三峡旅游热升温，各种大型、超大型豪华旅游船大量投入水上客运，先进气垫船、水翼船等高速特种船舶使重庆水上运输事业呈现出前所未有的繁荣景象。至1997年重庆设立直辖市，重庆市已拥有各类船舶6000余艘，近百万总吨。

水运发展促进了造船工业的兴旺。20世纪90年代初，随着水运经济的发展，在船舶工业方面增加了许多修造企业，兴起了一股"造船热"。特别是一些乡镇企业也纷纷参与船舶设计和建造，而这些企业中大多数不具备修造船舶的基本技术和条件，许多企业在河边找块沙坝就开始建造几十甚至上千吨船舶，"沙滩造船"引起造船市场一定程度混乱，低标准船和"三无"船舶相继产生，成为重庆市水上交通安全一大隐患。1998年，在重庆市水域内发生各种水上交通事故52件，死亡150人，直接经济损失达15158.89万元。事故原因多种多样，造船质量差是事故的源头，此类现象特别突出。

2002年，重庆市共有船舶修造企业126家，这些企业建造了大批适合重庆市各种干、支流水运网络特点的各类运输船舶，如大型挖采金船、上千吨级浮船坞、航道工程挖泥船、气垫船、水翼船、集装箱船、滚装船、大型散货船和豪华旅游船等。

二、船舶工业管理

1986～1989年，重庆船舶修造业无行业主管部门。为了保证船舶建造质量、维护船舶修造市场秩序、确保水运安全，1990年12月31日，重庆市人民政府第68次常务会议审议通过《重庆市地方船舶修造管理暂行规定》（市政府〔1990〕第18号命令），明确重庆市交通局为船舶修造行业的主管部门，具体工作由重庆市航运管理处实施，并于1991年3月1日开始施行。开始对造船市场进行整治，力争从源头上减少水上交通安全的事故隐患。

1996年，重庆市直辖前代管四川省管辖的涪陵市、万县市和黔江地区。为了对这些地区的船舶进行整顿，重庆市人民政府下发《关于四川省和原重庆市政府规章的适用决定》，明确规定《重庆市地方船舶修造管理暂行规定》在涪陵市、万县市和黔江地区继续适用。这一规定对这些地区乡镇个体船厂多，私自乱建现象严重有很强的针对性，对保证船舶修造市场有序健康发展起到有效作用。

1997年，交通部颁布《公路、水运交通主要技术政策》，明确指出要"实行船舶设计、制造许可证制度""坚决取缔无设计、制造资格的单位和企业从事船舶设计、建造业务"。交通部这一规定规范了全市修造船市场。

2000年8月，重庆市交通委员会和下属的重庆市港航管理局成立，原重庆市交通局和重庆市航运管理处从事的船舶修造行业管理由重庆市交通委员会管理，重庆市港航管理局实施。

2001年2月27日，重庆市人民政府第77次常务会议审议通过《重庆市船舶修造业管理办法》（市政府第109号令）。这一办法是对原《重庆市地方船舶修造管理暂行规定》进行了反复修改，同时结合直辖市特点产生的，是全市船舶修造业最新管理办法。从此，规范了全市修造企业生产经营、技术标准和船舶修造市场。

2005年，重庆市机构编制委员会办公室依据中央机构编制委员会办公室《关于进一步明确水上交通安全监管职责分工有关问题的通知》，下发《关于进一步明确重庆市水上交通安全监管职责分工有关问题的通知》，将船舶建造质量安全监管交由重庆市国防科工办，将船舶建造行业管理交由重庆市经济委员会负责。2005年年底，重庆市港航管理局结束了全市船舶修造行业管理。

三、重点船舶工业企业

（一）重庆东风船舶工业公司

前身是1928年7月爱国实业家卢作孚先生创建的民生实业股份有限公司民生机器厂。厂址在重庆市江北区青草坝。1960年7月从青草坝迁至唐家沱。1966年经重庆长江航运管理局（简称长航局）批准更名为长江航运管理局东风船厂。1984年3月10日，长航局实行体制改革，划分为长江航务管理局和长江轮船总公司，东风船厂划归长江轮船总公司领导，更名为重庆长江轮船总公司东风船厂（简称东风船厂）。东风船厂经历了抗日战争、解放战争，尤其是抗日战争时期，在扩展生产规模支援抗战方面做出贡献；经历了新中国成立初期由私营、公司合营过渡到了国营，建立社会主义企业营运方式；经历了改革开放从计划经济向市场经济过渡、由生产型向经营型转变的重要时期；经历了西部大开发带来生产经营大发展时期。

重庆长航东风船舶工业公司（以下简称重庆长航东风公司）的企业总体布局为“一线三点”，在重庆至万州沿江布设长航东风公司本部、川江船厂、江万船厂。长航东风公司本部位于重庆市江北区唐家沱，坐落在重庆市生态公园铁山坪之下，面临万里长江，背靠渝怀铁路，毗邻渝长、渝万高速公路，离江北国际机场仅20多公里，拥有长达3公里的江岸线和天然深水码头。川江船厂位于重庆市长寿区周家沱，江万船厂位于重庆市万州区陈家坝，地理位置得天独厚，交通方便快捷，是船舶工业发展的理想地域。

重庆长航东风公司在内河、沿海及国际造船市场享有较高的声誉，首开西南地区船舶设计建造的先河，是西南地区第一艘国产钢质船诞生地，西南造船业第一台国产船用蒸汽机的诞生地、长江第一艘大型豪华旅游船的诞生地、西南第一艘最大的拖轮诞生地。公司先后设计建造了包括国宾船“神州”号、“长江”号、AAPP会议专用船“朝天门”号、长江上最大的旅游船“世纪辉煌”涉外旅游轮在内的1~4代豪华旅游船；相继开发设计建造了具有国内一流水平的钢铝混合结构重庆市公安消防艇及各类集装船、客货滚装船、油船、港口浮吊等新型船舶和特种船舶，多次荣获省部级优秀船型设计一、二等奖、科技进步奖和新产品奖，其中东方红119型、神女型旅游船获全国内河船型设计一等奖，“西陵号”获重庆市新产品百花二等奖等。

重庆长航东风公司占地面积86万平方米，固定资产5亿元，在册职工2400余人，拥有工程技术人员500余人，国家级专家4人，高中级工程技术人员200余人。公司以造船为主业，修船、钢结构、铸锻机加工为支柱产业。企业生产技术实力雄厚，拥有西南地区最大的船台、举力最大的浮船坞、设计手段最先进的船舶设计院、外贸出口资质证书、甲级船舶设计建造资质、ISO9001质量体系认证等完善的造船体系。

重庆长航东风公司船舶配套能力较强，生产的钢结构产品覆盖公路、铁路桥梁挂篮、模板、围堰及电站、水工钢结构、船用舱口盖等领域。生产的船用柴油机备件、铸锻件、钢结构件等产品远销澳大利亚、西班牙、德国、美国、韩国、日本等国家。尤其是批量出口到韩国的缸套是迄今重庆市唯一出口韩国的船用产品。

重庆长航东风公司按“一主三支”的产业架构进行规划布局，形成了以万吨级、出口船、特种船建造为核心主业，以钢结构制造、船舶修理和铸锻机械加工为支柱的产业架构，成为西南地区最大的、综合实力最强的国有修造船骨干企业。

（二）川东造船厂

川东造船厂始建于1966年11月，隶属于中国船舶重工集团公司，具有设计、制造及修理10000吨以下各类船舶和年产4万吨大型金属结构件的生产能力，厂址涪陵区李渡镇，是西南地区最大的修造船厂和钢结构生产企业之一。

川东造船厂是重庆市66家快速增长型企业之一、重庆市高新技术企业、重庆市船舶出口基地、涪陵区重点企业，获得美国ABS船级社、德国劳氏船级社、英国劳氏船级社质量认证和新时代质量认证公司9000系列2000版、2001版国标质量认证。工厂主要产品有：3000~10000吨级不锈钢化学品船、374标箱多用途集装箱海轮、780客位长江旅游船等各类民用船舶，30万~100万千瓦电站锅炉空气预热器、电站脱硫装置、船用舱口盖，万县长江大桥、忠县长江大桥、巫山长江大桥、重庆长江鹅公岩大桥钢结构等各类大型钢结构。产品辐射全国20多个省、市和中国香港以及新加坡、马来西亚、日本、德国、意大利、缅甸、荷兰等国家和地区。10000吨级以下不锈钢化学品船等特种船舶制造在国内处于领先地位。重庆鹅公岩长江大桥钢箱梁获重庆市优质工程结构奖、市政工程金杯奖，3000吨级不锈钢化学品船被评为重庆市高新技术产品。

（三）重庆泽胜投资集团造船有限公司

重庆泽胜投资集团造船有限公司是从2004年7月筹建，从沙滩逐步完善打造成为粗具规模的中型一类企业，位于重庆涪陵区江北街道办事处郭家嘴，占地面积9万平方米，固定资产4.02亿元。是涪陵区重点企业、重庆最大的民营船舶制造企业和三峡库区最具规模的特种船舶制造企业。公司设备先进、技术力量雄厚，严格按ISO质量管理体系规范管理。年造船能力10万吨、修船能力100艘次。公司自成立以来，已先后交付船东20多艘船舶共6.6万吨，依次完成打造了4艘2500吨化学品船、2艘2000吨不锈钢化学品船、3艘2500吨化学品船、1艘涪陵港航管理局监督执法船、2艘3000吨不锈钢船，为重庆物流集团建造2艘92米多用途集装箱船、4艘5500吨长江最大燃用重油的节能型化学品船。实施技改船舶12艘，累计维修化学品船舶256艘50多万吨。

（四）重庆中江船业有限公司

重庆中江船业有限公司是重庆轮船（集团）有限公司出资新建的一家新型现代化船舶建造企业，是重庆市国资委着力打造的船舶建造企业和出口船基地。中江船业位于重庆市涪陵区长江北岸的中峰乡，距涪陵城区35公里、丰都城区25公里，总占地面积740.8亩。建设完成后主要建造单船在1.5万载重吨以下的钢质普通船舶、滚装船、危险化学品船（驳）、散装液态气体船（驳）、油船（驳）、客滚船、推（拖）船、客船、旅游船、各类出口型船舶及各类钢结构制造，预计年加工钢材量7万吨，年生产能力为20万载重吨，预计年产值16亿~20亿元。

中江船业公司是按现代化造船企业模式规划建立，设置有办公室、财务室、技术质检部、船体制造部、机电制造部、物资供应部、安全保卫部等部门，各项管理制度规范，建立全面的ISO 9001质量管理体系。有高、中级管理人员10人，目前有高级工程师8人，工程师5人，助理工程师及技师10人，造船职工300多人。先后建造、改建多艘、多品种、多类型船舶的质量得到同行认可，其中1500吨散货船2艘，102米滚装船2艘，25.8米监督艇1艘，2500吨散货船4艘，80客位仿古船1艘，300标箱集装箱多用途船4艘，高级接待专用客船“巴国1号”1艘。

中江船业有限公司采用边投入建设边造船方式同期进行，投入5000多万元新建设一、二期船台100000平方米已经全面完成，修建了物资专用库房、保管室、加工车间、放样室、办公室等建筑设施，新购了大型肋骨冷弯机、吊车、剪板机等专用设备。已具备建造5000~8000吨级钢质船舶的能力。

（五）重庆市涪陵区大为船舶制造有限公司

重庆市涪陵区大为船舶制造有限公司位于涪陵区清溪镇。公司前身为涪陵金华船厂，成立于1976年。2006年10月由重庆市涪陵区大为船务有限公司船舶修造厂改为重庆市涪陵区大为船舶制造有限公司，成为重庆市重点企业，主要经营船舶制造、钢结构制造、船舶设计及技术咨询业务。经30多年的发展，公司与武汉理工大学、武汉规范科学研究所合作，研究完成了川江及三峡库区3500吨和5000吨散货船的标准船型，并通过交通部标准船型专家组的鉴定，确定这2种船型为交通部的标准船型。为重庆轮船总公司建造的60车位滚装船被载入《中国船级社年报》。为长航凤凰公司建造10艘5000吨散货船，受到船东及行业的好评。公司获得了BMTRAD的ISO 9001－2000质量管理体系论证。

公司有各类造船工程技术人员115人，其中高级工程师12人，工程师26人，助理工程师6人，高级技师18人，技师31人，持CCS三类焊工证的焊工63人，持CCS二类焊工证的焊工46人，已具备造各类万吨级船舶的能力。

（六）重庆兴林船舶制造有限公司

重庆兴林船舶制造有限公司（原重庆市涪陵区李渡造船厂）位于长江左岸的重庆涪陵李渡老水尺码头，码头岸线350米左右，是李渡开发区重点保护企业，是涪陵区除川东造船厂外最大的船舶修造企业。

重庆兴林船舶制造有限公司建于1995年9月，有天然的石滩平台，船台长180米、宽40米，并与涪陵善通有限责任公司长期合作，合作开发新厂房、办公楼，其中生产用房8000平方米，办公用房3000平方米，职工宿舍5000平方米，其他用房1000平方米，已投资800万元，办公占地面积400平方米，生产场地、仓库、职工宿舍占地面积6000平方米，有可供2艘3000吨级船舶排墩的场地5000平方米，自设有315kVA变压器2台、200kVA变压器1台。船体加工设备、机加工设备、起吊设备齐全能够满足企业生产需要。

重庆兴林船舶制造有限公司设有生产科、技术科、质检科、安全科、保卫科、财务科、设备管理科、供应科，有工程技术人员22人（其中高级工程师5人，助理工程师3人，工程师8人，技术人员6人），施工人员200人。特别是最近2年发展迅猛，固定资产在1000万元以上，年产值在9500万元以上。

（七）重庆市平台船舶制造有限公司

重庆市平台船舶制造有限公司位于长江之滨，蔺市镇龙门大桥旁，水陆交通便利。公司成立于1997年（原三益船厂），2004年8月合资组建为股份有限责任公司，为具有专业建造各类货船、化危品船及相关船舶建造的企业。

重庆市平台船舶制造有限成立以来承建了核工业部建峰总厂、三益物流（集团）、江西抚州航运公司、盛源公司、重庆金航公司、遂峰船务公司等共建造化学品船、油船、标准船型、干散货船等船舶20多艘，其中3000吨级化油品船6艘，5000吨级干散货船2艘，7000吨级干散货船1艘。

重庆市平台船舶制造有限公司有职工300余人，各类专业人员200余人，其中铆工100，焊工100人（持证的焊工90人），具有高级职称7人，中级技术人员6人，有管理人员12人。公司下设有行政部、生产部、技术部、质检部、安全部、财务部、物供部等管理部门。公司占地面积15000平方米，拥有各种机械设备300余台，精加工车间600平方米（技工8人）和木工车间400平方米（技工6人），注册资金200万元，实际投入资金500多万元。

第四章 航道管理

第一节 管理法规制度

一、中华人民共和国航道管理条例

1987年8月22日国务院发布《中华人民共和国航道管理条例》，自1987年10月1日施行。该《条例》共6章33条，是为了加强航道管理，改善通航条件，保证航道畅通和航行安全，充分发挥水上交通在国民经济和国防建设中的作用制定本条例。该《条例》明确了国家航道、地方航道和专用航道的管理机关，制定了航道规划的编制、上报及审批程序，对航道建设及保护作出相关规定，同时规定了航道养护费征费的范围、对象、标准及使用等相关内容、对违反本条例的处法及法律责任等相关内容进行了规范。

二、中华人民共和国航道管理条例实施细则

为了贯彻《中华人民共和国航道管理条例》，交通部于1991年8月29日发布了《中华人民共和国航道管理条例实施细则》，自1991年10月1日起施行。该《细则》共7章48条，明确了各级交通主管部门设置的航道管理机构是对航道及航道设施实行统一管理的主管部门，对国家航道和地方航道作出定义，对航道管理机构职责作出规定。对航道规划、建设与保护、航道养护费征收等规定在《中华人民共和国航道管理条例》的基础上进行了细化。

第二节 交通部在渝航道管理

长江重庆航道局是交通部长江航道局在重庆市的派出机构，从事长江重庆航道维护、管理、测量和航道养护费征收工作。

一、管理职能

负责长江航道设施的管理、养护和建设，审批与通航有关的拦河、跨河、临河建筑物的通航标准和技术要求，保护航道及航道设施；贯彻国家交通行业及长江航道局发展战略、方针政策和法规，结合川江航道实际，负责拟定有关规章制度，报经批准后实施；负责组织编制长江重庆航道局辖区航道发展战略及建设总体规划、中长期建设规划和年度计划，报上级批准后组织实施；负责辖区内航道的维护及管理，实施长江航道技术标准和规范；负责辖区内航道养护费的征收、解缴和稽查；负责辖区内航道行政管理，保护辖区内航道及航道设施，审批与航道有关的拦河、跨河、临河建筑物的通航标准和技术要求；负责本局航道体制改革、法制建设；负责本局航道相关的统计和信息管理；负责本局安全监督和职工教育；负责辖区内航道科学研究、航道演变及分析；负责收集整理提供川江航道科研资料。

二、航道管理部门及范围

长江重庆航道管理局是经过两次更名形成，一是1986年由长江航道局重庆航道区更名为长江航道局重庆航道分局，二是1998年由长江航道局重庆航道分局更名为长江重庆航道管理局。尽管经过两次更名，其管理范围没发生变化，仍然是西起重庆江津蓝家沱东至重庆湖北两省市交界处编鱼溪的长江干线及嘉陵江与长江交汇口1.2公里航道，共计598.4公里。2003年6月，长江三峡工程开始蓄水后，支小河流增多，地方航道里程增大，但重庆航道管理局的管理范围至2005年底仍没发生变化。

三、航道治理

1986至2003年6月，由于长江航道管理局辖区浅滩、险滩众多，为航行船舶带来极大的威胁。因此，交通部、长江航务管理局及长江航道局多次投入巨资进行整治，极大地改善了通航环境。有的险滩整治后滩势全部消失，有的流态得到控制，滩势减缓。其中，1986年3月30日竣工鸡扒子（位于云阳县城东1.15公里）北岸滑坡整治工程，先后投入近2000人的施工队伍，累计完成工程量44.6万立方米，修筑拦栅坝、排水沟堰总长度达7953米，结束了碍航对航行的影响。同年，经过4个月对青石洞滩（神女峰脚下）的整治，炸礁1.1万立方米，拓宽了过水断面，顺直了弯曲航道，改善了航道条件。1990年，下马滩（距宜昌里程176公里）整治工程结束，滩势不复存在，船舶自行上驶。1991年3月21日，大庙基滩（距宜昌里程254.7公里）整治工程结束，共完成拦栅坝、险滩、水下炸滩、清渣及疏浚5个子项工程，大庙基滩整治后滩势有所缓解。1997～1998年，东洋子滩（位于云阳旧县城下游20公里）整治工程结束，挖基槽350立方米，浆条石475立方米，筑坝1000立方米，炸礁9790立方米，人工清渣1266立方米，工程总投资为1289.71万元，滩险有所缓解，三峡成库后险滩不复存在。2000年4月，折桅子滩（位于距宜昌上游398公里的忠县境内）进行整治工程，筑坝工程量8960立方米，总共耗资182.57万元。通过整治，航道明显改善。

四、航道维护

1986年至2003年6月，三峡成库前，在长江重庆航道管理局的管辖范围内，航道维护年最大设标数约2041座，每公里标志密度3.52座，其中岸标721座、浮标1045座、信号标338座，航道两岸共设置航道站50个，航道船艇靠泊点62处。其中，2002年维护661876座天。2003年6月，三峡库区135米蓄水期间长江重庆航道局共调标3354座次。2004年1月1日，库区航路按船舶定线制规定试行时，长江重庆航道局在长江重庆段总共设置航标1631座，其中，库区设标694座，回水变动段设标874座，回水变动段以上娄溪沟至蓝家沱设标63座。此次设标一直维持到2005年年底。

桥区航道维护是航道维护的组成部分，在大桥建设的初设和工程可行性研究期间参与通航论证，施工前对大桥进行临河、跨河建筑施工审批；施工中对大桥建设进行通航维护及环保管理；建成后设置相应的航标及航标站保证船舶通航和大桥水下安全。至2005年止，长江重庆航道局先后完成了江津长江大桥、重庆地维长江大桥、重庆马桑溪长江大桥、重庆李家沱长江大桥、重庆鹅公岩长江大桥、重庆长江大桥复线桥、重庆大佛寺长江大桥、长寿铁路大桥、涪陵长江大桥、丰都长江大桥、忠县长江大桥、万州长江大桥、万州铁路大桥、万州长江二桥、云阳长江大桥、奉节长江大桥、巫山长江大桥的施工维护任务。同时，水位传递也是航道维护的重要工作，重庆航道局根据下设的水位站，按时报送每天的水位情况，并在当地水位站向江上航行的船舶公示，以便船舶航行。

五、航养费稽征

1992年12月20日，交通部发出《关于加强长江干线航道养护费征收工作通知》，明确了长江航道局为征费主体，同年长江重庆航道局在管辖范围内设立了重庆、涪陵、万县征稽站，开始征收航道养护费。该《通知》明确了航养费是国家规费，“谁养护、谁征收、谁使用”。航道养护费使用于航道维护、航道设施添置保养及航道管理。

航养费标准，运营船舶按运费收入的6%征收，非运营船舶按每千瓦月征收4.08元或每载重吨每月征收1元。征收方式分为两个层面，一是长江航道局稽征机构直接征收，二是委托船籍省（市）交通厅（局）代征。1992年，是长江重庆航道局开征年，全年征收2.679万元，实现了零的突破，其中重庆站、涪陵站、万州站分别为2.149万元、0.4万元、0.13万元。此后，该局加大了管理力度和稽查力度，以及长江航道局征费主体进一步确立，征费出现了逐年上升的势头。2004年，该局航养费征收突破千万元大关，全年共解缴航养费1410万元。

六、航道规划

（一）航道普查

1979年，交通部组织开展第一次全国内河航道普查。2002年，交通部组织开展第二次全国内河航道普查工作。长江重庆航道局于2003年4月进行了航道干线普查，同年7月31日完成辖区鳊鱼溪至蓝家沱597.2公里长江航道干线普查工作。长江重庆航道局这次航道普查共完成辖区长江干流航道597.2公里的航道普查工作。确定辖区航道长江干线主控点17处、开展调查临河设施350座、桥梁11座、架空电线76座、管道2处、浅滩22处。标绘航道图1幅，并对航道管理机构，养护力量及设标座数均作统计调查。为全面准确系统地掌握重庆长江航道基本情况，提高管理化信息水平，推进航道统计工作起到积极作用。

（二）长江航道规划

2002年，根据交通部长江航务管理局《长江干流航道发展规划》。2000～2010年，航道重点整治区域为自然河段和三峡成库后的回水变动段，其中，长寿至重庆77公里河段将投资3.93亿元，用于疏浚、炸礁等治理工程，确保规划中的航道通过能力。2011～2020年，重庆长江航道内羊石镇至九龙坡为三级航道，九龙坡至鳊鱼溪为一级航道。三峡枢纽工程蓄水正常运行后，由3000吨级船舶组成的万吨级船队有半年时间可抵达重庆市九龙坡港区。

第三节 重庆市地方航道管理

一、航道管理部门及范围

（一）重庆市航运管理处

重庆市航运管理处成立于1984年，下设航道科，负责原重庆市范围内除长江干线航道以外的支流、水库、封闭水域的航道管理。1996～2000年，管理范围增加万县市、涪陵市、黔江地区，仍然是除长江干线航道以外的支流、水库、封闭水域的航道管理。

（二）重庆市港航管理局

2000年8月，组建重庆市交通委员会，下设重庆市港航管理局。重庆市港航管理局管理航道的范围与直辖前重庆市航运管理处一致，仍然是除长江干线以外的支流、水库及封闭水域的航道。2003年，三峡工程135米蓄水后，重庆市通航河流由原来的65条增加51条，共116条，航道里程由原来的2963.84公里增加111.32公里，共计3075.16公里。随着三峡工程156米蓄水，及将来库区按145～175米运行，支流还会增多，航道里程还会增加，因此航道维护、航道建设工作量还会增大。

二、航道治理

（一）嘉陵江

嘉陵江在渝境内航道里程172公里，处于嘉陵江中下游段地势起伏平缓，为低山丘陵区。嘉陵江两岸岸坡陡峻，一般由基岩组成。该河段河床多为卵石或砂卵石覆盖，局部河床有石梁、突嘴伸入河槽，形成过江石龙或暗礁，航道较弯曲，有滩险67处。从1958年到20世纪70年代末，四川省交通厅进行4次大规模的航道治理，使广元至重庆379公里航道常年通航。

1989年，为了改变航道情况，交通部确定嘉陵江沿江开发航电枢纽来提升航道等级的思路。交通部与水电部门共同组织力量，对嘉陵江进行勘察规划，全江布置16个梯级。渠化后航道等级可由5、6级提高到3、4级，通行船舶由100吨至300吨级提高到300吨至1000吨级。1989～2005年，四川省、重庆市采取加快航电枢纽的建设来改变航道的通航状况。在此期间除了日常维护性疏浚，基本上没有进行过大的整治工程。

2005年9月15草街航电枢纽工程开工，该枢纽位于重庆合川市境内草街镇附近的嘉陵江干流河段上，按合同工期2009年5月30日完工。工程总投资53.3亿元，总装机容量50万千瓦。工程建成后，草街以上嘉陵江干流70公里航道的通航船舶提高到1000吨级，还可以使支流渠江和涪江110公里航道由通航50吨级船舶提高到通航300吨级和500吨级船舶。

（二）乌江

乌江在重庆境内黑獭堡至河口全长231公里，为乌江下游河段，本河段河床深切，河道弯窄，水流湍急，两岸地势陡峻，多呈“V”“U”形河谷。河床多为石质河床，大多分布在峡谷河段，原生石梁、石盘、岩崩乱石堆积体和沟口冲积体等形成碍航滩险。对乌江的航道整治，一是采取航道工程整治，二是采取航电枢纽建设实现梯级渠化。其中，航道工程整治有：1986～1988年乌江粮棉布航道整治；1988～1991年乌江河口中槽航道整治、涪陵至白马航道整治、白马至木棕河航道整治；1993～1998年乌江木棕坪至龚滩航道整治；1994～1998年乌江上边滩至下边滩岩崩航道整治。国家投资巨大，工程任务十分艰巨，整治后航道得到全面改善。重庆市在贵州省乌江航电建设之后，开始乌江航电枢纽的建设。航电枢纽建设有：彭水航电枢纽，于2003年开始施工，计划2009年完工；银盘航电枢纽，2005年6月动工，计划2010年建成，两枢纽建成后，乌江银盘至龚滩渠化163公里4级航道。

（三）库区支流航道整治

三峡成库后，库内支流航道变深、变宽、水流变缓。同时以前一些溪沟，蓄水后也变成了支流。重庆市地方航道管理部门在三峡工程蓄水的同时，进行了支流的清库及蓄水的配套整治。2005年，库区大宁河、小江、梅溪河等支小河流设置了航标，地方航道共改善航道635公里，新增航道150公里，通航里程已达4222公里。同时，着手开展大宁河分边航行工程研究，编制《长江三峡库区重庆市支流航道整治利用方案》，组织《重庆市航标遥测遥控系统》开发。加强库区支小河流的建设与管理，提高支小河流的通航水平。

三、航道维护

（一）嘉陵江

重庆市港航管理局合川航道管理段，负责嘉陵江、渠江、涪江三江水系计226公里航道的管理、养护。2005年，在职职工70人，有信号台4座，设有航行水尺7座，设置航标72座。重庆市港航管理局嘉陵江航道管理段，负责嘉陵江临江门至草街68公里航道维护、管理。2005年，在职职工74人，有信号台9座，设有航行水尺13座，设置一等航标154座、三等航标10座。利用以上航道设施对船舶航行进行通航管理及航道维护。

（二）乌江

重庆市乌江航道管理段是重庆市港航管理局负责乌江航道管理的下属机构，负责涪陵河口至龚滩188公里航道的日常维护和管理工作。2005年，在职职工188人，有信号台26座，设有航行水尺9座，设置航标91座，绞滩站2座。利用以上航道设施对船舶航行进行通航管理及航道维护。

四、航道养护费稽征

（一）征收机构

1986～2000年，重庆市地方航道养护费征收由重庆市航运管理处负责，具体工作由该处计划财务科进行。2000年，重庆市港航管理局成立，为重庆市交通委员会下属机构，原重庆市航运处的征费职能由重庆市港航管理局执行，具体工作由该局计划财务处进行。

（二）征收法律法规

1987年2月24日，经国务院批准，交通部、财政部公布《长江干线航道养护费征收办法》，规定凡在宜宾至浏河口长江干线航道上航行的船舶（包括排筏），除符合免征规定者外，应当缴纳长江干线航道养护费，征收费率为3%。1992年4月10日，四川省物价局、四川省交通厅、四川省财政局发布了《四川省水路交通行政事业性收费管理规定》，确定了从事营业性运输的船舶，按运输收入的6%计征航养费。1992年8月4日，交通部、财政部、国家物价局发布了《内河航道养护费征收和使用办法》文件。明确规定营业性运输船舶，按其运费收入的8%计征航养费。2005年5月18日，重庆市物价局、重庆市财政局发布了《关于我市交通部门行政事业性收费标准修改意见的补充通知》，进一步明确重庆市地方航养费征收的标准，按单位和个人运费收入的6%计征航养费，对难以准确反映运费收入的单位和个人，另有执行的计征标准。

（三）征收方式

1. 年包缴合同制

2000年，重庆市港航管理局对有关船舶缴费人实行了包缴合同制。凡愿按年包缴航道养护费纳费人，全年可按9个月包缴，纳费人须提前3个月与各征收机构签订完成包缴合同，未签订包缴合同者，一律实行按月征收。

2. 委托代征

重庆市港航管理局在维持原征收渠道和征收方式不变的情况下，委托重庆市水路运输市场交易中心代扣从重庆港启运客轮的航道养护费，以确保重庆港客运的水运规费不漏收、不少收。

3. 年度征费检查

2000～2005年，每年3月底，重庆市港航管理局发出水路规费检查的通知文件，随后在4月初，组织有规费征稽、执法、运输管理人员共同参与的检查组，对全市水运规费征收进行大检查。检查主要内容有：检查单位规费征收及征收标准的执行情况、规费征收台账、包缴合同、票据使用和规费解缴等情况，查处乱收费、乱罚款、越轻减（缓、免）征各项规费等问题；检查港口码头现场的船舶，根据有关征费法规和规定对船舶规费的缴纳情况进行监督和检查，查船舶航养费等缴讫凭证（免缴证）是否有效，有无涂改、伪造，与吨位是否相符，有无转借、顶替、规费缴讫情况，并对欠、逃、漏缴规费的船舶一律查漏补征。

表7－14　　1986～2005年重庆市地方航道养护费收入情况表

年度	航道养护费（元）
1986	4484550
1987	4025643
1988	4247779
1989	6580230
1990	5846712
1991	4421512

续前表

年度	航道养护费（元）
1992	6515035
1993	7394730
1994	8505272
1995	9536880
1996	16835101
1997	45550990
1998	34242114
1999	21703442
2000	20742601
2001	20977716
2002	28223131
2003	38450882
2004	47293789
2005	52367556
合计	387945665

备注：表内数据 1999 年以前航道养护费含水路运管费。

五、航道规划

（一）航道普查

为全面、准确、系统地掌握全国内河航道的数量及构成现状，并在今后航道养护、管理、规划、建设中发挥重要作用，国家决定对全国内河航道进行第二次普查。根据交通部的统一部署，重庆市从 2003 年 4 月至 12 月底，历时 9 个月时间，对市内 34 个区县（市）的航道进行了全面普查，普查的标准时间为 2002 年 12 月 31 日。

经过普查，重庆市共有航道 136 条（含长江，下同），航道总里程 4111. 01 公里，（含跨省界航道 190. 57 公里），其中：河流航道 66 条，航道里程 3642. 84 公里；水库航道 69 条，航道里程 462. 67 公里；湖泊航道 1 条，航道里程 5. 5 公里。在航道总里程 4111. 01 公里中，二级航道 515 公里，三级航道 164 公里，四级航道 95 公里，五级航道 308 公里，六级航道 126. 2 公里，七级航道 610. 46 公里，等外级航道 2292. 35 公里。

第二次全国内河航道普查的标准时间是 2002 年 12 月 31 日，而三峡工程完成 135 米蓄水是 2003 年 6 月，因此，这次航道普查对象未包括三峡工程 135 米蓄水后新增的航道及航道里程。重庆市在三峡工程 135 米蓄水的情况下，库区新增支流航道 51 条，合计新增航道里程 111. 32 公里。

（二）地方航道规划

2001 ~ 2010 年，长江支流航道建设总体上基本满足社会经济发展的需求，适应长江上游航运中心建设需要，内河航运的优势和规模效益得以体现并步入良性发展阶段。集中力量实施嘉陵江、乌江、大宁河等航道的整治工程和航电枢纽工程，同步建设与之相配套的骨干航道支持保障系统，基本建成国家高等级航道骨架。

表7-15　2001~2010年地方航道建设规划及投资情况表

序号	项目名称	航道起讫点	里程（公里）	建设规模		投资匡算（亿元）	
				吨级	航道尺度（米）	总投资	通航建筑物及航道
1	嘉陵江利泽航电枢纽	水观音—利泽	17	500	1.6×50×330	8.00	3.20
2	嘉陵江合川草街航电枢纽工程	利泽—草街	69	1000	2.4×50×480	45.60	18.00
3	嘉陵江重点险滩整治工程	草街—朝天门	68	1000	2.4×50×480	1.50	1.50
4	乌江彭水枢纽工程	龚滩—彭水	63	500	1.6×50×330	88.00	9.76
5	乌江武隆枢纽工程	江口—彭水	55	500	1.6×50×330	40.00	18.00
6	乌江河口段航道整治工程	牛屎滩—江口	6	500	1.6×50×330	0.80	0.80
7	小江航道整治工程	凤凰梁—汀口	70	300	1.5×40×300	0.30	0.30
8	大宁河航道整治工程	石板滩—巫山	57	300	1.5×40×300	0.31	0.31
9	涪江富金坝枢纽工程	富金坝—莲花寺	33	300	1.3×40×260	6.98	1.00
10	梅溪河航道整治工程	高店子—河口	23	300	1.5×40×300	0.20	0.20
合　计			461			191.69	53.07

2011~2020年，重庆市将继续建设完善嘉陵江、乌江国家高等级航道，继续推进嘉陵江草街、利泽及乌江彭水、银盘、白马枢纽的建设，重点加快建设有开发价值的梅溪河、小江、汤溪河、抱龙河、龙河、干井河、渠溪河、御临河、神女溪、鳊鱼溪、磨刀溪、长滩河、朱衣河、草堂河、黛溪河、东溪河等重要支流航道，根据需要开发其他支流航道，适应长江上游航运中心发展的需要，基本形成系统完善、结构合理、协调发展、运输高效、干支直达、通江达海的叶脉型航道体系，基本满足区域社会经济发展的需求。至2020年年底，重庆市支流航道将达210条，通航里程4049公里，其中三级航道295公里，四级航道713公里，四级及以上高等级航道达1008公里，占通航总里程的24.9%。

表7-16　2011~2020年地方航道建设规划及投资情况表

序号	项目名称	航道起讫点	里程（公里）	建设规模		投资匡算（亿元）	
				吨级	航道尺度（米）	总投资	通航建筑物及航道
1	嘉陵江井口枢纽工程	草街—井口	37	1000	2.4×50×480	37.37	5.61
2	乌江大溪口枢纽工程	大溪口—彭水	116	500	1.6×50×330	15.70	2.40
3	小江航道整治工程	马家沟—开县	34	300	1.5×40×300	0.30	0.30
		开县—江口	76	500	1.6×50×330	0.20	0.20
4	大宁河航道整治工程	庙溪—巫山	66	500	1.6×50×330	0.24	0.24
5	綦江清泊、新滩枢纽工程	新滩—五福	42	100	1.2×30×200	2.00	2.00
6	綦江滑石子、猪滩枢纽工程	滑石子—盖石洞	29.48	100	1.2×30×200	8.00	8.00
7	綦江羊蹄洞、盖石洞枢纽工程	盖石洞—羊蹄洞	16.26	100	1.2×30×200	0.50	0.50
8	綦江石溪口、桥河枢纽拆除工程					0.20	0.20
9	涪江船闸改造工程			300	1.3×40×260	1.00	1.00
合　计			416.74			65.51	20.45

第五章　港口管理

第一节　管理法规制度

一、中华人民共和国港口法

中华人民共和国第十届全国人民代表大会常务委员会第三次会议于 2003 年 6 月 28 日通过并公布《中华人民共和国港口法》，自 2004 年 1 月 1 日起施行。《中华人民共和国港口法》共 6 章 61 条。主要规范了港口主管机关，港口规划与建设，港口经营，港口安全与监督管理，法律责任等。

二、四川省港口管理办法

1991 年 2 月 2 日，四川省人民政府以第 19 号令颁布施行《四川省港口管理办法》。本办法共 23 条。主要规范了港口的主管机关，港口的管辖，港口的规划，港区的划定，港口、码头的建设，港埠企业的管理和审批，违法行为的行政处罚等。

三、重庆市港口管理暂行规定

1986 年 7 月 5 日，重庆市人民政府颁布施行《重庆市港口管理暂行规定》。主要内容明确了适应范围；明确了重庆港口管理局是重庆港口的行政管理机构；明确了重庆港口管理局的主要职能是：贯彻并监督实施国家有关港口的方针政策法令，制定港口建设规划，管理港口资源开发和港辖区内岸线、水域的使用，管理港口运输市场，对港埠企业进行行业管理，统一指挥与监督到港船舶、车辆及其他交通工具的停泊与作业，监督港口环境保护，组织港区内救助打捞，维护港口秩序。

第二节　管理内容

1986～2005 年，重庆市港口管理经历了 3 个阶段，一是重庆港口管理局管理港口，二是重庆港口管理局与重庆市航运处共同管理港口，三是重庆市港航管理局统一管理港口。

一、管理部门与范围

（一）重庆市直辖前港口管理

重庆港口管理局管理港口。1986 年 7 月 5 日，重庆市人民政府颁发《重庆市港口管理暂行规定》，明确重庆市只设 1 个港口管理机构，对所辖港口实行统一政令、统一规划、统一管理。明确了重庆港口管理局为重庆市人民政府管理港口的职能部门，其管理范围为原重庆市范围内的港口。

（二）代管期间直辖初期港口管理

重庆港口管理局与重庆市航运管理处共同管理港口。1996～2000 年，重庆市代管期间及直辖后重庆市交通委员会成立前，原四川省交通厅在渝的单位对口划转重庆市交通局管理。涪陵市、万县市、黔江地区港航管理具体业务由重庆市交通局代管，其下属重庆市航运管理处具体实施。原重庆市范围内的港口仍由重庆港口管理局管理，因此形成了两个部门共同管理的局面。

（三）重庆市港航管理局港口管理

2000年，中共重庆市委、重庆市人民政府按照国务院批准方案进行机构改革，组建重庆市交通委员会。港口管理职能归属重庆市交通委员会，日常管理、具体工作由其下属重庆市港航管理局行使，其管理范围与代管期间一致。1986~2005年，港口管理经历了港口体制改革、调整，最终形成市和区县（自治县、市）交通行政主管部门主管本行政区域内的港口管理行政的统一管理体制，各港航管理机构在当地交通部门的领导下，负责本行政区域内港口管理的具体工作。

二、管理职能

1986~2005年，重庆市港口管理虽然在管理部门和管理范围方面发生了巨大变化，但管理职能基本一致，其管理职能为包括：（1）贯彻执行国家和上级有关港口管理的法律、法规、规章，对全市港口业务工作实施指导；（2）负责对港口岸线使用申请的审查、现场踏勘等前期工作；（3）负责港口经营许可的资料审查和证书的核发工作；（4）维护港口经营秩序，规范港口经营行为，对港口安全生产、环境保护等实施监督和管理；（5）按有关法规的规定对港口企业经营性收费项目和收费价格实施监督和检查；（6）负责港口信息的收集汇总和统计上报工作；（7）负责港口有关人员的业务培训、考核和发证的管理工作。

三、港口经营管理

（一）计划经济时期

1950~1983年，交通部所属长江上25个港口在计划经济时期都是完成和超额完成交通部和长江航务管理局下达的生产计划，厂矿码头只是为本厂产品原材料提供装卸服务，地方码头只是为本地区的经济服务。这个时期的港口为生产型港口。

（二）改革开放时期

1983年，重庆港在全国内河率先进行港航分管、港口开放的体制改革。港口由原来只向长江轮船公司服务变为港口开放为多家船公司服务，港口向经营性港口迈出第一步。

1984年，国家经贸委、交通部为了让港口进一步开放，制定《企业专用码头建设和管理试行办法》，鼓励沿海、沿江企业利用水运兴建码头，并提倡对社会开放经营作为码头基础设施的补充。由于法律法规滞后，管理交叉，使得厂矿和地方码头对外经营艰难。尤其是1995~2000年期间，企业之间在港口开放利益调整中争论十分激烈，甚至出现严重摩擦，市政府及有关部门多次出面协调处理，才使得厂矿和地方码头逐步开放。这时期是港口由生产型向经营性过渡时期。

（三）依法经营时期

2000年8月，重庆市交通委员会成立，理顺了全市港口管理体制。2003年6月28日，《中华人民共和国港口法》公布实施。2004年6月1日，交通部为了配合《港口法》的实施制定了《港口经营管理规定》。按照《规定》，港口企业只要符合经营资质要求，办理港口经营许可就可以从事港口经营性活动。为此，港口经营走向公平竞争的法制轨道。这时期是港口经营全面开放时期。

第三节　港口规划

一、港口普查

1986~1987年，交通部组织全国第一次港口普查。在交通部的领导下，重庆市经委及重庆市规划、交通、港口等部门联合组织有关专业人员50余人，首次完成对重庆市（原9个区、12个县）范围内的长江、嘉陵江水域、岸线码头进行踏勘，搜集了大量资料。港口普查结果，1985年底全市港口年吞吐量万吨以上的30个，码头泊位709个；旅客年吞吐能力760.5万人次，货物年吞吐能力1264.3万吨；装卸机械705台，港作船舶154艘；仓库总面积18.4万平方米，堆场面积76.6万平方米。

1997~1998年，交通部组织了全国第二次港口普查。在交通部的领导下，重庆市经委牵头，重庆市交通局、重庆市统计局、重庆港口管理局参加，对重庆代管期间的重庆市范围内的河流、岸线、码头进行了调查。港口普查结果，1996年12月31日止，已使用岸线93544米，码头泊位1333个，生产用库场25.27万平方米，货物吞量3888.82万吨，其中集装箱吞吐量0.5万标箱，旅客吞吐量5777.05万人次。

通过港口普查，掌握了港口现状，同时为今后的港口规划和港口建设打下基础。

二、港口规划

（一）制定港口规划

2001~2002年期间，在编制《重庆市内河航运发展规划》和《重庆市航运中心发展规划》（以上两个规划简称原规划）时，因为重庆市的管理范围和管理层次有别于其他直辖市，所以在原规划中涉及港口名称、层次划分仍处在探索中。2005年，在重庆市人民政府批复的《重庆市港口布局规划》和《重庆市港口岸线利用规划》（是原规划的实施规划，简称为实施规划）后，在港口名称、层次划分方面才得以最终明确。

2002~2003年，重庆市人民政府相继批复《重庆市内河航运发展规划》和《重庆航运中心发展规划》，根据以上两个发展规划，重庆市交通委员会编制《重庆市港口布局规划》和《重庆市港口岸线利用规划》，港口布局规划和岸线利用规划于2005年9月14日经重庆市人民政府批复实施。这2项规划的编制历时2年，覆盖了重庆市范围具备建港条件的所有区县（自治县、市）。重庆市港口布局规划的目标是到2010年基本建成重庆长江上游航运中心，到2020年使港口建设达到水运现代化要求，并将重庆市港口划分为枢纽港区、重点港区、一般港区和中小港点4个层次。重庆市港口岸线利用规划目标是控制建港岸线总长188公里。将港口布局规划和岸线利用规划纳入城市和交通部编制的全国内河港口布局规划。《重庆市港口布局规划》和《重庆市岸线利用规划》，是重庆市港口建设的第一个规划，结束20世纪50年代以来重庆市港口建设无规划历史。

（二）调整港口名称、层次与港区

1. 港口名称规范

原规划中对重庆市及所属区县（自治县、市）的港区、作业区都称为港口。2003年，重庆市人民政府报交通部批准，按照一市一港的原则，将重庆市辖区范围内通航河段中所有的港口、码头统称为重庆港，原规划中的重庆港为主城港区。

2. 港口层次划分

2005年，在实施规划中，重庆港以港口—港区—作业区—码头—泊位从大到小分进行划分：全市为同一个港口，即重庆港，下面由若干个港区组成，每个港区由若干个作业区组成，每个作业区由若干个码头组成，每个码头由若干个泊位组成。港区分为枢纽港区、重点港区、一般港区，改变了原规划中的全国主枢纽港、地区重要港口、一般港站的层次划分。

3. 港区调整

原规划中，全国主枢港中只有重庆、万州两个主枢纽港，在实施规划中枢纽港区为主城枢纽港区、万州枢纽港区、涪陵枢纽港区。原规划中，地区重要港口包括江津、涪陵、奉节、合川和彭水，实施规划中重点港区为江津、永川、奉节、合川和武隆。

2005年，实施规划中的港口名称、层次划分及调整后的港区也在港口建设和管理中推广使用。

三、港口规划的实施

（一）交通部直管时期

1960~1975年，交通部先后对重庆朝天门、九龙波、蓝家沱、猫儿沱等港口作业区作出规划并实施，同时也规划和实施涪陵、万县一系列机械化码头基础设施建设。1975年，川江航道整治工程结束，长江干线航道得到改善，许多企业在沿江建厂的同时自建厂矿自备码头。1975~1985年，三峡工程建设正处在论证时期，重庆大规模的港口建设一度停顿。1985年，交通部发布《关于补助地方交通建设投资管理暂行办法》，对困难的重要地方交通建设项目给予补助。1987年开始，交通部投资3亿元对重庆九龙坡、蓝家沱、猫儿沱等重点作业区进行技术改造，修建朝天门现代化的客运大楼和客运码头。1991~1994年间，由交通部和四川省交通厅投资6000多万元修建万州牌楼、青草背、柑子园、红花地等客货运码头。同时，投资8000多万元，修建涪陵荔枝园、大东门、龙王沱、白涛等码头，又投资250万元修建丰都客货码头，还投资2000万元修建奉节关庙沱、忠县下渡口栈桥、烟泡滩煤码头、云阳小南门客运码头。

（二）交通部、重庆市双重管理时期

1. 港口淹没复建

2000年，重庆港口淹没复建开始。2001~2002年，交通部多次在重庆落实和审查港口复建项目、规模、资金情况。2003年11月，确定在巫山、奉节、云阳、万州、忠县、石柱、丰都、涪陵等8个区县复建项目28个，泊位78个（客运泊位40个、货运泊位38个）。年设计通过能力客运2669万人次，货运995万吨。总投资16.2亿元。2005年12月底，复建工程累计完成投资12.4亿元，年货运吞吐能力640万吨，年客运吞吐能力1940万人次。其余的资金和项目在2006年以后逐年实施。

2. 港口规划项目实施

2002~2005年，淹没复建工程不能完全满足重庆建设成为长江上游航运中心的需要。根据《重庆市内河航运发展规划》《重庆市航运中心发展规划》内容，建设主城枢纽港区寸滩、涪陵枢纽港区黄旗、万州枢纽港区江南沱口码头等为代表的专业化、现代化码头，以及其他港区按照规划也开始建设一批新型的码头。港口布局进一步合理化，在全市经济发展中发挥了重要作用。

第六章　水路运输管理

第一节　管理法规制度

一、中华人民共和国水路运输管理条例

1987年5月12日，国务院发布施行《中华人民共和国水路运输管理条例》。1997年12月3日，中华人民共和国国务院令第237号予以修正。《中华人民共和国水路运输管理条例》共4章32条。第一章总则，提出立法目的、适用范围、管理机关及经营方针。第二章营运管理，规范了设立水路运输企业的条件，规定了水路运输许可证、船舶营业运输证法律制度，企业应该遵守国家规定合法经营。第三章罚则，规定了对违反本条例行为的处罚。第四章附则。

二、重庆市水路运输管理条例

2001年，重庆市交通委员会和重庆市港航管理局组织起草小组草拟《重庆市水路运输管理条例》。2003年11月29日，重庆市第二届人民代表大会常务委员会第六次会议通过《重庆市水路运输管理条例》，自2004年3月1日起施行。《重庆市水路运输管理条例》共7章45条。《条例》首次明确了航运管理机构的执法主体地位，具体规定了经营人的经营行为，制定了纠正违法行为的强制措施。其法律责任更加清楚，更有利于对违法行为的行政处罚。

第二节　管理内容

一、管理范围

1986~1996年，由重庆市航运管理处管理原重庆市范围内的水路运输市场。1997年，重庆市直辖后，重庆市航运管理处在管理原重庆市范围的基础上增加原万县市、涪陵市、黔江地区等地的水路运输管理。2000年，重庆市港航管理局成立，统一负责重庆市水路运输管理。

二、管理职能

贯彻执行国家有关水路运输的方针、政策、法律、法规，指导本市水路运输行业管理工作。负责重庆市水路运输企业、水路运输服务企业筹建、开业的审批（核）工作。负责组织编制和指导实施重庆市水运运力发展规划。负责重庆市水路运输许可证、水路运输服务许可证、船舶营业运输证的核发、年审工作，负责船舶经营资质（等级）管理。负责水路运输市场的统筹、协调、服务、监督管理工作。维护水路运输市场秩序，处置纠纷，监督运输、服务质量，查处重大水路运输案件。及时汇集和发布水运经济信息，组织开展水路运输调研工作，为船舶经营人提供咨询，组织培训水运管理专业人员。

三、水路运输市场管理

1993年，长江旅游客船迅速发展。经营水路旅游客运企业增加，形成了交通部部属与地方、国营和集体航运企业的客运市场激烈竞争。1995年，经营长江三峡一线客运的航运企业已达36家、240多艘船、7.5万客位，年客运吞吐量1500万人次。由于游船增多，长江三峡一线形成游船大战的势态。

（一）四川省水路客运市场整顿

为解决客运旅游市场混乱问题，国务院办公厅发出通知，交通部采取措施对长江旅游运输市场进行整顿。为此，1995年10月，四川省交通厅在成都召开全省水路客运市场整顿工作会议。会后对全省水路客运企业、船舶开展了一次运输安全、服务质量、经营行为和市场秩序的全面整顿。1995年12月18日，在万县召开全省进出川水路客运企业协调会，会议通过《四川省进出川水路客运行业公约》。重庆是旅游客运的重点地区，为贯彻客运市场整顿的精神，落实整顿内容，重点对不遵守客票价格管理规定、中途倒客与超载超舱、不执行“五定”管理、不公布票价与服务收费标准、不着装与不挂牌上岗服务和吵架斗殴等违章行为，明确处罚规定，进行重点查处。并在重庆设立水路客运市场监督检查站，对客船的经营行为和安全服务质量进行不定期的检查，提高客运服务质量，长江三峡一线客运市场秩序明显好转。

（二）重庆市水路客运市场整顿

1997年，重庆直辖后，由于沿江高速公路、铁路的高速发展，水路客运时间长、票价高的劣势突出，部分旅客弃水走陆，船多客少成为企业经营的突出矛盾，为自身利益，许多船公司采取自行降价，或给中介机构回扣推销业务，重庆水路客运市场再次出现混乱。为维护重庆市对外开放形象，重庆市人民政府和相关管理部门经过各种情况的调研和综合分析，统一认识，决定对水路客运市场进行整顿。1998年，发出《关于规范重庆市水路客运市场的通知》，为此成立重庆市水路客运市场交易中心。1999年12月24日，重庆市人民政府发布《重庆市人民政府关于加强水路客运市场管理的通告》，全面部署和明确整顿工作的领导和各部门责任，建立治理整顿重庆水路客运市场联席会议制度。1999年12月26日，重庆市人民政府召开水路客运市场整顿工作动员大会，确定整顿工作步骤分为两个阶段，一是宣传发动、自查自纠，二是清理整顿、规范市场。重点对重庆港、主城区范围内违反《通告》的企业及个人进行整顿，以规范票务管理、规范客船管理、打击不法行为为整顿内容。在整顿过程中，严厉打击了一批羊儿客、票串串，朝天门地区及周边秩序得到较大改观。并进一步对朝天门地区及周边无证无照门点进行清理，严格审核销售或代理轮船票单位经营资格，净化营销环境。船票销售实现微机联网，归市进场，统一管理，重庆水路客运市场秩序恢复正常。

四、培育发展运输市场

（一）发展危险品运输

20世纪80年代，危险品市场运输主要有重庆长江轮船公司、民生轮船公司，主要货种为汽、柴、煤三种石油成品油，食用油和桐油运输，全部为驳船运输。由于工业化发展，危险品增多，1997年，交通部允许特种运输发展，重庆、涪陵两地港航管理部门抓住时机首先在涪陵地区发展危险品运输，使涪陵区三益有限公司取得了危险品运输资质，该公司“宏声”501轮为川江第一艘化危品自航船。其后，在涪陵区先后发展了10家危险品运输企业。2005年，全市危险品船舶发展到84艘，12.6万载重吨，完成运量180.02万吨。

（二）发展水路集装箱运输

1. 集装箱运输企业发展

1986~1993年，重庆港的集装箱运输处于零星不成批量的状况，无专业码头，无专用装卸设施，港口码头集装箱运输采用大件作业方式，在重件码头装卸。船公司采用800~1000吨级的甲板驳运输，采取钢材、设备与集装箱同时配载。1993年10月5日，重庆民生轮船有限公司的“民货853”装载40个集装箱，开始经营渝沪线集装箱班轮运输（当时是拖驳运输方式，虽然有班期，但实际运输很难实现）。1997年5月10日，重庆太平洋国际货物运输代理有限公司开通重庆至上海长江内支线集装箱运输航线，成为重庆第2家集装箱班轮公司。1999年10月，重庆长江轮船公司首开内贸集装箱班轮运输。2001年，重庆集海公司开通重庆至上海集装箱班轮运输。2002年4月8日和7月10日，中国海运（集团）总公司所属中海集装箱运输股份有限公司和中外运重庆公司相继经营重庆至上海的长江集装箱内支线运输。2005年底，重庆市共有集装箱运输企业13家，集装箱船120艘，装载能力达1.56万标箱，集装箱运量27.56万标箱。

2. 集装箱码头建设

2000年以前，重庆港无专用集装箱码头，制约了重庆市集装箱运输的发展。在交通部的支持下，重庆市对九龙坡码头进行改扩建，2000年7月建成投产后，成为重庆市第一座集装箱专用码头。

2002~2005年，重庆市交通委员会在编制《重庆市航运中心发展规划》和《重庆市港口总体规划》中，考虑到集装箱发展迅速，在规划中全盘考虑重庆市集装箱码头建设。规划以3大枢纽港区为基础、5个重要港区为补充的全市集装箱码头群落。由此，主城寸滩、万州江南、涪陵黄旗等枢纽港区集装箱码头相继开工建设。除枢纽港区建设外，重点港区和其他港区也按照规划陆续开始建设。按照规划目标2010年前，全市港口集装箱吞吐能力达到160万标箱，基本上满足重庆市经济发展和城市建设的要求。

（三）发展滚装运输

1. 滚装企业发展

载重汽车滚装运输是载货汽车通过码头道路自行至运输船，由运输船将载货汽车运至终点港，在终点港载货汽车自行到目的地的门对门运输。2000 年 4 月，由云阳个体户船民首开川江载货汽车滚装运输，从一船 7 个车位做起，逐步发展。由于滚装运输有运费低、减少车辆磨损、减轻驾驶强度、避免陆路运输复杂性优势，当年在万州、云阳一带滚装船舶发展到 22 艘船舶 900 车位，航线统一为万州至宜昌。2001 年，重庆市滚装运输开通重庆至宜昌航线。2003 年，重庆市开通涪陵至宜昌航线。2005 年底，从事川江滚装运输的航运企业共 21 家（重庆市 13 家，湖北省 8 家），运营船舶共 92 艘 4670 车位（重庆市 48 艘 2895 车位，湖北省 44 艘 1775 车位），滚装运输量 31.4 万辆。为适应滚装运输的发展，在规划中枢纽港区布局了滚装码头，在 2000 ~ 2005 年期间相继建设和开通万州红溪沟滚装码头、主城区郭家沱滚装码头和涪陵黄旗滚装码头。

2. 滚装运输管理

2000 年，由于滚装运输发展迅速，在运输管理、安全管理、船舶检验管理方面，在内河运输中尚无相应规范，滚装运输再进一步发展举步维艰。为此，重庆市港航管理局对万州滚装船市场进行调研，并将滚装运输成为当地经济增长点，只能因势利导、顺势而为，规范市场、完善管理、加强监控的措施等形成专题报告向交通部长江航务管理局和重庆市人民政府汇报。此后得到了上级部门的支持，重庆市交通委员会发布滚装专用码头管理的通告，滚装运输业发展起来。

2004 年，滚装市场出现相互杀价、服务质量降低、市场满意率下降，影响滚装市场有序发展。为此，重庆市、湖北省港航管理部门在重庆海兰云天度假村组织召开有两省市滚装运输及港埠企业负责人参加的川江载货汽车滚装运输座谈会，重庆市港航管理局下发《关于开展载货汽车滚装运输市场专项整顿工作的通知》，严禁擅自降价、恶性竞争，滚装船舶必须于 2004 年 11 月 30 日前达到《重庆市载货汽车滚装运输船舶服务规范》要求，否则禁止投入营运。通过以上滚装运输发展中的完善工作，川江滚装船运输市场秩序得到明显改善，使滚装运输发展转入正轨。

川江滚装在三峡大坝翻坝运输是一种有效的运输方式。但由于滚装船舶数量大量增加，三峡船闸难以承受，对此，交通部 2004 年决定把滚装船全部分流，让滚装车辆自行翻坝。中国长江三峡工程开发总公司开放了坝区、坝上和坝下两个码头和区间公路，方便车辆快速翻坝。这种翻坝运输成为滚装运输过坝的特有方式，减缓了船闸压力，缩短了滚装运输时间，降低了运输成本，翻坝运输的实施维护了川江滚装运输的持续发展。

五、支持民营企业发展

（一）民生公司重建与发展

民生实业（集团）有限公司于 1984 年在重庆重建，前身是著名爱国实业家、中国航运业先驱卢作孚于 1925 年创办的民生实业股份有限公司。

1984 年，在国家和重庆市人民政府的支持下，卢作孚之子卢国纪与一部分老民生公司员工重建了民生公司。经过 20 多年不断发展，成为集江海航运、公路运输、国际货代、现代物流的中国最大民营航运企业集团。2005 年，民生实业（集团）有限公司成为重庆企业 100 强和中国民营企业 500 强。

（二）支持其他民营企业发展

2002 年，民营经济不发达。重庆市民营企业（含个体户）船舶载重吨只占全市总运力的 30%，完成货运量占总量的 48.5%，完成货物周转量只占总量的 11.1%。同时，经营主体多，主要以个体经营户为主，企业化经营比重较小。重庆市根据航运结构调整方案及《国内船舶运输经营资质管理规定》要求，积极引导和推行水路运输公司化经营，民营企业得到较快发展。重庆市所有载货汽车滚装船、80% 的个体客船实现公司化经营。2003 年，新筹建及开业 36 家普通货运企业，2004 年，筹建开业水运企业 56 家。2005 年，新筹建及开业水运企业 40 家，除少数为国有控股或股份制企业外，绝大多数企业均为民营企业，民营企业运力占全市运力 70% 以上。

六、水路运输发展规划

（一）运力结构调整规划

根据2003年重庆市人民政府批复的《重庆市航运中心发展规划》，运力结构调整是通过市场机制、政策引导和必要的行政调控手段，实现“淘汰一批、转向一批、改造一批和发展一批”。在运力结构和运输组织结构方面，通过强制报废、贴息拆解和鼓励改造等措施，淘汰老旧船舶、拆解改造不适应运输需要的船舶，重点发展自航船、顶推船队、集装箱船、液体化工船，适度发展旅游船和滚装船，向标准化、系列化、规模化和现代化方向发展。在发展方向上，鼓励向多式联运和综合物流服务的方向发展。

表7－17　　2005～2015年运力结构调整规划表

<table>
<tr><th colspan="2" rowspan="3">运力结构调整</th><th colspan="5">规划年度</th></tr>
<tr><th colspan="2">2005</th><th colspan="2">2010</th><th rowspan="2">2015</th></tr>
<tr><th>客船</th><th>货船</th><th>客船</th><th>货船</th></tr>
<tr><td rowspan="6">淘汰一批</td><td rowspan="2">报废</td><td>4/0.07</td><td>48/1.50</td><td>21/1.10</td><td>74/2.45</td><td rowspan="6"></td></tr>
<tr><td>0.40%</td><td>1.70%</td><td>6.47%</td><td>2.70%</td></tr>
<tr><td rowspan="2">拆解</td><td>139/3.34</td><td>41219.60</td><td>55/1.15</td><td>235/12.50</td></tr>
<tr><td>19.65%</td><td>21.80%</td><td>6.77%</td><td>13.90%</td></tr>
<tr><td rowspan="2">合计</td><td>143/3.41</td><td>460/21.10</td><td>76/2.25</td><td>309/14.95</td></tr>
<tr><td>20.05%</td><td>23.50%</td><td>13.24%</td><td>16.60%</td></tr>
<tr><td colspan="2" rowspan="2">改造一批</td><td colspan="5">国内旅游船：4012.47</td></tr>
<tr><td colspan="5">长江干线普通客船：97/1.90</td></tr>
<tr><td colspan="2" rowspan="2">转向一批</td><td colspan="5">长江干线200客位以下普通客船：101/0.89</td></tr>
<tr><td colspan="5">长江干线500吨位以下货船：720/12.70</td></tr>
<tr><td rowspan="6">发展一批</td><td>集装箱船</td><td colspan="2">5600TEU/150×38</td><td colspan="2">23233TEU/150×155</td><td>16650TEU/150×111</td></tr>
<tr><td>汽车滚装船</td><td colspan="2">400/40×10</td><td colspan="2">160/40×4</td><td>300/40×8</td></tr>
<tr><td>商品车滚装船</td><td colspan="2">1329/200×7</td><td colspan="2">1376/200×7</td><td>22931200×12</td></tr>
<tr><td>液体化工船</td><td colspan="2">新增需求：0.97万吨</td><td colspan="2">新增需求：0.64万吨</td><td></td></tr>
<tr><td>大型货船顶推船队</td><td colspan="2">新增需求：28.65万吨</td><td colspan="2">新增需求：46.16万吨</td><td></td></tr>
<tr><td>旅游船</td><td colspan="2"></td><td colspan="2">7200/500×15</td><td></td></tr>
</table>

注：表中前三项运力X/Y表示：船数/万客位（万吨位）。

表中第四项运力X/Y×Z表示：新增运力/单船运能×船数。

（二）运力发展规划

1. 支流船型规划

嘉陵江短途航线发展300～500吨机驳船，长途航线发展以1顶2×1000吨船队。乌江中短途航线发展500吨机驳船，长途航线发展以1顶2×500吨船队。綦江梯级较多，采用300吨机驳船。大宁河近期采用100～300吨机驳船为主，适当投入500吨级机驳船，大宁河作为旅游资源丰富的河流，为满足旅游开发的要求，发展500吨级旅游客船。

2. 长江船型规划

根据《三峡枢纽工程过坝货船（队）尺度系列》要求，结合船舶运营现状，考虑三峡成库后旅游客运发展，在客船方面，发展500客位左右的长江三峡观光旅游船，其中涉外旅游发展100～200客位的高档旅游船，满足市场的需要。同时适度发展具有个性化特征的观光游艇和私人游艇。对于普客船与高速客船，按照市场法则，优胜劣汰，引导条件好的进行技术改造，提高船舶档次。2005年以前客运船舶以改造为重点。2005～2015年，需新增运力7200客位，约15艘。在货船方面，应向标准化、大型化、专业化、船队化的方向发展，重点发展集装箱船、汽车滚装船（含商品车滚装船和载货汽车滚装船）、液体化工船、大型散货自航船及顶推船队。

表7－18　　2005～2015年发展主要船舶类型表

序号	船舶	规划年度		
		2005	2010	2015
1	旅游船		7200/500×15	
2	集装箱船	5600TEU/150×38	23233TEU/150×155	16650TEU/150×111
3	汽车滚装船	400/40×10	160/40×4	300/40×8
4	商品汽车滚装船	1329/200×7	1376/200×7	2293/200×12
5	液体化工船	新增需求：0.97万吨	新增需求：0.64万吨	
6	大型化自航船	新增需求：28.65万吨	新增需求：46.16万吨	

（三）水运企业发展规划

水运企业发展指导思想是坚持扶优扶强，鼓励和引导企业向集约化、规模化发展。鼓励和引导实力雄厚竞争力强的企业，以资产为纽带，实现强强联合，组建跨地区、跨行业和跨所有制的大型航运企业或企业集团。2001年，全市有44家骨干企业，按规划要求，2010年实现从3家优势企业和7家前景看好的企业中培育出5～7家资产状况良好、具有一定规模和品牌优势、综合竞争力强的航运企业，借此带动长江上游航运业的发展，推动航运大市场的形成和航运中心的建设。

第八篇　航道建设与维护

重庆市地处中国西南腹地，位于长江流域上游。长江干流自西向东横穿市境，嘉陵江、乌江、大宁河、小江等众多支流纵贯南北，河流呈叶脉状分布，流域面积在50平方公里以上的河流有374条，其中流域面积在3000平方公里以上的河流有18条，均属长江水系，两岸地形较为险峻，河床深切，航道弯曲狭窄，滩多水急，流态紊乱。除长江外，河流水量主要由降雨补给，水量充沛，年径流量大，但季节分配极不均匀，大都集中在夏秋季节，占年径流量的80%以上。洪水暴涨暴落，洪枯流量变化明显，水位变幅大，具有典型河流的特性。

2003年4月至12月底，按照国家统计局的要求，根据交通部统一部署，重庆港航管理部门历时9个月时间，对市内34个区县（自治县、市）的航道进行了全面普查。普查的标准时间为2002年12月31日。普查成果为，重庆市共有航道136条（含长江，下同），航道总里程4111.01公里。（含跨省界航道190.57公里）。其中，河流航道66条，航道里程3642.84公里；水库航道69条，航道里程462.67公里；湖泊航道1条，航道里程5.5公里。在航道总里程4111.01公里中，二级航道515公里，三级航道164公里，四级航道95公里，五级航道308公里，六级航道126.2公里，七级航道610.46公里，等外级航道2292.35公里。

当时航道普查是在三峡成库前开展的，只反映了成库前的航道现状。三峡成库后，支流航道增多，航道里程增大。截至2005年年底，重庆市有航道187条，航道通航里程4222.33公里。其中河流航道117条，航道里程3754.16公里；水库航道69条，航道里程462.67公里；湖泊航道1条，航道里程5.5公里。航道里程中二级、三级、四级、五级和六级及以下航道里程分别为515公里、164公里、95公里、308公里、3140.33公里，分别占全市航道总里程的12.20%、3.88%、2.25%、7.29%和74.38%。

根据全市社会经济发展，结合三峡工程蓄水和梯级渠化进程，重庆市主要航道由国家高等级航道、地区重要航道组成。依据航道布局规划，重庆市主要航道形成以长江干线、嘉陵江、乌江为骨架，四级以上航道为主体，五、六级航道为补充，由9条航道组成的“一干两支六线”主要航道布局规划方案，规划航道总里程1673.8公里。“一干”即长江干线，“两支”即嘉陵江、乌江，“六线”即涪江、渠江、大宁河、小江、梅溪河和綦江。

第一章　长江航道重庆段

长江发源于青藏高原唐古拉山脉主峰格拉丹东雪山西南则。长江干流从宜宾至入海口全长2813公里，东西向横穿九省二市，其中宜宾至宜昌河段统称川江，长约1044公里，奉节白帝城至宜昌南津关长约200公里为著名的三峡河段。川江在沙溪口进入渝境，沿途接纳綦江、嘉陵江、御临河、乌江、小江、汤溪河、梅溪河、大宁河等支流，在巫山牛口出境进入湖北省，全长679公里，流经丘陵和高山峡谷区，三峡工程蓄水前，流速一般为每秒1~3米，平均比降为0.18‰，以滩多流急、水乱礁险著称。

长江上游在湖北宜昌境内建有葛洲坝枢纽工程和三峡枢纽工程。葛洲坝枢纽工程位于宜昌市区上游8公里，建有3线船闸；三峡枢纽工程位于宜昌市区上游约46公里，上距重庆主城614公里，其永久性通航建筑物设计为双线连续五级船闸和一线升船机，总水头113米，每级闸室有效尺度为280×34×5米（长×宽×槛上水深），可通行由2000~3000吨级驳船组成的万吨级船队。

三峡水利枢纽工程蓄水前，市境内长江干线沙溪口至羊角滩164公里航道达三级航道标准，可通行1000吨级船舶，航道尺度为（航深×航宽×弯曲半径，下同）1.8×40×400米（沙溪口至蓝家沱）、(2.5~2.7)×50×560米（蓝家沱至羊角滩）。羊角滩至牛口515公里达二级航道标准，可通行2000吨级船舶，航道尺度为2.9×60×750米。已建、在建的桥梁通航净空均可满足三级以上航道通航标准的要求。

三峡水利枢纽2003年6月坝前水位按135米蓄水运行，至此川江航道一分为三：巫山鳊鱼溪至忠县陶家石盘成为库区河段，忠县陶家石盘到涪陵清溪场为变动回水区河段，涪陵清溪场以上仍为自然航道。同年11月下旬按139米水位运行，其回水至涪陵李渡镇，涪陵水位相应壅高0~3.0米。涪陵以下为库区航道，通航条件得到极大改善。2004年1月起交通部对库区航道忠县神溪口（距宜昌422.5公里）以下航段实施分边航行，航标及通讯导航设施设置布局已作重大调整。

第一节　自然概况

一、地形地貌特征

长江重庆段属于大型的山区河流，航道弯曲狭窄，水流湍急，碍航礁石密布，且多雾，给船舶的安全航行带来极大的影响。根据地质地貌的特征，分为峡谷河段、宽谷河段和宽浅河段。

在峡谷河段，著名的长江三峡（瞿塘峡、巫峡、西陵峡）。就有两峡属重庆河段，即雄伟的瞿塘峡和幽深秀丽的巫峡，两岸山势险峻，悬崖峭壁，河床平面形态复杂，岸线极不规则，多急弯卡口，水流随山势迂回曲折。由于长期水流作用，河床纵向下切，纵剖面变化呈锯齿状，最大相对高度可达60米以上。

在宽谷河段，如万州至奉节、黛溪至大宁河为典型的宽谷河段，两岸山峰较低，或呈山地，沿岸有平缓的台地，呈阶梯状地形。两岸支流山沟较多，当山洪暴发时，大量砾石、泥沙被水流挟带成泥石流，堆积于溪沟口，形成扇形淤积体，缩窄河槽，堵塞江流成为急流滩，如蒿杆滩、铁滩、油榨碛等。

在宽浅河段，万州以上河段，由于地处丘陵地区，河谷较开阔，两岸地势较宽，河段低矮，谷坡平缓，偶间有短捷的峡谷地段，如石鼓峡、黄草峡、剪刀峡、明月峡、铜锣峡等，或有高大石盘、石梁伸入江中。航道多江心洲、边滩和礁石，枯水期无急流滩，但多弯窄、险、浅航槽，如上洛碛、下洛碛、王家滩、折桅子等。中水期碍航物相继淹没，台地、石盘、石梁河段到某一临界水位时形成滑梁险槽，如蚕背梁、凤凰滩等。洪水期少数礁石、峡谷河段，因过水断面不适应流量的增长出现急流碍航，如狐滩、观音滩、和尚滩、黄草峡、铜锣峡等。因宽浅河段河谷断面形态复杂，多呈抛物线形、“W”形或波浪形，枯水期河宽约 300 ~ 800 米，洪水期可放宽至 1500 ~ 2000 米。枯、洪水期河床有明显的分界线，岸线变化较大。

二、特殊航段

（一）臭盐碛淤沙航段

臭盐碛淤沙航段位于奉节老县城梅溪河口，枯水位碛坝逐渐退出，水面向南延伸而形成弯曲、狭窄且只适合单船通行的浅槽控制河段（老槽），槽内水深最深处达 18.8 米，最浅处 5.4 米，航道宽度为 60 米。每年汛期，由于瞿塘峡过水断面小，水流不畅，使夔峡口以上特别是李家坝至青龙嘴一带水流速度减缓而形成慢水，水所夹带的泥沙沉落，河床淤积（即淤沙）。淤沙情况：当长江上游雨量充足，来水量大时含沙量亦大，洪水期（25 米以上）或 25 米以上稳水期长，淤积就严重，在老槽观音滩上下一带淤沙厚度可达 35 米（形成浅碛），浅位面积即淤沙范围为横向 600 米，纵向 1000 米。当长江上游雨量较少，来水量不大，洪水期水位易涨易退或 25 米以上稳水期短，淤积不太严重，但是淤沙范围始终不变。秋后，老君洞水位 11 米左右时，弯槽和碛槽水深不足而严重碍航。

（二）老鼠处航段

老鼠处位于巫峡南岸一侧，为一石嘴，该处有斜流夹堰，嘴下岩壁全年有出泡，洪水期力强，冲达河心，下延夹堰与北岸马坪村夹堰于河心交汇，产生较大的连串旋涡，高洪水期，江面放宽泡喷旋涡，稍有减弱。中枯水期猫子石至大豆石不能会船，上行船应在南岸一侧老鼠洞以下稳船等让。

（三）蚕背梁航段

蚕背梁航段是川江著名的险槽之一，其石梁纵卧江心，形成南北两槽。南槽称蚕背梁，为主航道。枯水期水流缓慢，丰都水位 4 ~ 9 米间水乱流急，7 ~ 8 米当季。此时，蚕背梁腰部以下淹没后，鸡翅膀至白家滩一带河心水势高，分向两岸冲压，形成强大的滑梁水，尤为险恶，对船舶航行安全威胁极大，为著名滑泻狭窄滩槽。以往船舶尤其是上行船，经此贴边打坏车舵者时有发生。北槽即瓦子浩，系副槽，曾多次疏浚整治，丰都水位 1.3 米通流穿浩，至 5.5 米设标通航，航道顺直，但槽窄流急，仅供上行船舶行驶。由于滩多流急，下行轮船不能夜过蚕背梁航段。

（四）楠竹坝航段

楠竹坝纵卧江心，航道分为南北二槽。北槽又称正漕或老槽，南槽亦称副槽。北槽为主航道，上至钻子碛翅与黄石盘、楠竹坝浅翅及红岭碛暗碛，交错分列航道两侧，枯水期航道弯曲，水浅流急，水位上涨，航槽逐渐放宽，流速亦日趋缓和；洪水期磨盘石、铁门坎不能阻水时，水流经其面而偏北下。此时，楠竹坝翅下成为大面积缓水回流区，红岭碛、梭子碛一带有大量淤沙，严重时下延达猫子梁，成为川江著名的淤沙航道之一。秋后，水位下降，主流渐移向正槽，淤沙得以冲刷，续降至 7.5 米以下，大部分淤沙冲走，可以通航。但楠竹坝尾淤未尽，此时航行较为困难。近 10 年来，楠竹坝淤沙航道淤沙愈显突出，1998 年险些断航。

（五）白沙坡至土背脑航段

该航段航道弯曲狭窄，凶滩恶水遍布，其间有喜鹊梁，螃蟹碛，兔儿梁，大河口，象鼻梁1号、2号、3号，筏子石，沿溪等困难标位，水深流急，设置难度大。北岸螃蟹碛、喜鹊梁与南岸筏子石、象鼻梁之间，航槽狭窄，其下白沙坡至麻柳沟一带，航道渐宽略显弯曲。枯水期，兔儿梁至麻柳沟水流平缓，筏子石与螃蟹碛淹没后，水流很急，特别是当喜鹊梁淹没漫坪不能过船时，出现强大横流，许多船舶因航行不慎导致搁浅划舱等海事。该航段，单喜鹊梁一处几乎每年都有1~3艘船舶在此因强大的横流导致轮船搁浅、划舱等海事。其间的兔子坝亘卧江心形成南北二槽，南槽为主航道，北槽为副航道。副槽直顺，4.9米以上穿浩，12米以上设标通航。通航期除横梁子水流稍急外，其余均为常流。

（六）下洛碛航段

该航段枯水期为一类浅滩航道，河床底质为泥沙、卵石，枯水期航道浅、窄（当地水位0米时，航道宽度仅为60米，最小水深仅有2.9米），较为顺直，下行船舶经此需松车、减速或减载，以免触浅；水流湍急，愈浅愈流，船舶上行较为困难。

（七）码头碛航段

该航段枯水期为一类浅滩航道，河床底质为沙、卵石，枯水期称杆碛尾，棺材石河心浅位与右岸码头碛形成弯、浅、窄航道（当地水位0米时，航道宽度仅有60米，曲率半径900米），常需要采取疏浚措施来保证航道维护尺度，当地水位2.5米以下实行船舶通行控制。

第二节 滩险及治理

一、滩险

川江河床形态复杂，滩险亦多，究其成滩原因，可以归纳为两个方面：一是由于两岸山嘴、石梁、碛坝伸入江中，或巨石横亘江面，造成河床横断面骤然缩小，当水位高低与阻碍物高低恰使水流受阻时则形成壅水，出现集中的大比降，流速亦势必加大。二是川江河床纵断面多呈深潭与浅槽交替，滩险河段尤为显著。大多数滩体河底凸起，上下多为深潭，河床纵向变化非常急剧，由于纵向坡度最大，水面纵坡降亦最大，流速亦随之增大。川江水面比降大、流速大、水势湍急、流态险恶而成滩。

对于砂卵石浅滩，主要矛盾是“浅”，滩段河床纵向变化在程度上没有急险滩急剧，如河底凸起部分（过渡段）的长短及变化的急剧程度，上下深槽的大小等不同，水流运力轴线的偏摆幅度不同，而变化规律性却是基本相同的。所以，川江驾驶员通俗地把各类碍航滩险叫做“滩”“槽”，即由于急流、急险造成碍航称为滩，由于浅、窄、弯造成碍航称为“槽”。

按成滩水位，川江滩险分为枯水滩、枯中水滩、中水滩、中洪水滩、洪水滩5类。

在滩险内，当水位达到某个高度时，水流碍航开始，显著或进而消逝，这些水位的临界值根据不同滩的性质而有不同。川江枯水滩、枯中水滩滩势凶急主要表现在退水期，而中水滩、中洪水滩、洪水滩则在涨水期表现得尤为凶急。表现在涨水期的滩险，当水位上涨至一定高程后，滩口地形、地物开始阻挡水流，束窄泄水断面和挑偏主流则滩势形成，这个临界的水位高程称为该滩的成滩水位；当水位继续上升至另一高程时，滩势最为凶险，这个临界水位高程称为该滩的最凶水位；当水位再继续上升至某高程，而滩势反逐渐减弱，这个临界水位高程称为该滩的消滩水位。当水位自高水位下降时，滩势也顺次再复出，但这些临界水位高程较上涨时稍高些，其滩势也稍弱些。

上述每个滩的3种碍航水位，对于V形河谷是如此。在U形河谷中，只有成滩水位和最凶水位，没有消滩水位。这种河谷岸壁陡直，两岸没有开阔台地，当水位上升，其泄水面积的扩大，不适应流量的增加，因而水流得不到扩散，滩势继续增加而不消失。在枯水急流滩中，水位下降达到一个临界值高程，开始有滩势，则这个水位高程叫做成滩水位，水位愈降，而滩势愈凶。当水位上涨，滩势也逐渐削弱，超过原成滩水位以上某高程，则滩势消失，这个水位高程称为该滩的漂滩水位。

川江还常用“当季水位”来表示某一滩槽正当碍航的水位时期，当急流滩、急险滩的滩势达到最急、最凶时的水位或水位范围或浅、弯、窄航槽碍航最显著，航行最为困难的水位或水位范围，称为滩槽的当季水位。从水位高低分为枯水、中水和洪水，各个滩只有在某种水位或几种水位才有滩势，故称为枯水滩、中枯水滩、中水滩、中洪水滩、洪水滩。

表 8－1　　川江枯、中、洪水按当地水位季划分表

基本站	枯水（米）	中洪水（米）	洪水（米）
重庆	1.5↓	1.5～7	7↑
万州	2↓	2～11	11↑
宜昌	1.5↓	1.5～7	7↑

二、滩险治理

重庆航道辖区流域浅滩、险滩众多，为上行船舶带来极大的威胁。1986 年至 2003 年 6 月三峡成库前，交通部、长江航务管理局及长江航道局多次投入巨资进行整治，极大地改善了通航环境。有的险滩整治后滩势全部消失，有的流态得到控制，滩势减缓。

（一）青石洞滩整治

位于神女峰脚下的青石洞滩是川江著名洪水滩，距宜昌里程 155.7 公里。浅滩水位 27.4 米，曲度半径 600 米，航道宽 100 米。该滩特征表现为水位涨幅越大，滩势越凶，且流态紊乱，泡漩翻滚。行轮过滩，施绞都很困难。从 1985 年底开始到 1986 年初，重庆航道一处 104 队在这里进行了四个月的整治，航道工人炸礁 1.1 万立方米，搬掉了挑流石梁，拓宽了过水断面，顺直了弯曲航道。经过整治，青石洞滩滩势环境得到极大改善，后随葛洲坝工程建设发展，水位提升，水流变缓，青石洞滩消失。

（二）下马滩整治

下马滩距宜昌里程 176 公里，属中枯水滩，成滩水位 13.0 米，滩势最大水位为 1.0～6.0 米，航道宽 105 米，最大表面流速为每秒 4.86 米，最大比降为 0.96‰。1989 年底到 1990 年初整治后滩势变缓。葛洲坝工程建成后，滩势不复存在，船舶不再需外力上滩。

（三）鸡扒子滩整治

鸡扒子滩位于云阳县城东 1.15 公里北岸，距宜昌里程 271.5 公里。其宝塔山台坡原为古滑坡区，1982 年 7 月 18 日，因连日的普降暴雨和特大暴雨，大量地面水浸入层面，致使古滑坡体失去稳定，大面积的滑坡体涌入江中，滑坡总量约 1300 万立方米，河床被抬高 25～32 米，航道宽度由原 120 米束窄至 40 米，滩上最大表面流速为每秒 6.7 米，滩势十分险恶，船舶不能通航。鸡扒子滩滑坡整治工程浩大，先后投入近 2000 人的施工队伍，累计完成工程量 44.6 万立方米，修筑拦栅坝、排水沟堰总长度达 7953 米，工程于 1982 年 10 月 20 日开工，1986 年 3 月 30 日全面竣工。

（四）大庙基滩整治

大庙基滩距宜昌里程 254.7 公里，属中枯水滩，成滩水位 13.5 米，最大水位 0～0.4 米，曲率半径为 720 米，航道宽 90 米，最大表面流速每秒 5.27 米。1989 年开工，1991 年 3 月 21 日完工。共完成拦栅坝、检滩、水下炸滩、清渣及疏浚 5 个子项工程。大庙基滩整治后滩势有所缓解，大船能自行上滩，于 1992 年撤除绞滩站。但大庙基滩整治后只是缓解了部分滩势，小船上行仍不能过

滩。为解决小船上滩难的问题，奉节航道处在大庙基滩设置助拖站，协助小船上滩。

（五）东洋子滩整治

东洋子滩位于云阳旧县城下游20公里，距宜昌里程261公里，为中枯水溪河急流滩。成滩水位9.0米，3~4米时滩势最凶，滩距500米。该滩的流速比降及流态均大大超过了标准船队的通航水文标准，上行船舶均需施绞才能上滩。该滩虽经1956~1960年的整治，但每年仍需施绞船舶200艘次。1991年以来，滩势逐渐变凶，年绞船量增加到1000艘次。继而施绞困难，危及行船和施绞船的安全。对该滩的整治持续了两年。1997年1月至5月及1998年1月至3月整治项目为补坝工程：溪口导流坝爆破开挖基槽350立方米，浆条石475立方米，筑坝1000立方米；DE段水上炸礁完成工程量2076立方米，人工清渣1266立方米；AB、BC段水下炸礁7714立方米，挖泥船清渣。工程总投资1289.71万元。工程项目由重庆航道工程局组织实施。实施后水流条件较施工前有所改善，特别是DE段炸低后中小型船舶可提前利用缓流区，起到了一定的整治效果。DE段和AB段基本达到设计要求，增加了过水面积，另外BC段伸入江中的突嘴有所降低和缩短，因此滩势有所减缓，但仍是川江枯水险滩之一。

（六）折桅子滩整治

折桅子滩位于距宜昌上游398公里的忠县境内，素以浅滩著称。枯水期滩段长2公里。1978年，在其左岸折桅沱内构筑一座宽3米、长75米的丁顺坝，取得了较好效果，20世纪90年代因坝体冲毁造成滩势恶化。2000年4月进行整治。工程由重庆航道工程局组织实施，将原丁顺坝延长至120米，在北岸进行疏浚。筑坝工程量8960立方米，共耗资182.57万元。通过整治使该滩航道水性有明显改善，客轮、拖轮枯水期均可夜航通行。

三、绞滩

1986年至2003年6月三峡成库前，长江重庆航道局共在川江航道设置绞滩站9个。

（一）油榨碛绞滩站

油榨碛绞滩站在重庆市巫山县境内，距宜昌里程191.4公里。油榨碛滩属中枯水溪河急流滩，成滩水位6.0米，曲率半径800米，航道宽95米，水面最大流速每秒5.70米，比降2.6‰，当季水位2.0米，关系水尺老君洞。油榨碛南岸有错开峡溪口，洪水期溪沟发水冲大量沙石受长江水流的顶托，溪沟口的水流变缓，而大量的沙石沉落而淤积，枯水期形成一个较大的溪沟边滩至油榨碛碛坝。北岸鲤拐子岸嘴突出，与南岸油榨碛对峙。枯水期，由上而下的水流经油榨碛时，受油榨碛碛坝与对岸鲤拐子岸嘴缩窄的过水断面影响，使该处的流速和比降增大，形成枯水急流滩。当水位下退时，油榨碛碛翅伸入河心越厉害，过水断面的缩小与水量的减少不成比例，故该滩是水位越枯，流速比降就随水位的下降而增大，即该滩越枯越凶，且凌乱湍急，滩舌较长，船舶上滩极为困难。在当季水位时，有的客轮也要施绞才能上滩，故油榨碛号称“万里长江第一滩”。油榨碛绞滩站设在北岸，绞进距离500米，该站是川江绞滩任务最重、工作量最大的绞滩站，平均每天要施绞船舶30余艘，在最枯季水位最多一天施绞70余艘。绞滩设备有绞7号绞滩船、机接船203艇。

（二）铁滩绞滩站

铁滩绞滩站距宜昌里程196.5公里。铁滩位于夔峡入口处，属枯水急流滩，枯水期右岸金沙碛伸出河心，逼近左岸舀鱼坊、么鸡子等凸出石堆，航漕狭窄，流急水乱，尤以金沙碛上翅与舀鱼坊、么鸡子正对，石嘴交峙，阻水挑流，形成对口滩，即枯水期重点滩槽。老君洞水位0.5米以下，上口（舀鱼坊）最当季，1~2米下口（么鸡子）最当季，3米以下遇大溪山洪暴发时，水势特别湍急迅猛。铁滩成滩水位为5.0米，最大流速4.84米/秒，比降3.3‰，零水位时曲率半径为1100米，航道宽90米。绞滩船设置北岸，绞船距离420米。绞滩设备有绞19号绞滩船、机接船1211艇。1992年机接船改为“机接207”（双机）担任递缆船，绞滩工作量仅次于油榨碛。

（三）二道溪绞滩站

二道溪绞滩站距宜昌里程 243.0 公里，关系水尺三块口，属中枯水急流滩。该滩开班水位 1.5～8.0 米。由右岸李家嘴乱石堆与左岸二道溪乱石坝左右紧对，两岸溪口碛坝伸入江中，阻流成滩，当三块口水位至 2.0～6.0 米时最当季，3 米水位猛涨时滩势最凶。零水位最小航道天然曲率半径为 1000 米，航道宽 100 米，最大水面表面流速为 4.30 米/秒，水面比降 2.7‰。绞滩站靠泊面水流紊乱，递缆船带缆下行速度缓慢，故专门设有定位船，将绞船钢缆放在定位船上，施绞时由递缆船将定位船上的钢缆挂上再到滩口递给被绞船舶。该站最大特点是施绞劳动强度大。长江重庆航道局在滩上北岸配有绞 11 号绞滩船、机接船 205 艇，绞船距离 300 米。

（四）小庙基绞滩站

小庙基绞滩站位于云阳老县城故陵镇对岸，距宜昌里程 251.7 公里，关系水尺晒金石，为典型的枯水急流滩。虽在 1989 年经过整治，但效果不明显。小庙基滩右岸永谷河石碛与左岸基岸及水下鸭子嘴突出礁浅，束窄江床；又因滩口段河床隆起，过水断面显著减少。尤其当洪水暴发时，大量卵石堆积溪沟口，滩体变形，堵塞江流河床，滩势更为险恶，为川江典型溪沟急流滩。晒金石水位 1 米以下时最汹，遇山洪暴发时尤其汹险。成滩水位为 3.0 米，零水位最小航道尺度曲率半径为 800 米，航道宽 90 米，滩口最大流速 4.5 米/秒，相应岸边水面比降 2.2‰。枯水期绞滩工作量较大，绞船距离 460 米。绞滩设备有绞 16 号绞滩船、机接船 206 艇。

（五）东洋子绞滩站

东洋子绞滩站位于云阳老县城与故陵镇之间，距宜昌里程 261.6 公里，关系水尺晒金石水位。为中枯水急流滩。该滩左岸由山溪冲出卵石堆积，靠把石伸出江心，与右岸大石盘相对峙，阻速水流形成急滩，右岸有泡漩。开班水位 9 米以下。零水位最小航道尺度曲率半径为 1000 米，航道宽 70 米，最大表面流速 4.65 米/秒，水面比降 3.02‰。当水位下退至 3～4 米，滩势最为凶猛，船舶上滩困难。绞滩站设在北岸，绞船距离为 100 米。绞滩设备有绞 14 号绞滩船、机接船 208 艇。该站 1987 年 5 月以前由奉节航道处管辖，1987 年 6 月开始划归万县航道处。

（六）大庙基绞滩站

大庙基绞滩站位于云阳老县城境内故陵镇斜对岸，距宜昌里程 254.7 公里，关系水尺三块石水位。为枯水急流滩，成滩水位 13.5 米。左岸溪口滩与右岸石梁相夹峙，阻速水流，形成急滩。滩口泡漩凶猛，航漕弯窄。曲率半径为 720 米，航道宽 90 米，最大流速为 5.27 米/秒，水面比降 4.19‰。船舶上滩极为困难。1989 年对滩险进行整治，滩势减弱。1991 年撤销绞滩站后，奉节航道处在此设置助拖点帮助小轮过滩。

（七）狐滩绞滩站

狐滩绞滩站位于万州境内，距宜昌里程 347 公里。属中洪水急流滩，滩长 1.5 公里，成滩水位 4 米，曲率半径 800 米，航道宽 90 米，最大流速 4.52 米/秒，是川江著名的中洪水险滩。中洪水时，河段上口较宽，逐渐向下缩窄，河床复杂，水深变化大，上下均有深潭，中有过渡段，形成浅坝。右岸岸线整齐，地势陡峻；左岸为陡峻的石梁，岸壁斜伸江中。右岸官槽堆石盘与左岸莲花背石盘伸入江中交错对峙，束窄江面，致使水流变急。绞滩站设在南岸，绞滩设备有绞 18 号绞滩船、机接船 201 艇，绞船距离 400 米。

（八）篙杆滩绞滩站

篙杆滩绞滩站位于奉节境内安坪乡下游 4.5 公里处，距宜昌里程 226.5 公里，关系水尺关刀峡。属中洪水急流滩，开班水位 8 米，10～15 米水位最当季，船舶上滩困难。该滩由奋发堡与乱石坝左右岸正对，束狭河床，阻流成滩，且水流湍急，流态紊乱，水位猛涨时尤甚，滩口最大流速 4.9 米/秒，曲率半径 1000 米，航道宽 100 米，水面比降 2.96‰，是川江中洪水期著名对口滩。绞滩站设在南岸，无固定绞滩船，由奉节航道处调派绞滩船舶担任施绞任务，绞进距离 420 米。

（九）黄石嘴绞滩站

黄石嘴绞滩站位于奉节县安坪乡旺盛沱下角处，距宜昌里程235.5公里，关系水尺关刀峡。成滩水位10米，零水位最小航道尺度720米，航宽70米。右岸溪沟滩和石梁与左岸高柜子石梁相互夹峙，锁束江流，形成对口急流滩，流速大，航槽宽，流态紊乱，船舶航行困难，为川江中洪水著名急流险滩，关刀峡水位18米至22米滩势最为凶猛。南岸设有绞滩站，无固定绞滩船，由奉节航道处视工作情况安排绞滩船和接头船，绞进距离350米。

四、绞滩时代结束

三峡工程蓄水，川江急流险滩消失。2003年6月10日三峡工程蓄水至135米，川江航道水位提升，江面拓宽，由大型山区航道成为新型库区航道。蓄水后，长江重庆航道局所辖河段水流平缓，水势趋平，原来的一些碍航礁石、渍坝沉入江底，急流险滩全部消失。

川江航道成库为川江航运创造了良好的自然环境，急流险滩不复存在。从2003年4月10日三峡大坝临时船闸开始封闸蓄水后，随水位逐渐抬高，滩口流态逐渐减弱，绞滩站施绞船舶量减小，有的绞滩站提前进入收班期。

2003年6月10日三峡工程蓄水至135米，各绞滩站功能全部丧失，绞滩站“下岗”，川江绞滩结束历史使命。

长江重庆航道局各单位绞滩站撤离后，绞滩船舶被安排另作他用。奉节航道处绞滩囤船及机接船分别停靠奉节和巫山码头，其中绞7号绞滩船靠泊巫山，绞11号绞滩船调长江重庆航道局航源公司，绞12号绞滩船改作处供应仓库囤船用，绞13号调重庆航道处，绞16号绞滩船靠泊奉节黑寒包囤船基地，绞17号绞滩船调长江重庆航道局勘测处，绞19号绞滩船靠泊奉节黑寒包囤船基地。各接头船分别靠泊黑寒包囤船基地和8号桥，除停封2艘外，其余接头船在继续使用或出租。万县航道处绞14号绞滩船、绞18号绞滩船由长江重庆航道局调回作其他用途，明渠绞滩站撤离后其设备移交三峡局。

表8-2　　长江重庆航道段绞滩站功能丧失过程表

站名	绞滩船	接缆船	距宜昌里程	最后收班时间	最后施绞船
油榨碛	绞7号	机接203	191.0公里	2003年5月21日	2003年4月9日，荆州173号
铁　滩	绞19号	机接207	196.5公里	2003昕5月13日	2003年4月13日，助拖金鑫号
二道溪	绞13号	机接205	243.2公里	2003年5月23日	2003年5月11日，云城115号
小庙基	绞16号	机接206	252.2公里	2003年5月21日	2003年4月30日，长兴16号
篙杆滩	绞16号	机接206	226.4公里	2003年6月10日	
黄石嘴	绞13号	机接205	235.6公里	2003年6月10日	
东洋子	绞14号	机接208	262.0公里	2003年5月23日	
狐　滩	绞18号	机接201	347.0公里	2003年6月10日	
大庙基	大庙基滩于1989年开始整治，1991年3月21日完工，滩势有所缓解，于1992年撤除绞滩站				

第三节　助航导航设施

一、航标

长江重庆航道局使用的航标灯经历了煤油灯时代、电气化航标灯时代。电气化航标灯是在1958年毛泽东主席视察川江提出了“航标灯为什么不能用电”后逐步实现的。1961年由于当时的物质条件和电子技术方面的问题，又重新使用煤油灯。1966～1969 年，各航道处开始部分恢复使用电子航标灯，使用光源的是白炽灯光源。早期使用的电子航标灯有乙醚联（俗称玻璃球开关）航标灯、金属片（俗称铟开关）航标灯、钟控开关航标灯、光敏电阻航标灯、硒光电池和硅光电池航标灯、光敏三极管航标灯。1969 年开始使用南京航标厂生产的 N69－1 型霓虹航标灯。此后长江重庆航道局从逐步到全面使用电子霓虹航标灯。

1972 年 6 月，长江重庆航道局首次召开较大规模的航标电气化工作会议，并制订《电气化标灯维护管理办法（试行草案）》。20 世纪 80 年代初，长江重庆航道局针对霓虹航标灯中使用的铁芯变压器易受潮失效和起辉器电流大、工作电压较高的缺点，试制了瓷罐变压器，并在各航道处推广使用，达到预期效果。1985 年，航道科针对霓虹航标灯光控灵敏度低的问题，试验使用光敏三极管作为霓虹航标灯的光控元件获得成功。从此解决了霓虹航标灯灵敏度低的问题，航标灯灵敏度由 350±10% LX。由于采取上述两项改革措施，航标灯的可靠性能大有提高，节约了能源，提高了航道维护质量。

1987 年，长江重庆航道局设计出 YJ87－1 型霓虹航标灯并生产投入使用。1987～1997 年，每年所补充的航标灯绝大多数为此种航标灯。至 1997 年底，开展发光二极管航标灯试用工作。广东省航道局与佛山光电材料厂合作，联合研制开发出红、绿色航标灯专用双照发光二极管光源。该光源具有工作稳定可靠、耗电省、灯光环照度均匀、防水、防震等特点。1998 年，长江重庆航道局开始部分引进发光二极管航标灯在其管辖的航道试用。经测试比较，在同等灯光射程条件下，发光二极管光源的航标灯的耗电量只有霓虹航标灯的 45%。

表 8－3　**1987 年鳊鱼溪至蓝家沱航标制式改革投资计划情况表**

序号	建造项目	计划建造数量			投资金额	
		需用量	备用量	建造量	单价	合计金额（元）
1	过河岸标顶标	180 只	72 只	311 只	20 元/只	6220
2	过河浮标顶标	190 只	57 只	247 只	18 元/只	4445
3	沿岸标圆球	1116 只	335 只	145 只	8 元/只	11608
4	侧面标锥形顶标	616 只	185 只	801 只	20 元/只	16020
5	侧面标罐形顶标	642 只	193 只	835 只	40 元/只	33400
6	横流浮标菱形标体	167 只	50 只	217 只	280 元/只	50750
7	横流岸标菱形标体	19 只	19 只	38 只	300 元/只	11400
8	侧面浮标罐形标体	614 只	185 只	799 只	250 元/只	199750
9	侧面岸标罐形标体	547 只	164 只	711 只	300 元/只	213300
10	鸣笛标绿快闪灯	76 只	23 只	99 只	220 元/只	21780
11	界限标红快闪灯	79 只	24 只	103 只	220 元/只	22660
12	过河标双闪灯	239 只	72 只	311 只	220 元/只	68420
13	通行信号灯改革	82 套	8 套	90 套	1300 元/套	117000
14	信号杆油漆施工费	92 处		92 处	156 元/处	14352
15	信号杆油漆脚手架模具、安装工程费	4 套		4 套	4500 元/套	18000

二、航行水尺

航行水尺是提供船舶观测水位变化的尺子。它是推算实际水深，计算碍航礁浅高、深度、航道尺度大小、实际净空高度的高低，控制河段控制航行标志的设置、增减，以及船舶确定航线、选择航路的依据。航行水尺是一种告示性的标志，在显著醒目的江岸采用米心度量形式由低向高标明水位尺度，采用黑底白字，用大型阿拉伯数字标示刻度。不少水尺设置在峭壁上，制作困难。

表8-4　长江航道重庆段航行水尺表

编号	水尺名称	距宜昌里程（公里）	岸别	水尺零点高程（米）		备注
				吴松	黄海	
1	碚石	146.5	右	60.59	58.83	设计水位
2	青石洞	155.6	左	60.69	58.93	设计水位
3	箜望沱	167.4	左	62.69	60.93	
4	巫山站	171.0	左	62.99	61.23	
5	下马滩	177.8	左	67.21	65.45	
6	油榨碛	192.0	左	70.94	69.18	设计水位
7	老关庙	202.7	左	73.27	71.51	
8	奉节站	209.5	左	74.75	73.00	
9	关刀峡	220.3	左	78.24	76.48	
10	安坪	231.2	左	79.65	77.90	设计水位
11	三块石	240.4	左	80.52	78.77	
12	细精石	256.7	右	83.66	81.91	
13	东洋子	262.4	左	84.40	82.65	设计水位
14	云阳站一	271.3	左	83.93	82.18	
15	云阳站二	272.1	右	85.75	84.00	
16	兴隆滩	287.4	左	89.22	87.47	
17	盘沱	290.3	左	89.31	87.56	
18	小江	297.4	左	90.78	89.03	设计水位
19	小舟溪	310.7	右	92.41	90.67	
20	枯山碛	321.4	左	96.31	94.57	设计水位
21	盘龙石	332.4	左	99.16	97.42	
22	沱口站	336.6	右	99.76	98.02	
23	狐滩	347.1	右	101.06	99.32	
24	杨合溪	354.0	左	103.71	101.98	设计水位
25	磨刀滩	363.4	右	105.85	104.11	
26	武陵	375.4	左	106.66	104.92	设计水位
27	石宝寨	389.3	左	109.62	107.89	
28	滥泥湾	403.8	左	114.73	113.00	
29	螃蟹碛	408.2	左	115.91	114.18	
30	忠县一	418.9	右	116.91	115.18	
31	忠县二	421.5	左	117.97	116.24	

续前表

编号	水尺名称	距宜昌里程（公里）	岸别	水尺零点高程（米）		备注
				吴松	黄海	
32	高粱背	429.1	左	120.15	118.43	
33	鱼洞子	442.2	左	123.28	121.56	
34	楠竹坝	455.0	右	123.90	122.18	
35	高家镇	463.9	右	127.68	125.96	设计水位
36	流沙坡	473.4	左	128.14	126.43	
37	蚕背梁	484.8	左	131.39	129.68	
38	朱家嘴	492.2	右	131.37	129.66	设计水位
39	百丈岩	502.2	左	131.62	129.91	
40	珍溪	511.3	右	133.11	131.40	设计水位
41	千根树	517.8	左	136.42	134.71	
42	清溪坊一	524.4	左	136.71	135.00	
43	清溪坊二	525.0	右	136.37	134.66	
44	陡岩	530.1	左	136.80	135.10	
45	涪陵	536.2	右	137.45	135.75	设计水位
46	李渡	546.3	左	138.18	136.48	
47	青岩子	564.4	右	142.48	140.78	
48	黄草峡	574.2	左	143.70	142.01	设计水位
49	龙舌梁	582.0	左	145.10	143.40	
50	长寿站	583.3	左	144.07	142.38	
51	肖家石盘	587.8	右	147.47	145.78	
52	养蚕堆	591.2	左	147.68	145.99	
53	洛碛	602.3	右	150.85	149.16	
54	太洪岗	610.4	左	152.09	150.40	
55	木洞	621.3	左	153.38	151.70	设计水位
56	鱼嘴	631.4	左	155.00	153.31	
57	铜锣峡	642.6	左	158.02	156.34	
58	寸滩站	652.7	左	158.92	157.24	
59	重庆	659.7	右	160.32	158.64	
60	九龙坡	670.5	左	163.85	162.18	
61	李家沱	675.6	右	165.96	164.29	
62	水银口	689.7	右	169.65	167.99	
63	白沙沱	705.0	左	174.56	172.90	
64	铜罐驿	707.9	左	174.29	172.63	
65	二滩	717.9	左	176.61	174.95	
66	黄纤	726.0	左	178.58	176.93	
67	黄泥湾	737.0	右	182.19	180.54	
68	郑家梁	747.5	左	184.11	182.46	

续前表

编号	水尺名称	距宜昌里程（公里）	岸别	水尺零点高程（米）		备注
				吴松	黄海	
69	狗扒岩	759.6	左			设计水位
70	石门	781.5	右	192.65	191.01	
71	羊角滩	801.5	右	194.74	193.10	
72	朱沱站	805.0	左	196.57	194.94	设计水位
73	庙角	811.8	左			

三、信号台

川江地势陡峻，河床平面形态复杂，航道弯曲狭窄，岸线极不规则，且水流湍急，全部流经丘陵地带和山区峡谷。船舶上下行驶，须由信号台对所辖区河段进行控制，指挥船舶安全通行。1915年8月17日，长江上游巡江工司在狐滩设立川江第一座信号台。中华人民共和国成立后，川江信号台逐步增多。长江重庆航道局在598.4公里的管辖区域河段共设置信号台103座，其中通行信号台75个，专职雾台19个，兼职雾台9个。这103座信号台多数位于荒野偏僻之地，交通不便，条件极差，环境恶劣，有的信号台还无水、无电。信号台职工长年累月与荒草乱石为邻，与号灯、标志为伴。信号台在航道维护中担负着特殊的使命，在通行指挥工作中，主要依据"川控"规定和《信号通行指挥实施细则》，为船舶揭示信号，信号台按"精、细、严"技术规范进行操作，严防"错、迟、漏、挂"现象，为行船文明服务、优质服务。平均每天升降信号40多艘次，船舶高峰期要升降80多艘次。1986~2003年，长江重庆航道局信号台为川江船舶揭示信号11464506艘次。有的信号台被评为"全国三八红旗先进集体"，有的信号员被评为交通部劳动模范、全国先进女职工或当选为中共十六大代表。

各信号台台房因修建时间不一，有的为砖木结构，低矮简陋。有的因年久失修，墙体裂缝、漏雨、四面透风。1986年，长江重庆航道局通过向上级有关部门反映后，利用小型基建项目，对各航道处条件艰苦的信号台陆续分批进行改建。20世纪90年代初，随着国家对长江水运工作的重视，航道设施建设得到发展。仅奉节航道处在1991年和1992年就对17个信号台中的14个信号台进行了改造，并重新选址修建焕香坪和大茅坡信号台。全局在信号台小型建设改造中，新建了一批八角形信号台，并配备了电视机、空调、冰箱等生活设施，信号台职工生活条件及工作环境得到极大改善。根据各台地理位置环境，对信号台用水用电问题采取不同措施加以解决。

1986~1990年，程控电话、无线报话机开始进入信号台，用于与船方联系。1990~2003年，作为小型基建配套设施，信号台陆续开始配备甚高频电话，极大地改善了信号台通信状况。信号揭示多年来仍采用传统绳索手工操作，方法简单，劳动强度不大。至2003年6月三峡工程蓄水，川江航道成为库区航道，信号台相对减少。为适应川江航运发展，提高信号台综合功能，川江信号进行了第二次大的改建，八角形信号台撤除，新建欧式风格的信号台，增加了建筑面积，信号员生活条件及工作环境得到进一步改善。

表 8－5　　**奉节航道处信号台情况表**

控制河段名称	信号台名称及岸别	功能任务	控制水位（米）	关系水尺	起讫地点距离里程（公里）	控制里程（公里）	指挥联系方法	备注
青石洞	玉皇阁（左）	观察台	28↓	青石洞	门板石至宝贝石（154.0～155.8）	1.8	内线电话、无线高频电话	
	青石洞（右）	控制台						
	玉皇阁（左）	预告台	28↑					
	青石洞（右）	指挥台						
巫山	石柱子（右）	指挥台	6↑	箜望沱	石柱子至空望水尺（167.4～170.3）	1.4	内线电话、无线高频电话	已在或需在巫山停船或作业的轮船应按控制河段内的靠、离泊声号规定鸣笛
	玉皇阁（左）	控制台						
	石柱子（右）	指挥台	6↓	箜望沱	南陵码头至箜望沱水尺（167.4～170.3）	2.9		
	玉皇阁（左）	控制台						
	关　山（右）	观察台						
拖肚子	关　山（右）	控制台	6↓	玉兔岩	拖肚子至鳖鱼嘴（179.0～180.7）	3.4	内线电话、无线高频电话	玉兔岩水位6米以下时，该控制河段内严禁会船
	月明山（右）	控制台						
	交　滩（右）	观察台						
宝子滩	交滩（右）	指挥台	13～17	玉兔岩	上盘至三中子（185.2～188.6）	3.4	内线电话、无线高频电话	1992年对信号台进行改建，撤除焕香信号台，在上游处新建四龙嘴信号台取代焕香坪信号台
	四龙嘴（右）	控制台						
	白鸽背（左）	观察台						
	交滩（右）	指挥台	13↓	玉兔岩	烧饼碛至上盘（184.1～188.6）	4.5		
	四龙嘴（右）	控制台						
	白鸽背（左）	观察台						

续前表

控制河段名称	信号台名称及岸别	功能任务	控制水位（米）	关系水尺	起讫地点距离里程（公里）	控制里程（公里）	指挥联系方法	备注
风箱峡	白鸽背（左）	指挥台	18↑	老君洞	马道子至柜子岩（197.5～204.7）	7.2	内线电话、无线高频电话	已在或需在奉节停泊或作业的轮船应按控制河段内的靠、离泊声号规定鸣笛；老君洞水位18米以上对下水轮船实行固定断面指挥，固定断面定为长田下（211.7公里）18米以上老关庙台观察槽口情况，槽内严禁会船；18米以下为双控河段
	老关庙（左）	观察台						
	江巴石（左）	控制台						
	大南门（左）	预告台	12.5–18	老君洞	⑴小黑石至柜子岩（197.5～199.4） ⑵马道子至阎王扁（203.1～204.7）	1.9 1.6		
	白鸽背（左）	控制台						
	老关庙（左）	指挥台						
	大南门（左）	预告台	12.5↓	老君洞	⑴马道子至阎王扁（203.1～204.7） ⑵刘家湾至青龙咀（205.7～208.3）	1.6 2.6		
	关刀峡（左）	观察台						
	老关庙（左）	控制台						
	江巴石（左）	控制台						
	大南门（左）	指挥台						
	关刀峡（左）	观察台						

表8－6　**万县航道处信号台情况表**

序号	信号台名称	功能任务	开收班水位		岸别	指挥联系方式	备注
			开	收			
1	东洋子	控制台	8.5米↓	8.5米↑	北	信号旗、灯光	
2	凉水井	指挥台	6米↓	6米↑	北	号旗、号灯	
3	宝塔沱	预告台	8.5米↓	8.5米↑	北	信号旗、灯光、高频、电话	
4	木家嘴	控制台	6米↓	6米↑	北	号旗、号灯、高频、电话	
5	玉沱	雾台	9月16日	4月30日	北	号旗、号灯	每年开班时间
6	伞把溪	雾台	9月16日	4月30日	北	号旗、号灯	每年开班时间
7	坛子岩	指挥台	5米↓	5米↑	北	号旗、号灯、高频、电话	兼雾台
8	兴隆滩	指挥台	5米↓	5米↑	北	号旗、号灯、高频、电话	兼雾台
9	风箱背	预告台	5米↓	5米↑	北	号旗、号灯、高频、电话	兼雾台指挥
10	双江	雾台	全年	全年	北	电话	观察
11	栈溪沟	控制台	29米↓	29米↑	北	号旗、号灯、高频、电话	兼雾台

续前表

序号	信号台名称	功能任务	开收班水位		岸别	指挥联系方式	备注
			开	收			
12	陈家祠堂	雾台	全年	全年	北	电话	观察
13	小周	指挥台	29 米↓	29 米↑	北	号旗、号灯、高频、电话	兼雾台
14	土地盘	雾台	全年	全年	北	电话	雾情揭示
15	黄石盘	雾台	全年	全年	北	电话	雾情揭示
16	猴子石	预告台	29 米↓	29↑	北	号旗、号灯、高频、电话	兼雾台指挥
17	小狐	预告台	全年	全年	南	号旗、号灯、电话	
18	大狐	指挥台	全年	全年	南	号旗、号灯、高频、电话	
19	兔儿梁	指挥台	5 米↓	5 米↑	南	号旗、号灯、高频、电话	
20	叉一台	指挥台	15 米↓	15 米↑	南	号旗、号灯、高频、电话	
21	叉二台	指挥台	15 米↓	15 米↓	南	号旗、号灯、电话	
22	毛肚碛	指挥台	5.5 米↓	5.5 米↓	南	号旗、号灯、高频、电话	
23	观音阁	指挥台	5.5 米↓	5.5 米↓	南	号旗、号灯、高频、电话	兼雾台揭示
24	大背子	控制台	9 米↓	9 米↓	南	号旗、号灯、高频、电话	兼雾台
25	工农背	雾台	9 月 16 日	4 月 30 日	北	电话	
26	庙儿嘴	指挥台	9 米↓	9 米↓	南	号旗、号灯、高频、电话	兼雾台
27	鲤鱼碛	指挥台	9 米↓	9 米↓	南	号旗、号灯、高频、电话	兼雾台
28	财神石	控制台	9 米↓	9 米↓	北	号旗、号灯、高频、电话	兼雾台揭示

表 8-7　**丰都航道处信号台情况表**

信号台名称	距宜昌里程（公里）	控制里程（公里）	控制水位（米）	关系水尺	岸别	洪水期航道尺度			枯水期航道尺度		
						深度（米）	宽度（米）	曲率半径（米）	深度（米）	宽度（米）	曲率半径（米）
滥泥湾指挥台	403.5	2.3	1↓	螃蟹碛	左	3.5	80↑	750	2.9	60	750
白沙坡指挥台	407.9	4.5	12↓	螃蟹碛	左	3.5	60↑	750	2.9	60	750
独珠滩控制台	412.2	4.5	12↓	螃蟹碛	左	3.5	60↑	750	2.9	60	750
忠县预告台	422.1	4.5	12↓	螃蟹碛	左	3.5	60↑	750	2.9	60	750
新生预告台	436.1	4.5	12↓	螃蟹碛	左	3.5	60↑	750	2.9	60	750
大山溪指挥台	449.4	2.9	15↓	虎须子	右	3.5	60↑	750	2.9	60	750
虎须子指挥台	455.6	4.9	7.5↓	虎须子	右	3.5	60↑	750	2.9	60	750
金刚坪控制台	461.0	4.9	7.5↓	虎须子	右	3.5	60↑	750	2.9	60	750
高家镇预告台	461.0	4.9	7.5↓	虎须子	右	3.5	60↑	750	2.9	60	750
戴家渡指挥台	483.0	3.0	5.5↓	蚕背梁	右	3.5	60↑	750	2.9	60	750
金刚背控制台	488.7	3.0	5.5↓	蚕背梁	右	3.5	60↑	750	2.9	60	750
老鸦石指挥台	494.2	1.1	13↓	百丈岩	右	3.5	60↑	750	2.9	60	750
土地盘预告台	500.8	1.1	13↓	百丈岩	右	3.5	60↑	750	2.9	60	750
鹭鸶盘指挥台	505.0	3.6	8↓	百丈岩	右	3.5	60↑	750	2.9	60	750

续前表

信号台名称	距宜里程（公里）	控制里程（公里）	控制水位（米）	关系水尺	岸别	洪水期航道尺度			枯水期航道尺度		
						深度（米）	宽度（米）	曲率半径（米）	深度（米）	宽度（米）	曲率半径（米）
千斤凼控制台	509.1	3.6	8↓	百丈岩	右	3.5	60↑	750	2.9	60	750
小庙基预告台	515.2	3.6	8↓	百丈岩	左	3.5	60↑	750	2.9	60	750
横梁子指挥台	518.6	0.9	15↓	千根树	左	3.5	60↑	750	2.9	60	750
大驼铺预告台	522.0	0.9	15↓	千根树	右	3.5	60↑	750	2.9	60	750

表 8-8 重庆航道处信号台情况表

控制河段名称	信号台名称及岸别	控制河段起讫地点距宜昌上游里程（公里）	控制里程（公里）	关系水尺	控制水位（米）
蔺市	蔺市（右）	鼓泡滩—老鹰石（558.7 ~ 559.7）	1.0	青岩子	2.5↓
青岩子	青岩子（右） 石家沱（右） 黄草峡（右）	趸船碛尾—花园石（564.0 ~ 566.9）	2.9	青岩子	1.2↓
		趸船碛尾—磨盘滩（564.0 ~ 566.0）	2.0	青岩子	1.5 ~ 9.0
黄草峡	黄草峡（右） 羊角堡（左）	红船角—老马岭（573.9 ~ 574.5）	0.6	羊角堡	9.0↑
王家滩	羊角堡（左） 骑马桥（左） 老鸦溪（左）	观音滩—大沙坝（582.2 ~ 587.7）	5.5	羊角堡	2.5↓
	小石溪（左） 骑马桥（左） 老鸦溪（左）	增塘堡 - 大沙坝（585.3 ~ 587.7）	2.4	羊角堡	2.5 - 9.0
上洛碛	上洛碛（左） 上黔滩（左） 普子岩（右）	打梆沱—下黔滩（604.0 ~ 506.2）	2.2	太洪江	3.0↓
大兴场	大青角（右） 商王石（右）	礁石子—黄腊滩（639.6 ~ 641.5）	1.9	铜锣峡	1.6↓
铜锣峡	莲花背（左） 纳溪沟（右）	小磨石—营房角（644.0 ~ 645.2）	1.2	铜锣峡	全年
三角碛	鹅公堡（左） 舀鱼背（右）	鹅公堡—九堆子（669.9 ~ 671.3）	1.4	龙凤溪	3.0↓
虾子梁	渔洞溪（右）	窍钩碛脑—窃鱼嘴（690.1 ~ 691.0）	0.9	水银口	6.0↑
车亭碛	烂井沟（左） 鲁班漕（左）	上地脑—眉毛碛脑	2.9	观音背	5.0↓

续前表

控制河段名称	信号台名称及岸别	控制河段起讫地点距宜昌上游里程（公里）	控制里程（公里）	关系水尺	控制水位（米）
汤家沱	汤家沱（左）	青石尾—汤家沱（767.6～708.2）	0.6	观音背	全年

四、控制河段

1986 年至 2003 年 6 月三峡成库前的川江河段岸线和航道极为复杂，航道江心洲、边滩和礁石众多，有的地方某一临界水位时形成滑梁险槽。长江重庆航道局所辖河段多弯、窄、险，许多地段船舶只能单向行驶。在航道维护中，为确保船舶航行安全，对在上下水船舶不能对驶的区域河段实行控制，由信号台根据控制河段内船舶动态，揭示信号、指挥船舶单向有序通过。全局设有通行控制河段 34 处，通行控制里程 98.99 公里。控制河段分为单控制河段和双控制河段。控制河段严禁会船。

单控制河段：上游有可供船舶调头的河段，但自调头位置至下指挥断面间，对驶船舶不能互见；上游无可供船舶调头的河段，上有指挥断面，但无下指挥断面航段，对驶轮船不能互见的水域。

双控制河段：两个控制河段相距很近并且在同水位期需要控制的河段；两个控制河段之间有允许船舶对驶且可供行轮稳船的水域。

制定船舶通过控制河段航行规定。大轮上、下行必须在信号台显示允许上行或下行通航信号后方可通过控制河段。小轮下行时若遇信号台显示上行通航信号，不得进入控制河段。上行时若遇信号台显示下行通航信号，可以驶入控制河段，但不得占用下行船舶航路并主动避让下行船舶，严禁在曲、险、窄或流态复杂的河段会船。小机船在白天信号台显示上、下行通航信号时，允许通过控制河段。夜间信号台显示上行通航信号时，下行不允许通过控制河段。信号台显示下行通航信号时，上行允许通过控制河段。上、下行通过控制河段均应主动避让大轮和小轮。快速船在信号台显示上、下行通航信号时，允许通过控制河段，但应宽裕地让清所有船舶。使用安全航速航行，避免浪损，严禁在急弯、险窄河段会船、追越。禁止夜间航行。

制定船舶在通行控制河段上鸣笛标至下界限标范围内靠泊声号和离泊声号规定。靠泊声号：船舶在驶达控制河段上鸣笛标和下界标前鸣笛两长声。离泊声号：离泊下驶，在即将离泊前鸣笛两长三短声；离泊上驶，鸣笛三短两长声。申请离泊的船舶，必须在信号台挂有允许本船通行的信号后，才能离开泊地或驶入控制河段，信号台根据即将离泊船舶的请示显示允许通行的信号 5 分钟后，如该船未离泊，此时又有其他来船驶达该控制河段上指挥断面时，信号台有权更换信号，允许其他船舶通行。离泊船如与其他船同向行驶时，在不影响在航船舶安全航行的情况下方可起航。离泊船在获得允许通行的信号后，应在离泊前鸣笛一长声，表示该船即将离开泊地。

表 8－9 **长江重庆航道局控制河段概况表**

序号	河段名称	里程（公里）		控制	
		起	止	长度（公里）	水位（米）
1	青石洞	154.0	155.8	1.8	全年
2	巫山	167.4	170.3	2.9	全年
3	拖肚子	179.0	180.7	1.7	6↓
4	宝子滩	183.5	198.6	4.5	27↓

续前表

序号	河段名称	里程（公里）		控制	
		起	止	长度（公里）	水位（米）
5	长蛇梁	194.0	195.0	1.0	7↓
6	风箱峡	197.1	204.7	7.2	全年
7	八母子	215.8	217.0	1.2	9↓
8	二道溪	241.0	243.4	2.4	6↓
9	磁庄子	247.7	250.0	2.3	9↓
10	东洋子	259.9	261.7	1.8	8.5↓
11	鸡扒子	267.4	270.6	3.2	6↓
12	鱼藏子	282.5	284.8	2.3	5↓
13	兴隆滩	286.3	287.4	1.1	5↓
14	巴阳峡	302.0	310.7	8.7	29↓
15	狐滩	345.0	349.8	4.8	全年
16	兔儿梁	361.7	363.4	1.7	5↓
17	叉鱼子	366.4	369.1	2.7	15↓
18	毛肚碛	379.0	380.5	1.5	5.5↓
19	烟邱子	393.0	395.2	2.2	9↓
20	折桅子	398.3	400.0	1.7	9↓
21	螃蟹碛	403.3	412.3	6.8	12↓
22	楠竹坝	449.4	459.9	10.5	15↓
23	蚕背梁	483.0	485.8	2.8	5.5↓
24	灶门子	494.2	495.3	1.1	5~13↓
25	鹭鸶盘	505.0	508.6	3.6	8↓
26	花滩	518.5	519.4	0.9	5~15↓
27	蔺市	558.7	559.7	1	2.5↓
28	青岩子	564.0	566.9	2.9	3↓
29	黄草峡	573.9	574.5	0.6	9↓
30	王家滩	582.2	587.7	5.5	9↓
31	风和尚	593.5	594.5	1	1.5↓
32	上洛碛	604.0	606.2	2.2	3.5↓
33	大兴场	639.5	641.5	2	2↓
34	铜锣滩	644.0	645.2	1.2	全年
35	三角碛	669.9	671.3	1.4	3↓
36	虾子梁	690.1	691.0	0.9	6↓
37	车亭子	699.8	702.7	2.9	5↓
38	汤家沱	707.6	708.2	0.6	全年

第四节　航道维护

长江重庆航道局长江干线维护里程上起蓝家沱（距宜昌742.2公里）下至鳊鱼溪（距宜昌145.0公里）长597.2公里，支流维护嘉陵江江口1.2公里，合计维护里程598.4公里。其管辖河段航道弯曲狭窄，急流险滩众多，礁石密布，泡漩翻滚，航道极为复杂。1986至2003年6月三峡成库前航道维护中，年最大设标数约2041座，每公里标志密度3.52座，其中岸标721座，浮标1045座，信号标338座。其中2002年维护航道661876座天。长江重庆段航道两岸共设置航道站50个，航道船艇靠泊点62处。航道维护中主要依据国家标准和维护类别设置航标，根据航道变化趋势，及时进行调标、改槽、清障工作，按照"保深、保标、保畅通"的基本原则，维持并尽可能地改善通航条件和提高通过能力，做到灯位正确、灯光明亮，为保障川江航道航行安全创造条件。2003年6月，三峡库区135米蓄水期间长江重庆航道局共调标3354座次，满足航道变化后的船舶航行需要。2004年1月1日，库区航路按船舶定线制规定试行时，长江重庆航道局在长江重庆段共设置航标1631座，其中库区设标694座，回水变动段设标874座，回水变动段以上娄溪沟至蓝家沱设标63座。此次设标一直维持到2005年年底。

一、航道站配置分布

1986～1996年，长江重庆航道局在蓝家沱至鳊鱼溪（重庆市、湖北省交界处）河段设置航道站50个，其中奉节航道处9个，万县航道处13个，丰都航道处12个，重庆航道处16个。1996年，万州航道处撤销谭绍溪航道站，将原13个航道站调整为12个航道站。1996～2000年，长江重庆航道局设有航道站49个。2001年，根据长江航道局航道法〔2001〕387号文批复，撤销重庆航道处寸滩航道站和李渡航道站、丰都航道处观音滩航道站和倒脱靴航道站。2001～2003年，长江重庆航道局设有航道站45个。

表8－10　　1986年长江重庆航道局处、站辖区划分情况表

航道处	序号	航道站	辖区起讫里程（公里）	辖区长度（公里）	站艇	处用船
奉节处	1	碚石	145.0～158.5	13.5	渝道1228	工作船： 渝道1264 渝道1217 渝道1224 机动船： 渝道1218 渝道1243 渝道1258
	2	巫山	158.5～172.0	13.5	渝道1227	
	3	东关嘴	172.0～184.5	12.5	渝道1251	
	4	交滩	184.5～197.0	12.5	渝道1270	
	5	奉节	197.0～210.0	13.0	渝道1224	
	6	八母子	210.0～223.0	13.0	渝道1250	
	7	安坪	223.0～235.5	12.5	渝道1257	
	8	大茅坡	235.5～248.5	13.0	渝道1218	
	9	磁庄子	248.5～261.0	12.5	渝道1235	

续前表

	序号	航道站	辖区起讫里程（公里）	辖区长度（公里）	站艇	处用船
万县处	1	鸡扒子	261.0~271.0	10.0	渝道1236	工作船：渝道1245 渝道1272 机动船：渝道1219 供应船：渝道1211 机修船：渝道818 运输船：201、502
	2	云阳	271.0~282.8	11.8	渝道1241	
	3	复兴	282.8~295.0	12.2	渝道1225	
	4	双江	295.0~305.0	10.5	渝道1282	
	5	小舟	305.5~317.5	12.0	渝道1273	
	6	拖路口	317.5~328.5	11.0	渝道1268	
	7	驷马桥	328.5~336.5	8.0	渝道1263	
	8	谭绍溪	336.5~346.0	9.5	渝道1247	
	9	沙湾	346.0~357.0	11.0	渝道1256	
	10	大溪	357.0~368.5	11.5	渝道1230	
	11	新场	368.5~381.0	12.5	渝道1233	
	12	西沱	381.0~391.5	10.5	渝道1255	
	13	顺溪	391.5~402.0	10.5	渝道1274	
丰都处	1	滥泥湾	402.0~411.0	9.0	渝道1237	工作船：渝道1222 机动船：渝道1205 渝道1207 渝道1213 渝道1237 渝道1252 渝道1271
	2	忠县	411.0~421.7	10.7	渝道1260	
	3	勾岭碛	421.7~432.0	10.3	渝道1246	
	4	新生	432.0~443.5	11.5	渝道1240	
	5	洋渡	443.5~455.0	11.5	渝道1234	
	6	楠竹坝	455.0~464.0	9.0	渝道1231	
	7	流沙坡	464.0~477.5	13.5	渝道1259	
	8	丰都	477.5~488.5	11.0	渝道1254	
	9	观音滩	488.5~503.0	14.5	渝道1215	
	10	南沱	503.0~514.0	11.0	渝道1229	
	11	大石鼓	514.0~524.0	10.0	渝道1273	
	12	和尚石	524.0~536.0	12.0	渝道1248	

续前表

	序号	航道站	辖区起讫里程（公里）	辖区长度（公里）	站艇	处用船
重庆处	1	涪陵	536.0～546.7	10.7	渝道 1265	工作船：渝道 1261 机修船：渝道 1205 供应船：240～1 机动船：渝道 1239 渝道 1226 渝道 1216
	2	李渡	546.7～557.9	11.2	渝道 1238	
	3	蔺市	557.9～566.1	8.2	渝道 1281	
	4	石家沱	566.1～576.5	10.4	渝道 1261	
	5	长寿	576.5～588.0	11.5	渝道 1277	
	6	扇沱	588.0～600.0	12.0	渝道 1244	
	7	洛碛	600.0～612.5	12.5	渝道 1249	
	8	木洞	612.5～625.3	12.8	渝道 1253	
	9	鱼嘴	625.3～635.5	10.2	渝道 1267	
	10	大兴场	635.5～644.0	8.5	渝道 1266	
	11	寸滩	644.0～657.4	13.4	渝道 1276	
	12	龙门浩	657.4～667.5 （嘉陵江口）0～1.2（千厮门）	10.1 1.2	渝道 1280	
	13	黄沙溪	667.5～681.0	13.5	渝道 1275	
	14	鱼洞溪	681.0～698.2	17.2	渝道 1223	
	15	小南海	698.2～720.2	22.0	渝道 1216	
	16	江津	720.2～742.2	22.0	渝道 1210	

二、航道艇

航道艇是航道站工作船，其主要职责是担任站辖区航道维护任务。1949 年年底，长江仅有“航河”和“航川”2 艘较大的航标工作船，其他航标站使用的 10 多艘航标工作船全是小拖轮、渝轮或小登陆艇。1950 年以后，逐年进行航标技术改造和不断完善航标站设置。到 1960 年止，航标站增加 60 马力以下的木壳机艇 100 多艘，但有的航标站仍用机艇或木划艇进行航标维护工作。2003～2005 年期间，经过淘汰报废、更新改造及三峡库区成库后新增多种类型配套齐全的航道工作船 179 艘。

三、航道尺度

航道标准尺度是指在一定保证率的设计水位时，应保证航道的最小尺度，它包括标准深度、标准宽度和最小弯曲半径。长江港航监督局 1988 年 2 月 25 日发布关于《长江船舶富余水深航行的规定（试行）》，叙宜段主航道标准深度分别为宜宾至蓝家沱 1.8 米，蓝家沱至娄溪沟 2.5 米，娄溪沟至羊角滩 2.7 米。

表 8－11　　**长江渝宜段主要弯、浅、险航槽航道尺度表**

序号	航道名称	距宜昌里程（公里）	水尺名称	当季水位（米）	绘图基面航道尺度		
					深度（米）	宽度（米）	弯曲半径（米）
1	猪牙子	639.0～640.5	铜锣峡	2.0↓	3.7	75	1000
2	水葬	631.0～633.0	鱼 嘴	0.6↓	3.2～4.2	150	

续前表

序号	航道名称	距宜昌里程（公里）	水尺名称	当季水位（米）	绘图基面航道尺度		
					深度（米）	宽度（米）	弯曲半径（米）
3	炉子梁	611.0~612.2	太洪江	11.0↓		北漕：80 南漕：75	
4	上洛碛	604.0~605.8	两劄堆	3.0↓	3.0	65	750
5	下洛碛	601.0~602.5	两劄堆	枯水	3.1		8
6	风和尚	594.0~598.0	两劄堆	1.0↓	2.9	75	8
7	柴盘子	586.0~587.0	肖家石盘	3.7↓	4.8	75	750
8	王家滩	585.0~587.5	肖家石盘	4.0↓	3.1	60	970
9	马凤堆	572.0~573.2	青岩子	3.0↓		65	1000
10	青岩子	564.0~566.0	青岩子		3.1	75	750
11	白鸡三滩	516.0~517.0	千根树		3.2~4.8	105	800
12	金家坝	512.0~517.0	千根树		3.4~4.4	140	8
13	鹭鸶盘—五羊背	505.0~508.2	百丈岩	上水6.0~13.7 下水4.6~12.2	3.1~5.0	五羊背75 横板石100	五羊背900 鹭鸶盘900
14	凤尾坝	480.0~482.0	丰 都	1.0↓	3.2~5.4	100	1350
15	鱼洞子	441.0~442.2	鱼洞子	1.0↓	3.3	60	1400
16	秤杆碛	421.0~422.0	东溪口	2.0↓	3.5~4.8	150	830
17	倒脱靴	410.0~412.5	白沙坡	2.0↓	3.6	98	750
18	烂泥湾	403.0~405.8	石宝寨	1.0↓	3.2~5.5	150	750
19	折桅子	398.0~399.5	石宝寨	1.5↓	3.4~4.0	100	900
20	烟邱子	393.0~394.5	石宝寨	3.0↓		蛤蟆石65 渣口湖75	1300 850
21	毛肚碛	379.0~380.8	磨刀滩	2.0↓	3.6	鼻子石65 麻柳背70	800 8
22	兔儿梁	362.0~362.8	磨刀滩	0↓	3.6	60	8
23	黄脑碛	344.0~344.8	盘沱	枯水	3.3~4.8	100	840
24	长耳巴碛	318.0~319.5	盘沱	1.1↓	3.8~5.1	95	1100
25	徐塔洞	312.0~313.0	鸭蛋窝	10↓	4.0~6.9	95	900
26	坛子岩	283.0~284.2	恒候庙	4.0↓		70	
27	八母子	215.0~217.0	关刀峡	3.0↓	3.7~4.0	100	800

四、航道扫床

扫床，即对碍航浅区河道进行扫测。扫床一般在枯水期进行，主要对浅滩区域进行复核，探明其现状。航道扫床有3种类别：常规性扫床、应变性扫床和通航前扫床。常规性扫床为每年枯水期对已知碍航物的碍航水位逼近前进行的扫床。应变性扫床为因突发性的滑坡、滚石入江以洪水冲刷后，航道内出现障碍物及海损沉船等进行的扫床。通航前扫床为新开辟的航道或航道整治及水工建筑物竣工后进行的扫床。

重庆航道扫床由长江重庆航道局统一管理，由所属各航道处具体实施。各航道处通过扫床发现浅区、浅点，派出技术人员随处工作船赶到现场组织施工，恢复航道的通航功能。1986 年至 2003 年 6 月的扫床施工采取一般技术、常规设备进行。2003 年 11 月，三峡库区蓄水 139 米后，由于航道水深，库尾延至涪陵。对新的航道变化，开始采用新的扫床技术，适应库区航道。同年，在交通部的协调下，天津海事局和上海海事局无偿支援先进设备及技术力量，扫床采用“多波束”测绘仪并辅之以计算机系统、GDPS 差分定位系统。先进设备和技术手段解决了 139 米蓄水后库区航道扫床问题。长江航道重庆段回水变动段及自然河段仍然用原有的手段，适当配备先进设备进行扫床。

五、水位预测及传递

水位是指江河、湖泊、水库某时某地自由水面距某基准面的垂直距离，单位为“米”。它的大小表示了河水涨落情况，河漕水深的特征数值，它是随时间和空间变化而变化，以基准面为零点起算。若取用不同的基准面，则同一水面的水位数值是不相同的。基准面的水位为零，高于基准面为正值，低于基准面者为负值。

表 8－12　　**重庆至奉节最低设计通航水位表**

站名	里程（公里）	设计水位（吴淞）（米）	站名	里程（公里）	设计水位（吴淞）（米）
重庆	659.7	159.90	忠县	421.5	118.63
寸滩	652.5	158.40	万县	336.5	99.58
清溪场	525.0	136.40	云阳	271.3	85.13
丰都	485.2	129.83	奉节	209.5	75.45

水位站水位预报。重庆水位站（原海关水位站）成立于 1892 年 5 月 1 日。1915～1949 年为海关长江上游巡江工司水位站，是长江上游建站最早的水位站之一，也是重庆地区最早的水位站，迄今已有 110 年的历史。水位站地处长江南岸羊角滩（距宜昌 660.0 公里），水位站房屋是在 20 世纪 80 年代经长航江渝船厂扩建时拆除重建的，随着城市规划的实施和完善，20 世纪 90 年代因修建南岸滨江路而迁建至滨江路护岸水泥墙上。2002 年 9 月，重庆市主城排水工程施工，将其拆除后在原址恢复重建。虽然多次就近迁建，但水位站都一直保留，由长江重庆航道局航道处管理。该站记录每日 8 时、12 时、16 时水位情况要上报长江重庆航道局航道科生产值班室，生产值班室要 8 时水位提供给长江上游水文资源勘测局。长江水利委员会、长江上游水文资源勘测局则将 12 处每日水位预报给长江重庆航道局航道科生产值班室。重庆水位站是长江重庆航道局航道全线长期使用及向长江航道局、长江上游水文资源勘测局、重庆长江轮船公司等单位提供资料的重要水位站。重庆水位站记录每日水位情况为各单位防洪抢险及船舶进出重庆港提供了参考依据。

长江重庆航道局万州（原万县）航道处提供每日 8 时万州水位给长江重庆航道局生产值班室。该处水位即万州海关水位，系从 1927 年 7 月 1 日起观读与提示，观读的水尺为盘盘石航行水尺，当盘盘石被洪水淹后则用望远镜观读草盘石航行水尺。在 1962 年前配有专职水位员进行定时观读，并在万州西山路水位站悬挂水位向船舶公示。1962 年后由万州段技术人员将盘盘石水位以瞬时水面接至万州港务局杨家街口修建好的码头石梯上缘边（三峡蓄水前的万港 17 码头）并刻画水位线及水位数码。万州海关水位是万州地区最早的水位观读资料，长江水利委员会建立万县沱口水文站后，曾将万州海关水位资料抄录并收录于长江上游水文年鉴中，直至 1975 年才终止对万县海关水位资料的收集。万州水位站因胜利街所建房屋将水位站揭示水位的位置完全遮挡，船舶无法观看而取消水位揭示。2002年因三峡工程库区移民搬迁，新建客运码头施工使万州水尺破坏严重，已无法继续观读。2002年4月长江重庆航道局的《关于停止读报万州水尺的请示》得到了长江航道局的传真答复，2002年5月停止了万州水尺的读报，用长江上游水文勘测局、万州（沱口）水位站每日8时水位代替万州水位。2005年，启用新水尺后运行状况良好，新水尺读报正常，观读效果更佳。

长江重庆航道局丰都航道处提供每日8时丰都水位给长江重庆航道局生产值班室。丰都水尺原设在长江北岸、丰都航道船舶公司滑道桥墩处。因库区移民搬迁需拆除，2002年12月迁移接测至长江南岸鸡翅膀（距宜昌484.0公里）丰都航道站设立丰都水尺，于12月26日正式投入使用。

表8-13　　**长江上游水位水情预报站情况表**

序号	站名	内容	备注
1	朱沱	1~3日内水位及预报水位	
2	北碚	1~3日内水位及预报水位	
3	寸滩	1~4日内水位及预报水位	
4	长寿	1~3日内水位及预报水位	
5	清溪场	1~3日内水位及预报水位	
6	高家镇	1~3日内水位及预报水位	2004年取消
7	忠县	1~3日内水位及预报水位	2004年取消
8	万县（沱口）	1~4日内水位及预报水位	2004年取消
9	云阳	1~3日内水位及预报水位	2004年取消
10	奉节	1~3日内水位及预报水位	2004年取消
11	巫山	1~3日内水位及预报水位	2004年取消
12	武隆	1~3日内水位及预报水位	

水位传递。长江重庆航道局将各相关水位站报送的水位涨落情况，由该局生产值班室电话通知到各基层单位生产值班室，各基层单位收到水位信息后，由生产值班室值班人员通知到各航道站、绞滩站及信号台，各班组根据水位涨落情况采取航道维护措施，确保航道安全畅通。

特殊水情简介：

1986年汛期，由于寸滩水位从8月2日持续下降，至8月16日水位为3.51米，奉节水位也从8月初持续下降，至8月18日水位为7.05米，造成奉节臭盐碛碛坝（俗称晒碛坝）基本裸露。奉节航道处臭盐碛航道站于8月7日开始连续对碛漕进行扫测，8月14日由于水位下降开放老漕通航，8月开放老漕在历史上十分罕见。

1987年一季度，长江出现50年来的特枯水位。2月15日，武汉关水位降至0.19米，长江大桥上游汉阳边滩露出水面约0.6平方公里，直抵江心，长达40天。3月15日晚10时，重庆水位降至-0.73米，云阳龙脊石、涪陵白鹤梁、江津莲花石等处常年枯水罕见的水位题刻均大部分露出水面。由于出现了特枯水位，长江重庆航道局下洛碛、青岩子、胡家滩、红眼碛、浅碛子等5处航道出现浅情，其中下洛碛、青岩子两处于3月中、下旬分别出浅7天和10天。3月15日晚，长江重庆航道局航道科与重庆长江轮船公司及重庆船政分局，采取紧急措施：①在青岩子信号台设置甚高频对讲机，以加强联络，便利指挥；②在浅槽上下端设立水深信号，向上、下行轮准确揭示航道最浅水深；③严格要求航道站准确测报水深；④调整浮标标位，准确标示出安全航线。通过采取这些措施，使濒临断航的青岩子浅险弯曲航道得以维持通航。

1987年6月至7月，川江先后出现3次较大洪峰。最后一次是7月21日，重庆水位高达26.7米，是中华人民共和国建立以来的第三次大洪峰。重庆羊角滩水位在8～10米之间保持了72天。同期，北碚水位却只有3～5米。在长达两个半月内，嘉陵江水位显著低于长江水位，嘉陵江的泥沙沉积于江口一带，造成重庆港嘉陵江方面港池逐步淤浅。至同年11月7日，重庆港三码头前航道出现航道宽不足50米，水深只有1.8米的局面，船舶无法靠泊，迫使重庆港务局紧急采取疏浚措施。

1989年汛期，7月上旬，由于长江上游及其支流嘉陵江、乌江流域等普降暴雨，加上奉节、云阳等地持续降雨，造成7月10日下午至7月11日凌晨奉节水位由26.23米陡涨至39.72米，在一夜之间陡涨11米；12日奉节水位继续上涨至47.79米，到13日达到历年来最高水位49.37米。平均每小时涨0.77米，最快时达1.12米。涨势之猛，历年罕见。

1994年汛期，由于寸滩水位持续下降，从7月12日的14.75米降至8月22日的3.64米，造成奉节水位在整个汛期洪水不洪。当年汛期最高洪水位为7月14日的29.62米，奉节航道处臭盐碛航道站根据此情况迅速扫测老漕，于8月2日早上6点半改为老漕通航，直至8月30日水位上涨才恢复碛漕通航。

1996年汛末，由于水位下降冲刷臭盐碛漕口，碛漕不能通航，10月9日臭盐碛航道站把航道变到老漕，寸滩水位继续呈下降趋势，奉节水位下降到7.1米。11月5日至9日，寸滩水位上涨3米，11月5日奉节水位9.77米，8日上涨至28.54米，陡涨16米，造成臭盐碛航道站改变航道至碛漕。

1998年，长江发生百年难遇的特大洪灾，先后有8次特大洪峰袭击川江航道，高水位持续时间长达32天。此次洪灾，造成航道设施严重受损，川江航道被迫停航16天。

1999年，川江水情变化大。一是枯水不枯和枯水暴跌。每年的3月应是最枯水位时节，而1999年3月较常年水位高出2米，特别是在3月11日，枯水陡退1米多，直逼历史最低水位，在枯水时节如此大的水位变幅在川江十分罕见。二是洪水一步到位。常年，枯水转洪水是渐进上涨的，而1999年从5月17日开始，万州区水位由枯水骤涨9米，突然形成初期洪峰。三是川江主汛期提前。7月1日，川江中游的万州区水位高达130米，与常年比较主汛期提前近半个月。

2000年，川江主汛期水位狂跌。7月18日至31日，万州水位由132米跌至110.02米，14天时间狂跌22米，使川江出现自1965年以来的第三个7月低水位。

2001年，川江出现难得一见的反季节水情现象。川江从主汛期无汛期的状态中突然“反弹”，入秋以来，秋汛接连袭击川江并且一浪高过一浪。9月23日，万州水位再度涨至124米，万州城区沿江公路及盘盘石标志被埋入水底，本该落槽归枯的水位再度反弹为洪峰。

2003年6月，三峡工程二期蓄水，川江航道6月1日至10日蓄水至135米，川江航道成库，天然航道消失，川江大型山区航道成为新型库区航道。

六、航标配布

航标配布类别。重庆娄溪沟至蓝家沱河段按重点航标配布的规定配布航标。编鱼溪至重庆娄溪沟河段按一类航标配布的规定配布航标，但可根据船舶运行情况和航道条件分段维护灯标和昼标。

航标配布原则。航标配布须正确反映航道实际情况，充分利用航道自然水深，做到标位正确，视距足够，简单明了地标示出安全、经济的航道。参考《长江上游航行参考图》中的上行船舶航线，结合航道具体情况进行配布。

表8-14　　2001年长江重庆航道局处、站辖区及航标配布情况表

航道处	序号	航道站	辖区起讫里程	维护里程（公里）	站艇	标志总数	岸标	浮标	信号标	航道维护尺度
奉节处（116.0公里）	1	碚石	鳊鱼溪145.0～158.5碎石滩	13.5	渝道1228	45	42		3	2.9米×60米×750米
	2	巫山	158.5～172.2龙王嘴	13.5	渝道1227	44	30	10	4	2.9米×60米×750米
	3	东关嘴	172.0～184.5交滩	12.5	渝道1251	50	33	9	8	2.9米×60米×750米
	4	交滩	184.5～197.0金砂碛2#	12.5	渝道1292	49	32	11	6	2.9米×60米×750米
	5	奉节	197.0～210.0白鸟滩	13.0	渝道1279	45	26	13	6	2.9米×60米×750米
	6	八母子	210.0～223.0柴棚子	13.0	渝道1250	49	26	18	5	2.9米×60米×750米
	7	安坪	223.0～235.5雷劈石	12.5	渝道1258	42	29	11	2	2.9米×60米×750米
	8	大茅坡	235.5～248.5龙骨梁	13.0	渝道1242	47	29	11	7	2.9米×60米×750米
	9	磁庄子	248.5～261.0五座坟	12.5	渝道1270	51	27	17	7	2.9米×60米×750米
万州处（141.0公里）	1	鸡扒子	261.0～272.0云阳	11.0	渝道1285	43	29	9	5	2.9米×60米×750米
	2	云阳	272.0～284.0坛子岩	12.0	渝道1241	46	17	21	8	2.9米×60米×750米
	3	复兴	284.0～296.0丝线梁	12.0	渝道1277	50	21	22	7	2.9米×60米×750米
	4	双江	296.0～307.5雪石子	11.5	渝道1282	40	26	12	2	2.9米×60米×750米
	5	小舟	307.5～319.0黄石盘	11.5	渝道1273	43	17	24	2	2.9米×60米×750米
	6	聚鱼沱	319.0～332.5盘盘石	13.5	渝道1268	44	9	30	5	2.9米×60米×750米
	7	驷马桥	332.5～345.0黄鳝背	12.5	渝道1247	36	13	22	1	2.9米×60米×750米
	8	白水溪	345.0～357.0红罗汉	12.0	渝道1256	45	11	32	2	2.9米×60米×750米
	9	大溪	357.0～368.5金鸡背	11.5	渝道1291	44	18	20	6	2.9米×60米×750米
	10	新场	368.5～380.0麻柳背	11.5	渝道1233	46	10	30	6	2.9米×60米×750米
	11	西沱	380.0～392.0上槽溪盘	12.0	渝道1255	38	17	18	3	2.9米×60米×750米
	12	顺溪	392.0～402.0财神石	10.0	渝道1274	52	8	37	7	2.9米×60米×750米

续前表

航道处	序号	航道站	辖区起讫里程	维护里程（公里）	站艇	标志总数	岸标	浮标	信号标	航道维护尺度
丰都处（134.0公里）	1	滥泥湾	402.0 ~ 413.0 铜墙口	11.0	渝道1262	47	11	31	5	2.9米×60米×750米
	2	勾岭碛	413.0 ~ 427.5 勾岭碛5#	14.5	渝道1246	40	6	31	3	2.9米×60米×750米
	3	新生	427.5 ~ 441.5 横梁子2#	14.0	渝道1254	42	3	39		2.9米×60米×750米
	4	洋渡	441.5 ~ 455.0 九刻刻	13.5	渝道1248	46	10	33	3	2.9米×60米×750米
	5	楠竹坝	455.0 ~ 467.5 桌子石	12.5	渝道1288	42	4	33	5	2.9米×60米×750米
	6	流沙坡	467.5 ~ 481.0 凤尾坝1#	13.5	渝道1259	40	2	38		2.9米×60米×750米
	7	丰都	481.0 ~ 494.0 马尿水	13.0	渝道1102	41	13	21	7	2.9米×60米×750米
	8	南沱	494.0 ~ 508.5 横板石	14.5	渝道1229	53	22	28	3	2.9米×60米×750米
	9	大石鼓	508.5 ~ 523.0 三柱香	14.5	渝道1278	47	14	29	4	2.9米×60米×750米
	10	和尚石	523.0 ~ 536.0 黄巴碛	13.0	渝道1284	40	10	21		2.9米×60米×750米

续前表

航道处	序号	航道站	辖区起讫里程	维护里程（公里）	站艇	标志总数	岸标	浮标	信号标	航道维护尺度
重庆处（207.4公里）	1	涪陵	536.0 ~ 550.8 石人滩	14.8	渝道1265	39	11	28		2.9米×60米×750米
	2	蔺市	550.8 ~ 563.5 金川碛1#	12.7	渝道1281	50	11	33	6	2.9米×60米×750米
	3	石家沱	563.5 ~ 576.4 大猪圈	12.9	渝道1269	56	21	27	8	2.9米×60米×750米
	4	长寿	576.4 ~ 587.9 大沙坝	11.5	渝道1261	64	13	28	3	2.9米×60米×750米
	5	大桥	587.9 ~ 599.9 荷叶坪	12	渝道1103	44	14	25	5	2.9米×60米×750米
	6	洛碛	599.9 ~ 612.4 来沟2#	12.5	渝道1290	51	15	32	4	2.9米×60米×750米
	7	木洞	612.4 ~ 625.2 葫陆滩	12.8	渝道1289	39	13	24	2	2.9米×60米×750米
	8	鱼嘴	625.2 ~ 637.8 飞蛾碛4#	12.6	渝道1267	44	17	27		2.9米×60米×750米
	9	大兴场	637.8 ~ 650.0 白沙沱	12.2	渝道1266	47	18	22	7	2.9米×60米×750米
	10	龙门浩	650.0 ~ 662.0 海棠溪1#（嘉陵江江口1.2公里）	12 1.2	渝道1280	39	11	24	4	2.9米×60米×750米
	11	黄沙溪	662.0 ~ 674.2 包家碛	12.2	渝道1275	34	3	27	4	2.7米×50米×650米
	12	鱼洞溪	674.2 ~ 698.2 饿狗堆	24	渝道1253	18		18		2.7米×50米×650米
	13	小南海	698.2 ~ 720.0 小中坝	22	渝道1249	22		14	8	2.7米×50米×650米
	14	江津	720.2 ~ 742.2 蓝家沱	22	渝道1244	15		15		2.7米×50米×650米

七、航标维护

航标维护包括航标设置、调整、检查、保养与维修。航标设置按《内河助航标志》规定的配布原则进行。

表8-15　　1986~2003年长江重庆航道局航标维护情况表

年度	航标维护座数×维护天数	年度	航标维护数×天数
1986	610829	1995	653827

续前表

年度	航标维护座数×维护天数	年度	航标维护数×天数
1987	607291	1996	657845
1988	643098	1997	669168
1989	615359	1998	634373
1990	632039	1999	624359
1991	635288	2000	644189
1992	655233	2001	645122
1993	651488	2002	661876
1994	682217	2003	580853

（一）坛子岩标位

坛子岩标位距宜昌里程 203 公里，位于瞿塘峡门口，标位处于寸草不生、无从攀越的绝壁，最枯水位海拔 73.42 米，最高洪水位海拔 129.9 米，落差 56.48 米。20 世纪 80 年代初，航道工人利用钢轨在绝壁上架设了 50 米高度的人行梯道。设标难度：在汛期该处流态紊乱，多发性内拖水特强，船舶靠头难度大，此处又是由南向北过河的终点，上行船舶特别是上行小机驳船由于功率小、装载重，航行时受内拖水的冲击，经常撞损该标铁梯。每年要组织人员、材料进行维修。其次汛期水位涨落幅度大，搬移标志频繁，在铁梯上搬移标志操作困难。在枯水位，该标位地处峡口较突出的受风位置，给工作人员的移标、更换电池增加了工作难度。

（二）倒吊和尚标位

倒吊和尚标位距宜昌里程 201.6 公里，位于三峡夔门入口处，地势极为险要，最枯水位海拔 73.42 米，最高洪水位海拔 108.42 米，落差 35 米。该标枯水位标示航道界限，洪水位特别是老君洞水位在 20 米以上时该处出水较强，此标的功能是标示航道界限，下行船右舷迎斜流时起到吊向作用。20 世纪 80 年代初，航道工人利用螺纹钢在绝壁上架设了 13 米高度的人行梯道。设标难度：一是架设的铁梯十分陡，无操作场地，操作员在上面只能单手操作；二是利用船舶从台子角（上角）送人上岸到标位上面使用绳索吊三脚架、灯或电池上去，同时给操作人员拴上绳子起到保险作用，至设标以来无破坏情况发生。

（三）马王角标位

马王角标位距宜昌里程 201.0 公里，该标位突嘴绝壁，最枯水位海拔 73.42 米，最高洪水位海拔 114.42 米，落差 41 米。该标的功能是标示航道界限、下水吊向。20 世纪 80 年代初用螺纹钢加工为支架、圆铁为浮鼓托标体灯，在绝壁上架设了 42 米高度的自动升降系统标志，该标位随水位涨落自动升降。设标难度：在浮鼓上更换灯泡、电池比较困难，浮鼓的浮力只能承载 1 人，不便于操作。自动升降标浮鼓为活动的，在汛期水流紊乱的情况下，浮鼓摆动大，圆铁垂直升降固定物易遭冲毁，恢复又比较困难，1998 年汛期时全部被冲毁后停止使用。

（四）南黑石标位

南黑石标位距宜昌里程 199.1 公里，该标位处有一个较大、高度为海拔 118.02 米的突嘴伸向江心，缩窄了过水断面，当海拔水位涨至 99.42 米以上时，此处水流紊乱，护岸水势强，外加黄金兜直泻南黑石较强的斜流与之交汇而形成卧槽，严重威胁着船舶的航行安全。20 世纪 80 年代初，航道工人利用钢缆在南黑石与南黑石较近的绝壁上架设了一座索道式的升降标，消除了船舶靠头不安全的隐患。该标易遭破坏，自动升降标浮鼓为活动的，在汛期水流紊乱的情况下，浮鼓摆动大，圆铁垂直升降固定物易被冲毁，恢复又比较困难，1998 年汛期时全部被冲毁后停止使用。

（五）南石角标位

南石角标位距宜昌里程158.2公里，该标为无人攀越的突嘴，最枯水位海拔60.99米，最高洪水位海拔97.99米，落差37米。该标的功能是标示航道界限、下水吊向。夔巫两峡航标在汛期海拔水位97.98米以上时只维护昼标并在每年6月1日至9月30日将侧面岸标标体收回，只保留过河岸标标体。20世纪80年代中期，奉节航道处职工利用圆钢在该处绝壁上架设了一座近20米高的铁梯扶手，修建了人工石梯，为航道工人搬移航标提供了安全道路。该标易遭破坏，主要是日晒水泡锈蚀严重，为此，每年要组织人员、材料进行维修。

（六）宝贝石标位

宝贝石标位距宜昌里程154.1公里，该标位于绝壁，最枯水位海拔60.99米，最高洪水位海拔126.99米，落差66米。该标的功能是标示航道侧面界限。因无道路可行，故航标维护采取用圆钢在绝壁上架设15米高的铁梯扶手和40级的人工石梯作为维护通道。该标受损严重，年维修工作量大，每年都要维修1次。该标位属于早期历史形成的标位之一，1986年以来，经多年维护，逐渐完善，使用至2003年6月三峡成库后被淹没。

（七）弹子石标位

位于长江南岸宜昌上游590.3公里处，该标位设置水位为23米以下。弹子石标位上游1公里处为北岸两蟾堆礁石，于1998年底从原17.1米整治为1米。两蟾堆礁石整治后，水主流偏南而下，直冲弹子石。1999年6月27日，重庆水位涨至13.38米，长寿水位涨至15.28米，弹子石标位南侧穿内浩，弹子石为水冲礁石，周围水流紊乱，水流在弹子石下首形成一凹凼，凹凼与两边水位落差近1米。当长寿水位在15~26米时，航道工作船无法靠近弹子石标位。该标位属于早期历史形成的标位之一，经多年维护，逐渐完善，三峡成库后，蓄水位在145~175米时按回水变段进行维护。

（八）沱口黑石盘标位

沱口黑石盘位于宜昌上游337.3公里弯道顶点处，石盘从右岸伸至河心，当地水位24~36米时上、下行轮均应远离行驶，该标又是下行船抓点吊向的重要标，石盘淹没不能过船时，水势强劲滑泻，其下是深水坑，对岸又有上瓦窑背石嘴挑流，故水流急乱，该标维护相当困难，特别是失常后无法恢复，常以通电形式告之行轮。该标位属于早期历史形成的标位之一，1986年以来，经多年维护，逐渐完善，使用到2003年6月三峡成库后被淹没。

（九）巴阳峡黑石盘标位

位于宜昌上游308.0公里北岸侧，是巴阳峡里次高点，水位上涨淹没石梁后，河心水流向南、北两岸滑泻，上游又有堤坝挑流形成斜流，其下有夹堰喷水，当标志失常后恢复极为困难，常以通电告之行轮，该标是上行船过河的起点标起，对上行船舶尤为重要。该标位属于早期历史形成的标位之一，1986年以来，经多年维护，逐渐完善，使用到2003年6月三峡成库后被淹没。

八、浅滩航道维护

1986年至2003年6月三峡成库前，浅滩航道是长江重庆航道局航道维护的重点。在蓝家沱至鳊鱼溪辖区，浅滩河段众多。在航道维护中，根据浅滩航道特点，分别对浅滩航道作出分类和排队，制订相应的维护措施，确保浅滩航道安全畅通。

表 8－16　　长江重庆段浅滩航道类别表

浅滩类别	浅滩名称	扫床水位（米）	测报水位（米）
一类	虾子梁　青岩子 象算子　码头碛 下洛碛　猪儿碛 三角碛	1.0	0.2↓
二类	风和尚　水　葬 黄角滩　秤杆碛 苦竹碛　胡家滩 红眼碛　车亭子	0.5	0.0↓
三类	折桅子　鹞包碛 烂泥湾　倒脱靴 砖灶子　飘灯碛		－0.5↓

浅滩航道维护原则。浅滩航道的维护应是既保当月维护水深，又保最佳航道宽度；当航道变浅时，视水深变化情况，逐步缩窄航道至标准宽度，以保持当月维护水深；当月维护水深和标准宽度不能同时兼顾时，允许进一步缩窄宽度以保持维护水深，但缩窄后的宽度不得小于 50 米；当 50 米宽度内的航道最小水深等于或小于当月维护水深时，在浅滩航道上、下游设立水深信号杆悬挂水深信号。

浅滩航道尺度报告。当浅滩航道标准宽度内最小水深小于 2.9 米加 0.5 米之和时发水深通电。在重庆水位 0.2 米以下时，一类浅滩开始测报；在重庆水位 0 米以下时，二类浅滩开始测报；在重庆水位 0.5 米以下时，三类浅滩开始测报。臭盐碛淤沙航道自奉节水位 12 米以下开始测报至老槽洗通为止；楠竹坝淤沙航道自虎须子 7.5 米以下开始测报至正槽洗通为止；嘉陵江口自北泉水位 6 米以下开始至洗通或封闭为止。浅滩航道站在每日上午 9 时前通过电话或电报向主管航道处报告航道尺度，航道处于每日上午 10 时前报长江重庆航道局，若因故（遇雾或机艇故障）未进行探测时，在雾散或机艇修好后补测补报，若延至下午仍不能测报时，应说明原因。向该局报告浅滩航道尺度的工作开始后连续不断地报，直到该局通知停报为止，以保证资料的完整性。

浅滩航道尺度报告格式。青岩子、虾子梁两河段报告包括：①水道名称；②左侧航道 60 米宽度内最小水深；③设标范围内最小水深；④航道宽度；⑤当地水位。其他浅滩河段报告包括：①水道名称；②设标范围内最小水深；③标准宽度内最小水深；④航道宽度；⑤当地水位。浅滩航道尺度日报内容依序排列如下：浅滩名称、测探时间、航道界限内最小水深（为两侧航标所标示的航道界限范围内任何位置的最浅水深）、航道标准宽度内最小水深（预计航道宽度缩小至标准宽度状态时的航道界限内的最小水深，可借以估计航道变化趋势，当航道界限已缩小至标准宽度时，航道界限内最小水深与标准宽度内最小水深相一致）、航道最小宽度（指航道最窄处左右岸航道界限间的垂直距离）、浅滩水位（指测深时直接观读的浅滩关系水尺的读数，不采用其他水尺的换算、推算数）。淤沙航道至规定的水位即应每日向局报告航道尺度，当实有尺度小于规定尺度时，应按淤沙航道简图上统一规定的坐标，电话报告浅区、浅点位置和浮标标位。

2003 年 6 月三峡成库后，众多浅滩、暗礁消失，河面加宽。2004 年 1 月，随着《长江三峡库区船舶定线制规定（试行）》的实施，及以后续蓄水到 145～175 米，浅滩航道维护的重点就放在了回水变动段和自然河段。

表8-17　　1986~2003年长江重庆航道主要浅滩概况表

浅滩名称	距宜昌里程（公里）	浅滩特征					维护情况		概况
		浅滩类别	河床底质	出浅时间	历年最浅水深		水深（米）	航宽（米）	
					水深（米）	出现年月			
下洛碛	601.0	枯水浅滩	卵石	1~4月	2.6	1956年2月 1958年3月	2.7	49	航道浅窄，枯水期常须钢耙疏浚维护水深
风和尚	594.0	枯水浅滩	卵石 礁石	1~4月	2.9	1960年2月	2.9	50	河床放宽且弯曲，右岸茅树碛与左岸礁石形成浅段，浅情不严重，枯水期一般均能自然维护3.0米以上
王家滩	585.0	枯水浅滩	卵石	1~4月	2.0		码头碛 2.4	70	分左右两漕，右漕为中洪水航漕。1967年将漕内炸低下3.0米，航宽最窄56米，一般水位2米以上开放，右漕又名柴盘子水道，有灶门子、象鼻子、码头碛三浅区，水深往往不足，1959~1960年建造忠水碛岛尾坝和棺材石上丁坝，下浅码头碛有时尚需疏浚增深
青岩子	565.5	枯水浅滩	卵石 礁石	1~4月	2.5	1956年2月	2.7	70	浅区正当弯道，航道右侧为凹岸，且有暗礁，左侧伸入碛浅，枯水期常须疏浚维护

续前表

浅滩名称	距宜昌里程（公里）	浅滩特征							概况
		浅滩类别	河床底质	出浅时间	历年最浅水深		维护情况		
					水深（米）	出现年月	水深（米）	航宽（米）	
楠竹坝	456.0	中枯水淤浅	卵石	9~10月 1~4月	2.8	1960年2月13日			江中有楠竹坝和石梁，分水道为左漕、右漕及二漕，猫子梁和梭子碛习称二漕，右漕习称副漕，中洪通航，左漕称正漕，枯水期主航漕，正漕洪水期严重淤沙。船舶交替行驶正、副二漕之间，曾发生阻航，1959~1960年在铁门坎筑坝，基本消除阻航。1975年副漕进行水上炸礁，但未达设计要求
倒脱靴	411.5	枯水浅滩	卵石	1~4月	2.9	1962年1月~3月	3.6	70	系弯曲入宽段，右侧为巨大兔子坝，右侧弯道潜碛分航道为左右两漕，右漕水浅多变为主漕，常须疏浚维护，左漕为副漕，进口受小螃蟹石梁所阻，枯水时不通航，1969~1972年分三期工程，开辟副漕为枯水航道，炸除小螃蟹石，设计漕底宽70米
烂泥湾	404.5	枯水浅滩	卵石	1~4月	2.7	1958年3月~4月	2.9	75 （1974年尺度）	航道位于弯曲放宽段，右岸大碛脑碛翅突出形成浅滩，左岸沱内有暗浅，枯水时水流由上游经浅区，在转弯处，滚向左岸高鱼子礁石一带，使航道既浅且弯，下水船易落弯碰礁，1964年前曾予疏浚

续前表

浅滩名称	距宜昌里程（公里）	浅滩特征							概况
		浅滩类别	河床底质	出浅时间	历年最浅水深		维护情况		
					水深（米）	出现年月	水深（米）	航宽（米）	
折桅子	398.5	枯水弯浅滩	卵石	1～4月	2.6	1956年2月	3.0以上	120	为一弯曲航道，枯水时主流趋向凹岸直冲折桅子石嘴，形成泡水，阻碍沙石运动，形成浅包，每年需靠疏浚维护，1969～1970年枯水季于右岸建一勾头丁坝，改变水流结构，航道水深增加为3.0米以上，航宽100米，取得显著成功
茅磊子	379.6	枯水浅窄险道	卵石礁石	1～4月	2.6	1960年	3.4	60	江中明暗礁石林立，分左、右两漕，右漕弯曲狭窄为过去航漕，1961年开辟了左漕，航宽60米，水深4米，航漕顺直稳定，但水流较急，上水吃力，1970年又将左岸蕉巴石炸除，放宽断面，减缓水流
鹞包碛	358.5	枯水浅滩	胶结卵石	1～4月	2.65	1958年2月	2.9	100	右岸鹞包碛脑与左岸金盘碛尾相连成浅滩，1956年曾疏浚，浚后尚稳定，枯水期可维持2.9～3.0米
臭盐碛	208.0	中水淤沙	卵石	9～10月					为一放宽河段，左侧有一大溪口滩－臭盐碛，右侧为枯水主漕，汛期淤沙，船只驶碛上副漕，汛后水位下退，淤沙尚未冲开，曾发生阻航，经掌握冲刷与水情变化规律后，情况有所改善，正、副漕交替水位为12米

续前表

<table>
<tr><th rowspan="3">浅滩名称</th><th rowspan="3">距宜昌里程（公里）</th><th colspan="7">浅滩特征</th><th rowspan="3">概况</th></tr>
<tr><th rowspan="2">浅滩类别</th><th rowspan="2">河床底质</th><th rowspan="2">出浅时间</th><th colspan="2">历年最浅水深</th><th colspan="2">维护情况</th></tr>
<tr><th>水深（米）</th><th>出现年月</th><th>水深（米）</th><th>航宽（米）</th></tr>
<tr><td>扇子碛</td><td>169.8</td><td>枯水浅滩</td><td>卵石礁石</td><td>1～4月</td><td>2.2</td><td>1956年2月</td><td>2.9</td><td>100</td><td>为一放宽河段，左侧有大宁河入汇，汛期淤积，汛后冲刷，葛洲坝蓄水后，冲刷出航漕的时间延长，且卵石淤于滩舌处，与淤沙质换，属累积性淤积，数年后将难保3米航深</td></tr>
</table>

九、各水位期航道维护

（一）1986～2003年航道维护

枯水期航道维护。维护灯标河段为长江干线鳊鱼溪（145.0公里）至娄溪沟（674.6公里）及嘉陵江口1.2公里，共计530.8公里。维护昼标河段为长江干线娄溪沟（674.6公里）至蓝家沱（742.2公里）计67.6公里。

维护水深。根据川江航道水情，枯水期时间为11月至次年4月，结合辖区航道维护情况，确立不同的分月维护水深。

表8－18　**长江重庆航道枯水期维护水深表**

<table>
<tr><th rowspan="2">河段名称</th><th colspan="6">分月维护水深（米）</th></tr>
<tr><th>11月</th><th>12月</th><th>1月</th><th>2月</th><th>3月</th><th>4月</th></tr>
<tr><td>鳊鱼溪—羊角滩</td><td>3.2</td><td>2.9</td><td>2.9</td><td>2.9</td><td>2.9</td><td>2.9</td></tr>
<tr><td>羊角滩—娄溪沟及嘉陵江口1.2公里</td><td>2.9</td><td>2.7</td><td>2.7</td><td>2.7</td><td>2.7</td><td>2.7</td></tr>
<tr><td>娄溪沟—蓝家沱</td><td>2.7</td><td>2.5</td><td>2.5</td><td>2.5</td><td>2.5</td><td>2.5</td></tr>
</table>

中、洪水航道维护。维护灯标河段：长江干流鳊鱼溪（145.0公里）至娄溪沟（674.6公里）及嘉陵江河口1.2公里，共计530.8公里。其中，万县水位在9.0米以上时，栈溪沟（301.8公里）至小舟溪（312.0公里）河段暂停维护灯标，改为昼标维护，同时，栈溪沟、小舟溪、猴子石信号台夜间20时30分至次日4时暂停通行指挥。当巫山水位在34米以上时，鳊鱼溪（145.0公里）至滟预石（204.0公里）河段暂停维护灯标。同时青石洞至大南门间各信号台夜间20时30分至次日4时暂停通行指挥。该河段暂停维护灯标的次日起，栈溪沟至小舟溪河段改昼标为灯标，巴阳峡控制河段的各信号台恢复通行指挥，当鳊鱼溪至滟预石河段恢复灯标时，栈溪沟至小舟溪河段改灯标为昼标维护。当丰都水位在13米以上涨水时，丰都至涪陵河段暂停维护灯标，改为昼标维护。6月至9月鳊鱼溪至朽石子河段，万安石至滟预石河段白天不设岸标标体，维护灯标期间在标位处设置灯光。蚕背梁航槽在维护昼标的同时，为适应某些夜航下行船队的需要，应做好临时维护

灯标的准备。维护昼标河段：娄溪沟（674.6公里）至蓝家沱（742.2公里）计67.6公里。

表8－19　**长江重庆航道中、洪水维护水深表**

河段名称	分月维护水深（米）					
	5月	6月	7月	8月	9月	10月
鳊鱼溪—羊角滩	3.2	3.5	3.5	3.5	3.5	3.5
羊角滩—娄溪沟及嘉陵江1.2公里	2.9	3.0	3.0	3.0	3.0	3.0
娄溪沟—蓝家沱	2.7	3.0	3.0	3.0	3.0	3.0

战枯水。每年一度的战枯水工作是长江重庆航道局航道维护重点。该局、处分别成立有战枯水工作领导小组和办公室，负责整个战枯水工作。各基层单位根据工作会要求，对本辖区战前准备逐一落实。人事部门合理配布人员，保证战枯水人员充足，技术力量到位；机务部门到一线船舶，抓船舶机器设备维护保养；物资供应部门组织所需物资采购并及时发放到位；通信线路及设施进行全面检修；绞滩站进入设绞位置，信号台做好开班准备，对淤沙及浅滩河段进行测量等。

（二）2003年三峡成库后航道维护

三峡成库后，枯水期的概念及有关河段发生了根本变化，出现了库区航道、回水变动段航道及自然河段航道明显划分。库区航道按照《长江三峡库区船舶定线制规定（试行）》的规定进行维护。回水变动段航道枯水期水位提升，但由于有泥沙沉积，形成浅滩，按照回水变动段的航行要求进行维护。自然河段航道仍按原有方式进行维护。

十、桥区航道维护

长江重庆航道局辖区流域桥梁众多，特别是重庆直辖后桥梁建设更是突飞猛进。至2003年年底，在辖区通航河段已建和在建桥梁有19座。形色各异的大桥建设推动了重庆及周边地区交通和经济的快速发展，同时也为桥区航道维护带来了新的课题。跨江大桥桥孔净高度直接影响到不同水位时期能通过桥区水域的船舶水线上的最大高度。其江中桥柱改变原水域流态及航道宽度，直接影响到桥区水域的通航条件。在桥区航道维护工作中，根据《中华人民共和国航道管理条例实施细则》和交通部《内河助航标志》有关规定，按照长江航道局《长江干流桥区航标设置及维护管理规定》，对所辖河段桥区航道进行维护管理，为船舶通过桥区水域创造安全、快捷的通航条件。

表8－20　**2005年长江重庆航道局辖区流域桥梁建成工程和在建工程表**

序号	名称	距宜昌里程（公里）	设计最高通航水位（米）	净跨（米）	净高（米）	建成时间	备注
1	江津长江大桥	735.8	198.2	220	18	1997年	公路桥
2	小南海长江大桥	704.1	192.2	74.8	19.1	1959年	铁路桥
3	马桑溪长江大桥	682.7	191.6	342	18	2001年	公路桥
4	鹅公岩长江大桥	669.4	190	600	18	2000年	公路桥
5	李家沱长江大桥	676.8	187.5	240	18	1996年	公路桥
6	石板坡长江大桥	664.1	186	166	30	1980年	公路桥
7	大佛寺长江大桥	654.5	188.2	450	18	2001年	公路桥

续前表

序号	名称	距宜昌里程（公里）	设计最高通航水位（米）	净跨（米）	净高（米）	建成时间	备注
8	涪陵长江大桥	541.3	173.9	330	26.3	1997 年	公路桥
9	丰都长江大桥	488.7	173.8	450	24	1997 年	公路桥
10	忠县长江大桥	418.6	176	550	18	2000 年	公路桥
11	万州县长江大桥	338.5	175	300	24	1997 年	公路桥
12	地维长江大桥	706.5	202.17	345	18	在建	公路桥
13	菜园坝长江大桥	665.3	189.33	420	18	在建	公路桥
14	长寿长江大桥	593.1	187.68	192	18	在建	铁路桥
15	万州长江二桥	329.1	173.46	580	18	在建	公路桥
16	万州长江大桥	337.5	173.48	420	24	在建	铁路桥
17	云阳长江大桥	291.2	173.45	318	18	在建	铁路桥
18	奉节长江大桥	213.4	173.44	460	18	在建	铁路桥
19	巫山长江大桥	168.2	173.44	460	18	在建	铁路桥

桥区航标设置。《中华人民共和国航道管理条例实施细则》第二十九条规定，在通航河流上新建和已建桥梁，必须根据航道主管部门意见，建设桥涵标志或桥梁河段航标。在航标设置中，依据国家标准 GB5863－93《内河助航标志》、GB5864－93《内河助航标志的主要外形尺寸》和《内河航道维护技术规范》的有关规定进行设置。在桥梁开工前，长江重庆航道局就桥梁建设施工涉及的航道通航问题与桥梁建设单位商定施工期的桥区航标设置方案，制定桥区航标配布图。在航标设置中，根据施工需要和行船的安全，确定标位和数量，航标设备有标志船、钢缆、浮鼓、三角体、蓄电瓶、航标灯、电池箱等，标志船长均为 10 米。

航标配布。1994 年，江津长江大桥水域上下游左右各设置浮标 5 座，在小轮航道上布设 4 个浮鼓；1995 年涪陵长江大桥当地水位 10 米以上时，沿南岸桥墩设置 3 座侧面浮标，其中桥墩下游设置桥区航标 1 号，桥墩上游设置桥区航标 2 号、3 号，以确保航道界限。当地水位 6 米以上时，沿北岸桥墩设置 3 座侧面浮标，其中桥墩下游设置桥区航标 1 号，桥墩上游设置桥区航标 2 号、3 号，以确保航道界限。1996 年，万州长江公路大桥在拱圈中心线下端上下迎船面设置正方形标牌 1 块，正方形标牌下边长与拱圈中心线下端点重叠。在拱圈南北岸第二拱柱上下迎船面分别设置绿色定光灯 4 盏，灯与灯之间的间距为 1.5 米，视距达到 1500 米，其中桥柱拱圈下端第一盏灯与拱圈下端重叠。沿拱圈下端南北岸分别设置 5 座侧面浮标，其中拱圈下游为 1 号，拱圈正下方为 2 号，拱圈上游分别为 3 号、4 号、5 号呈上、下喇叭状，确保航道深度、宽度、曲率半径、净空高度符合规定要求。2000 年，在长寿铁路大桥桥区水域范围内，最大设标数为 9 座，其中南岸 5 座，分别是娃娃滩（全年）、庙角（全年）、风和尚（全年）、茅树碛 1 号（5↓）、2 号（1↓）。北岸 4 座，分别是鳝鱼尾（全年）、鸭儿梁 1 号（3↓）、2 号（1↓）、3 号（3↓）。枯水期，北岸鸭儿梁 1 号、2 号、3 号及南岸茅树碛 1 号、风和尚是维护的重点；中、洪水期，南岸茅树碛 2 号、风和尚和北岸鳝鱼尾是维护的重点。

桥区航标设备投资及维护费用。桥区航标受特殊地理所限，航标设备技术要求高，设标难度大，需对航标维护建立相应的配套设施，故桥区航标设备投资大，成本及维护费用大。在桥区航标设备投资建设中，长江重庆航道局与桥梁业主单位就航标设备费用进行洽谈，签订有关协议，拟订施工期的航标设备投资计划及大桥建成后的航道年维护管理费用预算，其航标设备经费纳入业主桥梁工程总结算。已建成桥梁的桥区水上航标的维护费用按照国家经贸委《关于跨越长江桥梁桥区航标维护管理费用问题的复函》执行，桥梁业主单位承担相应的维护管理费用。

维护管理。2001 年 12 月，依据国家有关法律、法规及《长江航道局桥区航道维护管理工作规定》，结合长江干流重庆蓝家沱至鳊鱼溪已建、在建桥梁情况，制定《长江重庆航道局桥区航道维护管理工作规定实施细则》。维护管理执行《内河航道维护技术规范》《长江航道局航标工作规定》及《长江重庆航道局航标工作规定》。维护措施：勘测处定期组织测量河床、水流条件，掌握桥区航道变化情况。桥区航道站专门配值班员 24 小时监听高频电话，不定时观察桥区航道标志及灯光，获悉标志情况及船舶动态，定期检查浮具系缆设施，系缆设施不能有接头；航标浮具、标体每半月全面清洗 1 次，大桥建设期，航标浮具每半年着色 1 次，标体每季度着色 1 次，保持标体颜色鲜明；紧急情况下，航道站可对标志设置位置进行适当调整，每半月对航标灯工作电流和电源、电压进行检查。

2001 年 10 月，成立重庆航道第一个大桥航道站。该站由重庆航道处管辖，位于长寿区扇沱镇（宜昌上游 593.0 公里右岸），主要负责长寿渝怀铁路大桥桥区航标日常维护管理工作。航道站配置 24 米钢质趸船“渝道 70 号”“航标艇”“渝道 1103”，主机功率 2×70 千瓦，配备人员 10 人。关系水尺盐巴石。大桥航道站的成立，标志着桥区航道纳入正规化管理。各航道处根据长江重庆航道局要求，对所辖桥区航道建立相应的管理配套制度，均在桥梁流域设置大桥航道站和大桥航道站专用码头，对桥区航标实施专门的维护管理。万州航道处 2003 年 5 月同时设置 4 个大桥航道站。“渝道 1247”担任万州公路大桥和万州铁路大桥的桥区航标维护管理任务。“渝道 1268”工作船负责万州公路二桥，“渝道 1277”工作船负责云阳公路大桥的桥区航标维护。奉节航道处“渝道 1250”工作船负责奉节长江公路大桥的桥区航标维护。

十一、航道普查

自 1979 年交通部组织开展第一次全国内河航道普查以来，随着交通事业的发展和水资源综合开发利用工作步伐的加快，航道建设取得明显进展，全国内河航道的状况及技术结构等均发生了较大变化。为全面、准确、系统地掌握全国内河航道的基本情况，推进航道统计工作规范化，提高航道管理信息化水平，发挥内河航道在国民经济和区域经济中的作用，促进内河航运事业发展，交通部在国家统计局的支持配合下，于 2002 年组织实施了第二次全国内河航道普查工作。

根据长江航道局《关于开展长江干线航道普查工作的通知》，长江重庆航道局航道干线普查于 2003 年 4 月进行，于同年 7 月 31 日完成辖区鳊鱼溪至蓝家沱 597.2 公里长江干线航道普查工作。

航道普查标准时间：2002 年 12 月 31 日。

普查内容：航道概况、航道现状、航道枢纽、过河建筑物、临河设施的基本信息和航道管理机构及养护力量等情况，共设置近 180 个主要指标。

普查目的和意义：为建立全国 CIS 内河航道管理信息系统和绘制全国内河航道电子图集收集信息和数据，为编制“十一五”规划奠定基础，长江重庆航道局这次航道普查共完成了辖区长江干流航道 572 公里的航道普查工作，确定了辖区航道长江干线主控点 17 处，开展调查临河设施 350 处、桥梁 11 座、架空电线 76 座、管道 2 处、浅滩 22 处，标绘航道图 1 幅，并对航道管理机构，养护力量及设标座数均作了统计调查。

表 8－21　　　长江重庆航道局鳊鱼碛至蓝家沱航道普查航段划分情况表

序号	起点	距宜昌（公里）	终点	距宜昌（公里）	航段里程（公里）	备注
1	鳊鱼溪	145	巫山	170	25	奉节处
2	巫山	170	奉节（新）	215	45	奉节处
3	奉节（新）	215	东洋子	261	46	奉节处
4	东洋子	261	云阳（新）	295	34	万州处
5	云阳（新）	295	万州	332	37	万州处
6	万州	332	武陵	372.5	40.5	万州处
7	武陵	372.5	顺溪	402	29.5	万州处
8	顺溪	402	忠县	421	19	丰都处
9	忠县	421	高家镇	463.5	42.5	丰都处
10	高家镇	463.5	立石镇	496.5	33	丰都处
11	立石镇	496.5	涪陵	536	39.5	丰都处
12	涪陵	536	长寿	583	47	重庆处
13	长寿	583	木洞	621	38	重庆处
14	木洞	621	羊角滩	660	39	重庆处
15	羊角滩	660	娄溪沟	674.6	14.6	重庆处
16	娄溪沟	674.6	铜罐驿	710	35.4	重庆处
17	铜罐驿	710	蓝家沱	742.2	32.2	重庆处

第五节　三峡库区航道

一、135 米蓄水库区长江航道变化

2003 年 6 月 10 日，三峡水利枢纽工程首次蓄水 135 米，大坝以上近 400 公里的川江山区航道变为河道型库区航道。三峡库区的形成，川江航道条件得到明显改善。特别是全长 192 公里的长江上游三峡河段，急流、险滩、浅滩消失，河床增宽，流速变缓，水深富足，水流平稳。同时，蓄水也使库区 16 条支流航道等级提高，通航里程延长。三峡库区航道从根本上改变了长江通航不畅的现状，长江航运从此开创一个崭新的时代。

2003 年，在三峡库区蓄水 135 米大决战中，长江重庆航道局肩负历史重任。在其管辖的鳊鱼溪至忠县陶家石盘河段，98% 以上的班组都在 135 米以下，需撤除搬迁，几千座航道标志要重新设置，既要保证蓄水清库，又要确保蓄水过渡期的航道正常维护。长江重庆航道局确保了山区航道平稳过渡至库区航道。

2003 年 6 月 1 日上午 9 时，随着三峡水利枢纽梯级调度中心发出“三峡工程正式下闸蓄水”的指令，三峡大坝泄洪段 22 个导流底孔中 19 个底孔的闸门先后关闭，水库开始正式蓄水。当日上游水位共上升 0.8 米，比计划略高，总库蓄水到 37.05 亿立方米，坝前水位达 107.4 米，三峡水库回水达忠县境内。

2003 年 6 月 2 日，上游水位上升 3.7 米，比计划高 0.6 米，坝前水位达 111.26 米，总库蓄水

达45.67亿立方米。6月1日到2日，实际蓄水量1.5亿立方米，三峡水库回水末端已达石宝寨。重庆段回水顶托已影响到巫山、奉节、云阳、万州。巫山水位2003年6月1日107.27米，2日下午2时，水位提升到111.05米，提升约3.7米；奉节水位6月1日107.75米，2日下午2时已达到111.26米，上涨约3.5米；万州水位6月1日110.6米，2日下午2时达112.92米，上涨约2.3米。

2003年6月3日，上游水位上升3米，比计划高0.1米，坝前水位114.1米，总库量52亿立方米，出库流量为3500立方米/秒，回水达忠县上端10公里处。下午2时，巫山水位113.94米，奉节水位114.13米，万州水位115.09米。

2003年6月4日，上游水位上升2.52米，比计划高0.13米，坝前水位达116.73米，总库容量58.9亿立方米，出库流量为每秒3500立方米，回水抵达忠县上端约15公里处。

2003年6月5日，上游水位上升2.72米，比计划高0.65米，坝前水位119.45米，总库容量66.55亿立方米，出库流量为3500立方米/秒，三峡水库回水抵达忠县上端40公里处。下午2时，巫山水位已达119.19米。从1日到5日，巫山水位共上涨12米；奉节水位达119.24米，5天上涨11米；万州水位达120.01米，5天上涨9米多。

2003年6月6日，巫山水位达121.80米，比5日上涨2.61米；奉节水位达122.2米，上涨2.76米，万州水位达122.57米，上涨2.56米。

2003年6月7日，三峡大坝坝前水位达124.06米，总库容量已达74.615亿立方米。

2003年6月8日，三峡大坝坝前水位达131.39米；巫山水位131.60米，比蓄水前上涨24.33米；奉节水位达到131.8米，比蓄水前上涨23.89米；万州水位达132.13米，比蓄水前上涨21.53米，库区坝前水位128.7米。当日云阳江段水位突破124米，有着1400多年历史的云阳老县城3.5公里长的双城路全部沉入江底。

2003年6月9日，上游水位共上升3.37米，坝前水位已达到131.89米，水库总容量达108.828亿立方米，出库流量为3500立方米/秒，水库回水末端已达涪陵附近。巫山水位134.65米，比蓄水前上涨26.9米；万州水位达134.94米，比蓄水前上涨24.34米。

2003年6月10日，凌晨6时左右，三峡永久船闸上游引航道开始进水。晚10时，坝前水位135米，三峡工程库区蓄水目标实现。

三峡大坝2003年6月1日下闸蓄水至6月10日晚10时，巫山水位上升29米，奉节水位上升30米，万州水位上升25米，忠县水位上升11米。

回水到达陶家石盘。三峡大坝水位抬升会造成江水回流，也就是所说的回水。2003年6月8日下午，回水到达忠县陶家石盘。三峡库区二期蓄水成库后，从忠县陶家石盘至涪陵李渡将形成一个长105公里的回水变动区。在回水变动区内回水线随江水流量的变化而上下移动。忠县陶家石盘是回水线上下移动的起始线，也是常年库区航道与天然航道的分界线，陶家石盘以下河段为常年库区航道。三峡工程二期蓄水成库后，从三峡大坝至忠县陶家石盘长389公里的航道通航条件将得到极大改善。

忠州三湾沉入江底。忠州三湾由折桅子、烂泥湾和倒脱靴3个弯槽组成，位于忠县水域，全长不过14公里，每个弯槽的曲度半径都比较小，水也不深。其中，折桅子在涨水季节水流条件极坏，船舶驾引人员操作稍有不当，上水会“打张”，下水会“打枪”，冲上岸边的碛坝或石梁。以前，在该段航道的南岸石壁上刻有“对我来”3个大字，据说是由清代乾隆年间长江船民所刻，目的是提醒下水船舶必须正对着该石壁才能顺利下行，否则就会折断桅杆，船翻人亡，折桅子航道因此得名。烂泥湾是三湾中最浅的航道，船行此地极易搁浅。倒脱靴是名副其实的弯道，在螃蟹碛附近1公里的航道范围内，航道部门就配布了6座航标，创长江航道航标配布密度之最。忠州三湾是川江船舶航行最危险的地方，川江每年发生大小海损事故100余起，约10%都出现在三湾水域。

2003年6月8日上午，随着库区水位抬升，一向被船舶视为“鬼门关”的忠州三湾航道沉入江底。忠州三湾是135米蓄水期最后一个被江水淹没的航段。当日，长江重庆航道局三峡蓄水现场指挥部在万州宣布，川江陶家石盘以下的所有浅滩航道从此消失。

巴阳峡结束洪水期不能夜航的历史。位于重庆万州与云阳交界处的巴阳峡是川江最狭窄的峡谷河段，全长10余公里，其中航行控制河段8.7公里，多石梁，石槽，枯水期河道最宽只有102米，是川江上最长的控制河段，同时又是川江著名的弯、窄、浅、险、多雾河段，被行走川江的船舶称为长江的“咽喉”。这里水急礁多，船舶航行极易困边触礁，过往船只只能单行，一般需要等候两三个小时，最长的甚至要等候7个小时。每年洪水期，由于水流湍急，水态恶劣，夜行对船舶安全会造成严重威胁，因此，巴阳峡在这一时期就会禁止夜航。2003年6月6日上午，当三峡大坝强制蓄水进行到第六天时，巴阳峡水位达122米，其上游河面宽度已达500米，下游段达800米，上下河道宽度均已达到取消控制河段的技术要求，上下船舶从此可以畅通无阻。当日下午，长江重庆航道局三峡蓄水现场指挥部宣布取消巴阳峡控制河段，正式结束巴阳峡洪水期不能夜航的历史。

库区水位提升139米。经国务院批准，三峡工程水位2003年10月25日开始到11月5日20时提升到139米。此次举措有利于及早发挥三峡工程综合效益，较好地改善了葛洲坝下游航运的通航条件，可增加18.4亿立方米蓄水，增加三峡电厂发电量；提前安置139米水位线以下的三期移民，可减少三峡库区汛期遇超设计洪水时的临时淹没损失，有利于安全度汛和防洪应急预案的实施。

表8－22　**2003年135米三峡大坝蓄水期相关水文站（水位站）逐日水位表**

单位：米

日期	坝前水位	巫山	奉节	云阳	万州	忠县	丰都
6月1日	106.10	106.36	105.84	101.01	110.14	124.34	135.70
6月2日	109.97	110.01	110.32	103.70	121.31	124.06	135.00
6月3日	113.16	113.23	113.46	106.72	114.60	123.69	135.00
6月4日	115.72	115.79	115.98	109.58	116.90	124.32	135.10
6月5日	118.42	118.43	118.71	112.48	119.43	124.32	135.50
6月6日	121.20	121.19	121.36	115.33	121.92	125.60	135.90
6月7日	123.81	123.84	123.98	118.24	124.48	127.37	136.90
6月8日	127.08	127.09	127.24	121.77	127.86	130.06	138.00
6月9日	130.71	130.76	130.90	131.04	131.32	132.51	137.90
6月10日	133.70	133.77	133.90	134.38	134.29	134.96	138.40

二、航标设置

2003年6月1日至10日，蓄水期时间较短，水位上涨幅度大，因此，航标调整幅度相对增大。航标的设置分岸标与浮标两大类。各航道站随着水位的上涨情况和因蓄水发生的航道变化实施动态管理，及时进行航标调整。岸标设置根据地形决定，岸坡陡峻地段距水面高程20米，较缓地段距水面高程15米。对少数岸标设置困难的采用浮标代岸标。浮标设置主要在石梁、石盘、孤石上设标。经航道职工的不懈努力，奉节航道处碚石、巫山和臭盐碛3个航道站所维护的巫峡、夔峡峡谷中悬崖峭壁上的岸标，于2003年6月1日全部设置到135米标位。蓄水期间，长江重庆航道局共调标3354座次。

表8－23　三峡工程135米蓄水航标维护措施表

序号	河段	起讫里程	首次蓄水期维护措施
1	鳊鱼溪—朽石子	145.0～169.0公里	白天只设置过河标，其余岸标不设置；夜间维护灯标。但鉴于蓄水初期水位上升快，日涨幅可达5～6米，航道及船舶对航道情况均未经历过，建议峡谷岸标暂不维护，行船不夜航，以策安全
2	朽石子—大溪	169.0～197.0公里	按原航标维护进行航道维护，但水位涨快，且类似新开辟的航道，建议船舶不夜航
3	大溪—滟预石	197.0～204.0公里	白天只设置过河标，其余岸标不设置，夜间维护灯标。但鉴于蓄水初期水位上升快，日涨幅可达5～6米，航道及船舶对航道情况均未经历过，建议峡谷岸标暂不维护，行船不夜航，以策安全
4	滟预石—万州	204.0～332.0公里	按原航标维护进行航道维护，但水位涨快，且类似新开辟的航道，建议船舶不夜航
5	万州—陶家石盘	332.0～436.0公里	按原航标维护方式进行
6	陶家石盘—涪陵	436.0～536.0公里	按原航标维护方式进行

三、航路改革

三峡工程完成135米蓄水后，长江重庆航道局鳊鱼溪至忠县河段从天然山区航道平稳过渡到库区航道，不仅水深和航宽大幅度增加，而且水流趋于平缓，航道等级提高，通航里程延长。随着三峡库区条件好转，航行船舶密度逐渐增加，水上交通格局、航运发展形势和通航环境发生了很大变化。但是库区船舶交叉频繁，避让无所适从，船舶航行、停泊秩序和避让行为亟待规范，原来的航标设置和航行规则已不适应库区航运发展的需要，存在的通航安全隐患不利于库区水运的发展，制约了三峡工程航运效益的充分发挥。党中央、国务院领导十分重视三峡库区的安全问题，交通部党组对库区安全也非常重视，交通部部长张春贤、副部长洪善祥多次到三峡库区进行考察和调研。

2003年7月26日，根据蓄水后的库区航道现状及水运发展需求，交通部党组召开扩大会议，决定在三峡库区实施航路改革。9月18日，交通部颁发《长江三峡库区船舶定线制规定（试行）》，使川江千百年形成的“上水走缓流，下水走主流”的习惯发生改变。三峡库区航路改革是发展库区水运生产力，打造库区水上高速通道，加快西部大开发的一项重大举措，同时也是川江航道人多年的梦想与渴望，被誉为“天子一号”工程。

船舶定线制简介：船舶定线制又称为分道通航制，即“上、下行船舶各行其道，各自靠右，避免交叉，规范、有序、安全”。它产生于20世纪50年代。世界上著名的繁忙水道，如博斯普鲁斯海峡和劳伦斯河均实施了分道通航制。中国在烟台的成山头、大连的大三山水道、长江口水域、长江江苏段和香港也实施了分道通航制。至2002年年底，世界上已有120多个地区建立了分道通航制。从国内外的实践来看，定线制的实施对降低碰撞事故发生的概率起着非常显著的作用。在三峡库区实施船舶定线制，预示着水上交通主管部门已把先进的海事管理理念从海上延伸到了川江，引进了库区水域，预示着三峡库区水域的通航环境和通航秩序有了跨越式改善。

2004年1月1日，实施《长江三峡库区船舶定线制规定（试行）》，原则和特点以TMO（船舶定线制的一般规定）为指导，紧密结合长江三峡库区实际，按照“减少航路交叉，避免碰撞事故；规范船舶航路，促进航运发展；严格过错责任，加强监督管理”的原则，要求船舶各自靠右舷一侧通航分道航行，未按通航分道航行的船舶避让沿通航分道航行的船舶；并设置3处控制航段、8

处通航条件受限制航段、12处警戒区和77个停泊区。船舶定线制规定于2003年10月1日起，在三峡库区湖北境内三峡大坝上游禁航线至鳊鱼溪河段施行；自2004年1月1日起，在三峡大坝至忠县长江大桥三峡库区全河段实行。

《长江三峡库区船舶定线制规定（试行）》确定了新的船舶航行和避让原则，首次在川江实现了船舶分道通航，并减少了控制航段的长度和时间，最大限度地消除了川江原有的船舶通航方面的限制，实现了“上、下行船舶各行其道、各自靠右、避免交叉、规范有序、保障安全”的目标，简化了船舶避让关系，建立了新的航行权利和义务，提高了三峡库区航行安全保障和通行能力。《长江三峡库区船舶定线制规定（试行）》是继2003年7月长江江苏段实行船舶定线制以后，在长江上游对航行船舶实行分道航行的一种航行制度。它突破了川江原有的船舶航行习惯，是对川江船舶“看水走船”传统航行方法实施的一次全面的、彻底的改革。

《长江三峡库区船舶定线制规定（试行）》共分7章38条，适用范围为长江三峡围堰发电期三峡大坝上游禁航线（不包括上游引航道）至忠县长江大桥（长江上游用航道里程418.8公里）水域，全长369.7公里。

表8-24　**三峡库区135米蓄水期分边航行标志中岸浮标兼有的标志配布情况表（鳊忠段）**

序号	标名	岸别	里程（公里）	标志配布	所辖处
1	青岩子	左	233.2	A141↓　△141↑	奉节处
2	马坎	左	237.0	A140↓　△140↑	奉节处
3	垮洪桥	左	277.0	A137↓　△137↑	万州处
4	平明滩	左	283.6	A148↓　△148↑	万州处
5	兔子坝下	右	411.0	△136↓　A136↑	丰都处
6	兔子坝上	右	411.8	△136↓　A136↑	丰都处
7	观音阁	右	420.6	A150↓　△150↑	丰都处
8	白和尚	右	421.3	A150↓　△150↑	丰都处

表8-25　**三峡库区135米蓄水期分边航行通航支流河口标志配布情况表（鳊忠段）**

序号	河流名称	岸别	里程（公里）	标位名称	标志配布	所辖处
1	鳊鱼溪	左	145.1	鳊鱼溪河口下	△	奉节处
2	神女溪	右	155.5	神女溪河口上	△	奉节处
3	大宁河	左	169.9	大宁河口下	△	奉节处
4	大溪	右	196.5	大溪河口上	△	奉节处
5	草堂河	左	203.5	梅溪河口下	△	奉节处
6	梅溪河	左	207.7	梅溪河口下	△	奉节处
7	朱衣河	左	216.1	朱衣河口下	△	奉节处
8	新津口	右	267.5	新军口河口上	△	万州处
9	汤溪河	左	271.4	汤溪河口下	△	万州处
10	双江	左	298.0	双江河口下	△	万州处

表 8－26 **三峡库区航道鳊鱼溪至蓝家沱河段航标分类情况表**

航道类型	航道起讫点	维护里程（公里）	设标总数	航行标志						信号标志			备注
				侧面岸标	侧面浮标	左右通航标	岸浮交替标	过河标	横流标	通行信号标	鸣笛标	界限标	
库区航道	鳊鱼溪至忠县	277.9	676	445	194	10	8			7	6	6	船舶定线制鳊鱼溪至忠县长江大桥135米库区航道划至陶家石盘包括嘉陵江口1.2公里
	忠县陶家石盘	13.1	18	13	5								
变动回水区航道	陶家石盘至剪刀峡	115.0	399	86	243	2		36	13	7	6	6	
	剪刀峡至娄溪沟	124.8	475	136	239	4		30	22	14	14	16	
重点标航道	娄溪沟至蓝家沱	67.6	63		52					3	4	4	

发布航路改革施工《航道通告》。2003 年 9 月 17 日，长江重庆航道局就鳊鱼溪至忠县库区河段航路改革航标建设启动，向长江航运各轮船公司船舶发布《航道通告》。主要内容有施工时间、施工期航道维护及船舶注意事项。三峡库区航路改革航标建设工程施工拉开帷幕。

启用库区新航标。2003 年 12 月 10 日，长江航道局发出《关于启用三峡库区航路改革河段（鳊鱼溪至忠县）新建航标工作的通知》，长江重庆航道局接到传真后立即制订工作计划，组织物资器材、设备、设施，供应到位。2003 年 12 月 12 日，长江重庆航道局发布鳊鱼溪至忠县河段新建航标设置、调整工作的航道通电和航道通告。2003 年 12 月 15 日，召开鳊鱼溪至忠县河段新建航标启用工作宣传会，向船舶单位介绍启用新建航标的航道维护安排以及驾引人员对引用航标的注意事项。

2003 年 12 月 20 日，长江重庆航道局工作组分赴基层，会同奉节、万州、丰都处工作组对辖区新建航标进行拉网式检查。2003 年 12 月 23 日，长江重庆航道局发布鳊鱼溪至忠县河段新建航标于 12 月 25 日正式启用的航道通电和航道通告。在培石、万州和忠县长江大桥 3 处悬挂“长江三峡库区航路改革新建航标于 12 月 25 日正式启用”的宣传横幅。

2003 年 12 月 25 日，库区新建航标正式启用，航道站撤除过河标，相应标位按设计配布调整、设置，启用新建航标，鳊鱼溪至忠县河段从当日 18 时起无过河标灯，所有标志于当日晚上起按设计灯质发光。即：奉节长江公路大桥 1 号标以下，侧面浮标、岸标为定光，通航支流河口左右通航标为白色三闪光灯，奉节从长江公路大桥 1 号标起及以上侧面浮标、岸标按航标编号单号单闪光，双号双闪光，通航支流河口左右通航标为白色三闪光。新建航标的正式启用，确保了 2004 年 1 月 1 日库区航路按《长江三峡库区船舶定线制规定〈试行〉》正常运行。

表 8－27 **库区航路综合指示牌配布表**

类别	安装区域	距宜昌里程（公里）	备注
支叉河口指路牌	鳊鱼溪	145	长江左岸
支叉河口指路牌	神女溪	156	长江右岸
支叉河口指路牌	大宁河	169.5	长江左岸

续前表

类别	安装区域	距宜昌里程（公里）	备注
支叉河口指路牌	大溪	196.8	长江右岸
支叉河口指路牌	草堂河	203.5	长江左岸
支叉河口指路牌	梅溪河	206.5	长江左岸
支叉河口指路牌	朱衣河	216	长江左岸
支叉河口指路牌	磨刀溪	267.8	长江右岸
支叉河口指路牌	汤溪河	271.8	长江左岸
支叉河口指路牌	双江河	297.9	长江左岸
综合地名指路牌	巫山	174.8	长江右岸
综合地名指路牌	奉节	214.8	长江左岸
综合地名指路牌	万州	323	长江左岸
综合地名指路牌	忠县	422	长江左岸

表 8－28　　**三峡成库前后丰都至大坝间相关水位站水位值与水深增加值情况表**

	三峡大坝	巫山	奉节	云阳	万州	忠县	丰都	备注
水位站水尺零点高程（米）		62.96	74.80	84.00	99.98	11.70	131.39	
135 米水面高程（米）	135.0	135.0	135.0	135.0	135.0	135.0	135.35	寸滩来水量每秒 3000 立方米
水深增加值（米）		72.0	60.2	51.0	35.0	18.0	4.0	
139 米水面高程（米）	138.98	138.94	138.99	138.98	139.12	139.14	139.30	三峡入库流量每秒 4700 立方米
寸滩来水量 3700 立方米/秒水深增加值		76.0	64.2	55.0	39.1	22.1	7.9	

四、库区支流航道变化

三峡库区，重庆市境内支流航道众多，呈叶脉状向长江干流汇集。成库前，全市通航河流 65 条，通航里程 2963.84 公里，航道特点是水浅、滩多、流急、礁石多，河槽变化大。除嘉陵江、乌江以外，大多支流属等外级航道或季节性航道。

三峡成库后，库内支流航道变深、变宽，水流变缓。同时以前一些溪沟蓄水后也变成了支流。三峡工程蓄水的同时，进行了支流的清库及蓄水的配套整治，新增了通航河流，提高了航道等级，增加了通航里程，使通航条件得到史无前例的改善。一般支小河流可通行 500～3000 吨级自航船，最大的可通行 5000 吨级船舶。支流航道已成为长江干支直达，开展多式联运的重要通道。

2003 年 6 月三峡工程 135 米蓄水，重庆市新增支流航道 51 条，新增通航里程 111.32 公里，重庆市通航支流达 116 条，通航里程 3075.16 公里。随着三峡工程 156 米蓄水，以及最终 175 米蓄水，通航支流及通航里程还将增加。据有关部门及专家预测，三峡工程按 175—155—145 米运行，回水变动段的港口及航道会产生泥沙淤积的现象，水库消落期这些段航道将保持自然的流量和流速。

第二章　嘉陵江航道重庆段及支流

嘉陵江是长江上游左岸的一条主要支流，干流全长 1119 公里，落差 2300 米，平均比降 2.05‰，流域面积 15.98 万平方公里，占长江流域面积的 9%。嘉陵江发源于陕西省凤县秦岭南麓，向西流经陕西、甘肃、四川、重庆四省市。干流分为东西两源，东源出自陕西省凤县以北的秦岭镇，向南流经甘肃省徽县至陕西省略阳县两河口，与源自甘肃省礼县的西汉水相汇，于阳平关入川，经广元、苍溪、阆中、南部、蓬安、南充、武胜至桐子壕船闸进入渝境（在渝境内长 172 公里，为嘉陵江中下游段，流域面积9262 平方公里），沿途接纳白龙江、东河、西河，在合川又与主要支流渠江、涪江相汇，构成巨大的扇形向心树枝状水道网络，再向东南流经北碚抵重庆主城区于朝天门汇入长江。

嘉陵江干流广元市以上称上游，河段长约 380 公里；广元至合川称中游，河段长约 645 公里，落差 284 米，平均比降 0.44‰；合川至河口称下游，河段长约 95 公里，落差 27.5 米，平均比降 0.29‰。桐子壕船闸至合川 77 公里处于中游，平均比降 0.43‰，河道蜿蜒曲折，边滩阶地发育，其中从古楼乡的水观音至合川 59 公里处于嘉陵江中游，平均比降 0.36‰；合川至重庆 95 公里处于下游，河道较为顺直，水势平缓，平均比降 0.3‰。河流横穿华蓥山背斜，形成窄深“V”形河谷形态，构成沥濞峡、温塘峡、观音峡 3 个峡谷，河床以砂卵石为主，两岸阶地发育，属川东弧形褶皱带。

第一节　嘉陵江航道重庆段

一、自然概况

嘉陵江流域内气候温和，湿润多雨，属亚热带季风区，具有夏热冬暖、光热同季、无霜期长、潮湿多阴的特点，全年平均气温 18℃。其雨量充沛，全年平均降雨量 1000 毫米。嘉陵江径流主要来源于降水，降水主要集中于每年 4～9 月，且多发暴雨或大暴雨，造成洪水频繁，洪水主要发生在汛期的 5～9 月，洪水过程线多呈暴涨陡落形式，下游洪水多呈双峰或多峰型，峰高历时短，峰顶持续时间约 4 小时左右，具有典型的山区河流特点。枯水则在 12 月至次年 3 月，水位较为稳定。8 月流域受太平洋副高压气候影响，常有伏旱。实测最大流量每秒 44800 立方米，最小流量每秒 242 立方米，多年平均流量每秒 2160 立方米，年径流量 681 亿立方米（北碚水文站）。平均比降 0.29‰，一般流速每秒 2.0 米。

嘉陵江流域地质情况按地貌成因和形态分为三类：侵蚀堆积阶地及漫滩、构造剥蚀丘陵、剥蚀和侵蚀溶蚀低山。区内出露地层有寒武系、奥陶系、志留系、二叠系、三叠系和侏罗系。其中侏罗系地层厚度最大，分布面积最广，三叠系次之，其他地层主要出露在背斜核部地段。此外，第四系松散层零星分布在沿江两岸。

嘉陵江在渝境内航道里程 172 公里。其中，桐子壕船闸至合川 77 公里河段属嘉陵江中游段，现航道维护等级为Ⅴ级，航道维护尺度为1.3×（25~30）×（250~300）米，通航保证率95%，可通航100~300吨级船舶。合川至重庆段95公里为下游，2003年航道维护等级为Ⅳ级，航道尺度保持在1.5×40×400米（航深×航宽×弯曲半径），可通航300~500吨级船舶，通航保证率为95%。嘉陵江渝境段已建、在建桥梁的净空均满足Ⅲ级航道通航标准。

二、滩险及其治理

（一）滩险

嘉陵江重庆段航道处于嘉陵江中、下游段，地势起伏平缓，为低山丘陵区。嘉陵江两岸岸坡陡峻，一般由基岩组成。该河段河床多为卵石或砂卵石覆盖，局部河床有石梁、突嘴伸入河槽，形成过江石龙或暗礁，航道较弯曲，有滩险67处。

表8-29　　**嘉陵江重庆段滩险情况表**

序号	滩名	位置	距河口里程（公里）	河床地质	成滩水位	碍航类型及特点	航道特征值				滩长（公里）	枯水河宽（米）
							漕深（米）	漕宽（米）	弯曲半径（米）	流速（米/秒）		
1	斗笠口	古楼镇	146.4	卵石		浅	1.2	20	300	1.3	0.7	
2	金钟碛	古楼镇	145.3	卵石		浅	1.3	15	400	2.4	0.6	
3	沙湾滩	金子镇	143	卵石		浅	1.2	30	400	1.7	0.76	
4	犀牛子	金子镇	140	卵石		浅	1.2	30	400	1.5	1.08	
5	老官灯	金子镇	139	左岩盘 右卵石		浅	1.3	30	400	1.0	0.7	
6	米口子	大石镇	137	卵石		浅	1.2	20	400	1.8	0.7	
7	母猪石	大石镇	136	卵石		浅	1.2	35	400			
8	紫金滩	大石镇	135	卵石		浅	1.5	30	400	1.5	0.6	
9	竹林阁	大石镇	132.5	卵石		浅	1.2	25	450	2	0.9	
10	龙会桥	泥溪镇	129	卵石		急窄	1.1	25	400	1.05	0.63	
11	老鸦浩	泥溪镇	124	卵石		无	0.9	25	500	1.44	2.5	
12	肖门滩	泥溪镇	123	卵石		浅	1.2	35	400	2.7	1.0	
13	石门滩	泥溪镇	121	石盘		险	1.3	30	300	2.0	1.05	
14	茅草石	泥溪镇	118	卵石		浅	1.2	40	300	1.8	1.3	
15	洒水滩	云门镇	114	卵、礁石		急	1.2	20	500	2.8	0.9	
16	鸡翅拐	云门镇	113.5	卵、礁石		浅窄	1.2	30	500	1.7	0.6	
17	石牛庵	云门镇	112	卵石		浅窄	1.2	35	350	2	0.7	
18	方吼石	云门镇	109	卵石		浅窄	1.2	30	300	1.4	0.5	
19	石鸭了	云门镇	107	卵、礁石		浅窄	1.2	30	300	3.1	0.9	
20	包家滩	云门镇	105	卵石		无	1.2	40		3.1		
21	瓦窑滩	云门镇	104	卵石		浅	1.2	40	600	1.5	0.8	
22	渠河嘴	云门镇	103	卵石		浅	1.2	25	320	1.02	1.4	
23	杨柳碛	钓办	102	卵石		浅	1.2	40	320	2.6		
24	鹞子岩	钓办	101	卵石		无	1.2	30	700	1.8	1.05	

续前表

序号	滩名	位置	距河口里程（公里）	河床地质	成滩水位	碍航类型及特点	航道特征值				滩长（公里）	枯水河宽（米）
							漕深（米）	漕宽（米）	弯曲半径（米）	流速（米/秒）		
25	花滩子	钓办	98	卵石 礁巴石		无	1.2	30	700	1.7	0.79	
26	三伏滩	钓办	97.5	卵石 礁巴石		浅	1.5	20	740	2.0	0.3	
27	黑龙滩	钓办	94.5	卵石 石盘		浅急	1.3	30	400	3.0	0.6	
28	茅箭滩	钓办	94	卵石		浅	1.5	50	400	1.9	0.4	
29	千金滩	钓办	93	卵石		浅	1.5	40	350	1.3	0.78	
30	张公滩	钓办	90.5	卵石		无	1.2	40	400	1.0	0.9	
31	卷耳子	东办	86.8	卵石		浅	1.5	40	2000	2.5	0.9	
32	猪卷门	东办	84	左暗碛 右卵石		险	1.5	40	400	2.0	0.55	
33	蔡家滩	草街镇	83	卵、礁石		窄	1.5	40	350	3.1	1.08	
34	大照镜	草街镇	81	卵、岩石		浅险	1.2	40	450	2.5	0.6	
35	小照镜	草街镇	80	卵、礁石		中水险	1.5	40	400	2.8	0.6	
36	盐坎子	草街镇	79	卵石		礁石 中水险	1.7	40	400	2.5	0.7	
37	回龙滩	草街镇	78	卵石		礁石 中水险	1.5	40	400	3.0	0.5	
38	巨梁滩	盐井镇	77	卵、礁石		险	1.5	40	430	2.1	0.35	
39	虬门滩	草街镇	70	卵石		弯浅险	1.3	40	400	2.1	1.06	
40	铁炉滩	草街镇	68.4	卵石		上口浅	1.5	35	720	3.0		
41	香盘石	草街镇	68	卵石		浅	1.5	40				
42	二郎滩		67	礁卵石	枯水	浅、急	1.2	35	450	2.5		80
43	斑鸠背		66	卵石	枯水	典型过渡段浅滩	1.4	40	400			250
44	锅铲石		60.1	砂卵石	枯水	暗礁	1.5	40	400	2.0	0.80	
45	础石滩		60	卵石	枯水	边滩不稳定	1.2	35	>400		0.2	80
46	狗脚湾		59	卵石	枯水	急、险、窄	1.4	30	200	2.2		250
47	红眼碛		58	卵石	枯水	间年出浅	1.5	40	400		0.4	220
48	朱家沱		57	卵石	洪水	暗矶	2.2	>40	>400			280
49	白鹤滩		51.3		枯水	礁石多，窄						
50	桌子角		48	岩盘	枯水	弯、窄、浅	1.5	30	200	2.1		
51	王家滩		46.5	卵石	枯水	礁石，	1.5	40	400		0.3	150
52	利　滩		35	卵石、石盘	枯水	浅、弯、险	1.3	35	320	2.0		130

续前表

序号	滩名	位置	距河口里程（公里）	河床地质	成滩水位	碍航类型及特点	航道特征值				滩长（公里）	枯水河宽（米）
							漕深（米）	漕宽（米）	弯曲半径（米）	流速（米/秒）		
53	徐家滩		31.4	岩盘	枯水	险、窄、弯	1.4	40	320			200
54	响水滩		29	石盘	枯水	礁石，浅	1.4	40	400			150
55	黑羊石		25	岩盘、卵石	枯水	礁石，浅、窄、险	1.3	30	400	2.5		150
56	黄果碛		24	砂卵石	枯水	浅	1.3	50	400			200
57	猪儿碛		22	礁卵石	枯水	礁石	1.7	70	400	2.5		300
58	简家梁		19	砂卵石	枯水	弯、浅、窄	1.4	30	<200		0.9	200
59	飞缆子		17.5	岩盘、卵石	枯水	礁石多，急、窄、弯、浅	1.3	40	400	2.5	1.7	140
60	油榨碛		17	卵石	枯水	浅	1.3	>40	>400	3.0		160
61	蛮子滩		15	卵石	枯水	宽矶坝、槽窄	1.6	50	>400			200
62	中渡口		12	砂卵石	枯水	浅、窄	1.2—2.4	40	>400		0.4	550
63	土湾滩		11	石质	中枯水	浅、	1.3	40	550		1.0	
64	猫儿石		8	卵石	枯水	水流散乱、浅	1.5	60	>400			200
65	红沙碛		6.5	砂石、石盘	枯水	窄、浅	1.6	35	>400	2.5		120
66	金沙滩		2.5	砂卵石	洪枯水	浅	1.5	60	>400			200
67	临江门		1.5	砂卵石	洪水	洪期落淤出浅	1.8	60	>400			180

（二）治理

嘉陵江合川段草街至河水湾85公里航道，由合川航道管理段管辖。1986～2005年，除常年疏浚、航标配布维护，大的专项整治工程不多。1986～1992年实施一些工程量在几百立方米的补筑坝工程。

表8－30 **嘉陵江合川段补筑坝工程表**

地点	时间	方式	工程量（立方米）
巨梁滩	1986年12月	筑坝	550
瓦窑滩	1987年3月	筑坝	270
茅草石	1987年6月	补坝	380
肖门滩	1988年1月	补坝	550
肖门滩	1989年12月	筑坝	500
老鸦浩	1990年3月至4月	补坝	650
瓦窑滩	1991年4月	补坝	650
瓦窑滩	1992年4月	补坝	650

表 8－31　　1986～2005 年嘉陵江航道工程整治与维护情况表

年份	疏浚（立方米）	航标		筑、补坝		炸礁（立方米）	信号台		航道维护费（元）
		设标（座）	维护（标/天）	筑坝（立方米）	补坝（立方米）		座	过船量（艘）	
1986	21107	270	12919		550		3	60713	131300
1987	24925	218	13344		570		3	51536	131634
1988	12106	181	11083		550		3	40669	148580
1989	16587	169	10869	500			3	72028	159405
1990	11825	157	9202		650		3	39242	
1991	23230	183	12398		650		3	28369	190617（其中专项工程 39000 元）
1992	9205	155	10336		650		3	21501	362884（其中专项工程 140316 元）
1993	2580	58	7846				3	23338	246955
1994	500	87	3061				3	24922	274769
1995	4000	29	739				3	24921	289709
1996		62	2762				3	23038	
1997	29685	193	13799				3	22629	422624
1998	27500	196	11127				3	18016	366000
1999	15400	391	13599				3	28929	440000
2000	10000	642	14534				3	31497	449288
2001	23460	425	13390				3	34065	
2002	25470	430	10372				3	41087	
2003	19835	275	10763				3	25297	
2004	39205	297	17758				3	54587	
2005	58550	267	14237				3	61666	

注：2000 年 10 月体改后至 2005 年，嘉陵江、涪江、渠江三江合川段每年航道维护经费合计 27 万元

合川草街至河口段 68 公里，由嘉陵江航道管理段管辖。从 1958 年到 20 世纪 70 年代末，进行 4 次大规模的航道整治及专业航道维护。1986～2005 年，除日常维护性疏浚外，基本没有进行过大的整治工程。

表 8－32　　嘉陵江滩险整治维护情况表

序号	滩险名称	整治时间	整治维护方式	整治前	整治后
1	二郎滩	1958 年、1965 年	挖泥、切咀、疏浚	流急、易触礁	航道稳定、条件较好
2	斑鸠背	1958 年、1969 年	筑坝、疏浚	偶尔流态不佳	条件较好
3	锅铲石	不详	炸礁、疏浚	暗礁多，易触礁	稍好，但仍有暗礁
4	础石滩	20 世纪 70 年代	疏浚	易出浅	有少量回淤，仍需重复疏浚

续前表

序号	滩险名称	整治时间	整治维护方式	整治前	整治后
5	狗脚湾	1958 年、2006 年	筑坝、炸礁、疏浚、切嘴	河道异常弯曲，多石咀和礁石	1958 年开槽未成功，2006 年作为专项整治后开槽成功，效果较好。
6	红眼碛	1965 年、1973 年	疏浚	常出浅	情况有好转，间年出浅
7	朱家沱		未进行大的整治	偶尔出浅	
8	白鹤滩		未进行大的整治	偶尔出浅	
9	桌子角	1959 年、1960 年、1962 年	炸礁、疏浚	弯、窄、浅	航行条件有改善，仍需整治
10	王家滩	1958 年	炸礁、疏浚	窄、浅	有改善
11	利 滩	1958 年、1959 年、1961 ~ 1964 年、1965 年、1970 年、1971 年	炸礁、筑坝、疏浚	浅、弯、险，易出海事	条件有改善，未根本解决航行困难问题
12	徐家滩	1944 年、1959 年、1960 ~ 1964 年	炸礁、疏浚、筑坝	浅、窄、险、弯	枯水仍存在浅窄弯曲
13	响水滩	1959 年、1975 年	炸礁、疏浚、筑坝	浅，礁石多，易触礁	有改善，但偶尔仍出浅
14	黑羊石	1971 年、1972 年	炸礁、疏浚、筑坝	浅，礁石多、易触礁	有改善，但枯水期仍浅
15	黄果碛	1963 年、1979 年	疏浚	浅	有改善
16	猪儿碛	1945 年	筑坝、疏浚	浅，礁石多，易触礁	筑坝效果好，条件改善
17	简家梁	1965 年、1973 年	疏浚	弯、窄、浅	流态较好，有改善
18	飞缆子	1959 年、1960 年、1964 年、1965 年	炸礁、疏浚、筑坝	窄、弯、急、浅	条件有改善，仍需治理
19	油榨碛	1958 年、1971 年	炸礁、疏浚、筑坝	急、浅、窄	航槽仍不稳定，仍需每年维护
20	蛮子滩		疏浚	浅、窄	条件有改善
21	中渡口	1976 年、1978 年	疏浚	浅	条件有改善，仍需炸礁
22	土湾滩			浅	需炸礁、疏浚
23	猫儿石	1945 年、1958 年、1963 年、1978 年	筑坝、疏浚	浅、窄	条件有改善
24	红沙碛	1959 年、1960 年	炸礁、疏浚	多礁石、窄、浅	仍有出浅和航行条件不佳
25	金沙滩	1978 年	疏浚	浅	有改善
26	临江门		疏浚	浅	有改善

除上表中所列年份外，其余年份对部分主要碍航滩险均在枯水期进行正常维护性疏浚。

三、助导航设施

（一）航标

嘉陵江合川段草街至河水湾全长 85 公里航道有滩漕 41 处，分布较为固定的助抗标位，其中航行标志55座，含桥涵标2座（合阳虹桥）。此外，草街、茅箭滩、老鸦浩、磨盘滩、紫金滩、老官灯、关家渡等滩漕在20世纪90年代初曾分布有13座航行标。由于没有拖带船队航行，这些滩漕通过常年维护疏浚整治后完全能够保证单船顺利航行，因此已经多年没再设置航标。

信号标志9座，虬门、沙溪、泥溪信号台各3座。

专用标志6座。其中盐井左岸码头腾辉水泥厂浮鼓1座，合川溪子口上游右岸老堤至黄毛嘴间，水厂水下管线标1座，民生电力公司（合川天然气公司）水下管线标1座，左岸盐化公司水下管线标1座，民生电力公司水下管线标2座。

嘉陵江航道河口至北碚段58公里为一类维护，设置一等航标154座；北碚至草街段为三类维护，设置三等航标10座。

（二）信号台

嘉陵江合川段河水湾至草街航道内有信号台4座。2005年正常开班3座，其中老鸦浩信号台因地势关系，对讲机失效，无法与泥溪信号台（石门信号台）联合通信，从未开班，于1988年报废。

表8－33　**合川航道管理段信号台情况表**

台名	建台时间	位置	控制河段	滩险类别航道面貌	开班时间	开班条件
虬门	1946年	距河口72公里虬门右岸	虬门滩1.06公里	卵礁石、航道浅、弯、窄、险	日出至日落	6米以下
沙溪	1946年	距河口78公里沙溪右岸	回龙滩0.05公里	卵礁石、航道弯曲、狭窄、险	日出至日落	4.5米以下
泥溪	1965年	距河口121公里石门左岸	石门滩1.05公里	石盘、航道浅、险、礁石碍航	日出至日落	8米以下
老鸦浩	1980年	距河口124公里老鸦浩左岸	老鸦浩2.5公里	石盘、航道浅、险、礁石碍航	—	1.5米以下

嘉陵江航道管理段辖区草街至河口段航道内有信号台9座。

表8－34　**嘉陵江合川草街至河口段通行信号台控制河段情况表**

台名	岸别	控制河段界限						信号台维护航段的航道情况	控制水位（米）			昼夜台或白班台	联合或单台
		上游			下游								
		岸别	地名	距河口里程数（公里）	岸别	地名	距河口里程数（公里）		控制长度	控制水尺	控制水位		
石门	右岸	右岸	石门中堆	12	左岸	礁巴石	10.5	弯、窄、浅、急、视线不通	1.5	顺水寺	3.0↓	昼夜台	单台

续前表

<table>
<tr><th rowspan="3">台名</th><th rowspan="3">岸别</th><th colspan="6">控制河段界限</th><th rowspan="3">信号台维护航段的航道情况</th><th colspan="3">控制水位（米）</th><th rowspan="3">昼夜台或白班台</th><th rowspan="3">联台或单台</th></tr>
<tr><th colspan="3">上游</th><th colspan="3">下游</th><th rowspan="2">控制长度</th><th rowspan="2">控制水尺</th><th rowspan="2">控制水位</th></tr>
<tr><th>岸别</th><th>地名</th><th>距河口里程数（公里）</th><th>岸别</th><th>地名</th><th>距河口里程数（公里）</th></tr>
<tr><td>简家梁</td><td>右岸</td><td rowspan="2">右岸</td><td rowspan="2">挂膀山</td><td rowspan="2">19.4</td><td rowspan="2">左岸</td><td rowspan="2">黑石盘</td><td rowspan="2">17.4</td><td rowspan="2">弯、窄、浅、险、急、流态紊乱、视线不通</td><td rowspan="2">2.0</td><td rowspan="2">顺水寺</td><td rowspan="2">3.0↓</td><td rowspan="2">昼夜台</td><td rowspan="2">联台</td></tr>
<tr><td>黑石盘</td><td>左岸</td></tr>
<tr><td>黑羊石</td><td>左岸</td><td>左岸</td><td>猴子石</td><td>26.5</td><td>左岸</td><td>王家梁</td><td>24.8</td><td>弯、窄、急、险、视线不通</td><td>1.7</td><td>柏溪</td><td>1.5↓</td><td>白班台</td><td>单台</td></tr>
<tr><td>柳吊溪</td><td>左岸</td><td rowspan="2">左岸</td><td rowspan="2">余家背</td><td rowspan="2">36.3</td><td rowspan="2">左岸</td><td rowspan="2">草鞋沱</td><td rowspan="2">34.2</td><td rowspan="2">弯、窄、浅、急、视线不通</td><td rowspan="2">2.1</td><td rowspan="2">利滩</td><td rowspan="2">3.0↓</td><td rowspan="2">白班台</td><td rowspan="2">联台</td></tr>
<tr><td>草鞋沱</td><td>左岸</td></tr>
<tr><td>三胜</td><td>右岸</td><td>右岸</td><td>过年石</td><td>49.6</td><td>左岸</td><td>横梁子</td><td>47.9</td><td>弯、急、流态紊乱视线不畅</td><td>1.7</td><td>水土</td><td>4.0↓</td><td>白班台</td><td>单台</td></tr>
<tr><td>金刚背</td><td>右岸</td><td rowspan="2">左岸</td><td rowspan="2">象鼻子</td><td rowspan="2">60.9</td><td rowspan="2">右岸</td><td rowspan="2">白土石</td><td rowspan="2">58.6</td><td rowspan="2">弯、窄、浅、急、流态紊乱、视线不通</td><td rowspan="2">2.3</td><td rowspan="2">北泉</td><td rowspan="2">4.0↓</td><td rowspan="2">白班台</td><td rowspan="2">联台</td></tr>
<tr><td>庙嘴</td><td>右岸</td></tr>
</table>

（三）水尺

嘉陵江合川段草街至河水湾 85 公里航道共有航行水尺 7 座，建于 20 世纪 60 年代末，1979 年 2 月 28 日，四川省交通厅嘉陵江航道养护段对 7 座航行水尺进行统一校核。

表 8－35　**嘉陵江合川段草街至河水湾水尺情况表**

编号	水尺地点	岸别	距河口里程（公里）	水尺控制范围起——止（公里）	水尺零点高程（米）		备注
					黄海	吴松	
1	虬门	右	70.4	二郎滩至虬门 2.7	178.378	180.055	1959 年平差
2	盐井溪	右	75.7	虬门至盐井溪 5.3	178.476	180.153	1959 年平差
3	母家溪	右	86.0	盐井溪至母家溪 10.3	183.435	185.112	1959 年平差
4	思居	右	105.7	母家溪至思居 19.7	190.578	192.255	1959 年平差
5	云门	左	110.2	思居至云门 4.5	192.154	193.831	1959 年平差
6	麻雀寨	右	119.4	云门至麻雀寨 9.2	194.785	196.479	东南部平差
7	母猪石	左	136.0	麻雀寨至母猪石 16.6	199.511	201.205	东南部平差

嘉陵江河口至合川草街68公里航道共有航行水尺13座，建于20世纪60年代末。1979年2月28日，四川省交通厅嘉陵江航道养护段对13座航行水尺进行统一校核。

表8－36　　**嘉陵江河口至草街水尺情况表**

序号	名称	水尺零点（米）	设计水位（米）	勘察时水位（米）			以同比降法推求各航行水尺在设计水位时的读数
				日　期	读数	水位	
1	牛角沱	161.540△	161.131	1966年2月28日	－0.35	161.190	－0.43
2	磁器口	164.429△	164.295	1966年2月28日	－0.27	164.159	－0.35☆
3	柏　溪	167.570	167.744	1966年2月27日	－0.1	167.470	－0.18
4	余家岩	169.493△	168.567△	1966年2月27日	－0.54	168.953	－0.62
5	利　滩	171.233△	172.211	1966年2月26日	－0.11	171.123	－0.19
6	悦　来	172.787△	172.979	1966年2月26日	－0.30	172.487	－0.38☆
7	水土沱	174.177△	173.877	1966年2月25日	－0.15	174.027	－0.23
8	白庙子	174.924△	174.434	1966年2月25日	－0.01	174.914	－0.09☆
9	北　碚	175.835△	175.031	1966年2月25日	－0.47	175.365	－0.55☆
10	北温泉	177.176	176.936	1966年2月25日	－0.10	177.076	－0.18
11	吴栗溪	180.318△	179.672	1966年2月24日	－0.05	180.268	－0.13☆
12	盐井溪	180.513△	182.050	1966年2月24日	－0.08	180.433	－0.16☆
13	阎王扁	185.110△	185.214	1966年2月23日	－0.08	185.030	－0.16

注：各航行水尺的零点高程和设计水位数据是根据嘉陵江整治指挥部1959年1月5日和2月20日瞬时水位观测成果的修正值，在数据后注有“△”符号者为原定值，最后一栏注有“☆”符号者为插入法推求，未注者为实测。以同比降法推求各航行水尺设计水位时的读数时，依北碚水文站推求。

四、航电枢纽工程建设

2005年5月18日，交通部以交水发〔2005〕199号文件批复同意《嘉陵江航运开发草街航电枢纽工程初步设计》。总工程于2005年9月15日开工，其中船闸工程于2005年12月开工。

草街航电枢纽工程位于重庆合川市境内草街镇附近的嘉陵江干流河段上，是嘉陵江干流自下而上规划的第二个梯级，工程上距合川市约27公里，下距嘉陵江河口68公里，是实现嘉陵江航运梯级开发的关键性工程。工程以发展航运为主要目的，兼有发电、拦沙减淤、灌溉等水资源综合利用效益。工程总投资53.3亿元，水电站安装4台机组，单机容量12.5万千瓦，总装机容量50万千瓦，年平均发电量20.18亿千瓦时。拦河大坝全长665米，最大坝高83米，正常蓄水位203米，总库容量24.08亿立方米。工程将淹没土地31969亩（其中农用地14963亩，河滩地16727亩，建设用地279亩），拆迁房屋44万平方米（其中农村房屋面积14万平方米，集镇房屋面积20万平方米，工矿企业房屋面积10万平方米）。测算至2008年需移民12768人（其中合川市11990人，铜梁县561人，北碚区217人）。枢纽按三级航道标准建设船闸1座，可通过2×1000吨级船队，年设计通过能力1050万吨。同时配套建设合川千斤滩港区，港区建1000吨级多用途、件杂、散货泊位各1个，年吞吐量105万吨。

该工程的建设具有明显的社会和经济效益。一是提高嘉陵江通航能力。2004年嘉陵江重庆段完成货运量约300万吨。随着西部大开发战略的实施，腹地内运输需求不断增长，预测2010年和2020年货运量将分别达到600万吨和1080万吨。工程建成后可渠化嘉陵江航道180公里（其中III

级航道70公里，Ⅳ级航道88公里，Ⅴ级航道22公里)，使本梯级以上嘉陵江干流70公里航道的通航船舶提高到1000吨级，还可以使支流渠江和涪江110公里航道由通航50吨级船舶提高到通航500吨级和300吨级船舶。二是该工程投产发电后，在一定程度上可以缓解重庆市电力供应紧张的状况。三是具有拦沙功能。可拦截嘉陵江泥沙进入长江，减少三峡库区和重庆市港口淤积。四是改善库区两岸农田的灌溉条件，并利用水库水面发展水产养殖，开发利用库区周围旅游资源。

按照已经批准的分标方案，主体工程共分为4个标段。通过公开招标，按招标文件、有关法律法规的规定进行公正、公平、科学的评标。纵向围堰及右岸扩挖标由中国安能建设总公司承建，合同金额19644万元，合同工期为2005年9月15日至2006年4月30日；船闸标由中交航务第一工程局承建，合同金额53269万元，合同工期为2005年11月2日至2009年5月30日。

嘉陵江草街航电枢纽工程

五、三峡工程蓄水对嘉陵江航道的影响

在三峡工程蓄水135米、156米时，嘉陵江航道仍处于自然状况。在三峡工程蓄水175米时，三峡工程在嘉陵江的库区范围达到了北碚区毛背沱（至嘉陵江河口55公里)，成库后按175—145—155米蓄水运行，枯水季节该河段具有水库的特征，航行条件有较大的改善。在汛期即水库消落期，该河段具有天然河段的特点，河心流速大，边滩及缓流区有泥沙淤积，通航条件较差。

第二节 涪江航道重庆段

一、自然概况

涪江是嘉陵江右岸的一条重要支流，发源于四川省松潘县雪宝顶山以东的卫风洞，流经平武、江油、绵阳、三台、射洪、遂宁、潼南等县市，在合川汇入嘉陵江，全长766公里，流域面积3.66万平方公里。涪江在三星大坝进入渝境，在渝境内长130.33公里，为涪江下游段。从三星大坝至合川鸭嘴依次建有三块石、莲花寺、富金坝（在建)、安居、渭沱5座枢纽，平均比降0.5‰。

涪江流域重庆段流域地质情况按地貌成因和形态分为3类：侵蚀堆积阶地及漫滩、构造剥蚀丘陵、剥蚀和侵蚀低山。区内出露地层主要为侏罗系及第四系地层，侏罗系地层厚度最大，分布面积最广，第四系松散堆积层主要分布在河床、漫滩及沿江两岸阶地。

涪江流域形状呈西北东南向的狭长条形，流域地势西北高、东南低，从与岷江分水岭雪宝顶海拔高程5588米起至河口海拔200米左右，相对高差超过5000米。涪江绵阳以上属上游河段，该段水流穿行于高山峡谷之间，河道滩浅水急，多险滩，落差较大，河道比降在6‰以上，无运输船舶通行，河床组成以卵石为主，河谷呈“V”形。绵阳以下至遂宁的206公里属中游，河道水面开阔，汊浩发育，水流分散，航槽不稳定，平均比降0.82‰，有滩138处，以卵石滩为主。遂宁至合川169公里属下游，河床较稳定，水流集中，航行条件较好，水面平均比降0.5‰，有滩79处，以卵石滩为主。

涪江系嘉陵江右岸最大支流，渝境内航道由部分库区和天然航道组成，库区航道63.3公里，天然航道67公里，平均比降0.5‰，有滩险79处，航道等级现为Ⅶ级，航道尺度为0.8×12×100米。

二、滩险及治理

（一）滩险

三星大坝至下麻柳沟段66.6公里由潼南县港航管理处管辖。该航段山区河流特征明显，河床均为孵石河床，平均约2公里就有1口滩，浅滩居多。随着潼南三块石、合川富金坝航电枢纽的建成投产，经过近段的运行情况来看富金坝至神仙膀基本渠化，神仙傍至梓潼约6公里的航道状况有进一步恶化迹象，三块石至鹭台寺航段渠化，鹭台寺至响水滩约6.5公里航段仍处自然状况，响水滩至三星大坝段枯水期基本不能通航。

稀饭滩位于梓潼下游4公里处，距涪江河口84.5公里，是富金坝航电枢纽库尾，属孵石窄浅滩，河面宽阔约300米以上，水流平缓，滩长约200米，浅滩控制断面航道最小水深0.6米，最小宽度2米，最小弯曲半径150米，最大流速0.3米每秒，相应纵比降约0.3‰，是需要经常性维护才能保证通航的险滩之一。

扯竹湾位于梓潼下游1.5公里处，距涪江河口87.0公里，是富金坝航电枢纽库尾，属孵石急窄浅滩，滩长约680米，浅滩控制断面航道最小水深0.55米，最小宽度12米，最小弯曲半径100米，最大流速每秒3.1米，相应比降3.3‰，是客货船到港的必经之路。

观音滩处于潼南三块石发电厂右侧，距涪江河口88.7公里，属孵石浅滩，滩长约800米，浅滩控制断面最小宽度12米，最小水深0.3米，最小弯曲半径约100米，最大流速每秒0.4米，相应纵比降约0.3‰，是该县客、货船到梓潼的必经之路，通过该处的客货船约90艘。

鹭台寺位于三块石大坝以上7公里处，距涪江河口112.7公里，是三块石水利枢纽库尾，属孵石浅滩，河面宽阔约360米，水流平缓，是经常性要维护的滩险之一，滩长460米，浅滩控制航道最小水深0.45米，最小宽度30米，最小弯曲半径200米，最大流速每秒1米，相应纵比降0.7‰。

响水滩位于三块石以上13公里处，距涪江河口118.7公里，属孵石浅滩，滩长1100米，浅滩控制断面最小水深0.3米，最小宽度30米，最小弯曲半径200米，最大流速2.6米每秒，相应纵比降2.8‰。

表8－37　**涪江主要险滩概况表**

序号	名称	距河口里程（公里）	河床地质	碍航类型	最小水深（米）	最小宽度（米）	最小弯曲半径（米）	滩长（米）	最大流速（米/秒）	对应比降（‰）
1	稀饭滩	84.5	孵石	窄浅	0.6	2.0	150	200	0.3	0.3
2	扯竹湾滩	87.0	孵石	窄浅	0.55	12	100	680	3.1	3.3
3	观音滩	88.7	孵石	浅	0.3	12	100	800	0.4	0.3
4	鹭台寺滩	112.7	孵石	浅	0.45	30	200	460	1.0	0.7
5	响水滩	118.7	孵石	浅	0.3	30	200	1100	2.6	2.8

涪江合川段下麻柳沟至鸭嘴63.7公里航道，合川航道管理段管辖。20世纪80年代有滩险32

个，以卵石滩为主，密度约2公里一个，最密处两滩间隔半公里，如立石子与乌木滩；最稀处也只间隔4公里，如布袋口与花佛岩。至20世纪90年代初，由于合川渭沱、铜梁安居航电建成，库区淹没了近一半滩险，涪江合川段有滩险18个。这些滩险的特点是河床多属卵石，间有卵礁石，但无礁石滩。风险类型多系浅滩。风险季节多在枯季，落淤严重，必须每年疏浚。

表8-38

涪江滩险统计表

序号	滩名	所在镇乡		距河口里程（公里）	河床地质	碍航类型	航道特征			
		左岸	右岸				漕深（米）	漕宽（米）	弯曲半径（米）	流速（米/秒）
1	刮骨滩	佛盐镇	太和镇	64	卵礁石	险	0.8	15	300	2.00
2	筲箕滩	太和镇	太和镇	61	卵礁石	险	0.9	15	200	2.00
3	鲤鱼石	太和镇	太和镇	60	礁石	险	0.8	20	250	0.70
4	蓼叶滩	太和镇	太和镇	58	卵石	浅	1.0	20	300	0.90
5	蓑衣滩	太和镇	太和镇	56	礁石	险	1.0	15	100	1.50
6	二郎滩	太和镇	太和镇	51	卵石	浅	0.9	15	200	2.00
7	泉溪口	安居	安居	34.5	卵礁石	浅	1.0	15	200	1.60
8	磨盘滩	安居	安居	33	卵礁石	险	1.0	15	300	1.50
9	黄家坝	油桥镇	安居	30	卵石	险	0.8	15	250	2.30
10	坐金滩	渭沱镇	铜溪镇	18	卵石	浅	1.0	15	130	2.20
11	漕坝滩	渭沱镇	铜溪镇	16	卵石	浅	1.0	15	300	1.70
12	螃蟹岬	渭沱镇	铜溪镇	15.5	石盘	浅	0.9	15	280	1.20
13	白鹤滩	渭沱镇	铜溪镇	13	卵石	浅	0.8	15	300	1.30
14	野土地	渭沱镇	铜溪镇	8.5	卵石	浅	0.8	15	300	2.20
15	贯耳子	合办处	合办处	5	卵礁石	险	0.8	15	300	2.20
16	芦家湾	合办处	合办处	4	卵礁石	险	1.0	15	250	2.40
17	立石子	合办处	南办处	2.5	卵礁石	险	0.9	15	280	1.70
18	乌木滩	合办处	南办处	2	卵石	险	0.8	15	230	1.40

（二）治理

1986～2005年，三星大坝至下麻柳沟未进行航道整治。

下麻柳沟—鸭嘴63.7公里，由合川航道管理段管辖。

涪江合川段航道里程66.73公里。1986～2005年，除每年进行航道疏浚、航标配布维护，大的航道整治工程不多，重点对辖区水毁严重的旧坝和危及船舶航行安全的险滩进行了整治。整治的方式主要采取筑、补乱石坝。再就是利用采石船挖漕。1988年12月，立石子补坝350立方米。1989年4月至5月刮骨滩、野土地补坝1332立方米，11月至12月白鹤滩筑丁坝2497立方米。1990年4月，野土地补顺坝600立方米，5月泉溪口补顺坝170立方米，11月野土地补顺坝372立方米，12月刮骨滩补丁坝423立方米。1995年12月至1996年4月野土地筑丁坝、补顺坝4224立方米，投资16万元。2000年12月至2001年2月，磨盘滩利用2艘链斗式采石船挖漕8400立方米，耗资54600元，开挖后，航漕达到宽20米，深1.75米，最浅航漕深度达1.5米以上，彻底解决了安居港区客货船安全航行的问题。2001年合川“1·29”特大交通沉船事故后，同年12月至2002年4月，蓑衣滩筑顺坝1777立方米，投资12万元。

表 8－39　　1986～2005 年涪江航道整治与维护工程具体情况

年份	疏浚（立方米）	航标		筑、补坝		炸礁（立方米）	信号台		航道维护费（元）
		设标（座）	维护（标/天）	筑坝（立方米）	补坝（立方米）		数量（座）	过船量（艘）	
1986	9890	75				50	2	730	308359
1987	12865	51					2	730	270259
1988	12114	48			350		2	730	273674
1989	8210	38		2497	1332		2	730	386129
1990	9215	43			1193		2	730	435377
1991	6080	62					2	730	378898
1992	2901	23					2	730	458499
1993	3170	24					1	365	415185
1994	2310	22					1	365	593900
1995	1210	29			1418		1	365	827000（专项工程 160000）
1996	1263	21		2806			1	365	553465
1997	9093	23							908049
1998	5185	23			332				712614
1999	4332	56	3427						736287
2000	11155	53	1165						
2001	14409	69	3034						
2002	13633	75	1230	1777					
2003	26527	112	6434						
2004		292	14108						
2005		91	2269						

注：2000 年 1 月体改后至 2005 年，嘉陵江、涪江、渠江三江合川段每年航道维护费合计 27 万元。

三、助导航设施

（一）航标

1986～2005 年，涪江合川段鸭嘴至别口沱 66.73 公里航道有滩漕 32 个，分布较为固定的助航标 43 座。均为三等航标，其中航行标志 37 座（含遂渝线穿井坝铁路桥桥涵标 2 座）。信号标志 4 座（渭沱、安居航电船闸引航道），专用标志 2 座（乌木滩上游民生电力公司、合川天然气公司水下管线标）。

（二）信号台

涪江合川段辖区航道内有信号台 2 座。1980 年青竹碥信号台建立，至 1993 年长期正常开班，后因渭沱航电枢纽建成信号台失去功能报废。1983 年筲箕滩信号台建立，至 1995 年正常开班，1997 年由于安居航电枢纽建成后，因船舶过闸影响周转时间，上游航运公司解体，控制河段船只减少，信号台拆除。

表 8－40　　涪江信号台设置及开班情况表

台名	建台时间	位置	控制河段	滩险类别面貌	开班时间	开班条件
青竹碥	1980 年	距河口 21 公里青竹碥滩左岸	青竹碥滩长 1.15 公里	石质卵石复式险滩，航道多汊分流，窄、弯、浅、急、乱	日出至日落	3 米以下
筲箕滩	1983 年	距河口 61 公里筲箕滩右岸	筲箕滩至鲤鱼石 1.53 公里	石质卵石险滩，航道狭窄弯曲，水急、浅、乱	日出至日落	3 米以下

（三）航行水尺

涪江合川段有航行水尺 4 个，建立时间无记载，分别在距河口 1 公里处的小南门正码头，于 1999 年合川修建涪滨路（防洪堤）销毁；距河口 17.5 公里处的渭沱柴码头，该水尺几十年来从未校核，已经失效；距河口 34.5 公里处的安居正码头，水尺零点高程 205 米（黄海高程）；距河口 57.5 公里处的太和镇关门口外大石包（太和水文站），该水尺因富金坝航电枢纽建成，航道改道而报废。

四、航电枢纽工程建设

（一）三块石航电枢纽工程

涪江三块石航电枢纽是涪江流域规划干流梯级开发的第四级，距河口 92.7 公里。该工程于 1978 年 8 月在涪江狮子岩筑坝，在左岸三块石修建取水口和进口船闸，人工运河 15.5 公里引水渠将水引至莲花寺发电和出口船闸尾水汇入涪江。该电站设计水位 5.2 米，装机 6 台 2.54 万千瓦，总投资约 1.7 亿元，年发电量 1.4 亿千瓦时，渠化航道里程约 30 公里。由于当时自筹资金短缺，电站于 1979 年 6 月竣工后，航运随之中断。1984 年 4 月交通部投资 1100 万元在渠道进口三块石、出口莲花寺修建船闸进行复通建设，两船闸于 1987 年 12 月竣工运行。船闸尺度 100×12（8）×2 米（长×宽［口门宽］×门槛水深），为单级船闸，上游最高通航水位 248.8 米，上游最低通航水位 245.0 米，下游最高通航水位 246.40 米，下游最低通航水位 243.60 米，可通行 100 吨级船舶，设计年通过能力 80 万吨。该枢纽是以发电、航运为主，兼以城市供水灌溉等综合利用的水利枢纽。

（二）莲花寺航电枢纽工程

潼南莲花寺航电枢纽距河口里程为 90.2 公里。该工程于 1985 年 11 月开工建设，1987 年 5 月建成。设计水级 16.1 米，装机 4 台 1.44 万千瓦，工程总投资 981.05 万元。该电站设计水位 16.3 米。船闸尺度为 100×12（8）×2 米（长×宽［口门宽］×门槛水深），为单级船闸，上游最高通航水位 244.80 米，上游最低通航水位 241.0 米，下游最高通航水位 236.20 米，下游最低通航水位 228.5 米，可通行 100 吨级船舶，设计年通过能力 80 万吨。

1994 年 5 月 3 日下午，船闸正开启上闸门等待上游客船过闸，闸工饭后休息，1 时 50 分，一声巨响，船闸左闸墙从中部突然垮塌，致使船闸报废。水毁时闸室呈上游水位 242.62 米，左闸墙外电站尾水位 230.0 米，墙内外水位差 12.62 米。1994 年 6 月 17 日至 18 日，潜水工协同事故调查组有关人员对下闸首裂缝及左闸墙壁外测基底进行了水下勘测。从垮塌现场调查和水下勘测结果分析，由于基础开挖深度不够，降低了墙体的稳定性，加之墙体砌筑质量不合格，船闸在使用的 6 年中，其左闸墙和下闸首左边墩汛期受到紧靠基脚外缘的冲砂廊道中射出的高速水流淘刷，形成了基底临空面。1994 年 5 月 3 日，闸室内保持高水位的时间已达 3 小时，闸室内形成的渗透水流在倒塌段，首先击穿基底，扬压力增加，墙身整体向外滑移失稳，航运又一次中断。2000 年初交通部再次投资 1175 万元，对莲花寺船闸垮塌部分进行修复。2001 年 12 月底竣工恢复通航。

（三）富金坝航电枢纽工程

涪江梯级渠化富金坝枢纽工程系涪江干流重庆段航运自上而下梯级开发的第三级，工程位于合川市太和镇上游约2公里处，距河口里程为60公里，上游与已建成的三块石电站尾水衔接，下游与已建成的安居电站回水衔接。该工程是一座以航为主、航电结合、以电促航，兼有防洪灌溉等综合效益的工程。水库总库容2.37亿立方米，正常蓄水位229米，相应库容0.646亿立方米，库区长度约29公里，水面宽度约170～1550米，属槽蓄库容，淹没损失小。

该工程由冲砂泄洪闸、左右岸非溢流坝、厂房、船闸等建筑物组成，其中18孔泄洪冲砂闸、左右非溢流坝等建筑物布置在龙背坡，厂房和船闸等建筑物位于露水垭。河床中修建18孔宽12米的泄洪冲砂闸，最大下泄洪水流量达每秒36000立方米，采用日调节库容，电站厂房为河床式，安装3台贯流式机组，总装机容量6万千瓦，多年平均发电量2.55亿千瓦时，水轮发电机组由哈尔滨电机有限公司设计制造。工程投资7.6亿元。根据涪江（重庆段）航运开发规划，本工程船闸航道等级为Ⅴ级，上游最高通航水位229.00米、最低通航水位227.50米，下游最高通航水位222.90米、最低通航水位215.00米，闸室有效尺寸为100×12×2.5米（长×宽［口门宽］×门槛水深）。本工程建成后，可使涪江干流重庆段全部渠化。

富金坝枢纽工程是重庆航运建设发展有限公司成立以来承担的第一个水运建设项目，也是重庆市重点工程。工程从2003年11月开工建设。2006年6月30日，1号机组并网成功。2007年1月18日，2号机组72小时试运行完成。2007年2月11日3号，机组72小时试运行结束。工程2007年6月底全部完工。

富金坝枢纽工程的建设，一方面凸现航电枢纽工程的社会价值，积累了航电枢纽工程建设经验，为在"十一五"期间把重庆建设成长江上游航运中心，进而建设长江上游交通枢纽、经济中心作出贡献。其次，3台机组的投产运行一定程度上可以缓解重庆市日益紧张的电力供需矛盾，对优化系统电源结构，提高重庆电网供电质量等方面都将起到一定作用，助推重庆地方经济的快速和可持续发展。第三，项目全部建成后可改善涪江通航条件，渠化航道30余公里，使涪江重庆境内双江以下全部渠化为Ⅴ级航道，从而畅通涪江流域以及整个川北、川中、渝西地区通江达海的通道，基本解决航道条件差对沿江经济社会发展的制约问题，具有较大的社会效益。

（四）安居航电枢纽工程

安居航电枢纽工程距河口里程为38.5公里，于1988年修建，1992年4月建成。设计坝顶高程为216米（黄海基面），枢纽设计水级为10.5米，装机2×1.5万千瓦，船闸设计年单向通航能力80万吨，一次最大过闸能力2×80吨，最大通航流量每秒4500立方米。215.5米水位时枢纽回水19公里，214.5米水位时枢纽回水16公里。船闸有效尺度为100×12（8）×2.0米（长×宽［口门宽］×门槛水深），闸墙（右）为重力式，顶宽7米，底宽10.7米，顶部高程217.2米。闸墙（左）为贴坡式，顶宽12.5米，顶高217.2米。闸室闸墙内侧设有钢筋爬梯。下闸首全长16米，净宽8米，左侧闸墙宽12.5米，顶部高程218.2米，右侧闸墙宽7米，顶部高程218.2米，下闸首布置一横拉门，底槛高程203.5米，左侧闸墙内设有门库，两侧闸墙各设一泄水阀门，泄水涵洞尺寸为1.9×1.9米，底板高程202.5米，横拉门后设有6.09米的对冲式消能段。船闸下引航道全长369.41米，底板高程203.5米，导墙高程为217米和211.5米。上游最高通航水位216米，最低通航水位214.5米；下游设计通航水位206.5米，最低通航水位205.5米。2001年上行货物通过量1万吨，下行货物通过量20万吨，无客运量。

（五）渭沱航电枢纽工程

合川渭沱航电枢纽工程距河口里程21.88公里，于1988年修建，1993年1月投产。渭沱电站设计坝顶高程206米（黄海基面），枢纽设计水级为8.5米，枢纽回水16.6公里，装机容量2×1.5万千瓦，设计通航能力为2×100吨（一次最大过闸能力），年单向设计通航能力为80万吨，船闸有效尺度为 100×12（8）×2.0 米（长×宽［口门宽］×门槛水深）。上游最高通航水位 208 米（有嘉陵江水顶托时 207.78 米）、最低通航水位 205 米，下游最高通航水位 205.6 米（无嘉陵江水顶托 203.93 米），最低通航水位 195.1 米，是以航运为主，兼有发电、防洪灌溉等综合利用的航电工程。该船闸 2001 年实际通过能力 0.7 万吨，无客运量。

第三节　渠江航道重庆段

一、自然概况

渠江是嘉陵江左岸的一条重要支流，发源于四川省大巴山南麓，有巴河、州河两源，两河在三汇镇汇流后始称渠江，流经川、渝在合川区城区上游 8 公里处的渠河嘴汇入嘉陵江，全长 672 公里，流域面积 3.9 万平方公里，平均比降 0.22‰。渠江三汇至渠河嘴 300 公里为干流，在富流滩航电枢纽进入渝境，在渝境内长 87.7 公里，其中有 13.7 公里的省界航道，流域面积 779 平方公里，两岸台地广布、河漫滩发育，河床多为卵石，平均比降 0.165‰。

渠江合川段丹溪口至渠河咀 74 公里航道位于渠江下游，河床稳定，水流集中，流域内降雨丰沛，年平均降水量 1000～1500 毫米。每年 6～9 月为洪水期，11 月至次年 3 月为枯水期。据罗渡水文站观测，渠江年径流量 209.2 亿立方米，最大流量每秒 24000 立方米，最小流量每秒 12.9 立方米。水位变幅 10～20 米。虽然流域内降雨丰沛，由于呈季节性，加上航道尺度受滩险控制，渠江合川段主要滩险有 29 个，且多属岩石滩险，滩漕狭窄，落差集中，水急浪大。航道等级为七级，枯水航道尺度（航深×航宽×弯曲半径）为 0.8×10×100 米。为二类航道维护，三类航标配布，最低通航保证率为 95%。可通航小型机动船和 100 吨以下驳船，并有短途客船通航。有公路桥 3 座，均可满足四级航道的通航要求。

二、滩险及治理

（一）滩险

渠江合川段 74 公里航道有主要滩漕 27 个，滩险密度平均间距约 2.8 公里 1 个，其中河床属岩盘的 14 个，属卵石的 1 个，属砂质的 6 个，属岩、卵石和沙混合的 4 个。滩长 1 公里以上的 4 个（枣梨滩、青杠坪滩、石占滩、丈八滩），落差在 1 米以上的 2 个（金滩、丈八滩），漕深在 1 米以下的 23 个，漕宽在 10 米以下的 15 个，完全以浅出险的 14 个，以浅、窄、弯、水流急综合出险的 13 个。

表 8－41　　渠江滩险情况表

序号	滩名	所在镇乡		距河口里程（公里）	河床地质	碍航类型	航道特征				滩长（米）
		左岸	右岸				漕深（米）	漕宽（米）	弯曲半径（米）	流速（米/秒）	
1	枣梨滩	香龙镇	龙市镇	72	岩石夹沙滩	浅	0.54	6	250	1.5	200
2	青杠坪	香龙镇	龙市镇	68	沙滩	沉碛	0.60	10	300	0.5	1500
3	张公滩	香龙镇	龙市镇	66	卵石	沉碛	0.67	10	250	1.6	
4	码头溪	香龙镇	龙市镇	63	沙滩	无	0.75	10		1.0	2500
5	堰堆	香龙镇	龙市镇	60	岩石	窄弯	0.80	6	250	0.3	200

续前表

序号	滩名	所在镇乡		距河口里程（公里）	河床地质	碍航类型	航道特征				滩长（米）
		左岸	右岸				漕深（米）	漕宽（米）	弯曲半径（米）	流速（米/秒）	
6	流溪河	香龙镇	双槐镇	59	沙滩	沉碛	0.80	8		0.6	750
7	峰子浩	双槐镇	双槐镇	57	岩石	暗礁	0.80	8	250	0.6	250
8	蛇尾滩	双槐镇	双槐镇	55	沙滩	暗礁乱	0.63	8	250	0.5	800
9	变龙滩	双槐镇	双槐镇	54	沙滩	无	1.00	6	250	0.5	
10	倒牵牛	双槐镇	双槐镇	48	岩石	积沙	0.85	5	200	0.5	800
11	大涞滩	双槐镇	涞滩镇	46	岩石	难操水	1.10	10	250	1.8	1200
12	小涞滩	双槐镇	涞滩镇	45	岩石	无	0.90	10	200	1.2	
13	月膊子	小沔镇	涞滩镇	43	沙岩石	无	1.00	5	200	0.6	300
14	十二门	小沔镇	涞滩镇	40	沙岩石	弯	0.70	6	200	0.5	380
15	横梁子	小沔镇	涞滩镇	36	岩石	窄	0.74	8	180	0.7	300
16	狗洞子	小沔镇	官渡镇	35	岩石	无	0.75	10	200	1.0	200
17	滚滩	小沔镇	官渡镇	34.5	岩石	无	1.00	5	180	1.2	200
18	渠滩	狮滩镇	官渡镇	27	砂卵石	急	0.72	10	200	2.0	140
19	二郎滩	双凤镇	云门镇	25	岩石	无	0.75	5	180	1.8	100
20	郎滩	双凤镇	云门镇	24	岩石	难操水	0.75	5	200	0.8	160
21	金滩	双凤镇	云门镇	18	岩石	急	0.80	10	250	1.0	600
22	石占	双凤镇	云门镇	16	岩石	大水急	1.50	15	200	1.2	800
23	丈八滩	草街镇	云门镇	5	岩石	弯窄急	0.80	6	150	2.0	1300
24	门坎子	草街镇	云门镇	4	岩石	无	0.80	8	180		
25	鸡翅拐	草街镇	云门镇	3	岩石	无	0.80	7	180	0.8	100
26	鸡心子	钓办	云门镇	2	岩石	枯水浅急	0.90	8	150	0.9	300
27	玉滩子	钓办	云门镇		沙滩	无	1.50		200		

（二）治理

1986～2005年，渠江合川段渠河嘴至丹溪口航道里程74公里没有大的专项整治工程。1986～1995年，常年疏浚、航标配布维护工作没有资料记载。1996～1999年，补坝工程主要是多年水毁旧坝维护工程。

表 8－42　　1996～2005 年渠江合川段航道维护与整治工程具体情况表

年份	疏浚（立方米）	航标		筑、补坝		炸礁（立方米）	修汗道（立方米）	信号台			航道维护费（元）
		设标（座）	维护（标/天）	筑坝（立方米）	补坝（立方米）			座	开班台/天	过船量（艘）	
1996	2080	2407			88		1000	2	730		注：2000 年 10 月体改后至 2005 年，嘉陵江、涪江、渠江三江合川段每年航道维护经费合计 27 万元
1997	5050	200			285		1000	2	730		
1998	17780	2354						2	720		
1999	9500				330			2	724		
2000	1300	1786	72268	200	240			2		1933	
2001		1913	62698					1		5965	
2002		1708	61484					3		25297	
2003	1200	1008	44190					3		30589	
2004		929	46280					3		33929	
2005		797	48278					3		52682	

三、助导航设施

（一）航标

渠江合川段有滩漕 27 个。至 1989 年年底，航标分布有 205 座。随着航运体制变化，自航机驳增多，拖船减少，至 2005 年年底渠江分布助航标 167 座，均为三等航标，其中航行标志 154 座，信号标志 9 座（丈八滩上、下，石占信号台各 3 座），专用标志 2 座（双槐火力发电厂取水头）。此外，在每年洪水期还要增设约 20 座航行标志。

（二）信号台

渠江合川段辖区内有信号台 3 座。其中距河口 18 公里的金滩信号台建于 1978 年，主要控制金滩 0.6 公里航道，于 2002 年拆除。

表 8－43　　渠江合川段信号台设置及开班情况表

台名	建台时间	位置	控制河段	滩险类别面貌	开班时间	开班条件
丈八滩下信号台	1990 年	距河口 5 公里丈八滩左岸	犬龙溪至老漕口 3 公里	石盘、特险滩、水流急、漕窄、明暗礁石林立	日出至日落	固定物当地毛施石封顶以下水位
丈八滩上信号台	1990 年	距河口 8 公里丈八滩左岸				
石占信号台	1971 年	距河口 16 公里石占左岸	汪家湾至雷打石约 3 公里	岩石滩、弯曲、浅、险、礁石碍航	日出至日落	3.5 米以下

（三）航行水尺

1957～1958 年，四川省交通厅组织第二次航道大整治时，渠江合川段曾设置过水尺，但无具体位置和数量记载，此后也未进行水尺校核。

第三章　乌江航道重庆段及支流

第一节　乌江航道重庆段

一、自然概况

乌江发源于贵州省西部咸宁县乌蒙山东麓，南源三岔河，北源六冲河，两源在化屋基汇合后称乌江。乌江自西南向东北横贯贵州省铜仁、遵义、安顺、毕节和重庆市酉阳、彭水、武隆、涪陵等区县，在黑獭堡入渝境，于涪陵汇入长江。乌江全长1037公里，其中干流（化屋基至涪陵）长700公里，平均比降2.09‰，流域面积8.79万平方公里。

重庆市境内黑獭堡至河口231公里为乌江下游河段。该河段河床深切，河道弯窄，水流湍急，两岸地势陡峻，多呈"V""U"形河谷，14处峡谷河段长度占河段总长的70%，总落差100.71米，平均比降0.54‰，枯水河宽一般为70~120米，最窄处仅40米，河床质多为石质河床，大多分布在峡谷河段，原生石梁、石盘、岩崩乱石堆积体和沟口冲积体等形成碍航滩险，一般为中洪水滩。峡间稍开阔的敞谷河段和河口河段砂卵石沉积形成碍航浅、窄、弯险滩，一般为枯中水滩。境内河道弯曲，滩多流急，峡谷与宽谷交替出现，具有典型的山区河流特征。乌江渝境内在建有彭水闸室有效尺度为67×12×2.5米和银盘闸室有效尺度为120×12×4米两级航电枢纽。

乌江航运历史悠久，自古以来是黔、渝两省市主要的水上运输主通道。经过历次大规模开发整治，乌江至涪陵452公里已达五级航道标准，常年可通行300吨级及以下船舶。白马以下至河口45公里航道尺度达到1.6×30×300米（航深×航宽×弯曲半径），可通行352.8千瓦×300吨+1×350吨机动驳船队、352.8千瓦+2×350吨级驳船队，白马以上航道尺度为1.5×25×180米，可通行300~500吨级及以下机动驳。

乌江航道维护类别为二类，按三类航道配布航标，并设置航标84标位以及凉水井、钱粮铺两处绞滩站等助航设施。除白涛大桥属三峡工程拆迁项目外，所有在建、已建的跨河建筑物均不碍航，且净空均满足四级航道通航要求。

二、滩险及治理

（一）滩险

1. 河口至木棕坪航段滩险。乌江航道河口至木棕坪总长109公里，共有大小滩险41处，险滩以石质滩险为主，次为砂卵石滩。石质滩险多分布在峡谷河段，主要为溪口滩，次为原生石梁、石盘或崩岩滩。卵石滩多分布在峡间开阔河段。

表 8-44 **乌江河口至木棕坪航段滩险情况表**

序号	滩名	成滩类型	航道水深（米）	航道宽度（米）	曲率半径（米）	最大流速（米/秒）	最大比降（‰）	成滩流态	距河口里程（公里）
1	白浪滩	基岩沉积滩	1.6	>30	310	3.10	2.30	枯、急、礁	1.1
2	牛屎碛	沉积滩	>1.6	>30	>300	3.30	2.04	枯、浅、弯	6.0
3	磨溪角	基岩滩	4.0	35	320	4.00	2.00	中、洪泡漩	10.7
4	纽子石	基岩滩	>1.6	32	>300	2.50	0.86	枯水滩	18.5
5	黄角蹁	基岩沉积滩	>1.6	>30	>300	3.40	2.35	枯水滩	19.1
6	手扒岩	沉积滩	>1.6	>30	350	3.30	1.86	枯水滩	22.0
7	梳背碛	溪沟滩	>1.6	40	>300	3.70	3.30	枯水滩	23.5
8	狮子口	基岩沉积滩	1.6	30	300	3.70	2.80	枯、急、弯、窄、险	25.0
9	郭母子	沉积滩	>1.6	>30	>300	2.40	0.94	枯、急、弯、窄	28.5
10	下边滩	崩岩基岩滩	2.0	>30	>300	5.20	6.35	中洪浪急流滩	35.0
11	上边滩	崩岩基岩滩	2.1	>30	>300	5.54	3.50	中洪浪急流滩	35.7
12	大角帮	溪沟滩	1.8	35	320	4.40	12.30	中洪急流滩	38.0
13	庙门滩	溪沟滩	2.0	40	>300	5.20	17.14	中洪急流滩	38.2
14	曲石子	溪沟滩	2.2	37	350	4.80	4.50	中洪泡漩急滩	39.0
15	小角帮	溪沟滩	2.0	30	320	4.10	8.68	枯、中、急流滩	43.0
16	磨船背	溪沟卵石滩	1.9	35	>300	4.23	6.38	枯、急流滩	45.0
17	廖氏滩	基岩崩岩滩	>1.5	>25	>180	4.50	13.00	洪水基岩急流	47.0
18	牛屎滩	基岩滩	>1.5	>25	>180	4.50	13.00	洪水基岩急流	47.5
19	新滩	溪沟崩岩滩	>2.0	>25	200	4.40	6.90	枯水急流滩	49.5
20	凉水井	崩岩沉积滩	>2.0	>25	>180	6.40	11.76	枯、中、弯、急流滩	50.0
21	坳角	崩岩溪沟滩	2.0	39	200	4.80	6.40	枯、中水急流滩	50.5
22	出老头	崩岩滩						枯、中水急流滩	
23	钱粮铺	崩岩滩	4.0	40	300	3.90	9.60	枯、中水急流滩	52.0
24	杨家堡	沉积滩	1.8	40	>180	3.20	3.00	枯、弯、急、险	53.0
25	武隆滩	溪沟基岩滩	1.6	25	180	4.20	3.10	枯、弯、急	59.0
26	官滩	崩岩滩	4.0	30	200	4.00	4.80	中洪急流滩	62.0
27	横梁子	崩岩基岩滩	>3.0	30	400	4.00	5.90	洪水急流泡漩	66.0
28	金刚背	基岩沉积滩	1.5	>25	>180	3.00	4.00	枯、弯、急、窄	68.5
29	土脑子	溪沟滩	1.6	>25	>180	3.60	9.40	枯、弯、急	72.0
30	断鼻梁	溪沟滩	1.5	>25	>180	4.50	7.30	枯、弯、急、窄	72.3
31	连三滩	枯水基岩滩							78.0
32	棉花坝	崩岩滩	1.5	>25	>180	3.40	7.40	枯、弯、急、窄、浅	79.0
33	滑石子	崩岩滩	>3.0	30	200	4.50	8.60	中洪急流滩	82.0
34	通天槽	溪沟沉积滩	>1.5	>25	>180	4.40	6.70	枯、弯、浅、险	88.0

续前表

序号	滩名	成滩类型	航道水深（米）	航道宽度（米）	曲率半径（米）	最大流速（米/秒）	最大比降（‰）	成滩流态	距河口里程（公里）
35	川石	沉积滩	1.6	>25	250	3.00	2.70	枯、急、窄	89.0
36	六角子	溪沟崩岩滩	1.5	25	>250	3.80	5.48	中洪浪	99.0
37	糖坊	基岩溪沟滩	2.6	25	>180	4.00	3.76	中洪浪	100.5
38	黄草新滩	基岩崩岩滩	>1.8	25	>200	4.20	7.90	枯中洪急流滩	102.0
39	下蛇溪	溪沟滩	>1.5	27	>180	3.00	5.70	枯、窄、急、弯	103.3
40	上蛇溪	溪沟滩	1.6	30	250	3.30	5.12	枯、急流滩	103.5
41	木棕坪	溪沟滩	1.5	25	200	4.00	4.78	枯、窄、急	107.0

2. 木棕坪至龚滩航段滩险。乌江航道木棕坪至龚滩脑上总长79公里，共有大小滩险58处，险滩以石质滩险为主，次为砂卵石滩。石质滩险多分布在峡谷河段，主要为溪口滩，次为原生石梁、石盘或崩岩滩。卵石滩多分布在峡间开阔河段。

表8-45 乌江木棕坪至龚滩航段滩险基本情况表

序号	滩名	成滩类型	成滩水位	滩长（米）	属性	距河口里程（公里）
1	苦竹背	基岩、沉积滩	枯水	70	浅、急、窄	110.0
2	巨梁子	崩岩、沉积滩	枯水	20	浅、弯、急	110.4
3	洗脚滩	沉积滩	枯水	20	急	111.2
4	下鲁居	崩岩滩	洪水	50	急	116.8
5	上鲁居	崩岩滩	中、洪水	35	急流泡漩	117.0
6	解放堆	崩岩滩	中、洪水	30	急	117.5
7	新下严	崩岩滩	枯水	75	急	118.1
8	老下严	溪沟滩	枯水	50	急、窄	118.5
9	鸡翅膀		枯水	150	急	118.8
10	箱笼滩	基岩滩	枯水	10	暗礁	119.4
11	长滩子	崩岩滩	枯水	155	急流滩	123.5
12	背岩碛	基岩滩	枯水	10	弯、窄	125.2
13	壶瓶口	沉积滩	枯水	115	浅、窄、急	125.3
14	下塘口	溪沟滩	枯、中水	75	急	126.0
15	思方滩	沉积滩	枯水	25	急、浅	129.5
16	方　石	基岩滩	洪水	35	急	133.6
17	猪牙子	沉积滩	枯水	40	浅、窄、急	133.8
18	斑竹林	沉积滩	枯水	100	浅、急、弯	134.1
19	三洞碛	基岩滩	枯水	50	急、弯	134.2
20	老虎口	基岩滩	枯水	50	急、弯	135.2
21	蛮婆滩	沉积滩	枯水	45	浅、急	135.3
22	秤杆碛	沉积滩	枯水	15	浅	135.7

续前表

序号	滩名	成滩类型	成滩水位	滩长（米）	属性	距河口里程（公里）
23	米汤溪	崩岩滩	洪水	25	急	135.8
24	倒　角	基岩滩	洪水	35	急	136.6
25	小纯洞	崩岩滩	中、洪水	35	急	142.8
26	大纯洞	崩岩滩	枯水	60	窄、急	143.0
27	银窝子	基岩滩	枯水	50	窄、弯、急	143.5
28	黄埫碥	基岩、沉积滩	枯水	150	急	144.2
29	磨　寨	溪沟滩	枯、中水	100	急	145.0
30	三虎滩	崩岩滩	中、洪水	60	急	146.5
31	一碗水	崩岩滩	枯水	50	急、窄	146.7
32	长　溪	溪沟滩	枯水	70	急、窄	147
33	替滩子	溪沟滩	枯水	55	浅、急、弯	149
34	蛟鸡滩	崩岩滩	中、洪水	60	急	150.2
35	小沿子滩	崩岩滩	枯、中水	65	弯、窄	157
36	杨家溪	基岩、沉积滩	枯、中水	80	浅、窄	158
37	焦巴赖	沉积滩	枯水	45	急、窄	159.8
38	石板滩	基岩、沉积滩	枯水	60	急、窄	160.2
39	红志滩	溪沟滩	中、洪水	65	急	160.5
40	鸡公滩	崩岩滩	枯水	45	浅、暗礁	163
41	下拂滩子	崩岩滩	枯水	20	急	163.2
42	上拂滩子	崩岩滩	中	40	急	163.4
43	庞　滩	崩岩滩	枯、中水	35	急	166
44	小庞滩	崩岩滩	中、洪水	30	急、窄	166.3
45	锣鼓三滩	基岩滩	枯水	110	弯、窄、急	167.5
46	晒谷坪	基岩、崩岩滩	枯水	105	弯、窄、暗礁	
47	土地滩	基岩滩	枯水	35	弯、窄	169.1
48	温塘子	沉积滩	枯水	30	弯、窄、急	
49	门坎滩	基岩滩	枯水	25	弯、窄	
50	鲁梢子	基岩滩	枯水	65	急、弯	
51	青鱼浩	沉积滩	枯水	65	急、浅	178.3
52	炮峰子	溪沟、基岩滩	枯、中水	50	急	178.5
53	占旗子	沉积滩	枯水	45	弯、浅、窄	179.5
54	毛子石	沙卵石滩	枯水	45	急	
55	洪渡码头	沉积滩	枯水	85	浅、窄	180.8
56	三姊妹	沉积滩	枯水	75	弯、浅、窄	181.2
57	大银滩	崩岩滩	洪水	75	急	186
58	小银滩	基岩滩	枯水	45	急	186.2

乌江航道两岸多为原生基岩，河床变化较小，但受水流流量、沿岸建筑物弃渣、航道采砂石及其支流冲刷的影响，航道开阔航段部分易产生砂卵石淤积，致使航道尺度发生变化。20世纪80年代中后期由四川省交通厅内河勘测规划设计院对彭水所所辖乌江航道碍航滩险进行测量，测出碍航滩险附近的航道情况（航道水深、宽度、弯曲半径）。

表8-46 **乌江彭水段航道滩险情况表**

序号	滩　名	航道水深（米）	航道宽度（米）	曲率半径（米）
1	苦竹背	1.5	20	90
2	上鲁居	1.5	30	>180
3	解放堆	>1.5	30	>180
4	老下严	2.0	20	180
5	长滩子	1.5	20	170
6	背岩碛	1.4	20	170
7	壶瓶口	1.5	20	180
8	下塘口	2.0	25	250
9	三洞碛	1.5	20	<180
10	老虎口	1.5	18	<180
11	大纯洞	1.5	20	170
12	银窝子	1.5	18	150
13	黄埔碥	1.5	20	200
14	磨　寨	1.5	20	220
15	长　溪	1.5	18	200
16	小沿子滩	2.5	25	100
17	杨家溪滩	2.3	25	190
18	红志滩	2.8	18	<180
19	下拂子滩	1.5	18	120
20	庞　滩	>1.5	27	>180
21	小庞滩	>1.5	17	>180
22	锣鼓三滩	1.8	20	150
23	晒谷坪	>1.5	19	130
24	门坎滩	1.7	30	165
25	鲁梢子滩	1.7	30	140
26	炮峰子滩	2.0	30	>180
27	毛子石滩	1.2	25	200
28	大银滩	>1.5	30	>180

乌江航道两岸多系切割很深的“U”“V”形河床，峡谷河段占70%，其余开阔河谷，两岸石灰岩层裸露，构成埝峡相间的河道平面形态，峡谷悬崖峭壁，地势险峻，埝坡较缓，有狭窄斜坡台地，峡间谷坡有砂壤土覆盖层。1985~1998年航道整治前乌江航道属C级航区J2级航段，航道内滩多水急，流态紊乱。经过历年航道整治，航道维护尺度为1.3×17×100米（航深×航宽×弯曲半径），通行100~150吨机动驳船和365千瓦×470座客货轮，在枯水期和洪水期均依据不同水位

实施减载航行或停航。由于乌江属山区河流，滩多流急，各滩成滩水位不一，成滩需助绞或自绞滩险29个。

老虎口—三洞碛滩是乌江两个重点滩之一，距涪陵河口133.5～135.2公里，毗邻彭水县城，相距港口码头仅0.8公里。老虎口、三洞碛是由猪牙子、蛮婆滩、老虎口、三洞碛、斑竹林5个滩组成的滩群，平面呈“S”形，有两个连续的弯道，老虎口为枯水急弯滩，最小曲率半径仅120米；三洞碛为枯水弯、险、急滩，最小曲率半径160米，实测枯水平均河宽70米，航道宽不足35米，平均比降2.74‰，最大比降3.56‰，表面最大流速每秒3.7米。郁江支流在老虎口右岸与乌江主流呈45度角相汇，汇流后的主流受观音梁石盘的顶托，形成横比降1.92‰。由于该航段弯、险、急，滩群无法通视，船舶需由信号台指挥单向通行，上行船舶行驶缓慢，通过滩群时间约40分钟，其中老虎口滩凶滩时需自绞过滩，且在郁江支流出水较大时，对船舶航行影响较大，水流急时船舶无法通行。

乌江磨寨、黄角碥滩是两个紧邻的滩险，位于彭水县城上游8公里的野猫獭峡谷处，距涪陵河口145公里，河床为基岩和乱石覆盖，河岸悬崖峭壁，为乌江龚滩至涪陵河段5个设绞助航险滩中的两个。

磨寨滩属中枯水溪沟急流滩，滩长195米，外形似莲藕状，左岸有弹子溪垂直汇入，沟口有一溪口冲积扇，缩窄了乌江河面，抬高了乌江河床，使磨寨滩床平面呈上下游宽、中间窄的堰坎型卡口。设计水位时局部最大比降16.67‰，平均比降4.73‰，最大流速6.6米/秒，设计水位及其以上4.35米/时，船舶均需绞滩助航，最凶水位在设计水位以上1.88米，影响船舶航行的问题是流急浪大，流态紊乱，同时航槽通视不良，上、下水船舶必须由信号台指挥过滩，且在弹子溪出水较大时，对船舶航行影响较大，不流急时船舶无法通行。

黄角碥属枯水基岩沉积滩，滩长150米，河床为基岩，左右岸均为乱石和卵石覆盖，原河中有一江心洲，1964年在左岸建顺坝165米，将枯水河宽100米缩窄至50米设计水位时最大局部比降10.94‰，平均比降3.72‰，最大表面流速5.34米/秒，水面左高右低，横比降4.04‰，设计水位及其以上1.88米时，影响船舶航行的问题是水陡、流急、浪大，船舶均需绞滩助航通过，水位越枯越急，航槽通视不良，由信号台控制通行。

由于磨寨、黄角碥滩是大纯洞、银窝子、磨寨、黄角碥组成滩群中的两个，该滩群为同一控制河段，当水位最凶时，上行船舶在大纯洞、银窝子、磨寨、黄角碥均需绞滩助航通过，通过滩群时间约1小时以上。

（二）治理

由于乌江流域均属山区，公路等级很低，路况很差，在20世纪80年代末至90年代初，乌江航运一直承担着流域内80%的客货运量。特别是改革开放后，随着经济的发展，流域内客货运输压力越来越大。为了减轻运输压力，改善航运条件，提高航运能力，从20世纪80年末期开始，由下至上对乌江航道进行一系列整治。整治主要分乌江涪陵至白马段、白马至木棕河段、木棕河至龚滩三段进行，整治工程时间长、规模大、效益明显。

1. 乌江粮棉布整治工程。1986～1988年，在两个枯水期，由涪陵地区航运管理处属内河设计室设计，涪陵地区航运管理处负责，乌江航道工程队实施，局部治理乌江上蛇溪、下蛇溪、秤杆碛、武隆滩、郭母子滩、小角邦滩、纯洞滩、土脑子滩等滩险。清除了上述滩险碍航礁石和突嘴，改善了滩段流速流态，航道条件得到一定的改善，共完成土石方37862立方米，利用粮棉布以工代赈资金56万元。

2. 乌江河口中漕航道整治工程。工程由长江航道局规划设计院研究所重庆勘察设计室承担勘察设计，长江航道局重庆工程局第一工程处负责施工。工程内容为新开辟乌江河口中漕航道，其尺寸为长300米，底宽40米，设计水深2.0米。于1988年11月12日开工，1990年2月7日竣工。

完成水上炸礁清运21919立方米、水下炸礁清运11248立方米，完成投资328.59万元。1991年，四川省投资80万元进行航槽清理和完善。工程竣工提高了乌江口运输通过能力，使长乌干支航道更为便捷、解决了乌江口通过能力小的难题。

3. 乌江涪陵至白马段航道整治工程。工程由四川省交通厅内河勘察规划设计院负责勘察设计，涪陵地区内河规划设计室负责信号台房建设计，涪陵船舶设计室和国营重庆船厂设计室负责工程船舶设计。由重庆交通学院负责模型试验。四川省交通厅第一航道工程处负责狮子口滩疏浚及郭母子滩施工和狮子口滩筑坝拆坝工程施工，涪陵乌江航道工程队负责其余14个滩险及零星炸礁工程施工。由国营重庆造船厂、四川省重庆造船厂负责工程船舶建造。建设标准：按五级航道标准建设。设计最低通航水位保证率95%时，航道最小尺度为：水深1.60米，航道宽30米，曲率半径300米。

该航道整治工程于1989年10月24日开工，1991年4月12日竣工，1991年5月16至19日初验。治理白浪滩、牛屎碛、磨溪角、钮子石、黄角偏、梳背碛、手扒岩、狮子口、横梁子、郭母子、上、下边滩、大角邦、庙门滩、曲石子、小角邦、磨船背等主要滩险16个；零星炸礁吊嘴、白岩口、龙船石、三门子、青杠滩、白鹤滩、大溪河口、小曲石子、晒谷坪、过灵石等10处。并于1991年下半年完成磨船背、小角邦、大角邦、郭母子、狮子口、梳背碛、黄角偏、钮子石、牛屎碛、白浪滩等10处水毁修复工程。完成总工程量169457立方米（设计总方量），其中筑坝16座56091立方米，拆坝5座6774立方米，水上炸礁切嘴34563立方米，水下炸礁19002立方米，疏浚47959立方米，护岸3260立方米，抛石棱体1808立方米。完成4艘工程船舶建造、白涛信号台房屋建设及无线电通讯设备的配备。累计完成投资748万元。1992年3月27日四川省交通厅主持通过竣工验收，被评为优良工程。同时，移交四川省涪陵地区航务管理处管理。

实施重点项目狮子口滩整治工程。狮子口滩是乌江涪陵至白马段的卡脖子滩险，位于涪陵白涛镇，素以弯、窄、浅、急、险著称。该滩自上而下由古眼碛、横梁子、瓦厂坝、冉家沱和狮子口5滩组成。滩段总长2.10公里，枯水水面平均纵比降1.376‰，平均流速2.80米/秒，最大比降3.96‰，最大流速4.10米/秒。滩段内有卵石江心洲多处，分水流为多汊，枯水时航道弯、窄、浅、急、险。成因有两方面：自然原因，地处上下两峡的宽阔、弯曲河段和受长江洪水顶托，流速减缓，形成泥沙淤积在河床上形成江心洲；人为原因，人工取石、采沙破坏了河道边滩，水流散溢；以往多次治理不当，致使河床发生奇形变态，加剧了险情。同时，因滩段内有白涛大件码头和客货码头，施工中既要保证航道畅通，又要兼顾码头的使用，治理难度很大。

整治原则：选择航道，采用筑坝与疏浚并举的措施，固定边滩，塑造符合水流运动的河槽形态，从而达到输沙平衡，稳定航道，扩大曲率半径，改善水流条件，确保船舶安全畅通的目的；为了保证科学、经济、成功地治理该滩，特请西南水运科学研究所做了水工模型试验，并在模型上按10个设计方案进行试验比较，优化设计，最后采用在古眼碛筑左顺坝、横梁子筑左丁坝、瓦厂坝拆左旧坝、狮子口右顺坝结合挖槽疏浚实施综合治理。1990年12月27日开工，1991年3月29日完工。完成工程量：筑坝24488立方米，护岸124立方米，拆旧坝6013立方米，疏浚33527立方米，挖基628立方米，完成直接投资206万元。

工程效果：达到五级航道标准及设计航道尺度，碍航因素消除，冲淤平衡，航道稳定，为港口提供了较好的水域和停泊条件。

4. 乌江白马至木棕河段航道整治工程。乌江白马至木棕河段整治工程是乌江白马至龚滩航道整治工程的重要组成部分，航道里程143公里，整治滩险51个，完成总投资5028万元（其中交通部补助2100万元）。前期工作由涪陵地区负责，1988年开工，1991年10月完成。施工期间四川省组建乌江航道整治工程领导小组，涪陵地区和黔江地区分别成立工程指挥部，按管辖范围分两段。其中木棕河至龚滩79公里，整治滩险28个滩险，由黔江地区负责；白马至木棕河段64公里，整治滩险23个，由涪陵地区负责组织实施。涪陵地区受领任务后，将该项目纳入地区重点工程管理。

建设标准：按五级航道标准建设。设计最低通航水位保证率95%时，航道尺度为航漕最小水深1.5米，最小宽度20~25米，最小曲率半径150~180米，通行200吨机动驳船。年通过能力：上行73.05万吨，下行126.90万吨，合计199.95万吨。

工程由四川省交通厅内河勘察规划设计院负责勘察设计，河工模型试验由西南水运科研所承担，由四川省水运工程事务所承担工程监理。涪陵市航务管理处乌江航道工程队承担施工的主要部分，包括羊角滩群在内的20个滩险施工。四川省交通厅第一航道工程处负责通开槽滩施工。四川省交通厅第三航道工程处负责川石、棉花坝两滩施工。计划从1991年开始用5个枯水期完成。按“远近结合，自下而上，先重点后一般，逐步提高”的原则进行建设。1991年11月开工，1997年5月完工，中途因1994年4月边滩岩崩断航而中断施工1年。

工程完成情况：（1）完成白马至木棕河段64公里，新滩、凉水井、坳角、通天槽等23个滩险整治及零星炸礁工程，总工程量186528立方米，其中筑坝8座29716立方米，拆坝3座6618立方米，水上炸礁54640立方米，水下炸礁51411立方米，疏浚31998立方米；（2）完成凉水井绞滩设计、制造、安装、调试；（3）完成羊角绞滩机房屋建筑1幢384.5平方米，江口信号台房屋建筑1幢198平方米，航道段综合楼1幢1750平方米。完成总投资2587.74万元。

1998年3月，由交通部组织四川省交通厅和重庆市交通局联合验收，核定总体工程质量为优良，并移交重庆市航运管理处管理。

工程效果：乌江是两岸与外界进行物资交流的最主要通道，20世纪80、90年代，承担了流域内对外旅客和物资运输量80%以上。本工程质量优良，达到五级航道尺度，基本能满足五级航道标准船舶通行要求。航道的改善为发展流域经济，提高人民生活水平提供了必要的基础；降低了乌江水运成本，为水运发展提供了基本条件；有利于乌江的综合开发，发展水电、旅游，增加就业；为促进该地区对外经济、文化的交流，起到了积极的作用。

（1）重点项目羊角碛滩群整治工程。羊角碛滩群上距武隆县城（武隆水文站）约30公里，下距涪陵河口51公里。自上而下由出老头、妥鱼角、坳角、凉水井、新滩5个滩险组成，全长2.5公里。系清乾隆五十一年（公元1787年）6月15日左岸大面积崩山堵塞河道形成。航道弯曲，礁石林立，浪大流急，浪高2米以上。中华人民共和国成立后，虽经多次治理航道有所改善，但仍需3处设绞助航，船舶才能上滩，限制了通过能力，是乌江控制性滩险。

碍航主要因素为：①集中比降大，形成陡坎；②急流速、紊流态；③航槽窄，曲率半径小。其成因是山体岩崩、溪沟危害、边滩发育等。

整治原则：采用筑坝与炸礁切嘴、疏浚相结合的工程措施，增大曲率半径，扩大过流断面，调整河床比降，降低流速，力争取消新滩，改善凉水井、坳角两滩的流态与水流条件，以缩短过滩时间，提高通过能力。

因滩势复杂，治理难度大，特请西南水运科学研究所做水工模型试验，并在模型上按34个设计方案进行试验比较，优化设计，确定：坳角滩开挖右岸坡，扩大过水断面；清炸大浪区及其附近有碍航行的河床石梁、乱石等至设计水位1.80米以下，直到消除大浪；修建糯米溪导沙坝，配合治沟，防止沙石冲入滩段；清理左岸边设计水位线以下2米范围内的孤石和斗篷石原丁坝；拆除出脑头右岸原搭跳丁坝，并在其上游32米处新建搭跳丁坝1座；凉水井清炸碍航礁石，疏浚绞滩航槽浅碛，并更新绞滩设施，提高绞滩能力；新滩切除右岸溪沟堆体一部分，清炸左岸礁石，取消绞滩。

工程于1993年12月开工，1996年3月25日完工，完成筑坝7825立方米，拆坝1904立方米，水上炸礁40822立方米，水下炸礁29281立方米，疏浚2626立方米及凉水井绞滩技改和信号台维修工程，完成投资1332.67万元。

工程效果：取消了新滩、坳角两处绞滩，航道尺度增大，绞滩机能力增大，过滩时间明显缩短，通过能力有很大提高，航运安全有进一步保障，减少了绞滩人员，减轻了绞滩及航道维护工作量，节约了开支，方便了管理。

（2）重点项目通天槽滩整治工程。通天槽滩是乌江三大著名的碍航滩险之一，位于武隆县江口镇，距河口88公里。该滩地处两峡谷之间的开阔过渡段河流弯道顶部，上有韩山峡，下有中嘴峡，左岸有支流芙蓉江呈直角汇入乌江。每值枯水季，河宽水浅，河道弯曲，航槽多变，滩情复杂，是以弯、窄、浅、险著称的汊道弯曲型浅滩。治理前，枯水期有三江心洲出露，呈品字形排列，从左至右将乌江分成梯子口、通天槽、拖板槽三汊道。通天槽为主航槽。

究其成因有：下游河道狭窄，水流不畅，泥沙淤积；乌江、芙蓉江洪水交替冲刷及泥沙淤积导致江心洲及河汊多变；猴子堡江心洲向下游伸入扩大，产生挑流、紊流。

整治原则：采取低水位整治，正确选择通航汊道，经疏浚或炸礁与整治建筑物相配合，控制低水河势，尽量克服芙蓉江水沙的不利影响，稳定多变的江心洲，平顺汊道汇流，改善紊乱流态，使航槽达到要求尺度，以改善航行条件。

整治方案：因滩势复杂，治理难度大，特请西南水运科学研究所做水工模型试验，并在模型上按40多个设计方案进行试验比较，优化设计，最后确定为：修建下江心洲鱼嘴，并从其右侧建顺坝一座保护江心洲及洲头不受冲刷，同时调整了比降，匀缓了流速，扩大了曲率半径。在右岸布置三根丁坝，一可固定整治线，促进边滩淤积并巩固之。二是缩窄河面，集中整治线水位以下的流量冲刷航道，维护航道尺度。疏浚浅区，拓宽航道，增加航道水深。

工程于1991年11月18日开工，1992年3月12日完工，完成筑坝2899立方米，拆坝2299立方米，水上炸礁122立方米，水下炸礁3554立方米，疏浚17814立方米，投资305.10万元。

工程效果：集中了整治水位以下的大部分流量于主干航道，提高了有效造床能力，航槽稳定；调整了乌江来水的分流比，减少芙蓉江的泥沙进入主航道；流速、比降得到调整，改善了水流条件，下水行船不再视为畏途，上水过滩时间缩短，保证了航行安全。

5. 岩崩航道整治工程。1994年4月30日11时45分，位于乌江航道左岸的武隆县兴顺乡核桃村鸡冠岭发生岩崩。长760米，平均宽约200米，总方量达530万立方米岩体崩塌，倾入乌江下边滩至上边滩段河滩，当即形成乱石堆拦河坝，导致乌江完全断航。

岩崩致两驳船打沉，一拖船受损，死亡4人，失踪12人，伤5人，直接经济损失988万元。年货运量220万吨、客运量270万人的乌江航道断航。涪、黔两地68艘船舶停航，停产企业71家，半停产企业159家，直接影响水运职工5.6万人，间接损失8亿元。每停航一天，仅涪陵地区损失就达96万元。涪陵、黔江乌江地区物价飞涨，沿江人民生产生活受到严重影响，人心浮动，存在不安定因素。

岩崩发生后，四川省、涪陵地区行署及武隆县政府极为重视，涪陵地区行署将灾害情况紧急上报四川省政府，并组织相关部门及当地政府采取一系列救灾应急措施，控制灾情的发展，开展救助工作。5月6日，根据四川省政府和国家地矿部领导的指示，四川省政府工作组和地矿部调查组一行22人与涪陵政府及相关单位的工作人员一道实地踏勘了武隆县“4·30”岩崩自然灾害现场，研究了救灾抢险工作措施，并上报省政府及地矿部。甘宇平副省长亲临岩崩灾害现场视察。与此同时，涪陵地区航务处紧急行文上报四川省交通厅航务局，详细报告了乌江航道断航对流域内人民的灾难后果，仔细分析了恢复通航的可能性，强烈要求尽快成立抢险工程工作机构，落实经费进行恢复通航工程前期工作。涪陵乌江（白马至木棕河段）航道工程指挥部组织指挥部技术人员及四川省内河设计院测设人员一起对岩崩滩段进行了初步测量，并在此基础上编制了《乌江上边滩崩岩航道抢险救灾工程实施方案》。

5月，四川省组织以副省长甘宇平为首的岩崩灾情汇报工作小组，向国务院及相关部委局和全国总工会汇报岩崩灾害情况。国务院、中央各部委对岩崩灾情极为重视，均作出积极反应。国务院召集相关部委听取了汇报，确定乌江鸡冠岭岩崩灾害的救灾防灾工作由国家经贸委统一协调，各部门要尽职尽责地继续把有关工作做好。乌江航道的疏浚及交通替代方案，先由交通部门负责开展前期工作。四川省交通厅成立抢险救灾工程领导小组，胡培根副厅长任组长，航务局、公路局为成员单位。乌江岩崩航道抢险工程组织实施由涪陵地区乌江航道整治工程指挥部负责，爆破施工由乌江航道段承担，清渣施工由四川省华夏工程总公司承担，工程质量监督由四川省交通厅水运工程质量监督站负责，并将本工程列入四川省重点建设项目管理。肖秧省长批示："乌江岩崩航道疏通抢险工程是在非常时期，非常情况下，工程措施必须用非常手段；抓紧时间尽早抢通，一通百通，越快越好。"在听取了各方面的意见后，确定了"先通后畅"的总原则，按"一年初通、二年改善、三年完善"的目标实施。为缓减人员和物资运输压力，决定尽快实施一期工程，炸坎清槽，设绞助航，在1994年底前实现初通，并以最快速度在上下游分别修建简易码头，修筑便道连接，在施工期间保证施工人员过往和物资运输，兼顾在此期间灾区紧急物资和旅客运输。

乌江"4·30"岩崩堵江航道抢险一期工程

滩险概况：岩崩航段位于乌江涪陵河口上游35.7公里的桐麻湾峡谷内，在白涛镇上游7.0公里处。河段原系溪沟基岩中洪水滩，经治理后，滩险基本消除。1994年4月30日岩崩，山石滚入上边滩河段，形如拦河坝，堵塞航道，跌坎高达9米，瀑布声如雷鸣，浪大水急。同年7月3日，暴雨后堆积于黄岩沟的岩崩体形成泥石流冲入上边滩上游200米不到的妇人沱，形成碍航的上锥积体，形成新滩与原岩崩江中堆体紧紧相邻，江面由130米缩窄到70米。经测算上、下锥体共有86万方岩崩山石倾注航道。滩长800米，总落差8.7米，平均比降10.88‰，急流紊乱大浪段440米，平均流速大于7米/秒，且水位升高则滩越陡、浪越大、急流段越长，跌坎也越高。

整治任务：炸坎清槽，设绞助航，实现初通。工程指挥部由常务副指挥长为工程项目负责人。由于本工程的特殊性，指挥部技术人员还为设计提供方案，为施工提供技术协助，亲自参与施工。设计单位为四川省交通厅内河勘察规划设计院，施工单位为涪陵地区航务管理处乌江航道段，监理单位为四川省水运工程监理所。

1994年6月中旬，指挥部和乌江航道工程队技术人员完成了便道的测设工作，6月20日至6月30日以涪陵地区航道工程队完成了长1673米、宽1.5米的乌江右岸施工便道，为水下爆破施工和绞滩创造了条件。1994年7月5日，工程正式开工。施工现场夏天气温高达37℃～38℃，冬天有刺骨的寒风，山上块石时不时下滚，河水流急浪大，条件十分恶劣。全体建设人员，抢时间、抢进度、抢收水位，在兼顾每天两千多名过往旅客安全的条件下，提前炸除了陡坎。仅用168天，于1994年12月20日完成一期工程目标。

整治效果：抢险工程施工同时也牵挂着省、地区广大干部群众的心，省委、省政府、省交通厅、涪陵地区行署领导多次到工地视察，慰问施工人员，关心工程进度。1994年12月30日，一期工程竣工，肖秧省长亲率省交通厅、涪陵地区领导亲临现场为初通剪彩。一期工程初步疏通了航道，完成了上下游简易码头、人行便道，并设置绞滩船及通讯导航设施。共完成土石方工程量：人行便道土石方9860立方米，水上炸礁42960立方米，水下炸礁72810立方米，完成投资1669.248万元。通过一期工程的整治，滩段长度由800米降到500米，淤高的河床平均下降4米，平均扩宽27米，过水断面面积平均增大400平方米。最大流速由9.20米/秒降至6.20米/秒，陡坎消除，局部最大比降为17.75‰，浪高由5米降至2米。河面最小宽度55米，在设计水位时，最小水深为2.25米，弯曲半径大于300米，滩情明显改善。打通了航道，实现了绞滩通航，恢复了乌江约30%的通过能力，经济效益明显，保证了流域内紧急物资的运输，避免了大量企业破产、职工失业，稳定了人心，经济社会效益巨大。

乌江岩崩堵江航道抢险复航二期工程

航道初通后，运输压力和险情相对有所缓减。因初通只是“粗通”。航道条件差、标准低，滩段仍然险恶。滩险急流段 604 米，绞滩段长 470 米，落差 1.96 米，平均比降 3.25‰，平均流速 4.3 米每秒，最大流速 6.2 米每秒，浪高 2.0 米，泡漩丛生。遇雨则有岩崩堆体山石滚入河道，恶化航行条件，严重威胁船舶航行安全。1996 年 7 月和 8 月两次暴雨形成特大洪水，造成部分堆体山石滚落河道，河床有所淤高，滩势朝不利航运方向变化。碍航主要原因仍为岩崩堆体淤高并束窄河床，水流不畅所致。因此，按计划实施岩崩堵江航道二期整治工程。

建设原则：挖运岩崩乱石，扩大过水断面，减小流速，调整比降，改善流态，保证各级水位时有良好的水流条件，满足五级航道尺度及通航标准，取消绞滩以利船舶安全过滩，恢复扩大通过能力，适应航运发展需要。同时就近解决弃渣堆置问题，在堆置弃渣区外修建挡墙，以保持其堆置弃渣稳定，减少泥石再次进入河道造成后患。在此基础上，扩大断面以后，为保持岩崩堆积体稳定，并研究合理的断面形式及坡比，并引开黄岩沟山洪来水，以避免对堆置体的冲击。

建设规模：按五级航道标准建设，最低通航水位按历时保证率 95% 水位确定。航道尺度：水深 1.60 米，航宽 30 米，最小曲率半径 300 米，取消绞滩，恢复原通过能力。航道整治过水断面标准：水深 2.30 米，底宽 75 米。

施工内容：主体工程为炸除碍航堆积体，清除废渣，疏通航道，恢复航道原五级标准。附属工程为筑坝砌沟拦引走黄岩沟洪水，解除洪水泥石流对航道的危害。

四川省交通厅航务局为工程业主单位，乌江航道白马至木棕河段整治工程指挥部为工程建设管理单位，四川省水运工程监理事务所为业主委托的工程监理单位。工程于 1995 年 3 月至 1996 年 8 月全部完成勘察、初设、水工模型试验及施工图设计等前期工作。由四川省交通厅组织施工招标。

工程由四川省交通厅内河勘察设计院设计。该院长期在乌江承担航道滩险整治工程设计，也是岩崩堵塞乌江航道抢险复航一期工程的设计单位。设计人员在开展设计前，反复踏勘整治河段，深入现场，进行调查研究，搜集了第一手资料，并在总结乌江滩险整治经验的基础上制订了十多个方案。1996 年初指挥部委托交通部西南水运工程科学研究所承担的本工程河工模型试验，对不同的扩大断面方案的断面形式及流速比降分布，经过实验验证比较，选择了合理的过水断面和最佳复式断面形式，调整航线流速比降分布组合，并在滩段上口左岸设计丁坝一座，以利形成缓流区，使船舶“搭跳”过滩。

1996 年 9 月 15 日正式开工，经过两年艰苦的施工，于 1998 年 11 月 16 日完工。1998 年 12 月 20 日，由交通部组织四川省交通厅和重庆市交通局联合验收，核定总体工程质量为优良，并移交重庆市航运管理处管理。本工程累计完成工程量 591037 立方米，其中陆上爆破开挖及清运 465526 立方米，水下炸礁及疏浚 69720 立方米，筑坝 17953 立方米，其他附属工程 37838 立方米。完成投资 3690.12 万元，其中：工程费用 3161.57 万元，其他费用 528.55 万元。

工程效果。①滩险情况得到明显改善：江面明显拓宽，高于设计水位 1 米时，江面由 30 米增宽至 80 米；高于设计水位 6 米时，江面宽达 110 米，航道顺直；主（急）流逐渐由右岸扫弯向江心偏移；最大比降降至 5.25‰，总比降降至 1.76‰，最大流速降至 3.1 米/秒，航线上最大流速为 2.3 米/秒；滩段内大浪消失，紊乱水流及滩舌基本消失。滩段左侧有宽约 30 米的缓流区为上行船舶航线。②全面取消绞滩，船舶可全年自航上滩，节约了绞滩费用，恢复了原有通过能力，缩短了船舶过滩时间，节约了运输成本。③该工程竣工后，乌江涪陵至龚滩 188 公里航道全面恢复到内河五级航道标准。

附属工程：黄岩沟拦引水抢险工程

设计单位：四川省涪陵地区内河规划设计室

工程任务：拦断并引走黄岩沟水流，防止洪水将岩崩堆积物冲进上边滩河段，危及航道

治理原则：以引为主，拦引结合，因地制宜，控制投资，在确保设计洪水流量下，将水流安全

引向岩崩区下游

工程施工由乌江航道工程队承担，1995年3月8日开工，同年7月20日完工。由于工地属石灰石岩地区，岩层异常破碎，设计和施工中遇到不少困难，经过设计和施工人员的多次反复，终于达到治理要求。修筑拦水坝一座，长50米，引水渠一条，长1405米。总工程量25226立方米，直接投资130万元。1998年7月30日移交武隆县兴顺乡政府管理。

6. 木棕坪至龚滩航道整治。乌江是渝、鄂、湘、黔一市三省毗邻的武陵山区客货进出长江的主要通道，历年承担90%以上的交通运输量，由于乌江航道长期处于原始状态，险比降、急流速、恶流态，有的需设绞助航，航行条件差，制约了航运的发展，通过能力低，满足不了客货运量需求。在交通部的关心和大力支持下，在重庆行政区域调整改为中央直辖市之前，由四川省交通厅统筹安排，从1993～1998年对彭水所所辖28个滩险进行航道整治。整治目的：一是保证全线航道尺度达到1.5×25×180米；二是全线急流滩的流速控制在4.5米/秒，纵比降控制在5.0‰内，使船舶能自航上滩；三是取消磨寨、黄角碥的绞滩机；四是重点整治枯水期和中洪水险滩，进一步改善航道条件，保证航行安全。从1993年至1997年对28个滩险进行整治，共投入资金8454592.73元，整治方量150845.14立方米。

表8－47　　1993～1997年木棕坪至龚滩航道滩险整治情况表

序号	滩险名称	整治时间	投入资金（元）	整治方量（立方米）	整治方式
1	苦竹背	1996年12月至1997年3月	191154.00	2762.00	炸礁、疏浚
2	上鲁居	1996年12月至1997年3月	70325.85	2003.31	炸礁
3	解放堆	1996年12月至1997年3月	92624.00	2646.40	炸礁
4	老下严	1996年12月至1997年3月	76102.20	1205.86	炸礁、补坝和零星炸礁
5	长滩子	1996年12月至1997年3月	55630.00	1548.46	炸礁、补坝和零星炸礁
6	背岩碛	1996年12月至1997年3月	33390.00	530.00	炸礁
7	壶瓶口	1996年12月至1997年3月	197240.00	5145.60	炸礁、疏浚、补坝和零星炸礁
8	下塘口	1996年12月至1997年3月	305720.00	7771.00	炸礁、检滩
9	三洞碛	1993年12月至1994年4月	1142680.00	20128.08	筑坝、炸礁、疏浚、补坝和零星炸礁
10	大纯洞	1996年12月至1997年3月	22239.00	353.00	炸礁
11	银窝子	1996年12月至1997年3月	2795.6	441.20	炸礁
12	黄埆碥	1995年2月至1997年6月	3295992.33	49251.03	筑坝、炸礁、检滩、疏浚、拆旧坝、挖基、浆砌导流坝、补坝和零星炸礁
13	长溪	1996年12月至1997年3月	323083.86	5348.22	炸礁、疏浚
14	小沿子滩	1995年12月至1996年3月	687196.28	10990.13	炸礁、补坝和零星炸礁
15	杨家溪滩	1995年2月至1995年4月	500970.50	13247.90	筑坝、炸礁、补坝和零星炸礁
16	红志滩	1997年1月至1997年3月	421743.04	8613.96	筑坝、炸礁、检滩、浆砌导流坝、补坝和零星炸礁
17	下拂子滩	1996年12月至1997年3月	19646.96	311.31	炸礁、补坝和零星炸礁
18	庞滩	1996年12月至1997年3月	34300.00	980	炸礁

续前表

序号	滩险名称	整治时间	投入资金（元）	整治方量（立方米）	整治方式
19	小庞滩	1996年12月至1997年3月	48223.00	895.77	炸礁、补坝和零星炸礁
20	锣鼓三滩	1996年12月至1997年3月	315781.62	4114.99	炸礁、补坝和零星炸礁
21	晒谷坪	1996年12月至1997年3月	72456.30	1148.1	炸礁、补坝和零星炸礁
22	门坎滩	1996年12月至1997年3月	120885.12	1575.27	炸礁、补坝和零星炸礁
23	鲁梢子滩	1996年12月至1997年3月	153126.66	2795.59	炸礁、疏浚、补坝和零星炸礁
24	炮峰子滩	1996年12月至1997年3月	144867.60	3048.84	炸礁、检滩
25	毛子石滩	1996年12月至199年.3月	80292.60	1501.84	筑坝、炸礁、检滩、补坝和零星炸礁
26	大银滩	1996年12月至1997年3月	21016.22	587.28	炸礁、补坝和零星炸礁
合计			8454592.73	150845.14	

表8－48　　1993～1997年木棕坪至龚滩航道滩险整治效果表

序号	滩险名称	航道水深（米）		航道宽度（米）		曲率半径（米）		流态情况	
		整治前	整治后	整治前	整治后	整治前	整治后	整治前	整治后
1	苦竹背	1.5	1.5	20	25	90	>180	流态紊乱	流态良
2	上鲁居	1.5	>1.5	30	30	>180	>180	流态紊乱	流态良
3	解放堆	>1.5	>1.5	30	30	>180	>180	流急	坡缓流速减小
4	老下严	2.0	2.0	20	25	180	180	流急	流速减缓
5	长滩子	1.5	1.6	20	25	170	180	流急	流速减缓
6	背岩碛	1.4	1.5	20	25	170	180	弯、窄	航槽宽直
7	壶瓶口	1.5	1.5	20	>25	180	>180	流态紊乱	流态良
8	下塘口	2.0	2.0	25	25	250	250	流急	流缓态良
9	三洞碛	1.5	1.5	20	>25	<180	>190	流态紊乱	流态良
10	老虎口	1.5	1.5	18	>25	<180	>180	流态紊乱	流态良
11	大纯洞	1.5	1.6	20	25	170	180	槽窄弯、流急	槽宽直、流缓态良
12	银窝子	1.5	1.6	18	25	150	180	槽窄弯、流急	槽宽直、流缓态良
13	黄埫碥	1.5	>1.5	20	>30	200	>250	急险	坡缓流速减小、态良
14	磨寨	1.5	>1.5	20	>30	220	>250	陡急	坡缓流速减小、态良
15	长溪	1.5	1.5	18	>25	200	250	槽窄、流急	坡缓流速减小、态良
16	小沿子滩	2.5	2.5	25	25	100	>180	弯险	弯曲半径达到要求
17	杨家溪滩	2.3	2.8	25	25	190	190	中水走砂	中水走砂消失
18	红志滩	2.8	2.8	18	25	<180	>200	流急	流缓态良
19	下拂子滩	1.5	1.5	18	25	120	>180	窄弯险	槽宽直、流态良
20	庞滩	>1.5	>1.5	27	27	>180	>180	急险	流缓态良
21	小庞滩	>1.5	>1.5	17	25	>180	>180	槽窄、流急	槽宽流缓态良
22	锣鼓三滩	1.8	1.8	20	25	150	180	弯窄、流急	槽直流缓态良

续前表

序号	滩险名称	航道水深（米）		航道宽度（米）		曲率半径（米）		流态情况	
		整治前	整治后	整治前	整治后	整治前	整治后	整治前	整治后
23	晒谷坪	>1.5	>1.5	19	25	130	180	窄弯险	槽直流缓态良
24	门坎滩	1.7	1.7	30	30	165	180	窄急险	槽直流缓态良
25	鲁梢子滩	1.7	1.7	30	30	140	180	窄急险	槽直流缓态良
26	炮峰子滩	2.0	2.0	30	30	>180	>180	急、流态乱	槽直流缓态良
27	毛子石滩	1.2	1.5	25	25	200	200	浅、急	满足航道尺度、态良
28	大银滩	>1.5	>1.5	30	30	>180	>180	流急	洪水流速减小、态良

1997年各滩险施工结束后，经实船试航枯水、中水、洪水表明，设计标准船舶均能自航过滩，全面完成计划下达的工程项目和施工任务，工程质量优良，航道等级达到Ⅴ级，航道维护尺度为1.5×25×180米（航深×航宽×弯曲半径），常年通航279.3千瓦×200吨机动驳船，367.5千瓦×500客座客货轮，多年水位历时通航保证率为95%，取消了磨寨、黄角碥绞滩机。重点滩险整治后船舶航行情况如下：

重点滩险：老虎口—三洞碛滩

老虎口滩经过切咀、水下炸礁，航道尺度达到1.5×25×180米，最大流速降为每秒2.8米，最大比降2.5‰，改善了枯水急弯及流态情况，在设计水位及以上船舶能自航过滩。三洞碛滩经过修筑顺坝蓄水归槽及对航道疏浚，增加了航槽深度，改善了枯水弯、险、急状况，航道尺度达到1.5×25×190米（航深×航宽×弯曲半径），最大流速降为每秒2.7米，最大比降2.0‰，航道流态良好。经过整治设计水位及以上设计标准船舶可以自航上滩，船舶上行通过控制河段通航时间缩短约15分钟。

重点滩险：磨寨—黄角碥滩

磨寨滩在整治中采取切除左岸弹子溪沟口凸咀并修筑溪沟导流顺坝和开挖导砂沟、清炸两岸航槽水下乱石、筑坝等工程措施，扩大泄水面积，调整比降，降低流速改善流态，使船舶能利用新辟的缓流区自航上滩或搭跳上滩同时做到弹子溪沟爆发山洪时带出的乱石等物质导入下游深潭，并改变溪沟与乌江的交角减少沟口洪期淤积。黄角碥滩通过拆左岸短顺坝、清炸左右岸及切咀，扩大泄流断面，减糙调整比降，降低流速，制造缓流，使用权船舶搭跳上滩的目的。通过整治，磨寨局部最大比降由整治前的16.67‰降至5.0‰；最大流速由每秒6.6米降至每秒4.0米。黄角碥滩最大比降由10.94‰降至1.57‰，最大流速由每秒5.3米降至每秒3.9米，航道尺度均达到1.5×30×250米（航深×航宽×弯曲半径）。流态得到较大调整，航行条件得到了很大改善，设计水位及以上设计标准船舶可以自航上滩，船舶上行通过控制河段通航时间缩短约30分钟。

三、助导航设施

（一）航标

乌江航道维护等级为三级，航标类型为棒标，布标里程188公里，由于乌江属山区急流航段，航漕易发生淤积变化航段受雨季变化影响较大，洪期河水陡涨陡落，变化较大，航标容易受损，只在枯水期设置航标。1986～2005年间乌江航道维护等级、航标类型、布标里程都无变化，只是航标座数有所变化。1985～1997年年均布标112座。1997年乌江航道整治结束后，部分航段航行条件得以改善，1997～2005年年均布标91座。

（二）信号台

乌江信号台于1958～1960年设置，共27座。1997年乌江航道整治后，航道条件有所改善，取消王沱信号台。至2005年年底，乌江航道有信号台26座。

表8－49　　**乌江信号台情况表**

序号	名称	岸别	建设时间	信号台维护航段的航道情况	备注
1	三门子	右	1997年11月	弯、窄、浅、急、流态紊乱、视线不通	联台
2	小石溪	右	1998年4月		
3	白涛	右	1998年7月	弯、急、流态紊乱视线不畅	单台
4	白马	右	1998年8月	弯、窄、浅、急、视线不通	单台
5	羊角	左	1997年11月	弯、窄、急、险、视线不通	联台
6	关梯子	右	1998年7月	弯、窄、急、险、视线不通	
7	朱家嘴	左	1997年12月	弯、窄、浅、险、急、流态紊乱、视线不通	单台
8	武隆	右	1998年5月		联台
9	土脑子	右	1988年12月	弯、窄、浅、急、视线不通	
10	广岭	右	1998年4月	窄、浅、急、暗礁、视线不通	单台
11	棉花坝	右	1997年11月	窄、浅、急、暗礁、视线不通	单台
12	江口	右	1997年11月	窄、浅、急、暗礁、视线不通	单台
13	苦竹背	左	1997年11月	弯、窄、浅、急、流态紊乱、视线不通	联台
14	共和	右	1987年5月		
15	高谷	右	1991购置	弯、急、流态紊乱视线不畅	单台
16	下塘口	右	1988年9月	弯、窄、浅、急、视线不通	联台
17	上塘口	左	1997年11月		
18	韭菜梁	右	1988年3月	弯、窄、急、险、视线不通	单台
19	纯洞	右	1987年12月	弯、窄、浅、急、流态紊乱、视线不通	联台
20	磨寨	右	1984年12月		
21	沿滩	左	1988年12月	弯、窄、浅、急、视线不通	联台
22	红志	左	1968年		
23	庞滩	右	1997年11月	窄、浅、急、暗礁、视线不通	联台
24	石盆	右	1997年11月		
25	烂泥沱	右	1987年11月	弯、窄、浅、急、流态紊乱、视线不通	联台
26	王沱	右	1977年取消		
27	洪渡	左	1990年1月		

（三）水尺

乌江河口至龚滩188公里航道上共设置航行水尺9处。

表 8－50 **乌江河口至龚滩航行水尺情况表**

序号	名称	位置	岸别	设置时间	备注
1	三门子水尺	距河口 17.0 公里	左	1979 年 2 月	
2	大溪河水尺	距河口 30.0 公里	左	1979 年 2 月	所有水尺以彭水水尺 0.97 米水平面作基点确定的水位零点
3	羊角水尺	距河口 51.0 公里	左	1979 年 2 月	
4	中咀水尺	距河口 80.0 公里	右	1979 年 2 月	
5	高谷水尺	高谷码头	左	1979 年 2 月	
6	上塘口水尺	思方滩脑上	右	1979 年 2 月	
7	彭水水尺	四楞碑码头	右	1979 年 2 月	
8	鹿角水尺	鹿角码头	右	1979 年 2 月	
9	龚滩水尺	龚滩码头	左	1979 年 2 月	

（四）绞滩站

至 2003 年年底，乌江河口至龚滩 188 公里航道上共设置绞滩站 3 座。

表 8－51 **乌江河口至龚滩绞滩情况表**

序号	名称	位置	岸别	设置时间（机绞）	设置目的	绞滩站附近航道情况	备注
1	凉水井	羊角滩群，距河口 49.5 公里	左	1966 年	帮助船舶过滩，缩短过滩时间，加快船舶周转速度，提高效益	处于羊角滩群，水流急	
2	钱粮铺	羊角滩群，距河口 52.0 公里	左	2003 年			
3	黄角碥	黄角碥滩脑上	右	1966 年		下游银窝子滩窄弯、流急，上游磨寨滩陡急	1997 年取消绞滩

四、航电枢纽工程建设

（一）彭水航电枢纽工程

彭水航电枢纽位于乌江下游，距重庆市彭水县县城上游 11 公里。坝址距乌江河口涪陵市 147 公里。坝址以上流域面积 69000 平方公里，占乌江流域面积的 78.5%。坝址多年平均流量每秒 1300 立方米，坝址多年平均年径流量 410 亿立方米，年平均含沙量每立方米 0.354 公斤。

彭水水电站的开发任务为以发电为主，其次是航运、防洪及其他综合利用。彭水水电站是乌江干流水电开发规划的第十个梯级，水电站总装机容量 175 万千瓦，其地理位置优越，水库调节性能好，距负荷中心区仅 180 公里，是重庆市不可多得的水电电源点。

彭水水电站由大坝及泄洪建筑物、电站、通航建筑物等组成。大坝为碾压混凝土重力坝，坝高 116.5 米。电站布置在右岸，为地下式厂房，安装 5 台单机容量为 35 万千瓦的大型混流式水轮发电机组。通航建筑物布置在左岸，由单线船闸、升船机两级过坝建筑物组成，按 500 吨级船闸过坝设计。

坝址的区域地质构造相对稳定，无区域性大断裂通过，地震基本烈度为 6 度。水库回水至贵州沿河县城，长约117公里，为峡谷河道型水库，水库封闭性好，主要建筑物工程地质条件较好，天然建材储量和质量能满足工程建设要求。

1970年以来长江水利委员会（简称长江委），进行了大量的勘测规划设计和科研工作。1979年提出《乌江彭水枢纽坝址比较选择报告》，而后围绕彭水坝址和长溪坝址进行了原可行性研究和初步设计工作。1983年提出《乌江彭水水利枢纽（彭水坝址）初步设计报告》。

1986年以后，长江委根据原水利部的要求，在以往前期工作的基础上，对长溪坝址开展可行性研究工作，1989年提出《乌江彭水水利枢纽（长溪坝址）可行性研究报告》，1992年提出《乌江彭水水利枢纽（长溪坝址）可行性研究报告修订材料》，拟定工程开发任务以发电为主，其次是航运、防洪及其他。推荐水库正常蓄水位293米，防洪限制水位288米，死水位278米，相应调节库容5.07亿立方米，防洪库容1.9亿立方米，大坝采用高110米混凝土重力坝，电站采用右岸地下式厂房，装机容量1080千瓦，通航建筑物采用300吨级升船机。

1993年5月，水利水电规划设计总院对该《报告》进行全面审查，并备文呈报交通部，确定长溪坝址和正常蓄水位293米作为彭水工程的推荐方案。

1995年，长江委开始进行《乌江彭水水利枢纽（长溪坝址）初步设计报告》编制工作。1997年5月，中国江河水利水电咨询中心和水利水电规划设计总院在彭水县对彭水水利枢纽初步设计中间成果组织技术讨论会。

1998年9月，长江委提出《乌江彭水水利枢纽初步设计报告》，报告推荐水库正常蓄水位293米，防洪限制水位287米，死水位近期为278米，远期为280米。大坝采用高115.5米混凝土重力坝，电站采用右岸地下式厂房，装机容量1400兆瓦，通航建筑物采用500吨级一级船闸－升船机方案。

2001年11月，长江委长江勘测规划设计研究院受重庆市计委委托，完成《重庆乌江彭水水电站装机容量论证报告》，同年12月，国家电力公司战略研究与规划部和水电水利规划设计总院对专题报告进行了审查，基本同意专题报告提出的彭水水电站装机规模1400兆瓦。

2003年1月，长江设计院受彭水水电开发有限公司委托，开展彭水水电站可行性研究工作。2003年4月长江设计院在补充勘测和设计工作的基础上，提出《重庆乌江彭水水电站电站建筑物总体布置专题研究报告》和《重庆乌江彭水水电站施工导流布置专题研究报告》。2003年4月26日至28日，中国水利水电建设工程咨询公司在重庆主持召开了上述两个专题的咨询会议。2003年8月，长江设计院完成《重庆乌江彭水水电站枢纽布置及大坝设计专题报告》，2003年8月31日至9月4日中国水电顾问集团公司组织专家对报告进行了咨询。

2003年7月，长江设计院提出《重庆乌江彭水水电站单机容量论证专题研究报告》和《重庆乌江彭水水电站扩大装机容量初步研究》，2003年7月下旬，水电水利规划设计总院对这两个报告进行了审查。审查认为水电站按5×350兆瓦方案进行布置，技术上基本可行。

2003年9月至12月，中国水利水电建设工程咨询公司对长江设计院提出的《彭水水电站水力过程计算分析专题报告》《彭水水电站工程安全监测专题报告》《彭水水电站水情自动测报专题报告》和《彭水水电站水文气象专题报告》等4个专题报告进行咨询。

2004年3月，水电水利规划设计总院对长江设计院提出的《乌江重庆彭水水电站可行性研究报告（咨询稿）》进行咨询。

2004年长江设计院在上述报告基础上，根据有关审查意见，参考有关咨询意见，编制《重庆乌江彭水水电站可行性研究报告》。

彭水航电枢纽是重庆市“十五”规划的重点能源项目，已列入国家“十五”规划。2003年开始进行施工准备，2004年12月围堰截流，计划2009年全部完工。彭水航电枢纽开发任务以发电为主，其次是航运、防洪等。该电站总投资120.83亿元，正常蓄水位为293米（黄海），校核洪水位298.85米，相应水库库容为14.65亿立方米，混凝土最大坝高116.5米，装机总容量175万千瓦，保证出力37.1万千瓦，年发电量61亿千瓦时，是乌江干流梯级中规模仅次于构皮滩水电站的大型工程，也是重庆电网的骨干调峰电源，建成后可渠化四级航道里程110公里。通航建筑物为升船机加船闸方案，通航建筑物规模为500吨级，年设计双向通过能力510万吨。

（二）银盘航电枢纽工程

乌江银盘航电枢纽位于武隆县江口镇上游4公里的杨家沱处，上游接彭水梯级，距彭水水电站约53公里，下游接白马梯级，距乌江河口91公里，为乌江开发的第十一梯级，是兼顾彭水电站的反调节任务和渠化航道的航电枢纽工程。工程建设期72个月，2005年6月动工，计划2010年建成。银盘航电枢纽的开发任务以发电为主，其次是航运、防洪等。该电站总投资69亿元，正常蓄水位为215米（黄海），总库容为3.2亿立方米，混凝土最大坝高80米，装机总容量60万千瓦，多年平均发电量26.89亿千瓦时。其地理位置优越，开发条件好，将是重庆电网调峰、调频的主力电站之一，可改善电网供电质量，缓解电网电力供应紧张的状况，建成后可渠化四级航道里程53公里。通航建筑物500吨级船闸，船闸尺度为120×12×4.0米（长×宽×门槛水深）。由于提高了船闸门槛水深和闸室长度，可通行1000吨级船舶。

乌江银盘航电枢纽

乌江彭水航电枢纽

五、三峡工程蓄水对乌江航道的影响

2003年6月，三峡工程蓄水135米时，三峡库区回水在丰都境内，对乌江没有影响，乌江航道仍处于自然状况。

2006年10月，三峡工程蓄水156米时，三峡库区在乌江的范围达到武隆白马镇（距河口47公里）。最终成库蓄水175米，库尾将抵达武隆中嘴（距河口80公里）。三峡工程按175—145—155米运行，回水变动段在网背沱（距河口22公里）与武隆中嘴之间，有58公里河段处于变动段。

枯水季节，三峡工程蓄水175米时，武隆以下航道条件很好，1000吨级船舶可抵达武隆。在洪水期，蓄水降至145米时，回水变动段中的航道处于自然状况。

第二节　乌江支流航道

一、郁江

郁江发源于湖北省利川市汪家营佛宝山蜂子岩和利川市黄泥塘，两源汇流于凉雾寺，在彭水县连湖镇多家村入重庆市境，在观音岩汇入乌江，全长170公里，流域面积4602.2平方公里，河口多年平均流量每秒134立方米，年径流量40.68亿立方米。从观音岩至蔡家坝，郁江通航里程100.0公里，航道等级为等外级航道。

二、唐昌河（阿蓬江）

唐昌河又名阿蓬江，发源于湖北省利川县钟家沟村，由东向西经湖北省咸丰县罗家坝流入重庆市，经过黔江区、酉阳县，在龚滩镇注入乌江。全长249公里，流域面积5585平方公里，是乌江上游主要支流。20世纪90年代末，在酉阳县境内苍岭镇大河口村修建大河口水电站，形成库区航道22.72公里（包括唐南河航道3.18公里），通航条件得到改善，航道尺度可达1.0×10.0×90米（航深×航宽×弯曲半径），最低水位保证率95%。从大河口电站至罗家渡口，唐昌河通航里程96.09公里，其中七级航道59公里，等外级航道37.09公里。

第四章　长江其他支流航道

第一节　大宁河航道

一、自然概况

大宁河位于重庆市东部，发源于重庆市巫溪县西宁区与城口县交界处的碑梁子，有龙滩河、汤家坝河两源，两河在中良乡龙头嘴汇合，在巫山城东注入长江，全长165公里，流域面积4200平方公里。大宁河属山区河流，受流域降水影响很大，沿途地形、地貌差异较大，峡谷与宽谷交替出现，宽阔河段河面宽300~600米，峡谷河面宽120~200米，平均比降1.86‰。滩段平均比降为2.03‰，平均流速每秒1.72米。河床多为卵石河床，枯水河面宽50~80米。巫溪以上为上游，巫溪至大昌镇33公里为中游，大昌镇至巫山河口41公里为下游。

大宁河通航历史悠久，自古是巫溪、巫山两县的水上交通要道。三峡工程蓄水前，巫溪县城至礁石岩71.78公里的中下游段为通航河段。为保证船舶安全有序通行，全线设有航标站2个，导航棒标25处，7500标天。大宁河现有跨河建筑物均满足现状通航要求。

大宁河流域属亚热带暖湿季风气候区，气候温和，水量充沛，日照充足，年平均降水量800~1000毫米，一般5~10月为洪水期，径流主要来自降水，少量地下水补给。11月至次年3月为枯水期，最枯期为1~3月。根据巫溪水文站统计，历年最大流量5220立方米/秒，多年平均流量每秒71.1立方米，历年最小流量每秒6.8立方米，多年历时保证率95%，流量每秒25.8立方米，历年最枯水位205.36米（吴淞高程）。

根据巫溪、巫山两地气象站统计，巫溪年平均降水量1000毫米，历年最高气温41℃，最低气温-1℃，平均气温16℃。巫山年平均降水量为1000毫米，年平均雾日27.8天，历年最高气温42℃，最低气温-2℃，平均气温18℃。

二、通航情况及助导航设施

（一）通航情况

大宁河通航历史悠久，自古是巫溪、巫山两县的水上交通要道。2003年6月三峡蓄水前，巫溪县城至礁石岩71.78公里的中下游段为通航河段，航道等级为等外级，航段内滩险多，滩情较复杂，航道弯曲半径小，航槽变动频繁。优良河段水深在1.5～5米之间，浅滩段水深在0.6～0.9米之间。1986～2005年，该河段受小三峡旅游业的影响，航运发达，平均每天船流量达100艘次，旅游高峰期每天可达200艘次。大宁河现有跨河建筑物均满足现状通航要求。

2003年6月三峡成库后，135米蓄水回水至大昌镇。预计175米蓄水时回水在巫溪县花台乡王家河附近。大昌以下的通航条件得到极大改善。

（二）助导航设施

1. 航标

三峡工程蓄水后，大宁河航道条件有了根本的变化，过去的水浅流急、湾湾见滩的情形不见了，出现的是高峡平湖，大宁河回水末端至大昌八角丘，回水段航道里程37公里，这给大宁河航运创造了极好的发展条件。同时也出现一些暗礁和突嘴。为保障船舶航行安全，2003年7月重庆市港航局根据大宁河成库后航道的特点，在大宁河37公里的回水航道内投入资金13万元，设置26座浮标，其中从大宁河河口至龙门3公里内设置6座一等光标，其他34公里内设置20座重点标。

2. 水尺

2003年8月，为保证大宁河船舶的航行安全，更好地掌握大坝水位变化时大宁河航道情况，投资2万元分别在大宁河龙门和大昌手扒岩处设置2处简易航行水尺。航行水尺的设置，使驾引人员能更好地掌握航道水位的变化情况，保证了大宁河客货运输的安全。

三、滩险治理

1984年，经四川省交通厅批准，由巫溪县航管站航道队与巫山县航管站航道队合并组建成大宁河航道养护队，其队部设在巫溪县城，属正科级事业单位，隶属万县市航务管理处直接领导。大宁河航道养护队合并组建时有职工28人，固定资产54.919万元，其中房屋价值11.686万元，船舶2艘18.63万元，机具设备22.678万元，测绘仪器1.925万元。随着巫山县小三峡旅游事业的不断发展，1997年万县市航务管理处《关于加强大宁河小三峡段航道养护管理的通知》决定从大宁河航道管理段抽调8名工人到巫山县航务所，专门负责大宁河小三峡段航道养护工作。到2000年底，有职工31人，其中职员（干部）2人（工程师1人，技术员1人），养河工人29人（中级职称6人，初级职称23人），固定资产有房屋3326.53平方米（价值金额896144.94元），船舶3艘（价值250558.5元），机具设备及测绘仪器（价值56751元）。

航道队主要任务是负责巫溪县城至巫山河口74公里航道常年养护疏浚工作。因滩多水浅，疏浚任务较大，人均维护航道里程4.6公里。为了保证航道常年畅通无阻，航道队下设3个工班，分段承担航道常年养护任务。一工班承担巫山河口礁石岩至涂家坝（小三峡旅游重点航段）养护，二工班承担涂家坝至水口养护，三工班承担水口至巫溪城养护。航道质量标准是航道宽4.5米，水深0.5米，必须达到此标准，船舶方能安全航行通过。

大宁河航道，从巫溪县城至巫山河口航道里程74公里，航道弯曲半径小，落差大，平均比降为1.86‰，航漕狭窄易变，滩险多，有各类滩险187处，其中主要有银涡滩、长滩、八桂石、磨角滩、七里滩、水口滩、马脑壳滩等，属于典型的山区浅滩急流航道，整治、维护工作十分繁重。

表8－52　　1986～2005年大宁河航道养护工程及经费支出表

年度	维护里程（公里）	完成工程量（立方米）			经费支出（万元）
		补坝	疏浚	炸礁	
1986	77.5	800	34.2	100	5.7
1987	74	800	35.6	72	6.13

续前表

年度	维护里程（公里）	完成工程量（立方米）			经费支出（万元）
		补坝	疏浚	炸礁	
1988	74		51.2	105	7.48
1989	74	607	43.8	23	15.1
1990	74		44.5	374	11.79
1991	74	292	44.3	496	13
1992	74		44	450	12.82
1993	74		33.8	600	12.93
1994	74		38.6	100	17.43
1995	74	800	42	800	20.51
1996	74		45	100	23.58
1997	74		45	1800	32.33
1998	49		56	3600	33.25
1999	49		56.7	3500	43.07
2000	49		56	3200	41.02
2001	49		57	3400	40
2002	49		38	1200	22.59
2003	49		42	300	26.09
2004	49		41	230	48.5
2005	49		38	210	46.8

（一）银涡滩治理

银涡滩距河口5公里，是大宁河的重要险滩，该滩长150米，宽5米，河床为卵石、礁石构成，滩漕水浅流速大，水深0.4米，落差4米。新中国成立前此滩未能经过河道整治，不少过往船舶在此翻沉，有“十船就有九船翻”之说，可见该滩之凶险。传说新中国成立前不少乘船富商在此遇难留下不少金银财宝，故此滩名为“银涡滩”。新中国成立后该滩经过一些整治，航道条件有所好转，但因落差大，水急滩窄，仍是大宁河最险要的滩漕之一，上行船舶过此滩时所载游客必须下船步行过滩，船工船上用篙竿撑，岸上用纤绳拉方能使船舶过滩；下行船舶过此滩时为避免急流对船舶的影响，保证船舶的安全，船舶往往采取逆向倒坐方式下滩。

1996年，为降低该滩落差，增加航道水深，使之适应航道运输的需要，向国家争取以工代赈资金50万元，万州航务处自筹资金5.73万元，由四川省华夏总公司第一建筑公司施工，1996年2月14日到3月27日采用炸礁、筑坝拦水、切嘴、挖漕等方法对该滩进行整治，修丁坝基漕2处557.83立方米，补坝1786立方米，筑坝868.38立方米，丁坝加固888立方米，切嘴5382立方米，挖漕2188立方米。通过整治，该滩通航条件大为改善，落差有所降低，水流有所减缓，水流归漕，水深由原来的0.3米提高到0.6米，船舶上下自如，事故隐患得到有效控制。

（二）长滩治理

长滩距河口约6.8公里，是大宁河的险滩之一，该滩长约70米，河床纵坡大，水流急，滩窄，最小宽度8米，最小水深0.4米。左岸原有护岸堤坝因年久失修，被1998年特大洪水冲毁，航漕淤积变窄，变浅，严重碍航，在该滩出口处有一湾道，其湾急水流，下行船舶过此滩时十分危险，严重影响船舶航行安全。

1999 年，为降低落差，增加航道水深，解决航道淤堵，使之适应航道运输的需要，争取重庆市航运处航道整治资金 15 万元和万州区航务处航道整治资金 15 万元，于 1999 年 3 月 3 日到 3 月 31 日，由四川省华夏总公司第一建筑公司施工，采用截嘴、炸礁、护坡、捡滩、挖漕、筑拦水坝方法，完成截嘴挖漕 112 多立方米，护坡 649 立方米、块石护面坝 335 立方米，左岸护坝两座 124 米和捡滩，右岸切嘴及砌体、捡滩 536 立方米。通过整治河床纵坡减小，河漕水深提高，能达到 0.5 米，滩出口处湾道半径增加，水流减缓，船舶航行安全、方便、快捷，提高了船舶的通行能力，促进了地方交通运输和经济的发展。

（三）八挂石治理

八挂石在距河口 7.1 公里处，上接无名峡，下接长滩，长 80 米，落差大，水流急，弯曲半径小，河漕宽 6 米，最小水深 0.4 米。船舶过滩，特别是下行船舶过滩十分危险。

1998 年 1 月到 2 月，为了降低落差，减缓水流，增大弯曲半径，决定对进行改道，由左岸改道右岸。巫山港务处向县财政争取资金 10 万元，对进行改道，采用炸礁、挖漕、筑拦水坝方法，炸礁 4 处、挖漕 3000 立方米、筑河堤拦水坝 80 米，改造成为一条长 100 米的顺直河漕。通过对整治，使滩长增加，由原来的 80 米增加到 100 米，使纵坡增长，落差减小，水流减缓，水深由原来的 0.4 米增加到 0.6 米，增大弯曲半径，船舶过滩的安全性有很大的提高。

（四）磨角滩治理

磨角滩距河口 11 公里，滩长 320 米，河床纵坡大，流急水浅且散，滩漕内最小水深 0.3 米，河漕宽 7 米，出口处湾道半径小，河床为卵石组成，船舶过此滩时十分困难，上行船舶往往要清载空船过滩，不少船舶在过此滩时螺旋桨被损坏或打掉，过滩时间长，特别是旅游高峰期，常常造成旅游船舶堵塞，排队过滩，为保证船舶过滩安全，对此滩进行两头监控，实行定时单向航行。此滩历来是地方海事管理部门监督管理的重点船舶单向航行的滩漕。

2000 年 1 月到 2 月，为增加水深，扩大湾道半径，提高船过滩能力，使之适应航道运输的需要，巫山航务处争取国家以工代赈资金 20 万元，采取截嘴、挖漕、筑建拦水堤坝等方法进行整治，截嘴 1 处，挖漕 5000 立方米，筑建拦水堤坝 600 米。通过整治使散水归漕，河漕水位有所提高，由原来的 0.3 米增加到 0.5 米，截嘴筑堤，增大了弯曲半径，单位时间船舶过滩能力有所提高，旅游高峰期船舶排队过滩现象明显缓解，加之各安全管理部门对此滩的严格监控和管理，自整治以来未发生过任何船舶安全事故，较好地发挥服务交通旅游运输的作用。

（五）七里滩治理

七里滩是大宁河最大的浅水滩，距河口 45 公里处，滩长 300 米，宽 60 米，最大流速每秒 1.9 米，最小流量每秒 8.62 立方米，最小水深 0.3 米，为卵石河床，河床较宽坡降较大，漕口与上下航道成“Z”字形，对航行极为不利，严重影响了交通发展。

1997 年底，为达到束窄河床，调整比降、改善流态、提高滩漕水深，保证船舶安全过滩，争取国家以工代赈资金 50 万元，万州航务处自筹资金 3 万元，由四川省华夏总公司第一建筑公司于 1997 年 12 月 18 日到 1998 年 1 月 16 日期间进行整治，封固“Z”字形旧航漕，新开挖 1 条 244 米、宽 20 米平缓顺直新航漕共 3778 立方米，在左岸新建 1 条长 241 米共 4716 立方米的顺坝，束水归漕，增加航漕水深，满足通航条件。通过整治，解决了浅、窄、湾三大碍航因素，使散水归漕，滩漕水位由原来的 0.3 米提高到 0.5 米，改变了以前上下滩旅客必须起坡、人力推拉过滩现象。

（六）水口滩治理

水口滩位于大宁河口 50 公里处，滩长 50 米，宽 8 米，最小水深 0.35 米，河床为卵石构成，坡降较大，水流急，船舶过此水手往往需要下水推舟或减载。

2003 年 12 月至 2004 年 2 月，为达到束窄河床，调整比降、改善流态、提高该滩滩漕水深，保证船舶安全过滩，巫山港务处争取国家以工代赈资金20万元，组织民工对该滩进行整治，采用挖漕、筑建拦水堤坝，左岸修筑丁坝3处，右岸修筑丁坝2处，挖漕2100立方米。通过整治，栏水归漕，使滩漕水位由原来的0.35米提高到0.45米，船舶过滩再不需要水手下水推舟和减载，阁浅的情况也不复存在，过滩时间缩短。

（七）马脑壳治理

2003年三峡大坝蓄水后，大宁河航道条件有了彻底改变，回水末端至大昌八角丘，回水段内各险滩已不复存在。但随着三峡大坝不同的蓄水位，出现新的碍航体。

马脑壳位于大宁河河口11公里处，由航道北岸向河心伸出一长约120米、宽70米的突嘴，形状酷似马脑壳，故此得名。马脑壳内侧低洼段在大坝水位139米时被淹没，内侧形成30米宽的漏浩，航道绕马脑壳成“V”字形，上接琵琶州水域，下接无名峡，弯曲半径小，视线较差，三峡成库后因此处弯道急、视线不好，船舶多次在此发生碰撞翻船事故，造成人员和财产的伤亡和损失。当三峡大坝在156米蓄水后，马脑壳将成为水下暗礁，给过往船舶带来极大的安全隐患。

四、三峡工程蓄水对大宁河航道的影响

大宁河属于峡谷河型，航运条件较差，滩险众多。受三峡蓄水影响，下游段河流航运条件有所改善。

三峡枢纽坝前蓄水135米水位时，大宁河回水37.7公里至大昌镇。三峡枢纽的蓄水改善了大宁河大昌以下河段的通航条件，可通航500吨级船舶。

蓄水前大宁河航道为等外级，在长江三峡水库建成后，三峡水库175米正常蓄水位时，大宁河回水末端在巫溪县花台乡王家河附近，汛期限制水位145米时，回水末端在巫山县大昌镇高家坪，高家坪以下将成为常年深水航道。根据《重庆市大宁河水资源综合利用规划报告》，巫溪县城下游将建设庙峡电站，发挥该电站发电、调节库区变动水位、提高航道等级的作用。

第二节　梅溪河航道

一、自然概况

梅溪河发源于巫溪县万家沟，流经巫溪县和奉节县，于奉节县城注入长江，干流全长161公里。梅溪河流域属高山峡谷和深丘地带，河源至新渡口为上游，多为高山峡谷，河床狭窄，两岸峭壁，河宽不足15米，枯水水面宽不足4米，具有洪水流急、枯水水浅等特点。新渡口至西牛角72公里为中游，河宽30～80米，枯水水面宽8～15米，水深0.2米左右，比降2‰至2.1‰。西牛角至奉节县城30公里为下游，河道平缓，滩短沱长，水面宽20～30米，水深0.4米。

梅溪河是长江的一级支流，是奉节、巫溪境内物资进出的重要通道，对区域经济发展起着重要的促进作用。三峡蓄水前，梅溪河河口至芝麻田段31公里季节性区间通航，航道等级为等外级，枯水期水面狭窄、水位浅，部分河段不具备通航条件。历年河道水沙稳定，年内冲淤基本平衡。梅溪河航道维护类别为三类。20世纪80年代初以来，由于公路网的形成，梅溪河的养护基本停止。现有车家坝水文站1座，通航段现有普通公路桥2座、人行铁索桥1座，均满足通航要求。

三峡水利枢纽按坝前135米水位运行时，梅溪河回水18.3公里至干溪口，干溪口以下河段的航道条件得到根本改善，水深增加，水域增大，可通航1000吨级船舶。

二、通航情况及助导航设施

（一）通航情况

三峡大坝蓄水前，梅溪河为奉节县的经济发展做出了重大贡献。20世纪70年代，奉节县公路网络形成，沿河公路运输不断发展，1979年停止对梅溪河的养护，航道逐渐萎缩，只有河口至寂静段14公里季节性区间通航。

河口至龙潭沱8公里航道为等外级航道。长江汛期梅溪河回水可达龙潭沱（8公里），河口河面宽300米以上，其他各处河面宽60～150米。河口水深40米，航道最小水深2米，航道最小弯曲半径130米，最低通航水位保证率80%，可通行100吨级船舶。

龙潭沱至寂静6公里航道为等外级航道。航道宽8米，航道水深0.5米，航道最小弯曲半径450米，最低通航水位保证率80%，可通行5～8吨载货船舶。

（二）助导航设施

1986～2003年，梅溪河航道没有设置助导航设施。三峡大坝139米蓄水，梅溪河航道布标里程11公里，设置简易航标。三峡大坝156米蓄水，梅溪河航道布标里程15.5公里，设置简易航标。1986～2006年，航道内没有设置航行水尺、信号台、绞滩站。航道内没有建设航电枢纽。

三、滩险治理

三峡大坝蓄水后，梅溪河航道通航段内滩险全部被淹没。

1986～2005年，因公路交通的大力发展，梅溪河航道基本上没有进行过航道整治。

表8－53　**梅溪河航段内主要浅滩情况表**

滩名	滩长（米）	宽度（米）	水深（米）	弯曲半径（米）	距河口里程（公里）	类别
火石滩	100	7	0.4	600	8.2	卵石浅滩
桥湾滩	80	7	0.4	480	10	石质浅滩
门坎滩	50	7	0.4	520	11.7	石质浅滩
干渣滓	200	7	0.4	520	11.75	石质浅滩

四、三峡工程蓄水对梅溪河航道的影响

2003年11月5日，三峡大坝139米蓄水，梅溪河回水到横路，距河口17公里，通航河段11公里（河口至红湾子），航道最小宽度110米，航道最小水深2米，航道最小弯曲半径200米，最低通航水位保证率90%，可通行千吨级船舶。

梅溪河在三峡蓄水前航道为等外级，利用三峡工程建成蓄水提高航道等级。三峡枢纽按坝前175—145—155米水位运行时，高店子至河口23公里为常年库区，高店子至芝麻田8公里为回水变动区，芝麻田以上为自然河流。结合当地煤炭资源分布及开采利用规划以及三峡成库后通航条件的改善，将河口至龙潭沱8公里河段规划为三级航道，龙潭沱至芝麻田31公里河段规划为五级航道。2010年前整治龙潭沱以下河段，达到三级航道标准要求。2010年以后，根据梅溪河流域经济发展情况，分别对龙潭沱以上河段进行开发建设。

第三节　小江航道

一、自然概况

小江（彭溪河）发源于开县东北部与城口县交界处一字梁山脚钟鼓村的钟鼓溪。流经白泉、和谦、温泉等乡镇，在云阳双江口注入长江，全长约174公里，有3条支流汇入，流域总面积4992平方公里。小江流域山势较为险峻，地势起伏甚大，高山峡谷、丘陵平地交替出现，上游多处于高山峡谷，窄谷滩险连绵不断，水位变幅大，航槽变动频繁，河床多为乱石、砾石，两岸多为岩石，具有比降大、水浅等特点，中游地处小江电站库区内，为主要通航河段，河谷较为宽阔，具有比降小、水流较缓的特点，多为泥沙河床。下游地形较为平坦，河谷宽阔。小江平均比降1.12‰，平均流速每秒1.5～2.1米，最大流速每秒3.09米，最小弯曲半径70米。小江航道马家沟至汉丰镇段有滩险12处，滩长6800米，汉丰镇至双江口有滩险64处，滩长7783米，著名的“上下七滩”就在高阳至黄石段。

云阳县境内地形较为平坦，河谷宽阔，一般均为150～200米，最宽达1500米，仅高阳至黄石段山势陡峭，受地理条件限制，河谷较窄，水流湍急，枯水期行船较为困难，黄石至双江段地平河宽，长江汛期水位上涨，回水可至高阳，此段洪水期间可通航50吨级船舶。马家沟至双江口枯水期河面宽70～150米。

小江径流主要靠降雨，多年平均降雨量900毫米，最大1522毫米，最小519毫米，降雨量因受大巴山暴雨气候影响，分配不均匀，每年5～10月降雨量占总降雨量的70%以上。根据降雨量的变化，小江枯、洪水的特点为：枯水期11月至次年4月，洪水期为5～8月，中水期为9～10月，开县以上最大流量为每秒2270立方米，最小流量为每秒3.73立方米，开县以下最大流量为每秒4880立方米，最小流量为每秒6.29立方米，全年径流总量为35.84亿立方米，洪、枯水变幅为12.65米。

由于小江流域地势起伏甚大，气候相差也较悬殊，高山一般气温低而多雨，平坝气候温和，冬季干燥。据开县气象资料，平坝地区全年平均气温18.2℃，最高气温39℃（多发生在8月内），最低气温1.2℃，霜冻、雪多发生在1～2月，全年无霜期315天左右。

根据养鹿新华水文站资料，历年最大流量每秒3890立方米，多年平均流量每秒107.10立方米，历年最小流量每秒6.78立方米，多年历时95%流量，每秒51.3立方米。

二、通航状况及助导航设施

（一）通航情况

小江航运历史悠久，历来担负云阳、开县两县进出物资运输，是两县对外交通的重要通道。三峡蓄水前土龙至江口115公里航道中渠口至青树以及黄石至江口航道等级为七级，其余均为等外级。小江有公路桥4座，距双江河口28公里处有小江电站枢纽1座，建有小型船闸1个，由于三峡工程蓄水，已被拆除。

小江是长江上游的一条重要支流，小江航道小河口至黄石航段11.45公里为季节性通航河段，航道尺度1×30×200米（航深×航宽×弯曲半径），通航等级七级，通航保证率50%，按九级航道通航标准，通航保证率可达95%；黄石至青树16.55公里为峡谷河段，岸坡较陡，河谷一般宽120～200米，落差较大，滩险相对集中，仅能通航10吨自行船，受小江电站大坝蓄水的影响，通航保证率为90%；青树至养鹿航段17公里为常年通航的渠化河段，航道尺度1×45×300米（航深×航宽×弯曲半径），通行50吨级船舶。小江航道县境原有跨过公路桥1座，电站枢纽1座（坝顶为公路桥），架空高压过河电缆2处，临河设施5处，代里子、黄岭峡、七血子、猫爪子等名滩均在此地段。

小江电站位于距河口25公里处的青树，1976年建成，总投资、装机容量、年发电量不详，回水里程45公里，设计库区最高通航水位150米，下游最低通航水位123.8米，设计有45×11×1.45米（长×宽×门槛水深）船闸1座。自建成起受公路运输对水运的影响及船闸管理问题，船闸很少运行，几年后荒废。2002年小江电站拆除大坝、船闸等（第一次拆除），在二期清库时2004年对大坝又进行拆除（第二次拆除）。

（二）助导航设施

2003年6月10日，三峡大坝135米蓄水后，小江布设航标40座，布标里程25公里。由于维护费用高，难度较大，洪水来了要冲走等原因，撤回大部分航标。2006年156米蓄水后撤回部分航标，只在重点滩段设置20座左右航标。

三、滩险治理

小江主要的险滩有：①黄岭滩，距河口12.45公里，滩长200米，为卵石河床急流浅滩，断面最小宽度5.8米，断面最小水深0.35米，该航段航行10吨左右自行船；②七血子滩，距河口12.85公里，滩长110米，为卵石河床急流浅滩，断面最小宽度6米，断面最小水深0.3米，常年可通行10吨左右自行船；③代里子滩，距河口16.95公里，滩长130米，为卵石河床急流浅滩，断面最小宽度6米，断面最小水深0.3米，常年可通行10吨左右自行船；④猫爪子滩，距河口17.25公里，滩长180米，为卵石河床急流浅滩，断面最小宽度5米，断面最小水深0.3米，常年可通行10吨左右自行船。

2003～2005年，受三峡工程蓄水影响，小江的航道条件得到较大改善。原来季节性通行50吨级以下小型机动船舶的等外级航道形成通行1000吨级以上船舶的深水航道。但由于是新形成未开发建设的天然航道，部分航段弯曲狭窄，船舶的通视条件差，严重影响了船舶的航行安全，三峡库区三期水位成库前地方航道部门将对小江航道进行整治清障，利用库区蓄水提高航道通过能力。

四、三峡工程蓄水对小江航道的影响

2003年6月，三峡枢纽按坝前135米水位运行后，小江河口段水深增加约50米，其回水至张王庙回水里程17公里，水位的抬高改善了小江的通航条件，其回水区可通航500吨级船舶。

2003年11月，三峡库区139米蓄水后，小江回水至电站大坝，距河口26公里，1000吨级船舶可通行至高阳；2006年156米水位成库后，回水至开县的猪槽坝，距河口里程68公里，航道条件得到了根本改善。

小江蓄水前航道为等外级，三峡枢纽工程蓄水位的抬高将改善小江的通航条件。三峡枢纽按坝前145米水位运行时，小江回水50.9公里至白家溪，白家溪以下航道为常年深水航道；当三峡枢纽按坝前175米水位运行时，小江回水110公里至马家沟。根据有关部门规划，在小江下游渠马将建设抽水蓄能电站1座，在开县县城下游约3公里处建设拦河坝1座，预计2010年后建成。结合部分河段航道整治，规划江口至白家溪50.9公里为三级航道标准，白家溪至开县县城25.1公里为四级航道标准，开县县城至土龙39公里为五级航道标准。

第四节　綦江航道及支流航道

一、綦江

（一）自然概况

綦江是长江上游右岸的一级支流，发源于贵州桐梓县凉风垭铜鼓园，位于四川盆地东南边缘山区与黔北高原交接地带，地跨渝、黔两省市。河流由南向北，流经贵州桐梓县和重庆市綦江、江津等区县，于江津顺江场汇入长江。全长198公里，流域面积6976平方公里。源头至赶水63公里为上游，平均比降11.6‰；赶水至綦江61公里为中游，平均比降1.23‰；綦江至河口74公里为下游，平均比降0.65‰。

綦江在石门坎入渝境，在渝境内长156公里，为綦江中下游段，共建有8座梯级，形成不连续渠化河段。石门坎至盖石洞46公里建有羊蹄洞、盖石坝2座非衔接梯级，自然段枯水水深0.4米；盖石洞至三江17公里属自然河流，因盖石洞梯级水毁后停航；三江至五岔口47公里为连续渠化河段，依次建有石溪口、桥河、綦江、桥溪口、车滩、五福6座梯级，为连续渠化的七级航道；五岔口至江口45公里属自然河流，此段河床较稳定，水流集中，平均比降0.5‰，最小水深0.7米，可通航15吨船舶。

綦江流域地处亚热带湿润季风气候区，气温高，湿度大，雨量充沛，阴雨天多，日照少，其特

点是冬暖、春旱、夏热、秋多绵雨，冬短夏长，盛夏连晴高温多伏旱。多年平均气温18℃，极端最高气温达42.2℃。全年无霜期约300天，常风向为东风和北风，多年平均风速每秒1.6米，最大风速为每秒13～40米。多年平均降雨量为1058.3毫米，最大年降水量1335.9毫米，最小年降水量631.4毫米。降水量在年内分布极不均匀，5～10月占年降雨量的76%至80%，11～次年4月约占年降雨量的20%～24%，其中12月至次年2月占年降雨量的5%至9%。年平均水面蒸发量783.3毫米。

流域总的地势由南向北倾斜，西南高，东北低，干流中、下游沿河地在海拔200～300米左右，流域西北带属盆南低山丘陵区，西南属盆周山地，东南属黔北高原地带。流域上游为山地，高山深谷众多，最高峰金佛山海拔2251米。中游以低山为主，间有山丘。下游以深浅丘为主。全流域地势高峻，沟壑纵横，地形起伏大，溪流密集，坡陡流急，相对高差大。

綦江干流位于流域的北部，河流穿切侏罗系中统和第四系全新统地层。侏罗系遂宁组岩层分布在坪状低山顶部和下部地区，主要在石角、三江和扶欢青岩；沙溪庙组岩层集中分布在綦江干支流，自流井组岩层分布在新盛、篆塘、隆盛、永丰、蒲河。第四系全新地层主要分布在綦江干支流的河漫滩及阶地上。

綦江沿河岩层出露明显，粉砂岩、长石石英砂和砖红、暗紫红色泥岩以及砂岩页岩互层随处可见。出露岩层比较完整，裂隙不发育。两岸河床稳定，河床中石滩多而深沱少。流域内地震基本裂度低于6度。

綦江径流来源于降雨，根据五岔站径流资料统计：平均年径流量31.2亿立方米，年径流深559毫米，多年平均流量每秒99.0立方米，最大流量每米4930.0立方米。綦江流域降雨特点为：暴雨急骤，汇流迅速，洪水涨落快，洪量集中。根据五岔、东溪两水文站统计，一次洪水历时一般为5～10天，年最大暴雨洪峰流量出现在汛期5～10月，其中6、7月发生的机会最多，约占65%。

綦江属山区河流，含沙量较大。河流泥沙主要来源为大面积水土流失。根据五岔站资料统计，多年平均含沙量为每立方米1033.0公斤，年最大含沙量为每立方米1660.0公斤，多年平均输沙量为每年356.0万吨，年最大输沙量每年658.0万吨。

（二）滩险及治理

1. 滩险

綦江流域干流、支流共198公里，多梯级，大多数河段属连续渠化河段，平均比降大，由于水毁淤积原因，形成莫滩、木瓜滩、玛瑙滩、骡子滩、大罗口滩等主要滩险。

表8－54　**綦江主要滩险情况表**

名称	距江口里程（公里）	弯曲半径（米）	河宽（米）	航宽（米）	航深（米）	长度（米）	位置	所属河流	备注
余粮滩	50	120	80	6	1.2	600	左侧	綦河	渠化航段
木瓜滩	52	120	100	7	1.1	200	左侧	綦河	渠化航段
玛瑙滩	74	115	120	5.5	1.4	300	左侧	綦河	渠化航段
骡子滩	79	110	120	6.5	1.4	450	左侧	綦河	渠化航段
大罗口滩	88.5	80	90	5	1.6	120	右侧	綦河	渠化航段
吊干石滩	89.5	120	100	8	1.5	200	右侧	綦河	渠化航段
梨园滩	92	110	120	5.5	0.9	90	左侧	綦河	渠化航段
莫滩	94	105	100	4.5	0.7	95	左侧	綦河	渠化航段
珠滩	96.5	105	115	7	0.9	150	右侧	綦河	非渠化航段

续前表

名称	距江口里程（公里）	弯曲半径（米）	河宽（米）	航宽（米）	航深（米）	长度（米）	位置	所属河流	备注
石灰口滩	147	60	45	5	0.3	109		藻渡河	非渠化航段
瓦窑滩	143	60	90	5	0.2	92		藻渡河	非渠化航段
曲滩	141	60	30	5	0.2	80		藻渡河	非渠化航段
竹米口滩	136	80	50	5	0.2	95		藻渡河	非渠化航段
罗家滩	97	80	75	5	0.9	75		蒲河	渠化航段
干坝滩	99	80	85	5	0.5	120		蒲河	渠化航段

2. 治理

1986 年完成梨园滩潜坝修复处理。1998 年完成藻渡河 13 公里航道整治，治理滩险 17 处，完成藻渡河蓄水堰的加高加固处理。1987 年对五福渠化枢纽工程的坝基进行加固处理。1992 年完成对石溪口渠化枢纽工程大坝加高加固处理。1993 年完成对车滩渠化枢纽工程坝基加固处理。1994 完成桥溪口渠化枢纽工程船闸上有闸门改造。1995 年完成綦江渠化枢纽工程坝基加固处理。2004 年 11 月至 2005 年 3 月对桥溪口船闸进行大修，完成钢闸门制作更换。

（三）助导航设施

由于綦江航道属于封闭水域，主要通航水域已经渠化，且航道等级低下，不具备夜航条件，没有设立航标。2005 年以来，对玛瑙滩、骡子滩以及部分碍航航段设立简易航标，对各船闸的水尺进行翻新，并在綦江处海事现场监督站设立水尺，现共设有水尺 13 处。

（四）船闸及枢纽工程建设

綦江流域共有船闸及枢纽 15 座，其中綦江干流 8 座，清溪河 2 座，蒲河 3 座，笋溪河 2 座，藻渡河 1 座（蓄水堰）。

綦江干流 8 座船闸及枢纽维护建设

1. 五福渠化枢纽工程

五福渠化枢纽工程是綦江 15 级渠化的第四级，距河口约 45.8 公里。枢纽所在河流基本顺直，仅在右岸高程为 407.5 米以下地形凸向河心，使河道微现弯曲。河谷断面为 U 形，底部平坦，拟定坝顶高程 203.56 米的河面宽度 173 米左右，坝址地质条件良好，基岩露头较明显，河底基岩局部地区为沙砾覆盖，一阶台地为泥质，砂岩及风化薄土。

本枢纽 1944 年 3 月由原导淮委员会所建，坝址选在五显滩中部，主要由溢流坝、船闸及土坝等建筑物组成。1970 年江津县在左岸建成装机 3500 千瓦的水电站。船闸和大坝的主要技术指标如下：最高通航水位 202.05 米；上游最低通航水位 200.56 米，下游最高通航水位 198.05 米，最低通航水位 195.05 米。闸室有效尺度 60×12（6.2）×2.0 米（长×宽［口门宽］×门槛水深），最大水头 5.5 米。设计船队 9×30 吨。

船闸由浆砌条石砌筑。上下闸首及闸墙顶高程 202.56 米，上闸首长 22.10 米，下闸首长 19.90 米，边墩宽度均为 6.0 米。上闸首坎顶高程 198.55 米闸室底及下闸首坎顶高程 193.05 米，外闸墙顶宽 3.0 米，内闸墙顶宽 2.0 米。上游外引航墙长 31.0 米，下游外引航墙长 91.0 米。船闸采用短廊道输水，平板闸门和钢筋混凝土人字闸门。坝顶高程 200.55 米，坝长 105.5 米，最大坝高 6.5 米。1986～2005 年期间，保持长年维护使用。

2. 车滩渠化枢纽工程

车滩枢纽工程是綦江 15 级渠化的第五级，距河口 52.5 公里。枢纽所在河段顺直，河面比较宽阔，在拟定的坝顶高程207.55米的河面宽度230米。河谷断面呈U形。坝址处地质条件较好，为侏罗纪，重庆统之砂页岩互层。

该枢纽1944年3月由原导淮委员会所建，主要由溢流坝和船闸组成。1965年江津县在右侧付坝位置建成装机5000千瓦的水电站。其主要技术如下：上游最高通航水位208.55米，最低通航水位207.05米；下游最高通航水位202.55米，最低通航水位200.55米，闸室有效长度60×12×2.0米（长×宽×门槛水深），最大水头6.5米，设计船队9×30吨。

船闸由浆砌条石砌筑，上、下闸首及闸室墙顶高程209.05米。上闸首长22.0米，下闸首长23.0米。边墩宽均为6.0米，上闸首坎顶高程205.05米，下闸首坎顶及闸室底高程198.55米，外闸墙顶宽3.0米，内闸墙顶宽2.0米，上引航道外引墙长31.5米，内引墙长140.0米。溢流坝与上闸首下边缘相接，坝体为浆砌条石重力坝，坝顶高程207.05米，坝长144.9米，最大坝高8.0米。1986～2005年期间，保持长年维护使用。

3. 桥溪口渠化枢纽工程

桥溪口枢纽工程是綦江15级渠化的第六级，距河口62.2公里。枢纽所在河段比较顺直，在拟定的坝顶高程214.05米的河面宽度约170米，右岸有一小溪汇入，其汇合口称桥溪口。河谷呈U形，坝址基岩裸露，系侏罗纪，重庆统之砂页岩互层。

该枢纽1944年3月由原导淮委员会所建，主要由浆砌条石溢流坝和船闸组成。其主要技术指标如下：上游最高通航水位214.55米，最低通航水位213.05米；下游最高通航水位213.05米，最低通航水位207.05米，闸室有效尺度60×12（6.2）×2米，最大水头6.0米（长×宽［口门宽］×门槛水深），设计船队9×30吨。船闸由浆砌条石砌筑，上、下闸首及闸室墙顶高程215.05米，上闸首长22.10米，下闸首长20.90米，边墩宽均为6.0米。上闸首坎顶高程211.05米，下闸首坎顶高程205.05米。外闸墙顶宽3.0米，内闸墙顶宽2.0米。上、下引航墙分别为25.0米。船闸采用短廊道输水，蝴蝶阀门，上闸门采用浮筒平板门，下闸门采用钢质混凝土人字门。溢流坝与上闸首边缘相接，坝顶高程213.05米，坝长97.9米，最大坝高8.0米。1986～2005年期间，保持长年维护使用。

4. 綦江渠化枢纽工程

綦江枢纽工程是綦江15级渠化的第七级，距河口74.7公里，位于綦江县城下游约1公里，1944年建成，在枢纽主河流自东向西流，经枢纽下游转向西北，坝上游河床基本顺直，河面宽约160米，U型河谷，右岸为风化岩石，左岸有黄土覆盖，在靠右岸约50米宽的河底为红砂石盘，但石质教差，其余均为卵石河底。

原枢纽滚水坝长115米，坝高5米，坝顶高程为217.05米，设计水头4米，上游最高通航水位218.55米，下游最低通航水位214.05米，船闸位于右岸，闸顶高程219.05米，闸室底高程212.05米，浆砌条石结构，由于基底石板石质较差，故在闸室及下闸首范围内作了约1米厚的混凝土基础。闸室平面尺度为60×12×2米（长×宽×门槛水深），口门宽6.2米。1986～2005年期间，保持长年维护使用。

5. 桥河渠化枢纽工程

桥河枢纽工程是綦江15级渠化的第八级，距河口80.5公里，于1942年与石溪口枢纽同时建成。枢纽处河流自东南方向流来，在枢纽处转向西，河面宽约120米，U型河谷，两岸为黄土覆盖，河床均为大片石盘组成。

原枢纽滚水坝长105米，最大坝高6米，坝顶高程222.05米，设计水头5米。上游最高通航水位223.55米，下游最低通航水位215.05米，船闸位于右岸（凸岸），闸顶高程224.05米，闸室底高2105.05米，部分闸室系利用基岩开凿而成，半重力式混合式闸墙。闸室平面尺度、口门宽度、闸首及闸墙结构形式和尺寸、输水系统几闸阀门等均与剪刀口船闸相同，但其下闸首口门处淤积较为严重。1986～2005年期间，保持长年维护使用。

6. 石溪口渠化枢纽工程

石溪口枢纽工程是綦江15级渠化的第九级，距河口90.2公里，原于1942年建成。枢纽处河流自东向西，河型向右岸微弯，河面宽约150米，U型河谷，右岸为风化红砂软石，左岸较平坦，为黄土覆盖，河床中有大片青砂石盘露出，深槽中为块石、卵石、砂。

原建枢纽工程由滚水坝，船闸和左岸坝合组成。闸、坝均为浆砌条石结构，基础置于坚硬石盘之上。滚水坝长90米，最大坝高5米，坝顶高程为227.05米。船闸位于右岸，闸顶高程为229.05米，设计水头5米。上游最高通航水位228.55米，下游最低通航水位222.05米。闸室底高程220.05米，闸室平面尺度为60×12米（长×宽），门槛水深2米，口门宽6.2米。船闸采用短廊道输水系统，闸室能同时容纳9×30吨船只。1986～2005年期间，保持长年维护使用。

7. 盖石洞渠化枢纽工程

盖石洞渠化枢纽工程是綦江15级渠化梯级的第十二级，距綦江河口109.5公里。枢纽所在河段呈弯曲形，U形河谷，河面较狭窄，河底及两岸岩石裸露，河中乱石散布。

本枢纽工程于1938年11月至1941年2月由原导淮委员会所建。枢纽包括印度式推石坝1座，最大坝高16.5米，坝长44.3米。右岸建有双级船闸1座，总长10.5米，每级闸室尺度为59.5×9×1.5米，闸首口门宽度4米。输水为短廊道头部输水。平板阀门，人字阀门。上、下闸首外引墙长度分别为15米及35米。闸墙为浆砌条石重力式结构。新中国成立初期溢流坝遭水毁破坏，船闸停航。1973年大修后通航。因1975年修建电站，船闸停航至2005年底未使用。

8. 羊蹄峒渠化枢纽工程

羊蹄洞渠化枢纽工程是綦江15级渠化梯级的第十四级，距河口约125公里。枢纽所在河段坝上游为微弯河段，坝下较顺直。河谷断面呈U形，河面狭窄，枢纽所在地左岸地势陡，右岸较平坦，坝址地质条件好，基岩露头较明显，河底基岩为卵石块覆盖。

该枢纽工程于1938年11月至1941年1月由导淮委员会所建，枢纽主要由溢流坝、船闸等建筑物组成，上游最高通航水274.85米，最低通航水位273.55米，下游最高通航水位273.55米，最低通航水位268.55米。闸室有较尺度667.2×1.5米（闸长×门槛水深），最大水头5米。船闸由浆砌条石砌筑。上、下闸首及闸墙顶高程275.85米，上闸首坎顶高程271.05米，闸室底及下闸首坎高顶高程266.05米，上游外引航墙长15米，下游外引航墙长15米。船闸上闸门为浮筒平板门，闸门顶输水，下闸门为钢筋混凝土横拉门，用短廊道输水。下闸门为蝴蝶门。溢流坝为浆砌条石重力坝，坝顶高程273.55米，最大坝高7.5米。2003年修建电站后，船闸停航至2005年底未使用。

根据长江水系航运规划，綦江选定10级渠化方案，自上而下依次建设羊蹄洞、盖石洞、猪滩、滑石子、綦江、桥溪口、车滩、五福、青泊和新滩等10座枢纽。已建有羊蹄洞、盖石洞、石溪口、桥河、綦江、桥溪口、车滩、五福等8座枢纽。全程渠化需建设猪滩、滑石子、青泊、新滩4座枢纽，其中规划由滑石子替代已建的石溪口、桥河2座枢纽，并对已有枢纽进行改造，赶水至河口建成六级航道，航道尺度为1.2×30×200米（航深×航宽×弯曲半径），通航100吨级船舶。

二、支流

（一）藻渡河

藻渡河又名羊磴河，是长江上游南岸的一条二级支流，发源于南川市金佛山和柏支山之间的清隆场与孔圣堂，河流由东向西流经重庆市南川市、贵州省桐梓县、重庆市綦江等区县，于綦江县赶水镇汇入綦江，流域面积1207平方公里，全长138.5公里。河床平均迫降5.6‰，河宽一般为60～120米，航道里程13公里，为等外级航道。

（二）蒲河

蒲河又名葛溪，是长江上游南岸的一条二级支流，发源于重庆市南川市小余山脚，河流由东向西经花桥乡至南川神童场为孝子河，流经万盛谷口河至温塘进入綦江县境内，经蒲河、石角等镇，在三江镇汇入綦江河。全长89.0公里，流域面积822平方公里，落差38.2米，比降4.77‰。蒲河航道里程15公里，为等外级航道。

（三）笋溪河

笋溪河位于綦江河左岸支流，发源于贵州省习水县两路乡锅铲岩的大毛坡飞鸽麓，由复兴河、飞龙河、茶坝河3支流汇合而成，由南向北流入江津市境内，经柏林、菜家等20个乡镇，在人沱镇的羊满嘴与綦江汇合，全长82公里，流域面积1231平方公里。平均比降1.5‰，落差114.25米。航道里程82公里，为等外级航道。

（四）清溪河

清溪河是长江上游南岸的一条二级支流，发源于贵州省习水县两路乡豌皮峰石包坪。河流由西向东经贵州省习水县境内、重庆市江津市太平埂（今名清溪沟），东北至中峰镇三角塘进入綦江县境内，在綦江县北渡镇入綦江河。全长63公里，流域面积495.5平方公里。河宽25～80米，水深0.8～4米，弯曲半径180米。航道里程22公里，为等外级航道。

表 8－55

綦江流域船闸及枢纽工程基本情况表

序号	航道名称	船闸（坝）名称	建设（管理）单位	设计年通过能力（万吨）	设计水级（米）	通航船舶吨级（吨）	回水里程（公里）	船闸建成时间	船闸有效尺度（米）				电站建成时间	装机容量（千瓦）	船闸运行情况	碍航原因	解决措施	备注
									长度	宽度	闸槛水深	口门宽度						
1	綦江	羊蹄洞船闸	导淮委员会（重庆市港航局）	10.0	5.5	50	0.5	1941年1月	60	7.2	1.0	4.0			停止运行	船闸设施失修、报废多年	已作规划，重新选址	
2	綦江	盖石洞船闸	导淮委员会（重庆市港航局）	10.0	10.5	50	0.7	1941年2月	60	9.0	1.5	4.0	1978年	2000	停止运行	船闸设施失修、报废多年	已作规划，重新选址	电站业主为綦江电力公司
3	綦江	石溪口船闸	导淮委员会（重庆市港航局）	30.0	7.0	50	3.4	1946年9月	66	12	1.5	6.2	1991年4月	1080	运行良好		加强船闸设施的日常维修保养	电站业主为綦江县粮食局
4	綦江	桥河船闸	导淮委员会（重庆市港航局）	30.0	5.5	50	9.2	1946年9月	66	12	1.5	6.2	1947年10月	80	运行良好		加强船闸设施的日常维修保养	电站业主为綦江当地乡镇
5	綦江	綦江船闸	导淮委员会（重庆市港航局）	30.0	4.5	50	6.0	1946年9月	66	12	1.5	6.2	1994年	1500	运行不良	运行年限长，顶、底枢磨损	将上、下闸门改为一字型钢闸门	电站业主为綦江齿轮厂
6	綦江	桥溪口船闸	导淮委员会（重庆市港航局）	30.0	6.3	50	12.0	1945年3月	66	12	1.5	6.2			运行不良	运行年限长，顶、底枢磨损	将上、下闸门改为一字型钢闸门	局拟在此搞航电开发

续前表

序号	航道名称	船闸(坝)名称	建设(管理)单位	设计年通过能力(万吨)	设计水级(米)	通航船舶吨级(吨)	回水里程(公里)	船闸建成时间	船闸有效尺度(米)				电站建成时间	装机容量(千瓦)	船闸运行情况	碍航原因	解决措施	备注
									长度	宽度	闸槛水深	口门宽度						
7	綦江	车滩船闸	导淮委员会(重庆市港航局)	30.0	7.1	50	10.1	1944年1月	66	12	1.5	6.2	1966年3月	5000	运行不良	枯期电站引水过量,运行年限长	与电厂解决枯期合理用水问题,对船闸进行技改	电站业主为江津电力公司
8	綦江	五福船闸	导淮委员会(重庆市港航局)	30.0	5.5	50	8.0	1939年11月	66	12	1.5	6.2	1963年5月	3200	运行不良	枯期电站引水过量,运行年限长	与电厂解决枯期合理用水问题,对船闸进行技改	电站业主为江津电力公司
9	薄河	桃花滩船闸	导淮委员会(重庆市港航局)	10.0	5.5	30	2.8	1939年11月	66	9	1.2	4	1998	180	停止运行	船闸设施失修、报废多年	已将船闸、拦河坝出售给当地政府修电站	电站业主为当地乡镇
10	薄河	石角船闸	导淮委员会(重庆市港航局)	10.0	5.9	30	8.0	1939年11月	66	9	1.2	4			运行不良	船闸运行年限长,机械部分失修	重新调整闸坝位置	
11	薄河	三江船闸	导淮委员会(重庆市港航局)	10.0	5.3	30	2.4	1939年9月	66	9	1.2	4			运行不良	船闸运行年限长,机械部分失修	重新调整闸坝位置	

续前表

序号	航道名称	船闸（坝）名称	建设（管理）单位	设计年通过能力（万吨）	设计水级（米）	通航船舶吨级（吨）	回水里程（公里）	船闸建成时间	船闸有效尺度（米）				电站建成时间	装机容量（千瓦）	船闸运行情况	碍航原因	解决措施	备注
									长度	宽度	闸槛水深	口门宽度						
12	清溪河	鹅公沱船闸	綦江县（重庆市港航局）	10.0	15.2	30	26.0	1966年6月	28.5	8	1.2	3.8	80.03	75	运行不良	上、下闸门门叶及疏泄水系统损坏	更换上、下闸门，大修疏泄水系统	电站业主为当地乡镇
13	清溪河	沾滩船闸	綦江县（重庆市港航局）	10.0	5.9	30	8.0	1959年5月	28.5	8	1.2	3.8	82.02	75	运行良好		加强船闸设施的日常维修保养	电站业主为当地乡镇
14	笋溪河	班竹滩船闸	四川内河局（重庆市港航局）	10.0	3.3	20	4.0	1965年11月	36	12	1.2	4			停止运行	船闸设施报废多年	将闸坝交给当地乡镇	
15	笋溪河	沙埂船闸	四川内河局（重庆市港航局）	10.0	1.0	20	15.0	1980年	60	12	2.0	4	1984	960	停止运行	船闸建成后无法正常运行	将闸坝交给当地乡镇	电站业主为当地乡镇

第九篇　港口建设与经营

港口范围　重庆是一座港口城市，以水建港、以港兴市是重庆历史的重要组成部分。重庆港是全国内河主要港口之一，其范围是随着时间而变化。1952～1996年，从计划经济时期到改革开放初期，重庆港是指原重庆港务局（以后更名重庆港口管理局）以及所属企业的作业区、码头和泊位，其范围在原重庆市范围内。1997年重庆直辖后，于2000年成立重庆市交通委员会及所属的重庆市港航管理局。在重庆市辖范围和管理体制发生变化的情况下，为加快港口建设和规划，2003年，重庆市人民政府报交通部批准，按照一市一港的原则，将重庆市辖区范围内通航河段中所有的港口、码头统称为重庆港，这个概念一直沿用到2005年底。

重庆港以港口—港区—作业区—码头—泊位从大到小分层次进行划分：重庆市为同一个港口，即重庆港，下面由若干个港区组成，每个港区由若干个作业区组成，每个作业区由若干个码头组成，每个码头由若干个泊位组成。该划分方法已在2005年制定的《重庆市港口布局规划》和《重庆市港口岸线利用规划》中使用。同时，港口建设和管理也按照同样的层次进行划分。

港口规模。1985年，重庆市共有生产性码头泊位626个（其中客运109个，货运517个），各类港口装卸机械设备共404台，靠泊能力长江干流300～1000吨级、支流50～500吨级。1985年，重庆市港口客运吞吐量968万人次，货运吞吐量1251万吨，从业人员3万人。1996年重庆市港口吞吐量为货物2347万吨，旅客4044万人次，集装箱0.5万标箱，港口从业人员8.7万人。1997年重庆市直辖，原四川省管辖的万县市、涪陵市、黔江地区划归重庆市。重庆市有生产性泊位1333个（其中500～10000吨级以下泊位610个），库场2527014平方米，综合通过能力旅客7470万人次，货物5175万吨，集装箱0.5万标箱。

2005年，根据《重庆市港口布局规划》，将重庆港划分为枢纽港区、重点港区、一般港区及中小港点。重庆港拥有主城、万州、涪陵3个枢纽港区，永川、江津、合川、奉节、武隆5个重点港区，丰都、忠县、石柱、云阳、巫山、巫溪、彭水、酉阳、开县9个一般港区，綦江、潼南、铜梁3个一般港点，其中11个港区分布在长江干线。重庆市共有生产用泊位1392个，码头综合通过能力客运为6762万人次，货运为6608万吨，其中集装箱25万标箱，滚装汽车33万辆。当年全市港口完成旅客吞吐量1785.57万人次，完成货物吞吐量5251.30万吨，其中外贸吞吐量193.86万吨，集装箱吞吐量21.98万标箱，滚装汽车吞吐量37.06万辆。在港口通过能力提高的情况下从业人员相对减少，重庆市港口从业人员从1996年的8.7万人减少到8.2万人左右。

港口建设　新中国成立初期，1950～1956年，为加强长江港口建设，合理布局港口，交通部在长江沿岸25个城市（地区）建设港口和设置港口管理部门。这些港口和港口管理部门由交通部管辖，由交通部负责投资建设。在原四川省境内由交通部直接管辖的港口有重庆港、涪陵港和万县港。

1960～1975年，交通部先后在重庆建设朝天门、九龙坡、蓝家沱、猫儿沱等作业区，同时加强涪陵、万县机械化码头一系列基础设施建设。

1975年，川江航道整治工程结束，长江干线航道得到改善，国家鼓励企业沿江建厂。许多企业在沿江建厂的同时自建厂矿自备码头，为企业内部原材料和产品运输服务。这批厂矿自建的码头成为国家基础建设的重要补充。

1975～1985年，重庆市大规模的港口建设一度停止。其原因，一是国家对港口建设资金从计划经济时期拨款改为改革开放初期的“拨改贷”和资本金制度；二是三峡工程建设正处在论证时期，港口建设中码头选址是一个难题。此时，在长江沿线港口加快建设提高机械化程度的情况下，重庆港口码头设施相对落后。1985年，交通部发布《关于补助地方交通建设投资管理暂行办法》，决定对困难的重要地方交通建设项目给予补助，重点仍然是长江沿线25个港口。同时采取在部分港口开征建设附加费等方式筹集资金，加强水运基础设施建设，重庆、涪陵、万县等交通部所属的港口建设因此受益，同时一些地方码头也得到相应投资。

1987年开始，交通部投资3亿元对重庆九龙坡、蓝家沱、猫儿沱等重点作业区进行技术改造，修建朝天门现代化客运大楼和客运码头。1991～1994年间，由交通部和四川省交通厅投资6000多万元修建万州牌楼、青草背、柑子园、红花地等客货运码头；投资8000多万元修建涪陵荔枝园、大东门、龙王沱、白涛等码头；投资250万元修建丰都客货码头；投资2000万元修建奉节关庙沱、忠县下渡口栈桥、烟泡滩煤码头、云阳小南门客运码头。从20世纪80年代中期开始，各地政府根据国家有关交通扶贫的政策，还采用用粮食或工业品折价在贫困地区开展以工代赈的方式，修建巫山、奉节、云阳、万州、忠县、石柱、涪陵、彭水等区县的一批小型客货码头。同时，一些工矿企业专用码头也自筹资金对码头进行设备更新和技术改造。

2000年，三峡工程建设水运设施淹没的长期论证有了结果，蓄水、淹没、地质研究有了明确的界定，重庆开始港口淹没复建。据统计，重庆木洞以下有620个码头泊位将被淹没，根据交通部《长江三峡工程库区水运设施淹没复建规划实施方案港口分报告》的规划要求，被淹没的码头业主应整合补偿资金，采取合建、共建的方式，把复建后的码头做大做强。同时采取国家补助、地方配套、企业自筹等3种方式筹集资金。

2001年6月，交通部在重庆召开三峡库区水运设施淹没复建工作座谈会，核查了港口复建项目、规模、资金落实情况。同时要求确保每个被淹没区县在139米蓄水时，至少要有1个客运码头和1个货运码头抢在蓄水前完成，蓄水后能满足当地水上交通运输需要。其他项目的基础部分要抢在139米以上的高程，为今后续建打基础。总体上确定重庆市在2003年11月三峡库区蓄水139米高程前重点在巫山、奉节、云阳、万州、忠县、石柱、丰都、涪陵等8个区县复建项目28个，泊位78个（客运泊位40个，货运泊位38个）。年设计通过能力客运2669万人次，货运995万吨。总投资162024万元。其间，将双重领导的港口下放给当地政府，调动了地方政府建设港口的积极性，在港口淹没复建中制订规划、资金筹集等方面发挥了关键作用。

至2005年年底，重庆港口淹没复建工程累计完成投资12.4亿元，港口年货运吞吐能力640万吨，年客运吞吐能力1940万人次。通过三峡库区港口码头淹没重点复建，一批机械化、专业化码头相继问世，港口基础设施和面貌得到了较大改善。因为港口淹没复建是按照原标准、原规模、恢复原功能“三原”原则实施的，不能完全满足把重庆建设成为长江上游航运中心的需要。为此，在港口布局、港口功能、港口规模方面需要在淹没复建的基础上重新规划。2002年12月，重庆市人民政府、重庆市交通委员会先后制定《重庆市内河航运发展规划》《重庆市航运中心发展规划》。按照规划的要求，主城枢纽港区建设寸滩集装箱码头、新港作业区集装箱码头、长寿长明码头及郭家沱滚装码头扩能；涪陵枢纽港区建设新涪码头、黄旗码头；万州枢纽港区建设江南沱口集装箱一期码头、红溪沟滚装码头。同时，江津滩盘、五举沱，永川朱沱码头相继动工建设。一批适应集装箱、汽车滚装、液体化工、旅游客运等专业化码头相继问世，港口布局进一步合理，在全市经济发展中发挥着越来越重要的作用。

港口经营　1986～2005年，重庆港口经营经历了由计划经济向市场经济过渡阶段，港口企业经历了由生产型向经营型转变及深化企业体制改革的过程。1950～1983 年，交通部所属的长江 25 个港口在计划经济时期都是完成和超额完成交通部和长江航务局下达的生产计划，厂矿码头只是为本厂产品原材料提供装卸服务，地方码头只是为本地区的经济服务。这个时期的港口为生产型港口。

1983 年，重庆港在全国内河率先进行港航分管、港口开放的体制改革。港口由原来只向长江轮船公司服务变为港口开放为多家船公司服务，向经营性港口迈出了第一步。1984 年，国家经贸委、交通部为了让港口进一步开放，制订《企业专用码头建设和管理试行办法》，鼓励沿海、沿江企业利用水运兴建码头，并提倡“谁建谁管谁受益”。如果能力有富余可从事经营性装卸业务。由于当时传统观念认为交通部管辖的港口属于经营性的，企业码头只是为本单位服务，当时法律法规滞后，使得厂矿和地方码头开放十分艰难。尤其是 1995～2000 年期间，企业之间在港口开放利益调整中争论十分激烈，甚至出现严重摩擦，市政府及有关部门领导多次出面协调处理，才使得重钢码头、重庆轮渡公司码头及长江水运码头等厂矿企业码头逐步开放。这时期是港口由生产型向经营型过渡时期。

2000 年 8 月，重庆市交通委员会成立，理顺了全市港口管理体制。2003 年 6 月 28 日，《中华人民共和国港口法》公布实施。2004 年 6 月 1 日，交通部为了配合《港口法》的实施制定《港口经营管理规定》。按照《规定》，港口企业只要符合经营资质要求，办理了港口经营许可就可以从事港口经营性活动。为此，港口经营走向公平竞争的法制轨道。这时期是港口经营全面开放时期。

1986～2005 年，港口经历了重庆直辖后既要适应新直辖市的特点，又要符合一市一港要求的港口名称确定过程和新的港区划制定过程，经历了由国家投资到多方位集资的港口建设资金融资变化过程，经历了由计划经济向市场经济转型和港口经营形成的过程。这些过程充分反映了港口从改革开放初期的管理交叉、法制不全、市场紊乱到港口管理、建设、经营走向法制化轨道的历史进程。

第一章　主城枢纽港区

第一节　港区概况

一、自然状况

（一）地理位置

主城港区处在重庆直辖市的政治、文化、经济中心，辖渝中、江北、南岸、九龙坡、沙坪坝、大渡口、渝北、北碚、长寿、巴南 10 个区及北部新区的所有作业区和码头。中心区域朝天门处在长江和嘉陵江的交汇处，距宜昌航道里程 659.3 公里。主城港区是重庆 3 个枢纽港区之一。

（二）水位特征

朝天门地区最低水位 159.30 米（1987 年 3 月 15 日），最高水位 193.34 米（1981 年 7 月）。三峡成库后按145～175米运行方案，水位降低到145米时库尾在长寿，水位升至175米时库尾在江津区红花碛。因此整个主城港区处在三峡库区回水变动段之中。当水位退至145米时，整个主城港区的码头仍处在自然河流当中。

二、港区通过能力

（一）码头及设备

2005年底，主城港区共有生产性码头294座，泊位392个，最大靠泊能力3000吨。其中，客运码头71座，泊位115个；货运码头119座，泊位231个；危险货物码头20座，泊位33个；集装箱码头3座，泊位5个；滚装码头4座，泊位5个。

（二）港区吞吐量

2005年，主城港区综合通过能力达到客运1277.8万人次、货运2189.6万吨、集装箱51万标箱、汽车滚装38万辆，分别占全市的17.3%、30.54%、91.9%、55.9%。当年主城港区实际完成旅客吞吐量165.28万人次、货物吞吐量1683.87万吨、集装箱吞吐量19.75万标箱、滚装汽车吞吐量17.96万辆，分别占全市的9.2%、32.07%、89.85%、48.46%。

（三）经济腹地

主城港区一直承担着川、黔地区矿产资源及长江上游地区外贸进出口物资的中转任务，为长江沿线主要厂矿企业的能源、原材料和产品的中转运输服务。通过主城港区的货物有煤炭、矿石、钢材、建材、石油化工制品、集装箱、滚装汽车、汽车、摩托车及配件、电子通讯设备、医药。

成渝、川黔、渝怀、渝邻、襄渝铁路和成渝、渝黔、渝邻、渝合、渝万等高速公路交汇于主城港区，铁路、公路是连接四川、贵州、云南、湖南、湖北、陕西等经济腹地的重要运输方式。主城港区的寸滩作业区离江北国际机场最近，实现了水路运输和航空运输紧密衔接。

主城港区立足重庆、服务西部，以水运为载体，带动临港经济发展，使重庆港形成对周边地区产业的聚集优势。

第二节　码头建设及作业区分布

一、朝天门作业区

（一）作业区位置

朝天门作业区位于重庆市渝中区，在长江、嘉陵江汇合处，港区中心处在北纬29°34′、东经106°35′，零点水位为吴淞高程160.198米。通过水路与长江中下游25个港口相连，作业区通过陆上交通运输与腹地衔接，朝天门地区是西南水上旅客最大的集散地，是长江上游最大的客运作业区，是航运中心规划中客运旅游枢纽。

（二）码头建设

朝天门老客运设施启用于1958年，设备陈旧简陋，加之重庆江段水位落差大，尤其是从客轮上下的旅客要行走100米左右的斜坡石梯道，使很多到重庆的旅客望而生畏。为解决重庆港客运码头泊位不足、候船室窄小、旅客乘船不方便、存在安全隐患的问题，1986年，在交通部、长江航务管理局和中共重庆市委、市人民政府的支持下，重庆港开始客运设施建设前期工作，组织编制了朝天门客运设施工程可行性报告。重庆港口管理局于1987年11月25日以渝港筹〔1987〕367号文将该项目上报长江航务管理局，长航局以长航计〔1987〕881号文转报交通部。经过多方论证，1989年6月30日交通部以《关于重庆港朝天门客运设施工程设计计划任务书》文件正式批复：同意在客运站原地新建客运站，在嘉陵江出口段右岸3号、4号码头区域间建设3个千吨级客运泊位、两组封闭双缆横拉缆车及相应的配套设施。该缆车工艺是解决长江高水位落差码头旅客上下难题的首创，客车车厢采用4×9米横向单点牵引，每次载客60人或载重6吨，设有超载保护、钢绳断缆保护、防倾斜装置，是长江客运较为先进的设施。1991年3月8日，国家交通投资公司以交投水〔1991〕24号文件批复了朝天门客运设施工程初步设计，同年7月8日国家交通投资公司批准同意开工建设。

工程经过招投标，码头建设部分由交通部第二航务工程局承建，客运站由重庆市第八建筑工程公司承建，1991年11月20日正式开工建设，工程实际总投资为8316.2万元。新建的重庆港朝天门客运设施工程是当时中国内河港口最大的客运基础工程，有3个千吨级的泊位、1个机械化客运缆车码头，配有3艘可停靠千吨级客轮的钢质趸船、4部斜坡式客运缆车及检票厅、旅客观光台等设施，裙楼面积1.78万平方米，年通过能力490万人，客运缆车每小时可疏运旅客进出港口2500人，最大旅客聚集量达6000人。1994年9月交通部委托长江航务管理局对工程进行验收，同意投入试生产。

1994年10月14日11时25分，中共中央总书记、国家主席、中央军委主席江泽民在中央书记处书记温家宝、交通部部长黄镇东、四川省省长肖秧、成都军区司令员李九龙上将等领导陪同下，通过新建的候船大厅乘坐新建的客运缆车，登上“巴山”号旅游船。

1995年9月20日，中共中央政治局常委胡锦涛在省市领导的陪同下，先后两次乘坐三码头客运缆车。

客运设施的建成，旅客上下船可通过宽敞舒适的载客缆车从趸船直达客运大楼，改变了长期以来旅客上下船只能露天步行陡坡梯道的困难局面，改变了旅客候船难、上船难的现状，免去了上坡爬坎之苦。

（三）码头分布

1. 生产性码头

朝天门二码头（客运码头常年水位使用）位于嘉陵江右岸一侧距朝天门航道里程454米，岸线500米，有3个泊位，原称麻柳湾码头、红岩库码头，自上而下分别设钢质趸船2艘（69米×14米×3.20米、68米×15米×3.24米）（长×宽×型深），作业浮吊1艘（54米×9.10米×3.10米）（长×宽×型深），码头前沿水深4米以上，前沿标高分别为182米、184米、193米。潮差193.3米，靠泊能力为3000吨级。

朝天门三、四码头共有3个泊位，原称嘉陵、磨儿石码头，在嘉陵江口右岸，设钢质趸船3艘（74米×15.4米×3.2米、70米×14米×3米、69米×14米×3.2米）（长×宽×型深），码头前沿水深4米以上，前沿标高分别为202米、202米、181米，靠泊能力分别为3000吨级、3000吨级、2600吨级。

朝天门五码头（客运码头常年水位使用）原称沙嘴码头，位于长江左岸，距宜昌里程659.3～659.5公里，设钢质趸船1艘（69米×14米×3.2米）（长×宽×型深），码头前沿水深3米以上，码头前沿标高181米，潮差193.3米，靠泊能力为2600吨级。

朝天门六、七、八码头原称月亮碛码头，位于长江左岸，距宜昌里程659.785～660.02公里，水域自下而上设3艘钢质趸船（65米×12米×2.4米、69米×14米×3.2米、65米×12米×2.4米），码头前沿水深均为3米以上，码头前沿标高分别为181米，靠泊能力分别为2600吨级、3000吨级。

朝天门九码头原称象鼻子码头，位于长江左岸，距宜昌里程659.785～660.12公里，由滨江路建设总体还建，设钢质趸船1艘（68米×15米×3.24米）（长×宽×型深），码头前沿水深3米以上，码头前沿标高192米，靠泊能力为1000吨级。

朝天门十、十一、十二、十三码头分别为白鹤亭码头、东水门码头、滴水岩码头、望龙门码头，位于长江左岸距宜昌里程660.40～661.0公里，由滨江路建设总体还建，码头前沿水深3米以上，码头前沿标高分别为193米，靠泊能力为3000吨级，均可停靠70米钢质趸船。

朝天门十五码头原称元通寺码头，十七、十八码头原称储奇门码头，位于长江左岸，距宜昌里程661.1~662.0公里，均为滨江路建设总体还建，码头前沿水深3米以上，码头前沿标高分别为193米，靠泊能力为2600吨级、3000吨级，均分别可停靠70米钢质趸船。

2. 辅助性泊位

曾家岩（锚地泊位）位于嘉陵江右岸一侧，距朝天门河口航道里程4.8~5公里，共有3个泊位，岸线长260米，在167米水位以上使用，码头前沿标高190米。

玄坛庙（锚地泊位）位于南岸区长江右岸，距宜昌航道里程659.3~659.5公里，设钢质趸船1艘（65米×13米×2.8米）（长×宽×型深），靠泊能力为3000吨级。

（四）客运变化过程

1984年前，朝天门作业区在客运、货运方面是由不同的两个企业分开经营。1984年上半年，原来从事货运生产的朝天门作业区和重庆港客运站合并组建重庆港客运总站，实现客运、货运一体化经营，其中货运作业也是为进港和出港的客货班轮货物装卸服务。

1997年，从朝天门发往长江中下游各点的客班轮最多时达到日发班36班（干线10班，区间26班），有航线16条。同年客运量最高时达到4346094人次，其中进港1919968人次，出港2426126人次。随着长江航运体制实行港航分管的重大改革，以长江重庆轮船公司为主的各家轮船公司相继要求进行客运班轮的自售票发售，港航双方为了各自的利益发生了冲突。在交通部、中共重庆市委、重庆市人民政府的主持协调下，最后以轮船公司自售票额占25%圆满解决了冲突。

高速水翼船于1993年7月陆续开班，航线为重庆至长寿、涪陵、万县、宜昌等地，日发班达10余班。1997年以后，随着长江沿线高速公路和铁路的建设，逐步结束了“以船代步”的时期，水上客运作为一种运输方式逐渐退出历史舞台。其中，最后一班高速水翼船于2004年12月20日由重庆港发出。从此，重庆至宜昌航线高速水翼船停开。长江宜昌以下地区港口纷纷退出客运市场。但是，重庆与沿江港口在旅客运输方面还存在着一定的优势，为适应新的运输格局变化，政府和企业做了大量由水运客运向旅游客运转化的工作。

2000~2005年，长江干线水路客运处在由普通客运向旅游客运转型阶段，重庆港水路普通客运严重萎缩，涉外旅游和国内旅游逐渐上升。客运虽然“以船代步”的时期结束，但在满足人们休闲娱乐、旅游观光需求方面还未有充分的优势。在客运量下降的情况下，思考怎样提高客运含金量有很大的发展潜力。

2005年，长江旅游客运市场格局已初步形成，重庆市主城区朝天门作业区为长江三峡旅游船始发港，万州港区为补充。通过对游船、航线、景点、行程、船上配套服务等的整合，三峡游船旅游产品多元化市场已经显现。随着游船运力结构的优化、景点的建设、市场的开拓，长江三峡旅游客运需求将保持增长态势，有序健康发展。今后，长江普通客船运输主要用于应急疏运和军事运输等。

表9-1　　2000、2005年重庆港水路客运运行情况表

年　度	船舶类型	运行（艘次）	发送旅客（万人次）
2000	涉外游船	893	7.1
	普通客船（含顺道游、高速船）	19463	303.52
2005	涉外游船	898	11.1
	国内游船	936	32.9
	普通客船	3395	77.8

二、九龙坡作业区

（一）作业区位置

九龙坡作业区位于重庆市九龙坡区东北部的长江左岸，其中九龙坡码头和九渡口码头距宜昌航道里程668~678公里，黄磏码头距宜昌航道里程705~723公里。

（二）码头建设

1. 总体技术改造一期工程

九龙坡码头是重庆港主要的装卸作业区，新中国成立后经过1950~1960年两次大规模建设，年货物通过能力达到181万吨。随着社会主义经济建设的不断发展，码头生产能力已不适应发展需要。重庆港1985年9月编制完成《九龙坡码头总体技术改造一期工程计划书》，1986年10月13日交通部以交计字〔1986〕772号文批复，同意对现有煤码头、重件码头、件杂货码头进行技术改造和装卸机械配套，续建原来未完成的进口码头为散货码头，改造港区公路、铁路及锚泊地、材料供应库、港外公路、生活设施等。工程由交通部第二航务工程勘察设计院设计。于1987年5月完成初步设计上报，同年9月26日至28日由交通部基本建设局在重庆主持召开九龙坡码头总体技术改造工程初步设计审查会，1987年10月16日交通部以交港字〔1987〕737号文批复同意九龙坡码头总体技术改造一期工程初步设计，工程概算5719.92万元，由交通部第二航务工程局航务二公司、重庆港建筑工程公司承建。工程于1988年12月动工，历时4年多，于1992年底基本完工。1994年4月16日通过交通部竣工验收，工程质量总体为优良，工程总投资为7412.58万元。一期工程完成后，九龙坡年通过能力由181万吨提高到265万吨，新增84万吨，改造千吨级码头泊位6个，新增大中型设备59台（件）。对煤码头及二、三、四、五码头进行了总体技术改造。新增堆场57537平方米、道路19251平方米、铁路线5240米。增加主要设备有10吨×30米门机2台、10吨×25米门机2台、40吨×22米台架式起重机1台、5吨35米及10吨35米龙门吊各1台和煤码头皮带机、装船机、装卸桥、电子轨道衡等。

2. 总体技术改造二期工程

九龙坡码头总体技术改造二期工程是重庆市重点建设项目，早在1987年的港口总体技术改造中，就已对九龙坡二期工程进行了统一规划设计。经交通部批准，1998年5月16日重庆港九龙坡港区二期工程开工，2000年12月29日竣工投产。

工程新建年通过能力5万标箱的千吨级集装箱专用码头1座，年通过能力30万吨的千吨级件杂货码头1座。主要设备有40吨双浮吊1艘、30.5吨集装箱门式起重机4台、8吨堆高机1台、50吨轮式起重机1台、集装箱牵引车6台、30.5吨横向缆车4台、60吨地中衡1台。工程总决算为16830.3万元。九龙坡码头二期工程的建成，结束了重庆港无国际集装箱专用码头的历史。

3. 扩能技改

2002年，九龙坡作业区集装箱年通过量达到81367标箱，在2年时间内已大大突破“二期”新建集装箱码头5万标箱的年设计能力。2003年6月10日重庆港务集团投资1.9亿元的集装箱扩能技改工程开工。工程包括集装箱码头集装箱门机轨道延伸、四码头改为集装箱作业线、二码头缆车改造适应集装箱作业以及增加集装箱后方堆存的能力。2004年11月10日至2005年1月19日重庆港务集团又投资724.3万元在原煤码头堆场重庆港九龙坡港区集装箱码头改扩建三号堆场工程。该工程投资建成港区内道路11000平方米、堆场18000平方米，使码头的集装箱年通过能力达到20万标箱。

（三）码头分布

1. 九龙坡码头。九龙坡码头有7个泊位。自上而下依次布置为下河公路商品汽车滚装泊位1个，年通过能力10万辆；浮吊缆车件杂货泊位1个，年通过能力30万吨；斜坡输送机散货泊位1个，年通过能力30万吨；浮吊缆车集装箱泊位3个，年通过能力20万标箱；400吨浮吊缆车特大件泊位1个，年通过能力15万吨。其中1500吨级泊位2个、1000吨级泊位5个，占用岸线1800米，堆场、仓库面积分别约14.5万平方米、1.46万平方米，生产、生活辅助区及物流口岸设施布置在码头后方，道路布置成环形，进港铁路与成渝铁路相连，进港道路与后方城区主干道相连。

2. 黄磏码头。黄磏码头有1000吨级危险货物作业泊位2个。其中，国储157处成品油泊位1个，川维厂危化品作业泊位1个，通过能力2万吨/年，主要通过川维厂产品转铁路运输。

3. 九渡口码头。九渡口码头有粗柄碛、老关庙、黄沙溪作业泊位17个，可靠泊1000吨级船舶，为散货、件杂码头，年通过能力30万吨。其中，粗柄碛、黄沙溪均为枯水作业泊位，老关庙系全年作业泊位，属部队军用码头，按平、战结合的原则，仍对社会开放，作为货运码头使用，主要为钢材、件杂泊位。

三、寸滩作业区

（一）作业区位置

寸滩作业区位于重庆市江北区，在长江左岸，距宜昌航道里程653公里，地处北纬29°5′、东经106°5′，东邻双溪河，西与大佛寺长江大桥交界，北接城市公路主干线海尔路一级公路，所处岸线是重庆市主城区范围内少有的三峡工程建成后受淤积影响较小的一段岸线，水域条件优越，陆域开阔。紧邻重庆市江北区人和汽车货运站和渝怀铁路唐家沱火车货运站，距重庆江北国际机场较近，寸滩作业区已形成公路、铁路、航空集疏运体系。寸滩作业区总体规划建成现代物流中心和区域性集装箱枢纽港区。占地2平方公里，总投资16亿元。规划建设5个3000吨级集装箱深水泊位，设计年吞吐能力70万标箱，实际通过能力可达100万标箱以上；2个汽车滚装码头，年吞吐能力30万辆。是西南地区江海联运和物资集散地，长江上游最大的集装箱枢纽港。寸滩作业区一期工程于2003年12月28日正式开工，于2005年12月底竣工，总投资68000万元。

（二）码头建设

新建的寸滩作业区是重庆市航运中心标志性建筑。

2002年9月28日，重庆市发展计划委员会批复作业区一期工程可行性研究报告（代立项）。同年12月30日，重庆市人民政府正式批复重庆市寸滩作业区规划方案。寸滩作业区建设按照“一次规划、分二期实施”的原则进行。

寸滩作业区一期“五通一平”工程于2003年6月27日开始动工，一期工程于2003年12月28日正式开工。一期工程占地864亩，修建3000吨级集装箱泊位2个、滚装泊位1个，设计年通过能力集装箱28万标箱、滚装车辆15万辆，码头岸线长950米，工程计划投资64000万元，实际投资86466万元。2006年1月7日，重庆港寸滩作业区一期工程集装箱码头开港试运行。按照重庆市人民政府的要求，寸滩作业区二期工程将于2007年开工建设，工程占地800余亩，建设规模为3000吨级集装箱泊位3个，设计年集装箱吞吐能力42万标箱，总投资11亿元。

（三）码头分布

寸滩作业区一期工程已配置包括投产设备：2台集装箱岸桥、4台集装箱长桥、1台集装箱正面吊、1台空箱堆高机、8台集装箱牵引车、16台集装箱半挂车、4台叉车、2台电子秤、集装箱吊具等43套及计算机管理及网络系统、通信系统、电子监控系统等。

一期工程建成3000吨级集装箱深水泊位2个，集装箱年吞吐能力28万标箱；商品汽车滚装码头1个，年吞吐能力15万辆。集装箱泊位采用直立式码头布置，集装箱堆场采用阶梯式陆域布置，装卸工艺为岸边集装箱装卸桥，堆场采用轨道式龙门起重机和其他相应配套设施。滚装泊位采用汽车下河公路型式布置和相应的配套设施。码头与后方陆域采用引桥连接，码头平台长221米、宽30米，通过3座引桥与陆域连接，引桥宽16米、长为90米。码头前沿高程191.5米，陆域纵深971米，岸边集装箱起重机2台，最大能力50吨，集装箱堆场37282平方米，容箱能力8500标箱，拆装箱库6915平方米。滚装车堆场66000平方米。

寸滩作业区二期工程还将建集装箱泊位 3 个。寸滩作业区三期完善配套工程都将按照市政府的要求于 2007 年、2008 年陆续开工。

四、新港作业区

（一）作业区位置

新港作业区在重庆市大渡口区重钢集团范围内，位于长江左岸，距宜昌航道里程 679.5 ~ 682.0 公里。新港作业区是重庆市规划建设的九龙坡—大渡口物流基地和黄桷坪物流中心的重要组成部分，以集装箱、商品汽车滚装、件杂和大宗散货作业为主，具有集水路、铁路、公路三位一体的交通运输枢纽和物流集散地的雏形。后方紧靠成渝铁路，与外环高速公路直接相连，随着长江鱼洞大桥的建成，长江两岸的物流将逐步增加，是主城港区集装箱和滚装作业的补充。

（二）码头建设

1998 年，重庆新港装卸运输有限公司成立。该公司是由重钢公司和长江航运集团公司共同组建、共同出资、共同建设、共同经营的企业。当年，重庆市经济委员会、重庆市计划委员会《关于重庆钢铁公司扩建码头初步设计的批复》同意重钢公司修建6 个码头泊位。其中 3 号码头工程由重庆新港装卸运输有限公司建设，重庆长江港航监督局下发《关于重庆新钢公司修建 3 号码头初步设计的批复》和长江重庆航道局《关于重钢 3 号码头补办航道手续申请的批复》的文件，同意工程设计方案。该码头由长江航运规划设计院设计，航务工程二局施工。投资金额 3000 万元，设计规模能力 50 万吨，实际规模能力 80 万吨。工程主要包括斜桥式配置起吊能力 40 吨和 20 吨的双浮吊趸船、2 个面积分别为 4000 平方米和 1500 平方米的堆场，配置起吊能力 40 吨门式行车 2 台、起吊能力 20 吨门式行车 1 台、起吊能力 15 吨门式行车 1 台、1 个面积为 3000 平方米停车场。工程于 1999 年 1 月竣工验收并投入使用。

重庆新港公司于 2000 年开始 1、2 号码头建设前期工作，办理相关批准手续，有《重庆长江港航监督局关于重钢集团公司 1、2 号码头工程初步设计有关通航管理的批复》《重庆市交通委员会关于重钢集团 1 号、2 号码头工程可行性研究报告审查的函》《水利部长江水利委员会关于重钢集团公司利用长江岸线建设码头工程的批复》《重庆市发展和改革委员会关于重庆新港公司 1、2 号码头工程可行性研究报告的批复》等，同意建设吞吐能力为 80 万吨的泊位 2 个、占用岸线 340 米、堆场 10000 平方米及其相应配套设施。重庆市交通委员会印发《关于重钢集团公司续建 1、2 号泊位使用岸线的批复》，同意续建 1、2 号码头使用岸线 340 米。工程由长江航运规划设计院设计，重钢集团路桥工程公司、航务工程二局施工，投资金额 7000 万元。工程主要包括 2 号码头为“T”形梁直立式泊位，配置起吊能力 100 吨桥式行车；11000 平方米集装箱堆场，配置起吊能力 40 吨的桥式行车 2 台；2000 平方米室内库房，设计规模能力 50 万吨，实际规模能力 80 万吨。1 号码头为斜桥式双浮吊趸船（设计），配置 1 台起吊能力 10 吨的单浮吊趸船，设计规模能力 50 万吨，实际规模能力 50 万吨。工程于 2004 年 6 月竣工验收并投入使用。

（三）码头分布

新港作业区内有 3000 吨级泊位 6 个，占用岸线 980 米，其中多用途泊位 2 个，设计能力 50 万吨、3 万标箱，分别采用双下河公路结构形式，配置起吊能力分别为 40 吨和 20 吨的双浮吊趸船 1 艘和汽车直接上囤船的装卸工艺；采用直立式预应力砼“T”形钢构梁结构形式，配置起吊能力 100 吨的桥式行车 1 台的装卸工艺。散货泊位 3 个（含骆中子散货泊位 1 个），年通过能力 193 万吨；件杂泊位 1 个，设计年通过能力 28 万吨。码头货物堆场总面积 22000 平方米，其中集装箱堆场 11000 平方米，配置起吊能力 40 吨的桥式行车 2 台，件杂货、机电设备、汽车等货物堆场 3 个，面积共计 9000 平方米，配置起吊能力为 40 吨的门式行车 2 台、20 吨的门式行车 1 台，室内货场 2000 平方米。

五、江北作业区

（一）作业区位置

江北作业区位于江北区长江、嘉陵江左岸。嘉陵江段上至桂花园下至江北嘴，距朝天门航道里程0～17公里；长江段江北嘴至蒋祠沱，距宜昌航道里程627～659.1公里，与北部新区和渝北区相连，与沙坪坝区、渝中区、南岸区、巴南区隔江相望。江北区是重庆市工商重镇和重要的制造业基地，是重庆都市发达经济圈核心区之一，全区经济以二、三产业为主，汽车摩托车、电子通信设备、医药、日用化工为江北区四大支柱产业。

（二）码头建设及分布

1985年，江北作业区有码头、渡口57个，到1990～2000年有码头64个。随着江北嘴（江北城）中心商务区及沿江滨江路的建设，2005年，江北嘴、三洞桥、青草坝及梁沱一带码头的货运功能被取消，码头泊位减少到50个。

1986年初，江北作业区年吞吐量在10万吨以下的码头有石门忠恕沱、苗儿石、刘家台、觐阳门码头，年吞吐量在20万吨以上的码头有相国寺码头。2005年，江北作业区年吞吐量在140万吨以上的码头有江北港埠公司码头。

1. 石门码头。位于嘉陵江左岸，距朝天门航道里程12.5公里。码头有2个500吨级泊位，年通过能力15万吨，码头型式为下河公路式，主要货种有矿建材料、件杂等。2001年，修建滨江路，进港道路受影响，由滨江路建设单位还建下河公路，原码头功能保留。

2. 相国寺码头。位于嘉陵江左岸，与渝中区牛角沱相望，下距朝天门5公里。附近有嘉陵江大桥紧连渝中区，水陆交通方便。相国寺码头上起董家溪礁巴石，下至鱼嘴石，自然岸线长800米，设泊位5个，最大靠泊能力300吨级，有堆场面积3240平方米。该码头主要担负江北区生产、生活物资的运输任务，是重庆市区内较大的货物集散码头之一。码头运输物资以矿建材料为主，其次为煤炭、粮食、木材、水泥、化工原料等物资。

3. 刘家台码头。位于嘉陵江左岸，距朝天门2.6公里，位于刘家台正街西端，通顺桥外，原是江北地区一个较大的自然水码头。码头上游的晒望沱江面宽、河水深，是停靠过往船舶的好地方。20世纪60年代前，进出地区的物资大部分是通过此码头运送，也是过江轮船的渡口。随着地区公路的发展，2000年由于嘉陵江江北滨江路的建设，使刘家台原码头泊位被占用，后还建1个货运泊位，下河公路与滨江路连接。

4. 觐阳门码头。觐阳门码头又称江北嘴码头，位于长江和嘉陵江交汇处，与朝天门隔岸相望，属实体斜坡式简易码头，岸线长540米，包括觐阳门、江北嘴、木关沱、汇川门。主要泊位在江北嘴，有300～500吨级货运泊位5个，利用自然岸坡作业，有下河公路与城市干道连接，为建材、盐、干副食品等散货码头，年通过能力22万吨。20世纪40～50年代觐阳门码头为重庆市十大码头之一，是食盐、粮食、煤炭、建材的集散地。1960年江北区运输公司在码头建成绞车道1条，长220米。后来因为泥沙淤积船舶无法靠泊而弃用。1970年码头改造，建有下河引道330米。2005年江北城整体拆除，觐阳门码头随之消失。

5. 梁沱码头。梁沱码头位于长江左岸，距宜昌航道里程657.3公里，紧邻重庆市渝中半岛，是重庆市水陆联运、水水联运的重点码头。梁沱码头由重庆港务集团江北港埠公司经营，有主要作业泊位13个，可供中、枯水期使用约8个月左右。洪水期石梁被水淹没后，码头失去作用，由176、180码头泊位作业。1985年，该码头共有设备8台。由于码头是依梁沱而形成，受水位影响很大，无固定作业线，装卸作业的主要特点是面广、点多、流动性大，特别是洪水期更以河心作业和绞车作业为主。2003年，因重庆市人民政府城市建设规划的需要，江北城面临全面拆迁，梁沱码头生产业务将逐步转移到果园作业区。在搬迁的过渡阶段，2004年，由于煤炭货运市场形势大好，江北港埠公司抓住机遇奋力拼搏，抢抓煤炭运输，一举突破年设计能力82万吨的规模，完成装卸自然吨100万吨。2005年江北港埠公司克服拆迁带来的困难，适应市场调整结构，确保了传统货源煤炭、元明粉、商品车等装卸运输。当年码头吞吐量140万吨。随着果园作业区的建设，江北港埠公司货运业务将逐渐转移。

6. 唐家沱码头。在重庆市江北区长江左岸，距宜昌航道里程645.3～646.9公里。长江进铜锣峡之前形成宽大的回水湾——唐家沱，是停泊船只的天然港湾。鸦片战争后英国曾派军舰停泊沱内。新中国成立前民生公司设浮坞于此修理轮船。现属于长航东风工业公司（简称东风船厂）的厂区码头和水域。东风船厂的厂区码头主要是为修造船舶需要的物资提供装卸服务，在能力富余的情况下对外开放，从事港口经营业务，其主要经营微型车、商品车滚装运输。

7. 朝阳河油码头。在江北区长江左岸，距宜昌航道里程648.5～650.8公里，上至朝阳河下至长石尾，后方依托江北机场和大班油库，是重庆市工矿企业能源供应重要渠道之一。1964年八〇一油库从唐家沱迁于此，即改成缆车油运码头。2002年，缆车拆除。至2005年，有化危品泊位4个，年综合通过能力60万吨。

8. 郭家沱滚装码头。在江北区长江左岸，距宜昌航道里程642.5公里，在望江机械制造厂范围内，由望江厂修建，为该厂生产提供水运服务。2001年初，重庆轮船总公司租用望江机械制造厂码头组建重庆郭家沱港埠有限公司，并投入300多万元，全面翻修唐家沱月亮湾到重庆制药九厂近4公里的路面，在溜石壁新建停车场，于2001年12月29日正式开始载货汽车滚装运营。为了适应滚装运输发展、船舶不断增加的需要，2005年，重庆郭家沱港埠有限公司投资对码头进行改扩建，增加泊位1个。建成后郭家沱码头拥有3000吨级泊位2个，年通过能力30万辆。2005年，郭家沱滚装码头实际吞吐量120449辆，其中进港54357辆，出港66092辆。

9. 鱼嘴码头。位于江北区鱼嘴镇长江左岸，上起大坝子，下至将祠沱，距宜昌航道里程627.0～636.0公里，与南岸区广阳坝镇隔江相望。鱼嘴码头水陆交通方便，有码头泊位9个，总长580米，最大靠泊能力1000吨级。除1个轮渡客运泊位和1个长航客运泊位外，其余5个货运泊位分别是大坝子、鱼嘴、沙湾、狮母滩、川江港机厂，核定年通过能力30.8万吨，其中最大泊位为鱼嘴货运泊位，核定年通过能力20万吨。沙湾和狮母滩各设有负荷能力3吨和2吨的缆车线1条，川江港机厂建有汽车下河引道，设有起重40吨的浮吊1台，有简易堆场12320平方米。按照2005年规划，川江港机厂陆域和水域总体纳入果园作业区建设范围。

1985年，鱼嘴码头客运量29.1万人次，货物吞吐量1.3万吨。主要运输物资有煤炭、化肥、生铁、粮食、生猪、柑橘。2004年，鱼嘴码头客运量1万人次，货物吞吐量8万吨。

六、北碚作业区

（一）作业区位置

北碚作业区位于重庆市北碚区，地处东经106°18′～106°40′、北纬29°31′～30°05′，距重庆朝天门55公里，作业区码头分布在嘉陵江左岸和右岸。东临渝北区，南临沙坪坝区，西接璧山县，北与合川市接壤。主要出港物资有水泥、煤、石膏、石灰石、白云石、硫铁矿、硅石等。同时机械电器、建筑材料、仪表电子、医药化工四大支柱行业的主要产品有摩托车配件、优质水泥及制品、石膏制品、建筑钢材、玻璃制品及民用物资也经此运销各地。

（二）码头建设及分布

20世纪七八十年代，北碚作业区有朝阳、黄桷、朱家沱、河家嘴、毛背沱、水土码头。码头岸线总长3340米，装卸泊位19个，装卸机具设备21台，其中起重机械（具）5台，输送机具5台，装卸囤船4艘。朱家沱和黄桷码头机械化程度最高，朱家沱货运量列全部码头首位。各码头货运吞吐量年平均约80～90万吨，其中出港物资占80%以上。

改革开放后，20世纪80年代，黄桷码头先后投资160多万元（其中重庆市码管处投资97万元）修建码头江岸石壁500多米和煤坪600多平方米，煤炭日均吞吐量达1000多吨。从1986年起先后由重庆市码管处投资1.5万元对北碚作业区朝阳正码头进行两次整治。

1995年，重庆市进行行政区划调整，水土码头由原江北县划为北碚区管理。主要为周边工业园区企业运输物资服务，为以件杂、散货为主的货运码头。后方依托重庆市水泥厂，同时也是矿建材料（碎石）出港地。设有件杂泊位1个，年综合通过能力3万吨；车渡码头泊位1个。

1998年，重庆市航运处和重庆市码头管理处共同对毛背沱码头进行扩建。一期工程由市航管处投资42万元和市码管处投资12万元进行扩建。扩建后，毛背沱成为北碚区主要码头。2005年，北碚区人民政府修建北碚滨江大堤，按规划朝阳正码头为客运码头，毛背沱为货运码头，对其进行分类完善。

七、长寿作业区

（一）作业区位置

长寿作业区位于重庆市长寿区长江左岸，上至大石门点灯石，下至黄草峡，距宜昌航道里程576.0～590.0公里，地理坐标北纬29°50′、东经107°04′。三峡成库后，按145～175米运行，水位降至145米时库尾在长寿作业区一带，长寿以下终年为库区水位，可通行3000吨级船舶。陆路与垫江、梁平、邻水等地相连，公路干线纵横交错，交通便利。

（二）码头建设及分布

1996年9月20日，重庆港口管理局与长寿县人民政府签订兼并长寿县第一搬装公司协议，将长寿县第一搬装公司的资产、业务和人员整体划转给重庆港口管理局。重庆港口管理局改制为企业（重庆港务集团）后，长寿港务站和被兼并的长寿县第一搬装公司共同组建集团下属长寿分公司。长寿作业区主要客、货运码头由重庆港务集团长寿分公司经营，设有客、货码头5座，仓库2座，面积1000平方米；堆场8000平方米。装卸机械主要有5吨绞车1台、3吨浮吊1艘、5吨浮吊1艘、5吨装载机3台、3吨装载机1台、北京轮式16吨吊2台、货场转运汽车8辆、50吨电子汽车地磅衡1台。另有机械维修车间1个。

1. 鹞子岩码头。位于长江左岸，距宜昌航道里程584.0公里处，紧靠棺材石和白沙湾码头之间。该码头前沿水深8米，设45米囤船1艘，可靠泊1000吨级船舶5艘，作为过驳、转港的中转码头。码头主要货种有重铁厂的铁矿石。码头配3吨浮吊装卸过驳。

2. 白沙湾码头。白沙湾件杂码头距宜昌航道里程583.6公里，码头前沿水深8米，可停靠1000吨级船舶作业。码头设有147米石坡路面双轨，5吨绞车1座。主要货物是粮食、食盐、硫黄、化肥、件杂百货、铬铁、水泥等物资。其是长寿、垫江地区最大的货运码头，年通过能力17万吨。白沙湾散货码头距宜昌航道里程583.3公里，由长寿县工业局煤炭公司与武汉市煤炭公司于1982年联合修建。但由于煤炭行情变化，致使煤炭码头闲置。1986年8月，长寿县煤炭公司撤销，长寿县政府决定，其贷款由县财政解决还贷，码头移交长寿县第一搬装公司管理和无偿使用。码头前沿水深8米，设100吨级甲驳作为囤船，靠泊能力2000吨。1986～1995年，白沙湾码头进出港货物主要是硫黄、食盐、粮食、化肥。1996年10月，重庆港兼并长寿县第一搬装公司后，增加对码头改扩建的投入，增添了浮吊、转运汽车、装载机、轮胎吊、地磅衡等装卸机械设备，提高了装卸机械化程度，加上煤炭市场好转，装卸自然吨从1986年的20万吨上升到1997年的51.6万吨。

3. 滑坡江边码头。滑坡江边码头地处长江左岸，距宜昌航道里程582.0公里，原属枯水季节性码头（每年10月至次年5月为枯水期），长寿港务站将鹞子岩码头45米水泥囤船移至该码头作为驳船中转作业点。码头前沿水深6米，水域长50米，距水沫线36米宽。1996年，重庆港务集团长寿分公司在此设置3艘100级驳船，形成可靠泊8艘1000吨级船舶，是货驳中转泊位，其中重庆铁合金厂约3万吨矿石要从此码头用浮吊过驳转运。

4. 客运码头。客运一码头在长江左岸，距宜昌航道里程583.6公里，码头前沿水深10米，设45米囤船1艘，靠泊能力2000吨，是长江水路客运进出港的主要码头。改革开放以后，农村剩余劳动力向外转移，外出人员多，但长寿至重庆的公路要翻 2 座山，客车运行耗时 4 小时左右，同时，由于客车班次少，进出港旅客多选择水路。对此，巴南区麻柳嘴镇谭氏四兄弟看准长江客运这一优势，先后建造宏发、宏旺、忠兴、神舟、柳州 5 艘客船，每日从长寿至重庆往返，其中神舟客轮 1 日往返两次。另外重庆长江轮船公司、丰都轮船公司、涪陵轮船公司到重庆的客轮往返在此码头停泊。

客运二码头在长江左岸，距宜昌航道里程 583.5 公里。在客轮较多的情况下，原 1 个泊位不能满足进出港客轮靠泊的需要。为缓解客船靠泊压力，于 1985 年在紧靠一码头向下方又修建石梯级客运二码头，设 40 米囤船 1 艘，码头前沿水深 8 米，靠泊能力 1000 吨。同时，在两码头之间修建 1 条进港公路和停车场，供 145 米水位以下使用。

1992 年，多家企业发展高速船客运业务，一、二客运码头在 1998 年春节客运高峰时，1 天达到 86 班次，当年进出港旅客 188.88 万人次，创历史之最。2000 年 5 月 1 日，渝长高速公路通车后，水路客运急剧下滑。到 2002 年，渝涪高速路通车后，涪陵轮船公司的客轮退出客运市场。2004 年 10 月，巴南区谭氏兄弟的忠兴号客轮被冠忠公司收购停靠小岩子码头，加之河街滨江路建设，旅客行走不便，2 个客运码头暂时结束客运业务。此处客运码头在 2005 年的全市岸线利用规划中，为体现长寿区水上客运的功能而得以保留。

长寿作业区除了重庆港务集团长寿分公司码头以外，年综合通过能力在 20 万吨以上的厂矿、地方码头还有川维码头、川染码头、棺材石码头、詹家沱码头、观音滩码头，这些码头均在长江左岸，为长寿区的经济建设发挥了作用。

八、其他作业区及码头

（一）鱼洞作业区

1986～2005 年，鱼洞作业区在巴南区境内，长江右岸，距宜昌航道里程 692.0 公里，是巴南区最大的作业区。作业区内有下河公路、朝天嘴、梅家梁和鱼洞客运 4 个码头，共有 800 吨级泊位 17 个（货运泊位 14 个，客运泊位 3 个）。各码头的结构形式均为自然岸坡，装卸主要以人力为主，矿建材料采用船船自带皮带机卸货。作业区拥有堆场面积 2500 平方米，年货运通过能力 50 万吨，年客运通过能力 13 万人次。鱼洞作业区内有重庆市车渡管理站车渡专用码头，靠泊能力为 1000 吨级，年通过能力 0.34 万辆。

（二）沙湾作业区

1986～2005 年，沙湾作业区位于巴南区境内，长江右岸，距宜昌航道里程 686.4 公里。有渝钛白、沙湾、水子坝 3 个码头，有 700 吨级散货泊位 3 个，年综合通过能力 14 万吨，主要承担周边地区的矿建材料运输及钛白集团的专用物资运输。三峡水库蓄水后，该作业区集疏运条件大大改善。为适应周边地区货运量的迅速增长，规划近期新建 3000 吨级散货泊位 1 个，年通过能力 80 万吨；远期新建 3000 吨级货运泊位 1 个，年通过能力 80 万吨，3000 吨级多用途泊位 1 个，年通过能力 37 万吨（4 万标箱）。

（三）李家沱作业区

1986～2005 年，李家沱作业区位于巴南区境内，长江右岸，距宜昌航道里程 676.0 公里，是巴南区的重要作业区。作业区主要承担区内水轮机厂等大型厂矿制成品的运输任务。有 1000 吨级散货泊位 2 个，件杂泊位 1 个，年综合通过能力 70 万吨。近期改造 3000 吨级散货泊位 1 个，年通过能力 80 万吨；改造 3000 吨级件杂泊位 1 个，年通过能力 12 万吨。作业区内有车渡码头 1 个。

（四）洛碛作业区

1986～1995 年，洛碛作业区位于渝北区洛碛镇，长江左岸，距宜昌航道里程 599.0～602.0 公里，与巴南区麻柳嘴镇隔江相望，主要工业企业有西南合成制药厂及川庆化工厂，主要产品有榨菜、医药、化工、石灰、矿物等。

作业区上自前滩，下至沙公溪，有龙洞子、下梁、红花溪、万元、太洪、白石溪和上、下洛碛等码头8个，泊位11个，属沙石底质，最大靠泊能力800吨级。作业岸线长400米，有简易货场1处约33万平方米，除川庆化工厂设1条管线抽液体酸外，多为车船衔接和人力装卸。

经过数年发展，洛碛作业区有太洪岗、洛碛、沙公溪、大石门、鱼洞沱、章炉溪6个码头，其中大石门、鱼洞沱、章炉溪为渡口码头，3个泊位；太洪岗、洛碛、沙公溪为客货码头，13个泊位，以自然坡岸和浮码头形式并存。码头总延长1500米，前沿水深平均在3.5米，无岸壁机械。洛碛港口货物均以化工原料、水泥、煤为主，港口货物吞吐量年平均在18万吨左右，进出旅客年平均23万人次左右。

1996年，随着国民经济体制的变化，洛碛轮船公司被市场淘汰，西南合药和川庆化工厂的经营举步维艰，加上公路运输的巨大冲击，港口货物吞吐量下降到9.3万吨，旅客通过量15.2万人次。2003年港口货物吞吐量6.8万吨，进出港旅客20万人次。2005年，洛碛港口货物吞吐量5.3万吨，进出港旅客17.4万人次。随着三峡库区的形成，洛碛港口受175米水位的直接影响，原来的码头岸线将被淹没。为了满足地方经济的需要，使陆路运输和水路运输有机结合，地方政府及港航管理部门利用国家移民政策和移民资金，在原址复建洛碛港口，将于2009年复建完成。复建的洛碛港口最大靠泊能力将达到3000吨级，年货物综合通过能力达到80万吨以上，仍以进港化工原料、矿建材料、水泥和出港煤、工业产品为主。届时，洛碛港口将成为长江流域具有一定规模的货物集散周转中心。

（五）木洞作业区

1986～2005年，木洞作业区位于巴南区木洞镇境内，长江右岸，距宜昌航道里程621.0～622.0公里，是客货兼容的作业区。码头结构形式为自然岸坡，作业区内有客运泊位5个，码头靠泊能力3000吨，堆场面积3000平方米，码头年通过能力16万吨，货运主要靠人力装卸完成。三峡成库后，水位按135米、156米运行时，作业区的码头不受影响；水位达到175米以后，作业区被淹没的泊位有7个（其中4个客运泊位，2个货运泊位，1个油囤泊位）。为此，对木洞作业区作出重新规划，规划建设后的新作业区能适应库区蓄水，也能满足散货、件杂、客渡、旅游的需要。

（六）麻柳作业区

1986～2005年，麻柳作业区位于巴南区麻柳嘴镇境内，长江右岸，距宜昌航道里程602.8～603.3公里，是以自然岸坡为主的客货运共用作业区，共有客货运泊位5个，货运主要靠人力装卸完成，作业区年通过能力11万吨，利用天然河滩作堆场。三峡成库后，水位按135米、156米运行时，作业区的码头均不受影响；水位达到175米以后，作业区的码头将被淹没。由于在附近的丰盛发现一大型煤田，该煤田初步估计储煤量达5000万吨以上，2010年拟采煤量达到30万吨，3～8年后采煤量将达到100万吨，所采煤约50%通过水路在此运往长江下游。

（七）北部新区作业区

2001年北部新区成立，作业区位于北部新区嘉陵江左岸，距朝天门河口航道里程19.6～24.4公里，与井口隔江相望。该作业区上起三角坝，下至简家梁，有重啤集团大竹林分厂货运码头、重庆友邦船务公司大竹林渡运码头、大竹林丝厂货运码头（由建航船务运输公司经营）、大竹林柏溪渡运码头、礼嘉镇廖家溪渡运码头、碑亭渡运码头、苗圃渡运码头等8个，泊位14个（含渡运码头泊位9个），最大靠泊能力300吨级。其中货运码头2个，泊位5个，港区内有简易堆场7000平方米，标准型客渡船50客位2艘、30客位3艘，载客量190人，功率131.5千瓦。北部新区作业区每年货物吞吐量分别为：2001年2.4万吨、2002年2.3万吨、2003年2.4万吨、2004年6.7万吨、2005年3.9万吨，全部是进港。进港物资以砂石为主，主要从合川运进。北部新区作业区客运吞吐量分别为：2001年9万人次，2002年13.1万人次，2003年16.5万人次，2004年20.5万人次，2005 年 19.2 万人次。

根据规划，大竹林一带将成为餐饮、旅游、娱乐、休闲区域，这一带码头的功能也随之调整。大竹林丝厂码头继续保留旅游客运、件杂散货的功能。

（八）中小型码头

1980~1990 年，沙坪坝区共有货运码头 6 个，休闲、餐饮码头 1 个，泊位 14 个，主要货种有矿建材料、农用物资等。

1980~1990 年，渝中区地方货运码头有 6 座，泊位 19 个，其中大溪沟码头为餐饮旅游和建材码头，兜子背码头为机械作业码头，港区主要货种有钢材、木材、矿建等。

1980~1990 年，南岸区有货运码头 15 座，泊位 33 个，主要货种为矿建材料、少量危化品等。南岸区码头多数为中、小型简易散货码头，货物品种单一，吞吐量较小。

随着沿江滨江路的建设和菜园坝、朝天门、江北城、南岸区的城市整体改造，以上码头逐步消失或迁出中心地带。根据城市环保的要求及城市景观的需要，政府已规划沙坪坝区、渝中区、南岸区沿江一带为餐饮、旅游、娱乐、休闲区域，为了使沿江水域及码头功能与之配套，将对这一带码头作进一步调查。

第二章　万州枢纽港区

第一节　港区概况

一、自然状况

（一）地理位置

万州枢纽港区是三峡库区重要的区域性城市和交通枢纽。位于东经 108°25′、北纬 30°48′，四川盆地东部，境内水网密布，公路四通八达。万州枢纽港区作业区及码头分布在万州区境内长江两岸，紧邻长江三峡，扼守进出巴蜀大地的咽喉，是万州区的水上口岸和重庆市东部的主要水上交通枢纽。万州水运以“黄金水道”长江为主干，形成叶脉状的水运网络。溯江而上，可至涪陵、重庆、泸州、宜宾等地；顺江而下，可达宜昌、沙市、武汉、南京、上海各口岸。历为陕南、鄂西、湘北、黔东和川北的物资集散地，素有“川东门户”和“渝东门户”之称。港区的中心地带为上至三洲溪，两岸线总长 26 公里。

（二）水文特征

万州枢纽港区常年平均气温 18.1℃，2003 年 6 月三峡成库前常年平均水位 108.3 米（吴淞高程），最大流速为 5.06 米/秒，最小流速为 0.7 米/秒，最大流量为 74000 立方米/秒，最小流量为 2780 立方米/秒。左、右两岸有上沱、下沱、徐沱、聚鱼沱等天然锚地，枯、洪水期都是优良的停泊场所。从北岸注入长江的苎溪河，洪水期长江涨水，形成天然安全的停泊区。峨眉碛至陈家坝长达 2 公里的航道为砂卵石河床，岸线稳定，是天然的锚地。以前进出川客货班轮及拖轮船队一般在此夜泊，补充给养和避让三峡夜航的船舶。

2003年6月，三峡成库。2005年后，三峡成库蓄水将按145～175米运行，整个港区处在库区之中，水流平稳，航道宽阔，港区为常年深水港，终年可停靠和通行3000吨级驳船或万吨级船队。

二、港区通过能力

（一）码头及设备

2002年，万州枢纽港区淹没复建前有各类码头142座，仓库10999平方米，趸船、港口作业船125艘，缆车、吊车、叉车、装卸桥、装载机、皮带机等各类港口机械153台。

2005年，虽然淹没复建工程还未结束，但是通过淹没复建，万州港区已基本形成以鞍子坝为旅游客运作业区，红溪沟、青草背、红花地、猴子石等为主要货运作业区的布局，有生产性码头泊位66个（1000吨级以上泊位52个），其中客运泊位27个，货运泊位39个。年旅客、货物综合通过能力分别为773万人次、608万吨，其中集装箱1.5万标箱，滚装汽车5万辆。

（二）港区吞吐量

2002年，万州枢纽港区淹没复建前，货运吞吐量515.3万吨，客运吞吐量522.99万人次。2005年，货物吞吐量678.56万吨，其中集装箱1.18万标箱，载货滚装汽车9.76万辆；旅客吞吐量238.06万人次。

（三）经济腹地

万州枢纽港区腹地交通发达，通过达万铁路和在建库区大动脉万宜铁路形成北接达川、东至宜昌、西抵重庆的铁路枢纽网络，公路通过渝万、万宜、万开高速公路与国道相连接，五桥机场已建成开通，水陆空综合交通枢纽雏形已基本形成。经济腹地辐射川北、鄂西、陕南等地区，是发展港口物流园区的主要基地，是渝宜产业带发展的重要依托。万州枢纽港区拥有优良的深水岸线，是主要发展集装箱、大宗散货、载货汽车滚装和旅游客运等运输系统的区域性枢纽港区。

第二节　淹没前港区建设

中华人民共和国成立后，万州港口码头建设管理分两个口子进行。一方面是交通部对万州港务局码头建设投资，另一方面是地方交通管理部门对地方建设的投资。交通部所属万县港先后投入巨资建设万县、忠县、西沱、云阳、奉节、巫山客运站房、通道、仓库（货场），并配备趸船、装卸机械等设备、设施。地方航运部门陆续投资建设地方港口码头。改革开放迎来长江航运“黄金”建设时期。1985年，交通部发布《关于补助地方交通建设投资管理暂行办法》，对困难的重要地方交通建设项目给予补助。1991～1994年，由交通部和四川省交通厅投资6000多万元修建万州牌楼、青草背、柑子园、红花地等客货运码头。地方航运部门“七五”期间投入623万元建设码头。“八五”“九五”期间，利用“粮棉布、工业品”以工代赈及拨款、贷款作相应投入。由于三峡工程蓄水淹没、滑坡地质论证时间太长，合理布局港口及大规模港口建设仍未进行，整个辖区（含万州港务局）所属码头及设施多数与万州大水运生产极不适应。

一、万州港务局（集团）码头建设

万县（州）港务局（集团）下放地方之前，由交通部长江航务管理局领导，港口建设投资经历了交通部投资、拨改贷、企业自筹等阶段，其中交通部在万县（州）投资建设的码头使港口基础设施得到加强。

（一）客运设施

万县港新客运站于1984年动工兴建，1986年10月交付使用，整个工程建筑面积3209平方米。除办公楼等用房外，实际用于旅客候船、售票、行李房等不足1000平方米。随着客运量的不断增加及港口业务范围的扩大，旅客候船拥挤、堵塞的状况未根本改善，为适应客运需要，万县港投入了新建客运站配套工程建设。根据《关于万县港客运站配套工程计划任务书的批复》，该工程总投资180万元，建筑面积2817平方米，与原候船室连为一体，由万县地区建筑设计院设计，万县地区建筑总公司施工，于1991年12月23日开工建设，1992年底竣工交付使用，改善了旅客船和港口管理机关的办公条件。

（二）重件码头

万县港重件码头于1967年建成投产，为钢桁架结构，使用年限为20年。万县港重件码头引桥共3跨，每跨36米，全长108米，年通过能力18万吨，是万县港当时唯一的常年性件杂货码头。由于装卸货物中的盐及化肥吸潮溶解后，对引桥产生了强烈的腐蚀作用。为确保港口装卸运输的正常进行，1989年9月港口自筹资金30万元对该码头第一跨36米钢引桥进行更新改造，采用钢筋混凝土桁架结构，由长江航运规划设计院设计，交通部二航局重庆二公司承担施工。通过局部技术改造，扩大了通过能力。1991年11月船厂改建综合楼1座，建筑面积890平方米，造价26万元。1990年4月对港机厂三元宫修理房进行改造，造价6万余元。

（三）牌楼码头

牌楼作业区工程前期工作从1988年开始，先后进行测量、钻探、收集资料、内外部协调等工作。1989年4月28日，交通部以〔1989〕交函计字246号文做出批复，同意立项。交通部第二航务工程设计院于1989年10月完成可行性研究。1990年2月长江航务管理局在汉口召开预审会，3月底长航局受交通部委托在万县港召开审批会，予以审查通过。8月29日，交通部以〔1990〕交计字430号文做出正式批准立项的批复，由二航设计院进行初步设计。1991年6月，国家交通投资公司以交投水〔1991〕67号文正式批复工程初步设计。同年9月交投水〔1991〕121号文批复牌楼货运港区工程开工报告。工程于1991年12月15日正式开工建设，总工期预计3年。

为了加强对万县港牌楼作业区工程建设的领导，万县地区行署与长江航务管理局协商，于1991年6月成立万县港牌楼作业区工程建设领导小组和工程建设指挥部，下设办公室、材料组、搬迁组、政工组，负责日常事务工作，保证该工程建设的顺利进行。

随着港口基本建设的发展，特别是货运码头的修建，港口库场面积不断扩大。到1992年库场已达4.41万平方米，码头泊位49个。

（四）“八五”期建设

1993～1998年，万县港“八五”期间开工并竣工的项目有5个，完成投资累计6474万元，其中国家交通投资公司安排经营基金4110万元，开发银行软硬贷款1300万元，交通部拨款665.5万元，拨改贷271万元，自筹227.5万元，建设项目有牌楼作业区、客运配套工程、水泥囤船更新。

表9－2　万县港“八五”期间基本建设情况表

建设项目	建设规模	时间	资金来源	投资金额（万元）
牌楼作业区	1000吨级泊位2个，作业线3条，设计通过能力67万吨	1992～1995年	国家交通投资公司经营基金开发银行贷款	5310
客运配套工程	建筑面积2817平方米	1991～1993年	拨改贷、自筹	271
水泥囤船更新	3艘65米钢质囤船	1991～1996年	国家拨款、自筹	675

二、地方码头建设

港口下放地方以前，由地方政府投资、以工代赈、厂矿企业自筹资金建设的码头是港口基础设施的重要补充。

（一）青草背码头

1990年，万县市航务管理处申请四川省交通厅能源交通资金在青草背原有河滩地基础上修建“T”字形下河引道100吨级、500吨级、1000吨级泊位各1个，下河引道公路长108.5米，货场8313平方米。工程于1991年1月破土动工，1992年3月竣工验收投产，总投资203.32万元，其中国家拨改贷资金169万元，地方自筹33.93万元。

青草背码头为直立分级式码头，公路为直立式重力斜坡道，平台为突堤式类似丁坝，枯水级平台设在红沙碛尾部，地质地形简单，坡度均为高程120米以下。水位97.5米，水深5米，平台顶高101米。青草背码头修建后，靠泊船只增多，极大地活跃了天城工业区的经济，年货物吞吐量30万吨，年旅客吞吐量25万人次。

（二）红花地码头

1989年，万县市港口管理办公室申请四川省交通厅、四川省计委能源交通资金在红花地建设直立分级式货运码头。该码头于1991年1月破土动工，1994年底基本完工。1995～1996年在原基础上进行大化工大件码头建设，总投资612万元，其中拨改贷省统筹资金211万元，地方自筹81.35万元，大化工大件码头投资320万元。

红花地码头为直立式码头。主要工程根据水位变化，在103.5米至122米共建货场2处计21000平方米，年吞吐量为27～72万吨，1997年货物吞吐量61.66万吨。从牌楼接修红花地下河引道，修建长700米、宽7米的泥结石路面及长270米的码头堡坎。水位在122米以上，可利用下河引道或驷牌路（最高程）进行作业。其中1000吨级泊位1个，500吨级泊位3个。该码头是一个枯、洪水都能使用的良港，年均货物吞吐量45万吨。

（三）柑子园码头

1984年，万县市港口管理办公室申请四川省交通厅、四川省计委粮棉布、以工代赈、能源交通资金在柑子园建设直立分级式货运码头。柑子园码头的上河引道与万州主干公路一马路相通，进出物资向东1公里通向天城工业区，自然条件和地理位置十分优越。工程于1985年破土动工，由于资金问题曾一度修修停停，1995年竣工验收正式投产，总投资387.6万元，其中粮棉布、工业品以工代赈、省能源交通基金投资和省航务局拨款115.97万元，拨改贷20万元，地方自筹251.52万元。

柑子园码头有泊位7个，其中300吨级泊位4个，100吨级泊位3个；货场26345平方米。下河引道干线公路长624米、宽10米，下河引道支线公路长551米、宽10米，其中下河引道干线中有长440米、宽9米的混凝土路面。有拱桥1座，长8米，宽10米。该工程为直立分级式码头。枯水级平台下中段岸线长365米，泊位5个，其中300吨级3个，100吨级泊位2个。中水级平台岸线长110米，泊位2个。工程分为前期工程、一期工程和二期工程。前期工程1985～1989年，对下河引道进行调整；一期工程1989～1991年，修建中枯水平台；二期工程1991～1995年，填坝炸礁，扩大货场，修建下河引道支路，改泥结石路面为混凝土路面。该码头年货物吞吐量40万吨以上。

三、其他中小型码头建设

万州枢纽港区由地方政府及航运管理部门出资、以工代赈、企业自筹资金建设的中小型码头有水井湾客货码头、南门口码头、牛屎滩码头、草甸店客运渡口码头、布码头及窑灰坝锚地、武陵镇码头、新乡镇码头、白水溪码头、太阳溪码头等。

第三节　港区淹没复建

一、淹没复建概况

万州中心港上至三舟溪，下至银箐溪，自然岸线长度为26公里。长江左岸有牌楼、驷马桥、水井湾、杨家街口、南门口、柑子园、牛屎滩、青草背等8个较大的港区和港点，长江右岸有沱口码头。万州港由万州港务局、万州区交通部门和厂矿企业码头组成，有码头及停靠点146个，其中1992年调查时列入专业项目的码头85个（长航系统32个，万州区交通部门38个，工矿企业码头15个）。

以上作业区及码头在三峡工程蓄水运行时将全部被淹没。万州区港口码头淹没复建补偿资金24352万元。其淹没复建范围之广、工程量之浩大、任务之繁重和艰巨是万州港口建设历史上前所未有的。

二、淹没复建规划

（一）中心港区港口和码头复建规划

2001年6月，万州港被列入专业项目的85个码头中，有复建码头80个；工矿企业搬迁位置远离长江岸边，码头复建3个，工矿企业属同一功能及规模较小的码头合并建设的码头2个。被列入工矿企业的61个码头中，后靠复建码头28个，随船厂搬迁4个，迁入苎溪河内3个，货运量列入公用港区不再复建或合并码头19个，待定码头7个。复建码头布置在总体规划确定的12个区域占用岸线9597米，陆域面积180万平方米。

（二）锚地复建规划

2001年6月，锚地规划共布置锚地8处，水域面积119万平方米。过渡性锚地使用三峡工程坝前蓄水位135米时，万州港码头设施大部被淹没，仅有万州港务局牌楼港区等少数几个码头能利用现有的库场作业，利用这些码头作搬迁过渡措施，其余码头以135米一次性建到175米，135～145米之间的过渡采用简易公路、梯道等临时性设施。

（三）集镇码头复建规划

新田镇复建泊位16个，其中客运泊位3个，货运泊位13个。武陵镇复建泊位6个，其中客运泊位2个，货运泊位4个。太阳溪复建泊位5个，其中客运泊位1个，货运泊位4个。让渡复建泊位3个，其中渡口泊位1个，客运泊位1个，货运泊位1个。溪口复建客运泊位1个。其他集镇（大周、小周、新乡、燕山、黄柏、拖路口、长坪、杨河溪）均复建客、货泊位各1个。根据库周农村居民点布局及交通需要，规划复建停靠点26个。考虑到三峡出现135米水位时段不太长，对集镇码头正常使用并无大的影响，在135～145米高程范围，各集镇码头不再设置过渡设施，尽量利用现有码头运营。

（四）投资规划

2001年6月，经过交通部水运规划设计院编制的《万州港口码头设施淹没复建规划报告》和四川省内河勘察设计院编制的《万县市集镇港口点设施淹没复建规划报告》形成了规划投资的总体方案。经交通部及各级政府审批，万州港复建码头工程投资24352万元，其中长航系统（含万州港务局、长轮总公司、长江航道局）11115万元（含锚地），地方港口码头13237万元。万州区集镇码头工程及停靠点投资3500.03万元，其中码头3240.03万元，停靠点260万元。

三、码头复建及作业区分布

2000年，随着三峡库区135米水位蓄水日期的临近，港区码头全面进入淹没复建时期。万州港复建的基本格局是以鞍子坝为客运中心，以红溪沟为货运中心，以红花地、青草背、沱口、驷马桥、明镜滩、青草背、猴子石、北山坡、大桥溪为重点建设港区。同时规划复建乡镇港口13个，停靠点26个。

（一）鞍子坝客运作业区

鞍子坝客运作业区位于万州区境内，长江左岸，距宜昌航道里程332.0公里。2000年12月3日至5日，交通部在北京召开万州港鞍子坝淹没复建工程初步设计审查会，确定该工程建设规模为：共6个客运泊位，其中3000吨级泊位2个，1500吨级泊位4个，设计年通过能力580万人次。客运站及办公楼建筑面积15000平方米，建设3条缆车道。工程总投资11393万元，其中交通部专项资金3972万元，移民补偿资金3770万元（按1998年度移民补偿投资价格指数计算），企业自筹3651万元。该工程客运装卸工艺采用横向缆车，货运工艺采用缆车—电瓶车作业。该工程于2001年10月28日开工建设，客运缆车斜坡道水工结构标段由中国港湾建设（集团）第二航务工程局第一工程公司承建，客运平台结构标段由二航局第二工程公司承建，监理单位为重庆长信工程建设监理有限公司，项目管理单位为中国港湾建设（集团）第二航务工程勘察设计院。

至2005年，鞍子坝客运港区复建工程累计完成工程投资11247万元，占总投资的98.7%。2005年，待完成的工程有客运广场标段、客运站房标段的施工及客运缆车的验收工作以及正在进行客运站房内装修施工。

（二）红溪沟作业区

红溪沟货运作业区位于万州区境内，长江左岸，距宜昌航道里程336.5公里。红溪沟作业区工程分为一期工程、二期工程、技改工程和铁路专用线工程。

红溪沟作业区一期、二期工程为原万州港盘石货运港区的移民复建工程。1993年8月25日红溪沟作业区一期工程经交通部批准立项，1997年12月28日一期工程开工建设，2000年12月28日基本建成并投入试生产。一期工程建设规模为3000吨级多用、件杂货和散货泊位各1个，装卸作业线2条，年通过能力100万吨。工程总投资10293万元，其中交通部专项资金5462万元，移民补偿资金1400万元。

二期工程于2000年12月28日开工建设，2004年基本建成并投入试生产。其建设规模为3000吨级多用途、件杂货和散货泊位各1个，相应建设堆场、道路、港内铁路、装卸机械及有关配套设施，设计年通过能力173万吨，其中散货124万吨，件杂货和集装箱通过能力49万吨（集装箱1.5万标箱）。工程总投资19323万元，其中交通部专项资金7330万元，移民补偿资金5952万元。

实施红溪沟港口铁路专用线工程。为形成铁水联运综合运输网络，更好地发挥达万铁路和红溪沟码头的整体功能，万州港自筹资金6500万元修建该工程。该工程全长3300米，其中隧道长1810米，由成铁工程集团施工。2002年12月28日开工建设，2005年7月正式通车。

实施红溪沟作业区技改工程。2005年以后，三峡蓄水至156米水位后，原万州港牌楼货运港区被淹没。根据万州城市总体布局，牌楼货运作业区复建工程调整到红溪沟作业区东部重庆渝东金属建材总公司、山钢管厂、太安铝材厂等3个单位地址。红溪沟技改工程建设规模为2个2000吨级件杂泊位，设计年通过能力45万吨。工程总投资6252万元，其中交通部专项资金2126万元，移民补偿资金1430万元。技改工程以牌楼港区淹没复建为主。工程于2006年3月16日开工建设。红溪沟作业区码头长1600米，纵深100米，已建成2000吨级泊位9个，装卸作业线11条，库场面积80000平方米，主要设备有10~40吨浮吊7艘、门式起重机4门（其中3门30吨集装箱起重机）、150T/H装卸桥1门、450T/H卸煤机1台、5吨及10吨缆车各2台。年货物通过能力730万吨（滚装10万台次，200万吨），总投资42340万元，其中交通部专项资金14918万元，移民补偿资金8782万元。2005年，红溪沟作业区货物吞吐量257.9万吨。

（三）江南集装箱作业区

万州港江南集装箱作业区位于万州江南经济开发区内、长江右岸、红溪沟作业区对岸下游1公里处，距宜昌航道里程336公里。

万州港江南集装箱作业区工程拟建设4个3000吨级集装箱专用码头泊位、1个2000吨级散货码头泊位及相应的配套设施。作业区岸线长550米，陆域纵深501.5米，陆域面积30万平方米。作业区总吞吐量40万标箱，总投资12.5亿元，其中交通部专项资金10457万元，移民补偿资金840万元。

2003年8月27日，《万州港江南集装箱港区一期工程预可行性研究报告》通过万州区计划委员会组织的预审，同年9月重庆市发展计划委员会审批立项，2004年完成工程可行性研究报告，2005年上半年完成初步设计，同年重庆市发改委、重庆市交通委员会分别以渝发改交（2005）36号和渝交委港（2005）6号文对一期工程和初步设计进行批复，江南集装箱作业区工程建设分为一期工程、沱口货运作业区和二期复建工程。一期工程建设2个3000吨级集装箱专用泊位，年集装箱吞吐量20万标箱，工程总投资58330万元，其中交通部专项资金9820万元，建设工期4年，2005年3月18日开工建设，预计2008年年底竣工试投产。

沱口货运作业区复建工程建设规模为建设2000吨级泊位1个，相应建设堆场、仓库、道路、装卸机械及有关配套设施，设计年通过能力18万吨。工程总投资2260万元，其中交通部专项资金637万元，移民补偿资金840万元。沱口货运作业区工程码头前沿采用1台10T－15M浮式起重机进行船舶装卸作业，使用1对10吨缆车（8×3M）进行斜坡运输，坡顶采用1台10T－30M轨道式龙门起重机装卸缆车及进行堆场作业，水平运输采用Q20牵引车和5吨平板车作业，仓库作业采用5吨叉车。2001年6月14至15日，在万州区通过工程可行性研究报告。2002年3月完成监理招标。2002年4月23至24日在武汉通过了该工程的初步设计，于同年9月开工建设。该作业区建设生产两不误，2005年已完全竣工投产。

二期工程新建设2个3000吨级集装箱专用泊位，年集装箱吞吐量20万标箱，资金待定。二期工程已被列入国家“十一五”规划。

（四）青草背作业区

青草背作业区位于万州区境内，长江左岸，距宜昌航道里程326.0公里。2001～2003年，青草背作业区是根据交通部水规院编制的《长江三峡工程万县港水运设施复建规划报告》和《三峡工程库区水运设施淹没复建实施方案报告》的排序和《重庆市万州区城市总体规划》设计的。青草背货运作业区是万州港1500万吨深水港12个作业区之一，被交通部列为地方交通重点支持项目，被重庆市列为“十五”期间内河航运重点项目。从2000年3月起，万州区港口管理处委托四川省内河勘察规划设计院开展现场踏勘和前期准备工作，先后完成青草背作业区工程可行性研究、立项、初步设计和施工设计。于2001年8月经重庆市计委“渝计委交〔2001〕716号”文批复工程可行性研究报告，2001年8月经重庆市交委“渝交委港〔2001〕9号”文批复初步设计，2002年3月完成施工设计图的审查，2003年1月完成监理招投标及施工招投标。监理单位是重庆市长信监理工程公司，施工单位是四川省路桥集团路航公司。

青草背作业区复建规模为：近期（2003年），货物年吞吐量35万吨；远期（2020年），总规模达到货物年吞吐量190万吨。近期规模建设2000吨级货运泊位1个，设计吞吐量15万吨，3000吨级多用途泊位1个，设计吞吐量20万吨；远期逐步建设预留的5个1000～3000吨级货运泊位，达到最终设计年吞吐能力190万吨的规模。

青草背货运港区总投资6500万元，其中移民补偿资金1000万元，交通部补助资金503万元，其余为自筹、招商或贷款。青草背货运作业区复建工程开工报告报经重庆市交通委员会批准，一期工程于2003年1月20日正式开工。

（五）红花地作业区

红花地作业区位于万州区境内，长江左岸，距宜昌航道里程332.3公里处。

红花地作业区于1998年由万州港口管理处委托四川省交通厅内河勘察规划设计院开展前期工作，于1999年9月经重庆市计委"渝计委能〔1999〕761号"文件批复工程可行性研究报告，于1999年11月经重庆市交通局"渝交发〔1999〕944号"文件批准初步设计。

2001~2003年，红花地作业区建设又被纳入《长江三峡工程万县港水运设施复建规划报告》和《三峡工程库区水运设施淹没复建实施方案报告》的内容。红花地作业区是万州港1500万吨深水港12个作业区之一，被交通部列为地方交通重点支持项目，被重庆市列为"十五"期内河航运重点项目。

红花地作业区复建规模：近期（2005年），过渡期间内年客运吞吐量45万人次，货物年吞吐量50万吨。远期（2010年），货运年吞吐量120万吨。近期建设470客座过渡期区间短途客运泊位1个，设计年吞吐量45万人次；300吨级货运泊位1个，设计年吞吐量6万吨；3000吨级通用泊位1个，设计年吞吐量34万吨；500~1000吨级件杂泊位1个，设计年吞吐量10万吨。远期客运泊位改为货运泊位，并预留4个1000~3000吨级货运泊位，达到最终设计年吞吐量120万吨的规模。

红花地作业区复建一期工程总投资10982万元，其中移民补偿资金3059.91万元，交通部补助资金1650万元，重庆市交委补助资金200万元，库区国家地质灾害合理补助资金400万元，自筹资金1672.09万元，申请国债、招商引资或贷款4000万元。

红花地作业区工程从2000年9月18日开工建设。施工单位是中港二航局二公司、四川省路桥集团路航公司、重庆渝航工程公司，监理单位是四川省水航工程监理事务所。到2002年底共完成投资3650万元，其中移民补偿资金2200万元，交通部补助资金1650万元，重庆市交通委员会补助资金130万元，国家地质灾害补助资金400万元，自筹资金1672万元。

（六）集镇码头复建

1. 大周集镇码头。大周集镇复建码头总投资260万元，全部系移民补偿投资。1998年12月28日开工，2000年4月30日竣工投产。被万州区交通工程质监站评为移民优良工程。

2. 武陵集镇码头。武陵复建码头总投资235万元，全部系移民补偿投资。2000年4月开工，2001年4月竣工投产。被万州区交通工程质检站评为优良工程。

3. 太龙集镇码头。太龙镇复建码头总投资260万元，全系移民补偿资金。工程于1998年11月开工，1999年12月竣工。被万州区交通工程质量站评为优良工程。

4. 让渡集镇码头。让渡集镇复建码头总投资260万元，全系移民补偿资金。工程1998年10月开工，1999年8月竣工。被万州区交通工程质监站评为移民优良工程。

5. 新田集镇码头。新田镇码头复建工程总投资390万元，全系移民补偿资金。工程2001年8月开工，2002年7月竣工投产。

6. 黄柏集镇码头。黄柏集镇码头淹没复建工程总投资235万元，全系移民补偿资金。工程2002年8月开工建设，2003年6月完工。

7. 小周集镇码头。小周码头复建工程总投资165万元，全系移民补偿投资。工程2002年8月开工，2003年6月完工。

8. 溪口集镇码头。溪口镇码头复建工程总投资235万元，全系移民补偿投资。工程2002年8月开工，2003年6月完工。

9. 长坪乡集镇码头。长坪复建码头工程总投资164万元，全系移民补偿资金。工程2002年8月开工建设，2003年6月完工。

10. 新乡集镇码头。新乡镇复建工程总投资295万元，全系移民补偿资金。工程2002年8月开工建设，2003年6月完工。

11. 杨河码头。万州区港口管理处主持投入移民补偿资金8万元，修建杨河码头（地处凉风镇杨河场）下河人行梯道和停靠泊位1个，货物年吞吐量0.6万吨，年客运量4万人次。工程2002年12月开工建设，2003年6月完工。

12. 拖路口码头。万州区港口管理处主持投入移民补偿资金14万元，修建拖路口码头（地处五桥向坪镇）下河人行梯道和停靠泊位1个，年货物吞吐量2万吨，年客运吞吐量4万人次。工程2002年12月开工建设，2003年6月完工。

表9－3　2003年万州区企事业单位码头泊位淹没复建一览表

企业（码头）名称	结构形式	主要用途	码头长度（米）	泊位数（个）	靠泊能力（吨）	迁移位置
三牧集团	斜坡	抽水	6	1		桐子园后靠
重庆三阳化工有限公司	浮式囤船	抽水	17.5	1		磨背石后靠
索特金属材料公司明镜滩码头	分级直立式	货	240	4	1000	明镜滩后靠
重庆索特集团公司	浮式囤船	抽水	14	1		迁牌楼作业区上游
长江委水文站	浮式囤船	测量	30	1		已迁原东方制药厂
长石尾油囤	浮式囤船	油	60	1	1000	迁猴子石
东方轮船公司清泉作业区	浮式囤船	靠泊	70	1	1500	后靠
水上公安分局	浮式囤船	专用	35	1		陈家坝翠屏
万州轮船公司水井湾码头	斜坡梯道	客、货	33.5	1	1000	鞍子坝后靠
万州区邮政局	浮式囤船	工作囤	24	1		迁明镜滩
港埠公司	浮式囤船	客	25.5	1	300	南门口后靠
天娇轮船公司北山坡码头	斜坡式	客	250	4	1000	北山坡
国信燃料公司	浮式囤船	工作囤	34	1	500	南门口后靠
兴隆船厂	浮式囤船	维修	16.2	1	500	异地迁建
龙宝粮油收储公司	浮式囤船	货	45	1	500	后靠
渝东轮船公司钟鼓楼轮渡	斜坡梯道	客	23	1	250	钟鼓楼后靠
飞亚公司	浮式囤船	抽水	20	1		钟鼓楼后靠
粮油航运公司	浮式囤船	粮油	49.2	1	500	迁明镜滩
油脂公司	浮式囤船	油料	60	1	500	钟鼓楼后靠
东方轮船公司牛屎滩码头	分级直立式	货	180	2	1500	牛屎滩后靠
中兴船厂	浮式囤船	修造船	38	1		异地迁建
中石化三峡分公司附马油库	浮式囤船	油料	40	1	1000	猴子石后靠
石油站6910油库	浮式囤船	油	100	2	1000	
江陵仪器厂	浮式囤船	抽水	13	1		沱口后靠
渝东轮船公司沱口渡口	梯道	客	23	1	250	沱口后靠
重庆三峡电力集团沱口电厂	缆车道	抽水	5	1		沱口后靠
万州轮船公司老黄洞船厂	下河公路	修造船	20.1	1	1000	迁牛屎滩
东方轮船公司千斤石船厂	梯道	客	46.3	1	1500	迁牛屎滩
渝东轮船公司草店子	梯道	客	28	1	300	陈家坝后靠
交通战备汽车渡口	下河公路	渡运	30	1		迁明镜滩
交通战备汽车渡口	下河公路	渡运	10	1		迁沱口

续前表

企业（码头）名称	结构形式	主要用途	码头长度（米）	泊位数（个）	靠泊能力（吨）	迁移位置
渝东轮船公司陈家坝轮渡	浮式囤船	客	26	1	300	陈家坝后靠
渝东轮船公司船厂	浮式囤船	修造船	32	1	1000	迁牛屎滩
渝东轮船公司油趸	浮式囤船	加油	43.41	1	300	迁猴子石
渝东轮船公司大沙坝轮渡	浮式囤船	客	22	1	300	迁密溪
重庆万元纸业股份有限公司	浮式囤船	抽水	22	1		桃子园后靠
金果港务公司桐子园码头	斜坡下河引道	货	300	2		桐子园
东方轮船公司驷马桥码头	斜坡梯道	客	417	4		驷马桥

表9-4　　2003年万州港区作业区、码头情况表

作业区（码头）名称	结构形式	主要用途	自然岸坡码头		简易码头		机械化码头		小计	
			泊位数（个）	通过能力（万人次/万吨）	泊位数（个）	通过能力（万人次/万吨）	泊位数（个）	通过能（万人次/万吨）	泊位数（个）	通过能力（万人次/万吨）
合计			20	0/90	1	148/15	25	625/503	66	773/608
1. 客运					20	148	7	625	27	773
鞍子坝	缆车	客运					5	580	5	580
红花地	斜坡	客运					2	45	2	45
新乡	斜坡	客货			2	30			2	30
燕山	斜坡	客货			2	20			2	20
溪口	斜坡	客货			2	10			2	10
杨河溪	斜坡	客货			2	35			2	35
小周	斜坡	客货			2	10			2	10
黄柏	斜坡	客货			2	10			2	10
其他	斜坡	客货			8	33			8	33
2. 货运			20	90	1	15	18	503	39	608
红花地	分级直立	件杂					4	50	4	50
红溪沟	斜坡式	散货					1	124	1	124
	斜坡式	多用途					1	30	1	30
	斜坡式	件杂					3	74	3	74
	下河公路	滚装					1	100	1	100
青草背	架空式	件杂					1	10	1	10
	斜坡式	散货					1	25	1	25
桐子园	斜坡式	件杂					2	30	2	30
猴子石	浮式	化危品					4	60	4	60
沱口	斜坡式	件杂			1	15			1	15
其他	斜坡式	散货	20	90					20	90

第三章　涪陵枢纽港区

第一节　港区概况

一、自然状况

（一）地理位置

涪陵枢纽港区位于涪陵区，在长江与乌江汇合处，中心区域麻柳嘴距宜昌535.8公里，是重庆市三大枢纽港区之一，是渝、川、黔、湘、鄂四省一市的重要物资集散地和中转港区。长江有上至重庆、泸州，下至宜昌、上海，乌江有上至彭水、龚滩和贵州沿河、思南等地的客班轮和货运船舶在港停靠。陆上有国道319线，省道有石雷、渝湘、渝道公路及与川汉路连接的涪丰公路，与川湘路连接的渝涪、涪垫、涪南、涪武公路和清丰、清垫、武丰、垫丰等县、乡道公路组成的以长江、乌江为主轴，以国、省、县道和南涪及渝怀铁路为骨架，水陆联运，干支直达的交通运输网络。城区在建的长江二桥、三桥和乌江二桥完工后，由高等级公路和城市快速通道组成的城市外环及滨江大道将涪陵一城二区五片连为一体，港口集疏运条件极为便利。

（二）水位特征

涪陵枢纽港区河段均为山区河流，河道水流受岩性控制，河床多滩险、碛坝和石梁突嘴，床面物质粗化，汛期洪峰尖削，水位过程变幅大、历时短。中、枯水位过程相对平缓，水位水深相对稳定。港区长江上龙王沱历史最高洪水位（黄海，下同）172.07米（1870年），历史最低枯水位134.43米（1979年3月6日），历年平均水位140米。长江保证率98%的最低通航水位为135.75米（龙王沱），乌江保证率95%的最低通航水位136.20米（麻柳嘴）。在天然状态下，龙王沱5年一遇洪水位为162.50米，相应流量61400立方米/秒；20年一遇洪水位为165.82米，相应流量75300立方米/秒；百年一遇洪水位为169.78米，相应流量88700立方米/秒。

港区长江河段近岸表面流速枯水期和中水期均在2.0米/秒以内，主流最大表面流速个别地方约4.0米/秒左右；5年一遇洪水近岸流速在1.8～3.6米/秒之间，主流最大流速龙王嘴达5.25米/秒；20年一遇洪水近岸流速在2.5～4.0米/秒之间，主流最大流速龙王嘴达5.5米/秒。乌江河口在长江水位较低，乌江突发洪水时，主流最大流速可达4.6米/秒左右，枯水期以及受长江水位顶托时，河段流速均在1.0米/秒左右或更小。20世纪90年代，长江河段一般在高于5年一遇洪水位时停航（约26～28米水位），一般年份停航约2～3天。乌江上水在白马水位16.4米涨，下水在彭水水位21.4米涨时停航。20世纪90年代以后，由于航道条件的改善和船舶吨位功率的增大，除大洪水外，长江、乌江一般均少发生停航，乌江连续停航天数不超过3天。涪陵港年平均水位140米，三峡工程如按145～175米运行，涪陵港区全部在库区之中，航道、港口条件将得到彻底改善。

（三）港区范围

根据1996年前全国第二次港口普查数据，涪陵港区范围为长江上起李渡空洞桥，下至清溪大渡口，航道里程长23.3公里；乌江上起小溪腰子岩，下至河口，航道里程长14公里。1996~2005年，由于渝怀铁路、李渡工业园区及白涛大化肥项目的建设和投产，港区范围扩大为长江上起北拱剪刀峡出口，下至清溪大渡口（距宜昌航道里程552.7~524.7公里），江道长28公里；乌江上起白涛立石子，下至河口麻柳嘴，江道长29公里。

二、港区通过能力

（一）码头及设备

1985年，涪陵港区在长江有生产性泊位69个，其中涪陵港务局泊位8个，地方航运部门泊位18个，厂矿及物资部门泊位44个，泊位最大靠泊能力1500吨级。港区在乌江有生产性泊位36个，其中地方航运部门泊位20个，厂矿及物资部门泊位16个，泊位最大靠泊能力300吨级。

2005年，涪陵枢纽港区有11个作业区，年通过能力在1万吨以上的码头99座，其中年通过能力在50万吨以上的9座，20~50万吨的14痤，10~20万吨的18座，10万吨以下的58座。泊位最大靠泊能力3000吨级。

（二）港区吞吐量

1986年，涪陵港口完成旅客吞吐量400.9万人次，货物吞吐量238.6万吨。1996年，涪陵港口完成旅客吞吐量481.4万人次，货物吞吐量446.5万吨。2005年，涪陵港口完成旅客吞吐量43.9万人次，货物吞吐量759.2万吨，其中集装箱10548标箱，滚装运输93404辆。

旅客吞吐量在1996年发展到高峰。随着高速公路、沿江铁路建成通车，旅客吞吐量逐年下滑。到2005年，长江客运仍是旅客运输大幅度下降，客运正在向旅游转化。货物吞吐量从1985年开始以每年6.5%速度逐年递增。

表9-5　　1986~2005年涪陵港客货运吞吐量一览表

年度	客运吞吐量（万人次）				货运吞吐量（万吨）		
	合计	乌江港区	长江港区	其中：港务局	合计	其中：港务局	集货箱/滚装（标箱/辆）
1986	400.9	91.7	309.2	90.0	238.6	60.2	
1987	353.4	94.5	258.9	100.7	252.2	67.8	
1988	454.9	103.4	351.5	116.4	269.4	71.2	
1989	634.3	105.6	528.7	110.9	297.8	87.5	
1990	616.4	94.7	521.7	118.2	336.7	89.7	
1991	621.3	108.0	513.3	123.1	354.2	75.6	
1992	567.4	118.1	449.3	91.7	389.4	81.3	
1993	532.8	92.9	439.9	103.5	379.6	73.2	
1994	446.9	81.6	365.3	111.3	398.7	88.6	
1995	532.3	76.2	456.1	135.8	426.1	110.1	
1996	481.4	69.8	411.6	138.6	446.5	113.3	
1997	435.6	54.8	380.8	137.2	439.8	123.4	485/
1998	387.4	46.9	340.5	123.5	397.4	113.4	678/
1999	344.8	32.3	312.5	150.5	438.1	138.1	2066/
2000	245.5	26.4	219.1	93.1	427.3	126.3	3073/

续前表

年度	客运吞吐量（万人次）				货运吞吐量（万吨）		
	合计	乌江港区	长江港区	其中：港务局	合计	其中：港务局	集货箱/滚装（标箱/辆）
2001	152.8	10.0	142.8	29.8	439.7	135.5	3740/
2002	159.4	4.6	154.8	17.7	453.5	149.1	4263/
2003	64.0	4.8	58.8	15.3	468.4	155.2	6656/795
2004	57.3		57.3	10.3	736.3	232.6	9240/78948
2005	43.9		43.9	7.1	759.2	261.7	10548/93404

（三）经济腹地

涪陵枢纽港区经济腹地历来主要为乌江流域下游地区和周边区县。1986～2005 年，随着水路运输实现支干直达，陆上大交通的发展以及三峡工程的建设和长江、乌江航道条件的改善，其经济腹地逐年扩大延伸。直接经济腹地为重庆市涪陵、南川、垫江、武隆、彭水、黔江、酉阳、秀山、万盛以及贵州省沿河、思南、务川、道真、印江、德江等。间接经济腹地为重庆市长寿、梁平、渝北、石柱、丰都，贵州省黔北、黔东北，四川省川东北，湖北省咸丰、来凤，湖南省龙山等县以及上至重庆、泸州，下至上海的长江沿线各省市。

第二节　淹没前港区建设

为了提高和完善港口功能，满足水运事业发展对港口码头的需求，1986～2005 年，涪陵港区除淹没复建工程外，各级交通主管部门、水运管理机构及工矿企业和个体及民营企业增加了对港口码头建设的投入，改变了涪陵港口的面貌。

一、涪陵港务局码头建设

1990 年，交通部投资 500 万元，完成“七五”国家重点科研项目涪陵港务局荔枝园大水位差自动移船斜坡缆车建设。码头由交通部第二航务工程勘察设计院设计，长江重庆航道工程局施工，设计靠泊能力为 1000 吨级，年通过能力 20 万吨，使用水位差 27 米。经交通部、国家计委、国家交通建设投资公司、长航局组织验收认为：该项目的囤船自动调位靠船系统和新型缆车系统达到了国际先进水平，为我国内河大水位差码头结构形式和装卸工艺的选择提供了依据。1991 年 6 月，该项目获交通部“七五”科技攻关成果二等奖。

1991 年，由交通部和国家交通建设投资公司批准，以涪陵港务局为业主，建成白涛化肥专用码头 300 吨级泊位 2 个及相应的装船设备和生产生活配套设施。该工程由交通部第二勘查设计院设计，四川省交通厅航道工程处和武汉港机厂施工，码头采用架空斜坡、皮带输送机装船工艺，设计年通过能力 42 万吨。于 1991 年 11 月开工，1993 年 9 月竣工，总投资 1406.98 万元。白涛化肥码头的建成对解决国家重点工程建峰化工厂的化肥运输出口装船，提高涪陵港综合通过能力和促进区域经济发展都具有十分重要的意义。

二、地方公用码头建设

1985～1987 年，以涪陵市交通局为业主，利用国家粮棉布“以工代账”资金 14.4 万元，修建龙船溪、萝卜市下河公路 800 米，改变了龙王沱客运港区利用河滩地作业、汽车不能下河的历史面貌，解决了旅客行路难问题。

1988～1990年，争取国家粮棉布“以工代账”资金13万元，工业品“以工代账”投资40万元，建设黄旗公用码头300吨级泊位3个，岸线长242米，货场3630平方米。码头由涪陵地区内河规划设计室设计，涪陵市交通局为业主组织施工，码头结构形式采用分级直立式。工程于1988年3月动工，1991年5月完工。黄旗码头是涪陵第一个向社会开放的公用码头。该项目的建成，对促进城郊、李渡、珍溪等地物资流通，方便江北片区人民生产生活和缓解港口通过能力不足，保证长江渡口安全作业等方面具有重要作用。

1988～1993年，涪陵市交通局争取省能源交通基金87万元，向省交通建设投资公司贷款30万元，涪陵市交通局垫支16万元，建设珍溪公用码头300吨级货运泊位3个，长江区间客货轮泊位1个。完成枯水岸线长163米，货台1600平方米，中水岸线长193米，货台3000平方米及跨度分别为10米和4米，宽度为7米，总长1040米，共28孔的连续拱涵下河引道施工。码头采用分级直立和连续拱涵下河引道形式，由地区交通局设计和组织施工，工程于1988年4月动工，1993年4月竣工。珍溪码头的建设解决了枯水期旅客和货物需乘木船通过150米宽的水壕后再步行1公里到外碛河边乘船和洪水期外碛淹没接着上游3公里的白木溪自然岸坡码头乘船的困难。

1991～1993年，争取工业品“以工代账”投资41万元，完成白涛公用码头客运泊位68米岸线后方实体斜坡和900平方米中水货台的建设和硬化工程，完成2个货运泊位长125米宽40米的枯水岸线和货场施工，客货汽车均能直达枯水河边作业。该码头客货泊位分别位于白涛816厂重件码头的上下游，客码头采用一级斜坡一级直立货台，货码头采用实体斜坡式，坡度与大件码头一致。码头由地区内河规划设计室设计，涪陵县交通局为业主组织施工，工程于1993年2月开工，4月完工。白涛公用码头的建设解决了旅客上下船行路难和地方货物无装卸码头的困难。

1994～1995年，四川省交通厅分5年安排糠壳湾地方公用码头能源交通基金共177万元，建设糠壳湾码头300吨级货运泊位4个。码头采用直立下河引道结构形式，由地区内河规划设计室设计，涪陵县糠壳湾码头建设指挥部组织施工，工程于1992年2月开工，1994年6月底竣工。完成枯中洪三级直立岸壁392米，货场5034平方米，下河公路0.5公里和宽7米、跨度7.2米，总长86米的连续拱涵。糠壳湾码头位于城区，该项目的建成为解决涪陵城区日常生产生活物资的需要，缓解港口货运码头和通过能力不足起到了积极作用。

三、厂矿企业、个体及私营码头建设

1986～1987年，涪陵水泥二厂、龙泉水泥厂和兴辉水泥厂利用自有资金在乌江北岩口和小溪修建300吨级水泥出口及原材料进口专用斜坡缆车码头各1个，年通过能力15万吨。

1994～1995年，凉塘水泥厂、建涪水泥厂在乌江青崩子、小溪利用自有资金修建300吨级水泥及原材料进出口斜坡缆车码头各1个，年通过能力8.5万吨。1994～1996年，涪陵地区新建水泥厂（后改为腾辉水泥厂）在小溪潘家沱修建350吨级斜坡缆车水泥专用码头3个，码头由重庆交通学院科技产业开发总公司设计，由地区建材局组建指挥部组织施工，设计年通过能力35万吨，概算投资1400万元。工程占地面积22800平方米，其中仓库和货场建筑面积1800平方米，变配电、操作室及综合楼建筑面积668平方米，工程于1996年1月竣工投产。

2002～2004年，涪陵化工公司建设南岸浦磷矿、磷酸二铵实体斜坡输送带专用码头和斜坡缆车矿渣码头各1个，年综合通过能力70万吨。2003～2004年，15家个体和私营企业在涪陵长江大桥至沙溪沟原榨菜厂长1.7公里沿线分别修建煤坪梭槽、输送机梭槽和下河公路煤炭出港专用码头共18个，年通过能力100万吨。2004年2月，私营涪陵顺林港埠货运中心三柱香建材工程码头开工，工程合同造价844万元，批准建设1000吨级建材泊位3个，占用岸线长度500米，设计年通过能力40万吨。码头采用下河引道带枯、中水货台形式。工程由重庆交院工程勘察设计院设计，长江重庆航道工程局施工，至2005年年底，已完成工程量的60%。

四、外来投资码头建设

1993～1999年，贵州乌江轮船公司开展乌江河口中渡口和泗王庙码头建设。工程于1993年5月开工，由于资金原因延至1999年1月竣工，完成中渡口件杂泊位100米枯水岸线围埝及货台施工，完成泗王庙码头2个件杂泊位76米枯水岸线的水下挖泥、抛石及砌筑工程，完成陆上堆场2376平方米、仓库65.34平方米及沿街门面474平方米的建设。工程总投资201.89万元，其中贵州省工业品扶贫资金40万元，乌江"九五"航道建设资金161.89万元。码头由涪陵地区内河规划设计室设计，贵州省组织的涪陵码头建设办公室组织实施，码头结构形式为分级直立式，设计年通过能力20万吨。

2003年，涪陵新涪食品厂在北拱兴建。该厂为新加坡外商投资项目，工程总投资3亿元，是涪陵区重点引资项目之一，其中码头投资858万元，占用岸线380米。工程于2003年2月动工，2004年4月底完工，建成年通过能力110万吨和40万吨进出口码头各1个，大豆及豆油钢质圆筒储备罐13个，容量38177吨。码头采用架空斜坡道缆车和输送带工艺，由四川省内河设计院设计，长江重庆航道工程局施工。

2004年，重庆市宇阳沥青公司在北拱建设沥青库和配套码头项目。重庆宇阳沥青有限公司为重庆市交通物资集团有限责任公司与涪陵港江水运有限公司合资企业，项目选址北拱汪家沟，主要为解决涪陵、黔江二级以上高等级公路修建需要进口道路石油沥青。项目总投资4500万元，建设3000吨级泵送管道囤船浮码头1个，储量3.06万吨沥青储备罐12个及配套设施，其中码头和囤船投资210万元。工程于2004年10月开工，2005年3月底完工，年通过能力10万吨。

第三节　港区淹没复建

一、淹没复建补偿

（一）淹没损失

1992年，国务院三峡工程建设委员会移民局对库区将被淹没的港口码头进行核实，并确定补偿以1992年物价指数为基础。对交通部长航局涪陵港务局调查淹没码头23个，泊位25个，固定资产原值7684.50万元，净值6324.30万元，包括石沱、蔺市、高镇、丰都在内总计淹没损失为29087.05万元，损失包括码头水工结构挡土墙、缆车道、下河公路、护坡、踏步及仓库堆场、生产生活用房、候船室、厂房、围墙、航行水尺、系船及供水配电设施等。涪陵市地方水运设施淹没单位共计59个，淹没设施固定资产原值总计41277.27万元，净值36628.41万元。地方（不含白涛建峰化工厂和川东造船厂）水运设施淹没总计损失费用估算为45039.60万元。

（二）淹没补偿标准

1992年6月，国务院三峡工程建设委员移民局在制订补偿标准时，以1985年港口普查货运吞吐量加客运吞吐量为依据测算对港口实施淹没补偿金额。补偿标准为长航65万元/万吨，地方为50万元/万吨，大集镇为35万元/万吨，小集镇码头为130万元/个，停靠点为10万元/个。

1985年全国港口普查，长航涪陵港货运吞吐量214.5万吨（不包括白涛13.43万吨），其中长航51.3万吨，地方163.2万吨，长江水利委员会分别核准为51万吨和164万吨。港口旅客吞吐量410.3万人次，其中长航69.5万人次，长江水利委员会按2:1折算为货运吨34.75万吨，按34万吨计，加货运吨51万吨，合计为85万吨，按补偿标准65万元/万吨，共补偿5525万元，加上石沱码头补偿80万元，合计补偿5605万元。地方港口客运吞吐量340.8万人次，长江水利委员会按1:2.5折算成货运吨136.32万吨，按137万吨计，加上货运吨164万吨，合计为301万吨，按补偿标准50万元/万吨，共补偿15050万元，加上石沱大集镇港口补偿1190万元，小集镇码头补偿14

个1820万元，停靠点3个30万元，涪陵地方共计补偿港口复建投资为18090万元。

战备码头补偿被列入涪陵陆上交通补偿范围，不占用地方码头补偿资金。补偿项目为南岸浦至李渡、长江渡口至黄旗、乌江渡口至涪陵师专3处汽车渡口码头，补偿标准为每处250万元，合计750万元。

（三）淹没补偿总额

1995年，根据国务院三峡工程建设委员会《关于批准三峡工程水库移民补偿投资概算总额及切块包干方案的通知》及《长江三峡水库移民四川省分县补偿投资测算报告》，三峡水库静态移民补偿概算投资总额为400亿元（1993年5月价格水平），四川省获得315.55亿元投资补偿资金，其中涪陵市枳城、李渡区港口复建补偿总计为23695万元（其中地方18090万元，长航局涪陵港务局5605万元）。1999~2001年，在库区码头复建前后，随着国务院三峡工程建设委员会补偿资金和交通部补助资金陆续到位，涪陵区开始码头复建。

二、淹没复建前期工作

（一）涪陵港区总体布局及码头复建规划

按照交通部统一安排，受涪陵区移民办委托，1995年由长江航运规划设计院负责，四川内河设计院和地方港航部门参加，开展涪陵港区长江北拱至清溪26公里及乌江河口至小溪13公里河段淹没码头的复建规划工作。以1992年为基础年，2000年、2010年和2020年为发展水平年，不包括厂矿企业码头在内涪陵港区规划复建码头65个，概算复建总投资22669.09万元。其中，长航局涪陵港务局复建码头15个，投资6139.76万元；地方交通部门复建码头39个，投资12632.93万元；地区属物资部门复建码头11个，投资3896.4万元。规划首次提出将龙王溪、大东门、曾家坝、荔枝园、天子殿、糠壳湾、黄旗、黄桷嘴、中渡口、群沱子和夏家嘴列为重点发展作业区。

（二）城区码头建设规划和建设规模

由于涪陵专业交通和物资部门淹没和复建码头都在涪陵城区长江大桥至乌江崩土坎防护大堤范围内，涪陵移民迁建防护大堤开工在即，为配合大堤施工同步开展码头复建，1997年3月至1999年12月，交通部第二航务工程勘察设计院及相关科研单位承担了涪陵城区防护大堤4.54公里范围内长江糠壳湾、龙王沱和乌江大东门、乌杨树4个作业区码头复建规划、工程可行性研究、初步设计和施工图设计以及各设计阶段其他研究论证工作。

1998年12月，重庆市计委以重计委能〔1998〕1505号文批准工程可行性研究报告，批复同意在防护堤段内设置4个作业区，占用岸线长2241米，陆域面积22万平方米，复建客运泊位15个、货运泊位9个、工作船泊位3个，设计年旅客、货物吞吐能力分别为1162万人次、212万吨，工程总投资65200万元。1999年2月，重庆市交通局以渝交局〔1999〕146号文批准工程初步设计，批复同意城区4个作业区共复建地方客货运码头15座、泊位21个（不含贵州省码头），工程总投资30858.13万元，其中码头部分17565.78万元，陆域形成13292.35万元。

2000年和2001年，交通部分别以交水发〔2000〕393号文和〔2001〕516号文批准涪陵港务局复建糠壳湾3000吨级多用途泊位和件杂货泊位各1个，初设概算投资13602.83万元，其中征地费4222.80万元，年通过能力60万吨；龙王沱复建干线泊位3个，快船泊位1个，初设概算投资7421.02万元，其中征地费2711.99万元，年发客量113万人次；江北码头2000吨级客货运泊位1个，概算投资989.25万元，设计年旅客、货物通过能力分别为35万人次、2万吨。涪陵港城区龙王沱、大东门、糠壳湾、乌杨树4个作业区地方和长航局涪陵港务局码头加上贵州省境内码头、公路局战备码头、乌江航道段米汤沟工作船码头、长航支持系统码头和涪陵港务局白岩寺码头，批准初步设计投资总计49107.53万元。共批准复建码头22个、泊位34个。

（三）码头建设规模调整

2000年2月，根据重庆市渝办〔2000〕24号文合理确定建设规模和标准的要求及渝办

〔2001〕86号文进一步修订完善港口码头复建实施计划，对于企业专用码头，企业根据生产经营情况要求不再重建的，可以直接进行补偿销号的政策。涪陵纳入专业复建补偿的7家物资单位、区外5家专业航运公司和三峡轮船公司集镇码头共13个单位和项目提出不复建码头并获准直接销号补偿。据此经涪陵区政府同意对规划的码头进行进一步合并和调整，并确定城区4个港区共复建码头18个、泊位29个。其中长江糠壳湾货运港区复建码头5个、泊位5个，龙王沱客运港区复建工作船码头1个、泊位3个，干线和区间客运复建码头6个、泊位11个，乌江大东门客运港区复建客运码头4个、泊位8个（其中客运泊位7个，航道工作船泊位1个），乌江崩土坎港区由于滨江路建设限制而迁移至上游400米处乌杨树复建货运码头2个、泊位2个。

（四）建设目标及交通部专项补助

1999年12月，鉴于涪陵港区复建前期工作基本完成，为尽快开展复建实施，交通部以交规划发〔1999〕730号文和交规划发〔2000〕89号文安排涪陵地方糠壳湾、龙王沱公用码头专项补助资金1310万元；安排长航局涪陵港务局专项补助资金糠壳湾多用途和件杂货码头5870万元，龙王沱干线和快船码头2980万元，北岩寺客货运码头422万元；安排贵州省涪陵乌杨树杂件码头专项补助资金394万元；长江港监、航道、通讯码头及其他设施复建300万元，长江丰都航道大东门码头106万元。合计交通部补助涪陵复建专项投资11382万元。

2001年6月，交通部在重庆市召开三峡库区水运设施淹没复建工作会议，将涪陵糠壳湾、龙王沱、大东门、崩土作业区复建码头纳入交通部考核目标，要求码头水工建筑在2003年4月三峡水库三期135米蓄水前基本建成。

（五）分工负责

2000年10月，根据涪陵区政府涪府发〔2000〕230号文，涪陵城区港口复建实行行业管理，由涪陵区交通委员会统一牵头负责，泓益公司为城区公用码头复建项目业主，长航系统、区外码头、专业航运与非专业航运码头由码头所属单位为项目业主，按照港口复建规划分别组织实施，泓益公司可受委托对其他码头承担建设管理工作。涪陵城区港口复建除由泓益公司负责完成糠壳湾公用码头1号、2号泊位，太极百货和乌杨树公用件杂等4个码头以及受长江水运公司、三峡轮船公司和长江通信导航局委托承建龙王沱、大东门8个客运码头共12个码头、19个泊位的复建工作外，涪陵港务局，贵州乌江轮船公司，长江、乌江支持系统和战备码头均由码头所属单位为业主自行建设。

涪陵城区港口复建工程于1999年12月底与石谷溪涪陵防护大堤同步开工。2003年5月底，按交通部和国家移民验收要求水工建筑工程全部达到166.2米标高以上。2004年10月，除乌杨树公用货码头和龙王沱干线客码头陆上工程由于资金不到位未完成外，其他码头包括陆上土建、供配电及浮吊等装卸机械均按计划完成，其中涪陵港务局码头于2003年年底正式投入运营。涪陵城区码头依托于涪陵防护大堤，受大堤结构限制，货运码头主要为实体和架空斜坡缆车，客运码头除2个墩柱式架空斜坡缆车外，其他均为人行踏步囤船浮码头。

2003年，涪陵堤防公司开工建设长江大桥至石谷溪2.4公里滨江路堤工程，沿江系靠船设施及码头全部被毁，各船舶单位提出划定码头及停泊区域，依托滨江路堤复建锚泊设施。考虑涪陵港区客运码头已能满足发展需要，滨江路堤顶无陆域建设货运码头，为充分利用有限岸线资源，区港航局以涪港航发〔2003〕122号文划定港务局等单位2个码头、12个锚地共46个锚位的使用岸线。2003年3月至9月，由码头和锚地使用单位自行委托经大堤招标的中标队伍完成码头锚地系船设施施工。

三、码头复建及作业区分布

（一）北拱铁公水联运作业区

位于涪陵区长江右岸，距宜昌航道里程548.5～552.0公里，港口岸线1417米。作业区疏港道路与茶涪路相接，距渝怀铁路编组站4公里，紧邻涪陵货站。涪陵铁公水联运码头项目一期工程概算投资1.05亿元，建设铁路专用货场、引渝怀铁路涪陵西站3条交接兼存车线、1条引出线、2条物流装卸线及相应配套设施。二期工程概算投资7585.33万元，建设3000吨级件杂货和散货泊位各1个，占用岸线长381米，陆域面积55.6亩。散货码头采用架空斜坡皮带机和坡顶装卸桥工艺，件杂货码头采用架空斜坡缆车及水上浮吊工艺，设计年吞吐量60万吨。建成后，年货物吞吐能力可达300万吨，货物存储能力达30万吨。2003年货物吞吐量22.7万吨。结构形式为斜坡式。2005年铁公水联运码头已完成投资8500万元。2005年底作业区有码头8个（泊位9个），分别是砂砖厂码头、欢泰船厂码头（2个泊位）、北拱20号煤码头、新涪1号出口码头、新涪2号出口码头、北拱沥青码头、龙桥电厂煤炭进口码头、渡口船厂码头。作业区有1000吨级以下的泊位3个、1000吨级泊位4个、3000吨级泊位1个、5000吨级泊位1个，年通过能力175万吨，主要货种有黄豆、煤炭等。北拱作业区是涪陵规划重点发展件杂货、化危品运输的作业区之一，主要为新涪公司和蓬威石化公司等大型企业提供运输服务。

（二）南岸浦化工作业区

位于涪陵区长江右岸，距宜昌航道里程546.0～548.5公里，港口岸线1435米。作业区疏港道路与龙桥工业园区主干道相接，通过工业园区主干道与三环高速公路、沿江高速公路相接。该作业区是涪陵区规划重点发展大宗散货、件杂货运输的作业区，主要为以中化集团等大型企业为主的龙桥工业园区服务。有散货泊位5个，年综合通过能力70万吨；件杂泊位6个，年综合通过能力60万吨；化危品泊位1个，年通过能力15万吨。

（三）沙溪沟散货作业区

位于涪陵区长江右岸，距宜昌航道里程541.3～543公里，占用岸线1879米。作业区有沙溪沟、天子殿、红石堆煤码头，天子殿散货码头及人头俗水上加油站。有作业泊位23个，年综合通过能力97.1万吨。其中，沙溪沟煤码头有3000吨级泊位2个，年通过能力30万吨；天子殿散货码头有1000吨级泊位2个，年通过能力30万吨；天子殿煤码头有1500吨级泊位16个，年通过能力21万吨；人头俗码头有2000吨级泊位4个，年通过能力35万吨。2003年货物吞吐量52.78万吨。

（四）糠壳湾作业区

位于涪陵长江右岸，距宜昌航道里程538.6～539.1公里，占用港口岸线2842米。作业区后方滨江路为作业区集疏运道路。是涪陵港区集装箱、件杂运输主要作业区。涪陵港区糠壳湾货运码头复建工程港址选在重庆市涪陵区长江右岸石谷溪（糠壳湾），复建1000吨级多用途和件杂货驳船泊位（兼顾3000吨级分节驳）各1个，年通过能力66万吨（含1.5万集装箱标箱），相应建设堆场、仓库、道路以及有关配套设施等。核定投资为11902.19万元。2001年4月开工。但在实施过程中，由于受涪陵区城市规划及滨江大道建设等因素影响，该港区陆域纵深由330米减少到120米，由涪陵区人民政府解决。工程港区内堆场、道路设计、集装箱堆场区主干道路面宽12米，件杂货区道路路面宽9米，铺砌面积20790平方米，集装箱堆场面积2750平方米，空箱堆场面积580平方米，件杂货堆场面积3725平方米，土建工程、件杂仓库、拆装箱库、综合楼、变电所等生产及生产辅助建筑物总建筑面积7581平方米。新建锚地1处，锚地水域面积4500平方米（450米×10米），适当配备锚地设施，锚地趸船利用原有设施。

件杂码头浮吊10吨和25吨各1台，件杂仓库桥式起重机2台10吨，一线件杂堆场装卸桥1台10吨，两端轨道适当延长以备设备维修，二线堆场装卸桥吊1台10吨。一线堆场2台30.5吨轨道式集装箱龙门起重机和1台10吨装卸桥水侧悬臂加长至11.5米，集装箱吊具为自动吊具和简易吊具各1套。多用途泊位缆车采用双绳牵引方式，并妥善解决了同步问题。本工程建设工期2年，2003年5月竣工，10月完成交工验收投入运行。2005年有3000吨级多用途泊位1个、1000

吨级件杂泊位8个，年通过能力1.5万标箱、60万吨。

（五）黄旗作业区

位于涪陵区长江左岸，距宜昌航道里程539.5～540.5公里，占用港口岸线970米。黄旗集装箱滚装码头为重庆市三峡库区3个集装箱码头之一，一期工程批准投资4.7亿元，建设3000吨级集装箱泊位2个、载货汽车滚装码头1个，设计年通过能力分别为20万标箱、18万辆，工期4年。工程占地面积340亩，占用岸线长度712米，集装箱码头采用直立式高桩梁板结构，滚装码头采用下河引道形式。工程于2004年底正式开工，由于拆迁及方案变更，滚装和集装箱码头停工至2005年10月和12月继续施工。已完成临时滚装码头和停车场建设，同时集装箱码头开始建设。2005年，作业区有集疏运条件为涪丰北线，作业区与渝涪高速公路连接道路相接。黄旗作业区主要为涪陵区长江左岸临港工业园区内企业原材料及产品运输服务，有3000吨级滚装码头泊位5个，年通过能力10万辆；1000吨级散货泊位1个，年通过能力5.5万吨。主要货种为水泥等。

（六）城区旅游客运作业区

位于涪陵区长江和乌江交汇处，距宜昌航道里程536.0～539.1公里，下起乌江河口，上至糠壳湾，乌江段从河口至乌杨树1.35公里范围内。同时还包括位于长江左岸周易园旅游景区复建的江北客货码头。作业区道路与滨江路相接。

作业区龙王沱客运码头复建工程总概算核定为7421.02万元。于2001年12月开工建设，2003年11月完成竣工验收。在涪陵区龙王沱复建3个江渝型干线客轮泊位和1个简易高速客轮泊位，年客运量113万人次，建设客运站房5000平方米和站前广场以及相应配套设施工程。客运码头坡顶高程178.3米（黄海高程），港区陆域高程178.3～179.3米，并与城市片区规划高程相协调。道路、广场及通道面积均采用彩色混凝土联锁块结构，铺砌总面积15000平方米。客运站房（客运中心大楼）绞车房、变电所、操纵室、风雨连廊及生产辅助建筑物总建筑面积为6721平方米，消防、环保、供水、供电、通信、节能及职业安全融一体优化。干线客运泊位采用横向客运缆车方案。客运缆车载重量6吨，缆车应设置坡顶保护装置、断缆保护装置及断电安全设施。干线客运船舶压舱货物装卸作业、缆车与趸船的连接方式优化，增设1吨叉车2台。客运中心大楼于2005年6月26日奠基，年底完成缆车道主体工程。

大东门码头由于三峡枢纽工程修建，全部被淹没。按照三峡淹没复建规划，大东门作为小型客运作业区，重点复建2个1000吨级客运泊位，年旅客通过能力55万人次，总投资1764万元，其中移民补助资金400万元，与涪陵防洪大堤同时修建，2004年完工。

2000年江北客货码头选址，采用斜坡码头结构形式，码头前沿设置长65米、宽12米、高26米的钢质趸船，船岸之间由实体与架空相结合的斜坡道连接。在181米高程以上采用架空斜坡道，其下部结构采用桩柱式，基础为直径1.2米钢筋混凝土灌注桩，架空人行踏步道水平长度为106米。在181米高程处设置长29米、宽10米的休息平台，实体踏步道采用浆砌条石踏步方案，其水平长度为166米，斜坡道173.9米至181米段上部设置封闭晴雨廊道792平方米。建设客运综合楼、门房等。总建筑面积810平方米。完成供电照明、排水、消防、通信环保、节能、劳动保护及安全保障工作。该工程于2001年开工，2003年6月竣工投入使用。

2003年，作业区完成客运吞吐量54.61万人次。2005年有泊位共18个，年客运通过能力1105万人次。

（七）黄桷嘴作业区

位于涪陵区长江右岸，距宜昌航道里程529.1～529.6公里，占用港口岸线99米。作业区疏港道路与后方涪丰线相接。涪陵港区规划重点发展液体化危品运输，主要为中石油集团等企业提供运输服务。有1000吨级成品油泊位2个，年通过能力27.2万吨。结构形式为斜坡式，采用化工泵、管道运输工艺方案。后方布置存储灌区、生产辅助区及生活辅助区。

（八）白涛作业区

白涛作业区位于涪陵区乌江左、右岸，距乌江河口23.6~26.8公里，占用港口岸线1187米。

白涛天原化危品码头为2005年重庆市环保整体搬迁单位重庆市天原化工有限公司搬迁到白涛后的化工原材料及产品专用码头，码头选址乌江白涛老场镇下游2公里马夹背，占用岸线长度240米，建设规模为500吨级液体化危品泊位1个，设计年通过能力75.5万吨；500吨级固体化危品泊位1个，设计年通过能力15.8万吨。码头固体泊位采用架空斜坡缆车浮吊工艺，液体泊位采用管道装船工艺，主要货种为烧碱、固盐、盐酸、氯甲烷和卤水等。工程概算投资2196.38万元，2005年已完成施工准备工作，工期1年，码头于2006年2月正式开工。

白涛建峰化工厂码头在三峡水库175米蓄水后，原有码头将全部被淹没。根据移民进度安排，淹没码头必须在2005年年底开工，2007年建成并具备清库验收条件，结合今后发展，建峰化工厂获准复建码头3个、泊位5个。其中，化肥码头1个、泊位2个，占用岸线长度189米，设计年通过能力193万吨；大件码头1个、泊位2个，占用岸线242米，设计年通过能力65.2万吨；散货码头1个、泊位1个，占用岸线370米，设计年通过能力18万吨。复建码头均为原址后靠复建，结构形式与原码头基本一致，最大靠泊能力1000吨级，概算总投资8318.87万元。主要货种水运量分别为：尿素75万吨，复合肥50万吨，氯化钾14万吨，磷铵9万吨，三聚氨胺6万吨，煤炭和盐各8万吨。复建项目于2005年年底获工程可行性批复，已完成一期工程施工招投标。

作业区疏港道路与后方白涛化工园区主干道相接。规划重点发展化危品、件杂货及大宗散货运输，主要为白涛化工园区企业提供运输服务。2005年，有500吨级件杂泊位3个，年通过能力50万吨，500吨级散货泊位1个，年通过能力30万吨。

第四章　重点港区

第一节　江津港区

一、自然状况

（一）地理位置

江津港区位于江津区境内，主要作业区分布在长江两岸，距宜昌航道里程703~796公里。地处川黔渝三省市交界处，水运资源得天独厚，有通航水域306公里，其中拥有长江黄金水道127公里。江津港区是四川省东南部、贵州省北部、重庆市西部重要的水路、公路、铁路联运通道和物流的中心集散地。江津依水建市，以港兴城，经过多年开发建设，江津港区初步形成以“一中心三支撑”为骨架的港口作业区布局。“一中心”包括蓝家沱、五举沱、贾坝沱、通泰门客运中心和德感二沱等，“三支撑”包括朱杨、滩盘、猫儿沱（珞璜、玖龙）等3个支撑作业区。

（二）水文特征

江津港区最高水位197.97米，平均水位182.93米，最大流量56000立方米/秒，平均流量

8670 立方米/秒。地处三峡库区尾端，常年通航维护 2.7×50×650 米（航深×航宽×弯曲半径）尺度。三峡成库按 145~175 米运行，江津航道处于自然河段，不受库区蓄水影响。

二、港区通过能力

（一）码头及设备

2005 年，江津港区有生产泊位 60 个，其中 1000 吨级以上泊位 19 个，机械化泊位 12 个，其余大部分为自然岸坡。港区内仓库总面积 25167 平方米，总容量 138500 吨，生产用堆场总面积 190483 平方米。全港区港口生产用装卸机械总计 147 台，最大装卸能力 1000 吨/小时。

（二）港区吞吐量

江津港区进出港货物以化肥、金属矿石、非金属矿石（磷矿石）、矿建材料、水泥、化工原料、煤炭、成品油、危化品等为主。1990 年，货物吞吐量 210.3 万吨，旅客吞吐量 130 万人次。1995 年，货物吞吐量 236.7 万吨，旅客吞吐量 120 万人次。2000 年，货物吞吐量 321.6 万吨，旅客吞吐量 101 万人次。2001 年，货物吞吐量 365.7 万吨，旅客吞吐量 98 万人次。2002 年，货物吞吐量 382.2 万吨，旅客吞吐量 90 万人次。2003 年，货物吞吐量 408.2 万吨，旅客吞吐量 83.6 万人次。2004 年，货物吞吐量 502.8 万吨，旅客吞吐量 74 万人次。2005 年，货物吞吐量 590 万吨，旅客吞吐量 68.5 万人次。2005 年，江津港区货物综合通过能力 456 万吨，旅客通过能力 257 万人次。

三、码头建设及作业区分布

（一）蓝家沱作业区

蓝家沱作业区位于江津区德感镇草坝村，在长江左岸，距宜昌航道里程 740.8~742.1 公里。蓝家沱作业区是重庆港务集团水陆联运作业区之一。1965 年 4 月 12 日中共中央发出“加强战备”的指示后，1966 年经国家计委、交通部批准在重庆港建设具有战备功能的作业区。1966 年 12 月破土动工，1970 年 10 月试投产，1972 年 6 月 30 日全部竣工，1973 年 3 月 21 日正式交付使用。共投资 1437 万元。岸线长约 1500 米，建有 3 座码头、4 个泊位，码头采用浮吊—斜坡—缆车 -库/料装卸工艺，年通过能力 105 万吨，1978 年核定年通过能力为 86 万吨。仓库有效面积 1.3 万平方米。区内铁路专用线总长 8279 米。配置浮吊、缆车、行车、牵引车、吊车等 22 台（辆）机械设备。同时建有供水、供电、通讯系统和生活福利设施，以及供战备使用、能通过各型军用车辆及物资的下河引道和锚地设施。同期，铁道部在距作业区上游 3 公里成渝线的古家沱处建有专门的货运车站（古家沱火车站）。作业区建有 1 个铁路编组站，7.039 公里铁路专用线直接与古家沱火车站接轨，具备了既可水陆中转联运，又兼备战备的枢纽功能。

2003 年开始对老作业区进行改扩建。根据重庆市计委批准的重庆交通学院做的设计方案，概算投资为 8900 万元，征地 100 亩，重点是进行了后方货场的改扩建整治。改扩建分两期进行。一期用地 35 亩建成上游方向新的煤炭堆场及皮带机线 280 米，并购置部分流动设备，于 2004 年 10 月投入使用；改扩二期为后方货场硬化及相应的生产辅助设施建设，将于 2006 年 10 月全面竣工。改扩建后，码头年通过能力由原 86 万吨提高到 170 万吨；货场面积由原 6.4 万平方米增加到 11.5 平方米，其中仓库面积由原 1.3 万平方米增加到 2.5 万平方米；货场堆存能力由原 26 万吨提高到 46 余万吨。若增配浮吊，码头年总体通过能力可达到 215 万吨。从长江上游向下游码头分布如下：上河引道码头配备浮吊 318 囤船，年具备卸散货 30 万吨能力，是具备平战结合兼有战备功能的码头。散货码头配备渝港囤 46-1 囤船、皮带输送/装船机，年装散货具备 55 万吨能力。综合码头配备浮吊 1501 囤船，可起吊单件重 15 吨以下货物：配套绞车、行车、牵引/叉车，具备年装卸件散货 45 万吨能力。杂货码头配备浮吊 5502 囤船，配套绞车、牵引/叉车，具备年装卸件货 40 万吨能力。下河引道码头无设备，如配备 10 吨浮吊，可具备年装卸散货 45 万吨能力。

20 世纪 70 年代，蓝家沱作业区主要装卸作业化肥、盐及少量杂货。20 世纪 80 年代增加煤、磷矿及少量钢材。20 世纪 90 年代增加重钢铁矿。进入 2000 年以后，增加以川威集团、川西化工为代表的大宗货源，货源增加3倍多，货种从过去以化肥等件杂货为主调整到铁矿、煤炭等散货与化肥、化工、钢材等件货各占1/2左右，从过去国内物资占主打地位发展为今天的进出口物资占2/5，从过去水来陆走为主发展成水陆进出口基本平衡。尤其是煤炭、元明粉出川与铁矿、硫黄进川两大货种基本持平。

（二）猫儿沱作业区

猫儿沱作业区是重庆港务集团水陆联运作业区之一，位于江津区珞璜镇顺江境内，在长江右岸，长江与綦江交汇处下游500米，下距宜昌航道里程711.8~713.8公里，水文零点174.291米，岸线标高202.6米。作业区拥有码头5个，泊位6个，各类作业机械52台。其中，起重机械8台，最大起重能力16吨；输送机械12台，长915.94米；水平搬运机械23台，最大运载能力5吨；专用机械9台，最大功率1500马力。

猫儿沱作业区于1966年开始兴建，1974年正式投产。1966年11月，国家计委、交通部批文恢复、建设年通过能力250万吨的皮带机输送磷矿码头和年通过能力30万吨的综合货运码头，扩大云、贵矿产物资经水外运的通道。建有铁路专线11513米，现有蒸汽机车，连接渝黔铁路，与川黔（渝黔）铁路小岚垭站接轨，货场20000平方米及其作业机械，总投资2762万元。港区公路经渝津公路连接重庆市内外环高速公路，沟通黔、滇、川、桂、湘、渝等经济腹地。腹地内矿藏资源丰富，商贸流通发达，主要有磷矿、煤矿、化肥、钢材、建材、化工原料等。

由于是在“文革”期间设计建成的老港区，存在港区平面布局不合理、堆场面积不足、铁路与磷矿装船线不适应、设备陈旧老化、磷矿码头斜坡道危及安全等问题。根据1991年全国磷矿会议所确定的磷矿运输格局和确保运输安全，重庆港口管理局委托长江航运规划设计院完成猫儿沱港区改扩建工程可行性研究报告。1991年11月重庆港口管理局编制了该工程项目建议书上报，1992年2月22日交通部交计发〔1992〕117号文对重庆港猫儿沱港区改扩建工程项目建议书进行了批复，同意改扩建1000吨级磷矿码头1座，主要对原磷矿皮带机作业线、皮带机轨道斜坡、皮带机系统进行改造，改扩建1000吨级综合码头1座，主要对码头口、缆车改造，扩大堆场等。为加快该工程前期工作，1992年11月重庆港口管理局编制上报了该工程可行性研究报告。1993年5月24日，交通部以交计发〔1993〕546号文批复了猫儿沱港区改扩建工程可行性研究报告。

重庆港口管理局根据交通部批复组织进行了初步设计工作，1993年10月由长江航运规划设计院完成初步设计并上报。1994年5月5日至6日，国家交通投资公司在重庆组织召开重庆港猫儿沱港区改扩建工程初步设计审查会，会议认为重庆港口管理局所报设计符合交通部对该工程的可行性研究报告批复精神，原则同意报审初步方案。1994年5月21日国家交通投资公司以交投水〔1994〕41号文批复该工程初步设计。该工程主要施工单位有重庆港建筑工程公司、交通部第二航务工程造船安装工程公司。工程于1994年12月20日开工建设，1996年12月31日竣工，并通过交通部验收委员会竣工验收，工程质量总评为优良。猫儿沱港区改扩建工程总投资4165.33万元，改造千吨级码头2座，年新增通过能力68万吨。

2003年，猫儿沱作业区经过改造扩建，码头通过能力大大提高。经核定散货码头年通过能力150万吨，综合码头年通过能力30万吨，主营云、贵、川、渝的矿石、煤炭、化肥、建、化工、钢材等物资，当年作业区吞吐量31万吨。同年，散货吞吐量72万吨，件杂吞吐量40万吨，主要货物是磷矿、煤铝粉、建材、化肥、铁矿、硫金砂等。2004年，江津区在港区周边组建珞璜建材工业园区，引进拉法基集团、韩国SK集团、山东泰山集团、江津天助水泥等企业，当年吞吐量突破100万吨大关。

2005年，猫儿沱作业区主要装卸作业码头有4个、靠泊码头1个。①液碱专用管道进口码头。泊位1个，配30料长钢质趸船1艘，作业配直径10厘米管道100米及泵机、储存罐、装车泵等，靠泊能力1000吨，管道通过能力80吨/时。②下河公路散件货进出口码头。泊位2个，作业配3

吨浮式起重船，靠泊配36米长钢质趸船，作业靠泊能力为2000吨，配5吨自卸汽车进行中转，通过能力100吨/时。③综合货运进出口码头。泊位1个，配10吨浮式起重船，靠泊能力3000吨，斜坡码头配15吨双向轨道式缆车，码头通过能力150吨/时。④散货出口码头。泊位1个，配60米长钢质皮带装船趸船，靠泊能力4000吨，斜坡及岸场配规格1000毫米皮带输送机12台，全长915.94米，通过能力500吨/时。⑥靠泊码头。泊位1个，配40米长钢质趸船，靠泊能力4000吨。2005年年底，猫儿沱作业区拥有混凝土硬化露天货场37698平方米、仓库式货场5500平方米、液体货储存罐800立方米，货场一次性堆存量20万吨。散货堆存采取分堆隔离围田化，件货堆存采用分堆、隔离、通沟、下垫上盖方式。

（三）朱杨作业区

朱杨作业区位于江津区内长江左岸，距宜昌航道里程792.4～796.0公里，背靠成渝铁路朱杨溪火车站，是川渝两地传统的水上客运、货运作业区。2005年年底，作业区自然岸线总长3公里，有农资化工专用码头、江津运输公司货运码头、朱杨客运码头、车渡、川顺大吉脑、徐家嘴危化品码头、水上加油站等，生产性泊位16个，年货、旅客综合通过能力分别达42万吨、20万人次。作业区大部分为斜坡式缆车码头，最大靠泊能力1300吨。主要货源是泸州、赤水天然气化工厂的尿素（占吞吐量的79.52%），水运到朱杨溪中转，经火车运销广西、湖北、湖南、陕西及四川各地。其次是军工器材、粮食、煤炭、木材等。

（四）白沙（滩盘）作业区

白沙（滩盘）作业区位于江津区白沙镇境内长江左、右岸，距宜昌航道里程770.0～773.3公里，由左右两岸码头构成。左岸背靠成渝铁路白沙火车站，右岸是白沙镇，127公里公路经李市、蔡家、柏林达贵州省温水地区，沿岸公路通江津、重庆、合江、泸州等地。铁路、公路依江延伸，伴河而下。

2005年年底，作业区岸线总长5.25公里。左岸有石门客货、大佛寺散货、利华公司滩盘散货、件杂、滩盘水上加油站等码头，有作业泊位8个，其中客运泊位1个，最大靠泊能力800吨。右岸有高占客货、白沙糖厂、白沙客运及货运、白沙水上加油站码头，作业泊位7个，最大靠泊能力500吨。年货物综合通过能力41万吨，旅客通过能力96万人次。码头作业有斜坡缆车和人力搬运两种方式。码头进港货物以建材、煤炭、化肥、甘蔗为大宗，出口货物有糖、纸、酒、酒精、棉布、油毡等，出港货物约占货物吞吐量的40%左右。

（五）油溪作业区

油溪作业区位于江津区油溪镇境内，地处长江左岸，距宜昌航道里程752.0～755.0公里，通铁路、公路、水路。2005年底，岸线总长3.3公里，均为自然岸坡码头，有散货、件杂码头、客运码头作业泊位5个，最大靠泊能力500吨，年货物综合通过能力10.7万吨，旅客通过能力10万人次。装卸作业以人力为主。进港货物以煤、矿建材料为主，出港货物以页岩砖、沙砖为主，占货物吞吐量的60.5%。

（六）几江作业区

几江作业区位于江津区境内长江左、右岸，距宜昌航道里程732.5～733.0公里，左岸背靠成渝铁路江津火车站。火车站有公路接津壁公路与成渝公路，右岸有津柏公路与贵州地区公路连接。2005年底，作业区左岸有中渡口车渡、德感二沱输油码头、中渡街客运码头、德感客货码头，500吨级客货泊位6个；右岸有东门车渡、米帮沱散货码头、件杂码头、通泰门客货码头、公务码头、金桥公司五举沱散货码头、鲤鱼石货运码头，1000吨级泊位1个，500吨级泊位7个。年货物综合通过能力35万吨，年旅客通过能力95万人次。进港货物主要有化肥、磷矿、钢铁、煤、粮食、矿建材料、水泥等，出港货物有柑橘、米花糖、木材等。

（七）珞璜作业区

珞璜作业区位于江津区珞璜镇境内长江右岸，距宜昌航道里程 703.0～705.8 公里。进港货物以赤水天然气化工厂生产的尿素为大宗，经铁路运往贵州等省，其次还有煤、日用百货等；出港货物主要以水泥、沙砖、建材、磷矿等为主运销沿江各地。出港货物占货物吞吐量的 72.5%。20 世纪 80 年代，重庆华能电厂落户珞璜镇。由于建厂需要，电厂自建大件码头，专门用于建厂所需大件运输。1987 年 8 月，码头投入使用，设计年通过能力 10 万吨。该电厂投产后，大量的粉煤灰通过此码头运往各大型水电站工地。2005 年年底，作业区有珞璜客运码头、华能电厂重件码头、地维公司码头、珞璜货运码头，有作业泊位 8 个，最大靠泊能力 1000 吨。年货物综合通过能力 25 万吨，年旅客通过能力 5 万人次。

第二节　永川港区

一、自然状况

（一）地理位置

永川港区位于永川区境内长江左岸，地处四川省东部、重庆市西部，重庆市和四川省的交界处，是四川省经水运进入重庆市的第一港区。

永川是一座古城，长江黄金水道自上而下流经永川区朱沱镇和松溉镇。朱沱镇位于永川南部长江之滨，是永川区第一大镇，是永川区大城市发展战略中的港口小城市。永川港区朱沱作业区深水码头是长江上游川、渝、黔交界河段唯一常年可停靠千吨级船舶的码头。自 20 世纪 90 年代经过多方论证，认为永川港区是适合在长江上游建千吨级码头的港区。

（二）水位特征

永川港区最高水位 216.98 米，最低水位 196.18 米，平均水位 200.09 米，最大流量 53400 立方米/秒，最小流量 1920 立方米/秒，平均流量 8523 立方米/秒。1998 年以前，朱沱和松溉港区的码头除个别泊位进行简单改造外，多保持天然状态。1998 年 8 月，利亚达港埠有限责任公司自筹资金 450 余万元在松溉下溪沟修建 1 个年吞吐量可达 50 万吨的散件码头。码头建设共征地 24 余亩，有 7 个阶梯货场，可一次性堆放原煤类货物 3 万吨。配置有皮带运输机 6 台、30 型装载机 3 台，于 2000 年 3 月建成投产。2005 年，永川港区在《重庆市港口布局规划》和《重庆市港口岸线利用规划》中被列为重庆市五大重点港区之一。永川市人民政府正式把朱沱、松溉的码头建设列入永川国民经济和社会发展“十一五”规划中的交通建设项目，重庆市水路交通“十一五”规划将朱沱、松溉并称为重庆港永川港区。

二、港区通过能力

1986 年，永川港松溉、朱沱自然码头是永川县水上客货运输的主要集散地，永川港客运量 68.1 万人次，货物吞吐量 5.4 万吨，主要运输物资有粮食、白酒，其次为煤炭、柑橘、建材等。1996 年，永川港进出港货物 29 万吨，客运量 65.0 万人次。1997 年进出港货物 32 万吨，客运量 60.1 万人次。2005 年，永川港区有朱沱和松溉 2 个作业区，主航道终年可通行 1000 吨级船舶。港区有码头泊位 8 个，其中货运泊位 5 个，客运泊位 3 个。永川港区货物综合通过能力 71 万吨，旅客通过能力 37 万人次，年货物吞吐量 49.11 万吨，客运量 27.59 万人次。

三、码头建设及作业区分布

（一）松溉作业区

松溉作业区位于永川区松溉镇境内长江左岸，距宜昌航道里程 797.5～799.0 公里。与江津区隔江相望，距朱杨火车站仅 7 公里，水运、陆运十分便捷。作业区有客运码头 1 个，货运码头 3

个，作业泊位17个，年货物综合通过能力35万吨，年旅客通过能力25万人次。其中，大梁子客运码头1个，可靠泊1000吨级船舶；二梁子、三梁子货运码头500吨级泊位2个，1000吨级泊位3个；公路斜坡码头1000吨级泊位4个；下溪沟码头1000吨级泊位3个。

1998年7月23日，永川第一家从事港口货运经营的企业——永川市利亚达港埠有限责任公司投资120万元，在永川松溉镇下溪沟（距宜昌航道里程798.4～798.6公里）开始修建松溉斜坡式货运码头，于2000年3月竣工投入生产。码头建有港区公路与主干道相连。有1000吨级泊位3个，设计年货物通过能力25万吨。2005年码头货物吞吐量10万吨。

2005年3月22日，重庆渝西货运港口发展有限公司投资568万元，在松溉修建1000吨级进、出口散货码头泊位各1个，设计年货物通过能力150万吨，总投资4260万元。进港公路已于2005年底基本修通，码头主体工程于2006年动工，2006年年底修建完成投入营运，主要经营港口码头散货及沙石业务。

（二）朱沱作业区

朱沱作业区位于永川区朱沱镇境内长江左岸，距宜昌航道里程804.4～806.0公里，南接江津区及贵州省，西临四川省泸州市，是四川省经长江进入重庆市的第一重镇。作业区有货运码头、客运码头、成品油码头各1个，作业泊位8个，最大靠泊能力1000吨，年货物综合通过能力3.5万吨，年旅客通过能力4.5万人次。其中斗套石简易自然岸坡货运码头有泊位5个，黄葛树客运码头有泊位2个。

2005年，规划的朱沱作业区一期工程开始启动建设，由香港理文工业有限公司在永川区朱沱镇下游500米长江左岸，投资修建1000吨级多用途泊位2个，设计年吞吐量76万吨（含4万个集装箱标准箱），项目总投资估算1.2亿元，是重庆市引进的外商独资项目。2005年进行码头建设前期准备工作，码头工程项目计划于2006年动工修建，拟于2008年投入运营。

第三节　奉节港区

一、自然状况

（一）地理位置

奉节港区位于奉节县境内，地处长江三峡瞿塘峡与梅溪河交汇处长江左、右岸，距宜昌航道里程202.0公里。港区上起井家滩，下至南门沱，两岸均为页岩，岸线南北总长12公里。紧邻长江三峡的峡口，扼守川鄂咽喉，自古为兵家常争之地。每日有长江各轮船公司客轮在此停靠。陆上交通有奉节至巫山、巫溪、云阳、万州、开县及湖北恩施的公路。

（二）水文特征

三峡成库前，该港区最高水位131.64米，最低水位76.88米，历年平均水位88.31米。三峡成库按145～175米运行，该港区长年处在库区之中，水流平稳，航道开阔，终年可通行万吨级船队，港口条件好，深水泊位多。

二、港区通过能力

1994年，港区货物吞吐量185.33万吨，旅客吞吐量95万人次。

2005年，港区年货物综合通过能力585万吨，年旅客通过能力523万人次。当年实际完成港区旅客吞吐量202万人次，货物吞吐量336万吨，其中煤炭出港300万吨。吞吐货物以矿建材料为主，其中煤炭占89.2%。

三、码头建设及作业区分布

（一）三马山作业区

三马山作业区位于奉节县境内长江左岸，距宜昌航道里程214.0公里，是奉节港区客运作业区。2003年，客运吞吐量117万人次，货物吞吐量7万吨，年出口货物通过能力1.6万吨。作业区建设以复建为主，复建总投资2500万元，系万港集团投资，复建泊位3个，年旅客吞吐量150万人次，2003年动工，2004年完工。2005年，作业区有码头5个，泊位9个，其中非生产用泊位1个。岸线总长1200米，利用岸线980米，堆场8000平方米，客运楼面积5000平方米，年旅客综合通过能力360万人次，出港货物22万吨。

（二）白马作业区

白马作业区位于奉节县境内长江左岸，距宜昌航道里程211.0公里。2003年货物吞吐量20万吨，其中出港货物17万吨。建设以复建为主，复建工程总投资1500万元，系万港集团投资。复建泊位1个，年货物吞吐量20万吨。2003年动工，2005年完工。2005年，作业区有码头10个，泊位10个，其中非生产用泊位2个。岸线总长2000米，已利用岸线1532米，堆场18600平方米，年货物通过能力90万吨。

（三）宝塔坪作业区

宝塔坪作业区位于奉节县境内长江左岸，其中白帝城码头距宜昌航道里程203.5公里，宝塔平码头距宜昌航道里程205.0公里。

宝塔坪发海件杂码头复建总投资379万元，系发海公司投资。复建泊位1个，年货物吞吐量30万吨，2002年动工，2003年完工。

宝塔坪客运旅游码头复建以交旅集团投资为主，复建工程总投资2000万元，复建泊位1个，年旅客吞吐量80万人次。2003年动工，2005年完工。

2005年，作业区有码头6个，泊位6个，其中非生产用泊位3个。岸线总长900米，已利用岸线560米，堆场2500平方米，年旅客综合通过能力150万人次，年货物通过能力13万吨。2003年货物吞吐量13万吨，其中出港货物10万吨。

（四）关庙沱作业区

关庙沱作业区位于奉节县境内长江左岸，距宜昌航道里程204.7公里。为散货作业区，有码头3个，泊位3个。岸线总长900米，已利用岸线680米，堆场18000平方米，货物通过能力90万吨。2003年货物吞吐量67万吨，其中出港货物67万吨。

（五）安坪作业区

安坪作业区位于奉节县境内。2003年货物吞吐量10万吨。复建总投资374万，全系移民淹没补偿投资。复建泊位1个，年客运吞吐量15万人次。2003年动工，2004年完工。2005年，作业区有码头1个，泊位2个。岸线总长200米，已利用岸线100米，堆场3000平方米，年旅客通过能力15万人次，年货物通过能力11.7万吨。

（六）金盆作业区

金盆作业区位于奉节县境内，2003年货物吞吐量80万吨。复建工程总投资1000万元，系万港集团投资，复建泊位1个，年货物吞吐量10万吨，2004动工，2005年完工。2005年，作业区有码头9个，泊位9个。岸线总长1300米，已利用岸线850米，堆场51676平方米，年货物通过能力90万吨。

（七）龙潭作业区

龙潭作业区位于奉节县境内，2003年货物吞吐量30万吨。复建工程总投资1500万元，系万港集团投资，复建泊位1个，年货物吞吐量30万吨，2003年动工，2005年完工。2005年，作业区有码头9个，泊位9个。岸线总长1200米，已利用岸线1160米，堆场32972平方米，年货物通过能力172万吨。

（八）寂静作业区

寂静作业区位于奉节县境内，2003 年货物吞吐量 50 万吨。2005 年，作业区有码头 5 个，泊位 5 个。岸线总长 900 米，已利用岸线 660 米，堆场 35470 平方米，年货物通过能力 50 万吨。

（九）梅溪河化危品作业区

梅溪河化危品作业区位于奉节县境内，在梅溪河左右岸，距梅溪河口航道里程 0.8～2.8 公里，2003 年进港货物吞吐量 12 万吨。2005 年，作业区有码头 2 个，泊位 2 个。岸线总长 500 米，已利用岸线 200 米，共有输油管道 1700 米。

（十）清水集镇综合作业区

清水集镇综合作业区位于奉节县境内，2003 年货物吞吐量 8 万吨。2005 年，作业区有码头 3 个，泊位 3 个。岸线总长 400 米，已利用岸线 240 米，堆场 7000 平方米，年货物通过能力 31 万吨。

第四节　合川港区

一、自然状况

（一）地理位置

合川港区位于合川区境内，作业区码头分布在嘉陵江草街（距朝天门 71 公里）至利泽（距朝天门 133.0 公里）沿江两岸；涪江与嘉陵江交汇处的河口起，集中分布在城区涪江两岸；渠江与嘉陵江交汇处的河口起，至小沔（距河口 42 公里）的两岸。扼川北水陆交通咽喉，腹地广阔，北通甘陕，南接巴渝，是重庆连接川北、甘陕的交通枢纽和物资集散地，是重庆港的北大门。经合川港区沿嘉陵江、涪江、渠江上溯可抵资源丰富的四川盆地大部和甘陕南部地区，通过嘉陵江与长江沿线地区衔接。随着嘉陵江、涪江、渠江全江梯级渠化的完成，千吨级船舶通过合川港将可实现通江达海。

（二）水文特征

合川区水系发达。合川港最高水位 222.89 米，最低水位 186.19 米，平均水位 200.14 米，最大流量 57300 立方米/秒，最小流量 196 立方米/秒，平均流量 2120 立方米/秒。境内纵横交错的小溪与嘉陵江、涪江、渠江三江构成树枝状水系，有较大溪河 76 条，2.5 公里以上溪河 234 条，总流程 1647 公里，水域面积 76.45 平方公里，集雨面积 2356 平方公里，年过境水流量 730 亿立方米。其中，嘉陵江流程 89.5 公里，江面均宽 350 米，有小溪河 29 条流入；渠江流程 95 公里，江面均宽 250 米，有 26 条小溪流入；涪江流程 63 公里，江面宽 200～500 米，有 19 条小溪流入。

二、港区通过能力

2005 年，港区有混凝土、砌石码头 11 座，生产性码头泊位 84 个，天然地面堆场 41180 平方米，输送带 19 条，码头岸线总长 13.8 公里，最大靠泊能力 300 吨。合川港区年旅客通过能力 233 万人次，年货物通过能力 260 万吨。

三、码头建设及作业区分布

（一）嘉陵江作业区

2005 年年底，嘉陵江作业区有各类作业码头 30 个、泊位 54 个，其中有车渡码头 3 个，草街、麻柳、东津沱、利泽、内口、泥溪、金子、古楼等客货码头 8 个，腾辉水泥、太丰、沙砖厂、盐井、云门、土坝、思居、东渡等货运码头 19 个，分布在嘉陵江左右岸。年货物综合通过能力 140 万吨，年旅客通过能力 43 万人次。

（二）涪江作业区

1956 年，在南津街官渡码头和鸭嘴码头修建下河公路。1959～1960 年修建管驿门、南津街、小南门、泥巴嘴等处绞车，并修建小南门至鸭嘴的码头，长114米，阶梯式，8级堆货平台，还修建东水门至管驿门码头的下河引道。1983年扩建嘉陵江鸭嘴至溪子口码头下河公路路面，新建堤湾至文星阁的下河公路及沿岸堆货场。1985年对南津街官渡码头进行扩建，并修建500平方米的货场。2003年建成南津街官渡码头混凝土结构堆场，面积4100平方米。年货物综合通过能力61万吨，年旅客通过能力43万人次。2005年年底，涪江作业区有码头15个（作业泊位38个），其中有乌木滩、黄金桥战备码头2个，关门口、红石盘、青石溪、铜溪、渭沱、鸭嘴、南津街等客货运码头13个，分布在涪江左右岸。

（三）渠江作业区

2005年年底，渠江作业区有码头20个、作业泊位30个，其中有车渡码头4个，青杠坪、青草背、码头溪、渭子溪、涞滩、官渡、蒲溪等客货码16个。年货物综合通过能力46万吨，年旅客通过能力33万人次。

第五节 武隆港区

一、自然状况

（一）地理位置

武隆港区位于重庆市东南部边缘地带大娄山系的延伸部分，位于北纬29°02′~29°40′和东经107°14′~108°05′之间，距乌江河口71公里，东连彭水县，南接贵州省道真县，西邻涪陵区和南川市，北与丰都县接壤，319国道和乌江穿城而过，境内有大小河流5条，水库3座，航道总里程122.93公里（乌江79公里，芙蓉江39.93公里，红旗水库4公里）。主要货种煤、铁、硫铁矿、烤烟、建材、矿石、化肥、水泥、青麻、中药材等民用物资运销全国各地。

（二）水文特征

武隆港区最高水位204.63米，最低水位168.42米，平均水位172.9米，最大流量22500立方米/秒，最小流量218立方米/秒，平均流量1600立方米/秒。

二、港区通过能力

1985年，港区货物吞吐量15.33万吨，客运量27.38万人次。1990年，货物吞吐量11.6万吨，客运量3.25万人次。1995年，货物吞吐量13.3万吨，客运量26.3万人次。1996年，货物吞吐量14.76万吨，客运量26.47万人次。2000年，货物吞吐量14.9万吨，客运量9.43万人次。2002年由于沿江公路通车，船舶客运退出市场，港区仅存货物运输。2003年货物吞吐量24.9万吨。2004年货物吞吐量29万吨。2005年，有作业区8个，生产性泊位33个，其中500吨级泊位14个，最大停靠能力500吨。年综合通过能力货物101万吨、旅客10万人次。当年实际完成货物吞吐量31万吨。

三、码头建设及作业区分布

（一）白马作业区

白马作业区位于武隆县白马镇境内乌江左岸，距乌江河口43公里，为件杂、散货作业区。1953年设客运趸船，1958年修建连接川湘公路的下河公路，1963年上海内迁406厂修建岸壁式吊装码头装卸建该厂的大重件物资。从1971年开始，集体企业白马搬运装卸公司为满足件杂货、煤炭和铁矿石出港，通过十几年的努力，自筹资金和组织人力修建斜坡缆车码头2个、下河引道货码头1个，并建成16个总面积2759平方米、容量17878吨的浆砌块石储仓，形成3个200吨级泊位的煤炭、铁矿石和硫金砂散货出港码头。港口客货吞吐量从1980年的7.5万人次、11.9万吨，分别增加到1985年的23.58万人次和33.83万吨，其中煤炭出港27.9万吨（由南川水江、五七煤矿陆运至码头装船)，铁矿石出港 2.1 万吨，硫金砂出港 0.64 万吨。港口拥有客货运泊位 1 个，货运泊位 7 个（含 1 个石油进口管道码头），占用岸线 326 米，港口年综合通过能力达 45 万吨。白马作业区散货装船采用卸车机储仓轻便轨斗车梭筒工艺，每台卸车机 8 分钟可卸 6 吨煤车 1 辆，5 台卸车机 1 小时可装船 100 吨，是乌江机械化起步最早和装卸效率最高的港口。20 世纪 90 年代初，因受煤炭销售的影响，涪陵地区煤炭出口一度下滑，同时由于涪陵至武隆沿江公路对旅客的分流，1996 年白马作业区客货吞吐量分别下降为 14.5 万人次、10.6 万吨。“十五”期间，依托白马特色工业园区建设，码头发展有很大起色。2003 年 6 月，三峡工程 135 米蓄水，对乌江航道没有影响。成库后按 145 ~ 175 米运行时，作业区在回水变动段；蓄水至 156 米时，库尾到达白马；蓄水至 175 米时，白马处于库区航道。水陆条件较好，与 319 国道相连，是原涪陵地区的主要煤炭出口港。至 2005 年年底，白马作业区有简易下河公路，无固定机械装卸设备，有 800 平方米堆场，3 个 500 吨级件杂货泊位。煤、矿石作业点有简易斜坡式堡坎散货堆场 1500 平方米，斜坡式梭筒 500 吨级泊位 2 个，年吞吐量 8 万吨。

（二）杉树林作业区

杉树林作业区位于武隆县境内乌江左岸，距乌江河口 71 公里。为散货、件杂、餐饮作业区，主要承担县城大宗货物的运输。1987 年，武隆县政府利用国家粮棉布以工代赈政策投资 11 万元，完成杉树林货运码头 120 米岸线 2 个泊位枯水直立岸壁及回填施工。1989 ~ 1990 年，利用四川省安排工业品以工代赈投资 15 万元，完成杉树林码头中水直立岸壁、下河引道施工及枯中水货场硬化工程。其中杉树林码头 120 米岸线有 5 个枯水直立岸壁泊位，靠泊吨级为 300 吨级，为年通过能力 10 万吨的综合性码头。

（三）江口作业区

江口作业区位于武隆县境内乌江左岸。有客货泊位 2 个，设计靠泊能力为 300 吨级的斜坡码头，是 1951 年形成的老码头，主要用途为件杂、旅客运输。件杂主要以煤炭等原材料为主，年货物通过能力 6 万吨。旅客方面负责乌江沿线城市至涪陵的沿途旅客运输。随着公路的建成，这一用途也随之消失。至 2005 年年底，江口作业区有简易下河公路，无固定机械装卸设备，无堆场，年吞吐量 2 万吨。

（四）羊角作业区

羊角作业区位于武隆羊角镇境内乌江左岸。有作业泊位 3 个，靠泊能力 300 吨级，年货物通过能力 9 万吨，主要用途为散货、件杂运输。该河段由于滩多水急，货物吞吐量逐年下降。至 2005 年年底，羊角作业区有简易下河公路，无固定机械装卸设备，无堆场，基本上是自然岸坡，年吞吐量 2.5 万吨。

（五）边滩作业区

边滩作业区位于武隆县境内。为煤炭、件杂为主的货运作业区，有 6 个煤炭梭槽码头，是武隆县最主要的煤炭码头，但因其装卸能力有限，年货物通过能力只有 22 万吨。因靠近乌江下游，靠泊能力达到 500 吨级。至 2005 年年底，边滩作业区有简易斜坡式堡坎，散货堆场 2 个（各约 500 平方米），有 500 吨级斜坡式梭筒泊位 2 个，年吞吐量 10 万吨。

（六）中嘴作业区

中嘴作业区位于武隆县境内乌江左岸，距乌江河口 80.1 ~ 80.6 公里。规划为件杂作业区，位于武隆县城区上游约 9 公里，系乌江棉花坝控制河段出口处，后方为 319 国道，三峡水库 175 米蓄水后位于库区回水末端，年货物通过能力 8 万吨。至 2005 年年底，中嘴作业区有简易下河公路，无固定机械装卸设备，无堆场，基本上是自然岸坡，年吞吐量 3 万吨。

（七）土坎作业区

土坎作业区位于武隆县境内乌江右岸，距乌江河口 564.8 ~ 65.8 公里。为新开辟的件杂、散货作业区。位于土坎场上游3公里的关滩上距武隆县城区约6.5公里，后方公路连接主要腹地贵州省道真县，集疏运便利。至2005年底，土坎作业区有简易下河公路，无固定机械装卸设备，无堆场，基本上是自然岸坡，年吞吐量2万吨。

（八）芙蓉江作业区

芙蓉江作业区位于武隆县境内芙蓉江国家级风景区，在芙蓉江水利枢纽坝前1～3公里处。芙蓉江成库后景色秀丽，植被丰富，水质好。拥有旅游客运泊位5个，靠泊能力300吨级，主要用于旅游客运接待，年旅客通过能力10万人次。由于武隆芙蓉江旅游的开发，旅客人数逐年上涨。至2005年底，芙蓉江作业区有1个旅游专用码头，高空乘客索道约200米，有斜坡阶梯式道路约80米，有50平方米硬塑胶浮码头1个，年客运量2.5万人次。

武隆港区作为重庆市主要港区，现有码头设施落后，与区域经济发展不相适应。随着彭水及武隆境内梯级枢纽建设，武隆港口建设已提上日程。规划发展为辐射黔北和渝东南地区的综合性港区，“乌江画廊”旅游和渝怀产业带的重要依托，大宗散货和旅游客运的综合运输系统。

第五章　一般港区

第一节　丰都港区

一、自然状况

（一）地理位置

丰都港区位于丰都县境内，作业区集中分布在距宜昌航道里程462.5～487.3公里的长江两岸。东临石柱县，南靠武隆、彭水县，西靠涪陵区，北与垫江、忠县接壤。在东经107°28′03″～108°12′37″、北纬29°33′18″～30°16′25″之间，呈西北—东南走向分布。长江横穿县境47公里，移民新建县城位于长江右岸，距宜昌港483.0公里。

（二）水文特征

三峡工程初期蓄水135～139米，水库回水可达丰都，丰都0点水位为131.309米，20年一遇的水位为156.9米。三峡水库按145～175米运行，丰都港区常年处在库区之中，港口、航道条件好，终年可通行万吨级船队。

二、港区通过能力

2005年，全县完成复建码头16座，泊位26个。其中，客运码头7座，泊位14个；货运码头4座，泊位5个；客货码头1座，客货泊位各1个；港监航道码头4座，泊位5个。最大靠泊能力3000吨。完成总投资7399万元。上述码头复建项目建成后基本满足丰都县水运需求，港口功能得到全面恢复。港区货物通过能力208万吨，旅客通过能力547万人次。当年，实际完成客运吞吐量14.11万人次，货运吞吐量30.9万吨。

三、码头建设及作业区分布

（一）码头建设

1. 淹没前

1985 年以前，丰都港区码头均属简易码头，港区装卸设备落后，运输条件较差。1985～1991 年，共建码头 13 座（米市圈枯水货码头、包谷市中水货码头、鸭子凼中洪水码头、宣化门洪水货码头、沙湾煤码头、王家渡大件码头、宣化门客运码头、长航 4 码头、长航 5 码头、航道码头、港监码头、高家镇客货码头、高家镇石柱投资的货运码头）。新建成的码头使丰都县港口吞吐能力得以大幅度提高，基本满足水运需求。2002 年，丰都老县城和沿江乡镇整体搬迁。2003 年，三峡水库蓄水，丰都港区码头逐步被淹没，失去功能。

2. 淹没复建

丰都县政府决定将全县被淹没港口码头分期复建。第一期（2001～2003 年）全县共复建码头泊位 16 个，包括 9 个县城港码头泊位和 7 个集镇港码头泊位，总投资 6381 万元。

（二）作业区分布

1. 名山作业区

名山作业区位于丰都县名山镇境内长江左岸，后方为名山风景区，距宜昌航道里程 481.5～483.5 公里。2005 年年底，该作业区可利用港口岸线长度 2000 米，陆域纵深 50～100 米，有疏港道路与名山风景区连接。作业区有名山旅游、宣化门、水门子、鸦雀巷、海航、航道处客运码头 6 个，米市圈、沙湾货运码头 2 个，最大靠泊能力 5000 吨，年货物综合通过能力 64 万吨，年旅客通过能力 252 万人次。

2. 王家渡作业区

王家渡作业区位于丰都县境内。一段位于新县城附近区域，长江右岸，距宜昌 479.5～483.5 公里，另一段位于城区下游长江支流龙河口内，从起点龙河河口两岸延伸至上游 2500 米处。2005 年年底，该作业区岸线长 9000 米，陆域纵深 50～100 米，通过城市道路与外部连接，是建设休闲娱乐区域的好地方。作业区有王家渡客运、地方客运、乡镇客运 3 个码头，泊位 6 个（其中结构形式为下河梯步的泊位 4 个，斜坡缆车泊位 2 个）。王家渡客运码头靠泊能力 5000 吨，地方客运码头靠泊能力 3000 吨，乡镇客运码头靠泊能力 500 吨。年旅客综合通过能力 250 万人次。

3. 丁庄溪作业区

丁庄溪作业区位于丰都县境内长江右岸，距宜昌航道里程 485.7～488 公里。丁庄溪作业区集疏运条件以省道 303 线、沿江高速公路、渝利铁路为依托，重点发展大宗散货及杂货运输。2005 年年底，作业区可利用港口岸线 2300 米，有 1000 吨级散货泊位 1 个，年货物通过能力 93 万吨。

4. 高家镇作业区

高家镇作业区位于丰都县高家镇境内长江右岸，距宜昌航道里程 462～463.5 公里，作业区集疏运条件为省道 303，主要为石柱县及高家镇食品工业园提供散货运输服务。远期发展港口物流，重点发展件杂和大宗散货运输。2005 年年底，港口岸线利用长度 1500 米，有 1000 吨级客、货泊位各 1 个，年货物、旅客通过能力分别是 51 万吨、45 万人次。

第二节　忠县港区

一、自然状况

（一）地理位置

忠县港区位于忠县境内，大部分码头分布于长江左岸（东经107°32′～108°14′、北纬30°0′～30°35′之间），东与万州区接壤，南靠丰都县。主要作业区分布在王家沱距宜昌423.3公里至莱园沱418公里之间，全长5.3公里。主航道在三峡成库前终年可行驶1500吨级船队，每日有数十艘客轮在此接送旅客，水陆交通发达。陆路有忠县至万州、梁平、丰都、垫江、石柱和川汉公路横穿港区。

（二）水文特征

三峡成库前忠县港区最高水位为151.85米，最低水位为118.46米，历年平均水位为124.45米，最大流量60700立方米/秒，最小流量3000立方米/秒。三峡成库后，支流航道条件得到改善。三峡库区按145～175米运行，忠县港区常年处于库区水位，航道开阔，终年可通行万吨级船队，港口条件好，深水泊位多。

二、港区通过能力

1994年，忠县港区有地方码头30个，泊位39个，最大靠泊能力1000吨，其中客运码头9座，泊位9个，仓库2950平方米，堆场3500平方米，输送皮带1800米，锚地2个，全港货物装卸达到半机械化作业水平。2000年，完成货物吞吐量117万吨，客运吞吐量173万人次。2005年，完成货物吞吐量128.2万吨，客运吞吐量89.4万人次。

三、码头建设及作业区分布

（一）码头建设

1. 淹没前

1952年，忠县成立装卸公司，其货物装卸完全靠人力肩挑背扛。同年成立航管站，组织民间运输，建立航运社，统一经营管理。中共十一届三中全会以后，国家投资修建王爷庙客运码头、下渡口码头、烟泡滩码头。淹没前的港口码头多数都是利用自然岸线简易修建而成，没有进行规划设计，码头设施简陋、零乱，且处在低水位地带，每年到中洪水位时，涨退水比较频繁，消落水位落差较大，严重影响客、货船停靠和旅客上下及货物装卸作业，并严重威胁到码头作业的安全。

2. 淹没复建

三峡工程完工，水位到达175米高程时，忠县全县地方港口码头全部被淹没。据1992年长江水利委员会实物淹没指标调查，全县淹没县城港口码头8个，集镇码头7个。实物淹没指标调查总补偿资金5645万元（含长航）。复建石宝、干井、乌杨、新生、洋渡集镇码头投入1900万元，复建县城苏家件杂货码头投入3200万元，复建县城红星客运码头投入3850万元。总投入资金包括移民补偿资金、交通部及各级交通主管部门补助资金、国家贷款和自筹资金。

石宝镇码头由老石宝镇正街河坝迁往临江居委会临江组地段；干井镇码头由老顺溪场正街河坝迁往顺溪村关溪坡十社、十一社地带；乌杨镇码头由老乌杨正街河坝迁往将军村三社地段；新生镇集镇码头由老新生镇正街河坝迁往新生镇街道居委会二组地段；洋渡镇码头由老洋渡镇正街河坝迁往花岭村六社一、二组；苏家件杂货码头由忠州镇老观庙、关塘河迁建苏家村九、十、十一社地段；忠州镇红星客运码头由红石坎、铁匠炉、渡江轮码头迁往下渡口红星毛毯厂地段。

复建港口码头均由城市港口总体规划、专业的勘察规划设计单位进行勘察、选址、定点和方案设计，并由当地政府组织评审、工程招投标等方式建设。复建港口码头布局合理，全部由硬化的码头平台、行车引道、地锚缆桩、停靠泊位等组成，不受水位变化限制，一年四季均可装卸作业，上下旅客既方便又安全。

（二）作业区分布

1. 红星作业区

红星作业区位于忠县境内长江左岸，距宜昌航道里程426.0～426.7公里，为忠县旅游客运中心。码头采用下河梯步、架空缆车斜坡道等结构形式，后方陆域纵深50～150米，通过滨江道路同城市干道连接，配套建设有客运大楼。2005年年底，有万港集团忠县分公司、海内客运公司客运码头2个，3000吨级泊位4个，年旅客通过能力274万人次。

2. 苏家作业区

苏家作业区位于忠县境内长江左岸，距宜昌航道里程422.4～424.0公里，码头结构形式为直立式或斜坡式结构。后方通过沿江道路与城市相连，交通便利。2005年年底，有1000吨级件杂、散货泊位2个，年货物通过能力48万吨。

3. 新生作业区

新生作业区位于忠县境内长江左岸，距宜昌航道里程418公里，码头通过省道103同后方高速公路连接，后方陆域纵深100～200米。2005年年底，有1000吨级客、货泊位各1个，年货物、旅客通过能力分别为5万吨、25万人次。

4. 石宝寨作业区

石宝寨作业区位于忠县石宝寨境内长江左岸，距宜昌航道里程388公里，是三峡游的主要旅游码头之一。2005年底，有客运码头3个（其中过渡码头1个），2000吨级泊位4个，500吨级泊位1个，年旅客通过能力86万人次。

第三节　石柱港区

一、自然状况

（一）地理位置

石柱港区位于石柱县境内长江右岸，主要作业区分布距宜昌航道里程383～389公里之间。石柱港区以西沱港口为中心，是石柱县唯一的借江出海口岸，历史上即为该县直接通过长江对外联系交往的唯一出入港和物资集散地。石柱县东接湖北省利川市，南邻彭水县，西南靠丰都县，西北连忠县，北与万州区接壤。

（二）水文特征

三峡成库前石柱港区最高水位为151.85米，最低水位为118.46米，历年平均水位为124.45米，最大流量60700立方米/秒，最小流量3000立方米/秒。三峡成库后，按145～175米运行，石柱港区常年处于库区水位，航道开阔，港口条件好。

二、港区通过能力

2000年，石柱港区客运吞吐量49.3万人次（其中出港26.2万人次），货运吞吐量12.5万吨（其中出港7.9万吨）。2001年，石柱港区客运吞吐量47.8万人次（其中出港25.4万人次），货运吞吐量13.7万吨（其中出港8.8万吨）。2002年，石柱港区客运吞吐量39万人次（其中出港19.7万人次），货运吞吐量17万吨（其中出港10.8万吨）。2003年，石柱港区客运吞吐量34.2万人次（其中出港17.7万人次），货运吞吐量15.6万吨（其中出港11.3万吨）。2004年，石柱港区客运吞吐量32.9万人次（其中出港17.9万人次），货运吞吐量39.5万吨（其中出港33.3万吨）。2005年，石柱港区客运吞吐量25.4万人次（其中出港14.6万人次），货运吞吐量41.6万吨（其中出港

32.5万吨）。

三、码头建设及作业区分布

（一）码头建设

三峡工程蓄水后，石柱县原有码头全部被淹没。石柱县抓住三峡淹没复建机遇，先后建设石槽溪货运码头、西沱油库码头、万州港务集团西沱货运码头、万州港务集团西沱客运码头、沿溪镇客货综合码头和黎场乡客货综合码头等，石柱港区的运输能力和服务水平得到全面提升，为区域社会经济的发展发挥了重要作用。全港区有装卸运输机械15台。其中，3~5吨的缆车线2条，装载机4台，最大起重能力15吨，载重5~15吨货运汽车10辆。

（二）作业区分布

1. 西沱作业区

西沱作业区位于石柱县西沱镇境内长江右岸，距宜昌航道里程383.0~384.65公里。2005年年底，作业区包括石槽溪码头、西沱油库码头，有西沱港务站客运、货运码头和打渔湾综合码头。石槽溪码头有1000吨级散货泊位1个，年通过能力67万吨。西沱油库码头有2000吨级化危品泊位1个，年通过能力3万吨。万州港务集团西沱分公司码头有1000吨级件杂泊位1个，年通过能力15万吨；客运泊位1个，年通过能力49万人次。打渔湾码头有1000吨级货运泊位1个，年通过能力7万吨。

2. 沿溪作业区

沿溪作业区位于石柱县沿溪镇境内长江右岸，距宜昌航道里程387公里。2005年年底，有码头1个，500吨级客货作业泊位1个，年货物、旅客通过能力分别为13.9万吨、7.8万人次。

第四节　云阳港区

一、自然状况

（一）地理位置

云阳港区位于云阳县境内，主要作业区分布在长江两岸，距宜昌航道里程254~306公里之间，地处东经108°24′~109°14′、北纬30°48′~30°26′之间。云阳港区在万州中心港东部，北有汤溪河注入长江，南有长江名胜古迹张飞庙，每日有数十班客轮在此停靠接送旅客，抵达长江沿线各港口。陆路交通十分方便，有云阳至奉节、开县、万州、巫溪、湖北利川等公路。

（二）水文特征

三峡成库前，云阳港区最高水位138.74米，最低水位97.55米，最大流量68700立方米/秒，最小流量3154立方米/秒。三峡成库后，支流河流通航条件得到改善。三峡蓄水按145~175米运行时，港区常年处于库区水位，航道宽阔，水流平稳，终年可通行万吨级船队，港口条件好，深水泊位多。

二、港区通过能力

2003年，旅客吞吐量92.51万人次，货物吞吐量49.44万吨。运输货物以煤炭、矿建材料为主，其中煤炭占84%。2005年，云阳港区旅客综合通过能力307万人次，货物通过能力133万吨。当年完成吞吐量货运105.5万吨、旅客67.6万人次。

三、码头建设及作业区分布

（一）码头建设

1. 淹没前

1985年，国家采取扶贫政策加大对水上交通的投入，云阳县水运事业进入新的发展时期，相继修建玉沱货运码头、客运码头。到1994年，全港区共有地方码头32个，泊位39个。

2. 淹没复建

三峡大坝工程完工水位到达175米高程时，云阳县境内56个码头（含自然坡岸码头）全部被淹，其中长江码头51个，支流码头5个。根据1992年长江水利委员会实物淹没指标调查，全县淹没实物指标调查总补偿资金3433万元。码头复建总投资5219万元（其中县港口航务管理所大楼投资370万元，全部码头总投入4849万元）。总投入资金包括移民补偿资金、交通部和各及交通主管部门补助资金和自筹资金。由于云阳县的搬迁是整座老县城搬至双江镇新建县城，其港口码头的复建有别于其他县城。

（1）云阳县青龙嘴客货综合码头淹没复建。云阳县青龙嘴客货综合码头是云阳县港口码头淹没复建的主体工程，又是交通部列为地方交通建设的重点工程。根据四川省计委、省交通厅《关于云阳县青龙嘴综合码头工程审查的批复》，同意在新县城青龙嘴建设综合码头。该码头由四川省内河勘察设计院完成初步设计，初步设计于1999年12月完成并经重庆市交通主管部门审查批准。四川省路桥集团路航有限公司夺标承建，四川省水运监理事务所负责工程监理。青龙嘴综合客、货码头复建规模为年货物通过能力15万吨，年旅客通过能力80万人次。1号泊位为客运泊位，2号泊位为货运泊位。2个泊位均为实体斜坡道码头，实体斜坡为1:3.25，水平长度144米，总宽22.1米。斜坡道设置客运和货运缆车各1对，以及人行梯步通道。码头平台高程185米。航务港口综合大楼位于平台后方。码头连接道路由滨江大道接入，以9%的纵坡与平台相接，道路长128.33米、宽10米。青龙嘴客、货综合码头总投资3273.5万元，资金来源为移民补偿资金、交通部补助资金和自筹资金。工程于2001年4月开工建设。

（2）集镇码头复建。1997年，由云阳县人民政府决定，云阳县航务港口管理所为业主，万州区航务港口管理处为协助主持单位，复建全县故陵、巴阳、黄石、高阳、新津、双梅、复兴、盘石、龙洞9个乡集镇码头和10个停靠点。总投资1500万元，其资金包括移民补偿资金、交通部补助资金、地方政府和交通部门自筹资金。整个工程由长江水利委员会设计院完成设计，设计图于2000年11月经重庆市交委评审批准，通过招投标方式分别由富正建司、恒达建司、四川省路桥集团、万州鸿泰建司等单位承建，于2001年5月以后陆续开工。港区共有客运泊位13个，货运泊位17个，最大靠泊能力3000吨。

（二）作业区分布

1. 长江作业区

长江作业区位于云阳县新县城长江大桥上下游境内，在长江左岸，中心区域距宜昌航道里程295公里，后方为云阳新县城中心。2005年底，有万州港务集团淹没复建码头1000吨级客运泊位2个，工作船泊位3个，均采用缆车或下河梯步码头结构形式，年旅客通过能力220万人次。作业区内有车渡码头2个（左右岸各1个）。

2. 张飞庙旅游作业区

张飞庙旅游作业区位于云阳县境内长江右岸，距宜昌航道里程292.5公里。作业区以张飞庙旅游景点为依托，是云阳主要旅游专用作业区。2005年年底，有1000吨级旅游客运泊位1个，年旅客综合通过能力20万人次

3. 小江口作业区

小江口作业区位于云阳县境内小江与长江交汇处右岸，小江距河口0.8～5.5公里处，是小江流域件杂中转换装作业区。三峡水库蓄水后，小江与长江汇合处呈现湖中半岛的景观，后方为人和特色工业园区。2005年年底，有四方井客货码头1个，1000吨级客货泊位3个，年旅客通过能力16万人次。

4. 下岩寺货运作业区

下岩寺作业区位于云阳县境内长江左岸，距宜昌航道里程 298.8～291.0 公里，为件杂和化危品作业区。2005 年年底，有万州港务集团云阳分公司件杂泊位 1 个，年综合通过能力 23 万吨；液体化危品码头 1 个，年综合通过能力 10 万吨。

5. 陈家溪作业区

陈家溪作业区位于云阳县境内小江左岸，距小江河口航道里程 5.7～6.5 公里，为件杂、散货作业区。位于小江大桥上游左岸。后方以红旗水泥厂为依托。2005 年年底，有散货泊位 1 个，年综合通过能力 15 万吨。

6. 高阳作业区

高阳作业区位于云阳县高阳镇境内小江左岸，距小江河口 23 公里，为散货和化危品作业区。2005 年年底，该作业区有通用泊位 1 个，年货物综合通过能力 15 万吨。

7. 江口作业区

江口作业区位于云阳县汤溪河江口镇境内，为件杂作业区。后方为江口工业园区，园区内入驻企业有耐火材料厂和速生杨纸浆厂。2005 年年底，有件杂泊位 1 个，年货物综合通过能力 15 万吨。

第五节 巫山港区

一、自然状况

（一）地理位置

巫山港区位于巫山县境内的长江巫峡入口处，作业区主要分布在上至老鹰背（距宜昌航道里程 176.5 公里）下至与湖北省交界的鳊鱼溪（距宜昌航道里程 144.8 公里）的长江两岸及大宁河和神女溪沿岸，地处东经 109°33′～110°11′、北纬 30°45′～30°28′之间。大宁河流经巫山镇与长江交汇，大宁河境内的小三峡和长江的大三峡形成著名的旅游风景区。巫山港区地处三峡腹心，位于重庆东部边缘，是重庆市东部门户。东与湖北省巴东县接壤，南与湖北省建始县为邻，西与奉节县相连，北与巫溪县、湖北省神农架林区接界。水运可与长江干支流地区进行直达运输，是渝东、鄂西、陕南等地区重要物资对外运输的主通道。

（二）水文特征

三峡成库前巫山港区最高水位 124.21 米，最低水位 64.89 米。历年平均最高水位 83.54 米，最低水位 76.93 米。最大流量 62100 立方米/秒，最小流量 3120 立方米/秒。三峡成库后，支流河流通航条件得到改善。三峡水库按 145～175 米运行，港区常年处于库区水位，航道宽阔，水流平稳，终年可通行万吨级船队，港口条件好，深水泊位多。

二、港区通过能力

1994 年，全港区地方码头完成旅客吞吐量 278 万人次，货物吞吐量 78.38 万吨。1997 年，巫山县旅游收入创亿元大关，成为全国旅游收入上亿元的旅游大县。2005 年，巫山港区货物综合通过能力 219 万吨，旅客通过能力 626 万人次。当年完成吞吐量货运 86.40 万吨、旅客 234.18 万人次。

三、码头建设及作业区分布

（一）码头建设

1. 淹没前

1950 年，巫山港口搬运逐步形成有组织的群体作业，港口码头建设开始起步。中共十一届三中全会后，国家推行扶贫政策，先后投资修建了王爷庙、缺口子码头及港区下河引道。到 1994 年，全港区有地方码头 15 个，泊位 25 个，各类停泊趸船 14 艘，仓库 3120 平方米，堆场 39320 平方米。

2. 淹没复建

由于三峡工程蓄水，巫山港区原有码头全部被淹没。巫山县委、县政府于 1997 年 7 月 28 日和 8 月 12 日两次召开巫山港长江码头调整布局办公会议，在四川省内河勘察设计院的主持下，对巫山港的码头进行重新调整，以巫山县政府发〔1999〕10 号文件批准转发《巫山港长江码头调整方案》，于 1998 年年底完成调整后的复建图纸设计。

调整后，巫山长江码头岸线总长 3200 米，其中礁石岸至瘌子滩 1600 米安排复建 13 个码头，瘌子滩至红石梁约 1600 米安排复建 13 个码头。与此同时，巫山县有 7 个乡镇码头需一并复建，其中长江 4 个（培石码头、南陵码头、曲尺码头、大溪码头）、大宁河 3 个（双龙码头、大昌码头、龙溪码头）。所有港口码头淹没复建工程自 1999 年开始启动，先后完成图纸评审、工程招投标等前期准备工作，于 2002 年相继开工建设。

（1）龙门客运旅游码头。复建工程总投资 2623 万元，其中移民淹没补偿投资 402 万元，交通部补偿投资 190 万元，自筹资金 2031 万元。复建泊位 4 个，年旅客吞吐量 200 万人次。由中国港湾建设（集团）二航局一公司和四航局中标负责施工，工期 2 年，于 2002 年 5 月动工，2005 年完工。

（2）西坪货运码头。复建总投资 3010 万元，其中移民淹没补偿资金 514 万元，自筹资金 2496 万元。复建规模泊位 3 个，年货物吞吐量 60 万吨。一期工程由巫山路桥总公司中标负责施工，于 2002 年 7 月破土动工，工期为 1 年。

（3）北门客运码头。复建总投资 4993 万元，其中移民淹没补偿资金 1300 万元，交通部补偿资金 2130 万元，自筹资金 1563 万元。复建泊位 4 个，年旅客吞吐量 110 万人次。项目业主为万州区港务局，由广州港建工程公司中标负责施工，于 2002 年 6 月破土动工，工期为 2 年。由于移民拆迁和城市道路建设影响工程进度，2005 年年底前未完工。

（4）大溪乡镇码头。复建总投资 112 万元，全系移民淹没补偿投资。复建泊位 2 个，年货运吞吐量 3. 9 万吨，年客运吞吐量 22 万人次。由长江重庆航道局中标承建。于 2002 年 7 月破土动工，2003 年 3 月完工交付使用。

（5）培石乡镇码头。复建总投资 105. 3 万元，全系移民淹没补偿投资。复建泊位 2 个，年货运吞吐量 53. 6 万吨，年客运吞吐量 22 万人次。由巫山银河建筑公司中标承建。于 2002 年 7 月破土动工，2003 年 5 月完工。

（6）双龙乡镇码头。复建总投资 93. 6 万元，全系移民淹没补偿投资。复建泊位 2 个，年货运吞吐量 3. 1 万吨，年客运吞吐量为 60. 2 万人次。由巫山银河建筑公司中标承建。因文物抢救性挖掘，至 2003 年初暂未动工，2003 年 6 月完工。

（7）曲尺乡镇码头。于 2002 年 5 月动工，2003 年 3 月完工。

（8）大昌乡镇码头。因文物挖掘或迁移，2005 年前完成淹没复建图纸设计，未动工。另外，老鹰背工业区和江东咀停泊区正在规划之中。2004 年年底，全港区共有生产性泊位 58 个，其中 1000 吨级以上泊位 41 个，拥有生产仓库 4243 平方米，堆场 49570 平方米，装卸机械 48 台，港作船舶 32 艘，客运楼 100 平方米。

（二）作业区分布

1. 县城中心作业区

县城中心作业区位于巫山县境内长江左岸及大宁河河口两岸，处于城区中心地带两江交汇处，距宜昌航道里程 170. 5 公里。2005 年年底，利用岸线长约 3930 米，江面宽阔，水流平缓，陆域纵深有限，交通较为便利。北门码头有泊位 6 个，其中工作船泊位 3 个，可利用岸线长 1300 米。龙门码头有泊位16个，主要为旅游客运运输、旅客水转水运输和区间旅客运输服务。江东嘴码头可利用岸线长880米，有中石油公司囤船1艘，主要为水上加油服务，占用岸线80米。

2. 神女溪作业区

神女溪作业区位于巫山县境内神女溪河口、神女峰对面长江右岸，距河口0~1公里。2005年年底，可利用岸线长1000米，水域条件好，陆域纵深约80米，地势较为平坦，依托神女溪、神女峰景区发展客运。主要为三峡旅游景区和神女溪特色旅游提供旅客中转运输服务，有旅游客运中转泊位1个。

3. 大昌作业区

大昌作业区位于巫山县境内大宁河左岸，距大宁河河口42.0公里。2005年年底，可利用岸线长1000米，陆域纵深约200米。三峡工程蓄水后，水域条件好，交通便利，依托大昌古镇发展客运。该作业区为旅游客运作业区。

4. 大溪作业区

大溪作业区位于巫山县境内长江右岸大溪河河口处，距宜昌航道里程195公里。2005年年底，可利用岸线长1500米，陆域纵深约150米，水域条件良好，交通较为便利，依托后方大溪文化遗址发展客运。

5. 西坪作业区

西坪作业区位于巫山县境内县城上游约2.0公里的长江左岸，距宜昌航道里程172.8公里。2005年年底，可利用岸线长约1200米，岸线顺直，江面宽阔，水域条件良好，陆域纵深约150米，后方为城区道路。已建成1000吨级以上散货泊位7个、件杂泊位2个、轮渡泊位1个、液体化危品泊位1个。

6. 南陵作业区

南陵作业区位于巫山县境内城区对面长江右岸，距宜昌航道里程172.5公里。水陆域条件良好，有沿江移民公路连接后方，交通较为便利。2005年底，利用岸线长800米，该作业区主要以液体化危品装卸、水上加油以及翻坝运输服务为主，有煤炭、石油、轮渡泊位各1个。

第六节　巫溪港区

一、自然状况

（一）地理位置

巫溪港区位于巫溪县境内，作业区主要分布在距大宁河河口54~72公里，地处大巴山南部的汤溪、大宁河中游地带，地跨北纬31°14′~31°44′、东经108°42′~109°59′。东与湖北省竹溪、竹山、房县和神农架林区连界，南同巫山、奉节、云阳毗邻，西与城口、开县接壤，北依陕西省镇坪。

（二）水位特征

巫溪港区最高水位213.13米，最低水位203.65米，平均水位208.39米，最大流量3350立方米/秒，最小流量6.8立方米/秒，平均流量86立方米/秒。大宁河巫山段属峡岩河壁，航道条件差，属等外级航道。三峡工程蓄水按145~175米运行，该港区处于回水变动段中。

二、港区通过能力

2003年，巫溪港区共有泊位2个，最大靠泊能力30吨，年综合通过能力客运50万人次、货运30万吨。港区吞吐货物以建材杂货为主，完成客货吞吐量分别为11万人次、12万吨。2005年，有码头1个、泊位2个，港区货运、客运通过能力分别达35万吨、57万人次。当年完成客货吞吐量分别为12.5万人次、10万吨。

三、码头建设及作业区分布

（一）码头建设

1976年10月，经四川省交通厅航务局批准，投资5万元在巫溪县城南门湾右岸建1座曲度缓和的导流顺坝。该坝施工期中，县政府提出综合方案，坝的平台作停车场，待坝身沉陷牢固后，再提升加高改作公路。工程竣工后，交通航务主管部门将此坝确定为水上货运码头。该工程坝长210米，宽45米，前沿高3米，水深4米，泊位2个。建坝的同时，在港口水洞子码头（自然河岸）建客运码头1座，全长60米，宽8米，前沿高2.5米，水深1.5米，泊位2个，港口公路1条长200米、宽5米。从此巫溪港区有了建设工程的港口码头。因大部分货物通过陆上汽车运输，水上货运较少，1992年，南门湾货运码头闲置，后经县交通局无偿划给巫溪汽车站作汽车客运停车场。

1998年7月，大宁河流域连续2次降暴雨，洪峰流量高达3400立方米/秒，县城水位高达213.07米（海拔），全县受灾严重，巫溪港口客运码头全部被洪水冲毁。原使用的码头被洪水冲毁后，基本属于自然岸坡，码头设施十分落后，加之码头权属不明，码头建设管理十分混乱。为了改善港口落后状况，巫溪港航处建议，县交通局报告县人民政府同意，由巫溪港航处申请市交委补助资金50万元、自筹35万元，总投资85万元，巫溪县人民政府授权于巫溪港航处（业主），于2004年2月扩建港口码头1座。码头前沿长250米，水深3米，建20吨级泊位6个，可停船舶20余艘，地面平台面积7600平方米。设计年客运吞吐量30万人次、年货运吞吐量2万吨，抗洪标准为50年一遇特大洪水。通过南门湾建坝截流后提升建港和2004年扩建港口（码头），沿河建筑岸线长达460米，前沿提高3米。昔日荒滩废墟成为巫溪县交通枢纽和经济中心。

（二）作业区分布

1. 县城中心作业区

县城中心作业区位于巫溪县境内，巫溪县城中心地带，在大宁河中上游距河口72～72.4公里。1986～2005年底，该作业区处于自然河流状况。作业区有客运泊位1个，通用泊位1个，年综合通过能力5万吨。2005年后三峡工程蓄水按145～175米运行，该作业区处于回水变动段中。

2. 花台作业区

花台作业区位于巫溪县境内，在大宁河中游，距河口54公里，与巫山交界处的左岸。三峡成库156米水位末端为散货、件杂作业区。作业区下游与孝子溪和巫山福田、大昌镇紧密相连，腹地公路有连接巫溪及陕西、湖北等省的公路运输网络。2005年底，码头结构形式均为自然岸坡。其中，散货泊位1个，年综合通过能力10万吨；客运泊位1个，年通过能力10万人次。

3. 庙溪作业区

庙溪作业区位于巫溪县境内，在大宁河中游，距河口62.5公里的右岸。1986～2005年底，该作业区处于自然河流状况中，作业区码头结构形式为自然岸坡，为散货、客运作业区。其中，散货泊位1个，年综合通过能力10万吨；客运泊位1个，年通过能力10万人次。2005年后三峡工程蓄水按145～175米运行，该作业区处于回水变运段中。

第七节　彭水港区

一、自然状况

（一）地理位置

彭水港区位于彭水县境内，作业区分布在距乌江河口129～154公里处的乌江两岸。地处北纬27°7′～29°1′、东经107°48′～108°36′之间。是乌江流域重要的地方港区，是黔江、酉阳及湘、黔、鄂邻近县（市）适水物资中转港，历来是渝、黔、湘、鄂四省市邻边区水路交通中转港和物资集散地。彭水港区有国道319线、在建渝长高速公路和省际公路彭务线、彭利线，省际公路石彭线、彭酉线、彭武线、彭丰线、濯黔线等公路干线以及渝怀铁路在此交错。彭水港区腹地矿产资源丰富，有煤炭、铝土、萤石、重晶石、镁、铁、铜、铅、锌、优质石英砂、石灰石、锰、大理石等28种矿产。彭水烤烟年产160万担，是中国重要的烤烟生产基地。其他农副产品有玉米、水果、菜油、米、茶叶、蔬菜等。

（二）水文特征

彭水港区多年平均流量1230立方米/秒，最小流量134立方米/秒，最大流量15700立方米/秒。最高通航水位按5年一遇的洪水重现期确定，高程为229.50米，最低通航水位按银盘枢纽死水位211.5米。未成库彭水河段百年一遇最高洪水位为242.6米，最枯水位199.40米。规划彭水枢纽水库正常蓄水位为293米，死水位为278米。年径流量27.05亿立方米，水资源径流总量106.28亿立方米。

二、港区通过能力

1985年，港区旅客吞吐量22.5万人次，货物吞吐量32万吨。1990年，旅客吞吐量46万人次，货物吞吐量43万吨。1995年，旅客吞吐量39万人次，货物吞吐量24万吨。2000年，旅客吞吐量64万人次，货物吞吐量58万吨。2005年，货物吞吐量112万吨。

三、码头建设及作业区分布

（一）码头建设

1985~1992年，彭水港区在乌江两岸先后修建四楞碑、红军渡、南渡沱、高谷等客、货码头。这些码头对沟通城乡物资交流，活跃渝、黔、湘、鄂四省市邻边区的集市贸易，发挥了巨大作用。随着彭水工商业的快速发展，一些工厂充分利用乌江水运的优势，建成上塘口纸厂码头、双江水泥厂码头、县水泥厂码头、农资码头、黔江转运站码头、粮转站码头、矿业码头、煤炭码头，最大载重船舶达700吨级，使原材料经码头输入，产品又经码头运往各地。码头作业越来越频繁，水路运输得到快速发展。全县境内有码头21个，泊位36个，其中企业专用码头13个，泊位16个。全港有装卸运输机械12台，其中2005年开工建设的三斧沱260吨塔吊结束了彭水无大件装卸的历史。县内5家装卸公司共有职工700余人。

（二）作业区分布

1. 四楞碑作业区

四楞碑作业区位于彭水县境内乌江右岸，距河口航道里程135.0~135.4公里。2005年年底，作业区在彭水县城中心地带，后方交通方便。有四楞碑、红军渡2个码头，有500吨级件杂泊位7个，年综合通过能力34万吨。

2. 南渡沱作业区

南渡沱作业区位于彭水县境内乌江左岸，距河口航道里程129.5公里。2005年年底，作业区有南渡沱矿产码头，500吨级散货作业泊位5个，成品油泊位1个，年综合通过能力28万吨。

3. 沙沱作业区

沙沱作业区位于彭水县境内乌江右岸，距河口航道里程136.1~136.7公里。作业区230米高程以下岸坡较缓，以上则较陡，后方通过城市道路与国道319线相连。2005年年底，有件杂泊位2个，年综合通过能力5万吨。

4. 上塘口作业区

上塘口作业区位于彭水县境内乌江右岸，县城下游，距河口航道里程130公里，是因环保要求从县城中心作业区迁出的煤码头作业区。后方与国道319连接。2005年年底，有500吨级煤码头泊位5个，年通过能力30万吨。

第八节　酉阳港区

一、自然状况

（一）地理位置

酉阳港区位于酉阳县境内，作业区分布在距河口航道里程 182.1～185.0 公里的乌江右岸一侧。在重庆市东南边陲，与彭水、黔江、秀山和贵州沿河、务川接壤。酉阳港区的主要经济腹地为酉阳县、秀山县以及贵州省沿河、务川等。酉阳县是重庆市渝东南地区边陲重镇，304 省道和规划建设中的渝长（沙）高速公路贯穿全县，同时渝怀铁路的通车并与全市铁路网的相连带来巨大的发展契机。

（二）水文特征

酉阳港区最高水位 294.44 米，最低水位 278.55 米，平均水位 288.45 米，最大流量 7200 立方米/秒，最小流量 300 立方米/秒，平均流量 950 立方米/秒。酉阳龚滩多年平均流量 1150 立方米/秒，最小流量 129 立方米/秒。彭水电站成库后（按彭水电站运行调节计算），最高水位为 293 米，最低水位 278 米。

二、港区通过能力

1985 年，旅客吞吐量 10.6 万人次，货物吞吐量 12.3 万吨。2003 年，旅客吞吐量 15 万人次，货物吞吐量 38 万吨。2005 年，酉阳港区货物综合通过能力 41 万吨，旅客通过能力 23 万人次。当年完成货物吞吐量 2.59 万吨。

三、码头建设及作业区分布

（一）码头建设

1990 年，四川省实行以工代赈，用扶贫补助资金开展码头全面改建扩建工程。建设 200 吨级货运泊位 3 个、客运泊位 1 个，形成顺岸枯、中、洪水三级重力式档墙岸线 703.5 米，货台 12000 平方米，扩建下河公路 122 米。龚滩作业区于 1990 年 1 月动工，1992 年 11 月基本完工。工程总计投资 165 万元，其中以工代赈资金 150 万元，自筹资金 15 万元。

（二）作业区分布

1. 龚滩作业区

龚滩作业区位于酉阳县龚滩镇境内，渝黔交界处的乌江右岸，距乌江河口航道里程 184.4～185.0 公里。1986～2005 年，建设 200 吨级货运泊位 3 个、客运泊位 1 个，形成顺岸枯、中、洪水三级重力式档墙岸线 703.5 米，货台 12000 平方米，扩建下河公路 122 米。2005 年，货物综合通过能力 26 万吨，旅客通过能力 18 万人次。

2. 万木作业区

万木作业区位于酉阳县万木乡境内乌江右岸。2005 年年底，有 400 吨级件杂、散货作业泊位 2 个，年货运综合通过能力 15 万吨；客运泊位 1 个，年客运综合通过能力 5 万人次。

第九节　开县港区

一、自然状况

（一）地理位置

开县港区位于开县境内，作业区分布在距彭溪河河口航道里程 77.8～68.5 公里处的彭溪河两岸，属三峡库区回水末端。东与巫溪、云阳县接壤，南与万州毗邻，西与四川开江、宣汉县交界，北与城口县相连，距万州五桥机场和万州火车站均为40公里。

（二）水文特征

三峡工程建成后，145米蓄水时回水50.5公里至白家溪，156米蓄水时回水70公里至凤凰梁，175米蓄水将回水110公里至马家沟。

二、港区通过能力

2003年完成客货吞吐量分别为4.4万人次、13.2万吨。2005年，开县港区共有泊位6个，最大靠泊能力100吨，港区吞吐货物以煤炭、矿建材料、水泥、粮食等为主。货物综合通过能力14万吨、旅客通过能力10万人次。当年完成货物吞吐量35.44万吨，旅客3.8万人次。

三、作业区分布

（一）汉丰作业区

汉丰作业区位于开县新县城，边缘南河入彭溪河口处，在彭溪河两岸，距河口航道里程75.5～76.0公里。后方交通条件良好，是开县水陆交通转运枢纽。2005年年底，有斜坡式自然岸坡客货码头作业泊位2个，年旅客、货物综合通过能力分别为3万人次、4万吨。

（二）厚坝作业区

厚坝作业区位于开县县城东部厚坝镇小江左岸，距河口航道里程72.4公里处，为件杂作业区，是开县粮食、蔬菜的主要产区，对外交通方便，水路依托小江可通江达海，陆路交通可直达万州、达县等区市。1986～2005年年底，该作业区处于自然河流状况中。拥有通用泊位2个，年综合通过能力4万吨。2005年后三峡工程蓄水按145～175米运行，该作业区处于回水变运段中。

（三）渠口作业区

渠口作业区位于开县东南渠口镇浦里河与小江的汇合处，距河口航道里程59.2～60.7公里，为散货作业区。腹地内煤炭和硫铁矿储量丰富，是白鹤电厂煤源点之一。1986～2005年年底，该作业区处于自然河流状况中。拥有通用泊位2个，年货物、旅客综合通过能力分别为7万吨、5万人次。2005年后三峡工程蓄水按145～175米运行，该作业区处于回水变运段中。

第六章　港口经营

重庆市港口经营的形成经过了从计划经济向市场经济逐步转型的阶段。在计划经济时期(1983年以前。下同)，港口包括由交通部直属的港口和重庆市政府管理的港口两部分。交通部直属的港口就是交通部在长江上直接管理的25个港口，四川省境内有重庆港、涪陵港、万县港。这些港口建设由交通部直接投资，生产任务由交通部下达。重庆地方管辖的港口企业有重庆市搬装公司和拥有自然坡岸的集体企业。还有既不属于中央也不属于地方管辖，直接由厂矿企业管理的厂矿企业码头单位。

计划经济时期，交通部管辖的25个港口的运输任务是确保国家重点建设任务完成，运输任务（计划）通过国家计、经委平衡下达给铁道部和交通部。计划经济时期的港口生产只是为完成和超额完成上级下达的任务，并只为交通部长航局所属的船公司服务，港口和长航局的船公司实行内部核算。这些港口在计划经济时期都带有浓厚的生产型特点。

重庆市的厂矿企业码头只是为本厂生产所需要的原材料和生产的产品运输服务，不对外开放，不对外收费，实行厂矿内部核算。

重庆市地方政府管辖类似搬装公司、集体性质单位和在自然坡岸作业的个体户等，有按照费收规则，或以费收规则为基础，上下浮动向货主收取装卸费，有类似现在经营的情况。

在计划经济时期，交通部的港口和厂矿企业的码头，港口经营难以形成。地方管辖的码头和企业有一定的经营性质，但是这些码头和企业完成的吞吐量比例很小，这个时期港口经营生产性特点突出。1983 年，长江航运体制政企分开，港口开放迈出了港口经营的第一步。2000 年 8 月，重庆市交通委员会成立，理顺了港口管理体制。2003 年，国务院颁发《中华人民共和国港口法》，从此港口经营走向法制化。

第一节　港口经营改革

一、改革初期的港口经营

（一）长江航运体制改革

1983～1986 年，交通部长江航务管理局按照国务院批转的长江航运体制改革方案，对政企不分的长江沿线的港航管理体制实行了港航分管、政企分开、港口下放地方的全面改革。重庆港务局从原长江航运管理局重庆分局体制中分离出来，实行港航分管、港口开放，不仅为长江航运管理局的船舶服务，而且为多家船务公司服务。长江航运管理局重庆分局改制为长江轮船公司，为大型国有企业。

从 1986～1996 年，重庆港务局服务对象从 6 家船公司发展到 56 家，其中货运由 4 家发展到 48 家，客运由 2 家发展到 8 家。重庆港由此迈出了港口经营的第一步。

（二）企业专用码头开放

1984 年，国家经贸委、交通部为了让更多厂矿地方码头开放，发布《企业专用码头建设和管理试行办法》，鼓励沿海、沿江企业修建码头，并明确“谁建、谁管、谁受益”“国营、集体、个体一起上”等政策，码头能力有富余的，可以向社会开放，从事营业性装卸业务。重庆厂矿码头和地方码头，如重钢、长安、建设厂及重庆搬装公司纷纷响应，都有强烈开放的愿望。但是重庆港以及长江上原交通部管辖的 25 个港口在经营方面保持了传统的观念，认为交通部管辖的港口是经营性的，其他部门的码头是非经营性的，其他部门的码头设备只为本企业、本地区生产服务，不能对外开放。为此，尽管重庆港实现了开放，为多家船务公司服务，但多家厂矿企业码头实行开放对外经营却十分困难。

在改革开放利益调整中，企业之间曾有过纠纷和摩擦，尤其是 1990～2000 年这 10 年间，政府和相关部门曾进行多次协调处理，部分厂矿码头和地方码头才逐步开放。这一时期港口经营公平竞争的局面难以形成。

二、港口经营走向法制轨道

2000 年 8 月，重庆市交通委员会成立，并明确了重庆市交通委员会是重庆市港口管理的主管机关，重庆市港航管理局是在重庆市交通委员会领导下的具体管理港口的部门。由此，理顺了重庆市港口管理体制。

2003 年 6 月 28 日，十届全国人大三次会议通过了《中华人民共和国港口法》（下称《港口法》），并于 2004 年 1 月 1 日实施。2004 年，为配合《港口法》的实施，交通部颁布《港口经营管理规定》，明确规定了港口经营人不得实施垄断行为和不正当竞争行为，港口经营实施资质管理和港口经营许可，港口经营人受到法律保护。2005 年，经营港口业务的企业除专业化港口企业以外，还有厂矿码头、地方码头和船公司等企业。只要资质合格，并取得港口经营许可，都可以从事港口经营业务。至此，港口开放、公平竞争的局面基本形成。全市经营港口业务的企业有 348 家，码头 1392 座，大型装卸机械 641 台。港口企业以股份和民营企业为主，水系不发达的地方也有一定数量的个体经营者，全市港口从业人员为 8.2 万人。

第二节　费收管理和定价

水路运输是水路运送旅客、货物和港口码头集疏运货物、旅客作业两大体系的综合体。水路运输企业（船公司）和港口企业是两个不同的经营主体，相互依赖，又各有分工。支撑这两个经营实体生存和发展的核心基础是航运运费收入和港口作业服务收入。中华人民共和国成立以来，重庆市水路运输的发展经历了从计划经济向市场经济的变革。在运输价格和港口收费方面，经历了从政府定价向政府指导价到逐步放开到全面实行市场调节价机制的转型。到 2005 年为止，除一些行政性事业收费和规费由政府定价以外，包括运费（运价）、港口作业费等其他经营性费收都实行了市场调节价。这些经营性费收的标准，受市场竞争、区域经济发展和环境变化以及操作安全、物流效率等因素的影响发生变化。

一、计划经济时期

1983 年以前，重庆港的港口费收价格实行统一领导、分级管理的模式。港口管理体制分为中央和地方两大体系，港口作业价格均由交通管理部门会同物价部门制定和负责管理。中央直属港口的港口作业价格，由交通部和国家计委物价局共同制定收费规则以及各项收费标准。川江渝、涪、万 3 个主要港口属于这一范畴。省、自治区、直辖市所属港口的作业价格，则由省、自治区、直辖市物价主管部门管理。由省、自治区、直辖市交通厅（或航务管理局）负责制定本省、自治区、直辖市的港口收费规则与收费标准，并报经省、自治区、直辖市物价部门核定批准。这个时期港口费收称为政府定价。

二、改革开放初期

1983 ~2000 年，交通部两次修改内贸港口费收规则。同时交通部发文明确了港口企业的装卸收费部分在规定标准基础上可以有上下 20% 的浮动，特大笨重件（特殊货物）可通过协议定价，计划外运输货物承、托双方可根据实际签订运输合同，保证货物的有效运输和港口中转，授权港口企业自订保管费的收费标准等。在政府定价的原则下，开始了部分放开港口经营性费收自主定价的范围，一直延续至 2005 年。

三、市场定价时期

2005 年，交通部、发展改革委颁发《关于调整港口内贸收费规定和标准的通知》（以下简称《通知》）。新的《通知》于同年 8 月 1 日起正式施行，对港口内贸收费分别实行政府定价，政府指导价和市场调节价机制。其中货物港务费、船舶使用费（包括引航费、拖轮费、停泊费等）实行政府定价；货物装卸作业费等劳务收费、港口内贸船舶代理收费项目与标准同时实行市场调节价。各港口企业可根据运营成本和市场供求关系，自行测定市场价格并提前在营业场所对外公示，而不需要向政府物价部门备案，同时废止交运发〔1992〕408 号文《关于调整长江干线港口作业综合包干费的通知》。新的《通知》将港口计费办法从根本上进行了改革，取消了货物分类按作业环节收费，采取港口作业收费实行包干计费的市场定价原则。手续简便，港口经营性收费更公平、公正。

第三节　港埠企业

1997年，重庆市成为中国第四个直辖市，原四川省管辖的万县市、涪陵市、黔江地区划归重庆市。从此重庆市的码头、泊位增多，港埠企业数量增大，从业人员由原重庆市3万余人增至8.7万人。

2000年8月，重庆市交通委员会成立，理顺了重庆市港口管理体制。2003年6月，《中华人民共和国港口法》颁布实施，为港口经营走向公平竞争的法制轨道创造了良好的外部环境。港埠企业只要符合经营资质要求，办理经营许可就可以从事港口经营活动。为此，一大批国有、股份制、民营、个体港埠企业诞生。2005年，重庆市办理经营许可、从事港口经营活动的企业已达348家。由于港口淹没复建及按规划进行港口建设，使港口机械化程度有了很大的提高，全市港口从业人员相对减少为8.2万人。

表9-6　　2005年重庆市港埠企业一览表

序号	单位名称	企业经济性质	经营场所	码头吞吐量	
				货物（万吨）	旅客（万人次）
1	永川区利亚达港埠有限公司	有限公司	永川松溉镇长江北岸下溪沟码头	15	
2	永川朱沱港口搬运装卸队	私营	永川朱沱下河公路陡塘石码头50米以内	0.5	
3	重庆渝西货运港口发展有限公司	有限公司	长江永川松既作业区	20	
4	江津区兴宇建材有限责任公司	有限责任公司	油溪镇货运码头	8	
5	江津区德感码头装卸队	私营	德感二沱码头	8	
6	江津区远程运输有限公司	有限公司	德感二沱码头	5	
7	江津区公路工程建设有限责任公司	国有	东门、中渡战备码头	8	
8	江津区飞达轮船有限公司	有限责任	白沙镇滨江路1、2号货运码头	9	
9	中石化长江燃料有限公司重庆分公司	国有	江津几江油囤	0.15	
10	江津区珞璜镇蔬菜村运输队	集体经济	珞璜莱蔬村码头	5	
11	重庆腾辉地维水泥有限公司	中外合资	珞璜地维水泥厂码头	4.5	
12	四川石油管理局物资总公司江津公司	国有	德感长江二沱码头	0.5	
13	重庆珞电实业有限责任公司	有限责任公司	珞璜镇石梁坝码头	20	
14	江津区金桥港埠有限公司	私营	金桥公司码头	10	
15	重庆江顺储运有限公司	有限公司	徐家嘴、大吉脑码头	25	
16	江津区运输有限公司朱杨分公司	有限公司	朱杨溪火车站码头	30	
17	重庆连碧工贸有限公司	有限公司	珞璜石梁坝码头	8	
18	重庆市江津利华贸易有限公司	有限公司	江津滩盘码头	40	

续前表

序号	单位名称	企业经济性质	经营场所	码头吞吐量	
				货物（万吨）	旅客（万人次）
19	重庆华航轮船有限公司	私营有限责任公司	巴南区麻柳嘴码头	0.2	
20	重庆市巴南木洞运输站	集体联营	巴南长江右岸木洞码头	0.2	
21	重庆巴鱼石油化工公司	有限责任公司	鱼洞车渡码头左侧	0.15	
22	重庆市巴南区生源运输有限公司	私营有限责任公司	梅家梁码头	18	
23	重庆市南江船务有限公司	有限责任公司	鱼洞客渡		10
24	重庆市巴南区国宏木器厂	私营独资	木洞码头	1	
25	攀钢集团重庆钛业股份有限公司	有限责任公司	渝钛白趸	0.4	
26	重庆市巴渝运输有限公司	有限责任公司	车渡肥料码头	0.4	
27	重庆市李家沱运输有限公司	有限责任公司	渝钛白趸	0.4	
28	牟绍文	私营	沙湾码头	0.5	
29	重庆钢铁股份有限公司	国有	重钢运输部四码头	200	0
30	中国石油重庆销售公司朝阳河油库	国有	江北区朝阳河1号	28	
31	市公路运输（集团）总公司机械化装卸分公司	国有	九渡口老关庙码头	1.6	
32	重庆市九龙坡区铜罐驿镇建设五社搬运装卸队	集体	九龙坡长江左岸东笋坝	40	
33	重庆农药化工（集团）有限公司	国有	黑羊石码头	1	
34	重庆川维物流有限公司（黄研）	股份制	九龙坡区李家沱码头	5.18	
35	中石油天然气股份有限公司重庆销售分公司伏牛溪油库	国有	大渡口区伏牛溪码头	70	
36	重庆川东化工（集团）有限公司	民营	川东码头		
37	重庆新港装卸运输有限公司	国有	新港港区	74	
38	重庆小南海水泥厂	私营	大渡口区白沙沱	2	
39	重庆新渝石油化学制品有限公司	有限责任	新渝1囤	23	
40	市公路运输（集团）总公司机械化装卸分公司	国企	九渡口粗炳碛码头	8	
41	重庆市九龙坡区天正运输服务有限公司	私营	九渡口粗炳碛、老关庙码头	5	
42	重庆铁鹰运输有限公司	私营	九渡口粗炳碛、码头	12	
43	重庆大渡口区建路运输队	集体	大渡口吊鱼嘴码头	1.5	
44	重庆万发码头装卸运输有限公司	有限责任	大渡口茄子溪码头	8	
45	重庆旺盛水上客运有限公司	私营	九渡口粗炳碛码头	5	
46	重庆涛浪商贸有限公司	民营	渔秋浩	4	

续前表

序号	单位名称	企业经济性质	经营场所	码头吞吐量	
				货物（万吨）	旅客（万人次）
47	市九龙坡区骏利沙石经营部	私营	罗中子河边	30	
48	重庆港电装卸有限公司	股份制	大渡口老关庙	10	
49	重庆建设储运有限公司	国有	龙凤溪码头	20	
50	重庆红港公司	股份制	堆金石		
51	重庆市中爵运输有限公司	有限	石门码头	13.6	
52	重庆市合川区全江沙石有限责任公司	集体联营	天源码头	30	
53	重庆市安波建材有限公司	私营	忠恕沱	6	
54	渝北区吉洪运输有限公司	有限	羊角堡	30	
55	合川盐井俊生建军材经营部	私营	井口塘码头	15	
56	重庆市公运（集团）公司沙坪坝分公司	国有	大渡口码头	108	
57	重庆腾进建材有限公司	国有	铜元局谢家碛	180	
58	重庆科德工有限责任公司	有限	千金岩码头	500	
59	重庆市公运（集团）公司第六分分公司	国有	海棠溪码头	3	
60	重庆市公运（集团）公司南岸站	国有	弹子石	50	
61	重庆市公运（集团）公司江北分公司	国有	相国寺	20	
62	重庆市长安运输有限责任公司	国有	刘家台码头		
63	重庆旭江沙石有限公司	私营	江北青草坝	30	
64	重庆飞捷工程机械有限公司	私营	茅溪桥	4	
65	重庆家勇建材有限公司	私营	江北黑石子码头	3	
66	中国航空油料有限责任公司重庆分公司	国有	长石尾		
67	重庆大达轮船有限公司	外资	长石尾码头		
68	吉兵货物中转站	股份制	川染码头	15	
69	重庆宇泰物流公司	股份制	大石门码头	30	
70	重庆工贸实业（集团）丰都县汽车运输有限公司	法人独资	丁庄溪货运码头	3	
71	丰都县玉溪装卸有限公司	集体	高镇玉溪货运码头	10	
72	丰都县公路运输公司	集体	丁庄溪货运码头	5	
73	丰都县高镇装卸运输公司	集体独资	高镇货运码头	8.5	
74	长江重庆航道局丰都航道处海航囤船	国有	原老县城		5
75	长江重庆航道局丰都航道处码头	国有	原老县城		4

续前表

序号	单位名称	企业经济性质	经营场所	码头吞吐量	
				货物（万吨）	旅客（万人次）
76	洋渡镇顺昌砂石装卸组	私营	洋渡作业区扎包石水域	1	
77	中石化长燃万州分公司	股份有限公司	独珠作业区土包河水域	2	
78	忠县洋渡镇搬运队	集体	洋渡作业区	4	
79	忠县石宝镇劲华搬运队	私营	石宝作业区地方码头	2	
80	中石化三峡忠县经营部	国有	东溪口作业区长石梁	2	
81	大扬运业有限责任公司	有限责任公司	西山作业区徐家坡码头	4	
82	兰晓兵	私营	白桥溪河口至一建司预制场		
83	冯建国	私营	西山作业区信号台	2	
84	康家沱港埠服务中心	私营	康家沱至曹波滩		
85	徐勇	私营	下渡口煤码头下游	2	
86	周泽明	私营	忠州镇干井口	4	
87	忠县江南港埠服务中心	私营	东溪镇		
88	银帆砂石开采有限公司	有限公司	滨江路工程二标段	2	
89	忠县聚融沙石场	私营	苏家件杂货码头177米码头平台	5	
90	东溪镇兴旺预制场码头	私营	东溪镇兴旺村7组	2	
91	忠县杨小平沙石经营部	私营	西山作业区菜子石码头	2	
92	余海水	私营	下渡口码头	4	
93	东溪镇兴龙煤坪装卸队	私营	东溪河左岸距大桥2公里	6	
94	中油重庆万州忠县经营部	国有	独珠作业区石倒圈水域	1	
95	中油重庆万州忠县经营部	国有	西山作业区菜子石水域	1	
96	中油重庆万州忠县经营部	国有	东溪作业区神溪口水域	1	
97	高宗群	私营	苏家作业区三块石水域	3	
98	忠县翠屏装卸服务队	私营	长江上游右岸滑石子水域	2	
99	正宏运输有限责任公司	有限责任公司	西山作业区关头河		
100	忠县玉林砂石服务中心	私营	复兴镇水坪村		
101	忠县云海工贸有限公司	私营有限责任公司	忠州镇菜地湾、玉溪河航道	4	
102	忠县任家装卸运输队	私营	任家镇渡口	2	
103	忠县江龙装卸队	私营	东溪镇兴旺村3组	9	
104	万港发忠县分公司	有限责任公司	忠县红星客运中心		2
105	万港发忠县分公司	有限责任公司	忠县石宝客运码头		4
106	万港发忠县分公司	有限责任公司	忠县苏家货运码头	8	
107	海内观光游轮有限公司	私营有限公司	忠县红星客运码头		6
108	万州港务发展有限责任公司云阳分公司	国有	苦草沱、下岩寺张飞庙	23	110

续前表

序号	单位名称	企业经济性质	经营场所	码头吞吐量	
				货物（万吨）	旅客（万人次）
109	中石化长燃云阳洋叉沱水上加油站	国有	洋叉沱	1	
110	渝鸿公司盘石码头	有限公司	盘石	3	
111	贯货港口装卸公司	股份制	贯塘湾	2	
112	永成能源公司	私营	灯笼桥	5	
113	兴云港埠公司	有限公司	长席子	10	
114	宏顺装卸公司	有限公司	下岩寺	4	
115	云阳县杨根码头装卸作业队	私营	高阳镇	9	
116	鸿远商贸公司	股份制	高阳镇	20	
117	莲花民兴中转站	股份制	莲花乡		
118	巴阳互邦货物公司	股份制	巴阳		
119	青龙港务有限公司	股份制	坝上码头	3	
120	青龙港务有限公司	股份制	岩湾码头	4	
121	青龙港务有限公司	股份制	东洋子码头	2	
122	青龙港务有限公司	股份制	汤溪小河码头	2	
123	青龙港务有限公司	股份制	汤溪新桐码头		
124	青龙港务有限公司	股份制	汤溪凉风台码头	4	
125	青龙港务有限公司	股份制	栖霞龙门码头	5	
126	青龙港务有限公司	股份制	宝塔桐盛村		
127	青龙港务有限公司	股份制	双江蜀光码头		
128	青龙港务有限公司	股份制	双江大金堂码头	4	
129	青龙港务有限公司	股份制	龙洞大麦沱码头	5	
130	青龙港务有限公司	股份制	双梅码头	5	
131	青龙港务有限公司	股份制	复兴糖厂码头		
132	青龙港务有限公司	股份制	双江老街码头		
133	青龙港务有限公司	股份制	人头山码头		
134	青龙港务有限公司	股份制	马沱村码头		
135	青龙港务有限公司	股份制	黄岭嘴码头		
136	永成能源公司	私营	硐村码头		
137	吉祥能源公司	私营	小峡码头		
138	宏源港口装卸队	私营	硐村码头		
139	宏源港口装卸队	私营	硐村码头		
140	联华矿业公司	民营	硐村码头		
141	青树杨根码头	私营	青树码头		
142	中石化川渝三峡分公司（川渝001）	民营	高阳		

续前表

序号	单位名称	企业经济性质	经营场所	码头吞吐量	
				货物（万吨）	旅客（万人次）
143	中石油万州云阳销售分公司	国有	洋叉沱		
144	云阳县群益港口有限责任公司	股份制	青龙嘴、		8
145	云阳县群益港口有限责任公司	股份制	故陵		
146	云阳县群益港口有限责任公司	股份制	龙洞		
147	云阳联盛港务公司	股份制	毛坝乡	50	
148	鹏飞物流白龙码头	民营	白龙乡		
149	重庆子午公司代李子码头	民营	黄石镇		
150	故陵红金煤厂码头	民营	故陵		
151	龙洞马河煤厂二道溪码头	民营	龙洞		
152	龙洞乡富顺煤厂坝上码头	民营	龙洞		
153	普安吉仲酒厂码头	民营	普安乡		
154	万州串通滚装公司	民营	四方井		
155	万港发奉分司	国有	三马山客运中心		100
156	万港发奉分司	国有	宝塔坪港区		50
157	万港发奉分司	国有	白马货运码头		
158	万港发奉分司	国有	金盆货运码头		
159	奉节县港航运输公司	集体	奉节县熊家包	30	10
160	奉节县港航运输公司	集体	奉节县八号桥		
161	奉节县港航运输公司	集体	奉节县九号桥		
162	奉节县港航运输公司	集体	奉节县三马山		
163	奉节县港口经营站	集体	奉节县黑寒包	30	11
164	奉节县港口经营站	集体	奉节县藕塘		
165	中石油奉节经营部	国有股份	奉节县李家坝	10	
166	奉节县港龙储运有限公司	国有	奉节县新城乡6社	30	
167	渝东港埠有限责任公司	股份制	西坪货运作业区	10	
168	龙升货场有限责任公司	股份制	乌鸡沟	5	
169	埠港装卸有限责任公司	股份制	葡萄坝	10	
170	万州源珍公司	外资	横石溪	10	
171	宏运货场	私营	红石梁	5	
172	红石梁货运码头有限公司	股份制	红石梁	3	
173	轿子石货场	私营	红石梁	8	
174	金山储运有限责任公司	股份制	葡萄坝	10	
175	红河码头有限责任公司	股份制	鳊鱼溪	10	
176	金马煤炭装卸有限公司	股份制	白马滩	4	
177	三峡游船有限公司	股份制	北门客运作业区		3
178	渝山公司	股份制	北门客运作业区		29.2

续前表

序号	单位名称	企业经济性质	经营场所	码头吞吐量	
				货物（万吨）	旅客（万人次）
179	小小三峡旅游有限责任公司	独资	马渡河口		50
180	长红装卸有限公司	股份制	白鸶鹭	8	
181	扬子江国际旅行社	国有	向家沟		14
182	万州港发巫山分公司	国有独资	北门客运作业区		150
183	中石油巫山经营部	国有	田家沟	1.5	
184	黄家湾矿业有限公司	股份制	横石溪	30	
185	虎峰盛生码头	私营	虎峰镇莱家桥	1.5	
186	铜梁县港口服务有限公司	有限公司	虎峰镇莱家桥	0.5	
187	合川区安狮砂石经营部	私营	柳寨码头	1.5	
188	合川区宏扬砂石经营部	私营	盐井码头	1	
189	合川区顺强黄沙矿业有限公司	私营	艾家溪码头		
190	合川金实建材有限公司	股份制	渭子溪码头		
191	合川区涞滩镇	私营企业	涞滩码头		
192	乌木滩码头	私营	乌木滩码头		
193	合川区玉桓建材经营部	私营	煤坪码头		
194	合川区联合运输队	合伙	东津沱码头		
195	合川官渡码头沙场	私营	官渡码头		
196	合川泥溪沙场	私营	泥溪码头		
197	下南河沙场	私营	下南村码头		
198	重庆市海发运业发展有限公司	有限责任	澄江码头、澄江铁路桥码头、三胜码头装卸作业及沙石经营；北碚正码头、毛背沱码头休闲娱乐经营	2	
199	北碚区港发建材有限公司	有限责任	毛背沱、正码头、郭家沱	8	
200	北碚区港埠运输公司	集体经济	水土码头	1	0.4
201	重庆富澳沙石有限公司	有限责任	牛屎沱	20	
202	重庆巴士朝阳实业有限公司	有限责任	毛背沱	100	
203	重庆公路运输总公司北碚分公司	国有	黄桷码头	2	
204	重庆皓蓝蓝运输有限公司	私营有限	澄江弹房码头	2	
205	北碚区嘉缙建材经营部	私营有限	人头石码头	3	
206	重庆河渠运输有限公司	有限责任	人头石码头	5	
207	重庆德源煤业有限公司	有限责任	大沱口	2	
208	重庆港政货运有限公司	私营股份	黄桷码头	2	
209	重庆能动商贸有限公司	私营有限	八四五厂码头	1.5	
210	北碚区郭家沱和平沙石装卸组	私营	郭家沱码头	4	
211	重庆五贤货运有限公司	有限责任	黄桷码头	1	

续前表

序号	单位名称	企业经济性质	经营场所	码头吞吐量	
				货物（万吨）	旅客（万人次）
212	北碚区字库河沙经营部	私营合作	施加梁字库码头	3	
213	重庆建友建材有限公司		大沱口码头		
214	彭水县装卸公司	集体所有制	南渡沱四楞碑		11
215	彭水县粮食局转运站	国有	汉葭镇沙沱码头		
216	彭水县华林装卸队	私营	彭水万足乡翻坝码头		
217	彭水县高谷装卸服务站	私营	彭水县高谷镇码头		
218	彭水县江南装卸有限责任公司		河堡居委小河坝码头		15
219	彭水县泰昌经营部	私营	罗家沱		50
220	彭水县四海矿产储运部	私营	汉葭镇北斗村六组		45
221	彭水县白云矿产有限责任公司	私营	汉葭镇北斗村五组		38
222	彭水县开源煤矿储运部	私营	汉葭镇罗家沱		30
223	彭水县永丰储运部		汉葭镇北斗村六组		20
224	彭水县茂林矿业开发有限公司		下塘村新坝子		50
225	武隆县汽车运输有限责任公司	股份制	武隆码头	5	
226	武隆县捷利化工有限公司	股份制	羊角新滩码头	9	
227	羊角水泥厂	股份制	羊角新滩码头	3	
228	白马运输公司	股份制	白马码头	16	
229	富民煤矿	股份制	白马富民码头	6.5	
230	桐麻湾煤矿	股份制	白马桐麻湾码头	3	
231	威武煤矿	股份制	边滩码头	4	
232	顺星煤矿	股份制	边滩码头	4	
233	双星煤矿	股份制	边滩码头	4	
234	万卷书煤仓（李霞）	股份制	白马万卷书码头	7	
235	万卷书煤仓（肖树明）	股份制	白马万卷书码头	4	
236	武隆罗英煤矿	股份制	罗英码头	5	
237	陈家沟煤矿	股份制	白马桐麻湾码头	8	
238	重庆新涪食品有限公司	外商独资	龙桥北拱	110	
239	重庆腾辉涪陵水泥有限公司	外商独资	涪陵小溪	38	
240	重庆市建涪水泥厂	集体独资	涪陵青崩子	2	
241	重庆市涪陵酒店水泥二厂	私营合作	涪陵小溪	2	
242	重庆市涪陵嘉盛实业有限公司码头公司	私营有限责任公司	涪陵马鼻梁	50	
243	重庆市涪陵志远煤炭仓储有限公司	私营有限责任公司	涪陵红石堆	10	
244	重庆市涪陵兴友货物中转站	私营独资	龙桥双桂村五社	20	
245	天子殿朱兵煤坪	私营合作	天子殿8组	5	

续前表

序号	单位名称	企业经济性质	经营场所	码头吞吐量	
				货物（万吨）	旅客（万人次）
246	张会煤坪	私营合作	天子殿8组	5	
247	王贵昌煤坪	私营	天子殿8组	3	
248	王贵华煤坪	私营	天子殿8组	2	
249	王国明煤坪	私营	天子殿8组	2	
250	栾兴权煤坪	私营	天子殿8组	2.5	
251	郑清兰煤坪	私营	天子殿8组	2	
252	王建国煤坪	私营	天子殿8组	3	
253	重庆市乌江航道管理段	国有独资	米汤沟	10	
254	重庆涪陵沿江装卸仓储有限公司	私营有限责任公司	沙溪沟、红石堆	26	
255	涪陵邦渝货物仓储站	私营独资	桥南路16号	3	
256	重庆市顺潮实业有限公司	私营有限责任公司	江东群沱子	60	
257	重庆交通物资集团宇阳沥青有限公司	国营联营	龙桥北拱	10	
258	重庆市东升铝业股份有限公司	股份有限公司	清溪四院二组	3	
259	贵州省乌江轮船公司涪陵分公司	国有独资公司	涪陵乌杨树	18	
260	中化重庆涪陵化工有限公司	国有联营	南岸浦	183	
261	涪陵兴耀水泥厂	私营合作	荔枝乌江村一组	0.6	
262	涪陵港务局	国有	糠壳湾、龙王沱、龙桥、白涛	300	433
263	重庆三峡轮船股份有限公司	股份有限公司			290
264	重庆涪陵白涛煤矿有限公司	私营有限公司	白涛镇柏树村	2	
265	重庆市珍溪码头装卸有限公司	私营	涪陵珍溪	10	
266	中石化长江燃料有限公司涪陵分公司	国有	涪陵人头怨	1.5	
267	中国石化销售有限公司川渝涪陵分公司	国有	北岩寺珍腰石	3	0
268	中国石化销售有限公司川渝涪陵分公司	国有	乌江左岸老火柴厂下游	0.25	0
269	中国石化销售有限公司川渝涪陵分公司	国有	龙桥镇双桂村手扒岩	0.98	0
270	重庆涪陵建设路市粮食储备库	国有	涪陵鸣羊嘴	3	
271	涪陵吉祥装卸运输公司	集体独资	涪陵崩土坎	30	
272	涪陵公路局渡口管理所	其他经济	黄旗战备码头		
273	重庆市远东船务有限公司	私营有限责任公司	江北碧筱		

续前表

序号	单位名称	企业经济性质	经营场所	码头吞吐量	
				货物（万吨）	旅客（万人次）
274	重庆航发黄旗港埠有限公司	股份有限公司	涪陵黄旗	660	19.8
275	重庆市涪陵区智发鱼府	私营	米汤沟		
276	中国石油重庆销售涪陵分公司	国有	北岩寺、八角亭、乌杨树、李渡、黄桷嘴	20.5	
277	重庆涪陵中龙交通建设有限公司	国家独资	糠壳湾	8	
278	涪陵照成物流有限公司	私营合作	荔枝办事处顺江三社	8	
279	涪陵粮油航运贸易公司	私营股份有限公司	鸣羊嘴		
280	重庆长江水运股份有限公司	股份有限公司	大东门		120
281	重庆智全实业有限责任公司	私营有限公司	白涛大件件散码头	200	
282	渝北民用建材厂	集体联营	悦来码头	0.8	
283	渝北区悦土建材加工厂	私营合作	悦来镇合力村	16	
284	悦来合力建材厂	私营	悦来镇合力村	0.5	
285	田晓容	私营	悦来镇清南村	1.2	
286	重庆市献诚物流有限公司	私营有限责任公司	洛碛	1.2	
287	重庆川庆化工厂	国有独资	洛碛	1.5	
288	西南合成制药股份有限公司	股份有限公司	洛碛	1.5	
289	李如国	私营	洛碛	3	
290	重庆华航公司	私营股份有限公司	洛碛		10
291	渝北区公路运输有限责任公司	有限责任公司			
292	渝北区悦来镇清南村委会	集体独资		1.5	
293	中油重庆黔江销售分公司西沱油库	国有	西沱镇陶家坝		
294	重庆市万州港务发展有限公司西沱分公司	国有	西沱镇打渔湾、石槽溪		
295	重庆建航船舶运输有限公司	私营有限责任公司	丝绸厂码头	9	
296	重庆明富建材有限公司	有限责任公司	礼嘉镇苗圃货运码头	6	
297	重庆啤酒集团大竹林分厂码头	国有独资公司	大竹林货运码头	8	
298	渝东港埠有限责任公司	股份制	西坪货运作业区	10	
299	龙升货场有限责任公司	股份制	乌鸡沟	5	
300	埠港装卸有限责任公司	股份制	葡萄坝	10	
301	万州源珍公司	外资	横石溪	10	
302	宏运货场	私营	红石梁	5	

续前表

序号	单位名称	企业经济性质	经营场所	码头吞吐量	
				货物（万吨）	旅客（万人次）
303	红石梁货运码头有限公司	股份制	红石梁	3	
304	轿子石货场	私营	红石梁	8	
305	金山储运有限责任公司	股份制	葡萄坝	10	
306	红河码头有限责任公司	股份制	鳊鱼溪	10	
307	金马煤炭装卸有限公司	股份制	白马滩	4	
308	三峡游船有限公司	股份制	北门客运作业区		3
309	渝山公司	股份制	北门客运作业区		29. 2
310	小小三峡旅游有限责任公司	独资	马渡河口		50
311	长红装卸有限公司	股份制	白鹭鹭	8	
312	扬子江国际旅行社	国营	向家沟		14
313	万州港发巫山分公司	国有独资	北门客运作业区		150
314	中石油巫山经营部	国营	田家沟	1. 5	
315	黄家湾矿业有限公司	股份制	横石溪	30	
316	重庆港联装卸有限公司	股份制	鳝鱼尾码头	15	
317	重庆港务物流集团长寿港埠分公司	国有	长寿羊角堡长航货运码头、长寿长航大、二码头、白沙湾货运码头	70	
318	重庆市长寿区野猫沱煤炭转运站	仓储	野猫沱码头	40	
319	长寿区第二搬装有限责任公司	有限责任	1. 长化码头进港货物作业 2. 龙舌梁至小岩子	15	
320	重庆市长寿区李家坪搬运有限公司	私营有限公司	小石溪至大石溪（王家岩）	20	
321	长寿区第三搬装有限责任公司	有限责任	217—流水沟	27	
322	重庆市长寿区晏家装卸运输队	私营合作	长寿川维基建码头	3	
323	重庆长风化工厂	国有	瓦罐窑码头	5	
324	重庆市长寿区廖诗平搬运队	私营	长寿长江左岸黄牛岭渝洲纸厂码头	10	
325	重庆市长寿区恒发装卸有限公司	私营有限公司	长寿长江左岸棺材石码头（距宜昌航道里程 584. 6 公里处）	10	
326	重庆川维物流有限公司	有限责任公司	田家滩上溪沟—芭蕉林	80	
327	重庆市长寿区汪洋搬运车队	独资	灰窑沱码头	1	
328	长明国际物流有限公司	中外合资	长寿长江左岸川江船厂观音滩码头	40 万吨	
329	重庆市万州港口（集团）有限责任公司	国有独资	红溪沟、鞍子坝、江南沱口码头	400 40 万标箱	580

续前表

序号	单位名称	企业经济性质	经营场所	码头吞吐量	
				货物（万吨）	旅客（万人次）
330	重庆市万州区通亚港建有限责任公司	集体独资	红花地、青草背、武陵等13个乡集镇码头	85 147.6	138
331	中石化长燃万州分公司	国有联营	猴子石	3.5	
332	万州索特金属材料有限公司	国有独资	明镜滩	45	
333	万州区鸿运船舶修造运输公司	集体独资	油沱坊		
334	万州区五星船务有限公司	私营有限责任公司	新田老码头		
335	万州区新乡镇装卸有限公司	私营有限责任公司	新乡镇码头		
336	万州区浦信港埠实业有限公司	股份有限	大桥溪	200	
337	万州区金舟装卸服务部	私营	大桥溪		
338	万州区平安装卸有限公司	私营有限责任公司	红溪沟		
339	万州区明镜滩装卸服务有限公司	私营有限责任公司	明镜滩		
340	重庆市熊氏仓储有限公司	私营有限责任公司	恒太河右岸	9	
341	万州区国茂运输有限公司	私营有限责任公司	牛屎滩	8	
342	重庆市万州区渝东船务有限公司	有限责任公司	沙嘴、陈家坝、苎溪河	1.8	138
343	重庆市万州区江峡船务有限公司	私营股份有限公司	北山河段		
344	重庆市万州港物资有限责任公司	有限责任公司	红溪沟	0.5	
345	重庆市龙港仓储有限责任公司	私营有限责任公司	九龙	1	
346	重庆市万州区鼎名轩餐饮娱乐有限公司	私营有限责任公司	北山河段		
347	中石化长燃鸡冠石加油站	国有	长江鸡冠石	8	

一、重点港埠企业

重庆市港口企业基本是以股份制、民营为主。最大的港口企业是原交通部和地方双重领导、政企合一的重庆港口管理局、涪陵港务管理局、万州港务管理局所属的企业。2000年，重庆体制改革，双重领导港口政企分离，下放地方政府管理，3个局分别按照属地管理的模式，下放当地港口管理部门管理，企业转制，成立港口集团公司。

（一）重庆港务（集团）有限责任公司

重庆港务（集团）有限责任公司前身是重庆港口管理局，重庆港口管理局的前身是重庆港务管理局。重庆港务管理局成立于1952年，是交通部直接管理长江干线重点港口之一，是具有港口管理和港口生产的政企合一的单位。20世纪60年代，交通部在重庆港务局投资建设了蓝家沱、猫儿沱、九龙坡、朝天门作业区，形成长江港口重要的基础设施。20世纪80～90年代交通部又继续投资，对以上作业区进行改扩建，使重庆港的功能更加完善。

1983年，重庆港务管理局组建为交通部重庆港口管理局。同年8月3日交通部决定对重庆港口管理局实行部市双重领导，以部为主的体制。2000年8月，重庆港口管理局实行政企分开，将港口管理行政职能划转重庆市交通委员会，将企业经济实体组建为重庆港务（集团）有限责任公司。

1997年重庆直辖前，重庆港口局和所属的企业是重庆港的代名词，是天府之国唯一的外贸港口，是西南地区最大的水陆交通枢纽。港口处于长江一线与西南一片的结合点，内接川、藏、云、贵，南出广西，北联陕、甘、新、青、宁，顺江东出鄂、湘、赣、皖、苏、申，直至海外。在经济上辐射范围广，腹地辽阔，资源丰富，物资荟萃，商旅云集。进出口主要货种为煤炭、钢铁、金属矿石、非金属矿石、化肥、化工等几大类。

2005年，该集团有蓝家沱、猫儿沱、九龙坡、朝天门、江北、寸滩、长寿等作业区，共有码头生产性泊位1000吨级66个（其中客运20个），总资产23.1亿元，职工9000多人，年货运通过能力1000万吨，年客运通过能力935万人次，年集装箱吞吐能力50万标箱。实际完成货物吞吐量949.9万吨，客运吞吐量117.9万人次，集装箱吞吐量13.9万标箱。集团旗下的重庆港九股份有限公司是在国内A股市场挂牌的上市公司，总股本2.28亿股，集团公司控股42.39%。

2006年，为了加快现代物流发展，促进港口物流一体化，根据重庆市人民政府的决定，把重庆港口集团、重庆物资集团、万州港务集团与涪陵港务局组建为重庆港务物流（集团）有限公司，成为重庆市最大的港埠企业。

（二）万州港口（集团）有限责任公司

万州港口（集团）有限责任公司的前身为万州港务管理局，始建于1952年1月，属交通部直管政企合一的单位，实行以交通部领导为主、地方领导为辅的双重领导体制。1988年12月15日，成建制下放到万县地区行署，实行以地方政府领导为主，交通部领导为辅的双重领导体制，属正县级政企合一单位。

1995年5月，万县地区设立二类水运口岸。经国务院及有关部门1998年6月26日批准设立海关，开展动植物、卫生检疫工作。

2003年6月25日，根据万州府〔2003〕58号文批复，万州港务管理局按照政企分开的原则整体改制组建重庆市万州港口（集团）有限责任公司。

2005年，三峡库区形成后，万州港作为库区最大的枢纽港口，在长江干线上起到承东启西的作用。该（集团）公司在万州港和忠县西沱、忠县石宝、云阳、奉节、巫山等5个县级港口都设有分公司。公司在职职工1029人，其中大专及以上252人，中专、技校文化程度94人，高中以下文化程度731人；有固定资产13.8亿元，注册资金2.98亿元。共有控股公司4个，参股公司6个，下属公司7个。拥有现代化客运港区7个，货运港区10个，泊位22个，自建进港铁路2.976公里。年客运吞吐能力1500万人次，年货运吞吐能力1000万吨。有各类机械设备63台（其中装卸机械38台），船舶105艘，生产用仓库总面积8300平方米，生产用堆场面积15万平方米，客运设施总面积1.8万平方米。公司主要从事港口装卸、驳运、仓储经营，码头和其他港口设施，港口机械、设施、设备、维修业务，港口旅客运输服务，港口拖轮、船舶港口服务业务，船舶修造业务。经营砂石、钢材、机电产品、房地产业。

万州港口（集团）有限责任公司是重庆市三大主枢纽港口的主体之一，是三峡库区最大的港口经济实体。三峡工程二期蓄水，使万州港口一跃成为长江上游最大的常年深水良港，港口集疏能力大大提高。达万铁路、五桥机场、渝万高速公路的建成，给万州港增添了更广的辐射能力。万州港口成为三峡库区水陆、江海、铁水、航空联运的枢纽。2006 年，万州港口（集团）有限公司整体划入重庆港务物流（集团）有限责任公司。

（三）重庆市涪陵港务有限公司

重庆市涪陵港务有限公司前身为涪陵港务局，于 1960 年成立，由交通部直接管理，具有港口管理和港口生产的政企合一的单位。20 世纪 60～80 年代期间，交通部曾经对涪陵港务局的荔枝园、糠壳湾、龙王沱、白涛、丰都、高家镇的码头泊位进行投资建设，增加了涪陵港口基础设施。涪陵港务局经历了下放地方，实行交通部与地方双重领导，以及政企分开，彻底下放地方的历程。涪陵港是渝东南地区物资主要集散地，经济腹地包括渝东南地区（涪陵、南川、酉阳、秀山、黔江、彭水、武隆等）。涪陵自然资源丰富，涪陵榨菜驰名中外。农业方面粮、棉、油、蚕及工业方面制药、卷烟、有色金属、电力、化工、纺织等行业在重庆市占有重要地位。

2005 年，港口主要经营货物装卸、堆存、仓储、中转和客货代理等。港口有固定资产 1.8 亿元，拥有客货码头 8 座、20 个泊位，最大靠泊能力 5000 吨，年综合通过能力 350 万吨。码头岸线总长 5500 米，堆场 21000 平方米，仓库 2192 平方米。港口设备门类齐全，有 10～50 吨浮吊 6 台，25 吨集装箱龙门吊 2 台，最大起吊能力 50 吨，是涪陵区机械化、专业化程度和科技含量最高的现代化港口，并拥有经重庆海关批准设立的涪陵唯一的外贸货物进出口专用仓库，“一关三检”可全部在港内完成。下辖糠壳湾分公司、客运分公司、白涛港务处、经济开发分公司等。有在职职工 641 人，离退休职工 526 人。2006 年，涪陵港务局经营实体整体划入重庆港务物流（集团）有限责任公司。

二、其他港埠企业

其他原有的国有企业随着市场经济变化，部分已逐步改制，改为股份公司或股份有限责任公司。原有民营企业也有的不断发展，规模越做越大。如江津区利华贸易有限公司从 20 世纪 90 年代一个中转化肥几万吨的小企业，扩大到中转近 100 万吨、年产值过亿元的企业。

（一）重庆新港装卸运输有限公司

重庆新港装卸运输有限公司是 1998 年由重钢公司和长江航运集团公司共同组建、共同出资、共同建设、共同经营的企业。是以港口装卸、仓储及水路运输代理为主营业务的国有公司制企业，是重钢集团公司的控股子公司。新港港区位于重庆市大渡口区大渡村长江左岸，港区紧邻大渡口火车站。该公司 1999 年 1 月正式投入运营，坚持“保障重钢、服务社会”的基本经营原则，在重钢钢铁主业营销中，提供水路销售钢材的堆存、装卸及发运的全程承运服务；在面对社会的经营业务中，以集装箱、钢材、机电设备、水泥及散装料装卸作业为主。

2005 年，新港公司港区拥有码头泊位 4 个。其中，3 号码头泊位为多功能滚装式码头，配置 1 艘起吊能力为 40 吨和 20 吨的双浮吊趸船；2 号码头泊位为直立式预应力码头，配置 1 台起吊能力为 100 吨的桥式行车；1 号泊位配置 1 艘起吊能力为 5 吨的单浮吊趸船，作为提供煤炭、铁矿和其他散装料装卸的专用泊位；0 号泊位配置 1 台水泥吸附装卸设备，年装卸能力达 80 万吨。港区货物堆场总面积 23500 平方米。其中集装箱堆场 11000 平方米，配置起吊能力为 40 吨的桥式行车 2 台；件杂货、机电设备、汽车等货物的堆场 4 个，面积共计 10500 平方米，配置起吊能力为 40 吨的门式行车 2 台，20 吨的门式行车 1 台，15 吨的门式行车 2 台。用于集装箱掏、装箱及存储防日晒雨淋货物的室内货场 2000 平方米。

新港公司下设办公室、财务部、调度室、集装箱营运部、生产部及货运代理分公司，从业人员 250 人左右，其中生产操作人员占 80%，管理技术人员占 2%。资产总额 7937 万元，净资产 7193 万元，资产负债率 0.9%，资产保值增值率 118%。

（二）重庆市江津利华贸易有限公司

重庆市江津利华贸易有限公司组建于1984年，是一家以经营港口为主的民营企业。1994年以来，连续被重庆市工商局、江津区人民政府、江津区工商局命名为“重合同、守信用企业”，利华商贸城先后被江津区、重庆市命名为“文明市场”。2002～2005年，公司连续被江津区委、区政府评为“最佳商业企业”“最佳物流贸易企业”“诚信企业”“先进私营企业”。该公司抓住机遇，根据自身发展和业务扩大的需要，加大港口建设力度，在2公里长的港区内，采取多种形式自筹资金4400多万元滚动建设，建成8个码头、25个系缆设施，可供500～3000吨多个船型的船舶同时作业，日卸载货物7000多吨。建成货物堆场3.8万多平方米，冬季可储化肥13万吨。新修并开通港区公路8条，共6公里。

2005年，江津利华贸易有限公司拥有运载车辆25台、装载机1台、浮船1艘、可上下移动吊机4部，站台货位164个，最多一天装104车、6240吨，年储运能力达200万吨以上。有员工758人，其中大专以上文化程度58人，各类高中级专业技术人员16人，初级专业技术人员33人，年储运化肥达70万吨，销售化肥13万吨，为农村剩余劳动力和城市下岗职工提供了700多个就业岗位。成都铁路局已将白沙火车站建设为战略装车站，这给滩盘港提供了历史性的发展机遇，公司按照江津区政府和交通港航部门的要求，加强滩盘港的改扩建工作，保证战略装车的需要，为江津区的社会经济发展做出积极贡献。

（三）奉节县港航运输公司

奉节县港航运输公司为县属集体所有制企业，成立于1949年11月。原为奉节县搬运工会，码头装卸多为人力搬运，水上运输用小木划载客载物。1960年更名奉节县搬运服务社，逐步有20、30吨的小木驳。20世纪70年代发展到100吨左右的木驳船，1艘160马力的木质小机动船。1983年，改名为奉节县搬运装卸公司。1989年，改为奉节县港航运输公司，购进4艘400吨级的钢质驳船，500马力钢质拖轮2艘。1999年，打造钢质机驳奉港501。

2005年，奉节县港航运输公司有大型机驳船1艘、趸船3艘，码头分别为熊家包农资货运码头、三号桥（白衣庵）农资化肥码头、三马山客运码头、鱼种场件杂码头、八号桥件杂码头。职工总人数520人，其中退休职工291人，在职职工229人。职工总人数中管理人员13人，船员90人，码头装卸工人126人。经营水上货物运输、码头装卸、农资化肥仓储、码头客运、交通建筑施工。公司有固定资产3180万元，有载重1530～3000吨级钢质机驳4艘，趸船3艘，6400平方米办公大楼1栋。

（四）重庆川维物流有限公司

重庆川维物流有限公司位于重庆（长寿）化工园区，于2004年4月26日由中国石化集团四川维尼厂储运公司（其前生是四川维尼纶厂运输处，成立于1976年，企业性质属国有）整体改制而成的有限责任公司，是一家集危险化学品和普通货物的仓储、公路运输、水路运输、铁路专用线运输以及搬运、装卸、码头作业为一体的专业化物流公司。

2005年，重庆川维物流有限公司主要从事货物装卸、驳运、仓储经营，船舶港口服务业务经营，港口机械、设施、设备租赁、维修业务经营。港区内设有7个泊位，其中危险化学品作业泊位2个，港区拥有液体货物120万吨/年、干散货80万吨/年的吞吐能力。该公司有员工583人，注册资本8407.95万元，经营资产近4亿元，公司下设公路运输分公司、船务分公司、铁路分公司、仓储分公司和储运分公司（储运分公司位于重庆市九龙坡区西彭镇黄磏）以及综合管理部、安全技术部、经营部和财务部。公司具备普通货物和危险化学品的仓储、搬运、装卸、港口作业经营资质，并通过ISO 9001:2000国际质量体系论证。公司拥有完备的物流设施（仓库近6万平方米，储罐近4万立方米，汽车163辆，码头7座，趸船6艘，轮驳13艘，自航船4艘，总运力2.6万载重吨）和一支物流专业化的员工队伍，具有30多年的危险化学品和普通货物的仓储、港口作业经验，较强的社会运力和组织能力，物资仓储利用ERP信息技术，实现了网络化管理。

（五）重庆郭家沱港埠有限公司

重庆郭家沱港埠有限公司是由重庆轮船（集团）有限公司、重庆望江工业有限公司、重庆金川航运物资有限公司共同出资组建。公司于2004年7月26日在重庆市江北区工商行政管理局注册。公司住所重庆市江北区唐家沱五里坪工业园区，公司经营地址江北区郭家沱。经营范围为码头经营，在港区内从事货物装卸、仓储经营，主要从事重载车滚装码头经营管理，

重庆郭家沱港埠有限公司于2004年11月1日正式挂牌营运。公司下设安全生产调度部、财务部、综合行政部3个职能部门，员工总人数85人，其中管理人员18人，工人67人。

第十篇　水路运输业

重庆市地处中国东西部结合部，水运发达，港口密布。三峡水库成库后，航运条件得到极大改善，万吨船队可直达重庆，是长江上游最大的港口城市和西南地区重要的综合交通运输枢纽。水路运输一直是重庆与外部联系的主要通道之一，是西部大城市中独具的优势。水路运输在重庆市综合运输体系中的作用日益突出。2002 年 12 月，经重庆市人民政府第一百二十五次常务会议研究，并报经重庆市委常委会议审议通过了《重庆航运中心发展规划》，首次提出把重庆建成长江上游航运中心，制定了扶持发展水路运输的政策及措施。1986 ~ 2005 年，重庆市水路运输发展迅猛，对重庆经济发展做出十分重要的贡献，在综合运输 3 种主要运输方式（铁路、公路、水路）中的地位日趋重要，货运周转量在 3 种运输方式中所占比例由 1997 年直辖时的 35.16% 提高到 2005 年的 64.12%，占全市货运周转量的近 2/3，承担了 90% 的外贸进出口运输。

在国家改革开放政策的引领和行业管理部门的指导下，民营航运企业进入发展的黄金期，由 20 世纪 80 年代基本上是国有企业的一统天下，到 2005 年年底的民营航运企业运力占全市的 70% 以上。经过 20 年的发展，重庆已形成长江上游航运中心的雏形，长江黄金水道已成为重庆市经济发展、对外开放、招商引资的一个重要优势，水路运输对重庆市经济发展起到了重要作用。

1986 ~ 2005 年，重庆水路的货物运输以散货运输为主，逐步形成集装箱运输、载货汽车滚装运输、商品汽车滚装运输、化危品运输等多种专业运输方式全面发展的格局。客运从 1999 年底由普通客运逐步向旅游运输发展。到 2005 年，基本完成向旅游运输的转变。在这 20 年水运大发展中，重庆市运力由 1986 年的 61 万吨发展到 2005 年的 230 万吨，客船由 1986 年 138 艘、22227 客位、11795 千瓦发展到 2005 年的 1035 艘、115175 客位、185044 千瓦，货运量由 1986 年的 628.7 万吨发展到 2005 年的 3896.36 万吨，周转量由 1986 年的 18.3955 亿吨公里发展到 2005 年的 400.464 亿吨公里。水路运输从业人员由 1986 年的 3.5 万人发展到 2005 年的 12 万人。

根据重庆市水运发展状况，规划拟通过 10 ~ 13 年的努力，力争在 2015 年之前，完成对航运支持体系的改建、扩建和改造，建立起比较完善和现代化的航运体系，实现航运支持体系全面升级，航运效率大大提高，达到全国内河航运领先水平，航运安全得到明显改善，航运交通事故明显减少，把重庆建设成长江上游现代化的航运中心。最终到 2020 年形成以高等级航道体系为基础，以高密度集装箱班轮航线为载体，以高效便捷的航运中心服务系统为保障，充分依托铁路骨架、高速公路网和机场的强大辐射作用，通过各种运输方式之间的有机衔接，集成航运发展各要素，将重庆建成长江上游辐射西部地区最大的集装箱集并港、大宗散货中转港、汽车滚装运输主通道和客运旅游集散中心。届时四级以上高等级航道里程达到 1485 公里，船舶载重吨达到 800 万吨，形成 2 亿吨港口吞吐能力（其中集装箱吞吐能力 600 万标准箱，汽车滚装吞吐能力 190 万辆），实现周边省市通过重庆水运中转的货运量占全市水运货运量的 50% 以上。

表 10-1　　1986~2005 年重庆市船舶运力分类情况表

年度	机动船（艘）									驳船（艘）	人力船（艘）	总计（艘）
	客船	国内游船	涉外游船	客货船	货船	集装箱船	滚装船	远洋船	拖船			
1986	100			42	202				317	1590	2040	4291
1987	137			69	591				302	1790	1348	4237
1988	158			94	501				303	1690	1172	3918
1989	170			94	633				253	1707	1077	3934
1990	179			86	626				266	1639	1064	3860
1991	149			102	683			4	268	1517	1002	3721
1992	145			104	684			5	271	1399	1103	3706
1993	184			101	669			5	234	1279	1135	3602
1994	160			129	753			5	211	1171	920	3344
1995	336			392	1802			4	308	1714	987	5539
1996	460			423	2148				291	1646	1101	6069
1997	699			391	2025				264	1447	456	5282
1998	644			525	1913				237	1345	377	5041
1999	691			547	1869	1			253	1438	402	5200
2000	664			579	1771	5		6	206	1268	384	4872
2001	816			459	1784	6	33	7	180	1143	333	4715
2002	850			416	1911	19	43	7	154	915	299	4545
2003	704			360	1728	60	59	7	141	787	266	3986
2004	744			250	1921	70	60	7	133	726	228	4002
2005	807			228	2130	104	58	7	109	634	144	4052

第一章　旅客运输

1986~2005 年，长江水路客运经历了改革开放、发展和向旅游化转变 3 个时期。

1983 年 3 月，国务院批转交通部关于长江航运体制改革方案中明确指出，长江航运体制改革一定要确保长江水系的畅通，促进航运事业的发展，提高经济效益，调动各方面建设和利用长江航运的积极性。交通部根据批转方案精神，在长江航运体制改革中对政企不分的长江沿线管理体制实行“港航分管，政企分开，港口下放地方”的全面改革。同时提出了“有河大家行船，有港大家靠船”的开放措施。也就是后来被航运界称为的“人民长江人民走，港口为多家船公司服务”。长江航运体制改革后，长江开放改变了原来航线分割、航区封闭的状况。重庆地方水运行业开始向市场经济迈进，原省、市、县属航运企业船舶纷纷由长江上游、支流、区间运输进入长江干线运输。

1990~1997 年，随着改革的深化，人民生活水平提高，对外交流增多，到长江三峡旅游的客人以及外出打工的民工增长很快，特别是 1997 年三峡大坝截流前旅行社纷纷推出“告别三峡游”，三峡游达到顶峰。经营三峡游的客轮和旅游景点到处人满为患，超过接待能力。在此阶段，受利益驱动，各沿江地、市、县纷纷成立轮船公司，利用三峡移民资金、扶贫款或向银行贷款建造客船投入运营，使客运旅游迅速发展，1997 年出现高峰。

1998~1999 年，由于受亚洲金融危机和 1997 年三峡大坝截流“告别三峡游”过度宣传的影响，加上宏观调控不力客轮增长过快造成运力过剩，水路客运由卖方市场变为买方市场。随后，由于铁路提速，民航快速发展以及沿江高速公路的修建，水运速度慢的劣势更加明显，旅客运输量持续下降。为求生存、求发展，水路客运向旅游转向。特别是自 1998 年开展重庆市水路客运市场整顿，各船公司加大了船舶技改力度，发展高档豪华涉外游轮，提高船舶技术条件和服务水平，适应了市场需要，加快了客运向旅游转变的进程。

第一节　普通旅客运输

一、长江干线普通客船运输

（一）长江开放适应市场需要

1978 年改革开放前，长江干线跨省客运航线由长江航运管理局所属船公司（以后的长江轮船总公司）独家经营，地方客运企业经营支小河流、长江干流的区间运输和重庆以上四川境内的客运航线。这种干支分段运行的运输方式严重制约了长江流域经济发展和水运优势的发挥。1978 年 12 月，中共十一届三中全会以后，全国政治、经济出现了崭新局面，航运业通过彻底清理“文革”的流毒和认真贯彻改革开放的方针，步入了稳定、健康发展的轨道。1980 年 5 月，国务院在听取交通部、邮电部汇报后，提出长江支流船舶可以进入长江的意见，长江水路运输市场全面开放，航运打破了干支分割的局面，促进了水路运输的迅猛发展。

（二）地方船舶参与长江运营

1. 涪陵地区船公司参与长江运营

1981 年 2 月 1 日，涪陵轮船公司（后更名为涪陵地区轮船公司、国营四川省涪陵轮船总公司、长江天府旅游轮船股份有限公司、重庆长江水运股份有限公司）红阳 25 号轮率先走出乌江跨入长江，经营彭水至重庆的支干直达客运航线。涪陵轮船公司在巩固彭水至重庆客运直达航线的同时，针对长江重庆以下中短途旅客不断增加，长江轮船总公司下属重庆长江轮船公司（以下简称长轮司）运力不能满足广大人民群众出行需要的实际，将旅客运输的重心从乌江转向长江，参与长江中短途客运市场的运输。1984 年 1 月，涪陵轮船公司经营重庆至丰都客运航线。1985 年 1 月，该航线延伸到高家镇，同年 9 月经营重庆至万县的航线。1986 年 1 月，该公司将航线延伸到宜昌，首次实现了地方客轮从重庆直达宜昌，打破了省际长途旅客运输由长江轮船公司独家经营的历史。同年，该公司又经营了重庆至武隆干支直达客运航线。涪陵市轮船公司、丰都轮船公司在此期间分别将重庆至高家镇、重庆至丰都和万县至巫山航线延伸至宜昌。同年 5 月，彭水苗族土家族自治县轮船公司（1988 年 11 月，彭水港航管理业务由涪陵地区划入黔江地区管理后，更名为黔江地区轮船公司、彭水县轮船公司）鸿运 13、14、15、16 号 4 艘客轮开始经营彭水至重庆直达航线。1994 年，四川三峡轮船有限公司（原涪陵市轮船公司）经营了重庆至南京航线。1997 年，丰都轮船公司经营重庆至九江航线。

2. 万县地区船公司参与长江运营

在涪陵地区各家船公司进入长江营运后，万县地区（后更名为万县市、万州移民开发区、万州区）几家轮船公司也陆续在长江经营了短途旅客运输航线。1983 年 1 月 13 日，万县轮船公司"万州 3 号"轮开始经营万县至巫山客运航线。同年 6 月，万州轮船公司又与忠县轮船公司对开万县（后改名万州）至忠县客运班船。1985 年 5 月 28 日，川东轮船公司"川东 8 号"轮首航万县至宜昌取得成功。1985 年 6 ~ 7 月，川东 2、9 号轮先后投入这条航线运营。1986 年，万县轮船公司将重庆至高家镇、重庆至丰都和万县至巫山航线延伸至宜昌。1994 年，云阳长江航运公司、万县市船舶航运公司和巫山县轮船公司先后经营重庆、云阳、万县和奉节至宜昌客运航线。

（三）普通旅客运输向旅游运输转化

1990 ~ 1997 年，随着改革的深化，人民生活水平的提高，对外交流增多，到长江三峡旅游的客人增长很快，普通客运逐步向旅游化转向，普客运输逐步发展为普客兼旅游（顺道游）运输。同时，随着国民经济的快速发展，作为交通出行，水运这种悠久的、古老的、传统的运输方式由于其速度慢、耗时长，被日益快速发展的航空、高速公路、高等级公路和不断提速的火车所替代。此外，三峡工程建设期间船舶过坝不畅，对客运影响严重，特别是受 1998 年特大洪水影响，重庆至沙市、重庆至九江航线于 2000 年停航。2001 年中国长江航运（集团）总公司武汉客运有限公司由于市场和结构调整原因，全面退出长江客运市场，一直由中国长江航运（集团）总公司占主导地位的长江旅客运输格局发生了根本性变化。随着其他运输方式的快速发展，沿江高速公路和铁路的不断延伸和提速，水运传统的中长途客运逐步萎缩。2003 年，"非典型性肺炎"（以下简称"非典"）疫情加速了长江干线普通客运衰退的进程。2004 年 4 月，重庆至武汉、城陵矶航线停航，重庆至上海、南京普通旅客运输也停航，只有少量旅游班。至 2005 年年底，长江干线省际普客运输航线只有重庆至宜昌和万州至宜昌、云阳至宜昌 3 条航线，水路客运急剧衰退，所以长江普通客运必须进行结构调整，向旅游化转变才是长江水路客运的发展方向。

二、长江干线高速客船运输

（一）高速客船发展

1986 ~ 1999 年，由于高速客船航速较快，平均时速上水 55 公里，下水 65 公里，平均载客率下水达 50% ~ 60%，上水达 80% ~ 100%，比普通客船航速快 2 倍和 1 倍多，颇受旅客欢迎。重庆地方水运企业联合科研院校开始对建造高速度的客船进行研究，以及向国外进口高速客运船舶，以求得与铁路、公路的竞争优势。此间，重庆陆续建造了侧壁式气垫船类型的高速客船和在俄罗斯购买二手水翼船投入重庆至宜昌、市内区间短途旅客运输，日运输旅客总量在 6000 人左右。高峰时仅重庆港航线就有重庆至长寿、涪陵、万县、奉节、巫山、宜昌、彭水等，日发班 20 余班次。长江沿线部分市地航运管理部门也批准了少数航运企业经营区间短途高速客运航线。重庆市航运管理处批准重庆长寿旅游客船有限责任公司购进玻璃钢高速船"银燕""青州"号，经营重庆至长寿航线。万县市航务管理处批准万县市港埠公司"金翔"号快艇经营万县至奉节航线，批准云阳三峡旅行社"云旅"号快艇经营万县至云阳航线。至 1997 年年底，重庆市高速客运船舶保有量达到 40 余艘、4783 客座。

1. 重庆轮船公司高速客船。高速客船的发展始于四川省重庆轮船公司（1984 年，下放重庆后改为重庆轮船公司）。该公司 1971 年接收由上海沪东造船厂建造的 717 型侧壁式气垫船"金沙江"号在长江进行运行试验。1984 年 10 月，由重庆船厂为该公司建造的同类型气垫船"岷江"号在长江试航成功，该船功率 441 千瓦、时速 46 公里、54 客位。同年 12 月 25 日，"岷江"号正式投入重庆至泸州、宜宾航线运营，颇受旅客欢迎。1989 年 9 月，该船改为经营重庆至涪陵航线。1991 年，重庆轮船公司又购置了 1 艘豪华式高速气垫船"渠江"号，该船长 22.4 米、型宽 6.7 米、主机功率 882 千瓦、时速 55 公里、80 客位，投入重庆至涪陵航线运营。1993 年，重庆轮船公司开始先后在所属泸州船厂建造新一代钢质侧壁式气垫船康平 1、2、7、8 号，载客 128 人；康平 9 号载客 300 人。1995 年 8 月，康平系列气垫船投入重庆至宜昌航线运营，进入了高速客船出川的历史。1995 年 8 月 25 日起，该公司陆续购进的俄罗斯水翼船“神通”“神翼”“神龙”“神彩”号先后经营重庆至丰都和重庆至万县航线。

2. 重庆市轮渡公司高速客船。1984 年 10 月，重庆市轮渡公司从杭州东风船厂购进 1 艘 441 千瓦、70 客位的气垫船“重庆”号，同年 12 月投入重庆至长寿航线运营。1985 年 8 月 26 日，“重庆”号航线延伸至丰都。1987 年 1 月 14 日，航线延伸至万县。1994 年 10 月，重庆客轮总公司（原重庆市轮渡公司）购进俄罗斯水翼船“神风”号，经营重庆至涪陵航线。

3. 重庆长发船务有限公司高速客船。1993 年 6 月，长江经济联合发展股份有限公司重庆公司与香港民生股份有限公司合资组建的“重庆长发船务有限公司”，从俄罗斯购进“长龙”“长飞”“长风”“长舞”水翼船 4 艘，各载客 129 人，临时经营重庆至涪陵航线。1994 年 5 月 27 日，该公司新增“长平”“长安”“长春”水翼船 3 艘，正式经营重庆至万县、重庆至涪陵航线。

4. 涪陵地区综合运输贸易公司高速客船。1993 年，涪陵地区综合运输贸易公司购进玻璃钢高速船“飞鱼”“飞雁”号，经营重庆至涪陵和重庆至丰都航线。1996 年，该公司购进“金港”号高速船，经营重庆至乌江白涛航线，曾试航重庆至武隆江口及彭水港，后因经营不善而停止该航线运营。

5. 长江天府轮船股份有限公司高速客船。1996 年，长江天府旅游轮船股份有限公司（原涪陵地区轮船公司）天欧 1、2、3 号（后更名为“渝平”“渝发”“渝安”号）水翼船运营重庆至万县航线。1997 年 6 月，“渝富”“渝强”快船投入长江重庆至巫山运营。

6. 涪陵市轮船公司高速客船。1993 年 10 月，涪陵市轮船公司建成双体气垫船“北极星”号，投入重庆至涪陵航线运营。

7. 重庆鸿雁轮船有限公司高速客船。1995 年，重庆鸿雁轮船有限公司（后更名为重庆邮政船务公司）购进俄罗斯水翼船鸿飞 1、2 号，同年 6 月投入重庆至丰都航线运营。同年，重庆鸿雁轮船有限公司购进俄罗斯水翼船飞驿 4 号、6 号投入该条省际航线运输。

8. 万州轮船公司高速客船。1995 年 7 月，万州轮船公司购进俄罗斯水翼船华龙 1 号、2 号，投入重庆至巫山、重庆至万县航线运输。

9. 涪陵港务局高速客船。1997 年 5 月，涪陵港务局慕字系列 4 艘快船正式投入重庆至涪陵航线运输。

（二）高速客船退出客运市场

高速客船包括高速水翼船、气垫船和慕字系列船。高速水翼船航速更快，噪音较小，航行时产生的波浪更小、更安全，所以随着水翼船的大量进入，气垫船逐步退出重庆水运市场。

2000 年 4 月，重庆至长寿高速公路通车，客源受到巨大冲击，客人弃水走陆，客源减少近 90%，渝长线高速客船相继停航。同年 5 月，经营重庆至长寿、涪陵航线的涪陵港务局中马合资慕字系列 4 艘高速船停航。同年 12 月，渝涪高速公路全线通车，各客运公司采取大幅度降低票价、提高服务质量等措施吸引旅客，但仍不能挽回流失的客源。重庆至涪陵、彭水快速航线相继停开。涪陵至彭水、龚滩、沿河快船航线于 2003 年全线停航。2003 年 12 月，渝长高速公路延伸至万州后，重庆至万州、奉节、巫山快速航线相继停开，重庆港只保留重庆至宜昌 1 条快速航线，但仍处于亏损状态。重庆至宜昌航线高速水翼船于 2004 年 12 月 20 日停开，只保留万州至巫山、宜昌（茅坪）航线，至 2005 年年底。

三、长江支流旅客运输

（一）嘉陵江及其支流客运

1. 重庆至合川客运。1986 年，嘉陵江重庆至合川客运航线由重庆轮船公司经营，为每日上、下水对开航班，沿途停靠码头有牛角沱、土沱、北碚、龙洞、盐井。1988 年，有客货船 2 艘、516 千瓦、922 客座，载货量 38 吨，1989～1991 年航线改为隔日航班，运力减少为客货船 1 艘、266 千瓦、350 客座、载货量 7 吨。因客流量减少，于 1992 年 1 月停航。重庆轮船公司退出该航线后，合川轮船公司于 1992 年 1 月 17 日开始经营合川至重庆中渡口客运航班，每日分别从合川、重庆中渡口码头对开 1 班，运营里程 77 公里。经营两年后，由于沿江码头开通公路、国道 212 线改造等原因，旅客弃水走陆，客源大幅减少，合川轮船公司于 1994 年停开该航线客轮。

2. 合川短途客运。1985～1990 年，合川嘉陵江、涪江、渠江三江短途客运以专业航运公司经营为主，乡镇客船仅有 3 艘。1985 年 10 月，合川第一艘乡镇客船“鱼游 1 号”建成，投入渠河嘴至钓鱼城航线，每天 1 班，全长 21 公里。

1987 年，合川钓鱼城管理处服务部建成“古钓鱼城”号旅游客船，每天不定期开航嘉陵江合川至钓鱼城航线，全长 5 公里。

1991～1995 年，乡镇客船开始发展，至 1995 年底，已有乡镇和专业客船 63 艘、1704 千瓦、5850 座。乡镇客船主要经营合川县境内嘉陵江、涪江、渠江的短途客运，每天不定航班，在场镇赶场（集）天则滚动发船。

1995 年，合川钓鱼城管理处服务部购买了 1 艘全封闭双机玻璃钢快艇（雅玛哈发动机），航行合川至北碚段，因双机油耗大、成本高，不久便停航。

1996 年，合川新增 12 艘玻璃钢快艇，每艘可载 5～6 人，航行嘉陵江以上至渠河嘴，下至钓鱼城，涪江上至渭沱，下至鸭嘴，每天不定时发船。这些快艇一直经营至 2003 年合阳嘉陵江大桥建成和钓鱼城上山公路通车后，退出市场，仅保留 2 艘。

1998 年 9 月，嘉陵江云门大桥建成通车后，泥溪至合川客运停航。

3. 客运整顿及草街枢纽对客运的影响。2001 年，合川涪江太和“1·29”特大水上交通事故发生后，合川对水上客运进行了整顿，对船舶进行了技术改造，对客运船队进行了整合。2002 年后，合川客运量逐年下降，进行船舶技术升级。仅 2003 年，合川就改造单机客船 108 艘（嘉陵江 17 艘、涪江 19 艘、渠江 72 艘）。同时淘汰 49 艘有严重缺陷的客船，并规范船舶设备数量，使客船逐步向标准化过渡。

2005 年 10 月，由于嘉陵江草街航电枢纽围堰施工，合川至北碚航线的客轮停航。到 2005 年底，合川有客船 129 艘、6131 座。

表 10－2　　1986～2005 年嘉陵江客运航线一览表

起点	终点	里程（公里）
合川	朝天门	89
合川	中渡口	77
合川	北碚	33.5
合川	盐井	16.5
合川	龙洞	10.5
草街	北碚	9.5
合川	钓鱼城	5
合川	渠河嘴	8
麻柳	北碚	13.5
合川	泥溪	32
泥溪	云门	17

续前表

起点	终点	里程（公里）
古楼	金子	4
金子	利泽	10
利泽	沙鱼沱	8
利泽	泥溪	13
古楼	何家溪	4
临江	云门	8
余家背	悦来场	5.5
白羊背	山花石	15
澄江	长生滩	37
朝天门	磁器口	15

（二）乌江客运

1986年，乌江客运主要由四川涪陵轮船公司、彭水县轮船公司经营，航线有涪陵至白涛、武隆、隆溪、彭水、龚滩，重庆至武隆、彭水、龚滩。客源以沿江民众经商为主兼有少许公差和旅游客人。彭水县轮船公司1986年走出乌江，发展了重庆至彭水航线旅客运输，主要船舶是从洪湖船厂购进的“鸿运”13、15、18号3艘船舶。1996年，长江天府旅游轮船股份有限公司（原四川省涪陵轮船公司）在乌江试航快速船长天系列，5艘快船分别于1998年4月至2001年成功投入运行，乌江快船航线延伸至龚滩和贵州沿河。

1994年4月30日，乌江边滩岩崩，航道中断，尽管采取了绞滩和治理，但造成了客运量大减不可挽回。2000年，由于涪陵至武隆、彭水的319国道改造全线通贯，武隆境内水上客运由陆上运输替代。2003年，涪陵至彭水、龚滩、贵州沿河快船航线全线停航，至此乌江水上客运不复存在。

表10-3　　1988~2003年乌江客运量表

年度	客运量（万人次）
1988	370
1989	167.03
1990	109.36
1991	102.95
1992	94.84
1993	111.41
1994	119.54
1995	108.31
1996	104.9
1997	179.9
1998	38.9
1999	87.5
2000	70

续前表

年度	客运量（万人次）
2001	11.82
2002	37.55
2003	22.95

（三）大宁河客运

1986 年，大宁河巫溪至巫山客运主要由巫溪县航运公司、巫溪水运公司经营，投入船舶 13 艘。1992 年后巫溪宁厂木船运输合作社因盐厂倒闭，转向水上旅客运输。2004 年 5 月，巫山县永发客运有限公司将大宁河客运经营范围延伸到巫溪，开始从事巫山至巫溪普通旅客运输。大宁河旅客运输以旅游为主，受外部环境影响较大，1997 年运输量达到最高峰。

表 10－4　　**1986～2005 年大宁河客运量表**

年度	客运量（万人次）
1986	17.9
1987	25.5
1988	24.9
1989	27.8
1990	38.2
1991	32.9
1992	48.6
1993	54.7
1994	66.2
1995	67.3
1996	107.6
1997	122.5
1998	44.7
1999	42.1
2000	36.4
2001	42.5
2002	69.8
2003	47.2
2004	63.5
2005	68.9

四、渡口客运

（一）主城区渡运

1986 年前，主城区有 20 多个轮渡码头，轮渡承载市民的早出晚归，票价 4 分、6 分不等。当时跨江大桥少（仅有牛角沱嘉陵江大桥、石板坡长江大桥）、道路少，过江基本上全靠轮渡。

20 世纪 80 年代末，主城区在牛角沱嘉陵江大桥、石板坡长江大桥基础上又增加了北碚朝阳大桥、石门嘉陵江大桥。跨江大桥通车后，将江南和江北连在了一起，乘坐轮渡的人逐步减少。尤其是进入20世纪90年代中后期，黄花园嘉陵江大桥、鹅公岩长江大桥等大桥相继竣工通车，给轮渡带来的生存空间越来越小。1998年，相继建成李家沱长江大桥、涪陵长江大桥、丰都长江大桥、万州长江大桥。随后，重庆市大约3年时间就可建成1座跨江大桥，已建成和在建的各种过江桥梁达到6000多座，其中，长江、嘉陵江上主跨150米以上、桥长800米以上的特大桥有36座，仅横跨重庆主城的过江大桥就有20多座。随着跨江大桥的相继建成，到2005年年底，主城区只剩下4条主要轮渡航线，分别是朝天门至野猫溪、朝天门至弹子石、朝天门至江北城、磁器口至桂花园，乘坐轮渡的多为住在岸边居民。

（二）区县渡运

重庆市渡口数量众多、分布广，全市所有区县均有渡口。全市渡口按经营性质分，运营渡口约占60%，非运营渡口约占40%。共有渡运船舶千余艘，其中，钢质船约占3/4，木质船约占1/4；按牵引类型分，机动船约占40%，非机动船约占60%。

1. 渡船标准化改造

2000～2003年，区县客渡船以乡镇船舶为主，同时兼有自用船舶参与。曾经船舶质量差，“三无”船舶增加，船员技术不过硬，违章现象严重，是重庆水运安全的重灾区。2003年，重庆市人民政府和重庆市交通委员会决定加强客渡船管理，实施标准化改造，具体工作由重庆市港航局实施，各区县政府也成立了专门的机构，配合重庆市港航局客渡船标准化工作的推进。同年9月，重庆市港航局编制完成《川江及三峡库区客渡船标准船型研究开发方案》，并确定全市908艘客渡船进行标准化改造，并测算出投入资金1.3亿元，资金采取重庆市政府补贴、各区县人民政府配套和船东自筹，其中，重庆市交通委员会出资4000万元作为市政府补贴，按进度3年分期到位。为了加强资金的监管使用，由纪律检查部门参与监督，按照招投标方式选定造船厂家。2004年改造158艘，2005年改造314艘，其余分别在2006年、2007年完成客渡船改造。由于实施船舶标准化改造，2003年7月至2005年年底全市未发生一起死亡10人以上的水上交通事故。

2. 渡口改造和建设

2003年，开展渡口渡船安全检查整治活动，确认重庆市共有渡口1102道，渡口码头（停靠点）2537座，遍及40个区县（自治县），点多面广。重庆原有渡口基本上都是自然岸坡形式，特别是偏远贫困的山区农村渡口既无旅客上下梯道，也无系缆设施，更无禁航水位标志，船舶靠泊条件差。渡口渡运的基本性质除长江、嘉陵江以外的支小河流主要以义渡为主。由于义渡渡工没有稳定收入，部分渡口没有固定渡工，当地群众出行务工、学生上学只能依靠人拉船渡河，或者利用农用船舶自由划行，过渡民众的出行无安全保障。

2004年，交通部为改善农村交通条件而开展了农村渡口改造工程，重庆市成为全国3个试点省市之一。交通部在车购税中专项拨款解决渡口改造，由重庆市交通委员会统筹安排，采取专项资金补助、区县政府配套、经营自筹的融资方式，大力开展渡口改造工作。

2005年年底，重庆市经过改造和建设的渡口有665道，新设渡口159道。同时取缔非法渡口50道，采取“撤渡建桥”等措施撤销的渡口42道，提高了渡口靠泊的安全性，受到市民欢迎。

第二节　旅游运输

长江沿江两岸旅游资源极其丰富，丰都鬼城、忠县石宝寨、云阳张飞庙、奉节白帝城、长江三峡、大宁河小三峡令海内外旅游者流连忘返。改革开放前，主要客源由海外人士组成，国内自费游览长江三峡者极少。1972～1978年的7年间，长江三峡游客总计约9000余人，平均每年仅千余人，且大部分为中国政府部门邀请的外宾。1979 年，长江重庆至上海全线对外开放后，游览观光长江三峡的外宾、华侨和港澳台同胞纷至沓来，国内旅游者也大量增加，从此长江旅游运输迅速兴起。1986 年四川省涪陵市轮船公司（后更名为涪陵市轮船旅游总公司、四川三峡轮船股份有限公司、重庆三峡轮船股份有限公司，现名重庆三峡轮船股份有限公司）率先经营了重庆至宜昌“一线六点”国内旅游运输，带动了涪陵、万州多家地方轮船公司经营长江三峡旅游。由长江轮船公司独家经营的涉外旅游迅速发展，2005 年发展到 23 家。游船逐步向高档、豪华方向发展，旅客由以外宾和港、澳、台同胞为主到国内游客增长迅速，占客源的 40%。

一、重庆长江轮船公司旅游运输

（一）旅游运输起步

重庆长江轮船公司（前身为长江航运管理局重庆分局）旅游运输起步较早，发展较快，主要接待外宾、华侨和港澳台同胞。1978 年 7 月 1 日，公司客轮开始正式接待海外游客。1979 年 10 月，中央决定长江对外开放，允许外国人到长江旅游、参观、访问，以及进行业务考查、技术合作交流。此后，到长江旅游的海外客人逐年递增，1978 年下半年到 1981 年，仅重庆市接待的海外旅游者达 3.7 万余人次，其中 80% 以上乘船游览长江三峡作为首选旅游路线。

（二）涉外旅游客轮改造

随着旅游运输的发展，海外游客迅速增加，船少、舱位不足的矛盾十分突出。为了缓解舱位紧张状况，1979 年，公司决定将“东方红”123 轮、124 轮（后更名为江渝 110 轮、111 轮）三楼甲板前半部改为二等舱，共 6 个双人间。同时，逐步对“东方红”46 型干线客轮进行改舱，把三楼前半部三等舱全部改为二等舱，使原来每船的 12 个二等舱房间 24 个客位增加到 22 个房间 44 个客位，并增设浴室、厕所，在餐厅安装空调。改造后的船舶仍然满足不了旅客的需要，又将航行渝汉线的“东方红”46 型客轮的二等舱也用于接待外国旅游者。1982 年 1 月，公司投资 70 多万元，将 13 艘干线客轮全部改舱。至 1982 年年底，接待海外游客 23214 人，比 1979 年的 5321 人增加 3.36 倍。同时，国家旅游总局、交通部还控制国外游客从重庆乘船下游的日流量，安排一部分游客从武汉或宜昌乘船上游，以减轻重庆下水舱位不足的压力，满足外宾游览三峡的需要。

（三）专业游船建设

过去专业游船处于船少、舱位不足的状况。为了改变这种局面，1979 年年底，经交通部批准，长航局投资 1000 余万元，由重庆东风船厂设计建造中国内河第一艘专用旅游客轮“神女”轮及其姊妹船“三峡”轮。两艘轮船各有 33 个房间、66 个客位，分别于 1981 年 9 月和 1982 年 5 月投入运营，航行于渝汉线，途中停靠石宝寨、白帝城、巫山（小三峡）、宜昌、沙市（含荆州）等旅游点。1984 年，重庆东风船厂又建造两艘单头双尾大型高级旅游船“峨眉”轮及其姊妹船“巴山”轮，两轮各有 50 个房间、100 个客位，并增加了游泳池、健身房等设施，1984 年 6 月和 1985 年 3 月相继投入运营。1987 年和 1989 年，又建造“长江之星”轮、“白帝”轮两艘各 200 个客位的豪华旅游船。这些旅游船造型美观、结构合理、布局新颖、设施齐全、装饰华丽、环境优雅、乘坐舒适。船上设有服务台、休息厅、舞厅、酒吧、理发厅、小卖部，并可提供洗衣、医疗、邮电、外汇兑换等服务。1993 年，重庆长江轮船公司陆续建造“维多利亚”系列和“长江龙”轮（后改为国内游船，船名变更为江山 6 号）豪华涉外游船 6 艘，其舒适性、安全性超过以前建造的船舶。

（四）经营方式转变

1978 年，重庆长江轮船公司涉外旅游采取自主经营，由于当时公司没有海外销售窗口，缺乏稳定的客源，以售票方式经营难以保证收入。1980～1981 年，公司改变经营方式，对“神女”轮、“三峡”轮采取包租形式，分别包租给美国宇宙旅行社和澳大利亚特拉乌曼旅行社。对“峨眉”轮、“巴山”轮采取按舱位定价、季节浮动、外商选购等方式经营。

1989 年，在“长江之星”轮、“白帝”轮建造完成后，长江轮船总公司将重庆长江轮船公司的“神女”轮、“三峡”轮、“峨眉”轮、“巴山”轮、“长江之星”轮、“白帝”轮6艘旅游船成建制移交给长江轮船总公司下属的长江海外旅游总公司，重庆长江轮船公司暂行中止旅游业务。

1994年7月12日，由美籍华人组建的重庆维多利亚管理顾问有限公司包租重庆长江轮船公司“维多利亚”系列游轮，组织欧美高端客人游览三峡美景。双方合作的第一艘游轮“维多利亚1号”从重庆首航。之后，维多利亚公司还与长江海外旅游总公司签约，包租其部分游轮。在包租过程中，随着长江航运（集团）总公司经营决策的调整，重庆长江轮船公司所属“维多利亚”系列游轮整体划归长江海外轮船总公司经营管理，同时，长江海外旅游总公司也准备收回维多利亚包租船舶自己经营。重庆维多利亚管理顾问有限公司停止对重庆轮船公司的游船包租后，组建了重庆东江实业有限公司，收购并建造游轮，自主经营。

2002年，重庆长江轮船公司发展重庆两江夜景旅游，相继建造了设施一流、服务一流的“朝天门”轮、“朝天宫”轮两江游轮，成为重庆市人民政府指定的接待用船。

2003年，根据长江轮船总公司旅游结构调整决定，长江海外旅游总公司整体移交重庆长江轮船公司。至此，重庆长江轮船公司拥有“国宾”系列、“维多利亚”系列、“长江天使”系列涉外游船达到17艘，占长江涉外游船总量的30%。

此外，长江轮船总公司和下属的重庆长江轮船公司还负责完成许多国家指定的国家领导及国外领导人的运输任务。20世纪80年代至2005年，完成接待邓小平、胡耀邦、吴邦国、温家宝等党和国家领导人，新加坡总理李光耀、美国前总统福特、美国前国务卿基辛格、柬埔寨诺罗敦·西哈努克亲王、英国前首相希思、联合国前秘书长瓦尔德海姆等国际友人，以及AAPP、世界银行年会等重要任务。

二、地方航运企业旅游运输

1986年，涪陵市轮船公司（现名为重庆三峡轮船股份有限公司）率先经营重庆至宜昌“一线六点”国内旅游运输，由原来运行在区、市间的涪州23、29、30号运行，之后，多家轮船公司投入重庆至宜昌“一线六点”旅游运输。

1990~1997年，随着改革开放的深化，人民生活水平提高，对外交流增多，到长江三峡旅游的客人增长很快，特别是1997年三峡大坝截流前旅行社纷纷推出“告别三峡游”后，经营三峡游的客轮和旅游景点到处人满为患，超过接待能力。为适应国内旅游市场发展的需要，众多船公司将普通客船改造为旅游船，对船舶进行技术改造，提高船舶档次，满足旅游客运的需要，船舶向豪华、舒适和标准化方向发展，当年三峡游达到顶峰。

1998年，由于三峡工程建设断航的影响，加之长江持续60多天大洪水，致使50多天断航，又受东南亚金融风暴和“非典”疫情的影响，国内游客大幅度下降。

2002年，长江水运股份有限公司在顺道游基础上发展了专线游航班。

2005年，开展国内游船等级评定，54艘船舶分别被评为二、三、四星级国内游船。同时取消顺道游，将普通旅客运输与国内游完全分开，游船只停靠景点港站。

（一）国内旅游水路运输

改革开放前，地方旅游运输尚未起步，普通客运也以短途为主，平均只有几十公里。改革开放后，以长江三峡为中心的长江一线旅游运输，是地方航运部门发展水上旅游运输的重点，发展很快。改革开放给中国人民的物质生活带来了很大改善，逐渐产生了旅游的需求。由于长江两岸景点地处江边，自然成了人们旅游的首选。

20世纪80年代初，由于长江三峡主要景点石宝寨、张飞庙、白帝城、屈原祠等均未设置旅游趸船供旅游船舶停泊，加之当时川江航道条件十分恶劣，水流湍急，导航标志落后，为保证行船安全，川江客船下水禁止夜航，如果轮船运载上岸游览观光的旅游客人，其运行时间将会大大延长，这对当时乘船办事但又想顺道游览两岸景点的旅客来说，增加时间就是一个很大的问题，成为阻碍旅游客运发展的瓶颈。这个问题引起企业重视，企业尽量满足客人的要求，使客人能游览景点，又能最大限度地缩短运行时间。1982～2005年期间，地方船公司陆续开展了丰都1日游、“一线六点”顺道游和重庆至岳阳、长江三峡专线观光旅游等旅游业务，长江涉外旅游和国内旅游也开始同步发展。

1. 涪陵市轮船公司丰都游与“一线六点”顺道游

（1）丰都旅游的起源。涪陵市轮船公司（现名为重庆三峡轮船股份有限公司）是一家规模不大的水运企业，创新推出国内旅游模式。利用有船、有人、有航线的优势，在例行的客班船之外增加1班旅游专船，出售往返船票，朝发夕归，将涪陵人运到丰都去游览名山。经过简单准备，1982年3月5日早上7时，公司调派了当时最好的客轮“红航12号”做首次旅游专船，载着317名游客从涪陵出发，直航丰都。“涪陵至丰都1日游”诞生了。4～6月中，“红航12号”创下了5.7万元利润，占公司当年利润的31.5%。这种旅游方式也逐渐被上级有关部门接受。不久之后，“丰都庙会”应运而生，“鬼城”也逐渐成了长江旅游团队的必游景点，更重要的是这种运输方式开启了地方航运企业旅游客运之先河。1983年，“涪陵至丰都1日游”延伸到长寿，增加“长寿至丰都1日游”。

（2）下水夜航为长江旅游客运创造条件。1984年，长江开放为发展长江三峡旅游客运和开拓下水夜航提供了重要的条件和契机。

1985年11月7日晚，川江客轮下水首次夜航由公司“涪州29号”轮担任，在重庆港四码头启航，夜晚向丰都驶去。参加首航仪式的有重庆港口局及该局客运总站的领导班子成员，涪陵市人民政府常务副市长刘之发、副市长王天义等领导全程跟船，中共重庆市委常委、市中区区委书记陈元虎及中国人民解放军总后勤部26分部部长、重庆民航局局长周顺福、重庆铁路分局领导，《重庆日报》和重庆人民广播电台等新闻媒体的记者也随船作采访并进行报道。这次客轮下水夜航获得了圆满成功，为以后实现具有昼游夜航特色的旅游运输奠定了基础。

下水夜航成功后，公司于1986年4月率先经营“重庆至丰都1日游”。旅客于周六晚上9时在朝天门四码头乘船，宿船上，第二天一早下船游览丰都县城和名山，下午3时乘原船从丰都返航，周一凌晨返回重庆。这种旅游方式就是在船上住宿两个夜晚，利用周日一天的休息时间外出休闲游览，可以做到工作（学习）、旅游两不误，很快被市场接受，深受旅游者的欢迎。

（3）经营“一线六点”顺道游。1986年10月15日，公司在对长江三峡旅游景点进行实地考察、精心选择了6个最负盛名景点的基础上，率先经营了重庆至宜昌“一线六点”（丰都、石宝寨、张飞庙、白帝城、三游洞、葛洲坝）旅游客运航线。客轮在旅游景点停靠2～11小时，让游客有充足时间上岸游览，身临其境，饱览川江的名胜古迹及三峡的秀丽风光。

（4）经营重庆至南京航线。公司的“黄山”轮于1994年3月28日率先经营重庆至南京的旅游航线。随后“衡山”轮、“庐山”轮参加该航线运营。10月、12月新建的“泰山”轮、“华山”轮投入该航线运输。

2. 四川省涪陵轮船公司延伸岳阳航线与专线观光游

1987年4月11日，涪陵轮船公司（后依次改为四川涪陵轮船总公司、长江天府旅游轮船股份有限公司、重庆长江水运股份有限公司）与重庆钢铁公司合资建造的“川陵55号”旅游客轮，参与重庆至宜昌“一线六点”旅游首航成功，揭开了公司发展旅游运输的序幕。1987年12月和1988年12月，公司新建的川陵56号、57号两艘姊妹客轮相继投入重庆至宜昌航线运输。1989年5月22日，公司又将渝宜线延伸至湖南省岳阳市，经营重庆至岳阳旅游客运航线取得成功。这条航线全长1051公里，横跨川、鄂、湘、渝三省一市，沿途停靠除原重庆至宜昌航线旅游景点外，另新增沙市、石首、监利、城陵矶、岳阳等港，共有13个城市和著名风景点。这条旅游航线的特色是既贯穿了以长江三峡为中心的旅游景点，连接了荆州古城、八百里洞庭、君山胜景和驰名中外的岳阳名楼，又打通了重庆和西南地区通往广州及东南沿海的水陆最佳途径，具有交通与旅游紧密结合的突出特点。因此，经营以后，成了地方水运的一条黄金旅游热线，深受国内外广大游客欢迎。1990 年 6 月 23 日，公司将新建的“天府”轮投入重庆至岳阳旅游航线运营。1991 年 6 月，公司将新建“天鹅”号客轮投入渝岳旅游航线的运营。

1993 年 12 月至 1994 年 7 月，公司一次性投资 3000 多万元，建成“天山”轮、“天水”轮、“天锦”轮、“天绣”轮、“天中”轮、“天华”轮 6 艘 67 米平头纵流双尾新型旅游客轮，全部投入重庆至岳阳旅游航线运输，形成航行于千里渝岳线的旅游船队。

1995 年 5 月 2 日，公司将重庆至岳阳航线延伸到武汉，并由“天府”轮、“天山”轮、“天水”轮、“天锦”轮、“天绣”轮、“天中”轮、“天华”轮与湖北省恒川轮船公司“天鹅”轮、“天湖”轮共同组班，经营这条航线。同年 10 月，该公司“天龙”轮投入该航线运输。

2000 年 6 月 20 日，公司收购 1997 ~ 1998 年建造的原四川省轮船公司所属“中华”轮、“国华”轮、“光华”轮、“耀华”轮、“誉华”轮、“冠华”轮 6 艘客轮，经过技改，通过重庆市交通委员会、重庆市旅游局、重庆市港航局评审，作为首批船舶投入长江三峡专线观光旅游运输航线。

2002 年 1 月 1 日，公司在重庆港九码头举行长江观光专线游首航仪式，标志着长江三峡旅游由顺道游向专线游转变。

2002 ~ 2005 年，重庆市经营长江三峡旅游的船公司纷纷加入专线游，重庆朝天门始发国内游船全部转为专线游，省际旅游运输逐渐走向成熟。

3. 重庆轮船总公司将四川境内的旅游航线延至武汉

重庆轮船总公司（原四川省重庆轮船公司）为了满足省外客人游览乐山大佛、峨眉山及乐山、宜宾等市地客人出川旅游的要求，1989 年 9 月 11 ~ 19 日，重庆轮船公司“沱江”轮经营重庆至武汉出川旅游客运航线。1992 年 4 月，重庆轮船公司川运 8 号、“沱江”客轮与忠县运输公司忠州 15 号、16 号客轮组班运行，经营了重庆至忠县旅游客运航线。并且先后经营了 3 条直航旅游线路：一是乐山至重庆专线；二是乐山经宜宾、泸州、重庆、涪陵、巫山、宜昌专线，1992 年 7 月 5 日，每隔五天一班；三是宜宾至宜昌不定期旅游专线，沿途停靠重庆、丰都、石宝寨、白帝城、小三峡、宜昌等旅游景点。这些旅游航线为广大旅游爱好者提供了方便。

4. 万县地区长江旅游

（1）1990 年 10 月，重庆川东轮船公司“川东 12 号”客轮将万县至宜昌旅游航线延伸为重庆至宜昌“一线六点”。1993 年，新建的“大为”轮、“大鹏”轮、“大发”轮、“大庆”轮、“泮溪皇宫”轮和“川东 12 号”“川东 30 号”客轮技改为“大福”轮、“大贵”轮游轮经营长江旅游。

（2）1993 年 3 月 12 日，万县轮船公司自建的旅游客轮“华荣”轮在地方船舶中经营重庆至武汉旅游客运航线后，同年 12 月，该公司“吉辉”轮又投入了该航线运输。该公司建造的“吉辉”轮、“华宇”轮、“万津”轮经营长江旅游。

（3）重庆东方轮船公司建造的“东方王子”客轮，于 1996 年 2 月 28 日首航万县至南京航线。新建造的“东方王朝”轮、“东方之珠”轮、“东方之星”轮、“东方皇苑”轮、“东方皇宫”轮投入长江重庆至宜昌、岳阳、武汉、南京沿线旅游运输。

（4）万县市船舶航运公司新建“彩虹”轮、“彩霞”轮经营长江旅游。

（5）巫山县轮船公司新建“吉祥”轮、“如意”轮经营长江旅游。

（6）忠县长通企业（集团）公司新建“长鲲”轮、“长鹏”轮、“长展”轮、“长翅”轮、“长飞”轮等 20 余艘中高档旅游客轮投入长江重庆至宜昌、岳阳、武汉、南京沿线旅游运输。

5. 其他地区长江旅游运输

（1）黔江地区长江轮船公司（原石柱县西沱航运公司）继 1983 年 5 月将川黔 1 号、8 号客轮经营西沱至万县客运航线，1991 年 4 月和 1993 年 2 月先后将航线延伸到重庆与岳阳，1993 ~ 1994

年，又先后建成太升1～5号系列中档旅游客轮，投入重庆至宜昌航线运营。黔江地区轮船公司于1995年1月除将经营彭水至重庆航线的“鸿运13号、14号、15号、16号”客轮调整为经营重庆至宜昌航线外，并将新建的“鸿祥”“鸿发”旅游客轮投入该航线运输。

（2）丰都轮船公司“金河”轮、“银河”轮经营重庆至九江航线，1995年年底，该公司续建的“星河”轮、“云河”轮、“长河”轮投入该航线运输。

（3）渝北轮船公司“洛升”轮投入重庆至武汉航线旅游运输。

表10－5　　1986～1998年重庆市新建出川客船一览表

企业名称	船名	功率（千瓦）	客位（个）
重庆三峡轮船股份有限公司	黄山	596	660
	庐（荆）山	596	613
	衡山	596	613
	泰山	596	431
	华山	596	423
	岷山	882	514
	嵩山	882	539
	钟山	882	514
	燕山	882	539
重庆长江水运股份有限公司	天府	882	601
	天鹅	882	618
	天山	882	618
	天水	882	618
	天锦	882	626
	天绣	882	626
	天中	882	626
	天华	882	655
	天宫	1940	958
	川陵55	632	557
	川陵56	632	564
	川陵57	632	557
万县市船舶航运公司	彩虹	442	420
	彩霞	442	420

续前表

企业名称	船名	功率（千瓦）	客位（个）
丰都轮船公司	金河	397	336
	银河	397	336
	星河	588	432
	云河	588	432
	长河	588	432
	淮河	588	611
	渭河	588	555
	海河	588	611
	延河	588	684
	红河	588	646
	漠河	368	332
	辽河	248	343
	洋河	272	356
	黄河	574	773
	汾河	596	725
	漳河	596	584
	漯河	596	554
黔江地区长江轮船公司	太升1号	596	600
	太升2号	596	600
	太升3号	596	600
	太升4号	596	600
	太升5号	596	527
	太升11号	596	500
	太升12号	596	500
万州轮船公司	华荣	588	656
	吉辉	588	656
	华宇	596	776
	华康	882	326
	华乐	882	326
	万津	588	205
川东轮船公司	大为	588	604
	大鹏	588	654
	大发	588	479
	大庆	882	674
	泮溪皇宫	1102	566
	大福	882	606
	大贵	632	202
	大富	882	564

续前表

企业名称	船名	功率（千瓦）	客位（个）
东方轮船公司	东方之珠	882	584
东方轮船公司	东方之星	882	584
东方轮船公司	东方皇宫	660	745
东方轮船公司	东方皇苑	720	745
东方轮船公司	东方王子	882	700
忠县长通企业（集团）公司	长锟	608	552
忠县长通企业（集团）公司	长鹏	608	506
忠县长通企业（集团）公司	长展	608	506
忠县长通企业（集团）公司	长翅	608	522
忠县长通企业（集团）公司	长飞	608	522
忠县长通企业（集团）公司	长宇	882	613
忠县长通企业（集团）公司	长星	882	665
忠县长通企业（集团）公司	长云	882	665
忠县长通企业（集团）公司	长月	596	308
忠县长通企业（集团）公司	长久	814	468
忠县长通企业（集团）公司	长州	814	468
巫山县轮船公司	吉祥	374	335
巫山县轮船公司	如意	374	335
巫山县三峡航运总公司	环宇 1 号	596	483
巫山县三峡航运总公司	环宇 2 号	596	483
重庆渝北轮船公司	洛升	598	680
云阳长江轮船公司	风华	441	400
四川省轮船公司（后被重庆长江水运股份有限公司吸收合并）	新（誉）华	882	733
四川省轮船公司（后被重庆长江水运股份有限公司吸收合并）	中华	1102	812
四川省轮船公司（后被重庆长江水运股份有限公司吸收合并）	国华	1102	812
四川省轮船公司（后被重庆长江水运股份有限公司吸收合并）	光华	1102	850
四川省轮船公司（后被重庆长江水运股份有限公司吸收合并）	耀华	1102	850
四川省轮船公司（后被重庆长江水运股份有限公司吸收合并）	冠华	1200	818
重庆金宏祥船务有限公司	龙祥	474	528
重庆金宏祥船务有限公司	宏发	272	504
重庆金宏祥船务有限公司	人源	882	552
重庆金宏祥船务有限公司	金涛	474	400
重庆港船务公司	迎宾 1 号	596	504
重庆港船务公司	迎宾 2 号	596	504
重庆港船务公司	迎宾 3 号	596	504

续前表

企业名称	船名	功率（千瓦）	客位（个）
重庆渝东轮船公司	先盛	764	430
	先荣	440	314
	先华	440	314
	先富	510	310
	先贵	510	310
	先顺	574	328
	先翔	480	300

受三峡工程碍断航及1998年长江特大洪水的影响，重庆至沙市、重庆至九江航线于2000年停航。2003年受三峡工程蓄水断航的影响，特别是2003年“非典”疫情的影响，加速了长江干线长途旅游客运固定航班衰退的进程。当年，重庆至岳阳、重庆至武汉、重庆至南京固定航班均停航，只有少量旅游包船运输。

（二）涉外旅游水路运输企业、船舶及航线

随着长江全线的全面开放，重庆地方航运在长江的涉外旅游运输也发展起来。

1983年，忠县轮船公司“忠州103”轮开始间歇性地从西沱接运外宾到石宝寨游览。

1989年3月27日，涪陵市轮船公司与重庆外贸进出口公司联合投资300余万元建成的“太白”轮旅游船，投入重庆至宜昌“一线六点”涉外旅游运输，开始了地方航运企业从事三峡涉外旅游运输。该公司“太白”轮旅游船改名为“星月”轮后仍经营重庆至宜昌航线。

1990年10月，巫山驳运公司将“巫山”轮改建投产并更名“小三峡”轮（后为“三峡之星”轮），从事涉外旅游运输，航线由重庆至宜昌延伸至沙市。

1992年4月，涪陵轮船公司建成投产的“天龙”轮从事涉外旅游运输，航线由重庆至沙市。同年12月，该公司与东方国际影视广告有限公司合资（1993年8月，涪陵轮船公司股份转让给重庆东方科技实业有限公司）成立的“长江三峡东方国际旅游轮船有限公司”建成投产的“天仙”轮、“天女”轮（后公司转移注册地至上海）从事涉外旅游运输，航线由重庆至武汉。

1993年5月，丰都轮船公司改建投产的“伯爵”轮从事涉外旅游运输，航线由重庆至岳阳。同年9月，重庆市轮渡公司与重庆旅行社、深圳蛇口安达实业有限公司合资成立的“重庆旅游船有限公司”建成投产的“鲲鹏”轮、“奔月”轮投入长江涉外旅游运输。同年12月，东方轮船公司自建的“东方王朝”轮（后更名为“东方大帝”轮）从事涉外旅游运输，航线由重庆至南京。

1994年3月，重庆轮船公司与西安中国国际旅行社、重庆市海外旅游公司合资成立的“重庆市长江三峡旅游轮船有限公司”建成投产的“中华荣耀”轮（后更名为“银河1号”）从事涉外旅游运输，航线由重庆至武汉。同年4月，万州轮船公司建成投产的“万津”轮从事涉外旅游运输，航线由重庆至武汉。同年5月，重庆侨丰实业（集团）有限公司组建的“重庆侨丰游船旅游公司”建成投产的“侨丰”轮从事涉外旅游运输，航线由重庆至武汉。同年5月，涪陵市轮船公司与香港国旅发展有限公司合资成立的“四川涪陵金龙轮船有限公司”建成投产的“金龙”轮从事涉外旅游运输，航线由重庆至岳阳。同年10月，重庆环球轮船公司以租赁方式，向中国农业银行重庆信托投资公司贷款750万元建成投产的“玉样”轮从事涉外旅游运输，航线由重庆至武汉。同年12月，重庆轮船公司与西安中国国际旅行社、重庆市海外旅游公司合资成立的“重庆市长江三峡旅游轮船有限公司”建成投产的“中国之梦”轮（后更名为“银河2号”）从事涉外旅游运输，航线由重庆至武汉。

1995年，雅砻江木材水运局、甘孜州道孚林业局、甘孜州新龙林业局合资成立的“四川三峡森森旅游开发有限公司”建成投产的“贡嘎山”轮从事涉外旅游运输，航线由重庆至武汉。同年2月，重庆大有游船有限公司建成投产的“北斗”轮从事涉外旅游运输，航线由重庆至武汉。同年3月，重庆中侨船务公司与长发重庆公司、重庆市市中区房地产开发公司共同筹资4000万元建成投产的“女王”轮，从事涉外旅游运输，航线由重庆至武汉。同年8月，邮电部邮政运输局、四川省长海实业总公司、重庆市邮电局、重庆鸿雁旅游公司合资成立的“重庆鸿雁轮船有限公司”（后更名为长江邮政船务有限公司）建成投产的“中驿”轮从事涉外旅游运输，航线由重庆至武汉。

2002年，重庆东江实业有限公司成立。公司收购“女王”轮、“北斗”轮、“侨丰”轮（后更名为“长江王子”）“中驿”轮，并按五星级涉外游船标准进行技改，新建“凯蒂”轮、“凯娜”轮，成为重庆市当时长江上最大的五星级船队、重庆市在长江上最有实力和先进管理能力涉外游船公司之一。同年，新世纪游轮有限公司成立（后更名为重庆新世纪游轮股份有限公司），建造“世纪之星”轮，后与全球最大的内河航运企业瑞士维京游轮公司合作，由维京公司包销其游船舱位，并预付包销款项，滚动建造“世纪天子”轮，使公司与重庆东江实业有限公司一道成为船舶设施条件最好、客人最稳定、服务质量最好的公司之一，取得社会效益与经济效益双丰收。

三、大宁河小三峡旅游运输

大宁河小三峡（龙门峡、巴雾峡、滴翠峡）南起巫山，北至大昌，全长41公里，主要景点多达39个。1982年10月23日，被国务院批准为甲级国家名胜风景保护区并对外开放。同年10月底，在国务院批准长江三峡为全国重点名胜风景保护区的文件中特别指出，长江支流大宁河的小三峡，山清水秀，奇峰壁立，林木葱葱，猿声阵阵，饶有野趣。1986年，大宁河巫溪到巫山的客运游主要由巫溪县航运公司、巫溪水运公司经营，投入船舶13艘。1991年，大宁河小三峡和长江三峡双双登上中国旅游胜地四十佳金榜。1994年，巫山旅游业被评为巴蜀旅游业五十强单位。1998年，大宁河小三峡荣获重庆十佳景区榜首。2000年，被评为重庆市最佳景区和首批国家AAAA级景区。2002年，巫山获“中国优秀旅游城市”称号。

为了适应旅游运输的需要，巫山县对大宁河航道进行了整治，对船舶也进行改造。将原来的头尾翘、船身狭长、木质的人推“竹叶小舟”改为尖平头、黄瓜底、方型座、功率17.65千瓦至30.89千瓦的钢质或玻璃钢质机动船，使巫山上行巫溪74公里由原来3天缩短为1天，下行只需半天。游览“小三峡”，上午10时从巫山出发，下午5时就可返港，为大宁河旅游业的发展创造了条件。

（一）小三峡旅游起步与发展

1983年5月7日，国家旅游局等联合组织美、英、日、法、德等9个国家和中国香港地区32家旅行社的总裁和正副经理34人、国内46位有关领导和专家共80人的长江沿途旅游景点考察团，到小三峡进行实地考察。他们对“幽、雄、险、神、怪、美、绝”的小三峡给予高度评价。考察团对长江沿途13个新、老旅游景点进行了实地考察后，在武汉总评投票，唯有小三峡获满票。从此，巫山县政府和有关部门抓住发展机遇，大做旅游文章。在峡区内修建一批古色古香的人文景观，配套建设外宾餐馆、宾馆，成立国际旅行社，形成吃、住、行、游、乐、购服务一条龙。1985年，开始成批接待国外游客，当年接待外籍客人676人。

1992年7月，大宁河支流马渡河“小小三峡”旅游资源开发后，大宁河旅游航程由50公里延伸到60公里。游人可乘坐仿古小木船或橡皮艇漂流马渡河，欣赏“小小三峡”的幽深峡谷。1992年年底，大宁河小三峡出现旅游热，每天游客多达2000~2500人，同时游船发展为67艘、漂流船8艘。1993年，巫山县轮船公司还开展大小三峡同游，实行吃、住、行、游一条龙服务，为游客提供方便。同年5月1日，小三峡游客高达5000余人次。

由于大宁河横跨巫山、巫溪两县，两县都拥有大宁河资源，在旅游发展中，两县曾友好协商，将巫山小三峡景区内宾游客17%的份额交由巫溪船舶承运。同时，2005年发生过游客由巫溪乘船下行受阻事件，原因是巫溪与湖北宜昌部分旅行社合作，推出宜昌—奉节—巫溪—巫山—宜昌“旅游金三角”线路，但是未收取小三峡资源保护费，与巫山县旅游管理发生冲突，引发游客投诉，重庆市旅游局出面协调，要求从6月19日起宜昌旅行社停止该条线路的组客活动。随后，重庆市物价局等部门参与协调，要求从巫溪下行至巫山的游客，按照从巫山上水游小三峡风景资源保护费的一定比例交纳，并由巫溪县代收，年底与巫山县统一结算。

（二）小三峡旅游整顿

由于游客迅速增加，经营旅游运输的企业和游船随之增多，管理工作未跟上，一度出现运输秩序混乱，服务质量下降，事故隐患增多，宰客和治安问题突出等问题，影响了旅游业的声誉。1995年9月11日，四川省人民政府办公厅向万县市及所属各区县人民政府、省政府有关部门发出《关于加强大宁河客运管理的通知》，对严格经营审批制度，加强客运安全管理，强化治安管理，规范经营行为，加强收费管理和航道、港口建设，规范旅游服务企业的经营，以及对经营大宁河水上旅游运输的有关企业（船舶）进行清理整顿等作了明确规定。经过认真贯彻，大宁河客运秩序有明显好转。

1994年，大宁河小三峡接待中外游客57万人，漂流船发展到47艘。1995年，游客增至80万人，游船发展到159艘。1997年，接待中外游客首次超过百万人次，达132.8万人。为了充分利用风景资源，发展大宁河小三峡旅游，万县地区航运企业1988年率先经营了奉节—巫溪—巫山“金三角”旅游线路，开展了两日游和三日游。2002年，小三峡接待游客再次达102.3万人次。为了进一步促进巫山的旅游发展，加强了配套设施建设，至2005年年底，巫山县已拥有旅游专用车辆100余辆，旅游餐厅60余家（其中涉外餐馆2家），星级宾馆5家，旅游饭店标准间床位2100张，小三峡专用游船150艘、8500客位，旅游商店60余家。全县旅游服务从业人员多达6000余人。旅游业已成为当地经济发展的支柱产业之一。

四、旅游船舶经营方式

（一）旅游市场变化

长江涉外旅游经过了初期起步、快速发展、发展无序及加强管理规范市场的过程。市场变化经过几次发展曾出现过几次高峰，也因千岛湖事件、三峡工程碍断航、“非典”和金融风暴的影响，出现过几次回落。在曲折的发展过程中，旅游事业不断壮大、完善，市场不断规范，并逐步进入正常发展阶段。

1989年，由于入境旅游形势严重动荡，长江涉外游船市场迅速下滑，全年接待总量仅1.7万人次，形成第一次低潮。

1992年4月3日，第七届全国人民代表大会第五次会议通过《关于兴建长江三峡工程议案》。此后，长江旅游快速发展，迎来三峡旅游高峰，尤其是台湾地区游客数量大幅上升，迅速成为长江三峡旅游的主要客源市场。长江涉外游船接待人数猛增到1992年的12万人次和1993年底的11.2万人次。

1994年，受千岛湖事件、神农溪事件的影响，长江旅游受到严重打击，接待游客人数锐减到8.9万人次，游船平均负载率仅为38%，许多游船公司出现严重的经营性亏损，长江三峡游船市场出现第二次低潮。

1995年，长江三峡涉外旅游运输发展中，一些企业盲目竞相建造涉外旅游船，致使三峡涉外旅游运输出现经营秩序混乱、安全措施不健全、服务质量下降等问题。为保证旅游船舶安全航行，提高服务质量，使长江三峡旅游业健康发展，经国务院批准，同年2月27日，国务院办公厅下发《关于进一步加强长江三峡涉外旅游船舶管理问题的通知》。根据《通知》规定，5～6月，长江航务管理局组织有部属和地方航务、港监、船检、公安、旅游等单位参加的工作组，赴重庆、涪陵、万县等地现场办公，对长江涉外旅游运输企业及船舶进行清理整顿，取得良好效果。此后，交通部除对涉外游船公司的企业审批、船舶检验、登记、签证、船员考试发证、公安治安、服务质量和游船的星级评定等方面进行严格管理外，在后来较长一段时期内未再审批新的长江涉外游船，以保持运力、运量的基本平衡和协调发展。

1996～1997年，受大坝工程、"告别三峡"等宣传的影响，长江旅游创造历史高峰。1997年，接待的海内外游客创历史之最，达18万人次，带来长江三峡游船市场的第三次发展高潮。

1998年，由于受前期宣传的负面效应、长江大洪水和亚洲金融危机的影响，长江游船业再次遭受重创，全年长江涉外游船接待海内外游客仅5万人次。而供方市场已形成28家游船公司、60余艘游船、1万多客位数、年接待能力50万人次的规模，游船开航率不到25%，负载率不足35%，长江三峡游船市场出现第三次低潮。

2001年，长江三峡接待海内外旅游者23万人次，创历史之最。2002年，由于大坝即将截流蓄水引起国内外广泛关注，又一次进入高峰，全年涉外游船接待游客35万人次，客流量再创历史新高，全年游船负载率超过9成，长江游船业经历第四个发展高潮。

2003～2005年期间，不少厂矿企业、社会团体及有条件的个人都有乘坐涉外游船的愿望，通过乘船达到召开会议、市场交流、休闲娱乐的目的，同时也解决了吃、住、游、行的问题。众多涉外游船公司，按涉外游船的价格标准及服务标准开展接待国内游客的业务。涉外游船由单一的接待国外游客的经营方式转为以国外游客为主、国内游客为补充的经营方式。根据发展趋势，国内游客还在不断增加。

（二）船型发展

长江旅游干线主流船型一直是沿着豪华、大型化、多功能化的方向发展，自第一艘专用旅游船"神女"号1982年投入运营，长江旅游船从总体布局、内部装潢、船舶外形以及技术性能等各方面均取得长足进步。根据技术经济指标，长江旅游船被划分为四代。第一代旅游船是在20世纪80年代初建造的游船，客位数150～160人，以满足游客住、行为基本需求，开始依照陆地星级酒店模式及功能设计建造，标准间格局、卫浴独立。第二代游船为20世纪80年代末至90年代初建造，船舶排水量上升为2000～4000吨，船体更大，更注重旅游者需要，配置了公共活动区域，如酒吧、多功能厅等，硬件更舒适。第三代游船建造于90年代中后期，排水量3000～5000吨，建设中更加人性化，满足游客赏景、休闲娱乐的需求，部分游船房间配置金属外弦阳台。第四代游船，是在2003年库区蓄水至139米后建造的。由于航行条件改善、江面变宽、游船尺度增加，由原来100米以内增至120～130米，排水量达到6500～7000吨，客位数增加到300人左右，功能更多，设施更齐备。

表10－6　**1995年经交通部批准的重庆市涉外旅游船一览表**

公司名称	船名	客位（个）	备注
重庆金龙轮船股份有限公司	金龙	86	
重庆长江水运股份有限公司	天龙	98	
重庆东方轮船公司	东方大帝	142	
巫山县长江船运公司	三峡之星	114	
重庆市玉祥船舶投资有限公司	玉祥	112	
重庆长江三峡旅游船有限公司	奔月	58	1998年左右退出
	银河1号	124	
	银河2号	124	2005年9月1日触礁拆解

续前表

公司名称	船名	客位	备注
重庆东江实业有限公司	北斗	214	
	中驿	204	
	女王	214	
	长江王子	216	
	凯蒂	256	
四川三峡森林旅游开发有限公司	贡嘎山	104	
重庆新世纪游轮有限公司	世纪之星	190	
	世纪天子	318	
重庆金峰旅游轮船有限公司	小峰1	98	2004年起停航
	小峰2	98	2004年起停航
重庆海晶旅游有限公司	万津	109	
长江三峡东方国际游船有限公司	天仙	106	2003年转至上海
	天女	106	2003年转至上海
重庆三峡船务有限公司	星月	90	2000年左右退出
重庆旅游船有限公司	鲲鹏	58	2000年左右退出
重庆中侨船务公司	伯爵	110	2000年左右退出

（三）经营方式转变

20世纪80年代初期，长江旅游开始发展，经营方式以单船经营为主。地方游船公司及游船没有品牌化概念，没有规模化经营的概念，也没有国外市场，完全依靠国内旅行社进行市场销售，单船进行经营。经过市场的多次起伏，游船公司认识到其中的弊端，开始了船社结合的方式开展经营，培育自己的营销队伍和依靠自身和国内旅行社力量共同开拓境外市场。首先，取得中国台湾地区以及东南亚市场的支撑，在世界华语市场确立长江游船的形象地位，接着进入日本市场，由三国文化带去的共鸣吸引了大量日本游客到长江三峡。其后，游船公司投入人力物力培育欧洲（特别是德国）市场，再通过合资合作伙伴进入美国、加拿大市场，采取自营、包租、合作和代理的方式经营。长江游船主要的经营方式游有船公司自营、包租给境内外投资者、合作或代理销售等。重庆东江实业有限公司和重庆新世纪游轮股份有限公司就是船社合一的经营方式，均从包租涉外游船经营开始，发展到一定阶段后再成立游船公司，成为重庆最具影响力的涉外游船公司。

第三节 水路客运市场整顿

一、水路客运市场整顿前基本情况

（一）船舶情况

1986～1990年，重庆市水路省际客运发展达到了一个新的高度，水路旅客运输船舶不仅从数量上得到了发展，而且从船舶技术、舱室设施设备、服务质量等方面都有了较大的提高，特别是20世纪90年代中期一大批新造的客运船舶投入运营，重庆市省际水路旅客运输达到极盛时期。

表 10－7　　1997 年水运客运市场整顿前
重庆市水运客运市场在线船舶一览表

公司名称	船名	数量（艘）	客位（个）
重庆长江轮船公司	江渝 4、7、8、10～18、20～24、108、109、110、111 号，江山 1～6 号、江山 19 号	28	25103
重庆三峡轮船股份有限公司	岷山、黄山、嵩山、华山、钟山、燕山、泰山、荆山、涪州 21 号、涪州 23 号、涪州 30 号	11	5482
丰都轮船公司	金河、银河、星河、云河、长河、淮河、海河、汾河、渭河、漳河、漯河、红河、黄河、延河、洋河、漠河、辽河	17	10276
重庆东方轮船公司	东方之珠、东方之星、东方王子、东方皇宫	4	2933
长江水运股份有限公司	光华、冠华、耀华、誉华、中华、国华、天宫、天府、天山、天绣、天锦、天中	13	8757
忠县长通轮船公司	长星、长云、长久、长洲、长宇、长翅、长鲲、长飞、长展、长月	10	5683
金宏祥船务有限公司	金涛、龙祥、人源、宏旺	4	1881
万州华顺船务有限公司	华宇、华康、华乐、吉辉	4	1804
重庆港船务公司	迎宾 2、3 号	2	1008
合计		93	62927

表 10－8　　1997 年高速客船在线船舶一览表

公司名称	船名	数量（艘）	客位（个）
宜昌长江高速客轮公司	长江 8、9 号	2	256
华龙船务有限公司	长舞、远舟 2 号、华龙 1 号、华龙 2 号	4	480
重庆鸿雁船务有限公司	鸿飞 5、6 号	2	256
长航飞翔轮船公司	长航飞翔 3、4、5、6、7、8 号	6	688
长江水运股份有限公司	渝强，长天 8、9、28 号	4	450
合计		18	2130

表 10－9　　1997 年区间短途客船在线船舶一览表

公司名称	船名	数量（艘）	客位（个）
涪陵巴都轮船公司	巴渝	1	356
丰都银鲨轮船公司	银鲨	1	298
重庆客轮总公司	冠忠 1、2、3、4、6、7 号	6	2100
重庆华航轮船公司	锦绣、宏兴、麻柳	3	958
重庆长寿水运公司	长福	1	286
重庆大兴轮船公司	大兴	1	248
合计		13	4246

（二）船舶运营线路情况

省际客运航线：重庆—上海、重庆—南京、重庆—九江、重庆—岳阳、重庆—武汉、重庆—宜昌。

市内航线：重庆—巫山、重庆—万州、重庆—丰都、重庆—涪陵、重庆—长寿等。

高速船舶航线：重庆—涪陵、重庆—武隆、重庆—彭水、重庆—龚滩—沿河、重庆—万州、重庆—宜昌。

（三）客运市场情况

1993 年，长江旅游客船的迅速发展，对解决重庆以下旅客乘船难，方便旅客游览起到了重要作用。由于经营水路旅游客运的企业增加，游船迅速增多，长江三峡一线形成了游船大战的态势。部属与地方、国营与集体航运企业的客运市场竞争日趋激烈。由于地方航运企业经营机制灵活，经营方式多样，在船舶的硬件设施、航线安排、运行时间、组客方式、客运服务等方面不断作出调整，以适应旅客的需求，因此能较快地占领客运市场。

1995 年，经营长江三峡一线客运的航运企业已达 36 家、240 多艘船、7.5 万客位，年客运量 1500 万人次。重庆长江轮船公司只有 34 艘客船、2.5 万客位，年客运量 280 万人次，客运市场占有率由改革开放初期的 90% 以上下降到 30% 以下，客运量下降幅度每年达 10% 以上。与此同时，地方航运企业之间的竞争也十分激烈，继涪陵地区航运企业最早发展旅游运输之后，万县、重庆、黔江等市地的旅游运输也迅速崛起，新老旅游客运参与者之间的竞争愈演愈烈。

二、四川省水路客运市场整顿

1994 年 10 月 16 日，中共中央总书记江泽民在乘“巴山”号游轮视察三峡工程时，曾就游船大战一针见血地指出：“这是一个哲学问题，是我们国家爱犯的老毛病，什么事情说好就一哄而上，说不好就一棍子打死。”为了解决存在的问题，国务院办公厅发出通知，交通部采取措施对长江旅游运输市场进行整顿。1995 年 10 月，四川省交通厅在成都召开了全省水路客运市场整顿工作会议。会后对全省水路客运企业、船舶开展了一次运输安全、服务质量、经营行为和市场秩序的全面整顿，并对全省进出川客船进行了服务质量大检查和服务质量评优活动。同年 12 月 18 日，在万县召开了全省进出川水路客运企业协调会，参加会议的有长天轮船公司等 18 家进出川客运企业的经理和渝、涪、万、黔航务处运输部门负责人。会议决定四川省航务管理局局长刘龙铸任该会首届会长。会议通过了《四川省进出川水路客运行业公约》，公约对有旅客投诉、不遵守客票价格管理规定、中途倒客与超载超舱、不执行“五定”管理、不公布票价与服务收费标准、不着装与不挂牌上岗服务和打架斗殴等违章行为，明确了处罚规定。各进出川客运企业法人，均以委托书形式，授权省进出川水路客运企业协调会，对本单位水路客运经营行为及安全服务工作进行监督检查，对违规行为进行查处。并决定在重庆、丰都、西沱、巫山设立水路客运市场监督检查站，对省客船的经营行为和安全服务质量进行不定期的检查，使提高客运服务质量工作纳入了正常轨道，以促进长江三峡一线客运市场秩序明显好转。

三、重庆市水路客运市场整顿

1997 年，由于沿江高速公路、铁路的高速发展，水路客运时间长、票价高的劣势突出，部分旅客弃水走陆，船多客少成为企业经营的突出矛盾，加上进城务工的农民或无业人员为自身利益和企业人员在票务上相勾结采取不正当手段为企业拉客，重庆水路客运市场再次出现秩序混乱，倒买倒卖船票、欺诈旅客等各种违法、违规经营行为屡禁不止，使原来经过整顿的市场又陷入混乱。重庆市直辖后，为了维护重庆市对外开放形象，重庆市人民政府和相关管理部门经过各种情况的调研和综合分析，统一了认识，决定对水路客运市场进行整顿。

（一）组织领导

1998 年，重庆市人民政府决定由重庆市经委牵头对水路客运市场进行整顿，并下发《关于规范重庆市水路客运市场的通知》决定对客运市场进行整治，为此成立重庆市水路客运市场交易中心。

1999年12月24日，重庆市人民政府市长包叙定签署重庆市人民政府第69号令《重庆市人民政府关于加强水路客运市场管理的通告》(以下简称《通告》)。同日，重庆市人民政府办公厅下发《重庆市人民政府办公厅关于贯彻市人民政府加强水路客运市场管理的通告的通知》，全面部署和明确了整顿工作的领导和各部门责任，建立治理整顿重庆水路客运市场联席会议制度。重庆市人民政府副市长王鸿举、吴家农为第一召集人，重庆市人民政府副秘书长、办公厅主任马正其为第二召集人，重庆市人民政府办公厅、重庆市人民政府法制办、重庆市经委、重庆市公安局、重庆市监察局、重庆市交通局、重庆港口局、重庆市工商局、重庆市旅游局、重庆市物价局、重庆市渝中区政府负责人为治理整顿重庆水路客运市场联席会议成员。联席会议下设整顿工作办公室，整顿工作办公室负责联席会议决定事项的实施和日常事务。办公室主任由重庆市人民政府办公厅副主任崔坚担任，副主任由重庆市交通局副巡视员黄同科、重庆市公安局副局长林育均兼任，联席会议成员单位派员参加办公室工作。办公室设在重庆水路客运市场交易中心。

(二) 实施步骤

1999年12月26日，重庆市人民政府在重庆市公安局礼堂召开水路客运市场整顿工作动员大会，来自整顿工作成员单位、各区县(自治县、市)政府、水路客运企业、旅行社及社会各界人士千余人参加了动员大会，大会确定整顿工作步骤分为两个阶段。

第一阶段：2000年1月5日至2000年3月31日。主要任务是通过有关部门、单位的集中整顿，实现朝天门等重点地区水路客运市场管理有序，长江干线水运企业经营和服务规范。第一阶段分两步进行：第一步为宣传发动、自查自纠，时间从1999年12月25日起至2000年1月5日止。第二步为清理整顿、规范市场，时间从2000年1月5日起至2000年3月31日止。

第二阶段：2000年4月1日至2000年12月31日。主要任务是在总结第一阶段工作基础上建章建制，明确相关部门职责，巩固整顿成果。

(三) 目标和范围

目标：通过全面贯彻、落实《通告》精神，规范水路客运企业经营行为，规范水路客运票务市场管理，打击违法经营和惩治犯罪，促进水路客运企业的安全生产，促进水路客运市场的有序竞争，提高水路客运服务质量，塑造重庆对外开放的良好形象。

范围：重点对重庆港、主城区内违反《通告》规定的从事水路客运业和从事水路客运服务业的企业、个人及从重庆港始发的客船(含高速客船)进行整顿。

(四) 具体内容

1. 规范票务管理。①统一票务市场管理。由重庆水路客运市场交易中心集中统一管理票务市场，票务市场实行统一微机售票，统一票样，统一规划微机联网售票点。②规范售票业务管理。重庆水路客运市场交易中心负责重庆港水路客运票务的计划、发售和票款解缴。③清理水路客运服务企业。各类从事水路客运的单位和个人必须取得水路运输服务许可证和工商营业执照，先证后照，两证齐全。④取缔无证无照水路客运服务企业和门点。

2. 规范客船管理。①客船实行“五定”管理(定航线、定班期、定停靠站点、定到发船时间、定运营船舶)。②对现有客船进行清理。对持有船舶检验证书等五证的客船，根据客船资质、安全、技术状况、船龄、实际运行情况、服务质量和旅客投诉情况，确定其参营资格、参营线路和客船等级。③限制主城区各码头、囤船的服务范围，其经营不得为非参营客船提供以载客为目的的停泊服务。④加强运力调控，限制新增运力投入。

3. 打击不法行为，净化市场秩序，惩治不法经营行为。①惩治船票销售过程中的各种犯罪行为，打击倒卖、低价销售船票等各种违法行为，打击欺诈旅客行为。对重庆港周边的朝天门地区、菜园坝地区、陈家坪汽车站、长滨路、嘉滨路等重点地区涉及水路客运的欺诈旅客行为依法严厉打击。②取缔各种利用不正当手段招揽旅客的违法行为，包括给予单位和个人财物、场外售票交易以及利用高音喇叭招揽旅客等行为。整治港口环境，创造良好形象。③整治朝天门地区及重庆港周边地区的社会环境，开展对市容市貌、环境卫生、交通秩序、治安秩序和游摊游贩、各类广告标牌以及沿江垃圾的清理整治，树立重庆港良好窗口形象。

4. 整治工作责任分工。重庆市交通局负责管理重庆水路客运市场交易中心；负责售票点设立的规划、布点工作；负责组织专门稽查队伍，对水路客运服务中的微机售票执行情况进行监督；负责对各个囤船、客船使用微机票情况进行监督；负责对从事水路客运服务人员的培训和管理；负责审批水路客运船舶参营资格和船舶分类定级工作；负责加强对水路企业及客船的安全生产和安全运营的检查、监督和管理；负责对参营客船实行“五定”管理。重庆市公安局负责对涉及水路客运市场服务和票务服务中的违法行为进行严厉打击，由市公安局水上警察总队执行。公安机关的其他部门、单位和市级有关部门、相关区政府应积极支持配合。重庆市工商局负责取缔证照不齐的各类从事水路客运服务企业、门点的经营资格，市公安局、市交通局、市港口局、市旅游局等有关部门配合。重庆市港口局负责组织对所属码头、趸船、候船大厅和港埠企业进行清理整顿和安全、环境综合治理，市有关部门配合。重庆市旅游局负责对相关旅行社及其门点的经营行为和旅游宣传进行规范，对涉及水路客运服务中的旅游不规范行为进行查处，重庆市有关部门配合。渝中区政府负责组织对朝天门地区和周边地区的社会环境整治，市有关部门、单位积极配合。江北区、南岸区政府负责组织对本辖区内与重庆港相关的沿岸进行环境整治。

（五）整顿成果

在重庆市政府的统一领导下，通过一年的综合治理工作，取得了阶段性成果。重庆市交通局通过发布和实施了《重庆市长江客船等级管理办法》《重庆市长江客船服务质量管理考评办法》《重庆市客船服务设施标准》《重庆市客船服务质量标准》《重庆市水路客运票务管理办法》等一系列规范性文件，取得良好效果。重庆市公安局制定《整顿重庆水路客运票务市场治安秩序的工作方案》，为此，采取了抽调专门警力、设立举报电话等措施。在警方严厉打击下，处理了一批羊儿客、票串串，起到了巨大的震慑作用，朝天门地区及周边秩序得到较大改观。重庆市工商局发布了《关于贯彻市政府整顿重庆水路客运市场通告的意见》，通过对朝天门地区及周边无证无照门点进行清理，对从事运输服务企业的核查，严格审核销售或代理轮船票经营单位、门点的经营资格，对不符合条件的水路运输服务一律取缔其销售、代理资格，净化了营销环境。

整顿工作中，通过一系列规范化工作，从事省际旅客运输的企业、船舶统一归市，实施了微机联网售票，票务管理实现了统一。重庆水路客运市场秩序恢复正常，成果得到巩固。

表 10－10　　1986～2005 年重庆市水路客运量及周转量情况表

年份	客运量（万人次）	其中		客运周转量（万人公里）	其中	
		进市	出市		进市	出市
1986	1009.5			22233		
1987	989.3			21921		
1988	1074.2			22202		
1989	839.91	0.05	0.06	16671	42	67
1990	595.14	0.01	0.07	12825	11	69
1991	606.59			13040		
1992	604.06	0.57	2.27	15065	178	1499

续前表

年份	客运量（万人次）	其中		客运周转量（万人公里）	其中	
		进市	出市		进市	出市
1993	470.73	5.67	8.8	15043	1414	4081
1994	421.42	2.83	3.28	10896	731	1304
1995	410.96	1.98	1.51	13014	564	816
1996	2862.12	175.27	219.93	324817	71632	111198
1997	3461.9	206.7	259.3	354664	79769	124030
1998	2661.88	89.1	134.1	243014	39474	71822
1999	2484.7	109.5	137.2	219342	38017	63788
2000	2299.06	117.34	169.02	311815	47507	73806
2001	2057.46	123.3	181.8	257785	49461	82344
2002	2006.56	145.7	215.74	277917	58892	103312
2003	1417.17	82.58	146	134559	28512	53077
2004	1304.27	74.12	111.86	115247	24721	47260
2005	1388.34	123.74	181.22	117497	33586	49531

第二章　货物运输

第一节　大宗散货及危险品运输

一、大宗散货运输

重庆市大宗货物以煤炭、矿建材料、化肥、矿石为主。1986~1995 年，重庆市大宗散货运输，尤其是长江干线大宗散货运输，主要由重庆长江轮船公司承担，地方航运企业只承担了很少部分。1997 年，重庆市基础设施建设加快，经济快速发展，带动了散货运输的发展，煤炭、矿建材料运量逐年快速增加。民营航运企业和个体经营户快速发展，其承担的运量大幅增加，运输方式由轮驳搭配拖带运输方式逐步转向自航船运输方式。

2001~2003 年，由于出现连续的全国性电煤紧缺，各省市限制电煤外运使煤炭运量退至第二位（此 3 年矿物性建筑材料为第一大货类）以外，煤炭、矿建材料、化肥运量排在大宗散货运输货运量的前 3 位，煤炭一直占据第一大货类。2003 年，金属矿石、非金属矿石、机电产品三类货物运量分别为 177.42、68、78.91 万吨。2004~2005 年，金属矿石、非金属矿石、机电产品增长较快，分别增长到 407.3、143.25、187.12 万吨，金属矿石排第三大货类，化肥退至第四。

表 10－11　　1986～2005 年重庆市水路货运主要货种所占份额表

单位:%

年份	煤	金属矿石	钢材	矿物性建筑材料	水泥	化肥	机电设备
1986	23.88	0.49	3.23	29.7	7.17	7.47	
1987	27	0.75	5.1	27.66	5.48	7.68	
1988	30.07	0.53	2.83	26.28	5.79	7.09	
1989	37.53	0.34	1.72	24.97	5.1	7.51	
1990	36.21	0.92	1.83	26.85	4.43	8.94	
1991	33.64	0.67	2.37	27.69	4.93	9.54	
1992	30.91	0.35	3.43	30.94	4.83	8.55	
1993	30.49	0.61	3.24	33.1	5.11	6.75	
1994	33.47	0.54	2.05	29.44	4.84	7.74	
1995	30.81	0.96	6.8	26.87	3.65	9.17	
1996	40.78	1.7	5.26	11.6	4.14	12.19	2.52
1997	27.81	0.48	6.44	17.52	7.54	10.6	2.08
1998	26.89	0.27	2.59	22.7	8.63	9.32	1.64
1999	25.82	0.19	4.24	22.18	16.14	7.54	2.11
2000	23.62	6.89	8.26	19.26	12.17	7.98	2.37
2001	17.34	7.73	4.75	19.7	7.13	9.87	2.16
2002	18.99	6.61	4.57	22.77	9.63	6.31	3.31
2003	17.49	8.01	3.93	21.69	7.95	7.33	3.56
2004	25.97	8.18	3.93	14.82	5.42	5.57	4.89
2005	27.39	10.45	3.98	11.84	4.35	5	4.8

2005 年，煤炭运输量 1067.14 万吨，金属矿石运输量 407.3 万吨，矿建材料运输量 461.41 万吨，钢材运输量 155.23 万吨，水泥运输量 169.37 万吨，化肥运输量 194.66 万吨，非金属矿石运输量 143.25 万吨，机电产品运输量 187.12 万吨，其他货物运输量 1110.88 万吨。

二、危险品运输

重庆市危险品运输最早始于长寿四川维尼纶厂自有船队、江津重庆川顺物资储运总公司自有船队，这些船队都是为本企业或本行业的生产经营服务的。社会运输主要有重庆长江轮船公司、民生轮船公司、重庆港口管理局所属船公司，全部为驳船运输。

20 世纪 90 年代，以涪陵区为代表的危险品运输得到较快发展。重庆市泽胜船务（集团）有限公司、重庆三益物流（集团）有限公司、重庆市涪陵港江水运有限公司、重庆市涪陵东方兴隆船务有限公司等纷纷扩大经营范围，新建船舶经营油品、化学品运输。至 2002 年年底，仅涪陵区危险品运输企业就发展到 10 家，从业人员 730 人，其中国有企业 1 家，有限责任公司 7 家，股份公司 2 家，运输船舶 45 艘，52419 载重吨，17356 千瓦，全年实现运输量 269000 吨。随着船舶标准化、大型化的推进，船舶运输由原来拖带方式逐步改变为自航船舶运输方式。特别是不锈钢等专用船舶的出现，水路液货危险品由原来的自航船运输石油和食用油为主，到 2005 年可以承运各类液货危险品，运力发展到 84 艘 12.6 万载重吨，完成运输量 180.02 万吨。

第二节　集装箱运输

一、集装箱运输起源

1986~1993年，在水铁联运中，一年内偶尔有少量的集装箱出现，一是铁路在重庆进港经水路转向长江中下游及沿海港口，二是中下游及沿海港口由水运经重庆转铁路运输。由于集装箱箱量少，重庆港没有专用的集装箱码头及设备，对集装箱的装卸采用大件设备装卸的办法，用大浮吊和重件缆车进行水铁中转。同时这个时期也无集装箱专用船舶，零星的集装箱装船采用的是800~1000吨级的甲板驳装载，并且是和钢材、设备同时配载完成，运输方式就是拖轮加驳船，主要由重庆长江轮船公司和重庆民生轮船有限公司参与运输。当时集装箱量少，还没有专门集装箱运量统计。

1993年，由于沿海港口集装箱运输发展迅速，长江下游港口集装箱量逐渐增大。同年10月5日，由重庆民生轮船有限公司"民货853"装载40个集装箱，从重庆港九龙坡港埠公司（后更名为重庆港九股份有限公司九龙坡集装箱码头分公司）二码头驶出，首先经营渝沪线集装箱班轮运输（当时是拖驳运输方式）。在重庆仍然采取大件设备装卸办法进行操作。最初的集装箱船是由一般的甲板驳简易改装而成，公布的集装箱班期为半月班，但实际运输中"班期"时有调整。至1993年年底，重庆民生轮船有限公司集装箱运输完成56标箱。重庆民生轮船有限公司首开水路集装箱专业运输，并形成班期，为重庆外贸运输打开了一条新的通道。低廉的运价、优质的服务很快为客户所接受，原来只有从铁路发运的集装箱迅速改走长江水路运输，适箱货源逐渐增多。

二、水路集装箱运输发展

长江水路集装箱运输优势吸引新的集装箱班轮公司加入。1997年5月10日，重庆太平洋国际货物运输代理有限公司租用上海港轮驳公司资质，开通重庆至上海长江内支线集装箱运输航线，成为重庆第二家集装箱班轮公司。1999年10月，重庆长江轮船公司首开内贸集装箱班轮运输。2001年，重庆集海公司开通重庆至上海集装箱班轮运输。2002年，一直通过铁路发运的四川长虹集团出口产品集装箱改经重庆九龙坡集装箱码头装船由水路至上海出口，当年长虹集团的箱量达26314标箱，九龙坡港区集装箱吞吐量共完成81367标箱。集装箱吞吐量成倍增长，大大超过原先的设计能力。同年4月8日和7月10日，中国海运（集团）总公司所属中海集装箱运输股份有限公司和中外运重庆公司相继经营重庆至上海的长江集装箱内支线运输。

三、水路集装箱码头建设

（一）九龙坡集装箱码头改扩建

为适应西部大开发和集装箱运量快速发展的需要，在交通部的积极支持下，重庆港于1996年制定《九龙坡港区集装箱专用码头建设方案》。1998年5月，重庆及西南地区第一座专用集装箱码头重庆港九龙坡港区专用集装箱码头破土动工，年设计通过能力5万标箱，2000年7月建成试投产。九龙坡集装箱码头的建成，为重庆集装箱运输的快速发展打通港口枢纽节点，极大地提高重庆水运口岸集装箱通过能力，为西南地区的外贸进出口货物提供安全便捷的通道。在国家海关总署的支持下，2000年11月，重庆海关在九龙坡港区设立驻港口办事处。

由于重庆市地形特殊，港口附近相对平坦较少，码头后方可供延伸的陆域资源非常有限，难以适应重庆市集装箱运输日益增长的发展要求。2002年，九龙坡作业区集装箱年通过量达到81367标箱，在2年时间内大大突破"二期"新建集装箱码头5万标箱的年通过能力。因而重庆港口建设的当务之急是加快九龙坡港区改扩建和设备更新。

2003年6月10日开始，九龙坡港区不断进行扩能技改，将原有的杂件码头、煤码头改建成集装箱专用堆场，新增特大件码头后方集装箱堆场，并对二码头和三码头的综合作业线进行改造，提升其负荷作业能力。通过改造，九龙坡港区集装箱通过能力最终达到20万标箱。为了缓解九龙坡港区集装箱的压力，2004年8月，重庆市交通委员会启用新港码头进行分流。

（二）其他集装箱码头建设

2002～2005年，重庆市交通委员会在编制《重庆市航运中心发展规划》和《重庆市港口总体规划》时，已考虑到集装箱发展迅速，水运外贸运输货物比例增大，必须在规划中全盘考虑重庆市集装箱码头建设，以适应重庆市经济发展的需要。建设以三大枢纽港区为基础，5个重要港区为补充的全市集装箱码头群落。由此，主城寸滩、万州江南、涪陵黄旗等枢纽港区集装箱码头相继开工建设。除了枢纽港区建设外，重点港区和其他港区也按照规划陆续开始建设。按照规划目标，2010年前，全市港口集装箱吞吐能力达到160万标箱，基本上满足重庆市经济发展和城市建设的要求。

1. 主城枢纽港区寸滩集装箱作业区。重庆港寸滩作业区是重庆航运中心标志性建筑，一期工程于2003年12月28日正式开工，2005年12月底竣工，集装箱年吞吐能力28万标箱。随着二期、三期工程的完工，寸滩作业区设计年吞吐能力达70万标箱，实际通过能力可达100万标箱以上。

2. 万州枢纽港区江南集装箱作业区。万州港江南集装箱作业区工程一期工程于2005年3月18日开工建设，预计2008年年底竣工试投产。作业区集装箱总吞吐量将达到40万标箱。

3. 涪陵枢纽港区黄旗集装箱作业区。黄旗集装箱作业区为重庆市三峡库区三大集装箱码头之一，工程于2004年年底正式开工，工期4年。建设3000吨级集装箱泊位2个，设计年通过能力分别为20万标箱。

四、水路集装箱运输收费

2003年年底，中共重庆市委书记黄镇东、市长王鸿举分别在反映改善投资环境的《重报内参》上作出重要批示，要求作专题系统研究，提出对策，规范涉及港口装卸费用行为。

2004年1月，由重庆市人民政府办公厅牵头，相关委办局参与，组成投资环境调研工作课题组，由副市长周慕冰任课题组组长，总课题下设8个子课题，分别调研了对投资环境影响较大的地价、水价、电价、港口装卸费用等。由重庆市政府口岸办、重庆市委研究室、重庆市外经贸委联合组成的港口装卸收费调研组，由重庆市人民政府副秘书长王学斯带队，先后到重庆港务（集团）有限公司、重庆港九股份有限公司、重庆国际货物运输代理协会开展调研，并专程赴宜昌港、武汉港、上海港和万州港、重钢新港考察，就集装箱运输发展和港口装卸费用问题进行了深入调研。调研表明，重庆港除20英尺空箱装卸价格低于宜昌和上海港以外，其余均高于长江沿线各港口，其中20英尺重箱比其他港口高20%～149%，40英尺重箱比其他港口高67.14%～178.57%。

通过调研分析，重庆港集装箱装卸价格高的原因是：①码头建设投资较大。由于重庆属山区河流地形，码头建设用地多为河滩地回填而成，导致重庆码头建设成本比长江中下游约高出1倍，比沿海高出2倍。②装卸环节复杂。由于重庆高达30米以上的水位落差和当时的技术条件，九龙城集装箱码头只能采取斜坡式，而沿江其他码头均采取岸壁式，吊装作业只需用门式或桥式起重机“一吊一放”即可完成。重庆港的斜坡式则需要通过河下趸船、浮吊、上缆车再采用门式起重机吊到堆场，有的还要在缆车环节后，通过卡车、吊车到堆场，作业环节至少多出“一吊一放+缆车运输”，其机械设备和员工配备要求大大高于中下游港口，而且作业效率低、装卸成本高。③集装箱规模效益差。由于长江上游集装箱运输起步较晚，货物集装箱化率不高，集装箱运量小而导致港口集装箱规模效益差，这也是长江上游乃至中游港口的普遍现象。④积累与发展的矛盾突出。重庆港从1994～2003年相继对九龙坡作业区进行改扩建和寸滩集装箱作业区的建设，由于投资大、成本高，应保持必要的赢利水平，只能选择较高的收费标准。主观方面的原因有两个。一是管理水平有待提高。突出表现为职工队伍庞大，人均劳效、信息化管理和技术水平较低。2003年，上海港和武汉港的人均集装箱作业量均是重庆港的数倍。二是经营理念有待改变。重庆港注重当前的效益较多，而对培育市场、做大市场、着眼发展方面措施不力，使重庆港集装箱装卸陷入量小价高、箱量发展缓慢的怪圈。

2004年5月26日，重庆市人民政府副市长赵公卿主持召开港口收费调研专题汇报会，研究重庆港集装箱装卸费调整相关问题。会议认为，调整重庆港集装箱装卸收费是近期作出的一次适应性调整，意义重大，对进一步培育和开拓市场，改善投资环境，发挥长江黄金水道的作用，提升城市竞争力，促进外向型经济发展将起到积极的推动作用。

2004年5月31日，重庆市人民政府召开新闻发布会，重庆港务集团向媒体宣布：重庆港集装箱装卸费自7月1日起下调（实际从6月20日开始下调），20英尺重箱由660元/箱下调为510元/箱，下浮22.73%；40英尺重箱由1170元/箱下调为766元/箱，下浮34.53%。考虑到企业需要一定的时间来消化调价因素，当年暂执行下浮标准的50%，2005年1月1日起全部到位。

为了缓解因大量集装箱长期在港堆存而导致压港的情况，促进集装箱的快速周转，在集装箱装卸费下浮的同时，从2005年7月1日起，九龙坡港区集装箱堆存费标准有所提高，并且在港集装箱空箱和重箱堆存优惠期缩短。空箱堆存由原来的无优惠免收期调整为进出口均享受3天无堆存费优惠，优惠期后，20英尺空箱的超期堆存费由每天1元调整为3元，40英尺空箱的超期堆存费由每天2元调整为6元。重箱堆存由原来的优惠免收7天调整为优惠免收3天，收费价格不变。

五、水路集装箱运输方式

重庆集装箱运输发展的初期，集装箱船舶大多采用“拖轮+驳船”的运输方式。随着集装箱班轮的不断增加，驳船拖带效率低、灵活性差等劣势逐渐制约了集装箱运输的发展。1997年，重庆太平洋国际货物运输代理有限公司在开通集装箱班轮时，率先采用了自航船运输方式，载箱量主要为96标箱或108标箱，集装箱船舶开始转型进入第二代。1999年，民生轮船有限公司开始将驳船改为自航船。经过4年逐步改造，第一代小船即载箱量为40标箱左右的驳船全部被淘汰。这时，集装箱班轮公司也增加至5家。至此，重庆地区集装箱船舶完成第二次转型，集装箱船舶运力接近1万标箱，重庆至上海运行时间由原来的9天缩短到7天，船舶运行效率有明显提高，集装箱吞吐量大幅度增长。

为进一步适应集装箱运输快速、便捷的需求，2003年4月，民生轮船有限公司借鉴“直达巴士”模式，推出“重庆至上海”集装箱直达快班，运行时间再次缩短到5天。2003年，重庆集装箱吞吐量完成90336标箱，为2000年的344%。据重庆海关统计，重庆市外贸进出口货物通过水运集装箱完成的比例由以前的不到10%提升到90%，集装箱水运的优势得到肯定。

2004年，民生轮船有限公司率先推进集装箱船舶大型化和标准化改造，建造12艘载箱量为144标箱的“民”字系列船舶。

2005年，民生轮船有限公司新建6艘载箱量为204标箱的“民”字系列集装箱船，民生公司集装箱船舶运力突破5000标箱。由重庆港九股份有限公司和上海港集装箱股份有限公司、上海集海航运有限公司共同投资成立的重庆集海航运有限公司新建载箱量分别为192标箱和208标箱的船舶各3艘。至此，重庆第三代集装箱船舶渐成规模，总载箱量达到1.5万标箱，集装箱运力大幅度增长。

至2005年年底，重庆市共有集装箱运输企业13家，集装箱船120艘，装载能力达1.56万标箱，经营集装箱班轮运输企业7家，每周发40班。同时，这些运输企业还开展了内支线运输，形成了外贸运输与内贸运输同时发展的格局。集装箱班轮运输航线为泸州至上海、重庆至上海，沿途挂靠长江主要港口。开展集装箱运输的港口有重庆、涪陵、万州3个。2005年内河集装箱吞吐量275572标箱，重庆集装箱吞吐量平均增幅达到56%。重庆市90%的外贸物资是通过水路集装箱运输出口。

第三节　滚装运输

一、载重汽车滚装运输

川江载货汽车滚装运输始于2000年。2000年4月由云阳籍船民向建民首开先河，从一艘7个车位船做起，掀起一轮新的发展浪潮。当年发展到22艘船舶900车位，航线统一为万州至宜昌。随后于2001年开通重庆至宜昌航线，2003年开通涪陵至宜昌航线。2005年年底，从事川江滚装运输的航运企业共21家（重庆市13家，湖北省8家），码头及代理企业共5家（重庆市4家，湖北省1家）；实际在线运营船舶共92艘4670车位（重庆市48艘2895车位，湖北省44艘1775车位）。

（一）滚装运输的起步

滚装船运输在川江兴起是市场需要的产物。发展之初，各项技术规范、管理规定相对滞后，存在不少问题，如运力发展失控，乱收费现象严重，安全隐患多。对此，各级管理部门采用了堵的办法。但由于滚装市场需求强烈和超额利润的吸引，个体滚装船经营者采用了各种手段逃避管理，给安全带来很大隐患。重庆市港航管理局成立后，专门对万州滚装船市场进行调研，认为滚装船运输已成为当地经济新的增长点，只能因势利导，顺势而为，不能采用堵的方法。于是就主动向重庆市人民政府、交通部汇报，提出规范市场、完善管理、加强监控的措施，得到上级有关领导的支持。重庆市交委发布《滚装专用码头管理的通告》，滚装运输业得到有序发展。

（二）滚装运输市场整顿

2001年，交通部、长江航务管理局对滚装船市场进行专项整顿并收到积极效果。但由于整顿以审批管理、市场准入、安全管理等方面为重点，市场中仍存在诸多问题需完善解决。为更好配合交通部搞好整顿工作，在重庆市交委领导下，在万州区争取了政府支持，成立由分管区领导参加的滚装运输市场整顿领导小组，设立管理办公室，制订滚装船运输收费、调度、港口作业、服务质量4个管理办法，设置公示牌、举报箱。对船舶调度实行24小时监管，严格调度秩序，取缔不合理收费，降低了部分行政事业性收费，对原由企业代收的安全保证金全部进入航管部门设立的专户，统一管理，提高船舶服务质量，对在规定时间内仍达不到标准的不予装载，使滚装船运输市场秩序得到进一步规范。

（三）滚装运输完善及发展

1. 重庆郭家沱滚装码头开通

随着云阳、万县汽车滚装运输的发展，2001年，重庆市开通郭家沱滚装专用码头。为规范管理，在试运行之初港航管理部门就制订郭家沱滚装市场管理办法，强调滚装码头对外实行三公开原则，进行统一管理、统一结算，对计划、调度、制单、运输、收费进行全面的监督管理。同时，对该码头实行计算机化管理，将计划、调度、结费纳入计算机监控。

开通之初，由于码头经营人对该领域情况不够熟悉，管理及其硬件按市场的要求都存在一定的差距，一方面导致了对各滚装船的调度缺乏科学合理性，船舶作业效率十分低下，进出港口的秩序也比较混乱；另一方面由于道路整治不够彻底，交通管理缺乏经验，载货汽车堵路情况时有发生，许多汽车被困于码头长达2天甚至3天。广大汽车驾驶员、附近单位及居民意见大，社会影响不好。重庆报社、电视台为此作了报道。针对以上情况，重庆轮船总公司在相关部门和单位的支持下，积极想办法，进行管理改革，出台一系列管理规定，在人力、物力、财力上加大投入。如按照实际情况，增设上、下车场的售票口，以减少车辆停滞时间。在确保安全的前提下实施码头的双船作业，提高船舶作业效率，增加道路交通指挥，确保道路畅通。对港口也作出严格的管理规定，强化调度命令，完善船上伙食管理规定，提高司乘人员的生活条件等。

2. 涪陵滚装码头开通

2003年，重庆市开通涪陵滚装码头。码头设在黄旗作业区，位于长江左岸，距宜昌里程539.5~540.5公里，与涪丰北线、重庆至涪陵高速公路相连。

3. 滚装运输在发展中完善

2004年，重庆主城、涪陵、万州3个滚装码头，加上湖北宜昌滚装码头，为了各自利益，常采取降价吸引车源的做法，但代理及装卸作业费却丝毫不减，同时滚装船舶服务质量低下，船公司及驾乘人员怨声载道。为此，重庆市、湖北省港航管理部门在重庆海兰云天度假村组织召开有两省市滚装运输及港埠企业负责人参加的川江载货汽车滚装运输座谈会，重庆市港航管理局下发《关于开展载货汽车滚装运输市场专项整顿工作的通知》，要求各滚装港埠企业必须从2004年10月20日起恢复2003年年底时运价，严禁擅自降价，恶性竞争，对低于统一价格的码头代理公司及船舶运输企业将进行停业整改1个月。对情节严重的，严重影响滚装运输市场健康发展的码头代理公司和滚装运输企业，将取消其经营资格。滚装船舶必须于2004年11月30日前达到《重庆市载货汽车滚装运输船舶服务规范》的要求，否则禁止投入运营。在交通部、长江航务管理局和当地人民政府和港航管理部门通力协作下，通过以上滚装运输发展中的完善工作，川江滚装船运输市场秩序得到明显改善，运输生产明显增长，生产安全进一步得到保障，服务质量进一步得到提高，成为重庆水运经济新的增长点。

4. 实行翻坝运输扩大通过能力

川江滚装运输发展迅猛，滚装船舶数量大量增加，三峡船闸难以承受。对此，交通部在2004年春运期间作出决定：把滚装船全部分流，让滚装车辆自行翻坝。中国长江三峡工程开发总公司开放坝区坝上和坝下两个码头和区间公路，方便车辆快速翻坝。通过这些措施减缓了船闸压力，缩短了滚装运输时间，降低了运输成本。翻坝使川江滚装运输在时间上的弱势得到了部分弥补。因此，翻坝运输的实施维护了川江滚装运输的持续发展。

5. 滚装运输优势

滚装运输与其他运输方式相比有独特的优势。⑴滚装运输费用较低，且隐性费用较少。⑵走水路给车辆一次休养的机会，减少了机器及轮胎磨损，节省了修理费，延长了车辆寿命，在劳动强度方面，乘船对于司机来说是一种放松和享受。⑶在安全方面，318国道渝鄂段路况复杂，尤其在气候条件恶劣的情况下汽车运输危险较大，走水路则相对安全。⑷由于滚装运输船舶运量大、成本低，在环保节能上优于其他运输方式。滚装运输与陆路运输相比，水运能耗仅相当陆路能耗的43%。同时，通过滚装运输方式和滚装车自行运行能够实现门对门的运输，不需中途转货的环节。

6. 主要滚装运输企业

2005年，重庆滚装运输企业有重庆罗诺船运有限公司、云阳永盛实业有限公司、重庆顺华滚装船运输有限公司、重庆市乔泰船务运输有限公司、重庆市河牛滚装船运输有限公司、重庆市万州区串通滚装运输有限公司、重庆市万州区万港航运有限责任公司、重庆市万州区江航船务有限公司、重庆市万州区渝通滚装运输有限公司、重庆金航船务有限公司、重庆市万州区鸿发船务有限公司、重庆市长华滚装船运输有限公司、重庆市万州区江峡船务有限公司。滚装船型主要有30、41、47、50、51、59、60车位，其中以50、59、60车位为主流船舶，占全部船舶的70%。

2005年，重庆市载重汽车滚装运输吞吐量31.4万辆，其中重庆、涪陵、万州至宜昌3条航线运量分别为12.3万、9.6万、9.5万辆，分别占39.2%、30.7%、30.1%。

表 10-12　　2001~2005 年重庆载重汽车滚装运输吞吐量表

单位：万辆

年度	小计	进口	出口
2001	9.39	5.21	4.18
2002	14.52	7.57	6.95
2003	19.64	9.96	9.68
2004	31.44	15.69	15.75
2005	31.22	15.63	15.59

表 10-13　　2001~2005 年重庆市滚装船舶运力情况表

年度	数量（艘）	车位（个）
2001	25	1025
2002	34	1530
2003	42	2065
2004	58	2945
2005	64	3305

二、商品汽车滚装运输

长江商品汽车滚装运输始于 20 世纪 80 年代。1986~1995 年，重庆长江轮船公司采用“钢材+汽车”“磷矿+汽车”等驳船配载方式运输商品汽车。此期间重庆长江轮船公司商品汽车滚装运输量占商品汽车出川的 70%，其余由民生轮船公司承运。港口码头作业以吊装为主。1995 年以后，专业化商品汽车滚装船陆续进入长江航运市场。2002~2005 年出现 40% 以上环比增长。在竞争日益激烈和成本压力增大的情况下，越来越多国内外汽车制造企业采用长江商品车滚装运输作为商品车销售物流解决方案。2005 年，包括华东、华北、东北等地汽车制造企业的商品车加大了采用长江商品车滚装运输的物流份额。经过十几年的发展，商品汽车滚装船已形成规模化、系列化船队，逐步适应重庆市汽车工业发展对运输的需求。

（一）长江上游商品汽车滚装运输起步

重庆是中国重要的汽车制造基地之一。20 世纪 90 年代，特别是重庆直辖后，重庆市汽车工业逐步走上加快发展的快车道。以长安汽车集团、庆铃汽车集团为龙头的大型汽车制造企业长期以来采取铁路、公路运输商品汽车。由于激烈的市场竞争，传统的铁路运输、公路运输在运输规模、运输成本等方面逐步成为制约重庆市汽车工业快速发展的瓶颈，亟须一种新的运输方式和物流方案来解决商品汽车物流问题。

20 世纪 80 年代末，重庆长江轮船公司和民生轮船公司开始商品滚装车运输，采用甲板驳下层装钢材或矿石抱平后，上层装商品车，充分利用甲板驳的有效吨位和空间，轻重搭配，效益显著，港口装船采用浮吊吊装装船等操作方式，承运重庆长安厂各种类型的商品车到南京、上海等地。

1995 年，上海长江轮船公司与上海大众汽车公司合资建造 300 车位的“安达轮”商滚船。上水装大众汽车到重庆，在九龙坡港埠公司卸车。初期下水放空，随后下水装部分长安汽车到南京、上海。重庆长江轮船公司将船“江渝 117”轮改造成 150 车位的商滚船，更名为“北航 1 号”轮，航行重庆至上海装运“长安”和“大众”汽车。

1999 年，为了适应西南地区的大型汽车企业对汽车物流服务的需求，民生公司在原有甲板驳的基础上先后改造“民甲 846”“民甲 806”“民甲 803”“民甲 850”“民甲 847”“民甲 801”等 6 艘商品车专用滚装驳，同年9月30日，民生公司生渝轮拖带第一艘滚装驳“民甲846”离开重庆，开始驳船滚装商品车专业运输。与此同时，为了保证运输质量，为重庆市汽车制造企业提供完善的商品车物流服务，民生公司还投入了专业的商品车公路运输车队，并且在湖北武汉、湖南岳阳、江苏南京、辽宁沈阳等地建立商品汽车中转库，形成以长江商品车滚装运输为核心平台，以重庆为中心，辐射西南、西北地区，以武汉、岳阳、南京、上海为中心，辐射华南、华中、华东、华北和东北各地的商品汽车物流服务网络。

（二）长江上游商品汽车滚装运输发展

长江上游商品汽车水路运输大致经历3个阶段。

第一阶段（20世纪80年代至90年代中期），采用“钢材或矿石+车”的配载方式，对商品车的装卸采用传统的吊装、吊卸的方式，运量比较零星，效率较低。

第二阶段（20世纪90年代中期至2005年），采用专用商品车滚装驳（船）配载运输，实现了依靠商品车自身动力“滚上滚下”滚装装卸，运量增大，效率提高。在此阶段，出现较长一段时间的专用商品车滚装驳与专用商品车滚装自航船舶同步运营期。

第三阶段（2005年起）在长江商品车滚装运输自航化过程中，民生公司商品车滚装自航船也在不断向标准化、大型化与现代化方向发展。至2006年已经成功发展了三代。

表10-14 民生公司商品车滚装自航船情况表

代别	代表船舶	出厂时间	船舶尺寸（米）	层数（层）	层高（米）	航速（公里/小时）	标准车位（个）
第一代	民生	2000年5月	78.6×12.2	4	2~2.25	30	180
第二代	民苏	2001年8月	85.5×15.8	5	2.5~3.2	30	340
第三代	民宪	2006年4月	99.3×16.9	6	2.1~2.5	30	650

（三）长江上游商品车滚装运输快速发展

21世纪，随着中国汽车工业的发展，长江上游商品车滚装运输也迎来了快速发展的新时期。首先，长江上游商品车滚装运输运力和运输量都有了很大的增长，民生轮船公司从最开始的零星运输发展到2005年年底拥有7艘滚装船的运力规模，月运输商品车近2万辆，长江上游商品车滚装运输进入了高速发展期。此外，深圳长航滚装物流股份有限公司、上海安盛汽车船务有限公司以上水业务为核心，也逐步涉足长江上游商品车滚装运输服务，为长江上游商品车滚装运输发展增添了市场竞争活力。其次，长江上游商品车滚装运输业务量快速增长。以民生公司商品车滚装运力发展为例，可以看出重庆市商品车运输快速发展的过程。

表10-15 民生公司长江商品车滚装整车水路运力统计表

船舶名称	建成时间	总长（米）	甲板宽（米）	满载吃水（米）	载车甲板（层）	型深（米）	甲板净空（米）	航速（公里/小时）	载车数量（辆）
民生	2000年5月	76.8	12.2	2.6	4	3.4	2.25	18	180~250
民苏	2001年8月	85.5	15.8	2.5	5	3.7	2.5~3.2	26	320~500
民熙	2003年3月	85.5	15.8	2.5	5	3.7	2.5~3.2	26	340~550
民勤	2003年8月	85.5	15.8	2.5	5	3.7	2.5~3.2	26	340
民俭	2004年9月	85.5	15.8	2.5	5	3.7	2.5~3.2	26	340

续前表

船舶名称	建成时间	总长（米）	甲板宽（米）	满载吃水（米）	载车甲板（层）	型深（米）	甲板净空（米）	航速（公里/小时）	载车数量（辆）
民德	2005年5月	85.5	15.8	2.5	5	3.7	2.5～3.2	26	340
民表	2005年9月	85.5	15.8	2.5	5	3.7	2.5～3.2	26	340

2005年，商品车滚装运力虽然在不断地发展，但还是不能满足商品车对水运市场的需要，水运各家商品滚装运输企业所承担的商品车运输量仅占重庆市商品车物流量的21%。水路商品车运量逐年增长较快，仍有很大的发展空间。

商品车滚装运输的发展对港口码头建设提出新的要求。1986～2000年，重庆市能够开展商品车滚装运输的码头仅有九龙坡、江北梁沱、唐家沱等3处。这些码头专业程度差，有的码头还只能吊装，堆场不足，制约了商品车滚装运输的发展。根据2002年《重庆市航运中心发展规划》和2005年《重庆市港口总体规划》，在寸滩建设1个专业滚装码头，设计年通过能力15万辆。该码头于2003年12月28日正式开工，2005年12月底竣工。同时，规划中还将在巴南佛尔岩建设商品车滚装码头1个，设计年通过能力15万辆。随着港口建设的加快，专业化码头增加，将进一步促进水路商品车滚装运输的发展。

第四节　海洋运输

一、民生轮船公司海洋运输

民生轮船公司重建以后，在发展长江航运的同时发展海洋运输。1986～2005年，民生公司海运发展过程中，该公司自有江海船舶首次江海联运成功，创造了从日本到重庆货运19天的中国航运史上最快纪录。该公司还创造了重庆至日本货运16天的最快纪录和日本到重庆货运15天7小时的纪录。

1985年11月，公司“生哲”轮和民生1201驳投入广州至香港航线。1986年10月1日，该公司第一艘8000吨海轮“乌江”轮从天津首航日本。同年10月25日，该公司第二艘12000吨海轮“沱江”轮从上海首航日本。

1987年12月，公司第三艘15000吨海轮“岷江”轮投入上海至日本航线运营。

1988年11月，公司第四艘15000吨海船“涪江”轮投入运营，航行至日本及东南亚各国。

1989年9月，公司新购买的两艘7500吨海船“怒江”轮和“渠江”轮投入运营。

1990年，公司开始向国际集装箱班轮运输发展，新购“龙门”轮、“玉门”轮、“海门”轮投入运营。

1994年，公司开始以合资形式经营中国至日本偏港集装箱班轮航线。

1995年，公司拥有海轮9艘，航行中国沿海、香港地区以及韩国、俄罗斯、日本和东南亚各国航线。

1998年11月6日，公司率先经营上海至台湾地区的集装箱班轮航线，在海内外引起巨大反响。

2001年，公司独立经营中国至日本航线。

2004年4月1日，公司第二条台湾地区至上海至基隆航线、台湾地区至中国内地航线开航。

2005年年底，民生轮船公司海运的主要集装箱班轮航线有：①上海、宁波至台湾地区集装箱班轮航线。其中，上海至基隆、台中每周2班，上海至高雄每周1班，宁波至基隆、台中每周各1班，配备2艘集装箱海船。②上海、大连、青岛至日本集装箱班轮航线。其中，上海至福山、水岛、广岛每周2班，上海至高松、岩国、中关、德山每周一班，大连、青岛至福山、水岛、广岛、高松、伊万里、中关每周1班，配备5艘集装箱海船。经过多年持续、稳定的经营，该公司在中国内地至中国台湾集装箱班轮航线、中国至日本偏港集装箱班轮航线上的运输量每年保持稳定的增长，航线服务得到广大客户的认可，建立了良好的信誉。

二、重庆海运公司海洋运输

1994年，经国家计委批准，四川省重庆轮船总公司向德国政府优惠贷款7560万马克（年利息3.25%，还贷期11年，限期1年），自筹840万马克，合计8400万马克，在德国克鲁格船厂建造5000吨级332箱集装箱多用途货船4艘。同年10月与克鲁格船厂签订造船合同，并于11月成立“海运筹备组”。1995年10月23日，经交通部批准，同意筹建四川省海运有限责任公司。1996年1月8日，注册登记成立四川省海运有限责任公司（后更名为重庆市海运有限责任公司）。

四川省重庆轮船总公司、重庆金川航运物资供应公司和四川省九光实业公司合资经营以四川省外贸进出口货物运输为主的近洋国际航线。后在重庆市政府的大力支持下，经国家计委批准，又争取到优惠贷款7200万马克，自筹945万马克，合计8145万马克，在德国大众船厂建造672箱集装箱多用途货船2艘。至此，四川省海运有限责任公司已拥有海船6艘，总造价16545万马克。

1996年3月和9月，第一艘海船“金满江”轮和第二艘海船“金满河”轮分别建成投产。1997年6月，万吨级集装箱多用途货船“金满渝”轮海轮完工出厂。

2005年年底，公司拥有5000吨级（332标箱）的“金满江”轮、“金满河”轮、“金满湖”轮、“金满海”轮和10000吨级（672标箱）的“金满渝”轮、“金满洋”轮6艘多用途集装箱海轮，共38100载货吨、2672标准箱位、24360千瓦。同时，拥有国内沿海港口至中国香港、中国台湾以及日本、韩国和东南亚地区等航线。

表10－16　　1986～2005年重庆市水路货运量及货运周转量情况表

年度	货运量（万吨）	其中			货运周转量（万吨公里）	其中		
		进市	出市	远洋		进市	出市	远洋
1986	628.7	13.8	70.5		183955	24790	103837	
1987	574.5	15.3	73.7		221627	29053	133455	
1988	590.6	24.4	75.2		260847	50064	144374	
1989	571.68	19.15	77.08		281234	41893	159394	
1990	495.98	12.93	83.45		246653	26058	167492	
1991	473.8	15.34	79.19		245535	28816	160355	
1992	487.12	19.73	93.07		297169	43756	193244	
1993	517.56	23.04	87.06	55	423746	56715	198331	10813
1994	452.34	27.96	99.89	41.3	447454	63617	212826	11475
1995	443.44	23.85	122.85	44.2	425118	54725	255775	74271
1996	992.25	51.2	338.14		682193	69079	530902	
1997	1313	59.7	354.2		659669	91515	467942	
1998	1283.9	48.4	233.7		468348	62791	301239	
1999	1095.7	63.8	169.56		455437	80588	245232	
2000	1414.34	199.83	374.26	6.35	1057547	328465	543318	10135

续前表

年度	货运量（万吨）	其中			货运周转量（万吨公里）	其中		
		进市	出市	远洋		进市	出市	远洋
2001	1821.86	273.84	445.2	129.5	1350084	454102	604030	145365
2002	1888.51	285.5	449.69	91.37	1442596	453678	661190	143765
2003	2214.42	346.68	575.8	82	1577029	440286	712671	127721
2004	2917.92	555.2	1106.32	95.7	2843032	746048	1468980	136450
2005	3896.36	788.56	1541.21	109.7	4004640	1034328	2244681	160516

第三章　水路运输价格

第一节　旅客运输价格

1984年，水路运输相关的管理业务工作由四川省交通厅航务管理局具体领导。四川省执行的水路运输价格均按照当年四川省交通厅制发的《关于公布实行〈四川省内河运价计算暂行规则〉的通知》。

《四川省内河运价计算暂行规则》对客运票价采取了分江段、分等级计算方式予以确定的统一船票价。岷江乐山至宜宾段，舱位等级分为二、三、四、五等；金沙江新市至宜宾段，舱位等级分为二、三、四、五等；嘉陵江合川至重庆段，舱位等级分为二、三、四、五等；乌江龚滩至重庆段，舱位等级分为三、四、普通票价；长江宜宾至泸州段，舱位等级分为二、三、四、五等；长江泸州至重庆段，舱位等级分为二、三、四、五等；长江重庆至上海段，长江重庆以下统一执行长江航运公司票价主要航线客运票价，舱位等级分为一、二、三、四、五等及散席共6级票价。

1993年，随着改革开放深入发展，计划经济向市场经济的转变，内河水路运输经济体制的变化以及综合交通体系的逐步完善，四川省物价局、四川省交通厅下发《关于进一步改革和放开公路、水路货物运价有关问题的通知》，决定放开四川省公路、水路货物运价。同年颁发《四川省水路货物运价规则的通知》废止《四川省水路货物中准指导运价》，具体价格由经营者根据运输市场变化情况自行确定。旅客运输票价未作变动。

2001年，国家经济体制改革深入，已经基本确立市场经济体系，为适应社会主义市场经济体制的要求，充分发挥价格杠杆对水运市场资源的配置作用，促进水运业发展，国家计委、交通部于同年3月6日以《国家计委、交通部关于全面放开水运价格有关问题的通知》决定全面放开水运价格，实行市场调节价。同年4月4日，重庆市物价局、重庆市交通委员会转发《国家计委、交通部关于全面放开水运价格有关问题的通知》，对重庆市水路旅客运输价格作出具体规定：（1）2001

年5月1日，除过江轮渡、车渡外全面放开水路客货运输价格，实行市场调节价，具体价格由水运企业根据经营成本和运输市场供求情况自行确定。跨区县（自治县、市）经营航线的运输价格报重庆市物价局、重庆市交通委员会备案，区县（自治区、市）内经营航线的运输价格报当地物价局、交通局备案。（2）水运价格放开后各水运企业应严格执行国家关于明码标价的有关规定。除合同运价外，水运企业调整客货运输价格，应提前30天向社会公布。

第二节 货物运输价格

1983年9月，四川省交通厅规定，不分国营、集体水运企业，一律执行货物等级运价。如一级货物重庆至万州段下水起程基价2.00元，吨公里单价0.038元。上水起程基价2.80元，吨公里单价0.06元。人力船货物运价，比照轮船运价加10%计算。货物等级分类未公布前，集体水运企业对一般货物统一执行一级运价，对水运特殊、笨重、轻泡和危险货物的运价，仍暂由承托双方协商议定，多数采取包船包吨位按一级货物运价计算的办法。该决定从1983年9月20日起执行，原轮木船运价同时停止执行。

1984年4月15日，四川省交通厅规定货物运价分级表，并确定级差系数，一级货物运价为100%、二级为105%、三级为110%、四级为115%、五级为120%、六级为125%、七级为130%、八级为135%、九级为140%、十级为150%，并印发各级货物品名。

《四川省木船运价计算规定》包船包舱按船舶载重吨和一级货物运价计算，客货轮的载客部分按各等级载客定额的票价计算。租船费按小时租用，不足半小时算半小时，按天租用不足1天算1天，按马力租用，不足20马力按20马力计算。20马力以下每小时0.80元，21～60马力0.60元、61～120马力0.40元、121～300马力0.30元、301～500马力0.20元。万县至楠木元段181～190公里一级货物运价为14.11元。这个运价较1958年运价提高63.6%，运价公布时正值水运货源不足，长航、省航、区内外船舶竞争激烈，为了争夺货源，相互杀价，一般下浮25%左右。

1989年4月，四川省交通厅、四川省物价局（川交航〔1989〕237号）文规定进出川货运价格实行承托双方协议定价，四川省内实行中准价后，货运价格基本上趋于全面放开态势，但重庆市航运涉及管理诸多问题，个别县（如奉节）实行定期由管理部门牵头协商统一浮动定价外，其余县（区）基本上实行的是协议定价、合同价等方式，管理部门不再搞一城一港一定价方式。

1992年5月，四川省交通厅（川交航〔1992〕208号）文规定省内运输按中准价上下30%浮动。

2000年6月19日，重庆市交通局、物价局联合发出《关于进一步改革和放开公路、水路货物运价有关问题的通知》，决定对重庆市公路、水路货物运输价格实行放开，由货物承托双方根据运输成本、运力供求情况和货源情况商定运价。至2005年，仍然执行此运价规定。

第四章　航运企业

第一节　航运企业改革

一、承包经营责任制推行

十一届三中全会后不久，全国农村实行联产承包责任制取得巨大成功。江河贯通广大农村，航运企业受农村联产承包责任制影响较早。20 世纪 80 年代初期，重庆市一些集体航运企业在改革经营管理方面进行了不少有益的探索。如改月工资和固定津贴为基本工资加奖励，或计件工资，或包产到组、定额上交，或其他有利于促进生产调动积极性的办法。随着城市经济体制改革的推进，国营航运企业也进行了扩大企业自主权试点，实行利润、亏损包干经营责任制。

(一) 国营航运企业承包经营

20 世纪 80 年代初期，重庆市国营航运企业在实行利润、亏损包干经营责任制的基础上，普遍推行任期目标承包经营责任制。1993 年，陆续结束了承包制，转入资产资本等经营方式，一方面企业对国有资产进行保值增值，另一方面企业进入市场经营。航运企业所有制由单一的国有资产经营改变为各种所有制联营或股份制形式的经营。

1988 年，涪陵轮船公司实行第一轮承包，与地区交通局签订为期 3 年的承包经营责任制合同。在承包期中，该公司积极开拓旅游运输市场，经营了重庆至湖南岳阳旅游客运航线，广泛开展了横向经济联合，取得了显著的经济效益，各项承包指标均超额完成。如利润指标，3 年承包数为 90 万元，实际完成 417.54 万元，为承包数的 4.64 倍。

1988 年，东方轮船公司采取投标和缴纳风险抵押金方式，与万县市交通局签订为期 3 年的承包经营合同。承包 3 年企业跨了三大步，年平均利润 62 万元，其中 1989 年利润达 150 万元。其他国营航运企业也普遍实行了利润或亏损包干，超利润分成或全留和减亏全留承包办法，承包期限 1 ~4 年不等。

1989 年开始，重庆轮船公司在与重庆市交通局签订承包合同后，全面推行“收支包干，据实核算”的承包办法。对乐山、泸州、宜宾分公司和驳运分公司、南通物资转运站实行“全额收支平衡，亏损不补，超定额利润二八分成”的承包形式，对附属工业厂实行“全额收支平衡，亏损补贴包干，超亏不补，节亏二八分成”的承包形式，对其他二级单位和多种经营单位实行“全额收支包干，定额利润上缴，超额利润分成”的承包形式，促使各单位把定额利润这一最终考核指标放在衡量经营效果的首位，认真组织生产，一举扭转了多年亏损局面，全年实现利润 1054.4 万元。

(二) 集体航运企业承包经营

20 世纪 80 年代初期，集体航运企业在实行多种形式经济责任制的基础上，逐步发展到推行多种形式的承包经营责任制。1987 年，在推行两个层次承包中，根据国务院提出的搞好“配套、完善、深化、发展"的方针，逐步实行了招标承包和风险抵押承包经济责任制。企业内部承包形式主要有以下几种：

1. 收入分成制。即按收入的一定比例，由企业与所属承包单位、船队分成。如合川县小沔航运公司，实行按运营收入30%作为船队船员工资，70%交公司，由公司负责各项开支和税费缴纳。合川县盐井航运公司实行按运营收入48%作为船队船员工资和燃材料、海损事故费用开支，52%交公司，由公司负责其他各项开支和税费缴纳。

2. 纯利分成制。即对所属承包单位、船队实现的纯利润，按一定比例与企业进行分成。如武隆县航运公司根据船队实现纯利润的多少，按不同比例与企业进行分成，船队不得少于50%。

3. 除本分成制。即按纯收入的一定比例，由企业与所属承包单位、船队进行分成。如忠县轮船公司根据各船多年的实际开支，确定燃物料等主要成本费用包干到船，船队运营收入除去包干费用和应缴税费外，公司与船队按比例分成。

4. 包成本节奖超惩治。即所属单位、船队向企业承包几项可变成本指标，节约或超支部分按规定比例奖惩。如彭水航运公司所属船队向企业承包产量、质量、油耗、物耗、成本、利润等项指标，超额完成或实现节约的，船员工资向上浮动；完不成包干指标的，扣减船员部分工资。

5. 单船或个人承包责任制。即单船或个人按规定定额上交承包费，自负盈亏。如万县市川东轮船公司对万县至宜昌、万县至岳阳两条航线的7艘旅游客船推行全承包责任制。承包经营者先向企业交付一定抵押金，以后按规定除缴纳税费外，并按月向企业缴纳承包费。否则立即停止承包并从抵押金中扣除承包费。

6. 包干制。即包交利润或对修船、造船按承包指标计付费用，节约或超出部分由承包者自理。如彭水县郁光航运公司对修造船和渡口均采取按月或按年包交利润的办法，超出部分全奖给个人。承包经营责任制的推行，使集体航运企业在建立激励机制、竞争机制、风险机制、约束机制等方面前进了一大步，有力地促进了企业经济效益提高，固定资产增值，职工收入较快增长。实现年利润500万元以上的有奉节县东风航运公司，实现年利润100万元以上的有忠县轮船公司、奉节县红旗航运公司、奉节县夔峡航运公司。不少亏损企业实行承包经营责任制后，也一举扭亏为盈或明显减亏。涪陵市轮船公司1987年亏损61.78万元，1988年对25艘客渡船实行单船承包经营责任制后，当年赢利29.2万元，1989年赢利62.7万元，1990年赢利增加到135.9万元。同时，企业固定资产增值115.5万元，向国家缴纳税费346万元，职工人均年收入比1987年增长51.6%。

至1990年年底，多数航运企业第一轮承包合同已经到期。1991年，普遍进行第二轮承包。第二轮承包是在认真总结第一轮承包经验的基础上，按照"大稳定，小调整"的原则，针对企业实际和存在的问题，对承包形式、制度、内容等方面进行完善和发展。普遍推行了领导班子集体承包和全员风险抵押承包，建立和强化了风险机制。万县地区25家航运企业于1990年年底已有22家签订第二轮承包合同，普遍实行企业领导班子集体滚动承包，消除了第一轮承包弊端，促进了经济效益再上新台阶。如川东轮船公司在1991～1993年的第二轮承包中，累计完成营运收入4916.6万元，利润499.68万元，上交国家税费762万元，比前3年第一轮承包分别增长1.02倍、2.23倍和2.06倍。

二、现代企业制度改革

1992年，国家先后颁布《全民所有制工业企业转换经营机制条例》《公司法》和《国有企业财产监督管理条例》，为企业转机建制创造了条件。

在国家政策的指引下，重庆航运企业改革逐步深化。1992年，在认真完善承包经营责任制的同时，普遍深化了干部管理、劳动用工和分配制度等方面的改革。部分航运企业开始实行划小核算单位或改组为股份合作制，少数条件较好的航运企业稳步进行股份制试点。主管部门继续转变职能，扩大企业自主权，为企业全面进入市场，灵活经营创造了良好的条件。

1993年11月14日，中共十四届三中全会通过《关于建立社会主义市场经济体制若干问题的决定》，明确提出转换国有企业经营机制，建立现代企业制度是国有企业改革的方向。

（一）三项制度改革

搞好劳动、人事、分配三项制度的改革，破除支撑“大锅饭”的“铁饭碗”“铁交椅”“铁工资”，是企业转机建制、深化改革的突破口和重要内容之一。重庆航运企业的三项制度改革是在原推行各项经济责任制、开展分配制度改革的基础上逐步发展起来的。1992年，改革全面开展并进一步深化。其特点是对干部普遍实行聘任制和聘用制，工人实行劳动合同制，竞争上岗，工资分配坚持与经济效益挂钩。

国有航运企业三项制度改革取得明显进展。如长江天府旅游轮船股份有限公司1993年底建立股份制企业后，深化三项制度改革，打破了干部和工人的界限，实行了全员劳动合同制。对二级单位、船舶、港站普遍推行内部经营目标责任制和客运船舶百元收入工资含量考核办法；对公司管理人员实行效益结构工资，即由基础工资、岗位工资、效益工资3个部分组成。基础工资与职工劳动纪律和劳动态度挂钩；岗位工资实行一岗一薪制，以岗定人，岗变薪变；效益工资实行安全与质量一票否决制，与公司实现收入、利润挂钩，随效益浮动。公司内部实行了多种分配形式后，视工作优劣、经营效果、贡献大小拉开分配档次，克服了平均主义，调动了公司职工生产经营的积极性。

万县市几家国有航运企业在三项制度改革中普遍推行全员劳动合同制。对关键技术岗位，实行竞争聘任上岗，一般岗位采取合理优化组合，并实行内部待业制度，允许职工停薪留职自谋出路。对严重违章违纪职工，予以辞退或开除。企业与职工实行双向选择，职工收入与劳动技能和贡献大小挂钩。

集体航运企业三项制度改革更为灵活多样。特点是普遍打破了干部和工人界限，择优聘任或聘用；普遍推行全员劳动合同制，竞争择优上岗，有的实行双向选择；普遍实行计件工资、航次工资、岗位技能工资、综合含量工资等，体现了按劳分配原则。如涪陵市轮船公司对干部实行聘用制，分配实行浮动工资制，即按责任大小、技术高低、工作轻重、表现好坏确定个人收入，拉开分配档次，调动了职工的生产积极性。

（二）划小核算单位经营

改革开放以后，重庆航运企业虽有较快发展，但总体生产水平仍然较低。为了进一步解放生产力，重庆航运企业普遍开展了划小核算单位经营这项重要改革措施。

部分国有航运企业在转换经营机制中也进行划小核算单位经营的改革。如四川省重庆轮船总公司在1988年实行划小核算单位、开展指标分解的基础上，于1992年将具备条件的二级单位组建为“独立核算，自主经营，自负盈亏”的子公司（厂）。1993年，该公司又根据市场与经营的需要，按照“统一管理，分级核算”的办法在企业内部进一步划小核算单位。

云阳县长江航运公司根据企业生产结构和特点，将原有生产单位划分为9个经营单位，分别采取租赁、抵押承包和内部独立核算3种形式经营。1993年，该公司以船队为单位将9个经营单位划分为14个经营单位出租经营。

（三）股份制试点

股份制是产权组合方式和企业组织形式的重大变革，是深化企业改革的一项重要内容。20世纪90年代中期，在全国国有企业掀起股份制改革试点的大潮中，重庆航运企业也开始进行股份制改革试点。

长江天府旅游轮船股份有限公司是四川省航运系统首家按规范要求进行的股份制试点企业。该公司是国营四川涪陵轮船总公司、四川蜀海交通投资有限公司、四川省轮船公司3家企业共同发起，将原国营四川涪陵轮船总公司改组成立的。公司总股本为6600万元，其中国家股（属涪陵轮船总公司以船舶等国有资产折资）5263.7万元，占79.8%；募集法人股1171.3万元，占17.7%；

内部职工股165万元，占2.5%。

1993年10月25日，长天轮船公司在涪陵举行筹建签字仪式。四川省人民政府副省长甘宇平、四川省移民办公室主任焦成斌、四川省交通厅厅长和涪陵地区领导参加筹建签字仪式。该股份有限公司是经过立项申报、资产评估、界定验证、业绩审验、效益测评、募股托管等工作后，报经省体制改革委员会（以下简称省体改委）批准后，于1993年12月30日正式成立。是日公司召开成立暨首届股东大会，会上产生董事会与监理会。李光炳任董事长兼总经理。该公司成立后，企业活力增强，干部、职工的生产积极性空前高涨。公司及时制定“立足长江，服务三峡，面向全国，走向世界”的发展总战略和“以航运为主体，旅游为龙头，长江为重点，市场为导向，客货运输两翼齐飞，多种经营齐头并举，广泛拓展国际、国内两个市场，力争在20世纪末或21世纪初把长天轮船公司建成一个大规模、外向型、多元化的跨国集团公司”的发展总目标。具体拟订“东进、回首、登陆、上路、出海”10字经营方针，即长江旅游客运航线由重庆至岳阳向武汉、九江、南京、上海延伸，逐步实现江海直达。

涪陵市轮船旅游总公司是涪陵地区开展全方位吃、住、行、游、乐一条龙服务较好的客运企业，也是全国集体运输行业先进企业、四川省明星企业、四川省十佳航运企业和地区工商银行特级信用企业，基础条件较好。1994年1月28日，公司经省体改委批准改组为定向募集的股份制试点企业，与涪陵地区财贸城市信用社和涪陵市旅行社共同组建“四川三峡轮船股份有限公司”，总股本为6000万元。其中涪陵市轮船旅游总公司以自有经营性资产5028万元入股，占83.8%；募集法人股822万元，占13.7%；内部职工股150万元，占2.5%。公司改组为股份制企业后，建立健全了股东大会、董事会和监事会制度，聘任了高级行政管理人员，调动了全体员工的生产积极性，有力地促进了公司的发展。1994年3月28日，该公司在全省率先将客运航线由重庆至武汉延伸至南京。1995年5月2日，该公司航线已延伸至武汉，在抓好长江旅游客运的同时，回师乌江，积极开发乌江旅游运输，坚持水陆并举，加快乌江武隆和江口镇陆上旅游配套服务设施建设。同年9月，该公司已开始对外营业，并与四川蜀海交通投资有限公司、四川省客运直达公司共同组建四川长天巴士旅游运输有限公司，以成渝高速公路为主线，经营陆上旅游客运线路，与该公司水陆旅游完善配套，形成了一条全新的水陆一条龙服务体系。1995年，该公司完成客运量400万人次，客运周转量2.8亿人公里，取得显著的经济效益。

除上述两家企业外，其他一些市地的水运企业也积极创造条件，进行股份制改革，并取得良好效果。云阳县龙江航运公司转为股份制公司后，成为万县市航运系统第一家股份制企业。该公司总资产1100万元，总股本234.5万元，其中集体股194.5万元，个人股40万元，各占总股本的82.94%和17.06%。公司改组为股份制企业后，即进行产业结构、用工制度和管理方式改革，当年获得良好的经济效益。与上年相比，利润增长4倍，职工月工资增长52%。万县市川东轮船公司与重庆太平洋旅游有限公司合作组建了重庆太平洋轮船旅游股份有限公司，共同投资建造、经营旅游船。万县市万州轮船总公司与省内外3家企业合作，成立万津旅游轮船股份有限公司，合资兴建、经营涉外旅游船和高档客轮，增强了公司参与市场竞争的实力。

（四）破产改制

随着市场经济的深入推进，曾经为全市国民经济建设与发展作出极其重要贡献的重庆市国有、集体水运企业由于历史、体制等原因，包袱沉重，步履维艰，市场竞争能力差，以及受三峡工程断碍航影响，造成部分国有、集体老水运企业连年亏损。有的通过享受“三峡工程重庆库区淹没工矿企业破产关闭规划”政策实行破产或改制（为民营企业），核销呆坏账，轻装上阵。有的自行破产消亡。奉节东风航运公司、奉节红旗航运公司、开县永丰航运公司、开县永宁航运公司，开县丰乐航运公司、忠县长通实业发展有限公司2002年改制为重庆海内观光游轮有限公司，万州轮船公司、丰都轮船公司2003年改制为重庆河记船务公司，万州渝东轮船公司改制为万州渝东船务有限公司，巫溪县航运公司 2004 年改制为巫溪县恒泰航运有限责任公司。

三、民营航运企业发展

（一）民生实业（集团）有限公司重建

民生实业（集团）有限公司，前身是著名爱国实业家、中国航运业先驱卢作孚于 1925 年创办的民生实业股份有限公司。

1984 年，卢作孚之子卢国纪与一部分老民生公司员工在重庆重建民生公司。民生公司以“服务社会，富民强国，振兴中华”为宗旨，继承和发扬老民生公司的优良传统，继承和发扬以爱国主义为核心的民生精神。经过 20 多年的艰苦创业，公司不断发展壮大，成为集江海航运、公路运输、国际货代、现代物流、国际船代于一体，在长江沿线和中国沿海及海外有 40 多个子公司和分支机构的中国最大的民营航运企业集团，并投资重庆长安民生物流有限公司、四川长虹民生物流有限公司、重庆市商业银行等企业。2005 年，民生实业（集团）有限公司成为重庆企业 100 强和中国民营企业 500 强。

（二）个体联户及其他民营航运企业发展

中共十一届三中全会以后，随着农村联产承包责任制的推行和农村政策的放宽，人民公社的水运队（组）先后解体，由农民承包，继由农民集资造船、买船参加社会运输。从此个体、联户船舶经营发展起来。发展较好的主要是沿长江的区县，如涪陵、丰都、巫山、云阳、奉节等。

2002 年前，重庆市航运以国有航运企业为主，民营航运经济欠佳。2002 年，重庆市民营企业（含个体户）船舶载重吨只占全市总运力的 30%，完成货运量占全市总货运量的 48.5%，完成货物周转量只占全市总量的 11.1%。同时，经营主体多，主要以个体经营户为主，企业化经营比重较小。

为加强国内水路运输市场准入管理，提高国内航运业发展水平，保障运输安全，从 2002 年起，重庆市根据航运结构调整方案及《国内船舶运输经营资质管理规定》的要求，积极引导和推行水路运输公司化经营，民营航运企业得到较快发展。2002 年，重庆市所有载货汽车滚装船、80% 的个体客船实现公司化经营。2003 年新筹建及开业的 36 家普通货运企业，2004 年筹建及开业的 56 家水运企业，2005 年新筹建及开业的 40 家水运企业，除少数为国有控股或股份制企业外，绝大多数为民营企业。

第二节　主要航运企业

一、重庆长江轮船公司

重庆长江轮船公司隶属于国务院国资委管辖的重点大型企业集团中国长江航运（集团）总公司。该公司的前身是 1950 年 1 月 31 日成立的长江航运管理局重庆分局，对川江航政、港务和私营企业行使行政管理职能。1984 年 2 月实行政企分开，港航分管，成立重庆长江轮船公司。该公司主要经营船舶设计与修造、船舶运输、房地产开发与物业管理、长江国内旅游、码头物流、汽车检测与维修、水上救助打捞、通讯导航、船用物资供应、船员劳务外派、医疗卫生、宾馆饮食等业务。

（一）旅客运输

1980 年以前的计划经济时期，重庆长江轮船公司独家经营长江干线客运业务，承担重庆至上海的沿江旅客运输、涉外运输和接待国内外贵宾的任务。1988 年，普客最高运量达 431 万多人次。1993 年，该公司将客轮陆续改造为“江山”系列游船，逐步实现客运向旅游运输转向。在普通客运顺道游、长江三峡五日游 、高速船专船旅游运输基础上，通过新建和改造客船，拥有长航“江山”系列国内一流游船10艘。

1. 涉外旅游运输

1978年，重庆长江轮船公司顺应长江旅游发展的需要，率先改造干线客轮，建造豪华游船推动长江旅游业向国际水平迈进。1979~1993年，先后建造“神女”轮、“峨眉”轮、“巴山”轮、“白帝”轮、“长江之星”轮、“神州”轮、“长江明珠”轮、“长江公主”轮、“维多利亚”轮、“长江龙”轮、“长江”轮等豪华涉外旅游船。1978~1999年的20年中，该公司共接待各个国家和地区的境外游客20万人次。

2002年，公司建造两江游船“朝天门”轮和“朝天宫”轮。用两江游的航线先后接待了参加亚洲议会和平协会（AAPP）会议的亚洲各国代表，参加第五届亚太城市市长峰会的124个城市市长以及部分国家的前总统、总理、副总理和255家跨国公司代表等400多人，参加重庆三峡国际旅游节的各国大使及其夫人。

2. 移民运输

2000年4月，重庆长江轮船公司承运第一批三峡外迁移民，5年共投入移民运输专用船90艘次，安全运送移民近5万人，目的港遍及长江沿线各省市港口20多个，实现了国务院、重庆市政府提出的确保移民运输“不伤、不掉、不亡、安全事故为零”的运送目标，圆满完成了三峡移民运输任务，共收到移民和移民干部表扬信件2000余封、锦旗20面，船员为移民做好人好事5000多件，为三峡工程和移民工作作出贡献。

（二）货物运输

1950~1986年，重庆长江轮船公司从小木轮、小货船、蒸汽机船、登陆艇发展成为由先进内燃机拖轮和各类型驳船混合编队的新型运输企业。2002年年底，该公司拥有大型拖轮、驳船370艘，集装箱船7艘，近洋货轮1艘，辅助工作船24艘，辅助工作趸82艘。货运以顶推驳船为主要手段，采用水陆联运、江海联运等运输方式，运营重庆至长江干线港口各种货物的航线。主要经营干散货、成品油、集装箱、汽车滚装、商品车汽车滚装等业务。

1999年12月，重庆长江轮船公司成立集装箱运输公司，经营集装箱运输业务。2003年6月，该公司有18艘集装箱船，共2700箱位，成为干散货、集装箱、商品车、化学品特殊货种等多种运输的骨干力量。

重庆长江轮船公司不断探索拖载扩队运输。2000年9月，“长江03002”轮由拖载2000吨扩至3000吨，“长江02008”轮由拖载2000吨扩至2500吨，由万州至重庆分别试航成功。2001年12月，“长江01004”轮由拖载1000吨扩至2000吨，由蓝家沱至重庆试航成功。

（三）船舶工业

重庆长江轮船公司船舶工业经过20世纪50年代的公私合营、20世纪六七十年代的逐步发展、20世纪80年代的改革开放，先后开发建造五代高档豪华旅游船20多艘，特别是建造的“神州”“长江”轮为国家在长江上的唯一大型豪华高规格专用国宾接待船，“凯蒂”轮、“世纪天子”轮为长江上最大、最豪华的游船。20世纪90年代末建造的“长江5001”轮在三峡明渠航运中发挥了重要作用。1999年，该公司下属的东风船舶工业公司通过ISO9001国际质量体系认证，打开了通往国际修造船市场的通道，已是重庆市出口船建造基地。2000年，成功建造的美国ABS船级社检验的3000吨级新加坡工作船，使造船能力上了一个新台阶。2004年，成功建造了3000吨级海船“信海11号”“信海12号”轮。

2005年，重庆长江轮船公司以“竞争长江、拓展沿海、迈向国际”为发展战略目标，已形成拥有东风船舶工业公司、川江船厂、江渝船厂、江万船厂等4个船厂和船舶设计院，工业造船能力为8万综合吨的门类齐全、技术先进、设备配套的独立水上工业体系，能够设计、建造1万吨以下的各类大型豪华旅游船、滚装船，内河及各类无限航区的远洋油轮、客货船、集装箱船、散车货船、多用途船、特种工程船等。船舶工业共占地100多万平方米，有水域岸线5800米，码头泊位30个、船台15个、浮坞5个，各种机具设备3000余台，年修造船能力500余艘。

（四）科技创新

重庆长江轮船公司积累了丰富的水运管理经验，形成了一整套科学管理体系，航运技术取得突破性进展。创造了川江上下水夜航、川江梭形顶推、川江下水拖木排、川江驾引合一。开发了适航川江的新型驳船、蒸汽机拖轮以渣油代煤、内燃机船舶烧重油代轻油等技术。试验完成了长江三峡工程施工通航运输研究、明渠汛期通航可行性研究、万吨级船队汛期航行两坝间河段模拟试验研究，研制开发了船用移动通讯卫星接收系统等一系列高新技术产品。

至2005年末，重庆长江轮船公司共完成国家重点科研项目54个，其中获国家发明专利3项，获省市部级科技成果奖27项，科技进步奖22项。特别是自已设计建造的“神女”“西陵”号旅游船、“东方红127”轮和重庆“消防01号”等10多艘船舶分别获得交通部、四川省和重庆市优秀船型奖、百花奖和科技成果奖。1997年成功打捞出水“中山舰”的“双驳抬撬、整体起浮”打捞方案获交通部科技进步一等奖。2003年编写的《135米库区新航道图》为三峡成库后的川江航运作出特殊贡献。三峡工程导流明渠通航前，该公司与长江科学院、长江水利委员会、三峡工程开发总公司、西南水运科学研究所、长江航运管理局等10家单位联合完成的“三峡工程明渠导流及通航研究与运行实践”课题，于2005年5月，先后荣获中国长航集团“金点子”一等奖、交通部科技攻关成果奖、中国航海学会科技进步二等奖和国家科学技术二等奖。

（五）多种经营

1988年，重庆长江轮船公司开始发展陆上产业，先后涉及商贸、建筑、装饰、技术咨询、通讯导航、汽车服务、集体企业、房地产开发、能源加工、码头物流等行业。组建长汽公司、房地产开发公司、通信公司、门业公司、管理公司等。

1995年，重庆长江轮船公司开始进入房地产开发，到2005年已完成南坪响水洞安居工程、重庆长航大厦、江峡大厦、万州长航大厦、南坪响水苑小区等工程项目，共计开发10万多平方米。开发的30层、高100米的重庆长航大厦已成为朝天门地区的标志性建筑之一。金海洋商场已成为朝天门商业区设施最好、销售额前列的商场。

重庆长江轮船公司通信公司研制开发的船舶GPS系统，不仅公司运输船舶全部安装配备，而且向重庆市和四川省的航行船舶推广。

重庆长江轮船公司码头物流业拥有长明综合物流码头、长石尾商滚码头，其中，长明物流综合码头全部建成后将形成年通过能力300万吨的大型现代物流基地，长石尾商滚码头建成后将形成年通过10万辆车的能力。

表10－17　**1986～2005年重庆长江轮船公司水路客运情况表**

年度	客运量（万人次）	旅客周转量（亿人公里）
1986	393.90	14.14
1987	396.10	15.06
1988	431.60	16.56
1989	385.60	15.15
1990	305.50	12.30
1991	346.20	14.39
1992	404.60	19.31
1993	326.70	17.92

续前表

年度	客运量（万人次）	旅客周转量（亿人公里）
1994	285.80	15.84
1995	267.20	14.79
1996	289.90	16.34
1997	297.80	15.49
1998	226.30	10.84
1999	209.00	10.37
2000	193.70	10.06
2001	156.60	8.82
2002	167.91	9.73
2003	93.54	4.61
2004	59.26	2.58
2005	31.42	1.73

二、重庆轮船总公司

重庆轮船总公司，原名四川省重庆轮船公司，1955 年 9 月成立，总部地址在重庆市渝中区道门口 21 号，原为四川省省属企业。1984 年，下放给重庆市，更名为重庆轮船总公司，为重庆市交通局直属企业。该公司主要经营长江内河和国际货运业务。长江内河货物运输经营航线以长江干线为主，遍及金沙江、岷江、嘉陵江、乌江等支流，航线里程 3127 公里。另有洞庭湖、鄱阳湖、大运河航线里程 1000 余公里。近洋国际海运业务经营货物运输、国际货代、船代、无船承运、对外劳务技术合作业务，航线往返于韩国、日本、马来西亚等国家以及中国香港地区、上海、大连、天津等沿海港口。1990 年，重庆市政府决定由重庆轮船总公司兼并重庆市水运公司。该公司一贯坚持恪守国家行业政策和国际惯例，坚持平等互利、履约诚信、管理严格、质量第一、服务至上的经营宗旨，先后通过 ISO9000 质量体系认证、ISM 国际安全管理体系认证以及 SMS 国内安全管理体系认证，形成了较为完善的生产经营管理体系，建立起以水上干散货、集装箱、滚装船、化危品运输为主，集船舶设计修造、码头仓储装卸、国际船货代理、对外劳务技术合作为一体的市属国有大型综合性航运企业。

2005 年，重庆轮船总公司完成计划经济向市场经济的转换，逐步实现船舶设备技术更新换代，初步建立起货代运输组织网络，进入新的发展时期。该公司下辖 18 个分（子、控股）公司、长江沿线 10 多个站点和上海、大连、韩国釜山业务代表处，有资产总额 10 多亿元，职工 3000 余人。拥有内河船舶运力 10 万吨、集装箱内支线 650 标箱，集装箱海轮 2672 标箱，年产值 4 亿元。

（一）客运

1960～1980 年，重庆轮船总公司主要经营长江重庆至泸州、泸州至宜宾，金沙江宜宾至新市镇航线，长江支流嘉陵江重庆至合川，岷江宜宾至乐山航线，共 728 公里。在运输方式上，除了普通客运以外，1989 年 2 月 20 日，“岷江”轮、“金沙江”轮快速船投入重庆至涪陵快速航线客运。1994 年，公司有 8 艘快速船投入客运。1989 年 9 月 19 日，重庆轮船总公司第一船旅游船“沱江”轮成功首航重庆至武汉。1991 年 11 月 18 日，重庆轮船总公司决定将重庆以上客运航线延伸到湖北宜昌。1992 年 7 月 5 日，乐山至宜昌客运航线正式开通，全程 1205 公里。20 世纪 90 年代，重庆轮船总公司共有普通客运航线、旅游航线、快速客运航线里程 4125 公里。

随着沿江高速公路的发展，水路客运市场萎缩，客运运力、运量均逐渐减少。2000 年 3 月 27

日，重庆轮船总公司终止客运业务。

（二）货运

1990年前，重庆轮船总公司基本上采取拖轮拖带驳船的运输方式运输货物，从20世纪90年代中期开始，运输方式逐渐发生变化。

1. 自航船运输

1994年7月，重庆轮船总公司第一艘机驳（自航）船在该公司所属天兴船厂技改完工，载货量180吨，功率220千瓦。至2005年，重庆轮船总公司已有自航船20艘，净载货量2万余吨，功率6000余千瓦。同年8月完工出厂的渝申2505、渝申2506自航船，每艘船载货量2645吨，功率600千瓦。

2. 集装箱船运输

2000年6月25日，重庆轮船总公司第一艘内河集散货船重机01号轮在公司所属泸州船厂完工，载货量850吨，箱位43个，主机功率368千瓦。到2005年年底，公司有内河集散两用货船8艘，载货量12080吨，标准箱位650个，功率3506千瓦，其中2005年6月在公司天兴船厂技改完工的渝申2501、2502轮，每艘船可载货2630吨，箱位140个，功率600千瓦。2005年，该公司完成集装箱运输13699标箱，比上年增长89%。

3. 滚装船运输

2001年2月，重庆轮船总公司党政会议确定尽快发展滚装船项目。总公司召开“85米滚装船项目论证会”会议，再次对项目进行论证，一致认为该项目可行。

2001年12月，重庆轮船总公司设置滚装船运输处，将租赁的望江厂郭家沱车渡码头改作汽车滚装船码头。

2001年12月至2002年3月，重庆轮船总公司第一代23车位滚装船7艘先后投产，每艘船主尺度85×11.6×2.7米，功率720千瓦，480载货吨。2002年，拉动该公司千吨公里收入比2001年增长28.9%。

2003年12月，第二代50车位滚装船“大巴山”轮、“峨眉山”轮建成，主尺度102.9×18.8×4.2米，1500载货吨。“峨眉山”轮、“大巴山”轮滚装船外观新颖、设备先进，安装了导航雷达、测深仪、GPS卫星定位系统、卫星电视信号接收器、SBT－200型船用生活污水处理系统。SBT－200型船舶生活污水处理装置，设备体积小，维护操作方便，运行费用低，采用生化处理方式，是当时国内外最先进的污水处理设备。处理后排放的船舶生活污水完全能满足国家《船舶污水排放标准》的要求。“峨眉山”轮、“大巴山”轮滚装船，作为滚装船标准船型的母型船，推动了长江船型标准化（尤其是川江滚装船船型标准化）。2003年年底，码头进出口车辆达14万余辆，在三峡工程断碍航长达3个月和“非典”疫情影响生产的情况下，重庆轮船总公司实现利润69万元，甩掉了连续12年亏损的帽子。

2004年，新建、改建的货船（滚装船、集装箱船，不含海轮）投入运营，极大地提高了劳动生产率，提高了企业效益。同年4月20日，重庆市发展和改革委员会批准，公司在重庆郭家沱作业区改建和新建3000吨级载货汽车滚装泊位各1个及相应的配套设施，设计通过能力35万辆/年，工程总投资估算为3860万元。该项目填补了重庆市无专用载货汽车滚装泊位的空白。

2005年12月，由该公司控股的罗诺船运有限公司投资建造的“祁连山”轮、“青城山”轮、“华蓥山”轮、“天门山”轮4艘60车位第三代滚装船完工，每艘船主尺度112×23.1×4.4米，2630载货吨，功率1986千瓦。祁连山号等4艘滚装船除了拥有与“大巴山”轮、“峨眉山”轮两艘滚装船相同的设备外，还配置了全船闭路监控系统，使滚装船设施更上一层楼，被列为交通部长江滚装船标准船型。滚装船投入运营之后，带来良好的经济效益。至2005年年底，重庆轮船总公司实现利润779万元（含海运项目收入），创历史新高。

4. 货运种类变化

1986~2005 年，重庆轮船总公司运输的大宗物资主要是煤、钢材、矿石、化肥及农药、机电产品、金属矿物性建材等。货源变化最大的是煤、金属矿石及化肥农药。

1986 年，重庆轮船总公司公司煤炭运量不足 8 万吨，占重庆轮船总公司年货运量的 8.7%。1991 年运量达到历史高点 40.3 万吨，占年货运量的 30%。1991~1997 年，是煤炭运输量的最高时期，平均每年运量达 30.5 万吨。以后随着铁路和高速公路相继建成通车，"弃水走陆"的物资增多，加上各地对污染环境的小发电厂、小水泥厂、小化肥厂实施关停并转，长江中下游地区对煤的需求量急剧下降，煤炭运输量逐渐下降。2005 年，煤运量仅为 18.2 万吨，为当年货运量的 15.3%，为 1991 年煤炭运量的 45%。

1986 年，重庆轮船总公司公司金属矿石运量仅为 0.1 万吨。1986~1999 年平均年运量 0.31 万吨。2000~2005 年，平均年运量达到 7.23 万吨。2005 年运量是 1986 年运量的 10 倍。

1986 年，重庆轮船总公司公司化肥及农药运量达 38 万吨，占公司年货运量的 42.8%。2005 年，年运量 11.1 万吨，仅为公司年货运量的 9.3%。1986~1995 年，年平均运量 31.6 万吨，1996~2005 年，年平均运量 16.4 万吨。后 10 年的年平均运量仅为前 10 年的年平均运量的 52%。

（三）海洋运输

重庆轮船总公司除有内河航线外，经交通部批准，1996 年 1 月 8 日，注册登记成立四川省海运有限责任公司（现名重庆市海运有限责任公司）。

1996 年 3 月 22 日，重庆轮船总公司海运有限责任公司第一艘 5000 吨级集装箱多用途货船"金满江"轮海轮完工出厂，标准箱位 332 个，功率 2940 千瓦。同年 9 月，第二艘海船"金满河"轮建成投产。1997 年 6 月 12 日，第三艘万吨级集装箱多用途货船"金满渝"轮海轮完工出厂，标准箱位 672 个，功率 6300 千瓦。

2005 年年底，重庆轮船总公司海运有限责任公司拥有 5000 吨（332 标箱）的"金满江"轮、"金满河"轮、"金满湖"轮、"金满海"轮和 1 万吨级（672 标箱）的"金满渝"轮、"金满洋"轮 6 艘多用途集装箱海轮，共 3.81 万载货吨、2672 标准箱位、功率 2.44 万千瓦。同时，拥有国内沿海港口至中国香港、中国台湾以及日本、韩国和东南亚地区等航线。

三、民生实业（集团）有限公司

（一）网络建设

1. 航运网络建设

民生实业有限公司 1984 年创办成立，先后在上海、广州、天津、青岛、厦门、武汉、宜昌、南京、张家港、万州、荆州、岳阳、泸州等地成立分公司，在杭州、南通、涪陵、九龙坡等地成立办事处，在日本成立分支机构。至 2005 年，民生轮船公司在长江沿线和中国沿海及海外共成立 18 个分支机构。

2. 货代网络建设

民生国际货物运输代理有限公司于 1990 年经对外经贸部批准成立，以后先后成立 10 个货代公司和分公司，即上海民生国际货物运输代理有限公司，广州民生国际货物运输代理有限公司，四川民生国际货物运输代理有限公司，民生国际货物运输代理有限公司天津、大连、青岛、武汉、江苏、宁波、厦门分公司，形成覆盖全国的国际货代网络，均拥有商务部批准的一级货代资格证书，交通部批准的无船承运人资格证书。在 2003 年中国货代协会和国际商报对中国国际货运代理企业海运 50 强、中国国际货运代理企业综合实力 100 强评选中，民生货代为中国国际货运代理企业海运第 9 名、中国国际货运代理企业综合实力第 14 名。在 2004 年中国国际货代协会颁布的中国国际货运代理百强评选中，列综合实力第 14 名、海运业务第 9 名，中西部地区排名第一位。

3. 公路运输网络建设

1993 年，经交通部批准成立民生国际集装箱运输有限公司，以后成立绵阳民生集装箱运输有限公司，并在武汉、上海、广州建立公路运输车队。具有交通部颁发的道路运输二级企业资质。

4. 国际船代网络建设

1993 年，经交通部批准成立民生国际船务代理有限公司，以后先后成立 6 个船代公司和分公司，由上海、大连、天津、青岛、宁波、广州等公共船舶代理公司组成，形成民生国际船舶代理网络。为中国船舶代理协会理事单位。

5. 现代物流网络建设

2003 年，民生物流有限公司成立，并在西安、自贡、岳阳、武汉、南京、上海、沈阳等地设立办事机构。

（二）经营范围

1. 航运

①长江航运。该公司主要经营长江及其支流货物运输。包括长江干线货物运输，国际集装箱、内贸集装箱、商品车滚装运输、成套项目、大型设备和各类散杂货运输。该公司有长江集装箱船 45 余艘，共 7000 个标准箱位，为长江上中游最大的集装箱船队。重庆至上海集装箱班轮每周 13 班，重庆至上海直航快班每周 5 班（下水 5 天，上水 8 天）。泸州至上海集装箱班轮每周 2 班，长江年运箱量超过 11 万标箱。该公司拥有由 8 艘商品汽车专用滚装船组成的长江最大的商品汽车滚装船队，共 2700 个标准车位，年运输量超过 10 万辆，为长江流域最大的商品车滚装船队。长江主要航线有重庆至上海、泸州至上海长江集装箱班轮航线，上海至南京集装箱班轮航线，重庆至岳阳、武汉、南京、上海商品汽车滚装运输航线，长江散杂货航线。公司采用江海联运、水陆联运方式，提供重庆、四川及长江上游地区经长江至世界各地、世界各地经长江至重庆、四川及长江上游地区集装箱、商品汽车、成套项目及各类货物运输服务。民生公司重建至 2005 年先后承运了四川江油电厂、重庆珞璜电厂、广东岭澳核电站等一大批国家重点建设工程进口成套设备，承运了重庆长安汽车、重庆庆铃汽车、重庆长安福特、四川长虹集团、四川丰田汽车、长春一汽集团、重庆 ABB 公司、四川眉山车辆厂等一大批大型企业进出口货物运输。②海运。2005 年，该公司主要经营的中国沿海和国际近洋集装箱班轮主要航线有上海、宁波至台湾基隆及台中至上海集装箱班轮航线，上海至日本福山、广岛、水岛、岩国、德山、高松至上海集装箱班轮航线，大连、青岛至日本福山、广岛、水岛、高松、中关、伊万里至大连集装箱班轮航线，天津至青岛至大连集装箱班轮航线，厦门至宁波至上海集装箱班轮航线，广州黄埔至香港集装箱班轮航线。

2. 国际货代

民生国际货公司代专业经营国际和国内货物运输代理的仓储、转运、门到门运输、订舱、报关、海关监管、报检、包装、分拨、配送、保险、咨询、国际中转、结算等业务，直接签发全程联运提单。民生国际货公司代充分依托民生集团经营的海运船队、内河运输船队和陆上车队的优势，广泛提供江海联运、水陆联运、国际多式联运、空海联运等服务。先后代理了重庆珞璜电厂一期及二期、广东岭澳核电站一期用二期、四川江油电厂、湖北鄂州电厂、江苏利港电厂、重庆 ABB 公司、重庆长安汽车、长安福特、重庆庆铃汽车、长虹电器、五粮液集团、重庆国际复合材料、四川汇维仕、四川眉山车辆厂等许多国家大型重点项目的进出口综合物流运输。该公司货代与海内外各船公司、货代和企业建立了广泛的合作和密切联系，其业务代理范围覆盖北美、南美、非洲、欧洲、亚洲、大洋洲等全球各地区。

3. 公路运输

该公司主要经营公路集装箱运输、公路商品车运输、公路大型设备运输，包括堆存、转运、装箱、拆箱、仓储、租赁、装卸等物流服务。公司有沃尔沃、三菱、欧曼、红岩、东风等大型集装箱拖车和商品车专用运输车近 200 辆，载重总吨位 3000 余吨，是西南地区最大的公路运输车队。

4. 国际船代

主要经营国际船舶代理及其相关业务，统一承办航行国际、国内航线以及中国香港、澳门、台湾地区的各类船舶在上海港、大连港、天津港、青岛港、广州港和宁波港的各项代理业务。特别是在重庆作为马士基、达飞、长荣、赫伯罗特、韩进、美国总统、商船三井、东方海外、川崎汽船、以星、阳明、汉堡南美、现代、太平和万海等世界知名海船公司的支线船舶代理，安排支线港口作业计划、发送离港报、接受直接客户和货代订舱、结算运费以及代表其签发全程船东提货单。

5. 现代物流

民生物流公司主要从事大型汽车制造企业、大型石化企业、大型家电企业和其他大型企业的现代综合物流服务。为长安汽车、长安福特、长安铃木和庆铃汽车提供成套散件集装箱入厂物流和整车出厂物流服务，并以其合资企业长安民生物流股份有限公司为长安汽车、长安福特、马自达等汽车生产线提供中储配送服务。在商品车整车物流方面，形成了以重庆、湖南岳阳、湖北武汉、江苏南京和上海中转库为中心、覆盖全国的商品汽车水陆运输网络。以信息系统支持和海江陆联运方式为韩国SK集团的大型石化企业四川汇维仕公司提供包括原料进口、产成品全国发运和仓储配送在内的一体化的综合物流服务。合资企业长虹民生物流有限责任公司为长虹集团提供全方位的综合物流服务。民生物流公司还在重庆寸滩国际集装箱港区附近的北部新区投资兴建物流园区，为长江流域客户提供商品仓储、配送和中转等服务。

（三）经营管理

民生公司不断加强管理，建立健全各种管理规章制度。同时，该公司于2000年通过ISO 9002:1994质量管理体系认证。2002年，该公司海运通过国际安全管理体系（ISM）认证。同年，该公司长江航运通过国内安全管理体系（NSM）认证。2003年通过ISO 9001:2000质量管理体系认证。该公司船舶均配备GPS和GPRS。民生货代公司于2000年通过ISO 9002:1994质量管理体系认证，2003年通过ISO 9001:2000质量管理体系认证。民生物流公司2004年通过ISO 9001:2000质量管理体系认证。

（四）船舶升级换代

1. 长江运输船舶升级换代

1984～1998年，该公司长江运输以拖轮驳船方式经营为主，先后建成拖轮15艘，驳船82艘，其中800吨级驳船70艘（含40标箱集装箱驳12艘），600吨级驳船6艘、1000吨级油驳6艘，总运力超过65000载重吨。主要从事长江散杂货运输、成套项目运输、大件运输、油料运输等。1993年，公司率先经营重庆至上海长江集装箱班轮运输，以12艘集装箱驳船投入运营。1999年，公司改造滚装驳，率先在长江上开始商品车滚装运输。

民生公司从2000年开始进行船舶结构调整，用自航船舶逐步取代原有的拖轮驳船运输船队。同年5月，民生公司建造的第一艘180车位的商品车滚装船“民生”轮投入运营，以后先后建造320车位的商品车滚装船7艘和580车位的商品车滚装船2艘。2001年12月，民生公司建造的144标箱集装箱船“民风”轮投入运营，以后先后建造144标箱集装箱船11艘和216标箱集装箱船6艘。

2. 海运船舶升级换代

1985年11月，民生公司“生哲”轮和民生1201驳投入广州至香港航线。1986年10月，公司第一艘散杂货海轮“乌江”轮从天津首航日本。1986年10月，公司第二艘散杂货海轮“沱江”轮从上海首航日本。1994年，合资经营中日集装箱班轮航线。1998年11月，公司经营上海至台湾集装箱班轮航线。2001年12月，公司开始独资经营中日集装箱班轮航线。

（五）主要业绩

1985年，民生公司率先经营江海联运。1986年，率先经营江海陆联运和一票到底的门到门运输。

1986 年，民生公司运输重庆钢铁公司从日本进口的设备，利用自有江海船舶进行江海联运，创造了从日本到重庆 19 天的中国航运史上的最快纪录，被交通部作为大事记，被重庆市作为 1986 年经济工作十件大事载入史册。这一纪录被民生公司在分别 1990 年和 1994 提高为 16 天和 15 天。

1993 年 10 月 5 日，民生公司率先经营重庆至上海的长江集装箱班轮航线，结束了长江上游没有集装箱班轮的历史，被评为 1993 年长江流域十大经济新闻。

1999 年，为促进重庆汽车工业的发展，民生公司率先经营长江航线商品车滚装运输和公路商品车运输。

2002 年，承运长虹出口彩电，创造重庆至上海 4 天（96 小时）的最快纪录。

2003 年，在三峡断航期间，为了确保重庆市和西南地区经济发展不受影响，民生公司组织了集装箱和商品车翻坝运输，创造了三峡断航不停航的奇迹。同年，民生公司第一个经营了重庆至上海的长江集装箱快班航线。

2005 年，承运汇维仕的进口原料，创造了从韩国光阳至四川自贡 10 天的江海陆联运最快纪录。

民生公司减价运输国家重点建设工程设备，免费运输社会福利事业物资，长期捐助教育、慈善和文化事业等，累计达 1300 余万元。

四、重庆三峡轮船股份有限公司

重庆三峡轮船股份有限公司原名涪陵和平木船运输合作社（以下简称和平社），于 1956 年 2 月 26 日成立，有木船 235 艘，2746 载重吨，职工 2593 人。主要经营涪陵县境内客、货运输和渡运。1958 年并社成立地方国营涪陵县航运公司。1962 年涪陵县航运公司分解，和平社分离，定名涪陵县短航运输合作社（以下简称短航社），有职工 585 人，机动船 3 艘，107 载重吨，260 马力，木船 130 艘，1762 载重吨，固定资产原值 40 万元。除“文革”初期开始经营涪丰客运外，仍经营县境内客、货运输及渡运。1974～1985 年 6 月，因航运业务不断扩大和行政市、县更名，先后为涪陵县、市航运公司和涪陵市轮船公司，市（县）属集体企业，有职工 794 人，固定资产原值 505.2 万元，内设 2 室、5 科、1 站和 3 个驻外办事处，下辖船舶修造厂和交通贸易公司。1986 年，走出三峡，率先经营“一线六点”旅游运输。1988 年，“太白”轮开始经营重庆至宜昌涉外旅游运输。1991 年起，走科技兴航之路，建造“纵流双尾”船涪州 28 号（后改为“黄山”轮）。1992 年 8 月 8 日，涪陵市轮船公司和涪陵市旅行社合并成立涪陵市轮船旅游总公司，增设驻宜昌办事处。1993 年 3 月，与香港国旅发展有限公司组建了四川涪陵金龙轮船有限公司，并以“纵流双尾”新型船“金龙”轮涉外经营，同年开始高速客运，由气垫船“圣晏”轮往返渝涪航线。1994 年 6 月，经四川省体改委批准，以涪陵市轮船旅游总公司为改组主体，与涪陵地区财贸城市信用社和涪陵市旅行社成立四川三峡轮船股份有限公司。客运航线经交通部批准，从九江延伸到南京，涪州 32 号、涪州 33 号、涪州 34 号等 3 艘船运营。1997 年 8 月 27 日，因重庆直辖更名为重庆三峡轮船股份有限公司，为股份制企业，有职工 1080 人，固定资产原值 6727.3 万元，净值 4302.2 万元。先后共建“纵流双尾”型“山”字系列综合客轮 9 艘，3937 座，6516 千瓦。1999 年，驻外办事处增至 9 个。2001 年 5 月成立三峡公司货运分公司。2002 年 6 月，三峡公司董事会决定内设决策层、高级管理层、监管部门。10 个职能部门有 4 室（董事会办、总经理办、创业办、调度）、6 科（财务、安全、公安、行管、船舶、通讯），下辖客、货、汽（2003 年并入涪陵汽车运输公司）运三分公司和金龙、金龙假期两子公司，1 个修造船厂。2005 年 12 月 31 日，重庆三峡轮船股份有限公司对内设机构调整，将董事会办、总经理办、企业办合署办公、一套班子，公安科改为保卫科，驻外保留了南京、宜昌、万州、重庆办事处。在册职工 500 人，固定资产原值 9861.77 万元，净值 6095.98 万元。

五、重庆长江水运股份有限公司

1971 年，四川省涪陵轮船公司与涪陵乌江航运合作社合并成立四川省涪陵乌江轮船公司。1978 年，由四川省涪陵乌江轮船公司更名为四川省涪陵地区轮船公司。1987 年，更名为国营四川涪陵轮船公司。1992 年，更名为国营四川涪陵轮船总公司。1993 年 12 月，由国营四川涪陵轮船总公司、四川蜀海交通投资有限公司、四川省轮船公司 3 家单位发起，将主要发起人国营四川涪陵轮船总公司整体改组为长江天府旅游轮船股份有限公司。1998 年 7 月 1 日，长江天府旅游轮船股份有限公司更名为重庆长江水运股份有限公司。该公司注册地为重庆市涪陵区中山东路 2 号，注册资本 17230 万元，企业类型为股份有限公司。2000 年 12 月 14 日，经中国证券监督管理委员会核准，公司成功发行 7000 万 A 股股票，发行价 6.18 元/股，扣除发行费用，成功募集资金人民币 4.15 亿元。2001 年 1 月 9 日，公司股票正式在上海证券交易所挂牌交易，股票代码 600369，成为全国内河客、货运及旅游运输首家上市公司。

该公司在“立足乌江，发展长江”方针指导下，1981 年走出乌江。1986 年，航线延伸至宜昌，同年，与重庆钢铁公司合资组建“钢陵公司”。1989 年，航线延伸至岳阳。1990 年，拓展涉外旅游客运。沿江设有泸州、涪陵、万县、宜昌、岳阳、武汉、南京和上海办事处，停靠港站数十个，由“天”字系列和“华”字系列（后统称长江观光系列）高、中档综合客轮承运。1992 年，同北京东方国际影视广告公司合资组建长江三峡东方国际旅游轮船有限公司。同年 12 月，公司顺应改革大潮，完成企业股份制改造，成为四川省交通系统首家募集股份制企业。1993 年，同宜昌恒通运输公司合资组建恒川轮船有限公司。1995 年，与四川蜀海交通投资公司、四川直达客车运输公司联合组建四川长天巴士旅游运输有限责任公司，航线延伸至武汉。1996 年，该航线延伸至南京。2005 年又延伸至上海。经营长江上、中、下游及其支流省际运输。在长江干流客运中，从事普通客运、旅游客运、快班客运。

表 10－18

1986～2005 年重庆长江水运股份有限公司基本情况表

年度	经济类型	隶属关系	职工（人）	船舶数量							运输量			
				机动船					驳船		客运		货运	
				数量（艘）	吨位（吨）	客位（个）	总功率（千瓦）	拖船功率（千瓦）	数量（艘）	吨位（吨）	客运量（万人次）	周转量（万人公里）	货运量（万吨）	周转量（万吨公里）
1986	全民	地	1400	29	1909	7778	12164	.1000	24	8110	321.1	26859	12.1	4446
1987	全民	地	1414	28	1695	8796	9625	736	24	8110	328.4	30158	16	10983
1988	全民	地	1950	29	1421	10488	10300	736	21	7120	370.6	36185	19.7	14348
1989	全民	地	1501	29	1364	9838	10300	1104	21	7120	342.92	35490	19.56	12285
1990	全民	地	1699	30	1438	10762	11182	1104	21	7120	258	31838	13.49	7783
1991	全民	地	1702	32	1504	11480	12256	1104	21	7120	264.99	37313	13.81	9355
1992	全民	地	1891	33	1437	11174	12892	1104	21	7120	264.24	47095	16.45	13886
1993	全民	地	1953	29	1232	10121	11406	1104	21	7120	264.4	51122	15.6	13310
1994	全民	地	2065	30	1041	11459	13668	1104	21	7120	246.27	48995	12.83	14070
1995	全民	地	2123	29	1069	11412	13492	1104	21	7120	247.43	50813	11.28	12470
1996	全民	地	2265	26	855	10425	12824	1104	21	7120	203.84	48078	10.34	12214
1997	股份	地	2465	31	886	11936	20068	1104	21	7120	177.6	47504	9.3	11754
1998	股份	区	3547	27	1335	10684	18462	368	15	4900	125.15	28842	4.83	4156
1999	股份	区	2990	28	1290	14812	29350	368	15	4900	138	37659	4.6	3873
2000	股份	区	2462	30	3258	10985	24610	368	12	3477	165	50565	4	3610
2001	股份	区	2334	40	3798	10630	25562	368	10	3180	42.5	13313	1.57	1164
2002	股份	区	2367	46	3798	15066	31954	368	10	3180	32.7	19204	0	0
2003	股份	区	2653	28	3214	7472	18710	368	9	2930	20.66	7792	0	0
2004	股份	区	2061	26	8632	6887	19362	736	6	2220	14.21	10481	5.29	11707
2005	股份	区	255	19	6612	6887	18994				10.87	6640.5	3.55	4931.8

六、重庆东方轮船公司

1967年，重庆东方轮船公司成立，系集经营重庆至南京长江干线涉外旅游船、普通客船运输为主，兼营码头、修造船业务、物供贸易、房地产开发、旅游服务为一体的国有中型企业。公司最初为单一的拖轮货驳运输生产结构，经过长期发展，在20世纪90年代初期通过银行贷款发展长江干线客运。20世纪90年代末公司逐步实现水陆并举，抓住三峡移民迁建机遇在陆上兴建驷马桥工程，进行房地产开发。三峡工程的建设给三峡旅游带来了广阔的市场前景，公司坚持以旅游带动客运的旅游发展思路，组建重庆东海旅行社和万州旅游门市部、成都东海旅行社及宜昌中长海旅行社，形成以重庆东海旅行社为主体，沿江重点市场为补充，面向全国的完善销售网络，多元化产业使公司在发展中始终充满了生机和活力。2005年，该公司资产近1.5亿元，有"东方大帝"三星级标准涉外游船，"东方之珠"轮、"东方之星"轮、"东方皇苑"轮、"东方皇宫"轮、"东方王子"轮国内游船5艘，游船均被评为交通部和重庆市市级文明船，趸船泊位5个，甲级修理乙级建造船厂1个。公司有职工758人，其中在岗职工315人，在职职工中具有高、中、初级专业技术职称的占职工人数的30%，具有中专、大专文化程度占职工人数的60%。

表10-19　**1993～2005年重庆东方轮船公司水路客运统计表**

年度	客运量（万人次）	客运周转量（万人公里）
1993	18.6	13696
1994	20.2	15734
1995	28.8	15926
1996	29.3	17328
1997	30.8	19239
1998	34.1	21315
1999	26.7	17129
2000	14.3	8675
2001	12.9	8682
2002	14.7	11212
2003	10.1	4190
2004	13.6	8610
2005	14	9517

七、重庆市泽胜船务（集团）有限公司

2003年8月，经交通部长江航务管理局批准成立重庆市泽胜船务（集团）有限公司（其前身是1995年成立的涪陵龙胜船务有限公司和2001年成立的重庆泽胜船务有限公司）。

重庆市泽胜船务（集团）有限公司经营体制上先后经历了个体经营、公司化经营、集团化经营3个阶段。同时，该公司经历了不同形式的夫妻股东公司、弟兄股东公司、社会化股东公司3个阶段。该公司货物运输上经历了干散货运输、散货液货运输、全部危化品运输3个阶段。

2005年，重庆市泽胜船务（集团）有限公司注册资金4000万元，总资产5亿元，职工600余人。主要经营长江上、中、下游干线及支流省际油品、化学品、散货运输。拥有油船、化学品船、干液货船、大件船等各类船舶31艘，运力10万吨。远洋号是长江上游第一艘不锈钢化学品船，正在建造的5500吨危化品船是长江最大的化危品船。泽胜集团独家承运西南地区航空煤油，拥有泽胜造船公司、化工贸易公司、国际货代公司、江龙船务公司、贵义木材公司等5家全资子公司。航

线由四川泸州至上海。

八、重庆万州区串通滚装运输（集团）有限公司

1992 年，云阳串通实业公司成立。1997 年 3 月 10 日，成立重庆万州区串通滚装运输（集团）有限公司，注册资本 1 亿元，员工 1300 余人，有滚装运输船舶 13 艘（其中，60 车位标准滚装船 3 艘，51 车位船舶 1 艘，47 车位船舶 8 艘，30 车位船舶 1 艘），共 23488 载重吨，1914 客位，638 车位，总功率 1.35 万千瓦，经营重庆至宜昌、涪陵至宜昌、万州至宜昌载货汽车滚装运输，为长江上最大的载货汽车滚装运输企业。公司主营汽车滚装业务，兼营滚装码头代理及货运业务代理、港埠、定点屠宰、酒店经营等业务。

重庆万州区串通滚装运输（集团）有限公司从经营货船开始，逐渐发展壮大，成为川江滚装运输龙头企业，集团总资产 27125 万元，资产质量状况良好，实现了贷款无逾期、无欠息、无呆账、坏账损失、无拖欠税费等。2005 年，完成货运量 90.9 万吨，货运周转量 35320 万吨公里。

九、重庆三益物流（集团）有限公司

原为涪陵市三益有限公司，1996 年 3 月 6 日，经涪陵市工商行政管理局核准成立重庆三益物流（集团）有限公司。

1997 年底，该公司进行技改，将“宏声 501”轮改造为散装化学品船。次年，赢利 50 万元，并更名为涪陵区三益有限公司。

1998～2003 年，先后 4 次召开股东会，产生三益公司执行董事和经理，成立宏声造船厂（重庆市平台船舶制造有限公司前身），注册资本金增至 500 万元，经营范围扩大到长江干线及其支流省际散装危险化学品运输、成品油运输。至 2005 年底，三益公司围绕危险化学品和成品油运输，发展成为一家集运输、船舶制造与维修、物资经销为一体的多功能综合性企业。有固定资产 7800 万元，职工 165 人，3000 吨级、2500 吨级、2000 吨级、1000 吨级以下化学品、油品船舶 17 艘，总吨位 38949 吨。2005 年运量 150 万吨。

表 10－26　**重庆三益物流（集团）有限公司运力情况表**

阶段	船名	建造日期	改建日期	总长（米）	功率（千瓦）	载重（吨）	总吨（吨）
第一代	宏声 501	1996 年 7 月 10 日	1997 年 12 月 1 日	60.80	328	850	756
	宏声 809	1999 年 6 月 13 日	2001 年 7 月 11 日	86.80	700	1998	1599
第二代	宏声 2000	2002 年 10 月 2 日		86.86	700	2070	1685
	宏声 95	2003 年 4 月 27 日		56.00	262	715	628
	宏声 9889	2003 年 11 月 17 日		92.00	700	3040	2040
	宏声 2008	2003 年 11 月 15 日		92.00	700	3040	2040
	宏声 67	2005 年 6 月 20 日		85.00	520	2461	1842
	宏声 78	2005 年 5 月 27 日		85.00	520	2461	1842
	宏声 89	2005 年 6 月 23 日		85.00	520	2461	1842
	宏声 69	1996 年 8 月 20 日		52.70	248	389	354
	宏声 805	2001 年 8 月 15 日		85.00	600	2290	975
	宏声 807	2001 年 7 月 8 日		85.00	600	2290	1712
	宏声 815	2005 年 9 月 8 日		88.00	520	3010	2053
	宏声 827	2005 年 4 月 27 日		85.00	520	2681	1842
	宏声 828	2005 年 6 月 10 日		88.00	520	3014	2268

表10－27　　1996～2005年重庆三益物流（集团）有限公司船舶及运量一览表

年度	液货危险品船			货运量（万吨）	货运周转量（万吨公里）
	艘数（艘）	功率（千瓦）	吨位（吨）		
1996	1	328	756	0.6	1.6
1997	1	328	756	1.2	3.6
1998	1	328	756	6	2000
1999	2	1028	2355	12	4000
2000	2	1028	2355	15	5000
2001	2	1028	2355	16	6000
2002	3	1728	4040	20	9000
2003	6	3390	8748	28	15000
2004	7	3638	9102	62	17553
2005	15	7982	25061		

十、重庆市河牛滚装船运输有限公司

2002年7月22日，重庆市河牛滚装船运输有限公司在云阳县成立，地址在云阳县新县城中环路三和广场B栋701号。同年10月8日，经交通部批准，同意重庆市河牛滚装船运输有限公司开业。公司投入“河牛886”轮（原名“河牛806”轮，30车位）、“河牛66”轮（23车位）和“河牛816”轮（30车位）经营重庆至宜昌航线滚装运输。公司成立前拥有货船4艘，载货量6000吨。

2005年，重庆市河牛滚装船运输有限公司有员工377人（大学本科生10人、专科生40人），其中管理人员34人。公司内设总经理室、副总经理室、行政办公室（SMS办）、运输科、安全科（海务主管、海务主办、机务主管、机务主办）、财务室等5个科室，并在合江、重庆、涪陵、宜昌等地设立办事处。公司注册资本4658万元，总资产7536万元。主要从事长江上中下游干线及支流省际普通货船运输，长江重庆至宜昌、涪陵至宜昌、万州至宜昌省际载货汽车滚装船运输。公司有船舶16艘。其中，汽车滚装船6艘，308车位，796客位；货船10艘，载重量35828吨。装机总功率12761千瓦。

十一、重庆市巨航实业有限公司

1999年，重庆市巨航实业有限公司初期以个体运输身份和1艘500多吨小机驳船开始涉足长江散货运输。2000年有3艘货船，运力2000吨，2001年，发展运力到5000吨。随着运力的扩增，同年底开始公司化经营，组建重庆市涪陵区遂锋船务有限公司，主营长江上中下游及其支流港口货物运输，注册资金300万元。公司成立以后，确定走专业化、大型化、规模化经营之路的战略定位，为公司强劲的后续发展带来坚实的基础。

2004年年初，投产的“广运11”轮为当时长江中上游最大的内河干散货船，该船长117.6米，最大载货量达6656吨。2004年底，该公司发展到有6艘船舶共24300吨运力。

2005年1月，注册成立重庆市世强船务有限公司，注册资金1320万元，主营长江上中下游及其支流港口货物运输和货运代理。成立当年新建船舶7艘达37700吨运力，其中“广运77”轮为当时长江中上游最大的内河集散货轮，船长123.6米，最大载货量达7916吨。同年9月，重庆市巨航实业有限公司成立，注册资金1600万元，资产1.6亿元，注册地址和办公地址在重庆市南岸区南坪南城大道199号正联大厦27楼。控股重庆市涪陵区遂锋船务有限公司和重庆市世强船务有限公司。

重庆市巨航实业有限公司主营长江上、中、下游及其支流港口货物运输以及货运代理，兼营销售船舶机电配套设备、电线电缆、电工器材、钢材、金属材料、建筑材料、化工产品、橡胶制品、仪器仪表、日用杂品、通讯器材。

至2005年年底，重庆市巨航实业有限公司有广运系列船舶13艘，总运力62000载重吨，总功率11393千瓦，年货物承运能力为120万吨。其中，巨航实业公司有2艘船舶（广运19号、28号），运力11800吨。遂锋船务公司有7艘船舶（广运01号、03号、05号、08号、09号、11号、17号），运力28800吨世强船务公司有4艘船舶（广运06号、07号、37号、77号），运力21400吨。

十二、重庆海内观光游轮有限公司

重庆海内观光游轮有限公司前身是忠县新安木船社，1956年9月成立。1976年6月，更名为忠县航运公司。1989年8月，更名为忠县轮船公司。1991年4月，与忠县汽车运输公司合并为忠县国营运输公司。1992年10月，更名为忠县长通企业（集团）公司。1995年，重庆海内观光游轮有限公司取得跨省客货运输资格。1997年，重庆直辖后带动了水运产业的良性发展。1998年4月，改制为忠县长通实业发展有限公司，该公司有在册员工近1000余人，资产总额近1亿元，年创收5000万元，实现利税近300万元。2002年3月，随着三峡工程的建设，库区产业转型，公司改制为民营企业重庆海内观光游轮有限公司，是以经营长江旅游客运为主的综合型水上交通企业。

2002年3月至2005年，改制后的重庆海内观光游轮有限公司（不包括控股公司）平均年客运量58.9万人次，年客运周转量18453.75万人公里，并拓展经营业务，接洽各外围旅行社大力开展业务。海新船舶修造公司具备二级Ⅱ类船舶修造资质，建造能力5000吨级。海内港埠分公司是忠县最大的沙、石经营基地，货物仓储能力10余万吨，年销售量20余万吨，年货物装卸吞吐量15万吨以上。2005年年底，有客船10艘，5302客座，总功率8262千瓦，航行重庆至武汉，职工441人。

表10-28　**1985~2005年重庆海内观光游轮有限公司基本情况表**

年度	艘数（普客）	班次	客运量（万人次）	客运周转量（万人公里）
1985	10	562	42.8	1578
1986	10	587	45.6	1617
1987	12	568	43.4	1596
1988	12	579	46.7	1694
1989	13	586	49.6	1769
1990	15	653	56.4	1962
1991	19	628	80	2224
1992	20	705	69.5	3396
1993	20	692	57.4	5593
1994	17	709	54.9	6396
1995	21	1250	65.1	18146
1996	18	1196	54	20982
1997	20	1244	62.6	26357
1998	23	1238	65	22554
1999	21	1345	83.5	26006

续前表

年度	艘数（普客）	班次	客运量（万人次）	客运周转量（万人公里）
2000	22	1297	78.5	23122
2001	17	698	89.5	28477
2002	17	692	83.5	27549
2003	16	704	52.9	14623
2004	14	659	50.3	16256
2005	11	583	48.9	15387

十三、重庆太平洋集装箱船务有限公司

重庆太平洋集装箱船务有限公司是2001年6月经交通部批准成立的专业集装箱船舶运输公司，注册地址在重庆经济技术开发区经开园，注册资本1126万元，经营范围为长江干线国际集装箱内支线班轮运输、长江上中下游干线及其支流省际普通货物运输，承办海运进出口货物国际运输代理业务，包括揽货、订舱、仓储、中转、集装箱拼装拆箱、结算运杂费、报关、报验、保险、相关的短途运输服务及咨询服务。

经营重庆至上海集装箱班轮运输，主要为重庆太平洋国际货物运输代理有限公司、重庆中远国际货运有限公司、中国外运集团重庆公司、上海泛亚国际货运有限公司、上海浦海航运有限公司、沙市外轮代理公司、宜昌外轮代理公司等单位提供集装箱及杂货班轮定舱。该公司发展迅速，经营状况良好，班轮周期已从每周单班增加为7班。航线由重庆至上海延伸为泸州至上海，沿途挂靠20个港口。集装箱运输量年年上升。

至2005年年底，重庆太平洋集装箱船务有限公司有集装箱船舶29艘4102标箱，其中自有船舶4艘498标箱，租赁船舶25艘3604标箱。完成320航次，运输集装箱74695标箱。员工100人，其中高层管理人员6人，中层管理人员12人，公司85%的管理人员均达到大专以上文化水平。设有船务部、市场营销部、安全管理、机务部、财务部、办公室等部门，配备有海务、机务主管。该公司船舶安全运行情况良好，未发生一起重大安全事故。

十四、重庆集海航运有限责任公司

重庆集海航运有限责任公司是2003年5月由重庆港九股份有限公司和上港集箱股份有限公司、上海集海航运有限公司共同投资成立的合资航运企业，注册资本金5000万元。其中，重庆港九公司投资2500万元，占50%；上港集箱公司2000万元，占40%；上海集海公司500万元，占10%。

重庆集海航运有限责任公司依托长江上海港、重庆港龙头、龙尾的优势，借助长江黄金水道的航运优势，主要从事长江干线集装箱内支线运输、船舶代理、国际货物代理等业务。公司沿途挂靠泸州、重庆、涪陵、万州、宜昌、荆州、城陵矶、武汉、九江、安庆、芜湖、南京、镇江、张家港、南通、上海等港口。经营宗旨是放心托付，安全准点，竭诚服务，优质高效。战略目标是建成长江上游最大的内支线货物水运公共承运人。生产经营整体思路是与国际海船公司合作，发展集装箱内支线运输，带动水路货物代理、船舶代理等相关产业的连锁发展，实现产业链的相互衔接。

重庆集海航运有限责任公司按照“精简、高效”的现代企业制度管理要求构筑企业框架，实行董事会领导下的总经理负责制，建立办公室、财务部、人力资源部、船务部、航运部、市场部、操作部、内贸部、上海分公司等9个部室，有员工185人，其中高管人员5人（上海港委派2人，任总经理和财务部副经理；重庆港3人，任董事长、副总经理、财务部经理），管理人员65人，船员115人。

2003年5月29日，重庆集海航运有限责任公司正式登记注册成立，当年10月28日开业运行，集装箱运量1150标箱，当年实现收支平衡。

2004年，集装箱运量18852标箱，为年计划的150%，外贸箱居重庆集装箱水运的第三位。收入1958.96万元，为年计划的111%，利润100万元，为年计划100%。全年无重大安全质量事故。

2005年底，重庆集海航运有限责任公司自有192标箱和208标箱集装箱船舶6艘，联营集装箱船舶8艘，运力合计14艘。集装箱运量31474标箱。

十五、重庆太平洋国际物流有限公司

1993年，重庆太平洋国际物流有限公司组建成立，是以长江内支线集装箱班轮经营为核心业务，具备国际货物运输代理、国际海运无船承运人、国际船舶代理、仓储物流、保税物流，集卡车运输、大件运输、大宗散杂货物运输等服务为一体，能为客户提供“门到门”全程优质运输服务的现代化物流企业。

该公司秉承“诚信为本，服务为先”的经营理念，坚持走持续创新的发展道路，是西南地区最早从事长江内支线班轮运输的公司之一，开创性地将自航集装箱船投入到长江上游内支线运输，对重庆口岸物流的发展起到了推动作用。

公司一直致力于对物流经营性资产投资和战略网点布局。公司在美国、欧洲、东南亚等国家以及中国香港、中国台湾地区建立了专业的代理网络，与主要海运公司、代理公司签订CCA支线运输协议及货运代理协议，建立长期稳定的战略合作伙伴关系。通过多年的努力，公司形成了水、陆、空三位一体的综合运输网络，能很好地控制物流服务全过程，能更好地为客户提供全方位、一体化的“门到门”综合运输服务。

重庆太平洋国际物流有限公司积极推行ISO：9001质量管理体系，是重庆第一家获得挪威船籍社（DNV）国际质量认证证书的物流企业。同时，不断完善和改进服务流程，针对市场需求，努力延伸服务内涵和服务广度，确保服务质量体现在每个工作细节之中，使企业的管理和服务水平不断跃上新的台阶。2005年，重庆太平洋国际物流有限公司荣登中国国际货运代理企业百强榜，并获得“中国国际货代海运五十强企业”称号。

表10－29　　**1986～2005年重庆市水路运输企业表**

公司名称	经营范围
重庆长江轮船公司	长江干线及支流省际货物（成品油）运输及旅客运输
民生轮船有限公司	国内沿海及长江干线货物运输，汽车滚装、成品油、化学品运输，集装箱班轮内支线运输
重庆轮船总公司	长江上中下游干线及其支流省际普通货物运输，长江集装箱外贸内支线班轮运输及旅客运输
重庆市巨航实业有限公司	长江上中下游干线及其支流省际普通货船运输
重庆集海航运有限责任公司	长江干线及其支流省际普通货船运输，长江集装箱外贸内支线班轮运输
重庆太平洋集装箱船务有限公司	长江干线国际集装箱内支线班轮运输，长江上中下游及其支流省际普通货船运输
重庆川江船务有限公司	长江干线普通货船、集装箱内支线班轮运输
重庆汇东船务有限公司	重庆港区内两江游
重庆市东江实业有限公司	重庆至上海长江干线涉外旅游船运输
重庆罗诺船运有限公司	长江重庆至宜昌省际载货汽车滚装船运输
重庆金航船务有限公司	长江重庆至宜昌载货汽车滚装船运输

续前表

公司名称	经营范围
重庆重海国际货运有限公司	长江上中下游干线及其支流省际普通货船运输
重庆市海运有限责任公司	长江集装箱内支线班轮航线运输
重庆港九股份有限公司	长江上中下游及其支流省际普通货船运输
重庆新世纪游轮有限公司	长江重庆至上海省际涉外旅游船运输
长江重庆航道工程局	长江上中下游及其支流省际普通货船运输
重庆伟康物流有限公司	长江上中下游及其支流省际普通货船运输
重庆长青航运有限公司	长江江津至巫山，嘉陵江合川至重庆
重庆金峰旅游轮船有限公司	重庆至武汉长江干线涉外旅游船运输
重庆金江游艇俱乐部有限公司	朝天门至丰都游览业务
重庆市轮渡客运站	朝天门、磁器口、马桑溪、九龙坡横江
重庆市玉祥船舶投资有限公司	重庆至宜昌涉外旅客运输
重庆骄阳游艇俱乐部有限公司	长江重庆市辖区内江津至巫山，嘉陵江朝天门至合川，乌江涪陵至彭水游艇包船旅客运输
重庆旺盛水上客运有限公司	长江唐家沱—木洞、大兴场—郭家沱普通旅客运输
重庆市客轮总公司	重庆主城区两江游览，嘉陵江朝天门至磁器口，长江朝天门至长寿，市区横江普通旅客运输
重庆市长江三峡旅游船有限公司	重庆至武汉长江涉外旅游船运输
重庆爵驰游艇俱乐部有限公司	长江重庆市辖区内江津至巫山、乌江涪陵至彭水游艇包船旅客运输
重庆中孚航运有限公司	长江上中下游干线及其支流省际普通货船运输，长江干线外贸内支线集装箱班轮航线运输
重庆金象货物运输有限公司	长江上中下游干线及其支流省际普通货船运输
重庆市港为船务有限责任公司	长江上中下游及其支流省际普通货船运输
重庆东洲航运有限责任公司	长江上中下游及其支流省际普通货船运输
重庆宇森船务有限公司	长江上中下游干线及其支流省际普通货物运输
重庆嘉浦通邦船运有限公司	长江上中下游干线及其支流省际普通货船运输
重庆文鑫物流有限公司	长江上中下游干线及其支流省际普通货船运输
重庆路航船务有限公司	长江上中下游干线及其支流省际普通货物运输
重庆外贸国际货运有限公司	长江上中下游及其支流省际普通货船运输
重庆市泽胜船务（集团）有限公司	长江干线及其支流省际普通货船、油船、化学品船运输
重庆市涪陵港盛船务有限公司	长江干线及其支流省际成品油、普通货船、集装箱班轮内支线运输
重庆市涪陵区锋源船务有限公司	长江上中下游干线及其支流省际普通货物运输
重庆市涪陵蓝箭船务有限责任公司	长江上中下游干线及其支流省际普通货物运输
重庆长江水运股份有限公司	长江上中下游干线及其支流省际普通货物运输及旅客运输
重庆市涪陵区江沔液货运输有限公司	长江江津至巫山、嘉陵江朝天门至合川、乌江涪陵至龚滩（柴油）液货运输
重庆扬峰船务有限公司	长江上中下游干线及其支流省际普通货船运输
重庆市涪陵区恒硕船务有限公司	长江上中下游干线及其支流省际普通货船运输
重庆市银丰船务有限公司	长江上中下游干线及其支流省际普通货船运输

续前表

公司名称	经营范围
重庆滨浩船务有限公司	长江上中下游干线及其支流省际普通货船运输
重庆航益船务有限公司	长江上中下游干线及其支流省际普通货船运输
重庆市大展宏图船务有限责任公司	长江上中下游干线及其支流省际普通货船运输
重庆市世强船务有限公司	长江上中下游干线及其支流省际普通货船运输
重庆市涪陵区广锋船务有限公司	长江上中下游干线及其支流省际普通货船运输
重庆市康源船运有限公司	长江上中下游干线及其支流省际普通货船运输
重庆市乾峰船务有限公司	长江干线及其支流省际普通货船运输
重庆市涪陵区坤龙船务有限公司	长江干线及其支流省际普通货船运输
重庆市涪陵东方兴隆船务有限公司	长江上中下游干线及支流省际普通货船、油品船运输
重庆市涪陵区恒剑航运有限公司	长江上中下游干线及支流省际普通货船运输
重庆市涪陵区大为船务有限公司	长江上中下游干线及支流省际普通货物运输
重庆市涪陵区国新船舶运输有限公司	长江上中下游干线及支流省际普通货物运输
重庆市涪陵粮油航运贸易公司	长江上中下游及其支流省际普通货船、油品船运输
重庆三峡轮船股份有限公司	长江上中下游及其支流省际普通货船、油品船运输及旅客运输
重庆市利江船务有限公司	长江上中下游及其支流省际普通货船运输
重庆市涪陵区阔达船务有限公司	长江上中下游及其支流省际普通货船运输
重庆市涪陵区涪洪船务有限公司	长江上中下游及其支流省际普通货船运输
重庆市涪陵区鑫瑞运输有限公司	长江上中下游及其支流省际普通货船运输
重庆市泓正船务有限责任公司	长江上中下游及其支流省际普通货船运输
重庆市涪陵区强源船务有限公司	长江上中下游及其支流省际普通货船运输
重庆市涪陵区远舟船务有限责任公司	长江上中下游及其支流省际普通货船运输
重庆市涪陵区兴舟船务有限公司	长江上中下游及其支流省际普通货船运输
涪陵区江翔船务有限公司	长江上中下游及其支流省际普通货船运输
重庆市圣洋实业有限责任公司	长江上中下游及其支流省际普通货船运输
重庆市源辉船务有限公司	长江上中下游及其支流省际普通货船运输
重庆市涪陵区遂锋船务有限责任公司	长江上中下游及其支流省际普通货船运输
重庆市涪陵龙陵实业发展有限公司	长江上中下游及其支流省际普通货船运输
重庆市涪陵长通船务有限责任公司	长江上中下游及其支流省际普通货船运输
重庆市祥皓船务有限公司	长江上中下游及其支流省际普通货船运输
重庆市涪陵益丰船务有限责任公司	长江上中下游及其支流省际普通货船运输
重庆市泽友船务有限责任公司	长江上中下游及其支流省际普通货船运输
重庆市涪陵区呈荣船务有限责任公司	长江上中下游及其支流省际普通货船运输
重庆市涪陵祥瑞水运有限公司	长江上中下游及其支流省际普通货船运输
重庆市涪陵双江轮船公司	长江上中下游及其支流省际普通货船运输
涪陵江云船务有限公司	长江上中下游及其支流省际普通货船运输
重庆市涪陵区鸿围船务有限责任公司	长江上中下游及其支流省际普通货船运输
重庆市添庆运输有限公司	长江干线及其支流省际散装化学品船运输

续前表

公司名称	经营范围
重庆涪陵港江水运有限公司	国内沿海普通货船运输，长江干线其支流省际普通货船、油品船、散装化学品船运输
重庆港务物流集团有限公司	长江上中下游及其支流省际油船、普通货船运输及旅客运输
涪陵江龙船务有限责任公司	长江上中下游及支流省际普通货船、油品船、化学品船运输
重庆市涪陵蔺市运输公司	长寿—涪陵普通货船运输及旅客运输
重庆市渝涪船务有限公司	长江上中下游及其支流省际普通货船运输
重庆市涪陵鑫麟运输有限公司	长江上中下游及其支流省际散装化学品船、油品船、普通货船运输
重庆市中天船务有限公司	长江上中下游及其支流省际普通货船、油品船运输
重庆市远东船务有限公司	长江上中下游及其支流省际普通货船运输，重庆市内化学品船运输
重庆市贵龙船务有限公司	长江上中下游干线及其支流省际普通货船运输
重庆鑫品集装箱船务有限公司	长江上中下游及其支流省际普通货船运输，长江集装箱内支线班轮运输
重庆东方轮船公司	长江干线及支流省际普通货物运输及旅客运输
重庆市万州区串通滚装运输（集团）有限公司	长江干线及其支流省际普通货船运输
重庆市万州区万港航运有限责任公司	长江干线及其支流省际普通货船运输，长江集装箱外贸内支线班轮运输
重庆市万州区江峡船务有限公司	长江干线及其支流普通货船运输及旅客运输
重庆三益物流（集团）有限公司	长江干线及其支流省际油船、散装化学品船运输
重庆市万州港货运有限责任公司	长江上中下游干线及其支流省际普通货船运输
重庆市万州区利龙运输有限公司	长江上中下游干线及其支流省际普通货船运输
重庆市万州区国发运输有限公司	长江上中下游干线及其支流省际普通货船运输
重庆市长庆船务有限公司	长江上中下游干线及其支流省际普通货船运输
重庆市神帆航运有限公司	长江上中下游干线及其支流省际普通货船运输
重庆市万州区齐力船务有限公司	长江上中下游干线及其支流省际普通货船运输及市内旅客运输
重庆市万州区圣发船务有限公司	长江上中下游干线及其支流省际普通货物运输
重庆市万州区长庆工贸有限公司	长江上中下游干线及其支流省际普通货物运输
长航万州航道实业开发公司	长江上中下游干线及其支流省际普通货物运输及市内旅客运输
重庆市万州区鸿发船务有限公司	长江上中下游及其支流省际普通货船运输
重庆市万州区江航船务有限公司	长江上中下游及其支流省际普通货船运输
重庆航捷船务运输有限公司	长江上中下游及其支流省际普通货船运输
重庆市万州区渝东船务有限公司	长江上中下游及其支流省际普通货船运输及旅客运输
重庆市万州区国茂运输有限公司	长江上中下游及其支流省际普通货船运输
重庆市万州区龙腾船务有限公司	长江上中下游及其支流省际普通货船运输
重庆市万州区杨河航运有限公司	长江上中下游及其支流省际普通货船运输
重庆市万州区金元船务有限公司	长江上中下游及其支流省际普通货船运输
重庆任航运输有限公司	长江上中下游及其支流省际普通货船运输
重庆市万州区五星船务有限公司	长江上中下游及其支流省际普通货船运输
重庆市万州区鸿运船舶修造运输有限责任公司	长江上中下游及其支流省际普通货船运输

续前表

公司名称	经营范围
重庆市万州区渝通滚装运输有限公司	长江上中下游及其支流省际普通货船运输及旅客运输
重庆市万州江南轮船有限公司	长江上中下游及其支流省际普通货船运输
重庆市万州区荣生船务有限责任公司	长江干线及支流省际散装化学品船运输
重庆市万州区远大船务有限公司	万州港区内船舶流动加油
重庆新渝石油化学制品有限公司	重庆港港内加油运输
重庆市万州区智龙观光游轮有限公司	万州区境内及万州至云阳张飞庙、万州至忠县石宝寨（包船）旅客运输
重庆市万州区富发航运有限公司	石宝寨至万州至巴阳普客运输、万州至石宝寨区间高速客船运输
重庆市华龙船务有限公司	长江重庆至宜昌省际高速客船（限商务、旅游包船）运输
万州区荣顺船务有限公司	重庆至巫山油品运输
奉节县富发船务有限公司	长江上中下游及其支流省际普通货船运输
重庆市乔泰船务运输有限公司	长江上中下游及其支流省际普通货船运输
奉节县港航运输公司	长江上中下游及其支流省际普通货船运输
重庆市发远船务有限责任公司	长江上中下游及其支流省际普通货船运输
奉节县鑫宇船务有限公司	长江上中下游干线及其支流省际普通货物运输
奉节县开源船务有限公司	长江奉节至宜昌省际涉外客船运输
重庆市夔峡船务有限责任公司	长江上中下游干线及其支流省际普通货物运输
奉节县江华航运有限公司	长江上中下游干线及其支流省际普通货船运输及旅客运输
重庆市中南石油有限公司	长江干线及其支流省际普通货船、油船运输
奉节县银河航运有限公司	长江上中下游干线及其支流省际普通货船运输及市内旅客运输
巫山县富升水陆联营有限责任公司	长江上中下游及其支流省际普通货船运输
巫山县渝山船务有限公司	长江上中下游及其支流省际普通货船运输及市内旅客运输
巫山县吉祥船务公司	长江上中下游及其支流省际普通货船运输及旅客运输
巫山县三峡航运总公司	长江上中下游及其支流省际普通货船运输及旅客运输
巫山县天中水陆运输有限责任公司	长江上中下游干线及其支流省际普通货物运输
巫山县顺通商贸有限责任公司	长江上中下游干线及其支流省际普通货船运输
巫山县远宏船务有限公司	长江上中下游干线及其支流省际普通货船运输
巫山县红石梁货运码头有限公司	长江上中下游干线及其支流省际普通货物运输
巫山县抱龙宏运船舶客运有限责任公司	巫山县境内普通客船运输
巫山县古城旅游客运有限责任公司	巫山至大昌普通旅客运输
巫山县小三峡旅游船有限责任（集团）公司	巫山至大昌普通旅客运输
巫山县永发客运有限公司	巫山至巫溪普通旅客运输
巫山县华龙船务有限公司	重庆至巫山高速客船运输
巫山县神女旅游服务有限责任公司	培石至奉节普通旅客运输
巫山县康辉航运有限责任公司	长江宜昌至奉节省际普通客船运输
巫山县小小三峡环形漂流游船有限公司	大宁河内巫山至巫溪普通旅客运输
重庆市丰都县航进船务有限公司	长江上中下游干线及其支流省际普通货船运输
丰都县民联船务有限公司	长江上中下游干线及其支流省际普通货船运输

续前表

公司名称	经营范围
重庆市航瑞船务有限公司	长江上中下游干线及其支流省际普通货船运输
丰都县航龙船务有限公司	长江上中下游干线及其支流省际普通货物运输
重庆丰都天朝船务有限公司	长江上中下游干线及其支流省际普通货物运输
重庆丰都航兴船务有限公司	长江上中下游干线及其支流省际普通货物运输
丰都县兴隆船务有限公司	长江上中下游及其支流省际普通货船运输
丰都县兴旺航运有限公司	长江上中下游及其支流省际普通货船运输
长江重庆航道局丰都航道处船舶公司	长江上中下游及其支流省际油船、普通货船运输
重庆市丰都县农花航运有限公司	涪陵至小溪普通货物运输及旅客运输
重庆河记船务有限公司	长江重庆至九江省际普通客船运输
重庆丰都银鲨船务有限公司	高镇至莱园坝普通旅客运输
重庆市丰都县安达船务有限公司	丰都县三合镇峡南溪至朗溪、峡南溪至镇江、峡南溪至名山镇新城小区市内普客运输
重庆市丰都县航顺船务有限公司	长江上中下游干线及其支流省际普通货船运输
云阳县渝鑫船务有限责任公司	长江上中下游及其支流省际普通货船运输
云阳县渝航轮船有限责任公司	长江上中下游及其支流省际普通货船运输及旅客运输
云阳县渝多船务有限公司	长江上中下游及其支流省际普通货船运输
云阳县渝鸿船务有限公司	长江上中下游及其支流省际普通货船运输及旅客运输
重庆市河牛滚装船运输有限公司	长江上中下游及其支流省际普通货船运输
重庆顺华滚装船运输有限公司	长江上中下游及其支流省际普通货船运输
云阳县龙发运输有限责任公司	长江上中下游干线及其支流省际普通货物运输
云阳县神龙客货运输有限公司	云阳县境内普通旅客运输
云阳县永盛实业有限公司	重庆至宜昌、万州至宜昌涪陵至宜昌航线省际载货汽车滚装船运输，普通客船运输
合川市华海水上货物运输有限公司	长江上中下游干线及其支流省际普通货船运输
合川市海丰船务有限公司	长江上中下游干线及其支流省际普通货物运输
重庆市合川喜陵轮船运输有限公司	长江上中下游及其支流省际普通货船运输及市内旅客运输
合川市云门航运公司	长江上中下游及其支流省际普通货船运输及市内旅客运输
重庆河洋航运有限责任公司	长江上中下游及其支流省际普通货船运输
合川市全江砂石责任有限公司	长江江津至巫山、嘉陵江合川至朝天门
重庆航宇船务有限公司	长江上中下游干线及其支流省际普通货船运输
重庆江顺储运有限公司	长江上中下游及其支流省际普通货船、散装化学品船运输
江津市津洲轮船有限公司	长江上中下游及其支流省际普通货船运输、油船运输及市内旅客运输
江津市飞达轮船有限责任公司	长江上中下游及其支流省际普通货船运输及市内旅客运输
江津市四通轮船有限责任公司	长江上中下游及其支流省际普通货船运输
江津市结盟船舶运输有限责任公司	长江上中下游及其支流省际普通货船运输
江津市鸿运轮船有限责任公司	长江上中下游及其支流省际普通货船运输及市内旅客运输
江津市鸿生轮船有限责任公司	长江上中下游及其支流省际普通货船运输及市内旅客运输
江津市津航船业有限责任公司	长江上中下游及其支流省际普通货船运输

续前表

公司名称	经营范围
江津市运输有限公司轮驳分公司	长江上中下游及其支流省际普通货船运输及市内旅客运输
江津市长兴轮船有限责任公司	长江上中下游及其支流省际普通货船运输及市内旅客运输
江津市津沙船运有限责任公司	重庆市内普通货物运输及旅客运输
江津四面山旅游发展有限责任公司	四面山景区水域旅游客船运输
江津市华通轮船有限责任公司	长江上中下游及其支流省际普通货船运输及市内旅客运输
重庆市昆运商贸有限责任公司	长江上中下游及其支流省际普通货船运输
重庆北碚水运有限公司	长江上中下游及其支流省际普通货船运输
重庆市北碚区水上客运有限公司	长江上中下游及其支流省际普通货物运输及市内旅客运输
重庆市海发运业发展有限公司	长江上中下游及其支流省际普通货船运输
重庆市北碚区港埠运输公司	嘉陵江水土至三胜
重庆市北碚区快速船有限公司	嘉陵江合川至北碚至朝天门
重庆市北碚区航塑总公司	长江上中下游及其支流省际普通货船运输及市内旅客运输
重庆市忠县正宏运输有限责任公司	长江上中下游及其支流省际普通货船运输
重庆海内观光游轮有限公司	长江上中下游及其支流省际普通货船运输及旅客运输
重庆市忠县石宝航运有限公司	长江上中下游干线及其支流省际普通货物运输及市内旅客运输
重庆市忠县大扬运业有限责任公司	长江上中下游及其支流省际普通货船、油品船运输
重庆市银宏运输公司	长江上中下游干线及其支流省际普通货船运输
重庆云祥航运有限公司	长江上中下游干线及其支流省际普通货船运输
重庆市巴南区生源运输有限公司	重庆市内普通货物运输及沙石运输
重庆金宏祥船务有限公司	长江干线省际普通客船运输
重庆华航轮船有限公司	长江上中下游干线及其支流省际普通货物运输及旅客运输
重庆市恒洋船务有限公司	长江上中下游及其支流省际普通货船运输
重庆市鱼岛实业发展有限公司	重庆市内普通货船运输
重庆市南江船务有限公司	长江上中下游及其支流省际普通货船运输及旅客运输
重庆川维物流有限公司	长江上中下游及支流省际普通货船、油船、散装化学品船运输
重庆国平船务运输有限公司	长江上中下游及其支流省际普通货船运输，长江外贸集装箱内支线班轮运输
重庆市长寿区三峡水上航运有限责任公司	长江上中下游干线及其支流省际普通货物运输
重庆市长寿区长化运输有限责任公司	长江上中下游及其支流省际普通货船运输
开县神通港航有限公司	长江上中下游及其支流省际普通货船运输
重庆市上庆船舶航运有限公司	长江上中下游及其支流省际普通货船运输
开县兴航船务有限公司	长江上中下游及其支流省际普通货船运输
开县华盛船务有限公司	长江上中下游干线及其支流省际普通货船运输
重庆航盛船务有限公司	长江上中下游及其支流省际普通货船运输
重庆冠泰船务有限公司	长江上中下游干线及其支流省际普通货物运输
重庆泰龙运输有限责任公司	长江上中下游干线及其支流普通货物运输

续前表

公司名称	经营范围
重庆市渝北区吉洪运输有限公司	重庆市内普通货船运输
永川市飞龙船务有限责任公司	长江上中下游及其支流省际普通货船运输
永川市长风航运有限责任公司	长江上中下游及其支流省际普通货船运输及旅客运输
重庆市汇龙航运有限责任公司	长江上中下游干线及其支流省际普通货船运输
重庆市铜梁县轮船有限公司	长江上中下游干线及其支流省际普通货物运输
重庆九龙水运有限公司	长江上中下游及其支流省际普通货船运输及市内旅客运输
重庆市潼南县航运公司	长江上中下游及其支流省际普通货船运输及旅客运输
酉阳县龚滩旅游开发有限公司	重庆市内普通货物运输及旅客运输

第三节　水路运输服务业

《中华人民共和国水路运输服务业管理规定》于1996年6月18日由交通部颁布，同年10月1日起正式实施。至2005年年底，重庆市水路运输服务行业有经营单位105家，其中国际无船承运8家，国际船舶代理3家（部分为沿海企业在重庆的分支机构），票务代理32家，客运代理12家，船舶代理、货运代理47家（大部分同时从事货运代理、船舶代理业务），国内船舶管理3家。除近10余家国内代理单位分布在区县外，其余均在重庆主城区注册登记。2005年，重庆市水路运输服务业货物代理量1753.362万吨。

一、重庆市水路客运市场交易中心

重庆市水路客运市场交易中心（以下简称水路中心）于1998年7月开始筹建，12月正式挂牌成立，市经委交通处按市场管理、企业运作的方式进行日常管理，何爱平任主任，党志胜、王蓉任副主任。

水路中心成立后，在市场规范方面发挥了一定作用。但由于当时只有重庆市航运管理处、重庆港口管理局与航运企业的人员参与水路客运市场整治，在工作协调方面存在较大难度，加之运力大于运量的矛盾突出。针对这种情况，为了维护水路客运市场秩序，规范票务管理，打击不法行为，加强水路客运企业管理，合理调控运力，整治港口环境，保障水路客运经营者、旅客和其他当事人的合法权益，促进水路客运事业的发展，树立重庆港良好的窗口形象，重庆市人民政府于1999年12月24日发布《重庆市人民政府关于加强水路客运市场管理的通告》，自2000年1月5日起施行，由交通、公安、工商、港口、旅游、渝中区等部门联合实施整治。并明确重庆港水路客运售票由中心实行微机售票、统一票样、统一票务管理和票款解缴管理。《通知》发出后，中心在加强运力调控、划分旅游客船等级、对客船进行考核、实行微机售票，抵制回扣和对周边售票环境进行整治等方面加强专项整治力度。经过多年的治理整顿，市场秩序得到初步好转，票贩子、羊儿客拉客、宰客现象基本消失，朝天门港口码头道路环境得以改善，旅游船服务质量得到提高，重庆市水路客运整体形象得到改变。

2000年8月，实行机构改革，成立重庆市交通委员会，将重庆市经委交通处职能和中心一并划转给重庆市交通委员会管理。2001年8月，为加强水路客运市场管理工作，经市人事局、市编制委员会批准，在重庆市港航管理局的基础上增挂重庆市水路客运市场管理处牌子，作为重庆市港航局下辖单位，重庆市水路客运市场纳入重庆市港航管理局管理职能，从此不再挂重庆市水路客运市场交易中心的牌子。

二、国内水路运输服务业

1984年以前，重庆市水路运输服务主要由港口理货部门承担，负责货物组织与交付业务。同时，为了有计划、有步骤地组织好进出川物资运输，做好出川运输的统筹、协调、联运、服务工作。1984年3月，经四川省计经委同意，四川省交通厅批准成立四川省水上进出川物资联运服务公司。经商得重庆轮船公司同意，决定在重庆轮船公司已派驻宜昌、武汉、南京、上海工作组的基础上，充实力量，受四川省委托，对外洽谈办理有关进出川物资联运业务。其工作范围：一是办理到发港船货计划的衔接，二是组织回程货源，三是传递船位动态，四是协助处理海损、货运事故及运输遗留问题。

成立重庆水上进出川物资联运服务公司。在公司开办后的4年多时间里，为航运企业组织货源30多万吨，并组织合理运输和多家合作运输，将急需物资安全及时运抵目的地。如1988年2月春节前夕，上海急需猪肉，公司组织7家航运企业进行专船专运，日夜兼程，赶在春节前3天运达上海，受到上海市政府的赞扬。后来随着航管部门对水上行业管理职能的加强，为了避免机构重叠、管理多头的情况，1992年8月28日，四川省交通厅决定撤销省进出川物资联运服务公司，其下属市（地）进出川公司、联运站、经营部等亦同时脱钩并撤销。

对于水路运输服务业的管理，1987年国务院发布的《水路运输管理条例》以及交通部颁发的《水路运输管理条例实施细则》根据当时的情况和需要作了相应的规定。但随着水运市场的发展，水路运输服务也发生了很大的变化，原有的规定无论是广度和深度上都不适应变化后的要求。为此，交通部制定《中华人民共和国水路运输服务业管理规定》，并于1996年6月18日以交通部3号令发布，自1996年10月1日起正式实施。

重庆市国内水路运输服务企业主要以船舶代理和客货运代理为主，代理企业主要集中在主城区域。三峡工程蓄水后，水路运输快速发展，长江干线部分区县也发展了一批代理企业。至2005年底，重庆市有票务代理公司32家，客运代理公司12家，船舶代理、货运代理公司47家（大部分同时从事货运代理、船舶代理业务），国内船舶管理公司3家。

表10-30　**2005年重庆市水路运输服务企业表**

序号	公司名称	备注
1	中外运重庆公司	无船承运
2	民生国际货运代理公司	
3	凯希物流公司	
4	中旅运贸公司	
5	会通华联国际运输服务公司	
6	上海台骅货代重庆公司	
7	重海国际货运公司	
8	新雅货运公司	
9	中外运船务代理公司	国际船代
10	中海船务代理公司	
11	重海船务代理公司	

续前表

序号	公司名称	备注
12	重庆华盛中介代理有限公司	货物代理
13	重庆金港顺客货代理有限公司	
14	凯豪货代公司	
15	重庆中集物流有限公司	
16	国平货代公司	
17	朝顺代理公司	
18	晨港货代公司	
19	中储货运公司	
20	长航物流公司	
21	河海货代公司	
22	重庆海珑运输有限公司	
23	中海物流重庆分司	
24	重庆中旅运贸有限公司	
25	运诚货代公司	
26	重庆烟草旅行社（客货）公司	
27	重庆万安货物运输有限公司	
28	重庆比恩货运代理有限公司	
29	重庆长安民生物流（集团）有限责任公司	
30	重庆宇业货物联运有限公司	
31	重庆浩扬货运代理有限公司	
32	重庆市亚捷运输有限责任公司	
33	重庆宏海货物运输有限公司	
34	长航武汉汽车物流有限公司重庆分公司	
35	九禾家资股份有限公司	
36	重庆旭舟客货运输有限公司	
37	重庆顺通客货运输代理公司宏洋运贸	

续前表

序号	公司名称	备注
38	重庆快达旅行社有限公司	票务代理
39	重庆市江洲旅游有限公司长滨路门市部	
40	重庆朝天门大酒店有限责任公司	
41	重庆东方华翔票务有限责任公司	
42	重庆东方旅行社有限公司	
43	重庆市吉祥旅行社有限公司	
44	重庆市中国旅行社有限公司	
45	重庆市渝中区长宇票务有限责任公司	
46	重庆市交通企业管理协会水路客运分公司	
47	重庆顺畅票务有限公司	
48	重庆港客运旅行社（含国际旅行社）	
49	重庆北碚佳华票务有限公司	
50	重庆市两江游船务有限公司	
51	重庆西南旅行社	
52	重庆和平旅游有限公司	
53	重庆扬子游轮管理有限公司	
54	重庆市旅游散客接待中心陈家坪门市部	
55	重庆交通运业有限责任公司富菀宾馆	
56	新大陆旅行社	
57	天海旅行社菜园坝门市部	
58	金龙假期旅行社	
59	重庆长江观光国际旅行社有限公司	
60	重庆别峡综合服务有限公司	
61	重庆东海旅游有限责任公司	
62	重庆泰祥旅行社	
63	重庆河记旅行社	
64	重庆市渝中区渝发票务有限责任公司	
65	烟草旅行社	
66	重庆市渝兴交通运输公司	
67	重庆德林票务速递有限公司	
68	重庆市纵横旅业有限公司第一散客门市部	
69	重庆大世界旅行社有限公司菜园坝门市部	

续前表

序号	公司名称	备注
70	重庆庆宜滚装船船舶代理有限公司	客货代理 船舶代理
71	重庆耘凡船务代理有限公司	
72	重庆市长天船舶代理有限责任公司	
73	云阳县港口经营站	
74	开县港埠开发有限公司	
75	开县神通港航有限公司	
76	巫山县轮船总公司	
77	重庆港运输代理总公司	
78	重庆久久物流有限责任公司	
79	云阳县兴云港埠开发有限公司	货物代理 船舶代理
80	龙焱船务信息服务	
81	渝海船务代理	
82	重庆富佳货物运输有限公司	
83	重庆真正实业有限公司	
84	中国兵工物资西南公司	
85	重庆民兴船务代理有限公司	
86	重庆经略实业有限责任公司	
87	民生物流有限公司	
88	重庆国翔船务有限公司	
89	重庆市铭翔船务有限公司	
90	钢铁集团路桥工程	
91	重庆联盛世邦运输代理有限公司	
92	重庆太平洋实业发展有限公司	
93	云阳县龙源船务有限公司	
94	重庆忠县大杨运业有限责任公司	
95	奉节县港口经营站	
96	重庆新港装卸运输有限公司	
97	重庆利江实业有限公司	
98	重庆金满水陆客货运输代理有限公司	
99	重庆国际服务贸易有限公司	客货代理
100	丰都轮船公司重庆办事处	
101	巫山县港口运输公司	
102	重庆联运物流总公司	
103	重庆永昌船舶管理有限责任公司	船舶管理 （国内）
104	重庆凯蒂船舶管理有限公司	
105	重庆江通船舶管理有限责任公司	

第五章　三峡工程建设对重庆航运的影响

第一节　三峡工程建设对航运的不利影响

举世瞩目的长江三峡工程，是一项具有防洪、发电、航运等综合效益的特大型水利枢纽工程。1992年4月3日第七届全国人民代表大会通过《关于兴建长江三峡工程的议案》。从1993年开始，经过近两年准备，三峡工程于1994年12月14正式开工。1997年10月6日，人工开挖的长3.5公里、可供大型船队航行的三峡工程导流明渠正式通航。同年11月8日，三峡工程实现大江截流。1998年5月1日，临时船闸通航。2002年11月6日，导流明渠截流合龙。2003年4月至2003年6月，临时船闸关闭全面断航，双线五级船闸等待蓄水至135米运行。

一、碍航及断航对重庆航运的影响

根据三峡工程建设进度安排，三峡工程建设施工对长江航运形成3个碍断航时期，对重庆水运业和经济建设影响较大。一是1997年11月至2002年10月长江三峡工程大江截流后，导流明渠和临时船闸通航时期；二是2002年10月至2003年6月三峡工程135米蓄水施工期；三是2006年9月至2007年5月三峡工程156米蓄水及船闸完建期。

（一）导流明渠和临时船闸通航时期的影响

1997年7～9月，三峡工程导游明渠开始试通航。此间，主河道和导游明渠都能通航。9月下旬，二期围堰继续向河心进占。1997年10月6日，主河道完全被截断，明渠正式通航。此后，客、货运输船只全部由导流明渠通过坝址，一直持续到1998年4月底。

1998年5月1日，临时船闸建成并投入运行。此后，客、货运输船舶可同时由导流明渠和临时船闸两种途径通过坝址。

导流明渠受流量、流速的限制，临时船闸受平面尺度的影响，造成客、货运输不畅。当流量达到和超过每秒4.5万立方米时，临时船闸和导流明渠就全面关闭，形成断航。原有关部门预测每年断航时间仅为6天左右。但实际使用第一年（1998年）断航时间就达52天，1999年为20天，2000年为9天，都超过了预测的断航天数。同时，在此期间碍航的影响也十分明显。如船公司为了满足明渠的通航规定、稳定规定、航速规定，增大拖带力，不得不投入大量资金对船舶进行改造，加重了企业的负担；另一方面，当流量超过一定值后则明渠断航，临时船闸成为唯一的通航设施，其通航能力不能满足运输的需要。加之流态紊乱，航道条件恶劣，等待过闸的船舶停泊无序，延长了过闸时间，降低了过闸能力。

在此阶段，主要是由交通部长江航务管理局、中国长江三峡工程开发总公司等单位针对导流明渠的通航条件，采取了有效提高船舶通过能力措施，如绞滩、助推等。在断航情况下，有关方面在借鉴葛洲坝枢纽工程建设时期组织翻坝转运工作经验基础上，组织客、货运输船舶实施翻坝转运。

（二）135米蓄水过程的影响

2002 年 11 月 1 日导流明渠开始截流，结束了其过渡性的使命。此时，客、货运输的船舶全部由临时船闸通过坝址。据有关部门测算，临时船闸通过能力不到长江正常通过能力的 1/4。加之临时检修和定期修理，临时船闸通航能力进一步削弱，长江航道通而不畅，使重庆水运行业遭受的损失十分严重。

2003 年 4 月 10 日至 2003 年 6 月 16 日，双线五级船闸等待水库蓄水至 135 米之前共 67 天，过坝运输没有过船的通道，船舶断航，主要依靠右岸的临时陆运翻坝设施解决过坝运输问题。

（三）156 米蓄水及船闸完建的影响

2006 年 9 月 15 日三峡南线船闸开始进行完建施工，只有北线船闸单线运行。2007 年 1 月 20 日南线船闸完建施工结束，恢复通航，北线船闸进行完建施工。2007 年 4 月 22 日北线船闸完建施工结束。

由于在完建施工期间，三峡船闸将采取一线施工、一线通航的方式进行，理论上其通航能力仅为双线运行的 40% 左右。届时，三峡船闸的通航矛盾将十分突出，其碍航将直接影响重庆市经济建设，航运又将进入一个困难时期。

（四）对水运企业的影响

三峡库区的移民迁建共分为城迁、工迁、农迁和专业设施复建 4 个类别。水运企业附属的船厂可以归入工迁，而水运企业自身却没有类别可以归属，移民榜上无名，因此也就不能享受到相应的政策优惠与扶持。其职工虽然因船舶不适航、码头淹没复建封港等三峡工程的直接影响而下岗失业，但水运企业职工的移民身份却一直没有确认。1992 年，国家为建立三峡库区移民信息库进行摸底调查时，有关部门对水运企业的船舶下了水涨船高的定论，移民水运企业的绝大多数职工无处登记，不能进入《移民基本情况调查表》，受三峡工程建设影响的船舶也没有进行经济补偿登记。

二、应对措施

（一）建设期及初期蓄水应对措施

为将三峡工程建设碍断航对重庆的影响减至最小，确保重庆籍船舶翻坝转运有序进行，重庆市人民政府、重庆市交通委员会、重庆市港航管理局等部门和有关企业积极应对。

1. 前期工作

2000 年 9 月，重庆市交通委员会、重庆市港航管理局会同重庆长江轮船公司、民生轮船有限公司、重庆港口管理局正式启动了应对三峡工程 135 米蓄水施工期断航、碍航的影响研究论证等前期工作。重庆市港航管理局成立专门工作机构，组织有关方面研究三峡工程建设对重庆水运的影响及应对措施。

2000 年 12 月 12 日，重庆市人民政府发展研究中心、重庆市交通委员会、重庆市港航管理局共同完成了《三峡工程建设对重庆水运行业的影响及建议》。在此基础上，于 2001 年 3 月，形成了重庆市交通委员会的《三峡工程建设对重庆水运行业的影响及建议》专题报告。其主要内容：一是分析了碍航、断航时间。预测了三峡工程 135 米蓄水期客、货运量分别为 400 万人次、1300 万吨，预计断、碍航对重庆市水运行业造成的经济损失共 11 亿元。二是提出了应对的措施和建议。建议国务院责成国家经贸委牵头会同国务院三建委办公室、交通部、财政部、劳动社会保障部等有关部门，在充分听取水运企业意见的基础上，专题研究解决三峡工程施工期对重庆水运行业因断、碍航造成的损失和影响，制定相关政策和措施；希望有关部门对三峡工程建设给重庆水运企业造成的经济损失予以审查、确认和补偿，以利于社会的稳定；水运企业享受国家“三峡工程库区移民、西部大开发等”若干政策，支持水运企业发展。

2. 翻坝转运工作

根据三峡工程施工进度的安排，2002 年 11 月 1 日导流明渠截流至 2003 年 6 月 16 日永久船闸正式通航为航运的碍断航期。按照国务院要求这期间水路客货运输采取陆上分流和翻坝转运相结合的方案，解决水路运输问题。并成立了由长江三峡工程开发总公司牵头，长江航务管理局、宜昌市人民政府及交通主管部门等单位组成的三峡工程蓄水碍断航期翻坝转运指挥部。

由于重庆市进出渝客运及货运占总过坝量的70%以上，直接关系到全市经济建设及水运行业的稳定。重庆市人民政府、市交通委员会、市港航管理局高度重视，为做好三峡工程碍断航期客货运输协调工作，重庆市交通委员会决定成立重庆市碍断航期客货运输翻坝转运工作领导小组，由重庆市交通委员会副主任任组长，领导小组办公室设在重庆市港航管理局，负责处理日常事务。同时成立了由重庆市港航管理局牵头，涪陵区港航管理局、万州区港口航务管理局为成员单位的坝前工作组，协助配合三峡工程蓄水碍断航期翻坝转运指挥部搞好翻坝转运工作。此举得到翻坝转运指挥部的肯定和欢迎，并安排重庆市坝前工作组与指挥部办公室合署办公。工作组于2002年11月1日晚抵达茅坪港，进住茅坪凤凰宾馆办公，坝前工作组的工作正式启动。在翻坝转运期间，重庆市交委翻坝转运工作领导小组及坝前工作组协作配合指挥部解决了转运中的大量问题，为保障翻坝转运顺利进行做了卓有成效的工作。一是解决了客运翻坝转运票据及水陆费用的解缴问题。2002年10月27日，重庆市交通委员会、重庆市港航管理局、宜昌市港航管理局与重庆市水路客运协会及港航企业形成了“一票制，不加价，含茅坪翻坝运输”的方案。10月28日，重庆市港航管理局主持召开有14家新闻单位参加的“三峡翻坝运输情况通报会”，公布了长江水路客运翻坝运输的有关事项，用一张船票解决所有问题，方便了旅客，维护了水路市场客源稳定。二是做好水运企业的稳定工作，督促水运企业遵照执行翻坝转运有关规定。协同指挥部办公室解决了茅坪港水域执法出现多头管理、重复签证、重复收取船方港务费、安全责任不明、茅坪港水域航运秩序混乱等许多水运企业反映的问题，使全市水运企业实现了“安全、平稳、有序、通畅”的转运工作目标。三是确保滚装船运输市场的稳定。协同宜昌市港航局、茅坪港埠公司等单位向翻坝转运指挥部建议将滚装码头移至三峡坝区红线内野背处，对旅客、滚装运输车辆进行分流。使滚装运输并未因三峡工程碍断航期使运量减少，同比反而有所上升，日最高转运量达998辆次。四是加强组织协调，协助指挥部搞好春运期间翻坝转运工作。春运期间安全、顺利转运旅客507979人次，日转运旅客12700人次。通过陆上转运387128人次，通过临时船闸分流客船320艘次，分流旅客120851人次。实现了“走得了、走得好、安全无滞留”春运转运工作目标。五是保证了碍断航期进出坝区水路运输重点物资及集装箱得以疏运。在三峡工程碍航期，由于临时船闸通过能力有限，难以满足船舶交通流量的需求，致使坝区水域船舶大量滞留。坝前工作组积及同翻坝转运指挥部和三峡通航局协调，解决了载运重庆市在建桥梁大件和生产建设重点物资的船舶及时通过临时船闸，确保了重庆市重点工程建设在三峡工程碍断航期顺利进行。在断航期前，重庆市港航管理局向国家经贸委反映：要求翻坝转运指挥部将集装箱与商品车翻坝转运纳入统一管理、统一协调，要求三峡总公司开通三峡专用公路转运企业自主翻坝的货物。国家经贸委4月1日在《关于解决三峡工程断航期有关问题的通知》中明确将集装箱、商品车纳入翻坝转运范围。在断航期间，工作组与转运参与各单位通力合作，采取得力措施，协调解决了陆上道路、码头影响转运的问题，使重庆市集装箱、商品车翻坝转运得以顺利地疏转，超过了设计的日转运目标。同时还有大量没有统计农副产品、鲜活物资等从地方码头通过三峡专用公路转运，保证了重庆市工农业发展，人民群众生活需要和港航企业生产运输的正常有序进行。

翻坝转运期间，坝区累计转运旅客1203136人次，转运客车39342辆次，转运客船8605艘次，转运滚装船4860艘次，转运滚装车辆117180辆次。自2003年4月10日至5月20日，共转运集装箱9410标箱，转运商品车6820辆次，转运件杂货物11690吨，圆满完成了2002~2003年三峡工程蓄水坝区碍断航期翻坝转运工作，实现了国务院提出的“安全、畅通、有序”的总体目标。

（二）156米蓄水及船闸完建期

重庆市交通委员会、重庆市港航管理局高度重视妥善应对船闸完建期碍航的影响。2004年12

月，重庆市交通委员会向重庆市人民政府报送《关于三峡工程建设156米蓄水船闸改进对我市水运及经济发展不利影响的紧急报告》。中共重庆市委书记黄镇东，重庆市人民政府市长王鸿举、常务副市长黄奇帆作出重要批示，要求重庆市交通委员会、重庆市经委、重庆市发展改革委员会等部门积极应对，减小损失。

根据重庆市领导的指示，重庆市交通委员会、重庆市港航管理局组织对三峡船闸完建期间给重庆市水上交通运输及国民经济建设带来不利影响进行了认真的调研。组织召开重点航运企业、重点物资企业会议，预测了2006、2007年重庆市货物流量以及通过水上运输的货物流量，进出口外贸货物运量，提出了解决三峡船闸改建期间水上运输船舶过闸、翻坝方案。重庆市交通委员会和重庆市港航管理局准确预测的过坝运输需求为国家有关部门和研究机构制订过坝运输方案和经济补偿方案提供了翔实的依据。

从2005年1月开始，由重庆市交通委员会分管领导带队，多次到北京和武汉，向国务院三建委、国家发展改革委员会、交通运输部、长江航务管理局的领导和专家汇报，进行沟通、协调，争取对重庆市的建议给予理解和支持。经过大量工作和据理力争，重庆市提出的三峡船闸完建期间水上运输船舶过闸、翻坝方案得到交通部、国务院三峡办、三峡工程开发总公司、国家发改委有关部门的认同。争取到在三峡船闸完建期间，集装箱运输不翻坝，并优先过闸的政策。

2005年4月22日，在武汉召开的三峡坝区应急翻坝方案座谈会上，交通部、国务院三峡办、三峡工程开发总公司、国家发改委及重庆，以及湖北、四川有关管理部门对三峡翻坝运输方案达成共识：通过强化组织管理，最大限度地提高船闸的通过能力；集装箱、能源、矿石、大型工业原材料、农用物资采取过闸运输；普通旅客和载货滚装汽车全部实行翻坝运输；集装箱及重点物资优先过闸；300总吨以下船舶禁止过闸的方案有待进一步研究。会议要求加快三峡库区船型标准化建设进程，尽快确定三峡船闸改造施工方案，确保一线船闸不断航，将三峡船闸改建施工对地方经济的影响降到最低程度，会议还建议有关部门制定相应的经济补偿政策。交通部办公厅就4月22日的座谈会形成了会议纪要，主送国家有关部门。

在2006～2007年三峡船闸完建期间，无论是过坝运输组织协调工作还是水运企业经济补偿工作都取得了超预期的成绩，社会反响良好。国家有关部委、三峡工程开发总公司和重庆市委、市政府等对重庆市交通委员会和重庆市港航管理局所做的工作给予了充分肯定和较高评价。

（三）国家对水运企业的经济补偿

1.135米蓄水造成断航的补偿

2000年5月，国务院要求三建司提出断航分流方案，当年9月进行了专家审查。

2001年4月，重庆市人民政府根据分流方案，结合重庆市的实际，向国务院上报《关于三峡工程建设对重庆水运业的影响有关问题的请示》，向国务院专题请示，国家经贸委按照国务院办公厅的批示，经与国家计委、财政部、交通部、国务院三峡办协商后，以《关于三峡工程建设及重庆水运业有关政策问题的复函》就重庆市请示的有关问题给予答复，其中明确“关于1997年大江截流后因三峡工程建设施工和今后蓄水断航给你市水运企业造成的损失，依据《中华人民共和国水法》和《中华人民共和国航道管理条例》，应由建设单位补偿”的原则执行。

2002年8月，国务院有关部门组织对分流方案审查时提出经济补偿。9月，国务院副总理吴邦国要求制订补偿方案。

为了认真做好补偿方案，由国务院三峡办、国家计委综合运输研究所组成的三峡工程建设断航期经济补偿方案调研组先后3次到重庆调研。其中2003年1月15日抵达重庆进行了为期7天的断航期经济补偿方案调研。分别对重钢、庆铃、长安等大型工业企业进行了调研，对重点港航企业重庆长江轮船公司、重庆港务（集团）有限责任公司、民生轮船有限公司、重庆轮船总公司、重庆长江水运股份有限公司进行了集中座谈调研，还分别到涪陵、万州、奉节进行了调研。调研的重点是工业企业与港航企业在断航期间存在的问题、造成的损失、采取的措施及要求等。通过对重庆市的调研，调研组基本确定了补偿方案：经济补偿确定的时间为断航期，即2003年4月10日至6月15日。补偿的对象为受影响的工业企业和港航企业。补偿的原则是国家、地方、企业共同负担一部分，采取国家补偿、企业自己消化相结合，且只对直接受影响企业的货运直接损失进行部分补偿。

2003年6月10日，根据国务院三峡工程建设委员会制订的《关于三峡工程断航期经济补偿问题的意见》和重庆市领导的指示精神，结合重庆市水运行业的实际情况，确定补偿分配以有利于社会稳定、切实解决水运职工群众生活问题为指导思想，遵循公开、公正、合理的原则，对因三峡工程断航而造成经济损失的重庆市港航企业，在企业自行消化的基础上，给予一次性补偿。补偿的重点是断航期间因进出渝货物运输受到影响所造成的直接经济损失。客运、载货汽车滚装运输、市内运输以及个体运输户未予以补偿。同时要求受补偿的水运企业应将补偿资金优先用于补交欠缴的社会保险金，补助欠发职工的生活费，也可用于弥补断航损失，发展生产。

此次补偿，国家给予重庆市因三峡工程断航而造成经济损失的港航企业的补偿总额为2596.75万元，其中航运企业1802.35万元，港口企业794.4万元。重庆市港航管理局对各水运企业干线运输的历史资料进行了统计，并结合三峡通航提供的历年过坝船名资料，确定了受补偿航运企业91户，港埠企业12户。同时召开有关补偿会议进行说明。由于补偿分配公平、合理，在以后的分配操作上进行得十分顺利。

2. 156米蓄水及船闸完建补偿

2006年9月至2007年4月三峡船闸完建期间，根据《重庆市人民政府办公厅关于三峡工程船闸完建碍航经济补偿工作的实施意见》，重庆市港航企业经济损失补偿资金总额为6457.106万元，其中航运企业经济损失补偿资金为5462.376万元（运量减少经济损失补偿资金为3799.95万元，船期拥堵经济损失补偿为1662.426万元），港口企业经济损失补偿为994.73万元。

在补偿工作中，重庆市交通委员会和重庆港航管理局严格按照国务院三峡办和市政府确定的原则，坚持按实际受损失程度进行补偿。在对补偿分配3个初步方案进行反复论证基础上，最后确定了一个最能体现公平性、科学性、合理性的最优方案：由于在完建期碍航中，因为集装箱和商滚车船在单线通行期间享受了优先过闸的政策，受损失程度较轻，其补偿只安排部分拥堵损失补偿资金，而其他船舶未能享受优先过闸政策，待闸时间大大长于集装箱和商滚车船，其补偿由运量减少损失补偿资金和扣除集装箱、商滚船补偿资金后剩余的拥堵损失补偿资金共同组成。同时，由于对煤炭运输船舶采取“凭通行证过闸、一船一证”的政策，小吨位船舶很难承揽货源，所以此类船舶在碍航中所受损失较大，在分配中对小吨位船舶进行了适当倾斜。

另外，按照主要补偿人工成本费用的原则，船员人数在各类型船舶分配系数中均占有相当比例。按照补偿必须落实到经营人的原则，坚持以经营人为单位计算补偿，对不具备经营人资格的企业和个人不予补偿。按照补偿分配客观公正、科学合理的原则，采集长江三峡通航管理局提供的各类型船舶平均待闸天数和该局在网上公布的各船实际过闸次数、海事部门颁发的最低配员证书中确定的船员人数等第三方数据作为主要计算依据，从根本上避免了人为主观因素对分配的影响。该次补偿共涉及重庆市级和22个区县的航运企业（含个体）256家、港口企业（含个体）89家。

由于在补偿工作中严格做到公平、公正、公开，两次补偿工作自始至终未发生一起投诉或上访事件，广大港航企业和船员对其给予了较高评价。

第二节　三峡工程成库后促进重庆航运发展

三峡工程建设及初期蓄水形成碍断航对重庆航运造成了损失。但三峡成库后，航道宽，水深，对降低航运成本、实施船舶大型化以确保航运安全方面，三峡工程为重庆航运发展起着明显的促进作用。

一、通航条件显著改善

（一）库区通航条件史无前例的变化

三峡大坝蓄水后，大坝上、下游河道的通航条件显著改善，为长江水运发展提供了广阔的平台，为重庆建设长江上游航运中心创造了条件。

三峡工程建设前，宜昌至重庆江段落差120米，有滩险139处，单向航段46处，重载货轮需牵引段25处。三峡工程蓄水135米水位时，改善主航道430公里，改善支流航道85条，其中14条是原通航河流，61条为新增可通航河流，三峡和葛洲坝两枢纽库区范围内主要滩险100多处被淹没，大部分单行控制河段和绞滩站被取消，重庆丰都至湖北宜昌的航道条件得到根本改善。2003年10月采用枯期抬高水位方案，水库水位抬高至139米，增加渠化里程30多公里。同时1996年以后，相继对三峡水库135米库区以上的蚕背梁、观音滩、灶门子、土脑子、花滩、和尚滩、青岩子、马凤堆和上洛碛9处滩险进行了整治，效果良好，通航条件得到较大改善。2006年水库蓄至156米水位时，改善主航道570公里，在实施铜锣峡至涪陵14处炸礁工程后，航道标准可达到3.5×150×1000米（航深×航宽×弯曲半径），高于初步设计确定的远景航道规划目标。2008年蓄水至正常蓄水位175米后，河道渠化里程将达到约660公里，通航流量标准也由原来的45000立方米/秒提高到正常运行期的56700立方米/秒，达到三峡工程初步设计确立的万吨船队可以直达重庆的规划目标。长江全年有约6个月时间万吨级船队和大型客轮可以从长江口经三峡船闸直达重庆九龙坡港。

（二）宜昌以下航道得到调节

三峡工程下游从葛洲坝至武汉长约626公里河道，其中自枝城以下至城陵矶长约339公里的荆江河段是下游通航条件的控制河段，有浅滩10余处，枯水期航道维护水深为2.9米，通过水库的流量调节，航道的通航条件在总体上也得到明显改善。水库在枯水期可动用一部分库容，为下游提供航运流量补偿，增加下游航道水深。

二、有利于优势发挥

在三峡水库蓄水前，长江干线货运以2640马力拖轮拖带1500～2000吨驳船为主要运输方式。在水库蓄水后，拖带能力提高到拖带6000～10000吨级的船队，船舶运输成本较以前降低约35%～37%。在水库蓄水前，重庆水路运输千吨公里能耗为6.7公斤，蓄水后，水路运输能耗降为千吨公里3.6公斤，其中8000吨级散货船为千吨公里1.6公斤，水路运输成本每吨公里仅为0.04元。水运具有的明显成本优势，大大提高了与其他交通运输方式的竞争力，尤其是在大宗货物、长距离运输中优势更加明显。

三、有利于船舶结构调整

三峡成库后，运力结构逐步优化，船舶标准化、大型化、专业化、系列化趋势明显。

船舶大型化进程明显加快。货船的主力船型从1500～2000吨级发展到3000～5000吨级，最大的自航船载重量已达到8000吨。集装箱船的主流船型从80～100标箱发展到300～320标箱，400标箱以上的集装箱船正在建造。油船/化危品船的主流船型从500～1500吨级发展到2500～3000吨级。800车位的商品汽车滚装船已投入运营，1200车位的商品汽车滚装船正在设计中。货运船舶平均吨位已达 1100 吨，其中长江干线达到 1300 吨以上。涉外旅游客船的主流船型从 2000 总吨发展到 8000 ~ 10000 总吨。

船舶专业化程度显著提高。三峡成库后，大型散货船、集装箱船、滚装船、油船/化学品船、豪华旅游客船等主要专业化运输船型得到快速发展。集装箱船、滚装船、油船及液货危险品船等专业化船的比重迅速提高。世界一流品质的内河游轮快速发展，300 客位以上的涉外旅游船已下水运营，450 客位、总吨达 10000 吨的涉外旅游船已开工建造。

四、有利于运输组织优化

三峡成库后，自航船运输得到快速发展。与船队运输相比，自航船运输运营组织更加灵活、能耗较低、船员配备更少，在适港性、适航性和管理等方面明显优于船队运输，更加适应市场发展的需要。自航船运输基本取代了以拖轮和驳船组成的船队运输。

新型专业化运输方式快速发展。三峡成库后，集装箱运输、载重汽车滚装运输、商品车滚装运输、液货危险品运输等专业化运输方式快速发展。

水运企业结构更加合理。水运企业规模化、专业化发展加快，长江干线 90% 以上的普通货运实现了公司化经营，公司化经营企业的运力占总运力的 93% 以上。公司平均运力超过 1 万吨。

三峡成库后，除少数大型国有企业有进一步发展外，大多数小型国有企业经过改制逐步退出水运市场。国有企业没有明显的增加，而民营企业发展迅速，在水运中的比重大幅度上升。

五、有利于航行安全

2003 年的前 10 年，重庆市水上交通事故平均每年死亡 105 人，平均每 6 个月发生一起一次性死亡 10 人以上、17 个月发生一起死亡 30 人以上的水上重特大交通事故，死亡人数占全国水上交通事故死亡总人数的 20%，是全国水上交通事故的重灾区。

2003 年三峡工程蓄水以后，一方面原有滩险大多数被淹没，另一方面由于对部分重点滩险进行了整治，通航条件得到较大改善。特别是 2003 年 6 月 19 日特大水上交通事故发生后，重庆市实施了“科技兴安”战略，运用科技手段强化安全管理，建立了水上交通管理监控系统。加大了安全投入，加强监管队伍建设，实施客渡船标准化改造。针对水上安全薄弱环节，开展各项专项整治，安全形势逐年好转并总体趋于稳定。2003 年以后，水上交通事故年平均死亡人数不到 30 人，并且至 2005 年年底未发生一次性死亡 10 人以上的事故。

六、航运指标实现历史性突破

2005 年，重庆市港航各项生产指标完成情况分别为：货运量 3896. 36 万吨，是三峡成库前 2000 年的 2. 8 倍；货运周转量 400. 46 亿吨公里，是 2000 年的 3. 8 倍；货物吞吐量 5251 万吨，是 2000 年的 2. 1 倍；外贸货物吞吐量 193. 9 万吨，是 2000 年的 6. 1 倍；集装箱吞吐量 21. 98 万标箱，是 2000 年的 7. 3 倍；滚装汽车吞吐量 41 万辆，是 2000 年的 6 倍。水路货物平均运距突破 1000 公里，比 2000 年增加 268 公里，成为综合运输体系中平均最长的运输方式。全市 90% 以上的进出口外贸物资是通过水路运输完成。水路货物周转量占全社会总量的 64%，大大超过铁路，跃居综合运输体系第一位。

三峡成库后，库区航运快速发展。航运快速发展增加了就业岗位，缓解了农民工和移民就业难的问题，许多农民和移民从田头走向船头和码头，从事港航运输工作。2005 年，重庆市港航从业人员达 20. 2 万人，其中农民和移民 8. 4 万人，占总数的 41. 6%。航运正在为重庆市的经济建设发挥重要作用。

第十一篇　交通科学技术

在1978年的全国科学大会上，邓小平首次重申“科学技术是生产力”的马克思主义论断。1988年9月5日，邓小平又精辟指出：“依我看，科学技术是第一生产力。”在邓小平“要实现现代化，关键是科学技术要能上去”重要思想的指引下，中国科技发展的指导思想、方针、政策发生了前所未有的革命性变化。1986～2005年，在“科学技术是第一生产力”的思想指导之下，在党的科教兴国伟大战略指引下，重庆交通科技的发展成为重庆交通稳定持续发展的重要动力。

重庆交通科技组织和人员队伍逐步发展壮大起来。首先，重庆交通科技的行政管理组织发生变化，其管理范围、管理对象和管理职能，从局限于交通企业逐步走向整个交通行业，服务于交通科技进步，以科技进步推动重庆交通发展。第二，重庆交通主管部门陆续设立、逐步健全了所属的科技开发事业单位，不仅有对计算机信息化开发的自上而下的管理组织，而且在公路建设主战场上，也建立了自己的科技事业单位。第三，以重庆交通企业事业单位为主，培养造就了一支重庆交通行业自己的科技人员队伍。在重庆交通建设、交通运输生产经营实践中成长起来的交通工程技术人员、高职称高技能人员、科技专家和管理专家人才队伍，是重庆交通科技的中坚力量。至2005年年底，重庆交通系统管理人员总数达5913人，其中，专业技术人员总数达4807人，技术工人总数达到31487人，初步建立了一支基本适应建设需要、整体实力不断增强的科技人才队伍。此外，重庆交通科研设计院、重庆交通大学、重庆交通学校是交通部直属院校，拥有众多科技人才。重庆市交通运输技工学校原隶属于重庆市交通局，后与重庆交通学校并入重庆交通大学，也为重庆交通系统培养了一批科技与管理人员。

重庆交通科技发展规划引导和推动了重庆交通科技的不断进步。在“七五”计划期间，在重庆交通行业内，依靠科技振兴交通的指导思想进一步确立，重庆市交通系统制定了“七五”交通科技发展规划（1986～1990）。2000～2005年，重庆市交通委员会先后组织编制了《2005年至2010年重庆交通科技发展规划》《2006年至2020年重庆市公路水路交通中长期科技发展规划》，确定了公共交通发展规划及其科技发展目标任务。在计算机管理信息系统开发方面，重庆市交通局、重庆市交通委员会先后组织编制3个规划，即《重庆市公路水路交通信息化规划（即1996～2000年“九五”规划到2010年远景目标）》《重庆市信息港建设规划之交通分规划》和《2006年至2020年重庆市公路水路交通信息化发展规划》，对重庆交通科技中的计算机应用开发，起到了引导和推动作用。

重庆交通科技管理日益体现出必要的职能作用。1983～2005年，随着交通行政管理体制变化，重庆交通科技管理发展的进程分为三个阶段。第一阶段，是从1983年计划单列起至1988年年底，在交通局体制下以内设工业技术科、工业技术处为管理载体，侧重于交通企业技术改造和产品开发的管理。第二阶段，是从1989年1月工业技术处更名为科学技术处起，至2000年8月重庆市交通委员会成立，开始进入科技项目综合计划管理阶段。第三阶段，是从2000年8月重庆市交通委员会成立起，至2005年年底为止，科技项目综合计划管理更加全面和健全。1983～2005年，重庆交通科技管理的内容主要有四个方面：第一，企业技术改造与设备管理。第二，交通科研项目计划管理。第三，交通质量监督管理。第四是交通环境保护管理。

重庆交通群众性科技活动是重庆交通科技发展的重要基础。群众性科技活动之一是职工合理化建议活动。比较突出的是在1991～1995年“八五”计划期间，在职工合理化建议活动中，职工提出合理化建议10000余条，其中有13项获市、局级奖。重大合理化建议30项，节约30万元以上的19项，有5项获重庆市合理化建议重奖。在1996～2000年“九五”计划期间，重庆市交通职工合理化建议和技术改进活动继续得到发展，尤其是围绕渝长路、渝黔路、长涪路等高速公路建设重大工程项目，积极组织交通行业广大职工开展职工合理化建议活动，提出合理化建议434项，被采纳实施的合理化建议238项，实施的重大合理化建议有64项，节约工程投资3.6亿元。其中节约价值在500万元以上的项目有19项，获得重庆市政府特等奖。其二是开展群众性的质量管理小组活动。1981～1990年，重庆市交通局有14个所属企业事业单位推行了全面质量管理，有3243人参加了全面质量管理基本知识统考并取得合格成绩，有140多个QC小组、1200多人参加质量管理活动。1991～1999年，共获国家级优秀QC小组称号1个，获部、省、市级优秀QC小组186个，获局级优秀QC小组127个。2000～2005年，重庆市交通系统一直把开展群众性的质量管理小组活动作为重要措施来抓，培养了一批全面质量管理骨干队伍，每年都结合生产实际开展QC小组活动，发表优秀QC成果。2000～2005年，共获得部、市级优秀QC小组48个，获得国家级优秀QC成果1个。

重庆交通科技应用研究取得丰硕成果。1986～2005年，交通软科学应用研究开发项目、公路桥梁隧道工程应用开发项目、水运港航工程应用开发项目、交通工业应用研究开发项目、交通信息化应用研究开发项目五大类应用研究成果不断涌现，蔚为可观。重庆市交通系统以综合科技计划形式安排交通科技项目超过400余项，有近100项获得部、省、市科技进步奖或优质产品奖等奖励。在交通软科学应用研究方面，如重庆市交通局与重庆市人民政府研究室、重庆市人民政府法制局合作完成《成渝高速公路重庆段管理体制研究》项目，获得1995年度重庆市科技进步二等奖。又如重庆市公路学会、重庆市交通局公路处、重庆市高等级公路建设指挥部主研完成的《公路交通重庆主结点——采用双环线过境的综合实施研究》项目，获得1997年度重庆市科技进步一等奖。在公路桥梁隧道工程应用开发方面，如1997年重庆市公路养护总段主研完成《重庆地区公路水毁机理及防御系统研究》（山洪对公路桥梁的破坏机理及计算模式研究）项目，获得交通部科学技术进步三等奖。又如重庆交通学院、重庆高等级公路建设指挥部、重庆市公路工程监理处、重庆市渝通公路工程总公司主研完成的《横张预应力砼梁工艺及性能实验研究》项目，获得1999年重庆市科技进步一等奖。在水运港航工程应用开发方面，如1987年四川省重庆轮船公司退休职工、原轮机长黄永泉发明的“可调式转轴密封装置”，获得比利时布鲁塞尔第36届尤里卡国际博览会金奖。又如1995年重庆市交通系统研制完成的《440kW平头涡尾拖轮研制》项目，获得重庆市科学技术进步二等奖。在交通工业应用研究开发方面，如1985年重庆市汽车修造总厂研制生产的渝州YZ—122双排座客货两用轻型汽车，获得全国公路交通工业产品展览会“优质展品奖”。又如1986年四川省重庆船厂在四川省青川县首次建成两艘300HS采金船，获得重庆市科技进步三等奖。在交通信息化应用研究开发方面，如2003年重庆高速公路发展有限公司、成都曙光光纤网络有限责任公司主研完成的《重庆市高等级公路（高速公路）联网收费系统》项目，获得重庆市科技进步二等奖，并被评为2003年国家倍增计划优秀项目；又如1997年重庆市交通征费稽查局研发完成的《规费征收管理信息系统》项目，获得了重庆市科技进步二等奖。

第一章　交通科技单位

1988 年，邓小平提出："科学技术是第一生产力。"由此，带来了科技管理体制的改革，重庆交通科技管理及其组织的改革亦不例外。1983 年，重庆市公用局设置了科学技术处的内部机构。1989 年，重庆市交通局工业技术处改设为科学技术处。2000 年 8 月，重庆市交通委员会内部机构继续设立科学技术处。重庆交通行政部门逐步健全科技开发体制，在对交通部重庆公路科学研究所实行独立的科技研发政策之后，重庆市交通局信息通讯总站、重庆市交通规划勘察设计院、重庆市公路工程质量检测中心、重庆市公用事业设计研究所等单位陆续设立独立的科技研发机构。这一时期，重庆市交通科技管理范围、管理对象和管理职能发生了重大的变化，逐步面向整个交通行业，以科学技术为第一生产力，服务于交通科技进步，以科技进步推动重庆交通发展。

第一节　重庆市交通局信息通讯总站

一、单位沿革

1991 年，重庆市交通局接受了交通部设立卫星通信网重庆端站的任务。根据交通部的统一部署，全国交通专用通讯网拟在 1993 年开通投入使用，重庆市交通局的任务是建立四路卫星地面站，与其交通系统专用网连接，从而实现交通部、市、县三级通讯体系。为建设与交通部网络连接的地方交通通信网络系统，交通部要求各省厅、单列市交通局都要成立相应专门机构。

1991 年 5 月 24 日，重庆市交通局向重庆市机构编制委员会请示成立"重庆市交通局信息通讯总站"，重庆市交通局信息通讯总站为重庆市交通局属处级事业单位。人员编制拟定 38 人，处级干部职数 2 ~3 人。内设办公室、软件室、硬件室、运行管理科、通讯管理科、维修科、财务科 3 室 4 科。1992 年 9 月 8 日，重庆市交通局信息通讯总站正式成立，任建卫任站长。

1998 年 11 月，重庆市交通局撤销重庆市交通局信息通讯总站建制，但其中通讯室仍保留在高速公路联网收费结算中心，以继续维持交通部卫星通信网重庆端站及重庆市交通局专用通讯网的运行。

2004 年，由于交通部已关闭长途卫星通信网，重庆市交通委员会内部通讯系统与交通部卫星通信网端站互联形成的专用通讯网已不可能运行。重庆高速公路发展有限公司请示撤销原重庆市交通局专用通讯网站。2004 年 7 月 18 日，重庆市交通委员会批复同意撤销交通部卫星通信网重庆端站及重庆市交通局专用通讯网，同时，撤销重庆高速公路发展有限公司联网收费结算中心通讯室。

二、业务范围

1992 年 9 月，重庆市交通局信息通讯总站成立后，主要职责是负责重庆市交通局信息系统和通讯网络的规划设计、开发建设、推广运用和技术操作以及设备管理。负责信息系统和通讯网络的日常工作以及重庆市交通局与市、省、部的联网，并承担信息系统和通讯设备的管理和维修等项工作。具体有两大方面：第一是继续开发交通专用通讯网，第二是继续开展交通行业管理微机信息系统的开发。主要任务是负责开发维护重庆市交通专用通讯网络，并建立和维护交通部卫星通信网重庆端站。同时，加速重庆市交通系统办公信息化与自动化的开发进程。

1992年，信息通讯总站组建成立后，开始了第三期交通专用通讯网的后续开发工程。1994年，交通部租用了亚太一号卫星转发器，建设了长途卫星通讯网，至2004年年底，运行了10年。其间，重庆市交通局信息通讯总站购置了程控交换机等整套通讯设备，与交通部卫星通讯专网重庆端站构成互联系统，形成了连接原重庆市交通局上至交通部、下至局属系统各单位的专用通讯网络。重庆市交通局信息通讯总站承担了交通部卫星通信网重庆端站并继续维护重庆市交通局专用通讯网的管理职责。

1994年6月7日，重庆市交通局信息通讯总站承担了《重庆汽车站综合管理信息系统》的总体方案的设计，并通过了评审。这个计算机开发项目是当时国内长途客运站中规模最大、功能最全的管理信息系统。1998年3月30日，重庆市交通局信息通讯总站开始与重庆市车购办一起，与重庆同晟软件技术有限公司联合开发车辆购置附加费综合管理信息系统，于同年10月完成后投入运行。

第二节　重庆市交通规划勘察设计院

1986～2005年，重庆市交通规划勘察设计院位于重庆市南岸区四公里，占地面积21亩，建筑面积10000平方米，包括办公业务用房、会议厅、学术报告厅、试验室、发电房与职工住宅小区等建筑。重庆市交通规划勘察设计院配有用于咨询、勘察、设计的先进成套的技术装备，建有计算机网络系统，引进采用了GPS全球卫星定位测量系统，运用了航空摄影测量、卫星遥感地质分析等先进技术，实现了工程设计微机化和办公自动化。

一、单位沿革

1984年10月，重庆市公路勘查设计所成立。1990年11月19日，重庆市公路勘察设计所更名为重庆市公路勘察设计研究所。1994年9月22日，重庆市公路勘察设计研究所更名为重庆市公路勘察设计院。

2000年8月28日，重庆市公路勘察设计院由原事业单位改制为自主经营、自负盈亏的具有独立法人资格的企业。原挂靠重庆市公路勘察设计院的重庆市公路工程定额站成建制地划出，与重庆市公路工程质量监督站、重庆市公路工程质量检测中心实行“一套班子、三块牌子”合署办公。

2003年4月15日，经重庆市交通委员会、重庆市工商行政管理局批准，重庆市公路勘察设计研究院更名为重庆市交通规划勘察设计院。2004年9月，重庆市综合交通运输研究所挂牌成立，与重庆市交通规划勘察设计院“一套班子、两块牌子”。

至2005年年底，重庆市交通规划勘察设计院领导班子由4人组成，即高级政工师、副院长、党委书记李速建，正高级工程师、党委委员、院长陈伯奎，高级工程师、党委委员、副院长徐生明，博士、正高级工程师、党委委员、总工程师钟明全。

至2005年年底，重庆市交通规划勘察设计院管理组织由“2部1科1办12室”组成，即计划经营部、人力资源部、财务科、总工办、办公室、道路一室、道路二室、桥梁室、隧道室、水运室、规划室、地勘室、建筑室、交通工程室、工程经济室、试验室。

二、业务范围

至2005年年底，重庆市交通规划勘察设计院（挂重庆市综合交通运输研究所牌子）共有职工138人，其中高级职称45人，中级职称61人，博士、硕士20人，本科以上学历占91%。重庆市交通规划勘察设计院经历过事业体制和企业改制两个阶段，主要承担公路及桥梁隧道交通工程，水运及港口航道通航建筑，市政公用包括桥梁、隧道和道路的勘察设计前期任务和可行性研究，以及进行隧道监控量测、隧道地质超前预报和旧危桥检测等工作。重庆市综合交通运输研究所挂牌后，按照决策支持机构、规划咨询中心、交通信息中心、技术支持中心等“1机构4中心”的目标定位，增加了交通行业的综合规划编制、发展战略与政策研究、信息收集整理与交通行业动态分析等研究性任务。

重庆市交通规划勘察设计院为甲级设计院。1984～2005年，重庆市交通规划勘察设计院以“准确勘测、精心设计、严格管理、持续改进、优质服务、顾客满意”为指导，优化设计手段，强化质量意识，取得了各类咨询、勘察、设计成果1000余项。

（一）高速公路方面

1990～2005年，自开始建设成渝高速公路重庆段，先后完成了成都至重庆、重庆至长寿、重庆至贵州、长寿至涪陵、长寿至梁平、重庆至合川、重庆至遂宁、重庆江津至合江、重庆绕城外环、西部大通道（重庆至长沙）的武隆至水江和水江至界石段等重庆规划内高速公路项目勘察设计前期工作，还完成了内蒙古自治区109国道大饭铺至东胜段的公路项目勘察设计前期工作，总计1000余公里。

（二）桥梁隧道方面

1990～2005年，先后完成了以奉节长江大桥和地维长江大桥为代表的独立大中桥梁和特大桥梁200余座的勘察设计前期工作。还先后完成了以白云隧道（7200米）、羊角隧道（6800米）为代表的山区特长隧道和长隧道数十座的勘察设计前期工作。

（三）航道港口方面

2000年8月至2005年，重庆市启动涪江嘉陵江航电枢纽建设，先后完成了以下勘察设计前期工作：国家水运主通道嘉陵江梯级渠化草街枢纽工程下游航道整治、涪江梯级渠化富金坝航运枢纽船闸工程、涪陵港区黄旗集装箱码头工程、玖龙纸业码头工程、合川千斤滩码头工程、江津港区滩盘码头工程以及三峡库区航道港口淹没复建工程等项目。

（四）规划编制方面

2000年8月至2005年，接受重庆市交通委员会的委托，先后承担完成了以下公路、水路建设规划的编制任务：重庆市综合交通运输发展“十一五”重点专项规划，重庆市江津、合川、长寿、北碚、涪陵、黔江等20余个区县综合运输体系规划，重庆市公路水路交通中长期科技发展规划，重庆市“三环十射”高速公路网规划，重庆市内河航运发展规划，重庆航运中心建设规划，重庆市港口布局规划，重庆港总体规划，重庆市港口岸线利用规划，重庆市航道规划，江津港区港口物流规划，重庆市都市区对外交通换乘枢纽布局规划，重庆交通运输业现代物流发展规划，重庆市涉水区县水运规划等。还承担完成了重庆铁路集装箱中心站公路集疏运方案研究、重庆市全面建设小康社会公路水路交通发展目标研究、重庆市道路运输行业公共服务模式改革研究、重庆市公路与城市道路管理体制改革研究等项任务。

第三节　重庆市公路工程质量检测中心

重庆市公路工程质量检测中心是重庆市交通委员会直属事业单位，位于重庆市南岸区南坪南兴路58号。1988～2005年，重庆市公路工程质量检测中心有9个处室，在编职工51人，聘用职工53人，其中正高级职称2人，副高级职称20人，中级职称15人，固定资产达3200多万元，建有4086平方米工作用房，拥有世界先进水平的成套高效检测设备，各类试验检测仪器设备302台（套），形成较为系统的从室内材料试验到道路、桥梁、隧道、交通工程现场检测的先进检测手段。

重庆市公路工程质量检测中心为交通部综合甲级试验检测资质，持有重庆市质量技术监督局计量认证和授权，为重庆市交通建设工程施工、交（竣）工验收和养护管理提供了质量检测依据。

一、单位沿革

1988年7月13日，根据交通部〔1987〕交基字762号文件和四川省交通厅川交路〔1988〕311号文件关于政府对交通工程实行质量监督的规定，重庆市交通局决定并经请示重庆市人民政府同意批准成立重庆市公路工程质量监督站。重庆市公路工程质量监督站在行政上受重庆市交通局领导，业务上受交通部基本建设工程质量监督总站和四川省公路工程质量监督站的领导。重庆市公路工程质量监督站设在重庆市交通局公路处。

1989年10月11日，重庆市机构编制委员会（以下简称重庆市编委）同意重庆市公路勘察设计所增加人员编制，以适应成渝公路建设的需要，同意在重庆市公路勘察设计所设立“成都至重庆公路项目重庆段中心试验室”，增加人员编制30名，经费列入成渝公路项目费内，人员来源在重庆市交通局直属事业单位超编人员中抽调。成渝公路工程项目完成后，成渝公路中心试验室经费改为自收自支。1990年3月6日，重庆市交通局决定成立“重庆市成渝公路中心实验室”，设置在重庆市公路勘察设计所，承办成渝公路重庆段的实验工作。重庆市交通局投资200万元，购置试验检测设备，主要有长度、热力学、力学、土工、化学、路面、桥涵等各种实验仪器321台（件），组建成立了重庆市公路中心试验室，具体承担成渝公路合同段的有关标准试验检测任务。

1991年7月17日，重庆市编委同意重庆市交通局将“成都至重庆公路项目重庆段中心试验室”更名为“重庆市公路工程中心试验室”，其他均不变动。1992年4月，经重庆市交通局批准，将重庆市公路工程质量监督站挂靠在重庆市公路工程监理处，安排专人办理质量监督的日常工作。1993年6月4日，重庆市编委同意重庆市公路工程中心试验室更名为重庆市公路工程质量监督检测中心，为处级事业机构。人员和编制从重庆市公路勘察设计所调出30名，其中领导职数2名。经费自筹。为保证成渝公路建设不受影响，同时挂“成都至重庆公路项目重庆段中心试验室”牌子。重庆市公路勘察设计所编制由90名调整为60名。1993年11月25日，四川省技术监督局、四川省交通厅联合下文，批准在重庆市公路工程质量监督检测中心建立四川省公路工程质量监督检测二站，并规定了质量监督检测业务范围。

1994年初，经重庆市交通局研究决定，重庆市公路工程质量监督站和重庆市公路工程质量监督检测中心合署办公，并明确重庆市公路工程质量监督检测中心履行重庆市公路工程检测试验职责，在业务上接受重庆市公路工程质量监督站的管理和指导。1996年1月21日，重庆市编委同意重庆市公路质量监督检测中心更名为重庆市公路质量检测中心，同时挂“重庆市公路工程质量监督站”牌子，所需人员从重庆市公路质量检测中心30名编制中划拨10名，用以配备公路工程质量监督人员，其经费渠道不变。1998年3月6日，重庆市编委同意重庆市公路质量检测中心更名为重庆市公路工程质量检测中心。更名后其机构规格、人员编制等均不变更。

1999年8月18日，重庆市编委下达重庆市公路工程质量检测中心（重庆市公路工程质量监督站）增加人员编制的文件，批复不单独设立重庆市交通基本建设工程质量监督站。重庆市公路工程质量检测中心（重庆市公路工程质量监督站）增加事业编制5名，主要用于补充工程质量监督人员。至此，重庆市公路工程质量检测中心（重庆市公路工程质量监督站）事业编制由30名增至35名，经费渠道自收自支。

2000年8月28日，重庆市交通委员会同意重庆市公路勘察设计研究院由原来的事业单位改制为自主经营、自负盈亏的具有独立法人的企业，原挂靠在重庆市公路勘察设计研究院具有行政管理职能的重庆市公路工程定额站成建制的划出，重庆市公路工程定额站与重庆市公路工程质量监督站、质量检测中心合署办公，“一套班子，三块牌子”，行使各自的行政管理职能。

2001年9月11日，重庆市编委同意重庆市公路工程质量检测中心（挂重庆市公路工程质量监督站牌子）更名为重庆市交通委员会基本建设工程质量监督站（挂重庆市公路工程质量检测中心牌子），更名后其机构规格、人员编制、经费渠道均不改变。2003年7月3日，重庆市编制委员会下达《市编委办公室关于同意重庆市公路工程定额站更名并增加事业编制的批复》。2003年7月8日，重庆市交通委员会同意重庆市公路工程定额站更名为重庆市交通工程造价管理站，增加事业编制5名，即由10名增至15名，经费渠道仍为自收自支。自此，重庆市交通委员会基本建设工程质量监督站与重庆市公路工程质量检测中心、重庆市交通工程造价管理站按照“一套班子、三块牌子”运行，取得了公路水运工程质量监督检验审查认可/计量认证、交通部甲级试验检测资质认证，具有实施交通工程质量试验检测、质量监督、定额和造价管理的工作职能。

二、业务范围

（一）交通工程质量监督

1. 贯彻执行国家和上级交通行政主管部门有关质量工作的方针、法律、法规、标准、规范，参与制定适应重庆市的公路、水运工程质量监督、监理、试验检测工作的管理制度和实施细则。

2. 监督建设各方贯彻执行有关公路、水运工程质量管理的方针、政策、法律、法规、标准和规范。

3. 接受交通部基本建设质量监督总站的业务指导，规划管理本市公路、水运工程质量监督工作。

4. 负责检查、监督建设、设计、施工、监理、试验检测单位建立健全质量保证体系；参与对建设项目的招投标活动进行监督检查；负责监督设计、施工、监理和试验检测单位在资质允许范围内从事的公路、水运工程建设的质量工作；负责对施工现场影响工程质量的行为进行监督检查；发布全市工程质量动态。

5. 负责重庆市公路、水运工程质量监督、监理、试验检测机构及人员的资质审查、考核和人员培训等日常管理。

6. 负责对重庆市内高速公路、一级公路、独立特大桥、独立长、特长隧道等工程项目实施监督。

7. 负责重庆市受监工程的质量鉴定工作，参与工程交、竣工验收。

8. 参与重庆市行业优秀勘察、优秀设计、优秀工程的评审。

9. 参与重大工程质量事故的调查处理，组织对一般工程质量事故调查处理，仲裁工程质量争端。

10. 重庆市交通委员会授权的其他职责，如另有施工安全监督的职责。

（二）公路工程质量检测

1. 承担重庆市公路工程材料、构件、工程质量的委托检验、监督检验、仲裁检验。

2. 重庆市公路工程质量事故调查检测。

3. 根据重庆市交通委员会的安排，对重庆市公路工程材料、构件、工程质量进行质量抽检，并及时提出质量状况检测报告和意见。

4. 完成重庆市交通委员会、重庆市质量技术监督局授权范围内及有关部门交予的公路建材、工程质量监督检验与检测任务。

第四节　重庆交通科研设计院

一、单位沿革

（一）事业单位阶段

1965 年 5 月 17 日，交通部交通科学研究院依照交通部决定，批准成立交通部交通科学研究院重庆分院，研究方向和任务以高原山区公路、桥梁、汽车运用与保修为主，莫林任副院长，院址选在重庆市南岸五公里原四川省交通厅内河航运局训练班旧址。1965 年 6 月 5 日，交通部交通科学研究院重庆分院正式成立，时有职工 70 多人，资产总额 50 万元，占地 58 亩，接受包括两栋教学楼的旧房屋 7000 平方米。1981 年 4 月 9 日，交通部下发《关于调整交通部科学研究院体制机构的决定》（〔1981〕交人字第 698 号文），将交通部交通科学研究院重庆分院改名为交通部重庆公路科学研究所（以下简称重庆公路科研所），属交通部领导的局级单位。

（二）改革试点阶段

1984 年 6 月 21 日，交通部下发《关于直属科研单位试行有偿合同制的通知》和《交通部关于直属科研单位试行有偿合同制的若干规定》两个文件，确定重庆公路科研所为试点单位，并从 1984 年 7 月 1 日起实施。

1984～1996 年，重庆公路科研所对外实行有偿合同制，对内实行课题组科研承包责任制，推行全面质量管理（TQL），向科研生产经营一体化逐步推进。重庆公路科研所抓住山丘地区高等级公路修筑技术、大跨径桥梁成套技术、新型客车与专用车技术等三大主攻方向，保证了交通部科研任务的完成，壮大了自身科研开发实力。至 1996 年年底，重庆公路科研所累积合同额达到 5150 万元，总收入达到 3650 万元，总资产达到 1.5 亿元，为下一步创建科技产业群准备了必要的物质基础。

从 1997 年起，重庆公路科研所进入深化改革快速发展的历史阶段，作为国家科委的深化科技体制改革试点单位，开始了第二轮的改革工作。至 1999 年底，重庆公路科学研究所累计合同额突破 2 亿元，年产值收入达到 8000 万元。1997～1999 年，重庆公路科研所以市场需求为出发点，与交通建设紧密结合，由此而产生了自办的一系列科技产业实体。同时，建成了具有国内领先水平和世界先进水平的四大试验室，形成了现代化的公路交通科研试验体系。

（三）企业改制阶段

2000 年初，国务院副总理李岚清到重庆视察，听取了重庆公路科研所的改革汇报，对实施科技成果产业化的做法十分赞赏。2000 年 9 月 28 日，根据国务院决定，重庆公路科研所成建制地加入招商局集团，转制成为新型的科技企业。2000 年 10 月 1 日，作为第二批转制的科技企业，重庆公路科研所更名为重庆交通科研设计院，从 2001 年 1 月 11 日起，按企业的体制和机制运行。经人事部批准，从 2002 年起，重庆交通科研设计院建立了博士后科研工作站，逐步形成一支有 400 多人的高素质的职工队伍。在占 80% 的科技人才中，高级科技人员占 50%，其中包括硕士、博士、国家级突出贡献专家和享受政府特殊津贴专家在内的一大批科技人才。2004 年，重庆交通科研设计院累计合同总额达到 7.3 亿元，营业收入达到 4.3 亿元，年度净利润达到 4391 万元。

二、组织结构

（一）管理组织

至 2005 年年底，领导班子由 6 人组成，即研究员、党委书记、院长张力，研究员、工学博士、总工程师、常务副院长蒋树屏，教授级高级工程师、副院长韩道均，工程硕士、研究员、副院长王福敏，高级工程师、副院长姬为宇，研究员、党委副书记、纪委书记许晓锋。

至 2005 年年底，重庆交通科研设计院管理机构有：

"五大中心"，即国家客车质量监督检验中心、国家摩托车质量监督检验中心（重庆）、重庆公路工程检测中心、重庆市公路工程技术研究中心、重庆市科技成果转化示范中心。

"2 室 7 部"，即总工程师办公室、院办公室、条件保障部、人力资源部、科研开发部、计划财务部、经营生产部、企业规划部、党群工作部。

重庆交通科研设计院建成了具有国内领先水平和世界先进水平的 4 个大型重点试验室，即公路隧道试验室，桥梁结构动力试验室和客、货车试验室，形成了先进的科学试验体系。

（二）经济实体

重庆交通科研设计院创办了一系列科技产业实体，其中桥梁索缆产业、钢桥面铺装产业、道路新材料产业、公路隧道机电安装施工产业、勘察设计产业依托院的研究成果，得到了快速的发展。

一是"八大公司"。即重庆嘉斯特质量检测有限公司、重庆交科远星智能技术有限公司、重庆乐德交通发展有限公司、重庆中宇工程咨询监理有限公司、重庆市华驰交通科技有限公司、重庆智翔铺道技术工程有限公司、重庆公科物业管理有限公司、重庆万桥交通科技发展有限公司。

二是"六大工程所"。即结构动力工程所、环境工程所、勘察设计所、隧道与交通工程所、桥梁工程所、道路工程所。

三、业务范围

（一）公路交通科技

自 1965 年建院至 2005 年年底，重庆交通科研设计院承担科技项目 600 多项，其中获得国家和省部级奖励的 150 多项，获得中国专利 36 项。重庆交通科研设计院还主持和参与编制国家及部颁标准 50 多个，尤其是主持编制了 80% 以上的部颁公路隧道规范。600 多个项目中，由重庆交通科研设计院主持承担的重大工程项目 300 余项，创造了众多的中国第一的先进纪录。

在公路交通科技创新上，重庆交通科研设计院有多项国内第一纪录。在桥梁方面，有中国第一座斜拉桥——重庆市云阳汤溪河大桥，有中国第一座预应力拱桁桥——重庆市江津仁沱大桥，有中国第一座公路双链悬索桥——重庆市北碚朝阳大桥，有中国第一座预应力混凝土斜拉桥——四川省三台涪江大桥，有国内也是亚洲第一大跨径混凝土型梁斜拉桥——重庆大佛寺长江大桥。并在重庆鹅公岩长江大桥上率先研发了钢桥面成套铺装技术，还有全国第一次制作 127 丝主缆索股——广东虎门大桥主缆索股，全国第一次制作斜拉桥 PE 热挤工艺拉索——广东九江大桥拉索。在公路方面，在国内率先研究提出了深挖高填边坡破坏机理与稳定性评价方法，在公路隧道中研发出第一套隧道 ITS 双洞联调营运监控总线智能系统，研究设计了国内第一个长大隧道送排式纵向通风系统。在客车制造方面，率先在国内开发研制出汽车防抱制动 ABS 装置，在国内首次开发设计了 JT6120 高级大客车。

（二）设计咨询监理

重庆交通科研设计院是拥有勘察设计、试验检测、环境评价等 10 余项甲级资质证书的设计院，在国内各地承担勘察设计重大交通工程项目 300 余项。到 2004 年末，完成了高等级公路勘察设计 1350 多公里，大型、特大型桥梁勘察设计 160 余座，总长 6.5 万延米，长大隧道 60 余座，总长 16.6 万延米，占全国各级公路隧道总长的 47%，交通工程 5700 多公里，环境影响评价 5300 多公里。到 2005 年年底，连续 6 年进入全国勘察设计企业 100 强，多次荣获了"鲁班奖""詹天佑大奖"和省部级优秀设计奖。

在公路方面，重庆交通科研设计院承担了多条高速公路及其桥梁隧道的勘察设计任务。完成的主要勘察设计任务有京津唐高速公路、重庆机场高速公路、成渝高速公路重庆段三星沟高填方工程、重庆渝黔高速公路（童界段）、重庆渝合高速公路（北碚段）、重庆渝邻高速公路、重庆垫忠高速公路、重庆石忠高速公路、重庆至长沙高速公路（酉洪段）等。在桥梁方面，完成的主要勘察设计任务有长江重庆航段上的鱼洞大桥、菜园坝大桥、朝天门大桥、大佛寺大桥、涪陵大桥、忠县大桥等。公路隧道方面，完成的主要勘察设计任务有重庆渝合高速公路的北碚特长隧道，重庆渝黔高速公路的真武山大断面特长隧道，以及深圳、福建、厦门的高速公路隧道等，重庆轻轨项目的隧道、地下车站勘察设计。除此之外，重庆交通科研设计院还拥有交通工程综合类施工企业资质证书，承担了重庆高速公路杨公桥大型立交等工程监理120多项，使施工和技术服务做到了一体化。

第五节　重庆市公用事业设计研究所

一、单位沿革

1984年3月6日，重庆市公用局党委研究决定，成立一所直属局领导的科研机构，专门从事城市公用事业软科学技术研究。1984年3月10日，重庆市公用事业研究所组建成立，设立于重庆市公共交通公司办公大楼第7层，内设办公室、情报信息室、综合研究室、城市公共交通杂志编辑部等。重庆市公用局信息中心也设在所内。

1986年，重庆市公用局公用发字〔1986〕335号文件向重庆市编委上报了《关于成立重庆市公用事业设计研究所的请示报告》。1986年12月25日，重庆市编委重编〔1986〕180号文件给予批复，根据重庆市人民政府重府发〔1986〕174号文件批转重庆市城乡建委、重庆市体改委《关于改革重庆市公共交通公司管理体制的报告》的精神，同意建立重庆市公用事业设计研究所，为重庆市公用局下属事业单位，定人员编制60名。经费在公用局按规定提取的企业管理费中开支，逐步实现自收自支。

1986年12月27日，根据重庆市人民政府《关于重庆市公用局配套改革的决定》（重府发〔1986〕174号）精神，按照重庆市机构编制委员会的批复，重庆市公用局党委会决定将原重庆市公共交通公司科研所、研究室、设计室和重庆市公用事业研究所合并更名为重庆市公用事业设计研究所。1986年12月30日，重庆市公用局撤销原重庆市公用事业研究所并更名为重庆市公用事业设计研究所，主要承担重庆市公共交通的科研任务。

二、业务范围

重庆市公用事业设计研究所组建之初，主要任务定位于开展软科学研究活动。从1984年成立到1999年，在城市公共交通管理与决策、公交客运与长途客运调查预测、交通流量数据采集和轨道交通可行性研究等方面，重庆市公用事业设计研究所开展了计算机开发和重点项目前期方案的研究工作，并取得较好的成绩。至2000年7月，随重庆市公用局的撤销，重庆市公用事业设计研究所建制撤销。

第二章　交通科技院校

重庆交通院校是一支重要的交通科技队伍。重庆交通学院（现重庆交通大学）原是交通部直属院校，后下放重庆市。重庆交通学校原是隶属于交通部的中等技工学校，重庆市交通技工学校（重庆交通科技学校）原是隶属于重庆市交通局的中等技工学校，后均并入重庆交通学院（重庆交通大学）。重庆市公共交通客车驾驶学校原是隶属于重庆市公用局的技工学校，后并入重庆市公交集团公司。重庆交通院校为重庆交通系统培养了一大批高中级科技与管理人才，也积极参与和推动了重庆交通科技的发展。

第一节　重庆市交通技工学校

一、单位沿革

1980 年 9 月，在重庆市南岸区南坪，四川省交通厅开办四川省交通运输技工学校内河分校。1982 年 3 月，更名为四川省内河航运技工学校。1983 年 3 月，随重庆市计划单列体制改革，四川省内河航运技工学校下放给重庆市交通局管理。

1985 年 2 月，在原四川省内河航运技工学校校址基础上，重庆交通职工中等专业学校挂牌成立，与四川省内河航运技工学校实行“一套班子，两块牌子”合署办公的管理体制。重庆市交通局“高等教育函授辅导站”同时设立。为此，重庆市交通局征地 22 亩，新增校舍建筑面积 10600 平方米，投资 352 万元。

1990 年 5 月 16 日，四川省内河航运技工学校正式更名为重庆市交通运输技工学校。同时，仍保留重庆市交通职工中等专业学校牌子。1999 年 4 月 14 日，重庆交通职工中等专业学校更名为重庆交通科技学校。1999 年 12 月 7 日，重庆市交通运输技工学校更名为重庆市交通技工学校。

2000 年 12 月 1 日，重庆市编委批准重庆交通科技学校、重庆市交通技工学校的人、财、物成建制地划归重庆交通学院管理。2000 年 12 月 21 日，重庆交通学院举行仪式，正式宣布接收重庆交通科技学校、重庆市交通技工学校。重庆交通学院新组建了南坪校区，将重庆交通学院继续教育学院从大坪校区迁往南坪校区。至 2006 年，重庆交通学院继续教育学院从南坪校区迁往重庆交通学院校本部，教师学生全部转移至校本部，南坪校区全部用于房地产开发。

二、专业教学

1985 年 9 月，重庆交通职工中等专业学校首届招收职工中专工业会计与统计、汽车运用与修理、道路与桥梁 3 个专业 194 名新生。高等教育函授辅导站招收高等函授教育汽车运用工程、工业电气自动化、船舶设计与制造、交通运输管理等 4 个专业 46 名新生，一并入学就读。1985 年 12 月，经交通部批准，交通部电视中等专业学校重庆分校成立，设立在重庆交通职工中等专业学校内，设汽车运输管理、汽车运输财会、水运管理、道路与桥梁 4 个专业，招收新生 109 名。

1992 年 8 月 11 日，重庆市交通职工中等专业学校被国家教委授予“全国成人中等专业教育先进学校”称号。1992 年 12 月 28 日，重庆市交通运输技工学校被四川省劳动厅评定为“四川省重点技工学校”。

1994 年 2 月 18 日，重庆市交通运输技工学校被交通部批准为全国交通系统规范化技工学校。1994 年 9 月 20 日，重庆市交通运输技工学校荣获四川省交通系统“先进教育单位”称号，龚继震、张良淑、田仕茂、陈忠富、方永伦、李灿辉等被评为“优秀教师”“优秀工作者”。

2000 年 4 月 5 日，重庆市交通局决定成立重庆市交通技工学校申报国家重点技校自评领导小组，开展申报自评工作。组长由重庆市交通局副局长彭建康担任，副组长由重庆市交通局人事教育处处长余昌平、重庆市交通技工学校校长候瑞祥担任。2000 年 4 月 18 日，在重庆市交通技工学校创建工作基础上，经过自查自评，符合《国家级重点技工学校标准》，重庆市交通局审查同意申报国家级重点技工学校的评估验收，特向重庆市劳动局提出正式申请。此后，重庆市劳动局同意重庆市交通技工学校成为劳动和社会保障部认定的重庆市 11 所国家重点技校之一。

2000 年 12 月 1 日，重庆交通科技学校、重庆市交通技工学校的人、财、物成建制地划归重庆交通学院管理后，继续保留重庆市交通技工学校、重庆交通科技学校的机构与人员编制，实行“一套班子，三块牌子”合署办公的管理体制，拥有专业与专业方向20多个，有函授、自学、成人脱产学习、在岗培训等多种继续教育形式，各类在读学生达5000余人。

第二节 重庆市公共交通客车驾驶学校

一、单位沿革

1952年5月31日，重庆市公共交通客车驾驶学校创建，定名为重庆市公共汽车客车驾驶员培训班。第一期招收学员22名，其中女学员6名，配教师1名。教练地设在重庆市中区菜园坝长江边珊瑚坝。1955年，开办第二期驾驶员培训班。以后平均每年举办1期，按8名学员1名教师、1辆教练车配备，根据重庆市客运交通的需要招收学员，但每期学员都限制在100人左右。

1984年初，随着客运交通的迅速发展，为保证城市公交客运具有充足的驾驶员来源，重庆市公共交通公司正式组建公交客车驾驶员培训班，并任命公司劳工科长李玉德为班长，办公室设在九龙坡区杨家坪毛线沟87111部队临时工棚内。1984年年底公交驾训班更名为“公交驾训队”，并任命尹鑫田为队长。

1985年5月27日，根据城市公交发展的需要，重庆市公共交通公司正式成立了重庆市公共交通公司驾驶学校，同时成立了中共党支部委员会，任命重庆市公共交通公司组织科长张成毅任支部书记兼校长，任命尹鑫田为常务副校长，办公地点仍在九龙坡区杨家坪毛线沟。

1986年9月，重庆市人民政府批准同意重庆市公共交通公司管理体制改革方案，重庆市公用局的配套改革之一是将重庆市公共交通公司驾驶学校同时剥离出重庆市公交公司、重庆公交公司驾驶学校转为在筹建中的重庆市公用事业中等专业学校的分校。

1987年6月23日，经重庆市公用局同意，重庆市公共交通公司驾驶学校更名为重庆市公共交通客车驾驶学校。1988年，重庆市公用局成立了重庆市公用事业局职工中等专业学校，又将重庆市公共交通客车驾驶学校纳入其中。

1990年，重庆市公用局拨款、重庆市公共交通客车驾驶学校筹资，购买渝北区锦龙支路18号的土地。1999年，在购买的锦龙支路18号土地上修建15000平方米的集办公、教学用房、职工住宅及部分商住房为一体的综合大楼，并建有5000平方米的教学场地，购置70台教练车。从此，重庆市公共交通客车驾驶学校结束了40多年无办公场地、无教学教练场地、无自己的教练车的“三无”局面。1997年9月29日，重庆市编委渝编〔1997〕5号文件同意核定重庆公共交通客车驾驶学校为重庆市公用局直属的处级自收自支事业单位，事业编制人员80名。

2000年8月，重庆市公用局撤销，重庆公共交通客车驾驶学校成建制地划归重庆市交通委员会管理。2004年12月23日，重庆市交通委员会批复同意重庆公共交通客车驾驶学校成建制人员并入重庆市公交控股（集团）有限公司。2005年1月，重庆市国资委也批准同意重庆公共交通客车驾驶学校划归重庆市公共交通控股（集团）有限公司管理。2005年3月7日，重庆市劳动和社会保障局同意重庆市公共交通控股（集团）有限公司在重庆公共交通客车驾驶学校的基础上开办重庆市公共交通技工学校。

二、专业教学

重庆市公共交通客车驾驶学校、重庆市公共交通技工学校系“一套班子，两块牌子”合署办公管理体制的一所中等职业技术学校，又是重庆市公安交通警察总队批准备案的一所培养大型客车驾驶员的专业技术学校。

经重庆市劳动局和社会保障局批准，重庆市公共交通客车驾驶学校、重庆市公共交通技工学校有权招收初、高中及其以上毕业生，办学规模为2000人，专业设置有汽车驾驶（A、B、C驾驶执照）、汽车维修、汽车乘务。驾驶学校学生经过2～3年的学习培训即成为国家承认其学历的技工学校毕业生。汽车驾驶学制2年，汽车维修学制2～3年，汽车乘务学制1年。同时，经重庆市劳动和社会保障局批准，学校成立了国家职业技能鉴定所，有权对重庆市汽车驾驶员、修理工及客车乘务员的初、中、高级技能进行等级培训及鉴定。

第三节　重庆交通学校（重庆河运学校）

重庆交通学校的前身是重庆河运学校。重庆河运学校创建于1956年3月，是交通部在西南地区的唯一一所为中国内河水系和沿海培养交通人才的国家级重点中等专业学校，也是交通系统规范化中等专业学校。学校地址位于重庆市大坪正街160号，校园面积180余亩。

重庆河运学校曾多次获得先进表彰和命名。1990年，长江航务管理局授予学校“职工技术教育先进集体”称号。1993年，被评为“省部级重点中专学校”，又被评为“交通系统规范化普通中等专业学校”。1993年，长江航务管理局授予学校“职工思想政治工作先进单位和双文明建设先进单位”称号。1994年，国家教委、体委、劳动部授予学校“全国职业技术教育工作先进学校”称号。1999年，评审通过“国家级重点中专学校”。1995年，被评为“重庆市文明单位”。

一、单位沿革

1956年3月，经交通部批准建校，校名为交通部重庆航务工程学校，隶属交通部直接领导。1956年9月正式开学行课。

1958年9月，重庆航务工程学校被下放给四川省交通厅管理，更名为四川省重庆航务学校。1961年8月18日，四川省交通厅决定撤销四川省内河航运技术学校，并入四川省重庆航务学校，仍由四川省交通厅管理。1962年7月27日，交通部将四川省重庆航务学校收回直接领导，更名为交通部重庆航务学校。1962年9月，交通部又将交通部重庆航务学校划归长江航运管理局领导。同时，长江航运管理局又将重庆长江航运学校合并到交通部重庆航务学校，更名为重庆河运学校。1963年10月15日，交通部将重庆河运学校收归部直接领导。

1965年6月22日，交通部再次将重庆河运学校交由长江航运公司（长江航运管理局）领导。长江航运公司于当月又将重庆河运学校下放其下属单位长江航运公司重庆分公司代管。1965年9月2日，长江航运公司将重庆长江航运技工学校合并到重庆河运学校。根据交通部的指示，在重庆长江航运技工学校合并给重庆河运学校的同时，又由重庆河运学校派人利用原技工学校的校舍，另组建了重庆交通学校。这个阶段，学校党组织除接受隶属系统领导外，同时受重庆市中专党委领导。

1966～1971年，因“文革”原因学校停止招生。1972年，学校开始恢复招生。1981年，学校隶属关系又由长航重庆分局代管收归长江航运管理局直接领导。1984年1月，港航分管后，隶属交通部长江航务管理局领导，学校党组织由重庆港口管理局党委代管。

1997年11月，经交通部批准更名为重庆交通学校，隶属关系不变。1998年，交通部长江航务管理局在重庆设立代表处，学校党组织由重庆代表处党组管理。1999年12月，交通部决定将重庆交通学校划归重庆交通学院管理，更名为重庆交通大学应用技术学院。

二、专业教学

（一）专业学科

1956年建校时，交通部原定仅办航务工程一个专业，招收400名学生分编为10个班。1957年初，学校根据交通部更改专业的决定，将原有专业改为航务工程、船舶驾驶和轮机管理3个专业。

3个专业均招初中毕业生，学制4年。1959年增设水工专业。1963年增设船体修造和船机修造专业。1965年增设财会专业。1972年新增设了“港口机械”专业，在恢复招生工作期间，开设专业有“船舶驾驶”“轮机管理”和“港口机械”。

1983~1999年，学校大力拓展专业学科建设，先后开设“船舶驾驶”“轮机管理”“船舶与港口电气化”“起重运输与工程机械”“港航监督”“交通运输管理”“旅游管理”“船舶制造与修理”“船舶机械与装置”“机电应用技术”“ 计算机及应用”“道路与桥梁工程”“文秘”“财务会计”“汽车运用工程”等专业。

1999年12月，国家对高等院校进行管理体制改革，交通部将重庆交通学校（重庆河运学校）划归重庆交通学院管理，更名为“重庆交通大学应用技术学院”。从此，应用技术学院开始了高等职业教育新的发展。

（二）教学组织

从1956年学校创办到1966年10年间，学校的发展和教师队伍的建设随着国民经济的发展而发展，随着国民经济的起伏而起伏。虽然学校领导关系几经变更，并校、分校几经反复，但校址始终未改变。到1996年，学校已建成教学大楼、大礼堂、试验室、航模池、学生宿舍、浴室、学生和教职工食堂、运动场、游泳池、实习工厂等，学校基本建设已初具规模。

1965年，学校有专职教师94人，不论政治上还是业务上都是比较强的。1956~1965年10年间，教学质量在学校历史上是一个黄金时期。在建校初期的10年中，学校共招收中专学生2001人，毕业分配1266人。这期间还培养了技工班学生323人。

“文革”期间学校受到严重冲击，造成焚毁重庆河运学校的严重事件。1971年，在上级党组织的领导下恢复办学，提前完成了修复东学生宿舍和东教学大楼的任务。还新建了港机实验室、教学实习工厂、保管室和停车房，1972年学校开始恢复招生，并开办了水手班、加油班、电讯电路班、客轮服务员培训班、理货员培训班等。这批学员是从长航重庆川江港机厂、长航重庆分公司所辖的水上运输船舶、长航重庆航道区、交通部航务二处等单位的各个不同工作岗位上推荐选派来的，毕业后即回原单位工作。为贯彻执行交通部关于加强代培远洋船员的指示，学校为广州远洋分公司培训了200名船员，培训时间共6个月。

1983年，学校开始与地方交通部门实施委培招生和在职培训。1984年，民生轮船公司在重庆正式恢复组建。学校举办8期船员培训班，帮助民生轮船公司培训320名船员。1986年，学校开始扶贫定向招生。1991年，开始招收预科生，主要是为四川省交通厅下属贫困山区县市交通企业培养急需的中等专业人才。1983~1995年，学校为重庆、云南、贵州、广西、黑龙江、湖南、青海、福建、浙江、山东、湖北、吉林、辽宁、广东、陕西、甘肃、安徽、江苏、江西、四川、上海、天津等省市和沙市、枝城、九江、池州、涪陵等港务局和民生轮船公司、涪陵地区轮船公司、涪州轮船公司、奉节航运公司、键为航运公司、蜀光轮船公司、万县东方轮船公司、丰都轮船公司等单位委托培养各种专业的中专毕业生1339人。学校还为万县市中心航管站、万县武陵运输队等地方企业事业等94个单位举办驾驶、轮机等各类专业培训班14期，35个班，培训船员1305人。1989年开始，学校全面推行“按需招生，定向培养，定向分配”制度的改革，进一步扩大了学校的服务面向。1995年秋季，在校学生已达2085人，提前和超出了学校“八五规划”中提出的在校生1600人规模的目标。

从1972年起，在经费困难、器材短缺的情况下，学校进行了实验室建设，通过多年的努力，已有一定规模的实习、实训和实验设备。建有船形实验楼，设有专业技能基本训练的实习工厂，拥有各种机床、设备40余台套。除承担车、钳、锻、铆、焊等实习教学外，还承担对外加工业务。为满足水上专业实习需要，学校设有长江黄沙溪码头实习基地，1万平方米的校内船艺实习水池，6000平方米航海模型水池等水上专业实习教学模拟设施。学校有与驾驶、轮机、港机、水管、港监等专业对口的相对稳定的校外实习基地和定期租借供学生实习用的教练船。学校有普基课及专业课实验室12个，可开20多个学科的实验项目。学校拥有400米跑道的田径运动场、体育馆，有50×25平方米标准游泳池，以及足球场、篮球场和羽毛球场等。各种体育器材齐全，能充分满足体育教学和师生开展体育活动的需要。

至1999年9月30日，学校在编教职工203人，其中专职教师104人（本科以上学历有102人，占98.1%；高级讲师23人，占22.1%；讲师61人，占58.7%），兼职教师12人，实训指导人员28人，行政人员52人，工勤人员9人。校园面积180余亩，校舍建筑面积7万余平方米，其中教学用建筑面积4.5万平方米，有主辅教学楼、主辅实验楼、办公楼、图书馆、实习工厂、驾驶实习水池、航模池、体育馆、学生食堂、学生公寓、浴室等主要建筑及场地。设有物理、化学、力学、金工、电工、电子、电工技术、计算机、船艺、电航、动力、轮机自动化、船舶电气、港口电气、油泵、内燃机、汽车底盘等16个实验室，开设各专业的实验项目512个。校内实习场地5个，可开设各类专业实习20项。有多媒体教室、语音室和专业教室。图书馆藏书191817册。

重庆河运学校为祖国内河水系，特别是为长江航运培养了数千名专业技术人才。据1983～1994年12年间2715名中专业毕业生分配情况统计，分配在长江沿线九省市的有2548名，占这12年分配总数的93.8%，其中分配在长江上游三省（云、贵、川）的1309名，占长江沿线分配数的51.3%。这些毕业生中的大多数已成为所在单位的技术骨干和管理干部，有的还成为领导干部，为航运事业的发展做出了贡献。重庆河运学校的建立，对内河，特别是川江航运事业的发展起了一定的推动作用。从1956年建校到1999年，重庆河运学校为国家培养输送了18000余名毕业生，遍及全国30个省、市、自治区。

第四节　重庆交通学院

1986～2005年，重庆交通学院位于重庆市南岸区学府大道66号（即原南岸区七公里），校园占地面积1500余亩，校舍建筑面积53.7万平方米，教学仪器设备总值1.2亿元，图书馆藏书140多万册，各类教学实验室34个。

一、单位沿革

（一）初步发展阶段

1951～1991年，是重庆交通学院创业和初步发展时期。1951年11月7日，为了和平解放西藏，建设大西南，改变西部落后的交通面貌，西南军政委员会在重庆创建了西南交通专科学校，校址位于重庆市南岸七公里原国民政府交通部第五区公路局重庆养护总段，占地面积14.4公顷（216亩）。交通部、教育部任命时任西南军政委员会交通部部长、川藏公路建设指挥部政委穰明德为首任校长。

自1952年暑假后，遵照交通部指示，西南交通专科学校改为中等技术学校，培养中级交通专业技术人才，开始了历时8年的中专办校历程。1955年4月，经过五易校名后的西南交通专科学校，再次更名为交通部重庆公路工程学校。1960年8月24日，四川省人民委员会第二十二次行政会议决定，将成都工学院土木系、武汉水运工学院水工系、四川冶金学院冶金系的全体师生迁入重庆，与重庆公路工程学校合并组建为重庆交通学院。

在“文革”时期，重庆交通学院受到严重毁坏。1972年5月，根据中央调整规划，重庆交通学院与重庆建工学院合并，实行“一块牌子，两地（南岸和沙坪坝）办校”的管理体制，全部校舍转给重庆市第三师范使用。1979年1月，重庆交通学院恢复建制，并迁至重庆市大坪大黄路黄沙溪，实行“三地（黄沙溪、南岸和沙坪坝）办校”的管理体制。1979年1月20日，重庆交通学院划归交通部管理。

1980 年，交通部批准了重庆交通学院的总体扩建规划，交通部逐年加大学校基本建设投资。1982 年，南岸校址全部收回，随后进行扩大建设。1984 年 7 月，在黄沙溪校址的师生员工、党政机关悉数迁回南岸七公里老校址。从 1980 ~ 1990 年的 10 年间，实现了基本满足教学科研硬件需要的基本建设目标。

（二）加快发展阶段

从 1992 ~ 2000 年，是重庆交通学院的稳步加快发展阶段。1992 年，重庆交通学院开始侧重于教学软件建设，推进教育改革。1997 年，不断加强学科建设，扩大办学规模，从 1991 ~ 2000 年的 10 年间，各项基本建设投资累计达 9929 万元，开始朝综合性大学方向加速发展。

进入 21 世纪，重庆交通学院开始筹办升级大学。2000 年 2 月，根据《国务院办公厅转发教育部等部门关于调整国务院部门（单位）所属学校管理体制和布局结构实施意见的通知》精神，重庆交通学院由交通部划归重庆市，实行“中央与重庆市共建、以重庆市管理为主”的管理体制。随后，中央财政先划转了经费预算基数，同时，在一段时间里继续投入基建经费，并一次性给予专项补助。此后，学院的国有资产、人员经费、劳动工资管理等均由重庆市人民政府负责。重庆市委、市政府提出：要着力建设一批高水平的多科性大学，鼓励和扶持重庆交通学院积极筹办升级重庆交通大学。

二、组织结构

至 2005 年年底，重庆交通大学领导班子由 8 人组成，即党委书记刘伦，党委副书记、校长唐伯明，副校长王智祥、梁乃兴、易志坚和王昌贤，党委副书记周直，纪委书记李宝娣。

至 2005 年年底，学校教育教学机构完善，有“四区、三部、十三院”（即学生知园小区、学生 A 区、学生 C 区、学生 D 区，基础教学部、社会科学部、体育部，继续教育学院、应用技术学院、航海学院、理学院、人文学院、外国语学院、财经学院、计算机与信息学院、机电与汽车工程学院、交通运输学院、管理学院、河海学院、土木建筑学院）。

三、专业教学

重庆交通大学面向全国 31 个省（自治区直辖市）招生，2000 年、2002 年，学校被评为“重庆市招生工作先进集体”。重庆交通大学历年录取新生第一志愿比例达到 90% 以上，新生综合素质高。从 2000 年改制归属重庆市以来，到 2005 年，来自西部的新生生源达 60%。从 2000 ~ 2005 年，面向西部就业的毕业生达到 50%。1997 年重庆直辖至 2005 年，连续 9 年本科毕业生初次就业率超过 90%。

2000 ~ 2005 年，重庆交通大学坚持开放式办学，面向世界各地招收留学生，与美国堪萨斯大学、越南河内交通大学、法国斯特拉斯堡大学、美国凯特林大学、澳大利亚维多利亚大学、俄罗斯圣彼得堡国立交通大学、日本群马大学等建立了良好的校际合作关系，在教学、科研、人才培养、学术交流等领域开展了广泛的国际交流与合作，互派访问人员 200 余人次。

（一）学科体系

1998 年，“桥梁与隧道工程”学科被交通部批准为交通部重点学科即省部级重点学科。

2000 年，“港口、海岸及近海工程”“道路与铁道工程”学科被重庆市批准为市级重点学科，实现了直辖后学科建设史上的第一次重大跨越。

2003 ~ 2005 年，学校进一步调整了“系统规划、分层建设、重点突破、整体推进”的学科建设思路，以社会需求为导向，积极寻找新的学科增长点，培育了材料科学与工程、环境科学与工程、理学、人文社会科学等一批新兴学科，构建了“重点突出、交叉渗透、相互促进”的学科群，为提高学校的综合实力和水平提供了强有力的支撑。

1997 ~ 2005 年，学校已经建成 5 个省部级重点学科，4 个省部级重点实验室，2 个省部级工程技术研究中心，土木、水利、交通运输、管理等主干学科专业，在国内同类高校中处于先进水平，在西部高校和交通行业中有明显优势，构建和形成了“主干学科、支撑学科、基础学科、新兴交叉学科协调发展，学科结构和布局合理，优势和特色鲜明”的学科体系。建校55年，重庆交通大学已经成为培养国家交通人才的摇篮和科研基地，为国家培养输送了5万多名高级专门人才，他们中相当一部分人已经成为各个领域尤其是交通战线的中间力量和精英，是国家交通建设的真正脊梁。

至2005年年底，学校有教职工1600余人，其中，专任教师900余人，具有教授、副教授等高级专业技术职务的教师近500人。具有硕士、博士学位的教师占教师总数的51.6%，在读硕士、博士的教师140余人。学校先后聘请140余位国内外知名专家学者担任兼职教师。其中，聘请郑皆连、韩其为、梁应辰3位中国工程院院士担任特聘教授，定期来校工作，指导学科专业建设，合作开展科学研究，联合培养硕士、博士研究生。

（二）本科教育

1960年，重庆交通学院开始招收本科生。2000年重庆交通学院改制后，面向西部大开发和地方经济建设，重庆交通学院在发挥自身工科优势的同时，又加强了商科、理科、人文科学等学科专业群的建设，初步形成了以工科为主，商科、理科、文科等学科协调发展的专业体系。

至2005年年底，学校有工科、商科、理科和文科的42个本科专业。其中，工科有土建类、测绘类、材料类、水利类、交通运输类、电气信息类、机械类、工程力学类、海洋工程类和地矿类等十大类一级学科。商科有工商管理类、经济类、管理科学与工程类等三大类一级学科。理科有数学类、地理科学类、环境科学类、力学类、材料类等五大类一级学科。人文学科有外国语言文学类、新闻传播学类和艺术类等三大类一级学科。

（三）硕士、博士教育

1985年，重庆交通学院开始招收硕士研究生，1986年获得硕士学位授予权。2000年，经国务院学位办批准，取得了开展“在职人员以研究生毕业同等学力申请硕士学位”工作的资格，2001年，又获得工程硕士专业学位培养资格。

至2005年年底，重庆交通大学获得批准的硕士学位授权点共有31个。其中一级学科的硕士学位授权点是土木工程、水利工程、交通运输工程、管理科学与工程；二级学科的硕士学位授权点是工程力学，车辆工程，材料学，结构工程，防灾减灾工程及防护工程，桥梁与隧道工程，水力学及河流动力学，水工结构工程，港口、海岸及近海工程，道路与铁道工程，载运工具运用工程，管理科学与工程，马克思主义基本原理，思想政治教育，自然地理学，机械设计及理论，系统工程，计算机应用技术，大地测量学与测量工程，技术经济及管理，岩土工程，市政工程，供热供燃气通风及空调工程，水文学及水资源，水利水电工程，交通信息工程与控制，交通运输规划与管理。

第三章　交通科技队伍

在交通建设、交通运输生产经营实践中成长起来的交通工程技术人员、高职称高技能人员、科技专家和管理专家人才队伍，是重庆交通科技的中坚力量。其中，尤其是一批有突出贡献的中青年科学、技术、管理专家，享受国务院特殊津贴待遇的专家，交通部“新世纪十百千人才工程”第一层次人选，学科带头人等优秀科技人才，他们为重庆交通的发展做出了突出贡献。

第一节 交通工程技术人员

一、职务结构

2000年年底，重庆市交通委员会系统共有工程技术人员1235人，平均年龄40岁，女性203人。其中正高级职务1人，占总数比例0.08%；高级职务105人，占总数比例8.5%；中级职务342人，占总数比例27.7%；初级职务788人，占总数比例63.8%。

至2005年年底，重庆交通委员会系统共有工程技术人员1782人，平均年龄38.6岁，女性370人。其中正高级职务16人，占总数比例0.9%；高级职务243人，占总数比例13.6%；中级职务576人，占总数比例32.3%；初级职务963人，占总数比例54%。

二、学历结构

2000年年底，重庆交通委员会系统共有工程技术人员1235人。其中大学专科学历301人，占总数比例24.4%；大学本科学历278人，占总数比例22.5%；硕士及以上学历17人，占总数比例1.4%。

至2005年年底，重庆交通委员会系统共有工程技术人员1782人。其中大学专科学历555人，占总数比例31.1%；大学本科学历803人，占总数比例45.1%；硕士及以上学历60人，占总数比例3.4%。

第二节 高职称高技能人才

一、高级职称人才

1986～2005年20年间，重庆市地方交通系统造就了一支具有高级职称的人才队伍：

交通行业管理局　重庆市公路局31人拥有教授级高级工程师、高级工程师、高级会计师或高级经济师等专业技术职称，重庆市道路运输管理局7人拥有高级工程师、高级统计师或高级经济师等专业技术职称，重庆市港航局16人拥有教授级高级工程师或高级工程师等高级专业技术职称，重庆市交通委员会后勤服务中心（含交通干校）5人拥有高级工程师、高级经济师或主任记者等专业技术职务职称。

交通建设单位　重庆高速公路发展有限公司有90人拥有教授级高级工程师、高级工程师、高级会计师或高级经济师等专业技术职称，重庆高等级公路建设投资有限公司10人拥有高级工程师等专业技术职称，重庆航运建设发展有限公司12人拥有教授级高级工程师或高级工程师等专业技术职称，重庆交通建设（集团）有限公司79人拥有教授级高级工程师、高级经济师、高级工程师或高级会计师等高级专业技术职称，重庆市交通委员会质量监督站22人拥有高级工程师等专业技术职称。

交通企业　重庆公共交通控股（集团）有限公司12人拥有教授级高级工程师、高级经济师、高级工程师或高级会计师等专业技术职称，重庆交通运输控股（集团）有限公司35人拥有高级经济师、高级工程师或高级会计师等专业技术职称，重庆渝信公路监理公司28人拥有教授级高级工程师或高级工程师等专业技术职称，重庆市交通规划勘察设计院37人拥有高级工程师等专业技术职称，现代物资公司、交通投资公司5人拥有高级经济师、高级工程师或高级会计师等专业技术职称。

二、交通建设评标专家

2000 年 8 月 28 日，交通部 2000 年第 7 号部长令发布《公路建设四项制度实施办法》，自 2000 年 10 月 1 日起施行。其中，要求建立交通部评标专家库和省级交通主管部门评标专家库的制度。2000 年 11 月 3 日，重庆市交通委员会发出《关于设立重庆市公路工程招标投标项目评标专家库的通知》，要求推荐具有 5 年以上公路工程工作经历并获工程师职称或具有公路工程相关专业硕士以上学位的人员作为评标专家。

2002 年 4 月 11 日至 12 日，重庆市交通委员会在重庆市交通干部学校进行了重庆市公路建设项目评标专家培训。培训内容包括有关法律法规、评标基础知识、评标案例分析、评标工作纪律等。经过培训，重庆市交通委员会对合格人员颁发了公路建设项目评标专家资格证书。2003 年 9 月 23 日，重庆市交通委员会渝交委路〔2003〕215 号文件公布第一批重庆市公路建设项目评标专家库名单，明确规定了专家的权利义务和对专家的动态管理要求。第一批重庆市公路建设项目评标专家库共有专家 231 人，其中高级工程师 135 人，有 8 年以上公路专业经验的工程师 61 人，研究员 6 人，副研究员 6 人，教授 14 人，副教授 6 人，高级经济师 2 人，经济师 1 人。高级工程师和合乎条件的工程师 196 人，占 85%；研究员、副研究员和教授、副教授 32 人，占 13. 9%。第一批重庆市公路建设项目评标专家是由 23 个交通企业、事业单位，33 个区县交通局和其他建设施工单位所申报推荐的。

三、高级技能技术工人

2000 年年底，重庆地方交通系统有高级技能技术工人 1109 人。其中高级技师 75 人，技师 161 人，高级工 873 人。

2001 年年底，重庆地方交通系统有高级技能技术工人 1328 人。其中高级技师 87 人，技师 174 人，高级工 1067 人。

2002 年年底，重庆地方交通系统有高级技能技术工人 1181 人。其中高级技师 79 人，技师 197 人，高级工 905 人。

2003 年年底，重庆地方交通系统有高级技能技术工人 1555 人。其中高级技师 100 人，技师 236 人，高级工 1219 人。

2004 年年底，重庆地方交通系统有高级技能技术工人 1555 人。其中高级技师 88 人，技师 239 人，高级工 1228 人。

2005 年年底，重庆地方交通系统有高级技能技术工人 1542 人。其中高级技师 92 人，技师 256 人，高级工 1194 人。

第三节　交通科技与管理专家

2001 年 10 月 17 日，人事部《关于进一步做好联系和服务专家工作的通知》（人发〔2001〕109 号）明确指出："进一步拓宽联系和服务专家工作的范围。"文件根据中国专业技术人才队伍的实际情况，提出当前和今后一个时期，联系和服务专家工作的主要对象有 8 种。重庆市交通行业范围有 4 种专家：有突出贡献的中青年科学、技术、管理专家，享受政府特殊津贴专家，"百千万人才工程"人选，优秀博士后研究人员等。

一、有突出贡献的科技专家

1986 年，经国家科委〔1986〕国发科干字 0905 号文件批准，交通部重庆公路科学研究所研究员刘茂光，荣获 1986 年度国家有突出贡献的中青年科学、技术、管理专家称号。

1991 年，经人事部人专发〔1991〕15 号文件批准，交通部重庆公路科学研究所所长余叔藩，荣获 1991 年度国家有突出贡献的中青年科学、技术、管理专家称号。

1995 年，经交通部人劳技干字〔1995〕72 号文件批准，交通部重庆公路科学研究所副研究员宁世伟，荣获 1995 年度国家有突出贡献的中青年科学、技术、管理专家称号。

1999 年 3 月，重庆市高速公路建设有限公司董事长、总经理，兼重庆市高等级公路建设指挥部副指挥长徐谋荣获 1998 年度国家有突出贡献的中青年科学、技术、管理专家称号。

二、享受政府特殊津贴的专家

1990 年，国家开始实施享受国务院特殊津贴待遇制度。2002 ~ 2004 年，享受国务院特殊津贴人员每两年在全国范围内选拔一次。被选拔为享受国务院特殊津贴的人员除可以得到国务院的一次性经济补贴以及地方相应的经济补助之外，将终身享受这一荣誉称号。2004 ~ 2010 年，政府特殊津贴人员仍旧每两年选拔一次，每人一次性发给政府特殊津贴 20000 元。同时，将继续免征个人所得税，对经国务院批准享受政府特殊津贴的人员，国务院授权人事部颁发政府特殊津贴证书 。

（一）重庆地方交通系统

1992 年，即国务院实施国务院特殊津贴待遇制度之后的第三年，在重庆地方交通系统中，最早享受国务院特殊津贴的专家有 3 人。他们是重庆高速公路发展有限公司高级工程师肖开国，重庆市公路养护总段高级工程师、高级监理师丁良开和重庆轮船总公司高级工程师、科技所所长黄宗振。

1993 年，享受国务院特殊津贴的专家有 5 人，他们是重庆高速公路发展有限公司高级工程师杨清源和郑光荣、重庆渝信路桥发展有限公司高级工程师马映清和孙庭伟、重庆市公路养护总段高级工程师曾维栋。

1997 年，享受国务院特殊津贴的专家是重庆市高速公路建设有限公司董事长、总经理兼重庆市高等级公路建设指挥部副指挥长、正高级工程师徐谋。

1999 年，享受国务院特殊津贴的专家有 4 人。1999 年 5 月 7 日，重庆市高速公路建设有限责任公司渝涪项目部经理、高级工程师李祖伟，重庆渝宏公路工程总公司总经理、高级工程师刘作智，重庆市渝通公路工程总公司总经理、高级经济师郭嘉银等 3 位同志，开始享受政府特殊津贴待遇。重庆渝信路桥发展有限公司正高级工程师周欣，也获得国务院特殊津贴。

2001 年 12 月，璧山县交通局副局长兼公路养护管理所所长刘正忠，获得国务院特殊津贴。

2002 年，重庆市高速公路发展有限公司副总经理、高级工程师章勇武，获得国务院特殊津贴。

2004 年，重庆市交通规划勘察设计院总工程师、正高级工程师钟明全，获得享受国务院特殊津贴。

（二）交通部在渝单位

从 1991 年 7 月起，交通部重庆公路科学研究所所长余叔藩、副所长欧明星和刘茂光，获得国务院特殊津贴。

1993 年，交通部重庆公路科学研究所研究员或教授级高级工程师王守礼、卢刚、张耀锦、许万春，副研究员杨共树、宁世伟、曾建航、陈挥基、易延相，获得国务院特殊津贴。

1994 年，交通部重庆公路科学研究所副研究员李成芳、张力、谢文忠，高级工程师陈代著，获得国务院特殊津贴。

三、“新世纪十百千人才工程”人选

2001 年 6 月 19 日，中共中央办公厅、国务院办公厅联合发出《关于加强专业技术人才队伍建设的若干意见》（中办发〔2001〕14 号）。2002 年 5 月 23 日，人事部、科学技术部、教育部、财政部、国家发展计划委员会、国家自然科学基金委员会、中国科学技术协会联合发出《新世纪百千万人才工程实施方案》。2003 年 5 月 27 日，交通部下发《关于印发新世纪十百千人才工程实施方案的通知》和《新世纪十百千人才工程实施方案》。

2004 年 8 月 26 日，中共重庆市交通委员会向交通部推荐唐伯明（1999 年被评为“国家百千万人才工程”第一、二层次人选）为交通部“新世纪十百千人才工程”第一层次人选候选人。

2006 年 1 月 10 日，交通部发出《关于推荐 2006 年交通部“新世纪十百千人才工程”第一层次人选候选人的通知》。2006 年 1 月 27 日，重庆市交通委员会推荐章勇武、钟明全、黄卫东、周欣、任超 5 人为重庆交通第一层次人选候选人。重庆交通科研设计院推荐邓卫东为候选人。重庆交通学院推荐梁波为候选人。2006 年 3 月 20 日，交通部人事劳动司公示 2006 年交通部“新世纪十百千人才工程”第一层次人选评审结果。2006 年 4 月 28 日，交通部正式公布 2006 年交通部“新世纪十百千人才工程”第一层次人选名单，其中章勇武、邓卫东、梁波 3 人在列。

四、优秀博士后研究人员

“振兴重庆争光贡献奖”获得者、教授唐伯明是中国道路工程学科第一位博士后研究人员，长期从事西部山区和三峡库区公路科研、建设和管理工作，研究的主攻方向是公路与城市道路设计理论、新材料、新工艺及其在公路交通上的应用项目。发表学术论文 60 多篇、出版专著 1 部，参与研究编制国家行业标准 3 部。主要专著有《水泥混凝土路面结构设计》和公路路面结构学术论文，完成的行业攻关项目《水泥砼路面设计理论与方法》，获得 2001 年中国高校自然科学一等奖。他作为主要起草人编写的《水泥混凝土路面设计规范》获中国公路学会科技进步二等奖。1999 年，入选“国家百千万人才工程”第一、二层次人选。2001 年，获得国务院特殊津贴。2002 年，获得“重庆青年五四奖章”，被评为重庆市优秀专业技术人才并记二等功。2003 年 1 月 28 日，获得 2002 年度重庆市“振兴重庆争光贡献奖”和全国留学回国人员成就奖。

五、学术技术带头人和科技人才

（一）学术技术带头人

2002 年 7 月 27 日，重庆市公路局副局长、博士后研究人员唐伯明，重庆高速公路发展有限公司常务副董事长徐谋获重庆市首批学术技术带头人称号。重庆北方高速公路有限公司董事长、总经理李祖伟，重庆市公路勘察设计研究院总工程师钟明全获首批学术技术带头人后备人选称号。

（二）交通青年科技英才

1997 年 12 月 16 日，交通部授予朱刚等 20 人 1996～1997 年度交通青年科技英才荣誉称号（交人劳发〔1997〕819 号），其中，重庆仅重庆交通学院王平义在列。

2001 年 9 月 26 日，经基层单位推荐，交通部专家评审组评审，交通部授予席广恒等 40 人 2001～2002 年度交通青年科技英才荣誉称号（交人劳〔2001〕557 号文），其中，重庆高速公路发展有限公司副总经理任超、重庆交通科研设计院陈谦应和重庆交通学院周志祥入选在列。

2003 年 11 月 11 日，经基层单位推荐，交通部专家评审组评审，交通部授予周绪利等 40 人“2002～2003 年度交通青年科技英才”称号（交人劳〔2003〕480 号文）。其中重庆市交通委员会基本建设工程质量监督站站长彭兴国、重庆交通学院教授何兆益、重庆交通科研设计院研究员王福敏入选在列。

2005 年 8 月 29 日，重庆市交通委员会向交通部推荐重庆渝信路桥发展有限公司教授级高级工程师周欣、重庆高速公路发展有限公司高级工程师钟宁为重庆市“2004～2005 年度交通青年科技英才候选人”。2005 年 11 月 4 日，交通部人事劳动司公布“2004～2005 年度交通青年科技英才”103 名有效候选人名单，周欣和钟宁在列。2005 年 12 月 1 日，交通部授予徐君等 45 人“2004～2005 年度交通青年科技英才”荣誉称号，其中重庆交通科研设计院研究员邓卫东、重庆交通学院教授赵明阶在列。

（三）青年科技创新奖

2004 年 12 月 16 日，经重庆市有关基层单位推荐，重庆青年科技奖专家评审小组严格评审，中共重庆市委组织部、重庆市人事局、重庆市科学技术协会决定：除授予第三届重庆青年科技奖特别奖外，还授予在其他各个领域取得了显著成绩的10人第三届“重庆青年科技奖”。其中，重庆高速公路发展有限公司总经理、教授级高级工程师李祖伟获得第三届重庆青年科技奖。

（四）十大优秀科技人才

2006年6月27日，重庆市交通委员会根据各单位评选推荐，结合市交委科研人员在2005年度分别获得“重庆市科技进步奖”和“中国公路学会科学技术奖”的实际情况，决定授予彭建康等10人为重庆市交通委员会2005年度“十大优秀科技人才”荣誉称号，并予以表彰。

2005年度“十大优秀科技人才”：

彭建康　重庆市交通委员会

艾吉人　重庆市公路局

黄卫东　重庆渝信路桥发展有限公司

赵立寿　重庆渝信路桥发展有限公司

徐　谋　重庆高速公路发展有限公司

李祖伟　重庆高速公路发展有限公司

杜国平　重庆高速公路发展有限公司

王文广　重庆高速公路发展有限公司

慕长春　重庆高等级公路建设投资有限公司

蒙　华　重庆市交通委员会

表11－1　1992～2005年重庆市地方交通系统享受国务院政府特殊津贴人员情况统计表

姓名	性别	单位与职务	技术职称	享受年度
黄宗振	男	重庆轮船总公司科技所所长	高级工程师	1992
肖开国	男	重庆高速公路发展有限公司	高级工程师	1992
杨清源	男	重庆市重点公路建设指挥部常务副指挥长	高级工程师	1993
郑光荣	男	重庆高速公路发展有限公司	高级工程师	1993
马映清	男	重庆渝信路桥公司副总监理工程师	高级工程师	1993
孙庭伟	男	重庆渝信路桥公司高级监理工程师	高级工程师	1993
丁良开	男	重庆市公路局	高级工程师	1992
曾维栋	男	重庆市公路局	高级工程师	1993
徐谋	男	重庆高速公路发展有限公司副董事长党委书记	正高级工程师	1997
郭嘉银	男	重庆市渝通总公司总经理	高级经济师	1999
李祖伟	男	重庆高速公路发展有限公司总经理	正高级工程师	1999
周欣	男	重庆渝信路桥公司总经理	正高级工程师	1999
刘作智	男	重庆渝宏总公司董事长	高级工程师	1999
章勇武	男	重庆高速公路发展有限公司副总经理	高级工程师	2002
钟明全	男	重庆市交通规划勘察设计院总工程师	正高级工程师	2004

第四章　交通科技规划

1986~1990年“七五”计划期间，依靠科技振兴交通的指导思想进一步明确。1991~2005年“八五”“九五”“十五”计划期间，为改变交通严重不适应重庆经济社会发展需要的状况，抓住重庆计划单列、重庆直辖、三峡库区建设、西部大开发等历史机遇，重庆市加快推进交通基础设施建设步伐，公路、水路交通建设开始进入较快发展和加速发展时期。与此同时，为真正把交通建设转移到依靠科技进步和提高管理水平的轨道上来，提升交通行业的科技含量，重庆交通行政部门制订了一个又一个交通科技发展的规划，引导重庆市交通科技有条不紊地持续向前发展。

2004年，重庆市交通委员会组织编制了第一个重庆交通科技中期规划——《2005~2010年重庆交通科技发展规划》。2005年，重庆市交通委员会又组织编制了第一个交通科技长期发展规划——《重庆公路水路交通中长期科技发展规划（2006~2020年)》。

1997年，重庆市交通局组织编制了第一个交通信息化规划——《1996~2000年重庆市公路水运交通信息化“九五”规划和2010年远景目标（纲要)》。2000~2001年，重庆市交通委员会完成了第二个交通信息化规划《重庆市交通信息化规划》——《重庆市信息港建设规划之交通分规划》。2005~2006年，重庆市交通委员会又组织编制了《重庆市公路水路交通信息化发展规划(2006~2020年)》，这是重庆直辖后第三个交通信息化规划，是重庆市交通行业信息化网络的长远发展规划，是引导重庆市交通行业向以计算机网络和通信网络为基础的信息管理系统持续发展的指导性方针和开发蓝图。

第一节　交通科技中期规划（2005~2010年）

1997年重庆市直辖后，第一个交通科技中期发展规划是《2005~2010年重庆交通科技发展规划》(以下简称科技中期规划)。

一、编制过程

（一）编制背景

为了贯彻党中央、国务院关于西部地区大开发的战略决策，实现交通部提出的加快西部交通基础设施建设的目标，2002~2003年，在调查研究基础上，中共重庆市委、重庆市人民政府提出了重庆市交通建设的中长远规划目标：到2010年建成2000公里“二环八射”高速公路，到2020年建成3000公里“三环九射六连线”高速公路。重庆水路建设总投资达到147亿元，重庆市港口货物吞吐能力突破1亿吨大关，建成长江上游的航运中心。

2004年3月2日，交通部科教司在四川省成都市召开西部地区科技处长会议，要求认真做好“十五”前三年科技工作总结，编制好“十一五”交通科技发展规划，并要求在2004年6月30日前完成。同时，2004年上半年，重庆市人民政府提出进行重庆市中长期科技发展规划编制及战略研究工作，由重庆市科学技术委员会牵头组织政府各相关部门实施。2004年7月15日，重庆市人民政府办公厅下发了《关于印发重庆市中长期科技发展规划编制及战略研究工作方案的通知》，设立了16个重大战略问题研究专题。第二部分是重庆市经济社会发展重大科技问题研究，第八个专题为“重庆市交通与城市建设科技问题研究”，其中，重庆市交通科技发展规划编制及战略问题研究由重庆市交通委员会承担完成。

为提高重庆地区公路、水运基础设施建设的科技含量，解决交通建设发展中的技术难题，保证2010年和2020年以高速公路为主的交通建设规划目标的顺利实现，并为了作好交通部要求的编制“十一五”交通科技发展规划的工作，同时为完成重庆市中长期科技发展规划编制及战略研究工作任务，重庆市交通委员会组织编写了科技中期规划。

（二）编制的实施

2004年3月11日，重庆市交通委员会科技处召开委属单位科技工作研讨会，传达交通部科技处长会议精神，部署交通科技工作总结和编制“十一五”交通科技发展规划工作，并要求重庆市交通委员会各单位在2004年5月30日前完成。2004年6月底前，在各单位报送的科技规划的基础上，重庆市交通委员会编写了科技中期规划，并报送至交通部科教司。

2004年上半年，重庆市科学技术委员会牵头组织重庆市人民政府各相关部门，开始重庆市科技发展规划编制及战略问题研究工作准备。重庆市交通委员会具体承担了重庆市交通科技发展规划编制及战略问题研究任务。为此，重庆市交通委员会组成专题研究小组，参加专题研究小组的有重庆市交通委员会副主任彭建康、重庆市交通委员会科技处处长罗祥荣、重庆市交通委员会工程师丁长洲、重庆市交通勘察设计院副院长陈佰奎、重庆渝信路桥发展有限公司总工程师周欣。

按照重庆市中长期科技发展规划编制及战略研究工作方案，重庆市交通委员会专题研究小组分析了重庆市交通业的现状及存在的问题、交通科技现状与发展趋势，交通业发展对科技的总体需求。提出重庆市交通科技发展的战略思路、战略目标和战略重点，研究交通基础设施建设、交通装备和交通运营管理中的关键技术和共性技术问题；提出重大科技任务、重大项目和加速交通事业科技发展的政策措施。重庆市交通委员会科技处牵头，组织了一部分具有高级职称的、熟悉交通建设情况的专家们进行座谈、讨论和评审。专家们提出了规划大纲和内容概要，并经过讨论评审予以确定，由重庆市交通委员会科技处处长罗祥荣执笔编写。

2004年6~8月，在科技中期规划基础上，重庆市交通委员会专题研究小组完成了重庆市交通科技发展规划编制及战略问题研究的全部任务，报送重庆市科学技术委员会，获得了重庆市科学技术委员会的肯定，成为重庆市交通科技发展规划编制及战略问题专题研究报告的组成部分。2004年8月17日，由重庆市科学技术委员会发布了《重庆市中长期科技发展规划战略专题研究报告》。2004年11月25日上午，在重庆市人民政府副市长吴家农主持召开的重庆市中长期科技发展规划战略研究汇报会上，重庆市科学技术委员会及参与10个专题的部门（包括重庆市交通委员会），向重庆市人民政府市长王鸿举、常务副市长黄奇帆和副市长童小平作了专题汇报。

二、规划内容

科技中期规划首先分析了重庆交通现存的主要问题。在公路方面，重庆公路建设水平和管养水平均较低，高速公路建成后沥青路面出现早期破坏的现象比较普遍，高等级公路修筑的水泥混凝土路面也达不到设计年限。在水路方面，由于在三峡水库回水变动区内洪水期泥沙产生累积性淤积，又由于重庆长江河段流速降低致使污染物积聚，严重的泥沙絮凝和板结，对河道、港口和水环境造成严重的不利影响。再是库区现有码头结构形式和装卸工艺落后，不能适应重庆经济发展及西部大开发的需要。

科技中期规划进行了重庆交通发展的需求分析。在现状分析和需求分析基础上，科技中期规划提出了规划的指导思想和指导原则。指导思想：认真贯彻执行党和国家的政策法规、交通部的指示、重庆市的战略部署，结合重庆地区经济发展水平，结合市场对技术的需求，结合重大工程项目；兼顾技术研究开发与成果推广应用，兼顾工程建设技术与养护管理技术，兼顾专项关键技术与普遍性共性技术，兼顾宏观规划与具体实施计划，兼顾项目开展与人才培养。切实有效地发挥科技进步动力作用，加快重庆交通的快速发展。指导原则：①科技兴交，技术创新。大力加强技术创新，推动创新体系建设，围绕高速公路建设、管理、养护急需解决的关键技术和难点问题，开发先进适用的技术，提高科技进步对交通发展的贡献率。②远近结合，持续发展。科技发展不能脱离经济建设主战场，科技工作必须面向交通发展，同时考虑近期目标与长远目标相结合，走可持续发展的道路。③突出重点，择优支持。坚持“有所为，有所不为”，选择重点工程中的关键技术和交通发展的共性技术，择优支持，突出重点。④结合工程，力求实效。加速科技成果向现实生产力转化，促进科技与工程的结合，提高工程质量和效益。⑤加强管理，保障实施。建立、健全管理体制，加强组织管理和宏观指导，调动相关部门及单位的积极性，发挥各方面的优势，确保规划全面实施。

发展目标：总体目标是贯彻党和国家的政策法规、交通部的指示、重庆市的战略部署，加快完成重庆市交通建设目标任务，通过实施重庆交通科技发展计划，使重庆交通建设和发展取得显著转变，使重庆交通科技总体实力和可持续发展能力明显提高，基本解决重庆交通建设、管理、养护中存在的突出技术问题，培养人才，提高交通队伍的整体素质，以实现重庆交通高质量、高效益、高速度的发展。分解目标是编制重庆高速公路建设和养护技术的地方性指南，引进、消化和吸收国内外先进技术和适用的工程技术。总结和推广应用重庆市高速公路已有科技成果，有针对性地解决高速公路建设的关键技术问题和技术难点，实现安全和经济并重，提高工程质量。开发高速公路养护和防、治灾害技术，提高公路服务水平和效益，提高公路的抗灾能力。

重点研究方面是码头结构及装卸工艺成套技术，库区深水港架空直立式重件码头建设成套技术研究，库区航道测量及航道整治关键技术，研究库区航道淤积规律，航道防淤、减淤治理措施等。研究港航交通管理系统、港口与航运船舶动态信息的传输技术，建立航运信息网和航运信息库，建设岸、船一体化信息网，利用先进的GPS、GIS技术实现船队控制、船位动态信息显示，船队安全控制监督系统及船舶航行安全保障系统，船舶安全分析，评估、预测宏观调控技术，导航关键技术。开发公路、水路交通环保可持续发展技术，解决环境景观问题，实现预防控制，避免后期治理。研究交通信息化及安全技术，信息化管理技术，确保交通行业的顺利发展。

第二节 交通科技长期规划（2006～2020年）

1997年重庆市直辖后，第一个交通科技长期发展规划是《重庆公路水路交通中长期科技发展规划（2006～2020年）》。

一、编制过程

（一）编制背景

2005年1月，交通部发布了《公路水路交通科技发展战略》。2005年9月，交通部又发布了《公路水路交通中长期科技发展规划纲要（2006～2020年）》。2005年12月，国务院颁发了《国家中长期科学技术发展规划纲要（2006～2020年）》（国发〔2005〕44号文件），对2006～2020年中长期科学技术发展规划编制工作的指导方针、发展目标、总体部署、重点领域及其优先主题、重大专项、前沿技术、基础研究、若干重要政策和措施、科技投入与科技基础条件平台和人才队伍建设等问题均有明确规定。2005年，重庆市科学技术委员会也先后公布了《重庆市科技中长期发展规划》和《重庆市“十一五”科技发展规划》。

2006年2月7日，国务院颁布了实施《国家中长期科学技术发展规划纲要（2006～2020年）

的若干配套政策》（国发〔2006〕6号）。为实施《国家中长期科学和技术发展规划纲要（2006～2020年）》（国发〔2005〕44号），营造激励自主创新的环境，推动企业成为技术创新的主体，努力建设创新型国家，特制定了一系列配套政策。2006年2月，交通部发布了《公路水路交通“十一五”科技发展规划》。2006年3月，交通部又发布了《“十一五”西部交通建设科技发展规划》，明确规定了到2010年公路水路交通科技的发展目标。

（二）编制的实施

2004年年底，在完成《2005年至2010年重庆交通科技发展规划》的基础上，结合“重庆市交通与城市建设科技问题研究”专题研究成果，重庆市交通委员会即开始进行2006～2020年公路水路交通中长期科技发展规划编制工作（以下简称科技长期规划）。

2005年6月11日，重庆市交通委员会决定修编重庆市交通科技中长期发展规划，并开展交通科技发展规划编制前的调研工作。一是要求摸清重庆市及国内外交通科技现状和发展面临的形势，归纳和分析各领域对科技工作的需求，以及急需解决的科技问题。研究交通科技重点发展领域、方向和促进交通科技发展的政策和措施；二是调研工作的主要对象为市级交通管理机构，区县交通管理部门，有关行业协会、企事业单位等；三是调研的主要内容有单位基本情况、交通科技现状及存在问题、交通科技发展指导思想与目标、交通科技需求与主要任务、交通科技发展需要的支撑和保障条件等。最后，由于规划的调研及编制工作涉及领域广、任务重，需听取各方面的意见，

2005年1～10月，重庆市交通委员会委托重庆市综合交通运输研究所组成修编工作组，前往10多个单位开展实地调研工作。重庆市综合交通运输研究所组成修编工作组先后到重庆市公路局、重庆市运管局、重庆港航管理局、重庆市交通行政执法总队高速公路支队、重庆高速公路发展有限公司、重庆交通旅游投资集团有限公司、重庆航运建设发展有限公司、重庆交通物资（集团）有限责任公司、重庆市交通规划勘察设计院、重庆市公路工程质量检测中心、重庆交通大学、重庆交通科研设计院、重庆公交集团公司、重庆市客车总厂等企业事业单位进行需求调研。

2005年11月30日，在重庆市综合交通运输研究所大会议室召开了科技长期规划征求意见暨科技项目座谈会，由修编工作组介绍了科技长期规划编制情况，通过专家讨论评审科技长期规划后再由修编工作组进行修改。2005年12月，科技长期规划正式定稿。2006年3月30日，重庆市交通委员会向各区、县（市）交通局（委）及委属各单位印发公路、水路交通中长期科技发展规划，要求认真贯彻执行。

二、规划内容

科技长期规划首先对1996～2005年重庆交通科技成绩进行了总结，对交通科技存在的问题进行了归纳分析：一是科技意识不强，思想观念尚未完全转变；二是科技与交通发展不协调，跟不上交通建设的需求；三是自主创新体系不够完善，还处于起步阶段，有待完善；四是大量科技成果鉴定工作完成后，没有得到及时推广；五是科技人才结构还不尽合理，复合型人才比较缺乏；六是科研基础设施不足。

科技长期规划分析了未来交通科技的需求：一是基础设施建设与养护科技需求；二是交通决策支持的科技需求；三是现代化运输的科技需求；四是交通安全保障的科技需求；五是交通信息化科技需求；六是交通可持续发展的科技需求。

科技长期规划的指导思想是全面落实科学发展观，以“自主创新、重点跨越、支撑发展、引领未来”的方针为指导，坚持“节约、环保、安全、质量、管理、创新”的理念，以交通基础设施建设和水陆运输管理为基础，着力解决交通发展面临的重大科技问题，增强交通科技竞争力，促进重庆市交通实现新的跨越式发展。

科技长期规划的基本原则是统筹规划，重点突破；结合实际，注重实践；加强联合，发挥优势；加强转化，重视推广。

科技长期规划目标是到2010年重点解决重庆市交通存在的关键性技术难题，加大科技投入，使重庆交通科技总体水平在西部地区处于领先地位。到2020年，形成较为成熟和完善的基础设施建养技术，在智能交通技术、环保技术等方面取得突破性进展，使重庆交通科技总体水平在国内领先，部分关键技术能达到国际领先水平。

科技长期规划提出，必须大力实施“1261”交通科技工程，以有力支撑交通可持续发展，即完善一个体系：建立适应交通现代化要求、适合重庆市交通科技发展需求的创新体系，培养一支素质高、结构合理的人才队伍，提高全行业自主创新能力；搭建两个平台：搭建起科技成果转化平台和科技交流平台两个平台，提高行业科技应用水平；抓住六大重点：重点研发公路水路交通建设养护技术、绿色交通技术、交通安全保障技术、现代化综合运输技术、智能化数字交通管理技术和交通科学决策支持技术；攻克一批难题：紧密结合重庆市交通发展的实际需求，针对全市交通基础设施建设和运输发展方面的瓶颈制约因素，展开科技攻关，力争攻克一批技术难题，确保全市交通建设和运输发展目标的顺利实现。

按照国家交通部《公路水路交通中长期科技规划》的基本要求，未来重庆市科技发展的重点任务是建设完善的交通科技创新体系，并在六大科技重点领域开展科技研发活动。

科技长期规划提出了确保实施的保障措施：一是领导重视，为交通科技发展提供政治保障；二是明确资金渠道，为交通科技发展提供经费来源，在有交通规费来源的情况下，科技创新经费按每年交通规费的1%～1.5%提取，集中研究解决全市交通发展的关键问题；三是实施人才强交战略，为交通科技发展提供力量源泉；四是强化科技项目管理，确保交通科技有序推进；五是完善科技评价体系，巩固交通科技发展成果；六是加强科技合作与交流，提高科研水平；七是加强科技成果转化，全面提升交通行业科技含量。

第三节 五年交通信息化规划与远景（1996～2000年及2010年）

“十五”期间，重庆市交通信息化建设取得了显著进展，以高速公路联网收费、水上交通管理监控系统为代表的智能交通信息化取得突破性进展。但是与国内信息化建设领先的省市相比，重庆市交通行业信息化建设方面还存在一些关键问题和差距，如在信息化建设中许多部门缺乏统一规划，交通行业信息资源缺乏有效的共享利用机制，交通应用系统建设缺乏有效的整合等。为了适应重庆市经济发展的需要，顺利实现“十一五”交通发展目标，对交通行业的信息化发展提出了新的要求，需要深入研究，形成明确的发展思路，为重庆市交通信息化建设提供指导，全面提升交通信息化水平，促进交通信息化工作更好地为交通事业发展服务。

重庆市直辖后，第一个交通信息化规划是1996～2000年重庆市公路水运交通信息化“九五”规划和2010年远景目标（纲要）。

一、编制过程

（一）编制的背景

在信息化成为许多国家的国民经济和科技发展战略、在全球互联网络形成的国际背景下，1996年5月，国务院信息化工作领导小组正式成立，下发了《关于当前全国信息化工作有关问题的通知》，通过了《国家信息化“九五”规划和2010年远景目标（纲要）》。

1997年，交通部信息化工作领导小组及其办公室成立。随后，交通部信息化工作领导小组编制并经过交通部批准下发了《关于印发公路水运交通信息化“九五”规划和2010年远景目标（纲要）的通知》（交通部信息发〔1997〕27号），还组织编制了《交通运输信息网络CQTInet）工程总体方案》，统一领导、全面组织启动了交通运输信息化工程——“金交工程”。

（二）编制的实施

1997年7月24日，根据交通部《关于印发〈公路、水路交通信息化“九五”规划和2010年远景目标（纲要）〉的通知》要求，重庆市交通局决定成立重庆市交通局信息化工作领导小组。1997年7月30日，重庆市交通局下发通知，成立重庆市交通局信息化工作领导小组，重庆市交通局局长胡振业任组长，重庆市交通局总工程师蒙进礼、科技处处长程永富任副组长，成员有重庆市交通局各处室和各所属单位负责人。重庆市交通局信息化工作领导小组办公室设在重庆市交通局信息通讯总站，程永富任主任，任建卫任副主任。重庆市交通局信息化工作领导小组办公室成立后，重庆市交通局信息通讯总站具体组织编制了第一个重庆市交通信息化规划，即《重庆市公路水运交通信息化“九五”规划和2010年远景目标（纲要）》（以下简称交通信息化五年规划与远景目标）。

1997年8月18日，重庆市交通局信息化工作领导小组召开了第一次会议。会议邀请重庆大学程代杰教授作了题为《信息时代与中国》的演讲，演讲阐述了信息时代特征以及信息化与国民经济及交通建设、管理的关系。通过这次演讲，领导小组成员提高了对信息化的认识。重庆市交通局局长胡振业对下一步规划工作进行了部署，提出规划起点要高，实施要结合交通实际等要求。会议决定成立信息化规划起草小组，并召开了规划起草小组第一次会议，初步制订了小组规划工作进度计划，并对规划工作中将遇到的建网标准、制度规范、数据库选型、资料建设及建网规模等问题进行了讨论，规划起草小组第一次会议决定对重庆市交通局各行业管理部门进行调研，并提出各部门信息化规划的思路及要求。

1997年8月24～27日，规划起草小组先后赴交通部信息办、交通通信中心汇报了重庆交通信息化规划编制工作开展情况，向专家进行了咨询。交通部信息办总工程师张树辉充分肯定了重庆市信息化工作的部署进展并对交通信息规划工作提出了指导性建议。随后，规划起草小组先后赴江苏省交通厅、上海港航信息中心进行调研观摩，学习规划组织工作经验，收集了相关的信息化资料。

1997年9月5～6日，信息化规划起草小组召开了第二次会议，全体成员听取了关于调研情况的介绍，研究拟定了规划起草工作进一步开展的具体措施。1997年9月11日，起草小组召开以局属各重点行业成员为主的第三次会议，起草小组介绍了对各单位调研情况，并对规划提纲各章节进行讨论，决定尽快拿出规划初稿。

1998年1月，交通信息化五年规划与远景目标送审稿编制完成，上报交通部信息化工作领导小组。1998年3月13日，受重庆市交通局邀请，交通部信息化工作领导小组办公室主任、总工程师张树辉带队，赴重庆市交通局组织了交通信息化五年规划与远景目标的咨询评审工作。重庆市部分专家、学者参加了咨询评审。随后，根据专家意见，重庆市交通局再次对送审稿进行了补充和完善。1998年10月21日，重庆市交通局正式向交通部上报了重庆市公路、水运交通信息化“九五”规划和2010年远景目标报告。

二、规划内容

交通信息化五年规划与远景目标首先进行了现状分析。一是交通信息系统建设现状，即重庆市交通局系统拥有计算机硬件、已经使用软件、计算机应用的技术人员等情况；二是交通信息化建设的主要问题，即基本上没有实现信息资源共享，忽略软件建设，信息运作体制和信息产业尚未形成等等问题；三是信息流量流向分析，预测了“九五”计划期间重庆市交通信息网上传输总量。此外，交通信息化五年规划与远景目标还进行了交通信息需求分析。

交通信息化五年规划与远景目标提出了“统筹规划、联合建设、统一标准、公专结合、资源共享、重点突破”的指导方针和6条指导原则。CQTInet规划要符合交通部《公路水路交通信息化“九五”规划和2010年远景目标（纲要）》总体要求，必须贯彻“一把手”原则，要符合近细远粗的原则，要有较好的适应性和应变性，要遵循信息系统发展的规律，要充分考虑信息系统的先进性、开放性、可靠性、安全性和实用性。

交通信息化五年规划与远景目标提出了具体发展目标：

（一）近期目标：

1. 尽快建成“重庆交通运输信息网络”，简称 CQTInet 及其网管中心，开通 CQTI 的 web 网站。
2. 设立重庆市高速公路联网收费清分系统网络中心。
3. 依托 CQTInet 网络建设，加强建设全市交通行业管理信息网络。
4. 建设重庆交通地理信息系统（GIS）。
5. 建立高等级公路建设、管理、运行信息网络。
6. 建立干线公路桥梁养护管理信息网络。
7. 建立高等级公路联网收费信息系统。
8. 建立公路运输管理信息网络，开发公路运输 EDI 信息网。
9. 建立航运管理信息网。

10 完善公路交通规费征收管理信息网络。

（二）远期目标：

1. 适时进行燃油附加费征收管理信息网的开发建设。
2. 全面建成 CQTInet 网络和各类交通专业信息系统，形成全市交通信息服务产业。
3. 全面建成水路、公路的 EDI 信息网。
4. 建立航道数据库及其政策法规、标准规范数据库。

规划中，对 CQTInet 网络总体规划及其信息资源网的建设，对公路水路交通信息化的进度计划、人才培养计划、法规制度建设、投资筹资渠道和主要措施，均有较为详尽的阐述。

第四节　重庆信息港交通规划

1997 年重庆市直辖后，第二个交通信息化规划是重庆市交通信息化规划，即重庆市信息港建设规划的交通分规划。

一、编制过程

1999 年 3 月，重庆市人民政府下发《重庆市人民政府关于印发重庆信息港建设规划的通知》（渝府发〔1999〕50 号）和《重庆市信息港建设规划》。1999 ~ 2004 年，按照重庆信息港建设规划，重庆市经济信息中心、重庆市综合经济研究院组织实施了《重庆信息港宏观经济信息库系统建设》项目，作为重庆经济信息系统业务系统的核心内容建设。

根据重庆市人民政府的要求，重庆市交通委员会组织专门人员，在原《重庆市公路、水运交通信息化“九五”规划和 2010 年远景目标》的基础上作了补充、修订，完成了《重庆市交通信息化规划》（征求意见稿）。2001 年 3 月 15 日，在重庆渝通宾馆召开了重庆市交通信息化规划工作座谈会，重庆市交通委员会各单位分管信息工作的领导和技术人员出席会议，对《重庆市交通信息化规划》（征求意见稿）进行了讨论。

在调查研究和听取有关专家及各方面意见的基础上，2001 年 4 月 28 日，《重庆市交通信息化规划》（重庆市信息港建设规划之交通分规划）编写完成，报送重庆市科学委员会和重庆市信息产业领导小组验收审查。2001 年 6 月 25 日，重庆市交通委员会将《重庆市交通信息化规划》（重庆市信息港建设规划之交通分规划）印发给委属各单位、各区县（自治县、市）交通局，要求贯彻实施。

二、规划内容

第二个交通信息化规划是在第一个交通信息化规划工作基础之上编制的，其不同之处，主要在于增加了重庆市交通委员会职能，并根据其职能作出了调整。如到2000年成立重庆市交通委员会后，全系统拥有计算机2000余台套，机型也发生变化，486机型只占15%，586机型已经达到85%。其余内容变化不大。

第五节　信息化长远发展规划（2006～2020年）

1997年重庆市直辖后，第三个交通信息化规划是《重庆市公路水路交通信息化发展规划（2006～2020年）》。

一、编制过程

（一）编制背景

2001年11月23日，重庆市人民政府下发《关于印发重庆市信息化带动工业化发展规划的通知》（渝府发〔2001〕115号），要求“在‘十五’期间，必须认清形势，抓住机遇，认真规划，坚定不移地实施信息化带动工业化的战略，实现全市信息化与工业化进程共同推进和国民经济快速发展的宏伟目标”。2002年，国务院成立以总理为组长的国家信息化领导小组，下发了《国家信息化领导小组关于我国电子政务建设指导意见》（中办发〔2002〕17号）。2003年1月7日，重庆市人民政府办公厅下发了《重庆市信息化工程建设管理暂行办法》（渝办发〔2003〕1号）。

2004年7月，交通部下发了《关于印发2010年公路水路交通信息化发展思路及2004～2005年规划方案（简要本）的通知》（交规划发〔2004〕392号）。在2004～2005年交通信息化规划方案中，提出了4个信息化示范工程，分别是部级公路业务管理信息资源整合工程、省级公路交通信息资源整合工程、区域道路客运综合信息服务系统和公众出行交通信息服务系统。交通部要求各地区的交通部门要因地制宜、突出重点，研究交通行业信息化的建设、管理、运行与维护模式，做好“十一五”信息化规划的编制工作，保证交通行业信息化的持续发展。2005年12月21日，交通部下发了《关于加强交通信息资源开发利用的指导意见》（交科教发〔2005〕648号）。2005年12月29日，交通部又下发了《关于印发交通信息基础数据元集的通知》（交科教发〔2005〕663号）。

（二）编制的实施

2005年6月，在已经编制的两个重庆交通信息化规划的基础上，重庆市交通委员会组织科技人员与其他管理人员，启动了新的交通信息化规划编制工作。重庆市交通委员会总工程师张太雄作为项目的技术负责人，重庆市交通委员会综合计划处处长岳顺作为项目负责人。参编人员有罗祥荣、李建明、蒙华、杨树明、卢涛、游晓霞、胡湘、唐亮、杨德武、何永茂。具有计算机信息系统集成二级资质的重庆市博恩科技（集团）有限公司作为编制单位，具体组织人员编写规划。

从2005年7～8月，重庆市交通委员会以科技处牵头组织参编人员和编写人员，先后对重庆市交通委员会机关、重庆市公路局、重庆市运管局、重庆市港航局、重庆市高速公路行政执法总队、重庆市征稽局、重庆市质监站、重庆高发司、重庆高投司、重庆公交集团、重庆交运集团、重庆物质集团、重庆建设集团、重庆航发司、梁平和綦江县交通局等单位进行了需求调研，并赴四川省交通厅、成都市交通局等单位学习考察。

2006年10月10日，《重庆市公路水路交通信息化发展规划（2006～2020年）》通过了专家评审。2006年11月，《重庆市公路水路交通信息化发展规划（2006～2020年）》定稿。2006年11月27日，重庆市交通委员会根据《重庆市公路水路交通信息化发展规划（2006～2020年）》及全市交通行业信息化工作的需要，研究决定启动重庆市交通委员会信息化前期工作，即委托所属机关后勤服务中心进行交通综合业务网等信息化建设前期工作，给予工作经费补助并要求立即启动重庆市交通委员会综合业务网等信息化建设前期工作。

二、规划内容

《重庆市公路水路交通信息化发展规划（2006～2020年）》共有6章：第一章是总论，第二章是重庆市交通信息化发展现状，第三章是重庆市交通信息化需求分析，第四章是交通信息化发展总体规划，第五章是重庆市交通信息化"十一五"建设目标与重点，第六章是交通信息化的发展措施与建议。

（一）指导原则

坚持以"三个代表"重要思想为指导，全面落实科学发展观，着重解决重庆交通信息化全局性的问题，坚持以交通信息化带动重庆交通现代化，加强重庆交通资源的开发、整合和利用；坚持以需求和效益驱动的发展模式，促进重庆交通行业产业结构调整；坚持政府引导、市场调节，联合推进的建设原则，政府、企业、公众信息资源共建共享，推动交通信息化持续、健康发展。具体遵循"统筹规划、数据为先、资源共享、应用主导、安全可靠、务求实效"24字方针。

（二）发展目标

1. 总体目标

战略目标：到2020年重庆市交通行业的管理对象全部实现数字化、网络化、信息化管理，通过多种形式、多种渠道的网络辐射，将更多的交通信息资源传播到全市各级各类用户手中，满足公众用户在社会生活中的信息资源应用需求。交通行政管理部门将建设为知识型和服务型组织，在都市圈、3个大城市和10个中等城市构建智能交通基础设施，对城市交通事业的发展起到重要作用。交通事业管理全面实现信息化，形成高效、公开、灵活的信息化管理体系。交通领域内的信息化人才充足，形成成熟的人才培养体制。有相当数量的交通信息资源利用成果出现，促进交通事业的跨域式可持续发展。

"十一五"期间建设目标：通过资源整合，达到最大限度地实现信息资源共享和利用，向社会提供优质、规范、透明的管理服务，促进政府职能向社会管理和公共服务的转变，全面提升交通行业的监督管理能力、交通安全生产能力和公共信息服务能力。即重庆市交通委员会及所属管理部门将建成良好的内部信息集成，畅通的外部信息交互机制和良好的数据整合管理体制。重庆市交通委员会通过信息化平台接受交通部与重庆市政府的各项指示和政策文件，通过任务的分解和计划并下发到相关的管理部门；各二级单位根据自己的管理职责和管辖区域范围执行交委下达的任务并及时汇总相关信息并向重庆市交通委员会汇报进展情况与最终结果；重庆市交通委员会将所属单位的建设、经营管理、养护、安全等信息汇总后向上级部门和领导反馈，便于领导作出更好的决策和制定政策。

2. 主要任务

在"十一五"期间重庆交通信息化的主要任务主要包括建设两级数据中心、三大综合信息平台、三大应用系统，完善两大门户网站、3个保障体系和1个通信信息基础网络。即建立和完善重庆市交通行业内部政务网站和外部网站，构建公路、水路、综合类管理信息平台，建立交通运行综合分析系统、交通应急处理系统、交通综合执法管理系统和交通信息公众服务四大系统，建立和完善交通数据中心，构建和联通覆盖全市的政务内网和外网的交通通信基础网络，构筑交通信息化建设与运营、安全保证、标准与规范三大保障体系。

3. 发展措施

主要由交通信息化组织体系、制度建设、管理体系、绩效评估、人才队伍、建设管理融资和政策建议等7个方面构成，为共同促进重庆市交通事业和交通信息化的发展而努力。

第五章　交通科技管理

1983～2005 年，重庆交通科技管理的发展内容主要有四个方面：企业技术改造与设备管理，交通科研项目计划管理，交通质量监督管理，交通环境保护管理。

1986～1988 年，交通企业进入技术改造的新阶段，主要有三大技术改造：一是汽车修造生产，二是船舶修造生产，三是公路运输企业车辆更新改造。重庆交通科技管理的重点，先是汽车修造生产、船舶修造生产和车辆更新改造的技术开发管理，随后逐步转向交通企业事业设备的现代化管理。1991～1994 年，重庆市交通局制订、修改了设备管理规定以及实施细则和各类操作规程及其责任制，交通设备管理取得成效。1997 年，重庆市交通局制定了《重庆市全民所有制交通企业和事业单位设备管理规定》(渝交局〔1997〕924 号)。2000 年 12 月 8 日，重庆市交通委员会印发了《重庆市交通委员会国有交通企业和事业单位设备管理规定（试行）》。

交通科研项目计划管理是以重庆市交通科研项目为主体的、实施交通部下达的西部科技项目和联合攻关科技项目的科技项目管理体系。1993 年，重庆市交通局开始实行交通科技项目综合计划管理。在重庆成渝、渝长、长涪、渝黔、渝合高速公路等项目建设期间，为推动科技成果转化为现实生产力，重庆市交通局优先选择以高速公路建设为依托的关键技术开发项目，展开关键技术应用性研究，并在年度交通科技综合计划中列入关于交通公路水路行业管理决策的软科学应用项目。1996 年 10 月 1 日，国家开始实施促进科技成果转化法。据此，在每年的交通科技项目综合计划中，重庆市交通主管部门均下达重大科技成果推广项目计划。计算机开发项目也正式列入重庆市交通科技项目综合计划。

交通质量监督管理，是从早期的全面质量管理向产品质量管理、运输质量管理和公路质量管理逐步深入发展的过程。1990 年，重庆市交通局成立全面质量管理委员会。1991 年，重庆市交通局制定了《重庆市交通系统“八五”期间推行全面质量管理规划》，贯彻质量管理和质量保证，依据国家标准完善质量保证管理体系，并开展全面质量管理教育与达标评审等活动。1990～1991 年，重庆市交通局下发了《关于加强交通工业产品质量管理的通知》。又先后单独制定出台或与重庆市技术监督局联合制定了面向交通行业的运输质量管理的一系列制度规定。1993 年，重庆市交通局开展了公路工程的全面质量管理工作。2001 年，重庆市交通委员会制定了《重庆市公路工程质量监督实施细则（试行)》。

交通环境保护管理是重庆交通科技管理的重要方面。2000～2005 年，重庆市实施环保工作目标责任制，推出党政“一把手”环保实绩考核办法，重庆市交通委员会年年参加环保实绩考核。在重庆交通行业中，公路建设、公路养护、港口航道的环境保护管理逐步开展起来。公路、港航建设建立了环境影响评价分析和水土保持措施评价分析制度，施行公路绿色通道工程建设，汽车节能改装大规模推广应用天然气汽车，取得了显著成效。在长期的港航防治污染管理基础上，2000 年 8 月至 2005 年 12 月，重庆市交通委员会及重庆市港航管理局制订了三峡库区船舶污染防治规划，主要任务是全面治理船舶流动污染。重点完成了船舶废弃物接收工程、船舶生活污水集污治理工程和化学危险品船舶洗舱基地工程等三大任务的前期论证和编制实施方案。

第一节　产品开发管理

1983年初，重庆市交通局直接管理的交通工业企业只有国有的重庆市汽车修理总厂和集体所有的重庆江北修造船厂（后改为重庆迅达交通工程设施厂）和江南船厂（即车船附件厂）。1983年，随着重庆市计划单列，四川省交通厅将在渝的14个省属交通运输企事业单位划归重庆市交通局管理，其中，四川省重庆船厂、重庆交通机械厂、重庆翻胎厂等原省属的3户交通工业企业单位也划归重庆市交通局管理，重庆市交通局直接管理的交通工业扩大到6户。加上汽车运输企业和内河运输企业所属的车船修造企业，已经有十几户交通工业企业。重庆市公用局所属的公共交通企业中，主要有重庆客车总厂、重庆市公交公司修理厂和重庆市客轮总公司船厂等。

1986年7月4日，国务院颁发《关于加强工业企业管理若干问题的决定》（国发〔1986〕71号），提出国家特级企业、国家一级企业、国家二级企业和省（自治区、直辖市）级先进企业的主要标准。其中措施之一，就是要大力推进企业的技术进步，加速产品更新换代和技术改造。

1986~1988年，随着交通企业进入技术改造的新阶段，重庆交通科技管理的重点为汽车修造生产的技术开发管理和船舶修造生产的技术开发管理。为适应市场需求，加快技术改造，地方交通和公共交通工业从过去单一的维修保养转变为修造结合、以造为主。通过一系列技术开发管理，汽车修造业生产出了渝州牌轻便汽车、重庆牌公共客车等系列产品，船舶修造业生产出了采金船、气垫船、水翼船等系列产品。

一、汽车修造

（一）重庆市渝州汽车总厂

1. 历史沿革

重庆市渝州汽车总厂成立于1956年公私合营时期，前身是重庆市汽车修理总厂。1985年1月1日，正式更名为重庆市汽车修造总厂，职工2370人，共有6个国有企业分厂和7个集体企业厂。除年大修汽车500辆、生产汽车配件外，逐步发展为生产BJ130型渝州牌轻型汽车系列11个品种的汽车修造企业。1986年，总产值2147万元，占市属交通工业企业总产值的30.8%。1988年，改名为重庆市渝州汽车总厂。1994年，总产值5303万元，占市属交通工业企业总产值的43.3%，成为四川、重庆最大的汽车修造企业。1995年11月3日，国家国有资产管理局以国资产函发〔1995〕245号文批复同意重庆渝州汽车总厂并入中国嘉陵工业集团。

2. 技术改造

1985年，随着对外经济开放，重庆市进口各型汽车已达到3000多辆。重庆市经济活动辐射范围内的云、贵、川、西藏的拥有量达7000余辆（其中以丰田汽车居多）。由于重庆地区尚无一个正式的专业进口汽车维修厂，根据重庆市人民政府领导指示，重庆汽车修造总厂和中技总公司西南公司、重庆国际信托投资公司三方与日本丰田汽车公司、丰田通商株式会社两方，通过互访、调查和反复磋商，取得初步协议，共同认定在重庆汽车修造总厂所属小龙坎汽车修理厂（系重庆市国营专业小轿车修理厂）建立丰田维修服务中心。1985年7月13日，重庆市计委批复重庆市交通局，同意设立重庆丰田汽车维修服务中心（重计委军〔1985〕358号）。1985年7月19日，重庆丰田汽车维修中心成立，该中心由重庆汽车修造总厂与日本丰田汽车公司合作开办，承接国内外轻型车、各型小轿车、吉普车的技术检测和维修。

1985年，为适应对外经济开放的新形势，重庆市汽车修造总厂开始大规模的技术改造，主要有西永分厂改装轻型车技术改造，新建厂房车间19000平方米；北碚分厂车间改造810平方米，铜漆化工车间改造4243平方米以及小龙坎分厂蓬垫车间、办公室等改造，1985年度计划投资445万元，完成211万元。

1986年1月21日，重庆市汽车修造总厂技术改造项目被列为市属25个重点项目之一，该项目投产后形成年产轻型渝州牌汽车3000辆的能力，新增产值5400万元。其中，包括西永分厂改装轻型汽车技术改造，新建厂房车间19000平方米；大坪分厂改装轻型汽车总装车间改造3243平方米，总装轻型汽车200辆/年；汽车检测站825平方米，年检测汽车800辆；购置精加工设备21台套，蓬垫车间改造450平方米；1986年计划投资459万元，完成459万元。1986年，重庆汽车修造总厂所属小龙坎汽车修理厂，通过重庆市交通局上报批准，接受了日本丰田汽车公司无偿赠送的具有20世纪80年代水平的汽车维修、检测设备以及管理软件等专用设备，进行了进口汽车的维修技术改造。

1987年，续建西永分厂改装轻型汽车技术改造，新建厂房车间实际施工19810平方米。汽车检测站计划年检测汽车调整为10000辆。1987年计划投资821万元，完成599万元。1988年，续建西永分厂改装轻型汽车技术改造，新建厂房车间累计投资1257万元，汽车检测站、焊接与车身油漆涂装生产线、发电机组等改造累计投资167万元。1989年，续建西永分厂改装轻型汽车技术改造，新建厂房车间累计投资1299万元，新增固定资产910万元。焊接生产线、车身油漆涂装生产线等改造累计投资259万元。1989年2月，轻型车焊接技改、车身涂装生产线、冲压设备配套等3个项目验收合格。1989年10月，重庆市渝州汽车总厂轻型车改装技改项目投入使用，1990年10月验收。至1990年年底，除少量车间改造、工艺改造项目外，大规模技术改造基本完成。

3. 产品开发

1985年7月，经中国汽车工业公司、公安部、交通部批准，重庆市汽车修造总厂列为全国改装车的定点厂，先后生产制造出了渝州牌YZ6460轻型客车、渝州牌YZ6590轻型客车、渝州牌YZ1041轻型双排座载货车、渝州牌YZ1020S轻型车、渝州牌YZ－213和改型YZ－122双排座客货两用轻型汽车。重庆市汽车修造总厂生产的渝州YZ－122双排座客货两用轻型汽车，自1985年12月到海南岛汽车试验站进行性能综合试验，历时84天，行程2.5万公里，到1986年3月，顺利完成全部试验项目。1987年9月，重庆市汽车修造总厂生产的新产品——渝州牌YZ－213和改型YZ－122双排座客货两用轻型汽车获重庆市新产品百花奖三等奖。

（二）重庆交通机械厂

1. 历史沿革

重庆交通机械厂原是四川省交通工业重点企业之一。1960年5月，试制成功仿“解放”牌的“上游”牌汽车发动机，开创了四川省制造中型汽车发动机的历史。1981年，试制成功JT661A长嘉牌客车。1981年10月，研制成功CA－10B（G）、CA－10C（G）改型发动机，获得全国评比第一名。1983年4月，重庆交通机械厂由四川省下放重庆市交通局管理。1984年12月，经中国公路客车挂车联营公司批准，重庆交通机械厂被接纳为成员企业。1985年，重庆交通机械厂有职工1875人，除年大修客货车800辆外，建成了发动机的缸体、缸盖、曲轴连杆、车架、钢圈、进排气支管等6条生产线，投入批量生产。1985年，重庆交通机械厂的年产值为1443万元，占市属交通工业企业总产值的17.5%。1990年，重庆交通机械厂达到年产值2312.2万元，占市属交通工业企业总产值的22.8%，仅次于重庆市汽车修造总厂。1991年，重庆交通机械厂正式移交给重庆市机械局管理。

2. 技术改造

1985年，重庆交通机械厂三溪口分厂技术改造项目启动，主要内容是492汽车发动机生产线改造，年产目标20000台，1985年计划投资562万元，完成投资275万元。

1986年，续建三溪口分厂铸造车间技术改造15000平方米，年产目标6018吨，东风140型发动机配件生产线，年产目标2000件，本年计划投资1295万元，完成投资615万元。

1987 年，续建三溪口分厂铸造车间技术改造，实际施工面积 17834 平方米，续建东风 140 型发动机配件生产线，1987 年计划投资 2050 万元，完成 2030 万元。自开工到 1988 年年底，续建三溪口分厂铸造车间技术改造和 492 汽车发动机生产线改造，计划投资 4019 万元，累计完成投资并新增固定资产 4019 万元。

3. 产品开发

1985 年，重庆交通机械厂的汽车发动机产量为 967 台。1985 年，重庆交通机械厂开始生产 JT661A 型公路客车底盘。1985 年 7 月 31 日，由四川省交通厅和重庆市交通局组织鉴定，通过了产品合格鉴定。1986 年进入技术改造期，汽车发动机产量降至 115 台。1986 年 2 月 15 日，重庆市交通局向重庆市计委申报重庆交通机械厂改装公路客车定点厂资格。1986 年 4 月 26 日，重庆市交通局向交通部公路局申请重庆交通机械厂定点生产公路客车底盘。1986 年 5 月 5 日，交通部公路局批复：根据中国汽车工业公司、公安部、交通部、全国控办〔1985〕中汽综联字 198 号文件关于目录以外的汽车产品，如企业有能力、市场有需要，经过产品质量监督部门检测合格后，可以核发牌照的精神，同意重庆交通机械厂在确保质量的前提下，市场有需要，可以继续生产 JT661A 型公路客车底盘（交通部〔1986〕公路车字 75 号）。1987、1988、1989 年，重庆交通机械厂汽车产量分别只有 25 台、31 台、44 台。1990 年，重庆交通机械厂主要产品有汽车配件和汽车发动机，年产值 2312.2 万元，其中，4JB1 汽车发动机回升到年产 700 台。

（三）重庆翻胎厂

1. 历史沿革

重庆翻胎厂始建于 1944 年 10 月，新中国成立后先后隶属于西南交通部、四川省交通厅及其四川省汽车运输公司。1983 年，四川省交通厅将重庆翻胎厂下放给重庆市交通局管理。1985 年年底，有职工 503 人，年产翻新胎 7.5 万条。1998 年 2 月 27 日，重庆翻胎厂与重庆江南船厂（即车船附件厂、集体企业）、重庆迅达交通工程设施厂（即原江北修造船厂、集体企业）一起下放给南岸区人民政府部门管理。

2. 技术改造

1983 年，重庆翻胎厂下放时，正值“六五”计划期，重庆翻胎厂被列为国家重点技术改造单位，从意大利引进预硫化翻胎生产线，是国家重点翻胎骨干企业，在翻胎生产领域居国内同行业领先地位。1992 年 5 月 6 日，经重庆市交通局审查上报，重庆市科学技术委员会给重庆翻胎厂下达了“废旧合成橡胶高压脱硫新工艺”开发项目，总投资 140 万元，其中，银行贷款 100 万元。重庆市科学技术委员会要求重庆市交通局与企业一道，与其签订合同，实施项目管理，1993 年完成项目并投产。

3. 产品开发

重庆翻胎厂主要翻新 600－12 至 1200－20 等 20 多种规格汽车轮胎。以预硫化法新工艺翻新钢丝子午线轮胎，行驶里程提高 40%～50%，填补了国内此项技术的空白。1985 年，荣获“国家技术进步一等奖”，这是在同行业中得到的最高奖励。

1986 年 7 月 7 日，重庆翻胎厂以技术输出为主，与眉山县交通局所属航运公司建材厂联合组建的重庆翻胎厂眉山分厂建成投产，以翻胎为主，年产翻胎 2500 条，并兼营橡胶制品。

（四）重庆市客车总厂

1. 历史沿革

重庆市客车总厂的前身是重庆市公交公司汽车保修厂。1979 年 7 月 1 日，为促进重庆客车生产专业化，经中共重庆市委基建工作部批准，重庆市公用局组建成立重庆市客车总厂，隶属于重庆市公用局。至 1985 年年底，重庆客车总厂有职工 1750 人，其中工程技术人员 89 人，机械设备 416 台，7 个分厂，24 个科室，厂区面积增至 7000 平方米，年工业总产值（不含装修厂和制配厂）增至3024.95万元，年产各型客车800多辆，销往26个省区。主要生产城市公共汽车、无轨电车、机关团体车、旅行游览车、小客车、客货两用车等10多个品种。

1992年11月，经重庆市公用局批准，重庆市客车总厂与深圳蛇口安达实业股份有限公司就对方参股达成协议，使资产随企业良好的经营业绩增值。1992年12月20日，在重庆市人民政府领导下，重庆市客车总厂4个分厂及安家嘴新厂与泰国新感觉集团签订了租赁合同，1993年1月28日，重庆市经贸委批准双方协议生效，正式设立重庆泰龙客车制造有限公司，投产制造中型客车。1993年8月28日，重庆客车总厂与广西北海市公交公司合资成立的重庆客车总厂北海分厂正式投产。1996年9月1日，因泰国新感觉集团有限公司严重违约，重庆泰龙公司开工不足，资不抵债，重庆市客车总厂依法收回给泰国新感觉集团的租赁资产，泰国新感觉集团有限公司赔付重庆客车总厂租赁费共计1224万余元。重庆客车总厂恢复自行生产。从1997年起，产值、销量收入以每年平均40%的速度递增，1998、1999、2000年被列为重庆市重点经济增长型企业。

2002年6月11日，重庆市客车总厂成建制划归重庆公交（控股）集团公司。2003年4月29日，重庆市客车总厂与郑州宇通集团合资合作谈判成功。2003年7月，重庆市客车总厂与重庆新华信托投资有限公司、郑州宇通发展投资有限公司、郑州宇通客车有限公司共同出资，组建了郑州宇通集团控股60%的重庆宇通客车有限公司。2005年12月，郑州宇通公司将其股份资金转让给了重庆市公路运输集团公司、重庆市汽车运输集团公司、重庆市长途汽车运输集团公司，重庆宇通客车有限公司终止。这3家运输企业后因归属于重庆交通运输集团，故于2006年2月，重庆市公交控股集团公司重庆市客车总厂控股，与重庆交通运输集团，与重庆新华信托投资有限公司共同出资，组建为重庆恒通客车有限公司。

2. 技术改造

1984年，重庆市客车总厂向重庆市人民政府请示移地建设进行生产线的技术改造，同年获得批准立项，在江北县（现渝北区）龙溪镇（现松牌路109号）征地256亩。1986年，重庆市建委批准其初步设计开始进行建设。1992年年底，完成了技术改造一期工程，建设面积62416平方米，总投资5992.4万元，基本形成了年产2000辆客车的生产规模，1992年被列为重庆市工业50强之一。重庆恒通客车有限公司成立以后，在渝北空港开发区内又购置地200多亩，开始进行第二次大规模技术改造。2007年，又列为直辖后的重庆市工业50强之一。

3. 产品开发

1978年，重庆市客车总厂自行设计生产了重庆牌三型大客车，投入公交客运线运行。1982年，生产装配了一批NOMAN大型铰接式公共汽车。1983年，自行设计生产了“重庆”牌CQ664型大型铰接式公共汽车。重庆市客车总厂为创出名牌而奋斗，终于在1984年，成功地自行研制出CQ643型、CQ644型“重庆”牌大客车，在全国同行业质量检查评比中被评为“优胜产品”。1986年12月，重庆市客车总厂生产的“重庆”牌CQ644P游览大客车，在全国城市建设成就展览会上荣获新产品金杯奖和建设部优秀产品奖。同时，CKZ6115型团体客车获二等奖（即银马奖），CKX5702型旅行车获产品发展奖。1986年试制的“重庆”牌五型大客车，还被全国人大首次选为接送人大代表国产用车。

1993~1996年，在泰龙租赁阶段，由于资金严重缺乏，管理粗糙，开工不足，只能生产中型客车且年产仅700~900辆。1997~2000年，恢复本厂生产以后，重庆市客车总厂在市场经济体制改革中苦练内功，“学邯钢、促市场、促发展、调整产品结构、调整产业结构、调整经济结构”，产值与销量以年均递增40%的速度发展。1998年，开发出8米、10米系列及双燃料绿色环保车，还开发出7米标准公交车、空调车等。

2003~2005年成立合资经营的重庆宇通客车有限公司以后，公司具有年产4000余台客车和年产3000台客车底盘的生产能力，公司还拥有10个产品系列、60多个品种的工业产权，可生产9~

48座、5~12米的中高档次城市公共汽车、长途客车、旅游客车和小型社区巴士等客车。公司自行设计开发的产品有“城市之星”“都市巡洋舰”“都市新概念”“都市风光”“美景”“路宝”“正道”“碧莲”“迷你巴士”和CKZ6109、CKZ6753、CKZ6831、·CKZ6846、CKZ6850、CKZ6934、CKZ6965系列高档次城市公共客车，成功地引进了ZK6896、ZK6118、ZK6115、ZK6120等4个系列的各种造型新颖、风格华丽、质量可靠、乘坐舒适、价格合理的各型品牌公路旅游名车。

二、船舶修造

（一）重庆船厂

1. 历史沿革

重庆船厂始建于1939年，位于重庆市江北区青草坝，原为卢作孚先生所创办的民生机器厂旧址。1949年新中国成立后至1985年，重庆船厂成为重庆市地方最大的船舶修造骨干国有企业。重庆船厂最著名的产品是300升链式采金船，在1984年获得重庆市新产品百花奖之后，1987年6月，又获得了重庆市科技进步二等奖。但进入20世纪90年代，随着内河航运业的不景气，重庆船厂业务严重不足，入不敷出，连年亏损，据财务统计，1987年至1997年，累计亏损3961.3万元，处于破产边缘。

1997年，天府旅游轮船股份公司为了上市，兼并了经营步履维艰的重庆船厂。天府旅游轮船股份公司上市后成为长江水运股份有限公司，2002年，重庆船厂与长运股份公司正式签订了兼并合同。2005年12月31日，因建造朝天门长江大桥的需要，重庆船厂撤销解体。

2. 产品开发

1997~2005年的8年间，为了适应市场经济发展需求，重庆船厂积极调整产品结构，在保持部分有市场销路的传统产品基础上，相继开发了冶金工业、建筑机械、环保设备、交通配套产品。

1997年10月，重庆正处于高速公路建设高潮时期，重庆市交通局扶持重庆船厂调整产品结构，帮助其开发交通配套产品，主要方向是制造高速公路防护栏。重庆船厂投入了900多万元，基本建成了高速公路波型防护栏板、管立柱辊压生产线，拥有了GY280/GH140自动辊压冷弯成型联合机组与6×1600圆盘式纵剪机组。此后，重庆船厂生产了高速公路防撞护栏板及Φ 140mm、Φ 114mm焊管立柱、收费（站）亭、收费站电动拦木等公路交通产品，相继用于成都至上海国道主干线渝长高速公路、长涪高速公路、“八小时重庆”工程的国道319线武隆段和渝巴路巫山段，产品质量获得好评，其安装施工被重庆市交通委员会、武隆县交通委员会、重庆高发司评为优良工程，为重庆交通建设作出了贡献。

对有销路的传统产品，重庆船厂尚有较强的生产制造能力。2002~2003年，随着长江航运的汽车滚装业务日益扩大，重庆船厂为重庆轮船公司制造了2艘26车位汽车滚装船，制造了1艘可用于汽车滚装或装运集装箱的多用途船。为满足国内旅游业发展需要，2004~2005年，重庆船厂生产了杭州千岛湖“伯爵”号豪华旅游船，为当时国内湖泊行驶的最大旅游船。在集装箱业务兴盛起来后，重庆船厂应民生轮船公司的合同之约，2004年，为民生轮船公司制造了2艘140TEU集装箱船。2005年，又为民生轮船公司建造了2艘200TEU集装箱船。

1997~2005年，其余产品如高炉水渣处理设备，水电站闸门及启闭设备，60吨/米、40吨/米、25吨/米塔式起重机，MYZB-100煤矿瓦斯钻机，铝厂洗涤塔，电解铝设备，节能自动连续过滤器，水产养殖网箱等，也有开发生产，还制造了出口印度尼西亚的步进式加热炉底机械设备等。

（二）重庆轮船（集团）总公司泸州船厂

1. 历史沿革

重庆轮船（集团）有限公司泸州船厂（原四川省重庆轮船公司泸州船厂，以下简称泸州船厂）建于1959年7月8日，泸州市人民委员会批准成立，位于四川省泸州市长江南岸的茜草坝，成立时有职工163人。

泸州船厂的前身是“修造船工地”，1958年8月，因体制调整，四川省重庆轮船总公司将修造船工地移交给泸州专区管理。1958年9月，四川省泸州专区船舶厂成立，受泸州专区交通局领导。1959年3月，泸州专区船舶厂与泸州专区交通机械厂合并，称国营泸州专区交通机械厂。1960年8月，泸州、宜宾两专区合并，改称四川省宜宾专区泸州修造船厂，属宜宾专区交通局领导。1961年2月，改由宜宾专区轮船运输公司领导，更名为四川省宜宾专区泸州交通机械厂。1962年7月，交通机械厂收归省管，交四川省重庆轮船公司领导，改称国营四川省重庆轮船公司泸州驳船修造厂。1984年6月，更名为重庆轮船总公司泸州船厂，至2005年年底，企业体制未变。

2. 产品开发

泸州船厂拥有冷作机械、焊接切割、吊运、金属加工等造船设备共294台（套）。1985年到2005年20年间，共建造各类船舶296余艘、10万余吨。最大的汽油推轮是1994年出厂，为武汉石油公司建造的功率为398千瓦的油推轮。建造的最大功率的船是1996年出厂的300客座“康平”号钢铝混合结构高速气垫船，总功率为3090千瓦。最大吨位船舶为2005年初出厂的“永宁2号”“恒昌”号货轮，载货量为3000吨，最大危险品趸船为泸天化“甲醇1号趸”，船长55.6米，排水量476吨。最大吨级驳船“千吨驳”渝甲1001～渝甲1006共6艘。还制造了“钢联桥”“钢围堰”“钢房架”等陆上钢结构产品。

泸州船厂承担的长江型侧壁式钢铝混合结构高速气垫船即300客座钢质气垫船的研制项目，是由国家计委于1992年下达给重庆市的国家重点科技攻关项目（计科技函〔1992〕100－31号），由四川省重庆轮船总公司、中国气垫技术开发公司承担科研设计，四川省重庆轮船总公司泸州船厂建造（重计委科〔1995〕328号文）。该船舶于1995年开始制造，1996年3月出厂，船长52.8米，宽12.3米，761总吨位，300总客位，功率2550千瓦，命名为“康平”号。1996年9月中旬，时任中共中央政治局常委、书记处书记的胡锦涛等党和国家领导人，乘坐这艘钢铝质高速气垫船前往视察三峡库区。在船上，胡锦涛听取了重庆轮船总公司书记王大庆的工作汇报，并欣然提笔为重庆轮船总公司签名留念。后因客源缺乏、耗油过大及水波过大等妨碍其他船舶的安全运行因素，“康平”号300客座钢质气垫船并未投入运营。接待党和国家领导人的航行，就成为这艘高速气垫船仅有的一次川江航行。它是国内最大的钢铝质高速气垫船，仍未有破纪录者。

1996年，经重庆轮船总公司党政会议研究决定建造千吨级甲板驳。1996年上半年，泸州船厂开始制造。1996年5月，先出厂了2艘1043吨级的长65.4米、宽11米、深3.2米的钢质半舱驳。1996年6月3日，重庆轮船总公司泸州船厂首次建造的千吨级甲板驳川甲1001号投入运营，在地方水运交通领域，号称第一艘千吨驳。1997年1月、2月、8月和9月，又先后出厂了4艘1043吨级的长65.4米、宽11米、深3.2米的钢质半舱驳。

（三）重庆市客轮总公司

1. 历史沿革

重庆市客轮总公司始建于1938年，原名重庆市轮渡公司，1993年更名为重庆市客轮总公司，公司位于重庆市渝中区新华路5号。主营主城区两江游览、朝天门至磁器口、朝天门至长寿、市区横江普客运输，兼营缆车客运、船舶制造修理，船用设备及配件、普通机械销售。2005年，公司资产总额5355万元，职工830人。

2. 产品开发

重庆市客轮总公司制造的80座高速水翼船“歌乐山”号，是国内首家自行制造的高速水翼船。

第二节 交通设备管理

1980～1985年，重庆交通设备管理的重点在直属国营运输企业，即用计划投资对重庆地方交通运输企业车船设备进行改造，公路养护机具设备则主要由四川省交通部门投资。

1986～1990年，重庆市地方交通运营客货车辆达到4434辆，较1985年年末增长了8.3%，其中客车数量增长了47.8%。运输机动船舶功率达到66424千瓦，较1985年年末增长24.6%；运输驳船载重量达到24.7万吨，较1985年末增长32.7%。1991～1995年，重庆市地方交通运营客货车辆达到6973辆，较1990年末增长了57.3%，其中客车数量增长了124.8%，货车数量增长了13.7%。运输机动船舶功率达到68236千瓦，较1990年末增长了2.7%；运输驳船载重量为24.5万吨，较1990年末略有下降。至1997年年底，公路筑路机械设备共有1029台（套、辆）。

1997年重庆直辖至2000年年底，重庆市地方交通运营客货车辆达到18712辆，其中客车12946辆，货车5766辆。运输机动船舶功率达到488957千瓦，运输驳船载重量为90.2万吨。公路筑路机械设备共有1297台（套、辆），包括推土机、挖掘机、铲土机、压路机、起重机、拌和机、切缝机、摊铺机、搅拌机等等筑路机具。2001～2005年，重庆市地方交通拥有的运营客货车辆达到184836辆，其中客车32527辆，货车152309辆。运输机动船舶功率达到834029千瓦，运输驳船载重量为239.9万吨。公路筑路机械设备共有1126台（套、辆）。

一、运输车辆更新改造

1986～2005年，重庆公路运输企业随着公路运输市场的逐步开放，载客载货汽车运力数量基本上是直线上升。究其缘由，主要动力在于较大规模的车辆更新改造。

1986年，交通部门所属国有、集体所有公路运输企业完成更新改造投资894万元。1990年，同口径完成更新改造投资2042万元，比1986年增长128%。1986年初，即"六五"计划期末，交通部门所属国有、集体所有公路运输企业拥有载客汽车1177辆，47957总客位；载货汽车2916辆，14231总吨位。至1990年年底，即"七五"计划期末，经过车辆更新改造，交通部门所属国有、集体所有公路运输企业拥有载客汽车1740辆，70158总客位；载货汽车2694辆，14479总吨位。"七五"计划期末与"六五"计划期末相比，载客汽车增长47.8%，总客位增长46.3%；载货汽车下降7.6%，总吨位则增加1.7%。1995年，同口径完成更新改造投资13048万元，比1990年增长539%。至1995年年底，即"八五"计划期末，车辆进一步更新改造，交通部门所属国有、集体所有公路运输企业拥有载客汽车3911辆，98877总客位；载货汽车3062辆，15118总吨位。"八五"计划期末与"七五"计划期末相比，载客汽车增长124.8%，总客位增长40.9%；载货汽车增长13.7%，总吨位增加4.4%。

1997～2005年，在重庆直辖后，高速公路建成通车里程扩大，公路运输企业发展迅速，载客载货汽车运力加速发展，主要动力也源于更大规模的车辆更新改造。2000年，交通部门所属国有、集体所有公路运输企业完成更新改造投资12010万元。2005年，同口径完成更新改造投资24620万元，比2000年增长105%。至2000年年底，即"九五"计划期末，交通部门所属国有、集体所有公路运输企业拥有载客汽车12946辆，232541总客位；载货汽车78754辆，211464总吨位。至2005年年底，即"十五"计划期末，交通部门所属国有、集体所有公路运输企业拥有载客汽车32527辆，473227总客位；载货汽车195359辆，427581总吨位。"十五"计划期末与九五计划期末相比，载客汽车增长151.3%，总客位增长103.5%；载货汽车增长148%，总吨位增加近102.2%。1986～2005年，通过不断地更新改造，重庆交通车辆设备的质量有很大改善，新增更新了舒适的新型普通客车、豪华舒适的大型旅游客车、长途卧铺大客车、特种集装箱式货车、150吨特大型汽车起重机等车辆等新种类公路运输工具。

二、运输船舶更新改造

1986~1996年重庆直辖前，重庆地方内河运输企业主要有重庆轮船公司、重庆水运公司、民生轮船公司。此外，还有相当一部分区县航运公司。1991年，重庆水运公司被重庆轮船公司兼并，地方内河运输企业主要有重庆轮船总公司和民生轮船公司。在内河运输市场开放后，内河航运竞争加剧，内河运输业整体处于不景气的低迷状态中。地方国有内河运输企业运力设备老旧，效率低下，效益下降，处于严重亏损的衰落阶段。交通部门各项管理工作的重要任务之一就是大力推进企业的技术进步，加速设备更新换代和技术改造，交通科技管理的重心之一，放在了内河运输企业船舶设备更新改造的技术管理上。

重庆直辖前，内河运输企业船舶运力一直缓慢地直线上升，主要动力仍在于较大规模的船舶更新改造。至1990年年底，即“七五”计划期末，交通部门所属国有、集体所有内河运输企业完成更新改造投资935万元。交通部门所属国有、集体所有内河运输企业拥有运输机动船、驳船1457艘，249309吨位，19428客座位，66424千瓦。1995年，同口径完成更新改造投资4425万元，比1990年增长373%。至1995年年底，同口径运输船舶1187艘，250476吨位，15454客座位，68236千瓦。虽然有较大的更新改造投资，船舶运力并未出现较大的增长势头。

重庆直辖后，因重庆行政区域扩大，地方内河运输企业除重庆轮船总公司和民生轮船公司外，范围有较大的增加。同时，内河运输企业的船舶更新改造持续实施，既有了外延的扩大再生产，又有了内涵的扩大再生产，船舶运力出现了直线上升的增长趋势。2000年，交通部门所属国有、集体所有内河运输企业完成更新改造投资1622万元。2005年，同口径更新改造投资20518万元。至2000年年底，即“九五”计划期末，交通部门所属国有、集体所有内河运输企业拥有运输机动船、驳船1281艘，318783吨位，84660客座位，180141千瓦，786标准集装箱。至2005年底，即“十五”计划期末，交通部门所属国有、集体所有内河运输企业拥有运输机动船、驳船3668艘，1962525吨位，99963客座位，688631千瓦，13099标准集装箱。“十五”计划期末与“九五”计划期末相比，运输船舶增长1.86倍，总吨位增长5倍，总客座位增长18%，总马力增长2.82倍，标准集装箱运力增长15.6倍。

1986~2005年，重庆交通船舶设备的质量有很大改善，新增了新式普通客轮、大型豪华旅游客轮、高速气垫客船、俄罗斯高速水翼客船、集装箱班轮以及商品与汽车滚装货船、危险品运输船等新种类的水上运输工具。

三、公路工程设备更新改造

随着改革开放深入发展，为适应公路建设快速发展的需要，从1991年开始，重庆市交通部门先后组织8批30余人就高等级公路的管理、养护及设备等进行考察或洽谈等，为引进国外先进公路工程设备做前期工作。1991~2005年，除引导交通运输企业加紧设备更新改造外，重庆市交通部门重点组织引进和采用了国外先进的公路工程设备，先后引进了美国的公路沥青拌和机和摊铺设备、捷克生产的振动压路机、西德的薄壳铸造生产线、日本的汽车自动检测线，以及与计算机信息系统联用的公路路面桥梁检测车等，这批国外先进设备成为公路建设中的主力设备。

1986~2005年，重庆市公路工程处、重庆市渝通公路工程总公司针对逐年新建高等级公路增多、任务重、工程质量要求高的状况，高起点地从国外引进先进的筑路施工设备，先后购买捷克生产的振动压路机15台，美国、东德生产的平地机3台，美国、德国生产的沥青混凝土摊铺机5台，美国、新加坡、意大利生产的沥青混凝土拌和机3套，在国道210线红双段，特别是在“西南第一路”成渝高速公路重庆段的建设中，采用这些先进的优良设备，加上先进的管理办法，为国道210线红双段竣工和成渝高速公路优质高效地提前一年实现初通作出了贡献。

1995~2005年，成渝高速公路重庆段竣工通车后，重庆市高速公路管理机构先后又从德国、美国进口20世纪90年代国际上先进的公路桥梁检测车、公路隧道清洗车、道路排障车、道路清扫车等公路养护设备。重庆市公路运输总公司看准重庆地区缺乏重型汽车吊的空当，经过广泛的市场调查，通过专家详细论证，选购了德国生产的AC435型150吨汽车吊，属西南地区最大起重量的汽车起重机，解决了成渝高速公路工程项目以及珞璜电厂等其他项目中重型设备的运输、安装、起吊难题。重庆交通部门组织引进的国外先进的公路工程设备，提高了重庆交通公路筑路工程设备的整体装备水平，提升了对重庆交通建设快速发展的适应能力，充分发挥了对重庆交通建设的保障作用。

四、设备管理方式

1991年，进入“八五”计划期，加强交通设备管理取得更加明显的成效。重庆市交通局在设备管理工作中积极推行现代化管理手段，紧紧围绕国务院和交通部颁布的有关法规性文件精神，根据实际情况，制订或修改了设备管理（规定或实施细则）和各类操作规程及其责任制，加强了设备的更新、改造、使用和维修的基础管理工作，提高了设备的完好率和新度系数。据1994年度统计，交通设备固定资产原值达4.3亿元，比“八五”计划初期增加了53%，净值2.79亿元。共有设备1.15万台（套），其中主要设备6297台，关键设备54台（套）。其新度系数达到0.65，比“八五”计划初期提高0.25。随着大规模各种检查活动暂停和企业转换经营机制新形势的出现，改一年一度大规模的设备检查评优活动为各单位内部开展设备检查评优活动，经重庆市经委组织有关单位检查、评审，重庆市交通局属交通企事业获重庆市设备管理二级企业5个，设备管理三级单位6个，占重庆市交通局属企事业单位的50%。1994年，重庆市交通局获“重庆市设备管理先进集体”称号。

1996～2000年，在重庆市的设备管理工作评比中，重庆交通局连续三年被重庆市经委评为设备管理优秀单位。至2000年年底，达到重庆市设备管理一级企业标准的有3家单位、二级企业有2家单位，三级企业有8家单位，重庆渝通公路工程总公司申报国家级设备管理优秀单位通过了专家审查。

1996～2000年间，交通设备管理进一步加强和完善。1997年，重庆市交通局印发了《重庆市全民所有制交通企业和事业单位设备管理规定》，加强所属国有企业和事业单位设备管理。2000年8月，重庆市交通委员会成立后，在交通设备管理制度方面，根据国务院《全民所有制工业交通企业设备管理条例》、交通部第4号部令《全民所有制交通企业设备管理办法》和重庆市人民政府《重庆市全民所有制工业交通企业设备管理实施办法》，重新制定了《重庆市交通委员会国有交通企业和事业单位设备管理规定（试行）》。2000年12月8日，重庆市交通委员会印发了《重庆市交通委员会国有交通企业和事业单位设备管理规定（试行）》，进一步规范了所属国有交通企业和事业单位设备管理。

《重庆市交通委员会国有交通企业和事业单位设备管理规定（试行）》适用于重庆市交通委员会所属的企业和事业单位所有生产及辅助生产设备等固定资产（以下简称设备）的管理。设备管理规定（试行）明确规定了设备管理方针和原则是：“各级设备管理部门和企、事业单位应贯彻安全第一和预防为主的方针，做到使用与维修相结合，技术管理与经济管理相结合。”“设备管理的主要任务是：通过技术和经济指标对设备进行全过程综合性管理，保持设备技术状况完好，不断改善和提高企、事业单位技术装备素质，充分发挥设备的效能，取得良好的投资效益。”“设备管理应实行‘统一领导，分级管理’的原则。重庆市交通委员会对全市交通系统企、事业单位的设备管理工作进行业务指导和监督检查。”“各单位应配备与生产经营相适应的设备管理机构和人员，保持设备管理队伍的相对稳定。法定代表人对设备管理负全面责任，各单位应将下列设备管理的主要技术经济指标列入法定代表人任期目标责任制。”即：一是要使主要生产设备完好率达到90%（船舶85%）以上，关键设备完好率在95%以上；二是国有资产应保值、增值；三是杜绝重特大事故的发生。新的试行规定对设备管理各级职责、设备的规划选购设计制造与调试验收、设备管理的基础工作、设备的使用维护修理和事故管理、设备的改造与更新、闲置设备的管理和设备的调拨租赁等方面，均有明确的管理要求。

2001 年，进入“十五”计划期，由于贯彻新的国有交通企业和事业单位设备管理规定，加大了交通行业的设备管理工作的力度。一是重庆市交通委员会各国有交通企业事业单位按照新的国有交通企业和事业单位设备管理规定中的要求，按照分级、分类管理原则，各单位根据自己的实际情况，结合新的国有交通企业和事业单位设备管理规定制定和完善本单位设备全过程管理的规章和制度。二是重庆市交通委员会各国有交通企业事业单位充实和完善设备管理机构、人员，组织有关部门、车间（站）、班组（队）的专（兼）职设备管理人员，认真学习、宣传、贯彻、执行新的国有交通企业和事业单位设备管理规定，努力做到设备管理工作齐抓共管，迈上一个新的台阶。

第三节 科技项目管理

一、项目管理方式

（一）综合计划管理

1989 年 1 月至 2000 年 8 月，重庆市交通局工业技术处更名为科学技术处，开始进入交通科技项目综合计划管理阶段。2000 年 8 月，重庆市交通委员会设置科技处，继续实施交通科技项目综合计划管理，持续至 2005 年年底。

在这一阶段中，以每年的交通科技项目综合计划为核心，在项目安排上，优先选择交通重点工程建设为依托的关键技术攻关项目、水陆运输行业管理决策性项目与科技成果推广项目等。综合计划分为五大部分：一是以交通重点工程建设为依托的科技项目；二是水陆运输行业管理的软科学项目；三是重大科技成果推广项目；四是新产品、新工艺、新技术开发项目；五是计算机信息系统开发项目。1991～2005 年的 15 年间，重庆市地方交通系统以综合科技计划形式安排交通科技项目超过 400 项，全部是应用性技术研究、科技成果推广应用、交通行业管理决策、计算机信息系统开发等项目，不断推进着重庆交通科技事业发展，从而成为重庆交通持续稳定发展的强大动力。

（二）资源配置管理

2004 年 2 月 12 日，为加强重庆交通科技项目研究工作，促进交通科技项目管理的科学化、规范化、程序化，合理配置全市交通科技资源，保证科研项目按计划完成，根据科技部和交通部有关科技管理法规及规定，结合重庆市地方交通系统实际情况，重庆市交通委员会制订印发了《重庆市交通科技项目管理办法（试行）》（渝交委科〔2004〕7 号）。在重庆市范围内从事交通科技项目的研究、申报、鉴定、评审（验收）等有关活动，均适用这个管理办法。

重庆交通科技项目，是指适用于交通领域的应用基础性研究、软科学研究、科技攻关、改造传统产业和行业管理的新技术、新工艺、新材料与新产品开发、科技成果推广等项目，在重庆市交通委员会立项并经审查、批准后实施的科技研究项目。重庆市交通委员会补助经费的项目列入指令性科技计划；交通企业、事业单位使用自筹资金开展的项目列入指导性科技计划。列入交通部、重庆市科学技术委员会科技计划的项目，按照其相应的科技项目管理办法执行。重庆市交通委员会根据重庆市交通建设、公路养护、水陆运输、管理、信息化建设等方面的规划、发展和实际工作中的需要制订《重庆市交通科技项目选题指南》，引导重庆市交通科技工作的开展，凡申请符合“选题指南”的项目，将优先安排立项。据此，重庆市交通委员会科技项目将面向全社会，凡从事交通科学研究的单位均可申请。重庆市交通科技项目管理办法对项目申报和立项、组织与管理、鉴定、评审（验收）与结题、经费管理均有规定。

2005 年 8 月 25 日，重庆市交通委员会下发《关于加强公路建设项目科研管理工作的通知》，强调指出："未来几年内，我市将新建高速公路近 1200 公里、高等级公路 2000 多公里和农村公路 6000 多公里，在如此任务重、时间紧、资金压力大、人才缺乏的情况下，如何搞好公路建设，提高工程建设质量，要求必须坚持科学发展观，加强科学指导，促进交通事业持续健康发展。为进一步规范我市公路建设项目科研工作，有目的、有计划、有实效地开展课题研究，加快科研项目的推广应用，增强科研工作对公路建设项目的技术支撑作用。"文件提出：一是进一步提高认识，高度重视公路科研工作，要求"各单位应及时总结公路建设管理经验，高度重视科研工作，按科学发展观的要求，加强关键技术的科研攻关"。二是进一步加强科研课题的选题管理，切实为工程建设服务，"科研课题必须结合工程建设的实际，针对勘察、设计、建设管理和施工中切实需研究解决的重点、难点问题进行有目的有针对性的专题研究"。三是进一步加强公路建设科研项目立项的规范化管理，避免重复立项研究，形成资源整合的协同机制，"各单位要加强规范化管理，对申报的科研项目应严格审查，并组织协调好课题研究工作，从课题的规划、实施、督查等各个环节发挥统筹作用。"四是进一步加强科研成果管理，建立科研成果数据库，形成信息平台，有利于资源共享，"业主要有意识有组织地在设计、施工中运用成熟的科研成果，鼓励运用科技成果解决各种技术难题或降低公路建设成本，提高公路建设质量"，有利于将科研成果切实转换为生产力。五是进一步加强概算或预算批复科研经费的使用管理。六是集中攻关解决一批影响公路建设质量和交通行业形象的重大和紧迫问题。"如高速公路路面早期损坏机理分析、半刚性基层与柔性基层比选、重庆多雨地区典型路面结构、沥青混凝土路面质量控制技术等路面专题研究；路基填料和土石混填技术研究，重点是粒径和层厚控制以及检测评定方法、标准等研究；边坡稳定性判识技术及预测预警技术研究；跨江（河）特大型桥梁施工质量控制、深水基础施工技术研究；隧道地质勘查技术、类别评判技术、超前预报技术、长竖井施工技术，特长隧道及隧道群智能监控与灾害防救技术；公路隧道运营动态检测技术、质量评价指标和养护维修对策等隧道设计、施工、建设管理的专题技术研究等。"

2005 年 8 月 30 日，重庆市交通委员会下发《关于成立重庆市高速公路路面研究领导小组的通知》，文件分析指出："直辖以来，我市高速公路建设发展迅速，通车里程已达到 714 公里，预计到 2010 年将达到 2000 公里，年底在建高速公路将达到 1200 多公里，2005 ~ 2010 年期间还将建设沥青混凝土 2450 万平方米"，但"我市高速公路路面质量水平不高，近年来很少开展过专题研究，路面设计和施工水平一直停止不前，落后于东部和周围其他省市。"因此，"为认真贯彻落实建设节约型社会和科学的发展观，树立全寿命周期成本的理念，提高高速公路路面建设质量，吸取先进省市成功经验，满足交通快速发展需求，针对我市山岭重丘地形地质复杂、高填深挖、高温多雨的特殊建设条件，我委决定成立重庆市高速公路路面研究领导小组，并开展高速公路路面专题研究。"文件中领导小组组成人员名单如下：重庆市交通委员会副主任彭建康任组长，重庆市交通委员会总工程师张太雄任副组长，成员有重庆高发司党委书记、副董事长徐谋，重庆高发司总经理李祖伟，重庆市交通委员会科技处处长罗祥荣，重庆市交通委员会公路建管处处长李关寿，重庆市交通委员会公路建管处副处长朱文，重庆市交通委员会质监站站长彭兴国，重庆高发司副总经理章勇武，重庆高发司总工程师李海鹰。

（三）科技进步奖励

1986 ~ 1997 年，重庆市交通局制定实施了《重庆市地方交通科学技术进步奖励办法》，鼓励科技项目成果转化为现实生产力。1997 年 7 月 29 日，重庆市交通局重新制定了《重庆市交通科学技术进步奖励办法》，以推进科技项目成果更快转化为现实生产力，推动重庆交通快速发展。《重庆市交通科学技术进步奖励办法》规定了申报交通科学技术进步奖的科技成果项目的基本条件、奖励范围、奖励等级和标准、评审办法和程序等。1999 年 8 月 10 日，重庆市交通局科技进步奖评委会评选出重庆市交通科技进步奖项目24项，其中一等奖5项，二等奖8项，三等奖11项，按《重庆市交通科学技术进步奖奖励办法》对获奖项目的单位和个人颁发了奖状、证书和奖金。

2006年3月30日，重庆市交通委员会批复了重庆市公路学会申请承办交通科学技术奖的请示，即根据国家科学技术部关于《社会力量设立科学技术奖管理办法》的有关规定，同意重庆市公路学会组织和承办“重庆市交通科学技术奖”的评审与管理工作，并同意重庆市公路学会拟定的重庆市交通科学技术奖奖励办法及其实施细则。

二、项目管理范围

（一）重庆交通科技项目

1. 关键技术项目

1996年，交通部公路水路交通“九五”科技发展规划提出了“九五”期和到2010年交通科技发展长期规划的总体目标：围绕公路主骨架（国道主干线）、水运主通道、港站主枢纽和支持保障系统的建设，并为提高运输生产效率、效益和安全保障，研究开发和应用先进适用的关键技术，使交通科学技术的水平接近发达国家20世纪90年代初水平；到2010年，科技进步贡献率力争再提高10~15个百分点，交通科学技术的水平达到21世纪初的国际水平。2001年，在交通部公路水路交通科技“十五”发展规划中，充分肯定了公路、水运成套技术的开发应用所取得的成绩和信息技术在公路水路交通中的广泛应用。进一步提出了“十五”发展目标，即大幅度提高交通运输行业技术创新能力，有效推动产业结构优化和行业整体技术水平的提高，实现交通行业跨越式发展。

1993~1999年，在重庆公路建设的初期，重庆市交通局围绕交通建设中关键技术应用开发研究问题，实施科技项目的综合计划管理。其中，在重庆成渝、渝长、长涪、渝黔、渝合高速公路等项目建设期间，重庆市交通局在交通科技项目综合计划安排上，优先选择以重点交通工程建设为依托的关键技术开发项目，依托高速公路建设工程，与高速公路工程同步进行，展开关键技术应用性研究。主要有：

1993年，以重点交通建设工程为依托的关键技术开发项目有10项，资金补助26万元，其中中梁山和缙云山隧道纵向通风技术攻关项目，承担单位是重庆市重点公路工程指挥部，由郑道访负责；钢管混凝土提篮拱桥，承担单位是重庆市公路勘察设计研究所，由曾文正负责；公路沥青罐群储量相位理化动态检测新技术，承担单位是重庆市重点公路工程指挥部沥青油库筹建处，由吴高蜀等负责；复合材料公路桥，承担单位是重庆市南岸区交通局和重庆交通学院，由庞有信负责；水泥粉煤灰混合料应用技术研究，承担单位是重庆市重点公路工程指挥部监理处、重庆市公路勘察设计研究所和重庆交通学院。

1994年，以重点交通建设工程为依托的技术攻关项目有18项，资金补助56万元。其中地表沉降及高等级公路隧道渗漏水的防治对策研究，承担单位是重庆市重点公路工程指挥部和重庆大学资源及环境工程学院；公路隧道工程新奥法监控测量技术研究，承担单位是重庆市公路检测中心和重庆市重点公路工程指挥部，由黄昌美、周欣负责；土壤稳定剂新型路面结构示范工程，承担单位是重庆市公路养护总段、重庆建筑工程学院、重庆交通学院和华道公司；公路车驳防汽车倾覆自动安全装置，承担单位是重庆市公路养护总段；天然植物姜黄色素精提新工艺，承担单位是重庆市公路工程处和重庆神农天然植物色素公司；中心城市一级汽车客运站污水粪便噪音烟尘达标排放综合处置技术，承担单位是重庆汽车站筹建处、重庆市沼气工程公司，由陈黎生、汪建国负责。

1995年，以重点交通建设工程为依托的技术攻关项目有15项，资金补助30万元。其中预弯预应力钢筋混凝土新技术在高等级公路工程中的应用，承担单位是重庆市重点公路工程指挥部和重庆交通学院，由徐谋、周志祥负责；公路长隧道纵向通风工业性试验技术攻关，承担单位是重庆市重点公路工程指挥部和西南交通大学；大跨度公路隧道设计施工研究，承担单位是重庆市重点公路工程指挥部和西南交通大学；EPS 改性沥青的应用研究，承担单位是重庆市公路养护总段和永川公路养护总段；“水必克”新型材料在公路养护施工中的应用研究，承担单位是重庆市公路养护总段和永川公路养护总段；江津长江大桥北引道路面基层新型结构的应用研究，承担单位是重庆市公路工程处。

1996 年，以重点交通建设工程为依托的技术攻关项目有 25 项，资金补助 48 万元。其中石拱桥轻型化应用研究，承担单位是重庆市重点公路工程指挥部；公路路基加筋土路堤的研究，承担单位是重庆市重点公路工程指挥部和重庆交通学院；山丘区高等级公路桥梁结构轻型化应用研究，承担单位是重庆市重点公路工程指挥部和交通部重庆公路科研所；高等级公路施工路旁高层建筑保护措施技术研究，承担单位是重庆市重点公路工程指挥部；筛分级配碎石新工艺新技术，承担单位是重庆市公路工程处；高等级公路 SBS、EVA、PE 改性沥青生产系统研究，承担单位是重庆市公路工程处和重庆大宇信息有限公司，由郭嘉银、杨春宇负责；江津长江大桥引道厚层滑坡治理新技术应用研究，承担单位是重庆市公路学会、重庆津发江津长江大桥有限公司和重庆交通学院，由程维栋、涂基华、林新负责；对重庆汽车站站场结构设施进行功能性改变及扩容技术可行性研究，承担单位是重庆汽车站管理处和铁道部第二勘测设计院，由陈黎生、石定稷负责。

1997 年，以重点交通建设工程为依托的技术攻关项目有 28 项，资金补助 62 万元。其中大跨度隧道低扁平率设计与实施研究，承担单位是重庆市高等级公路建设指挥部和西南交通大学；特细砂混凝土在高等级公路路面工程中的应用技术研究，承担单位是重庆市高等级公路建设指挥部和交通部重庆公路科研所，由徐谋、郑光荣负责；公路边坡防护新技术研究，承担单位是重庆市高等级公路建设指挥部和交通部重庆公路科研所；复合加筋土高填填方路基研究与实施，承担单位是重庆市高等级公路建设指挥部和重庆交通学院；土壤固化剂应用于高等级公路路面基层的高等级公路试验研究，承担单位是重庆市公路工程处和重庆交通学院，由程德宏、张智洪负责；水泥乳化沥青混合路面的力学特性及其应用研究，承担单位是重庆市公路养护总段和和重庆交通学院；新型格栅沥青混凝土路面特性的试验研究，承担单位是重庆市公路养护总段和和重庆交通学院；HHB25 型黑色混合料拌和机以重（油）代轻（柴油）系统，承担单位是重庆市公路养护总段；川黔高速公路綦江大桥三向预应力刚性分析研究，承担单位是重庆市公路勘察设计研究院；高等级公路路面常见病害快速修补新型材料及技术和成渝高速公路桥梁伸缩缝填料及工艺技术研究，承担单位是重庆市成渝高速公路管理处。

1999 年，以重点交通建设工程为依托的技术攻关项目有 21 项，资金补助 84 万元。其中大跨径斜拉桥结构抗震分析与试验研究，承担单位是重庆市高等级公路建设指挥部和交通部重庆公路科研所；大跨径斜拉桥风致振动及抗风措施研究，承担单位是重庆市高等级公路建设指挥部和西南交通大学；大跨径斜拉桥稳定性研究，承担单位是重庆市高等级公路建设指挥部和重庆交通学院；山区高等级公路不均匀沉降综合处置技术研究，承担单位是重庆市高等级公路建设指挥部和交通部重庆公路科研所；长涪路斜阳溪大桥吊装技术研究，承担单位是重庆市高等级公路建设指挥部和铁二局五处；滑坡地带桥台新型结构，承担单位是重庆市渝通公路工程总公司，由程德宏负责。

2000～2005 年，为充分发挥科技创新在西部交通建设中的作用，推动科技成果转化为现实生产力，重庆交通科技项目管理进一步促进交通科技研究开发面向交通基础设施建设和水陆运输行业管理的主战场。重庆市交通委员会每年编制下达的科技综合项目计划，优先选择以重点交通建设工程为依托的技术攻关项目，以及交通水、陆运输行业管理的技术项目和决策性项目研究，给予资金补助。

2000 年，以重点交通建设工程为依托的技术攻关项目有 25 项，资金补助 102 万元。其中有横张预应力砼梁技术研究与应用、半刚性路面基层施工质量控制方法研究、公路隧道危岩应力分析及二次衬砌受力分析、隧道软弱岩层掘进施工工艺研究、连拱隧道的设计和施工技术研究、大佛寺长江大桥安全监测系统、桥梁钢伸缩缝系统使用寿命研究、特高桥墩结构稳定性分析与施工控制技术研究等项目。

2001 年，以重点交通建设工程为依托的技术攻关项目有 28 项，资金补助 90 万元。其中有山区深谷大跨径拱桥结构体系及施工技术研究、高桥台开裂机理及对策研究、新型纤维混凝土薄层路面性能及应用研究，横张预应力砼梁技术研究与应用、弯坡斜高墩高架桥设计施工技术及示范工程、公路隧道桥梁防水材料研究与应用、山区高速公路路基边坡绿化防护设计与技术研究、中小跨径桥梁结构连续工艺及性能研究、隧道内高性能沥青铺装技术的研究等项目。

2002 年，以重点交通建设工程为依托的技术攻关项目有 20 项，资金补助 94 万元。其中有长大公路隧道智能前馈式通风控制技术研究、渝邻高速公路填方路基沉降处治技术研究、万梁高速公路路堑边坡预裂爆破技术研究与工程应用、公路隧道消防技术研究、重庆万梁高速公路沿线高边坡病害和大型滑坡发生机理及防治技术研究、高速公路 M 型路堑高危边坡及其防治技术的研究、分水隧道和笔架山隧道不良地质超前探测预测研究、山区特殊工程条件下的高填方涵洞合理结构形式及施工控制研究、桥梁安全远程智能集群监测系统技术研究、利用公众通信网替代紧急电话的可行性研究等项目。

2003 年，以重点交通建设工程为依托的技术攻关项目有 20 项，资金补助 95 万元。其中有沥青路面废料再生利用关键技术研究、柔性纤维混凝土材料在桥面铺装中的应用技术研究、大跨 PC 连续刚构桥受力行为及存在问题对策研究、高等级公路沥青路面病害快速治理关键技术研究、砼桥梁施工偏差对结构性能及使用寿命的影响研究、含有阻裂层的复合钢筋混凝土新结构性能及粘贴加固技术研究、高性能轻集料混凝土连续刚构桥成套技术研究、桥梁快速维修工艺研究、山区高速公路特长隧道组合式通风及机电设备配置优化研究、软弱围岩快速施工技术研究等项目。

2004 年，以重点交通建设工程为依托的技术攻关项目有 28 项，资金补助 150 万元。其中有高等级沥青路面柔性基层技术研究、低质粉煤灰修筑二灰基层的应用技术研究、机制砂特细砂粉煤灰外加剂配制高性能砼的技术研究、山岭隧道围岩体地质可视化技术研究、双连拱隧道结构防排水及渗漏水治理技术研究、截面转换加固钢筋砼 T（π）型梁桥成套技术研究、“释能法”改造旧危拱桥成套技术研究、测量新技术在桥梁检（监）测中的应用研究、改性稀浆封层技术的研究与应用、三峡库区回水变动段航道维护技术研究等项目。

2005 年，以重点交通建设工程为依托的技术攻关项目有 35 项，资金补助 170 万元。其中有复杂地质条件下超特长隧道施工技术研究、简支—连续梁桥设计、施工成套技术研究、武陵山区高速公路生态修复与景观营造综合技术研究、渝沙路沥青路面抗滑表层材料研究、公路高切坡岩土安全评价、预测预报及防治关键技术研究、半柔性基层沥青路面材料与铺筑技术的研究、重庆嘉陵江草街航电枢纽工程通航关键技术研究等项目。

2. 软科学项目

1993 ~2001 年，重庆市公路建设进入高峰期，重庆市交通主管部门还加紧实施软科学研究开发项目管理，在年度交通科技综合计划中，组织关于交通公路水路行业管理决策的应用开发研究。

重庆交通行业管理决策的软科学课题研究，第一个成功案例是成渝高速公路综合执法研究。1993 年 4 月，成渝高速公路重庆段尚在建设。为给重庆市高速公路综合执法提供决策依据，根据国务院国办发〔1992〕16 号文精神，中共重庆市委研究室和重庆市人民政府研究室、重庆市交通局、重庆市法制局、重庆市经济委员会、交通部重庆公路科研所共同组成成渝高速公路重庆段管理体制研究课题组，对全国各地高速公路现行管理体制进行认真的分析比较，提出关于实行“统一管理，综合执法”管理体制的报告。1993 年 11 月，在重庆市科委主持下，课题研究报告通过专家评审。专家们认为，所提方案体现了改革精神，符合重庆实际，研究成果具有较高的研究水平和实用价值，是一项优秀的软科学研究成果。1994 年 5 月 13 日，重庆市人民政府办公厅确定试行“统一管理，综合执法”的新模式，高速公路“综合执法”的体制得以领先全国在重庆市高速公路管理中确立起来。1995 年 5 月 24 日，四川省人民政府肯定了这一管理模式，并对四川省交通厅和重庆市人民政府正式批复，决定成渝高速公路全通后，重庆段“仍按‘统一管理、综合执法’的形式继续试行”。

1993 年，在年度交通科技综合计划中，重庆市交通局首次列入交通软科学研究项目。其中重庆地区公路水毁处理及防治系统研究，承担单位是重庆市公路养护总段和重庆交通学院，肖盛夔、张启佑、黄国才、乔瑞华等人负责。高等级公路技术经济指标体系后评估研究，承担单位是重庆市国道 210 线红双段和重庆交通学院。

1994 年，在年度交通科技综合计划中，重庆市交通局开始更多地列入交通软科学研究项目。其中国道主干线重庆过境公路总体方案实施研究，承担单位是重庆市公路学会道桥专业委员会；高等级公路超长隧道汽车运输噪音达标整治对策研究，承担单位是重庆市重点公路建设指挥部和重庆后勤工程学院；重庆双燃料汽车改装方案及示范推广可行性研究，承担单位是重庆市公路运输管理处；实现车渡轻轨交通对接加速货运汽车分流方案研究，承担单位是重庆市公路学会。

1996 年，在年度交通科技综合计划中，重庆市交通局列入交通软科学研究项目有：重庆市公路运输管理处列入 3 个有关行业管理的决策项目，一是重庆市公路运输管理处与重庆交通学院的超长汽车发展态势及管理对策研究，二是重庆市公路运输管理处与重庆交通学院的成渝公路客运票价方案研究，三是重庆市公路运输管理处的条形码技术在道路旅客运输中的应用。重庆市公路养护总段列入两个有关行业管理的预测决策项目，一是重庆市公路养护总段与交通部重庆公路科研所的公路桥梁状况预测与投资模型研究，二是重庆市公路养护总段（张启佑负责）的水泥混凝土质量追踪及病害研究。重庆高等级公路管理处列入 1 个有关行业管理的决策项目，即是重庆高等级公路管理处与重庆交通学院的高速公路营运现状、安全与管理对策研究。

1997 年，在年度交通科技综合计划中，重庆市交通局列入交通软科学研究项目有：主干公路建设对三峡库区产业结构与布局调整作用的预测和分析，承担单位是重庆市交通局公路处和重庆师范学院，由彭建康、王崇举负责；公路桥梁状况预测与投资模型，承担单位是重庆市公路养护总段和交通部重庆公路科研所；重庆主骨架公路网建设规划研究，承担单位是重庆市公路勘察设计研究院；汽车配件市场对汽车维修质量的影响及对策的研究，承担单位是重庆市公路运输管理处和重庆市科技顾问李伟；三峡库区机动驳船船型研究，承担单位是重庆市航运管理处，由江自强负责；小型船舶安全性研究，承担单位是重庆市航运管理处，由张小勇负责；重庆市道路交通体系战略发展对策及应用研究，承担单位是重庆市公路学会和重庆市高等级公路建设指挥部，曾维栋、徐谋、李祖伟负责。

1999 年，在年度交通科技综合计划中，交通软科学研究项目有：重庆市公路学会、重庆市公路运输管理处、重庆交通学院等联合实施的重庆公路运输发展态势研究，重庆市公路学会（曾维栋负责）加快我国西部地区交通建设的对策研究，重庆市公路运输管理处、重庆市道路运输协会（陈红民负责）的道路货物运输系统建设与物流发展趋势，重庆市公路局（艾吉人负责）、重庆交通学院（梁富权负责）的重庆市公路路面典型结构研究，重庆市交通局（滕宏伟、许仁安负责）、重庆市移民局（王兴宇负责）、重庆市公路勘察设计院（姚小松、李淑庆、陈杰、任洪涛负责）、重庆交通学院（冯晓负责）的三峡库区移民公路建设对开发性移民的影响研究。

2000 年，在年度交通科技综合计划中，交通软科学研究项目有：重庆高速公路建设有限责任公司与西安公路交通大学共同主研的重庆渝长高速公路收费研究，重庆市公路运输管理处（梁雄耀负责）的建立道路货运信息服务网的可行性研究，重庆市公路运输管理处（梁雄耀负责）、重庆交通学院的重庆市实施在用汽车检查/维护（I/M）制度研究，重庆市公路运输管理处（陈红民负责）的道路省际超长客运市场宏观管理研究，重庆市公路运输管理处（梁雄耀负责）加入 WTO 对重庆市道路交通运输行业的影响及对策研究，重庆公路学会、重庆市公路运输管理处、重庆交通学院、西南汽车运输科技情报网（陈忠富负责）的重庆公路运输在西部开发中的作用和可持续发展对策研究，重庆市航运管理处（张小勇负责）的大宁河游船船型研究，重庆市公路勘察设计院（姚小松、任洪涛、唐热情负责）、重庆市交通局建设管理处（张太雄、李关寿负责）、重庆市交通学院（朱顺应、黄承峰、肖裕明负责）的重庆市骨架公路网建设规划。

2001年，在年度交通科技综合计划中的交通软科学研究项目，公路与运输行业方面的有：重庆高速公路发展有限公司、交通部重庆公路科学研究所联合研发的高速公路交通工程机电系统质量检测评定办法及标准项目，重庆高速公路发展有限公司、长安大学联合研发的重庆市高速公路收费车型分类项目，重庆市交委安全监督处、重庆交通学院、重庆公路运输总公司联合研发的重庆市道路运输企业安全生产管理模式项目，重庆市交通运输协会、重庆市交通学院（梁雄耀负责）联合研发的重庆市物流发展规划项目与重庆市集装箱运输发展战略项目，重庆市公路学会主研的重庆市地方干线公路建设与养护、管理质量保证体系项目，重庆公路学会、重庆市汽车维修行业协会、西南汽车运输科技情报网联合研发的加入WTO重庆汽车维修与检测发展项目。港航运输行业方面的有：重庆市港航局（张小勇负责）主研的“乌江画廊”生态环保旅游船项目，重庆市港航局、重庆西南水运工程科学研究所（杨大伦负责）联合研发的三峡库区累积性淤积对通航净空尺度的影响项目，重庆市港航局（张小勇负责）主研的重庆市支小河流航区等级界定项目，重庆市交通运输协会、重庆市人民政府研究室、重庆市港航管理局、重庆交通学院（张世玖负责）联合研发的重庆市水运行业结构调整项目。

2002年，在年度交通科技综合计划中的交通软科学研究项目，公路与运输行业方面的有：南方高速公路公司、西南交通大学的高速公路隧道长期安全性评价及维护加固研究，重庆公路学会的重庆公路建设、道路运输、汽车技术协调发展研究，重庆市公路学会、重庆市交通委员会基本建设质量监督站的重庆地区山区公路勘测设计指标选用的研究，重庆市交通委员会财务处、重庆市交通会计学会的西部地区高速公路资本筹集使用及对可持续发展的影响，重庆冠忠（第三）公交有限公司、重庆交通学院的汽车车载主动预防管理兼防盗系统研究。港航运输行业方面有：重庆市港航管理局主研的三峡库区港航物流系统研究，重庆市港航管理局、重庆公路设计研究院的内河航道浅滩整治方案，重庆市港航管理局的重庆市航运中心发展规划。

2003年，在年度交通科技综合计划中的交通软科学研究项目，公路与运输行业方面的有：重庆高速公路发展有限公司、重庆市桥梁经营与管理协会联合研发的重庆市两江桥梁运行安全状况及对策，重庆高速公路发展有限公司、重庆交通学院联合研发的山区高速公路建设与生态环境保护对策，重庆市公路学会主研的重庆市公路运输结构化项目。港航运输行业方面有：重庆市港航管理局、重庆交通学院联合研发的三峡工程成库后重庆游艇发展项目，重庆市交委安全监督处、重庆市安全生产监督局、重庆市港航管理局联合研发的重庆水上交通事故搜寻救助系统项目，重庆市港航管理局、重庆交通学院联合研发的重庆航运指数及其发布系统项目。此外，还有重庆市交委综合运输管理处主研的重庆市现代物流业发展规划。

2004年，在年度交通科技综合计划中的交通软科学研究项目，公路与运输行业方面有：重庆市公路局、重庆高速公路发展有限公司、重庆高等级公路投资有限公司主研、交通部重庆科研院参研的（唐伯明、乔墩、章勇武、许仁安、李洪霞、张兰军负责）生态科技公路建设指标体系项目，重庆市公路局主研的，重庆交通学院、中国人民解放军后勤工程学院参研的（艾吉人负责）重庆市干线公路抗灾能力评价及技术对策项目；重庆市公路局、重庆高等级公路投资有限公司主研，重庆交通学院参研的（乔墩、慕长春、张永水负责）重庆市国省干线公路、桥梁健康诊断项目；重庆市公路局主研的、重庆交通学院参研的（乔墩、何兆益负责）农村公路养护管理对策项目；重庆高速公路发展有限公司及监理公司主研的、同济大学参研的（章勇武负责）高速公路建设工程进度的柔性化管理项目；重庆高速公路发展有限公司主研的高速公路联网收费移动应急收费系统项目。港航运输行业方面有重庆市港航管理局主研、重庆交通学院参研的（杨大伦负责）重庆市滚装运输发展研究与三峡过闸能力对策研究项目。

2005年，在年度交通科技综合计划中的交通软科学研究项目，公路与运输行业方面有：重庆市公路局、重庆市综合交通运输研究所（乔墩、钟明全负责）主研的重庆市公路与城市道路管理体制项目，重庆市综合交通运输研究所、重庆交通投资公司（钟明全负责）主研的重庆市主城区综合交通换乘枢纽布局规划与建设技术项目，重庆市公路学会（富健全负责）主研的三峡库区公路建设、养护及道路运输现状调查项目，重庆市道路运输管理局、重庆市综合交通运输研究所等（刘艰负责）道路运输行政（审批）制度改革后市场监管和公共服务模式研究项目。港航运输行业方面有：重庆市港航管理局（梁雄耀负责）主研的重庆内河航运船东互保机制项目，重庆市港航管理局（党自胜负责）主研的客渡船航行安全评价及保障技术应用项目，重庆市港航管理局（张孟川负责）主研的三峡库区通航支流船舶定线制应用项目，高发司垫利分公司（李洪霞负责）主研、重庆交通科研设计院、重庆市港航管理局参研的三峡库区跨江大桥船桥碰撞规律及对策研究项目，重庆航运建设发展有限公司（姚小松负责）主研、重庆市港航管理局和南京水利科学研究院参研的长江三峡工程分期蓄水泥沙淤积对长江重庆段港区与航道条件影响的分析和预测项目，重庆航运建设发展有限公司（刘大川负责）和重庆交通学院参研的嘉陵江草街航电枢纽工程临时围堰施工期通航条件试验项目。此外，还有重庆市交通会计学会（魏建刚负责）主研、重庆交通学院参研的“适应财政预算制度公共化改革，建立和完善交通行业内部财务控制与运行机制”等项目。

3. 成果推广项目

1996年10月1日，国家开始实施促进科技成果转化法。据此，在每年的交通科技项目综合计划中，重庆市交通委员会均下达重大科技成果推广项目计划。

1997年，在重庆市交通局年度科技项目综合计划中，属于重大科技成果推广项目有3项：高等级公路沥青混凝土路面机械化施工组织与机械综合作业定额应用研究，承担单位是重庆市公路工程处；横张预应力混凝土在桥梁中的应用研究，承担单位是重庆高等级公路建设指挥部；EPS复合改性沥青的推广应用，承担单位是重庆市公路养护总段。

1999年，在重庆市交通局年度科技项目综合计划中，属于重大科技成果推广项目有2项：横张预应力空心版梁桥的推广应用，承担单位是重庆高等级公路建设指挥部和重庆交通学院；汽车维修专业MES教学改革课题，承担单位是重庆市交通运输技工学校实习科、教务科和业MES教改课题小组。

2000年，在重庆市交通局年度科技项目综合计划中，属于重大科技成果推广项目有3项：特长隧道纵向通风技术推广应用（即2000～2002年渝合高速公路尖山子隧道建设，实施长度4000米以上特长隧道纵向通风技术推广应用，使各项指标达到国家标准，可节约投资2000万元以上），承担单位是重庆高速公路建设有限责任公司和西南交通大学；“计算机应用技术”专业一体化教学改革，承担单位是重庆市交通技工学校；车购费综合管理信息系统在万州、涪陵、黔江、永川的推广应用，承担单位是重庆市车辆购置附加费征收管理办公室。

2001年，在重庆市交通委员会年度科技项目综合计划中，属于重大科技成果推广项目有2项：桥梁上部结构现浇架空支承平台（Ⅰ型）［即渝合高速公路龙凤河大桥施工，推广应用已获得国家专利的桥梁上部结构现浇架空支承平台（Ⅰ型）技术，本项目针对高墩高架连续桥梁的上部结构施工开发，对墩高30～40米的桥梁，可降低上部结构现浇支架费用1/3以上，推广本项目可使山区及山岭重丘区高等级公路建设的连续梁桥得到普及］，承担单位是重庆市渝达公路桥梁总公司和重庆市钢力建筑工程设备有限公司；高等级公路基层（即二灰、石灰、粉煤灰、碎石基层）施工工艺、施工技术研究（即通过渝黔高速公路M合同段童家院子至界石段水泥混凝土路面施工，研究在重庆地区采用摊铺机进行基层摊铺的标高控制，达到设计规范最佳质量标准，降低施工成本的目的)，承担单位是重庆渝宏公路工程总公司和重庆交通学院。

2002年，在重庆市交通委员会年度科技项目综合计划中，属于重大科技成果推广项目有3项：太阳能应用于宾馆供热水系统（即将国家“三委一部”联合推荐的优秀节能系统应用于“富苑宾馆”热水供应系统，达到节约燃料成本、保护社会环境的目的)，承担单位是重庆交通运业有限责任公司；中央空调水泵变频节能系统在富丽大酒店中的应用，承担单位是重庆交通运业有限责任公司；宾馆数字化监控管理系统，承担单位是重庆渝通宾馆和重庆捷瑞信息系统有限公司。

2003年，在重庆市交通委员会年度科技项目综合计划中，属于重大科技成果推广项目有2项：中央空调绿色环保制冷及节能技术的运用（即渝通宾馆中央空调绿色环保制冷及节能技术、生活污水治理及二次利用等科技成果推广项目，节能可达10% ~35%，以20%节电率计，一年中的6~9月4个月即可节电12万元以上)，承担单位是重庆渝通宾馆；生活污水治理及二次利用（即利用GX高效无能耗生活污水处理装置处理生活污水达标并不排放，用于洗车、草坪花木浇灌，得到二次利用。仅此一项，一年可节约十几万元，并可回收投资)，承担单位是重庆渝通宾馆。

2004~2005年，在重庆市交通委员会年度科技项目综合计划中，无重大科技成果推广项目。

4. 信息化项目

1985年，重庆市交通信息化开发管理起步。1985年3月2日，重庆市交通局举办第一期微型计算机培训班，历时2个月，35名学员参加培训，33名学员结业。1987年1月12日，交通部在《关于公路运输管理信息系统试点工作安排的通知》中，正式确定重庆市为“公路运输管理信息系统试点工作安排”的7个试点省市之一。重庆市交通局成立公路运输管理信息系统试点工作领导小组，并组建工作机构——重庆市交通局信息办公室。1987年1月26日，由交通部统一引进的一套网络明星NESTAR公司的PLAN-5000微机局部网络及首批5个工作站，在重庆市交通局信息办公室新建成的微机室内安装、调试、运行成功，首先投入“公路运输经济信息系统”开发工作。自此，重庆市交通信息化进入了实质性的应用开发时期。

1989年1月，工业技术处更名为科学技术处。从1990年开始，计算机开发项目正式列入重庆市交通局科技项目综合计划。

1992年，在重庆市交通局科技项目年度综合计划中，属于计算机开发的项目有重点公路数据库及路面评价系统，补助资金30万元，承担单位是重庆公路勘察设计所、重庆市公路养护总段、重庆市公路建设管理处、重庆国道210红双段管理站。这是重庆交通事业单位开发的第一个较大规模的计算机数据库系统。1993年，在重庆市交通局科技项目年度计划中，除继续安排重点公路数据库及路面评价系统外，新增了教学管理信息系统计算机开发项目，补助资金2万元，承担单位是重庆市交通技工学校。

1994年，在交通科技项目综合计划中，共有15个计算机开发项目。这是重庆市交通局首次在科技项目计划中成批列入计算机开发项目，其中CPMS沥青路面系统，承担单位是重庆公路勘察设计研究所，由李淑庆、廖勇、王云松、徐生明负责；微机辅助设计在桥梁工程中的应用研究，承担单位是重庆公路勘察设计研究所，由陈杰、滕宏伟、陶飞、张清海等负责；交通综合数据分析与辅助决策系统，承担单位是重庆市交通局计划处；重庆高等级公路站务管理系统，承担单位是重庆国道210红双段管理站；公路桥梁省县级管理系统的应用（CBMS)，承担单位是重庆市公路养护总段；重庆市交通局多区多信道共用自动拨号，承担单位是重庆市交通局信息通讯总站；办公室自动化——汉字印刷体自动识别印刷资料自动输入系统，承担单位是重庆市交通局信息通讯总站、办公室和科技处；交通企事业安全统计系统，承担单位是重庆市交通局信息通讯总站和局安全办公室；交通稽征财务及辅助决策管理系统，承担单位是重庆市交通局信息通讯总站和局稽征处；养路费微机征收管理系统，承担单位是重庆市交通局信息通讯总站，负责推广到各区（市）县稽征所；车辆购置附加费征收计算机辅助管理系统，负责推广到各区（市）县稽征所；计算机辅助高等级公路建设项目管理信息系统，承担单位是重庆市重点公路建设指挥部；汽车客运计算机管理信息系统，承担单位是四川省重庆汽车运输总公司；重庆汽车站综合管理信息系统，承担单位是重庆市交通局信息通讯总站；重庆市公路运输管理信息系统，承担单位是重庆市公路运输管理处。

1995 年，在交通科技项目综合计划中，共有 6 个计算机开发项目。其中公路桥梁省县级管理系统的应用（CBMS）的推广使用，承担单位是重庆市公路养护总段；公路工程管理信息系统，承担单位是重庆市交通局信息通讯总站和局公路处；重庆市交通局专用通信网集中控制系统开发研制，承担单位是重庆市交通局信息通讯总站；高等级公路施工机械设备投放添置维修管理计算机综合决策系统，承担单位是重庆市公路工程处和重庆市通讯学院；高等级公路建设材料计算机辅助决策系统，承担单位是重庆市公路工程处和重庆市通讯学院；重庆市公路运输管理信息系统，承担单位是重庆市公路运输管理处。

1996 年，在交通科技项目综合计划中，共有 12 个计算机开发项目。其中公路计划与施工辅助决策系统总体设计，承担单位是重庆市交通局信息通讯总站；交通规费征收网络管理信息系统，承担单位是重庆市交通局信息通讯总站；重庆公路路政管理系统，承担单位是重庆市公路养护总段；成渝高速公路重庆站计算机辅助收费管理系统，承担单位是重庆市成渝高速公路管理处；重庆市汽车驾驶学校和驾驶员培训行业管理信息系统，承担单位是重庆市公路运输管理处；重庆市汽车维修行业管理信息系统，承担单位是重庆市公路运输管理处；财务管理信息系统（二次开发），承担单位是重庆市交通局信息通讯总站；科技知识普及与微机知识培训，承担单位是重庆市交通局和重庆市公路养护总段；交通会计网络开发系统，承担单位是重庆市交通局信息通讯总站和重庆市交通局财务处；成渝高速公路重庆段管理信息系统，承担单位是重庆市成渝高速公路管理处；公路工程财务管理信息系统，承担单位是重庆市公路工程处；科技成果评审专家信息及科技项目信息管理系统，承担单位是重庆市交通局科技处、重庆市科委成果研究会和重庆市发明协会。

1997 年，在交通科技项目综合计划中，共有 17 个计算机开发项目。其中 RDMS 数字化测绘系统在公路测设中的应用及二次开发，承担单位是重庆市公路勘察设计研究院；800 兆集群通信系统网络管理，承担单位是重庆市交通局信息通讯总站；高速公路交通安全设施计算机辅助设计，承担单位是重庆市公路勘察设计研究院；重庆成渝高速公路数据库开发，承担单位是重庆市公路勘察设计研究院；车辆规费征收计算机系统联网方案，承担单位是重庆市交通局信息通讯总站；财务管理信息系统二次开发，承担单位是重庆市交通局信息通讯总站和重庆市交通局财务处；公路计划与施工辅助决策系统设计及实施，承担单位是重庆市交通局信息通讯总站和重庆市交通局公路处；收费公路计算机管理及监控系统的研制，承担单位是重庆市交通局信息通讯总站；公路运输管理信息网络系统，承担单位是重庆市公路运输管理处；监理工程合同管理系统，承担单位是重庆市公路工程监理处；公路工程质量管理系统，承担单位是重庆市公路工程监理处；工程处中心试验室计算机管理系统，承担单位是重庆市公路工程处；技工学校招生就业信息系统，承担单位是重庆市交通运输技工学校；汽车站客运管理系统扩展及车站办公自动化管理网络系统，承担单位是重庆市汽车站管理处；渝通宾馆计算机网络管理系统，承担单位是重庆市渝通宾馆；万吨级油库槽车计量综合参数及油品经营动态管理综合系统，承担单位是重庆市交通油库；公路工程检测试验微机管理系统，承担单位是重庆市公路工程质量检测中心。

1999 年，在交通科技项目综合计划中，共有 8 个计算机开发项目。其中重庆市道路运输管理信息网络系统，承担单位是重庆市公路运输管理处；重庆市交通系统关于解决计算机 2000 年问题方案，承担单位是重庆市高等级公路建设指挥部；公路桥梁设计方案三维模型自动生成及实时渲染系统，承担单位是重庆市公路勘察设计研究院，由姚小松、陈杰、曹正洲、李淑庆负责；重庆市高等级公路联网收费系统研制，承担单位是重庆市高等级公路建设指挥部；高等级公路建设信息管理系统，承担单位是重庆市高等级公路建设指挥部和重庆大学；高等级公路施工企业设备模糊管理视板图，承担单位是重庆市渝通公路工程总公司，由胡永生负责；设备管理系统软件开发，承担单位是重庆市成渝高速公路管理处；重庆市公路水路运输统计月季年报微机应用系统，承担单位是重庆市交通局计划处和博恩公司。

2000 年，重庆市交通局科技项目综合计划中，在项目安排上，除依托重点工程建设的科技项目、重大科技成果推广项目外，还有计算机开发项目。其中技术船员及考试管理软件项目，承担单位是重庆市航运管理处，由张孟川负责；水路客运售票系统优化升级，承担单位是重庆市航运管理处，由何爱平、党志胜负责；“计算机应用技术”专业一体化教学改革，承担单位是重庆市交通技工学校；车购费综合管理信息系统在万州、涪陵、黔江、永川的推广应用，承担单位是重庆市车辆购置附加费征收管理办公室；重庆市公路规费征收管理系统，承担单位是重庆市交通征费稽查局和重庆市博恩科技有限公司；客运计算机自动结算系统，承担单位是重庆市交通运业有限责任公司；重庆市交通局安全管理综合信息系统，承担单位是重庆市交通局企业处（安全办公室）、重庆市交通企业管理协会。

2001 年，重庆市交通委员会继续编制下达年度科技项目综合计划。在项目安排上，除依托重点工程建设的科技项目、重大科技成果推广项目外，仍旧是计算机开发项目。其中渝黔高速公路高边坡工程维护管理系统，承担单位是重庆高速公路发展有限公司及其南方公司、重庆交通工程监理有限责任公司和同济大学；重庆高速公路收费管理系统应用研究，承担单位是重庆高速公路发展有限公司；全市水路客运管理联网控制系统，承担单位是重庆市港航管理局、重庆市波特计算机公司，由雷军、党志胜负责；高速公路建设工程项目管理系统，承担单位是重庆高速公路发展有限公司及其结算中心与北方公司、重庆市博恩科技有限公司；重庆市高速公路执法管理信息和办公自动化系统，承担单位是重庆市高等级公路行政执法大队；重庆市交通财务、账务一体化系统，承担单位是重庆市交通委员会财务处、重庆市交通会计学会与重庆金碟财务软件公司；重庆市交通委员会离退休干部管理系统，承担单位是重庆市交通委员会老干部处。

2002 年，重庆市交通委员会编制下达的年度科技项目综合计划中，在项目安排上，仍旧有计算机开发项目。其中汽车车载主动预防管理兼防盗系统研究，承担单位是重庆冠忠（第三）公交有限公司、重庆交通学院；三峡库区港航物流系统研究，承担单位是重庆市港航管理局；宾馆数字化监控管理系统，承担单位是重庆渝通宾馆和重庆捷瑞信息系统有限公司；重庆高速公路养护综合管理系统，承担单位是重庆高速公路发展有限公司和武汉理工大学；重庆市公路、水路管理信息辅助决策系统，承担单位是重庆市交通委员会综合计划处；重庆市港航综合信息管理系统，承担单位是重庆市港航管理局和重庆交通学院；汽车滚装运输管理信息系统，承担单位是重庆市港航管理局；科技项目管理信息系统，承担单位是重庆市公路学会。

2003 年，重庆市交通委员会编制下达的年度科技项目综合计划中，安排有计算机开发项目。其中隧道内车辆故障自动报警系统，承担单位是重庆市成渝高速公路有限公司；重庆市航运交易信息系统，承担单位是重庆市港航管理局；公路高边坡稳定性评价与安全管理的 GIS 系统，承担单位是重庆高速公路发展有限公司及其渝东分公司和重庆交通科研设计所；高速公路桥梁安全评价及维护专家系统研究，承担单位是重庆高速公路发展有限公司及其北方分公司和重庆交通学院；基于 GIS 的高速公路机电维护管理系统，承担单位是重庆高速公路发展有限公司渝涪分公司和北京中交联通网络技术开发有限公司；联网收费路网智能化管理系统，承担单位是重庆高速公路发展有限公司联网收费结算中心；联网收费信息服务系统，承担单位是重庆高速公路发展有限公司及其各子分公司；联网收费跨平台技术研究，承担单位是重庆高速公路发展有限公司及其各分公司；汽车客运站联网售票及站务管理系统，承担单位是重庆市道路运输管理局和重庆交通运业有限公司。

2004 年，重庆市交通委员会编制下达的年度科技项目综合计划中，安排有计算机开发项目。

其中高速公路联网收费移动应急收费系统，承担单位是重庆高速公路发展有限公司，由李祖伟、任建卫负责；入口车道自动化发卡系统开发应用，承担单位是重庆成渝高速公路有限公司，由沈翔负责；重庆市交通执法（路政）综合管理系统推广与应用，承担单位是重庆市公路局，由钟芸负责；重庆交通基建工程试验检测信息集成管理系统，承担单位是重庆市交通委员会基本建设工程质量监督站，由彭兴国负责；重庆市公路养路费联网征费系统，承担单位是重庆市交通征费稽查局，由王志负责，北京顶点银腾软件技术有限公司参研；重庆市公路规费移动稽查系统，承担单位是重庆市交通征费稽查局，由王志负责，广联集团成都公司参加；重庆市水上交通安全管理监控系统，承担单位是重庆市港航管理局，由梁雄耀负责，重庆赛洛克无线定位有限公司、深圳市成为软件有限公司参加；重庆市道路运政管理信息系统，承担单位是重庆市道路运输管理局，由吴宏伟负责，重庆万特信息技术有限公司参加。

2005 年，重庆市交通委员会编制下达的年度科技项目综合计划中，安排有计算机开发项目。其中银行联网代征费管理系统，承担单位是重庆市交通征费稽查局，由王志负责；征费业务网上审批系统，承担单位是重庆市交通征费稽查局，由王志负责；高速公路交通综合执法信息平台，承担单位是重庆市高速公路行政执法总队，由王小宇负责；重庆市养护工程造价分析系统，承担单位是重庆市交通工程造价管理站，由彭兴国负责；重庆市公路工程质量评定与管理系统，承担单位是重庆市交通委员会基本建设工程质量站，由彭兴国负责；ERP 企业管理系统项目，承担单位是重庆宇通客车有限公司，由邓平负责；公交 GPS 运营安全管理及信息查询系统，承担单位是重庆市公共交通控股（集团）有限公司，由雷军负责；重庆高速路网数据库监控系统，承担单位是重庆高速公路发展有限公司，由李祖伟、张强负责；ETC 技术在高速公路联网收费中的应用，承担单位是重庆高速公路发展有限公司，由李祖伟、任建卫负责；重庆市道路运输规划管理信息系统，承担单位是重庆市道路运输管理局，由刘艰负责，重庆市大陆架信息科技有限公司参加。

（二）西部交通科技项目

1. 西部项目由来

20 世纪 80 年代，中国改革开放和现代化建设全面展开，邓小平提出了“要顾全两个大局”的地区发展战略构想。即到 20 世纪末全国达到小康水平时，全国就要拿出更多力量帮助中西部发展，东部沿海地区也要服从这个大局。1999 年 6 月 17 日，中共中央总书记、国家主席江泽民在西北五省区国有企业改革发展座谈会上强调，要“抓住世纪之交历史机遇，加快西部地区开发步伐”。1999 年 11 月，中央经济工作会议敲定对西部进行大开发的战略决策。会议提出，要不失时机地实施西部大开发战略。2000 年 12 月，紧接着国务院出台了《关于实施西部大开发若干政策措施的通知》（国发〔2000〕33 号），并于 2001 年 9 月 29 日转发了国务院西部开发办关于西部大开发若干政策措施的实施意见。通知规定了西部大开发若干政策措施的适用范围，即“实施西部大开发若干政策措施和本实施意见的适用范围，包括重庆市、四川省、贵州省、云南省、西藏自治区、陕西省、甘肃省、宁夏回族自治区、青海省、新疆维吾尔自治区（新疆生产建设兵团单列）和内蒙古自治区、广西壮族自治区（上述地区统称西部地区）。其他地区的民族自治州（湖南省湘西土家族苗族自治州、湖北省恩施土家族苗族自治州、吉林省延边朝鲜族自治州），在实际工作中比照有关政策措施予以照顾。”

为贯彻实施党中央、国务院关于西部大开发的战略决策，充分发挥科技创新在西部交通建设中的作用，交通部开始实施西部交通建设科技项目管理，借以提高西部地区交通建设的整体水平、运输效率和队伍素质，实现西部地区交通的跨越式发展。2001 年 4 月 19 日，交通部印发了《西部交通建设科技项目管理暂行办法》（交科教发〔2001〕191 号）和《西部交通建设科技项目招投标管理暂行办法》。2003 年 3 月 13 日，财政部、交通部又印发了《西部交通建设科技经费管理暂行办法》（交财建〔2003〕48 号）。

2. 投标招标管理

根据党中央、国务院实施“西部大开发”的战略目标，交通部实施西部交通科技项目管理，报请国务院批准，财政部每年从车购税中安排2亿元资金额度用于补助西部的公路、水运建设工程中的关键技术科研项目。根据交通部会议精神，重庆市交通委员会要求委属有关单位根据“十五”计划期科技工作指南，结合报送2001年科技项目计划，准备一批科技含量较高的项目作为西部交通科技项目库，并申报了一批公路、水运建设工程中的技术关键科研项目。

西部交通建设科技项目计划是交通部科技年度执行计划的重要组成部分。交通部设立了西部交通建设科技项目管理中心，采取了以招标投标方式进行立项的管理模式，归口管理项目的招投标工作（招投标管理办法另行制订），签订批准立项的项目合同。各有关省（市、区）交通厅（局）负责提出本省年度科技项目申请，作为本省执行项目合同的保证方，负责落实项目依托工程和推广研究成果。项目承担单位严格执行合同所规定的内容，保证项目按时、保质完成。为保证西部交通建设科技项目的质量和项目承担单位确定的公正性、合理性，凡是西部交通建设科技项目中目标内容明确、能够确定评审标准的科技项目，原则上均应按《西部交通建设科技项目招投标管理暂行办法》进行招标，实施合同管理。从2002年起，交通部每年先发布西部交通建设科技项目招标公告，经过投标申报后，组织专家评标，然后宣布承担单位。

2002年1月21日，交通部西部交通建设科技项目领导小组办公室决定，对2002年度西部交通建设科技项目中的9个项目公开招标，并发布了招标公告。2002年4月19日，交通部西部交通建设科技项目领导小组办公室公布了2002年第一批西部交通建设科技项目“连拱隧道建设关键技术的研究”等9个项目招标结果，并根据专家评标的结果，经交通部西部交通建设科技项目领导小组办公室研究确定了各项目的承担单位，其中，“桥面铺装材料与技术研究”项目由重庆交通科研设计院承担。

2003年5月28日，交通部西部交通建设科技项目领导小组办公室公布了2003年西部交通建设科技项目第一批“公路水毁防治技术的研究”等11个项目招标结果，并根据专家评标的结果，经交通部西部交通建设科技项目领导小组办公室研究确定了各项目的承担单位，其中，“公路水毁防治技术的研究”项目由重庆市公路局承担。

2005年4月28日，按照交通部《西部交通建设科技项目管理暂行办法》中的有关规定，重庆市交通委员会组织了一批西部交通建设科技项目，经组织专家评审，并向交通部申报了2006年度“高速公路特长隧道及隧道群智能监控与灾害防救技术研究”等8个科技项目。2005年8月1日，重庆市交通委员会又补充报送了2006年交通部西部交通建设科技项目。

3. 重庆完成项目

2000~2005年“十五”计划期间，重庆交通建设快速发展。至2005年底，重庆市公路通车里程达到36535公里，其中，高速公路748公里，二级与二级以上高等级公路5600公里，航道总里程达到4222公里。交通的快速发展得益于交通科技的发展，尤其是得益于交通部加大对西部交通科研项目的支持力度。重庆市交通委员会根据交通建设和管理的关键、难点问题，认真选择好交通科技跨越和突破的重点，实施了一批西部交通科技项目，解决了重庆市以至西部交通建设中急需解决的一部分重大关键技术问题。

（1）大佛寺长江大桥安全监测系统研究。

承担单位：重庆高速公路发展有限公司、同济大学、重庆大学。起止时间：2001年8月至2003年1月。

主要研究内容：以大佛寺长江大桥为具体对象、以特大型桥梁的需求为背景，解决大跨度桥梁参量传感、信息处理、网络传输等关键技术及相关工艺技术问题，完成各个子系统研制，完成数据管理与数据库、实现多个子系统的有机集成，并在大佛寺长江大桥上建立起大型桥梁安全监测的示范系统。

研究成果：①攻克了光纤应变传感器的应用工艺难关，完成了主梁关键截面应力测量的新型光纤传感子系统；②将传统的连通管与光电液位传感技术结合，研制了大型桥梁线型、挠度的光电实时长期监测系统；③将激光技术与数字图像技术结合，研制了主塔侧移实时长期监测系统；④开发出了超低频加速度传感系统，完成了大型桥梁振动特性和斜拉索索力的远程实时监测系统；⑤针对目前桥梁健康监测领域遇到的困难，提出建立桥梁结构安全评定的不同思想，开发了安全评价与预警实用技术及相应的软件；⑥完成了各硬软件子系统的系统集成及相关应用工艺的基础实验，实现了多个子系统的有机集成，开发完成系统合成软件，并最终在大佛寺长江大桥上建立起了大型桥梁结构安全监测的示范系统。

（2）边坡支护方案优化设计。

承担单位：重庆高速公路发展有限公司。起止时间：2001 年 9 月至 2003 年 9 月。

主要研究内容：主要针对在中国已修建的山区高等级公路中存在的公路边坡塌方、滑坡等地质灾害的问题，从机理研究入手，建立和公路建设阶段相适应的边坡支护方案优化方法，并将这些方法集成到以 GIS 为平台的软件系统中。

研究成果：运用本项目研究成果，对昆石高速公路、渝黔高速公路 K63 边坡、付四路斜石板滑坡、付四路大烂湾滑坡进行了实际运用取得了良好效果；①拓展了优化理论在边坡支护中的运用范围，提出了全过程边坡防护优化的理念；②归纳总结了公路边坡变形破坏的基本地质力学模式；③考察了现有的边坡稳定性分级系统对公路边坡的适用性；④提出了适合公路边坡稳定性分类使用的 HSMR 岩体稳定性分级系统；⑤将边坡稳定性分级细则进一步规范和明确化，对相应稳定级别的合理开挖坡角提出建议，并在分析各稳定级别边坡可能破坏模式的基础上，根据公路行业通常采用的支护手段，提供更详细、更具针对性的系统化边坡治理措施建议；⑥提出了公路边坡宏观稳定性评价、边坡支护方案优选的指标及其量化方法；⑦首次基于 GIS 开发了集公路地学信息管理、宏观稳定性评价、稳定性分类、支护设计为一体的系统软件。

（3）声波技术在地基工程评价中的应用研究。

承担单位：重庆交通科研设计院、重庆市公路工程质量检测中心。起止时间：2001 年 10 月至 2004 年 4 月。

主要研究内容：项目主要研究声波测试在地质初探中软弱不良地层和土石分界的探测及填方路基施工质量检测，从工程应用的角度解决声波法在地基工程评价中需要解决的关键技术问题。

研究成果：①提出了软弱不良地层现场测试的完整方法及具体的操作流程，提出了软弱不良地层的时域、频域和云图判定标准及方法；②通过分析面波和折射波勘探的优缺点，提出了土石分界面波和折射波综合检测技术；③提出了强夯、压力灌浆检测有效范围的基本原理和计算方法，并通过现场试验进行了验证分析；④通过现场测试和室内试验，提出了路基压实质量的面波测试实用技术方法；⑤开发了专用的 MASW（Multichannel Analysis of Surface Waves）软件，该系统集成了国内外多道面波分析的先进技术成果和方法，首次在中国实现了泛音法和遗传算法的结合；⑥首次系统地分析了各种主要测试参数对面波测试结果的影响，并且提出了系统的现场测试参数和流程，并提出了相应的测试分析操作指南。

（4）新老路基结合部处治技术。

承担单位：同济大学、长沙理工大学、重庆市公路局、陕西省安康市交通局、陕西省铜川市交通局。起止时间：2001 年 11 月至 2003 年 12 月。获奖情况：2005 年中国公路学会科学技术一等奖。

主要研究内容：针对路基拓宽工程的实际问题，此项目通过多种技术手段，对路基拓宽工程中的技术特征和工程问题、新老路基不协调变形的计算方法、特点及对路面结构的影响、拓宽路基的设计理论和方法、新老路基结合部处治的原理、方法和施工技术进行深入系统的研究，总结路基拓宽工程中新老路基结合的主要方式及其分类方法、常见病害及其成因机理，提出新老路基不协调变形的计算方法，揭示新老路基不协调变形的特征规律、路面结构对路基不协调变形的力学响应及相应的损坏模式。

研究成果：①揭示了路基拓宽工程病害的根源——新老路基不协调变形，并首次提出了新老路基不协调变形的来源、计算方法、分布特征、影响因素以及对路面结构的影响；②基于路面结构对新老路基不协调变形的力学响应分析，揭示了路基拓宽工程特有的损坏模式——基层顶面弯拉开裂，为新老路基的合理结合提供了重要依据；③系统提出了路基拓宽工程的设计状态，首次建立了基于不协调变形控制的路基拓宽设计计算理论、方法、指标和标准；④根据新老路基不协调变形的来源和组成，明确了不协调变形的控制途径，创造性地提出了新老路基结合部处治的基本技术思想和一系列实用技术，包括各项措施的技术原理、应用方法、施工工艺和质量控制等；⑤提出了新老路基结合方式的分类方法，并对新老路基结合的具体方式进行了分类总结，为路基拓宽工程的设计和施工提供了参考；⑥本项目所提出的基于不协调变形控制的路基拓宽设计理论和方法以及新老路基结合部处治技术，为公路路基拓宽的设计和施工提供了科学的标准和先进的方法，填补了公路改扩建工程中路基拓宽的技术空白。在此基础上，建立了基于不协调变形控制的路基拓宽设计理论和方法，系统地提出了不同条件下新老路基结合部的处治技术及其施工控制，并在重庆、陕西、上海三地6项依托工程中进行了应用和验证，形成了《新老路基结合部处治设计施工技术指南》。

（5）深挖高填边坡破坏机理与稳定性评价方法研究。

承担单位：重庆交通科研设计院。起止时间：2001～2004年。

主要研究内容：项目从边坡破坏机理着手，研究深挖高填边坡变形破坏发生发展规律、主要破坏模式及有关因素对边坡破坏的影响、高填路堤边坡稳定性计算方法、填土强度参数试验方法、土岩接触面强度参数、稳定安全系数、不均匀沉降控制标准、深挖路堑边坡稳定性计算方法、边坡岩体力学参数、稳定安全系数等关键性技术问题和薄弱环节，建立较为系统完善的深挖高填路基边坡稳定性评价方法。

研究成果：①弄清了高填路堤的主要破坏形式以及影响路堤稳定性的主要因素，得出了典型高填路堤的变形与破坏规律，揭示了高填路堤边坡破坏机理。②查明了公路路堑边坡岩体，尤其是西南地区路堑边坡岩体的主要结构特征，归纳出路堑边坡主要变形破坏模式、主要影响因素，以及边坡稳定性的主控地层和结构面，得出了典型边坡开挖后变形与破坏形态，揭示了深挖路堑边坡破坏机理。③建立了实用的极限平衡条分法稳定系数统一求解格式，提出了适合公路边坡稳定性的计算理论与方法。④引入有限元强度折减系数法，创造性地建立了边坡稳定性的非线性有限元分析法，使有限元技术可以有效地分析边坡稳定问题。⑤通过对稳定性计算方法、填土强度参数和土岩接触面强度参数获取方法、稳定安全系数等环节和问题的研究，系统地建立了高填路堤边坡稳定性评价方法。⑥采用调研、现场试验和室内试验方法，对边坡岩体结构面及岩体质量分类、软弱夹层力学参数的变化规律、硬性结构面抗剪强度预测方法、岩体强度参数和变形参数的间接获取方法等进行了研究。引入模糊数学和神经元网络处理方法，分别处理岩体强度参数和变形参数，建立了一套简易适用的公路路堑边坡岩体力学参数获取方法。

（6）低造价县乡公路修筑技术研究。

承担单位：交通部公路科学研究所、重庆交通大学、重庆市公路局、四川省交通局、内蒙古自治区公路局。起止时间：2001～2003年。获奖情况：2005年中国公路学会科学技术二等奖。

主要研究内容：对中国西部县乡道路的技术现状、交通现状、轴载适应性以及存在问题进行广泛调研和分析。

研究成果：①针对西部二级自然区划，首次系统提出、编制了中国县乡农村公路典型路面结构。根据区划、交通量、土基强度、筑路材料资源状况进行县乡农村公路路面结构选型与设计。②首次全面、系统的研究地方廉价筑路材料、规范外非标准材料（软质集料）、地方工业废渣（废料）在县乡道路中的应用及稳定技术；提出这些材料的应用途径、稳定方法、材料设计参数、材料组成设计方法和施工技术。③拓展固化土技术应用于县乡道路路面工程，针对西部地区特殊土（红砂土、红黏土、页岩土、粉土等），首次全面、系统的研究多种固化剂（稳定剂）稳定土修筑路面技术，提出稳定方法、材料组成、适应条件及施工工艺。④首次系统地提出并建立了适宜于中国县乡道路结构及交通特点的小交通量县乡道路路面简易设计方法，包括新的荷载图式、轴载换算公式、设计弯沉计算公式、设计曲线等。⑤针对小交通量道路的交通组成及特点，提出了中国县乡公路路基路面宽度和横断面设计的建议。⑥提出了以碎石封层、稀浆封层、沥青表处和超薄沥青混凝土面层为代表的中国县乡道路经济实用的面层新结构形式及适用条件、材料配合比设计及施工工艺，最后将低造价县乡道路筑路成套关键技术编写为《西部县乡道路路基路面设计与施工指南》，指导县乡公路建设。

（7）土石混填路基修筑技术研究。

承担单位：重庆交通科研设计院 重庆高速公路发展有限公司。起止时间：2002 年 2 月至 2004 年 2 月。

主要研究内容：通过开展土石混合料路用质量分级、土石混填路基稳定与变形性状、土石混填路基施工质量检测与控制、土石混填路基边坡防护研究，提出集土石混合料工程性质评价技术、土石混填路基设计、施工质量检测与控制技术和工程处治技术为一体的成套技术。

研究成果：①通过室内试验、现场试验和数值模拟，对土石混合料工程性质进行了较为全面的试验研究；②应用非线性的分形科学将土石混合料进行了 3 个层次的工程分类，依此可初步确定各类土石混合料的工程性质；③建立了土石混填路基压实质量的表面波和附加质量法两种无损评价与检测方法，并确定了检测方法中的相关参数；④开发了土石混合料级配图像自动识别系统，实现了土石混合料级配自动识别；⑤提出了土石混填路基施工期沉降、工后沉降与路基高度、施工质量等影响因素间的关系，以及沉降变形预测模型；⑥成功开发出了 PST 抗冲刷剂和 PST 抗冲刷剂喷播液两种土石混填路堤边坡绿化防护的新材料；⑦制订了《土石混填路基设计和施工技术指南》，较为完整地解决了土石混填路基修筑技术问题。

（8）桥面铺装材料与技术研究。

承担单位：重庆交通科研设计研究院、长安大学、东南大学、重庆渝东高速公路有限公司。起止时间：2002 年 6 月至 2006 年 6 月。

主要研究内容：通过此课题的研究，形成水泥砼桥梁及钢桥桥梁桥面铺装成套技术，采用本课题相关研究成果，在众多相关的工程中取得优良的效果。

研究成果：①综合考虑砼桥的各种条件，系统地提出了砼桥面铺装典型结构、材料技术指标体系和设计方法，形成砼桥面铺装成套技术。②对钢桥面各种条件进行综合分析，提出了实用力学计算公式和不同参数的动力系数，并在此基础上提出了钢桥面典型铺装结构和材料技术指标体系。③采用喷砂工艺进行砼桥面基面处理和反应性树脂下封闭层，结合合理的铺装层防水体系，解决了铺装层与桥面板的粘接问题。④研究开发了钢桥面防水粘接材料、浇注式沥青混凝土，有效解决了钢桥面铺装脱层推移的早期病害问题。所开发的浇注式沥青混凝土，其性能在国外的基础上大幅度提高，适应了中国复杂地区气候条件。为中国桥面铺装技术进步及实际工程技术问题的解决作出了贡献，具有显著的工程实体意义和技术经济效益。

（9）三峡库区蓄水初期公路病害防治对策研究。

承担单位：重庆市公路局、重庆交通大学、重庆交通科研设计院、解放军后勤工程学院、重庆数字城市科技有限公司。起止时间：2002 年 8 月至 2005 年 12 月。

2002 年 8 月，重庆市公路局结合三峡工程合拢蓄水引发的河流循环渗流将对库岸公路、桥梁带来的安全隐患，主动向交通部西部办申请承担“三峡库区蓄水初期公路病害防治对策研究”。

主要研究内容：通过系统的现场调查、室内外试验、理论分析及工程验证，主要开展了循环渗流下路基边坡、支挡结构的稳定性和承载力研究；桥梁地基的稳定性和承载力研究；波浪与水流对库岸路基边坡的侵蚀作用和稳定岸坡模式的研究；公路路基边坡、支挡结构典型病害防治对策及措施研究；蓄水诱发桥梁地基典型灾害防治对策及措施研究；库区公路综合信息系统；库区公路灾害评价与对策支持系统等方面的研究工作。

研究成果：①提出了岸坡稳定性风险分析理论，从发育规模、活动频率和次生灾害 3 个方面入手，建立了适合三峡库区岸坡稳定性风险评价的指标体系和量化方法；②导出了一维情况下库水位下降时坡体内瞬态浸润线的计算公式和用渗透力表述的滑坡稳定分析条分法公式，提出了库水作用下浸润线确定的实用方法，通过模型试验验证了公式的正确性；③首次将增量加载有限元法及有限元强度折减法应用于求解地基极限承载力和评判地基稳定性，改进了存在软弱结构面的岩石地基极限承载力计算方法；④在多种斜坡波浪作用试验的基础上，建立了适用于三峡库区的平板斜坡小波高破波冲击压力计算公式，提出了三峡库区土质岸坡演变过程的预测方法，给出了岸坡防护结构参数的确定方法；⑤开发了基于 GIS 平台的“库区蓄水诱发公路工程灾害防治对策支持系统”软件，实现了灾害信息管理、预测、评价及数据的网上发布和资源共享。

（10）公路水毁防治技术研究。

承担单位：重庆市公路局、同济大学、新疆交通科学研究院、长安大学。起止时间：2003～2006 年。

2003 年 4 月，通过全国公开投标，重庆市公路局牵头承担了“公路水毁防治技术的研究”交通部西部建设科技项目。

主要研究内容：通过资料调查、现场调研、理论分析、数值模拟、室内试验、依托工程验证等手段，明确中国公路水毁的技术特征和社会经济影响，掌握公路水毁的成因、形成条件和控制因素；建立公路水毁的分类方法和毁损等级评价方法；提出路基、桥涵构造物等公路设施抗水毁能力评价方法及公路设施水毁的预测分析方法；形成水毁预防和治理的技术对策以及工程措施和施工技术，并编制《公路水毁防治技术指南》和《公路水毁防治设施设计参考图集》，开发中国首套公路水毁地理信息系统示范软件。

研究成果：①提出了不同公路设施的水毁形态表征指标和水毁经济损失评估指标，揭示了公路水毁的成因机理、形成条件、控制因素和敏感因子，创建了“公路水毁三层次分类方法”，以及公路水毁经济损失计算方法和社会经济影响评估模型。②首次建立了公路水毁防治三维数值分析模型和分析平台，可用于分析各种复杂条件下河道的流场特性、水流与公路设施的相互作用，以及水毁防治构造物的防护效果。③补充完善了公路路基与桥涵设计中有关水文计算和冲刷分析的关键理论；建立了公路水毁毁损等级评价理论、公路设施抗水毁能力评价理论和公路水毁预测理论，并在实际工程中得到成功应用。④明确了各种公路水毁的防治原则、技术对策和流程，提出了各类防护措施的适用条件、设计方法与施工工艺，理论依据充分，实用性强。⑤开发了中国第一个公路水毁防治地理信息系统，实现了公路水毁评价、分析、预测和防治设计等功能，为中国公路水毁防治与管理的信息化、可视化和动态化提供了范例。项目研究成果在重庆、新疆两地 9 项依托工程中得到了应用和验证，从而基本上解决了中国（特别是西部地区）公路水毁防治的关键技术问题。

（11）柔性纤维混凝土、聚合物改性水泥混凝土在路面中的应用研究。

承担单位：重庆交通大学、重庆高速公路发展有限公司北方建设分公司。起止时间：2003～2007 年。

主要研究内容：项目主要通过对柔性纤维混凝土的阻裂机理和聚合物改性柔性水泥混凝土材料

的研究，提出柔性纤维混凝土和聚合物改性柔性水泥混凝土两种新型路面结构形式。通过对混凝土材料的研究，提出以混凝土变形和抗裂性能作为评价、防止混凝土路面破坏的重要力学指标。以此为基础，研究新型路面材料——柔性纤维混凝土和聚合物改性柔性透水混凝土，从源头上找出延长路面使用寿命、防止路面断裂破坏的方法，并在此基础上兼顾提高路面服务功能。

研究成果：深入分析了柔性纤维混凝土阻裂机理，以柔性纤维混凝土为材料修筑的薄层试验路，成本大幅度降低。路面使用寿命延长，降低了养护维护费用。改性柔性透水混凝土路面为国内外首次提出，新型路面结构将极大改善路面的受力、抗裂和变形性能，具有强度高、变形强的力学特点，路面还具有透水、降噪、阻燃、耐酸碱等腐蚀、扬尘少等功能特点。路面厚度可大幅度减薄，养护维修简单易行。柔性纤维混凝土的研究，为西部交通建设提供了抗裂性能强、经济性好的路面材料及其阻裂机理和路面设计方法等；聚合物改性柔性水泥混凝土的研究则为西部乃至全国的交通建设，提供了一种新的兼具沥青材料的高柔性和水泥路面高强度、适合包括隧道和桥面铺装在内的高等级公路和市政道路的路面材料及其结构形式。

（三）联合攻关科技项目

1. 联合攻关项目由来

1995 年 12 月 11 日，交通部印发了《“九五”交通部行业联合科技攻关计划管理办法》，为了实施科教兴国、科教兴交战略，充分发挥部和各省、自治区、直辖市交通厅局两级交通管理部门的积极性，促进科技与交通发展的紧密结合，加速科技成果转化为现实生产力，在各省、自治区、直辖市交通厅局继续执行各自的科技进步计划的同时，自 1996 年起，在部科技进步年度执行计划中，继续安排“九五”交通部行业联合科技攻关计划。

2. 重庆完成项目

在 1999 年“九五”计划期间，重庆市交通局以《关于报送部行业联合科技攻关项目“大跨径斜拉桥抗震、抗风与稳定性研究”课题合同的请示》（渝交局〔1999〕194 号）上报交通部，经交通部第七次行业联合科技攻关联络员会议和专家组立项审查，根据项目管理要求和专家组的意见，完成了项目的课题合同。承担了“大跨径斜拉桥抗震、抗风与稳定性研究”的交通行业联合科技攻关项目。该科研项目分为抗震、抗风与稳定性研究 3 个子课题，分别由交通部重庆公路科研所、西南交通大学、重庆交通学院承担。重庆市交通局所属的项目第一承担单位是重庆高等级公路建设指挥部，要负责按年度检查项目完成进度和项目完成的质量，并要求用分阶段的科研成果来指导高速公路工程中大桥的施工建设。重庆高等级公路建设指挥部每年至少召开两次科研情况汇报和分析会议，该项目总经费 170 万元，其中，交通部拨付 70 万元，由重庆市交通局管理。这是重庆交通科技项目第一次获得交通部补助资金。

1999 年项目开题以来，各子课题单位完成工作的质量良好。1999 年 1 月至 1999 年 6 月，完成了课题调研、资料查询、编制研究大纲、落实依托工程等。1999 年 7 月至 1999 年 12 月，开展了理论分析研究、研制分析软件、试验模型设计等。2000 年 1 月至 2000 年 5 月，完成了理论研究、软件调试、实桥分析计算和模型制作等。2000 年 5 月，重庆市交通局组织了有关专家对其承担的“大跨径斜拉桥抗震、抗风与稳定性研究”项目执行情况进行了检查，并将检查情况书面报告了交通部科技教育司。2002 年 11 月 12 日，交通部组织专家对交通部下达的科技联合攻关项目“大跨径斜拉桥抗风、抗震及稳定性研究”进行了技术鉴定，并通过了项目鉴定。2003 年 10 月 10 日，在 2003 年度中国公路科学技术奖评审结果公告中，科技联合攻关项目“大跨径斜拉桥抗风、抗震及稳定性研究”荣获二等奖。

交通部重庆公路科学研究所也是交通行业联合科技攻关项目的承担单位。1995 年，交通部重庆公路科学研究所与山西省交通规划设计院共同以编号 95－05－03－02 课题合同，承担了“山西省交通行业 2010 年环境保护规划及其动态评估系统的研究”项目，在 1998 年 1 月至 1999 年 6 月完成；同年，交通部重庆公路科学研究所与四川省交通厅公路规划勘察设计院和四川省重点公路建设指挥部以编号95－05－01－57课题合同，共同承担了“改性沥青在高等级公路路面中的应用研究”，在1996～1999年完成。

（四）职工合理化建议项目

1982年3月16日，国务院发布了《合理化建议和技术改进奖励条例》（国发〔1982〕43号）。1988年4月13日通过的《中华人民共和国全民所有制工业企业法》，1992年4月3日通过的《中华人民共和国工会法》，1993年7月2日通过的《科学技术进步法》，均规定要开展群众性的合理化建议活动。1986～2000年，重庆市交通职工合理化建议和技术改进活动蓬勃兴起，提出合理化建议项目的职工比例由原来的3%增加到近30%左右。对交通职工群众性合理化建议项目的组织管理成为交通科技项目管理的重要组成部分。

1991～1995年（“八五”计划期），在开展职工合理化建议活动中，重庆交通职工提出合理化建议10000余条，采纳实施的占12.2%，有13项获市、局级奖。其中，重大合理化建议30项，节约30万元以上的19项，有5项获重庆市合理化建议重奖，充分展现了职工的聪明才智。

1996～2000年（“九五”计划期），重庆市交通职工合理化建议和技术改进活动继续发展，尤其是围绕渝长路、渝黔路、长涪路等高速公路建设重大工程项目，积极组织交通行业广大职工开展职工合理化建议活动，提出合理化建议434项，被采纳实施的合理化建议238项，实施的重大合理化建议64项，节约工程投资3.6亿元。其中，节约价值在500万元以上的项目19项，获得重庆市人民政府特等奖。

1. 公路建设的合理化建议项目

在高速公路建设中，发动广大职工开展的合理化建议活动，结合优化建设施工设计，提出了大量有价值的合理化建议，对降低造价、降低投资直至减少资金投入，取得了经济效益。

职工合理化建议活动最早始于成渝高速公路重庆段建设。1991～1992年，在成渝高速公路重庆段建设开始时，重庆市交通局和重庆市重点公路建设指挥部的职工提出高速公路建设方面的合理化建议。其中，有3项涉及工程设计的重大合理化建议：一是成渝高速公路重庆段荣昌桑家坡至璧山青杠85公里原设计二级路变更为一级路的合理化建议。1991年，成渝高速公路重庆段荣昌桑家坡至璧山青杠85公里原设计为二级路标准，不能解决重庆山岭重丘地理环境的废方处理问题，也不适应重庆市经济发展对交通的紧迫需求。1991年，重庆市交通局和重庆市重点公路建设指挥部的胡振业、郑道访、蒙进礼、郑光荣、杨清源、周定昌、杨锋等人共同提出了“一次规划，分步实施，利用废方，加宽路基，把二级路改为一级路的优化设计方案”的合理化建议。这项事关工程设计变更的重大合理化建议，主要内容是：利用废方堆置于路基旁一次形成一级公路路基宽度，同时加宽桥梁、接长涵洞与路基宽度相适应，将荣昌桑家坡至璧山青杠85公里原设计的二级路变更为一级路，这样的优化设计方案应是山岭重丘地区废方处理的最佳方案，是“一次规划，分步实施”的最优途径。二是成渝高速公路重庆段中梁山隧道缙云山隧道半横向式通风变更为纵向通风方式的合理化建议。成渝高速公路重庆段中梁山隧道双洞总长6268米，缙云山隧道双洞总长5006米，单洞长度均超过2000米，初步设计采用了半横向式通风。但因原设计存在开挖面太大、结构复杂、施工难度大、建设投资大、运营耗能高等缺点，致使在国际公开招标中的开标价大大超过了国家批准概算1.1亿元。为了节省建设投资，时任重庆市重点公路建设指挥部指挥长的郑道访、高级工程师郑光荣、徐宝贤、孙庭伟等人（肖开国、杨锋参与）大胆提出了将原设计半横向式通风改为纵向式通风的合理化建议。根据这项“采用全射流分段竖井吸出式纵向通风”的合理化建议，重庆市交通局和重庆市重点公路建设指挥部作了“成渝公路中梁山隧道、缙云山隧道变更通风方式的方案研究”，经过国内专家3次论证，上报交通部批准，送世界银行认可后同意实施。成渝高速公路重庆段中梁山隧道和缙云山隧道采用纵向通风方式取代半横向通风方式后，节省了工程投资和劳动费用，提高了设备运行的安全可靠性，在建设中节约土建工程投资4535万元。两座隧道安装风机经过几年运行后，驾驶员们反映良好，使用效果优于原测算数据。三是成渝高速公路重庆段三星沟原大桥设计变更为高路堤的合理化建议。在成渝高速公路重庆段的巴县走马场旁的三星沟，长数公里，宽近300米，深约50米，原设计在此修建一座3孔全长286米的高架桥。但由于只有一条小道可行，机器设备难以运输，若要照此设计实施，不仅30万废方需要重新征地堆放，而且要影响缙云山隧道东口进场开工时间，还要导致总工期延后一年。为此，高级工程师郑光荣、欧明星、易延相和工程师韩锦华、陈谦应、杨清源、李天臻等人提出了"将成渝高速公路重庆段三星沟原大桥设计变更为高路堤"的合理化建议，即在软基础上填筑36米的高路堤。将三星沟原大桥改变为高路堤，重点是处理软基础。根据这项合理化建议，重庆市交通局和重庆市重点公路建设指挥部作了"成渝公路三星沟大桥变更为高路堤的设计方案研究"，经过研究，采用塑料板排水以及竹筋网加固路堤等综合处理技术，予以实施后取得成功，三星沟高路堤一直保持稳定。

1991~1992年，这三项重大合理化建议，不仅获得重庆市人民政府批准、四川省人民政府认可和交通部同意实施，而且获得重庆市科学技术委员会组织的专家评审认可。1993年，重庆市交通局职工合理化建议评审委员会分别给予三项重大合理化建议奖励：成渝高速公路重庆段荣昌桑家坡至璧山青杠85公里原设计二级路变更为一级路的合理化建议评为特等奖；成渝高速公路重庆段中梁山隧道缙云山隧道半横向式通风变更为纵向通风方式的合理化建议评为特等奖；成渝高速公路重庆段三星沟原大桥设计变更为高路堤的合理化建议评为一等奖。其中，成渝高速公路重庆段荣昌桑家坡至璧山青杠85公里原设计二级路变更为一级路的合理化建议获得重庆市1993年度科技进步特等奖，成渝高速公路重庆段三星沟原大桥设计变更为高路堤的合理化建议获重庆市1993年度科技进步一等奖，中梁山缙云山隧道纵向通风研究项目获得重庆市1995年度科技进步二等奖。

1998年，重庆市高速公路建设有限责任公司、重庆高等级公路建设指挥部提出了节约价值1000万元以上的合理化建议项目8个，节约工程费用总价值25776万元。其中，节约价值1000万元以下的合理化建议项目有16个，节约工程费用总价值3903万元，共计节约总价值29679万元。1999年，重庆市高速公路建设有限责任公司向重庆市交通局申报了职工合理化建议项目，2000年4月13日，对申报的14项重大合理化建议项目，经重庆市交通局组织专家评审，报请重庆市人民政府同意，奖励渝长、长涪、渝黔三条高速公路建设中实施的14项重大合理化建议有突出贡献者。其中，渝长高速公路"渝长路建院后门大桥变更为路堤方案建议"等11项合理化建议和"长涪高速公路东路新村220kV变电站拆迁优化方案"共12项合理化建议，按其节约价值的2‰给予及时奖励，奖金总额为524810元。渝黔高速公路"真武山隧道由竖井加纵向通风改为全纵向通风优化方案"及"渝黔公路雷神店立交优化方案"等2项合理化建议项目，仍按其节约价值的2‰给予奖励，奖金总额为67072元。

2. 交通行政的合理化建议项目

2002年4月，重庆市直机关工会联合会在市直机关发起"我为重庆发展献计策"的活动，动员广大干部职工为重庆市现代化建设积极建言献策。2003年4月，通过"我为重庆发展献计策"的活动，重庆市直机关工会联合会编辑了《重庆市直属机关职工合理化建议集萃》一书，收录了城市建设等12个方面的合理化建议179篇，其中，也收录了交通通信方面的合理化建议。重庆市交通系统的1条合理化建议收录在列，即重庆高速公路发展有限公司任建卫的"利用公众通信网降低高速公路通信投资的建议"。另收到3条关于交通的合理化建议，即"关于开辟三峡水上飞机运务的建议""城市道路交通建设的建议"和"完善国道、省道护栏的建议"，建议人分别是重庆日报报业集团吴艺、重庆市质量技术监督局冯胜和重庆市公安局工会。

2004年8月13日，中共重庆市交通委员会机关委员会向机关各支部发出了《关于开展我为交通献计献策合理化建议活动的通知》。通知提出了10个方面的主题内容，即针对交通建设市场、招投标管理、合同变更、大宗材料采购等方面的问题，如何进一步完善和规范现有各项规定，使其更具科学性和可操作性；围绕公交、长途客运、出租汽车、水上运输、货物运输的行政管理和行业管理提出合理化意见和建议。在此次活动中，产生了7篇合理化建议，即机关工会吕彭泽的《机关大楼装修及工会用房建议》，安全处杨荣光、李克诚的《安全管理工作建议》，综合计划处穆首玉（女）的《多渠道筹集建设资金，加快公交站场建设》，综合运输管理处郑宁的《运输管理工作建议》，港航建设管理处的《关于渭沱电厂作为委机关学习培训基地的建议》，财务处韩思华的《关于夜间和休息值班方式的建议》，公路建设管理处朱顺芳的《惩前毖后治病救路——谈超限超载运输的成因及对策》。

3. 交通事业的合理化建议项目

2003年，重庆市高速公路行政执法总队及其工会委员会成立了合理化建议领导评比小组，组织职工开展了合理化建议活动。2003～2004年，共征集了合理化建议69条，建议涉及勤务机制，执法方式，事故处理、预防，管理形式，群团工作等诸多方面内容，其中2003年被总队采纳10条，被大队或中队采纳的8条，产生良好的经济和社会效益，并评出一等奖5名、二等奖5名。

2005年7月，重庆市交通行政执法总队高速公路支队工会组织召开了职工群众科技发明和实用技术应用成果展示现场会，评审各基层大队报送的职工合理化建议应用成果（评审通过8项），主要有：科技含量较高的视频会议，计算机辅助设计软件AUTO、CAD制作，触摸屏、移动便携式雷达测速仪等。也有与执法实际工作很好地结合、非常实用的小创新，比如，车载标志牌的改进、紧急避让车道、活动栅栏插销固定装置、平面路段仿真测速摄像头、卡通施工员、频闪灯固定架、便携式车用反光衣等。

为贯彻中共重庆市委二届九次会议精神，响应中共重庆市交通委员会“科技兴交”的号召，2006年9月13日，重庆市交通委员会直属机关工会于组织交委直属单位工会主席及相关人员，在内环线盘龙收费站，参加了由重庆市高速公路执法支队举办的职工合理化建议交流观摩会。这些凝聚了执法职工心血的“金点子”成果开拓了职工的眼界，使每一位参观者深受启发。

第四节 质量监督管理

一、全面质量管理

自1978年以来，中国企业开始推行全面质量控制（TQC－Total Quality Control）。1999年，中共中央十五届四中全会《关于国有企业改革和发展若干重大问题的决定》提出，要“搞好全员全过程的质量管理”。“全员全过程的质量管理”，就是全面质量管理（TQM－Total Quality Management）。

（一）组织领导

1981～1990年，重庆地方交通系统进行了全面质量管理试点。重庆市交通局始终把质量管理作为交通管理工作的中心环节。重庆市交通局领导始终坚持了质量第一的指导思想，在局长办公会、公路工作会、科技会以及局属系统领导参加的各种会议上，始终强调了加强全面质量管理工作的要求，提出具体的奋斗目标及有力的奖惩措施，定期检查，从而保证了全面质量管理工作的正常开展。

1990年，重庆市交通局成立全面质量管理委员会和办公室。重庆市交通局副局长龚继震任主任，相关处室负责人为成员，主要任务是制定所属企业事业单位质量计划，批准质量成果报告，决定质量管理方面的奖惩等重要事项。重庆市交通局全面质量管理委员会办公室设在科技处，主要负责综合性的日常质量管理工作，研究和推广先进的质量管理方法，协调有关部门与交通企业事业单位的质量管理活动，进行必要的指导帮助和检查考核，进行质量管理教育培训，组织群众性的质量管理活动等。

1999 年 3 月 11 日，重庆市交通局成立公路建设质量年活动领导小组，重庆市交通局局长胡振业任组长，重庆市交通局滕西全、李健、彭建康、蒙进礼、明正义 5 位副局级领导担任副组长，成员有各处室、各单位负责人，办公室设在重庆市公路工程质量监督站内。

2003 年 8 月 13 日，重庆市交通委员会对在建重点公路建设项目工程质量进行检查，检查分高速公路项目和地方重点项目两个组，高速公路项目组长由重庆市交通委员会副主任彭建康担任，地方重点项目组长由重庆市交通委员会副主任唐伯明担任，两个组的副组长有各处室、各单位的负责人。

（二）管理规划

1991 年 1 月 11 日，根据国家经委关于推行全面质量管理的 8 条要求、交通部颁发的《交通运输企业全面质量管理暂行办法》和《“八五”期间交通行业推行全面质量管理规划》，重庆市交通局制定了《重庆市交通系统“八五”期间推行全面质量管理规划》。规划体现了交通部门主导全面质量管理的主旨，要求经过 1991 ~ 1995 年的努力，即在“八五”期末，“交通工业的优质产品产值率达 39% 以上，并有 2 ~ 4 个产品被评为国家或部级优质产品，交通基本建设有 2 ~ 3 项工程被评为国家或部的优质工程，汽车客运正班率达 98% 以上，水陆运输事故赔偿率在万分之五以下，3 ~ 4 个集体被交通部评为优质运输先进集体，公路养护好路率达 65% 以上，有 3 ~ 5 个企业获重庆市质量管理奖，并积极争创国家、部质量管理奖，局属各单位和一大批区、县交通企事业全面质量管理达标。”

1991 ~ 1995 年，根据国家全面质量管理规划与要求，重庆市交通局组织制定了产品升级创优落后产品淘汰和推行全面质量管理的八五规划，建立了质量分析会议制度，每季度定期召开质量工作会，并结合交通行业特点开展了降低工序不良品损失，向管理、向质量要效益的活动。在交通运输企业中开展了保障安全、减少货差、货损、减少客车脱班误点，改善客货运输服务质量的活动，使客车正班率、货运质量事故赔偿率均比 1989 年同期下降。在工业企业中开展了提高关键工序一次合格率、减少废品、次品、返修品损失的活动。据重庆市技术监督部门对重庆市交通局 1990 年主要工业产品质量指标的考核，其计划完成率 100%，稳定提高率 100%，修造船的一级品率达 90% 以上。这些指标均居重庆市工交系统 19 个行业的前列。在设计、施工、养护单位开展了提高合格率、好路率，给交通运输提供良好运输条件的活动，使公路、航道工程的适用性、可靠性和安全性、工程合格率和优良率均有提高。

（三）管理体系

1986 ~ 1990 年，重庆市交通局贯彻质量管理和质量保证系列国家标准，建立健全了质量保证体系。重庆市交通局所属各单位的质量管理机构、职责、工作程序及单位各部门的质量责任逐步建立和完善，建立了质量分析会议制度和质量指标考核制度，并把质量指标纳入了企业第二轮经济承包责任制中。依据《重庆市人民政府关于实行工业企业质量否决权制度的决定》制定实施办法，使质量指标对企业或职工劳动效果评价和利益分配具有最终决定权。

1993 年，重庆市交通局成立了公路工程全面质量管理小组，由公路处处长担任全面质量管理组长，公路处全体人员具体负责日常的工作，组织、指导重庆市公路的全面质量管理工作。重庆市交通局属各公路事业单位，均建立了以生产第一领导为组长的全面质量管理小组，并由总工程师直接担任全面质量管理办公室主任工作，形成了公路工程全面质量管理体系。

2005 年 8 月 3 日，重庆市交通委员会下发《关于进一步加强交通基础设施工程质量管理若干意见的通知》，针对质量意识不强、质量责任不落实和质量行为不规范的现象仍然存在、质量通病未能得到有效解决的问题，要求贯彻落实科学发展观，建设节约型交通，全面提高工程质量。通知提出：交通基础设施项目工程质量必须建立“政府管理、委托监督、建设单位或项目法人全面负责、监理控制、设计和施工保证”的质量保证体系，尤其要健全项目法人质量保证体系，强化交通基础设施工程项目建设管理。

（四）管理内容

1986~1990年的“七五计划”期间，重庆交通系统全面质量管理工作有了新的进展。1988年，全面完成了直属交通企事业单位的计量定级工作。

1990年，重庆市交通局开展的全面质量管理工作，一是制定了《重庆市公路水路运输企业推行全面质量管理达标验收标准》和《重庆市公路航道养护管理事业单位推行全面质量管理达标验收标准》，开展了全面质量管理达标评审工作，重庆市交通局局属国营工业企业全面质量管理全部完成达标验收。二是组织了优质产品、优质工程和优质运输的评选。四川省重庆翻胎厂生产的山川牌900－20预硫化翻新轮胎、重庆市渝州汽车总厂生产的渝州牌YZ1020S双排座轻型货车和渝州牌YZ6471Q轻型客车，1990年被授予“重庆市优质产品”称号。四川省重庆轮船总公司通过了交通部优质运输先进集体的预评。三是开展全面质量管理教育和群众性的质量管理活动，共组织交通工业、运输、公路养护职工1942人参加全面质量管理基本知识统考，其中合格1748人。还成立了140多个QC小组，组织1200多人参加了QC小组活动。

1991~1995年（“八五计划”期间），重庆市交通局的全面质量管理着重以质量为中心，以标准和计量工作为基础做好技术监督工作，以改善企业经营管理，保障运输安全，确保工程与运输服务质量。计量定级认证审批方面，重庆市交通局所属企、事业计量定级共有13个单位，其中定为二级的有一个单位。同时在四川省市技术监督局的指导和支持下，通过了“重庆市重点公路工程质量监督检测中心”的计量认证和“四川省公路工程质量监督检验重庆工作站”评审报批工作。标准化工作方面，共审定和复审车辆、船舶、橡胶、建筑机械、酒类等各类企业标准32个，为重庆市交通行业向标准化发展奠定了基础。

1986~1995年，重庆市交通局属企、事业单位，始终坚持“质量第一”的方针，通过全面质量管理，在确保产品质量、工程质量、运输和服务质量等方面做了大量工作。据统计，交通工业产品质量等级品率达50%，质量损失率0.36%，质量稳定提高率100%，质量计划完成率100%。

（五）产品质量检查与整改

20世纪80年代，在全面质量管理开展过程中，重庆市交通部门直属的交通企业开展了一次产品质量检查和整改活动。1985年11月4日至11月29日，根据国务院国发〔1985〕107号、重庆市经委文件精神，按重庆市交通局文件要求，在各单位质量自检的基础上，重庆市交通局工业产品质量检查团分水陆两路对局系统8个公司、5家直属厂共25个单位进行了质量大检查，历时26天。检查工作的内容是查思想、查管理、查产品质量。

1986年2月21日，重庆市交通局在交通系统关于工业产品质量检查工作的报告中，对交通产品质量管理工作的情况作出了比较好的总体评价。重庆市交通系统计量工作进展较快，重庆市交通局有5个单位建立了中心计量站。交通工业企业进行了产品质量自检活动，举办了多种形式的质量意识教育活动，加强了质量薄弱环节的管理。1985年，重庆交机厂开发生产的492Q－A2型发动机新产品，曾一度出现质量问题。重庆交机厂开展质量意识教育，先后召开了15次会议，采取了“停产整顿、全面返工”等一系列有力措施，进行质量分析与补救，保证了产品质量。重庆汽修总厂生产的YZ－122型轻型客货车，曾两次获奖，由于不断加强工艺管理，在一次订货会上就订货700辆，位居重庆市同类产品之首。

重庆交通工业产品质量检查发现产品质量方面存在问题。一是结构不健全。相当一部分单位质量管理机构不完善，质管人员量少质弱。只有个别单位设立了“全面质量管理办公室”和“总工程师办公室”，绝大部分的企业都没有设立专管工艺的机构，有的甚至连专职的工艺人员都没有。

二级单位情况更差。而设有总工程师的单位并未真正形成以其为首的技术质量指挥系统。二是技术手段落后。各企业、单位普遍缺乏质量监督手段，不少单位连质量保证手段也不足，设备陈旧，维修保养不力，这种现象在车船维修保养单位尤为突出。三是工艺制度与纪律贯彻不力。据检查，不少单位的工艺纪律与作业制度、规范等往往只作为一种“资料”在职能部门“保管”着，较少在生产中认真实施。更为严重的是有的单位在完全缺乏工艺文件的指导下从事产品生产，致使操作人员无章可循，产品质量无法保证。四是技术队伍素质差。技术力量不足、工人技术素质差是一个较为普遍的问题，技术工人青黄不接，老工人退休多，新工人数量大。五是车船超载严重。运输单位都不同程度地存在着超载现象，特别是车辆超载相当严重，致使车况急剧恶化。以上原因，造成了一些单位产品质量低劣。在某些单位，产品质量仍是一个严重的问题。

1986 年 2 月，经过质量大检查，重庆市交通局对质量监督管理工作提出 8 点整改措施意见：一是进一步深化质量意识的教育和学习，树立质量第一的观念；二是要“以保证质量求速度，提高质量求效益”，完善质量考核指标，并把它置于考核指标体系的重要位置上；三是调整充实健全各级质量管理机构，要树立质检人员的权威；四是企业要合理调整自己内部的生产技术手段，并根据实际能力安排作业等级，加强机具设备的维修与管理工作；五是各单位尽快建立、完善各项工艺纪律和作业制度，特别是至今尚没有建立工艺的企业，建议建立“执行制度”，并与经济责任制挂钩，完善生产过程的工艺规范与检验制度；六是进一步抓好计量、标准和环保等方面的工作；七是有计划、有目的地进行技术培训工作，对工程技术人员要重视他们的知识更新和业务提高，并要定期对他们进行业务考核，广开才路，鼓励广大职工自学成才；八是加强企业之间、部门之间的横向联系，开展技术交流，不断引进提高质量的新技术、新材料、新工艺、新经验，有计划地搞好产品升级换代，多生产名优产品，从产品质量中创造出更多的社会效益和经济效益。

1990 年 3 月 1 日，为了加强交通工业产品质量管理，适应治理经济环境，整顿经济秩序，全面深化改革的新形势，根据交通部《关于加强交通工业产品质量管理的决定》、重庆市人民政府《关于实行产（商）品质量责任制的决定》和《重庆市产品质量监督检验管理办法》的规定，重庆市交通局重交局科〔1990〕12 号文件《关于加强交通工业产品质量管理的通知》作出 6 条工业产品质量管理措施：

一是各单位领导要加强对质量工作的领导，把质量工作纳入本单位的议事日程。根据国家和省、市政府有关加强质量管理方针、政策、法规、规定和国家产业结构调整政策，组织制订本单位产品升级创优、落后产品淘汰和推行全面质量管理的中长期规划。各工业企业分管质量工作的领导要每月定期主持召开质量分析会议一次，及时解决和处理本单位的重大质量问题，并通报有关单位，同时上报重庆市交通局。

二是各单位要进一步完善质量保证体系，明确质量管理的组织机构、职责、工作程序以及单位各部门的质量责任。要把质量责任纳入经济责任制中，把质量指标作为经济责任制中的硬指标，严格考核，严明奖惩，使质量指标能真正体现出对综合奖的否决权。

三是各单位要继续以提高产品质量和经济效益为中心，结合企业升级、全面质量管理达标验收和质量管理奖评审工作，大力加强技术和管理基础工作。要加强标准化工作，努力完善产品技术标准、管理标准和工作标准。严格计量管理，完善产品质量检测手段，加强质量信息工作，认真研究和改进设计、工艺、检测技术，严格各阶段质量控制，认真执行“自检、互检、专职检”和“巡回检”等质量检验制度，建立良好的生产秩序，搞好安全、文明生产。

四是各单位要大力推行全面质量管理，进一步深化全面质量管理教育，把全质教育纳入职工教育计划，并紧密结合思想政治工作，对干部、职工进行职业道德和“质量第一”的思想教育，强化干部、职工的质量意识，逐步使职工把追求“质量第一”变成自觉行动。要更广泛地开展群众性质量管理活动，建立健全 QC 小组活动管理办法，扩大 QC 小组的组建活动范围。围绕单位方针目标、节能降耗、班组建设、思想工作等方面开展 QC 小组活动，提高 QC 成果率及成果质量。

五是各单位要组织财务等有关人员进一步学习质量成本和质量审核的有关知识，定期开展产品质量审核、工序质量审核及质量保证体系的审核。尽快制订和完善质量成本核算管理办法，建立明细科目，尽快把质量成本的定期考核、分析工作开展起来，作为提供给厂长和有关部门进行质量改进的依据。

六是为加强质量监督检查工作，全面掌握各单位产品质量和质量管理情况，及时发现和处理存在的质量问题，局将建立定期检查制度。对主要交通工业产品下达质量考核指标，逐月进行考核；建立质量分析会议制度，局每季度定期召开质量分析会，及时研究处理存在的重大质量问题；实行定期质量检查制度，局每年组织有关人员对交通工业企业的质量管理情况和产品质量状况到工厂定期检（抽）查一次；各直属工业企业应于每年 12 月中旬向局报送年度质量工作情况，为重庆市交通局向部报送质量工作情况提供依据。

从 20 世纪 90 年代初开始至 2002 年，重庆市交通部门 5 户直属的交通工业企业先后移交或重组兼并，重庆市交通部门以指导 QC 质量小组活动为主开展质量管理，再没有组织较大的产品质量检查和整改活动。其中，1991 年 11 月，重庆交机厂移交给重庆市机械局。1994 年 12 月，江北船厂移交给江北区人民政府。1994 年 12 月，重庆翻胎厂移交给南岸区人民政府。1995 年 11 月，重庆渝州汽车总厂并入中国嘉陵工业集团。2002 年 12 月，重庆船厂并入长江天府轮船公司。

（六）全面质量管理 QC 小组活动

1981～2005 年，重庆市交通系统推行全面质量管理，开展群众性的 QC 小组（全面质量管理小组）活动是其中的一项重要内容。

1. 发展沿革

自 1978 年以来，政府与企业逐步脱钩，全面质量管理经历了由政府部门直接管理，逐渐向政府部门指导，企业自主管理过渡的不同阶段。重庆交通行业的全面质量管理同样经历了交通主管部门直接管理的阶段和交通主管部门间接指导的阶段。

（1）交通主管部门直接管理。1981 年，重庆地方交通系统开始进行全面质量管理试点，随即交通企业事业单位开展全面质量管理活动。1990 年 3 月 1 日，重庆市交通局下发了《关于加强交通工业产品质量管理的通知》（重交局科〔1990〕12 号）。通知一要各单位大力推行全面质量管理，把全面质量管理教育纳入职工教育计划，逐步使职工把“质量第一”变成自觉行动。二要更广泛地开展群众性质量管理活动，建立健全 QC 小组活动管理办法，扩大 QC 小组的组建活动范围。围绕单位方针目标、节能降耗、班组建设、思想工作等方面开展 QC 小组活动，提高 QC 成果率及成果质量。为此，重庆市交通局对主要交通工业产品下达质量考核指标，逐月进行考核；每季度定期召开质量分析会；每年组织有关人员对交通工业企业的质量管理情况和产品质量状况到工厂定期检（抽）查一次。

1990 年，为了加强对企业事业单位全面质量管理的组织领导，重庆市交通局全面质量管理委员会及其办公机构成立，重庆市交通局副局长龚继震任主任，相关处室负责人为成员。主要任务是制订所属企业事业单位质量计划，批准质量成果报告，决定质量管理方面的奖惩等重要事项。重庆市交通局全面质量管理委员会办公室设在科技处，主要负责综合性的日常质量管理工作，研究和推广先进的质量管理方法，协调有关部门与交通企业事业单位的质量管理活动，进行必要的指导帮助和检查考核，进行质量管理教育培训，组织群众性的质量管理活动等。

1990 年，重庆市交通局制定下发了《重庆市公路、水路运输企业推行全面质量管理达标验收标准》和《重庆市公路、航道养护管理事业单位推行全面质量管理达标验收标准》，贯彻交通部《交通运输企业质量管理小组条例》和《重庆市质量管理小组活动管理办法》，组织与指导群众性的质量管理活动。据不完全统计，至 1990 年底，重庆市交通局已有 14 个所属企业事业单位推行了全面质量管理，有 3243 人参加了全面质量管理基本知识统考并取得合格成绩，有 140 多个 QC 小组，1200 多人参加 QC 小组活动。1990 年，在 QC 小组现场活动检查和基层单位成果发表会的基础上，重庆市交通局定期召开局系统 QC 成果发表会。认真总结和推广重庆市交通系统优秀 QC 小组的经验，做好优秀 QC 小组的评选、推荐和奖励工作。

1991～2000 年，重庆市交通局全面质量管理委员会做了以下工作：一是普及质量管理教育，组织职工参加全面质量管理基本知识统考，不断增强交通企业事业职工的质量意识；二是建立质量指标评价体系，加强质量监督考核工作；三是贯彻质量管理和质量保证一系列国家标准；四是开展全面质量管理达标、创优活动，加强企业以质量求发展的战略意识和后劲；五是广泛地开展群众性的质量管理活动，不断推动 QC 小组活动的开展；六是结合交通企业实际，开展向质量管理要效益、走质量效益型发展道路、改善交通运输安全和运输服务的活动。1991～1999 年，重庆市交通局获得国家级优秀 QC 小组称号 1 个，获部、省、市级优秀 QC 小组 186 个，获局级优秀 QC 小组 127 个。

（2）交通主管部门间接指导。2000～2005 年，随着政企分离，重庆市交通委员会开始从行业管理角度加强指导，以交通企业为主导推行全面质量管理。一是组织 QC 小组活动骨干培训，培养了一支全面质量管理骨干队伍；二是坚持作好每年的工作指导安排，要求结合企业事业实际开展 QC 小组活动，发表优秀的 QC 成果。2000～2005 年，重庆市交通委员会共获得部、市级优秀 QC 小组 48 个，获得国家级优秀 QC 成果 1 个。

QC 小组活动骨干培训。为了贯彻落实党中央、国务院“搞好全员全过程质量管理”的要求，重庆市交通委员会于 2001 年 9 月 11 日、9 月 26 日下发了两个关于举办 QC 小组活动骨干培训班的通知，要求发动职工群众参加 QC 小组活动，推动群众性质量管理活动深入持久地开展下去。2001 年 10 月 25～26 日，重庆市交通委员会在重庆南山宾馆举办了一期 QC 小组活动骨干培训班，培养了一批懂理论、会方法、有一定组织能力的 QC 小组活动骨干。

QC 小组活动组织指导。2001 年 4 月 16 日，重庆市交通委员会下发了《关于深入开展 2001 年度群众性质量管理小组活动的通知》（渝交委科〔2001〕22 号）。通知强调“各单位要认真组织好质量管理小组活动的开展，特别是要重点抓好工程质量、服务质量、产品的质量”。通知提出了质量管理小组活动具体要求：一是狠抓落实，搞好 QC 小组的组建及立项工作。二是认真做好 QC 小组成果的评选工作并向重庆市交委推荐，推荐的成果必须是在 2000 年 6 月 1 日至 2001 年 5 月 31 日期间登记注册的项目，综合评分须在 75 分以上。三是推荐的 QC 小组成果资料须附单位财务、质量、技术部门的审查意见。

2002 年 3 月 18 日，重庆市交通委员会下发了《关于深入开展 2002 年度群众性质量管理小组活动的通知》。通知要求持续地开展群众性质量管理小组活动。通知宣示了 2002 年度重庆市 QC 小组活动的主题是“QC 小组——人才、创新、不断改进”。具体要求有：一是落实 QC 小组的组建及立项工作。二是认真做好 QC 小组成果的评选、推荐与上报工作。推荐的成果必须是在 2001 年 6 月 1 日至 2002 年 5 月 31 日期间登记注册的项目，综合评分须在 75 分以上。三是推荐的 QC 小组成果资料须附单位财务、质量、技术部门的审查意见。

2003 年 3 月 25 日，重庆市交通委员会下发了《关于深入开展 2003 年度群众性质量管理小组活动的通知》。通知宣示：“根据中国质量协会、中华全国总工会、共青团中央、中国科学技术协会确定 2003 年全国质量管理小组活动的主题是：以人为本，追求卓越的现场管理。”具体要求有：一是落实 QC 小组的组建及立项工作。二是认真做好 QC 小组成果的评选、推荐与上报工作。推荐的成果必须是在 2002 年 4 月 1 日至 2003 年 3 月 31 日期间登记注册的项目，综合评分须在 75 分以上。三是推荐的 QC 小组成果资料须附单位财务、质量、技术部门的审查意见。

2004 年 3 月 10 日，重庆市交通委员会下发了《关于开展 2004 年度群众性质量管理小组活动的通知》。通知宣示："根据中国质量协会、中华全国总工会、共青团中央、中国科学技术协会确定2004年全国质量管理小组活动的主题是：应用统计技术，提高活动实效。"具体要求有：一是落实QC小组的组建及立项工作。二是认真做好QC小组成果的评选、推荐与上报工作。推荐的成果必须是在2003年4月1日至2004年3月31日期间登记注册的项目，综合评分须在75分以上。三是推荐的QC小组成果资料须附单位财务、质量、技术部门的审查意见。

2005年4月14日，重庆市交通委员会下发了《关于开展2005年度群众性质量管理小组活动的通知》。通知决定持续开展群众性质量管理小组活动。通知宣示："根据中国质量协会、中华全国总工会、共青团中央、中国科学技术协会确定的2005年全国质量管理小组活动的主题是：统计技术、创新、持续改进。"具体要求有：一是各单位要组织班子落实QC小组的组建及立项工作。二是认真做好QC小组成果的评选、推荐与上报工作。推荐的成果必须是在2004年4月1日至2005年3月31日期间登记注册的项目，综合评分须在75分以上。三是推荐的QC小组成果资料须附单位财务、质量、技术部门的审查意见。

2. 活动述要

1990年，四川省重庆翻胎厂、四川省重庆船厂、重庆联运总公司通过了全面质量管理达标验收。至此，重庆市交通局局属国营工业企业全面质量管理全部完成达标验收，运输企业全面质量管理达标验收实现了零的突破。同时，重庆联运总公司汽车运输分公司安全行车管理QC小组、重庆公路运输总公司人民路站思想政治工作QC小组被授予"1990年度交通部优秀质量管理小组"称号，重庆联运总公司航空货运部货运质量QC小组被授予"1990年度重庆市优秀QC小组"称号。1991年，重庆市交通系统首次举行QC小组成果发表会。

（1）重庆市公路养护总段。1991～1998年，重庆市公路养护总段组织群众性全面质量管理小组活动，群众性QC小组活动十分活跃。重庆市公路养护总段每年举行QC小组成果发布会，发布了近百篇QC小组成果。许多成果直接应用于公路养护生产，取得了明显效益。其中，有4篇获得交通部优秀QC小组成果奖，有6篇获得四川省优秀QC小组成果奖。

1995年5月3日，重庆市公路养护总段召开1994年度职工QC小组成果发布会，共有17项QC小组成果发布。其中璧山段的《开源节流、变废为宝》、北碚段的《认真做好公路桥梁管理系统（CBMS）数据采集，提高桥梁管理水平》获得一等奖，另评出4个二等奖、5个三等奖、6个发布奖。

1996年5月10日，重庆市公路养护总段举行了1995年度QC小组成果发布会。参加发布会的QC小组发布了开展QC活动所取得的成果，内容涉及整治泥路病害、加强施工管理、确保工程质量、根治地下水、提高路面质量、提高吊桥养护与使用寿命、抓管理出效益、依法行政维护路产、保障职工队伍稳定等诸多方面。璧山段共和道班QC小组发布的《利用工业废渣，整治泥路病害》得到了评委的好评。永川段的《抓挡土墙施工管理、确保工程质量优良》获得一等奖。

（2）重庆市公路局。1999～2000年，重庆市公路局（原重庆市公路养护总段）成立后，公路建设管理QC小组继续开展"运用全质管理优化彭黔公路初步设计"全面质量管理活动。他们组织公路行业中经验丰富的专家，对国道319线彭水至黔江二级公路改建工程路段的初步设计在不降低原有技术标准和破坏环境的条件下，进行多方面的调查、研究，以此对每一个单项工程逐一进行多方案的优化设计比选，找出最合理、最经济的优化设计方案，以减少工程数量和节约投资，提高了该路段的技术、环境状况和运营水平。优化彭黔公路初步设计质量管理活动成果获得2000年重庆市交通局QC小组成果一等奖、2000年重庆市全面质量管理活动一等奖和2000年全国质量管理活动优秀奖。

2001年7月，重庆市公路局公路建设管理QC小组，开展了"水泥混凝土路面修补新技术的探讨"的全面质量管理活动。随着社会经济建设的发展，在交通建设中占主导地位的水泥混凝土路面建设快速发展，大部分水泥混凝土路面随着交通量的剧增遭到严重破坏，需要大规模地维修改造，寻找适合重庆市地区自然条件的水泥混凝土维修新技术成为紧急的课题。为此，他们选定了国道319线黔江段共约2公里的水泥混凝土路面综合维修加铺试验路段，实施三种不同试验方案，找出适合当地技术简便、经济节约等指标的冲击稳固加铺沥青面层的维修新技术。该技术与其他方案比较施工工艺简便，施工效果好，且该技术改变传统开挖丢弃土石方，变废为宝，将旧混凝土面板再生，既满足环保的要求，又节约了底基层的投资。该技术应用前景广阔。重庆市公路局建设管理“水泥混凝土路面修补新技术的探讨”QC小组获2002年度重庆市交通委员会优秀QC小组成果一等奖和2002年中国交通企业协会交通行业优秀质量管理小组。2002年11月，重庆市公路局公路建设管理QC小组被评为重庆市优秀质量管理小组，《水泥砼修补技术研究》成果获重庆市优秀QC小组成果二等奖。

（3）重庆成渝高速公路有限公司。重庆成渝高速公路有限公司，前身为重庆市成渝高等级公路管理处，1993年1月19日成立，后更名为重庆市成渝高速公路管理处（以下简称“重庆高管处”）。1995年5月1日，自成渝高速公通车收费以来，重庆高管处开展了基层单位的质量管理QC小组活动，取得了多项成果。1996年6月12日，重庆高管处执法二中队QC小组获得重庆市交通局授予的1996年度优秀质量管理小组一等奖。10月22日，重庆高管处执法二中队QC小组获得重庆市1996年度优秀QC小组称号。这是成渝高速公路管理中第一个获得优秀QC小组成果奖的单位，后因体制变更，重庆高管处执法二中队被撤销。

1997～1999年，重庆高管处基层单位的质量管理QC小组活动连续获得更多优秀成果。1997年10月16日，重庆高管处青杠收费所QC小组获得了重庆市交通局授予的优秀质量管理小组二等奖。1998年6月17日，重庆高管处养护所QC小组、上桥收费所QC小组分别获得重庆市交通局授予的1998年度优秀质量管理小组一等奖和二等奖。1998年9月21日，重庆高管处养护所QC小组、上桥收费所QC小组又获得了重庆市经委、重庆市科协等6部委联合表彰的“重庆市质量管理小组”二等奖和三等奖。同时，永川收费站3班获得“重庆市优秀质量信得过班组”荣誉称号。1998年11月11日，重庆高管处养护所QC小组、上桥收费所QC小组被交通部评为优秀质量管理小组。1999年6月8日，重庆高管处上桥收费所、永川收费所2个QC小组分别获得重庆市交通局授予的优秀质量管理小组二等奖和三等奖。9月，高管处职工张道华撰写的《加强绿化养护提高道路绿化率》一文，获得交通部优秀质量管理QC成果二等奖。

1999年12月23日，重庆高速公路发展有限公司与上海中信基建投资有限公司合资组建重庆成渝高速公路有限公司（以下简称“重庆成渝公司”），通过工商注册登记，获得颁发的营业执照。重庆成渝公司成立之初，继续开展质量管理QC小组活动。

2000年6月7日，重庆成渝公司养护工程处QC小组、上桥管理处QC小组分别获得重庆市交通局授予的优秀质量管理小组二等奖和三等奖。2001年6月19日，重庆成渝公司东段处“改造窨井盖确保隧道行车安全”QC小组，获得重庆市交通委员会授予的“2000年度优秀QC小组一等奖”。2001年9月21日，重庆成渝公司东段处QC小组获得重庆市质监局、重庆市科协、重庆市团市委、重庆市质量管理协会表彰的“2001年度重庆市优秀质量管理小组二等奖”。2001年11月，重庆成渝公司东段处QC小组被评为交通部优秀质量管理小组。

2002年5月29日，重庆成渝公司东段处QC小组获得重庆市交通委员会授予的QC小组成果二等奖。重庆成渝公司养护处、机电处、执法四中队3个QC小组均获得QC小组成果三等奖。2003年5月21日，重庆成渝公司营运管理部联网收费系统现场技术维修“优化软件系统维护手段缩短车辆现场检修时间”QC小组获得重庆市交通委员会授予的QC小组成果一等奖。2003年8月18日，中国交通企业管理协会表彰成渝公司营运管理部联网收费系统现场技术维护QC小组为“全国交通行业2003年度优秀质量管理小组”，《优化软件系统维护手段缩短车辆现场检修时间》

被评为优秀成果。2003 年 11 月 13 日，重庆成渝公司东段处 QC 小组成果《减少夜班睡岗事件提高收费工作质量》，获得重庆市质监局、重庆市科协、重庆市总工会、重庆市团市委表彰的“2002 年度优秀质量管理小组成果三等奖”。

2004 年 6 月 2 日，重庆成渝公司东段处、通力分公司 2 个 QC 小组分别获得重庆市交通委员会授予的“优秀质量管理 QC 小组”称号。2004 年 7 月 28 日，重庆成渝公司东段处、通力分公司 2 个 QC 小组分别获得“全国交通行业优秀质量管理小组成果奖”。2004 年 11 月 15 日，重庆市质监局、重庆市国资委、重庆市经委、重庆市科协、重庆市总工会、重庆市团市委联合表彰成渝公司东段处“总结查漏补缺经验确保通行费应收不漏”QC 小组成果为“重庆市优秀 QC 小组三等奖”。

（4）重庆轮船总公司。1983 年，重庆市计划单列后，重庆轮船总公司因兼并了重庆市水运公司，成为重庆地方交通系统唯一的国有大中型航运企业。1986～1999 年，重庆轮船总公司的全面质量管理活动蓬勃开展。1986 年，重庆轮船总公司成立了全面质量管理小组，1989 年又调整为全面质量管理委员会，公司总经理任主任，4 位副总经理任副主任，下设全面质量管理办公室，分设客货运输、附属工业、通信导航 3 个全面质量管理领导小组，各二级单位均建立起相应机构，配备专兼职质量管理员。

1986～1999 年，重庆轮船总公司全面质量管理委员会的一项重要工作，就是在企业中广泛开展群众性的 QC 小组攻关活动。公司发动群众围绕企业经营目标，在节能降耗、安全优质、班组建设、产品质量、思想政治等方面，开展 QC 小组攻关活动，组织引导 QC 小组活动朝着提高运输质量、改进产品质量、降低消耗、提高效益的方向发展。

1990 年 8 月，重庆轮船总公司全面质量管理活动 QC 小组达到 54 个，其中以提高货运质量为题的有 19 个，以改善和提高服务质量为题的有 25 个，以节能降耗、增收节支、安全管理等为题的有 10 个。至 1990 年底，重庆轮船总公司已有各级全面质量管理委员会 6 个，各种类型 QC 小组 70 个，参加全面质量管理活动总人数达 678 人，占全体职工人数的 7.6%。参加 QC 培训的达 800 人，取得国家、省、市级统一考试获取证书的有 678 人。

1991 年 5 月 21 日，重庆轮船总公司制定印发了《总公司 QC 成果发表及奖励试行规定》。1991 年，在开展群众性 QC 小组活动的基础上，重庆轮船总公司首次参加重庆市交通系统举行的 QC 成果发表会。重庆轮船总公司在会上发表的 5 项 QC 小组成果全部获奖。《确保进川粮食运输质量》《狠抓卷烟运输质量》和《整顿港口征询秩序确保客运安全》3 项成果获得三等奖；四川 509 轮的《加强思想政治工作促进精神文明建设》和《强化管理节能降耗》2 项成果获得优秀奖。《强化管理节能降耗》的 QC 小组活动，是四川 509 轮创造的一项富有节约价值的成果。四川 509 轮是一艘 500 匹马力的拖轮，主机是型号 6160－13 型柴油机，担负着四川泸州—纳溪运输及其港作任务。1989 年，总公司给这艘拖轮下达的耗油指标为 127.4 吨。四川 509 轮 QC 小组通过现场调研要因分析，找出油耗高的原因，有针对性地制定对策，实行节能措施后使实际油耗得以控制，连续两年在较好完成生产任务的前提下，做到了节能降耗，1989 年实际耗用 105 吨，为计划指标的 82.4%，节约用油 22.4 吨。1990 年继续节油 9.4 吨，比计划下降 7%。

1992 年 6 月 9～11 日，在重庆市交通系统 1992 年度 QC 小组成果发表会和重庆市交通企业管理协会质量管理专业委员会召开的有关会议上，重庆轮船总公司发表了《尿素运输》和《天青石运输》2 项 QC 小组成果，分别获得了四川省航运系统二等奖、三等奖和重庆市交通系统一等奖、二等奖。1994 年以后，重庆轮船总公司继续积极组织开展群众性质量管理 QC 小组活动。1994 年，重庆轮船总公司运输 QC 小组获得重庆市交通局 1994 年度局级优秀质量管理小组三等奖。重庆轮船总公司水泥运输 QC 小组，分别获得交通部、四川省、重庆市“优秀 QC 小组”称号。重庆轮船总公司嘉陵江煤炭运输 QC 小组，获得 1994 年度“四川省交通系统优秀质量管理小组、质量信得过班组”称号。

（5）重庆长途汽车运输（集团）运输公司。重庆长途汽车运输（集团）运输公司（以下简称重庆长运公司），前身是四川省永川汽车运输公司，20 世纪 90 年代，重庆长运公司组织开展的群众性 QC 小组活动，取得了多项成果。进入 21 世纪，在长期质量管理 QC 小组活动基础上，进一步推行全面质量管理体系，全面质量管理不断深化发展。

1998 年，重庆长运公司的 QC 小组活动取得丰硕成果：公司大修厂 QC 小组获得重庆市技术监督局优秀 QC 小组成果一等奖，大足分公司 QC 小组获得重庆市经委优秀 QC 小组成果二等奖，永南分公司获得重庆市科委优秀 QC 小组成果二等奖，第 24 汽车队修理厂 QC 小组获得重庆市总工会优秀 QC 小组成果三等奖，江津分公司 QC 小组获得共青团重庆市委优秀 QC 小组成果三等奖，公司职工陈利军获得重庆市质量管理协会现场成果发表一等奖，大修厂、大足分公司、第 24 汽车队、江津分公司和永南分公司等 5 个 QC 小组，获得交通部“优秀质量管理小组”称号。

1999 年，重庆长运公司质量管理活动继续取得成果：大修厂 QC 小组获得交通部优秀质量管理一等奖，第 24 汽车队 QC 小组获得交通部优秀质量管理二等奖，永南分公司 QC 小组获得交通部优秀质量管理三等奖。

2000 年，重庆长运公司质量管理活动仍旧取得成果：大修厂 QC 小组获得重庆市交通委员会优秀 QC 小组成果一等奖，大足分公司 QC 小组获得重庆市交通委员会优秀 QC 小组成果二等奖，永南分公司 QC 小组获得重庆市交通委员会优秀 QC 小组成果三等奖。

2001～2005 年，重庆长运公司质量管理小组活动向推行全面质量管理体系深入发展。2002 年 4 月，重庆长运公司开始启动全面质量管理体系建设。按照 GB/T19001－2000 质量管理体系标准，在全公司道路客运（含出租车）、货运、汽车维修三大业务范围，推行全面质量管理体系。公司的质量管理方针是安全运输、精工修理、优质便捷、持续改进。公司采取了以下措施：总公司成立质量管理贯彻标准领导小组，组织领导公司全面质量管理体系建设。首先，质量管理贯彻标准领导小组按照全面质量管理体系标准，结合公司自身实际，拟订了《质量手册》等一系列相关文件规范，在道路客运（含出租车）、货运、汽车维修业务范围内对全公司各单位及其人员进行系统集中培训。然后要求各类人员对应自己的管理职责，按照程序和标准认真做好本职工作，做好原始记录，并进行年终考核。2002 年 8 月，经过中国船级社质量认证公司审核，重庆长运公司推行的质量管理体系符合 GB/T19001－2000 质量管理体系标准，运行有效，准予发证。2003 年，重庆长运公司发生了两次查证属实的服务质量投诉。2004 年以后，该公司再未发生一次查证属实的顾客服务质量投诉，顾客满意度逐年提高，企业质量管理基础工作逐渐加强，标志着全面质量管理体系的巩固建立。

3. 获奖纪录

1986～1995 年，重庆市交通系统群众性的交通质量管理小组活动作出了显著成绩，涌现出了一批富有交通行业特色、具有较高水平的 QC 小组成果，并涌现出了一批质量管理工作先进单位和先进个人。1986～1990 年，重庆市交通系统每年定期召开全面质量管理 QC 小组成果发表会，其中 8 项分别获得交通部和重庆市的成果奖。1991 年，重庆市交通系统全面质量管理工作在巩固基础上逐步提高，有 31 个全质管理小组及其成果，分别获得了交通都、四川省、重庆市的年度优秀小组和 QC 成果奖。1991～1995 年，共获国家级优秀 QC 小组称号 2 个，获部、省、市级优秀称号 160 个，局级 108 个；获全国、部、省、市质量管理工作先进集体和个人 42 个。重庆市交通系统通过开展 QC 小组活动，有效地提高了职工素质，预防和杜绝了不少质量事故，航行和交通事故，为满足用户需要向社会提供了大量的优质服务，为交通行业塑造了良好的形象，为企业振兴和社会发展作出了应有的贡献。

1996～2005 年（“九五”“十五”计划期间），重庆交通系统全面质量管理工作继续深入开展。一方面，随着政企分离，重庆市交通委员会从行业管理角度加强指导，继续普及全面质量管理教育、开展全面质量管理达标创优活动，组织 QC 小组活动骨干培训，坚持作好每年工作指导与安排，推动开展群众性的 QC 小组质量管理活动；另一方面，随着交通行业管理体制改革和交通建设日益成为交通工作重点任务，进一步开展了交通基础设施工程质量管理，尤其是开展了公路工程质量管理，保障了交通建设尤其是公路建设工程高质量地稳步快速发展。

1996～2005 年，重庆市交通系统推行全面质量管理，质量监督和质量管理工作稳步开展，取得可喜成果。1991～1995 年（“八五”计划期），重庆市交通系统获国家级优秀 QC 质量管理小组称号 2 个，获部、省、市级优秀 QC 质量管理小组称号 65 个，局级 98 个。1996～2000 年（“九五”计划期），重庆市交通系统一直把开展群众性的质量管理小组活动作为重要任务来抓，培养了一批全质管理骨干队伍，每年都结合生产实际开展 QC 小组活动，发表优秀 QC 成果，5 年来共获得部、市级优秀 QC 质量管理小组 48 个，获得国家级全国优秀 QC 质量管理小组 2 个。2001～2005 年（“十五”计划期），重庆市交通系统获全国交通行业、市级优秀质量管理小组 3 个，发表成果获市级、委级一等二等奖各一项。

（1）国家级优秀 QC 质量管理小组。1994 年，重庆联运公司第二集装箱分公司 QC 小组获得“国家级优秀 QC 质量管理小组”称号，重庆市交通局工业技术科负责人程永富获得“QC 质量管理小组活动卓越领导者”称号。

1997 年 10 月 20 日，重庆汽车站现场 QC 小组荣获“1997 年国家级优秀 QC 质量管理小组”称号。

2000 年 9 月，重庆市公路局建设管理 QC 小组荣获“2000 年度全国优秀质量管理小组”称号。

2000 年 10 月 25 日，万州长江港航监督局云阳站 QC 小组“提高监督 50 号蓄电池使用效率”课题，在全国第 22 次 QC 小组成果发布会上获一等奖。

（2）交通部优秀 QC 质量管理小组。1994 年，重庆市公路养护总段北碚段 GBMS 数据采集 QC 小组、四川省重庆翻胎厂企管 QC 小组、重庆联运总公司第一集装箱分公司现场 QC 小组、重庆联运总公司第二集装箱分公司现场 QC 小组获得交通部“优秀 QC 质量管理小组”称号。

1996 年 11 月，重庆市成渝高速公路行政执法二中队 QC 小组、重庆翻胎厂综合 QC 小组、重庆市公路工程总公司国道 108 线广北合同段 QC 小组、重庆市公路养护总段璧山段双碾道班 QC 小组荣获交通部“优秀质量管理小组”称号。

（3）全国交通行业优秀 QC 质量管理小组。2001 年 9 月，重庆市公路局大件公路工程建设指挥部 QC 小组荣获 2001 年度交通行业“优秀质量管理小组”称号。

2002 年 9 月，重庆市公路局建设管理 QC 小组获 2002 年度交通行业优秀质量管理小组。

2004 年，重庆市交通委员会基本建设工程质量监督站以《改进沥青蜡含量试验检测方法提高试验检测准确性和科学性》的 QC 成果荣获中国交通企业管理协会、交通行业优秀企业管理成果评审委员会“2004 年度交通行业优秀质量管理小组”称号。

（4）四川省优秀 QC 质量管理小组。1994 年，四川省轮船总公司嘉陵江煤炭运输 QC 小组、重庆市公路养护总段璧山段再生路面 QC 小组、重庆联运总公司第二集装箱分公司现场 QC 小组荣获“四川省优秀 QC 质量管理小组”称号，重庆市交通局工业技术科负责人程永富荣获“四川省优秀质量管理工作者”称号。

（5）四川省交通系统优秀 QC 质量管理小组。1994 年，重庆联运总公司第二集装箱分公司现场 QC 小组、四川省轮船总公司嘉陵江煤炭运输 QC 小组、重庆市公路养护总段璧山段再生路面 QC 小组、重庆渝州汽车总厂配电系统技改工程 QC 小组、四川省重庆翻胎厂企管 QC 小组荣获“四川省交通系统优秀 QC 质量管理小组”称号。此外，重庆渝州汽车总厂北碚分厂 QC 小组荣获“质量信得过班组”称号。

（6）重庆市优秀 QC 质量管理小组。1997 年，重庆市交通局荣获“1997 年度重庆市优秀 QC

质量管理小组”称号，重庆市交通局工业技术科负责人程永富荣获“1997 年度重庆市质量管理小组活动优秀推进者”称号。

2002 年 11 月，重庆市公路局公路建设管理 QC 小组荣获“重庆市优秀质量管理小组”称号，《水泥砼修补技术研究》成果获二等奖。

（7）重庆市交通系统优秀 QC 质量管理小组。1994 年，重庆联运总公司第二集装箱分公司现场 QC 小组、四川省重庆翻胎厂企管 QC 小组、重庆市公路养护总段车渡管理站安全 QC 小组、重庆渝州汽车总厂北碚分厂 QC 小组荣获“重庆市交通系统优秀 QC 质量管理小组”称号，四川省轮船总公司川航 216 驳船荣获“优秀质量信得过班组”称号，重庆市交通局荣获“QC 小组活动先进集体”称号，重庆市交通局工业技术科负责人程永富荣获“QC 小组活动优秀推进者”称号。

2000 年 6 月 2 日，重庆市交通局组织质量管理诊断师及有关领导对本年度的 QC 小组成果进行了认真评审，评选出的一等奖有重庆市公路局 QC 小组和重庆长途汽车运输有限责任公司永川汽车大修厂服务 QC 小组。二等奖有重庆市成渝高速公路有限公司养护工程处 QC 小组、重庆市公路局公路养护管理段 QC 小组、重庆长途汽车运输有限责任公司大足公司暨车站服务质量 QC 小组。三等奖有重庆市万盛区公路养护队砼路面 QC 小组、重庆长途汽车运输有限责任公司永南公司 QC 小组、重庆市成渝高速公路有限公司上桥管理处基层管理 QC 小组、重庆市长寿县交通局质量 QC 小组、重庆市万盛区公路养护段思想政治工作 QC 小组。

2001 年 6 月 12 日，重庆市交通委员会组织质量管理诊断师及有关领导参加的评审会，对本年度的 QC 小组成果进行了认真评审，评选出的优秀质量管理小组如下：一等奖是重庆成渝高速公路有限公司东段管理处“改造窨井盖，确保隧道行车安全”QC 小组。二等奖是重庆市公路局大件公路工程建设指挥部 QC 小组。三等奖是重庆成渝高速公路有限公司机电管理处“消防救援”QC 小组、重庆市交通工程监理咨询有限责任公司渝合高速公路项目监理部 GHI 监理组 QC 小组。

2003 年 5 月 8 日，重庆市交通委员会组织质量管理诊断师及有关领导参加的评审会，对本年度的 QC 小组成果进行了认真评审，评选出优秀质量管理小组如下：一等奖是重庆成渝高速公路有限公司营运管理部联网收费系统现场技术维护“优化软件系统维护手段，缩短车道现场检修时间”QC 小组。二等奖是重庆渝帆汽车技术发展有限公司“提高工艺质量，降低‘冰堵’发生率”QC 小组。三等奖是重庆市兴渝公路有限责任公司“有效加强通渝隧道建设管理”QC 小组。

2004 年 5 月 9 日至 10 日，为推进重庆市交通企事业单位持续开展好群众性质量管理小组活动，重庆市交通委员会组织了质量管理诊断师及有关领导参加的评审会，对 2004 年度的 QC 小组成果进行了认真的评审，评出的一等奖有重庆通力高速公路养护工程有限公司“优化网络计划，缩短高速公路盖板涵维修工期”QC 小组、重庆市渝通公路工程总公司一分公司“创新空心板梁落梁工艺，提高桥梁施工效率”QC 小组、重庆市公路工程质量检测中心“改进沥青蜡含量试验检测方法，提高试验检测准确性和科学性”QC 小组。二等奖有重庆市成渝高速公路公司东段管理处“总结查漏补缺经验，确保通行费应收不漏”QC 小组、重庆市渝通公路工程总公司桥梁分公司“优化珠溪沟大桥空心薄壁墩施组方案，降低成本确保质量优良”QC 小组、重庆市公路工程股份有限公司“加强过程控制，提高沥青砼路面接头合格率”QC 小组。三等奖有重庆宇通客车有限公司“改进公交车顶蒙皮工艺，提高车顶蒙皮平整度”QC 小组、重庆渝通宾馆“增强主动服务意识，提高婚庆服务质量”QC 小组、重庆交通运业有限责任公司陈家坪汽车站“推行磁卡报班系统，提高客运报班效率”QC 小组、重庆市公路工程股份有限公司“降低沥青混凝土配送中心骨料仓建设造价的合理方案”QC 小组。

三、运输质量管理

（一）管理制度

1990~1991 年，结合地方交通行政管理立法，重庆市交通局先后单独制定出台或重庆市交通局与重庆市技术监督局联合制定出台了面向交通行业运输质量管理的一系列制度规定。

1991 年 1 月 29 日，根据重庆市人民政府以 1990 年第 5 号令发布的《重庆市汽车货物运输管理暂行办法》，重庆市交通局与重庆市技术监督局联合制定出台《汽车货物运输企业开业技术业务条件》。根据重庆市人民政府 1990 年 18 号令即《重庆市地方船舶修造管理暂行规定》第 21 条规定并结合重庆市修造船舶设计单位实际情况，在广泛征求意见基础上，重庆市交通局制定出台《重庆市地方船舶设计管理实施细则（试行）》。根据重庆市人民政府 1990 年第 18 号令第 21 条规定并结合重庆市修造船舶行业实际情况，在广泛征求意见基础上，重庆市交通局与重庆市技术监督局文件联合制定出台《重庆市地方船舶修造企业开业技术业务条件（试行）》。

（二）内河运输

1. 组织体系

1986 年，重庆轮船总公司成立了全面质量管理小组。1989 年 4 月，重庆轮船总公司全面质量管理小组调整充实为重庆轮船总公司全面质量管理委员会，由总经理任主任，4 位副总经理等任副主任，委员会下设全面质量管理办公室。根据工作需要，重庆轮船总公司全面质量管理委员会分设客货运输、附属工业、通信导航等 3 个全面质量管理领导小组，各二级单位均建立相应的机构，配备专（兼）职质量管理员。

重庆轮船总公司质量管理委员会的职责是贯彻执行国家“质量第一”的方针，负责制订企业年度质量管理目标、计划，按系统图等方法把运输（产品）质量计划落实到部门、班组、个人，和劳动竞赛、评比、考核、奖惩结合起来，规定各自在质量管理中的任务、责任及权限。各部门、各单位的职责是：分别制订出各自的工作标准、目标及实施计划，以优良的工作质量保证运输（产品）质量。在抓好企业上等升级工作的基础上，建立和完善企业各项全面质量管理制度，切实加强标准、计量、信息、定额和文明生产等基础工作，建立健全质量信息反馈系统，做好原始记录、统计分析和质量档案工作。总公司和基层各单位建立质量保证体系，切实做好生产准备、生产、交付过程的质量管理，做到预防和把关相结合、质量跟踪与信息反馈相结合，使整个运输（产品）生产过程的质量处于受控状态。制定全面质量管理教育办法，将全面质量管理教育纳入职工教育计划。广泛深入开展群众性的 QC 小组攻关活动，围绕企业经营目标，在节能降耗、安全优质、班组建设、产品质量、思想工作等方面开展群众性的 QC 小组攻关活动，使 QC 活动达到改进提高运输（产品）质量、降低消耗、提高经济效益和职工素质的目的。把运输质量、工作质量、产品质量和推行全面质量管理工作纳入企业的经济责任制和有关管理制度中，对质量指标进行严格考核，使质量指标在职工奖励中具有否决权。在推行全面质量管理工作中，做到党、政、工、团齐抓共管，在各自开展的工作和活动中，都要把质量管理的任务一并落实进去，成为日常工作之一。

2. 管理内容

重庆轮船总公司是水上交通运输企业，安全管理、货运质量管理、设备管理是其全面质量管理的重要内容。

安全质量管理体系。首先是建立健全安全管理机构。1989 年 12 月，公司调整充实了安全生产委员会，主任由公司法定代表人担任，主管安全生产的副总经理任常务副主任。安委会办公室设在安全监察处，各二级单位的厂长、经理任各二级单位的安委会主任。安全监察处、总调度室、设备技术处、人事处、保卫处等部门各负其责，各单位按照总公司安全生产的要求和布置，设置安监部门或指定专人，负责本单位的安全生产管理工作。其次是建立安全生产会议制度。总公司安委会每 2 个月召开一次安全生产专题会议，传达上级主管机关的工作部署，结合公司安全生产实际，研究制定下一阶段的安全措施。第三是建立安全教育培训制度、职工教育培训检查与人员考评验收制度。总公司制定教育培训年度计划，计划中包括安全教育培训的内容，并落实培训经费。第四是建立安全检查制度，进行定期检查和不定期检查。从2000年起，还实施安全管理新机制，由安全管理组织体系、规章制度体系、监督保障体系三个体系组成。建立了从总经理、二级单位（部门）第一负责人到班组（船舶）直至个人的安全责任制度。

货运质量管理。1994年3月，总公司《川江河运报》开辟“货运业务知识讲座”。1994年4月18日、12月28日，总公司分别制订下发《关于煤炭运输管理的通知》《关于加强尿素运输质量管理的通知》。1995年10月20日，总公司制订印发《关于加强货运质量管理的奖惩规定》。1996年4月，江海分公司印发了《驳船装卸货物服务质量跟踪表》。1999年3月11日，公司举办货运业务培训班。2000年12月开始，在《川江河运报》连载《国内水路货物运输规则》学习辅导材料，宣传新的货运规章。2001年4月，总公司发出了《关于加强现场质量管理防止重大货差货损事故发生的通知》。2003年4月，总公司召开信息网络建设暨货运业务培训动员会，学习现代物流服务知识。2004年5月24日，总公司制订了《承运危险品和特种货物的管理暂行办法》。

设备安全管理。1999年12月1日，总公司针对机构调整人员变动、设备管理有章不循、设备损坏资产流失的情况，下发了《关于开展设备清查的通知》，并完善了《设备管理制度》，对设备购置（含新建、改建），使用与维修保养、调拨、停封（启用）、报废、转让处理均作出了明确的规定。2004年，公司把握在滚装船上执行SMS体系的契机，制订了《机务防污染安全管理制度汇编（试行）》。2005年，公司正式出台了《设备技术处岗位设置及岗位职责》和《机务安全管理制度》，《机务安全管理制度》内容有《机务安全管理防污染制度》《修船制度》《船舶维修保养制度》《船舶机务安全管理和防污染违章违纪处理规定》《船舶机损、污染处罚办法》《船舶主要设备安全检查规则》《设备（船舶）停封、启用和待报废管理办法》《船舶机务事故应急办法》，使机务管理工作进一步制度化、程序化、规范化。

（三）公路运输

1. 组织体系

2002年，按照GB/T19001—2000质量管理体系要求，重庆汽车运输（集团）公司（以下简称“重庆渝运公司”）、重庆长途汽车运输（集团）公司（以下简称“重庆长运公司”）、重庆市公路运输（集团）公司（以下简称“重庆公运公司”）在公司道路客运（含出租车）、货运、汽车维修、安全等业务范围实行了全面质量管理新的规范。各公司成立了全面质量管理贯彻质量管理体系标准领导小组，公司高层领导人员作为管理者代表，负责公司质量管理纠正措施和预防措施工作的领导，公司各业务主管领导和各部门、各所属单位领导负责组织制订和实施预防措施。各公司依据建立的质量管理体系编制了质量管理体系文件，以沟通意图、统一行动，确保质量管理体系的实施。各类管理人员对应自身的管理职责，按照程序做好本职工作，并予记录以便于对各项工作进行年终考核。

2. 管理内容

质量方针和目标是贯彻质量管理体系标准的第一方面。各公司拟定了方便、快捷、舒适、安全，不断满足顾客出行需求的质量方针，拟定了客运、货运、维修等各方面的具体的质量目标。重庆渝运公司的客运质量目标是：行车事故频率低于每百万车公里3次，事故责任死亡率低于每百万车公里0.3人，事故伤人率低于每百万车公里1.6，直接经济损失率低于每百万车公里3.5万元。货运质量目标是：行车事故频率不高于每百万车公里2次，事故责任死亡率不高于每百万车公里0.4人，事故伤人率不高于每百万车公里1.6，直接经济损失率不高于每百万车公里2万元。机动车维修质量目标是：企业实行24小时服务，维修竣工出厂车辆返修率在1%以下，维修质量抽查合格率在96%以上，年维修辆次有责投诉率在0.1%以下。

质量手册及其支持的内部管理制度文件是贯彻质量管理体系标准的又一方面。重庆长运公司按照质量管理体系的要求，依照“安全运输、精工修理、优质便捷、持续改进”质量管理的方针，结合公司实际，拟定了《质量手册》等一系列相关文件。重庆渝运公司拟定了规定公司质量管理体系的《质量手册》和一系列支持《质量手册》的文件：一是《质量管理体系文件综合卷·上》，内容包括《内部质量审核控制程序》《文件控制程序》《记录控制程序》《顾客投诉处理程序》《纠正和预防措施控制程序》等标准要求的形成文件的程序以及《管理评审控制程序》《顾客满意的监视和测量控制程序》《信息收集及处理控制程序》《紧急（突发）事件处理程序》等程序文件。二是《质量管理体系文件综合卷·下》，内容包括《劳动力管理办法》《职工教育管理办法》《设备管理规定》《车辆管理办法》《计算机系统管理办法》《计量管理规定》等管理制度。三是结合各项业务管理实际要求，还编制了《质量管理体系文件安全卷》《质量管理体系文件客运卷》《质量管理体系文件货运卷》《质量管理体系文件出租车卷》《质量管理体系文件旅游卷》《质量管理体系文件机动车维修卷》等文件。

2002 年，经过中国船级社等质量认证公司的审核，重庆渝运公司、重庆长运公司、重庆公运公司按照 GB/T19001—2000 标准所建立的质量管理体系，符合标准要求，且运行有效，获得认证。2003 年，通过推行全面质量管理，重庆长运公司发生了两次查证属实的顾客服务质量投诉。2004 ~ 2007 年，未发生 1 次查评属实的顾客服务质量投诉，顾客满意度逐年提高，企业内部管理的基础工作有所加强，规范了企业管理的基础性工作。

（四）联运物流

1. 组织体系

自 1988 年以来，重庆联运物流总公司结合企业达标升级，从提高运输质量入手，推行全面质量管理。

为建立质量保证体系模式，首先是建立健全质量管理组织领导系统。公司设立了全面质量管理领导小组，下设全面质量管理办公室，各基层生产单位设立了质量管理小组，设专职质量管理员 1 名，各业务站点设兼职质量管理员 1 名。其次是加强职工质量意识教育。公司实施了《全面质量管理教育制度》，利用电教、学习班，采用脱产、半脱产、自学与送培、自培相结合的各种教育方式，坚持将质量教育贯穿于职工在岗全过程，对职工进行专业技术和业务能力的培训。

2. 管理内容

1986 ~ 2000 年，重庆联运物流总公司强化服务过程的质量管理。为推行标准化工作，公司制订了《货物联运质量管理办法》《联运理货堆存保管交接质量标准》《货物联运质量检验制度》等一系列强化质量管理的相关制度。强化“预防为主”，把质量管理的“事后把关”“事后处理”转到“事前预防”“事前预控”上。

2001 ~ 2005 年，实施质量管理体系认证评审。2001 年底，公司即着手 ISO 9001:2000 质量管理体系认证的准备工作，组织精干人员，成立领导小组，在重庆方达咨询公司的指导下，深入学习公司质量管理体系标准，编写质量管理体系文件，培训了 22 名内部审核员，监督指导认证工作和质量体系的运作情况，公司制订了“履约守信，配送及时、安全优质、费用合理、满意双赢”的质量方针，制定了质量目标。公司先后进行了第一次内审与管理评审，2003 年 4 月，顺利通过中国质量协会重庆认证中心的文件审查和现场审核。2003 年 9 月 20 日，获准通过 ISO9001:2000 质量管理体系认证并取得认证证书。通过实施质量管理标准化，至 2005 年上半年，公司与 90 家大中型企业签订了常年运输协议，在联运服务过程中，货损率为每万件 0.865 次，车辆完好率为 95.1%，责任事故率为 2.9%，客户满意率 96% 以上，企业的质量管理水平有了较大的提高。

四、公路质量管理

（一）组织领导

根据交通部、四川省交通厅及其公路局、重庆市质量协会关于进一步加强全面质量管理工作的指示和意见，1993 年，重庆市交通局开展公路工程全面质量管理工作。一是建立公路工程全面质量管理职能组织机构。重庆市交通局成立了公路工程全面质量管理小组，由公路处处长任全面质量管理组长，公路处全体人员具体负责日常工作，组织、指导全局系统公路的全面质量管理工作。重庆市交通局下属各单位，均建立了以生产第一领导为组长的全面质量管理小组，并由总工程师直接担任全面质量管理办公室主任，这样的组织机构一直落实到各基层单位。二是重庆市交通局形成公路工程全面质量管理体系。重庆市交通局以全面质量管理办公室为中心，在直属公路系统以及各县（市）交通局，建立有以第一生产负责人为组长的全面质量管理领导小组及所领导下负责日常工作的办公室，开展质量管理基础工作，分别建立了以技术标准为主体包括管理标准、工作标准在内的标准化体系，严格执行、认真考核，做到了上下质量责任明确。一方面，对公路养护建设生产过程进行质量控制，实行按项目分程序定期进行严格质量检验，对公路养护和建设起到了预防和把关的作用。另一方面，开展全面质量管理教育，开展群众性质量管理活动。在工程技术人员和干部方面，受教育面已超过 60%，道班及从事工程施工的工人也达到 58%，除举办“TQC”短期学习班外，还通过分地区、部门集中讲课或结合工作实际的形式进行全面质量管理教育。对新工人和新上岗位职工，也坚持增加了全面质量管理教育的内容。同时，组织有职工群众广泛参加的 QC 小组质量管理活动。

1999 年 3 月 11 日，重庆市交通局渝交局贯彻交通部开展公路建设质量年活动的通知，成立重庆市交通局公路建设质量年活动领导小组，组长是重庆市交通局局长胡振业，副组长由重庆市交通局副局长滕西全、李健、彭建康和总工程师蒙进礼、纪委书记明正义担任，成员有张太雄、禹培文、刘崇伟、马月礼、艾吉人、蒲培成、徐谋、赵立寿、陈真友、杨宗厚、廖劲松、阳爱民，办公室设在重庆市公路工程质量监督站内。

2003 年 8 月 13 日，重庆市交通委员会开展 2003 年在建重点公路建设项目检查工作，分为高速公路项目和地方重点项目两个组。高速公路项目组长由重庆市交通委员会副主任彭建康担任，副组长有张太雄、李祖伟、彭兴国，成员有王剑、张泓、马月礼、朱文、郝祎、王兵、张启佑、李红霞、侯长勇等人。地方重点项目组长由重庆市交通委员会副主任唐伯明担任，副组长有李关寿、艾吉人、廖劲松、杨君，成员有韩思华、郭良久、孙立东、邓志刚、刘治军、慕长春、蒙华、刘天建、王学军等人。

（二）人员培训

1992 年 2 月 27 日，为顺利开展公路工程全面质量管理，重庆市交通局向四川省交通厅公路局上报了重庆市第一批工程质量监督人员名单，共有 66 人申请考核。1992 年 4 月，重庆市交通局将重庆市公路工程质量监督站挂靠在重庆市公路工程监理处，安排专人办理质量监督的日常工作，定编 70 人，以贯彻执行交通部颁发的《公路工程施工监理试点工作意见》和《公路工程施工监理暂行办法》，逐步推行公路建设施工监理工程师制度。

1992 年 3 月 20 日，重庆市交通局向交通部工程管理司工程建设监理总站上报了《关于申请开办工程监理培训班的请示》，1992 年 6 月 1 日，根据交通部《关于请按时报送监理工程师资格申请报告的通知》（工监总字〔1992〕004 号）精神，按照交通部《公路、水运工程监理工程师注册办法》（交工发〔1992〕66 号）的规定要求，重庆市交通局将重庆市 23 名公路工程行业监理工程师资格申报表报送给交通部工程管理司工程建设监理总站，有蒙进礼、杨宗厚、周定昌、蒲培成、李天臻、张太雄、杨锋、唐年高、李祖伟、阳光、曹明全、周欣、吕世纲、王光明、黄昌美、樊朝均、曾文正、徐孝森、罗德权、张存惠、田光荣、王晓鹏、曹正州等人，这是重庆市交通系统第一批公路建设监理工程师。1992 年 9 月，重庆市交通局委托重庆交通学院，在重庆举办了一期有 100 人参加的公路工程监理培训班。

2001 年 11 月 16 日，重庆市交通委员会召开了重庆市第一批交通基本建设工程质量监督人员资质评审会议，对申请重庆市第一批交通基本建设工程质量监督工程师的 47 名人员和质量监督员的 30 名人员进行了资质评议。2001 年 12 月 27 日，重庆市交通委员会以渝交委路〔2001〕374 号文件公布了重庆市第一批交通基本建设工程质量监督人员资格名单，批准王安全等 45 人具有交通基本建设工程质量监督工程师资格，批准胡孝宁等 25 人具有交通基本建设工程质量监督员资格，颁发了《重庆市交通委员会交通基本建设工程质量监督人员资格证书》。

（三）管理规范

2001 年，重庆市交通委员会制订了《重庆市公路工程质量监督实施细则（试行）》。2003 年 4 月 3 日，重庆市交通委员会向委属基本建设工程质量监督站下达高速公路建设项目质量监督任务，下达国道 212 线武胜（川渝界）至合川等 7 个高速公路建设项目的质量监督任务，要求按国家有关工程质量的法规和交通部有关技术标准、规范、规程以及质量检验评定标准，做好这些项目的质量监督工作。

2004 年 3 月 17 日，为进一步贯彻落实重庆市交通委员会《重庆市公路工程质量监督实施细则（试行）》，加强公路工程重要构造物（大桥、特大桥、长隧道、特长隧道）质量监督工作，确保工程质量，重庆市交通委员会下发《进一步加强公路工程重要构造物质量监督工作的通知》，要求进一步完善质量监督机构，落实质量监督人员，加强对公路工程重要构造物试验检测，明确重庆市交通委员会基本建设工程质量监督站与各工程所在地交通主管部门的质量监管职责分工。

2005 年 6 月 1 日，交通部令 2005 年第 4 号《公路工程质量监督规定》施行。2005 年 7 月 8 日，重庆市交通委员会转发贯彻执行，要求质量监督机构要以《规定》实施为契机，进一步完善公路建设质量管理体系和监督机制，加大质量监督管理力度，为推进全市公路交通大发展，提升公路工程建设质量发挥应有的作用。

2005 年 8 月 3 日，为推进交通基础设施建设工程质量管理，重庆市交通委员会发出《关于进一步加强交通基础设施工程质量管理若干意见的通知》，提出加强工程质量管理的有关意见：一是落实质量责任，强化质量意识，规范交通建设市场秩序，即交通基础设施项目工程质量必须贯彻“政府管理、委托监督、建设单位或项目法人全面负责、监理控制、设计和施工保证”的质量保证体系。二是健全项目法人质量保证体系，强化项目建设管理，即项目法人是工程质量管理的第一责任单位，应按规定建立健全质量保证体系，配备强有力的领导班子、健全的组织机构和足够的管理技术力量，制定职责清晰、责任明确、控制有力的质量管理制度，落实质量岗位责任制度和工程质量追究制度。三是重视勘察设计工作，提高勘察设计质量水平，即勘察、设计单位应建立健全质量保证体系，加强设计全过程的质量管理。四是强化施工现场管理，保证工程实体质量，即施工单位须建立健全质量保证体系，落实项目经理、技术负责人、专职质检员和施工管理人员的岗位职责和质量责任制，落实质量管理相关规章制度，精心组织施工，确保工程施工质量。五是进一步规范监理行为，提高监理工作质量，即监理单位应建立健全质量保证体系，按照国家和行业有关标准、规范和合同的要求，制定制度完善、控制有效的监理规划和监理实施细则，切实落实项目总监、驻地高监、专业监理工程师和监理员的岗位职责和质量责任制，确保工程监理工作质量。六是完善监督机制，加大质量监督力度，即质量监督机构应加强自身建设，完善监督机制。要进一步健全监督网络，保证所有交通基础设施建设项目纳入质量监督范围。

（四）检查活动

1992 年 9 月至 10 月，交通部组织了全国公路工程质量监督抽查活动。检查组先后抽查了济南至青岛、成都至重庆、南宁至梧州、开封至洛阳公路和东明黄河公路大桥等列入部“八五”期间重点工程的质量管理情况，其过程与结果对推动重庆市公路养护建设的质量管理工作影响很大。在交通部工程管理司《关于印发济青公路等五个工程项目质量抽查情况的通知》中，评价“成渝公路项目在实施过程中，积极推行招投标制度，项目执行中建立了较为完善的监理组织机构，建立健全了各种规章制度。监理工作中认真执行 FIDIC 条款，进行了上岗监理人员的业务培训，做到了‘严格监理，热情服务，秉公办事，一丝不苟’，使施工全过程处于严格的理状态之下。在建设、监理和施工单位的共同努力下，工程的总体质量符合规范标准。”抽查中也发现了一些不尽如人意的地方。例如，在工程质量保证体系方面，按交通部推行的‘政府监督，施工监理，企业自检’的要求仍显不够完善；个别开放交通的路面上基层，由于缺乏养护，平整度欠佳且有贴补现象。根据检查中发现的问题，交通部提出下一步质量管理要求，明确指出要“进一步完善政府监督、施工监理，企业自检”这一工程质量保证体系，发挥政府监督职能的作用。

1997 年 5 月 29 日，根据交通部《关于组织 97 年度在建公路重点项目检查的通知》，重庆市交通局对在建重点公路项目检查作出安排。1997 年 6 月 10 ~ 19 日，重庆市交通局组织有重庆市公路质监站、万县市交通局、涪陵市交委、黔江地区交通局等单位参加的重点公路项目检查组，对重庆市渝长高速公路、合川市嘉陵江云门大桥、大（足）邮（亭）公路、渝隆公路荣昌施济大桥 4 个重点公路项目的建设管理和工程质量进行了检查。检查组不仅检查了各个工程项目的建设管理情况，更为重要的是检查了各个工程项目的监理情况和工程质量情况。各个工程项目实行驻地监理组、专业监理工程师和监理员旁站监理制度，每道工序都要经过严格监督检查，合格后才允许进行下道工序，若有不合格的坚决返工重做。但也有极少数监理人员责任心不强，“旁站”不认真，比较明显的施工质量事故也未发现。由于各建设单位的精心管理，建立健全了“政府监督、社会监理、企业自检”的三级质量保证体系，4 个公路建设项目的整体质量是好的，也发现部分工程质量较差。最后，检查组根据交通部规定在 2 ~ 3 年内消灭公路工程的质量通病的要求，建议各建设、施工、监理单位，要把消灭质量通病提上议事日程，制订切实可行的方案和措施，力争在工程竣工时无“通病”存在。结合本次检查发现的一些问题，要求各施工、监理单位对所承建的工程项目作一次较全面的自检和抽检，对查出的问题一并进行整改和处理。

1999 年 2 月 26 日，重庆市交通局下发《关于认真学习贯彻执行国务院办公厅加强基础设施工程质量管理要求的通知》，要求各地区交通行业主管部门应进一步建立和落实交通工程质量领导责任制，加大执法和监督力度，把好工程质量关，并按国务院办公厅通知要求，对本地区、本部门在建交通工程项目的工程质量进行一次全面检查。

1999 年 3 月 11 日，重庆市交通局下发《关于贯彻交通部开展公路建设质量年活动的通知》，规定“凡我市辖区内的区县（市）交通行政主管部门，有关公路建设单位、质量监督机构、公路管理机构、设计、施工监理咨询单位均属本次活动的参加单位。各单位接此通知后应立即对照交通部‘公路建设质量活动实施方案’逐项逐条进行检查，发现问题立即纠正，决不允许敷衍了事，一经查出问题，将追究有关责任人的责任。”1999 年 4 月 26 日，重庆市交通局又要求遵照执行重庆市公路建设质量年活动实施办法，以确保重庆市 1999 年度公路工程合格率 100%，优良品率 70% 以上（国家重点项目优良品率达到 85% 以上），重庆市年均好路率达到 79% 等目标的实现。

2000 年 4 月 30 日，重庆市交通局开展 2000 年公路建设质量年活动宣传月活动，为巩固 1999 年公路建设质量年活动成果，按照交通部决定，坚持开展三年“公路建设质量年”的活动。总体要求是第一年打基础、见成效，第二年抓巩固、上台阶，第三年再提高、上水平。活动目标是质量意识进一步增强，质量责任进一步落实，市场秩序进一步规范，工程质量进一步提高。基本消灭主要质量通病，杜绝重大质量和安全事故。根据交通部的安排，2000 年 5 月 1 ~ 31 日为“质量年宣传月”。

2000 年 7 月 5 日，按照交通部的统一部署，重庆市交通局决定对重庆市在建公路建设项目进行质量大检查。检查内容有公路建设项目的建设程序、资金使用和工程质量等方面的管理情况以及《重庆市公路建设质量年活动实施方案》（渝交局〔1999〕381号）规定的内容。重庆市交通局要求各单位按照通知精神尽快组织自查工作，重庆市交通局根据各单位自查结果组织重点检查。在各单位质量年活动自查工作结束后，重庆市交通局对各地进行了检查。

2001年8月3日，重庆市交通委员会下发《关于表彰1999～2000年度公路建设质量年活动先进单位的通报》，决定对省道渝东路江津温（家店）双（龙）段公路改建工程项目等3个优质竣工项目、渝涪高速公路项目等7个质量管理优秀在建项目、北方高速公路建设有限责任公司等24个优胜单位进行表彰，颁发相应的奖牌和证书。同时，获得表彰单位可根据自身情况按照国家有关规定对职工进行奖励。

2003年8月13日，重庆市交通委员会下发《关于开展2003年在建重点公路建设项目检查工作的通知》。2003年9月，重庆市交通委员会组织重庆市公路局、重庆市交委质监站、重庆高投公司及有关专家，分2个小组对“八小时重庆”、通县公路、长江大桥、县际公路及其他地方重点公路共26个项目进行了检查。检查方式包括现场查看、现场试验、查阅内业资料和听取汇报等，历时20余天。

2005年3月，重庆市交通委员再次开展公路建设质量监督专项检查，要求各有关公路建设从业单位和建设单位要全面加强质量管理工作，按照有关技术标准、规范、规定以及质量专项检查的主要内容建立健全工程质量保证体系，并认真做好工程质量自查工作，发现问题立即整改，全面消除质量隐患，质量监督机构应对专项检查情况和结果及时总结、分析，会同建设业主提出改进建议。

第五节　环境保护管理

一、领导责任制度

（一）环保领导责任制由来

1989年12月26日，全国人大通过并自公布之日施行的《中华人民共和国环境保护法》第16条明确规定：“地方各级人民政府，应当对本辖区的环境质量负责，采取措施改善环境质量。”1990年12月5日，国务院发布了《关于进一步加强环境保护工作的决定》，要求各级人民政府“实行环境保护目标责任制”。1996年8月16日，国务院再次作出《关于环境保护若干问题的决定》。这一决定提出了8条防止新污染、治理老污染环境保护工作任务，要求实行环境质量行政领导负责制，地方各级人民政府要将辖区环境质量作为考核政府主要领导人工作的重要内容。

2000～2005年，针对干部中普遍存在的重经济发展、轻环境保护的倾向，中共重庆市委、重庆市人民政府提出要建立党政主要领导“亲自抓、负总责”的环保工作目标责任制。2000年5月11日，中共重庆市委、重庆市人民政府作出《关于加强生态环境保护和建设的决定》，要求各级党委和政府必须进一步增强生态环境保护和建设的责任感、紧迫感和使命感，切实把生态环境保护和建设提上重要日程。2000年，重庆推出了区县党政“一把手”环保实绩考核办法，每年考核一次，考核内容主要有城市环境综合整治、环境质量改善、执法环保法规和政策、环境与发展综合决策、环境保护投资、环境保护机构建设、市民满意率等7大项25个小项，这些考核内容将根据情况每年进行调整。

2004年2月20日，在已有政府环保考核办法基础之上，结合重庆市实际，中共重庆市委、重庆市人民政府又一次印发了《重庆市党政一把手环保实绩考核办法》，增加了环境与发展综合决策考核，考核对象为各区县（自治县、市）党政一把手和市级有关部门一把手。原则上每年进行年度考核，三年进行综合考核。在换届或职务调整时，应进行环保实绩综合评价。

（二）环保实绩考核记录

2001 年 7 月 16 日，重庆市交通委员会向重庆市人民政府签订了 2001 年环境保护目标责任书。2001 年 12 月 28 日，重庆市环保局、重庆市监察局联合发出了《关于开展 2001 年环境保护目标责任制执行情况考核的通知》，经重庆市人民政府同意，重庆市环保局、重庆市监察局对各区县（自治县、市）人民政府和有关部门执行 2001 年环保目标责任制情况进行了检查考核。2002 年 7 月 4 日，重庆市人民政府办公厅转发了重庆市环保局、重庆市监察局《关于 2001 年环保目标责任制执行情况考核结果的通报的通知》，以考核得分高低排名，在 12 个市级部门中重庆市交通委员会排名第 8 位。

2003 年 1 月 13 日，重庆市交通委员会向重庆市人民政府上报了《关于 2002 年环保目标任务完成情况的自查报告》。2004 年 3 月 11 日，重庆市交通委员会向重庆市人民政府上报了《关于 2003 年环保目标任务完成情况的自查报告》。按照《关于开展 2003 年度党政一把手环保实绩考核的通知》和重庆市环委会《关于 2003 年环境保护目标责任制考核有关事项的通知》的规定，重庆市交通委员会经逐项对照检查打分后，得出自评分为 108.57 分。2003 年重庆市交通委员会党政一把手环保实绩考核结果，按照渝委办〔2004〕文即《关于 2003 年度党政一把手环保实绩督查考核结果通报》，考核结果为较好，在市级部门中排名第 12 位。

表 11－2　　2003 年重庆市市级部门环保实绩考核自查评分统计表

考核项目	考核指标	权重	自查得分
部署环境保护工作	贯彻落实市委、市政府环保工作部署	5	4
环境与发展综合决策	建立综合决策机制	2	2
	贯彻落实综合决策情况	8	5
执行环保法律法规	严格执行环保法律法规	15	15
目标任务完成和解决突出环保问题	完成当年环保目标任务	60	74.57
	研究解决本部门突出环境问题	10	8

注：根据 2003 年环境保护目标责任制考核任务分解及评分表，第 4 项得分计算如下：全市 CNG 汽车总数（10400/7000 ×50 +50）×0.6 =（74.286 +50）×0.6 = 74.57。

2005 年 2 月 25 日，重庆市交通委员会向重庆市人民政府上报了《关于 2004 年环保目标任务完成情况的自查报告》，自查评分合计为 97 分。2004 年重庆市交通委员会党政一把手环保实绩考核结果，按照渝委办〔2005〕77 文《关于 2004 年度党政一把手环保实绩督查考核结果通报》，考核结果为好，在市级部门中排名第 9 位。

表 11－3　　2004 年重庆市市级部门环保实绩考核自查评分统计表

考核项目	考核指标	权重	自查得分
部署环境保护工作	贯彻落实市委、市政府环保工作部署	5	5
环境与发展综合决策	建立综合决策机制	2	2
	贯彻落实综合决策情况	8	6
执行环保法律法规	严格执行环保法律法规	15	15
目标任务完成和解决突出环保问题	完成当年环保目标任务	60	60
	研究解决本部门突出环境问题	10	9

注：自查评分合计为 97 分。

2006年1月16日，重庆市交通委员会向重庆市人民政府上报了《关于2005年环保目标任务完成情况的自查报告》，自查评分合计为99分。2005年重庆市交通委员会党政一把手环保实绩考核结果，按照渝委办〔2006〕48号文即《关于2005年度党政一把手环保实绩督查考核结果通报》，考核结果为较好，在市级部门中排名第12位。

表11-4　　2005年重庆市市级部门环保实绩考核自查评分表

考核项目	考核指标	权重	自查得分
部署环境保护工作	贯彻落实市委、市政府环保工作部署	5	5
环境与发展综合决策	建立综合决策机制	2	2
	贯彻落实综合决策情况	8	7
执行环保法律法规	严格执行环保法律法规	15	15
目标任务完成和解决突出环保问题	完成当年环保目标任务	60	60
	研究解决本部门突出环境问题	10	10

二、公路建设环境保护

（一）环境影响评价分析

1989年12月26日，《中华人民共和国环境保护法》第一次提出了“建设项目的环境影响报告书，必须对建设项目产生的污染和对环境的影响作出评价，规定防治措施”。1998年11月29日，国务院第十次常务会议通过并以第253号国务院令发布施行了《建设项目环境保护管理条例》。2002年10月28日，第九届全国人民代表大会常务委员会第三十次会议通过了《中华人民共和国环境影响评价法》，国家主席江泽民签署了第77号主席令予以公布，并自2003年9月1日起施行。

1. “一环五射”规划高速公路项目环境影响评价

在重庆交通建设中，从1990年5月成渝高速公路重庆段开工，到2003年12月重庆长寿至梁平至万州高速公路建成通车，是九大高速公路项目所构成的“一环五射”规划建设完成阶段。在这一阶段，首开的成渝高速公路重庆段是第一个实施了环境影响评价分析、执行了环境保护措施、进行了环境保护设施竣工验收监测并对公路的环境影响进行了后评价的高速公路建设项目。

成渝高速公路重庆段的环境影响评价，主要分析对象有噪声、大气、水环境、生态环境和汽车尾气对土壤植物的影响等五大环境要素。一是预测了从2000年至2010年即从运营近期至远期公路噪声敏感点的超标强度，二是预测了从2000年至2010年即从运营近期至远期汽车尾气中有害废气的污染浓度，三是分析了生态环境包括土壤、水环境等受到的污染情况及其不同程度。

1999年，在成渝高速公路重庆段通车运营5年后，重庆市交通局组织西安公路交通大学一批教授级专家，对成渝高速公路重庆段的后评估工作提出了后评价报告。其中，对成渝高速公路重庆段运营期环境质量状况进行了监测调查，作出了前期环境影响评价预测与现状调查检测结果的对比分析。成渝高速公路重庆段的环境影响评价，主要分析对象有噪声、大气、水环境、生态环境和汽车尾气对土壤植物的影响等五大环境要素。在预测分析从2000~2010年即从运营近期至远期公路噪声、汽车尾气污染和生态环境污染之后，后评价报告提出了成渝高速公路重庆段环保设施优良，达到了环保设计的要求，并进一步提出了加强环境保护的建议。成渝高速公路重庆段的环境影响评价分析和后评价，不仅为成渝高速公路重庆段的建设和运营管理，而且为重庆后来实施的高速公路建设运营均起到了极大的示范、借鉴和指导作用。

在高速公路“一环五射”规划建设完成阶段中，“一环”由成渝、渝长、渝黔、上界等高速公路部分路段建设形成。“五射”分别是：重庆至成都方向射线，由成渝高速公路建设形成；重庆至武胜方向射线，由渝合、合武高速公路建设形成；重庆至邻水方向射线，由渝邻高速公路建设形成；重庆至贵州方向射线，由渝黔1期、渝黔2期高速公路建设形成；重庆至长寿至梁平至万州方向高速公路射线，由渝长高速公路、长梁高速公路和梁万高速公路先后建设形成。“一环五射”规划的九大高速公路项目中，每一个项目的前期工作阶段都进行了环境影响评价分析，均报送了高速公路建设项目对环境影响评价报告书，交通部、国家环保部门已经对此有批复，批复文件共有8份，由重庆市交通委员会公路建管部门保存。其中，最早的是对渝长高速公路环评报告的批复。1993年8月2日，国家环保总局发出《关于国道主干线重庆上桥至长寿桃花街段高等级公路建设项目工程环境影响报告书审批意见的复函》（环监〔1993〕406号），回复了交通部对渝长高速公路环评报告的审批意见。

万梁、梁长高速公路的环境影响评价与国家交通部门和环保部门的审批意见：1993年，万县至梁平公路是国道主干线上海至成都的一段，也是重庆市和四川省向东出境的干线公路。四川省规划为二级汽车专用公路，四川省交通厅设计院承担了这一公路项目的可行性研究任务，完成了其中的环境影响评价报告。1997年重庆成为直辖市后，万县至梁平高速公路纳入了“一环五射”高速公路主骨架规划，根据社会经济发展总体规划，要求全面编制梁万高速公路工程可行性研究报告。按照前期工作需要，1997年11月1日，重庆市交通局委托交通部重庆公路科研所和四川省交通厅设计院，进行万梁高速公路建设项目的环境影响评价工作。1997年12月30日，交通部重庆公路科研所、四川省交通厅设计院组成环评小组，在交通部重庆公路科研所所长张力、总工程师蒋树屏、四川省交通厅设计院院长林振科、总工程师谢邦珠等14名专家们主持或参与下，经过重新踏勘调查、计算分析和编制大纲，完成了《梁万高速公路建设对环境影响评价报告书》。这份环境影响评价报告书根据工程和环境实际，以生态、噪声为重点，全面地论述了沿线环境质量现状，预测评价了工程施工期、运营期可能产生的环境问题，提出了不同的环保工程措施及环境管理规划，以期达到环境保护工程与公路工程项目同时设计、同时施工、同时投入运营，并后期继续指导环保工程管理、维护、环境监测、科研、积累资料、检验和改进环评工作的目的。

1998年3月19日，国家环保总局对交通部预审意见发出了《关于上海至成都国道主干线梁平至万州高速公路环境影响报告书审批意见的复函》，同意交通部预审意见，同时抄送国家计委、重庆市环保局、重庆市交通局、交通部重庆公路科研所和四川省公路规划勘察设计院。复函提出了4点审批意见：一是在采取环评报告书提出的环保对策前提下，从环境保护角度考虑，梁万高速公路项目是可行的。二是梁万高速公路项目施工期应重点做好沟谷不良地段施工的环保防护，隧道弃渣应充分利用，做好全线水土保持，施工完毕后应及时绿化美化。三是应做好运营期的噪声防治，服务区污水应处理后达标排放，服务区垃圾应集中妥善处理。四是建设单位须严格执行环境保护“三同时”制度。施工合同、监理合同必须有环保内容。同时要求重庆市环保局加强该项目的日常监督检查。

梁长高速公路，是国道主干线上海至成都的一段，也是重庆市向东出境的干线公路，并与万梁高速公路组成“八小时重庆”公路网中的关键一段。1998年11月，重庆市交通局委托交通部重庆公路科研所进行环境影响评价分析，编制完成了《上海至成都国道主干线梁平至长寿高速公路环境影响报告书》。梁长高速公路环评报告以生态、噪声为评价重点，近期以2003年为主，中期为2015年，远期为2022年。主要结论涉及自然环境、生态环境、水环境、环境空气、声环境、危险品运输风险等诸方面的环保问题，提出了公路设计阶段、公路施工期、公路运营期一系列环保措施和建议，内容有公路绿化美化、田土还耕、噪声防治、污水处理、环保措施工程投资等环保举措。

1999年4月5日，国家环保总局对交通部预审意见发出了《关于上海至成都国道主干线重庆梁平至长寿段环境影响报告书的批复》，同意交通部预审意见，同时抄送国家发展计划委员会、重庆市环保局、重庆市交通局、交通部重庆公路科研所。1999年4月29日，重庆市交通局转发给重庆渝东高速公路有限公司，并抄送重庆高速公路发展有限公司。国家环保总局批复提出了4点审批意见：一是在采取环评报告书提出的环保措施基础上，从环境保护角度分析，同意梁长高速公路项目建设。二是项目建设过程中应重点做好的工作，包括土石方的纵向调配、公路边坡防护和中央分隔带互通立交的绿化美化、服务区污水垃圾达标处理、噪声污染防治和桃花溪水源保护。三是严格执行环境保护设施与主体工程“三同时”制度，施工合同、监理合同必须有环保内容。工程竣工后按规定程序申请环保验收，验收合格后主题工程方能投入运营。四是请重庆市环保局负责项目施工期间的环境保护监督检查。

2.“二环八射”规划高速公路项目环境影响评价

2002年中共十六大之后，为了提前十年实现西部大开发目标，重庆市决定2020年的交通建设规划目标也同时提前十年实施。2004年开始编制重庆交通“十一五”规划，至2005年年底，“十一五”规划确定，首次提出了建设“二环八射”的高速公路网，以作为重庆公路主骨架。由此，展开了新一轮的前期设计论证工作，同时包括环境影响评价分析。

2003年，西部通道重庆至长沙公路水江至界石高速公路项目《环境影响评价大纲》通过了国家环保总局的审查，国家环保总局发出了评估意见（国环评估纲〔2003〕204）。评价单位同济大学按评估意见的要求编制完成了该项目《环境影响报告书》。2004年2月4日，重庆市交通委员会向交通部上报了《关于审查西部通道重庆至长沙公路水江至界石项目环境影响报告书的请示》（渝交委〔2004〕38号文)，将同济大学编制完成的《环境影响报告书》随文上报，要求交通部审查。交通部将《关于对西部大通道重庆至长沙公路水江至界石段环境影响报告书预审意见的函》报送至国家环保总局。重庆市环保局将《关于对西部大通道重庆至长沙公路水江至界石段环境影响报告书审查意见的报告》（渝函发〔2004〕49号）也报送至国家环保总局。2004年9月6日，经国家环保总局研究，对交通部、重庆市环保局的两个文件以《关于对西部大通道重庆至长沙公路水江至界石段环境影响报告书审查意见的复函》（环审〔2004〕299号）回复了交通部，同时，抄送国家发改委、重庆市环保局、重庆市交委、巴南区、南川市环保局、同济大学、国家环保总局环境工程评估中心。这是“十一五”规划的“二环八射”高速公路网第一个完成了环境影响评价全部审查程序的项目。

2004～2006年，“二环八射”高速公路网规划之中的垫江（川渝界）至忠县与忠县至石柱（渝鄂界）高速公路，万州至开县高速公路，重庆至遂宁高速公路，万州至云阳段、云阳至奉节段和奉节至巫山段组成的渝宜高速公路，水江至武隆段、武隆至彭水段、彭水至黔江段、黔江至大涵段、大涵至酉阳段、酉阳至上官桥段、上官桥至洪安段组成的西部大通道重庆至长沙高速公路，重庆绕城高速公路东段、南段、西段和北段组成的高速公路，江津至合江高速公路，巫溪至奉节高速公路，先后上报了环境影响报告书，经过重庆市环保局、交通部和国家环保总局审查，陆续作了批复。

从1999年起至2005年止，成渝高速公路重庆段是按20世纪80～90年代初早期程序进行环境影响评价的。1993～2005年，从第一个对“一环五射”规划中的渝长高速公路环评报告的批复以来，到“二环八射”新规划中全部高速公路项目环评报告的批复，总共完成了30个高速公路项目的环境影响评价工作，从前期程序上保证了工程可行性研究报告的审批要件需求。

（二）水土保持措施评价分析

1. 水土保持方案报告书审批

根据水利部、交通部《关于印发〈公路建设项目水土保持工作规定〉》的要求，在环境影响评价工作阶段，必须单独向水利部报送水土保持措施评价分析报告，并通过审查批复后，项目才能动工建设。为抓好水土保持工作，重庆市交通委员会和重庆市水利局建立了多层次的联系沟通机制。2002年10月，重庆市交通委员会和重庆市水利局联合下发了《关于转发公路建设项目水土保持工作规定的通知》，对水土保持方案的审批程序进行了明确规定。2005 年 9 月 7 日，重庆市交通委员会向重庆市人民政府上报《关于高速公路项目水土保持方案报告书审批有关事项的请示》，因开发建设项目水土保持方案实行分级审批，全国有些省直接由省水利厅直接审批高速公路水土保持方案报告书。鉴于重庆高速公路建设的特殊情况，按照中共重庆市委、重庆市人民政府确定的 2005 年内“二环八射”高速公路全部开工的目标，建议重庆市人民政府同意所规划的“二环八射”高速公路项目的水土保持方案报告书由重庆市水利局直接审批。但因国家水利部坚持最终审批权，审批的具体程序确定为：首先委托有资格的单位编制公路建设项目的水土保持方案报告书，并由重庆市交通委员会分别报送水利部或重庆市水利局。然后，由重庆市交通委员会牵头组织水土保持方案报告书的预审会，提出预审意见。最后，由国家水利部或者重庆市水利局进行审批。

2. 水土保持方案报告书编制上报

2002 年 12 月 5 日，重庆市交通委员会向水利部报送了《国道 212 线武胜（川渝界）至合川高速公路水土保持方案报告书》。这是水利部、交通部关于《关于印发〈公路建设项目水土保持工作规定〉》出台后，重庆市交通委员会委托四川省交通厅公路规划勘察设计研究院编制完成的第一个高速公路水土保持方案报告书。

2003 年 7 月 1 日，重庆市交通委员会向水利部报送了《关于审查国道 319 线重庆至遂宁公路（重庆市境）项目水土保持方案大纲的请示》。国道 319 线重庆至遂宁公路（重庆境）项目建议书已得到国务院批准，为做好该项目的水土保持工作，重庆市交通委员会已经委托重庆交通科研设计院完成了《水土保持方案大纲》，请求审查。

2004 年 2 月 4 日，重庆市交通委员会再次向水利部报送了《国道 212 线武胜（川渝界）至合川高速公路水土保持方案报告书》。主要原因是国道 212 线武胜（川渝界）至合川高速公路《水土保持方案大纲》已通过水土保持监测中心审查，编制单位四川省交通厅公路规划勘察设计研究院按大纲评估意见的要求，编制完成了该项目《水土保持方案报告书》（水保监方案 2003 第 59 号）。

2004 年 9 月 13 日，忠县至垫江、水江至界石、重庆至遂宁重庆段、武隆至水江、分水岭（鄂渝界）至忠县高速公路水土保持方案报告书由重庆交通科研设计院编制完成，重庆市交通委员会向重庆市水利局报送了上述 5 个高速公路项目的水土保持方案报告书。2004 年 9 月 10 日，云阳至万州、万州至开县高速公路水土保持方案报告书由四川省交通厅公路规划勘察设计研究院编制完成，重庆市交通委员会向重庆市水利局报送了云阳至万州、万州至开县高速公路水土保持方案报告书。

3. 水土保持方案报告书预审

2002 年至 2005 年 10 月，重庆市交通委员会新规划建设的“二环八射”全部高速公路项目，已经全部编制了水土保持方案报告书，陆续上报了水利部和重庆市水利局。至 2005 年 11 月，重庆市交通委员会、重庆市水利局组织专家对这些报告书全部审查完毕。至 2006 年 8 月底，对“二环八射”全部高速公路项目的水土保持方案报告书已批复 19 个，其中水利部批复了 14 个，重庆市水利局批复 5 个。2005 年，对重庆绕城高速公路西段项目也通过了水利部审查。

（三）工程中环境保护措施

重庆的地形地貌大多为山岭重丘。在重庆修建高速公路时，挖填方工程会产生大量废方，严重破坏沿线环境。为保护生态环境，防治水土流失，交通部、环保总局、重庆市交通主管部门均要求设计人员、建设业主尽量避免深挖高填，注重平衡废方，保护生态环境。2005 年 2 月 21 日，重庆市交通委员会下发了《关于进一步加强水土流失防治工作的通知》，强调了设计和施工过程中抓好水土流失工作的各项措施。以重庆高速公路发展有限公司为代表的建设业主，采取了多种行之有效的环境保护措施，在职工中广泛开展合理化建议活动，提出了许多优化设计建设，尽可能地做到挖方与填方达到基本平衡，避免了弃土废方对水土保持和地表植被的破坏。具体案例有：

1990～1994年，在成渝高速公路重庆段建设工程中，在重庆东段三星沟地区，原设计在相距350米的两座大山之间，横跨一座大旱桥，但要产生37万方挖土废方。为处置挖土废方，又需要征用大量土地。通过开展职工合理化建议活动，将大型旱桥改为高达36米的高填方，既解决了弃土废方，又节约投资1104万元（修建大桥），节约占用土地7.8公顷。通过通车实践，证明这一措施是切实可行的，因而获得重庆市人民政府“职工合理化建议”一等奖，并受到交通部的嘉奖，还为山岭重丘区修筑高速公路合理处置弃土废方走出一条新路。

1998年11月至2002年6月，国道212线重庆至合川高速公路开工建设，南起重庆，北止合川，途经北碚，纵穿缙云山，设计全长57.76公里，是重庆市交通建设规划中以重庆市为中心的8条放射状高速公路之一，也是国道212线的重要组成部分。在这条高速公路建设施工中采取了一系列环境保护措施：一是保护自然植被和农村土地。为了保留每一片绿地，维护生态平衡，在重庆至合川高速公路的山区路段的施工设计中，将原设计中大量占用土地的高填方，由依山傍水更改设计为凌空高架旱桥，将挖方高度大于35米的深挖方改为短隧道。在重庆至合川高速公路工程中，共修建旱桥37座，计7283延米，少占用土地24.8公顷，修建短隧道4座，由此减少了对自然植被的破坏，既节约了土地，保障了当地村民的利益，又保证了重点工程进度。二是保护沿线的生态平衡和自然景观。按原计划修建重庆至合川高速公路，对缙云山国家级自然风景名胜区有严重的影响。诸如汽车排放尾气的污染，横穿山区分割植被而改变原有生态环境等。为保护北碚缙云山国家级风景名胜区，减少对植被、景观、温泉的破坏。重庆高速公路发展有限公司坚持修路决不能以牺牲风景区为代价的原则，在提出5种新的设计方案进行比选后，不惜增加公路里程和加大投入资金，决定修改原设计方案。施工修建中改变了原路线，采用过江架桥、隧道穿山的方式，3次横跨嘉陵江，新建跨江特大桥3座，新打隧道4座，其中尖山子隧道长达4.02公里，创造了重庆及至西南地区最长公路隧道的记录。同时，在北碚区修改路线，高速公路绕道，避免了对西南师范大学稀有树种保护区的破坏，保护了沿线的生态平衡和自然景观。三是保护沿线的历史文物古迹。重庆市高等级公路建设指挥部先后与重庆市文物局、北碚区人民政府组织协调，配合完成了对北碚区梅花山张自忠将军陵园及沙溪庙大桥合川岸桥台处历史文物考古挖掘的保护。重庆至合川高速公路原设计从梅花山张自忠将军陵园侧的山丫左边经过，北碚段中心的大型立交桥也建在陵园对面的山堡后坡下。为不影响将军英灵的长眠和陵园的扩建，重庆市高等级公路建设指挥部委托设计部门对高速公路经过陵园段的设计方案进行了6次修改。初设方案为降坡填方，因高速公路边线距陵园边仅11米，必将损坏陵园的地形地貌，而且对陵园绿化及扩建都有影响。经6次修改设计后，用六跨（每跨20米）高架桥，提高路面高度的方案，取代了深挖山坡借土填方的原设计方案，使桥墩边线距陵园边延长到30多米，并设计隔音墙，防止噪音，增大投资200多万元，延长工期近半年。梅花山陵园段高速公路施工设计的修改，有效保护了张自忠将军陵园纪念地。

1998年1月至2001年12月，渝黔高速公路一期工程开工建设，在设计和工程建设过程中，业主严格按照环境影响评价书的要求，同时设计、同时施工、同时验收。采取了环境保护措施，最典型的环保措施是真武山隧道设计的修改。原设计的真武山隧道要从一条阴河的下方穿过，而阴河与重庆南温泉相通，隧道施工中极有可能破坏阴河水系，造成阴河水严重流失，既会严重影响到南山风景区森林的生存，又会造成南温泉水源枯竭，造成的社会影响不良。为了保护真武山隧道内地下水资源，通过反复的调查研究、论证、比较方案，提出了优化设计，改变原设计方案。即将真武山隧道洞内人字纵坡加大，抬高隧道中部设计标高，使公路隧道线路提高到阴河上面十多米，使隧道从阴河上方通过，同时，明挖一段路堑，用“开天窗”方法使1个长隧道变成2个短隧道，取消了通风竖井。按新的施工设计实施工程，避免了因地下水流向改变或使地表水流失而造成的危害，消除了隧道施工中随时都可能发生的突水事故，从而保护了真武山周围几十里范围内的植被生态环境以及人畜和农业用水。

（四）竣工后环境保护验收

在重庆高速公路建设中，凡是进行了环境影响评价的项目，都必须进行环境保护验收。在“一环五射”规划内的高速公路项目都进行了环境保护验收。在“一环五射”规划高速公路项目中，第一个进行环境保护验收工作的是成渝高速公路重庆段。

1990～1994年，成渝高速公路重庆段是重庆市建成的第一个高速公路项目，工程验收严格，经历了初验、交工验收和竣工验收3个阶段。1993年9月27日，重庆市重点公路建设指挥部负责主持了成渝高速公路重庆段的初步验收，直至1996年最后一个合同标段即隧道机电工程（Q3）初验完成，全线初步验收才结束。重庆市计委、重庆市经委、重庆市交通局等17个单位组成成渝高速公路重庆段交工验收委员会（重庆市环保局参与），1997年11月19～21日，由成渝高速公路重庆段交工验收委员会主持进行了成渝高速公路重庆段的交工验收。1997年12月24日，成渝高速公路重庆段竣工验收委员会继续对全工程作了竣工验收评价，其中对环保的评价是，该项目环境保护工程贯彻执行了国家“三同时”制度，经国家法定监测结果表明，基本达到了环境保护要求，公路外形美观，环境景观协调，通过了国家环保局组织的验收，成渝高速公路重庆段综合评定为优良工程。

随着保护生态环境的意识日益强化、环境保护法律法规日益健全，高速公路环境保护验收程序也日益完善。

2002年11月22日，重庆上桥至长寿高速公路通过国家环保总局组织的环保验收。

2003年10月8日，在国道212线重庆至合川高速公路建设项目的过程中，根据建设项目环境保护设施竣工管理的规定，重庆北方高速公路有限公司委托中国环境科学研究院环评中心，对国道212线重庆至合川高速公路进行竣工验收环境影响调查工作，要求于2003年12月份完成调查报告。中国环境科学研究院接受委托后，组织8名熟悉环境生态、生态规划、污染生态、环境污染、环境工程等专业人员，开展了国道212线重庆至合川高速公路环保验收调查。2003年12月10日，国家环保总局组织了对重庆至合川高速公路建设项目环保验收调查方案审定会议，对中国环境科学研究院调查方案进行了审定。专家们对调查方案提出了修改意见，要求调查方案按照专家意见修改完善后，方可作为开展环境保护验收调查的依据。随后，在对重庆至合川高速公路工程概况了解、环境影响评价报告书回顾等基础上，调查组进行了公众意见、社会环境影响、生态环境影响、声环境影响、水环境影响和环境保护措施等诸方面的调查与分析，并于2004年1月13～15日，委托重庆市环境监测中心进行交通噪声监测。最后得出竣工验收结论，认为“渝合高速公路建设基本上不存在重大环境影响问题，环境影响评价报告及批复所提环保措施特别是污染防治、生态恢复和水土保持措施得到了较好的落实，防护工程本身符合施工设计要求，环境管理体系较完善。”结论针对建设项目环保方面缺陷问题，提出了环境保护补救、补充措施，认为“采取上述环境保护补救、补充措施后，本公路建设和运营基本上不会对沿线环境产生明显的不利影响。因此，调查组认为，渝合高速公路总体上符合工程竣工环境验收条件，建议通过渝合高速公路建设项目环保验收。”2004年6月，重庆北方高速公路有限公司作出了重庆至合川高速公路环境保护工程执行报告。2004年6月17日，国家环保总局环境评估中心作出了《关于国道212线重庆至合川高速公路工程竣工环境验收调查报告的技术审查意见》（国环评估函〔2004〕346号），国家环保总局环境影响评价管理司据此作出验收通过的决定。

2004年9月，重庆高速公路发展有限公司渝东分公司委托中国环境科学研究院，开展对上海至成都国道主干线重庆万州至梁平段竣工环境保护验收调查。2005年1月6日，重庆高速公路发展有限公司渝东分公司委托国家环境保护总局环境工程评估中心，开展对上海至成都国道主干线重庆梁平至长寿段竣工环境保护验收调查。2005年4月，国家环境保护总局环境工程评估中心直接作出了《关于国道主干线上海至成都（的）重庆梁平至长寿段高速公路竣工环境保护验收调查报告》，国家环保总局环境影响评价管理司据此作出验收通过的决定。2005 年 8 月 8 日，国家环保总局环境评估中心作出了最后结论《关于国道主干线上海至成都重庆梁平至万县公路工程竣工环境保护验收调查报告的技术审查意见》（国环评估函〔2005〕658 号），国家环保总局环境影响评价管理司据此作出验收通过的决定。至此，标志着“一环五射”规划内的高速公路项目环境保护验收工作的结束。

三、港航环境保护

（一）港航防治污染管理

1. 长江防治污染管理

1985 年 10 月 28 日，交通部长江航政管理局颁布了《防止船舶污染长江水域暂行规定》，于 1985 年 11 月 1 日施行。在长江干线上九层岩至鳊鱼溪 670 公里水域，长江航政管理局重庆分局被确认为对船舶污染实施监督管理的行政机关。长江航政管理局重庆分局内设环保办公室，主要职责为宣传长江水域环保的重大意义，制定并监督实施防止船舶污染水域的规章制度，检查船舶防污设施安装使用和签发有关证件证书，负责船舶污染水域的监视监测工作，对船舶污染事故进行调查处理。

1986 年，长江航政管理局重庆分局内设航政科，依据交通部长江航政管理局颁发的《长江干线船舶装载危险货物管理细则》，航政科全面负责《船舶装载危险货物准单》的审批以及船舶载运危险品运输的相关管理工作。

1989 年 8 月 1 日，长江航政管理局重庆分局更名为重庆长江港航监督局。1989 年，重庆长江港航监督局指导长江水域辖区成立了第一支船舶油污水接收队伍。1989 年，船载危险货物运输管理工作则由重庆长江港航监督局内设机构监督科负责。1992 年，重庆长江港航监督局将危险品和船舶的防污监督管理以及统计工作职能列为监督科的职能之一。

1996 年 8 月，按照《中华人民共和国港务监督局关于加强危险货物申报管理工作的通知》的规定，危险货物业务管理有了“危险货物安全适运核准章”“船舶载运危险货物申报签证章”以及“包装危险检验证书核销章”3 枚专用章。1996 年，依据《交通部长江港航监督局转发关于加强危险货物申报管理工作的通知》的规定，全面以船舶载运危险货物申报单代替了船舶装载危险货物准单。1996 年 12 月，依据《交通部长江港航监督局关于下发危险货物码头、设施作业许可证审批办法》，重庆长江港航监督局全面实行了长江干线危险货物码头、设施作业许可证制度，对危险货物码头实施标准化管理。

1997 年重庆直辖后，重庆长江港航监督局与重庆地方港监部门合并，成立了重庆长江海事局。1997 年，交通部环境保护办公室下发《关于下达三峡流动污染源监测任务的通知》。依据通知，重庆长江海事局所属万州长江港航监督局成立了三峡流动污染源万州监测站，全面负责船舶油污水和生活污水的排放监测工作。从 1998 年 1 月 1 日起，重庆长江海事局全面实行危险货物申报员申报制度。1998 年，重庆长江海事局指导有关企业成立了重庆港的“长净 3 号”轮、重庆港的“净江号”轮、万县港的“长净 9 号”轮和巫山港的“洁江号”轮 4 支船舶垃圾接收船舶队。1999 年，重庆长江海事局将危险品船舶管理列人了客渡船、高速船、旅游船以及危险品船舶（“三客一危”）重点船舶管理范围，第一次组织召开了重庆港危管防污工作会议。

2002 年 10 月 18 日，交通部重庆海事局成立，依照机构职能人员方案，环境保护办公室的职责、危险品运输管理职责归并于船舶监督处。重庆海事局各所属海事处则具备了相对应的现场管理职责。2005 年 8 月，重庆海事局对辖区 14 家船舶垃圾接收单位实施了备案管理和公示制度。2005 年 11 月，随着三峡大坝的正式蓄水以及水体自净能力持续减弱，经长江海事局批复同意（长海人教〔2005〕333 号），在《重庆海事局海事管理综合改革总体方案》中，重庆海事局设立了防治船舶污染专门机构即危管防污处，全面负责防治船舶污染管理工作。同时重庆海事局下设的各海事处，被赋予了防治船舶污染现场管理的职责。

2. 支流防治污染管理

除长江干流外，重庆市地方内河支流防治污染由重庆市地方海事局管理。1984 年，重庆市航运管理处组建成立，与重庆市港航监督处、重庆市船舶检验处，实行“一套班子，三块牌子”合署办公的管理体制。重庆市港航监督处负责船舶防污染监督管理。具体工作由港监科负责，有 1 名专职人员分管。职责是向航运从业企业宣传环保，提高环保意识，主要工作为检查船舶防污设施和签发有关证件、证书，负责监督船舶排污，对船舶造成水污染事故进行调查、处理等。

重庆市港航监督处还负责船舶载运危险货物监管，主要由内设港监科具体负责，由 1 ~ 2 名专职人员分管。主要工作内容为船舶载运危险货物申报管理、船舶和货主申报员考试发证及船舶载运危险货物监装监卸，主要管理对象为地方航运企业的危险品运输船舶，其中，长寿的四川维尼纶厂、江津的川顺厂、主城江北区的天源化工厂属监管重点，监管范围即包括嘉陵江、乌江支流也覆盖长江干线。

2000 年，黔江区成立，黔江区地方海事处的管理重点放在了控制水域污染上。区内的洞塘水库、小南海湖区是黔江区重要的水运区域，但有大量乡镇运输船舶和旅游运输船舶系木质挂桨柴油机动船，对两个库区水体的污染较大，严重威胁 10 余万居民的饮水安全。黔江区人民政府多次调研如何消除水域污染事宜。黔江区地方海事处通过大量的现场调查、市场调研、外出考察以及上下协调等艰苦细致的工作，结合乡镇客渡船更新改造工作，全部淘汰小南海库区 100 余艘木质船舶，更新为技术先进的、环保的玻璃钢液化汽船、玻璃钢电动船和玻璃钢人力船。在洞塘库区，黔江区地方海事处强制要求每艘船上安装油水分离器，加强对船员的环保意识教育、加强日常监督管理，加大执法处罚力度，杜绝了船舶水域污染。

2002 年 7 月 18 日，按照交通部“其他水域由地方海事部门管辖”的规定，经重庆市机构编制委员会批准，重庆市港航管理局与重庆市地方海事局、重庆市船舶检验局实行“一套班子，三块牌子”合署办公的管理体制。至 2005 年年底，这一体制未变，主要职责之一有船舶防污染监督、船舶载运危险货物的安全监督等。但客渡船、高速船、旅游船以及危险品船舶（“三客一危”）的监管权限主要划转到重庆海事局。因地方海事危险货物监管业务急剧萎缩，重庆市地方海事局未设置专门科室管理。随着重庆化工产业布局的调整，涪陵白涛成为重点化工园区之一，白涛码头船舶载运危化品作业需求增大，涪陵地方海事局在白涛专设了监督所，以强化现场监管。

（二）三峡库区及上游水污染防治（2000 ~ 2005 年）

1. 三峡库区污染防治目标任务

2001 年，国家环保总局牵头组织编制了《三峡库区及其上游水污染防治规划》，向国务院上报了《关于申请批准三峡库区及其上游水污染防治规划的请示》（环发〔2001〕163 号）。2001 年 11 月 2 日，国务院向湖北省、重庆市、四川省、贵州省、云南省人民政府，国家计委、国家经贸委、建设部、交通部、水利部、环保总局、三峡建委办公室、三峡建委移民局下发《国务院关于三峡库区及其上游水污染防治规划的批复》（国函〔2001〕147 号），标志着三峡水污染防治工程正式启动。

《三峡库区及其上游水污染防治规划》的规划基准年为 2000 年，分两期规划。一期规划时段为 2001 ~ 2005 年，规划水平年为 2005 年；二期规划时段为 2006 ~ 2010 年，规划水平年为 2010 年。规划目标是：到 2005 年，三峡库区及其上游主要控制断面水质达到国家地表水环境质量 III 类标准，人为破坏生态环境的行为基本得到遏制。到 2010 年，三峡库区及其上游主要控制断面水质整体上基本达到国家地表水环境质量 II 类标准，库区生态环境得到明显改善。

《三峡库区及其上游水污染防治规划》赋予重庆市人民政府及其交通部门的主要任务是在三峡库区及其上游全面治理船舶流动源污染。“长江三峡库区及上游河流通航 3000 多公里，各类运输船舶9000余艘，年产生垃圾4.2万吨，生活污水约1500万吨，含油废水100万吨。特别是近200艘危险化学品运输船，存在发生事故的隐患，严重影响库区水质安全。针对三峡库区水上交通点多线长，船舶污染治理设施不配套，船舶含油污水、生活污水和垃圾对库区环境的影响问题，为了保护三峡库区水质安全，在重要码头迁建时，要根据本规划的布点及港口客货吞吐量和停泊船舶密度，配套建设污水和垃圾收集上岸的辅助设施，实施船舶废弃物接收工程、船舶生活污水集污治理工程和化学危险品船舶洗舱基地工程。需要投入14.7亿元，其中‘十五’期间投入12.4亿元。”（摘自《三峡库区及其上游水污染防治规划》第三章第五节）。

2. 三峡库区船舶污染防治规划

（1）编制防治规划。2000年8月25日，重庆市计委召开了《三峡库区环境保护和生态建设总体规划》编制工作会。2000年8月28日，重庆市交通委员会发出关于召开三峡库区船舶污染防治规划编制工作会的通知。2000年9月5日，在重庆渝通宾馆五楼会议室，重庆市交通委员会组织召开了三峡库区船舶污染防治规划编制工作会，长江重庆港航监督局、长江万县港航监督局、重庆市港航管理局等单位分管水上环保工作的领导及工作人员参加。在会上，各单位讨论研究了各自辖区内船舶污染现状、存在的主要问题、解决措施以及有关三峡库区船舶污染防治规划编制工作等问题。

2001年8月1日，重庆市交通委员会召开专题会议，成立了三峡库区船舶污染防治规划工作领导小组，重庆市交通委员会副主任张世玖任组长，重庆市交通委员会计划处、科技处、重庆市港航管理局及有关专家共同组成《重庆市三峡库区船舶污染防治规划》编制工作组。

《重庆市三峡库区船舶污染防治规划》的编制工作，得到了重庆市环保科研院、重庆市公路勘察设计院、长航工程设计院、四川维尼纶厂等单位的大力支持。遵照国务院领导对三峡库区环境保护工作的重要指示，按照国务院规划关于重庆市三峡库区生态环境保护工作的要求，编制工作组执行重庆市生态环境保护工作领导小组具体实施意见，展开了调查研究工作。在此基础上，并对重庆市港口和客货运输分布情况及船舶污染现状进行了认真分析，对未来2010年污染负荷进行了科学的预测，对船舶污染物回收处理工程、化学危险品船舶洗舱工程、船舶防污染技术改造和船舶污染监测及污染事故应急系统进行了全面系统的规划。

《重庆市三峡库区船舶污染防治规划》详尽分析了船舶污染现状及存在的问题，包括船舶油类污染、船舶垃圾污染、化学危险品运输船舶污染、船舶生活污水污染等现状，进行了重庆市航运发展规划期即2001～2010年期间船舶主要污染负荷预测。提出了船舶污染处理原则和措施，进而提出了船舶污染防治规划项目，即船舶废弃物接收处理工程项目、化学危险品船舶洗舱基地工程、船舶生活污水集污技改工程与船舶污染监测及污染事故应急系统工程等。

（2）实施规划项目。为确保《三峡库区及其上游水污染防治规划》目标任务的圆满完成，重庆市交通委员会组织开展了船舶废弃物接收处置工程和化学危险品船舶洗舱基地工程项目前期工作，力争尽快立项实施。

2002年初，重庆市交通委员会安排落实了170万元作为项目的前期工作费用和启动资金，由重庆市港航管理局具体负责项目实施的前期准备工作。重庆市港航管理局委托中国市政工程华北设计研究院、中国成达化学工程公司市政环保设计院、重庆市公路勘察设计研究院进行船舶废弃物接收处置工程和化学危险品船舶洗舱基地工程的可行性研究工作。

2002年5月，重庆市港航管理局专门成立了工作机构，积极开展前期工作。经过一段时间的艰苦工作，投入资金200多万元，按国家基本建设程序要求完成了项目选址、规划定点、地质初勘及地质灾害危险性评估、环境影响评价、水土保持方案、行洪影响论证等前期工作，重庆市港航管理局配合设计单位开展了广泛的调查研究，借鉴了国内国际先进管理经验，进行了众多方案的比较筛选，编制完成了《重庆市三峡库区船舶废弃物接收处置工程可行性研究报告》和《重庆市三峡库区化学品船舶洗舱基地工程可行性研究报告》。两项目的可行性研究报告通过重庆市交通委员会转报重庆市计委审查。2002 年 8 月，项目可行性研究报告的修改和完善工作完成。

2003 年 2 月 24 日，重庆市交通委员会向重庆市人民政府上报了《关于三峡库区船舶水污染治理工作的情况报告》。重庆市交通委员会承担牵头组织实施船舶废弃物接收处置工程和化学品船舶洗舱基地工程的任务，向重庆市人民政府和市三峡库区水污染防治工作领导小组建议，“进一步加大协调工作力度，希望计划、环保部门加强指导，规划、国土、水利等相关部门支持配合，简化工作程序”，共同推进项目的实施工作。同时，提出船舶水污染治理工程应与城市污水、垃圾治理工程一样对待。为争取落实后期建设资金，建议重庆市人民政府向国家进一步反映情况，重庆市计委与国家计委协调，争取国家资金和政策支持，全力保证国家《三峡库区及其上游水污染防治规划》规划目标任务的按期完成。

2003 年，船舶废弃物接收处置工程和化学危险品船舶洗舱基地工程项目的环境影响评价大纲和水土保持方案通过了评审，环境影响评价报告书编制完成并予以评审。至此，船舶废弃物接收处置工程和化学危险品船舶洗舱基地工程可行性研究基本结束。重庆市交通委员会责成重庆市港航管理局作为代理业主，具体负责实施项目。随着项目的实施推进，重庆市港航管理局遇到一些急需解决的问题，向重庆市交通委员会上报了《重庆市港航管理局关于三峡库区船舶污染防治项目进展情况的紧急报告》。2003 年 10 月 29 日，重庆市交通委员会向重庆市人民政府转报了《重庆市港航管理局关于三峡库区船舶污染防治项目进展情况的紧急报告》，提出了解决问题相应的意见和建议。

2004 年 10 月 14 日，重庆市人民政府下发《重庆市人民政府关于加强三峡工程建设期三峡水库管理的意见》（渝府发〔2004〕88 号）和《重庆市人民政府关于贯彻三峡库区经济社会发展规划的实施意见》（渝府发〔2004〕99 号），推进《三峡库区及其上游（重庆段）水污染防治规划》的实施。为完成重庆市人民政府下达的船舶污染治理工作任务，重庆市交通委员会与重庆市环保局、重庆市市政委、重庆海事局、中国船级社重庆分社、重庆市港航管理局等相关单位进行研究，重庆市交通委员会牵头组织制定了《重庆市船舶污染治理工作实施方案》。2005 年 4 月 12 日，重庆市交通委员会向重庆市人民政府上报了《重庆市船舶污染治理工作实施方案》。

3. 三峡库区船舶污染三大防治工程

重庆市船舶水污染严重。重庆市是西南地区的交通枢纽、长江上游经济中心城市，水运十分发达，至 2002 年年底，重庆市有船区县（自治县、市）38 个，通航河流 30 条，通航里程 3004 公里，库区形成后将新增通航河流 68 条，增加通航里程 1200 公里。全市各类运输船舶 9000 艘，囤船 1000 艘，船舶运力 100 万总吨，70 万千瓦，25 万客座，船员 10 万余人。据统计，库区内航行的船舶数量约 2 万艘，船舶年产生垃圾约 42000 吨，生活污水、粪便约 1500 万吨，年排放含油废水 100 万吨。由于无专业洗舱场所，重庆市化学危险品运输船舶洗舱和修拆船洗舱工作，长期未能得到有效开展，严重威胁着库区水质安全。

在 1986 ~ 2002 年间，重庆市交通、环保、港航、海事等部门曾制定了一些管理规定，特别是针对船舶垃圾及机舱含油废水采取了一些治埋措施，取得了一定成效。但由于重庆市水上交通点多线长，老、旧船舶较多，港口和船舶环保设施较差，有的港口、船舶根本无环保设施。至 2002 年年底，船舶污染仍是江河污染的一个重要污染源，这引起了国家和有关部门及社会各界的广泛关注。随着三峡库区的形成，水体自净能力大大减小，水环境问题日益突出。为保证库区水质安全，造福子孙后代，2003 ~ 2005 年，重庆市交通委员会贯彻落实经国务院批复，由国家环保总局编制的《三峡库区及其上游水污染防治规划（2001 ~ 2010 年）》，主要任务是全面治理船舶流动污染，重点是船舶废弃物接收工程、船舶生活污水集污治理工程和化学危险品船舶洗舱基地工程等三大任务的前期论证和编制实施方案。

(1) 船舶废弃物接收工程。在2003年的前期论证中，重庆市交通委员会拟在重庆主城南岸鸡冠石、万州青草背、江津贾坝沱、合川东津沱、涪陵盘蛇子、丰都丁庄溪、巫山龙门建设船舶废弃物接收处置站。计划投资3.9亿元（其中三峡库区升至135水位的投资需安排2.4亿元），通过各站点陆上设施和多功能流动收集船收集相结合的方式，将船舶废水、垃圾收集上岸。垃圾上岸后通过垃圾车运往指定的垃圾处理场处理；生活污水经过预处理后与在基地进行油水分离处理后的含油废水一道排入城市污水处理厂进行深化处理。

2005年的《重庆市船舶污染治理工作实施方案》提出船舶垃圾的接收处置方式：一是到港船舶必须将船舶垃圾交接收单位处置，严禁船舶垃圾入江。海事部门要加大对船舶垃圾污染的监管力度，把船舶是否交纳船舶垃圾作为船舶签证的必要条件。二是重庆市市政委在重庆主城朝天门中心港区、涪陵港区、万州港区、巫山港区以及郭家沱、黄旗、红溪沟3个滚装船码头设置7个船舶垃圾接收点，组建船舶垃圾接收、转运、处置队伍，并组织建设相应的船舶垃圾接收、转运设施，同时在涪陵、万州、巫山配备垃圾接收船舶。三是重庆市港航管理局负责督促港口生产单位配合完善或设立船舶垃圾定点储存设施。四是重庆市市政委牵头组织重庆海事局、重庆市港航管理局进一步研究细化重庆市辖区水域客船、滚装船、货船等船舶的垃圾接收处置和监督管理具体工作实施计划。

(2) 船舶生活污水集污治理工程。在2003年的前期论证中，船舶生活污水集污治理工程（对75艘豪华旅游船设置生活污水一体化处理装置；对500艘大型客轮、2500艘300马力以上拖船和200吨以上货船、非机动船设置生活污水储存装置；对1000艘短途客船、高速客船、游艇、渡船设置污水收集装置。3项共需要投资6.9亿元）。船舶生活污水集污治理工程为船舶废弃物接收处置工程的配套工程，主要是对现有船舶进行生活污水集污治理，实现船舶生活污水的收集和转岸处理。2003年，交通部关于船舶生活污水的法规技术标准还在制订中，重庆市交通委员会与重庆海事局密切配合，结合国家法定技术标准和规划要求来推进此项工作。

2005年的《重庆市船舶污染治理工作实施方案》提出船舶生活污水处置方式：一是船舶应安装生活污水处理装置实现达标排放或打包转岸处理。船舶生活污水排放标准统一按交通部《内河船舶法定检验技术规则（2004年）》及《川江及三峡库区航行船舶检验管理暂行规定》的规定执行。二是中国船级社重庆分社、重庆市港航管理局在审图和检验时要严格管理，凡新建船舶（含2004年9月1日铺龙骨，现在还在船台上的船舶）逆水航程在4小时及以上且客位在100客位以上的客船和600总吨及以上的机动货船，必须安装生活污水处理装置。其余船舶必须安装生活污水打包处理设备。三是已投入运行的船舶应在2007年12月31日前按上一条规定的要求安装生活污水处理装置或打包处理设备，到时凡没有安装污水处理装置或打包处理设备的船舶一律停运。四是船舶安装的生活污水处理装置或设备，由船舶检验部门进行认证和检验，重庆市环保局监督管理。五是由重庆市交通委员会牵头，组织重庆海事局、重庆市港航管理局制订船舶生活污水处置工作实施计划。

(3) 化学危险品船舶洗舱基地工程。在2003年化学危险品船舶洗舱基地工程的前期论证中，拟在重庆主城南岸鸡冠石、江津朱杨溪、涪陵盘蛇子、万州青草背建设4个船舶洗舱基地，需要投资1亿元（其中三峡库区升至135水位的投资需安排0.5亿元）。基地应在确保船舶和人员安全的措施条件下，对船舱进行清洗，产生的洗舱水通过管道输入到岸上的污水处理装置，处理后达标排放。

在2005年的《重庆市船舶污染治理工作实施方案》中，油类、化学品运输船舶洗舱工作主要有：①在重庆、长寿（或涪陵）、万州考察后，分别落实一家条件较好的船厂，结合修造船业务建设油类、化学品运输船舶洗舱基地，由重庆市港航管理局负责实施；②重庆市环保局协调重庆市发改委报请国家发改委给予项目计划和资金支持。

（三）主城区港航环境保护

1. 餐饮船舶污染治理

2004 年，为防止餐饮娱乐船舶污染饮用水源，确保完成中共重庆市委、重庆市人民政府“民心工程之饮用水源保护工程”目标任务，按照《重庆市人民政府办公厅转发市环保局 2004 年主城区饮用水源污染整治实施方案的通知》（渝办发〔2004〕291 号）的要求，重庆市交通委员会组织开展了对主城区一、二级饮用水源保护区内餐饮船舶污染的专项整治工作。重庆市交通委员会与市级有关部门共同核实，在主城区一、二级饮用水源保护区内共有餐饮和茶水船舶 15 艘，其中餐饮船舶 10 艘，茶水船舶 5 艘。在重庆海事部门的组织下，各饮用水源保护区内的餐饮娱乐船舶均按要求初步完成了整治工作任务，具体为：已搬迁船舶 1 艘，已停业船舶 3 艘，安装生活污水处理装置 6 艘（其中 2 艘通过环保验收监测），安装打包收集厕具的 5 艘。

2005 年，在三峡库区及其上游水污染防治规划实施方案中，重庆市交通委员会进一步提出餐饮娱乐船舶的整治措施，一是饮用水源保护区内餐饮娱乐船舶，一级饮用水源保护区内以搬迁为主，搬迁确有困难的，可实行零排放处置；二级饮用水源保护区内以治理为主。二是主城区水域嘉陵江磁器口以下、长江渔洞大桥以下、大佛寺大桥以上所有的餐饮娱乐船舶必须安装生活污水处理装置，2006 年 12 月 31 日前完成。三是重庆水域内所有的餐饮娱乐船舶必须在 2007 年 12 月 31 日前安装生活污水处理装置。四是从 2005 年 5 月 1 日起，重庆市辖区水域内所有新设立的餐饮娱乐船舶，必须安装生活污水处理装置。

至 2005 年 8 月，主城饮用水源保护区内餐饮船舶污染治理工作的主要问题是安装了生活污水处理装置的 6 艘船舶中还有 4 艘船舶没有通过环保验收监测。重庆市交通委员会专门通知有关厂家和船主召开了专题会议，研究解决方案和措施，明确要求有关厂家和船主要加强配合，针对存在的问题，采取有效的技术措施，调校好设备，确保在 2005 年 8 月 31 日以前通过环保验收监测，保证在规定的时限内完成整改工作。

2. 船舶汽笛噪声控制

2003 年，交通部在修改《中华人民共和国内河船舶避碰规则》时仍继续将汽笛作为船舶航行、停泊、会让时表明船舶动态和会让意图的法定信号。重庆地处西南山区，主城港区两江交汇，通航密度大，航道气象水文条件差，通航环境复杂，船舶操控难度大，使用灯号或旗号表明船舶动态和会让意图易受到视觉盲区、能见度和两岸灯光的影响，汽笛对保障船舶航行避让安全的作用显得尤为重要。据统计，主城港区绝大多数船舶碰撞事故都是因船舶间不按规定鸣放汽笛表明船舶动态和会让意图而造成。基于上述原因，重庆主城港区船舶实行夜间禁止鸣笛条件不成熟。同时，重庆是一个港口城市，主城港区的主要货物作业区均分布于朝天门以上地区，朝天门以下区域锚地也十分有限。如果实行夜间禁航，港口通过能力和作业能力都将受到严重影响，将会造成大量船舶和物资压港，不利于重庆长江上游航运中心的作用发挥和地区经济发展。另据调查，仅参与主城区砂石运输的船舶已近 300 艘，是主城区建筑用砂石的主要来源和运输方式，从业人员近万人。由于交管部门对货车实施交通管制，白天砂石运输车辆无法进城，如实行夜间禁航，将影响砂石供应，还将产生二次作业成本，并导致部分人员失业，既不利于重庆市的建设，也不利于社会稳定。因此，对主城港区船舶实行夜间禁航条件仍不具备。

由于地理条件限制和城市规划建设等原因，重庆市主城港区缺乏陆域和纵深，中心城区和居民区紧临两江，与港口航道间缺乏有效的噪声防护屏障。2005 年，重庆市交通委员会在办理重庆市人大代表关于治理船舶汽笛等噪声并对主城港区船舶实行夜间禁鸣或禁航建议时，曾多次与代表和群众座谈沟通，三次答复代表建议，并采取了多种治理措施，但均因不能做到禁鸣或禁航而使代表回复不满意。为进一步做好代表建议办理工作，重庆市交通委员会再次责成重庆市港航管理局和重庆海事局对主城港区船舶实施夜间禁鸣和禁航等噪声控制措施作了进一步调研，广泛征求了船舶单位和有关航运专家意见。

2005年8月18日，重庆市交通委员会向重庆市人民政府上报了《关于主城港区船舶汽笛噪声控制有关情况及建议的报告》。为从根本上解决船舶汽笛噪声扰民问题，减少主城港区船舶鸣笛噪音，提出了建议意见：一是恳请交通部尽快组织全国有关专家针对重庆等主要内河港口城市船舶汽笛噪声污染情况进行调研。二是恳请交通部尽快修订《内河避碰规则》和《内河船舶法定检验规则》。对内河船舶增配一套电笛，其响度应满足居民区环境噪声控制要求，以供船舶夜间在内河市区航道航行时使用，同时将船舶噪声控制纳入船舶检验规范。三是恳请交通部尽早建设重庆港水上交通管理系统，充分发挥交通管理系统的监控指挥作用，减少船舶鸣笛。

（四）港航建设项目环境保护

1. 水土保持执法检查

2001年，国家环保总局公布的《建设项目环境保护分类管理名录》（环发〔2001〕17号）规定，要求编制环境影响报告书的港口码头建设项目有：一是综合性港区、石化运输或危险品码头的全部；二是散货码头：年吞吐量50万吨（含）以上、年吞吐量50万吨以下敏感区；三是多用途和集装箱码头：年吞吐量50万吨（含）以上；四是客运码头的全部。

2002年10月11日，重庆市交通委员会发出了《关于港口码头建设项目迎接市水土保持执法检查的通知》，根据重庆市水利局、重庆市计委、重庆市经委、重庆市交委、重庆市环保局《关于联合开展水土保持执法检查活动意见的通知》精神，作出了重庆市港口码头建设项目迎接检查的工作部署。

此次检查的对象是《环境影响报告书》中水土保持方案经水行政主管部门审批的在建港口码头建设项目。检查的范围包括1998年以来国家级立项的项目、市级和区县级立项并参照国家环保总局公布的《建设项目环境保护分类管理名录》（环发〔2001〕17号）规定要求编制环境影响报告书的港口码头建设项目。检查的内容一是水土保持方案编制、设计工作的落实情况（即建设单位是否按规定编报了水土保持方案并有完善的施工设计，招标合同中是否有明确的水土保持要求）。二是水土保持“三同时”制度落实情况（即建设单位是否按批准的水土保持方案认真组织实施，有无随意更改水土保持方案设计的情况；主体工程出现变更时，水土保持工程是否及时按程序作了变更；水土保持工程与主体工程建设是否同步；水土保持工程建设质量和标准是否达到规定要求；是否存在重大水土流失灾害隐患等)。三是水土保持工作管理情况（即建设单位在水土保持工程建设方面的资金、监理、监测等保证措施是否落实）。各港口码头建设项目建设单位随即开展了自查工作，并逐个项目填报了“开发建设项目执行水土保持‘三同时’制度情况表”，自查完成后汇总形成自查报告，于2002年10月30日前汇总到了重庆市交通委员会港航建设管理处。

2. 草街航电枢纽工程

（1）草街航电枢纽工程环境影响评价。2000～2005年“十五”计划期间，在距嘉陵江河口68公里处，重庆市及其交通部门开始建设合川草街航电枢纽。合川草街航电枢纽工程是航电结合、梯级渠化开发嘉陵江航道的重点工程和交通部2010年前实现嘉陵江南充以下河段全江渠化目标的关键工程。草街航电枢纽工程项目总投资约50.5亿元，工期5年。主要建设内容有：建设一座枢纽工程（包括修建年通过能力为847万吨的三级船闸、20孔单孔净宽为13米的泄洪冲沙闸、装机容量为50万千瓦的水轮发电站等）；建一个港口（合川市千斤滩港区1000吨级泊位3个）；整治一段航道（草街枢纽至嘉陵江河口68公里航道）。项目建成以后，将渠化航道180公里，其中嘉陵江干流70公里，渠江88公里，涪江22公里，并使草街至河口段68公里基本达到Ⅲ级标准；新增港口通过能力105万吨，年发电量18.4亿千瓦·时。

2002年2月9日，重庆市计划委员会、重庆市交通委员会决定开展嘉陵江航运开发合川草街航电枢纽工程可行性研究工作。同时，根据《建设项目环境保护管理条例》等法规的规定，重庆市交通委员会委托国家电力公司成都勘测设计研究院开展合川草街航电枢纽工程环境影响评价工作。2002 年 10 月 22 日，重庆市交通委员会向国家环境保护总局上报了《关于嘉陵江航运开发草街航电枢纽工程环境影响评价大纲审查的请示》（渝交委〔2002〕394 号）。国家电力公司成都勘测设计研究院编制完成了《重庆市嘉陵江航运开发草街航电枢纽工程环境影响评价大纲》，重庆市交通委员会随文报送给国家环境保护总局。2004 年，国家环境保护总局批准《重庆市嘉陵江航运开发草街航电枢纽工程环境影响评价大纲》。

（2）草街航电枢纽工程环境影响报告书审查。2003 年，重庆航运建设发展有限公司委托国家电力公司成都勘测设计研究院编制完成了《嘉陵江航运开发草街航电枢纽环境影响报告书》。2004 年 1 月 30 日，重庆市交通委员会向交通部上报了《关于审查嘉陵江航运开发草街航电枢纽环境影响报告书的报告》。根据《建设项目环境保护管理条例》，重庆市交通委员会随文上报《嘉陵江航运开发草街航电枢纽环境影响报告书》，请求交通部组织审查。2004 年，交通部、水利部批准嘉陵江航运开发草街航电枢纽环境影响报告书。

四、汽车节能改装

（一）企业申报认定

1998 年，重庆市开始大规模推广应用天然气汽车（即 CNG 汽车）。1998 ~ 2000 年，重庆市改装使用汽油或天然气的汽车 1600 余辆。1999 年，为了进一步规范天然气汽车的改装及维修行为，确保天然气汽车安全、健康、有序地推广发展，重庆市天然气汽车推广应用领导小组印发了《重庆市压缩天然气——汽油两用燃料在用汽车改装、维修厂认定办法（试行）》（渝天汽发〔1999〕9 号）。2001 年 1 月 17 日，重庆市交通委员会转发了重庆市天然气汽车推广应用领导小组印发的《重庆市压缩天然气——汽油两用燃料在用汽车改装、维修厂认定办法（试行）》，主要内容有：

1. 凡在本市辖区内从事改装、维修两用燃料汽车的企业均应执行本办法。

2. 申报从事两用燃料汽车改装、维修的企业应具备以下条件：两用燃料汽车改装厂必须是一类汽车维修企业或汽车制造厂，两用燃料汽车维修厂必须是一类汽车维修企业。设施上，厂房和停车场地都应当达到规定的条件或标准。设备上，两用燃料汽车改装厂要配置 9 种必备设备，两用燃料汽车维修厂要配置 3 种必备设备。人员上，要配备必需数量的，具有专业技术知识，经过专业培训的，有一定职称的技术工人、检验员、工程技术人员和管理人员。还要有专门的安全及环保制度及其管理制度。申报企业必须按技术标准改装两用燃料汽车 1 ~ 2 辆，经重庆市交通委员会组织的样车审查合格的企业。

3. 对两用燃料汽车改装、维修厂实行立项审批制度。申请从事改装、维修两用燃料汽车的企业首先应向市交通委员会提出书面立项申请报告及项目可行性报告，市交通委员会根据统一规划，合理布局的原则审核是否同意立项，对报送资料作了具体规定。

4. 两用燃料汽车改装、维修厂的认定及年审，重庆市交通委员会对企业报送的资料进行审查，若认为符合条件的，即可组织有关部门人员和专家到现场审验。经重庆市交通委员会审验合格的企业，发给两用燃料汽车改装、维修生产许可证，并每年进行一次年度审验，年度审验不合格的限期进行整改，对整改后仍不合格的取消资格。

重庆市交通委员会对《重庆市压缩天然气——汽油两用燃料在用汽车改装、维修厂认定办法（试行）》作出补充要求：一是天然气汽车的改装和维修应在经重庆市交通委员会审验合格并颁发了相应车种的天然气汽车改装、维修许可证的改装、维修厂进行。二是已取得天然气汽车改装、维修许可证的改装、维修厂，其改装、维修人员必须通过天然气汽车专业培训，经考试合格，并取得上岗证后才能进行改装、维修作业。三是改装、维修工作中，应严格按技术标准组织生产，重视安全、确保质量。

2001 年 3 月 22 日，重庆市交通委员会对重庆市万州汽车运输总公司 1999 年所报的《关于将重庆市万州汽车运输总公司汽车修配总厂作为双燃料改装定点厂的申请》，依据《重庆市压缩天然气——汽油两用燃料在用汽车改装、维修厂认定办法（试行）》正式作出批复："认为你司汽车修配总厂的生产场地、设施、技术资料、试改装的样车等各项条件已具备《重庆市压缩天然气——汽油两用燃料在用汽车改装、维修厂认定办法》的要求，同意你司汽车修配总厂为我市 CNG 车辆定点改装、维修厂。承担大客车、中型客车、货车、轿车、微车的改装、维修工作。"

（二）改装竣工审定

2000 年，鉴于重庆市天然气汽车已达 1600 余辆，其中绝大部分是公交车辆，重庆公交公司曾有 161 辆客运车辆改装后无法加气。至 2001 年 4 月底，重庆公交公司仍有 60 余辆客运车辆无法加气。2001 年 5 月 14 日，针对存在的问题，重庆市交通委员会向重庆市天然气汽车推广应用办公室报送了《关于推广应用天然气汽车工作中急待协调解决的几个问题的函》，提出措施：①为进一步提高推广应用天然气汽车的质量，建议按四川省的做法，公布天然气汽车相关产品目录。②考虑到公交连续运行的特点，对已有相当数量的高压气瓶超过强检期的，请协调有关部门研究一种简便、快捷的检测方法以确保安全。③请协调有关部门对各气站的气质定期进行法定检测，建议抄送公交及各用气大户，以便掌握情况，采取措施。④2001 年 30 座加气站建设的地点、进度请定期通报（每月或每二月），以便做好改车的配合工作。2001 年要完成的 30 座加气站应有适当的提前量，宜争取在 2001 年 10 月完成，给改车的组织工作留一定的时间，以便完成全年的改车任务。

2001 年 5 月 16 日，重庆市交通委员会印发《关于统一制发重庆市压缩天然气——汽油两用燃料汽车改装竣工出厂合格证的通知》。通知强调："为使我市天然气汽车改装工作安全、健康、有序地发展，确保天然气汽车改装质量、规范管理，经研究决定统一制发重庆市压缩天然气——汽油两用燃料汽车改装竣工出厂合格证（以下简称合格证）。"通知规定：合格证由重庆市汽车维修行业管理办公室制发、重庆市交通委员会监制，绿底白字，一式三联。各改装厂凭重庆市压缩天然气——汽油两用燃料汽车改装（维修）许可证副本，到重庆市道路运输管理局汽车维修管理处办理压缩天然气——汽油两用燃料汽车改装竣工出厂合格证领用证，凭该证购买合格证。天然气汽车改装竣工，必须由质量总检验员按 QC/T245 - 1998《压缩天然气汽车专用装置和安装要求》及改装技术条件进行检验，合格后由总检验员签发合格证。合格证一式三联，车属单位凭其中的"管理部门保存"联到交管部门办理车辆的相关手续。各改装厂对合格证应妥善保管，如不按规定签发合格证或倒卖合格证，一经查实，将取消天然气汽车的改装资格，且两年内不得重新申请。从 2001 年 6 月 1 日起，凡改装竣工出厂的两用燃料汽车，必须使用统一的合格证。

（三）改装质量管理

《重庆市压缩天然气——汽油两用燃料在用汽车改装、维修厂认定办法》规定，凡从事 CNG 汽车改装、维修的人员，必须经过专业技术培训，取得结业证书，推行持证上岗制度。2001 年 8 月，重庆市交通委员会委托重庆市道路运输从业人员培训中心举办了一期天然气——汽油两用燃料汽车改装、维修技术培训班。培训面向各天然气——汽油两用燃料汽车改装（维修）厂，对尚未取得专业技术培训结业证书的技术工人、检验员、工程技术人员、管理人员，在位于重庆石桥铺陈家坪的重庆汽车研究所招待所，由重庆市道路运输管理局进行了 3 天培训。

2002 年 9 月 4 日，重庆市交通委员会向各区（市、县）交通局（委）和各 CNG 汽车改装维修厂印发了《重庆市压缩天然气、汽油两用燃料在用汽车改装维修质量管理规定》，并于 2002 年 12 月 16 日在网上公开发布。该规定主要内容有：

1. 两用燃料在用汽车的改装、维修应在经重庆市交通委员会审验合格并颁发了相应车种两用燃料在用汽车改装、维修许可证的改装、维修厂进行。改装、维修厂不得异地设厂、点进行改装、维修作业。

2. 已取得两用燃料在用汽车改装、维修许可证的改装、维修厂，其从事两用燃料在用汽车改装、维修的技术、安全、质量的管理人员和技术工人，必须通过重庆市交委组织的两用燃料在用汽车改装、维修的技术培训，经考试合格，取得结业证书。质量管理人员还必须持有市汽车维修行业管理办公室颁发的汽车维修质量总检验员证。重庆市道路运输管理局根据两用燃料在用汽车改装、维修技术培训结业证和相应的职业资格证书或专业技术资格证书核发上岗证，做到持证上岗。

3. 两用燃料在用汽车改装、维修厂必须具有：（1）两用燃料在用汽车的压缩天然气储存、供给系统装置及其他外协、外购件进厂验收标准及规程。（2）两用燃料在用汽车改装、维修的企业技术标准，以及相关的国家标准、行业标准和地方标准。（3）保证改装、维修质量的工艺文件，质量、安全管理制度。

4. 用于两用燃料在用汽车改装、维修的压缩天然气储存、供给系统装置及其他外协、外购件进厂，必须按两用燃料在用汽车的压缩天然气储存、供给系统装置及其他外协、外购件进厂验收标准及规程进行检验；储气瓶、减压调节器合格证上的产品编号必须和产品上的编号相符；检验记录应存档备查。

5. 车辆改装必须做到：（1）车辆改装前，应对原车的技术状况进行检测，作好检测记录。不符合改装条件的车辆不得进行改装。（2）车辆在改装时，必须严格按照设计图纸、QC/T 245《压缩天然气汽车专用装置和安装要求》和企业的改装技术条件，进行改装和检查，作好改装记录。（3）车辆改装后，必须按标准进行供气系统气密性试验和道路试验，道路试验后应检查气瓶的紧固性和供气系统的可靠性、气密性；按标准对整车的主要性能进行检测，作好试验和检测记录。（4）以上所有记录与该车装用的储气瓶、减压调节器合格证复印件，应按一车一档建档备查。

6. 改装车辆竣工出厂必须向用户提供出厂合格证、使用说明书、储气瓶出厂合格证及减压调节器的出厂合格证和使用说明书。

7. 合格证管理。（1）两用燃料在用汽车改装竣工出厂合格证由重庆市汽车维修行业管理办公室制发、重庆市交通委员会监制。合格证一式三联：存根联、车属单位保存联、管理部门保存联。其中，管理部门保存联作为车辆改装后，车属单位到交管部门办理车辆相关手续的凭证；存根联由改装厂装入该车的改装档案备查。（2）各改装厂凭《重庆市压缩天然气——汽油两用燃料在用汽车改装（维修）许可证》副本到重庆市道路运输管理局维修处办理《压缩天然气——汽油两用燃料在用汽车改装竣工出厂合格证领用证》，凭证在道路运输管理局购买合格证。（3）两用燃料在用汽车改装竣工出厂，必须由质量总检验员按 QC/T245－1998《压缩天然气汽车专用装置和安装要求》及改装技术条件进行检验，合格后由总检验员签发合格证。合格证的各栏必须认真填写。（4）各改装厂对合格证必须妥善保管，如不按规定签发合格证或倒卖合格证，一经查实，将取消两用燃料在用汽车改装维修资格，且两年内不得重新申请。

《重庆市压缩天然气、汽油两用燃料在用汽车改装维修质量管理规定》还对两用燃料在用汽车维修、质量技术监督抽查作出了规定。

（四）组织汽车改装维修技术培训班

2001 年 8 月，重庆市交通委员会举办压缩天然气、汽油两用燃料汽车改装维修技术培训班后，2004 年上半年，重庆市质量技术监督局正式发布并实施重庆市《压缩天然气汽车改装技术条件》地方标准（DB 50/150－2004）。为贯彻落实压缩天然气汽车改装技术条件地方标准，全面推动 CNG 汽车改装技术的规范化和标准化，2004 年 9 月 20 日至 22 日，重庆市交通委员会举办了重庆市新的 CNG 汽车改装技术标准宣贯培训班，并同时举办了一期 CNG 汽车改装技术培训班。每个改装厂负责技术的领导和有关技术人员各 1 名参加了标准宣贯培训，各改装厂也根据自身生产实际需要，派出人员参加了 CNG 汽车改装技术培训班。在培训期间，专家讲解了重庆市地方标准《压缩天然气汽车改装技术条件》（DB 50/150－2004）以及 CNG 汽车改装技术培训。培训结束时举行 CNG 汽车改装技术知识考试，对合格者颁发了结业证书。

第六章 交通信息系统

以计算机及其网络为基础的信息化开发，是重庆交通科技应用开发的一个重点方面。1987 年，重庆交通的计算机信息系统开始起步，至 2005 年年底，经历了从个人计算机使用到计算机应用信息系统使用，从一个单位计算机使用到局域网络、广域网络直至与因特网连接应用的过程。

1986～2005 年，重庆市交通局、重庆市公用局或重庆市交通委员会及其所属交通行政事业企业单位重视信息化开发。从计算机信息化开发的组织领导，到信息化管理系统开发项目，从开发单个的公路、运输、计划、统计、征收、财会等管理信息系统，到开发交通行业的计算机信息网络系统，建立起了一个囊括公路建设、公路运输、港航运输、交通征稽、城市公共交通等各行业的信息管理系统，直至开发完成了既覆盖重庆市交通行业又连接重庆市人民政府的计算机网络大系统。

第一节 行政管理信息系统

一、单个系统

1987 年 1 月 12 日，交通部正式确定重庆市为公路运输管理信息系统试点工作的 7 个试点省市之一。1987 年 1 月 26 日，由交通部引进了一套网络明星 NESTAR 公司的 PLAN－5000 微机局部网络及首批 5 个工作站，即 5 台 0520 型微机，在重庆市交通局新建成的微机室内一次安装、调试、运行成功。自此，重庆市交通信息化进入了实质性的应用开发时期。

1987～1992 年期间，重庆市交通局信息办公室先后与交通部重庆科研分院、重庆大学、博恩科技有限公司等计算机专业人员合作，投入人力参加了“公路运输经济信息系统”“公路运输统计年鉴资料生成系统”“养路费征收管理系统”和“养路费财务决算系统”等项目的开发工作。1988 年 1 月，在重庆市，由交通部组织的全国十省市“公路养路费征收计算机管理系统”研讨会决定，委托重庆市交通局和交通部重庆公路科学研究所共同开发“公路养路费征收计算机管理系统”。重庆市交通局信息办公室承担了主持开发的任务，在重庆市交通稽查征费进行开发试点，同年底完成了开发任务。1988 年 12 月，交通部组织专家进行了评审，并向全国交通系统推广应用。在交通财会部门开发运用微机的过程中，为大力推动财务管理中微机的运用，重庆市交通局决定投资 100 万元，为各个区县交通局配备 1 台财务专用微机提供资金补助，这一普及性举措是交通系统信息化的开端。

1992 年，重庆市交通局信息通讯总站组建成立后，继续开展交通行业管理微机信息系统的开发。1994 年 6 月 7 日，重庆市交通局信息通讯总站承担了“重庆汽车站综合管理信息系统”的总体设计方案并通过评审。这个计算机开发项目，在国内长途客运站中属规模最大、功能最全的管理信息系统。1998 年 3 月 30 日，重庆市交通局信息通讯总站与重庆市车购办为一方，与重庆同晟软件技术有限公司联合开发了“车辆购置附加费综合管理信息系统”，于 1998 年 10 月完成后投入运行。

至 1997 年年底，在电脑硬件方面，重庆市交通局系统拥有计算机 700 余台套，386、486 机型占 66%，586 机型占 34%，主要分布在交通征费部门、办公室和财务部门，用于征收管理、文档管理和文字报表处理。在电脑软件开发方面，重庆市交通局及其各单位已经使用财务会计管理软件，但版本并未统一。大多数单位利用微机进行文字打印和文档管理，没有系统化办公自动化管理体系。公路运管、交通征稽、航运管理等征费部门，已经实现计算机征费。公路部门基本建成桥梁数据库、路面评价系统和公路基础数据库。操作系统经历了从 DOS 到 WINDOWS 的转换等等。计算机应用的技术人员相当缺乏，具有计算机专业硕士学位的人少于 5 人，本科生约 60 人，专科生约 50 人，分布也极不平衡。

重庆交通信息化建设存在的主要问题，是未能有效地利用和开发交通信息资源，基本上没有实现信息资源共享。在交通部《2001 年中国交通信息化发展报告》中，对 1990～2000 年重庆市交通系统信息技术应用现状有一个基本的分析估价："随着信息化技术的发展，计算机的普及和应用，重庆市交委属各企、事业单位和区县交通局都不同程度地使用了计算机，并开发了一些应用软件。但交通行业的大多数单位没有根据自身的实际情况，对本单位作全面深入的信息化需求分析，未能有效地利用和开发交通信息资源，基本上没有实现信息资源共享。"这份报告提出了 2000～2005 年（"十五"计划期）重庆交通信息化建设目标，即指导方针是"资源的共享"和"构建重庆市交通系统互联互通的网络环境，应用信息系统采用网络编程，做到数据的分布式维护与应用时信息在逻辑上的统一"。主要任务是"分阶段、分层次发展和建设重庆交通行业各单位的信息基础设施，尽快建立一个覆盖重庆市整个交通行业且能与重庆市政府和交通部的网络互联互通的资源共享的重庆交通行业信息互联网"。

二、联网系统

（一）内网建设。

重庆市交通委员会与博恩联合开发重庆交通办公自动化系统，标志着进入重庆交通行业管理信息网的内网建设阶段。

1. 先期开发运用

重庆市交通委员会机关 BornOA 办公自动化系统。1998 年 1 月，在制定出重庆市公路、水路交通信息化"九五"规划——2010 年远景目标方案后，1998 年 3 月，交通部信息办主任、总工程师张叔辉来渝组织了评审。按照这个规划，交通部对各省（市）交通厅局（委）信息化工作的首要要求，是开发建设各自的交通运输信息网络，以此为龙头，带动全系统交通信息基础设施的开发建设。

1998 年，重庆市交通局与博恩科技有限公司签订了联合开发重庆交通办公自动化系统的协议。重庆市交通局随即投入资金，购置了网络服务器及其附属设备、个人微机及其附属设备等硬件设施和网络用各种软件，开展了机关办公自动化系统结构化布线工作和软件开发。至 2001 年初，完成了由核心主控程序、公共平台程序及以公文和信息处理为主体的博恩模式的重庆交通办公自动化系统，并开始在重庆市交通委员会机关内部运行使用。

2. 系统完善扩大

重庆市交通行业 BornOA 办公自动化系统。2001 年 5 月 8 日，重庆市交通委员会向各区县（自治县、市）交通局（委），委属各单位下发了《关于加强办公自动化系统管理的通知》，向全交通系统宣布：重庆市交通委员会机关已基本实现无纸化办公，办公自动化平台的其他模块正在逐步开发。很快将实现各单位之间及各单位与重庆市公路局、重庆市道路运输管理局和重庆市港航管理局的联网。至 2001 年，重庆市交通委员会已与中共重庆市委、重庆市人民政府实现了文件及信息的网络传递。

2001 年 5 月 21 日，重庆市交通委员会再次向所属有关交通单位下发了《关于完善全市交通系统办公自动化网络的通知》。通知指出："全市交通系统办公自动化网络经过近三年的建设，目前已成为连接众多网络、覆盖全市的交通内网。"为更规范、更有效地推进和完善交通系统办公自动化的建设，扩大交通网的应用功能，重庆市交通委员会决定与重庆市博恩科技有限公司合作，于2001年5月中旬开始进行为期两个半月的网络完善工作。这次完善工作，目的在于扩大交通行业系统OA办公自动化网络，这是重庆市交通委员会的交通系统办公自动化网络进入扩大内网开发建设的又一标志。

2001年6月12日，重庆市交通委员会再次与重庆市博恩科技有限公司合作，对交通系统办公自动化网络进行扩大内网开发建设。因为目标是要形成以重庆市交通委员会为中心的星型网络结构。完善工作的重点在于：一是各联网单位之间的邮件通讯、信息发送均通过重庆市交通委员会中心服务器中转；二是重庆市交通委员会的部分办公模块，如领导活动安排、法律法规、大事记等，将逐步向重庆市交通系统开放；三是各区县（市）交通局（委）及委属有关单位相互间将逐步开通邮件通讯；四是各联网单位人员、机构变化情况，也将通过重庆市交通委员会中心服务器及时更新重庆市交通网通讯录。由于系统扩展与集成要求很高，通过博恩科技有限公司，又进一步采购配置了一批网络服务器等设施。

3. 加快开发局域网系统

重庆市交通委员会组织各区县、各单位加快开发计算机局域网系统。

一是制定加快开发计算机局域网系统的实施计划和措施。2000年1月26日，重庆市交通局下发了《关于加快全市交通系统办公自动化网络建设的通知》。通知指出："为适应机关办公信息化发展的需要，根据《重庆市公路、水路交通信息化'九五'规划——2010年远景目标》的要求，市交通局决定加快'重庆市交通行业管理信息网'的建设。"通知要求：重庆市交通行业管理信息网作为《重庆市公路，水路交通信息化"九五"规划——2010年远景目标》的重要组成部分，是全市交通系统办公自动化及信息管理系统，其建设必须统一规划、统一技术标准。重庆市交通行业管理信息网建设坚持"以块为主、统一干道、集中资源、分步实施"的原则。各单位要确定分管领导，由办公室负责牵头，要尽快根据统一的技术要求，制订办公信息化建设规划，报重庆市交通局审定。各单位要加快计算机设备购置和局域网建设。在2000年内实现与重庆市交通局办公网的连接，使日常办公数据大部分能通过电子邮件传递。重庆市交通局已完成了《交通办公自动化系统》的开发，各单位办公信息化建设都要与此公共标准体系衔接，并在统一的构架上开发自己的专用程序。为调动建网积极性，各单位局域网建成投入使用，通过局有关部门检查验收后，重庆市交通局将根据建网规模，奖励3万~5万元。

二是采取行政手段加强办公自动化系统管理。2001年5月，重庆市交通委员会向各区县（自治县、市）交通局（委）、委属各单位下发了《关于加强办公自动化系统管理的通知》。通知指出："市委、市政府日前要求，今后将全面实现办公自动化，并最终实现无纸化办公的目标。目前，我委已与市委、市政府实现了文件及信息的网络传递。"通知分析了交通行业管理信息网开发进展情况，提出多数区县（市）交通局及委属单位实现了与重庆市交通委员会办公网的连接，重庆市交通委员会机关与各单位之间、各单位与重庆市公路局、重庆市道路运输管理局和重庆市港航管理局的联网，最终要实现数据资源共享。为保证重庆市交通系统办公自动化网络的正常运转，通知要求各联网或正在联网的单位要加快办公自动化进度，今后凡上行文中需市交委答复的请示或报告，除报送纸质文件外，一律通过电子邮件传递；没有联网的单位在报送纸质文件同时必须报送软盘，否则委办公室不予受理。根据国家有关保密规定，文件不得通过互联网传递。同时，重庆市交通委员会进一步完善交通政务信息考核制度，推进各单位局域网开发建设。2001年9月21日，重庆市交通委员会下发了《关于调整交通政务信息网成员单位有关问题的通知》。通知要求：交通一级政务信息网成员单位为各区县（自治县、市）交通局（委）、委属单位。网络调整后各成员单位交通政务信息报送任务相应调整。各成员单位每月须向市交委报送交通政务信息 4 条，每月基础分 4 分；全年 48 条，基础分 48 分。每完成 1 条信息报送任务，计基础分 1 分，计满为止。交通政务信息网各成员单位一律通过重庆市交通系统办公网，以电子邮件方式报送信息，未联网的单位请尽快与委联网。一般不再以传真、交换、信函等方式报送信息（紧急事宜除外），同时将逐步取消纸质信息发送方式。2003 年 11 月 12 日，重庆市交通委员会又下发《交通政务信息工作补充通知》，明确了"重庆交通政府网站已于 2003 年 8 月 15 日正式上网运行"，并"决定将'重庆交通政府网站信息'增加为市交委政务信息载体，其报送情况一并纳入交委政务信息报送考核评比体系。"补充通知规定具体计分办法为：各区县（自治县、市）交通局（委）和委属各单位每月至少向重庆市交通委员会报送 4 条网站信息，一年计 48 条。重庆市交通委员会将按季度通报各地、各单位信息（包括网站信息）采用情况。其中，对一个月内 1 条不报的地区和单位，重庆市交通委员会将向所在地和所在单位的主要领导通报，并由所在地、所在单位办公室负责人将主要领导意见书面返回重庆市交通委员会办公室。每年，重庆市交通委员会办公室根据《交通政务信息工作办法》规定和年度各单位计分情况，在办公室主任会上对信息工作（包括网站信息）进行表彰。奖项设信息工作先进单位、优秀信息工作者。2000 ~ 2003 年，重庆市交通委员会上报的信息，交通部采用 247 条，中共重庆市委、重庆市人民政府办公厅采用 929 条。2000 ~ 2004 年，累计表彰年度信息工作先进单位 68 个，累计表彰优秀信息工作者 67 人次。

三是组织办公室主任办公自动化培训和网络管理员培训。2000 年 4 月 17 ~ 22 日，重庆市交通局举办重庆市交通系统办公室主任办公自动化培训班，对各单位办公室主任和办公自动化技术人员，进行了办公自动化技术发展与应用现状、计算机常用基础知识与 BornOA 办公自动化系统的应用培训。2000 年 11 月 6 ~ 8 日，在万盛区交通局，重庆市交通局召开了一次办公信息化建设工作现场会议，各单位办公室主任与办公自动化网络管理人员参加了现场会议，进一步推动了各单位办公自动化及其局域网开发进程。

2001 年 3 月 23 日至 4 月 3 日，重庆市交通委员会在重庆市交通干校举办了"重庆市交通系统办公网络管理员培训班"。培训内容主要有计算机软硬件知识、网络知识基本知识、WINDOWS NT 网络操作系统基本知识、NOTES 安装设置、DOMINO 与 OA 模块维护、电脑常见故障处理和常用外设的故障护理（打印机、扫描仪等）等。2001 年 5 ~ 6 月间，重庆市交通委员会组织有关单位办公室主任、文秘人员，参加了两期交通部全国"办公室工作规范化自动化研讨班"。

自 2002 年起，重庆市交通委员会委托博恩公司每月义务免费培训交通系统办公自动化网络管理员。2002 年 3 月 23 ~ 25 日，在博恩公司会议室进行了网络系统维护及 OA 应用培训。2002 年 6 月 18 ~ 23 日，重庆市交通委员会在重庆交通干校举办了 2002 年度办公自动化网络管理员培训班，比较系统地讲授学习了计算机维护基础知识、网络基础知识、DOMINO 基础知识及其 DOMINO 维护、办公自动化应用及维护和网络安全技术和防黑客技术手段等，并于 2002 年 6 月 24 ~ 27 日外出观摩考察学习。

2004 年 6 月 3 ~ 10 日，重庆市交通委员会在重庆市交通干校又举办了一期"交通系统办公自动化网络管理人员培训班"，各区县（自治县、市）交通局（委）、委属单位分管办公自动化工作的领导及网管员学习了网络安全形势分析、网络安全知识、办公自动化系统维护基础知识和办公自动化系统常见问题（故障）解决办法等。

4. 开发资金补助

以资金补助对各单位局域网开发建设实施鼓励和支持。在 2000 年的起步阶段，万盛区交通局、大足县交通局、铜梁县交通局、梁平县交通局、渝北区交通局、璧山县交通局、城口县交通局等 7 个单位，由于其先期进行机关计算机办公网络建设、基本完成网络平台建设并与重庆市交委办公网实现互联，有关设备到位，运行正常，分别给予了建网补助资金各 5 万元，共计 35 万元，以期其进一步完善有关网络设备，加强办公网运行管理，提高网络运行效率。

2001 年，渝中区交通局、大渡口区交通局、荣昌县交通局、长寿县交通局、南川市交通局、江北区交通局、江津市交通局、彭水县交通局、奉节县交通局、秀山县交通局、巫山县交通局、丰都县交委 12 个单位，由于其积极进行机关计算机办公网络建设、基本完成网络平台建设并与重庆市交委办公网实现互联，有关设备到位，运行正常，分别给予了建网补助资金各 5 万元，对北部新区交通局补助建网资金 1 万元，为支持重庆市新华医院尽快加入医保联网，一次性补助了建网资金 38 万元，共计 99 万元。

2002 年，黔江区交通局、九龙坡区交通局、綦江县交通局、沙坪坝区交通委员会、涪陵区交通委员会、酉阳县交通局、石柱县交通局、云阳县交通局、垫江交通局、开县交通局、合川市交通局、忠县交通局、潼南县交通局、双桥区交通局、永川市交通局 15 个单位，由于其积极进行机关计算机办公网络建设、基本完成网络平台建设并与重庆市交委办公网实现互联，有关设备到位，运行正常，分别给予了建网补助资金各 5 万元，共计 75 万元。

2003 年，南岸区交通局、万州区交通委员会两个单位，由于其积极进行机关计算机办公网络建设、基本完成网络平台建设并与重庆市交通局办公网实现互联，有关设备到位，运行正常，分别给予了建网补助资金各 3 万元与 5 万元，共计 8 万元。2004 年，万州区五桥交通局基本完成了网络平台建设并与重庆市交通局办公网实现互联，有关设备到位，运行正常，单独给予了建网补助资金 5 万元。

（二）外网建设

2003 年 8 月，“重庆交通”政府网站正式向全社会开通，标志着进入重庆交通行业管理信息网的外网建设阶段。

1. “重庆交通”政府网站向重庆市交通系统所属单位开放

为了“重庆交通”政府网站既能顺利又能安全向社会开放，重庆市交通委员会先后制定和实施了重庆市交通系统信息化办公网的管理制度。2002 年 12 月 16 日，重庆市交通委员会发布了《重庆市交通委员会机关办公信息系统管理制度》，其中第一条明确了交通系统信息化办公网的管理责任部门，即“办公网是我市交通行业的内部互联网，覆盖委机关各处室，并与交通部、市委市政府、局属单位，各区县（自治县、市）交通局的办公信息系统相连。市交通委员会作为‘办公网’的运行中心，负责指导全网的规划、建设、维护和管理，日常工作由委办公室负责。”制度还规定，机关各处室“办公网”设备（硬件和软件）由办公室统一配置。中心机房用于放置服务器、中央交换机等网络设备设备，系机关机要重地，由办公室计算机网络管理人员负责管理。各处室工作站由使用人员管理和维护。制度特别提出安全管理和病毒防治的规定，办公网采取访问权限控制，操作人员应遵守系统授予的权限进行正常工作，不得盗用口令越权操作。任何部门或个人，不得制造、传播计算机病毒和其他有害数据。发现计算机病毒和有害数据，应尽快查明原因，并及时清除，防止扩散。严禁在办公网中使用游戏软件。外来软件必须通过病毒检查后才可上机使用，不得随意将系统软件、应用软件、拷贝或转借他人。

2003 年 5 月 8 日，重庆市交通委员会制定和实施了《重庆市交通委员会值班期间电子公文下载管理制度》。制度规定，值班人员进入“值班模块”进行值班签到后，即为市交委机关电子公文操作替代人员，必须确保电子公文的及时接收和下载。值班人员必须严格遵守《国家机关公务员保密守则》。按照“谁值班、谁下载、谁负责”的原则，进入“党政信息网”后，只能对市委、市政府的电子公文进行下载方面的操作。

2003 年 8 月 1 日，重庆市交通委员会向各区县（自治县、市）交通局（委）、委属各单位下发了《关于“重庆交通”政府网站试运行的通知》。通知指出：“‘重庆交通’政府网站是重庆市交委在因特网上建立的门户网站，是重庆交通系统各部门在因特网上信息发布的总平台，也是重庆市交通系统在因特网上对外宣传和为民服务的总窗口。其英文域名为 www. cqjt. gov. cn，也可输入实名‘重庆市交通委员会’进行登陆。”2003 年 8 月 1～15 日为网站试运行期。试运行期间，网站仅对重庆市交通系统各单位开放。

2.“重庆交通”政府网站正式向全社会开通

2003 年 8 月 15 日，“重庆交通”政府网站正式向全社会开通。按照统一规划、协同建设、分级管理的原则整合资源，避免重复建设，实现交通信息的共享，重庆市交通委员会要求：“除已建网站的单位外，原则上市交通系统各单位不另行建设网站，需上互联网的内容统一从‘重庆交通’政府网站上公布。”

网站开通后每日更新信息，网站信息报送单位为重庆市交通委员会机关各处室、各区县（自治县、市）交通局（委）、重庆市交通委员会所属各单位。网站信息报送单位及时报送信息，报送情况纳入了交委年终信息报送考核体系。网站信息的报送采取“文责自负”的原则，如发现信息失真、泄密、违法，将追究报送单位及报送人责任。各部门、各单位设 1～2 人兼职的网站信息员。

3.“重庆交通”政府网站促使重庆交通行业 OA 办公自动化系统升级改版

1996 年 2 月 1 日，国务院第 195 号令发布施行了《中华人民共和国计算机信息网络国际联网管理暂行规定》。1997 年 5 月 20 日，国务院第 218 号令发布施行了《国务院关于修改〈中华人民共和国计算机信息网络国际联网管理暂行规定〉的决定》。2003 年 8 月，在“重庆交通”政府网站正式向全社会开通并将“重庆交通”政府网站链接到交通部网站之后，遵照国务院《互联网信息服务管理办法》、《国家信息化领导小组关于加强信息安全保障工作的意见》等有关规定，2004 年 3 月 15 日，重庆市交委制定了重庆市交通委员会网络安全应急预案。预案规定，建立重庆市交通委员会网络安全领导小组，负责对交委网络与信息安全管理工作的领导，贯彻执行各级关于加强网络与信息安全管理的文件，督促指导机关各处室采取有力措施加强管理。重庆市交通委员会网络安全领导小组，由 8 位同志组成。组长由中共重庆市交通委员会副书记余昌平兼任，副组长由办公室主任康方川兼任，小组成员有江绍辉、王冬瑜、胡江东、卢涛、穆首玉、魏建刚。预案对危害网络与信息安全的突发事件，规定了 6 条应急措施，对保护交通信息网络顺畅和安全规定了 11 条保障措施。

2005 年 8 月 19 日，为确保重庆交通网站的正常运转，并对重庆交通行业 OA 办公自动化系统升级改版，重庆市交通委员会制定和实施了重庆市交通网站信息管理制度。主要有：①网站信息报送制度。报送单位为委机关各处室、委属各单位、各区县（市）交通局（委）。网站信息报送应遵循既保守单位秘密又便利各项工作的原则，内容应讲求科学、实事求是且可对社会公开的，并规定了不允许报送的 10 项内容。网站信息的报送采取“文责自负”的原则，如发现信息失真、泄密、违法将追究报送单位及报送人责任。②网站信息发布制度。网站信息由信息发布员录入发布，内容应忠实于审核后的信息稿，不得擅自增加、删减、修改。转载其他渠道的文章或信息，务必注明原始出处和时间。对委托发布信息的单位和个人进行登记，登记内容包括单位名称、委托人姓名或个人姓名、联系电话和委托发布信息的类别及题目。③网站信息管理制度。网上信息日常管理由交委网站信息管理员负责。信息管理员应对网上信息进行浏览、跟踪，进行经常性的安全检查，如发现有害信息应保留备份后及时报告公安计算机管理监察部门。信息管理员对于有失实报道、违反国家有关互联网络的各项法规、政策、条例的报道一经发现，立即删除，并将提供信息的部门和个人记录备案。

2005 年 10 月 15 日，为加强对“重庆市交通委员会办公自动化信息网”（以下简称“机关办公网”）的安全保护，根据国务院、公安部颁布的相关法律和行政法规的规定，结合交通实际情况，制定了重庆市交通委员会机关办公信息网络国际联网管理制度。制度规定：不得利用机关办公网进行危害国家安全、泄露国家秘密的活动，不得侵犯国家的、社会的、集体的利益和公民的合法权益，不得从事违法活动；不得利用机关办公网登录思想反动、宣传邪教、色情的网站；不得利用机关办公网制作、复制、查阅和传播损害国家机关形象、不符合国家机关工作人员行为规范的信息；不得打开自己电子邮箱内不明身份的邮件或标题怪异的邮件，发现异常情况，应及时通知网管人员处理，以防传染病毒；不得通过机关办公网下载与工作无关的软件；不得通过机关办公网使用电脑游戏软件。

2005 年，在机关网络管理制度日臻完善的条件下，随着重庆交通大发展，交通各类信息交互越来越频繁，交互信息量越来越大，远程办公和移动办公应用需求越来越多，重庆交通行业 OA 办公自动化系统呈现出很不适应的状况。为此，重庆市交通委员会委托重庆市博恩科技有限公司拟订重庆交通行业 OA 办公自动化系统网络进行升级改造方案。2005 年 12 月 26 日，重庆市博恩科技有限公司提交了升级改造方案。

第二节 高速公路信息系统

一、开发机构

（一）组织领导

2005 年 11 月 29 日，根据交通部和重庆市交通委员会信息化规划和实施意见的要求，为进行信息化系统的全面开发，重庆高速公路发展有限公司成立信息化领导小组。重庆高速公路发展有限公司总经理李祖伟任组长，重庆高速公路发展有限公司副总经理程淑明、田世茂、章勇武、重庆高速公路发展有限公司总工程师李海鹰、重庆高速公路发展有限公司机电部负责人任建卫任副组长，成员有彭永益、刘素平、谢世平、王文广、韩均、杜国平、李洪霞、刘崇光、王卫平、俞舒、杨红、周竹、蔺陵、朱彦、谢应福、张晓阳。信息化领导小组下设信息化办公室，负责重庆高速公路信息化的开发日常工作，办公室设在重庆高速公路发展有限公司机电部，由任建卫任办公室主任，办公室成员由王卫平、陈平、张强、何彪、王荣斌、刘斌、黄明庆、尹莉、何华阳组成。

（二）开发实施

2001 年，重庆高速公路发展有限公司筹备组建联网收费结算中心，向重庆市交通委员会上报《关于联网收费结算中心职责和人员编制的请示》。2001 年 2 月 16 日，重庆市交通委员会对《关于联网收费结算中心职责和人员编制的请示》作出正式批复，同意组建重庆高速公路发展有限公司联网收费结算中心，正式员工编制 13 人，可以根据业务发展需要，按照精简高效的原则，自行确定临时工作人员。重庆高速公路发展有限公司批准按正式员工编制 13 人、聘用编制 14 人，总编制 27 人，组建联网收费结算中心。

2001 年 3 月 3 日，重庆高速公路联网收费结算中心组建成立，任建卫任主任，张强任副主任。内设行政部、联网收费部、软件工程部和通信室。主要职责是负责重庆市高速公路联网收费项目的开发及应用工作；负责重庆市高速公路联网收费中心的建设及运行有关工作；受业主委托，具体负责路段机电工程（收费、监控、通信系统）的业主现场管理工作；负责重庆市高速公路信息化建设和管理工作；负责重庆市交委的交通专用通信系统设备的运行和维护管理，包括交通部卫星端站、数字程控交换机、小微波及中继站用户电话等设备。

2002 年 8 月 6 日，通过重庆市高速公路联网收费项目的开发及应用工作，成（成都）渝（重庆）、渝（重庆）长（长寿）、上（上桥）界（界石）、渝（重庆）涪（涪陵）高速公路实现联网收费。2003 年 6 月 28 日，渝（重庆）合（合川）高速公路正式并入重庆高速公路联网收费网络。2004 年 7 月 15 日，渝（重庆）邻（邻水）高速路建成通车，重庆建成的“一环五射”高速公路全部实现联网收费。至 2007 年年底，随着渝（重庆）湘（湖南）高速公路界水段、垫（江）忠

(县)、渝（重庆）遂（宁）3条高速公路的竣工通车，重庆高速公路总里程突破1000公里，1049公里高速公路条条逐一实现了联网收费。

二、收费系统

（一）筹备研究阶段

高速公路联网收费信息系统项目筹备研究阶段（1998年3月至2000年11月）

1997年5月，重庆市交通局在制订重庆公路主骨架规划时就提出了“要把联网收费作为今后高等级公路收费管理的发展方向来考虑”的要求。1997年10月，重庆市交通局在编制重庆市交通信息化规划时，把重庆市高等级公路联网收费系统纳入了交通信息化建设的近期目标。

1998年3月，联网收费项目作为重大科研项目立项，由重庆市交通局信息通讯总站启动实施。项目立项后，在没有任何参考材料、没有任何联网收费实例借鉴的情况下，重庆市交通局信息通讯总站聘请了部分专家组成工作班子。项目研究人员和专家们一起分析了联网收费系统与普通收费系统的需求差异，分析了联网收费业务的基本流程，研究了联网收费系统的支撑平台技术，设计了联网收费系统的硬件、软件、网络、通信体系，提出了联网收费的基本技术要求，编写完成了《重庆市高等级公路联网收费系统项目方案》。1998年5月，《重庆市高等级公路联网收费系统项目方案》通过了专家评审。《重庆市高等级公路联网收费系统项目方案》符合2000年10月交通部颁布的《高速公路联网收费暂行技术要求》。

1998年8月，联网收费项目开始进入研发阶段。项目开发包括重庆市高速公路联网收费系统的收费软件、清分软件的研制，重庆高速公路联网收费系统的网络设计，重庆高速公路联网收费结算中心的建设。重庆市交通局信息通讯总站首先组织了联网收费项目开发的公开招标投标，重庆市高速公路联网收费系统的收费软件、清分软件及重庆市高速公路联网收费系统网络设计研发工作，最终确定由成都曙光光纤网络公司中标承接。随后，进行联网收费项目研发考察学习。1998年9月，重庆市交通局组织联网收费项目考察组前往意大利，重点考察了在联网收费方面具有丰富经验和较长历史的AUTOSTRADE公司，学习了国外联网收费发展的历史和技术，以此为借鉴指导高速公路联网收费项目研发工作。1998年10月，项目软件开发和总体设计工作开始，开展了联网收费项目的系统分析和设计等工作。1998年11月，重庆市交通局撤销了信息通讯总站建制，高速公路联网收费项目研发工作正式转入高速公路发展有限公司。

1999年，重庆高速公路发展有限公司对联网收费的关键软硬件产品进行了统一的选型招标，确定了联网收费要求统一的网络设备、数据库及小型机等设备。2000年3月，通过对联网收费业务的反复分析和研究，一套针对性强，包括从收费车道到收费站到结算中心的应用软件的编制工作初步完成，开始在模拟试验环境中进行功能及性能方面的测试。

（二）实施建设阶段

高速公路联网收费信息系统项目依托工程实施建设阶段（2000年11月至2002年6月）

2000年10月，交通部颁布了《高速公路联网收费暂行技术要求》。2000年11月，随着重庆高速公路发展有限公司体制完善，渝涪高速公路项目的机电工程开始实施，标志着重庆高速公路联网收费项目建设工作正式启动。2001年2月16日，重庆市交通委员会批复了重庆高速公路发展有限公司关于联网收费结算中心职责和人员编制的请示，同意重庆高速公路发展有限公司组建联网收费结算中心。重庆高速公路联网收费结算中心正式成立后，重庆高速公路发展有限公司要求其作为联网收费技术依托单位，全面参与指导高速公路项目机电工程建设工作，并负责重庆市高速公路联网收费项目的开发及应用工作，负责重庆市高速公路联网收费结算中心的建设及运行有关工作。重庆高速公路发展有限公司机电部、联网收费结算中心、渝涪公司、成渝公司等部门与子分公司联手推进联网收费建设工作。

2001年5月，联网收费结算中心完成了中心机房的顺利搬迁，并对机房设备和联网收费软件进行了安装、调试。2001年6月，作为重庆高速公路联网收费第一个依托工程的渝涪高速公路机电工程正式动工建设，同时成渝高速公路公司开始对原Q2合同段工程的收费系统监控和收费软件进行了改造，实施了将原重庆主线收费站由白市驿搬迁到二郎高新区的施工计划，以满足联网收费的技术要求。2002年6月，这3项工程基本结束，为高速公路联网收费的开始实施建设奠定了基础。

根据交通部《高速公路联网收费暂行技术要求》和重庆市高速公路新的规划方案及其管理体制的要求，2001年7月，重庆高速公路发展有限公司委托北京中咨正达交通科技发展公司进行“重庆高速公路联网收费实施规划方案”和“联网收费运营管理制度”的编制工作，以指导重庆市各条高速公路联网收费工程的建设。2001年10月，北京中咨正达交通科技发展公司提交了重庆高速公路联网收费总体设计方案。2001年10月8日，重庆高速公路发展有限公司成立重庆高速公路联网收费规划及机电工程三大系统实施工作领导小组，负责联网收费规划设计及实施过程中重大问题的决策、协调工作，推动了重庆联网收费工作的全面开展。

2002年1月8日，重庆高速公路发展有限公司成立联网收费工作督察组。2002年3～6月，重庆高速公路发展有限公司及其联网收费结算中心组织实施了10批收费员、站务管理员、收费公司高级管理人员的培训工作，完成了成渝、渝涪、南方、北方公司近千人次的联网收费培训，并通过培训、交流，广泛征求各级收费管理人员对已开发的应用软件的建议、意见近百条。从2002年1～7月，重庆高速公路发展有限公司共计召开了8次联网收费督察工作会，加强了联网收费工作的组织协调、实施监督和建设管理，确保了上半年联网收费工作的完成。

2002年4月下旬，根据《重庆高速公路联网收费实施规划方案》和《联网收费运营管理制度》以及各级收费管理人员对已开发的应用软件的建议、意见，完成了联网收费应用软件修改。2002年5月初，通过了中国软件测评中心（CSTC）的阶段性验收，并在5月中旬完成了应用软件在成渝、渝涪路26个收费站、207车道、2个收费中心和1个结算中心的安装调试。2002年6月24日，重庆高速公路发展有限公司及其结算中心和各子公司、各分公司分别签订了《重庆高速公路联网收费协议》，明确了各个公司在联网收费中的责、权、利的关系。至此，重庆高速公路联网收费已经完成了全部规划、开发、设计、依托工程、制度建设、人员培训的工作，具备了联网收费试运行的条件。

（三）“一环五射”路网试运行阶段

高速公路联网收费信息系统的“一环五射”试运行阶段（2002年7月1日至2003年初）

经过一系列规划、设计、制度建设、人员培训的工作准备，2002年7月1日零时，成渝、渝长、渝涪高速公路实现单条路联网收费试运行。从2002年7月1日到8月6日的一个多月中，尤其是在7月1～6日的一周内，整个联网收费系统的运行工作在车道上、收费站、收费中心、结算中心都遇到了一些问题。重庆高速公路发展有限公司运营部、结算中心、成渝、渝涪公司和曙光公司等有关各方团结一致，互相配合，投入了大量的人力物力去解决试运行中出现的各种问题。试运行中的问题主要出现在硬件设备故障，收费车道网络不通影响收费数据及时上传；收费系统程序中存在一些操作和功能上的缺陷；收费员和站务操作不熟练产生了一些失误，影响了试运行前期收费站结算工作。通过修改程序，对站务再次培训，规范收费员的操作和健全各项制度等手段，结算中心和曙光公司派出技术人员到各个收费站配合各站进行票、卡的核销工作等措施，2002年7月20日后基本确保了收费工作的正常运转，并从7月20日开始，结算中心和成渝、渝涪收费中心每天进行清分对账工作。

经过一个多月的努力，在按照联网收费的管理要求分段收费试验成功的情况下，2002年8月6日零时，重庆高速公路发展有限公司撤除了成渝路的重庆主线站、上桥收费站和渝长路的高滩岩收费站，同时开通二郎和肖家湾收费站，实现了成渝、渝长、长涪3条高速公路的联网收费，推出了具有联网收费特色的多路段优惠卡的收费方式。在 2002 年 8 月 6 日正式联网收费的第二天，完成了第一个联网收费日的清分，数据正确。这标志着重庆高速公路联网收费的建设者们多年来奋斗并为之锲而不舍的“联网收费”的目标宣告成功，重庆高速公路的运营管理从此进入了联网收费时期。

2003 年 2 月 15 日，上界、渝黔一期高速公路实施联网收费，并入成渝、渝涪路联网收费网络。至此，重庆市环线高速公路实现联网收费“一卡通”。2003 年 3 月 29 日，重庆高速公路联网收费系统通过重庆市科学技术委员会组织的专家鉴定。2003 年 6 月 8 日，“重庆高速公路联网收费系统”项目通过由重庆市信息产业局组织的专家验收。2003 年 6 月 28 日，渝合高速公路正式并入重庆高速公路联网收费网络。至此，重庆已建成的“一环五射”约 400 公里高速公路全部实现联网收费。2003 年 11 月 6 日，重庆高速公路发展有限公司组织实施的“重庆高速公路联网收费系统”项目，经行业地方主管部门推荐和专家评审，成为全国电子信息系统推广办公室国家“倍增计划”优秀应用项目，并获得表彰。

（四）深入开发运行阶段

高速公路联网收费信息系统的进一步开发运行阶段（2003 年 3 月至 2004 年 6 月 21 日）

1. 重庆高速公路联网收费智能化管理系统开发

随着重庆高速公路建设的发展，联网收费网络逐步扩大，2003 年渝合、长梁、梁万高速公路将建成联网，届时高速公路联网的费额表将产生几万条数据，一旦要改变一个路径信息或新开一个口子，其工作量之大，使远设计的联网费额表单条路径的“笛卡尔法”梯形表结构难以适应。由此，2003 年 3 月，重庆高速公路发展有限公司向重庆市交通委员会提出了联网收费路网智能化管理系统的科技攻关项目申请，并要在 2003 年年底长梁、梁万高速公路联网收费前解决这个难题。

联网收费路网智能化管理系统的科技攻关项目立项后，重庆高速公路发展有限公司与成都曙光光纤网络有限责任公司联合开发成功。2004 年 6 月 21 日，重庆市交通委员会组织了对“重庆高速公路联网收费路网智能化管理系统”成果的鉴定。其结论是：该课题将高速公路路网抽象成一幅带权的有向图，通过对路网基本元素的分析，彻底摒弃传统的单路段梯形费额表的设计方法，根据路网结构特点建立基于路由的数学模型，采用数字化、图形化技术，建立一套可视化系统，在图形上实现了节点管理和费额计算，特别是“实时路径浏览”，给人“所见即所得”的感觉；利用图论和类神经网络基本原理，创造性地设计出立交桥关联路由算法和最大区间路由算法，实现路网路径、费率和清分费率计算的智能化；解决了路网扩充带来的大数据量和大维护工作量以及效率低下的问题，减少人工工作量，保证数据准确性和计算的及时性；解决路网开口、延伸、新路接入后路径、费额的智能化管理；实时处理因各类路段元素变化而变化的动态路径，特别是因环状路网造成的路径多样化问题。采用“最小费额”收费、“最短路径”清分，在“标式站”“GPS”“电子车牌”等手段实时追踪车辆实际路径难以实现的情况下，是用来替代目前高速公路联网收费系统普遍采用的“笛卡儿法”设计路网费额表的有效解决方案。

2. 重庆高速公路联网收费信息系统的应急系统的开发

2004 年，“重庆高速公路应急收费系统”项目在重庆市交通委员会立项。2004 年 8 月 17 日，“重庆高速公路应急收费系统”应用研究课题正式开题，会上进行了基本需求分析，提出了开发方案，落实了人员组织、开发经费和进度计划。到 2004 年，重庆高速公路已开通 600 公里，共计 54 个收费站 374 个收费车道。尽管联网收费系统运行稳定，但也存在个别站因特殊情况无法进行计算机收费的小概率事件。急需开发一种成本低、体积小、便于携带的微型车道应急移动收费系统，以便能在特定时间段内承担入口正常发卡、出口正常收费和打票，实现对车道收费系统的完整备份，杜绝收费员和车方利用系统故障作弊的行为发生，避免车道故障后的长时间塞车和收费中的差错对车方造成的不便，是高速公路管理中亟待解决的问题。

从2004年8月到12月，《重庆高速公路应急收费系统》项目课题研究小组分阶段完成了需求分析报告及规格说明书，完成了软件编制、样机研制及其软件测试修改和样机试验。2004年11月，课题研究小组对四川省智能公司、广东新粤公司和英华重大公司三大车道应急收费系统的样机，进行了系统性能基准测试和搭载重庆高速公路模拟收费系统功能测试。根据测试结果，2004年12月17日上午，在重庆高速公路发展有限公司结算中心会议室，课题研究小组及成渝公司、渝邻公司召开了有关车道应急收费机选型会议。与会人员一致认为，参与选型的3家公司提供的应急收费机中，英华重大公司的样机在外观尺寸、硬件配置、功能接口以及价格、服务等方面比较适合重庆高速公路应急收费需求，决定采用该款机型。原则上各公司先购两台，在使用过程中提出改进意见后再定型购买。

2005年6月28日，重庆市交通委员会在重庆创世纪宾馆召开2004年科研课题《重庆高速公路应急收费系统》项目验收会。重庆市交通委员会和重庆高速公路发展有限公司的相关领导、特聘专家、课题组成员、联网收费办公室成员、开发单位代表等相关人员参加了会议。会议听取了课题组“工作报告”“用户报告”“测试报告”及开发单位“研发报告”，并考察了系统运行情况，与会专家和领导提出了一些意见和建议。

2005年8月22日，重庆高速公路发展有限公司（甲方）和重庆英华重大信息网络有限公司（乙方）签订了共享知识产权协议书。协议书充分肯定，高速公路收费应急机系甲方委托乙方共同研制，由乙方负责生产。双方共同研制的高速公路收费应急机由双方共同申请注册为“高华牌”商标，甲方享有15%的知识产权，甲方购买“高华牌”应急机，享受乙方出厂价再下浮15%的特惠价，还依照知识产权进行了其他约定。通过重庆市交通委员会组织的专家验收和重庆市质量技术监督局的检测，高速公路收费应急机进入批量生产阶段。

3. 重庆高速公路不停车收费技术即ETC系统的开发（2005年1月至2006年7月）

随着重庆环线高速公路“年票制”收费模式的实行，到2004年9月，“年票制”车辆达20万辆，并且还在以24%的年增长率快速膨胀，环线高速公路的车流量出现了200%的增长，部分区间车流量甚至增长了4倍多，出现了收费站高峰时间严重堵车的情况，等待的车辆数超过了设计的允许范围，严重制约了高速公路运输高速、高效优势的充分发挥。为此，重庆高速公路发展有限公司申请开发不停车收费技术即ETC系统，重庆市交通委员会正式批准了重庆高发司关于“重庆市ETC应用体系发展战略与实施方案可行性研究”的立项申请。

2005年1月18日上午，在重庆高速公路发展有限公司五楼会议室，重庆市交通委员会召开了第一次项目开题会议。会上，重庆高速公路发展有限公司汇报了ETC系统前期调研准备情况，提出了《重庆市ETC应用体系发展战略与实施方案可行性研究》总报告及其15个分报告，主要阐明了实施ETC的意义和ETC项目开发的必要性，对高速公路进行ETC改造的主要风险、实施ETC的机遇和有利条件、ETC的投资模式等问题进行了分析。实施ETC改造将主要是对高速公路环线上堵车的收费站和进入重庆的主线站实施部分车道进行改造。重庆市高速公路有近500个车道，预计每50个车道的改造，按照每车道45万元约需投资2250万元，改造后的收费站的通过能力将提高4倍以上，能够满足10年以上交通量的增长需求。

2005年，重庆市科学技术委员会正式下达“重庆市ETC应用体系发展战略与实施方案可行性研究”项目。经重庆高速公路发展有限公司联合英华重大公司、城投金卡公司与国家智能交通技术研究中心，合作研究一年多，完成了研究工作。2006年7月19日，重庆市科学技术委员会聘请国内有关专家组织了ETC应用项目的验收。ETC应用项目从ETC应用体系的建设、重点应用领域、应用安全、技术开发、设备研制等15个方面进行研究，研究的深度和广度都得到了项目验收专家组的高度评价。

2006年8月17日至19日，根据ETC应用项目验收会议的决定和领导的指示，重庆高速公路发展有限公司ETC项目小组在其副总工程师任建卫的带领下，对目前国内规模最大的广东省ETC系统运行情况进行了调研考察。2006年9月，重庆高速公路发展有限公司ETC项目小组作出了调研考察报告，详细汇报了对广东省ETC系统的考察情况，对重庆市ETC应用的需求及未来的发展前景、ETC应用的技术经济分析进行了理论上的阐述，对在重庆高速公路上实施ETC试验的基本内容、方法、时间与步骤，对关键技术开发的原则及其ETC试验经费预算及渠道，安排了较详细的实施措施。由此，全面启动了重庆高速公路不停车收费技术ETC项目的试验性开发。

三、综合系统

（一）规划研究阶段

2005年7月，重庆高速公路发展有限公司委托北京中交联通网络技术开发有限公司编制了《高发司管理信息系统规划大纲》（以下简称《规划大纲》）。《规划大纲》认为，重庆高速公路发展有限公司面对信息时代，如何科学合理地开发利用高速公路的信息资源，构造适合重庆高速公路特点的信息化体系，以达到实现高速公路管理的现代化目的，是当前及今后重庆高速公路发展过程中所面临的一个重大课题。高速公路信息化建设需要统一规划、统一标准、按规划建设。《规划大纲》还认为，重庆高速公路发展有限公司管理信息系统规划的实施，将实现如下目标：

1. 信息系统建设战略

（1）到2005年年底前，完成目前正在开发的业务系统的上线实施和调试工作，开展电子商务工作，信息化在一些关键部门显现成效。

（2）到2007年年底前，将信息化的工作扩展到公司的各个层次，各个部门，实现和各分公司和各合作伙伴系统的无缝集成，信息化在大部分部门显现成效。

（3）到2008年年底前，完成协助公司领导决策用的DSS（决策支持系统）系统建设，领导的重要决策将得到DSS的协助。

（4）到2009年年底前，公司全方位、全面地实现信息化，信息化在全公司范围内显现成效。

2. 网络/硬件建设战略

到2005年底，清理完成高发司及其各分公司的联网工作。根据需要，在适当时机，对公司系统内的硬件设施进行更新和扩建。

3. 信息化制度建设战略

到2005年年底前制定高发司信息化制度，规范以后的信息化建设并规范员工的行为，使员工将原有工作转到信息系统中来。

4. 信息化文化建设战略

在“十一五”结束之前，形成企业内部良好的信息化文化，建立一整套信息化培训机制，同时使信息化观念深入人心。

《规划大纲》实施的总体目标是，重庆高速公路管理信息化要在“数字重庆”的基本框架下，进行“信息资源数字化、信息查询网络化、信息技术应用集约化”为主要标志的“数字公路”建设，同时融入“数字重庆”，用数字化、网络化、集约化来提升重庆高速公路管理的科学技术水平，实现重庆高速公路管理现代化，提高重庆和谐交通的服务水平。

在对国内外高速公路管理信息化现状分析的基础上，规划大纲分析了现有的重庆高速公路信息化应用现状和问题。规划大纲进一步分析了重庆高速公路各个阶段管理业务内容，分析了高速公路业务数据源、信息流和信息链。对高速公路建设管理信息系统、高速公路运营管理信息系统、高速公路养护管理系统、高速公路机电管理信息系统、高速公路人力资源管理信息系统和高速公路财务管理系统的整合问题，提出了信息应用问题解决的建议方案。

《规划大纲》引入了信息资源管理（IRM）、数据管理（DA）、信息工程方法论（IEM）和计算机化企业发展阶段论，明确地视综合管理信息系统为“一把手工程”，即是一项复杂的系统工程。《规划大纲》详细地描述了整个网络信息系统构架的各个组成部分，即系统需要协调好部门与整体的信息利益关系，协调好各方面的关系，使高发司综合管理信息系统构架成为一个集通信技术、信息网络技术、计算机控制技术为基础的现代信息网络，最大限度地发挥提高建设运营管理能力，提供决策支持的作用。

（二）开发实施阶段

2005 年 11 月 29 日，重庆高速公路发展有限公司信息化领导小组成立。高速公路信息化领导小组要求 2005 年 12 月至 2006 年 2 月，对财务管理系统、土地信息管理系统、工程建设项目管理系统、道路养护管理系统、机电维护管理系统进行调查摸底，根据使用现状分析系统功能是否符合实际需求、系统性能是否稳定、配套设施是否完善、使用环境是否满足、操作使用是否方便、操作人员的技能是否达到要求。2006 年 3 月至 2006 年 8 月，根据对各个项目的分析，咨询相关专家意见，要求系统开发单位和使用单位进行针对性的整改，切实解决系统的实用性、稳定性、兼容性和可操作性。对具有应用条件急需开发的项目，组织进行开发。同时，完善使用环境、配置平台软硬件设备、培训使用人员，对条件成熟的系统进行试用，试用中进行不断完善，直到满足实际需求。

第三节 道路运管信息系统

一、开发机构

1993 年 7 月，重庆市交通局公路运输管理处成立计算机室。郭华伟任副主任，工作人员有涂克西、周林。1994 年，重庆市公路运输管理处印发了《重庆市公路运输行业管理子系统微型计算机管理制度》。1997 年，公路运输管理处各科室均已配备 1 ~ 2 台计算机，重庆市运政管理系统共有计算机 90 多台，打印机 135 台，其他辅助设备 90 余套，总计投入 300 万元。

2000 年 8 月 1 日，重庆市交通委员会下发《关于组建重庆市道路运输管理局的通知》，明确其办公室职能之一就是“负责办公自动化网络的管理及软件开发、维护工作”。

2001 年 9 月 11 日，重庆市道路运输管理局关于局机构设置和职能调整的通知明确要求：重庆市道路运输管理局设立微机中心。其职责是负责重庆市道路运输管理局机关和基层运管部门计算机应用管理和科技工作，负责办公自动化系统的管理工作，负责局域网络的管理及软件的管理工作。

2004 年，重庆市道路运输管理局成立重庆市道路运输智能交通监督管理控制中心（ITS）工作领导小组以及重庆市道路运政管理信息系统升级工作领导小组。2005 年，重庆市道路运输管理局颁布实施《计算机设备管理办法》，成立信息化建设领导小组和项目小组以及信息化建设项目招标组。

二、项目开发

1994 ~ 2002 年，重庆市道路运输管理部门首先开发重庆市公路运输管理信息系统，并开发重庆市道路运输管理信息网络系统。2002 年，开始开发“运管通”局域网业务系统，主要目的在于解决重庆市道路运输管理局与区县运管部门的上下传递信息、申报审批问题。第一步是重庆市道路运输管理局与区县联网，第二步是上互联网。

2003 年 12 月 4 日，重庆市道路运输管理局建立并公布了服务热线电话：89083201，正式启动了“重庆市道路运输行业投诉服务”系统。2004 年，结合重庆市道路运输管理局新建的办公大楼中心机房装修及弱电工程，重庆市道路运输管理局运政管理系统升级，开发 ITS 智能交通监控管理中心平台 GPS 管理系统。通过道路运输管理 GPS 系统的开发，运输车辆普遍使用车载 GPS，加强了道路运输管理局对全社会车辆的管理监督。

第四节　内河航运信息系统

一、开发机构

2003 年 1 月 8 日，重庆市港航管理局正式向重庆市交通委员会报告："为了加快重庆市航运交易中心的建设步伐，提高我市水上货物运输的信息化水平，构筑现代综合物流体系，更好地发挥长江上游经济中心城市的集聚和辐射功能，为 2010 年将重庆建成长江上游航运中心奠定基础。经我局研究决定，成立'重庆市航运交易中心'建设领导小组。"组长由局长梁雄耀担任，副组长由副局长张孟川担任，成员有窦运生、张小勇、杨大伦、刘大川，工作人员有朱永贵、王国元、谷磊、雷忠慧、韩峰、张国忠、游晓霞。

重庆市航运交易中心建设领导小组的主要工作任务是筹建重庆市航运交易中心，推进重庆市水路行业信息化建设，研究开发重庆市航运综合信息系统（电子政务系统、交易系统、EDI 系统、GIS/GPS［双 G］系统、水路客运联网售票系统、汽车滚装船联网管理系统、安全认证系统等）。为各类水上运输、水陆联运及物资交易提供电子商务平台；为各类企业提供商务服务、呼叫中心服务、GPS 服务、货物运输服务、信息咨询服务、交易服务、结算服务等。工作目标是力争在 2003 年内完成上述系统的研发和重庆市航运交易中心的建立工作。系统依托重庆市交委信息化的整体规划，立足水路运输，系统将作为重庆市交通运输信息系统的一个重要组成部分。

二、项目开发

1999 年 4 月 13 日，重庆市航运管理处主研的"重庆市水上运输客票微机售票管理与联网"项目获得鉴定通过。2000 年重庆市港航管理局成立后，开发建成了两大港口和航运管理的信息系统。2002 年开始开发"重庆市水路客运联网售票系统"。2004 年 3 月 1 日，"重庆市水路客运联网售票系统"在重庆朝大门港正式上线运行。2004 年 8 月，该系统在巫山港推广运行。重庆水路客运联网售票系统采用集中结算和地区结算相结合的方式进行结算，即轮船公司与各个有经营自主权的港口客运站签订代理协议，结算方式依据各地区实际情况执行。重庆港采用集中结算的方式，各售票单位直接将票款上缴至票务中心，由票务中心给各售票单位及轮船公司结算。

2004 年 4 月，重庆市航运管理处开始开发"重庆市水上交通管理监控系统"。至 2004 年底止，重庆市已建立 36 个区县及企业监控调度分中心，并在全市 102 艘船舶上安装了船载 GPS 终端。为提高安全监控能力，重庆市利用 GPS 卫星定位技术、GPRS（或 CDMA 1X）无线通讯技术、GIS 地理信息技术和计算机网络技术，建立了重庆市水上交通管理监控平台。从 2004 年 12 月初至 2005 年 2 月 20 日止，重庆水上交通管理监控中心共接收和处理终端报警达 63 次，有效报警 22 次，纠正船舶违章航行 1 次，为遇险船舶提供帮助 2 次，同时下发水位信息、气象预报、航道通电及其他通航安全信息 9.8 万多条。

2005 年一季度，重庆海事局所属的 12 个监控分中心及重庆市地方海事局所属的 18 个监控分中心建设任务完成。此外，重庆海事局重点向"四客一危"船舶和货船推广安装船载 GPS 终端，并完成了所有航运企业的监控调度分中心的建设。2005 年 10 月，重庆市水上交通管理监控系统开发完成并投入运行。该系统由监控中心、无线网络、船载定位终端 3 部分组成，是集 GPS 卫星定位技术、GPRS、GSM 和 CDMA 1X 移动通信技术、GIS 地理信息技术、计算机技术及互联网技术为一体的水上交通安全管理综合系统。主要功能包括船舶动态监控、避碰提示、重点水域预警、快速搜救定位、船舶助航、生产调度、事故调查取证、过闸远程申报、公共信息服务、江图在线升级等。

第五节 征费稽查信息系统

一、开发机构

1989 年 3 月 21 日，重庆市交通稽查征费处组建微机通讯办公室，任命李正渝为重庆市交通稽查征费处微机通讯办公室副主任（副科级）。1990 年 7 月 27 日，重庆交通稽查征费处发出《关于撤销重庆市交通稽查征费处微机通通讯办公室机构的通知》，决定撤销重庆市交通稽查征费处微机通讯办公室机构，原办公室的业务和人员划归征收管理科管理。

1997 年 2 月，重庆市交通征费稽查处设立微机管理科。1999 年 8 月，微机管理科改为微机管理处，赵勇勤任副处长（副科级）。同年，重庆市交通征费稽查局设立征收管理处。2001 年 7 月撤销微机管理处，将微机管理职能合并到征收管理处。微机室仍旧负责软件开发工作。

2003 年 8 月 4 日，重庆市交通征费稽查局对局机关内设机构进行调整，设立了计算机管理中心，蒋山任计算机管理中心临时负责人。2003 年 9 月，重庆市交通稽查征费局聘任蒋山为计算机管理中心副主任（副科级，试用期一年）。2005 年 8 月，重庆市交通稽查局任命蒋山为计算机管理中心主任（正科级）。

二、项目开发

1988 年 1 月，交通部在重庆市组织召开全国 10 省市“公路养路费征收计算机管理系统”研讨会，决定委托重庆市交通局和交通部重庆公路科学研究所共同开发“公路养路费征收计算机管理系统”。重庆市交通局信息办公室主持开发，并在重庆市交通稽查征费处进行试点。1988 年 12 月，公路养路费征收计算机管理系统开发完成，交通部组织专家进行了评审，向全国交通系统推广应用。1989 年，养路费征收计算机管理系统试点工作全部完成。

1993 年，重庆市交通征费稽查局进一步运用微机进行养路费、客货附加费的征费管理。1996 年，加大了规费征收的力度，改进征费方式，推广养路费的微机征管方式。1997 年，重庆市交通征费稽查局研发的“公路规费征收管理信息系统”项目获得重庆市科技进步二等奖。1997 年 7 月，重庆市交通征费稽查局完成对万县、涪陵稽征处的微机征管程序的移植工作，首次实现渝、万、涪三地微机征费程序的一体化。1998 年 2 月，重庆市交通征费稽查局在公路养路费和公路货运附加费实行微机征管的基础上，对公路客运附加费开始实施微机征费管理，最终实现了“三费”微机统一征收。

1999 年，规费征收管理信息系统运行以后，在原有微机征费系统基础上强化其管理职能，开始启用新的“征稽收费管理系统”。重庆市交通征费稽查局建立起局域网络系统，新制作了“重庆交通征稽信息网页”，建成了局机关中心数据库，除万州、涪陵、黔江 3 个边远地区外，实现了局、处、所之间远程数据传输，基本实现数据资源共享、辅助管理决策。

2000 年 1 月，重庆市交通征费稽查局、重庆市博恩科技有限公司启动研发网络版的“重庆市交通征费稽查局征费稽查系统”，成功研发了采用客户/服务器技术的“重庆市交通征费稽查局征费稽查系统”。2001 年 5 月 12 日，“重庆市交通征费稽查局征费稽查系统”项目获得鉴定通过，系统采用客户/服务器技术，保证了系统适应单机和网络环境的应用，并顺利将老系统平滑地移植到了新系统，保证了公路养路费、公路货运附加费和公路客运附加费的顺利正常继续征收。

2003 年，重庆市交通征费稽查局开始筹划建设重庆市养路费客货附加费的联网征费管理系统。一是边远地区征稽所的微机化。2003 年 8 月，万州、涪陵、黔江地区共有 10 个征稽所，全部装备微机进行征管，不再使用手工操作，从而实现了全局征收管理微机化。二是获得了重庆市交委批准，同意联网征费管理系统立项开发，开展了中心数据库用房购置、系统联网方案制订、需求分析与数据转换等一系列前期准备工作。

2004 年 6 月，联网征费管理系统有重大进展，渝中区、沙坪坝区、江北区、九龙坡区、大渡口区和南岸区等主城区 6 个征稽所实现了微机联网征收，除涉及车籍登记手续与欠费 1 月以上外，缴费人可就近选择征稽所或征费中心办理缴费手续。

2005 年，联网征费管理系统有重大突破。一是重庆市征稽局所属 42 个征稽所全部实现微机联网征收，网上电子审批业务全面试运行，可以做到缴费人异地缴纳规费。二是以微机联网为主体的江南征费中心、九龙坡—沙坪坝征费中心建成投入使用。三是用 OA 办公系统更新了老系统，并与互联网连接，办公自动化提档升级，全部处所实施了办公自动化。再次是俗称“电子眼”的移动电子稽查系统开始实施。此外，会计电算化开发全面启动。

2003 ~2005 年，重庆市征稽局所属 42 个征稽所全部实现微机联网征收，网上电子审批业务全面试运行，可以做到缴费人异地缴纳规费。至 2005 年 5 月底，联网征费管理系统开发完成。

第六节　公共交通信息系统

一、微机管理信息系统

1989 年，重庆市电车公司开发完成“城市公共交通微机营运生产综合管理系统”，并开始试用。1991 年，重庆市电车公司开发完成“城市公共交通微机物资管理系统”并在公司试用。1998 年 11 月，重庆市公交一公司与重庆睿宇高科技开发有限公司开始“城市公共交通企业管理信息系统”项目的研究开发。2000 年，重庆巴士公司与重庆森鑫炬科技有限公司联合开发了“重庆巴士公司管理信息系统”并通过验收，推进了巴士公司信息化管理的里程。

2002 年 7 月，“城市公共交通企业管理信息系统”通过重庆市科学技术委员会科技成果鉴定，从而打破了公司“单车核算”的经营管理模式，使机关、路队、工厂相互间形成数据资源共享，推进了公共交通企业信息化管理进程。2002 年，重庆市电车公司与玛雅计算机公司全作开发的“城市公交信息管理系统”通过验收，电车公司全面推广了计算机管理系统模式。2003 年，重庆市公交物资公司与重庆森鑫炬科技有限公司联合开发了“公交物资信息管理系统”。2003 年 12 月 8 日，重庆市第二公共交通公司与莹软计算机公司合作开发研制的“公交企业综合信息管理体系”顺利通过了市科委专家组的评审验收。2005 年，重庆市公交维修公司与重庆森鑫炬科技有限公司联合开发了重庆机务维修管理信息系统建设方案。

二、公交 IC 卡自动收费系统

2001 年 12 月 31 日，重庆市第一公共交通公司、重庆市第二公共交通公司、重庆市冠忠（第三）公交公司、重庆市电车公司、重庆市第五公共交通公司、重庆市冠忠（新城）公交公司等，共同出资组建重庆渝城交通一卡通有限责任公司，开启了重庆市城市智能 IC 卡自动收费系统的建设及相关业务。

2003 年 1 月 27 日，重庆市物价局组织了智能交通 IC 卡收费结算系统价格听证会，获得成功。2003 年 10 月，经重庆市人民政府常务办公会议审议通过了公交 IC 卡实施方案后，重庆渝城交通一卡通有限责任公司正式对社会发行公交 IC 卡，在“三不变”即不调整票价、不取消月票、不取消免票的前提下，逐步在公共汽车上使用非接触式射频 IC 卡，重庆市智能交通 IC 卡收费结算系统正式开始运行。

2003 年 11 月 1 日，重庆主城区城市公共交通正式发行公交 IC 卡，发行的 IC 卡分为普通卡、优惠卡和免费卡三类五种，使用数十年的纸质月票同时废止。至 2005 年年底，公交 IC 卡线路由原来 37 条月票线路增至 167 条线路。2005 年 12 月，重庆市 IC 卡发卡量突破 70 万张，日刷卡人次达

150万，近60%的公交线路实现了刷卡乘车。全市公交车安装了4000余台POS机。至2005年年底，IC卡的使用范围已覆盖公交、两江索道、两路口皇冠扶梯及凯旋路电梯。

与纸质月票相比，IC卡具有3点变化：一是纸制月票乘车不限次数，而IC卡要限次数，但使用范围由原月票只乘37条线路增至2005年年底的167条线路。二是纸制月票分单月卡、双月卡，每月均需购买，购买时间仅限于每月25日至次月5日，而IC卡可一次充值长期使用，任何时间都可购买充值，手续简便。三是纸制月票购买点较少，购买时要排队，IC卡可以在固定充值点、商业银行点、商业银行联机点办理充值、挂失、转移、退卡业务。IC卡比传统的纸质月票更方便、快捷、卫生、时尚，且准确率非常高，不但提升了公交运营管理的科学含量，还杜绝了纸质月票易于仿造、伪造、涂改等弊病。自实施IC卡以后，重庆市公交控股（集团）有限公司IC卡自动收费系统安全性、稳定性和结算准确率指标在全国公交行业位列第一。

三、GPS运营安全管理系统

2004年，重庆市公交控股（集团）有限公司对公交GPS运营安全管理系统开始进行研究和开发。2005年3月，重庆市公交控股（集团）有限公司对公交GPS运营安全管理系统承建商进行招标，由重庆索美智能通讯有限公司中标承建。

2005年5月起，GPS车辆安全监控管理系统开始试运行。重庆市公交控股（集团）有限公司在公交一公司（118、168路队）、二公司（224、261路队）、电车公司（465、419路队）、巴士公司（815、871路队）等8条线路共247辆公交车上，安装了GPS车载设备进行试点。通过对系统的调试、安装、修改，实现了该系统一期的对公交车辆定位、实时监控、紧急求助、信息传递、越线报警、超速报警、分段限速、轨迹回放等功能，实现了公交调度的数字化管理，同时也使广大市民在车站乘公交车时，清楚掌握公交车的行驶情况。随后，重庆市公交控股（集团）有限公司在各公司部分线路上安装使用。

第七章　交通科技成果

1986～2005年，依靠科技进步，提高交通行业的科技含量，加强交通科技力量，成为重庆交通稳定持续发展的重要动力。在科技进步的历程中，重庆交通科技应用开发硕果累累。

1986～1990年（“七五”计划期）。通过组织工程技术人员开展科技攻关活动，推动了新技术成果的运用和新产品开发工作，至1990年底，共完成新产品开发项目38项，累计实现新产品工业产值8608万元。其中，6项获得重庆市新产品开发百花奖，5项分别获得重庆市科学进步二等奖和三等奖，4项获得重庆市优质产品称号。共完成新技术研究项目10项，8项分别获得交通部和市里的成果奖，使不少交通企业取得了较好的经济效益。微机的开发运用和无线电通讯网络建设有了初步成果。重庆市属交通企业除更新客车670辆、货车1128辆、客船18艘、拖轮34艘、驳船4.17万吨外，还完成技改项目55个（其中投资上百万元的有22个），企业技术改造投资总额达到28010万元。

1991～1995年（“八五”计划期）。1993年12月，重庆市地方交通科技工作会召开，标志着科学技术在重庆交通经济建设中的战略地位的确立。重庆交通科技工作面向高等级公路建设和道路运输的主战场，起到了促进和先导作用，紧密结合交通工业、运输生产、工程建设和技术引进中的关键问题，通过科技攻关、院校所联合、厂校所挂钩等，取得了一批科技成果，共获部、省、市交通科技进步奖71个。同时，在设备管理、质量管理、环保工作等方面都多次获得重庆市先进单位称号。重庆市交通系统获国家级优秀QC小组称号2个，获部、省、市级优秀QC小组称号165个，局级优秀QC小组称号98个。在开展职工合理化建议活动中，职工提出合理化建议10000余条，采纳实施的占12.2%，有13项获重庆市与重庆市交通局级奖励。

1996~2000年（“九五”计划期）。1996年4月，重庆市交通科技大会召开，确定1996年为交通科技年。1996~2000年5年间，交通科技项目立项300多项，获重庆市科技进步奖40项（其中一等奖4项，二等奖12项，三等奖24项）。安排科技项目151项（其中重点科技项目93项，重大科技成果推广应用项目17项，计算机及信息技术开发项目41项）。这些科技成果广泛推广应用，有效解决了工程质量、建设成本、环境保护、施工效率、行业管理中遇到的难点问题，产生了良好的社会效益和经济效益。如获得重庆市科技进步一等奖的“公路交通重庆主结点——采用双环线过境的综合实施研究”课题和为国家节约投资2亿多元，依靠优化设计和运用科研项目建设的渝长高速公路等项目。

2001~2005年（“十五”计划期）。重庆市交通系统安排科研项目201项，年累计投入科研经费近8000万元，取得了一批重大科研成果，其中，4项成果获得国家级和部级奖励，3项成果分别获得重庆市科技进步二等奖和三等奖。“十五”期间，新材料、新技术、新工艺被广泛应用于大跨径公路桥梁、隧道、港口码头建设以及车船装备等领域，支撑了交通快速发展。

第一节　软科学项目

一、公路建设及其管理

（一）公路建设

1.《高等级公路（沥青混凝土路面）机械化施工组织及作业定额研究》

1995年9月2日，重庆市渝通公路工程总公司主研的《高等级公路（沥青混凝土路面）机械化施工组织及作业定额研究》获得鉴定通过，并获得1995年交通部科技进步二等奖、1995年重庆市科技进步一等奖和1995年重庆交通科技进步一等奖。项目于1992年6月启动，1994年12月完成。主要研究人员郭小宏、汪涪生、郭嘉银、杜真德、黄支建和温嘉陵。项目完成了高等级公路沥青混凝土路面机械化施工工艺组织动态设计的一整套方法；高等级公路沥青混凝土路面各机械动态作业定额的制作方法；沥青混凝土在各施工环节的温度变化计算方法；在沥青混凝土路面施工中机械使用费的组成与利用规律；沥青混凝土路面施工中人工、材料费用及有关间接费的实际发生值及规律等。该项目的应用对降低沥青混凝土路面机械化施工技术的成本，合理使用机械，均有巨大的直接与间接经济效益，并可将大量人力、物力从机械化施工组织设计及施工管理中解放出来。研究成果已先后在“成渝高速”“江津长江大桥”“渝长高速公路”等国家重点工程中应用，取得了显著的社会经济效益。

2.《公路交通重庆主结点——采用双环线过境的综合实施研究》

1995年11月18日，重庆市公路学会、重庆市交通局公路处、重庆市高等级公路建设指挥部主研的《公路交通重庆主结点——采用双环线过境的综合实施研究》获得鉴定通过，并获得1997年度重庆市科技进步一等奖。项目于1989年1月启动，1995年11月完成。主要研究人员蒙进礼、滕西全、曾文正、刘兴提、郑光荣、杨宗厚、汪裕强、张太雄、富健全和彭建康。课题根据重庆市总体规划的布局，研究在综合交通运输网中的国道主干线骨架和支干线间的关系、与城市规划和出入干线协调配合、对周边经济发展的影响和促进等。根据“OD”交通量调查资料分析论证，对过境交通、出入境交通、当地绕行交通、城市规划的周边联系交通、城市公共交通等进行分析论证的基础上，拟定重庆市过境公路模式和路线比选原则，优化交通流向，确定结点处交通流和区间交通量等，提出过境公路布局方案，并对路线走向、通过能力、建设规模、技术标准、交通流组成、互通式立交设置和类型以及效益评价等进行了分项研究。该项目已在重庆公路建设中全面实施，为重庆交通发展提速10年发挥了重要作用，取得了显著的经济效益、社会效益和环境效益。

3.《重庆市公路主枢纽总体布局规划研究》

1997年12月31日，重庆市交通局、重庆交通学院主研的《重庆市公路主枢纽总体布局规划研究》获得鉴定通过，并获得1998年重庆市科技进步三等奖。项目于1996年5月启动，1997年12月完成。主要研究人员马曰礼、高建平、杨树明、岳顺、张维全、刘华林、李勇、李松青和朱晓兵。根据重庆市社会经济发展战略规划，该项目主要研究制订了重庆公路主枢纽总体布局。项目应用数理统计多种数学模型，预测了1995~2000年公路客、货运输量，首次应用客、货运“组织量”“适站量”等技术参数确定客、货运站场布局方案及建站规模，并应用现代交通运输管理理论，对公路主枢纽客、货运输管理模式进行了研究，提出适应社会主义市场经济的重庆公路主枢纽系统设计方案。通过该课题的研究，从技术上使公路主枢纽布局进入程序化、规范化和科学化，使研制的科学编制办法，将为重庆市的公路规划、航运规划、次级公路枢纽规划等提供较好的编制参考依据，将为交通建设的发展起到积极推动作用。

4.《加快我国西部地区交通建设的对策研究》

2000年7月5日，长安大学、重庆市交通局主研的《加快我国西部地区交通建设的对策研究》获得鉴定通过。项目于1999年1月启动，1999年6月完成。主要研究人员邵振一、郗恩崇、周伟、马天山、王元庆、蒙进礼、周金毅、徐学庶、颜佳仪、陈引社、房建宏、曾文正、何公定和郝志荣。该项目是交通部“九五”交通行业联合科技攻关课题，在充分调查研究西部地区社会经济及交通发展现状的基础上，首次全面、深入地分析了西部地区社会经济与交通运输现状与存在的问题，作出了2020年西部地区公路交通发展预测，提出了西部地区公路建设与公路运输发展的战略目标、战略构想、实施步骤及相关政策与措施，为国家和西部地区各省（市、区）实施西部大开发战略，加快发展交通建设提供了决策依据。该课题在对西部地区公路网规划、布局及优化、公路运输发展水平及适应性分析等方面，使用的分析方法先进可行。其研究成果的可操作性，有利于促进西部地区形成统一、协调、发展的交通网络，确保西部地区经济发展对交通运输的需求。

5.《高速公路交通工程机电系统质量检测评定办法及标准的研究》

2002年4月15日，重庆交通科研设计院、重庆高速公路发展有限公司主研的《高速公路交通工程机电系统质量检测评定办法及标准的研究》获得鉴定通过。项目于2001年8月启动，2002年1月完成。主要研究人员刘贵忠、郑其烚、李洪霞、周克勤、田世茂、曹崇智、王文广、朱儒彬、陈平和张强。该课题对交通机电系统的质量评定，按单位工程、分部工程和分项工程进行了分解，提出了分解依据，对分部工程提出了一般规定，对分项工程，从功能、性能、环境等方面列出了基本要求，对分项工程的实测项目和外观鉴定，根据检测内容的个性、共性、相关环境等要素，列出了检测内容，提出了具体的检测方法、评分标准和综合评分办法。该课题中提供的表格、相关标准及规范、数据的时效性等符合国情，具有科学性和可操作性，有利于提高交通工程机电系统质量的可靠性及实施有效的管理和控制。该项研究为重庆高速公路的工程施工、机电监理和质量管理提供了评判标准，也具有良好的推广前景。

6.《重庆公路建设、道路运输、汽车技术协调发展研究》

2004年2月10日，重庆市公路学会主研的《重庆公路建设、道路运输、汽车技术协调发展研究》获得鉴定通过。项目于2002年11月启动，2003年12月完成。主要研究人员陈忠富、陈普星、曾维栋、冉振亚和李伟。该项目通过现状调查和有关模型计算，分析研究了全国汽车保有量与公路里程、道路运输量的比例关系，并与国外进行了比较分析研究，提出了解决问题的对策建议。通过资料收集，调查和了解重庆公路建设、道路运输、汽车技术现状和发展规划，用创新的观点分析探讨了三者之间的相互依存和协调发展的关系，提出了公路建设和汽车技术的发展为道路运输服务和道路运输为经济发展服务的观点。同时，给出了促进公路建设、道路运输、汽车技术三者快速协调发展的相关建议及决策意见，可以为重庆市人民政府有关管理部门提供行业管理决策参考，该项目的实施将对加快重庆市道路运输改革步伐起一定作用。

（二）公路管理

1.《成渝高速公路重庆段管理体制研究》

1995 年 2 月 23 日，重庆市交通局与重庆市人民政府研究室、重庆市人民政府法制局合作完成的《成渝高速公路重庆段管理体制研究》，获重庆市科技进步二等奖。该项目的完成，为重庆市高速公路综合执法提供了决策依据，中共重庆市委、重庆市人民政府决定，从 1995 年开始在成渝高速公路重庆段实施高速公路综合执法。2000 年 8 月重庆市交委成立后，又延续到所有高速公路，2005 年末仍旧继续实施。

2.《公路桥梁周期费用预测模型的研究》

1997 年 12 月 30 日，交通部重庆公路研究所、重庆市公路养护总段主研的《公路桥梁周期费用预测模型的研究》获得鉴定通过。项目于 1996 年 6 月启动，1997 年 12 月完成。主要研究人员李昌铸、刘治军、乔瑞华、王晓晶、夏晓霞、李北涛和乔勇。该课题采用马尔可夫链和专家经验两种预测方法作为模型的理论基础。基于所选的马尔可夫链和专家经验预测方法和公路桥梁管理系统中内业基础数据、外业病害评价以及桥梁使用功能评价模型，建立了“公路桥梁周期费用预测模型”。该模型构造了桥梁周期费用分配模型，求得了指定时间范围内正常维护投入的养护资金需求值和确定指定投资额下的投资分配方案，编制了计算机程序，建立了桥梁预测模型子系统。该成果的应用能为各级领导及工程技术人员科学地制订桥梁养护维修方案、对策措施、合理分配有限的桥梁养护资金及时准确的提供参考数据和辅助决策支持，大大提高了工作效率和信息质量。根据该系统提供的功能科学决策，能提高养护资金利用率约 8%。

3.《高速公路交通事故分析及安全管理对策研究》

1998 年 1 月 23 日，重庆市成渝高速公路管理处、重庆交通学院主研的《高速公路交通事故分析及安全管理对策研究》获得鉴定通过。项目于 1996 年 1 月启动，1997 年 6 月完成。主要研究人员邵毅明、曹明全、沈翔、李伟、吴德邦、赵毅、简晓春、王志洪和郑玲。该项目通过对中国高速公路交通事故的调查分析，提供了全国主要高速公路开通以来交通事故的调查统计分析，综合分析了高速公路开通以来交通事故的特点与成因，测试和分析了重庆成渝高速公路行驶车辆速度的分布，以及路面附着系数、路面粗糙度。提出了解决高速公路开通初期车况不好、盲目开快车和如何预测潜在的事故多发生路段与治理方法以及事故救护救援等安全管理对策和措施，开发出重庆市高速公路事故信息系统软件。该成果在重庆成渝高速公路安全管理中得到应用，已在事故多发路段的预测和确定事故主要诱因等方面取得了显著效果。该成果可广泛应用于高速公路交通事故的处理和安全防范管理，减少事故率、死亡率和直接经济损失。

4.《重庆市高速公路收费车型分类研究》

2001 年 8 月 31 日，长安大学、重庆高速公路发展有限公司主研的《重庆市高速公路收费车型分类研究》项目获得鉴定通过。项目于 2001 年 4 月启动，2001 年 6 月完成。主要研究人员周国光、刘贵忠、明萌、左庆乐、俞舒、高博和朱顺芳。该课题以即将通车的渝黔高速公路为载体，对重庆市高速公路收费车型分类类型进行研究，从而达到完善高速公路收费制订、提高高速公路运营效率的目的，同时为重庆市范围内的高速公路联网以至省际联网收费做好基础准备。重庆市高速公路收费车型分类的统一，既可以为下一步联网收费做好基础准备，也规范了重庆市对高速公路收费的统一管理，同时也可为即将开通或陆续开通的高速公路节约收费成本（如有些主线收费站可以取消等）。项目的实施将取得显著的直接经济效益，同时也可产生巨大的社会效益。

5.《重庆市收费公路发展方向与政策研究》

2002年12月26日，重庆市公路局、重庆交通学院主研的《重庆市收费公路发展方向与政策研究》获得鉴定通过。项目于2001年10月启动，2002年11月完成。主要研究人员唐伯明、何兆益、艾吉人、许茂增、张春晓、蒙华和阎勇。该项目通过大量调查，对重庆市收费公路的现状、存在的主要问题、管理模式与相应的法规政策进行了系统的研究分析。应用不同利率水平，分析了在现行管理模式下，重庆市收费公路按区域、道路等级和经营性质分类的还贷能力。采用动态财务分析，研究了现行管理模式、安全统收统还模式及国省道收费公路统收统还模式的还贷能力。推荐了重庆市收费公路拟采用的最佳管理模式及相应的配套政策法规建议。该课题的研究成果对于确保重庆市收费公路的持续健康发展具有非常重要的实用价值并将产生巨大的社会经济效益，其中推荐的“收费公路管理模式”在中国收费公路管理中具有独特的创新性。

6.《重庆市地方干线公路建设与养护、管理质量保证体系研究》

2003年1月10日，重庆市公路学会主研的《重庆市地方干线公路建设与养护、管理质量保证体系研究》获得鉴定通过。项目于2001年8月启动，2002年10月完成。主要研究人员唐伯明、彭兴国、蒙华、廖劲松和陈普星。项目结合工程建设规模大小的实际，研究建立和完善了以公路工程建设行业为主体单位相适应的质量保证体系模式。研究了在公路建设领域，必须继续开展全面质量管理，由此可以对公路工程质量全过程进行有效监控，预防事故的发生，有利于公路工程质量管理体系持续改进的有效性。建立和实施公路工程质量保证体系，是国家公路建设质量法规明文的规定。该课题的研究为重庆市地方干线公路建、养行为的建立和实施质量保证体系提供了可供适用的参考模式。

7.《重庆市国省干线公路抗灾能力评价及技术对策研究》

2006年12月2日，重庆市公路局主研的《重庆市国省干线公路抗灾能力评价及技术对策研究》获得鉴定通过。项目于2003年6月启动，2006年8月完成。主要研究人员唐伯明、李淑庆、艾吉人、蒙华、王庆珍、任其亮、郑志明、陆新、向兴全、李志英、杨德武、姜海艳、甘林坤、吴雪梅、黎峰。该项目开拓性的研究成果对山区公路设计与建设具有重要参考价值。“‘释能法’改造旧危拱桥成套技术研究”科技项目将平铰拱理论用于拱桥加固的一项创新。“释能法”加固施工对机械设备进行了深入的研究和比选，内力调整实现了电子仪器监控，创新地提出了绳锯法工艺，其施工噪音小，不影响和污染环境。通过对7座不同结构拱桥的加固实践，证明其方法正确、可靠，不中断交通，施工简便、加固工期短，比传统加固方法可节省加固投资40%~60%，经济、社会效益显著。该研究成果具有知识自主产权的旧危桥加固改造，获国家发明专利技术（专利号：ZL03157112.3）。

二、公路运输及管理

（一）行业发展研究

1.《重庆公路运输发展态势研究》

2000年5月26日，重庆市公路学会、重庆交通学院、重庆市运管处主研的《重庆公路运输发展态势研究》获得鉴定通过。项目于1999年1月启动，1999年12月完成。主要研究人员陈忠富、李伟和陈普星。该课题研究得出的基本结论为：在“十五”及“十一五”的规划期间，重庆公路运输的发展主要表现在以宏观调控，建立统一、规范、竞争、有序的运输市场为主要内容。公路客货运量增幅将下降，铁路运量的增幅将上升。到2005年，随着主骨架公路运输网初步建成，公路营业按统一规范运作后，公路客货运量开始回升，其年增幅保持在5%~10%的递增率。结合重庆市实际，公路运输将在各种运输方式的竞争中，不仅居于主导地位，而且将率先进入现代化。该项研究的成果指明了重庆市公路运输态势发展的方向，为重庆市的公路运输产业成为现代化的产业做出了贡献。

2.《道路货运系统建设与物流发展趋势研究》

2000 年 11 月 29 日，重庆市道路运输管理局、重庆交通学院主研的《道路货运系统建设与物流发展趋势研究》获得鉴定通过。项目于 1999 年 1 月启动，2000 年 10 月完成。主要研究人员许茂增、梁雄耀、洪卫、陈红民、吴宏伟和罗本祥。通过该课题的研究，可以明确区域道路货运系统的特点和发展目标，了解重庆市道路货运和物流方面的基本情况，为促进货运和物流业的发展、改善对道路货运系统运行的调控和对物流业的管理提供数据支持。建立区域道路货运系统分析与调控管理的基本理论，为改造和加强重庆市道路货运系统规划和调控管理提供理论依据。设计或选择适于重庆市道路货运系统的管理模式和运行调控方法，确定发展重庆市道路货运和物流业的途径和措施。比较分析不同类型货运交易信息系统的特点，为建立重庆市货运交易信息系统提供依据。

3.《中国加入 WTO 对重庆市道路交通运输行业的影响及对策研究》。

2001 年 9 月 5 日，重庆市道路运输管理局、重庆交通学院主研的《中国加入 WTO 对重庆市道路交通运输行业的影响及对策研究》获得鉴定通过。项目于 2000 年 1 月启动，2000 年 6 月完成。主要研究人员丁纯、黄同科、孙万发、梁雄耀、吴宏伟、许茂增、洪卫和罗本祥。课题重点研究了加入 WTO 对重庆市道路运输环境与管理要求的影响，对道路客运供给与需求的影响，对道路货运供给与需求的影响，对汽车维修供给与需求的影响以及重庆道路运输业应对入世挑战的对策。该课题研究的意义在于充分理解世贸组织的原则及中国加入世贸组织的意义，明确中国政府关于道路运输市场准入承诺的含义以及由此带来的运输环境的可能变化，评价重庆市道路运输业的现状及估计在入世市场准入承诺下道路运输市场要素可能发生的变化，以及为减少因加入世贸带来的不利影响，相关部门和企业应采取的策略和措施。本研究的成果可以为政府的宏观决策提供依据，为道路运输行业管理的改善提供建议，为运输企业应对挑战提供参考。

4.《重庆市道路运输发展对策研究报告》

2002 年 1 月 5 日，重庆市道路运输管理局、重庆交通学院主研的《重庆市道路运输发展对策研究报告》获得鉴定通过。项目于 2000 年 9 月启动，2001 年 8 月完成。主要研究人员有黄承锋、孙万发、吴宏伟、胡昌荣、朱顺应、黄居林、谢水清、林武、罗该祥和何伟鸣。该课题对重庆市道路运输市场尤其是对城市公交客运开展了细致的调查，考察了解了全国主要中心城市道路运输市场管理、建设的经验。重点研究了加强和改善行业管理问题，提出了重庆市道路交通运输行业发展和管理对策措施。该课题研究成果成为重庆市道路运输管理体制实行一体化改革，进一步改善市重庆地方经济投资环境，增强交通运输在经济建设中的作用，统筹、协调发展道路运输市场体系中道路客运（含公交客运、出租汽车客运）、货运、运输服务等子市场，培育和完善重庆市道路运输市场体系的指导思想。为政府交通主管部门及行业管理部门领导发展道路运输行业和加强行业管理提供决策依据。

5.《加入 WTO 重庆汽车维修与检测发展研究》

2002 年 10 月 11 日，重庆市公路学会主研的《加入 WTO 重庆汽车维修与检测发展研究》获得鉴定通过。项目于2001 年 8 月启动，2002 年 8 月完成。主要研究人员有曾维栋、陈忠富、陈普星、王磊和夏志洪。该项目主要研究内容是通过分析加入 WTO 重庆汽车维修与检测行业的发展情况、市场机制及行业管理等问题，并与国内外的汽车维修业进行比较、实事求是地评价了重庆汽车维修业的现状，提出了有关的对策建议。同时，得出了重庆汽车维修业的迫切任务是加大清理整顿维修市场的力度，规范发展环境，推行汽车维修与检测（I/M）制度，确保安全、节能地治理汽车尾气排放。该课题指出了重庆汽车维修业是交通运输业的重要组成部分及其发展的方向、目标等问题。

通过该课题的研究，可以为重庆市政府有关管理部门提供决策的参考和行业管理的帮助。企业可以从研究报告中获得宝贵的信息，有助于企业投资方向的选择、新业务的开展及结构的调整，从而获得巨大经济效益。

（二）管理对策研究

1.《长安奥拓、红岩系列车型维护工艺》

1997年12月26日，重庆市公路运输管理处主研的《长安奥拓、红岩系列车型维护工艺》获得鉴定通过。项目于1997年1月启动，1997年8月完成。主要研究人员有黄继康、梁雄耀、余泽渥、杨东霞和陈世全。该课题是在广泛调查研究和收集大量原始资料的基础上，分别制订了长安微型汽车、长安奥拓轿车和红岩CQ1190、CQ1300载重汽车的维护工艺规范，并经过了必要的操作验证。规范具有一定的科学性、实用性和可操作性，为汽车维修企业维护这些车型提供了科学依据。重庆市汽车维修行业协会编印的《汽车维护工艺规范》一书已将这些车型的维护工艺规范收集入册，且已印发到重庆市汽车维修一、二类企业，仅以重庆市长安微型汽车和奥拓轿车保有量2万辆计算，每年可节约维修费、材料费达1000万元，得到了广大汽车维修企业的好评，可在全国汽车维修行业推广应用。

2.《重庆市汽车维修行业机动车污染治理技术及对策的研究》

1999年6月，重庆市公路运输管理处、重庆交通学院、重庆公路交通科学研究所主研的《重庆市汽车维修行业机动车污染治理技术及对策的研究》获得鉴定通过。项目于1998年1月启动，1999年5月完成。主要研究人员有梁雄耀、邵毅明、杜仕武、王磊、张立新、何远禄和周小萍。该项目重点研究了重庆市维修企业承修车辆的车型分布状况，二类及以上维修企业维修竣工车辆尾气达标状况及维修企业对各种不同技术状况车辆的维修治理达标的可行性，尾气排放与发动机相关检测参数的关系，在用汽车尾气排放治理达标的应用技术及维修企业维修竣工车辆尾气排放稳定达标的管理措施。该项目研究成果的应用将提高维修企业维修竣工车辆尾气排放稳定达标的水平，从而减少在用车辆尾气排放的污染物，大大提高在用车辆尾气达标的比例，这对降低重庆市城区的大气污染、保护市民身体健康有着重要的意义和作用。

3.《汽车职业驾驶员培训管理研究》

1999年11月17日，重庆市公路运输管理处、重庆大学、重庆后勤工程学院、重庆交通学院主研的《汽车职业驾驶员培训管理研究》获得鉴定通过。项目于1998年1月启动，1998年12月完成。主要研究人员有黄继康、谭人祥、张知乐、施建、郑玲和曾汉川。该课题以职业驾驶员与非职业驾驶员的划分为切入点，将职业驾驶培训作为基本形式，增加非职业驾驶员的培训、非职业转职业培训等项目，将不同的培训形式纳入统一的培训体系，既提高了职业驾驶员的培训质量，又适用于学车人员多层次结构的变化，便于管理提高效率。课题主要成果包括：《职业驾驶员技能标准》《职业驾驶员培训方法》《职业驾驶员技能鉴定办法》《职业驾驶员培训管理办法》等。该课题对规范行业管理，提高驾驶员培训质量，有着积极的现实意义和广泛的推广价值，对促进重庆市培训驾驶市场走向科学化、规范化和法制化有着积极的推动作用。

4.《〈汽车维修〉专业MES教学改革课题》

2001年11月9日，重庆交通技工学校主研的《〈汽车维修〉专业MES教学改革课题》获得鉴定通过。项目于1999年1月启动，2001年9月完成。主要研究人员有李进、曾祥齐、袁宗华、吴明清、刘增福、李敏和腾晓斌。该项目在借鉴国际劳工组织（ILO）统一模式的基础上，结合中国和该地区的实情，总结出了一套较为完整的、适合于汽车维修专业的教学模式。该教育教学模式突破了传统的专业课课程结构，改为按专业模块设置和实施教学，更新了传统的教学计划，改为突出技能训练，开发出了全新的汽车维修MES教学大纲和“模块——单元参照表”70余份，大量使用了多媒体、程控电子示教、透明模型、实物和现场教学等。通过该项目的实施，强有力地推进了学校的教育教学改革工作，探索出了一条科学、扎实、有效的培养技能型人才的路子，有效地解决了理论与实践教学中长期存在的脱节问题。项目设计合理，具有很强的针对性、实用性和可操作性，在国内中等职业教育的汽车维修专业教学中处于有领先水平，具有较高的推广价值。

5.《重庆市实施在用汽车检查/维护（I/M）制度研究》

2003 年 3 月 28 日，重庆市道路运输管理局、重庆交通学院主研的《重庆市实施在用汽车检查/维护（I/M）制度研究》获得鉴定通过。项目于 2001 年 8 月启动，2002 年 10 月完成。主要研究人员有邵毅明、孙万发、张晓晖、王磊、束海波、余泽渥、简晓春、刘建勋、夏志洪和赵毅。该项目首先对中国 I/M 研究状况进行了调查研究，并远赴上海、北京等地调研和收集了相关资料。项目重点研究了在中国实施的在用汽车排放控制检测维护（I/M）制度的管理体制问题，提出了管理模式并开发了实施 I/M 制度的应用软件。项目提出了具有应用价值的重庆市实施在用车排放控制检测维护（I/M）制度的方案。该项研究对涉及中国实施在用汽车尾气排放检测维护制度的管理体制作了较深入的研究，提出了较合理的管理体制模式，这些研究为实施 I/M 制度提供了先进的技术手段，具有较好的应用价值和较显著的社会经济效益，研究成果在国内同类研究中达到领先水平。

三、航运港口

《三峡库区港航物流系统研究》

2004 年 9 月，重庆市港航管理局主研的《三峡库区港航物流系统研究》获得鉴定通过。项目于 2002 年 12 月启动，2004 年 6 月完成。主要研究人员张小勇、罗贯三、韩峰、刘德琼和师国平。该课题的研究在充分调研和借鉴中国东部港航企业物流系统运行和探索的基础上，结合三峡库区的地理、资源和区位情况，研究和提出了重庆发展现代物流应以建设港航物流系统为切入的点，以港口为物流节点、航运为主集疏方式，形成前有天然黄金运输水道，后有大规模工业区支撑的重庆港航物流枢纽园区，全方位为重庆市和西南地区提供物流服务；研究和明确了组建港航物流体系的载体——重庆港航物流集团的意义、作用、组成结构、组织形式、运行模式；经过比较分析建立了港航物流集团的业务流程模型和设计再造了基于该业务的作业流程、集团内子公司间业务流程。该课题的研究找出了重庆市发展现代物流的突破口，其实施对改善重庆的基础投资环境，降低物流成本，做大做强制造业、重化工业意义重大。

四、公共交通

1984 年 3 月 10 日，重庆市公用事业研究所成立。在重庆市公用事业研究所组建之初的一年多时间里，开展了计算机应用研究开发，在劳动工资管理、干部人事档案管理、城市公共交通辅助管理、公交驾驶员心律节律分析、英译汉等方面取得了研究成果，有的为管理部门所采用。

1988 年，重庆市公用事业研究所的软科学研究工作取得成果，主要是在公共交通决策支持系统开发、城市公共交通辅助管理网络系统应用开发、公共交通月票线网优化模式研究等软科学研究方面，获得四川省计算机优秀软件产品、重庆市软科学成果等奖项。

1990～1995 年，重庆市公用事业研究所先后完成了《1990 年重庆公交客运状况预测》《重庆市郊长途客运交通状况调查》等课题，并参与了重庆长江二桥选址调查的交通流量数据采集和处理。1991 年、1993 年和 1994 年，该所的重庆城市公交总体规划研究、重庆市轨道交通一号线二号线预可行性研究，又获得重庆市软科学研究和科技进步奖等奖项。

第二节　公路工程项目

一、路基路面

(一) 地方公路

1.《重庆市公路路面典型结构研究》

2002年1月11日，重庆市公路局、重庆交通学院主研的《重庆市公路路面典型结构研究》获得鉴定通过，并获得2002年中国公路学会科学技术三等奖。项目于1999年8月启动，2001年12月完成。主要研究人员有艾吉人、杨锡武、幕长春、梁富权、刘治军、黄维蓉、郑志明、谢强、蒙文和王瑞燕。该项目研制的路面典型结构既适用于较高等级的一、二级公路，又适用于较低等级的三级公路。随着重庆地区经济和交通的发展，尤其是“八小时重庆”交通工程的实施，大量的干线公路和地方公路需要改建和新建，因此，该项目对解决重庆地区水泥路面和沥青路面提前破坏、病害严重的问题，具有重要的应用参考价值。

2.《超重车辆对重庆市干线公路的损坏及寿命影响研究》

2002年1月11日，重庆市公路局、重庆交通学院主研的《超重车辆对重庆市干线公路的损坏及寿命影响研究》获得鉴定通过。项目于2000年7月启动，2001年12月完成。主要研究人员有唐伯明、何兆益、李健、许茂增、倪富健、蒙华和滕宏伟。该项目在对重庆市干线公路超载超限车辆大量调查、超载超限车辆对道路破坏与寿命影响研究分析的基础上，提出实施科学合理的管理以遏制和减少公路超载超限，预计每年可以为重庆市公路建设和养护管理部门减少2~3亿元左右的损失，从而确保公路的质量、使用寿命和公路运输的健康发展。

3.《水泥混凝土路面维修技术研究》

2002年12月，重庆市公路局、重庆交通科研设计院主研的《水泥混凝土路面维修技术研究》获得鉴定通过。项目于2000年8月启动，2002年12月完成。主要研究人员有李健、唐伯明、蒙华、李关寿、郑志明、廖劲松、邓志刚、王泽明、李德辉和袁登琼。该项目以国道319线黔江境K1987+100~K1988+100和K1996+300~K1997+300段试验路段进行维修改造试验。试验结果表明：冲击碾压法不仅把旧混凝土板块破碎到理想的块径，消除了反射裂缝的可能，而且还夯实了路基，加强了路面的整体结构强度。旧混凝土的罩面实际上用普通水泥混凝土是较优的选择，其路面使用寿命比较长，路面的早期破坏其实不是路面不耐久，而是建设过程中留下太多的质量缺陷，只要严把质量关，水泥混凝土罩面也是有较好前景的。

4.《重庆地区山区公路勘测设计指标选用的研究》

2003年11月9日，重庆公路学会、重庆市公路局、重庆市交委质监站主研的《重庆地区山区公路勘测设计指标选用的研究》获得鉴定通过。项目于2002年1月启动，2003年9月完成。主要研究人员有艾吉人、高光秀、许仁安、蒙华和刘志军。该课题的研究采用高科技的测试手段收集了大量的资料，用数理统计的方法，找出在保证行驶安全的前提下，在保证全路段运行速度达到设计行车速度的前提下适合于二、三级公路的平曲线极限最小半径和最大纵坡数据。课题成果的应用，在减少公路土石方及桥隧和防护构造物的工程量、降低工程造价等方面有明显的作用，同时将在一定程度上缓解山区公路建设资金不足的矛盾，从而有利于山区公路的建设。

5.《新老路基结合部处治技术》

2004年7月2日，同济大学、长沙理工大学、重庆市公路局主研的《新老路基结合部处治技术》获得鉴定通过，并获得2005年中国公路学会科学技术一等奖。项目于2001年11月启动，2003年12月完成。主要研究人员有凌建明、郑健龙、唐伯明、高燕希、黄琴龙、钱劲松、应荣华、蒙华和秦仁杰。项目深入系统地研究总结了道路拓宽工程中新老路基结合的主要方式及其分类方法、常见病害及其成因机理，提出了新老路基不协调变形的计算方法，揭示了新老路基不协调变形的特征规律、路面结构的力学响应及损坏模式。在此基础上，建立了基于不协调变形控制的路基拓宽设计理论和方法，系统地提出了不同条件下新老路基结合部的处治技术及其施工控制，并在重庆、陕西、上海三地6项依托工程中进行了应用和验证，最终形成了《新老路基结合部处治设计施工技术指南》。成果的应用将对保证西部地区公路路基施工质量、加快公路发展、提高工作效益、降低工程造价等有重要作用。

6.《三峡库区蓄水初期公路病害防治对策研究》

重庆市公路局承担交通部西部交通建设科技项目——《三峡库区蓄水初期公路病害防治对策研究》于2002年8月立项，2005年12月完成研究。该项目以确保三峡库区蓄水后道路、桥梁安全运营和公路畅通为目的，重点研究了库区大变幅水位作用下公路、桥涵灾害的诱发机理。对典型库岸路段公路、桥涵灾害进行了预测和灾害危险性等级评价，提出安全、经济便于实施的公路桥涵灾害治理措施。并基于Supermap IS建立重庆库区公路工程灾害防治对策支持系统，将本项研究的成果程序化。通过该系统的应用，逐步实现库区公路工程灾害治理和管理的数字化、信息化。其中对库水位下降时坡体内浸润线计算、平板斜坡小波高破波冲击压力计算、岸坡稳定性风险分析等理论成果达到国际领先水平，研究成果已经应用到中华人民共和国行业标准《公路路基设计规范》(JTG D30－2004)、重庆市地方标准《地质灾害防治工程勘察规范》(DB50/143－2003) 等规范，并在三峡库区多条公路滑坡治理工程中得到应用。

7.《公路水毁防治技术研究》

重庆市公路局承担交通部西部交通建设科技项目—《公路水毁防治技术研究》于2003年7月立项，2006年6月完成研究。该项目分别以西南地区的重庆市和西北地区的新疆维吾尔自治区为依托，在对中国公路水毁的成因机理、形成条件和控制因素进行调研分析的基础上，通过对公路水毁的预测方法和毁损等级评价、水文水力计算与冲刷分析方法、预防对策、防治措施及其设计方法和施工技术、设施抗水毁能力评价体系和方法等内容的系统研究，明确提出中国公路水毁的防治技术，并提供相应的公路水毁防治设计施工技术指南、设计参考图、示范工程，以及公路水毁地理信息系统（GIS）示范软件。项目中基于多相流理论的公路水毁防治三维数值分析模型达到国际领先水平。研究项目已成功应用于重庆和新疆的多项公路水毁防治工程。

（二）高速公路

1. 成渝高速公路重庆段系列研究

1993年12月，在重庆交通科技工作会上宣布的获奖项目中，成渝公路荣昌至来凤段二级路改一级路方案研究与实施、成渝公路三星沟路堤高填方软基处理、桥梁工程诊断机理及承载力测试研究、插入式不饱和分层石灰消解分筛系统4项成果，分别获得重庆市重大科技成果进步奖特等奖和一、二、三等奖。其中，成渝公路荣昌至来凤段变更设计的研究实施（即节省投资2.45亿元，减少占地2500亩）所获的特等奖为重庆市在新中国成立以来首次评出的奖项。1994年3月29日，成渝高速公路重庆段建设中的两项科研成果（即二级公路改为一级公路和三星沟大桥改为软基高填方路堤），又分别获得重庆市科技进步特等奖和一等奖。

2.《特细砂混凝土在高等级公路路面工程中的应用技术研究》

1999年4月30日，重庆高等级公路建设指挥部、交通部重庆公路科学研究所主研的《特细砂混凝土在高等级公路路面工程中的应用技术研究》获得鉴定通过。项目于1996年1月启动，1998年12月完成。主要研制人员有徐谋、黄莘、郑光荣、陈谦应、李祖伟、吕怀力、王进勇和刘锋。课题通过大量的室内外试验，解决了特细砂路面混凝土材料问题和滑模摊铺施工工艺问题，形成了成套技术，达到了高速、优质，经济的修筑特细砂水泥混凝土路面的目的，同时节约了路面面层工程投资15%。在滑模摊铺施工方式下，路面强度、耐磨性达到与普通施工方式相同的标准，特细砂混凝土与中粗砂混凝土相比，材料费用可节约15%左右，施工费用每公里可节约12.59万元。滑模摊铺施工的特细砂水泥混凝土路面，施工质量均匀、平整度好。与人工施工的相比，在设计使用年限内路面的保养维护费用可节约20%。

3.《高等级公路路面常见病害快速修补新型材料及技术》

2002年1月29日，重庆成渝高速公路有限公司主研的《高等级公路路面常见病害快速修补新型材料及技术》获得鉴定通过。项目于1997年1月启动，1998年12月完成。主要研制人员有曹明全、樊朝黎、张永祥和陈东。课题组针对山岭重丘高等级路面常见病害开发研制的一种新型高等级路面修补材料和规范的施工技术。该材料以常温沥青为主料，配以一定比例的溶剂油（汽油或轻油待定）、添加剂（主要成分为植物油）和符合规范要求的石料，进行强制拌和调配生产而成。此项成果已成功地应用在成渝高速公路路面养护工程中，利用破碎的旧路面沥青混凝土加热再生修补基层，及时快速修补高速公路路面常见病害，保证高速公路行车高速、安全、每年可节约养护费用40万元。

4.《半刚性路面基层施工质量控制方法研究》

2002年6月26日，重庆市高速公路建设有限责任公司、重庆交通公路科学研究所主研的《半刚性路面基层施工质量控制方法研究》获得鉴定通过。项目于1999年9月启动，2001年10月完成。主要研究人员李祖伟、谢文忠、李洪霞、唐树名、邓卫东、王文广、郑治、曾德云、汤秀英、袁登琼和张大贵。通过课题的研究，按半刚性路面基层施工质量控制方法进行现场质量控制，可保证竣工验收路面弯沉值达到设计指标的要求，从而大大延长了路面使用时间，保证了行车安全，减少了维修费用，其社会和经济效益不可估量。项目提出了最短可在7天时间做出评价半刚性路面基层弯沉指标的方法，缩短了施工中的工序衔接时间近20天。采用Φ 5×5cm试件进行强度试验，代替Φ 15×15cm试验方法，使试验工作简化，节省试验费用5倍以上。

5.《可移动式光纤警示系统应用技术研究》

2002年7月16日，重庆高速公路发展有限公司、重庆交通科研设计院主研的《可移动式光纤警示系统应用技术研究》获得鉴定通过。项目于1999年1月启动，1999年12月完成。主要研制人员有李洪霞、陈辉基、陈平、蔡晓峰、王卫平、张怒强、杨文军和田虹。该课题主要研究的可移动式光纤警示系统应用玻璃光纤，高亮度LED可组合形成多种图案、文字，系统具有对大雾穿透力强、视认性好和机动灵活的特点。该系统具有通信接口，可编辑、传输交通管理控制信息，并进行了光纤发光视角、透镜方式和光源比较研究，较好地解决了可视距离和视角问题。该项目的研究所提出的成果具有实用价值，对高速公路警示设备的技术进步起到重要作用，总体上达到国内领先水平，填补了高速公路可移动警示技术的空白。

6.《ARAN道路检测车开发应用研究》

2002年11月21日，重庆市公路工程质量检测中心主研的《ARAN道路检测车开发应用研究》获得鉴定通过。项目于1997年4月启动，2002年7月完成。主要研制人员有蒲培成、彭兴国、沈小俊、陈弩、宋涛、包建华和卢涛。该项研究从工程检测的实际需要出发，将ARAN道路检测车原方位子系统、动力弯沉子系统和粗糙度子系统分别改造形成新的几何度检测子系统、弯沉值检测子系统和平整度检测子系统。消化吸收了几何度检测子系统，实现了道路纵坡、横坡、平曲线检测的自动化；对比校正了弯沉值检测子系统，将动力弯沉结果直接用于路面检测评定中，实现了弯沉检测自动化、快速化；改造更换了平整度检测子系统，使道路平整度检测指标适应新的检验评定标准的要求，实现了道路平整度检测的自动化、科学化。ARAN道路检测车开发应用研究成果具有广泛的应用前景，并已应用于重庆市各条高等级公路新建路面的验收检测和日后的管养检测以及应用于路面管理系统的数据采集。

7.《新型柔性纤维混凝土薄层路面性能及应用研究》

2004 年 5 月 28 日，重庆北方高速公路有限公司、重庆交通学院主研的《新型柔性纤维混凝土薄层路面性能及应用研究》获得鉴定通过。项目于 2001 年 8 月启动，2004 年 3 月完成。主要研究人员有李祖伟、易志坚、钟宁、杨庆国、霍晓春、邓卫东、何兵和巫祖烈。该项目围绕柔性纤维混凝土在道路工程中的运用展开了系统的研究，首次提出纤维混凝土裂尖闭合力阻裂模型，揭示了柔性纤维混凝土抗裂和抗疲劳机理；首次提出设置隔离层的薄层柔性纤维混凝土典型路面结构形式；首次进行了普通混凝土路面和设置隔离层的柔性纤维混凝土路面的室内路面板对比试验；首次提出了路用柔性纤维混凝土的纤维合理掺量。通过柔性纤维合理选型后，采用的适宜于路用的柔性纤维价格为每公斤 29 元，每立方米混凝土掺入的柔性纤维的成本为 39.6 元。在保证比普通水泥混凝土路面结构具有更加优良的性能的基础上，设置"隔离层"的柔性纤维混凝土路面结构，面层厚度为 20 厘米，和普通混凝土路面相比可减薄路面厚度 5 厘米，修筑一平方米新型柔性纤维混凝土路面，直接经济投入减少 6～8 元。

8.《公路厚层土石路堤压实度快速波动检测技术研究》

2004 年 6 月 19 日，重庆市交通工程监理咨询有限责任公司、重庆交通学院主研的《公路厚层土石路堤压实度快速波动检测技术研究》获得鉴定通过。项目于 2002 年 11 月启动，2004 年 5 月完成。主要研究人员有黄卫东、赵明阶、赵立寿、吴国雄、徐容、李剑和韦刚。该课题研究成果首次建立了土石路堤压实度波动测试的理论模型及土石复合路堤压实度的快速波动检测技术，对土石复合介质的波动理论研究具有创新意义。该课题研究成果在土质路堤压实度检测方面明显优越于传统检测方法，而对于土石混填路堤填补了国内尚无有效压实度测试方法的空白。该课题研究成果对保障山区公路建设中土石混合路堤填筑的压实质量和提高路堤施工速度具有极其重要的现实意义。该项技术的形成将使检测成本在传统方法的基础上直接节约成本 93% 以上。另外，由于该项技术能实现施工现场适时检测，为现场压实施工参数的即时修正提供依据，从而有效保证了公路的修筑质量，防止运营期的沉降及其造成的各类损失。

9.《渝邻高速公路填方路基沉降处治技术研究》

2004 年 7 月 16 日，重庆渝邻高速公路公司、重庆交通科研设计院主研的《渝邻高速公路填方路基沉降处治技术研究》获得鉴定通过。项目于 2002 年 2 月启动，2004 年 6 月完成。主要研究人员有敬世红、郑治、乔宏、邓卫东、陈彬、唐树名、李海和刘涌江。该课题的研究以重庆地区常见的泥岩、砂岩和页岩土石混合填料方路堤为研究对象，以渝邻高速公路为依托工程，开展全线填方路基分类和对于有危险的路段的处治措施建议研究，根据试验结果提出采用强夯进行全线填方路基压实的段落划分与技术方案。中国中西部地区大多处于山区，高填方路堤、陡坡路堤不可避免，路基沉降问题较为突出。减少路基沉降病害的技术措施会越来越受到公路建设部门的重视。该课题成果立足于采用经济、可行的办法进行填方路基再压实的施工和质量控制，应用前景十分广阔。

10.《山区特殊工程条件下的高填方涵洞合理结构及施工控制研究》

2004 年 10 月 18 日，重庆南方高速公路有限公司、重庆交通学院主研的《山区特殊工程条件下的高填方涵洞合理结构及施工控制研究》获得鉴定通过。项目于 2002 年 9 月启动，2004 年 9 月完成。主要研究人员有王文广、杨锡武、包飞、周建廷、周武召、张永兴 和谭华。该课题研究了不同边界条件下高填方涵洞土压力随填土高度变化的规律及拱效应，提出了施工简单、效果显著的高填方涵洞"加筋桥"减载方法和非线性土压力计算理论，制订了填土高度 18 米≤H≤50 米，孔径 2～5 米的高填土方盖板涵和拱涵通用参考图。提出了山区地形环境条件下高填方涵洞以及加筋减载涵洞的施工组织方法、施工质量要求、材料质量要求等施工质量控制指标。在未来山区高等级公路的修建中，高填方路基仍然是重要路基形式之一，高填方涵洞是这些高填方路段必不可少的排水结构物，这为该项目研究成果的推广提供了广阔的应用前景。同时，该项目相关研究成果对水利水电工程的深填埋地下涵管设计也具有重要的参考价值，在其他土建行业中将具有良好的推广应用前景。

二、桥梁工程

（一）地方公路

1.《桥梁无缝伸缩推广技术》

1997年12月22日，重庆市公路养护总段主研的《桥梁无缝伸缩推广技术》获得鉴定通过。项目于1997年1月启动，1997年12月完成。主要研制人员有刘志军、谭晓东、曹明全、乔瑞华、张学源、周志荣、向心全和杨照庸。该技术依托工程为国道210线1822K+335处铁路跨线桥。该桥采用无缝伸缩缝新工艺施工，成本低廉，施工简便，质量可靠，具抗低寒、耐高温特性，零下40℃时不会变脆，70℃时不会流动，且可多次还原修复。至2005年，国内共修建了5000多米该种桥梁伸缩缝，这些修好的伸缩缝基本上都经历了酷夏和严冬的考验，所有伸缩缝都完好如初。部分省市已大面积推广应用，重庆地区也在普通公路和成渝高速路试验修建，经追踪观测，完好如初。

2.《重庆市国省干线公路桥梁健康诊断》

2006年12月2日，重庆市公路局主研的公路行业科技项目《重庆市国省干线公路桥梁健康诊断》获得鉴定通过。项目于2003年6月启动，2006年6月完成，获得2006年度重庆市交通科学技术奖二等奖。主要研究人员有乔墩、张永水、蒙华、唐伯明、郑志明、罗红、王庆珍、王技、林兵、黄海东、黎峰、向中富、樊德、王克诚、符冠荣。该项目将模糊数学与公路桥涵养护技术规范相结合，调查了重庆市国省干线公路桥梁的使用现状，确定了其每一座桥梁的技术状况和技术等级，对重庆市国省干线公路桥梁的损伤（病害）进行了分类和统计，归纳出拱桥损伤（病害）的9种主要形式，建立了重庆市国省干线公路桥梁使用状况数据库，建立了适合重庆市国省干线公路桥梁使用状况模糊综合评价系统，初步提出了重庆市国省干线公路桥梁中危桥的处理方案。同时，针对重庆市国省干线为数最多的实腹式石拱桥的承载能力，对石拱桥破坏机理进行了深入的研究，提出了石拱桥病害成因和破坏机理计算模型，对旧石拱桥承载能力的评定具有实际使用价值。项目组完成了合同规定的研究内容，成果具有创新性，达到国内先进水平，部分成果达到国内领先水平。

（二）高速公路

1.《横张预应力砼梁工艺及性能实验研究》

1996年12月，重庆交通学院、重庆高等级公路建设指挥部、重庆市公路工程监理处、重庆市渝通公路工程总公司主研的《横张预应力砼梁工艺及性能实验研究》获得鉴定通过，并获得1999年重庆市科技进步一等奖。项目于1995年7月启动，1996年12月完成。主要研究人员有周志详、徐谋、黄钢、孙庭伟、郑光荣、龚尚龙、江炳章、韩景华、任超、张大庆、胡仕斌、唐鑫、赵灿晖、施常伟和彭在萍。该项目研究横张预应力砼梁的制作工艺及原理，从理论上论证了其可行性和合理性，并进行实验验证。项目完成了30米标准跨径高等级公路简支T型梁的1片主梁的工艺及受载行为的试验研究；完成了两片5米跨径横张预应力砼小梁的制作，研制了横向张拉设备及定位配件，补充了横张预应力砼梁的施工及质量检验条文；完成了横张预应力砼梁在静力循环荷载及开裂后的力学行为考查，提出了初步的设计计算方法，从实践上证明了其可行性和先进性。经过试验比较表明，采用横张预应力砼梁较常规后张预应力砼梁可节省材料经费20%，提高工效30%，具有显著的技术经济效应和社会效应，有广阔应用前景。

2.《高大轻型桥台设计和施工方法的研究》

1998年11月26日，重庆高等级公路建设指挥部、交通部重庆交通科学研究所主研的《高大轻型桥台设计和施工方法的研究》获得鉴定通过，并获得1999年重庆市科技进步三等奖。项目于1997年6月启动，1998年10月完成。主要研究人有员李祖伟、张金彦、李洪霞、许万春、朱文、王明銮和杨红。该项目研究的公路桥梁的高大轻型桥台较原设计重力式 U 形桥台节工数量 80%，直接节省 33 万元。这种新型的高大轻型桥台，解决了中国高大桥台沿用传统结构形式工程数量大、造价高的问题，从理论上、计算上提出了全新的轻型桥台结构模式，提出了一套较成熟、完善的高大轻型桥台设计和施工方法，该项目的应用推广，为国家桥梁设计规范提供了新的技术资料。

3.《杨公桥单柱连续梁桥平基爆破结构安全控制研究》

1999 年 4 月 23 日，重庆高等级公路建设指挥部、重庆公路学会主研的《杨公桥单柱连续梁桥平基爆破结构安全控制研究》获得鉴定通过。项目于 1997 年 4 月启动，1999 年 3 月完成。主要研究人员有李祖伟、俞川林。该项目以渝长高速公路沙坪坝杨公桥为依托，研究已建成桥梁在平基爆破条件下，梁体的安全度、可靠度。在确保桥梁梁、柱、桩和邻近建筑物安全的条件下，平基爆破时的最佳距离和最佳用药量。根据理论分析和结合爆破施工国家标准“规程”，得到以下监控指标：柱顶水平位移 $\delta \leqslant 12mm$，柱底垂直震动速度 $V \leqslant 10cm/s$，柱底垂直加速度 $a \leqslant 0.5g$ 。城市中进行立交桥建设时，在有限的拆迁条件下，维持既有交通状况，先修建高架桥转移交通，再进行桥下匝道和道路的平基开挖施工，在这一方面该项目做了卓有成效的尝试，并取得了良好的经济效益和社会效益，具有较好的推广应用前景。

4.《横张预应力砼技术在 T 型梁桥中的应用研究》

1999 年 5 月 19 日，重庆交通学院、重庆高等级公路建设指挥部主研的《横张预应力砼技术在 T 型梁桥中的应用研究》获得鉴定通过。项目于 1997 年 3 月启动，1998 年 9 月完成。主要研究人员有周志祥、徐谋、李祖伟、郑光荣、李洪霞、黄钢、张大庆、韩景华、杨丽梅、彭在萍和胡仕斌。该项目首次将横张预应力砼技术应用于桥梁工程，取得了宝贵的经验。验证了设计理论，改进了配套的张拉设备及定位配件，使横张预应力砼技术趋于实用化。课题组先后完成横张预应力砼 T 形梁的理论分析和施工图设计，现场监控和改进提高，荷载监测和分析总结，初步形成了横张预应力砼 T 形梁系统的设计计算方法、施工技术要求、质量检验方法及配套的横向张拉设备及定位配件体系。该课题研制的横张预应力砼梁不仅具有良好的力学性能，且避免了逐一成孔、穿束和张拉、锚固的烦琐，减少了预应力的损失。不需要专用的锚具和锚下加强钢筋，节省了波纹管和部分预应力钢筋，提高工效 30%。实际应用表明，横张预应力砼梁可节省造价达 25%，节省工期 1/3。

5.《桥梁大体积混凝土基础结构施工问题的研究》

1999 年 5 月 5 日，重庆高等级公路建设指挥部、重庆市交通工程监理咨询有限责任公司主研的《桥梁大体积混凝土基础结构施工问题的研究》获得鉴定通过，并获得 2000 年重庆市科技进步三等奖。项目于 1998 年 3 月启动，1999 年 4 月完成。主要研究人员有徐谋、赵立寿、李祖伟、张权、郑光荣、杜国平、周家明、王亚伟、朱文、张力和濮家利。该项目运用数值传热学方法对桥梁承台基础大体积混凝土施工温度控制的数值模型、通水冷却、地面传热、表面换热、管道布置、管内流动、管壁热密、分层浇筑、薄层浇筑等问题进行了深入研究。通过选用低水化热水泥、适当增加粉煤灰用量和合理掺加外加剂，为承台基础大体积混凝土施工温度的控制，提供了有效途径。该项目的研究奠定了桥梁承台基础大体积混凝土施工温度控制的理论基础。数值分析方法研究、配合比实验研究、施工温度测试系统和方法等成果应用于工程实践并取得良好效果，经过了大佛寺长江大桥、綦江大桥、马桑溪长江大桥承台基础施工的检验和验证，课题研究成果具备进行推广应用的条件。

6.《横张预应力砼技术在箱型梁（板）桥中的应用研究》

1999 年 6 月，重庆交通学院、重庆高等级公路建设指挥部主研的《横张预应力砼技术在箱型梁（板）桥中的应用研究》获得鉴定通过。项目于 1998 年 12 月启动，1999 年 4 月完成。主要研究人员有周志祥、徐谋、李祖伟、李洪霞、曾德云、韩军、阳光、蔡婧、张江涛、樊杰、宋敏和马骏。该课题先后完成了横张预应力砼箱梁（板）的理论分析和施工图设计，现场监控和改进提高。

荷载检测和分析总结，初步形成了横张预应力砼梁（板）系统的设计计算方法、施工技术要求、质量检验方法和配套的横向张拉设备及定位配件体系。实践中成功地建造了渝长高速公路徐家沟大桥和四川省的荥经大桥。横张预应力砼梁（板）极大地简化了施工工艺，降低了技术要求，减少了预应力损失，确保了预应力钢束与梁体黏结的可靠性以及梁体预应力分布的合理性，具有明显的技术效益，可节省约25%的工程造价。横张预应力砼梁（板）提高了工效，其工期通常可比预计工期缩短约30%。

7.《长涪高等级公路龙溪河特大桥深水基础处治方案及施工工艺研究》

2000年1月5日，重庆高等级公路建设指挥部、铁道部大桥工程局重庆工程指挥部主研的《长涪高等级公路龙溪河特大桥深水基础处治方案及施工工艺研究》获得鉴定通过，并获得2001年重庆市科技进步三等奖。项目于1998年5月启动，1999年10月完成。主要研究人员有徐谋、李祖伟、黄卫东、陈海平、王文广、杨治涛、刘友金、邹新泉和熊伟。该项目以在建的长涪高速公路龙溪河特大桥为依托，研究了桥梁建设中的基础施工，尤其是深水倾斜基岩基础的施工。该桥的1号墩基础水深达18米，墩位处河床倾斜岩体高差达12米，为确保该桥基础能安全、优质、快速地完成，该项目经分析研究，采用改良“栽桩法”新施工技术方案。经检验，桩身长度、垂度、强度指标均达到优良水平。该技术方案在龙溪河大桥深水基础施工中获得成功，解决了特大桥深水基础中地面陡坡，地质情况复杂的大孔径桩施工难题。所采用的改良施工工艺，技术先进，工艺创新，节省工程投资362万元，工期缩短6个月。同时，由于避免了水下爆破大开挖，取得了良好的环境效益。

8.《JQG160/50A型公路架桥机》

2000年5月25日，重庆渝通公路工程总公司主研的《JQG160/50A型公路架桥机》获得鉴定通过。项目于1997年9月启动，1998年1月完成。主要研制人员有郭嘉银、程德宏、黄刚、胡永生、黄支建、彭和平和温嘉陵。为按时完成嘉陵江高家花园大桥北引桥，特引进先进技术，制造了JQG160/50A型公路架桥机。该架桥机是一种“双梁式尾部喂梁，整机带梁横移，整跨桥逐片落梁就位，步履式纵移”的架桥设备。它对于整幅桥中间两片梁中心距小于3米的桥梁，可以整幅架设，也可以左、右半幅分别架设。可双向架设30～50米任何形式的梁片。最大架设跨度为50米，额定起重量160吨，整机自重250吨。该架桥机适用于各种跨度桥梁的架设，并能适应曲线桥梁的架设。同时，该架桥机还具有拆装方便、便于运输、便于操作、电器控制系统安全可靠的优点。

9.《大跨径斜拉桥稳定性研究》

2002年8月，重庆交通学院、重庆高速公路发展有限公司主研的《大跨径斜拉桥稳定性研究》获得鉴定通过，并获得2003年中国公路学会科学技术二等奖、2003年重庆市科技进步三等奖。项目于1999年1月启动，2001年12月完成。主要研究人员有顾安邦、向中富、徐君兰、李祖伟、李洪霞、孙淑红、阳光、杨刚、杨文军、施尚伟、包飞、陈勇勤、李良田和黄明庆。该课题依托大佛寺长江大桥，研究了大跨径斜拉桥的稳定性分析方法，进行了施工与成桥状态稳定性的理论分析，完成了施工与成桥状态稳定性模型试验。该成果对大佛寺大桥的设计起了重要参考作用，并及时指导了其施工。对今后大跨径斜拉桥的建设和规范的修订、完善等具有重要意义。

10.《大跨径斜拉桥抗震、抗风与稳定性研究》

2002年11月12日，重庆高速公路发展有限公司、重庆交通科研设计院、西南交通大学、重庆交通学院主研的《大跨径斜拉桥抗震、抗风与稳定性研究》获得鉴定通过。项目于1999年1月启动，2001年10月完成。主要研究人员有蒙进礼、张力、顾安邦、廖海黎、许晓锋、张太雄、郑史雄、向中富和徐君兰。课题针对依托工程进行了抗震、抗风和稳定性研究。在抗震研究方面，进行了大佛寺长江大桥工程场地地震安全性评价研究，得到了地震输入参数，对该桥址的地震烈度进行了复核，并对桥址的地震地质灾害进行了评价。在抗风研究方面，提出了一种识别桥梁断面气动导数的新方法——加权整体最小二乘法（WELS）。在国内首次成功进行了斜拉索风（雨）致振动的风洞试验研究，提出了多种对抑制风（雨）致振动有效的斜拉索 PE 套外形。在稳定性研究方面，对大跨径斜拉桥的几何、材料非线性进行了深入研究，得到了大跨径斜拉桥不计非线性影响而得出的线性稳定安全系数不符合实际，对结构设计而言是偏危险的，考虑非线性影响后的计算结果是合理的结论。对大佛寺大桥施工过程和成桥状态进行了稳定性模型试验。该成果是针对大跨径斜拉桥进行的研究，对其他大跨径桥梁，如悬索桥、拱桥等的设计和施工也有很好的技术参考作用，只要对成果稍加改进就可以直接运用到其他大跨径桥梁，推广应用前景较好。

11.《桥梁结构性态自动监测系统装置》

2002 年 12 月 31 日，重庆交通学院、重庆大学主研的《桥梁结构性态自动监测系统装置》获得鉴定通过。项目于 1997 年 11 月启动，2002 年 12 月完成。主要研制人员有肖盛燮、蒲培成、彭兴国、沈小俊、杨泽林、青家龙、邓传斌、王家林、杨芳明、曾德荣和 吴国松。在检测装置研制开发、软件系统开发研究及桥梁病害损伤度机理研究方面，在原有机械设备诊断系统及数据采集系统的基础上，该课题对数据采集系统进行了改造设计，完成了全过程的变送器试制，研制了附加式应变位移传感器，并开发出桥梁状态特征提取及运行状态库管理系统。另外，编制了桥梁结构静、动态分析系统及仿真程序，研究了旧桥评价方法及评价软件程序系统，进行了桥梁病害及损伤度机理研究，建立了相应的关系模型，对桥梁评价体系的进一步建立和进行可靠性评定奠定了理论基础。该成果包括便携式和固定式两种产品形式，便于推广应用，系统功能完善，动态信号监测精度≥90%，监测系统判别准确率≥85%，系统的适应性、先进性、成本及经济效应较好。

12.《大佛寺长江大桥安全监测系统研究》

2003 年 4 月 23 日，重庆市高速公路发展有限公司、同济大学、重庆大学主研的《大佛寺长江大桥安全监测系统研究》获得鉴定通过。项目于 2001 年 8 月启动，2003 年 1 月完成。主要研究人员有徐谋、陈德伟、陈伟民、阳光、周宗泽、李洪霞、朱永、李欣然、夏小泉、张权和杨文军。该成果主要包含大跨度桥梁信息获取的新型传感子系统、信息采集与远程传输的现场无人值守测站子系统、数据的自动分析与安全评价三大部分研究内容，以及系统的现场技术、试验考核及示范工程。该成果解决了多项技术难题，填补了多项国内空白，综合技术水平达到国内领先、国际先进。该成果在自身的推广应用中产生了巨大的直接经济效益，同时大幅度节约了桥梁安全人工观测的费用，并产生了大量间接的经济效益。另外，通过其科学的记录，避免了人工观测的主观性、任意性，从而提高了大型桥梁的安全管理水平与效率，为桥梁安全提供了更为有效的保障手段，提高了桥梁的安全性。

13.《长涪高等级公路斜阳溪大桥吊装技术研究》

2003 年 8 月 6 日，重庆高等级公路建设指挥部、中铁集团二局五处重庆工程指挥部主研的《长涪高等级公路斜阳溪大桥吊装技术研究》获得鉴定通过，并获得 2002 年度中国公路学会科学技术三等奖。项目于 1998 年 6 月启动，1999 年 12 月完成。主要研究人员有王文广、郑宝迪、李洪霞、黄卫东、李祖伟、邹新泉、杨治涛、熊伟和施龙清。长涪高速公路斜阳溪特大桥集高墩（墩高最高达 95 米）、大跨（净跨径 132 米）、连拱（4 孔）、索道跨度大（跨径 655 米）、吊重重量大（设计吊重 70 吨）、地形条件差等于一体的桥梁工程。该项目经过分析研究，采用的技术方案为架设一副吊重为 70 吨的工作索道的缆索吊装系统施工主拱箱及拱脚以上所有预制构件。采用穿“钢背心”吊装合拢方案解决主墩只能承受单片拱肋的设计，采用按双基合拢的主拱箱吊装方案。利用万能杆件组拼爬架施工双壁空心薄壁高墩。从该项目设计方案与研究开发方案比较，节省投资 890 万元。项目研究的施工技术为多孔、大跨、墩高、吊重大、施工难度大的桥梁工程修建提高工效、节约投资、确保安全、质量、工期提供了工程实践经验。

14.《山区深谷大跨径拱桥结构体系及施工技术研究》

2003 年 12 月 18 日，重庆渝邻高速公路有限公司、重庆交通学院、重庆北方高速公路有限公司主研的《山区深谷大跨径拱桥结构体系及施工技术研究》获得鉴定通过。项目于 2001 年 10 月启动，2003 年 12 月完成。主要研究人员有周志祥、李祖伟、敬士红、王银辉、李洪霞、乔红、钟林和李剑。该项目的主要研究内容为：已有大跨径拱桥的结构体系综合分析，山区深谷地形对桥梁设计和施工的特殊性要求，提出了预应力混凝土八字形刚架拱桥的结构体系和配套施工技术，对渝邻高速公路试点工程桥按所提出的新桥型方案完成初步设计，施工阶段和使用阶段的计算机模拟分析，小比例模型试验验证，进行渝邻高速公路试点工程的施工图设计，进行渝邻高速公路试点工程桥施工工艺研究和施工技术指导。该项研究开发出了一种适于跨越山区深谷大跨径拱桥的新型结构体系和配套施工技术，此种桥型较常规混凝土拱桥减少施工用地 60%，且在确保施工安全、使用可靠的条件下明显地简化了工艺，提高了工效，较常规混凝土拱桥缩短工期约四分之一，并较常规混凝土拱桥节省工程费用约 20% ~30%。

15.《多跨简支梁桥桥面连续工艺及性能研究》

2004 年 4 月 29 日，重庆市渝邻高速公路有限公司、重庆交通学院主研的《多跨简支梁桥桥面连续工艺及性能研究》获得鉴定通过。项目于 2002 年 6 月启动，2003 年 12 月完成。主要研究人员有向中富、敬世红、何畅、乔宏、黄海东、陈彬、巫祖烈、张力和陈世民。该课题在广泛调研的基础上，依据线弹性理论推导出简支梁桥桥面连续构造在各种工况下的最大应力计算公式，为改善简支梁桥桥面连续构造提供了理论依据。该课题首次提出了“聚丙烯腈纤维混凝土”“低弹模的改性环氧混凝土”及“贴纤维布”等 3 种桥面连续构造的新工艺，以改善连续桥面性能。研究成果已用于渝邻高速公路长田湾大桥上。应用该研究成果可以在增加极少成本的情况下较好的改善新建和既有桥面连续结构的性能，极大地增长其使用寿命，具有极大的直接经济效益，就重庆市而言，每年预计节省桥面连续结构处治费 100 万元。

16.《30 米跨径预应力砼空心板设计施工偏差及其对结构性能的影响》

2004 年 6 月 26 日，重庆交通学院、重庆高速公路发展有限公司主研的《30 米跨径预应力砼空心板设计施工偏差及其对结构性能的影响》获得鉴定通过。项目于 2003 年 1 月启动，2004 年 6 月完成。主要研究人员有李洪霞、周志祥、任超、王文广、范亮、涂凌、濮家利和向阳开。该项目收集了重庆境内桥梁工程中采用较多的 30 米跨径预应力空心板的设计和施工资料。研究了空心板施工和使用阶段的力学性能及破坏形态并通过对理想无损模型和纵向裂缝模型的计算机对比分析，研究了纵向裂缝对整个构件力学性能的影响，利用计算机分别对按设计要求施工和实际施工状况的局部区域进行了模拟，分析了设计和施工偏差对局部受力性能的影响，考察了纵向裂缝对 30 米跨径预应力混凝土空心板疲劳性能的影响，对已产生明显偏差的 20 座桥梁结构的安全性和寿命做出了评估并提出了已产生偏差的处理对策以及在设计与施工中如何避免偏差的出现。项目通过计算机模拟，论证了试验和分析结论的正确，分析结果对该类桥梁相应管理措施和处置方案具有较好参考价值。首次对预应力砼薄壁空心板的设计施工偏差进行了系统的试验和研究，研究结论有较强工程意义和实用价值，对确保同类桥梁结构的可靠性具有现实意义。

17.《高桥台开裂机理及对策研究》

2004 年 6 月 26 日，重庆交通学院、重庆高速公路发展有限公司主研的《高桥台开裂机理及对策研究》获得鉴定通过。项目于 2001 年 6 月启动，2003 年 6 月完成。主要研究人员有周志祥、何兵、王成、黄明庆、陆萍和董倩。在对重力式高桥台调查研究基础上，通过理论分析、模型试验研究和计算机模拟分析，弄清了高桥台开裂破坏机理，并据此对重力式高桥台的设计计算方法、细部构造措施等开展了系统研究，提出了避免高桥台开裂的合理构造形式及措施，在现行规范基础上提出了设计计算的简单修正公式，给出了不同桥台高度的改进构造措施和相应设计图表。该项目首次提出对新建圬工高桥台采用钢筋混凝土 U 形圈梁及增设倒角的复合增强方式。该项目研究成果的应用填补了国内 10 ~20 米高桥台无可靠专用图的空白，使得设计有章可循，施工简便。提出的高桥台的合理构造措施，采用推荐的新型桥台，可避免出现桥台开裂事故，省去了巨额的加固费用及麻烦，不仅适用于新建桥梁，同时还可进一步应用于旧桥加固及构造工程。

三、隧道工程

（一）地方公路

《通渝深埋特长隧道高地应力与围岩稳定性研究》

2004 年 10 月 22 日，重庆市公路局、重庆交通学院主研的《通渝深埋特长隧道高地应力与围岩稳定性研究》获得鉴定通过，并获得 2005 年中国公路学会科学技术三等奖。项目于 2002 年 9 月启动，2004 年 4 月完成。主要研究人员有唐伯明、徐林生、艾吉人、乔墩、蒙华、杨君、慕长春和王庆珍。该项目结合“八小时重庆”建设攻坚工程——通渝深埋特长隧道的施工实践，将工程地质研究与岩石力学研究结合，综合运用数值模拟和微观分析手段，对其高地应力与岩爆、大变形的工程地质环境条件、分类与分级、形成机理、发生规律、监测预报、防治工程措施等专题，进行了较为系统的研究。提出了岩爆类型、岩爆烈度的划分新方案及其相对应的防治工程措施，提出了正确预报各级烈度岩爆的量化判据；提出了公路隧道围岩大变形三级划分的新方案及其相应的各级大变形防治工程措施，并对发生高地应力挤压型大变形的三种基本力学机制作了理论探讨。项目取得的一系列研究成果，对今后类似工程的建设均具有重要的借鉴推广应用价值。

（二）高速公路

1.《粉煤灰在公路长隧道衬砌中的推广应用》

1996 年 12 月 19 日，重庆高等级公路建设指挥部、铁道部二局四处重庆指挥部主研的《粉煤灰在公路长隧道衬砌中的推广应用》获得鉴定通过。项目于 1998 年 1 月启动，1998 年 12 月完成。主要研制人员有李洪霞、竹成林、曾德云、赵祖平、周武召、鲁立方、魏大海、阳光、龙虎和莫友平。该项目研究准确合理地解决了粉煤灰与水泥和砼外加剂的相溶性，粉煤灰的掺量和设备配套计量等问题，确定了砼的组合材料为重庆九龙坡电厂 II 级散装粉煤灰，江津普硅 425 水泥，TE－1 砼外加剂，细河砂，旱土 10 ~30 毫米碎石，并确定粉煤灰取代水泥的掺量为 15%。在减少 15% 水泥量的情况下，强度提高 5% ~10%，抗渗性能提高 20%，体现了良好的技术效益。在渝长高速公路铁山坪隧道上万立方米衬砌砼中，成功运用了 II 级散装粉煤灰超量取代砼中部分水泥这一技术，创造直接经济效益 130 万元，且实践证明，粉煤灰运用技术简单可行，易于普及。

2.《隧道机电工程弱电防雷》

2002 年 4 月 30 日，重庆成渝高速公路有限公司主研的《隧道机电工程弱电防雷》获得鉴定通过。项目于 1998 年 6 月启动，1999 年 6 月完成。主要研制人员有曹明全、刘先明、刘梨、刘月雷和罗斌。成渝高速公路中梁山、缙云山隧道属于雷击多发区，隧道机电设备在原设计及工程实施中未考虑弱电防雷问题，致使两隧道设备曾多次不同程度地遭受雷击破坏。该项目主要研究内容是按照国家公安部要求，按照 A 类防雷系统进行设防。在隧道中使用的所有计算机、监视、控制、通讯、火灾报警等设施的电源、控制、信号回路中全方位的加装防雷保安器，并重新布设了防雷接地系统，将弱电防雷接地和其他接地分开，沿隧道全长敷设铜接地线。该弱电防雷系统于 1998 年底实施完毕，在 1999 ~2001 年 3 年内隧道弱电设备多次遭受雷击，但弱电设备均未遭受损坏，保证了隧道的安全运行，达到了预期的效果。

3.《隧道紧急车辆通道闸门实现电动控制》

2002 年 4 月 30 日，重庆成渝高速公路有限公司主研的《隧道紧急车辆通道闸门实现电动控制》获得鉴定通过。项目于 1998 年 8 月启动，1998 年 12 月完成。主要研制人员有刘先明、易定瑜、邹景用和王选华。该项目以成渝高速公路中梁山、缙云山隧道紧急车辆通道设施为对象，研究解决了在特殊情况下能迅速地开启车辆紧急通道门的安全措施，以确保隧道发生紧急情况时车辆能安全快速地疏散。该项目利用圆盘式电机驱动和电控保护的原理来实现对隧道内的车辆紧急通道门的电动控制，同时具有手动启闭的功能，开启时间限制在1分钟以内。该技改项目的应用确保了隧道在发生严重交通事故或火灾情况时的洞内车辆疏导和防灾救援，控制事故范围的进一步扩大，可将设备及人员的损失降到最低。

4.《钢纤维混凝土在公路隧道初期支护中的应用研究》

2002年10月25日，重庆高速公路发展有限公司、重庆市交通工程监理咨询有限责任公司、重庆大学、同济大学主研的《钢纤维混凝土在公路隧道初期支护中的应用研究》获得鉴定通过。项目于1998年7月启动，2000年4月完成。主要研制人员有李祖伟、赵立寿、阳光、濮家利、李洪霞、袁勇、张权、夏小泉、杨红和钱觉时。该研究项目选用重庆地区特细砂、机制砂和钢纤维为主要原料，并适当调整级配，使其细度模数达到中砂的要求，级配接近中砂。适当调整了施工工艺，使用普通混凝土喷射机和干喷工艺进行特细砂钢纤维混凝土的施工，取代钢筋网和素喷射混凝土。采取现场取样、室内试验的方法，深入研究了钢纤维混凝土的物理力学性能。在此基础上经过工程应用计算与现场实测分析，将钢纤维喷射混凝土成功地应用到三车道大断面隧道地初期支护中，取得了良好效果。该项目的研究成果所建议的设计方法、材料配合比、施工工艺和现场质量控制方法具备可操作性，有利于就地利用资源、简化施工工艺、改善施工质量控制方法。可广泛运用于相关的公路隧道衬砌工程，有显著的经济效益和社会效益，对于中国广大地区的高速公路隧道建设有重要意义。

4.《公路隧道防水技术研究与实施》

2002年10月25日，重庆高速公路发展有限公司、重庆市交通工程监理咨询有限责任公司、重庆大学、同济大学主研的《公路隧道防水技术研究与实施》项目获得鉴定通过，项目任务由交通部安排，从1999年1月启动项目，至2001年10月完成。主要研制人员有周家明、周欣、阳光、濮家利、张权和袁勇。该项目根据真武山隧道工程水文地质条件，采用数值模拟的方法对地下水的水头和涌水量进行了计算分析及进行了弹簧排水管排水量估算。在此基础上，在真武山隧道选择试验段，提出可采用“以排为主，提高二次衬砌防渗能力，取消防水板，加强施工缝防水设计”的设计思路先进可行。同时，应用特细砂、机制砂配置了自防水混凝土，进行了掺粉煤灰和外加剂配和比的设计。该项目主要针对真武山公路隧道的综合防排水设计和施工技术，对于全国广大地区的高速公路隧道建设有重要意义。所采用的设计方法、材料配合比、施工工艺和现场质量控制方法具备可操作性，有利于就地利用资源、简化施工工艺、改善施工质量控制方法。可广泛运用于相关的公路隧道防排水工程，有着显著的经济效益。

5.《隧道内沥青路面铺装技术研究》

2003年12月29日，重庆高速公路发展有限公司、重庆北方高速公路有限公司、重庆交通科研设计院、重庆渝邻高速公路有限公司、重庆市智翔铺道技术工程有限公司主研的《隧道内沥青路面铺装技术研究》获得鉴定通过。项目于2001年1月启动，2003年12月完成。主要研制人员有李祖伟、陈仕周、钟宁、陈辉强、牟建波、吴光蓉、霍晓春和敬世红。该项目分析了隧道铺装的使用条件，根据具体的使用环境，提出了适合隧道铺装的要求。根据要求，设计了3种隧道铺装的组合结构：水泥砼+防水黏合剂+SMA沥青砼、水泥砼+防水黏合剂+浇注式沥青混凝土、水泥砼+防水黏合剂+薄层抗滑层。研究了防水型黏合剂的防水性能以及与水泥混凝土及铺装层的黏合性能，通过对比试验，开发了阻燃改性沥青并检验了其综合性能，研究了阻燃改性沥青SMA混合料、浇注式沥青混合料和薄层抗滑层材料的组成及性能，开发了防水型黏合剂和薄层抗滑层材料及阻燃改性沥青。同时，通过对渝合高速公路北碚隧道和西山坪隧道的工程实施，进一步研究并完善了隧道铺装施工工艺。该课题中阻燃改性沥青的研制，在国内尚属首次。研究成果对于今后修订隧道路面铺装的相关规范、规程等具有重要的参考价值。

四、边坡防护

（一）地方公路

《土锚钉加固路堑高边坡应用研究》

2000年12月29日，重庆交通学院、重庆市公路局主研的《土锚钉加固路堑高边坡应用研究》获得鉴定通过。项目于1998年6月启动，2000年10月完成。主要研究人员有吴国雄、乔瑞华、凌天清、赵济明、李显义、刘治军、李正川和冯光乐。该课题建立了室内土钉墙模型，进行了室内试验，采用相应的测试手段，创建了用以分析土钉墙的弹性——理想塑性本构模型，验证分析了土钉墙的受力机理，修正编制了相应的土钉墙计算程序。研究了土钉设计方法的一般步骤，建立了土钉稳定性分析方法，对土钉墙设计参数进行了分析和研究，采用计算程序，能给出一定土壤类型、墙面倾角等条件下合理的土钉参数。与其他挡土技术或支护类型相比，土钉支护具有很多独特的优点：材料用量和工程量小，施工速度快，施工设备轻便，操作方法简单；对场地适应性强；结构轻巧，柔性大，有很好的延性；加固方式安全可靠；节约造价，工程应用表明土钉工程可节约总造价30%左右，而工时则为通常支护的50%～70%。

（二）高速公路

1.《高等级公路施工中路旁高层重要建筑保护措施技术研究》

1998年10月13日，重庆市高等级公路建设指挥部、重庆交通学院主研的《高等级公路施工中路旁高层重要建筑保护措施技术研究》获得鉴定通过。项目于1996年6月启动，1998年9月完成。主要研究人员有李祖伟、林新、韩锦华、龙琼、李洪霞、程昌华和李佑荣。该项目以正在修建中的国道主干线——渝长高速公路沙坪坝路段为依托，研究路旁高层重要建筑设施安全保护的措施技术方案。该项目经过分析研究，采用的支挡技术方案为预应力锚索挡墙。沿建筑物附近路基开挖边线布置一排桩，在地面处将各桩桩顶联结起来形成整体，在桩顶与横梁交叉处设置预应力锚索，能够在路基开挖之前，完成对路旁高层重要建筑地基的加固工作，再由远到近逐层向下开挖路基。该项目提出的预应力锚索挡墙结构，技术措施先进，保护了高层重要建筑的安全，可在近郊高速公路建设及城市建设中房屋密集的地区推广采用。该科技成果应用于渝长高速公路建设中，少拆迁房屋9698平方米，节省工程投资1039.7万元，具有明显的经济效益和社会效益。

2.《公路边坡生态防护新技术研究》

1998年10月30日，重庆市高等级公路建设指挥部、交通部重庆公路科学研究所主研的《公路边坡生态防护新技术研究》获得鉴定通过。项目于1997年12月启动，1998年10月完成。主要研究人员有李祖伟、崔涛、李洪霞、张华君、蔺陵、邓卫东、黄明庆、方波平、李佑荣和赵德志。该项目通过复合营养土保水、土壤结构改良、护坡植物品种优选等技术措施的综合应用，向植物提供充足的水分和养分，改善土壤结构，并挑选出优良的护坡植物品种，从而快速促进植被生长。同时，项目又针对岩质边坡的生态防护问题，通过移土锚喷施工技术，在岩质边坡表面建立一个土层稳定、有一定厚度、水分和养分充足、抗雨水冲刷的植物生存环境，使护坡植物在复合营养土的促长作用下，全面、迅速地加固边坡。该技术成果的推广应用，将明显提高山区高等级公路边坡生态防护技术水平，改善生态防护措施的使用效果，促进生态防护技术的发展，并产生不可估量的环境经济效益。

3.《山区高等级公路加筋高路堤陡边坡研究》

1998年12月24日，重庆高等级公路建设指挥部、重庆交通学院主研的《山区高等级公路加筋高路堤陡边坡研究》获得鉴定通过，并获得1999年重庆市科技进步三等奖。项目于1996年7月启动，1998年11月完成。主要研究人员有徐谋、杨锡武、李祖伟、欧阳仲春、李洪霞、刘大超、韩锦华、杨芳明、任超和曾德荣。加筋高路堤陡边坡研究主要是解决目前山区高等级公路建设中存在的高填方边坡变形大，引起路面变形破坏，影响道路正常使用，以及高填方路基占地宽、拆迁多、工程造价高等问题。该课题应用离心模型试验对比研究了不同加筋方式的加筋边坡的变形性态、加筋对边坡稳定的影响以及经济合理的布筋方式；得出了3种加筋土的E－u模型参数；编制了加筋边坡稳定性设计程序，提供了基础设计工具。渝长高速公路B合同段183米长，高21.0米，坡比1:0.75的加筋陡边坡试验段的修筑成功，取得了良好的经济效益，通过加筋技术，增加高填方边坡稳定性，与较陡的边坡比，减少占地和拆迁，节约工程费用。

4.《预应力锚固工程综合检测试验台》

2003年4月26日，重庆市公路工程质量检测中心、重庆交通学院、重庆市渝通公路工程总公司主研的《预应力锚固工程综合检测试验台》获得鉴定通过。项目于2001年7月启动，2003年3月完成。主要研制人员有王继成、彭兴国、程德宏、王志洪、蒲培成、韩均、许强、廖劲松、应文宗。该课题根据GB/T14370－2000标准研制的锚具、夹具、连接器专用试验台架，在现行台架的基础上加以改进，按预定目标和计算机自动控制技术进行研制的。该系统充分发挥了计算机自动控制技术功能，建立了人机互动界面。该台架应用计算机控制技术，自动化程度高，重复精度高，对试验过程实现全过程监控，能准确而客观的反映锚具内在质量，对锚具质量控制意义重大。在长时间内交通基础设施的建设任务繁重，预应力工程中的锚固体系试验也必然量大繁多。故该台架具有十分重大的社会意义和可观的经济效益，推广应用前景广阔。

5.《山区高等级公路高边坡防护方法研究》

2003年8月6日，重庆高等级公路建设指挥部、重庆交通科研设计院主研的《山区高等级公路高边坡防护方法研究》获得鉴定通过。项目于1998年11月启动，2002年6月完成。主要研究人员有徐谋、唐树名、李祖伟、邓伟东、濮家利、郑治、李洪霞和汤秀英。该课题通过广泛的调研，深入的理论计算分析，结合实体工程及室内外试验，对工程岩体分类定量化方法获取路堑边坡岩体参数、边坡锚固机理、锚固边坡稳定性计算及设计方法、锚固边坡施工工艺等进行了较完善的研究。编制了一套较完整的公路边坡锚固防护方法的计算程序。提出的锚作用力简化的“三类条块法”、锚固路堑边坡安全系数取值标准、加锚后边坡破裂面的变化等成果具有创新性。应用该课题的研究成果，可降低边坡前期勘探费用及室内试验费用不低于15%，大大减少了边坡失稳事故。研究成果具有一定的创新性和使用价值，可为行业规范的修订提供了依据。

6.《万梁高速公路路堑边坡预裂爆破技术研究与工程应用》

2003年10月9日，重庆渝东高速公路有限公司、重庆大学、重庆渝达公路桥梁总公司主研的《万梁高速公路路堑边坡预裂爆破技术研究与工程应用》获得鉴定通过。项目于2001年6月启动，2003年4月完成。主要研究人员有章勇武、邱贤德、杜国平、余永强、杜小平、王心飞、刘亮、刘立、蒙建华、张兰、姜永东 石鹏和何勇才。该课题对预裂爆破设计理论、参数进行了深入研究，较好地解决了层状复合岩体预裂爆破关键技术问题，得出了一定条件下预裂爆破力学模型和破坏准则；对层状复合岩体的爆破损伤机理和损伤破坏过程进行了试验研究，建立并应用边坡预裂爆破损伤结构模型对岩体的损伤破坏过程进行了数值模拟；得出了预裂爆破能有效地降低爆破地震效应、冲击波和噪声危害的结论，建立了预裂爆破的专家系统。该研究成果在万梁高速公路工程得到了运用，加快了施工进度，降低了材料消耗，降低了边坡加固费用，提高了边坡稳定性，取得了较好的经济、安全和社会环境效益。

7.《重庆山岭地区高速公路边坡稳定性预测及治理研究》

2004年7月10日，重庆市交通工程监理咨询有限责任公司、重庆大学主研的《重庆山岭地区高速公路边坡稳定性预测及治理研究》获得鉴定通过。项目于2001年4月启动，2002年3月完成。主要研究人员有黄卫东、姜德义、赵立寿、刘新荣、周欣、任松和李剑。该课题以万梁高速公路为依托，对重庆市所有高速公路边坡进行了科学分类，对边坡的产生机理、影响因素、稳定性预测方法以及滑坡的治理措施进行了归纳研究，研发了一套适用于重庆特殊地质环境的边坡信息管理系统，以助于边坡的合理管理和治理，并对以后高速公路修建过程中产生的边坡工程问题提供了辅助的决策支持。该项目采用的岩性—结构—变形三级分类方案具有创新性，在高速公路边坡研究理论和实用上具有很大价值。理论研究成果具有很高的科学价值，不仅对丰富和发展中国灾害预报理论，并推动工程地质学、环境地质学及岩体力学向更高层次发展具有重要的意义。该项目的研究成果在其他类型边坡的管理、预测、治理等方面，也具有很好的推广应用前景。

第三节　港航工程项目

一、港口建设

《三峡库区大水位差港口码头的结构形式和装卸工艺研究》

1999 年 5 月 4 日，重庆市航运管理处主研的《三峡库区大水位差港口码头的结构形式和装卸工艺研究》获得鉴定通过。项目于 1998 年 1 月启动，1998 年 12 月完成。主要研究人员有黄超、郭德椿、罗宏、唐涛、阳爱民和邵燕来。该课题主要分析了现有的大水位差码头的结构形式和装卸工艺的优缺点，并根据成库后库区各港口的地形和水位变化特点，结合装卸工艺的发展，对斜坡码头、半直立半斜坡码头、大直径圆筒直立码头等适合库区港口的码头结构形式和装卸工艺进行了分析探讨，并根据库区各主要港口的水位特征和地形条件，提出了相应的码头结构形式和装卸工艺的建议意见，为今后大水位差码头的建设提供了借鉴资料。长江三峡工程建设成库后，库区水位变幅高达 40 米，在大水位差的情况下，港口、码头的建设可参考该课题，以减少水下工程量，节约复建资金，并保证库区港、航企业在三峡工程建设期能正常经营。

二、船舶航运

（一）船舶

1. 可调式转轴密封装置

1987 年 10 月，四川省重庆轮船公司退休职工、原轮机长黄永泉发明的可调式转轴密封装置，在比利时布鲁塞尔第 36 届尤里卡国际博览会上获金牌奖。

2. 《440kW 平头涡尾拖轮研制》

1995 年 10 月 14 日，重庆市科学技术评审委员会发布“一九九五年度重庆市科学技术进步奖评审公告”，其中重庆市交通系统的《440kW 平头涡尾拖轮研制》获二等奖。

3. 《小型船舶安全性研究》

1998 年 6 月 10 日，重庆市船舶检验处主研的《小型船舶安全性研究》获得鉴定通过。项目于 1997 年 1 月启动，1997 年 12 月完成。主要研制人员有张小勇、彭先文和何建平。该课题所研究的确定小型船舶重量重心的方法简称为称重法。称重法是一种与倾斜试验完全不同的新方法，即将试验场所由水面转移到陆上，把采集试验数据的过程由动态变为静态，因而最大限度地保证了试验数据的可靠性。称重法排除了小船倾斜试验中几乎所有不确定因素，因而也就消除了几乎所有不确定因素造成的累积误差，从而大大提高了小船重量重心的试验精度。与同船倾斜试验结果相比，称重法可减少重量误差 10.8%，重心高度误差可减少 28.8%。在确定小船重量重心时，称重法完全可以代替倾斜试验法适用于长 10 米以下的运输船及公园景区水面的游览船，也适用于空船重量 1.8 吨以下的小艇。

4. 《支干直达高速客运船舶选型研究》

2002 年 8 月 30 日，重庆市港航管理局主研的《支干直达高速客运船舶选型研究》获得鉴定通过。项目于 1999 年 1 月启动，1999 年 12 月完成。主要研制人员有张小勇、韩峰、范春根、张家骥、徐伟、腾林和陈兴元。该课题研究的主要内容为确定支干直达高速客运船舶的选型方案和布置总图，总结出了最佳的内河支干直达的高速船型，并根据此方案建造的实船“长江8号”运营成功。以此船型开通了重庆至沿河（贵州）水上实际距离369公里的高速通道，途中时间8小时，优于陆路。该船型是中国内河最大的支流干流直达高速客运船舶。这种船型对进一步发展、推广山区河流的高速船具有指导价值。支干直达水上高速通道渝沿航线的开通具有很高的社会效益，其运输效益和观光旅游的舒适性方面优于同类型的高速客船，达到国内先进水平，可促进乌江沿岸经济不发达地区的社会进步和经济发展。该课题研究船型通过实船运营证实宜在内河支干直达航道和山区河流航道推广应用。

（二）航道

1.《重庆市船闸技术改造门型及输水方式研究》

2000年11月30日，重庆市港航管理局主研的《重庆市船闸技术改造门型及输水方式研究》获得鉴定通过。项目于2000年1月启动，2000年9月完成。主要研制人员有杨大伦、曾涛、文传平、彭金伟和郝岭。该课题以重庆市现有船闸为研究对象，针对其存在的问题进行研究，寻求应采取的合理的输水系统形势及闸阀门结构形式，使全市的水上运输网络充分发挥作用。船闸是航道的重要设施，船闸运行的好坏、输泄水时间、闸室停泊条件等因素将直接影响船闸的通过能力，针对船闸门型及输水方式进行技术改造，降低船闸的维护成本，提高船闸的通过能力，将对重庆市航运带来极大的经济效益和社会效益。

2.《重庆市各支流水域禁航水位研究》

2002年7月17日，重庆市港航管理局主研的《重庆市各支流水域禁航水位研究》获得鉴定通过。项目于2000年8月启动，2002年4月完成。主要研究人员有张孟川、宁萍、徐学敏、王国元和陆朝辉。重庆是西南地区的水陆交通枢纽，现有通航河流30余条，通航里程2323公里。其中，等外级通航航道里程为1300公里，通航水域较为发达。主要通航支流有嘉陵江、涪江、乌江及大宁河等，均无完整的航道测绘资料。现行禁航水位均属经验性水位，设置也不尽统一。该课题对各支流的自然情况进行了实地考察，收集了各航道地质、水文、流速、运输状况等第一手资料。同时，召集了当地有经验的驾驶人员和安全管理人员，根据航道等级、船舶等级、运输繁忙程度和相关水文资料提出了初步意见，整理并研究得出了重庆市各通航支流的禁航水位。研究成果为重庆市各级水上交通主管部门提供了制订各支流禁航水位设置的依据，对重庆市各通航支流的港口码头复建工作、航道规划及评价工作具有借鉴作用、参考价值和指导意义，是重庆市历史上首次对各支流水域的禁航水位进行的科学性、系统性的专题研究。

3.《三峡库区累积性淤积对通航净空尺度的影响研究》

2002年7月25日，重庆西南水运工程科学研究院、重庆市港航管理局主研的《三峡库区累积性淤积对通航净空尺度的影响研究》获得鉴定通过。项目于1998年1月启动，1998年12月完成。主要研究人员有舒荣龙、杨大伦、文传平和彭金伟。该课题分析研究了三峡库区回水变动段长江干流及主要支流航道现状以及三峡成库后回水变动段在不同运行时期长江干流及主要支流的泥沙淤积，河床演变及水流条件的变化对桥梁通航净空尺度的影响。根据研究成果和山区河流特征，确定干流及主要支流通航最高水位，计算通航净空尺度。该课题弄清了库区泥沙淤积对桥梁通航净空尺度的影响，其研究成果可作为桥梁和跨河建筑物通航净空尺度确定的计算依据。

第四节　信息化项目

一、公路建设管理

（一）公路建设

1.《公路设计动态三维效果实时生成系统》

1999 年 12 月 30 日，重庆市公路勘察设计研究院、重庆交通学院主研的《公路设计动态三维效果实时生成系统》获得鉴定通过。项目于 1998 年 3 月启动，1999 年 5 月完成。主要研究人员有陈杰、徐生明和李淑庆。该系统采用计算机三维图形、图像处理技术，将已有的道路 CAD 系统的设计数据接入该系统，经该系统的高速处理算法处理，在实时着色子系统中，使用者就可以观察汽车在公路上行驶的实时三维效果，并可与系统交互以控制观察位置、角度、行驶速度等而获得不同的观察效果。该系统已投入实际应用，各设计机构普遍反映良好。该系统的可视化功能无论对于道路初设或是详细设计均提供了不可或缺的检查功能，有利于及时查出设计缺陷，减少反复，缩短设计周期，提高设计质量，因而其社会效益比较显著。对于设计部门来说，缩短设计周期、提高设计质量能降低设计成本、提升企业的知名度，由此带来不低的直接和间接的经济效益。

2.《检测试验微机管理系统》

2003 年 1 月 9 日，重庆市公路工程质量检测中心、重庆海特科技发展有限公司主研的《检测试验微机管理系统》获得鉴定通过。项目于 1997 年 1 月启动，1998 年 12 月完成。主要研制人员蒲培成、彭兴国、廖劲松、张启佑、卢涛、宋涛和黄洪胜。该系统软件基于 C/S 架构，数据库建立在 SQL Server 7.0 上，前台应用程序用 Visual C 程序开发，主要应用于交通工程、建设工程试验检测机构的试验检测管理。该系统现已形成了一套集试验检测机构的业务管理和试验检测数据处理、数据汇总保存为一体的软件，能对试验检测过程中的收样、财务收费、相关业务科室做实验、单位领导审批、试验检测报告的发放这些环节予以全过程的管理，提高管理效率。该系统彻底解决了单机版所存在的信息无法共享的不足，对主要指标能自动进行计算和打印试验检测报告，在全国范围内率先提出了试验检测全过程控制和管理这一全新概念并在重庆市公路工程质量检测中心得以实现。

3.《公路桥梁设计方案三维模型自动生成及实时渲染系统》

2003 年 1 月 16 日，重庆市公路勘察设计研究院主研的《公路桥梁设计方案三维模型自动生成及实时渲染系统》获得鉴定通过。项目于 1999 年 4 月启动，2002 年 11 月完成。主要研究人员有陈杰、严斌和廖勇。该系统采用 ActiveX 技术，以 AutoCAD R2000 为 ActiveX Automation Server 实现。建模数据来源于桥梁设计图，包括至少有立面、各个主要断面及必要的平面布局，各部分可用不同的绘图比例，图中对各个设计部分可使用任意的 AutoCAD 二维绘图手段组合描述，系统可分析识别三维放样轮廓，进而生成各个桥梁三维模型。系统还提供适用于桥梁建模的空间模型准确定位手段，建模成果随时可视。该系统构思巧妙，功能齐备，算法先进，软件运行稳定可靠，对于桥梁 CAD 设计图有较广泛的适应性、宽容性。使用这个系统进行建模工作，其效率提高在 20 倍以上，并可满足大多数桥梁建模应用的需要。所生成的模型能保持 CAD 系统特有的精确性，其建模速度、精度、易用性处于国内先进水平。

4.《涵洞计算机设计与成图系统》

2003 年 12 月 18 日，重庆市交通规划勘察设计院、重庆海特科技发展有限公司主研的《涵洞计算机设计与成图系统》获得鉴定通过。项目于 1998 年 1 月启动，1998 年 12 月完成。主要研究人员有刘炳林、姚小松、钟明全、徐生明、吴进良、刘建军、陈勇军、徐川和岳红亮。该课题的主要研究成果是用最新的开发技术保证了系统的可维护性和易用性，并提供了二次开发支持，开发了完全自主知识产权的CAD平台，提供了可以用于准确计算弯、坡、斜组合条件下的涵长准确解算的路线引擎核心，支持的涵洞类型多，功能齐全，人机交互功能和开放性好，基本上覆盖了涵洞设计的各个环节，细节考虑周全，提供了较多的智能辅助设计工具，显著提高了效率。该项目成果的早期版本已在200多家单位推广应用。

（二）公路管理养护

1.《成渝高速公路（重庆段）数据库》

1997年12月15日，重庆市公路勘察设计研究院、重庆交通学院、陕西省交通厅信息站、重庆市重点公路建设指挥部、重庆市成渝高速公路管理处主研的《成渝高速公路（重庆段）数据库》获得鉴定通过。项目于1995年2月启动，1997年12月完成。主要研究人员有李淑庆、陈杰、腾宏伟、傅作良、石飞、谭江丽和王卫平。该数据库对以成渝高速公路为主题的公路数据及相关的地理数据等信息、资料进行集成化管理，是成渝高速公路管理的决策支持系统。该系统作为重庆市和西南地区成功开发的第一个公路行业数据库，将为重庆市二、三级公路数据库的开发和信息化建设提供经验，促进公路管理的科学化、数据化、现代化。

2.《公路桥梁管理系统CBMS－WIN V4.0》

1997年12月29日，交通部公路科学研究所、重庆市公路养护总段主研的《公路桥梁管理系统CBMS－WIN V4.0》获得鉴定通过。项目于1996年6月启动，1997年12月完成。主要研制人员李昌铸、乔瑞华、刘治军、王晓晶、夏晓霞和李北涛。该课题将基于CBMS－DOS版下用ORA－CLE数据库开发的数据库处理子系统，改进为CBMS－WINDOWS95下的FOXPRO数据库管理方式，从而与CPMS同数据库管理。增加了“GIS地理信息系统”功能，使信息查询快捷直观，与多媒体相连，实现了图、声、像同屏操作，增加了“桥梁预决策子系统”功能，通过该系统的运行可以得出桥梁生命周期技术状态的发展状况以及需投资的项目和投资额。根据该系统提供的功能科学决策，能提高养护资金利用率约10%，预计CBMS－WIN V4.0新版成果在全国推广后，可使桥梁维修改造资金增值2000万元。此外，由于工作环境的改善，管理效率的提高，社会化服务信息的健全，会带来巨大的社会效益。

3.《车辆购置附加费综合管理系统》

1998年12月25日，重庆市交通局信息通讯总站、重庆市车辆购置附加费征收管理办公室、重庆同晟软件技术有限公司主研的《车辆购置附加费综合管理系统》获得鉴定通过。项目于1998年3月启动，1998年10月完成。主要研制人员有李先彬、罗宇辉、邱杰、张强、唐安乐、邓洪金、任建卫和朱福凯。基于《客户/服务器的车购费综合管理信息系统》采用符合当代发展潮流的新技术，采用客户/服务器计算模式和大型数据库技术，解决了以前文件共享模式带来的网络传输利用率低下、数据安全性和完整性差的弊病，从根本上提高了系统的工作效率，增强了系统的安全性和可靠性，同时新系统有效地解决了旧系统的数据串岗等问题，使系统功能较旧系统更完善。系统采用32位系统和客户/服务器计算模式，符合目前计算机技术的发展趋势，并且充分保护了旧系统原有的投资。该系统从系统平台、软件功能等方面已达到了国内行业领先水平，是车购费综合管理行业的一个优秀应用软件。该系统在万县、涪陵、黔江、永川四地投入使用，实现重庆车购费征收联网，彻底解决了重庆市车辆购置附加费征收部门地域分布散、联系不便、征费数据共享性差的弊端。

4.《公路监理工程合同管理系统》

1999年3月1日，重庆市公路工程监理处主研的《公路监理工程合同管理系统》获得鉴定通过。项目于1997年1月启动，1997年12月完成。主要研究人员龙涛、李勇、杜国平、梁庆和刘晓涛。该系统由建设工程、合同工程、工程台账、工程变更、工程支付、报表、查询、数据交换、系统管理等9个子系统组成。该系统采用可视化面向对象技术、SQL数据库技术，使数据与程序相对独立，使系统具有友好的用户界面、统一的操作风格、良好的数据安全性和完整性管理，有较强的扩充性和适应能力。与工程实际结合紧密，能够完成工程费用监理的日常工作，既能满足各种公路工程合同管理的需要，也能大大提高工程费用计量支付的准确性和工作效率。该系统不但可对工程费用进行动态管理和严格、公正地控制工程费用支出，而且将节省合同管理方面的人力1/2以上，缩短竣工决算时间一半，预计将节省工程费用2‰左右。可进一步规范监理工作和建设项目管理工作，具有良好的经济和社会效益。

5.《重庆市交通征费稽查局征费稽查系统》

2001年5月12日，重庆市交通征费稽查局、重庆市博恩科技有限公司主研的《重庆市交通征费稽查局征费稽查系统》获得鉴定通过。项目于2000年1月启动，2000年5月完成。主要研制人员有潘武新、张本强、王志、黄贤英、吴洪铭、赵勇勤、陈晓明和蒋山。该项目研究成果主要目的是解决车辆规费征收的Y2K和日常管理问题。该系统顺利地将老系统平滑的移植到了新系统，保证了养路费、货运附加费和客运附加费的顺利正常继续征收。该系统采用客户/服务器技术保证了一套应用系统适应单机和网络环境的应用，使得整个局的应用系统统一规范便于维护。为后续系统的数据挖掘和分析提供了完整的基础数据，使得后期的分析工作量大大减少，从数据上为领导的预测和决策提供了非常好的保障。系统杜绝了老系统存在的死机和非正常操作过程导致系统的数据一致性较差、数据断链导致收费信息的准确性差的问题。该系统主要是推广到重庆市40个区县使用，对于队伍的稳定和人员素质的提高起到了积极作用，规范了有些区县的收费标准执行问题，减少了人员的投入，提高了收费的准确性和及时回笼相关资金。

6.《设备管理系统软件开发》

2002年4月30日，重庆成渝高速公路有限公司主研的《设备管理系统软件开发》获得鉴定通过。项目于1999年1月启动，1999年12月完成。主要研制人员有张跃宁、沈翔、裴文南、易定瑜和黄茂江。该软件主要研究了固定资产、低值易耗品及备品备件等设备管理、各种设备记录的查询、报表统计以及资产核算。该项目所开发的程序采用Visual Foxpro 6.0自带的数据库管理系统及程序设计系统，引进了许多大型数据库管理方法设计管理数据库，保证了数据的安全性和可靠性，并能及时统计、查询、分析设备的运行状况，查询系统准确、及时可靠。该软件适用于中小型企业设备管理部门使用，可以大大节约人力、物力，提高工作效率，全面地掌握设备的动态情况和各项综合数据，有计划地进行设备管理、维修、保养以及备件采购等工作。

7.《成渝高速公路东段现行通讯系统的优化》

2002年4月30日，重庆成渝高速公路有限公司主研的《成渝高速公路东段现行通讯系统的优化》获得鉴定通过。项目于1997年1月启动，1997年10月完成。主要研制人员有沈翔、刘斌和张特森。该项目主要解决成渝高速公路东段450米无线电调度系统通讯盲区的覆盖问题。项目采用3台KG-110差转台作为隧道内通信中继台，并分别在两隧道洞口架设了两副定向天线，用于覆盖隧道盲区。自行开发设计了450MH2调度网与市话网的通讯接口，调整了全线两个差转台的天线、馈线及架设方位，减少了部分路段的盲区现象，使无线调度更加畅通。上述措施使得成渝高速公路东段的通讯质量有所改善，基本可以保证成渝高速公路东段450米范围内的正常的信息传递。方便各管理部门之间信息的传达，提高了对紧急事件的调度的可靠性和救援工作的及时性。

8.《基于GIS高速公路机电维护管理系统》

2004年6月17日，重庆高速公路发展有限公司、北京中交联通网络技术开发有限公司、重庆高速公路发展有限公司渝涪分公司主研的《基于GIS高速公路机电维护管理系统》获得鉴定通过。项目于2003年5月启动，2003年12月完成。主要研制人员有李洪霞、郑其焌、龙虎、石飞、王文广、陈平、任建卫、沈翔、张伟光和柳忠彬。该系统将先进的地理信息系统GIS技术、数据库技术有机结合在一起，建立了渝涪机电空间数据库和高速公路机电属性数据库，即渝涪路收费系统、监控系统、通信系统、供配电系统等机电属性信息数据库。并对高速公路机电维护管理进行了定性分析与定量研究，提出了高速公路机电维护管理制度、维护标准，即《重庆高速公路机电维护管理制度与标准》《重庆高速公路机电维护规程》。成功构建了一套规范化的、功能完善的机电维护管理信息平台，建立了高速公路机电维护评价体系，可用于对当前高速公路机电维护情况进行自动分析，使定性管理与定量管理相结合，变被动管理为主动管理，将高速公路机电维护管理提升到一个新的层次。该系统改变了人工分析机电数据传统维护管理方式。具有机电维护办公自动化功能，可节约大量的人力、物力，为机电维护决策提供翔实的科学依据，极大地提高了高速公路管理水平。

9.《重庆市高等级公路（高速公路）联网收费系统》

2003 年 3 月 29 日，重庆高速公路发展有限公司、成都曙光光纤网络有限责任公司主研的《重庆市高等级公路（高速公路）联网收费系统》获得鉴定通过，并获得 2003 年重庆市科技进步二等奖，被评为 2003 年国家倍增计划优秀项目。项目于 1998 年 8 月启动，2002 年 6 月完成。主要研制人员有徐谋、李祖伟、田世茂、任建卫、秦志光、张强和李洪霞（课题介绍见第五章第二节高速公路信息系统）。

10.《联网收费路网智能化管理系统》

2004 年 6 月 21 日，重庆高速公路发展有限公司、成都曙光光纤网络有限责任公司主研的《联网收费路网智能化管理系统》获得鉴定通过。项目于 2003 年 3 月启动，2004 年 5 月完成。主要研制人员有何彪、向光华、文中富、李苓佳、赵书丽、张强和任建卫。（课题介绍见第五章第二节高速公路信息系统）

11.《重庆高速公路养护（综合）管理系统》

2004 年 7 月 30 日，重庆高速公路发展有限公司、武汉理工大学主研的《重庆高速公路养护（综合）管理系统》获得鉴定通过。项目于 2002 年 5 月启动，2004 年 5 月完成。主要研制人员有徐谋、杨春金、李洪霞、阮军、候长勇、杨红、尹莉、吴志辉和王文广。该系统采用地理信息系统 GIS 为开发平台，综合利用计算机软、硬件及可视化技术、工程数据库技术及全球卫星定位技术 GPS 等，进行了实地数据采集，该系统采用地理信息系统 GIS 为开发平台，综合利用计算机软、硬件可视化技术、工程数据库技术及全球卫星定位技术，研制了渝涪、渝黔、上界、渝合、成渝高速公路的电子地图等内容，从而改变了人工分析路况数据和制定维修方案的传统养护方式，可节约大量人力、物力，为养护决策提供了翔实的科学依据，极大地提高了高速公路管理水平。

12.《重庆市公路地理信息系统》

2004 年 10 月，重庆市公路局、重庆数字城市科技有限公司主研的《重庆市公路地理信息系统》获得鉴定通过。项目于 2001 年 10 月启动，2003 年 11 月完成。2005 年 5 月，获得重庆市科技进步三等奖。主要研制人员有郑磊、唐伯明、艾吉人、蒙华、罗灵军、王庆珍、许仁安、周平、郑志明和孙志刚。该系统采用地理信息技术、关系数据库技术、网络技术进行开发，基于 1:25 万重庆基础地形图、采用组件式 GIS、参照全国公路普查数据库开发建立，实现了与管理信息系统（MIS）之间的无缝集成。通过系统实现了监控、管理现有的公路网，规划建设重庆市骨架公路网。系统将各种公路资料信息的计算机网络集成管理，并具有简洁便利可视化的数据录入功能和方便的查询与维护功能，具有一定的开发功能，用户可以根据工作需要对系统进行扩充。系统的成功建立为重庆市公路管理部门提供了科学的管理手段和决策依据及辅助手段。

13.《高速公路建设工程项目管理系统》

2004 年 12 月 23 日，重庆高速公路发展有限公司、重庆市博恩科技有限公司主研的《高速公路建设工程项目管理系统》获得鉴定通过。项目于 2001 年 3 月启动，2003 年 12 月完成。主要研制人员有李祖伟、罗军、李洪霞、吴琪、王卫平、罗京和濮家利。该项目开发的软件为基于 B/S

架构的公路建设项目管理软件，能极好地解决多用户（业主、监理、施工单位）、跨时空共享信息的问题，用户通过普通的上网条件就可进行工程信息管理，所有参建单位和与工程项目相关的用户，通过一套软件即可随时随地共享工程项目管理信息。该产品可被广泛运用于高等级公路、二级公路、区县公路以及乡村道路的建设管理中。

二、公路运输

1996 年，重庆交通系统有 9 项科技成果获重庆市科学技术进步奖。其中，属于公路运输方面的有 3 项：获二等奖的有重庆汽车站客运综合管理系统研究，获三等奖的有重庆成渝高速公路运营车辆性能测试及安全管理对策研究和中心城市一级汽车客运站污水粪便达标排放综合处治技术研究。

（一）《重庆市准驾证管理信息系统》

1997 年 12 月 17 日，重庆市公路运输管理处主研的《重庆市准驾证管理信息系统》获得鉴定通过。项目于 1996 年 1 月启动，1997 年 10 月完成。主要研制人员有胡湘、梁雄耀和周林。该信息管理系统具有数据录入、数据修改、数据查询、数据统计、数据输出、数据维护等功能，可进行图文混录、磁卡快速查询、打印准驾证副证等功能。系统界面友好，操作简单方便，具有实用性和安全可靠性。该成果在 1998 年上半年内在重庆市原 21 个区（市）县及万县、涪陵市和黔江地区运管处推广应用，1998 年下半年在万、涪、黔的 22 个区县推广应用。该成果的推广使用，每年可创造效益约 50 余万元，投入产出比为 1:15。

（二）《条形码技术在道路旅客运输中的应用》

1998 年 6 月 26 日，重庆市公路运输管理处、交通部标准所主研的《条形码技术在道路旅客运输中的应用》获得鉴定通过。项目于 1996 年 1 月启动，1997 年 12 月完成。主要研制人员有黄同科、陈忠富、梁雄耀、孙渝平、彭昌勇、熊长桔、徐婷婷和于永在。该课题对条码技术在中国道路旅客运输中的应用进行了全面的调查和分析并介绍了条码自动识别硬件技术和条码应用系统软件技术、数据接口技术、条码检票系统结构、条码符号载体的选择、质量控制和检验等内容，并指出了应用中应注意的问题。该课题成果为制订了汽车客运站计算机售票系统的配套标准提供了依据，并已应用到交通行业标准汽车客票条码中。条码技术的应用将使检票、报班、结算等工作效率大大提高：检票速度较人工提高 3 ~5 倍，每个检票口在任一发车时刻将原有的 15 分钟缩短到 5 分钟，同一检票口在某一发车时段得可检班次增加 3 ~5 倍，并可同时检验多个班次。

（三）《公路运输管理信息网络系统》

2003 年 4 月 2 日，重庆市道路运输管理局、亚桥软件（中国）有限公司主研的《公路运输管理信息网络系统》获得鉴定通过。项目于 1998 年 12 月启动，2002 年 12 月完成。主要研制人员有孙万发、吴宏伟、胡湘、唐亮、向喆、郑明和李卫军。该系统是面向重庆市道路运输行业管理的计算机网络信息系统，主服务器使用了高性能的 HP/LH6000，主干网使用光纤。对市局和区县处、所的连接，使用了带宽为 2M 的宽带网。通过系统管理员权限的设定，每个客户端所拥有的功能不同，且每个客户端都装有自动同步软件。采用的是物理中央数据库，数据控制简单。该系统将查询分析系统独立出来，同时与主系统保持着无缝的联结，这是重庆运管通的一大特色，独立的查询分析系统大大增强了系统的灵活性，能充分满足用户严谨多变的个性化需求。界面严谨一致，极大地方便了用户的操作，真正地做到了“一处会用，处处会用”，社会经济效益显著。

三、航运港口

（一）《重庆市水上运输客票微机售票管理与联网》

1999 年 4 月 13 日，重庆市航运管理处主研的《重庆市水上运输客票微机售票管理与联网》获得鉴定通过。项目于 1998 年 1 月启动，1998 年 12 月完成。主要研制人员有党志胜、何爱平、徐秋明、王蓉和潘斌。该系统应用了双机热备份技术，应用了有线远程和无线远程通信技术，保证了数据的安全性、实时性。应用了分布式数据库 SYBASE 和先进的 Powerbuider 开发工具，使系统结构严谨，用户界面友好。系统有效地实现了出港客船统一管理、统一联网、统一票务、统一定价、统一结算，抑制了高额回扣，制止了超舱超载等不正当竞争行为，规范了客运市场。该系统在重庆港的应用，从根本上解决了出港客轮船期计划、客票发售、旅客流量流向、统计、验票、计费等复杂问题，有效地控制了超舱超载，客票防伪。与国内其他港口售票系统相比，具有系统流量大、使用方便、统计准确、安全可靠、技术成熟的优点。该子系统可通过电话线和电信局 DDN 远程联网，辐射各地。

(二)《船舶焊工管理及考试考务管理系统》

1999 年 12 月，重庆市船舶检验处、涪陵中信电脑软件公司主研的《船舶焊工管理及考试考务管理系统》获得鉴定通过。项目于 1998 年 1 月启动，1998 年 12 月完成。主要研制人员有张小勇、彭先文、唐云涛、张家骥、韩峰、方华、高勇和胡晓彬。该课题的目标定位于建立考题数据库，考务管理数据库，以及和焊工有关的工厂信息数据库。船舶焊工管理及考试考务管理系统，采用 Microsoft Windows 98 平台进行开发，前端开发工具采用 Microsoft Visual Basic 5.0。数据结构处理采用了先进的 Access 数据库管理，结构化数据查询的处理采用功能强大的 SLQ 语言。该软件采用数据处理共享的操作方式，提高了系统运行速度和数据处理的能力。运用这套船舶焊工管理及考试考务管理系统来代替传统的方式对船舶焊工考试过程中与发证有关的信息进行管理，可以大大节省投入该项工作的人力，使复杂的船舶焊工考试、考务工作过程更加规范和公正。

(三)《水路客运售票系统优化升级》

2001 年 2 月 20 日，重庆市水路客运市场交易中心、重庆市网能计算机系统工程有限公司主研的《水路客运售票系统优化升级》获得鉴定通过。项目于 2000 年 1 月启动，2001 年 3 月完成。主要研制人员有何爱平、党志胜、王蓉、徐秋明、漆斌和曾小雨。该课题按市场经济和行业管理要求扩充、完善了原单位系统统计功能。采用大型关系数据库 SYBASE，用以完成海量数据存储和统计；采用终端通过 SLIP 协议实现远程电话拨号售票；采用多路复用器实现远程通过 DDN 数据网在市内各行政区、车站、机场和市外远程计算机联网售票。该系统充分利用了大型关系数据库的多重安全机制，设立了系统管理员、系统操作员、普通用户三级权限，防止了误操作或越权操作，保证系统的数据安全。以清分协议为依据，该系统使轮船公司、港埠公司、售票单位、客运管理单位账务清分制度秩序化，即保证轮船公司的利益，使相关制度得以实施，又使轮船公司、港埠公司、售票单位、管理单位账务清分做到有理有序，建立起可信赖的系统管理形象。

四、其他行业

(一)《渝通宾馆计算机网络管理系统》

2003 年 3 月 21 日，重庆渝通宾馆主研的《渝通宾馆计算机网络管理系统》得鉴定通过。项目于 1997 年 3 月启动，1997 年 10 月完成。主要研制人员有李尹沛、袁中和、刘定荣、朱行和李伟。该系统采用 FOXPRO 数据库管理系统、NOVELL 操作系统，在渝通宾馆内实现了预定、接待、客房、电话、记账、结账、商务中心、娱乐、餐饮、总经理室、经营监督、信息查询、维护、统计报表等功能的计算机网络管理系统。该系统投入使用后，有效地提高了宾馆营业效率，实现了操作的简单、快捷。总机自动叫醒、自动开关长话、自动统计报表，准确性明显提高。结账时，各站点自动挂账，自动提示零钞找补。查询功能更加便捷，免除了人工查账的烦琐。该系统界面友好、运行稳定、安全可靠，能为宾馆提供快捷、周到、优质的服务，堵塞了漏洞，提高了宾馆的管理工作效率。

(二)《宾馆数字化监控管理系统》

2004 年 11 月 26 日，重庆渝通宾馆主研的《宾馆数字化监控管理系统》获得鉴定通过。项目于 2001 年 11 月启动，2002 年 2 月完成。主要研制人员有蒋世新、杨学锋、刘定荣和朱行。该系统采用了3套数字监控系统，1套8路实时数字监控系统和2台16路数字监控系统。共安装39台摄像机，其中彩色摄像机12台，黑白摄像机18台，云台彩色摄像机7台，带云台黑白摄像机2台。该系统不仅能对整个宾馆内的情况进行远距离的视频图像监视，及时发现和消除安全隐患，事后录像资料可保留1个月供查询。同时，该系统还可对宾馆内部员工进行有效的管理监控。该系统特别针对宾馆内办公区域集中的特殊性，按设定的时间进行监视和录像。当检测区域内的活动图像被检测到时，摄像机开始自动录像，同时系统报警启动提醒值班人员注意监视以确保安全。该系统的安装增加了宾客的安全感，可以以此作为吸引客源的重要手段并可为宾馆内的宾客提供一个良好的办公环境。

表11-5　　1994~2000年重庆市交通软科学项目获奖成果统计表

获奖年度	项目成果名称	主要研究单位	奖励名称及等级
1994	成渝公路重庆段管理体制研究	重庆交通学院、重庆市渝通公路工程总公司、重庆市交通局	重庆市科技进步二等奖
1995	山区高等级公路后评价综合指标体系研究	重庆市重点公路建设指挥部	重庆市科技进步二等奖
1996	万吨级沥青油库接卸、储运新技术研究和应用	重庆市沥青油库	重庆市科技进步二等奖
1996	重庆汽车站客运综合管理系统	重庆市交通局	重庆市科技进步二等奖
1996	成渝高速公路建设与沿线经济发展研究	重庆市高速公路发展有限公司	重庆市科技进步二等奖
1996	重庆成渝高速公路营运车辆性能测试及安全管理对策研究	重庆交通学院等单位	重庆市科技进步三等奖
1997	成渝高速公路客运票价研究	重庆市交通运输管理局、重庆交通学院	重庆市科技进步三等奖
1997	公路交通重庆主结点——采用双环线过境的综合实施研究	重庆市公路学会、重庆市交通局公路处、重庆市高等级公路建设指挥部	重庆市科技进步一等奖
1998	重庆公路主枢纽总体布局规划研究	重庆市交通委员会综合计划处	重庆市科技进步三等奖
2000	重庆市综合交通发展战略与综合运输体系研究	重庆交通学院等单位	重庆市科技进步三等奖

表11-6　　1991~2005年重庆市交通科技路基路面项目获奖成果统计表

获奖年度	项目成果名称	主要研究单位	奖励名称及等级
1991	DM-55G型闭路强制循环导热油加热沥青系统	重庆市公路工程处	重庆市科技进步二等奖
1992	特细砂钢纤维混凝土薄层路面结构及性能研究	重庆交通学院等单位	中国公路学会科学技术三等奖

续前表

获奖年度	项目成果名称	主要研究单位	奖励名称及等级
1993	成渝高速公路桑家坡至青杠路段85公里二改一设计方案研究成果	重庆市交通局、重庆市重点公路建设指挥部、交通部重庆公路科学研究所	重庆市科技进步特等奖、合理化建议特等奖
1993	成渝高速公路重庆段三星沟原大桥设计变更为高路堤的设计方案	交通部重庆公路科学研究所、重庆市重点公路建设指挥部	重庆市科技进步一等奖
1993	插入式不饱和石灰分层消解筛分系统研究	重庆市公路工程处	重庆市科技进步三等奖
1995	高等级公路（沥青混凝土路面）机械化施工组织与机械综合作业定额应用研究	重庆交通大学、重庆高速公路发展有限公司、重庆市公路局、重庆交通科研设计院	重庆市科技进步一等奖、交通部科技进步二等奖
1995	山丘区高等级公路后评价综合指标体系研究	重庆交通学院、国道210线红双段公路管理处	重庆市科技进步二等奖、四川省科技进步三等奖
1995	成渝高等级公路沥青路面抗车辙技术研究	重庆市重点公路建设指挥部、交通部重庆公路科学研究所	重庆市科技进步二等奖
1995	成渝高速公路抗滑磨耗层的应用研究	重庆市重点公路建设指挥部、交通部重庆公路科学研究所	重庆市科技进步二等奖
1995	水泥粉煤灰混合料路面基层研究	重庆交通学院、重庆市公路工程监理处、重庆市公路勘察设计研究院	重庆市科技进步二等奖
1995	成渝高速公路重庆段湿软土处治新技术	重庆市重点公路建设指挥部、重庆市公路工程处	重庆市科技进步三等奖
1997	钢纤维混凝土薄层路面结构性能及机理研究	重庆交通学院等单位	重庆市科技进步二等奖
1997	重庆地区公路水毁机理及防御系统对策研究	重庆交通学院等单位	交通部科技进步三等奖
1997	乳化沥青稀浆封层新技术新工艺推广	重庆市公路养护总段	重庆市科技进步三等奖
1999	硅粉混凝土在路面上的应用	重庆交通学院等单位	重庆市科技进步三等奖
2001	路土工合成材料应用技术规范及公路土工合成材料试验规程	重庆交通科研设计院、长沙交通学院等单位	重庆市科技进步三等奖
2002	《公路工程结构可靠度设计统一标准》GB/T50283－1999	重庆交通学院等单位	中国公路学会科学技术二等奖
2002	公路平面线形曲线型设计方法研究	重庆交通学院等单位	重庆市科技进步三等奖
2002	重庆公路路面典型结构研究	重庆市公路局、重庆交通学院	中国公路学会科学技术三等奖

续前表

获奖年度	项目成果名称	主要研究单位	奖励名称及等级
2003	万州五桥机场高填方强夯地基处理应用研究	重庆交通学院、万州机场有限公司	重庆市科技进步三等奖
2003	高等级公路采用半刚性路面基层施工质量控制方法研究	重庆市高速公路建设有限责任公司、重庆交通公路科学研究所	重庆市科技进步三等奖
2004	路面不平整引起的动荷载及其对路面破坏作用的研究	重庆交通学院	中国公路学会科学技术三等奖、重庆市科技进步三等奖
2004	聚合物改性路用水泥混凝土研究	重庆交通学院	中国公路学会科学技术三等奖
2005	新老路基结合部处治技术	同济大学、长沙理工大学、重庆市公路局	中国公路学会科学技术一等奖
2005	公路厚层土石路堤压实度快速波动检测技术研究	重庆市交通工程监理咨询有限责任公司、重庆交通学院主研	重庆市科技进步二等奖、中国公路学会科学技术三等奖
2005	新型柔性纤维混凝土薄层路面性能及应用研究	重庆北方高速公路有限公司、重庆交通学院	中国公路学会科学技术三等奖、重庆市科技进步三等奖
2005	山区特殊工程条件下的高填方涵洞合理结构及施工控制研究	重庆南方高速公路有限公司、重庆交通学院	重庆市科技进步三等奖
2005	水泥—乳化沥青混合料路面的力学特性及其应用研究	重庆交通学院、重庆市公路局	重庆市科技进步三等奖

表 11－7　　1990～2005 年重庆市交通科技桥梁工程项目获奖成果统计表

获奖年度	项目成果名称	主要研究单位	奖励名称及等级
1990	旧危桥加固补强新技术研究	重庆交通学院	重庆市科技进步二等奖
1990	重庆石门嘉陵江大桥	上海市政设计院、重庆市政设计院	获国家最高建筑奖“鲁班奖”
1991	奉节永安镇梅溪河大桥	四川省公路规划勘察设计院	四川省优秀设计一等奖、交通部优秀工程奖
1992	复合（纤维）混凝土在拱式桥梁中的应用	重庆交通学院	交通部科技进步三等奖
1993	桥梁诊断机理及承载力测试研究	重庆交通学院	四川省科技进步三等奖、重庆市科技进步二等奖
1994	丰都长江大桥	四川省公路规划勘察设计院	重庆市科技进步二等奖

续前表

获奖年度	项目成果名称	主要研究单位	奖励名称及等级
1994	复合材料加固梅溪桥	重庆交通学院	重庆市科技进步二等奖
1995	部分预应力混凝土公路桥截面设计原理的研究	重庆交通学院	交通部科技进步二等奖、重庆市科技进步一等奖
1995	重庆旧桥承载力及加固增强决策研究	重庆交通学院	四川省科技进步三等奖、重庆市科技进步二等奖
1996	复合材料加固简支梁桥	重庆交通学院、重庆高等级公路建设指挥部	四川省科技进步三等奖
1996	预弯预应力钢筋混凝土梁可行性研究	重庆交通学院	交通部科技进步三等奖、重庆市科技进步二等奖
1997	大跨钢管混凝土劲性骨架收缩徐变及几何、材料、温度非线性因素影响研究	重庆交通学院	交通部科技进步二等奖、重庆市科技进步二等奖
1998	大跨钢管混凝土劲性骨架混凝土拱桥收缩徐变等非线性因素影响研究	重庆交通学院	国家科技进步三等奖
1998	公路桥梁可靠度研究	重庆交通学院	交通部科技进步二等奖
1999	万县长江大桥特大跨（420米）钢筋砼拱桥设计施工技术研究	四川省公路规划勘察设计院、重庆交通学院	获国家科技进步一等奖、交通部科技进步一等奖
1999	高大轻型桥台设计和施工方法研究	重庆交通学院、交通部公路规划设计院等单位	重庆市技进步三等奖
2000	横张预应力混凝土梁工艺及性能试验研究	重庆交通学院、重庆高等级公路建设指挥部	重庆市技进步一等奖
2000	桥梁大体积混凝土基础结构施工问题的研究	重庆高等级公路建设指挥部、重庆交通工程监理咨询公司	重庆市技进步三等奖
2000	大跨径斜拉桥稳定性研究	重庆交通学院、重庆高等级公路建设指挥部	重庆市科技进步三等奖
2001	低预应力度三钢混凝土连续梁研究	重庆交通学院等单位	重庆市技进步二等奖
2001	长涪高等级公路龙溪河特大桥深水基础处治方案及施工工艺研究	重庆高等级公路建设指挥部、铁道部大桥工程局重庆工程指挥部	重庆市技进步三等奖
2002	特大跨径桥梁铺装层与正交异性钢桥面板的受力分析和理论研究	重庆交通科研设计院、重庆高速公路发展有限公司	重庆市技进步三等奖

续前表

获奖年度	项目成果名称	主要研究单位	奖励名称及等级
2002	特大跨径桥梁结构动力分析与试验研究（交通部重点科技项目）	重庆交通科研设计院	中国公路学会科学技术三等奖
2003	钢筋混凝土套箍封闭主拱圈加固拱桥成套技术研究	重庆交通学院	重庆市科技进步二等奖、中国公路学会科学技术三等奖
2003	横张预应力混凝土连续桥梁研究	重庆交通学院、重庆高等级公路建设指挥部	重庆市技进步三等奖 、重庆市技术发明三等奖
2003	大跨径斜拉桥抗震、抗风与稳定性研究（大佛寺长江大桥）	重庆交通学院、重庆交通科研设计院、西南交通大学	重庆市技进步三等奖 、中国公路学会科学技术三等奖
2004	桥梁承载力演变理论及其应用技术	重庆交通学院	重庆市技进步三等奖
2004	重庆马桑溪长江大桥	重庆渝通公路工程总公司	国家工程建设质量鲁班奖
2004	桥梁振动故障诊断的理论与应用研究	重庆交通学院	中国公路学会科学技术三等奖
2005	混凝土桥梁工程抗震能力和承载力测评方法研究	重庆交通学院、长安大学、长沙理工大学	重庆市科技进步二等奖、中国公路学会科学技术二等奖
2005	高速公路桥（涵）台背跳车处理新技术应用研究	重庆交通学院、重庆渝东高速公路有限公司	重庆市科技进步三等奖

表 11-8　　1993～2005 年重庆市交通科技隧道工程项目获奖成果统计表

获奖年度	项目成果名称	主要研究单位	奖励名称及等级
1993	成渝高速公路重庆段中梁山隧道、缙云山隧道半横向式通风变更为纵向通风方案研究	重庆市交通局、重庆市重点公路建设指挥部	重庆市科技进步特等奖、合理化建议特等奖
1995	高等级公路隧道结构可靠度的评定及应用研究	重庆市重点公路建设指挥部、西南交通大学	重庆市科技进步一等奖
1995	中梁山缙云山隧道纵向通风方案研究	重庆交通学院、重庆高速公路发展有限公司	重庆市科技进步二等奖
1996	公路长大隧道纵向通风研究	重庆市重点公路建设指挥部、西南交通大学	重庆市科技进步一等奖
1996	公路隧道施工技术规范	重庆交通学院等单位	重庆市科技进步二等奖
1997	公路隧道新奥法施工监测技术应用研究	重庆市重点公路建设指挥部、重庆市公路检测中心	重庆市科技进步三等奖

续前表

获奖年度	项目成果名称	主要研究单位	奖励名称及等级
2000	公路隧道通风照明设计规范	重庆交通学院 重庆市交通科研设计院、重庆交通学院等单位	重庆市科技进步二等奖
2001	用扩张卡尔曼滤波器有限元方法反分析隧道围岩非确定性动态的研究	重庆交通学院、重庆交通科研设计院	重庆市科技进步一等奖
2001	高等级公路大断面低扁平率长隧道修建新技术研究	重庆市高等级公路建设指挥部	重庆市科技进步二等奖
2002	公路隧道送排式纵向通风、照明技术研究及其控制系统开发	重庆市交通科研设计院、重庆交通学院等单位	重庆市科技进步三等奖、中国公路学会科学技术二等奖
2003	重庆轻轨佛图关至大坪区间隧道及大坪车站隧道综合施工技术	重庆市交通科研设计院	重庆市科技进步三等奖
2003	岩溶地区大断面隧道围岩稳定性及控制技术研究	重庆交通学院等单位	重庆市科技进步三等奖、中国公路学会科学技术三等奖
2004	公路隧道结构与围岩稳定实验系统的开发及工程应用	西南交通大学 重庆交通科研设计院	重庆市技术发明二等奖
2004	隧道内沥青路面铺装技术研究	重庆高速公路发展有限公司、重庆北方高速公路有限公司、重庆交通科研设计院、重庆渝邻高速公路有限公司、重庆市智翔铺道技术工程有限公司	中国公路学会科学技术三等奖
2005	超大跨度多变断面燕尾式隧道综合施工技术研究 公路隧道结构与围岩稳定实验系统的开发及工程应用	黔江区交通局、重庆市公路局等单位	重庆市科技进步三等奖
2005	通渝深埋特长隧道高地应力与围岩稳定性研究	重庆交通学院等单位	中国公路学会科学技术三等奖

表 11－9　　1992～2005 年重庆市交通科技边坡防护项目获奖成果统计表

获奖年度	项目成果名称	主要研究单位	奖励名称及等级
1992	预应力锚索抗滑桩	重庆交通学院	重庆市科技进步三等奖
1994	推力桩计算方法的研究	重庆市交通规划勘察设计院、重庆交通学院等单位	重庆市科技进步三等奖、交通部科技进步三等奖
1999	山区高等级公路加筋高路堤陡边坡研究	重庆高速公路发展有限公司、重庆交通学院	重庆市科技进步三等奖

续前表

获奖年度	项目成果名称	主要研究单位	奖励名称及等级
2001	重庆库区松散土体吸水强度衰减过程、阈值及滑坡启动预警研究	重庆交通学院	重庆市科技进步三等奖
2002	重庆市地方标准 D50/5018－2001《建筑边坡支护技术规范》	重庆交通学院	重庆市科技进步三等奖
2002	土锚钉加固路堑高边坡应用研究	重庆交通学院、重庆市公路局	中国公路学会科学技术三等奖
2004	公路岩石路堑边坡锚固设计与施工技术	重庆交通科研设计院	重庆市科技进步三等奖
2004	冲淤变动型沟谷泥石流治理与路基抗毁结构设计一体化模式研究	重庆交通学院	重庆市科技进步三等奖、中国公路学会科学技术三等奖
2005	冲淤变动型沟谷泥石流防治结构抗撞关键技术研究	重庆交通学院等单位	重庆市科技进步一等奖
2005	深挖高填边坡破坏机理与稳定性评价方法研究	重庆交通科研设计院、后勤工程学院、成都理工大学、长沙理工大学	重庆市科技进步二等奖
2005	边坡支护方案优化设计	重庆高速公路发展有限公司、重庆交通科研设计院、重庆南方高速公路有限公司	重庆市科技进步三等奖

表 11－10　　1985～2005 年重庆市交通科技港航工程获奖奖项目统计表

获奖年度	项目成果名称	主要研究单位	奖励名称及等级
1985	长江鸡扒子抢险整治工程	西南水运工程科研所	国家科技进步三等奖
1991	川江航道整治总结及试验研究	重庆交通学院西科所	交通部科技进步三等奖
1994	SX－Ⅰ微机流量水位自控系统	重庆交通学院西科所	交通部科技进步三等奖
1994	山区航道船模及测试技术研究	重庆交通学院西科所	重庆市科技进步三等奖
1995	440kw 平头涡尾拖轮研制	长江轮船总公司	重庆市科技进步二等奖
1996	HD－4B 型电脑流速仪	重庆交通学院西科所	国家发明创新奖
1997	三峡工程变动回水区观音滩河段河工模型试验研究	重庆交通学院	重庆市科技进步三等奖
1998	三峡水库库岸坍塌变形及防护工程研究	重庆交通学院	交通部科技进步三等奖

续前表

获奖年度	项目成果名称	主要研究单位	奖励名称及等级
1999	船模技术研究及在三峡枢纽通航建筑物中的应用	重庆交通学院	中国航海科技三等奖
2001	涪陵城区移民迁建防护工程泥沙模型试验	重庆交通学院西科所	重庆市科技进步三等奖
2002	三峡工程变动回水区重庆河段泥沙模型试验	重庆交通学院西科所	重庆市科技进步二等奖
2002	三峡工程施工通航扩大明渠通过能力试验研究	重庆交通学院西科所	重庆市科技进步三等奖
2003	结合三峡工程朝天门—九龙坡河段整治	重庆交通学院	重庆市软科学一等奖（1992年）、重庆市科技进步二等奖（1994年）
2003	三峡工程施工通航研究与成果应用	重庆交通学院、西科所、长江轮船总公司	中国航海科技二等奖
2004	三峡工程施工通航研究与成果应用	重庆交通学院、西科所、长江轮船总公司	重庆市科技进步二等奖
2004	三峡工程明渠导流及通航研究与运行实践	重庆交通学院西科所	国家科技进步二等奖
2004	三峡库区重点文物白鹤梁水下保护工程试验研究	重庆交通学院西科所	中国航海科技三等奖
2004	提高三峡—葛洲坝两坝间河段通航能力研究	重庆交通学院西科所	中国航海科技二等奖
2005	提高三峡—葛洲坝两坝间河段通航能力研究	重庆交通学院西科所	重庆市科技进步三等奖
2005	重庆河段泥沙模型测控系统及其应用	重庆交通学院西科所	重庆市科技进步三等奖

表11－11　　1996～2005年重庆市交通科技信息化获奖项目成果统计表

获奖年度	项目成果名称	主要研究单位	奖励名称及等级
1996	公路桥梁管理系统（CBMS）应用研究	交通部公路科学研究所、重庆市公路养护总段	重庆市科技进步二等奖
1997	公路交通规费征收管理信息系统	重庆市运管局	重庆市科技进步二等奖
1997	重庆公路工程多媒体技术信息管理系统	重庆市公路局	重庆市科技进步三等奖
1998	成渝高速公路（重庆段）数据库	重庆市交通规划勘察设计院、重庆交通学院	重庆市科技进步三等奖

续前表

获奖年度	项目成果名称	主要研究单位	奖励名称及等级
2000	可视化公路 CAD 系统的研究开发（RCADB 公路设计动态三维效果实时生成系统 Redlroad）	重庆市交通规划勘察设计院、重庆交通学院	重庆市科技进步三等奖
2003	重庆高等级公路（高速公路）联网收费系统	重庆高速公路发展有限公司、成都曙光光纤网络有限责任公司	重庆市科技进步二等奖、国家倍增计划优秀项目
2004	三峡工程移民管理信息系统	重庆交通学院	重庆市科技进步三等奖
2004	信息存贮安全防护系统	解放军后勤工程学院、重庆交通学院	全军科技进步三等奖
2005	西部地区路网改造技术研究	重庆交通学院	中国公路学会科学技术二等奖
2005	重庆市公路地理信息系统	重庆市公路局、重庆数字城市科技有限公司	重庆市科技进步三等奖
2005	联网收费路网智能化管理系统	重庆高速公路发展有限公司、成都曙光光纤网络有限责任公司主研	重庆市科技进步三等奖

表 11－12　　1996～2003 年重庆市交通科技环保与节能获奖项目成果统计表

获奖年度	项目成果名称	主要研究单位	奖励名称及等级
1996	中心城市一级汽车客运站污水粪便噪音烟尘达标排放综合处治技术	重庆汽车站筹建处、重庆市沼气工程公司	重庆市科技进步三等奖
2001	重庆城区机动车排放污染及控制对策研究	重庆市环境科学研究院、交通部重庆公路科学研究所	重庆市科技进步三等奖
2003	三峡库区城区环境治理与一体化综合模式研究	重庆交通学院、万州区移民局	重庆市科技进步二等奖

第十二篇　交通规费征管

交通规费是交通部门及其授权的公路水路征收稽查部门按照国家和省（市）人民政府制定的规费征收法律、法规、政策为依据收取的相关费用的统称。交通部、各省级交通主管部门及其法定的公路水路征收稽查机构对交通规费进行征收管理。重庆市交通规费是公路养路规费、公路其他规费、道路运输规费、水路运输规费的统称。

重庆市交通规费是由专门授权或法定的交通征收稽查机构按国家和省（市）制定的征收法律、法规、政策和标准征收的，车辆、船舶所有者等缴费义务人按照国家和省（市）制定的征收政策和征收标准缴纳交通规费或者享受减免优惠的征收政策。重庆交通规费是作为公路、内河航道养护、维修和管理以及水陆运输行业管理等方面的专项资金来源，也是公路、水路、港口建设的主要资本金来源。

从 1953 年 10 月交通部颁布《公路养路费征收暂行办法》起，至 2005 年 12 月的 52 年间，从社会主义计划经济时代到社会主义市场经济时代，重庆市人民政府对交通规费的征稽管理是极其重视的，其管理体制历经重庆交通主管部门自收自支管理、重庆财政部门的预算外管理，再到财政部门的预算管理，重庆交通规费始终是政府交通行政管理的一个重要方面。从 2009 年 1 月 1 日起，国家实施燃油税费改革，取消了公路养路费、航道养护费、公路运输管理费、公路客货运附加费、水路运输管理费、水运客货运附加费等 6 项收费。虽然保留一些必要的规费，然而重庆交通规费的主要组成部分已不复存在，但重庆交通规费在重庆公路建设、水路建设、公路航道养护和管理事业中起到过的历史性作用，应当充分肯定。

第一章　公路养路规费

1949 年新中国成立后，重庆市公路养路规费仅有公路养路费，由专门的交通监理机构负责征收。1950 ~ 1986 年，重庆交通监理机构是以交通监理与征收管理合一为特征的时期。其中，交通监理与征收管理合一并先集中于四川省交通征收稽查机构、后下放给重庆市交通征收稽查机构，再后又集中于四川省交通征收稽查机构。1987 年 6 月，国务院实行道路管理体制改革，重庆交通监理与养路费征收管理分流。1988 年，重庆市交通局组建重庆市交通稽查征费处。重庆市直辖后，1998 年 8 月，重庆市交通局组建重庆市交通征费稽查局。2005 年 6 月，重庆市交通征费稽查局划入重庆市交通行政执法总队，改设为重庆市交通征费局，其稽查执法职能交由重庆市交通行政执法总队直属支队承担。

1986年1月18日，四川省开征公路客运附加费。1992年1月，四川省开征公路货运附加费。1986年和1992年，重庆市也分别开征公路客运附加费和公路货运附加费。1995年8月，四川省、重庆市的公路客运附加费征收管理移交稽征部门。此后，公路养路费、公路客运附加费和公路货运附加费统称公路养路规费，是由交通征收稽查机构按国家和省（市）制定的征收法规、政策和标准征收的。车辆所有者是公路养路规费的缴费义务人，各型机动车辆以及从事营业性运输的拖拉机的所有者应当按国家和省（市）制定的征收政策和标准缴纳公路养路规费。

1987~1997年，重庆市执行四川省立法出台的公路养路规费征收法规、政策和缴纳标准。1997年重庆市直辖至2008年年底，由重庆市出台公路养路规费征收法规、政策和缴纳标准。自1949年人民政府开始征收公路养路费起，直至2008年年底取消所有公路养路规费，重庆市公路养路规费自始至终由省级交通主管部门所属的征收稽查机构所征收管理，并且始终是用于公路养护、建设和管理。

第一节　征管人员与资产

一、人员编制

（一）重庆市稽征处时期（1986~1997年）

1986年，重庆市机构编制委员会（以下简称重庆市编委）重编委〔1986〕133号文件批准重庆交通监理编制230人，其中，征收养路费人员专门编制50人，共实有人数103人。

1987年5月22日，经重庆市交通局党委研究报重庆市人民政府批准，重庆市交通局下发通知，将原有交通监理部门的人、财、物按71:29的比例进行划分，从1987年6月1日起，将重庆交通监理站改为重庆市交通征费一处（副县级），永川交通监理所改为重庆市交通稽查征费二处（副县级）。1987年5月26日，重庆市交通局批复，一处编制65人，其中处机关24人。二处编制40人，其中，处机关11人。

1988年3月25日，重庆市交通局撤销重庆市交通局安全征稽处和重庆市交通稽查征费一处、二处，组建“重庆市交通稽查征费处”（以下简称“重庆市稽征处”）。新组建的重庆市交通稽查征费处编制为134名（其中含车辆购置附加费征收管理办公室编制9名）。处机关编制为32名，其中处领导职数3名，科级领导干部职数9名。各区县交通稽查征费所的人员编制为93名，其中，所级领导干部职数22名。

1991年2月21日，重庆市交通局根据重庆市编委重编〔1990〕256号文件批复，同意重庆市稽征处新增加人员编制37名。1991年7月10日，重庆市编委重编〔1991〕100号文件批复，同意重庆市稽征处的人员由157名增加到200名。1993年10月14日，重庆市交通局根据重庆市编委重编〔1993〕89号文批复，同意重庆市稽征处新增编制20人。

1996年6月19日，重庆市编制委员会重编〔1996〕62号文件批复，同意重庆市稽征处增加编制40人，编制总数由220人增至260人。1996年8月21日，重庆市交通局通知，根据重庆市编委的批复，重庆市稽征处人员编制260名，其中干部247名，中层干部控制在45名以内。

（二）重庆市征稽局时期（1997~2005年）

1996年9月，根据国务院决定由重庆代管万县、涪陵、黔江两市一地后，重庆市稽征处受重庆市交通局委托，将原四川省管辖的万县、涪陵、黔江征稽处纳入管辖范围，人员编制也随之移交重庆市稽征处。

1998年，依据重庆市编委渝编〔1998〕51号文批复，重庆市交通稽查征费处更名为重庆市交通征费稽查局（以下简称“重庆市征稽局”）。更名后仍属重庆市交通局领导下的正处级事业单位，处级领导职数确定为1正3副，核定编制人数503人。

2005年6月，重庆市交通行政执法总队成立后，重庆市交通征费稽查局更名为重庆市交通征费局，由重庆市机构编制委员会重新定编。2005年6月29日，按重庆市编委批复，一是核定重庆市交通行政执法总队行政执法专项编制1095名，其中重庆市交通征费局455名。二是总队处级职数32名，其中重庆市交通征费局5名、万州征费处1名、涪陵征费处1名、黔江征费处1名。

二、资产设施

1987年，在道路交通管理体制改革之时，交通监理人员分流划入公安部门系统，公安和交通按71:29的比例进行人员移交和资产分割。重庆交通监理站撤销，组建了重庆市交通征稽机构。重庆征稽机构所得的资产有限，重庆市交通稽查征费一处和二处共分得各类资产原值仅50多万元，多数基层所靠借房办公，靠徒步上路稽查，工作环境和条件十分简陋。

1988年，由于征稽工作环境和条件急需改善，重庆市交通局、重庆市交通委员会逐步加快了对稽征机构基本建设和装备购置的资金投入。在1988年至2005年之间，由于逐年投入资金进行基本建设，重庆征稽机构新建、三峡工程淹没复建所购置业务用房40多栋，总面积达69956.05平方米，总投资68277649.20万元。征稽第一台微机在沙坪坝征稽所投入使用后，在重庆市交通征费稽查局45个所、站、中心，陆续购置电脑，微机征费系统得到普及。至2005年底，重庆市交通征费稽查局购置更新车辆超过100台，新购置配备微机791台、打印机501台、复印机41台。在机关和80%的基层所还增添了摄像机、数码相机、扫描仪、快速传真机等现代办公设施。在1988年至2005年之间，重庆交通征稽办公环境得到有效改善，保障了交通征稽业务增长的需求。

表12-1　　**1988~2005年重庆市交通征费稽查局新建项目表**

单位名称	办公楼总面积（平方米）	总投资金额（万元）	修建时间（年）	宿舍总面积（平方米）	套数	总投资金额（万元）	修建时间（年）
局机关	934.59	53	1989~1991				
南岸所	345.17	45	1988~1989	660	10	35	1988~1989
	148	20	1996~1996				
渝北所	320	18	1990~1992	420	6	23.4	1990~1992
双桥所	612.2	34.5	1993~1994	522	6	20.2	1993~1994
綦江所	429	29.3	1989~1993				
	95.21	8.83	2001	车库等附属设施			
渝中所	408	100	1995				
石柱所	543.9	48.2	1995~1997	729.4	7	15.5	1987~1988
				607.1	5	23.3	1995~1997
黔江所	279.68	4.7	1986~1990	940	10	24.05	1989~1990
	741	10.9	1996~1997	1659	18	71.77	1990~1992
丰都所	112	44.3	1988~1989	580	6	23	1988~1989
	1178	195	2002~2004	1805	12	2063	1997~1998
秀山所	876	81	1998~1999	1050	10	63	1993~1994
	73.9	2.6	1993~1994	用于车库			
彭水所	1500	80.7	1998	1000	10	37.4	1990

续前表

单位名称	办公楼总面积（平方米）	总投资金额（万元）	修建时间（年）	宿舍总面积（平方米）	套数	总投资金额（万元）	修建时间（年）
荣昌所	335.8	27.5	1995 ~ 1996	1007	12	83	1995 ~ 1996
大足所	160.2	18	1987 ~ 1988	511	8	18	1987 ~ 1988
	531.83	43	1998 ~ 1999	1050	8	85	1998 ~ 1999
万盛所	504.2	93	1996 ~ 1997	89.4	1	4.5	1996 ~ 1997
涪陵处	2979.6	99	1990 ~ 1991	3744	32	99	1988 ~ 1989
涪陵所	1103	86	1994 ~ 1994				
涪陵所	1737	388	1996 ~ 1997				
南川所	2557.48	145	1995 ~ 1997	124	8	63	1995 ~ 1997
垫江所	801.8	13	1988 ~ 1989				
铜梁所	256	7.6	1987	350	6	9.5	1987
	276	38	1996				
璧山所	1098	98	1999				
九龙坡所	647	74	1996 ~ 1997	800	9	80	1996 ~ 1997
巴南所	482	48	1995	986	12	88	1995
江津所	1455	305	1996				
长寿所	274	8	1986 ~ 1989	426	6	7	1986 ~ 1989
长寿所	609.8	89	1996 ~ 1997	370	4	11	1996 ~ 1997
北碚所	350	36	1998				
	141	45	2001				
永川所	843	42	1991 ~ 1993	986	16	39	1991 ~ 1993
沙区所	372	66	1997				
合川所	221.4	66.5	1989 ~ 1990	700	8	19.4	1989 ~ 1990
万州处	2724	615	1999 ~ 2000				
龙宝所	1700	38	1990 ~ 1991	700	14	23.5	1990 ~ 1991
梁平所	350	15.6	1993	850	12	14.4	1993
忠县所	107.7	3.8	1989 ~ 1990	574	10	10.7	1989 ~ 1990
巫溪所	969	38	1992 ~ 1993	550	6	17.9	1992 ~ 1993
城口所	408	40	1998	543	6	30	1998

表 12 - 2　　1988 ~ 2005 年重庆市交通征费稽查局三峡工程淹没复建项目表

单位名称	淹没房屋（平方米）	淹没土地（平方米）	赔偿总额（万元）	复征土地（平方米）	复建房屋（平方米）	修购时间（年）	复建总金额（万元）
天城所	1270	1333	63	2433	2782	1997 ~ 1998	375
开县所	1150	200	39	633	1902	2001	246
云阳所	624	129	28	2172	3295	1998 ~ 1999	374

续前表

单位名称	淹没房屋（平方米）	淹没土地（平方米）	赔偿总额（万元）	复征土地（平方米）	复建房屋（平方米）	修购时间（年）	复建总金额（万元）
奉节所	791	116	36	1320	3111	1998~1999	367
巫山所	430	243	10	2668	2785	1998~1998	312
丰都所	862	232	40	2285	2983	1997~2004	402

表 12-3　1988~2005 年重庆市交通征费稽查局购置成品房用于业务需求情况表

单位名称	办公楼总面积（平方米）	购置总金额（万元）	购置时间（年）	宿舍总面积（平方米）	购置总金额（元）	购置时间（年）
忠县所	1491	147.8	2004			
秀山所	600	90	2004			
江北所	282	42.3	1994	861	50006.5	1992 年
大渡口所	237.81	54.7	1991			

表 12-4　1988~2005 年重庆市交通征费稽查局车辆实有情况统计表

单位名称	序号	车辆型号	车牌号	购置时间
局机关	1	帕萨特	渝 A66456	2003 年 6 月
局机关	2	帕萨特	渝 AA9399	2004 年 4 月
局机关	3	帕萨特	渝 A64366	2002 年 3 月
局机关	4	帕萨特	渝 A64399	2002 年 3 月
局机关	5	帕萨特	渝 AL8220	2005 年 7 月
局机关	6	奥迪 A6	渝 A15777	2002 年 11 月
局机关	7	奥迪 A6	渝 A10900	2001 年 7 月
局机关	8	大切诺基	渝 A00251	2002 年 1 月
局机关	9	三菱越野	渝 A44066	1999 年 12 月
局机关	10	别克商务	渝 A90299	2000 年 12 月
局机关	11	雪弗兰	渝 AB0899	2003 年 5 月
局机关	12	桑塔纳 3000	渝 AL8229	2005 年 7 月
局机关	13	桑塔纳 3000	渝 AM7657	2005 年 12 月
局机关	14	本田 CR-V	渝 AM9191	2005 年 12 月
局机关	15	蒙迪欧	渝 AU3089	2006 年 12 月
局机关	16	长城牌	渝 AS9060	2006 年 1 月
局机关	17	长城牌	渝 AS9006	2006 年 1 月
局机关	18	江铃全顺	渝 B18099	2000 年 1 月
局机关	19	江铃全顺	渝 A95066	2000 年 12 月
局机关	20	科斯达	渝 AS1760	2007 年 1 月

续前表

单位名称	序号	车辆型号	车牌号	购置时间
局机关	21	桑塔纳 2000	渝 A11808	1999 年 9 月
沙坪坝所	22	江淮瑞风	渝 AL7727	2005 年 6 月
	23	帕萨特	渝 AD5155	2004 年 9 月
	24	桑塔纳 3000	渝 AX9105	2007 年 7 月
	25	三菱越野	渝 AD1552	1994 年 7 月
南岸所	26	帕萨特	渝 B20555	2003 年 9 月
	27	金　杯	渝 BA1050	2004 年 11 月
巴南所	28	帕萨特	渝 B18000	2003 年 7 月
	29	普通桑塔纳	渝 B18001	2003 年 9 月
	30	普通桑塔纳	渝 B0979	2003 年 12 月
九沙中心	31	蒙迪欧	渝 AR5129	2006 年 11 月
	32	长安之星	渝 A46928	1999 年 12 月
江北所	33	帕萨特	渝 B98398	2003 年 9 月
	34	金　杯	渝 AD4845	2004 年 11 月
九龙坡所	35	帕萨特	渝 AD3149	2004 年 9 月
	36	江淮瑞风	渝 AL9269	2005 年 9 月
	37	桑塔纳 2000	渝 A19466	2000 年 5 月
渝中所	38	帕萨特	渝 AD9001	2004 年 9 月
	39	江淮瑞风	渝 AL7706	2005 年 6 月
	40	桑塔纳 3000	渝 ADD011	2007 年 7 月
大渡口	41	帕萨特	渝 A92755	2003 年 9 月
	42	普通桑塔纳	渝 A63966	2001 年 2 月
渝北所	43	帕萨特	渝 AB5050	2003 年 7 月
	44	桑塔纳 2000	渝 B90599	2002 年 9 月
北部新区站	45	蒙迪欧	渝 AH5908	2006 年 12 月
	46	桑塔纳 2000	渝 BB8966	2004 年 11 月
北碚所	47	帕萨特	渝 AL8206	2005 年 8 月
	48	普通桑塔纳	渝 B98392	2003 年 8 月
	49	金　杯	渝 B83688	2002 年 8 月
合川所	50	帕萨特	渝 A76331	2002 年 8 月
	51	猎豹	渝 CA0255	2005 年 3 月
	52	桑塔纳 2000	渝 C34648	2003 年 9 月
大足所	53	帕萨特	渝 C34983	2003 年 9 月
	54	蒙迪欧	渝 CG1197	2006 年 11 月
江津所	55	帕萨特	渝 C82866	2004 年 11 月
	56	桑塔纳 2000	渝 C29896	2002 年 8 月
	57	普通桑塔纳	渝 C40489	2004 年 9 月

续前表

单位名称	序号	车辆型号	车牌号	购置时间
双桥所	58	帕萨特	渝 AL8219	2005 年 8 月
	59	桑塔纳 2000	渝 C33323	2003 年 9 月
永川所	60	帕萨特	渝 C29968	2002 年 8 月
	61	桑塔纳 2000	渝 C12598	1998 年 5 月
潼南所	62	帕萨特	渝 C40957	2004 年 10 月
	63	桑塔纳 2000	渝 C29859	2002 年 9 月
长寿所	64	帕萨特	渝 A93699	2003 年 11 月
	65	江淮瑞风	渝 BH3650	2006 年 12 月
綦江所	66	帕萨特	渝 B29166	2003 年 12 月
	67	普通桑塔纳	渝 BA0209	2004 年 10 月
	68	五十铃越野	渝 B29669	2002 年 8 月
荣昌所	69	普通桑塔纳	渝 C41025	2004 年 10 月
	70	帕萨特	渝 C29886	2002 年 8 月
	71	丰田海狮	渝 AC2725	
璧山所	72	帕萨特	渝 AB3286	2003 年 9 月
	73	普通桑塔纳	渝 C43896	2005 年 3 月
万盛所	74	帕萨特	渝 BA9669	2004 年 12 月
	75	桑塔纳 2000	渝 B33866	2002 年 9 月
	76	普通桑塔纳	渝 B04911	1997 年 10 月
铜梁所	77	帕萨特	渝 C41039	2004 年 10 月
	78	桑塔纳 2000	渝 C29956	2002 年 8 月
	79	金杯	渝 C11328	1998 年 12 月
万州征稽处机关	80	三菱 CS5020	渝 F00999	1996 年 12 月
	81	瑞风 HFC647OH	渝 AF222	2003 年 6 月
	82	全顺 JX65410 - M	渝 AF3799	2002 年 5 月
	83	桑塔纳 330K	渝 F04858	1998 年 3 月
	84	桑塔纳 2000	渝 F04866	1998 年 3 月
	85	蒙迪欧		2006 年 12 月
	86	蒙迪欧		2006 年 12 月
	87	桑塔纳 330K		2007 年 6 月
龙宝所	88	普通桑塔纳	渝 F01599	1998 年 8 月
	89	蒙迪欧	渝 F13601	2006 年 12 月
	90	猎豹	渝 F00196	1995 年 12 月
天城所	91	普通桑塔纳	渝 F17298	2000 年 12 月
	92	广通 CTQS010XYZ	渝 F16458	1998 年 1 月
	93	别克君威	渝 AF8299	2004 年 9 月

续前表

单位名称	序号	车辆型号	车牌号	购置时间
五桥所	94	警兴 JXQ6400	渝 F10098	1996 年 8 月
	95	蒙迪欧 CAF7200A1	渝 F13536	2006 年 12 月
	96	奥拓轿车 SC7080	渝 F10100	1997 年 11 月
梁平所	97	普通桑塔纳	渝 F41368	1998 年 8 月
	98	本田雅阁	渝 AD5969	2004 年 12 月
开县所	99	普通桑塔纳	渝 AN0366	2001 年 1 月
	100	三凌	渝 F20799	1996 年 11 月
忠县所	101	普通桑塔纳	渝 F31286	1998 年 9 月
	102	普通桑塔纳	渝 AM2200	
云阳所	103	曙光	渝 AP1284	2003 年 6 月
	104	东风轻客	渝 FP0892	2006 年 6 月
	105	切诺基	渝 AP1355	2003 年 9 月
	106	猎豹	渝 AP0528	2006 年
	107	猎豹	渝 PF0803	2006 年
	108	桑塔纳 2000	渝 AP0808	2001 年
奉节所	109	猎豹越野	渝 AQ8899	2004 年 12 月
	110	警兴	渝 F60099	1996 年 8 月
	112	金杯	渝 AQ1599	2003 年 3 月
	113	普通桑塔纳	渝 AQ0199	1998 年 4 月
巫山所	114	金杯	渝 AF0111	2000 年 11 月
	115	本田雅阁	渝 AR8777	2004 年 9 月
城口所	116	普通桑塔纳	渝 FZ0455	2000 年 12 月
	117	现代桑塔福 SANTAFE	渝 A82599	2003 年 3 月
巫溪所	118	蒙迪欧 CAF7200A1	渝 FS1006	1998 年 8 月
	119	猎豹 CJY6421D	渝 FB0016	2000 年 12 月
涪陵处	120	奥迪轿车	渝 G16001	2002 年 11 月
	121	桑塔纳	渝 G03666	2001 年 11 月
	123	东南得利卡面包车	渝 G08828	1998 年 11 月
	124	桑塔纳	渝 G12048	2000 年 11 月
	125	金杯面包车	渝 G11989	2000 年 1 月
	126	华西中客	渝 G10005	1999 年 7 月
	127	帕吉罗越野车	渝 G16888	2003 年 1 月
	128	帕萨特		2005 年 8 月
	129	帕萨特		2005 年 8 月
	130	蒙迪欧	渝 G26291	2006 年 12 月
	131	蒙迪欧	渝 G26271	2006 年 12 月

续前表

单位名称	序号	车辆型号	车牌号	购置时间
涪陵所	132	帕萨特	渝 G16111	2003 年 3 月
	133	桑塔纳 2000	渝 G10599	1999 年 7 月
南川所	134	帕萨特	渝 A89529	2003 年 5 月
	135	三星海霸	渝 A85736	1996 年 12 月
垫江所	136	帕萨特	渝 G00818	2003 年 7 月
	137	三星海霸	渝 A86228	1997 年 1 月
丰都所	138	帕萨特	渝 A90528	2003 年 6 月
	139	普通桑塔纳	渝 A81378	1998 年 10 月
	140	猎 豹	渝 G16164	2003 年 11 月
武隆所	141	帕萨特	渝 G70111	2003 年 8 月
	142	华泰特拉卡	渝 GC0246	2005 年 9 月
酉阳所	143	帕萨特	渝 AV1999	2004 年 11 月
	144	金杯	渝 AV2888	2000 年 2 月
	145	长安	渝 AV1266	
黔江所	146	金杯	渝 H01148	2000 年 3 月
	147	桑塔纳 2000	渝 H01556	2001 年 11 月
	148	帕萨特	渝 H02486	2003 年 12 月
彭水所	149	帕萨特	渝 AW1988	2005 年 1 月
	150	金杯	渝 AW1888	2003 年 2 月
石柱所	151	大地三菱	渝 AX0388	1996 年 12 月
	152	金杯	渝 AX0876	2003 年 5 月
	153	帕萨特	渝 HD0318	2005 年 8 月
秀山所	154	五菱	渝 AU1763	2004 年 5 月
	155	庆铃	渝 AU0066	2000 年 11 月
	156	帕萨特	渝 AU1949	2004 年 11 月
黔江征管办	157	猎豹	渝 AR5679	2006 年 11 月

三、固定资产管理

1987 年，为了加强固定资产的管理，新组建的重庆交通稽查征一处和二处分别设有办公室负责对固定资产的管理工作。1988 年，一处、二处合并，新组建了重庆市稽征处，固定资产由新组建的重庆市稽征处内设的办公室、财务科共同负责管理。

1998 年，重庆市征稽局成立。为了探索创新对固定资产的管理，1999 年，重庆市征稽局成立了后勤管理处，实行了“统一领导，分级归口管理”的三级管理体制。一级管理归口机构为后勤处，其工作直接向主管领导负责。二级管理归口机构为有关处、室，其物资采购业务向后勤处负责，各物资使用单位为三级管理单位。在物资采购业务方面，三级管理单位要服从二级归口管理机构的管理，并按要求提供情况和报表。同时制定了归口管理机构职责，物资、财产管理制度，有效保证了国家财产的安全和使用。

表 12－5　　1987～2005 年重庆市交通征费稽查局固定资产原值统计表

年度	资产原值（元）	备注
1987	2130143.69	不含万、涪、黔
1988	2800383.69	同上
1989	3081143.69	同上
1990	7054497.66	同上
1991	7054497.66	同上
1992	7765226.16	同上
1993	11416361.64	同上
1994	11979347.96	同上
1995	14364347.96	同上
1996	17198027.96	同上
1997	47447698.59	含万、涪、黔
1998	97624266.17	同上
1999	90385364.81	同上
2000	90385364.81	同上
2001	98599187.71	同上
2002	100857622.6	同上
2003	98835692.2	同上
2004	108292398	同上
2005	1337286893	同上

第二节　征收法律法规

一、公路养路费

1950 年 1 月 1 日，西南军政委员会颁布《养路费征收暂行办法》。这是最早的养路费征收规定。从 1953 年至 1986 年，交通部、财政部先后多次颁布过公路养路费征收和使用的管理规定。1987 年 10 月 13 日，国务院国发〔1987〕92 号文件颁发的《中华人民共和国公路管理条例》，是实施公路养路费征收管理的最高行政法规。1997 年 7 月 3 日，全国人大常委会第 26 次会议通过的《中华人民共和国公路法》，正式把公路养路费征收和使用管理纳入了基本法律范围。

1991 年 10 月 15 日，交通部、国家计划委员会、财政部、国家物价局〔1991〕交工字 714 号文件联合发布《公路养路费征收管理规定》，一直沿用至 2008 年底，这是有效期最长的一个养路费征收规定。2008 年 12 月 5 日，根据《中华人民共和国公路法》国家发展改革委、财政部、交通运输部和国家税务总局拟定并公布了《成品油价税费改革方案（征求意见稿）》，其中一项措施就是取消公路养路费。《成品油价税费改革方案》自 2009 年 1 月 1 日起实施，交通部、国家计划委员会、财政部、国家物价局 1991 年发布的《公路养路费征收管理规定》终止执行。

（一）四川省政策法规

1960～1997 年，重庆市一直执行四川省交通厅出台的公路养路规费的征收法规政策。其中，1960～1982 年，重庆市作为四川省省辖市，重庆市的征收稽查机构隶属于四川省交通厅领导，完全执行四川省规定的公路养路规费征收法规政策。1983～1997年，重庆市计划单列但仍为四川省省辖市，重庆市的征收稽查机构虽已由四川省交通厅下放给重庆市领导，但仍然完全执行四川省制定公布的公路养路规费征收法规政策。

经1960年9月30日四川省人民委员会的批准，1960年10月3日，四川省交通厅发布《四川省公路养路费征收使用实施细则》。细则共有13条22款，自1960年10月1日起施行。1961年10月13日，重庆市交通运输管理局发出了《关于成立养路费检查站进行养路费查收工作》的通知。1961年12月20日，四川省交通厅下发《关于调整养路费征收费率的通知》，自1962年1月1日起执行。1964年1月30日，四川省交通厅、四川省财政厅发出了《关于颁发四川省公路养路费征收办法》的通知，《办法》共16条37款。

1973年5月24日，四川省交通厅发布了《关于小型柴油机动车征收养路费的规定》。1973年7月23日，四川省交通厅下发《关于拖拉机、小型柴油机动三轮车的养路费委托由各县、市交通局征收的通知》。这是拖拉机、小型柴油机动三轮车等农用车辆征缴养路费的最早的单一费种的专门性规范。

1979年9月24日，国家计委、交通部、财政部、中国人民银行交公路〔1979〕1745号文件颁发了《关于公路养路费征收和使用的规定》联合通知，该规定共有15条22款，自1980年1月1日起实行。1980年6月16日，结合四川省情况，四川省财政厅、四川省交通厅制定发布《四川省公路养路费征收实施办法》。实施办法共有12条34款，报经四川省人民政府批准，从1981年1月1日起执行。1983年11月25日，四川省交通厅、四川省财政厅根据交通部、财政部《关于个人机动车辆征收公路养路费的通知》拟定了《四川省个人机动车辆征收养路费实施办法》，报经省人民政府同意，从1983年1月1日起实行。

1984年11月13日，四川省人民政府发出《关于调整养路费征收标准和提高国营专业运输车辆船舶折旧率的通知》。1984年12月21日，四川省交通厅、四川省财政厅发出《关于征收摩托车养路费的通知》明确规定，从1985年1月1日起，对两轮、侧三轮摩托车（包括各种型号的摩托车和轻便摩托车）征收养路费。

1989年12月23日，四川省计划经济委员会、四川省财政厅、四川省物价局、四川省交通厅发布《关于调整我省公路养路费征收标准的通知》，对各型车辆征收标准，也包括对二轮、侧三轮摩托车征收标准进行了调整，自1990年1月1日起执行。

1993年12月8日，四川省省长肖秧签署的四川省人民政府第38号令，发布施行《四川省公路养路费征收管理办法》。1994年4月13日，四川省财政厅、四川省物价局、四川省交通厅下发了《关于调整我省公路养路费征收标准的通知》，从1994年5月1日起开始执行新的养路费标准。1994年5月8日，四川省人民政府法制局、四川省交通厅向社会公众发布了《四川省公路养路费征收管理办法》条文释义。

（二）重庆市政策法规

1. 重庆市第一次公路养路费征收管理立法

在1997年重庆直辖前，重庆市征稽局一直执行和沿用的是四川省人民政府38号令《四川省公路养路费征收管理办法》。1997年6月18日，重庆直辖市成立。随着《行政处罚法》《行政复议法》的颁布实施，在重庆直辖市体制下，养路费征收管理遇到了没有重庆市的法规依据的法律障碍，急需立法制定新的重庆市的公路养路费征收管理法规。为适应依法行政的需要，重庆市交通局局长胡振业向重庆市人大常委会领导汇报，要求迅速立法，出台重庆市公路养路费征收管理法规。重庆市交通局的要求得到重庆市人大常委会的赞同和支持，决定以超常规的做法迅速解决这个难题。

1997年7月2日，重庆市征稽局组织成立了重庆市征稽立法领导小组，抽调了一批从事养路费征收管理时间较长、熟悉立法工作的人员，组成了《重庆市公路养路费征收管理条例》（以下简称《条例》）的起草工作小组。重庆市交通局同意立法立项，随即展开了《条例》起草工作。在3个月内，《条例》起草工作小组深入运输企业、深入车主家中，全面了解运输市场，掌握了第一手资料，紧密结合重庆市经济发展状况及其道路运输车辆发展变化状况，在总结以往丰富的征稽管理实践经验基础上，较快地完成了初稿起草工作。重庆市交通局经过征求多方意见，迅速形成了送审稿，上报了重庆市人民政府法制办公室，经修改后形成了报送重庆市人大常委会的法规草案。在重庆市人大常委会的大力支持下，作为重庆市第一部公路养路费征收管理条例草案，于1997年10月17日，在重庆市第一届人大常委会第四次会议上审议通过，决定自1997年11月1日起正式施行。这是重庆直辖后产生的第一部地方性交通法规。至此，在1997年即重庆直辖的第一年，重庆交通征稽实现了公路养路费从“按章征费”向“依法征费”的平稳过渡。

为了贯彻实施好《重庆市公路养路费征收管理条例》（1997年），2000年上半年，重庆市征稽局针对有法规依据、无实施细则的状况，研究制订了与《重庆市公路养路费征收管理条例》相配套的征收标准和实施细则，即组织人员起草了《重庆市公路养路费和客货运附加费征收管理办法》（以下简称《办法》），解决了重庆直辖以来困扰征稽发展的又一难题。《办法》起草完成后，报送重庆市交通局，经征求多方意见形成送审稿上报，于2000年6月28日，经重庆市人民政府批准，以渝府发〔2000〕51号文件印发各区县人民政府、重庆市人民政府各部门遵照执行。《重庆市公路养路费征收管理办法》的出台，结束了重庆征稽长期处于有法规依据而无操作细则的尴尬局面。

2001年1月2日，重庆市交通委员会对重庆市征稽局关于《重庆市公路养路费征收管理条例》执行处罚界限问题的请示，给予了关于适用《重庆市公路养路费征收管理条例》有关条款的批复。批复对违反《重庆市公路养路费征收管理条例》（以下简称《条例》）第十七条、第十八条、第十九条、第二十条规定的，作出了依法予以处（理）罚的补充规定，如关于实施《条例》第十七条“由征稽机构责令限期缴纳”的问题，按照《中华人民共和国行政处罚法》第三十一条的规定执行。这是依照现有行政处罚法对养路费征收管理的过渡性的补充规定。

2. 重庆市第二次公路养路费征收管理立法

1997年发布的《重庆市公路养路费征收管理条例》存在明显的缺陷或漏洞，如部分条款内容滞后，与现实情况脱节；部分条款存在不完善之处或者含义不清等；给公路养路费的征管工作带来许多困难，迫切需要对《条例》进行一次较为全面的修订，使之适应实际工作和社会发展的需要。

2002年，重庆市征稽局开始进行《条例》修订的前期准备工作。一是重庆市征稽局成立了由分管局长牵头、各业务处室领导及骨干参与的修订《条例》工作组。二是修订《条例》工作组分赴重庆市42个区、县（市）各级征稽机构，调查《条例》执行5年来存在的具体问题，征集车辆所有者对《条例》的意见。三是重庆市征稽局指定专人归纳分析调研反馈意见，参考全国各省市公路养路费征管条例（办法）中的有益经验，起草了新《条例》的修改稿。随后，2002年12月，重庆市人大召开期间，重庆市征稽局正式提交了关于修订《重庆市公路养路费征收管理条例》的提案。

2003年6月，重庆市交通委员会召开《重庆市公路养路费征收管理条例》修订的征求意见讨论会。随后，重庆市交通委员会及其重庆市征稽局组织人员再次对1997年公布的条例进行了修订，并向重庆市人大城环委提交了修订草案。经重庆市人大城环委修改后，向重庆市人大常委会提交了《重庆市公路养路费征收管理条例》修订议案以供审议。2003年9月26日，《重庆市公路养路费征收管理条例》（修订）经重庆市第二届人民代表大会常务委员会第五次会议审查通过，2003年9月27日予以公布，自2003年12月1日起施行（重庆市人民代表大会常务委员会第14号公告）。

由于新的《重庆市公路养路费征收管理条例》（修订）开始施行，重庆市人民政府依据原《条例》制定的政府规范性文件《重庆市公路养路费征收管理办法》的一些规定，与修改后的《条例》

存在冲突，已经不能适应重庆市公路养路费征收管理的实际需要，必须进行修改。为了进一步规范养路费征收稽查管理，促进重庆市公路建设的发展，2004 年，重庆市交通委员会决定制订新的公路养路费征收管理办法。2004 年 2 月，重庆市征稽局立法领导小组为修订《重庆市公路养路费征收管理办法》，组建了修订工作小组，进行了一系列调研、论证、起草和前期准备工作。至 2004 年 5 月，重庆市征稽局完成了初稿起草工作。在初稿上报后，重庆市交通委员会经过反复修改形成了征求意见稿，2004 年 6 月 28 日，经征求重庆市人民政府有关部门的意见后，又对征求意见稿进行了再修改，形成了修改送审稿。2004 年 12 月 22 日，重庆市交通委员会将《重庆市公路养路费征收管理办法（修改送审稿）》报送重庆市人民政府审定，请求发布政府规范性文件实施。

从 2004 年 2 月到 2005 年 2 月，在重庆市人民政府法制办支持与指导下，重庆市交通委员会及其重庆市征稽局，经过立法调研论证，从起草到送审，其间修订 11 次，最终定稿。2005 年 3 月 29 日，经重庆市人民政府批准，正式出台了《重庆市公路养路费和客货运附加费征收管理办法》，标志着重庆市公路养路费、客货运附加费征收法律体系框架的基本形成，为重庆市公路养路费和客货运附加费征收管理奠定了坚实的法律基础。

二、公路客运附加费

（一）四川省政策法规

1983～1997 年，重庆市计划单列阶段，公路客运附加费、公路货运附加费的征收法规政策，是以四川省人民政府征收法规政策作为沿用基础依据，重庆市人民政府结合自身实际，重庆市交通局、重庆市征稽局陆续制定出台征收法规政策，逐步健全了公路客运附加费和公路货运附加费的征收法律体制。

1986 年 1 月 18 日，经四川省人民政府批准，四川省计经委、四川省财政厅、四川省交通厅、工商银行四川省分行、农业银行四川省分行联合颁发《四川省公路客运附加费征收使用管理办法》，从 1986 年 4 月 1 日起，在四川省范围内开征公路客运附加费，由公路运管部门征收管理。1986 年 3 月 21 日，四川省财政厅、四川省交通厅又发布《四川省公路客运附加费征收使用管理办法实施细则》，与《四川省公路客运附加费征收使用管理办法》同时实施。

1995 年 7 月 11 日，四川省交通厅印发了《公路客运附加费移交稽征部门征收管理实施方案》，1995 年 7 月 12 日，四川省交通厅又印发《四川省公路客运附加费征收管理规定》，根据《四川省人民政府关于加强交通规费征收管理和统一稽查的通告》规定，决定将公路客运附加费征收管理由交通运管部门移交稽征部门。从 1995 年 8 月 1 日起，四川省公路客运附加费从公路运输管理部门移交到交通稽征部门征收管理，至 2008 年年底，公路客运附加费征收终止。

（二）重庆市政策法规

1986 年 4 月 21 日，结合重庆市的具体情况，重庆市计委、重庆市经委、重庆市财政局、工商银行重庆市分行、农业银行重庆市分行、重庆市交通局发布《重庆市公路客运附加费征收使用管理办法》，从 1986 年 5 月 1 日起，在重庆市范围内开征公路客运附加费，由重庆市各区县各级交通部门负责征收后上缴重庆市交通局，然后划转重庆市财政局。1986 年 5 月 23 日，重庆市财政局、重庆市交通局又发布《重庆市公路客运附加费征收使用管理办法实施细则》，与《重庆市公路客运附加费征收使用管理办法》同时实施。1988 年 9 月 1 日，重庆市公路客运附加费由重庆市交通局交给重庆市公路运管部门征收管理。从 1995 年 8 月 1 日起，重庆市公路客运附加费又移交到重庆市交通稽征部门征收管理，至 2008 年底，公路客运附加费征收终止。

三、公路货运附加费

（一）四川省政策法规

1991 年 12 月 14 日，经请示四川省人民政府领导同意，四川省计划经济委员会、四川省生产委员会、四川省财政厅、四川省物价局、四川省交通厅联合下发《关于开征公路货运车辆附加费建设成渝高等级公路的通知》，决定自1992年1月1日起，在四川省开征公路货运车辆附加费。1992年1月3日，经四川省人民政府批准，四川省财政厅、四川省交通厅颁发了《四川省公路货运附加费征收管理使用办法的通知》，从1992年1月1日起，在四川省范围内开征公路货运附加费。

（二）重庆市政策法规

在四川省范围内开征了公路货运附加费后，结合重庆市的具体情况，1992年2月9日，经重庆市人民政府同意，重庆市计划委员会、重庆市经济委员会、重庆市财政局、重庆市物价局、重庆市交通局发出了《关于开征公路货运车辆附加费建设成渝高等级公路的通知》，决定在重庆市开征货运车辆附加费，并进一步明确了征收范围、征收标准、暂缓征收规定和征收管理。从1992年3月1日起，在重庆市范围内开征公路货运附加费，直接由重庆市交通稽征部门征收管理。

1997～2005年，在两次公路养路费征收管理法规立法中，重庆市征稽局把公路客运附加费和公路货运附加费纳入了征收管理法规范围。1997年，《重庆市公路养路费征收管理条例》第二十七条规定："征稽机构按照市人民政府的规定征收的公路客运附加费和公路货运附加费参照本条例的规定执行。"2003年，《重庆市公路养路费征收管理条例》第二十八条作了同样的规定。2005年3月29日，经重庆市人民政府批准，《重庆市公路养路费和客货运附加费征收管理办法》正式出台，标志着同时建立了对公路养路费、公路客运附加费和公路货运附加费征收管理的法律保障体系。

第三节　征收类别标准

养路费征收类别及标准，是根据不同的历史时期道路发展的需求和市场条件的变化而制订的。

一、公路养路费

（一）四川省统一养路费征收标准

1980年6月16日，根据国家关于公路养路费征收和使用的规定，结合四川省情况，四川省财政厅、四川省交通厅制订发布《四川省公路养路费征收实施办法》。其中，第四条征收养路费的范围和标准，规定了按费率计征标准和按吨位费额计征标准。1981年1月1日起施行。征收养路费标准有：

一是交通部门专业运输企业和农村运营汽车按运营收入总额的12.5%计征，简易机动车按运营收入总额的5%计征。农村生产队、大队参加运营的拖拉机，按运营收入总额的5%计征。畜力车运营收入总额的2.5%计征。

二是社会各型车辆与专业运输企业的非运营车辆一律按行驶证核定吨位96元/每月每吨计征。党政机关、学校、人民团体自用客货汽车和拖拉机按行驶证核定吨位48元/每月每吨计征。

三是农村公社及其社办厂矿企业事业自用汽车、拖拉机按48元/每月每吨计征，参加运营按96元/每月每吨计征。国营与部队农牧场、农村公社办企业事业自用拖拉机按汽车费额减半征收。

四是重型汽车核定载重10吨及以下的征收全费，超过10吨以上部分折半征收。汽车挂车按吨位减半计征。大型拖板车，核定载重10吨以上、20吨以下的折半计征；超过20吨以上部分折算计征；超过40吨的大型拖板车可按旬或按费率计征。

（二）第一次调整养路费征收标准

1984年11月13日，四川省人民政府发出《关于调整养路费征收标准和提高国营专业运输车辆船舶折旧率的通知》，同意四川省交通厅《关于调整养路费征收标准和提高国营专业运输车辆船舶折旧率的报告》即从1985年1月1日起，实行新的养路费征收标准。

一是交通部门专业运输企业运营汽车由按运营收入总额的12.5%提高到按15%计征，二是其他企事业等社会车辆由按费额96元/每月每吨提高到115元/每月每吨。

1984年12月21日，四川省交通厅、四川省财政厅发出《关于征收摩托车养路费的通知》。通知明确规定，从1985年1月1日起，对两轮、侧三轮摩托车（包括各种型号的摩托车和轻便摩托车）征收养路费。其中厂矿、企事业、其他各行业、个人、联户的各型两轮摩托车按5元/每月每台计征，全年一次交纳的，50元/每年每台。侧三轮摩托按7元/每月每台计征，全年一次交纳的，70元/每年每台。

（三）第二次调整养路费征收标准

1989年12月23日，四川省计划经济委员会、四川省财政厅、四川省物价局、四川省交通厅发布《关于调整我省公路养路费征收标准的通知》，对各型车辆征收标准，也包括对二轮、侧三轮摩托车征收标准进行了调整，自1990年1月1日起执行。其中，鉴于费率远高于费额，在专业公路运输企业车辆费率不变、仍按营业额15%计征的情况下，对社会车辆的吨位费额标准做了调整：

一是客车按150元/每月每吨计征。二是货车按130元/每月每吨计征，包括正三轮摩托车、小四轮车。三是侧三轮摩托车按10元/每月每车计征，1月份一次交清全年的，按100元/年计征；两轮摩托车按8元/每月每车计征，1月份一次交清全年的，按80元/年计征。四是中小型出租客车，10座以上（含10座，含用130底盘或相似底盘改装的）的按250元/每月每车计征，10座以下的小型出租汽车按400元/每月每车计征。五是各型拖拉机以主机拖带车斗的核定载重吨位计算，按货车费额每月每吨130元的50%计征。

1990年2月26日，重庆市计划委员会、重庆市经济委员会、重庆市财政局、重庆市物价局、重庆市交通局发出《关于贯彻四川省调整公路养路费征收标准通知的通知》，对社会车辆的吨位费额标准做了调整，川交财〔1989〕963号文件所列标准不变，但对19座以下的出租客车列出三种标准：一是10座以上（含10座，含用130底盘或相似型底盘改装的）的出租客车，每月每吨250元，按70%包缴，即每月每吨175元。二是5~9座（含212底盘或相似型底盘改装的）的出租客车，每月每车400元，按60%包缴，即每月每车240元。三是四座以下（含四座）的出租客车，每月每车400元，按45%包缴，即每月每车180元，其中菲亚特126p型车按30%包缴，即每月每车120元。以上规定自1990年3月1日起执行。

（四）第三次调整养路费征收标准

1994年4月13日，四川省财政厅、四川省物价局、四川省交通厅下发《关于调整我省公路养路费征收标准的通知》，从1994年5月1日起开始执行新的养路费标准。其中，一是客车由150元/每月每吨调整为190元/每月每吨。二是货车由130元/每月每吨调整为160元/每月每吨。三是侧三轮摩托车由10元/每月每车调整为12元/每月每车，两轮摩托车由8元/每月每车调整为10元/每月每车。四是中型营运客车，由250元/每月吨调整为320元/每月吨；10座以下的小型出租汽车仍按400元/每月每车计征，暂不调整。五是各型拖拉机仍按80元/每月吨计征。

（五）重庆市统一养路费征收标准

2000年6月26日，根据对行政事业性收费清理结果，报经重庆市人民政府第四十六、五十六次常务会议批准，重庆市物价局、重庆市财政局向万州、黔江开发区、各区县（自治县、市）物价局、财政局和重庆市交通局公布重庆市交通部门行政事业性收费管理规定及其收费标准。其中，公路养路费征收标准：一是客车按190元/每月每吨计征；二是货车按160元/月吨计征；三是中型营运客车按320元/每月每吨计征，小型出租汽车（含10人座以下的小型营运车）按400元/每月每车计征；四是非客货运三轮摩托车按12元/月车计征，两轮摩托车按10元/月车计征；五是拖拉机按80元/每月每吨计征。

2000年6月28日，重庆市人民政府下发《重庆市人民政府关于印发〈重庆市公路养路费征收管理办法〉的通知》，从2000年7月1日起施行。其中，公路养路费具体征收标准仍旧维持1994

年5月1日起开始执行的标准不变：一是客车按190元/每月每吨计征；二是货车按160元/月吨计征；三是中型运营客车按320元/每月每吨计征，小型出租汽车（含10人座以下的小型运营车）按400元/每月每车计征；四是非客货运三轮摩托车按12元/月车计征，两轮摩托车按10元/月车计征；五是拖拉机按80元/每月每吨计征。

2005年3月29日，重庆市人民政府印发《重庆市公路养路费和客货运附加费征收管理办法》的通知，再次统一公路养路费征收标准，一如2000年7月1日起施行的标准不变：一是客车按190元/每月每吨计征；二是货车按160元/月吨计征；三是中型运营客车按320元/每月每吨计征，小型出租汽车（含10人座以下的小型运营车）按400元/每月每车计征；四是非客货运三轮摩托车按12元/月车计征，两轮摩托车按10元/月车计征；五是拖拉机按80元/每月每吨计征。

下面从1935年（民国二十四年）《四川公路局征收路捐暂行规则》规定征收汽车养路捐税开始至2005年征收标准列表如下：

表12-6　　**1935年四川省公路局汽车养路捐税征收标准表**

吨位数	座位数	每车次10公里征捐税	每车月征捐税
1吨及1吨以下	6座以上	洋5角正	洋80元正
1吨~2吨以下	6~24座	洋6角正	洋120元正
2吨~3.5吨	28~32座	洋8角正	洋200元正

表12-7　　**1950~1981年各级主管部门颁布的养路费征收标准表**

时间	主管部门	征收方式	计算标准	费率费额
1950年11月	国家交通部	按月征收	大型车	120斤大米
			小型车	60斤大米
1951年1月	西南交通部	按月征收	大型车	1000斤大米
			小型车	300斤大米
1951年12月	西南交通部	按月征收	每吨每月	30，000元
		按次征收	每吨公里	359元
			每人公里	35.9元
1952年7月	西南交通部	按月征收	每吨每月	240，000元
		按月征收	每吨每月	240元
		按次征收	每人公里	24元
1954年1月	西康省交通厅	按月征收	每吨每月	392，000元
		按次征收	每吨公里	245元
1957年1月	四川省交通厅	按月征收	每吨每月	53元
		按次征收	每吨公里	0.018元
1958年5月	四川省交通厅	按月征收	每吨每月	62元
		按次征收	每吨公里	0.021元
1960年1月	四川省交通厅	按月征收	每吨每月	75元
		营业运输汽车	营业收入总额	6%
		按月征收	每吨每月	75元

续前表

时间	主管部门	征收方式	计算标准	费率费额
1964 年 1 月	四川省交通厅	按次征收	每吨公里	0.05 元
		专业运输	运营收入总额	10%
1964 年 2 月	四川省交通厅	按月征收	每吨每月	88 元
	四川省财政厅	按月征收	每吨每月	96 元
1966 年 1 月	四川省交通厅	专业运输	运营收入总额	12.50%
1981 年 1 月	四川省财政厅	简易车拖拉机按月缴费	营业总收入	5%
	四川省交通厅		每吨每月	48 元

表 12－8　1981～2005 年四川省和重庆市交通主管部门颁布养路费征收类别及标准表

年度	车辆类型	计量单位	征收标准
1981 年 1 月起	各型汽车	月/吨	96 元
1985 年 1 月起	客货车辆	月/吨	115 元
1990 年 1 月起	二轮摩托车	月/车	5 元
	侧三轮摩托车	月/车	7 元
	客车	月/吨	150 元
	货车	月/吨	130 元
	中型运营客车	月/吨	250 元
	小型出租汽车	月/车	400 元
	侧三轮摩托车	月/车	10 元
	二轮摩托车	月/车	8 元
	各型拖拉机	月/吨	65 元
	专业运营车辆	按营业额	15%
1994 年 5 月至 2005 年	客车	月/吨	190 元
	货车	月/吨	160 元
	中型运营客车	月/吨	320 元
	小型出租汽车	月/车	400 元
	侧三轮摩托车	月/车	12 元
	二轮摩托车	月/车	10 元
	拖拉机	月/吨	80 元

二、公路客运附加费

（一）开征时的征收标准

1986 年 1 月 18 日，经四川省人民政府批准，四川省计经委、四川省财政厅、四川省交通厅、工商银行四川省分行、农业银行四川省分行联合颁发《四川省公路客运附加费征收使用管理办法》，从 1986 年 4 月 1 日起，在四川省范围内开征公路客运附加费，凡行驶四川省平坝地区和铁路沿线公路经营客运的车辆，按每人公里加收 5 厘，其余地区加收 7 厘，作为公路改造、服务站点建设及客运设施的一项专用资金来源。征收使用管理办法实施细则补充：“国营地、市、州、县属汽车运输企业可按客票收入的百分之二十至十五按月缴纳（按七厘征收为二十，按五厘征收为十五）。”对于无法考核收入的单位、个体与联户则按座位定额包交办法计征。

1986年4月21日，结合重庆市的具体情况，重庆市计委、重庆市经委、重庆市财政局、工商银行重庆市分行、农业银行重庆市分行、重庆市交通局联合发布《重庆市公路客运附加费征收使用管理办法》，从1986年5月1日起，在重庆市范围内开征公路客运附加费。1986年5月23日，重庆市财政局、重庆市交通局又发布《重庆市公路客运附加费征收使用管理办法实施细则》，与《重庆市公路客运附加费征收使用管理办法》同时实施。其中，对公路客运附加费的征收标准，与四川省的相同。其不同之处在于对无法考核收入的单位和个体联户计征的定额包交标准，规定了测定方法：“一般可暂按车日行程120公里、实载率85%、工作率85%测算。测定后，应扣除代征费，作为‘定额包交标准。’”

（二）第一次调整客运附加费征收标准

1995年7月12日，四川省交通厅印发《四川省公路客运附加费征收管理规定》，从1995年8月1日起，四川省公路客运附加费移交稽征部门征收管理，并对客运附加费征收标准作出调整。“对从事公路客运的机动车和非机动车均应按每人公里二分加收客附费。所有从事公路客运的单位和个人统一实行客座位月额办法，客座位月征收结算定额为：（1）20座（含20座）以下客车，每月每座定额65元。（2）21座（含21座）以上客车，每月每座定额52元。”

（三）重庆市统一客运附加费征收标准

2000年6月28日，重庆市人民政府印发《重庆市公路养路费征收管理办法》的通知，从2000年7月1日起施行。其中，公路客运附加费具体征收标准为：（1）20座（含20座）以下的客车按65元/每月每座计征。（2）21座（含21座）以上的客车按52元/每月每座计征。

2005年3月29日，重庆市人民政府印发重庆市公路养路费和客货运附加费征收管理办法，再次统一公路客运附加费征收标准，一如2000年7月1日起施行的标准不变：（1）20座（含20座）以下的客车按65元/每月每座计征。（2）21座（含21座）以上的客车按52元/每月每座计征。

三、公路货运附加费

（一）开征时的征收标准

1992年1月3日，经四川省人民政府批准，四川省财政厅、四川省交通厅川交财〔1992〕3号文件颁发了《四川省公路货运附加费征收管理使用办法的通知》，从1992年1月1日起，在四川省范围内开征公路货运附加费。凡在四川省境内从事公路货物运营的货车，按运输每吨公里人民币2分计征；“非运营性运输的货车（含小四轮、三轮货车）均按照车辆养路费计征吨位每月每吨25元计征。”“拖拉机按拖挂吨位减半计征。”这一标准一直执行至2008年底。

1992年2月9日，结合重庆市的具体情况，重庆市计划委员会、重庆市经济委员会、重庆市财政局、重庆市物价局、重庆市交通局发出了《关于开征公路货运车辆附加费建设成渝高等级公路的通知》。经重庆市人民政府同意，决定从1992年3月1日起，在重庆市范围内开征公路货运附加费，直接由重庆市稽征部门征收管理，征收标准一如川交财〔1992〕3号文的标准不变。

（二）2000年后统一货运附加费征收标准

2000年6月28日，重庆市人民政府渝府发〔2000〕51号文件印发《重庆市公路养路费征收管理办法》，从2000年7月1日起施行。其中，公路货运附加费具体征收标准为按25元/每月每吨计征。

2005年3月29日，重庆市人民政府渝府发〔2005〕28号文件印发《重庆市公路养路费和客货运附加费征收管理办法》，再次统一公路货运附加费征收标准，如2000年7月1日起施行的标准不变：仍旧按25元/每月每吨计征。

第四节　征收稽查管理

一、征收稽查措施

（一）依法征费管理

1. 交通法制管理

1986～1988 年，重庆市交通局内设调查研究室。1989 年 1 月 26 日，重庆市交通局调查研究室更名为体改法规研究室，除研究政策外，还具备了制定地方交通法规的新管理职能。2000 年 8 月 1 日，重庆市交通委员会正式挂牌，政策法规处仍然是职能处室之一，其主要职能是负责交通系统地方性法规、行政规章的拟定、组织、协调和行政复议工作；管理、指导交通行业的执法监督和执法队伍建设及政策调研工作。

2001 年 10 月 15 日，重庆市交通委员会新制定了《重庆市交通委员会交通法规起草和制定程序规定》，通知要求委属各行业管理局、重庆市高等级公路行政执法大队和委机关各处室遵照执行。《重庆市交通委员会交通法规起草和制定程序规定》共有总则、规划、起草、审定和报送和附则等 5 章 28 条，明确规定了地方交通法规规划与制定程序。

2. 征稽法制组织

在重庆市计划单列阶段，1991 年，重庆市稽征处首次成立了行政复议领导小组，由重庆市稽征处副处长潘武新任组长，各业务科室负责人为成员，负责全处行政复议处理工作。1996 年 11 月，重庆市稽征处成立法制工作领导小组，由重庆市稽征处处长、党委书记潘武新任组长，副处长王志任副组长，各职能部门负责人为成员，负责对重庆市交通征稽系统的法制工作实行统一领导，就法制建设规划、各项法规制度等一系列重大问题进行研究、决策，并负责指导、监督、协调重庆市稽征处与重庆市人大、重庆市人民政府相关部门及法院、公安等有关单位的联系。

1997 年 7 月 2 日，重庆市稽征处成立了立法领导小组，由重庆市稽征处处长、党委书记潘武新任组长，副处长王志任副组长，机关各职能部门负责人和万州、涪陵、黔江征稽处法科科长组成的领导小组，负责对重庆直辖后的第一部养路费征收管理条例起草工作。下设办公室，办公室设在局法规科，负责日常事务工作。

1998 年 8 月，重庆市征稽局机关首次内设征收政策法规研究室，负责对全局征收政策的研究、规划、指导、监督、协调等工作，负责具体落实和处理行政执法指导、监督过程中的日常性工作。在重庆市征稽局基层，由各征稽所所长负责全所的法制工作，大力培养专兼职法制人员和执法监督干部，把行政执法工作纳入重要议事日程，要求各基层所成立专门的执法监督领导小组。

3. 行政执法建设

1986～2005 年，重庆市稽征处、重庆市征稽局共出台依法行政的法制建设方面的文件上百份，先后制定了行政执法公开制度、行政执法程序制度、规范性文件备案制度、行政执法过错责任追究制度、执法证件管理制度和交通征稽执法人员风纪等依法行政重要制度。

行政执法公开制度共有 10 项行政执法公开的制度，即工作人员挂牌服务姓名职务公开，征费期节假日实行承诺服务制公开，设置公开电话，各种机动车辆缴费标准公开，缴费时间公开，滞纳金征收标准计算方法公开，报停停征车辆规定公开，新购车辆缴费规定公开，车辆办理养路费转籍过户公开，路检路查处理偷漏车辆罚款标准公开。

行政执法程序制度共有 7 项要求：一是依法执行法律、法规、规章的要求；二是以事实为依据、以法律为准绳的要求；三是做好行政处罚决定的要求；四是对被处罚机关或个人不执行行政处罚的、申请人民法院强制执行的要求；五是依照法律法规规定做好应诉工作的要求；六是养路费、客附费、货附费征收操作程序按规定执行的要求；七是执法过程中侵犯当事人的合法权益应负赔偿责任的要求。

其余规范性文件备案制度、行政执法过错责任追究制度、执法证件管理制度和交通征稽执法人员风纪等依法行政重要制度均有详细规定。

4. 宣传征稽法规

1987～1996 年，重庆市稽征处主要是宣传贯彻四川省人民政府、四川省交通厅及其稽征部门关于加强公路养路费征收管理的通告和征管办法，宣传方式有大批印发书面资料，召开各种征管会议、出动宣传车上路流动宣传，在重庆广播电台、重庆电视台、重庆日报、重庆晚报等各大媒体上展开宣传。宣传范围包括重庆各区县，即由市中区、沙坪坝区、綦江、江北、巴县、大足、荣昌、合川、永川、璧山等县区稽征所采取有线广播和电视台广播、散发文件、张贴通知、出动流动宣传车等多种形式，各征稽所还在公路沿线醒目地段制作“交通规费取之于车，用之于路，服务于民”永久性大型广告牌、巨幅宣传标语牌，定期举办交通规费征收政策宣传咨询活动。开展政策宣传，扩大社会影响。

1997～2000 年，重庆市稽征处、重庆市征稽局主要是宣传贯彻重庆市人民政府、重庆市交通局关于加强公路养路费征收管理的通告和征管办法。1997 年，重庆市人民政府、重庆市交通局确定为“交通建设年”。为此，重庆市稽征处开展了以“交通建设年”为主题的宣传活动。1997 年和 1998 年，重庆市稽征处还开展了《重庆市公路养路费征收管理条例》的宣传活动，又开展了宣传贯彻《重庆市人民政府关于加强公路养护费征收管理的通知》的活动。1999 年 10 月 31 日《关于修改中华人民共和国公路法的决定》公布后，1999 年 11 月，重庆市征稽局在重庆电视台卫视节目、《重庆日报》、重庆人民广播电台，开展了《重庆市人民政府关于加强公路养路费客货运附加费征收管理的通告》（渝府发〔1999〕79 号）的宣传活动。

2000～2005 年，重庆市征稽局主要是宣传贯彻重庆市人民政府、重庆市交通委员会关于加强公路养路费征收管理的通告和征管办法。2002 年，重庆市征稽局先后设入 56 万元，在重庆市公交车和市、区县报刊、广播电视张贴养路费广告，发表新闻报道 200 余篇，消除人们因“费改税”而对征收养路费的误解，维护正常的征费秩序，稳定征收费源，使 2002 年的征费任务突破了 8 亿元，创造了征稽收入的历史记录新高。2003 年，重庆市征稽局充分利用现代网络与政务信息相结合的宣传形式，创办了重庆征稽对外宣传网站，及时传递征稽法律法规和征稽新动态。

2004 年，重庆市征稽局重点突出《重庆市公路养路费征收管理条例》（修订）等政策法规宣传。据不完全统计，重庆市征稽局印发、张贴政策法规资料 31000 余册（份），职工发表宣传文稿 483 篇（件），位居全国征稽系统、重庆市交通系统前列。2005 年，重庆市征稽局相继开展了“大战一百天”“秋风行动”的追欠征费活动。其中，3 次邀请重庆电视台、重庆交通广播电台、重庆日报在内的各大媒体召开新闻媒体见面会，联手重庆交通广播、重庆时报，系统地开展了两次征稽宣传周活动。联合新华社重庆分社建立网页专版，对包括“大战一百天”、四省五市征稽工作联系会、“秋风行动”在内的各项活动进行了深入、细致、及时的报道宣传。

（二）包缴合同管理

1988 年，重庆市交通稽查机构开始探索采用养路费包缴合同加强征费管理。1989 年 2 月 15 日，四川省交通厅下发《关于做好养路费包缴征费工作的通知》（川交财〔1989〕90 号文）。通知要求年包缴比例在 85%（含 85%）以上的，由稽征所核定，报稽征处备案；年包缴比例在 75%～84% 的由稽征所提出意见报稽征处审定，并由处报厅稽征局备案；年包缴比例在 75% 以下的由厅稽征局审批，报厅备案。“包缴比例一经确定，甲、乙双方签订包缴协议书，加盖公章和负责人印章后，即行生效。”

1997 年 11 月 6 日，重庆市交通局发布了《重庆市公路养路费包干缴纳办法（试行）》（渝交局〔1997〕885号文)，从1997年11月1日起试行。文件要求："包缴实行一年一审制。车辆所有者应于每年10月1日至12月10日向车籍所在地征稽机构申报。""年末一次缴清次年度全年包缴金额的，可按年应缴额的5% 予以优惠。年度一次性缴清全年养路费的，非因国家政策变动或征稽机构过错，不予退费。""综合包缴比例 = 该户应缴所有单车包缴金额之和/该户应缴所有单车应缴金额之和×100。"2000年12月6日，重庆市交通委员会委正式出台了《重庆市公路养路费包干缴纳办法》(渝交委〔2000〕496号文)。包缴征费仍旧实行一年一审制，养路费包缴条款同样适用于(客)运附加费包缴征费工作。

根据四川省交通稽查征费局、重庆市交通局的安排部署，重庆市稽征处、重庆市征稽局全面运用合同包缴征费方式进行征费。在重庆市征稽局与有车单位和个人签订养路费包缴合同中，逐步规范完善了养路费包缴政策的宣传和解释工作和包干缴纳审批权限，并探索一次性缴清全年养路费的新政策即一次性按10个月缴纳养路费，极大的刺激和调动了车辆所有者缴费的积极性，起到了稳定费源和保持收入逐年递增的好局面。至2004年年底，重庆市征稽局纳入包缴的车辆143538辆、439355吨。至2005年年底，重庆市征稽局纳入包缴的车辆169592台、415069吨，占应缴费车辆总数的54.4%、吨位的70%。

(三) 省际征稽协作

1987~2005年，重庆市交通征费稽查局多次参与和承办全国4个直辖市协作会议、召开和参与省际边区协作会议，共同探讨研究交通征稽的发展远景，解决交通征费中存在的问题，与其他中央直辖市、与周边省市联手开展交通规费征收工作。

1988年6月25日至28日，川鄂两省五地市州协作会在四川省奉节县召开，出席会议的有49名交通稽征代表。会议提出了加强和改进两省五地市州交通规费征收工作的意见与建议。原四川省万县地区行署副专员姜福纯、奉节县副县长白在清到会并讲话，四川省大竹县交通局局长周志远、奉节县交通局局长孙化奎介绍了加强对交通稽征部门的领导、支持交通规费征收工作的经验。两省五地市州交通稽征代表就搞好协调应对困难，相互支持搞好交通规费征收工作，开创两省五地市州交通规费征收工作的新局面，交换意见。大家一致认为，川鄂两省虽然都执行一样的政策，但在执行政策的方法和具体规定上各地不一样，需要互相协调，互相沟通，加强配合。

1991年5月16日，川鄂两省第二次协作会在湖北省鄂西州恩施市召开。出席会议的有重庆市、四川省万县地区、涪陵地区、达县地区；贵州省铜仁地区；湖南省湘西自治州、大庸市、石门县；湖北省荆州地区、宜昌地区(市)、鄂西自治州交通征稽部门的负责人和工作人员，鄂西州新闻界、特邀单位、鄂西交通主管部门以及州政府领导，共计110余人参加了会议。会议着重解决各省征费标准政策差异和加强稽查协作等问题。

1992年8月，为了互通信息、交流经验、加强往来、携手并进、促进征收，重庆市交通稽查征费处与广西柳州交通稽查征费处结成友好单位。广东、广西是中国最早改革开放的示范区，有超前的思想理念，在交通征费中积累了宝贵的经验。从重庆市交通稽查征费处与广西柳州交通稽查征费处结成友好单位以来，广开交往渠道，除正常的往来外，每年在召开年终工作总结会时，相互派代表参加，并在会上作经验交流发言。通过相互学习、互相交流，取长补短，大大促进了重庆征稽的征收管理工作。

1998年11月，北京、天津、上海、重庆第三届三次养路费征收研讨会在重庆召开。这次会议是重庆成立直辖市以来，第一次参加全国直辖市交通征稽工作协作会，会议第一次将重庆交通征稽纳入全国直辖市交通征稽协作会成员。会议重点研讨了在市场经济条件下，如何加强征稽自身建设，互通有关征费政策和征收管理的经验，促进相互交流，增进友谊，共商征稽发展远景。

2003年10月10日至12日，北京、天津、上海、重庆及友邻省区征稽工作研讨会在重庆召开。全国4个直辖市和黑龙江、贵州、陕西、广东等17个省区及交通征稽杂志社，共132人参加会议。

重庆市交通委员会主任胡振业、重庆市交通党委副书记余昌平出席会议，胡振业主任发表了讲话。会议建议交通部等部委要加快《公路养路费征收管理规定》（交工字〔1991〕714号）的修订进度，以适应征费工作需要。省际要加强“大吨小标”车辆的整治、调驻车辆征费管理等衔接联系工作，共同维护公路养路费征收管理秩序。会议对促进重庆市交通征费稽查工作起到了推动作用。

2004年4月6日，重庆、湖南、贵州边区交通征稽协作会第一次会议在重庆市秀山县召开。重庆市黔江征管办及秀山征稽所、湖南省湘西土家族苗族自治州交通征稽处及花垣征稽所、贵州省铜仁交通征稽处及松桃征稽所代表，秀山县政府副县长岳平、重庆市交通征稽局局长王志等领导出席了协作会，会议还应邀了渝湘黔边区部分交通、征稽、交警、路政、运管等部门负责人，共计60余人参会。渝湘黔边区各地县，同处武陵山脉，同属少数民族聚居地，征稽机构之间虽有一定联系，但特殊地理环境和省际征费政策差异，车方偷逃、抗缴养路费的现象十分突出。会上，对有关征费吨位、包缴比例、调驻车辆管理、欠费违规车辆的处理达成共识。会后，在实际工作中，相互配合、相互信任、相互支持，形成了打击偷逃、抗费行为的网络，促进了边区征费环境的不断改善，提升了征费率。

2004年10月19日，湖北宜昌、恩施，陕西安康，四川达州，重庆万州四省（市）五地征稽部门协作会在重庆市万州区召开，出席会议的代表近50名。此次协作会议旨在走出异地抢征养路费导致国家规费大量流失的恶性循环误区，协调处理好各方关系，营造公平的征费秩序，创造良好的征费环境，保持规费的持续增长。会议就征稽协作相关事项达成一致协议，严格按照车籍征费，不跨地争抢，不随意降低包缴比例和包缴月份，不随意降低征费吨位吸引外地车辆。充分利用电子眼等高科技系统，实现信息资源共享。边邻征稽部门每年定期不定期组织工作人员联合上路检查。发生征费矛盾和纠纷应加强协调，充分尊重车籍所在地的有关规定，互谅互让，协商处理。通过协作会，为万州乃至整个协作片区征稽事业的发展注入了新的活力，开创了新的局面。

2005年4月13日至14日，云南、贵州、重庆、四川征稽局四省（市）交通征收管理联系会在四川省泸州市召开。会议就各省贯彻落实交通部交公路发〔2004〕750号文件情况、加强省际车辆征费管理协作、建立西南片区省际征管协调机制等问题进行了交流和研讨，参加会议的代表共有41人。会议认为，货运车辆“大吨小标”甚至“小吨大标”、省际车辆非正常外挂入籍等问题日益严重，特别突出的是货车征费吨位核定不统一、汽车销售形式多元化，是造成车辆外挂入籍、扰乱省际征费管理秩序，影响交通征稽部门总体形象的主要原因。这些突出矛盾和问题，有待省际征稽部门间强化沟通与联络，加强协作与配合，共同探索研究。会议议定成立云南、贵州、重庆、四川四个省（市）交通规费征收管理协调理事会，协调解决四省（市）征稽部门间执行国家和地方有关交通规费征管秩序，研讨交通规费征收管理法规、规章、政策，交流探索新型科技征费手段的推广使用，研究省际的联合稽查与管理，其他需要省际协调解决的问题。

2005年10月26日至27日，根据《川渝云贵四省（市）交通规费征收管理联系会会议纪要》精神，川渝云贵四省（市）交通规费征收管理第二次联系会在贵州省遵义市召开。来自川渝云贵四省（市）交通规费征收部门共计60余人参加了会议，西藏征稽局作为特邀单位也应邀出席。贵州省交通厅副厅长刘少庆、遵义市人民政府副市长刘明到会祝贺，并作重要讲话。经过与会代表研讨，达成了共识，拟成立四省（市）车辆征费计量核定小组，组长由理事长单位兼任，成员由四省（市）征管处（科室）组成，在四省（市）区域内统一新型号车辆征费计量标准，省际转籍车辆转入地征稽机构必须凭转出地征稽机构出具的证明函件办理入籍缴费手续。对无证明函件的车辆，他省不得准予缴费。与会代表一致建议，请交通部继续努力做好协调工作，争取在2005年底前出台交通部〔1991〕交工字714号文件的修改办法。会议决定邀请西藏征稽局为联系会理事单位，并正式参加下次川藏渝云贵五省（市、区）规费征收管理联系会。

2005年11月16日至19日，重庆市交通征费局局长王志、副局长陈卫东等一行5人到天津参加了华北片区暨京津沪渝征稽工作联系会议，四川、云南各地征稽局的主要领导受邀出席。大会就燃油税改革影响下，各地征稽部门开展征收工作所取得的一些经验和做法进行了交流，并对征稽的前途命运、存在的主要问题进行了分析研究，对征稽行业发展、队伍稳定等问题进行了共同探索。交通部公路司司长李华专程到会祝贺，在会上作了重要讲话。陈卫东代表重庆市作了《围绕中心抓征管，科学发展建和谐》的主题发言，得到了参会者的热烈反响。

（四）开展优质服务

1987～2005年，服务征费是重庆市交通征费稽查局转变征费理念，加强交通规费征收工作的重要举措。为提高服务质量，重庆市征稽局开展大厅服务、上门服务、品牌服务、亲情服务、规范服务、普通话服务、挂牌服务、热线报务、热点服务、难点服务、信息服务、投诉服务、特殊服务、代理服务、大客户服务、一站式服务、限时服务、绿色通道服务、网络服务、不扰民服务、窗口征费服务等数十项服务活动。

大厅服务就是各项征费政策、征费标准、征费时间及征费人员姓名、性别、联系电话、违规征费举报电话、征费人员的服务标准公示在大厅墙上，供车主了解。同时在大厅为缴费车主备好填写缴费表格。上门服务就是征稽人员到车主家中、工地宣传征管政策，送达《车辆欠费通知书》，上门征费。品牌服务就是用“青年文明号”等诸多服务品牌为车主服务。亲情服务就是要求收费人员对各类车主有关心照顾之情。规范化服务就是按已制定规范进行优质服务。普通话服务就是在接待车主和窗口办理业务的工作人员一律使用普通话对外服务。挂牌服务就是所有工作人员在上班上岗时，将统一制作印有个人姓名、工作岗位的吊牌挂在胸前。热线服务就是将征费大厅的电话向社会公开。热点、难点服务就是针对一个时期征收难点、热点搞好服务。信息服务就是为困难企业、困难车主提供客源、货源信息、车辆维修保养信息、规费征收政策信息。投诉服务就是根据车主的投诉搞好服务。特殊服务就是对有特殊情况的缴费车主开展特殊性服务。代理服务就是为车主代买车票、代办货物托运等业务。大客户服务就是对车辆超过100台的有车单位、车主实行缴费预约服务、信息通报及上门走访服务。一站式服务就是将“制票、收费、稽核结合”三个岗位完成的工作，改为一个窗口一站式完成。节假日承诺服务就是征稽部门法定节假日不休息，继续征费。限时服务就是在规定的时间内限时办结。联网服务就是在交通规费征管业务网上办理电子审批业务，车主可在异地缴费、补费和申办征收业务。绿色服务就是在稽查执法过程中，对运送鲜活物资的欠费车辆开通绿色通道。不扰民服务就是利用稽查电子眼、移动数据库等先进科技设备实现目标明晰的移动查费和定点稽查。窗口服务就是征费窗口推行“一张笑脸相迎，一句问候暖心，一腔热情服务，一句好话相送”的亲民、便民服务。

二、征稽内部管理

（一）岗位职责制度

1988年，重庆市稽征处成立，内设征收管理科。1998年，重庆市征稽局成立，内设征收管理处，万、涪、黔征稽处内设征收管理科，各所设主办征收管理员、计算机管理员、计算机网络管理员等岗位。

1. 征收管理处工作及岗位职责制。贯彻执行国家交通规费征收政策、法规、规章，规范和指导征收业务工，并督促检查其执行情况。负责编制、下达和平衡、调整年度征收计划，掌握征收动态；负责权限内征管业务的审批，并检查其落实情况；负责征收业务的咨询，分析、综合、反馈有关信息；负责编制全局规费收入月报、年报，并对收集的有关征收资料进行汇总、分析，总结交流推广经验；负责组织重庆市征管人员的业务培训、考核工作；负责微机系统的开发、维护和技术指导；负责与公安交警及其他相关部门的联系和协调工作；完成领导交办的其他工作。

2. 征收管理处处长职责。主持工作，制订工作计划，起草征管业务文件。编制年度规费征收计划，并组织实施，督促计划的完成。负责权限内征管业务的审批，并检查其落实情况；负责组织重庆市征管人员的业务培训；负责征收业务的咨询工作，组织对微机系统的开发、维护和技术指导；负责处理征管业务活动中的特殊情况；负责与公安交警及其他相关部门的联系和协调工作，完成领导交办的其他工作。

3. 其余人员职责。副处长协助处长搞好本处日常事务工作。负责分管工作的计划、实施、监督和总结。完成领导交办的其他工作。主办征收管理员主要负责征收政策及征管业务的咨询工作和负责权限内减、免征、停征车辆和包缴车辆的初步审定。计算机管理员主要负责全局微机的管理和维护。计算机网络管理员主要负责机关局域网服务器软（硬）件、交换机等设备的管理和维护。

（二）征收操作规程

2003 年，为了实现征收业务操作科学化、制度化、程序化、规范化。根据《重庆市公路养路费征收管理条例》和《重庆市公路养路费征收管理办法》的规定，结合征收稽查长期工作实际，重庆市征稽局制定了征收业务操作规程。

征收稽查业务操作规程包括 14 个业务操作流程。其中，主要的征收业务办理程序对实行计算机征收管理的操作流程作了详细规定。首先，是微机征费员（或手工征费员）按照车主提供的车主编号或车辆牌照制作对应的缴讫证和收据，留下收据存根联，将余下票据交收款员。第二，收款员按微机征费员（手工征费员）移送的收据收取现金、支票回单或其他付款方式支付的费款，并在已收款的票据上签章后，留下记账联，其余的移交稽核员。第三，稽核员审核缴讫证和收据，稽核员在确认已收到费款后，在缴讫证和收据上加盖征稽机构业务条章，然后将缴讫证和收据交给车主。

征收稽查业务操作规程还制订了新增车辆操作流程、转入车辆入籍操作流程、转出车辆操作流程、过户（内转）车辆操作流程、车辆调驻操作流程、报废车辆操作流程、缴讫证遗失补办操作流程、养路费包缴操作流程等操作程序。另外，还制定实施了减、免征车辆操作流程、报停车辆操作流程、停征车辆操作流程、养路费缴讫证明操作流程、暂存金额管理操作流程等制度。

（三）征费档案管理

1. 征费档案管理制度。明确规定了征费档案工作的基本任务：是对本单位在征收公路养路费形成的各种票据、账表材料进行收集、整理、立卷和归档工作；集中统一管理本单位征费档案，积极提供查阅，为单位各项工作服务；在统一领导、分级管理的原则下，各级征收管理部门对所属基层单位的征费档案工作进行监督和指导。

2. 征费档案管理制度。明确规定了征费档案的归档范围，包括上级机关制定的征收政策、法规性文件材料；上级机关和本单位召开的有关征收工作会议的重要文件材料；本单位在征收管理活动中形成的文件材料；同有关部门、车单位协商征费工作的重要往来文函、协议、合同；本单位征收计划、报表、统计和分析征费工作文件资料；《申请机动车减免公路养路费报审单》存根联及附件；养路费征收台账；车辆新增、转出、转入、停征、报停、调驻、依法封存扣押、报废等异动情况资料；减免、欠费追缴等工作中形成的文件；《公路养路费包干缴纳申报核定表》及附件。违章处罚的登记表和有关法律文书。

3. 征费档案管理制度。明确规定了征费档案的建档时限和建档方法，包括减、免征养路费档案的建立；《公路养路费包干缴纳申报核定表》档案的建立；《报停、停征申请表》档案的建立；违章处罚档案的建立；其他征费档案的建立。

4. 征费档案管理制度。明确规定了征费档案的销毁制度：根据本规范档案保存的时限，对已超过保存期限的档案进行价值鉴定，确定档案是否存毁；鉴定工作应在本单位分管领导的领导下，按本规范规定开展鉴定工作；销毁失去保存价值的档案材料，应造出销毁清册，经本单位主管领导批准并在销毁清册上签字后方予销毁。

（四）征稽基础管理

1. 财务管理

1998 年，重庆市征稽局成立，在财务管理上，实行三级管理、三级核算体制，即重庆市征稽局、所属征稽处、各区县征稽所的三级财务管理体制。

（1）岗位设置及职责。重庆市征稽局财务处工作职责主要有按照《会计法》和国家制定的财务制度负责制定财务管理制度和会计核算办法，并组织实施监督检查；负责编制交通规费收入、经费收支、基建支出的年度计划，并参与重大经济合同和有关经济文件的审查会签；负责年、月度交通规费收入与各种支出报表和有关会计资料的审计汇总和编制，并督促规费收入按时足额解缴入库；会同有关职能处室管理固定资产、低值易耗品及库存物资；负责对规费等票据（证）的领入、发放、结存；负责会计人员业务培训的组织和业绩考核等等。同时，还分别明确规定了财务处处长职责、财务处副处长职责、养征会计员职责、经费会计员职责、出纳员职责和票据（证）管理员职责。

（2）收入管理。公路养路费及客、货运附加费收入管理。认真执行国家规定的征收政策，做到“应征不漏，应免不征，该补即补，该罚即罚”。必须在银行开设专户存储各征稽单位已收的养路费及客、货运附加费，专户存款只能逐级解缴，不能动支。收入结算方式，同城一般采用支票结算，外地可采用汇兑、汇票、委托收款等结算方式。必须坚持“票出去，钱回来”的开票收款原则。收入的解缴和月报各直属征稽所应于每月 28 日前将三费收入上解征稽局，万州、涪陵处收到各所解缴的收入款后，应于次月 5 日前上解市征稽局，并将“收入月报”同时报送市征稽局。

（3）经费管理。一是制定了经费管理办法。交通征稽部门经费管理实行“收支全额管理，结余留用，超支不补”的办法。二是规定了经费管理原则，即计划管理原则：各征稽单位应于每年元月份前编制年度预算收支计划，按照规定的标准结合上年实际将全部收入和支出逐项编入计划内，报征稽局核查并核定当年的经费收支预算，下达执行，按计划考核。自求平衡原则：各征稽单位年度预算收支计划核定下达后，要认真执行，在计划执行中要自求平衡。年终节余留用，超支不补。节约原则：各征稽单位的一切支出必须贯彻勤俭节约的原则，必须遵照财政、财务制度规定的开支范围和标准办理。

（4）票证管理。征稽票证的种类含交通规费专用收据即公路养路费、货附费、客附费三合一收据，交通规费专用收据（微机收据），汽车养路费缴讫证（微机证），摩托车收据，拖拉机收据，免缴证，其他收入凭证。票证管理实行“统一管理，分级归口负责”的原则和坚持“管票不用票，用票不核票，核票不管票”的相互制约原则。一是重庆市征稽局对票证的管理。征稽部门所用的各种票证，由重庆市征稽局根据市交委规定，统一计划，统一印制，统一发放使用（另有规定除外）。二是所属征稽处对票证的管理。负责定期向局统一领取、分发各所使用并进行稽核销号工作。三是各征稽所负责票证的请领、使用和签发工作。根据本所“三费”征收情况和实际耗用量，定期向主管单位请领所需要票证，一般采用定额储备（经常保持 3 个月用量）。

2. 审计管理

1998 年，重庆市征稽局成立，内设审计稽核处。万州处、涪陵处设审计稽核科，配备了相应的审计稽核人员。各所配备专职稽核员 1 ~ 2 人。

（1）岗位设置及职责制度。审计稽核处工作职责主要有贯彻执行《审计法》等法律法规及国家交通规费征收政策、法规、规章，规范和指导全局审计稽核业务工作，并督促检查其工作情况。负责指导和开展全局的内部审计及征费票据（证）的稽核工作。在有关业务部门配合下开展对各处、所的业务检查和交叉检查工作。协助纪检部门查处违纪、违法案件，查处有关征费业务方面的问题等等。同时明确规定了审计稽核处处长、审计稽核处副处长、审计稽核员的职责。

（2）明确规定了交通规费征收审计稽核的任务，即审查交通规费征收、解缴及执行财经纪律的情况。审查交通规费征收管理及征收政策的执行情况。审查交通规费减征、免征的执行情况。审查交通规费票据、证管理及使用的情况。审查经费收支情况及执行财经制度的情况。

（3）明确审计稽核工作的范围和要求。一是交通规费费源管理的审计稽核，从车辆台账、台账记录符号、越权与否、征收标准、审批权限、钩稽关系等6个方面进行；二是减、免征交通规费车辆的审计稽核；三是票据、证使用的审计稽核；四是交通规费的收入、解缴审计稽核；五是征收政策执行情况的审计稽核；六是交通规费征收计划执行情况的审计。审计稽核业务工作实施要求：一是事前稽核要求，二是事中稽核要求，三是事后稽核要求。另外，还规定了各种报表的填报和销号要求、手工票据的稽核要求、处理遗失票据、证的稽核要求等制度。

3. 稽查管理

1989年3月，根据国家法律规定，根据四川省人民政府、重庆市人民政府有关规定，重庆市稽征处正式成立交通稽查队。1998年，重庆市征稽局成立。2003年，交通稽查队改制为交通稽查总队。组织形式是按局、处、所三级管理的体制要求而设置，即重庆市征稽局内设稽查总队，万、涪、黔征稽部门内设稽查支队，各区县征稽所设稽查大队。2005年12月，中央在重庆市推行交通综合行政执法改革试点工作后，征稽局交通稽查总队移交重庆市交通行政执法总队直属支队。从此，重庆交通征费稽查局更名为重庆市交通征费局，不再承担稽查的主要职能。

交通规费征收稽查是在公路规费征收管理工作中，根据有关征费法规和规定对有车单位和个人的公路规费缴纳情况进行监督和检查。征收稽查工作程序及管理制度，主要有上路稽查、现场处理违章和行政档案管理。

上路稽查的主要内容：

（1）购置的新车领取正式号牌后5日，转籍车辆1月内，调驻车辆3个月内，改型、更换号牌当月内是否办理了养路费缴纳登记和相关手续。

（2）养路费缴讫凭证（免缴证）是否有效，有无涂改、伪造，与车辆号牌、吨位、车型是否相符，有无转借、顶替。

（3）养路费凭证所标计征吨位、标准是否与车辆相符，有无漏征、错征。

（4）军队、武警系统车辆参加运营、承包民用工程等，是否按章纳费；或地方车辆是否悬挂军队、公安牌照逃脱缴纳养路费。

（5）免、减征养路费车辆有无改变使用性质。报停、停征车、专用机构类车是否偷驶。

（6）其他有关违章的情况。

现场处理违章程序：

（1）出示（重庆市行政执法证），表明执法主体的合法性对违章行为进行认证后，在填写违章处罚登记表的同时，要认真制作现场笔录、并经当事人签字。

（2）对不能就地处理的可实施扣证、扣车强制措施，并出具《暂扣凭据》《扣车决定书》，限期到指定的稽查机构接受处理。

（3）以下违章可只扣证不扣车：装运新鲜水果蔬菜的车辆，装运鲜、活动物的车辆，装运易燃、易爆物的车辆，运送紧急病人的车辆。

行政档案管理：

（1）各队应及时汇总辖区内的外业情况，并在每季末25日将稽查报表报送到市稽查总队。报表内竖栏和横栏的相关项应相符，字迹要工整，数字清晰、准确。

（2）应认真填写路检路查登记表，路检结束后，要与所暂扣的证照、车辆及文书相核对，相一致后将未处理的交给留在单位的内业人员处理。

（3）应严格按票证管理手续领发和使用票证。领发票证应作好登记，所收钱款应日清，不准将票证和钱款私自带回家中。

第五节　规费征收实绩

重庆交通征稽征费规模的发展，主要有社会经济发展的推动力，有社会主义市场经济体制改革的推动力，有国家行政体制的改革推动力，有依法治国、依法行政的推动力，也有科技作为第一生产力的推动力。在重庆交通征稽征费发展历程纪要中，着重记录从手工开票征费到微机信息管理征费的过程对征费规模发展的影响。

1987 年，国家道路交通体制改革后，重庆市处于计划单列时期。1988 年 3 月，重庆市交通稽查征费处成立，最初设有 22 个稽查征费站、所，稽查征费人员不足 100 人，采用手工开票，按章征费，征收费种主要就是公路养路费，年征费总额 1.5 亿元。1990 年，随着成渝高速公路的建设工程铺开，交通建设的高潮来临，对资金的迫切需求推动交通规费征收进一步发展。重庆交通稽查征费处开展了“大战一百天、突破两亿关”活动。

1990 年 9 月，四川省交通厅提出公路建设“三年大变样、十年变畅”的工作目标，重庆市交通局也要求交通规费增收，为重庆市交通建设发展筹集资金。重庆市交通稽征处紧紧围绕“突破两亿关”开展了“大战一百天，突破两亿关”活动，上门上路追收欠费。重庆市稽征处上下统一行动，机关人员在领导带领下，全员出动，分赴各区、县所（站）参加路查及上门追收工作。处机关稽查队远赴各区（市）县开展稽查工作，协助所（站）上门追收，行程万余公里，补征养路费 10 余万元，罚款近 2 万元。据不完全统计，在大战一百天中，上门上路约 8290 人次，查车 50700 余台，补征养路费 2018428 元，罚款 377310 元，为突破两亿元大关奠定了坚实的基础，1990 年全年完成公路养路费 2 亿元，冲上了征收水平新的台阶。

1989 年，重庆市交通稽查征费处开始起步微机应用开发，先采用“养路费征收管理系统”。1992 年 3 月 1 日起，在重庆市范围内开征了公路货运附加费，直接由重庆市交通稽查征费处征收管理。由于增加了征收费种，必须及时变革征收工具，1993 年开始，逐步开发了养路费、货运附加费的微机管理信息系统。公路客运附加费是 1986 年 5 月 1 日起征收的，先由重庆市公路运输管理处征收管理。1995 年 8 月 1 日起，重庆市公路客运附加费也移交重庆市交通稽查征费处征收管理，同时，重庆市交通稽查征费处全面使用公路养路费、公路货运附加费和公路客运附加费微机征收管理系统。1996 年，重庆市交通稽查征费处的公路养路费、公路货运附加费和公路客运附加费征收总额达到 4.66 亿元。如果算上万县、涪陵、黔江，重庆市征稽局征费总额达到 6.07 亿元。

1997 年，重庆直辖市成立以后，重庆市稽征处先是受重庆市交通委员会委托，代管万县、涪陵、黔江稽征处人、财、物。同年，重庆市交通稽查征费处研发的《交通规费征收管理信息系统》项目获得了重庆市科技进步二等奖，标志着第一代微机征收管理系统的成功完成。1997 年，重庆市交通稽查征费处的公路养路费、公路货运附加费和公路客运附加费征收总额增至 6.58 亿元，比 1996 年增长 8.4%。1998 年，重庆市征稽局成立，下设万州、涪陵、黔江交通征稽处、局本部征收管理处和 42 个区县交通征稽所。随着行政区域扩大，1998 年重庆市征稽局的公路养路费、公路货运附加费和公路客运附加费征收总额达到 6.82 亿元，比 1997 年增长 3.6%。1999 年，重庆市征稽局的公路养路费、公路货运附加费和公路客运附加费征收总额达到 6.97 亿元，比 1998 年增长 2.2%。

1987～1999 年，重庆市征稽局累计征收公路养路费、公路货运附加费和公路客运附加费共计 32.05 亿元。如果算上车辆购置附加费，累计达到 60.55 亿元。

2000～2002 年，年征费总额同比 20 世纪 90 年代末期缓慢增长。2000 年完成 7.07 亿元，增长 1.4%。2001 年完成 7.21 亿元，增长 1.98%。

2001年1月，重庆市征稽局对第一代微机征收管理系统进行网络化升级改造，2001年5月，采用客户/服务器技术获得鉴定通过，保证了系统适应单机和网络环境的应用，并顺利移植成功第二代微机征收管理新系统。2002年完成8.1亿元，比2001年增长12.3%，开始了两位数的跃升式增长。2003～2005年，重庆市征稽局创建市级文明标兵单位，并从2003年起，开始设计开发第三代微机联网征收管理系统。至2005年底，建设完成了重庆市养路费客货附加费的联网征收管理系统，大大促进了征收规模进入快速发展阶段。

2003年是征稽管理年，一是边远地区征稽所全部实现微机化，二是联网征收管理系统获得重庆市交委批准立项开发，突破年征费总额9亿元大关，完成9.02亿元。2004年是征稽文化年，主城区6个征稽所实现了微机联网征收，突破年征费总额10亿元大关，完成10.74亿元，增长19.07%。2005年是征稽服务年，42个征稽所全部实现微机联网征收，突破年征费总额13亿元大关，完成13.26亿元，增长23.46%。2006年，智能移动电子稽查系统（俗称“电子眼”）全部实施，征收达到前所未有之高峰，完成年征费总额15.54亿元，增长17.19%。

表12－9　　1986～2005年重庆市公路养路费征收计划及其完成情况表

单位：元

年度	计划数	完成数	备注
1986	104880000	115420308.6	不含万、涪、黔
1987	125120000	130250563.2	同上
1988	148500000	150685818.1	同上
1989	165760000	176976825.1	同上
1990	198900000	200044382.6	同上
1991	201600000	210386175.2	同上
1992	218450000	223545054.6	同上
1993	231200500	243234081.3	同上
1994	257700000	296902144.8	同上
1995	315700100	389379472	同上
1996	389379470	387118008.8	同上
1997	498345400	519467549.1	含万、涪、黔
1998	532520500	551111203.8	同上
1999	551111200	551488800.4	同上
2000	561650000	576889950	同上
2001	573650000	588408294.7	同上
2002	601780000	666900887.6	同上
2003	675500000	764648156	同上
2004	822270000	902525031.5	同上
2005	982500000	1077698862	同上
合计	7937917170	8723081570	

表 12－10　　1995～2005 年重庆市公路客运附加费征收计划及完成情况表

单位：元

年度	计划数	完成数	备注
1995	10000000	13430525.2	不含万、涪、黔
1996	20000000	39334419.9	同上
1997	40000000	69351932.8	含万、涪、黔
1998	64300000	65067128.31	同上
1999	65000000	62949961	同上
2000	65800000	70101699.95	同上
2001	69500000	71364505.89	同上
2002	73680000	76052139.71	同上
2003	76000000	65581279.19	同上
2004	93580000	90308431.93	同上
2005	122500000	135351034	同上
合 计	700360000	630362649.8	

表 12－11　　1993～2005 年重庆市公路货运附加费征收计划及完成情况表

单位：元

年度	计划数	完成数	备注
1993	30000000	31071587.81	不含万、涪、黔
1994	34200000	36474507.44	同上
1995	38000000	40069532.51	同上
1996	40000000	39891123.69	同上
1997	49000000	53253045.85	含万、涪、黔
1998	56550000	59364153.3	同上
1999	59400000	58348233.93	同上
2000	58400000	59846388.56	同上
2001	56140000	61602441.49	同上
2002	61550000	67643799.72	同上
2003	72000000	71503687.57	同上
2004	84150000	82057789.61	同上
2005	95000000	112758574.9	同上
合　计	734390000	773884866.3	

第二章　公路其他规费

公路其他规费是公路路政规费、车辆通行费和车辆过渡费的统称。自1983年重庆市计划单列后，公路其他规费一直是由重庆市公路管理部门负责征收管理，是按国家和省（市）制定的征收法规、政策和标准缴纳和征收的。至2005年年底，公路其他规费仍旧作为预算外资金管理，公路其他规费对维护公路路产完整、贷款修路建桥收费还贷，起到并继续发挥了其不可替代的历史作用。

第一节　征管人员与资产

1992～1998年，重庆市公路路政管理大队下设1个直属中队和11个路政中队，有专职路政管理人员142人，兼职路政管理人员48人，收费人员43人，在重庆市境内1800多公里国省干线公路上，执行路政管理工作任务。

1998～2005年，重庆市公路局为正处级事业单位，同时挂重庆市公路路政管理总队牌子，编制965名，其中局机关编制45名，重庆市公路养护管理段579名，重庆市车渡管理站311名。至2001年年底，重庆市公路路政管理人员从原1200人减少到1025人。至2005年年底，重庆市车渡管理站编制296名。从2003年起，交通执法人员的文化水平要求达到大专以上水平。重庆市公路局和重庆市公路路政管理总队给各路政机构补助了200余万元，配置了超限运输管理必备的检测仪、路政执法车等。

第二节　征收法律法规

一、公路路政规费

从1950～1997年，公路路政管理一直在国家的法律法规范围内，公路管理机构为恢复被损坏公路，合法收取公路路政规费。1950年9月9日，中央财政委员会、交通部财经计交字第3127号、交公〔1950〕第605号文件对“公路留地办法”就有联合指示，要求“原有国道、省道应留土地，除路基宽度及两旁侧沟外，并得每侧保留一公尺作为养路取土之用。”这是最早的公路路政管理规定。至1986年，国务院及其交通部多次发布关于公路路政管理规定。

1987年10月13日，国务院国发〔1987〕92号文颁发了《中华人民共和国公路管理条例》。1988年6月28日，交通部令第1号发布了《中华人民共和国公路管理条例实施细则》。1990年9月24日，交通部令第24号发布了《公路路政管理规定（试行）》，把路政管理纳入了行政法规范围，使公路路政管理有法可依。1997年7月3日，全国人大常委会第二十六次会议通过了《中华人民共和国公路法》，正式把路政管理纳入了基本法律范围，从1998年1月1日起实施。

（一）四川省政策法规

1982 年 8 月 7 日，四川省交通厅、四川省邮电管理局对维护公路和邮电通信线路安全畅通问题，联合发出通知，作出了确保公路和邮电通信线路安全畅通的四点规定。

1987 年 9 月 4 日，四川省第六届人民代表大会常务委员会第二十七次会议通过了《四川省公路路政管理条例》，共有 25 条，1987 年 9 月 15 日由四川省人民代表大会常务委员会公告发布，自发布之日起施行。1987 年 10 月 7 日，四川省交通厅发出《关于对临时占用公路收取费用的暂行规定的通知》和《关于印发损坏及挖掘公路和行道树赔偿标准的通知》，文中特别说明，占用公路费与赔偿标准，“成渝两市以当地市府规定为准”。1989 年 11 月 1 日，四川省交通厅发布了《四川省公路路政管理实施办法》。

（二）重庆市政策法规

1983 年，重庆市进入计划单列时期，在公路路政管理方面，在遵照中央和四川省的基本法律法规前提下，重庆市人大进行了公路路政管理地方性法规立法工作，重庆市人民政府及其重庆市交通局制定了实施办法。

1987 年，按照四川省交通厅关于公路损失赔偿收费标准“成渝两市以当地市府规定为准”的说明。重庆市物价局核定了重庆市公路损失赔偿收费标准。1989 年 4 月 26 日，重庆市交通局、重庆市物价局、重庆市财政局向重庆市各区县物价局、财政局、交通局和重庆、永川公路养护总段下发了《关于征收试车磨损公路补偿费的通知》，对机动车制造厂、修理厂在公路上试车，赋予了公路管理机构管理权和试车磨损公路补偿费征收权。

1991 年 6 月 22 日，重庆市市长孙同川签发了重庆市人民政府令第 23 号文件，即“《重庆市公路路政管理实施办法》已经 1991 年 6 月 15 日市人民政府第八十三次常务会议审议通过，现予发布。自 1991 年 7 月 10 日起施行。”该办法共有 4 章 28 条，是重庆市计划单列以来第一个自主制定实施的公路路政管理办法。同时，重庆市物价局核定了重庆市公路损失赔偿收费标准。1993 年 7 月 2 口，重庆巿物价局重新调整核定了公路损失赔偿收费标准，即《关于调整重庆市公路路产损失赔偿收费办法的通知》，包括临时占用公路收费项目及标准、利用公路补偿项目及标准、污染公路收费项目及标准、挖掘损坏公路及设施赔偿项目及标准和损伤、砍伐公路行道树、花草、绿化赔偿费项目及标准。

1998 年 3 月 28 日，重庆市第一届人民代表大会常务委员会第八次会议通过了《重庆市公路路政管理条例》，由重庆市人民代表大会常务委员会第 48 号公告发布，共有 5 章 42 条，这是重庆市直辖后第一个公路路政管理条例，自 1998 年 7 月 1 日起施行。

1998 年 10 月 26 日，重庆市人民政府第 39 号令发布了《关于进一步规范政务管理改善投资环境的决定》，要求严格控制各种行政事业性收费，要求重庆市财政、物价部门应建立行政事业性收费项目公示制度，结合对行政事业性收费的清理和年度审验，制作重庆市统一的行政事业性收费目录。2000 年 6 月 26 日，根据清理结果，报经重庆市人民政府第四十六、五十六次常务会议批准，重庆市物价局、重庆市财政局渝价〔2000〕386 号文件公布了重庆市交通部门行政事业性收费标准。其中，公路路产赔偿收费标准，包括公路路产占用费、公路路产补偿费和公路路产赔偿费。2000 年 10 月 13 日，重庆市物价局、重庆市财政局渝价〔2000〕559 号文件发布了《关于我市交通部门行政事业性收费标准的补充通知》，将原下达给重庆市港口局、重庆市交通局行政事业性收费项目，全部划转为重庆市交通委员会行政事业性收费项目，其中对《重庆市公路路产赔偿收费标准》作出了补充规定。

2002 年 3 月 27 日，《重庆市公路路政管理条例》经重庆市第一届人民代表大会常务委员会第三十九次会议修订，共有 4 章 40 条，由重庆市人民代表大会常务委员会第 186 号公告发布，这是重庆市直辖后第一次修订公路路政管理条例，自 2002 年 5 月 1 日起施行。

二、车辆通行费

车辆通行费是实行“贷款修路、收费还贷”政策的产物。1984年，国务院第五十四次常务会议作出了“贷款修路、收费还贷”的决策，收费公路开始发展，车辆通行费应运而生。1987年10月13日，国务院国发〔1987〕92号文件颁发的《中华人民共和国公路管理条例》第十条明确规定：“公路主管部门对利用集资、贷款修建的高速公路、一级公路、二级公路和大型的公路桥梁、隧道、轮渡码头，可以向过往车辆收取通行费，用于偿还集资和贷款。”1988年1月5日，交通部、财政部、国家物价局〔1988〕交公路字28号文件联合发布了《贷款修建高等级公路和大型公路的桥梁、隧道收取车辆通行费规定》，对收费公路的具体条件、审批原则、审批权限、收费标准、免费范围、收费期限、收支管理等作了明确规定。

1994年7月18日，在公路建设快速发展趋势之下，为了确保“贷款修路、收费还贷”的政策长期规范地贯彻实施，防止在公路上乱设卡、乱收费、乱罚款（简称“公路三乱”），交通部、国家计委、财政部联合发布了《关于在公路上设置通行费收费站（点）的规定》，对设置公路收费站点作了专门规定。同时，1994年7月20日，国务院国发〔1994〕41号文件发布了《关于禁止在公路上乱设站卡乱罚款乱收费的通知》。1996年10月9日，交通部发布了《公路经营权有偿转让管理办法》，对公路经营权有偿转让的组织管理、转让范围、资产评估、审批程序等一系列问题作出了具体规定。

1997年7月3日，中华人民共和国主席令第二十五号颁布了《中华人民共和国公路法》，又在1999年10月31日，第九届全国人民代表大会常务委员会第十二次会议上通过了《关于修改〈中华人民共和国公路法〉的决定》。其中，专设了第六章“收费公路”。第五十八条规定：“国家允许依法设立收费公路，同时对收费公路的数量进行控制。”第五十九条又规定：“符合国务院交通主管部门规定的技术等级和规模的下列公路，可以依法收取车辆通行费。”这是收费公路收取车辆通行费的最高法律依据。

2004年8月18日，国务院第六十一次常务会议通过了《收费公路管理条例》，温家宝总理签署了中华人民共和国国务院令第417号予以公布，自2004年11月1日起施行。《收费公路管理条例》对收费公路的发展原则、收费公路的建设和收费站点的设置、收费权益的转让、收费公路的经营管理及有关的法律责任作了明确的规定。从此，收费公路收取车辆通行费，在公路法的基本法律规范之下，《收费公路管理条例》是中国关于公路收费的唯一的最高行政法规。

（一）四川省政策法规

1989年6月14日，四川省交通厅、四川省财政厅联合发布了《关于转发〈贷款修建高等级公路和大型公路的桥梁、隧道收取车辆通行费规定〉的通知》，明确规定了收费公路的审批权属于四川省人民政府，由四川省交通厅公路局统一管理。

1993年9月24日，根据中华人民共和国公路管理条例和《贷款修建高等级公路和大型公路的桥梁、隧道收取车辆通行费规定》，为多方筹集公路建设资金，四川省交通厅、四川省财政厅、四川省物价局联合发布了《四川省贷款、集资修建公路、桥梁、隧道收取车辆通行费管理办法》。1994年4月14日，四川省交通厅、四川省国有资产管理局联合发布了《关于出售公路（含桥梁、隧道、渡口）经营使用权有关问题的通知》，对出售公路（含桥梁、隧道、渡口）经营使用权的行为进行了规范。

（二）重庆市政策法规

1983年3月至1997年3月14日，在重庆市计划单列时期，重庆市交通部门及其公路管理单位完全遵照中央和四川省关于收费公路收取车辆通行费的基本法规规章制度，严格实行收费公路由省级人民政府审批的规定，全部收费公路收取车辆通行费的行为，均由四川省人民政府或重庆市人民政府审批。

1989 年 12 月 5 日，重庆市交通局、重庆市物价局、重庆市财政局联合发布了《关于国道公路 210 线重庆市红（红旗河沟）双（双凤桥）段收取车辆通行费暂行办法的通告》，国道公路 210 线重庆市红旗河沟至双凤桥段是重庆市最早贷款修建的机场高等级公路，符合收费还贷的条件。经重庆市人民政府批准，重庆市交通局、重庆市物价局、重庆市财政局共同制定了收取车辆通行费暂行办法，收取的车辆通行费“用于偿还修建 210 公路红双段的借款”，从 1989 年 12 月 13 日起执行。这是重庆市高等级公路实施“贷款修路、收费还贷”政策的开端。

1990 年 8 月 30 日，国道 319 线塘坝至龙台段利用世界银行对中国农村道路贷款修建竣工开通，经四川省人民政府批准，重庆市人民政府同意，重庆市交通局、重庆市物价局、重庆市财政局联合发布了《关于颁发〈国道 319 线塘坝至龙台段收取车辆通行费暂行办法〉的通知》，规定收取的车辆通行费“用于偿还世界银行贷款”。这是重庆市一般县际公路实施“贷款修路、收费还贷”政策的开端。

重庆市第一条高速公路成渝高速公路重庆段，是利用世界银行贷款、国家开发银行贷款等修建的。1994 年 3 月 18 日，成渝高速公路重庆段的陈家坪至上桥段即将开通前夕，根据四川省人民政府 1993 年 5 月 8 日发布的《关于成渝高速公路交通和收费管理的通告》等有关规定，经重庆市人民政府批准，重庆市交通局、重庆市物价局、重庆市财政局共同发布了《关于印发〈成渝高速公路重庆段车辆通行费收费试行办法〉的通知》，规定“成渝高速公路所收车辆通行费属预算外资金……主要用于偿还贷款和管理机构经费开支”。这是重庆市高速公路实施“贷款修路、收费还贷”政策的开端。

1997 年 3 月 14 日至 2005 年，重庆市进一步规范了收费公路管理。2001 年 8 月 17 日，重庆市人民政府向各区县人民政府和市级有关部门下发了《关于加强收费公路审批管理的通知》，再次明确规定了重庆市人民政府负责审批收费公路的立项、站点设置等，对收费公路条件、管理部门权限等作出了具体规定。

2002 年 7 月 26 日，重庆市第一届人民代表大会常务委员会第四十一次会议通过了《重庆市行政事业性收费管理条例》。2004 年 11 月 1 日，国家《收费公路管理条例》施行后，结合重庆市实际，2005 年 5 月 9 日，重庆市交通委员会成立了《重庆市收费公路管理办法》课题研究小组，组长由重庆市交通委员会副主任彭建康、副组长由重庆市交通委员会副主任滕宏伟和重庆市交通委员会总工程师张太雄担任，成员由重庆市人民政府办公厅一处、重庆市交通委员会、重庆市财政局、重庆市物价局、重庆市公路局、重庆市高发司、重庆市高投公司、重庆市运管局等单位有关人员组成，对收费公路统一车型分类、按照公路技术等级统一收费标准、满足价格听证需要和探索车辆计重收费等管理问题进行专题研究，并依靠大专院校、科研单位开展工作。2005 年 4 月 14 日，重庆市交通委员会向重庆市人民政府报送了《重庆市收费公路管理办法》送审稿，请示提出：“以政府规章形式发布实施。”2006 年 2 月 6 日，重庆市人民政府第 66 次常务会议通过了《重庆市收费公路管理若干规定》，2006 年 2 月 16 日，重庆市人民政府市长王鸿举签署了渝府令第 192 号予以公布，自 2006 年 4 月 1 日起施行。这是规范重庆市收费公路管理的最新最高的政府规章。

三、车辆过渡费

车辆过渡费是公路管理部门实行以渡养渡、改渡为桥、利用集资贷款筹集资金而收取的公路规费。国家规定，车辆过渡费视同公路养路费进行使用和管理。1987 年 10 月 13 日，国务院国发〔1987〕92 号文件颁发了《中华人民共和国公路管理条例》。1988 年 6 月 28 日，交通部发布的中华人民共和国公路管理条例实施细则第十条明确规定，利用集资贷款修建的轮渡码头可以收取通行费。公路管理条例实施细则第二章对公路主管部门及其授权的公路管理机构职责规定要负责公路过渡费的征收和管理。

1990 年 3 月 7 日，交通部令第 11 号发布《公路渡口管理规定》，共 34 条，第 24 条规定，公路渡口的管理实行以渡养渡的管理制度，经各省级人民政府批准，公路管理机构可对过往渡口的车辆征收过渡费，过渡费视同公路养路费进行使用和管理，自1990年4月1日起施行。1997年7月3日，全国人大常委会第二十六次会议通过了《中华人民共和国公路法》，在公路法中明确规定“本法所称公路，包括公路桥梁、公路隧道和公路渡口。”从基本法律高度上，车辆过渡费纳入了公路收费管理范围。

（一）四川省政策法规

1984年12月12日，为了加快公路渡口改渡建桥的步伐，四川省交通厅发布了《四川省公路渡口征收过渡费办法》，明确规定过渡费由四川省交通厅公路局统一管理，但重庆市过渡费由重庆市交通局办理。自此，车辆过渡费的征收管理以此办法为准。1984年12月12日，四川省交通厅同时发布了《关于对重点公路渡口征收过渡费集资建桥的通告》，四川省共有10个重点公路渡口要征收过渡费，其中，有万县长江渡、涪陵乌江渡、重庆石门渡。

1989年3月29日，四川省交通厅发布了《关于十六个公路渡口收取车辆过渡费的通告》，经四川省人民政府同意，决定自1989年4月1日起，在16个公路渡口收取车辆过渡费，其中，重庆市范围有重庆李九渡、江津城关渡和合川盐井渡。

（二）重庆市政策法规

1983年，重庆市进入计划单列时期，在公路车辆过渡费管理方面，遵照中央和四川省的基本法律法规，重庆市人民政府及其职能部门重庆市交通局制定了本地区的实施办法。

1989年3月27日，重庆市交通局发布了《关于重庆市三个公路渡口实行收取车辆过渡费的通告》，经四川省人民政府批准，经请示重庆市人民政府同意，九龙坡区李九渡，江津县城关渡和合川县盐井渡，从1989年4月1日起，按照四川省交通厅《关于对重点公路渡口征收过渡费集资建桥的通告》和《四川省公路渡口征收过渡费办法》的规定收取车辆过渡费。1989年4月20日，重庆市交通局继续发布了《关于六处公路渡口收取车辆过渡费的通告》，经重庆市人民政府同意，自1989年9月1日起，在重庆市巴县鱼吊渡、江北县水土渡、合川县官渡渡、合川县云门渡、潼南县城关渡和长寿县石塔坡渡6处公路渡口按照规定收取车辆过渡费。

2001年8月，重庆市物价局下发《关于统一规范我市公路渡口车辆过渡费标准的通知》，规定车辆过渡费收费范围除正在执行紧急任务并设有固定装置的消防车、救护车、抢险救灾车、警车、军车、外交车、重庆市人民政府特批的车辆外，其他任何机动车辆过渡均应缴纳过渡费。

第三节　征收类别标准

一、公路路政规费

在1983年重庆市计划单列后，1987年10月7日，四川省交通厅发出《关于对临时占用公路收取费用的暂行规定的通知》和《关于印发损坏及挖掘公路和行道树赔偿标准的通知》，文中特别说明，占用公路费与赔偿标准，“成渝两市以当地市府规定为准”。1987年，按照四川省交通厅关于公路损失赔偿收费标准“成渝两市以当地市府规定为准”的说明，重庆市物价局核定了重庆市公路损失赔偿收费标准。

1989年4月28日，重庆市交通局、重庆市物价局、重庆市财政局向重庆市各区县物价局、财政局、交通局和重庆、永川公路养护总段下发《关于征收试车磨损公路补偿费的通知》，规定对机动车制造厂、修理厂在公路上试车，应缴纳磨损公路补偿费：2吨以下机动车（包括拖拉机、轮式机械和特种车）每辆20元；2吨（含2吨）至5吨（不含5吨），每辆30元；5吨（含5吨）至8吨（不含8吨），每辆40元；8吨以上，每辆60元。

1991年6月15日，《重庆市公路路政管理实施办法》经市人民政府第83次常务会议审议通过并予发布，自1991年7月10日起施行。同时，重庆市物价局以重价费发〔1991〕97号文，核定了重庆市公路损失赔偿收费标准。1993年7月2日，重庆市物价局重价费发〔1993〕154号文件重新调整核定了公路损失赔偿收费标准，即《关于调整重庆市公路路产损失赔偿收费办法的通知》，包括临时占用公路收费项目及标准、利用公路补偿项目及标准、污染公路收费项目及标准、挖掘损坏公路及设施赔偿项目及标准和损伤、砍伐公路行道树、花草、绿化赔偿费项目及标准。

在1997年重庆市直辖以后，2000年6月26日，根据对行政事业性收费的清理结果，报经重庆市人民政府第四十六、五十六次常务会议批准，重庆市物价局、重庆市财政局渝价〔2000〕386号文件公布了重庆市交通部门行政事业性收费标准。其中，在公路路政规费方面，包括公路路产占用费、公路路产补偿费和公路路产赔偿费。

2000年10月13日，重庆市物价局、重庆市财政局渝价〔2000〕559号文件发布《关于我市交通部门行政事业性收费标准的补充通知》，将原下达给重庆市港口局、重庆市交通局行政事业性收费项目，全部划转为重庆市交通委员会行政事业性收费项目，并对渝价〔2000〕386号文作出补充规定，其中对《重庆市公路路产赔偿收费标准》作出了补充规定。

根据重庆市物价局、重庆市财政局的渝价〔2000〕386号和渝价〔2000〕559号文核定的公路路政收费标准，重庆市公路路产占用费、公路路产补偿费和公路路产赔偿费执行如下标准。

（一）公路路产占用费

1. 占用公路

临时占用从占用之日起开始计算，不超过50天。按标准收费，超过30天的，从第31天起每天加收100%。“立杆”占用以根/天为计算单位，标准按表列标准的50%收取。占用面积以物体实际占用面积计算。其中，水泥、沥青混凝土、条石路面按每天5元/平方米计算，沥青表处路面按每天3元/平方米计算，泥碎、片石、矿渣路面按每天1元/平方米计算。人行道（硬质）按每天2元/平方米计算，人行道（软质）按每天1元/平方米计算，排水边沟、天沟（人工）按每天3元/平方米计算，排水边沟、天沟（石质）按每天2元/平方米计算，排水边沟、天沟（土质）按每天1元/平方米计算，其他附属设施按每天1元/平方米计算。

2. 占用公路用地

不足半月按半月计算，超过半月按1月计算。因历史原因形成公路穿越乡镇部分，对其两旁的建筑物不收费。其中，公路用地按每月5元/平方米计算，公路用地范围内设置标牌、广告牌按每月0.2～1.8元/平方米计算，公路用地范围内埋设地下工程设施挖掘费另计。穿、跨越按实际占用面积45元/平方米计算，修建穿、跨越建筑设施按1900元/平方米计算，利用公路桥梁涵洞铺设管线按20元/米计算。

（二）公路路产补偿费

1. 修复公路补偿费

挖掘公路路面，按路面种类分别计算。一是水泥砼路面，不论挖掘面积大小，均按整版面积计算。二是挖掘其他路面，均按实挖面积增加20%计算收费面积。三是挖掘路面需要挖掘基层的，按路面标准加收，挖掘0～50cm（不含50cm）加收50%计费，50～100cm（不含100cm）加收100%计费，以此类推。其中，沥青、水泥混凝土、条石路面按126元/平方米计算，沥青表处路面按90元/平方米计算，泥结碎石路面按45元/平方米计算，矿渣、炭渣路面按27元/平方米计算，挖掘路缘石、路带石（石质混凝土块）按45元/延米计算，挖掘路肩（石质、混凝土）按63元/平方米计算，挖掘路肩（土质）按36元/平方米计算，挖掘人行道（混凝土、方块石）按45元/平方米计算，挖掘人行道（混凝土彩砖）按90元/平方米计算，挖掘排水边沟、天沟（土质）按18元/延米计算，挖掘排水边沟、天沟（石质）按36元/延米计算，挖掘排水边沟、天沟

(浆砌条石、混凝土块)按117元/延米计算,挖掘排水边沟、天沟(浆砌块、片石、砖)按90元/延米计算,在公路及公路用地内取石分别按18元/立平方米和36元/立方米计算。

挖掘人工构造物包括挡土墙、护面墙、引道、护岸、挑水坝、桥、涵及护底等。根据配筋含量,其中,片石砌筑按135元/立方米计算,块石砌筑按180元/立方米计算,条石砌筑、砖混凝土块砌筑按225元/立方米计算,钢筋混凝土砌筑按400~600元/立方米计算。挖掘安全隔离礅(石、混凝土砖)按135元/个计算。挖掘安全护栏:钢板网、栅按360元/延米计算,石、混凝土按45元/延米计算,反光板网、栅按450元/延米计算,钢筋混凝土按90元/延米计算。挖掘路面标线:油漆标线按45元/米计算,瓷砖标线按81元/米计算,大理石标线按100元/米计算,特种材料标线按180元/米计算。操作、砍伐行道树,落叶树取下限,常绿树取上限,珍贵树、古树按标准10~20倍计算,胸径5~20cm(含20cm)的以5cm为基价,直径每增加1cm,加收费15元,胸径>20cm的,以20cm为基价,直径每增加1cm,加收费20元,经批准更新砍伐的,按每株10~20元标准收费。胸径<5cm(含5cm)按100~150元/株计算。

挖掘、操作人工草坪、绿地按50元/平方米计算,挖掘、操作绿篱按100元/延米计算,挖掘、操作花卉按20~100元/株计算。

2. 公路试车路产补偿费

收费对象是机动车辆制造、修理厂。必须在公路上试车的,应征得公路路政管理机构同意,并向公安交通管理机关申领试车号牌,在指定路段和时间内进行。按号牌每月计收。其中,2吨(不含2吨)以下车辆按每月20元/试车牌计算,2~5吨车辆按每月30元/试车牌计算,5~10吨车辆按每月60元/试车牌计算,10吨(含10吨)以上车辆按每月80元/试车牌计算。

3. 超限运输车辆行驶公路补偿费

跨越区、县(自治县、市)行政区域进行超限运输的,由市公路路政管理机构审批。凡因超限运输对桥梁、涵洞、采取技术保护措施及公路管理机构进行勘测、方案论证、加固、改造,按实际产生费用,向承运人收取。损坏公路及一切附属设施,按实际修复费收取赔偿费。其中,车货总质量40~50吨,其轴载质量未超过规定值按0.05元/吨公里计算;车货总质量40~50吨、轴载质量未超过规定值按0.10元/吨公里计算;车货总质量50吨以上,其轴载质量未超过规定值按0.10元/吨公里计算;车货总质量50吨以上,其轴载质量超过规定值按0.15元/吨公里计算;超轴载质量按0.10元/吨公里计算;车货总长、宽、高超过20米、3.5米、4.5米以上,车货总质量在50吨以上按运价的5%收取监护费;车货总长、宽、高超过20米、3米、4.3米,其轴载质量未超过规定值按0.20元/每月辆计算。

此外,还有特种机具通行公路补偿费,指铁轮车、履带车等可能损坏公路路面的机具。按200元/公里计算。

(三)公路路产赔偿费

1. 污染公路路面赔偿费

不足1平方米按1平方米计算。一般废水污染:水泥混凝土、沥青油路路面按10元/平方米计算,泥结路面按15元/平方米计算。工业废污水、油污:水泥混凝土路面按80元/平方米计算,沥青油路路面按90元/平方米计算,泥结路面按70元/平方米计算。酸类及其他化学物质污染:水泥混凝土路面按135元/平方米计算,沥青油路路面按135元/平方米计算,泥结路面按100元/平方米计算,玻璃污染:按50元/平方米计算。

2. 污染路肩、人行道赔偿费

一般废污水、泥石、散落物:按20元/平方米计算,工业废污水、油污按40元/平方米计算。酸类及其他化学物质:按40元/平方米计算。

3. 公路、公路用地范围内倾倒弃土、垃圾污染费

公路、公路用地范围内倾倒弃土、垃圾污染费，按180元/每立方米计算。

4. 车载货物拖挂损坏路面赔偿费

车载货物拖挂损坏路面按路面种类计算赔偿。其中，沥青、水泥混凝土、条石路面按每根9元/米计算，沥青表处路面按每根4.5元/米计算，泥结碎石、矿渣、炭渣路面按每根4.5元/米计算。

5. 机动车损坏路面赔偿费

机动车损坏路面按路面种类计算赔偿。其中，沥青、水泥混凝土、条石路面按45元/平方米计算，沥青表处路面按27元/平方米计算，泥结碎石、矿渣、炭渣路面按18元/平方米计算。

6. 损坏其他设施赔偿费

损坏桥梁栏杆赔偿费。损坏桥梁栏杆：石质的，按135元/延米计算，钢筋混凝土的，按180元/延米计算，钢质的按360元/延米计算。

损坏防撞护栏赔偿费。损坏防撞护栏：波形版按300元/延米计算，波形版端头组件按300元/副计算，波形版立柱按250元/根计算。

损坏隔离网赔偿费。损坏隔离网：刺铁丝按80元/延米计算，钢板网按200元/平方米计算。

损坏里程碑、界碑、百米桩赔偿费。损坏里程碑、界碑，赔偿按材质定，碑身按100～200元/个计算，碑座按80～100元/个计算。损坏百米桩，赔偿按材质定。按30～50元/个计算。

损坏标志牌及其立柱赔偿费。不足1平方米按1平方米计算赔偿。其中，混凝土质按135元/平方米计算，钢质按180元/平方米计算，铝合金反光标志（工程级）按800元/平方米计算，铝合金反光标志（高强级）按2000元/平方米计算，门式支架标志牌按30000元/平方米计算。损坏标志牌立柱：石质按300元/根计算，钢筋混凝土按250元/根计算，单柱式钢立柱按400元/根计算，双柱式钢立柱按800元/根计算，单悬臂式钢立柱按1500元/根计算，双悬臂式钢立柱按2000元/根计算。

损坏禁止通行横杆赔偿费。损坏禁止通行横杆：木、竹质料的按180元/根计算，金属质料的按360元/根计算，横杆立柱按180元/根计算。

除此而外，凡上述未列的损坏项目，一律按实际造价的150%计算赔偿。

二、车辆通行费

按照国务院关于收费公路管理规定，重庆市的车辆通行费标准均由重庆市人民政府负责立项审批，按一条路一个收费项目设立收费标准。

（一）县际公路车辆通行费标准

1989年12月5日，重庆市交通局、重庆市物价局、重庆市财政局联合发布《关于国道公路210线重庆市红（旗河沟）双（凤桥）段收取车辆通行费暂行办法的通告》，国道公路210线重庆市红旗河沟至双凤桥段是重庆市最早贷款修建的机场高等级公路，经重庆市人民政府批准，重庆市交通局、重庆市物价局、重庆市财政局共同制定《关于国道公路210线重庆市红（旗河沟）双（凤桥）段收取车辆通行费暂行办法》，其中，第六条规定车辆通行费收取标准：小车（含轿车、吉普车）2元/车，旅行车（含2吨货车、双排座车）3元/车，2吨以上至4吨的客货车4元/车，5吨以上的客货车1元/吨，摩托车（两轮、侧三轮）1元/车。从1989年12月13日起执行，收费期未定。

1990年3月30日，经四川省人民政府批准、重庆市人民政府同意，重庆市交通局、重庆市物价局、重庆市财政局共同制定《国道319线璜坝至龙台段收取车辆通行费暂行办法》（重交局公〔1990〕30号文）。国道319线璜坝至龙台段，是重庆市第一条使用世界银行贷款修建的农村公路。收取车辆通行费，主要用于偿还贷款。其中，第六条规定车辆通行费收取标准：一是璜坝至龙台段28.2公里中，客货车1.5元/吨，小车（含轿车、吉普车）1.5元/车，旅行车（15座以下）2元/

车，摩托车（两轮、侧三轮）1元/车。二是瑭坝至安大路口段23.7公里中，客货车1元/吨，小车（含轿车、吉普车）1元/车，旅行车（15座以下）1.5元/车，摩托车（两轮、侧三轮）0.5元/车。从1990年3月15日起执行。收费期暂定10年。

1994年7月30日，重庆市物价局、重庆市财政局、重庆市交通局共同下发《关于巴县木洞大桥收取车辆通行费偿还集资贷款请示的批复》，其中，规定具体收费标准：摩托车（含两轮、边三轮）1元/车次，1吨（含）以下货车、10座（含）以下客车2元/车次，1~3吨（含）货车、11~30座（含）客车3元/车次，3~5吨（含）货车、31~49座（含）客车5元/车次，5~8吨（含）货车、51座以上客车8元/车次，8吨以上货车10元/车次，20吨以上货车协商议定。从1994年8月1日起执行，收费期暂定8年。

1994年11月30日，重庆市财政局、重庆市物价局、重庆市交通局共同下发《关于江津市珞璜公路隧道收取车辆通行费的通知》，其中，规定具体收费标准：摩托车（两轮、边三轮）1元/车次，1吨（含）以下货车、10座（含）以下客车2元/车次，1吨以上至3吨（含）货车、11座至30座（含）客车3元/车次，3吨以上至5吨（含）货车、31座至50座（含）客车5元/车次，5吨以上至8吨（含）货车、51座以上客车7元/车次，8吨以上货车10元/车次。从1995年1月1日起执行。收费期未定。

（二）高速公路车辆通行费标准

重庆市第一条高速公路成渝高速公路，是利用世界银行贷款、国家开发银行贷款等修建的。1994年3月18日，成渝高速公路重庆段的陈家坪至上桥段即将开通前夕，根据四川省人民政府1993年5月8日发布的《关于成渝高速公路交通和收费管理的通告》等有关规定，经重庆市人民政府批准，重庆市交通局、重庆市物价局、重庆市财政局共同发布《关于印发〈成渝高速公路重庆段车辆通行费收费试行办法〉的通知》，其中，第三条规定公路通行费：一类客货车（10座以下含10座的轿车、吉普、旅行车、1吨以下含1吨小货车）0.2元/车公里，二类客货车（10~30座含30座客车、1~3吨含3吨货车）0.5元/车公里，三类客货车（30~50座含50座客车、3~5吨含5吨货车）0.8元/车公里，四类客货车（50座以上客车、5~10吨含10吨货车）1.5元/车公里，五类货车（10~15吨含15吨货车）2.5元/车公里，六类货车（15~20吨含20吨货车）3.5元/车公里。第三条还规定隧道通行费：一类客货车（10座以下含10座的轿车、吉普、旅行车、1吨以下含1吨货车）10元/座次，二类客货车（10~30座含30座客车、1~3吨含3吨货车）15元/座次，三类客货车（30~50座含50座客车、3~5吨含5吨货车）25元/座次，四类客货车（50座以上客车、5~10吨含10吨货车）40元/座次，五类货车（10~15吨含15吨货车）70元/座次，六类货车（15~20吨含20吨货车）100元/座次。从成渝高速公路重庆段通车之日起执行，收费期未定。

1997年7月30日，四川省人民政府批准成渝高速公路实施新的收费标准。随即，重庆市人民政府批准对成渝高速公路重庆段收费标准进行调整，重庆市物价局、重庆市财政局、重庆市交通局共同发布《关于调整成渝高速公路重庆至桑家坡段车辆通行费收费标准的通知》，通知规定调整后的收费标准：一类客货车（10座以下含10座的轿车、吉普、旅行车、1吨以下含1吨小货车）0.32元/车公里，二类客货车（10~30座含30座客车、1~3吨含3吨货车）0.64元/车公里，三类客货车（30~50座含50座客车、3~5吨含5吨货车）1.28元/车公里，四类客货车（50座以上客车、5~10吨含10吨货车）2.4元/车公里，五类货车（10~15吨含15吨货车）4元/车公里，六类货车（15~20吨含20吨货车）5元/车公里。第三条还规定隧道通行费：一类客货车（10座以下含10座的轿车、吉普、旅行车、1吨以下含1吨货车）16元/车次，二类客货车（10-30座含30座客车、1~3吨含3吨货车）24元/车次，三类客货车（30~50座含50座客车、3~5吨含5吨货车）40元/车次，四类客货车（50座以上客车、5~10吨含10吨货车）64元/车次，五类货车（10～15 吨含 15 吨货车）112 元/车次，六类货车（15～20 吨含 20 吨货车）160 元/车次。从 1997 年 8 月 5 日起执行。

1998 年 11 月 26 日，在重庆市第二条高速公路即渝长高速公路重庆上桥至重庆江北童家院子段即将通车之际，重庆市物价局、重庆市财政局、重庆市交通局共同发布《关于渝长高速公路上桥至童家院子段试行收取车辆通行费的批复》，批复规定具体收费标准：一类客货车（10 座以下含 10 座的轿车、吉普、旅行车、1 吨以下含 1 吨小货车）0.30 元/车公里，二类客货车（10～30 座含 30 座客车、1～3 吨含 3 吨货车）0.60 元/车公里，三类客货车（30～50 座含 50 座客车、3～5 吨含 5 吨货车）1.20 元/车公里，四类客货车（50 座以上客车、5～10 吨含 10 吨货车）3.00 元/车公里，凡超过 20 吨的车辆，按四类客货车标准每增加 10 吨增加 2 元计算。还规定桥梁通行费：一类客货车（10 座以下含 10 座的轿车、吉普、旅行车、1 吨以下含 1 吨货车）5 元/车次，二类客货车（10～30 座含 30 座客车、1～3 吨含 3 吨货车）5 元/车次，三类客货车（30～50 座含 50 座客车、3～5 吨含 5 吨货车）10 元/车次，四类客货车（50 座以上客车、5～10 吨含 10 吨货车）15 元/车次，凡超过 20 吨的车辆，按四类客货车标准每增加 10 吨增加 5 元计算。从 1998 年 12 月 18 日起执行。

三、车辆过渡费

（一）四川省公路渡口收费标准

1. 第一批公路渡口的收费标准

1984 年 12 月 12 日，为了加快公路渡口改渡建桥的步伐，四川省交通厅发布《四川省公路渡口征收过渡费办法》。1984 年 12 月 12 日，四川省交通厅同时发布《关于对重点公路渡口征收过渡费集资建桥的通告》，万县长江渡、涪陵乌江渡和重庆石门渡属于四川省 10 个重点公路渡口，按规定收取车辆过渡费，即不分空、重车，货车按核定吨位（含大拖拉机）每吨每次 1 元，客车每次 4 元，旅行车每次 1 元，小汽车（含手扶拖拉机）每次 5 角，摩托车每次 2 角。

2. 第二批公路渡口的收费标准

1989 年 3 月 29 日，四川省交通厅发布《关于十六个公路渡口收取车辆过渡费的通告》，经四川省人民政府同意，决定自 1989 年 4 月 1 日起，在 16 个公路渡口收取车辆过渡费，其中，重庆市内有重庆九龙坡区李九渡，江津城关渡和合川盐井渡，还有涪陵长江渡、丰都长江渡、奉节长江渡、忠县长江渡等公路渡口，按规定收取车辆过渡费，即不分空、重车，货车按核定吨位（含拖拉机）每吨每次收费 1 元，客车按核定座位每 10 座收费 1 元（按四舍五入计算），小车每次收费 0.5 元，摩托车每次收费 0.2 元。

（二）重庆市公路渡口收费标准

1. 第一批公路渡口的收费标准

1989 年 3 月 27 日，重庆市交通局发布《关于重庆市三个公路渡口实行收取车辆过渡费的通告》，根据四川省交通厅《关于十六个公路渡口收取车辆过渡费的通告》，经四川省人民政府批准、重庆市人民政府同意，九龙坡区李九渡，江津县城关渡和合川县盐井渡，从 1989 年 4 月 1 日起，按照四川省交通厅《关于对重点公路渡口征收过渡费集资建桥的通告》和《四川省公路渡口征收过渡费办法》的规定标准收取车辆过渡费。

2. 第二批公路渡口的收费标准

1989 年 4 月 20 日，重庆市交通局继续发布《关于六处公路渡口收取车辆过渡费的通告》，经重庆市人民政府同意，自 1989 年 9 月 1 日起，在重庆市巴县鱼吊渡、江北县水土渡、合川县官渡渡、合川县云门渡、潼南县城关渡和长寿县石塔坡渡 6 处公路渡口，按照规定收取车辆过渡费。即不分空、重车，货车按核定吨位（含拖拉机）每吨每次收费 1 元，客车按核定座位每 10 座收费 1 元（按四舍五入计算），客货两用车按核定座位和核定吨位相加计算，小车（5 座位）每次收费

0.5元，摩托车每次收费0.2元。同时规定免收车辆过渡费的范围，即党政机关、学校、人民团体在编自用小汽车和军事部门（所属企业除外）、外国使领馆自用车辆，设有固定装置和执行任务的警车、清洁车、消防车、救护车、洒水车、环境保护车、交通征费车、路政巡查车、公路养护车等免收过渡费。

3. 公路渡口收费标准的调整

2001年6月，根据重庆市人民政府渝府发〔2000〕25号文件的规定，重庆市交通委员会、重庆市物价局、重庆市财政局统一规范了公路渡口的车辆过渡费标准。2002年11月28日，针对改型（装）、降低载质量（降吨位）车辆在重庆市参与公路运输的严重问题，重庆市交通委员会、重庆市经济委员会、重庆市公安局、重庆市质量技术监督局联合发布《关于整治和规范改型（装）降低载质量（降吨位）车辆计量吨位的通知》，提出了整治和规范改型（装）、降低载质量（降吨位）车辆计量吨位的措施。2003年6月，三峡库区蓄水后，部分公路渡口增加了渡运航距，增大了渡运成本，奉节、巫山、云阳等县纷纷向重庆市有关部门请示上调公路渡口的过渡费收费标准。2003年8月27日，重庆市交通委员会、重庆市物价局、重庆市财政局再次联合发布了《关于公路渡口整治和规范改型（装）降低载质量（降吨位）车辆文件的通知》，明确答复“暂不上调公路渡口的收费标准，同意公路渡口从2003年9月1日起执行市交通委员会、市经济委员会、市公安局、市质量技术监督局下发的《关于整治和规范改型（装）、降低载质量（降吨位）车辆计量吨位的通知》”。

表12－12　2001～2005年巴南区鱼洞至大渡口区吊儿嘴公路渡口收费标准表

<table>
<tr><th>车辆类别</th><th>计费单位</th><th>收费标准（元）</th></tr>
<tr><td rowspan="2">摩托车</td><td rowspan="2">每车每次</td><td>3</td></tr>
<tr><td>4</td></tr>
<tr><td>1吨（含）以下货车，10吨（含）以下客车。</td><td>每车每次</td><td>5</td></tr>
<tr><td>1吨（含）以上货车，10吨（含）以上客车。</td><td>每车每次</td><td>5</td></tr>
<tr><td>超长、超高、超宽和超轴载质量及装易燃、易爆、易腐蚀污染货物车</td><td>每车每次</td><td>10</td></tr>
</table>

注：1. 上述收费标准不分晚期、枯洪水期和空重车。
2. 尾数不足1吨的按四舍五入计算。
3. 单独渡运的收费标准，由车主和重庆市政府特批的车辆外，其他任何机动车辆都必须交纳过渡费。

表12－13　2001～2005年北碚区三圣至渝北区水土公路渡口收费标准表

<table>
<tr><th>车辆类别</th><th>计费单位</th><th>收费标准（元）</th></tr>
<tr><td rowspan="2">摩托车</td><td rowspan="2">每车每次</td><td>3</td></tr>
<tr><td>4</td></tr>
<tr><td>1吨（含）以下货车</td><td rowspan="2">每车每次</td><td rowspan="2">5</td></tr>
<tr><td>10吨（含）以下客车</td></tr>
<tr><td>1吨（含）以上货车，10吨（含）以上客车</td><td>每车每次</td><td>5</td></tr>
<tr><td>超长、超高、超宽和超轴载质量及装易燃、易爆、易腐蚀污染货物车</td><td>每车每次</td><td>10</td></tr>
</table>

注：1. 上述收费标准不分晚期、枯洪水期和空重车。
2. 尾数不足1吨的按四舍五入计算。
3. 单独渡运的收费标准，由车主和重庆市政府特批的车辆外，其他任何机动车辆都必须交纳过渡费。

表 12－14　　1986～2005 年公路路政赔补偿费统计表

年度	公路赔补偿费（元）
1986	548524.6
1987	618524
1988	808997.02
1989	388261.56
1990	336822.37
1991	187099.52
1992	430559.21
1993	643180.96
1994	2400167.14
1995	2389264.8
1996	5239105.4
1997	2709289.8
1998	2376124.95
1999	3862829.55
2000	2842553
2001	627522
2002	606781.75
2003	606905
2004	1044866
2005	775919

表 12－15　　1991～2005 年重庆市车辆过渡费收入实绩表

年度	金额（万元）
1991	1350
1992	850
1993	708
1994	752
1995	440
1996	263
1997	180
1998	96
1999	111
2000	189
2001	115
2002	123
2003	120
2004	320
2005	280

第三章　车辆购置附加费

从1985年5月1日起，国家为了筹措交通建设资金，在全国范围内，开征车辆购置附加费。重庆市交通主管部门组建了重庆市车辆购置附加费征收管理办公室（以下简称“重庆市车购办”），专门按照交通部、财政部、国家税务总局的征收法规政策实施征收管理。

车辆购置附加费（税）征收管理经历了以下历史阶段：一是交通部主管、生产厂家海关代征阶段，二是交通部主管、车辆落籍征收阶段，三是国家税务总局主管、地方交通部门代管代征阶段。自开征车辆购置附加费到交通部门代管代征车辆购置税结束，即从1985年至2004年底，历经了19年，为国家交通建设、也为重庆市交通建设特别是高速公路建设积累了大量的专项资金。

第一节　征管人员与资产

一、人员编制

（一）重庆市车购费征管人员编制

1988年4月1日，重庆市车购办成立，人员编制9人。1989年，重庆市编委重编〔1989〕77号文件批准重庆市车购办人员编制由9人增加到19人。1990年，交通部〔1990〕交函财字98号文件下达给重庆市车购办总编制56人，但按照交通部要求，各地必须有当地机构编制部门提供的车购管理人员编制，交通部下达编制额度才能生效。1996年，重庆市车购办实有人数增为27人。

2000年8月29日，为保证车购费改税改革的平稳实施和征管工作的正常进行，根据交通部的有关规定，重庆市交通委员会决定核定车购费有关单位人员编制。2000年9月7日，重庆市交通委员会成立核定车购费人员工作领导小组，以重庆市交通委员会人教处处长余昌平为组长，重庆市征稽局局长潘武新、重庆市车购办主任李先彬为副组长，6位成员，办公室设在重庆市征稽局机关内，潘武新任办公室主任，谭渝生任副主任。2002年2月26日，在对车购费征管人员进行核定后，上报重庆市编委办公室正式批复，重庆市交通委员会渝交委人〔2002〕13号文件确定重庆市车购办人员编制为56名，原经费渠道不变。

2001~2002年，重庆市车购办在编人员与重庆市征稽局车购税代征在岗人员共计144人。在此期间，2001年组织了公务员考试，重庆市车购办及其所属征管机构在编144人，除考前退休、调离和未报名者共7人外，参加考试137人。2003年9月4日，按照中央机构编委员会办公室、人事部、国家税务总局、交通部联合下发的中央编办发〔2003〕12号文件《关于核定车辆购置税人员编制及有关问题的通知》规定，核定重庆市车购税代征人员编制数107人，其中行政编制106人，事业编制1人，按费改税公务员录用计划确定为106人。在2001年考试的基础上，于2005年1月1日，除已经退休的职工和2人留在交通系统外，全部征管人员107名（含重庆市交通征费稽查局代征车购税岗位人员84名）划转重庆市国家税务局管理，至此，重庆市车购办建制撤销。

（二）原四川省管辖万县、涪陵、黔江车购费征收时期人员编制原万县、涪陵地区车购费征管人员第一次定编时间为1987年，四川省编制委员会根据交通部〔1987〕交财字566号文件下达给各省（市）车辆购置附加费征管人员编制数，万县地区核定人数13人，涪陵地区核定人数12人。1991年3月21日，四川省机构编制委员会、四川省交通厅川交人〔1991〕115号文件《关于增加下达车购费征管人员编制的通知》，万县车购办增编3名，涪陵车购办增编1名，黔江车购办增编1名。1994年5月24日，四川省机构编制委员会川编发〔1994〕38号文件核定车购费征管人员万县车购办为12人，涪陵车购办8人，黔江车购办10人。

2000年8月29日，重庆市交通委员会《关于核定车购费有关单位人员编制的通知》中明确，万州交通征费稽查处车购费征管人员编制23名。重庆市交通征费稽查局涪陵交通征费稽查处车购费征管人员编制18名，重庆市交通征费稽查局黔江交通征费稽查处车购费征管人员编制14名。

二、资产设施

重庆市车购办对固定资产管理工作，采用集中核算管理、各区县车购办和车购税代征点进行固定资产实物管理方式。从1985年开征车购费至2005年期间，由于征收环节发生了几次大的变化，固定资产的管理也随之而变化，同时随着市场经济的发展，车辆数量不断增多，业务数量不断增大，征管人员也随同增加，固定资产的质和量也在不断发生着巨大变化，至2004年年底，重庆市车购办固定资产总值8889863.20元，其中以车购费形成的有7552876.90元，以车购税形成的有1336986.30元。

表12－16　　2004年度重庆市车辆购置附加费征收管理业务房屋购建情况表

单位	房屋及建筑物名称	购建情况			产权		使用情况	
		购建金额（元）	建筑面积（平方米）	购建时间	有	无	独立	非独立
市车购办	办公室	706585.40	1323	1990.12.31	1		1	
市车购办	征费厅及办公室	2300000.00	1200	1996.12.31	1		1	
市车购办	停车及附属房	157723.32	280	1996.12.31	1		1	
万州车购办	办公室		300	1997.12.31		1		1
涪陵车购办	办公室		42	1994.12.31		1		1
永川车购办	租用办公房		100	2003.12.31		1		1
黔江车购办	办公室		150	1997.12.31		1		1
合计		3164308.72	3395					

表12－17　　2004年重庆市车辆购置附加费征收管理办公室交通工具情况表

货币单位：万元

使用单位	小轿车		吉普车		客车		其他车辆	
	数量（辆）	金额（元）	数量（辆）	金额（元）	数量（辆）	金额（元）	数量（辆）	金额（元）
市车购办	3	74			1	23	2	64
万州车购办	1	12						
涪陵车购办	1	15						
永川车购办					1	29		
黔江车购办								

续前表

使用单位	小轿车		吉普车		客车		其他车辆	
	数量（辆）	金额（元）	数量（辆）	金额（元）	数量（辆）	金额（元）	数量（辆）	金额（元）
合计	5	101			2	52	2	64

表12－18　　2004年重庆市车辆购置附加费征收管理办公室通信设备情况表

使用单位	通信设备								其他资产金额（元）
	计算机		打印机		传真机		空调电视音响		
	数量（台）	金额（元）	数量（台）	金额（元）	数量（台）	金额（元）	数量（台）	金额（元）	
市车购办	45	92	23	14	3	2	42	32	48
万州车购办	13	17	11	6	1	1			6
涪陵车购办	10	13	5	3					4
永川车购办	6	8	5	3			3	2	4
黔江车购办	2	3	1	1					
合计	76	133	45	27	4	3	45	34	62

第二节　征收法律法规

一、国家法律法规

（一）生产厂海关代征

1985年4月2日，国务院国发办〔1985〕50号文件发布《车辆购置附加费征收办法》，主要内容是对国内生产车辆和国外进口车辆开征车辆购置附加费，实行代征方式及其费率规定。

1. 国内生产或组装的车辆，其车辆购置附加费由生产厂或组装厂代征，以车辆的实际销售价格为计费依据。组装自用的车辆向所在地交通部门缴纳车辆购置附加费，参照同类车辆的当地价格计费。国内生产和组装的车辆购置附加费费率均为10%。

2. 国外进口的车辆，其车辆购置附加费由海关代征，以计算增值税后的计费组合价格（即到岸价格＋关税＋增值税）为计费依据，费率为15%。

3. 1985年4月6日，交通部、财政部、中国工商银行交财字〔1985〕760号文件颁发《车辆购置附加费征收办法实施细则》。

（二）车辆落籍地征收

1993年11月22日，国务院办公厅国办通〔1993〕35号文件批复交通部、财政部的请示，同意自1994年1月1日起，将车购费由原车辆生产（组装）厂和海关代征改为由车辆落籍地交通征管部门直接向义务缴费人征收，并将国产和进口车辆征收车购费的费率统一为10%。1993年11月29日，交通部、财政部交财发〔1993〕1253号文件转发了国务院办公厅国办通〔1993〕35号文批复。

1. 1993年12月21日，交通部、财政部交财发〔1993〕1356号文件印发《关于贯彻国务院办公厅国办通〔1993〕35号文件精神有关问题的通知》，明确“车购费征收管理工作由省级交通部门在车辆落籍地设置的车购费征收管理单位或机构（以下简称征管单位）负责。其他任何单位或个人无权征收。除交通部、财政部外，其他任何单位或个人均无权减征或免征车购费。”“缴费人应在办理车辆落籍手续前缴纳车购费。不需或暂不办理车辆落藉手续的，规定为自购车之日起的六十日内缴纳。”

2. 1993 年 12 月 27 日，交通部、海关总署交财发〔1993〕1363 号文件印发《关于做好改变车辆购置附加费征收环节及代征收尾工作有关问题的通知》，明确“从一九九四年一月一日起，进口车辆的车购费由海关代征改为由车辆落籍地交通征管部门直接向义务缴费人征收。”

3. 1994 年 1 月 4 日，交通部、财政部交财发〔1993〕1399 号文件印发《关于做好改变车辆购置附加费征收环节统一征费标准过渡衔接工作的通知》，明确“从一九九四年一月一日起，全国统一使用一九九三年版的车购费凭证，一九九二年及以前年度版本的车购费凭证一律停止对外发放，并全部收回到省级征管部门，登记造册，指定专人负责销毁。”“国外进口车辆，在一九九三年十二月三十一日前已按原规定费率计征车购费的（含欠缴费款），无论车辆是否销售或办理落籍手续，均不予退费。尚未办理缴费手续的，自一九九四年一月一日起，一律由车辆落籍地征管部门按税后组合价格的百分之十计征车购费”。

（三）政府性基金征收

1997 年 1 月 6 日，财政部财工字〔1996〕440 号文件印发《车辆购置附加费管理办法》，1997 年 1 月 23 日交通部以交财发〔1997〕50 号文转发。

1. 从 1997 年 1 月 1 日起，车辆购置附加费纳入中央政府性基金预算管理，作为国务院批准征收的专项用于国家公路建设的政府性基金。

2. 车辆购置附加费由车辆落籍地交通主管部门负责征收，每月分 3 次直接汇缴入交通部车购费收入专户，由交通部在北京集中缴入中央金库。

（四）车辆购置税征收

2000 年 10 月 22 日，经国务院常务会议通过后，中华人民共和国国务院令第 294 号颁布了《中华人民共和国车辆购置税暂行条例》，自 2001 年 1 月 1 日起施行。

1. 在中华人民共和国境内购置本条例规定的车辆（以下简称应税车辆）的单位和个人，为车辆购置税的纳税人，应当依照本条例缴纳车辆购置税。

2. 车辆购置税由国家税务局征收，车辆购置税税款应当一次缴清，纳税人应当在向公安机关车辆管理机构办理车辆登记注册前，缴纳车辆购置税。

二、重庆市行政规定

（一）政府规范性文件

1988 年 9 月 3 日，重庆市人民政府发布《关于加强车辆购置附加费征收管理工作的通知》。

1989 年 1 月 28 日，重庆市人民政府重府行政规章〔1989〕4 号文件发布《关于加强车辆购置附加费征收管理的通告》。

1991 年 6 月 8 日，重庆市人民政府重府发〔1991〕129 号文件发布《关于进一步加强公路养路费和车辆购置附加费征收工作的通知》。

1994 年 4 月 21 日，重庆市交通局在《重庆日报》上刊登了《关于车辆购置附加费征收管理有关问题的通告》。

1998 年 1 月 21 日，重庆市交通局为重庆市人民政府拟订《关于加强车辆购置附加费征收管理的通告》。

（二）宣传征收法规政策

1988 年，为了宣传车购费征收对发展公路事业的重大意义，《重庆日报》记者陈重义采访了重庆市交通局局长胡振业。1988 年 6 月 17 日，《重庆日报》第二版以“公路建设的一项长期稳定的资金来源”为题，刊登了胡振业就车辆购置附加费征收管理工作答记者问，针对在车购费征收 3

年来代征厂认识不足、贯彻不力、擅自减免与拖欠挪用等导致的车购费征管失控严重漏收问题，讲解了征收车购费的重要意义，宣讲了征收车购费的具体法规和加强车购费征收管理的措施。1988年8月27日，《重庆日报》又登载了重庆市交通局局长胡振业的署名文章“车辆购置附加费征收工作之我见”，以3年征收的车购费完成的公路建设成就为例，进一步阐明了加强车购费征收对公路事业发展的重要性和必要性，对20余家代征厂认为征收影响车辆生产和销售的顾虑，进行了充分说理，坚决要求各个代征厂贯彻执行国务院规定，真正做到“应征不漏，应免不征”，推动车购费征收工作，为公路建设更多地筹集资金。

1988年9月8日，重庆市车购办组稿的“重庆市车辆购置附加费征收管理知识讲座”，开始在重庆市人民广播电台《山城法制》节目中开播。在首播的第一天，播送了重庆市交通局局长胡振业就车辆购置附加费征收管理问题接受电台记者采访的录音讲话。全部讲座连续播讲了11讲。1988年12月30日，《重庆日报》登载了重庆市车购办主任李先彬题为“关于我市车辆购置附加费征收管理工作的思考”一文，对重庆市车购费征收的现状、问题、症结进一步作了深刻剖析和探讨，提出了作好车购费征收管理的三大措施。

1989年3月22日，重庆市车购办撰稿并提供的文章“车辆购置附加费漏征严重”，在当日的《人民日报》上发表。1989年10月26日，重庆市车购办编印了车辆购置附加费征收管理工作百题问答解，向广大车主单位与个人散发。1993年6月28日，重庆市车购办供稿，在《中国交通报》刊登了重庆市车购费征收管理工作专版。1993年12月25日，为了从1994年1月1日起车购费能够顺利由厂家代征改为落籍征收，重庆市交通局局长胡振业发表了《改变车辆购置附加费征收环节答记者问》。总结了10年来征收10多亿元车辆购置附加费的成绩，阐明了改为落籍征收是适应市场经济规律的重要举措，宣传了落籍征收的具体政策要求。

1997年11月29日，重庆市车购办组织创作了反映车购费征管人员精神风貌的《车购费之歌》，并在第1834期《中国交通报》上刊登。1998年3月9日，由李先彬、任林作词，刘青谱曲的《车购费之歌》制作为光盘和磁带，发往到全国各级车购费征管单位。1998年3月26日，重庆市人民广播电台播放了这首《车购费之歌》，并详细介绍了创作经过。1998年4月22日，交通部财务会计司正式发出通知（财公字〔1998〕104号），决定将《车购费之歌》定为全国车购费征管行业歌曲，在全国车购费征管部门组织演唱活动。2000年6月，这首《车购费之歌》收编入新华出版社出版的、由前总理李鹏题签的、交通部财务会计司及其车购费征管办公室编辑的《平凡的十五年》一书里。

第三节　征收类别标准

一、车辆购置附加费

（一）生产厂家与海关代征阶段（1985～1993年）

1985年4月2日，国务院国发办〔1985〕50号文件发布的《车辆购置附加费征收办法》规定：

1. 国内生产或组装的国产车

车购费征收额＝实际销售价格×10%

2. 国外进口车

车购费征收额＝计费组合价格×15%＝（到岸价格＋关税＋增值税）×15%

（二）落籍征收阶段（1994～2000年）

1993年11月22日，国务院办公厅国办通〔1993〕35号文件批复交通部、财政部的请示，同意自1994年1月1日起，将国产车、进口车的车购费的征收费率统一改为10%。1993年12月21

日，交通部、财政部交财发〔1993〕1356号文件印发的《关于贯彻国务院办公厅国办通〔1993〕35号文件精神有关问题的通知》，明确规定：

1. 国内生产或组装的国产车

车购费征收额＝生产（组装）厂按规定列作销售收入的价格×10%

2. 国外进口车

车购费征收额＝进口环节各项税后的组合价格×10%

（三）最低征费额政策

自1992年2月15日，交通部以交函财〔1992〕81号通知印发了《关于建立车辆价格信息交流制度》，要求建立交通系统车辆价格信息交流制度，随时了解本地区车辆生产（组装）厂生产车辆的销售价格情况，由部汇编后发全国各地交通部门。这项信息交流制度为实施最低征费额的征收管理办法，奠定了信息管理基础。

1994年1月3日，交通部首次核定进口摩托车车辆购置附加费最低征费额，即明确无论国产车辆还是进口车辆，如果按照购车发票价格或税后组合价格计算的应缴费额高于核定的最低征费额，则应以购车发票价格或税后组合价格计征车辆购置附加费。其后，交通部又陆续核定了国产车辆和进口车辆的最低征费额。

1994年9月10日，交通部发出交财发〔1994〕913号通知，决定部财务司设立车辆价格信息中心，全国华北、华东、中南、东北、西南、西北六大片区设立片区车辆价格信息中心。1995年3月27日，交通部又正式发布了《征收车辆购置附加费车辆价格信息工作制度》。该制度规定片区车辆价格信息中心职责是收集、整理和汇总车辆价格信息，每年上报两次车价信息，提出有关车型征收车购费最低征费额的建议数，由部总中心核定发布各类车辆应征车购费的最低征费额。

二、车辆购置税（2001～2004年）

在2001～2004年车购税代管代征阶段，按照国家车购税标准征收。2000年10月22日，中华人民共和国国务院令第294号颁布的《中华人民共和国车辆购置税暂行条例》规定：

（一）从价定率

车辆购置税实行从价定率的办法计算应纳税额。车辆购置税的税率为10%。

（二）国产车

1. 纳税人购买自用的应税车辆的计税价格

计税价格＝纳税人购买应税车辆而支付给销售者的全部价款和价外费用（不包括增值税税款）

2. 应纳税额的计算公式

应纳税额＝计税价格×税率

（三）进口车

1. 纳税人进口自用的应税车辆的计税价格的计算公式

计税价格＝关税完税价格＋关税＋消费税。

2. 应纳税额的计算公式

应纳税额＝计税价格×税率

第四节　征收稽查管理

一、征收稽查措施

（一）代征管理制度

1985～1993 年，在车购费开征初期，重庆市车购办处于创建起步阶段，要建立一个以代征厂家和海关为基础的、健全的征管制度，即管好“厂门”与“国门”，最大限度地减少漏收，以保障车购费征收任务的实现，是一项艰巨的开创性工作。

1988 年 4 月 5 日，刚刚被批准成立 4 天的重庆市车购办，正式工作人员仅有 3 人，在租借的地点办公。首先，重庆市车购办抓住几十户代征厂家这个源头，创建厂家、海关代征管理制度。重庆市车购办在各较大生产厂和海关建立代征办公室，制定与代征厂、海关的经常联系制度，同时在各区县交通稽征机构中新设立车购办。二是为了便于生产（组装）厂和海关履行代征职责，大批印发《办理车辆购置附加费有关手续须知和程序》，印发《重庆市车辆购置附加费稽（代）征员守则》，将代征的责任落实到具体人员身上，建立起对代征厂家的监控体系。1988 年 9 月 3 日，在重庆市交通局向重庆市人民政府呈报了自 1985 年车购费开征以来专题报告后，重庆市人民政府发布了《重庆市人民政府关于加强车辆购置附加费征收管理工作的通知》。

1989 年 1 月 28 日，重庆市人民政府颁布了《关于加强车辆购置附加费征收管理的通告》。政府通告明确：“凡购买和自行组装各型机动车辆，购买者和使用者（包括国家机关和军队），在购买时或投入使用前，必须向交通部门或代征单位按规定缴纳车辆购置附加费。”“各车辆生产、组装厂家，必须按车辆实际销售价格为计征依据，代征车辆购置附加费。对漏征、少征的，应由代征单位如数追回；无法追补的费款，由代征单位负责赔偿。”该通告在重庆日报、重庆晚报和重庆广播电台上连续数日刊登宣传，并翻印了 15000 份分发至各区县和有关单位。1989 年 9 月 4 日，重庆市车购办发出了关于《重庆市车辆购置附加费稽查工作办法》的通知。

1990 年 10 月 1 日，交通部、财政部开始施行《关于违反“车辆购置附加费征收办法”的处罚细则》，规定 6 种违规行为应受处罚，其中，对“代征单位不按规定代征车购费或滞缴车购费费款”之行为，第六条作了详细规定：“代征单位漏征车购费的，由代征单位负责代缴。”对此，1990 年 11 月 28 日，重庆市交通局、重庆市财政局发出了通告，决定在重庆市全市范围内，自 1991 年 1 月 1 日开始，施行交通部、财政部制定的《关于违反“车辆购置附加费征收办法”的处罚细则》，执罚单位为重庆市车辆购置附加费征收管理办公室。

1991 年 6 月 25 日，重庆市人民政府重府发〔1991〕129 号文件下发《关于进一步加强公路养路费和车辆购置附加费征收工作的通知》。通知要求：“汽车摩托车生产（组装）厂应按国务院〔1985〕50 号文件规定，认真代征车辆购置附加费，做到应征不漏和及时足额向当地交通主管部门划缴代征费款，不得擅自减免和拖欠挪用，不得弄虚作假，转移偷漏已征费款，并应按月如实报送车辆生产销售利润明细表及代征车购费等各种报表”，“交通稽征人员进厂检查代征费款时，代征厂应如实提供有关会计凭证、账册等资料。”

在 1985 年至 1993 年间，重庆市交通局及其重庆市车购办与代征厂家、海关保持着良好合作关系，管理与服务有机结合，促进重庆市车辆购置附加费征收规模逐年增长，连续 5 年名列全国前茅，重庆市车购办被重庆市交通局多次评为先进单位，1991 年，重庆市车购办被交通部评为“全国车辆购置附加费征收管理先进单位”。

（二）落籍征管制度

1994 年，随着交通部改变车辆购置附加费征收环节，即由汽车厂家代征与海关代征改为落籍地直接向购车义务人征收，重庆市交通局及其重庆市车购办及时调整工作重心，重新建立落籍征收管理制度。

1993年年底，为从生产厂和海关代征平稳过渡到落籍征收，重庆市车购办展开一系列宣传、培训等准备工作。1994年初，利用电视、广播、报纸等新闻媒体，召开新闻发布会，向社会广泛宣传改变车购费征收环节的政策规定及其相关措施，大量印发《车辆购置附加费业务咨询单》和《计征车辆购置附加费咨询单》等资料，让购车的单位和个人等缴费义务人充分了解落籍征收规定。

1994年2月15日，为了正常地从生产厂和海关代征过渡到落籍征收，防止车购费流失，在重庆市交通局、重庆市审计局两局领导多次研究基础上，两局联合行文发出了《关于开展全市车辆购置附加费征收工作的检查通知》。1994年2月18日，两局在重庆市车购办召开了联合审计工作会。同年3月15日，重庆市交通局、重庆市审计局两局召开了重庆市车购费审计工作会，双方共派9人组成了联合审计小组，逐个区县、逐个代征厂家进行审计检查。各个区县和代征厂家积极开展自查，主动接受联合审计。在联合审计组的艰苦努力下，至1994年6月底，结束了重庆市范围内的清理和检查工作。通过联合审计，不但发现了个别代征厂家拖欠挪用问题，而且强化了催欠工作的进展及其管理制度完善。

1994年3月21日，为了加强永川地区八县与双桥区的落籍征收工作，重庆市交通局发出《关于改革车辆购置附加费征收体制的通知》（重交组〔1994〕12号文）。1994年4月21日，重庆市交通局在《重庆日报》上刊登了《关于车辆购置附加费征收管理有关问题的通告》。1994年5月1日，组建成立了永川车购办，其业务隶属于重庆市车购办，征收工作受重庆市车购办领导，从政策上和组织体制上强化了落籍征收管理。

（三）交警协征制度

1988年4月7日，重庆市车购办与重庆市公安局协商确定，车辆上户必须凭重庆市车购办出具的车购费缴讫证明和入籍（异动）联系通知单，方能办理上户手续。1991年1月10日，重庆市车购办召开了公安交警、交通有关部门现场协调会议，再次明确车主必须凭机动车车购费征收凭证和入籍（异动）联系通知单才能办理上户。按照《中华人民共和国车辆购置税暂行条例》规定，交警协征制度保持至2004年年底重庆市车购办撤销。

（四）车辆价格信息制度

重庆市交通局及其重庆市车购办是西南片区车辆价格信息中心负责单位，李先彬任信息中心主任，谭渝生任秘书长，重庆市车购办承担了西南片区车辆价格信息中心具体组织工作。1994年12月11日至13日，在重庆市组织召开了西南片区车辆价格信息第一次工作会议。1995年7月18日至21日，在云南省景洪市组织召开了西南片区车辆价格信息第二次工作会议。1997年7月13日至18日，在西藏自治区拉萨市组织召开了西南片区车辆价格信息第三次工作会议。1998年5月19日，在贵州省贵阳市组织召开了西南片区车辆价格信息第四次工作会议。车辆价格信息制度保持至2004年年底重庆市车购办撤销。

（五）参与全国征管业务

由于车购费属于中央交通规费，全国实施统一的征收与管理政策，交通部每年要召开车购费征管工作会，全国计划单列城市（后改称中心城市）每年也要展开工作研讨交流会。

一方面，重庆市交通局、重庆市交通委员会及其重庆市车购办积极参与筹备并承担全国性车购费征管工作会会务工作，1991年1月8日至10日，在重庆市红楼、重庆市交通局及其重庆市车购办承办交通部1991年度全国车购费征收工作会议，交通部王展意部长在工作报告中，多次肯定重庆市车购费征收管理的做法和成绩。2000年12月21日，在重庆市富丽大酒店，重庆市交通委员会及其重庆市车购办承办全国部署车辆购置附加费费改税工作会议，交通系统和国税系统代表216人参加了会议。在此后3年的费改税期间，重庆市车购办主任李先彬被交通部财务司、交通部车购办正式行文指定为交通部车购费“费改税”课题组组长。在“费改税”课题组工作中，主任李先彬组织各省市业内有关人员撰写了大量课题调研材料，上报交通部及国家相关部门，得到上级领导首肯，好的建议意见获得采纳，起到良好的辅助决策作用。

另一方面，重庆市交通主管部门及其重庆市车购办积极参与交通部关于车购费征管业务的活动。如接受交通部安排部署，重庆市车购办主任李先彬、重庆市车购办副主任谭渝生多次带队参与全国性的车购费征管工作检查活动，多次参与交通部车购费征管制度文件的研讨起草工作。从1993~2000年，重庆市车购办主任李先彬连续被全国同行推选为全国中心城市车购费征管工作研讨会会长，每年组织有关省市同行研讨车购费征管工作的热点难点问题，部署召开全国中心城市或计划单列市车购费征管工作研讨会议，共同探索车购费征管工作的新路子，为全国车购费征管政策、规章制度提供重要的决策参考。如1995年10月6日至8日，在重庆市潘家坪渝州宾馆，重庆市车购办承办第六届计划单列市车购费征管工作研讨会议。

二、征稽队伍内部管理

（一）征收稽查执法建设

1985~1993年，在生产厂家与海关代征阶段，在组建初期，重庆市车购办注重加强基层征管稽查工作，采取集中学习、培训、教育等多种形式不断提高职工的征管能力，教育职工依法执行法律、法规和规章，认真履行法律、法规和规章赋予的权力，忠于职守、清正廉洁、秉公办事，自觉维护义务纳费人的合法权益，依法征收好车购费。

1990年9月11日，交通部、财政部发布《关于违反＜车辆购置附加费征收办法＞的处罚细则》（交财〔1990〕502号）。重庆市车购办以交通部、财政部文件为准则，经常组织征管人员上路稽查，上门服务，对在停车场、车站、码头、作业场地、车辆销售点、路边的车辆和正在公路上行驶的车辆，进行有关车辆购置附加费缴纳情况的检查。针对代征单位不按规定代征或滞缴车购费、缴费人不按规定缴纳费款、行车不携带车购费凭证、伪造套购倒卖或涂改车购费凭证等违规行为给予处罚。为有效防止国家交通规费的流失、确保国家交通规费应征不漏和应免不征，也为重庆市交通建设积聚资金做出了贡献。

1994~2000年，在落籍征收、政府基金征收、车购税代征阶段，在征收内部管理制度上，重庆市车购办采取了一系列强化措施。第一，针对新车征费程序，在审核、开票、收款、发证、建档和出具通知等环节，建立健全了岗位责任制度和内部监督制度。第二，对新入籍车辆在购车发票或报关单、车购费收据、行车执照、购置费凭证等原始凭证方面，按规定建立了新车档案袋，对已入籍的10多万辆车档案也作出了清理登记。

（二）综合目标管理考核

从1985~2004年，重庆市车购办，注重队伍建设和管理，坚持年度目标考核制度。尤其是自1997年至2004年年底，重庆市车购办贯彻执行重庆市车购费征管单位综合目标考核办法，综合评价各级车购费征管单位的工作绩效。

1999年初，交通部交财发〔1999〕30号文件下发《关于做好创建车购费征收文明窗口和综合目标管理考核工作的通知》。按照文件要求，重庆市交通局局长胡振业、中共重庆市交通运输委员会书记王机均对开展考核工作向有关部门作了重要的指示，并提出了明确的要求。重庆市交通局财务处迅速将部发通知转发至各级车购办，并对考核验收工作作出了具体部署。随后，重庆市车购办及其涪陵、万州、黔江、永川车购办全面开展了创建车购费征收文明窗口和综合目标管理考核工作，取得良好成绩。1999年2月，重庆市交通局组织专门考核小组，集中时间对重庆市各级车购办进行了考核验收工作。1999年4月1日，重庆市交通局向交通部上报了《关于我市创建车购费征收文明窗口和综合目标管理考核工作的报告》，报告认为：“我市车购办及涪陵、万州、黔江、永川车购办创建征收文明窗口和综合目标管理工作已达到部的要求和标准，均评为达标单位。”

2000 年，是车购费征收的最后一年，也是车购费征收文明窗口和综合目标管理考核工作的第二年。面临“费改税”的新形势，重庆市各级车购费征管单位坚持以征收工作为中心，对以前年度的缓缴车购费的单位和缓缴车辆情况进行清理后，向缓缴车购费的单位和部门发出追缴通知书，开展了追缴以前年度缓缴车辆购置附加费活动，超额完成了 2000 年征收计划。2001 年 1 月 15 日，重庆市交通委员会研究决定：给予重庆市车购费征管先进单位（集体）和先进个人通报表彰。

2001～2004 年，重庆市车购办仍旧隶属于重庆市交通委员会，代征车辆购置税。2001～2004 年，重庆市车购办坚持综合目标管理考核，连续 4 年被重庆市国税局、重庆市交通委员会评为车辆购置税征收的先进单位，重庆市车购办征收业务科、财务计划科、稽核审计科、综合管理科被评为车辆购置税征收的先进集体。重庆市万州、涪陵、黔江、永川、酉阳、石柱车购办和一批交通征费稽查所也被评为车辆购置税征收的先进集体。李先彬、谭渝生、陈卫东、黄钦洲、刘崇伟、王继峰、李静、蔡伟、唐安乐、黄兴禄、刘晓立、田涛、万颖、高山、宋捷、肖庆隆、何彩萍、朱明、曾荣兵、禹露、黄东之、毛静、冯玉娇、胡永波、苟瑶、陈力、吴晓蓉、左佳、向仁富、杨惠兰、龚平、邱荣全、何华、李志、雷声春、胡相胜、黄仁树、杨庆平、朱广大、孙群、李忠琼、胡怀军、余华、黄明志、冉茂平、朱红、吴晓霞、孙念平、周卯洪、王学蓉、张鹏、刘学科、朱雪莲、杨晓冬、郭俊萍、黄碧芳、陈洪、曾克勤、何德富、王永生、罗守莲、曾昭明、梁善敏、周俊成、杨建军、杜红平、陈利玲等一大批征收管理人员连续四年被评为先进个人。

第五节　规费征收实绩

一、生产厂家与海关代征阶段（1985 年 5 月 1 日至 1993 年 12 月 31 日）

在这一阶段，由于国内生产或组装的车辆，其车辆购置附加费由生产厂或组装厂代征，或因国外进口的车辆，其车辆购置附加费由海关代征，随着车辆生产量增长和向国外购车量的增长，重庆市的车辆购置附加费的年征收总额是逐年递增的趋势。1986 年，车辆购置附加费征收总额完成 26718836 元。1987 年，车辆购置附加费征收总额完成 35956750 元，同比上年增长 34.6%。1988 年，车辆购置附加费征收总额完成 96059423 元，同比上年增长 67.2%。1989 年，车辆购置附加费征收总额完成 101874274 元，突破 1 亿元大关，同比上年增长 6.1%。1990 年，车辆购置附加费征收总额完成 119313293 元，同比上年增长 17.1%。

1991 年，车辆购置附加费征收总额完成 185433653 元，同比上年增长 55.4%。1992 年，车辆购置附加费征收总额完成 332296236 元，同比上年增长 79.2%，迈上一大台阶。1993 年，车辆购置附加费征收总额完成 566220513 元，同比上年增长 70.4%，达到这一阶段的最高点。

二、车辆落籍征收阶段（1994 年 1 月 1 日至 1996 年 12 月 31 日）

在这一阶段，由于将车购费由原车辆生产（组装）厂和海关代征改为由车辆落籍地交通征管部门直接向义务缴费人征收，并将国产和进口车辆征收车购费的费率统一为 10%。重庆车辆生产（组装）厂的外销量这一部分，成为最大的减收因素，导致车辆购置附加费征收总额从 1993 年的巅峰高位上骤然下跌。1994 年，是实行车辆落籍征收的第一年，车辆购置附加费征收总额完成 164693681 元，骤减 401526832 元，下降 70.9%。1995 年，车辆购置附加费征收总额完成 153751155 元，同比上年继续下降 6.6%。1996 年，车辆购置附加费征收总额完成 252759518 元，同比上年增长 64.4%。

三、政府性基金征收阶段（1997 年 1 月 1 日至 2000 年 12 月 31 日）

在这一阶段，按照财政部关于印发《车辆购置附加费管理办法》的通知，1997 年 1 月 23 日，交通部以交财发〔1997〕50 号文转发，从 1997 年 1 月 1 日起，车辆购置附加费纳入中央政府性基金预算管理，作为国务院批准征收的专项用于国家公路建设的政府性基金，但仍旧实行车辆落籍征收方式。重庆市的车辆购置附加费年征收总额基本处于徘徊不前状态。1997 年，车辆购置附加费征收总额完成 265351848 元，同比上年增长 5%。1998 年，车辆购置附加费征收总额完成 288134717 元，同比上年增长 8.6%。1999 年，车辆购置附加费征收总额完成 262170442 元，同比下降 9%。2000 年，车辆购置附加费征收总额完成 279313832 元，同比上年增长 6.5%，有小幅回升。在这一阶段，1998 年是车辆购置附加费年征收总额最高点。

四、交通部门代管代征车辆购置税阶段（2001 年 1 月 1 日至 2004 年 12 月 31 日）

在这一阶段，车辆购置附加费改为车辆购置税，年征收税额是总体上是一个增长趋势。由于中华人民共和国国务院第 294 号令即《中华人民共和国车辆购置税暂行条例》自 2001 年 1 月 1 日起施行，但仍旧由交通部门代管代征。2001 年，车辆购置税征收总额完成 374394001 元，同比上年增长 34%，有较大幅度的回升。2002 年，车辆购置税征收总额完成 515552154 元，同比上年增长 37.7%。2003 年，车辆购置税征收总额完成 680000747 元，同比上年增长 31.9%，连续三年递增速度在 30% 以上，时隔 9 年，超过 1993 年的历史最高征收水平。2004 年，车辆购置税征收总额完成 782563974 元，同比上年增长 15.1%，达到又一个历史最高点。

表 12－19　1986～2005 年重庆市车辆购置附加费（税）征收计划及其完成情况表

年度	征收额（元）	年度	征收额（元）
1986	26 718836	1996	252759518
1987	35956750	1997	265351848
1988	96059423	1998	288134717
1989	101874274	1999	262170442
1990	119313293	2000	279313832
1991	185433653	2001	374394001
1992	332296236	2002	515552154
1993	566220513	2003	680000747
1994	164693681	2004	782563974
1995	153751155	2005	603437165

第四章　道路运输规费

道路运输规费是公路运输管理费、汽车维修管理费、客运线路调节费、运输证牌工本费与出租车有关收费的统称。自重庆市计划单列后，道路运输规费一直是由重庆市道路运输管理部门负责征收管理，是按国家和省（市）制定的征收法规、政策和标准缴纳和征收的。其间，客运线路调节费取消征收。至 2008 年年底，公路运输管理费及其汽车维修管理费不再征收，其他运输证牌工本费与出租车有关收费等规费仍旧作为预算外资金管理，道路运输规费对维护道路运输行业管理，曾经起到了并继续发挥其应有的历史作用。

第一节　征收法律法规

一、公路运输管理费

1949 年 10 月 1 日新中国成立后，各级人民政府收取民间运输管理费，后来改为交通运输管理费。1982 年 6 月 11 日，国家经济委员会、交通部经交〔1982〕84 号文件发布《关于改善和加强公路运输管理的暂行规定》，明确规定“任何单位和个人，凡从事公路运输和搬运装卸业务，必须按省、市、自治区的规定交纳管理费。”1983 年 7 月 21 日，国家经济委员会、交通部经交〔1983〕594 号文件发布《关于改进公路运输管理的通知》，进一步明确规定“运输管理费按运输营业额征收，最多不得超过 1%，专款专用，年终结余按规定上缴财政。”

1986 年 9 月 10 日，交通部、财政部〔1986〕交公路字 633 号文件发布《关于公路运输管理费征收和使用规定》，共有 4 章 16 条，明确规定缴纳运管费对象和征收办法，运管费按经营者的营业收入计征，最高不超过 1%。各地具体执行的定额征收具体标准由各区县在以上标准范围内制订。自 1986 年 10 月 1 日起实施。

1986 年 12 月 29 日，交通部、国家经济委员会〔1986〕交公路字 1013 号文件又发布《公路运输管理的暂行条例》，第十一章第四十七条、第四十八条明确规定了公路运输管理费的征收和使用管理，重申了经交〔1983〕594 号文件《关于改进公路运输管理的通知》的征管规定。1986 年 10 月 6 日，交通部〔1986〕公路运管字第 171 号文件发布《公路运输管理费征收和使用规定》实施意见，对〔1986〕交公路字 633 号文中有关原则作出了具体实施的补充规定。

（一）四川省政策法规

1983 年 11 月 5 日，四川省人民政府川府发〔1983〕193 号文件发布《四川省改进公路运输管理实施办法》，第十一条明确规定“凡从事营业运输、搬运装卸的单位和个人，都应依法纳税，并按规定缴纳养路费和运输管理费”。1986 年 1 月 23 日，四川省财政厅、四川省交通厅发布《四川省运输管理费征收、管理、使用办法（试行）》，对公路运输管理费征收、管理、使用有明确规定。

（二）重庆市政策法规

在遵照中央和四川省关于公路运输管理费征收管理的规定前提下，重庆市制定了具体实施办法。1984 年 5 月 28 日，重庆市财政局、重庆市交通局联合发文贯彻执行四川省人民政府颁发的《四川省改进公路运输管理实施办法》，即《关于贯彻执行〈四川省运输管理费征收、管理、使用办法〉的通知》，共有 12 条，从 1984 年 1 月 1 日起施行，由重庆市交通局直接征管集中收缴。

1988 年 8 月 30 日，重庆市交通局决定将公路运输管理费和公路客运附加费的日常征收管理移交给重庆市公路运输管理处负责。在 1988 年 10 月 5 日重庆市人民政府重府行政规章〔1988〕14 号文件发布《重庆市联运行业管理暂行办法》之后，1988 年 12 月 26 日，重庆市物价局、重庆市财政局联合批复关于运输服务业管理费的报告，同意按照公路运输管理费的征收规定，收取运输服务业管理费。1989 年 6 月 2 日，重庆市交通局发布《重庆市运输服务行业管理费征收管理使用办法》，正式将运输服务管理费纳入了公路运输管理费的征收管理范围，按照交通部、财政部〔1986〕交公路字 633 号文件《关于公路运输管理费征收和使用规定》规定执行。

1998 年 10 月 26 日，重庆市人民政府令第 39 号发布《关于进一步规范政务管理改善投资环境的决定》，要求重庆市财政、物价部门清理行政事业性收费项目并建立行政事业性收费项目公示制度，结合对行政事业性收费的清理和年度审验，制作全市统一的行政事业性收费目录。2000 年 6

月26日，根据清理结果，报经重庆市人民政府第四十六、五十六次常务会议批准，重庆市物价局、重庆市财政局以渝价〔2000〕386号文公布重庆市交通部门行政事业性收费管理规定及其收费标准。其中，第七条是公路运输管理费标准，明确规定了缴纳对象即“凡从事营业性公路客货运输、搬运装卸、运输服务的单位和个人，以及部队车辆参加地方营业性运输的，均须缴纳公路运输管理费。”以及规定了征管部门、收取费率和征收办法。2005年12月22日，重庆市物价局、重庆市财政局渝价〔2005〕663号文件发出《关于统一我市二类地区及一类地区部分公路运输管理费定额征收标准的通知》，作出缴纳对象有所增加的调整，再次明确“凡从事营业性公路客货运输、搬运装卸、运输服务、机动车驾驶员培训的单位和个人，以及部队车辆参加地方营业性运输的，均须缴纳运管费。”这是重庆市直辖以后征收公路运输管理费的主要法规依据。

2000年12月19日，重庆市第一届人民代表大会常务委员会第二十九次会议通过并公布了《重庆市道路运输管理条例》(第154号公告)，第六十八条明确规定：“道路运输经营者应按国家和市人民政府的规定缴纳交通规费。”自2001年2月1日起施行，这是重庆市直辖后涉及征收公路运输管理费的第一个地方性法规。

二、公路客运附加费

(一) 四川省政策法规

1986年1月18日，经四川省人民政府批准，四川省计划经济委员会、四川省财政厅、中国工商银行四川省分行、中国农业银行四川省分行、四川省交通厅联合颁发《四川省公路客运附加费征收使用管理办法》，从1986年4月1日起，在四川省范围内开征公路客运附加费。1995年7月11日，四川省交通厅川交财〔1995〕185号文件印发了《公路客运附加费移交稽征部门征收管理实施方案》的通知，决定将公路客运附加费征收管理工作由运管部门移交稽征部门。从1995年8月1日起，四川省公路客运附加费移交稽征部门征收管理。

(二) 重庆市政策法规

1986年4月21日，结合重庆市的具体情况，重庆市计委、重庆市经委、重庆市财政局、工商银行重庆市分行、农业银行重庆市分行、重庆市交通局联合发布《重庆市公路客运附加费征收管理使用办法》，从1986年5月1日起，在重庆市范围内开征公路客运附加费，由各区县各级交通部门负责征收后上缴重庆市交通局，然后划转重庆市财政局。1988年8月30日，重庆市交通局决定将公路客运附加费及公路运输管理费的日常征收管理移交给重庆市公路运输管理处负责。从1995年8月1日起，重庆市公路运输管理处负责的公路客运附加费征收管理也移交给了重庆市稽征部门。

三、汽车维修管理费

1986年12月12日，交通部、国家经委、国家工商行政管理局〔1986〕交公路字956号文件发出《关于颁布〈汽车维修行业管理暂行办法〉的联合通知》，明确要求“各级交通主管部门应本着面向全行业管理的精神和精简的原则，建立、健全和加强汽车维修行业管理机构，负责对汽车维修行业的管理”，并且授权“各省、自治区、直辖市交通主管部门可根据本暂行办法制定实施细则并报交通部备案。”

1997年12月23日，财政部、国家计委财综字〔1997〕170号文件联合发布《关于公布取消第一批行政事业性收费项目的通知》，其中交通部门列有3项，汽车维修行业管理费属于取消项目，自通知发布之日起执行。

(一) 四川省政策法规

1988年1月6日，四川省人民政府川府发〔1988〕6号文件发布《四川省汽车维修行业管理办法》的通知。其中，第十五条规定：“营业性的汽车维修企业和个体户，应当向当地交通部门缴纳0.3%的管理费。管理费用于汽车维修行业管理业务支出，专款专用，不准乱收乱支。”

(二) 重庆市政策法规

1986 年 8 月 11 日，重庆市人民政府办公厅发布《重庆市汽车维修行业管理暂行办法》，第十条明确规定："对外经营的汽车修理企业在领取汽车维修许可证时，应向核发许可证的部门交纳一次性的工本代办费。"1986 年 12 月 22 日，重庆市交通局、重庆市财政局发布《重庆市汽车维修行业工本代办费征收、管理、使用暂行办法》，第一条规定："汽车维修企业工本代办费（以下简称'工本费'），是根据市政府规定，向经营汽车维修的企业和个人征收用于汽车维修行业管理的综合性工本代办费"。第四条规定："工本费由各区县汽车维修行业管理办公室统一收取，并在收取总额中提取 30% 上交市汽车维修行业管理办公室。"

1987 年 10 月 5 日，重庆市人民政府办公厅转发《关于重庆市汽车维修行业管理有关问题的联合通知》，明确规定重庆市交通局是全市汽车维修行业归口管理部门，重庆市交通局系统的汽车维修厂点由重庆市交通局核发许可证。市属 7 区城市客车维修管理由重庆市公用局负责，其系统的汽车维修厂点由重庆市公用局核发许可证。

四、客运线路调节费

（一）四川省政策法规

1993 年 4 月 8 日，四川省人民政府川府发〔1993〕58 号文件发出《关于成渝高等级公路成都至简阳段公路运输管理的通知》，明确规定"成简段高等级公路客运线路实行有偿使用"，即"起讫点在成都至简阳段的客运班次经营权向社会公开拍卖，起讫点不在成都至简阳段的但要通过或临时通过成渝高等级公路的各类营运客车，应向省运管部门缴纳定额有偿使用费。"四川省财政厅、四川省物价局、四川省交通厅也联合发了《关于成渝高等级公路成都至简阳段营运客车定额有偿使用费征收标准的通知》。

（二）重庆市政策法规

根据四川省人民政府确立的成渝高速公路全线实行有偿使用原则，经重庆市人民政府批准，1994 年 9 月 2 日，重庆市财政局、重庆市物价局、重庆市交通局发出《关于成渝高速公路重庆段客运线路费征收标准的通知》，决定征收成渝高速公路重庆段客运线路调节费。即"凡进入成渝高速公路重庆段的各类营运客车，除按规定缴纳公路、隧道通行费外，均应按本通知规定交纳客运线路费。"

1997 年，重庆市直辖，仍旧沿袭征收成渝高速公路重庆段客运线路调节费，直到 2000 年 5 月 27 日，《重庆市人民政府关于取消一批行政事业性收费项目的决定》经重庆市人民政府第 60 次常务会议审议通过，并于 2000 年 6 月 2 日，重庆市人民政府第 83 号市长令发布执行，取消"成渝高速公路线路调节费"，成渝高速公路重庆段客运线路费的征收即行终止。2000 年 6 月 27 日，重庆市交通局向重庆市公路运输管理处下发《关于重庆市公路运输管理处成渝高速公路客运线路调节费征收问题的批复》，要求"贯彻重庆市人民政府公告即重庆市人民政府第 83 号令，从 2000 年 7 月 1 日起停止收取'成渝高速公路客运线路调节费'。对你处在年审时预收的 2000 年 7 月 1 日后的成渝高速公路客运线路调节费，应予如数清退。"

五、出租汽车有偿使用费与出租汽车经营权权证款

（一）重庆计划单列市时期（1986～1996 年）

1992 年 9 月，重庆市人民政府第 113 次常务会议（会议纪要第十七期）决定：一是重庆市对出租汽车发展实行总量控制，发展指标一年一定。经营权实行有偿使用，同时决定当年新增出租汽车 400 辆，限于国营和集体企业发展。二是新增出租汽车指标实行拍卖，每辆出租汽车指标起价 4 万元。三是出租汽车经营权不准转让，确需停业的，收回经营权，其指标实行拍卖。重庆市市中区、沙坪坝区、江北区、南岸区、九龙坡区、大渡口区、北碚区 7 区内出租汽车由重庆市公用局负责，7 区以外出租汽车由重庆市交通局负责。1993 年 3 月 19 日，重庆市人民政府第 129 次常务会决定在主城区发展出租汽车 800 辆，其余区县的出租汽车发展由当地政府决定，但不准进入市区控制范围内驻地经营，新增800辆出租汽车指标采取面向社会公开拍卖，每辆底价4万元，上不封顶。

（二）重庆直辖市时期（1997～2005年）

1997年11月21日，重庆市人民政府渝府发〔1997〕49号文件发布《关于出租汽车管理有关问题的通知》，对出租汽车客运的管理，进一步予以规范。通知重申规定：将出租汽车投放市场的管理权收归重庆市人民政府，由重庆市人民政府实行总量控制，即重庆市公用局、重庆市交通局各自管理主城7区内外的出租汽车经营，各自提出出租汽车发展计划后，由重庆市人民政府审批，运力的具体投放“由当地政府按有偿使用的原则组织实施”。由此，继续实施以公开拍卖方式出租汽车经营权来收取有偿使用费。1997年12月，根据重庆市人民政府1997年第9次常务会议关于新增发展1997年度城市客运出租汽车的原则精神，主城区出租汽车客运管理部门对700辆出租汽车指标进行了公开拍卖。拍卖价格：奥拓车是27万元/辆，桑塔纳车是20.3万元/辆。

2000年9月5日，重庆市交通委员会下发《关于将原重庆市社会客运管理处成建制划入重庆市道路运输管理局的通知》，决定“截至2000年7月31日，原重庆市社会客运管理处的行政管理职能和人、财、物成建制地划入重庆市道路运输管理局。”重庆市道路运输管理局负责重庆市城乡道路旅客运输（含城市公共交通、出租汽车）、货物运输、搬运装卸、运输服务、车辆租赁、车辆维修、车辆检测及汽车驾驶学校和驾驶员培训等行业管理。其中，专设出租汽车管理处负责全市出租汽车客运的行业管理，负责出租汽车客运经营者资质审查，开、停、歇业审批，组织新增出租汽车指标投放工作，办理出租汽车更新改造和承办主城区出租客运管理及出租汽车站点的规划、设置管理工作。

从2003年到2004年上半年，主城区出租汽车有偿使用费制度实施了新的产权管理制度改革，以出租汽车经营权证款代替了出租汽车有偿使用费。

一方面，按照重庆市人民政府、重庆市交通委员会的要求，重庆市道路运输管理局对远郊区县（自治县、市）的出租汽车进行了全面清理，并报经重庆市人民政府确认后，实行了总量控制。对重庆市远郊区县（自治县、市）2003年以前经重庆市人民政府确认的出租汽车，其经营权有偿使用到期后，在不突破重庆市人民政府确认总量的前提下，由当地交通行政管理部门审查提出意见，经所在地人民政府审批后，由当地运管机构报重庆市道路运输管理局审核，继续实行出租汽车经营权的有偿使用和交纳有偿使用费。

另一方面，2003年11月20日，重庆市交通委员会向重庆市人民政府上报了《关于主城区出租汽车经营权产权管理制度改革实施工作方案的请示》。2003年11月27日，重庆市人民政府同意并批转重庆市交通委员会关于主城区出租汽车经营权产权管理制度改革实施工作方案。由此，开始实施主城区出租汽车经营权产权管理制度改革。其改革要点有如下几点：

1. 取消主城区现有出租汽车经营权有偿使用年费征收制度，实行出租汽车经营权证有偿投放、长期使用（25年）的经营权产权管理制度。经营权证持有人按照重庆市有关规定，享有出租汽车经营权占有、使用、收益和处分的权利。

2. 实行出租汽车经营权产权管理制度管理的出租汽车经营者，应按规定缴纳运管费和客运附加费等税费。

3. 主城区新增投放出租汽车经营权证（含主城区中巴车退出客运市场置换的出租汽车），全部纳入出租汽车经营权产权管理制度管理。

4. 主城区出租汽车经营者已取得的出租汽车经营权，在2004年12月31日前，按每个经营权指标，向重庆市人民政府缴纳5万元人民币，由重庆市财政局收取出租汽车经营权证款，取得重庆市人民政府颁发的“经营权证书”，由重庆市运管局核发后，转入出租汽车经营权产权管理制度管理；经营者在2005年将已取得的出租汽车经营权转入经营权产权制度管理的，每个经营权指标缴纳6万元出租汽车经营权证款。经营者应从转入的当月按规定交纳运管费和客运附加费等税费。

2004 年 1 月 6 日，重庆市人民政府渝府发〔2004〕2 号文件下发《重庆市人民政府关于印发出租汽车经营权证管理暂行办法的通知》。《出租汽车经营权证管理暂行办法》共 6 章 51 条，即总则、一般管理、经营权证出让和转让、质押、法律责任、附则。《出租汽车经营权证管理暂行办法》对主城区出租汽车经营权管理作了明确的规定。主城区外出租汽车经营权的管理，由当地政府参照此办法执行。

六、出租汽车有关管理费

1986 年，重庆市人民政府重府发〔1986〕163 号文件颁布了《重庆市出租汽车管理暂行规定》，并于 1986 年 8 月 1 日起施行。重庆市出租汽车管理暂行规定内容之一是出租汽车经营者必须照章纳税，并按营业额的 0.5% ~1% 的不同情况向管理处缴纳客运交通管理费。1999 年，国务院宣布取消客运交通管理费、出租汽车站场管理费、出租车经营权证转让质量质押登记费。

2005 年 3 月 17 日，重庆市人民政府渝府发〔2005〕27 号文件下发了《关于进一步清理整顿出租汽车客运市场的实施意见》。对出租汽车的科学投放、规范出租汽车经营行为、减轻出租汽车经营者及从业人员负担、规范收费行为等作了明确的规定。实施意见明确规定，严禁向出租汽车企业和驾驶员收取运输管理费、客运管理费等已经取消的费用，对主城区运营的出租汽车不得收取客运附加费。

第二节　征收类别标准

一、公路运输管理费

（一）重庆计划单列市时期（1986 ~1996 年）

1983 年 7 月 21 日，国家经济委员会、交通部经交〔1983〕594 号文件发布《关于改进公路运输管理的通知》，明确规定“运输管理费按运输营业额征收，最多不得超过 1%，专款专用，年终结余按规定上缴财政。”1986 年 9 月 10 日，交通部、财政部〔1986〕交公路字 633 号文件发布《关于公路运输管理费征收和使用规定》，共有 4 章 16 条，第四条明确规定：“运管费按经营者的营业收入计征，最高不超过百分之一”。

1983 年 11 月 5 日，四川省人民政府川府发〔1983〕193 号文件发布《四川省改进公路运输管理实施办法》，第十一条明确规定：“运输管理费按运输营业额征收，最多不得超过 1 %”。1986 年 1 月 23 日，四川省财政厅、四川省交通厅发布《四川省运输管理费征收、管理、使用办法（试行)》，其中规定：“运输管理费的费率，一律按运输、搬装营业额的 1% 征收。”第二条规定按营业额的 1% 按月征收运输管理费，实行定额包干交纳办法按定额征收运输管理费，按营业额的 1% 按次征收运输管理费。

1984 年 5 月 28 日，重庆市财政局、重庆市交通局联合发文贯彻执行四川省人民政府川府发〔1983〕193 号文件颁发的《四川省改进公路运输管理实施办法》，即《关于贯彻执行〈四川省运输管理费征收、管理、使用办法〉的通知》，从 1984 年 1 月 1 日起施行。其中，第一条规定：“凡为社会提供运力和劳务，发生各种方式运费、搬运装卸费结算的各种机动车、拖拉机和非机动车运输，以及从事港站、码头、仓库、工地、料场等搬运装卸作业的，均为营业运输。不分国营或集体，专业或非专业，行政事业单位或厂矿企业、部队、学校或联户、个人，都应按运输、搬运装卸营业额缴纳运输管理费。运输管理费的费率，一律按运输和搬运装卸营业额的百分之一征收。”

（二）重庆市直辖以后时期（1997 ~2005 年）

1997 年 12 月 15 日，国家计委、财政部计价费〔1997〕2500 号文件发布特急的《关于第一批降低 22 项收费标准的通知》。1997 年 12 月 26 日，重庆市物价局、重庆市财政局渝价〔1997〕296

号文件对两部委计价费〔1997〕2500号文的转发通知。其中，有9项管理费降低收费标准，第一项就是公路运输管理费，从最高不超过营运（营业）收入的1%，降低到最高不超过营运（营业）收入的0.8%。

2000年6月26日，重庆市物价局、重庆市财政局发布《关于我市交通部门行政事业性收费标准的通知》。其中，对公路运输管理费规定"按营运（营业）收入的0.8%收取"，并规定重庆市定额征收标准，即一类地区征收标准和二类地区征收标准，原万州地区、黔江地区、涪陵地区为一类地区，其余为二类地区。

2005年，重庆市物价局发出《关于统一我市二类地区及一类地区部分公路运输管理费定额征收标准的通知》，运管费征收标准在重庆市范围内得到统一。2006年3月，重庆市道路运输管理局向各区县（自治县、市）发出《大客户公路运输管理费征收办法（试行）的通知》，即纳入大客户的运输企业根据征费吨位数享受75%~89%包缴优惠比例。

表12-20　　**2005年重庆市二类地区运管费定额征收标准表**

车型	计算单位	征收标准（元）	说明
客车（不分车型）	每月每车	150	30座以上
客车（不分车型）	每月每车	125	15座以上30座（含）以下
客车（不分车型）	每月每车	95	5座以上15座（含）以下
客车（不分车型）	每月每车	90	5座（含）以下
货车	每月每车	25	3吨（含）以上
货车	每月每车	60	2吨（含）以上3吨以下
货车	每月每车	50	1吨（含）以上2吨以下
货车	每月每车	40	1吨以下

资料来源：重庆市物价局、重庆市财政局文件

表12-21　　**2005年重庆市一类地区运管费定额征收标准表**

车型	计算单位	征收标准（元）	说明
客车（不分车型）	每月每车	150	30座以上
客车（不分车型）	每月每车	125	15座以上30座（含）以下
客车（不分车型）	每月每车	95	5座以上15座（含）以下
客车（不分车型）	每月每车	90	5座（含）以下
货车	每月每车	25	3吨（含）以上
货车	每月每车	60	2吨（含）以上3吨以下
货车	每月每车	50	1吨（含）以上2吨以下
货车	每月每车	40	1吨以下

资料来源：重庆市物价局、重庆市财政局文件

二、公路客运附加费

1988~1995年，公路客运附加费是用于公路改造、客运站点及客运设施建设的专项资金，属省市级财政资金。征收标准为按照每人公里2分收取，为便于收取，按照21座以上每月每座不低于52元，21座以上每月每座不低于65元。后于1995年交由重庆市征稽局征收。

三、客运线路调节费

1994~2000年，客运线路调节费是对行驶与成渝高速重庆段的运营客车收取的有偿使用费，属于预算资金，纳入专户管理。征收标准分为月票和次票，月票由市运管处征收，次票由运管处委托高管处负责征收。客运线路调节费按照运营车辆座位数和行驶运程分档次收取。

四、汽车维修管理费

1986年12月22日，重庆市交通局、重庆市财政局发布《重庆市汽车维修行业工本代办费征收、管理、使用暂行办法》，第一条规定："汽车维修企业工本代办费（以下简称'本费'），是根据市政府规定，向经营汽车维修的企业和个人征收用于汽车维修行业管理的综合性工本代办费"。第三条规定："本费的计收标准，按经营汽车维修营业收入总额的千分之五计收，按月征收即月末5日内一次缴清，不得拖欠"。第四条规定："本费由各区县汽车维修行业管理办公室统一收取，并在收取总额中提取百分之三十上交市汽车维修行业管理办公室。"

五、运管证牌工本费

1994~2000年，对补办、变更、重制运管证牌收取工本费。2000年5月，重庆市人民政府贯彻国家有关"减负"决定，对运管证牌卡的收费予以取消。对此，重庆市交通局以《关于建议保留客运线证牌，维修专用牌工本费的请示》向重庆市人民政府要求保留收取证牌工本费或按原审批项目和标准转为经营性收费。重庆市人民政府副秘书长征求重庆市财政局和重庆市物价局意见后批示："请市财政局、市物价局在未实行燃油税之前，暂维持现状"。因此，重庆市道路运输管理部门在行使行业管理职能，发放有关证牌中，维持现状，至2005年年底，收取了运管证牌工本费。

表12-22 **1994~2005年重庆市补办变更重制运管证牌收取工本费标准表**

项目	金额
客运线路标志牌	铝质95元块（纸质20元/块）
经营许可证	5元
道路运输证	15元/本
客运车辆进站证	5元/张
线路牌附卡	5元/张
服务监督卡	15元/个
乘务员证	10元/个
年审签	5元/张
出租车价签	10元/套

表12-23 **2005年重庆市道路运输证牌工本费标准表**

项目	金额
客运线路标志牌	铝质95元块（纸质10元/块）附卡10元
经营许可证	10元
车辆营运证（作废）	10元/本
车辆营运证（IC卡）	双芯30元、单芯20元
服务监督卡	10元/个
驾驶培训结业证书	10元/张
从业人员上岗资格证	10元/张

续前表

项目	金额
教练车标志牌	铝质95元块（纸质10元/块）
机动车维修合格证	5元/张
出租车价签	10元/套
汽车维修从业资格证	5元/张

六、出租汽车的收费

（一）出租汽车有偿使用费（即指标费）

为推进出租行业资源市场化发展步伐，弥补行业管理部门经费缺口，1992年9月，重庆市人民政府第113次常务会议（会议纪要第十七期）决定：重庆市对出租汽车发展实行总量控制，发展指标一年一定。经营权实行有偿使用，当年新增出租汽车400辆，限于国营和集体企业发展。新增出租汽车指标实行拍卖，每辆出租汽车指标起价4万元。以后，向新发展的出租车按照使用年限长短收取出租汽车有偿使用费，其标准由重庆市人民政府发包时根据市场行情决定。1997年12月，根据重庆市人民政府1997年第9次常务会议关于新增发展1997年度城市客运出租汽车的原则精神，主城区出租汽车客运管理部门对700辆出租汽车指标进行了公开拍卖。拍卖价格：奥拓车27万元/辆，桑塔纳车20.3万元/辆。

（二）出租汽车经营权权证款

由于出租汽车市场发展需要，从2003年年末到2004年上半年，主城区出租汽车有偿使用费制度实施新的产权管理制度改革，2004年，出租汽车有偿使用费由出租汽车经营权证款所取代。

出租汽车经营权证款的征收对象为渝中区、沙坪坝区、九龙区、南岸区、江北区、大渡口区、北碚区、巴南区、经开区、高新区出租汽车，2004年12月31日前办理手续的车辆征收标准为50000元/车（25年）。2005年办理手续的车辆征收标准为60000元/车（25年）。其中主城区十区出租汽车经营者已取得出租汽车经营权的，在2004年12月31日前，按每个经营权指标，向重庆市人民政府交纳5万元人民币的出租汽车经营权证款，由重庆市财政局收取，取得重庆市人民政府颁发的“经营权证书”，由重庆市运管局核发后，转入出租汽车经营权产权管理制度管理。经营者在2005年将已取得的出租汽车经营权转入经营权产权制度管理的，每个经营权指标交纳6万元出租汽车经营权证款。经营者应从转入的当月按规定交纳运管费和客运附加费等税费。

（三）出租车经营权证转让质押登记费

按照重庆市财政局、重庆市物价局规定，从2005年3月1日起，对出租车经营权证转让质押收取登记费，即出租车经营权证转让登记费按转让总金额1%，双方各付一半，出租车经营权证质押登记费每次200元。

（四）出租汽车客运交通管理费、出租汽车站场管理费

按照重庆市人民政府1986年163号文件精神，经重庆市物价局批准，由社客处向出租车经营主收取出租汽车客运交通管理费、出租汽车站场管理费。其标准为出租汽车客运交通管理费按营业额0.5%～1%收取，出租汽车站场管理按大、中、小车型分别征收18元、9元、6元。1998年，经重庆市人民政府第十九次常务会决定取消该项收费。

第三节　规费征收实绩

一、重庆计划单列市时期（1986～1996年）

在这一时期，随着重庆市车辆生产量增长以及投入公路运输运力量的增长，重庆市的公路运输管理费收入的年征收总额是逐年递增的趋势。1989年，重庆市公路运输管理费年收入突破1000万元大关，完成1156万元，比1988年上升36.2%，这是公路运输管理费收入逐年增长的第一个转折点。

从1990～1996年，公路运输管理费收入逐年上升，1993年完成2453.8万元，同比上年上升35.3%，突破年收入水平的2000万元大关。这是公路运输管理费收入逐年增长的又一个转折点。1995年，完成3901.4万元，同比上年上升34%，突破年收入水平的3000万元大关，是重庆计划单列市阶段公路运输管理费收入征收水平的最高年度。

二、重庆直辖市时期（1997～2005年）

在这一时期，由于公路运输运力更新投入量的持续增长，公路运输管理费收入年征收额总的是增长的，征收水平虽然增长幅度先是呈逐年下降趋势，后仍旧是继续平稳增长的趋势。1997年，由于加入万县市、涪陵市和黔江地区的征收额，完成6770万元，同比上年上升9.2%。1998年，完成6829万元，同比上年上升0.87%。1999年，完成6337万元，同比上年下降7.2%。2000年征收水平回升，完成7551万元，突破7000万元大关，同比上升19.16%。2001年突破9000万元大关，至2002年，完成10279.25万元，突破1亿元大关，至2005年，完成13926.11万元，同比上年上升7.9%。

表12-24　　1988～2005年重庆市公路运输管理费收入情况表

年度	实际收入（万元）
1988	849.1
1989	1156.2
1990	1291.2
1991	1446
1992	1813.1
1993	2453.75
1994	2910.6
1995	3901.4
1996	6200
1997	6770
1998	6829
1999	6337
2000	7551.03
2001	9506.39
2002	10279.25
2003	11476.47
2004	12907.71
2005	13926.11

第五章　水路运输规费

水路运输规费是重庆市交通部门的行政事业性收费，共有9个收费项目：内河航道养护费、水路运输管理费、船舶港务费、港口停泊费、货物港口费、船舶检验费、水运客货附加费、港务监督管理费、港口建设费。水路运输规费一直是由重庆市港航管理部门负责征收管理，是按国家和省（市）制定的征收法规、政策和标准缴纳和征收的。到2008年年底，内河航道养护费、水路运输管理费及其附属明细规费不再征收，其他有关港口收费等规费仍旧作为预算外资金管理，水路运输规费对维护道路运输行业管理，曾经起到了并继续发挥其应有的历史作用。

第一节　征管人员与资产

1984年，重庆市航运管理处成立，与重庆市港航监督处、重庆市船舶检验处实行“一套班子，三块牌子”合署办公的管理体制。共有人员41人，办公楼一栋1016平方米，位于渝中区五一路182号。1992年，重庆市航运管理处搬迁新办公楼位于渝中区华一路17号。1997年重庆直辖，重庆市航运管理处人员增至91人，办公地点仍位于渝中区华一路17号，共有小车3辆。1984～2000年，重庆市航运管理处均未设置专门的水路运输规费征收机构，无专门的规费征收办公室和车艇等装备，只是在计划财务处设立专职2～3个规费征收人员岗位，负责本辖区水路运输规费征收工作，规费征收及检查临时调用本单位的公用车艇。

交通部重庆港口管理局码头管理处。人员40人，办公地点位于渝中区信义街2号，办公楼一栋1227平方米，另外在朝天门、储奇门、菜园坝、大溪沟、化龙桥、汉渝路、磁器口、九渡口、李家沱、茄子溪、觐阳门、石门、海棠溪、弹子石、黄桷、北碚、长寿码头管理站有临江办公站房。1986年，“交通部重庆港口管理局码头管理处”更名为“重庆市码头管理处”，人员增至89人，处机关在原有办公楼基础旁，新增办公楼一栋1240平方米，小车2辆。重庆市码头管理处征收的规费主要是码头堆存费。

1997年6月，在重庆直辖后体制转换之际，根据党中央、国务院关于万县、涪陵、黔江三地（市）交重庆市代管指示精神，重庆市航运管理处受重庆市交通局委托，管理万县、涪陵、黔江航运处及其水路规费征收，仍由计划财务处负责，并无专门征管人员和资产。

2000年8月，重庆市将原重庆市航运管理处、港航监督处、船舶检验处和港口局的港政处、重庆市码头管理处合并，组建重庆市港航管理局，局机关人员113人，办公地点设在渝中区华一路17号，小车7辆。开始使用微机征收水运交通规费。重庆市港航管理局成立时，内设机构设9个职能处室，即办公室、政策法规处、计划财务处、运输管理处、航道管理处、港口管理处、港航监督处、船舶检验处、科技处。2002年，重庆市港航管理局机构规格由正处级升格为副局级后，增加到14个职能部门，即组织人事处、办公室、政策法规处、计划财务处、运输管理处、航道管理处、港口管理处、海事处、船舶检验处、船舶技术管理处、科技信息处、水上交通管理监控中心、政务处、重庆市水路客运市场管理处。其中，有3个部门涉及征收管理，一是计划财务处，除负责编制各项财务预算管理外，还负责贯彻执行国家交通行政收费政策和规定，负责水路规费的稽征和指导、监督行业规费征收工作。执行国家规费收入“收支两条线”的规定，负责规费解缴和划拨预算经费。二是港口管理处，除负责对港口岸线使用申请的审查等港口管理外、还负责对港口企业经营性收费项目和收费价格，按有关法规的规定实施监督和检查。三是政务处，除负责政务公开和政务公开信息的发布等政务事项工作外，还办理有关规费、办证费、工本费收缴业务。重庆市港航管理局下属直属单位有重庆市港航管理局直属处、嘉陵江航道段、船闸管理所、合川航道段、涪陵乌江航道段。其中，担负水路规费征收管理的主要是财务部门。

2004年，重庆市港航管理局搬迁新办公大楼，位于江北区红石路2号，共5940平方米。小车13辆，执法监督艇1艘，管理人员人均配备1台微机，实行政务大厅“一站式”办公，统一、公开、规范化服务，采用微机信息系统管理水路规费征收。

表12-25　　**1997~2005年重庆市港航管理局各征管单位装备配备情况表**

单位	车辆数（辆）	艇数（艘）	微机数（台）
市港航局机关	11	—	110
港航局直属处	2	1	6
北碚航管所	2	—	9
巴南航管所	2	—	3
合川航管所	3	3	21
江津航管所	2	1	4
永川航管所	2	—	4
长寿航管所	3	1	7
铜梁航管所	1	1	10
渝北航管所	3	—	4
綦江航管所	2	1	11
潼南航管所	1	1	6
荣昌航管所	1	—	3
北部新区港航所	3	1	5
黔江港航所	1	1	4
彭水航务所	2	1	2
石柱航务所	1	—	3
酉阳航务所	1	—	1
秀山航务所	1	—	2
涪陵港航局（含两所）	5	1	15
武隆航务所	2	2	3
丰都航务所	2	1	10
万州港航局（含一所）	5	1	18
巫山县航务所	2	2	4
奉节县航务所	2	2	8

续前表

单位	车辆数（辆）	艇数（艘）	微机数（台）
云阳航务所	2	1	6
忠县航务所	1	1	7
巫溪县航务所	1	1	2
开县航务所	2	—	3
合计	68	24	291

第二节 征收法律法规

一、内河航道养护费

1950年1月，长江航务局重庆分局成立，管理长江重庆段航道。1950年11月，西南军政委员会交通部内河航务管理局成立，管理除长江外的其余流域航道，管理职能之一就是征收养河费，即由川东、川南、川西、川北四行署和云南、贵州、西康三省各航管站征收养河费上缴内河航务管理局统一安排使用。1964年8月6日，交通部、财政部交水航〔1964〕肖字第74号文件发布了《内河航道养护费征收和使用试行办法》。其中，详细规定了应征船舶、征收费率、征收机构与使用范围等事项。

1987年2月24日，经国务院国函〔1987〕24号文批准，交通部、财政部公布了《长江干线航道养护费征收办法》，随后，公布了《长江干线航道养护费征收办法实施细则》。1987年8月22日，国务院国发〔1987〕78号文件发布了《中华人民共和国航道管理条例》，明确规定："船舶、排筏应当按照国家规定缴纳内河航道养护费"。1989年8月3日，交通部令第5号发布了《船闸管理办法》，其中，第六章"过闸费征收和使用"第三十一条明确规定："船舶、排筏应当按照国家规定缴纳过闸费。"

1992年8月4日，交通部、财政部、国家物价局交工〔1992〕672号文件发布了《内河航道养护费征收和使用办法》。其中，明确规定："营业性运输船舶，按其运费收入的8%计征航养费"，自1992年9月1日起施行。1993年7月22日，交通部交工发〔1993〕749号文件颁布了新修订的《长江干线航道养护费征收办法实施细则》。

（一）四川省政策法规

1952年12月，四川省内河航运管理局在重庆成立，征收养河费是其主要任务之一，采用统收统支、上缴下拨体制，即所属各个航运管理站具体征收养河费，全部上缴四川省交通厅内河航运管理局，所需经费由四川省交通厅内河航运管理局核拨。

1953年4月1日，在重庆市市中区五一路，重庆内河航运管理站成立。重庆内河航运管理站所收养河费，全额上交四川省交通厅内河航运管理局。1954年，四川省人民政府颁布了《内河养河费征收办法》，营业性船舶按营业额3.5%征收，非营业性厂矿船舶按每吨公里1厘征收。1957年，四川省内河航运管理局迁往成都，所属13个中心航管站中，包括重庆中心航管站、合川中心航管站、江津中心航管站、万县中心航管站和涪陵中心航管站，征收养河费的体制仍旧保持不变，统收统支、上缴下拨。

1966年4月1日，四川省人民委员会〔1966〕川经字0193号文件发布了《四川省内河养河费征收办法》。其中，详细规定了征免船舶，确定了四川省征收费率为营业收入的6%。自1949年底解放至1983年，重庆市的内河养河费征收一直依照国务院、交通部、四川省关于内河航道养护费征收规定贯彻执行。

1985年1月9日，四川省人民政府办公厅发布了《关于调整养河费标准的通知》，将征收费率提高为营业收入的8%，从1985年1月1日起执行。但考虑到重庆市水运企业经营多数处于亏损境地而濒于破产，重庆市仍旧执行营业收入的6%的征收费率。

1992年4月10日，四川省物价局、四川省交通厅、四川省财政局发布了《四川省水路交通行政事业性收费管理规定》，其中，第二个附件就是《四川省航道养护费征收管理办法》，确定了"从事营业性运输的船舶，按运输收入的6%计征航养费"，并对难以准确核定运输收入的单位和个人，确定了计征标准。

（二）重庆市政策法规

1986～1997年，在重庆市计划单列时期，重庆市的内河养河费征收仍旧依照中央交通部、四川省关于内河航道养护费征收规定贯彻执行。国务院颁布的《中华人民共和国航道管理条例》，交通部、财政部、国家物价局和四川省交通厅关于内河航道养护费征收规定，依旧是重庆市的内河养河费征收的基本法律法规依据。

1998年10月26日，重庆市人民政府令第39号发布了《关于进一步规范政务管理改善投资环境的决定》，要求重庆市财政、物价部门清理行政事业性收费项目并建立行政事业性收费项目公示制度，结合对行政事业性收费的清理和年度审验，制作全市统一的行政事业性收费目录。2000年6月26日，根据清理结果，报经重庆市人民政府第四十六、五十六次常务会议批准，重庆市物价局、重庆市财政局公布了重庆市交通部门行政事业性收费标准。其中，共有6项涉及港航船舶水运的行政事业性收费，第十一项即为《重庆市航道养护费征收和使用管理办法实施细则》。这个管理细则的基本法律法规依据仍旧是交通部、财政部、国家物价局交工〔1992〕672号文件和交工发〔1993〕749号文件发布的《内河航道养护费征收和使用办法》和《长江干线航道养护费征收办法实施细则》，征收标准维持运费收入的6%。

2000年10月13日，重庆市物价局、重庆市财政局发布了《关于我市交通部门行政事业性收费标准的补充通知》，将原下达给重庆市港口局、重庆市交通局行政事业性收费项目，全部划转为重庆市交通委员会行政事业性收费项目，并对重庆市交通部门行政事业性收费标准做了补充规定，对《重庆市航道养护费征收和使用管理办法实施细则》做了修改，鉴于内河航道养护费已经采取包缴协议的方式，取消了"按运费收入的6%征收"的条款，从2000年7月1日起执行。

2005年5月18日，重庆市物价局、重庆市财政局渝价〔2005〕266号文件发布了《关于我市交通部门行政事业性收费标准修改意见的补充通知》，对《重庆市航道养护费征收和使用管理办法实施细则》的第八条修改为"能准确核定运费收入的单位和个人按6%计征航养费，对难以准确反映运费收入的单位和个人"，另有执行的计征标准。这一补充通知从2005年3月1日起执行。

二、水路运输管理费

1987年5月12日，国务院国发〔1987〕78号文件发布了《中华人民共和国水路运输管理条例》。1987年12月3日，中华人民共和国国务院令第237号发布了《国务院关于修改〈中华人民共和国内河水路运输管理条例〉决定》。第二十四条规定："水路运输企业和其他从事营业性运输的单位、个人必须按照国家规定缴纳税金、规费（港务费、船舶停泊费、航道养护费）和运输管理费。规费和运输管理费的计征办法由交通部会同国务院有关主管部门制定。"内河水路运输管理条例自1987年10月1日起施行。1987年9月22日，交通部〔1987〕交河字680文件发布了《水路运输管理条例实施细则》。

1990年3月5日，交通部、财政部交运字〔1990〕第136号文件联合发布了《水路运输管理费征收和使用办法》。其中，详细规定了征管机构、应征范围、征收费率与使用范围等事项，其中，明确规定水路运输管理费按水路运输（服务）企业、单位和个人的营运（营业）收入计征，最高不超过营运（营业）收入的2%。低于2%的，如需提高，须经省级物价、财政部门批准。对难以确切反映营运收入的运输企业、单位和个人，其运管费按船舶定额载重吨（客位或千瓦）计征。从1990年4月1日起施行。

（一）四川省政策法规

1992年4月10日，四川省物价局、四川省交通厅、四川省财政局发布了《四川省水路交通行政事业性收费管理规定》，其中，第三个附件是《四川省水路运输管理费征收实施办法》。明确规定，水路运输管理费按水路运输企业、单位和个人的营运（营业）收入3%计征，港埠企业、单位和个人按1%计征，难以核定营运收入的运输企业、单位和个人，其运管费按船舶定额载重吨（客位或千瓦）计征或者定额缴纳。

（二）重庆市政策法规

在重庆市计划单列时期，重庆市的水路运输管理费征收仍旧依照中央交通部、四川省关于水路运输管理费征收规定贯彻执行。

1998年10月26日，重庆市人民政府令第39号发布了《关于进一步规范政务管理改善投资环境的决定》，要求重庆市财政、物价部门清理行政事业性收费项目并建立行政事业性收费项目公示制度，结合对行政事业性收费的清理和年度审验，制作全市统一的行政事业性收费目录。2000年6月26日，根据清理结果，报经重庆市人民政府第四十六、五十六次常务会议批准，重庆市物价局、重庆市财政局公布了重庆市交通部门行政事业性收费标准。其中，共有6项涉及港航船舶水运的行政事业性收费，第七个附件是《重庆市水路运输管理费征收和使用管理办法实施细则》，征收标准共有10条，从2000年7月1日起执行。

2003年11月29日，《重庆市水路运输管理条例》经重庆市第二届人民代表大会常务委员会第六次会议通过。2003年12月1日，重庆市人民代表大会常务委员会第19号公告公布，其中，第十六条明确规定："水路运输及水路运输服务经营者应当按照国家规定缴纳规费"，自2004年3月1日起施行。

2005年5月18日，重庆市物价局、重庆市财政局渝价〔2005〕266号文件发布了《关于我市交通部门行政事业性收费标准修改意见的补充通知》，对《重庆市水路运输管理费征收和使用管理办法实施细则》的第七条征收标准后增加一段"能准确核定营运收入的单位和个人按1.6%计征水路运输管理费，对难以准确反映营运收入的单位和个人"，另有执行的计征标准。这一补充通知从2005年3月1日起执行。

三、船舶港务费

1986年12月16日，国务院国发〔1986〕109号文件发布了《中华人民共和国内河交通安全管理条例》，其中，第八条明确规定："船舶应当按国家规定，向主管机关缴纳船舶港务费。"

1990年3月2日，交通部、国家物价局〔1990〕交运字122号文件发布了《长江港口费收规则》，其中，明确规定了10余种港口收费项目，船舶港务费是征收费种之一。第六条规定："船舶每进港或出港一次，分别计征进口或出口船舶港务费每净吨（拖轮按马力）0.35元"。《长江港口费收规则》从1990年3月15日零时起执行。1992年，交通部交运发967号文件又公布了《港口费收规则》，其中，第十一条规定："船舶每进港或出港一次，分别计征进口或出口船舶港务费每净吨（拖轮按马力）0.55元"。从1992年12月15日起施行。

（一）四川省政策法规

根据《中华人民共和国内河交通安全管理条例》第八条规定，1989年2月17日，四川省交通厅、四川省财政厅、四川省物价局联合发布了《四川省船舶港务费征收管理办法》。

1992年4月10日，四川省物价局、四川省交通厅、四川省财政局川价字非〔1992〕40号文件发布了《四川省水路交通行政事业性收费管理规定》，其中，第四个附件是《四川省船舶港务费征收管理办法》，征收标准为按航次征收，每进口或出口一次每载重吨0.25元或者每千瓦0.35元。

（二）重庆市政策法规

1986～1997年，在重庆市计划单列时期，重庆市的船舶港务费征收仍旧依照中央交通部、四川省关于船舶港务费征收规定贯彻执行。

1989年5月15日，在船舶港务费开征之际，经重庆市经委等一委四局共同研究制定，并请示重庆市人民政府同意，重庆市经委、重庆市交通局、重庆市港口管理局、重庆市财政局、重庆市物价局共同发布《关于重庆市船舶港务征收和使用管理办法的通知》。通知规定了船舶港务征收标准、征收方式、减免情况及其资金管理。

1992年1月3日，重庆市物价局、重庆市财政局印发了《重庆市港口管理部门行政事业性收费规定》，根据国家、四川省、重庆市有关港口收费规定，制定了重庆市港口管理收费办法。其中，有8种港口收费，第一项就是船舶港务费。1993年6月15日，重庆市物价局、重庆市财政局又印发了《关于调整部分港口管理收费标准的通知》，其中，调整了船舶港务费标准。

1997年重庆市直辖以后，《重庆市水上交通安全管理条例》经重庆市第一届人民代表大会常务委员会第八次会议通过，1998年3月28日，重庆市人民代表大会常务委员会第62号公告公布。其中，第七条（七）款明确规定船舶、设施所有人和经营人应履行义务之一是“缴纳国家规定的税费”，这一条例自1998年7月1日起执行。

1998年10月26日，重庆市人民政府令第39号发布了《关于进一步规范政务管理改善投资环境的决定》，要求重庆市财政、物价部门清理行政事业性收费项目并建立行政事业性收费项目公示制度，结合对行政事业性收费的清理和年度审验，制作全市统一的行政事业性收费目录。2000年6月26日，根据清理结果，报经重庆市人民政府第四十六、五十六次常务会议批准，重庆市物价局、重庆市财政局公布了重庆市交通部门行政事业性收费标准。其中，共有6项涉及港航船舶水运的行政事业性收费，第六个附件是《重庆市船舶港务费征收管理办法》，收费规定共有9条，从2000年7月1日起执行。

2001年5月25日，重庆市第一届人民代表大会常务委员会第三十二次会议作出对《重庆市水上交通安全管理条例》修正的决定，并以重庆市人民代表大会常务委员会第157号公告发布。其中，船舶、设施所有人和经营人应履行义务之一是“缴纳国家规定的税费”并无改变。

四、港口停泊费与货物港务费

1990年3月2日，交通部、国家物价局〔1990〕交运字122号文件发布了《长江港口费收规则》，其中，明确规定了10余种港口收费项目，包括引航移泊费、船舶港务费、系解缆费、停泊费、开关舱费、船舶代理费、货物港务费、货物装卸费、驳船取送费、货物保管费等。《长江港口费收规则》从1990年3月15日零时起执行。1992年10月27日，交通部交运发967号文件又发出了《关于调整交通部直属及双重领导港口内贸港口费收标准的通知》，公布了《港口费收规则》（内贸部分），其中，仍旧包括引航移泊费、船舶港务费、系解缆费、停泊费等10余种港口收费项目，自1992年12月15日零时起施行。

2005年6月7日，交通部、国家发展改革委交水发〔2005〕234号文件发出了关于调整港口内贸收费规定和标准的通知，根据《中华人民共和国港口法》和《中华人民共和国价格法》，结合中国港口的实际情况，决定对港口内贸收费的规定和标准进行适当调整。要求制定中国统一的《中华人民共和国港口收费规则（内贸部分）》（以下简称《内贸费规》），统一中国沿海和长江水系、黑龙江干线主要港口的内贸收费规定，规范港口内贸收费项目。2005年7月14日，交通部部长张春贤签署了交通部令2005年第8号，发布了《中华人民共和国港口收费规则（内贸部分）》，自2005年8月1日零时起施行。

(一) 四川省政策法规

1992 年 4 月 10 日，四川省物价局、四川省交通厅、四川省财政局发布了《四川省水路交通行政事业性收费管理规定》，其中，第一个附件是《四川省港口费征收管理办法》，明确规定，船舶港务费、货物港务费、停泊费和场地堆放费统称为港口管理费。

(二) 重庆市政策法规

1992 年 1 月 3 日，重庆市物价局、重庆市财政局印发了《重庆市港口管理部门行政事业性收费规定》，根据国家、四川省、重庆市有关港口收费规定，发布了重庆市港口管理收费办法。其中，包括船舶港务费、物资堆存费、场地占用费、货物港务费、物资通过费、停泊费、地磅费、沙石采掘管理费 8 种港口收费。1993 年 6 月 15 日，重庆市物价局、重庆市财政局又印发了《关于调整部分港口管理收费标准的通知》，其中，调整了船舶港务费、货物港务费、停泊费收费标准。

1998 年 10 月 26 日，重庆市人民政府令第 39 号发布了《关于进一步规范政务管理改善投资环境的决定》，要求重庆市财政、物价部门清理行政事业性收费项目并建立行政事业性收费项目公示制度，结合对行政事业性收费的清理和年度审验，制作全市统一的行政事业性收费目录。2000 年 6 月 26 日，根据清理结果，报经重庆市人民政府第四十六、五十六次常务会议批准，重庆市物价局、重庆市财政局渝价〔2000〕386 号文件公布了重庆市交通部门行政事业性收费标准。其中，共有 6 项涉及港航船舶水运的行政事业性收费，第三个附件是《重庆市港口费征收管理办法》，明确规定："凡在我市港口停泊的船舶、竹木排筏等均应按规定缴纳停泊费，统称港口管理费。"

2000 年 6 月 30 日，重庆市人民政府令第 88 号发布了《重庆市港口管理办法》，第四条明确规定各级港口管理机构负责"按国家规定征收有关港口费"，《重庆市港口管理办法》自 2000 年 7 月 1 日起施行。2000 年 10 月 13 日，重庆市物价局、重庆市财政局发布了《关于我市交通部门行政事业性收费标准的补充通知》，将原下达给重庆市港口局、重庆市交通局行政事业性收费项目，全部划转为重庆市交通委员会行政事业性收费项目，并增加《重庆市港口费征收管理办法》的收费项目，即其第二条改为"凡在我市港口停泊的船舶、竹木排筏等均应按规定缴纳船舶港务费、货物港务费、停泊费，场地堆放费和场地占用费，统称港口费。"

五、船舶检验费

1963 年 10 月 7 日，国务院〔1963〕国经字 671 号文件批准了中华人民共和国船舶检验局章程，在明确规定了主管部门、主要职权等管理制度后，第九条明确规定："船舶检验局执行船舶检验工作，按照交通部批准的船舶检验费规定收取检验费。"

1980 年，中华人民共和国船舶检验局〔1980〕船检字第 380 号文件发布了《船用产品检验计费规定》，规定了国家船舶检验局的验船师对船用产品检验后计费的计算公式及其详细的检验费基数。1982 年，中华人民共和国船舶检验局〔1982〕船检字第 452 号文件发布了《全国地方船舶检验计费规定》，规定了国内地方所属沿海及内河船舶的检验收费。1982 年 5 月 4 日，中华人民共和国船舶检验局〔1982〕交船检字 166 号文件发布了《船舶和船用产品监督检验条例》。

1993 年，国家物价局〔1993〕价费字 119 号文件发布《关于调整船舶和船用产品检验收费标准的通知》，明确规定："本规定适用于我国验船机构对船舶检验的收费"。1993 年 2 月 14 日，国务院令第 109 号发布了《中华人民共和国船舶和海上设施检验条例》，这是船舶检验行业管理的最高法规。

1997 年 12 月，国家发展计划委员会、财政部计价费〔1997〕2500 号文件发出《关于第一批降低 22 项收费标准的通知》规定，交通部门的船舶检验收费标准，在原国家物价局〔1993〕价费字 119 号文件《关于调整船舶和船用产品检验收费标准的通知》规定的收费标准的基础上降低 10%。1998 年 5 月 8 日，国家发展计划委员会计价费〔1998〕800 号文件发布《关于发布船舶和船用产品检验收费标准的通知》，对 1993 年的《船舶检验计费规定》和《船用产品检验计费规定》

进行修订，自1998年6月1日起执行新的《船舶检验计费标准》和《船用产品检验计费标准》。

（一）四川省政策法规

1992年4月10日，四川省物价局、四川省交通厅、四川省财政局发布了《四川省水路交通行政事业性收费管理规定》，其中，第五个附件是《四川省船舶检验和船舶、船员管理收费办法》，具体规定了一系列船舶检验和船舶、船员管理收费管理及其标准。

（二）重庆市政策法规

1986～2005年，原国家船舶检验局和四川省交通厅的收费管理规定，是重庆市在计划单列时期、中央直辖时期有关船舶检验费征收的基本法规依据。重庆市的船舶检验费征收仍旧依照中央交通部、四川省关于船舶检验费征收规定贯彻执行。

1998年10月26日，重庆市人民政府令第39号发布了《关于进一步规范政务管理改善投资环境的决定》，要求重庆市财政、物价部门清理行政事业性收费项目并建立行政事业性收费项目公示制度，结合对行政事业性收费的清理和年度审验，制作全市统一的行政事业性收费目录。2000年6月26日，根据清理结果，报经重庆市人民政府第四十六、五十六次常务会议批准，重庆市物价局、重庆市财政局公布了重庆市交通部门行政事业性收费标准。其中，共有6项涉及港航船舶水运的行政事业性收费，第二个附件是《船舶及船用产品检验收费标准》，整个收费规定共有7条，从2000年7月1日起执行。

根据1993年国务院令第109号发布的船检条例，随着新一轮行政管理体制改革，1998年交通水监体制改革实施，中华人民共和国海事局组建成立。2000年11月9日，交通部交海发〔2000〕586号文件发布了《船舶检验工作管理暂行办法》，共有10章42条，第一章总则第三条明确规定“中华人民共和国海事局是依照本办法实施各项船舶检验管理工作的主管机关”，第八章检验管理第三十五条明确规定“船舶检验机构实施法定检验，按规定的标准收取费用”。这是重庆市直辖以后有关船舶检验费征收的新的法规依据。

六、水运客货附加费

1993年4月30日，交通部、国家计委、财政部、国家物价局交财发〔1993〕456号文件发布了《关于扩大港口建设费征收范围、提高征收标准及开征水运客货运附加费的通知》，经国务院批准，从1993年7月1日起，扩大港口建设费征收范围，提高其征收标准，开征水运客货运附加费。1993年5月25日，交通部、财政部交财发〔1993〕541号文件发布了《港口建设费征收办法实施细则》及《水运客货运附加费征收办法》。

（一）四川省政策法规

1993年8月10日，四川省计委、四川省财政厅、四川省物价局、四川省交通厅联合下发了《开征水运基础设施建设附加费及船舶购置附加费的通知》，决定对水运货物按每吨公里征收1分附加费，水运旅客按平均票面价格10%征收附加费，对购置船舶按造价或购置价5%计征附加费，从发布之日起执行。

（二）重庆市政策法规

1986～2001年，重庆市人民政府鉴于水运企业经营困难，一直没有正式出台水运客货运附加费征收规定，也没有开征水运基础设施建设附加费及船舶购置附加费。1993年，因原行政区划直接隶属于四川省，万县地区、涪陵地区、黔江地区开征了水运基础设施建设附加费。

2001年4月4日，经重庆市人民政府批准，重庆市财政局、重庆市物价局、重庆市交通委员会共同发布了《重庆市水运客货运附加费征收使用管理办法》，根据交通部、国家计委、财政部、国家物价局交财发〔1993〕456号文件《关于扩大港口建设费征收范围、提高征收标准及开征水运客货运附加费的通知》规定，经重庆市人民政府同意，决定在重庆市境内继续征收重庆市水运客货运附加费（以下简称“水运附加费”），作为重庆市水路基础设施建设和改造的专用基金。重庆市财政局、重庆市物价局、重庆市交通委员会的通知明确指出："'水运客货运附加费'即我市原万州、涪陵、黔江地区按规定征收的'水运基础设施建设附加费'"。管理办法规定："万州区、涪陵区、黔江区、忠县、云阳县、奉节县、巫溪县、巫山县、开县、丰都县、垫江县、武隆县、彭水县、石柱县、秀山县、酉阳县等区县（自治县）征收'水运客货运附加费'后，不得再征收'水运基础设施建设附加费'；其他区县（自治县、市）不得征收'水运客货运附加费'"。

2002年7月1日，重庆市交通委员会曾给重庆市人民政府上报请示，要求在重庆市全面开征水运客货运附加费，重庆市人民政府有关领导也批示同意。但由于种种主客观原因，至2005年年底，没有在重庆市全面开征水运客货运附加费。

七、港口建设费

港口建设费是与原车辆购置附加费性质一样，为交通部统一征管、统一安排的中央交通规费，没有四川省政策法规和重庆市政策法规。

1985年10月22日，国务院国发〔1985〕124号文件发布了《港口建设费征收办法》。1985年10月28日，交通部〔1985〕交财字1914号文件公布了《港口建设费征收办法施行细则》。1985年11月28日，交通部〔1985〕交财字2075号文件又发出了《关于明确和解释〈港口建设费征收办法施行细则〉中有关问题的通知》。在1985年发布的《港口建设费征收办法》中，所列26个应征港口建设费的港口，并没有重庆港。

1993年4月30日，交通部、国家计委、财政部、国家物价局交财发〔1993〕456号文件发布了《关于扩大港口建设费征收范围、提高征收标准及开征水运客货运附加费的通知》。经国务院批准，从1993年7月1日起，扩大港口建设费征收范围与提高其征收标准，"港口建设费征收范围扩大到全部对外开放口岸的港口，征收标准按平均每吞吐吨五元计征。"重庆港被列入港口建设费征收范围。

1993年5月25日，交通部、财政部交财发〔1993〕541号文件发布了《港口建设费征收办法实施细则》。按照港口建设费征收办法，"港口建设费的征收管理工作由交通部负责。第二条所列港口的港务管理局或装卸联合公司，为港口建设费的代征单位；代征单位指定的水上装卸单位以及与第二条所列港口实行联运的其他港口，为港口建设费的代收单位。"由此，重庆市港口管理局、后来改制的重庆港务（集团）有限公司、重组的重庆港务物流（集团）有限公司为交通部的港口建设费代征单位。

第三节　征收类别标准

一、内河航道养护费

2000年6月26日，重庆市物价局、重庆市财政局发出《关于我市交通部门行政事业性收费标准的通知》，其中，第八条规定："航道养护费按运费收入的6%计征"，2000年10月12日，重庆市物价局、重庆市财政局又发出《关于我市交通部门行政事业性收费标准的补充通知》，删去渝价〔2000〕386号文第八条中"航道养护费按运费收入的6%计征"一语，以客轮、货轮为征收对象，具体征收标准按以下规定执行。

（一）客轮（包括客货轮、旅游客轮）

客轮（包括客货轮、旅游客轮）按24元/千瓦·月计征，150客位以下或200千瓦以下，或50公里以内减半征收。支干、干支江河按0.9系数，支支江河按0.8系数确立征收标准。快速客轮即航速在35公里/小时以上船舶，按10元/千瓦·月计征。涉外旅游客轮按24元/千瓦·月计征，按实际经营月份计征，全年不低于6个月。

（二）货轮（含机驳船）、拖轮、驳船等

货轮（含机驳船）、按11.6元/总吨·月计征。拖轮按11.6元/千瓦·月计征，驳船按1.40元/总吨·月计征。人力船按1.40元/总吨·月计征。作业船按15元/总吨·月或千瓦·月，择大者计征。竹木排筏按0.003元/立方米公里计征，散漂加倍计征。浮运物体按2元/总吨·月计征。过闸费按每次0.25元/千瓦或总吨·次，择大者计征，每船次不低于2元。

二、水路运输管理费

根据重庆市物价局、重庆市财政局渝价〔2000〕386号文件《关于我市交通部门行政事业性收费标准的通知》的规定，水路运输管理费以客轮、货轮为征收对象，具体征收标准按以下规定执行：

（一）客轮（包括客货轮、旅游客轮）

客轮（包括客货轮、旅游客轮）按9.6元/千瓦·月计征，150客位以下或200千瓦以下，或50公里以内减半征收。支干、干支江河按0.9系数，支支江河按0.8系数确立征收标准。快速客轮即航速在35公里/小时以上船舶，按5元/千瓦·月计征。涉外旅游客轮按9.6元/千瓦·月计征，按实际经营月份计征，全年不低于6个月。

（二）货轮（含机驳船）、拖轮、驳船等

货轮（含机驳船）、按4.6元/总吨·月计征。拖轮按4.6元/千瓦·月计征，驳船按0.60元/总吨月计征。人力船按0.40元/总吨·月计征。作业船按6元/总吨·月或千瓦·月，从事水路运输服务、港埠作业的企业、单位或个人以及水路运输企业兼营其他经营项目，按运营或兼营收入1%计征。《船舶营运证》每证50元。

三、船舶港务费

1989年5月15日，重庆市经委、重庆市交通局、重庆市港口管理局、重庆市财政局、重庆市物价局下发《关于重庆市船舶港务费征收和使用管理办法的通知》，船舶港务费征收标准：一是交通部所属港航监督机关管理的船舶（限于重庆港口以上航行和停泊）和外省船舶按航次征收，每进口或出口一次，按总吨（载重吨、千瓦）0.25元计征。二是重庆市国营集体所有制水运单位及厂（场）矿、企事业单位的运输船舶、港作船、辅助船、乡镇运输船舶和囤船，全月在四川省境内航行和停泊的按船舶总吨位（或载重吨、千瓦），每总吨（载重吨）每月0.70元计征，每千瓦0.95元计征；出省往返一月以上的，按总吨（载重吨、千瓦）0.25元，按航次计征。三是旅游船按总吨每月1元计征。四是竹木排由始发港或第一港埠的港航监督机关按1立方米0.10元计征。

1991年1月25日，重庆市物价局发出《关于重庆市交通管理部门行政事业性收费规定的通知》，具体规定了各类船舶港务费的收费标准和收费规定。1992年1月3日，重庆市物价局、重庆市财政局重价非发〔1992〕008号文件向重庆市港口管理局、各区县物价局财政局发出《重庆市港口管理部门行政事业性收费规定》，制定了重庆市港口管理收费办法。其中，有8种港口收费标准，第一项就是船舶港务费收费标准，仍旧按照1989年重庆市经委《关于重庆市船舶港务费征收和使用管理办法的通知》和1991年重庆市物价局《关于重庆市交通管理部门行政事业性收费规定的通知》有关规定执行。1993年6月15日，重庆市物价局、重庆市财政局又印发了《关于调整部分港口管理收费标准的通知》，其中，调整船舶港务费标准："由每净吨（拖轮按马力）0.25元调为0.55元。"

2000年6月26日，根据重庆市物价局、重庆市财政局渝价〔2000〕386号文件《关于我市交通部门行政事业性收费标准的通知》，船舶港务费具体征收标准按以下规定执行：

一是按月征收。①按1.4元/总吨·月计征，②按1.9元/千瓦·月计征，③旅游船按2.0元/总吨·月计征，④囤船按0.70元/总吨·月计征。

二是按航次征收。按每进口或出口一次计征，①按0.35元/总吨（载重吨）每航次计征，②按每航次0.475元/千瓦计征，③竹木排筏按每航次0.1元/总吨计征。

四、港口停泊费

1992年1月3日，重庆市物价局、重庆市财政局发出《重庆市港口管理部门行政事业性收费规定》，根据国家、四川省、重庆市有关港口收费规定，制定了重庆市港口管理收费办法。其中，有8种港口收费标准，第七项就是船舶停泊费收费标准："凡停泊在码头或待装卸区的船舶、竹木筏；装卸完毕（指办妥交接）4小时以后，因船方原因继续留泊的船舶；因避难来港在警报解除4小时后，继续留泊的船舶；等修、检修或工程船舶（边装卸边检修的船舶除外）均按每净吨（马力）每日0.05元征收"。1993年6月15日，重庆市物价局、重庆市财政局又以重价费发〔1993〕138号文，印发了《关于调整部分港口管理收费标准的通知》，其中，调整停泊费标准："由每净吨（拖轮按马力）每日0.05元调为0.12元"。

2000年6月26日，根据重庆市物价局、重庆市财政局渝价〔2000〕386号文件《关于我市交通部门行政事业性收费标准的通知》，船舶停泊费具体征收标准按以下规定执行：凡在重庆市港口停泊的船舶、竹木排筏均应按规定缴纳停泊费。依靠港口对外营运的码头、趸船等设施的船舶，按0.12元/载重吨（千瓦）每日计征，停靠有设施锚地的船舶，按0.06元/载重吨（千瓦）每日计征。使用工矿、企业专用码头以及非中心港区各类趸船按40元/艘年计征。使用工矿、企业专用码头以及渡口、抽水泵船，按30元/艘年计征。使用工矿、企业专用码头、泵房，按20元/艘年计征。中心港区内各类船舶按使用岸线长度，按每日0.03元/米计征。

五、货物港务费

1992年1月3日，重庆市物价局、重庆市财政局重价非发〔1992〕008号文件发出《重庆市港口管理部门行政事业性收费规定》，根据国家、四川省、重庆市有关港口收费规定，制订了重庆市港口管理收费办法。其中，有8种港口收费标准，第六项为货物港务费收费标准："向经由港口码头吞吐的国内进出口货物，按货物进口或出口分别征收货物港务费一次，以重量'W'计费的货物，每计费吨0.50元；以体积'M'计费的货物，每计费吨0.25元"。1993年6月15日，重庆市物价局、重庆市财政局又以重价费发〔1993〕138号文，印发了《关于调整部分港口管理收费标准的通知》，其中，调整货物港务费标准："以重量'W'计费的货物，每计费吨由0.50元调为0.80元；以体积'M'计费的货物，每计费吨由0.25元调为0.40元"。

2006年6月26日，重庆市物价局、重庆市财政局渝价〔2006〕242号文件关于货物港务费的收费标准规定：凡经重庆市港口进或出的货物，均收取货物港务费，其中，以重量W计费的货物，所有内河港口均价1.00元/吨，实际按0.80元/计费吨每次计征。以体积M计费的货物，所有内河港口均价0.50元/吨。实际按0.50元/计费吨每次计征。2000年10月12日，重庆市物价局、重庆市财政局又发出《关于我市交通部门行政事业性收费标准的补充通知》，其中，货物港务费征收标准有所变化。一是以重量W计费的货物，长江、嘉陵江港口每计费吨按0.80元计征，其他江区港口每计费吨按0.50元计征。二是以体积M计费的货物，长江、嘉陵江港口每计费吨按0.40元计征，在其他通航河流港口减半计征。三是自建码头、工矿企业专用码头的货物港务费，由港口管理机构按规定全额征收后，50%返回码头所有者，用于码头的维修、养护等。

六、船舶检验费

船舶和船用产品检验收费，其征收标准是由国家有关部门统一制定。

1993年，国家物价局〔1993〕价费字119号文件发布《关于调整船舶和船用产品检验收费标准的通知》。1997年12月，国家发展计划委员会、财政部计价费〔1997〕2500号文件发出《关于第一批降低22项收费标准的通知》规定，交通部门的船舶检验收费标准，在原国家物价局〔1993〕价费字119号文件《关于调整船舶和船用产品检验收费标准的通知》规定的收费标准的基础上降低10%。1998年5月8日，国家发展计划委员会计价费〔1998〕800号文件发布《关于发布船舶和船用产品检验收费标准的通知》，对1993年的《船舶检验计费规定》和《船用产品检验计费规定》进行修订，自 1998 年 6 月 1 日起执行新的《船舶检验计费标准》和《船用产品检验计费标准》。

船舶和船用产品检验收费标准，分类项目有近 50 个，采取按照固定公式计费的办法。检验费计算公式：$F = N \times C \times K$。其中，F—应收的检验费或认证费。N—基数，以人民币元计算，在《船舶检验计费标准》和《船用产品检验计费标准》中分类规定。C—系数，由不同船型的类型、结构装置和船龄确定，未特别指出的，取值为 1。K—因素，按《关于发布船舶和船用产品检验收费标准的通知》（计价费〔1998〕800 号文）规定的取值范围执行。

重庆市船舶检验处开展船舶检验工作，按照 1998 年国家制定的《船舶检验计费标准》和《船用产品检验计费标准》收取船舶检验费。船舶检验费标准，包括船舶及船用产品检验收费标准，按照 1998 年《国家发展计划委员会关于发布船舶及船用产品检验检验计费标准的通知》（计价发〔1998〕800 号）执行。2000 年 6 月 26 日，重庆市物价局、重庆市财政局对其中的系数 K 的取值作出具体规定：

（一）重庆市地区系数 K 取 0.76。

（二）渠化河流、湖泊、水库、涪江、琼江、小安溪、大宁河等山区河流 K 取 0.6。

（三）50 总吨、30 千瓦以下的非客船的舱室设备、防止生活水污染、防止垃圾污染、救生设备、消防设备、航行、信号设备项目，暂不收费。非客船的无线电通讯设备在原标准基础上乘系数 0.5。

（四）木质、钢丝网水泥船原收费基础上乘系数 0.8。

（五）改建船舶，凡主尺度发生变化，船体按制造检验标准收费。更换主机的改建船舶，轮机部分按制造检验标准收费。

表 12 - 26　　2000 ~ 2005 年重庆市港航管理局行政事业性收费表

单位：元

<table>
<tr><th>收费项目</th><th>计算单位</th><th>收费标准（元）</th><th>收费对象（收费范围）</th><th>批准收费的机关及文号</th><th>备注</th></tr>
<tr><td colspan="3">一、航道养护费</td><td rowspan="2">管辖内船舶、竹木排筏、浮运物体</td><td rowspan="2">重庆市物价局、重庆市财政局
渝价〔2000〕386 号、渝价〔2005〕266 号</td><td rowspan="2">免征范围见批准文件</td></tr>
<tr><td colspan="3">按运费收入的 6% 计征，具体征收标准按以下规定执行：</td></tr>
<tr><td>1. 客轮（包括客货轮、旅游客轮）</td><td>千瓦/月</td><td>24.00</td><td>同上</td><td>同上</td><td>150 客位以下或 200 千瓦以下，或 50 公里以内减半征收。支干、干支按 0.9 系数，支支按 0.8 系数确立征收标准。</td></tr>
<tr><td>2. 快速客轮</td><td>千瓦/月</td><td>10.00</td><td>同上</td><td>同上</td><td>航速在 35 公里以上/小时船舶</td></tr>
<tr><td>3. 涉外旅游客轮</td><td>千瓦/月</td><td>24.00</td><td>同上</td><td>同上</td><td>按实际经营月份计征，全年不低于 6 个月</td></tr>
</table>

续前表

收费项目	计算单位	收费标准（元）	收费对象（收费范围）	批准收费的机关及文号	备注
4. 货轮（含机驳）	总吨/月	11.60	同上	同上	
5. 拖轮	千瓦/月	11.60	同上	同上	
6. 驳船	总吨/月	1.40	同上	同上	
7. 人力船	总吨/月	1.20	同上	同上	
8. 竹木排筏	立方米/公里	0.003	同上	同上	散漂加倍计征
9. 作业船	千瓦或总吨/月	15.00	同上	同上	择大者计征
10. 浮运物体	总吨/月	2.00	同上	同上	
11. 过闸费	千瓦或总吨/次	0.25	同上	同上	择大者计征，每船次不低于2.00元
二、水路运输管理费 按运费收入的1.6%计征，具体征收标准按以下规定执行：			取得水路运输许可的企业、单位和个人	重庆市物价局、重庆市财政局 渝价〔2000〕386号、渝价〔2005〕266号	免征范围见批准文件
1. 客轮（包括客货轮、旅游客轮）	千瓦/月	9.60	同上	同上	150客位以下或200千瓦以下，或50公里以内减半征收 支干、干支按0.9系数，支按0.8系数确立征收标准
2. 涉外旅游客船	千瓦/月	9.60	同上	同上	按实际经营月份计征，全年不低于6个月
3. 快速客轮	千瓦/月	5.00	同上	同上	航速在35公里/小时以上船舶
4. 货轮（含机驳）	总吨/月	4.60	同上	同上	
5. 拖轮	千瓦/月	4.60	同上	同上	
6. 驳船	总吨/月	0.60	同上	同上	
7. 人力船	总吨/月	0.40	同上	同上	
8. 作业船	千瓦或总吨/月	6.00	同上	同上	择大者计征

续前表

收费项目	计算单位	收费标准（元）	收费对象（收费范围）	批准收费的机关及文号	备注
9. 从事水路运输服务、港埠作业的企业、单位或个人以及水路运输企业兼营其他经营项目	营运或兼营收入	1 %	同上	同上	
10.《船舶营运证》	每证	50.00	同上	同上	
三、船舶港务费			船舶竹木排筏设施	重庆市物价局、重庆市财政局渝价〔2000〕386号	免征范围见批准文件
1. 按月征收	总吨（载重吨）/月	1.40	同上	同上	
	千瓦/月	1.90			
2. 按航次征收	总吨（载重吨）/航次	0.35	同上	同上	按每进口或出口一次计征
	千瓦/航次	0.475			
3. 旅游船	总吨/月	2.00	同上	同上	
4. 竹木排筏	立方米/航次	0.10	同上	同上	
5. 囤船	总吨/月	0.70	同上	同上	
四、船员管理收费			船员	重庆市物价局、重庆市财政局渝价〔2000〕386号	
(一) 船员适任证书申请考试发证费			同上	同上	
1. 申请费（含发、换、验证）			同上	同上	
申请一、二等适任证书	人次	12.00	同上	同上	
申请三、四、五等适任证书	人次	8.00	同上	同上	
2. 理论考试费	科	20.00	同上	同上	要求重新核查考试成绩每人每科收取核查费30元
一等适任证书	人次	40.00	同上	同上	

续前表

收费项目	计算单位	收费标准（元）	收费对象（收费范围）	批准收费的机关及文号	备注
二等适任证书	人次	30.00	同上	同上	
三、四、五等适任证书	人次	20.00	同上	同上	
引航员考试发证	人次		同上	同上	一级按一等收费；二、三级按二等收费
3. 操作考试费			同上	同上	租用船舶、工具、考场等费用按实分摊
（1）一等	人次	40.00	同上	同上	
（2）二等	人次	30.00	同上	同上	
（3）三等	人次	25.00	同上	同上	
（4）四等	人次	20.00	同上	同上	
（5）五等	人次	15.00	同上	同上	
（6）非机动船	人次	5.00	同上	同上	
4. 驾驶航线考试			同上	同上	租用船舶、工具、聘请主考等费用按实分摊
（1）200公里以内	人次	40.00	同上	同上	
（2）200公里以上部分	公里	0.05	同上	同上	
5. 定期审验	人次	8.00	同上	同上	
6. 职务签证（含证书费）	人次	6.00	同上	同上	
7. 转籍、变更服务单位	人次	3.00	同上	同上	
8. 内河船员职务适任证书	本	8.00	同上	同上	损失、损坏或超期换证加倍收申请费和证书费
9. 签注费	本	10.00	同上	同上	
（二）船员服务簿（含证书费）	本	10.00	同上	同上	
（三）船员单项专业训练考试发证费			同上	同上	
1. 拖轮专业训练	人次	50.00	同上	同上	

续前表

收费项目	计算单位	收费标准（元）	收费对象（收费范围）	批准收费的机关及文号	备注
2. 槽管轮专业训练	人次	50.00	同上	同上	
3. 快速船专业训练	人次	100.00	同上	同上	
（四）船员安全培训、港航监督培训收费			同上	同上	
1. 理论培训	人/天	5.00	同上	同上	
2. 实作培训	人/天	10.00	同上	同上	租用船舶、工具、考场等费用，按实分摊
五、船舶管理收费			船舶	重庆市物价局、重庆市财政局 渝价〔2000〕386号	
（一）船舶登记费			同上	同上	
1. 所有权登记	艘	200元/基数	同上	同上	未满50总吨的船舶，基数100元；按船舶吨位加收，每净吨收1元，拖轮每千瓦收0.5元。
2. 临时登记	艘次	200.00	同上	同上	1000净吨以下船舶
	艘次	200.00	同上	同上	1000净吨以上船舶
3. 抵押登记	次	0.5‰	同上	同上	按抵押总金额核收
4. 租赁登记	次	1‰	同上	同上	按租赁总金额核收
5. 烟囱标志或公司旗注册	艘	100.00	同上	同上	自愿申请
6. 船舶登记项目变更	次	50.00	同上	同上	
7. 更名或更船籍港	艘	100.00	同上	同上	
8. 船舶登记证书	本	20.00	同上	同上	
（二）安全检查复查费	艘次	100.00	同上	同上	
（三）船舶国籍证书收费			同上	同上	50总吨（含50总吨）75千瓦（含75千瓦）以上船舶颁发大号证书；50总吨75千瓦以下船舶颁发小号证书

续前表

收费项目	计算单位	收费标准（元）	收费对象（收费范围）	批准收费的机关及文号	备注
1. 正本（大本）	本	100.00	同上	同上	
副本（大本）	本	25.00	同上	同上	
2. 正本（小本）	本	50.00	同上	同上	
副本（小本）	本	12.50	同上	同上	
（四）航行日志			同上	同上	
1. 一类航行日志	本	36.00	同上	同上	
2. 二类航行日志	本	25.00	同上	同上	
3. 三类航行日志	本	25.00	同上	同上	
（五）轮机日志			同上	同上	
1. 一类轮机日志	本	42.00	同上	同上	
2. 二类轮机日志	本	25.00	同上	同上	
（六）车钟记录本	本	18.00	同上	同上	
（七）船舶航行签证簿	本	39.00	同上	同上	
（八）安全检查记录簿	本	50.00	同上	同上	
六、海事调解费	损失金额	0.7%	当事各方平均分摊	重庆市物价局、重庆市财政局渝价〔2005〕72号	调解成功
		0.35%	同上		调解不成功
七、水上交通事故处理	赔偿金额	1%	按责任比例分摊	重庆市物价局、重庆市财政局渝价〔2000〕386号	最高不超过1000元，最低不少于20元。小事故不收取（事故等级按国家规定划分）。事故处理费按事故处理决定书划分的责任比例分摊。
八、船舶最低安全配员证书	本	50.00	同上	重庆市物价局、重庆市财政局渝价〔2000〕386号	
九、焊工培训考试收费			焊工	重庆市物价局、重庆市财政局渝价〔2000〕386号	
1. 培训费			同上	同上	
（1）理论培训费	人/课时	1.70	同上	同上	20天

续前表

收费项目	计算单位	收费标准（元）	收费对象（收费范围）	批准收费的机关及文号	备注
（2）实作培训费	人次		同上	同上	按聘用教师、租用教室、设备工具及消耗能源、材料等实际支出费用分摊
2. 考试费			同上	同上	
（1）报名费	人次	3.00	同上	同上	
（2）实作考试费	人次		同上	同上	按聘用教师、租用考场、设备及消耗能源、材料等实际支出费用分摊
3. 证书工本费	本	10.00	同上	同上	
4. 焊工申请延长证书有效资格审查费	人次	200.00	同上	同上	焊工考试委员会组织审查
十、船名牌收费			船舶	重庆市物价局、重庆市财政局 渝价〔2000〕386号	
Ⅰ型（600×450mm）	每付（2块）	230.00	同上	同上	
Ⅱ型（500×375mm）	每付（2块）	180.00	同上	同上	
Ⅲ型（400×300mm）	每付（2块）	130.00	同上	同上	
Ⅳ型（300×225mm）	每付（2块）	110.00	同上	同上	
十一、航道及航道设施损失赔偿			管辖内航道建筑物设施、船闸	重庆市物价局、重庆市财政局 渝价〔2002〕491号	
（1）未经航道主管部门批准，在常年洪水位线以下破坏航道按下列标准收取赔偿费：			同上	同上	
轻度破坏	次	200	同上	同上	指破坏面积在 $5m^2$ 或体积在 $5m^3$ 以内
中度破坏	次	400	同上	同上	指破坏面积在 $6m^2$ - $10m^2$ 或体积在 $6m^3$ - $10m^3$ 以内

续前表

收费项目	计算单位	收费标准（元）	收费对象（收费范围）	批准收费的机关及文号	备注
重度破坏	次	600	同上	同上	指破坏面积在 $11m^2-30m^2$ 或体积在 $11m^3-30m^3$ 以内
超过面积 $30m^2$ 或体积 $30m^3$ 按上述标准重复计算			同上	同上	
(2) 损坏航道整治建筑物及船闸设施：			同上	同上	
撬、抬、拆、运走航道整治建筑物石料	每立方米块石	60－90	同上	同上	
	每立方米条石	90－120			
未经批准在航道整治建筑物附近采取砂卵石	立方米	60－80	同上	同上	
对船闸引航道、闸首、闸墙、闸阀门及输泄水设施破坏	损失赔偿	完全重置成本	同上	同上	
(3) 在常年洪水位线以下倾倒沙石、泥土和废弃物，恶化通航条件，按下列标准收取赔偿费：			同上	同上	
倾倒垃圾废弃物	1立方米	6	同上	同上	
倾倒沙石、泥土	1立方米	8	同上	同上	
倾倒乱石、废铁削、砌块等难以排除的废弃物	1立方米	20	同上	同上	
(4) 损毁航道设施、器材按下列标准收取赔偿费：			同上	同上	
7米钢质标志船	艘	10000	同上	同上	
定光霓虹灯	盏	360	同上	同上	
闪光霓虹灯	盏	380	同上	同上	
空气电池	个	60	同上	同上	
2B－120蓄电池	个	350	同上	同上	
设标钢缆	40米	160	同上	同上	
木三脚架	个	75.5	同上	同上	
铁三脚架	个	120	同上	同上	
电池箱	个	28	同上	同上	
开船小时	50马力/小时	290	同上	同上	

续前表

收费项目	计算单位	收费标准（元）	收费对象（收费范围）	批准收费的机关及文号	备注
（5）损坏航道设施、器材	损失赔偿	修复成本	同上	同上	
（6）航道疏浚收费标准：			同上	同上	每艘船舶台班按8小时计
船舶功率89～96	小时	83.65	同上	同上	同上
船舶功率118	小时	90.92	同上	同上	同上
船舶功率176	小时	112.5	同上	同上	同上
船舶功率198	小时	129.21	同上	同上	同上
十二、港口费			港口停泊的船舶、竹木排筏	重庆市物价局、重庆市财政局 渝价〔2000〕38号、渝价〔2000〕55号	
（一）停泊费收费标准：			港口停泊的船舶、竹木排筏	同上	
依靠港口对外营运的码头、趸船等设施的船舶	载重吨（千瓦）/日	0.12	同上	同上	
停靠有设施锚地的船舶	载重吨（千瓦）/日	0.06	同上	同上	
使用工矿、企业专用码头；非中心港区各类趸船	艘/年	40.00	同上	同上	
使用工矿、企业专用码头；渡口、抽水泵船	艘/年	30.00	同上	同上	
使用工矿、企业专用码头；泵房	艘/年	20.00	同上	同上	
使用工矿、企业专用码头；中心港区内各类船舶按使用岸线长度	米/日	0.03	同上	同上	
（二）货物港务费	以重量W计费，吨次	0.80	经港口进或出的货物	重庆市物价局、重庆市财政局 渝价〔2006〕242号	所有内河港口1.00元/吨
	以体积M计费，吨次	0.50			所有内河港口0.5元/吨

续前表

收费项目		计算单位	收费标准（元）	收费对象（收费范围）	批准收费的机关及文号	备注
十三、船舶及船用产品检验计费标准				船舶	重庆市物价局、重庆市财政局 渝价〔2000〕386号	按渝价〔2000〕386号文执行
船用产品检验计费标准				同上	同上	按渝价〔2000〕386号文执行
十四、水运客货运附加费	运费收入		9%	货物	重庆市物价局、重庆市财政局、重庆市交通委员会 渝财综〔2001〕54号	黔江、涪陵、万州地区征收
	客票票价		9%	旅客		

七、港口建设费

由于港口建设费是交通部统一征管、统一安排的中央交通规费，其征收标准也由国家有关部门统一制定。

1985年10月22日，国务院发布《港口建设费征收办法》，规定港口建设费的征收标准，按照《港口建设费征收办法》所附《港口建设费费率表》执行。但其时征收港口建设费的26个港口中无重庆港。

1993年4月30日，交通部、国家计委、财政部、国家物价局交财发〔1993〕456号文件发布《关于扩大港口建设费征收范围、提高征收标准及开征水运客货运附加费的通知》，明确规定“港口建设费征收范围扩大到全部对外开放口岸的港口，重庆港属于征收范围，征收标准按平均每吞吐吨五元计征。”

表12-27　　交通部港口建设费费率表

港口	货类		费率(元/吨) 出口 海港	出口 长江四港	进口 海港	进口 长江四港
大连、营口、秦皇岛、天津、石臼、连云港、上海、宁波、温州、福州、厦门、汕头、广州、黄埔、海口、八所、三亚、湛江、北海、防城、南京、镇江、张家港、南通	石油(包括原油)		3.00	1.50	4.00	
	煤炭(包括焦炭)、钢铁（包括生铁）、金属矿石、非金属矿石、水泥、木材、化肥		1.50	0.80	2.50	
	矿建材料、其他		1.50	0.80	2.50	
	粮食、盐		0.50	0.30	1.00	
	按体积吨（立方米）计费的货物		0.50	0.30	1.00	
	国际集装箱货物（元/箱）	20英尺箱	12.50	6.30	25.00	
		40英尺箱	25.00	12.50	50.00	

说明：1. 货物的计量单位及重量换算，按交通部颁发的港口费收规则办理。

2. 国外进、出口的其他集装箱按其80%的内容积和进口1.00元/立方米、出口0.50元/立方米的费率计征港口建设费。

3. 港口建设费的起码收费额为0.10元。

第四节　征收稽查管理

一、征收稽查措施

（一）年包缴合同制

2000年6月26日，重庆市物价局、财政局发布《重庆市航道养护费征收和使用管理办法实施细则》《重庆市水路运输管理费征收和使用管理办法实施细则》，其中规定的征收方式有按年包缴和按月征收。根据以上文件，重庆市港航管理局对有关船舶缴费人实行了年包缴合同制：凡愿按年包缴航道养护费、水路运输管理费的纳费人，签订年包缴合同，全年可按9个月包缴，包缴合同遵行《中华人民共和国经济合同法》法律。每年，纳费人须在3月份以前与各征收机构签订完成包缴合同，此外，未签订年包缴合同者，一律实行“按月征收”。

（二）委托代征制

2000年1月，重庆市航运处发出《关于委托客运市场交易中心代扣客运公司规费的通知》，主要内容是：在维持原征收渠道和征收方式不变的情况下，委托“重庆市水路客运市场交易中心”代扣从重庆港启运客轮的航道养护费、水路运输管理费，以确保重庆港客运的水运规费不漏收、不少收。具体事项是：①代扣单位是在重庆港启运的市内、外地方客轮公司。②代扣标准：航道养护费按客票收入的6%，水路运输管理费按客票收入的1.6%征收。③外省启运客轮公司在长江干线航行，只征收水路运输管理费，按客票收入的1.6%征收。

（三）年度征收检查

2000~2005年，每年3月底，重庆市港航管理局发出水路规费检查的通知文件，随后在4月初，组织有规费征稽、执法、运输管理人员共同参加的检查组，对全市水运规费征收进行大检查。检查主要内容有：检查各单位规费征收及征收标准的执行情况、规费征收台账、包缴合同、票据使用和规费解缴情况，查处乱收费、乱罚款、越权减（缓、免）征各项规费等问题；检查港口码头现场的船舶，根据有关征费法规和规定对船舶规费缴纳情况进行监督和检查，查船舶航养费等缴讫凭证（免缴证）是否有效，有无涂改、伪造，与吨位是否相符，有无转借、顶替。费缴讫情况，并对欠、逃、漏缴规费的船舶一律查漏补征。

二、征稽内部管理

2000年，重庆市港航管理局制定了稽征（收费）岗位职责：①宣传贯彻征收政策，认真执行收费标准。②建立规费征收台账，登记好管辖区域内船舶基本情况，掌握管辖区域内缴费动态，征费做到不漏收、不错收。③严格按照先缴费，后办证的原则签发缴讫证。④对有船单位实行收费优惠的，必须严格按文件要求或合同执行，遇特殊情况，须报局领导研究同意。⑤强化稽查工作，保证规费征收。征收工作中发现问题及时向领导汇报解决。配合有关部门，对船舶缴费情况进行检查，堵塞漏洞，收好规费，确保规费征收计划的完成。

规费征收台账式样：

重庆市水路规费征收台账（　　）

征费单位（人）：　　　　　　　　二〇〇　　年度　　　　　　编号：　　　　　　单位：元

基本情况	缴费单位		地址		经济性质		营运证书编号		规费年审记录		船舶造价（或购置价）			

	时间	1月	2月	3月	4月	5月	6月	7月	8月	9月	10月	11月	12月	合计
缴费记录	应缴规费													
	已缴规费													
	欠缴规费													

船舶名称	序号	船舶种类	总吨位、功率、（kw）	费额（率）标准	应交规费	缴费方式（按年、按月）		停运维修及异动记录
合计								
	1							
	2							
	3							
	4							
	5							
	6							

部门主管：　　　　　　　　审核：　　　　　　　　填制人：

第五节　规费征收实绩

重庆水路运输规费征收规模发展，主要是随着重庆社会经济的发展而发展，取决于水路运输规模扩大而扩大，并有国家行政体制改革的推动力，和依法治国、依法行政的推动力，因而是一个逐步从小到大，从行政管理到法制管理，以及从手工开票征费到微机信息管理征费的发展过程。

1986年，重庆市处于计划单列时期，重庆市航运管理与港口管理分别隶属不同的主管部门。重庆市航运管理处隶属于重庆市交通局，行业管理归口四川省航务局，管辖合川、潼南、铜梁、北碚、江北、长寿、巴县、綦江、江津9个航管站。重庆市码头管理处隶属于交通部重庆港，管辖朝天门、储奇门、菜园坝、大溪沟、化龙桥、汉渝路、磁器口、九渡口、李家沱、茄子溪、觐阳门、石门、海棠溪、弹子石、黄桷、北碚、长寿码头管理站17个码头管理站、工作组，稽查征费人员不足百人，采用手工开票，按章征费，征收费种主要是航道养护费、码头堆存费、砂石采掘管理费。重庆市港口管理局也隶属于交通部重庆港。1986年的全部水路规费征收总额5166453元。其中，航道养护费征收4484550元，港口费征收是681903元。

1990年，随着计划单列体制逐步完善和重庆市社会经济发展，全部水路规费年征收总额达到8456546元。其中，航道养护费（含水路运输管理费）征收5846712元，船舶港务费征收1390965元，港口停泊费、货物港口费等征收1123550元，船舶检验费征收95319元。1993年，全部水路规费年征收总额突破一千万元大关，达到12236627元。比1990年增长44.7%。其中，航道养护费

（含水路运输管理费）征收7394730元，船舶港务费征收1619572元，港口停泊费、货物港口费等征收2607150元，船舶检验费征收615174元。另外，因港口建设费扩大范围，重庆港开征港口建设费649372元。

1994～1997年，重庆市全部水路规费年征收总额一直呈增长趋势。1994年，全部水路规费年征收总额14442916元，同比上年增长18%。1995年，全部水路规费年征收总额15806944元，同比上年增长9.4%。1996年，全部水路规费年征收总额23686621元，同比上年增长49.8%。1997年，重庆直辖市成立以后，重庆市航运管理处直属重庆市交通局，行业管理不再归口四川省航务局，并且行政辖区的扩大，水运规费稽征管辖到万州、涪陵、黔江地区。1997年，全部水路规费年征收总额达到66294331元，其中，航道养护费（含水路运输管理费）征收45550990元，船舶港务费征收7096109元，港口停泊费、货物港口费等征收3358218元，船舶检验费征收6044830元，港口建设费征收604894元，其他港监规费征收676032元，万州、涪陵、黔江地区的水路客货运附加费征收3568152元。

从1998年开始，由于水运发展不景气，重庆市水路规费年征收总额呈下降趋势。1998年，全部水路规费年征收总额50556177元，同比上年下降23.7%。1999年，全部水路规费年征收总额48450890元，同比上年下降4.2%。2000年，重庆市港航管理局成立，全部水路规费年征收总额45902256元，同比上年下降5.3%，下降到最低点。其中，航道养护费征收20742601元，水路运输管理费征收10679043元，船舶港务费征收6610426元，港口停泊费、货物港口费等征收4788515元，船舶检验费征收5035053元，港口建设费征收1050000元，其他港监规费征收360917元，万州、涪陵、黔江地区的水路客货运附加费征收3434元。

2001年，重庆市全部水路规费年征收总额49944350元，同比上年增长8.8%，收入开始逐年回升。2002年，全部水路规费年征收总额55854320元，同比上年增长11.8%。2003年，全部水路规费年征收总额69630666元，同比上年增长24.7%。2004年，全部水路规费年征收总额94496296元，同比上年增长35.7%，2005年，全部水路规费年征收总额突破1亿元大关，达到107111107元，同比上年增长13.3%，冲上历年来的最高点。其中，航道养护费征收52367556元，水路运输管理费征收21834036元，船舶港务费征收2562278元，港口停泊费、货物港口费等征收15811822元，船舶检验费征收10189521元，港口建设费征收250000元，其他港监规费征收1878873元，万州、涪陵、黔江地区的水路客货运附加费征收2467021元。

表12－28　　1986～2005年重庆市水运规费收入统计表

单位：元

年　度	合　计	航道养护费	水路运输管理费	船舶港务费
1986	4484550	4484550		
1987	4025643	4025643		
1988	4247779	4247779		
1989	6580230	6580230		
1990	8456546	5846712		1390965
1991	6456072	4421512		821134
1992	9811242	6515035		1210931
1993	12236627	7394730		1619572
1994	14442916	8505272		2430453
1995	15806944	9536880		2434071

续前表

年 度	合 计	航道养护费	水路运输管理费	船舶港务费
1996	23686621	16835101		2247336
1997	66294331	45550990		7096109
1998	50556177	34242114		7073807
1999	48450890	21703442	11900474	7103754
2000	45902258	20742601	10679043	6610426
2001	49944350	20977716	11160261	7184803
2002	55854320	28223131	12314583	2462759
2003	69630666	38450882	11517331	1500797
2004	94496296	47293789	19088762	2165789
2005	107111107	52367556	21834036	2562278
合计	683431483	387945665	98494490	55914983

注：表内数据 1999 年以前航道养护费含水路运管费。

第六章 交通规费资金管理体制

1986～2008 年，重庆市交通规费的资金管理体制经历了三个大的历史时期。一是交通规费由交通主管部门自收自支的管理体制时期，1950～1986 年，国家财政部门只负责预算资金管理，预算外资金由各个行业部门自行管理，即交通规费实际上由省级交通部门的统一管理和统收统支。二是交通规费由财政部门进行预算外管理体制时期，1986～1996 年，国家财政部门不仅负责预算资金管理，而且进一步加强对各行各业预算外资金的管理，即采取由财政部门专户储存、计划管理、财政审批、银行监督的方式。以公路养路费为主的交通规费，全部为预算外资金，不被再视为财政预算之外的资金，而全部纳入了财政管理范围。三是交通规费由财政部门进行预算管理体制时期，1997～2008 年，首先是公路养路规费纳入预算管理范畴，作为政府性基金进行统一预算管理、交通专项使用，同时，其他交通规费仍旧作为预算外资金由财政专户储存管理、交通部门使用，财政预算管理的广度和深度进一步发展。直至 2008 年 12 月 18 日，国务院宣布：自 2009 年 1 月 1 日起实施燃油税费改革，其中一项重要内容就是取消公路养路费、航道养护费、公路运输管理费、公路客货运附加费、水路运输管理费、水运客货运附加费等 6 项收费，而由国家以新的支付方式提供公路养护维修费用。

第一节　预算外资金管理体制

在20世纪50~80年代，国家实行计划经济体制，财政管理分为预算资金管理与预算外资金管理。实际上，财政部门只负责预算资金管理，预算外资金由各个部门自行管理，从财政管理对象的划分上，称为预算单位和自收自支单位。交通规费的资金管理属于预算外资金，在中央部门无交通规费的计划经济年代，省级交通部门属于自收自支单位，交通规费实际上是由省级交通部门统一管理和统收统支的。

1960~1986年，按照当时的历史条件，以公路养路费为主的交通规费，其预算外资金的含义是在财政预算之外的自收自支性质的资金，因此，以公路养路费为主的交通规费，在重庆市交通部门一直作为自收自支资金管理。这一计划经济体制延续到20世纪80年代中期。从1954~1982年，重庆市在行政上隶属于四川省的时期，交通规费的征收和使用管理，是完全按照四川省交通厅统一制度规定进行管理的，也就是在省级交通部门统收统支的体制之下，完全依照四川省政府政策法规，由四川省交通厅派驻重庆市的机构征收，收入全部上缴，统一安排使用，征收养护机构经费由四川省交通厅核拨。对1986~2005年的交通规费资金管理体制有极大的影响。

1984~1996年，重庆市改为中央计划单列市，重庆市征收的交通规费，依旧全部按照四川省人民政府政策法规实施征管，仍旧以四川省交通厅的管理规定为准，但是改变了全额上缴、计划拨付的管理体制，重庆市征收的公路养路费、内河航道养护费实行了分成留用、部分上缴的管理体制，即重庆市征收的公路养路费除上缴30%外，其余70%由重庆市留用、内河航道养护费等水路运输规费除上缴73%外，其余27%重庆市留用。

一、公路养路规费

（一）部、省管理规定

1986年4月13日，国务院国发〔1986〕44号文件发布《关于加强预算外资金管理的通知》，明确规定，以公路养路费为主的交通规费，全部为预算外资金，不能再视为财政预算之外的资金，而应当全部纳入财政管理范围。1987年2月3日，国家计委、国家经委、交通部、财政部〔1987〕交公路字64号文件联合发布《公路养路费使用管理规定》，自1987年起施行。1991年10月15日，交通部、财政部、国家计委、国家物价局〔1991〕交工字714号文件联合发布《公路养路费征收管理规定》，自1992年1月1日起施行，至2008年年底，该规定停止执行。

1986年1月1日，报经四川省人民政府批准，四川省计划经济委员会、四川省财政厅、四川省交通厅发布《四川省公路养路费使用管理办法（试行）》，自1986年1月起执行。1993年2月23日，四川省人民政府川府发〔1993〕25号文件批转四川省交通厅关于进一步改革公路养护管理体制的报告。1993年12月8日，四川省人民政府第38号令公布了《四川省公路养路费征收管理办法》。其中，明确规定："养路费实行统收统支，征收和使用严格分开"。1994年5月8日，四川省人民政府法制局、四川省交通厅向社会公众发布《四川省公路养路费征收管理办法》条文释义。

1986年1月18日，四川省计经委、四川省财政厅、四川省交通厅、工商银行四川省分行、农业银行四川省分行联合颁发《四川省公路客运附加费征收管理使用办法》，从1986年4月1日起，在四川省范围内开征公路客运附加费。1986年3月21日，四川省财政厅、四川省交通厅发布《四川省公路客运附加费征收使用管理办法实施细则》。1995年7月12日，四川省交通厅印发《四川省公路客运附加费征收管理规定》。

1991年12月14日，经四川省人民政府批准，四川省计划经济委员会、四川省生产委员会、四川省财政厅、四川省物价局、四川省交通厅联合发布《关于开征公路货运车辆附加费建设成渝高等级公路的通知》，决定自1992年1月1日起，在四川省开征公路货运车辆附加费。1992年1月3日，经四川省人民政府批准，四川省财政厅、四川省交通厅发出《四川省公路货运附加费征收管理使用办法的通知》。1992年2月20日，四川省财政厅、四川省交通厅颁发《四川省公路货运附加费使用管理试行办法》。上述两个文件，对公路货运附加费的管理体制规定是：公路货运附加费是预算外资金，由四川省财政厅按预算外资金管理办法管理，实行收支两条线管理，专款专用，先收后支，集中用于成渝高速公路建设，其中15%用于扶持交通专业运输企业发展，预算经四川省财政厅审核后拨付使用。

（二）重庆市管理规定

1986～1996年，在国家加强预算外资金管理的前提下，在实行省级交通部门统一管理体制基础上，重庆市的公路养路费、公路客运附加费、公路货运车辆附加费等公路养路规费资金逐步加强了预算外资金管理。重庆市公路养路规费仍旧由交通征稽机构征收后，解入重庆市交通主管部门专用账户，再进入财政专户储存管理。重庆市公路养路规费资金的年度收支计划报送重庆市计委审核后下达重庆市交通局执行，同时将审核过的年度收支计划报送重庆市财政局、重庆市审计局备案，专户储存款由重庆市财政局审批后拨款，划入重庆市交通主管部门专用账户严格按计划使用。同时，重庆市人民政府加强了财政、税务、审计各部门的监督检查。

1993年，为筹集公路建设资金，重庆市按照四川省规定新开征一批交通规费。

1. 交通建设附加费，公路基础设施附加费、机动车辆入籍费

1992年9月14日，四川省计划委员会、四川省物价局、四川省国土局、四川省交通厅发布《关于非农业建设征（占）用土地征收公路建设附加费的通知》，为加快公路建设筹集资金，开征公路建设附加费。1992年10月10日，四川省人民政府办公厅发布《关于开征交通建设附加费的通知》，即按流转环节税为基数征收4%的交通建设附加费。

1993年2月13日，在重庆市人民政府第126次常务会议上，重庆市财经办、重庆市计委、重庆市财政局、重庆市物价局、重庆市国土局、重庆市交通局等部门联合提出《关于开征公路基础设施附加费的通知》《重庆市交通重点建设附加费征收管理办法》两个提案，获得审定通过，同意在重庆市征收公路基础设施附加费和交通重点建设附加费。会议决定，交通重点建设附加费市级收入部分，先拿出30%作为财政“吃饭”钱。余下70%当作100%，60%用于交通建设，由重庆市财政局、重庆市交通局商量安排使用，40%用于城市基础设施和重点建设。公路基础设施附加费市级收入部分，由重庆市交通局、重庆市财政局商量安排使用。另外，将1992年开始由重庆市公安局车管所代征的新增机动车入籍费，原定分配给重庆市交通局的30%调减为10%。这就是从1993～2005年从财政预算中划拨用于高速公路建设的市级资本金拨款，简称“财政三费”。

1993年2月19日，重庆市人民政府重办发〔1993〕10号文件和重办发〔1993〕11号文件同时发布《关于开征公路基础设施附加费的通知》和《关于开征交通重点建设附加费的通知》。其中，一是开征公路基础设施附加费：即凡在重庆市进行非农业和城市基础设施建设，征（占）用土地的单位和个人均按用地面积和本通知规定的标准交纳公路基础设施附加费，公路基础设施附加费纳入重庆市财政预算管理，在办理审批土地时，由各级国土部门负责代征收，实行市与区县按70%与30%比例分成，70%由重庆市财政局、重庆市交通局共同安排使用。二是开征交通重点建设附加费：“凡在我市缴纳流转环节税（即产品税、增值税、营业税）的单位和个人，都是交通重点建设附加费的缴纳人”，按产品税、增值税、营业税税额的5%的税率交纳交通重点建设附加费。交通重点建设附加费由税务机关征收入库，作为地方固定收入纳入财政预算，按照“统收统支、收支两条线”的原则管理。1993年3月20日，重庆市财政局发出《关于交通重点建设附加费和公路基础设施附加费收入预算管理的通知》，明确了两项附加费纳入重庆市级预算管理。三是新增机动车入籍费。

2. 成渝高速公路客运线路调节费

1993年4月8日，四川省人民政府川府发〔1993〕58号文件发布《关于成渝高等级公路成都至简阳段公路运输管理的通知》，明确规定"成简段高等级公路客运线路实行有偿使用"，即"起讫点在成都至简阳段的客运班次经营权向社会公开拍卖，起讫点不在成都至简阳段的但要通过或临时通过成渝高等级公路的各类营运客车，应向省运管部门缴纳定额有偿使用费。"四川省财政厅、四川省物价局、四川省交通厅也联合发出《关于成渝高等级公路成都至简阳段营运客车定额有偿使用费征收标准的通知》。

根据成渝高速公路全线实行有偿使用原则，经重庆市人民政府批准，1994年9月2日，重庆市财政局、重庆市物价局、重庆市交通局发出《关于成渝高速公路重庆段客运线路费征收标准的通知》，决定征收成渝高速公路重庆段客运线路费。即"凡进入成渝高速公路重庆段的各类营运客车，除按规定缴纳公路、隧道通行费外，均应按本通知规定交纳客运线路费。"并明确规定："成渝高速公路重庆段客运线路费属预算外资金，纳入财政专户管理。"

1997年重庆市直辖以后，仍旧沿袭征收成渝高速公路重庆段客运线路调节费，直到2000年5月27日，《重庆市人民政府关于取消一批行政事业性收费项目的决定》经重庆市人民政府第60次常务会议审议通过，并于2000年6月2日，以重庆市人民政府令第83号发布执行，在其取消的行政事业性收费项目目录中，列有"成渝高速公路线路调节费"，成渝高速公路重庆段客运线路费的征收即行终止。

二、道路运输规费

（一）部、省管理规定

1986年9月10日，交通部、财政部〔1986〕交公字633号文件联合发布《关于公路运输管理费征收与使用规定》，共有四章十六条，自1986年10月1日起实施。其中，第九条明确规定："为贯彻落实专款专用的原则，运管费的留用和上交比例，由各省、自治区、直辖市报交通部核定。"1986年10月6日，交通部〔1986〕公路运管字第171号文件下发《公路运输管理费征收和使用规定》实施意见。

1986年1月23日，四川省财政厅、四川省交通厅发布了《四川省运输管理费征收、管理、使用办法（试行）》，其中，规定"运输管理费收入实行三级管理使用原则"：一是各市地州交通管理处（站）按运输管理费收入总额的10%（重庆除外）由省交通厅下达定额包干上交省交通厅。二是各市地州交通局对县征收的运输管理费可视不同情况实行统收统支或者经费包干节余留用或者收支预算包干超收分成或者按收入比例分成等不同办法。三是各市地州公路运输管理处（站）征收的运输管理费，实行超收分成。

（二）重庆市管理规定

1986～1996年，在重庆市正式实行国家计划单列后，到重庆市直辖之前，在国家加强预算外资金管理的前提下，在实行省级交通部门统一管理体制基础上，重庆市的道路运输规费资金逐步加强了预算外资金管理。重庆市道路运输规费仍旧由运管机构征收后，缴入重庆市交通主管部门专用账户，再进入财政专户储存管理。重庆市道路运输规费资金的年度收支计划报送重庆市计委审核后下达重庆市交通局执行，同时将审核过的年度收支计划报送重庆市财政局、重庆市审计局备案，专户储存款由重庆市财政局审批后拨款，划入重庆市交通主管部门专用账户严格按计划使用。同时，重庆市人民政府加强了财政、税务、审计各部门的监督检查。

三、水路运输规费

（一）部、省管理规定

1987年2月24日，经国务院国函〔1987〕24号文批准，交通部、财政部公布《长江干线航道养护费征收办法》，规定凡在宜宾至浏河口长江干线航道上航行的船舶（包括排筏），除符合免征规定者外，应当缴纳长江干线航道养护费，征收费率为3%。1987年8月22日，国务院国发〔1987〕78号文件发布《中华人民共和国航道管理条例》，共6章33条，其中，第四章第二十四条明确规定："船舶、排筏应当按照国家规定缴纳内河航道养护费。内河航道养护费的征收办法，由交通部、财政部共同制定，报国务院批准后实施。"

1992年8月4日，交通部、财政部、国家物价局交工〔1992〕672号文件发布《内河航道养护费征收和使用办法》，自1992年9月1日起施行，其中，明确规定："航养费由交通部或省、自治区、直辖市交通厅（局）的航道管理机构负责征收管理。"1993年7月22日，交通部交工发〔1993〕749号文件颁布新修订的《长江干线航道养护费征收办法实施细则》。

1992年4月10日，四川省物价局、四川省交通厅、四川省财政局发布《四川省水路交通行政事业性收费管理规定》。其中，第二个附件就是《四川省航道养护费征收管理办法》，确定了"航养费由各级航务管理部门负责征收管理"，"航养费作为航务行政部门的事业经费，按预算外资金管理，纳入同级财政专户储存。坚持收支两条线的管理原则，按月上缴，统收统支，专款专用"。

（二）重庆市管理规定

1986～1996年，在重庆市正式实行国家计划单列后，到重庆市直辖之前，在国家加强预算外资金管理的前提下，在实行省级交通部门统一管理体制基础上，重庆市的水路运输规费资金逐步加强了预算外资金管理。重庆市水路运输规费仍旧由航运管理机构征收后，解入重庆市交通主管部门专用账户，再进入财政专户储存管理。重庆市水路运输规费每年的年度收支计划报送重庆市计委审核后下达重庆市交通局执行，同时将审核过的年度收支计划报送重庆市财政局、重庆市审计局备案，专户储存款由重庆市财政局审批后拨款，划入重庆市交通主管部门专用账户严格按计划使用。同时，重庆市人民政府加强了财政、税务、审计各部门的监督检查。

四、规范管理与审计检查

（一）规范管理制度

1992年，重庆市交通局开始全面实行交通规费资金的规范化管理。1992年3月24日，重庆市交通局印发《交通专项资金财务管理暂行办法》，明确地规定了预算外资金范围内各种交通规费属于交通专项资金，"交通专项资金是交通事业、基础设施建设的主要资金来源。"交通规费收入实行"依法征管、计划考核、按实统缴、专户储存的办法"。交通规费支出"实行经费预算、专项专批、计划控制、程序拨款的办法"。一般正常经费必须编制年度总预算，统缴统拨单位分月分次拨付，分成返还单位按下达总预算控制使用。基本建设项目一律按基建程序办理。专项支出先确定全年总控额度，使用时专报专批。年度计划尚未下达之前，经费支出、专项支出按计划草案控制拨款。这是重庆交通规费资金第一个规范化管理文件。

1993年3月7日，重庆市交通局印发《交通专项资金使用管理（暂行）规定》，对编制、审批正常经费支出、专项资金支出和基本建设支出三项预算、作了详细规定。对经费预算支出控制，采取了"按月拨付、年终结算、超支不补、节余留用"的包干使用办法。对专项预算支出控制，采取了"专项审批、及时划拨"的办法。对基本建设预算支出控制，采取了"项目控制、进度拨款"的办法。在交通规费资金使用管理制度实施后，从两方面进一步实施资金使用控制。

一是建立交通规费资金使用管理的内部控制机制，即实行资金、项目双重管控制度。1993年8月，《交通基础设施建设管养资金财务管理规定》初稿拟出，1993年9月、1994年5月至6月，召集了重庆市交通局属企业事业财务负责人、重庆市交通局相关部门负责人多次讨论，广泛征求意见，进行修改完善，1994年7月26日，在重庆市交通局局长办公会研究同意后，重庆市交通局正式印发了《交通基础设施建设管养资金财务管理规定》，共有总则、资金筹集、计划管理、使用管理和拨款管理五章。其主要原则：一是将总资金年计划、项目投资计划、财务拨款计划与单位用款计划相结合，用年计划安排资金渠道，用投资计划安排项目资金，用单位用款计划申请拨款，用财务拨款计划安排拨款，环环相扣，构成了一整套的管理程序制度。

1994 年 5 月 25 日，《交通基本建设财会管理规定》初稿在重庆市交通财务工作会上讨论通过。在征求局相关部门意见后，1994 年 8 月 9 日，重庆市交通局正式印发了《交通基本建设财会管理规定》。这个规定要求交通基建项目管理要按照基建程序分为前期工作费用和工程进度拨款两大部分来控制，其前期费用计划应与年计划、用款计划相配套。这两项制度，基本上可以适应当时交通建设中交通规费资金的管理需要，使交通规费资金进一步走上了使用管理的规范化制度轨道。

与此同时，1994 年 5 月 16 日，重庆市交通局向重庆市成渝高速公路管理处正式印发了《关于车辆通行费财务收支管理有关规定的通知》，其中，明确规定了会计核算制度、收支两条线管理方式、财务票据稽核管理等基本制度，并明确重庆市收取通行费、过桥费、过渡费单位可比照执行。

二是实行计划拨款与有偿使用双重运行方式。

1. 筹备组建重庆市交通投资公司

为了多渠道筹集公路建设资金，形成举债修路、收费还债的新机制，从 1993 年初开始，重庆市交通局在广泛调查、认真论证基础上着手组建重庆市交通投资公司。1993 年 5 月 14 日，重庆市交通局局长办公会议决定成立交通投资管理委员会。1993 年 5 月 20 日，重庆市交通局发出了《关于成立交通投资管理委员会的通知》："为了加强交通投资有偿使用的管理，有利于多种资本金相结合、资金有偿投入、按期回收、保值增值的新机制形成，经局长办公会 1993 年 5 月 14 日决定，成立交通投资管理委员会，成员有：胡振业、郑道访、陈庆礽、禹培文、宋旭光。由局长胡振业任主任，副局长郑道访、陈庆礽任副主任。"

经过交通投资管理委员会的第二次会议批准，1994 年 4 月，重庆市交通投资公司申请登记正式成立，同时挂"重庆市交通建设投资部"的牌子，实行"一套班子、两块牌子"合并办公的管理体制。公司章程载明：公司设立于重庆市市中区华一路 17 号，注册资金 1000 万元。为重庆市交通局直接领导的非金融性质的全民所有制企业，在业务上接受国家交通投资公司的指导。公司具有开发性职能，通过多种形式为交通基础设施建设项目筹措资金，发放委托贷款、借款，对实行贷款和投资的经营性项目，按照合同规定按期收回投资本息、股利和其他收益。

2. 交通投资有偿使用资金的初步尝试

为加强交通投资使用管理，1994 年 7 月 4 日，重庆市交通局召开了局长办公会暨交通投资管理委员会第三次会议，对有关交通投资有偿使用的议案进行了研究，经过讨论做出了三项决定，并于 1994 年 7 月 16 日，重庆市交通局重交局〔1994〕101 号文件向重庆市交通建设投资部发出正式通知：第一是调整增补了交通投资管理委员会成员，因副局长郑道访、陈庆礽上调四川省交通厅，新增党组书记王机，副局长滕西全、黄同科为交通投资管理委员会副主任，增补监察审计室处长明正义为成员。第二是同意试行新制定的《交通建设有偿投资项目管理暂行细则》，明确了重庆市交通局提供的资金以资本金和负债两种方式投入，增加资本金由管委会决定，负债以合同方式确定，重庆市交通建设投资部有偿使用，其资金回收作为重庆市交通建设投资部的业绩考核，资金使用总方向必须面向交通建设和企业事业发展。第三是关于两项增资的决定，一是合川涪江二桥 1994 年股本资金的投入，原则上同意增加资本金 780 万元，按年度投资计划和董事会决议分期拨付。二是同意每年将货附费用于扶持交通运输企业的 10% 划拨给重庆市交通建设投资部，充实企业发展基金。

1994 年 8 月 1 日，重庆市交通局向局属各单位印发了《交通建设有偿投资项目管理暂行细则》，对有偿使用范围、资金投放方式及其办事程序和资金回收方式予以明确规定。其中，有借款方式、委托银行贷款方式、参股控股方式等，以便于具体操作实施。在执行中，有些计划拨款的项目，辅之以有偿使用的办法，有利于投资向资本金和负债两种方式发展。重庆市交通投资公司（重庆市交通建设投资部）参与了新建合川涪江二桥、菜园坝重庆汽车站、陈家坪重庆汽车西站、重庆沥青油库等项目的投资开发，除计划拨款外，其增加部分均作为有偿使用。

到1996年，这种资金计划拨款、有偿使用双重运行方式，实行了管委会行使资本投资决策权与管理权的制度，逐步建立了交通建设有偿投资项目管理制度，并建立了企业发展基金，在扶持企业方面有了稳定的资金来源。在交通投资管理委员会领导下，提出了“完善充实投资部投资管理功能，维持交通投资公司并相机发展”的调整方向，进一步理顺了拨款管理与投资经营两种方式，明确了部与公司的隶属关系与职能，并分别建账核算。经多次审计和税收财务检查，这种方式运行比较正常。

（二）审计检查监督

1994年，重庆市交通规费资金先后由财政部驻重庆特派员办事处、重庆市物价局、重庆市财政局、重庆市审计局进行了车购费审计、收费年检、财税物价大检查、公路规费审计调查，重庆市交通局主动争取，主动配合，积极组织，积极整改。其中，重庆市审计局对公路养路规费的初次审计调查，是重庆交通系统有史以来所接受的第一次审计监督检查。

1995年11月和1996年2月，重庆市审计局根据对财政收支审计的要求，分两个阶段针对1995年度重庆市交通局公路交通建设资金和规费收支情况进行了审计调查，调查延伸到重庆市交通局各处室和交通规费主要使用单位及基层收费站所。这次审计调查是重庆交通系统有史以来所接受历时最长的一次审计监督检查。1996年5月5日，审计调查结束后，重庆市审计局向重庆市人民政府写出了《关于呈报〈关于重庆市交通局一九九五年度公路建设资金及规费收支情况的审计调查报告〉的报告》，这次审计调查对重庆交通规费收支基本情况、1995年度重庆市交通局本部规费收支及建设资金情况、存在的问题等，作出了客观真实的反映。存在的问题主要有：有的征费单位少报少交规费；沉淀资金量大，资金管理运用效果有待进一步提高；局机关行政支出偏高；规费征收中仍有漏征现象。提出了加强基层征费单位管理监督、尽量减少资金滞留、市财政部门对公路建设规费收支纳入监管范围和加强应征管理等4条建议。其评价结论是：“通过审计调查，总的来看，市交通局对交通建设资金管理较好，特别是局属高速公路管理处在成渝路通行费征缴工作中，严格管理，未发现处、站、所瞒报少交情况；抽查稽征处所属的四个区县所的规费征交情况，未发现瞒报少交的情况；该局系统的规费征管工作比我局一九九四年调查时的状况有较大的改善，管理工作不断提高。但由于征收规费的种类、环节较多，涉及面宽，工作量大，管理任务重，仍存在着有待改进的问题。”

1996年4月7日，国务院批转财政部、国家计委、审计署、中国人民银行、监察部等五部门关于清理检查预算外资金的意见，要求集中力量在全国范围内对预算外资金进行一次清理检查。1996年5月，在重庆市审计局的审计调查结束后不久，重庆市人民政府动员部署、组织实施了全市预算外资金清理检查工作。1996年5月17日，重庆市交通局召开了所属各单位负责人和财务负责人会议，传达了重庆市人民政府预算外资金清理检查会议精神和四川省预算外资金清理检查电话会议精神，宣布成立重庆市交通局预算外资金自查工作领导小组，局长胡振业任组长，作了预算外资金自查工作动员部署。会后，重庆市交通局所属各单位经过紧张工作，于规定的5月15日至6月15日时间内完成了全部预算外资金自查工作，1996年6月14日，重庆市交通局向重庆市人民政府上报了《重庆市交通局预算外资金自查报告》。1996年下半年，重庆市人民政府继续把重庆市交通局的交通规费列为重点检查对象。

第二节　交通规费预算管理体制

全面预算管理的历史进程。1996年，国家进一步加强财政预算管理。1996年7月6日，国务院国发〔1996〕29号文件发出《关于加强预算外资金管理的决定》，决定从1996年起将包括公路养路费、车辆购置附加费、公路建设基金、港口建设费等交通规费在内的13项数额较大的政府性基金或收费纳入财政预算管理。随后，从1996年9月至12月，财政部、交通部、国家发展计划委员会先后发出了关于交通规费纳入财政预算管理的重要文件，规定从1997年1月1日起，全国各地公路养路费、公路客货运附加费及公路建设基金全部纳入财政预算管理。同时，国家推行非税收入收缴分离、“收支两条线”的管理体制。1996年3月17日，第八届全国人民代表大会第四次会议通过并由中华人民共和国国家主席令第63号发布《中华人民共和国行政处罚法》，自1996年10月1日起施行。其中，第四十六条规定：“作出罚款决定的行政机关应当与收缴罚款的机构分离。”1997年11月17日，国务院令第235号发布《罚款决定与罚款收缴分离实施办法》，自1998年1月1日起施行。

1996年9月25日，交通部令1996年第7号发布《交通行政处罚程序规定》其规定：“作出罚款决定的交通管理部门应当与收缴罚款的机构分离。”1999年6月6日，中共中央办公厅、国务院办公厅中办发〔1999〕21号文件转发《监察部、财政部、国家发展计划委员会、中国人民银行、审计署关于1999年落实行政事业性收费和罚没收入“收支两条线”规定工作的意见》。1999年6月14日，财政部、监察部、国家发展计划委员会、审计署和中国人民银行财综字〔1999〕87号文件发布了《关于行政事业性收费和罚没收入实行“收支两条线”管理的若干规定》。

2000年2月12日，国务院令第281号发布《违反行政事业性收费和罚没收入收支两条线管理规定行政处分暂行规定》。国务院相关部门也先后发布了行政事业性收费和罚没收入“收支两条线”规定。

从2000年9月1日起，财政部将51项行政事业性收费和政府性基金纳入预算管理，涉及资金约200亿元，进一步缩小了预算外资金收入规模。2001年12月10日，国务院办公厅国办发〔2001〕93号文件转发财政部《关于深化收支两条线改革进一步加强财政管理意见》，2004年7月23日，财政部发出《关于加强政府非税收入管理的通知》，又进一步扩大了“收支两条线”管理范围，到2004年年底，全国共有26个中央部门和单位实行了收入收缴改革，41个实行了“收支脱钩”管理。

一、重庆市预算管理规定

（一）预算管理的法规政策

一是立法方面。1998年12月26日，重庆市人民代表大会常务委员会公告第92号发布《重庆市罚款与没收财物管理条例》，自1999年3月1日起施行。其中，明确规定罚款收入必须全额缴入国库，按财政体制纳入预算管理。

2002年7月26日，重庆市第一届人民代表大会常务委员会第四十一次会议通过《重庆市行政事业性收费管理条例》并公布自2002年9月1日起施行。其中，明确规定了行政事业性收费实行收缴分离。

2004年5月30日，重庆市第二届人民代表大会常务委员会第九次会议通过《重庆市市级预算监督条例》，共有5章47条，自2004年7月1日起施行。这是在实行收缴分离、罚缴分离和收支两条线之后实施全面预算管理的最高地方性法规。

二是政府规定。1998年10月26日，重庆市人民政府令第39号发布《关于进一步规范政务管理改善投资环境的决定》，要求重庆市财政、物价部门清理行政事业性收费项目并结合对行政事业性收费年度审验，制作重庆市统一的行政事业性收费目录，建立行政事业性收费项目公示制度。

1998年12月15日，重庆市人民政府办公厅渝办发〔1998〕155号文件下发《关于印发重庆市行政事业性收费实行收缴分离暂行规定的通知》，第四条规定：“行政事业性收费通过银行代收，实行收缴分离。”自1999年1月1日起施行。1999年1月21日，重庆市财政局、人民银行重庆营业管理部联合发出《关于印发〈重庆市市级行政事业性收费“收缴分离”实施办法〉的通知》。

规定各种市级行政事业性收费由重庆市的8家银行代收后直接解缴国库。

（二）交通规费预算管理

1997～2005年，重庆市交通规费逐步实行了全面预算管理。

1997年1月1日，重庆市实施预算外资金“收支两条线”管理，重庆交通部门的所有交通规费开始全额纳入财政管理，解缴财政专户储存和国库。分别是公路养路费、公路客货运附加费作为政府性基金缴入国库实行预算内管理；公路运输管理费、内河航道养护费、水路运输管理费、车辆通行费、港口费等其他交通规费缴入财政专户储存，实行预算外管理。1999年5月13日，重庆市交通局渝交局〔1999〕426号文件下发《重庆市交通养建资金拨款财务管理办法》，按照财政预算管理规定，管理办法，建立起交通规费资金预算管理的原则、资金分类管理要求、在预算制度之下的拨款程序等基本制度，按其执行，基本能够适应财政预算管理新制度的要求。

2000年6月26日，根据行政事业性收费项目清理结果，报经重庆市人民政府第四十六、五十六次常务会议批准，重庆市物价局、重庆市财政局公布重庆市交通部门行政事业性收费标准及其部分管理办法。2000年10月13日，重庆市物价局、重庆市财政局又发出《关于我市交通部门行政事业性收费标准的补充通知》，将原下达给重庆市港口局、重庆市交通局行政事业性收费项目，全部划转为重庆市交通委员会行政事业性收费项目并作出补充规定。2000年10月26日，重庆市交通委员会转发重庆市物价局、重庆市财政局《关于我市交通行政事业性收费标准的通知》和重庆市物价局、重庆市财政局《关于我市交通部门行政事业性收费标准的补充通知》，至此，重庆市交通部门行政事业性收费形成完全合法的征收目录体系。

2001年3月6日，重庆市财政局、重庆市交通委员会共同下发《关于进一步规范公路水路等交通规费管理有关问题的通知》，提出“进一步规范市级预算管理的要求：一是公路水路等交通规费属市级财政性资金，统一纳入市级财政预算内管理和预算外专户管理，由重庆市交委按照规定分别缴入市级国库和市级财政专户；市级财政部门按照当年审批下达重庆市交委的支出计划，根据收入进度，直接将资金拨付重庆市交委，实行统一的收支管理。二是要求各区县不得重复将市级财政拨付的交通资金纳入预算外资金统管，严格执行‘收支两条线’规定，不得以各种理由截留、挤占、挪用公路水路等交通规费资金。”

2002年8月10日，重庆市人民政府办公厅渝办发〔2002〕108号文件下发《转发市财政局关于深化收支两条线改革进一步加强财政管理贯彻意见的通知》，提出将各部门的预算外收入全部纳入财政专户管理，条件成熟的纳入财政预算管理，任何部门不得“坐收”“坐支”。其中，预算外资金实行脱钩管理部门中有重庆市交通委员会，有大小21项预算外收入、大的项目如内河航道养护费、水路运输管理费、公路运输管理费、船舶港务费、船舶检验费等，要求实行收支脱钩管理。

2003年5月6日，重庆市交通委员会下发《重庆市交通规费实行收支两条线管理试行办法》。其中，规定“具有执收职能的单位（以下称‘执收单位’）根据国家法律、法规和规章收取的公路养路费、公路客（货）运附加费等政府性基金。公路运输管理费、车辆过渡费、水上交通规费等行政事业性收费（以下统称‘交通规费’），属于财政性资金，均应实行‘收支两条线’管理。即，上述交通规费收入按市财政部门规定，通过市交通委员会收入过渡账户全额上缴国库或预算外资金财政专户，支出按财政部门批准的计划统筹安排，从国库或预算外资金财政专户中核拨给市交通委员会后由市交通委员会按预算及进度安排执收单位和其他用款计划单位使用。”这个办法对交通规费账户的开设及资金的收缴、票据的使用和管理、财务核算管理体制和收支预决算管理、支出管理、监督与检查均有详细规定，是重庆市交通委员会第一个全面贯彻实施“收支两条线”管理的实施办法。

2004年9月13日，重庆市交通委员会下发《关于印发〈重庆市交通委员会资金收支预算管理（暂行）办法〉的通知》。其中，总则明确规定“市交委资金收支预算是部门预算的重要组成部分，由直属单位预算和有关单位预算组成。”“直属单位是指与市交委直接发生资金缴款、拨款关系的委属事业单位。有关单位是指与市交委直接发生交通资金缴款、拨款关系的区县（自治县、市）地方交通部门（以下简称地方交通部门）、建设项目业主单位和委相关部门。”“直属单位和有关单位均为一级预算单位（以下简称各预算单位），由本级各部门及其所属单位预算组成。”“各预算单位编制的收支预算应当做到收支平衡。”《重庆市交通委员会资金收支预算管理（暂行）办法》对预算收支范围、预算编制、预算执行、监督检查、年度决算均有明确规定。这是自1986年以来最详尽、最完整的一个交通规费资金预算管理实施办法。

2005年1月27日，重庆市人民政府办公厅渝办发〔2005〕22号发布《关于印发重庆市地方政府性基金项目目录的通知》。重庆市人民政府决定从本通知下发之日起，取消包括公路基础设施附加费和交通重点建设附加费在内的11项政府性基金。公路客货运附加费是国务院批准、财政部等部委文件核准的由交通部门执收后缴入国库，水运客货运附加费是国务院批准、财政部等部委文件核准、由交通部门执收后缴入国库。这两项作为重庆市地方政府性基金纳入财政预算管理。至此，公路养路费、公路客货运附加费、水运客货运附加费均已经确立为政府性基金纳入预算管理。

二、公路养路规费预算管理

根据财政部、中国人民银行财预〔2003〕470号文件《关于将部分行政事业性收费纳入预算管理的通知》要求，从2004年起，公路运输管理费、内河航道养护费、水路运输管理费、港务监督管理费等交通规费从缴入财政专户实行预算外管理变为缴入国库实行预算内管理的方式。至此，重庆市主要交通规费均实行了财政预算管理。

（一）政府性基金预算管理

1. 公路规费预算管理的立法保障

1997年10月17日，重庆市第一届人民代表大会常务委员会第10号公告公布《重庆市公路养路费征收管理条例》，自1997年11月1日起施行。这是重庆市直辖后产生的第一部关于养路费征收管理的地方性法规。其中，第三条明确规定：“公路养路费是用于公路养护、建设和管理的专项费用，纳入财政预算管理，专款专用，并接受审计监督。”这是以地方性法规明确规定公路养路费的财政资金性质，为公路养路费的财政预算管理提供的第一个法规。2000年6月28日，重庆市人民政府渝府发〔2000〕51号文件下发了《重庆市人民政府关于印发〈重庆市公路养路费征收管理办法〉的通知》，从2000年7月1日起施行。至此，重庆市直辖后，公路养路规费的预算管理和征稽管理初步形成较为完整的法规体系。

随着社会法制建设进程的加快和重庆交通的飞速发展，1997年制定的《重庆市公路养路费征收管理条例》显现出问题和缺陷。重庆市交通委员会及其重庆市征费稽查局组织大量人员对原有条例进行修订。2003年9月27日，重庆市第二届人民代表大会常务委员会第14号公告发布《重庆市公路养路费征收管理条例》（修订），自2003年12月1日起施行。修订后的《重庆市公路养路费征收管理条例》仍旧保留“公路养路费是用于公路养护、建设和管理的专项费用，纳入财政预算管理，专款专用，并接受审计监督。”这一条款。2003年12月29日，重庆市人民政府渝府发〔2003〕95号文件下发了《重庆市人民政府关于贯彻实施〈重庆市公路养路费征收管理条例〉有关问题的通知》。2004年1月15日，重庆市交通委员会下发《重庆市交通委员会关于贯彻实施重庆市公路养路费征收管理条例的通知》。2005年3月29日，由重庆市人民政府渝府发〔2005〕28号文件下发了《重庆市人民政府关于印发重庆市公路养路费和客货运附加费征收管理办法的通知》，至此，重庆市公路养路费、客货运附加费预算管理和征稽管理法律体系进入日臻成熟的阶段。

2. 公路规费预算管理的制度建设

在行政事业性收费“收支两条线”管理改革过程中，重庆市首先将公路养路费、公路客货运附加费作为政府性基金纳入预算管理范围的交通专项资金。从1997年1月1日起，重庆市交通局所征收管理的公路养路费、公路客货运附加费全数划入财政预算内管理。

1997年1月23日，重庆市交通局向重庆市财政局报送了关于对加强养路费预算管理和预算外资金管理的意见的函，鉴于相当繁重的交通基础设施的建设任务，建议重庆市交通局作为养路费的市级预算单位，比照中央主管部门汇解集中缴库办法，在重庆市稽征处和重庆市交通局设立待缴款专户。由重庆市交通局汇解集中缴市级金库，同时，统办预算决算草案，各项支出、区市县和万涪黔的分成（包括定额补助）由市级金库统拨重庆市交通局后再予返拨。在拨款方式上，考虑到公路管养经费发生频繁，建设自有资金比例小，总的按预算和用款计划拨款，暂采用切块核拨的方式为宜。

1997年2月5日，重庆市交通局向重庆市人民政府呈报了关于加强养路费预算管理和预算外资金管理的意见的报告，养路费纳入预算管理，其余交通规费纳入预算外管理，其征收管理体制和征收办法、范围、环节及程序，继续按现行规定执行。报告陈述了重庆市交通部门将按照中共重庆市委常委会通过的重庆市1997~2020年主骨架公路网发展规划、承担相当繁重的交通基础设施的建设任务的情况，要求考虑交通部门实际情况，与重庆市财政部门共同制订具体实施办法，即仍由重庆市交通局主管的稽征处、高管处、航管处、运管处等行政执法部门负责征收，每年提出征收、使用计划，专款专用于国家的国省县乡道公路的管理、养护和建设，请财政及时足额拨付。随后提出了具体建议。

1997年6月19日，重庆市财政局重财预〔1997〕92号文件向重庆市交通局发出《关于印发〈重庆市养路费预算管理暂行办法〉的通知》，自1997年1月1日起执行。其中，明确规定："养路费实行财政预、决算审批制度。""养路费收入为重庆市市级固定收入"，"养路费纳入政府性基金预算管理，实行收支两条线，专款专用，年终结余结转下年继续使用"，"按国家统一规定，从1997年1月1日起到2010年12月31日止，由重庆市财政局从养路费中提取3%作为地方水利建设基金来源"。"养路费委托重庆市交通局及其所属分支机构负责征收。经重庆市财政局同意，由重庆市交通局征收单位在指定国家银行设立待缴款专户。具体征收部门将征收的养路费每日汇交到待缴款专户，由重庆市交通局征收单位填制一般缴款书，以'工业交通部门基金收入类'的'养路费收入'款级科目，及时、足额缴入重庆市市级金库。缴入重庆市市级金库的养路费，由重庆市交通局按照批准的使用计划向重庆市财政局申请拨款，重庆市财政局根据养路费的入库情况及时办理拨款手续。重庆市交通局收到拨款后应按照国家规定的用途及时拨付到项目建设单位和用款单位。"

为适应财政预算的收支两条线管理新的体制，重庆市交通部门实施了一系列新的财务预算管理制度。首先，1997年，重庆市交通局下发《重庆市公路养路费使用管理（暂行）办法》，其中规定"公路养路费、重点建设资金、客附费、货附费属政府性基金，是重庆市市级固定收入，全额纳入预算管理，实行收支两条线，收入全额上缴国库，先收后支，专款专用，预算单列，自求平衡，结余结转下年继续使用"。1997年6月20日，重庆市交通局向重庆市财政局报送了关于请求确认预算管理及预算外管理资金收支账户的函，提出了预算管理资金的待缴款专户和预算管理支出专户、预算外收入过渡户和预算外管理支出专户、开户银行及其具体账户，在获得重庆市财政局确认后予以实施。

2000年10月23日，重庆市交通委员会渝交委〔2000〕378号文下发《重庆市公路养路费使用管理（暂行）办法》，即将1997年的《重庆市公路养路费使用管理（暂行）办法》移植为重庆市交通委员会文件，在重庆市交通委员会成立后继续实行。

2004年3月9日，重庆市交通委员会、重庆市财政局渝交委〔2004〕72号文件共同下发《关于农用车摩托车养路费货附费征管移交财务清算与预算管理有关问题实施意见的通知》，就两吨（含两吨）以下的农用车养路费货附费、摩托车养路费（以下简称"农用车养路费货附费、摩托车养路费"）的征管移交、财务清算以及预算管理等有关问题提出实施意见。从2004年3月15日起，各征稽所及委托征收机构对农用车养路费货附费、摩托车养路费正式实行单列台账、微机征费的管理，合署办公、按时上解全部收入，由重庆市征稽局按收支两条线管理规定，统一解缴重庆市交通委员会和国家市级金库。至此，全部公路养路费、公路客货运附加费均实现“收支两条线”管理。

2004年9月27日，重庆市财政局、重庆市交通委员会渝交委〔2004〕300号文共同下发《关于完善公路养护资金支出预算管理的通知》，决定进一步规范重庆市公路养护资金的使用，完善与健全支出预算管理。即“按照国家政府性基金管理要求，对国省县乡公路养护资金的使用，实行年度预算管理，即每年各区县（自治县、市）交通局（委）编制市级公路养护资金年度收支预算，由市公路局汇总，经市交委审查、市财政局审批后，纳入交通年度财务收支预算，各区县（自治县、市）交通局（委）按批准的收支预算进行使用。”根据《重庆市市级预算监督条例》“预算资金应按规定用途使用”的原则，在保持现有公路养护管理体制不变的情况下，遵循权责一致即资金与事权相结合的原则，以2003年养路费分成数（含超收分成、定额补助）为基础，重庆市交通委员会确定了各区县（自治县、市）市级公路养护预算资金基数。从2005年1月1日起，即依据国省干线公路的养管工作量和定员定额标准以及县乡公路养管工作量和年公里补助标准，确定各区县（自治县、市）年度公路养护资金收支预算，并原则上不低于预算资金基数。至此，从1997～2005年初，对各区县（自治县、市）交通部门实行的养路费分成制度停止执行，全面实施“收支两条线”的财务预算管理体制。

（二）公路其他规费实行全面预算管理

从1997年1月1日起，贯彻实施国务院国发〔1996〕29号文件颁布的《关于加强预算外资金管理的决定》，要求交通部门的行政事业性收费和政府性基金全额纳入财政管理。

1997年2月5日，重庆市交通局向重庆市人民政府呈报了关于加强养路费预算管理和预算外资金管理的意见的报告，除养路费纳入预算管理外，其余交通规费纳入预算外管理，其征收管理体制和征收办法、范围、环节及程序，继续按现行规定执行，仍由重庆市交通局主管的稽征处、高管处、航管处、运管处等行政执法部门负责征收，每年提出征收、使用计划，专款专用于国家的国省县乡道公路的管理、养护和建设，请重庆市财政及时足额拨付。

1997年6月19日，重庆市财政局向重庆市交通局发出《关于印发〈重庆市养路费预算管理暂行办法〉的通知》，自1997年1月1日起执行。除公路养路费、公路客货运附加费作为政府性基金缴入国库实行预算内管理外，公路路政规费、车辆通行费、车辆过渡费等公路其他规费也缴入财政专户储存，实行预算外管理。1997年6月20日，重庆市交通局向重庆市财政局报送了关于请求确认预算管理及预算外管理资金收支账户的函，除提出预算管理资金的待缴款专户和预算管理支出专户外，同时提出了预算外收入过渡户和预算外管理支出专户、开户银行及其具体账户，在获得重庆市财政局确认后予以实施。

2003年5月6日，重庆市交通委员会下发《重庆市交通规费实行收支两条线管理试行办法》。其中，总则第2条规定，除公路养路费、公路客（货）运附加费等政府性基金外，车辆过渡费、水上交通规费等行政事业性收费，也属于财政性资金，均应实行收支两条线管理，即按重庆市财政部门规定，通过重庆市交通委员会收入过渡账户全额上缴国库或预算外资金财政专户，支出按财政部门批准的计划统筹安排，从国库或预算外资金财政专户中核拨给重庆市交通委员会后由重庆市交通委员会按预算及进度安排执收单位和其他用款计划单位使用。

三、道路运输规费预算管理

1997年，重庆市直辖后，出租汽车仍旧由重庆市人民政府实行总量控制，即重庆市公用局、重庆市交通局各自管理主城七区内外的出租汽车经营，各自提出出租汽车发展计划后，由重庆市人民政府审批，继续实施以公开拍卖方式出租汽车经营权来收取有偿使用费。1997年12月，根据重庆市人民政府1997年第9次常务关于新增发展1997年度城市客运出租汽车的原则精神，主城区出租汽车客运管理部门对700辆出租汽车指标进行了公开拍卖。拍卖价格：奥拓车为27万元/辆，桑塔纳车为20.3万元/辆。这笔有偿使用费仍然由重庆市财政部门实行专户管理，并逐步在公路运输管理部门和社会客运车辆管理部门实施收支两条线预算管理。

1998年5月25日，重庆市财政局、重庆市交通局共同下发《关于加强公路运输管理费管理的通知》，决定对重庆市运管费实行市级统管，实行收支两条线管理。即收入金额缴入市财政专户，支出由市交通运输管理部门根据全市运政管理机构设置、人员编制和运管工作需要进行分配，经重庆市财政局、重庆市交通局审核后拨付。运管费应坚持“先收后支，以收定支，收支平衡”的原则，节约使用，实行收支预决算审批制度，由重庆市运管处编制全年年度收支预算，报重庆市财政局、重庆市交通局审核后实施。

1999年起，重庆市运管费提取3%的水利基金。为便于运管理费征收和解决基层单位经费周转，运管费解缴实行周转金制度。2000年，运管费按照征收额提取5%的提提调剂基金，用于平衡各区县单位发展。2000年12月18日，重庆市财政局渝财库〔2000〕32号文件发出《关于行政事业性收费罚没收入“收缴分离”实行新编码的通知》，其中，所列实行行政事业性收费罚没收入“收缴分离”的交通单位，有重庆市道路运输管理局，从2001年1月1日起实施，即按新编码向市财政预算外专户全额上缴收费收入。

从2003年年底到2004年上半年，主城区出租汽车有偿使用费制度实施了新的产权管理制度改革，以出租汽车经营权证款代替了出租汽车有偿使用费。即主城区出租汽车经营者现已取得的出租汽车经营权，在2004年12月31日前，按每个经营权指标，向重庆市人民政府交纳5万元人民币（下同）的出租汽车经营权证款，取得市政府颁发的“经营权证书”后，转入出租汽车经营权产权管理制度管理；经营者在2005年将现已取得的出租汽车经营权转入经营权产权制度管理的，每个经营权指标交纳6万元出租汽车经营权证款。经营者应从转入的当月按规定交纳运管费和客运附加费等税费。均由重庆市财政由收缴分离系统直接收取出租汽车经营权证款，再由重庆市道路运管局核发经营权证书。

2003年6月12日，重庆市交通委员会、重庆市财政局共同下发《关于公路运输管理费分配使用管理的通知》，对公路运输管理费预算管理作出规定：一是重庆市公路运管费作为市级预算外资金，实行收支两条线管理。征收收入全额缴入市财政预算外资金专户，各单位、各部门不得以各种理由截留、挤占、挪用运管费。二是运管费应坚持“先收后支、以收定支、收支平衡”的原则，按照勤俭办事业的方针，节约使用。运管费实行收、支预决算审批制度。由重庆市运管局编制重庆市运管费年度收支预算，由重庆市交通委员会、重庆市财政局审批后实施。三是运管费的分配，以加强宏观调控、资金相对集中为原则，在保证基层单位资金需求的前提下，首先按征收总额的3%征收上缴水利建设基金，再按各区县（自治县、市）运管费征收总额的5%比例提取调剂资金，主要用于各区县（自治县、市）运管经费不足的调剂、三峡移民淹没复建、连片贫困地区扶贫、突发事件处理等专项支出。最后由重庆市交通委员会采用分成比例的方式安排公路运输管理支出资金渠道，即重庆市征收的运管费总额扣除3%水利建设基金和返还区县（自治县、市）应得分成后的部分由重庆市交通委员会统一安排使用。至此，公路运输管理费全面实行“收支两条线”管理，但仍旧按过去分成留用的比例分配拨付资金。

2005年年底，重庆市交通委员会、重庆市财政局渝交委〔2005〕460号文件又联合下发《关于进一步完善公路运输管理费收支预算管理的通知》，进一步规范重庆市公路运输管理费收支预算工作。文件规定：一是对道路运输管理事业经费的使用实行年度预算管理，即每年由市运管局负责汇总编制市级道路运输管理经费年度收支预算，并经重庆市交委审查、重庆市财政局审批后，纳入交通年度财政收支预算。重庆市运管局在批准的预算范围内控制使用，并及时下达各区县（自治县、市）收支预算。二是以2005年预算数（含拨入运管费、财政经费补贴，办案经费）为基础，确定各区县（自治县、市）市级公路运输管理资金预算基数。从2006年起，按照交通部关于运管人员编制意见精神，结合各区县（自治县、市）管理的营运车辆数及其管理区域面积，实行定编、定员、定额管理方式编制道路运输管理机构年度经费预算，以此确定各区县（自治县、市）市级道路运输管理经费年度收支预算，原则上不低于预算基数。三是重庆市运管局负责审查汇总经各区县（自治县、市）交通主管部门认可的同级运管机构编制的运管经费年度收支预算，并督促各区县（自治县、市）运管费的征收工作，确保运管费及时、足额入库，同时结合各区县（自治县、市）的经费使用情况及运输市场管理绩效核拨市级道路运输管理经费。四是在完善市级道路运输管理经费收支预算管理制度后，应将各区县（自治县、市）的行业管理情况和征收计划完成情况纳入年度目标责任考核并实行奖励，考核与奖励办法由重庆市交委、重庆市财政局另行规定。五是道路运输管理经费是市级财政性资金，专项用于公路运输管理事业，任何部门不得挪作他用。否则，将按有关财政法规进行处理。至此，过去分成留用的管理方式完全停止执行，从2006年1月起重庆市运管部门实行全面预算管理。

四、水路运输规费预算管理

1997~2005年，重庆水路运输规费逐步纳入财政预算管理。

2000年6月26日，重庆市物价局、重庆市财政局公布了重庆市交通部门行政事业性收费标准。其中，第九项至第十四项是船舶及船用产品检验收费标准、重庆市港口费征收管理办法、内河航道养护费、水路运输管理费、船舶港务费等水路运输规费的征收标准激起管理办法，其中文件明确规定："航养费属预算外资金，按规定纳入市级财政专户储存管理，并按'统收统支、收支两条线'的原则进行核算"。文件规定重庆市交通局在收到内河航道养护费款项5日内全额缴存重庆市财政专户。内河航道养护费收支计划应上报重庆市交通局、重庆市财政局审批后执行。水路运输管理费"属预算外资金，按《重庆市预算外资金管理条例》的规定纳入市财政专户储存管理，并按'统收统支、收支两条线'的原则进行核算"。文件规定重庆市交通局在收到水路运输管理费款项5日内全额缴存重庆市财政专户。水路运输管理费收支计划应上报重庆市交通局、重庆市财政局审批后执行。"港口费是专款专用的事业性经费，按预算外资金纳入财政专户储存。实行'以港养港、收支平衡、收支两条线、全额上缴、按比例分成'的管理原则。""船舶港务费属预算外资金，按规定纳入市财政专户储存管理，并按'统收统支、收支两条线'的原则进行核算"，文件规定重庆市交通局在收到船舶港务费款项5日内全额缴存重庆市财政专户。

2001年8月6日，重庆市交通委员会下发《重庆市水路交通规费资金管理办法（试行）》，从2001年1月1日起执行。其中要求征收的水路交通规费应严格执行"收支两条线"规定：一是内河航道养护费、水路运输管理费、船舶港务费、船舶检验费四项规费收入实行"统收统支、收支两条线""全额上缴、超收分成"的原则管理。每月5日前，各基层征收单位将上月规费收入全额解缴重庆市港航管理局，再由其全额解缴至重庆市交通委员会收入过渡户，由重庆市交通委员会统一缴入市财政预算外资金专户。二是主城区及近郊区港口费收入实行"收缴分离"的方式，即由重庆市财政局指定各银行代收，然后由银行直接缴存财政专户。重庆市其他地区征收的港口费按月上报财务报表。三是实行年度财务预算决算制度，即由重庆市交通委员会、重庆市财政局共同审批，再由重庆市港航管理局对审批的支出预算分解下达到各单位，并按分解预算与计划及财政到位资金安排每月应拨款项。

2006年11月20日，重庆市交通委员会、重庆市财政局共同发布《关于进一步完善我市水路规费收支预算管理的通知》决定：一是从2007年起，水路规费实行全面预算管理。各预算单位应按照定编、定员、定额的要求编制水路规费年度收支预算。在预算编制中，要贯彻"以收定支""收支平衡"的原则。在资金安排上，要体现基本支出预算优先保障的原则，项目支出预算要重点保证水上安全工作和有安全隐患的港航设施的工程资金。各预算单位原则上以2006年度收支数为预算编制基数。二是按照国家对非税收入的管理要求，对水路规费的使用实行年度收支预算管理，即水路规费预算单位（港航管理处、所）按预算管理要求编制年度收支预算，市港航管理局负责审核、平衡、汇总经区县（自治县、市）交通主管部门初审的同级港航管理机构编制的水路规费年度收支预算，编制全市水路规费年度收支预算。经市交委审查、市财政局审批后，市港航管理局应及时将收支预算下达到区县（自治县、市）水路规费预算单位，并抄送区县（自治县、市）交通局（委）和财政局，各水路规费预算单位应在批准的预算范围内控制使用。

第十三篇　交通精神文明建设

1986 年 9 月 26 日，中共十二届六中全会通过《中共中央关于社会主义精神文明建设指导方针的决议》，全国各地各单位开展起社会主义精神文明建设活动。1986～2005 年，在历届交通、公用党委领导下，重庆交通系统从组织形式多样的精神文明创建活动起步入手，从制订交通精神文明建设规划深入发展，各个交通企业事业单位、各区（市）县交通局，从创建文明窗口到创建交通文明行业，从创建局委级文明单位到创建省市级文明单位，直到创建全国文明单位，持续开展了交通精神文明建设。重庆交通系统包括公共交通行业在内的精神文明建设大致经历了以下两个大的阶段：

一是初期发展阶段（1986～1997 年），这是重庆市为计划单列市时期的交通精神文明建设活动阶段。在重庆市交通局党委领导下，重庆市交通局所属企业、事业单位的创建文明单位活动开始起步，并在四川省交通厅的领导下开展起创建交通文明行业的活动，即为在三年内力争交通行业 80% 单位建成文明单位的目标而努力开展创建活动，建成了一批重庆市级交通文明单位、四川省级交通文明单位，涌现出一批批先进的文明交通行业窗口单位。在重庆市公用局党委领导下，公共交通企业的创建文明单位活动也开始起步。从 20 世纪 80 年代“学雷锋、树新风”等优质文明服务活动入手，到 90 年代，在公交企业中开展了创建省级、市级文明单位的活动，在公交车队中坚持开展创建青年文明号活动，在公交公司中坚持开展“十佳”主人翁评选活动，还开展了职工之家建设活动，涌现了一批先进的或模范的职工之家。

二是深入发展阶段（1997～2005 年）。在前十余年开展精神文明建设活动的基础上，从重庆市交通局、重庆市公用局到后来的重庆市交通委员会党委成立了精神文明建设委员会，拟订了交通精神文明建设的十年规划，制订了本级文明单位、文明行业等创建工作的各种管理办法、考核程序和考核条件标准，以 2010 年建成文明交通行业为奋斗目标，发动重庆市整个交通行业的广大职工干部群众积极投入精神文明建设中来，进一步组织领导开展各级别文明单位创建工作，广泛开展文明交通行业的创建活动，深入开展文明行业窗口岗位或文明细胞的创建活动。

在重庆交通系统精神文明建设进程中，各单位在创建省市级文明单位的基础上，努力创建全国和交通部文明单位、文明行业，并努力创建文明行业窗口岗位。获得全国和交通部文明单位、文明行业、文明窗口创建成功的单位成为重庆交通系统精神文明建设的先行者。

1986～1990 年，重庆交通系统开展了“学雷锋、树新风、爱交通、作奉献”优质服务活动以及创建文明单位活动。1986 年，铜梁县公路养护段被中共四川省委、四川省人民政府命名为“文明单位”，成为县级交通系统所属单位中最早的一个省级文明单位。1987 年 6 月，重庆市人民政府命名铜梁县为“文明公路达标县”并奖励小汽车一辆。同时，涌现出一大批先进集体和以劳动模范为代表的先进个人，如著名的全国“五一劳动奖状”获得集体张家滩道班。1988 年，永川汽车运输总公司永川汽车站驾驶员李泽华获得全国“五一劳动奖章”。1989 年，重庆市北碚区航运公司敬老院管理员朱荣华获得“全国劳动模范”称号。

1991～1995 年，重庆交通系统加强文明单位的建设，有 50 个单位（包括二级单位）获得重庆市级文明单位称号，1 个单位获得四川省级文明单位称号。1994 年 12 月，重庆市交通稽查征费处被四川省委、四川省人民政府命名为四川省“文明单位”，其直属的21个征稽所全部被命名为“重庆市级文明单位”。这是重庆市交通局系统直属单位中创建的第一个省级文明单位。1995年，重庆汽车北站售票组获得重庆市“青年文明号”的表彰命名，这是重庆地方交通系统第一个获得重庆市“青年文明号”称号的基层岗组。同时，涌现出一大批先进集体和以劳动模范为代表的先进个人。1992年，重庆汽车运输总公司驾驶员周英福获得全国“五一劳动奖章”。1993年，重庆市交通局副局长兼任重庆市重点公路建设指挥部指挥长郑道访获得全国“五一劳动奖章”。1993年，张家滩道班工区长兼班长周成鹏获得“全国交通系统劳动模范”称号。1994年，重庆市交通局局长胡振业获得“全国交通系统先进工作者”称号。

1996~2000年，重庆市交通系统已建成重庆市级文明单位4个，委局和县级文明单位128个，全市交通行政执法部门全部建成文明单位。1997年5月4日，成渝高速公路管理处重庆收费站荣获交通部、共青团中央联合命名的全国“青年文明号”称号。这是重庆地方交通系统第一个获得全国“青年文明号”称号的基层岗组。1998年3月，重庆交通运业有限责任公司重庆汽车站服务总台，获得全国妇联命名表彰，这是重庆地方交通系统第一个全国“巾帼文明示范岗”。同时，涌现出一批先进人物和先进群体，有全国“五一劳动奖章”获得者6名，全国“五一劳动奖章”获得集体2个，全国交通系统劳动模范及四川省、重庆市劳动模范34名等，树立了交通行业的良好形象。重庆市交通局被全国妇联命名为“巾帼建功先进单位”。1996年，重庆市重点公路建设指挥部常务副指挥长杨清源获得全国“五一劳动奖章”。1999年，重庆市成渝高速公路管理处永川管理所班长程奉康（女）获得全国“五一劳动奖章”。2000年，重庆北方高速公路有限公司董事长、总经理李祖伟获得“全国劳动模范”称号，还有8人获得“重庆市劳动模范”称号。

2001~2005年，重庆交通系统广泛深入地开展“三学四建一创”等为载体的行业文明创建活动，强化职工思想道德教育，丰富职工文化生活，树立交通行业新风，获得重庆市级文明单位命名表彰的单位有69个，同时，涌现出一批先进人物和先进群体，交通行业文明创建工作呈现出蓬勃生机和旺盛活力。2001年，璧山县交通局党委书记、局长兼璧山县公路管理所所长刘正忠获得全国“五一劳动奖章”。2003年，重庆市梁平县公路管理段七桥道班班长曾大和获得全国“五一劳动奖章”。2005年，重庆高等级公路建设投资有限公司董事长、党委书记和总经理李健获得“全国劳动模范”称号。

1986~2005年，重庆公共交通行业精神文明建设成果丰硕。公交行业倡导重庆公交红姑娘客运队塑造的“红姑娘”精神和重庆轮渡公司塑造的“小板凳”精神等传统精神，坚持警民、军民、社民共建精神文明活动，连续坚持开展了八届“爱重庆、树新风”优质服务竞赛活动，在青年驾售人员中开展“学雷锋、树新风”活动。从20世纪90年代开始，在重庆公交企业中开展了创建省级、市级文明单位的活动，在公交车队中坚持开展创建青年文明号活动，在公交公司中坚持开展“十佳”主人翁评选活动，还开展了职工之家建设活动。1994年，重庆市公交公司冠忠（新城）公司601线6014号车组获得重庆市青年文明号表彰命名，这是重庆公共交通客运系统第一个获得重庆市青年文明号表彰的车组。1995年4月，重庆市第三公交公司306路队获得共青团中央、建设部全国青年文明号表彰命名，这是重庆公共交通客运系统第一个获得国家级青年文明号表彰的车组。同时，涌现出一批先进人物和先进群体。2000年，重庆市第五公共交通有限公司保修厂高级技工周庆忠获得“全国劳动模范”称号。2001年，重庆市公共交通公司售票员汪霞（女）获得全国“五一劳动奖章”。2002年，重庆市公共电车公司412路队队长徐孟同获得全国“五一劳动奖章”。2005年，重庆市公共交通控股（集团）有限公司董事长、党委书记杨茂超与重庆市公交集团公司重庆冠忠（第三）公共交通有限公司客车驾驶员翁桂英（女）获得“全国劳动模范”称号。

1997~2005年，万县市、涪陵市、黔江地区（重庆直辖后称万州区、涪陵区、黔江区）精神文明建设取得显著成绩。万县：1998年，万县市交通局由四川省最佳文明单位转为重庆市文明单位。2001 年，曾先后担任四川省万县市、重庆市万州移民开发区、万州区交通局局长和万州区交通委员会主任、书记左吉祥获得“全国交通系统先进工作者”称号。涪陵：2000 年度，时任涪陵区公路局酒井道班班长朱玉龙获得“重庆市劳动模范”称号。2002 年度，重庆市涪陵汽车客运站作为创建单位而获得重庆市人民政府的市级文明单位命名表彰。黔江地区：1997 年，黔江地区交通局进一步开始创建地级文明单位、文明行业示范点活动。1997 年，石柱县公路养护管理段油草河道班班长冉茂强获得全国“五一劳动奖章”。1998 年，在黔江开发区交通局及其运管处、航管处、稽征处在保持县级文明单位称号基础上，黔江地区交通局获得黔江开发区“文明单位”命名表彰。1998 年，时任黔江地区交通局总工程师黄家夫获得“全国交通系统劳动模范”称号。

2001 ~ 2005 年，重庆交通系统在创建省市级文明单位基础上，一是进一步创建国家级文明单位、文明窗口和部级文明单位。首个获得中央文明委命名表彰的全国文明单位是重庆市公路局（机关）；获得全国妇联“三八”红旗集体表彰命名的有 3 个集体岗组，获得全国妇联“三八”红旗手表彰命名的有 1 名，获得全国妇联“巾帼文明示范岗”表彰命名的有 9 个集体岗组，获得全国总工会“先进女职工”表彰命名的有 1 名。获得全国妇联“巾帼建功”标兵称号表彰命名的有 5 名；获得“全国青年文明号”荣誉称号的有 14 个青年集体岗组，获得“全国交通系统青年岗位能手”荣誉称号有 5 人；获得“十年全国青年文明号活动优秀组织奖”的集体奖有重庆市交通委员会团委；获得“全国精神文明建设工作先进单位称号”的有重庆市高速公路行政执法总队。二是创建并申报全国交通系统文明行业，获得交通部级文明行业命名表彰的有 3 个单位。重庆市交通征费稽查局是重庆市交通系统第一家获得“全国交通系统文明行业”称号的单位。重庆市公路局、重庆市高速公路行政执法总队同时获得“全国交通系统文明行业”命名表彰。从重庆市计划单列时期至 2005 年为止，重庆交通系统还获得交通部 319 国道文明样板路和 210 国道文明样板路的命名表彰，开始创建国家文明样板航道示范段。重庆交通系统一大批单位获得了交通部道路运输文明单位、水路运输文明单位（包括文明船舶、文明港口客运站）的命名表彰。（详见本篇第四章、第五章）

1986 ~ 2005 年，随着交通精神文明建设的开展，重庆地方交通系统、重庆公交系统和万州区、涪陵区、黔江区交通系统的文化活动兴起并蓬勃发展，久盛不衰。一批重庆交通企业事业单位工会开展了创建“职工之家”活动，一批单位的工会获得先进“职工之家”“职工小家”或者模范“职工之家”“职工小家”的命名表彰。重庆交通系统的职工教育培训活动、交通刊物和影视、交通画册印行、交通史志编修、主题文化活动开展及职工文艺作品创作等一系列文化活动，也取得了丰硕的成果。

第一章　文明建设沿革

重庆交通精神文明建设的组织工作，主要有 3 个方面：

第一，建立重庆交通精神文明建设的领导机构。1998 年 3 月，重庆市交通局撤销原“重庆市交通局精神文明建设领导小组”，成立“重庆市交通局精神文明建设委员会”。2000 年 9 月，经中共重庆市交通委员会党组研究决定，又成立了“重庆市交通委员会精神文明建设委员会”。2002 年

9月，第一次调整重庆市交通委员会精神文明建设委员会的部分成员。2004年7月，再次调整重庆市交通委员会精神文明建设委员会的部分成员。同时，分别成立了交通巾帼文明示范岗创建指导小组、交通系统“青年文明号”活动领导小组。

第二，制订创建交通文明行业组织管理办法。2000年11月，重庆市交通委员会印发《重庆市交通系统创建文明行业实施意见的通知》。2000年11月，重庆市交通委员会印发《重庆市交通系统委级文明单位创建与管理办法》。2004年7月，重新印发了修改后的《重庆市交通系统委级文明单位创建与管理办法》。2001年1月17日，中共重庆市交通委员会直属机关党委印发创建“巾帼文明示范岗”的暂行意见。2001年2月，重庆市交通委员会和共青团重庆市委联合印发《重庆市交通系统“青年文明号”管理办法（试行）》。

第三，制订调整交通系统创建文明行业考核评分标准，并公布了交通行业文明公约。1998年3月，重庆市交通局印发第一套《重庆市交通系统创建文明行业考核评分标准》，从公路养护管理、道路运输管理和水路运输管理三大方面共列有19项考核评分标准。2000年12月，重庆市交委重新公布创建文明交通行业的考核评分标准。因新增了两项评比标准，使考核评分标准达到21项。2002年12月，重庆市交通委员会再次印发创建文明交通行业的考核评分标准，调整增加到26项。2004年9月28日，重庆市交通委员会发出《关于印发全市水运行业有关文明细胞评选标准的通知》（渝交委〔2004〕139号），制订了重庆市水运行业有关文明细胞评选标准，至此，创建文明交通行业的考核评分标准（包括“十佳”文明集体和文明个人的评定条件）达到48项。

1998年3月23日，重庆市交通局第一次发布交通行业文明公约。2000年11月，重庆市交通委员会再次公布交通行业文明公约。同时，2000年11月，在印发创建交通文明行业十年规划的同时，增加了《交通行政执法职业道德基本规范》及其释义，共有8条。

第一节　组织机构与管理

一、领导机构

(一) 重庆市交通精神文明建设委员会

1997年，重庆市交通局成立精神文明建设领导小组及办公室，提出了创建文明行业阶段性目标，确定了创建文明行业责任体系、重点部位和重点环节，把中央文明委部署的“讲文明、树新风”活动，交通部开展的创建文明行业活动与中共重庆市委工交政治部工委的“塑造形象工程”（简称‘塑形工程’）有机结合起来，全面启动“塑形工程”。

1998年3月16日，重庆市交通局撤销原“重庆市交通局精神文明建设领导小组”，成立“重庆市交通局精神文明建设委员会”，由重庆市交通局局长胡振业任主任，王机任第一副主任，黄同科、腾西全、李健、罗德馨、彭建康、谯中进任副主任，另由曾升元、余昌平、孟素英、明正义、陈宁、谭卫、马月礼、禹培文、张太雄、徐海荣、何爱平、张云芝、潘武新等共13人任委员，委员会下设精神文明办公室（以下简称“委文明办”），与局宣传处合署办公。精神文明办公室主任为曾升元，副主任为孙跃。

2000年9月7日，中共重庆市交通委员会党组决定成立“重庆市交通委员会精神文明建设委员会”，胡振业任主任委员，腾西全、李健、张世玖、丁纯、彭建康、明正义任副主任委员，另由曾升元、余昌平、刘崇伟、梁雄耀、张太雄、唐迅、万勇、万雅芬、罗祥荣、朱乃洪、谭卫、禹培文、张泓、滕宏伟、陈真友、孙万发、艾吉人、雷军、刘贵忠、潘武新等共20人任委员，委员会下设委文明办，与局法规处合署办公。委文明办主任由曾升元兼任。

2002年，中共重庆市委批准成立中共重庆市交通委员会。根据重庆市机构编制委员会《关于中共重庆市交通委员会机构设置和人员编制的批复》以及重庆市和交通部有关精神文明建设工作的要求，2002 年 9 月 24 日，中共重庆市交通委员会和重庆市交通委员会下发《关于调整重庆市交委精神文明建设委员会成员的通知》，第一次调整“重庆市交通委员会精神文明建设委员会”部分成员：胡振业任主任委员，增加余昌平为常务副主任委员，腾西全、李健、张世玖、丁纯、彭建康、明正义任副主任委员，另由万勇、曾升元、刘崇伟、康方川、张太雄、唐迅、李速健、陈春来、罗祥荣、朱乃洪、谭卫、禹培文、张泓、滕宏伟、陈真友、孙万发、艾吉人、梁雄耀、雷军、徐谋、刘艰等共 21 人任委员，委员会下设委文明办，与局宣传处合署办公。委文明办主任由万勇兼任。

2004 年 7 月 6 日，因工作需要，中共重庆市交通委员会和重庆市交通委员会下发了《关于调整精神文明建设委员会成员的通知》，中共重庆市交通委员会和重庆市交通委员会决定再次调整“重庆市交通委员会精神文明建设委员会”部分成员：丁纯任主任委员，余昌平任常务副主任委员，何升平、彭建康、滕宏伟、唐伯明、明正义、梁培军任副主任委员，由万雅芬、孙跃、曾升元、刘崇伟、康方川、张太雄、唐迅、李速建、陈春来、罗祥荣、庞建国、胡昌荣、禹培文、张泓、岳顺、陈真友、万勇、乔墩、谭卫、杨茂超、李健、徐谋、吴洪明、王小宇等 24 人任委员，委员会下设委文明办，与局宣传处合署办公。委文明办主任由孙跃兼任。

（二）交通巾帼文明示范岗创建指导小组

2000 年 11 月 29 日，在中共重庆市交通委员会直属机关委员会关于重庆市交通委员会的全国和市级“巾帼文明示范岗”的复查报告中，根据重庆市妇联渝妇发成〔2000〕年 42 号文件要求，成立了“交委巾帼文明示范岗指导小组”，由重庆市交通委员会副主任、直属机关党委书记李健任组长，罗德馨任顾问，重庆市交通委员会直属机关党委副书记万勇、政策法规处处长曾升元任副组长，委属有关单位的部分负责人为成员，组成了重庆市交通委员会巾帼文明示范岗创建活动领导班子，并确定了由重庆市交通委员会机关党委具体负责此项工作，由吕彭泽负责指导和协调。

2001 年 1 月 15 日，中共重庆市交通委员会直属机关党委发文通知，成立重庆市交通委员会“巾帼文明示范岗”指导小组。李健任组长，万勇、曾升元任副组长，成员有：吕彭泽、单小平、何健兰、魏晓莉、唐苹、周祖平、雍永和、胡玉香。成立重庆市交通委员会“巾帼文明示范岗”办公室，地点设在重庆市交通委员会机关党委。

2002 年 11 月 6 日，中共重庆市交通委员会发文通知，由于市交委“巾帼文明示范岗”指导小组成员工作变动等原因，中共重庆市交通委员会决定调整重庆市交通委员会“巾帼文明示范岗”指导小组成员。由余昌平任组长，由孟素英、万勇任副组长，成员有吕彭泽、单小平、童思惠、陈红、何建兰、程淑明、雍永和等人。

2005 年 9 月 30 日，中共重庆市交通委员会发文通知，因市交委巾帼文明示范岗指导小组成员工作变动，决定对其指导小组成员进行再次调整，仍由余昌平任组长，副组长改由张世玖、万雅芬担任，成员有肖静、程淑明、单小平、童思惠、陆旭东、周淑华、朱霞等人。

（三）交通系统“青年文明号”活动领导小组

2001 年 2 月 21 日，重庆市交通委员会和共青团重庆市委联合发出通知，共青团重庆市委和重庆市交通委员会联合成立重庆市交通系统“青年文明号”活动领导小组、重庆市交通委员会副主任李健、共青团重庆市委副书记徐强任组长，成员有：重庆市交通委员会机关党委专职副书记万勇，共青团重庆市委青工部部长李卫东，重庆市交通委员会团委副书记陈冬梅，共青团重庆市委青工部干事张继军。领导小组下设活动办公室，办公室设在重庆市交通委员会团委，主要职责是评审、指导、考核、档案管理、聘请特约监督员等日常工作。李卫东、陈冬梅兼任办公室主任。

二、管理办法

（一）创建交通文明行业组织管理办法

2000年11月13日，重庆市交通委员会印发《重庆市交通系统创建文明行业实施意见的通知》。通知对创建文明交通行业十年规划的实施，作出了全面部署，再次明确10年之内把重庆市交通系统建成文明行业的目标，明确了创建活动的指导思想、创建内容、创建体系、申报条件、申报程序、命名表彰和组织领导管理。最重要的是明确了申报的两大系列：一是各区县（市）交通局和重庆市交通委员会所属公路、运管、港航、高速公路等子系统作为重庆市交通系统委级文明行业的申报系列。二是重庆市交通委员会所属公路、运管、港航、高速公路等子系统可作为全国交通系统文明行业的申报系列。

2000年11月16日，重庆市交通委员会印发《重庆市交通系统委级文明单位创建与管理办法》。《办法》明确规定委级文明单位由中共重庆交通委员会党组和重庆市交通委员会命名。重庆市交通委员会精神文明建设委员会指导创建文明交通行业活动，市交委文明办负责日常管理工作。对委级文明单位的评选范围有：市属企事业单位；企事业所属的具有一定规模、独立面向社会从事客（货）运输服务、行政执法、经营管理的二级单位；重要窗口单位；不在上述范围内的其他单位，由企业提出，经重庆市交通委员会文明委研究研究同意后，也可参加评选。委级文明单位应该具备组织领导好、思想建设好、改革开放好、生产工作好、文化建设好、文明风气好等条件，重庆市交通委员会每年组织一次委级文明单位的申报、考核、批准和命名，每两年组织复查一次。

2004年7月7日，根据中共重庆市委办公厅、重庆市人民政府办公厅渝委办〔2004〕46号文件印发的《重庆市文明单位建设与管理办法》有关规定，经过修订，重新印发了《重庆市交通系统委级文明单位创建与管理办法》。在该办法中，对委级文明单位的评选范围增加了党的组织关系在重庆市交通党委的单位。委级文明单位应该具备条件，“六好”标准在表述上作了修改：即组织领导有力，创建工作扎实；思想教育深入，道德风尚良好；学习风气浓厚，文体卫生先进；加强民主管理，严格遵纪守法；内外环境优美，环保工作良好；业务水平领先，工作实绩显著。委级文明单位由两年复查一次改为三年复查一次。委级文明单位继续保持称号时间为三年，超过三年的应重新申报评选。对动态管理、整改时限和撤销文明单位称号的规定更加细致。

（二）创建“巾帼文明示范岗”管理办法

2001年1月15日，中共重庆市交通委员会直属机关党委印发了创建“巾帼文明示范岗”的暂行意见，对申报委级“巾帼文明示范岗”和市级“巾帼文明示范岗”的组织实施、创建内容、评选条件、命名条件、评选程序、评选要求、表彰奖励及其复查管理，都有明确规定。

1. 评选条件和命名条件

一是岗组成员原则上不少于3人（公交单车车组除外），不超过100人。岗组女职工人数必须超过岗位总人数的50%。二是岗组负责人原则上有一名女职工。

命名条件：（1）领导重视，有专人负责。目标到岗，责任到人。有布置、有活动、有总结，奖惩兑现。（2）岗组人员整体政治业务素质提高，受到公众好评，或成为行业榜样，能起示范带头作用。（3）岗组争创目标明确，措施有力，各项管理制度健全，各类档案规范，并有明显的创建标志。（4）岗组人员德、能、勤、绩各方面成绩突出，社会、经济效益显著。

2. 评选程序和评选要求

采用自下而上、逐级申报、考核、推荐、批准、命名的程序产生。

评选程序：（1）委级“巾帼文明示范岗”。申报委级“巾帼文明示范岗”，必须取得公司（厂、站）级资格后，可向委申报委级“巾帼文明示范岗”，经委考核合格后由委命名和授牌。（2）市级“巾帼文明示范岗”。获得委级“巾帼文明示范岗”后，岗组才具有推荐为市级“巾帼文明示范岗”的资格。由委考核、推荐，经市考核、批准、命名和授牌。（3）复查。市级岗组每两年复查一次，重庆市交通委员会在重庆市复查前进行自查。复查合格者继续保持荣誉的，予以通报表彰，不合格者视其情况给予通报批评、限期整改、取消荣誉称号等处理。

评选要求：一是坚持自愿申报与上级推荐相结合、主管部门考核与群众评议（社会监督）相结合、日常检查与年终考核相结合，按评选条件进行评选。二是评选委级“巾帼文明示范岗”应征求有关单位和部门的意见，并填写推荐意见。三是各单位要把创建活动纳入本行业、本部门精神文明建设的总体规划，统一部署。广泛发动女职工参与，根据行业特点确定活动内容，认真落实措施，.使活动广泛、深入而富有成效。

3. 表彰和奖励

（1）市级“巾帼文明示范岗”每两年表彰一次。由获得委级的岗组中择优向市推荐，经市妇联和市精神文明办确定、考核后，报市“巾帼文明示范岗”活动领导小组审批、命名和授牌。连续两次被市命名的“巾帼文明示范岗”，由市择优推荐参加全国“巾帼文明示范岗”和全国“三八”红旗集体的评选。

（2）委级“巾帼文明示范岗”每两年评选一次。在市级“巾帼文明示范岗”推荐前一年，由委在申报委级的岗组中择优推荐、考核、命名和授牌。奖励可参照《重庆市文明单位建设与管理办法》（渝委办〔1998〕47号文件）的奖励规定：可由本单位一次性发给岗组成员奖金以资鼓励。对在培养、宣传，本行业、本单位“巾帼文明示范岗”工作中做出贡献的有关人员，也应进行表彰和奖励。

4. 岗位管理制度

实行岗组管理制度。一是实行挂牌制度，二是实行分级管理制度，三是实行资料、台账规范化制度。创建岗组须建立“四账、一栏、一簿”。四帐即岗组和个人创建规划、会议记录、活动及考核记录、生产经管或优质服务记录，一栏为宣传专栏，一簿为岗组活动的相片簿。

实行挂、摘牌制度。创建合格的岗组由各级授牌，不合格岗组摘牌。凡有下列情况者，由授牌单位摘牌，取消其荣誉称号：（1）岗组成员有严重违法、违规的；（2）发生重大责任事故，造成重大经济损失或人身伤亡的；（3）因服务、工程质量等问题被社会举报、新闻媒体曝光，经查证情况属实，影响较坏的；（4）违犯计划生育政策的；（5）申报的弄虚作假，骗取荣誉的。

特殊情况下的岗组管理。一是由于单位机构改变，岗组撤销等原因的，“巾帼文明示范岗”荣誉称号自然消失，收回奖牌。二是单位机构未变，岗组被分解或合并的，岗组仍然符合条件，经考核合格后可继续予以认可。

（三）创建交通系统“青年文明号”管理办法

2001年2月21日，根据《重庆市交通系统创建文明行业2001～2010年规划》和共青团中央《全国“青年文明号”管理办法（试行）》的有关规定，重庆市交通委员会和共青团重庆市委联合制定并印发《重庆市交通系统“青年文明号”管理办法（试行）》。管理办法明确规定“青年文明号”是以青年为主体，在生产、经营、管理和服务中体现高度职业文明、创造一流服务和工作成绩的青年集体（班、组、队、站、所等）、青年岗位（车、船、台等）。

1. 条件与标准

“青年文明号”的基本条件：一是35岁以下青年占50%以上，主要负责人中至少有一人年龄不超过35岁的青年集体。二是青年集体中的青工热爱本职工作，敬业意识强，职业道德良好，积极执行党和国家的政策，自觉遵守有关法规及本单位的各项规章制度、操作规程和服务规范。三是在生产经营、管理、服务中讲文明、讲质量、讲效益，并取得了突出成绩。四是努力学习业务、钻研技术、掌握本职工作必要的知识、技能，有相当数量的青工成为本职工作岗位能手。五是工作成效得到本单位党政领导肯定，受到周围群众及服务对象赞誉，社会评价良好。

“青年文明号”考核标准主要内容：一是符合第八条规定。二是符合《重庆市交通系统创建文明行业2001～2010年规划》以及考核评分标准。三是有创建规划、规范和明确的创建目标、岗位职责和活动记录。四是围绕提高青年素质开展丰富多彩的思想教育、职业培训、练兵比武等活动，围绕提高效益开展优质服务、安全文明、质量效益、达标竞赛等活动，围绕倡导社会新风开展社会公益活动，并均取得良好的效果。五是在工作实践中，紧密结合本单位、本工种实际，总结、摸索、建立起一整套标准化作业，科学管理的先进模式。六是开展服务承诺和服务公示制度，积极推行“青年文明号”服务（承诺）卡。七是“青年文明号”负责人政治性强、业务精，并能自觉带领青年创先争优。

2. 评审与奖励

第一，委属各单位团组织、各区县（市）交通主管部门每年必须向交通系统“青年文明号”活动办公室上报本单位当年创建“青年文明号”计划，没有上报创建计划的单位，原则上不能参加当年度“青年文明号”的评选。各直属单位团组织每年申报创建“青年文明号”集体原则上为1～2个。工作成效特别突出的，可增加1个。

第二，各区县（市）交通主管部门“青年文明号”年初的申报创建计划同时报当地团区县（市）委，指导、评比、监督、考核等工作实行属地管理。表彰由重庆市交通委员会、共青团重庆市委共同进行。年初未向当地团区县（市）委申报创建计划的，不能参加当年度的评选表彰。各区县交通主管部门、团委坚持标准、严格条件进行检查、评比。每年11月底前，择优推荐1个集体上报市“青年文明号”活动办公室。活动领导小组确认后予以表彰。列入当年交通系统“青年文明号”创建计划的青年集体，将接受活动办公室组织的定期或不定期的明查和暗访，检查情况将作为是否命名表彰的依据之一。

第三，“青年文明号”申报命名采取自下而上逐级申报、考核、推荐、评比、命名的程序产生。必须是本级的“青年文明号”集体才有资格申报更高层次的“青年文明号”。共青团重庆市委、重庆市交通委员会命名市级“青年文明号”，区县（市）交通主管部门、区县（市）团委命名县级“青年文明号”。获得市级“青年文明号”称号的即获得参加重庆市十佳“青年文明号”和交通部、共青团中央命名的“青年文明号”推荐资格。“青年文明号”一般在每年年底或次年年初进行命名表彰，每年四季度由活动领导小组组织考核、评审、命名表彰。

第四，对获得“青年文明号”称号的，所在单位应参照以下办法给予相应的奖励：

（1）对获得“青年文明号”称号的集体，区县（市）级人均按月工资的1/2的标准发给奖金；市级人均按月工资的2/3的标准发给奖金；十佳“青年文明号”人均按一个月工资给予奖励；国家级人均按一个半月工资给予奖励。有条件的单位可适当提高此标准发放。

（2）对获得“青年文明号”称号的负责人要在晋级晋职、评优等方面同等条件下优先给予考虑。

（3）各级“青年文明号”集体在巩固、提高质量和创建水平方面成绩突出的，在进行年度复查合格的当年亦可比照本办法规定的奖励标准一次性发给职工奖励。

3. 组织与管理

共青团重庆市委和重庆市交通委员会联合成立重庆市交通系统“青年文明号”活动领导小组、领导小组下设活动办公室，办公室设在委团委。主要职责是评审、指导、考核、档案管理、聘请特约监督员等日常工作。“青年文明号”实行挂牌制度，牌匾按团中央规定制作统一标志悬挂于岗位现场。“窗口”行业应公开悬挂在醒目位置，自觉接受社会监督。各级“青年文明号”牌匾的制作规定：一是材料均用铜板底。二是字体“青年文明号”统一使用时任中共中央总书记、国家主席江泽民的题字。三是字体颜色。“青年文明号”为红色，其余字体为黑色。四是牌匾尺寸。市级为650mm×400mm，区县（市）级为560mm×350mm。

凡“青年文明号”某些条件发生变化，包括集体中35岁以下青年比例少于50%或负责人中年龄均超过35岁，应主动申请撤销“青年文明号”牌匾。活动领导小组对该集体颁发纪念证书。凡

"青年文明号"集体中发生以下情况者，将被强制撤销牌匾：一是本集体中有违法、违纪、违反党和国家政策的现象发生；二是在日常生产、经营、管理、服务工作中发生重大责任事故，经营管理不善，工作水平或服务质量明显下降，短期内无法改变的；三是凡被舆论曝光，群众反映强烈，经检查情况属实的；四是申报时弄虚作假，骗取荣誉的；撤销"青年文明号"牌匾，必须经同级"青年文明号"领导小组审核批准，由活动办公室组织实施。撤销的牌匾归"青年文明号"活动领导小组。

第二节　评分标准与规范

一、评分标准的制定

1998 年 3 月 23 日，重庆市交通局印发《重庆市交通系统创建文明行业考核评分标准》。这是重庆市交通系统第一套创建文明交通行业的考核评分标准，是创建文明交通行业的分类考评依据，又是申报命名局级文明单位的条件，也可以作为行业管理和岗位培训的参考教材。在文件中，从公路养护管理、道路运输管理和水路运输管理三大类，共列有 19 项考核评分标准。

（一）道路运输管理（8 项）

文明客运班车标准，文明汽车客运站标准，道路运输文明客运企业标准，道路运输文明货运企业标准，汽车维修文明企业标准，文明驾驶员标准，文明汽车维修工标准，文明运政管理员标准。

（二）水路运输管理（3 项）

水路客运站标准，水路客运质量（客船）标准，港监文明执法标准。

（三）公路养护管理（8 项）

文明样板路标准，文明养路段（队）标准，文明养路道班标准，高速公路文明收费站标准，路桥义明收费站标准，文明交通征稽标准，公路路政文明执法标准，高速公路文明执法标准。

二、评分标准的调整

2000 年 12 月，重庆市交委印发精神文明建设文件汇编时，重新公布了创建文明交通行业的考核评分标准。其中，新增了文明公共客车标准和文明汽车驾驶员培训学校评比标准两项，使考核评分标准达到 21 项。

2003 年 7 月 29 日，重庆市交通委员会下发通知，根据中共重庆市委、重庆市人民政府的统一要求，并结合重庆市交通系统精神文明建设规划和部署，决定在重庆市交通系统中评选"十佳"文明集体和文明个人，通知"按照《重庆市交通系统创建文明行业的考核标准》制定评选条件和标准，对于跨行业的评选将综合相关行业的考核标准制定新标准"，同时，公布了"十佳"文明集体和文明个人的评定条件。十佳文明集体有：十佳交通行政执法队伍、十佳养路道班、十佳收费站、十佳公共汽车、十佳出租汽车、十佳汽车客运站、十佳旅游客车、十佳文明客船。十佳文明个人有：十佳交通行政执法队员、十佳规费征收员、十佳收费员、十佳养路工、十佳公交乘务员 、十佳公交驾驶员、十佳出租车驾驶员。

2002 年 12 月，重庆市交通委员会再次印发精神文明建设文件汇编时，创建文明交通行业的考核评分标准调整增加到 26 项。调整的是将原文明驾驶员标准分为道路运输行业文明驾驶员标准和出租汽车文明驾驶员标准。新增的标准有：重庆市出租汽车文明驾驶员标准，重庆市道路运输行业文明驾驶员标准，重庆市道路运输管理文明单位标准，文明公交路队标准，文明旅游车标准，文明航道标准，高速公路文明收费员标准。

2004 年 9 月 29 日，重庆市交通委员会发出《关于印发全市水运行业有关文明细胞评选标准的通知》。在广泛征求基层意见的基础上，重庆市交通委员会精神文明建设委员会制订了重庆市水运行业有关文明细胞评选标准，纳入《重庆市交通系统精神文明建设工作文件汇编》，新增加的水运行业文明细胞评选标准有：水路客运文明服务员标准，文明滚装船舶标准，文明航道工标准，文明航线标准，文明货船标准，文明售票员标准，文明信号员标准。至此，创建文明交通行业的考核评分标准（包括“十佳”文明集体和文明个人的评定条件）达到了48项。

至2007年10月止，除15项“十佳”文明集体和文明个人的评定条件外，经过重新归并整理，创建文明交通行业的考核评分标准共有33项。

（一）道路运输管理（14项）

重庆市道路运输管理文明单位标准，重庆市道路运输文明客运企业标准，重庆市道路运输文明货运企业标准，重庆市文明公交路队标准，重庆市文明公共客车标准，重庆市文明客运班车标准，重庆市文明汽车客运站标准，重庆市文明旅游车标准，重庆市汽车维修文明企业标准，重庆市文明汽车驾驶员培训学校标准，重庆市文明运政管理员标准，重庆市道路运输行业文明驾驶员标准，重庆市出租汽车文明驾驶员标准，重庆市文明汽车货运站（场）评比标准。

（二）水路运输管理（10项）

重庆市港航监督文明执法标准，重庆市文明客船标准，重庆市文明客运港站标准，重庆市文明航道工标准，重庆市文明航道评分标准，重庆市文明货船标准，重庆市文明滚装船舶标准，重庆市文明信号员标准，重庆市水路客运文明服务员标准，重庆市水路客运文明售票员标准。

（三）公路养护管理（9项）

重庆市公路路政文明执法标准，重庆市文明路标准，重庆市文明养路单位标准，重庆市文明收费站标准，重庆市文明养路道班标准，重庆市文明交通征稽标准，重庆市高速公路文明收费站标准，重庆市高速公路文明收费员标准，重庆市高速公路文明执法标准。

三、文明规范的制订

（一）文明公约

1998年3月23日，重庆市交通局第一次发布了重庆市交通系统创建文明行业考核评分标准。同时，还制订公布了交通行业文明公约：

第一，热爱祖国，献身交通，爱岗敬业，开拓进取；

第二，安全运输，文明生产，确保畅通，质量第一；

第三，艰苦创业，勤俭节约，降低成本，提高效率；

第四，科学管理，行为规范，作风严谨，遵章守纪；

第五，优质服务，尊客爱货，方便及时，维护信誉；

第六，团结协作，顾全大局，平等竞争，民主参与；

第七，美化环境，维护秩序，塑造形象，关心集体；

第八，见义勇为，助人为乐，诚实守信，弘扬正气；

第九，清正廉洁，严于律己，秉公执法，不谋私利；

第十，解放思想，实事求是，提高素质，自强不息。

2000年11月13日，重庆市交通委员会印发了重庆市交通系统创建文明行业实施意见。同时，再次公布了交通行业文明公约。与1998年发布的交通行业文明公约相比，在内容上无任何改变。2006年5月16日，中共重庆市交通委员会、重庆市交通委员会印发《重庆市交通系统文明单位（行业）考核验收办法（试行）》。同时，也再次公布了交通行业文明公约。与1998年、2000年发布的交通行业文明公约相比，在内容上无任何改变。

（二）职业道德

2000年11月16日，在印发创建交通文明行业十年规划的同时，增加《交通行政执法职业道德基本规范》及其释义，共有八条，即：

1. 甘当公仆：忠于祖国，热爱人民，听党指挥，服务群众。
2. 热爱交通：爱岗敬业，乐于奉献，钻研业务，艰苦奋斗。
3. 忠于职守：严肃执法，不畏权势，违法必究，不枉不纵。
4. 依法行政：恪守职责，法为准绳，严守程序，裁量公正。
5. 团结协作：互助友爱，通力协作，顾全大局，联系群众。
6. 风纪严整：遵章守纪，作风严谨，平等待人，举止文明。
7. 接受监督：办事公开，欢迎批评，服从检查，有错必纠。
8. 廉洁奉公：清正廉明，反腐拒贿，不谋私利，一心为公。

这是重庆交通系统首次制订的交通行政执法职业道德基本规范。

第二章 文明建设规划与活动

第一节 文明建设规划

一、第一个文明建设长期规划

（一）规划背景

1996年12月9日，全国交通系统创建文明行业大会在南京市召开。交通部部长黄镇东在会上做了“贯彻六中全会精神努力创建文明行业”的讲话。为贯彻十四届六中全会通过的《中共中央关于加强社会主义精神文明建设若干重要问题的决议》精神，黄镇东提出了全国交通系统创建文明行业的目标、任务、措施等要求。全国交通系统创建文明行业的奋斗目标是：“在今后10至15年内，把交通系统的各个行业创建成为文明行业”，并提出了在公路交通、水运交通、交通基础设施建设单位、交通行政执法部门、交通系统县以上领导机关等创建文明单位的具体目标。黄镇东提出：今后，全国交通系统群众性文明创建活动统称为“三学一创”活动，即倡导个人学包起帆、陈德华、朱同汝三位先进模范人物；倡导集体学青岛港和青岛汽车站、石家庄出租汽车行业、山西“太旧”精神等先进单位和先进集体精神，把全国交通系统创建成文明行业。

1998年2月12日，中共重庆市委办公厅、重庆市人民政府渝委办〔1998〕47号文件下发了关于印发《重庆市文明单位建设与管理办法》的通知，对文明单位评选命名条件、表彰奖励、组织管理均作出了明确规定。1998年7月7日，交通部交体法发〔1998〕411号文件下发了关于印发《全国交通系统创建文明行业实施办法》的通知，要求“文明行业创建工作实行统一规划、分类指导、科学规范、分段实施、条块结合、分级管理的原则”，并对文明交通行业的条件、申报、评审、命名、组织领导和管理均作出了明确规定。

（二）规划内容

1998年，为创建重庆的文明交通行业，根据交通部和重庆市的规定，重庆市交通局组织制定了《重庆市交通系统精神文明建设1998～2010年规划》。1998年3月23日，重庆市交通局印发了

《重庆市交通系统精神文明建设1998～2010年规划》。这是重庆市第一个交通精神文明建设的十年规划（1998～2010年）（以下简称“十年规划”）。

规划在明确提出交通系统精神文明建设必须坚持的指导思想和工作方针基础上，提出了1998～2010年交通系统精神文明建设的总体要求和目标任务。

1. 总体要求

在十年规划中，明确了精神文明建设的指导思想和工作方针后，提出了重庆交通系统精神文明建设的总体要求：

“按照中共重庆市委关于努力建设繁荣、富裕、文明、进步的新重庆和交通部提出用10～15年时间把全国交通行业建成文明行业的奋斗目标，坚持以‘服务人民，奉献社会’为宗旨，以车、船、港、站和交通执法队伍为重点，以实现优质服务、优良秩序、优美环境为主要标志，广泛深入地开展形式多样、内容丰富的创建文明行业的活动；着力建设‘四有’职工队伍，争创一流管理水平，奉献优质交通服务，塑造最佳道贺会形象，在全市交通系统各单位、各部门、各个环节和部位实现文明生产、文明服务、文明管理。”

2. 目标任务

在“九五”计划期后三年（1998～2000年）重在为创建文明交通行业奠定基础，即要通过建立分类指导、分级负责的工作责任体系，抓好示范窗口建设，培植先进典型，完善管理措施，突出重点部位和重点环节，切实解决人民群众普遍关心的问题。并区分市、局与区县不同层次，按照标准条件，落实创建任务，由点（线）及面发展，在2010年前，把重庆市交通系统建成文明行业。

这个规划还提出了公路管养、公路运输、水运航港、交通建设、交通执法和交通行政等6个方面的分期分类目标：

（1）公路方面。国道公路按交通部计划组织衔接，逐年安排实施文明样板路建设；地区干线公路和县道公路以区县为单位，每年建成文明样板路20公里以上；新建和改建公路按文明样板路标准实施；到2010年，国道、国家主干线和主要地区干线公路全部建成文明样板路。

养路段（队）每年按10%左右比例建成文明单位或文明养路段（队）；高等级公路收费站和公路道班，每年按10%～15%比例建成文明收费站、文明道班，并巩固保持。

（2）公路运输方面。汽车客运站：一级车站2年内全部建成文明客运站；二、三级车站按2年内50%、5年内80%比例建成文明客运站。

客运班车、客运班线、出租汽车：5年内20%～30%、10年内80%建成文明客运班车、文明客运班线、文明出租车。

（3）水运方面。

客轮：5年内40%、10年内80%以上建成文明客船。

客运站：10年内，主要客运站基本建成文明单位。

（4）交通基础设施建设单位。10年内，市级交通工程管理、施工和监理等单位基本建成文明单位。

（5）交通行政执法部门。5年内，路政、运政、港监、规费征稽等执法单位90%以上建成文明单位。

（6）交通系统县以上领导机关。10年内基本建成文明单位。

十年规划提出了努力提高全行业的文明程度的8项精神文明建设的重要内容：即开展理论教育和路线方针政策教育，开展爱国主义教育，开展社会主义思想道德教育，依靠科技发展教育，加强交通法制建设，加强交通文化宣传建设，开展群众性精神文明创建活动，培育、宣传、学习先进典型。十年规划提出了6大责任措施：即建立组织机构明确领导责任、建立完善工作责任体系、建立激励约束机制、加大精神文明建设投入、创建文明行业“示范窗口”的建设和精神文明建设委员会负责组织，以确保目标任务的实现。

二、第二个文明建设长期规划

按照交通部的确定目标，2000 年 11 月 16 日，重庆市交通委员会渝交委〔2000〕407 号文件印发了《重庆市交通系统精神文明建设 2001 ~ 2010 年规划》，这是自重庆市交通委员会成立后第一个交通系统精神文明建设十年规划（简称“ 新十年规划”）。重庆市交通委员会发布的新十年规划，内容与 1998 年印发的《重庆市交通系统精神文明建设 1998 ~ 2010 年规划》几乎完全一致，仅修改两点：一是将重庆市交通局改为重庆市交通委员会，二是在规划分期分类目标中，增加了公共交通客车建成文明客车的目标。即为：

公路运输方面：

汽车客运站：一级车站 2 年内全部建成文明客运站；二级、三级车站按 2 年内 50%、5 年内 80% 比例建成文明客运站。

客运班车、客运班线、出租汽车：5 年内 20% ~30%、10 年内 80% 建成文明客运班车、文明客运班线、文明出租车；

公共交通客车：5 年内 20% ~30%，10 年内 80% 建成文明公交客车。

三、文明建设中期规划

（一）规划背景

2001 年 10 月，在南京，交通部召开了全国交通系统创建文明行业工作会议，会议提出：在 2001 ~2005 年的“十五”期间，全国交通行业精神文明建设的主要任务是增强队伍素质，塑造交通形象，广泛深入地开展“三学四建一创”活动。“三学”即要继续深入学习包起帆、华铜海轮、青岛港等先进典型的精神实质。“四建”即是建设“交通基础设施优质廉政工程”“交通行政执法素质形象工程”“交通运输通道文明畅通工程”“交通运输企业安全效益工程”。“一创”就是创建文明交通行业。在“三学四建一创”活动中，“三学”是典型示范，“四建”是创建任务，“三学四建”的共同目标就是按照中央要求创建文明行业。搞好“三学四建一创”是“十五”全国交通行业群众性文明创建活动的主要任务。

2001 年 11 月 28 日，交通部交体法发〔2001〕694 号文件下发了关于印发《全国交通行业精神文明建设“十五”规划》的通知。在规划中，分别制订了“十五”期间各个方面的精神文明建设目标。规划正式确定交通行业精神文明建设的主要任务是：增强队伍素质，塑造交通形象，广泛深入地开展“三学四建一创”活动。尤其对“四建”作为精神文明建设的活动载体，均有明确的目标规定。

（二）制订“十五”规划

2002 年 4 月 25 日，重庆市交通委员会印发了《重庆市交通行业精神文明建设“十五”规划》，在该规划中，首先阐述了交通行业精神文明建设的战略地位和重要作用，回顾了“九五”期间，交通行业的精神文明建设取得了明显成效，但仍然面临一些问题。

1. 总体创建目标

规划明确了“十五”期间重庆市交通行业精神文明建设的指导思想，尤其是明确提出“十五”期重庆市交通行业精神文明建设的总体奋斗目标，即是形成两个文明建设协调发展的良好局面，努力创建文明交通行业。

2. 分类创建目标

第一，领导机关、委属各单位和区县交通局（委）创建文明单位和文明行业目标。

重庆市交通委员会机关 3 年内建成市级文明单位。

各区县交通局（委）3 年内全部建成区县级文明单位，已建成县处级文明单位的 3 年内全部建成市级文明单位。

"十五"期内，公路、运管、港航、征稽各局、高速公路行政执法大队、高速公路发展有限公司、公交集团公司单位，全部建成市、部级文明单位。

委属单位90%以上建成委级文明单位，已建成委级的50%以上创升为市、部级文明单位。

公路、运管、征稽各子行业在2年内创委级文明行业，3年内创市、部级文明行业。高速公路、公交系统在3年内创委级文明行业，4年内创市、部级文明行业。

第二，各子行业、子系统文明细胞建设目标。

（1）公路方面：

每年建成300公里文明路，并按交通部统一规划完成文明样板路的创建目标。

5年内建成700公里文明高速公路。

5年内建成200个文明道班，50个文明收费站。

每两年评选一次十佳文明收费站、十佳养路工、十佳养路班。

建成3000辆文明出租车，2000辆文明公交车，1000辆文明长途客运车，50个文明客运站，40条文明客运公交线，10条长途客运线。

（2）水运方面：

建成20艘委级文明客运船，3艘部级文明客运船。

建成3个委级文明港站，1个部级文明港站。

（3）交通行政执法方面：

每两年评选一次十佳交通行政执法标兵、十佳交通行政执法队。

（4）交通窗口单位建设：

评选命名重庆市交通系统文明示范窗口100个。

为了保证实现"十五"期具体奋斗目标，在明确了主要创建任务基础上，提出了重庆市交通行业精神文明建设的主要任务和活动载体。"十五"期间，重庆市交通行业精神文明建设的主要任务是：贯彻落实江泽民总书记"三个代表"重要思想，增强队伍素质，塑造交通形象，广泛深入地开展"三学四建一创"活动，就是把"三学四建一创"活动作为精神文明建设的活动载体，继续深入学习包起帆、华铜海轮、青岛港等先进典型，建设"交通基础设施优质廉政工程"、建设"交通行政执法素质形象工程"、建设"交通运输通道文明畅通工程"、建设"交通运输企业安全效益工程"，深入开展"文明交通，礼仪重庆"活动，深入进行共产主义理想信念教育，深入进行社会主义思想道德教育，深入进行社会主义民主法制教育，大力加强和改进思想政治工作，开展多种形式的群众性精神文明创建活动。

（三）制订"十一五"规划

2005年，交通精神文明建设"十五"规划的实施即将完成，为保证重庆交通系统精神文明建设十年规划（2000~2010年）的全面完成，中共重庆市交通委员会着手制订新的交通精神文明建设五年规划。2006年5月16日，经过多次讨论研究，中共重庆市交通委员会、重庆市交通委员会印发了重庆市交通行业精神文明建设"十一五"规划，要求各单位结合自身实际，按照规划要求，制定实施意见，遵照执行。其主要内容有：

1. 工作目标和任务

规划明确规定了重庆市交通行业"十一五"时期精神文明建设的指导思想和主要原则，明确规定了重庆市交通行业"十一五"时期精神文明建设的主要目标和任务是：经过五年的努力，到"十一五"末，交通行业精神文明建设工作水平取得新的突破，继续培养和树立有较强影响力的重大先进典型；打造一批交通知名服务品牌，创造一批体现时代精神、具有行业特色的优秀交通文化产品；相当部分区县交通主管部门、委属单位精神文明创建工作进入先进行列；涌现一批省部级以上文明行业、文明单位、文明细胞、创建文明行业先进单位、文明标兵。

2. 总体创建目标

至2005年年底，重庆市交通系统委（区、县）级文明单位创建率达到85%（委机关、委属单位、区县交通局），其中市级文明单位21个（委属单位10个，区县11个）创建率35%，委（区）级文明单位30个（委属单位1个，区县29个）创建率50%，部级文明行业3个。按照全国交通系统文明行业要求（主要指标：文明单位90%的创建面，市级文明单位达到20%，委<县>级文明单位达到70%），我市交通系统还有两项指标未达到要求，因此在“十一五”期间：

重庆市交通委员会机关要在4年内建成市级文明单位标兵。区县交通局中，渝北区和经开区交通局要在2年内建成区（县）级文明单位，其余未建成市级文明单位的区（县）级文明单位5年内50%创建成市级文明单位。未建成委级文明行业的区县交通局（委）5年内50%创建成委级文明行业。

交委直属单位：后勤中心、交通行政执法总队、建设集团、运输集团、航发司、交通投资公司、物资集团7个单位2年内建成委级文明单位，交委直属单位4年内全部建成市级文明单位。交委属单位下一级单位90%以上建成委级文明单位，已建成委级文明单位而未建成市级文明单位的，要积极争创市级文明单位。

2010年前，重庆市交通系统建成全国交通系统文明行业。“十一五”期间，重庆市交通委员会机关和1个委属单位创建成全国文明单位。

3. 分类创建目标。

（1）公路方面：继续保持全国交通系统文明行业称号。地方公路每年建成500公里文明路，并按交通部统一规划完成文明样板路的创建目标。国道公路按交通部的计划衔接组织，逐年安排实施文明样板路建设；地区干线公路和县道公路以区、县为单位，每年建成文明路或文明样板路100公里以上；新建和改建公路按文明样板路标准实施；2010年前，国道、国家主干线和主要地区、旅游景区干线公路全部建成文明样板路。养路段（队）每年按10%比例建成文明单位或文明养路段（队）；公路收费站和公路道班，每年按10%比例建成文明收费站、文明道班。现已建成的高速公路收费站全部建成文明收费站。

（2）道路运输方面：道路运输行业和公交行业在2009年前创建成为市级或部级文明行业。

道路运输行业：一级汽车客运站2年内全部建成文明客运站；二级、三级汽车客运站按3年内50%以上比率建成文明客运站。建成300辆文明出租车，50辆文明长途客运车，80个文明客运站，50条长途汽车客运线。

公交行业在：5年内标准化线路达到90%，公交集团所属单位100%建成委级文明单位，有条件的要积极创建成为市级文明单位。各公司30%以上的基层单位建成委级以上文明单位。

（3）水运方面：重庆市水运行业在2009年前创建成为市级或部级文明行业。

客轮：5年内30%以上建成文明客船，并建成16艘委级文明客运船，4艘部级文明客运船。

客运站：建成3个委级文明港站，2个部级文明港站。

水运行业创建中，港航局直属单位在“十一五”期间全部建成委级文明单位并争创市级文明单位。

重庆海事局在“十一五”期间争创全国文明单位。

（4）交通行政执法方面：继续保持征稽和高速公路执法两个子行业全国交通系统文明行业称号。全市交通执法系统在2009年前力争创建成为部级文明行业。

执法总队机关在3年内创建成为市级文明单位。5年内，各委属执法单位（创建到大队和征费所）全部建成委级文明单位。市级文明单位创建率达到50%。

（5）交通基础设施建设方面：5年内，市级交通工程管理、施工、设计和监理等单位力争全部建成市级文明单位。建设集团下属一级单位100%建成委级文明单位，有条件的单位要积极创建成为市级文明单位。

(6) 交通文明细胞建设方面：每年评选命名一批青年文明号、巾帼文明岗、职工之家、文明示范窗口等文明细胞。每两年评选一次十佳文明集体和文明个人。每年经委文明委批准，由各子行业命名一批文明细胞，5 年内命名重庆市交通系统文明示范窗口 100 个。

规划提出了保障目标任务实现的组织措施，即：一是提高认识，加强领导。二是完善机制，常抓不懈。三是健全机构，加强政工队伍建设。四是不断创新，增强活力。五是切实抓好创建文明行业"示范窗口"的建设。

第二节　文明建设活动

1981 年 2 月，全国总工会、团中央、全国妇联、中国文联、中国爱卫会、全国伦理学会、中华全国美学学会等 9 个单位联合发出《关于开展文明礼貌活动的倡议》，号召全国人民特别是青少年开展以"讲文明、讲礼貌、讲卫生、讲秩序、讲道德"和"语言美、心灵美、行为美、环境美"为主要内容的"五讲""四美"文明礼貌活动。此后，这项活动又和"热爱祖国、热爱社会主义、热爱党"即"三热爱"活动相结合，从城市到农村、从内地到边疆，迅速开展起来。

1983 年 3 月 11 日，中央成立了以万里为主任的"五讲四美三热爱"委员会。之后，各省、市、自治区包括重庆市也都分别成立了"五讲四美三热爱"委员会。1984 年 1 月，中央五讲四美三热爱活动委员会召开第二次全体会议，提出要普遍地、扎实地开展建设城乡各种文明单位活动，并要求把建设文明单位作为五讲四美三热爱活动的基本形式和基本内容。1986 年 9 月 26 日，中共十二届六中全会通过了《中共中央关于社会主义精神文明建设指导方针的决议》。1996 年 10 月 10 日，中共十四届六中全会审议并通过了《中共中央关于加强社会主义精神文明建设若干重要问题的决议》。重庆市交通系统精神文明建设工作是在这样的背景下开展起来的。

1983 年，重庆市地方交通系统、公共交通行业的精神文明建设，从"五讲""四美""三热爱"文明礼貌活动起步，从开展"学雷锋、树新风、爱交通、作奉献"活动起步，提倡交通行业的优质服务，开展起创建文明单位、创建文明行业的活动。在四川省交通厅提出"三年内力争交通行业 80% 单位建成文明单位的目标"的鼓舞和引导下，建成了一批重庆市级文明单位、四川省级文明单位，涌现出一批批先进的文明行业窗口单位，在生产建设一线涌现出来一批又一批省市级劳动模范、国家级劳动模范，他们成为广大交通职工学习的楷模。

1986～1997 年，重庆交通系统精神文明建设活动富有自己的特点。一是以社会服务"窗口"和行政执法管理单位为重点开展创建文明单位活动。二是贯彻"精神文明重在建设"的方针，公路运输管理、航运管理、公路建设养护管理等行业的各单位积极努力培养树立自己的文明行业精神和形象。三是 1997～1999 年，即 20 世纪 90 年代末期，重庆市、万县地区、涪陵地区和黔江地区的地方交通精神文明建设获得成果，创建了一批省市级的交通文明单位。四是 1995～1999 年，在创建文明交通行业活动中，各级工会、共青团组织发挥了积极的作用，一批国家级、省市级的"青年文明号""巾帼文明示范岗"首创重庆交通行业的文明窗口单位。

1998 年 3 月至 2005 年，重庆市交通局成立精神文明建设委员会，重庆市交通系统精神文明建设进入一个新的历史阶段。1998 年，为使交通系统精神文明建设有计划、有组织、有步骤地开展，重庆市交通局制订了第一个交通精神文明建设十年规划（1998～2010 年），提出按照中共重庆市委关于努力建设繁荣、富裕、文明、进步的新重庆和交通部提出用 10～15 年时间把全国交通行业建成文明行业的奋斗目标，在 1998～2000 年（"九五"计划期后三年）重在为创建文明交通行业奠定基础，即要通过建立分类指导、分级负责的工作责任体系，抓好示范窗口建设，培植先进典型，完善管理措施，突出重点部位和重点环节，切实解决人民群众普遍关心的问题；并区分市、局与区县不同层次，按照标准条件，落实创建任务，由点（线）及面发展，在2010年前，把重庆市交通系统建成文明行业。2000年11月，重庆市交通委员会印发《重庆市交通系统精神文明建设2001～2010年规划》，即重庆市交通委员会成立后重新修订的新的10年精神文明建设规划，仍旧保持上一个规划的总体要求和目标，即要在2010年前把重庆市交通系统建成文明行业。

一、文明建设初期活动

（一）地方交通文明建设活动（1986～1997年）

1986年，在中共十二届六中全会关于社会主义精神文明建设指导方针的决议指导下，全国社会主义精神文明建设开展起来，由此，重庆市交通局所属企、事业单位的文明建设活动开始起步，至1997年年底，是重庆交通行业文明建设的初步发展阶段。

1986～1990年，在中共重庆市交通运输会委员会领导下，重庆交通精神文明建设活动，以提高职工的思想道德和科学文化素质为切入点，各级党组织坚持把培育有理想、有道德、有文化、有纪律的“四有”职工队伍，作为交通精神文明建设的根本任务。

1986年，重庆交通行业坚持两个文明一起抓，开展了思想与职业道德教育和“文明生产、安全运输、礼貌待客、优质服务”活动，创建了一批文明站（路）、文明车（船）和文明单位，受到交通部、四川省和重庆市的表彰。重庆市交通局系统评选、表彰和奖励先进集体13个，先进个人39人。

一是组织普法教育和商品经济理论的学习。重庆市交通局举办普法学习班6期，培训骨干411人，其中县团级领导干部占应训的三分之二以上。各交通企业事业单位组织脱产、半脱产培训，在干部中进行了系统的马克思主义哲学和商品经济理论学习，重庆市交通局223名干部参加了重庆市的统考，及格率为93%。同时，在青工中开展了政治轮训，轮训面达95%。

二是组织干部专业技术培训和职工科学文化教育。重庆市交通局系统举办干部专业技术培训班60多期，培训干部1896人次，并输送377名干部到各大专院校学习，其中公司（厂）级干部2人，中干24人，30名厂长（经理）参加国家经委举办的厂长（经理）统考，及格率为100%。重庆市交通局系统文化补课合格率达到71.23%，分别达到国家规定的中限要求，青年职工补文化、补技术的“双补”教育基本完成。此后，重庆市交通局系统开办了中技培训班，培训中级技术工人50名，建立了电视中专校和交通职工中专校，共录取学院204人；职工高中班4个，参加学习的职工135人；开办电大教学班3个，共招收学员52人。

三是开展“文明生产、安全运输、礼貌待客、优质服务”的活动。各交通单位创造出众多的文明活动竞赛办法。重庆交机厂的“最佳青年小组”赛、重庆汽车运输公司的“优质服务窗口”赛、重庆轮船公司的“立功争献”赛、重庆市装卸运输公司的“生产短平快”赛、重庆市水运公司的“超标、双百”赛以及重庆汽车修造总厂的“劳动接力”赛等，使一些站、队、车间、班组生产旬旬创水平、月月上台阶。

1987年，重庆交通行业以纠正行业风气、加强职业道德教育为文明创建活动的重要内容，继续深入开展“安全运输、礼貌待客、优质服务、文明生产”的争当文明标兵活动。重庆市交通局将各单位制订的文明“守则”、文明“公约”等汇编成册，下发各区县、各单位施行，涌现了一批文明待客、文明运输、文明装卸、文明养路的先进集体和个人。重庆船厂、永川总段合川分段、重庆轮船公司“川运5号”轮等7个单位被重庆市人民政府命名为1987年的文明单位，有的还被交通部命名为文明单位。重庆市交通局与重庆市交通工会配合，开展了“文明路”“文明道班”的检查，铜梁县被评为重庆市第一个“文明公路达标县”。

1988年，重庆交通行业继续开展了以优质服务、文明礼貌为内容的“双文明创建活动”，重点是开展各类“窗口”岗位人员的职业道德教育和评比竞赛活动。重庆市交通局系统各单位共计培训职工3834人，其中干部1583人，招收职工中专和电视中专学员98人。开展了职工形势教育和普法教育，组织编写、拍摄了反映重庆市交通改革以来以及“两个文明建设”成果的书刊、影视和图片资料，完成了交通大事记、公路运输和内河运输志等的编写工作。各级工会、共青团、社团组织开展了各种文明创建活动，涌现出一批热心服务、文明礼貌、助人为乐的先进人物。1988年，永川汽车运输公司永川车站驾驶员李泽华先后被评为永川汽车运输公司、重庆市、四川省劳动模范和全国公路客运部门“五讲”“四美”“三热爱”活动先进个人，荣获全国“五一劳动奖章”，并到北京出席颁发五一劳动奖章的劳模会议。

1989年，重庆交通行业精神文明建设，一方面，开展坚持四项基本原则的教育，开展反对资产阶级自由化和抵制精神污染的教育。在1989年春夏的政治风波中，交通职工始终站稳立场，坚守岗位，保持了运输生产的正常进行，为平息动乱，保证生产和人民生活供应做出了应有的贡献。另一方面，各交通企业事业继续进行职工的职业道德教育和以文明礼貌优质服务为内容的精神文明教育，广泛开展了“学雷锋、树新风、爱交通、作奉献”，搞好优质服务以及创建文明单位的活动。交通职工参与各种文化体育活动，举办“红五月”歌咏比赛，进行书法绘画和征文活动，倡导树立社会主义精神文明风貌，涌现出了以张家滩道班和劳动模范等为代表的一大批先进集体和个人。

1990年，四川省交通厅印发了四川省交通文明单位条件的通知。1990年3月16日，四川省交通厅与四川省精神文明办公室又联合向全省交通系统单位下发了《关于印发全省交通系统文明单位条件的通知》，提出了“三年内力争交通行业80%单位建成文明单位的目标”，并印发了四川省交通系统公路行业、运输管理部门、航务管理系统、交通稽征系统、港航监督系统等5大类文明单位条件。这些文明单位条件，成为指导重庆市交通系统单位进行精神文明建设的重要规范和标准。

1990年，重庆交通行业形成了“反演变、筑长城、促经济、强基础”为基调的精神文明建设活动特色。针对国际形势的巨大变化和经济工作中出现的新问题，重庆市交通局举办了形势教育学习班22期，320名骨干参加了培训学习；组织形势教育宣讲220次，18900人次接受教育。职工“双基”教育已考试合格7596人，占应训人数的42%。

1990年，重庆交通行业提出了“学雷锋学根本，立足本职岗位作奉献”的口号，1990年5月，重庆市交通局召开了“学雷锋学严力宾树新风”（简称“两学一树”）表彰大会，李泽华、周英福等25名先进个人，张家滩道班等12个先进班组和集体受到表彰和宣传。1990年10月，周英福、陈金容等7人获得重庆市人民政府命名的市级特等劳动模范的荣誉称号，永川汽车运输总公司等三个企业、基层单位评为了市级先进企业和先进集体。此外，张安荣等地方航运3名船长荣获全国第二届内河安全明星船长“金杯奖”和“金帆奖”。

1991年，根据四川省交通厅文明单位创建安排，重庆市交通局制订了江北区观音桥至江北县两路口公路客运线、重庆至泸州客运航线、江北区客运北站即“两线一站”文明创建规划和目标。安全优质文明运输服务站点线创建工作起步，成渝路上开展了荣昌至重庆段的文明客运线创建工作，江北区汽车客运北站的示范试点工作启动，力争两年内创建部级文明站。重庆市交通稽征处、国道210管理站、重庆翻胎厂、重庆轮船总公司“川运11号”轮已通过市级文明单位评审。至1991年年底，重庆市交通局已有永川汽车运输总公司、重庆市公路运输管理处等28个单位被命名为重庆市级文明单位，稽征、运管、航运等单位有22个基层站、所命名为所在区县级文明单位。

1992年，重庆交通行业组织干部职工开展争创文明单位活动。在创建卫生城市活动中，各窗口单位做了大量工作，重庆市交通局及其重庆市公路养护总段、重庆汽车北站、国道210线红双段等分别获得重庆市、江北区的表扬奖励。继续坚持开展了纠正不正之风的活动，使职工的职业道德、服务水准有所提高，行业风气进一步好转。至1992年年底，重庆交通行业报批市级文明单位8个，被命名的文明单位增加到46个。其中，重庆市交通稽征处及所属单位实现了文明单位“满堂红”。建成文明公路4条。评出全国及四川省的“红旗”车54辆。

1993年，重庆交通行业开展创建文明单位的活动，注意把经常性的创建活动与军（警）民共建、地方共建同抢险救灾、城管创卫、勤政倡廉、知识竞赛，以及健康文明的文化活动结合起来，使创建活动多样化。至1993年，重庆市交通局已有41个市级文明单位，巩固率达到了95%，新创建、命名的部级文明车站、市级文明单位8个，已通过市级文明单位评审验收单位6个。

1994年，重庆交通行业的行业风气进一步好转。在交通系统，组织学习了邓小平文选一、二、三卷，开展了以学习包起帆为主题的“创先争优”活动。同时，重庆市公路运管处、重庆市车购办、重庆市航运处、重庆市交通稽征处等单位分别建立了行风联系制度，聘请了群众监督员，实行了集体审批运力线路等，开展了重庆市交通行业窗口的精神文明建设。至1994年年底，重庆市交通局已有市级文明单位48个。重庆市交通稽征处创建“省级文明单位”已经四川省检查验收。重庆市交通局领导班子被市级机关党工委授予“四好”领导班子称号，众多党组织和领导干部被授予“先进集体”，“优秀共产党员”称号。

1995年，重庆交通行业系统进行了党的基本路线、有中国特色的社会主义理论教育和爱国主义、集体主义、社会主义教育，加强了“四有”职工队伍建设。通过加强对“窗口”单位精神文明建设，提高了服务质量，行业不正之风有较大好转，窗口单位的精神面貌发生了很大的变化。各单位还注意丰富职工业余文化生活。至1995年年底，重庆市交通局已有50个单位（包括二级单位）获得重庆市级文明单位称号，1个单位获得四川省级文明单位称号。

1996年，重庆交通行业坚持以中国特色社会主义理论武装交通职工，深入贯彻党的十四届五中、六中全会精神，切实加强政治理论学习，树立“讲学习，讲政治，讲正气”的风气，机关作风进一步转变。结合重庆市“弘扬红岩精神，塑造当代重庆人”活动，重庆交通系统广泛开展了“弘扬红岩精神，塑造交通职工新形象”活动，在出租汽车行业中开展了“我就是重庆，我就是文明使者”的文明服务活动。至1996年年底，在创建文明单位活动中，重庆市交通局已有市级文明单位51个、省级文明单位1个，已验收待命名5个，在重庆市工交系统中位列前茅。

1997年，按照中央精神文明建设指导委员会（简称中央文明委）“讲文明、树新风”活动、交通部开展的创建文明行业活动与中共重庆市委工交政治部工委的“塑形工程”的部署，重庆市交通局提出了创建文明行业阶段性目标，开展了学华铜海、包起帆，学石家庄出租汽车行业管理和青岛港的活动，在出租车行业开展了“庆直辖，迎回归，我为新重庆添光彩”阶段性主题活动，掀起“弘扬红岩精神，塑造当代重庆人形象”的热潮。运输管理部门重点加强了中巴车、出租车的管理和建设文明风景线的力度，与民航局、渝北区联合开展共建重庆北大门出租汽车文明风景线活动。开展了创建“巾帼文明岗”“青年文明岗”活动。在“塑形工程”上，100%的单位做到了有机构、有规划，开展了丰富多彩的塑形活动，举办骨干培训班67期3100多人次，树立先进集体66个，先进个人163人。1997年，命名创建文明行业示范窗口12个，创建青年文明岗97个，成渝高速公路管理处重庆收费站被交通部、团中央命名为“全国青年文明号”。创建巾帼文明岗37个，重庆汽车站总服务台被市妇联推荐为全国巾帼文明岗集体，重庆汽车站以987分通过了交通部文明车站验收。

1986～1997年，重庆交通精神文明建设创建了一批省市级的交通文明单位。铜梁县交通局所属的、交通部“先进单位”铜梁县公路养护段，1982～1985年连续被重庆市命名为“文明单位”。1986年，铜梁县公路养护段被中共四川省委、四川省人民政府命名为“文明单位”，这是在县级交通系统所属单位中最早的一个省级文明单位。1987年6月27日，重庆市人民政府命名铜梁县为“文明公路达标县”，并奖励小汽车一辆。1994年12月，重庆市交通稽查征费处被四川省委、省政府命名为“文明单位”，直属21个征稽所全部被命名为市级文明单位。这是重庆市交通局系统直属单位中创建的第一个省级文明单位。1996年6月，中共重庆市委、市人民政府授予重庆市公路养护总段等5个单位为“市级文明单位”，并完成市级文明单位复查工作，重庆市交通局共有省级文明单位1个，市级文明单位51个。

1995～1997年，重庆交通精神文明建设创建了一批文明行业“窗口”单位。1995年，重庆汽车北站售票组获得重庆市青年文明号的表彰命名，这是重庆交通系统第一个获得重庆市“青年文明号”称号的基层岗组。1997年5月4日，成渝高速公路管理处重庆收费站荣获交通部、共青团中央联合命名的全国“青年文明号”称号。这是重庆地方交通系统第一个获得全国“青年文明号”称号的基层岗组。同时，重庆成渝高速公路有限公司西段管理处永川站、重庆市第一公交公司共青团118路队1120号、获得重庆市“青年文明号”的表彰命名。

（二）城市公交文明建设活动（1986～1999年）

1986～1999年，在重庆市公用局精神文明建设领导小组领导下，倡导公交红姑娘客运队塑造的“手中一张帕、有空抹起来、辛苦我一人、热心为顾客”的“红姑娘”精神、重庆市轮渡公司塑造的“自做小板凳、方便众乘客、勤俭办企业”的“小板凳”精神等优秀传统精神，开展军民、社民共建精神文明活动。1986年9月，重庆市第一公交公司与后勤工程学院签订了军民共建活动协议。1997年，重庆市第一公交公司与大溪沟街道及辖区各大中型社会团组织共同组建社区共青团工作联合会。1997年，重庆市第一公交公司与解放军后勤工程学院联合举办军民鱼水情元旦联欢晚会。1997年，在庆重庆直辖迎香港回归之际，重庆市第一公交公司举办《认识新重庆，热爱新重庆，建设新重庆》知识竞赛，并作为车厢服务宣传的一部分，引起社会关注和好评。

1989～2000年，重庆市公用局连续坚持开展了八届“爱重庆、树新风”优质服务竞赛活动。在公交客车上，盲人免费乘车，设置安全检查岗，公交售票员坚持“三勤”“四报”为乘客服务，江北客运站为小学生开设学生专车，在青年驾售人员中开展“学雷锋、树新风”活动，重庆客轮公司职工勇救落水群众800多名，共青团员、青年职工积极捐助“希望工程”，开展健康有益的多种文体竞赛活动，在重庆公交客运行业中，树起了一道道精神文明的风景线。1996年，重庆市第一公交公司率先在汪霞为组长的1120车组推出社会服务承诺，公司《社会承诺服务管理办法》出台，承诺服务在全公交客运系统得以推广。1998年，重庆市第一公交公司制订了自学成才奖励办法，倡导员工争做“四有”新人，启动“员工文明工程”，评选表彰文明职工、文明车（班）组、文明科室、文明家庭。1999年，重庆市第一公交公司提出“素质工程”，大力开展员工教育培训。自1999～2005年，重庆市第一公交公司每年召开隆重集会，重奖各类先进典型，开展了“学汪霞、创名牌、争标兵”活动，对在工作中涌现出来的优秀人物和集体，如汪霞、易华、赵德芳、吴秀英、徐成明、段成华、高薇等勤俭自强、爱岗敬业、无私奉献的杰出员工和1120号、1490号车组等，及时给予报道宣传，每年上重庆市广播电台报刊稿件近200篇，在公司掀起了一股树立先进典范、优质文明服务的热潮。2000年，重庆市第一公交公司在刚建成的人民广场举办“保安全、抓服务，促畅通工程，树公交形象”大型展览，集中展示了公司安全、服务、运营、文化建设工作方面的显著成绩，吸引了中外游客及市民。

1986～2000年，重庆市公用局在公交企业中开展了创建省级、市级文明单位的活动。在公交车队中坚持开展创建青年文明号活动，在公交公司中坚持开展“十佳”主人翁评选活动，还开展了职工之家建设活动，涌现了一批省、市职工之家。1986年，重庆市公共交通公司第23路队被国家建设部命名为“优质服务先进集体”。1994年，重庆市冠忠（新城）公交公司601线6014号车组获得重庆市“青年文明号”表彰命名。这是重庆公共交通客运系统第一个获得重庆市“青年文明号”表彰的车组。1995年4月，重庆市第三公交公司306路队获得共青团中央、建设部全国青年文明号表彰命名。这是重庆公共交通客运系统第一个获得国家级“青年文明号”表彰的车组。1995年10月，重庆市公用局团委组织青年文明号车组进行座谈，开展创建青年文明号的活动。1998年，重庆市公用局有2个公共交通企业岗组：重庆市冠忠（新城）公交公司601路6014号车组和重庆市第一公共交通公司1120号车组，获得了重庆市“巾帼文明示范岗”的表彰命名。这是重庆公交客运系统列入重庆市首批巾帼文明示范岗表彰命名的第一批岗组。

二、文明建设规划的实施活动

（一）交通文明单位创建活动（1998～1999年）

1998年，重庆交通行业开始实施第一个《重庆市交通系统精神文明建设1998～2010年规划》。首先，开展了旨在转变作风，提高服务质量、文明执法、加强自身建设等形式多样的精神文明建设活动，取得了好的效果。1998年，重庆市交通局召开交通系统精神文明建设工作会，在巩固、提高的基础上，共有45个单位转为中共重庆市委工交政治部工委级文明单位。

1999年，重庆交通行业按照《重庆市交通系统精神文明建设规划》，大力开展创建文明行业和创建文明单位活动，取得较好成绩。重庆汽车站、重庆市公路运管处被推荐为重庆市文明单位“五十佳”，重庆市公路局通过重庆市级文明单位检查合格。陈家坪汽车站、重庆运业公司通过了中共重庆市委工交政治部工委市级文明单位检查。

（二）交通行业文明窗口创建活动（1998～1999年）

1998年，在国道319线、成渝高速公路重庆段开展了军民共建文明路活动，命名了12个示范窗口单位。1998年3月，重庆市交通局申报的全国巾帼文明示范岗——重庆交通运业有限责任公司重庆汽车站服务总台，获得全国妇联命名表彰，这是重庆地方交通系统第一个全国“巾帼文明示范岗”。1998年，重庆长途汽车运输总公司大足公司客运科售票组、重庆市汽车运输总公司江南宾馆总服务台、重庆交通运业有限责任公司重庆汽车站售票岗组、重庆市成渝高速公路公司永川站收费三班、重庆市渝通宾馆客房部会务组、重庆市公路运输总公司南岸站医务所等6个集体岗组，获得重庆市“巾帼文明示范岗”的表彰命名。这是重庆交通系统列入重庆市首批巾帼文明示范岗表彰命名的第一批岗组。1998年，重庆成渝高速公路有限公司桑家坡收费站、重庆市第一公交公司148线1490号车组、重庆市第一公交公司共青团118路队、南坪汽车站江南宾馆总服务台、重庆交通运业有限公司菜园坝汽车站服务总台（国家级）、渝通宾馆总服务台、梁平县公路管理段福禄道班被评为重庆市“青年文明号”。

1999年4月，出租汽车行业开展“迎接建国五十年，迎接澳门回归优质服务竞赛”活动，重庆市交通局、重庆市精神文明建设委员会办公室命名表彰永川市为出租汽车文明示范市，涪陵等4个区县（市）为创建出租汽车文明行业先进区县（市），重庆汽车运输（集团）有限责任公司金达莱出租汽车分公司等20个企业为创建出租汽车文明行业先进企业，刘忠等117名驾驶员为创建出租汽车文明行业先进驾驶员，推出了近郊九区100辆“文明示范车”。

1999年7月，国道319线重庆段创建文明样板路任务顺利完成，国道319线重庆段获得交通部部级文明样板路的表彰命名，至此，结束了重庆无部级文明样板路的历史。开县、合川、秀山养路段被命名为文明养路段。开县同乐道班、巴南区张家滩道班被命名为文明养路班。开县同乐道班、巴南区张家滩道班、秀山龙池道班荣获“全国文明道班”光荣称号。石柱、永川、璧山县养护道班的职工荣获“全国优秀养路工”称号。

1999年，“东方皇宫”轮等21艘客船、武隆客运站被命名为局级文明船（站）。重庆市交通局被评为重庆市唯一的“全国巾帼建功先进单位”。重庆成渝高速公路有限公司消防救援队、万州长江公路大桥管理处收费站、涪陵路桥处长江大桥收费站、璧山县交通运政稽查大队、忠县公路收费管理所、沙坪坝区公路养护段获得重庆市青年文明号命名表彰。2000年，重庆北方高速公路有限公司董事长、总经理李祖伟荣获“全国劳动模范”称号。有8人荣获重庆市劳动模范称号。徐谋、汪霞获得“振兴重庆争光贡献奖”提名奖。

（三）交通文明行业创建活动（2000～2005年）

1. 开展“文明交通，礼仪重庆”活动

2001年12月9日，在重庆市人民广场，重庆市交通行业开展“文明交通，礼仪重庆”活动动员大会及启动仪式举行，来自重庆市出租汽车、公交客运、长途客运、水上运输、高速公路等行业和系统的职工代表参加，重庆市有关部门领导、新闻界的朋友应邀出席。在大会上命名表彰了一批“星级驾驶员”，重庆市交通委员会主任胡振业发表讲话，表示重庆市交通委员会决定在重庆市交通行业开展“文明交通，礼仪重庆”活动。2002 年 11 月 25 日，中共重庆市交通委员会、重庆市交通委员会正式下发《关于在全市交通行业中开展文明交通礼仪重庆活动的通知》，中共重庆交通委员会、重庆市交通委员会决定在重庆市交通行业中，开展“文明交通、礼仪重庆”活动。通知对活动指导思想、创建目标、创建内容、创建要求均有明确规定。

一是在出租汽车行业中开展出租汽车文明规范服务，从“规范服务，礼貌待客，合理收费，车容整洁，车况良好”等五个方面入手，开展星级出租汽车、星级驾驶员评选。在出租汽车驾驶员中推广、学习和使用礼貌用语和日常英语，做到“诚信社会，礼待宾朋”，杜绝一切不文明行为，争做重庆形象大使，打造重庆出租汽车行业品牌。

二是在公交客运行业中开展推广“全员普通话，服务标准化”优质文明服务。已开通的公交线路应全面推行全员普通话服务。学习公交客运“爱岗敬业，情系乘客，奉献社会”的“两霞”（汪霞、熊采霞）精神，开展文明公交示范车（班、组）、文明标准化线路等推广运营全过程、全线路规范化服务的各类评选活动，推动公交客运服务向规范化、标准化方向发展，把城市公交建成精神文明建设的窗口，为建设繁荣、富强、文明、进步的新重庆贡献公交客运的力量。

三是在长途客运车、客运站中开展“传播文明重礼仪，优质运输创一流”活动。按交通部“优质服务，优美环境，优良秩序，服务过程程序化，服务质量标准化，服务管理规范化的”“三优三化”的要求，积极开展文明客运站、文明长途客运车、文明长途客运线的评选，不断优化旅客的乘车环境，提高驾乘人员的服务水平，确保旅客的乘车安全，让乘客充分享受“文明交通、礼仪重庆”周到的服务。

四是在公路行业中开展“修建文明路，塑造文明人”活动。培育“开拓进取、科技兴路、爱岗敬业、保障畅通”行业精神，广泛开展学先进、创十佳（十佳养路工、养路班、路政员和收费员）的活动，创建“五好”领导班子，创建一批文明单位，创建国道文明样板路和市（省）级文明路，以此提高行业文明建设水平、职工思想道德文化素质和行业管理水平，达到“路况优良、环境优美、职工小康、行业文明”的目的。

五是在港航系统中开展“文明服务，扮靓窗口”活动。要充分利用朝天门地区建立的大型电子屏，为乘客提供及时、公开、透明、完善的服务。积极开展创部、委两级文明船、文明航线、文明站（点）的活动，以此提高水路客运服务质量和进一步提高安全意识。

六是在高速公路系统中开展“建文明高速公路”活动。按“道路安全畅通，执法公正文明，服务周到热情，人民群众满意”的创建目标和要求，开展高速公路基础设施和景观建设，提高收费人员业务素质，不断提高高速公路“统一管理，综合执法”水平，推动高速公路行政管理和经营管理上台阶。为驾乘人员提供“安全、快捷、舒适”的服务。

2. 开展建设长江三峡文明长廊示范点活动

2002 年，重庆市精神文明建设委员会（以下简称“重庆市文明委”）渝文明委〔2002〕1 号文件发出《关于进一步建设重庆市长江三峡文明长廊的实施意见》，明确提出了实施建设“长江三峡文明长廊”八大工程，并明确了相应的创建责任单位。重庆市交通委员会被重庆市文明委确定为创建文明行业和创建文明交通运输线的责任单位，并和重庆市文明委签订了《重庆“长江三峡文明长廊”建设责任书》。

2002 年 5 月 15 日，重庆市交通委员会下发《关于确定委系统 2002 年长江三峡文明长廊示范点的通知》，决定向重庆市文明委推荐一批建设“长江三峡文明长廊”示范点，并确定了一批委级示范点，即公布了市级示范点和委级示范点名单：重庆市公路局、重庆市运管局、重庆高速公路发展有限公司、重庆市汽车运输（集团）有限责任公司为“建设长江三峡文明长廊”的市级示范点；重庆市港航局、重庆市高等级公路行政执法大队、重庆市冠忠（第三）公共交通有限公司、重庆市第五公共交通有限公司、重庆长途汽车运输（集团）有限公司、重庆高速公路发展有限公司渝涪分公司、重庆南方高速公路有限公司为委级示范点。重庆市交通委员会要求，已被列入市级示范点和委级示范点的单位要按文件重庆市文明委渝文明委〔2002〕1号和渝文明委〔2002〕5号文件要求，尽快成立组织领导机构，加强对长江三峡文明长廊建设的领导；制订切实可行的建设规划和措施，狠抓创建落实，务求实效；增加对示范点工作的投入，加大对示范点工作的宣传。

（四）文明单位、文明窗口、文明行业创建活动成果

2000年，重庆市交通委员会成立后，重庆市交通委员会精神文明建设委员会和精神文明建设办公室成立，并修订和完善了《重庆市交通系统精神文明建设2001～2010年规划》，充实了精神文明建设内容。随后，重庆市交通委员会制订了《重庆市交通行业精神文明建设十五规划》，进一步明确了精神文明建设阶段性的奋斗目标，印发了《重庆市交通系统精神文明建设工作文件汇编》，用以指导交通行业精神文明建设工作的开展。

2001年，重庆市交通系统各地区各单位按照《重庆市交通行业精神文明建设十五规划》，各子行业、子系统及其各单位积极申报创建区县级、委局级、市（部）级文明单位。在重庆市交通行业中，中共重庆市委、重庆市人民政府命名为市级最佳文明单位的有3个，市级文明单位13个，重庆市交通委员会命名委级文明单位21个。行业中有18个单位被交通部评为9个类别的“全国道路运输系统文明单位”称号。2001年，万州区交通委员会、璧山县交通局多年来坚持系统文明单位创建工作，顺利通过了重庆市交通委员会首批委级文明行业的验收，荣获了首批委级文明行业的称号。

2002年，重庆市交通委员会委属系统中申报创建市级最佳文明单位4个，市级文明单位9个。有23个单位荣获了委级文明单位的命名。2002年12月5日，重庆市交通委员会召开了成立以后的第一次重庆市交通系统创建文明行业工作会议，对文明单位、文明行业创建工作给予总结，下达“十五”期内交通系统创建文明行业的主要任务和总体奋斗目标。

2003年，重庆交通行业以文明细胞建设为基础、以创建文明单位为切入点、以开展“文明交通，礼貌重庆”“建设长江三峡文明长廊”“三学四建一创”等活动为主要载体，加强宣传和思想政治工作，初步形成了交通事业和交通行业精神文明建设共同推进的行业态势。

2004年，交通行业文明建设与宣传工作取得新成绩。交通职工认真学习新时期产业工人优秀代表许振超、基层交通局长楷模赵家富两个全国先进典型。继续深入开展“建设长江三峡文明长廊”、“三学四建一创”等群众性精神文明建设活动，文明创建工作实现了由管理层向基层一线延伸、由交通内部单位向行业延伸，涌现出了许多群众有口皆碑的交通“青年文明号”，促进了全行业文明程度的不断提高。坚持正确的舆论导向，围绕交通建设重点、行业管理亮点，开展了“重庆交通提速小康库区行”“八小时重庆”等主题宣传活动，对外展示了重庆交通良好形象。

2005年，交通行业文明建设成绩斐然。内聚人心、外树形象，广泛深入地开展“三学四建一创”等为载体的行业文明创建活动，强化职工思想道德教育，丰富文化生活，加强对外宣传，树立行业新风。获部级文明行业3个，市级文明单位69个。行业文明创建工作呈现出蓬勃生机和旺盛的活力。

第三章　交通文明行业创建

在重庆交通系统精神文明建设进程中，各单位在创建省市级文明单位、创建全国和交通部文明单位和创建交通文明行业窗口的基础上，努力创建交通文明行业。

在全国交通系统文明行业创建方面。2003 年 12 月，交通部下发《关于表彰全国交通系统文明行业和全国交通系统创建文明行业先进单位的决定》，其中，重庆市交通征费稽查局获得交通部的全国交通系统文明行业的命名表彰，成为重庆市交通系统第一家获得“全国交通系统文明行业”的单位。2005 年 12 月，交通部下发《关于表彰全国交通行业文明创建工作先进集体和个人的决定》，其中，重庆市公路局和重庆市高速公路行政执法总队同时获得“全国交通系统文明行业”的命名表彰。

2005 年 12 月 15 日，交通部下发《关于表彰全国交通行业文明创建工作先进集体和个人的决定》，表彰了一批全国交通行业文明单位和全国交通行业文明创建工作先进集体和个人。其中，重庆市交通系统有 12 个单位获得先进集体荣誉称号、有 1 人获得先进个人荣誉称号。

重庆市交通文明行业创建方面。一是道路运输。2003 年 5 月，重庆市交通委员会下发《关于 2002 年度道路运输行业创建工作表彰的通知》，通报表彰了评选出的各类文明企业、文明汽车站、文明线路和文明车。二是水路运输。2003 年 5 月，重庆市交通委员会下发《关于命名表彰全市水运行业文明港站、文明客船、文明执法队伍的通知》，授予 2 个客运总站“文明港站”荣誉称号，授予 20 艘客船“文明客船”荣誉称号，授予 1 个水上稽查大队“文明执法队伍”荣誉称号。三是公路养护。2000 年 3 月 15 日，重庆市交通局下发《关于命名表彰文明养路段、文明养路班的决定》，命名 3 个单位为文明养路段和命名 5 个单位为文明养路班。2000～2005 年，重庆市交通委员会每年均要命名表彰一批文明路、文明养路段、文明路政执法大队和文明收费站。

第一节　全国交通文明行业

一、交通征稽行业

1994 年 12 月，重庆市交通稽查征费处获得四川省委、四川省政府的省级“文明单位”命名表彰，直属 21 个征稽所全部被命名为重庆市的文明单位。这是重庆市交通局直属单位中创建的第一个省级文明单位。1997 年重庆市直辖后，重庆市对原四川省级文明单位进行了复查工作，并于 1999 年 1 月 27 日，重庆市文明委渝文明委〔1999〕3 号文件下发《关于对原四川省级文明单位复查结果的通报》，原四川省级文明单位经过复查重新认定为重庆市级文明单位。在这一通报中，重庆市交通征费稽查局（简称“重庆市征稽局”）及其涪陵交通稽查征费处和万州交通稽查征费处，是重庆市直辖后中共重庆市委、重庆市人民政府首批复查认定的市级文明单位。在保持市级文明单位荣誉的同时，重庆市征稽局进一步拟定规划，开始创建“全国交通系统文明行业”单位。

（一）创建规划与创建目标

2000 年 12 月 20 日，重庆市征稽局印发了《重庆市交通征稽系统精神文明建设 2001 ~ 2010 年规划的通知（简称“十年规划”）》。十年规划确定了创建文明行业的目标任务：“在 2010 年前，把全市交通征稽系统建成文明行业。”并提出分类目标是：（1）5 年内，局、处两级机关 80% 达到市级最佳文明单位。（2）10 年内，各基层征稽所 100% 建成文明单位。（3）8 年内，创建巾帼文明岗 2 个。（4）8 年内，创建青年文明号 6 个。十年规划确定设立精神文明建设领导小组，下设精神文明办公室，负责指导、协调和日常工作。

（二）创建全国交通系统文明行业

根据十年规划，2001 年，重庆市征稽局成立了文明行业创建领导小组。由时任局党委书记、局长刘艰担任组长，党委副书记吴洪铭、副局长王志担任副组长，龙江、王万华、张鲁玲、周云、陈卫东、王继丰、罗陵江为成员。下设办公室，负责处理日常事务工作，办公室主任由王万华兼任。2001 年 5 月 10 日，重庆市征稽局制订《重庆市交通征费稽查局创建文明行业实施意见》。2003 年 10 月 23 日，重庆交通征费稽查局制订《创建文明行业考核评分标准》。2001 ~ 2003 年，重庆市征稽局局属各级机构建立健全了创建组织领导体系，实行文明业务工作和文明行业创建工作“一岗双责”制，即领导班子在每年制定实行年度工作计划时，同时将创建文明行业的工作要求具体化，并负责实施。

在十年规划实施的过程中，2002 年 4 月，重庆市交通征费稽查局获得重庆市交通委员会命名的文明示范窗口的称号。2003 年，万州征稽处突出“巩固、规范、创新、提高”的“八字方针”，突出“树人工程建设、行政执法规范工程建设、内部管理创新工程建设、诚信文明形象工程建设”等“四大建设”，推动文明创建活动。涪陵征稽处以“长江三峡文明长廊”活动为载体，管理规范，环境优美，执法文明，服务至上，提倡诚信征稽，创建活动收到了实效。渝中所、龙宝所保持“交通系统文明行业示范窗口”称号，江北所继续保持“巾帼文明岗组”称号。黔江所、江北所争取创建市级文明单位进入考核验收阶段。重庆市征稽局职工继续坚持征费期无节假日承诺等便民服务措施，向全社会展示了交通征稽人的文明形象。

2002 年，重庆市交通委员会向交通部申报重庆市征稽局创建“全国交通系统文明行业”单位。2003 年 9 月，交通部“全国交通系统文明行业”考评组到重庆市交通征费稽查局考察验收创建部级文明行业情况。通过听取自查汇报，查看创建资料，组织车方座谈，开展社会问卷调查，听取行风监督员意见等形式，考评组行程几百公里，深入到重庆市交通征费稽查局部分基层处所，实地检查现场环境和工作情况。同时，考评组征求重庆市级党政部门意见。经过实地考察，考评组认为：重庆市征稽局的创建工作，各级领导重视，机制健全，措施得力，两个文明建设结合得好。尤其面对税费改革影响，费收不减，人心不散，车方评价高，社会效果好，非常难得。

2003 年 12 月 31 日，交通部交体法发〔2003〕619 号文件表彰全国交通系统文明行业和全国交通系统创建文明行业先进单位，决定表彰第二批 19 个全国交通系统文明行业和 28 个全国交通系统创建文明行业先进单位。其中，重庆市交通征费稽查局获得全国交通系统文明行业的命名表彰，成为重庆市交通系统第一个获得“全国交通系统文明行业”称号的单位，重庆市人民政府市长王鸿举亲自为重庆市交通征费稽查局颁奖授牌。2006 年 6 月 2 日，中共重庆市委、重庆市人民政府渝委发〔2005〕15 号文件发出《关于命名表彰 2005 年度市级文明单位标兵的决定》。其中，重庆市交通委员会申报的有 3 户单位，其中，重庆市交通征费局获得 2005 年度市级文明单位标兵的称号。

二、公路养护行业

2000 年 4 月 18 日，中共重庆市委、重庆市人民政府下发《关于命名 1999 年度市级文明单位和文明单位“五十佳”的通知》（渝委发〔2000〕15 号），其中，对重庆市交通委员会申报的以及县（市）区申报的交通创建单位，重庆市公路局成为重庆市新命名的 1999 年度重庆市级文明单位。

2005 年 5 月 24 日，重庆市交通委员会向重庆市精神文明建设委员会办公室，推荐市级最佳文明单位重庆市公路局参加评选“全国文明单位”。2005年9月5日至2005年9月12日，重庆市公路局列入了全国文明文明单位的公示名单。2005年10月21日，中央文明委发布《关于表彰全国文明城市（区）文明村镇文明单位和全国精神文明创建工作先进单位的决定》，其中，重庆市公路局（机关）获得全国文明单位称号。

（一）创建规划与创建目标

1998年11月3日，重庆市公路局成立了“重庆市公路局社会主义精神文明建设领导小组”，重庆市公路局党委书记、局长艾吉人任组长，党委副书记张荣芝、副局长刘治军和杨秀龙、工会主席周志荣任副组长，局机关各处科室10位负责人为成员，创建办公室设在重庆市公路局政工处，由政工处处长尹秀伦任主任，负责日常管理工作。各区县（市）公路主管部门也成立了相应的领导机构和工作部门，负责所辖公路单位的文明创建工作。

为了使重庆市公路系统创建文明行业工作有序进行，重庆市交通委员会、重庆市公路局先后出台《重庆市公路行业社会主义精神文明建设管理办法》《重庆市公路行业社会主义精神文明建设“十五”规划》《重庆市公路局创建市级最佳文明单位规划》《重庆市公路系统创建文明行业实施意见》等规划和实施意见，并逐步完善了各项文明创建办法，如完善了《重庆市文明路管理办法》等17个文明建设管理办法等条件标准，制订了《重庆市公路养护管理考核办法》等八大类48个管理办法和制度，为交通文明行业的创建工作提供了规范化目标与制度，对文明建设的申报、考核、命名表彰都作出了明确规定。各区县公路部门也相应地制订了实施办法，开展文明细胞创建活动，规范收费站、养路段、道班等管理规章制度，对各道班和收费站进行整治，按照有关管理要求进行完善，实现规范化管理。

（二）创建全国交通系统文明行业

2005年6月1日，交通部交体法发〔2005〕228号文件下发《关于评选全国交通行业文明行业创建文明行业先进单位文明示范窗口和“六个”十佳的通知》。按照文件要求，重庆市交通委员会向交通部推荐重庆市公路局作为候选单位。2005年11月15日，重庆市公路局列入了交通部精神文明建设办公室公布的全国交通行业文明行业的公示名单。2005年12月15日，交通部交体法发〔2005〕624号文件发出《关于表彰全国交通行业文明创建工作先进集体和个人的决定》，重庆市公路局获得交通部“全国交通系统文明行业”的命名表彰。

三、行政执法单位

1994~2002年，在重庆市成渝高速公路重庆段行政执法期间，由于高速公路行政执法与成渝高速公路实行一体化管理，重庆市成渝高速公路行政执法大队没有独立申报文明单位。尽管如此，重庆市成渝高速公路行政执法大队仍旧开展文明创建活动。

1998年4月15日，重庆市成渝高速公路行政执法大队获得重庆市交通局创建文明行业“示范窗口”的命名表彰。1999年7月14日，重庆市成渝高速公路行政执法大队及其执法四中队均获得重庆市交通局、共青团重庆市委授予的重庆市“青年文明号”的命名表彰。2001年3月，重庆市成渝高速公路行政执法大队三中队获得重庆市交通委员会授予的“文明路政执法队”的命名表彰。2001年4月23日，重庆市交通委员会同意将重庆市高等级公路行政执法大队列入2001年度创建“委级文明单位”规划。2002年1月8日，重庆市高等级公路行政执法大队获得重庆市交通委员会文明单位命名表彰。

（一）创建规划与创建目标

2002年7月12日，重庆市高速公路行政执法总队成立后，加快了创建文明行业的步伐，2003年，重庆市高速公路行政执法总队三定规划，多次修订文明行业创建目标。

2003年2月5日，重庆市高速公路行政执法总队制订《重庆市高速公路行政执法总队2003年至2012年精神文明工作规划》。其中：

第一是明确指导思想与树立文明行业创建目标，具体制定了分三步走的目标以保障最终实现创建目标。第一步为2003～2005年的初级目标：总队建成市级文明单位，不少于3个大队建成委级文明单位，5个执法中队建成委级文明执法队，市级青年文明号在原有2个的基础上增加为5个。第二步为2006～2008年的中级目标：总队建成最佳文明单位，执法系统建成委级文明行业。2006年以前成立大队全部建成委级以上文明单位。2008年以前成立大队全部建成市级文明单位。争创至少1个“国家级青年文明号。”第三步为2009～2012年的远景目标：总队力争创建国家级精神文明建设先进单位。执法系统建成市级文明行业。2009年成立大队全部建成委级文明单位。2012年以前成立大队全部建成市级文明单位。

第二是创建活动的具体措施。包括建立完善精神文明创建组织机构，总队设立精神文明建设领导小组，落实单位和部门责任人员；设置政治思想辅导员，发挥党团组织的模范推进作用；要求执法队员具备良好的业务素质、军事素质和思想素质，严格实行军事化管理；加强精神文明共建活动，加强与高速公路运营管理公司、沿线业务联系单位以及社会各界的交流沟通，相互借鉴精神文明建设工作中好的经验与构想。

2003年4月25日，重庆市高速公路行政执法总队又制订《重庆市高速公路行政执法总队精神文明建设五年（2003～2007）规划》。这个5年规划具体制订了五年期间每一年的创建目标。其中，2003年，不少于1个大队建成委级文明单位；2个中队建成市（委）级青年文明号；5个中队建成总队级青年文明号；3个中队建成委级文明执法队；3个事故（违章）处理室建成市（委）级“文明示范窗口”，以上荣誉称号以后按每年20%的数量争创。2004年，重庆市高速公路行政执法总队建成市级文明单位，2005年，5个中队建成“市级青年文明号”；2个大队建成“市级文明单位”。2006年前，争创1个“国家级青年文明号”。2007年前，重庆市高速公路行政执法总队建成重庆市交委级文明行业。

2003年5月7日，重庆市高速公路行政执法总队再次制订《重庆市高速公路行政执法总队创建高速公路文明行业五年规划》，这个新的5年规划重新调整创建文明行业的目标，再次明确提出五年内将总队建成委级文明行业的创建目标，确保总队在2004年申报市级文明单位成功，2007年重庆市高速公路行政执法总队建成委级文明行业。在创建措施上，明确要求领导班子建立健全“一肩双责”的组织体系是文明建设的重中之要，要求坚持精神文明建设与经济工作一同部署一同考核的工作机制，形成“党组织领导、一把手负责、群团组织及各个部门齐抓共管”的领导体制。要求大力开展“文明细胞”创建活动，提炼队伍文化，培育有自身特色的“团队精神”，抓好“政治建队、素质强队、从严治队”工作，打造高速公路执法队伍新形象。

（二）创建全国交通系统文明行业

2004年，是重庆市高速公路行政执法总队提出的“队伍形象建设年”。重庆市高速公路行政执法总队开展了形式多样、内容丰富的宣传活动和群众性精神文明创建活动，结合建设“长江三峡文明长廊”活动、“文明交通、礼仪重庆”活动以及“三学四建一创”活动，推动总队文明行业创建工作，形成文明建设三个层次的和谐发展。2004年4月14日，重庆市高速公路行政执法总队获得2003年度重庆市级文明单位的命名表彰。2004年6月11日，重庆市高速公路行政执法总队又获得重庆市诚信文明先进单位的命名表彰。

2005年4月20日，重庆市高速公路行政执法总队制订《重庆市高速公路行政执法总队2005年文明创建工作规划》。规划明确提出，2005年，总队建成“市级文明单位标兵”和“委级文明行业”；总队工会建成“市级模范职工之家”；一、二大队建成“市级文明单位”；五大队建成“委级文明单位”。经过1年多的创建申报，2006年6月2日，重庆市高速公路行政执法总队获得2005年度市级文明单位标兵的称号（渝委发〔2006〕15号）。

2005年5月24日，重庆市交通委员会认为重庆市高速公路行政执法总队是全国交通行业的一大特色和亮点，这支“统一管理，综合执法”准军事化管理的执法队伍，成立十年来精神文明建设创建工作成效突出，管理规范，特向重庆市文明办推荐重庆市高速公路行政执法总队参加评选“全国精神文明建设创建工作先进单位。”（渝交委文〔2005〕159号）。

2005年10月21日，中央文明委发布《关于表彰全国文明城市（区）文明村镇文明单位和全国精神文明创建工作先进单位的决定》，其中，重庆市高速公路行政执法总队获得全国精神文明建设工作先进单位称号。2005年11月15日，重庆市高速公路行政执法总队列入了交通部精神文明建设办公室公布的全国交通行业文明行业的公示名单。2005年12月15日，交通部交体法发〔2005〕624号文件发出《关于表彰全国交通行业文明创建工作先进集体和个人的决定》，重庆市高速公路行政执法总队获得交通部“全国交通系统文明行业”的命名表彰。

四、创建全国交通文明行业先进单位表彰

（一）组织评选

2005年6月14日，交通部交体法发〔2005〕228号文件下发《关于评选全国交通行业文明行业创建文明行业先进单位文明示范窗口和六个十佳的通知》，明确规定评选范围、评选条件、评选要求和评审程序。这次评选是在2000～2004年（含2000年）获得过省、部级以上（含省、部级）综合性荣誉称号的先进集体和个人中推荐评审。2005年11月15日至2005年11月24日，交通部公布《关于拟表彰全国交通行业文明行业、创建文明行业先进单位、文明示范窗口和“六个”十佳的公示》名单。重庆市交通系统共有13个先进集体和个人入围。

（二）命名表彰

2005年4季度，为了总结十五期间精神文明建设，中央精神文明建设指导委员会决定，命名一批全国文明单位和全国精神文明创建工作先进单位。为此，2005年12月15日，交通部交体法发〔2005〕624号文件决定表彰全国交通行业文明创建工作先进集体和个人，命名表彰一批全国交通行业文明单位和全国交通行业文明创建工作先进集体和个人。其中，重庆市交通系统有1人获得先进个人荣誉称号，12户单位获得先进集体荣誉称号。他们是：

重庆市高速公路行政执法总队李望斌，获得“全国交通行业十佳文明执法标兵”荣誉称号。重庆市高速公路行政执法总队（支队）和重庆市公路局，获得全国交通文明行业荣誉称号。重庆市万州区交通委员会获得创建全国交通文明行业先进单位荣誉称号。重庆港九股份有限公司客运总站、重庆市大渡口区交通局一站式办公大厅、重庆市高速公路行政执法总队第三大队第十中队、重庆成渝高速公路有限公司重庆收费站、重庆市公共电车公司465线、重庆市东江实业有限公司“长江王子”号、重庆高速公路发展有限公司东渝分公司、重庆高等级公路建设投资有限公司大足收费所、重庆市交通运业有限责任公司陈家坪汽车站等9个单位获得全国交通行业十佳文明示范岗、站、车船的荣誉称号。

2006年4月10日，中共重庆市交通委员会、重庆市交通委员会发出了《关于对获得全国交通行业文明创建工作先进集体和个人的通报》。通报对2005年度交通部交体法发〔2005〕624号文件授予重庆市交通系统12个单位和1个个人为全国交通行业文明创建工作先进集体和个人，给予表彰和奖励。

第二节　重庆市交通文明行业

一、道路运输行业

2001年1月16日，重庆市交通委员会下发《关于开展创建文明道路运输行业活动的通知》。决定在重庆市道路运输行业开展创建文明行业的活动。通知对创建文明行业的指导思想和目标，对创建文明行业的主要要求、创建文明行业活动的主要内容、工作步骤、工作措施和要求，作出了详细部署安排。

在对公交客运、出租客运、长途客运和运政管理创建文明行业提出主要要求和主要内容基础上，在总结过去开展文明创建活动的基础上，决定开展“文明汽车站、文明客运线、文明号车、明星驾售（服务）人员、出租车星级驾驶员、星级车”等文明竞赛评比活动。评比按《重庆市交通系统文明行业考核评分标准》进行考核。此外，随文公布了重庆市公交客运文明服务规范、重庆市出租汽车文明服务规范、重庆市长途汽车客运站文明服务规范和重庆市运政管理文明服务规范等四个主要文明服务规范。

创建文明行业活动的工作步骤。在重庆市道路运输行业集中开展创建文明行业的活动，分四个阶段进行：(1) 2001 年 1 月 16 日至 2 月 10 日，是宣传发动阶段。(2) 2001 年 2 月 11 日至 10 月 31 日，是全面开展创建活动阶段。(3) 2001 年 11 月 1 日至 11 月 30 日，是评议阶段。(4) 2001 年 12 月 1 日至 12 月 31 日，是总结表彰阶段。

创建文明行业活动的工作措施和要求。一是加强组织领导。中共重庆市交通委员会决定成立由重庆市交通委员会主任胡振业任组长，重庆市交通委员会副主任李健和丁纯为副组长，孙万发、曾升元、梁雄耀、张晓晖、彭永益、胡昌荣为成员的创建文明道路运输行业领导小组。领导小组下设办公室，设在重庆市运管局，由重庆市运管局局长孙万发任办公室主任。各区县（自治县、市）交通局（委），各客运单位也要建立相应的领导班子和工作班子，抓好组织落实工作。二是各部门、各单位制订的工作方案要求于 2001 年 2 月 10 日前报领导小组办公室。同时，每月将创建活动情况编印简报上报。三是奖惩结合。四是加强执法检查。

2002 年 11 月 18 日，重庆市交通委员会渝交委运管〔2002〕18 号文件下发《关于开展 2002 年度道路运输行业文明创建工作评比的通知》，决定成立考核评比小组，由重庆市运管局局长孙万发、重庆市交通委员会宣传处处长万勇为组长，陈冬梅为副组长，重庆市道路运输管理局各副局长为成员，负责道路运输行业文明建设的考评组织工作。考核评比的具体工作由重庆市运管局人事教育处及相关的业务处室承担，各业务处室根据各子行业精神文明创建情况，对各类文明车、文明线路、文明企业等进行初审。考评小组根据评比条件要求，确定本年度各类文明车、文明线路、文明企业给予表彰。各单位按照精神文明建设的奖励办法，对评比出的各类文明称号给予相关奖励。

2003 年 5 月 20 日，重庆市交通委员会下发《关于 2002 年度道路运输行业创建工作表彰的通知》，根据《关于开展 2002 年度道路运输行业文明创建工作评比的通知》要求，经过各单位认真自查、申报，市考核评比小组按照评比要求，评选出各类文明企业、文明汽车站、文明线路、文明车，给予通报表彰。

文明企业：(1) 文明旅游客运企业。重庆富翔旅游汽车运输有限公司、重庆大世界旅行社有限公司。(2) 文明货运企业。渝运集团货运有限公司、公运集团大件分公司、长运集团 25 货运分公司。(3) 文明汽车维修企业。重庆市奔越汽车修理厂、上海大众汽车重庆渝北销售服务有限公司、公运集团高科技汽车修理厂、重庆市涪陵文化汽车大修厂、成都航空四站总厂重庆汽车修理厂。(4) 文明驾校。解放军后勤工程学院驾校、长江涂装机械厂驾校。

文明汽车客运站：长运集团黔江西山客运站、沙坪坝区汽车客运站、荣昌县汽车站、长运集团大足汽车站、渝北区汽车站、永川市朱沱汽车站、合川汽车客运中心、长运集团铜梁汽车站、重庆汽车北站、重庆陈家坪汽车站、忠县友联长途汽车运输有限公司客运站、重庆汽车站、渝运集团骑安车站、万州汽运司云阳汽车客运中心、万州汽运司梁平汽车站、公运集团朝天门汽车总站、涪陵汽车客运站、江津市李市汽车站、江津汽车站。

文明线路：(1) 公交文明线路。重庆市第一公交公司 112 路队 112 线、重庆市第一公交公司 109 路队 139 线、重庆市第二公交公司 211 路队 211 线、重庆市第二公交公司 225 路队 224 线、重庆冠忠（第三）公交公司綦江分公司326线、重庆冠忠（第三）公交公司七路队962线、重庆市公共电车公司412路队411线、重庆市公共电车公司413路队413大巴线、重庆市第五公交公司502路504公交线、重庆冠忠（新城）公交有限公司606路队606线。（2）文明长途客运线。渝万快速客运线、成渝高速直达客运线、重庆市第五公交公司508渝合高速线、大足至重庆滚动发班客运线。

文明公交车：重庆公交集团公司365辆。其中，（1）公交一公司72辆。（2）公交二公司77辆。（3）冠忠公交公司85辆。（4）公交电车公司70辆。（5）公交五公司34辆。（6）冠忠（新城）公交公司27辆，万州区7辆，涪陵区5辆，江津市2辆，合川市2辆，永川市1辆，南川市2辆，梁平县1辆，大足县1辆，璧山县2辆，綦江县2辆。

文明客运班车：重庆公运集团30辆。重庆长运集团30辆。万州汽运总公司17辆。万州区8辆，涪陵区6辆，黔江区6辆。江津市6辆。长寿区3辆。合川市5辆。永川市2辆。南川市4辆。梁平县5辆。大足县8辆。璧山县4辆。武隆县3辆。綦江县3辆。铜梁县3辆。潼南县5辆。荣昌县3辆。万盛区3辆。彭水县3辆。云阳县3辆。渝北区2辆。巴南区3辆。北碚区3辆。忠县3辆。双桥区3辆。开县5辆。巫山县1辆。巫溪县3辆。石柱县3辆。秀山县3辆。城口县3辆。

文明出租车：主城区400辆。万州区46辆，涪陵区36辆，黔江区20辆。江津市15辆。长寿区15辆。合川市15辆。永川市14辆。南川市15辆。垫江县15辆。梁平县11辆。大足县10辆。璧山县11辆。武隆县10辆。铜梁县10辆。潼南县10辆。荣昌县10辆。丰都县10辆。万盛区5辆。彭水县5辆。云阳县5辆。忠县5辆。双桥区3辆。开县5辆。巫山县5辆。石柱县2辆。酉阳县5辆。秀山县5辆。

二、水路运输行业

2000～2005年，按照《重庆市交通系统精神文明建设1998～2010年规划》要求，重庆市交通委员会及其重庆市港航局开展了创建重庆市水运文明行业活动。

2003年2月，重庆市港航局公布《重庆市水运行业2003～2010年精神文明建设规划》，提出重庆市水运行业精神文明建设的奋斗目标："建设一支文明执法队伍，并在2010年前将全行业管理部门基本建成文明单位。同时在水运行业中开展文明船、文明港站、文明航线和文明航道的创建活动，使之成为四条文明样板线"。水运行业文明建设目标是：创建20艘委级文明客运船，3艘部级文明客运船。创建1个部级文明港站——重庆港客运站，3个委级文明港站即涪陵港客运站、万洲港客运站、郭家沱滚装船码头。创建文明航线即"长江三峡专线游"。按照大宁河、乌江、嘉陵江的顺序全面创建文明航道。

2003年5月28日，按照《重庆市交通系统精神文明建设2001～2010年规划》要求和《重庆市水运行业2003～2010年精神文明建设规划》目标与施行结果，重庆市交通委员会渝交委港航〔2003〕1号文件决定命名表彰重庆市水运行业文明港站、文明客船、文明执法队伍，并颁发荣誉证书。受到命名表彰的先进集体如下。

文明港站：重庆港九股份有限公司客运总站、重庆轮船总公司郭家沱滚装码头2个单位。文明客船：涪陵金龙轮船有限公司"金龙"轮、重庆金宏祥船务有限公司"金涛"轮、重庆长江水运股份有限公司"长江观光2号""长江观光3号""长江观光10号""长鲲""长月"和"华乐"轮、重庆和记船务有限公司"纷河"轮、重庆三峡轮船股份有限公司"燕山"轮、重庆东江实业有限公司"长江王子"和"中驿"轮、重庆长江轮船公司的"江山1号""江山4号""江山5号"和"江山6号"轮、重庆东方轮船公司的"东方大帝"和"东方王子"轮、重庆市中国旅行社有限公司"满江红"轮、重庆港船务公司"迎宾2号"轮。文明执法队伍：重庆市港航管理局稽查大队。

三、公路养护行业

1998～2005年，重庆市交通委员会及其重庆市公路局在创建文明行业活动中，按照《重庆市交通系统精神文明建设1998～2010年规划》要求，结合重庆市公路行业的特点，开展了一系列的创建文明行业的活动，即创建文明养路段、文明道班、文明路政执法队、文明收费站、文明路、“十佳养路班”“十佳养路工”“十佳收费员”“十佳路政执法员”等活动，还开展了创建部级文明样板路、重庆市级文明路的创建活动，使文明行业创建活动不断深入发展。

2000年3月15日，按照《重庆市交通系统精神文明建设1998～2010年规划》要求，重庆市交通局决定命名表彰文明养路段、文明养路班。受到命名表彰的文明养路段、文明养路班：

江津市公路养护段、潼南县国省道公路段、垫江县公路管理局等3个单位为文明养路段；合川市公路养护段大石道班、梁平县公路管理段七桥道班、黔江开发区酉阳县养路段黑水道班、涪陵区公路养护管理处复兴道班、万州开发区五桥养路段白羊道班等5个单位为文明养路班。对命名为文明养路段的单位，分别给予3000元的奖励；命名为文明养路班的集体，分别给予1000元的奖励。同时，对1999年命名的合川市国道养路段，在体制改革中已同县养路队合并为合川市公路养护段，经过复查，保持了其先进性和文明养路段的荣誉，一并给予确认。

2000年11月7日，重庆市交通委员会要求报送2000年公路行业文明创建成果。经过基层单位推荐、报送和评选，2001年3月8日，重庆市交通委员会决定命名表彰文明养路段、文明执法队文明收费站、十佳收费员。命名为文明养路段的每个单位奖励5000元；命名为文明执法队（所）的每个单位奖励3000元；命名为文明收费站的每个单位奖励2000元；命名为十佳收费员的每人奖励800元。

通报命名表彰的文明养路段有：荣昌县公路养护段、石柱县公路养护管理一段、沙坪坝区公路养护段、涪陵区公路养护管理处、城口县公路养护管理段、潼南县养路段等6个单位。文明执法队（所）有：江津市公路路政管理所、大足县公路路政管理所、北碚区公路路政管理所、双桥区公路路政管理所、重庆市公路养护管理段路政中队、开县公路路政管理中队、沙坪坝区公路路政管理所、渝北区公路路政管理所、武隆县公路路政管理大队、南川市公路路政管理大队、重庆市高等级公路行政执法大队第三中队、重庆市高等级公路行政执法大队第七中队等12个单位。

通报命名表彰的文明收费站有：万州区分水收费站、巴南区李家湾收费站、江津市广兴收费站、璧山县璧福收费站、大足县龙水收费站、北碚区柳荫收费站、忠县忠州收费站、铜梁县西泉收费站、合川市合阳收费站、荣昌县蔡家沟收费站、重庆成渝高速公路有限公司重庆收费站、重庆高速公路发展有限公司渝涪分公司人和收费站、重庆机场高速公路实业有限公司双凤收费站等13个单位。十佳收费员有：重庆成渝高速公路有限公司重庆收费站彭红、重庆高速公路发展有限公司渝涪分公司人和收费站陈晓敏、重庆机场高速公路实业有限公司回兴收费站吴军、铜梁县刘家坝收费站周定平、彭水县关口收费站晏真奎、綦江县篆塘收费站谢钢、涪陵区长江大桥收费站庞长英、梁平县明达收费站徐启碧、万州区五桥收费站骆美春、秀山县宝塔收费站吴秀江等10名。

2002年3月14日，根据《重庆市公路行业文明建设与管理办法》和《重庆市公路行业2001年社会主义精神文明建设工作意见》要求和安排，重庆市交通委员会公布对1999～2000年度命名的文明养路段文明养路班文明路政执法队文明收费站的复查通报。即对1999年、2000年度命名的20个文明养路段、151个文明养路班、11个文明路政执法队、10个文明收费站进行复查合格的单位有：

文明养路段：秀山县公路养护管理段、万盛区养路段、合川市公路养护段、铜梁县公路养护管理段、大足县公路管理所、南川市公路养护管理段、云阳县公路养护管理段、忠县第二公路养护管理段、黔江县县乡道养护管理段、江津市公路养护段、潼南县国省道公路段、垫江县公路管理局、永川市公路养护管理段、璧山县公路养护管理所、梁平县公路管理段、石柱县公路养护管理段、彭水县公路养管理段、丰都县公路养护管理段、开县公路养护管理段、奉节县公路养护管理一段。

文明收费站：江津长江大桥收费站、万州长江大桥收费站、梁平县梁平收费站、荣昌县施济桥收费站、垫江县卧龙河收费站、合川市涪江二桥收费站、万州区麻柳湾收费站、彭水县关口收费站、秀山县宝塔收费站、铜梁县铜梁收费站。

文明路政执法队：涪陵区路政管理大队、永川市公路路政管理所、荣昌县公路路政管理所、万州区天城路政中队、奉节县路政中队、忠县路政中队、铜梁县公路路政管理所、秀山县路政管理中队、武隆县路政管理大队、璧山县公路路政管理所、合川市公路路政管理所。

文明养路班：忠县养路二段、忠县养路一段、丰都县养路队、丰都县公路养护管理段、开县管理段、开县养路工区、巴南区国道段、巴南区公路养护段、云阳县公路养护管理段、云阳县公路养护管理二段、奉节县公路养护管理一段、奉节县养路二段、涪陵区公路养护管理处、合川市公路养护管理段、梁平县公路管理段、酉阳县公路养护管理段、酉阳县养路段、万州区五桥养路段、万州区龙宝养路段、万州区养路段、天城养路段、潼南县国省道公路段、潼南县养路段、铜梁县公路养护段、璧山县公路管理所、荣昌县公路养护段、大足县公路管理所、永川市公路养护段、北碚区养路段、綦江县国省道养路段、綦江县养路队、万盛区养路段、万盛区养路队、南川市养路队、南川市养路段、长寿县养路段、垫江县公路局、城口县公路养护段、巫溪县养路段、巫山县养路段、黔江区养路段、彭水县养路段、彭水县公路养护分段、秀山县公路养护分段、石柱县养路一段、石柱县养路二段石流道班、武隆县养路队、武隆县养护管理段、江津市公路养护段、重庆市公路养护管理段、江北区公路养护段、渝北区养路二段等151个道班小组。

2002年3月15日，重庆市交通委员会决定命名表彰2001年度文明路、文明养路段、文明路政执法队、文明收费站及十佳路政执法队员。对命名为文明养路段的单位，分别给予5000元的奖励；命名为文明路政执法队的单位分别给予3000元的奖励；命名为文明收费站的单位，分别给予2000元的奖励；对表彰的“十佳文明路政执法队员”，分别给予800元的奖励。

命名表彰的文明路有：永川市永铜路永川至铜梁西河段29.1公里、合川市212线合川至兴隆段40公里、云阳县云阳至卡梁段24公里、荣昌县广盘路广顺至盘龙段33.8公里、璧山县渝隆路璧山至青杠段15.174公里（一级路）、长寿县长洪路长寿至洪湖段51公里、大足县合龙路雍溪至龙水段36公里、忠县城黔路黄金镇至红岩嘴段20公里、南川市石雷路东胜至水江段28公里、南岸区南山旅游路上新街至大兴场段34.1公里、奉节县巫恩路长凼至高桥段38公里等11条路段。文明养路段有：万州区公路管理局和长寿县公路养护段等2个单位。

命名表彰的文明收费站有：合川市云门大桥收费站、长寿县葛兰收费站、璧山县璧青公路收费管理站、梁平县屏锦收费站、九龙坡区白市驿收费站、南川市车阳收费站、万州区古家收费站、丰都长江大桥桥头收费站、荣昌县广顺收费站、万州区五桥收费站、璧山县西璧收费站、万盛区温塘收费站、沙坪坝区金刚坡收费站等13个单位。文明路政执法队有：黔江区公路路政管理大队、梁平县公路路政管理中队、长寿县路政管理所、九龙坡区公路路政中队、北部新区公路路政管理大队等5个单位。十佳文明路政执法队员有：涪陵区路政大队刘波、璧山县公路路政管理所王建刚、奉节县路政中队屈贵阳、重庆市公路养护管理段路政中队兰健、永川市路政执法中队程建、沙坪坝区公路路政执法大队刘立辉、南川市公路路政执法大队黄学伦、合川市公路路政管理所徐刚、万州区天城公路路政管理中队黄学清、黔江区公路路政管理大队周志辉等10名队员。

2003年3月6日，重庆市交通委员会决定命名表彰2002年度文明路文明养路段文明路政执法队文明收费站及十佳养路班十佳养路工。对命名的文明养路段，分别给予5000元的奖励；命名的文明路政执法队，分别给予3000元的奖励；命名的文明收费站，分别给予2000元的奖励；命名的“十佳养路班”，分别给予3000元的奖励；对表彰的“十佳养路工”，分别给予800元的奖励。

命名表彰的文明路有：永川市S205线潼泸路永川至师专段14.8公里、江津市S107线渝东路温家店至千丘磅段22公里、大足县S205线潼泸路大足至邮亭段30.4公里、荣昌县X810线荣吴路荣昌至吴家段38公里、潼南县S205线潼泸路老关咀至塘坝段41.62公里、石柱县S302线石垫路鱼泉口至峡口段50公里、万州区S103线渝巴路塘坊至卡梁段20公里、城口县S202线城黔路城口至岔溪口段40公里、九龙坡区X320线白彭路白市驿至西彭段23.55公里、北碚区G212线北碚至井口段23公里、铜梁县X359线铜合路铜梁至合川段33公里、南岸区X754线黄明路黄角垭至明月沱段30.4公里、巫山县S103渝巴路巫山至月亮淌段33公里、合川市G212线合川至碳坝段21公里、秀山县S304线石耶至天星坡段22公里、涪陵区X168线涪垫路碧小溪至杉树湾段43公里、璧山县X374线城丁路璧山至丁家段32.6公里等17条路段共计518.37公里。

命名表彰的文明养路段有：彭水县公路养护管理段、万州区天城公路养护分段、黔江区公路养护一段、石柱县公路养护一段、奉节县公路养护管理二段等5个单位。决定对2002年度命名表彰的十佳养路班有：南川市蟹塘道班、璧山县丁健道班、黔江区中塘道班、万盛区万盛道班、北碚区东林寺道班、江津市梁家道班、秀山县苏家湾道班、梁平县七桥道班、万州区凉风管理站、江北区三兴道班等10个单位。决定对2002年度命名表彰的十佳养路工有：丰都县养路队李兴池、沙坪坝区养路段庄迅、巫山县养路段易正波、城口县养路段朱天党、万州区天城段杨大国、永川市公路所张永祥、北碚区养路段冯瑞全、梁平县养路段段飞、奉节县养路二段朱怀明、武隆县公路局彭春兰（女）等10名工人。

命名表彰的文明路政执法队：万州区公路路政管理大队、开县公路路政管理大队、巫溪县公路路政管理中队、巫山县公路路政管理大队等4个单位。

命名表彰的文明收费站：江津市享堂收费站、万州区塘坊收费站、荣昌县吴家收费站、合川市七间收费站、永川市永川收费站、垫江县杠家收费站、璧山县城丁收费站、北碚区团山堡收费站等8个单位。

2004年2月27日，重庆市交通委员会渝交委宣〔2004〕1号文件决定命名表彰2003年度文明路文明养路段文明路政执法大队文明收费站。

命名表彰的文明路有：G326线秀山至红岩坎段31.81公里、S103线丰忠路丰都古家店至撮箕铺段37.3公里、S106线渝合（江）路江津李市至白沙段20公里、X430线铜永路铜梁石鱼至西河镇段32.5公里、X420线文荣路荣昌至河包镇段27公里、X365线王兴路潼南至王家店段22公里、永川市五朱路五间至朱沱段40.18公里等7条路段共计210.79公里。

命名表彰的文明养路段：万州区公路养护段、九龙坡区公路养护段、南岸区公路养护段、忠县第一公路养护管理段等4个单位。文明路政执法队有：九龙坡区公路路政管理大队、秀山县公路路政管理大队、高新区公路路政管理大队、潼南县公路路政管理大队等4个单位。文明收费站有：江津市李市收费站、梁平县明达收费站、万州区郭村收费站、荣昌县龙集收费站、大足县城南收费站、永川市永师收费站等6个单位。

对以上被命名的文明养路段，分别给予5000元的奖励；命名的文明路政执法大队，分别给予3000元的奖励；命名的文明收费站，分别给予2000元的奖励。

2005年2月25日，中共重庆市交通委员会、重庆市交通委员会决定命名表彰2004年度文明路文明养路段 文明路政执法大队和文明收费站。对命名的文明养路段，分别给予5000元的奖励；对命名的文明路政执法大队，分别给予3000元的奖励；对命名的文明收费站，分别给予2000元的奖励。

命名表彰的文明路有：大足县S205大足至安岳段、开县S102竹溪至巫山坎段、黔江区X089黔江至小南海段、丰都县S203龙河大桥至九溪沟段、长寿区X643何石井至狮子滩段、沙坪坝区X296团结村至歇马段、江津市S106杨家店至珞璜段等7条路段。决定对2004年度命名表彰的文明养路段有：秀山县县道养路段、綦江县省道养护段、巴南区公路养护段、万州区龙宝公路养护段、石柱县公路养护管理二段、垫江县公路局等6个单位。

命名表彰的文明收费站有：潼南县刘家坝收费站、大足县龙岗收费站、铜梁县北门收费站、石柱县高岗院收费站、璧山县青杠收费站、丰都县东升收费站、酉阳县小坝收费站、开县长远收费站、梁平县七星收费站、丰都县三合收费站、长寿区渡舟收费站等11个单位。决定对2004年度命名表彰的文明路政执法大队有：奉节县路政大队、梁平县路政大队、石柱县路政大队、丰都县路政大队、綦江县路政大队、万盛区路政大队、大渡口区路政大队、巴南区路政大队、经开区路政大队等9个单位。

2006年2月21日，中共重庆市交通委员会、重庆市交通委员会决定命名表彰2005年度文明单位和线路。对获得市级文明路表彰的单位，可参照《重庆市文明单位建设与管理办法》的规定，对有关领导和工作人员给予适当奖励，奖金由各单位自筹解决。

命名表彰的市级文明路有：九龙坡区华福路（一级路，14.026公里）、长寿X193长葛路（K0—K21+300）（21.3公里）、大足县石（马）宝（顶）路（20公里）、开县温叉口至岩叉口（20.5公里）、永川市大（涧口）（宝）峰（20.6公里）、高投公司大（足）荣（昌）路（29.4公里）、高投公司S205线中塘路（39.5公里）、高投公司永泸路永川至吉安段（36.6公里）、高投公司荣泸路荣昌段（21公里）、高投公司丰忠路（忠县段，39.4公里）等10条路段。市级文明管养单位有：武隆县公路局、开县公路局、黔江区公路养护二段、奉节县公路养护一段、丰都县公路养护队、万州区公路养护三段等6个单位。

命名表彰的市级文明路政执法大队有：酉阳县路政大队、云阳县路政大队等2个单位。市级文明收费站有：高投公司铜梁西门收费站、高投公司璧山青杠收费站、高投公司大足三驱收费站、高投公司酉阳钟南收费站、垫江黄沙收费站、綦江县岔滩收费站、梁平县城南收费站、云阳县柿坪收费站、长寿县梓潼收费站、梁平县千明收费站等10个单位。

第四章　交通文明单位创建

在重庆交通文明行业建设进程中，创建全国文明单位、交通部文明单位、省市级文明单位和重庆市交通委员会文明单位，成为交通文明行业建设的重要基础。

2005年10月，中央文明委发布《关于表彰全国文明城市（区）文明村镇文明单位和全国精神文明创建工作先进单位的决定》，其中重庆市公路局（机关）获得中央文明委“全国文明单位”的命名表彰，重庆市高速公路行政执法总队获得全国精神文明建设工作先进单位称号。

1999年，重庆汽车站多年来坚持加强文明行业创建工作并取得了显著成绩，被交通部命名为部级文明车站。2001年8月，交通部下发《关于表彰2000～2001年度全国道路运输系统文明单位的决定》，其中重庆交通道路运输系统18个单位被命名为部级文明单位。

1997～2005年，重庆市文明单位即成为省级文明单位。按照精神文明建设规划，重庆市交通系统各单位积极创建重庆市文明单位。其间，2002年，通过文明单位创建活动的开展，重庆市交通委员会机关经市直机关党工委验收合格，实现了创建市直机关文明单位和党建工作先进单位的工作目标。2003～2004年，重庆市交通委员会机关开展了市级文明单位创建活动。2005年3月，重庆市精神文明建设委员会下发《关于命名2004年度市级文明行业、文明单位、文明村镇、文明社区、文明小区和市级“百佳”文明单位的决定》，其中重庆市交通委员会机关获得市级文明单位称号。

2001~2005年，按照重庆交通精神文明建设规划，中共重庆市交通委员会、重庆市交通委员会通过规划申报、检查验收、命名表彰、复查认定等程序，在所属各交通单位中开展了重庆市交通委员会文明单位创建活动。从2003年开始，中共重庆市交通委员会、重庆市交通委员会贯彻施行《重庆市交通行业宣传和精神文明建设目标考核实施办法（试行）》，以此推动重庆市交通委员会所属各单位首先要创建好重庆市交通委员会文明单位，为创建省市级、部级和国家级文明单位奠定基础。

第一节　全国文明单位

一、组织申报

2005年4月1日，中央精神文明建设指导委员会办公室（简称“中央文明办”）要求推荐全国文明城市、文明村镇、文明单位和全国精神文明创建工作先进单位（中央文明办〔2005〕4号文），通知所说所表彰的时间范围，是从2002年11月8日至2005年12月31日。同时，随文的《全国文明城市、全国创建文明城市工作先进城市申报推荐办法》规定了推荐范围、推荐条件和报批程序。

2005年5月24日，重庆市交通委员会向重庆市精神文明建设委员会办公室（简称“重庆市文明办”）上报了《关于申报全国文明单位和全国精神文明创建工作先进单位的报告》，特向重庆市文明办推荐重庆市最佳文明单位重庆市公路局参加评选“全国文明单位”。除此而外，中共重庆市交通委员会还特向重庆市文明办推荐重庆市高速公路行政执法总队参加评选“全国精神文明建设创建工作先进单位”。

二、命名表彰

2005年9月5日至2005年9月12日，中央文明委在网络媒体刊载《关于拟表彰全国文明城市（区）文明村镇 文明单位和全国精神文明创建工作先进单位的公示》，接受广大群众监督。重庆市公路局（机关）列入了1005个全国文明单位候选名单中，重庆市高速公路行政执法总队列入了2004个全国精神文明建设工作先进单位名单中。

2005年10月21日，中央文明委发布了《关于表彰全国文明城市（区）文明村镇文明单位和全国精神文明创建工作先进单位的决定》。决定授予北京天坛医院等1001个单位全国文明单位称号、北京急救中心（本部）等1999个单位全国精神文明建设工作先进单位称号。其中，重庆市公路局（机关）获得全国文明单位称号，重庆市高速公路行政执法总队获得全国精神文明建设工作先进单位称号。2006年4月18日，中共重庆市交通委员会、重庆市交通委员会渝交党〔2006〕54号文件对获得全国文明单位的重庆市公路局（机关）和全国精神文明创建工作先进单位的重庆市高速公路行政执法总队及其他全国交通行业文明创建工作先进集体和个人进行了通报表彰。

第二节　交通部文明单位

一、组织申报

1996年前，由于上报名额有限，重庆交通所申报评选的部级文明单位较少。1996~1997年度评选部级文明运政管理机构时，交通部下达重庆市名额3名，1998~1999年度交通部下达评选名额仍然是3名，实际上评选了2名。2001年4月13日，交通部《关于做好道路运输系统部级文明单位评选和全国汽车客运系统“双百”评选工作有关事项的通知》，给重庆市交通委员会2000～2001年度道路运输系统部级文明单位推荐名额仅有1名。重庆市交通委员会向交通部公路司上报了要求增加部级文明单位名额的请示，鉴于重庆直辖市行政辖区已由原21个区（市）县扩为40个区（市）县及重庆经济技术开发区、重庆高新技术开发区，相应有43个区（市）县运政管理机构。为有利于推动全市运政管理机构和行业创文明活动的开展，特请求将下达重庆市交通委员会的运政管理机构推荐名额由1名调增为4名（增加3名）。

二、命名表彰

1999年，重庆汽车站被交通部命名为部级文明车站。

2001年8月28日，交通部交公路发〔2001〕468号文件发出了《关于表彰2000～2001年度全国道路运输系统文明单位的决定》，其中，重庆交通道路运输系统18个单位被命名为文明单位，重庆市交通委员会渝交委法〔2001〕27号文件给予了表彰通报：

1. 文明汽车客运站：重庆交通运业公司重庆汽车站，重庆交通运业公司陈家坪汽车站。

2. 文明客运汽车队：重庆长途汽车运输公司璧山公司，重庆渝万快速成客运公司，重庆市第五公共交通公司502空调大巴路队。

3. 出租汽车客运文明企业：重庆市出租汽车总公司，重庆市长途汽车公司江津出租汽车分公司，重庆市万州天子客运出租汽车公司，涪陵三兴出租汽车公司。

4. 道路货运文明单位：重庆市公路运输总公司大件分公司。

5. 汽车维修文明单位：重庆市公路运输总公司高科技汽修厂，重庆市索特客运有限公司汽车大修厂。

6. 文明汽车检测站：重庆九龙坡区机动车辆综合性能检测站。

7. 文明汽车驾驶学校：重庆市公共交通客车驾驶学校，解放军后勤工程学院汽车驾驶学校。

8. 道路运政管理文明单位：重庆市高新区交通运输管理所，綦江县交通运输管理所。

9. 文明公交企业：重庆市第一公共交通公司。

第三节　重庆市文明单位

一、组织申报

2001～2005年，每年重庆市交通委员会都组织委属各单位预申报重庆市文明单位和重庆市最佳文明单位。

第一，坚持开展创建活动两年以上并取得显著成效、已命名一年以上的委局级文明单位，可以申报市级文明单位。在文明细胞建设工作方面成绩突出，得到市部级的表彰，根据交通部和重庆市关于创建文明行业的工作要求，将优先申报委直属单位和部分所属二级单位，对于工作特别突出的基层窗口单位经市交委文明委研究同意后可申报。坚持开展创建活动，两个文明建设在本地区、本行业居前列，已命名一年以上的市级文明单位，可以申报最佳文明单位。2005年，提出了申报市级文明单位标兵的单位，必须是已命名三年以上的市级文明单位，三个文明建设在重庆市同类型单位中居于前列并取得新的突出成绩。

第二，提出了申报要求，即申报单位要按照《重庆市文明单位建设管理办法》和《重庆市交通系统委级文明单位创建与管理办法》的要求和标准，制订切实可行的创建规划和措施，包括创建目标和任务、创建领导小组及工作机构、创建措施等，申报单位必须在规定时限前将申报规划及呈报表报送重庆市交通委员会直属机关党委。2005年的创建工作，除与历年申报相同的外，各单位在按照创建标准开展工作的基础上，要结合党员先进性教育活动扎实开展创建活动，注重近两年来创建资料的收集归档，制作创建资料片（委级文明单位除外），展现全面创建过程。

第三，根据渝委办〔2004〕46号和渝交委〔2000〕406号文件（见重庆市交通系统精神文明建设工作文件汇编）要求，按党组织隶属关系，达到申报基本条件的委属各单位可向重庆市交通委员会申报创建市级文明单位、市“百佳”文明单位、市级文明单位标兵。各区县（自治县、市）交通局（委）通过当地党组织的主管部门向重庆市文明办申报。

二、命名表彰

1997～2005年，重庆市交通局、重庆市交通委员会每年向中共重庆市工交工委、向重庆市精神文明建设委员会申报年度文明单位，推荐所属的交通企业事业单位创建市级文明单位、市级最佳文明单位和市级文明单位标兵。通过检查验收，由中共重庆市委、重庆市人民政府授予文明单位等称号。

重庆市直辖后，1999年1月26日，中共重庆市委、重庆市人民政府渝委发〔1999〕4号文件下发了《关于命名重庆钢铁（集团）有限责任公司等一批文明单位的决定》，其中，对重庆市交通委员会申报的以及县（市）区申报的交通创建单位，重庆市新命名为1998年度市级文明单位的有：重庆市成渝高速公路管理处，重庆港九龙坡港埠公司，重庆市公路运输管理处，重庆市交通运业有限责任公司重庆汽车站，重庆市公共电车公司，重庆市第二公共交通公司，重庆市九龙坡区交通运输管理所，璧山县公路养护管理所，荣昌县交通运输管理所，酉阳县交通运输管理所。

2000年4月18日，中共重庆市委、重庆市人民政府渝委发〔2000〕15号文件下发了《关于命名1999年度市级文明单位和文明单位“五十佳”的通知》，其中，对重庆市交通委员会申报的以及县（市）区申报的交通创建单位，重庆市新命名为1999年度市级文明单位的有：彭水苗族土家族自治县交通局，沙坪坝区交通运输管理所，万盛区公路养护段，大足县公路养护段，重庆成渝高速公路有限公司荣昌管理处，璧山县交通局，梁平县交通局，梁平县公路运输管理所，重庆市公路局，重庆市交通运输技工学校。重庆市新命名为文明单位五十佳的有：重庆市交通运业公司重庆汽车站，万州区交通局。

2001年3月20日，中共重庆市委、重庆市人民政府渝委发〔2001〕9号文件下发《关于命名2000年度市级文明单位、最佳文明单位和市级文明小区的通知》，其中重庆市交通委员会申报的2000年度3户创建单位命名为市级文明单位，即重庆交通运业有限责任公司、重庆公共电车公司405路队和重庆市第一公共交通公司。企业工委申报的重庆市航运管理处、重庆港口波特公司、重庆港生活服务公司、重庆港口医院也命名为市级文明单位。另有县（市）区申报的重庆成渝高速公路有限公司永川管理处、长寿县交通局、丰都县公路养护管理段等3户交通企业事业单位也获得市级文明单位的命名。

2002年4月16日，中共重庆市委、重庆市人民政府渝委发〔2002〕9号文件下发《关于命名2001年度市级文明单位、最佳文明单位和市级文明小区、文明社区的决定》，其中，重庆市交通委员会两次申报的2001年度8户创建单位全部被命名为市级文明单位，即重庆市第一公共交通公司112路队、重庆市第一公共交通公司118路队、重庆市第二公共交通公司261路队、重庆市冠忠（第三）公共交通公司7路队、重庆公共电车公司412路队、重庆市汽车运输集团公司汽车北站、重庆交通运业有限责任公司陈家坪汽车站和重庆市客车总厂。另有县（市）区申报的綦江县公路交通运输管理所、璧山县客货运输中心、璧山县璧青公路建设开发有限公司、璧山县交通局西璧收费站、重庆市长城运输（集团）有限公司（璧山县申报）、奉节县航道运输公司航吉2号轮（文明船）等6户交通企业事业单位获得命名为市级文明单位。

2003年4月28日，中共重庆市委、重庆市人民政府渝委发〔2003〕209号下发《关于命名2002年度市级文明行业、文明单位、最佳文明单位和市级文明小区、文明社区的决定》，其中，重庆市交通委员会申报的2002年度8户创建单位全部获得命名为市级文明单位，即重庆市第一公共交通公司103路队、重庆市第一公共交通公司104路队、重庆市公路勘察设计研究院、重庆市公共电车公司修理厂、重庆市公共电车公司供电所、重庆市第二公共交通公司217路队、重庆市冠忠（第三）公交公司南城路队和重庆市第二公共交通公司保修厂。重庆市涪陵汽车客运站、大渡口区交通局、北碚区交通运输管理所、双桥区交通局、璧山县道路运输管理所、梁平县公路管理段、重庆奉节海事处、重庆巫山海事处、重庆朝天门海事处、重庆市交通征费稽查局奉节所、重庆港务（集团）有限责任公司江北港埠公司等11户县（市）区申报的交通企业事业单位命名为市级文明单位。

2004年4月14日，重庆市文明委渝文明委〔2004〕9号文件下发《关于命名2003年度市级“百佳”文明单位、文明单位、文明村镇、文明小区、文明社区的决定》，其中，重庆市交通委员会申报的2003年度4户创建“百佳”文明单位有3户被命名为“百佳”文明单位，即重庆市第二公共交通公司、重庆市第二公共交通公司261路队和重庆市冠忠（第三）公共交通公司7路队。12户创建单位被命名为市级文明单位，即重庆市高速公路行政执法总队、重庆渝涪高速公路有限公司、重庆渝信路桥发展有限公司、重庆市港航局船闸管理所、重庆市港航局合川航道管理所、重庆市第二公共交通公司216路队、重庆市第五公共交通公司北解路队、重庆市第二公共交通公司225路队、重庆市公共电车公司413路队、重庆市公共电车公司418路队、重庆市冠忠（新城）公共交通公司和重庆市冠忠（第三）公共交通公司万盛分公司。另有县（市）区申报的万州汽车客运中心站、渝中区交通局交通运输管理所、合川市交通局、大足县交通局、丰都县长江大桥管理处、巫山县交通局、巫山县航务（港口）管理处、重庆高新技术开发区交通运输管理所、重庆海事局江津海事处、重庆海事局涪陵海事处等10户交通企业事业单位被命名为市级文明单位。

2005年3月24日，重庆市文明委渝文明委〔2005〕3号文件下发《关于命名2004年度市级文明行业、文明单位、文明村镇、文明社区、文明小区和市级“百佳”文明单位的决定》，决定命名2004年度市级文明单位。其中，重庆市交通委员会申报的有3户被命名为2004年度“百佳”文明单位，即重庆交通运业有限责任公司陈家坪汽车站、重庆市冠忠（第三）公共交通有限公司南城路队和重庆万州海事处。重庆市交委申报市级文明单位17户有12户被命名为市级文明单位，即重庆市高速公路发展有限公司、重庆市交通委员会基本建设工程质量监督站、重庆交通运业有限责任公司富丽大酒店、重庆市汽车运输（集团）有限责任公司南坪汽车站、重庆市长途汽车运输（集团）有限公司铜梁分公司、重庆市交通征费稽查局江北所、重庆市公路运输（集团）公司朝天门汽车站、重庆市第二公共交通公司218路队、重庆市第五公共交通有限公司、重庆市冠忠（第三）公共交通有限公司修理厂、重庆市电车公司404路队和重庆市电车公司461路队。市直属机关申报的重庆市交通委员会（机关）和重庆市交通征费稽查局黔江所、重庆市交通征费稽查局开县所、重庆市交通征费稽查局巫山所、北碚区交通局、合川市交通运输管理所、綦江县国省道公路养护段等6户县（市）区申报的交通企业事业单位也被命名为市级文明单位。

2006年5月8日，重庆市文明委渝文明委〔2006〕2号《关于命名2005年度市级文明行业、文明单位、文明村镇、文明小区（大道）、文明社区的决定》，决定命名2005年度市级文明单位。其中，重庆市交通委员会申报的有12户被命名为市级文明单位，即重庆高速公路发展有限公司东渝营运管理分公司、重庆高速公路发展有限公司中渝营运分公司、重庆高速公路发展有限公司渝东分公司、重庆交通运业有限责任公司富苑宾馆、重庆市交通征费局铜梁所、重庆市交通征费局荣昌所、重庆市交通行政执法总队高速公路支队一大队、重庆市交通行政执法总队高速公路支队二大队、重庆市公共交通控股（集团）有限公司机关、重庆市巴士股份有限公司、重庆市公共交通客车驾驶学校（市公共交通技工学校）和重庆市冠忠（第三）公共交通有限公司。另有万州区港口航务管理局、万州区道路运输管理处、重庆市交通征费局五桥所、万盛区交通局、巴南区交通局、铜梁县交通局、云阳县交通局、重庆长寿海事处、重庆忠县海事处、丰都县汽车运输公司、巫溪县公路运输管理所等 11 户县（市）区申报的交通企业事业单位也被命名为市级文明单位。

三、复查认定

1997～1998 年，重庆市直辖后，重庆市对原四川省级文明单位进行了复查认定工作。1999 年 1 月 27 日，重庆市文明委渝文明委〔1999〕3 号文件下发《关于对原四川省级文明单位复查结果的通报》。其中，经过复查认定，重庆市交通委员会系统的 10 户原四川省级文明单位转为了仍为省级文明单位的重庆市级文明单位：重庆市交通征费稽查局，涪陵交通稽查征费处，万州交通稽查征费处，万州区交通局，城口县交通稽查征费所，万州汽车运输总公司，万州开发区公路局开县养路分段，秀山县养路分段，重庆港口管理局客运总站，重庆市第二公交公司 223 路队。

2000 年 12 月 15 日，重庆市文明委渝文明委〔2000〕12 号文件下发《关于我市市级文明单位复查结果的通报》，对 1998 至 1999 年的市级文明单位展开全面复查。其中，属于重庆市交通委员会系统复查合格的第一批市级文明单位有 12 户：万州汽车运输公司，万州区交通局，万州区交通稽查征费处，涪陵区公路养护管理处机关，涪陵交通稽查征费处，荣昌县交通运输管理所，开县公路养护管理段，重庆市交通征费稽查局，重庆港口管理局客运总站，重庆港猫儿沱港埠公司，重庆港九龙坡港埠公司，重庆市第二公交公司。需要限期整改市级文明单位有 2 户：重庆市第二公交公司 223 路队，重庆市公共电车公司。

2001 年 3 月 10 日，重庆市文明委渝文明委〔2001〕5 号文件下发了《关于对重庆市市级文明单位等复查结果的通报（第二批）》，对 1998 至 1999 年市级文明单位展开全面复查。其中，属于重庆市交通委员会系统复查合格的第二批市级文明单位有 6 户：铜梁县公路养护所，丰都县航道处，重庆市秀山县养路分段，重庆市第二公交公司 223 路队，重庆公共电车公司，重庆市第二公交公司。

2003 年 5 月 20 日，重庆市文明委渝文明委〔2003〕10 号文件下发《关于对市级文明单位、文明村镇和市级义明小区复查结果的通报》，对 1999～2000 年市级文明单位文明村镇和市级文明小区展开全面复查。其中，属于重庆市交通委员会系统的市级文明单位有 40 户：重庆市万州汽车运输总公司，万州区交通委员会（原万州区交通局），重庆市万州交通稽查征费处，涪陵交通征费稽查处，涪陵区公路养护管理处，沙坪坝区交通运输管理所，龙坡区交通运输管理所，万盛区公路养护段，铜梁县公路养护段，大足县公路管理所（原大足县养路段），荣昌县交通运输管理所，璧山县公路养护管理所，璧山县交通局，梁平县交通局，梁平县公路运输管理所，丰都县公路养护管理段，开县养护段，秀山县养路分段，酉阳县运输管理所，重庆港口管理局客运总站，重庆港九龙坡港埠公司，重庆港猫儿沱港埠公司，重庆港九龙坡有限公司蓝家沱港埠公司，重庆港口波特公司，重庆港生活服务公司，重庆港口医院，重庆市交通征费稽查局（原重庆市交通稽查征费处），重庆市道路运输管理局（原重庆市公路运输管理处），重庆交通运业有限责任公司重庆汽车站，重庆成渝高速公路有限公司（原成渝高速公路管理处），重庆市第二公共交通公司，重庆市第二公共交通公司 223 路队，重庆市港航管理局，重庆市长途汽车运输（集团）有限责任公司，重庆交通运业有限责任公司，重庆市公共电车公司 405 路队，重庆市第一公共交通公司，重庆市公共电车公司，重庆市公路局，重庆成渝高速公路有限公司西段管理处。

2005 年 4 月 10 日，重庆市文明委渝文明委〔2005〕4 号文件下发《关于对 2003 年及以前命名的市级文明单位、文明村镇、文明小区、文明社区复查结果的通报》。其中，属于重庆市交通委员会系统的复查合格的市级文明单位有 70 户：万州区交通委员会（原万州区交通局），重庆市万州交通稽查征费处，重庆市万州汽车运输总公司，涪陵区公路养护管理处，涪陵区交通征费稽查处，涪陵区汽车客运站，大渡口区交通局，沙坪坝区交通运输管理所，九龙坡区交通运输管理所，万盛区公路养护所（原万盛区公路养护段），双桥区交通局，綦江县交通运输管理所，大足县公路管理所（原大足县养路段），荣昌县交通运输管理所，璧山县公路养护管理所，璧山县交通局，璧山县客货运输中心，璧山县璧青公路建设开发有限公司，璧山县道路运输管理所，梁平县道路运输管理所，梁平县交通局，梁平县公路局（原梁平县公路管理段），丰都县公路养护段，开县公路局（原开县公路养护段），重庆奉节海事处，重庆市交通征费稽查局奉节所，奉节县航道运输公司航吉2号轮文明船，秀山县养路分段，酉阳县运输管理所，彭水县交通局，重庆市公路局，重庆市道路运输管理局，重庆交通运业有限责任公司，重庆市第一公共交通公司，重庆市第二公共交通公司，重庆市第二公共交通公司223路队，重庆市公共电车公司，重庆市交通征费稽查局，重庆市港航管理局，重庆市交通规划勘察设计院（原重庆市公路勘察设计研究院），重庆成渝高速公路有限公司，重庆成渝高速公路有限公司西段管理处，重庆市汽车运输（集团）有限责任公司汽车北站，重庆市第一公共交通公司112路队，重庆市第一公共交通公司118路队，重庆市第一公共交通公司103/104路队，重庆市第二公共交通公司261路队，重庆市第二公共交通公司217路队，重庆交通运业有限责任公司重庆汽车站，重庆市公交控股集团汽车维修二厂（原第二公共交通公司保修厂），重庆市公交控股集团汽车维修四厂（原公共电车公司保修厂），重庆市冠忠（第三）公共交通有限公司7路队，重庆市冠忠（第三）公共交通有限公司南城路队，重庆市公共电车公司405路队，重庆市公共电车公司412路队，重庆市公共电车公司供电所，重庆交通运业有限责任公司陈家坪汽车站，重庆市客车总厂，重庆万州海事处（原万县长江港航管理局），重庆朝天门海事处，重庆海事局（原重庆长江港航监督局），重庆港九江津分公司（原蓝家沱港埠公司），重庆港猫儿沱港埠公司，重庆港九九龙坡集装箱码头分公司（原九龙坡港埠公司），重庆港九客运总站（原重庆港口管理局客运总站），重庆港务（集团）有限责任公司江北港埠分公司，重庆港通科技发展有限公司（原重庆港波特公司），重庆华产物业管理有限责任公司（原重庆港生活服务公司），重庆港口医院，重庆市长城运输（集团）有限公司。

四、先进表彰

2000年4月18日，中共重庆市委、重庆市人民政府渝委发〔2000〕15号文件下发《关于命名1999年度市级文明单位和文明单位“五十佳”的通知》，其中，对重庆市交通委员会申报的交通创建单位，重庆市新命名为1999年度市级文明单位五十佳的有：重庆市交通运业公司重庆汽车站和万州区交通局。

2001年3月20日，中共重庆市委、重庆市人民政府渝委发〔2001〕9号文件下发《关于命名2000年度市级文明单位、最佳文明单位和市级文明小区的通知》，其中，重庆市交通委员会申报的1户市级文明单位，即重庆市道路运输管理局，获得2000年度最佳文明单位称号。另有1户港口企业和1户区县（市）政府申报的交通事业单位，即重庆港客运站和万盛区公路养护段，也获得2000年度最佳文明单位称号。

2002年4月16日，中共重庆市委、重庆市人民政府渝委发〔2002〕9号文件下发《关于命名2001年度市级文明单位、最佳文明单位和市级文明小区、文明社区的决定》，其中，重庆市交通委员会申报的1户市级文明单位，即重庆市公交二公司223路队，获得2001年度市级最佳文明单位称号。另有3户县（市）区申报的交通行政事业单位，即璧山县公路养护管理所、璧山县交通局和梁平县交通局，也获得最佳文明单位称号。

2003年4月28日，中共重庆市委、重庆市人民政府渝委〔2003〕209号文件发出《关于命名2002年度市级文明行业、文明单位、最佳文明单位和市级文明街道、文明小区、文明社区的决定》。其中，重庆市交通委员会申报的4家单位，即重庆市公交一公司、重庆市公共电车公司、重庆交通运业有限责任公司、重庆市公路局获得2002年度市级最佳文明单位称号。县（市）区政府申报的綦江县交通运输管理所、梁平县公路运输管理所，也获得2002年度市级最佳文明单位称号。

2004年4月14日，重庆市精神文明建设委员会渝文明委〔2004〕9号文件下发《关于命名

2003 年度市级“百佳”文明单位、文明单位、文明村镇、文明小区、文明社区的决定》，其中，重庆市交通委员会申报的 2003 年度 4 户创建“百佳”文明单位有 3 户获得 2003 年度“百佳”文明单位称号，即重庆市第二公共交通公司、重庆市第二公共交通公司 261 路队和重庆市冠忠（第三）公共交通公司 7 路队。

2004 年 4 月 12 日，共青团重庆市委、重庆市交委渝交委〔2004〕133 号文下发《关于表彰青年文明号先进集体的决定》，研究决定命名重庆成渝高速公路有限公司重庆收费站等 8 个先进集体为创建青年文明号十周年优秀成果奖，获得创建青年文明号十周年优秀成果奖的单位有：重庆成渝高速公路有限公司重庆收费站、重庆交通运业有限公司莱元坝汽车站服务总台、重庆市道路运输管理局运政事务处、重庆市公交（集团）公司第二公交公司 261 共青团专线、重庆市公交（集团）公司公共电车公司 465 大巴线、重庆市公交（集团）公司第一公交公司 118 路队 1120 号车组、重庆市公交（集团）公司冠忠（第三）公交公司 306 线 3047 号车组、重庆市公交（集团）公司冠忠（新城）公交公司 601 线 6014 号车组等各个青年集体岗组。

2005 年 3 月 24 日，重庆市精神文明建设委员会渝文明委〔2005〕3 号文件下发《关于命名 2004 年度市级文明行业、文明单位、文明村镇、文明社区、文明小区和市级“百佳”文明单位的决定》，决定命名 2004 年度市级“百佳”文明单位。其中，重庆市交通委员会申报的有 3 户单位，即重庆交通运业有限责任公司陈家坪汽车站、重庆市冠忠（第三）公共交通有限公司南城路队和重庆万州海事处，获得 2004 年度“百佳”文明单位称号。

2006 年 6 月 2 日，中共重庆市委、重庆市人民政府渝委发［2006］15 号文件发出《关于命名表彰 2005 年度市级文明单位标兵的决定》。其中，重庆市交通委员会申报的有 3 户单位，即重庆市交通征费局、重庆市公共电车公司 405 路队、重庆市高速公路行政执法总队，获得 2005 年度市级文明单位标兵的称号。

第四节　重庆市交通委员会文明单位

一、规划申报

2001～2005 年，每年，重庆市交通委员会组织委级文明单位申报创建工作部署安排。

第一是预申报对象及条件：按党组织隶属关系，达到申报基本条件的委属各单位可向重庆交通委员会申报创建委级文明单位。凡属重庆市交通委员会委级文明单位评选范围的企事业单位及其二级单位，制订了创建规划，落实了创建措施，开展了创建活动并取得显著成效的，均可申报委级文明单位。

第二是对有基本条件的申报单位列入年度创建规划。2001 年 4 月 23 日，重庆市交通委员会同意将重庆市公路工程监理处等 19 个单位列入 2001 年度创建“委级文明单位”规划。2002 年 4 月 22 日，重庆市交通委员会同意 24 个委属单位列入 2002 年度申报创建委级文明单位的计划。2005 年 6 月 8 日，重庆市交通委员会同意 8 个单位列入 2005 年度“委级文明单位”规划，并于 2005 年底接受重庆市交通委员会文明委组织的检查验收。其中，对于公交集团所属的单位，拟定由公交集团在自查的基础上推荐验收单位。

二、命名表彰

2001～2005 年，重庆市交通委员会每年决定对年度规划创建的、已经通过初查的委级文明单位进行检查验收，要求各单位先按照条件进行自查，形成自查报告书面材料报送重庆交通委员会文明办。检查验收采取听、看、访、评相结合的方式，重庆市交通委员会根据各单位报送的材料，对委级文明单位的检查验收统一作出日程安排，然后，进行重庆市交通委员会文明单位命名表彰。

2001 年 2 月 26 日，中共重庆市交通委员会党组、重庆市交通委员会决定命名 2000 年委级文明单位：重庆市渝通公路工程总公司、重庆市第二公共交通公司 225 路队、重庆市第二公共交通公司 217 路队、重庆市第二公共交通公司保修厂等 4 户单位。这是重庆市交通委员会成立后命名表彰的第一批委级文明单位。

2002 年 1 月 8 日，中共重庆市交通委员会党组、重庆市交通委员会决定命名重庆市公路工程监理处等 21 家单位为文明单位：重庆市公路工程监理处、重庆市高等级公路行政执法大队、重庆市渝达公路桥梁总公司、重庆市公共交通客车驾驶学校、重庆市公路工程总公司、重庆高速公路发展有限公司渝涪分公司、重庆市公路局职工培训中心、重庆市第一公共交通公司 109 路队、重庆市第一公共交通公司 110 路队、重庆市第一公共交通公司 120 路队、重庆市第二公共交通公司 216 路队、重庆市第二公共交通公司 227 路队、重庆市冠忠（第三）公共交通有限公司、重庆市冠忠（第三）公共交通有限公司 372 路、重庆市公共电车公司 403 路队、重庆市公共电车公司 413 路队、重庆市第五公共交通有限公司、重庆市第五公共交通有限公司 502 路队、重庆市交通运业有限责任公司富苑宾馆、重庆市汽车运输（集团）有限责任公司长寿总站、重庆市公路运输总公司朝天门汽车总站。

2002 年 11 月 20 日，中共重庆市交通委员会、重庆市交通委员会决定命名 23 个单位为 2002 年度委级文明单位：重庆高速公路发展有限公司、重庆机场高速公路实业有限公司、重庆市交通委员会基本建设工程质量监督站、重庆交通运业有限公司富丽大酒店、重庆市第一公共交通公司 114 路队、重庆市第一公共交通公司 106 路队、107 路队、重庆市第一公共交通公司 115 路队、重庆市第一公共交通公司 105 路队、重庆市第二公共交通公司 218 路队、重庆市第二公共交通公司远郊路队、重庆市第二公共交通公司 222 路队、重庆市第二公共交通公司 214 路队、211 路队、重庆市冠忠（第三）公共交通有限公司 4 路队、重庆市冠忠（第三）公共交通有限公司保修一厂、重庆市冠忠（第三）公共交通有限公司 301 小公共汽车、重庆市公共电车公司 401 路队、重庆市公共电车公司 429 路队、重庆市公共电车公司 461 路队、重庆市冠忠（新城）公共交通有限公司 601 路队、重庆市第五公共交通公司保修厂、重庆市长途汽车运输（集团）有限公司合川分公司、重庆市冠忠（第三）公共交通有限公司 326 线、重庆市汽车运输（集团）有限公司万盛客运车队。以上被命名的委级文明单位，可参照《重庆市文明单位建设与管理办法》的规定，在进行精神鼓励的同时，按照人均月工资 2/3 的标准发放奖金。

2004 年 1 月 21 日，中共重庆市交通委员会、重庆市交通委员会决定命名 2003 年度委级文明单位：重庆市公共交通控股（集团）公司（机关）、重庆市客轮总公司轮渡分公司、重庆市港航管理局乌江航道管理段彭水所、重庆渝东高速公路有限公司、重庆高速公路有限公司南方建设分公司、重庆高速公路有限公司北方建设分公司、重庆高速公路有限公司中渝营运分公司、重庆长途汽车运输（集团）有限公司荣昌分公司、重庆长途汽车运输（集团）有限公司修理分公司、重庆市高速公路行政执法总队第一大队、重庆市高速公路行政执法总队第二大队、重庆市汽车运输（集团）有限责任公司二分公司、重庆市汽车运输（集团）有限责任公司三分公司、重庆市汽车运输（集团）有限责任公司万盛总站、重庆市公交集团第一公共交通公司 101 路队、重庆市公交集团冠忠（第三）公共交通有限公司 1 路队、重庆市公交集团冠忠（第三）公共交通有限公司 2 路队、重庆市公交集团冠忠（第三）公共交通有限公司 301 路队、重庆市公交集团冠忠（第三）公共交通有限公司 364 路队、重庆市公交集团第五公共交通有限公司北牛路队、重庆市公交集团渝合高速公路路队、重庆市公交集团出租汽车总公司二分公司、重庆市公交集团出租汽车总公司三分公司、重庆市公交集团冠忠（新城）公共交通有限公司修理厂、重庆巴士股份有限公司、重庆巴士股份有限公司 815 路、重庆巴士股份有限公司 181 路、重庆市公交集团公交惠泽职工管理服务有限公司等 28 个单位。以上被命名的文明行业和文明单位，可参照《重庆市文明单位建设与管理办法》的规定，委级文明行业可按照人均一个月工资标准发给一次性奖金，委级文明单位可按照人均月工资2/3的标准发放奖金。

2005年1月10日，中共重庆市交通委员会、重庆市交通委员会决定命名2004度委级文明单位：重庆高等级公路建设投资有限公司、重庆市公路养护管理段、重庆市港航管理局嘉陵江航道段、重庆市港航管理局直属处、重庆市高速公路行政执法总队第三大队、重庆市高速公路行政执法总队第四大队、重庆长途汽车运输（集团）有限公司25货运分公司、重庆渝邻高速公路有限公司、重庆高速公路发展有限公司东渝营运管理分公司、重庆市公路运输（集团）公司高速公路客运分公司、重庆市客轮总公司游船分公司、重庆市交通工程监理咨询有限责任公司第一分公司、重庆市公共交通物资公司、重庆巴士股份有限公司5路队、重庆市公共交通控股（集团）有限公司汽车维修公司、重庆市公共交通控股（集团）有限公司汽车维修公司一厂、重庆市出租汽车总公司4分公司、重庆市冠忠（第三）公交公司南山路队等18个单位。以上被命名的文明行业和文明单位，可参照《重庆市文明单位建设与管理办法》等文件的规定，委级文明行业可在系统内按照各单位人均一个月工资标准发放奖金，委级文明单位可按照人均月工资2/3的标准发放奖金。

2006年2月8日，中共重庆市交通委员会、重庆市交通委员会决定命名2005年度委级文明单位：重庆市西南机动车驾驶员培训中心、重庆市汽车运输（集团）有限责任公司、重庆市汽车运输（集团）有限责任公司金达莱出租汽车分公司、重庆市交通工程监理咨询有限责任公司第二分公司、重庆市交通工程监理咨询有限责任公司第三分公司、重庆市高速公路行政执法支队第五大队、重庆市高速公路发展有限公司东南分公司、重庆市高速公路发展有限公司垫利分公司、重庆市出租汽车总公司第五分公司、重庆市出租汽车总公司修理厂、重庆市第一公共交通公司108路队、重庆巴士股份有限公司3路队、重庆渝城交通一卡通有限公司、重庆市公交集团汽车维修公司五里店修理厂等14个单位。以上被命名的文明行业和文明单位，可参照《重庆市文明单位建设与管理办法》的规定，委级文明行业可在系统内按照各单位人均一个月工资标准发放奖金，委级文明单位可按照人均月工资三分之二的标准发放奖金。

三、复查认定

2000年11月13日，重庆市交通委员会决定对由原市工交工委、市建委、市公用局批准命名的委（局）级文明单位，进行复查登记，要求各单位对历年评选命名的委（局）级文明单位，按相应条件进行了自查自评，并按要求填写“重庆市交通系统文明单位复查登记表”上报，由重庆市交通委员会政策法规处汇总。

2004年3月2日，中共重庆市交通委员会、重庆市交通委员会决定对2003年及以前命名的委级文明单位进行复查。通知对复查程序提出了要求，列出属于复查范围的委级文明单位名单有重庆市渝通公路工程总公司等37户单位。

2004年10月11日，中共重庆市交通委员会、重庆市交通委员会下发《关于对委级文明行业和文明单位复查结果的通报》，列出了通过复查认定的委级文明单位有重庆市交通干部学校等58个单位。2005年3月14日，重庆市交通委员会渝交委宣〔2005〕2号文件同意重庆渝通宾馆和重庆市车渡管理站保持委级文明单位称号。

四、先进表彰

（一）精神文明建设目标考核

2003年1月17日，中共重庆市交通委员会、重庆市交通委员会印发了《重庆市交通行业宣传和精神文明建设目标考核实施办法（试行）》。该办法的考核范围及对象是各区县（市）交通局（委）、各行业管理局、高速公路发展有限公司、公交集团及其他委直属单位。实施办法制订了考核内容及评分标准，考核内容包括组织领导、计划实施、文明创建、文明细胞建设、宣传思想政治工作等方面。

考核及奖励办法规定，考核每年进行一次，考核只对当年有效。一个序列是对区县（自治县、市）交通局（委）的考核，采取自行申报和抽查相结合的办法进行。按照考核条款自行打分。并报交通局长（交委主任）、当地文明办签字、盖章。于第二年3月30日前报重庆市交通委员会文明办（同宣传处合署办公）。重庆市交通委员会将组织相关处室和行业管理局文明办进行评审。重庆市交通委员会还会根据申报情况组织委相关处室和行业管理局一道抽查部分区县（自治县、市）交通局（委）。一个序列是对直属单位的考核，采取自行申报和抽查相结合的办法进行。按照考核条款自行打分。并报单位主要领导签字盖章，于第二年3月30日前报重庆市交通委员会文明办。重庆市交委文明办将组织委相关处室进行评审。重庆市交通委员会还会根据情况组织抽查。

两大序列考核结果在重庆市交通委员会信息网和《重庆交通》上公示后予以表彰。未按时上报评选附表和评选依据的，将作为自动弃权处理。考核主要按照得分多少，同时兼顾单位的工作性质设一等奖、二等奖、三等奖。各区县（市）交通局（委）和委属各单位各为一个序列进行评选。参照（根据）渝委办〔2000〕31号文件精神，在职在岗职工一等奖人均奖励一个月工资，二等奖人均奖励2/3个月工资，三等奖励人均奖励半个月工资。企业所发奖金进入生产成本，行政事业单位的奖金在包干经费中列支。

考核还规定了凡是有下列情况之一者，取消其当年评选资格的否决条件：（1）领导班子不团结，群众反响大的；（2）领导班子成员中出现违法乱纪受到处理的；（3）在交通职能范围内发生重大责任事故，造成严重人员伤亡或重大经济损失的；（4）职工中出现经济或刑事案件的；（5）服务质量、环境卫生等受到新闻曝光，经查证属实的；（6）职工中有违反计划生育的。

2004年1月21日，中共重庆市交通委员会、重庆市交通委员会下发《关于2003年度交通系统宣传和精神文明建设目标考核的通报》，根据各区县（自治县、市）交通局（委）和委属各单位的自愿申报，按区县和委属单位两个序列分4个片区进行了初评，委文明办进行了考评汇总，并报经交通党委研究，分别评出了2003年宣传和精神文明建设目标考核一等奖9个、二等奖14个、三等奖11个。对荣获一、二、三等奖的单位，按渝委办〔2000〕31号文件精神，在职在岗职工一等奖人均奖励一个月工资，二等奖人均奖2/3个月工资，三等奖奖励半个月工资。对分管宣传和精神文明建设工作的领导以及具体从事此项工作的部门人员可高出奖金的20%发放。企业所发奖金进入生产成本，行政事业单位的奖金在包干经费中列支。

2004年9月14日，中共重庆市交通委员会、重庆市交通委员会印发了修改后的《重庆市交通行业宣传和精神文明建设目标考核实施办法（试行）》。新的实施办法与2003年印发的考核实施办法比较，按照区县（自治县、市）交通局（委）和委属单位两大序列考核的办法基本不变，变化较大的是取消原办法中当年评选资格的否决条件，修改为：凡是有下列情况之一者，取消其当年的评选资格。（1）领导班子不团结，对生产、工作造成重大损失和影响，或主要领导成员严重违纪违法受到处理的；（2）经营管理不善，经济亏损或服务质量明显下降，短期无法改变的；（3）在交通职能范围内发生重大责任事故，造成严重经济损失、严重人员伤亡或严重社会影响的；（4）职工中出现经济或刑事案件的；（5）环境污染严重，超过国家规定标准的；（6）执行计划生育政策不力，出现违反计划生育政策的；（7）申报时弄虚作假，骗取荣誉的；（8）发生其他重大问题，造成严重损失和恶劣影响的。

2005年1月17日，中共重庆市交通委员会、重庆市交通委员会下发《关于2004年度交通系统宣传和精神文明建设目标考核的通报》。由各区县（自治县、市）交通局（委）和委属各单位自愿申报，按区县和委属单位两个序列进行初评，委文明办进行考评汇总，并报经交通党委研究，共评出了2004年宣传和精神文明建设目标考核一等奖14个、二等奖15个、三等奖10个。

2005年9月21日，中共重庆市交通委员会、重庆市交通委员会发出《关于申报参加2005年度交通系统宣传和精神文明建设目标考核的通知》。要求各区县（自治县、市）交通局（委）、委属各单位实行宣传和精神文明建设目标考核。2006 年 1 月 10 日，中共重庆市交通委员会、重庆市交通委员会发出《关于 2005 年度交通系统宣传和精神文明建设目标考核的通报》。经过各区县（自治县、市）交通局（委）和委属各单位自愿申报，委文明办考评汇总，交通党委会研究决定，评出了 2005 年度宣传和精神文明建设目标考核一等奖 14 个单位、二等奖 18 个单位、三等奖 12 个单位。获奖单位，可按规定给予一定的物质奖励，企业所发奖金进入生产成本，行政、事业单位的奖金在包干经费中列支。与此同时，对在宣传和精神文明建设工作中做出突出贡献的领导干部和工作人员可给予适当的精神和物质奖励。

（二）创建文明活动先进表彰

2002 年 4 月 2 日，重庆市交通委员会决定表彰 2001 年度精神文明建设先进集体、先进个人，授予重庆市公路局精神文明办公室等 24 个单位“全市交通系统精神文明建设工作先进集体”荣誉称号，授予田正芬等 39 人为“重庆市交通系统精神文明建设工作先进个人”荣誉称号。

2002 年 11 月 6 日，中共重庆市交通委员会、重庆市交通委员会决定评选重庆市交通系统 2002 年度精神文明建设工作先进单位和先进个人。先进单位的评选条件是：本单位、本系统精神文明建设工作取得突出成效，在近两年来本单位获得市部级以上文明单位称号或通过委级以上文明行业验收的。先进个人的评选条件：主管或者从事精神文明建设工作三年以上，所在单位在近两年获得委级（区县级）以上文明单位称号。去年已荣获交委表彰的精神文明建设先进个人原则上不再参加本次评选表彰。先进单位和先进个人只限在各区县（自治县、市）交通局（委）和委直属单位中产生，先进个人推荐名额只限 1 人。

2002 年 11 月 25 日，中共重庆市交通委员会、重庆市交通委员会发出《关于表彰重庆市交通系统 2002 年度精神文明建设工作先进单位和先进个人的决定》，决定授予万州区交通委员会等 10 个单位“2002 年度精神文明建设工作先进单位”荣誉称号，授予张云芝等 28 人“2002 年度精神文明建设工作先进个人”荣誉称号。

2004 年 12 月 21 日，中共重庆市交通委员会、重庆市交通委员会发出《关于评选重庆市交通系统 2003 年至 2004 年度精神文明建设工作先进集体和先进个人的通知》。2005 年 1 月 17 日，中共重庆市交通委员会、重庆市交通委员会发出《关于表彰重庆市交通系统 2003 年至 2004 年度精神文明建设工作先进集体和先进个人的决定》。决定授予重庆市公路局政工处等 40 个部门“2003～2004 年度精神文明建设工作先进单位”荣誉称号，授予余其明等 51 人“2003～2004 年度精神文明建设先进个人”荣誉称号。

第五章　交通文明窗口建设

在重庆交通系统精神文明建设进程中，创建全国文明行业窗口单位、交通部行业窗口单位、省市级文明行业窗口单位和重庆市交通委员会文明行业窗口单位，成为交通精神文明建设的另一项重要内容。

巾帼文明示范岗创建方面。1998 年 3 月，重庆市交通局所属重庆交通运业有限责任公司重庆汽车站服务总台，最早获得中华全国妇联命名表彰，是重庆交通系统与重庆市妇联联合创建的第一个全国“巾帼文明示范岗”。2000年至2001年3月，重庆交通系统有4个岗组获得全国“巾帼文明示范岗”命名表彰。2005年，重庆交通系统又有3个岗组获得全国“巾帼文明示范岗”的命名表彰。同时，重庆交通系统有2名女职工获得全国妇女“巾帼建功”标兵的命名表彰。

全国青年文明号创建方面。2001年4月，交通部、共青团中央向全国交通系统发出了《关于表彰1999~2000年度全国交通系统青年岗位能手和全国青年文明号的决定》，其中，重庆成渝高速公路有限公司重庆收费站收费员杨光旭（女）获得“全国交通系统青年岗位能手”荣誉称号；重庆市第二公共交通公司共青团215空调路队获得“全国青年文明号”荣誉称号。2003年1月，重庆市交通委员会对所属单位的7个全国青年文明号集体进行了考核，同意继续认定其称号，使7个全国青年文明号集体继续得以认定。2005年4月，交通部、共青团中央向全国交通系统发出了《关于表彰2004年度全国交通系统青年岗位能手和全国青年文明号的决定》，授予重庆交通系统2个岗组为全国“青年文明号”荣誉称号。

交通部文明行业窗口方面。一是文明样板路创建。在1986~1996年之间，319国道文明样板路实施第一次创建。1997~1999年，319国道文明样板路实施第二次创建。2000~2004年，210国道文明样板路实施创建。319国道文明样板路和210国道文明样板路均获得交通部验收通过，创建成功。二是文明样板航道创建。2005~2006年，嘉陵江河口至磁器口市级文明样板航道示范段创建成功。三是文明汽车客运站创建。2001年9月，交通部命名重庆市交通运业有限责任公司重庆汽车站为全国交通系统文明示范窗口。四是文明船舶客运站创建。1990~2005年，原万县地区、涪陵地区、重庆市交通系统开展了文明船舶客运站创建活动，经过评选推荐、复查认定和命名表彰，一大批部级文明船舶、文明客运站创建成功。

重庆市交通文明行业窗口创建方面。2003~2005年，中共重庆市交通委员会、重庆市交通委员会以在交通系统中评选十佳文明集体、文明个人（简称“双十佳”）为动力，开展重庆市级的、重庆市交通委员会的巾帼文明示范岗、青年文明号和工会职工之家的创建活动，获得了丰硕成果。

第一节　全国文明行业窗口

一、巾帼文明示范岗

（一）申报与命名表彰

1998年3月，重庆市交通局申报的全国巾帼文明示范岗是重庆交通运业有限责任公司重庆汽车站服务总台，获得中华全国妇女联合会（以下简称“全国妇联”）全国城镇妇女“巾帼建功”活动领导小组命名表彰（载于1998年3月《全国妇联关于表彰全国城镇妇女“巾帼建功”标兵、先进单位、先进协调组织、巾帼文明示范岗的决定》），这也是重庆交通系统第一个全国“巾帼文明示范岗”。

在全国巾帼文明示范岗基础上，重庆交通运业有限责任公司重庆汽车站服务总台进一步创建全国“三八”红旗集体，并由重庆市交通局申报为全国“三八”红旗集体。2000年2月29日，重庆交通运业有限责任公司重庆汽车站服务总台，获得全国妇联1999年度妇字〔2000〕4号文件表彰，命名为全国“三八”红旗集体。2000年3月，重庆市交通局申报的又一个全国“巾帼文明示范岗”，即重庆市成渝高速公路管理处永川站收费三班岗组，获得全国妇联全国城镇妇女“巾帼建功”活动领导小组1999年度妇巾协字〔2000〕2号文件表彰，命名为全国“巾帼文明示范岗”。同时，重庆市交通局被评选为全国“巾帼建功”活动先进单位。

（二）复查与命名表彰

1. 复查认定工作

2000年8月，重庆市交通委员会成立，即着手组织对交通系统巾帼文明创建的复查工作。2000年11月8日，重庆市交通委员会直属机关党委专门召开了委属系统创建巾帼文明示范岗工作会，重庆市交通委员会所属30多个单位参加了会议，对重庆市交通委员会的全国和市级命名的8个“巾帼文明示范岗”和其他的“巾帼文明示范岗”进行了复查工作布置。为了使巾帼文明示范岗组的创建活动落实到实处，做到日常事务工作有部门进行管理，确定了由重庆市交通委员会机关党委具体负责此项工作。

从2000年11月17日至11月22日止，根据重庆市妇女联合会、市精神文明办公室渝妇发〔2000〕42号文件《关于开展对一九九八年以前命名的巾帼文明示范岗进行复查》的通知精神，重庆市交通委员会巾帼文明示范岗指导小组的领导和成员，邀请了部分岗组代表，对全国和市级命名的8个“巾帼文明示范岗”和其他的“巾帼文明示范岗”进行了专项复查。在复查中，重庆市交通委员会组织了系统内分管岗组创建的领导及专职干部在全国巾帼文明示范岗——重庆市交通运业公司重庆汽车站服务总台召开了经验交流会，还组织部分岗组代表到公交一公司全国十佳职业道德标兵（重庆市2000年争光奖十佳候选人）——103路队汪霞1120车岗组学习并跟车观摩优质服务的现场示范表演。这次复查工作，得到了被检单位领导的高度重视，负责此项工作的领导和女工主任、站、场、所等基层领导均出席了复查会，对被检岗组进行了讲评和评价。

2000年11月29日，重庆市交通委员会向重庆市妇女联合会、重庆市精神文明办公室报送《关于（巾帼文明示范岗）市级岗组的复查报告》，提出经过对1998年以前全国和市级命名的8个“巾帼文明示范岗”和其他的“巾帼文明示范岗”的专项复查，按照条件衡量，全国和市级命名的8个“巾帼文明示范岗”和其他的“巾帼文明示范岗”符合创建要求并报请市妇联确认。2001年2月1日，重庆市妇联、重庆市文明委联合发文，进行了首批重庆市“巾帼文明示范岗”复查的情况通报，重庆市交通委员会复查报告所列报的8个“巾帼文明示范岗”集体岗组，全部认定为可以保持荣誉称号的重庆市“巾帼文明示范岗”。在8个优秀岗组中，重庆市交通运业公司汽车站售票岗组是全国巾帼文明示范岗和全国“三八”红旗集体。

2. 巾帼文明示范岗命名表彰

2000~2006年，重庆交通系统的巾帼建功活动持续开展。每年，重庆市交通委员会均要表彰命名一批巾帼文明集体和个人。其间，获得全国妇联全国“三八”红旗集体表彰命名的有3个集体岗组，获得全国妇联全国“三八红旗手”表彰命名的有1名，获得全国妇联全国“巾帼文明示范岗”表彰命名的有9个集体岗组，获得全国总工会“先进女职工”表彰命名的有1名。获得全国妇联全国“巾帼建功”标兵称号表彰命名的有5名。

2001年3月6日，中共重庆市交通委员会直属机关委员会对“巾帼文明示范岗”暨“巾帼建功”活动进行表彰通报。其中，重庆交通运业有限责任公司重庆汽车站售票班组、重庆市第一公共交通公司103路队、104路队1120车组和重庆市公路运输总公司南岸站医务所，获得全国妇联全国城镇妇女“巾帼建功”活动领导小组的表彰（2001年3月妇巾领字〔2001〕3号），命名为全国“巾帼文明示范岗”。

2002年3月11日，中共重庆市交通委员会直属机关委员会对“巾帼文明示范岗”暨“巾帼建功”活动进行表彰通报。其中，重庆交通运业有限责任公司重庆汽车站售票班组，获得全国妇联的全国“三八”红旗集体的表彰命名。

2003年3月4日，中共重庆市交通委员会直属机关委员会对“巾帼文明示范岗”暨“巾帼建功”活动进行表彰通报。其中，重庆市交通运业公司单小平获得全国总工会“先进女职工”表彰命名。重庆市冠忠（第三）公交公司的七路队管委会和重庆市交通运业公司陈家坪汽车站服务总台，获得全国妇联全国“巾帼文明示范岗”表彰命名。重庆市第一公交公司114路队易华获得全国“巾帼建功”标兵称号（载于2003年2月12日《全国妇联关于表彰全国城镇妇女“巾帼建功”标兵、“巾帼建功”先进集体、“巾帼文明示范岗”的决定》）。

2005年3月5日，中共重庆市交通委员会对“巾帼文明示范岗”暨“巾帼建功”活动进行表彰通报。其中，重庆市公共交通控股（集团）有限公司第二公共交通公司217路队210线2448号车组、重庆高速公路发展有限公司中渝营运分公司雷神店收费三班、重庆交通运业有限责任公司陈家坪汽车站售票班组3个岗组，获得全国妇女“巾帼建功”活动领导小组的“巾帼文明岗”的表彰命名（2005年3月1日妇巾字〔2005〕3号文），重庆高速公路发展有限公司北方建设分公司副总经理敬世红、重庆市公共交通控股（集团）有限公司冠忠（第三）公交公司二路队乘务员张光莉，获得全国妇女“巾帼建功”活动领导小组的“巾帼建功”标兵的表彰命名（2005年3月1日妇巾字〔2005〕3号）。

2006年3月13日，中共重庆市交通委员会公布了2005年度全国妇联表彰的全国“三八”红旗集体和全国“三八红旗手”名单。重庆高发公司中渝分公司雷神店站收费三班和重庆市公交集团公交二公司217路队210线2448号车组，获得全国妇联全国“三八”红旗集体的表彰命名。重庆交运集团运业公司陈家坪汽车站服务员管理科科长王军，获得全国妇联全国“三八红旗手”的表彰命名。

二、全国青年文明号

（一）评选认定

全国青年文明号是交通部、共青团中央表彰命名的国家级青年文明号集体。2003年1月23日，中共重庆市交通委员会向交通部、共青团中央上呈报告，要求继续予以认定重庆市交通系统7个全国青年文明号集体的荣誉称号。“根据交通部、团中央《关于评选2002年度全国交通系统青年岗位能手和全国青年文明号及对2000年度全国青年文明号进行考核认定的通知》（交体法发〔2002〕628）号文件要求，重庆市交通委员会对重庆市第二公共交通公司共青团261路队、重庆市第一公共交通公司103路队、104路队1120号车组、重庆冠忠（第三）公共交通公司七路队3047号车组、重庆冠忠（新城）公共交通有限公司601路队6014号车组、重庆市成渝高速公路公司重庆收费站、重庆交通运业有限公司菜园坝汽车站服务总台等7个全国青年文明号集体进行了考核，一致认为这7个集体自命名以来，一直坚持以青年文明号的标准严格要求各项工作，以学政治比思想、学文化比贡献、学技术比新风为标准，开展文明、礼仪、诚信为主要内容的优质服务，取得了良好的社会效益和经济效益，起到了先进示范作用，建议继续予以认定。”

（二）表彰命名

1997年4月29日，共青团中央、交通部联合命名表彰1995～1996年度全国交通系统青年岗位能手和青年文明号。其中，重庆市成渝高速公路管理处重庆收费站荣获全国青年文明号称号。这是重庆地方交通系统第一个获得全国“青年文明号”称号的基层岗组。

2001年4月26日，交通部、共青团中央交体法发〔2001〕210号文件决定表彰1999至2000年度全国交通系统青年岗位能手和全国青年文明号，授予阚有波等100人“全国交通系统青年岗位能手”荣誉称号，授予北京市车辆购置附加费管理处等60个集体“全国青年文明号”荣誉称号。其中，重庆成渝高速公路有限公司重庆收费站收费员杨光旭（女）获得“全国交通系统青年岗位能手”荣誉称号，重庆市第二公共交通公司共青团215空调路队获得“全国青年文明号”荣誉称号。

2005年4月25日，交通部、共青团中央交体法发〔2005〕174号文件向全国交通系统发出了《关于表彰2004年度全国交通系统青年岗位能手和全国青年文明号的决定》，表彰2003～2004年度所创建的“青年文明号”和“青年岗位能手”。交通部、共青团中央决定授予张立维等114人“全国交通系统青年岗位能手”荣誉称号，新命名96个“青年文明号”集体，继续认定212个“青年文明号”集体。其中，重庆高速公路发展有限公司中渝营运分公司南坪收费站、重庆市渝中区交通局交管所业务科等2个岗组，获得新命名的全国“青年文明号”荣誉称号。重庆市成渝高速公路公司重庆收费站、重庆交通运业有限公司菜园坝汽车站服务总台、重庆市道路运输管理局运政事务处、重庆市公交（集团）公司第二公交公司共青团261共青团专线、重庆市公交（集团）公司公共电车公司465大巴线、重庆市公交（集团）公司第一公交公司118路队1120号车组、重庆市公交（集团）公司重庆冠忠（第三）公交公司306线3047号车组、重庆市公交（集团）公司重庆冠忠（新城）公交公司601路队6014号车组等8个岗组，继续认定为全国“青年文明号”荣誉称号。重庆市丰都海事局高镇执法中队队长刘明华、重庆巴士股份有限公司乘务员廖平（女）等2人，获得“全国交通系统青年岗位能手”荣誉称号。

（三）优秀组织奖

2004年7月28日，共青团中央等23个部委级单位中青联发〔2004〕39号文件联合发布《关于表彰全国青年文明号十年成就奖、十年全国青年文明号活动突出贡献奖和优秀组织奖的决定》。决定指出：“从1994年起，共青团中央先后联合中央、国家有关部门开展了旨在组织和引导广大职业青年弘扬高度职业文明、创造一流工作业绩的青年文明号活动。”为把青年文明号活动进一步引向深入，在经过层层选拔、推荐、考核、评审的基础上，23个部委联合决定表彰在青年文明号活动开展10年过程中涌现出的先进典型，授予北京市公安局牛街派出所等107个青年集体全国青年文明号十年成就奖，授予人民邮电报行风建设报道组等14个单位或个人十年全国青年文明号活动突出贡献奖，授予上海建工（集团）总公司团委等300个单位、郭丽等318人“十年全国青年文明号活动优秀组织奖。”其中，在十年全国青年文明号活动优秀组织集体奖的300个单位中，重庆市交通委员会团委获得十年全国青年文明号活动优秀组织奖的集体奖。在十年全国青年文明号活动优秀组织个人奖的318人中，重庆市交通委员会机关团委书记何正清获得十年全国青年文明号活动优秀组织奖名单个人奖。

第二节　交通部文明行业窗口

一、文明样板公路

（一）319国道文明样板路

国道319线是从厦门至成都的国道干线。1984～1997年，国道319线从四川省涪陵地区进入重庆市境内，至重庆市潼南县彭家垭口出境进入四川省遂宁市。1997年重庆直辖之后，国道319线从湖南省花垣县与重庆市秀山县洪安衔接处进入重庆境内，至重庆市潼南县彭家垭口出境进入四川省遂宁市，总里程958公里。由于体制等原因，319国道文明样板路的改造创建分为两个时期叙述。

1. 重庆计划单列市时期（1983～1997年）

黔江地区。国道319线从湖南省花垣县与四川省秀山县洪安衔接处进入四川省黔江地区境内，经秀山县、酉阳县、黔江县，至黔江地区彭水县出境，从武隆福尔沱进入四川省涪陵地区武隆县，全长430公里。1992～1997年，黔江地委和行署确定了“改造干道、缩短里程、提高等级、打通出口”的改建目标，历经连续三期的分段改建工程，总投资35706万元，国道319线在黔江地区境内路段得到全面改造，并进行了文明样板路创建活动，全线基本保持路面平整、路拱适度、排水通畅、行车舒适、路容整洁，沿线共计植树32.2万株，全线22个道班全部完成室内室外装饰，收费站点规范化建设与管理，严格控制建筑红线，制止清理违章建筑。

涪陵地区。国道319线从黔江地区彭水县与武隆县福尔沱交界处进入四川省涪陵地区武隆县，涪陵地区境内全长40.76公里。涪陵地区进行了分段改造工程：1985~1996年，涪陵地区境内国道319线全部改造为水泥砼路面的3级公路。1986~1996年，国道319线武隆县至涪陵市内路段全部改造成功。1995~1997年，武隆县江口至武隆县巷口段改造竣工通车。公路改造期间，进行了文明样板路创建活动。

重庆长寿县—璧山县—铜梁县—潼南县。重庆市也进行了分段改造工程：1984年，重庆市计划单列时，国道319线璧山至西泉段全线为沥青碎石4级公路。1993年6月，重庆市交通局开工改建国道319线璧山至西泉段，拓宽路基路面，铺设黑色路面。其中，改造老路12.62公里，县城段改线称北环线2.65公里。1995年1月，改造工程全部竣工，改造后路基宽12米、路面宽10.8米，全长23.95公里，为山岭重丘沥青碎石2级公路。国家总投资2000余万元（含改线段征地、拆迁费）。公路改造期间，进行了文明样板路创建活动。

1985年10月，国道319线潼南县塘坝至彭家垭口段动工修建，1987年12月底竣工通车，按照平原微丘3级公路标准设计修建，全长14.042公里，路基宽度8.5米，沥青路面，路面宽度7米，实际线型指标达到平原微丘2级公路标准，路基质量监理逗硬，压实度高，路面成型好，桥涵、挡土墙等构造物质量优良，工期短，造价省，部分工程质量超过了设计标准。原是断头公路的彭塘段连通了国道319线，该段公路修建总投资898万元，是重庆市首次利用世界银行贷款修建的第一条农村公路。公路改造期间，进行了文明样板路创建活动

2. 重庆市直辖时期（1997~2005年）

1997年8月14日，重庆市交通局开始组织实施交通部“九五”期间文明样板路创建规划。1997年10月30日，重庆市交通局印发《重庆市创建国道319线文明样板路实施标准》和《重庆市G319线公路标志标线和安全设施设置及验收办法》。1997~1999年，在交通部支持下，重庆市交通局完成了重庆市境内国道319线路段文明样板路的改造创建，共计761.5公里，投资51628万元。

黔江地区。彭水县城至共和段：1995年12月24日，国道319线彭水县至武隆县公路开工建设。1997年6月，重庆市直辖，四川省交通厅作为重要的未完在建工程移交给重庆市交通局。彭水县至武隆县公路，即东起彭水县城原黔江地区交通局加油站，途经汉葭、下塘、高谷，至共和，全长28.4公里，按山岭重丘2级路标准设计，水泥混凝土路面，沿乌江左岸修建，总投资11718万元。1998年8月10日竣工建成通车，降低海拔高程800米，缩短里程51公里。

涪陵地区。1997年1月，国道319线彭水县共和至武隆县江口段全线开工修建，即沿乌江南岸海拔高程260米展线，经黄草乡至江口镇芙蓉江大桥东端止，按山岭重丘2级路标准设计建设，路基宽8.5米，路面宽7米，全长24.1公里。1997年6月重庆市直辖，四川省交通厅作为重要的未完在建工程移交给重庆市交通局继续修建。1998年10月，全线路面水泥硬化完成通车。至此，历经4年时间，经过四川省交通厅、重庆市交通局全力组织实施国道319线改造工程，国道319线彭水县至武隆县路段改线工程全部完成，为国道319线文明样板路创建打下坚实基础。

2000~2003年，国道319线涪陵白涛至涪陵城区路段，按山岭重丘2级公路标准继续进行改造，路基宽12米，路面宽9米，形成水稳层沥青混凝土路面。2000年12月29日，国道319线涪陵段再改造工程全面开工，2003年7月29日提前5个月全面竣工，总投资27948万元。整个工程将原3级路提升为2级路，路段全长为28.48公里。至此，国道319线彭水县经武隆县至涪陵区的路段，全部改建为山岭重丘2级公路标准。

长寿—璧山县—铜梁县—潼南县。1998年7月12日，璧山福里树至璧山县城段实施水泥砼路面改造工程开工，同年9月15日竣工。路基宽达到12米，路面10.5米。总投资（决算价）870万元。同时，1998年1月，全线按交通部颁标准建设文明样板路。1999年7月，经交通部验收为文明样板路。

1992~1998年，重庆市交通局、铜梁县人民政府投资对国道319线铜梁段再次进行了全面改

造，全线52.5公里，路面宽度达到10.5～18.5米，形成水泥混凝土路面，达到2级公路标准，共投资21600万元。1999年7月，经交通部对国道319重庆段文明样板路检查验收，国道319线铜梁段达到部级标准和标美路工程建设标准，铜梁县荣获一等奖。

1997年10月，潼南县委、县政府成立了创建领导小组，决定改建县境内主干道公路，又成立了国省道公路改建工程指挥部，改建资金主要源于贷款。1998年1月，创建工程开始动工。1998年6月，国道319线中和湾店子至塘坝段全面动工。按照交通部颁发《国省道干线公路GBM工程实施标准》的规范要求，从路基、路面、构筑物及附属设施进行了全面整治。1999年10月，国道319线潼南县境段实施完成创建项目，1999年10月，交通部专家组验收，达到部颁标准。

1998年11月，重庆市交通局组织国道319线文明样板路创建初验，并预拨创建经费170万元。1999年3月24日，重庆市交通局向319国道沿线各有关交通局发出《关于加强G319线文明样板路创建工作的紧急通知》（渝交局〔1999〕258号文），部署国道319线文明样板路创建迎检工作。紧急通知作出要求：一是必须利用宜于植树时机，按照创建标准搞好公路沿线及其道班、养路段、收费站绿化，做到花草乔灌相结合，四季常绿。二是应对照重庆市交通局初验指出问题，结合标准进一步认真整改。三是应组织专门技术人员到班组、收费站等基层指导规范的建设，做到资料填写准确真实。四是重庆市公路局要加强对各地创建工作的指导督促，各地要积极配合，共同搞好迎检工作准备，并限定在1999年4月中旬完成迎检的文字资料。最后重申，1999年度考核对G319线文明样板路创建工作实行一票否决制。

1999年7月19日至1999年7月23日，交通部组织专家人员对“九五”期文明样板路建设规划中的实施项目即国道319线重庆段文明样板路创建进行了检查验收，认为重庆市319线文明样板路基本达到了部颁文明样板路验收标准和GBM工程建设标准（交通部公管理字〔1999〕163号文）。1999年10月9日，重庆市交通局渝交局〔1999〕835号文件向黔江开发区、武隆县、涪陵区、长寿县、渝北区、沙坪坝区、璧山县、铜梁县、潼南县下发《关于国道319线文明样板路验收合格予以表彰奖励的通知》。其中，获得一等奖的是铜梁县和黔江开发区。获得二等奖的是潼南县、璧山县、武隆县、重庆市公路局、沙坪坝区。获得三等奖的是涪陵区和长寿县。获得鼓励奖的是渝北区。国道319线文明样板路创建奖励经费共计拨付667.5万元（含初验预拨经费170万元）。经过交通部验收，国道319线路段文明样板路的创建仍在继续，各单位进一步完善验收组提出的问题，制定具体实施措施，确保和巩固创建成果，随时准备迎接交通部复查。

（二）210国道文明样板路

1. 规划创建

（1）创建背景。

2000年，继国道319线创建文明样板路成功，随着交通部启动国道210线的文明样板路的创建，重庆市交通委员会开始了国道210线重庆段文明样板路的创建工作。2000年9月至11月，为总结“九五”计划期间公路养护管理工作经验，推动和促进全国干线公路养护管理工作，交通部组织了全国干线公路养护与管理工作检查。其中，9个检查小组分别对全国29个省、自治区、直辖市干线公路的路况、养护管理、GBM工程实施、文明样板路建设等工作进行了检查。

2001年5月28日，交通部副部长胡希捷在全国公路养护管理工作会议上，总结了许多先进省区文明样板路创建的好经验，指出文明样板路创建是提高公路养护水平、改善路网结构的根本措施，在“十五”计划期间，要创建5条部级国道文明样板路。2001年6月22日，交通部印发了《公路养护与管理发展纲要（2001～2010年）》，到2010年年底，公路养护管理工作的具体目标中，要创建10条部级国道文明样板路。2001年7月6日，交通部印发了《公路、水路交通“十五”发展计划》，提出“十五”计划期公路交通建设的主要目标之一就是要创建5条国道文明样板路。2001年11月28日，交通部印发《全国交通行业精神文明建设“十五”规划》，要求“十五”计划期内“继续推进文明样板路建设，每年建设一条国道文明样板路。”由此，国道210线列为交通部“十五”计划期内要建设的一条部级国道文明样板路。

国道210线北起内蒙古包头，南至广西南宁，全长3018公里。途经内蒙古、陕西、四川、重庆、贵州、广西6省（自治区、直辖市），是中国西部地区重要的省际通道。国道210线（包头—南宁）由北向南纵贯重庆市，市内路段全长261公里，途经渝北区、江北区、沙坪坝区、九龙坡区、大渡口区、巴南区、江津市、綦江县等8个区县（市）。

但是，修建于20世纪30年代初的210国道重庆段，技术标准低。由于历史和车辆超限超载等原因，部分路段破损相当严重，虽经过几十年的改造，一些地段仍然坡陡弯急，大大影响了公路的通行能力，存在着极大的安全隐患。尤其是綦江雷神店到赶水的40多公里，由于经常堵车和发生交通事故，被人称作“魔鬼路段”。国道210线重庆段的整治势在必行。

（2）创建部署。

2000年2月3日，重庆市交通局向交通部上报《关于我市境内G210线创建文明样板路申请纳入部补计划的请示》。按照重庆市交通“五年变样、八年变畅”目标及“十五”计划的要求，重庆市交通局决定在2000至2001年期间对重庆市境内G210线路段261公里按部颁《国家干线文明建设样板路实施标准》的要求创建文明样板路。由于已有180公里左右路段被改造为二级标准以上公路，目前正在对剩余路段按二级公路标准进行改造施工，创建的条件大大好于G319线，为此恳请交通部能将重庆市境内G210线文明样板路创建工作纳入部文明样板路建设计划并给予2610万元的补助（10万元/公里）。

鉴于交通部2001年交通固定资产投资计划的安排，重庆市境内G201线列入了2001年部级文明样板路创建计划，完成时间是2002年。2001年12月13日，重庆市交通委员会渝交委路〔2001〕356号文件作出了关于G210线开展创建文明样板路的工作安排。

一是成立G210线文明样板路创建领导小组。组长由重庆市交通委员会副主任李健担任，副组长是：重庆市公路局局长艾吉人，重庆市交通委员会公路建管处处长张太雄，成员有：李关寿、滕宏伟、曾升元、刘治军、唐伯明、钟芸、许仁安、邓志刚、孙立东、向兴全、慕长春、陈俊义、陈富国、彭宗泉、尹秀伦等人。创建领导小组设办公室于重庆市公路局，主任是刘治军，副主任是李关寿、向兴全，成员有邓志刚、杨德武、林兵、江恩等人。二是作出创建时间安排，要求国道210线重庆段沿线交通局必须在2001年10月至2002年9月之间，成立文明样板路创建领导小组，负责各自境内路段的创建工作，动员沿线军、警、民共同创建，全部完成各自境内路段的创建任务。

2. 整治创建

（1）考察学习。2001年12月下旬，沿线相关区县（市）交通局将管理路段、桥、涵、绿化、标志标线、收费站、道班、养路段等基本情况上报了重庆市公路局。随后，重庆市公路局组织了一次沿线工作检查。2001年12月下旬，重庆市交通委员会组织召开一次创建动员大会，并组织相关区县（市）交通局考察学习已完成的、交通部验收合格的文明样板路。

2002年7月9日，根据学习考察情况，重庆市交通委员会渝交委文〔2002〕251号文件向重庆市人民政府办公厅上报了《关于国道210线创建文明样板路有关事宜的请示》，建议借鉴其他省、市（如浙江、四川等）经验，文明样板路创建工作以交通部门为主，地方政府领导挂帅督促，其他部门参加。为此，提议由时任重庆市人民政府副秘书长雷尊宇担任重庆市创建领导小组组长，并要求国道210沿线区县（自治县、市）成立政府分管领导及相关职能部门（交通、公安、工商、城建、规划、国土等）参加的文明样板路创建领导小组，以确保创建工作的圆满完成。

2002年8月30日，重庆市交通委员会渝交委路〔2002〕195号文件再次向綦江县、江津市、巴南区、渝北区、江北区、大渡口区等交通局下发《关于调整国道210线文明样板路创建有关事宜的通知》。一是调整创建领导小组成员，由时任重庆市人民政府副秘书长雷尊宇担任创建领导小组组长，其余成员和办公地点不变。二是因交通部的统一部署作出调整，国道210线文明样板路创建验收时间由2002年调整为2004年，故重庆市国道210线文明样板路创建时间相应作出调整。

具体要求：第一，参与创建单位应按照重庆市交通委员会渝交委路〔2002〕139号文件《关于印发重庆市创建国道210线文明样板路考核奖惩办法的通知》要求，根据考察学习国道320浙江、江西段文明样板路的有关经验，于2003年10月前完成全部创建任务。第二，各单位应加强沿线路段绿化，于2003年初抓紧时间栽种、补种树苗，重庆市交通委员会于2003年5月组织全线绿化检查。各创建单位要进一步加强管理路段桥、涵、标志标线、收费站、道班、养路段等维护、维修，2003年8月下旬，将创建情况上报重庆市公路局，重庆市公路局组织一次沿线工作检查。2003年11月上旬，重庆市交通委员会和重庆市公路局组织复查，准备迎检材料，迎接交通部验收。

（2）考核奖惩。2002年6月21日，根据交通部颁《国家干线GBM实施标准》的要求，重庆市交通委员会制定了《重庆市创建国道210线文明样板路考核奖惩办法》，印发到綦江县、江津市、巴南区、渝北区等沿线交通局。按照考核办法，在交通部组织检查前，由重庆市创建领导小组组织初验，待交通部组织检查验收后，重庆市交通委员会再对各地文明样板路创建工作进行最终采用千分制评定计分。检查验收采取听取汇报和实地检查的方式进行。沿线各责任单位创建文明样板路考核得分在950分以上（含950分）为一等奖；考核得分在900～950分（含900分）为二等奖；考核得分在800～900分（含800分）为三等奖。获得创建工作一、二、三等奖的责任单位的奖励金额按创建里程每公里10000元、8000元、5000元计算，并可分别从重庆市公路局奖励金额中，提取3%、2%、1%用于奖励创建工作中的先进单位或个人。对考核得分在800分以下者，重庆市交通委员会不但不给奖励，还将通报批评和限期整改达标，并视具体情况扣回补助资金，同时对2002年责任目标考核实行一票否决。

（3）创建经费。2001年8月20日，重庆市交通委员会给重庆市公路局下达了国道210线文明样板路创建任务和前期经费，下达前期启动经费100万元，用于调查路线现状，制订创建规划，进行新闻宣传，召开动员大会，拟定实施方案，组织考察学习，进行必要的试点等创建工作。2002年6月21日，为了全面落实重庆市G210线文明样板路创建任务，加强对该路段道路养护，改善养护工作环境，重庆市交通委员会给重庆市公路局下达了50万元道班房补助经费，从交通部文明样板路创建经费中拨付，用于对国道210沿线道班房的新建和维护，要求道班房建设和维护应展现重庆市养护面貌和水平，保证修建质量，注重环境绿化，保持整齐、清洁。

2003年9月8日，重庆市交通委员会给重庆市公路局下达了文明样板路经费计划1405万元，加上2001年与2002年分别下达的前期启动经费100万元和道班房补助经费50万元，文明样板路总经费计划1555万元。2003年11月23日，重庆市交通委员会又给重庆市公路局下达了文明样板路创建经费495万元，用于补助全路段创建工作经费。2004年8月2日，重庆市交通委员会给重庆市公路局下达了国道210线文明样板路投资计划，下达创建国道210线文明样板路投资计划1000万元，在2004年养路费计划中列支。并要求加强监督检查，保障创建进度和质量。

（4）整治效果。按照重庆市人民政府及其重庆市交通委员会的安排部署，重庆市交通委员会及其沿线交通局在资金十分紧张的情况下，先后对整治创建和安全保障工程投入资金达到1.5亿元，从2002年初开始到2004年验收，实施210国道重庆段整治，时间长达近三年。全线大修41公里，修复水泥混凝土断板34万平方米，路肩91.6公里，边沟87.3公里，检修桥梁31座，清理涵洞706道，安装公里碑210个，百米桩1891个，补栽行道树90400株，并将“安保工程”纳入文明样板路的创建工作中同步进行，全线安装波形护栏89158米，示警桩9483米，示警墩970米，标志525块，标线75220平方米，减速带15米，反光镜3套。同时，与公路“三乱”的整治结合起来，拆除违章建筑，清理违章摊点，规范加油站、洗车点、加气补胎点、标志标牌等，沿线场镇“以路为市”的现象也得到了控制。经过整治，210国道重庆段全线均改建为二级公路，水泥路面

183 公里，沥青路面 27 公里，好路率达到 90% 以上。

3. 检查验收

（1）准备验收。根据交通部的统一部署，重庆市境内国道 210 线按照《国家干线公路文明样板路实施标准》中的要求，在 2004 年 6 月前，重庆市已经完成文明样板路创建工作，交通部将组织验收，重庆市要准备迎接检查验收。2004 年 2 月 17 日，重庆市交通委员会向重庆市人民政府上报了《关于成立国道 210 线文明样板路创建领导小组的请示》，汇报了重庆市国道 210 沿线交通部门开展道路整治、绿化等创建工作情况。重庆市交通委员会建议重庆市人民政府成立创建领导小组，由重庆市人民政府副市长赵公卿或副秘书长何智亚担任组长，交通、公安、工商、城建、规划、国土等部门为成员。创建领导小组办公室设在重庆市交通委员会。2004 年 3 月 18 日，根据重庆市人民政府领导批示，重庆市交通委员会向綦江县、江津市、巴南区、渝北区等沿线交通局下发《关于调整国道 210 文明样板路创建协调领导小组成员的通知》，即重庆市成立了以重庆市人民政府副秘书长何智亚为组长的协调领导小组，副组长由重庆市交通委员会副主任唐伯明、中共重庆市交通委员会副书记余昌平担任。成员有重庆市市政委彭桂华、重庆市公安局交警总队禹信、重庆市工商局高岷舟、重庆市建委吴波、重庆市土房局王斌、重庆市规划局人员以及重庆市交委的张太雄、艾吉人、岳顺、曾升元、李关寿、陈冬梅、刘治军、钟芸、张云芝等。创建领导小组办公室主任由重庆市公路局副局长刘治军担任。协调领导小组下设工作组，办公室设在重庆市公路局，负责日常事务。

2004 年 4 月中旬，重庆市公路局组织召开了国道 210 线重庆段创建文明样板路宣传工作会，国道 210 线重庆段沿线交通局参加会议，会议要求完成国道 210 线创建文明样板路宣传工作任务。2004 年 5 月 21 日、5 月 25 日，重庆市国道 210 线重庆段文明样板路创建办公室又组织相关人员对国道 210 线重庆段的部分路段进行了检查。针对存在的问题，重庆市创建办特提出了工作要求，各单位应加大创建力度，尽快完成各项工作任务，以确保 2004 年 9 月份能顺利通过交通部的检查验收。

（2）检查验收。交通部原计划于 2003 年组织验收。根据实际进度，交通部调整为 2004 年组织国道 210 线全线的文明样板路检查验收。2004 年 9 月 7 日，交通部交公路发〔2004〕473 号文件发出《关于印发 210 国道文明样板路检查验收办法的通知》，作出统一部署。明确提出，拟于 2004 年 10 月中旬，交通部对 210 国道的文明样板路创建和公路安全保障工程实施情况进行检查验收。交通部制定了《210 国道文明样板路检查验收办法》，印发给国道 210 线沿线的省级交通部门，要求提前做好准备。

2004 年 10 月 8 日，交通部办公厅公路字〔2004〕369 号文件正式向内蒙古、陕西、四川、重庆、广西、贵州省（自治区、直辖市）交通厅（委）下发《关于 210 国道文明样板路建设检查验收的通知》，鉴于 210 国道文明样板路创建工作和公路安全保障工程实施基本完成，定于 2004 年 10 月 18 日至 26 日，对 210 国道的文明样板路创建工作进行检查验收。同时，印发了 210 国道文明样板路建设检查验收日程安排表，要求被检查单位按照检查验收日程安排表做好相邻省份的衔接工作。印发了 210 国道文明样板路建设检查验收组人员名单，由河南省交通厅副厅长张全林任检查组组长率领全组 8 人实施检查验收。

2004 年 10 月 22 日下午，按照检查验收日程安排，检查验收组到达四川省与重庆市交界处，听取重庆市交通委员会汇报创建情况。紧接着交通部检查验收组兵分两路，一是由山东省公路局副局长王松根为组长带领的养护工程组，一是由辽宁省公路局副局长郭向前为组长的管理规范化组，对国道 210 线重庆段的路面和规范化管理分别进行了检查，并对重庆的创建工作给予了中肯的评价。检查验收组认为，重庆的创建工作起步早，目标明确，领导重视，组织机构到位，创建思路清晰，创建各阶段有明确的安排，不但有总体的创建方案，而且各阶段也有专项创建方案。特别是安保工程的建设、路政及治超等卓有成效的工作，给检查组留下了深刻的印象。检查组一行一致认为，210 国道重庆段基本上达到了交通部文明样板路创建工作标准。

（3）通报认定。2004 年 12 月 22 日，交通部办公厅公路字〔2004〕499 号文件发布了《关于 210 国道文明样板路建设检查验收情况的通报》，对 210 国道创建文明样板路活动进行了全面总结。一是创建工作基本情况，创建文明样板路任务明确后，沿线六省（自治区、直辖市）积极行动，认真部署，扎扎实实地开展了创建活动。二是取得的成效及检查结果：行车安全性大幅提升，其中，重庆市的安保工程启动较早，自年初以来，已经直接避免 6 起重大交通事故，全线尚未发生一起死亡 3 人以上的重大交通事故，事故次数、死伤人数等主要指标均同比下降约 90%。另外，在服务意识显著增强、路况质量明显提高、路域环境全面改善等方面，也取得明显成效。通报提出创建中存在的三个方面问题，并提出改进建议。经检查组评定，210 国道达到验收标准。各省（自治区、直辖市）达标次序为：陕西省 96.44 分，贵州省 92.95 分，广西壮族自治区 90.6 分，内蒙古自治区 87.48 分，重庆市 86.49 分。四川省因遭受特大洪灾袭击，达州市境内 150 公里路段水毁严重，创建成果严重受损，检查组决定不进行综合评分。

二、文明样板航道

创建背景 2000 年 7 月 17 日，交通部交水发〔2000〕366 号文件发出《关于开展创建“文明样板航道”活动的通知》，布置在全国交通系统开展创建“文明样板航道”活动。2000 年 4 月和 8 月，通过交通部组织的评审及验收，由京杭运河苏南段和浙江段共同构成的江南运河成为第一条跨省、跨流域的国家级“文明样板航道”。2001 年 9 月 12 日，交通部交水发〔2001〕523 号文件又下发了《关于进一步做好文明样板航道创建工作的通知》，提出了 5 点要求。其中，要求对照文明样板航道标准，首先选择一些航道条件较好、通过量大、地位重要的航道进行创建。并可先开展创建省级“文明样板航道”，经过实践检验和社会监督，在条件具备时，再创建成国家级“文明样板航道”。2001 ~ 2005 年，交通部每年下发关于做好文明样板航道创建工作的通知，交通部在直接组织领导所属长江航道等国家级文明样板航道创建工作基础上，自上而下地持续推动全国文明样板航道创建工作，

（一）创建文明样板航道的酝酿

1. 创建启动阶段

2002 年 7 月 11 日，重庆市交通委员会下发《关于开展创建“文明样板航道”活动的通知》，决定在重庆市范围内开展创建“文明样板航道”活动。通知中有五点工作部署：

一是组织领导。重庆市交通委员会成立“文明样板航道”创建活动领导小组。组长由重庆市交通委员会副主任张世玖担任。副组长有：唐迅、陈真友、李昌均、杨臣清、梁雄耀。成员有杨大伦、杨荣光、张梦军、阳爱民。设“文明样板航道”创建办公室，具体负责创建活动的日常工作。办公室设在重庆市港航管理局。办公室主任由重庆市港航管理局局长梁雄耀担任。办公室副主任：杨大伦，成员有：重庆市港航管理局航道管理、水上交通安全监督、水上运政稽征、行风监察有关人员。二是创建范围。按照中央与地方对航道管辖分工，为重庆市境内主干线航道，即嘉陵江、乌江、大宁河航道。三是创建标准。根据交通部颁发的《文明样板航道标准》中的规定，结合重庆市管辖航段的实际，制订具体的创建规划。四是创建程序。按照交通部的《文明样板航道评定办法》进行。五是工作要求。第一、明确任务、落实责任。第二，继续加强自身的队伍建设和行风监督，坚决杜绝水路“三乱”现象。第三，航道管理、水上交通安全监督、水上运政稽征、行风监察等各有关单位及职能部门要各司其职、密切配合，抓好各项基础工作，不断改善航道条件，促进航运管理整体水平有明显的提高，确保创建目标的实现。

2. 创建调整阶段

（1）组织领导调整。2005 年 2 月，按照交通部有关文件要求，重庆市交通委员会重新调整了

创建工作机构。重庆市交通委员会副主任何升平担任组长，成员有梁雄耀、廖劲松、岳顺、胡昌荣、孙跃、王剑、杨臣清、陈冬梅。领导小组办公室设在重庆市港航管理局，具体负责创建活动的日常工作，主任为梁雄耀，副主任廖劲松、窦运生、张孟川、杨大伦，成员有张梦军、文传平、陈晓翔、苗浩野、雷忠慧、唐涛、张国忠、朱永贵、黄世忠、廖斌、李均、黄孝礼。

（2）制订创建办法。依照交通部《文明样板航道评定办法》和《文明样板航道标准》，结合重庆市实际情况，重庆市交通委员会制订了《文明样板航道评定办法》和《重庆市文明样板航道标准》，为重庆市文明样板航道创建工作打下了良好的基础。

（3）创建实施方案。重庆市港航局制订并上报了重庆市创建国家级文明样板航道的实施方案。2005年9月6日，重庆市港航局向重庆市交通委员会上报《关于将嘉陵江利泽至河口段创建为国家级文明样板航道的请示》。请示提出创建目标任务：

力争用四年半的时间，按照交通部《文明样板航道标准》的各项规定和要求，将嘉陵江利泽枢纽至河口段137公里航道创建为环境整洁、航道畅通、管理规范、服务优质、助、导航设施设备先进的长江上游首条国家级文明样板航道。根据创建河段的实际情况，未来创建工作分两个阶段三步实施：2005～2006年上半年完成嘉陵江磁器口至河口16公里文明样板航道示范段创建；2006年下半年至2008年二季度完成磁器口至草街航电枢纽52公里文明样板航道创建；2008年下半年至2009年完成草街航电枢纽至利泽69公里渠化河段文明样板航道创建。重庆市港航管理局还具体制订了《嘉陵江草街至河口（68公里）创建为国家级“文明样板航道”工作方案》和《嘉陵江草街航电枢纽至利泽（69公里）渠化河段“文明样板航道”工作方案》，对实施步骤及时间做了具体安排。

2005年12月5日，重庆市交通委员会下发《关于开展嘉陵江利泽至河口段文明样板航道创建工作的通知》，同意重庆市港航管理局的实施意见，并部署了创建工作安排。同时要求：一是请重庆市港航管理局成立相应工作机构，以保证创建工作顺利进行。二是请重庆市港航管理局遵循创建工作应与草街、利泽航电枢纽的建设，草街至河口68公里航道整治工作有机结合的方针，按照“分期实施、适时申报、坚持标准、注重实效”的原则开展相关工作。在近期内抓紧启动“河口至磁器口”16公里文明样板航道示范段（以下简称“示范段”）创建工作，并在2006年6月底前完成该项工作，市交委将组织验收。三是请重庆市港航局按照交通部《关于做好2005年文明样板航道创建工作通知》《文明样板航道标准》和《文明样板航道评定办法》要求，结合示范段航道实际情况，细化示范段具体实施方案，并于2005年12月10日前报市交委。要通过示范段的创建工作，积累经验，进一步完善嘉陵江利泽至河口段文明样板航道创建实施方案。

2006年11月15日，接到交通部交水发〔2006〕437号文件要求做好2006年文明样板航道创建工作。重庆市交通委员会渝交委文〔2006〕378号文件向交通部水运司报送了文明样板航道创建工作安排报告。报告提出：结合三峡水库175米蓄水情况，重庆市拟分期推进三峡库区大宁河河口至大昌段市级文明样板航道创建工作，并于2008年完成该创建工作。同时，在2010年前结合嘉陵江草街航电枢纽建设、草街以下68公里航道治理和利泽航电枢纽建设工作情况，做好嘉陵江河口至利泽154公里全国文明样板航道创建前期准备工作，力争在‘十二五’期间实施和完成国家级文明样板航道创建工作。

（二）创建重庆市文明样板航道

1. 创建准备与实施

2005年二季度，重庆市港航管理局启动嘉陵江河口至磁器口16公里市级文明样板航道示范段创建的前期工作。2005年6月9日，重庆市港航管理局申请2005年度专项经费，要求安排嘉陵江河口至磁器口文明样板航道示范段创建专项经费。2005年11月29日，重庆市交通委员会同意下达嘉陵江文明样板航道示范段创建经费，特在2005年以陆补水资金里安排专项经费50万元，其余经费自筹解决。根据《关于开展嘉陵江利泽至河口段文明样板航道创建工作的通知》和《重庆市文明样板航道评定办法》等文件精神，2005 年 10 月，重庆市嘉陵江航道管理段正式启动嘉陵江“文明样板航道”示范段（河口至磁器口 16 公里）创建工作，于 2006 年 6 月完成。经重庆市港航管理局组织有关人员对该示范段创建工作进行初评，朝天门河口至磁器口航道达到重庆市文明样板航道标准，按 10 项标准分，考评为 94 分，初评合格。

2. 创建验收认定

2006 年 6 月 27 日，重庆市港航管理局申请对嘉陵江文明样板航道示范段进行验收。2006 年 7 月 3 日，重庆市交通委员会同意验收嘉陵江河口至磁器口文明样板航道示范段，通知了验收工作有关事项。重庆市交通委员会成立重庆市嘉陵江河口至磁器口文明样板航道示范段验收工作组，负责文明样板航道示范段验收工作，组长是重庆市交通委员会副主任何升平，副组长是余昌平，成员有陈真友、廖劲松、何发举、胡昌荣、陈冬梅、任宏涛、魏建刚、陈永忠。

2006 年 7 月 7 日上午，按照验收日程表，在嘉陵江航道管理段会议室举行检查验收会议，在宣布重庆市嘉陵江河口至磁器口文明样板航道示范段验收工作组人员名单后，观看创建活动的 VCD 视频，观摩航标遥测遥控系统，查阅创建文件资料，随后乘船检查文明样板航道创建段（磁器口至河口）现场观看航道及其实体工程创建情况，并听取创建单位创建工作汇报。最后，验收工作组汇总检查情况，验收工作组意见是：“按照《按照重庆市文明样板航道评定办法（试行）》的有关规定，重庆市嘉陵江河口至磁器口市级文明样板航道示范段的创建达到《按照重庆市文明样板航道标准（试行）》要求，综合评分 91.5 分，验收合格。”

2006 年 7 月 28 日，重庆市交通委员会渝交委港〔2006〕38 号文件向重庆市港航管理局下发《关于授予嘉陵江河口至磁器口市级文明样板航道示范段称号的通知》，通过检查验收，综合评分为 91.5 分，验收合格，同意授予嘉陵江河口至磁器口段“重庆市文明样板航道示范段”称号。通知要求以此次嘉陵江河口至磁器口市级文明样板航道示范段创建活动顺利完成为契机，认真总结和推广创建经验，在 2011 ~2015 年“十二五”期间将嘉陵江河口至利泽 137 公里航道创建成为国家级文明样板航道。

三、文明汽车客运站

1997 年，重庆汽车站成为重庆市“文明行业示范窗口”。1998 年，中共重庆市委、重庆市人民政府命名重庆汽车站为市级文明单位。1999 年，交通部命名重庆汽车站为部级文明车站。2000 年，中共重庆市委、重庆市人民政府命名重庆汽车站为重庆市文明单位“五十佳”。2001 年 6 月 21 日，按照交通部颁规范标准检查，重庆市交通委员会渝交委〔2001〕348 号文件向交通部申报重庆汽车站为部级文明示范窗口。

2001 年 9 月 29 日，交通部交体法发〔2001〕571 号文件颁布全国交通系统文明示窗口的决定，其中，命名重庆市交通运业有限责任公司重庆汽车站为全国交通系统文明示范窗口。2001 年 11 月 27 日，中共重庆市交通委员会党组对重庆汽车站荣获全国交通系统文明示范窗口进行表彰通报，这是重庆市交通系统第一个获得部级文明行业窗口称号殊荣的单位。

四、文明船舶客运站

（一）推荐评选

1997 年 8 月 4 日，重庆市交通局转发《交通部文明船、站及航线评选办法》以及组织评选 1996 ~1997 年度部级文明船、站及航线的通知。交通部明确规定，从 1997 年 1 月 1 日起，交通部恢复部级文明船、站及航线的评比工作。1997 年 9 月 24 日，重庆市交通局向交通部报送参加部级文明船评选名单的材料，其中，参加部级文明客船评选的 5 个单位是：重庆市东方轮船公司“东方王子”轮、长江天府旅游轮船股份有限公司“天府”轮、重庆市丰都轮船公司“海河”轮、涪陵金龙轮船有限公司“长江金龙”轮、长江邮政航务有限公司“鸿飞一号”轮。

2000年6月28日，交通部交水发〔2000〕330号文件下发《关于组织评选1999～2000年度部级文明客船、客运站及客运航线的通知》。2000年7月27日，重庆市交通委员会作出推荐和评选1999～2000年度部级文明客船、客运站及客运航线工作安排。一是重庆市交通委员会成立评选领导小组，重庆市交通委员会副主任张世玖任组长，曾升元、余昌平、谭卫、张小勇为成员，评选办公室设在重庆市航运管理处运政科。二是各航运公司接此通知后，按文件精神自评，择优推荐客船，报送事迹材料。经重庆市航运管理处对上报客船进行暗访抽查，并召开评审领导小组会议确定了推荐上报名单，重庆市交通局推荐的4个单位是：重庆长江水运股份有限公司"长江观光2号"轮、重庆港船务公司"迎宾2号"轮、重庆东方轮船公司"东方之星"轮、重庆长江水运股份有限公司"长星"轮。

2004年3月24日，交通部交水发〔2004〕126号文件决定在2004年5至6月组织评选2003～2004年度部级文明客船、客运站及客运航线。2004年5月17日，重庆市交通委员会决定组织评选推荐2003～2004年度部级文明客船客运站及客运航线。重庆市交通委员会成立评选推荐领导小组，负责评选及上报工作。组长由余昌平担任，副组长有：孙跃、李速建、谭卫。成员有陈冬梅、窦运生、李元惠、苗浩野、王国元。评选推荐领导小组下设办公室，窦运生兼办公室主任，成员有张国忠、王蓉、滕渝、彭静。2003～2004年度部级文明客船、客运站及客运航线的评选推荐，要求按照《交通部文明船、站及航线评选办法》（交水发〔1997〕412号）规定的标准进行。客船、客运站的经营人应具有合法经营资质，推荐的船舶在船龄、权属关系等方面应能起到长期、充分发挥先进单位的示范作用。要将企业、船舶、航线的安全记录纳入评选内容。各单位向重庆市交通委员会报送自荐材料，而后组织初评，并将符合标准的单位报送交通部。

（二）审查认定

2004年6月30日，重庆市交通委员会上报《关于开展评选推荐2003～2004年度部级文明客船及部级文明客船客运站复查工作的报告》，重庆市交通委员会组织相关单位及部门，在重庆市推荐的"重庆市文明客船""重庆市十佳文明客船"的船舶中，通过书面审查和现场检查相结合的方式，进行了积极慎重地评选，对已评为部级文明客船、客运站的单位进行了复查，推荐为部级文明客船的有：重庆东方轮船公司"东方之珠"轮、重庆长江水运股份有限公司"长江观光3号"轮、重庆金宏祥船务有限公司"金涛"轮、重庆市东江实业有限公司"中驿"轮和"长江王子"轮。部级文明客船、客运站复查合格的有：重庆长江水运股份有限公司长江"观光2号"轮、重庆港九客运总站。

（三）命名表彰

1990～1997年，万县地区东方轮船公司的"东方王子"等4艘客轮，获得交通部命名的部级"文明客船"称号。1992年，涪陵地区涪陵长江水运公司"天府"轮、丰都轮船公司"丰都16号"客轮获得交通部"全国文明客船"称号，涪陵长江水运公司"天鹅"轮获得交通部"安全生产竞赛先进船舶"称号。1997年，涪陵三峡轮船公司"金龙"轮获得交通部"全国文明客船"称号。1998年，涪陵地区涪陵长江水运公司"天府"轮、"天湖"轮获得交通部"文明客船"称号。1999年，巫山港监所、奉节港监所获得交通部授予的"全国水监系统文明执法示范范窗口"称号。

1998年4月14日，交通部决定命名表彰1996～1997年度文明船、文明客运站和文明客运航线等全国水路客运文明单位（交水发〔1998〕191号）。其中，重庆市交通局报送的5个单位全部在内。命名为二级文明客船的有：涪陵金龙轮船有限公司"长江金龙"轮、长江天府旅游轮船股份有限公司"天府"轮、重庆市丰都轮船公司"海河"轮、长江邮政航务有限公司"鸿飞一号"轮、重庆长江轮船公司"维多利亚1号"轮、重庆轮船公司"江渝4号"轮、涪陵慕华船务公司"慕仙"高速客船、重庆港船务公司"迎宾1号"轮等8艘客船。命名为三级文明客船的有：重庆市东方轮船公司"东方王子"轮，重庆长江轮船公司"江渝7号"轮、"江渝11号"轮、"江渝

113号”轮等3艘客船。重庆港客运站被命名为一级文明客运站，二级文明客运站是涪陵港客运站（涪陵港务局）。

2001年5月22日，交通部决定命名表彰1999～2000年度部级文明客船、客运站及客运航线（交水发〔2001〕247号）。其中有重庆长江水运股份有限公司“长江观光2号”轮、重庆港船务公司“迎宾2号”轮、重庆东方轮船公司“东方之星”轮、重庆长江水运股份有限公司“长星”轮。

2004年12月22日，交通部决定表彰2003～2004年度部级文明客运站及客运航线（交水发〔2004〕728号）。其中，重庆市交通委员会上报的6艘客船和1个客运站，全部被评选为部级文明客船和文明客运站，重庆市东江实业有限公司“长江王子”轮被评为一级文明客船；重庆长江水运股份有限公司“长江观光2号”轮、重庆市东江实业有限公司“中驿”轮、重庆东方轮船公司“东方之珠”轮被评为二级文明客船；重庆长江水运股份有限公司“长江观光3号”轮、重庆金宏祥船务有限公司“金涛”轮被评为三级文明客船。重庆港九客运总站被评为一级文明客运站。

五、巾帼文明示范岗

2002年3月11日，中共重庆市交通委员会直属机关委员会对2000～2001年在创建“巾帼文明示范岗”暨“巾帼建功”竞赛活动中涌现的一批全国、交通部、市级“巾帼文明示范岗”岗组进行了表彰。其中，2002年3月，重庆市公共电车公司石桥铺变电站、获得交通部“巾帼建功”先进集体的表彰命名，重庆市交通运业有限责任公司单小平、重庆市第一公交公司易华，获得交通部“巾帼建功”标兵先进个人的表彰命名。

2007年3月7日，交通部体改法规司交体法发〔2007〕99号文件向全国交通系统单位发出《关于表彰全国交通行业巾帼文明岗巾帼建功标兵的决定》，实际上，决定是表彰命名2003～2006年之间所创建的“巾帼文明岗”。交通部决定授予北京地铁西直门站区等142个集体全国交通行业“巾帼文明岗”荣誉称号。其中，重庆市渝邻高速公司草场坝收费站一班、重庆市交旅集团石柱收费所银子河收费站、重庆市汽车运输（集团）有限责任公司北碚总站客服组、重庆市公交巴士公司二路队820线86081号车组等4个集体岗组，获得了全国交通行业“巾帼文明岗”的表彰命名。同时，交通部还决定授予王国红等149人全国交通行业“巾帼建功”标兵荣誉称号。其中，重庆市港航局科技信息处处长游晓霞、重庆市交通执法总队征费局江北所所长代治凤、重庆市高发司东渝公司工会副主席钟璇、重庆市公路养护管理段工程施工队队长廖国琴等4人获得了全国交通行业“巾帼建功”标兵荣誉称号。

第三节　重庆市文明行业窗口

一、重庆巾帼文明示范岗

1998年7月29日，重庆市妇女联合会、重庆市文明办渝妇发〔1998〕90号文件联合表彰1997年度重庆市首批巾帼文明示范岗，共授予165个岗组为重庆市“巾帼文明示范岗”，其中，重庆市交通局有6个：重庆长途汽车运输总公司大足公司客运科售票组、重庆市汽车运输总公司江南宾馆总服务台、重庆交通运业有限责任公司重庆汽车站售票岗组、重庆市成渝高速公路公司永川站收费三班、重庆市渝通宾馆客房部会务组、重庆市公路运输总公司南岸站医务所等6个集体岗组，获得重庆市“巾帼文明示范岗”的表彰命名。重庆市公用局有2个公共交通企业岗组：重庆市冠忠新城公交公司601路6014号车组和重庆市第一公共交通公司1120号车组，获得重庆市“巾帼文明示范岗”的表彰命名。这是重庆交通系统列入重庆市首批“巾帼文明示范岗”表彰命名的第一批岗组。

1999年3月，重庆市交通系统8个集体岗组，即重庆市交通系统第一批获得市级巾帼文明示范岗表彰命名的集体岗组，再次获得重庆市级巾帼文明示范岗的表彰命名，他们是：重庆交通运业有限责任公司重庆汽车站售票岗组、重庆市冠忠（新城）公交公司601路6014号车岗组、重庆市公交一公司1120号车岗组、重庆市渝通宾馆客房部会务岗组、重庆市公路运输总公司南岸站医务所岗组、重庆市汽车运输公司江南宾馆总服务台岗组、重庆市长途汽车公司大足公司售票岗组、重庆市成渝高速公路公司永川站收费三班岗组。

2000～2006年，每年，重庆市妇联、重庆市交通委员会均要表彰命名一批巾帼文明集体和个人。其间，有14个集体岗组获得过重庆市“三八红旗集体”荣誉称号，44个集体岗组获得过重庆市“巾帼文明示范岗”等先进集体表彰命名。有6人获得过重庆市“三八红旗手”、重庆市“巾帼文明标兵”等先进个人的表彰命名。

2000年3月，重庆市妇女联合会渝妇〔2000〕5号文件发出了《关于授予“三八红旗手”、“三八红旗集体”荣誉称号的决定》。其中，重庆交通运业有限责任公司重庆汽车站服务总台王军，获得重庆市妇联“三八红旗手”的表彰。重庆市公路运输总公司南岸站医务所、重庆交通运业有限责任公司重庆汽车站服务总台，获得重庆市妇联表彰，命名为重庆市“三八红旗集体”。

2000年3月7日，重庆市城镇妇女“巾帼建功”活动领导小组、重庆市妇联、重庆市文明委渝妇巾发〔2000〕2号文件联合表彰了1999年度一批城镇妇女“巾帼建功”标兵、先进单位、先进协调组织、巾帼文明示范岗。其中，获得重庆市级“巾帼文明示范岗”表彰命名的有：重庆市公路运输总公司菜园坝加油站、重庆汽车运输（集团）有限责任公司汽车北站检票组、重庆机场高速公路实业有限公司收费中心双凤站甲班、重庆长途汽车运输有限责任公司永北公司售票组、重庆联运总公司四分公司东货站、重庆市交通运业有限责任公司富苑宾馆总台、重庆渝通宾馆总服务台、重庆轮船总公司职工医院住院部医护办公室、重庆成渝高速公路有限责任公司上桥收费站一班、重庆市第一公共交通公司1490车组、重庆市第二公共交通公司空调215路2505车组、重庆市冠忠公交公司3305车组、重庆市公共电车公司412路416线4741车组、重庆市公共电车公司供电所石桥铺变电站、重庆市客车总厂产品车间冲压组等15个集体岗组，这是重庆交通系统第二批市级巾帼文明示范岗表彰命名。同时，还有重庆市第一公共交通公司女职工委员会，获得“巾帼建功”先进单位称号。

2000年11月29日，重庆市交通委员会向重庆市妇女联合会、重庆市精神文明办公室报送《关于（巾帼文明示范岗）市级岗组的复查报告》。复查报告提出，经过对1998年以前全国和市级命名的8个“巾帼文明示范岗”和其他的“巾帼文明示范岗”的专项复查，按照条件衡量，全国和市级命名的8个“巾帼文明示范岗”和其他的“巾帼文明示范岗”均符合创建要求并报请重庆市妇联确认。在8个优秀岗组中，除重庆市交通运业公司汽车站售票岗组还是全国巾帼文明示范岗和全国“三八红旗集体”外，其余为市级表彰命名的巾帼文明示范岗。2001年2月1日，重庆市妇联、重庆市文明委渝妇发〔2001〕1号文件联合进行了首批重庆市“巾帼文明示范岗”复查的情况通报，列出了重庆市保持荣誉称号的155个“巾帼文明示范岗”名单，重庆市交通委员会复查报告所列报的8个“巾帼文明示范岗”集体岗组，全部认定为可以保持荣誉称号的重庆市“巾帼文明示范岗”。

2001年3月6日，中共重庆市交通委员会直属机关委员会对“巾帼文明示范岗”暨“巾帼建功”活动进行表彰通报。其中，自创建以来，重庆交通系统获得重庆市“巾帼文明示范岗”表彰命名的已有23个集体岗组。2001年3月8日，重庆市妇联在已经创建的“巾帼文明示范岗”中授予了“九五”期间一批“三八红旗集体”荣誉称号，其中重庆交通运业有限责任公司重庆汽车站售票班组、重庆成渝高速公路有限公司永川收费站三班、重庆渝通宾馆客房部会务组、重庆冠忠新城公共交通有限公司601路队6014号车组等4个“巾帼文明示范岗”，获得重庆市妇联的重庆市

“三八红旗集体”的表彰命名（渝妇发〔2001〕2号文）。

2002年3月7日，重庆市妇联、重庆市文明办渝妇发〔2002〕3号文件表彰2001～2002年度市级“巾帼文明示范岗”。其中，重庆市交通委员会所属集体岗组有：重庆市交通运业有限责任公司陈家坪汽车站服务总台、重庆长途汽车运输有限责任公司铜梁分公司客运科、重庆长途汽车运输有限责任公司亨通大酒店总服务台、重庆成渝高速公路有限公司荣昌收费三班、重庆市第一公共交通公司109路队空调大巴1427号车组、重庆市第二公共交通公司210路队2448车组、重庆市冠忠（第三）公共交通有限公司七路队管委会、重庆市公共电车公司402路队4088车组、重庆市第五公共交通公司502路队空调大巴5286车组、重庆市冠忠新城公交有限公司608路6119车组、重庆市道路运输管理局运政事务处等11个岗组，获得重庆市“巾帼文明示范岗”表彰命名。2002年3月11日，中共重庆市交通委员会直属机关委员会对这11个“巾帼文明示范岗”集体岗组进行了表彰通报。

2003年3月19日，重庆市妇联、重庆市文明办渝妇发〔2003〕11号文件按照每两年复查一次的规定，对2000年命名的重庆市“巾帼文明示范岗”组织了复查。经过自查和抽查验收，重庆市有205个岗组继续保持重庆市“巾帼文明示范岗”荣誉称号，其中重庆市交委系统有14个岗组：重庆市公路运输总公司菜园坝加油站、重庆汽车运输（集团）有限责任公司汽车北站检票组、重庆长途汽车运输有限责任公司永北公司售票组、重庆联运总公司四分公司东货站、重庆市交通运业有限责任公司富苑宾馆总台、重庆渝通宾馆总服务台、重庆轮船总公司职工医院住院部医护办公室、重庆成渝高速公路有限责任公司重庆站收费班（原名上桥收费站一班）、重庆市第一公共交通公司1490车组、重庆市第二公共交通公司空调215路2505车组、重庆市冠忠（第三）公交公司3305车组、重庆市公共电车公司412路416线4741车组、重庆市公共电车公司供电所石桥铺变电站、重庆市客车总厂产品车间冲压组。重庆机场高速公路实业有限公司收费中心双凤站甲班，因单位撤销而列入自然消失名单。

2004年2月20日，重庆市妇联、重庆市文明办渝妇发〔2004〕2号文件表彰重庆市214个“巾帼文明示范岗”。其中，重庆市交通委员会所属的集体岗组有16个：重庆交通运业有限责任公司富丽大酒店前厅组、重庆交通运业有限责任公司陈家坪汽车站售票组、重庆市公路运输（集团）公司第八分公司黄桷坪加油站、重庆市长途汽车运输（集团）有限公司永南分公司客运科、重庆渝涪高速公路有限公司宴家收费站一班、重庆渝涪高速公路有限公司鱼嘴收费站一班、重庆高速公路发展有限公司中渝营运分公司南坪收费站一班、重庆高速公路发展有限公司中渝营运分公司雷神店收费站三班、重庆市冠忠（第三）公交公司二路队3132号车组、重庆市公共交通控股（集团）有限公司电车公司405路队4558车组、重庆市公共交通控股（集团）有限公司电车公司418路队陈家湾调度室、重庆市公共交通控股（集团）有限公司公交一公司118路队1442车组、重庆市公共交通控股（集团）有限公司公交二公司216路队2508车组、重庆市汽车运输（集团）有限公司第六分公司骑鞍车站售票组、重庆市汽车运输（集团）有限公司北碚总站客服组、重庆渝通宾馆房务部房务中心等，获得重庆市“巾帼文明示范岗”的表彰命名。2004年3月3日，中共重庆市交通委员会发文（渝交党〔2004〕23号），对“巾帼文明示范岗”暨“巾帼建功”活动进行表彰通报。其中，重庆市妇联、重庆市精神文明办表彰命名的重庆市“巾帼文明示范岗”已达到33个。

2005年12月7日，重庆市城镇妇女“巾帼建功”活动领导小组渝妇巾发〔2005〕9号文件发出了《关于表彰重庆市“巾帼建功”活动先进集体、先进个人的决定》，对2004～2005年以来的重庆市“巾帼建功”活动先进集体和先进个人，进行表彰命名。其中，重庆公交控股（集团）公司818线路86003号车组、长寿区交通局妇委会，获得重庆市“巾帼建功”先进集体的表彰命名。重庆高等级公路建设投资有限公司永川收费所蔡明联，获得重庆市“巾帼建功”标兵的表彰命名。

重庆高速公路发展有限公司程淑明，获得重庆市“巾帼建功”先进工作者的表彰命名。

2006年2月27日，重庆市妇联渝妇发〔2006〕2号文件发出《关于授予李荣强等100名同志重庆市三八红旗手、重庆市高级人民法院民事审判第二庭等100个单位重庆市三八红旗集体荣誉称号的决定》，对重庆市各族各界妇女的先进集体和先进个人进行表彰命名。其中，重庆高速公路发展有限公司东渝营运管理分公司工会副主席钟璇、重庆市万盛区交通局总工程师付凤兰、重庆市南川市公路局蟹塘女子道班班长陈世琼，获得重庆市“三八红旗手”的表彰命名。重庆公交控股集团电车公司418路队陈家湾调度室、重庆公交控股集团公交一公司一路队1442号车组、重庆成渝高速公路有限公司重庆站收费一班、重庆高速公路发展有限公司中渝公司江南收费站一班、重庆市渝运集团北碚总站客服组、重庆交通运业有限责任公司富丽大酒店前厅部、重庆高等级公路建设投资有限公司铜梁收费所西泉收费站、重庆市奉节县交通局妇委会等8个岗组，获得重庆市“三八红旗集体”的表彰命名。

2006年3月13日，中共重庆市交通委员会对重庆交通系统2005年度所获得的市级“巾帼文明岗”“巾帼文明标兵”进行表彰通报，其中重庆市公交集团巴士公司818线路86003号车组，获得重庆市巾帼建功先进单位表彰命名。重庆市公交集团电车公司418路队陈家湾调度室、重庆市公交集团一公司一路队1442号车组、重庆成渝公司重庆站收费一班、重庆高发公司中渝分公司江南收费站一班、重庆交运集团渝运集团北碚总站客服组、重庆交运集团运业公司富丽大酒店前厅部、重庆高投公司铜梁收费所西泉收费站等7个岗组，获得重庆市“三八红旗集体”表彰命名。重庆交运集团公运公司八分公司黄角坪加油站、重庆高投公司石柱银子洞收费站、重庆公交集团巴士公司二路队86081车组、重庆市公交集团五公司502路队5286车组、重庆高发公司东渝分公司万州站收费四班、重庆高发公司东渝公司长寿管理中心云台站二班、重庆高发公司中渝公司盘龙站收费一班、重庆市征稽局江北征稽所等8个岗组，获得重庆市巾帼文明岗表彰命名。重庆高投公司永川收费所所长助理蔡明联，获得重庆市巾帼建功标兵的表彰命名。重庆高发公司东渝分公司工会副主席钟璇，获得重庆市“三八红旗手”的表彰命名。重庆高发公司党委副书记、副总经理、纪委书记程淑明，获得重庆市巾帼建功先进工作者的表彰命名。

二、重庆青年文明号

重庆市“青年文明号”是重庆市交通委员会、共青团重庆市委表彰命名的青年文明号集体。

（一）创建活动

1. 重庆市公交客运“青年文明号”创建活动

1986～2000年，重庆市公交客运系统在青年职工中开展“爱重庆、学雷锋、树新风”活动，开展“弘扬红岩精神、重塑当代重庆人”的读书活动等多种形式的文明创建活动。1986年，重庆市公共交通公司第23路队被建设部命名为“优质服务先进集体”。1994年，重庆公交公司冠忠（新城）公司601线6014号车组获得重庆市青年文明号表彰命名。这是重庆公交客运系统第一个获得重庆市青年文明号表彰的车组。1995年4月，重庆市第三公交公司306路队获得共青团中央、建设部全国青年文明号表彰命名。这是重庆公交客运系统第一个获得国家级青年文明号表彰的车组。1995年10月，重庆市公用局团委组织青年文明号车组进行了座谈，在公交系统蓬勃开展创建青年文明号的活动。

1997年，重庆公交一公司组队参加重庆团市委举行的“讲文明、树新风”千名青工誓师大会，并参加全市“告别不文明交通行为”签字仪式和义务值勤、维护环境卫生等志愿者活动。1997年，以庆直辖迎回归为契机，重庆公交一公司在青工中实施“文明形象”工程。内容包括：语言形象、行为形象、共建形象。1999年3月5日，重庆公交一公司在其“青年文明号”车组上首推“爱心奖乘”活动，公司诚邀服务明星易华加盟，全面实施以优质服务创品牌服务企业的计划。重庆公交一公司成立汪霞服务培训夜校，由汪霞、易华任正副校长，业务科室人员和外聘教师负责对驾、售、修人员进行业务技能培训，对“名牌”车组及“青年文明号”车组驾售人员进行不脱产业务素质培训及规范用语考核，被称誉为“明星摇篮”。

2. 重庆成渝高速公路管理处开展“争创青年文明号、争当青年岗位能手”活动

1995 年 9 月 13 日，交通部、共青团中央发出《关于在全国交通系统开展争当“青年岗位能手”、创建“青年文明号”活动的通知》。1996 年 4 月 16 日，重庆成渝高速公路管理处（以下简称“重庆高管处”）隆重举行“争创青年文明号、争当青年岗位能手”誓师大会，80 余名共青团员代表出席大会。大会由重庆高管处团委书记杨忠主持，共青团重庆市委青工部、重庆市交通运输团委负责人应邀出席大会。自此，拉开了重庆高管处“青年文明号”创建活动的序幕。

1996 年 8 月 28 日，共青团重庆市委在重庆高管处召开推行“青年文明号服务卡”工作座谈会，交流推广“青年文明号”集体的先进经验，动员部署全市推行“青年文明号服务卡”活动。时任中共重庆市委副书记的滕久明到会发表重要讲话。1997 年 5 月 4 日，成渝高速公路管理处重庆收费站荣获交通部、共青团中央联合命名的全国“青年文明号”称号。这是重庆地方交通系统第一个获得全国“青年文明号”称号的基层岗组。1997 年 11 月 28 日，重庆高管处正式启动“讲文明、树新风”的青年志愿者活动，各基层数百名共青团员、青年组成 18 支服务队，从重庆市交通局和重庆高管处领导手中接过“青年志愿者”的队旗，奔赴各个服务片区，为高速公路上的驾乘人员排忧解难。1998 年 1 月 24 日，重庆高管处邀请重庆市团市委、重庆市交通运输团委有关领导参加成渝高速公路管理处重庆收费站创建“青年文明号”近 1 年工作情况汇报会。

1998 年 3 月 25 日，重庆高管处团委制订“青年文明号”“青年岗位能手”“青年志愿者”活动考核标准。1998 年 4 月 3 日，为深入开展“青年文明号”创建活动，重庆高管处团委举行普通话朗诵比赛，推广使用普通话，提高收费员普通话水平，从而提高服务质量。1998 年 8 月 18 日，重庆高管处全体团员积极响应重庆团市委发动的重庆共青团员为抗洪救灾交纳特别团费的号召，缴纳 3500 元特别团费。1999 年 1 月 28 日，重庆高管处团委举行“青年文明号”创建工作座谈会，重庆团市委副书记辛世杰、重庆市交通运输团委书记陈宁、重庆高管处党委领导出席会议，全处各“青年文明号”集体负责人、基层站（队）长参加会议。这次会议达到了带动全处进一步深入开展“青年文明号”创建活动的目的。

3. 重庆市交通委员会创建青年文明号专线

2001 年 3 月 8 日，重庆市交通委员会、共青团重庆市委向各公交公司、长途汽车客运公司发出了《关于在公交线路和高速公路客运线路中开展创建青年文明号专线活动的通知》，决定在交通行业中继续深化青年文明号活动，加大青年文明号的创建力度，从 2001 年起，在公交线路和高速公路客运线路中开展创建青年文明号专线活动。

2001 年 4 月 5 日，重庆市交通委员会、共青团重庆市委向各公交公司、长途汽车客运公司发出《关于召开创建青年文明号专线推进会的通知》，2001 年 4 月 16 日上午 10:00，在龙湖花园城市广场（地址：重庆市渝北区龙溪镇新南路 6 号）举行创建青年文明号专线推进会。参加推进会的有：各公交公司、长途汽车公司分管共青团的领导以及创建青年文明号专线的路队党政领导；委属各有关单位团委书记（负责人）；重庆市青年文明号及青年文明号专线负责人；正在创建重庆市青年文明号及青年文明号专线的负责人；各有关单位团员青年代表。

4. 重庆市交通委员会创建青年文明号示范路

2003 年 4 月 3 日，重庆市交通委员会、共青团重庆市委决定命名青年文明号示范路创建单位，开展“青年文明号”示范路创建工作。首批命名的有重庆南方高速公路有限公司、重庆冠忠（第三）公交公司、重庆市汽车运输（集团）有限责任公司渝万（盛）客运专线、重庆高等级公路行政执法总队第三大队等 4 个单位为渝黔“青年文明号”示范路创建单位。

5. 重庆市交通委员会命名青年文明号创建集体

2005年4月8日，重庆市交通委员会、共青团重庆市委决定命名青年文明号集体及创建集体，有8个集体为2005年度青年文明号创建集体。他们是重庆市第一公共交通公司青年文明号132专线1400号车组、重庆市第二公共交通公司217路队202线、重庆冠忠（第三）公共交通有限公司308专线、重庆市公路运输（集团）公司高速公路客运分公司、重庆市万州汽车客运中心站治安值勤室、万州港口（集团）有限责任公司红溪沟装卸公司装载机班组、重庆市涪陵区路桥收费管理处汤家院收费站、江津市交通运输管理所行政服务中心交通窗口。

6. 重庆市交通委员会开展青年文明号文化节活动

2005年5月31日，根据交通部交精办字〔2005〕3号文件《关于在全国交通行业开展“青年文明号文化节”活动的通知》精神，重庆市交通委员会渝交委宣〔2005〕6号文件决定在重庆市交通行业开展青年文明号文化节活动。2005年7～10月之间，中共重庆市委宣传部、重庆团市委组织开展了重庆市青年文明号文化节活动。重庆市交通委员会团委以“迎亚太市长峰会，展交通青年风采”为主题，组织交通系统青年职工开展了一系列文明创建活动。2005年8月15日，重庆团市委举办“迎亚太市长峰会，展青年文明风采”重庆市青年文明号文化节开幕式大会。中共重庆市委副书记滕久明等领导，为重庆市2004年度10个杰出青年文明号先进集体授牌，其中重庆公交集团电车741号车组获得命名表彰。重庆巴士公司181线、高发司中渝分公司綦江收费站获得2004年度重庆市优秀青年文明号集体称号。在“青年文明号文化节”活动中，张俊峰等多名交通青年的征文获得重庆市的较好名次，重庆市交通委员会团委获得重庆市“青年文明号文化节”优秀组织奖。

（二）表彰命名

2000年，重庆市万州汽车客运中心站售票班组、潼南县国道319线塘坝收费站、重庆市公共电车公司412路队4741号车组，获得重庆市交通委员会、共青团重庆市委授予的重庆市青年文明号表彰命名。

2002年3月28日，重庆市交通委员会、共青团重庆市委决定命名2001年度青年文明号，表彰105路观光专线等六条青年文明号专线和重庆市道路运输管理局运务处等14个青年文明号集体。命名表彰的2001年度重庆市青年文明号集体是：

重庆市第一公交公司105观光专线、重庆市第二公交公司217路队210专线、重庆冠忠（第三）公交有限公司7路队306专线、重庆第五公交有限公司502路队504专线、重庆冠忠（新城）公交有限公司608专线、重庆汽车运输（集团）公司二公司快客渝涪专线等6条重庆市青年文明号专线。另外有重庆市道路运输管理局运政事务处、重庆冠忠（第三）公交有限公司保修一厂保修丙组、重庆市公共电车公司429路队4899号车组、国道319线铜梁收费站、璧山县公路运输管理所、合川市公路路政管理所一中队、潼南县公路路政管理所、大足县龙（水）铜（梁）公路股份公司龙水站。

2003年4月3日，重庆市交通委员会、共青团重庆市委员会决定命名2002年度青年文明号，表彰重庆南方高速公路有限公司南坪收费站等29个青年文明号集体。命名表彰的2002年度重庆市青年文明号集体是：

重庆南方高速公路公司南坪收费站、重庆南方高速公路公司綦江收费站、重庆南方高速公路公司茶园收费站、重庆高速公路公司渝涪分公司晏家收费站、重庆高速公路公司渝涪分公司大山村收费站、重庆高速公路公司渝涪分公司人和收费站、重庆高速公路公司渝涪分公司华岩收费站、重庆高速公路行政执法总队第二大队第六支队、重庆长途汽车运输（集团）有限公司黔江分公司黔江西站、重庆长途汽车运输（集团）有限公司宏达出租车分公司、重庆市汽车运输（集团）有限责任公司重庆至万盛客运专线、重庆明民快件运输有限公司陈家坪班组、重庆交通运业有限公司陈家坪汽车站治安组、渝通宾馆房务支部会务接待组、重庆市第一公交公司112路队1585车组、重庆市第二公交公司225路队224专线、重庆市冠忠（第三）公交公司綦江分公司326专线、重庆市电车公司413路队大巴线、出租汽车公司渝B24071号车组、重庆轮船总公司职工医院、渝中区交管所业务科、万州区路桥收费管理处麻柳湾站、万州港务管理局牌楼作业区9号浮吊司机班、重庆市汽车运输业综合性能检测万州站、丰都长江大桥管理处、涪陵区路桥收费管理处江东收费站、大足县邮亭汽车站、璧山县交通局福八收费站综合执法队、中铁十六局集团黔酉路黔江段工程指挥部。

2004年4月13日，重庆市交通委员会、共青团重庆市委决定命名青年文明号先进集体，表彰重庆成渝高速公路有限公司重庆收费站等8个先进集体为创建青年文明号十周年优秀成果奖，命名重庆渝涪高速公路有限公司唐家沱收费站等26个集体为2003年度“青年文明号。”命名的2003年度“青年文明号”有：

重庆渝涪高速公路有限公司杨公桥收费站、重庆渝涪高速公路有限公司涪陵收费站、重庆渝涪高速公路有限公司唐家沱收费站、重庆高速公路有限公司中渝营运分公司雷神店收费站、重庆高速公路有限公司中渝营运分公司北碚收费站、重庆高速公路有限公司中渝营运分公司合川收费站、重庆高速公路有限公司中渝营运分公司五童路收费站、重庆高速公路有限公司中渝营运分公司肖家湾收费站、重庆高速公路有限公司东渝营运分公司垫江收费站、重庆公交控股（集团）有限公司第二公交公司223路队232线、重庆公交控股（集团）有限公司冠忠（第三）公交公司万盛分公司327线、重庆公交控股（集团）有限公司冠忠（新城）公司二路队602线6266号车组、重庆公交控股（集团）有限公司巴士股份有限公司二路队181线、重庆市交通委员会基本建设工程质量监督站桥梁隧道检测室、重庆市公路运输（集团）公司朝天门汽车总站票务组、重庆市客轮总公司“江上明月”号游船、重庆市港航管理局铜梁船闸所永嘉船闸班、重庆市高速公路行政执法总队第三大队第十一中队、重庆市高速公路行政执法总队第四大队第十三中队、渝通宾馆茶楼组、重庆市公路工程股份有限公司沥青混凝土配送有限公司维修班、重庆轮船总公司滚装运输处商务部、重庆市长途汽车运输（集团）有限公司江津出租车公司、重庆高等级公路建设投资有限公司石柱收费所赵家桥收费站、重庆高等级公路建设投资有限公司璧山收费所青杠收费站、重庆市汽车运输（集团）有限公司南坪车站重庆至南川客运线等26个集体。

2005年5月9日，重庆市交通委员会、共青团重庆市委决定命名青年文明号创建集体，获得2004年度表彰命名的14个集体为：

重庆市高速公路行政执法总队第一大队第一中队、重庆市高速公路行政执法总队第五大队第十七中队、重庆巴士股份有限公司815线、重庆电车公司403路队4257号车组、重庆市第五公共交通公司北解路队5386号车组、重庆市出租汽车总公司渝B24076号车组、重庆高速公路发展有限公司东渝营运管理分公司垫江收费站、重庆高速公路发展有限公司东渝营运管理分公司万州收费站、重庆高速公路发展有限公司中渝营运管理分公司三溪口收费站、渝涪高速公路发展有限公司长寿收费站、重庆渝东高速公路发展有限公司总工程师办公室、重庆高等级公路建设投资有限公司大足收费所龙岗收费站、重庆市汽车运输（集团）有限公司南坪汽车站售票岗组、重庆市公路运输（集团）公司第八分公司红光加油站。

2005年7月12日，中共重庆市委宣传部、重庆市国有资产管理监督委员会、重庆市建设委员会、重庆市商业委员会、重庆市精神文明建设委员会办公室、共青团重庆市委员会向各区县（自治县、市）党委宣传部、文明办、经委、建委、商委、团委市直属团（工）委、重点联系单位团委发出《关于命名认定2004年度重庆市青年文明号的决定》。其中，重庆市公交集团电车公司4741号车组，获得2004年度重庆市杰出青年文明号集体称号。重庆巴士股份有限公司181线、重庆高速公路发展有限公司中渝营运分公司綦江收费站，获得2004年度重庆市优秀青年文明号集体称号。重庆冠忠（第三）公共交通有限公司七路队306专线，重庆冠忠（第三）公共交通有限公司綦江分公司326专线，重新认定为重庆市优秀青年文明号集体。

（三）复核与取消

从2002～2005年，重庆市交通委员会、共青团重庆市委每年开展对青年文明号的复核工作，重新认定的占大多数，只有少数取消青年文明号称号。

2002年3月28日，重庆市交通委员会、共青团重庆市委发出《关于命名2001年度青年文明号的决定》，其中，复核认定的市级青年文明号集体有重庆市第二公交公司216路队2333号车组等20个集体岗组。2003年4月3日，重庆市交通委员会、共青团重庆市委发出了《关于命名2002年度青年文明号的决定》，其中，复核认定了2001年度青年文明号集体有重庆市第一公交公司130观光专线等16个集体岗组。

2004年4月12日，共青团重庆市委、重庆市交通委员会发出《关于表彰青年文明号先进集体的决定》，在决定命名8个先进集体和命名26个集体为2003年度青年文明号的同时，公布2002年度青年文明号集体复核认定有重庆市第一公交公司132线1585号车组等64个集体岗组，取消已经命名为青年文明号的有3个集体岗组。2005年5月9日，重庆市交通委员会、共青团重庆市委向各区县（自治县、市）交通局（委），委属各单位发出了《关于命名青年文明号创建集体的决定》（渝交委〔2005〕115号），其中，复核后获得重新认定的重庆市青年文明号集体有重庆市第一公交公司132线1585号车组等88个青年岗组。

2005年12月15日，共青团重庆市交通委员会决定命名谭毅、瞿利等22人为重庆市交通系统2005年度青年岗位能手称号。

重庆市港航局水路执法大队LED显示屏维护组组长谭毅，重庆市道路运输管理局运政事务处证牌岗工作人员瞿利，重庆市海事局行政文秘李杰，重庆市公路局车渡管理站安全管理员罗开胜，重庆市征稽局沙坪坝所征费员汪洋，重庆市高速公路行政执法总队第六中队内勤刘军，重庆市公路勘察设计院隧道室主任胡百万，重庆市交委机关后勤服务中心渝通宾馆中餐主管唐铃云，重庆宇通客车有限公司技工陈小江，重庆公交集团维修公司技工冯承林，重庆高速公路发展有限公司东渝分公司站务曹娟，重庆高速公路发展有限公司北方建设分公司合同管理邓媛媛，重庆市高等级公路建设投资有限公司忠县收费所收养护管理赵雪峰，重庆市高等级公路建设投资有限公司江津项目部工程管理姚凯，重庆航运建设发展有限公司档案管理岗张莉，重庆现代交通物质有限公司生产人员余承明，重庆市汽车运输（集团）有限责任公司车站治安岗文杨，重庆交通运业有限责任公司售票员邓艳，重庆市渝信路桥公司万开高速公路工程高级监理肖洪亮，重庆渝通公司垫道路LM－2合同段项目副经理周俊波，重庆公路工程股份有限公司西藏项目部总工程师李兴山，重庆公路工程质量检测中心检测员路易。

第四节　重庆市交通委员会文明行业窗口

一、重庆交通系统巾帼文明示范岗

2001年1月15日，中共重庆市交通委员会直属机关委员会印发了创建“巾帼文明示范岗”的暂行意见。自此，开始了重庆交通系统的委级“巾帼文明示范岗”创建活动。

2002年3月11日，中共重庆市交通委员会直属机关委员会对“巾帼文明示范岗”暨“巾帼建功”活动，进行了重庆市交通委员会首批“巾帼文明示范岗”的表彰通报，命名了23个委级“巾帼文明示范岗”。他们是：重庆市高速公司发展有限责任公司渝涪分公司晏家收费站、重庆市第一公交公司118路队1442车组、重庆市第一公交公司江北库房、重庆市第二公交公司261路队2503车组、重庆市第二公交公司保修厂车工组、重庆冠忠（第三）公共交通有限公司七路队3086车组、重庆冠忠（第三）公共交通有限公司二路队3134车组、重庆冠忠（第三）公共交通有限公司南城路队、重庆市公共电车公司402路队4528车组、重庆市公共电车公司405路队4540车组、重庆市第五公共交通公司北青路队5235车组、重庆冠忠（新城）公交有限公司606路队6155车组、重庆冠忠（新城）公交有限公司605路队6227车组、重庆市联运总公司朝天门到达站、重庆市公路运输总公司黄桷坪加油站、重庆市汽车运输（集团）有限责任公司江南宾馆楼层服务组、重庆市汽车运输（集团）有限责任公司长寿总站售票组、重庆长途汽车运输有限责任公司荣昌分公司客运科、重庆长途汽车运输有限责任公司合川分公司客运科、重庆市交通运业有限责任公司陈家坪汽车站财务营收科、重庆市交通运业有限责任公司重庆汽车站计划调度室、重庆市交通运业有限责任公司富丽大酒店销售部、重庆市交通运业有限责任公司富丽大酒店前厅部等。这是自公布创建“巾帼文明示范岗”的暂行意见以来首批重庆市交委“巾帼文明示范岗”。

2003年3月3日，中共重庆市交通委员会直属机关委员会对申报2002年委级“巾帼文明示范岗”岗组暨“巾帼建功”活动进行表彰通报，其中，命名委级“巾帼文明示范岗”有：

重庆市高速公路发展有限公司渝涪分公司鱼嘴收费一班、重庆市高速公路发展有限公司渝涪分公司肖家湾收费一班、重庆市南方高速公路有限公司南坪收费一班、重庆市南方高速公路有限公司雷神店收费三班、重庆成渝高速公路有限公司青杠收费四班、重庆市交通运业有限责任公司重庆汽车站财务科、重庆市交通运业有限责任公司重庆汽车站多种经营科、重庆市交通运业有限责任公司重庆汽车站设备科配电室、重庆市交通运业有限责任公司陈家坪汽车站办公室、重庆市交通运业有限责任公司陈家坪汽车站多种经营科、重庆市交通运业有限责任公司富丽大酒店客房部、重庆市交通运业有限责任公司富丽大酒店财务部、重庆市交通运业有限责任公司富苑酒店营销部、重庆市交通运业有限责任公司富苑酒店客房部、重庆市长途汽车运输（集团）有限公司江津分公司客运科售票组、重庆市汽车运输（集团）有限责任公司南坪站渝万车组、重庆市汽车运输（集团）有限责任公司万盛总站客运科、重庆市汽车运输（集团）有限责任公司汽车北站售票组、重庆市公路勘察设计研究院工程经济室、重庆市渝通宾馆财务室、重庆市第一公共交通公司稽查科、重庆市第一公共交通公司114路队1801车组、重庆市第一公共交通公司118路队1442车组、重庆市第二公共交通公司217路队210线2457车组、重庆市第二公共交通公司211路队231线2626车组、重庆第三（冠忠）公共交通公司四路队调度室、重庆第三（冠忠）公共交通公司七路队3118车组、重庆市公共电车公司418路队陈家湾调度室、重庆市第五公共交通公司北解路队5176车组、重庆市第五公共交通公司北青路队5086车组、潇江酒店前厅部、重庆新城（冠忠）公共交通公司601路队6025车组、重庆新城（冠忠）公共交通公司608路队6138车组、重庆市客车总厂仓储科、重庆市交通征费稽查局江北所等31个岗组。

2004年3月4日，中共重庆市交通委员会对2003年度重庆市交委“巾帼文明示范岗”暨“巾帼建功”活动进行表彰通报。其中，命名委级“巾帼文明示范岗”有：

重庆高等级公路投资建设有限公司铜梁收费所北门收费站、重庆高等级公路投资建设有限公司潼南收费所双江收费站、重庆成渝高速公路有限公司丁家收费二班、重庆渝涪高速公路有限公司人和收费四班、重庆渝涪高速公路有限公司石马河收费四班、重庆渝涪高速公路有限公司唐家沱收费四班、重庆渝涪高速公路有限公司涪陵收费一班、重庆高速公路发展有限公司中渝营运分公司合川收费一班、重庆高速公路发展有限公司中渝营运分公司五童收费一班、重庆高速公路发展有限公司中渝营运分公司合川收费一班、重庆高速公路发展有限公司中渝营运分公司北碚收费三班、重庆高速公路发展有限公司中渝营运分公司茶园收费一班、重庆高速公路发展有限公司东渝营运分公司垫江收费二班、重庆高速公路发展有限公司东渝营运分公司云台收费二班、重庆高速公路发展有限公司东渝营运分公司梁平收费一班、重庆高速公路发展有限公司东渝营运分公司万州收费四班、重庆市汽车运输（集团）有限责任公司南坪汽车站渝南乘务组、重庆市汽车运输（集团）有限责任公司南坪汽车站客运售票组、重庆长途汽车运输（集团）有限公司璧山分公司客运科、重庆市交通运业有限责任公司陈家坪汽车站运调科计划组、重庆市公交集团服务管理办公室、重庆市公交集团电车公司429路队4844号车组、重庆市公交集团电车公司461路队4273号车组、重庆市公交集团第二公司222路队2636号车组、重庆市公交集团第五公司北牛路队5338号车组、重庆市公交集团第五公司渝合高速路队5300号车组、重庆市公交集团冠忠（第三）公司南山路队新华路调度亭、重庆市公交集团冠忠（新城）公司一路队601线6028号车组、重庆市公交集团冠忠（新城）公司二路队602线6256号车组、重庆市公交集团巴士公司二路队181线8113号车组、重庆市公交集团巴士公司二路队181线8120号车组、重庆市公交集团巴士公司七路队815线8088号车组、重庆市公交集团巴士公司三路队819线8012号车组、重庆市公交集团巴士公司八路队818线8054号车组等32个岗组。

2005年3月5日，中共重庆市交通委员会对2004年度重庆市交委“巾帼文明示范岗”暨“巾帼建功”活动进行表彰通报。其中，委级“巾帼文明岗”岗组有：

重庆高速公路发展有限公司中渝营运分公司盐井收费站二班、重庆高速公路发展有限公司中渝营运分公司华岩收费站三班、重庆高速公路发展有限公司中渝营运分公司界石收费站一班、重庆高速公路发展有限公司中渝营运分公司南泉收费站三班、重庆高速公路发展有限公司中渝营运分公司一品收费站二班、重庆高速公路发展有限公司中渝营运分公司綦江收费站一班、重庆高速公路发展有限公司中渝营运分公司三溪口收费站四班、重庆高速公路发展有限公司中渝营运分公司袁家湾收费站二班、重庆高速公路发展有限公司中渝营运分公司马桑溪收费站一班、重庆高速公路发展有限公司中渝营运分公司大山村收费站四班、重庆高速公路发展有限公司中渝营运分公司黄桷湾收费站一班、重庆高速公路发展有限公司中渝营运分公司虾子蝙收费站三班、重庆高速公路发展有限公司东渝营运管理分公司合兴收费站张莉班、重庆高速公路发展有限公司东渝营运管理分公司云台收费站王咏梅班、重庆高速公路发展有限公司东渝营运管理分公司长寿收费站邓英班、重庆高速公路发展有限公司东渝营运管理分公司澄溪收费站刘军班、重庆高速公路发展有限公司东渝营运管理分公司垫江收费站刘念班、重庆高速公路发展有限公司东渝营运管理分公司周嘉收费站夏泽莹班、重庆高速公路发展有限公司东渝营运管理分公司孙家收费站张欣班、重庆高速公路发展有限公司东渝营运管理分公司云龙收费站方小波班、重庆高速公路发展有限公司东渝营运管理分公司分水收费站宋姣班、重庆成渝高速公路有限公司白市驿收费站四班、重庆成渝高速公路有限公司走马收费站二大班重庆渝涪高速公路有限公司洛碛收费站一班、重庆渝涪高速公路有限公司杨公桥收费站四班、重庆渝涪高速公路有限公司复盛收费站一班、重庆渝涪高速公路有限公司童家院子收费站一班、重庆市公共交通控股（集团）有限公司第一公交公司112路队1391车组、重庆市公共交通控股（集团）有限公司第一公交公司112路队1585车组、重庆市公共交通控股（集团）有限公司第二公交公司225路队2950车组、重庆市公共交通控股（集团）有限公司冠忠（第三）公司中车分公司382调度组、重庆市公共交通控股（集团）有限公司冠忠（第三）公司客车修理厂土桥库房、重庆市公共交通控股（集团）有限公司电车公司403路队清洁组、重庆市公共交通控股（集团）有限公司电车公司413路队4423号车组、重庆市公共交通控股（集团）有限公司第五公交公司北合路队北碚站调度室、重庆市公共交通控股（集团）有限公司冠忠（新城）公司一路队611线6608号车组、重庆市公共交通控股（集团）有限公司冠忠（新城）公司四路队608线6286号车组、重庆市公共交通控股（集团）有限公司冠忠（新城）公司四路队609线6324号车组、重庆市公共交通控股（集团）有限公司巴士股份有限公司一路队8288号车组、重庆市公共交通控股（集团）有限公司巴士股份有限公司二路队181线8128号车组、重庆市公共交通控股（集团）有限公司巴士股份有限公司二路队8148号车组、重庆市公共交通控股（集团）有限公司巴士股份有限公司三路队8189号车组、重庆市公共交通控股（集团）有限公司巴士股份有限公司五路队8021号车组、重庆市公共交通控股（集团）有限公司巴士股份有限公司六路队8244号车组、重庆市公共交通控股

（集团）有限公司巴士股份有限公司七路队 8082 号车组、重庆市公共交通控股（集团）有限公司巴士股份有限公司八路队 8264 号车组、重庆市公共交通控股（集团）有限公司巴士股份有限公司八路队 8265 号车组、重庆市公共交通控股（集团）有限公司巴士股份有限公司稽查大队收银中心、重庆市公共交通控股（集团）有限公司渝城一卡通有限公司上清寺充值点、重庆市汽车运输（集团）有限责任公司汽车北站广询组、重庆市汽车运输（集团）有限责任公司南坪车站客运检票组、重庆市汽车运输（集团）有限责任公司南坪车站客运广询组、重庆交通运业有限责任公司重庆汽车站行政办公室、重庆交通运业有限责任公司富丽大酒店会务组、重庆交通运业有限责任公司富苑宾馆客服中心、重庆大邮高等级公路有限公司、重庆高等级公路建设投资有限公司大足收费所龙岗收费站、重庆高等级公路建设投资有限公司璧山收费所保家收费站、重庆高等级公路建设投资有限公司石柱收费所银子洞收费站、重庆长途汽车运输（集团）有限公司潼南分公司客运科、重庆市高速公路行政执法总队财务处等 62 个岗组。

巾帼建功标兵有：

重庆高速公路发展有限公司垫利分公司党支部书记、总经理李洪霞，重庆高速公路发展有限公司东渝营运管理分公司工会副主席钟璇，重庆高速公路发展有限公司渝东分公司工会干部苏亚灵，重庆成渝高速公路有限公司桑家坡站收费三班班长袁平，重庆交通运业有限责任公司工会主办科员马义琼，重庆交通运业有限责任公司富丽大酒店工会主席黄晓玲，重庆市公共交通控股（集团）有限公司服务管理办公室主任鲁香芸，重庆市公共交通控股（集团）有限公司第一公交公司 114 路队 1490 号车组乘务员杨华，重庆市公共交通控股（集团）有限公司第二公交公司 217 路队 2457 号车组乘务员刘媛，重庆市公共交通控股（集团）有限公司巴士股份有限公司八路队 8264 号车组乘务员廖平，重庆市汽车运输（集团）有限责任公司南坪车站工会副主席刘影，重庆市汽车运输（集团）有限责任公司汽车北站客服科科长姜媛，重庆长途汽车运输（集团）有限公司纪委书记、工会主席陈红，重庆高等级公路建设投资有限公司铜梁收费所西泉收费站站长李晓环，重庆市交通规划勘察设计院工程经济室主任游章会等 15 人。

2006 年 3 月 13 日，中共重庆市交通委员会对 2005 年度重庆市交委“巾帼文明示范岗”暨“巾帼建功”活动进行表彰通报。其中，委级“巾帼文明岗”岗组有：

重庆高发公司东渝分公司万州站收费一班、重庆高发公司渝邻分公司草坝场收费一班、重庆高发公司渝邻分公司黑石子收费四班、成渝公司永川收费四班、重庆高发公司中渝分公司北环收费一班、重庆高发公司中渝分公司万盛收费二班、市公交集团二公司票务管理稽查队收银中心、市公交集团冠忠（第三）公司一路队 308 线 35267 号车组、市公交集团冠忠（第三）公司万盛分公司 331 线 35293 号车组、市公交集团巴士公司七路队 815 线 80503 号车组、市公交集团维修公司二厂保养电工组、市公交集团五公司 5034 号车组、市公交集团物资公司江北库房、市公交集团冠新公司收银中心、重庆交运集团运业公司富丽酒店员工食堂、重庆交运集团渝运集团南坪车站售票组、重庆交运集团轮船公司海运公司财务部、重庆高投公司铜梁收费所合川收费站、重庆高投公司酉阳收费所钟南收费站、委服务中心渝通宾馆人事质检组、市港航局政务大厅、市公路局公路养护段人事教育科、市征稽局万州处、市征稽局渝北所北部新区站、重庆航发公司财务部等 24 个岗组。

委级巾帼文明标兵有：

市公交集团二公司 217 路队 210 线驾驶员张渝，市公交集团巴士公司 820 线乘务员黄春燕，市公交集团巴士公司七路队乘务员曾燕，市公交集团五公司北解路队乘务员蒋文婷，市公交集团索道公司服务员陈莉，市公交集团冠新公司 4 路队 609 站乘务员车利琼，市公交集团出租车公司行办秘书李蓉，重庆交运集团运业公司陈家坪车站清洁班组长徐秀芝，重庆交运集团运业公司重庆汽车站多经科科长潘蓉，重庆交运集团运业公司重庆汽车站服管科售票员谌晓英，重庆交运集团公运公司实业分公司经理、党支部书记王静，重庆交运集团渝运集团北碚总站解—北乘务组长朱晓琴，重庆高投公司办公室副主任杨静，重庆高投公司机关出纳赵勤，重庆高投公司忠县收费所所长助理陈玉梅，重庆高投公司石柱收费所银子洞站站长谭明娅，重庆高投公司大邮路收费公司副经理张帮霞，重庆高发公司中渝分公司雷神店收费三班班长金永勤，重庆高发公司东渝分公司综合办宣传干事黎珂，成渝公司重庆站收费一班班长陈稚，重庆高发公司北方分公司总工办干事顾红玉，重庆高发公司渝东分公司综合办主任黄蜀皖，重庆高发公司垫利分公司综合办主任、工会副主席朱苏红，重庆高发公司东南分公司财务部干事章莉丽，重庆高发公司南方分公司文秘、党群干事郑可静，重庆高发公司党群工作部干事、团委书记罗颖，交通建设集团渝通公司经营部部长车永红，交通建设集团公路公司压路机手张友利，交通建设集团渝宏公司预算员蒲晓红，市公路局专职纪检员吕天曦，市交委服务中心渝通宾馆房务部领班吴峻，重庆航发公司总工办干事、团委副书记徐瑛，设计院工程经济室杨玲，市征稽局江北所所长代治凤，市交委质监站财务处处长袁虹等34人。

二、工会职工之家

（一）创建启动

2001年7月16日，重庆市交通委员会直属机关工会向各会员单位印发《重庆市交通委员会直属机关工会职工之家验收标准》和《重庆市模范职工之家评选条件》。

职工之家验收标准实行百分制计分考核，共有5项考核项目，每一大项之下又有若干单项分，先进行自查计分，验收时计评定分。一是“坚持以经济建设为中心，围绕实现本单位年度目标，充分调动职工的积极性，为推动单位的改革和建设发挥作用”占30分。二是“维护职工的合法权益，努力为职工群众说话办事，排忧解难”占20分。三是“建立健全单位民主制度，保障职工的民主权利，发挥工会的民主渠道作用”占15分。四是“努力提高职工思想政治素质，建设一支‘四有’职工队伍”占20分。五是“积极推进工会自身的改革和建设，不断增强基层工会活力”占15分。

重庆市模范职工之家评选条件共有9条：

1. 坚持建家就是建（企业）事业的指导思想，党、政、工关系协调，做到认识统一，齐抓共建。

2. 按照全总工作思路，以贯彻执行《劳动法》为契机和突破口，独立负责地、创造性地开展工会各项工作。在企业（事业、机关）的建设和改革中发挥了重要的作用。

3. 健全完善职代会制度，严格按民主程序全面落实职代会各项职权，保障了职工的主人翁地位和各项民主权利。

4. 认真贯彻执行《劳动法》和有关的法律、法规，在建立平等协商制度的前提下，签订集体合同。

5. 依法维护职工的合法权益，协助和督促行政有关方面执行有关职工生活福利和劳动保险、劳动保护等方面的法律、法规、条例和政策规定。认真贯彻执行《女职工劳动保护规定》，维护女职工的合法权益。

6. 股份制企业和实行公司制的企业，工会主席（职工代表）应进入企业董事会、监事会。

7. 工会领导班子团结、协调，工会一班人整体功能发挥好，会员群众对工会的信任率达到85%（参加无记名测评的人数不得低于会员总数的80%）。

8. 建设职工小家活动卓有成效，合格职工小家应达到60%以上。

9. 收足、管好、用好工会经费，并按规定足额上缴工会经费。

（二）创建成果

2001年8月7日，重庆市交通委员会直属机关工会确认重庆高速公路发展有限公司机关工会为合格职工之家。这是重庆市交通委员会直属机关工会开展职工之家创建活动以来的确认的第一家合格的“职工之家”。从2001年8月至2002年10月，重庆高速公路发展有限公司努力创建市级先进‘职工之家’。基本达到重庆建设职工之家（企业）考核标准。2002 年 10 月 16 日，重庆市交通委员会直属机关工会渝交直工〔2002〕16 号文件向重庆市直属机关工会联合会申请考核验收重庆高速公路发展有限公司机关工会为市级先进“职工之家”。

2002 年 12 月 20 日，重庆市交通委员会直属机关工会确认重庆市公路勘察设计研究院等十单位为合格职工之家，对重庆市公路勘察设计研究院、重庆渝信路桥发展有限公司、重庆市公安局公交分局、重庆市交通委员会基本建设工程质量监督站、重庆市公路局、重庆市道路运输管理局、重庆市港航管理局、重庆市高等级公路行政执法大队、重庆市公共交通客车驾驶学校、渝通宾馆等工会确认为合格“职工之家。”

2002 年，重庆市渝信路桥发展有限公司工会经重庆市交通委员会直属机关工会确认为合格“职工之家”。重庆市渝信路桥发展有限公司工会进一步创建市级先进“职工之家”。基本达到重庆建设职工之家（企业）考核标准。2003 年 7 月 17 日，重庆市交通委员会直属机关工会向重庆市直属机关工会联合会申请考核验收重庆市渝信路桥发展有限公司工会为市级先进职工之家。

2004 年 1 月 7 日，重庆市交通委员会直属机关工会下发《关于 2003 年建家工作情况的通报》，对 2003 年度创建“职工之家”的成果进行通报。重庆市直属机关工会联合会的模范职工之家有重庆高速公路发展有限公司机关工会委员会、重庆市渝信路桥发展有限公司工会委员会 2 个单位。先进职工之家有重庆汽车站工会委员会、重庆交通运业有限责任公司富丽大酒店工会委员会、重庆市港航管理局工会委员会、重庆市交通委员会基本建设工程质量监督站工会委员等 4 个单位。合格职工之家有重庆渝东高速公路有限公司工会委员会、重庆高速公路发展有限公司中渝营运公司工会委员会、重庆高速公路发展有限公司南方建设公司工会委员会、重庆高速公路发展有限公司渝涪分公司工会委员会、重庆渝邻高速公路有限公司工会委员会、重庆高速公路发展有限公司联网收费中心工会委员会、新华医院工会委员会、重庆市交通征费稽查局涪陵处工会委员会、重庆市港航管理局合川航道管理段工会委员会、重庆市港航管理局船闸管理所工会委员会等 10 个单位。先进职工小家有重庆高速公路发展有限公司渝涪分公司鱼嘴中心站工会小组、重庆高速公路发展有限公司渝涪分公司长寿中心站工会小组、重庆高速公路发展有限公司中渝营运公司南坪收费站工会小组、重庆高速公路发展有限公司中渝营运公司綦江收费站工会小组、重庆市交通征费稽查局綦江所工会小组、重庆市交通征费稽查局丰都所工会小组、重庆市交通征费稽查局璧山所工会小组、重庆市交通征费稽查局荣昌所工会小组等 8 个单位。

2004 年 12 月 31 日，重庆市总工会渝工基〔2004〕71 号文件作出《关于表彰重庆市模范职工之家、模范职工小家的决定》，决定授予重庆工商大学工会委员会等 217 个单位重庆市模范职工之家称号（含 2003 年验收合格的重庆市模范职工之家 10 个），授予重庆市涪陵监狱十监区分工会等 195 个单位重庆市模范职工小家称号。其中，在获得重庆市模范“职工之家”称号的 217 个单位中，有通过市直机关联合工会上报的重庆高速公路发展有限公司工会委员会、重庆渝信路桥发展有限公司工会委员会；通过交通工会上报的重庆市渝通公路工程总公司工会委员会、重庆市第五公共交通有限公司工会委员会。

2005 年 3 月 2 日，中华全国总工会办公厅组织评选申报全国模范职工之家、全国模范职工小家的活动。2005 年 4 月 25 日，重庆交通运业有限责任公司工会委员会获得中华全国总工会的全国模范职工之家、全国模范职工小家的命名表彰。这是重庆市交通委员会直属机关工会创建“职工之家”第一次获得的最高荣誉。

2005 年 2 月 28 日，重庆市交通委员会直属机关工会通报 2004 年职工之家创建活动成果。重庆市市级模范职工之家有重庆高速公路发展有限公司工会委员会、重庆渝信路桥发展有限公司工会委员会等 2 个单位。重庆市直机关工会模范职工之家有重庆市交委基本建设工程质量监督站工会委员会、重庆市港航管理局工会委员会、重庆市交委机关工会委员会等 3 个单位。先进职工之家有重庆高速公路发展有限公司中渝营运分公司工会委员会、重庆高速公路发展有限公司东渝营运管理分公司工会委员会、重庆高速公路发展有限公司渝东分公司工会委员会、重庆渝涪高速公路有限公司工会委员会、重庆高等级公路建设投资有限公司工会委员会、重庆市高速公路行政执法总队工会委员会、重庆市交通规划勘察设计院工会委员会、重庆市港航管理局合川航道管理段工会委员会、重庆市港航管理局铜梁船闸所工会委员会等9个单位。合格职工之家有重庆市高速公路行政执法总队第一大队工会委员会、重庆市高速公路行政执法总队第二大队工会委员会、重庆市高速公路行政执法总队第三大队工会委员会、重庆市高速公路行政执法总队第四大队工会委员会、重庆市港航管理局直属处工会委员会、重庆市港航管理局嘉陵江航道管理处工会委员会、重庆市公路养护管理段工会委员会、重庆市公路局职工培训中心工会委员会、重庆高速公路发展有限公司垫利分公司工会委员会、重庆航运建设发展有限公司工会委员会等10个单位。

模范职工小家有重庆高速公路发展有限公司中渝营运分公司南坪管理中心分工会委员会、重庆高速公路发展有限公司中渝营运分公司綦江管理中心分工会委员会、重庆市交通征费稽查局荣昌所工会小组、重庆市交通征费稽查局璧山所工会小组等4个单位。先进职工小家有重庆市高速公路行政执法总队第一大队第三中队工会小组、重庆市高速公路行政执法总队第二大队第五中队工会小组、重庆市高速公路行政执法总队第三大队第十中队工会小组、重庆市高速公路行政执法总队第四大队第十三中队工会小组、重庆高等级公路建设投资有限公司铜梁西泉收费站工会小组、重庆高等级公路建设投资有限公司潼南收费所机关工会小组、重庆高速公路发展有限公司东渝营运管理分公司、万州管理中心分工会委员会、重庆高速公路发展有限公司东渝营运管理分公司、垫江管理中心分工会委员会、重庆高速公路发展有限公司东渝营运管理分公司、长寿管理中心分工会委员会、重庆高速公路发展有限公司东渝营运管理分公司、梁平管理中心分工会委员会、重庆高速公路发展有限公司中渝营运分公司、北碚管理中心分工会委员会、重庆成渝高速公路有限公司丁家收费站工会小组、重庆成渝高速公路有限公司永川收费站工会小组等13个单位。2005年4月18日，重庆市交通委员会直属机关工会向重庆市征稽局工会委员会发出《关于市征稽局北碚所工会小组为先进职工小家的通知》（渝交委直工〔2005〕6号），通知说："经市交委直属机关工会检查，你工会通过'先进职工小家'验收。"

2005年6月30日，重庆市交通委员会直属机关工会通报表彰2005年创建职工之家验收合格单位。重庆市直机关模范职工之家有重庆市高速公路行政执法总队工会、重庆高等级公路建设投资有限公司工会等2个单位。合格职工之家有重庆市高速公路行政执法总队第五大队工会。先进职工小家有重庆市高速公路行政执法总队第二大队第六中队工会小组、重庆市高速公路行政执法总队第三大队第九中队工会小组、重庆市高速公路行政执法总队第三大队第十二中队工会小组、重庆市高速公路行政执法总队第五大队第十六中队工会小组、重庆市高速公路行政执法总队第五大队第十七中队工会小组、重庆市交通征费稽查局铜梁所工会、重庆市交通征费稽查局永川所工会、重庆市交通征费稽查局沙区所工会、重庆市交通征费稽查局渝北所工会、重庆市交通征费稽查局南岸所工会、重庆市交通征费稽查局大足所工会、重庆市交通征费稽查局机关工会等12个单位。模范职工小家有重庆市高速公路行政执法总队第一大队第三中队工会小组、重庆市高速公路行政执法总队第二大队第五中队工会小组、重庆市高速公路行政执法总队第三大队第十中队工会小组、重庆市高速公路行政执法总队第三大队第十一中队工会小组、重庆市高速公路行政执法总队第四大队第十三中队工会小组等5个单位。

（三）创建"职工之家"三年规划（2006～2008年）

2005年10月9日，重庆市交通委员会直属机关工会委员会向重庆市直属机关工会联合会报送建设交通职工之家活动三年规划，着重提出了创建"职工之家"的规划对象与工作目标，即"凡市交委直属机关工会所属基层工会都是建家活动对象，包括单独建立的基层工会委员会、工会小组。”“将用三年左右时间使各单位工会组织 100% 达到合格职工之家，50% 的基层工会（小组）建成先进职工小家的基本要求，并在此基础上陆续创建一批各个层次的先进、模范职工之家。”规划提出了创建的具体要求以及创建的保证措施。

附：重庆市交通委员会直属机关工会创建职工之家三年规划表

2006～2008 年重庆市交通委员会直属机关工会创建职工之家三年规划表

类别 时间	市直			市级	国家级
	合格	先进	模范	模范	模范
2006	6	5	2	1	
2007	6	4	2		
2008	6	3	2	2	1

2006～2008 年重庆市交通委员会直属机关工会创建职工小家三年规划表

类别 时间	市直		市级	国家级
	先进	模范	模范	模范
2006	10	4	1	1
2007	12	5		
2008	14	5	1	1

三、精神文明双十佳

（一）组织领导

2003 年 7 月 29 日，中共重庆市交通委员会、重庆市交通委员会发出通知，决定在全市交通系统中评选十佳文明集体、文明个人（简称“精神文明双十佳”）评比。通知规定，评选工作的组织领导由重庆市交委精神文明建设委员会成员组成评选工作领导小组，负责评选活动的组织领导，交委相关处室、各行业管理局、重庆高发司、重庆公交集团、重庆高速公路执法总队精神文明建设领导小组协助评选，具体工作由重庆市交通委员会文明办负责落实。

（二）管理办法

通知对评选“十佳”文明集体和文明个人的评选内容、评选条件和评选标准作出了明确规定。一是评选内容。十佳文明集体的评选内容包括十佳交通行政执法队伍、十佳养路道班、十佳收费站、十佳公共客车、十佳出租汽车、十佳汽车客运站、十佳旅游客车、十佳文明客船等八项内容。十佳文明个人的评选内容包括十佳交通行政执法队员、十佳规费征收员、十佳收费员、十佳养路工、十佳公交乘务员、十佳公交驾驶员、十佳出租车驾驶员等七项内容。十佳先进集体和个人每两年评选一次，在当年全市交通工作会上予以命名表彰并给予一定的奖励。每次的评选内容将根据重庆市交通系统的实际情况作适当调整。在荣获荣誉称号后有违反评选条件规定的行为将取消其荣誉称号。二是评选条件和标准。按照《重庆市交通系统创建文明行业的考核标准》制订评选条件和标准，对于跨行业的评选将综合相关行业的考核标准制订新标准，对于《重庆市交通系统创建文明行业的考核标准》中没有的内容将制订新标准，对于一些项目的评选还将组织技能比赛。

（三）命名表彰

2004 年 1 月 21 日，按照《中共重庆市交通委员会、重庆市交通委员会关于在全市交通系统中评选“十佳”文明集体、文明个人的通知》要求，经各基层单位推荐、报主管部门、行业管理局审定、经市交委文明委考核公示后报交通党委研究，中共重庆市交通委员会、重庆市交通委员会决定命名表彰2002~2003年度全市交通系统十佳文明集体和文明个人（渝交党〔2004〕6号）。

“十佳交通行政执法队伍”有合川市公路路政管理大队、荣昌县公路路政管理大队、永川市交通执法大队、黔江区运管处、重庆市征费稽查局稽查总队万州支队、重庆市交通征费稽查局稽查总队直属支队、重庆市高速公路行政执法总队第二大队、重庆市高速公路执法总队第一大队第3中队、巫山县航务管理处、江津航运管理所等10个单位。

“十佳养路班”有梁平县交通局七桥道班、巴南区交通局小沛滩道班、万州区交通委员会庙坝道班、南川市交通局蟹塘道班、大足县交通局中敖道班、荣昌县交通局安富道班、渝北区交通局悦来道班、潼南县交通局小渡道班、忠县交通委员会白石道班、城口县交通局燕子河道班等10个单位。

“十佳收费站”有成渝高速公路桑家坡收费站、渝黔高速公路南坪收费站、渝涪高速公路人和收费站、万州区麻柳湾收费站、合川合隆路收费站、永铜路永川收费站、江津市享堂收费站、綦江县岔滩收费站、梁平县梁平收费站、万盛区温塘收费站等10个单位。

“十佳公共汽车”有重庆市公交控股集团第一公交公司114路队1490号车、重庆市公交控股集团第二公交公司217路队210线2457号车、重庆市公交控股集团第二公交公司216路队216线2333号车、重庆市公交控股集团冠忠（第三）公司七路队306线3047号车、重庆市公交控股集团公共电车公司412路队416线4741号车、重庆市公交控股集团公共电车公司413路队4564号车、重庆市公交控股集团第五公交公司北解路队5286号车、重庆市公交控股集团冠忠（新城）公司601路队6025号车、重庆市公交控股集团巴士公司二路队181线8128号车、重庆市公交控股集团巴士公司815线8082号车等10个单位。

“十佳出租汽车”有万州天子客运出租汽车公司渝AF1567、开县顺民出租汽车公司渝AN1313、嘉阳出租汽车公司渝A70862、民丰出租汽车公司渝A51613、民成出租汽车公司渝B80143、银河出租汽车公司渝A54232、重庆市出租汽车总公司渝B21743、重庆长运集团亨通大酒店出租汽车公司渝C23249、重庆黔江区千百意运务公司渝H02142、重庆长城运输集团璧城客运公司渝C25268等10个单位。

“十佳客运站”有永川市客运中心、万州客运中心站、陈家坪汽车站、重庆汽车站、重庆汽车北站、涪陵汽车客运站、丰都县北岸汽车客运站、重庆渝运（集团）南川公司客运站、重庆长运（集团）黔江西站、重庆长运（集团）永北分公司客运总站、重庆长运（集团）大足汽车站等10个单位。

“十佳旅游汽车”有重庆市汽车运输（集团）旅游公司渝A14851、歌乐山烈士陵园管理处车组渝A14703、重庆新世纪国际旅行社渝B08288、重庆恒安旅游汽车客运公司渝A97777、重庆大世界旅行社渝A89992、重庆富翔旅游汽车公司渝A55558、重庆中国旅行社渝A88999、重庆沙坪坝渝鑫旅游公司渝A14616、重庆渝强汽车租赁公司渝B00031、重庆市汽车运输（集团）旅游公司渝A18818等10个单位。

“十佳客船”有重庆长江轮船公司“江山1号”轮、重庆长江轮船公司“江山4号”轮、重庆长江轮船公司“江山5号”轮、重庆长江轮船公司“江山6号”轮、重庆长江水运股份有限公司“长江观光2号”轮、重庆长江水运股份有限公司“长江观光3号”轮、重庆金宏祥船务有限公司“金涛”轮、重庆市东江实业有限公司“中驿”轮、重庆市东江实业有限公司“长江王子”轮、重庆东方轮船公司“东方王子”轮等10个单位。

“十佳交通行政执法队员”有黔江区路政大队谢忠友、巫山县路政大队陈金双、重庆市运管局稽查总队孔庆斌、长寿区运管所张树明、重庆市港航局直属稽查大队张国忠、涪陵区港航管理局熊天君、重庆高速公路行政执法总队第3大队第11中队周斌、重庆高速公路行政执法总队第4大队13中队唐红伟、重庆市交通征费稽查局总队直属支队江渝、重庆市交通征费稽查局总队万州支队袁万林等10人。

“十佳交通规费征收管理员”有重庆市交通征费稽查局渝中所刘波、重庆市交通征费稽查局巫山所李宗琼（女）、重庆市交通征费稽查局铜梁所高泉、重庆市交通征费稽查局垫江所白豫江、重庆市交通征费稽查局綦江所马宏伟、重庆市交通征费稽查局永川所肖军、重庆市交通征费稽查局彭水所庹朝禄、重庆市道路运输管理局王炳华（女）、潼南县运管所黄雪峰、涪陵区运管处陈涪渝（女）等10人。

“十佳收费员”有长寿公路建设有限公司黄玉虹（女）、万州区交通委员会路桥收费处何习清（女）、开县交通局交通开发公司万开路收费所邹景桃（女）、秀山县交通局涌图收费站龚辉、涪陵区路桥收费管理处王芳（女）、奉节县公路收费管理所收费站张必学、重庆大邮高等级公路有限公司龙水收费站谢立、重庆成渝高速公路有限公司东段管理处青杠收费站袁世春、重庆渝涪高速公路有限公司石马河收费站陈勇、重庆高速公路有限公司中渝营运分公司南平收费站李莉（女）等10人。

“十佳养路工”有梁平县公路管理段七桥道班曾大和、永川市交通局公路管理所四明养护站张永祥、石柱县交通局公路养护管理一段冉茂强、合川市交通局公路养护段刘中贵、潼南县交通局国省道公路段余烈海、长寿区交通局公路养护段张淑荣（女）、城口县交通局公路养护管理段汪堂松、巴南区交通局公路养护管理段颜泽平、大足县交通局公路管理所蒋文凤、忠县交通委员会第一公路养护管理段李峰等10人。

“十佳公交乘务员”有重庆市公交控股集团第二公交公司刘媛（女）、重庆市公交控股集团第一公交公司王晓莉（女）、重庆市公交控股集团第二公交公司杨虹（女）、重庆市公交控股集团冠忠（第三）公交公司谢婧（女）、重庆市公交控股集团公共电车公司蒋代娟（女）、重庆市公交控股集团公共电车公司陈香（女）、重庆市公交控股集团第五公交公司谢晖（女）、重庆市公交控股集团冠忠（新城）公交公司刘春燕（女）、重庆市公交控股集团巴士公司廖平（女）、重庆市公交控股集团巴士公司张吉（女）等10人。

“十佳公交驾驶员”有重庆市公交控股集团冠忠（第三）公交公司翁桂英（女）、重庆市公交控股集团第一公交公司120路队刘文卫、重庆市公交控股集团第一公交公司共青团118路队熊跃林（女）、重庆市公交控股集团第二公交公司222路队李章烈、重庆市公交控股集团冠忠（第三）公交公司张其德、重庆市公交控股集团公共电车公司董晓宇、重庆市公交控股集团第五公交公司张勤、重庆市公交控股集团第五公交公司何启平、重庆市公交控股集团冠忠（新城）公司黄忠、重庆市公交控股集团巴士公司祖洪敏等10人。

“十佳出租汽车驾驶员”有金达莱出租汽车公司驾驶员陈廷华、重庆长运集团江津出租汽车分公司驾驶员周云贵、民丰出租汽车公司驾驶员陈华、重庆市出租汽车总公司驾驶员但新泉、国际出租汽车公司驾驶员张艳（女）、重庆涪陵汽车运输公司驾驶员洪武川、重庆黔江区汽车运输公司驾驶员张轩、开县民心出租汽车公司驾驶员邓本好、出租汽车私车组驾驶员周明华、潼南县道路运输服务部驾驶员黎文等10人。

2006年4月10日，按照重庆市交通委员会和重庆市文明办《关于在交通窗口行业开展做文明交通职工，迎亚太市长峰会精神文明创建活动的通知》和《中共重庆市交通委员会、重庆市交通委员会关于在全市交通系统中评选十佳文明集体、文明个人的通知》要求，经各基层单位推荐、报主管部门、行业管理局审定后，经过考核和公示，重庆市交通委员会、重庆市文明办决定命名表彰2004至2005年度重庆市交通系统十佳文明集体和文明个人（渝交委〔2006〕98号）。

“十佳道班”有江津市公路养护段蔡家道班、永川市公路管理所桃子园养护站、潼南县国省道公路段三汇道班、北碚区公路养护段柳荫养护管理站、万州区公路养护三段庙坝道班、长寿区公路养护段楠木院道班、丰都县公路养护队兴义道班、梁平县公路养护中心石河站、重庆市公路养护管理段陈家桥道班等单位。

"十佳收费站"有重庆成渝高速公路有限公司桑家坡收费站、重庆高速公路发展有限公司中渝营运分公司江南收费站、重庆高速公路发展有限公司东渝营运分公司万州收费站、重庆高等级公路建设投资有限公司铜梁收费所西泉收费站、重庆高等级公路建设投资有限公司大足收费站、万州长江大桥收费站、江津市享堂收费站、长寿区石堰收费站、梁平县明达收费站、重庆高速公路发展有限公司中渝营运分公司五童收费站等10个单位。

"十佳车组"有重庆市第一公共交通公司十路队1142号车组、重庆市第二公共交通公司201路队2626车组、重庆冠忠（第三）公共交通公司七路队3373号车组、重庆市公共电车公司403路队4285号车组、重庆市第五公共交通公司502路队5470号车组、重庆巴士股份有限公司二路队86001号车组、重庆市汽车运输集团公司二分公司快客车队渝B71372号车、重庆市公路运输（集团）公司三分公司渝A35553、重庆长途汽车运输（集团）有限公司永北分公司渝C12337号车、万州区雅高公交巴士有限公司6045车组等10个单位。

"十佳船港站"有重庆交通运业有限责任公司重庆汽车站、璧山县客货运输中心、重庆市万州汽车客运中心站、重庆长途汽车运输（集团）有限公司黔江西站、重庆万州鸿发船务有限公司"鸿发1号"标准型客滚船、重庆东江实业有限公司"凯蒂"轮、长航集团"朝天宫"轮、重庆郭家沱港、重庆东方轮船公司"东方之珠"轮、重庆轮船总公司"渝申2001"轮等10个单位。

"十佳交通行政执法队员"有合川市公路路政管理大队余先荣、巫山县路政大队黄权树、奉节县公路路政管理大队周成伟、重庆市交通行政执法总队直属支队直属大队任宗智、重庆市交通征费稽查局龙宝所蔡兴智、巫山县港航管理处处长陈嗣平、万州区港航局程波、江津市交通运输管理所杨勇、重庆市交通行政执法总队高速公路支队第四大队余鹏、重庆市交通行政执法总队高速公路支队第一大队第三中队张勇等10人。

"十佳出租车驾驶员"有重庆市汽车运输集团公司金达莱公司舒明、重庆市公路运输（集团）公司邬吉贵、黔江区千百意出租公司龚福兰、涪陵宏声度假村周杰、万州天子出租公司冯天海、重庆鑫隆达商贸公司周强、重庆市出租汽车总公司陶明贵、重庆市出租汽车总公司何胜、出租汽车协会二联络处段钢、出租汽车协会二联络处周明华等10人。

"十佳交通工程建设标兵"有重庆航运建设发展有限公司姚小松、重庆高速公路发展有限公司南方建设分公司何兵、重庆高等级公路建设投资有限公司酉阳项目部郭宝征、市交委基本建设工程质量监督站陈弩、重庆市交通规划勘察设计院肖了林、重庆市渝通工程总公司钟志明、重庆市交通工程监理咨询有限责任公司杨治涛、九龙坡区交通局陈代新、黔江区交通局何福元、重庆市公路局郑志明等10人。

"十佳收费员"有重庆高速公路发展有限公司中渝营运分公司余永洁、重庆成渝高速公路有限公司李斌、重庆高速公路发展有限公司东渝营运分公司徐琴、重庆渝涪高速公路有限公司秦富智、重庆高等级公路建设投资有限公司石柱收费所谭明娅、重庆高等级公路建设投资有限公司大邮分公司蒋云松、重庆高等级公路建设投资有限公司大足龙岗收费站李怡、合隆高等级公路有限公司李玉、城口县收费所李成娥、涪陵路桥收费管理处大桥站李小娟等10人。

"十佳养路工"有梁平县公路养护段陶斯仁、开县公路局四合道班陈维楷、璧山县公路管理所颜春、万州公路局养护一段凉风站易良全、垫江县公路管理局熊华桥、云阳县公路局红堰道班周美权、丰都县公路养护段余光珍、渝北区大盛镇靳克胜、巫山县公路局肖品琼、忠县第一公路养护管理段新立道班邓旭峰等10人。

"十佳航道工"有合川航道管理段唐明学、合川航道管理段鞠鹏飞、乌江航道管理段王祥明、乌江航道管理段简光兰、嘉陵江航道管理段杨秀林、市港航局船闸管理所陈洪明、嘉陵江航道管理段北碚庙咀信号台乔华、嘉陵江航道管理段王小万、嘉陵江航道管理段吴跃荣、巫山县航务管理处田继国等10人。

“文明客运服务明星”有冠忠（第三）公交公司326路谢婧、公共电车公司413路队柯娟、冠忠（新城）公司609线车丽琼、客运索道公司谭绍芳、渝城一卡通公司杨琴、公交集团公交热线周璨、运业公司陈家坪汽车站陈华、渝运集团汽车北站严伟、悦达运输公司一分公司何洪成、万州西山汽车客运站客运科冉茂珍、璧山县客货运输中心陈支秀、江山游船公司“江山9号”轮杨利、云阳渝鸿船务有限公司姜南、三峡轮船股份有限公司李安庆、万州港口集团港发客运公司李艳、重庆港九股份有限公司九龙坡集装箱码头分公司石国庆、涪陵港务局轮驳公司何勇、公交一公司二路队高微、公交二公司217路队张渝、公交五公司502路队袁雪琴、巴士公司七路队罗成、冠忠（新城）公司601路队赵红林、公运公司高速公路客运公司赵正伟、长运集团大足分公司欧治模、渝运集团北碚总站徐厚明、重庆悦达运输有限公司荣通分公司唐开平等26人。

第六章　交通行业文化活动

第一节　职工教育培训

一、教育培训规划

1991年6月2日，中共中央办公厅转发了中共全国总工会党组《关于进一步发挥工人阶级主力军作用需要解决的几个问题的报告》的通知，报告中第九条明确提出：“提高职工队伍的整体素质。要健全职工教育培训制度，办好各级各类职工学校和就业培训中心，切实加强职工的上岗培训和转岗培训，做好工人考核和技师、高级技师的评聘工作，鼓励职工自学成才、岗位成才。工会要积极参与有关规划和政策的制订，继续广泛组织各种形式的群众性技术学习、岗位练兵、技术比赛等活动。”随着改革开放加快与深化，为了满足重庆市交通建设发展的需要，重庆市交通系统持久地开展了职工教育培训活动。

（一）培训规划

1990年，重庆市交通局拟订了“八五”期职工教育发展规划，重庆市交通局所属单位均上报了本单位的教育发展规划。1996年11月，在“八五”期内开展各种形式类型的教育基础上，重庆市交通局又拟定并下发了关于交通教育“九五”发展规划纲要。交通教育“九五”发展规划纲要总结了1991～1995年的交通教育培训工作，针对存在问题，提出了“九五”期交通教育发展目标：即“‘九五’期间，交通成人教育年培训率保持15%的比例，使50岁以下的干部，45岁以下的工人基本轮训一遍，按照交通部的要求，到2000年，我市地方交通系统专门人才拥有量达到占职工总数的19%左右，使交通职工队伍文化、技术、业务素质有较大的提高。”提出“突出抓好干部岗位培训”“认真开展执法人员上岗培训”“加强专业技术人员的继续教育”“积极发展交通成人学历教育”和“抓好工人技术等级培训”等要求。

2001年7月16日，重庆市交通委员会下发了《关于十五期交通教育培训规划的通知》，规划明确规定了“十五”时期教育工作目标：

一是到2005年，重庆市交通系统职工队伍中专业人才的比例由2001年的20.2%提高到25%以上，条件较好的单位应该达到30%左右。二是到2005年，各区县（市）交通局、公路局、运管局、航管局等交通管理部门45岁以下处级以上领导干部达到本科以上文化，科级领导干部达到大专以上文化。三是从2001年开始，新进执法人员必须具备大专以上学历。到2005年，在岗45岁以下的执法人员，应达到大专文化层次或经培训后取得岗位任职资格要求；45岁以上到50岁以下的执法人员，达到中专（高中）文化层次。四是到2005年，力争对重庆市区县交通局正副局长、系统企事业单位正副职领导干部及交通建设管理的主要骨干进行一次轮训。五是大力开展各类在岗人员的学历教育、继续教育、岗位资格培训、技能培训和适应性培训，每年参加培训职工人数30%以上。凡已列入国家职业资格序列的岗位人员，必须做到持证上岗。

为了完成上述规划目标，教育培训规划提出了实施规划的原则和任务，尤其是提出了主要措施。第一是提高认识、加强领导，这是落实“十五”规划的关键。第二是依靠政策，确保投入。根据交通部规定（交科教发〔2001〕290号文）：各区县、各单位教育培训经费列入预算，并按照国家有关规定列支，预算规模在“九五”期基础上逐年有所增加。“十五”期间继续沿用“九五”期间的政策，从交通规费（税）中提取1%左右用于交通教育；按不低于职工工资总额105%的比例提取职工教育经费，不足部分由本单位适当给予补助；按照国务院关于“为科技开发，技术引进，技术改造项目，产品创优服务的培训费（包括出国培训费）可在项目资金中开支的”规定，按项目资金1%左右提取交通新技术培训费，列入项目预算．要加强教育培训费管理，不断提高培训经费的使用效益。第三是进一步建立健全教育培训管理体系，规范培训管理工作。第四是认真做好培训计划的编制。第五是加强教育培训基地和师资队伍的建设。设备完善、功能齐全的教育基地和高素质的师资队伍是完成“十五”教育培训规划的基本保证。

2001年11月1日，根据交通部办公厅《关于印发十五全国地方交通行政干部教育培训实施意见的通知》（厅科教字〔2001〕467号）和重庆市交通委员会《关于十五期交通教育培训规划的通知》（渝交委人〔2001〕23号）的要求，重庆市交通委员会结合重庆市交通行政干部队伍的现状和实际情况，为全面提高交通行政干部队伍的综合素质，特对重庆市交通行政干部教育培训工作，提出了具体贯彻实施意见。

（二）培训基地

1. 交通职业技术学校

1985年2月，重庆交通职工中等专业学校在位于重庆市南岸区南坪的原四川省内河航运技工学校校址基础上挂牌成立。该校与四川省内河航运技工学校实行“一套班子，两块牌子”合署办公的管理体制。重庆市交通局高等教育函授辅导站同时设立。为此，重庆市交通局征地22亩，新增校舍建筑面积10600平方米，投资352万元进行扩建。1985年9月，重庆交通职工中等专业学校首届招收职工中专工业会计与统计、汽车运用与修理、道路与桥梁3个专业194名新生，高等教育函授辅导站招收高等函授教育汽车运用工程、工业电气自动化、船舶设计与制造、交通运输管理等4个专业46名新生，一并入学就读。1985年12月，经交通部批准，交通部电视中等专业学校重庆分校成立，设汽车运输管理、汽车运输财会、水运管理、道路与桥梁4个专业，招收新生109名。

1990年5月16日，四川省内河航运技工学校正式更名为重庆市交通运输技工学校。同时，仍保留重庆市交通职工中等专业学校牌子。1992年8月11日，重庆市交通职工中等专业学校被授予“全国成人中等专业教育先进学校”的光荣称号。1992年12月28日，重庆市交通运输技工学校被四川省劳动厅评定为“四川省重点技工学校”。1994年2月18日，重庆交通运输技工学校被交通部批准为“全国交通系统规范化技工学校”。1994年9月20日，重庆市交通运输技工学校荣获省交通系统“先进教育单位”称号，龚继震、张良淑、田仕茂、陈忠富、方永伦、李灿辉等6人被评为“优秀教师”或“优秀工作者”。1999 年 4 月 14 日，重庆交通职工中等专业学校更名为重庆交通科技学校。1999 年 12 月 9 日，重庆市交通运输技工学校更名为重庆市交通技工学校。2000 ~ 2001 年，经过申报和创建，重庆市交通技工学校成为劳动和社会保障部认定的重庆市 11 所国家重点技校之一。

2000 年 12 月 1 日，重庆市交通技工学校、重庆交通科技学校的人、财、物成建制地划归重庆交通学院管理。重庆交通学院新组建了重庆交通学院南坪校区，将重庆交通学院继续教育学院从大坪校区迁往南坪校区，继续保留重庆市交通技工学校、重庆交通科技学校的机构与人员编制，实行“一套班子，三块牌子”合署办公的管理体制，拥有专业与专业方向 20 多个，有函授、自学、成人脱产学习、在岗培训等多种继续教育形式，各类在读学生达 5000 余人。直至 2006 年，重庆交通学院继续教育学院从南坪校区迁往校本部，全部教师学生转移至校本部，南坪校区全部用于房地产开发。

2. 交通干部培训学校

1983 年 4 月 1 日，永川地区并入重庆市。1984 年，经重庆市交通局批准，在原永川地区交通局宿舍区域，重庆市交通局职工政治学校成立。1986 年 12 月 1 日，中共重庆市交通运输委员会研究决定对重庆市交通局职工政治学校更名。1986 年 12 月 15 日，重庆市交通局党委下发关于对重庆市交通局职工政治学校更名的通知，将原重庆市交通局职工政治学校更名为重庆市交通干部学校。系重庆市交通局直属副处级自收自支事业单位，核定编制 13 人。

1999 年 1 月，重庆市交通局决定，并经重庆市编委同意，重庆市交通干部学校迁入重庆市公路局内，与重庆市公路局职工培训中心实行“一套班子，两块牌子”合署办公的管理体制。交通干校的编制、职责不变。（重庆市公路局职工培训中心自收自支事业编制 30 人）2003 年 5 月，重庆市交通干部学校又增挂重庆市交通委员会安全生产技术培训中心的牌子。

2005 年 11 月 21 日，中共重庆市交通委员会下发通知，经中共重庆市交通委员会研究决定，重庆市交通干部学校迁入重庆市交通委员会机关后勤服务中心，重庆市交通干部学校和重庆市交通委员会机关后勤服务中心合署办公，实行“一套班子，两块牌子”合署办公的管理体制。

重庆市交通干部学校是重庆市交通委员会直属正处级自收自支事业单位。其主要职责是：(1) 负责全市交通系统在职干部、工人的理论和业务培训；(2) 承担交通行业专业培训、成人短期培训；(3) 承担并组织实施交通行业职业（工种）技能鉴定工作。重庆市交通干部学校作为服务于重庆市交通系统干部、职工的教学培训基地，始终坚持“质量立校，服务交通”的办学方针，紧紧围绕重庆交通发展大局，促进交通系统干部、职工素质全面提高，并着力培养重庆交通发展所需各类适用型人才。学校办学经验较为丰富，取得了国家交通运输部及重庆市有关部门多层次、多类型的定点教学培训资质，是国家交通运输部“交通行业管理干部培训平台”在重庆地区的唯一指定协作学校。20 多年来，学校累计培训各类学员 4 万余人，走上各个相关的交通行业岗位。

（三）教育目标管理方式

1981 ~ 1986 年，四川省交通教育培训工作开始把交通教育培训纳入交通总体发展规划，推行交通教育目标管理。由此，重庆市交通系统单位职工全部教育技术培训也开始按照四川省交通厅的交通教育目标管理工作年度考核奖励办法和交通教育目标管理细则管理，全部纳入了四川省交通厅的管辖范围进行检查和考核。

1997 年 4 月 7 日，重庆市交通局制定了《重庆市交通局交通教育目标管理工作年度考核奖励办法》。2000 年 11 月 1 日，重庆市交通委员会制定并同时下发了《关于印发重庆市交通委员会交通教育目标管理工作年度考核奖励办法的通知》和《关于印发重庆市交通委员会交通教育目标管理细则的通知》。随后，至 2005 年底，每年下发《重庆市交通委员会教育目标管理工作年度考核奖励办法》。

1997～2005年，按照重庆市交通局、重庆市交通委员会的交通教育目标管理细则和交通教育目标管理工作年度考核奖励办法，对考核范围内的万州区、涪陵区、黔江地区交通局（委）、各区（市）县交通局、局属各单位每年进行考核检查。其中，包括对交通企业事业单位的职工技术培训的考核检查。

1999年教育目标任务执行情况。重庆市交通局1999年下达职工培训任务14266人，其中资格性岗位培训1453人，学历文化教育749人，工人技术等级培训2254人，适应性培训8923人。实际完成培训21229人，超49.2%完成培训计划。其中，完成资格性岗位培训2515人，超73.1%完成计划；学历文化教育2212人，超195.3%完成计划；工人技术等级培训3180人，超41.1%完成计划；适应性培训19777人，超121.6%完成计划。培训人数占全局职工总数的31.6%。

1999年教育目标考核结果。1999年万州、黔江开发区交通局及各区县（市）30个交通局（委），30个局属单位参加了教育目标考核。其中完成目标任务突出获得一等奖的单位49个，占81.67%；获得二等奖10个，占16.67%；获得三等奖的单位1个，占1.67%。绝大多数的单位达到或超过局下达的主要控制指标，并按计划完成领导干部调训任务。

2002年3月19日至20日，重庆市交通委员会对2001年度交通教育目标管理工作进行了考核。随后，2002年4月1日，重庆市交通委员会向各区县（自治县、市）交通局（委）、委属各单位通报了考核结果。2001年度交通教育目标管理工作检查考核区县（自治县、市）交通局（委）41个、委属企事业单位37个，共计考核78个单位。其中，获一等奖单位63个，获二等奖单位10个，获三等奖单位4个，不合格单位1个。

2003年2月13日和2月28日，重庆市交通委员会分别组织了2002年度教育目标考核。2003年3月18日，重庆市交通委员会向各区县（自治县、市）交通局（委）、委属各单位通报了考核结果。2002年度交通教育目标管理工作检查考核区县（自治县、市）交通局（委）41个、委属企事业单位28个，共计考核69个单位。经推荐考核评出2002年度教育目标管理工作先进单位9个；一等奖单位56个，二等奖单位11个，三等奖单位2个。

2004年2月16日至2月27日，重庆市交通委员会仍然按照计划分别组织了2003年度教育目标考核。2004年3月8日，重庆市交通委员会通报了考核情况。2003年度交通教育目标管理工作检查考核区县（自治县、市）交通局（委）41个、委属企事业单位29个，共计考核70个单位。其中获一等奖单位有56个，获二等奖单位有11个，获三等奖单位有2个，经考核不合格单位有1个。

2005年2月22日至25日，重庆市交通委员会组织人员对各单位2004年度教育管理工作及目标计划完成情况进行了检查考核。2005年3月9日，重庆市交通委员会通报了考核情况。2004年度纳入计划并考核的单位共72个，实际到会参加考核单位71个。经考核，除1个不合格单位给予通报批评外，获得三等奖的单位有5个，获得二等奖的单位有9个，获得一等奖的单位有57个。

2006年2月22日至28日，重庆市交通委员会对2005年度下达的交通教育培训工作目标管理执行情况组织了检查验收。2006年3月28日，重庆市交通委员会通报了考核情况。2005年度纳入计划并考核的单位共72个（实际到会参加考核单位71个）。经考核，除1个单位缺席、1个不合格单位给予通报批评外，获三等奖的单位有5个，获二等奖的单位8个，获一等奖的单位57个。

二、干部教育培训

1986～1990年，利用自办的重庆市交通干部学校教学基地，重庆市交通局组织了机关干部、所属单位干部展开教学培训。同时，派送干部外出参加交通部各类培训学习，鼓励干部以自学方式进行学历教育。1991～1995年，重庆市地方交通系统共有75671人接受各级各类教育，受训面占职工总数的22.08%，比1986年至1990年的七五期增加4.87%，其中14855名管理干部，专业技术干部和企业管理干部接受理论和各类专业知识培训，7716名工程技术人员接受了与本专业紧密相关的新知识继续教育。

1996~2000年，以《交通行业主要管理干部岗位规范》为依据，以交通系统领导干部特别是中青年干部为重点，根据交通部的规定，区（市）县交通局长、国有大中型企业领导干部，凡八五期间没有参加岗位培训的，重庆市交通局组织参加了干部培训并取得合格证书。1996~2000年，组织包括干部培训在内的岗位培训106400人次左右，组织包括干部培训在内的专业人才继续教育2470人，完成行政执法岗位培训3920人，占应培人数的99.18%；从1998~2000年，12个国家贫困区县完成包括干部培训在内的专门人才培训1600余人。

2001年11月1日，重庆市交通委员会印发《关于十五期交通行政干部教育培训实施计划的通知》。同时，重庆市交通委员会下发了《关于举办区县（市）交通局领导干部岗位培训班的通知》，决定从2001年开始，对重庆市各区县交通局（委）现职领导干部进行新的一轮岗位培训。重庆市交通委员会规定：到2005年，45岁以上的处级及以上的领导干部达到本科以上文化层次，科级领导干部达到大专以上文化层次。2000~2005年“十五”期内，除组织干部参加交通部的培训之外，对重庆市交通行政干部普遍进行新的一轮岗位培训。每年组织一期区县交通局长岗位培训，组织一至二期公路、运管、航务、航道等部门段（所、站）长岗位培训。学员学习完全部课程，经综合考核（考试和考查相结合）合格，由培训院校（培训基地）颁发交通部统一印制的《岗位培训证书》。

2003年，根据中共十六大精神，按照中共重庆市委全面启动重庆市大规模干部教育培训工作的决定，中共重庆市交通委员会成立了重庆市交通委员会干部教育培训工作领导小组，组长由重庆市交通委员会主任胡振业担任，副组长由中共重庆市交通委员会副书记余昌平担任，重庆市交通委员会有关部门和交通干部学校负责人为成员，设立了干部教育培训工作办公室，安排了干部教育培训的保障经费。重庆市交通委员会制定了《关于大力开展干部教育培训工作实施意见》，并报经中共重庆市委干部培训工作领导小组批准，规划了2003~2007年的5年干部教育培训工作。重庆市交通委员会组织了委属系统干部培训工作会议，传达了中共重庆市委干部培训工作精神，部署了5年干部培训工作计划。

2003年，重庆市交通委员会除组织全体干部认真学习中共十六大精神外，还组织系统内的干部参加了重庆市电视大学的远程教育学习；组织2期委机关处级以下公务员和委属处级事业单位中层管理干部进行了交通专业知识培训，每期全脱产培训一周，共97人参加培训；举办了有34名交通局（委）长（主任）参加的为期20天的培训班，提高了区县交通局（委）领导干部的业务能力。选派了29人到重庆交通学院、上海海运学院、北京交通干校、交通部科研院、交通部公路研究所等院所培训。2003年，仅重庆市交通委员会机关就组织完成了21个项目的各级各类干部培训，参加的人员有3000人左右，全面完成了2003年大规模干部培训计划。

2005年8月17日，重庆市交通委员会下发举办2005年区县交通局长培训班的通知（渝交委人〔2005〕51号)。2005年9月5日至9月25日，重庆市交通委员会在南岸区四公里正街131号的重庆市交通干部学校，举办了一期区县交通局长培训班。至此，从2001~2005年底，凡未参加过岗位培训的各区县（自治县、市）交通局（委）领导干部基本上进行了新一轮的岗位培训。

三、行政执法培训

按照交通部《交通行政执法人员三年岗位培训规划》和《交通行政执法人员岗位培训实施办法》的部署，以及交通部提出的“要加强交通行政执法队伍建设，逐步推行交通行政执法资格考核认证制度”的要求，1997~2000年，重庆市交通局对重庆市交通行政执法人员普遍进行了一次正规系统的任职资格岗位培训，以提高行政执法人员的整体素质，造就一支既有文明服务意识、又有法律业务知识的交通行政执法队伍。这是1997~2000年之间重庆市交通主管部门首次举办的交通行政执法岗位培训。

（一）组织领导

重庆市交通局成立了重庆市交通行政执法人员岗位培训工作领导小组，由分管教育的副局长任组长，重庆市交通局有关处室负责人为成员。办公室设在重庆市交通局人事教育处。重庆市交通局召开了专门会议，认真学习有关文件精神，充分认识这次培训工作的重大战略意义。1999 年初，由于重庆市交通局培训领导小组主要领导同志工作变动，领导小组成员进行了充实调整。各培训基地都成立了领导小组。

重庆市交通局在每年教育工作会上专门对岗位培训工作进行宣传动员、落实措施。结合部文件精神，先后制定了《重庆市交通行政执法人员岗位培训工作规划》《重庆市交通行政执法人员岗位培训实施办法》《重庆市交通行政执法人员岗位培训学员学籍管理办法》，转发了部《关于印发〈交通行政执法人员（岗位培训证书）验印及颁发办法〉的通知》《关于加强交通行政执法人员岗位培训工作的几点意见的通知》。

为保证培训质量，重庆市交通局在做好交通行政执法人员摸底情况基础上，召集培训学校会同有关执法处室制订年度培训计划，请有关单位分期分批制订送培计划。并把执法人员岗位培训纳入年度教育目标管理执行计划进行考核。重庆市 30 个区县（市）交通局和局属有关单位参加了考核。在培训过程中，重庆市交通局严格按照交通部的规定，专门召开培训工作研讨会、对培训考试进行巡视、培训基地交叉考试等，进行工作经验交流和检查，随时对培训工作出现的问题进行研究解决，使培训工作顺利开展。

（二）教学培训

重庆市交通局、重庆市交通委员会用三年时间对交通行政执法人员普遍进行一次任职资格岗位培训，分三个阶段进行：从 1997 年 4 月至 1998 年 3 月为准备阶段，1998 年 4 月至 1999 年底为实施阶段，2000 年上半年为总结阶段。

重庆市交通委员会从第一阶段开始，召开专门会议进行调查摸底，按交通部要求经委实地考察认定了重庆市交通职工中专学校、重庆市交通干部学校、涪陵交通技校、重庆市公路运输管理处培训部等四所校部为公路路政、道路运政、规费稽征、水路执法等培训基地。然后，选拔审定送交通部指定院校培训教师 23 名（其多次中高级讲师、讲师占半数以上），落实岗位培训教材征订工作，会同有关业务处室和各培训基地制订切实可行的教学计划，通过指导协调工作，落实培训经费，为开展培训打下良好基础。

在第二阶段的培训实施工作中，各学校按照交通部颁布的教学计划和大纲进行教学。首先，重庆市交通局岗位培训工作小组办公室要求任课教师在统一备课时，必须对教材内容进行筛选，结合业务找出重点章节进行准备，根据成人及专业特点尽量采用课堂教授与讨论相结合，充分运用案例分析与经验交流的方法，精心组织教学。各校都特派了有一定教学、教务管理经验，工作责任心强的教务干部全面负责具体的教学工作，认真进行教学过程管理和监控，建立教学质量保证体系。每期每班配备专职班主任。各校均实行半军事化管理，开设了军事训练课，按照培训计划和作息时间，要求学员统一着装，聘请重庆武警总队的指战员作为教官，每天早上进行军事训练。学员上课、就餐实行编号，严格管理。其次，各培训基地的领导和教务管理人员经常参加听课和抽查教案，发现问题及时交换意见或纠正，并要求及时做好课后辅导答疑。每一期培训结束后，各培训基地或采用召开学员座谈会或向学员或送培单位发出征求意见表，广泛征求各方面对培训工作的意见。在培训过程中，严格执行《重庆市交通行政执法人员岗位培训学员学籍管理办法》，对学员入学与学籍、成绩考核、纪律与考勤、奖励与处分、结业和颁证六个方面进行严格管理。坚持由重庆市交通局、重庆市交通委员会审核验印，培训合格者颁发交通部印制的岗位培训合格证。

（三）规范考试

按照交通部要求，对各培训门类分别设立了主干必修课和考查课，实行培训、考试分离。每期开学前由各校拟定 2 ~ 3 套试题，由重庆市交通局、重庆市交通委员会统一建立题库，考试前由随机抽出一套确定为考试试题。监考人员为非任课教师担任。参加培训学员不论年龄大小，各门类主干课一律实行闭卷考试，其他课程采用考查形式。除少数基础差、年龄大的学员不合格外，普遍成绩良好，一次考试合格率均在 90% 以上。有不及格科目的学员，经过复习，绝大多数补考及格。每期学员成绩合格结业，均由培训基地指定专人整理有关档案资料，填写证书后由重庆市交通局、重庆市交通委员会培训办公室审定验印，由培训基地发出证书。

1997 ~ 2000 年，重庆市交通局、重庆市交通委员会组织的岗位培训工作顺利。全部交通行政执法人员应培训 4028 人（规费稽征人员除外），3 年共开办公路路政培训班 25 期，水路执法培训班 18 期，道路运政培训班 26 期，共计培训学员 3920 人，占应培人数的 99. 18%。其中，公路路政人员培训 1594 人，培训率为 100%；水上安全人员监督培训 366 人，培训率为 100%；水路运政人员培训 223 人，培训率为 100%；航道行政人员培训 63 人，培训率为 100%；船舶检验人员培训 79 人，培训率为 100%；港口行政人员培训 120 人，培训率为 100%；道路运政人员培训 1550 人，培训率为 97. 92%。另外举办规费稽征人员培训班 2 期，培训学员 213 人。截至 2000 年 8 月，重庆市交通行政执法人员岗位培训工作全面完成。

第二节　交通报刊及影视作品

一、主要交通报刊

（一）《重庆交通》

1987 年 9 月 14 日，中国交通报重庆记者分站成立，1990 年，重庆市新闻出版局正式批准成立中国交通报驻重庆记者站。

1988 年 4 月 25 日，《重庆公路报》创刊，由重庆公路养护总段、永川公路养护总段和重庆市交通局公路处合办，在重庆市公路系统内部发行。1993 年 1 月，《重庆公路报》更名为《重庆交通报》，由重庆市交通局主办，发行范围扩大到重庆市交通系统，每半月发行一次。1993 年 9 月 10 日，重庆市交通局发出《关于做好重庆交通报发行工作的通知》（重交局宣〔1993〕5 号文），决定从 1994 年 1 月起，《重庆交通报》改免费赠阅为收费订阅为主，订阅范围可以扩大至各区县（市）交通局、各市属交通企业事业科室、所属基层直至班组，交通行业管理的社会车主单位、汽车维修业户、个体汽车船舶运输业户及乡镇船厂等，均可纳入收订范围。到 1996 年，《重庆交通报》经由半月报到旬报，改为周报，发行 18000 份。1996 年、1997 年连续评为重庆市十佳企业（行业）报之一。1998 年 12 月 25 日，重庆市交通局向重庆市新闻出版局发出关于《重庆交通报》转为公开发行的请求批准函（渝交局〔1998〕1126 号），即公开发行并改版为对开四版大报，仍为周报，发行量扩大到 2 万份以上。

2000 年 8 月 24 日，根据重庆市人民政府渝府发〔2000〕29 号文件《关于规范一批报刊征订发行的通知》规定“市级各部、委、办、局一律不再办报”的精神，重庆市交通委员会研究决定，撤销《重庆交通报》报社，保留《中国交通报重庆记者站》，将《中国交通报重庆记者站》挂靠在重庆市公路局，《重庆交通报》报社和《中国交通报重庆记者站》的人、财、物成建制地划归重庆市公路局管理。同时将重庆市交通委员会主管、重庆市公路局主办的内部资料《重庆交通》从 2002 年 3 月起，由半月刊改为旬刊。

2002 年 3 月 18 日，为有利于中国交通报重庆记者站开展工作，重庆市交通委员会渝交委〔2002〕15 号文件决定将中国交通报重庆记者站挂靠在机关后勤服务中心管理，即将中国交通报重庆记者站的人、财、物成建制划归重庆市交通委员会机关后勤服务中心管理。2004 年 1 月 15 日，

《重庆交通报》改版创刊为《重庆交通》，内部月刊，批准文号为《重庆交通报》所用的渝新出报〔2003〕130号。至2005年底，《重庆交通》已经发行共计24期。

(二)《重庆交通科技》

1. 创刊沿革

(1) 重庆市公路学会会刊（1981~1986年）。1981年6月15日，重庆市公路学会成立，设立重庆市公路学会编辑工作委员会，印发了会刊第1期《重庆公路》。1985年12月，《重庆公路》改名为《重庆市公路学会会刊》，仍由重庆市公路学会编辑工作委员会编辑，作为不定期内部刊物印发。

(2) 重庆市公路学会会刊《重庆交通科技》（1986~2005年）。1986年10月，《重庆市公路学会会刊》改名为《重庆交通科技》，刊名由时任四川省交通厅厅长赵理题书，是重庆市公路学会的不定期内部会刊。2000年，获得内部资料准印号渝内字〔2000〕-038号，开始按半年刊印行。2005年10月20日，重庆市交通委员会向重庆市新闻出版局报送《关于同意重庆市公路学会出版内部资料〈重庆交通科技〉的报告》，将《重庆交通科技》定位为非经营性刊物，半年期，8开版，62页。2006年又获得内部资料准印号渝内字〔2006〕-2（35）号。从1986年改名以来，至2007年底，共出刊69期。

2. 历届编辑委员会

在1981~2000年期间，由于重庆市公路学会会刊是内部会刊，只有一个组成简单的编辑工作委员会，实际上就是2个编辑人员。编辑工作委员会设在重庆后勤工程学院器材教研室。1986~2000年，《重庆交通科技》编辑印发，仍旧由设在重庆后勤工程学院的编辑工作委员会承担。

1998年11月28日至29日，重庆市公路学会举行第一届第二次会员代表大会，选举时任重庆市交通局总工程师蒙进礼出任重庆市公路学会理事长，艾吉人为重庆市公路学会副理事长，聘请滕西全、李健和彭建康为重庆市公路学会名誉理事长。2000年，在获得内部资料准印号的同时，组成《重庆交通科技》编辑委员会，由蒙进礼理事长出任总编，张太雄、梁乃兴、孙家驷、曾维栋担任副总编，主编是孙家驷，8名编委，5名编辑。编辑部设在重庆市南岸区学府大道66号，即重庆交通学院内。

2004年2月28日，重庆市公路学会举行第二届第一次会员代表大会，换届选举学会第二届理事会，重庆市交通委员会副主任彭建康当选为理事长。随后，重新调整《重庆交通科技》编辑委员会，由彭建康理事长出任总编，张太雄、李祖伟、富健全、程永富、陈伯奎、梁乃兴、韩道均、担任副总编，主编是孙家驷，副主编是熊有言、陈普星、陈忠富。8名编委，2名编辑。编辑部设在重庆市渝北区红锦大道20号，即重庆交通委员会大楼内。

3. 栏目特色

《重庆交通科技》，作为重庆市公路学会的内部会刊，主要内容有报道学会活动动态，通报国内外科技信息，交流交通科研及其成果，发表学术论文。《重庆交通科技》也刊登转载国内外有关公路交通运输、汽车运用与管理、道路桥梁、交通工程、微机应用等多方面科学技术文章。《重庆交通科技》是重庆市公路学会会员们的技术活动、学术交流的主要园地。

(1) 登载会员论文。《重庆交通科技》主攻方向定位在交通应用研究上。1985年会刊上曾登载出“重庆市公路学会优秀论文目录”，共计有81篇关于交通应用研究方面的优秀论文题目，这是重庆市公路学会会刊编辑工作委员会从其他科技杂志、科技学会交流资料上收集的第一批有关重庆公路交通的论文成果。在1991年重庆市公路学会成立10周年之际，在《学会十年回顾》一文中，总结1981~1991年之间，重庆市公路学会“十年来，据不完全统计共举办了各种学术活动141次，有15106人次参加”，交流论文484篇，评选优秀论文316篇。其中，除在其他刊物上发表的外，有111篇在《重庆交通科技》和《重庆交通工程》上发表过。据不完全统计，从1981~

2006年，在《重庆公路》、《重庆市公路学会会刊》、《重庆交通科技》和《重庆交通工程》上发表过的文章、论文和译文，共计有361篇。

（2）主要科技成果选介。在1996年第1期《重庆交通科技》中，《成渝公路隧道通风方式研究》（汤乾忠）、《山区高等级公路建设中软基高填路堤实用稳定技术》（韩锦华）、《成渝公路重庆段“二改一”工程》（肖开国）等3篇科技论文，集中反映了重庆交通人在成渝高速公路重庆段建设中应用科技手段攻克技术难关的3项应用研究成果。1992年12月24日，重庆市科委组织专家鉴定委员会，对《成渝公路中梁山隧道、缙云山隧道变更通风方式的方案研究》进行了审评，作出“在国内尚属首创，在技术上有重大突破”的评价。1992年12月24日，重庆市科委组织专家鉴定委员会，对《成渝公路三星沟大桥变更为高路堤的设计方案研究》进行了审评，作出“在软基上修筑36米的高路堤，在国内外尚属首例，技术上是一个重大突破”的评价。1992年12月24日，重庆市科委组织专家鉴定委员会，对《成渝公路荣昌至青杠段变更为一级公路的设计方案研究》进行了审评，作出该方案“一次规划，分步实施，利用废方，扩宽路基”，将二级路改建为一级路，“节省投资，减少占地，具有十分显著的社会效益和经济效益”的评价。重庆市经济委员会对其中两项重大合理化建议，即中梁山隧道、缙云山隧道采用纵向通风方式的建议和成渝公路荣昌至青杠段二级路改建为一级路的建议，分别给予10万元和20万元的奖励。

（三）《重庆交通财会》

1. 创刊沿革

1995年，重庆市交通会计学会成立，组建了第一届编委会，第一届会员代表大会决定印发内部资料，取名《交通财会评论》，共印行40期。2002年5月16日，第二届第一次会员代表大会决定将《交通财会评论》改版为《重庆交通财会》共出版34期，仍为内部会刊，总发行74期。

2. 会刊编辑委员会

1995年11月8日，第一届《交通财会评论》编委会成立，主编为禹培文，副主编有刘贵忠、童玲玲（女）、张庭安、胡荣琪，另有7名责任编辑。1998年8月4日，作过一次人员调整。2002年5月6日，第二届《重庆交通财会》编委会成立，《重庆交通财会》编委会共有19名编委，其中，主任是禹培文，副主任有王剑、张泓、敖德萨、童玲玲（女）。共有4名编辑，其中主编是完定明（女）。

3. 栏目特色

1997～2007年，在重庆市交通会计学会会刊上共刊载财会论文156篇，重庆市交通会计学会汇集编印了学术论文专集4册，以工作研究、理论探讨、审计、会计法等栏目，共收录会员论文128篇。2004年10月，重庆市交通会计学会承办第十三次中国交通会计学会西南片区财务工作与学术交流会，通过财会学术交流，汇集编印了一本收录41篇论文的《论文集》，其中，收录重庆市交通会计学会推荐论文12篇。对在《重庆交通财会》上刊登的财会文件及其他重要财会文件，汇集编印了《交通财会文件汇编》7册，分别收录了财政部、交通部、重庆市人民政府、重庆市财政局、重庆市交通局、重庆市交通委员会当年的重要文件。其中，获奖论文7篇。主要获奖论文介绍如下：

（1）《交通建设资本金运行系统论》，作者禹培文，获得1996年四川省第七次会计科学优秀科研成果三等奖。主要介绍了交通基础设施建设中，资本金的概念及其运行系统的理论基础，从系统工程的角度进行探讨和分析。

（2）《论交通建设的财务结构与资本结构及其政策研究》，作者禹培文，获得2001年交通部、铁道部、民航总局三部局联合举办的第一届新世纪中国交通运输业财务与会计学术研讨会三等奖。该论文主要介绍了交通建设的资本结构和财务结构，既相联系又有区别的两个概念，以有关财务理论和资本结构理论为基础，着重分析、探索交通建设的资本结构的内在规律，以便研究交通建设的资本金政策。

（3）《交通基础设施资源配置的公共政策选择和执行》，作者禹培文，获得交通部、铁道部、民航总局三部局联合举办的2005年新世纪第三届中国交通运输业财务与会计学术研讨会三等奖和重庆市交通会计学会纪念会计法实施二十周年征文活动一等奖。该论文主要介绍了交通基础设施的建设和经营，即资源配置问题，与社会公益性密切相关，交通基础设施属于公共产品或公共资源，由此衍生的概念和矛盾，使我们积极寻找其资源配置方式的解决办法。

（4）《政府交通投资的财务风险防范控制的思考》，作者禹培文，获得交通部、铁道部、民航总局三部局联合举办的2007年新世纪第四届中国交通运输业财务与会计学术研讨会三等奖。该论文着重从社会公共管理职责的角度，对政府交通投资财务风险的表现、性质及其特征进行了分析，对政府交通投资财务风险的防范控制如何达到规避减弱到化解的目的，从市场化资源配置方式、公共事业社会管理方式和改进对交通投资服务方式进行了阐述。

（5）《重读会计职业道德有感》，作者杨林；《浅谈财会人员应具备的素质》，作者陈惠；《〈从会计法〉看会计职业道德建设》，作者邓永兴。这三篇获得2005年重庆市会计学会纪念会计法实施二十周年征文活动三等奖。

（四）《重庆高速》

1. 创刊沿革

2000年12月，为传递信息，传播企业文化，在公司领导的提议下，经过3个多月的筹划准备，《重庆高速》推出仅40页的试刊号。经过试刊阶段，2001年3月，《重庆高速》正式创刊，担当起了“繁荣企业文化、弘扬企业精神、树立企业形象、凝聚企业人心”的重担。《重庆高速》创刊之初为季刊，除去4个封面为彩色，内页为56页，黑白印刷。

2002年，《重庆高速》增加了8个彩色插页，内页则增加为64页。2003～2005年，《重庆高速》改为双月刊。随后，除了每年对版式及内容进行完善外，《重庆高速》基本保持了双月刊、4个彩色封面、8个彩色插页、64个黑白内页的出版规格。

2. 机构设置与编审

《重庆高速》设有编委会和编辑部。编委由公司领导担任。编辑部则设置在公司综合办公室，除设置了一个专职编辑外，其他编辑则由办公室人员兼职。2000～2006年，通过积累办刊经验，形成了一套适合公司实际的稿件编辑流程：一是单月末召开编前会，讨论当期主题。编前会是每期《重庆高速》出版工作的开始。在每期的编前会上，编辑们为当期的主题提出意见。二是双月20日截稿，各栏目编辑进行编稿。三是双月25日左右，送排版公司排版，时间一周。四是双月月末出样稿，执行编辑进行一审。五是改稿后，出样稿由责任编辑进行二审。六是改稿后，出样稿由主编、副主编进行三审。七是单月15日左右出刊。出刊后，召开审刊会，总结得失，并着手准备下一期稿件。

《重庆高速》紧紧围绕公司工作重点、员工关心的热点进行深度报道。如策划“关注一小时经济圈”“直辖十年看高速”“高速公路助推城乡统筹快速发展”等专题，全面、系统、并有一定深度地反映了公司在高速公路建设、运营及职工队伍建设等方面所取得的成就及为重庆经济发展所发挥的重要作用，获得了广大读者的好评。每期选题确定后，就是稿件的采写。反映公司工作的重大选题文章，主要由编辑部的采编人员直接采写。此外，工作经验探讨性质的论文则主要通过约稿，文艺副刊类的稿件则主要是员工自发投稿。

2000～2006年，《重庆高速》建立了一套完备的编审稿件管理机制。每期稿件到位后，都要经过编辑部的严格审核把关。一篇稿件要通过执行编辑——责任主编——主编三道编审关方能刊载发表，从而保证了稿件的出版质量。为了确保版式的美观，特地从外面聘请了专业人员给《重庆高速》进行版面设计。为了保证印刷质量和控制成本，在印刷上采取了招标的方式，选择性价比最高的印刷厂家。通过对各个环节的严格控制，以确保印刷成品的《重庆高速》的高质量。每期《重庆高速》出版，编辑部都会召开一个评审会，会上，编辑们讨论当期出版工作的得与失，汇总各自所获取的读者反馈信息，为下一期出版工作做准备。

3. 咨询交流活动

2000～2006 年，《重庆高速》每年组织专家座谈会，邀请重庆市新闻出版局报刊处的领导以及《重庆晚报》《党员文摘》《新女性》等重庆市知名报刊的办刊专家为刊物资料提出意见和建议。通过这些座谈会，《重庆高速》在版式设计、栏目设置、选题策划、文章质量等诸方面吸取了众多好的意见和建议，还发放读者调查表，倾听读者的声音，了解读者关注的热点、焦点，据此对《重庆高速》内容进行相应的调整。

为同全国高速公路建设管理行业进行交流，每期均向全国 70 余家同业单位进行邮寄刊物，相互交流。为了提高作者的投稿积极性，《重庆高速》每年举行优秀作品评选活动，对优秀作者给予适当的物质奖励，并组织部分获奖作者和投稿积极分子外出召开笔友会，邀请莫怀戚、李钢、漆园子等重庆市知名作家为参会人员传授写作技巧，以提高广大作者的写作水平。

4. 评优奖励

2000～2006 年，《重庆高速》办刊质量不断提升，自重庆市新闻出版局对内部出版物开展“评优”活动以来，《重庆高速》年年榜上有名，已连续 5 连获评“重庆市优秀内部连续性出版物”。

（五）《重庆路魂》

1. 创刊沿革

《重庆路魂》原名《路魂》，创刊于 2000 年。主管单位是重庆市公路工程股份有限公司，主办单位为重庆市公路工程股份有限公司路面公司，每季出刊，内页 30 页，打印机打印，16 开，每期 60 册。《路魂》创刊一年，共出版 4 期，其中第 4 期为长涪高速路通车庆典、《路魂》周年庆典和迎新世纪而彩版胶印。2001 年，《路魂》改由重庆市公路工程股份有限公司主办。

2003 年 6 月，《路魂》改名为《重庆路魂》，由重庆市交通委员会主管、重庆市公路工程股份有限公司主办，报重庆市新闻出版局批准印证号：渝内字〔2005〕—（331）号，由打印机打印改为重庆华彩印务实业公司胶版印刷、增加为内页 32 页（其中增加 4 页彩版），发行增加为 200 册。2005 年，《重庆路魂》改为每双月出刊，发行增加为 500 册。

2. 栏目特色

《重庆路魂》坚持以邓小平理论、“三个代表”重要思想和十六大、十七大精神为指导，坚持团结、鼓劲的和“三贴近”（贴近企业、贴近员工、贴近生活）原则，宣传公司三个文明建设的进程和取得的成绩，弘扬企业精神、凝聚企业人心，树立企业形象。

《重庆路魂》精心设置、办好重点栏目、营造刊物亮点和看点。栏目设置为卷首语、图片新闻、特别报道、生产与安全、管理与创新、回顾与展望、党建与政研、民主管理、财务与金融、青年之窗、员工培训、要闻集纳、企业文化、身边先进、项目经理谈管理、真情世界、海外传真、员工摄影、读书札记、大家谈、它山之石、创业史、编读往来、开心果等 20 多个栏目，每期栏目 15 个左右。在版式上，每期较好地做到图文并茂、形式活泼，标题字体变化、文章配上插图。封面多为公司重大活动、大事件、先进人物为主，封二为图片新闻，内设 4P 彩页，封三、封底多为集团公司下属子公司及控股公司专版介绍。

《重庆路魂》在内容上，较好地做到正确舆论导向，内容丰富健康向上，用先进的思想和文化创建一种积极向上的氛围，大力提倡讲学习的风气，营造学习氛围，重视学习成效，激发、调动广大员工获取知识、更新知识、提高技能的积极主动性和创造性，面向基层，立足班组，积极鼓励提高广大员工生存能力、工作能力、职业技能、技术应用能力。

（六）其他报刊

水运企业报刊

《水运报》，1985年4月5日由重庆市水上运输公司创刊主办，内部发行。至1991年1月停刊。

《川工河运报》，1985年9月5日由重庆轮船公司创刊主办，内部发行。1998年3月更名为《重庆江海》，一直出刊至今。

《简讯》，1988年3月由重庆民生轮船公司创刊主办。1988年8月更名为《民生人报》，一直出刊至今。

陆运企业报刊

《渝州汽运报》，1989年1月由重庆市汽车运输（集团）有限责任公司创刊主办，1993年1月更名为《重庆汽运报》，2004年12月停刊。

《永运报》，1990年2月由重庆长途运输（集团）有限公司创刊主办，1997年更名为《重长汽运报》，一直出刊。

《公路运输报》，1990年4月由重庆市公路运输（集团）公司创刊主办，1993年3月停刊。

公交企业报刊

《轮渡通讯》，1978年11月由重庆市轮渡公司（1993年更名为重庆市客轮总公司）创刊主办，1986年3月更名为《轮渡报》，1998年更名为《客轮通讯》，2000年4月停刊。

《山城客运报》，1979年7月由重庆市公交公司创刊主办，1989年8月29日停刊。

机关与社团会刊

《公用事业报》，1989年8月由重庆市公用局创刊主办，1998年1月更名为《重庆公用事业》，2000年8月停刊。

《重庆交通信息》，1986年7月由重庆市交通企业管理协会创刊，先与重庆市交通局调查研究室、后与重庆市交委企管处联合主办，2005年停刊。

二、交通影视作品

纪录片《路之情》

1985年2月，重庆公路养护总段与万县、涪陵公路养护总段共同投资，由凉山、乐山公路养护总段协助，与峨眉电影制片厂联合录制，拍摄了纪录片《路之情》。1985年5月，《路之情》在中央电视台播出，1985年10月、11月，又在广东电视台、西藏电视台陆续播出。随后，1988年，重庆公路养护总段自拍纪录片《公路建设的春天》。

1985年，中国交通报重庆记者站（以下简称“重庆记者站”）成立后，重庆市交通局购置配备摄像设备，专人独立从事影视拍摄录制，先后在中央电视台、西南各电视台、重庆市电视台以及各省市广播电台、电视台及报纸杂志等媒体上发表新闻通讯稿件500余条（幅）。重庆记者站录制的这些电视、文字、图片等影视作品虽然短小，但内容丰富，多视角地真实记录了从“七五”计划期至“九五”计划期重庆交通的发展历程。

电视新闻报道“渝州大地四十春（话交通）”

1989年，重庆记者站参与重庆电视台拍摄的电视新闻系列报道“渝州大地四十春（话交通）”获全国优秀电视新闻节目评选一等奖。

电视专题片《西南第一路——成渝高速公路》

1995年，重庆记者站为中央电视台拍摄的《西南第一路——成渝高速公路》电视专题片，获得四川省宣传四川好新闻奖及首届宣传重庆好新闻奖。

大型电视纪录片《再说长江》重庆集

1996年，重庆记者站为中央电视台独立采写和摄制了《再说长江》大型电视纪录片——重建绿色屏障、除却巫山不是云、构筑立体交通重庆选题三集纪录片，该片先后在央视黄金时段“神州风采”中播出。同年，重庆记者站独立采写拍摄的数十条电视新闻片、电视专题片也分别被中央电视台《新闻联播》《新闻三十分》《今日说法》《交通在线》等栏目采用播出。

1998 年，重庆记者站专门设立大道影视工作室。2005 年拍摄的“马桑溪长江大桥”、2006 年“巫山长江大桥”及 2007 年“重庆桥都”资料片，为重庆争得“鲁班奖”及赢得“中国十大桥梁英雄团队”作出了贡献。

第三节　交通画册与史志

一、交通画册

（一）《重庆交通》

1994 年 9 月，为了集中反映了改革开放 10 多年来交通建设、运输、管理、交通工业和交通科技等诸方面取得的显著成就，重庆市交通局组成《重庆交通》编辑委员会编辑刊印了《重庆交通》画册。由重庆市交通局局长胡振业出任主任委员，重庆市交通局党委书记王机出任副主任委员，委员有 8 人。主编是彭定康，副主编是戴荣声、曾升元。编辑有 3 人，英文翻译 2 人，摄影人员 8 人。

《重庆交通》是记载重庆地方交通发展的第一本画册。《重庆交通》画册全书精选有代表性的照片图表 185 幅，按照交通基础设施、管理、运输、工业、科技教育和其他分类编撰，配以中英双语文字说明。

在交通基础设施部分，最突出的是成渝高速公路重庆段的摄影照片，记录了重庆市真正意义上的第一条高速公路。对正在创建国道 319 线文明样板路的部分路段，对当时改造成功的部分区县公路，也有真实的留影。在公路养护管理部分，以摄影作品留存了全国“五一劳动奖状”获得者张家滩道班的劳动场面。在运输部分，用 16 幅精美照片记载了客运站场建设成就。用 2 幅构图精当的摄影作品，记载了 200 吨平板运输车和 150 吨大吊车的雄姿。对零担运输、集装箱运输、长江气垫船、国际海运、过三峡出川船队、机械化装卸等新兴交通行业，留存了精彩的画面。

在行政管理部分，对交通稽征、港航监督、路政检查、微机管理均有历史照片记载。在工业部分，对重庆船厂、重庆渝州汽车总厂的获奖产品，对重庆翻胎厂获奖新工艺，均有如实的记录。在科技教育部分，用 4 幅专页照片记下了高速公路建设中引进的沥青混合拌和场生产过程。还用部分照片记载了交通管理人员出国考察学习、汽车维修技术工人赴日本研修情景和外国专家在交通工程工地上工作情景。《重庆交通》画册记录了自 1949 年中华人民共和国成立，尤其是改革开放以来至 1994 年，重庆市公路、水路、铁路、航空等交通事业的发展成就，记录了 10 万交通职工艰苦创业的不朽功绩，为人们了解重庆地方交通发展提供了一本生动而真实的交通史册。

（二）《西南第一路——成渝高速公路重庆段》

1995 年 8 月，重庆市交通局与重庆市重点公路建设指挥部合编了《西南第一路——成渝高速公路重庆段》画册，萃集了中央领导和重庆市领导题词和反映整个建设过程的大量照片，这是至今看到的反映成渝高速公路重庆段建设的第一本也是唯一一本大型画册。《西南第一路——成渝高速公路重庆段》画册编辑委员会，由重庆市交通局局长胡振业出任主任委员，重庆市交通局党委书记王机、重庆市交通局副局长龚继震、滕西全出任副主任委员，委员有 4 人，主编陈普星，副主编肖开国，编辑有 3 人。

《西南第一路——成渝高速公路重庆段》画册的编辑出版业务委托重庆市当代地方科技杂志社承办，其社长周野新（女）负责编辑出版工作。在前言之后，刊印了中央领导和重庆市领导题词，时任国务院总理李鹏的题词是：“巴蜀坦途”；时任交通部副部长王展意题词是：“修好成渝公路造福四川人民”。紧接着是一首全体编委集体构思创作、由重庆科委周野新（女）社长执笔的《沃野蛟龙——颂成渝高速公路重庆段 调寄沁园春》，上阕是：“破雾穿云，开山辟地，出世横空。看锦绣西南，丰饶巴蜀；高路逶迤，百里蛟龙。铁臂钢梁，金桥银洞，经济动脉贯长虹。第一路，正飒爽英姿，雄踞川中。”下阕是：“莫叹水复山重，五年鏖战众志恢宏。颂科技伟力，丰收硕果，群星璀璨，举世奇功。南北西东，纵横驰骋，沃野征途八面通。兴百业，待游龙引凤，一路春风。”

《西南第一路——成渝高速公路重庆段》画册内容，分为9个篇章：一是领导关心人民支持，二是前期准备，三是路基路面工程，四是桥梁工程，五是隧道工程，六是质量控制，七是配套设施，八是科技成果，九是初通试运行。在前期准备篇中，专页记载了成渝高速公路国际招标的情景。在路基路面工程篇中，记载了成渝高速公路重庆段自1990年5月9日破土开工后完成2200万立方米土方路基路面工程过程。在桥梁工程和隧道工程篇中，图片展示了雄壮的上桥互通式立交桥和优美的白市驿互通式立交桥全苜蓿叶型姿态，展示了宽敞明亮的中梁山隧道和缙云山隧道。在质量控制篇，留存专页记载世界银行官员检查施工质量的场面。在科技成果篇中，专页记载成渝高速公路重庆段建设的3项应用研究科技成果所获得的科技进步奖励，存留了成渝高速公路重庆段综合管理体制研究成果及其实施综合执法的情景。《西南第一路——成渝高速公路重庆段》全册以精美的207辐照片，配以中英双语文字说明，真实而生动地记录了《西南第一路——成渝高速公路重庆段》的建设管理过程。

（三）《重庆公用事业五十年（1946～1996年）》

1996年，为纪念重庆市公用事业局成立50周年，重庆市公用事业局组成《重庆公用事业五十年（1946～1996年）》画册编辑委员会，编辑刊印该画册。重庆市公用事业局党委书记、局长王根芳出任主任委员，重庆市公用事业局副局长武秀峰出任副主任委员，编委有4人。主编是王根芳，副主编是李本贵、沈晓阳，编辑有3人。另有摄影及美术设计等。

《重庆公用事业五十年（1946～1996年）》画册图文并茂，内容翔实丰富，时间跨度长，从1946年重庆近代公用事业的初具规模，到1996年重庆公用交通事业的长足发展，均有真实记载。这是至今看到的反映重庆市公用事业发展历史的第一本也是唯一一本大型画册。开篇刊载有1988年中央领导胡乔木、谷羽、王恩茂视察重庆长江客运索道的留念签名。刊载有国家建设部部长侯捷的题词：“办好市政公用事业　为广大人民造福”；有时任国家建设部副部长谭庆琏题词：“发展城市公用事业 开创服务工作新局面”；有时任国家建设部副部长李振东题词：“发扬奉献精神　为公用事业两个文明建设做出新的贡献”；有国家建设部原副部长储传亨题词：“发展公用事业　改善投资环境 保障人民生活”。还刊载有四川省副省长甘宇平题词：“半个世纪创业难　为民服务坚如磐　发扬成绩再努力　百舸争流竞风帆”；有中共四川省委副书记秦玉琴题词：“发扬优良传统　办好公用事业　服务经济建设 造福山城人民”。另外，还有12位四川省政府部门领导、重庆市委、重庆市人民政府、重庆市政协、重庆市人大领导题词。重庆市公用事业局时任党委书记、局长王根芳，重庆市公用事业局原任党委书记、局长陶铜仕也为画册题词。

《重庆公用事业五十年（1946～1996年）》画册共有六大篇章。一是亲切关怀篇，二是行政管理篇，三是事业发展篇，四是精神文明篇，五是改革开放篇，六是展望未来篇。精选320幅历史照片图表，配以精要的文字说明，尤其珍贵的是黑白的历史照片，真实生动地记载了重庆市城市公共交通等公用事业发展的艰辛历程。在亲切关怀篇中，存留一张1960年5月时任国家主席的刘少奇来渝视察期间乘坐朝天门南侧缆车的照片，是非常珍贵的历史文献照片。在事业发展篇中，对重庆城市公共交通、自来水供水等公用事业发展历史，选用了珍贵的历史照片作为记载。画册辟专页逐一列举对重庆公用事业发展作出卓越贡献的先驱人物和英烈劳模，如对胡子昂、卢作孚、翁文灏、税西恒、茅以升等爱国政治家、实业家、科学家，画册作出了精当的介绍和评价。在精神文明篇中，对重庆解放前夕被国民党反动派杀害的何敬平烈士、高力生烈士，对重庆解放后因舍身抢救落水儿童而牺牲的何伟烈士和不畏歹徒舍身保护乘客而牺牲的单光佳烈士，存留有专页记载。特别珍贵的是1959年公交“红姑娘客运队”队长张明素参加全国群英会、1995年4月第三公交公司306路队获得共青团中央、建设部命名的全国首批“青年文明号”等历史照片，是反映重庆城市公交传统精神的珍贵历史资料。

（四）《中国交通成就与展望·重庆卷》

1999年9月，《中国交通成就与展望·重庆卷》大型画册出版发行。重庆市交通局成立了《中国交通成就与展望·重庆卷》编辑委员会。主任由重庆市交通局局长胡振业出任，副主任有重庆市交通局党委书记王机、薛庆祥、张忠晔。委员有20人。王机任主编，曾升元、曾德一任副主编。编辑、摄影人员12人。撰文者有9人，翻译2人。

这部画册是交通部为迎接新中国成立50周年组织编写的大型系列画册中的一卷，共采用图片325幅、中英文双语合计15万字，全面介绍了重庆地方交通的发展、现状及前景，热情讴歌了交通建设者们的丰功伟绩。编辑工作历时两年。

《中国交通成就与展望·重庆卷》大型画册的内容，序言之后共有三大篇章。第一是重庆交通概况，包括重庆简介、重庆交通发展历程及成就、重庆交通在区域经济发展中的作用和跨世纪的重庆交通发展远景规划。这三大内容着重从重庆交通发展历程、交通队经济促进作用和交通发展未来展望出发，用精要的文字、精选的图片和统计图表，叙述了重庆交通50年所经历的从无到有、从弱到强、从简陋到先进、从低速到高速的发展历程，阐述了重庆交通对区域经济发展的巨大推动作用，描绘了1997～2020年重庆交通发展的宏伟蓝图。

第二是重庆交通成就，一是公路。其中有高速公路、干线公路、县乡公路、公路桥梁、公路隧道、公路养护、公路设计与施工企业。首先迎入眼帘的是1989年建成的重庆机场高速公路，随后是1995年通车的成渝高速公路重庆段。其中，中梁山隧道首创新的纵向通风方式，在交通部《中国交通50年成就·综合卷》大型画册里，选用了中梁山隧道的彩照。涪陵长江大桥、万县长江大桥在1997年先后通车，在《中国交通成就与展望·重庆卷》《中国交通50年成就·综合卷》同时展现。二是公路运输。着重反映传统重件运输与新兴集装箱运输。三是水路。多幅彩照显现的是长江、嘉陵江、涪江、渠江、乌江等航道，以及重庆港、涪陵港、万县港等港口新貌。四是水路运输。一开始就是20世纪80年代至90年代重新崛起的民生轮船公司的江海联运，接着是蓬勃发展的长江客运，飞驰的水翼船、气垫船，令人难忘。六是管理与法制。七是精神文明建设。

第三是重庆交通展望，包括重庆交通建设发展潜力巨大、2010年前重点建设的工程项目、2010年前拟实施的重点科研项目、扩大开放、加强合作等内容。《中国交通成就与展望·重庆卷》大型画册图文并茂，中英双语文字，全方位地集中反映了重庆市自新中国成立以来重庆交通发展的光辉历程，为50年重庆交通发展留下珍贵的历史资料。

（五）《新重庆大交通》

2001年4月19日，重庆市交通委员会成立之后，为反映重庆直辖以来的交通建设、管理、精神文明风貌并展望未来交通发展前景，重庆市交通委员会决定编写新重庆大交通画册（渝交委〔2001〕197号），以反映1997年重庆直辖以来至2002年重庆交通面貌的巨大变化。为此，成立画册编辑委员会，由重庆市交通委员会主任胡振业出任主任委员，由重庆市交通委员会副主任李健、滕西全、张世玖、丁纯、彭建康、重庆市交通委员会纪委书记明正义以及民航重庆管理局局长赵江平、重庆铁路分局局长陈启华出任副主任委员。委员有21人。编辑部主编由李健担任，副主编由曾升元、滕宏伟担任。

按照预定工作日程，2002年，《新重庆大交通》画册印刷出书。画册内容图文并茂，中英双语文字，除序言共分五部分。第一是重庆交通概述。第二是基础设施建设，其中包括公路建设、铁路建设、民航建设、水运建设。第三是交通行政管理。第四是精神文明建设。第五是交通发展展望。画册着重记述了1997年至2002年的新重庆大交通的发展历程。

（六）《重庆桥谱》

2000年8月22日，为总结回顾重庆市古代桥梁、现代桥梁，特别是改革开放20年来桥梁建设技术、艺术风格和成就，发掘和保存重庆市桥梁建筑的珍贵历史文化遗产，按交通部《关于做好编辑出版大型专著中国桥谱工作的通知》（公路字〔2000〕15号文）的精神，在积极配合交通部搞好出版工作的同时，重庆市交通委员会决定编辑《重庆桥谱》（渝交委〔2000〕60号文）。

对编撰和出版工作进行了部署安排，一是为保证高质量地完成该书的编撰和出版任务，成立以重庆市交通委员会主任胡振业为主任，重庆市交通委员会副主任滕西全、李健、彭健康、蒙进礼为副主任，15人为成员，顾安帮、瞿光义、曾文正为专家顾问的《重庆桥谱》编辑委员会。二是在编辑委员会下，成立由艾吉人为主任，刘志军、李关寿、唐伯明、曾德一为副主任，6人为成员的编纂办公室，具体负责编纂工作，该办公室设在重庆市公路局。三是2000年8月中旬至10月中旬开展收集资料、拍摄桥梁照片工作。2000年10月中旬至2001年1月中旬完成后期编辑、审查、版面设计等工作。2001年2月上旬完成《重庆桥谱》的编辑出版任务。

2001年10月，《重庆桥谱》编辑出版。《重庆桥谱》的内容除序言外共有三大篇章，第一篇是古代及近代桥梁，包括石拱桥、天生桥、板桥、索桥和木廊桥。年代最久远的是建于北宋约公元1050年的荣昌施济古桥与建于南宋公元1194年的涪陵马武镇碑记桥。最大的廊桥是秀山县龙凤乡客寨廊桥，是土家风格的人文景观。第二是现代桥梁，包括长江大桥、嘉陵江大桥、拱桥、梁桥、架式桥、提篮式桥、斜拉桥、索桥。1966年落成的嘉陵江大桥是重庆市第一座城市大桥。截止编辑画册之时，共有30余座现代各型大桥在长江、嘉陵江、乌江、涪江上建成。最后是立交桥。在高速公路上互通式立交纵横交错，极为辉煌。书中图文并茂并按桥型及其造桥时间顺序分类排序编撰，《重庆桥谱》对极富巴渝特色的、形式多样的重庆古代、近代和现代桥梁，共选取了217座拍照编撰成书，中英双语文字说明，为重庆交通的桥梁建设留下了一份宝贵的历史资料。

（七）《廉政箴言录》《廉政书画》

2005年8月8日，万州区交通委员会廉政文化建设领导小组编撰了一套廉政文化建设系列丛书，其中，有《廉政箴言录》《廉政书画》等书。《廉政箴言录》以“高筑惩防大堤、构建和谐交通”为其主题，收录了党和国家领导人、革命先烈箴言警句，重庆市交通系统各级领导自撰自书的廉洁从政警句，以及历史名人的廉政格言。《廉政书画》以“弘扬廉政文化、构建和谐交通”为其主题，分正气篇、讽刺篇、终结篇，收录了勤政为民的先进模范人物图片和书画作品，也收进了贪腐反面案件。两本书主题鲜明，形式活泼，文化底蕴深厚，颇富教育意义。

二、交通史志

（一）《重庆交通大事记》

1. 编撰过程

1982年，重庆市交通局成立交通史志编纂委员会，由重庆市交通局党委书记沈盛辉出任主任委员，重庆市交通局局长胡振业出任第一副主任委员，副主任委员兼任主编是邓誉久。委员有21人。编写人员有邓誉久、杨健、毛靖远、龙述昌、何力、张茂川、肖勇、黄定淮、黄振炎、张孟川、谢开、罗安社、曾升元、廖宗扬。资料员有刘伟、丘昌明。在交通史志编纂委员会领导下，完成自1949年新中国成立以来、由重庆市人民政府交通部门主修的第一套重庆地方交通志——《重庆交通大事记》《重庆公路运输志》和《重庆内河航运志》。

1982年，邓誉久、杨健、黄振炎、左传智等编辑们，开始搜集原始资料，合力编写资料长篇，历时十载，几经增删，三易其稿。1988年10月31日，在杨健、毛靖远、龙述昌、何力、张茂川、肖勇、黄定淮、黄振炎、谢开、曾升元、廖宗扬等11人合力编写之下，《重庆交通大事记》率先成书付印。

2. 志书内容

《重庆交通大事记》以事件发生时间的纵向顺序为经、以建制沿革等横向分类为纬、以横排竖写的方式，以编年体为主、以记事本末体为辅，记述了自中国新石器时代至公元1988年之间发生的重庆交通大事。《重庆交通大事记》共分十一部分：建制沿革，内河，民间运输，公路建设，汽车运输，铁路，航空，管道建设运输，交通工业，科技教育，文化体育。其中，自距今5000年起，经过夏、商、周三代，经过春秋战国秦汉时期，经过唐宋元明清历朝各代，经过“中华民国”时期，直至中华人民共和国建国39年时期，所搜集的重庆交通史料丰富，翔实地列出重庆地方交通经济大事2101条，其中，古代55条，近代698条，现代1348条，记事史料弥足珍贵。

（二）《重庆公路运输志》（1840～1985年）

1. 编撰过程

1982年，邓誉久、杨健、黄振炎、左传智等编辑们，开始搜集公路运输志原始资料，他们到过南京档案馆、四川档案馆、重庆档案馆、重庆博物馆、重庆图书馆以及市属各区县档案馆与图书馆，抄录前志和原始素材，合力编写资料长篇，历时十载，几经增删，三易其稿。经重庆市志总编室评审，再经修改，报经重庆市人民政府批准出版。1991年6月，《重庆公路运输志》成书，共24万字，由科学技术文献出版社印刷出版发行第1版，以16开本印行数量3000册。

2. 志书内容

《重庆公路运输志》是重庆公路运输有史以来的、重庆市人民政府交通部门主修的第一部志书。这本公路运输志，从公路建设和公路运输两个方面，反映了公路及其公路运输在重庆经济政治文化各方面发展历史中的巨大作用。从结构上，《重庆公路运输志》分为公路建设篇和汽车运输篇两大部分。公路建设篇有五章19节。主要是：民路驿道，公路路线，桥梁隧道，立交桥，车渡，公路路面，公路养护。汽车运输篇有八章28节。主要是：机构沿革，运输企业，旅客运输，货物运输，联运，交通监理，运输管理，汽车维修改造。全书史料翔实，数据准确，不仅为重庆地方交通存史、是供重庆公路运输工作者参考使用的小百科全书，而且是对社会公众普及公路运输知识、传播公路运输信息的重要书籍。

（三）《重庆内河航运志》（1840～1985年）

1. 编撰过程

1982年，邓誉久、杨健、黄振炎、左传智等编辑们，开始搜集内河航运志原始资料，他们到过南京档案馆、四川档案馆、重庆档案馆、重庆博物馆、重庆图书馆以及市属各区县档案馆与图书馆，抄录前志和原始素材，合力编写资料长篇，历时十载，几经增删，三易其稿。经重庆市志总编室评审，再经修改，报经重庆市人民政府批准出版。1992年10月，《重庆内河航运志》成书，共58万字，由科学技术文献出版社印刷出版发行第1版，以16开本印行数量1500册。

1994年12月，通过重庆市地方志编纂委员会审查认可，《重庆公路运输志》、《重庆内河航运志》纳入《重庆市志（第五卷）》，即《重庆市志》的交通卷，加上港口志、民用航空志、铁路运输志、管道运输志、邮政志、电信志，共有90万字，以16开本印行数量3000册。

2. 志书内容

《重庆内河航运志》是重庆内河航运有史以来的、重庆市人民政府交通部门主修的第一部志书。《重庆内河航运志》共有七编，第一编是航道，共有六章：长江重庆段，嘉陵江重庆段，涪江重庆段，渠江重庆段，綦江，支流。第二编是港口，共有四章：长江重庆港，长江其余13港，嘉陵江8港，其他江河8港。第三编是木船，共有七章：水驿与木船帮会，航业公会与航运工会，重庆解放后运力组织，木船船型，木船运输，揽载与放筏，渡口。第四编是轮船，共有五章：轮船公司，运输，运力，航线，轮船运价。第五编是航运管理，共有四章：管理机构，港航监督管理，船舶检验，海损事故。第六编是水运工业，共有两章：造船，工副业。第七编是杂记，共有两章：川江号子，重庆的龙舟。七编共有30章，以充实准确的大量史料，反映了重庆数千年的内河航运历史。

（四）《重庆市公用局组织志》

1. 编撰过程

1988年，在全国第一轮修志工作中，重庆市公用局组织人员成立《重庆市公用局组织志》编纂委员会，重庆市公用局局长王根芳任主任委员，陈高延任副主任委员，程永宽、彭维诚、陈居常、童良均、程继军、张涛、陈烈、杨人策、胡甫珊、袁守荣、曾德容、凌德祥为委员。

《重庆市公用局组织志》编写组主要成员有王根芳担任主审，陈高延担任主编，程永宽担任副主编，袁守荣担任主笔，另外还有徐昌厚、周启良、陈凤兮、王忠顺、张启华、杨正全、崔极富、金银芳、张朝堂、刘家馨、李渝桥、银华成、成守义、周文安等14人担任编写工作。1995年8月，经过7年的档案资料搜集整理、调查专访、回忆实录，《重庆市公用局组织志》编纂成书，共23万字，按16开规格印行，印数300册。

2. 志书内容

《重庆市公用局组织志》是重庆现代公用事业创办50多年以来的、重庆市人民政府公用部门主修的第一部志书。《重庆市公用局组织志》共有三编。第一篇中共组织，共有七章：局机关中共组织，重庆市公共交通公司中共组织，重庆市自来水公司中共组织，重庆市轮渡公司中共组织，重庆市客车总厂中共组织，重庆市出租汽车公司中共组织，局直属单位中共组织。第二篇行政组织，共有七章：局机关行政组织，重庆市公共交通公司行政组织，重庆市自来水公司行政组织，重庆市轮渡公司行政组织，重庆市客车总厂行政组织，重庆市出租汽车公司行政组织，局直属单位行政组织。第三篇是人物简介，最后有附录3篇。《重庆市公用局组织志》上限为1949年11月30日，下限为1985年“六五”计划期末，全志严谨记述了重庆1949年至1985年重庆市公用局系统党政组织的历史。

（五）《涪陵地区交通局志》（有史以来~1985年）

1. 编撰过程

1985年，在全国第一轮修志工作中，涪陵地区交通局组织人员启动了《四川省涪陵地区交通局志》（以下简称《涪陵局志》）的编纂工作，组成修志工作领导小组，组长由涪陵地区交通局局长唐志荣担任，修志办公室主任由程继荣担任，主编由田治谋担任，编辑人员有席晏荣、高兴玉、邱忠渔、夏万忠、唐忠碧等人。1985年，编纂人员开始收集整理资料。1986年，编纂人员编写初稿，1987年，《涪陵局志》修改，至1988年上半年定稿。1988年，经过审定后付印。历时四年时间成书20余万字。

2. 志书内容

《涪陵局志》记述了近半个世纪涪陵地区的交通历史，反映了交通事业的发展、变化和建设成就，这是中华人民共和国成立后涪陵地区交通局主修的第一部交通志书，具有一定的历史参考价值。

《涪陵局志》全书七篇，在志书的前部分，存摄影照片。第一篇是概述，第二篇是大事记，第三篇是建置沿革，共有五章，即新中国成立前交通管理机构的设置、新中国成立后交通管理机构的设置和演变、党团组织的设置、局属企、事业单位的建立和演变、其他机构的建立。第四篇是公路篇，共有四章，即古道古桥、新中国成立前的公路修建、新中国成立后的公路修建、公路管理与养护。第五篇是汽车运输篇，共有五章，即1949年前全区汽车运输、1950年后全区汽车运输、汽车运输运价变革、汽车运输经营管理规定、汽车修造。第六篇是水运篇，共有三章，即主要航道、港口码头、航运。第七篇是人物篇。另有杂记，记白鹤梁古水文站和白涛巴人墓。

（六）《涪陵交通志（1986～2005年）》

1. 编撰过程

2004年11月，根据全国第二轮修志工作的要求和涪陵区政府、涪陵区地方志办公室的统一部署，涪陵区交委决定在完成《涪陵区志》交通邮电部分的同时，编修《涪陵交通志》，2004年12月成立了编委会。2005年3月，根据需要调整充实了编委会，由涪陵区交通委员会主任刘树荣担任主任，陶友峰、程继荣、夏祖伦、喻伟华、陈永权、冯维、汪建平、张松林担任副主任。章世平、任成全、张朝明、刘军强、夏辉友、李卫东、袁万明、潘志、许少才、张公振、陈泽开、彭刚、李虎、左红、王继丰、陈波、方裕宝、谭陵、陶世明、李伟、简元芬、何云、王卫平、寿道奇、段炼、黄志、杨成铭、马庆、王江泉任委员，下设办公室，由涪陵区交委调研员、编委会副主任张松林担任主任与主编，简元芬担任副主任，何宗安担任副主编，张晓，由张松林、何宗安担任编辑、组成《涪陵交通志》编写组，实施《涪陵交通志》的编纂工作。

2005年3月，《涪陵交通志》（1986～2005年）编纂工作正式启动。同年3月中旬，涪陵区交委下发了《涪陵交通志》篇目的文件，紧接着正式下发了编修工作通知。2005年4月8日，涪陵区交委召开了《涪陵交通志》编纂培训会。编写组根据第二轮修志的时间跨度大、行业部门多、工作范围广和修志人员编修知识缺乏的特点，决定将一般篇目细化改为编写编修提要。2005年6月，涪陵区交委以正式文件将编修提要文件下发各有关单位，落实任务，明确责任。

2006年1月前，各承编单位初稿完成。2006年春节后，编写组就着手对参编单位提供的资料进行审查、整理并进行志稿初稿的编纂和图片资料的收集。2006年4月，港航、运管两个主要牵头单位的初稿完成。2006年9月底，各篇章初稿基本完成，2006年12月底送审稿完成。经过涪陵区地方志办公室审稿，报经涪陵区人民政府批准，《涪陵交通志》成书113万字，2007年4月，以16开本印行800册出版发行。

2. 志书内容

《涪陵交通志》全书十一篇，在志书的前部分，存395幅摄影照片。第一篇是建置沿革，共有五章：重庆市涪陵区交通委员会，地区交通局、地（市）交委，区县（市）交通局（委），委属事业单位，中渝交通驻涪单位。第二篇是陆路，共有六章：铁路，公路建设，桥梁、隧道建设，公路养护与管理，收费路桥，人行路桥。第三篇是水路，共有四章：航道，港口、码头、渡口，海事管理，船舶检验。第四篇是（三峡库区）淹没复建，共有两章：淹没总量，复建。第五篇是交通运输，共有七章：陆路，水路，其他运输，搬运装卸，仓储，现代物流，交通规费征收。第六篇是邮电，共有两章：邮政，电信。第七篇是交通战备，共有三章：组织机构，正规化建设，战备工作。第八篇是交通工副业，共有两章：汽车制造与维修，船舶制造与维修。第九篇是教育、科技、文化，共有四章：教育，科研，文化建设，教育、科技、文化队伍。第十篇是精神文明建设，共有三章：党派群团，文明建设，警示录。第十一篇是人物，共有两章：人物简介，先进集体、个人名录。《涪陵交通志》全书为了解包括涪陵市、枳城区、李渡区、南川市、垫江县、丰都县、武隆县、石柱县、彭水县、黔江县、酉阳县、秀山县在内的涪陵地区交通发展，存留了有价值的历史资料。

（七）《黔江地区（开发区）交通志（1988～1998年）》

1. 编撰过程

1999年2月，黔江开发区决定编纂黔江地区交通史志，并确定黔江地区（开发区）交通志编纂委员会及其工作班子，特聘请黔江县志主编蒲祖政为总执笔人。黔江地区（开发区）交通志编纂委员会由黔江开发区交通局局长刘复任主任，黄绪良、丁歧楼、鲁荣康、王邦权、肖永平任副主任有。郭熙涛、范绍友、刘泽胤、张荣昌、蒲长科、李天华、蒲祖政、杨昌荣、陈世福、李华成任委员。主编由黄绪良担任，李天华、张荣昌、陈世福、蒲长科为副主编。蒲祖政任特约编纂人。1999年2月至1999年11月，在黔江地区（开发区）交通志编纂委员会领导督促下，在主编、副主编带领下，全体编辑人员从拟定提纲开始，搜集资料，具体编纂，反复征求意见，不断进行修改，于1999年11月编写完毕，成书45万字，经过黔江开发区管理委员会审查批准，交付印刷出版。2000年2月，《黔江地区（开发区）交通志》以16开本印行500册发行出版。

2. 志书内容

《黔江地区（开发区）交通志》共有9篇54章72节。第一篇是管理机构沿革，共有六章：交通局，公路养护管理机构，公路运输管理处，航务管理处港航监督处港口管理处，稽查征费处，直属事业机构。第二篇是公路建设，共有六章：新中国成立前公路概况，1950～1988年公路建设，建区10年公路发展，措施办法。第三篇是公路养护管理，共有七章：养路体制改革，管理办法，公路绿化，民工建勤，创建文明路，路政管理，抢修水毁工程和大中修工程。第四篇是公路运输与管理，共有十一章：汽车运输，客货运输管理，汽车维修行业管理，出租车行业管理，车辆技术管理，驾驶员培训，治理整顿道路运输市场，道路交通安全管理，车站建设与管理，规费征收，运政目标管理。第五篇是内河航运与管理，共有五章：航道整治与航道设施，港口码头建设，港航监督，内河运输与管理，造船工业。第六篇是稽查征费，共有两章：征费，管理。第七篇交通战备，共有三章：机构设置，职责制度工作程序，应急保障。第八篇是边区协作民族地区交流，共有十一章：工作规则，机关内部改革与职能转变，目标管理责任制，行政执法，“四好”领导班子建设，教育科技，思想政治工作，基本建设，争取建设资金和优惠政策，财务统计。另有附录10篇。

（八）《成渝高速公路重庆段建设志》

1. 编撰过程

1997年，成渝高速公路重庆段建设志编纂工作正式启动。重庆市交通局、重庆高等级公路建设指挥部成立成渝高速公路重庆段建设志编纂委员会。由重庆市交通局胡振业担任主任委员，王机、郑道访、滕西全、黄同科、李健担任副主任委员。王继刿、任超、余昌平、杨清源、罗德馨、郭家银、候瑞祥、徐谋、秦国强、程永富、程淑明、彭建康、富健全、蒙进礼、蒲培成任委员。同时，组成成渝高速公路重庆段建设志审稿小组，组长由重庆市交通运输党委书记王机担任，成员有重庆市人大常委会副主任陈之惠，四川省交通厅副厅长郑道访，重庆市地方志办公室第二编辑处处长吴艾生，重庆永川市副市长陈发志，另有滕西全、蒙进礼、杨清源、郑光荣、肖开国、孙庭伟等人。邓誉久担任主编，其余编写人员有肖了林等17人。成渝高速公路重庆段建设志成书110万字，1998年5月，由重庆大学出版社印刷发行，以16开本印行800册出版。

2. 志书内容

1998年5月，重庆市交通局与重庆高等级公路建设指挥部合力编纂《成渝高速公路重庆段建设志》，从专业技术、基本建设程序角度，详尽记载了成渝高速公路重庆段建设过程之始末。全书以1994年12月时任总理李鹏题词“巴蜀坦途”领先，载有24幅典型图片，全书共分六篇44章。第一篇是工程前期工作，共有七章：可行性报告审批，公路设计任务审批，编制设计概算，世界银行贷款，招标工作，电水及物资供应，优化变更设计提高技术标准。第二篇是征地拆迁，共有六章：巴县段拆迁，沙坪坝段拆迁，璧山县段拆迁，永川市段拆迁，大足县段拆迁，荣昌县段拆迁。第三篇是建设管理，共有十章：资金筹集，菲迪克（FIDIC）条款管理，西南瞩目工程，目标任务，合理化建议和劳动竞赛活动，万民支持关怀成渝高速公路建设，重庆市重点公路建设领导小组及其办事机构，隧道机电工程，成渝高速公路建设中的宣传工作，竣工验收。第四篇是工程监理，共有十二章：监理机构，监理人员职责，缙云山隧道工程，路基土方工程，桥梁与互通式立交工程，人行天桥通道涵洞工程，路面中央分隔带工程，波形梁护栏隔离栅标志标线房建工程，工程质量缺陷处理，施工合同管理，工程建设计量与支付。第五篇是工程质量检测，共有四章：公路工程质量监督检测，公路工程质量检测试验，工程材料试验，结构物检测试验。第六篇是综合执法，共有五章：高速公路管理机构，管理体制，车辆通行费管理，管理人员及其职责，高速公路客运的发展。《成渝高速公路重庆段建设志》全书史料翔实丰富，为成渝高速公路重庆段建设存留了宝贵的历史资料。

（九）《今日西部交通——重庆公路建设与管理》专辑（上下册）

1. 编撰过程

2000 年 8 月 1 日，重庆市交通委员会成立。随后，启动了《今日西部交通——重庆公路建设与管理》的编辑工作，成立《今日西部交通——重庆公路建设与管理》编辑委员会。编委会特聘请重庆市副市长吴家农、程贻举及向仲怀等 3 人担任顾问，编委会主任由重庆市交通委员会主任胡振业担任，副主任有马述林、周旭、滕西全、李健、彭建康、蒙进礼、蒋光植。主编是蒙进礼，副主编是曾维栋，执行主编是向传书。编委有张太雄、滕宏伟、罗祥荣、徐谋、艾吉人、陈忠富、肖文武、张力、梁乃兴、刘治军、唐伯明、沈晓阳、程德宏、姚小松、孙家驷、熊有言、蒲培成、赵立寿等 18 人。编辑人员有谭继先、陈义邦、陈洪全、陈鸿友、齐俊秀、郭强、张成、黄文杰等人。摄影人员有罗昌林、段永刚、刘帆、杨绍全、秦德福、向传书、曾德一等人。

2001 年 6 月，重庆市交通委员会组织、重庆市公路学会、重庆市人民政府科技顾问团、《交流与协作》杂志社共同编撰的《今日西部交通——重庆公路建设与管理》专辑（上下册），成书 60 万字，16 开，由重庆出版社印行 3000 册出版。

2. 专辑内容

《今日西部交通——重庆公路建设与管理》专辑以图文并茂的形式，搜集整理了重庆市在“九五”计划期间干线公路和高等级公路建设中的重要资料。

在《今日西部交通——重庆公路建设与管理》专辑上册中，共有六部分内容。第一部分是“亲切关怀”，收集了中央领导同志关心重庆交通建设与经济社会发展的一些珍贵图片。第二部分是“领导专论”，收录了重庆市委、重庆市政府主要领导、重庆市计委领导、重庆市交委领导对重庆交通发展的期望和支持，对建立重庆综合交通体系的现代化运输体系的重要论述。第三部分是重庆市公路概况介绍和重庆市骨架公路网建设规划图（1997 ~ 2020），第四部分是“九五”重庆交通建设成果展示，共有高速公路建设成就辉煌，工程设计施工与质量监督，公路养护与管理。第五部分是交通建设政策法规选编，重庆市主要选编的是公路路政管理条例、重庆市高等级公路管线工程建设管理条例、重庆市高等级公路建设征用土地分级责任制暂行办法等一批重要法规政策。第六部分是交通科技论坛与交通科技成果推介，收存了公路管理人员、科技专家等人 18 篇关于公路建设、管理的论文，同时，推介重庆市公路建设中 11 项重大的科技成果。

在《今日西部交通——重庆公路建设与管理》专辑下册中，继续“九五”重庆交通建设成果展示，着重以渝西经济走廊、长江三峡库区、渝东南少数民族地区三大板块为线索，逐一展现不同地区不同条件下的公路建设成就。主要有重庆市郊及渝西经济走廊干线公路建设风貌，长江三峡库区交通建设及移民扶贫干线公路建设成果，渝东南乌江流域少数民族地区干线公路建设风貌，交通建设经验交流，外行业外地施工企业先进生产技术与建设成果选介。

（十）《梦圆长万》

2003 年 8 月，在长寿至万州高速公路即将通车前夕，重庆高速公路发展有限公司开始启动长万高速公路建设纪实一书的编写工作，成立《梦圆长万》编辑委员会。编辑委员会主任由重庆市交通委员会副主任滕西全担任，副主任有徐谋、李祖伟、程淑明、田世茂。编委有李建明、周竹、谭功炎、李洪霞、谢应福、俞舒、张晓阳、孙传平、任建卫、杨红、陈华明、关德义、李民生。主编是章勇武（时任重庆市高速公路发展有限公司副总经理）。副主编有周杰、杜国平、许留旺。执行主编有黄蜀皖、李彦一（特邀红岩春秋杂志社副社长）。编辑有周德渝、朱苏红、梁宏、徐世宏、罗杰、杜小平、冯康曲、蒲殿鳌、谭明乾、王大中、雷兴友、王德坤、谢盛章、苏亚灵、李林阳、范春明。

组稿历时5个月,《梦圆长万》编辑委员会收到稿件58篇,采用50篇。2003年12月,重庆高速公路发展有限公司渝东分公司内部发行了《梦圆长万》一书,成书28.5万字,以32开本印刷2000册发行。该书以长寿至万州高速公路建设的史实为依据,图文并茂,精选26幅图片,文体体裁多样。除序言外,主要内容分为经验、纪实、人物、文学四大部分,并附有渝东公司大事记。"经验"部分收录9篇重要文章、论文。"纪实"部分收录26篇报告文学纪实风格的文章,真实、生动记载了长寿至梁平、梁平至万州两个高速公路建设项目施工过程及其先进群体事迹。"人物"部分收存8篇人物特写,塑造了感人肺腑、可歌可泣、有血有肉的高速公路建设者们的人物群像。"文学"部分收存8篇诗歌、散文等文学作品,热情讴歌高速公路建设者们的辛勤劳动。

(十一)《长路当歌——重庆交通征费稽查十二年》

1999年,为记载重庆交通征费稽查12年的历史,重庆市交通局启动《长路当歌——重庆交通征费稽查十二年》的编纂工作,成立《长路当歌——重庆交通征费稽查十二年》的编纂委员会,胡振业出任主任,王机、潘武新出任副主任,委员有禹培文、刘崇伟、曾升元、吴洪铭、王志、谭军、冉启才、王继峰、鲁荣康、肖庆隆。主编是潘武新,副主编有谭军、张彤、陈浚柳。编辑人员有段永刚、张彤、陈浚柳。摄影人员有曾德一、段永刚、王语。参与撰文有刘建、王庆华、张彤、张鲁玲、王万华、陈浚柳、潘全明、向京、李炳生、唐旭。

《长路当歌——重庆交通征费稽查十二年》以图文并茂的形式,精选134幅图片、表格,用精当的文字叙述,真实记录了重庆交通征费稽查十二年的历史轨迹。全书分为三大部分:发展篇,成就篇,大事记。第一是发展篇——风雨坎坷铸丰碑,共有六项内容:重庆市交通征费稽查局机构网络图,重庆市交通征费稽查局机构设置图,重庆市交通征费稽查局征收管理处、万州交通征费稽查处、涪陵交通征费稽查处、黔江交通征费稽查处等4个二级处的简介。以"风雨坎坷铸丰碑"为题的文章总述了重庆市交通征费稽查局建立、发展、壮大的历程。第二是成就篇——火红的金秋,共有四项内容:1988~1999年养路费、重点建设基金、客运附加费、货运附加费征收情况,1988~1999年稽查数据统计,重庆市交通征费稽查局人员结构情况,历年公路收费标准及政策依据。以"火红的金秋"为题的文章综述了重庆市交通征费稽查12年各方面成就。交通征稽大事记,简要记载了12年中交通征管的各项大事。

(十二)《重庆成渝高速公路路史简编》

2005年2月,为庆祝和纪念成渝高速公路重庆段通车十周年,重庆成渝高速公路有限公司党委决定编写《重庆成渝高速公路路史简编》。编撰人员主要为公司员工,聘请重庆高速公路发展有限公司董事长胡振业、重庆高速公路发展有限公司党委书记徐谋担任名誉主编,重庆成渝高速公路有限公司董事长秦国强任主编,副主编由张云亭、周邦印出任。编委有27人,撰稿编辑23人,均为公司员工。历时6个月,全体编纂人员完成全书初稿、修改、校订等工作,于2005年9月付印,成书54万字,图片149幅,印行1500册。

《重庆成渝高速公路路史简编》全书共有十八章及附录资料。序言由代表上海股东方出任重庆成渝高速公路有限公司副董事长张云亭撰写。全书除第一章简述成渝高速公路重庆段建设外,第二、三章分别记述重庆成渝高速公路管理处、重庆成渝高速公路有限公司的组建沿革。第四章至第十三章分别记述职能部门沿革、工会、团委、行政执法大队、东段管理处、西段管理处、机电管理处、路苑子公司、通力子公司及其他法人单位的沿革与组成职能等情况。第十四章全部是自单位成立以来所获得的表彰荣誉。第十五章是通行费收费全记录。第十六章至第十八章全部是员工小传,有成渝高速公路初通之前的,有成渝高速公路初通期间的,也有成渝高速公路初通之后的。凡有资料记载的689人,包括现任职工和调出职工,均配以小照加以简要记述。其余211人曾在公司工作过，因缺乏资料无法记述，也全部列出姓名。最后三章 84 页占全部篇幅 308 页的 27%，为每一个公司在职员工、调出员工留存一份记忆，是这本路史的最显著特点。

第四节　交通主题文化活动

一、青年主题活动

（一）青年教育征文活动

1. 以“忆英烈、建丰碑”为主题的教育活动

1988 年，重庆市交通局团委在重庆市交通系统青年中开展以“忆英烈、建丰碑”为主题的教育活动。市水上运输公司团委率先开展“水运精神”大讨论。重庆市装卸运输公司团委开展“用知识点燃装运青年的青春、理想之火”第二届装运青年读书活动。重庆市交通局系统青年积极募捐、集资，以“交通青年”名义承建歌乐山烈士陵园张露萍烈士的雕像。

2. “让青春为交通添光彩”征文活动

2001 年 9 月 3 日，为迎接国庆，丰富交通青年文化生活，共青团重庆市交通委员会团委决定举行 2001 年度“让青春为交通添光彩”征文活动，规定征文主题是“青春·交通”，要求立意深刻新颖，以小见大；文笔流畅，富有文采，言之有物。体裁不限，字数限制在 1500 字以内。重庆市交通系统年龄 35 岁以下的团员青年均可参赛。

“让青春为交通添光彩”征文活动期间，评审委员会共收到各单位征文 174 篇。经过评委会委员严格评审，共评出特等奖 1 篇，一等奖 3 篇，二等奖 7 篇，三等奖 12 篇。2001 年 10 月 31 日，共青团重庆市交通委员会通报表扬 2001 年“让青春为交通添光彩”征文活动获奖个人。特等奖是重庆交通运业有限公司马义琼的《青春涅槃》。一等奖是重庆轮船总公司海运公司邓颖的《海鸥》、重庆出租汽车公司林晓霞的《交通青年的激越青春》、重庆第一公交公司周至权的《超越青春》。

3. “弘扬红岩精神，争做岗位贡献”征文活动

2004 年 9 月 9 日，共青团重庆市交通委员会下发决定开展“弘扬红岩精神，争做岗位贡献”征文活动。对征文的内容和形式，要求结合自己本职工作，结合对红岩精神的理解和把握，抒发自己对工作和生活的热爱。内容要积极健康向上，体裁形式可以为散文、诗歌、微型小说及随笔，字数限制在 2000 字以内。

开展征文活动后，在规定时限内，各单位上报征文 170 篇。经过评委会委员严格评审，2004 年 12 月 13 日，共青团重庆市交通委员会向委属各单位团委（总支、支部），重庆市海事局团委发出《关于对红岩精神主题征文活动优秀文章和作者进行表彰的通知》，公布获奖名单评出一等奖 5 篇：《走马看历史，临风忆忠魂》——重庆高速公路发展有限公司东渝营运分公司冉凤兰。《红岩礼赞》——重庆渝信路桥发展有限公司程兴艳。《一张高速公路通行卡的自白》——重庆渝涪高速公路发展有限公司张晓峰。《公交姑娘》——重庆市公交（控股）集团电车公司文群。另外，有二等奖 9 篇、三等奖 30 篇。

（二）青年竞赛评选活动

1. 六市交通青年联谊赛活动

1986 年 4 月 16 日至 1986 年 4 月 20 日，北京、天津、上海、广州、武汉、重庆 6 个城市在重庆市举办“京、津、沪、穗、汉、渝六市交通青年工作研讨会”。会议以“献身四化、振兴交通”为主题，与国家“七五”计划同步，开展京、津、沪、穗、汉、渝“七五”交通青年联谊赛活动，竞赛口号是“自强，求实，建功”。竞赛活动以达成感召青年、服务人民、影响社会的目的。

2. 青年业务技术明星大赛

1986 年，重庆市交通局团委组织青工参加重庆市首届青年业务技术明星大赛，交通系统 6 名参赛选手分别获得 2 个标兵、4 个技术能手称号。1987 年，重庆市交通局团委继续组织青工参加重庆市第二届青年业务技术明星大赛，重庆汽车运输公司青年乘务员钟渝获得“服务明星”称号。

3. 青工技能竞赛月活动

2002 年 8 月 9 日，为进一步提高广大青年职工的技能水平，积极引导广大青年职工学理论、钻业务、赛技术、比贡献，共青团重庆市交通委员会决定在重庆市交通系统范围内开展青工技能竞赛月活动。根据通知要求，2002 年 9 月 1 日至 30 日，交通系统通过青工“技能月”的开展，一是积极开展技能培训。二是组织开展技能竞赛。三是进一步建立健全表彰激励机制，对在活动中取得显著成绩的优秀青年职工，给予精神鼓励和物质奖励。交通系统各单位积极开展“青工技能竞赛月”活动，在重庆市交通系统中涌现出了一批业务技能精湛、作风过硬、敢打硬仗的优秀青年工作者。2002 年 11 月 13 日，共青团重庆市交通委员会决定命名张伟杰等 23 人为重庆市交通系统 2002 年度青年岗位能手，决定授予张伟杰、陆朝晖、万新荣等 23 人为 2002 年度青年岗位能手的称号。

4. “迎亚太市长峰会、展交通青年风采”形象大赛活动

2005 年 3 月 25 日，为隆重庆祝“五四青年节”和迎接亚太市长峰会在重庆召开，共青团重庆市交通委员会决定开展庆祝五四青年节、迎亚太市长峰会，展交通青年风采形象大赛活动，比赛内容有三方面：一是文明礼仪队列展示。从形象气质、服装、微笑、手势、整齐、整体印象六个方面评比，总分 12 分，时间最好不超过 8 分钟。二是双语竞赛。从发音标准、流畅、配合默契、整体印象四个方面评比，总分 4 分，时间最好不超过 5 分钟。三是知识竞赛。从党的先进性教育、亚太市长峰会、共青团知识、重庆市情、交通概况五个方面出题形成题库，参赛选手抽出 1 道题作答，总分 4 分，题型为选择题。根据各队总分评出一、二、三等奖和文明礼仪队列展示比赛、双语竞赛第一名。

2005 年 5 月 16 日，在重庆陈家坪富丽大酒店，重庆市交通委员会及其交通团委主办的庆祝“五四青年节”表彰大会和“迎亚太市长峰会，展交通青年风采”形象大赛举行。中共重庆市交通委员会副书记余昌平，重庆团市委组织部、宣传部和重庆市交通委员会组织人事处、宣传处、机关党委，市交通团委负责人出席会议，重庆市交通委员会系统各单位团员青年代表参加会议。会上，重庆市交通委员会、重庆团市委命名表彰了 2004 年度交通系统“重庆市五四红旗团委”（3 个）、“重庆市五四红旗团支部”（13 个）、青年文明号集体（14 个）和 2005 年度青年文明号创建集体（8 个）。重庆市交通委员会表彰治理车辆超限超载优秀青年突击队（22 个）、优秀青年突击手（26 个）。重庆市交通委员会系统 9 支代表队参赛。大赛分文明礼仪、双语（普通话和英语）服务、知识竞赛三部分竞赛内容。全体参赛队员形象气质、服装、微笑、手势、整齐协调的文明礼仪队列，发音标准、流畅、配合默契的双语风采，以及党员先进性教育、亚太市长峰会、共青团知识、重庆市情、交通概况等方面的知识竞赛。经过激烈角逐，重庆公交集团、重庆渝通宾馆获得一等奖，重庆高发司、重庆市运管局、重庆渝运集团获得二等奖，重庆高投公司、重庆市交通行政执法总队、重庆市航发司、重庆市港航局获得三等奖。重庆高发司、重庆公交集团、重庆高投公司并列获得文明礼仪展示第一名，重庆公交集团获得双语竞赛第一名。

5. 重庆交通青年突击队竞赛活动

1999 年 5 月，重庆市交通局团委围绕渝长高速公路建设热潮，在渝长高速工地上举办了首届高速公路建设青年突击队授旗誓师大会，团中央青工部副部长参加大会。

2004 年 4 月 21 日，重庆市交通委员会向交通系统各施工单位、监理单位发出了《关于在高等级公路建设工程中开展青年突击队竞赛活动的通知》，为充分发挥共青团组织在工程建设中的生力军、突击队作用，使之更好地为“八小时重庆”和重庆县际联网公路的建设服务，同时为纪念中

国开展“青年突击队”活动50周年，重庆市交通委员会决定在参与高等级公路建设工程的各施工单位、监理单位中开展创建“青年突击队”的活动。通知要求：“青年突击队必须是由青年为主体组成的集体，35周岁以下青年所占比例应不低于集体总人数的60%，突击队可以是行政建制的青年班组，也可以围绕工程项目专门组建，但突击队队长年龄必须是35岁以下青年人。”通知公布了重庆高等级公路建设工程青年突击队创建活动领导小组名单和重庆高等级公路建设工程青年突击队创建活动考核细则。

2004年6月28日，在重庆市江津四面山思齐圆大酒店，重庆高等级公路投资开发有限公司（以下简称“重庆高投司”）主办的高等级公路建设创新立功青年突击队授旗仪式举行，重庆市交通委员会、重庆团市委、重庆市公路局、重庆高投司青年突击队领导小组所有成员等领导出席仪式。高等级公路建设的各施工队、监理单位、重庆高投司各项目部经理、中层以上的所有领导、团委委员、各部门（项目部）青年代表、各收费所团支部委员代表等人员参加。自此，在高等级公路建设工程中青年突击队竞赛活动蓬勃开展。

2004年8月2日，重庆市交通委员会命名参与治理车辆超限超载青年突击队立功竞赛活动的竞赛单位，命名了21支执法队伍为青年突击队立功竞赛单位。至2004年年底，各竞赛单位均取得了优异的阶段性成绩。2004年12月21日，重庆市交通委员会决定评选治理车辆超限超载优秀青年突击队和优秀青年突击手，2005年4月4日，经过自下而上推荐、申报和公示，重庆市交通委员会命名表彰治理车辆超限超载优秀青年突击队和优秀青年突击手，命名重庆市公路路政总队直属一大队青年突击队等23支青年突击队为优秀青年突击队，重庆公路路政管理总队刘幸等26人为治理车辆超限超载优秀青年突击手。

2005年，为迎接亚太市长峰会在重庆市召开，重庆市交通委员会团委在参与交通建设工程的各施工单位、监理单位中开展了“迎亚太市长峰会，建交通精品工程”青年突击队竞赛活动。2005年3月28日，共青团重庆市交通委员会决定命名迎亚太市长峰会建交通精品工程青年突击队，命名重庆市渝通公路工程总公司大荣路AA合同段项目部、四川路桥集团公司云万路项目部等单位为青年突击队。2005年4月5日，在万州董家镇长万高速公路工地上，重庆团市委、重庆市建委、重庆市交通委员会举办了“迎亚太市长峰会，创青年文明工程”重庆市青年突击队立功竞赛誓师动员大会，团中央书记周强出席了大会。

6. 首届重庆市交通系统十大杰出青年评选活动

2003年4月2日，共青团重庆市交通委员会决定开展首届交通系统十大杰出青年评选活动，参选对象的标准有：（1）至2003年5月31日，年龄为18周岁至35周岁（1968年5月31日至1985年5月31日之间出生）的重庆市交委系统员工。（2）热爱祖国，拥护中国共产党的基本路线，是广大青年理想信念的楷模。（3）踊跃投身改革开放和社会主义现代化建设，在重庆交通建设实践中，作出突出业绩和重大贡献，是广大青年建功成才的典型。（4）热心公益、甘于奉献、善于学习、勇于开拓，是广大青年修身立德的榜样。

经过民主推荐、无记名投票和网上公示等程序，共青团重庆市交通委员会评选出首届交通系统“十大杰出青年”。2003年10月13日，共青团重庆市交通委员会决定授予第一届重庆交通系统“十大杰出青年”称号，即授予（按姓氏笔画排序）马奎、王汉、龙虎、许仁安、吴畏、张伟杰、张鹏飞、黄忠、蒙华、潘震宇10人第一届重庆市交委系统“十大杰出青年”称号。

二、行业主题活动

（一）法律知识竞赛活动

1993年9月6日，重庆市交通局决定在交通系统开展法律法规知识竞赛，为推动重庆市交通系统“二五”普法教育深入开展，即举办一次以交通专业法为重点的法律法规知识竞赛。通知明确规定参赛对象、竞赛办法、竞赛组织等事项，宣布成立“重庆市交通系统法律法规知识竞赛”组织委员会，由时任重庆市交通局局长胡振业为主任，王机、龚继震为副主任，成员有罗德馨、曾升元、田祥云、陈忠富、江自强、方永伦、李先彬、艾吉人、彭成矩等人。竞赛以书面答卷方式进行，全部试题在重庆交通报上整版刊出，1993 年 10 月底，全部答卷送回竞赛办公室。1993 年 11 月 23 日，重庆市交通局下发《关于“二五”普法交通专业法规知识竞赛获奖情况的通知》。重庆市交通局“二五”普法交通专业法规知识竞赛共收回 2500 多份答卷，经过阅卷显示，优良率 90%，经过抽奖确定：黄同科等 10 人获得一等奖，徐波等 20 人获得二等奖，孙庭伟等 30 人获得三等奖，沙坪坝区交通局等 8 个单位获得竞赛组委会颁发的“组织奖”。

（二）“敬老、爱老、助老”文化活动

2000 年 9 月 5 日，重庆市交通委员会决定在“重阳节”期间开展“敬老、爱老、助老”活动。

首先，重庆交通系统各单位宣传党和国家关于离退休人员和老龄工作的方针、政策、规定、进一步宣传学习《中华人民共和国老年人权益保障法》，在活动期间组织离退休人员参观、了解单位改革及生产工作的情况，认真听取了他们提出的有利于单位发展的合理化建议，为其再献余热提供条件。

第二，组织开展有益于广大离退休人员身心健康的文娱体育活动。各单位根据具体情况，组织观光、游园、棋牌、钓鱼、书画摄影展览等突出老年文化主题的活动，并动员离退休人员积极参与“重庆市 2000 年老年文化活动周”活动。重庆市交通委员会离退休人员工作处在此期间重点组织首届交通杯门球比赛活动。

第三，各单位接到通知后，加强组织领导，认真部署、统筹安排，借“重阳敬老节”活动之际，进一步做好离退休人员的思想政治工作，组织慰问特困、鳏寡和高寿的离退休人员，看望生病或住院治疗的离退休人员，帮助他们解决了一些实际困难。

（三）创建学习型交通系统活动

2005 年 2 月 22 日，中共重庆市交通委员会下发《关于印发〈中共重庆市交通委员会关于开展创建学习型交通系统活动的实施意见〉的通知》。决定在交通系统开展创建学习型交通系统的活动，并提出具体实施意见。在实施意见中，对开展创建学习型交通系统的活动的指导思想、主要内容、主要措施、具体要求均提出详细部署。

主要措施有：一是充分发挥中心组学习的带动示范作用。健全中心组学习制度并严格执行，要创新学习形式，不断吸收新知识，摒弃旧知识，改善知识结构。二是积极开展读书征文活动。组织干部职工每年读一本政治理论书籍、一本业务书籍和一本提高自身综合素养的书籍。三是举办各类群众性的讨论交流活动。充分发挥各类研究会的优势，组织力量进行专题调研，找出影响本单位或系统工作开展的深层次问题和不良心智模式，提出有针对性的意见或建议，形成研究成果，指导实际工作取得突破性进展。四是坚持开展多层次、宽领域的培训工作。要区分层次，突出重点，坚持开展理论学习和业务培训工作。有条件的单位可以专项提供学习经费，建立阅览室。五是充分发挥群团组织的作用。工会要开展“创建学习型工会，争做知识型职工”活动，提高职工整体素质。团组织要广泛开展读书征文活动、演讲辩论赛、争当青年岗位能手和团干部培训活动，不断提高青年的综合素养。

（四）歌唱党和祖国文艺活动

1. 重庆公交客运系统开展职工文艺活动

1985 ~ 1999 年，重庆公交企业积极组织职工文艺活动，参加了重庆市公用局 8 次文艺调演，并参加了建设部文艺调演。1985 年，反映公交职工生活的舞蹈“售票员的春天”，获得建设部文艺调演一等奖。职工票友业余排练戏剧节目，并积极登台表演。1986 ~ 1999 年，重庆公交一公司组织开展卡拉 OK 赛、文艺会演、时装表演、职业装设计、健美操比赛、星光模仿秀等多种形式的文艺活动。1994 年，重庆公交一公司成立管乐队和合唱团，多次参加重庆市及公用系统演出获奖，展示了公司员工风貌。1997 年，重庆公交一公司与解放军后工学院联合举办军民鱼水情元旦联欢晚会。

2. 重庆市交通局开展职工文化活动

1987 年 5 月，中共重庆市委、重庆市政府举办首届职工艺术节。为此，重庆市交通系统组织所属单位举行交通行业歌曲演唱大会，重庆市交通局所属 12 户企业单位领导亲自率队登台演唱，并组织五台文艺节目公开演出，观众达 5000 余人。交通产业工会将 300 多名作者创作的 170 个节目选编为《开路先锋歌》演唱集，印发各个基层单位，在重庆市交通系统开展“唱厂歌、爱行业、爱企业、爱岗位，当好开路先锋”的活动。在艺术节上，重庆市装卸运输公司的大合唱《腾飞吧！装运》获得最佳创作奖与最佳演出奖。重庆船厂的快板《改菜谱》获得创作二等奖与演出二等奖。永川汽车运输公司（现重庆市长途汽车集团运输公司）的歌舞《赶车路上》获得创作二等奖与演出三等奖。重庆汽车总厂的歌舞《渝州汽车好》、重庆公路养护总段的歌舞《闪光的铺路石》、永川公路养护总段的小合唱《魂系公路》、重庆交通机械厂的舞蹈《春天的风》、重庆市装卸运输公司的四川清音《歌唱劳模夏淑华》、重庆船厂的歌表演《拔河》均获得创作三等奖。

1991 年 6 月 8 日，重庆市交通局在中共重庆市委小礼堂举行庆祝中国共产党建党 70 周年演讲会，重庆市交通系统的 1200 名职工代表参加。演讲会上，重庆大学教授、特邀代表顾恒岳和交通职工朱志国、秦薇、饶思云、朝霞，分别演讲了《普通一兵的心声》《我为什么要入党》《世上岂只妈妈好》《党在我心中，我在党的事业中》《青春在党的旗帜下闪亮》等作品。

1997 年 7 月 1 日，既是中国共产党诞生 76 周年，又时逢中华人民共和国对香港恢复行使主权的百年盛事。重庆市交通运输党委决定：以歌咏会的形式来表达交通系统广大职工对中国共产党的热爱和对香港回归祖国的期盼和喜悦。1997 年 6 月 26 日，在重庆实验剧场，由重庆市交通运输党委主办，重庆市交通局机关党委协办的重庆市交通局系统机关“庆直辖，迎回归”七・一歌咏大会开幕，来自交通战线 21 个单位的基层职工近千人，参加了歌咏纪念活动。中国交通报重庆记者站、重庆交通投资公司、重庆交通物资站、重庆交通局通讯站等单位组成“联队”参加演出。重庆渝通、重庆渝达、重庆渝宏等施工单位及重庆高速公路指挥部、重庆监理处、重庆市稽征处、重庆汽车运输总公司、永川汽车运输总公司等单位，利用休息日进行排练。有些单位还聘请艺术团体的专业人员实施指导，以提高合唱水平，保证演出质量。

“庆直辖，迎回归”七・一歌咏活动共评出一等奖 2 名，即重庆汽车站管理处、重庆市成渝高速公路管理处；二等奖 3 名，即重庆市航运管理处、重庆市机场高速公路实业有限公司和重庆汽车运输总公司机关；三等奖 5 名，即重庆市公路运输管理处、重庆市公路养护总段、渝通宾馆、渝通公路工程总公司和渝达公路桥梁总公司。

3. 重庆市交通委员会开展庆祝建党八十周年歌咏比赛活动

2001 年 3 月 22 日，为庆祝中国共产党建党八十周年，中共重庆市交通委员会直属机关党委、直属机关工会决定在 2001 年 6 月中旬举办歌咏比赛。2001 年 6 月 20 日下午，在重庆市劳动人民文化宫礼堂，举办了重庆市交通委员会庆祝建党八十周年歌咏比赛。

4. 重庆市交通委员会开展“爱我中华，奉献交通”职工文艺会演活动

2004 年 10 月 21 日下午，在重庆市劳动人民文化宫剧场，为纪念中华人民共和国成立 55 周年，中共重庆市交通委员会、重庆市交通委员会举行重庆市交通系统“爱我中华，奉献交通”职工文艺会演。从交委系统精选出来的 25 个文艺节目通过舞蹈、声乐、小品等形式，充分展现了建国 55 年来、特别是改革开放 26 年来中国经济建设与社会发展取得的巨大成就和重庆市直辖以来交通工作取得的丰硕成果，展示了广大交通战线的干部职工爱岗敬业、无私奉献的良好精神风貌。整场演出主题鲜明，风格独特，演员演得投入，观众看的高兴，多次赢得热烈的掌声。经过评委的认真评议，客轮总公司的《川江号子》等 5 个节目获一等奖；重庆高速公路发展有限公司的《高速鼓舞》

等8个节目获二等奖；重庆市航运发展有限公司的《红旗飘飘》等10个节目获三等奖；公交集团的大合唱及委机关的诗朗诵获特别奖。重庆市市委宣传部、重庆市总工会、重庆市精神文明办等领导和世界劳联非洲区代表观看了文艺表演。

5. 重庆高速公路发展有限公司举办“高速春韵2005”职工迎春文艺会演

2005年1月21日下午，在重庆市文化宫影剧院，重庆高速公路发展有限公司“高速春韵2005”职工迎春文艺会演成功举行。公司11家基层工会共推选出16个参演节目。节目包含歌舞、音乐剧、韵律操、音诗话等形式，集中反映了高速公路员工团结拼搏、健康向上的精神风貌。通过激烈角逐，高发司中渝分公司选送的舞蹈《生命如歌》和音诗话《高速情怀》荣获一等奖。高发司垫江～利川分公司选送的舞蹈《高速员工闹新春》、东南分公司的音乐剧《希望之路》、渝东分公司的音诗话《英雄颂》、成渝公司的音乐剧《相约未来》、渝邻公司的舞蹈《通向小平故里》分获二等奖。东渝分公司的舞蹈《大山的呼唤》和《歌飞高速路》获特别奖。渝东分公司周杰、中渝分公司王迪戈、东渝分公司夏泽莹3位演员荣获“优秀个人表演奖”。

6. 重庆高等级公路投资建设有限公司举办重庆市“高投杯”职工合唱大赛

2005年5月25日，为纪念中华全国总工会成立80周年暨反法西斯战争胜利60周年，由重庆市总工会主办、重庆高投公司协办组织的重庆市“高投杯”职工合唱大赛，通过16支参赛队的紧张角逐，于当日下午在文化宫演剧院胜利落下帷幕。重钢集团有限责任公司等单位荣获大赛一等奖，重庆市公交集团巴士股份有限公司等单位荣获二等奖，重庆长江轮船公司等单位荣获三等奖，重庆市人大常委会副主任唐情林与高投公司董事长、党委书记、总经理李健等领导为获奖单位颁发了奖牌，唐情林还为高投公司颁发了“特别组织奖”。

（五）开展交通体育活动

1. 重庆公交客运系统开展体育活动

1988～1999年，重庆市公用局组队参加了重庆市第六届、第七届、第八届城市运动会，共获得金牌40枚、银牌21枚、铜牌9枚，打破重庆市运动会纪录7项。1989年10月，重庆市公用系统举办青年共建运动会，公交客运企业积极组队参加各项比赛。1990～1999年，公交退休职工积极参加老年门球活动，组队参加老年门球比赛。重庆公共电车公司职工李静，获得亚洲健美比赛第四名，获得四川省健美比赛第一名和全国健美小姐称号。1996年，她参加四川省“华俐物业”健美杯比赛获得第一名。1999年，重庆公交一公司提出“素质工程”，举办了“贺岁杯”青年足球赛，举行“庆澳门回归、迎千禧新年”青年趣味运动会。

2. 重庆市交通局开展体育活动

1987年9月至10月2日，重庆市举行第六届运动会，参赛的重庆市交通职工体育代表团共有66名成员，除工作人员外，有50名运动员参加了田径、游泳、篮球、乒乓、棋类、举重等6项比赛。举重队获得3枚金牌及团体总分第6名。男子篮球队在决赛中获得第10名及“精神文明奖”。男篮、乒乓、象棋队共有5名队员获得“精神文明运动员”称号。重庆交通代表团奖牌总数在参赛的23个代表团中列第19位。1987年，重庆公路养护总段职工邓小渝，代表重庆市职工参加全省猜谜比赛获个人第二名。

1988年6月，端午节，綦江县、巴县、潼南县、铜梁县、北碚区开展龙舟竞赛活动，参赛的龙舟有：綦江县龙舟12艘，巴县7艘，潼南县12艘，铜梁县8艘，北碚区4艘。交通部门所属的航运公司、搬运公司参加了比赛。各单位参赛选手身着不同颜色的运动装，观众称之为黄龙、红龙、青龙、白龙、乌龙，五龙齐闹江河，为民众增添了民俗节日的喜庆。1988年10月30日，重庆市交通局承办长江水系职工第二届“长江”杯乒乓球赛，经过6天300余场的激烈角逐，于11月5日结束。重庆市交通局夺得男子团体冠军，四川省交通厅获女子团体冠军。上海港务局、长江轮船总公司分别获得第二名和第三名。

1988 年 10 月 21 日，在重庆交通旅行社，重庆市交通局机关老年人协会、重庆市交通局机关老年人体育协会、重庆市交通局机关门球协会成立。通过三个协会章程，选举理事会，聘请离休老干部艾云楷为名誉理事长和名誉主席，推选高鸿斌为理事长、张铭中和李忠寿为副理事长，孟素英为秘书长，赵齐森为常务副秘书长。

1991 年 12 月至 1992 年 4 月，重庆市交通局、重庆市交通工会分别组织了田径、游泳、门球、象棋、桥牌 5 项选拔赛，组成 5 个组参加田径、游泳、门球、象棋、桥牌五大项目的比赛。1992 年，重庆市体委、重庆市总工会举行重庆市第七届运动会。1996 年 5 月 1 日至 7 日，重庆市交通体育代表团在重庆市第八届城市运动会上，在参赛的羽毛球、围棋、武术散打、田径等项目中，共获金杯 1 个、金牌 2 枚、银牌 13 枚，获本届城运会团体第八名。

3. 重庆市交通委员会开展“健心健身强素质，诚信文明奔小康”体育活动

2003 年，中共重庆市委办公厅、重庆市人民政府办公厅发布了关于开展“健心健身强素质，诚信文明奔小康”系列活动的通知。2003 年 5 月 26 日，中共重庆市交通委员会决定开展“健心健身强素质诚信文明奔小康”系列活动。为此，要求重庆交通行业广泛动员，精心策划，积极组织开展“健心健身强素质，诚信文明奔小康”系列活动。在此前后，重庆交通第四届“交通杯”老年门球赛、“迎国庆”老年钓鱼比赛、重庆市交委职工广播操比赛、重庆市交委职工田径运动会举行。

2005 年 5 月 23 日至 6 月 12 日，重庆市交通委员会举办了“健康身心强素质、和谐交通迎峰会”的职工运动会。运动项目多达 32 个，包括球类、游泳、棋牌、田径、趣味运动等比赛项目，参赛单位领导重视，精心组织，职工参与面广，参赛人数达 1467 人次，参赛队员重在参与，发扬了“友谊第一、比赛第二”的精神，赛出了风格，赛出了水平，2005 年 6 月 23 日，中共重庆市交通委员会通报表彰了参加职工运动会各项目的获奖集体和获奖个人。

4. 重庆市交通委员会举办女职工健身比赛活动

2005 年 9 月 16 日，重庆市直机关工会举行了以“关爱女职工健康，共建和谐社会”为主题的女职工健身比赛。重庆市港航局、重庆市征稽局、重庆市交委服务中心组队代表重庆市交委参加了集体跳绳、单人跳绳、单人踢毽比赛。其中，重庆市交委服务中心刘雪红获单人踢毽第二名，重庆市征稽局梅妮获单人跳绳第三名。2005 年 9 月 25 ~ 26 日，重庆市直机关工会组织开展了市直机关台球比赛，重庆市征稽局、重庆市交委服务中心组队参加了斯诺克台球团体和个人比赛，获得团体冠军，重庆市征稽局曹金、杨耿分获个人第二名、第五名。为此，重庆市交委直属机关工会决定对参加比赛的组织人员、运动员给予通报表彰。为鼓励在运动会中取得优异成绩的运动员，各单位可给予团体冠军 1000 元，个人第二名 400 元，第三名 200 元，其他获奖名次 100 元的奖励。

第十四篇　交通人物

第一章　人物传

第一节　老领导

一、徐崇林（1906～1999 年）

徐崇林，男，字东儒，汉族，1906 年 12 月 7 日生，四川省江安县人，中国民主建国会会员和著名的爱国民主人士。

1925 年，徐崇林毕业于四川省立第三中学。1926 年，参加了反对段祺瑞政府签订卖国条约“三一八”爱国学生运动。1928 年，加入中国共产党。1929 年，参加中共北平市委领导的“留日被捕同胞后援会”（后改为“华北反帝大同盟”），并于 1930 年和 1931 年两次被国民党反动派逮捕关押，出狱后与中共党组织失去联系。

1931 年，毕业于国立北平大学工学院应用化学系并获得工学学士学位。随后，他相继担任上海天原电化厂技师、重庆高级工业职业学校应用化学科主任、中国西部科学院理化研究所研究员、重庆大学工学院讲师等职务。1937 年“七七”卢沟桥事变后，他支持帮助中共地下党护送多名进步学生到延安。还为中共地下党刊物《生力军》撰稿，积极支持出版。1939 年 8 月至 1949 年，徐崇林先后担任重庆北碚民利制革厂厂长兼总工程师和重庆大成制革厂厂长兼总工程师、重庆联合高级中学教员、重庆“国立”中央工业专科学校副教授、西南学院教授兼工商管理系主任、重庆川康兴业公司经理等职至新中国成立。其间，他研制成功抗战急需的“轮带革”，为抗战作出了重要贡献。

1945～1949 年，徐崇林曾先后在中共南方局彭友今、许涤新、吴玉章、张友渔等人和中共四川省委洪沛然领导下从事爱国民主活动和革命斗争活动。

抗战期间，在中共南方局领导下，徐崇林组织成立了由 1186 家企业组成的“中国中小工厂联合会”（简称“中小工联”）并出任理事长。中小工联反对官僚资本，提出“中国中小工业生存及发展计划纲要”，要求政治经济民主化。徐崇林以个人名义发表《一年来的中小工业》一文，阐述中国中小工业的重要地位和中小工联的历史使命，《新华日报》予以全文刊登，并发表题为《为中小工业的存在而呼吁》的社论予以赞同和支援。

1945年，他参加中国革命大同盟。1945年8月，抗战胜利后，在中国共产党的引导和影响下，徐崇林接受黄炎培等人邀约，并被推选为筹备干事，联系工商界和知识界有识之士，酝酿成立政治团体，维护民族工商业者自身的利益。1945年9月，徐崇林参与发起和筹建中国民主建国会。1945年12月16日，在重庆白象街西南实业大厦举行的"民主建国会"成立大会上，徐崇林当选为民建的首届理事、民建重庆分会主委。

在解放战争时期，徐崇林积极参加争取民主和平的各项斗争。他曾被推选为民建对外联络组副主任，还被推选为"政治协商会议陪都各界协进会"常务理事。1946年，因许涤新、邵荃麟两人随中共代表团离渝，中共中央南方局创办的《自由导报》从第6期开始成为民主建国会重庆分会的机关报，宣传中共的方针政策，反映民建的政治主张，抨击国民党独裁专制，共发行15期，成为在中共直接领导下的进步报刊，这是民建历史上最早的机关报纸，徐崇林担任调整后的新编委会编委，为争取和平、反对内战卖国做出了历史性贡献。

1946年6月，为响应周恩来关于停战公报的发表，徐崇林以民建总会理事和"中小工联"理事长身份发表讲话，率领中小工联首先发起争取和平、反对内战的签名运动，要求举行和平谈判，得到全国人民的支援。1946年，他参加了有政协会方代表及各界人士如董必武、郭沫若、章伯钧等参加的招待会和在重庆举行的记者招待会，揭露国民党特务骚扰破坏大会，妄图扼杀群众性政治活动的目的。同时身为"陪都各界庆祝政治协商会议成功大会"筹备会主席团成员，他经历了震惊中外的"较场口"事件，目睹并撰文揭露了"陪都血案"的真相。

新中国成立后，徐崇林积极投入新重庆的社会主义建设，他是西南军政委员会委员和西南行政委员会委员，直接参加人民政府的执政活动。1950年8月25日，重庆市人民政府第一次全体委员会举行，徐崇林是人民政府委员之一。1950年10月9日，交通公用事业划归重庆市企业局管理，徐崇林被任命为重庆市企业局局长。1952年8月14日，重庆市人民政府公用局成立，徐崇林出任局长。1954年3月21日，重庆市公用局改名为重庆市交通运输管理局，徐崇林又出任局长。1955年2月28日，重庆市交通运输管理局调整更名为重庆市公用事业管理局，徐崇林再度出任局长，直至1958年4月卸职，为新中国成立初期重庆市交通发展做出应有的贡献。

新中国成立后，徐崇林在民建、政协、政府、人大和工商联历任多项重要职务：民建重庆市委主任委员，民建四川省委副主任委员、主任委员、名誉主任委员，民建中央委员、民建中央常委，民建中央咨议委员会副主任；重庆市第一、第二届政协副主席，第五届全国政协委员，四川省第一届至五届政协副主席；重庆市人民政府委员、重庆市各界人民代表会议协商委员会常委及副秘书长、重庆市与四川省及第一届，第六届、第七届全国人大代表，重庆市人大副秘书长；四川省工商联副主任委员、名誉副主任委员。

徐崇林在反右中曾受到不公正待遇，在"文革"时期也受到冲击。1979年拨乱反正后，他长期担任民建中央、民建四川省委、四川省人民政府的领导职务。从领导岗位上退下来以后，先后担任民建中央咨议委员会副主任、民间中央顾问和民建四川省委名誉主任委员，团结带领民建会员坚持完善中国共产党领导的多党合作与政治协商制度，为改革开放、为加强民建自身建设、发挥参政党职能做出了重要贡献。

徐崇林是工商界老一代爱国民主人士，长期奋斗在民建工作岗位上，1957年2月10日，他曾经受到周恩来总理、贺龙副总理的亲切接见和勉励。1999年12月30日13时50分，徐崇林因病医治无效，在四川省成都市逝世，享年94岁。他的一生是不断追求进步、追求真理、热爱祖国、廉洁奉公、艰苦奋斗的一生。

二、王文彬（1907～2003年）

王文彬，男，汉族，1907年1月生，陕西蒲城人，中国共产党党员，著名的爱国民主人士和知名的新闻界老前辈。

1927年初，他在西安陕西青年社任负责人。1927年夏，在渭南县固市镇任共青团渭南县委书记，1928年，任共青团陕西省委委员。1929年春至1930年秋，王文彬在著名新闻教育家顾执中先生创办的上海民治新闻学院学习（后改为“民治新闻专科学校”）。1930年秋至1933年底，他在北平《华北日报》任编辑及《华北日报晚报》主编，任南京《中央日报》、上海《民国日报》、汉口，以及《武汉日报》驻北平记者。1934年春，曾代理《北平京报》主编，兼任天津《益世报》《国民新报》《太原华闻晚报》驻北平记者。1934年冬，兼任天津《大公报》驻北平记者。1935年秋，专任《大公报》平津新闻版编辑兼外勤课主任，后调上海《大公报》任上海新闻版主编兼外勤课主任。1935年11月9日，《大公报》刊载范长江的旅行通讯，第一次正确如实地报道了红军长征胜利的主要事实。

1937年抗战爆发，王文彬和范长江共同负责《大公报》采访部，王文彬分管上海市内的采访工作。“八·一三”抗战时，王文彬在《大公报》上发表了“沪市紧张情形，宛如一·二八前夕”“闸北大火记”“闸北孤军奋斗始末记”“南市难民视察记”“二十四救护医院参观记”“上海的难民问题”“释放政治犯”等多篇文章。1937年11月8日，在中国共产党和周恩来同志的直接关心下，在上海山西路南京饭店，王文彬与范长江等进步新闻人发起成立了“中国青年新闻记者协会”。1938年上半年，任上海《文汇报》编辑兼采访主任。1938年夏至10月，由上海到香港，参加香港《大公报》创刊工作，后复任《大公报》驻粤办事处兼广州分馆主任。1938年10月至12月，专任香港《大公报》特派记者。1939年初至1941年春，任桂林办事处主任。1941年春至1944年秋，在桂林《大公报》《大公晚报》任发行人、副经理兼社评委员。其间，1943年春，顾执中为校长的民治新闻专科学校在重庆正式复校后，王文彬担任过学校的授课教师。1944年，他调重庆《大公报》任采访主任。

1945～1946年，王文彬任《大公报》南京办事处主任。1946年春至1949年9月，在重庆《大公报》、《大公晚报》任发行人、经理和社评委员。在此期间，1945年，他参加了重庆谈判的新闻报道工作。1945年初，他在重庆任《大公报》采访主任时，受到周恩来的亲切接见并与周恩来作长时期的谈话。毛主席在重庆与蒋介石谈判期间，王文彬曾三次见到毛主席。特别是张治中为毛主席举行“欢迎与欢送”宴会，当时大公报只有王文彬一人应邀参加，和毛主席三次握手。1945年9月20日，毛泽东应《大公报》的邀请，到李子坝报馆“季鸾堂”出席了大公报总编辑王芸生举行的盛宴，周恩来、王若飞等一同赴宴，王文彬等《大公报》同人出席作陪。宴毕，王文彬目睹毛泽东为《大公报》书写了“为人民服务”五个大字。

1949年9月至1952年8月，在北碚相辉学院任董事兼教授、重庆大公报经理、重庆市各界人民代表会议副秘书长。1950年，王文彬加入中国民主建国会，历任民建重庆市委委员、常务委员、副主任委员、名誉副主任委员、民建中央第一至五届委员、民建中央咨议委员、四川省民建名誉副主席等职务。曾任四川省重庆市政协第一届、第二届、第三届委员会委员、常务委员。1982年2月至1988年5月，任重庆市第七、第八届政协副主席。1958～1966年，是第二届、第三届全国人大代表。“文革”后，被选为四川省人大常委会委员、重庆市人大常委会委员兼副秘书长。1983年，选为第六届全国人大代表。

1951年2月至5月、1952年10月，王文彬两次担任中国人民赴朝鲜慰问团西南分团团长，带领西南区各界人民代表与文工团队员，赴朝鲜慰问中国人民志愿军。1955～1958年，任重庆市司法局局长兼重庆政协政治学校副校长。1958年9月，他出任重庆市交通公用事业管理局局长。1963年3月，他又出任重庆市交通运输管理局局长，为新中国成立初期重庆市交通发展作出应有的贡献。

1949年重庆市解放后，王文彬一直积极投身于新闻事业，为社会主义新闻事业做出了新的功绩。1950年7月6日，他以重庆《大公报》经理身份，出任西南军政委员会文化教育委员会委员。自1952年元旦起，重庆《大公报》正式改为公私合营，他以重庆《大公报》经理身份出任管理委员会副主任。1957年2月10日，王文彬再次受到周恩来总理、贺龙副总理的亲切接见和勉励。晚年，他曾任《重庆日报》《现代工人报》、重庆市社会科学联合会顾问、重庆市新闻工作者协会名誉主席，重庆市新闻学会名誉会长。1983年，在重庆民治新闻专科学校恢复建制，年届77岁高龄的王文彬出任董事长，继续为新闻事业贡献余热。他一生中，著有众多新闻著作。尤其是《中国现代报史资料汇编》，共73万字，是他以毕生心血，经过长期积累、写作和修改而成，史料翔实，1996年由重庆出版社出版，得到各方面的好评。1990年，晚年的王文彬加入了中国共产党。2003年4月24日，王文彬因病医治无效，在重庆市逝世，享年97岁。

三、艾云楷（1916～2007年）

艾云楷，男，汉族，1916年8月1日生，山东省人，初中文化，中国共产党党员，重庆邮政、交通系统的老干部。

1940年6月，艾云楷参加革命。1940年8月，加入中国共产党，艾云楷参加了抗日战争和解放战争。在抗日战争时期，1941年2月，艾云楷在八路军山东纵队二旅司令部任交通员。1942年4月，在山东抗日根据地莒南县战时邮局任局长。1944年8月至1945年4月，参加山东抗日根据地战邮总局训练班，学习邮政业务。培训结业后，在诸胶县和胶县邮局滨北区局先后任局长和科长。

在解放战争时期，1946年7月至1947年2月，艾云楷在鲁南战邮分局行政科任秘书。1947年2月至1948年3月，在鲁南第三邮政局办事处担任主任。1948年4月至1949年5月，在鲁中南邮电分局行政科任科长。1949年5月至1949年10月，从山东老解放区邮政部门随军接管南京等地邮电部门，在南京市电信局担任助理军代表。

1949年10月至1949年12月，艾云楷又随解放军二野大军向大西南的进军，担任汽车运输队队长，负责运送战时邮票，沿川湘公路于1949年11月底进入四川省。每到一个县城，艾云楷就到当地邮局宣讲约法八章等解放军军管政策，封存旧邮票，发给新邮票使用。1949年11月30日，重庆解放，中国人民解放军重庆市军事管制委员会成立，艾云楷担任重庆市军事管制委员会交通接管委员会邮政部军代表。12月3日，艾云楷被任命为东川邮政管理局第一军代表兼副局长，亲自签署发行“中国人民邮政 ”国铭第一次出现的解放军西南大进军图邮票。12月上旬，经艾云楷亲自签署，重庆市军管会交通接管委员会邮政部和东川邮政管理局发行一套中国人民解放军西南进军图邮票，整套共有11枚邮票，图案为中国人民解放军高举“八一”军旗，大步向前挺进，右上为毛泽东、朱德半身像，其国铭为“中国人民邮政”，第一次出现在新中国的邮票上。

自接管东川邮政管理局以后，艾云楷除担任东川邮政管理局第一军代表兼副局长外，1951年9月至1953年7月，他出任重庆市邮电党委书记，1953年10月至1954年10月，又担任重庆邮局党总支书记，1955年4月至1961年2月，继续担任重庆邮局和重庆邮电局党委书记。其间，1955年1月至1961年2月，担任重庆邮局和重庆邮电局局长。1961年2月至1964年11月，出任重庆市交通运输管理局副局长。1965年12月至1970年5月，调任重庆市二轻工业局副局长。1970年5月，又调回重庆市交通运输管理局，先后任革命委员会副主任、党的核心小组副组长。1978年8月23日至1980年8月15日，重庆市交通运输管理局革命委员会撤销，恢复重庆市交通运输管理局建制，出任重庆市交通运输管理局党组书记兼局长。1983年2月，艾云楷正式离休，享受正厅局级待遇。

在他的晚年，艾云楷以健康长寿、保持晚节、欢度晚年为生活目标，积极参加老年体育运动锻炼和比赛，曾担任重庆市老年体育协会副主席。他曾参加过老年游泳锻炼和比赛。门球运动传入重庆后，他又爱上门球运动，连续6年担任重庆市老年门球队领队，后又担任过重庆市老年门球协会顾问、市级机关门球协会顾问和重庆市门球场管理委员会委员。从1987年起，他率领重庆市门球队5次出征四川省老年门球比赛，率队远征秦皇岛参加“中日门球友好赛”一举夺标。在艾云楷带领下，重庆市老年门球队取得五连冠的佳绩。自1989年以来，重庆市交通系统老年门球赛年年举办，老年门球队伍逐年扩大。2007年9月5日，因病医治无效，艾云楷在重庆市逝世，享年92岁。

第二节　老红军

一、岳仁和（1914～1987年）

岳仁和，男，汉族，1914年生，四川省通江县人，1933年1月，参加中国工农红军，1935年，加入中国共产党，参加了土地革命战争、抗日战争和解放战争。

土地革命战争时期，1933年1月，岳仁和参加中国工农红军第四方面军。1934～1943年，岳仁和历任红四方面军参谋部七大队班长、国家保卫局特务队队员、中共红四方面军党机关警卫战士。在抗日战争时期，在重庆红岩村，为重庆八路军办事处警卫班副官并担任周恩来的警卫副官。其间，1941年1月，在皖南事变发生后，周恩来愤然挥笔写下了四言诗：“千古奇冤，江南一叶，同室操戈，相煎何急！”和题词“为江南死国难者致哀”，即令送《新华日报》发表。岳仁和接受任务后，连夜将周恩来的悼念诗和题词送往了《新华日报》报社印刷厂。1943～1945年，回延安参加整风学习。

解放战争时期直到1952年10月，在东北解放区，岳仁和历任东北沈阳市公安局治安处处长、康平市公安局副局长、四平市公安分局局长、哈尔滨市公安局整训处主任等职。后随解放军南下，担任西南服务团副中队长，并先后在解放的城市中，担任简阳县公安局局长、泸州市公安局局长、川南公安厅二处处长。1952年10月至1954年，岳仁和调任重庆二九六兵工厂任保卫科科长。1952～1965年，任重庆市人民委员会办公厅党委副书记。1965～1979年，调任重庆市装卸运输公司副经理兼公司交通机械处处长。1979～1987年，担任重庆市交通局顾问。1987年8月，岳仁和在重庆市因病医治无效逝世，享年73岁。

二、荀松亭（1916～2001年）

荀松亭，男，汉族，1916年10月生，四川省平昌县人，1933年参加革命，1936年加入中国社会主义青年团，1936年12月，加入中国共产党，参加过土地革命战争，参加过长征，参加过抗日战争和解放战争。

在土地革命战争、抗日战争和解放战争时期，在红军、八路军和解放军部队，荀松亭历任通讯员、警卫员、班长、参谋、锄奸干事、特派员、警卫大队大队长兼政委，延安抗大七分校卫生部指导员，军区政治部锄奸科长兼军法处处长，中共中央川干队三大队区队长、副大队长，二野四纵队12旅35团副团长、代团长等职。

1949年重庆解放后，荀松亭先后任重庆市军管会交通接管委员会处长，重庆毛纺厂厂长，公用事业管理处处长，重庆市基本建设委员会三处处长，重庆市物资局副局长，重庆市地政局党组副书记、副局长，重庆市房管局副局长，重庆市城建局革命领导小组副组长、党的核心领导小组副组长、党委副书记、副局长等党政职务。他曾两度在重庆市公用局工作。1952年8月，任市自来水公司经理，1957年8月，任市公用局办公室主任。1978年9月，任重庆市公用局顾问。1983年12月，正式离休。2001年1月10日，在重庆市因病医治无效去世，享年85岁。

三、安瑞希（1925～2003年）

安瑞希，1925年9月生，山西省隰县人，初中文化，1937年2月，参加革命，1940年11月，加入中国共产党。参加了抗日战争和解放战争，进军大西南时立下战功。

抗日战争时期，1937 年 2 月至 1938 年 11 月，安瑞希在山西省隰县参加抗日新军政卫队一大队，担任司号员。1938 年 11 月至 1939 年 1 月，抗日新军政卫队合编为八路军 115 师陈支队二团后，担任司号班班长。1939 年 1 月至 1940 年 6 月，在八路军 115 师陈支队二团二营和 115 师教导二旅旅部先后担任号目。1941 年 1 月至 1945 年 1 月，先在八路军冀鲁豫八分区昆彰支队任战士，后在八路军冀鲁豫八分区司令部任通信班长、通信排副排长和通信排排长。

解放战争期间，1945 年 1 月至 1948 年 4 月，在解放军一纵队一旅旅部先后任司号长、通信参谋、通信连连长兼指导员，于山东郓城战役中立一次战功。1948 年 4 月至 1949 年 11 月，在解放军 16 军 46 师师部任通信股副股长。进军大西南时，1949 年 11 月至 1950 年 3 月，他在贵州军区铜仁军分区工作一大队任政委，进军西南立功一次，学习练兵三次评为模范。

1950 年 3 月至 1950 年 12 月，安瑞希在贵州军区铜仁军分区司令部任通信股股长。1950 年 12 月至 1951 年 11 月，在贵州军区铜仁军分区司令部任通信科副科长。1952 年 7 月至 1952 年 9 月，在重庆市邮局任人事科副科长。1952 年 9 月至 1956 年 3 月，他在重庆市电信局先后任人事科副科长、营业科科长、人事科长兼保卫科长。其间，分别评为一等、三等劳动模范。1954 年 7 月，参加重庆市第一届人民代表大会。1956 年 3 月至 1957 年 2 月，在中共重庆市委建设交通部任肃反审干办公室主任。1957 年 2 月至 1959 年 8 月，参加中共中央第七中级党校学习。

1959 年 8 月至 1959 年 10 月，安瑞希在重庆市汽车运输公司任副经理。1959 年 10 月至 1961 年 2 月，在重庆市搬运装卸公司任副经理。1961 年 2 月至 1970 年 8 月，在重庆市搬运装卸公司任党委书记兼经理。1970 年 8 月至 1979 年 8 月，在重庆市交通运输管理局任革命委员会副主任兼重庆市装卸运输公司党委书记。改革开放后，1980 年 8 月至 1982 年 6 月，在重庆市交通运输管理局任党委副书记。1983 年 6 月至 1991 年 8 月，在重庆市交通运输管理局、重庆市交通局任顾问。1991 年 8 月，他正式离休，享受正厅局级待遇。2003 年 12 月 7 日，因病医治无效，在重庆市逝世，享年 79 岁。

表 14－1　**去世老红军名录表**

姓名	性别	参加红军时间	去世前任职单位	去世前职务	生卒时间
石昆山	男	1930 年	四川省重庆船厂	副厂长	1916～1973 年
李福元	男	1932 年 7 月	四川省重庆船厂	党委书记	1915～1994 年
孟　非	女	1932 年 3 月	重庆市公交一公司	副厅级	1914～2006 年
岳仁和	男	1933 年 1 月	重庆市交通局	局级顾问	1914～1987 年
胡德富	男	1933 年 1 月	重庆轮船公司宜宾分公司	副市长级	1920～2011 年
王德清	男	1933 年 3 月	重庆轮船公司	县处级	1915～1992 年
田彩云	男	1933 年	重庆轮船公司	县处级	1912～1987 年
张明武	男	1933 年	重庆市公运总公司	局级顾问	1920～2009 年
王仁素	男	1933 年	重庆市公路养护总段	工会主席	1912～1974 年
荀松亭	男	1933 年	重庆市公用事业局	局级顾问	1916～2001 年
刘海旺	男	1933 年	重庆市公用事业局	副局长	1923～2003 年
魏传举	男	1933 年 9 月	重庆市交通委员会	办公室主任	1913～2001 年
袁德才	男	1934 年 1 月	重庆轮船公司	县处级	1920～1996 年
高基达	男	1935 年 4 月	四川省重庆船厂	基建科科长	1916～1992 年
余忠德	男	1933 年	重庆市交通局	局级顾问	1916～1998 年

续前表

姓名	性别	参加红军时间	去世前任职单位	去世前职务	生卒时间
安瑞希	男	1937 年 2 月	重庆市交通委员会	局级顾问	1925～2003 年
屈超筠	女	1937 年 2 月	重庆汽车运输公司	会计	1917～1985 年
王　斌	男	1937 年 6 月	四川省重庆船厂	财务科科长	1918～1993 年

第三节　革命烈士

李文杰，男，1949 年 9 月 13 日生，四川巴县人。1967 年 12 月参加工作，历任重庆市车渡管理站水手、水手长等职。在他参加工作后的 17 年中，一贯思想先进，工作积极，认真负责，分内工作积极干，分外的事也主动干。在车渡工作中，坚持合理装运，安全第一，凡是他当班时都没出过大小事故。他经常参加车渡码头夜巡，维护治安秩序。

1984 年 3 月 22 日，他被单位派往储奇门地区治安联防队工作。1985 年 3 月 28 日，重庆市公路养护总段储奇门车渡站职工李文杰，在参加该地区联防执勤追捕罪犯与之搏斗时，手无寸铁的李文杰面对着手持锋利尖刀、凶残狠毒的罪犯，毫不胆怯，英勇地从罪犯的侧后猛扑上去抓捕凶犯，不料罪犯一回身，凶狠地举刀向他当胸猛刺，他左胸部当即被刺中，伤及心脏，倒在血泊中，经重庆市第一人民医院抢救无效，壮烈牺牲。重庆市市中区和重庆市人民政府认为李文杰确系因维护社会治安，保卫人民生命，同罪犯英勇搏斗而壮烈牺牲的，同意追认李文杰为革命烈士，同年 10 月，李文杰被四川省人民政府批准为革命烈士。

何伟，男，重庆市人，生于 1964 年，共青团员，重庆市轮渡公司 305 号轮水手。他从小养成勤劳、俭朴、爱祖国、爱人民的优秀品德。少年时，曾拣到 7 根金条，献给了国家。参加工作后他干一行，爱一行，助人为乐，做好事不留名，曾多次奋不顾身救起落水乘客，被群众称为“活雷锋”。先后被评为重庆市轮渡公司先进工作者、优秀共青团员，重庆市公用局优秀共青团员和全国 68 个城市公交系统青年优秀服务员。1989 年 1 月，因抢救落水儿童，不幸牺牲，年仅 25 岁，四川省人民政府批准为革命烈士。

扶江平，男，重庆市云阳县人，生于 1947 年，中共党员，万州港务管理局云阳港务站锚地水手长。1992 年 4 月 2 日下午 2 时，扶江平驾万港挂机 1 号小船前往风堡岭履行公务，遇万县市轮船公司红旗 801 轮拖 3 只驳船重载下驶，因操作失误，先碰撞南岸龙珠 2 号浮标，后冲向北岸横扫云阳航运公司、搬运公司的船只，扫断靠泊在云阳卤囤作业的万港 500－5 驳的三根系缆，驳船如脱缰之马向下漂流，见此险情，扶江平立即调转船头赶往施救，他一面指挥驳船人员自救，一面临危不惧接近驳船检查破口处是否进水，一个恶浪扑来，小艇进了半舱水，情况万分危急，在场 2 名驳船水手急呼：“老扶，危险快跳！”扶江平回答：“不，我要救艇！”并拼命将小艇摆正，一个巨大的卧漕泡漩把扶江平同小艇一起吞没。500－5 驳的财产和 3 名同志的生命保住了，扶江平却永远长眠于长江，逝年 45 岁。1993 年 12 月，四川省人民政府批准扶江平为革命烈士。

魏刚跃，男，重庆市云阳县人，生于 1963 年，万州港务管理局云阳港务站客运囤船副水手长，1992 年 5 月 23 日凌晨，魏见江水退得快，担心旅客上下船跳板搁浅，不顾自己休息，动手移绞跳船，连接缆绳尚未绞紧，一个农民上跳船，被晃（摇）入江中。船下水深流急，转眼被冲出几丈远。魏刚跃见状，对着江中大喊：“莫着慌！我来救你！”纵身跳入激流，抓住落水者奋力上托，不幸被不懂水性的落水者一把死死抱住，扭着一团。囤船上人用抓杆、救生圈奋力施救，因光暗水恶，被江水吞没，逝年不到30岁。1993年12月，四川省人民政府批准为革命烈士。

单光佳，女，重庆市人，中共党员，生于1958年，重庆市第二公交公司222路队2216号车驾驶员。工作十年无大小责任事故，年年超额完成生产任务。她工作成绩突出，先后被评为公司、局先进工作者、“三八红旗手”、工会积极分子、区安全先进个人、区安全标兵。1992年，她被评为重庆市第二公交公司优秀共产党员。1989年，她所在的车组在“爱重庆树新风”竞赛中被评为重庆市公用局先进车组，牺牲时她的车组评为优质服务示范车，深受广大干部职工的爱戴。

1992年5月24日，这天是星期天，乘客很多，车厢拥挤。下午，上来一男一女，女乘客径直挤进驾驶室，坐在驾驶员身后的教练席上，并将脚踏在了单光佳洗刷一新、水渍未干的引擎盖上。按规定，乘客不能进入驾驶室。单光佳委婉地劝其退出驾驶室，并耐心作了解释。不料这位女乘客出口骂人，两人由此口角了几句。15时35分，她驾驶的公共汽车在石新路处，客车正关门准备起步。随行男歹徒悄悄掏出自制火药枪，从右前边窗玻璃处伸进驾驶室，瞄准单光佳的头部扣动了扳机，枪弹击中了单光佳的头部，鲜血顿时从她头部、眼角枪眼处涌出，她趴在方向盘上，在生命垂危之际，她仍旧心系乘客安全，因为在这条线上运行了10年的单光佳知道，脚下是一个陡坡，坡下30处就是弯道，如果没有刹车，后果不堪设想……一息尚存，用仅有的一点力气死死踩住了刹车。但她终因失血过多，经抢救无效光荣牺牲，她用鲜血和生命保护了全车乘客的安全，牺牲时年仅34岁，事后，四川省人民政府批准为革命烈士，被重庆市妇联追认为市“三八红旗手”；被重庆市公用局追认为局级优秀共产党员，其事迹在社会产生了积极影响。

段开芝，男，重庆市万州区人，中共党员，万港交201轮船工。1992年8月12日22时，江渝2号满载着客人驶到万县港19码头夜泊，一乘客夫妇带着6岁女儿上岸游览万州夜市返回，见所住的一楼舱室与囤船平行，便从囤船过到一楼舱室，不料小女孩失脚掉入江中，在囤船尾部万港交201轮值班的段开芝见状当即抓住一件救生衣跃入江中（救生衣还未来得及穿上），一把抓住小孩，奋力向岸边泅去，突然一股巨大急流将他和小女孩向下游冲去，当几只营救船只开到时，段开芝和小女孩被汹涌狂澜一并吞没失踪，1993年12月，四川省人民政府批准段开芝为革命烈士。

宋正明，男，重庆市云阳县人，中共党员，云阳县公路管理养护段路政员。宋正明出生于重庆市云阳县养鹿乡宝寨村一个普通的农民家庭，1978年参军入党，在部队先后14次受到连队嘉奖，两次被工程兵第61支队司令部团委评为优秀团员。1986年退伍分配到云阳县养路段，先后担任道工、水手。宋正明在万州公路养护管理总段先后被评为段先进生产者、优秀工会积极分子。1994年12月16日10时40分，云阳长江汽车渡紧张有序地渡运过江车辆。宋正明与轮渡售票员刘萍在南岸码头为待渡车辆售票、检票、维持渡运秩序，渡口路边简易饭棚内聚集着20多名就餐的、烤火取暖的待渡者。一辆待渡汽突然车刹车失灵从轮渡公路斜坡，风驰电掣般地朝江边渡口猛冲下来，严重威胁着饭棚内人们生命和江边待渡车辆安全。宋正明高声喊：“汽车刹车失灵，快跑。”一把将不知所措的刘萍推出路边，使刘萍脱险，然后掉头朝饭棚奔去。“铛”的一声，约半吨重的钢制售票亭顶盖被失控的客车撞飞出10多米，此时其车速未减撞进饭棚，“噼哩咔嚓”，饭棚“轰”然垮塌，冲进棚内撞到石壁后停下。此时，在北岸卸车的轮渡和江南搬运组的30名搬运工迅速赶到抢救。7名受伤者被及时救出抬上渡船送往医院。另两人不幸遇难。宋正明被撞进饭棚的客车右前轮把头部压扁，身体被撞烂，壮烈牺牲。牺牲时年仅37岁。1995年交通部全国见义勇为基金会授予“全国见义勇为先进个人”荣誉称号，1995年5月18日，四川省人民政府批准为革命烈士。

第二章　人物简介

第一节　重庆市交通委员会领导

对重庆市交通委员会领导班子副厅级以上成员，记述范围以2000年重庆市交通委员会成立至2005年底为限。

胡振业，男，汉族，1944年12月出生，陕西横山人，中共党员，大学学历，高级经济师。1970年9月，在重庆大学机械系冶金机械专业毕业参加工作，1971年9月，在四川渡口市解放军7659部队参加劳动后，进入重庆市交通局工作。1981年12月，任重庆市大坪汽车修理厂副厂长。1983年6月，任重庆市交通局副局长。1985年8月，任重庆市交通局局长。2000年6月至2004年5月，历任重庆市交通委员会主任、党组书记、交通党委书记、重庆高速公路发展有限公司董事长、重庆市政协城乡建设环境保护委员会主任等职务。2004年5月至退休，担任重庆高速公路发展有限公司董事长、重庆市政协城乡建设环境保护委员会主任。胡振业在重庆交通系统工作37年，上级给予他多次表彰：1993年，被重庆市精神文明建设领导小组评为“学雷锋、树新风”先进个人。1994年，被重庆市级机关党工委评为1994年度优秀共产党员。1994年，获得四川省交通厅授予的“‘八五’期交通工作先进职工”称号，获得四川省人民政府授予的“成渝公路建设先进个人”称号。1994年，获得全国交通系统先进工作者的光荣称号。1996年，又被四川省交通厅评为1995年度交通工作先进个人。2002年，当选为重庆市十六大代表，光荣出席中国共产党第十六次全国代表大会。2008年6月，正式退休。

丁纯，男，汉族，1955年出生，河南永城人，中共党员，大学学历。1985年起，历任重庆公共交通公司经理助理、重庆市公用局管理处副处长、办公室主任、第一公交公司经理、公用事业投资开发公司总经理。1995年3月起，任重庆市公用事业管理局党委委员、副局长。2000年5月起，任重庆市交通委员会党组成员，2000年6月起，任重庆市交通委员会副主任。2002年8月起，任重庆市交通党委委员、重庆市交通委员会副主任。2003年6月起，任重庆市交通党委书记、重庆市交通委员会副主任。2003年6月24日，任中共重庆市交通委员会书记，2004年5月30日，任重庆市交通委员会主任，主持全面工作。

滕西全，男，汉族，1945年6月16日出生，重庆潼南县人，中共党员，大学本科，高级经济师。1969年8月，重庆大学毕业。1971年9月，在四川渡口市解放军7659部队参加劳动后，进入潼南丝绸厂任科长。1981年5月至1983年11月，先后担任潼南丝绸厂副厂长、厂长。1983年11月至1984年3月，担任中共潼南县委副书记、潼南县政府县长。1992年10月，调任重庆市交通局副局长至重庆市交通委员会成立。1997年，以“公路交通重庆主结点采用环线过境综合研究”项目主研人获得重庆市科技进步奖一等奖。2000年5月，担任重庆市交通委员会副主任。2003年3月，任重庆高速公路发展有限公司董事长。2004年6月，任重庆市交通委员会巡视员（正厅局级)。2005年9月，正式退休。

李健，男，汉族，1946年6月16日出生，四川省广安人，中共党员，研究生学历，高级经济师。1970年7月，在重庆交通学院道桥专业毕业后，进入巫溪县交通局任技术员、科长、局长。1983年9月任中共巫溪县委任常委和巫溪县交通局长。1985年8月，在中共中央党校党政专业脱产学习2年，获得研究生学历。1985年9月至1990年12月在中共巫溪县委任书记。1991年1月至1997年7月在中共万县市委任常委、秘书长。1997年7月至2003年7月在重庆市交通委员会任副主任。2002年12月至2005年5月在重庆高等级公路建设投资有限公司任董事长、党委书记、总经理。2008年任重庆市人民政府参事。在原万县地区工作时，他曾多次荣获四川省委、四川省政府授予的先进工作者和先进个人称号，在重庆市交通委员会工作期间，荣获中共重庆市委、重庆市人民政府授予的“重庆市三峡移民工作先进工作者”和建设“八小时重庆”先进个人称号。2005年4月30日，李健获得国务院授予的“全国劳动模范”光荣称号。

唐伯明，男，汉族，1962年10月出生，江苏东台人，中共党员，教授，博士生导师。1981年至1992年先后就读于南京工学院、东南大学、同济大学，在同济大学获得博士学位。1992～1995年任同济大学副教授、硕士生导师。1995～1999年任日本国立长冈科技大学副教授、博士生导师。1999年7月，回国到重庆市工作，先后任重庆市公路局副局长、重庆市交通委员会副主任、重庆市政协委员、重庆留学人员联谊会副会长。2004年9月，调任重庆交通大学党委委员、副书记、校长。

明正义，男，汉族，1951年1月5日出生，重庆市合川人，中共党员，大学本科。1969年3月，到江津县石蟆区二溪公社水口大队插队。1972年4月，在重庆市水上运输公司第二驳船站任水手。1973年9月至1978年9月，先后任重庆市水上运输公司第二驳船站团支部、党支部干事、党支部副书记。1978年9月，调任重庆市交通局组织处干事。1979年8月至1989年1月，任重庆市交通局纪检组干事、主任科员。其间，1984年9月至1986年8月，进入渝州大学中文系学习，1987年4月至1988年12月，完成四川高等教育自考法律专科学习。1989年1月至1994年7月，任重庆市交通局审计监察室副主任。1994年7月至1998年5月，任重庆市交通局审计监察室主任，其间，1994年4月至1997年10月，完成四川高等教育自考法律本科学习。1998年5月，担任重庆市交通局纪委书记。2000年9月至2002年8月，担任重庆市交通委员会纪检组组长。2002年8月至2007年11月，担任中共重庆市交通委员会纪委书记。2007年11月，调任重庆高速公路发展有限公司党委书记。

何升平，男，汉族，1951年出生，江苏靖江人，中共党员，武汉水运工程学院大学毕业，高级工程师。重庆市第一届人大代表、第一届政协常委；重庆市第一、第二届党代会代表；第十届全国人大代表。先后在重庆长江轮船公司机务处、长江旅游公司工作。1995年12月，任重庆长江轮船公司副总经理。1998年5月，任重庆长江轮船公司总经理。2003年11月任重庆市交通党委委员、重庆市交通委员会副主任，分管水上交通运输、交通系统安全工作。

彭建康，男，汉族，1963年出生，重庆市人，中共党员，重庆交通学院本科毕业，重庆交通学院、天津大学双学士学位，正高级工程师。先后在交通部第二公路勘察设计院、重庆市公路养护总段、重庆市交通局工作。1998年2月，任重庆市交通运输党委委员、交通局副局长。2000年5月，任重庆市交通委员会党组成员。2000年6月，任重庆市交通委员会副主任。2001年3月兼任重庆市交通战备办主任。2000年8月，任重庆市交通党委委员、重庆市交通委员会副主任，分管计划、统计、财务和交通行政执法工作。

余昌平，女，汉族，1953年出生，四川成都人，中共党员，西南政法大学本科毕业，高级政工师。先后在重庆市渝州汽车总厂、重庆市交通局团委、纪委、办公室工作。1990年11月，起先后任重庆市交通局办公室副主任、主任、人事教育处处长。2000年7月，任重庆市交通委员会人事教育处处长。2002年8月，任重庆市交通党委委员、副书记、机关党委书记，分管交通党委日常事务工作。

滕宏伟，男，汉族，1964年出生，中共党员安徽颍上人，中共党员，重庆交通学院本科毕业，重庆大学工程硕士学位，正高级工程师。先后在重庆交通学院任教、重庆市公路勘察设计院、重庆市交通局工作。1990年8月，任重庆市公路勘察设计院桥梁室主任、副总工程师，1997年8月，任重庆市公路勘察设计院副院长。1998年8月，任重庆市交通局综合计划处副处长，2000年12月，任重庆市交通局综合计划处处长。2003年6月，任重庆市交通党委委员、重庆市交通委员会副主任。滕宏伟副主任分管高速公路建设管理、法规工作。

梁培军，男，汉族，1953年出生，河南孟县人，中共党员，上海交通大学本科毕业，高级工程师。先后在海军秦皇岛办事处、海军驻川东造船厂军代室、重庆造船厂军代室任副总军事代表、总军事代表、海军052驱逐舰动力系统办公室副主任、常务副主任。1994年3月，任海军装备部驻重庆地区军事代表局副局长、党委常委。2003年9月，任重庆市交通党委委员、重庆市交通委员会主任助理。2004年11月，任重庆市交通党委委员、重庆市交通委员会副主任。梁培军副主任分管道路运输和交通战备工作。

张太雄，男，汉族，1960年出生，四川广安人，中共党员，重庆市第二届政协委员，重庆建筑工程学院本科毕业，新加坡南洋理工大学理学硕士学位，正高级工程师。先后在交通部第二公路勘察设计院、重庆市公路养护总段、重庆市交通局工作。1997年3月，任重庆市交通局公路处副处长、处长；2000年7月，任重庆市交通委员会公路建设管理处处长。2004年9月，任重庆市交通党委委员、重庆市交通委员会总工程师。张太雄总工程师分管交通科技和质量监督工作。

张世玖，男，汉族，1948年10月31日出生于四川省开县，祖籍重庆市北碚（原四川省北碚），中共党员，大专学历，高级政工师，高级经济师。1969年9月，参加重庆港朝天门作业区工作，为装卸三队工人。1973年9月，任重庆港江北作业区党总支干事，1980年9月，任重庆港江北作业区党总支副书记至1983年9月，进入武汉水运工程学院政治管理专业学习。毕业后，1985年12月，担任重庆港口管理局党委副书记。1994年2月，担任重庆港口管理局副局长。2000年6月至2003年9月，调任重庆市交通委员会副主任、党委委员，2003年9月，任重庆市交通委员会正厅局级巡视员。

第二节　离休与退休领导干部

至2005年年底，重庆市交通系统（含城市公交）离休老干部35人，副厅级以上退休老干部14人，除属于重庆市交通委员会领导成员和老红军的已有记叙外，对其中2005年年底前离休退休的领导干部作如下履历简介。

陶铜仕，男，汉族，生于1923年1月1日，贵州省贵阳市人，中专文化，1939年3月参加革命。1942年9月，加入中国共产党。1939年3月，在八路军重庆办事处贵阳交通站、延安十八兵站汽车队、中共南方局四川省委当汽车工人、修理组长。1947年2月，在中共中央城工部训练班学习。1948年5月，在陕南地委上关县任一区区委书记，县委办公室主任，蜀河县宣传部长。1949年12月，任重庆市公交公司军代表、经理、书记。1956年1月，在重庆市公用交通局任副局长。1957年4月，在重庆市公交公司任经理、书记。1964年2月，任重庆市公用局副局长、书记、局长。1974年3月，在重庆市公交公司任经理。1978年9月，在重庆市公用局任书记、局长。1985年12月离休，享受正厅级待遇。

杨健，男，汉族，生于1919年5月1日，高中文化，1940年2月参加革命，1940年2月加入中国共产党。1940年2月，在浙赣铁路，浙江省永康县武义区，金华县城区历任宣传委员、组织委员、区委书记。1941年12月，在江苏省苏中区，苏南区，阜东县，射阳县，涟东县任科员、干事。1945年11月，在山东省枣庄市工会，渤海津蒲铁路德州站工会，杨中县公安局，德州市公安局任秘书、主任、股长、副局长、局长。1949年10月，在福建省水上公安局任副局长，边防保卫局任科长。1953年1月，在南京市，杭州市，青岛市，成都市，重庆市铁路局任科长、副主任、代主任、主任。1960年3月，在重庆市桃花铁矿、市铁路工程处、市气化工程处任副处长。1962年5月，任重庆市交通局监委书记、副局长、顾问。1985年5月离休。享受正厅级待遇。

江雨晴，男，汉族，生于1925年4月2日，河北省人，中专文化，1942年2月参加革命，1948年3月加入中国共产党。1942年2月，在涉县政府任油印员，干事。1945年3月，在太行军区，十八兵团61军，川北军区等文工团，公安纵队，建筑工程兵第四师任分队长、秘书、科长。1953年4月，在西南建筑党委，重庆市委建筑交通工作部，重庆市基本建设委员会任科长、办公室副主任、主任、处长。1978年12月，在重庆市公用事业局任副局长、顾问。1990年9月离休，享受正厅级待遇。

葛玉堂，男，汉族，生于1928年5月2日，山西省人，初中文化，1944年6月参加革命，1945年1月加入中国共产党。1944年6月，在五寨县委二分区办事处任交通员。1949年1月，在川北区党委，川北军区邮局任股长。1953年2月，在重庆航运三分局合川航管站任站长。1958年1月，在江津地区交通局任副局长。1983年5月，在重庆市交通局任调研员。1988年12月离休，享受副厅级待遇。

王清佑，男，汉族，生于1931年11月，四川省广安县人，初中文化。1944年7月参加革命，1948年10月加入中国共产党。1944年7月，在重庆市《新华日报》报童。1947年3月，在中央城工部训练班学习后任陕南军区四区民教助理员，四十七团九连指导员，白沙县六区区长。1949年11月，在重庆市公交公司，大汉烟厂，重庆市公用局任科长、厂长、副科长。1957年3月，在重庆市公交公司三总站任站长、大洪河电站工程大队大队长。1978年10月，在重庆市公用局任副科长、副处级调研员。1992年1月离休，享受副厅级待遇。

段建新，男，汉族，生于1921年2月11日，河北省人，初中文化，1944年7月参加革命，1945年6月加入中国共产党。1944年7月在河北省宁晋县岳家庄村任村长、县公安局副局长。1949年12月在河北邢台公安处任副科长。1951年6月在重庆市公私合营黔渝盐业公司任经理。1955年1月重庆市汽车运输公司任党委书记。1961年7月在重庆市交通局任副局长。1983年12月离休，享受正厅局级待遇。

鲁洁茹，女，汉族，生于1927年11月，河北省人，初中文化。1945年5月参加革命，1947年3月加入中国共产党。1945年5月，在冀东军区十二军分区宣传队工作。1949年11月，南下解放重庆市，先后在重庆市公安局、组织部、手管局任科长。1971年，任重庆市第十一中学校长。1972年，任重庆市交通局处长。1988年10月离休，享受副厅级待遇。

高双亭，男，汉族，生于1925年7月，河北省人，初中文化，1945年7月参加革命，1948年10月加入中国共产党。1945年7月，在晋冀鲁后勤部当兵后任排长。1950年，在西安公安团任管理员、公安局二处任处长，组织部部长。1958年，在四川省汽车23队任支部书记。1959年，在重庆市搬装公司任总支书记。1964年，在重庆市汽车修理总厂任书记。1965年，任重庆市交通局处长。1988年3月离休，享受副厅级待遇。

杨时新，男，汉族，生于1920年9月27日，四川省营山县人，中专文化，1948年5月参加革命，1948年5月加入中国共产党。1948年5月，在营山县中共地下党工作。1949年1月，任营山县法院院长，蓬安县副县长。1953年4月，在重庆202厂任总支书记代厂长，綦江齿轮厂任副厂长、厂长，重庆市一工局任科长，重庆市工业委员会任副处长，重庆市汽车修理总厂任副厂长、厂长。1978年11月，在重庆市交通局任处长。1987年9月离休，享受副厅级待遇。

张铭中，男，汉族，生于1928年2月1日，河北省霸县人，高中文化，1949年3月参加革命，1950年1月加入中国共产党。1949年3月在中国人民解放军第二野战军保卫部，西南军政委员会公安部四处任学员、干部。1952年7月任重庆市港务局科长，重庆市交通运输党委政治部副主任。1971年6月任重庆市交通局副局长。1983年5月离休，享受副厅局级待遇。

殷昭源，男，汉族，生于1935年1月26日，重庆市人，小学文化，1949年11月参加工作，1956年8月加入中国共产党。1949年11月，在重庆市裕华布厂当工人。1954年4月，在重庆市南岸区委组织部、重庆市中胜汽车公司、重庆市短航木船站、重庆市拖驳公司任办事员、副科长。1965年5月，在重庆市水运公司任副书记。1980年5月，在重庆市交通局任党委办公室主任、机关党委书记。1995年1月退休，享受副厅级待遇。

邓誉久，男，汉族，生于1926年8月27日，四川省营山县人，大学文化，1949年11月参加工作，1954年8月加入中国共产党。1949年11月在西南公路局成都总段，川南交通厅简阳工务段，四川交通厅隆昌公路养护总段，璧山公路养护总段任工务员、副段长、段长。1958年8月，在江津专区交通局，江津地区交通局任副主任、科长。1980年4月，在永川地区交通局任副局长。1983年11月在重庆市交通局任调研员。1989年5月退休，享受副厅级待遇。

朱世奇，男，汉族，生于1936年7月2日，四川省荣昌县人，中专文化，1950年12月参加工作。1950年12月，在军政大学川南分校卫生队学习后任该校医院护士组长。1952年5月，在重庆市南岸私营艺华厂，四川省重庆船厂当工人、车间主任、科长、副厂长。1983年12月，在重庆市交通局任处长、助理巡视员。1996年11月退休，享受副厅级待遇。

古正涛，男，汉族，生于1930年8月6日，四川省江津县人，中专文化，1951年5月参加工作，1953年4月加入中国共产党。1951年5月，在江津县城关镇劳动调配站，镇政府工作。1955年8月，在四川省合川大昌炼铁厂任副科长、副厂长、党委副书记。1964年4月，在江津地委任科长。1970年11月在永川地区交通局任副局长。1983年5月，在重庆市交通局任副局长、巡视员。1991年10月退休，享受正厅级待遇。

孙叔德，男，汉族，生于1934年12月12日，重庆巴县人，初中文化，1951年8月参加工作，1953年12月加入中国共产党。1951年8月，在重庆市利群木器厂，造木厂，木材加工厂，第一建筑公司当工人、干事。1960年3月，在重庆市城市建设局，城市建设委员会，公用事业管理局任科员、办公室副主任、主任。1979年8月，在重庆市公交公司任党委书记。1980年9月，在重庆市公用事业管理局任副局长、巡视员。1995年7月退休，享受正厅级待遇。

程永宽，男，汉族，生于1939年3月13日，重庆市人，中专文化，1958年3月参加工作，1960年11月加入中国共产党。1958年3月，在中国人民解放军沈阳空军部队任战士、班长、排长、连长、站长。1984年4月，任重庆市公交公司副站长、党总支书记、党委副书记。1986年8月，在重庆市第一公交公司任党委书记、经理。1990年9月，在重庆市公用事业局任组织处长、助理巡视员。1999年1月退休，享受副厅级待遇。

罗德馨，女，汉族，生于1942年2月5日，重庆市渝中区人，大学文化，1960年2月参加工作，1978年7月加入中国共产党。1960年2月，在重庆市交通学校教书。1961年4月，在重庆市交通局任出纳、会计、副处长、主任、机关党委书记。2000年8月，在重庆市交通委员会任助理巡视员。2002年3月退休，享受副厅级待遇。

蒙进礼，男，汉族，生于1942年12月2日，重庆合川人，大学文化，1965年7月参加工作，1971年9月加入中国共产党。1965年6月在中国对外公路工程公司任技术员。1968年10月在中国人民解放军工程兵五十四师任技术员。1978年10月任永川地区交通局副科长。1983年3月在重庆市交通局，市交通委员会任处长、总工程师、助理巡视员。2003年2月退休，享受副厅级待遇。

程永富，男，汉族，生于1940年11月12日，重庆市江北区人，大学文化，1965年8月参加工作，1984年4月加入中国共产党。1965年8月，在四川省重庆船厂任技术员、副科长、科长。1983年4月，在重庆市交通局任副科长、处长、机关党委副书记。2000年4月，任重庆市交通委员会助理巡视员。2001年2月退休，享受副厅级待遇。

黄同科，男，汉族，生于1942年12月，重庆市永川县人，大学文化，1965年9月参加工作，1985年1月加入中国共产党。1965年，在胜利油田，中原油田任技术员、工程师。1979年12月，在永川汽车运输公司任工程师、副总经理、总经理。1991年9月，在重庆市交通局任副局长。2000年8月，在重庆市交通委员会任巡视员。2003年2月退休，享受正厅级待遇。

王机，男，汉族，生于1942年10月29日，山东省烟台市人，大学文化，1967年9月参加工作，1979年1月加入中国共产党。1967年9月，在武汉水运工程学院待分配。1968年9月，在重庆市港务局任机修队副队长、队长、作业区副主任。1983年8月，在重庆市港口局任党委副书记、政治部主任、党委书记。1990年12月，任重庆市交通局交通运输党委书记、巡视员。2003年2月退休，享受正厅级待遇。

孟素英，女，汉族，生于1945年9月15日，浙江余姚人，大学文化，1969年7月参加工作，1964年1月加入中国共产党。1969年7月在重庆市永川地区新兴煤矿工作。1975年11月在重庆市永川地区交通局任副科长。1983年3月在重庆市交通局任处长。2000年4月任重庆市交通委员会助理巡视员。2005年11月退休，享受副厅级待遇。

第三节　劳动模范人物

一、全国劳动模范

熊家益，男，重庆涪陵区人，1943年出生，曾任涪陵区公路处致韩道班班长，汽车驾驶员。1959年，熊家益参加公路养护工作，1989年退休，他一直工作在养护第一线，三十年如一日。热爱养护事业，以养路为荣，以道班为家，带领职工早出晚归，辛勤劳动。道班养护的11公里泥结碎石路，好路率常年保持在99%以上，被誉为“黄色油路”，连续14年被评为先进集体。他动员职工自力更生、加班加点，改直弯道，加宽路基，砌垒边沟，为国家节约资金1.4万元。利用工余时间，大兴养路富工，种菜、喂猪、养鱼，改善职工生活，增加副业收入，为养路事业做出了突出贡献。自参加工作以来，他所驾驶的车辆13年未发生交通事故，曾获涪陵地区“百日安全”先进个人称号。1979年，他被评为交通部先进个人。1984年，四川省人民政府授予他“四川省劳动模范”称号。1989年，熊家益获得国务院授予的“全国劳动模范”光荣称号，受到李鹏总理亲切接见。其先进事迹被编入《中华创业功臣大典》。

朱荣华，男，汉族，重庆市江北县水土镇人（今重庆市北碚区水土镇），1933年1月出生，初中文化，重庆市北碚区航运公司（现北碚区航塑总公司）敬老院管理员，朱荣华出身船工，1951年参加中国人民志愿军，担任战地救护工作，救治了大批伤员战士。1953年加入中国共产党。他在抗美援朝战争中两次荣立国际主义三等功。从部队复员后，他到北碚区航运公司敬老院工作。1960~1962年，他组织敬老院人员整修住房、开荒种地、养鸡喂猪，改善老人生活，使很多身患水肿的老人度过了三年自然灾害的难关。他为孤寡老人料理生活起居，看病打针，送水熬药，为重病老人喂药喂饭，端屎端尿。他无数次地为病危或临终老人护理，背着他们去洗澡。老人在他怀里安然去世，他又为他们料理后事。1993年1月，朱荣华退休后带病继续在敬老院服务，直到2000年1月病重去世。他关爱老人40年如一日，因此，他获得全国“老有所为”精英奖、“敬老好儿女”金榜奖和“全国开拓老年事业活动”佳作奖。他7次获得北碚区和重庆市“优秀共产党员”

称号。1987 年，他被评为“重庆市劳动模范”。1989 年，朱荣华先后获得“四川省劳动模范”和“全国劳动模范”的光荣称号，出席中华人民共和国成立 40 周年庆典，受到邓小平、江泽民、杨尚昆等党和国家领导人的接见和宴请。1991 年，他又获得“重庆市特等劳动模范”的光荣称号。

王嘉玲，女，汉族，重庆市巴南区人，1961 年出生，高中文化，中共党员，时任重庆长江旅游公司船长。参加工作后，王嘉玲曾当过服务员、水手、舵工，由于她虚心好学，刻苦钻研，相继升为三副、大副。1989 年，经过考试，她升为实习船长。1991 年，她正式升为船长。她怀着为祖国航运事业作出贡献的执着追求，坚持走自己认定的路，用 12 年多时间走完了男职工 15 年才能走完的船长成长道路，成为中国长江航运历史上唯一走完船长培养道路全程的女船长。1988 年以来，她先后被评为中国长江轮船总公司“三八红旗手”、共青团重庆市委“十大杰出”青年、“中国长江轮船总公司先进生产（工作）标兵”“重庆长江轮船公司劳动模范”。她还获得“全国交通系统劳动模范”“全国先进女职工”的光荣称号，1995 年，王嘉玲获得国务院授予的“全国劳动模范”的光荣称号。

李祖伟，男，汉族，四川广安人，1962 年 8 月出生，研究生学历，专业是道路与桥梁工程和公路工程建设管理，第九、十届全国人大代表，中共党员，时任重庆北方高速公路有限公司董事长、总经理。参加工作 20 余年来，他先后从事公路与城市道路工程的规划、勘察设计、工程监理与建设管理工作，积累了丰富的实践经验，具有较强的组织管理、技术实践能力和科学研究水平。他先后主持和参与了重庆市多个高速公路规划和前期工作，负责和参与了重庆境内 10 多条高速公路共 30 多个高速公路项目工程建设。他出色的工作和刻苦的钻研取得显著成绩，为国家城市公路建设，特别是重庆高速公路建设做出突出贡献。中国公路学会授予“百名优秀工程师”称号，国务院授予政府“特殊津贴”，中国科协授予“第二届全国金桥工程优秀项目奖”、重庆市科协授予“第一届创星级学会活动先进个人”“重庆市优秀专业技术人才”等，2000 年，李祖伟获得国务院授予的“全国劳动模范”光荣称号。

周庆忠，男，汉族，重庆市忠县人，1950 年 10 月出生，中共党员，时为重庆市第五公共交通有限公司保修厂高级技工。无论是在任引擎班工作期间，还是在外修组工作和负责大巴车空调维修时，他立足做好本职工作，吃苦耐劳、精益求精、无私奉献，26 年来，他的超额工时相当于多上了 10 年的班。他勤俭节约，修旧利废，仅半年就修复活塞 100 多个，修复分电盘和化油器 30 多个。在他的带动下，班组修旧利废蔚然成风。据测算，他在保修厂历年来节约的材料费达 40 多万元。他刻苦好学，钻研技术。在负责维修韩国空调时，多方收集资料，研究其原理，并拆下空调，对照资料反复研究，成为维修空调的好手，人们称誉他是“汽车神医”。周庆忠在职期间，44 次获得第五公交公司和重庆市公用局先进生产者、优秀党员、学雷锋标兵、重庆市文明职工、重庆市建委“十佳职工”等表彰，获得国家建设部“全国城市公共交通优质服务后勤保障工作者”、重庆市总工会九五立功奖章等荣誉。1999 年，他荣获“国家建设部劳动模范”称号，2000 年，他获得国务院授予的“全国劳动模范”光荣称号。

李健，男，汉族，四川广安人，1946 年 6 月 16 日出生，中共党员，研究生学历，高级经济师，重庆高等级公路建设投资有限公司董事长、党委书记和总经理。在原万县地区工作时，他曾多次荣获四川省委、四川省政府授予的先进工作者和先进个人称号，在重庆市交通委员会工作期间，荣获中共重庆市委、重庆市人民政府授予的“重庆市三峡移民工作先进工作者”和建设“八小时重庆”先进个人称号。2003 ~ 2005 年，在创建重庆高投公司期间，业绩卓著。一是只用了 9 个多月，就完成了“八小时重庆”剩余工程，全线实现通车。二是自 2003 年 5 月至 2005 年，实施县际联网公路 36 个项目、2189 公里，建成通车 200 多公里，并陆续回购区县收费公路 1590 公里和 4 座长江大桥。三是在重庆市国省道公路安装防撞护栏 1500 多公里，形成“生命工程”，使特重大事故降低了 75.34%。四是确保工程队伍结算民工工资，支付民工工资和区县历年拖欠工程款 10 多亿元。五是在县际联网公路中推行无标底有限低价评标办法，以“阳光招标”从源头防止腐败。六是探索实施以公路建设主业带动相关产业、用相关产业弥补主业的多元化发展路子，在重庆主城区和公路沿线区县储备土地2.6万亩，与区县合作开发旅游项目。经过近两年时间的努力，使成立之初只有资产13.7亿元重庆高投公司，总资产达到115亿元，获得各家银行授信130多亿元，可使用贷款80多亿元，成为发展实力强的政府性投融资集团。2005年4月30日，李健获得国务院授予的“全国劳动模范”光荣称号。

杨茂超，男，汉族，重庆人，1949年出生，中共党员，研究生学历，高级经济师，重庆市公共交通控股（集团）有限公司董事长、党委书记。他在担任重庆公交一公司副经理、任职期间，在重庆公交系统第一个开设小公共汽车线路，第一个开设全市第一条无人售票线路——112路，创立全国第一条共青团专线——118路，第一个在西南地区推行社会服务承诺车组——103路1120车组，第一个引进港资购车112辆（价值4700万元），建立了重庆公交系统第一个MIS管理系统，他筹集投入资金，对车辆进行技术改造，改汽油车为CNG（天然气）环保型车。在他担任公交集团董事长、党委书记期间，带领集团系统员工，在公交体制改革中，实现了改革、稳定、发展的统一，实现了“政府放心、乘客满意、企业增效、职工增收”的目标，受到各级领导和广大市民的一致好评，公交集团在其带领下荣获多项荣誉，因而被人们誉为“重庆公交拓荒牛”。1995年他获得“重庆市劳动模范”称号。1997年，他当选为重庆直辖市首届党代会代表、第九届全国人大代表、重庆市二届人大代表，并先后获得重庆市“八五建功立业奖章”，四川省基建工会“优秀职工之友”、重庆市基建工会“好经理”、重庆市建委先进工作者、重庆市交通系统优秀领导干部、重庆市交通党委先进党务工作者等荣誉称号，2005年4月30日，获得国务院授予的“全国劳动模范”光荣称号。

翁桂英，女，汉族，重庆市长寿县人。1971年出生，中共党员，大专文化，时为重庆市公交集团公司重庆冠忠（第三）公共交通有限公司客车驾驶员。在10多年驾驶岗位上，翁桂英开好安全车，月月超额完成生产任务。她所在的车队，曾被重庆市公用局授予“李素丽号”、重庆市妇联授予“巾帼文明示范岗”以及共青团中央和建设部授予的“青年文明号”等12项集体荣誉称号。2002年3月8日，重庆公交控股（集团）有限公司党委决定成立“翁桂英岗位技能培训中心”，她以自己的切身经验体会，开展技能培训24场次，培训驾乘人员1560人次。她曾先后获得重庆市公用局“明星驾驶员”与“技能标兵”、重庆市“文明市民”、重庆市第二届“职业道德先进个人”和全国工运工会“金桥奖”，2003年，她获得全国五一劳动奖章，2005年4月30日，她获得国务院授予的“全国劳动模范”的光荣称号。

靳克胜，男，汉族，重庆市渝北区人，1941年出生，中共党员，渝北区大盛镇大盛村农民养路工。20世纪70年代，靳克胜从铁道兵退伍，主动参加大盛到麻柳沱公路修建，公路修通后，当地政府决定由他养护其中的一段3.7公里公路，每月补助48元。靳克胜自从接手公路养护后，坚持每天上路养护。填平修整所需石料，都是他自己采、自己打、自己运。他所管之路，不仅路面平整，而且沟涵畅通，公路两旁绿树成荫，被当地群众誉为大盛镇的“高速路”。25年来，靳克胜为养护公路用坏了的铁铲、箩筐、扫帚不计其数，敲打碎石、片石500多吨，铲草68万多平方米。他所养护的公路与其他养护相同长度的公路耗资相比，节约开支100万元以上，而他25年所获报酬总计还不足3万元。对此，有人说他是没事争表现、出风头。他却说：“修桥补路是一辈子的好事，一个共产党员就是一粒种子，撒到哪里就要在哪里开花结果，就要干好自己的本职工作。”2005年4月30日，他获得国务院授予的“全国劳动模范”光荣称号。

二、全国“五一劳动奖章”获得者

邹洪毅，男，汉族，重庆市开县人，中共党员，时为四川省万县公路养护管理总段同乐道班班长。邹洪毅担任全国闻名的同乐道班班长后，以自身的模范行动带领全班养路工人艰苦创业，在全面完成公路养护任务的同时，自力更生，加宽改善公路，将本班管养的20公里简易公路，改善拓宽为四级以上的标准公路，节省投资20.68万元。好路率、公路绿化里程年年保持100%，达到全国先进水平。1988年，他获得全国“五一劳动奖章”，1989年又获得交通部劳动模范称号。

李泽华，男，汉族，四川人，中共党员，永川汽车运输公司永川车站驾驶员。从1959年从事汽车客运驾驶以来，文明行车，礼貌待客，满腔热情为旅客服务，先后被评为永川汽车运输公司、重庆市和四川省劳动模范和全国公路客运部门“五讲四美”“三热爱”活动先进个人。1988年荣获全国五一劳动奖章，到北京出席颁发五一劳动奖章的劳模会议。

唐光才，男，汉族，四川人，中共党员，重庆市万州区汽车运输总公司三公司汽车驾驶员。唐光才自从事汽车运输以来，安全行车61万公里，实现产量355万吨公里，完成运输收入近100万元，先后4次夺得万州汽车运输总公司单车贡献奖。他开车不谋私利。1990年3月，一个亲戚建房，要唐光才晚上帮忙运3车砖，给他100元油钱，唐光才说：“砖可以运，但必须到单位上起票”，这个亲戚没法只好按规定缴费。他带病坚持工作。1989年11月，唐光才胃溃疡发了，医生检查要他住院治疗，他谢绝医生好意，带着药上车，当月产量达3.2万吨公里，实现利润2500多元。为了完成任务，他经常晚上在驾驶室度过。情操高尚，做好事不留名。有一年，唐光才在万州至达县的公路上看到路边一名女同志抱着小孩哭泣，他停下车寻问，女同志流着泪说：“娃儿得了急病，离医院远，爱人不在家，前面几辆车的司机不停车，没办法。”唐光才当即把母子接上车，专程送到县医院，帮其办理了住院手续，当女同志问他姓名时，他什么没说，转身走了，直至到该女同志将感谢信送到公司大家才知道。自1979年参加工作以来，他获得多项表彰奖励：多次赢得万州汽车运输总公司单车贡献奖。1994年4月，他获得四川省交通厅两个文明建设先进生产者称号。1991年5月1日，获全国“五一劳动奖章”，被全国总工会授予“全国优秀驾驶员”称号。

杨清源，男，1938年5月出生，中共党员，时任重庆市重点公路建设指挥部常务副指挥长。重庆市公路建设工程管理处处长，重庆市高等级公路管理处处长，高级工程师。1959年，杨清源从交通学校毕业后即进入西藏修建公路，在高原奋战26年。1985年，他转战重庆市国道210线机场高速公路建设，随后又投入成渝高速公路重庆段建设。他身为重庆市第一条高速公路建设工程的常务副指挥长，坚持深入施工第一线，贯彻“菲迪克”条款，在工程质量上严格把关，及时发现处理问题。他依靠科技人员，进行科学决策，具体组织实施成渝高速公路重庆段三大设计变更方案，由此在成渝高速公路重庆段建设中做出突出贡献，被国家人事部批准为享受政府特殊津贴的高级专家。1994年6月，杨清源获得四川省重点建设先进工作者的荣誉，1994年7月，获得重庆市“优秀共产党员”称号，1995年5月，又被评为四川省劳动模范、先进工作者。1996年5月1日，获得全国总工会授予的“五一劳动奖章”。

黄世成，男，汉族，重庆市奉节县人，1948年4月出生，中共党员，奉节县公路养护管理二段一道班班长。黄世成在任班长期间，热爱集体、热爱本职工作，刻苦钻研养护技术，工作兢兢业业，全心全意奉献公路养护事业。他从事养路34年，年年安全生产，优质服务，文明养路，他所带领的一道班管养的路段综合好路率达98%，出勤率达100%，年年超额完成市、县主管部门下达的各项计划指标，公路养护质量高。自参加工作以来，他多次获得表彰奖励：1987年被四川省交通厅公路局评为先进生产工作者。1989年被评为奉节县劳动模范。1991年被四川省交通厅授予“七五”期间两个文明建设先进生产工作者。1994年被评为重庆市交通局抗洪抢险先进个人。1996年，黄世成获得全国“五一劳动奖章”。2000年获得重庆市“十佳养路工”称号。

冉茂强，男，汉族，重庆市彭水县人，1952年5月出生，初中文化，中共党员，时任石柱县公路养护管理段油草河道班班长。1978年12月，他不顾家人反对，放弃城里工作，毅然到石柱县公路养护管理段黄水道班当了养路工，一干就是19年。油草河公路段地处深山峡谷，方圆数公里无人烟，公路大坑小凼，路面难以养护，道班里无人接受这份苦差事。1982年4月，他带上妻子孩子来到油草河公路段，以路为家，自备片石6000余立方米，自砌石边沟1000多米，自运花泥6000余立方米，填补沉陷15处，自制手推车40多辆，自制把柄350多根、大扫帚400多把，运土植树1500余株，将油草河5公里泥碎公路改造为优良公路，好路率达到100%。由于他工作成绩突出，先后连续8年被地区评为先进生产者，获得四川省交通厅先进工作者、四川省交通厅公路局先进养路工、四川省劳动模范等称号，1997年，冉茂强获得全国“五一劳动奖章”。

程奉康，女，汉族，重庆市永川人，1957年8月10日出生，中共党员，高中文化，时任重庆市成渝高速公路管理处永川管理所班长。1994年9月，她调入重庆成渝高管处，一直从事收费工作，她秉承“创建文明公路、奉献一流服务”的目标，处处以身作则，工作兢兢业业，时时起好模范带头作用。她坚持普通话文明服务，自觉地为人民服务，急人所急、热心助人。她有强烈的工作责任感，坚持原则、恪尽职守、无私奉献，同各种偷漏通行费行为作斗争，多次为国家挽回经济损失。她具有牢固的全局意识，从不计较个人得失。她善于帮助同志，主动为领导分忧，热情接纳那些其他班长都不愿意接纳的落后同志一道工作。在她的带动下，整个班集体充满和谐、团结的氛围，在各项劳动竞赛中名列前茅。由于工作成绩突出，曾7次获得本单位标兵荣誉称号，先后获得重庆市交通运输党委表彰的“优秀共产党员”、重庆市“十佳文明职工”“全国交通系统劳动模范”等光荣称号。1999年5月1日，程奉康获得全国总工会授予的全国“五一劳动奖章”。

刘正忠，男，汉族，重庆市璧山县人，1960年4月27日出生，中共党员，时任璧山县交通局党委书记、局长兼璧山县公路管理所所长。1983年7月，刘正忠从重庆交通学院分配到璧山县交通局工作。1991~1994年，他任公路建设驻地副高级监理工程师，主持成渝高速公路三个合同标段的施工监理工作，他优化设计，使建设工期缩短，节约投资600万元。其中，青杠互通式立交桥、增设大沙坝煤矿挡墙的优化设计，分别获得重庆市人民政府“合理化建议优化组合”一等奖，火焰林桥优化设计获得二等奖。1997年6月，他参加渝隆路璧山至青杠段一级汽车专用公路建设，参与主持技术监理工作。1998年5月，他时任璧山县主干线建设指挥部副指挥长和项目监理组总监，参加璧山县交通基础设施建设，为璧山县公路升级达标做出重要贡献。2001年，他获得全国“五一劳动奖章”。

汪霞，女，重庆市人，中共党员，重庆市党校经济管理大专毕业，时为重庆市公共交通公司售票员。1993年，汪霞进入公交103路队当售票员，热爱本职工作，苦练基本功。普通话考核获得重庆市一级乙等证书。她还多次到市聋哑学校、外语学校去学习哑语、英语。在多年的车厢售票服务实践中，总结出自己的服务方法：一要热，热爱岗位、热爱服务；二要忍，得理让人，以理服人，以情动人；三要新，服务内容常出新；四下车，在始发站、大站、终点站下车服务，照顾需要帮助的乘客；五要勤，勤宣传、勤疏导、勤解答、勤流动、勤保洁。她先乘客之忧而忧，后乘客之乐而乐，使服务深入乘客心田，受到广大乘客的赞誉。汪霞车组在公交系统第一个禁用公交服务忌语，第一个使用普通话、英语、哑语全程服务，第一个在全国实行车组服务承诺，第一个实行佩证上岗，公交系统“青年文明号”竞赛总评第一，被共青国中央、全国妇联、建设部命名为“青年文明号”“全国巾帼文明岗”“全国文明示范窗口”。她在平凡的岗位上做出成绩，先后获得重庆市建委系统“十佳文明职工”、市总工会“九五立功勋章”、重庆市首届“青年五四奖章”、重庆市“十大杰出青年岗位能手”、第五届“全国职工职业道德十佳标兵”等荣誉称号。2001年，她获得全国“五一劳动奖章”。2002年，她当选为十六大代表，光荣出席中国共产党第十六次全国代表大会。

徐孟同，男，汉族、1953年出生，山东青岛人，大专文化，中共党员。时任重庆市公共电车公司412路队队长。徐孟同极力营造公共交通的新形象，在重庆公交创下了五个第一：第一个获“全国职工模范小家”；第一个实施名牌系统工程；第一个推行成本指标核算和安全目标“零”管理路队；第一个创建首条军民双拥文明线路；第一个获职业道德建设“十佳”班组称号。在他的带领和全体职工的努力下，路队牢固树立“乘客至上服务为本”“安全生产责任重于泰山”的思想，积极开展“心系旅客情温车厢”的优质服务，连续10年圆满完成公司下达的各项经营指标，路队先后获得重庆市基建工会“职工之家”、全国总工会“模范职工小家”、重庆市“文明单位”“十佳班组”称号。徐孟同工作业绩突出，先后获得重庆市“九五”建功奖章、重庆市精神文明优秀个人、建设系统优秀职工之友、四川省优秀职工之友等称号，2002年，徐孟同获得全国“五一劳动奖章”。

曾大和，男，汉族，重庆市梁平县人，1957年7月29日出生，中共党员，时任重庆市梁平县公路管理段七桥道班班长。曾大和以“养路没得巧，只要舍得搞”这句话为自己的座右铭，当道班班长12年，他总是时刻以身作则，身先士卒，把自己一生的追求和奋斗的事业以及心血和精力全都倾注在了养路工作中。1979年，他当上养路工人，立足本职，勤钻技术，很快掌握泥结碎石路养护技术。1987年9月，他在四川省公路系统公路小修保养技术比赛中获得“养护技术操作能手”称号，他所保养维护的路段“养护示范段”，长年保持“水涝无坑凼、天旱无飞石”，路面平顺，行车舒适，他成为远近闻名的公路养护标兵。他担任七桥道班班长后，以道班为家，工作第一，不顾严重胃病，甘于奉献，勇挑重担，带领出一支过硬的养护队伍。在接养一条烂路后，他率领全班人员，加班加点，用2个多月时间将其整修为平坦顺适的公路。在他的模范带头作用鼓舞下，七桥道班在历次考评中名列前茅，被重庆市交通委员会、重庆市公路局评为“文明道班”“十佳道班”。2001年，他获得重庆市“职工职业道德十佳标兵”，2002年，他被梁平县政府评为先进工作者，2003年，他获得全国“五一劳动奖章”。

三、交通部建设部劳动模范

周成鹏，男，汉族，重庆梁平县人，1947年2月出生，中共党员，时任张家滩道班工区长兼班长。1979年，他在重庆公路养护总段二分段张家滩工作任工区长后，带领该工区职工努力养好路，使好路率从1979的16%提升到1982年的86%，达到四川省公路泥结碎石路的较高水平。到1986年，张家滩工区所养公路达到路面平整，行车顺适，边沟畅通，路肩整洁，行道树整齐，标志齐全，好路率达到100%，位于同行的前列。1986~1993年，通过自力更生，改弯降坡12处，接长涵洞11道，栽植行道树1100株，自采片石2500立方，加工碎石1400立方，节约国家投资达86万元，还保持了好路率100%的高水平。得到了当地群众好评，被车方誉为“土柏油路”。1990年，周成鹏带领的张家滩道班获得中华全国总工会授予的“五一劳动奖”、全国公路系统优秀养路道班等荣誉称号。1986年、1987年，他被授予重庆市交通局标兵称号。1986年，重庆市人民政府授予他“重庆市劳动模范”称号。1993年，他获得“全国交通系统劳动模范”称号。

胡振业，男，汉族，陕西横山人，1944年12月生，大学学历，中共党员，高级经济师，时任重庆市交通局局长。1970年9月，胡振业参加工作，1971年9月进入重庆市交通局工作。1981~2000年，历任重庆市大坪汽车修理厂副厂长、重庆市交通局副局长、重庆市交通局局长等职务。2000~2007年，胡振业历任重庆市交通委员会主任、党组书记、交通党委书记、重庆高速公路发展有限公司董事长、重庆市政协城乡建设环境保护委员会主任等职务。胡振业以其坚强的党性，36年来奋战在重庆交通战线，为重庆交通发展做出突出贡献，得到交通系统党内外群众公认，赢得交通系统党员与群众极大信赖和尊敬，上级给予他多次表彰。1993年，他被重庆市精神文明建设领导小组评为“学雷锋、树新风”先进个人。1994年，他被重庆市级机关党工委评为1994年度“优秀共产党员”。1994年，他获得四川省交通厅授予的“八五”期交通工作先进职工称号，获得四川省人民政府授予的“成渝公路建设先进个人”称号。1994年，胡振业获得“全国交通系统先进工作者”的光荣称号。1996年，他又被四川省交通厅评为“1995年度交通工作先进个人”。2002年，他当选为重庆市十六大代表，光荣出席中国共产党第十六次全国代表大会。

李茂东，男，汉族，重庆市巫山县人，中共党员，时任巫山港航监督所所长。多年来，李茂东凭着高度的敬业精神，全身心地投入到港监工作中，恪尽职守。无数个节假日、星期天加班加点，早出晚归在工作岗位上度过，从无怨言。他身先士卒，抓好现场监督。尽管年岁已高，仍严格要求自己。李茂东坚持每天早晨五点半带领港监人员到大宁河口，严把监督检查关，“护客上船，送船进峡”，确保游客的生命财产安全。十年如一日，从不间断。由于李茂东以身作则的表率作用，巫山港监所全体职工精神面貌一新，团结，辛勤工作，扭转了大宁河事故不断的局面，使大宁河小三峡航行秩序井然，旅游业日益兴旺。他“秉公执法，勤政为民”，自觉抵制拜金主义，享乐主义。对辱骂恫吓，毫不妥协退让，牢固树立港监人员高尚的职业道德和两袖清风的公仆形象。对港监人员严格要求，科学管理，对埋头苦干，工作责任心强的同志予以表彰奖励。面对工作拖沓，作风散漫，缺乏责任感的予以严格批评教育、处罚。在他的带领下，巫山县港监所被誉为“宁河卫士”。1993年，李茂东被四川省交通厅授予四川省交通系统“在岗位尽责，为事业奉献”标兵称号。1994年，李茂东获得国家人事部、交通部授予的“全国交通系统先进工作者光荣”称号。

吴启华，男，重庆武隆县人，1942年生，中共党员，曾任涪陵地区交委主任，涪陵地区行署副专员、涪陵市（区）人民政府助理巡视员。在涪陵地区交委工作期间，他真抓实干，倡导“自强不息，开拓创新，艰苦奋斗，无私奉献”精神，并将其落实到交通邮电建设工作中，为推动涪陵交邮事业快速发展做出了贡献。1995年，获得中央人事部、交通部授予的“全国交通系统先进工作者”的光荣称号。

王刚，男，1958年出生，重庆人，中共党员，时任冠忠（第三）公共交通有限公司四路队队长。1978年，王刚从学校毕业即从事公交售票工作并开始学习驾驶，他勤奋学习、刻苦钻研、踏实工作。1979年，他担任一路队团支部书记，全面开展共青团工作，积极带动广大团员青年投身到生产第一线，努力完成上级领导交办的各项任务。1982～1986年，他相继担任四路队团支部书记和安全队长，正逢其管理混乱、人心涣散、职工思走之时，他从路队班子入手，针对路队管理人员存在的问题，制订了严格的管理规定和考核办法，使路队班子更加团结有力。王刚不辞辛苦，带领管理人员进山区、访一线，察民情，对路队所有线路进行了全面调查研究，采取了单车公里套收入的经营方法，初步保证路队的经营收入。王刚在四路队首次采用了单车经营承包的营运体制，这也是全司范围内的首次大胆尝试，开创了公交经营的新局面，使路队工作逐步走入正轨。在平凡的工作上做出了不平凡的业绩，他连续数年被公司评为“优秀党员、先进工作者、优秀中层管理人员”。1994年，他获得了重庆市“优秀党员”的称号和重庆市“公用局首届十佳青年管理干部”的称号。1995年，王刚获得“建设部劳动模范”的光荣称号。

左吉祥，男，汉族，籍贯山东省利津县，重庆市万州人，1945年12月20日出生，中共党员，他先后担任四川省万县市、重庆市万州移民开发区、万州区交通局、交通委员会局长、主任、书记。在13年工作期间，左吉祥带领万县市交通干部职工举债修建县际干线水泥公路1500公里，主持建成万县长江公路大桥、万县长江公路二桥、忠县长江公路大桥、开工建设云阳、奉节、巫山长江公路大桥。开工建设万开高速公路，拉开万县市、万州移民开发区、万州区铁公水立体大交通格局。快速启动万州区77个乡镇干线公路硬化，980个通村公路建设热潮，超常规发展万县市、万州移民开发区、万州区长江段干线航运，公路超长客运，主城区出租车客运。坚持两手抓两手都要硬的方针，组织带领局（委）机关狠抓文明单位创建工作。局（委）机关1991年建成县级文明单位、1995年建成四川省级文明单位、1995年建成四川省最佳文明单位，2000年建成重庆市文明单位50佳。在他任职领导干部的13年间，多次获得先进表彰，1998年被评为“四川省交通工作先进个人”，1999年被评为“万县长江公路大桥建设有功人员”，2001年，左吉祥获得“全国交通系统先进工作者”光荣称号。

刘莉，女，重庆人，中共党员，研究生学历，重庆市公共交通控股（集团）有限公司副总经理。在筹建重庆公交集团公司工作中，刘莉起草的《组建方案及章程》和主持编制的《重庆公交改革文件汇编》，成为重庆公交综合体制改革的工作指导性纲要及与其他城市公交同行互相学习、交流的重要资料。重庆公交集团成立后，在担任行政部经理期间，刘莉按照现代企业管理制度主持完成了新型企业建章建制规范化管理工作，牵头编制了2002年、2003年《企业年鉴》《公交集团规章制度汇编》，参与了《重庆公交企业文化手册》的编辑。组建现代化办公系统和信息网络平台，使集团公司的管理工作能有序高效地运转。她还策划、组织承办"社会各界行评代表座谈""改革与创新、资本运作研讨"等活动，扩大了企业的影响力。在兼职集团多种经营管理委员会主任期间，对所属三产业实行改制、清产核资、主副业剥离、资源整合等做了大量的工作，既创造了较好的经济效益，又为富余职工转岗分流创造了条件。她先后获得"重庆市公共交通控股（集团）公司优秀党员、先进党务工作者、先进女职工"等荣誉称号，还先后获得"重庆市交通委员会优秀党员、先进党务工作者"称号。2002年她被推选为渝中区第十五届人大代表候选人。2004年1月，刘莉获得国家人事部、建设部授予的"全国建设部劳动模范"称号。

易华，女，重庆人，中共党员，大学专科文化程度，时为重庆市公共交通控股（集团）有限公司一公司114路队1490号车组售票员兼业务负责人。高中毕业后，她走上了售票员工作岗位，她从创造一个清爽、温馨的车厢开始，总是提前到岗，洗车身、拖地板、擦玻璃，还在车厢设置垃圾篓，乘客扔下的垃圾，她捡起放进垃圾篓里。她抽工余时间走访了114路所经过的每一条街道，去重庆图书馆查阅了大量的资料后，率先在重庆公交系统推出"导游式服务"，用售票的间隙，她向乘客们介绍转乘线路和沿线的企事业单位、商业场所，宣传附近的名胜古迹和典故，受到乘客们的称赞。有的乘客还专门去乘她的车，听她的介绍；一些外地来渝的乘客，在她的指引下，很顺利地找到了要去的地方，被誉为"活地图"。她不断总结服务经验，积极推行文明服务，推行"多语式服务"，即普通话、英语和哑语服务，她团结和帮助车组的其他人，共同做好乘务工作，使1490号车组的服务形式更趋完善。在易华的带领下，她所在的车组相继获得了"巾帼文明示范岗"、重庆市级"青年文明号"等荣誉称号。她先后荣获"重庆市'九五'创新业十佳女职工"、"重庆市十大杰出青年岗位能手"、重庆市交通系统"优秀共产党员"、全国交通系统"巾帼建功标兵"、重庆市首届"十大杰出志愿者"等荣誉称号，并当选为重庆市直辖后的第一届、第二届政协委员。2003年，获得全国妇联"巾帼建功标兵"、重庆市"五一劳动创新奖章"和"全国建设系统劳动模范"等光荣称号。

章勇武，男，汉族，浙江三门县人，1968年8月出生，中共党员，博士研究生，正高级工程师，获奖时任重庆高速公路发展有限公司副总经理，现任重庆市交通委员会副主任。1986年9月至1990年7月，他就读并毕业于重庆大学采矿工程系大学本科，1990年9月至1993年7月，他就读于重庆大学资源环境系，岩土工程专业硕士研究生毕业，2002年9月至2006年1月，他就读同济大学经济管理学院，管理科学与工程管理博士研究生于毕业。1993年7月，他在重庆市公路工程建设管理处、重庆高等级公路建设指挥部工作，直至1999年4月，调任重庆渝东高速公路有限公司党支部书记、董事长兼总经理和副指挥长，直到2004年4月。在这五年之间，他组织领导渝东高速公路建设管理，完成长梁、梁万高速公路的建设任务，为建设重庆至上海国道主干线做出突出贡献，10多次获得教育部、交通部、重庆市科委、重庆市交委等部门颁发的科研项目的一、二、三等奖或特等奖。2002年，他获得重庆市文明市民称号。2003年，他获得重庆市第七届青年五四奖章。2004年5月至2006年8月，他调任重庆高速公路发展有限公司任副总经理、副指挥长。2004年，他获得国务院的专家政府特殊津贴。2005年，获得"全国交通系统劳动模范"称号。

凌红，女，汉族，四川省资中人，1957年11月出生，中共党员，时任重庆市高新区交通运输管理所所长。从事道路运输管理工作28年来，凌红工作兢兢业业。她带领高新区运管所创新工作，先后获得了高新区文明单位、交通部文明单位、重庆市文明单位、重庆市文明单位标兵称号。质量管理体系通过ISO9000质量体系认证，行业管理工作也在全市运管系统中处于领先地位。在重庆市交通系统中率先开展"一站式办公"，在重庆市运管系统中率先建立了面向社会公众的网站，安全管理、运政管理工作年年被高新区管委会和市运管局评为先进，成为重庆交通系统两个文明建设的一面旗帜。她在担任运管所所长、同时担任区交通局办公室主任期间，为兼顾两边工作，她总是抽出休息时间工作，中午不休息，晚上加班。多年忘我工作，使她积劳成疾，为不影响工作，她坚持带病上班，一个多月后才进行手术。手术后，在医生嘱咐必须休息一个月以上的情况下，她只休息了两周就回到工作岗位，而且仍经常加班加点。凌红对日常开支严格遵守审批程序，主动请有关部门进行财务审计。几年来，高新区运管所没有发生一起违法违纪事件。她在2003年获得高新区"优秀共产党员"称号和重庆市"五一劳动创新奖"，2005年，被国家人事部、交通部评为"全国交通系统先进工作者"。

蒋代娟，女，1981年10月出生，重庆人，共青团员，系重庆市公共电车公司405路队全国青年文明号专线乘务员。自1999年参加工作以来，蒋代娟以真诚热情的服务、纯正的普通话、赢得了市民们的广泛好评。蒋代娟参加工作时间不长，但她却在十米车厢营造了文明服务的温馨氛围。走进她工作的车，色彩和悦，清洁干净，布置雅致。她利用休息时间到西航和同行业先进车组参观学习，对照检查自己在服务上存在的差距。她不断创新服务，为乘客着想，夏天配有藿香正气液、人丹等解暑药、一次性水杯和方便钩；冬天给冰凉的"铁扶手"缝制了"外套"，让乘客感受青年文明号的温暖；雨天为保证乘客乘坐安全，以免雨水滴落在车厢内造成溜滑，配有雨伞袋。为解除乘客乘车的烦闷，她在车厢内长期坚持挂放当天的新闻报刊，让乘客免费阅读。为方便外地来宾，便民袋内有地图册、乘车指南。在车上，她建立了"乘客之家"，自制窗帘，购置了挂钟、垃圾篓、热水瓶等便民设施。为征求乘客意见和建议，车上还专门配备了实话实说意见簿。创造性地推出了"青年文明号"服务诚信卡，对在该车上有见义勇为、拾金不昧、助人为乐等好人好事的乘客，赠送卡片免费乘车一次。她还推出"三心"（服务热心、解释耐心、工作细心），"三语"（普通话、英语、哑语），"迎上送下"（在车门下迎送乘客）工作方法。她工作勤勤恳恳，成绩显著，多次被评为公司"十佳文明乘务员标兵"，当选为重庆市2001年度"青年岗位能手"及重庆市第二次团代会代表，荣获中国海员建设工会第六届金桥奖。2005年，蒋代娟获得"全国交通系统劳动模范"等称号。2007年，蒋代娟获得全国"五一劳动奖章"。

四、四川省重庆市劳动模范

谷从周，男，汉族，河南省唐河县人，1937年2月26日出生，中共党员，获奖时任重庆市沙坪坝区第二运输公司经理。1981～1989年期间，谷从周担任小龙坎运输站副站长、站长、经理，带领全体职工把一个人力运输企业办成了一个以运输为主、多种经营的企业，使单位利润在5年内翻了三番，位于沙坪坝区运输企业的前列。他带头抵制不正之风，对客户赠送了1000元"红包"主动交给组织，将这些钱用于生产急需和职工奖励。他在调资晋级中，在名额有限的情况下，1985年，他主动将一个调资名额让给了操劳一生的老站长。任职期间，他为解决生产问题废寝忘食，有时病倒了，只要能撑得住，也坚持在生产第一线工作。他关心职工生活，1985年，他主持建立职工医务室，并聘请专业医务人员，凡是职工看病，不收职工一分钱，同时购买了大客车专门接送职工，解决了职工上下班走路的局面，深受职工的欢迎。他的个人品德、工作作风赢得了全体职工的一致好评。1981年1月，他获得沙坪坝区交通局1981年度"先进（生产）工作者"称号。1982年2月，他获得重庆市沙坪坝区"先进生产工作者"称号。1986年，他获得沙坪坝区优秀共产党员称号。1988年度，他获得重庆市人民政府授予的重庆市"劳动模范"称号。

郭兴池，男，重庆市城口县人，中共党员，城口县公路养护管理段高级养路工。1966年5月，郭兴池参加工作，先后担任城口县养路段白水洞道班、冉家河道班、修齐道班班长。在担任修齐道班班长期间，其父重病住县医院，郭兴池每天下班搭便车、骑自行车往返30余公里到医院守护，直至他的父亲去世，从不影响本职工作。他在公路养护生产一线多年，长年晴天一身灰，雨天一身泥，把一段段、一条条泥结碎石路管养成被人们称为“土油路”的优良公路。他管养的公路不仅路况好，而且行道树也栽植得好，绿树成荫。他长期身患严重骨质增生、胃溃疡等多种疾病，长年坚持带病工作。他自己有病不休息，而道班职工病了他却问寒问暖，主动安排休息。他带领的道班年年被城口县养路段、四川省万县地区、万县市交通局评为同乐式道班。郭兴池年年被评为城口县养路段“先进工作者”，“优秀共产党员”。1989 年，郭兴池获得“四川省劳动模范”的光荣称号。

袁桂海，男、汉族，重庆市璧山县人，1946 年 4 月出生，时任公交五公司 77 号车驾驶员。袁桂海工作踏实认真，驾驶技术精湛、有过硬的修车技术。他行车安全、文明、准点，从不丢下一个乘客。运河至北碚的班车是定时的，只有袁桂海的 77 号车运行，他的车准点无误，深得乘客的信赖。曾经由于乘车难，秩序不好，老弱病残上不了车。袁桂海和售票员熊俊菊商量决定，任何人都得排队。使得乘车秩序井然。他凭着对工作负责的精神，车上车下，分内分外，做出了不少值得赞颂的事来。如经常帮助运河地处张村从事贩运的乘客传递、搬运。1985 年，他的车组荣获全国 67 城市优质服务竞赛先进车组。同年，因拾金不昧而受到北碚区武装部的表彰和奖励。他工作勤恳业绩突出，多次获得先进表彰，1986 年，他被评为市环境保护先进个人。1987 年，他获得公司职工标兵称号，1987 年被重庆市公用局评为明星驾驶员，他的车组获得“安全运行，优质服务文明车组”的光荣称号。1988 年，荣获重庆市劳动模范。1989 年，袁桂海获得四川省“劳动模范”的光荣称号。

张绍益，男，汉族，重庆人，中共党员，公交公司綦江路队客车驾驶员。1968 年，他从部队转业，1970 年调到公交公司綦江路队当驾驶员。他文明驾车 21 年，安全行驶 120 万公里，月月超额完成生产任务，单车收入达万余元，常常超计划 10% 以上。他常常利用星期天，自己动手修车。缝补挂破了的车椅靠背皮革。他保管的 3077 号车始终干净整洁。为了安全行车和消除抛锚蹋班，在爱人体弱多病，一家四口家庭经济比较困难的情况下，拿出 317 元钱自购千斤顶、铆管器等必需的修车工具，在行车途中为自己和其他驾驶员解难。他以雷锋为榜样，乐于助人，服务乘客。他在车上准备了晕车药、头痛粉、风油精等药品和茶水，为乘客提供方便。同时，坚决抵制色情迷惑，面对长途车上发生的扒窃等犯罪行为，他每次都绝不退缩、坚决斗争。他为乘客捉拿扒手，追回被盗价值数万元的布匹、铁钉、衣物等贵重物品和人民币，送危急病人 120 多次，做好事 5000 余件。在川黔客运线上他全心全意为乘客服务，被称赞为“川黔线上一尖兵”。他多次被评为公司的、重庆市公用局的“优秀共产党员”和“先进生产者”。1991 年，张绍益获得重庆市人民政府授予的“重庆市劳动模范”称号。

秦贵珠，女，1951 年出生，1994 年加入中国共产党，时任重庆市公路养护总段綦江段观音桥道班班长。自参加公路养护工作后，她安心养路工作，忠实于本职工作，虚心学习，刻苦钻研，通过 10 年的艰苦努力，她练就掌握了一手过硬的公路养护操作技术。1987 年，她参加四川省公路养护技能大赛，作为重庆市唯一的女队员，与其余 3 名男选手一道，夺得四川省的公路养护技能大赛的第一名。1988 年，她调任綦江段观音桥道班班长，这是一段位于重庆与贵州边界的公路，公路路况差。她上任后以身作则，扎根山区，以路为家，带领全班青年职工艰苦奋斗，坚持养护操作规程，严把养护质量关，始终保持 100% 的出勤率、98% 的出工率，工效达到 105%，在节约承包经费的情况下，把 13.76 公里公路的好路率从 70% 提高到 100%。1991 年，在重庆市公路养护技能个人大赛中，她作为唯一一名女选手，敢于与男选手比试，一举夺得公路养护技能个人大赛第一名，成为轰动一时的公路养护“女状元”。1995 年，秦贵珠获得“重庆市先进工作者”的称号。

黄钦洲，男，重庆市城口县人，中共党员，时任四川省城口稽征所所长。黄钦洲担任所长期间，工作业绩突出。1991 年，城口县稽征所规费征收完成计划的 138%，1992 年完成计划的 123%，1993 年完成计划的 107%，三年跨三个台阶。他带领职工创建文明单位，1991 年，城口县稽征所建成县级文明单位，1992 年建成地级文明单位，1993 年建成省级文明单位，1994 年被国家交通部、人事部命名为全国交通系统先进集体。1992 年 12 月，城口县发生一起抢劫案，黄钦洲不顾个人安危，积极协同公安机关破案，两天两夜没有合眼，案件侦破后，被评为侦破案件的先进个人，受到中共城口县委、县府表彰。1993 年 9 月黄钦洲带领稽查队路查，遇车匪在客车上持刀抢劫，他不顾个人安危，带领稽查队员冲上客车，将凶手制服并押送公安机关。1994 年 5 月，黄钦洲负责所办公楼新建工作，签订施工合同后，施工方将一万元现金送到他家时，在万元回扣面前黄钦洲不动心，婉言谢绝并说："我要的是工程质量不是回扣。"1995 年 2 月，他获得"四川省劳动模范"光荣称号。

朱仕荣，男，汉族，重庆市城口县人，中共党员，城口县公路养护管理段高级工。1984 年，朱仕荣从部队复员安排到县养路段担任公路管养工作，先后担任磨漕湾、明通、城区道班班长。复员时，他本来有机会到县乡镇武装部工作，但一直安心公路养护工作。1993 年他患肝炎病，带病坚持工作。他所在道班正式养路工人少，临时工多，技术水平不高，他努力提高道班工人公路管养技术，手把手地传授技术，把段段泥结碎石路养成良等路，20 世纪 90 年代中期，他在海拔 1300 米蓼子道班任班长，驻地属经济落后，群众生活贫困地区。五保户生活困难，他年年捐助扶困，带领道班工人为五保户砍柴。雨季道路塌方堵车，免费为过往司机、旅客安排解决食宿，帮助修理车辆，把道班办成过往司机、乘客之家。他带的道班年年被评为原四川省万县地区、万县市交通局"同乐式"道班。他工作业绩突出，年年被评为城口县养路段、城口县交通局先进生产者、优秀共产党员。1995 年，朱仕荣获得"四川省劳动模范"的光荣称号。

程德宏，男，汉族，湖北省麻城人，1961 年 5 月出生，中共党员，获奖时任重庆渝通公路工程总公司桥梁分公司经理。1983 年 7 月至 1990 年 8 月，他先后在九江长江大桥、桂林雉山大桥、南通华能电站、杭州钱塘江二桥等项目从事施工设计工作，提出多项合理化建议，制订多项创新性施工方案并有效实施，九江长江大桥、杭州钱塘江二桥获得国家优质工程"鲁班奖"。1990 年 9 月至 1994 年 7 月，他又参加成渝高速公路重庆段建设，因地制宜采用新技术新工艺，日夜奋战在公路建设工地，出色地解决了诸多工程技术问题，为重庆市第一条高速公路建成通车做出贡献，1995 年，程德宏获得重庆市人民政府授予的"重庆市劳动模范"称号。

陈祖明，男，1952 年 12 月 5 日出生，时任重庆市公路运输总公司大件分公司重型汽车驾驶员，1969 年参加工作，从 1977 年开始从事汽车驾驶工作，在 17 年的重件汽车驾驶职业中，他最喜欢的格言是"做一个平凡的人"。他言行一致，事业责任心强，热爱本职工作，积极完成生产任务。在一些驾驶员停职留薪外出赚大钱的情况下，他丝毫不心动，长期坚持工作岗位，勤奋好学肯钻研，加强技术理论学习，服从生产调度安排，天天准时出勤，注重安全生产，十多年如一日，一贯为托运方客户提供优质服务，为自己的企业增光添彩。1995 年，陈祖明被评为"四川省劳动模范"。

潘光秋，男，汉族，重庆市万州区人，汽车驾驶员。自 1982 年 6 月参加工作后，1984 年，他从事汽车驾驶员工作，他把时间看成运力，看成财富，高节奏、高效益地工作。1984～1995 年，10 年间他完成了 20 年的生产运输任务。1991 年、1992 年他所开的车年创单车利润 3.42 万元、3.3522 万元，突破单车利润 3 万元大关，是同类型车单车利润平均数的 3 倍，名列原万县市第一。潘光秋常以"安全行车几十年，出事就在一瞬间"，"安全行车几万里，出事就在一两米"的警句鞭策自己，作为行车的座右铭，他安全行车数十万公里，无一次违章罚款，无一次肇事伤人，无一次货差货损，无一次机械事故，车辆完好率一直保持在 93% 以上，耗油量每百吨公里始终未超过 5.7 公升，车辆各种考核指数均达到国家要求。他多次获得先进表彰。1990 年，被评为万县市政府安全生产先进个人。1991 年被评为万县市交通系统安全生产先进个人。1992 年被授予"全国红旗车驾驶员"光荣称号。1993 年被评为万县市交通系统"十佳驾驶员"、"文明车"。1993 年，获得四川省总工会、四川省交通厅授予的"节能降耗能手"。1995 年，潘光秋获得"四川省劳动模范"

光荣称号。

陈瑜良，女，汉族、广东省梅县人、1946 年 8 月出生，中共党员，中师学历。时任重庆公交五公司北牛路队乘务员。陈瑜良热爱本职工作，全心全意为乘客服务。她热心帮助每一个乘客，对待乘客春风满面，但坚持制度原则，敢于同歪风邪气斗争。在车上，陈瑜良常常大声提醒乘客注意钱包。她还亲自抓住过伸向乘客口袋的小偷的手。陈瑜良坚持优质服务，在沿线乘客中赢得较高声誉。她在工作期间，多次获得先进表彰。连续多年被重庆市公用局评为公交客运服务明星。1990 年，她被评为“四川省双增双节先进个人”。1991 年，陈瑜良获得“重庆市劳动模范”称号。1995 年，陈瑜良获得“四川省劳动模范”光荣称号。

张天志，男，汉族，历任重庆市公共电车公司保修场技术员、技师、工程师、场长，时任电车公司副总工程师。在担任保修场场长期间，在搞好管理的同时，他对电车修理进行多项技术改造和革新。如对电机刮槽器技术改造，提高工效 6 倍；自制自动调温电炉盘烘烤器，提高电机修理质量；改进集电杆活动幅度，减少了驾空事故；改进集电头，降低拉环驾空线网次数等。在任副总工程师后，他主持完成重庆市科委下达的科研项目《无轨电车集电器自动下降装置研究》，于 1991 年通过全国同行、专家的评审验收，获国家专利，并在全国推广使用。他主持的《用辅助动力提高无轨电车机动性能研究》，填补了国内用辅助动力提高无轨电车机动性的空白。他编写的《无轨电车制动系统研究》，现已推广应用，被职工誉为“万能技师”。1995 年，张天志获得“重庆市劳动模范”光荣称号。

何宗安，男，汉族，四川省南充市蓬安县人，1943 年生。曾任涪陵地区经委科长、地区（市）交委委员、区交委调研员、交通战备办公室主任，电气工程师。在长期的交通运输和安全管理工作中，他多次被省交通厅、重庆市交通局、地区行署、涪陵市（区）政府评为先进工作者，受到表彰和奖励。1996 年 1 月 1 日，四川省人民政府、中国人民解放军四川省军区授予何宗安“八五”交通战备工作先进工作者光荣称号。1978 年恢复交通战备组织以来，何宗安积极参加交通战备工作，多年工作在交通战备第一线，为国防建设做出了应有的贡献。1992 年 4 月 29 日，国务院、中央军委交通战备领导小组为何宗安颁发了《荣誉证书》，其内容为“何宗安同志长期从事交通战备工作，为国防建设做出了贡献，特授予此证”。

徐谋，男，汉族，1948 年 1 月出生，湖北安陆人，中共党员。1978 年 9 月至 1982 年 10 月，他就读于重庆建筑工程学院。1982 年，从重庆建筑学院毕业后，他先在重庆市公路养护总段第三分段任副段长，后在重庆市公路养护总段科技室任副主任。获奖时任重庆高速公路建设有限公司董事长、党委书记，正高级工程师。从 1986 年在重庆国道 210 线红双段改建工程处任副处长开始，他一直奋战在高速公路建设工程，先后在重庆市公路工程处、重庆市渝通公路工程总公司、重庆市公路工程建设管理处和重庆高等级公路建设指挥部担任技术领导职务。1998 年 12 月至 2000 年 11 月，在重庆高速公路建设有限责任公司任董事长、书记、兼总经理。2000 年 11 月至 2007 年 11 月，在重庆高速公路发展有限公司任党委书记、副董事长。他主持和参加了成渝、渝长、长涪、渝黔、渝合等高速公路的优化设计工作，带领专家和工程技术人员深入崇山峻岭踏勘线路，汇集专家们的意见，经综合分析，先后提出了包括渝长铁路山坪隧道设计变更、华山隧道设计变更等 18 项重大合理化建议，为国家节约工程投资 2 亿多元。1997 年 3 月，他获得“享受政府特殊津贴”专家称号。1999 年 3 月，被授予“国家有突出贡献中青年专家”。1999 年 8 月，被授予“全国交通系统优秀科技工作者”。2002 年 7 月，被授予“重庆市首批学术技术带头人”。2002 年 12 月，被授予“重庆市优秀科技工作者”。2000 年 4 月，他获得“重庆市劳动模范”称号。2001 年 3 月，他又被授予“市府科技顾问团优秀决策咨询奖”。

彭红，女，汉族，1968 年 3 月 22 日出生，中共党员，大专学历，现任重庆成渝高速公路有限公司东段管理处重庆收费站班长。彭红自当上一名普通收费员，用自己的实际行动，自觉学习业务，将各项收费文件铭记在心。她虚心向同事学习，苦练基本功，赢得“堵漏专家”的美名。她善于总结经验，毫不保留地将这些经验传给同事和各兄弟站。她敢于坚持原则、一身正气，对个别蛮横的驾驶员，总是晓之以理，动之以情，在困难面前从不退缩，大胆地同各种偷漏通行费行为做斗争。由于工作表现优秀，1999年初，组织上安排彭红当上收费班副班长，为了带领班组争创“巾帼文明岗”和“先进班组”，她坚持以身作则，善于发掘每位班员的闪光点，调动他们的积极性，各尽所能。在她的带领下，该班踊跃参加各项公益活动，年年超额完成各项工作任务。由于她工作成绩突出，1999年5月，她被交通部和团中央授予1997～1998年度“全国交通系统青年岗位能手”荣誉称号，2000年4月，她荣获“重庆市劳动模范”称号。

朱玉龙，男，重庆涪陵区人，1948年2月生，高级养路工，曾任涪陵区公路局酒井道班班长。1965年参加涪陵公路养护工作，1995年担任涪陵酒井道班班长以来，以身作则，事事带头，一心扑在养路工作上，伏旱期间挑水养路，勤撒花泥，洪涝期间排水护路，保持畅通。道班管养的14.5公里泥碎公路，常年保持好路率为100%，被过往驾驶人员誉为“土油路”。由于工作成效显著，道班18年连续获得省（市）地级有关部门授予的四川省“同乐式”道班，四川省“十佳”道班，四川省优秀养路道班，优秀“同乐式”道班，重庆市文明道班，重庆市“十佳”道班等光荣称号。朱玉龙也多次被评为先进个人，养路能手，优秀班长。2000年5月，被重庆市人民政府授予“重庆市先进工作者”称号。

万银泉，男，汉族，重庆市璧山县人，1951年3月出生，中共党员，1986年从部队转业到重庆长城运输（集团）有限公司担任汽车驾驶员，工作至今。他参加工作后，一贯模范遵守党和国家的政策法令，勇于改革开拓创新，曾在企业体制改革中带头承包经营，在亏本的情况下，顾全大局，每月缴清国家的规费，最终获得经营成功。在客运行车中任劳任怨，兢兢业业，时刻牢记为人民服务宗旨，想旅客之所想，急旅客之所急，主动扶老携幼，送危重病人进医院，拾金不昧，无私地为进城打工的农民服务。他对技术精益求精，爱护车辆，维修保养车辆经常化，连续安全行车40万公里，始终保持良好的车容、车况，完好率达到95%，出勤率达到98%，同时，他坚持增收节支，节约油料材料耗费2万多元。由于万银泉工作认真勤恳，遵纪守法、文明行车，优质服务，年年评为本公司先进生产者，多次评为县交通局、县安全委员会安全生产先进个人，1991年评为全国“红旗车驾驶员”，2000年4月27日，他荣获重庆市人民政府授予的“重庆市劳动模范”称号。

王军，女，先后在重庆交通运业有限责任公司重庆汽车站、陈家坪汽车站服务总台任班长，在服务员管理科任科长。她数年来奋斗在服务旅客的第一线，尽职尽责，爱岗敬业，带领职工们热情服务旅客，真情奉献社会。她作为ISO贯标小组的副组长，将ISO9001国际质量认证体系的要求和企业实际客运服务工作结合起来，制定了《星级服务员考核办法》和《员工奖励办法》等一系列管理规章，把职工的劳动纪律、行为规范、工作质量等与收入分配挂钩，对工作中涌现的好人好事和助人为乐精神以及为企业的发展出谋划策，参政议政的职工给予奖励。她在公司范围内率先增设社会服务质量监督员，使服务过程更加科学化、规范化。促进企业管理上升到一个新台阶，为企业的两个文明建设做出突出贡献，取得可喜的成绩。她无私奉献的精神和创新向上的工作实效，赢得职工们的好评和各级领导的认可，连续几年被评为公司的先进标兵和优秀党员。1997年，荣获重庆市总工会“九五”立功奖章，并评为交通部“巾帼建功”标兵，还获得重庆市“三八红旗手”光荣称号。2000年，王军获得“重庆市劳动模范”的称号。

熊彩霞，女，汉族，重庆市江津人，1968年1月出生，共青团团员，大专学历，时任重庆市第二公共交通公司共青团261路队乘务员。自1987年担任售票工作以来。15年如一日，她以女性特有的细腻体味乘客的需要，以甜美的微笑、周到的服务，塑造公交服务新形象。路队推行普通话服务，她走在了最前列，自费参加普通话培训班和朗诵班学习，考取普通话一级乙等证书。成为重庆公交系统率先使用普通话服务的乘务员。为了服务更上一个台阶，她利用业余时间学习乘客心理学、英语、哑语，熟悉沿线单位、景点和转乘线路，编写出富有特色的宣传服务用语。她立志做“聋哑人的耳朵、残疾人的拐杖、外地人的向导、老年人的女儿、外国人的朋友”，提出在全线推广“亲情式服务”“微笑式服务”“导游式服务”的倡议，在路队支持下定期举办“彩霞培训班”，还走出路队，到兄弟路队传经送宝。她被誉为“用普通的价格享受空姐式的服务”，1997 年被重庆市公用局评为“十佳青年岗位能手”。2000 年，被评为重庆“十佳女职工”、重庆市劳动模范，她所在的 2505 号车组被评为重庆市“巾帼文明示范岗”。

刘进，女，1945 年 8 月出生，汉族，四川泸州人，1961 年参加工作，历任重庆市客车总厂车工组长、工艺员、技术科副科长、技术中心主任，为高级工程师，时任首席设计师。担任工艺员时，她参与革新制作了手动行车、铆管机、弯管机等 20 多种小型机具设备，均是生产急需而市场上又买不到的专用设备，减轻了工人的劳动强度，提高了工艺质量。1997 年，面临首批上海客车进入重庆公交线路，时任技术中心主任的刘进主动承担了试制空调大客车新产品的任务，她组织技术人员学习先进技术，很快拿出试制方案。在试制的关键时刻，她小腿骨折，仍拄着双拐和攻关组的职工一起日夜奋战，仅用 18 天新产品试制成功，经测试各项性能均达或超过同类空调大客车的水平。在以后的三年中，她和职工们一起先后设计试制出双燃车、低地板城市公共汽车等 5 个系列 16 个品种，淘汰了全部老产品，实现了产品全面升级换代。刘进热爱学习，她参加市总工会举办的大学基础课程和汽车制造函授的学习，先后完成高等数学、机械制图、液压传动和汽车设计等 30 多门课程的学习，1986 年获“重庆市女能人”称号，1988 年获重庆市自学成才一等奖，同年当选为全国第八次妇女代表大会代表。2000 年被授予“重庆市劳动模范”光荣称号。

王小磊，男，1995 年 5 月出生，中共党员，大学学历，工程师，时任重庆市公共电车公司总工程师兼供电所所长。1995 年他担任所长以来，他强化职工教育，提高职工队伍的素质，通过劳动竞赛，在职工中营造市场竞争意识。他锐意改革，一是精简供电所机关和调整架空队机构，实行队长跟班作业制度；二是在人员调整时任人唯贤，能上能下，一切从生产发展的需要出发；三是对生产管理进行细分和深化，将工作的重点由抢修改为预防性保养和主动巡线。停电事故率和抢修率大幅度下降，有的月份还创下停电时间为零的好成绩。他还积极开发应用新技术，1998 年供电所先后改进了集电头、集电器，提高了该部件的灵活性和敏捷度，电车行驶掉鞭率下降 49%，此项技术已推广到北京、广州、济南等地。1999 年，他和科研小组又攻克“大电流放电后不能快速充电回升”的难关。当年，他还组织实施大坪变电站计算机控制的改造，减少值守人员 70%。王小磊同志任供电所所长后的 1995～1999 年期间，电车线路停电时间每年递减 30%，万公里故障停电时间仅为 0.68 分，抢修率下降 26.6%。2000 年，他荣获“重庆市劳动模范”称号。

唐伯明，男，汉族，江苏东台人，1962 年 10 月出生，中共党员，教授，博士生导师。1981～1992 年先后就读于南京工学院、东南大学、同济大学，在同济大学获得博士后学位。1992～1995 年任同济大学副教授、硕士生导师。1995～1999 年任日本国立长冈科技大学副教授、博士生导师。1999 年 7 月回国到重庆市工作，先后任重庆市公路局副局长、重庆市交通委员会副主任、重庆市政协委员、重庆留学人员联谊会副会长。2004 年 9 月，任重庆交通大学党委委员、副书记、校长。唐伯明长期从事西部山区和三峡库区公路科研、建设和管理工作，主持和参与了国家自然科学基金、国家人事部人才基金等 20 多项科研课题；完成行业攻关项目《水泥砼路面设计理论与方法》，获得 2001 年中国高校自然科学一等奖。他作为主要起草人编写的《水泥混凝土路面设计规范》获中国公路学会科技进步二等奖。发表学术论文 60 多篇、出版专著 1 部，参与研究编制国家行业标准 3 部。1999 年，他入选“国家百千万人才工程”第一、二层次人选。2001 年，他获得国务院特殊津贴。2002 年，他获得“重庆青年五四奖章”、被评为重庆市优秀专业技术人才并记二等功。2003 年 1 月 28 日，他获得 2002 年度重庆市“振兴重庆争光贡献奖”、全国留学回国人员成就奖。

2006年，他被聘为重庆市人民政府决策咨询专家委员会委员。

魏璐，男，汉族，中共党员，法学研究生，高级经济师，现任重庆市公路工程股份有限公司党委书记、董事长，重庆市政协委员。曾荣获市企业优秀经理、市劳动创新奖章、中国公路运输工会全国委员会“金桥奖”等荣誉称号。出席了“CEO真知灼见论坛·重庆论坛”，并作为发言嘉宾参与专题讨论。魏璐勤奋学习、勇于开拓、大胆决策、作风过硬、诚实守信。他始终以开拓创新、甘于奉献、勤于学习、与时俱进的精神奋战在自己的工作岗位上为公司和公路事业的发展做出了创造性的贡献。2004年1月4日，魏璐获得2004年度首届重庆市首届“优秀中国特色社会主义事业建设者”荣誉称号，同年10月1日，魏璐又获得2004年度首届重庆市“十佳知识型职工”荣誉称号及重庆市劳动创新奖章。

王祖瑞，男，汉族，重庆渝信路桥发展有限公司职工，15年来，在平凡的高速公路监理工作岗位上，锐意进取、严格监理，取得了不平凡的成绩。在渝黔路真武山隧道，他率领驻地监理组提出的“III类围岩加强段初期支护形式优化方案”被市交通局评为“合理化建议”一等奖。他担任高监的渝合路北碚隧道，被市建委评为“巴渝杯”优质工程，并正在申报“鲁班奖”。在梁长路，王祖瑞高监负责监理的SMA沥青混凝土路面经市交委质量监督站检验质量优秀。在梁长路通车前夜，为解决防护栏和活动护栏由于供货商原因的调运不平衡，他亲自与运输单位联系，指挥装卸机械、调运、安装，一直奋战到凌晨4点，为表彰他为梁长路顺利通车所作出的贡献，市交委授予他“青年岗位能手”称号。

杜国平，男，汉族，1966年11月出生，四川省巴中人，中共党员，大学工学学士，正高级工程师，自1988年7月参加工作以来，先后参加了成渝、渝长、梁万、长梁、万开和云万等共9条高速公路的建设任务，时任高发司渝东分公司总经理。特别是在万梁、长梁高速公路建设管理中，积极探索科技和管理上的创新，广泛采用各种新技术、新工艺，先后成功地治理了大小滑坡达80多处，为国家节省建设资金上亿元，现已成为重庆市交委专家库的专家。自2004年8月以来，杜国平通过多方考察与一家科技开发公司共同开发了HCS网络建设管理系统，为创建库区阳光工程，精品工程搭建了平台。2005年，长万路被重庆市评为“最佳绿色通道”“青年文明工程”。他还多次荣获重庆市交委、高发司“优秀党员”“先进生产工作者”等荣誉称号。2005年获中国公路学会“第三届中国公路百名优秀工程师”称号。2005年4月，他获得“重庆市劳动模范”称号。

张东明，男，汉族，四川省南部县人，1966年7月出生，中共党员，大学学历，高级工程师，1988年7月参加工作，现任重庆高等级公路建设投资有限公司奉节项目经理部经理。张东明毕业17年来，先后负责过南昆铁路、京珠高速公路大宝山隧道等国家重点工程的技术工作。他编写的《重庆轻轨佛图关至大坪区间隧道及车站隧道施工组织设计》攻克了软弱地质、亚洲最大跨度、超浅埋城市主干隧道施工的技术难题，为国内隧道建设积累了成功经验。他在“八小时重庆”酉阳段建设的9个月内，往返酉阳16次，奔波行程3万公里。张东明率领工程部9名员工在苦战“八小时重庆”的同时，顺利开工建设36条县际联网公路，为重庆交通建设做出了突出贡献。在工程建设中，他提出改建方案、审查变更节约建设资金7000余万元，撰写了10余项近3万字高等级公路建设管理制度。他先后荣获全国优秀学术成果二等奖、重庆市人民政府科技进步三等奖、重庆市人民政府“八小时重庆”先进个人等多项荣誉称号。2005年4月，他荣获“重庆市劳动模范”称号。

彭兴国，男，汉族，四川省武胜人，1965年出生，中共党员，大学本科学历，正高级工程师，时任重庆市交通委员会基建工程质监站站长、重庆市公路工程质检中心主任。在担任成渝、渝长、长涪、渝黔、渝合等多条高速公路部分路段的设计负责人期间，他所承担的勘察设计方案，曾荣获优秀设计奖。其中，作为项目负责人所承担的渝合高速公路北碚隧道长4200米，为重庆已建成的最长的高速公路隧道。他所主持勘察、设计的沪蓉线重庆上桥至长寿桃花街高速公路、重庆市九龙坡区白市驿至西彭一级公路获重庆市2001及2002年度公路工程“三优”评选优秀设计一等奖。他所监督的重庆马桑溪长江大桥工程荣获国家“鲁班奖”。2002年，他被授予优秀共产党员称号、荣获交通青年科技英才称号，重庆市“八小时重庆”公路建设工程先进个人，荣获全国交通系统优秀工程质量监督工作者，被重庆大学指定为硕士生导师，被重庆交通学院职业技术学院聘为兼职教师。2005年，彭兴国获得重庆市劳动模范的光荣称号。

喻洪，男，汉族，生于1978年，中共党员，大学学历，高级工程师，重庆市交通规划勘察设计院道路二室主任。喻洪自大学毕业参加工作的15年中，工作认真勤奋，踏踏实实，责任心和事业心强，具有丰富的专业理论知识和实践经验。多年来，他带领全室人员克服困难，圆满完成了各项工程勘测设计任务，2004年被重庆市人民政府授予“八小时重庆”先进个人称号。2004年度被评为重庆至长沙公路水江至界石段高速公路优秀设计代表。喻洪通过对近百个勘察设计项目和工程后期服务，总结并积累了较丰富的设计、施工处理经验，成为重庆市交通委员会专家库成员之一，2001～2002年参加重庆市交通委员会科研项目《重庆大件公路的设计与研究》，成果获得好评，为重庆交通基础建设的大发展做出了显著贡献。

刘媛，女，生于1986年，大专学历，系重庆市第二公共交通公司217路队的一名普通乘务员。在工作中，刘媛一直坚持安全行车、优质服务，她率先在2457号车上开展了表扬乘客的活动。她自费购买了各种小礼品（如钥匙扣、小毛巾等），赠送给主动给“老、弱、病、残、孕、抱小孩的乘客”让座的乘客，以倡导一种尊老爱幼的文明之风。刘媛的行为也得到了广大乘客的理解、支持和赞扬，每当她一宣传，就有许多的乘客主动站起来让座。2001年，刘媛以第一名的成绩荣获公司“十佳乘务员”称号，并被评为公司劳模。2003年元月，刘媛被市交委团委授予交通系统青年岗位能手荣誉称号。2005年4月，刘媛被团市委授予重庆市“十佳”杰出青年志愿者称号。

陈孝东，男，汉族，重庆市客轮总公司轮渡分公司236轮轮机长，先后从事10年加油工、8年人管轮和16年轮机长工作，他爱岗敬业，在平凡岗位上以自己朴实辛勤的劳动出色地工作，先后受到23次各类表彰和奖励。他常年维护6135型船用柴油机的主机、缸体、牙箱、轴系、油管、油箱以及水泵、电机等设备，对机器设备的性能非常熟悉，技术精通，他干的活件件合格，样样优秀。2001年洪水期间的一天，他感到柴油机有异响，一检查发现汽缸缸床被磨穿，他毅然决定抢修，从中午12点开始，到凌晨3点才修好，自己只休息了两个小时，保证了乘客按时乘船渡江。陈孝东勤于学习轮机系统技术理论知识，钳工技术基本功扎实。他针对236轮船首短、船身宽、螺旋桨大、负荷重的特点，向公司机务部门提出改进螺旋桨螺距的建议，使柴油机功率明显提高，并大幅度降低了油耗，2002～2004年共为公司节油57.8吨。

表14－2　　1988～2005年重庆市交通系统劳动模范名录

获奖年度	姓名	性别	表彰级别与类别	单位与职务
1988	邹洪毅	男	全国“五一劳动奖章”	四川省万县公路养护总段同乐道班班长
	李泽华	男	全国“五一劳动奖章”	四川省万县汽车运输公司汽车驾驶员
	黎常沛	男	全国交通系统劳动模范	巫山培石巡房点驻点线务员
	谷从周	男	重庆市劳动模范	沙坪坝区第二运输公司经理

续前表

获奖年度	姓名	性别	表彰级别与类别	单位与职务
1989	熊家益	男	全国劳动模范	涪陵区公路处致韩道班班长
	朱荣华	男	全国劳动模范	北碚区航运公司敬老院管理员
	郭兴池	男	四川省劳动模范	城口县公路养护段高级养路工
	袁桂海	男	四川省劳动模范	重庆市公交五公司驾驶员
	黄祥明	男	四川省劳动模范	万县港务管理局奉节港务站站长
1991	唐光才	男	全国“五一劳动奖章”	四川省万县汽车运输公司汽车驾驶员
	张绍益	男	重庆市劳动模范	重庆公交公司綦江队客车驾驶员
1992	周英福	男	全国“五一劳动奖章”	重庆汽车运输总公司驾驶员
1993	郑道访	男	全国“五一劳动奖章”	重庆市交通局副局长
	唐启才	男	全国“五一劳动奖章”	重庆长江轮船公司轮机长
	周成鹏	男	全国交通系统劳动模范	重庆张家滩道班工区长兼班长
1994	胡振业	男	全国交通系统先进工作者	重庆市交通局局长
	李茂东	男	全国交通系统先进工作者	巫山港航监督所所长
	周英福	男	四川省劳动模范	重庆汽车运输总公司驾驶员
1995	王嘉玲	女	全国劳动模范	重庆长江旅游公司船长
	秦光荣	男	全国交通系统劳动模范	长江天府轮船公司船长
	王刚	男	建设部劳动模范	重庆市冠忠三公交公司四路队队长
	吴启华	男	全国交通系统先进工作者	涪陵地区交委主任
	黄绪良	男	全国交通系统先进工作者	黔江地区交通局局长
	黄钦洲	男	四川省劳动模范	四川省城口稽征所所长
	朱仕荣	男	四川省劳动模范	城口县公路养护管理段高级工
	陈祖明	男	四川省劳动模范	重庆市公路运输总公司重型汽车驾驶员
	潘光秋	男	四川省劳动模范	四川省万县汽车运输公司驾驶员
	陈瑜良	女	四川省劳动模范	重庆市公交五公司北牛路队乘务员
	程德宏	男	重庆市劳动模范	重庆渝通公路工程总公司桥梁分公司经理
	彭国华	男	重庆市劳动模范	重庆市渝州汽车总厂大坪汽修厂工人
	何宗海	男	重庆市劳动模范	永川汽车运输总公司璧山汽车站站长
	卢祥青	男	重庆市劳动模范	重庆联运总公司第一集装箱分公司职工
	石克亮	男	重庆市劳动模范	重庆轮船总公司四川510拖轮轮机长
	李登榜	男	重庆市劳动模范	四川省重庆船厂工人
	罗开荣	女	重庆市劳动模范	重庆客车总厂制配厂车间主任
	张天志	男	重庆市劳动模范	重庆公共电车公司副总工程师
	陈瑜良	女	重庆市劳动模范	重庆市公交五公司北牛路队乘务员
1996	杨清源	男	全国“五一劳动奖章”	重庆市重点公路建设指挥部常务副指挥长
	黄世成	男	全国“五一劳动奖章”	奉节县公路养护管理二段一道班班长

续前表

获奖年度	姓名	性别	表彰级别与类别	单位与职务
1997	冉茂强	男	全国“五一劳动奖章”	石柱县公路养护管理段油草河道班班长
	冯地禄	男	重庆市“九五立功奖章”	重庆市轮船总公司总经理
	王军	女	重庆市“九五立功奖章”	重庆陈家坪汽车站服务总台任班长
	韩锦华	男	重庆市“九五立功奖章”	重庆高速公路建设有限公司工程师
1998	张万云	男	全国交通系统劳动模范	长江万州通信管理处线务站站长
	黄家夫	男	全国交通系统劳动模范	黔江地区交通局总工程师
1999	程奉康	女	全国“五一劳动奖章”	重庆成渝高速公路管理处永川所班长
2000	李祖伟	男	全国劳动模范	重庆北方高速公路有限公司董事长总经理
	周庆忠	男	全国劳动模范	重庆市第五公交公司保修厂高级技工
	徐谋	男	重庆市劳动模范	重庆高速公路建设有限公司董事长
	彭红	女	重庆市劳动模范	重庆成渝高速公路公司重庆收费站班长
	朱玉龙	男	重庆市劳动模范	涪陵区公路局酒井道班班长
	范术宜	男	重庆市劳动模范	重庆市客轮总公司趸船水手长
	万银泉	男	重庆市劳动模范	重庆长城运输集团公司汽车驾驶员
	王军	女	重庆市劳动模范	陈家坪汽车站服务员管理科科长
	熊彩霞	女	重庆市劳动模范	重庆市第二公交公司261路队乘务员
	刘进	女	重庆市劳动模范	重庆市客车总厂首席设计师
	王小磊	男	重庆市劳动模范	重庆市公共电车公司供电所所长
2001	刘正忠	男	全国“五一劳动奖章”	璧山县交通局党委书记、局长
	汪霞	女	全国“五一劳动奖章”	重庆市公共交通公司售票员
	陈禄方	男	全国交通系统劳动模范	重庆市石柱县公路养护管理二段副段长
	李英	女	全国交通系统劳动模范	重庆冠忠（新城）公交公司乘务员
	杨大明	男	全国交通系统劳动模范	重庆市渝达公路桥梁总公司总经理
	蒲剑	男	全国交通系统劳动模范	重庆高速公司发展有限公司渝涪分公司
	孙万发	男	全国交通系统先进工作者	重庆市道路运输管理局局长
	左吉祥	男	全国交通系统先进工作者	万州区交通局局长
	何大坤	男	全国交通系统先进工作者	巫溪县交通局局长
2002	徐孟同	男	全国“五一劳动奖章”	重庆市公共电车公司412路队队长
	李敏	女	全国“五一劳动奖章”	重庆港九股份有限公司客运总站经理
	唐伯明	男	振兴重庆争光贡献奖	重庆市公路局副局长
2003	曾大和	男	全国“五一劳动奖章”	重庆市梁平县公路管理段七桥道班班长
2004	刘莉	女	建设部劳动模范	重庆市公交集团公司副总经理
	易华	女	建设部劳动模范	重庆市公交集团公司一公司售票员
	魏璐	男	重庆市劳动创新奖章	重庆市公路工程公司党委书记董事长

续前表

获奖年度	姓名	性别	表彰级别与类别	单位与职务
2005	李健	男	全国劳动模范	重庆高投公司董事长、党委书记和总经理
	杨茂超	男	全国劳动模范	重庆市公交集团公司董事长、党委书记
	翁桂英	女	全国劳动模范	重庆市公交集团公司冠忠三公司驾驶员
	靳克胜	男	全国劳动模范	渝北区大盛镇大盛村农民养路工
	章勇武	男	全国交通系统劳动模范	重庆高发公司副总经理
	王亚伟	男	全国交通系统劳动模范	重庆交通监理咨询有限公司界水项目总监
	张淑荣	女	全国交通系统劳动模范	重庆市长寿区公路养护段楠木院道班班长
	曹正洲	男	全国交通系统劳动模范	重庆交通规划勘察设计院大桥室主任
	凌红	女	全国交通系统劳动模范	重庆市高新区交通运输管理所所长
	熊明生	男	全国交通系统劳动模范	重庆市大足县交通局局长
	樊德	男	全国交通系统劳动模范	重庆市公路局工程师
	张德全	男	全国交通系统劳动模范	重庆市交通征费稽查局征收管理处处长
	黄世忠	男	全国交通系统劳动模范	重庆市港航管理局嘉陵江航道管理段段长
	王祖瑞	男	重庆市劳动模范	重庆渝信路桥发展有限公司职工
	杜国平	男	重庆市劳动模范	重庆高发公司渝东分公司总经理
	张东明	男	重庆市劳动模范	重庆高投公司奉节项目经理部经理
	彭兴国	男	重庆市劳动模范	重庆市交通委员会基建工程质监站站长
	喻洪	男	重庆市劳动模范	重庆市交通规划勘察设计院道路二室主任
	刘媛	女	重庆市劳动模范	重庆市第二公共交通公司217路队的乘务员
	陈孝东	男	重庆市劳动模范	重庆市客轮总公司轮渡分公司236轮轮机长

资料来源：重庆市交通委员会所属各单位。

第三节　交通知名文化人物

一、正宗的“川江号子王”陈帮贵——非物质文化遗产“川江号子”传承人

陈帮贵，男，汉族，1916年10月26日出生，四川省綦江县人，出生时，身为酱园作坊师傅的生父已逝，陈帮贵成为遗腹子，不久继父也去世。1928年，母亲忧郁去世。因不堪兄嫂虐待，12岁的陈帮贵从家中出走，只身来到重庆弹子石，在一家小布店当学徒。13岁时，陈帮贵到远房叔父的船上当了船工，学着推船拉纤，成为一名“推船娃”。

陈帮贵从小喜欢上岸看戏听书，酷爱川戏，尤其钟情于集戏文、小调和民间曲艺的“川江号子”，喜欢亮着嗓子吼唱几句“川江号子”。陈帮贵对唱“川江号子”好学不倦，多方求教，他最敬服年逾花甲、久负盛名、人称“老小生”的号子歌手彭绍清。在加入彭绍清的拉纤队后，他诚拜彭绍清为师，学唱“川江号子”。彭绍清也把陈帮贵作为“川江号子传人”悉心指导、精心调教，陈帮贵的“川江号子”唱功日益精进，日趋字正腔圆，曲归正宗，逐渐学会了唱“正宗味”的“川江号子”，十五六岁的他便在川江上小有名气。“川江号子”是苦难的船工们的独特歌谣，行船走水全靠一曲曲号子统一行动，一人唱、众人和，陈帮贵审视水势、胆大心细、胸有成竹，用

一曲曲高昂嘹亮的“川江号子”，指挥着船工们统一地把舵划桨，引得船出港，推着船闯滩，牵引船过流，在川江上度过了20个春秋。

1949年11月30日，重庆市解放。获得新生的陈帮贵成了重庆市搬运公司驳船站工人，住进了搬运工人职工宿舍，参加了文化学习，当了国家的主人。从1950～2001年，陈帮贵整理“川江号子”唱腔曲牌26种、老唱词近百首，又不断编写新词，新编唱词近百首，编排了新节目登台演出，用“川江号子”尽情地歌唱中国共产党，歌唱社会主义建设，歌唱新社会的新人新事新气象。

在改革开放新时代，为了“川江号子”的传承，重庆市轮渡公司工会注重选拔“川江号子”的新传承人。1991年，重庆市轮渡公司水手曹光裕，选调入重庆市轮渡公司工会任文体干事，因爱好唱歌，让他跟随退休老船工陈帮贵学艺。至2005年，经过14年的口耳相传，他学会了唱各种词牌的“川江号子”，曹光裕成了“川江号子”新的领唱队员。在巴渝民间艺术大师——陈帮贵及其弟子曹光裕的努力下，“川江号子”这朵民间艺术之花蓬勃绽放，四处流芳。2005年，重庆客轮总公司（即原重庆市轮渡公司）“川江号子”演唱队伍得到发展。按照传统规矩和程式，正式举行了曹光裕向陈帮贵拜师的仪式，成为“川江号子”的第三代传承人，曹光裕作为领唱人，与伴唱队员8人、领队1人、剧务1人，共同组成重庆市客轮总公司“川江号子”演唱队。

从1991～2005年，陈帮贵及其弟子们以“川江号子”的不断创新演出，使“川江号子”继续焕发出了民间艺术的青春活力，陈帮贵及其弟子们成了“川江号子”的代表人物。1989年，重庆市文化局组织编纂的《中国歌谣集成重庆卷》收录了一批陈帮贵领唱的“船工号子”，如《四川省水码头要数重庆》《川江两岸有名堂》《天连地来地连天》《一年四季滩上爬》等。2005年，陈帮贵领唱的“川江号子”联唱，“上水抓抓号子”“壮壮号子”“蔫泡泡号子”“落魂腔数板”等被收录入《重庆民间歌曲集成》。陈帮贵先后被吸收为重庆市曲艺家协会、重庆市民间文艺家协会会员。1992年8月，他被录入《中国民间名人录》。2001年9月，他又申报参加重庆市文联、重庆市民间文艺家协会、重庆晚报举办的“巴渝民间艺术家”“巴渝民间艺术大师”评选活动，被评为重庆市十大“巴渝民间艺术大师”之一。但随着他年事渐高，在2003年重庆市举办的国际大河歌会上，87岁的陈帮贵没有参加。2004年，在他88岁之时，面对采访他的记者，陈帮贵说出了他心中最大的愿望，就是要让“川江号子”这一中国民歌瑰宝世世代代传承下去。

2005年8月至10月，重庆市客轮总公司“川江号子”演唱队参加了第五届亚太市长峰会大型综合文艺晚会的排练。2005年10月13日，在重庆市人民大礼堂为第五届亚太市长峰会举行的《共同家园》大型综合文艺晚会上，重庆市客轮总公司9名船工演唱了原生态的“川江号子”，领唱的就是“川江号子”第三代传承人、陈帮贵的大徒弟曹光裕，他先以流利的英语致欢迎词：“Ladies and Gentlemen，we are real boatmen from Chongqing…”（中文意为：女士们、先生们，我们是地地道道的重庆船工……）。接着，曹光裕与伴唱队员们以高亢嘹亮、气势磅礴的“川江号子”歌声，赢得了莅临大会的百余名外国市长们“嗨！嗨！嗨！”的热烈的整齐的号子回应，古老而激越的旋律回荡在大礼堂上空，演出获得巨大的成功。这是重庆市客轮总公司组建的以“川江号子”的第三代传承人曹光裕为核心的“川江号子”演唱队首次在大型综合文艺晚会上的精彩亮相。

二、职工舞蹈创作者

左汝慧，央视舞台的平民舞星。2004年12月19日晚7:40，中央电视台第二频道《非常6+1》栏目。一位身着红衣绿裤，头绑红头绳的“喜儿”正在屏幕上翩翩起舞，她的优美舞姿和灵活身段，吸引住了观众的注意力。这位美丽的“喜儿”就是重庆市北碚区交通航塑公司工会干事左汝慧，被誉为交通战线上的平民“舞星”。

中央电视台《非常6+1》对参演演员需要经过3次严格的选拔面试。而左汝慧的第一次面试就给《非常6+1》栏目组留下了深刻的印象，破格免去了后面的2次面试。《非常6+1》剧组安排她演出的角色是芭蕾舞剧《白毛女》喜儿，要求单脚尖立、腾空旋转。而时年49岁的左汝慧，善于跳的是民族舞。为了能表演好，她加紧适应性训练，尽量抽休息时间练习。训练力度太大，需要多喝牛奶来保证体力。一向讨厌喝牛奶的她，每天都要逼自己喝1瓶牛奶，并多吃苹果。2004年12月19日，她终于登上了中央电视台的《非常6+1》的舞台，成功完成了单脚尖立和腾空旋转的高难度动作，在全国人民面前展示了重庆交通人的风采。

左汝慧，女，1955年出生，从小喜爱歌舞，4岁时就用家中带有帷幕的老式大床作舞台，自编自唱自演《小小花蝴蝶》。14岁时排演芭蕾舞剧《白毛女》，成功扮演黄世仁的妈妈一角，成为学校的文艺骨干。从1980年至2004年，左汝慧参加编导、创作、担任主舞的作品均获得北碚区、重庆市多个奖项以及国家级大奖。她的《山乡情》等精彩作品被载入北碚区文艺史册《缙云秋实》一书中。1989年，被重庆市总工会授予“舞星”荣誉称号，1998年，作为重庆市北碚区唯一一位业余舞蹈爱好者，被第一批吸收为中国舞蹈家协会重庆市分会会员 。2002年，首届中国新秧歌大赛，她带领重庆代表队赢得金奖，并被选为广告封面人物，且获得金奖演员奖，2005年，被推荐为重庆市“十佳精彩女性”。

在几十年的舞蹈生涯中，左汝慧坚持文艺为群众服务的宗旨，在完成本职工作和组织交给任务的同时，利用休息时间，培养了大批业余舞蹈人才。她自编自导自演了《边疆女民兵》《雪中送炭》《西瓜园》《情深意长》《牧歌》《山乡情》《山丹丹》《走西口》《找情郎》《小草》《军礼》等优秀舞蹈和《交通腰鼓》等百姓喜闻乐见的节目，为北碚群众演出50余场，为北碚交通系统培训业余骨干100多人，培训业余文艺爱好者数百余人。

三、书法摄影美术获奖者

1995年8月31日，在重庆市交通局机关，为庆祝建国46周年和纪念抗日战争50周年，由重庆市交通局、重庆市交通工会、重庆交通报社联合举办的重庆市交通职工摄影书法绘画作品展览开幕。经过专家们评选，共评出一等奖3个、二等奖6个、三等奖9个，从中选出20幅作品参加四川省交通职工摄影书法绘画作品展览。1995年12月，在闭幕的四川省交通职工书画摄影作品展上，重庆市交通局送展的20幅作品全部入选，位居获奖名次第二位：一等奖2名，二等奖2名，三等奖8件作品，其余2件获得入选奖。

1997年10月6日，丰都航道处工会副主席张公度的反映山村乡民庆祝香港回归摄影作品《喜讯传山村》，入选《普天同庆迎回归摄影比赛》。张公度是四川省和重庆市摄影家协会会员，他的摄影作品曾获得国家级“国光杯”西南片区摄影艺术比赛三等奖。1999年12月，自国庆节前重庆市交通局“庆祝建国五十周年重庆交通成就摄影图片展”举办以来，展览汇集了120幅新旧照片，展示了重庆市50年来交通建设成就。重庆市市长包叙定在观看后给予了积极评价。经组织评选，刘凡、段永刚、朱小涛、卢定国等10余位作者的30余幅摄影作品分获一、二、三等奖。

（一）段永刚获奖作品——全国交通系统书画大展奖

段永刚，男，汉族，出生于重庆市，中国交通重庆记者站记者，重庆电视台特约记者，重庆美术家协会会员，重庆书法家协会会员，中国书法家协会四川分会会员，重庆书画院理事。

书法作品的奖项有：1986年书法作品荣获中国书法报首届“黄鹤杯”书法比赛佳作奖。1989年书法作品入选第四届全国书法篆刻展，书法作品获“三秦公路杯”全国交通系统书法大赛三等奖。1995年书法作品入选全国中青年书画名家百家精品展。1997年书法作品获全国交通系统书画大展二等奖。书法作品先后参加四川省第一、二届书法篆刻展、重庆市第一、二、三、四届书法篆刻展。

美术作品的奖项有：1989 年国画作品重庆市第二届艺术节并获优秀作品奖。1989 年国画作品参加重庆市“巴渝金秋”艺术节并获一等奖。1990 年国画作品入选重庆市美术作品展。1997 年国画作品入选由中国美术家协会、中共重庆市委宣传部主办的“大三峡　重庆中国画展”，作品在中国美术馆展出并荣获三等奖。

摄影作品的奖项有：1989 年拍摄的电视新闻系列报道“渝州大地四十春”获全国优秀电视新闻节目评选一等奖。1995 年参加中央电视台《再说长江》电视系列拍摄，独立拍摄完成了“构筑绿色屏障”“除却巫山不是云”“打造立体交通”三集重庆选题。1995 年为中央电视台拍摄的“西南第一路——成渝高速公路建成通车”电视专题报道获四川省宣传四川好新闻奖及首届宣传重庆好新闻奖。中国第一桩公路路政案、成渝公路国际招标、悄然兴起的三峡热带来长江航运复苏、中国建成 300 升采金船、中国第一座钢型砼桥建成通车等几十件电视新闻被中央电视台新闻联播采用。

（二）鲁荣康获奖作品——长幅毛笔书法录《滕王阁序》

鲁荣康，男，汉族，1958 年 4 月出生，重庆市长寿县人，中共党员，重庆市黔江区交通局党组书记、副局长，中国交通书画协会理事，重庆市书法家协会会员，黔江区书法家协会副主席。他酷爱书法，繁忙之闲暇，勤于苦练，借以修身养性、自娱自乐。2005 年 12 月 26 日，自编习作选，请教于书道大家，以其作品参加重庆市书法协会举办的区县书法联展，获得优秀作品奖，并入选联展作品集，其长幅毛笔书法作品录《滕王阁序》入展第七届全国交通职工书画大展。

（三）樊希远代表作品——毛笔书法录陈毅诗《大雪压青松》

樊希远，男，1950 年 4 月出生，重庆市人，中共党员，四川广播电视大学毕业，重庆市交通局、重庆市交通委员会职工，重庆市书法家协会、中国交通书画协会会员，中国硬笔书法艺术博物馆艺术委员会委员，中国中外名人研讨会会员及艺委会学术委员，中国书画人才研修中心高级创作研究员二级书法师，湖南当代书法家协会一级硬笔书法师，日本国艺书道院客座教员。

自 1984 年起，他的毛笔、硬笔书法及篆刻作品开始发表于国内交通系统报刊与杂志上，1988 年参加全国第三回书法品、段、级位评定，获得中国毛笔书法五段证书。1992 年，毛笔书法作品中国军事博物馆举办的中国交通职工书画展。1993 年，硬笔书法作品获得“五台山杯”全国青少年书法大赛优秀奖。1995 年，毛笔书法作品获得全国庆祝建国 45 周年海内外书画大赛银奖。1996 年，书法作品获中国书画人才研修中心和日本国艺书道院联办的中日书画展二等奖。1997 年，获得中国中外名人文化研究会文化艺术委员会世纪末艺术成就奖。2006 年，其书法作品敬录陈毅诗《大雪压青松》入展第七届全国交通职工书画大展。他的作品、传略入编了《当代书法家作品选集（第一卷）》《1995 年中国硬笔书法精英精品集》《20 世纪世界书法作品鉴赏》《世界美术书法家世纪末成就大典》《1978～1998 年中国书法选集》和《国际任务辞典》等书籍。

（四）黄克俭获奖作品——各类石刻脸谱

黄克俭，男，1959 年出生，中国民间文艺家协会、中国交通书画协会、中国美术家协会重庆分会、中国书法家协会重庆分会等会员，现供职于重庆交通运业公司。黄克俭 18 岁时在运输电影院担任美工，负责电影宣传画的制作。他不满足于单纯运用油画、水粉画形式对电影剧照进行复制性的临摹。在艺术表现方面，围绕影片主题进行艰苦的再创造，力求在弘扬传统文化的基础上努力创新，画出中国气派，突出民族风格。

1990 年，他为影片《金鸳鸯》创作的一幅电影宣传画，在色彩基调上，既与古装片的电影色彩相一致，又与民族化绘画艺术相一致。突出地运用了红、白、黑色度的剪纸画面，使画面的主题和感情色彩与电影表现达到了完美的统一，获得四川省第三届电影宣传画最高奖——优秀作品奖，并入选全国第二届电影宣传画展。在首届中国长江民间工艺艺术节上，他独树一帜地推出了《汉砖脸谱》，引起了许多评委的关注，荣获铜奖。

黄克俭在精美的绿孔雀石、鸡血石和冻石上，融汉砖、皮影、篆刻艺术与戏剧脸谱于一炉，镌刻出一幅色彩斑斓、栩栩如生、韵味十足的古典人物脸谱。在“首届重庆巴渝民间艺术节”及“首届中国脸谱艺术大展”上，他的《中国历代开国皇帝石刻脸谱》、《红楼梦十二金钗石刻脸谱》《十二生肖印章石刻皮影脸谱》及《石刻四面镂空脸谱》等相继获得金、银、铜奖。1990 年，他的石刻作品代表重庆送往北京参加第十一届亚运会的民间石刻美术参展。展出期间，首都各大新闻媒体对设计新奇、制作精美的《石刻脸谱》作了报道并给予高度评价，还被美国、英国、法国、日本、新加坡以及中国台湾、中国香港等地的艺术收藏家和鉴赏家所收藏。1996 年，在中国美术家协会、中国革命军事博物馆联合举办的“纪念红军长征胜利 60 周年全国美术作品展”中，他的大型剪纸作品《艰苦历程》入展并荣获铜奖，是此次大奖赛获奖作品中唯一的剪纸作品。

他的美术、书法、剪纸、篆刻等作品，多次在全国和省市展览大赛中获奖，并分别在北京、上海、广州、香港等全国 13 个城市的美术馆、博物馆、大专院校展出，部分作品还被美国、英国、法国、日本、新加坡等国家和中国台湾、香港、澳门地区的艺术收藏家和鉴赏家所珍藏。先后在《中国文化报》《中国教育报》《重庆日报》《文艺界》《新民晚报》等数十种报刊发表美术、书法、篆刻作品。社会各界人士为其撰写、发表评论文章 50 余篇，广泛受到文学艺术界和学者好评。1997 年，他被评选为首届重庆市青年文艺创作会代表。他长期从事美术创作、美术编辑工作，1994 年至 2005 年，先后被《联合参考报》《雾都大众》《铁路文学》《重庆税务》《下里巴人》等报刊聘请从事组版和美术编辑工作。因其版式风格独特，个性鲜明，且能丰富期刊内涵，从而得到新闻界、文学艺术界专家以及读者的高度评价和喜爱。

四、优秀新闻工作者

朝霞，女，1967 年 3 月出生，重庆铜梁人，中共党员，毕业于四川大学新闻系。2005 年，中国交通报社重庆记者站记者朝霞成为中国交通报社五名首席记者之一。2005 年 10 月，成为全国交通系统内唯一荣获“全国优秀新闻工作者”称号的记者。

2000 年以来，朝霞围绕“八小时重庆”交通建设工程、“二环八射”高速公路网、县际联网公路建设、农村公路建设等重庆交通基础设施建设和行业管理，采写出一批影响大、质量高的好文章，热情讴歌交通行业取得的伟大成就和交通职工的风采，受到报社、市交委领导肯定和广大读者好评，在社会上产生了一定影响，如，她采写的《重庆一些高速公路环境状况令人忧》在中国交通报二版头条刊发后，时任中共重庆市委书记黄镇东在刊发的报纸上做了批示，责成相关部门尽快解决，管理好已建成的高速公路，并发挥它的最大效能。《长万高速建设监管高招频出》一文刊发后，吸引了天津同行来重庆高发公司学习经验。《破除壁垒构建无障碍通道》《市场催生交通建设集团军》《6 条“搓板路”暂停收费》等等稿子都获得好评，产生了一定影响。

据不完全统计，近年来，朝霞先后在中国交通报上发表新闻稿件 800 余篇，2001～2005 年四年来，平均每年上报稿件达 120 条左右，每月平均好稿数达 4 条。其中，《车过悬崖不再“捏把汗”》获第十八届中国产经好新闻二等奖；《法国企业巨头抢滩重庆》获首都女记协第七届（2002 年度）好新闻奖，同时获得 2002 年度好标题大赛三等奖；《渝沪两港结盟欲拾长江“金元宝”》获 2003 年上半年头版消息大奖赛铜奖；《西南物资热走重庆》一文获得三等奖。同时，在重庆市好新闻评比中获得好新闻一等奖 2 个、二等奖 1 个、三等奖 4 个。1998～2005 年，朝霞连年被评为中国交通报优秀驻地记者。

五、三峡诗歌创作者

冉启才，男，汉族，笔名冉晓光，出生于四川省奉节县，原重庆市交通征费稽查局万州处处长，世界华人诗人协会会员，中国诗歌学会会员，中国青年诗人学会会员，重庆市作家协会会员，万州作家协会会员，《三峡诗刊》主编。著名作家、诗人梁上泉曾为冉启才的诗集《漂泊的落英》(2000 年版）作序，称誉其三峡诗作说：“在他的诗作中，写军旅、写山水、写人和事、写情与爱等广泛题材只中，写得最多、最好、最突出、最动情的，要算他对家乡长江三峡的诗。”

20 世纪 70 年代初，在人民解放军部队之时，冉晓光开始发表作品。他先后在《人民日报》《解放军报》《四川日报》《黑龙江日报》《诗刊》《星星诗刊》《华夏诗报》《绿风诗刊》《扬子江诗刊》《北方文学》《红岩》《当代诗坛》等海内外近百家报刊上，发表近千余首诗作，有的诗作获奖并译为外文发表，他的诗入选数十种文集，正式出版的诗集 9 部，即有《路碑》（迅通出版社 1992 年版）《夔门月》（天马图书有限公司 1993 年版）《太阳雨》（成都科技大学出版社 1994 年版）《天涯伊人》（广西民族出版社 1995 年版）《梦之帆》（中国三峡出版社 1997 年版）《无花果》（银河出版社 1999 年版）《漂泊的落英》（中国三峡出版社 2000 年版）《兵法吟》（中国三峡出版社 2003 年版）和《带泪的玫瑰》（远方出版社 2005 年版）等等，另发表有 10 余篇小说。

六、文艺小说创作者

（一）黎珂代表作品——长篇小说《绾青丝》

黎珂，笔名波波，女，汉族，1976 年清明节出生四川省垫江县人，现在重庆市高速公路发展有限公司东渝分公司行政部工作。2001 年，黎珂开始在网络上写作并连载小说，2002 年出版小说《花神的女儿》，2003 年被聘为重庆文学院首席创作员。2004 年，她写作的中篇童话《睡美人》收入《2003 中国奇幻文学精品》丛书。另著有长篇小说《珠子》《追》等。她所创作的长篇小说《绾青丝》共有四卷，即《青楼篇》《沧都篇》《风华篇》以及续卷《绝胜篇》，全书 120 万字，2007 年 5 月，由河北省花山文艺出版社出版第 1 版。《绾青丝》曾先在网络上连载，广为流传。

（二）欧阳玉澄获奖作品——中篇小说集《此情须问天》

欧阳玉澄，亦名欧建中，男，汉族，1946 年 4 月出生四川省奉节县人，1969 年毕业于四川大学，其后参加军垦两年，教书四年。1976 年调入万县港务管理局工作至今。其间，他创作有：短篇小说《孤人》《渔殇》《川江涨水》《采蘑菇的日子》等；峡江系列中篇小说《清水袍哥》《此情须问天》等和长篇小说《巴水苍茫》等 30 多部作品。欧阳玉澄是重庆市作家协会委员、重庆市文学院创作员。1996 年 6 月，欧阳玉澄获天津“飞鹰杯”全国小小说大奖赛二等奖，获奖作品是：《感谢光明》。2002 年 10 月 8 日，欧阳玉澄获首届（1997 ~ 2000 年）“重庆小说奖”，作品是中篇小说集《此情须问天》。这篇小说集选录了作者 1992 ~ 1997 年所创作和发表过的 7 篇中篇小说，以生动朴实的语言，描写反映了三峡库区人民的劳动生产与情感生活。2000 年 12 月，中篇小说集《此情须问天》选编入吉狄马加和黄济人主编的《当代重庆作家作品选》，由北京的作家出版社出版。

七、思想读物编著者

（一）张世玖代表作品——马列理论辅导读物

张世玖，男，汉族，1948 年 10 月 31 日出生四川省开县人，祖籍重庆市北碚（原四川省北碚），中共党员，大专学历，高级政工师，高级经济师。1990 年，张世玖作为副主编，编著了《马克思主义哲学学习提示与探析》，是为学习中共中央宣传部编撰的《马克思主义哲学学习纲要》而编著的辅导读物，由人民交通出版社出版发行。1991 年，张世玖作为副主编，编著了《社会主义若干问题解答 100 题》，是为学习中共中央宣传部编写的《关于社会主义若干问题学习纲要》而编著的辅导读物，由武汉出版社出版发行。1991 年，张世玖作为副主编，编著了《中流砥柱七十年(1921 ~ 1991)——中共党史学习要揽》一书，由华中师范大学出版社出版发行。

（二）刘本祥代表作品——思想修养读物与自创诗文

2002 年 8 月，年届 81 岁的重庆市交通委员会退休职工刘本祥从《党员文摘》中辑录出 30 多篇短文，汇编成一个小册子，取名《怎样做人》。其中，内容大多涉及人生哲理、生活追求、思想意志、德行操守和情感爱心等诸多方面，短小精悍，生动活泼，饶有情趣，可读性强。他先是将此书分送给亲友和后辈们阅读品味。赠书之美事，《党员文摘》杂志社得知后，对刘本祥进行了一次采访，并在2003年2月的《党员文摘》上刊登了《耄耋老人话怎样做人》的采访记，又有不少人纷纷去信去电索书，刘本祥老人均一一赠书。2005年春节，年届84岁高龄的刘本祥又辑录了一本思想修养之书，仍旧是选录自《党员文摘》杂志之短文，内容体裁及其格调均与《怎样做人》一样，可说是前书的续编，取名为《大写人生》。在这本书中，增加了数百条中外学者名人的佳句警语，还在附录中列入了编著者自己的“生活杂感”“即兴吟唱”等30多篇（首）散文、杂文与诗作品。此书刊印完后，刘本祥老人仍旧是以书为礼，于春节赠送给亲朋好友。

刘本祥，男，汉族，1921年11月出生，重庆市合川区（原四川省合川县）人，中共党员，毕业于原“国立”交通大学贵州分校铁道管理系。1944～1954年，在著名的爱国实业家卢作孚创办的民生实业股份有限公司供职，在民生公司运务处、业务处任办事员，先后在7艘客轮上任事务长，从事管理工作。1954～1959年，在长江航道管理局重庆分局、重庆港务管理局工作，历任办事员、副科长。1959～1984年，在重庆市交通局任副科长、科长、政策调研室主任等职，1985年11月退休，享受正处级待遇。1985年11月至1988年11月，退休后在重庆市交通局修志办公室工作。

刘本祥在职时工作勤奋，恪尽职守，作风严谨，待人和蔼，文笔功夫深厚，深得同事们的敬佩。退休后，心态平和，胸怀旷达，家庭和睦。他热爱社会主义祖国，关注重庆交通事业发展。每逢春节、国庆等佳节联欢或同事好友聚会，以朗诵诗歌和散文，激情歌颂党和祖国，表达了他对党、对人民、对交通事业的热爱，深受职工们的尊敬与喜爱。他在退休后15年时间里所自咏自创的诗文，编辑汇集在《大写人生》《晚晴杂咏》与《晚晴杂忆》三本书中、记录了他对同事、对朋友的真实情感，记录了“皆因身逢盛世，夫人贤德，儿女孝敬，家庭和谐”的老年愉悦生活与身心感受。

八、公路科研领军人

唐伯明——“振兴重庆争光贡献奖”获得者

唐伯明，男，1962年10月出生，江苏东台人，中共党员，博士，教授，博士生导师。1981～1992年，唐伯明先后在南京工学院土木工程系攻读本科、在东南大学道路与交通工程专业攻读并获得硕士和博士学位、进入博士后工作站。1992～1995年，唐伯明出任同济大学副教授、硕士生导师。1995～1999年，唐伯明出任日本国立长冈科技大学副教授、博士生导师。1999年7月至2004年，唐伯明从日本回国到重庆市工作，先后任重庆市公路局副局长、重庆市交通委员会副主任。2004年9月，他出任重庆交通大学党委副书记、校长，担任重庆市政协委员，重庆留学人员联谊会副会长。2006年，他被聘为重庆市人民政府决策咨询专家委员会委员。

唐伯明是重庆市道路科学技术有突出成绩的研究者。他长期从事西部山区和三峡库区公路科研、建设和管理工作，主要专著有《水泥混凝土路面结构设计》和公路路面结构学术论文。他完成的行业攻关项目《水泥砼路面设计理论与方法》，获得2001年中国高校自然科学一等奖。他作为主要起草人编写的《水泥混凝土路面设计规范》获中国公路学会科技进步二等奖。发表学术论文60多篇、出版专著1部，参与研究编制国家行业标准3部。1999年，他入选“国家百千万人才工程”第一、二层次人选。2001年，他获得国务院特殊津贴。2002年，他获得“重庆青年五四奖章”、被评为重庆市优秀专业技术人才并记二等功。2003年1月28日，他获得2002年度重庆市“振兴重庆争光贡献奖”、全国留学回国人员成就奖。

唐伯明教授是中国道路工程学科第一位博士后研究人员，研究的主攻方向是公路与城市道路设计理论、新材料、新工艺及其在公路交通上的应用项目，在西部山区和三峡库区公路科研、建设和管理工作中颇有建树，他研发成功中国第一台落锤式弯沉仪（FWD）及路面非破损评价系统，达到国际先进水平。他先后主持和参与国家自然科学基金、国家人事部人才基金等20多项科研课题项目。1999年，他和姚祖康合著《水泥混凝土路面结构设计》，由安徽科技出版社出版，列为当代科技重要著作之一。他作为主要起草人编写的《公路工程结构可靠度设计统一标准》《水泥混凝土路面设计规范》《重庆市农村公路施工简易手册》等专著，先后由中国计划出版社、人民交通出版社、重庆出版社等单位出版。《路面非破损评价（FWD）技术指南（日文版）》为日本土木学会（JSCE）所采用。他已完成的行业攻关项目《水泥砼路面设计理论与方法》，荣获2001年中国高校自然科学一等奖。他作为主要起草人编写的《水泥混凝土路面设计规范》获中国公路学会科技进步二等奖。他用中文、英文、日文发表学术论文60多篇。他正在从事的应用研究项目有省部级项目2项，重庆市交通委员会项目2项。如国家西部交通科技项目《锶盐废渣在农村公路中的应用研究 》《灾害天气下山区高速公路运营安全关键技术研究》。重庆市交委项目：《 路侧振动带在提高高速公路行车安全中的应用研究 》和《山区一级公路交通安全评价及对策措施研究》。

附　录

重庆市人大常委会第四十次主任会议纪要（主任会议纪要第四十期 1990 年 7 月 29 日）

1990 年 7 月 6 日上午和 7 月 20 日上午，于汉卿主任分别主持了市人大常委会第三十九次、四十次主任会议。副主任白兰芳、冯克熙、刘昆水、李凤清、赵维清、黄梅、崔连胜、潘棒，秘书长尹万邦出席了会议。副市长刘志忠、市计委副主任李义、市建委副主任顾廷勇、市交通局局长胡振业、副局长高鸿斌、郑道仿、市规划局副局长陈材倜、市人大各专门委员会副主任、副秘书长等列席了会议。

两次主任会议专门听取和审议市交通局关于《重庆市公路、水运地方交通建设初步规划》和工作汇报。

一、会议听取市交通局局长胡振业的工作汇报后认为：交通是城市经济发展的基础，当前，无论从全国或本地区来看，交通事业仍然是国民经济建设中的薄弱环节，仅与工业发展速度相比，就处在一个十分滞后的状态。我市的情况尤为突出。因此，一定要把发展交通放在振兴重庆经济、促进重庆对内对外开放的战略高度上，真正树立起交通先行的观念。会议认为，市交通局在近几年的工作中做出了很好的成绩。特别是在我市实行计划单列以后，通过积极努力工作，克服了许多困难，主动地争取交通部的支持，充分运用中央的有关政策，并得到交通部的关心和大力支持。使我市在近几年交通建设方面收到了实效，体现了计划单列的优越性，为我市的经济发展起到了推动作用。

二、会议同意《重庆市公路、水运地方交通建设初步规划》草案，认为：《规划》是比较现实和符合我市实际的。这个《规划》实现以后，不但能使我市的交通状况大为改观，而且更能发挥我市长江上游中心城市的作用。

会议同时也指出了实现《规划》要注意解决好以下问题：一是我市几个出口公路的建设同意，二是城乡结合、市内与外相结合的问题，三是公路与水路相结合的问题，四是计划与资金的筹措结合的问题，五是为了加快公路主干线的建设。希望交通局抓紧渝重（庆）长（寿）公路改造的前期工作，建议市交通局给交通部汇报，争取交通部列入“八五”规划。

三、市交通局在工作汇报中反映当前所面临的一些困难和问题。并且希望市政府及其有关部门大力支持、协助解决会议对存在的问题进行了讨论，认为：（1）关于成渝公路总的资金和今年资金调度问题，根据成渝公路资金构成状况，当前突出问题是由市里自筹的那一部分资金落实较差，建议市政府能确保自筹资金，特别是市里能交基金用于成渝公路工程的款项，不要挪作他用，以保证工程顺利进行。（2）关于对成渝公路工程给予政策上的扶持的问题。建议市政府在成渝公路工程建设上，按照江北机场、珞璜电厂等重点工程建设项目享受的优惠政策对待。（3）养路费的征收工作，直接影响到我市交通建设的资金来源。目前市交通局征收养路资的机构和人员编制不适应全面开展征收工作，漏缴养路费的现象严重。为了加强和保证我市养路费的征收工作，建议市政府加强这方面机构和适当增加人员编制。（4）成渝公路建设指挥部市府已批准成立，所需临时编制也应尽快审定下达。（5）为了搞好我市的码头建设和管理，建议市政府进一步理顺码头管理体制。

会议建议市政府应对以上问题引起重视，并认真研究解决。

重庆市人大常委会办公厅

1990年7月29日

重庆市计委关于
重庆市轨道交通较场口——新山村线路
工程项目建议书给重庆市公用事业局的批复

（1993年5月14日 重计委固〔1993〕557号）

市公用事业局：

你局渝公用计〔1992〕38号文悉。为了解决重庆城市客运交通紧张矛盾，经研究同意将该项目列入重庆城市建设项目计划，现就有关问题批复如下：

一、该线采用高架快速轨道交通系统，工程自较场口到新山村，全线长17.46公里，采用一次规划设计分期实施的方式进行建设。

二、工程投资估算为17.0332亿元，其中：利用外资1.364亿美元，配套人民币9.7208亿元。

三、按照以轨道交通促综合开发，以综合开发补轨道交通的原则进行建设与经营。

四、同意工程建设采取业主负责制，由重庆市轨道交通总公司作为业主承担建设、经营责任。

请你们按此批复，抓紧进行沿线、车站规划定点和工程可行性研究与利用外资商谈工作，为争取早日做好前期准备工作。

重庆市计划委员会

一九九三年五月十四日

重庆市交通局关于理顺
全市交通管理体制组建交通委员会的改革意见

（1994年5月4日）

当前，我国正处于由传统计划经济向社会主义市场经济转变的重要时期。改革开放15年来，我市交通运输事业取得了很大的发展，但新旧两种体制并存产生的各种弊端，也客观存在。特别是我市各种运输方式在统筹规划、综合平衡、组织协调、服务监督等方面，还远没有实现较高层次上的综合管理与宏观调控，既影响了我市综合运输体系形成和长江上游水陆交通枢纽优势的更好发挥，又严重制约着我市近、中、长期的经济和社会发展。

根据《中共中央关于建立社会主义市场经济体制若干问题的决定》，在建立社会主义市场经济体制进程中，必须坚持把三个是否有利于“作为决定各项改革措施取舍和检验其得失的根本标准”的要求，以及“既注意改革的循序渐进，又不失时机地在重要环节取得突破，带动改革全局”的精神，并遵照省、市领导对改革交通管理体制的有关指示，我局通过调查、研究和多次论证，特提出理顺我市交通管理体制，组建交通委员会加强交通综合管理与宏观调控的改革意见，供市里在实施政府机构改革时研究决策。

一、关于组建交通委员会的必要性

目前，全市交通运输管理部门除市政府下设有交通、公用局分管地方公路、水路及市区公共交通外，中央在渝还设有铁路、民航、长轮、港口、航政、航道等管理单位，但市里一直没有能统一领导管理全市整个交通运输工作的机构，因此仅靠市经委下设的交通处作为我市交通工作的归口职能部门，加上公用局又属建委系统，实事上不可能对全市整个交通工作发挥统筹规划、组织协调、上下衔接、横向综合等职能。多年来在我市交通运输的发展上缺乏统一规划、综合平衡；管理上分散多头，条块分割；职能上政企不分，互不协调等问题之所以始终未能很好解决，其原因正在于此。同时这种状况与交通运输行业本身的特点、规律及其在国民经济中的地位都极不相称，理应尽快扭转。

（一）交通运输业是一个独立的物质生产部门，应当建立专门机构，实行统一的领导管理。马克思指出：“除了采掘工业、农业和加工工业以外，还存在着第四个物质生产领域……这就是运输业，不论它是客运或货运。”然而，由于运输业的产品不具有实物形态，不计算工农业总产值，过去一直未被作为独立的物质生产部门对待。反映到管理体制上，就没有像工业、农业、建筑业和商业等几个国民经济子系统那样，建立专门领导管理全市整个交通运输业的机构，独立进行领导管理，虽然各种运输方式也有各自的主管部门，但由于各自都只管了综合运输体系中的一两个行业，甚至只是同一行业中的某一部分，就不可能从全局上、总体上来统一对全市整个交通运输业的领导管理，也不能使全市综合运输体系发挥更大的作用。

（二）交通运输业是一个庞大、复杂、多行业的产业系统，需要具有权威的统一领导管理机构。我市水运居于西南各省市之首；铁路也有成渝、川黔、襄渝三条干线交汇；公路则有以国道210、212、319三条主干线为骨架共8700多公里的交通网络，通车里程在全国各大城市中仅次于北京而位居第二；航空运输在江北机场建成后，也已成为西南地区重要的空港之一。另外，还有城市公共交通、出租汽车及车船维修行业，以及随着社会主义市场经济体制的建立发展，将出现更多的运输行业和为运输服务的行业。但是，市里目前对全市整个交通运输业的领导管理却是分散的、多头的，经委、建委都分别管了一部分。在经委管的部分中既有地方直属的交通部门，也有中央在渝的派出机构（其中仅交通部在重庆的水运部门就达八九个之多），而仅靠仅有几个人的经委交通处来牵头协调，实难发挥地方政府对本地综合运输体系应有的领导管理作用。

（三）交通运输业有其自身的规律，需要专门的领导管理机构组织发挥整个交通运输的综合效能。交通运输产品具有产销同实现的特点，组织运输生产主要讲求设备的充分利用和在途时间的减少，各种运输方式之间以及各种运输方式内部各子系统之间，也是相互衔接、互为依存、相互制约的，其发展应尽可能保持同步、协调。在生产运行上，则要求各运输方式尽可能衔接配合，形成综合运输网络和充分发挥整个交通运输的综合效能。因此，像目前我市这样把交通运输业的领导管理工作，分别放在管工业的经委、管建筑业的建委兼管，是难以适应这种客观要求的。

（四）交通运输业有着自己特有的市场体系，在建立和发展社会主义市场经济中，亟待专门的领导管理机构在较高层次上突破行业封锁、地区及部门分割，形成开放的统一市场。虽然整个运输市场可以按不同的运输方式及服务范围细分为各种专业市场，但在整体上则不应是封闭的、分立的和无序的。就客货运输而论，市场则应是统一的。然而，目前由于管理体制不一，我市存在着的城乡分割、部门分割及条块分割等问题，极不利于运输行业的放开搞活。例如我市的汽车客运市场，就因分属于交通、公用两个部门而人为地分割为7区客运和远郊区县客运两个部分。其他如港口码头、停车楼场等方面的管理，也存在类似弊端，很不利于统一市场的形成、发育。

（五）交通运输业是“生产资本的一个特殊的投资领域”，随着国家推进和深化财税、金融投资、计划体制改革步伐加快，急需组建专门领导管理机构，在交通运输方面实施政府管理经济的职能，即“制订和执行宏观调控政策，搞好基础设施建设，创造良好的经济发展环境”。改变我市交通运输发展滞后的状况，主要是要加快交通基础设施的建设进程。根据党的十四届三中全会《决定》精神，交通建设的投资渠道，将向多元化方向发展，“基础性项目要鼓励和吸引各方投资者。地方政府负责地区性的基础设施建设”。因此，加快我市各项交通基础设施建设，市政府就不再是仅对规划立项提出建议要求和争取国家投资，还必须在规划建设上加强综合平衡，并为实现规划，从计划的衔接，资金的筹集，到建设的实施等方面加强具体的领导管理。而要承担这些管理职能，市政府没有一个统一领导管理全市整个交通运输业的职能部门，显然是难以胜任的。

综上所述，我们认为，市政府对全市交通运输业，也应同对工业、农业、建筑业和商业一样，有一个专门的综合管理部门来统一领导管理。这就是按照“大交通”的观点，把整个交通运输业作为一个独立的物质生产部门，在市政府组建与经委、农委、建委、财办相平行的交通委员会，以加强对全市整个交通工作的领导管理，充分发挥我市综合运输体系的功能，适应我市经济上新台阶对交通运输日益增长的需求。

二、关于组建交通委员会的可行性

组建交通委员会无论从加强市里对全市整个交通工作的领导管理，还是从行政管理体制和机构改革的方向来看，其可行性都是十分明显的。

（一）有利于从我市经济社会发展的宏观需要出发，对各种运输方式的发展进行统一规划、统筹管理和协调衔接，更好为我市经济上新台阶服务。我市各种运输方式无论其管理隶属关系如何，都是我市整个经济社会的组成部分。只有组建交通委员会，才能使之从整个市的宏观需要出发，按照系统工程的原理和方法加强领导管理，切实解决我市在交通运输管理体制上实际存在的管理多头，条块分割，政企不分，各自为政，分兵把口，人为地切断交通运输的整体性、连续性、开放性的弊端，发展我市综合运输体系，建成统一、开放、竞争、有序的交通运输市场。

（二）有利于我市市级机构精简和尽早完成政府机构改革。目前，我市政府序列中除了分管交通工作的交通、公用两局外，还有已下放市里由交通部和市里双重领导，以市管为主又要求列入市政府序列的重庆港口管理局。从市政府的机构设置来看，显然不符合“精简、统一、效能”原则和十四大提出的“撤并某些专业经济部门和职能交叉重复或业务相近的机构”的原则。组建交通委员会后，交通、公用两局可以撤销；港口局也不必进入政府机构序列，而实行由交委统一的归口领导管理。其中原港口局属于政府行政管理部分的职能，也可按政企分开原则，进行相应的调整归并。这样，在市政府的机构序列中，将只设一个主管全市交通工作的职能部门，真正实现精兵简政的目标。

（三）组建交通委员会，还有利于按政企分开原则，理顺我市交通行政管理体制，按照中央和省里有关交通管理法规，加强交通行政管理和搞活运输市场。交通委员会作为市政府的职能部门，主要代表市政府对全市交通运输业行使“决策、领导、协调、规划、管理、仲裁”等宏观管理职能。对目前一些专业交通管理部门政企不分，职能交叉，多头管理的状况，则可真正按照建立统一开放的运输市场这一市场经济的客观要求，进行调整。如现公用局的社会客运管理处、港口局的码头管理处可以分别并入现交通局的公路运输管理处和航运管理处，打破现在我市汽车客运市场城乡分割、地方码头管理条块分割的状况，统一全市汽车客运行业的行政管理和全市地方码头的管理。

（四）组建交通委员会，也将有利于加强我市与中央各交通主管部门的联系。从已经组建了交通委员会的武汉、宁波等市的经验看，由于市政府有了一个专管交通工作的委一级的职能部门，不仅原有的计划单列渠道因此更加统一而进一步巩固，而且还加强了与并无计划单列渠道的铁道、民航等交通主管部门的联系，普遍反映有了主管交通部门之后，当地政府与中央各交通主管部门之间的联系渠道更加明确、统一，各部门在当地的派出机构找市政府反映情况，解决问题也更加方便、顺畅。就是一些不是计划单列市的中等城市，如自贡、潍坊等，通过组建交委也因加强了与中央各交通主管部门的联系而获得明显好处。如自贡的新建火车站工程，就是由其市交委出面衔接，很快得到铁道部的支持而比我市早建设的。我市进行综合体制改革后，市体改委也曾就我市组建交委的问题，分别征求过铁道、交通、民航等中央各交通主管部门的意见，均得到了普遍的支持。

三、关于组建交通委员会的具体设想

关于组建交通委员会的问题，市体改委曾于1985年、1986年结合我市体制改革作过多次研究。当时主要有两种意见：一是“撤局建委”，即将现在由经委、建委、计委分别管理的有关交通的业务集中起来，并将交通、公用两局撤销，新成立交通委员会来统一管理以减少中间层次；一是“委局并存”，即只将现在由经委、建委、计委管理的有关交通业务归并起来，新设立交通委员会来统管，但交通、公用两局仍保留，以减少人员安排上的困难。根据十四大确定的有关行政管理体制和机构改革的原则和武汉、宁波等计划单列市组建交委的经验，我们认为，以“撤局建委”为好。

（一）符合十四大提出的“撤并某些专业经济部门和职能交叉重复或业务相近的机构”及“转变职能，理顺关系，精兵简政，提高效率”的原则；委局并存，无疑增加了行政层次，委局之间的职能也必然交叉重复，关系不顺，增加今后工作中的矛盾。

（二）既有利于市政府的机构精简，也使市领导因有一个主管全市交通工作的职能部门，从而减少对交通工作各种矛盾、问题的协调事务；而委局并存则无法使市政府的机构序列达到精简、统一、效能的目标。

（三）有利于我市在中央各交通主管部门的计划单列。计划单列城市在中央各主管部都只有一个计划单列户头（包括参加会议和下发文件均只有一个名额和一份文件），委局并存或两个以上局并列，都无法达到这一要求。武汉市最初即是按委局并存方式组建交委的，结果因计划单列是以交委或交通局的户头去衔接而发生了新的矛盾，最后又不得不按“撤局建委”的办法，再作第二次改革。相反，宁波市一开始就按“撤局建委”方案组建交委，各项渠道就比较顺畅。

（四）“撤局建委”引起的干部安排问题，武汉市改建交委时采取的办法值得借鉴。即交委实行委员制，除各交通专业单位（包括中央交通主管部门的派出机构和与交通关系密切的公安等部门）的负责人作为交委委员外，还设立若干专职委员，协助交委主任、副主任分管一个方面的工作，因而较好地解决了原来局一级干部的安排问题。

（五）“撤局建委”后，作为市政府主管全市交通工作职能部门的交委，进入市政府的机构序列外，原市交通局、公用局下属的各专业行政管理单位以及以市为主双重领导的重庆港口局，则应按政企分开及精简、统一、效能原则和按专业性质统一归并调整，分别组建成公路、内河航务、陆运管理、交通规费征收等行政管理机构（名称可以叫局、也可以叫处）。但他们只能作为行政性事业单位，通过法律法规授权，依法承担有关交通行政管理职能。所需经费则由各自在行政性收费或原渠道的事业费用中解决，无需由市财政的行政经费负担。而中央各在渝的交通派出单位，包括双重领导的重庆港口管理局则按政企分开原则，由市交委代表市政府统一归口领导管理，行使“决策、领导、协调、规划、管理、仲裁”的职能，保证国家，省里和市里有关交通法规、规章在我市的贯彻实施。

（六）交通委员会内部机构的设置及有关职能，按国务院批准的交通部机构改革“三定”的职责施行。也可以在考察武汉市、宁波市等有关城市组建交委的经验后，结合我市实际具体研究确定。

重庆市交通局关于表彰获得
重庆市交通科学技术进步奖项目的通知

（1999 年 8 月 10 日 渝交局〔1999〕681 号）

局属各企事业单位：

为了表彰、奖励我市交通系统广大工程技术人员在公路建设、养护、交通运输、生产实践中依靠科技进步作出的贡献，进一步促进科技成果向现实生产力转化，经局属各企事业单位推荐，由局科技进步奖评委会评审，共评选出重庆市交通科技进步奖项目 24 项，其中，一等奖 5 项，二等奖 8 项，三等奖 11 项。按《重庆市交通科学技术进步奖奖励办法》对获奖项目的单位和个人颁发奖状、证书和奖金（项目名单附后）。

希望获奖项目单位和个人再接再厉，继续发扬求实创新，奋力争先的传统，为“交通建设质量年”和进一步推进交通科技工作上台阶作出新的更大的贡献。

附：重庆市交通科学技术进步奖项目、单位及人员名单

重庆市交通局

一九九九年八月十日

重庆市交通科学技术进步奖项目、单位及人员名单

一等奖

1. 横张预应力砼技术在 T 型梁桥中的应用研究

重庆高等级公路建设指挥部

周志祥 徐 谋 李祖伟 郑光荣 李洪霞 黄 钢 张大庆 韩景华 杨丽梅 彭在萍 胡仕斌

2. 横张预应力砼技术在箱型梁（板）桥中的应用研究

重庆高等级公路建设指挥部

周志祥 徐 谋 李祖伟 李洪霞 曾德云 韩 军 阳 光

蔡 婧 张江涛 樊 杰 宋 敏 马 骏

3. 高等级公路施工中路旁高层重要建筑保护措施技术研究

重庆高等级公路建设指挥部

李祖伟 林 新 韩锦华 龙 琼 李洪霞 程昌华 李佑荣

二等奖

1. 压缩天然气——汽油两用燃料汽车维护工艺规范

重庆市公路运输管理处

徐海荣 梁雄耀 胡可钊 刘建勋 邵毅明 陈 光 何远禄

2. 公路桥梁管理系统 CBMS_ WIN V4.0

原重庆市公路养护总段

李昌铸 乔瑞华 刘治军 王晓晶 夏晓霞 李北涛

3. 车辆购置附加费综合管理信息系统

重庆市交通局信息通讯总站

重庆市车辆购置附加费征收管理办公室

李先彬　罗宇辉　邱　杰　张　强　唐安乐　邓洪金　任建卫　朱福凯

4. 条码技术在道路旅客运输中的应用

重庆市公路运输管理处

黄同科　陈忠富　梁雄耀　孙渝平　彭昌勇　熊长桔　徐婷婷　于永在

5. 特细砂混凝土在高等级公路路面中的应用技术研究

重庆高等级公路建设指挥部

徐　谋　黄　莘　郑光荣　陈谦应　李祖伟　吕怀力　王进勇　刘　锋

6. 小型船舶安全性研究——确定小型船舶重量重心的方法

重庆市船舶检验处

张小勇　彭先文　何建平

7. 公路桥梁周期费用预测模型的研究

重庆市公路养护总段

李昌铸　刘治军　乔瑞华　王晓晶　夏晓霞　李北涛　乔　勇

三等奖

1. 高大轻型桥台设计和施工方法的研究

重庆高等级公路建设指挥部

李祖伟　张金彦　李洪霞　许万春　朱　文　王明銮　杨　红

2. 山区高等级公路加筋高路堤陡边坡研究

徐　谋　杨锡武　李祖伟　欧阳仲春　李洪霞　刘大超　韩锦华　杨芳明　任　超　曾德荣

3. 桥梁大体积混凝土基础结构施工问题的研究

重庆高等级公路建设指挥部

重庆市交通工程监理咨询有限责任公司

徐　谋　赵立寿　李祖伟　张　权　郑光荣　杜国平　周家明　王亚伟　朱　文　张　力　濮家利

4. 长安奥托、红岩系列车型维护工艺

重庆市公路运输管理处

重庆市公路运输总公司

黄继康　梁雄耀　余泽渥　杨东霞　陈世全

5. 硅粉混凝土在路面上的应用研究

原重庆市公路养护总段

重庆市公路实业总公司

龚尚龙　刘大超　李北涛　陈思甜　乔　勇

6. 重庆市水上运输客票微机售票管理及联网

重庆市航运管理处

党志胜　何爱平　徐秋明　王　蓉　潘　斌

7. 杨公桥单柱连续梁桥平基爆破结构安全控制研究

重庆高等级公路建设指挥部

重庆市公路学会

李祖伟　俞川林

8. 公路边坡生态防护技术研究

重庆高等级公路建设指挥部

李祖伟　崔　涛　李洪霞　张华君　蔺　陵　邓卫东　黄明庆　方波平　李佑荣　赵德志

9. 重庆公路主枢纽总体布局规划研究

重庆市交通局

马曰礼　高建平　杨树明　岳　顺　张维全　刘华林　李　勇　李松青　朱晓兵

10. 公路监理工程合同管理系统

重庆市公路工程监理处

龙　涛　李　勇　杜国平　梁　庆　刘晓涛

11. 高速公路交通事故分析及安全管理对策研究

重庆市成渝高速公路管理处

邵毅明　曹明全　沈　翔　李　伟　吴德邦　赵　毅　简晓春　王志洪　郑　玲

12. 桥梁无缝伸缩缝推广技术

重庆市公路养护总段

刘志军　谭晓东　曹明全　乔瑞华　张学源　周志荣　向心丛　杨照庸

13. 三峡库区大水位差港口码头结构型式及装卸工艺研究

重庆市航运管理处

黄　超　郭德椿　罗　宏　唐　涛　阳爱民　邵燕来

14. 重庆市准驾证管理信息系统

重庆市公路运输管理处

胡　湘　梁雄耀　周　林

重庆市交通委员会
关于“九五”期航运建设工作的报告

（2000 年 12 月 4 日　渝交委〔2000〕517 号）

交通部：

我委收到部《关于进行“九五”内河航运建设工作总结的通知》（水运航道字〔2000〕654 号）文后，对“九五”期我市航运建设情况进行了认真总结，现将有关情况报告如下：

一、“九五”期水运工程建设情况

“九五”期我市地方水运基础设施计划建设项目共计 22 个，项目总投资 52676 万元。其中港口建设项目 15 个，项目总投资 38607 万元，占总投资的 73%；航道建设项目 7 个，项目总投资 14069 万元，占总投资的 27%。

由于“九五”期水运建设前期工作不到位，资金缺口大，水运基础设施实际完工项目 11 个，完成投资 20748 万元，其中港口建设项目 6 个，投资 7968 万元，航道建设项目 5 个，完成投资 12780 万元。

二、存在的问题

1. 筹集建设资金难度较大。为使水运基础设施的建设满足我市经济、社会发展的需要，库区港口码头淹没复建项目按适当超前、分期实施的原则进行规划、设计和建设。而淹没设施移民补偿则按“原规模、原功能、原标准”的原则进行补偿，这样使库区港口码头淹没复建建设资金缺口高达74%。由于水运基础设施是一种公益性设施，其投资回报率小，效益分散，周期长，一般说来靠引进外资、企业投资、股份合资等方式筹集建设资金比较其他行业，难度要大得多；加之库区经济欠发达，多数都是国贫县、省贫县，港口码头复建工作进展十分缓慢，延缓了整体推进。

2. 由于回水变动段及支流河口存在泥沙淤积等问题，为减少工程投资，应在成库前进行模型试验，并根据试验结果采取措施，尽量控制其对通航的影响。

3. 前期工作比较滞后。库区港口码头淹没复建项目除万州红花地港区、涪陵港区和云阳青龙嘴港区已开工建设外，巫山龙山码头、忠县苏家件杂货码头处于施工图设计阶段，丰都港完成初步设计，而石柱西沱港、奉节港等均还处于工程可行性研究阶段。按照移民迁建要求，库区很多水运复建项目必须在2003年前完成，复建任务重。

三、建议

随着西部大开发战略的实施，西部同中东部经济互补性加大，国家拉动内需，加大基础设施和城市建设，必将带动钢材、建材、机械等行业的发展，三峡工程的建成，将促进库区区域性经济发展，这些都是水运发展新的机遇，同时，也对我市水运基础设施的建设提出了更高的要求。为按三峡工程分期蓄水的进度顺利完成我市水运基础设施的淹没复建工作，以充分发挥三峡工程的航运效益和适应我市经济、社会发展的需要，我们提出如下建议：

1. 希望国家尽快设立西部开发航运建设基金。在国家投融资体制改革及“费改税”时，理顺内河航运建设的投资关系，建议从预算内（有关税收）、特种税收（燃油税）中划拨出一定的资金，建立内河航运建设基金，其中一部分专项用于西部地区内河水运基础设施的建设。

2. 建议国家制定扶持政策，对库区港口、码头等水运基础设施建设项目增加贴息贷款或贷款贴息，纳入国债资金安排，实行以工代赈、减免各项税费等优惠政策。

三峡库区港口码头复建资金缺口高达74%，建议国家加大对我市库区航运设施复建项目的投资比例；内河航道是国家重要的公益性基础设施，应以政府投入为主，请求国家在“十五”期航道复建项目按100%比例予以补助。

3. 坚持“航电结合、以电促航”和水资源综合利用的方针，应加大对水运主通道航道梯级枢纽的补助力度，建议按通航设施总投资的100%予以补助，以促进我市梯级开发和水资源综合利用，实现航运建设的滚动发展。

4. 根据三峡工程的建设进度，国家有关部门应组织力量对库区内主要支流航道及回水变动段航道进行研究，提出解决方案。

5. 由于内河港口、码头建设的投资和管理体制多头，建议国家尽快出台相应的法律与规章，理顺体制，为水运建设和发展建立公平、竞争、有序、规范的市场机制。

重庆市交通委员会

二〇〇〇年十二月四日

重庆市交通委员会
关于加快我市交通建设情况的报告

（2003年1月17日 渝交委文〔2003〕2号）

市政府：

为了全面贯彻十六大报告中提出的西部大开发力争十年内取得突破性进展的精神，按照市委、市政府主要领导近期对交通工作的新部署，并结合我委实际提出的贯彻实施意见，由彭建康副主任带队于2003年1月7日至10日到交通部进行了工作汇报。部领导及有关司对这次汇报非常重视，张春贤部长、胡希捷副部长不但听了汇报，还作了重要讲话。现将汇报情况报告如下：

一、2003年交通建设计划情况

为适应加快交通建设的需要，我委调整了今年的计划，即由原来的71.7亿元调整为101亿元。为此，我们就2003年我市交通建设计划调整情况作了汇报和衔接，现交通部初步安排我市2003年建设补助资金为10亿元。包括：1. 高速公路共安排补助资金6.17亿元，其中万州至梁平、梁平至长寿高速公路剩余补助资金2.67亿元全部到位，将有力地保证项目年底建成通车。为配合合川至川渝界（渝合二期）高速公路年初开工，交通部同意今年安排补助5000万元。2. 地方公路安排补助资金3.33亿元，其中交通部原承诺“十五”期逐年补助的渝巴路2.67亿元今年一次安排到位。去年胡主任找胡部长要求补助通渝隧道建设，今年也给予了安排2400万元的补助资金，将积极地促进“八小时重庆”建设。3. 交通部还拟安排对我市的三峡库区复建项目、公铁立交桥、主枢纽项目约3000万元。另外，交通部承诺积极支持我市交通项目申请国债，并根据车购费的征收情况，在年底调整计划时，再适当给予倾斜。

二、重点公路项目前期工作计划

交通部根据党的十六大精神，全面分析了我国交通建设面临的形势和任务，结合车购税征收增长情况，决定于今年三月份对全国的交通“十五”建设计划进行调整，这为我市加快交通建设步伐提供了一次良好的机会。为此，我们就关于调整我市“十五”交通建设计划的意见和前期工作情况向部作了汇报，并请求部在调整“十五”计划时给予我市支持和倾斜，其主要项目如下：

1. 渝遂高速公路

我市境内总里程约111公里，总投资约48亿元，计划2003年底开工建设。目前，该项目交通部已出了审查意见同意建设该项目，国家计委正委托中国国际工程咨询公司对该项目的预可进行评估，交通部原已将该项目纳入“十五”部补助备选项目，我们希望纳入“十五”正式项目。

2. 西部开发公路重庆至长沙通道

该线为国家规划的8条西部大通道之一，总里程约440公里，总投资约260亿元。建成后对加快西部地区经济发展和促进我市及湖南湘西地区的社会经济发展具有重要的意义。由于沿线地质、地形条件复杂，工程困难，投资巨大，我们拟分期分段进行建设，力争今年底先开工界石至南川水江段88公里，然后开工秀山至洪安段33公里，其余路段根据沿线经济发展情况适时开工建设（其中彭水至酉阳段采用两条二级路过渡，其余均为高速公路），整个通道力争2010年前建成，希望纳入部“十五”调整计划。

3. 国家重点公路万州至湖北刘家垭口高速公路

该线为国家重点公路杭州至兰州线的一段，也可以说是沪蓉国道主干线的北线，比原定的沪蓉主干线南线走向100多公里，连接三峡库区，对促进库区经济社会的发展，促进沿线的经济繁荣具有重要的意义。该项目目前正进行预可行性研究，总里程约218公里，总投资约138亿元，计划分期分段组织实施，一期万州至云阳段76公里力争明年开工建设，整个通道力争2010年建成。希望部纳入“十五”调整计划，按国道主干线标准补助。

4. 国道主干线支线垫江—忠县—石柱—湖北利川高速公路

该线为沪蓉国道主干线四川成都、南充至湖北恩施的一段，该线在我市境内总里程约150公里，总投资约90亿元，拟在2005年开始分两期实施该路。一期垫江至忠县75公里力争2005年动工，整个项目计划2010年建成。希望部纳入“十五”调整计划。

5. 西部通道重庆绕城高速公路

该路是重庆至长沙西部通道在重庆的过境公路，对缓解重庆市的过境交通压力具有十分重要的意义，可充分发挥西部开发省际公路通道的功能与作用，有助于重庆外围经济组团的开发与建设。该项目目前正在进行工程可行性研究，总里程约186公里，总投资约98亿元。一期北碚、江津至界石段95公里，力争2005年开工，整个项目力争2010年建成。希望部纳入“十五”调整计划。

6. 万州至开县一级公路

万州至开县公路为连接万州和开县的重要公路，同时开县也是三峡库区，其建设将使开县在内的渝东北边远地区受惠于大城市的经济辐射，推动与川、陕相邻地区的经济互动，对包括万州、开县在内的三峡库区经济发展具十分重要的意义。该项目总里程40公里，总投资约21亿元，去年已开工一期工程，计划“十五”期建成。我们希望部将该项目列入“十五”计划，并于今年安排投资。

上述项目总里程约1145公里，总投资约655亿元，其中申请部补助约113亿元，且“十五”计划投资约250亿元，申请部补助约40亿元。

我们将有关情况给部里进行了汇报、沟通，并随即与有关设计单位就涉及相关路如何加快前期工作进行了研究安排，将于近期将我委调整交通部对我市“十五”计划的建议报部，交通部张春贤部长也表示将来就我市交通事业的发展与我市党、政领导交换意见。但由于我市需交通部支持的项目多、数量大、范围广，且政策的跨度比较大、时间长、难度高，希望市领导向张部长做工作，支持重庆的交通建设。我们要在市委、市政府的领导下，抓好落实，将工作做深、做细，抓住国家西部大开发、交通大发展的机遇，实现重庆交通尽量加快发展的目标，促使重庆经济、社会全面进步。

签发人：胡振业

二〇〇三年一月十七日

重庆市交通委员会
关于交通综合执法工作情况调查报告

（2003年8月6日 渝交委〔2003〕263号）

交通部：

综合执法改革是贯彻党的十六大精神，深化行政管理体制改革的重要工作。我委根据交通部《关于开展交通综合执法情况调查的通知》（交体法发〔2003〕251号）要求，深入基层调查研究，按照文件要求，努力掌握第一手材料，摸清本地区执法队伍基本情况和交通综合执法基本情况，形成交通综合执法调查报告。现汇报如下：

一、执法机构及交通执法基本情况

重庆市交通委员会是2000年政府机构改革中组建的。我委除完全承担原市交通局的职能外，还承担了原市公用局管理城市公共客运交通（含公交、出租汽车、轮渡等）的职能；原市经委交通处协调民航、铁路的职能；原市港口局港政管理、码头管理的职能。重庆市交通委员会是主管全市城乡公共客货运输及公路、水路交通基础设施建设和行业管理的市政府组成部门，下设4个直属事业管理局，负责交通行业管理和执法工作。即重庆市道路运输管理局（同时挂“重庆市汽车维修行业管理办公室”和“重庆市交通运政稽查总队”的牌子）、重庆市港航管理局、重庆市公路局（同时挂“重庆市公路路政总队”的牌子）和重庆市交通征费稽查局，高速公路管理独立设置重庆市高速公路行政执法总队。各区县（自治县、市）交通局（委）下设路政所（大队）、运政所、征稽所、港航所等，行使相应行政执法权。

我委交通行政执法门类有路政、运政、征稽、海事、航运、航道、港口、船舶修造8个门类，另外，高速公路综合执法机构除行使路政、运政、征稽职能外，还行使高速公路交通安全管理职能。全市共有交通行政执法人员5165人（含委托执法人员1059人），其中委属机构执法人员1097人（含委托执法人员206人）。在年龄结构方面，45岁以上人员占1027人，大专文化以上占3012人。经费来源主要靠交通系统内部解决，有自收自支、养路费拨款或通行费列支等，如运政所经费来源主要是运管费，路政所主要是自收自支（路政费）、征稽所主要是养路费、港航所主要港航规费，财政对执法单位的补助经费很少，除市交委（区县交通局）机关外没有全额财政拨款单位。在编制管理方面，全部属于事业单位编制，但是没有编制标准，个别区县（自治县、市）的编制管理不严，进人随意，机构庞大，一线人员和机关人员比例严重失调，已难适应交通事业蓬勃发展和各种快捷运输方式的要求。

行政诉讼和行政复议方面，1999年至2003年我委收到的行政复议申请39件，立案受理复议案件31件，撤销1件（适用法律错误），变更2件（案件处理现失公平），维持26件，确认违法案件2件（程序违法），复议后应诉有3件（其中1件由市政府法制办直接复议），法院对行政诉讼案件均予维持，没有被法院撤销的案件，也没有行政赔偿，不经复议直接诉讼的案件没有。行政诉讼和行政复议主要集中在路政违章建筑查处、运政的非法营运、养路费的征收和及高速公路交通安全方面。区县（自治县、市）执法机构的行政复议和诉讼案件，1999年至2003年复议43件，维持35件，诉讼案件70件，维持59件。其中路政案件复议12件，维持8件，撤销2件，变更2件，行政诉讼24件，维持24件；运政案件复议6件，维持4件，变更2件，行政诉讼32件，维持24件，撤销8件；征稽案件复议24件，维持22件，撤销1件，行政诉讼11件，维持9件，撤销2件；港航部门案件复议1件，维持1件，行政诉讼3件，维持2件，撤销1件。区县（自治县、市）交通执法部门交通行政复议和诉讼案件主要集中在法律法规适用不当和程序违法、证据收集不足等方面，反映出执法队伍的综合素质还有待提高。

执法主体依据方面，重庆直辖以来先后颁布了《重庆市道路运输管理条例》《重庆市水上交通安全管理条例》《重庆市公路养路费征收管理条例》《重庆市公路路政管理条例》，以地方性法规形式赋予了路政机构、运管机构、海事机构、征稽机构独立的执法主体地位，市人大常委会在《关于加快高等级公路建设和加强高等级公路管理的决议》中重申高速公路统一管理综合执法模式。市政府规章有《重庆市港口管理办法》，明确由港口管理机构行使处罚权，《重庆市船舶修造业管理办法 》规定港航管理机构受交通主管部门委托行使处罚权。

二、交通综合执法实施情况

重庆从1994年4月原计划单列市时起，就对高速公路的“公路路政、公路运政、交通安全、交通征稽”四项职能试行了“统一管理，综合执法”，创造了“重庆模式”。随着行政管理体制改革的不断深入，我委积极贯彻落实国务院《关于进一步推进相对集中行政处罚权工作的决定》（国发〔2002〕17 号）和国务院办公厅转发的《中央编办关于清理整顿行政执法队伍实行综合行政执法试点工作的意见》（国办发〔2002〕56 号）精神，指导区县（自治县、市）交通部门开展交通综合执法改革试点，并积极准备整合重庆市交通执法队伍，推进全市交通系统的交通综合行政执法改革。

（一）高速公路综合执法体制

1993 年，在成渝高速公路重庆段即将初通、国家对高速公路管理的组织机构形式又没有统一规定的情况下，根据当时市政府主要领导关于“高速公路建设难，管理更难，要认真研究如何管好高速公路的问题”的要求，原市交通局会同市政府研究室、政府法制办、交通部重庆公路科研所等单位组成了课题组，结合国内外情况对“高速公路管理体制”课题进行了 8 个月时间的反复研究和比较论证，经专家评审后，上报市政府。市政府通过多方案比较，选择了“综合执法”方案，于 1994 年 4 月 18 日批复市交通局：设立高速公路行政执法大队，负责对成渝高速公路的公路路政、公路运政、交通安全、交通征稽进行统一管理，综合执法。市人大常委会和市政府领导为此召开了市交通、公安、政府法制办、政府办公厅等部门领导参加的试点工作协调会。会议还就高速公路上治安刑事案件管辖问题明确：“按属地原则由案发地公安机关管理，高速公路综合执法组织协助当事人向当地公安机关报案。”市交通局根据市政府的决定和市人大、市政府领导召开的协调会决定事项，报经市编委批准设立了重庆市高速公路行政执法大队。1994 年 4 月 28 日，重庆成渝高速公路开始试行高速公路“统一管理，综合执法”，由高速公路执法大队综合行使一般由 4 支行政执法队伍分别行使的“公路路政、公路运政、交通征稽、交通安全”四项行政处罚权。随后，又在新建成的渝长、长涪高速公路继续实施了统一管理、综合执法。2001 年，市政府颁布《关于加强高速公路管理的通告》（渝府发〔2001〕25 号），明确今后重庆所有建成通车的高速公路都由交通主管部门设置的高速公路管理机构综合行使行政执法权。

重庆试行高速公路综合执法历时 9 年，成效显著。与多头管理体制相比，实施高速公路综合执法体制创新的主要成效可概括为“两降低两提高”。

1. 降低了高速公路交通安全事故发生率，保护了国家路产。由于改变了“管路不管交通安全，管交通安全不管路”的体制格局，高速公路行政执法机构全面承担高速公路行政管理职能，增强了责任感和全面管理意识，使交通事故发生率逐年降低。出现雨雾天气时，他们把保障高速公路通行和行车交通安全有机结合起来，采取执法巡逻车引道、集结车队间隔定时放行等措施，使以雾都著称的重庆未发生过因雾关闭高速公路的情况。从 1994 年至今，重庆高速公路在车流量逐年大幅度增长的情况下，每百万车公里事故发生率却由 2.23 降到 0.29、死亡率由 0.11 降到 0.07，其平均交通事故发生率和死亡率大大低于全国平均水平。仅以同一条成渝高速公路的四川段与重庆段 2001 年和 2002 年统计的事故率、死亡率比较。事故率：实行两家管的四川段分别为 1.37 和 1.77；实行统一管理的重庆段分别为 0.64 和 0.29。死亡率：四川段为 0.1 和 0.14；重庆段为 0.08 和 0.07。1994 年以来，全市高速公路发生各类路政案 11324 件，全部结案，追回路产损失 2475 万元。

2. 降低了行政管理成本，实现机构人员的大幅度精减。目前重庆高速公路按交通部门规定每公里配备综合执法人员 0.7 人，每 10 公里装备 1 辆车。现全市高速公路通车里程 400 多公里，执法人员 262 人，实际配备平均每公里 0.65 人，执法队员对管辖路段进行 24 小时巡逻，综合履行高速公路四项执法职责。若按公安部《关于印发全国高速公路交通管理工作会议纪要的通知》的规定，仅行使高速公路交通安全一项职责每公里就要配备交警 1.2～1.5 人，每 5 公里装备 1 辆车。据此，重庆高速公路综合执法试行 9 年来，节省管理经费就达 7000 万元左右，节约执勤车辆、通讯、装备、办公房等费用 3500 多万元，累计节支在 1 亿元以上。

3. 提高了高速公路行政管理效率，解决了推诿扯皮的弊端。综合执法把几个大盖帽合为一个大盖帽，一次行为行使多项职能，一支队伍上路巡逻，一次进行各种检查，及时发现和解决问题，将多项违法行为一并处罚。交通事故发生后，执法人员到达现场，依据有关法规对交通事故和损坏路产案一并处理，事故现场勘查和排障救援同时进行，进入现场快，撤除现场也快。既解决了一般情况下因多头管理、政出多门出现工作协调难、处理问题慢的问题，提高了执法效率。也避免了两支执法队伍都要上路执法带来的相互等待又推诿扯皮，轮番检查与重复处罚、执法扰民等引发群众不满的问题，赢得了社会的肯定。

4. 提高了高速公路使用和运营的综合效益。重庆市同我国西部其他省区一样，一方面因山地多、河流多，高速公路建设成本高；而另一方面因经济发展相对落后，高速公路车流量小，收费还贷压力大，因此更重视降低运营管理成本以提高高速公路使用的综合效益。实行高速公路统一管理、综合执法后，其行政管理的低成本和高效率，创造了运营管理的高效益，形成了安全、畅通的高速公路行车环境和良好的车辆通行收费秩序，使车辆流量和通行费收入逐年大幅度增长，为偿还高速公路建设的银行贷款提供了有力的支持。

我市高速公路试行“统一管理，综合执法”模式符合国家法律和国务院的规定，是根据国务院政策性授权，结合实际进行的探索性的体制改革创新。国务院办公厅《关于交通部门在道路上设置检查站及高速公路管理问题的通知》（国办发〔1992〕16号文）曾指出：“我国高速公路正在起步阶段，如何管好高速公路，有一个积累经验的过程。因此，各地对高速公路管理的组织机构形式，由省、自治区、直辖市人民政府根据各地实际决定，暂不作全国统一规定”。国务院在该文件中已明确授权由省、自治区、直辖市政府根据当地实际决定高速公路的组织机构形式。其后，国务院在国阅〔1993〕204号文和国办发〔1994〕45号文又反复重申了高速公路管理应继续按国办发〔1992〕16号文件执行，国务院的这一文件至今没有废止仍然有效。重庆于1994年试行高速公路“统一管理，综合执法”管理模式后，四川省政府以川府函〔1995〕171号文批复同意重庆市这一试点模式。重庆市直辖后，1998年3月24日，市政府第18次常务会议同意对高速公路继续由交通部门实行“统一管理，综合执法”，以后又发布了加强高速公路综合执法管理的通告。1998年3月28日，市人大常委会作出了《关于加快高等级公路建设和加强高等级公路管理的决议》，以法规性决议的形式确定：对高速公路继续实行“统一管理，综合执法”的管理模式。根据《中华人民共和国行政处罚法》第十六条关于“国务院或者经国务院授权的省、自治区、直辖市人民政府可以决定一个行政机关行使有关行政机关的行政处罚权，但限制人身自由的行政处罚只能由公安机关行使”的规定和《国务院关于进一步推进相对集中行政处罚权工作的决定》（国发〔2002〕17号）的规定，重庆的高速公路综合执法及其组织机构形式是合法的。这一综合执法的管理模式也符合党中央、国务院关于深化行政管理体制改革，进一步探索从体制上、源头上改革和创新行政执法体制，切实解决职能交叉、权责脱节和多重多头执法等问题的改革要求。

关于高速公路交通肇事案件的处理问题，过去一度存在移送渠道不畅的情况，现在已经得到解决。2000年5月，在市级机构改革中，市委、市政府决定撤并原市交通局、公用局、经委交通处及港口局港政处，成立了统管大交通的市交通委员会。并将市公安局公交分局部分关系划转市交委。经研究协调，市公安局正式行文赋予公安公交分局负责处理高速公路交通肇事案的职责，理顺了高速公路行政管理与刑事处罚的衔接渠道。至今，公安公交分局已负责移送高速公路交通肇事案15件，法院判决执行10件。

在推进我市高速公路“统一管理，综合执法”改革探索和体制创新的问题上，历届市委、市人大、市政府的认识一直是明确、统一的，工作上始终给予积极的支持，使改革中出现的问题不断得到解决，综合执法体制不断加以完善。改革产生的明显效果和积极影响，又进一步坚定了我们深化这项改革的决心。

这项改革开展以来，引起了各方面的广泛关注。新华社曾多次发内参或新闻通稿反映高速公路应尽快理顺管理体制的问题，通过对比其他地方高速公路管理中因交叉执法而屡屡发生扯皮打架，甚至酿成流血冲突等情况，对重庆高速公路试行的“统一管理、综合执法”的明显成效和积极意义给予了充分肯定。迄今为止，全国有25个省、自治区、直辖市的人大、政府先后组团来重庆考察高速公路“统一管理，综合执法”试点情况，并一致认为，综合执法的成效是明显的，改革试点是成功的。

去年以来，针对在审议中的《道路交通安全法（草案）》个别条款规定不利于高速公路综合执法继续实施的问题，我们3次组织、陪同市人大常委会领导赴北京向第九届、第十届全国人大常委会反映汇报情况，并抓住杨景宇、乔晓阳等全国人大法制委领导先后来重庆调研的机会，汇报情况，争取支持，建议修改《道路交通安全法（草案）》的个别条款，为高速公路综合执法继续施行留出空间。

（二）区县交通综合执法改革试点

2001年2月，在区县（自治县、市）进行机构改革时，我委根据国务院办公厅《关于继续做好相对集中行政处罚权试点工作的通知》（国办发〔2000〕63号）精神，制定了《关于印发〈区县交通行政体制改革的建议〉的通知》（渝交委〔2001〕46号）的指导性意见，向各区县（自治县、市）交通部门推荐“一局三所一大队”的模式，即交通局下设路政所、运管所、港航所和交通执法大队，由交通执法大队统一行使公路路政、运政、港航和拖拉机养路费征稽的行政处罚权，实现行政审批和行政执法的分离。我委还组织到北京、浙江温岭等地学习考察交通综合执法情况，积极推动在交通系统内部开展综合执法改革。

2001年10月，我市永川交通局抓住机构改革时机，积极探索交通行政综合执法改革路子，在永川市委、市政府的积极支持和我委法规处的指导下，成立了“永川市交通执法大队”，综合行使交通行政执法（处罚）权，率先在重庆交通系统开展了综合行政执法试点。通过1年的实践，效果明显。其基本情况如下：

1. 交通行政综合执法改革情况

永川市交通局原有港航（含港监、航运、码头管理、船检）、公路运政、公路路政、征稽等4支执法队伍，7个执法类别，持证人员89人，直接从事执法工作47人。执法队伍为维护交通行业管理秩序发挥了重要作用，但也存在一些问题：

一是多头执法，影响发展环境。多支队伍上路执法，各自为政，多头管理，造成人力、物力浪费大，一条路上常有几支交通执法队伍检查，重复执法，群众对此意见很大。

二是分散执法，影响执法力度。对常规性执法检查，各支执法队伍能独立开展，但要对行业管理中的突出问题进行整治时，仅靠单个部门的执法力量则明显不足，而行业内部因执法主体、执法类别不同，部门利益不一致，致使集中执法难以开展。即便集中起来，也由于内部协调难度大，执法效果并不明显，导致交通行政执法整体力度不大，执法力量分散，执法效率低，对外影响力弱。

三是低水平执法，影响工作开展。各支执法队伍执法工作发展不平衡，个别部门还相当薄弱。部门存在重审批、收费的倾向，对执法工作研究不多，在法律条文适用、执法程序、文书运用上均存在一些问题，总体执法水平不高。并且执法队伍管理和培训不够，影响了队伍素质。执法人员的学习、教育、管理工作相对薄弱。

四是执法与审批不分离，影响执法公正。港航所、交管所、路政所集审批、许可、收费、执法于一体，重审批，轻管理，监督制衡机制不健全，不利于加强廉政建设。

上述问题反映出交通执法内部没有形成合力且存在一定的弊端，难以适应新形势下的交通行业管理要求，永川市交通局根据精简、统一、效能的原则，报经编制机构批准，撤销了路政管理所，缩减交通运输管理所编制，将原运管所的运政执法、路政管理所的路政执法、港航管理所的港航执法和局稽征办的稽征执法等执法职能合并，组建了永川市交通执法大队。按照审批许可与执法（检查处罚）相分离的原则，交通执法大队的主要职能是负责行政辖区内公路、水路交通行政执法工作，依法对违法违章行为实施行政处罚；依法查处道路运输、公路路政、水路运输、港航监督、港口码头、船舶（修造）检验、车船规费稽征等管理中的违法违章行为。公路管理所、道路运输管理所、港航管理所只行使行业审批许可等职能，不再从事任何交通行政执法工作。

机构设置上，交通执法大队机构规格为正科级，编制数45人，设大队领导4人，其中大队长1人，教导员1人，副大队长2人。大队内部按照区域和行业管理实际，设立了“两室六中队”。“两室”即行政办公室、违章处理室；“六中队”即路政执法中队，主要负责收费公路及主干道的路政管理及干道沿线乡镇范围内的综合行政执法工作；港航执法中队，主要负责辖区内长江航道、境内河流、水库的执法管理以及沿线乡镇范围内的综合行政执法工作；督查中队，主要负责执法检查、督查工作，并作为机动力量；以及辖区三个片区综合执法中队。经过一年的运转磨合后，现改为五个片区中队、一个机动中队，逐步走上正轨。

对执法大队的执法主体资格问题，按照《中华人民共和国行政处罚法》的规定，由交通局委托交通执法大队综合行使交通行政执法（处罚）权，解决了执法主体问题。交通局在年初预算的基础上，从养路费、运管费中划出资金，作为执法大队经费，保证了执法工作的正常开展。

2. 交通执法大队组建以来，积极开展工作，强化交通执法，交通执法形象得到大幅提升

（1）建立规章制度，坚持依法行政。

完备的内部管理机制是推动工作正常运转的基础，执法大队组建后，结合自身行业管理特点，先后建立了《大队工作制度》《行政执法过错追究制度》等11个工作制度，从依法行政、文明执法、廉洁从政方面对执法人员进行严格要求。为适应综合执法的需要，将原运政、路政、征稽三套执法文书合并为一套，便于执法人员使用；坚持查处分离、罚缴分离，明确规定现场执法人员不得领取罚款票据，从源头遏制腐败行为的发生；推行执法公示制度，将大队职责、执法依据、执法程序等上墙公开，统一执法车身标记，向社会公开服务承诺内容，公开监督举报电话，提高了执法透明度。

（2）坚持以人为本，狠抓队伍建设。

由于执法工作的特殊性，执法大队把建设一支廉洁、勤政、务实、高效的交通行政执法队伍作为一项重要工作来抓。首先，把住人员准入关，对“二室六中队”负责人实行竞聘上岗，其他岗位人员全部实行双向选择，充分调动了每个职工的工作积极性。其次，针对执法队员的自身特点，实施“素质教育工程”。组织执法人员全部参加军训，规范执法言行；聘请法律方面的专家、学者授课，帮助队员树立良好的法律意识，熟悉和掌握法律法规，解决了队员只熟悉单一门类法规的问题；请行业管理局的领导讲行业管理工作规范，使队员熟练掌握行业管理要求和规定；由局法制科就执法程序、法律文书的填写等方面进行指导，全面提高执法队员业务素质。同时，组织队员参加行政执法人员岗位培训，鼓励继续教育，要求全部执法人员必须具备大专以上学历。为准确、公平、公正处理案件，避免引起行政诉讼，执法大队坚持开展案例分析，由局法制科参与指导，针对复杂案例展开分析讨论。另外，充分发挥执法大队党支部的能动作用，经常性地开展廉政教育、职业道德教育，并以主题活动为载体，争创最佳文明单位。去年，该大队被评为了重庆市级“青年文明号”，树立了良好的对外形象。

（3）强化交通法规宣传，营造良好执法环境。

以往的行政执法工作中，宣传声势不大，效果不明显。执法大队组建后，加强宣传工作，积极扩大对外影响。充分利用了电视、报纸等新闻媒体，并通过设立咨询点、散发宣传资料、组织宣传车下乡等方式，大张旗鼓地宣传交通法规和执法工作。一年多来，共在电视台播出新闻30余条，制作专题片一部；在报刊发稿70余篇，在城区设点咨询8次，各乡镇设点咨询60次，组织宣传车下乡50余次，散发资料5万份，在交通主干道书写永久性宣传标语20幅。同时，执法人员充分利用上路上户检查以及违章经营者接受处理的时机，耐心细致地做法规宣传和解释工作。大队领导一

班人多次深入乡镇，主动征求各方意见，就如何进一步搞好执法工作开展调查研究。多种形式的宣传活动营造了良好的执法环境，扩大了交通执法的影响，增强了广大人民群众对交通法律法规的了解和法律意识，“执法难”的问题得到较大改善。

（4）突出综合执法优势，加大执法力度。

执法大队在交通行政执法方式上，做到了常规检查与专项整治相结合。常规检查实行定岗定员定责管理，分职责，分片区综合执法；专项整治工作则由大队统一指挥、统一部署，集中人力物力，主攻工作重点难点，执法效果十分明显。2002 年共查处交通行政案件 6105 件，比 2002 年上升 56.3%，全年无行政复议和行政败诉案，交通行业秩序明显改善。并针对过去交通执法中的热点和难点问题，开展专项整治工作。

打击非法客运，整治农村客运市场。针对农村非法客运顽疾，执法大队采取了行之有效的整治措施，以集中整治和分片整治相结合，具体明确目标任务。针对打击非法客运“取证难”的问题，专门邀请人大、法院、政府法制办、公安局等相关部门座谈，就打击非法客运取证问题征求意见，做到了取证合法，工作有效。为避免步入以往“罚了放、放了又罚”的恶性循环，杜绝人情风，经局长办公会研究决定，对查获的非法客运车辆一律按法定最高限处罚，统一处罚标准。由于查处力度增大，截至 11 月底，共查处非法客运 291 件，比去年同期增长 40%，给非法客运者以极大震慑。如今客车车主和群众都说：非法客运查处力度大了，处罚标准高了，现在“黑车”不好做了，对客车公平多了。

开展了追收规费专项活动。由于受“费改税”等因素影响，近年来欠缴交通规费车辆逐年增多，规费征收额大幅下降。执法大队组建后，集中人力物力，采取了分片负责与集中追费相结合的方式，效果明显。针对群众对交纳摩托车养路费不理解的现象，执法队员深入各乡镇场点，开展了大规模的宣传活动，并现场上门收费，减少了环节，方便了群众，得到了群众的理解和欢迎。对拒不交费的钉子户，主动与法院联系，由法院下达通知书强制执行，增强了执法威慑力。在部分地区违规降低税费，导致营运车辆大量外转的情况下，规费征收依然取得较好成绩，去年 1 年仅摩托车养路费就征收 148 万元，是去年同期的 10 倍。

开展了路政综合整治。去年初，结合永川改善投资环境的要求，执法大队对辖区 1000 公里省、县、乡道开展了路政综合整治，对公路占道经营、乱搭乱建等路障和违法违章构造物进行了清理，共拆除棚、房 43 处，清理占道经营 26 处。针对路上行驶的拉煤、建材、钢材的车辆严重超限，造成路面龟裂、坑槽、沉陷严重的现象，大队加强了对超限运输的整治，去年共查处违章超限运输行为 1506 起，为有效延长公路使用寿命，保护家和人民生命财产安全作出了努力。

开展了水上安全专项整治。永川境内有长江 19.5 公里，内河 65.5 公里，渡口 3 个。改革前，港航所管理地点分散，监管难度大，执法力量薄弱，辖区水域存在安全隐患。执法大队成立后，立即着手开展水上安全专项整治，对长江松既、朱沱两大码头及辖区水域进行拉网式检查，拆解了临江河“三无船舶”2 艘，制止了境内水库多起群众违规摆渡行为，并对旅游船只载客进行了规范。通过大力整治，有效消除了安全隐患，保证了人民群众生命财产安全。

开展淘汰城区人力三轮车专项工作。为改善永川城区交通状况，提高城市形象，永川市政府决定从 2001 年 7 月 1 日起，用一年半时间限制和淘汰城区人力三轮车。此项工作由主要任务由执法大队承担，公安、市政配合。执法大队抽调大部分人力深入三轮车车主中间，宣传政府决定，严格执法，文明执法。全体队员不分昼夜，24 小时上路检查，早出晚归，体现出了较高的素质，得到了广大市民的拥护和称赞。从 2003 年 1 月 1 日起，永川城区已无人力三轮车运行。

经过 1 年多的实践，永川交通综合执法的体制优势得到充分体现，改变了过去当事人重复接受检查的状况，提高了执法效率，降低了执法成本，加强了交通管理，达到了领导满意、群众满意、经营业户满意，成为交通管理的中坚力量，并为其他区县交通部门进行综合执法改革提供了经验。

（三）着手在全市开展交通综合执法改革试点的相关工作

目前，国务院确定广东、重庆先行开展综合行政执法改革试点。我委经与市编办多次衔接、研究协调后，已进行了交通综合执法改革的工作调研，并着手制订方案。初步考虑，拟由市交委组建重庆市交通行政执法局，按照行政审批和行政执法相对分离的要求，将公路路政、运政、征稽、港航管理的行政处罚权从公路局、运管局、征稽局、港航局剥离出来，交由市交通行政执法局统一行使；高速公路行政执法总队机构保留，职责范围不变，纳入执法局领导管理；执法局下设城区总队，负责主城区的交通综合执法；主城以外的区县交通部门相应建立交通执法大队，接受执法局的工作指导。对此，我们希望部里将重庆市交委作为交通部进行交通综合执法改革试点的单位，以加强对我委这项工作的指导。

三、几点建议

实行交通综合执法改革涉及的各方面关系和问题很多，需要交通部强有力的领导和支持。为此提出以下建议：

（一）尽快公开明确在交通系统内部实行综合执法改革试点

根据《国务院办公厅转发中央编办关于清理整顿行政执法队伍实行综合行政执法试点工作意见的通知》（国办发〔2002〕56号）要求，交通部门下设的多个行政执法机构应合并组建综合行政执法机构。建议部里尽快对此明确要求，以杜绝一些地方、部门意图将出租汽车、道路运政管理等交通行政执法综合到城市管理执法的错误做法。

（二）改变重建设轻管理倾向，加强交通执法队伍的规范化建设

行政处罚法颁布以来，交通执法队伍建设不断得到加强，但重建轻管的问题依然严重存在。随着事业单位改革的深入及建设与管理逐步分离，关系交通行政执法队伍基础建设的编制标准、经费保障等问题日益突出，影响了交通执法队伍的规范化建设。因此，希望部里在国家将行政执法人员纳入公务员序列管理之前，尽快研究制定执法编制的行业标准，明确保障交通执法经费的来源。

（三）对《道路交通安全法（草案）》个别条款的修改意见

我市及一些省在制订路政、道路运输和养路费征收管理等地方性交通法规时，考虑到对某些违法运输车辆不便于实施现场处理，因此设置了暂扣机动车驾驶证的措施，以促使当事人事后来交通执法机构接受依法处理。但目前正在审议中的《道路交通安全法（草案）》第十八条第六款规定“公安机关交通管理部门以外的任何单位和个人，不得收缴、扣留机动车驾驶证”，若不加修改，今后对这类违法行为将无法约束，导致交通行政管理不能有效实施，也不利于我市高速公路综合执法改革的继续实施。希望部里集中反映这些意见，建议将该法草案目前这一条款的表述调整为“禁止任何单位和个人非法收缴、扣留机动车驾驶证”。

签发人：滕宏伟

二〇〇三年八月六日

重庆市交通委员会关于三峡水库提前蓄水至156米运行意见的报告

(2004年5月27日 渝交委文［2004］187号)

交通部三峡办：

我委收到部三峡办《关于征求三峡水库提前蓄水至156米运行意见的函》后，组织有关单位和部门进行了认真研究，现就三峡水库提前蓄水至156米运行的有关意见报告如下：

一、三峡水库提前蓄水至156米运行对我市的影响

(一) 对航道的影响

1. 回水变动段泥沙淤积严重。三峡水库提前蓄水至156米运行，在此范围内我市10多条河流处于此回水变动段范围，回水变动段泥沙淤积对航道的影响较大。例如，乌江河口泥沙淤积问题，南京水科院、西南水科所物理模型进行了专题研究，研究结论表明：三峡水库按156米方案运行6年，乌江河口段泥沙累积淤积量将达到338万立方米，平均淤积厚度5~8米，使航道向河心位移80~100米，将造成严重碍航。

2. 加重了不良地质灾害。由于我市库区支流航道均属于山区河流，三峡水库按156米水位运行，会出现与天然情况截然不同的长期高水位浸泡的水位情况，并在大变幅水位骤降的牵动作用下，将造成不良地质失稳，大面积、高频率诱发滑坡及岩崩等地质灾害，阻塞航运。根据我市2001年做的《重庆市三峡库区航道地质灾害治理规划》，三峡库区按156米方案蓄水运行后，前缘进库范围崩滑体有：乌江3处，大宁河1处，小江8处。

3. 航道变迁形成新的碍航。航道受水库调度影响，其航道尺度、水流条件、航线发生了根本变化。陆上地物、地貌将形成碍突嘴、暗礁等新的碍航物。

(二) 对港口的影响

1. 由于库区三期移民工程才启动，按目前复建工程的投资渠道，移民补助资金+部项目补助资金+地方自筹资金，复建工程资金筹集困难，必须尽快启动三期移民工程，落实复建工程建设资金，才能确保复建工程按时完成。

2. 三峡库区港航设施复建资金缺口较大，港航设施建设工程基本上都未完工。有的完成了水工部份，但缺配套的设备、设施，无法满足航运需要；有的水工部分受码头后方的城市市政设施工程的影响（滨江路、防洪堤等)，工程进度也受到影响，未按时完工交付使用。目前，许多地方使用的是过渡期码头，水位提高到156米后，过渡码头将完全淹没，将直接影响货物的集疏运。

3. 水位提高到156米后，库区支流将增加至90多条，由于长江干线水深加大、船舶停泊锚地将不适应船舶抛锚作业，船舶作业码头和锚地将移至支流，但支流的锚地和作业码头无法满足船舶抛锚作业的需求。

(三) 对运输的影响

三峡船闸通航能力不能满足航运需要，船舶过闸压力将进一步加大。从三峡蓄水135米至139米，双线五级船闸试运行实际情况来看，由于多种因素的影响，其实际运行能力仅为设计能力的50%左右，船舶待闸积压严重，极大地降低了船舶营运效率。随着三峡工程蓄水至156米，库区通航里程将延伸接近重庆主城港，船舶运行周期将随着航行条件的进一步改善而缩短，三峡船闸船舶通过量将进一步增大。届时，船舶待闸积压将更加严重，其“瓶颈”效应将更加突出。

（四）安全

1. 现在航法、助航标志不适应航道变迁后船舶航行安全需要。水位提高到156米后，库区范围从现在的忠县延伸至长寿，长寿至重庆范围处于水位变动段，如还是按照现有航法，船舶航行安全得不到保障。助航标志不适应航道变迁后的实际，不利于船舶航行安全。

2. 海事管理难度加大。在水位蓄水到156米后，沿岸支流增加较多，同时航道里程增长，很多的作业码头和泊位移至支流，船舶航行密度加大，并且要新增大量渡口和渡船，海事管理的难度增大，现有的海事人员和设备不能满足监管的需要。

二、建议

（一）加强成库后库区水情预报工作。三峡成库后，库区水位变化除受上游来水量影响外，很大程度上受水库调度影响，水位变化规律较成库前差异很大，请交通部向三建委反映尽快研究成库后水位变化规律并建立相应的水情预报系统，加强成库后的水位预报工作，确保库区船舶靠泊、航行安全。

（二）三峡库区港航设施复建资金缺口较大，请交通部向三建委争取增大移民补偿资金，以确保二期复建项目全面建成投产；156米蓄水提前，请交通部按蓄水要求提前安排实施三期港航复建项目建设，并向三建委反映复建项目三期移民资金应提前到位，确保三期港航设施复建项目的顺利建设；按蓄水进度将提前淹没139米至156米之间的临时港航设施，这部分设施是过渡期库区航运生产的重要组成部分，请交通部向三建委反映，要求给予补偿。

（三）156米蓄水前，要启动乌江河和主要支流主要碍航物的整治工程，尽量将航道整治工程放在陆上实施。

（四）对主要支流航道实施测量。139米蓄水我市与交通部共同投资对139米蓄水范围内的12条支流航道进行了江道图测量。在156米蓄水范围，需对此范围的主要支流乌江、龙河、御临河、笋溪河、干井河进行航道测量，其结果是确保库区船舶靠泊、航行安全必不可少的技术基础资料。

（五）航道管理部门应尽快完善三峡库区航道配套设施，治理库尾碍航滩险；大宁河、梅溪河、小江等部分大支流按库区航道进行管理；忠县至长寿段航道需提前由交通部制订定线制管理规定，对航行该段的船舶船员组织培训。

（六）采取工程措施，改善过闸条件，进一步提高船闸通过能力。整改第一闸首突出物，改善一闸室停泊条件，缩短船舶（队）进闸和过闸间隔时间。应用新科技，合理调度过闸船舶。规范船舶进闸、移泊的驾引操作，将按进闸先后顺序移泊改为整体移泊。

（七）建立长效翻坝转运机制，扩大三峡枢纽综合通过能力。开放坝区专用公路和西陵长江大桥，实施汽车滚装船等坝前分流，减轻过闸压力。此外，在客运高峰、待闸船舶积压严重、船闸故障、停航检修等情况下，客船也实施翻坝转运。

（八）加快航运结构调整，推进船舶标准化进程。应按照交通部14号公告的要求，对进入库区船舶全面实施船型标准化，促进运力结构调整。交通部应尽快研究开发、公布长江三峡运输船舶标准船型，同时制订优惠政策，参照京杭运河推行船型标准化模式，建立退出援助机制，引导和鼓励航运企业的船舶进行更新和改造，以利提高船舶过闸效率。

（九）早日开工建设升船机，这条快捷通道的建成将扩大坝区通过能力。三峡旅游是长江客运永恒的主题，升船机可大大节省客船过坝时间，同时也能分流通过船闸的船舶。尽管升船机建设技术难度大，周期较长，对当前的通过能力提高不能带来影响，但从长远看，升船机应尽早开工建设。

（十）建议有关部门要提前对海事监管的经费投人，改善现有的设施设备，避免出现监管不到位，从而带来严重的安全隐患，给人民生命财产造成灾难性的危害。

签发人：何升平

二〇〇四年五月二十七日

重庆市交通委员会
关于交通部张春贤部长来渝调研情况的报告

（2005 年 5 月 25 日 渝交委文〔2005〕160 号）

市政府：

5 月 15 日至 16 日，交通部张春贤部长率部公路司、财务司等部门领导一行来渝，在市政府赵公卿副市长、市委马建华副秘书长、市交委丁纯主任等领导的陪同下，到武隆县实地视察调研了我市农村公路建设情况。在张部长乘机离渝之前，市政府鸿举市长在江北国际机场与张部长一行进行了座谈。现将有关情况报告如下：

一、在武隆调研的情况

5 月 16 日，在武隆县委书记周传航、县长刘旗陪同下，张部长一行来到武隆县的特困村——龙堡塘村进行了调研。其间，张部长听取了龙堡塘村干部的汇报，走访了部分群众，并实地察看了该村的公路建设，并就农村公路建设对经济发展、农民脱贫致富的带动情况及存在的困难和问题作了深入细致的了解。调研结束后在武隆县召开的座谈会上张春贤部长作了重要讲话，高度评价了近年来在艰苦的条件下武隆交通建设取得的巨大成绩，对农民群众企盼交通、发展交通的迫切愿望感受十分深刻。张部长希望武隆县继续发扬自力更生、艰苦奋斗的精神，统筹规划、实事求是、量力而行地加快农村公路“通达工程”和“通畅工程”的进度，并表示交通部将对武隆的交通发展给予大力支持。同时，张部长对武隆县提出的两个问题进行了答复：一是同意将武隆县作为西部山区农村公路建设的试点县，给予重点支持；二是对武隆县 35 个行政村 427 公里的通达工程、20 个乡镇 383 公里的通畅工程和镇东书记对口扶持的龙堡塘村的公路建设问题。同意待方案上报后给予一定的支持。

二、与鸿举市长会谈的情况

5 月 16 日下午 17 点，在江北机场会见厅，王市长与张部长进行了座谈，就重庆交通发展深入交换了意见。座谈中，张部长对我市交通建设的发展谈了两点感受：一是最近几年在市委、市政府的正确领导下重庆交通变化巨大。这次走过了重庆的高速公路、省道、县道、乡道、村道，处处都显示出重庆交通建设所取得的令人瞩目的成绩。感受最深的是 2003 年来渝调研时，当时到武隆最少需要 4 个多小时行程，而现在只需两个多小时，这足以证明重庆交通的惊人变化。交通的快速发展，对重庆社会经济的促进和带动作用十分明显，使重庆对周边地区的经济辐射能力显著提升。二是这次走访了基层，深刻感觉到基层领导和当地老百姓对发展交通、改善交通的愿望非常迫切，农民群众出资、出力支持交通建设的热情空前高涨，深感交通部门责任重、压力大。

同时，张部长对支持我市交通建设提出了三点意见：一是高速公路。交通部承诺，重庆高速公路只要是纳入了国家高速公路网的，无论何时开工，都将及时给予资金补助，以支持重庆的高速公路建设；二是省级路网方面，要进一步完善规划，落实建设项目，交通部将在“十一五”期间在资金许可情况下给予适当支持；三是农村公路。同意将武隆作为西部山区农村公路建设试点县，在政策、资金等方面给予支持。

三、落实张部长指示精神所采取的措施

（一）高速公路与省级路网已经全部启动，并全部纳入了国家高速公路网，所有项目将在今年内开工，到 2010 年前全部建成。我委将合理安排项目建设周期，在保证质量的前提下加快建设进度，优质高效地建成“二环八射”高速公路网。省级路网的规划调整工作目前已全面展开，我们将尽快编制完善，及时主动与交通部进行衔接，积极争取交通部更多的支持。

（二）农村公路方面的措施。为将张部长的来渝调研有关指示精神尽快落到实处，切实将交通部对重庆的关爱和支持转变成加快发展的实际行动，5月18日，丁纯主任带领市公路局、运管局、港航局、委计划处、建管处等单位和部门负责人赶赴武隆，与武隆县委、县政府主要领导共同研究贯彻落实意见，提出了具体工作措施：

1. 关于张部长交办的武隆县的3件事情。对镇东书记对口扶持点——龙堡塘村公路建设问题、20个乡镇283公里通乡公路通畅工程、35个行政村427公里通村公路通达工程问题，由武隆县委、县政府牵头，落实责任部门，及时制订和完善建设规划，因地制宜、实事求是地明确每个工程项目的等级标准、资金需求等内容。市交委已抽调了公路局、计划处、建管处等部门的人员在规划、协调等工作方面进行帮助和指导。6月初，我们将就以上3个问题的建设规划向交通部单独专题汇报，以尽快争取交通部的支持。

2. 关于交通部将武隆县作为西部山区农村公路建设试点县的问题。我们清楚认识到，交通部将武隆县作为西部山区农村公路建设试点县是我市交通发展难得的机遇，对武隆和全市农村公路建设将起到极大的促进作用。市交委将抓住机遇，自加压力，真抓实干，积极与武隆县委、县政府一道，进一步加强对武隆农村公路建设的组织领导和资金投入，积极探索农村公路建设的新办法、新机制，力争在较短时间内见成效、出经验，并将好的经验和做法在全市乃至全国推广。同时，在农村公路养护、农村客运、交通安全生产、水上基础设施建设等方面，市交委全力以赴给予帮助指导，全方位做好武隆各项交通工作，使武隆真正起到试点县的示范作用，成为重庆和我国西部山区交通建设的典范，以此带动全市交通事业健康发展。目前，我委和武隆县共同搭建了专门工作班子，农村公路试点的各项工作已全面启动，有关情况我们将适时汇报。

签发人：丁纯

二〇〇五年五月二十五日

重庆市交通委员会
关于十五内河航运建设项目总结
与十一五建设计划工作情况的报告

（2005 年 9 月 29 日 渝交委文〔2005〕324 号）

交通部：

我委收到部水运司《关于认真开展“十五”期间内河航运建设项目总结工作的通知》和《关于召开“十五”内河航运建设总结及检查内河航运建设质量年活动开展情况座谈会的通知》后，对全市“十五”期间水运建设情况进行了认真总结，并对“十一五”期间水运建设计划和 2006 年建设工作进行了安排。现将有关情况报告如下：

一、“十五”期间水运建设回顾与总结

在交通部的正确领导和大力支持下，按照市委、市政府统一部署，我市以三峡工程建设为契机，改革理顺行业管理体制，积极探索投融资机制，加大水运基础设施投资和建设力度，水运建设从“十五”期开始进入了历史以来最快的发展时期并为其可持续发展奠定了基础。

（一）三峡工程建设促进了我市航运快速发展，水路运输在综合运输体系中的优势得到进一步发挥

由于三峡工程建设，长江航运在“十五”期间经历了从“碍航”到“断航”到“快速发展”的过程，特别是 2003 年 6 月蓄水后，航行条件大大改善，重庆市水路运输的优势进一步得到发挥。2000 年水路货运量 1526 万吨，水路货运周转量 106 亿吨公里，港口货物吞吐量 2448 万吨（集装箱 3.02 万标箱），运输船舶总载重量 130 万吨；2001 年水路货运量 1838 万吨，水路货运周转量 135 亿吨公里，港口货物吞吐量 2840 万吨（集装箱 4 万标箱），运输船舶总载重量 140 万吨；2004 年水路货运量 2917 万吨，水路货运周转量 284.3 亿吨公里，港口货物吞吐量 4540 万吨（集装箱 15.9 万标箱），运输船舶总载重量 230 万吨，水路货运周转量占全社会货运周转总量的 46.64%，首次超过铁路，跃居五种运输方式的首位，货运量 30% 以上为川、黔、陕、滇等周边省市货物中转量，水运对周边省市辐射作用正逐步增强，全市外贸物资进出口量的 90% 以上通过水运完成。2004 年与 2001 年同期相比，水路货运量、货物周转量、港口货物吞吐量、运输船舶总载重量分别增长 59%、111%、60%、64%。据今年 1 ~9 月份运行统计分析，预计 2005 年水路货运量 3600 万吨，货物周转量 350 亿吨公里，港口货物吞吐量 5700 万吨（集装箱 22 万标箱），运输船舶总载重量 260 万吨，分别比 2001 年同期增长 96%、160%、101%（集装箱 450%）、86%，分别比 2000 年同期增长 136%、230%、133%（集装箱 628%）、100%。“十五”期间，水路运输得到快速发展，水运优势得到较大程度发挥。

（二）航运的快速发展对基础设施的建设标准、速度和规模提出更高要求，以传统方式为主的港航设施已成为发展的瓶颈

随着水路运输的快速发展，集装箱、汽车滚装、化危品、大宗散货、旅游客运等新型运输方式已成为长江航运的亮点，并呈逐年迅猛增长趋势。落后的港航基础设施正逐步成为航运及流域经济发展的瓶颈，“十五”期间，九龙坡集装箱作业区等港口曾一度出现严重的货物压港现象，对社会

经济发展造成了严重影响。航运快速发展和港航设施落实之间的矛盾日益突出。港口方面，原有基础设施不能适应新的运输方式和货种的需要，港口专业运输系统不完善；航道方面，航道骨架体系还未形成，支流航道基本处于天然状态，梯级渠化和整治工作还需加强，三峡工程航运效益还没有得到充分的延伸和辐射。

（三）加大水运基础设施投资和建设力度，努力实现由滞后型向适应型发展，逐步适应社会经济发展对航运建设的要求

我市水运建设“九五”期累计完成投资2亿元，“十五”期累计完成投资将达到30亿元（比原计划20亿元），同比增长15倍。“十五”期共建设水运重点项目44个，其中“九五”跨“十五”项目8个，“十五”开工并完工项目22个，“十五”跨“十一五”项目14个。改善航道635公里，新增航道150公里，全市航道里程达到4222公里，等级航道占43.1%；新增货运码头年吞吐能力1000万吨，客运码头逐步完成普通客运向旅游客运的结构性调整。

1. 航道建设方面

“九五”跨“十五”重点项目2个，潼南莲花寺船闸修复工程、乌江小溪滑坡航道整治工程，已于2001年全部完工。

“十五”开工跨“十一五”重点项目2个，涪江富金坝航运枢纽工程于2003年11月开工建设，嘉陵江草街航电枢纽主体工程也将于今年11月份开工建设。

2. 港口建设方面

“九五”跨“十五”重点项目6个，三峡库区港口码头复建项目5个，即：万州红溪沟复建工程、涪陵龙王沱复建工程、丰都王家渡复建工程、万州红花地复建工程、涪陵龙王沱糠壳湾复建工程（原地方）。其他项目1个，即：重庆九龙坡重件码头。丰都王家渡复建工程、涪陵龙王沱糠壳湾复建工程（原地方）按成库后的客货运量发展变化情况进行资源整合和功能调整。

“十五”开工并完工重点项目22个，三峡库区港口码头复建项目19个，即：万州沱口货运港区淹没复建工程、西沱港务站客运港区复建工程、巫山港务站客港区复建工程、忠县港务站客货港区复建工程、奉节港务站客货港区复建工程、鞍子坝港务站客港区淹没复建工程、云阳港务站客货港区复建工程、涪陵糠壳湾货运港复建工程、丰都港务站复建工程、涪陵江北客运港区复建工程、高家镇港务站复建工程、万州青草背作业区淹没复建工程、云阳青龙嘴综合码头复建工程、丰都丁庄溪货运码头、巫山县西坪货运码头、石柱县西沱港公用码头、忠县苏家件杂货码头、涪陵崩土坎（乌杨树）复建工程、奉节三马山（宝塔坪）客运码头。其他项目3个，即：主城港区九龙坡作业区改扩建工程、重庆新港作业区码头工程、涪陵港区新涪公司专用码头工程。万州青草背作业区淹没复建工程、云阳青龙嘴综合码头复建工程、丰都丁庄溪货运码头、巫山县西坪货运码头、石柱县西沱港公用码头、忠县苏家件杂货码头、奉节三马山（宝塔坪）客运码头、涪陵崩土坎（乌杨树）复建工程、涪陵港高家镇港务站复建工程按成库后的客货运量发展变化情况进行资源整合和功能调整。

“十五”跨“十一五”重点项目12个。寸滩作业区一期工程、奉节宝塔坪旅游码头、巫山龙门旅游码头、主城朱家坝长兴码头、江津港区五举沱作业区、万州港区江南集装箱作业区、涪陵港区黄旗作业区、主城港区郭家沱作业区改扩建工程、万州港区红溪沟改扩建（牌楼异地迁建）工程、涪陵港区建峰化工总厂码头淹没复建工程、永川港区松溉作业区工程、丰都港区名山旅游码头工程。

（四）启动了船舶标准化建设和支持保障系统建设，以适应成库后货运标准化、大型化，客运舒适化、旅游化，航运信息化、环保化、安全有效化的要求。“十五”期间初步完成GPS监控系统建设，1000余艘船舶完成GPS终端安装；加快船舶修造和客渡船标准化进度，完成300余艘客渡船改造，新增船舶运力130万吨（其中标准化船舶30万吨）。

（五）积极探索投融资机制。我市水运基础设施建设逐步向投资主体多元化、资金来源多渠道的方向发展，特别是重庆航发司、重庆港务集团、万州港口集团等公司的组建大大增强了我市水运建设的融资能力。

二、“十五”期间水运建设的主要经验

（一）各方重视，是重庆市“十五”期水运建设顺利开展的重要因素

重庆直辖以来，多位国家领导人和交通部领导来重庆视察工作并对我市的交通建设做了重要指示、提出了具体要求，为重庆交通建设工作指明了方向，对我们在建设中遇到的困难给予了充分理解和大力支持。

重庆市自2004年开始每年从养路费中列支8000万元作为以陆补水专项经费用于推动水运建设。我们在严格基本建设程序的前提下积极推进重点项目的前期工作，在建设中加强行业管理、质量管理和资金管理，工作制度化、用人优选化、用钱科学化，确保了水运建设的顺利开展。

（二）理顺行业管理体制，是水运建设快速发展的重要保障

为加强重庆市综合交通运输体系建设，2000年重庆市的交通机构进行了重大调整，成立了重庆市交通委员会，作为政府的职能部门主管全市公路、水路交通和城市公共交通，并协调民航、铁路交通运输。水路运输管理体制逐步得到理顺，组建重庆港务集团和万州港口集团，实现“一城一港一政”，成立了重庆市港航管理局，作为隶属于重庆市交通委员会的政府职能部门分管全市水路运输行业管理。至此，重庆市水运行业管理体制基本理顺，为水运建设健康、快速发展扫清了体制障碍。

（三）加大规划编制力度，加快项目前期工作，及时为政府宏观调控提供了依据

由于西部大开发战略实施的快速推进，以及全面建设小康社会总体目标的提出，交通建设形势发展不断加快，重庆市加大了公路水路规划的编制力度。水运方面，分别完成了指导水运发展的《重庆市内河航运发展规划》《重庆航运中心发展规划》《重庆市港口布局规划》《重庆市港口岸线利用规划》的编制和报批工作，为适应三峡成库后新形势，根据《港口法》要求，重庆市编制了《长江上游航运中心建设规划》，正在组织编制《重庆市港口总体规划》《重庆市航道体系规范》及其他相关规划，由于前期工作开展及时，既储备了项目，也为政府宏观调控提供了科学依据。

（四）加大行业管理力度，为水运基础设施建设提供可靠的保证

认真执行和宣传国家和交通部关于水运建设的相关法规，积极培育水运建设市场，全面落实了项目建设法人制、招投标制、监理制、合同制，开展了水运工程质量通病治理和质量年活动，依法对履约诚信度差、管理工作混乱、工程实体质量差、不遵守职业道德的责任单位和人员进行了严肃查处工作，保证了我市水运基础设施建设的正常实施。

（五）构筑航运建设投融资平台，有效缓解项目运作和资金筹集的难度

配合政府职能转变，完善重大水运基础设施项目的建设管理和经营管理，提高项目投融资能力。2003年组建了重庆市航运建设发展有限公司，作为重庆市航运基础设施建设的主要投融资平台，积极推运水运发展。通过公司制运作后，一方面在项目的建设和经营管理上有了进一步的加强；另一方面通过资本运作，大大提高了项目投融资能力，加快了水运建设项目的实施进度，并且逐步向规模化、集团化经营管理发展。

三、“十一五”期间水运基础设施建设计划

重庆依水建市、因水兴市，是一座古老而年轻的港口城市，“十一五”期间我们将紧紧抓住三峡工程175米蓄水、内河航运优势更加突出的机遇，针对集装箱、汽车滚装、化危品、大宗散货、旅游客运等新型运输方式对专业化、高效化、集约化运输体系的要求，进一步加快水运基础设施的建设步伐，使重庆港逐步成为长江上游地区集装箱集并港、大宗散货中转港、汽车滚装运输主通道、三峡旅游客运集散中心和地区性物流中心的主要载体；同时以草街航电枢纽为契机，加快利泽

航电枢纽工程、草街以下68公里航道整治工程建设，使嘉陵江重庆段全江渠化，达到三级航道标准；按国家标准落实乌江彭水、银盘和白马电航枢纽通航建筑物尺度，参股银盘、白马电航枢纽建设，加快乌江白马枢纽以下航道整治，使乌江重庆段全江渠化，达到四级航道标准；同时通过长江干流航路改革、航道整治和支流航道整治工作，构筑长江、嘉陵江、乌江“一干两支”高等级航道为骨架航道体系。

到2010年初步形成以长江、嘉陵江、乌江“一干两支”高等级航道为骨架，主城、万州、涪陵“三枢纽”港区为中心，航道网络畅通，港口布局合理，船舶技术先进，支持保障体系完善，与其他运输方式相互衔接、协调发展的内河航运体系，基本建成长江上游航运中心。

“十一五”期间我市水运建设项目总投资约189亿元，“十一五”计划完成投资约158亿元。其中：

航道建设：6个主要项目，投资约97.57亿元，其中“十一五”投资额约为72.00亿元。基本建成“一干两支”航道骨架，实现万吨级船队直达重庆。改善提高航道等级1908公里（其中一级航道527公里，三级航道290公里），新增航道约270公里。使我市航道总里程达到4400多公里，四级及以上航道里程达到1238公里。

对嘉陵江和乌江航道实施渠化和航道整治相结合的方案，建成草街、富金坝航电枢纽，完成利泽航电枢纽的前期工作并开工建设，参与建设乌江银盘和白马航电枢纽建设，启动嘉陵江草街以下68公里航道和乌江白马以下航道整治工作，并适时开展嘉陵江重庆段国家级“文明样板航道”创建工作。

港口建设：26个主要项目，项目总投资约57.71亿元，其中“十一五”投资额约为52.48亿元。进一步完善集装箱、汽车滚装、大宗散货、化危品、旅游客运运输体系。新增货物吞吐能力2400万吨，达到8900万吨，其中新增集装箱吞吐能力90万标箱、汽车滚装吞吐能力110万辆。进一步完善普通客运码头向旅游客运码头转变的结构性调整。加强枢纽港区的快速疏港通道建设及其与跨区域铁路、公路主骨架的衔接，拓展枢纽港区的功能，延伸港口增值服务。

重点建设主城港区寸滩作业区二期工程、佛耳岩作业区、朱家坝作业区、万州江南作业区、青草背作业区、涪陵黄旗作业区、江津五举沱、滩盘作业区、永川朱沱等项目。抓紧江北郭家沱、南岸茶园、江北果园、港城码头、大渡口茄子溪、永川松溉、涪陵北拱、万州桐子园等其他地方码头和朝天门、巫山龙门、奉节宝塔坪、丰都名山、巫山港区神女溪、万州江南旅游码头建设工作。同时结合库区社会经济发展和产业布局，整合现有港口资源，做好结构调整工作。

船舶标准化建设：投资约27亿元。基本实现库区船舶标准化，全市货运船舶平均吨位500吨以上，干线跨省货运船舶平均吨位1500吨以上，以满足三峡船闸过闸能力要求。

支持报障系统建设：投资约6.52亿元。完成一个平台、四个系统建设，即安全管理综合指挥平台、GPS船舶系统、水上搜救系统、船舶防污染系统、航运信息系统。

四、2006年水运建设重点

2006年是“十一五”计划的第一年，起到承前启后的关键作用。我市明年在水运建设工作重点抓好：规范续建工程建设管理，督促新开工项目实施进度，三峡库区复建项目资源整合和结构调整，加快其他“十一五”项目前期工作。2006年续建项目13个（其中计划完工项目4个），新开工项目6个，计划完成投资20亿元。具体安排如下：

（一）督促“十五”跨“十一五”项目的进度和质量，促进续建工程全面实施

2006年计划完工的重点项目为：寸滩作业区一期工程、奉节宝塔坪旅游码头、巫山龙门旅游码头、涪江富金坝航电枢纽工程。其他续建的重点项目为嘉陵江航运开发草街航电枢纽工程、乌江银盘航电枢纽工程、主城港区寸滩作业区二期工程、万州港区江南集装箱作业区一期工程、涪陵港区黄旗作业区一期工程、江津港区五举沱作业区一期工程、主城港区郭家沱作业区改扩建工程、万

州港区红溪沟作业区改扩建工程、主城朱家坝长兴码头一期工程。

（二）加快设计编制及征地拆迁等开工前的各项准备工作，确保2006年计划开工项目按期开工建设

2006年开工建设的重点项目为：主城港区佛耳岩作业区一期工程、江津港区滩盘作业区、合川港区千斤滩作业区工程、永川港区松溉作业区工程、江北工业园区黑石子码头、主城朱家坝作业区化危品码头等。

（三）积极推进“十一五”期其他重点建设项目前期工作，促进项目储备。这部分项目主要为：嘉陵江航运开发利泽航电枢纽工程、乌江白马航电枢纽工程、嘉陵江草街以下68公里航道和乌江白马以下航道整治工程、永川港区朱沱作业区一期工程、南岸茶园作业区、万州港区青草背作业区、主城港区果园作业区一期工程等。

（四）按照三峡成库后客货运量、运输方式的发展变化情况，打破原有投资管理模式，加强三峡库区已完项目资源整合和结构调整工作，按照“资源整合一批、投资完善一批、调整改造一批”的方式完善已建项目功能，发挥投资效益。

（五）继续完善GPS监控系统、航行水域电子江图和船舶标准化工作，为水上运输安全提供保障。

五、做好“十一五”建设工作的相关思路及措施

（一）继续完善水运规划，做好重点项目的前期工作

继续完善《重庆市港口总体规划》《重庆市航道体系规划》及其他相关规划，为水运建设指明发展方向。继续加强水运项目前期工作，使项目从规划到建设的全过程形成滚动发展的良好机制，为努力争取交通部及其他国家有关部委和地方各级政府的大力支持创造条件。

（二）努力拓宽资金渠道，确保建设资金到位

一方面争取政策以加大各级政府对水运建设的投入，积极争取交通部的补助资金；另一方面发挥市场配置资源的作用，在航道建设上继续坚持水资源综合利用和“航电结合、以电促航”的原则，积极争取与水利、水电、沿江地方政府等合作，滚动开发渠化航道，提高通航标准，并为内河航运建设拓宽筹资渠道。港口建设上实行抓大活中放小的措施，调动各方参与港口建设的积极性。

（三）完善法规建设，强化科学管理

依据《港口法》，我市在十一五期间将拟定《重庆市港口管理条例》《重庆市港口岸线管理办法》《重庆市水运工程建设管理办法》等法规、规章。规范水运工程建设行为和市场经营秩序，依靠科技进步和技术创新提高建设管理水平，严格基本建设程序，加强建设资金管理，在保证质量和加快发展的同时，降低成本，节省投资，用最少的投入得到最大的产出和更好的回报。

（四）航道建设上。以运输需求大、开发条件优越的“一干两支”骨架航道为建设重点，提高重庆市水路运输规模效益。同时强化长江干线常年库区分边航行工作，加强库尾航道泥沙淤积治理，全面改善库区的通航条件，提高通航能力。充分利用三峡水库形成后主要支流航道水深加大、回水里程延长的条件，整治碍航滩险，完善助航设施，延伸主要支流的通航里程。

（五）港口建设上。第一结合库区经济发展所形成的新的产业布局和库区城镇体系，统筹规划，远近结合，继续做好各主要港区总体规划和执行工作，有效控制宝贵港口岸线资源。以市场为导向按照合理布局和专业化分工原则，深化已有港口码头资源整合和结构调整的工作，并充分利用库区已有客运码头设施，通过改造和新建，满足库区旅游客运快速增长需求。第二加快建设重庆市集装箱、汽车滚装、化危品、大宗散货、旅游客运等专业化运输系统及其相关服务配套设施建设。大力拓展中心港区特别是集装箱港区的加工、包装、装卸等延伸服务功能，并加快主要港区的集疏运通道和配套站场建设，使主要港区建设成为地区的物流配送中心。同时积极培育和发展多式联运。

（六）根据交通部颁布的系列标准船型及推广标准船型政策继续扎实推进船舶推行标准化建

设，通过调控总量，加快运力结构调整，向标准化、系列化、大型化和现代化方向发展。规范和整顿航运市场秩序，加强航运企业资质管理。严格运输船舶市场准入，禁止非标准船舶进入库区市场。加强船舶检验和船舶修造市场的管理，不断提高运输船舶的经济、安全、环保性能。

（七）支持保障系统建设：建立和完善危险航段的船舶防撞预警系统，加强对重点水域和重点船舶动态监控，提高预防事故和抵御事故的能力，确保水上交通安全；建立基于GPS船载终端快速搜救定位技术的重庆市水上搜救体系，实现对海损、海难船只的快速、有效救助；建立完善的船舶防污染系统和污染灾害的应急处理机制，保护三峡库区及支流的生态环境。

（八）坚持“科技兴航”。以科技创新为动力，着力加强与三峡库区水位大幅变化相适应的库区专业化货运码头的新工艺、新设备研究和推广，提高港口的生产效率和经营效益；做好体现“以人为本”观念的库区旅游客运码头所需的新设施、新装备的研究推广工作；做好新技术、新工艺、新材料在船舶推行标准化和支持保障系统建设中的运用。

六、相关工作建议

（一）根据有关科研部门的模型试验研究，三峡成库后，位于回水变动区的我市主城河段，位于沱湾及开阔的缓流河段的各类码头将产生不同程度的泥沙淤积，随着库区175～145水位在“十一五”的正式运行，其对航道和港口的影响范围、程度均需通过试验和原型观测研究确定，并及时制定综合治理方案，适时实施，以确保航道、港口正常营运。为此请交通部从资金、技术上加大对该工作的支持。

（二）重庆市航运发展与三峡枢纽工程密切相关。据预测，到2015年长江上游地区下行过坝运量将达到5056万吨，2020年达到6379万吨，接近及超过5000万吨的设计能力，加之从目前双线五级船闸试通航以来的运行情况看，因船型不一，小吨位船多和船闸检修调试造成碍航等原因，实际通过能力与理论通过能力存在较大差距，因此三峡船闸通过能力将严重不适应长江航运发展的需要。该问题如果不及早研究对策和措施，将会对重庆市及周边各省市社会经济发展造成严重的影响。为此，恳请交通部能够呼吁国家有关部门在“十一五”期间加快升船机建设进度，尽快开展二线船闸设计和建设工作，进一步完善翻坝运输设施和相关机制。

（三）实践证明：通过航电枢纽建设来促进航运发展，十分符合重庆及西部水资源丰富省市的实际情况，也符合国家综合利用资源，走集约化路子和可持续发展的政策。因此恳请交通部继续进一步从政策、资金、技术上加大对我市及西部水资源丰富地区航电枢纽的支持力度。目前，我市已开工嘉陵江流域建设富金坝、草街航电枢纽，正抓紧开展利泽航电枢纽前期工作。利泽航电枢纽是实现嘉陵江全江渠化的关键工程，据测算，造价达到2万元/千瓦，发电效益极差，我市建设利泽航电枢纽主要从嘉陵江流域的航运效益出发；并且，利泽航电枢纽坝址在重庆，淹没区大部分在四川，这给工程建设增加了协调难度大等困难。恳请交通部对利泽航电枢纽按该工程实际成本提高补助标准，对该工程建设涉及两省市的有关事宜进行协调；同时，恳请交通部向国家有关部门呼吁，争取航电枢纽在建设融资（债券、股票），上网发电，电力分配，税收上的优惠政策，以确保以电养航滚动方式良性发展。

（四）随着三峡大坝145～175米水位运行的实际情况，我市沿江港口建设将因大水位落差的影响，对码头形式、装卸设备及工艺提出更高的要求，也必将增加施工和运营难度，建设和营运费用将大大增加，为此恳请交通部根据不同项目的技术、施工、效益差异所引起的不同建设成本，特别是长江上游为适应新的运输方式和大水位落差需要而采用新型结构形式的重点港口建设项目，在原基础上提高标准进行补助。

（五）加快《航道法》起草并促成该法的尽早出台。社会经济的发展对航运业提出更高、更多、更新的要求，港航基础设施建设和管理任务日益加重，但由于缺少国家法律保障，使得航道建设和管理中与水利、河道等其他行业的交叉较大矛盾未能得到有效解决，航道设施的破坏现象得不到有力的制止，电航枢纽等建设项目在通航建筑物建设标准、运行期水库水位调度对航运影响不能得到有效协调和解决，对航运的发展极其不利，同时也需要从法律上强化航道建设、养护、管理的责任、权力、义务、社会支持保障。为此，我们建议加快《航道法》起草并促成该法的尽早出台。

签发人：何升平

二〇〇五年九月二十九日

重庆市交通委员会机关创建文明单位简介

一、创建市直机关文明单位

2001 年 3 月 20 日，为贯彻执行《中国共产党党和国家机关基层组织条例》，中共重庆市交通委员会直属机关委员会要求认真执行机关干部学习制度，对重庆市交通委员会机关干部学习的时间、组织领导、方式和要求、纪律和考核，均作出了具体规定，要求机关各支部必须作好学习和考勤记录，学习情况将作为“创文明处室，建文明机关”的依据之一。

2001 年 4 月 29 日，中共重庆市交通委员会直属机关委员会下发《关于抓好今年党员教育和党内创先争优活动的通知》。要求认真研究组织实施，通过党员教育和“创先争优”活动，促进交通行业两个文明建设的发展。从 2001 年 4 月份起，按照中共重庆市直属机关工作委员会统一部署和安排，重庆市交通委员会机关积极行动，采取多种形式和各种有效措施，扎实推进文明单位创建工作，取得明显成效。

2001 年 9 月 12 日，根据重庆市直机关党工委要求和自身工作需要，中共重庆市交通委员会直属机关委员会决定开展创建市直机关文明单位，并将《重庆市交通委员会机关创建文明单位规划》《关于开展“创文明处室、建文明机关”活动的实施意见》《文明处室考核评分标准》印发给各个党支部和机关处室，要求组织学习，结合工作实际，制定创建方案并组织实施。这个通知标志着重庆市交通委员会机关创建重庆市直机关文明单位，进入了实质性阶段。

（一）重庆市交通委员会机关创建文明单位规划

重庆市交通委员会机关创建文明单位规划是重庆市交委机关在推进文明创建活动中的第一个规划。在这个规划中，首先，指明了重庆市交通委员会机关创建文明单位的重要意义。同时，对创建文明单位的指导思想、创建文明单位的目标任务、创建文明机关的组织领导、创建文明单位的主要工作等方面，均有所部署安排。有两条是最重要的：一是创建文明单位的目标任务，即以“优质服务、优良秩序、优美环境”树立机关新形象，重庆市交通委员会机关 80% 以上的处室建成文明处室；重庆市交通委员会机关力争在两年内建成文明单位。二是创建文明机关的组织领导，即成立委机关创建文明单位工作领导小组，重庆市交通委员会副主任、直属机关党委书记李健同志任组长，各处室主要负责人任小组成员。领导小组负责制定创建工作的规划和措施，督促、检查创建工作情况，协调解决创建工作中的重大问题，评选表彰创建工作中涌现出来的先进集体和个人。领导小组下设创建工作办公室，负责创建文明单位的工作协调、资料整理等工作，由万勇同志担任主任。

（二）开展“创文明处室、建文明机关”活动

开展“创文明处室、建文明机关”的实施意见提出了“创文明处室，建文明机关”的 6 条考评条件。文明处室考核评分标准实行的是考核处室的政治思想、业务工作、廉洁勤政、办公秩序与环境卫生 1000 分考核标准，即政治思想 180 分，业务工作 420 分，廉洁勤政 150 分，办公秩序与

环境卫生250分。文明处室每年评比一次，平时抽查占20%，年终综合考核占80%。抽查实行扣分办法，凡抽查有不合格事项，即扣掉该事项的标准得分。

2001年12月13日，为在委机关认真贯彻执行《公民道德实施纲要》，切实转变政府职能，提高办事效率，动员全体职工积极参加到创建"文明机关"活动中来，中共重庆市交通委员会机关委员会决定在机关中开展评选文明处室和文明职工及五好家庭的活动（渝交委机党［2001］22号）。文明处室评选按机关"建文明机关，创文明处室"实施意见和各处室拟定的创建目标责任书进行，另提出了委机关文明职工评比条件和五好家庭评比条件。

中共重庆市交通委员会机关委员会建立落实了文明处室创建目标责任制，建立第一责任人制度。以创建文明处室为载体，建立机关党委、各处室、个人三级责任制，每一层次的主要负责人为第一责任人，层层分解指标，层层负责，层层落实，一级抓一级，一级带一级。各级负责人确保各项创建工作任务落到实处：一是抓细胞建设，在委机关开展了创建文明处室活动，在职工中开展创建"五好家庭"、争当"文明职工"活动；二是实行挂牌办公、普通话文明服务；三是办事制度、工作职责、办事指南全部上墙、上机、上网；四是档案管理规范整洁，建立了委办公自动化网络，基本实现了无纸化办公；四是狠抓职工之家建设，为机关营造和谐温馨的工作氛围。

2002年2月5日，中共重庆市交通委员会直属机关委员会决定命名表彰2001年度文明处室和文明职工及五好家庭，授予李健、余昌平、曾升元、徐伟、唐显充、张鲁、滕宏伟、韩思华、朱家华、谭志明、杨臣清、胡大孝等12名职工为"文明职工"称号；授予财务处、机关党委、办公室、人事教育处、企业指导处、纪检监察室、科学技术处等七个处室为'文明处室'称号；授予艾云楷、胡振业、江雨晴、姜祥福、廖丽霞、禹培文、马曰礼、王机、罗祥荣、刘崇伟、罗德馨、吴德容、谭卫、何海培等14名职工家庭为'五好家庭'称号；对政策法规处、港航建设管理处在建文明处室工作中取得的成绩给予表扬。这是重庆市交委机关在文明创建活动中进行的第一次文明处室和文明职工及"五好家庭"的表彰。

经过一年时间的创建活动，2002年3月18日，重庆市交通委员会直属机关党委向中共重庆市直属机关工作委员会申请验收市直机关文明单位，请示总结了1年多来文明单位创建工作。2002年，通过创建活动的进一步开展，重庆市交通委员会机关工作作风明显改变，办公环境更加洁净，干部精神面貌发生很大变化，工作效率和质量有较大提高，随后，经重庆市直机关党工委验收合格，实现了创建市直机关文明单位和党建工作先进单位的工作目标。

2003年1月30日，中共重庆市交通委员会机关委员会决定命名表彰2002年度文明处室和文明职工及五好家庭，授予办公室、人事教育处（组织处）、企业指导处、宣传处（机关党委）、科学技术处等五个处室为"文明处室"称号；授予李健、余昌平、彭建康、邵道杰、滕宏伟、郑发现、陈春来、黎丽媛、李关寿、谭信碧、李碧波等11名职工为"文明职工"称号；授予胡振业、明正义、王机、黄同科、艾云楷、江雨晴、殷昭源、洪启贤、禹培文、马曰礼、曾升元、罗祥荣、何海培、罗敏等14名职工家庭为"五好家庭"称号；对清洁卫生保持好的港航建设管理处、政策法规处，参加机关活动和学习好的综合运输管理处、离退休人员工作处，挂牌上岗坚持好的纪检监察室、财务处予以表扬。

2003年，重庆市交通委员会机关继续深入地开展了"文明单位"和"党建工作先进单位"的创建保持工作，同时开展了以"服务人民，奉献交通"为宗旨的"优美环境、优良作风、优质服务，争做人民满意的公务员"的"三优一满意"活动，机关干部精神面貌发生了很大变化，作风明显改善，办公环境更加洁净，工作效率和质量有较大提高，顺利通过了市直机关党工委对委机关"文明单位"的复查验收。

2004年1月17日，中共重庆市交通委员会直属机关委员会决定命名表彰2003年度文明处室和文明职工及五好家庭。授予陈真友、徐先立、童玲玲、何重光、曾升元、黎丽媛、刘崇伟、谭志明、陈冬梅、徐伟等10名职工为“文明职工”称号；授予张太雄、胡大孝、谭信碧、禹培文、马曰礼、邓林、吴德容、何海培、孙跃、游富蓉、罗德馨、杨时新、王清佑、杨绍新等14名职工家庭为“五好家庭”称号。

2005年2月28日，中共重庆市交通委员会直属机关委员会决定命名表彰2004年度文明处室和文明职工及五好家庭。授予办公室、机关党委、法规处、人事教育处、财务处等五个处室为“文明处室”称号；授予余昌平、禹培文、康方川、陈真友、郝满炉、蒋江松、魏建刚、徐先立、徐伟、任洪涛等10名职工为“文明职工”称号；授予丁纯、滕宏伟、孙跃、吴德容、罗祥荣、李克诚、古正涛、陈元华、曾宪道、杨绍新等10名职工家庭为“五好家庭”称号。

二、创建重庆市文明单位

2004年4月19日，中共重庆市交通委员会直属机关委员会印发机关创建市级文明单位规划，重庆市交通委员会机关创建市级文明单位规划是重庆市交委机关在推进文明创建活动中的第二个规划，并标志着重庆市交通委员会机关创建市级文明单位，进入实质性阶段。

在规划中，首先是再次部署创建市级文明单位的组织领导，成立创建工作领导小组，组长是：重庆市交通委员会主任胡振业、中共重庆市交通委员会书记、副主任丁纯。副组长是：中共重庆市交通委员会副书记余昌平。领导小组成员有：万雅芬、孙跃、曾升元、刘崇伟、康方川、张太雄、唐迅、李速健、陈春来、罗祥荣、庞建国、胡昌荣、禹培文、张泓、岳顺、陈真友，负责职能范围内的具体创建工作。领导小组下设办公室，办公室主任是：万雅芬；副主任：许丽、陈冬梅、何发举。负责创建日常工作。办公室设在重庆市交通委员会机关党委，负责创建工作的归口组织和管理工作。

创建规划部署安排的创建任务有两大方面：

（一）是行政管理和行业管理方面

1. 全面建设小康社会，交通先行。

（1）完成重庆市2020年骨架公路网规划、重庆市长江上游航运中心建设规划，启动重庆市2020年全面建设小康社会交通指标规划。

（2）力争完成“二环八射”高速公路网未开工路段、县际公路未开工路段、草街和利泽航电工程的前期工作。

（3）实现水江至武隆、武隆至彭水、万州至云阳、垫江至忠县、绕城公路西南段年内开工；列入市政府规划的县际公路年内全部开工；全面完成“八小时重庆”工程；完善200公里国省道防护栏杆，启动县际公路危险路段的防护工程；创建国道210文明样板路。

（4）推进寸滩一期工程、富金坝航电枢纽工程，开工草街航电枢纽工程，继续推进港口码头复建工作。

2. 加强科学研究，推进行业管理和企业改革，提高交通公共服务和交通市场监管两个能力。

（1）开展公路建设、管理和养护，三峡库区大水位差码头装卸工艺以及三峡过闸能力对策等方面的研究。

（2）研究和建立水上安全GPS卫星定位监控中心，安装100艘船舶卫星定位监控终端，超长客运、高速公路客运、危险品运输车辆安装行车记录仪或卫星定位终端；完善高速公路突发事件的紧急处置预案；制定水上交通事故应急处置救援预案。

（3）推进组建沥青材料供应设备租赁公司、公路建设集团公司、运输集团公司；推进物流业的发展。

（4）加强行业人才队伍尤其是各级领导班子和干部队伍建设，加强行业宣传和精神文明建设。

（二）重庆市交委机关建设方面

1. 开展多种形式的政治思想业务学习。

（1）按市直机关党工委的统一安排，开展机关党员先进性教育活动。

（2）开展每月两次的学习测试。

（3）3~4月份，举办科学的发展观讲座和行政许可法讲座。

（4）3月份，开展支部结对资助贫困中学生活动。

（5）4月份，开展党员民主评议、机关警示教育活动，并举办交通业务知识培训。

（6）3~5月份，开展“两个条例”的专题学习。

（7）6月份，开展为交通建设献计献策征文活动。

（8）6~7月份，开展入党宣誓活动、优秀党员评选表彰活动、机关党支部创先争优评选表彰活动。

（9）8月份，开展革命传统教育活动。

（10）10~12月份，开展文明职工、五好家庭评选活动。

2. 开展寓教于乐的文化体育活动。

（1）3月份，开展庆“三八”女职工联谊活动。

（2）5月份，开展工会小组联谊活动、“健心健身强素质”登山活动、庆“五一”机关文体活动。

（3）7月份，开展“颂歌献给党”庆祝建党83周年文艺活动。

（4）9月份，组织机关职工进行以“奋进的交通”为主题的交通职工文娱汇演。

3. 创建办与各处室签订创建市级文明单位责任书。

4. 实行机关工作首问责任制和日常工作处理时限制；推行机关公务员文明用语、挂牌上岗。

5. 弘扬求真务实精神、大兴求真务实作风，深入基层开展调查研究，处以上干部每年撰写一篇以上的学习体会或调研文章。

6. 关心职工的身体和生活。办好机关食堂，组织职工体检、女职工特检，举办女性健康讲座，慰问困难党员和困难职工。

7. 建立职工健身房和图书室，营造机关文明氛围。

8. 完善机关各项规章制度，做到机关工作运转有法可依、照章办事。

2004年5月12日，按照重庆市交通委员会机关委员会《关于印发机关创建市级文明单位规划的通知》的具体要求，重庆市交通委员会机关党委决定开展“创市级文明单位、做人民满意公务员”活动。通知着重提出：目标任务是通过开展“创市级文明单位，做人民满意公务员”活动，努力把委机关建成具有行为规范、运转协调、公正透明、廉政高效的交通行政管理体制的文明廉政、管理高效、求实创新的机关，把机关工作人员建成一支懂业务、精管理、重实效的机关公务员队伍。

“创市级文明单位、做人民满意公务员”活动内容有：一是抓好思想教育工作。二是开展创建学习型机关活动。开展每月2次的学习测试，每月举办1次知识讲座，定期举办专题学习活动，定期组织交通业务知识学习培训，定期组织征文评选活动，支持机关干部参加各种学习教育培训。三是倡导精神文明作风，说文明话，办文明事，人人自觉爱护环境卫生，创文明家庭。四是开展“创先争优”竞赛活动。在机关处室和全体机关干部中开展以“优良作风、优质服务、优秀岗位、一流业绩”为目标的“创先争优”竞赛活动，每年评选表彰文明处室、优秀公务员。

2004年11月22日，对照考核验收标准，重庆市交通委员会向重庆市文明办提出重庆市交通委员会机关创建2004年市级文明单位考核验收的申请。2005年3月24日，重庆市精神文明建设委员会下发了《关于命名2004年度市级文明行业、文明单位、文明村镇、文明社区、文明小区和市级“百佳”文明单位的决定》，决定命名2004年度市级文明单位。其中，中共重庆市直属机关工作委员会申报的重庆市交通委员会（机关），获得市级文明单位的命名表彰。2008年2月23日，中共重庆市委、重庆市人民政府联合下发《关于命名表彰2007年度重庆市文明村镇标兵、文明单位标兵和文明村镇的决定》，其中，中共重庆市直属机关工作委员会申报的重庆市交通委员会（机关），获得文明单位标兵的命名表彰。

"川江号子"及其非物质文化遗产传承人简介

长江上游的四川宜宾至湖北宜昌1044公里的江段，历代通称为川江。"川江号子"是川江上木船运输年代船工逆水拉纤、顺水搬橹时为统一指挥船工们的劳作而由船工们创造的劳动号子，是一种古老的原生态民歌。"川江号子"又称为"大河号子"，还有"南溪号子""涪江号子""乌江号子""嘉陵江号子""御临河号子""大宁河号子""秀山小河号子"等巴渝船工号子。在四川长江等各条通航河流中，随着水情急缓的变化，船工们顺水推船、逆水拉纤，少则几人，多则上百人，必须用"号子"统一指挥，即由一人领唱众人和，吼唱雄壮的"川江号子"，通过"号子头儿"领唱声腔变化，指挥船工们劳动节奏协调一致，或齐心合力冲过险滩恶浪，或愉悦心情休整体力，以达到安全行船的目的。

在长期的劳作中，因江流水势不同，"川江号子"节奏随之有快有慢。船工们情绪不同，号子腔调也随之有悲有乐。由此，各种音调的号子词牌应运而生。据《重庆内河航运志》统计，"川江号子"词牌有20多种，即有逆水词牌、顺水词牌之分。逆水意即上水，顺水意即下水。对川江船工号子，《重庆民间歌曲集成》释文为："川江号子分上水和下水两大部分。上水号子是在坡上（岸上）拉纤时唱的，下水号子则是在船上推桡、扳桡、摇橹时唱的。"上水号子包含有抓抓号子、壮壮号子、蔫泡泡号子、落魂腔数板、外倒（拉纤）号子等8种号子。下水号子包含有打广号子、龙船号子、过河号子、开船号子、幺二三号子、撮撮号子、扳桡号子、快橹号子等22种号子。除此而外，还有一种独特的报路号子。

在驾船、拉纤等劳动生活中，"号子头"多为川戏曲艺的优秀演唱者，"川江号子"糅合入川剧、曲艺音调，由"号子头"即兴领唱，唱词多是即兴创作的，所叙述故事多半从民间传说、神话故事、古代小说中取材进行口头创作而成。"号子头"的嗓音可分多种：有洪亮浑厚的"大筒筒"，有粗犷有力的"沙喉咙"，有高亢清脆的"边音"，有响亮圆润的"膛音"。在川江上，老船工彭绍清是在船工中享有盛名的第一代"川江号子"的号子歌手。重庆市客轮总公司退休职工陈帮贵，13岁就当船工拉纤、推船，师从老号子歌手彭绍清，口口相传学唱"川江号子"，到重庆解放时，他实际上已经是"川江号子"的第二代传承人。

一、"川江号子"演出的形成

重庆解放后，随着川江航道整治、轮船取代木船，"川江号子"逐渐结束了原先的号令船工的指挥作用，在"百花齐放、推陈出新"方针指引下，逐步形成为一种崭新的社会主义的民间文艺形式。

新中国刚成立不久，著名作曲家郑律成到川江宜宾至重庆段的船工中深入生活，经过半年多发掘、整理，他将"川江号子"移植于舞台表演。1953年初，四川省文化局组织36名号子工在重庆九龙坡西南人民艺术学院学习和排练"川江号子"。1953年4月，四川省文工团赴京参加演出，其中，宜宾、泸州3名船工在北京第一次演唱了"川江号子"，分别宜宾获得一等奖，泸州获得二等奖，受到朱德等中央领导同志的称赞。1954年，重庆市轮渡公司工会组织排练了"川江号子"节目，重庆市轮渡公司船工陈帮贵领唱的"川江号子"登上了舞台，多次参加重庆市中区、重庆市、四川省文艺调演，并多次获得创作奖、演出奖和演员奖。1956年4月，陈帮贵时年40岁，作为船工代表、“川江号子”的第二代传承人，新编“川江号子”《夺红旗》，在北京首都剧场，首次代表重庆交通职工在全国职工业余文艺观摩演出上领唱“川江号子”，获得了演出一等奖，文艺界给予极高的评价，演出结束后受到毛主席、周总理的亲切接见。

1959年5月，重庆市运输工人文艺队再次到北京演出“川江号子”，由江仲才、陈帮贵领唱，再次获得文艺界好评。1959年12月，陈帮贵领唱的新编“川江号子”——《大战嘉陵江》参加了四川省群众业余文艺大汇演，获得创作奖和演出奖。1965年3月，重庆市轮渡公司工会组织自编自演、以陈帮贵领唱的“川江号子”为主调的歌剧《激浪丹心》，参加重庆市总工会组织的群众文艺调演的演出，在广播电台多次播放，作品并在重庆市艺术馆群众文艺刊物上刊载。从此，形成了“川江号子”演唱的基本骨干队伍，即以“川江号子”的第二代传承人陈帮贵为核心的演唱队伍。

二、“川江号子”演出的发展

“文革”时期，“川江号子”被诬蔑为“低级庸俗”，未有发展。1981年和1984年，为庆祝中国共产党成立60周年和中华人民共和国成立35周年，“川江号子”又重新复出。1983年5月，经中国音乐家协会主席吕骥推荐，日本松山电影团到重庆为“川江号子”拍摄音乐片《遥远的音乐之行》，专门邀请陈帮贵在市中区珊瑚坝演唱了“川江号子”，为演唱做了实拍录音，使这一古老的“下里巴人”式的正宗味的川江船工号子歌声，首次飞出了国门，载誉亚洲。

1987年，重庆市轮渡公司退休老船工陈帮贵（时年71岁）、四川省重庆轮船公司老船工蔡德元（时年57岁）、重庆市歌舞剧团演员程昌福三人在法国的演出，让“川江号子”首次响遍了全法国、震动了全世界。1987年3月，在重庆留学的法国朋友、年方24岁的法·比恩小姐受法国阿维尼翁艺术节的委托，经多方寻找，得知陈帮贵会唱正宗味的“川江号子”，即邀请陈帮贵等三人到法国，以“川江号子”代表中国长江，参加“世界大江大河相会在罗纳河”民间艺术节。1987年7月25日晚，在阿维尼翁工学院，由陈帮贵领唱，与蔡德元、程昌福共同演唱了“川江号子”联唱曲，即在开船、放流、上水和下水等不同水势下所唱的莫约号子、二流橹号子、四平腔数板、懒大桡数板、起伏桡号子、鸡啄米号子、幺二三号子、斑鸠号子、驳船号子、快二流数板、交架号子等11段船工号子歌，与世界水上歌手们组成了全球九条大江的大汇唱。法国电视台在黄金时间段现场转播了“川江号子”的演出，是在九大江河演出节目中唯一实况转播的节目。法国电视一台、法国国家广播电台对演唱进行了录像录音。7月28日、7月30日，陈帮贵等三人又演出了两场。“川江号子”的成功演出在法国引起了轰动，受到法国人民的热烈欢迎和媒体高度评价。法国第一大报《世界报》用大篇幅报道了“川江号子”演出盛况，评论“川江号子”“他们三人的音量抵得上50人之众，是音乐栏内最为出众的部分”。

三、“川江号子”——国家级非物质文化遗产

从1980～2003年，作为一项民间文化遗产，重庆市人民政府一直致力于“川江号子”的抢救工作，对“川江号子”进行收集、整理与录音，“川江号子”的音乐与历史均编入了《中国歌谣集成重庆市卷》《重庆民间歌曲集成》和《重庆市志·民俗志》，并向文化部上报了全国民族民间文化保护工程试点项目。重庆市一批民间人士认为，“川江号子王”陈帮贵一旦故去，所有的书籍、光盘都无法让川江号子“复活”。于是，他们用自己的退休工资作费用，四处寻找隐没于民间的“川江号子”高手。如长安中学的退休教师程旭东寻找到了幸存的川江女号子头，62岁老船工吴秀兰及其丈夫张志高。1988年5月1日，四川省重庆轮船公司老船工、水手长蔡德元应邀参加在武汉举行的长江水系首届歌手比赛中，演唱“川江号子”获得特别奖。2006年，重庆师范大学音乐学院的“川江号子抢救小组”，专程采访了90岁高龄的陈帮贵老人。陈帮贵说：“为了川江号子的传承，我常常夜不能寐，‘川江号子’是江河的魂魄，是船工劳动和生活的写照，也是我生命的寄托……可是，我已经老了，90岁了，还能活多久？‘川江号子’更需要有人唱，这是一个大问题。”

重庆师范大学音乐学院院长助理、抢救小组组长孙伟表示，“川江号子”早已进入大学课堂，现在不仅要进一步写入教材，而且更要派出高才生，向陈帮贵学习“川江号子”。

2005 年 10 月 25 日，重庆市文化局艺术研究所公布了重庆市第一批申报“国家级非物质文化遗产”的名单，共有 24 项，全部是最具重庆本土特色的、也是面临失传的濒危文化项目。其中，“川江号子”列为音乐类首项。2005 年 12 月 22 日，国务院确定每年 6 月的第二个星期六为中国“文化遗产日”。2006 年 5 月 20 日，国务院下发《国务院关于公布第一批国家级非物质文化遗产名录的通知》（国发〔2006〕18 号），国务院批准公布文化部确定的第一批国家级非物质文化遗产名录（共计 518 项）。2006 年 6 月 2 日，国务院在中央人民政府网站正式公布《第一批国家级非物质文化遗产名录》，其中，重庆市有 12 项，在第五届亚太市长峰会上演出的“川江号子”，正式列入了首批国家级非物质文化遗产名录。2007 年 6 月，陈帮贵获得中国民间文艺家协会授予的“中国民间文化杰出传承人荣誉称号”。2009 年 2 月，陈帮贵被重庆市文化广播电视局正式命名为市级非物质文化遗产项目“川江号子”的代表性传承人。

编 后 记

遵照《地方志工作条例》，按照重庆市人民政府及其重庆市地方志编纂委员会的安排，在重庆市地方志办公室指导下，在重庆市交通委员会直接组织领导下，交通系统修志人员按照地方志编纂要求和规范，坚持“存真求实、确保质量”“专兼职相结合”的原则，依法修志，“众手成志”，在收集大量原始素材、整理资料长篇的基础上，编纂而成新的重庆交通志——《重庆市志·交通志（1986～2005）》。这是重庆交通行业各单位、各区（市）县交通单位参与修志人员的共同的劳动成果。

2003年6月23日，重庆市交通委员会第六次委主任办公会决定成立重庆市交通委员会第二届修志编纂委员会，修志编纂委员会下设修志办公室。2003年7月15日，重庆市交通委员会下发《关于成立第二届修志编纂领导委员会的通知》，同时向交通委员会修志办公室下达具体的修志任务和工作目标，标志着《重庆市志·交通志》工作的正式启动。2003年6月至2006年5月，重庆市交通委员会从重庆市公路局、重庆市运管局、重庆市港航局、重庆高发司中分别返聘了部分退休人员为第二届修志编修人员，重庆市交通委员会向重庆市地方志编纂委员会拟定上报《重庆市志交通卷（1986～2005）篇目》，举办修志工作培训班，开始收集原始资料。

2006年5月12日，重庆市交通委员会下发《关于调整重庆市交通委员会第二届修志编纂委员会的通知》，重新确定主编，编修工作人员也由各相关单位重新委派。2006年5月至年底，在编修人员再次参加修志培训基础上，按照篇目结构要求进一步审定资料提纲。2007～2009年年底，按照确定的资料提纲，从重庆市档案馆、重庆市交通委员会、重庆市公路局、重庆市道路运输管理局、重庆市港航管理局、重庆市高速公路发展有限公司、重庆市交通运输（集团）公司、重庆市公交（集团）公司等单位，并从报纸杂志、年鉴画册、个人访谈、网络资料等多方面，再度收集各方面原始素材资料，组成综合、公路、港航、运输等各专题编写组，进行资料梳理、归类和编写，至2009年年底，形成各篇目的资料长篇，共计285万余字。

2010年至2012年6月，各专题编写组进入初稿试写、初稿统稿、初稿审查、初稿复查阶段。首先，组织修志专家、离休退休老同志对各个篇目的资料长篇进行审查，征求相关领导及其处室的意见，根据提出意见和建议，进入初稿试写。凡例、序言、综述、大事记、第一篇、第十一篇至第十四篇由禹培文撰写，第二篇、第三篇由陈福国、王元霞、李瑞芳、蒋艳撰写，第四篇由李建伟、曾汝力、罗泽仙撰写，第五篇由徐仁杰、程良建撰写，第六篇由余乐、杨震宇撰写，第七篇至第十篇由窦运生、孙茂荣、徐定、田茂奎、魏元珍撰写。同时，初选图片492幅。二是在初稿试写结束后，再次邀请修志专家、离休退休老同志对其审查提出意见，并根据意见对初稿提纲进行再次修正和调整。三是在初稿提纲确定后，各位撰稿人进行初稿撰写，并由禹培文、程良建最后进行统稿。在全部篇目完成后，又邀请修志专家进行统稿审查和复查，最终于2012年6月形成初稿送审稿209万字，精选图片146幅，包括凡例、序言、综述、大事记和14篇正文，在校核、定稿之后，分上下册印刷出版。

在《重庆市志·交通志（1986～2005）》的编纂过程中，得到重庆市地方志办公室的悉心指导，得到重庆市档案馆、四川省交通厅史志编纂委员会总编室大力支持和帮助，获得重庆海事局、长江重庆航道局、重庆船级社、重庆交通科研设计院等交通部在渝各单位的大力支持和帮助，他们为重庆交通志的编写提供了大量有价值的史料素材。四川省交通厅副厅长陈庆礽、四川省交通厅退休老同志谷名准给予了无私的帮助，市修志办上届交通志副主编吴艾生，市修志办总编处等工作人员参与了本届交通志数次内审与复查工作，在此一并表示衷心的感谢。

重庆市交通委员会交通志编纂委员会办公室

二〇一四年七月